中国改革开放新时期年鉴

2003年

中国民主法制出版社

2015·北京

图书在版编目（CIP）数据

中国改革开放新时期年鉴 . 2003 年 / 王振川主编 . — 北京 : 中国民主法制出版社 , 2015.1

ISBN 978-7-5162-0718-5

Ⅰ . ①中…　Ⅱ . ①王…　Ⅲ . ①改革开放—中国—2003—年鉴 Ⅳ . ① D616-54

中国版本图书馆 CIP 数据核字（2015）第 020393 号

图书出品人：肖启明
图 书 策 划：刘海涛
责 任 编 辑：石　松　董　理

书　名 / 中国改革开放新时期年鉴（2003 年）
作　者 / 王振川　主编

出 版 · 发 行 / 中国民主法制出版社
地　址 / 北京市丰台区玉林里 7 号（100069）
电　话 / 63055259（总编室）　63057714（发行部）
传　真 / 63055259
http: //www.npcpub.com
E-mail: mzfz@ npcpub.com
经　销 / 新华书店
开　本 / 16 开　787 毫米 × 1092 毫米
印　张 / 74.125　字数 / 2222 千字
版　本 / 2015 年 1 月第 1 版　2015 年 1 月第 1 次印刷
印　刷 / 涿州市星河印刷有限公司印刷

书　号 / ISBN 978-7-5162-0718-5
定　价 / 900.00 元

《中国改革开放新时期年鉴》编委会

编　　辑

李凤英　滕景霞　周　磊　宋　明　程学本

王　琳　沈　建　高　瑗　高　艳　刘　阳

日期索引

【一月】

【二月】

【三月】

【四月】

【五月】

【六月】

【七月】

【八月】

【九月】

【十月】

【十一月】

【十二月】

1月1日

全国政协在全国政协礼堂举行新年茶话会

江泽民、胡锦涛、李鹏、朱镕基、李瑞环、李岚清、吴邦国、温家宝、贾庆林、曾庆红、黄菊、吴官正、李长春、罗干等党和国家领导人同各民主党派中央、全国工商联负责人,无党派人士,中央和国家机关有关方面负责人,首都各族各界代表欢聚在一起,共庆2003年新年。

中共中央总书记、国家副主席、中央军委副主席胡锦涛在茶话会上发表了重要讲话。

茶话会由全国政协主席李瑞环主持。台盟中央主席张克辉在茶话会上讲话。

中共中央总书记胡锦涛在全国政协新年茶话会上发表重要讲话

同志们,朋友们:

今天是2003年元旦。在新的一年到来之际,我代表中共中央、国务院、中央军委,向各民主党派和工商联、各人民团体和各界人士,向全国广大工人、农民、知识分子和干部,向人民解放军指战员、武警官兵和公安干警,向香港特别行政区同胞、澳门特别行政区同胞、台湾同胞和海外侨胞,向关心和支持中国现代化建设的国际友人,致以亲切的节日问候。祝大家新年好!

刚刚过去的2002年,是我们党和国家历史上具有重大意义的一年,是我国改革开放和现代化建设取得显著成就的一年。

在这一年里,我国国民经济继续保持良好的发展势头,国内需求持续增长,结构调整步伐加快,西部大开发取得重要进展,各项改革不断深化,进出口贸易和利用外资大幅度增长,城乡居民收入继续增加。社会主义民主法制建设、精神文明建设和党的建设得到加强,民族团结,社会稳定,各项事业全面发展。

在这一年里,我们坚持独立自主的和平外交政策,广泛开展双边和多边外交,积极参与国际交流与合作。我国与各大国的关系得到改善和发展,与周边国家的睦邻友好关系继续巩固,与发展中国家的平等互利合作取得明显成效。我国的国际地位和影响力进一步提高。

不久前,中国共产党胜利召开了第十六次全国代表大会。江泽民同志在大会上所作的报告,站在时代和历史的高度,科学总结了党领导人民建设中国特色社会主义的基本经验,进一步阐明了贯彻"三个代表"重要思想的根本要求,明确提出了全面建设小康社会的奋斗目标和行动纲领。大会把"三个代表"重要思想同马克思列宁主义、毛泽东思想、邓小平理论一道确立为我们党必须长期坚持的指导思想,通过了《中国共产党章程(修正案)》。十六大和十六届一中全会还选举产生了新一届中央领导集体。这一切,对党和国家事业的发展将产生重大而深远的影响。

同志们、朋友们,当前,国际局势正发生着深刻的变化,国内改革发展稳定的任务十分艰巨。我们既面临着宝贵机遇和有利条件,也面临着不少新矛盾、新问题和新挑战。我们必须保持清醒头脑,必须保持开拓进取的精神状态,聚精会神搞建设,一心一意谋发展,集中力量把我们自己的事情办好。

2003年是全面贯彻落实十六大精神的第一年。做好今年的各项工作,争取一个良好的开局,具有特别重要的意义。

在新的一年里,我们的首要政治任务是深入学习贯彻十六大精神。要围绕主题,把握灵魂,狠抓落实,切实用十六大精神统一全党全国各族人民的思想和行动,用十六大精神指导党和国家的各项工作,全面推进社会主义物质文明、政治文明和精神文明建设,努力开创中国特色社会主义事业新局面。

在新的一年里,我们要坚持把发展作为党执政兴国的第一要务,保持宏观经济政策的连续性和稳定性,继续实施扩大内需的各项政策措施,进一步深化改革,全面提高对外开放水平,加快经济结构的战略性调整,积极发展农业和农村经济,大力推进新型工业化,实现国民经济持续快速健康发展。

在新的一年里,我们要正确处理改革发展稳定的关系,着力解决涉及群众切身利益的实际问题,切实做好就业和再就业工作,加快社会保障体系建设,加大扶贫帮困力度,不断提高城乡居民生活水平,努力保持社会的和谐稳定。要进一步加强社会主义民主法制建设和精神文明建设,推动社会协调发展和全面进步。要切实加强和改进党的思想、组织、作风和制度建设,不断提高党的领导水平和执政水平。

在新的一年里,我们要坚定不移地落实"一国两制"方针,严格按照香港基本法和澳门基本法办事,全力支持香港、澳门特别行政区政府和行政长官的工作,广泛团结港澳各界人士,共同促进香港和澳门的繁荣、稳定和发展。

在新的一年里,我们要一如既往地坚持"和平统一、一国两制"的基本方针和江泽民主席关于现阶段发展两岸关系、推进祖国和平统一进程的八项主张,在一个中国原则基础上推动恢复两岸对话与谈判,加强两岸同胞相互往来与交流,积极推进两岸直接"三通",坚决反对任何"台独"分裂活动。我们坚信,通过包括广大台湾同胞在内的全体中华儿女的共同努力,祖国完全统一就一定能够早日实现。

在新的一年里,我们要继续奉行独立自主的和平外交政策，高举和平、发展、合作的旗帜，积极发展同世界各国的友好合作，按照相互尊重、求同存异的精神处理国际事务，努力推动建立公正合理的国际政治经济新秩序，同各国人民一道，维护世界持久和平，促进各国共同繁荣。

我们的事业是亿万人民共同的事业，团结的人越多越好，凝聚的力量越大越好。统一战线是中国共产党团结一切可以团结的力量，夺取革命、建设和改革事业胜利的重要法宝，也是中国共产党执政兴国的重要法宝。共产党领导的多党合作和政治协商制度是我国的一项基本政治制度，也是我国社会主义政治制度的特有优势。在新世纪、新阶段，我们将进一步巩固和发展爱国统一战线，继续坚持和完善共产党领导的多党合作和政治协商制度，最广泛最充分地调动一切积极因素，共同致力于实现中华民族的伟大复兴。人民政协是共产党领导的爱国统一战线组织。在过去的一年里，人民政协围绕中心、服务大局，切实履行各项职能，为促进改革发展稳定发挥了重要作用。在新的一年里，希望人民政协认真总结经验，发扬优良传统，牢牢把握团结和民主两大主题，紧紧围绕党和国家工作大局，进一步做好政治协商、民主监督、参政议政工作，为我国改革开放和现代化建设作出新的更大贡献。

今年将要召开第十届全国人民代表大会第一次会议和中国人民政治协商会议第十届全国委员会第一次会议，地方人大和政协也要换届。这是我国人民政治生活中的大事。各级党委一定要加强领导，精心组织，依法办事，切实做好换届工作，进一步推动社会主义民主政治建设。

同志们、朋友们，党的十六大提出的全面建设小康社会的目标，符合时代发展的潮流，反映了全国各族人民的愿望。实现这一宏伟目标，需要全党和全国人民团结奋斗。我们一定要牢记江泽民同志的谆谆告诫，进一步增强忧患意识，真正做到居安思危，始终保持谦虚谨慎、不骄不躁的作风，始终保持艰苦奋斗的作风，扎扎实实地做好改革发展稳定的各项工作。

让我们高举邓小平理论伟大旗帜，全面贯彻“三个代表”重要思想，在十六大精神的指引下，万众一心，奋发图强，埋头苦干，开拓进取，共同创造社会主义中国的美好未来！

国务院总理朱镕基和安提瓜和巴布达总理伯德就两国建交20周年互致贺电

《人民日报》发表社论《迎接更加光辉灿烂的未来——元旦献词》

伴随着嘹亮的钟声，我国亿万人民满怀胜利的喜悦和奋进的豪情，迎来了新世纪的又一个新年。我们向全国各族人民致以新年的问候和祝福。

过去的一年，在我们党和国家发展史上是极其重要的一年。中国共产党第十六次全国代表大会召开，盛世盛会，人心振奋。十六大的主题是，高举邓小平理论伟大旗帜，全面贯彻“三个代表”重要思想，继往开来，与时俱进，全面建设小康社会，加快推进社会主义现代化，为开创中国特色社会主义事业新局面而奋斗。这个主题，鲜明地回答了在新世纪、新阶段我们党坚持举什么旗、走什么路、实现什么目标的重大问题，体现了全党和全国人民的意愿，反映了党和国家事业不断发展的要求。十六大以胜利实现党的指导思想的与时俱进，胜利总结党领导人民建设中国特色社会主义的基本经验，胜利制定新世纪、新阶段的奋斗目标，胜利实现党的中央领导集体的新老交替，胜利实现全党在马克思列宁主义、毛泽东思想、邓小平理论和“三个代表”重要思想基础上的坚强团结，载入我们党和国家的光辉史册。

过去的一年，全党和全国各族人民喜迎十六大、欢庆十六大、学习十六大、贯彻十六大，团结奋进，昂扬向上，开拓创新，创造了非凡的业绩。我国国民经济持续较快增长，经济总量迈上一个新台阶。改革开放不断向纵深推进，人民生活进一步改善，社会主义民主法制建设和精神文明建设取得新的进展，文化、教育、科技、体育、卫生等各项事业成就喜人。我们伟大的祖国到处涌动着改革和建设的澎湃热潮，伟大的中国人民焕发着创造幸福生活和美好未来的壮志豪情。

今年是全面贯彻落实党的十六大精神的第一年。做好今年的工作，对鼓舞斗志、增强信心，实现十六大确定的奋斗目标和任务，具有十分重要的意义。全面建设小康社会的奋斗目标，极大地振奋了党心、军心、民心，极大地激发了全国各族人民建设中国特色社会主义的积极性、主动性、创造性，广大人民群众对国家发展的美好未来充满信心。面对新形势新任务，我们要解放思想，实事求是，与时俱进，开拓创新，迈出全面建设小康社会、加快推进社会主义现代化的新步伐，夺取中国特色社会主义各项事业发展的新胜利。

新的起点、新的征程，我们要把学习贯彻十六大精神作为当前和今后一个时期的首要政治任务抓紧抓好，在深入人心上下功夫，在开拓创新上下功夫，在力求实效上下功夫。我们必须毫不动摇地坚持党的基本理论、基本路线、基本纲领和基本经验，用“三个代表”重要思想武装党员、教育干部和人民，把“三个代表”重要思想贯彻到改革发展稳定的各项工作中去，贯彻到加强和改进党的建设各个方面去。必须紧紧抓住发展这个执政兴国的第一要务，积极应对国内外环境变化带来的困难和挑战，坚持扩大内需的方针，继续实施积极的财政政策和稳健的货币政策，进一步深化改革，全面提高对外开放水平，加快经济结构的战略性调整，积极发展农业和农村经济，大力推进新型工业化，促进国民经济持续快速健康发展，实现速度和结构、质量、效益相统一。正确处理改革发展稳定的关系，切实做好就业和再就业工作，完善社会保障体系，提高城乡居民生活水平，保持社会稳定。必须勇于探索，敢于攻坚，善于创新，不断发展社会主义市场经济体制，发展社会主义民主政治、发展社会主义先进文化，促进社会主义物质文明、政治文明和精神文明协调发展。必须坚持党的群众路线，深入群众、深入实际、深入基层，倾听群众呼声，关心群众疾苦，扎扎实实地帮助群众解决困难，大力弘扬艰苦奋斗的精神，全心全意地为群众谋利益。必须毫不放松地加强和改善党的领导，全面推进党的建设新的伟大工程，以提高党的执政能力为重点，持之以恒地加强和改进党的思想、组织、作风和制度建设。

千帆竞发，万舸争流。一个全面建设小康社会、开创中国特色社会主义事业新局面的伟大进军，正以磅礴的气势和宏大的规模展现在神州大地上，这是党领导人民依靠自己的力量实现人民自己利益的事业。伟大的事业前景光明，生机蓬勃。亿万人民为之奋斗，力量无穷。让我们紧密地团结在以胡锦涛同志为总书记的党中央周围，高举邓小平理论伟大旗帜，全面贯彻"三个代表"重要思想，万众一心，奋发图强，全面贯彻落实十六大提出的奋斗目标和各项任务，共同创造我们的幸福生活和美好未来。

国家税务总局公布2002年全国税收突破17000亿元

国家税务总局最新统计显示，2002年全国共完成税收收入17004亿元，比上年增长17.1％，增收1832亿元，比1997年的8225亿元翻了一番多。国家税务总局局长金人庆认为，税收收入实现了历史性跨越，建立了持续稳定增长的税收收入机制。

外交部发言人章启月就钓鱼岛有关问题答记者问

有记者问：据报道，日本政府以每年约2200万日元的租金向一日本"岛民"租借钓鱼岛等3个无人岛，以加强对这三岛的管理。请问中国政府对此有何评论？

外交部发言人章启月答：钓鱼岛及其附属岛屿自古以来就是中国的固有领土。日方对这些岛屿采取的任何单方面行动都是无效的。

香港今起签发新版特区护照

香港入境事务处处长黎栋国宣布，从2003年1月1日起签发新版香港特别行政区护照(特区护照)。新版特区护照拥有更精密的防伪功能。申请新版特区护照的程序和费用没有改变；已签发的现行版护照仍可继续使用，直至有效期满为止；持照人无需提早换领新版护照。

1月2日

中共中央总书记胡锦涛到内蒙古考察

1月2日至5日，胡锦涛和随行的中共中央政治局候补委员、中央办公厅主任王刚，在内蒙古自治区党委书记储波、自治区政府主席乌云其木格等陪同下，先后来到通辽市和锡林郭勒盟，深入农村牧区、生态移民区、城市社区和企业车间，走访慰问城乡各族群众，了解当地经济发展和群众生活情况。

考察中，胡锦涛先后来到锡林郭勒盟巴彦查干镇巴彦乌拉嘎查和通辽市人才劳动力市场，了解牧民的生产生活和下岗失业人员再就业的情况，对帮扶困难群众、改善创业环境和增加就业岗位分别作了指示。

如何加快欠发达地区的发展，是胡锦涛十分关心的课题。在通辽市科尔沁区河西镇农民的蔬菜大棚，在蒙牛乳业科尔沁有限公司、内蒙古蒙药集团公司、天蒙集团、内蒙古科尔沁牛业股份有限公司等企业里，胡锦涛详细询问了农牧民和企业的生产经营情况。看到这里农业结构调整、农业产业化经营、科技进步等取得了新的成绩，胡锦涛十分高兴。他说，欠发达地区要善于从本地实际出发，科学制定区域发展战略，培育和壮大特色经济。要坚持可持续发展，实现资源的永续利用和自然生态系统良性循环。

在考察中，胡锦涛听取了内蒙古自治区党委、政府工作汇报，并发表了重要讲话。他充分肯定了近几年内蒙古自治区各项工作取得的新成绩，希望全区各级党委和政府进一步增强政治责任感和工作紧迫感，因应新形势，把握新机遇，迎接新挑战，把改革开放和现代化建设继续推向前进。

胡锦涛还就学习贯彻十六大精神、加强和改进党的建设，特别是加强干部队伍和领导班子建设，加强基层组织建设提出了要求。

有关部门负责人王沪宁、张俊九、多吉才让、张左己、吕飞杰等陪同考察。

国务院总理朱镕基签署第369号令公布《排污费征收使用管理条例》

《排污费征收使用管理条例》已经2002年1月30

日国务院第54次常务会议通过，现予公布，自2003年7月1日起施行。

总　理　朱镕基

2003年1月2日

排污费征收使用管理条例（略）

国务院副总理温家宝到山西看望贫困地区农民和城市困难职工

1月2日至4日，温家宝一行在山西省委书记田成平、省长刘振华等陪同下，前往地处吕梁山区的静乐、娄烦等县贫困乡村，太原磷肥厂、中化第二建设有限公司、太原新凯纺织有限公司、太原市万柏林和平社区，看望困难农户和城镇低收入居民。温家宝关切地询问农民过年的生活安排情况。他特别关心农民的外出打工情况，一些群众反映打工有拖欠、克扣工资的问题，他要求有关部门立即采取措施，制止拖欠农民工资的行为，保护农民工的合法权益。

在深入了解当地困难群众的生活状况后，温家宝指出，全面建设小康社会，必须统筹城乡经济社会发展，把农业、农村、农民问题放在更加突出的位置，千方百计增加农民收入。

在太原磷肥厂、中化第二建设有限公司等国有企业的宿舍区，温家宝看望了职工群众。他走进下岗职工的家里，与他们拉家常，详细了解基本生活情况，倾听他们的意见和愿望。他还与万柏林和平社区的干部群众进行了座谈。温家宝指出，要坚决落实中央关于鼓励就业和再就业的政策措施，要积极发展服务业、中小企业和非公有制经济，使其逐步成为增加就业的主渠道。要落实社会保障资金，确保离退休人员基本养老金、国有企业下岗职工基本生活费和城市低保资金按时足额发放，切实做好“三条保障线”的衔接工作，使应保的对象切实得到保障。要加强社区服务工作，为老百姓实实在在排忧解难。

温家宝还针对各级政府的增收节支工作和各级领导干部转变作风提出了要求。

随同考察的有关方面负责人有刘江、马凯、谢旭人、李学举、韩长赋、肖捷、步正发等。

国务院任免工作人员

免去阎敦实、白拜尔、张永一、陈顺恒、余志华、李士忠、白文庆、刘于鹤、应文华、陆江、李志民、刘济民、钟咏三、于贵明、王天凯的国有重点大型企业监事会主席职务。

任命赵振宇为常驻国际海底管理局代表处代表；免去郭崇立的常驻国际海底管理局代表处代表职务。

任命郭崇立为常驻联合国环境规划署代表、常驻联合国人类住居规划署代表；免去杜起文的常驻联合国环境规划署代表、常驻联合国人类住居规划署代表职务。

海关总署宣布去年海关税收再创历史新高

2002年全国海关关税和进口环节税净入库2597.57亿元，比历史最高纪录的2001年多收97.25亿元，比年初财政预算计划多收197.57亿元。

1月3日

国务院总理朱镕基到国家外汇管理局考察

国务院总理朱镕基，中共中央政治局委员、国务委员吴仪，国务委员兼国务院秘书长王忠禹一行来到国家外汇管理局，考察了储备管理司交易大厅，随后与外汇管理局正处级以上干部及在京参加会议的各地方分局负责人进行了座谈。

在听取国家外汇管理局工作汇报后，朱镕基指出，党中央、国务院历来十分重视外汇管理工作。外汇储备持续增长和人民币汇率保持稳定，是我国综合国力增强和经济持续健康发展的重要标志。他对外汇管理部门提出了几点要求：一是继续深化外汇管理体制改革。要根据我国的国情，借鉴国外经验，完善经常项目外汇管理，审慎对待资本项目可兑换。加强国际收支监测和预警，增强抵御风险的能力。二是进一步转换职能，简化手续，提高效率，提高外汇管理水平。加强监管，继续整顿和规范外汇市场秩序，依法严厉打击逃骗汇和非法买卖外汇等违法行为。三是积极运用现代管理手段，加快建立集管理、统计、监测、预警和决策支持为一体的外汇收支信息管理体系，推进与银行、海关等部门的联网。四是切实抓好队伍建设，加强培训，更新知识，特别是要学习有关国际经济、现代金融和市场经营方面的知识，提高政治和业务素质，努力造就一支思想过硬、作风过硬、本领过硬的专业外汇管理队伍。

吴仪也在座谈会上讲了话。她希望外汇管理部门在新的一年里，适应形势发展的需要，进一步提高外汇管理水平和服务水平。

座谈会由王忠禹主持。中国人民银行副行长兼国家外汇管理局局长郭树清作了工作汇报，国家外汇管理局上海分局、福建分局和黑龙江分局的负责人发了言。

陪同朱镕基考察的有关部门负责人有李铁林、阎海旺、项怀诚、周小川、牟新生、金人庆、尤权、姜伟新、周可仁、肖钢、李伟、侯云春、刘鹤等。

国务院副总理吴邦国到海南省考察

1月3日至7日，吴邦国在海南省委书记王岐山、省长汪啸风等陪同下，先后考察了中海石油化学有限公司、海南汽车集团有限公司、海南兴业聚酯股份有限公司和海口火车站等单位，听取了粤海铁路通道项目建设情况的汇报，出席了粤海铁路通道轮渡开通典礼。考察期间，吴邦国对海南省委、省政府认真贯彻落实党中央、国务院各项方针政策，在加快产业结构调整、发展热带高效农业和旅游业、加强城乡环境建设和社会保障工作等方面取得的成绩，给予了充分肯定。

陪同吴邦国考察的有关方面负责人有李荣融、傅志寰、刘永富、卫留成等。

国务院副总理李岚清出席教育部直属高校工作咨询委员会第十三次全体会议并发表讲话

李岚清强调，高等学校要把深入学习贯彻党的十六大精神作为当前和今后一个时期的首要政治任务，认真总结十三届四中全会以来高等教育改革与发展的成功经验，进一步深化改革，坚持教育创新，进一步提高教育质量，促进我国高等教育持续健康发展。

李岚清在谈到当前和今后一个时期高等教育改革与发展问题时，强调要做好以下几方面的工作：一是在高等教育宏观管理体制改革基本完成的情况下，要把改革重点转向高校内部管理体制的改革和完善，进一步深化高校后勤社会化改革，全面增强高等教育的生机与活力。二是要打破论资排辈和文人相轻的旧观念，提倡文人相亲的新风尚，努力拓宽人才培养渠道，加快创新人才的培养，让年轻人才脱颖而出，勇挑重担，施展才华。三是要进一步调整学科和人才培养结构，提高教育质量，使高校培养的人才更加适应现代化建设的需要，同时要千方百计解决好高校扩招后毕业生的就业问题。四是要科学规划、认真组织实施建设世界一流大学、高水平大学和重点学科的工作，进一步提升我国高等教育整体实力。五是高校的各级领导特别是党委书记、校长，要严于管理，勤于管理，善于管理，不断提高管理水平。六是要加强和改进高校党的思想建设、组织建设和作风建设，不断增强高校党组织的创造力、凝聚力和战斗力，进一步加强学生思想政治工作，确保高校的持续稳定。

李岚清在浙江期间，还在省委书记、代省长习近平等陪同下，考察了浙江大学、湖州中学、中国美术学院、宁波高教园区，实地察看了这些学校深化教育教学改革、全面推进素质教育和后勤社会化改革的情况。他还听取了杭州市第三人民医院改革就医模式、推进"病人选医生、病人选护士"的情况汇报。李岚清对浙江省经济和社会发展方面取得的成绩给予了高度评价，对省委、省政府高度重视、积极发展教育卫生事业的做法给予了充分肯定。他希望浙江再接再厉，各项工作再创佳绩。

国务院有关部门负责人陈至立、高强、周济、廖晓淇等陪同考察。

全国人大常委会副委员长姜春云到浙江调研

1月3日至10日，姜春云一行先后在浙江省委书记、代省长习近平，省人大常委会主任李泽民，省委副书记、常务副省长吕祖善等陪同下，就《清洁生产促进法》和《环境影响评价法》的贯彻实施，特别是在经济快速发展的同时如何做好环境保护和生态建设工作，实现经济社会可持续发展的问题进行调查研究。

姜春云强调，要把环保和生态治理放到与经济发展、社会进步、人民生活改善相适应的位置，实现经济、社会与生态环境同步发展。

姜春云指出，要大力推行市场化的环境保护和生态建设运作方式，利用市场机制，引导社会资金投入，建立多元化投资、建设、管理和运营体系。要充分发挥政府宏观调控及其导向作用，积极研究城市污水和垃圾处理费的征收问题，确保其运营维持在"保本微利"的水平上。经济发达地区应当适当提高收费标准，以支持设施建设和运行。

姜春云在谈到环保法制建设时指出，各级人大要在加大监督力度、增强监督实效上下功夫，把执法和监督放在优先突出的位置，下大力抓好。

最高人民法院公布审理企业改制相关民事纠纷案件司法解释

该司法解释从财产法律责任上杜绝了债务人逃债，并对关于企业改制后债务承担的一般原则、公平解决企业改制中隐瞒或者遗漏债务的承担问题、非政策性企业债权转股权等问题作了规定。该司法解释自2003年2月1日起正式实施。

国务院任免工作人员

任命陈玉杰(女)为国务院侨务办公室主任；免去郭东坡的国务院侨务办公室主任职务。

国家计委发布《食盐价格管理办法》

该办法确定了食盐价格管理的范围是直接食用和制作食品所用的盐等，包括多品种盐、肠衣盐、渔业和畜牧用盐等。食盐价格实行统一领导、分级管理。国务院价格主管部门负责制定或调整食盐的出厂价格、批发价格；省、自治区、直辖市价格主管部门制定或调整食盐零售价格和小包装费用标准。出口食盐的价格由经营者自主制定。该办法自2003年7月1日起实施。

国务委员司马义·艾买提率政府代表团启程对科威特卡塔尔也门和约旦四国进行正式访问

中国驻美大使杨洁篪在华盛顿就中美文化交流发表讲话

杨洁篪在出席为美国中文学校教师举行的新年招待会时发表讲话，强调加强中美文化交流，促进两国关系发展。他说，中美在教育领域的交流与合作发展迅速，特别是在美国各地渐渐兴起了学中文的热潮。他指出，美国内开办中文学校是一项有益的尝试。不少中文学校为促进中美交流、传播中华文化、清除“法轮功”邪教毒害作出了积极贡献。

纪念萧劲光诞辰100周年座谈会在人民大会堂举行

1月4日

外交部副部长王毅召见日本驻华大使阿南惟茂就钓鱼岛问题向日方提出严正交涉

王毅指出，钓鱼岛及其附属岛屿自古以来就是中国领土不可分割的一部分。日方对这些岛屿采取的任何单方面行动都是非法和无效的，中方决不能接受。中国政府和人民维护国家领土主权的决心和意志是坚定不移的，任何试图窃取中国领土的图谋都是不可能得逞的。王毅要求日方纠正错误做法，杜绝任何损害中国领土主权和中日关系的事端。

日本政府对钓鱼岛采取所谓“租借”措施曝光后，外交部发言人发表了谈话，表明中方的严正立场，亚洲司负责人随即向日驻华使馆提出交涉，并要求日方作出澄清和说明。

全国妇联“三下乡”活动在四川启动

全国妇联副主席、书记处第一书记顾秀莲，全国妇联副主席、书记处书记华福周和100名专家等一同参加了启动仪式。此次活动注重实效，把群众最需要的农业实用技术、卫生保健知识送到了农村妇女和农村家庭手中，受到了基层农村妇女的热烈欢迎，近万名群众参加了当天的活动。

1月5日

国办发出《关于做好农民进城务工就业管理和服务工作的通知》

各省、自治区、直辖市人民政府，国务院各部委、各直属机构：

党中央、国务院高度重视农民进城务工就业问题，各地区、各有关部门也为促进农民工的合理流动，采取了多种措施，做了大量工作。但是当前在一些地方，农民进城务工就业仍然受到一些不合理限制，农民工的合法权益得不到有效保护，拖欠克扣工资、乱收费等现象严重。同时，农民进城务工就业使社会治安、城市管理等工作面临新的问题。为加强对农民进城务工就业的管理和服务，经国务院同意，现就有关问题通知如下：

一、进一步提高对做好农民进城务工就业管理和服务工作的认识

农村富余劳动力向非农产业和城镇转移，是工业化和现代化的必然趋势。农民进城务工就业，促进了农民收入的增加，促进了农业和农村经济结构的调整，促进了城镇化的发展，促进了城市经济和社会的繁荣。做好农民进城务工就业管理和服务工作，不仅有利于促进国民经济持续快速健康发展，而且有利于维护城乡社会稳定。

各地区、各有关部门要认真学习和领会党的十六大精神，全面贯彻“三个代表”重要思想，充分认识做好农民进城务工就业工作的重要意义，把农民进城务工就业工作列入重要工作日程，在国民经济和社会发展计划中强化政策引导，切实加强领导，按照公平对待、合理引导、完善管理、搞好服务的原则，采取有效措施，全面做好农民进城务工就业管理和服务的各项工作。

二、取消对农民进城务工就业的不合理限制

各地区、各有关部门要取消对企业使用农民工的行政审批，取消对农民进城务工就业的职业工种限制，不得干涉企业自主合法使用农民工。要严格审核、清理农民进城务工就业的手续，取消专为农民工设置的登记项目，逐步实行暂住证一证管理。各行业和工种尤其是特殊行业和工种要求的技术资格、健康等条件，对农民工和城镇居民应一视同仁。

在办理农民进城务工就业和企业用工的手续时，除按照国务院有关规定收取的证书工本费外，不得收取其他费用。严禁越权对农民工设立行政事业性收费项目，提高收费标准。各级物价、财政部门要严格检查、督促落实，防止变换手法继续向农民工乱收费。

要严格执行《城市流浪乞讨人员收容遣送办法》的规定，不得将遣送对象范围扩大到农民工，更不得对农民工强制遣送和随意拘留审查。

三、切实解决拖欠和克扣农民工工资问题

用人单位必须依法与农民工签订劳动合同。劳动合同中要明确规定劳动合同期限、工作内容、劳动保护及劳动条件、劳动报酬和违反劳动合同的责任等内容。

其中有关劳动报酬的条款，应明确工资支付标准、支付项目、支付形式以及支付时间等内容。劳动合同履行期间，农民工享有《劳动法》规定的各项权利。解除劳动合同，用人单位应当依法支付经济补偿金。

劳动保障部门要加大对农民工劳动合同的监督检查力度，及时受理劳动合同纠纷。对不与农民工签订劳动合同、采取欺诈和威胁等手段签订合同，以及不履行合同的用人单位，要责令其纠正；对农民工合法利益造成损害的，要责令其进行赔偿；造成严重后果的，要依法严肃处理。

用人单位必须以法定货币形式支付农民工工资，不得以任何名目拖欠和克扣。劳动保障部门要加强对用人单位工资支付情况的监督检查，建立农民工工资支付监控制度。对拖欠和克扣农民工工资的用人单位，要责令其及时补发，不能立即补发的，要制订清欠计划，限期补发。对恶意拖欠和克扣工资的企业，涉嫌犯罪的，移交司法机关依法严肃处理。企业在依法破产、清偿债务时，要按照《企业破产法》的规定，把拖欠的农民工工资纳入第一清偿顺序。

各级建设、劳动保障等有关部门要重点做好对建筑施工企业拖欠和克扣农民工工资违法行为的查处工作，严厉打击恶意拖欠、克扣农民工工资的违法行为。因建设单位拖欠施工企业工程款，致使施工企业不能按时发放农民工工资的，要追究建设单位的责任；施工单位拖欠农民工工资的，要追究施工单位的责任。

四、改善农民工的生产生活条件

各地区、各有关部门要高度重视农民工的生产安全和职业病防治问题。使用农民工的单位，必须按照国家标准和行业要求，为农民工提供必要的安全生产设施、劳动保护条件及职业病防治措施。从事矿山、建筑和危险物品生产经营作业的农民工上岗前必须依法接受培训。要严格执行安全生产规章制度，加大生产安全监察工作力度，严防重大生产安全事故的发生。要做好将农民工纳入工伤保险范围的工作。发生生产安全事故要严格追究事故责任人的法律责任，并保证在事故中受到损害的农民工依法享有各项工伤保险待遇。

要关心农民工的生活，切实解决他们的实际困难。卫生部门要做好农民工的计划免疫和健康教育工作，建立农民工集中居住地的环境卫生和食物安全检查制度，严防发生群体疫病传染和食物中毒事件。用人单位为农民工安排的宿舍，必须具备一定的卫生条件，并保证农民工的人身安全。在农民工居住较集中的地段，当地政府应提供必要的基础设施，改善公共交通和环境卫生状况。有条件的地方可探索农民工参加医疗保险等具体办法，帮助他们解决务工就业期间的医疗等特殊困难。

要认真贯彻落实《禁止使用童工规定》。依法保护女工的合法权益。严厉惩处各种污辱农民工人格、侵害农民工人身权利的违法行为。

五、做好农民工培训工作

各地区、各有关部门应把农民工的培训工作作为一项重要任务来抓，结合实际，制订专门的培训计划，提高农民工素质。流出地政府在组织劳务输出时，要搞好农民工外出前的基本权益保护、法律知识、城市生活常识、寻找就业岗位等方面的培训，提高农民工遵守法律、法规和依法维护权益的意识。流出地和流入地政府要充分利用全社会现有的教育资源，委托具备一定资格条件的各类职业培训机构为农民工提供形式多样的培训。为农民工提供的劳动技能性培训服务，应坚持自愿原则，由农民工自行选择并承担费用，政府可给予适当补贴。用人单位应对所招用的农民工进行必要的岗位技能和生产安全培训。劳动保障、教育等有关部门要对各类培训机构加强监督和规范，防止借培训之名，对农民工乱收费。

六、多渠道安排农民工子女就学

要保障农民工子女接受义务教育的权利。流入地政府应采取多种形式，接收农民工子女在当地的全日制公办中小学入学，在入学条件等方面与当地学生一视同仁，不得违反国家规定乱收费，对家庭经济困难的学生要酌情减免费用。要加强对社会力量兴办的农民工子女简易学校的扶持，将其纳入当地教育发展规划和体系，统一管理。简易学校的办学标准和审批办法可适当放宽，但应消除卫生、安全等隐患，教师要取得相应任职资格。教育部门对简易学校要在师资力量、教学等方面给予积极指导，帮助完善办学条件，逐步规范办学，不得采取简单的关停办法，造成农民工子女失学。流入地政府要专门安排一部分经费，用于农民工子女就学工作。流出地政府要配合流入地政府安置农民工子女入学，对返回原籍就学的，当地学校应当无条件接收，不得违规收费。

七、加强对农民工的管理

流入地政府要高度重视流动人口的治安管理工作。公安部门要及时为进城务工就业农民在现居住地办理暂住户口登记和暂住证。使用农民工的单位和农民工现居住地的社区组织，要实行治安管理责任制，密切配合公安机关对农民工进行遵纪守法教育，最大限度地预防和减少农民工的违法犯罪行为。要把农民工及其所携家属的计划生育、子女教育、劳动就业、妇幼保健、卫生防病、法律服务和治安管理工作等，列入各有关部门和社区的管理责任范围，并将相应的管理经费纳入财政预算，严格禁止向用工企业和农民工摊派。

要运用多种形式，特别是发挥新闻媒体的舆论监督作用，引导社会正确对待和尊重农民工，鼓励他们自律自重，积极向上。

流出地政府要主动做好对外出就业农民的管理，向流入地政府通报有关农民工身份、计划生育、子女教育等方面的真实信息。要贯彻中央关于农村家庭承包经营的基本政策，稳定土地承包关系，不得强行收回外出务工就业农民的承包地。支持和鼓励外出农民工自愿、依法、有偿转让承包地使用权，保护农民工的权益，维护农村社会的稳定。要严格执行国家的农村税费改革政策，不得在规定承担的有关税费外，向外出务工的农民加收其他任何费用。

农民进城务工就业管理和服务工作涉及多个方面，各地区、各有关部门要加强协调配合，结合当地社会经济发展，制定农民进城务工就业的具体管理办法和服务措施。近期，要集中对涉及农民进城务工就业的不合理规定进行清理，并针对克扣和拖欠工资等突出问题组织一次专项检查，确保各项政策措施的落实。

全国人事厅局长会议在北京召开

人事部副部长舒惠国在会上强调，要着力建设好公务员、专业技术人才和企业经营管理人才三支队伍，将人才资源开发延伸到非公有制经济中去。

据悉，今年，人事部将以深化公务员制度、事业单位人事制度、工资分配制度"三项制度"改革为重点，进一步建立完善"统一指导、分级调控、分类管理"的人事宏观管理体制。同时，加强人才队伍建设，大力实施人才强国战略，也将成为今年人事工作的"重头戏"。人事部门将推出一系列新的思路和举措，这其中不乏"政府机关面向社会吸引高层次人才的新途径"、"企业人才调查制度"等富有探索意义的尝试。为打破人才的部门、地区、所有制壁垒，人事部今年将在更大程度上发挥市场在企业经营管理者和高层次人才配置中的作用。重点则放在加强人才市场信息化建设，促进人才市场服务信息化、网络化；逐步建立完善机制健全、运行规范、服务周到、指导监督有利的人才市场体系。

全国水利厅局长会议在长沙举行

会议提出，我国确立了到2010年水利发展的10个主要目标。它们是：

1. 全国大江大河干流堤防建设全面按规划达标，现有重点病险水库全部得到除险加固，基本建成大江大河防洪减灾体系，确保重点城市和重点地区的防洪安全。

2. 南水北调东线和中线的一期工程建成并发挥效益，基本缓解北京、天津等华北地区和胶东半岛城市缺水问题。

3. 解决全国农村饮水困难问题，村镇自来水普及率由目前的40%提高到60%。

4. 基本完成主要大型灌区的节水改造，灌溉水利用系数由2000年的0.43提高到0.5以上，基本实现全国灌溉用水总量零增长。

5. 发展灌溉草饲料基地1600万亩，恢复天然草场7亿亩，为建设经济发展、牧民富裕、生态良好的牧区小康社会提供水资源保障。

6. 治理水土流失面积50万平方公里，实施封育保护面积100万平方公里，在黄土高原建设淤地坝6万座，大部分水土流失地区的生态明显好转。

7. 水资源质量状况基本满足水功能区的要求，生态脆弱河流、主要湿地和地下水超采区的生态状况得到改善。

8. 新增农村水电装机2000万千瓦，建成800个农村电气化县，通过实施小水电代燃料生态保护工程，解决3700万农村居民的生活燃料和农村能源。

9. 初步建立全国重要河流初始水权的分配机制，初步建立水资源的宏观控制和定额管理指标体系，基本形成合理的水价形成机制，节水防污型社会建设取得经验。

10. 水利系统电子政务建设全面加强，全面建成覆盖全国的水利信息网络和防汛抗旱、水资源管理、水土保持等重点应用系统。

国务委员吴仪应邀率政府代表团启程赴加勒比海地区八国进行正式访问

吴仪此次出访的八个国家分别是：苏里南、圭亚那、特立尼达和多巴哥、巴巴多斯、圣卢西亚、安提瓜和巴布达、巴哈马和牙买加。

"神舟"四号飞船成功返回

19时16分，"神舟"四号飞船在完成预定空间科学和技术试验任务后，在内蒙古中部地区准确着陆。至此，我国载人航天工程第四次飞行试验获得圆满成功。中共中央政治局常委李长春在北京航天指挥控制中心观看了飞船返回实况。

国家主席、中央军委主席江泽民在听取载人航天工程指挥部向他汇报"神舟"四号飞船成功着陆的喜讯后，十分高兴地说："对'神舟'四号成功返回，表示热烈祝贺。希望再接再厉，努力做好后续各项工作。"

全国人大常委会委员长李鹏获悉"神舟"四号飞船成功返回的喜讯后，非常高兴，给总装备部和载人航天工程指挥部打来电话，祝贺"神舟"四号飞行试验获得圆满成功。

中共中央政治局委员、中央军委副主席曹刚川，全国政协副主席朱光亚，中央军委委员、总装备部部长、载人航天工程总指挥李继耐，总装备部政委迟万春等，也在北京航天指挥控制中心观看。

"神舟"四号飞船于2002年12月30日凌晨在酒泉载人航天发射场发射升空，按预定计划在太空飞行了6天零18小时，环绕地球108圈。"神舟"四号除没有载人外，技术状态与载人飞船完全一致。中国载人航天工程专家称，"神舟"四号飞船的成功发射和返回，表明我国载人航天工程技术日臻成熟，为最终实现载人飞行奠定了坚实基础。

《中共十三届四中全会以来历次全国代表大会中央全会重要文献选编》出版

该书由中共中央文献研究室编辑，中央文献出版社出版，收入了自1989年6月十三届四中全会至2002年11月十六届一中全会期间，党的历次全国代表大会、中央全会通过的重要文件，共52篇。这些重要文献，反映了我们党对什么是社会主义、怎样建设社会主义和建设什么样的党、怎样建设党这两个根本问题的认识不断深化的过程，反映了"三个代表"重要思想形成与发展的过程，是以江泽民同志为核心的第三代中央领导集体领导全党全国人民全面推进中国特色社会主义伟大事业的历史记录。

第十届全国冬运会在哈尔滨开幕

20时，全国人大常委会委员长李鹏宣布第十届冬季运动会开幕。第十届冬运会执委会主任、黑龙江省省长宋法棠，国家体育总局局长、第十届冬运会组委会主任袁伟民，分别致欢迎词和开幕词。

本次赛会共计14天，有34个代表团、1300多人参加赛会。比赛项目设速度滑冰、短道速滑、花样滑冰、冰球、冰壶、高山滑雪、越野滑雪、跳台滑雪、自由式滑雪和冬季两项等10大项74小项，其中冰壶项目是本届冬运会新设项目。

第十九届中国·哈尔滨国际冰雪节开幕式当晚与第十届冬运会开幕式合并举行。

1月6日

国家主席江泽民在人民大会堂与斯洛伐克总统鲁道夫·舒斯特举行会谈

关于两国经贸关系，江泽民表示，10年来，经过双方的共同努力，双边贸易额持续增长。尤其令人欣慰的是，双方所关注的神头电站项目业已正式启动，为双边经贸的进一步发展注入了新的活力。同时，中方也注意到，两国经贸合作的总体水平与两国的经济实力不相适应，还有很大潜力可挖。中方欢迎斯洛伐克有实力的企业参与中国西部开发以及北京奥运会和上海世博会场馆的建设，支持和推动中国有影响、有信誉的企业到斯洛伐克投资办厂。

江泽民说，为继续保持两国经贸合作的发展势头，双方应充分发挥政府经济主管部门的宏观指导作用，有效利用混委会机制，加强相互协商与沟通，及时研究解决经贸合作中出现的问题，为企业扩大合作牵线搭桥，并采取切实措施，为双方的人员、商品和资金流动提供便利。

舒斯特说，斯洛伐克重视发展与中国的关系，坚持一个中国的政策，愿意同中国在各个领域开展合作。

会谈结束后，江泽民主席和舒斯特总统签署了《中华人民共和国与斯洛伐克共和国联合声明》。双方还签署了《中斯2003—2005年文化合作计划》和《中斯林业合作议定书》。

中华人民共和国与斯洛伐克共和国发表联合声明

中华人民共和国与斯洛伐克共和国(以下简称双方)对两国富有成果的关系和友好合作表示赞赏，并对近年来双边关系的发展表示满意。为进一步发展两国人民之间的友好关系，加深相互了解，加强各领域的双边合作，促进中斯友好合作关系在二十一世纪的发展，双方声明如下：

一、双方重申，近年来形成的两国关系基本原则和政治框架符合两国人民的根本利益。以《联合国宪章》的宗旨和原则、公认的国际法原则和国际关系准则、相互尊重、平等互利、互不干涉内政等原则为基础，发展二十一世纪的双边合作是双方的共同目标。

二、中方赞赏斯洛伐克在经济和社会发展中取得的成就，愿意看到斯洛伐克作为中欧的重要国家，继续在本地区和整个欧洲发挥建设性作用。双方认识到地区合作的重要性。中方注意到斯方为加入欧洲联盟和北约所做的努力，尊重斯方作出的自主选择，希望这些目标的实现能促进欧洲的和平与稳定，有助于中斯合作的进一步发展。

三、斯方赞赏中国在实行改革开放政策方面取得的成就。斯方对中国加入世界贸易组织表示欢迎，相信这将进一步加强和扩大两国间的双边贸易。希望中国继续为国际社会的和平发展及维护世界的和平与稳定作出贡献。斯方重申，世界上只有一个中国，中华人民共和国政府是代表中国的唯一合法政府，台湾是中国不可分割的一部分；斯方将继续坚持一个中国原则，不同台湾建立任何形式的官方关系和进行任何形式的官方往来，斯洛伐克将只与台湾保持私营部门主导的贸易和经济关系。

四、双方注意到，两国间现行条约和协定构成了双边合作的基础，并为继续合作提供了适当条件。双方声明，这些条约或协定不应影响各自对第三国的权利和义务以及双方参加的各类多边条约规定的国际权利和义务。为进一步发展合作，双方将根据双边关系的特定需要修改或终止某些现有条约或协定并缔结新的条约或协定。

五、双方重申，相互尊重对方人民根据本国国情自主选择的发展道路。双方承认两国在政治、经济、社会和文化传统等方面存在差异，在某些问题上存在不同立场，但认为这不应影响双边关系的顺利发展。双方均希望通过真诚与坦率的对话处理分歧。平等、相互尊重和发展双边关系的共同愿望是对话的基础。

六、双方认为，在双边和多边领域都存在着扩大和加深两国合作的有利条件。两国在联合国系统和其他国际组织框架内的合作有利于维护世界的和平、安全与稳定。双方愿在国际舞台上为解决诸如恐怖主义、防止大规模杀伤性武器扩散、促进经济发展和社会进步、环境保护、和平和可持续利用自然资源等重大全球性问题继续进行磋商与合作。

七、双方指出，两国、两国政府、议会和其他国家机构的代表继续保持定期接触和互访有助于增进两国间的相互理解，进一步加强中斯两国人民的友谊，发现新的合作机遇。双方愿继续就经济、金融、文化、教育、法律以及其他领域的改革和发展交流经验。

八、双方高度重视扩大两国互利经济合作，这有利于各自的经济发展和社会进步。双方致力于双边贸易的增长，并特别关注贸易平衡。双方将继续鼓励各自的公司和企业增加向对方的投资，开办合资企业并进行各种便利的现代形式的合作，包括根据市场经济规律和世界贸易组织框架内的国际公认的标准和准则在第三方市场的合作。双方支持扩大在工业、农业、金融、银行业、交通通讯、电讯以及其他产业领域的双边关系。

九、双方支持两国司法、公安、内务以及其他相关部门的互利合作。这种合作有助于两国在打击国际恐怖主义、宗教极端主义、跨国有组织犯罪、武器走私、贩卖毒品等全球性事业中共同作出积极贡献。

双方认为，两国公民间的直接接触以及各自公民在对方境内进行的合法活动有助于两国关系朝着有利的方向发展。双方依照各自的国际义务、现行双边协议的规定以及相关国内法处理两国关系中出现的公民往来方面的问题。双方敦促各自公民在对方境内逗留期间遵守所在国法律规定，对当地权力机关采取合作的态度，与当地人民友好相处。双方不歧视在各自境内逗留的对方公民并保障他们的所有合法权益。双方有关当局为解决公民往来问题进行建设性的合作。

十、双方支持两国发展科技研究、文化、教育以及体育等领域的合作。双方支持两国地区和地方当局之间的联系。双方一致认为，这些联系非常有助于两国人民更好的相互了解以及两国经济、文化和其他领域合作的发展。

中华人民共和国主席　斯洛伐克共和国总统
江泽民　　　　鲁道夫·舒斯特

2003年1月6日于北京

国务院总理朱镕基签署第370号令公布《无照经营查处取缔办法》

《无照经营查处取缔办法》已经2002年12月18日国务院第67次常务会议通过，现予公布，自2003年3月1日起施行。

总　理　朱镕基

2003年1月6日

无照经营查处取缔办法

第一条　为了维护社会主义市场经济秩序，促进公平竞争，保护经营者和消费者的合法权益，制定本办法。

第二条　任何单位和个人不得违反法律、法规的规定，从事无照经营。

第三条　对于依照法律、法规规定，须经许可审批的涉及人体健康、公共安全、安全生产、环境保护、自然资源开发利用等的经营活动，许可审批部门必须严格依照法律、法规规定的条件和程序进行许可审批。工商行政管理部门必须凭许可审批部门颁发的许可证或者其他批准文件办理注册登记手续，核发营业执照。

第四条　下列违法行为，由工商行政管理部门依照本办法的规定予以查处：

（一）应当取得而未依法取得许可证或者其他批准文件和营业执照，擅自从事经营活动的无照经营行为；

（二）无须取得许可证或者其他批准文件即可取得营业执照而未依法取得营业执照，擅自从事经营活动的无照经营行为；

（三）已经依法取得许可证或者其他批准文件，但未依法取得营业执照，擅自从事经营活动的无照经营行为；

（四）已经办理注销登记或者被吊销营业执照，以及营业执照有效期届满后未按照规定重新办理登记手续，擅自继续从事经营活动的无照经营行为；

（五）超出核准登记的经营范围、擅自从事应当取得许可证或者其他批准文件方可从事的经营活动的违法经营行为。

前款第(一)项、第(五)项规定的行为,公安、国土资源、建设、文化、卫生、质检、环保、新闻出版、药监、安全生产监督管理等许可审批部门(以下简称许可审批部门)亦应当依照法律、法规赋予的职责予以查处。但是,对当事人的同一个违法行为,不得给予两次以上罚款的行政处罚。

第五条　各级工商行政管理部门应当依法履行职责,及时查处其管辖范围内的无照经营行为。

第六条　对于已经取得营业执照,但未依法取得许可证或者其他批准文件,或者已经取得的许可证或者其他批准文件被吊销、撤销或者有效期届满后未依法重新办理许可审批手续,擅自从事相关经营活动,法律、法规规定应当撤销注册登记或者吊销营业执照的,工商行政管理部门应当撤销注册登记或者吊销营业执照。

第七条　许可审批部门在营业执照有效期内依法吊销、撤销许可证或者其他批准文件,或者许可证、其他批准文件有效期届满的,应当在吊销、撤销许可证、其他批准文件或者许可证、其他批准文件有效期届满后5个工作日内通知工商行政管理部门,由工商行政管理部门撤销注册登记或者吊销营业执照,或者责令当事人依法办理变更登记。

第八条　工商行政管理部门依法查处无照经营行为,实行查处与引导相结合、处罚与教育相结合,对于下岗失业人员或者经营条件、经营范围、经营项目符合法律、法规规定的,应当督促、引导其依法办理相应手续,合法经营。

第九条　县级以上工商行政管理部门对涉嫌无照经营行为进行查处取缔时,可以行使下列职权:

(一)责令停止相关经营活动;

(二)向与无照经营行为有关的单位和个人调查、了解有关情况;

(三)进入无照经营场所实施现场检查;

(四)查阅、复制、查封、扣押与无照经营行为有关的合同、票据、账簿以及其他资料;

(五)查封、扣押专门用于从事无照经营活动的工具、设备、原材料、产品(商品)等财物;

(六)查封有证据表明危害人体健康、存在重大安全隐患、威胁公共安全、破坏环境资源的无照经营场所。

第十条　工商行政管理部门依照本办法第九条的规定实施查封、扣押,必须经县级以上工商行政管理部门主要负责人批准。

工商行政管理部门的执法人员实施查封、扣押,应当向当事人出示执法证件,并当场交付查封、扣押决定书和查封、扣押财物及资料清单。

在交通不便地区或者不及时实施查封、扣押可能影响案件查处的,可以先行实施查封、扣押,并应当在24小时内补办查封、扣押决定书,送达当事人。

第十一条　工商行政管理部门实施查封、扣押的期限不得超过15日;案件情况复杂的,经县级以上工商行政管理部门主要负责人批准,可以延长15日。

对被查封、扣押的财物,工商行政管理部门应当妥善保管,不得使用或者损毁。被查封、扣押的财物易腐烂、变质的,经县级以上工商行政管理部门主要负责人批准,工商行政管理部门可以在留存证据后先行拍卖或者变卖。

第十二条　工商行政管理部门应当在查封、扣押期间作出处理决定。工商行政管理部门逾期未作出处理决定的,视为解除查封、扣押。

对于经调查核实没有违法行为或者不再需要查封、扣押的,工商行政管理部门在作出处理决定后应当立即解除查封、扣押。被查封、扣押的易腐烂、变质的财物根据本办法第十一条第二款的规定,已经先行拍卖或者变卖的,应当返还拍卖或者变卖所得的全部价款。

依照本办法规定,被查封、扣押的财物应当予以没收的,依法没收。

第十三条　工商行政管理部门违反本办法的规定使用或者损毁被查封、扣押的财物,造成当事人经济损失的,应当承担赔偿责任。

第十四条　对于无照经营行为,由工商行政管理部门依法予以取缔,没收违法所得;触犯刑律的,依照刑法关于非法经营罪、重大责任事故罪、重大劳动安全事故罪、危险物品肇事罪或者其他罪的规定,依法追究刑事责任;尚不够刑事处罚的,并处2万元以下的罚款;无照经营行为规模较大、社会危害严重的,并处2万元以上20万元以下的罚款;无照经营行为危害人体健康、存在重大安全隐患、威胁公共安全、破坏环境资源的,没收专门用于从事无照经营的工具、设备、原材料、产品(商品)等财物,并处5万元以上50万元以下的罚款。

对无照经营行为的处罚,法律、法规另有规定的,从其规定。

第十五条　知道或者应当知道属于本办法规定的无照经营行为而为其提供生产经营场所、运输、保管、仓储等条件的,由工商行政管理部门责令立即停止违法行为,没收违法所得,并处2万元以下的罚款;为危害人体健康、存在重大安全隐患、威胁公共安全、破坏环境资源的无照经营行为提供生产经营场所、运输、保管、仓储等条件的，并处5万元以上50万元以下的罚款。

第十六条 当事人擅自动用、调换、转移、损毁被查封、扣押财物的，由工商行政管理部门责令改正，处被动用、调换、转移、损毁财物价值5%以上20%以下的罚款；拒不改正的，处被动用、调换、转移、损毁财物价值1倍以上3倍以下的罚款。

第十七条 许可审批部门查处本办法第四条第一款第(一)项、第(五)项规定的违法行为，应当依照相关法律、法规的规定处罚；相关法律、法规对违法行为的处罚没有规定的，许可审批部门应当依照本办法第十四条、第十五条、第十六条的规定处罚。

第十八条 拒绝、阻碍工商行政管理部门依法查处无照经营行为，构成违反治安管理行为的，由公安机关依照《中华人民共和国治安管理处罚条例》的规定予以处罚；构成犯罪的，依法追究刑事责任。

第十九条 工商行政管理部门、许可审批部门及其工作人员滥用职权、玩忽职守、徇私舞弊，未依照法律、法规的规定核发营业执照、许可证或者其他批准文件，未依照法律、法规的规定吊销营业执照、撤销注册登记、许可证或者其他批准文件，未依照本办法规定的职责和程序查处无照经营行为，或者发现无照经营行为不予查处，或者支持、包庇、纵容无照经营行为，触犯刑律的，对直接负责的主管人员和其他直接责任人员依照刑法关于受贿罪、滥用职权罪、玩忽职守罪或者其他罪的规定，依法追究刑事责任；尚不够刑事处罚的，依法给予降级、撤职直至开除的行政处分。

第二十条 任何单位和个人有权向工商行政管理部门举报无照经营行为，工商行政管理部门一经接到举报，应当立即调查核实，并依法查处。

工商行政管理部门应当为举报人保密，并按照国家有关规定给予奖励。

第二十一条 农民在集贸市场或者地方人民政府指定区域内销售自产的农副产品，不属于本办法规定的无照经营行为。

第二十二条 本办法自2003年3月1日起施行。

国家科技教育领导小组第十二次会议在中南海召开

国务院总理、国家科技教育领导小组组长朱镕基主持会议，听取科技部关于我国科学技术发展战略、教育部关于农村中小学危房改造和国家计委关于进一步推进高技术产业化工作的汇报，并作重要讲话。朱镕基强调，要认真贯彻十六大精神，继续全面实施科教兴国战略，大力发展教育和科学事业，为把我国建设成为科技教育强国，实现全面建设小康社会的宏伟目标而努力奋斗。

国务院副总理、国家科技教育领导小组副组长李岚清，中共中央政治局常委、国务院副总理温家宝出席会议并作了重要讲话。

李岚清在讲话中指出，必须采取有力措施，继续大力发展科技和教育事业，深化科技体制和教育体制改革，促进科技、教育与经济、社会的紧密结合。要高度重视基础科学的研究，坚持有所为有所不为的方针，瞄准世界科学发展的前沿，选择有优势的领域重点突破。应用技术开发要面向市场，围绕国民经济发展急需解决的问题，勇于创新，实现跨越式发展。要加强学校内部的管理和改革，不断提高教育质量和教学水平，培养德智体美全面发展的高素质人才。要努力营造培养和吸引人才、留住人才和用好人才的良好环境。

温家宝在讲话中指出，高新技术产业化关系我国经济发展的后劲，关系劳动生产率的提高，关系新产品开发和产业竞争力，关系传统产业的改造和产业结构的优化升级。要面向市场需求，抓住关键和重点，立足于自主创新，积极发展高新技术产业。要按照中央和地方事权、财权的划分，以地方投入为主，建立保障农村中小学危房改造投入和管理的机制。中央将继续安排专项资金，对中西部贫困地区的农村中小学危房改造给予支持。凡是没有完成农村中小学危房改造的地方，政府一律不得出资兴建楼堂馆所。

会议审议并原则同意科技部关于我国科学技术发展战略、教育部关于农村中小学危房改造和国家计委关于进一步推进高技术产业化工作的汇报。

中共中央政治局委员、国家计委主任曾培炎，全国政协副主席宋健和国家科技教育领导小组成员陈至立、徐冠华、刘积斌、项怀诚、杜青林、徐匡迪、高强出席会议，国务院有关部门负责同志列席会议。

全国科技工作会议在北京召开

科技部部长徐冠华在会议上总结了一年来的科研成果，指出我国加强原始性创新的科技战略初见成效，我国科技发展从以跟踪为主向以自主创新为主的转变初步成功。

徐冠华提出，今年财政部已加大对科技的投入，地方各级政府也都应当高度重视科技投入，采取有效措施迅速扭转近年来财政科技拨款占财政支出比重逐年下滑的局面。同时还要努力创建多元化、多层次的金融资本市场体系，鼓励创业投资，积极推动建立创业板和场外交易市场，引导和激励社会资源对科技创新活动的投入。

科技部今年将对地方科技投入状况进行监督，定期予以公布。同时,还将通过进一步强化各类科技计划项目的过程管理,对国家科技经费的使用情况进行跟踪检查,防止对科技经费的挤占、挪用或不当使用。

中国和平统一促进会与全美中国和平统一促进会联合会访问团在北京举行座谈会

全国政协副主席、中国和平统一促进会会长王文元出席了座谈会。

王文元强调,以全球中国和平统一促进会为主力的全球“反独促统”运动,必将为实现中国的早日完全统一,作出积极的贡献。他希望,中国统促会与全美促统联盟今后进一步加强联系,相互支持,共同为早日实现中国的完全统一而努力。

程君复在座谈会上发言时表示,江泽民在中共十六大报告中关于祖国统一问题的阐述充满诚意,海外华侨华人深受鼓舞。全美促统联盟愿与中国统促会加强合作,携手“反独促统”,为实现中国的完全统一而共同奋斗。

全美中国和平统一促进会联合会于2002年8月在芝加哥成立,成员多为从台湾到美国的侨胞。

中共中央政治局常委李长春在人民大会堂会见由总书记弗鲁托斯率领的西班牙共产党代表团

苏里南总统费内蒂安在帕拉马里博会见国务委员吴仪

外经贸部副部长马秀红、中国驻苏里南大使胡守勤等参加了会见。访问期间,双方签署了中苏经济技术合作协定等合作文件。

中华环保世纪行10年总结表彰会议在北京召开

全国人大常委会副委员长邹家华为会议发来贺信。他指出,中华环保世纪行是开展我国环境与资源保护工作的一项创新,是人大监督工作的一个组成部分,对推动各级政府和有关部门解决环境问题,提高全民族的环保意识和法制观念,促进经济建设与环境保护协调发展,起到了积极的作用。

中华环保世纪行是由全国人大环资委、中宣部、国家环保总局、国家林业局等14个部门联合发起的。该活动针对我国在环境与资源保护中存在的问题,树立环保先进典型,勇于揭露违法行为,走出了一条法律监督、舆论监督、群众监督相结合的道路,成为人大监督的臂膀,政府工作的参谋,人民群众的喉舌。10年来,我国共有5万名环境记者参与中华环保世纪行采访活动,新闻作品达15万件,建议和敦促解决突出环境问题2万个。

1月7日

国家主席江泽民在人民大会堂与缅甸国家和平与发展委员会主席丹瑞举行会谈

江泽民说:2001年年底我访问贵国时,与阁下商定将农业、人力资源和自然资源开发及基础设施建设作为今后两国合作的重点领域。一年多来,两国有关部门采取了切实措施,落实具体项目,取得了可喜的成绩。目前,两国经济合作进展顺利,双边贸易有所增长。

江泽民说,两国应进一步加强经济互利合作,中方将支持有实力、有信誉的企业赴缅甸开展形式多样的互利合作,参与缅甸经济建设,也希望缅方不断改善投资环境,为中国公司在缅甸投资合作提供便利。他说,中国政府决定向缅甸提供2亿美元优惠贷款,用于支持缅甸的经济建设。

丹瑞说,缅甸高度重视与中国的合作,真诚欢迎中国公司到缅甸投资,参与缅甸的经济建设,促进缅甸经济发展。

丹瑞说,近年来,中国与东盟关系不断发展。作为东盟成员,缅甸愿进一步加强与中国在国际和地区事务中的协调与配合,推动中国与东盟关系取得更大发展。

会谈结束后,江泽民主席和丹瑞主席共同出席了《中华人民共和国政府和缅甸联邦政府经济技术合作协定》《中华人民共和国政府和缅甸联邦政府卫生合作协定》及《中国国家体育总局与缅甸体育部体育合作协定》3个文件的签字仪式。

国家主席江泽民 全国人大常委会委员长李鹏在人民大会堂分别会见印度议会人民院议长马诺哈尔·乔希

全国人大常委会委员长李鹏在人民大会堂会见斯洛伐克总统鲁道夫·舒斯特

国务院总理朱镕基在中南海分别会见斯洛伐克总统鲁道夫·舒斯特和印度议会人民院议长马诺哈尔·乔希

全国政协主席李瑞环到澳门考察访问

1月7日下午,全国政协主席李瑞环乘专机抵达澳门特别行政区,进行为期4天的考察访问。李瑞环主席的随行人员全国政协秘书长郑万通,全国政协副秘书长、李瑞环主席办公室主任李昌鉴和国务院港澳办副主任徐泽同机到达。当晚,澳门特别行政区政府举行宴会,欢迎李瑞环一行。澳门特别行政区行政长官何厚铧和李瑞环先后致辞。

李瑞环致辞时说，澳门回归三年来，在何厚铧先生的领导下，经济发展取得成效，社会治安明显改善，广大市民安居乐业，各方面呈现出新的景象。看到你们取得的成就，我们由衷地感到欣慰。"澳人治澳"的成功给澳门居民带来了利益，证明了"一国两制"方针的正确，为解决台湾问题提供了经验。"一国两制"是一个史无前例的伟大创举，在前进的道路上也还会遇到这样那样的新情况、新问题。我相信，只要你们着眼发展、研究特点、发挥优势、扬长避短，只要你们随时注意澳门今天与过去、澳门与其他地方的区别点，做到一切从澳门的实际出发，把澳门蕴藏的潜力充分挖掘出来，把澳门各方面的力量凝聚起来，就一定会克服困难、不断前进，就一定会使邓小平"一国两制"这一伟大构想在澳门结出更加丰硕的成果。

李瑞环指出，澳门和香港一样，在推进祖国改革开放和现代化建设中，在实现中华民族伟大复兴的进程中，具有不可替代的重要地位和作用。我相信，只要大家坚决维护基本法的权威，切实贯彻基本法的各项规定；只要大家同心同德，团结奋斗，澳门就一定能够长治久安、蒸蒸日上，就一定能对祖国内地的发展和繁荣作出更大的贡献。

何厚铧在致欢迎词时首先代表澳门特别行政区和全体市民，向李瑞环一行致以最热烈的欢迎。

他说，澳门特别行政区成立3年以来，在中央人民政府和祖国人民的大力支持下，克服困难，重新走上发展的道路。澳门人正在"一国两制"的前提下，努力为特区的发展开拓崭新的局面。

何厚铧说，澳门特别行政区政府将继续贯彻"一国两制"方针政策，坚守基本法，以爱国爱澳情操，立足澳门，心怀祖国，走向世界，将澳门的发展事业作为国家全局发展事业一个密切的组成部分，不断向前迈进，为祖国实现完全统一作出应有的贡献。

全国政协副主席马万祺、中央政府驻澳联络办主任白志健、外交部驻澳特派员万永祥、解放军驻澳部队司令员刘联华及澳门特别行政区主要官员等出席了欢迎宴会。

中办 国办发出《关于继续从严控制党政机关办公楼和培训中心项目建设的通知》

各省、自治区、直辖市党委和人民政府，中央和国家机关各部委，军委总政治部，各人民团体：

《中共中央、国务院关于党政机关厉行节约制止奢侈浪费行为的若干规定》(中发〔1997〕13号)下发以来，各地区、各部门认真贯彻文件精神，有效地遏制了兴建党政机关办公楼的势头。但是，近几年由于机构调整变化等诸多因素，一些部门和地方又出现了竞相兴建机关办公楼和培训中心的现象。对此，党中央、国务院高度重视，并再次强调，要艰苦奋斗、勤俭建国、勤俭办一切事业，反对讲排场、比阔气、挥霍公款等奢侈浪费现象，领导机关的工作条件只能随着经济发展而逐步改善，要把有限的资金更多地用于改善人民生活方面，继续从严控制党政机关新建办公楼和培训中心。经党中央、国务院同意，现重申并提出以下要求：

一、严格党政机关办公楼建设项目审批程序。中央和地方省级党政机关新建办公楼，无论规模大小，一律报国务院审批。中央直属机关的办公楼建设项目，经中共中央直属机关事务管理局审核同意后报国家计委，由国家计委核报国务院审批。国务院各部门的办公楼建设项目，总投资在7000万元以下的，由国务院机关事务管理局征求国家计委意见后报国务院审批，总投资在7000万元以上的，由国家计委核报国务院审批。地方省级党政机关的办公楼建设项目，一律由国家计委核报国务院审批。省级以下党政机关办公楼建设项目，由省级计划部门核报省级人民政府审批。

二、加快开展党政机关办公用房存量的调整工作。有关部门和地方省级人民政府在审核党政机关办公用房建设项目时，要严格按照《党政机关办公用房建设标准》，从严核定办公用房面积。对办公用房确有困难的，应首先考虑从现有党政机关办公用房存量中调剂解决；确需新建、改扩建和加固改造的，要严格执行审批程序。

三、从严控制党政机关培训中心项目建设。除特殊情况外，原则上不再批准新建培训中心项目。同时，各地区、各部门对现有党政机关培训中心的改扩建要严格控制，严禁进行高档装修，防止变相扩大规模，提高建设标准。

四、积极推进党政机关培训中心管理社会化。为了改变目前党政机关培训中心总量严重过剩、现有培训设施利用率不高的状况，更好地做好干部培训工作，要积极推行培训中心管理社会化。中央和国家机关的有关具体办法由中共中央直属机关事务管理局、国务院机关事务管理局会同有关部门制定并组织实施。

五、各级党委、政府及有关部门要认真贯彻执行本通知精神，各级纪检监察机关要对有关执行情况进行监督检查。对违反本通知规定的党政机关，要视情节轻重追究直接责任人和主要领导的责任，直至给予党纪政纪处分。

六、本通知所称党政机关，是指党的机关、人大机关、行政机关、政协机关、审判机关、检察机关。工会、共青团、妇联等各人民团体适用本通知。国有企业事业单位参照执行本通知。

国办转发《关于解决国有困难企业和关闭破产企业职工基本生活问题的若干意见》的通知

各省、自治区、直辖市人民政府，国务院各部委、各直属机构：

国家经贸委、教育部、民政部、财政部、劳动保障部、人民银行《关于解决国有困难企业和关闭破产企业职工基本生活问题的若干意见》已经国务院同意，现转发给你们，请认真贯彻执行。

国务院办公厅

2003年1月7日

关于解决国有困难企业和关闭破产企业职工基本生活问题的若干意见

党中央、国务院对国有困难企业和关闭破产企业职工生活问题非常重视，近年来采取了一系列重大政策措施，进一步健全社会保障体系，不断完善国有企业关闭破产有关政策，对维护广大职工群众切身利益，保持企业和社会稳定，发挥了重要作用。当前，国有企业改革与结构调整正处在攻坚阶段，部分国有企业和关闭破产企业职工生活仍然比较困难。对此，地方各级人民政府和有关部门要高度重视，继续落实和完善现有的各项政策，通过多种渠道，切实解决困难职工群众基本生活问题。为进一步做好这方面的工作，现提出以下意见：

一、继续扎实做好“两个确保”工作，巩固“三条保障线”。要进一步深化基本养老保险制度改革，增强基本养老保险基金收支平衡能力。各级财政部门要进一步调整财政支出结构，逐步加大对基本养老保险的资金投入，确保企业离退休人员基本养老金按时足额发放。对按照《研究辽宁部分有色金属和煤炭企业关闭破产有关问题的会议纪要》(国阅〔1999〕33号)和《中共中央办公厅、国务院办公厅关于进一步做好资源枯竭矿山关闭破产工作的通知》(中办发〔2000〕11号)实施关闭破产的中央企业及中央下放地方企业离退休人员统筹项目内养老保险金，中央财政按政策规定补助后如仍有缺口，纳入中央财政对地方企业职工基本养老保险专项转移支付范围统筹解决。要继续按照“三三制”原则，落实国有企业下岗职工基本生活保障资金，按时足额发放下岗职工基本生活费，并代缴社会保险费。对企业和社会筹集资金不足部分，各级财政要切实予以保证。对协议期满暂时无法解除劳动关系的国有企业下岗职工，地方各级人民政府和企业要继续运用现有各类渠道筹措的资金，保障其基本生活；对国有企业新裁减人员和已出再就业服务中心的下岗职工，要按照规定及时提供失业保险，符合条件的纳入低保范围。对解除劳动关系的国有企业下岗职工，要按照规定做好各项社会保险接续工作。

二、采取有效措施，切实做好困难企业职工最低生活保障工作。为完善现有政策，进一步做好低保工作，今后凡申请最低生活保障金的在职职工，无论其是在岗职工还是下岗职工，如因所在企业长期亏损、停产、半停产的原因，连续6个月以上领不到或未足额领到工资或基本生活费，经当地劳动保障和经贸部门认定并出具证明后，可据实核算本人实际收入，符合低保标准的纳入低保范围，确保其基本生活。对恶意拖欠职工工资或基本生活费的企业，一经发现，要严肃处理。各地要合理确定低保标准和保障对象补助水平，认真做好低保申请人员的收入调查核实工作，严格按政策规定审批最低生活保障对象，并及时掌握其收入变化情况。要将符合条件的困难企业职工全部纳入低保范围，切实做到应保尽保。

三、进一步完善关闭破产企业离退休人员医疗保险有关政策措施。对按照国阅〔1999〕33号文件和中办发〔2000〕11号文件规定实施关闭破产的中央企业及中央下放地方企业，中央财政在核定企业离退休人员医疗保险费时，按照企业在职职工年工资总额的6%计算10年进行核定，不再折半。企业所在地财政部门应及时将中央财政补助资金拨付给当地医疗保险经办机构，同时，医疗保险经办机构要将上述企业离退休人员纳入当地医疗保险体系统一管理。

各地政府在扩大医疗保险覆盖面的同时，要尽快通过建立社会医疗救助制度，对暂时无力缴费、没有参加医疗保险的困难企业职工，提供必要的医疗救助。

四、切实关心困难企业和关闭破产企业职工子女就学问题。各级教育、民政、财政等部门，要采取有效措施，加大对这类企业职工子女上学的资助力度。各地要认真做好企业自办中小学校分离移交工作。要首先将困难企业所办的普通中小学校移交地方政府管理，保证其职工子女完成义务教育。要认真落实资助经济困难大学生的各项政策，及时为特困职工子女上大学提供必要的帮助。

五、进一步做好国有企业实施政策性关闭破产工作。在确保企业和社会稳定前提下，加大国有企业实施政策性关闭破产的工作力度，让那些已不具备市场生存条件的企业尽快退出市场。对拟列入政策性关闭破产范围的企业，有关部门和债权银行、金融资产管理公司要严格按照有关文件的要求抓紧审核，提高办事效率。为了解决企业破产清算经费不足问题，将目前计算破产清算期间职工生活费等有关费用的期限，由3个月延长为6个月。中央企业及中央下放地方企业实施关闭破产时由此所增加的费用，由中央财政解决。

六、妥善解决实施关闭破产的中央企业及中央下放地方企业拖欠职工个人费用问题。对执行国阅〔1999〕33号文件规定，母公司整体关闭破产或子公司关闭破产且母公司亏损严重的，关闭破产企业拖欠职工的工资由中央财政给予补贴。对执行国阅〔1999〕33号文件规定实施关闭破产的企业拖欠职工的医疗费用，由地方政府从中央财政继续拨付的亏损补贴和留给地方的盈利企业所得税中解决。对执行国阅〔1999〕33号文件和中办发〔2000〕11号文件规定实施关闭破产的企业挪用的职工个人缴纳的住房公积金，可以在售房时相应抵扣；企业已经售房的，对欠付职工的住房公积金，地方政府可以从中央财政继续拨付的亏损补贴和留给地方的盈利企业所得税中解决。

七、加快社区建设，完善社会保障平台。社区管理机构要将国有企业的下岗职工、就业转失业人员(包括有偿解除劳动关系的人员)、破产企业职工、退休人员等纳入管理范围，协助政府有关部门做好这部分人员的社会保障和再就业服务等工作，帮助他们解决实际困难。地方各级政府要按照上述要求完善社区职能，保证社区居民委员会必要的工作条件和工作经费。独立工矿区的社区应按照属地化管理原则，由地方政府实行统一管理。企业破产终结后组建的管理机构应及时移交当地政府，避免出现管理盲区。对按照国阅〔1999〕33号文件实施关闭破产且地处偏远地区的企业，当地政府有关部门或社区管理机构要负责企业退休人员的管理和社会保障资金的发放，对财政确有困难地区的社区管理机构的管理费用，中央财政在核定企业破产费用时予以适当补助。

全国宣传部长会议在北京召开

会议为期3天。中共中央政治局委员、中央书记处书记、中宣部部长刘云山主持会议并就认真学习贯彻党的十六大精神，用"三个代表"重要思想统领宣传思想工作，开创工作新局面作了讲话。

会议提出了今年宣传思想战线要着重抓好的八个方面工作：一要立足统一思想，着眼凝聚力量，推动学习宣传贯彻十六大精神热潮的深入发展；二要把握根本要求，结合新的实践，兴起学习贯彻"三个代表"重要思想的新高潮；三要坚持正确导向，提高引导水平，兴起全面建设小康社会、加快推进社会主义现代化的宣传热潮；四要弘扬培育民族精神，加强思想道德建设，使广大干部群众始终保持昂扬向上的精神状态；五要注重思想内涵，多办好事实事，增强精神文明创建活动的实际效果；六要多出优秀作品，促进繁荣发展，满足人民群众日益增长的精神文化需求；七要加大改革力度，加快发展步伐，壮大宣传文化事业的整体实力；八要加强思想建设，全面提高素质，造就一支政治强、业务精、纪律严、作风正的宣传思想工作队伍。

中宣部副部长徐光春、吉炳轩、李从军在会上通报了有关工作情况。各省、自治区、直辖市和新疆生产建设兵团以及各副省级城市的党委宣传部长，中央和国家机关有关部委、中央宣传文化系统各单位、总政宣传部、武警总部政治部和各人民团体的有关负责同志出席了会议。

中组部部长贺国强在中央党校与中青年干部培训班学员座谈

贺国强对参加中央党校第18期一年制中青年干部培训班学员说，广大中青年领导干部要紧紧抓住21世纪头20年这个重要战略机遇期，在全面建设小康社会、实现第三步战略目标、推进三大历史任务的进程中，担负起承前启后、继往开来的伟大使命，以实际行动争当学习和实践"三个代表"重要思想的表率。

贺国强要求广大中青年领导干部，一要谦虚好学，全面发展，努力做勤奋学习的表率。二要居安思危，埋头苦干，努力做艰苦奋斗的表率。三要与时俱进，奋发有为，努力做开拓创新的表率。四要加强修养，牢记宗旨，努力做联系群众的表率。

中组部、中央党校的有关负责同志参加了座谈会。

国务院任命陈奎元为中国社会科学院院长

全国环境保护工作会议在北京召开

国家环保总局局长解振华在会议上强调，要认真总结实践中的新经验，借鉴世界环境保护的新成果，不断拓展视野，进行理论创新、制度创新、机制创新和体制创新，把促进发展模式转变作为重中之重，积极推行循环经济，在新型工业化发展中削减环境污染。

会议对以下环境难题作出部署：

全面深化污染防治。依法关闭和淘汰污染重、效益差的小企业和落后工艺，进一步降低污染负荷；把好新建项目审批和竣工验收关，切实做到增产减污；督促企业依法实施清洁生产，广泛开展清洁生产审计；促进城市污水和垃圾处理设施建设，减少城市生活污染；发展生态农业和有机农业，减轻面源污染；

着力解决重点流域和区域污染。督促检查重点地区污染防治工程，逐步减轻湖泊和海域富营养化；确保三峡水库、南水北调污染防治工作按期完成各项任务，使库区和调水工程水质达到要求；启动7省市碧海行动；

切实改善城市环境质量。强化环境管理，改革城市环境考核制度，深化创建环保模范城工作；严格控制机动车污染，为明年实施欧洲Ⅱ号标准做好准备；

继续加强生态环境保护。继续贯彻《全国生态保护纲要》，启动中东部生态功能区划，开展生态保护编制试点，创建生态省（市、县），加强小城镇环境规划，创建"环境优美乡镇"，开展国家有机食品基地建设试点；

加强核安全与辐射环境管理，继续做好放射源管理专项整治工作，全面建立、实施注册核安全工程师职业资格制度；

切实加强环境立法，坚持依法行政，强化监督管理。抓紧制定《环境影响评价法》、《清洁生产促进法》实施的配套规章；加大建设项目后期管理力度，继续做好青藏铁路等国家重点工程施工过程中的环境监管。

全国引进国外智力工作会议在北京召开

国务委员王忠禹为会议发来书面致辞。他充分肯定了引智工作取得的成绩，并对今后工作提出明确要求。

国家外国专家局局长万学远在会上作报告。他说，这两年我国的引进外国智力环境有了很大的改善，每年引进海外专家超过44万人次，派遣各类人员出国（境）培训逾4万人次。

万学远表示，要建立符合社会主义市场经济要求的引进国外智力工作管理体制，不断满足全社会日益增长的引进国外智力要求。

国务院副总理吴邦国出席粤海铁路通道轮渡开通庆典活动并剪彩

吴邦国和国家经贸委主任李荣融，铁道部部长傅志寰，海南省省委书记王岐山、省长汪啸风，广东省省长卢瑞华以及国务院有关部委负责同志等出席了庆典活动。上午10时50分许，首列货物列车穿越琼州海峡登上海南岛，这标志着我国第一条跨海大通道正式开通，结束了海南省与大陆不通火车的历史。

国务委员吴仪与圭亚那总统巴拉特·贾格德奥在乔治敦举行会谈

会谈后，双方签署了中圭经济技术合作等4个协议。外经贸部副部长马秀红、中国驻圭亚那大使宋涛、中国进出口银行行长羊子林、外交部部长助理周文重和财政部部长助理李勇出席了会谈和会见。

国务院副总理钱其琛在人民大会堂会见全美中国和平统一促进会联合会访问团

中国科学院宣布增选院士年龄限制要求

据悉，本次增选院士，对65岁以上的被推荐人，需有6名或6名以上院士推荐，且至少有4名院士所在学部与被推荐人相同才有效。《中国科学院院士章程》规定，增选院士每两年进行一次，每次增选总名额不超过60名。在2001年增选后，中科院院士总数达653人。

1月8日

国家副主席胡锦涛 全国人大常委会委员长李鹏在人民大会堂分别会见缅甸联邦国家和平与发展委员会主席丹瑞

国务院总理朱镕基在中南海会见缅甸联邦国家和平与发展委员会主席丹瑞

中央农村工作会议在北京闭幕

为期两天的会议指出，全面建设小康社会，必须统筹城乡经济社会发展，更多地关注农村，关心农民，支持农业，把解决好农业、农村和农民问题作为全党工作的重中之重，放在更加突出的位置，努力开创农业和农村工作的新局面。

中共中央总书记胡锦涛就贯彻党的十六大精神，解决好农业、农村和农民问题，实现全面建设小康社会的宏伟目标作了重要讲话。中共中央政治局常委、国务院副总理温家宝就当前和今后一个时期的农业和农村工作做了部署。中共中央政治局常委曾庆红、黄菊、李长春出席会议。

会议指出，回顾我们党带领人民进行革命、建设和改革的历程，可以清楚地看到，正确认识和处理农民问题，始终是决定党的事业胜利发展的一个根本问题。改革开放以来，农业和农村的发展，为我国胜利实现现代化建设前两步战略目标，作出了巨大的贡献、提供了坚实的基础。从我国的未来发展看，实现全面建设小康社会的宏伟目标，最繁重、最艰巨的任务在农村。没有农民的小康就没有全国人民的小康，没有农村的现代化就没有国家的现代化。我们必须从这样的高度来认识问题，更加重视农业、农村和农民问题，自觉把全面建设小康社会的工作重点放在农村。

会议在深入分析农业和农村工作形势时指出，当前我国农业和农村经济正处在新的发展阶段。新阶段是推进农业和农村经济结构战略性调整、实现农业增长方式转变的阶段，是深化改革、完善与社会主义市场经济体制相适应的农村经济体制的阶段，是统筹城乡经济社会发展、推进农村小康建设的阶段。近几年，各地各部门在党中央、国务院的正确领导下，围绕调整结构和增加农民收入，做了大量工作。农业和农村经济结构调整取得明显进展，农业基础设施和生态环境建设得到加强，农村改革迈出新的步伐，农村社会事业有新的发展，农村基层组织和干部作风建设得到加强。

会议强调，要把解决好农业、农村和农民问题作为全党工作的重中之重。进一步解决好“三农”问题，加快农业和农村经济的发展，是全面建设小康社会的必然要求。我国农业劳动生产率低，农村生产力落后。我国人口的绝大部分居住在农村，农民的生活水平明显低于城镇居民，农村教育、科技、文化和卫生等事业的发展水平也明显落后于城市。在实现全面建设小康社会目标的进程中，农村面临的任务比城市要艰巨得多。进一步解决好“三农”问题，加快农业和农村经济的发展，是保持国民经济持续快速健康发展的必然要求。扩大内需是我国经济发展长期的、基本的立足点。农村人口最多，市场潜力最大。坚持扩大内需的方针，把扩大投资需求和扩大消费需求紧密结合起来，要求我们大力发展农业和农村经济，千方百计增加农民收入，提高农村消费在整个消费中的比重。进一步解决好“三农”问题，加快农业和农村经济的发展，是确保国家长治久安的必然要求。只有在广大农村形成和谐安定、健康向上的良好局面，保证广大农民安居乐业，农村社会稳定才能有坚实的基础，国家的长治久安也才能有可靠的保障。

会议指出，农村小康建设的总体要求是：高举邓小平理论伟大旗帜，全面贯彻“三个代表”重要思想，坚持党在农村的基本政策，深化农村改革，调动和保护农民的积极性，不断解放和发展农村生产力；大力推进农业和农村经济结构战略性调整，提高农业综合生产能力和可持续发展能力，提高农业的现代化水平和城镇化水平，全面繁荣农村经济，稳定增加农民收入，使广大农民过上小康生活；继续加强农村基层组织建设和民主法制建设，健全村党组织领导的充满活力的村民自治机制，保障农民的政治、经济和文化权益，使农村基层民主更加健全、社会秩序良好、群众安居乐业；加强农村精神文明建设，改善教育、卫生条件，丰富农民文化生活，提高农民的思想道德、科学文化和健康素质，实现农村社会全面进步。

会议提出，当前和今后一个时期要着重抓好以下四方面工作：

第一，稳定党在农村的基本政策，继续深化农村改革。稳定基本政策，核心是稳定和完善土地承包关系。要尊重农户的市场主体地位，落实土地政策和《农村土地承包法》，赋予农民长期而有保障的土地使用权。要在保持政策稳定性和连续性的前提下，针对影响农村发展的体制性因素，进一步把农村改革引向深入。一是推进农村税费改革。今年的农村税费改革试点工作，要在总结经验、完善政策的基础上全面推开。各地要加强领导，精心组织，认真执行中央的政策。二是深化粮食流通体制改革。已经实行购销市场化的地区，要加快培育和规范粮食市场，加快粮食企业改革和农业结构调整。主产区要继续坚持按保护价收购制度，合理确定保护价水平和收购范围，同时也要积极培育粮食市场，探索市场化改革的路子。三是探索对农业和农民实行补贴的各种有效办法，加大国家对农业特别是粮食主产区的扶持力度。四是加快农村金融体制改革，改善农村金融服务，加大信贷支农的力度。农村信用社要进一步深化改革，总的要求是明晰产权关系，强化约束机制，增强服务功能，国家适当扶持，地方政府负责。

第二，优化农业和农村经济结构，培育农村经济发展新的增长点。推进农业结构调整，必须把转变农业增长方式，发展优质、高产、高效、生态、安全农业作为核心，把增加农民收入、推进农业现代化作为基本目标，坚持按经济规律和自然规律办事。要在优化品种、品质结构，大力发展优质农产品生产的同时，切实抓好质量安全管理，保证农产品质量安全；优化农业区域布局，促进优势农产品和特色农产品向优势产区集中，形成优势农产品产业带；发展农产品精深加工，提高农产品的附加值，创造新的消费需求。加大对龙头企业的扶持力度，推动农业产业化经营更快更好地发展。要大力发展农村二、三产业和多种经营，拓展农村的就业领域。通过体制创新、技术改造、布局优化和产业升级，提高乡镇企业的竞争力。

第三，统筹城乡经济社会发展，发挥城市对农村的带动作用。各级党委和政府在制定国民经济发展计划、确定国民收入分配格局、研究重大经济政策的时候，要把解决好农业、农村和农民问题放在优先位置，使城市和农村相互促进、协调发展，实现全体人民的共同富裕。要随着经济的发展和国家财力的增强，进一步调整国民收入分配和财政支出的结构，增加对农村经济和社会事业的支持，逐步形成国家支农资金稳定增长的机制。加强农村基础设施建设和生态建设，提高农业的综合生产能力和可持续发展能力。加大扶贫开发力度，加快贫困地区脱贫步伐。农村富余劳动力向非农产业和城镇转移，是工业化和现代化的必然趋势，也是增加农民收入的重要途径。要按照“公平对待，合理引导，完善管理，搞好服务”的方针，为农民进城务工创造有利条件。要坚持大中小城市和小城镇协调发展，走中国特色的城镇化道路，随着经济社会发展不断提高城镇化水平。

第四，加强民主法制建设和精神文明建设，促进农村社会全面进步。全面建设小康社会，建设社会主义新农村，必须实现农村社会主义物质文明、政治文明和精神文明的协调发展。要继续完善村民自治，切实加强以村党组织为核心的村级组织配套建设，健全村党组织领导的充满活力的村民自治机制。加强农村社会治安综合治理，维护农村社会稳定。要注重传播先进思想、先进文化和先进适用知识。党中央、国务院决定今后每年新增教育、卫生、文化等事业经费，主要用于农村，逐步缩小城乡社会事业发展的差距。各级政府要继续增加投入，不断改善农村办学条件。把改善农村卫生环境，解决农民看病难的问题，作为农村卫生工作的重点。

会议强调，必须进一步加强和改进党对农村工作的领导。各级党委和政府要把解决好“三农”问题摆上重要议事日程，把中央关于做好“三农”工作的方针政策真正落实到实际工作中去。要高度重视并切实搞好农业和农村工作的领导力量配备。各级领导干部特别是主要领导同志要带头深入农村，调查研究，特别要多到条件差、困难大的地方去，与基层干部群众一道研究发展农村经济、增加农民收入的措施。加强农村基层组织建设，为农村改革和发展提供坚强的组织保证。农村干部要加深对农民群众的感情，自觉遵循党的农村工作的基本准则，维护和实现好农民的利益。要把握国情，了解农村。尊重农民，平等对待农民。关心群众生活，为群众多办实事。大力弘扬艰苦奋斗、求真务实的精神。

会议强调，全党同志要高举邓小平理论伟大旗帜，全面贯彻“三个代表”重要思想，在以胡锦涛同志为总书记的党中央领导下，解放思想、实事求是，与时俱进、开拓创新，为开创农业和农村工作的新局面而努力奋斗。

回良玉、刘云山、贺国强、曾培炎、王刚、白立忱等出席会议。

国务委员兼国务院秘书长王忠禹主持了第一天上午的全体会议。黑龙江省、山东省、贵州省、浙江省的有关负责人在大会上先后作了发言。

出席会议的有各省、自治区、直辖市党委、政府主管农业、农村工作的负责人及计划单列市主管农业、农村工作的负责人，新疆生产建设兵团负责人，中央和国家机关有关部门负责人等。

中共中央政治局常委李长春在人民大会堂同出席全国宣传部长会议的代表座谈并发表讲话

座谈会由中共中央政治局委员、中央书记处书记、中宣部部长刘云山主持。在听取了北京、上海、辽宁、广东、新疆的党委宣传部长的发言后，李长春发表了讲话。他说，党的十六大精神和“三个代表”重要思想，为我们做好工作指明了方向，提供了根本保证；十三届四中全会以来，宣传思想工作形成了一整套行之有效的工作思路、工作机制、工作方法和规章制度，形成了一支靠得住、能打硬仗的队伍，为我们做好工作奠定了坚实的基础。特别是以胡锦涛同志为总书记的党中央高度重视宣传思想工作，强调越是形势好的时候，越要重视和加强宣传思想工作。

李长春就坚持用“三个代表”重要思想统领宣传思想工作进行了集中深入的阐述。他强调，学习贯彻十六大精神，核心是学习贯彻“三个代表”重要思想；用十六大精神统一思想和行动，首要的是用“三个代表”重要思想统一思想和行动；兴起学习贯彻十六大精神的热潮，最根本的是兴起学习贯彻“三个代表”重要思想的新高潮。

李长春指出，经济建设是党的中心工作，发展是我们党执政兴国的第一要务。宣传思想工作必须始终围绕经济建设这个中心，服从服务于党和国家工作大局，促进改革发展，维护社会稳定。

李长春强调，增强宣传工作的针对性、实效性和吸引力、感染力，是宣传思想工作的着力点和着眼点，也是衡量宣传思想工作效果的重要尺度。要坚持牢牢把握正确导向，把体现党的意志同反映人民心声统一起来，改进宣传方法，提高引导水平。

出席全国文化厅局长会议、全国广播影视工作会议和全国文明办主任会议的代表也参加了今天的座谈会。

国防科技工业工作会议在北京召开

中共中央政治局常委、国务院副总理吴邦国致信会议，充分肯定了国防科技工业战线几年来取得的突出成绩，并希望国防军工战线深入学习贯彻十六大精神，以“三个代表”重要思想为指导，为加快新时期国防科技工业发展作出新的更大的贡献。

吴邦国在信中说，几年来，国防科技工业战线认真落实党中央、国务院的一系列方针政策，克服困难，奋力拼搏，取得了突出成绩。一是重点任务按计划完成，技术和装备水平明显提高。二是军工行业结构调整、改革脱困已经起步，全行业整体效益明显改善。三是“军转民”工作取得重大进展，重点民品持续发展，一批企业市场竞争力明显增强。四是引入竞争机制，企业活力增强，队伍得到锻炼，培养和造就了一大批献身国防军工事业的优秀人才，为进一步发展奠定了良好的基础。

国防科工委主任刘积斌在会议上说，5年来，我国高新技术武器装备研制实现重大跨越，军工行业改革调整脱困取得重要突破。至2002年年底，扭转了军工连续8年全行业亏损的局面，全行业实现持平并略有盈余。军工行业固定资产投资、军工经济发展、管理体制和运行机制改革、人才队伍建设也取得了突出成就。

国务院副总理钱其琛在北京会见全国侨办主任会议代表并讲话

钱其琛强调,党的十六大报告进一步明确了侨务工作的方向,侨务工作者要认真学习贯彻十六大精神,总结各地近年来开展侨务工作的经验,开拓创新,全面推进侨务工作。

钱其琛说,近年来,全国侨办系统围绕经济建设这个中心,以国外侨务工作为主导,积极开展为三大任务服务和为侨服务工作,在密切与海外华侨华人及其社团的联系,开展华文教育,促进祖国统一,保护归侨侨眷权益,维护华侨华人在华投资利益等方面做了大量卓有成效的工作。

钱其琛指出,我国的侨务工作面临更好的发展机遇,任务更重,责任更大。各涉侨单位要认清自己肩负的重任,增强紧迫感、责任感和使命感,密切配合,创造更多更好的条件,凝聚侨心,使更多的海外乡亲参与中国的现代化建设。

全国政协副主席罗豪才、国务院侨办主任陈玉杰等参加了会见。

全国计划生育工作会议在北京召开

全国计生委主任张维庆在会议上指出,未来20年全国的计划生育工作将分三步走:"十五"期间,生育水平稳定在更替水平以下,人口平均增长率不超过9‰,到2005年年末,全国总人口(不含香港、澳门特别行政区和台湾省)控制在17.3亿以内,大力提倡优生优育,明显降低出生缺陷发生率;到2010年,通过努力将全国总人口控制在14亿以内,出生人口素质明显提高;到2020年全国总人口控制在15亿以内。这样到本世纪中叶,我国的总人口将有可能控制在16亿,实现人口零增长,为全面建设小康社会创造良好的人口环境。

香港特别行政区行政长官董建华发表2003年施政报告

在这份题为《善用香港优势,共同振兴经济》的报告中,董建华集中阐述了2003年特区政府的施政主题——发展经济、解决失业,并把推动粤港融合提到新的高度。董建华指出,实现粤港融合是香港经济走出困境的最大出路。

董建华在施政报告中指出,在成功落实"一国两制",经受了亚洲金融风暴的严峻考验后,带领香港经济走出困境,恢复市民对前景的信心,是特区政府的主要任务和最大挑战。

董建华在详细分析了香港的优势和不足后指出,强化与内地的经济关系、注重人才投资、加快服务业的提升是振兴香港经济的主要内容。香港要善用既有优势,强化四大支柱产业,配合推动创意产业和科技创新,支持中小企业多元发展,加快香港与珠江三角洲的经济融合,促进香港经济转型,增加香港市民的就业机会。

董建华指出,应利用内地蓬勃的经济发展形势充分发挥香港的比较优势,使香港的工商服务、物流、旅游、金融业有新的发展,同时结合两地的有利条件,吸引更多跨国公司和外国企业到香港设立总部、增加投资。

针对日益加重的财政赤字问题,董建华说,2002—2003年度的财政赤字可能高达700亿港元,财政赤字问题现时已恶化至严峻程度,如果不及时解决,会成为香港走出经济困境的重要障碍。报告提出从促进经济增长、大力节省公共开支和适当增加收入三方面着手消灭财政赤字。为了体现政府官员与市民共度时艰的决心,董建华宣布,他将与14位问责官员、特首办主任和中央政策组首席顾问一起从今年4月1日开始减薪10%。

国家计委 财政部 国家外汇局联合发布《外债管理暂行办法》

该办法是我国首部从全口径角度规范各类外债管理的规章,对外债定义和分类、举借外债和对外担保、外债资金使用、外债偿还和风险管理,以及外债监督等作了明确规定。该办法自2003年3月1日起实施。

海关总署有关负责人就缉私工作答记者问

据介绍,2002年全国海关共查获各类走私案件9818起,案值57.8亿元,对3491名犯罪嫌疑人采取了强制措施。与上年相比,海关查获的走私案件、案值分别下降27.1%、17.8%。海关全年立案侦办涉嫌走私犯罪案件1228起,案值67.8亿元,分别下降17.3%、17.6%。情况表明,目前,全国范围内大规模走私活动继续得到有效遏制,对净化国内进出口贸易环境,维护进出口正常秩序,促进全国进出口贸易额的稳步上升和海关税收创历史新高起到了积极作用。

海关总署有关负责人在接受记者采访时表示,去年海关的缉私工作紧紧围绕海关税收这一"轴心",组织了为期5个月的打击涉税走私活动专项斗争,重点打击价格瞒骗、加工贸易和转关运输渠道走私等3类走私犯罪,共立案侦办3类案件105起,案值7.9亿元。去年,海关还坚决果断地查处了一批走私大案要案。全年共立案侦办案值千万元以上重特大走私犯罪案件56起，案值37.5亿元，同比分别增长24%和7.2倍。

据统计，1998年至2002年的5年间，全国海关共查获走私案件55755起，案值437.37亿元。

国务委员罗干在中南海紫光阁会见缅甸和发会秘书长钦纽

钦纽说，缅中两国有着漫长的边界，1997年两国签署边境管理与合作协定以来，双方进行了良好的合作，维护了边境稳定，促进了边境地区的经贸往来。缅甸政府十分重视边境地区的发展，同时制订了铲除毒品的行动计划。缅方希望进一步加强与毗邻缅甸的中国云南省以及其他省区的互利合作。

罗干说，中缅边界始终是一条友谊的纽带。近年来，双方认真执行边境管理与合作协定，有力地促进了边境地区的经济往来和互利合作，希望两国政府主管部门进一步沟通与协调，加强边境规范化管理，使中缅边界继续成为友好的纽带和合作的桥梁。罗干说，中方重视并愿进一步加强与缅方在禁毒等领域内的合作。

卫生部决定集中力量开展“全国食品卫生安全保障春节大行动”

此次行动从1月20日到2月15日，重点检查利用甲醛、硫酸等禁用物品加工的食品；滥用硫黄熏蒸的食品；利用死因不明的畜禽肉加工的食品；利用回收食品再加工的食品。卫生部门将把集贸市场、餐饮业和旅游景点列为查处的重点场所，对食品生产经营单位进行全面整治，形成打击制售假冒伪劣食品行为的高压态势，确保消费者的身心健康。

同时，“国家食品安全行动计划”也将推出并实施。主要实施的内容有：建立和完善食源性疾病报告、监测和控制体系；建立和完善食品污染物监测网络；加强企业诚信管理机制和强化自身管理；提高食品安全监管能力。

1月9日

国家主席江泽民在中南海会见法国外长德维尔潘

江泽民积极评价中法两国关系，肯定两国外长会谈成果。他说，近年来，双方间的联系和交往越来越密切，两国各个级别的往来也很频繁，重要互访不断。两国贸易额持续增长，不少法国知名大企业近年来不断拓展在华业务，中法经贸合作的前景是广阔的。在文教科等领域，去年中国在巴黎设立了文化中心，两国还将互办文化年；两国签署了第一个教育交流合作协议和在华建立“中法科技中心”的文件。我们对中法关系正在全面深入发展感到高兴。

德维尔潘说，法方高度重视法中关系，在当前国际局势急剧变化的形势下，双方更有必要加强磋商和协调。

国务院副总理温家宝在中南海会见法国外长德维尔潘

中共中央政治局常委曾庆红到延安 井冈山 上海考察

1月9日至15日，曾庆红到延安、井冈山和上海等地，顶风踏雪，进村入户，看望老红军、老干部、老党员、老劳模和困难群众。

曾庆红先后来到延安八一敬老院和吉安市红军院看望老红军、老八路，亲切地询问他们的生活和健康状况。他要求当地党委和政府要从讲政治的高度关心、照顾好老同志。

曾庆红对城乡困难群众的生产生活十分关切。他先后深入到延安的窑洞、井冈山下的农舍和上海市的社区，探望、慰问了延安市二道街、松树林乡马坊村和井冈山市厦坪镇复兴村、吉安县长塘镇陈家村及上海市虹桥街道虹储居民小区的困难群众。他说，关心群众生活，切实维护群众利益，是始终做到“三个代表”的重要体现。各级党组织一定要按照中央的要求，把关心群众特别是困难群众生产生活问题作为一件关系全局的大事切实抓紧抓好。在走访下岗职工家庭时，曾庆红指出，就业是民生之本，是最大的社会保障，也是城市扶贫的根本措施。要进一步落实促进再就业的各项政策措施，帮助更多的下岗失业人员实现再就业。他还鼓励下岗职工自强不息、自我创业，努力实现安居乐业。

在调研中，曾庆红对延安、井冈山、浦东三个干部教育培训基地的建设情况进行了考察。

在调研中，曾庆红还与两省一市领导干部共同研究干部教育培训基地的规划建设和办学方针问题。

随同曾庆红考察调研的中央有关部门负责人有虞云耀、陈福今、王东明、何毅亭等。

中共中央政治局常委李长春在北京出席全国对外宣传工作会议并讲话

会议由中共中央对外宣传办公室主任、国务院新闻办公室主任赵启正主持。中共中央政治局委员、中央书记处书记、中央宣传部部长刘云山出席了会议。

李长春指出，要积极开展国际问题报道和舆论斗争，加强外宣手段建设，拓宽外宣工作的领域和渠道，大力推进外宣体制改革和方法创新，力争在较短的时期内使对外宣传实力有所增强，对外宣传中国有新的进展，我国在西方主流社会的影响有明显扩大，在国际舆论斗争中的形势有较大的改善，初步形成与我国国际地位相适应的对外宣传格局。

李长春指出，外宣工作要贯彻解放思想、实事求是、与时俱进的思想路线。要在总结经验的基础上，争取有所突破和创新。要采用现代传播手段，搞好互联网新闻宣传；扩大对外文化交流，把文化交流与对外宣传结合起来；增强文化宣传的感染力和吸引力，充分发挥中央主要涉外媒体的作用，争取更多的读者，扩大在海外的影响；采取"走出去、请进来"相结合的办法，做好外国媒体和记者的工作；提高外宣品的制作质量，扩大对外发行渠道，探索建立外宣品的市场发行机制，千方百计地把我们的外宣品送到外国人手里；大力发展涉外文化产业，增强其在海外的竞争力和影响力；集中力量，突出重点，力争在外宣的重点工作方面有新的突破。

他强调要建立三个工作机制：一是建立对外宣传的统筹协调机制。二是建立、健全对外新闻发布机制。三是建立应对突发事件高效的新闻宣传协调机制。

《人民日报》发表社论《全面奔小康　重点在农村》

辞旧迎新的钟声刚刚响过，党中央、国务院就召开中央农村工作会议，研究、部署农业和农村工作，这充分体现了中央把"三农"问题作为全党工作重中之重的战略思想。这次会议按照十六大的部署，对全面推进农村小康建设提出了明确的要求。今后一个时期农村工作的目标、任务已经明确，政策措施十分具体，现在需要全党全社会行动起来，更多地关注农村，关心农民，支持农业，真正把"三农"问题放在更加突出的位置。

党的十六大确立了新世纪前二十年全面建设小康社会的奋斗目标。实现这个目标，必须有发达的农业作支撑。我国人民从缺吃少穿到温饱有余，实现总体小康，农产品供给的全面增长、农业的巨大进步作出了历史性贡献。但是，要完成从总体小康到全面小康的历史跨越，农业的基础地位必须加强，决不能削弱。只有面向市场，不断提高农业综合生产能力，才能生产出更多的优质农产品，满足城乡居民日益丰富的消费需求；只有农民收入大幅度增加，农村购买力日趋旺盛，才能真正扩大内需，保持国民经济持续、快速、稳定增长。没有发达的农业，没有繁荣的农村，没有殷实的农民，就没有全国人民的全面小康。

全面建设小康社会，重点和难点都在农村。这是我们的基本国情决定的。我国仍处于社会主义初级阶段，初级阶段就是不发达阶段，农村尤其不发达，全国人口的绝大多数在农村。农村能否完成建设小康社会的各项任务，对全国来说举足轻重。从总体上看，目前农村的生产力水平不高，农民生活水平比较低，还有几千万人尚未摆脱贫困；农村社会事业的发展长期滞后，教育文化和医疗卫生条件亟待改善；城乡和地区发展不平衡，城乡差距和地区差距仍有扩大的趋势。改变农村的落后面貌，推进农村的小康建设，任务艰巨，难度很大。建设现代农业，发展农村经济，增加农民收入，是全面建设小康社会的重大任务。

全面建设小康社会，需要全党更加重视农业和农村工作。各级党委政府要从国民经济发展的全局出发，着眼于全体人民的共同富裕，统筹城乡经济社会发展，正确处理农民问题，正确处理工农关系和城乡关系，使农业和农村的发展与工业化和城镇化进程相适应。按照这样的战略思路，就要在制定国民经济发展计划、确定国民收入分配格局、研究重大经济政策的过程中，把解决"三农"问题放在优先位置加以考虑，切实在建设和投入上向农业倾斜，给农民实惠。要按照全面建设小康社会的新要求，继续对农业和农村经济结构进行战略性调整，为农村经济发展开拓新的空间，为农民收入增长开辟新的途径，引导农村劳动力向非农产业转移，加快农村城镇化进程。要落实好党的农村政策，调动农民群众的积极性和创造性，把他们的聪明才智凝聚到全面建设小康社会的伟大事业上来。要加强对农业的支持和保护，千方百计帮助农民解决眼前的困难，谋求长远的发展，提高农业的竞争力，逐步改善农村的生产条件和生活环境。要发挥城市对农村的带动作用，逐步缩小城乡差距，促进城乡经济社会的协调发展。要把社会事业的发展重点放到农村，并动员全社会各方面的力量，实行科教支农、文化支农和卫生支农，促进农村社会的全面进步。

更加重视农业和农村工作，是实践"三个代表"重要思想的必然要求，是全面贯彻党的十六大精神的具体体现。只要全党同志齐心协力，真抓实干，把重视农业和农村工作的各项措施落到实处，就一定能够开创农村经济社会发展的新局面，把党的十六大描绘的宏伟蓝图一步一步变为现实。

全国安全生产电视电话会议在北京召开

国家经贸委主任李荣融在会议上提出，今年全国安全生产工作的重点是，对重点行业、重点地区和重点企业进行专项整治。

李荣融指出，安全生产专项整治的重点行业包括煤矿、危险化学品和道路交通；重点地区包括2002年事故死亡人数超过7000人的广东、山东、浙江、江苏

4个省，发生特大事故9起以上的湖南、重庆、四川、贵州、山西5个省市；重点企业包括瓦斯灾害比较严重的45户国有煤炭企业，2002年发生过一次死亡3人以上重大事故或存在重大安全隐患的生产经营单位，非公有制小企业。

国家安全生产监督管理局局长王显政在会上通报了安全生产情况：2002年1月到11月，全国发生各类事故970689起，死亡174581人，与上年同期相比分别上升7.8%和7.6%；发生一次死亡3到9人的重大事故2538起，死亡9976人，同比上升7.1%和7.3%；发生一次死亡10到29人的特大事故116起，死亡1719人，同比下降7.5%和7.1%；发生一次死亡30人以上特别重大事故11起，死亡594人，同比下降37.3%和17.9%。

全国农村基层民主法制建设电视电话会议在北京召开

会议认为，我国农村法律服务网络已基本形成，农村乡镇普遍建立法律服务所，和律师、公证、法律援助一起面向农村，开展法律服务。

司法部部长张福森指出，农村法律服务网络包括指导村规民约的制定，提高村规民约的质量；为农村基层组织依法决策、依法管理提供法律咨询和建议，帮助农村基层干部运用法律手段，妥善处理一些热点难点问题；引导和帮助乡村企业依法经营，依法维权；围绕产业结构调整、减负增收、土地承包、税费改革等关系农民切身利益的问题，提供法律服务和法律援助。

最高人民法院公布审理证券民事赔偿案件司法解释

这是我国审理证券民事赔偿案件适用法律的第一个系统性司法解释，共8章37条，于2003年2月1日正式施行。

彭真生平和思想研讨会在北京举行

全国人大常委会副委员长彭珮云、全国政协副主席阿沛·阿旺晋美等出席了研讨会。与会同志围绕彭真为中国革命和社会主义建设所建树的历史功勋、对我国社会主义民主法制建设的卓越贡献等方面发了言。与会同志一致认为，彭真的革命精神和崇高品德，为全党和全国各族人民树立了学习的楷模。他的思想理论，是中国共产党人的一笔宝贵精神财富。

郑天翔、王汉斌、李锡铭、李运昌等老同志及有关部门代表和部分专家学者出席了研讨会。

研讨会由中央文献研究室、中央党史研究室、中共北京市委、中共山西省委、全国人大常委会法制工作委员会联合举行。

政协福建省第九届委员会第一次会议选举陈明义为省政协主席

海关总署统计我国去年外贸总值突破6200亿美元

据海关总署最新统计，2002年全年我国外贸进出口总值为6207.9亿美元，首次突破6200亿美元，比上年增长27.8%；其中出口首次突破3000亿美元大关，达到3257.7亿美元，比上年增长27.3%；进口2957.2亿美元，比上年增长27.2%；累计实现贸易顺差307.5亿美元。

2002年，我国与主要贸易伙伴的贸易发展呈现良好的增长势头，除了加拿大外，与10大贸易伙伴的双边贸易均保持了两位数的增长。其中日本作为我国最大的贸易伙伴，中日双边贸易总值达1017.1亿美元，首次突破1000亿美元大关。第二大、第三大贸易伙伴分别是美国、欧盟，双边贸易总额分别为977.8亿美元和867.6亿美元。

外交部部长唐家璇与法国外长德维尔潘在北京举行会谈

外交部发言人章启月就中非关系问题答记者问

章启月在记者招待会上表示，2003年伊始中国外长出访再度选择非洲，显示出发展同包括非洲国家在内的发展中国家的友好合作关系始终是中国外交政策的立足点。中国新的领导集体继续高度重视与非洲国家的团结与合作。

有记者要求发言人介绍唐家璇出访非洲的意义，评价目前的中非关系，并问中方是否有向出访国提供经济援助的计划？

章启月说，唐家璇将于1月16日至23日访问毛里求斯、博茨瓦纳、刚果共和国、刚果民主共和国4个非洲国家。这是唐外长就职以来第七次访问非洲，主要目的在于就双边关系和共同关心的问题加强磋商，推动中非合作。

她说，目前，中国与非洲绝大部分国家的友好关系不断发展，合作水平不断提高，领域逐渐扩大。特别是中国与非洲国家建立的集体对话机制——中非合作论坛机制逐步完善，后续行动扎实推进，充分反映了中非双方顺应历史潮流、谋求扩大合作和实现共同发展的强烈愿望。

章启月说，今年年底，中非合作论坛第二届部长级会议将在亚的斯亚贝巴举行,双方将在论坛总体框架下为全面深化中非合作进行集体磋商。中方历来十分重视与非洲国家的经贸合作,将继续向非洲国家提供力所能及的经济援助,为非洲国家的经济和社会发展作出自己的贡献。

外经贸部副部长吕福源和加拿大国际合作部长苏珊·惠兰在北京签署中加合作项目谅解备忘录

4个合作项目分别为小农户适应全球市场发展项目、检察官改革合作项目、西部道路开发项目、西部基础教育能力项目,涉及金额约2600万美元。双方还同时签署了关于气候变化领域发展合作项目意向书。

第十三届"中国十大杰出青年"颁奖典礼在北京举行

新当选的第十三届"中国十大杰出青年"为:TCL移动通信有限公司总经理万明坚,空军航空兵某团飞行二大队大队长、特级飞行员王少华,浪潮集团有限公司总裁孙丕恕,国家短道速滑队运动员杨扬,第三军医大学新桥医院心血管外科主任、博士生导师肖颖彬,浙江圣雄集团有限公司董事长、总经理林圣雄,新疆维吾尔自治区歌舞团舞蹈演员迪丽娜尔·阿布都拉,神州数码(中国)有限公司总裁兼首席执行官郭为,中央电视台新闻评论部主任梁建增,中国航天科技集团公司第六研究院院长雷凡培。

1月10日

国家主席江泽民应约与美国总统布什通电话就朝鲜核问题交换意见

国务院总理朱镕基 中央军委主席江泽民签署第371号令发布《通用航空飞行管制条例》

这是我国首次颁发这样的条例,也是我国航空管理依法施治的重要举措,对于合理开发和充分利用国家空域资源,保证飞行安全,保障通用航空事业的发展将产生积极作用。

《通用航空飞行管制条例》以"三个代表"重要思想为指导,以《中华人民共和国民用航空法》和《中华人民共和国飞行基本规则》为依据,以保证飞行安全为前提,以促进通用航空发展为目的,在吸取我国通用航空管理经验教训、借鉴国外通用航空飞行管制有益做法的基础上,参照国际标准和惯例,对我国境内组织实施通用航空飞行的所有方面作出了明确规定。

《通用航空飞行管制条例》从2003年5月1日起实施。

国务院总理朱镕基到国家宗教事务局考察

朱镕基参观了国家宗教事务局的办公新址,看望了干部职工,并与正在出席全国宗教厅局长会议暨宗教工作理论务虚会的代表进行了座谈。国务委员兼国务院秘书长王忠禹一同参加了考察。

朱镕基在听取国家宗教事务局工作汇报后,发表了讲话。他说,在长期实践中,我们党形成了一整套正确的宗教工作理论和方针政策。党的十六大进一步明确了宗教工作的指导方针,为我们做好新时期宗教工作指明了方向。他强调,要坚定不移地全面贯彻党的宗教信仰自由政策,大力加强广大信教和不信教群众的团结,把他们的力量凝聚到建设中国特色社会主义的共同目标上来。要依法管理宗教事务,保护合法,制止非法,抵御渗透,打击犯罪。要积极引导宗教与社会主义社会相适应,鼓励和支持宗教界发扬爱国爱教、团结进步、服务社会的优良传统。要坚持独立自主自办的原则,切实加强爱国宗教团体和爱国宗教教职人员队伍的建设,培养爱国爱教的合格人才。要坚持团结一切可以团结的力量,调动一切积极因素,努力提高宗教工作水平,不断增强中华民族的凝聚力。

朱镕基强调,各级政府要高度重视宗教工作,认真学习贯彻党的十六大关于宗教工作的指导方针和全国宗教工作会议精神,加大对宗教工作的支持力度。宗教工作部门干部要增强做好新时期宗教工作的责任感和使命感,不断探索宗教工作的新思路、新途径和新举措。加强同宗教界人士的联系,经常听取他们的意见和建议,关心宗教界人士的生活和工作,帮助他们解决实际困难。深入信教群众,及时了解他们的生活和思想,引导和团结广大信教群众共同为促进国家的稳定、发展和繁荣贡献力量。

座谈会由王忠禹主持。

国家宗教事务局局长叶小文作了工作汇报。刘延东、李德洙、徐绍史、李伟、侯云春等中央和国家机关有关部门负责同志陪同考察。

中央国家机关政府采购中心在北京正式成立

中央国家机关政府采购中心隶属国务院机关事务管理局,其主要职责是负责制订并实施中央国家机关各部门、各单位集中采购各种商品及劳务的具体操作方案,并组织招标活动。根据各部委委托的权限签订或组织签订采购合同,制定内部操作规程,培训各部门集中采购操作业务员。

全国文化厅局长会议在北京举行

文化部部长孙家正在会议上指出:深入学习和全面贯彻落实十六大精神,坚持用"三个代表"重要思想统领文化建设，正确认识文化工作面临的形势，推进文化体制和机制的改革与创新，是2003年文化工作的主要任务。

孙家正提出，面对文化工作的现实，必须进一步深化文化体制改革，推动“五个加快”。即加快文化行政管理体制的改革，建立党委领导、政府管理、行业自律、企事业单位自主运营的管理体制与运行机制；加快文化领域的结构调整；加快文化企事业单位内部机制改革；加快演出、展览等中介机构的改革和发展；加快文化人事制度改革等等。

退牧还草工作电视电话会议在京召开

中共中央政治局委员、国家发展计划委员会主任、国务院西部地区开发领导小组办公室主任曾培炎出席会议并讲话。

曾培炎指出，实施退牧还草工程的总体思路是：进一步完善草原家庭承包责任制，把草场生产经营、保护与建设的责任落实到户。按照以草定畜的要求，严格控制载畜量。实行草场围栏封育，禁牧、休牧、划区轮牧，适当建设人工草地和饲草料基地，大力推行舍饲圈养。利用国家库存陈化粮较多的时机，以中央投入带动地方、个人投入。推行休牧与轮牧相结合、放牧与舍饲相结合的生产方式。优化畜草产业结构，恢复草原植被，实现畜牧业的可持续发展，确保农牧民的长远生计。

曾培炎强调，为了充分调动广大农牧民的积极性，确保退牧还草工程顺利实施，要坚持国家、地方和农户相结合，多渠道保证投入；实行“目标、任务、资金、粮食、责任”五到省，由省级政府对工程负总责；要把退牧还草与扶贫开发、农业综合开发、水土保持、畜牧业基础建设、草原治虫灭鼠等措施结合起来，统筹规划、综合治理。

农业部和西部地区有关省(区)负责同志也在会上发了言。国家计委、国务院西部开发办、财政部、农业部、国家粮食局等部门，以及内蒙古自治区、四川省、甘肃省、青海省、宁夏回族自治区、新疆维吾尔自治区、新疆生产建设兵团的负责同志参加了电视电话会议。

国务院副总理钱其琛在杭州出席全国旅游工作会议并讲话

钱其琛在会议上强调，各地、各有关部门要以“三个代表”重要思想为指导，深入贯彻落实党的十六大和中央经济工作会议精神，抓住机遇，开拓进取，进一步发展壮大旅游业，为全面建设小康社会作出更大贡献。

钱其琛强调，发展旅游业要把握好以下几点，一是认真贯彻好“大力发展入境旅游，积极发展国内旅游，适度发展出境旅游”的方针，把包括中华文化资源在内的各种旅游资源有效地整合起来，不断丰富旅游产品，精心搞好服务，努力开创我国旅游业发展的新局面。受国际政治经济的影响，2003年扩大入境旅游有很多不确定因素，必须增强忧患意识，把应对和克服困难的措施考虑得周全一些，积极迎接挑战。二是要充分发挥旅游业在拉动内需方面的作用，以旅游消费拉动经济的增长，有效扩大内需；同时要继续采取有力措施，整顿旅游市场秩序，严厉打击违法违规活动，常抓不懈，优化旅游市场环境。三是要着力抓好旅游安全工作。各级旅游部门要层层落实安全责任制，防止各种旅游安全事故的发生。

浙江省委书记、代省长习近平，国务院副秘书长崔占福，国家旅游局局长何光暐，外交部部长助理吕新华等出席了会议。在出席会议期间，钱其琛还考察了浙江省的旅游设施。

中央企业工会工作暨厂务公开表彰会议在北京召开

会议提出，厂务公开是在国有企业转换经营机制、建立现代企业制度的新形势下，全心全意依靠工人阶级方针的重要体现。搞好厂务公开要真心实意、真实可信、职工真正参与。要把企业改革发展的难点、职工群众关心的热点、党风廉政建设的关键点作为厂务公开的内容，逐步将厂务公开向民主评议领导干部及企业经营管理等深层次问题推进。据悉，目前，境内中央企业全面推行了厂务公开。会上，64家中央企业受到表彰，53家企业受到表扬。中央企业工委副书记郑斯林出席会议并讲话。

京九铁路复线全线贯通

国务委员吴仪在西班牙港与特立尼达和多巴哥总理帕特里克·曼宁举行会谈

吴仪是应特多政府的邀请于8日起开始对特多进行为期3天的正式友好访问的。访问期间，双方签署了《中特经济技术合作协定》和《关于中国向特多政府提供无偿援助的换文》。

中共中央政治局常委李长春在北京出席首届中国职工艺术节闭幕式

国家海洋局发布2002年中国海洋灾害公报

公报显示，由于各级海洋监测预报及时，地方政府措施得力，2002年我国因风暴潮、海浪和赤潮等海洋灾害造成的灾害损失比2001年减少约35%。

公报说，2002年我国海洋灾害属常年偏轻年份。全年因海洋灾害造成的直接经济损失约66亿元，死亡、失踪人数共计124人，受灾人口约1000万。

2002年我国沿海共发生8次风暴潮，造成直接经济损失67.1亿元，死亡、失踪30人，是当年的主要海洋灾害。其中"黄蜂"和"森拉克"风暴潮在浙江和福建沿海造成重大灾害。在"森拉克"台风风暴潮期间，各级海洋、预报部门及时发布警报，为沿海省、市政府提供了科学依据。浙江修起了1000多公里达标海堤，转移群众50多万人，全省养殖渔民无一死亡。福建加固海堤，船只全部进港，最大限度减少了灾害。

全国海洋环境监测网由国家海洋局根据《中华人民共和国海洋环境保护法》组建，利用由卫星、飞机、船舶、浮标、岸基监测站、平台、志愿船等手段构成的海洋环境立体监测系统，对我国管辖全部海域实行全天候监测。其中2002年5月发射的第一颗海洋卫星，进一步提高了监测能力。据国家海洋局新闻发言人王飞介绍，未来的宇航船和深潜探测技术也将应用于海洋环境监测。

根据监测结果分析，2002年，我国海域未达到清洁海域水质标准的面积约为17.4万平方公里，较上年略有增加。近岸海域污染依然严重，渤海和东海海水污染程度较重。沿海各地中，上海和浙江近岸海域污染仍较重。

海洋赤潮发生仍较频繁，2002年我国海域共发现赤潮79次，累计面积超过1万平方公里，主要集中在东海海域，有毒赤潮增加。2002年赤潮监控区防灾减灾效果十分明显。国家海洋局在全国选取10个重点监控区，赤潮发现率达100%，因赤潮造成的灾害损失显著降低。

至2002年年底，我国已建成海洋自然保护区76个。但全国海洋生态调查和监测结果表明，我国近岸海域生态系统结构失衡，典型生态系统受损，生物多样性和珍稀濒危物种减少，外来物种入侵产生危害等情况依然存在。

1月11日

国务院副总理钱其琛在上海考察旅游工作

钱其琛在中共上海市委、市政府有关领导的陪同下，视察了上海松江区的方塔公园、老城区明清商业旅游街、佘山国家旅游度假区、月湖、佘山天文台和嘉定区的马陆镇千亩苗木基地、上海国际赛车场建设工地、嘉定孔庙等处；途中还专门视察了位于"松江大学城"的上海立信会计学校、上海外贸学院和上海外国语大学。

钱其琛强调，要以"三个代表"重要思想为指导，深入贯彻党的十六大和中央经济工作会议精神，各有关方面要形成协调配合、互相促进的"大旅游"格局，进一步发展壮大我国的旅游业。

国家计委在武汉部署价格专项整治工作

国家计委副主任汪洋介绍说，今年全国价格主管部门将突出抓好四项重点工作。

一是在全国开展农业生产性费用和农民建房收费的涉农价格和收费检查。依法严查在农村用水、用电、农民建房、农机修理等方面的价格违法行为。二是组织开展对越权定价行为的专项治理。三是集中力量抓好重点检查。对教育、城市供水、外来务工人员收费等问题比较突出的地区和部门，由国家计委直接组织查处一批价格违法案件。四是组织开展地方组织地方性专项检查。重点对电力、就业和再就业收费、房地产服务价格和物业收费检查、铁路货物运输延伸服务价格检查、药品和医疗服务价格检查；整顿和规范国家行政机关收费秩序，重点检查技术监督、环境保护、卫生防疫等部门的收费行为。规范面向社会办学的各种收费。

政协重庆市第二届委员会第一次全体会议选举刘志忠为市政协主席

国务院副总理李岚清启程对马来西亚 缅甸 南非泰国四国进行正式访问

国务院副总理李岚清在吉隆坡与马来西亚副总理巴达维举行会谈

国务委员兼国防部部长迟浩田在北京会见全国国防动员政策理论研讨会代表

担任国家国防动员委员会副主任的迟浩田在会见时强调，要以"三个代表"重要思想为指导，积极研究新情况，解决新问题，大力加强政策理论研究，为国防动员实践提供强大的理论武器。

迟浩田说，要把深入学习十六大精神作为当前和今后一个时期国防动员战线首要的政治任务，切实把思想统一到十六大精神上来，按照"三个代表"的要求，扎实推进国防动员建设，确保圆满完成党和人民赋予的各项任务。

为期两天的会议，总结了近年来全国国防动员政策理论研究的情况，交流了研究成果，部署了下一步的研究任务并提出了要求。来自各军区、各军兵种和各省、自治区、直辖市国防动员机构及有关部门的160余名代表参加了会议,125篇论文获奖。

副总参谋长、国家国防动员委员会秘书长钱树根出席会议。

"中国廉政建设"项目启动会在深圳举行

中国监察部与联合国开发计划署合作的"中国廉政建设"项目启动会1月11日至12日在深圳举行,标志着"中国廉政建设"合作项目正式实施。

"中国廉政建设"是由联合国开发计划署援助,中国监察部具体组织实施的合作项目。在有关部门的大力支持下,合作双方经过反复协商,就项目文件达成一致,并于2002年11月1日在北京举行了签字仪式。

1月12日

国家主席江泽民和安哥拉共和国总统若泽·爱德华多·多斯桑托斯就两国建交20周年互致贺电

国务院任命李盛霖为国家经济贸易委员会副主任

全国住宅与房地产工作会议在武汉召开

建设部提出,将在今年重点整顿房地产市场秩序,并列出专项整治的六项重点,同时提出要坚持标本兼治、重在治本,集中整治与制度建设相结合。

专项整治的第一个重点是以房地产开发和交易环节为重点,突出查处投诉集中、老百姓反映强烈、社会影响较大的违法违规开发、合同欺诈、面积缺斤短两、虚假广告、违法中介等方面的典型案例;第二个重点是加快房地产市场信用体系建设,在6月底前全面开通部、省、市三级联通的房地产企业和执(从)业人员信用档案管理系统,以便于消费者投诉和查询;第三个重点是出台《新建商品住宅小区交付使用办法》和《房地产经纪管理规定》以规范住宅小区竣工综合验收和交付使用行为,完善房地产经纪管理制度;第四个重点是制定相关办法,积极推行按套或套内建筑面积计价销售商品房;第五个重点是加强行政与司法的协同配合;第六个重点是切实防范房地产抵押登记风险,研究制定相关办法,防范和打击"假按揭"、重复抵押、超值抵押等不法行为。

海关总署在北京召开全国海关关长会议

海关总署署长牟新生在会议上说,经过两年多时间的改革探索,我国新的通关管理模式基本建成。今年海关将继续整合、完善以通关作业改革为中心环节的海关各项改革,使建立、健全风险管理机制、推进海关信息化建设等各项改革措施相互衔接、互相配套,切实提高改革的整体效能。

山东省人大常委会第三十三次会议决定韩寓群为代理省长 接受张高丽辞去省长职务的请求

中共中央政治局委员刘云山率中共代表团启程对越南和老挝进行正式友好访问

解放军总政治部发出《关于在全军部队开展学习实践"三个代表"重要思想,为全面建设小康社会做贡献教育活动的意见》

1月13日

国务院总理朱镕基到审计署考察

朱镕基和国务院副总理温家宝、国务委员兼国务院秘书长王忠禹一行来到审计署,首先参观了计算中心机房,看望了干部职工。随后,与审计署机关、派出机构副司级以上干部进行了座谈。

朱镕基在听取审计署工作汇报后,发表了讲话。

朱镕基说,审计工作十分重要,是政府监管工作的重要组成部分。《宪法》确立了审计监督的法律地位,明确规定我国实行审计监督制度,审计机关依照法律规定独立行使审计监督权,监督财政财务收支的真实、合法、效益。五年来,审计机关在党中央、国务院的领导下,认真履行审计监督职责,做了大量卓有成效的工作。一是坚持以真实性审计为基础,在财经领域打假治乱,为整顿和规范市场经济秩序发挥了重要作用。加大对财经领域各种伪造票据和提供虚假会计报告等违法行为的查处力度,取得了明显成绩。二是坚持突出审计重点,揭露和查处了一批大案要案,有力推动了反腐败斗争和廉政建设。三是围绕国家宏观调控目标,加强财政专项资金和预算执行的审计,加强金融审计。预算执行审计已经成为各级政府和人大加强预算管理与监督的重要依据,审计工作在保障财政资金安全有效运行、防范和化解金融风险中发挥了积极作用。四是认真进行领导干部和国有企业领导人员经济责任审计,有效地促进了干部的管理和监督。五是不断完善审计制度,提高了审计质量。审计机关从2000年起实行审计经费自理,严格执行"八不准"审计纪律,切断了与被审计单位的经济联系,维护了审计工作的独立性,促进了审计机关的廉政建设。广大审计人员忠诚审计事业,坚持原则,敢于碰硬,客观公正,廉洁奉公,得到了社会各界的一致好评。

朱镕基对审计机关提出了希望。他说,希望审计署成为"廉政署"、"法治署"、"正气署"。审计监督是国务院廉政工作的重要手段，要大力促进廉政建设。只有廉政，才能勤政，才能务实、高效，才能真正为老百姓办实事、办好事。审计监督在依法治国和依法行政方面担负着非常重要的责任，要依法强化对权力的制约和监督，严格执法。审计工作面临各方面的压力很大，一定要有浩然正气，坚持原则，无私无畏。对重大违法违规问题和经济犯罪案件要一查到底，决不退却。

温家宝在座谈会上也讲了话。他说，今年审计工作的重点是：加强财政预算执行情况的审计，保证财政收支的合理和真实；加强税收审计，努力促进增收节支；加强金融审计，维护金融安全；加强企业审计，防止国有资产流失；加强专项资金审计，提高资金使用效益；加强经济责任审计，促进廉政建设；加强会计师事务所和其他中介组织的审计，维护社会信用。要加快“金审工程”建设步伐，积极推广信息技术在审计工作中的应用。

温家宝对审计机关加强自身建设提出几点要求：一要坚持原则，敢于碰硬；二要客观公正，严谨细致；三要廉洁自律，甘于奉献；四要积极进取，开拓创新。

座谈会由王忠禹主持。

审计署审计长李金华作了工作汇报。中央和国务院有关部门负责人张柏林、项怀诚、王春正、马凯、魏礼群、罗锋、黄树贤、曲维枝、李伟等陪同考察。

国务院副总理吴邦国在大同煤矿慰问困难职工看望一线工人

1月13日至14日，中共中央政治局常委、国务院副总理吴邦国在山西省委书记田成平、省长刘振华等陪同下，深入到大同煤矿、山西柴油机厂等企业，慰问看望困难职工群众，了解一线工人生产生活情况，并听取了山西省委、省政府工作汇报，还与当地干部群众进行座谈。他对山西省经济社会发展和结构调整等方面取得的成绩给予了充分肯定。

1月13日，吴邦国首先看望了全国著名劳动模范、原大同矿务局同家梁矿东风采煤队队长李满仓和工亡遗属曹金花。吴邦国指出，一要做好“两个确保”和“三条保障线”衔接工作，将符合条件的困难职工群众全部纳入城镇居民最低生活保障范围，做到应保尽保。二要有针对性地为重点优抚对象和特困职工排忧解难。优抚对象和特困职工的困难原因和情况各不相同，要重点帮助解决好他们在保障基本生活、看病、促进就业和子女上学等方面的燃眉之急。要充分发挥各级党组织和工会、共青团、妇联等群众组织的作用，调动各方面积极性，齐心协力，多渠道扶贫济困，多办一些实实在在的事，让困难群众感受到党和政府的关怀和温暖。三要认真落实中央关于促进再就业的各项扶持政策，采取主辅分离、劳务派遣等方式，鼓励自谋职业，广开就业门路，使有劳动能力和就业愿望的下岗失业人员尽快实现再就业。

吴邦国专程看望了工作在井下的基层干部、煤峪口矿综采二队队长程剑新同志，并驱车来到马脊梁矿听取生产情况汇报，与正在井下作业的综采一队队长梁宏伟等同志通了电话，详细了解矿工们的收入和生产情况，关切询问井下作业状况，叮嘱一定要逐步改善生产作业环境和条件，减轻井下工人的劳动强度，强调一定要高度重视和切实搞好安全生产。在井口，吴邦国向闻讯赶来的职工群众发表了热情洋溢的讲话，代表党中央、国务院向职工群众致以新春的问候。

大同煤矿的扭亏脱困工作是吴邦国这次考察的一个重点。吴邦国对大同煤矿这两年工作取得的成绩给予了充分肯定。他说，大同煤矿在坚持高产高效、安全生产基础上，企业增效，职工收入有较大提高，干部职工精神面貌也发生了很大变化，可以说，最困难的日子已经过去，为更大发展打下良好的基础，也为煤炭行业和其他大的困难企业摆脱困境创造了宝贵经验。大同煤矿扭亏脱困的实践再次证明，只要坚持改革，强化管理，国有老矿是完全可以搞得好的。

随同考察的有关部门负责人有张左己、张俊九、尤权、谢旭人、李学举等。

中共中央政治局常委罗干在北京主持召开中央综治委2003年第一次全体会议并讲话

罗干指出，当前社会治安形势稳定，“严打”整治斗争取得了明显成效，刑事案件大幅度上升的势头得到遏制，一些治安乱点和突出治安问题得到整治，人民群众的安全感增强。但是，引发治安问题的消极因素仍然大量存在，滋生违法犯罪的一些深层次问题尚未解决。因此，对治安形势切不可盲目乐观。必须用十六大精神统领社会治安综合治理工作，增强忧患意识，居安思危，按照胡锦涛总书记提出的要求，务必继续保持谦虚谨慎、不骄不躁的作风，务必继续保持艰苦奋斗的作风，扎扎实实地做好社会治安综合治理工作。

罗干强调，要认真学习贯彻党的十六大精神，用“三个代表”重要思想指导社会治安综合治理工作。他说，十六大报告肯定了社会治安综合治理取得的新成效，对今后的工作提出了新的要求。当前和今后一个时期首要的政治任务，是把十六大精神学习好、贯彻好，用十六大精神指导社会治安综合治理工作，把十六大提出的各项任务落到实处。

罗干要求，当前要切实做好春节和“两会”期间的安全保卫工作。

会议审议《2003年全国社会治安综合治理工作要点》,部署今年的社会治安综合治理工作。中共中央政治局委员、中央综治委副主任周永康,中央综治委副主任、全国人大常委会副委员长曹志,中央综治委副主任、最高人民检察院检察长韩杼滨和中央综治委委员及有关部门负责同志出席会议。

中共中央政治局委员曾培炎赴辽吉黑慰问困难职工并深入采煤沉陷区调研

1月13日至14日,中共中央政治局委员、国家计委主任曾培炎在辽宁省有关领导陪同下,在抚顺、本溪等地,实地考察了采煤沉陷区,慰问了困难居民家庭。

1月16日,曾培炎在黑龙江省政府领导陪同下,冒着严寒,到鹤岗市考察采煤沉陷区,看望了煤矿困难职工。曾培炎一行来到去年5月竣工、从沉陷区搬出的、用国家补助资金新建的曙光学校,与教师代表热情交谈。在视察为沉陷区搬迁居民新建的住宅小区时,曾培炎充分肯定了集中建设住宅小区的做法。

曾培炎还听取了吉林省委省政府关于采煤沉陷区搬迁改造和老工业基地调整改造的汇报。

曾培炎强调,老工业基地改造是一个全面的系统工程,涉及面广、难度大,各方面要采取有力措施,不断探索新思路、新办法。一是坚持治标与治本相结合。既要积极解决当前面临的就业和社保等突出问题,又要注重培育和增强长远发展后劲,努力加快体制创新和机制创新,从根本上解决问题。二是坚持市场调节与宏观引导相结合。要充分发挥市场在资源配置中的基础性作用,加快国有企业的改革改组改造,发挥个体、私营经济和中小企业在经济发展中的活力,政府也要加强规划和引导。三是坚持自力更生与国家支持相结合。要充分发挥地方政府作用,挖掘现有企业的潜力,调动广大人民群众的积极性、主动性和创造性,发挥老工业基地和资源型城市基础雄厚、人才聚集和投入产出效益高的优势,同时国家在政策和资金上给予必要的支持。四是坚持改造传统产业与发展接续产业相结合。积极采用高新技术改造传统产业,增强企业竞争力,提高造血机能,把老工业基地的经济发展引入良性循环的轨道。

曾培炎还看望了辽宁和吉林省计委的干部职工。

曾培炎在考察期间,听取了辽宁省委书记闻世震,吉林省委书记王云坤、省长洪虎,黑龙江省委书记徐有芳、省长宋法棠的汇报,并就有关问题进行了座谈。随同慰问和考察的还有国家计委副主任姜伟新等。曾培炎一行还考察了沈飞公司、本溪钢铁厂和吉林燃料乙醇项目。

国家林业局在北京召开京津风沙源治理工程工作会议

国家林业局副局长祝列克在会议上强调,必须对工程区治沙造林、荒山绿化政策措施进行调整和完善。一是允许各地根据实际情况,因地制宜、科学选择确定荒山荒沙荒地植被恢复方式,在立地条件差、造林成本高、难度大的地区,可以采取以封山(沙)育林(草)、飞机播种造林种草为主加人工补植补种的措施,恢复原生林草植被,建立稳定的复合型生态系统。二是无论是造林大户、企事业单位、社会团体、部队等社会组织和个人,还是非公有制经济组织,都可以承包荒山荒沙荒地造林种草,并享受同等的国家优惠政策。三是工程区内国有农、林、牧场已承包到户并符合国家有关文件精神的耕地,可以承担退耕还林任务,享受国家退耕还林政策。四是允许在确保种苗和造林补助费专款专用的前提下,因地制宜,以县为单位适当调剂,发挥最大效益。

京津风沙源治理工程自2000年6月启动实施以来,得到了国务院领导同志的高度重视和关心,在各有关部门的积极配合和工程区各级党委、政府的精心组织下,工程推进顺利。

全国中医药工作会议在北京召开

会议介绍,自去年10月国务院正式发布8部委共同制定的《中药现代化发展纲要》以来,国家"现代中药产业化"专项进展顺利,中药产业已初步形成一定规模的体系。

卫生部副部长兼国家中医药管理局局长佘靖在会上介绍,该专项实施以来,通过扶持"大品种",培养"大企业",加速了中药现代化生产改造进程,使一批高新技术实施了产业化。国家中医药管理局与科技部、国务院发展研究中心共同开展了《中药国际化战略研究》。为促进中医、中药现代化协调发展,国家中医药管理局已开始论证《中医现代化发展战略研究》。佘靖表示,推进中医药现代化仍是今年中医药工作的重点,为落实纲要精神,国家中医药管理局将制定实施意见,各地要从本地、本部门实际出发,提出推动中药现代化的实施方案。

政协新疆维吾尔自治区第九届委员会第一次会议选举艾斯海提·克里木拜(哈萨克族)为自治区政协主席

中国人民银行宣布去年年底城乡居民储蓄存款余额达7.7万亿元

国务院副总理李岚清在吉隆坡会见马来西亚总理马哈蒂尔

国务委员罗干在中南海紫光阁会见津巴布韦司法、法律和议会事务部长帕特里克·奇纳马萨

国务委员吴仪在布里奇敦与巴巴多斯总理欧文·阿瑟举行会谈

对外贸易经济合作部副部长马秀红、中国进出口银行行长羊子林、外交部部长助理周文重、财政部部长助理李勇和中国驻巴巴多斯大使杨智宽等出席会谈。会谈之前，双方签署了关于中国政府向巴巴多斯政府提供无偿援助的换文和市场改造项目的交接证书。

民革中央在北京举行纪念郑洞国诞辰100周年座谈会

郑洞国是我国著名爱国民主人士、抗日将领、中国国民党革命委员会卓越的领导人。郑洞国1924年考入黄埔军校第一期。1925年到1928年，他先后参加了东征北伐。抗日战争爆发后，他先后参加了保定会战、徐州会战、武汉会战、鄂西会战、中国驻印军反攻缅北战役等重大战役，战功赫赫。1948年在辽沈决战的重要时刻，他脱离了国民党反动阵营，归向人民。新中国成立后，他历任水利部参事、中华人民共和国国防委员会委员、政协全国委员会文史资料研究委员会专员，第三、四届全国政协委员，第五、六、七届全国政协常务委员，第五、六、七届民革中央副主席，黄埔军校同学会副会长等职。

全国人大常委会副委员长、民革中央主席何鲁丽在座谈会上讲话。她说，郑洞国同志走过了从爱国主义到社会主义的历程，他的一生是经受革命斗争锻炼和考验的一生，是为国家、为民族尽心竭力，不断奋斗、不断进步的一生。我们要学习郑洞国同志热爱祖国、热爱人民的高尚情操，学习他坚忍不拔、勇于斗争的革命精神，追求真理、与时俱进的科学态度，谦和朴素、鞠躬尽瘁的优秀品德，为把我国建设成为富强、民主、文明的社会主义现代化国家而努力奋斗。

座谈会由全国政协副主席、民革中央常务副主席周铁农主持。中共中央统战部部长刘延东出席座谈会并讲话。

全国政协副主席孙孚凌和各民主党派中央、全国工商联等有关方面负责同志以及郑洞国的亲属、生前友好等出席了座谈会。

1月14日

国务院总理朱镕基在人民大会堂会见土耳其正义与发展党主席埃雷杰普·塔伊普·埃尔多安

全国政协主席李瑞环在北京出席"关注森林"活动总结表彰大会并讲话

全国政协主席、中国绿化基金会名誉主席李瑞环亲切会见了"森林奖"和"关注森林奖"获奖代表。

李瑞环在讲话中开展关注森林活动，大声疾呼人们保护森林，发展林业，改善生态，意义十分重大。"关注森林"组委会做了一件很了不起的事，一件永远都没有错的事。

大会授予《人民日报》记者高保生等10人获"森林奖"，新华社、人民日报社等57个单位获"组织奖"，《关注森林——可可西里一号行动系列报道》等324件作品获"新闻奖"，《绿染南粤添锦绣》等136件作品获"文化艺术奖"。

"关注森林"活动是1999年7月由全国政协人口资源环境委员会、全国绿化委员会、国家广播电影电视总局、国家林业局、中国绿化基金会、中华全国新闻工作者协会六家单位联合发起的。全国政协副主席、"关注森林"组委会主任赵南起主持总结表彰大会。

中央纪委书记吴官正在北京出席首都部分专家学者座谈会并讲话

中共中央书记处书记、中央纪委副书记、监察部部长何勇出席了座谈会。有关专家学者吴敬琏、胡鞍钢、蔡长水、叶笃初、王贵秀、范平、魏杰、樊崇义、陈兴良、邵道生就深入学习贯彻党的十六大精神、推进党风廉政建设和反腐败斗争提出了意见和建议。在认真听取大家的发言后，吴官正作了讲话。

吴官正指出，必须以"三个代表"重要思想统领党风廉政建设和反腐败工作，把"三个代表"重要思想贯穿于党风廉政建设和反腐败工作的全过程。

吴官正强调，推进党的作风建设，核心是保持党同人民群众的血肉联系。反腐败斗争的实践表明，贪污受贿、腐化堕落的腐败分子在党内只是极少数，但一些部门、一些行业、一些干部存在的以权谋私、与民争利、铺张浪费等问题影响很坏，老百姓很不满意。人民群众非常赞成和支持我们查处大案要案，同时，也迫切希望进一步解决好发生在他们身边的不正之风问题。

吴官正指出，反腐倡廉既要从严治标，又要着力治本，把治标与治本统一于党风廉政建设和反腐败斗争的进程中。要继续保持查办违纪违法案件的强劲势头，遏制正在发生的腐败现象。同时，要加强教育，着眼防范，关口前移；发展民主，通过党内民主带动人民民主的发展；健全法制，进一步提高反腐倡廉法制化水平；强化监督，加大巡视工作力度，积极稳妥地开展对派出纪检监察机构实行统一管理的试点工作，切实加强对党员领导干部特别是主要领导干部的监督；通过深化改革，不断创新体制，逐步加大治本的力度，使我们的干部少犯或不犯错误。

吴官正要求，要与时俱进、开拓创新，推动反腐倡廉理论和实践的不断发展。要加强学习，加强调研，准确把握时代的特征和社会发展的趋势，用发展着的理论指导和推动反腐倡廉的实践。各级纪检监察机关要全面履行党章赋予的任务和各项职责，要不断研究新情况，采取新举措，作出新贡献，把党风廉政建设和反腐败斗争进一步推向深入，不辜负党和人民的重托。

全国党的建设研究会在北京举行学习贯彻党的十六大精神研讨会暨第三届理事会第三次全体会议

中共中央政治局委员、书记处书记、中组部部长贺国强出席会议并讲话。他指出，必须坚持用“三个代表”重要思想统领党建研究工作，深入研究十六大提出的一系列新思想、新观点、新论断，深入研究新时期党的建设的成功经验，深入研究事关党的建设全局的重大理论问题和实际问题。

国有大中型企业改制分流促进再就业工作经验交流会在武汉召开

国家经贸委主任李荣融在会上提出，就大多数国有企业的改革情况看，前一阶段的主业辅业分离还存在一定的局限，分离之后的单位多数还是纯国有企业，在制度创新、机制转换和科学管理等方面还难以完全适应市场要求。他要求，国有企业在主辅分离改革中要实行辅业改制，分离出去的辅业要改制为产权多元化的经济实体，使其真正成为自主经营、自负盈亏的市场主体。

重庆市第二届人民代表大会第一次会议选举黄镇东为市人大常委会主任 王鸿举为市长

福建省第十届人民代表大会第一次会议选举宋德福为省人大常委会主任 卢展工为省长

政协吉林省第九届委员会第一次会议选举王国发为省政协主席

政协甘肃省第九届委员会第一次会议选举仲兆隆为省政协主席

国家税务总局在国务院新闻办公室举行记者招待会

国家税务总局局长金人庆在记者招待会上宣布，税收收入占国内生产总值(GDP)的比重进一步提高。去年税收收入占GDP的比重达17.7%，比上年的17.8%提高了近1个百分点，比1997年的11%提高了7.7个百分点，税收实力进一步增强。

金人庆说，2002年全国税收共完成17004亿元(不包括关税和农业税收)，比上年增长17.1%，增收1832亿元，为改革发展稳定作出了新的贡献。去年全国税收收入具体呈现以下特点：第一，中央级和地方级税收收入协调稳定增长。中央级收入完成10393亿元，比上年增长17.3%，增收1140亿元；地方级收入完成6611亿元，比上年增长17.7%，增收692亿元。中央级和地方级税收收入均呈现稳定增长势头。第二，流转税是税收增收的主体。去年国内增值税、国内消费税和营业税共完成9789亿元，增长17.6%，增收1320亿元，占总增收额的72%，是税收增收的主体。第三，地区间税收收入增幅差距逐步缩小，但收入规模差距依然较大。去年，东、中、西部税收收入分别完成12205亿元、2844亿元和1955亿元，占总收入的比重分别为77.8%、17.7%和17.5%，东部地区占绝对优势；收入增幅分别为17.9%、7.4%和17.1%，东西部地区收入增幅差由去年的7.3个百分点缩小为7.8个百分点。

金人庆介绍，去年全国税务机关共办理出口退税1259亿元，比上年增长17.1%，增退188亿元，有力地支持了对外贸易的发展。

在回答记者提出有关2003年税收收入增长问题时，金人庆说，今年税收增长仍能快于国民经济增长速度。2003年，国家税务总局将采取各种有效措施，确保完成全年税收收入任务。税务部门将深入贯彻新税收征管法及其实施细则，制定、发布相关配套规章，积极推行执法责任制，大力推进依法治税。同时，进一步拓展和完善“金税工程”二期建设，扩大防伪税控系统覆盖。

在回答有关查处名人偷漏税案件问题时，金人庆说，2002年查处了几起名人涉税案件，引起了较强反响，但并非因为当事人是名人才进行查处，依法查处的唯一原因就是他们有偷漏税的行为。他强调，在法律面前，名人和普通人是平等的，不能因为谁是名人，在法律上就给他什么特殊待遇。据介绍，2002年全国查补偷逃税款超过350亿元。

国务院副总理李岚清在仰光与缅甸国家和平与发展委员会秘书长钦纽举行会谈

会谈结束后，李岚清和钦纽共同出席了《中华人民共和国政府和缅甸联邦政府关于免除缅甸联邦政府部分到期债务的议定书》等3个文件的签字仪式。

外交部副部长杨文昌紧急召见日本驻华大使阿南惟茂奉命就日本首相小泉纯一郎当天参拜靖国神社向日方提出严正交涉

杨文昌说,小泉首相不顾中国政府一再交涉和强烈反对,再次参拜供奉着“二战”期间曾经屠杀中国和亚洲人民的甲级战犯牌位的靖国神社,中方对小泉首相的这一错误举动表示强烈愤慨。

同日,中国驻日本大使武大伟也奉命在东京就此向日本外务省事务次官竹内行夫提出了严正交涉。

外交部发言人章启月就日本首相参拜靖国神社问题答记者问

有记者问:小泉今天再次参拜靖国神社,中方对此有何评论?

章启月说:中国政府坚决反对日本领导人参拜供奉着甲级战犯的靖国神社。小泉首相的这一错误举动,严重损害了中日关系的政治基础,也伤害了包括中国在内的亚洲广大受害国人民的感情。小泉首相的举动违背了日本政府在历史问题上作出的一系列郑重表态和承诺。她说,中国政府和人民对此表示强烈不满和愤慨。

章启月说,中方将通过外交途径立即向日方提出严正交涉。我们要求日本领导人切实正确对待历史,以实际行动纠正错误、消除恶劣影响。

最高人民法院院长肖扬启程对奥地利进行正式访问

2003年全国普通高校招生工作会议在广州召开

2003年全国普通高校招生总数预定为335万人,比去年增加5万人,本科生为173万人,比去年增加7万人,稳中有升,招生规模继续扩大。教育部副部长袁贵仁强调,要继续深化招生制度改革和建设,为高校选拔人才,选好人才,做好各项工作。

针对今年高考时间提前一个月,教育部要求有关部门必须周密细致地做好组织工作,合理安排好成人高校招生和普通高校招生两项工作。重点解决好评卷场所的安排和评卷教师的选聘和培训工作。

全国总工会主席王兆国走访慰问东北国有企业和困难职工

1月14日至15日和1月18日至19日,中共中央政治局委员、中华全国总工会主席王兆国深入辽宁、黑龙江两省走访慰问国有企业和困难职工、劳动模范。王兆国指出,各级党委、政府和工会要坚决按照党中央的要求,从贯彻落实十六大精神、实践“三个代表”重要思想的高度,切实维护好人民群众的利益,用党的关怀温暖人心、稳定人心、振奋人心。

走访慰问期间,王兆国听取了辽宁省和黑龙江省省委的工作汇报,慰问了国有企业和困难职工,考察了困难职工救助中心,并与各级工会干部和劳模代表进行了座谈。

1月15日

中共中央总书记胡锦涛在人民大会堂会见土耳其正义与发展党主席埃雷杰普·塔伊普·埃尔多安

全国人大常委会委员长李鹏在北京出席农业法农村土地承包法 草原法贯彻实施座谈会并讲话

李鹏说,农业健康发展,政策稳定是关键;稳定农业政策,法律是保障。这三部法律,特别是农业法和农村土地承包法,为保持党的农村政策的稳定,保护农民权益,促进农业和农村经济加快发展奠定了坚实的法律制度基础,是党和国家依靠法律加强农业和农村工作的重大措施。

李鹏说,中国特色社会主义法律体系建设中,关于农业与农村方面的立法是非常重要的组成部分。本届常委会五年来制定和修改了11部农业与农村方面的法律,进一步完善了我国农业法律体系。目前,中国特色社会主义法律体系中已有19部关于农业与农村方面的法律,还有一批法律涉及农业和农村方面的问题,使我国农业与农村工作的主要方面已经做到基本有法可依,为实行依法治农和依法兴农创造了有利的条件。

全国人大常委会副委员长姜春云出席了座谈会,会议由全国人大农业与农村委员会主任委员高德占主持。国务院法制办主任曹康泰、农业部部长杜青林、国家林业局局长周生贤、国家计委秘书长张晓强、财政部副部长肖捷、最高人民法院副院长张军分别结合各自部门的实际,就如何贯彻落实好这三部法律作了发言。

座谈会是由全国人大农业与农村委员会、全国人大法律委员会、全国人大常委会法工委、国务院法制办、农业部、国家林业局联合举办的。

中共中央政治局委员贺国强看望获国家最高科学技术奖的老专家

全国台办主任会议在北京闭幕

为期3天的会议认真回顾总结了去年的对台工作,分析了当前的台湾局势,研究了今年的工作。国务院副总理钱其琛出席会议并讲话。中共中央台湾工作办公室、国务院台湾事务办公室主任陈云林作了工作报告。

钱其琛在讲话中深刻地分析了围绕台湾问题的国际形势和海峡两岸关系的现状。他指出，党的十六大已就今后一个时期对台工作提出了明确的指导思想和总体要求，十六大报告有关国家统一的论述，对于推动两岸关系的发展、促进祖国和平统一具有重大的指导意义。要毫不动摇地坚持一个中国原则，坚决反对一切形式的"台独"分裂图谋。只要承认大陆和台湾同属于一个中国，承认"九二共识"，两岸即可恢复对话、协商。两岸"三通"是台湾经济发展的客观需要，关系到广大台湾同胞特别是台湾工商界的切身利益，完全应该早日实现。两岸"三通"是经济事务，"三通"谈判可以不涉及一个中国的政治含义，要按照"不以政治分歧去影响、干扰两岸经济合作"的精神，积极推动。希望台湾当局真正从台湾同胞的利益着想，不要再为两岸"三通"设置障碍。

钱其琛表示，要全面贯彻"寄希望于台湾人民"的方针，进一步认真贯彻执行国家法律、法规中有关保障台湾同胞权益的规定，对损害台湾同胞合法权益的行为和违法犯罪活动，要依法严肃查处。各窗口行业和旅游部门要加强管理、改进工作，为台湾同胞提供热情周到的服务。要努力扩大两岸交流与往来，欢迎更多的台湾同胞来祖国大陆进行投资贸易、求学旅游、探亲访友、考察访问，为他们从事各种交流活动提供方便。各地区、各部门要主动关心在祖国大陆的台湾同胞，及时帮助他们解决实际困难。

钱其琛要求各地、各部门认真学习贯彻十六大精神，深入贯彻"和平统一、一国两制"的基本方针，全面落实江泽民主席提出的现阶段发展两岸关系、推进祖国和平统一进程的八项主张，采取扎实步骤和具体措施，努力做好各项对台工作。

中央直属机关、国务院有关部委的负责同志，各省、自治区、直辖市台办主任，计划单列市、新疆生产建设兵团台办主任，中央政府驻香港、澳门联络办台务部负责人，海峡两岸关系协会负责人出席了会议。

黑龙江省第十届人民代表大会第一次会议选举徐有芳为省人大常委会主任 宋法棠为省长

青海省第十届人民代表大会第一次会议选举赵乐际为省长

政协河北省第九届委员会第一次会议选举赵金铎为省政协主席

政协山西省第九届委员会第一次会议选举刘泽民为省政协主席

政协广西壮族自治区第九届委员会第一次会议选举马庆生(回族)为自治区政协主席

政协西藏自治区第八届委员会第一次会议选举帕巴拉·格列朗杰为自治区政协主席

政协青海省第九届委员会第一次会议选举桑结加为省政协主席

政协陕西省第九届委员会第一次会议选举艾丕善为省政协主席

国土资源部宣布我国第一轮省级矿产资源规划完成

国土资源部宣布，全国31个省级矿产资源总体规划审批工作日前全面完成。这是我国第一轮省级矿产资源规划，它将有助于解决粗放经营、浪费严重等困扰我国矿业发展的问题。

根据国务院的要求，国土资源部会同国家计委、国家经贸委、国家环保总局于2001年5月启动了全国省级矿产资源总体规划审批工作。据了解，新完成的省级矿产资源规划成果包括规划文本、规划附图、规划附表、规划信息系统和规划研究报告等，规划以提高资源对经济社会可持续发展的保障能力为主要目标，充分体现了人口资源环境基本国策和可持续发展战略的指导思想。根据国家"十五"计划及2010年经济社会发展的目标和要求，规划还对各省(区、市)矿产资源的调查评价与勘查、开发利用矿山生态环境保护与恢复治理等方面进行了统筹安排部署。

农业部最新调查结果显示去年农村劳动力外出就业超过9400万人

国务院副总理温家宝在中南海紫光阁会见美国众议院美中议员交流代表团

中共中央政治局常委贾庆林在人民大会堂会见美国前贸易代表查伦·巴尔舍夫斯基

国务委员吴仪在卡斯特里与圣卢西亚总理肯尼·安东尼举行会谈

会谈后，双方签署了中圣经济技术合作协定和中圣第四期农业技术合作换文。

外交部副部长李肇星在外交部会见美国助理国务卿凯利

第十五届中国和古巴经贸混委会会议在哈瓦那闭幕

中国外经贸部部长石广生和古巴政府部长卡夫里萨斯分别代表各自政府签署了会谈纪要和《经济技术合作协定》。在签字仪式上,中古两国企业还就中方购买古巴镍和糖签署了合同,并就中方投资古巴镍生产达成了协议。

1月16日

国家主席江泽民在中南海会见美国众议院代表团

全国政协在全国政协礼堂举行迎春茶话会

全国政协邀请已故党外全国政协委员和知名人士的夫人相聚全国政协礼堂,共贺新春佳节。

全国政协副主席叶选平代表李瑞环主席和全国政协,向出席茶话会的已故党外全国政协委员和知名人士的夫人致以节日的问候和良好的祝愿,并祝她们新春愉快、身体健康、阖家幸福。

出席茶话会的已故党外全国政协委员和知名人士的夫人有:林佳楣(李先念夫人)、林一(滕代远夫人)、王定国(谢觉哉夫人)、李月华(胡子昂夫人)、许克坤(李沛瑶夫人)、殷森(方毅夫人)、吕琳(杨静仁夫人)、刘玉英(平杰三夫人)、郭秀仪(黄琪翔夫人)、马存真(马坚夫人)、廖望月(熊克武夫人)、赵恕之(陈劭先夫人)、孟淑惠(叶道英夫人)、文洁若(萧乾夫人)等。

全国人大常委会副委员长何鲁丽,全国政协副主席杨汝岱、李贵鲜、孙孚凌、万国权、周铁农出席茶话会。茶话会由全国政协秘书长郑万通主持。

全国人大常委会委员长李鹏在重庆考察

1月16日至20日,全国人大常委会委员长李鹏在重庆市委书记、市人大常委会主任黄镇东,市长王鸿举的陪同下,考察了长安福特汽车公司、荣昌县直升镇的"母亲水窖"工程,到鹅颈村看望了农村的贫困户,并听取了重庆市的工作汇报。

李鹏说,重庆市直辖几年来,总体经济实力迈上新台阶,经济结构战略性调整取得较大进展,城市面貌发生很大变化,城乡人民生活显著改善,三峡二期移民任务已基本完成,各项工作都取得显著成绩。同时,也要看到发展的不平衡,要做大量艰苦细致的工作,一个一个地去克服前进中的困难。李鹏希望重庆广大干部群众与时俱进、团结创新、艰苦奋斗、富民兴渝,早日把重庆建成长江上游经济中心。

九届全国人大即将任期届满,李鹏此次考察的一个重点就是征求对全国人大常委会工作报告稿的意见。考察期间,李鹏与重庆市人大常委会的负责同志进行了座谈。

参加会议的同志认为,报告稿高度概括,真实反映了全国人大常委会5年来的工作,其中总结的一些基本经验对做好地方人大工作具有根本性的指导意义。他们建议,报告对立法调研、地方人大好的经验与做法等,应总结得再充分一些。同时还就全国人大及其常委会今后的工作提出了建议。

在听取了意见和建议后,李鹏对大家认真负责的态度表示感谢。他说,5年的工作实践使我们更加深刻地认识到,人民代表大会是适合我国国情,保证国家兴旺发达、长治久安的根本政治制度,必须长期坚持下去。

在重庆期间,李鹏和夫人朱琳同志出席了纪念李硕勋、赵君陶诞辰100周年大会,与出席会议的全体代表一起共同缅怀了两位革命先辈的战斗历程和光辉业绩,并会见了出席赵君陶教育思想研讨会的代表。

全国人大常委会有关部门负责人王云龙、范敬宜、周成奎、吴文昌等陪同考察。

国务院任免工作人员

任命崔占福为国务院参事室主任,免去其国务院副秘书长职务;免去徐志坚的国务院参事室主任职务。

甘肃省第十届人民代表大会第一次会议选举宋照肃为省人大常委会主任 陆浩为省长

新疆维吾尔自治区第十届人民代表大会第一次会议选举阿不来提·阿不都热西提(维吾尔族)为自治区人大常委会主任 司马义·铁力瓦尔地(维吾尔族)为自治区主席

中共中央政治局常委黄菊在人民大会堂会见俄罗斯统一俄罗斯党代表团

国务委员吴仪在圣约翰与安提瓜和巴布达总理兼外交部长莱斯特·布赖恩特·伯德会谈

对外贸易经济合作部副部长马秀红、中国进出口银行行长羊子林、外交部部长助理周文重和财政部部长助理李勇参加了会谈。会谈后,双方签署了经济技术合作协定和板球娱乐场改造立项换文。

中国互联网络信息中心发布第11次互联网络发展状况统计报告

报告显示,截至2002年12月31日,我国网民数量已经达到5910万。这一数量在全世界排名第二,仅次于美国。我国上网计算机数量为2083万台,网站数量达到37万个,国际出口带宽总量为9380M。同去年相比,各项主要指标都保持了较高的增长速度。其中上网计算机数量增长66%,网站数量增长34%,国际出口带宽总量增长27.5%。

教育部在广州举行2003年全国普通高校毕业生就业工作会议

2003年是高等教育扩招本科生毕业的第一年,全国普通高校毕业生总数为212万人,比去年增加67万,增幅47.2%。教育部要求,各省市职能部门成立高校毕业生就业中心,同时划拨一定费用,保证大学毕业生就业工作顺利进行。要重点抓好各项政策的落实,做到工作责任到位、政策落实到位、资金投入到位、措施保障到位。

国办转发《关于建立新型农村合作医疗制度的意见》的通知

各省、自治区、直辖市人民政府,国务院各部委、各直属机构:

卫生部、财政部、农业部《关于建立新型农村合作医疗制度的意见》已经国务院同意,现转发给你们,请认真贯彻执行。

国务院办公厅

2003年1月16日

关于建立新型农村合作医疗制度的意见

建立新型农村合作医疗制度是新时期农村卫生工作的重要内容,是实践"三个代表"重要思想的具体体现,对提高农民健康水平,促进农村经济发展,维护社会稳定具有重大意义。根据《中共中央、国务院关于进一步加强农村卫生工作的决定》(中发〔2002〕13号),提出以下意见。

一、目标和原则

新型农村合作医疗制度是由政府组织、引导、支持,农民自愿参加,个人、集体和政府多方筹资,以大病统筹为主的农民医疗互助共济制度。从2003年起,各省、自治区、直辖市至少要选择2—3个县(市)先行试点,取得经验后逐步推开。到2010年,实现在全国建立基本覆盖农村居民的新型农村合作医疗制度的目标,减轻农民因疾病带来的经济负担,提高农民健康水平。

建立新型农村合作医疗制度要遵循以下原则:

(一)自愿参加,多方筹资。农民以家庭为单位自愿参加新型农村合作医疗,遵守有关规章制度,按时足额缴纳合作医疗经费;乡(镇)、村集体要给予资金扶持;中央和地方各级财政每年要安排一定专项资金予以支持。

(二)以收定支,保障适度。新型农村合作医疗制度要坚持以收定支,收支平衡的原则,既保证这项制度持续有效运行,又使农民能够享有最基本的医疗服务。

(三)先行试点,逐步推广。建立新型农村合作医疗制度必须从实际出发,通过试点总结经验,不断完善,稳步发展。要随着农村社会经济的发展和农民收入的增加,逐步提高新型农村合作医疗制度的社会化程度和抗风险能力。

二、组织管理

(一)新型农村合作医疗制度一般采取以县(市)为单位进行统筹。条件不具备的地方,在起步阶段也可采取以乡(镇)为单位进行统筹,逐步向县(市)统筹过渡。

(二)要按照精简、效能的原则,建立新型农村合作医疗制度管理体制。省、地级人民政府成立由卫生、财政、农业、民政、审计、扶贫等部门组成的农村合作医疗协调小组。各级卫生行政部门内部应设立专门的农村合作医疗管理机构,原则上不增加编制。

县级人民政府成立由有关部门和参加合作医疗的农民代表组成的农村合作医疗管理委员会,负责有关组织、协调、管理和指导工作。委员会下设经办机构,负责具体业务工作,人员由县级人民政府调剂解决。根据需要在乡(镇)可设立派出机构(人员)或委托有关机构管理。经办机构的人员和工作经费列入同级财政预算,不得从农村合作医疗基金中提取。

三、筹资标准

新型农村合作医疗制度实行个人缴费、集体扶持和政府资助相结合的筹资机制。

(一)农民个人每年的缴费标准不应低于10元,经济条件好的地区可相应提高缴费标准。乡镇企业职工(不含以农民家庭为单位参加新型农村合作医疗的人员)是否参加新型农村合作医疗由县级人民政府确定。

(二)有条件的乡村集体经济组织应对本地新型农村合作医疗制度给予适当扶持。扶持新型农村合作医疗的乡村集体经济组织类型、出资标准由县级人民政府确定,但集体出资部分不得向农民摊派。鼓励社会团体和个人资助新型农村合作医疗制度。

(三)地方财政每年对参加新型农村合作医疗农民的资助不低于人均10元,具体补助标准和分级负担比例由省级人民政府确定。经济较发达的东部地区,地方各级财政可适当增加投入。从2003年起,中央财政每年通过专项转移支付对中西部地区除市区以外的参加新型农村合作医疗的农民按人均10元安排补助资金。

四、资金管理

农村合作医疗基金是由农民自愿缴纳、集体扶持、政府资助的民办公助社会性资金，要按照以收定支、收支平衡和公开、公平、公正的原则进行管理，必须专款专用，专户储存，不得挤占挪用。

(一)农村合作医疗基金由农村合作医疗管理委员会及其经办机构进行管理。农村合作医疗经办机构应在管理委员会认定的国有商业银行设立农村合作医疗基金专用账户，确保基金的安全和完整，并建立、健全农村合作医疗基金管理的规章制度，按照规定合理筹集、及时审核支付农村合作医疗基金。

(二)农村合作医疗基金中农民个人缴费及乡村集体经济组织的扶持资金，原则上按年由农村合作医疗经办机构在乡(镇)设立的派出机构(人员)或委托有关机构收缴，存入农村合作医疗基金专用账户；地方财政支持资金，由地方各级财政部门根据参加新型农村合作医疗的实际人数，划拨到农村合作医疗基金专用账户；中央财政补助中西部地区新型农村合作医疗的专项资金，由财政部根据各地区参加新型农村合作医疗的实际人数和资金到位等情况核定，向省级财政划拨。中央和地方各级财政要确保补助资金及时、全额拨付到农村合作医疗基金专用账户，并通过新型农村合作医疗试点逐步完善补助资金的划拨办法，尽可能简化程序，易于操作。要结合财政国库管理制度改革和完善情况，逐步实现财政直接支付。关于新型农村合作医疗资金具体补助办法，由财政部商有关部门研究制定。

(三)农村合作医疗基金主要补助参加新型农村合作医疗农民的大额医疗费用或住院医疗费用。有条件的地方，可实行大额医疗费用补助与小额医疗费用补助结合的办法，既提高抗风险能力又兼顾农民受益面。对参加新型农村合作医疗的农民，年内没有动用农村合作医疗基金的，要安排进行一次常规性体检。各省、自治区、直辖市要制定农村合作医疗报销基本药物目录。各县(市)要根据筹资总额，结合当地实际，科学合理地确定农村合作医疗基金的支付范围、支付标准和额度，确定常规性体检的具体检查项目和方式，防止农村合作医疗基金超支或过多结余。

(四)加强对农村合作医疗基金的监管。农村合作医疗经办机构要定期向农村合作医疗管理委员会汇报农村合作医疗基金的收支、使用情况；要采取张榜公布等措施，定期向社会公布农村合作医疗基金的具体收支、使用情况，保证参加合作医疗农民的参与、知情和监督的权利。县级人民政府可根据本地实际，成立由相关政府部门和参加合作医疗的农民代表共同组成的农村合作医疗监督委员会，定期检查、监督农村合作医疗基金使用和管理情况。农村合作医疗管理委员会要定期向监督委员会和同级人民代表大会汇报工作，主动接受监督。审计部门要定期对农村合作医疗基金收支和管理情况进行审计。

五、医疗服务管理

加强农村卫生服务网络建设，强化对农村医疗卫生机构的行业管理，积极推进农村医疗卫生体制改革，不断提高医疗卫生服务能力和水平，使农民得到较好的医疗服务。各地区要根据情况，在农村卫生机构中择优选择农村合作医疗的服务机构，并加强监管力度，实行动态管理。要完善并落实各种诊疗规范和管理制度，保证服务质量，提高服务效率，控制医疗费用。

六、组织实施

(一)省级人民政府要制定新型农村合作医疗制度的管理办法，本着农民参保积极性较高，财政承受能力较强，管理基础较好的原则选择试点县(市)，积极、稳妥地开展新型农村合作医疗试点工作。试点工作的重点是探索新型农村合作医疗管理体制、筹资机制和运行机制。县级人民政府要制订具体方案，各级相关部门在同级人民政府统一领导下组织实施。

(二)要切实加强对新型农村合作医疗的宣传教育，采取多种形式向农民宣传新型农村合作医疗的重要意义和当地的具体做法，引导农民不断增强自我保健和互助共济意识，动员广大农民自愿、积极参加新型农村合作医疗。农民参加合作医疗所履行的缴费义务，不能视为增加农民负担。

建立新型农村合作医疗制度是帮助农民抵御重大疾病风险的有效途径，是推进农村卫生改革与发展的重要举措，政策性强，任务艰巨。各地区、各有关部门要高度重视，加强领导，落实政策措施，抓好试点，总结经验，积极稳妥地做好这项工作。

1月17日

国家主席江泽民在中南海会见美国世界健康基金会总裁约翰·豪

中央党校举行2002学年冬季毕业典礼

中共中央政治局常委、中央书记处书记、中央党校校长曾庆红出席毕业典礼，并为学员颁发毕业证书。

中共中央政治局委员、中央书记处书记、中央组织部部长贺国强，中共中央政治局候补委员、中央书记处书记、中央办公厅主任王刚，中央书记处书记、中央纪委副书记何勇出席毕业典礼。

中央党校本期毕业学员共917人。另有中直机关分校、中央国家机关分校、中央金融工委分校、中央企业工委分校和部队分校的2800多名学员同期毕业。

这期中央党校学员的学习是在迎接党的十六大，

学习、宣传和贯彻党的十六大精神中进行的。通过深入学习，学员们加深了对“三个代表”重要思想和党的十六大精神的理解，增强了全面贯彻党的基本理论、基本路线、基本纲领和基本经验的自觉性和坚定性。在校期间，学员们还学习了“理论基础”、“世界眼光”、“战略思维”、“党性修养”4个方面的课程。

纪念延安双拥运动60周年座谈会在人民大会堂举行

座谈会由全国双拥工作领导小组、民政部、解放军总政治部联合召开。国家主席、中央军委主席江泽民为延安双拥运动60周年题词：“弘扬双拥光荣传统，增强军政军民团结”。

中共中央政治局常委罗干出席会议。

中共中央政治局委员、中央军委副主席郭伯雄在讲话时指出，江主席亲笔题词，是对双拥工作的亲切关怀，是对全国军民的巨大鼓舞。我们一定要适应新形势的需要，努力做好双拥工作，以坚强的军政军民团结为实现党在新世纪、新阶段的奋斗目标提供重要的政治保证。要把维护社会政治稳定作为新时期双拥工作的重要任务，为改革开放和现代化建设创造良好条件。要发扬与时俱进的时代精神，积极推进双拥工作的改革创新。

国务委员、全国双拥工作领导小组组长司马义·艾买提在会上宣读江泽民同志的题词，并主持座谈会。

全国双拥工作领导小组成员单位负责同志，解放军四总部、驻京部队各大单位和北京市的领导同志，老同志代表，革命老区代表，全国双拥模范城(县)代表，基层双拥先进单位和先进个人代表参加了会议。

全国安全生产工作会议在北京闭幕

会议上获悉：我国特大事故虽有所下降，但事故总量和死亡人数仍在上升。2002年，预计各类事故死亡人数超过14万人，比上年增加1万人，平均每天约有380人丧生于各类事故。

国家安全生产管理局局长王显政分析说，道路交通事故仍是我国公民的“头号杀手”，去年死亡约11万人，其次是工矿企业，死亡约7.4万人。道路交通事故多发且死亡人数上升，是随着全国车辆的急剧增加而发生的，去年全国车辆增加14%。近些年随着安全整治，重大交通事故下降明显，去年全国没有发生一次死亡30人以上的特大交通事故。但是，事故总量和死亡人数还是急剧上升，一次死亡10人以下的交通事故仍随时在发生。他要求，今年要强化对交通运输企业的安全监管，不符合安全要求的运输车辆要坚决停运，要在客运车辆上逐步安装监控装置。

新闻出版局长会议在北京闭幕

在为期3天的会议上，新闻出版总署署长石宗源表示：“一切妨碍发展的思想观念都要坚决冲破，一切束缚发展的做法和规定都要坚决改变，一切影响发展的体制弊端都要坚决革除。”新闻出版总署继去年出台了20多项有关规章、办法后，今年还将推出20多项新政策和新措施，围绕依法行政、深化改革、对外开放、加强监管等重点，为产业的快速发展创造良好环境。

新闻出版总署副署长柳斌杰说：按照我国加入世界贸易组织的承诺，我国在相继开放了印刷、音像、电子出版物等市场后，今年起将在一大批大中城市向外资企业开放书报零售市场，有关的管理办法即将颁布。他说，外资享有的政策规定国内的民间资本也同样享有，形成国内国际、对内对外的公平竞争。

吉林省第十届人民代表大会第一次会议选举王云坤为省人大常委会主任 洪虎为省长

西藏自治区第八届人民代表大会第一次会议选举热地为自治区人大常委会主任 列确为自治区主席

政协贵州省第九届委员会第一次会议选举王思齐为省政协主席

政协云南省第九届委员会第一次会议选举杨崇汇为省政协主席

国务院副总理温家宝在中南海紫光阁会见沙特阿拉伯企业家代表团

国家统计局发布第二次全国基本单位普查主要数据公报

根据国务院的决定，继1996年第一次全国基本单位普查之后，我国于2001年进行了第二次全国基本单位普查。这次普查的标准时点为2001年12月31日，普查对象为中华人民共和国境内除城乡住户和个体工商户以外的所有法人单位及其所属的产业活动单位。现将普查的主要数据[注一]公布如下：

一、单位总体状况

2001年年末，我国共有法人单位[注二]510.7万个，比1996年增加55.2万个，增长12.1%。其中，企业法人302.6万个，占59.2%；机关、事业法人102.6万个，占20.1%；社会团体法人10.6万个，占2.1%；居(村)委会79.2万个，占15.6%；其他法人15.7万个，占3%。

2001年年末，我国共有产业活动单位[注三]

708.8 万个，比 1996 年增加 73.6 万个，增长 11.6%。

从地区分布情况看，全国半数以上法人单位和产业活动单位集中于东部地区，单位拥有量自东向西呈递减趋势[注四]。2001 年年末，东部地区拥有法人单位 286.1 万个，占全国的 56%；中部地区 133.7 万个，占 26.2%；西部地区 90.9 万个，占 17.8%。东部地区拥有产业活动单位 369 万个，占全国的 52%；中部地区 202.6 万个，占 28.6%；西部地区 137.2 万个，占 19.4%。

分省、自治区、直辖市看，2001 年年末，拥有法人单位数名列全国前 10 位的依次是：广东、江苏、浙江、山东、河南、四川、上海、北京、河北、辽宁，占全国的 58.4%。拥有产业活动单位数名列全国前 10 位的依次是：广东、山东、江苏、浙江、河南、四川、上海、河北、湖南、安徽，占全国的 55.1%。

二、行业分布状况

从国民经济行业的分布看，2001 年年末，在各类产业活动单位中，从事制造业的单位 131.9 万个，占 18.6%；批发和零售贸易、餐饮业 133.6 万个，占 18.8%；教育、文化艺术及广播电影电视业 85.6 万个，占 12.1%；国家机关、政党机关和社会团体 142.9 万个，占 20.2%。全国产业活动单位的分布主要集中于以上四个行业，占 69.7%。

2001 年年末，在各类产业活动单位中，从事第一产业的单位 8.4 万个，比 1996 年减少 0.1 万个；第二产业 160.9 万个，减少 7.5 万个；第三产业 539.5 万个，增加 81.3 万个。2001 年末，在各类产业活动单位中从业的人员，第一产业 407.8 万人，比 1996 年减少 105.4 万人；第二产业 11790.2 万人，减少 1849.6 万人；第三产业 9379.9 万人，增加 552.6 万人。从业人员逐渐由一、二产业向第三产业转移，第三产业已经成为我国扩大劳动就业的主渠道。

三、企业所有制结构

2001 年年末，在全部企业法人单位中，国有企业(包括国有、国有联营和国有独资企业)占 12.2%，集体企业(包括集体、集体联营和股份合作制企业)占 28.3%，私营企业占 43.7%，股份制企业(包括其他有限责任公司和股份有限公司)占 9.9%，外商投资企业占 1.9%，港澳台投资企业占 2.7%，其他企业(包括国有与集体联营、其他联营和其他内资企业)占 1.3%。在全部企业法人单位从业的人员中，国有企业占 30.6%，集体企业占 22.8%，私营企业占 19.2%，股份制企业占 16.6%，外商投资企业占 3.9%，港澳台投资企业占 6.1%，其他企业占 0.8%。

2001 年年末，在全部企业法人单位中，国有及国有控股(包括相对控股)企业法人单位数占 14.9%，其资本金及年营业收入分别占 56.2%和 49.6%。在采掘业中，国有及国有控股企业的资本金和年营业收入分别占 81%和 72.2%；在石油加工及炼焦业中分别占 82%和 85.7%；在黑色金属冶炼及压延加工业中分别占 80.5%和 71%；在电力、煤气及水的生产和供应业中分别占 81.7%和 85.8%；在金融、保险业中分别占 85.9%和 87.6%；在铁路运输业中分别占 99.2%和 98.5%。上述各行业，国有及国有控股企业的资本金和年营业收入均占 70%以上。

四、企业规模结构

从企业的从业人员规模看，2001 年年末，在全部企业法人单位中，50 人以下的小企业 248.5 万个，占 82.1%，比 1996 年增加 46.1 万个，增长 22.8%；1000 人及以上的大企业 1.9 万个，占 0.6%，比 1996 年减少 0.2 万个，下降 10.5%。

从企业的营业收入规模看，2001 年年末，我国年营业收入在 100 万元以下的小企业 183.1 万个，占全部企业法人单位的 60.5%，比 1996 年增加 14.6 万个，但比重下降 3.6 个百分点；年营业收入在 1 亿元以上的大企业 3.2 万个，占全部企业法人单位的 1%，比 1996 年增加 1.2 万个，增长 60%。其中，1 亿至 10 亿元的企业 3 万个，比 1996 年增加 1.1 万个；10 亿至 100 亿元的企业 2154 个，增加 945 个；100 亿元以上的企业 100 个，增加 32 个。

从企业的资产规模看，2001 年年末，我国固定资产原值在 100 万元以下的小企业 229.8 万个，占全部企业法人单位的 76%，比 1996 年增加 16.9 万个，但比重下降了 5 个百分点；固定资产原值在 1 亿元以上的大企业 2 万个，占全部企业法人单位的 0.6%，比 1996 年增加 1.1 万个，增长 116%。其中，1 亿至 10 亿元的企业 1.8 万个，比 1996 年增加近 1 万个；10 亿至 100 亿元的企业 1693 个，增加 923 个；100 亿元以上的企业 147 个，增加 46 个。

五、普查数据质量

经第二次全国基本单位普查领导小组办公室对普查数据进行审核和抽查，单位漏报率为 0.41%，指标差错率为 0.33%，数据质量符合普查要求，基本达到预期目标。

[注一]本公报资料未包括香港及澳门特别行政区和台湾省。

[注二]法人单位：是指依法成立，有自己的名称、组织机构和场所，能够独立承担民事责任；独立拥有和使用(或授权使用)资产，承担负债，有权与其他单位签订合同；会计上独立核算，能够编制资产负债表的单位。

[注三]产业活动单位：是指在一个场所从事一种

或主要从事一种社会经济活动；相对独立组织生产经营或业务活动；能够掌握收入和支出等业务核算资料的单位。产业活动单位附属于法人单位。

[注四]东、中、西部的划分：东部包括北京、天津、河北、辽宁、上海、江苏、浙江、福建、山东、广东、广西、海南；中部包括山西、内蒙古、吉林、黑龙江、安徽、江西、河南、湖北、湖南；西部包括重庆、四川、贵州、云南、西藏、陕西、甘肃、青海、宁夏、新疆。

外交部部长唐家璇在路易港与毛里求斯总理阿内罗德·贾格纳特举行会谈

唐家璇是应毛外交与地区合作部长阿尼尔·库马尔辛格·加扬的邀请，于1月16日开始对毛进行正式访问的。访问期间，他还分别会见了毛总统奥夫曼，与加扬外长举行了会谈并分别代表各自政府签署了《中华人民共和国政府和毛里求斯共和国政府经济技术合作协定》。

我国首次推选出中华十大名山

首次推选出的“中华十大名山”分别是泰山、黄山、峨眉山、庐山、珠穆朗玛峰、长白山、华山、武夷山、玉山(台湾阿里山主峰)和五台山。

傅崇碧逝世

北京军区原政治委员傅崇碧同志，因病医治无效，于1月17日在北京逝世，享年87岁。

傅崇碧同志是中国人民政治协商会议第三届全国委员会委员，第十二、十三届中央顾问委员会委员，第四、五、六届全国人民代表大会代表，中国共产党第八、十二次全国代表大会代表。他1955年被授予少将军衔。

1月18日

中国社会工作协会社会公益工作委员会成立大会及首届会员代表大会在北京举行

大会通过了《中国社会工作协会社会公益工作委员会章程》，全国人大常委会环境与资源保护委员会主任委员曲格平担任公益委员会主任。

该公益委员会是我国唯一经民政部批准的以“公益”命名的、专门从事公益工作的全国性社会团体。它由社会各界从事和关心、支持公益事业的单位和个人，社会公益志愿者以及相关社会公益类团体自愿组成。

河北省第十届人民代表大会第一次会议选举白克明为省人大常委会主任 季允石为省长

河南省第十届人民代表大会第一次会议选举李克强为省人大常委会主任 李成玉(回族)为省长

四川省第十届人民代表大会第一次会议选举张学忠为省人大常委会主任 张中伟为省长

山西省第十届人民代表大会第一次会议选举田成平为省人大常委会主任 刘振华为省长

湖南省第十届人民代表大会第一次会议选举杨正午(土家族)为省人大常委会主任 张云川为省长

陕西省第十届人民代表大会第一次会议选举李建国为省人大常委会主任 贾治邦为省长

内蒙古自治区第十届人民代表大会第一次会议选举储波为自治区人大常委会主任 乌云其木格为自治区主席

广西壮族自治区第十届人民代表大会第一次会议选举曹伯纯为自治区人大常委会主任 李兆焯(壮族)为自治区主席

宁夏回族自治区第九届人民代表大会第一次会议选举陈建国为自治区人大常委会主任 马启智为自治区主席

外交部部长唐家璇在哈博罗内与博茨瓦纳总统莫哈埃举行会谈

唐家璇是应博茨瓦纳外交与国际合作部长梅拉费的邀请，于17日开始对博茨瓦纳进行正式访问的。他已与梅拉费外长举行了两国外交部磋商机制下的首轮政治磋商，双方还签署了中博政府经济技术合作协定。

第二届“母亲河奖”颁奖仪式在北京举行

第二届“母亲河奖”获得者是：日本友人久保田满宏、河南新乡市农民田桂荣、北京林业大学学生李磊、山西省太原市钢铁集团有限公司治渣顾问李双良、四川省绿色江河环境保护促进会会长杨欣、可口可乐中国有限公司董事长陈奇伟、美国芝加哥大学学生容忆、内蒙古克什克腾旗万合永镇西大营子村农民唐臣、云南民间环保组织“绿色高原”创始人奚志农、自然之友会长梁从诫、解放军报社编辑梅忠堂。解放军总政治部组织部青年局局长秦保中获保护母亲河行动特别贡献奖。

“母亲河奖”是共青团中央、全国绿化委员会、全国人大环境与资源保护委员会、全国政协人口资源环境委员会、水利部、农业部、国家环保总局、国家林业局等保护母亲河行动主办单位设立的。

1月19日

国务院总理朱镕基主持召开总理办公会议专题听取辽宁省完善社保体系试点汇报

朱镕基在会议上强调，各有关地区和部门要按照党的十六大提出的要求，总结经验，加强领导，精心组织，稳步推进完善城镇社会保障体系试点工作，不断健全和完善社会保障体系。

据辽宁省汇报，自2001年7月国务院批准实施辽宁完善城镇社会保障体系试点方案以来，在各有关部门支持下，辽宁省按照试点方案确定的目标、原则和主要任务要求，精心组织，周密部署，稳步推进，试点工作进展顺利，成效显著。一是城镇企业职工基本养老保险制度趋于完善，在逐步做实个人账户的前提下，实行全省统一管理，企业离退休人员基本养老金按时足额发放；二是下岗职工基本生活保障向失业保险并轨取得重大进展，约77%的国有企业下岗职工与企业解除劳动关系，进入失业保险体系；三是城市居民最低生活保障覆盖范围大幅度提高，基本实现了应保尽保；四是基本形成了稳定的社保资金筹措渠道和积累机制，强化了省、地(市)、县三级政府社会保障责任；五是社保管理和服务社会化、信息化取得较大进展，退休人员和失业人员真正与企业脱钩，失业人员和"低保"对象全部纳入社区，实行属地化管理；资金专户管理，专款专用，实行社会化发放；六是试点工作为促进下岗失业人员平稳过渡、逐步实现再就业奠定了基础，保持了企业和社会稳定，推动下岗失业人员千方百计扩大再就业门路，使50%左右并轨人员实现了再就业等。

会议认为，党中央、国务院确定在辽宁全省进行以完善城镇企业职工基本养老保险制度、推动国有企业下岗职工基本生活保障向失业保险和最低生活保障制度并轨为主要内容的试点工作，是为在全国范围逐步建成完整的、独立于企事业单位之外、资金来源多元化、保障制度规范化、管理服务社会化的社会保障体系的一项重要措施。从总体情况看，试点方案实施以来，辽宁省在完善城镇社会保障体系试点方面，做了大量艰苦细致的工作，取得了明显成效，特别是在做实基本养老保险个人账户和推动国有企业下岗职工基本生活保障向失业保险并轨等方面，实现了预期目标。从中央和地方两级财政资金投入看，试点成本也低于预期值，试点方案是可行的。因此，辽宁试点方案具有重要的借鉴意义和示范作用，为在全国逐步推广积累了经验。会议分析认为，辽宁作为老工业基地，工业比重大，城镇人口多，老企业和困难企业多，企业改革和产业结构调整任务重，完善社会保障体系工作难度大，辽宁能够做到的，其他地区也能够做到。这充分说明党中央、国务院关于完善城镇社会保障体系并先行在辽宁全省进行试点的决策，是完全正确的。

会议指出，辽宁试点工作虽然取得了很大成效，但尚未最终完成，必须充分认识完善城镇社会保障体系工作的艰巨性、复杂性，领导工作和指导工作不可放松。辽宁省要继续加强领导，进一步完善配套政策，扎扎实实，持之以恒地把这项工作坚持下去，善始善终地做好后续工作，巩固和扩大已经取得的成果，务求试点工作圆满完成。在下一步工作中，要注意做好企业收入分配、低保及社区社保平台建设的衔接和调控，低保标准要恰如其分，注意把握正确的政策导向，鼓励就业，逐步减少社会失业人员总量。有关部门要坚定信心，齐心协力，知难而进，进一步加强对试点工作的指导，认真核实试点情况，总结试点经验，为在全国逐步推广提供指导和借鉴。扩大试点工作，要本着量力而行、逐步扩大的原则，区别情况，分类指导，有计划、有步骤，分期、分批地稳步推行。

会议强调，在稳步推进和做好试点工作的同时，各地区要切实全面落实"两个确保"和城市低保，做好"三条保障线"的衔接工作，妥善解决生活困难较大的群众的实际问题，真正把党中央、国务院的各项政策措施不折不扣地落实到每一个困难职工群众身上。进一步做好社会保障工作，关键是加强领导，狠抓落实，真正做到领导到位、工作到位、资金到位、不留死角。各级领导干部要进一步转变作风，扎实工作，深入基层，加强监督检查，及时发现新情况，解决新问题，总结新经验，完善配套政策，推动社会保障工作更加扎实有效地进行。要充分发挥社区在社会保障和促进劳动就业中的作用。随着社会保障体系的不断完善，社区工作的重要性越来越突出，任务越来越重。要把城市社区工作做深入、做细致、做扎实，使下岗失业人员等困难职工群众有安全感和归属感。为此，要进一步加强社区组织建设、制度建设和基础设施建设，提高社区工作人员素质，以适应新形势要求，全面做好社会保障各项工作。

国务院副总理吴邦国在重庆出席国务院三峡工程库区农村移民外迁工作会议并讲话

吴邦国在讲话中首先充分肯定了三峡工程移民工作取得的成绩。他指出，三峡库区移民工作的顺利开展，保障了三峡工程建设目标如期实现，加快了库区经济发展，促进了库区地质灾害治理和环境保护，保持了库区社会稳定，是一件十分了不起的事情。这充分体现了社会主义集中力量办大事的优越性，也充分显示了中华民族伟大的团结互助精神和巨大的凝聚力。

吴邦国说，三峡库区移民工作的多年实践，积累了丰富的经验。一是坚持“两个调整”的方针，加大农村移民外迁和搬迁工矿企业结构调整的力度，改善了移民生产生活条件，缓解了库区压力，体现了实事求是的思想路线。二是坚持“以农为主、以土为本”安置原则，采取“相对集中到县乡，分散安置到村组”的安置方式，符合我国国情，有利于移民尽快融入当地社会，为移民落地生根打下基础。三是坚持依法移民，照章办事，把移民工作逐步纳入制度化、法制化轨道，促进移民工作的公开、民主、透明，有效维护移民的合法权益，防止和化解可能发生的矛盾和纠纷。四是坚持做好帮扶和思想政治工作，把讲道理和办实事结合起来，消除移民的顾虑，帮助移民解决实际困难，为实现外迁移民“搬得出、稳得住、逐步能致富”创造条件。五是坚持加强领导，各方密切配合，确保移民外迁工作有条不紊地进行。这几条基本经验，不仅为后期移民工作的深入开展奠定了良好基础，也为南水北调等其他重大工程的移民工作提供了有益的启示。

吴邦国指出，三峡工程建设方针是“分期蓄水，连续移民”。他说，根据今后库区本身后靠安置难度越来越大、库区生态环境承载能力越来越小的实际，以及外迁移民取得的成效，要继续坚持农村移民外迁安置的方针政策。国务院决定在二期外迁移民基础上，增加2.5万农村外迁移民。

会议期间，吴邦国还与有关省市负责人进行座谈，认真听取他们的意见和建议。会议对在三峡库区农村移民外迁工作中作出突出成绩的35个先进单位、69名先进工作者和27名外迁移民先进个人进行了表彰。重庆市和11个三峡移民迁入省、市负责同志，以及三峡建委办公室、国务院有关部门负责同志出席了会议。

国务院副总理吴邦国在重庆考察三峡库区

1月19日至21日，中共中央政治局常委、国务院副总理吴邦国在出席了国务院三峡工程库区农村移民外迁工作会议后，由重庆市委书记黄镇东等同志陪同，到三峡库区移民任务最重的云阳县和万州区，考察移民、清库、库岸防护、地质灾害防治、环境保护建设和对口支援企业的情况，走访看望了移民和困难职工家庭。考察期间，吴邦国听取了重庆市委、市政府的工作汇报，他对重庆市认真贯彻党中央、国务院方针政策，在经济和社会发展、库区移民搬迁安置等方面取得的成绩给予了充分肯定。

1月20日和21日，吴邦国考察了云阳县老县城清库现场、万州区万安大桥清库现场和云阳县新县城库岸防护及壁上挂灯滑移变形体治理工程、万州区龙宝河防护工程、明镜滩污水处理工程等建设工地，详细了解有关工程进展情况。他强调，要进一步增强紧迫感、责任感，克服松懈麻痹思想，再接再厉，一鼓作气，在确保质量的前提下，加紧工作，为顺利实现三峡二期工程三大目标做好一切准备。

吴邦国十分关心库区后靠移民和关闭破产企业困难职工的生产生活问题。他专程走访慰问了云阳县双江镇马沱村农村后靠移民徐志顺、石道国和万州区城市移民及下岗职工李光明、魏法军等家庭，充分肯定他们舍小家、为国家，积极搬迁的顾大局、识大体精神。他说，目前二期移民任务已经基本完成，有关部门和库区各级政府要高度重视移民在水库蓄水前后生产生活状况的变化，抓紧研究移民后期扶持政策，巩固移民安置的成果，使移民逐步走上致富的道路。他在视察重庆三峡汇源集团和信谊东方药业集团等对口支援企业时，强调要抓住库区建设和西部大开发的机遇，加强基础设施建设，因地制宜，充分利用库区优势和资源条件，吸引区外优势企业投资办厂，发展农副产品深加工等特色产业，逐步实现库区经济社会可持续发展。

随同考察的有关部门负责人有郭树言、田凤山、马凯、蒲海清、侯云春、漆林等。

中共中央政治局常委黄菊在甘肃调研和慰问基层群众

1月19日至21日，中共中央政治局常委黄菊在甘肃省委书记宋照肃、省长陆浩等陪同下，深入兰州市贫困乡村、街道社区、企业车间，与基层干部群众亲切交谈，走访慰问城乡困难群众，就抓住西部大开发战略机遇、发展当地经济和关心群众生活等问题进行调查研究。

黄菊先后来到兰州市永登县中川镇倒水塘村和兰州市城关区，分别看望慰问了困难农户和困难职工。

考察期间，黄菊还来到兰州市城关区五泉街道办事处闵家桥社区居委会、城关区社区社会福利服务中心，了解城市社区服务和社会保障、再就业情况，参观了兰州大得利生物化学制药有限公司、兰州铝业股份有限公司，看望了企业职工，并详细了解了企业技术进步、人才培养、科技创新等方面的情况。

1月21日上午，黄菊与甘肃省委、省政府以及省有关经济部门同志座谈，他充分肯定了甘肃各项工作取得的成绩，特别是甘肃干部群众在西部三年大开发、甘肃三年大变化中展现的开拓创新的思想观念和艰苦创业的精神风貌。

黄菊强调，现在我国已进入全面建设小康社会的新的历史阶段,西部地区和东部地区要携手并进,共奔小康。东部地区有责任把支援西部地区的发展作为自己的一项重大任务,继续采取多种形式,加大对西部地区的支持和帮助,进一步加深东部、中部和西部地区的合作与发展。

黄菊还就关心困难群众和落实就业再就业等工作作了指示。

有关部门负责人张俊九、张左己、杨凌隆、尤权、吕飞杰等陪同考察。

中共中央政治局委员贺国强在北京 天津走访慰问困难党员和老党员

中共中央政治局委员、中央书记处书记、中央组织部部长贺国强在中共中央政治局委员、北京市委书记、市长刘淇等陪同下,首先到北京市东城区大兴胡同下岗职工党员刘家强和东堂子胡同83岁老党员邱平家中,同他们亲切交谈,详细询问他们的生活和身体等情况,认真听取他们的意见。此后,贺国强又驱车到天津市蓟县盘山革命老区,在中共中央政治局委员、天津市委书记张立昌,天津市委副书记、代市长戴相龙等陪同下,走访慰问了老党员张庆祥和夏满丛,同他们拉家常,了解老区革命斗争历史、经济社会发展和群众生产生活情况,并与当地基层干部、老党员代表进行了座谈。

在走访和座谈中,贺国强充分肯定了北京、天津市各级党组织在关心困难群众方面所做的工作,强调指出,认真解决困难群众的生产生活问题,是当前各级党委和政府一项重大的政治任务。各级党委及其组织部门务必充分认识关心困难群众的极端重要性,以强烈的政治责任感和对人民群众的深厚感情,采取切实有力措施,真正把党的温暖送到困难群众的心坎上。

贺国强强调,在关心困难群众工作中,要重视关心困难党员和老党员。

中央组织部副部长孙晓群、李景田等陪同走访看望。中央组织部领导近期还将分赴河北阜平、山东临沂等革命老区走访慰问。

北京市第十二届人民代表大会第一次会议选举于均波为市人大常委会主任 孟学农为市长

湖北省第十届人民代表大会第一次会议选举杨永良为省人大常委会主任 罗清泉为省长

江西省第十届人民代表大会第一次会议选举孟建柱为省人大常委会主任 黄智权为省长

贵州省第十届人民代表大会第一次会议选举钱运录为省人大常委会主任 石秀诗为省长

云南省第十届人民代表大会第一次会议选举白恩培为省人大常委会主任 徐荣凯为省长

国务院批准中国人民保险公司股份制改造方案

外交部部长唐家璇在纽约会见美国国务卿鲍威尔

鲍威尔说,两国关系正在向积极方向发展,美方将与中方一起作出努力,使两国关系继续取得进展。他说,切尼副总统期待着访华,今年2月他本人将作为国务卿第四次去中国访问。保持高层交往是两国关系加强的体现,美方对双方在反恐和经贸领域的合作不断发展感到满意。

唐家璇说,台湾问题事关中国的核心利益,妥善处理这一问题是保证中美关系稳定发展的关键。希望美方恪守一个中国政策,遵守中美三个联合公报,反对"台独"的承诺,慎重处理台湾问题,不要向"台独"势力发出任何错误的信号。

鲍威尔说,美方理解台湾问题的敏感性,愿重申布什总统在克劳福德会晤时向江泽民主席所作的承诺。

双方还就朝核问题和伊拉克问题等交换了意见。

国家统计局公布去年全国规模以上工业完成增加值首次突破3万亿元

国家统计局公布:2002年,在国家扩大内需政策以及出口快速增长的共同带动下,全国工业生产呈现快速增长的势头,总体发展形势为近年来最好的一年。工业生产快速增长,总量迈上新的台阶,全国规模以上工业完成增加值首次突破3万亿元,达到31482亿元,比上年增长17.6%,增速比上年加快7.7个百分点,成为1997年以来增长最快的一年。12月当月完成增加值3216亿元,比上年同月增长17.9%。

跨越鄂赣湘皖四省的长江中下游干堤加固工程基本完成

经过4年的建设,跨越鄂、赣、湘、皖四省的长江中下游干堤加固工程基本完工。截至目前,工程完成总投资270亿元,已完成97.6%的土石方建设工程,基本实现了国务院提出的"2002年年底修完修好长江中下游干堤"的目标。

国家舞台艺术精品工程初选剧目确定

由文化部、财政部联合实施的国家舞台艺术精品工程2002年12月启动,计划每年投资4000万元,

5年内投资2亿元，推出50台具有思想性、艺术性与观赏性的舞台艺术作品。本次初步入选的30台剧目是：上海京剧院的《贞观盛世》、天津京剧院的《华子良》、北京京剧院的《宰相刘罗锅》(一、二、三本)、江苏省京剧院的《骆驼祥子》、上海昆剧团的《牡丹亭》；中国戏曲学院的《杜十娘》；深圳粤剧团的粤剧《驼哥的旗》、重庆川剧院的川剧《金子》、福建实验闽剧院的闽剧《贬官记》、河北省河北梆子剧院的河北梆子《钟馗》、浙江小百花越剧团的越剧《陆游与唐琬》、内蒙古民族歌舞剧院的蒙古剧《满都海斯琴》、云南昆明花灯剧团的花灯戏《小河淌水》；国家话剧院的话剧《叫我一声哥，我会泪落如雨》、上海话剧艺术中心的《商鞅》、北京军区政治部战友话剧团的《爱尔纳·突击》、天津人民艺术剧院的《为你喝彩》、海南省民族歌舞剧团的儿童剧《鹿回头》、武汉市儿童艺术剧院的《春雨沙沙》、江苏苏州市滑稽剧团的滑稽剧《一二三，起步走》；兰州歌舞剧院的舞剧《大梦敦煌》、空军政治部文工团的《红梅赞》、上海歌舞团的《闪闪的红星》、北京歌剧舞剧院的《情天恨海圆明园》、中央芭蕾舞团的芭蕾舞《大红灯笼高高挂》、辽宁歌剧院的歌剧《苍原》、沈阳军区前进歌舞团的《羽娘》、中央民族乐团的民族音乐会《乐府画廊》、新疆喀什地区歌舞团的歌舞《喀什噶尔》及贵州省遵义市杂技团的杂技《依依山水情》。

新中国成立以来铭文最长的青铜盘在陕西省眉县出土铭文长达350余字

全国总工会派团赴各地慰问职工

全国总工会近日派出由主要负责同志带队的12个慰问团，分赴30个省、直辖市、自治区慰问。由工会组织的、以“进万家门、知万家情、解万家难、暖万家心”为内容的向困难企业和困难职工送温暖工程已经在全国全面铺开。

1月20日

全国政协九届常委会第二十次会议在北京举行

这次常委会议主要是为召开政协十届一次会议做准备。全国政协主席李瑞环出席开幕会。

全国政协副主席叶选平主持开幕会。本次常委会议为期4天，主要议程有：审议通过关于召开政协十届一次会议的决定；协商通过政协第十届全国委员会参加单位、委员名额和人选名单；审议通过提交政协十届一次会议审议的政协九届常委会工作报告和提案工作情况的报告；审议通过政协十届一次会议议程草案和日程草案；审议通过关于授权主席会议审议政协九届常委会第二十次会议未尽事宜的决定；审议有关工作总结、视察和出访等书面报告。

在开幕会上，常委会组成人员听取了全国政协秘书长郑万通关于政协九届常委会工作报告稿起草情况的说明，全国政协提案委员会主任何光远关于政协九届常委会提案工作情况报告稿起草情况的说明。

全国政协副主席杨汝岱、王兆国、阿沛·阿旺晋美、任建新、宋健、李贵鲜、张思卿、钱正英、丁光训、孙孚凌、霍英东、马万祺、朱光亚、万国权、胡启立、赵南起、毛致用、白立忱、经叔平、罗豪才、张克辉、周铁农、王文元出席开幕会。

中共中央统战部部长刘延东受中共中央委托就第十届全国政协委员的推荐提名情况和建议名单在政协九届常委会第二十次会议上作说明

刘延东说，中共中央对这次换届高度重视，明确了换届人事安排的原则、方针和政策，并委托中共中央统战部同各民主党派中央、全国工商联负责人和无党派代表人士进行协商，对十届政协人事安排的总原则、规模、界别设置、人选条件等重大政策性问题，取得了一致意见。

据刘延东介绍，十届全国政协委员总数大体保持九届时的规模，中共委员不超过40%，非中共委员不少于60%；妇女委员的比例要高于九届；56个民族都要有代表进入全国政协。十届全国政协委员中的民主党派成员人数不少于九届全国政协委员中的民主党派成员人数。要适当增加安排非公有制经济代表人士，适当安排其他新的社会阶层的代表人士。界别设置基本保持九届的格局，设34个界别，按照党派、团体、方面、特邀的顺序排列。为扩大覆盖面，将“社会福利界”调整为“社会福利和社会保障界”。

刘延东说，人选建议名单具有以下特点：一是体现了多党合作和政治协商的大格局。人民政协是中国共产党领导的多党合作和政治协商的重要机构。在全国政协委员会中保持一定数量的民主党派成员，是坚持多党合作和政治协商的必要条件。为保证各地、各单位推荐足够数量的民主党派成员作为全国政协委员人选，在协商过程中，着重强调要保证优秀的民主党派成员的安排。建议人选名单中民主党派成员人选比九届有所增加。

二是具有广泛的代表性。人选建议名单中有一批德高望重的老同志和适合做统战工作的领导干部；有民主党派、工商联的各级领导骨干和无党派代表人士；有在维护祖国统一、民族团结、社会稳定中作出积极贡献的少数民族代表人士和宗教界代表人士；有在改革开放和社会主义现代化建设中作出突出贡献的代表人士；有在促进祖国和平统一事业中有影响、有作为的人士；有香港、澳门各界知名人士；也有新的社会阶层中爱国、敬业、诚信、守法的优秀代表人士；还有为中国革命和建设作出了突出贡献的外国血统的中国籍专家和其他方面对巩固发展爱国统一战线有突出作用的代表人士。

三是适应了新老合作与交替的要求。在建议名单中，九届全国政协委员继续提名的占47.1%；新提名的占57.9%。第九届全国政协委员在履行职责的五年中，围绕国家的中心任务，积极参政议政，为巩固和发展爱国统一战线做了卓有成效的工作。其中，有一部分同志因年龄和工作等原因即将退下来，他们对全国政协怀有深厚的感情，五年来认真履行职责，对政协工作倾注了大量心血，作出了重要的贡献，为统一战线和人民政协留下了宝贵的精神财富。第十届全国政协吸收了一大批各党派、各族各界新的代表人物，增添了新鲜血液，增强了活力，充分反映出统一战线和人民政协兴旺发达、后继有人。

四是知识层次比较高，年龄结构比较合理。建议人选汇聚了各方面的专家学者、各行各业的拔尖人才。具有大专以上学历的约占87.3%；具有高级职称的约占67.1%。人选平均年龄56岁，比九届一次会议时提名人选年龄下降了7.3岁。

刘延东说，中央领导同志一直高度关注和及时指导全国政协换届工作的开展。各省区市、中央国家机关、各民主党派中央、全国工商联和有关人民团体都非常重视全国政协换届人事安排工作，对推荐人选进行了认真考察。从委员人选的酝酿、推荐到提名等各个步骤、环节，注意充分发扬民主，严格按规定程序进行，坚持集体讨论、民主协商的原则。去年12月31日，中共中央统战部同各民主党派中央、全国工商联负责人和无党派代表人士就人选初步名单进行了协商，取得了基本一致的意见。在各地区各部门各党派充分协商的基础上，形成了十届全国政协委员名单草案，经中共中央政治局常委会讨论同意，最后形成中共中央的这个建议名单。

刘延东说明后，政协常委会议对建议名单进行了认真的审议。经协商决定的第十届全国政协委员为2238名，其中，中共委员895名，占37.99%；非中共委员1343名，占67.01%；九届委员继续担任委员的1099名，占47.1%，新任委员1139名，占57.9%；各民主党派成员666名；少数民族委员262名，占17.71%，55个少数民族都有委员；妇女委员373名，占17.7%，比九届提高了7.2个百分点。具有大专以上学历的1909名，具有高级职称的1367名。

国务院副总理温家宝听取中国工程院关于西北地区水资源配置生态环境建设和可持续发展战略研究汇报

中共中央政治局常委、国务院副总理温家宝20日在北京听取了中国工程院关于西北地区水资源配置、生态环境建设和可持续发展战略研究汇报。温家宝指出，抓住经济社会发展中的重大战略问题，组织各方面专家，开展跨部门、多学科的综合研究，为各级政府提供决策服务，是推进决策科学化民主化的有效形式。西北地区水资源配置和生态环境建设，是关系中华民族长远发展的重大战略问题。中国工程院的研究成果，凝聚了许多院士、专家的心血和智慧，提出了西北地区水资源配置和生态建设的方针、对策，对西北地区经济社会发展具有重要的指导意义。

中国工程院的报告提出，为了保证西北地区社会经济的可持续发展，必须确立人与自然和谐共存的发展方针，必须以水资源的可持续利用，支持经济与社会的可持续发展。要统筹全局，合理安排生态环境建设；坚决调整产业结构和转变经济增长方式，建设高效节水防污的经济与社会；在水资源可持续利用和保护生态环境的条件下，相应地合理配置水资源。同时，还必须实施适当的人口政策，控制人口的过度增长。报告还提出了十项战略对策。

温家宝在听取课题组的汇报后，对课题研究成果给予了高度评价。他指出，水资源短缺是制约我国特别是西北地区经济社会发展的重要因素。解决这个问题的关键，就是要确立和贯彻人与自然和谐共存的发展方针。在西北地区，确立和贯彻这个方针具有十分迫切的现实意义。西北地区经济与社会发展，必须考虑水资源的承载能力和生态环境的人口容量，努力建设高效节水防污的经济与社会。

中共中央政治局委员回良玉出席了汇报会。课题组组长、中国工程院院士、全国政协副主席钱正英在会上作了汇报。课题组副组长、中国工程院院士、中国工程院副院长沈国舫，课题组副组长、中国科学院院士、中国工程院院士潘家铮作了补充发言。课题组的专家，陕西、甘肃、宁夏、青海、新疆、内蒙古6省区及国务院有关部门的负责同志80多人出席了汇报会。

中央政法委书记罗干亲切看望首都公安民警、治保积极分子和武警部队官兵

国务院副总理钱其琛在天津考察

1月20日至21日，国务院副总理钱其琛在中共中央政治局委员、天津市委书记张立昌，天津市代市长戴相龙等陪同下，先后考察了天津五大道老照片博览馆、广东会馆、鼓楼、意式风情街等旅游景点，着重了解旅游设施建设和旅游经济发展情况。考察期间，钱其琛还听取了天津市的工作汇报。

钱其琛充分肯定了天津市在经济建设、旅游等方面取得的成绩，对天津市把旅游业作为国民经济新的增长点，实施“大都市、大旅游、大产业”的发展战略，以发展滨海都市旅游为目标，突出历史文化名城和现代港口城市的特点，集中力量开发建设“一带五区”等做法表示赞赏。

考察中，钱其琛还参观了天津滨海新区和经济技术开发区。陪同考察的国务院有关部门负责人有何光暐、吕新华等。

全国审计工作会议在北京举行

审计署审计长李金华在会议上作了工作报告。他说，2002年，全国审计机关加大对重大违法违规问题和经济犯罪案件的查处力度，1月至11月，共审计17.4万个单位，查出违法违规问题金额2052亿元，审计工作取得了新的成效。

李金华说，为进一步整顿和规范市场经济秩序，今年的审计工作要抓好以下三点：一是围绕整顿和规范市场经济秩序，坚持以真实性为基础，加大对重大违法违规问题和经济犯罪案件的查处力度；二是围绕促进增收节支，加大对重点领域、重点部门单位的审计力度；三是以揭露严重损失浪费和国有资产流失为重点，积极探索效益审计的路子。

中央储备粮管理工作会议在北京召开

会议披露，中国储备粮管理总公司以管理为中心，以粮油轮换为重点，各项工作取得明显进展。截至目前，80%的中央储备粮已实现推陈储新，中央储备粮库存质量状况达到储备制度建立以来的最高水平。

国家计委副主任王春正在会上说，粮食储备对保证国家粮食安全、调节市场供需具有不可替代的作用，在当前农业结构调整、粮食面积减少的情况下，中国储备粮管理总公司要始终把确保储备粮“数量真实、质量完好”放在首位，为稳定粮食市场和国家宏观调控服务。

中储粮总公司总经理林军在会上分析了中央储备粮管理工作面临的新形势，并部署了今年的工作。

全国信息产业工作会议宣布我国信息产业实现历史性跨越

会议披露：过去五年是我国信息产业发展最快、实现了历史性跨越的5年。从1998年信息产业部成立到2002年，全国信息产业增加值占国内生产总值的比重由1997年的2.3%提高到5.7%，电话用户总数已经跃居世界第一，电子信息产品制造业产业规模跃居世界第三，互联网上网人数跃居世界第二，为促进国民经济发展、推进信息化建设和提高人民生活质量作出了重要贡献。

广东省第十届人民代表大会第一次会议选举卢钟鹤为省人大常委会主任　黄华华为省长

政协湖北省第九届委员会第一次全体会议选举王生铁为省政协主席

政协海南省第四届委员会第一次会议选举王广宪为省政协主席

国务院副总理李岚清在比勒陀利亚与南非总统姆贝基举行会谈

李岚清积极评价两国关系。他向姆贝基介绍了中非合作论坛后续行动的进展情况。他强调，中方十分重视姆贝基提出的关于中非合作论坛与“非洲发展新伙伴计划”开展合作的建议。中方认为，论坛与“新伙伴计划”在谋求扩大合作、促进共同发展等方面的目标是一致的，两者可以彼此促进。中方愿与南方在这方面加强协调与磋商。

姆贝基说，南非希望在世界贸易组织框架内进一步与中国加强合作，乐于看到南中关系在原有基础上更加巩固与发展。非洲国家希望在水利资源开发等基础设施领域与中国开展合作，并相信中非合作论坛与"新伙伴计划"一定能为非洲的发展与复兴发挥积极作用。

双方还就伊拉克问题及朝鲜核问题交换了意见。

全国人大常委会副委员长田纪云在人民大会堂会见乌拉圭众议长吉列尔莫·阿尔瓦雷斯

外交部部长唐家璇在安理会反恐问题外长会议上全面阐述我对国际反恐斗争立场

唐家璇的发言如下：

恐怖主义是全人类的公敌，威胁着国际和平与安全。新年伊始，我们聚集在安理会的庄严大厅，全面回顾国际反恐合作，讨论今后工作重点和方向，具有重要意义。

“9·11”袭击事件过去一年多了，这一惨绝人寰的事件依然时时萦绕于心。然而，这一恐怖主义造成的人类悲剧远未结束：从印尼巴厘岛的恶性爆炸，到莫斯科剧场的野蛮绑架，再到肯尼亚蒙巴萨的突然袭击。所有这些都使国际社会对恐怖主义危害有了更深刻的了解，对人类面临的安全威胁有了更新的认识，对加强反恐合作有了更迫切的要求。

频发的恐怖事件深刻折射出国际社会面临的深层次问题。地区冲突的此起彼伏,民族种族的相互仇视,为恐怖分子策划、实施罪恶活动披上了各种外衣;长期落后,贫富鸿沟,社会不公,成为恐怖活动滋生和蔓延的温床;迅猛发展的经济全球化和信息化,使恐怖活动获得快捷的传播手段;不同文明之间的差异和缺乏理解,让恐怖主义得以撞骗横行。

中国国家主席江泽民在不久前召开的中国共产党第十六次全国代表大会上明确指出,要反对一切形式的恐怖主义,加强国际合作,标本兼治,防范和打击恐怖活动,努力消除产生恐怖主义的根源。中国政府一向主张,反恐应目标明确,证据确凿。反恐不能有“双重标准”,也不能与特定的国家、民族或宗教挂钩。反恐应采取综合措施,并注意解决好发展、地区冲突等问题。

当前,国际反恐形势已发展到新的阶段。从历史的角度和宏观的视野来看待和推动国际反恐斗争,是十分必要的。中国政府认为:

一、维护人类和平与安全是反恐的核心。制造全球或地区动荡是恐怖分子的目标,也是其赖以生存的条件。中东、伊拉克、阿富汗等热点问题的长期存在,对国际反恐合作势必产生影响。我们对此应予特别关注。反恐是为了消除对人类和平与安全的威胁。国际社会采取的措施、手段和方法,都应有助于缓解和解决国际和地区紧张局势,而不是相反。国际社会要建立互信、互利、平等、协作的新安全观,为反恐斗争营造良好的大环境。

二、普遍发展与共同繁荣是反恐的基础。哪里有落后、贫穷,哪里就会有冲突、动荡。一些发展中国家长期处于战乱和贫困状态,极易为恐怖分子所利用。在促进发展和加强反恐方面,不应顾此失彼,而应标本兼治。只有在经济上相互促进,共同发展,才能铲除恐怖主义滋生的根源。只有缩小贫富差距,推动社会公正与公平,才能使恐怖活动变为无源之水,无本之木。只有真正实现共赢、共享、共存的全球发展战略,才能让恐怖主义失去藏身之地。

三、加强文明之间的沟通与融合是反恐的保障。恐怖主义是不同文明、民族和宗教面临的共同敌人。所有国家和民族、不同文明和宗教,都拥有各自的历史、习俗及信仰。应倡导相互尊重,和睦共处,求同存异,兼容并蓄。文明的多样性是人类进步的源泉之一。反恐决不可加剧民族矛盾、宗教仇恨、文明冲突和人民隔阂,而应成为不同文明相互交流和借鉴的新契机,对话与融合的新起点,共同进步和繁荣的新动力。

四、推动和深化国际合作是反恐的关键。恐怖主义是全球性的挑战,必须由各国携手合作,共同应对。过去一年多的事实表明,任何一方都无法,也不应置身事外。国际反恐斗争的胜利有赖于国家间的团结与协作,有赖于明确及共同的行动,有赖于切实以《联合国宪章》的宗旨和原则及公认的国际法准则为指导。

反恐是一场艰巨的持久战,涉及方方面面。安理会是国际集体安全机制的核心,在打击恐怖主义方面责无旁贷,应为各个国家、全球和区域组织的反恐活动提供指导,推动开展有效的反恐合作。

反恐委员会应继续监督安理会有关决议的执行和落实,进一步明确思路,突出重点,详细规划,重在实效。委员会应高度重视发展中国家的反恐能力建设问题,要有新办法、新举措,特别是尽快确定政策目标和优先领域。

中国是一个热爱和平、珍惜和平、维护和平的负责任国家。我们坚定支持并积极参与国际反恐斗争,推动联合国发挥主导作用。我们认真执行安理会有关决议,加入了绝大部分反恐公约。我们积极倡导区域反恐合作,加强亚太经合组织、上海合作组织、东盟地区论坛的反恐斗争。我们在“平等合作,双向互利”基础上,与有关国家开展了富有成效的双边反恐合作。

中国国内各部门也加大了对恐怖主义的打击,在立法、航空、金融、海关等领域采取一系列措施,防范恐怖事件的发生。《中华人民共和国刑法修正案》明确将恐怖行为和恐怖融资定为犯罪。中国公安部还专门成立反恐局。中国的银行系统积极筹建反洗钱金融交易支付监测中心。

中国是恐怖主义的受害者之一。“东突”恐怖势力长期与“基地”组织相互勾结,在中国新疆和中亚地区等制造了多起恐怖暴力活动,严重威胁该地区的和平与安全。随着“东突”恐怖势力所犯罪行不断披露,越来越多的国家认识到“东突”的恐怖本质,对中国政府有关打击行动给予越来越多的理解与支持。去年9月,安理会将“东突厥伊斯兰运动”列入恐怖组织名单,表明“东突”组织已为世人所唾弃。中国政府愿与有关各方携手合作,有效地打击“东突”恐怖势力,保障中国各族人民和平、安定的生活,维护地区的和平与稳定。

外交部副部长王光亚与美国副国务卿约翰·博尔顿在北京举行首轮中美副外长级战略安全多边军控和防扩散问题磋商

博鳌亚洲论坛理事会东京会议推举外经贸部副部长龙永图为新任秘书长

外交部副部长刘古昌在阿斯塔纳参加上海合作组织国家协调员会议

与会代表着重就这一组织的财政问题和组织运转的规章制度等问题进行了讨论。据哈外交部散发的新闻稿,与会的国家协调员还就在北京建立常设秘书处和在吉尔吉斯斯坦首都比什凯克建立反恐机构的具体细节交换了意见。

与会的各国协调员一致指出,根据2002年6月上海合作组织圣彼得堡峰会所签署的组织章程和达成的各项协议,各成员国加强合作,进一步加快了组织各项机制的实施进度。目前各成员国已经就关于上海合作组织国家元首委员会、政府首脑委员会、外长委员会和国家协调员委员会的章程草案达成了一致。

我国决定年内启动海威工程

据人民网报道,这项工程是八个以"海"字打头的系列工程中的一个,又名"四极"工程。分别为:在南极,继续保持长城站和中山站的基础上,在南极内陆新建一个科学考察站,实现南极科考的战略延伸;在北极,今年将建设我国第一个科学考察站,结束我国没有北极正式科学考察站的历史;在"海极",启动7000米载人深潜器的研制项目,实现深海资源调查新突破;在"天极",发射海洋一号B、C星,研制并发射海洋二号A星,开始海洋三号卫星的研制工作。去年5月,我国成功发射海洋一号卫星,已在轨正常工作240多天,在监测预报海潮、海冰等方面发挥了巨大作用。

首届环境保护国际合作奖在北京揭晓

该奖项的首届得主是意大利环境与领土部国际司司长克里尼和世界银行保护臭氧层中国工作组陈庆年。国家环保总局局长解振华为他们颁奖。

克里尼是中意环境保护合作项目主要发起人之一,该合作项目涉及生物多样性保护、臭氧层破坏物质削减、可持续有机污染物削减和替代、全球气候变化等领域,成为目前最为活跃的双边合作之一。陈庆年领导的世界银行保护臭氧层中国工作组,帮助我国建立了国家保护臭氧层项目办公室,加强了我国履行蒙特利尔议定书的能力,对我国顺利履行这一国际公约作出了重要贡献。

环境保护国际合作奖于2002年设立,每两年评选一次,旨在表彰在我国环境环保工作中作出杰出贡献的国际友人。

《文汇报六十年报纸光盘》问世

该光盘系中国报业史上首套将报纸的全部版面、文字、图片制成完全可检索系统的光盘。

1月21日

全国人大常委会委员长李鹏在人民大会堂会见阿塞拜疆国民议会经济政策委员会主席萨法罗夫

全国人大常委会委员长李鹏在《人民日报》发表文章《纪念我的母亲赵君陶》

海南省第三届人民代表大会第一次会议选举王岐山为省人大常委会主任 汪啸风为省长

政协浙江省第九届委员会第一次会议选举李金明为省政协主席

中国银联在京沪穗深厦五个试点城市正式开通银行卡(ATM)跨行转账业务

国务院副总理李岚清在比勒陀利亚与南非副总统祖马举行会谈

会谈结束后,李岚清和祖马共同出席了《中华人民共和国与南非共和国刑事司法协助条约》的签字仪式。同日,陪同李岚清副总理访问南非的教育部长陈至立、科技部长徐冠华分别与南非教育部长阿斯马勒和南非文化艺术和科技部长恩古巴内举行对口会谈。两国教育部长还签署了会谈纪要。

中日友好协会会长宋健在北京向日本国际贸易促进会理事长中田庆雄授予"中日友好使者"称号

中央军委举行慰问驻京部队老干部迎新春文艺演出

中央军委主席江泽民向出席观看文艺演出的老同志和全军离退休老同志祝贺新春,衷心祝愿老同志新春快乐、健康长寿。

胡锦涛同志出席。

曹刚川、张万年、迟浩田、傅全有、王克、王瑞林、梁光烈、廖锡龙、李继耐等也出席观看了演出。

国防部在北京举行新春招待会款待各国驻华武官副武官和他们的夫人

中国科协六届三次全委会在北京举行

中国科协副主席、书记处第一书记张玉台在会上作了题为《全面贯彻党的十六大精神与时俱进开拓创新努力开创科协工作新局面》的工作报告。全国人大常委会副委员长、中国科协主席周光召主持会议,全国人大常委会副委员长许嘉璐,全国政协副主席钱正英、朱光亚等出席会议。

中共中央政治局委员王兆国到会讲话。他指出,要着眼于新世纪、新阶段科协工作的新任务新要求,大胆创新,开拓进取,努力开创科协工作的新局面。要把握灵魂,把“三个代表”重要思想作为根本指针,贯穿到科协工作的各个方面。

基于国产“方舟一号”中央处理器(CPU)的高性能网络计算机在北京问世

2003 年国际足联女足世界杯中国组委会在北京正式成立

全国卫生工作会议在北京召开

卫生部部长张文康在会议上强调了我国艾滋病感染率呈逐年上升的趋势,对卫生部门的艾滋病防治工作作出了部署。

据悉,为了遏制艾滋病的流行,国务院已建立了防治艾滋病性病协调会议制度,各地卫生部门加大了宣传教育力度,并在高危人群中开展行为干预。目前,全国已经有 22 个省在 11 类高危人群中设立了 600 多个干预试点。中央艾滋病防治专项经费由原来每年 1500 万元增加到 1 亿元。2001 年,国家投资 12.5 亿元国债,地方配套 10 亿元用于加强血站基础建设和设备投入,新建和改建血站、血库 459 个,并对全国采供血机构进行全员培训考核,不合格者不予录用。

全国药品监督管理工作会议在北京召开

会议提出,要继续巩固和发展新体制的优势,加强队伍建设,加大药品市场整治力度,维护市场竞争环境,加强基础建设,确保人民群众用上安全有效的放心药,促进医药事业持续、快速、健康发展。今年的重点工作是“三抓一加强”,即继续深入抓作风、抓基础、抓基层,继续加强整顿和规范药品市场秩序。

会议披露:我国整顿和规范药品市场秩序取得阶段性成果。1998 年以来,共查处制售假劣药品案 28 万多起,涉案总值 18 亿元,捣毁制假售假窝点 3088 个,取缔非法药品集贸市场 116 个、无证经营 4 万多户,有效地遏制了制售假劣药品的势头,严厉打击了违法犯罪分子的嚣张气焰。

1 月 22 日

在京老同志迎春茶话会在人民大会堂举行

茶话会由中共中央政治局委员、书记处书记、中组部部长贺国强主持。中共中央政治局常委、书记处书记曾庆红代表党中央、国务院、中央军委向出席茶话会的老同志致以节日的祝贺,向全国的离退休老干部、老同志致以亲切的问候和崇高的敬意。他在讲话中强调,我们对老同志的历史功绩和巨大贡献,永远不能忘;对老同志的优良传统和崇高精神,永远不能丢;对老同志尊重、学习、关心和爱护的政策,永远不能变。

曾庆红指出,一定要以满腔的热情和深厚的感情,切实做好新形势下的老干部工作。

在京中央、国家机关和北京市的老同志代表,老同志的家属,中央党政军群各部门和北京市的负责同志,各民主党派、全国工商联负责人和无党派人士代表,北京市的工人、农民和知识分子代表也出席了茶话会。

全国总工会主席王兆国等慰问北京国有企业困难职工和劳模家属

国务委员司马义·艾买提在北京走访慰问残疾人

公安部在北京召开会议强调狠抓“五条禁令”

公安部督察长祝春林在会上宣读了“五条禁令”:一、严禁违反枪支管理使用规定,违者予以纪律处分;造成严重后果的,予以辞退或者开除。二、严禁携带枪支饮酒,违者予以辞退;造成严重后果的,予以开除。三、严禁酒后驾驶机动车,违者予以辞退;造成严重后果的,予以开除。四、严禁在工作时间饮酒,违者予以纪律处分;造成严重后果的,予以辞退或者开除。五、严禁参与赌博,违者予以辞退;情节严重的,予以开除。公安部副部长田期玉代表公安部党委就严格执行“五条禁令”、加强公安机关内部管理、大力提高公安民警素质的工作进行了部署。

中宣部等六部委在人民大会堂举办学习宪法报告会

报告会由中共中央宣传部、司法部、中直机关工委、中央国家机关工委、解放军总政治部、中共北京市委联合举办,司法部副部长胡泽君主持。中国宪法研究会副会长、武汉大学教授周叶中在会上作了题为《认真贯彻实施宪法和全面建设小康社会》的专题报告。

各主办单位有关负责同志翟卫华、吴毓萍、黄燕明、嵇绍莹、龙新民和在京党政军机关司局级以上干部及中央金融、企业系统负责人共 700 多人出席了报告会。

政协天津市第十一届委员会第一次全体会议选举宋平顺为市政协主席

浙江省第十届人民代表大会第一次会议选举习近平为省人大常委会主任 吕祖善为省长

国务委员吴仪在金斯敦与牙买加总理帕特森举行会谈

会谈后，双方签署了中牙经济技术合作协定、中国政府向牙买加政府提供无偿援助的换文和中国政府向牙买加国家档案馆提供音像和电脑设备的交接证书。

外交部部长唐家璇在布拉柴维尔与刚果共和国总统萨苏举行会谈

萨苏表示刚果(布)将与中国进一步加强在国际事务中的合作。

1月21日下午，唐家璇与刚果(布)外交、合作和法语国家事务部长阿达达举行了会谈，并签署了两国政府经济技术合作协定。

中国选手杨雨2003年世界杯短池游泳系列赛斯德哥尔摩站比赛夺得女子200米蝶泳金牌

谭启龙逝世

原中共中央顾问委员会委员、中共四川省委原第一书记谭启龙同志因病于1月22日在济南逝世，享年90岁。

谭启龙出生于江西省永新县。1928年加入中国共产主义青年团并参加革命工作，1933年转为中国共产党党员。土地革命战争时期和抗日战争时期，先后任湘赣省苏维埃政府委员、浙东区党委书记、新四军浙东纵队政委等职。解放战争时期，历任新四军、山东野战军、华东野战军第一纵队副政委兼任政治部主任、华东野战军第七兵团政委等。新中国成立后，历任浙江省委副书记、山东省省长、山东省委第一书记、中共中央华东局书记处书记，浙江省委第一书记、省军区第一政委、青海省委第一书记、四川省军区第一政委等，1985年、1987年当选为中共中央顾问委员会委员。

谭启龙是中国共产党第八、九届中央委员会候补委员、第十、十一、十二届中央委员会委员，中国共产党第八、十、十一、十二、十三、十四、十五、十六次全国代表大会代表，第一、二、三、四、五届全国人民代表大会代表。

1月23日

政协第九届全国委员会常务委员会第二十次会议闭幕

会议为召开全国政协十届一次会议做了各项准备。全国政协主席李瑞环主持会议并讲话。

会议通过了关于召开政协第十届全国委员会第一次会议的决定、政协第十届全国委员会参加单位、委员名额和人选名单，政协第九届全国委员会常务委员会工作报告，政协第九届全国委员会常务委员会关于提案工作情况的报告，政协第十届全国委员会第一次会议议程草案和日程草案，关于授权主席会议审议政协第九届全国委员会常务委员会第二十次会议未尽事宜的决定。

在几天的讨论中，常委会组成人员对九届政协的工作给予了充分肯定和高度评价。大家一致认为，九届政协始终坚持中国共产党领导的多党合作和政治协商制度，不断巩固和发展爱国统一战线，自觉服从和服务于改革发展稳定的大局，为建设中国特色社会主义的伟大事业作出了重要贡献，推动了政协工作的蓬勃发展。常委会组成人员认为，政协第十届全国委员会的参加单位和委员构成的整体结构比较合理，总体上反映了当前我国社会结构的实际情况。新一届政协这个阵容，具有广泛的代表性和包容性，生动地体现了新世纪爱国统一战线的扩大，体现了中华民族大团结、大联合的精神，符合团结一切可以团结的力量同心同德全面建设小康社会的要求，也为人民政协工作实现新的跨越奠定了良好的组织基础。李瑞环在会议结束时讲了话。他说，这次会议是九届政协的最后一次常委会议，我们即将结束五年的任期，完成这一届的历史使命。五年来，在座各位常委和广大委员，珍惜政协委员的光荣称号，在政协委员这个特殊的位置上为国家、为人民做了很多有益的工作，为人民政协事业的发展付出了许多汗水和心血。可以说，本届政协工作所有的进步、所有的成绩，都是大家共同努力的结果。五年时间在人生旅程中尽管只是短暂的一瞬，但在我们个人和政协史册上却留下了难以忘怀的一页。在我们的一生中，能有五年乃至十年时间欢聚一堂，同议发展之计，共商振兴之策，这是难得的缘分。我们大家在议政建言中表现出的求真务实的精神，在合作共事中建立的肝胆相照的友谊，都将成为毕生的美好回忆，保留在永久的记忆里。李瑞环说，九届政协中有相当一部分人因为年龄等原因而没有进入新一届政协委员名单。其中不少同志对人民政协怀有很深的感情，希望能够留在政协组织中继续做些工作，这种心情是完全可以理解的。但新陈代谢是自然界和人类社会的客观规律，任何组织、任何事业只有不断吐故纳新，才能永葆生机和活力。人民政协事业也只有在一届又一届的新老交替中才能不断前进，长盛不衰。希望我们所有的同志都能以长远的眼光、宽阔的胸怀、平和的心态来对待进退去留问题。从另一个角度讲，我们把位置腾出来，让更年轻的同志发挥作用,这本身也是对国家一种积极的贡献。李瑞环指出,今后五年,我国正处于社会主义现代化建设的关键时期。中共十六大提出了我们在本世纪头二十年的奋斗目标,开启了中华民族奋发图强的新的伟大征程。新形势、新任务对人民政协工作提出了新的更高的要求,也为人民政协事业的发展提供了新的机遇。我们衷心祝愿十届政协在邓小平理论和"三个代表"重要思想指导下,在以胡锦涛同志为总书记的中共中央领导下,与时俱进,开拓创新,在实现中共十六大提出的各项任务过程中,把人民政协工作提高到一个新的水平,为全面建设小康社会,为统一祖国和振兴中华作出新的更大的贡献。全国政协副主席叶选平、杨汝岱、王兆国、阿沛·阿旺晋美、任建新、宋健、李贵鲜、张思卿、钱正英、丁光训、孙孚凌、霍英东、马万祺、朱光亚、万国权、胡启立、毛致用、白立忱、经叔平、罗豪才、张克辉、周铁农、王文元,秘书长郑万通出席闭幕会。

关于召开中国人民政治协商会议第十届全国委员会第一次会议的决定

(2003年1月23日政协第九届全国委员会常务委员会第二十次会议通过)

中国人民政治协商会议第九届全国委员会常务委员会第二十次会议决定:中国人民政治协商会议第十届全国委员会第一次会议于2003年3月3日在北京召开。建议会议的主要议程是:听取和审议中国人民政治协商会议第九届全国委员会常务委员会工作报告和关于提案工作情况的报告;选举中国人民政治协商会议第十届全国委员会主席、副主席、秘书长和常务委员;列席中华人民共和国第十届全国人民代表大会第一次会议,听取并讨论政府工作报告及其他有关报告。

中央国家机关第十七次党的工作会议在北京召开

国务委员兼国务院秘书长、中央国家机关工委书记王忠禹主持会议并作了讲话。

王忠禹强调,各部门要把"三个代表"重要思想作为机关党的工作的根本指针,贯穿于机关党的建设的全过程,用贯彻落实"三个代表"重要思想的实际成效作为检验机关党建工作的标准,把机关党的各项工作体现到保持党的先进性和纯洁性上,体现到提高党员干部执政本领上,体现到增强党组织的战斗力上。

王忠禹要求,各部门要坚持以加强党的执政能力建设为重点,全面推进机关党的思想、组织、作风和制度建设。机关党的建设必须坚持与时俱进,开拓创新。要以改革的精神不断研究机关党建面临的新情况、新问题,积极探索新思路、新途径,善于总结新典型、新经验,使机关党的建设适应发展社会主义市场经济的新要求,适应加快推进社会主义现代化的新要求。

中央国家机关工委副书记张德邻在会上回顾和总结了2002年中央国家机关党建工作,并对2003年的工作进行了部署。中央国家机关各部门分管机关党委工作的党组成员、机关党委专职书记、纪委书记,工委机关各部门负责同志共230多人参加了会议。

2003年中国人民银行工作会议在北京召开

中国人民银行党委书记、行长周小川说,今年央行将继续执行稳健的货币政策,促进经济持续快速增长。预计广义货币供应量(M2)和狭义货币供应量(M1)分别增长16%左右,现金(M0)净投放控制在1500亿元以内,全部金融机构贷款增加7.8万亿元左右。

当前,要研究并制定利率市场化改革规划。在总结农村信用社利率改革试点经验的基础上,逐步扩大试点范围。统一并扩大企业贷款利率上浮幅度。改进再贴现利率管理,促进票据市场发展。继续坚持现行汇率制度,在维护人民币汇率稳定的前提条件下,完善人民币汇率形成机制。

央行还将继续发挥信贷政策的导向作用,促进经济结构调整。要引导商业银行及时发放国债项目配套贷款;全面推行下岗失业人员小额担保贷款,支持扩大就业。

今年还要加强和完善外汇管理,维护国际收支平衡。正式运行国际收支分析与预测系统,按季对国际收支风险状况进行评估。制定人民币保险境外分保项下购汇的管理政策。扩大境外投资外汇管理改革试点,支持有比较优势的企业"走出去"。

周小川透露,今年将进一步扩大银行卡联网通用覆盖面,实现全国地市级以上城市各类银行卡的跨行通用,全面推广普及"银联"标识卡,力争使跨行交易成功率普遍达到80%以上。

全国民航工作会议在北京召开

会议介绍,2002年我国航空运输实现较快增长,全行业继续保持盈利。完成主营业务收入1018亿元,实现利润7.7亿元。完成运输总周转量162亿吨公里、旅客运输量8425万人次、货邮运输量198万吨,比上年分别增长14.9%、12%和15.8%。

民航总局局长杨元元提出,2003年,民航全行业运输周转量争取达到185亿吨公里,旅客运输量达到9500万人次,货邮运输量230万吨。安全方面的目标是:杜绝运输飞行重大事故;在确保人机安全的前提下,杜绝劫机、炸机事件发生;防止通用航空重大飞行事故。

政协安徽省第九届委员会第一次会议选举方兆祥为省政协主席

政协辽宁省第九届委员会第一次全体会议选举张文岳为省政协主席

《江泽民八项主张问答》(修订版)出版

该书由中共中央台湾工作办公室、国务院台湾事务办公室编写,由九州出版社出版。根据党的十六大精神和近年来对台工作实践,选取了34个重要问题深入系统地阐述了江泽民同志的八项主张。此次修订,突出了对两岸关系形势变化的新看法,突出了坚持一个中国原则和坚决反对"台独"分裂行径的立场,突出了寄希望台湾人民的方针。

全国人大常委会委员长李鹏和夫人朱琳在人民大会堂会见菲律宾众议院议长何塞·德贝内西亚和夫人

德贝内西亚代表菲律宾国会授予李鹏委员长国会成就勋章,以赞赏他为推动菲中合作作出的努力和担任本届亚洲议会和平协会主席所做的贡献。

国务院副总理李岚清在曼谷与泰国副总理差瓦立·永猜裕举行会谈

外交部部长唐家璇在金沙萨与刚果(金)总统约瑟夫·卡比拉举行会谈

中央军委主席江泽民签发命令调整解放军驻香港部队司令员

任命王继堂少将(原云南省军区司令员)为香港驻军司令员;

任命熊自仁中将(原香港驻军司令员)为南京军区副政治委员。

民政部发出紧急通知要求各地确保春节期间及时足额发放低保金

全国总工会首次发布《中国工会维护职工合法权益蓝皮书》

蓝皮书涉及9项权利和权益的维护,包括职工参加和组织工会、代表职工进行集体谈判、职工的劳动经济、职工的劳动安全和职业健康、职工的民主参与、职工的民主监督、组织和代表职工参与立法和政策制定、职工的精神文化、社会性别平等和女职工的特殊权益。

中华英烈遗属专项基金在人民大会堂启动

该专项基金为全国妇联中国妇女基金会所属,将大力弘扬英烈舍生忘死的奉献精神,增强全社会关爱英烈遗属的意识,通过科学管理、审慎计划、精心操作,积极解决英烈遗属的生活困难。目前已获得社会各界捐赠总计2260万元。

国家西部大开发十大重点工程之一宁西铁路潢川至合肥段铺通

河南焦作煤业集团朱村矿发生炮后瓦斯突出事故18位矿工遇难

1月24日

国家主席江泽民在中南海会见博鳌亚洲论坛理事会理事长拉莫斯及其他主要理事

江泽民说,作为东道国,中国政府将一如既往地支持论坛的发展。他表示,相信各位理事以及新任秘书长将团结合作,共同努力,搞好博鳌亚洲论坛,使之成为在亚洲的一个非常活跃的国际性论坛。

拉莫斯等理事表示,博鳌亚洲论坛对增进亚洲地区发展和交流发挥了重要作用,也是促进实现亚洲合作设想的一个很好渠道。论坛成员应携起手来,通过论坛为促进地区经济发展和增进各国之间的了解与合作作出贡献。理事们感谢江泽民主席和中国政府在论坛创始和发展过程中所给予的大力支持。

海南省委书记王岐山、外交部副部长杨文昌会见时在座。

中共中央总书记胡锦涛在北京市考察

1月24日至25日,胡锦涛和随行的中共中央政治局候补委员、书记处书记、中央办公厅主任王刚,在中共中央政治局委员、北京市市委书记刘淇和北京市市长孟学农等陪同下,先后到中关村科技园区、密云县和怀柔区,深入企业、农村,考察经济社会发展和群众生产生活的情况。

胡锦涛十分关心我国高新技术产业的发展。他来到中关村科技园区,考察了国际孵化器有限公司、北大未名生物城、中关村软件园、联想集团和神州数码控股有限公司。在国际孵化器大厦,胡锦涛勉励归国创业留学人员努力研发一流产品。胡锦涛对中关村科技园区建立以来的发展表示满意,并对在场的有关负责同志说:"三年成绩喜人,今后任务艰巨,发展前景美好,大家仍需努力。"

胡锦涛在考察密云水库时指出,保护和合理利用水资源，关系首都发展的全局，关系北京市广大居民的生活。密云水库是首都的重要水源地，要进一步依法加强管理，切实保护好这一库生命之水。在怀柔区天缘西洋参高科技种植园区，当了解到这里的农民通过种植西洋参发家致富时，他十分高兴地说，要积极发展高附加值农业，以产品的优质特性，开拓国内外农产品市场，努力增加农民收入。胡锦涛还来到密云县山区的石城镇王庄村，看望这里的困难群众。胡锦涛说，包括北京在内的发达地区，也还有一定数量的困难群众，要千方百计帮助他们解决子女就学、医疗救助和住房等方面的困难。发达地区各方面条件较好，可以也应该把关心困难群众生活的工作做得更好。

胡锦涛在听取北京市委、市政府的工作汇报后发表了讲话。他充分肯定了这些年北京市改革开放和现代化建设取得的成绩。胡锦涛指出，北京市是全国政治中心、文化中心和国际交往中心，地位十分重要，做好北京市的工作，具有十分重大的意义。十六大提出了全面建设小康社会的奋斗目标，并提出有条件的地方可以发展得更快一些，在全面建设小康社会的基础上，率先基本实现现代化，这对北京市的发展提出了更高的要求。举办2008年奥运会，也为北京市带来了难得的发展机遇。希望北京市广大干部群众坚持以邓小平理论和“三个代表”重要思想为指导，深入学习贯彻十六大精神，认清使命、加紧工作，在实现我国新世纪、新阶段发展目标的伟大征程中努力走在全国的前列。

胡锦涛还强调了民生问题。他要求各级党委和政府都要从实践“三个代表”重要思想的高度，把关心群众生产生活作为一项重要政治任务，做到高度重视、保证领导到位，完善政策、保证措施到位，全面落实、保证工作到位。

陪同考察的有关部门负责同志有王沪宁、多吉才让等。

全国人大常委会委员长李鹏在人民大会堂主持亚洲议会和平协会执行理事会会议开幕式并致辞

担任协会主席的李鹏在致辞中说，本次会议将着重就“开展立法交流，推动亚洲各国的法制建设”和“加强亚洲区域合作，促进亚洲各国的共同发展和繁荣”两个议题进行讨论。他表示相信，通过各位代表介绍各自国家的立法实践和经验，会议将达到增进了解、相互借鉴的目的。通过会议期间的友好交流，将进一步扩大亚洲各国在谋和平、求合作、促发展方面的共识。

会议听取了协会副主席、菲律宾国会众议院议长德贝内西亚通报第四届年会的安排和筹备情况。协会第四届年会将于2003年5月7日至11日在菲律宾首都马尼拉举行，主题为“迈向亚洲的百年和平”。李鹏委员长代表协会对菲律宾众议院和德贝内西亚议长所做的大量筹备工作表示赞赏和感谢。

首都各界在人民大会堂举行江泽民主席《为促进祖国统一大业的完成而继续奋斗》重要讲话发表八周年座谈会

中共中央政治局常委、书记处书记曾庆红出席座谈会，中共中央政治局委员王兆国主持座谈会，国务院副总理钱其琛在座谈会上发表重要讲话。

王兆国在主持座谈会时指出，江泽民主席的重要讲话，精辟地阐述了邓小平同志“和平统一、一国两制”思想的精髓，提出了现阶段发展两岸关系、推进祖国和平统一进程的八项主张，充分体现了中国共产党和中国政府对台方针政策与时俱进的精神，成为解决台湾问题的纲领性文件。我们纪念江泽民主席重要讲话发表八周年，就是要进一步认真学习党的十六大精神，贯彻执行“和平统一、一国两制”基本方针和江泽民主席提出的八项主张，积极促进两岸关系的发展，为推进祖国和平统一大业作出更大的贡献。

全国政协常委、九三学社中央主席韩启德代表各民主党派中央、全国工商联和无党派人士；中共中央台办、国务院台办主任陈云林代表中央台办、国务院台办和海峡两岸关系协会；台盟中央副主席林文漪代表台盟中央、全国台联；全国总工会副主席、书记处第一书记张俊九代表全国总工会、共青团中央和全国妇联分别在座谈会上发言。

全国人大常委会副委员长王光英、何鲁丽、丁石孙、蒋正华，全国政协副主席孙孚凌、经叔平、罗豪才、张克辉、周铁农出席了座谈会。中共中央、国务院有关部门，人民解放军和各民主党派中央、全国工商联以及北京市的有关负责人，在京的台胞、台属代表300余人参加了座谈会。

座谈会由中共中央台湾工作办公室、国务院台湾事务办公室、台湾民主自治同盟、中国和平统一促进会、全国政协港澳台侨委员会、中华全国台湾同胞联谊会、海峡两岸关系协会共同主办。

国务院副总理钱其琛在江泽民主席《为促进祖国统一大业的完成而继续奋斗》重要讲话发表八周年座谈会上发表重要讲话

同志们、朋友们：

1995年1月30日，江泽民主席发表了《为促进祖国统一大业的完成而继续奋斗》的重要讲话，在海内外产生了强烈反响，受到普遍欢迎和高度关注。这一纲领性文件，精辟地阐述了邓小平同志关于“和平统一、一国两制”思想的精髓，站在国家统一、民族振兴的历史高度，就现阶段发展两岸关系、推进祖国和平统一进程，提出了富有鲜明时代特色的八项主张，具有重大历史意义和现实指导意义。今天我们重温江泽民主席的重要讲话，回顾八年来两岸关系所走过的不平凡历程，更加深切地感到，这一重要讲话已经并将继续对两岸关系发展产生重大、深远的影响。

八年来，以江泽民同志为核心的第三代中央领导集体，敏锐把握台湾局势的变化，有针对性地作出了许多重大决策和部署，有力地推动了两岸关系的发展。海峡两岸同胞共同开展反“台独”、反分裂斗争，保持了两岸关系大局的稳定。两岸人员往来和经贸、文化等领域的交流与合作，不断取得新的进展，出现了新的热潮。求和平、求安定、求发展，已经成为台湾同胞的共同愿望和迫切要求。

江泽民同志在十六大报告中，深刻地阐述了当前台湾局势和两岸关系的基本趋势，明确了未来一个时期发展两岸关系、推进祖国和平统一进程的指导思想和总体要求，表明了我们方针政策的连续性、稳定性，也充分体现了与时俱进的时代精神。我们将继续坚持“和平统一、一国两制”的基本方针，继续全面贯彻江泽民主席提出的八项主张，进一步采取积极措施，不断推动两岸关系向着有利于和平统一的方向发展。

和平与发展是当今时代的主题。争取和平统一，谋求共同发展，是海峡两岸中国人在21世纪肩负的历史重任。按照十六大提出的全面建设小康社会的奋斗目标，未来20年里，祖国大陆的经济建设将向更高水平的小康社会前进。到2020年，国民生产总值将比2000年翻两番。这一前景令人鼓舞、催人奋进。祖国大陆的现代化建设，为两岸经济合作、各方面交往提供了新的机遇，也为台湾经济的发展提供了广阔腹地。我们将一如既往地为台湾工商界人士前来投资创业提供良好的环境，推动两岸科技、教育、文化等各项交流继续发展。我们欢迎更多的台湾有识之士前来祖国大陆施展才华、发展事业。我们将继续就密切两岸经济关系问题，与台湾各界人士深入探讨，努力开创两岸经济合作的新局面。

尽早实现两岸直接“三通”，是大势所趋，人心所向，也是当务之急。“三通”作为经济性事务，理应以两岸同胞的切身利益和实际需要为优先，而不应受到任何政治因素的干扰和影响。以民为本、为民谋利，应当是解决“三通”问题的立足点和出发点。“三通”是两岸之间的事，是经济问题，“三通”商谈不是政治谈判，可以不涉及一个中国的政治含义。为早日通起来，协商方式可以尽量灵活，解决办法应当简单易行。在两岸的民间行业组织就“三通”的技术性、业务性问题达成共识后，由各方自行取得确认，就可以通起来。我们注意到，台湾当局领导人不久前在元旦讲话中也表示，愿意“协商和推动两岸直航及相关的经贸议题”。两岸直航这件事，关系到广大台湾工商业者的切身利益，可以为广大台湾同胞带来诸多便利，不应该继续拖延下去了。

尽快恢复两岸对话与谈判，是我们一贯的主张。我们在这个问题上有最大的诚意，也有最大的包容性。江泽民同志在十六大报告中就两岸谈判问题提出了一系列富有创意的新主张。两岸中国人之间，一切问题都可以商量，两岸谈判具有广阔的空间和余地。“可以谈正式结束两岸敌对状态问题，可以谈台湾地区在国际上与其身份相适应的经济文化社会活动空间问题，也可以谈台湾当局的政治地位等问题”。只要双方在一个中国原则的基础上谈起来，谈判的议题是开放的，谈判的地位是平等的，即使是敏感的政治问题，也都可以充分讨论，以找到双方均可接受的解决办法。江泽民主席在纪念辛亥革命九十周年大会上曾经指出，民族团结则兴，民族分裂则败。两岸同胞都是中国人，骨肉相亲，血浓于水。争取和平统一、共谋复兴大业，理应成为两岸人民包括各个党派、团体共同的大目标。在这个大目标下，还有什么前嫌不能捐弃，什么成见不能超越，什么分歧不能讨论呢？

今年是“汪辜会谈”十周年。当年，海协与海基两会的领导人举行首次会谈并签署相关协议，标志着两岸关系迈出了历史性的重要一步。这次会谈之所以取得成功，一个重要原因在于，两会就各自以口头方式表述“海峡两岸均坚持一个中国原则”达成了共识。“九二共识”的真谛及其达成的过程，体现了两岸中国人的政治智慧。这样的历史经验和来之不易的成果，值得珍惜。台湾当局领导人既然表示愿为两岸“创造经济发展的共同利基，营造长期交往的良性环境”，那么，对两会商谈的政治基础，应予维护。尽快恢复两岸对话与谈判，是两岸同胞都愿意看到的。

台湾同胞具有光荣的爱国主义传统，是发展两岸关系的重要力量。争取两岸和平统一，我们寄希望于台湾人民。我们充分尊重台湾同胞的意愿，切实维护台湾同胞的合法权益。当前，台湾同胞期望有一个祥和、安定的环境，尽快克服经济发展中遇到的困难，我们感同身受。我们希望台湾经济重新获得健康发展，希望所有的台湾同胞，不分省籍，和睦相处，共同维护台湾社会的和谐安定，坚决抵制极少数人挑动省籍矛盾、制造社会分化、进行分裂活动的图谋。海峡咫尺，骨肉情深。两岸同胞应当进一步加强往来和交流，增进相互理解和信任，倍加珍惜同胞的情谊，努力维护两岸关系大局的稳定。

世界上只有一个中国，大陆和台湾同属一个中国，中国的主权和领土完整不容分割。在五千年的发展历史中，中华民族形成了团结统一、爱好和平、勤劳勇敢、自强不息的伟大民族精神。近代以来，两岸同胞共同谱写了抵御外侮、维护统一、奋发图强的历史篇章。任何形式的“台独”分裂活动，都决不可能磨灭台湾同胞的中华民族意识。任何力量也无法阻挡中华民族对于祖国和平统一前景的追求。鼓吹“一边一国论”，是不得人心的。企图把台湾从中国分割出去，是绝对不能允许的。企图倚靠外部势力搞军事对抗，是注定要失败的。

两千三百万台湾同胞是我们的手足兄弟，世界上没有任何人比我们更希望以和平的方式解决台湾问题。我们有最大的决心，以最大的诚意、尽最大的努力争取和平统一的前景。中国的统一，有利于亚太地区的稳定和繁荣，将为世界的和平与发展作出更大的贡献。我们希望世界上一切爱好和平的国家和人民，对中国的和平统一事业，给予积极的支持。

同志们、朋友们，再过几天，我们就将迎来中华民族传统的新春佳节。“三羊开泰”，蕴含着人们对新的一年国泰民安的美好期待与祝愿。在以胡锦涛同志为总书记的党中央领导下，祖国大陆的各项事业将开创新的局面。我们衷心希望，新的一年里两岸关系祥和稳定，两岸同胞安居乐业。借此机会，我谨向台湾同胞，向所有致力于发展两岸关系、支持祖国统一的朋友们，致以诚挚的节日问候。祝大家新春愉快，身体健康，阖家幸福，万事如意！

国务院副总理温家宝出席全国银行证券保险工作会议并讲话

温家宝指出，金融系统要认真贯彻落实党的十六大精神和中央经济工作会议部署，认清形势，把握大局，深化金融改革，有步骤地扩大金融对外开放，改进和加强金融监管，提高金融服务水平，加强金融队伍建设，确保金融安全、高效、稳健运行。

温家宝指出，在经济和金融工作实践中，我们积累了重要经验。一是必须深化对“金融是现代经济的核心”的认识，高度重视做好金融工作；二是必须坚定不移推进金融改革开放，建设现代金融制度和现代金融企业；三是必须自觉按照经济规律和金融法则办事，依法经营，依法监管；四是必须正确处理防范金融风险和支持经济发展的关系，在防范风险的同时，积极支持经济发展；五是必须切实加强和改进金融系统党的建设、队伍建设和党风廉政建设，为金融改革和发展提供坚强保证。这些经验，对于做好今后的金融工作，具有非常重要的作用。

温家宝指出，当前国际经济金融形势出现的新变化，国内改革开放和经济建设新的任务，都要求我们进一步做好金融工作，提高我国金融竞争力和抗风险能力，维护国家经济金融稳定和安全。今年金融工作的主要任务是：

第一，继续降低银行不良贷款比例。这仍然是当前的一项突出任务。要加大贷款回收力度，积极催收不良贷款，各地区和有关部门要通力合作，坚决打击各种逃废银行债务的行为。要加强信贷管理和监督，优化贷款结构，提高贷款质量，严格控制新的不良贷款。证券、保险企业也要采取得力措施，提高资产质量，降低不良资产比例。

第二，稳步推进金融改革。一是深化国有独资商业银行改革。要完善银行内控机制，加强管理，改进经营，提高服务水平。在此基础上，实行股份制改造，建立现代金融企业的法人治理结构。二是加快农村金融体制改革。积极推进农村信用社改革，充分发挥金融对农业和农村经济的支持作用。三是继续推进证券、保险业改革和发展。要发挥资本市场在促进产业结构调整、推进国有企业改革、引导和鼓励社会投资、优化金融资源配置等方面的重要作用。继续贯彻“法制、监管、自律、规范”的方针，进一步规范发展证券市场。深化保险企业改革，完善法人治理结构，转换经营机制。推进国有独资保险公司股份制改革。

第三，改进和加强金融监管。要把加强金融监管作为重中之重，全面提高金融监管水平。一是完善金融监管体系，充实监管力量，建立有效的监管机制，提高监管机构的权威性。二是完善监管法规，严格监管制度。三是改进监管方式，加大监管力度。四是继续整顿和规范金融秩序，加快社会信用体系建设。

第四，逐步扩大金融对外开放。有步骤地对符合条件的外资金融机构开放金融市场，并切实做好监管工作。通过合资和吸收外资参股等方式，改善金融企业法人治理结构，积极引进国外先进的管理经验、技术和人才。同时，鼓励和支持具备条件的中资金融企业到境外投资、设立分支机构。改进外汇管理方式，加强国际收支监测和预警。

第五，切实提高金融服务水平。在防范金融风险的同时，加大金融对经济发展的支持力度。银行要及时发放国债项目配套贷款。按照国家产业政策和经济结构调整的需要，增加对有市场、有效益、有信誉企业的贷款，加大对农业、中小企业的信贷支持力度，认真落实支持西部大开发的各项金融措施，推行下岗失业人员小额担保贷款，规范发展个人消费信贷。鼓励金融产品和服务创新。加快金融信息化建设，加快银行卡联网通用、联合发展的步伐。

温家宝在讲话结束时强调，要加强金融队伍建设，提高队伍素质。一要加强和改进金融系统党的建设。继续深入学习贯彻党的十六大精神，坚持用邓小平理论和“三个代表”重要思想武装党员干部。进一步加强领导班子建设，加强基层党组织和党员队伍建设。二要努力提高金融干部职工队伍素质。按照“政治过硬、业务精良、作风清正、纪律严明”的要求，加强对干部职工的培养、教育和管理。全面实施人才战略，建立和完善公开、平等、竞争、择优的用人机制和激励机制，广泛引进人才，用好人才，促进优秀人才脱颖而出。继续深入开展党风廉政建设和反腐败斗争。

全国银行、证券、保险系统工作会议的部分代表和中央、国务院有关单位的负责人参加了会议。

国务院副总理温家宝在北京会见中央国家机关党的工作会议代表

中共中央政治局常委贾庆林邀请全国性宗教团体负责人到中南海举行迎春座谈会

最高人民检察院检察长韩杼滨在人民大会堂出席检察宣传顾问座谈会并讲话

韩杼滨在座谈会上强调，要进一步探索法律监督和舆论监督相结合的新途径，发挥整体合力，共同维护国家法治的尊严，弘扬社会的公平和正义，为全面建设小康社会营造良好的法治环境和舆论环境。

最高人民检察院党组书记贾春旺与中央有关部门和主要新闻媒体的负责同志及检察宣传顾问出席座谈会。

与会的检察宣传顾问围绕进一步加强检察宣传工作，推进检察事业发展作了发言。他们既肯定了检察宣传工作取得的成绩，也指出了一些需要完善和改进的地方，提出了不少好主意、好办法。他们表示将一如既往地支持检察工作特别是检察宣传工作。

新华通讯社总编辑南振中、国务院新闻办副主任王国庆、《人民日报》副总编辑吴恒权以及其他中央新闻单位有关负责人出席了座谈会。

天津市第十四届人民代表大会第一次会议选举房凤友为市人大常委会主任 戴相龙为市长

保监会宣布2002年全国保费收入增四成

保监会宣布：2002年保险业继续保持快速健康发展的良好势头，全国保费收入3057.1亿元，同比增长47.7%，是近年来增长最快的一年。

2002年是我国加入世贸组织的第一年，也是保险市场对外开放步伐最快的一年。中国保监会共批准6家外国保险公司进入中国市场，批准16个外资保险公司营业机构正式开业，扩大了对外开放的区域。中资保险公司通过吸收外资参股，改善了法人治理结构，引进了国外先进技术和经验，提高了竞争能力。同时，中国保监会取消了58项行政审批项目，实行了车险和航意险条款费率管理制度的改革。

中共中央政治局常委吴官正在人民大会堂会见由秘书长素瓦·利达班洛率领的泰国国家发展党代表团

泰国国王普密蓬在华欣王宫会见国务院副总理李岚清和夫人章素贞

国务院副总理李岚清在曼谷会见泰国总理他信

外交部部长唐家璇在罗马分别与意大利总统钱皮和总理西尔维奥·贝卢斯科尼举行会谈

国台办发言人李维一就台商春节包机返乡问题发表谈话

李维一说，为方便在祖国大陆投资的台商春节期间返乡过年，台湾远东、华航、华信、立荣、复兴、长荣等6家航空公司先后于2002年12月下旬至2003年1月初，向中国民用航空总局申请执行2003年春节期间飞行台北、高雄至上海的客运包机业务，时间从1月26日开始至2月10日止，共计16架次。民航总局简化程序，认真审核，已全部批准同意上述包机申请。

他指出，在两岸尚未实现空中直航的情况下，台湾有关人士提出春节期间开办包机直航业务，这是合情合理的要求，也是一件完全可以办到的事情。我们一直希望双向直航，只有这样才能真正方便台商返乡过年。

发言人说，对于台湾方面提出包机经停港澳问题，我们认为这是舍近求远，不仅徒增航空公司和乘客的负担，增加成本，浪费时间，有违台商提出此要求的初衷，也给春节期间本已十分繁忙的航空市场带来不必要的麻烦和协调上的困难。但是我们的善意遭到台湾方面的拒绝，广大台商对此十分不满。考虑到广大台商切身利益，特别是从方便台商往来海峡两岸的角度出发，我们将春节包机业务作为个案处理，特事特办。他表示，要从根本上解决台湾同胞往来两岸不便的困难，唯一的途径是尽快实现两岸空中直航，祖国大陆有关部门已经做好了一切准备，希望台湾当局顺应潮流，尊重民意，不要再以政治因素干扰两岸直接“三通”，尽快取消各种不合理的限制，为实现两岸空中直航作出实实在在的努力。

纪念宋庆龄诞辰110周年座谈会在人民大会堂举行

全国政协副主席、宋庆龄基金会主席、中国福利会主席胡启立,全国政协副主席周铁农,有关部门负责人,以及从事宋庆龄思想研究的专家学者等各界人士100多人,在会上共同追忆了宋庆龄光辉伟大的一生。胡启立在讲话中强调,纪念过去,展望未来,宋庆龄亲手创建的中国福利会和以她的名字命名的宋庆龄基金会,在学习、研究、继承和弘扬宋庆龄思想和精神方面,负有特殊的责任和使命。会上播映了宋庆龄基金会、中央统战部、中央文献研究室、中国福利会、中央电视台联合录制的6集文献纪录片《宋庆龄》。

八一女篮获得赛博全国女篮甲级联赛冠军

1月25日

全国人大常委会委员长李鹏在北京主持亚洲议会和平协会执行理事会会议闭幕会并作总结发言

为期两天的亚洲议会和平协会执行理事会会议在北京闭幕。来自30个成员国的约100名代表围绕和平与发展这一主题,重点就开展立法交流和加强区域合作两大议题进行了深入讨论,取得了广泛共识。

本届协会主席、中国全国人大常委会委员长李鹏主持了闭幕会议并作了总结发言。

李鹏说,这是一次主题明确、议题集中、内容丰富、团结合作的会议。通过两天来代表们认真深入的讨论,亚洲议会和平协会的宗旨和原则得到进一步落实,《重庆宣言》的精神得到进一步发扬。

李鹏说,代表们围绕第一议题,介绍了各自国家立法的情况和成果,普遍认为,亚洲议会和平协会在开展立法交流,促进亚洲各国的法制建设方面可以大有作为。亚洲各国议会应当重点在经济、安全、教育、科技、文化等领域交流立法经验。

李鹏指出,代表们在第二议题的讨论中一致认为,加强区域合作,促进亚洲各国的共同发展和繁荣,是本地区国家的重要政策取向,亚洲议会和平协会可以为推动这一积极势头发挥重要作用。

李鹏说,本次执行理事会会议赞赏菲律宾众议院在德贝内西亚议长的领导下,为筹备下届年会所做的大量工作。会议同意菲方的总体构想和具体安排。会议认为,第四届年会一定会取得成功,亚洲议会和平协会也一定能在促进亚洲各国的交流与合作方面作出更大的贡献。

李鹏说,在两天的会议中,有的代表还就普遍关注的中东问题、伊拉克问题、反恐问题等地区和国际问题表明了看法,阐述了立场。与会全体代表认真听取了这些发言,达到了增进相互了解的目的。

一些代表建议协会设立一个资深议员顾问委员会;有的代表还建议协会编纂一部法律汇编,各成员国向协会秘书处提供20部具有代表性的法律。同时,建议加强信息交流,建立协会因特网站和制作光盘等。会议同意将上述建议提交下届年会正式讨论并作出决定。

全国人大常委会委员长李鹏在人民大会堂分别会见柬埔寨 斯里兰卡 巴基斯坦三国议长

前来参加亚洲议会和平协会执行理事会会议的柬埔寨国民议会议长诺罗敦·拉那烈、斯里兰卡议长约瑟夫·迈克尔·佩雷拉和巴基斯坦国民议会议长乔杜里·阿米尔·侯赛因参加了会见。

李鹏对三位议长来北京参加会议表示欢迎,对他们为会议成功召开作出的贡献表示感谢。三位议长高度评价中方为会议召开所做的各项工作和协会在李鹏委员长领导下取得的巨大发展。

《人民日报》发表社论《发展两岸关系促进国家统一》

江泽民主席《为促进祖国统一大业的完成而继续奋斗》重要讲话发表已届八年。在举国上下掀起学习贯彻党的十六大精神热潮的新形势下,回顾八年来两岸关系走过的不平凡历程,重温江主席重要讲话的丰富内容和精辟论述,我们倍感责任重大,对未来两岸关系的发展和祖国和平统一的前景更加充满信心。

八年来,两岸关系风云变幻。以江泽民同志为核心的中央第三代领导集体高瞻远瞩,审时度势,准确把握内外形势,及时作出重大部署,领导中国人民取得了一系列反“台独”、反分裂斗争的重大胜利,积极推动两岸人员往来、经济文化交流持续深入发展,巩固了两岸关系的基本格局,有力地推动两岸关系朝着和平统一的方向发展。两岸关系八年来的发展历程雄辩地证明,江主席提出的现阶段发展两岸关系、推进祖国和平统一进程的八项主张,把握了邓小平同志“和平统一、一国两制”思想的精髓,更展现了与时俱进的鲜明的时代特征,具有很强的现实针对性和前瞻性,是对台工作的纲领性文件,已经并将继续对两岸关系发展产生重要的影响。

坚持一个中国原则是八项主张的核心。世界上只有一个中国,大陆和台湾同属一个中国,中国的主权和领土完整不容分割。这既是两岸关系的历史和现实,也是海峡两岸中国人最大的共识和国际社会公认的事实。承认一个中国原则,两岸谈判即可恢复,台湾海峡和平可保,两岸关系可稳定发展,同时也有利于维护亚太安全稳定;反之,不承认一个中国原则,则两岸对话无期,台海形势紧张,两岸关系受损,最终受影响的是台湾经济,受伤害的是台湾同胞。

台湾当局能否务实地承认"九二共识",已成为当前两岸复谈的关键。"九二共识"是客观存在的,问题的症结是台湾当政者主观上愿不愿意承认。"九二共识"体现了两岸中国人在解决政治分歧方面求同存异、推己及人的政治智慧。这一成果来之不易,理应加倍珍惜。江泽民同志在中国共产党第十六次全国代表大会的报告中再次就两岸谈判问题提出了一系列极具创意的新主张,为恢复两岸对话谈判提供了新的契机,充分展现了我们的最大诚意。希望台湾当局对此作出积极回应。

实现两岸直接"三通"是我们的一贯主张。多年来,祖国大陆方面为此作出了不懈努力,做好了各方面的准备。现在每年有几百万人次往来于两岸,两岸贸易额也以数百亿美元计,但人流也好,物流也罢,却一直竟还要绕道,不能直接往来,不仅耗费了两岸同胞的宝贵时间和大量钱财,而且严重影响了两岸经贸关系的正常发展。这种舍近求远的极不正常的局面应该尽快改变。通过推动实现直接"三通",两岸可以进一步探讨建立两岸经济合作机制,共谋经济发展良策。当前,两岸经济发展都面临着难得的历史机遇,同时也面对着严峻挑战。机不可失,时不再来。两岸同胞完全应该相互扶持,携手合作,共创两岸经济互利双赢的新局面。

实现国家统一,我们寄希望于台湾人民。我们衷心希望台湾同胞生活在安定、祥和的环境中,早日克服经济发展中遇到的困难,希望台湾同胞不分省籍,和睦相处,安居乐业。两岸同胞情同手足,血浓于水,任何挑拨都不能疏离我们的感情,任何力量都不能把我们分开。"台独"是对两岸和平的最大威胁。两岸同胞应该团结起来,反对一切形式的"台独"分裂图谋,共同维护台湾海峡的和平,维护两岸关系大局的稳定。在过去的岁月里,两岸同胞同风雨,共患难,维系了中华民族生生不息的血脉,谱写了一曲曲奋发图强的绚丽篇章。在新的历史时期,两岸同胞加强交流,增进了解,扩大合作,将为反对分裂、维护统一、促进两岸关系发展作出新的贡献。

一年之计在于春。当前,祖国大陆政通人和,百业兴旺,各族人民正紧密团结在以胡锦涛同志为总书记的中共中央周围,为实现党的十六大描绘的宏伟蓝图,为全面建设小康社会,开创中国特色的社会主义事业新局面而努力奋斗。我们坚信,经过两岸同胞的共同努力,祖国的明天会更加美好,国家统一、民族复兴的那一天一定会早日到来!

中办 国办发出《关于做好2003年元旦、春节期间有关工作的通知》

中央纪委发出《关于2003年元旦、春节期间弘扬艰苦奋斗精神禁止铺张浪费的通知》

安徽省第十届人民代表大会第一次会议选举王太华为省人大常委会主任 王金山为省长

1月26日

国家主席江泽民应约与法国总统希拉克通电话互贺新春并重点就伊拉克问题交换意见

中共中央在中南海举行党外人士迎春座谈会

座谈会由中共中央政治局常委贾庆林主持。中共中央政治局常委、书记处书记曾庆红,中共中央政治局候补委员、书记处书记王刚出席座谈会。

座谈会上,民革中央主席何鲁丽、民盟中央主席丁石孙、民建中央主席成思危、民进中央主席许嘉璐、农工党中央主席蒋正华、致公党中央主席罗豪才、九三学社中央主席韩启德、台盟中央主席张克辉、全国工商联主席黄孟复、无党派代表人士阿沛·阿旺晋美、民盟中央名誉主席费孝通、民建中央名誉主席孙起孟先后发言。他们高度评价中国共产党第十六次全国代表大会,认为大会把"三个代表"重要思想确立为中国共产党必须长期坚持的指导思想,提出全面建设小康社会的奋斗目标,极大地振奋了全国各族人民的精神。他们对过去一年我国改革开放和现代化建设取得的成绩感到欢欣鼓舞。他们表示,在新世纪、新阶段,一定要紧密团结在以胡锦涛同志为总书记的中共中央周围,深入学习贯彻中共十六大精神,继承和发扬同共产党亲密合作的优良传统,更好地发挥我国社会主义政党制度的特点和优势,满腔热情地为全面建设小康社会、开创中国特色社会主义事业新局面而奋斗。同时要进一步加强自身建设,积极履行参政议政和民主监督的职能,为改革发展稳定作出新的贡献。

中央统战部部长刘延东通报了胡锦涛去年12月走访各民主党派中央、全国工商联机关时大家所提实际问题的落实情况。

胡锦涛在认真听取了大家的发言后发表了讲话。他说,每年春节前夕,我们中共中央和各民主党派中央、全国工商联的领导人和无党派人士在一起回顾过去，展望未来，这是多年来的一个好传统。今年，是中共新一届中央领导集体和各民主党派新一届中央领导机构产生后第一次举行迎春座谈会，具有特殊的意义。对我们在多党合作的长期实践中形成的一些好做法，今后都要坚持下去，努力把多党合作搞得更好、更富有成效。

胡锦涛回顾了2002年党和国家的工作，指出过去的一年是我国发展史上具有重大意义的一年。在以江泽民同志为核心的中共第三代中央领导集体的正确领导下，全国各族人民团结一心、开拓进取，改革开放和现代化建设取得了显著的成就。这些成绩的取得，是在中国共产党的坚强领导下全国各族人民团结奋斗的结果，也是各民主党派、工商联和无党派人士同中国共产党亲密合作、共同努力的结果。

在通报了近期中共中央的工作后，胡锦涛指出，今年是贯彻十六大精神的开局之年，切实做好各项工作具有特别重要的意义。只要我们坚持高举邓小平理论伟大旗帜不动摇，坚持贯彻"三个代表"重要思想不动摇，坚持贯彻党的基本路线、基本纲领和基本经验不动摇，紧紧依靠全国各族人民，团结奋斗，开拓创新，我们就一定能够做好今年的各项工作，不断开创中国特色社会主义事业的新局面。

胡锦涛强调，只有紧紧围绕我们的共同目标和共同事业，多党合作才有坚实的基础，才能始终保持旺盛的生机和活力，才能造福于人民和国家。我们衷心希望，各民主党派的同志们进一步发挥自己的人才和智力优势，继续围绕国家经济和社会发展的重大问题深入开展调查研究，积极建言献策；继续开展多种形式的社会服务活动，鼓励和引导广大成员和所联系的群众为全面建设小康社会建功立业；继续探索为改革开放和现代化建设服务的新路子，为促进社会主义物质文明、政治文明和精神文明协调发展作出新的贡献。

胡锦涛强调，我们要继续坚持"长期共存、互相监督、肝胆相照、荣辱与共"的方针，充分发挥民主党派参政议政和民主监督的作用，这对于更好地实现全面建设小康社会的奋斗目标、加强和改进我们党的自身建设具有十分重要的意义。民主监督是相互的。但中国共产党作为执政党，更需要接受民主党派的监督。希望民主党派做我们党的挚友、诤友，经常就关系国计民生的重大问题、共产党的自身建设提出意见和建议。同时，我们衷心希望各民主党派进一步学习贯彻十六大精神，继往开来、与时俱进，发扬优良传统，加强自身建设，发挥各自特点，更好地履行参政党职能。

胡锦涛希望工商联继承和发扬光荣传统，更好地发挥党和政府联系非公有制经济人士的桥梁和纽带作用，团结带领广大会员为全面建设小康社会作出新贡献。

应邀出席座谈会的党外人士还有：王光英、吴阶平、孙孚凌、万国权、经叔平、周铁农、王文元以及各民主党派中央、全国工商联有关负责人。

中共中央统战部副部长、国家民委主任李德洙等出席了座谈会。

全国保险工作会议在北京召开

中国保监会主席吴定富在会议上指出，今年保险业要深化改革，为加快发展提供动力。要全面推进国有保险公司股份制改革，切实转换经营机制，建立现代企业制度；鼓励股份制保险公司通过增资扩股，吸收民营资本和外资参股等方式优化股权结构。要完善保险资金管理体制，有条件的公司可以成立保险资产管理公司，充分运用好现有的投资渠道，切实提高保险资金运用的安全性和收益率。同时，保险业要按照世贸组织规则和我国的对外承诺，扩大开放，为加快发展注入活力。

吴定富说，保险业要加强产品和服务的创新，优化产品结构，提升服务水平。要站在服务国民经济全局的高度，认真研究宏观经济政策，密切关注与社会发展和人民群众生活紧密相关的热点问题，注重开发养老、医疗、教育、住房、责任等具有广泛社会需求的保险产品，不断创新服务方式和内容，丰富保险服务的内涵，把服务渗透到保险消费的各个环节，为全面建设小康社会提供有力保障。

吴定富强调，保监会要改进监管工作，提高监管实效，完善监管手段，对保险公司实施最低偿付能力监控。对于偿付能力不足的保险公司，要做深入分析，根据不同情况采取相应的监管措施。

中央军委授予叶景林"德艺双馨文艺战士"荣誉称号 授予哈尔滨舰"海上先锋舰"荣誉称号

全国政协副主席王兆国代表党中央看望著名科学家钱学森 王大珩 何泽慧 张光斗

2002年世界十大科技进展在北京揭晓

1. 科学家首次大批量制造反物质并首次观察到反物质原子内部结构。欧洲核子研究中心成功制造出约5万个低能量状态的反氢原子，这是人类首次在受控条件下大批量制造反物质，研究人员同时首次"瞥见"了反氢原子的内部状态。

2. 科学家破译老鼠基因组。结果表明，人类与老鼠共享着80%的遗传物质和99%的基因。

3. 科学家观察到引力场中的量子效应。在地球重力场中，中子的下落过程不是连续的，而是从一个位置"跳"到另一位置，这是引力场中量子效应的第一个实测结果。

4. 日美中科学家发现核反应堆中微子消失现象。这是国际上首次用人工中微子源证实太阳中微子振荡现象。

5. 德国科学家实现铷原子气体在超流体态与绝缘态之间的可逆转换。这一成果将在量子计算机研究方面带来重大突破。

6. 天文学家发现最远星系团。这个远在距地球135亿光年处的正在形成的星系团，是迄今人类发现的最远的星系团，它有助于人类了解星系团及星系群等宇宙最初大型结构的形成方式。

7. 德国科学家首次在纳米层次上实现光能和机械能转换。它为未来纳米机器找到简便可控的动力提供了可能。

8. 科学家研究证实遗传信息复制是生物进化的动力。法日科学家合作研究发现，人类基因组中留有无脊椎动物基因复制的痕迹，表明人类等复杂动物基因组的某些部分是远古生物遗传信息复制的结果。

9. 美国科学家研制出原子级纳米"晶体管"。用单个原子或分子装配纳米机器的研制取得新进展。

10. 德国科学家使用高频激光打开"细胞之门"。这是一种转基因操作的全新方法。

2002年中国十大科技进展在北京揭晓

1. 我国科学家率先绘制出水稻基因组精细图和水稻第四号染色体精确测序图。这为人类最终揭开水稻遗传奥秘作出了重要贡献。

2. "神舟"三号、"神舟"四号飞船发射成功。我国载人航天工程取得重要进展。

3. 我国发现首个世界级大气田，探明储量6000多亿立方米。在内蒙古伊克昭盟境内的苏里格大气田相当于一个储量6亿吨的特大油田，是国内目前规模最大的天然气田。

4. 三峡工程导流明渠截流成功。全长7.7公里、宽350米的长江三峡导流明渠截流，是世界水利水电工程中综合施工难度最大的一次截流。

5. 我国第三代移动通信系统研制成功。TD—SCDMA成为电信史上首次由中国提出并被国际电信联盟正式接纳的国际标准，目前已形成92项国家发明专利和国际发明专利。

6. 我国初步掌握当代CPU关键设计制造技术。中国科学院计算所研制成功的高性能通用微处理芯片——"龙芯一号"CPU，定点和浮点最高运算速度均超过每秒两亿次。

7. 浙江省农科院培育出世界上含油量最高的油菜新品系。运用基因工程技术培育出的两个油菜新品系，含油量均比受体品种提高25%以上，其中"超油二号"的含油量高达57.82%，是目前世界上含油量最高的甘蓝型油菜。

8. "神光二号"巨型激光器研制成功。它在十亿分之一秒的超短瞬间内可发射出相当于全球电网电力总和数倍的强大功率，从而形成极高的压力和温度，引发聚变反应。

9. 北京大学医学部科学家初步揭开人类细胞衰老之谜。初步阐明P16基因是人类细胞衰老遗传控制程序的主要环节，揭示了P16基因在衰老过程中高表达的原因，为进一步阐明人类细胞衰老问题提供了一条新途径。

10. 联想推出首台实测速度超过万亿次计算机。它在世界前500台超级计算机排行中名列第二十四位。

全国"文化信息进社区"活动在北京正式启动

由中央文明办、文化部、财政部共同实施的"文化信息进社区"活动，是大力推行"四进社区"的创新举措。它采取现代信息技术，通过互联网络或卫星传输等方式，利用"全国文化信息资源共享工程"提供的丰富资源，将多姿多彩、群众喜爱的各类文化信息送进社区基层，送进千家万户，以不断满足人民群众的精神文化需求。据文化部副部长周和平介绍，"共享工程"目前已投入使用的数字资源包括近百场著名专家的讲座、300部电影、132部地方戏、30万幅图片资料、8万册图书、40万条期刊篇名，还有大量的历史文化知识、法律知识、科普知识和医药保健知识等。

1月27日

党和国家领导人江泽民 胡锦涛 李鹏 朱镕基 李瑞环 李岚清 吴邦国 温家宝 贾庆林 曾庆红 黄菊 吴官正 李长春 罗干等出席在北京举行的迎新春文艺晚会

国家主席江泽民在人民大会堂接受四国新任大使国书

这4位大使是：冰岛大使埃德尔·古纳松，越南大使陈文律，伊拉克大使穆瓦法克·马哈茂德·贾西姆·阿尼和科威特大使费萨尔·拉希德·盖斯。

国务院总理朱镕基主持召开国务院第9次全体会议

出席会议人员围绕《政府工作报告(征求意见稿)》

进行了认真热烈地讨论。会议决定,将此稿发到各省、自治区、直辖市和有关部门、单位广泛征求意见。

朱镕基在讲话中说,本届政府的五年任期即将结束。五年来各方面的成就来之不易,是以江泽民同志为核心的第三代中央领导集体正确领导和决策的结果,是各部门、各地区和全国各族人民齐心协力、团结奋斗的结果。

朱镕基强调,十届全国人大一次会议和全国政协十届一次会议即将召开,国务院组成人员和各部门负责人要按照大会要求,集中精力参加会议,虚心听取代表、委员意见,认真回答问题,诚恳接受监督。他表示,国务院还将分别召开座谈会,继续听取各方面人士对《政府工作报告(征求意见稿)》的意见。

国务院研究室主任魏礼群对《政府工作报告(征求意见稿)》的起草经过和主要内容作了说明。

国务院全体会议组成人员出席了会议,有关部门、单位负责人列席了会议。

最高人民法院院长肖扬在北京与中央主要新闻单位负责人座谈

肖扬在座谈会上说,人民法院将坚决依法惩罚那些侵害新闻机构和新闻记者的人身权利、民主权利和合法权益的违法犯罪行为,通过法律手段保护新闻单位和新闻记者的采访权和舆论监督权。

肖扬强调,我们一如既往地欢迎新闻媒体对法院工作的监督。在宣传报道中,还希望新闻媒体能注意维护司法裁判和稳定性和终局性,对案件实体裁判内容公正性的评判要慎重,对审判过程和结果的评论也应客观。

《人民日报》、新华社、中央电视台、中央人民广播电台等10余家中央主要新闻单位的负责人参加了座谈会,就加强和改进法院工作特别是法院宣传工作提出了富有建设性的意见和建议。最高人民法院副院长曹建明、姜兴长参加了座谈。

辽宁省第十届人民代表大会第一次会议选举闻世震为省人大常委会主任

1月28日

中共中央总书记胡锦涛主持召开中共中央政治局会议

会议听取中央纪律检查委员会关于2003年工作的汇报,分析党风廉政建设和反腐败斗争面临的形势,研究和部署当前和今后一个时期党风廉政建设和反腐败工作。中共中央总书记胡锦涛主持会议。

会议指出,当前全党和全国各族人民正在深入学习贯彻十六大精神,为全面建设小康社会、开创中国特色社会主义事业新局面而团结奋斗,开局良好。十三届四中全会以来,我们党在坚持以经济建设为中心的同时,坚定不移地开展党风廉政建设和反腐败斗争,作出了一系列重大决策和部署,取得了明显成效,保证了改革开放和现代化建设的顺利进行。但我们要清醒地看到,反腐败斗争的形势依然严峻,反腐倡廉仍然是广大党员、干部和人民群众十分关注的问题。坚决反对和防止腐败,是全党的一项重大政治任务。全党同志特别是各级领导干部,务必深刻认识反腐败斗争的艰巨性、长期性和紧迫性,务必以更大的决心、更有力的措施、更扎实的工作,旗帜鲜明、毫不动摇地把党风廉政建设和反腐败斗争深入进行下去。

会议确定了当前及今后一个时期党风廉政建设和反腐败斗争的总体要求和思路。会议强调,开展党风廉政建设和反腐败斗争,要以邓小平理论和“三个代表”重要思想为指导,紧紧围绕发展这个党执政兴国的第一要务来展开,坚决贯彻党要管党、从严治党的方针,坚持标本兼治、综合治理,逐步加大治本力度。要依纪依法坚决惩治各种腐败行为,认真纠正人民群众反映强烈的不正之风,注重制度建设和创新,加强从源头上预防和解决腐败问题的工作。各级党委要高度重视党风廉政建设和反腐败工作,严格执行党风廉政建设责任制,切实加强领导。各级纪委要全面履行职责,确保反腐倡廉各项工作落到实处。

会议强调,各级领导干部首先是我们中央政治局的同志,一定要坚持党的性质和宗旨,正确行使人民赋予的权力,自觉接受广大党员和人民群众的监督,高举旗帜、与时俱进,发扬民主、团结统一,艰苦奋斗、求真务实,清正廉洁、一心为民,始终保持共产党人的政治本色和革命气节,为党和人民的事业尽职尽责、无私奉献。

会议同意今年2月召开中共中央纪律检查委员会第二次全体会议。

会议还研究了其他事项。

中共中央总书记胡锦涛主持中共中央政治局第二次集体学习并发表讲话

这次集体学习安排的内容是世界经济形势和我国经济发展。中国社会科学院余永定研究员、江小涓研究员就当前世界经济形势、世界经济发展中的若干新趋势和新特点以及我国经济的发展作了讲解,并提出了有关建议。

中央政治局各同志认真听取了两位研究员的讲解,并就有关问题进行了深入地讨论。

胡锦涛在主持学习时发表了讲话。他指出，准确把握世界经济发展的趋势和国际市场变化的走势，对更好地促进我国经济发展具有十分重要的意义。这是我们在对外开放和国际竞争日趋激烈的条件下做好经济领导工作的必然要求，也是领导干部增强世界眼光、提高自身素质的重要途径。

胡锦涛指出，在不断发展变化的国际政治经济环境中，我们必须善于趋利避害，抓住机遇，因应挑战，加快发展。要密切关注世界经济的走势，尤其要未雨绸缪，对世界经济可能发生的重大变化及对我国经济发展的影响进行预见性、战略性研究，以便主动应对。

胡锦涛强调，我们要始终坚持对外开放的基本国策，促进世界各国共同发展繁荣。我国将进一步发展多层次、全方位、宽领域的对外开放，在更大范围、更广领域和更高层次上参与国际经济技术合作和竞争，坚持在平等、互利、互惠的基础上同世界各国发展经贸关系。

国务院副总理李岚清在北京出席清史编纂工作座谈会并讲话

李岚清在座谈会上听取了文化部关于纂修清史准备工作情况的汇报和有关专家、学者的意见、建议，并作了讲话。他强调，编纂清史是新世纪我国一项重大文化工程。广大历史工作者要以高度的民族责任感和历史使命感，努力做好清史编纂工作，科学总结历史经验，继承和弘扬民族优秀文化，为中国特色社会主义建设服务。

李岚清强调，编纂清史要按照“三个代表”的要求，坚持辩证唯物主义和历史唯物主义的基本观点和方法，本着以史为鉴、古为今用的原则，既要尊重历史事实，又要反映时代精神；既要继承前人研究成果，又要勇于进行学术创新；既要着眼中国历史的发展，又要联系世界历史发展的进程。要充分发扬学术民主，提倡文人相亲的新风尚，摈弃文人相轻的旧观念，集思广益。要严谨求实，尊重史实，去伪存真，去粗取精，增强史书的科学性和可读性。编纂工作要坚持老中青相结合，形成合理的人才梯队结构，注重培养一批优秀的年轻专家。各有关方面要在人力、物力、财力等方面给予积极支持，提供必要条件。清史编纂委员会要和有关部门、高等院校、科研机构科学规划，加强协调，密切配合，通力合作，确保高质量完成“清史编纂工程”，编纂出一部能够反映当代中国学术水平的清史巨著，使之成为经得起历史检验的传世之作。

国务院副秘书长高强主持座谈会。文化部部长、清史纂修领导小组组长孙家正作了工作汇报。清史编纂委员会主任戴逸和专家学者陈祖武、瞿林东、王天有、任继愈、罗哲文、王戎笙、王锺翰、金冲及等以及有关部门和单位的负责人在会上发了言。清史纂修领导小组成员、部分在京的清史编纂委员会委员和其他有关专家学者出席了会议。

据了解，“清史编纂工程”预计将在10年内完成。

国务委员兼国防部部长迟浩田代表中央军委主席江泽民和军委领导赴南海永兴岛慰问解放军驻西沙部队

全国妇联主席彭珮云赴河北慰问城乡贫困妇女并看望村妇代会主任

北京城铁正式全线贯通试运营

北京城铁是北京市快速轨道交通线网规划中的第13号线，全长40.85公里，贯穿中关村、西城区、海淀区、昌平区、朝阳区、东城区，沿线共设16个站。其中，于2002年9月28日开始运营的西线设有9个站，分别是：西直门、大钟寺、知春路、五道口、上地、西二旗、龙泽、回龙观和霍营站；今日开始运营的东线有7个站，分别为：立水桥、北苑、望京西、芍药居、光熙门、柳芳和东直门站。

1月29日

国务院总理朱镕基在人民大会堂会见外国老专家

朱镕基说，你们来自不同国家，与中国人民患难与共，风雨同舟，一起走过了革命年代和建设时期几十年难忘的岁月。如今，你们依然关心和支持中国的改革开放和现代化建设事业，我们十分珍惜这一长期以来的友谊与合作，永远不会忘记你们为中国人民的革命和建设事业作出的贡献。

会见时，朱镕基认真听取了老专家们对中国改革开放和经济建设的意见和建议。会见结束后，朱镕基和夫人劳安与老专家们一一握手并合影留念。

参加会见的还有中共中央政治局委员、书记处书记、中组部部长贺国强，中共中央政治局候补委员、书记处书记、中央办公厅主任王刚，国务院副总理钱其琛和夫人周寒琼，国务委员兼国务院秘书长王忠禹。中央和国家机关有关部门负责人刘华秋、舒惠国和万学远也参加了会见。

中共中央政治局常委贾庆林在北京市考察

1月29日，中共中央政治局常委贾庆林在中共中央政治局委员、北京市市委书记刘淇和北京市市长孟学农等陪同下，来到宣武区牛街，看望和慰问各族干部群众，考察民族宗教工作和群众生活情况。

贾庆林十分关心牛街的发展和各族群众的生活。在担任北京市主要领导工作期间，他曾9次深入牛街地区调查研究，倾听群众呼声，为老百姓排忧解难。如今，拔地而起的整齐、漂亮的居民楼代替了昔日的平房，宽阔的柏油马路代替了旧时的小街。牛街的环境变得整洁优美了，老百姓居住条件大大改善了。

贾庆林向牛街的回族、汉族群众拜年，并先后视察了清真百年老字号正兴德茶庄、清真超市，随后又看望了回族困难户李惠英和在牛街一期危旧房改造后刚刚搬进新居的回族退休老工人康宝光。

贾庆林在与牛街街道和居民代表座谈，听取北京市委、市政府的汇报后发表讲话。他指出，按照十六大确定的奋斗目标，在全面建设小康社会的基础上，北京市要率先基本实现现代化。要实现这一目标，少数民族聚居的街道和乡村的经济发展是不可忽略的一个重要方面，这项工作北京市也要努力走在全国前列。

贾庆林强调，宣武区是北京市民族工作的重点区，牛街街道各民族群众和睦相处，是首都民族团结进步的一面旗帜。牛街的民族团结进步创建活动开展得非常深入，创造了许多很好的经验，涌现了一批民族团结先进集体和先进个人。牛街既是北京市民族团结的先进典型，也是全国的先进典型。大家要继续坚定不移地高举民族团结的旗帜，把牛街的民族团结创建活动深入持久地开展下去，让牛街这朵民族团结之花开放得更加鲜艳，为首都北京和全国的民族团结进步事业作出新的贡献。

有关方面负责人李德洙等陪同考察。

国务院任免国家工作人员

任命石峰为新闻出版总署副署长。

免去许智宏的中国科学院副院长职务。

国家主席江泽民根据全国人大常委会的决定任免驻外大使

一、免去瞿文明的中华人民共和国驻文莱达鲁萨兰国特命全权大使职务；

任命魏苇为中华人民共和国驻文莱达鲁萨兰国特命全权大使。

二、免去陶苗发的中华人民共和国驻保加利亚共和国特命全权大使职务；

任命谢杭生为中华人民共和国驻保加利亚共和国特命全权大使。

三、免去马恩汉的中华人民共和国驻挪威王国特命全权大使职务；

任命陈乃清（女）为中华人民共和国驻挪威王国特命全权大使。

四、免去汤永贵的中华人民共和国驻西班牙特命全权大使兼驻安道尔公国特命全权大使职务；

任命邱小琪为中华人民共和国驻西班牙特命全权大使兼驻安道尔公国特命全权大使。

五、免去霍淑珍（女）的中华人民共和国驻乌拉圭东岸共和国特命全权大使职务；

任命王永占为中华人民共和国驻乌拉圭东岸共和国特命全权大使。

足球裁判龚建平犯受贿罪被判有期徒刑10年

2000年至2001年，龚建平在受中国足球协会指派担任全国足球甲级队A组、B组联赛主裁判员职务期间，先后9次收受他人给予的财物，共计人民币37万元，构成受贿罪。龚建平在被采取强制措施后，主动坦白交代了受贿罪的大部分事实，酌情从轻处罚。法院依据刑法第三百八十五条第一款、第三百八十六条、第三百八十三条第一款第（一）项和第九十三条第二款的规定，判处龚建平有期徒刑10年。

秦川逝世

人民日报社原社长秦川同志，因病于1月29日在北京逝世，享年83岁。

秦川是贵州赤水人，1936年5月加入中国共产主义青年团，同年转为中国共产党党员，1947年3月任西北野战军前委宣传委员会委员。新中国成立后，先后担任西北农学院党委书记、中宣部宣传处处长等职。1964年后，任中共中央工交政治部宣传部部长、副秘书长。1973年后，任北京工业大学党委书记。1977年11月至1982年3月，任人民日报社核心小组副组长、副总编辑。1982年4月任人民日报社总编辑。1983年11月至1985年12月任人民日报社社长。秦川同志是中共第十二届中央委员，第七届全国人大常委会委员、内务司法委员会委员，曾任全国记协第一副主席。

1月30日

国务院副总理温家宝到国家海洋局慰问南极考察队员

温家宝通过卫星，听取了考察队领队魏文良、长城站站长魏明、中山站站长汤妙昌、“雪龙”船船长袁绍宏的汇报，随后在讲话中强调南极和南大洋科考的重大意义，肯定了考察队员们取得的成果和贡献，赞扬了他们不怕艰苦、克服困难的大无畏精神，鼓励他们为中国的南极考察事业再立新功，并表示祖国和人民期待着考察队员们多传佳音、平安凯旋。

中国第十九次南极考察队由148名队员组成，于2002年11月20日乘“雪龙”船从上海出发赴南极执行科学考察任务，预计2003年3月中旬回国。

国务院有关部门负责人田凤山、吴基传、马凯、路甬祥、宋瑞祥等参加了慰问活动。

国务院副总理李岚清在北京看望著名学者和科学家并向全国广大教育工作者和科技工作者祝贺新春佳节

1月31日

中共中央 国务院在人民大会堂举行春节团拜会

党和国家领导人江泽民、胡锦涛、李鹏、朱镕基、李瑞环、李岚清、吴邦国、温家宝、贾庆林、曾庆红、黄菊、吴官正、李长春、罗干等同首都各界人士4500多人欢聚一堂，辞旧迎新，共庆中国人民的传统节日。

中共中央总书记胡锦涛主持团拜会。国务院总理朱镕基在团拜会上讲话。

团拜会上，在京的党和国家领导人，中央党政军群各部门和北京市的负责同志，离退休老同志代表，各民主党派、全国工商联负责人，无党派人士和少数民族代表，国内外专家、学者以及首都各界代表品茗交谈，互致新春的问候和祝愿。文艺工作者演出了精彩的文艺节目。

国务院总理朱镕基在春节团拜会上的讲话

同志们，朋友们：

一元复始，大地回春。在中国人民传统的新年到来之际，我们欢聚一堂，辞旧迎新，共贺佳节。

过去的一年，是我们国家历史上具有重大意义的一年。中国共产党胜利召开第十六次全国代表大会，明确提出了新世纪、新阶段的奋斗目标和战略部署，选举产生了新一届中央领导集体，这对我们国家未来的发展将产生重大而深远的影响。

过去的一年，我国改革开放和现代化建设取得了显著成就。在全球经济持续低迷的情况下，国民经济保持良好发展势头，经济总量迈上一个新台阶。经济结构调整步伐加快，西部开发取得新进展。各项改革稳步推进，再就业工作和社会保障体系建设进一步加强，整顿市场经济秩序深入展开。我国加入世贸组织第一年实现良好开端，进出口贸易和利用外资大幅增长。城乡人民生活继续改善。科技、教育、文化、卫生、体育、环境保护等各项事业全面进步。社会主义民主政治和精神文明建设取得新成就。我们的伟大祖国经济发展、民族团结、社会稳定、欣欣向荣。

新的一年，是全面贯彻落实党的十六大精神的第一年，做好各项工作十分重要。我们要坚持扩大内需的方针，继续实施积极的财政政策和稳健的货币政策，促进经济稳定较快增长。积极推进结构调整和西部大开发。大力实施科教兴国战略和可持续发展战略。不断深化经济体制改革，提高对外开放水平。切实做好扩大就业和社会保障工作。推动社会主义物质文明、政治文明和精神文明协调发展。

要继续贯彻“一国两制”的方针，严格按照香港基本法、澳门基本法办事，全力支持香港、澳门特别行政区政府和行政长官依法施政，促进香港、澳门繁荣、稳定和发展。

要继续坚持“和平统一、一国两制”的基本方针和江泽民主席关于解决台湾问题的“八项主张”。坚决反对任何“台独”分裂活动。积极推进两岸直接“三通”，加强经济、文化等领域的交流与合作。

要继续奉行独立自主的和平外交政策。积极发展与世界各国的友好合作，努力推动建立公正合理的国际政治经济新秩序，维护世界持久和平，促进各国共同发展。

同志们，朋友们！我们国家正站在新的历史起点，向更高的目标迈进。展望祖国未来，前景无限美好。我们要紧密团结在以胡锦涛同志为总书记的党中央周围，高举邓小平理论伟大旗帜，全面贯彻“三个代表”重要思想，万众一心，开拓进取，为全面建设小康社会、完成党的十六大确定的各项任务而努力奋斗！

党和国家领导人看望万里等老同志

春节前夕，党和国家领导人分别看望或委托有关方面负责人看望了万里、乔石、宋平、刘华清、尉健行、荣毅仁、薄一波、宋任穷和李德生、萧克、张劲夫、张爱萍、段君毅、黄华、彭冲、廖汉生、王芳、谷牧、杨成武、吕正操、马文瑞、郑天翔、刘复之、杨白冰、丁关根、王汉斌、张震、倪志福、陈慕华、费孝通、孙起孟、雷洁琼、李锡铭、王丙乾、吴学谦、赛福鼎·艾则孜、洪学智、钱学森、苏步青、董寅初、邓力群、张廷发、韩光等老同志，向老同志致以亲切的节日问候，祝他们新春愉快，健康长寿。

老同志们对此表示衷心的感谢，并表示要同全党、全国各族人民一道，高举邓小平理论伟大旗帜，全面贯彻“三个代表”重要思想，紧密团结在以胡锦涛同志为总书记的党中央周围，与时俱进，奋发进取，为实现党的十六大提出的各项任务而努力奋斗。

国务院副总理温家宝到辽宁看望群众

下午2时30分，温家宝一下飞机，就在辽宁省有关领导的陪同下，驱车两个多小时来到阜新矿业集团艾友矿，看望慰问洗煤厂的工人，下到720米深的矿井，在变电所、水泵房、井下调度室向一线工人详细询问他们的生产、安全情况，乘坐井下小矿车到正在综合采煤工作面紧张工作的煤矿工人中间，和他们一一握手，致以新春的祝福。

下午6时，正值除夕夜吃团圆饭的时候，温家宝在矿井里，与煤矿工人围坐在巷道的铁轨上，一起吃年夜饺子，共度除夕。他对随行的当地干部说，要关心煤矿建设和矿工生活，一要解决好煤矿的安全生产问题，二要解决好采空区塌陷沉降问题。全面建设小康社会，要把改造和振兴老工业基地作为一项战略任务。老矿区要两手抓，一手抓现有矿山的开采，保持一定生产水平；一手抓广开生产门路，搞好经济转型，解决好职工就业问题。

慰问结束时，在井下已近两个小时。温家宝乘坐缆车回到井口，又深入矿区职工家属驻地，向群众拜年，了解矿工的生活情况。当他看到目前一些职工家庭生活困难时说，要不折不扣地贯彻落实国家“低保”政策，切实做到应保尽保。这时，夜色已深，温家宝又驱车近一小时来到煤矿塌陷区，摸黑察看了群众的住房情况，看望困难群众。他指出，一定要把矿山塌陷区的治理这件事办好办实，扎扎实实为群众排忧解难。

大年初一上午，温家宝来到阜新蒙古族自治县王府镇道伦格日村，走访农户，向农民群众拜年。他非常关心阜新发展“四位一体”生态农业，以安置下岗职工为主的农业园区建设情况。他说，老矿山经济转型，是老工业基地调整改造的一个重要方面。通过兴办第三产业，发展现代农业，安置下岗职工再就业的做法是一条好的路子。要继续探索，总结经验。当地的农村基层干部向温家宝汇报了农业结构调整、农村小康建设情况。

陪同温家宝前往阜新的有国务院副秘书长马凯等。

中共中央政治局常委李长春在中央宣传文化单位调研

在中宣部和各单位负责人的陪同下，李长春分别考察了中央外宣办、广播电影电视总局、新闻出版总署及其直属单位，考察了人民日报社、新华社、求是杂志社、光明日报社、经济日报社、中央人民广播电台、中央电视台、中国国际广播电台、中国日报社等中央主要新闻单位，考察了中国文联、中国作协、中国记协等人民团体，考察了中国社会科学院、中央编译局、中国外文局、国家图书馆、故宫博物院等单位。他与工作人员和编辑记者亲切交谈，询问了解工作情况，同各单位负责人座谈，听取工作汇报并作讲话。

李长春强调，当前，学习贯彻十六大精神的热潮已经在全国兴起，现在的关键是要把这一热潮引向深入，进一步把全党的思想和行动统一到十六大精神上来，把全国人民的智慧和力量凝聚到实现十六大提出的任务上来。要按照围绕主题、把握灵魂、狠抓落实的要求，在深入人心上下功夫，在开拓创新上下功夫，在力求实效上下功夫。要坚持理论联系实际，把运用十六大精神指导实践、解决问题、推动工作作为学习宣传的出发点和落脚点，作为衡量学习宣传成效的重要标准。要针对干部群众的思想实际，把十六大提出的重大理论观点和重大方针政策说充分说清楚，多宣传干部群众学习十六大精神的体会，多反映干部群众立足本职贯彻十六大精神的新鲜经验。阐述道理要深入浅出，新闻报道要入情入理，确保十六大精神的宣传既有力度、又有深度，既有声势、又有实效。

李长春还就宣传思想工作要始终坚持正确导向和发展文化事业和文化产业提出了要求。

李长春强调，宣传思想工作是党的全部工作中的一个十分重要的组成部分，宣传思想战线是党领导的各条战线中一条十分重要的战线，宣传思想工作队伍是党的干部队伍中一支十分重要的力量。越是形势好的时候，越要重视和加强宣传思想工作。

中共中央政治局委员、中央书记处书记、中宣部部长刘云山参加了在部分单位的调研。

中共中央政治局常委李长春看望在京文化界知名人士

公安部部长签署命令给公安边防部队三个单位九名个人记功

命令指出，2002年4月至7月，在全国开展的打击偷渡“南方行动”和“北方行动”中，福建、江苏、吉林等省公安边防总队以“打蛇头、挖团伙、堵源头”为目标，以打击现行偷渡犯罪活动和追捕在册偷渡组织者、运送者为重点，充分发挥联合作战优势，机智勇敢，顽强拼搏，共侦破偷渡案件363起1087人，查获偷渡组织者、运送者241人，有力打击了偷渡犯罪分子的嚣张气焰，维护了我国沿边沿海地区治安秩序稳定。

自1998年以来，以陈文树为首的组织偷渡团伙在国内10个沿海省、市的19个港口，组织了38起700余人偷渡，近400余人得逞。2000年11月20日，他们租用“富源”轮运送偷渡人员去日本时被警方查获。案发后，公安部边防局挂牌督办，指令江苏公安边防总队具体侦办。接案后，这个边防总队立即组织精干力量，在半年多时间里，横跨11个省(市、区)，行程达20余万公里，将涉案的97名组织者、运送者抓捕归案，目前已有42名主要成员被依法判刑，其中陈文树等4人一审被判无期徒刑。公安部决定，给侦破此案作出突出成绩的江苏省公安边防总队司令部边境情报处记集体二等功；给江苏省公安边防总队司令部边境情报处处长孙勤、连云港市边防支队连云边防大队政委张凯各记二等功；给江苏省公安边防总队副总队长黄敏、总队参谋长刘副泉各记三等功。

去年，在公安部边防局和吉林省公安厅的统一指挥下，吉林公安边防总队历时82天，南下河南、广西，北上黑龙江、内蒙古，行程2万多公里，成功侦破了“3·16”特大跨国偷渡案件。这起由境外组织幕后操纵的特大偷渡案件，在我国境内的160名涉案人员现已全部被抓获。其中，犯罪团伙共18人，包括外籍6人，中国籍12人，偷渡人员70人。为此，公安部给侦破此案作出突出成绩的吉林省公安边防总队副参谋长朱德忠、情报调研处处长秦德怀、延边市公安边防支队支队长刘元祥各记二等功；给吉林省公安边防总队副总队长许文善、副总队长兼参谋长何剑秋各记三等功。

同时，公安部给在打击偷渡和各种违法犯罪活动，为维护社会治安稳定作出突出成绩的福建省公安边防总队福州市公安边防支队记三等功；给福建省公安边防总队福州市公安边防支队黄歧边防派出所记二等功。

国办发出《关于促进农产品加工业发展的意见》

近年来，我国农产品加工业得到了较快发展，成为国民经济中发展颇具潜力的增长点。但就总体而言，还不能适应整个经济和社会发展的需要，尤其是农产品加工水平和质量较低，专门用于加工的农产品不足，产加销各环节联结不紧密，农产品质量安全标准不健全、加工业布局和产业结构不尽合理等问题仍比较突出。为促进农产品加工业持续健康发展，现提出如下意见：

一、充分认识发展农产品加工业的重要意义

发展农产品加工业，实现农业产业化经营，是促进农业和农村经济结构战略性调整的重要途径，具有十分重要的意义。发展农产品加工业，可以促进优化农产品区域布局和优势农产品生产基地的建设，延长农业产业链条，提高农产品的综合利用、转化增值水平，有利于提高农业综合效益和增加农民收入；通过扩大农产品深加工，提高产品档次和质量，促进农产品出口，有利于提高我国农业的国际竞争力；通过发展农产品加工业，以农业产业化经营为基本途径，吸纳农村富余劳动力就业，提高技术装备能力和水平，有利于推进农业现代化。

二、发展农产品加工业的指导思想和目标

(一)指导思想。

当前和今后一个时期，要紧紧围绕农业和农村经济结构的战略性调整，因地制宜，科学规划，合理布局，依靠科技进步发展农产品加工业；在避免重复建设、提高农产品综合加工能力的同时，逐步实现农产品由初级加工向精深加工转变，由传统加工工艺向采用先进适用技术转变；推进农产品加工原料生产基地化，产加销经营一体化，加工制品优质化，促进农产品加工业持续健康发展。

(二)发展目标。

经过5—10年发展，形成与优势农产品产业带相适应的加工布局，建成一批农产品加工骨干企业和示范基地；建立农产品加工业的技术创新体系，健全重要农产品加工制品质量安全标准；使农产品加工业增加值占国内生产总值、工业增加值的比重有较大提高。

三、发展农产品加工业的主要原则和重点领域

(一)主要原则。

1. 以市场需求为导向。遵循市场经济规律，发展优质、安全、方便、营养的农产品加工制品，巩固城市消费市场，开拓农村、小城镇和国际市场，不断适应和满足市场需求。

2. 发挥区域比较优势。因地制宜，充分发挥其资源、经济、市场和技术优势，依托优势农产品专业化生产区域，发展优势、特色农产品加工业，逐步形成农产品生产和加工产业带，实现农产品加工与原料基地有机结合。

3. 适度规模经营。发展农产品加工业，要与原料基地的规模和市场需求相适应，既要发展大中型龙头骨干企业，又要发展有市场、有特色、有潜力的小型企业。

4. 采用先进适用技术。保护和发展具有民族特色的传统工艺，选用先进适用的技术装备，鼓励有条件的农产品加工企业积极引进和开发高新技术。

5. 发展和保护相结合。坚持高标准、严要求，采用先进工艺和技术，切实推行清洁生产，保护生态环境，有利于可持续发展。发展农产品加工业，要特别注意不能上污染严重和危害生态环境的项目。

6. 加强宏观指导。通过制定和实施农产品加工业发展规划、政策，引导农产品加工业合理布局，防止盲目铺摊子和低水平重复建设，新上项目一开始就要做到高起点、高水平，提高农产品加工的现代化水平。

(二)重点领域。

1. 大力发展粮、棉、油料等重要农产品精深加工。

粮食加工以小麦、玉米、薯类、大豆、稻米深加工为主，配套发展粮食烘干等产后处理能力。发展各类专用粮油产品和营养、经济、方便食品加工。

2. 积极发展"菜篮子"产品加工。肉类重点发展猪、牛、羊、鸡、鸭、鹅、兔等产品深加工；奶业要优先提供优质、营养的学生饮用奶；水产品发展优质鱼、虾、贝类、海珍品等水产品精深加工；积极发展有机蔬菜产品和绿色蔬菜产品加工，搞好蔬菜的清洗、分级、整理、包装，推广净菜上市，发展脱水蔬菜、冷冻菜、保鲜菜等；注重发展干鲜果品保鲜、储藏及精深加工。

3. 巩固发展糖、茶、丝、麻、皮革等传统加工。鼓励发展精制糖，发展名优茶、有机茶和保健茶；发展丝和麻加工系列制品；积极开发牛、羊等皮毛(绒)深加工制品；合理利用和开发食用菌等农业野生资源，发展特色农产品加工。

四、促进农产品加工业发展的重点工作

(一)制定和实施发展规划。

各省、自治区、直辖市人民政府要根据《全国主要农产品加工业发展规划》和《全国优势农产品区域布局规划》等有关规划，结合本地实际情况，制定本地区的农产品加工业发展规划并认真组织实施。要重点做好对市、县两级农产品加工业发展规划编制和实施的指导，防止盲目发展和重复建设。

(二)建设原料生产基地。

在现有农产品生产基地的基础上，加强优势农产品良种繁育、技术推广、运销服务等基础设施建设，建设和形成布局合理、专用、优质、稳定的优势农产品原料生产基地。

(三)建立生产经营新机制。

鼓励农产品加工企业通过定向投入、定向服务、定向收购等方式，发展产业化经营，与农民建立稳定的合同关系和利益联结机制，形成真正的利益共同体。

(四)鼓励和扶持龙头企业。

支持农产品加工骨干企业实行优质农产品基地建设、科研开发、生产加工、营销服务一体化经营。要重点培植一批有自主知识产权、产业关联度大、带动能力强、有国际竞争力的大中型农产品加工龙头企业。支持农产品加工龙头企业引进国外资金、技术和管理经验，提高农产品加工水平，增强农产品加工制品国际市场竞争力。

(五)推进技术进步和科技创新。

国务院农业和科技行政主管部门要抓紧制定农产品加工业的技术发展政策措施。优先开发大宗农产品的精深加工工艺、技术和装备。支持科技成果转化和推广先进适用的农产品加工技术。鼓励农产品加工骨干企业与大专院校、科研院所联合组建科学技术研究与开发中心。各地有关部门和农产品加工企业，要重视对职工的技能培训。

(六)健全质量安全体系。

参照国际标准，抓紧制(修)订和健全农产品加工制品的质量安全标准和技术规范。完善农产品加工制品质量安全检验检测手段，抓好质量认证工作。加强对农产品加工质量安全的监督、检测和检查，完善有关法规并严格执法。

(七)扶持和发展中介组织。

加强农产品加工业行业协会、专业技术服务等中介组织建设。发挥各种专业化中介组织在提供社会化服务、开展行业自律、防止无序竞争、协助解决国际贸易争端等方面的作用。

五、发展农产品加工业的政策措施

(一)加大国家投入力度。

提高农产品加工业基本建设投资占整个基本建设投资的比重，增加对农产品加工骨干企业的技改投入。各级财政支农资金和农业综合开发有偿资金等，要重点支持农产品加工企业的基地建设、科研开发、技术服务、质量标准和信息网络体系建设。科技、农业、乡镇企业等行政主管部门的科技开发资金、教育培训资金，应有一定比例用于农产品加工业发展。外经贸部门应加大对农产品加工制品出口的支持和协调服务。

(二)给予相关的金融支持。

商业银行要将支持农产品加工企业发展作为信贷工作的重要内容，及时满足农产品加工企业合理的资金需求。对农产品加工企业向农户收购农产品和完成国内外订单生产所需流动资金，有关银行应积极予以支持。对农产品加工企业申请贷款，应视项目用途与实际需要，适当放宽担保抵押条件，合理确定贷款期限。应把中小型农产品加工企业列为中小企业信用担保体系的优先扶持对象。符合股票上市条件和市场开拓能力强的大型农产品加工骨干企业，可申请公开发行股票并上市。

(三)落实税收支持政策。

对农产品出口实行与法定退税率一致的退税政策，出口退税率尚未达到法定征税率的农产品，应优先考虑适当提高出口退税率。企业研究开发新产品、新技术、新工艺所发生的各项费用，在缴纳企业所得税前扣除。农产品加工企业引进技术和进口农产品加工设备，符合国家有关税收政策规定的，免征关税和进口环节增值税。对重点农产品加工骨干企业从事种植业、养殖业和农产品初加工所得，要落实免征3—5年企业所得税的政策。

(四)其他配套措施。

各级国土资源管理部门在编制土地利用总体规划

和计划时，要对农产品加工企业用地进行统筹考虑，合理安排。农产品加工企业特别是骨干企业生产经营需征用土地应依法报批，各项费用按合理标准收取。电力部门要保证对农产品加工企业的供电。

六、切实加强对发展农产品加工业的组织领导

地方各级人民政府要把发展农产品加工业作为繁荣农村经济的重点，统一规划，统筹安排，将其纳入本地区经济社会发展计划。对不同地区、不同特点的农产品加工业要实行分类指导，注重实效，避免“一刀切”、“一哄而起”或搞重复建设。有关部门和地区，要在巩固、提高东部地区和城市农产品加工水平的同时，积极促进资金、技术和人才等要素向中西部地区和小城镇流动。

国务院农业行政主管部门要牵头研究和制定促进农产品加工业发展的政策措施，计划、经贸、外经贸、国土资源、财政、科技、卫生、金融、税务、环保、工商、质检等行政主管部门要各司其职，加强协作，转变职能，改善服务，共同推动农产品加工业持续健康发展。

全国保密局长保密办主任会议在北京举行

中共中央政治局候补委员、中央书记处书记、中央办公厅主任、中央保密委员会副主任王刚出席会议并作了讲话。他强调，各级保密工作部门要以十六大精神为指导，按照“三个代表”重要思想的要求，切实做好新形势下保守国家秘密的工作，为实现十六大提出的全面建设小康社会的奋斗目标和各项任务发挥服务和保障作用。

王刚强调，学习是做好保密工作的重要前提。当前最重要的是把十六大精神学习贯彻好，这是管方向、管全局、管根本、管长远的首要政治任务。

王刚指出，保密工作要坚持和继承好的传统和做法，同时要认真研究解决新形势下出现的新问题，坚持与时俱进，开拓创新；要突出重点，着力抓好重点部门和重要环节的保密工作；要加强保密法规、制度的建设，用法规和制度来防范失泄密现象的发生；要加强督促检查，严肃查处窃密、泄密事件，及时消除泄密隐患和漏洞。

他希望广大保密工作者在以胡锦涛同志为总书记的党中央坚强领导下，以邓小平理论和“三个代表”重要思想为指导，开拓进取，扎实工作，为完成十六大提出的各项任务作出贡献。

中央军委主席江泽民签署命令颁布施行《中国人民解放军武器装备管理条例》

这部《中国人民解放军武器装备管理条例》(以下简称《条例》)是在1990年中央军委颁发的《中国人民解放军武器装备管理工作条例》基础上，总结部队10多年来武器装备管理工作实践经验，适应武器装备管理体制调整改革和装备发展需要重新制定的，是我军武器装备管理体制调整改革后，中央军委颁布的规范全军武器装备管理工作的一部基本法规，是组织实施武器装备管理工作的基本依据。它的颁布施行，是依法治军、依法管装的一项重要举措，充分体现了江主席、中央军委对我军武器装备管理工作的高度重视，标志着我军武器装备管理法制建设进入了一个新的阶段。

《条例》共分15章106条及3则附录，明确了武器装备管理的基本内容、基本程序、基本要求、基本方法，新增了武器装备的训练、战备、战时管理工作和授装、接装仪式等内容，赋予了武器装备管理科学化、制度化、经常化标准新的内涵，涵盖了我军武器装备从接收到退役、报废全过程中的各项工作，充分体现了新体制下我军武器装备管理工作的新情况、新特点和新要求。

《条例》明确规定，我军武器装备管理必须贯彻新时期军事战略方针，立足现有武器装备，以保障打赢现代技术特别是高技术条件下局部战争为目标，发扬我军武器装备管理的优良传统，按照武器装备全系统、全寿命管理的要求，实行科学化、制度化、经常化管理。同时，强调武器装备管理应当遵循“统一领导、统筹规划、首长负责、分级管理”的原则。

中央军委主席江泽民签署通令给总后某装备研究所记二等功给舒斯云等5名同志记功

中华人民共和国中央军事委员会发布通令，给总后勤部某装备研究所记二等功。

由中央军委主席江泽民签署的通令说，总后勤部某装备研究所，担负着全军被服装具、单兵防护与救生装备、野战饮食装备和军用食品的研制任务。近年来，他们紧紧围绕军事斗争准备需要搞科研，共完成各类科研项目96项，获国家科技进步一等奖2项、二等奖1项，军队科技进步一等奖6项、二等奖15项，“九五”全军后勤科技重大贡献奖6项，国家发明专利35项。

中华人民共和国中央军事委员会发布通令，给在医学科研和党的基本理论教学领域作出突出贡献的5名同志记功。给舒斯云、钱桂生、刘维永、胡蕴玉同志分别记二等功，给邵维正同志记三等功。

由中央军委主席江泽民签署的通令说，第一军医大学教授舒斯云同志，女，1935年出生，1951年入伍。多年来，她在神经生物学领域刻苦钻研，取得显著成绩。她主持完成的“脑纹状体内一个新区的发现及结构和功能研究”获军队科技进步一等奖。

通令说，第三军医大学教授钱桂生同志，1945年

出生，1963 年入伍。多年来，他在呼吸内科学领域刻苦钻研，取得显著成绩，先后获国家科技进步二、三等奖各 1 项，军队科技进步二等奖 8 项。

通令说，第四军医大学教授刘维永同志，1928 年出生，1949 年入伍。多年来，他在心血管外科领域刻苦钻研，取得显著成绩。他主持完成的“胸部创伤基础和早期救治研究”获国家科技进步二等奖。

通令说，第四军医大学教授胡蕴玉同志，女，1931 年出生，1951 年入伍。多年来，她在骨创伤治疗领域刻苦钻研，取得显著成绩。她主持完成的“晚期周围神经损伤退变与修复后再生实验和临床研究”获国家科技进步二等奖。

通令说，后勤指挥学院教授邵维正同志，1935 年出生，1951 年入伍。几十年来，他致力于党的基本理论教学和党史研究，先后获得国家、军队组织的党史研究和院校政治理论优秀成果特等奖 1 项、一等奖 9 项。

《现代汉语异形词规范词典》出版

词典主编、著名辞书学家李行健教授介绍，该书是原异形词课题研究组自发组织全国有关专家，沿用《第一批异形词整理表》研制的原则和方法，将尚未收入的 1200 多组异形词一一研究整理并编纂而成的。

2月1日

中共中央总书记胡锦涛看望慰问首都干部职工

中共中央总书记胡锦涛和随行的中共中央政治局候补委员、中央书记处书记、中央办公厅主任王刚，在中共中央政治局委员、北京市委书记刘淇和市长孟学农的陪同下，先后察看了北京市通信、供电的运行情况和公安干警的值勤情况。每到一地，胡锦涛都同节日里仍在辛勤工作的同志们亲切握手，向大家表示感谢和慰问，祝大家春节愉快，身体健康，阖家幸福，羊年吉祥。

胡锦涛还看望了北京市公安局西城分局府右街派出所的干警。

国务院总理朱镕基慰问首都干部职工和困难群众

上午10时许，朱镕基和随行的国务委员兼国务院秘书长王忠禹，在中共中央政治局委员、北京市委书记刘淇和北京市长孟学农等陪同下，先后看望了北京市公安局交通管理局东城交通支队帅府园队值班民警、东城区甘雨胡同失业困难户关自武和北京市公共交通总公司44路坚持运营的干部职工。

陪同朱镕基看望、慰问的有建设部部长汪光焘、国务院研究室主任魏礼群、国务院副秘书长尤权、总理办公室主任李伟等。

2月2日

国家主席江泽民就美国“哥伦比亚”号航天飞机失事向美国总统布什致慰问电

同日，江泽民还致电以色列总统卡察夫，就一名以色列宇航员在“哥伦比亚”号航天飞机失事时遇难表示哀悼。

哈尔滨天潭酒店发生特大火灾事故33人遇难

2月3日

外交部部长唐家璇和乌拉圭东岸共和国外交部长迪蒂尔·奥佩蒂就中乌建交15周年相互致函

中国选手王曼丽在青森第五届亚洲冬运会上夺得女子速滑500米金牌

2月4日

外交部部长唐家璇在纽约会见美国国务卿鲍威尔

会见中，双方积极评价两国关系发展的良好势头，并愿共同努力推动中美建设性合作关系的进一步发展。

鲍威尔感谢唐外长在中国春节期间率团出席安理会伊拉克问题会议，认为这体现了中方重视伊问题和为此所发挥的建设性作用。鲍威尔阐述了美国政府在伊拉克问题上的立场，并表示美方希望继续与中方就伊问题保持密切联系。

外交部部长唐家璇在纽约会见联合国秘书长安南

唐家璇说，中国支持联合国继续对伊拉克进行核查，伊方也要进一步加大与联合国合作的力度。安南表示赞赏中国争取政治解决伊拉克问题的立场，认为这与联合国的目标是一致的。

花样滑冰选手申雪/赵宏博在青森第五届亚洲冬运会上夺得双人滑金牌 张维娜/曹宪明夺得冰舞金牌

2月5日

全国人大常委会委员长李鹏在海南考察

2月5日，李鹏在海南省委书记、省人大常委会主任王岐山，省长汪啸风和铁道部部长傅志寰的陪同下，考察了新近建成的粤海跨海铁路通道的南岸码头、粤海铁1号渡轮、海口火车站，对这项开发南海资源，促进海南和粤西地区经济发展的工程如期完成表示满意。

考察期间，李鹏听取了海南省的工作汇报，对海南各项工作取得的成绩予以充分肯定。

2月6日，李鹏在海口与海南省人大常委会的负责同志座谈，就九届全国人大常委会工作报告听取他们的修改意见和建议。

在海南期间，李鹏出席了纪念李硕勋烈士诞辰100周年座谈会，并来到作为爱国主义教育基地的李硕勋烈士纪念亭，向烈士雕像敬献了花篮并参观了烈士事迹展览。

全国总工会主席王兆国在北京出席纪念“二七”革命斗争80周年座谈会并讲话

座谈会由中华全国总工会副主席、书记处第一书记张俊九主持。中华全国总工会主席王兆国在讲话中指出，在新世纪、新阶段，工人阶级要继承和发扬“二七”革命传统，就必须在党的领导下，大力弘扬主人翁精神，充分发挥主力军作用，为实现十六大提出的全面建设小康社会的宏伟目标贡献智慧和力量。

铁道部有关领导、北京二七机车厂厂长王东明、“毛泽东”号机车组司机长葛建明等在座谈会上发言。

全国政协副主席赵南起启程对泰国进行友好访问

外交部部长唐家璇在安理会有关伊拉克问题的会议上阐述中国立场

发言全文如下：

主席先生：

我首先祝贺德国担任安理会本月轮值主席，非常高兴看到菲舍尔外长主持今天的会议。我愿借此机会，对因美国航天飞机不幸失事而遇难的宇航员表示沉痛哀悼，对其家属表示诚挚慰问。

我感谢鲍威尔国务卿向安理会介绍情况，并就伊拉克问题发表几点看法：

一、安理会多数成员外长出席今天的会议，表明各方对安理会的权威和作用是重视的，对在联合国框架内解决伊拉克问题是支持的。安理会在伊拉克问题上基本保持着团结与合作。这对妥善解决伊拉克问题至关重要，也是国际社会希望看到的。

二、中方欢迎美方向联合国提供其掌握的有关伊拉克大规模杀伤性武器的情况和证据。这种做法符合安理会1441号决议的精神，也有利于增加透明度。我们希望各方都能把掌握的情况和证据交给联合国监核会和国际原子能机构。这样既帮助它们更有效地继续核查，也可通过现场核查进行评估。两机构应及时将核查情况报安理会。

三、对伊拉克的核查已进行了两个多月。两机构很努力，工作值得肯定。他们认为还不能给核查作结论，建议继续核查。我们要尊重两机构的意见，支持查下去。希望布利克斯主席和巴拉迪总干事8日的伊拉克之行能取得积极成果。两机构不久前指出核查中存在一些问题。我们敦促伊拉克采取更积极的态度，尽快进一步作出解释和澄清，配合核查工作的开展。

四、在销毁伊拉克大规模杀伤性武器问题上，安理会成员的态度是一致的。安理会的有关决议，特别是一致通过的1441号决议已有充分反映。目前的关键还是要执行好这个决议。安理会下一步如何行动，应根据核查结果，由各成员共同讨论和决定。

五、国际社会普遍希望在联合国框架内政治解决伊拉克问题，避免战争。这是安理会必须重视的。只要有政治解决的一线希望，我们就要作出百分之百的努力。中国愿与各方一道为此而努力。

谢谢主席先生。

孔颖超 刘显英 孙日波在青森第五届亚洲冬运会上包揽冬季两项女子10公里追逐赛前三名

2月6日

解放军副总参谋长熊光楷上将一行启程前往德国参加第三十九届慕尼黑国际安全政策会议

中国选手杨扬在青森第五届亚洲冬运会上夺得女子短距离金牌 李佳军夺得男子500米金牌

大连队在武汉夺得足球甲A联赛2002年度超霸杯

2月7日

国家主席江泽民与美国总统布什通电话就伊拉克和朝鲜核问题交换意见

布什在电话中通报了美国对伊拉克和朝鲜核问题的立场和考虑。

江泽民重申了中国政府对伊拉克问题的原则立场，强调指出联合国有两个机构负责对伊拉克的武器核查，总的看取得一些进展，但仍然存在一些问题。伊拉克方面有义务对此作出回答，并更加主动、积极地与联合国合作，应真正做到不拥有任何大规模杀伤性武器。中国主张支持联合国两机构继续加强核查。

江泽民表示，处理像伊拉克这样的重大问题，维护安理会的权威是国际社会的共同愿望。

关于朝鲜核问题，江泽民指出，实现朝鲜半岛无核化、维护半岛和平稳定是国际社会的共识。希望各方共同努力，推动朝鲜核问题得到和平解决。

国家主席江泽民与法国总统希拉克通电话就伊拉克问题交换意见

江泽民强调在联合国框架内政治解决伊拉克问题，是国际社会的普遍愿望。希拉克通报了法国对安理会日前有关伊拉克问题会议的看法，认为从各方面情况看应继续坚持第1441号决议，加强对伊拉克的核查工作，而不是采取将导致战争的行动。

中国选手在青森举行的第五届亚洲冬运会上夺得3枚金牌

杨扬夺得女子1000米和3000米金牌；中国女队夺得冬季两项4×6公里接力赛冠军。

第五届亚洲冬运会所有赛事全部结束。中国队共获得9块金牌，在金牌总数上位居第三。

2月8日

国务院副总理温家宝在《人民日报》发表文章《认真贯彻十六大精神　为推进农村小康建设而奋斗》

一、关于农业和农村工作的形势和任务

当前，我国农业和农村经济正处在新的发展阶段。新阶段是推进农业和农村经济结构战略性调整、实现农业增长方式转变的阶段，是深化改革、完善与社会主义市场经济体制相适应的农村经济体制的阶段，是统筹城乡经济社会发展、推进农村小康建设的阶段。上个世纪90年代中后期，我国粮食等主要农产品供求实现了由长期短缺到总量基本平衡、丰年有余的历史性转变，农业发展越来越受到资源和市场的双重约束，结构性矛盾和农民增收困难的问题越来越突出。党中央、国务院审时度势，作出了我国农业和农村经济发展进入新阶段的重要判断和对农业和农村经济结构进行战略性调整的重大决策，提出要把增加农民收入作为中心任务和基本目标，摆在经济工作的突出位置。这是全党对农业和农村经济发展规律的科学认识。

近几年，各地各部门在党中央、国务院的正确领导下，围绕调整结构和增加农民收入，做了大量工作，促进了农业和农村经济发展，巩固了农村好的形势。一是结构调整取得明显进展。优质专用农产品迅速发展，大宗农产品逐步向优势产区集中，农业产业化经营水平提高。乡镇企业有新的发展，小城镇建设步伐加快，农民就业和增收的渠道不断拓宽。二是农业基础设施和生态环境建设得到加强。近几年，国家实施积极的财政政策，大幅度增加了对大江大河大湖治理、退耕还林、天然林保护、农村电网改造、储备粮库建设等方面的投入。国家用于生态建设和环境保护方面的投入相当于过去几十年投入总和的两倍多。去年以来，又重点支持了节水灌溉、人畜饮水、农村沼气、农村水电、乡村道路和草场围栏等农村中小型基础设施建设。三是农村改革迈出新的步伐。农村税费改革试点工作已扩大到20个省、区、市，明显减轻了农民负担，促进了农村上层建筑的改革和基层民主政治建设。粮食流通体制改革稳步推进，沿海主销区率先实现了购销市场化，主产区的保护价收购政策继续完善。四是农村社会事业有新的发展。农村教育投入大幅度增加，办学条件改善。农村卫生工作得到重视和加强。“八七”扶贫攻坚计划基本完成，实施新的扶贫开发纲要开局良好。五是农村基层组织和干部作风建设得到加强。“三个代表”重要思想学习教育活动卓有成效，农村基层组织的凝聚力和战斗力明显提高，干群关系明显改善。去年，在自然灾害较重、农产品价格低迷、国际竞争压力加大的情况下，我国粮食生产稳定，菜篮子产品持续增长，农产品质量安全水平有了提高，大宗农产品出口增加，农民收入继续增加。农业和农村经济的平衡运行，有力地支持了国民经济的持续快速发展和全社会的稳定，也为全面建设小康社会打下了好的基础。实践证明，中央关于我国农业和农村经济发展进入新阶段的判断是完全正确的，所采取的各项政策措施是符合实际的。

党的十六大提出了全面建设小康社会的战略目标。全面建设小康社会，重点和难点都在农村。我国正处于并将长期处于社会主义初级阶段。初级阶段就是不发达阶段，农村尤其不发达。我国目前达到的小康水平低，不全面，不平衡，差距主要在农村。农民生活水平比较低，还有几千万人处于贫困状态；农村生产力水平还不高，不少地方的农业生产仍然主要依靠畜力和手工劳动；农村社会事业发展落后，文化教育、医疗卫生条件差的问题相当突出。推进农村小康建设的任务十分艰巨，任重而道远。

全面建设小康社会的战略目标，是中国特色社会主义经济、政治、文化全面发展的目标。农村小康建设的总体要求是：高举邓小平理论伟大旗帜，全面贯彻“三个代表”重要思想，坚持党在农村的基本政策，深化农村改革，调动和保护农民的积极性，不断解放和发展农村生产力；大力推进农业和农村经济结构战略性调整，提高农业综合生产能力和可持续发展能力，提高农业的现代化水平和城镇化水平，全面繁荣农村经济，稳定增加农民收入，使广大农民过上小康生活；继续加强农村基层组织建设和民主法制建设，健全村党组织领导的充满活力的村民自治机制，保障农民的政治、经济和文化权益，使农村基层民主更加健全、社会秩序良好、群众安居乐业；加强农村精神文明建设，改善教育、卫生条件，丰富农民文化生活，提高农民的思想道德、科学文化和健康素质，实现农村社会全面进步。各级党委和政府都要从实际出发，按照十六大的战略部署，科学制定农村小康建设的发展规划，明确主要任务和奋斗目标。

当前农业和农村经济发展还面临许多困难，突出的仍然是农民收入增长缓慢。这既是农产品供大于求的反映，也是国民经济发展长期积累的一些深层次矛盾的集中表现。从长远看，随着人口增加、经济发展和城乡居民生活的改善，对农产品的需求还会有一个大的增长。但在目前的情况下，受城镇低收入居民和广大农民购买力低下的制约，农产品的国内需求在近期内不会增加很多，加上出口的阻力加大，供大于求的矛盾一时还难以有根本性改变，依靠增加产量和提高价格来增加农民收入的余地很有限。在我国人多地少、农村人口比重大的情况下，增加农民收入，不仅有赖于农业质量和效益的提高，还有赖于农业富余劳动力的大量转移。目前，我国经济结构调整的任务繁重，产业结构优化升级，资本、技术替代劳动的趋势加强，国有企业减员增效，乡镇企业吸纳劳动力的能力减弱，通过调整农村就业结构增加农民收入的难度也很大。农业和农村的发展，需要国家的支持和保护，但目前各方面改革、发展和稳定的任务很重，要办的事很多，国家的投入还难以满足农村发展的需要。因此，我们对农业和农村工作面临的形势要有清醒的认识，对困难要有足够的估计，必须树立长期奋斗的思想。

二、关于稳定党在农村的基本政策

党在农村的基本政策，是调动农民积极性和创造性的有力武器。在新阶段，必须坚持党在农村的基本政策，保持政策的稳定性和连续性。稳定基本政策，核心是稳定和完善土地承包关系。应当看到，土地是农民的基本生产资料。只有赋予农民长期而有保障的土地使用权，农民才有爱惜土地的积极性，才会增加对土地的投入。如果随意调整农民的承包地，农民没有经营土地的稳定感和安全感，就会影响农业生产，甚至影响农村稳定。还要看到，虽然现在农民外出务工经商的很多，但他们的就业并不稳定，土地还是他们最基本的社会保障。如果没有了土地，他们就没有了退路，社会就很难安定。国外在这方面已经有不少教训，我们在个别地方也出现了因农民失地失业而影响稳定的苗头。因此，中央再三强调稳定土地承包关系，是有深远考虑的。各级领导干部在这个问题上，务必保持清醒的头脑。

稳定和完善土地承包关系，当前的关键是正确看待和处理农户土地承包经营权的流转问题。在稳定家庭承包经营的基础上，允许土地承包经营权合理流转，是农业发展的客观要求，也是党的一贯政策。随着工业化和城镇化的发展，必然会有越来越多的农民离开土地，离开农村。适时引导农户搞好土地承包经营权流转，有利于扩大留在农业上的农户的经营规模，使土地资源继续得到有效利用。但土地承包经营权流转要建立在长期稳定家庭承包经营制度的前提下，按照依法、自愿、有偿的原则进行，不能刮风，不能下指标，不能强制推行。只有这样，离开土地的农民才能放心地转出土地。为此，2001年年底中央专门下发了《关于做好农户承包地使用权流转工作的通知》，对土地流转作出了明确规定。最近全国人大常委会颁布了《农村土地承包法》，把党在农村改革后形成的关于农村土地的政策上升为法律，使农民的土地使用权有了法律保障。广大农村干部要认真学习贯彻党的农村政策和有关法律，增强执行政策的自觉性和责任感。

我要特别专门强调一下土地征用问题。目前不少征地项目不给农民合理的补偿，不妥善解决农民的生计，造成农民失地失业，危及农村社会稳定。不少地方乱占滥征耕地，随意圈地，有的地方征地规模过大。这些问题必须引起高度重视。完善征地制度是一项重要工作，直接关系农民生产、农业发展和农村稳定。要坚定不移地贯彻“合理利用每一寸土地，切实保护耕地”的基本国策，加强征地管理，严格控制征地规模。要加强土地利用总体规划和城镇建设规划的管理，禁止随意修改规划，滥征耕地。要改进土地征用的补偿方式，增加给失地农民的补偿，妥善安排好失地农民的生计。抓紧研究政策，修订法规，建立适应社会主义市场经济发展要求、维护广大农民权益、有利于经济社会可持续发展的土地征用制度。

三、关于深化农村改革

我国的经济体制改革是从农村开始的，改革极大地解放和发展了生产力，给农村带来了翻天覆地的变化，但农村的改革还没有完成。农村的经营体制、投资体制、金融体制、流通体制等还存在很多不适应市场经济发展的问题，农村生产关系和上层建筑的某些环节还有不适应甚至阻碍农村生产力发展的地方。必须着眼于解决农业和农村经济发展中面临的深层次矛盾，坚持解放思想，实事求是，与时俱进，不断深化农村改革。要正确处理改革、发展、稳定的关系，积极稳妥，循序渐进，推进体制创新。当前深化农村改革，要围绕进一步解放和发展农村生产力，减轻农民负担，增加农民收入来进行，我着重强调四个方面的改革。

一是推进农村税费改革。今年的农村税费改革试点工作，要在总结经验、完善政策的基础上全面推开。各地要加强领导，精心组织，认真执行中央的政策，切实做到“三个确保”。目前的一个突出问题是，粮食主产区和从事种植业的农民负担重。进一步减轻粮食主产区和种田农民的负担，是深化农村税费改革的一个基本政策取向。农业特产税已经不适应新阶段发展农业和农村经济的要求，要逐步缩小范围，降低税率，创造条件，最终取消。从根本上说，农村税费改革能不能成功，归根到底取决于县乡机构改革。只有转变政府职能，精简机构和人员，才能从根本上巩固税费改革成果。减轻农民负担的其他各项工作决不能放松。要全面执行减轻农民负担的各项政策措施，深入开展专项治理，做好农业税收的灾歉减免工作，强化减负工作责任制。

二是深化粮食流通体制改革。近年来，我们在粮食流通体制改革方面进行了积极的探索，取得了不少好的经验。要根据加入世贸组织后我国农业面临的新形势，抓紧调查研究，制定深化粮食流通体制改革的整体方案。粮食流通体制改革要着眼于保护基本农田，保护农民种粮积极性，保护粮食综合生产能力，保障国家粮食安全。这是我们始终应该重视的一个重大问题。已经实行购销市场化的地区，要加快培育和规范粮食市场，加快粮食企业改革和农业结构调整。主产区要继续坚持按保护价收购制度，合理确定保护价水平和收购范围，同时也要积极培育粮食市场，探索市场化改革的路子。要完善粮食储备调节制度，加强对粮食市场的宏观调控。国家用于农业和农村的投入，要向粮食主产区倾斜。

三是探索对农业和农民实行补贴的各种有效办法，加大国家对农业特别是粮食主产区的扶持力度。这几年我们在退耕还林、农村中小型基础设施建设、振兴大豆产业等方面探索了一些补贴农民的具体做法，有的地方还进行了把用于粮食流通环节的补贴转为对农民生产直接补贴的试点。对这些好的做法，要及时总结，继续完善，逐步推广，扩大农民的受益面。这项工作，要与深化粮食流通体制改革和农村税费改革统筹考虑，配套进行。

四是加快农村金融体制改革，加强对农业和农村经济的信贷支持。加快农村经济发展，必须高度重视农村金融问题，充分发挥金融支持农村经济增长的重要作用。要从农村实际出发，加快农村金融体制改革步伐，着力改善农村金融服务，加大信贷支农力度。农村信用社改革的总体要求是，明晰产权关系，强化约束机制，增强服务功能，国家适当扶持，地方政府负责。要坚持为农业、农村和农民服务的宗旨，加大农业信贷投放，增加农户贷款，为农民生产生活和农业、农村经济结构调整及时、有效地提供资金服务。要整顿农村信用秩序，引导规范民间信贷。

四、关于农业结构调整

推进农业结构调整，必须把转变农业增长方式，发展优质、高产、高效、生态、安全农业作为核心，把增加农民收入、推进农业现代化作为基本目标，坚持按经济规律和自然规律办事。一是要面向市场。结构调整要以市场为导向，使农业生产始终适应市场需求的变化。二是要发挥优势。利用我国自然条件、生物资源丰富多样的特点，发挥各地的比较优势，发展最具竞争优势的农产品。三是要依靠科技进步。加强农业科学技术的研究，加速先进适用技术的转化与应用，切实把农业发展转移到主要依靠科技进步和提高劳动者素质的轨道上来，提高农业增长的质量和效益。四是要努力促进人与自然的和谐发展。农业生产再不能以破坏生态为代价。要节约、保护、合理利用水资源和土地资源，促进农业和农村经济的可持续发展，促进生态脆弱地区再造秀美山川。

从这几年的实践看，搞好农业结构调整，关键是抓好三个环节：一是提高农产品质量安全水平。这是关系人民群众身体健康和农产品国际竞争力的重大问题。要在优化品种、品质结构，大力发展优质农产品生产的同时，切实抓好质量安全管理。要引导和帮助农民按标准组织生产，科学用肥，安全用药，从源头上保证农产品质量安全。要建立、健全统一、权威的农产品质量标准体系和检验检测体系，建立市场监管制度和监测制度，保证农产品的质量安全。二是推进优势农产品区域布局。要充分发挥各地的比较优势，采取综合措施，促进优势农产品和特色农产品向优势产区集中，逐步形成具有国际竞争力的农业产业带。三是发展农产品精深加工。发展农产品深加工特别是食品工业，不仅可以提高农产品的附加值，创造新的消费需求，而且可以扩大农村就业，增加农民收入，应当作为农业结构调整中带有方向性的一件大事来抓。要坚持市场导向，统筹规划，合理布局，整体推进，重点突破，努力把农产品加工业提高到一个新水平，把食品工业发展成一个大产业。

农业产业化经营有利于实现优化农产品品质、优化区域布局和发展精深加工的有机统一，是农业结构调整的重要推动力量，也是对农村经营体制的丰富、发展和创新。要在总结经验的基础上大力推进。要落实好国家扶持龙头企业的政策措施，增强龙头企业的带动能力和市场竞争力。各种农民专业合作经济组织和农产品行业协会，是农业产业化经营的重要组织形式，要给予必要的支持，发挥他们的作用。

随着经济全球化发展和我国加入世贸组织，国际市场的变化对国内农业的影响将不断加深。去年国外农产品进口的冲击没有预想的大，这一方面是由于我们应对和调控措施得当；另一方面是因为国外农业减产、农产品价格上涨。但是国外农业减产的情况不会经常发生，我们不能盲目乐观，更大的压力和挑战还在后面。要继续跟踪研究，做好各项应对工作。既要运用世贸组织的规则，加强农产品进口管理，更要着力提高我国农产品的国际竞争力。我国是一个农业大国，也是农民最多的国家，应当在世界农产品贸易中占有相应的位置。要充分发挥我们的比较优势，积极参与国际合作与竞争。

五、关于千方百计增加农民收入

推进农村小康建设，最根本的是要加快发展农村经济，大幅度增加农民收入。这些年来，在国家财力十分紧张的情况下，中央采取了一系列支持和加强农业、促进农民增收的政策措施。一是增加对农业和农村的投入，尤其是加强与农民生产生活密切相关的农村基础设施建设，扩大退耕还林，直接增加农民收入。这两年，国债项目中用于农业基础设施建设的资金占很大比重，财政投入有力地支持了退耕还林。随着经济的发展和国家财力的增强，我们还要进一步调整国民收入分配和财政支出的结构，增加对农村经济和社会事业的支持，增加对农民生产的直接补贴。二是推进农村税费改革，切实减轻农民负担，让农民休养生息。为支持这项改革，中央财政安排了专项转移支付。根据建立现代税制和公共财政的要求，我们还要逐步减少以至完全取消不应当由农民负担的各种税费项目。虽然这是一个长期的过程，但要朝这个方向努力。增加农民收入要有新的思路，采取综合措施。要继续坚持“多予、少取、放活”的方针，坚定不移地推进农业和农村经济结构战略性调整，不断提高农业的竞争力，拓宽农民的增收门路；认真落实党在农村的各项政策，尊重农民的首创精神，把农民群众的积极性、主动性、创造性充分发挥出来，不断解放和发展农村生产力，活跃和繁荣农村经济。

加快农村富余劳动力转移，是增加农民收入的重要途径。从我国国情出发，转移农村劳动力要广开门路，多渠道并举。一要大力发展农村二三产业和多种经营，拓展农村的就业领域。现在乡镇企业的发展面临不少困难，各地要支持乡镇企业搞好结构调整、技术改造，加快体制创新，提高发展水平，特别要支持乡镇企业发展农产品加工业和服务业，培育新的经济增长点，为农民创造新的就业机会。二要以现有的县城和少数中心建制镇为重点，加快小城镇发展步伐。发展小城镇要科学规划，合理布局，突出重点，搞好试点示范，不能乡乡建镇，遍地开花。要把引导乡镇企业合理集聚、发展农村服务业、完善农村市场体系等与小城镇建设结合起来，完善小城镇功能，壮大县域经济。三要加强对农民进城务工的引导和管理。去年各地按照中央的要求，清理对农民进城务工的不合理限制，取消对农民工的乱收费，改善了农民进城务工的环境，对农民增收起了重要作用。这项工作要继续加强。当前要着重解决好拖欠工资、劳动环境差、职业病和工伤事故频发等突出问题，维护农民工合法权益。

党的十六大提出，国家实行促进就业的长期战略和政策，这必将为加快农村劳动力转移创造更加有利的环境。转移农村劳动力取决于全社会就业机会的增加。从世界各国的情况看，增加就业机会主要是靠中小企业和服务业。在我国扩大就业也要走这条路子。无论是城市还是农村，都要坚持所有制的多样性和生产力的多层次性，放手发展中小企业和服务业，发展个体私营经济。无论什么所有制形式，只要依法经营、照章纳税、保障职工权益、符合安全标准，都要鼓励发展。

六、关于加强农业基础设施和生态环境建设

农业基础设施建设滞后，生态环境恶化，是我国农业和整个经济社会发展的长期制约因素。加强农业基础设施建设和生态环境建设，从根本上说，就是要提高农业的综合生产能力和可持续发展能力，推动农村社会走上生产发展、生态良好、生活富裕的文明发展道路。这是一项长期任务，任何时候都不能放松。

要继续加强大江大河大湖治理，提高防洪和排涝能力。干旱是我国农业发展的最大威胁。要合理开发和调配水资源，加强节水灌溉设施建设，推广旱作节水农业，提高农业用水的利用率。加强农业综合开发，不断增强农业综合生产能力。要进一步加强有利于直接增加农民收入、改善农村生产生活条件的农村中小型基础设施建设。退耕还林是关系经济社会可持续发展的重要举措。这项重大的生态建设工程已经取得初步成效，要在讲求实效的基础上逐步扩大规模，完善政策，巩固成果。目前草原生态环境恶化的问题非常突出，加快治理已刻不容缓。要加强牧区水利建设，加大已垦草原的退耕还草力度，采取草场围栏、轮牧、休牧、禁牧、舍饲圈养等措施，加强天然草场的保护和建设。实行退耕还林还草，要与当地经济发展和调整农业结构结合起来，解决好农民的长期生计问题，千方百计增加农民收入；与改善农村能源结构结合起来，积极稳妥地发展沼气等再生能源，确保退得下，还得上，稳得住。

加强农村基础设施建设，关键是要增加投入。各级政府都要调整财政支出结构，增加对农村基础设施和生态环境建设的投资。要加强资金管理，保证工程质量。要坚持谁投资、谁受益的原则，调动社会各方面的积极性，引导和鼓励个人、集体和各种经济主体投资农业基础设施建设。这方面潜力很大，关键是要有好的政策。发动农民群众开展农田水利基本建设，是我国的一个好传统。农村税费改革以后逐步取消“两工”，并不是要丢掉这个传统，而是采取一事一议，让基层干部学会用民主的方法来搞这些建设。只要坚持农民自愿，不搞强迫命令，坚持注重实效，不劳民伤财，农民是愿意投工投劳不断改善农业生产条件的。我们要调动和保护好农民在这方面的积极性。

实施《中国农村扶贫开发纲要》，搞好扶贫开发工作，是农村工作的一项长期任务。要坚持开发式扶贫的方针，坚持扶贫到村到户，帮助贫困群众发展生产，增加收入，实现稳定脱贫。继续加强贫困地区的基础设施建设，为加快脱贫创造基础条件。中央国家机关定点扶贫工作和东西部地区之间的扶贫协作已开展多年，要总结经验，明确任务，加强指导，讲求实效。要进一步动员社会各界力量，广泛开展多种形式的扶贫献爱心和社会救助活动。加强扶贫资金的管理和审计，切实提高资金使用效益。

七、关于农村经济社会协调发展

加快发展农村社会事业，是不断改善农民生活质量、提高农民文明程度的客观要求，也是促进农村经济社会全面发展、推进农村小康建设的重要任务。我国农村发展落后，农村的社会事业尤为落后。城乡经济发展的差距大，社会事业发展的差距更大。一些贫困地区的农村儿童辍学现象不少，尤其是女童辍学比例更高；农村医疗卫生条件差，农民因病致贫、因病返贫的问题在一些地方相当突出；农村文化事业落后，农民文化生活贫乏。我们在加快发展农村经济的同时，必须加快发展农村社会事业，促进农村社会全面进步，促进人的全面发展。党中央、国务院十分重视农村社会事业的发展，决定今后每年新增教育、卫生、文化等事业经费，主要用于农村，逐步缩小城乡社会事业发展的差距。这是一项重大的战略举措，相信经过若干年的不懈努力，我国农村的社会面貌一定会有大的改变。

要高度重视农村教育事业。这几年，农村义务教育实行了在国务院领导下，由地方政府负责、分级管理、以县为主的新管理体制。国家还大幅度增加了对农村义务教育的投入。各级政府要继续增加投入，不断改善农村办学条件。加强农村教师队伍建设，提高农村师资素质，实施远程教育，提高农村教育质量。要全面落实九年义务教育制度，减轻农民子女上学的负担，开展对贫困家庭学生的教育援助，切实降低农村适龄学童的辍学率。

要大力发展农村卫生事业。把改善农村卫生环境，解决农民看病难的问题，作为农村卫生工作的重点。坚持预防为主的方针，做好预防保健、特别是重大疾病的预防工作，提高处理农村重大疫情和公共卫生突发事件的能力。加强农村医疗卫生机构基础设施和卫生技术队伍建设，保证公共卫生和基本医疗服务的需要。在政府引导和支持下，发展多种形式的农民互助合作医疗，对农村贫困家庭实行医疗救助。继续搞好农村计划生育工作，实行优生优育。在社会主义市场经济条件下，如何建立和完善新型农村合作医疗制度，是一个重大课题，也是一项长期、艰巨、复杂的工作。各地要积极探索新型合作医疗制度和农村贫困家庭医疗救助制度的运行机制和管理方法，并在实践中不断总结经验，逐步完善。

要加强农村精神文明建设。继续加强乡镇文化站建设和农村广播电视"村村通"、农业节目进村入户工程。广泛开展"文明村镇"、"文明户"等群众性精神文明创建活动，大力倡导科学、文明、健康的生活方式，破除迷信，移风易俗。继续组织文化、科技、卫生"三下乡"活动，传播先进思想，普及科学知识，丰富农民精神文化生活。随着经济的发展，广大农村干部要更加重视农村的社会管理，加强村镇规划，搞好村容村貌治理，切实改变一些地方环境脏乱的状况，提高农村社会的文明程度。

八、关于加强党对农村工作的领导

加强党对农村工作的领导，从根本上说，就是要正确处理党同农民群众的关系，把广大农民群众紧紧团结在党的周围，为实现全面建设小康社会的宏伟目标、建设社会主义新农村而奋斗。为此，必须牢固确立"三个代表"重要思想在农业和农村工作中的指导地位，坚持用"三个代表"重要思想统揽农业和农村工作全局；必须统筹城乡经济社会发展，把解决农业、农村和农民问题作为全党工作的重中之重；必须坚持实事求是的思想路线，确保党在农村的各项方针、政策、措施真正符合农村实际，符合农民的根本利益；必须坚持不懈地加强农村干部的思想作风建设，加强农村基层组织建设，努力造就一支全心全意为农民群众谋利益的农村干部队伍。

要按照统筹城乡经济社会发展的要求，更加重视农业和农村工作。统筹城乡经济社会发展，是十六大的一个十分重要的思想，内容非常深刻。目前，我国经济生活中的一个突出问题是城乡差距扩大，这个问题不解决，经济和社会生活中的矛盾就会更加突出，最终将影响整个经济社会的持续稳定协调发展。必须看到，农村和城市是有机统一的整体，城市的发展不可能离开农村的发展，城市的发展也不会自然地带动农村的发展。各级党委和政府都要树立全面和正确的发展观，在制定国民经济发展计划、确定国民收入分配格局、研究重大经济政策的时候，把解决好农业、农村和农民问题放在优先位置，加大对农业的支持和保护，发挥城市对农村的带动作用，使城市和农村相互促进、协调发展，实现全体人民的共同富裕。

要加强农村干部队伍的思想作风建设，密切党同农民群众的联系。培养和造就大批德才兼备的农村基层干部是一项长期的战略任务。要组织广大农村干部深入学习贯彻十六大精神，用"三个代表"重要思想武装农村干部的头脑。这是当前和今后一个时期农村工作的首要政治任务。要通过学习，进一步增强农村干部的宗旨观念和群众观点。农村干部要切实加深对农民群众的感情，想问题、办事情、处理各种利益关系，都要自觉遵循党的农村工作的基本准则，维护和实现好农民的利益。要深入实际，把握国情，了解农村，掌握农民的思想脉搏，使我们的各项工作部署真正符合农村的实际，反映农民的意愿。要尊重农民，平等对待农民，切实保障农民的权益。要关心群众生活，为群众多办实事，使农民群众在经济发展、生活改善、社会进步中真正得到实惠,从而不断增强建设社会主义新农村的信心。

要加强农村基层组织建设。农村基层组织是党在农村的全部工作和战斗力的基础,应该成为贯彻“三个代表”重要思想的组织者、推动者和实践者。当前和今后一个时期,农村基层组织建设要紧紧围绕建设现代农业、发展农村经济、增加农民收入、加快农村小康建设来进行。要继续深入开展以创建“五个好”村党支部、“六个好”乡镇党委和农村基层组织建设先进县为内容的“三级联创”活动,不断增强农村基层组织的凝聚力和战斗力。要进一步理顺村党组织与村委会的工作关系,加强团结协作,带领农民群众一心一意谋发展。

要加强农村的民主法制建设。这是农村小康建设的一项重要任务。这些年来,我国农村广泛开展了村民自治和村委会选举,这是在党的领导下农民群众的伟大创造。要进一步完善村民自治,健全村党组织领导的充满活力的村民自治机制。要加强农村法制宣传教育,提高农村干部群众的法律素质和依法办事的能力。继续加强农村社会治安综合治理,依法严厉打击各种违法犯罪活动,维护农村社会稳定,为农民群众创造安居乐业的环境。

春节快到了,各地各部门都要组织干部深入灾区和贫困地区,切实安排好受灾群众和贫困农户的生产生活,落实好各种救济扶贫资金和物资,保证他们吃饱穿暖,安全过冬,让农民过一个欢乐祥和的春节。

让我们高举邓小平理论伟大旗帜,全面贯彻“三个代表”重要思想,在以胡锦涛同志为总书记的党中央领导下,振奋精神,开拓创新,扎实工作,为实现十六大提出的宏伟目标,推进农村小康建设而奋斗!

(注:这是温家宝同志在2003年1月7日召开的中央农村工作会议上的讲话,发表时作者进行了修改)

国家外汇管理局决定延长外汇市场交易时间

具体的安排是:自2003年2月8日起,延长中国外汇交易中心银行间外汇市场交易时间,即从过去的9:30—11:00延长至9:30—15:30,午间不休市。

外汇局有关负责人称,此次延长外汇市场交易时间,对于我国外汇市场发展具有积极的意义。一是实现了人民币对美元、日元、欧元、港币4种货币的全天交易,健全了我国银行间外汇市场的运行机制,为进一步推进银行间外汇市场改革奠定了基础;二是为市场会员提供了更长的交易时间,客观上使得商业银行本外币结售汇资金头寸在上下午都能得到及时的平补,也为企业下午的结售汇业务提供了方便,从而为银行和企业规避汇率风险拓宽了渠道;三是增加了会员报价频率和成交机会,有利于活跃银行间外汇市场交易。

解放军副总参谋长熊光楷上将在慕尼黑出席第三十九届国际安全政策会议并阐述中国反恐基本政策

熊光楷上将在会上作了题为《当前全球反恐形势及其前景展望》的发言,阐述了中国以“互信、互利、平等、协作”为核心的新安全观为基础所确立的反恐基本政策,即:谴责并反对一切形式的恐怖主义,打击恐怖主义要标本兼治,反恐斗争要注重综合治理,应充分发挥联合国在国际反恐斗争中的主导作用。

2月9日

全国政协主席李瑞环启程赴非洲三国进行正式友好访问

李瑞环是应坦桑尼亚国民议会、纳米比亚全国委员会和赞比亚国民议会邀请,前往上述三国进行正式友好访问。

陪同李瑞环出访的有:全国政协秘书长郑万通,贵州省政协主席王思齐,内蒙古自治区政协主席王占,北京市政协原主席陈广文,全国政协外事委员会副主任齐怀远,外交部副部长刘古昌,全国政协副秘书长、李瑞环主席办公室主任李昌鉴和全国政协委员、中国书法家协会顾问李铎。

2月10日

全国政协主席李瑞环在达累斯萨拉姆会见坦桑尼亚总统姆卡帕

李瑞环对坦桑尼亚自独立以来,一直保持政治稳定和民族团结表示十分赞赏,对坦桑尼亚的建设与发展表示关切。他强调,不忘别人的好处,想着别人的难处,这是中国人的立身做人、处世交友的重要原则。“贫贱之交不可忘”,“滴水之恩,涌泉相报”,这些格言都说明了这个道理。“利他”是中国人的道义原则,凡事都设身处地地想,替他人着想,换个位置来想,在中国人的眼里,只有这样才能了解别人、理解别人,才能真正找到“知己”、“知心”、“知音”。中国人民与非洲人民是老朋友、好朋友,我们希望并相信,不管国际风云如何变幻,经受了历史考验的中坦友谊、中非友谊,一定会与时俱进,不断得到巩固和发展。

姆卡帕总统说:坦中两国关系良好,这种关系是坦中两国老一代领导人开创的。在两国一代又一代领导人共同的努力下,这一关系得到了进一步发展。我本人将努力使这一良好的关系继续保持下去。

全国政协主席李瑞环在达累斯萨拉姆分别会见坦桑尼亚总理苏马耶和坦桑尼亚国民议会议长姆塞夸

全国政协主席李瑞环在桑给巴尔会见坦桑尼亚桑给巴尔总统卡鲁姆

瑞金医院生物医学研究院科学家发现帕金森症突变基因

中国科学家首次在国际上发现了第二号染色体的蛋白基因是帕金森症的突变基因，此成果将有力推动帕金森症的遗传学诊断、治疗。帕金森症又称震颤麻痹，是中老年人的一种常见疾病。瑞金医院生物医学研究院由此入手，经五年研究发现，第二号染色体的蛋白基因能够调节多巴胺神经细胞的生长、发育和成熟，其突变点位于 NR4A2，占有家族性病人的百分之十。

广东省部分地区出现非典型肺炎

近一时期广东省部分地区相继发生了以“高热、干咳、白细胞正常或偏低、肺部 X 线有片状浸润性阴影”为主要临床特征的非典型肺炎病例。截至 2 月 9 日，广东省共发生 305 例，死亡 5 人。卫生部派专家组赴广东省协助开展防治工作。

2 月 11 日

国家主席江泽民与法国总统希拉克就伊拉克问题通电话

希拉克介绍了法国、德国和俄罗斯日前就伊拉克问题发表的联合声明，希望国际社会共同努力，避免战争。

江泽民对希拉克表示，中国支持法、德、俄三国联合声明的内容。我们坚持主张在联合国框架内政治解决伊拉克问题。核查是有作用的，应支持继续查下去并予以加强，落实好第 1441 号决议。战争对谁都没有好处。我们有责任采取一切措施尽力避免战争。

国务院整顿和规范市场经济秩序领导小组第七次全体会议在北京召开

国务院副总理、全国整顿和规范市场经济秩序领导小组组长李岚清强调，整顿和规范市场经济秩序，是建立和完善社会主义市场经济体制的重要内容，是促进国民经济持续快速健康发展、维护人民群众根本利益的重要保证，是实践“三个代表”重要思想的具体体现。要认真总结经验，再接再厉，把整顿和规范市场经济秩序工作继续深入持久地开展下去。

中共中央政治局常委、国务院副总理、全国整顿和规范市场经济秩序领导小组副组长吴邦国，中共中央政治局委员、国务委员、全国整顿和规范市场经济秩序领导小组副组长吴仪出席会议并讲话。

会议认为，2001 年 4 月国务院召开全国整顿和规范市场经济秩序工作会议以来，各地区、各部门按照国务院的统一部署，采取切实有力措施，在全面整治的同时，抓住与人民群众生命财产安全和切身利益密切相关的重点领域，先后开展了打击制售假冒伪劣商品、整顿文化市场、严厉打击传销、整顿建筑市场、强化税收征管、集贸市场专项整治、加油站专项整治、旅游市场打假打非等八个专项斗争。同时，还进行了安全生产大检查，强化了危险化学品安全管理，开展了矿产资源秩序、价格秩序、交通秩序等方面的整治工作。两年来的整顿和规范市场经济秩序涉及几十个领域，覆盖了经济活动的各个主要方面，整治的广度、深度和力度都是空前的。

会议指出，在党中央、国务院的正确领导下，经过近两年的努力，整顿和规范市场经济秩序工作取得了阶段性成果。严重破坏市场经济秩序的违法犯罪活动得到一定遏制，一批后果严重、影响恶劣的大案要案得到揭露和处理，一大批触犯刑律的犯罪分子受到严厉惩处，有关法律、法规进一步完善，执法队伍和执法力度得到加强。人民群众对整顿和规范市场经济秩序工作所做的努力和取得的成绩是认可的。同时，也要清醒地看到，市场经济秩序混乱的问题还远没有解决，整顿和规范市场经济秩序的任务依然十分艰巨，需要继续进行坚持不懈的努力。

会议认为，近两年来，在整顿和规范市场经济秩序工作中，各地区、各部门有许多好的做法，积累了宝贵的经验，应该继续坚持。一是突出重点，紧紧围绕群众关心的问题开展整治工作，抓住与人民切身利益、身体健康和生命安全密切相关的突出问题，狠狠打击制售假冒伪劣食品、药品、医疗器械、农业生产资料等违法犯罪行为，集中力量查处大案要案，严厉惩处犯罪集团和首恶分子，维护广大人民群众的根本利益，得到了人民群众的拥护和支持。二是标本兼治，把加大整顿力度与着力治本紧密结合起来，始终坚持一手抓集中整治，一手抓制度和法制建设，在严厉打击各种破坏市场经济秩序违法犯罪活动的同时，切实加强法制、制度和信用体系建设。三是采用先进技术，充分发挥现代信息手段在市场监管中的重要作用，特别是加快“金关”、“金税”、“金卡”、“金盾”等监管信息系统的建设，有效地遏制了破坏市场经济秩序的犯罪活动。四是加强组织领导，形成“全国统一领导、地方政府负责、部门指导协调、各方联合行动”的工作格局，建立自律、新闻监督和群众参与的社会监督体系，充分发挥舆论监督的作用。

会议强调,整顿和规范市场经济秩序是一项长期、艰巨和复杂的任务,贯穿于建设社会主义市场经济体制的全过程。要进一步统一思想,提高认识,牢固树立长期作战的思想,继续深入持久地开展整顿和规范市场经济秩序工作。各地区、各有关部门领导同志都要把这项工作摆上重要议事日程,经常研究,及时部署,反复检查,切实抓好。要坚持标本兼治,把集中整治和法制建设有机结合起来。要始终保持高压态势,继续深入整治关系广大群众切身利益的突出问题,依法加大对违法犯罪行为的处罚力度,特别是要抓紧查处一些社会影响恶劣的大案要案,狠狠打击违法犯罪分子的嚣张气焰。要进一步完善执法机制,建立责任追究制度,解决行政执法中存在的问题,加强行政处罚与刑事追究的衔接。针对整治工作中出现的突出矛盾和问题,要及时出台相关的法律、法规或作出必要的司法解释。

会议指出,实现市场经济秩序的长治久安,必须进一步深化经济体制改革、加强制度建设。要深化行政审批制度改革、严格执行"收支两条线"、推行政企脱钩和政事分开,促进政府职能转变。大力发展连锁经营、物流配送等现代流通方式,加快流通现代化步伐。广泛采用先进技术,提高市场监管水平。加强信用体系建设,增强各类市场主体信用意识。加强法律、法规的宣传教育,在全社会普及法律知识,促进依法行政和守法经营。同时,还要充分发挥新闻媒体和社会舆论监督的作用,动员广大群众共同参与建立良好的市场经济秩序。

会议要求,对已经告一段落的专项整治要认真进行总结,并作为经常性工作继续抓紧抓好;要继续切实做好正在进行的集贸市场、加油站和旅游市场专项整治工作,并按照国务院要求严格进行验收,不能草率收兵。

国家经贸委主任、全国整顿和规范市场经济秩序领导小组办公室主任李荣融作了工作汇报,全国整顿和规范市场经济秩序领导小组成员及有关单位的负责同志出席了会议。

国务委员司马义·艾买提在北京出席全国民政厅局长会议并讲话

司马义·艾买提指出,2003年的民政工作要切实抓紧抓好广大人民群众迫切要求解决的问题,力争做到有所突破、有所建树,努力开创新局面。他说,我国去年许多地区遭受了干旱、洪涝、风雪等自然灾害,给灾区群众生活造成了严重困难。经过各级党委政府的精心安排和及时救助,多数受灾群众的生活困难得到了解决。但是目前仍有一些灾区、贫困地区的群众生活存在不少困难,尤其是缺粮情况比较突出,必须把安排好灾区、贫困地区的困难群众生活作为一件关系全局的大事来抓。尤其要严格检查救灾救济款物的使用情况,务必把救济款物及时发放到困难群众手上。

司马义·艾买提要求,要进一步抓好城市居民最低生活保障工作。他说,到2002年年底,城市"低保"人数已达2053.6万,基本实现了应保尽保的工作目标,初步起到了对城市困难群众基本生活的兜底保证作用。但是,由于这项制度在我国建立的时间比较短,各地经济和社会发展水平不一,"低保"工作还存在不少困难和问题,如一些地方财政投入不足、属地化管理没有完全落实、管理不够规范等。要按照国务院关于加快建立、健全"低保"对象有进有出、补助水平有升有降的动态管理机制的要求,合理确定"低保"标准和"低保"对象补助水平;严格按照实际收入准确核定"低保"对象的家庭收入,使真正困难、符合条件的家庭进入最低生活保障,使"低保"对象能按规定及时足额领到补助金;坚持"属地管理"原则,把当地所有符合条件的困难群众全部纳入最低生活保障范围。要确保"低保"资金的落实,严格按照国务院要求,将"低保"资金纳入财政社会保障补助资金专户,专款专用,防止被挤占挪用。

司马义·艾买提还就全面推进城市社区和基层民主建设,认真做好拥军优抚安置工作,加强老龄工作、发展老龄事业和强化基层民政工作等提出了要求。民政部部长多吉才让在会上部署了今年的民政工作。

全国交通厅局长会议在杭州召开

交通部部长张春贤在会议上强调,要抓住机遇,完善公路网络,按照国务院的部署,全面建成通地(州)县沥青公路,推进西部地区县际公路建设,优先改造具有交通通道、经济走廊、旅游线路和口岸通道作用的县际公路,兼顾通乡镇公路的改造,争取用3年左右时间使具备条件的县际间公路基本完成路面改造。2003年,开工改造西部地区县际公路2万公里。西部地区在推进县际公路建设的同时,继续加快西部通道及重要区域干线公路建设,完成西部通县公路建设收尾工程,东部和中部地区要抓好通乡、通村公路的改造。

交通部规划,到2010年,所有具备条件的乡镇和行政村都要通公路,县到乡公路基本达到高级、次高级路面标准,乡到行政村公路消灭无路面状况;到2020年,乡到行政村公路基本达到高级、次高级路面标准。国家计划投资500亿元(国债和车购税),用3年时间建设一批东部地区到村、中部地区到乡、西部地区县际间的公路。这是继实施西部通县公路建设后的又一重大举措。

《人民日报》发表中国政法大学教授江平的文章《完善保护私人财产法律制度应遵循的原则》

外交部发言人章启月就朝核问题答记者问

有记者问：朝核问题突出以来，国际社会对中方立场和发挥的作用十分关注，你能否就此作一介绍？

章启月说，去年10月朝核问题突出后，中国立即提出了我们的鲜明主张，即支持半岛无核化，维护半岛和平与稳定，通过对话和平解决问题。中国就此与有关各国进行了广泛接触，并在国际会议等场合作了全面阐述，上述主张在国际上得到普遍支持和赞同。她说，朝核问题的关键是确保实现半岛无核化，同时也要解决朝鲜的安全关切。从这一问题的历史经纬和现实情况看，1994年朝美之间签署的框架协议是实现半岛无核化的重要基础，应当继续维持。她说，朝核问题仍在发展变化之中，但这一问题只能通过和平方式政治解决。中方一直在做劝和促谈工作。我们希望看到朝美尽快对话。中方欢迎朝着这一方向作出的一切努力，不赞成可能导致局势进一步恶化的举动。我们愿继续为维护半岛和平与稳定，实现半岛无核化，促进朝核问题的和平解决发挥自己的作用。只要有关各方都作出建设性努力，朝核问题最终是可以得到和平解决的。

袁家骝逝世

美籍华人、世界著名高能物理学家，南京大学、中国科技大学、东南大学名誉教授袁家骝先生，2月11日下午在北京协和医院逝世，享年91岁。

袁家骝1912年4月5日生于河南，1930年入燕京大学，1936年赴美深造。二战后，袁家骝先后在美国国家科学实验室和普林斯顿大学长期从事基础物理研究，在“中子的来源”、“高能质子加速器”、“共振物理学”等领域都有新的发现和成就。

袁家骝先生曾获全美华人协会杰出成就奖、驻美工程师协会科学成就奖。他曾受邀担任法国、苏联等许多国家和地区的核物理、高能物理研究机构与大学的访问教授。

袁家骝先生长期身居海外，但没有忘记自己的根在中国。从1981年到1993年的12年间，袁家骝和夫人吴健雄参与了中国同步辐射器的建造，并一直关心北京正负电子对撞机和合肥同步辐射加速器的研制工作。同时，袁家骝夫妇还为促进海峡两岸在基础物理等领域的学术交流做了大量工作。

马三立逝世

著名相声表演艺术家马三立凌晨在天津逝世，享年90岁。

2月12日

国务院总理朱镕基在中南海主持召开座谈会

座谈会上，各民主党派中央、全国工商联负责人和无党派人士何鲁丽、丁石孙、成思危、许嘉璐、蒋正华、罗豪才、韩启德、刘亦铭、黄孟复、叶朗等先后在座谈会上发言。大家普遍认为，即将提请十届全国人大一次会议审议的《政府工作报告(征求意见稿)》实事求是、内容丰富、特点鲜明、重点突出、文风朴实，对《政府工作报告(征求意见稿)》的基本框架和主要内容表示赞同；同时，就继续扩大国内需求、保持经济稳定较快增长，高度重视解决“三农”问题，积极推进产业结构调整和西部大开发，深化经济体制改革和扩大对外开放，做好扩大就业和社会保障工作，实施科教兴国战略和可持续发展战略，加强社会主义民主法制和精神文明建设，转变政府职能和加强作风建设等方面，提出了具体修改意见。

听取大家发言后，朱镕基表示，将认真研究和采纳大家提出的修改建议，把《政府工作报告(征求意见稿)》修改好。

朱镕基还就促进农业和农村经济全面发展、推进经济体制改革、扩大就业和完善社会保障体系、发展科技教育事业、加强生态建设和环境保护、进一步转变政府职能等问题与大家坦诚地交换了意见。

出席座谈会的党外领导同志还有王光英、阿沛·阿旺晋美、孙孚凌、经叔平、周铁农、王文元等。

2月9日和11日上午，朱镕基总理还分别主持座谈会，征求企业界代表和教育、科技、文化、卫生、体育界代表对《政府工作报告(征求意见稿)》的意见。

国务院副总理李岚清、钱其琛、吴邦国、温家宝，国务委员罗干、吴仪、司马义·艾买提、王忠禹，党中央、国务院有关部门负责同志分别参加了座谈会。

中共中央政治局常委曾庆红在中央党校出席新进中央委员和候补委员研讨班开班式并发表重要讲话

中央举办这次研讨班，是加强中共中央委员会自身建设，更好地担负起继往开来、开拓奋进的历史重任的一项战略举措，也是在全党倡导注重学习的好风气，推动全党深入学习“三个代表”重要思想和认真贯彻十六大精神的一个重要步骤。参加研讨班的，是十六大上新进中央委员会的委员、候补委员。

曾庆红在讲话中强调，“三个代表”重要思想是十六大的灵魂，也是贯穿十六大报告全篇的一条主线。我们要深入学习“三个代表”重要思想，并同学习党的基本理论、基本路线、基本纲领和基本经验结合起来，同学习马克思主义发展史结合起来，不断加深对“三个代表”重要思想的时代背景、实践基础、科学内涵、精神实质和历史地位的理解，切实把“三个代表”重要思想贯彻到社会主义现代化建设的各个领域，体现在党的建设的各个方面。

开班式由中共中央政治局委员、书记处书记贺国强主持。

中共中央政治局常委李长春在北京主持会议听取学习贯彻十六大精神情况汇报

全国妇联主席彭珮云在北京出席全国维护妇女儿童权益协调组第二次全体会议并讲话

彭珮云充分肯定了2002年维权协调组的工作成绩。她强调，要进一步加大执法力度，使维护妇女权益促进男女平等的法律、法规真正落到实处。要认真贯彻党和国家有关劳动就业的法律、法规和方针政策，反对就业中的性别歧视，帮助下岗失业妇女实现就业和再就业；加强培训和就业服务，切实加大劳动执法监督力度；坚持不懈地打击拐卖妇女儿童、卖淫嫖娼等违法犯罪活动，保障妇女的人身权利。

她指出，要进一步建立、健全社会化的维权机制；加强各成员单位的联系与合作，建立和完善必要的工作制度，支持各地根据本地实际情况采取多种协作形式。各级妇联要积极主动加强与各成员单位的联系，做好服务工作。

会议听取和讨论了全国妇联书记处书记、全国维护妇女儿童权益协调组副组长莫文秀所作的关于维权协调组2002年工作情况及2003年工作要点的报告。

会议还通过了《关于表彰全国维护妇女儿童权益先进集体和先进个人的工作方案》，今年5月，全国维护妇女儿童权益协调组各成员单位将联合表彰160个先进集体和300名先进个人。

全国妇联副主席、书记处第一书记、全国维护妇女儿童权益协调组副组长顾秀莲，全国妇联副主席、书记处书记黄晴宜以及维权协调组成员单位中宣部、中央政法委、最高人民法院、最高人民检察院、公安部、民政部、司法部、劳动和社会保障部、农业部、文化部、卫生部、国家计生委、国家工商总局等部委的领导参加了会议。

农业部发布《优势农产品区域布局规划》

规划中提出在全国范围内划定35个优势区域，重点发展专用小麦、专用玉米、高油大豆、棉花、“双低”油菜、“双高”甘蔗、柑橘、苹果、牛奶、牛羊肉和水产品11种优势农产品。

规划提出，要用5年时间建立一批规模较大、市场相对稳定的优势农产品出口基地，培育一批在国内外公认的知名品牌，抵御进口农产品的冲击，扩大优势农产品的出口。

农业部发展计划司有关负责人说，这些优势农产品和优势产区，主要是对国内宏观调控和进出口有重大影响、对提高我国农业整体竞争力有重大作用的农产品和主产区。

国务院副总理钱其琛在中南海会见韩国当选总统卢武铉的特使李海瓒

钱其琛说，我们赞赏金大中总统对朝和解合作政策，对卢武铉当选总统将继续坚持这一既定方针的表态表示欢迎。朝鲜半岛保持和平、稳定符合南北双方利益，也会得到周边各国的支持，希望南北关系能够不断缓和改善。

关于朝核问题，钱其琛说，中国一贯坚持维护朝鲜半岛和平与稳定，支持半岛实现无核化，主张通过对话和平解决问题。中方一直在做劝和促谈工作。我们赞赏韩方的积极作用，也欢迎其他各方为和平解决朝核问题作出努力。

李海瓒介绍了韩国新政府内外政策，表示当选总统卢武铉高度重视韩中合作伙伴关系，将继续坚持对朝和解政策。韩国愿为和平解决朝核问题发挥积极作用。

中国科学院动物研究所研究员汪松获得2003年爱丁堡奖章

这是我国科学家首次摘得此枚奖章，也是亚洲学者第一次获此殊荣。

爱丁堡奖章于1988年由英国爱丁堡市议会设立，每年评选一次，旨在奖励对社会作出重要贡献的科学工作者。汪松1954年毕业于上海复旦大学生物学系后，在中国科学院动物所从事哺乳动物学研究工作，曾组织和参与东北地区动物资源考察和志书的编写。他曾任两届国务院环境保护委员会科学顾问、联合国环发大会中国政府代表团高级顾问，参与国际生物多样性公约的政府间谈判，曾获环发杰出贡献和国际合作显著成就奖、国家环保局科技进步一等奖等多项奖励。

第五届四大洲花样滑冰锦标赛在北京揭幕

这是四大洲花样滑冰锦标赛首次在中国举办，也是中国举办的最高规格的花样滑冰赛事，汇聚了百余名来自亚洲、美洲、非洲和大洋洲花样滑冰高手参赛。

2月13日

国家主席江泽民在中南海会见韩国当选总统卢武铉的特使李海瓒

江泽民对卢武铉当选韩国总统表示祝贺,并请李海瓒转达对卢武铉的问候,欢迎他早日正式访华。李海瓒转达了卢武铉对江泽民的问候。江泽民还请李海瓒向金大中总统致以亲切问候。

江泽民表示:我赞赏金大中总统的对朝和解政策,也欢迎卢武铉当选总统坚持这一政策。中国支持南北缓和关系、发展合作,支持朝鲜半岛最终实现自主和平统一。

江泽民强调,中方始终支持半岛无核化,因为这有利于半岛保持和平,实现发展。同时,中方也主张目前的核问题应坚持对话,和平解决。中方支持韩国发挥作用,中方也将继续作出努力。

李海瓒表示,卢武铉当选总统高度重视韩中合作伙伴关系,他期待着尽快访问中国。韩国将继续坚持对朝和解政策,积极致力于南北关系的改善。韩中双方在朝核问题上的立场是一致的,韩方愿与中方合作,为和平解决目前的问题发挥积极作用。任何情况下都要防止战争。

全国人大常委会委员长李鹏在广东考察

李鹏在中共中央政治局委员、广东省委书记张德江,省长黄华华,省人大常委会主任卢钟鹤的陪同下在深圳考察了桑夏高科技股份有限公司、金蝶国际软件集团有限公司和华为技术有限公司,听取企业负责人的汇报、与科研人员进行交谈并察看了生产研发情况。此前,李鹏在珠海还考察了国家农业高新技术示范园珠海市农业科技研究中心。

考察期间,李鹏听取了广东省的工作汇报。他说,作为经济总量位居全国第一的广东,要大力调整产业结构,加快发展高新技术产业,同时紧紧依靠科技进步,提升传统优势产业的竞争力。

李鹏说,改革开放以来,广东的经济和社会面貌发生了巨大的变化。在自身发展的同时,通过吸纳一千多万外来务工人员、支持中西部地区建设,为全国的发展作出了贡献。他希望广东干部群众进一步解放思想、振奋精神,求实创新、扎实工作,调整结构、提高效益,分类指导、协调发展,增创新优势,更上一层楼。

全国政协主席李瑞环在温得和克分别与纳米比亚领导人举行会谈

参加会谈的纳米比亚领导人有纳米比亚总统努乔马、纳米比亚全国委员会主席内霍瓦和纳米比亚国民议会议长奇滕德罗。

国务院副总理李岚清在北京出席全国老龄工作委员会第五次全体会议并讲话

会议由国务委员、全国老龄工作委员会常务副主任司马义·艾买提主持。国务院副总理、全国老龄工作委员会主任李岚清在会议上讲话。

李岚清说,自1999年10月全国老龄委成立以来,我国老龄事业不断取得新进展。一是确定了老龄工作的方针、目标和任务;二是老龄社会保障体系的改革和建设成效显著;三是老年文化教育事业有了很大发展,部分老年人政治精神文化生活日益丰富;四是加强了社区和基层老龄工作,改善了对老年人的社会化服务和管理;五是老龄工作机构基本理顺,初步形成了从中央到地方的工作网络;六是老龄工作国际交流与合作取得重大进展。三年多的工作实践,积累了宝贵经验:第一,只有紧紧围绕党和政府的中心工作,服从服务于大局,才能履行好老龄工作职责。第二,只有坚持“党政主导、社会参与、全民关怀”的方针,才能不断开创老龄工作的新局面。第三,只有把重点放在社区、基层,才能把老龄工作落到实处。第四,只有坚持为老年人多办实事,解决实际问题,才能得到人民群众的支持和拥护。第五,只有坚持引导老年人积极参与,老龄事业才有生命力。

李岚清强调,当前要重点抓好以下几方面的工作:一是积极探索企业退休人员社会化管理的有效办法,大力推进企业退休人员社会化管理的进程。二是坚持把老龄工作的重点放在社区、基层,重在办实事,抓落实。加快城市社区老年服务设施和服务网络建设,形成老年服务体系。积极探索建立农村养老、医疗保险和最低生活保障制度,重点做好特困老人的救助帮扶工作。三是加强老年教育,丰富老年人精神文化生活。要增加投入,积极开展社区基层老年文化体育活动,倡导科学、健康、文明的生活方式。四是切实维护老年人的合法权益,加强尊老敬老的传统美德教育,打击各种侵害老年人的违法行为,完善老年优待政策。

全国老龄委副主任、全国老龄委办公室主任多吉才让在会上就2002年工作情况和2003年工作安排作了汇报。全国老龄委副主任徐绍史、张左己、赵洪祝和全国老龄委委员出席了会议。

全国法院行政审判工作会议在重庆召开

最高人民法院副院长李国光在会议上宣布,被老百姓称作“民告官”的行政诉讼,近年来审判工作取得明显进展。1998年至2002年,全国法院共受理一审行政案件 46 万余件；其中 2001 年受理 100921 件，年受案数首次突破 10 万件。在受案数增加的同时，人民法院提高了审判效率，在 3 个月内结案的一审行政案件，占结案数的 96%左右。

李国光表示，原来发生行政争议主要靠“上访”、找党政领导等方式解决，如今更多的公民则通过行政诉讼来解决。这种变化是社会文明程度提高的直接反映。目前，行政案件类型日趋多样化，已受理的行政案件几乎涉及所有行政管理领域，比如：公安、卫生、林业、海关、专利、工商、财政等部门，新类型案件不断增多。近年来，城乡居民维护其在自治组织中的自治权案件、人民群众为维护法治和公共利益提起的“公益”诉讼案件、教育行政案件、社会保障行政案件等不断出现，给行政审判职能提出了新要求，行政审判将更广泛地调节各类行政社会关系。

2003 年交通安全工作会议在杭州召开

交通部副部长洪善祥在会议上指出，今年交通安全工作思路是开展专项整治和长效管理相结合，立足长效管理，针对管理过程中发现的问题和薄弱环节开展专项整治，严防特大恶性责任事故的发生。

交通部提出把 2003 年作为水上交通安全的“巩固提高年”，重点加强内部管理，健全相关规章制度，规范审批程序，狠抓安全管理措施的落实，理顺运管、安全、海事、航道和船检等部门的关系，构筑安全管理链，提高安全管理水平。同时，要继续抓好重点船舶和重点水域的安全管理工作，强化乡镇船舶安全管理，针对突出问题继续开展专项整治活动，严防特大恶性责任事故的发生。

针对公路运输安全管理工作，洪善祥提出要把住道路运输市场准入、运营车辆技术状况、营运驾驶员从业资格“三道关”，搞好汽车客运站场安全管理工作，加强道路运政执法。

香港特别行政区政府公布实施《基本法》第二十三条条例草案

香港特别行政区政府保安局局长叶刘淑仪在记者会上说，根据《基本法》第二十三条的规定，香港特别行政区须自行立法保障国家安全。条例草案是根据咨询期内所收集到的公众意见，以及 1 月 28 日发表《前瞻》小册子所订立的方针而制定的。条例草案将修订现有的 3 项条例，即《刑事罪行条例》《官方机密条例》和《社团条例》，这些条例已涵盖部分《基本法》第二十三条所禁止的行为。

叶刘淑仪在记者会上详细讲解条例草案中有关叛国、分裂国家、颠覆、煽动叛乱、外国政治组织、取缔危害国家安全的组织、紧急调查权力等条文内容。

她强调说，在制订草案时，政府细心聆听了市民的意见和顾虑，并采纳了多项建议，在维护国家安全和保障市民人权和自由之间取得了平衡。条例草案将于 14 日在《宪报》刊登，并于 26 日提交立法会进行首读及二读。

《人民日报》发表《毛泽东邓小平江泽民关于艰苦奋斗、居安思危、保持同人民群众血肉联系的论述》

第 4 期《求是》杂志发表评论员文章《党的先进性是党的生命线》

《干部群众关心的二十五个理论问题》出版

该书系中宣部理论局组织编写，由学习出版社出版，内容紧紧围绕十六大的主题，全面准确地反映了党的十六大精神，对报告中提出的新思想、新观点、新论断进行深入阐述；对在学习贯彻十六大精神过程中干部群众关心的理论和实际问题，进行解疑释惑。

2月14日

全国政协主席李瑞环在温得和克会见纳米比亚总理古里拉布

中共中央政治局常委贾庆林走访在京全国性宗教团体

贾庆林分别走访了中国佛教协会、中国道教协会、中国伊斯兰教协会和中国天主教爱国会、主教团等在京的全国性宗教团体，代表中共中央总书记胡锦涛和中共中央亲切看望了各宗教团体负责人和工作人员，了解他们的工作和生活情况，并视察了各宗教团体的办公场所。

贾庆林说，学习贯彻十六大精神和十六大报告中关于宗教工作的重要论述是各宗教团体和宗教界的首要任务。贯彻落实全国宗教工作会议精神要进一步加强各宗教团体的自身建设，加强宗教团体自身建设的重点是加强人才的培养。努力培养和造就一支具有较高的政治素质和宗教学识、爱国爱教、为广大信教群众所拥护、适应社会发展需要的宗教教职人员队伍，关系到各宗教未来的面貌。各宗教团体应在加强人才的培养方面多想办法，多下功夫，多出成效。

贾庆林强调，各级党委和政府要关心和支持宗教团体的建设，切实为宗教团体解决办公场所、宗教院校等方面存在的实际困难。

贾庆林指出，在新世纪、新时期，宗教团体和爱国宗教界人士要弘扬宗教的优良传统,进一步挖掘宗教教义中符合社会进步要求和时代发展的积极因素,进一步探索与社会主义社会相适应的途径和方法,与时俱进,不断迈出新步伐,为维护民族团结、社会稳定和祖国统一,为全面建设小康社会和中华民族的伟大复兴作出新贡献。

中国佛教协会会长一诚、中国道教协会会长闵智亭、中国伊斯兰教协会会长陈广元、中国天主教爱国会主席傅铁山和主教团主席刘元仁分别介绍了情况。

中央有关部门及北京市负责人刘延东、李德洙、朱维群、叶小文、尤兰田等参加了走访。

国务院副总理李岚清出席国务院行政审批制度改革工作领导小组第7次全体会议并讲话

担任国务院行政审批制度改革工作领导小组组长的李岚清在会议上强调,各地区、各部门要以党的十六大精神为指导,按照新形势和新任务的要求,进一步深入推进行政审批制度改革,认真搞好行政审批项目取消后的监管工作,为深化行政管理体制改革和政府机构改革创造有利条件。

李岚清指出,国务院开展行政审批制度改革以来,全面清理了国务院各部门的行政审批项目,取消了一批审批项目,加强了对保留审批项目的监督制约,推进了行政审批行为的公开化、规范化,取得了重要的阶段性成果。这对于转变政府职能,促进依法行政,深化经济管理体制和行政管理体制改革,从源头上预防和扼制腐败,促进经济社会发展,都具有十分重要的意义。

李岚清说,要认真贯彻党的十六大精神,进一步抓好行政审批制度改革的相关工作,巩固改革成果。要继续取消不符合政企分开、政事分开原则,妨碍市场开放和公平竞争以及实际上难以有效发挥作用的行政审批。要创新行政审批制度,建立规范的运行机制、严密的监督机制和责任追究制度;进一步深化财政管理制度改革,完善建设工程招投标、经营性土地出让、国有产权交易和政府采购制度,努力从源头上消除实际存在的部门利益。要推进相对集中行政处罚权和综合行政执法试点工作,积极探索适应新形势要求的综合执法体制和运行机制。要通过改革,形成行为规范、运转协调、公正透明、廉洁高效的行政管理体制。

李岚清强调,行政审批制度改革任重道远,意义重大。各地区、各部门要把这项工作摆在重要位置,以高度的政治责任感和紧迫感,加强领导,扎实工作,保证各项改革措施落到实处,把行政审批制度改革不断推向深入。

国务委员兼国务院秘书长、国务院行政审批制度改革工作领导小组副组长王忠禹主持会议。会议听取了监察部部长、领导小组副组长何勇关于国务院行政审批制度改革工作的总结汇报。监察部副部长、领导小组办公室副主任李玉赋汇报了拟取消第二批行政审批项目的有关情况。领导小组成员出席了会议。

中组部部长贺国强在人民大会堂会见海外留学人员并讲话

参加会见和座谈的是来京参加新世纪生命科学论坛的海外留学人员。贺国强在听取了代表发言以后表示,欢迎留学人员以各种方式为祖国建设出力。

他指出,留学回国人员已经成为国家改革开放和现代化建设的一支重要生力军。各级党委、政府及有关部门要进一步解放思想,扎实工作,努力为海外学人回国工作、为国服务创造良好的环境和条件。

2月12日下午,贺国强在中组部、科技部和北京市负责同志的陪同下,考察了位于北京中关村的生命科学园区,听取了科技部和北京市关于留学生创业园区、北京生命科学园区建设情况的汇报。

国务院副总理钱其琛在福建考察

2月14日至16日,钱其琛在福建省委书记宋德福、省长卢展工等陪同下,赴著名侨乡和台胞主要祖籍地泉州市,出席了中国闽南文化节暨第二届中国泉州"海上丝绸之路"文化节开幕式和闽南文化论坛,参观考察了华侨博物馆、闽南族谱展和闽台关系展等。考察期间,钱其琛听取了福建省及泉州市的工作汇报。

钱其琛在听取福建省工作汇报后,充分肯定了福建在经济社会发展、对台工作和旅游工作等方面取得的成绩;对福建从实际出发,将全省9个城市按经济社会发展程度不同分为三个层次、把经济社会发展进程分为三个阶段、构建三条战略通道、全面推进小康社会建设的规划表示赞赏。他说,扩大开放、促进经济增长已经发展到新的阶段,不能依靠优惠政策,而要依靠改善投资环境,提高服务水平,增强市场竞争能力。

在谈到两岸"三通"时,钱其琛提出,今年春节期间开展的包机航行和通过厦门—金门和马尾—马祖航线的海陆空"一票到底"的全程联运,方便了台湾同胞往来。福建省直接面对台湾,应在两岸"三通"中探索一些好的做法,为促进两岸关系的发展作出更大贡献。

外交部部长唐家璇在联合国安理会阐述中国政府有关伊拉克问题的立场

唐家璇说,伊拉克问题已进入关键阶段,国际社会普遍希望在联合国框架内政治解决伊拉克问题,并对联合国监核会和国际原子能机构的核查工作抱有极大期望。

他说，伊拉克应充分认识核查的重要性和紧迫性，提供更多、更主动、更实质性的合作。联合国两机构负责人再次访问巴格达，取得了一些积极成果。伊方应尽快兑现承诺，并严格、全面、切实履行安理会有关决议，以实际行动表明愿与国际社会合作的诚意。对两机构在核查中提出的问题，伊拉克必须尽快作出澄清和解答。

唐家璇指出，继续落实安理会1441号决议，仍是国际社会面临的重要任务。在这方面，安理会和两机构还有很多工作要做。中国同意大多数成员的意见，核查是有作用的，应支持继续查下去，给予核查人员必要的时间，落实好1441号决议。

唐家璇强调，伊拉克问题关系到海湾地区的和平与稳定，也关系到安理会的信誉与权威。安理会应根据《联合国宪章》的宗旨和原则，本着负责任的态度，妥善处理伊拉克问题，以履行维护国际和平与安全的重要职责。

唐家璇认为，解决伊拉克问题的当务之急是安理会加强对核查工作的指导和支持，推动政治解决取得成果。加强核查就是为了搞清问题，争取和平解决伊拉克问题。中方赞成关于进一步增强核查人力资源和技术能力的设想，并愿继续向两机构提供人员和必要的技术帮助。

唐家璇最后表示，中国是一个文明古国，数千年前我们的祖先就提出了"和为贵"的思想。和平与发展是全世界人民的共同期待，安理会成员国没有理由不为之付出最大的努力和追求，并有责任采取一切措施尽力避免战争。只有沿着政治解决的方向走下去，才不会辜负国际社会对安理会的信任和期望。

外交部部长唐家璇在联合国分别会见联合国秘书长安南和美俄希三国外长

唐家璇强调，各方应继续努力推动伊拉克问题在联合国框架内的政治解决，以维护海湾地区的和平与稳定，维护安理会的权威与信誉。

联合国秘书长安南、美国国务卿鲍威尔、俄罗斯外长伊万诺夫和欧盟轮值主席国希腊外长帕潘德里欧阐述了他们对当前伊拉克局势的看法，认为在当前的关键时刻，联合国安理会应发挥其应有的作用。他们还都表示愿继续同中方保持密切联系。

中国维和军人获得联合国授予的达格·哈马舍尔德勋章

自1990年至今，中国向联合国10个维和任务区共派出1450多人参与维和行动，其中4人献出了宝贵生命。联合国决定授予这4人联合国达格·哈马舍尔德勋章。他们是赴伊拉克—科威特军事观察员雷润民，赴柬埔寨军事观察员刘鸣放，赴柬埔寨工程兵大队士兵陈知国、余仕利。

教育部部长陈至立在北京出席全国学校对口支援工作经验交流暨表彰电视电话会并讲话

会议由教育部、中组部、国家计委、财政部、人事部、国务院扶贫办联合召开。111个先进单位和150名先进个人受到表彰。

陈至立在会上表示，教育部等有关部门决定在继续实施好学校对口支援"两个工程"的基础上，开展市、县(区)对县的教育对口帮扶，力争做到每一个贫困县都有一个教育对口支援市、县(区)。

全国人大常委会副委员长彭珮云在北京出席《防震减灾法》实施五周年座谈会

今年3月1日是《中华人民共和国防震减灾法》实施五周年。为此，全国人大教科文卫委员会、全国人大常委会法制工作委员会、国务院法制办和中国地震局联合召开座谈会。座谈会由全国人大教科文卫委员会主任委员朱开轩主持。彭珮云出席会议并讲话。

彭珮云指出，《防震减灾法》实施五年来，初步建立了符合国情的具有中国特色的防震减灾法律体系，执法和监督工作不断加强，公众的防震减灾法律意识也在不断提高，防震减灾工作取得了显著进展。

彭珮云强调，加快地震监测预报、震灾预防和紧急救援三大工作体系建设，是贯彻《防震减灾法》的重要举措。各有关部门要按照"预防为主，防御与救助相结合"的方针，密切合作，相互配合，积极主动采取各种有效措施，做好"预"、"防"、"救"工作，最大限度地保障人民生命安全和减轻地震灾害造成的财产损失。

全国人大教科文卫委员会副主任委员朱丽兰、全国人大常委会法制工作委员会副主任卞耀武、国务院法制办主任曹康泰、中国地震局局长宋瑞祥、建设部副部长刘志峰、民政部副部长杨衍银等有关部门负责同志在会上分别介绍了《防震减灾法》执行情况，提出了进一步贯彻的意见和建议。总参谋部、总政治部、国家计委、科技部、财政部、水利部等有关部门负责人和部分专家学者出席了座谈会。

《雷锋全集》出版

《雷锋全集》由人民武警出版社、华文出版社出版。全书共20余万字，由320多篇雷锋日记、诗文组成，其中1/3的文稿是第一次与读者见面。

2月15日

党和国家领导人江泽民 胡锦涛 朱镕基 李岚清 吴邦国 温家宝 贾庆林 曾庆红 黄菊 吴官正 李长春 罗干等在人民大会堂出席元宵节联欢晚会

全国人大常委会委员长李鹏在四川考察

2月15日至20日，李鹏在四川省委书记、省人大常委会主任张学忠，省长张中伟的陪同下，考察了成都高新技术产业开发区西区、科技创业服务中心，成都府河音乐花园小区，都江堰水利工程，广汉三星堆博物馆。他还听取了成都市发展规划的介绍，察看了活水公园，并来到春熙路步行街、琴台路商业街，实地了解城市建设和经济发展情况，对四川省和成都市加快市政建设，发展服务行业，完善城市功能，改善人居环境，提高生活质量等各方面取得的成就表示满意。李鹏还为列为世界文化遗产的都江堰水利工程题词：都江古堰，巧夺天工，水利丰碑，天府之源。

考察期间，李鹏听取了四川省的工作汇报。他指出，建设小康社会，科教兴国是基础，而科教兴国的关键是人才。四川有人才的优势、科技的优势，要尊重知识、尊重人才，发展有自己特点的高新技术产业，推进工业化进程。要把人才和资源优势转化为现实的生产力，实现科技兴川。

李鹏还分别就农业经济、旅游业和电力建设作了指示。

在四川期间，李鹏和夫人朱琳出席了纪念李硕勋烈士诞辰100周年大会暨《革命先驱李硕勋》出版揭幕仪式。

全国政协主席李瑞环在温得和克会见纳米比亚第三级教育和职业教育部长纳哈斯·安古拉

2月16日

中国选手夺得全英羽毛球公开赛三项冠军

周蜜获得女单冠军；高凌／黄穗获得女双冠军；张军／高凌夺得混双冠军。

2月17日

国务院总理朱镕基等国务院领导同志在中南海出席国家科技教育领导小组举办的科技知识讲座

北京航空航天大学怀进鹏教授受邀作了题为《网络计算机技术与应用》的报告。朱镕基、李岚清、钱其琛、吴邦国、温家宝、罗干、吴仪、司马义·艾买提、王忠禹等国务院领导同志和国务院各部门的负责同志出席了讲座活动。

全国政协主席李瑞环在卢萨卡会见赞比亚总统姆瓦纳瓦萨

李瑞环指出，长期以来，中国与包括赞比亚在内的非洲国家之间，关系一直很好。之所以如此，一个重要原因就是，我们双方都属于发展中国家，在国内面临着发展经济、改善生活的共同任务，在国际上对许多重大问题有相同或相近的看法，在各个领域的交往中能够始终彼此尊重、平等相待、相互理解、相互谅解。

李瑞环强调，理解、谅解是处理相互关系、搞好合作共事的重要条件。在现实生活中，人人都需要别人理解、谅解，人人都应当理解、谅解别人；希望别人理解、谅解，自己必须首先学会理解、谅解别人；不懂得理解、谅解别人，也常常得不到别人的理解、谅解。人与人之间是这样，国与国之间也是这样。由于各个国家在文化传统、历史背景、生活习惯、经济利益以及社会制度等诸多方面总是存在一些差异，各国都有各国的实际、各自的难题。彼此应当提倡大度耐心，提倡求同存异，提倡互谅互让，多设身处地为对方着想，多考虑长远的利益，相信许多问题当前解决不了将来总可以解决，我们这一代解决不了我们的后代总能够解决。只有这样，才能妥善地处置和化解彼此间的矛盾，达到和睦相处、和谐共存、共同发展的目的。

姆瓦纳瓦萨总统说，希望通过李瑞环主席向中国人民对赞比亚的支持和援助表示衷心感谢。赞比亚十分重视同中国发展农业等领域的友好合作，相信李主席此次访问必将促进赞中两国关系的全面发展。

全国政协主席李瑞环在卢萨卡会见赞比亚国民议会议长姆瓦纳姆万布瓦

中央纪委在北京召开第二次全体会议

会议由中央书记处书记、中央纪委副书记何勇主持。会议的主题是：以邓小平理论和“三个代表”重要思想为指导，认真学习、贯彻党的十六大精神，研究提出当前及今后一个时期党风廉政建设和反腐败斗争的总体要求和思路，对2003年党风廉政建设和反腐败工作作出部署，解放思想，实事求是，与时俱进，扎实工作，努力开创党风廉政建设和反腐败工作的新局面。

中共中央政治局常委、中央纪律检查委员会书记吴官正代表中央纪律检查委员会常务委员会，作了题为《全面贯彻党的十六大精神，努力开创党风廉政建设和反腐败工作新局面》的工作报告。

中央纪律检查委员会委员120人出席会议。省、自治区、直辖市及副省级市,中央、国家机关和部分国有大型企业纪检监察部门的主要负责同志,出席解放军纪律检查工作会议的同志列席了会议。

中央纪委书记吴官正在中央纪委第二次全体会议上作题为《全面贯彻党的十六大精神,努力开创党风廉政建设和反腐败工作新局面》的工作报告

同志们:

我代表中央纪律检查委员会常务委员会向第二次全体会议作工作报告,请予审议。

这次全会是在全党全国各族人民深入学习贯彻党的十六大精神,全面推进建设中国特色社会主义事业的新形势下召开的。会议的主题是:以邓小平理论和"三个代表"重要思想为指导,认真学习、贯彻党的十六大精神,研究提出当前及今后一个时期党风廉政建设和反腐败斗争的总体要求和基本思路,对2003年党风廉政建设和反腐败工作作出部署,解放思想,实事求是,与时俱进,扎实工作,努力开创党风廉政建设和反腐败工作的新局面。党中央对这次全会非常重视,胡锦涛总书记将出席会议并发表重要讲话,我们一定要认真学习、领会,全面贯彻落实。

一、以党的十六大精神为指导,进一步把握新形势下党风廉政建设和反腐败斗争的总体要求和基本思路

党的第十六次全国代表大会,是一次继往开来、与时俱进的大会。这次大会总结了十三年来党领导人民建设中国特色社会主义事业的基本经验,确立了"三个代表"重要思想在全党的指导地位,制定了全面建设小康社会的奋斗目标和行动纲领,选举产生了新一届中央领导集体,从思想上、政治上、组织上为党和国家事业在新世纪、新阶段的发展奠定了坚实的基础。这对于确保社会主义中国在风云变幻的国际局势中保持高度稳定和强大生机,确保我们党始终走在时代前列和不断增强创造力、凝聚力、战斗力,确保我们胜利实现社会主义现代化目标和中华民族的伟大复兴,具有重大而深远的意义。

党的十三届四中全会以来,以江泽民同志为核心的党的第三代领导集体,坚持以经济建设为中心,始终把党风廉政建设和反腐败斗争放在重要位置,作出了一系列重大决策和部署,取得了明显成效,积累了宝贵经验,保证了改革开放和经济建设的顺利进行,初步探索出一条适合我国现阶段基本国情的有效开展反腐倡廉的路子。特别是江泽民同志连续十次在中央纪委全体会议上发表重要讲话,系统阐明了党风廉政建设和反腐败斗争的重要思想,丰富和发展了党的反腐倡廉理论,有力地指导了新形势下党风廉政建设和反腐败斗争的实践。党的十六大为我们深入开展党风廉政建设和反腐败斗争进一步指明了方向,提供了强大动力。各级党委和纪委要把深入学习贯彻党的十六大精神作为当前和今后一个时期的首要政治任务,按照围绕主题、把握灵魂、狠抓落实的要求,深刻领会党的十六大关于加强党风廉政建设和反腐败工作的重要思想和基本观点,明确当前和今后一个时期反腐倡廉工作的总体要求和基本思路,推动党风廉政建设和反腐败斗争不断向深入发展。

——必须以"三个代表"重要思想统领党风廉政建设和反腐败斗争,把始终做到"三个代表"作为衡量反腐倡廉工作成效的根本标准。"三个代表"重要思想是我们党必须长期坚持的指导思想,是深入开展党风廉政建设和反腐败斗争的强大思想武器。反腐倡廉工作要认真贯彻和牢牢把握"三个代表"重要思想的根本要求,始终坚持与时俱进这个关键,更好地适应时代发展和社会进步的趋势;始终坚持党的先进性这个核心,坚定地维护党的先锋队性质和党的队伍的纯洁;始终坚持执政为民这个本质,大力促进先进生产力和先进文化的发展,牢记全心全意为人民服务的宗旨,切实把维护人民群众的根本利益作为出发点和归宿,使人民群众更多地得到改革开放和现代化建设带来的实惠,更多地感受到加强党风廉政建设和深入开展反腐败斗争的成果。

——围绕发展这个执政兴国的第一要务开展反腐倡廉工作,为实现全面建设小康社会的奋斗目标创造良好的政治环境。我们的发展是以经济建设为中心、以强国富民为取向、以全面建设小康社会为目标的发展。党风廉政建设和反腐败工作必须牢牢把握发展这个执政兴国的第一要务,围绕经济建设这个中心,维护和促进改革发展稳定的大局,为不断解放和发展社会生产力服务,为经济、政治、文化的全面发展和加快推进现代化建设服务。要把反腐倡廉工作寓于建设中国特色社会主义事业的进程中,深入改革开放第一线和市场经济新领域,及时发现和解决在党风政风方面严重影响建设和改革的问题,综合考虑政治、经济和社会效果,促进物质文明、政治文明和精神文明的协调发展,为实现全面建设小康社会的奋斗目标和战略任务,提供强有力的政治保证。

——坚决贯彻党要管党、从严治党的要求,在党的建设新的伟大工程中发挥积极的推动作用。面对执政条件和社会环境的深刻变化,党风廉政建设和反腐败工作必须围绕进一步解决提高党的领导水平和执政水平、提高拒腐防变和抵御风险能力这两大历史性课题,按照党的十五届六中全会提出的"八个坚持、八个反对"的要求,着力解决党的作风和纪律方面存在的突出问题，大力推进党的思想建设、组织建设、作风建设和制度建设。要坚决维护民主集中制这一党的根本组织制度和领导制度，在改革和完善党的领导方式和执政方式，加强党的执政能力建设，增强党的活力和团结统一，始终保持党同人民群众的血肉联系等方面，充分发挥反腐倡廉工作的促进和保证作用，使我们党经受住长期执政、改革开放和发展社会主义市场经济的考验，把党建设成为始终带领人民团结奋进的坚强领导核心。

——坚持标本兼治、综合治理的方针，逐步加大治本的力度。在体制转轨、结构调整和社会变革的历史时期，还存在着滋生腐败现象的多方面复杂因素。反腐倡廉既要从严治标，又要着力治本，把治标与治本统一于党风廉政建设和反腐败斗争的进程中。要继续保持查办违纪违法案件的强劲势头，依纪依法查处各种腐败行为，严惩腐败分子；要从人民群众反映强烈的问题入手，切实纠正以权谋私、与民争利等直接损害群众切身利益的不正之风。要适应形势发展和斗争深化的要求，逐步加大治本力度。要立足教育，着眼防范，关口前移，防微杜渐，从思想上筑牢拒腐防变的堤防。通过发展党内民主和人民民主，健全党风廉政法规制度，强化对权力的制约和监督，形成用制度规范从政行为、按制度办事、靠制度管人的机制。要深化改革，创新体制，把反腐倡廉寓于各项重要政策措施之中，铲除腐败现象滋生蔓延的土壤，从源头上预防和解决腐败问题。

——发扬与时俱进的精神，推动反腐倡廉理论和实践的不断发展。与时俱进，就是党的全部理论和工作要体现时代性，把握规律性，富于创造性。党风廉政建设和反腐败工作必须适应形势的发展，根据变化着的国情和党情，准确把握时代特征和社会发展趋势，深入探索新形势下反腐倡廉的特点和规律，在理论上不断拓展新视野，作出新概括，用发展着的理论指导和推动反腐倡廉新的实践，使反腐倡廉工作的思路和对策更具有科学预见性和现实针对性。要解放思想，实事求是，与时俱进，改变那些不合时宜的观念、制度和做法，针对腐败现象的新变化，及时制定和完善法规制度、纪律规范和对策措施。要认真总结实践经验，借鉴人类政治文明的有益成果，不断改进反腐倡廉工作的方式和方法，增强工作的主动性和创造性，使党风廉政建设和反腐败工作更加符合实际，更加富有成效。

——全面履行党章赋予的职责和任务，充分发挥纪律检查委员会作为党的监督机关的职能作用。党的十六大通过的党章修正案，在党的各级纪律检查委员会的主要任务中增加了协助党的委员会组织协调反腐败工作的职责，在经常性工作中增加了加强对党员领导干部行使权力进行监督、保障党员权利的内容，对党的纪律检查工作提出了更高的要求。各级纪委要在党委的统一领导下，紧紧依靠广大党员和人民群众，全面履行党章规定的各项职责，坚决维护党的章程和其他党内法规，认真检查党的路线、方针、政策和决议的执行情况，严格党的纪律，保持全党在指导思想和路线方针政策以及重大原则问题上的高度一致。要协助党委加强党风建设和组织协调反腐败工作，通盘谋划党风廉政建设和反腐败的战略任务，针对全局性、倾向性问题，及时提出对策和建议；抓好反腐倡廉工作的部署和任务的分解，积极发挥职能部门的作用，督促他们按照各自的职责开展工作；健全和完善组织协调机制，加强各个方面的协同配合，进一步增强反腐倡廉的整体合力。

江泽民同志在党的十六大报告中告诫全党："坚决反对和防止腐败，是全党一项重大的政治任务。不坚决惩治腐败，党同人民群众的血肉联系就会受到严重损害，党的执政地位就有丧失的危险，党就有可能走向自我毁灭。"进入新世纪、新阶段，党风廉政建设和反腐败工作面临新的机遇，又遇到新的挑战。我们既置身于世界多极化和经济全球化的时代潮流之中，又面临西方发达国家在经济科技军事等方面占优势的压力和敌对势力对我实施"西化"、"分化"的图谋。我国正处在政治、经济、文化建设和体制改革的过程中，诸多社会矛盾相互交织。加入世界贸易组织后我国的对外开放进一步扩大，在更大范围和更深程度上参与国际竞争。这些因素的存在，给解决腐败问题增加了复杂性。腐败现象易发多发的土壤和条件尚未消除，重大违纪违法案件一再发生，有些不正之风还比较突出，腐败问题仍然是人民群众十分关注的问题，反腐败斗争的形势依然严峻。各级党委和纪委一定要增强忧患意识，居安思危，清醒地认识到腐败现象的极端危害性，清醒地认识到反腐败斗争的长期性、艰巨性和复杂性，进一步增强政治责任感和工作紧迫感，更好地担负起反腐倡廉的历史使命，坚定信心，发奋工作，旗帜鲜明、毫不动摇地继续推进党风廉政建设和反腐败斗争。

经过全党全社会的共同努力，党风廉政建设和反腐败工作要在今后五年内实现以下目标：党员干部廉洁从政的自觉性明显提高，部门和行业风气普遍好转，对领导干部行使权力的监督切实加强，防范腐败的机制基本形成，反腐倡廉法制化程度有新的提高，腐败现象蔓延的势头进一步得到遏制。

二、整体推进、突出重点，扎实有效地做好2003年的党风廉政建设和反腐败工作

2003年是全面贯彻落实党的十六大精神的第一年。认真做好今年的党风廉政建设和反腐败工作，意义重大。我们要坚持党中央确定的反腐败指导思想、

基本原则、领导体制和工作格局，根据发展变化的新形势和新情况，探索新的途径和对策，着重在抓巩固、抓落实、抓深入、抓提高上下功夫，不断推进反腐倡廉工作，努力取得新的阶段性成效。

(一)抓好廉洁自律规定的落实，进一步规范领导干部从政行为

继续狠抓领导干部廉洁自律各项规定的落实。各级领导干部要增强廉洁从政和自觉接受监督的意识，在公务活动和社交活动中都要严格遵守廉洁自律的规定。针对当前存在的突出问题，重点抓好以下工作：(1)领导干部不准利用职权违反规定干预和插手建设工程招标投标、经营性土地使用权出让、房地产开发与经营等市场经济活动，为个人和亲友谋取私利。(2)严格执行领导干部不准收受与其行使职权有关系的单位、个人的现金、有价证券和支付凭证的规定。要注意查处借节假日和婚丧喜庆等事宜敛财的违纪行为。(3)继续落实领导干部配偶、子女从业的有关规定。通过采取个人申报、在一定范围内公示、加强组织核查等措施，推动这项工作的落实，尤其要加强对党政主要领导干部执行规定情况的监督检查。领导干部要加强对自己的配偶、子女以及身边工作人员的教育和管理，不准默许或授意他们打着领导干部的旗号以权谋私。对放任、纵容他们违纪违法的，要追究领导干部的责任。

坚决防止和克服形式主义、官僚主义。不准弄虚作假、虚报浮夸；不准搞脱离实际、沽名钓誉的各种"形象工程"、"政绩工程"；严格控制各种名目的节庆、达标评比活动。对以虚报等手段获取荣誉及其他利益的，要按照有关规定严肃处理。对搞形式主义、官僚主义引发群体性事件、造成重大经济损失或不良政治影响的，必须认真查处，严肃追究有关领导干部的责任。

坚决反对和制止各种奢侈浪费行为。大力精简会议和严格控制出国(境)团组，压缩会议费、招待费、出国考察费等一般性支出。禁止以开会、考察、培训等名义变相公费旅游，禁止超编制超标准配备使用小汽车和在住房问题上以权谋私。禁止以各种名义用公款互相宴请、大吃大喝和安排私人旅游、高消费娱乐。继续从严控制党政机关新建办公楼和培训中心。要加强审计和监督检查，对违反规定的要追究直接责任人和主要领导的责任。积极探索用改革的办法解决领导干部职务消费中存在的问题。总结和推广试点工作经验，进行移动通信工具使用管理货币化改革。鼓励支持有条件的地区和单位积极稳妥地进行公务接待、公务用车和公务员福利制度改革工作。

要围绕国有企业的改革和发展，加强国有企业领导人员廉洁自律工作。要继续贯彻中央关于国有企业领导人员廉洁自律的各项规定，同时提出新的要求：(1)不准利用职权在企业物资购销、项目开发等经营活动中谋取私利。(2)不准个人及其亲属违反规定投资入股与其所在国有企业有关联交易、有依托关系的私营、民营企业和外资企业。(3)不准将国有资产私自委托、租赁、承包给自己的配偶、子女及其他亲属经营。(4)不准违反国有资产监管程序和企业规章制度，擅自决定对外投资、借贷、融资、担保等重大事项。(5)不准利用企业的商业秘密、业务渠道从事个人谋利活动，或将其提供、泄露给他人及其他企业。

各地区各部门要从实际出发，认真解决领导干部在从政行为方面存在的突出问题。注意抓好城市社区、基层站所和农村基层干部的廉洁自律工作。

(二)继续加大查办违纪违法案件的力度，严厉惩处腐败分子

党的十六大报告强调指出："对任何腐败分子都必须彻底查处、严惩不贷。"我们必须坚决贯彻这一精神，不断加大查处违纪违法案件的力度。要针对近年来新经济领域、资金高密集领域、垄断性行业中的案件以及侵吞国有资产案件频发多发，跨地区、跨行业、跨国(境)案件和"窝案"、"串案"增多，违纪违法人员作案手段趋向隐蔽化和高智能化等新情况，研究新的对策，采取更加有力的措施，下大力气突破一批有影响的大案要案。

在继续重点查办贪污、受贿、挪用公款案件和县(处)级以上领导干部违纪违法案件的同时，要着重查办建设工程招标投标、经营性土地使用权出让、金融、物资采购等领域和环节发生的案件，国有企业改革过程中国有资产严重流失案件，违反政治纪律和组织人事纪律案件，司法领域中的贪赃枉法、徇私舞弊案件，领导干部和执法人员为黑恶势力充当"保护伞"的案件以及参与和庇护走私、骗取出口退税、虚开增值税发票、制售假劣商品等破坏社会主义市场经济秩序的案件。重视查办基层干部以权谋私、侵害群众利益的案件。

加强对查办大案要案的组织协调，充分发挥各执纪执法机关的职能作用，形成查办案件的合力。建立完善纪检监察机关与司法机关、行政执法机关和审计机关查办案件工作的协调机制，健全违纪违法线索移交和案件移送等方面的制度。纪检监察机关在查办案件中，对涉案党员干部的主要违纪问题查实后，要按照规定作出党纪政纪处分，可以先在党内或一定范围内通报；对涉嫌犯罪、具备移送司法机关条件的案件，要及时移送。要严格执纪执法，对办案不力的地区和部门要加强督促指导并限期纠正；对瞒案不报、压案不办甚至干扰办案的，要追究有关人员的责任。深入剖析大案要案，从中发现体制机制制度和管理上存在的薄

弱环节，督促有关单位健全制度，堵塞漏洞。加大对违纪违法人员经济处罚和追缴违纪违法款物的力度，发挥经济手段在遏制腐败中的作用。

加强信访举报工作。拓宽、畅通信访举报渠道，提倡和鼓励实名举报，保护举报人的合法权益，营造信访举报的良好环境。规范工作程序，强化内部制约监督，保证信访举报事项件件有着落。各级党委、政府要重视群众信访举报反映出来的问题，采取有效措施，妥善化解矛盾，认真解决问题，维护社会稳定。

（三）深化纠正部门和行业不正之风工作，着力解决人民群众反映的突出问题

以解决发生在老百姓身边的、严重损害群众切身利益的问题为重点，加强综合治理，从改革入手深化纠风工作。

深入治理教育乱收费。在国家扶贫开发工作重点县农村中小学实行义务教育"一费制"，同时尽快研究提出在其他地区推行义务教育"一费制"的具体办法。严格规范学校的收费行为，坚决禁止和纠正中小学校擅自设立收费项目、提高收费标准和扩大收费范围的乱收费行为；严格执行公办高中招收择校生"限分数、限人数、限钱数"的政策；严肃查处巧立名目收取赞助费、建校费和捐资助学费等违反规定乱收费行为。进一步规范高等学校的收费。实行教育收费公示制度。坚决制止基层政府和部门的摊派和"搭车"收费。加强对招生考试工作的管理监督，严肃查处弄虚作假和营私舞弊行为。

继续纠正医药购销中的不正之风。要严肃查处药品和医疗器械购销中给予和收受回扣等商业贿赂行为。对主要由药品生产经营企业过多过滥而引发的恶性竞争、药品价格虚高、制售假劣药品和医疗器械、虚假药品广告等问题进行综合整治，全国县级以上人民政府、国有企业等所办的非营利性医疗机构都要对国家规定列入招标采购范围的药品实行集中招标采购。加强医德医风建设，认真解决医疗服务中索要和收受"红包"的问题。

认真做好减轻农民负担工作。严格执行减轻农民负担和农村税费改革的各项政策规定，不准出台新的收费项目和提高原有的收费标准，不准违规搞突击清欠，防止农民负担反弹。抓好农业生产性费用、农民建房收费和各种搭车收费等专项治理工作，纠正和取消面向农民工的不合理收费。全面实行农村订阅报刊费用"限额制"，涉农税收、价格和收费"公示制"，涉及农民负担案（事）件责任追究制，使农民税费负担逐步减轻、涉农负担案（事）件明显减少。

在做好以上重点工作的同时，继续治理向机动车辆乱收费和整顿道路收费站点，严格规范上路执收执罚人员的行为，研究提出从根本上解决公路"三乱"问题的措施。认真纠正一些基层站所和窗口单位存在的门难进、脸难看、事难办等群众反映强烈的不正之风，切实解决有些执纪执法部门工作人员存在的耍威风、搞特权、刁难群众的问题，督促部门和行业加强职业道德建设，自觉改善服务态度，提高办事效率和依法行政水平，积极为人民群众办实事、办好事。

在经济管理、行政执法部门和公用事业单位中，有重点地继续深入开展民主评议行风活动。建立、健全行风评议的工作制度，完善职业道德规范，促进部门和行业改进作风，推动创建文明行业活动的开展。要充分发挥行业主管部门的作用，把纠风工作和行风建设纳入部门和行业管理之中。坚持从领导机关做起，特别是中央和省一级领导机关要作出表率，逐步形成条块紧密结合，纠、评、建相互促进的纠风工作机制。

（四）创新体制机制制度，推进从源头上预防和治理腐败的工作

反腐败抓源头工作涉及面广，政策性强，事关全局，必须在党委、政府的统一领导下，充分发挥各主管部门的职能作用，形成有效的工作机制。要从改革体制机制制度入手，把重点放在对权力的制约、资金的监控和干部任用的监督上，查找这些方面可能或容易滋生腐败的源头问题，研究提出防范和治理的对策。

以转变政府职能、促进依法行政为重要目标，加快推进行政审批制度改革。坚决取消不符合政企分开、政事分开原则，不符合我国加入世界贸易组织所作的承诺和世贸组织规则，妨碍市场开放和公平竞争以及实际上难以有效发挥作用的行政审批；对取消的审批事项要加强后续监管，防止管理脱节。逐步建立科学的管理机制、规范的运行机制和严密的监督机制。按照责权统一原则，调整和理顺政府部门的职能定位，建立和完善行政审批责任追究制度。要把行政审批制度改革同推进相对集中行政处罚权工作和开展综合行政执法试点结合起来，积极探索适应新形势需要的综合行政执法体制和运行机制。

按照建立社会主义公共财政制度的要求，继续推进财政管理体制改革。进一步落实"收支两条线"规定，所有行政事业性收费都要实行收支脱钩管理，并逐步纳入预算。加快推进预算管理改革，编制综合财政预算。中央和省一级所有部门，以及市（地）级政法、行政执法部门要全面推行部门预算，有条件的可以在县级进行试点。扩大国库集中支付和预算外资金收缴管理制度改革的试点范围。继续整顿和规范行政事业单位的银行账户管理，认真清理和规范政策外补贴，严禁设立"小金库"。积极探索加强会计管理和监督的有效方法，严厉惩处做假账行为。

以建立、健全科学的干部选拔任用和管理监督机制为重点，深化干部人事制度改革。认真贯彻《党政领导干部选拔任用工作条例》，制定干部选拔任用工作的监督制度和用人失察失误责任追究制。建立由组织、纪检监察、审计等部门参加的干部监督工作联席会议制度。完善干部考察、评价制度，推进干部能上能下。全面推行县级以下党政领导干部、国有企业领导人员经济责任审计，扩大县级以上党政领导干部经济责任审计试点范围，要把经济责任审计结果运用到干部任用和奖惩中。增加干部工作的透明度，落实党员和群众对干部选拔任用的知情权、参与权、选择权和监督权。

认真贯彻公开、公平、公正的原则，完善并严格执行建设工程招标投标、经营性土地使用权出让、产权交易和政府采购四项制度，规范程序，加强监管。强化有形建筑市场中介服务功能，切实做到与政府主管部门机构分立。职能分离、人员分开、财务分账。认真落实经营性土地使用权招标拍卖挂牌出让制度，严禁以其他方式出让经营性土地使用权，规范和限制协议出让行为。加快产权交易市场建设，全面实行产权交易进入市场制度。认真执行《政府采购法》，进一步扩大政府采购的范围和规模，纳入集中采购目录及采购限额标准以上的采购项目都要实行政府采购；加强对政府采购工作人员和所聘专家的监督管理，政府采购管理机关与执行机构必须分设，严格规范采购行为。

积极推进司法体制改革，从制度上保证司法权的公正行使。稳步实施金融体制改革，加强金融监管，强化金融机构内控机制建设。加强对行业协会、学会和社会中介机构的管理和监督，严肃查处违规违法行为。

(五)健全制约监督机制，强化对党员领导干部的监督

推进党风廉政建设和反腐败斗争，必须健全民主制度，改革监督体制，完善党风廉政法规制度，从决策和执行等环节加强对权力的制约和监督。

坚持把维护党的政治纪律放在首位。要特别强调党员干部必须坚决执行党的十六大决议，把思想和行动统一到党的十六大精神上来，统一到“三个代表”重要思想上来，与党中央保持高度一致。各级纪委要加强监督检查，维护党章的严肃性，对有令不行、有禁不止、各行其是等严重违反纪律的行为，必须坚决查处，保证中央的政令畅通。

要坚持以发展党内民主促进人民民主的发展，充分发挥各方面的监督作用。要加强对党员干部特别是主要领导干部的监督。积极探索党的代表大会闭会期间发挥代表监督作用以及党的委员会全体会议发挥监督作用的途径和形式。进一步建立、健全党的民主集中制的各项具体制度，并加强对执行情况的监督检查。涉及重大决策、重要干部任免、重大项目安排和大额度资金的使用，必须经集体讨论作出决定。完善领导干部民主生活会制度，充分发挥领导班子内部相互监督的作用。认真执行领导干部报告个人重大事项制度。实行领导干部述职述廉制度，省、市、县党委主要负责人每年要在全委会上报告本人及领导班子廉洁从政情况，自觉接受监督。建立和完善党内情况通报制度、情况反映制度和重大决策征求意见制度，充分发挥党员的监督作用，切实保障党员的民主权利。要拓宽群众监督渠道，健全政务公开、厂务公开、村务公开等制度。继续抓好乡(镇)和县级政务公开的规范和提高，在市(地)级行政机关推行政务公开，医院、学校和其他与群众利益密切相关的公用事业单位都要实行办事公开制度。重视发挥新闻舆论监督的作用。

改革和完善党的纪律检查体制。建立和完善巡视制度，加快实现巡视工作的制度化、规范化和经常化。根据中央要求，中央纪委和中央组织部将设立专门机构，加大巡视工作的力度，着重加强对省、自治区、直辖市党政领导班子及其成员贯彻党的路线方针政策、执行民主集中制、选拔任用干部、落实党风廉政建设责任制和廉政勤政等情况的监督。各省区市党委也要结合实际，积极开展巡视工作，建立、健全内部监督机制，提高巡视工作水平。积极稳妥地开展对派出纪检监察机构实行统一管理的试点工作，调整职能，理顺关系，总结经验，有序推进。通过改革，切实加强对驻在部门领导班子及其成员的监督。

实行纪委负责人同下级党政主要负责人谈话制度。各级纪委负责人要围绕加强党风廉政建设、保证廉洁从政等情况，同下级党政主要负责人交换意见，研究问题，以利于共同做好反腐倡廉工作。积极推行领导干部任前廉政谈话制度，对新任职的干部，要有针对性地提出廉洁自律的要求。建立诫勉谈话制度，发现党员干部存在的苗头性问题，要早打招呼，及时提醒，严格要求，使他们少犯或不犯错误。

要健全反腐倡廉法规制度。抓紧制定中国共产党党内监督条例、国家廉政法、国家公务员行政处分条例和纪委履行组织协调职能的规定等，着手修订《中国共产党党员权利保障条例(试行)》、《中国共产党纪律处分条例(试行)》。适应新形势的要求，对反腐倡廉方面的法规制度认真进行清理，并作出相应的调整。注意把党的反腐倡廉政策和要求适时转化为国家的法律、法规。

在坚持和完善纪检监察机关合署办公的体制下，各级纪检监察机关要在全面履行纪检监察两项职能中，进一步发挥行政监察职能作用，以适应完善社会主

义市场经济体制，应对加入世贸组织，推进依法行政的客观要求。要善于利用行政监察与政府各项工作联系密切，便于对行政机关及其工作人员的施政行为进行了解和监督的有利条件，主动深入到政府机关的行政管理活动中，加强事前、事中监督。要围绕国家法律、法规和重大改革决策的实施，研究可能出现的新情况、新问题，认真开展执法监察。加强对国有企业和国有资产管理体制改革、农村经济体制改革、行政管理体制改革情况，以及赈灾款物、社保资金管理使用和增收节支等情况的监督检查；积极参加整顿和规范市场经济秩序工作，重点针对土地和建筑市场中存在的违法经营问题，以及制售假劣药品、食品等损害群众利益、危害人民生命财产安全的问题，督促政府主管部门严格执法、加强监管。坚决反对和克服地方和部门保护主义。对因严重官僚主义，失职、渎职造成重大经济损失和人身伤亡事故的，必须严肃查处，并注意发现和查处事故背后的腐败问题。继续开展行政效能监察和企业效能监察，促进行政机关及其工作人员依法正确履行职责和企业领导人员依法廉洁经营，完善管理制度，改进方式方法，提高工作效率。

三、强调和处理好几个问题，确保各项任务的落实

党风廉政建设和反腐败任务艰巨而繁重。各级党委、政府和纪检监察机关要从政治和大局的高度，注意把握好以下几个问题，保证各项任务落到实处。

（一）严格执行党风廉政建设责任制，切实加大工作落实的力度

党风廉政建设和反腐败斗争要取得实效，必须严格执行党风廉政建设责任制，切实抓好工作落实。现在，党风廉政建设和反腐败斗争的大政方针已定，任务和要求非常明确，最重要的是要以艰苦奋斗的精神和真抓实干的作风扎扎实实地抓好工作落实。各地区各部门要回顾和总结近几年来的工作情况，认真查一查已部署的反腐倡廉工作哪些没有落实，原因何在，应采取什么措施切实抓好落实；认真查一查工作中究竟存在哪些薄弱环节，问题的症结是什么，有针对性地提出解决办法；认真查一查在工作不落实的背后有无领导干部的责任问题，对工作不力、敷衍塞责的要进行严肃批评并督促其改进。要坚决纠正搞花架子、做表面文章的形式主义做法，真正把心思和精力用在抓工作落实上。要以反腐倡廉有没有取得实效来评判我们求真务实的意识是否树立起来了，作风是否转变了，工作是否真正落到实处了。要善于把中央的要求同各地区各部门的实际结合起来，抓住本地区本部门党风政风方面的突出问题，找准解决问题的切入点和工作的着力点，创造性地开展工作，务求取得实效。

各级党委、政府要按照党风廉政建设责任制的要求，加强对党风廉政建设和反腐败工作的领导，切实担负起反腐倡廉的职责。党政领导班子正职要负总责，班子成员要明确分工，部门要各负其责。领导干部要以身作则、清正廉洁，并且要对本地区本单位的反腐倡廉工作敢抓敢管，真抓实干，坚决反对和克服好人主义。要实行责任制报告制度，将执行责任制情况定期向上级党委、纪委报告。各级纪委要在党委的统一领导下，充分履行组织协调职责，抓好反腐倡廉工作的部署和实施；加强监督和考核，严格责任追究，对工作抓得不力而造成不良后果的要按规定进行组织处理或纪律处分，确保反腐倡廉各项工作的落实。

（二）加强和改进党风廉政宣传教育，为反腐倡廉提供思想保证和营造良好的舆论氛围

深入推进党风廉政建设和反腐败工作，必须切实抓好宣传教育这个基础。要把党风廉政宣传教育纳入全党宣传教育的总体部署，完善宣传教育制度，健全工作机制，改进方式方法，增强宣传教育的针对性和实效性。当前，要按照党中央的统一部署，以学习党的十六大报告和党章为重点，认真搞好以学习实践“三个代表”重要思想为主要内容的保持共产党员先进性教育活动的试点工作，认真解决党员队伍在思想上、组织上、作风上存在的突出问题，引导广大党员特别是领导干部更加坚定理想信念，牢固树立马克思主义的世界观、人生观和价值观，增强党性修养，提高拒腐防变的能力，自觉做实践“三个代表”重要思想的模范。要结合新的实际在全体党员干部中广泛开展发扬党的优良传统的教育，尤其要进行“务必继续地保持谦虚、谨慎、不骄、不躁的作风，务必继续地保持艰苦奋斗的作风”的教育，使全党同志越是面对日益复杂的国内外环境，越要保持清醒的头脑；越是改革开放和发展社会主义市场经济，越要弘扬艰苦奋斗的精神。要继续开展党纪条规和法律、法规教育，不断增强党员干部的纪律意识和法制观念，真正做到依法执政和廉洁从政。要加强防范教育，施教于先，未雨绸缪，使党员干部自重自警，身体力行，经受住市场经济条件下腐蚀与反腐蚀的严峻考验。要深入开展正反两方面的典型教育，通过树立廉洁奉公、勤政为民的先进典型，充分发挥其示范引导作用，弘扬正气、鼓舞斗志；开展警示教育，以案明纪、引以为戒，促使领导干部增强道德约束力，树立正确的权力观、地位观和利益观。要按照全国干部教育培训规划的要求，加强对领导干部的培训，努力提高他们的理论素养、业务能力和知识水平。各级党委要把党风廉政教育贯穿到对党员干部培养、选拔、管理、奖惩的各个环节，作为党课教育、党校培训以及党委中心组理论学习的重要内容，取得党风廉政教育的整体效果。

加强反腐倡廉宣传工作。要大力宣传我们党反腐败的坚定决心、方针政策、基本经验和取得的重大成果，引导广大干部群众正确看待反腐败斗争形势，深刻认识党的性质和宗旨决定了我们党同腐败是根本对立的，深刻认识社会主义制度的优越性和先进性决定了我们必将战胜腐败，从而增强对反腐败斗争的信心。要认真贯彻《公民道德建设实施纲要》，加强和改进思想政治工作。要以正面宣传为主，坚持正确的舆论导向，严肃宣传纪律，注意反腐倡廉宣传的政治和社会效果。

(三)正确运用政策，严格执行和维护党的纪律

反腐倡廉是一项政治性、政策性很强的工作，一定要统揽全局，增强政治意识，讲究政策和策略。党的纪律是党的各级组织和全体党员必须遵守的行为准则，是维护党的团结统一、完成党的任务的保证。党组织必须严格执行和维护党的纪律，共产党员必须自觉接受党的纪律的约束。

要用发展的眼光，从促进改革开放和现代化建设的大局，从调动全党和全国人民积极性、主动性、创造性的高度，正确处理改革开放和社会主义市场经济条件下严肃党的纪律的问题。首先要严格执行党的纪律，坚决维护党纪国法的严肃性，对违纪违法的，该给予纪律处分的必须给予纪律处分，该给予法律制裁的必须给予法律制裁。要严格依纪依法办案，提高办案水平，切实加强案件审理工作，做到事实清楚、证据确凿、定性准确、处理恰当、手续完备、程序合法。同时，要体现党的政策，本着惩前毖后、治病救人的精神，对犯有严重错误但能够主动承认和改正，并配合组织查清自己和其他人问题的，可以按照规定从宽处理；对犯有一般性错误的，要立足于教育，帮助其吸取教训，以教育和挽救犯错误的党员干部。对坚持原则、秉公办事、勇于创新的党员干部，要坚决给予支持；对受到诬告错告和打击报复的党员干部，要给予澄清并切实加以保护。通过严格执行纪律和正确运用政策，更有力地打击腐败分子，更有效地推进反腐倡廉工作，更好地维护改革发展稳定的大局。

(四)继续加强纪检监察机关自身建设，切实提高干部队伍素质

这些年来，纪检监察干部队伍建设取得显著进展，干部素质不断提高，整体结构逐步改善，执纪执法能力进一步增强，为深入推进反腐倡廉、维护党的队伍的先进性和纯洁性作出了重要贡献。

应该看到纪检监察机关在不少方面还不适应形势发展的需要，必须按照江泽民同志提出的“政治坚强、公正清廉、纪律严明、业务精通、作风优良”的要求，进一步加强自身建设。广大纪检监察干部要加强理论学习，用马克思列宁主义、毛泽东思想、邓小平理论和“三个代表”重要思想武装头脑，做学习和实践“三个代表”的表率，提高政治素质；适应反腐倡廉工作不断发展的需要，认真学习经济、金融、法律、科技、管理等现代科学知识，深入开展工作调研和政策理论研究，提高业务素质。要进一步加强纪检监察机关领导班子建设，不断提高领导水平和科学决策能力。积极开展培训工作，针对纪检监察机关人员结构发生的变化，加强对新任职领导干部的培训，使他们尽快熟练地掌握纪检监察业务，以适应新领导岗位的需要；严格对年轻干部的教育和培养，加强他们的党内生活锻炼，提高思想素养和专业化水平。广大纪检监察干部要牢记使命、勤奋工作，坚持宗旨、执政为民，改进作风、求真务实，爱岗敬业、无私奉献。纪检监察干部处在反腐败斗争的第一线，必须不断提高抵御腐蚀的能力。要完善纪检监察机关的内部监督机制，健全纪检监察干部轮岗和交流制度，对纪检监察干部严格要求、严格管理、严格监督，严肃工作纪律特别是办案纪律和保密纪律，违纪违法的要严肃查处。努力提高纪检监察工作的科技含量，加快纪检监察信息化建设。地方各级纪委书记由同级党委副书记担任后，要保证用主要精力抓好纪检监察工作。各级党委、政府要继续加强对纪检监察工作的领导，支持纪检监察机关全面履行职责，从政治上、工作上、生活上关心和爱护纪检监察干部。要建立有效保护纪检监察干部履行职责的机制。

同志们，当前和今后一个时期是实现现代化建设第三步战略目标的关键时期，深入推进党风廉政建设和反腐败工作意义重大。我们要紧密团结在以胡锦涛同志为总书记的党中央周围，高举邓小平理论伟大旗帜，全面贯彻“三个代表”重要思想，沿着党的十六大指引的方向，同心同德，振奋精神，不负重托，不辱使命，努力取得党风廉政建设和反腐败斗争的新成效，为实现党的十六大确定的全面建设小康社会的奋斗目标提供坚强的政治保证。

国务院副总理李岚清在北京考察国家艺术院团

2月17日至21日，李岚清先后考察了中国京剧院、中国儿童艺术剧院、国家话剧院、中国歌舞团、中国歌剧舞剧院、中央芭蕾舞团、中央民族乐团、中国交响乐团、中央歌剧院等艺术表演团体，观看了节目排练，实地察看了演职员的工作和生活设施，分别听取了10个院团负责人的工作汇报，并在文化部集中与他们进行了座谈。

李岚清对国家艺术院团的改革与发展给予了充分肯定。他强调，国家艺术院团要充分发挥品牌优势，积极开拓演出市场，努力增加演出场次，不断提高演出质

量，取得更好的社会效益和经济效益。要继续深化艺术院团内部改革，逐步建立有利于调动文艺工作者积极性，推动文艺创新，多出精品、多出人才的管理体制和运行机制。国家艺术院团肩负着发展先进文化和高雅艺术的历史使命，要下更大的功夫，进一步加强领导班子建设和演职人员队伍建设，培养出更多德艺双馨的艺术家和懂艺术、会经营的管理人才。文艺工作者要深入基层，从人民群众的生活中汲取营养，把优秀的文艺作品奉献给人民，积极辅导基层文化骨干，带动群众文化活动的开展。要开展多渠道、全方位的对外文化交流与合作，传播中华民族的优秀传统文化，吸收世界优秀文化成果，增进与各国人民的友谊，推动中国特色社会主义先进文化的发展。

有关方面负责人孙家正、项怀诚等陪同考察。有关部门的领导同志和艺术家代表参加了座谈。

国务委员司马义·艾买提在北京出席残疾人工作协调委员会第十一次全体会议并讲话

会议总结了5年来残疾人工作的主要成绩和基本经验，研究部署了2003年工作。国务委员、国务院残疾人工作协调委员会主任司马义·艾买提在会议上强调，要深入贯彻党的十六大精神，从实践“三个代表”重要思想和实现全面建设小康社会奋斗目标的高度进一步提高认识，增强做好残疾人工作的责任感和紧迫感，与时俱进，开拓创新，推进残疾人事业与全面建设小康社会协调发展。

司马义·艾买提指出，党的十六大对残疾人工作提出了更高的要求。2003年残疾人事业大事多、任务重，各地区、各部门要以加强基层残疾人工作和改善残疾人基本生活状况为重点，深入推进各项业务工作，努力开创残疾人事业新局面。

会议由国务院副秘书长、国务院残工委副主任徐绍史主持。国务院残工委副主任、中国残联主席邓朴方致辞。会议审议通过了《国务院残疾人工作协调委员会2002年工作总结和2003年工作安排》。国务院残工委副主任王湛、李宝库、张小建、朱庆生和各位委员出席了会议。

国务院副总理温家宝在中南海紫光阁会见美国贸易代表佐利克

中组部部长贺国强在北京会见中外生命科学家

这些来京参加学术活动中外生命科学家包括3位诺贝尔奖获得者，分别是美国洛克菲勒大学原校长、生理学家威塞尔博士，德国马克斯·普朗克生物化学研究所所长、生物化学家胡贝尔博士，德国马克斯·普朗克生物物理研究所所长、生物学家米歇尔博士。

贺国强高度评价了3位科学家在各自领域内所作出的杰出贡献，感谢他们对中国生命科学和生物技术事业的关心与支持。贺国强向3位科学家介绍了我国改革开放特别是近13年来的主要成就和党的十六大有关情况。

外经贸部部长石广生在北京与美国贸易代表佐利克举行会谈

2月18日

国家主席江泽民就韩国地铁火灾向韩国总统金大中致慰问电

中共中央总书记胡锦涛出席新进中共中央委员会的委员、候补委员研讨班结业式并发表重要讲话

中共中央政治局常委曾庆红、李长春、罗干出席结业式。结业式由中共中央政治局常委吴官正主持。

胡锦涛指出，学习贯彻“三个代表”重要思想和学习贯彻十六大精神，是紧密相关、相辅相成的。我们既要通过学习贯彻“三个代表”重要思想来推动十六大精神的落实，又要通过学习贯彻十六大精神来加深对“三个代表”重要思想的领会。

胡锦涛对如何进一步深入学习贯彻“三个代表”重要思想和十六大精神提出了明确要求。他强调，学习贯彻“三个代表”重要思想和十六大精神，必须同学习马克思列宁主义、毛泽东思想、邓小平理论紧密结合起来，努力掌握马克思主义的立场、观点和方法；必须深刻领会和认真贯彻党领导人民建设中国特色社会主义的基本经验，更好地推进党和国家事业的发展；必须抓好发展这个党执政兴国的第一要务，不断开创社会主义现代化建设的新局面；必须促进社会主义物质文明、政治文明和精神文明的协调发展，不断推动社会全面进步和人的全面发展；必须加强党的建设，加强领导干部的党性修养，始终做到立党为公、执政为民。

胡锦涛指出，学习马克思列宁主义、毛泽东思想、邓小平理论和“三个代表”重要思想，必须紧紧围绕掌握马克思主义的基本原理特别是贯穿其中的立场、观点和方法来进行，努力掌握观察事物、判断形势、解决问题、推动工作的科学世界观和方法论，善于在纷繁复杂的矛盾中抓住根本，在不断变化的形势中把握方向，不断开创中国特色社会主义事业新局面。他强调，“三个代表”重要思想是在新的历史条件下运用马克思主义的立场、观点和方法的典范，是我们学习马克思主义的立场、观点和方法最现实、最生动的教材。"三个代表"重要思想是与时俱进的理论。我们在学习贯彻"三个代表"重要思想的过程中也要本着与时俱进的精神，努力把握实质，领会精髓，指导实践，不断提高运用马克思主义的立场、观点和方法的能力。

胡锦涛指出，把发展作为党执政兴国的第一要务，是学习贯彻"三个代表"重要思想的必然要求。抓好发展这个党执政兴国的第一要务，必须抓住机遇，开拓进取，坚持用发展的办法解决前进道路上存在的问题，努力做到奋发有为、大有作为。抓发展、促发展，要把坚持发扬共产党人的革命精神和坚持科学务实的态度统一起来，既发挥主观能动性，满怀信心、奋发有为，又严格按客观规律办事，坚持实事求是、因地制宜，力戒浮夸急躁、急功近利。在建设中国特色社会主义的全过程中，我们既要大力促进物质文明建设，也要大力促进政治文明建设和精神文明建设，并使它们相互配合、相互促进、相互协调。

胡锦涛指出，"三个代表"重要思想和十六大精神，既是指导党和人民改造客观世界的思想武器，也是指导共产党人改造主观世界的思想武器。学习贯彻"三个代表"重要思想和十六大精神，必须努力在改造客观世界的同时改造自己的主观世界，寓改造主观世界于改造客观世界的过程中，用改造主观世界的成效推进改造客观世界的进程，在建设中国特色社会主义的伟大实践中不断提高自身的思想道德素质。对领导干部来说，加强主观世界的改造，最根本的就是要牢固树立正确的世界观、人生观、价值观，着力解决好权力观、地位观、利益观问题，真正形成并永远坚守共产党人的思想道德和革命品质，特别是要解决好坚持立党为公、执政为民的问题。只有一心为公，立党才能立得牢；只有一心为民，执政才能执得好。关键是要坚持做到权为民所用、情为民所系、利为民所谋。做到权为民所用，就必须正确看待和运用手中的权力，始终以党和人民的事业为重，为人民掌好权、用好权，用人民赋予的权力服务于人民、造福于人民，决不以权谋私。做到情为民所系，就必须坚持与人民群众心连心，始终把人民群众的安危冷暖挂在心上，倾听群众呼声，关心群众疾苦，切实帮助群众解决实际困难，决不脱离群众。利为民所谋，就必须时刻把群众利益放在首位，始终把维护好、实现好、发展好最广大人民的根本利益作为全部工作的出发点和落脚点，坚持一切为了群众、一切依靠群众，立志为人民做实事、做好事，决不与民争利。必须使立党为公、执政为民深深扎根在全党同志特别是领导干部的思想中，全面落实在全党同志特别是领导干部的行动上。

刘云山、贺国强、王刚、何勇等，以及有关方面负责同志出席了结业式。

国务院总理朱镕基在人民大会堂与泰国总理他信举行会谈

朱镕基说，他信领导的泰国政府为推动亚洲区域合作提出了许多积极的设想，为促进中国同东盟的合作发挥了重要作用，中方对此予以高度评价。

朱镕基表示，中国与东盟启动建立自由贸易区进程具有十分重要和深远的意义。他强调，中方将信守承诺，采取措施，使自由贸易区的建设有助于推动东盟各国经济的发展和本地区的共同繁荣。希望泰国能够为自由贸易区的建设继续发挥积极的推动作用。

他信表示，泰方高度评价中方为推动本地区经济发展发挥的重要作用，对中国政府和中国领导人在建立东盟—中国自由贸易区问题上表现出的远见和诚意表示赞赏。

他信是应朱镕基邀请于2月18日下午抵京进行工作访问的。

国务院总理朱镕基在人民大会堂会见克罗地亚副总理格拉尼奇

朱镕基说，中国政府一贯重视发展对克关系，愿与克方共同努力，根据两国元首签署的《中克关于深化互利合作关系的联合声明》所确定的方向，把中克关系建设成为不同国情国家发展互利合作的典范。

格拉尼奇感谢朱镕基会见并对中国经济发展取得的成就表示钦佩。他表示，两国签署的旅游谅解备忘录将促进中国人民更好地了解克罗地亚。

全国妇女创业与再就业工作会议在北京召开

中共中央政治局常委、国务院副总理吴邦国作出批示。中共中央政治局委员、全国政协副主席王兆国出席会议并讲话。

吴邦国在批示中指出，近年来，各级妇联组织围绕经济建设这个中心，为下岗失业妇女送温暖、送岗位，加强对下岗失业妇女培训等方面，做了大量卓有成效的工作，对保持家庭和社会稳定，帮助妇女参与经济活动，促进国民经济发展起到了积极的作用。吴邦国强调，扩大就业和促进下岗失业人员再就业是各级党委、政府的重要职责，也是各级妇联、工会等组织的重要任务。希望各级妇联组织充分发挥桥梁纽带作用，发挥自身优势，积极协助党和政府做好再就业工作。要继续认真贯彻全国再就业工作会议精神，提高思想认识，总结推广妇女创业和再就业经验，结合实际开展妇女创业和再就业培训，竭诚为妇女服务，为下岗失业妇女办实事，要积极引导下岗失业妇女转变就业观念，树立自主择业、自强创业、依靠市场就业的观念,推动下岗失业妇女创业与再就业工作跃上新水平。

王兆国在讲话中说,全社会都要对妇女创业和再就业给予积极支持和热情帮助。广大妇女要牢固树立"四有"、"四自"精神,提高综合素质,增强创业本领。下岗妇女要鼓起迎接挑战、战胜困难的勇气和信心,积极投身创业与再就业的实践。妇联组织要加大对特困妇女群体的帮扶力度,积极协助有关部门推动国家扶持就业和再就业政策的贯彻落实。各级党委政府要认真贯彻男女平等的基本国策,制定有利于妇女平等就业和发展的政策措施,重视发挥妇联组织的重要作用。

全国人大常委会副委员长、全国妇联主席彭珮云要求各级妇联组织加强调查研究,协助与督促有关方面认真贯彻落实中央的就业政策;全面提高妇女素质,大力开发妇女人力资源;真心实意为下岗失业妇女提供就业服务,积极探索帮助妇女就业途径;并推动有关部门加大执法力度,进一步完善法律、法规,切实维护妇女的劳动权益。

全国妇联副主席、书记处第一书记顾秀莲作工作报告。会议由全国妇联副主席、书记处书记黄晴宜主持。会议对全国"巾帼建功"标兵、"三八"红旗手等先进典型进行了表彰。

中共中央政治局常委贾庆林在人民大会堂会见英国保守党副领袖安克拉姆

国务院副总理李岚清在中南海紫光阁会见克罗地亚副总理戈兰·格拉尼奇和他的夫人

全国人大常委会副委员长许嘉璐在人民大会堂出席"中国民间文化遗产抢救工程"启动仪式

"中国民间文化遗产抢救工程"由中国民间文艺家协会发起,计划在10年内用文字、录音、摄影、摄像等现代技术立体地记录中国民间文化,搜集和收藏中国民俗代表实物,实施以县为单位的中国民俗志调查和出版,全面调查、登记与出版中国民间美术作品,拍摄与制作中国民俗文化的音像制品,建立中国民俗图文资料数据库。此项工程的成果包括编撰出版以县为单位的《中国民俗志》3000余卷,大型丛书《中国民俗图录》系列、《中国民间美术集成》系列、《中国民间美术分布地图集》《中国民间文化遗产代表作名录》等。抢救工程已被列入"国家社科基金特别委托项目"和文化部主持的"中国民族民间文化遗产抢救与保护工程",并将依托全国各地的中国民协组织和一批民间文化专家学者进行。

大型故事影片《邓小平》在人民大会堂举行首映

影片由中央文献研究室、广东省委宣传部、深圳市委市政府共同策划,广东省广电局、深圳市委宣传部和电影频道节目中心、珠江电影制片公司联合摄制,运用纪实和写意相结合的手法,集中展示了以邓小平为核心的党中央第二代领导集体,带领中国人民冲破"左"的思想的束缚,改革开放,锐意进取,建设中国特色社会主义所取得的伟大成就。影片生动地描绘了中国人民的杰出领袖邓小平同志的爱国主义精神和非凡的领导才能,再现了这位世纪伟人的人格魅力和崇高风范,重温了改革开放总设计师带领中国人民走上富裕道路的光辉岁月。该片由执导过《孙中山》《周恩来》等影片的丁荫楠任导演,卢奇扮演邓小平,王苏娅扮演卓琳。

《中华传统美德格言》出版

由近百名专家学者参与编写、旨在推动公民道德建设的《中华传统美德格言》一书由人民教育出版社出版发行。国家主席江泽民为该书题词:"传承中华美德,培养民族精神"。

国务院副总理李岚清为《中华传统美德格言》一书作序。

教育部和新闻出版总署当日在人民大会堂举行《中华传统美德格言》出版座谈会。教育部部长陈至立在讲话中要求各级各类学校把传承中华美德,培养民族精神的教育放在更加突出的位置,进一步加强广大青少年学生的思想道德建设。新闻出版总署署长石宗源要求新闻出版部门切实做好《中华传统美德格言》一书的宣传和发行工作,推动开展传承中华美德、培养民族精神的读书活动。

蒋正华、周铁农以及有关部门负责人出席了座谈会。参加座谈会的还有教育界和理论界的专家学者,首都大、中、小学师生代表,新闻出版界人士和编写出版人员代表。

广东选手李惠泉在天津举行的2003年中日室内田径对抗赛上打破男子800米全国室内纪录

李惠泉创造的新纪录为1分49秒63。

2003年全国救灾救济工作会议在武汉召开

会议提出,要切实安排好春季受灾群众的基本生活;进一步加强城市"低保"规范化管理,大力推进以最低生活保障制度为基础,以社会互助及医疗、教育、住房等专项救助相配套的社会救助体系的建设;有步骤地推进建立和完善农村最低生活保障制度;着力开展农村医疗救助工作,尽快建立农村医疗救助制度。

民政部已初步形成了对灾情先评估后拨款的救助机制，灾害发生后迅速组织相关部门对灾情进行会商分析，派出专家赴灾区开展灾情损失和需求评估，迅速安排中央应急救灾资金和调拨救灾物资。地方各级民政部门迅速行动，努力做到重大灾情24小时内上报，保证受灾群众24小时内得到基本生活救助。

2002年城市最低生活保障工作取得突破性进展，在中央财政投入46亿元的同时，各级政府积极增加财政投入，全年共支出资金112.6亿元。截至2002年年底，享受城市居民最低生活保障的人数已达2053.6万人，12月份全国"低保"对象人均补助为60元，基本做到了动态管理下的应保尽保。

在农村，全国已有27个省、自治区、直辖市有条件的县(市、区)初步建立了农村"低保"制度，404万人享受了农村"低保"。

全国医疗保险工作座谈会在北京举行

劳动和社会保障部副部长王东进在会上介绍，医疗保险制度改革于1998年年底正式启动，经过5年努力取得显著进展。医疗保险制度政策体系初步建立，统一的医疗保险行政管理体制和业务管理体系初步形成，多层次医疗保险体系逐步完善。

2003年医疗保险工作的目标是实现参保人数1个亿。此外，医保改革还将适应多种就业格局的变化，出台城镇灵活就业人员参加医疗保险的指导意见，推动灵活就业人员参保。

2月19日

国家主席江泽民与俄罗斯总统普京通电话就伊拉克问题交换意见

国家主席江泽民 国务院副总理温家宝在中南海分别会见泰国总理他信

国家副主席胡锦涛在人民大会堂会见泰国总理他信

中共中央总书记胡锦涛在中央纪委第二次全体会议上发表重要讲话

中共中央政治局常委吴邦国、温家宝、贾庆林、曾庆红、黄菊、李长春、罗干出席会议，中共中央政治局常委、中央纪律检查委员会书记吴官正主持会议。

胡锦涛指出，党风廉政建设和反腐败工作，是党和国家的重要工作，也是党的建设新的伟大工程的重要组成部分。继续坚定不移地做好党风廉政建设和反腐败工作，是全面贯彻"三个代表"重要思想、实现全面建设小康社会宏伟目标的重要保证，是建设社会主义政治文明的重要任务，是加强党的执政能力建设的重要内容。各级党委和政府要紧紧围绕新世纪、新阶段党和国家工作的大局，围绕提高党的领导水平和执政水平、提高拒腐防变和抵御风险能力这两大历史性课题，以坚定不移的态度、坚强有力的工作和坚持不懈的努力，进一步推进党风廉政建设和反腐败工作，不断以新的工作成效取信于民，保证全面建设小康社会宏伟目标的顺利实现。

胡锦涛强调，十三届四中全会以来，以江泽民同志为核心的第三代中央领导集体始终把党风廉政建设和反腐败工作作为全党的一件大事来抓，态度坚决，旗帜鲜明，作出了一系列重大决策和部署，推动反腐倡廉取得重大成效，有力地维护和促进了改革发展稳定的大局。同时，我们也必须看到，现在一些腐败现象仍然比较突出，导致腐败现象易发多发的土壤和条件还存在。反腐败斗争的形势仍然是严峻的，反腐败斗争的任务仍然是繁重的，我们必须继续进行不懈的努力。

胡锦涛强调，十三届四中全会以来，我们在党风廉政建设和反腐败工作的实践中积累了宝贵的经验。按照十六大的要求，坚持这些宝贵经验，进一步深入开展党风廉政建设和反腐败工作，必须以"三个代表"重要思想为指导，必须坚持党委统一领导、各方面齐抓共管的领导体制和工作机制，必须围绕发展这个党执政兴国的第一要务来进行，必须贯彻党要管党、从严治党的方针，必须坚持标本兼治、综合治理，必须依靠人民群众的支持和参与。

胡锦涛指出，深入开展党风廉政建设和反腐败工作要重点做好以下几个方面的工作。第一，进一步加大惩处力度，依纪依法严厉打击腐败分子。在领导干部尤其是高中级干部中发生的腐败案件，严重损害党和国家的形象，危害极大，必须继续作为查办案件工作的重点。第二，进一步加强和改进党的作风建设，以党风建设带动政风和社会风气的好转。对关系群众切身利益、群众反映强烈的一些不正之风问题，要重点加以解决。要严肃党的纪律特别是政治纪律。第三，进一步加强思想政治建设，构筑牢固的思想道德防线。要引导广大党员特别是领导干部增强党的意识，提高党性修养，不断加强主观世界的改造，自觉做实践"三个代表"重要思想的模范。尤其要注重教育和引导领导干部正确认识和处理奉献精神和利益原则、党的事业和个人价值、全局利益和局部利益的关系。第四，进一步深化体制改革，建立、健全防范腐败的体制机制。要把反腐倡廉同改革开放和经济建设的重大措施结合起来，使党风廉政建设和反腐败工作同改革开放和经济建设相互促进、协调发展。第五，要进一步发展党内民主，加强对领导干部行使权力的制约和监督。要按照十六大提出的建立结构合理、配置科学、程序严密、制约有效的权力运行机制的要求，大力加强权力监督制度和机制建设。

胡锦涛指出，做好党风廉政建设和反腐败工作，必须坚持和改善党的领导。各级党委要以高度的政治责任感和使命感，旗帜鲜明、坚定不移地抓好工作，切实担负起反腐倡廉的政治责任，发挥好总揽全局、协调各方的作用，使反腐败领导体制和工作机制有效运转起来，形成齐心协力反腐败的良好局面。要加强对纪律检查工作的领导，支持纪委全面履行职责。要努力建设一支政治坚强、公正清廉、纪律严明、业务精通、作风优良的高素质的纪检监察干部队伍。要把依法执政的要求贯彻到党的纪律检查工作中去，严格依纪依法办事。吴官正在会议结束时说，胡锦涛同志的重要讲话，以邓小平

理论和"三个代表"重要思想为指导，深刻阐明了加强党风廉政建设和反腐败斗争的极端重要性，全面分析了当前党风廉政建设和反腐败斗争面临的形势，明确提出了党风廉政建设和反腐败工作必须把握的重要原则和任务。这对于全党进一步认识深入开展党风廉政建设和反腐败斗争的重大意义，全面贯彻落实"三个代表"重要思想和十六大的战略部署，进一步推进新世纪、新阶段的党风廉政建设和反腐败斗争，具有重要的指导意义。我们一定要认真学习、深刻领会、坚决贯彻。

王兆国、回良玉、刘淇、刘云山、吴仪、贺国强、郭伯雄、曹刚川、王刚、姜春云、何勇、王忠禹、肖扬、韩杼滨、张思卿等同志出席了会议。

中央军委委员廖锡龙、李继耐和中央纪律检查委员会委员，中直机关、中央国家机关、解放军驻京各单位及武警部队的主要负责同志，列席中央纪委二次全会的省、自治区、直辖市、中央、国家机关各部门纪检监察机关和部分国有大型企业纪检监察机构的负责同志，出席全军纪律检查工作会议的代表参加了会议。

中央纪委第二次全体会议公报

(2003年2月19日中国共产党中央纪律检查委员会第二次全体会议通过)

中国共产党中央纪律检查委员会第二次全体会议，于2003年2月17日至19日在北京举行。出席会议的中央纪委委员120人。省、自治区、直辖市及副省级城市纪检监察机关的负责同志，中央、国家机关和部分国有大型企业纪检监察部门的负责同志，以及出席解放军纪检工作会议的同志列席了会议。

中央纪律检查委员会常务委员会主持了会议。会议的主题是：以邓小平理论和"三个代表"重要思想为指导，认真学习、贯彻党的十六大精神，研究提出当前及今后一个时期党风廉政建设和反腐败斗争的总体要求和基本思路，对2003年党风廉政建设和反腐败工作作出部署，解放思想，实事求是，与时俱进，扎实工作，努力开创党风廉政建设和反腐败工作的新局面。会议审议通过了中央纪律检查委员会书记吴官正代表中央纪律检查委员会常务委员会所作的《全面贯彻党的十六大精神，努力开创党风廉政建设和反腐败工作新局面》的工作报告。

中国共产党中央委员会总书记胡锦涛出席全会第二次大会并发表了重要讲话。吴邦国、温家宝、贾庆林、曾庆红、黄菊、吴官正、李长春、罗干和王兆国、回良玉、刘淇、刘云山、吴仪、贺国强、郭伯雄、曹刚川、王刚、姜春云、何勇、王忠禹、肖扬、韩杼滨、张思卿等党和国家领导人出席了会议。参加会议的还有中央、国家机关和有关方面的负责同志，解放军驻京各大单位及武警部队的负责同志。

全会认真学习了胡锦涛同志的重要讲话，一致认为，胡锦涛同志的重要讲话以邓小平理论和"三个代表"重要思想为指导，深刻阐明了加强党风廉政建设和反腐败斗争的极端重要性，全面分析了当前党风廉政建设和反腐败斗争面临的形势和任务，明确提出了做好党风廉政建设和反腐败工作必须把握的重要原则。这对于全党进一步认识深入开展党风廉政建设和反腐败工作的重大意义，全面贯彻落实"三个代表"重要思想和党的十六大的战略部署，进一步推进新世纪、新阶段的党风廉政建设和反腐败工作，具有重要的指导意义。全党同志和各级纪检监察干部要认真学习、坚决贯彻胡锦涛同志的重要讲话，与时俱进、开拓创新，坚定信心、发奋工作，坚定不移地把党风廉政建设和反腐败斗争继续推向深入，更好地为实现全面建设小康社会的奋斗目标服务。

全会指出，各级党委和纪委要把深入学习贯彻党的十六大精神作为当前和今后一个时期的首要政治任务，按照围绕主题、把握灵魂、狠抓落实的要求，深刻领会和认真贯彻党的十六大关于加强党风廉政建设和反腐败工作的重要思想和基本观点，推动党风廉政建设和反腐败斗争不断向深入发展。必须以"三个代表"重要思想统领党风廉政建设和反腐败斗争，把始终做到"三个代表"作为衡量反腐倡廉工作成效的根本标准；围绕发展这个执政兴国的第一要务开展反腐倡廉工作，为实现全面建设小康社会的奋斗目标创造良好的政治环境；坚决贯彻党要管党、从严治党的要求，在

党的建设新的伟大工程中发挥积极的推动作用；坚持标本兼治、综合治理的方针，逐步加大治本的力度；发扬与时俱进的精神，推动反腐倡廉理论和实践的不断发展；全面履行党章赋予的职责和任务，充分发挥纪律检查委员会作为党的监督机关的职能作用。经过全党全社会的共同努力，党风廉政建设和反腐败工作要在今后五年内实现以下目标：党员干部廉洁从政的自觉性明显提高，部门和行业风气普遍好转，对领导干部行使权力的监督切实加强，防范腐败的机制基本形成，反腐倡廉法制化程度有新的提高，腐败现象蔓延的势头进一步得到遏制。

全会提出，2003 年党风廉政建设和反腐败工作，要坚持党中央确定的反腐败指导思想、基本原则、领导体制和工作格局，根据发展变化的新形势和新情况，探索新的途径和对策，着重在抓巩固、抓落实、抓深入、抓提高上下功夫，扎实有效地推进反腐倡廉工作，努力取得新的阶段性成效。

第一，抓好廉洁自律规定的落实，进一步规范领导干部从政行为。针对当前存在的突出问题，重点抓好以下工作：(1)领导干部不准利用职权违反规定干预和插手建设工程招标投标、经营性土地使用权出让、房地产开发与经营等市场经济活动，为个人和亲友谋取私利。(2)严格执行领导干部不准收受与其行使职权有关系的单位、个人的现金、有价证券和支付凭证的规定。(3)继续落实领导干部配偶、子女从业的有关规定。领导干部要加强对自己的配偶、子女以及身边工作人员的教育和管理。对放任、纵容他们违纪违法的，要追究领导干部的责任。

要坚决防止和克服形式主义、官僚主义。不准弄虚作假、虚报浮夸；不准搞脱离实际、沽名钓誉的各种“形象工程”、“政绩工程”；严格控制各种名目的节庆、达标评比活动。坚决反对和制止各种奢侈浪费行为。大力精简会议和严格控制出国(境)团组。禁止以开会、考察、培训等名义变相公费旅游，禁止超编制超标准配备使用小汽车和在住房问题上以权谋私。禁止以各种名义用公款互相宴请、大吃大喝和安排私人旅游、高消费娱乐。

要继续贯彻中央关于国有企业领导人员廉洁自律的各项规定，同时提出新的要求：(1)不准利用职权在企业物资购销、项目开发等经营活动中牟取私利。(2)不准个人及其亲属违反规定投资入股与其所在国有企业有关联交易、有依托关系的私营、民营企业和外资企业。(3)不准将国有资产私自委托、租赁、承包给自己的配偶、子女及其他亲属经营。(4)不准违反国有资产监管程序和企业规章制度，擅自决定对外投资、借贷、融资、担保等重大事项。(5)不准利用企业的商业秘密、业务渠道从事个人谋利活动，或将其提供、泄露给他人及其他企业。

第二，继续加大查办违纪违法案件的力度，严厉惩处腐败分子。针对近年来新经济领域、资金高密集领域、垄断性行业中的案件以及侵吞国有资产案件频发多发，跨地区、跨行业、跨国(境)案件和“窝案”、“串案”增多，违纪违法人员作案手段趋向隐蔽化和高智能化等新情况，研究新的对策，采取更加有力的措施，下大力气突破一批有影响的大案要案。在继续重点查办贪污、受贿、挪用公款案件和县(处)级以上领导干部违纪违法案件的同时，要着重查办建设工程招标投标、经营性土地使用权出让、金融、物资采购等领域和环节发生的案件，国有企业改革过程中国有资产严重流失案件，违反政治纪律和组织人事纪律案件，司法领域中的贪赃枉法、徇私舞弊案件，领导干部和执法人员为黑恶势力充当“保护伞”的案件以及参与和庇护走私、骗取出口退税、虚开增值税发票、制售假劣商品等破坏社会主义市场经济秩序的案件。重视查办基层干部以权谋私、侵害群众利益的案件。

第三，深化纠正部门和行业不正之风工作，着力解决发生在老百姓身边的、严重损害群众切身利益的问题。(1)深入治理教育乱收费。在国家扶贫开发工作重点县农村中小学实行义务教育“一费制”。坚决禁止和纠正中小学校擅自设立收费项目、提高收费标准和扩大收费范围的乱收费行为；严格执行公办高中招收择校生“限分数、限人数、限钱数”的政策；进一步规范高等学校的收费。实行教育收费公示制度。(2)继续纠正医药购销中的不正之风。严肃查处药品和医疗器械购销中给予和收受回扣等商业贿赂行为。全国县级以上人民政府、国有企业等所办的非营利性医疗机构都要对国家规定列入招标采购范围的药品实行集中招标采购。加强医德医风建设，认真解决医疗服务中索要和收受“红包”的问题。(3)认真做好减轻农民负担工作。严格执行减轻农民负担和农村税费改革的各项政策规定，不准出台新的收费项目和提高原有的收费标准，不准违规搞突击清欠。全面实行农村订阅报刊费用“限额制”等制度。

第四，创新体制机制制度，推进从源头上预防和治理腐败的工作。(1)加快推进行政审批制度改革。坚决取消不符合政企分开、政事分开原则，不符合我国加入世界贸易组织所作的承诺和世贸组织规则，妨碍市场开放和公平竞争以及实际上难以有效发挥作用的行政审批。对取消的审批事项要加强后续监管。逐步建立科学的管理机制、规范的运行机制和严密的监督机制。(2)继续推进财政管理体制改革。进一步落实“收支两条线”规定，所有行政事业性收费都要实行收支脱钩管理，并逐步纳入预算。加快推进预算管理改革，编制综合财政预算。扩大国库集中支付和预算外资金收缴管理制度改革的试点范围。继续整顿和规范行政事业单位的银行账户管理，认真清理和规范政策外补贴，严禁设立“小金库”。(3)深化干部人事制度改革。认真贯彻《党政领导干部选拔任用工作条例》，制定干部选拔任用工作的监督制度和用人失察失误责任追究制。建立由组织、纪检监察、审计等部门参加的干部监督工作联席会议制度。全面推行县级以下党政领导干部、国有企业领导人员经济责任审计，扩大县级以上党政领导干部经济责任审计试点范围，把经济责任审计结果运用到干部任用和奖惩中。(4)认真贯彻公开、公平、公正的原则，完善并严格执行建设工程招标投标、经营性土地使用权出让、产权交易和政府采购四项制度。

第五，健全制约监督机制，强化对党员领导干部的监督。坚持把维护党的政治纪律放在首位，要特别强调党员干部必须坚决执行党的十六大决议，把思想和行动统一到党的十六大精神上来，统一到“三个代表”重要思想上来，与党中央保持高度一致。积极探索党的代表大会闭会期间发挥代表监督作用以及党的委员会全体会议发挥监督作用的途径和形式。进一步建立、健全党的民主集中制的各项具体制度，并加强对执行情况的监督检查。完善领导干部民主生活会制度。认真执行领导干部报告个人重大事项制度。实行领导干部述职述廉制度和纪委负责人同下级党政主要负责人谈话制度。建立和完善党内情况通报制度、情况反映制度和重大决策征求意见制度。建立和完善巡视制度，加大巡视工作的力度。积极稳妥地开展对派出纪检监察机构实行统一管理的试点工作，切实加强对驻在部门领导班子及其成员的监督。要继续深化政务公开、厂务公开、村务公开工作。

全会要求，各级党委、政府和纪检监察机关要严格执行党风廉政建设责任制，切实加大工作落实的力度，创造性地开展工作，务求取得实效。加强和改进党风廉政宣传教育，把党风廉政宣传教育纳入全党宣传教育的总体部署，树立廉政典型，大力弘扬正气，为反腐倡廉提供思想保证和营造良好的舆论氛围。一定要统揽全局，增强政治意识，正确运用政策，严格执行和维护党的纪律，更好地维护改革发展稳定的大局。纪检监察机关要继续加强自身建设，切实提高干部队伍素质。

全会号召，全党同志要紧密团结在以胡锦涛同志为总书记的党中央周围，高举邓小平理论伟大旗帜，全面贯彻“三个代表”重要思想，沿着党的十六大指引的方向，同心同德，振奋精神，不负重托，不辱使命，努力取得党风廉政建设和反腐败斗争的新成效，为实现党的十六大确定的全面建设小康社会的奋斗目标提供坚强的政治保证。

国务院总理朱镕基主持召开国务院第68次常务会议

会议审议并原则通过了《中华人民共和国中外合作办学条例(草案)》和《特种设备安全监察条例(草案)》，决定两部条例“草案”经修改后，由国务院公布实施。

中宣部部长刘云山在北京出席第十五次全国“扫黄打非”工作电视电话会议并讲话

会议就2003年“扫黄打非”行动作了部署。刘云山强调，今年的“扫黄打非”工作要以“三个代表”重要思想为指导，坚持解放思想、实事求是、与时俱进，把“扫黄打非”工作与繁荣发展社会主义先进文化结合起来，与深入开展群众性精神文明创建活动结合起来，与整顿规范市场经济秩序、加强社会治安综合治理结合起来，以富有成效的工作，促进先进生产力的发展，保障先进文化的前进方向，维护广大人民群众的根本利益，为实现全面建设小康社会奋斗目标营造良好的社会文化环境。

会议要求，各地各部门要结合各自实际，认真落实好今年确定的各项任务。要采取各种有效措施，继续加大对政治性非法出版物的打击力度，有效遏制盗版盗印活动不断蔓延的势头。要坚决打击制作、贩卖淫秽色情出版物活动，保护青少年的身心健康。要深入研究新情况新问题，探索新形势下加强“扫黄打非”工作的有效途径。

会议认为，坚持党委领导、各部门齐抓共管、各地区联防协作，广大群众积极参与，形成合力，是“扫黄打非”多年来形成的有效工作机制，要继续坚持和不断完善。公安、广电、工商、海关、教育、信息产业、版权、交通、铁路、民航、邮政、检察、法院等相关部门要各负其责，狠抓落实。

刘云山强调，对新形势下的“扫黄打非”斗争，要以坚定不移的态度，深入持久地开展。要在认真总结过去成功经验的基础上，深入研究当前“扫黄打非”工作的新情况、新特点，积极拓展工作领域，从机制、手段、方法等方面大胆创新，使工作更加符合实际，更加富有成效。

新闻出版总署署长、全国“扫黄打非”工作小组副组长石宗源，中央政法委副秘书长、全国“扫黄打非”工作小组副组长陈冀平也在会上讲了话。全国“扫黄打非”工作小组成员单位和中央有关部门负责同志出席会议。各省(区、市)党委、政府分管领导及有关部门负责人在各分会场参加了会议。

政协上海市第十届委员会第一次会议选举蒋以任为市政协主席

全国人大常委会副委员长彭珮云在北京出席贯彻《文物保护法》座谈会并讲话

座谈会由全国人大教科文卫委员会和国家文物局联合召开。彭珮云在会上指出,要进一步宣传贯彻实施新修订的《文物保护法》,推动全社会提高对保护文化遗产重要性的认识,树立保护文物的法制意识,促进各级政府依法行政,各级人大要加强对文物保护法实施情况的监督,支持和监督政府和有关部门依法履行职责,做好文物保护工作。

彭珮云强调,地方各级人大和各级政府及有关部门应对现行的地方文物法规、规章和法规性文件进行一次清理检查,按照国家法制统一的原则,对照新《文物保护法》,该废除的废除,该修订的修订。并依照新文物保护法的规定与授权,进一步制定新的法规、规章和法规性文件,建立更完备的文物保护法律体系。

座谈会由全国人大教科文卫委员会主任委员朱开轩主持,全国人大教科文卫委员会副主任委员范敬宜、全国人大法律委员会副主任委员周克玉、国家文物局局长单霁翔、建设部副部长傅雯娟、国家旅游局副局长顾朝羲、国家文物局原局长张文彬、专家代表谢辰生和张德勤在会上发了言,提出了进一步贯彻实施的意见和建议。全国人大法工委、公安部、文化部、海关总署等有关部门负责人和在京的文博专家出席了座谈会。

全国人大常委会副委员长彭珮云在北京出席"四进"行动全国电视电话会议并讲话

全国人大常委会副委员长、中国小公民道德建设计划领导小组组长、全国妇联主席彭珮云在讲话中强调,儿童的道德教育是全党全社会共同的责任,学校、家庭、社区和公共场所对促进儿童的健康成长起着重要作用。小公民道德建设活动要取得实效,就必须使这项活动深入到学校、家庭、社区和公共场所。学校、家庭、社区和公共场所管理部门要互相配合,共同把这项活动开展好。各级党委政府要高度重视,切实加强领导。宣传、共青团、教育、环保、广电、妇联等各有关单位要积极推动这项活动的开展。

会议由全国妇联副主席、书记处书记华福周主持。全国妇联书记处书记李秋芳代表中国小公民道德建设计划领导小组谈了推进中国小公民道德建设进学校、进家庭、进社区、进公共场所的意见。中央文明办、教育部、共青团中央等有关部门负责人在会上发了言。青岛市市南区,上海市阳曲路小学,广东省珠海市启雅幼儿园,北京育英学校学生家长等代表分别介绍了小公民道德建设"四进"行动开展以来的经验和收获。

"四进"行动是指小公民道德建设进学校、进家庭、进社区、进公共场所。以"我做合格小公民"为主题,以提高儿童道德素质为宗旨,以儿童自主参与道德实践为重点的中国小公民道德建设计划自去年2月启动以来,全国31个省、自治区、直辖市的数千万儿童正通过各种活动形式争做"合格小公民"。

《珍贵的手迹——毛泽东邓小平江泽民关怀青少年和青少年工作》出版

该书是为纪念中国共产主义青年团成立80周年,由共青团中央和中央文献研究室共同编辑,由中国青年出版社和中央文献出版社联合出版。收录了毛泽东、邓小平、江泽民同志在不同历史时期有关青少年和青少年工作的手迹共97件,包括题词、书信、批示和题名,每件手迹均配有释文。这些珍贵的手迹生动地反映了毛泽东、邓小平、江泽民同志对青少年和青少年工作的亲切关怀和殷切期望,体现了我们党历来对青少年成长和青少年工作的高度重视。

2月20日

国家主席江泽民致信祝贺中国空间技术研究院建院35周年

江泽民在信中说:"三十五年来,你们艰苦奋斗,顽强拼搏,取得了以'神舟'号飞船为代表的显著成绩,为增强我国的综合国力和国防实力作出了重要贡献。希望你们与时俱进、开拓创新,发扬特别能吃苦、特别能战斗、特别能攻关、特别能奉献的航天作风和'两弹一星'精神,努力为我国国防现代化建设和经济社会发展作出新的更大的贡献。"

中共中央政治局常委、国务院副总理吴邦国致信中国空间技术研究院,对该院35年来取得的成绩予以高度评价。中共中央政治局委员、中央军委副主席曹刚川也来信表示祝贺。

中国空间技术研究院自1968年2月20日成立以来,在各类航天器的设计、研制和开发上,走出了一条中国特色的空间事业发展道路。他们先后研制发射了50余颗人造卫星和4艘"神舟"号飞船,初步形成了遥感、通信、气象、地球资源、导航等6个卫星系列,覆盖了高、中、低所有的卫星轨道。目前,中国空间技术研究院在卫星回收、一箭多星、地球静止轨道通信卫星、遥感卫星和载人飞船等技术领域跨入世界先进行列。他们研发的热管技术、卫星高分辨率成像技术等2000多种新技术成果，在国民经济诸多领域得到广泛应用，取得了显著的经济和社会效益。

国务院总理朱镕基到国家经贸委与干部座谈

朱镕基就做好国有企业监督工作，与国家经贸委司局长以上干部，中央金融工委负责人及国有重点金融机构监事会主席，中央企业工委负责人及国有重点大型企业监事会主席以及部分行业协会负责人进行了座谈。

国务院副总理李岚清，中共中央政治局常委、国务院副总理吴邦国、温家宝，中央政治局委员、国务委员吴仪出席座谈会。国务委员兼国务院秘书长王忠禹主持座谈会。

在听取有关方面的汇报后，朱镕基指出，实践证明，建立国有企业监事会制度，是发展社会主义市场经济、加强国有企业监督和实现国有资产保值增值的一个重要举措，这项改革的成效是显著的。朱镕基强调，要贯彻落实党的十六大精神，认真总结经验，不断深化改革，积极探索有效的监督管理方式，进一步完善对国有企业和国有资产的监督管理制度。

国家经贸委主任李荣融、中央金融工委副书记阎海旺、中央企业工委副书记郑斯林先后作了汇报，监事会主席代表发了言。有关部门负责人出席了座谈会。

全国政协主席李瑞环在维多利亚会见塞舌尔国民议会议长弗朗西斯·麦格雷戈

中共中央政治局常委贾庆林在人民大会堂会见第十一世班禅额尔德尼·确吉杰布

贾庆林祝贺十一世班禅13周岁生日和藏历新年，并向为十一世班禅的培养教育做了重要工作的宗教界人士致以节日的问候。十一世班禅向贾庆林敬献了哈达，对党中央、国务院的亲切关怀，对西藏自治区党委、政府和有关部门的关心指导表示衷心感谢。

贾庆林听取了十一世班禅和西藏扎什伦布寺民主管理委员会主任喇嘛次仁的汇报。他说，党中央、国务院一直在关心着西藏人民，重视西藏的发展进步。目前西藏经济发展，社会进步，民族团结，人民生活幸福安宁。中国共产党历来十分重视宗教工作。历世班禅在广大信教群众中有着很高的威望。希望十一世班禅继承和发扬历世班禅的爱国主义精神，坚持爱国爱教，团结进步，坚决拥护中国共产党的领导，热爱祖国和人民，热爱社会主义，努力学好科学文化知识，不断加深佛学造诣，为维护祖国统一和民族团结，为西藏的跨越式发展和长治久安，为西藏各族人民的幸福作出自己的贡献。

中央统战部、国家民委、国家宗教局等有关部门负责同志李德洙等参加了会见。

国务院副总理李岚清在人民大会堂会见“长江学者奖励计划”特聘教授 讲座教授和“高校青年教师奖”获奖代表并讲话

李岚清指出，近五年来，“长江学者奖励计划”在遴选、培养、吸引和稳定高层次创造性人才方面起到了很好的作用，推动了高等学校用人制度和分配制度改革。“高校青年教师奖”在鼓励高等学校的广大教师特别是青年教师深化教育改革、提高教学水平等方面也取得了显著成效。希望各位长江学者和获奖人员继承和发扬中华民族自强不息、锐意创新的优良传统，学习老一辈科学家团结拼搏、甘于奉献的高尚品质，牢固树立把青春和智慧奉献给祖国和人民的豪情壮志，积极投身于现代化建设的伟大实践，努力成为科技创新的先锋、教书育人的典范。

教育部部长陈至立在受聘仪式和颁奖大会上介绍了“长江学者奖励计划”二期计划。有关部门负责人为受聘教授和获奖代表颁奖。李嘉诚先生致辞。

“长江学者奖励计划”第五批特聘、讲座教授为94人，加上前四批累计537人；第四届“高校青年教师奖”获奖者为115人，加上前三届累计429人。

国务院副总理钱其琛在中南海会见瓦历斯·贝林率领的台湾“无党籍联盟”参访团

钱其琛对台湾“无党籍联盟”组团来访，积极推动两岸“三通”表示欢迎。

钱其琛指出，恢复两岸对话与谈判是两岸关系改善的重要标志。尽快实现两岸直接“三通”，是两岸同胞的迫切愿望，也是我们与台湾主张发展两岸关系的党派、团体和人士的重要共识。解决“三通”问题，应以两岸同胞的切身利益和实际需要为优先，以民为本，为民谋利，采取简单易行的办法灵活处理。

中共中央台办主任陈云林，中共中央台办副主任、海峡两岸关系协会常务副会长李炳才参加了会见。台湾“无党籍联盟”参访团是应海协邀请来访的。

国土资源部在北京召开全国进一步治理整顿土地市场秩序电视电话会议

会议对全国土地市场秩序治理整顿工作作了部署，要求进一步发展和规范土地市场。

这次主要集中治理整顿新修订《土地管理法》实施以来，土地管理和土地交易、使用情况。特别是违法占地、非法入市、违规设立园区以及管理松弛、土地执法中的错误做法等问题：一是违反土地利用总体规划和城市规划，设立各种名目的园区(城、村)及园区用地中存在的非法占地、越权批地、违法供地等问题；二是非法圈占集体土地，一些单位和个人擅自与乡、村、组签订“征地”、占地协议而圈占土地问题；三是违法违规交易，违反《招标拍卖挂牌出让国有土地使用权规定》供地及擅自利用划拨土地、集体土地进行经营性房地产开发问题；四是管理松弛，有法不依、执法不严等问题。

上海市第十二届人民代表大会第一次会议选举龚学平为市人大常委会主任 韩正为市长

纪念周恩来同志诞辰105周年座谈会在人民大会堂举行

全国人大常委会副委员长吴阶平出席了会议。这次座谈会的主题是：“缅怀、敬业、勤俭、奉献、为民”。一些革命老前辈和周恩来同志生前身边工作人员深情缅怀了他的丰功伟绩和高贵品质，并号召大家学习周恩来同志的崇高精神，更好地完成各项工作。

中国人民银行公布《2002年货币政策执行报告》

《2002年货币政策执行报告》(以下简称《报告》)透露，近期我国要继续保持人民币存贷款利率的稳定；今年要在总结1996年利率市场化改革经验的基础上，制定利率市场化改革的中长期规划，研究进一步统一扩大贷款利率浮动幅度的政策和步骤，并总结县以下农村信用社利率改革试点经验，促进农村金融稳定发展。

据悉，2002年人民银行灵活运用利率手段，稳步推进了利率市场化改革。在1998年和1999年两次扩大贷款利率浮动幅度的基础上，2002年年初在全国8个县农村信用社进行利率市场化改革试点，贷款利率浮动幅度由50%扩大到100%，存款利率最高可上浮50%。2002年9月，农村信用社利率浮动试点范围进一步扩大。

《报告》指出，到2002年年末，按五级分类标准，四大国有商业银行不良贷款减少782亿元，不良贷款率下降4.92个百分点，为26.1%。2002年，国内非金融企业部门贷款、国债、企业债和股票融资的比重为79.4:15.3:1.3:4，与2001年同期相比，贷款和企业债融资比重分别上升了3.5个和0.4个百分点，国债和股票融资分别下降0.4和3.5个百分点。

《报告》强调，中国物价目前在低位运行有其特殊原因，对世界价格影响不大。2002年全球进口或出口规模在6万亿美元左右，中国出口商品价值3258亿美元，仅占5%。扣除加工贸易，中国真正的商品出口只占全球出口的2%左右，不足以对世界价格产生决定性影响。

《报告》还说，目前人民币汇率水平与汇率形成机制符合我国国情，我国国际收支形势总体良好，国家外汇储备大幅增加，人民币汇率保持稳定具有稳固的基础。

外交部宣布中美第三次反恐磋商和中美金融反恐工作组第二次磋商情况

根据中美两国元首达成的建立两国中长期反恐交流与合作机制的共识，中美第三次反恐磋商和中美金融反恐工作组第二次磋商分别于2月18日和19日在北京举行。

外交部有关方面说，双方跨部门代表团就当前国际和地区反恐形势、中美在金融等领域的反恐合作等问题深入交换了看法，并达成广泛共识。双方一致强调，两国在反恐领域加强合作，有助于推动国际反恐活动和双边关系的发展。此次磋商积极务实，富有成效，有助于进一步深化两国反恐合作。

美方邀请中方分别于今年下半年和明年赴美举行中美反恐第四次磋商和中美金融反恐工作组第三次磋商。

中央军委主席江泽民签署通令给总后某装备研究所记二等功

中央军委给总后勤部某装备研究所记二等功庆功大会在北京举行，会上宣读了由中央军委主席江泽民签署的通令。

总后勤部某装备研究所担负着全军被服装具、单兵防护与救生装备、野战饮食装备和军用食品的研制任务。近年来，他们紧紧围绕军事斗争准备需要，瞄准前沿，大胆创新，完成了新一代服装、新一代单兵防护、新一代野战饮食装备、新一代野战食品等共96项各类科研项目的研究，获国家科技进步一等奖2项、二等奖1项，军队科技进步一等奖6项、二等奖15项，“九五”全军后勤科技重大贡献奖6项，国家发明专利35项。

中央军委委员、总后勤部部长廖锡龙，总后勤部政委张文台，会前会见了这个所的部分专家，勉励他们要发扬为部队服务的优良传统，始终保持与时俱进的创新精神，研发出更多具有战略性、前瞻性、关键性的技术和装备，为实现我军后勤现代化的跨越式发展作出新的更大贡献。

科技部部长徐冠华出席新闻发布会介绍我国科技事业进展

徐冠华说，近5年来，国家财政用于科技的投入累计2670亿元，比前5年增长一倍。全国研究与试验开发经费从509亿元增加到1043亿元，占国内生产总值的比重从0.64%提高到1.1%，实现了历史性突破。中央财政还较大幅度地增加了国家"863"计划、自然科学基金、知识创新工程等专项投入。科技投入成为国家创新的基础条件和推动科学技术跨越式发展的重要保证。

科技与经济脱节的"两张皮"问题长期以来广受关注。徐冠华介绍说，近年来，通过深化科技体制改革，"两张皮"问题已基本得到解决，我国科技结构和力量布局更加趋于合理。应用型科研机构向企业化转制，形成了以市场需求为导向的研究开发新格局；一支稳定服务于社会公益型事业的精干的科研队伍正在加速形成；企业研究开发投入占全社会研究开发投入比重达到65%，已经成为研究开发活动的主体；一批国有大中型企业的技术创新能力和市场竞争力显著提高；一大批充满生机与活力的科技型中小企业以科技创新为依托迅速崛起，科技工作形成了蓬勃发展的新局面。

徐冠华说，近年来，我国高新技术产业化成效显著，已经成为促进经济结构调整的重要力量。据统计，我国53个国家高新区共有企业2.5万家，2002年工业总产值1.3万亿元，创造了近300万个就业岗位；国家高新技术产业开发区主要经济指标年均增长率超过60%；1999年设立科技型中小企业创新基金以来，政府共安排资金近30亿元，资助项目近3800个；460多个各类企业孵化器已育成科技企业4000多家，我国建立了生产力促进中心865家，数量居世界第二，服务中小科技企业近8万家，增加社会就业48万人；全国民营科技企业总数超过10万家，总收入1.9万亿元，从业人员650万人；通过运用高新技术改造传统产业，开展了城市智能交通，高附加值船舶等的应用开发和产业化，推动了相关领域的产品换代和经济结构的调整。

近年来，我国不断营造有利于创新的政策和环境，一批具有重要意义和影响的原始性创新成果不断涌现，科技创新能力显著提高。据了解，2002年，三大国际科技检索SCI、EI和ISTP共收入我国科技论文6.5万篇，国际论文数跃居世界第六。在当今许多国际前沿科技领域我国都取得了重要进展，其中部分重点和关键领域已接近或达到国际先进水平。科技进步推动了农业增产增效、工业技术升级和社会可持续发展，其中科技进步对我国农业增产的贡献率已经超过了40%。

我国首例女性虚拟人数据集在广州第一军医大学构建成功

这标志着我国在建立了有知识产权的中国虚拟人数字平台。中国工程院院士、第一军医大学教授钟世镇介绍，"虚拟人数据集"是将真实的人体断层数据进行电脑处理，能为不同行业提供后续开发虚拟人体的数据参数，可广泛应用于医学、国防、航空航天等人类活动相关领域。

2月21日

国家主席江泽民在中南海会见瑞典瓦伦堡财团董事长彼德·瓦伦堡博士

中共中央总书记胡锦涛主持召开中央政治局会议

会议决定2月24日至26日在北京召开中国共产党第十六届中央委员会第二次全体会议。

会议讨论了《关于深化行政管理体制和机构改革的意见》。会议认为，深化行政管理体制和机构改革，是推进政治体制改革的重要内容，是完善社会主义市场经济体制的客观需要，也是贯彻落实十六大精神的重要举措。要适应社会主义市场经济发展和我国加入世贸组织的新形势，继续推进行政管理体制和机构改革，抓住重点，解决行政管理体制中的一些突出矛盾和问题，为促进改革开放和现代化建设提供组织保障。

会议讨论了向第十届全国人民代表大会第一次会议推荐的国家机构领导人员建议人选和向政协第十届全国委员会第一次会议推荐的全国政协领导人员建议人选。

会议确定将以上两个方面的内容作为十六届二中全会的议题。会议还讨论了国务院拟提请第十届全国人民代表大会第一次会议审议的《政府工作报告》稿。会议指出，第九届全国人民代表大会第一次会议召开以来的五年，全国各族人民在中国共产党领导下，高举邓小平理论伟大旗帜，全面贯彻"三个代表"重要思想，团结奋进，顽强拼搏，推动改革开放和社会主义现代化建设取得了伟大成就。五年来，各级政府认真履行职责，做了大量卓有成效的工作。今年是贯彻落实十六大精神的第一年。各级政府要继续按照中央的要求做好工作。会议同意国务院将《政府工作报告》提请第十届全国人民代表大会第一次会议审议。

全国人大常委会委员长李鹏主持召开九届全国人大常委会第六十九次委员长会议

会议决定，九届全国人大常委会第三十二次会议于2月27日至28日举行，为即将召开的十届全国人大一次会议做准备。

全国人大常委会秘书长何椿霖作九届全国人大常委会第三十二次会议议程草案和日程安排的汇报，关于十届全国人大一次会议议程草案和日程草案、主席团和秘书长名单草案、列席人员名单草案的汇报。全国人大常委会代表资格审查委员会主任委员王维澄作十届全国人大代表资格的审查报告的汇报。作为全国人大法律委员会主任委员，王维澄代表法律委向委员长会议汇报了海关关衔条例草案。会议还讨论了全国人大常委会工作报告稿。全国人大常委会副秘书长周成奎就报告稿的起草情况作了汇报。

委员长会议建议第三十二次常委会会议的主要议程有：审议海关关衔条例草案；审议九届全国人大常委会代表资格审查委员会关于十届全国人大代表的代表资格的审查报告；审议十届全国人大一次会议议程草案、主席团和秘书长名单草案、列席人员名单草案；审议全国人大常委会工作报告稿；审议国务院关于提请审议批准中国政府和尼日利亚政府领事协定的议案、中国和俄罗斯领事条约的议案；审议九届全国人大常委会代表资格审查委员会关于九届全国人大个别代表的代表资格终止的报告；审议关于亚洲议会和平协会执行理事会会议情况的书面报告等。

全国人大常委会副委员长田纪云、姜春云、邹家华、王光英、布赫、铁木尔·达瓦买提、吴阶平、何鲁丽、周光召、曹志、丁石孙、成思危、许嘉璐、蒋正华出席会议。

政协江苏省第九届委员会第一次会议选举许仲林为省政协主席

全国社会保障基金理事会第一届理事大会第二次会议在北京召开

国务院总理朱镕基在对会议作出的批示中指出，全国社会保障基金，是国家财政的重要储备，类似国家外汇储备，是国民经济发展和社会稳定的重要保证，一定要把这项有深远意义的工作切实搞好。

这次会议审议了全国社会保障基金理事会2002年工作和2003年计划安排以及全国社会保障基金2002年度财务会计报告。

全国社会保障基金理事会理事长刘仲藜在会上指出，过去的一年，理事会在继续完善筹建工作的同时，按照“规范、稳健、专业化、市场化”的运作要求，在《全国社会保障基金投资管理暂行办法》规定的框架内，管理和运营全国社保基金取得了一定成效。目前，理事会已初步建立了全国社保基金的直接投资运作制度，正在积极开展委托投资的有关准备工作。截至2002年12月31日，全国社会保障基金总资产为1241.86亿元，累计实现收益30.84亿元，其中2002年实现收益21亿元，收益率为2.75%。

刘仲藜强调，今年，理事会将在继续探索提高直接投资收益办法和途径的同时，稳步开展委托投资，努力实现投资目标。

出席这次理事大会的有：陈锦华、经叔平、袁宝华、杨纪珂、刘国光、楼继伟、刘永富、刘克崮、刘枢机、董力和刘雅芝、冯健身、高西庆等。

2月22日

中组部部长贺国强在北京出席保持共产党员先进性教育活动试点工作座谈会并讲话

会议由中央组织部副部长、试点工作领导小组副组长李景田同志主持。中共中央政治局委员、中央书记处书记、中央组织部部长、中央保持共产党员先进性教育活动试点工作领导小组组长贺国强同志出席会议并讲话。

贺国强指出，开展先进性教育活动，是全面贯彻“三个代表”重要思想的重大举措，是新阶段党的建设的基础工程，是实现全面建设小康社会奋斗目标的重要保证。这次教育活动以学习实践“三个代表”重要思想为主要内容，就是要进一步用马克思主义中国化的最新理论成果教育全体党员，用发展着的马克思主义指导新的实践；就是要努力把全体党员锻炼成“三个代表”重要思想的坚定实践者，使我们党始终充满生机与活力，永葆党的先进性。党员是党的细胞，党的先进性要通过党员的先进性来体现。从总体来看，党员队伍的主流是好的，是有战斗力的。但是也要看到，党员队伍在新的形势下发生了一些新的变化，出现了一些新的问题，有些问题还相当突出。必须通过开展先进性教育活动，切实解决党员队伍中存在的突出问题。

贺国强指出，这次试点工作的指导思想是：坚持以邓小平理论和“三个代表”重要思想为指导，认真贯彻党的十六大精神，紧紧围绕全面建设小康社会的奋斗目标和改革发展稳定的大局，着眼于保持党员队伍的先进性纯洁性，增强党组织的创造力凝聚力战斗力，组织试点单位党员深入学习实践“三个代表”重要思想，切实解决党员队伍存在的突出问题，充分调动广大党员投身改革开放和现代化建设的积极性，达到提高党员素质、服务人民群众、促进各项工作的根本目的，为全面建设小康社会、开创中国特色社会主义伟大事业新局面提供坚强的组织保证。贯彻这一指导思想，要努力把握好四个方面的工作要求：一是坚持把组织党员学习实践“三个代表”重要思想贯穿始终；二是坚持正面教育、自我教育为主；三是坚持边学边查边改，切实解决党员在思想上作风上存在的突出问题；四是坚持把学习教育活动与进一步加强党的基层组织建设结合起来。

贺国强强调，承担试点工作任务的有关省市和行业部门党委及直接承担试点工作任务的试点单位党组织，必须建立工作机构，落实工作措施；必须把试点工作摆上重要议事日程，一级抓一级，层层抓落实；必须紧密结合本地本单位实际进行，做到“两不误”、“两促进”；必须切实尊重基层的首创精神，充分调动和发挥基层的积极性、创造性，在实践中发现好思路、好做法，总结出好经验、好典型，真正使试点工作收到实效。

试点工作领导小组副组长夏赞忠、雒树刚，试点工作领导小组其他成员，承担试点任务的省市委(工委)组织部门负责同志，试点单位党委(党组)负责同志出席了会议。

最高人民法院院长肖扬同特邀咨询员座谈

肖扬向16位最高人民法院特邀咨询员介绍了人民法院5年来的建设和发展情况。他说，几年来，人民法院明确提出坚持为党和国家大局，为促进市场经济发展、加快现代化建设提供司法保障；坚持法律效果与社会效果的辩证统一；坚持实体公正与程序公正的有机结合，努力提高司法效率；坚持以基层基础建设为重点，不断提高队伍的政治素质、业务素质和道德素质；坚持按照依法治国基本方略和建设社会主义法治国家的要求，积极稳妥地推进法院改革；坚持立足本国实际，积极借鉴外国有益经验，注重司法文明建设。5年来的实践表明，人民法院工作的指导思想是正确的。按照这个指导思想，审判工作创造了新业绩，队伍建设实现了新进展，法院改革积累了新经验，为人民法院今后的建设和发展奠定了新的基础。

最高人民法院从1999年起，陆续聘请法学、经济学和技术方面的专家为特邀咨询员。这些特邀咨询员经常与最高法院特邀咨询员办公室联系，反映情况，指出法院工作中存在的问题和不足，积极为人民法院的发展献计献策。

全国法院系统首次执行人员综合素质考试在各地举行

这次由最高人民法院统一举行的考试，有两个显著特点：一是考生范围广，所有在岗执行人员都必须参加；二是考试内容广，涉及民事诉讼法、民法通则、合同法、担保法、公司法、拍卖法、人民法院执行纪律处分办法等10余项与执行工作相关的法律规定及司法解释。全国共有3.4万余名执行人员当“考生”。通过考试者，持新证上岗；未通过者，则面临下岗。

国务院任免国家工作人员

免去李伟的国务院研究室副主任职务。

任命高西庆为全国社会保障基金理事会副理事长。

国家发展计划委发布《评标专家和评标专家库管理暂行办法》

《评标专家和评标专家库管理暂行办法》(以下简称《办法》)对组建评标专家库的条件、评标专家库的组建方式、评标专家库的日常管理，以及评标专家的权利义务作了比较详细的规定。并规定，政府投资项目的评标专家，应当从政府有关部门设立的评标专家库中抽取。《办法》将于2003年4月1日实施。

江苏省第十届人民代表大会第一次会议选举李源潮为省人大常委会主任 梁保华为省长

中共中央政治局常委黄菊在人民大会堂会见由秘书长素里亚率领的泰国泰爱泰党代表团

中央纪委书记吴官正在人民大会堂会见由主席欧帕·阿鲁因率领的泰国国家反贪污委员会代表团

外交部部长唐家璇在钓鱼台国宾馆会见朝鲜最高人民会议常任委员会委员长金永南

中印两国代表团在北京就相互适用《曼谷协定》达成双边协议

2月21日至22日，中国和印度两国代表团就相互适用《曼谷协定》问题进行了双边磋商。经过坦诚友好和建设性的讨论协商，双方成功达成了双边协议。协议规定，中印两国将于2003年内尽快相互适用《曼谷协定》。

外经贸部有关负责人表示，这标志着中国和印度将根据《曼谷协定》的规定，相互提供比最惠国税率更为优惠的关税待遇，从而进一步减少贸易障碍，促进双边贸易的增长。

大连一滚装船在渤海湾遇险4人遇难

14时30分，大连渤海轮船公司所属的“辽旅渡7”轮从山东龙口市开往辽宁旅顺途中，在渤海海峡北砣矶岛西北8海里处，船体倾斜20至30度遇险。中国海上搜救中心接报，立即向国务院值班室汇报。国务院领导马上作出指示，要求奋力抢救，及时请有关方面协助搜救,并请海军支援,尽一切力量避免人员伤亡。

中国海上搜救中心同时迅速派出包括交通部所属专业救助力量在内的8艘救援船,协调附近渔船和农业部、海军的有关救助力量赶往现场救助。截至22日20时45分,“辽旅渡7”轮遇险的81名船上人员全部被救起。在抢救过程中,有4人因在海水中时间过长,抢救无效死亡。

2月23日

国办转发国家经贸委等部门《关于进一步做好国有企业债权转股权工作的意见》的通知

各省、自治区、直辖市人民政府,国务院各部委、各直属机构:

国家经贸委、财政部、人民银行《关于进一步做好国有企业债权转股权工作的意见》已经国务院同意,现转发给你们,请认真贯彻执行。

国务院办公厅

2003年2月23日

关于进一步做好国有企业债权转股权工作的意见

为进一步做好国有企业债权转股权(以下简称债转股)工作,推进债转股企业加快建立现代企业制度,盘活不良金融资产,防范和化解金融风险,规范实施债转股企业、金融资产管理公司和有关单位的行为,依据《中华人民共和国公司法》(以下简称《公司法》)和《金融资产管理公司条例》等有关法律、法规以及国务院的有关规定,现提出如下意见。

一、债转股新公司的设立

(一)经国务院批准实施债转股的企业,应当按照《公司法》等有关法律、法规的规定,建立现代企业制度。要通过制定公司章程等有关文件明确股东会、董事会、监事会和经理层的权利与义务,形成各负其责、协调运转、有效制衡的公司法人治理结构,并依法设立或变更登记为股份有限公司或有限责任公司(以下简称新公司)。

(二)新公司进行工商注册登记时不得有职工持股,原企业在此之前已存在的职工持股问题,由职工持股方案原批准单位商有关方面妥善解决。

(三)新公司设立时,要依法进行资产评估和产权登记。债转股企业的资产评估,须公开招标,通过竞争确定评估机构和收费标准。参与竞标的资产评估机构必须具备财政部规定的资质条件。债转股企业的资产评估报告,凡属中央企业的,报财政部备案;凡属地方企业的,报省级财政部门备案。净资产评估结果为负值,需要调整债转股方案的,由国家经贸委、财政部、人民银行提出解决办法,个案报国务院审定。

(四)凡已经国有企业监事会监督检查或下年度经国家审计部门全面审计,以及上年度经符合资质条件的中介机构审计且出具审计报告的债转股企业,可不再重复审计。

(五)新公司的股东依法具有平等地位,利益共享、风险共担。股东之间可按自愿原则转让股权。

(六)经国务院批准实施债转股的企业,属国务院确定的580户债转股企业范围内的,从2000年4月1日起停止支付转股债务的利息;其他企业从国务院批准实施债转股之日起停止支付转股债务利息。金融资产管理公司从停息之日起按照股权比例参与原企业的利润分配,新公司设立后享有相应的股东权益。国务院另有规定的除外。

(七)新公司设立后,金融资产管理公司作为股东,依据法律和公司章程,可派员参加新公司董事会、监事会。新公司要积极探索建立符合现代企业制度要求的选人用人新机制。把组织考核推荐同引进市场机制、向社会公开招聘结合起来,把党管干部原则同董事会依法选择经营管理者,以及经营管理者依法行使用人权结合起来。

(八)新公司要严格依据《中华人民共和国会计法》、《企业财务会计报告条例》等规定,规范和完善企业财务制度,重点加强成本核算与成本管理、资金管理与财务会计报表管理。

(九)新公司要采取措施,积极稳妥地推进人事、劳动、分配制度的改革。建立管理人员竞聘上岗、能上能下的人事制度;建立职工择优录用、能进能出的用工制度;建立收入能增能减、有效激励的分配制度。

二、减轻债转股企业的负担

(十)新公司因停息而增加的利润,其所得税返还给原企业(原企业经变更登记已注销的,返还给原企业出资人,以下统称原企业),但只能用于购买金融资产管理公司的股权,同时相应增加原企业的国家资本金。

(十一)债转股企业将实物资产投入到新公司时,除债转股前未贴花的在新公司成立时应贴花外,免征增值税和其他相关税费。原企业持有的各种生产经营证书转入新公司时,免交各种费用。

(十二)原企业将生产经营使用的划拨土地投入到新公司,凡符合法定划拨用地范围的,可继续以划拨方式使用;不符合划拨用地范围的,可采取国家以土地使用权作价出资(入股)方式处置。由此增加的国有资本由原企业持有。原企业可免交除工本费以外的土地使用权变更登记费和手续费。

(十三)新公司在实施债转股时设立登记或变更登记中,免交企业注册登记费。

(十四)债转股企业要按照批准的债转股方案要

求，剥离非经营性资产、分离办社会职能和分流富余人员，地方政府要履行相应的义务。

三、盘活不良金融资产

（十五）在金融资产管理公司与原企业签订的债转股协议和方案中，以下条款予以废止：

1. 任何形式的股权固定回报；

2. 设立监管账户；

3. 将原企业资产抵押、股权质押或要求第三方为金融资产管理公司股权退出提供担保作为债转股先决条件或附加条件的；

4. 原企业享受兼并、减员增效政策，银行应核销的利息而计入转股额的；

5. 要求原企业全部购买金融资产管理公司股权的有关条款；

6. 将固定资产折旧费用用于购买金融资产管理公司股权；

7. 金融资产管理公司在债转股时直接置换原企业出资人已上市公司的股权；

8. 凡不符合《研究债转股工作有关问题的会议纪要》（国阅〔2000〕16号）等有关规定的其他内容。

（十六）新公司符合上市条件的，证监会依法受理上市申请，加快核准。金融资产管理公司转让所持上市公司国有股权，要遵守国家有关规定。

（十七）金融资产管理公司向境内外投资者协议转让股权（不含上市公司国有股权）时，其股权定价须经符合资质条件的资产评估机构进行评估，按照公正、公平、公开的原则，采取招标、拍卖等方式确定受让人和受让价格，同等条件下原企业享有优先购买权。

（十八）金融资产管理公司所持股权不能向境内外投资者协议转让的，原企业可用股权分红所得购买，购买价格参照资产评估每股净资产，由买卖双方商定。

（十九）关于金融资产管理公司股权转让、出售的最终损失处置问题，由财政部提出解决方案另行报国务院审定。

（二十）关系国计民生、国家必须控制的企业，在转让或下市时，必须经国家有关部门批准，并保证国家控股。

（二十一）关于金融资产管理公司终止时，其所持新公司剩余股权处置问题，由财政部、国家经贸委、人民银行等有关部门提出解决办法另行报国务院审定。

四、支持实施债转股企业的发展

（二十二）国务院有关部门要促进新公司的改革和发展，要依照国家产业政策，积极支持新公司搞好技术创新和促进产品升级，增强新公司的市场竞争能力。

（二十三）对于债转股企业生产经营的借款需求，凡符合条件的，有关商业银行应继续给予支持。

外交部副部长王光亚在吉隆坡出席不结盟运动南南合作商业论坛部长级会议并发言阐述中国政策

王光亚在会议上表示，中国是有近13亿人口的发展中大国，与其他发展中国家有着相同的历史遭遇，也面临共同的发展挑战。巩固和发展同发展中国家的团结与合作，是中国外交政策的基石。

王光亚说，数十年来，中国向许多发展中国家提供了力所能及的援助。这种患难之中的相互支持使我们之间建立了深厚的友谊。随着时代的变化，中国参与南南合作的方式与内容也在不断推陈出新，形成形式多样的格局。

王光亚在发言中列举了以下三点：一、继续提供优惠信贷、减免债务、开展技术合作和人员培训。多年来，中国向130多个国家提供了物质、技术和资金援助，派出大量专业技术人员开展科技和经济合作。2002年，中国同31个非洲国家签署了减债协议，也减免了部分亚洲国家的债务，对帮助它们减负调整起到了良好的作用。二、运用市场机制，开展经贸合作。中国对外开放是全方位的，提供了众多贸易与投资机会，中国希望发展中国家成为最大的受益者。中国加入世界贸易组织后，发展中国家对华贸易进一步增长。2002年前3个季度，东盟国家对华出口与前一年同比增长27%。预计10年后，在中国—东盟自由贸易区建成后，中国与东盟地区的双向贸易将增长约50%。三、鼓励企业走出去，投资经营。目前，许多中国企业已经开始在亚非拉地区投资设厂。随着中国经济的发展和企业的壮大，中国企业将以更快的步伐走向世界，走向发展中国家。2001年，中国对外投资额较前一年增长100%，达到约20亿美元，其中许多流入了发展中国家。根据联合国贸发会议估计，这一数字将在今后5年内再度翻番。

我国数字化可视人在重庆亮相

由第三军医大学完成的数字化可视人体数据集23日在重庆通过成果鉴定。医学与计算机专家评定认为，这是我国第一套包括男性和女性的数字化可视人体数据集，是具有完全自主知识产权的原创性成果，也是国际上继美国之后获得的第二套数字化可视人体数据集。项目总体研究达到国际领先水平，具有重大的应用价值。

数字化可视人是将成千上万个人体断面数据信息在计算机里整合重建成人体的三维立体结构图像，构成人体形态学信息研究的实验平台，为医学、生命科学等的研究和应用提供基础与技术支撑。目前，病因研究、疾病诊断和治疗等缺少精确量化的计算模型，“可视人”的出现将有助于解决这些难题。数字化可视人体数据集还可广泛应用于航天、航空、军事、建筑、影视、体育等领域。

目前,国际上只有中国、美国和韩国掌握了人体可视化技术,但韩国只采集到男性数据集。

2月24日

国家主席江泽民在人民大会堂会见美国国务卿鲍威尔

江泽民说,10多年来,中美关系在跌宕起伏中保持发展,有几条经验很重要。首先,中美双方应从国际形势的全局、用长远的战略观点看待两国关系。第二,我们之间应不断增进了解,发展互信。第三,要承认和尊重差异,寻求和扩大利益汇合点。第四,要恪守中美三个联合公报,妥善处理台湾问题。这样中美关系就能克服种种困难,不断向前发展。

鲍威尔说,国际形势发生巨大变化,我们双方共同努力克服了双边关系中一度出现的困难,美中合作的领域不断扩大。美方希望这种合作关系得到进一步加强。对台湾问题,美方理解中方的立场,坚持奉行一个中国政策。

双方还就伊拉克和朝鲜核问题交换了意见。

国家副主席胡锦涛在人民大会堂会见美国国务卿鲍威尔

国家主席江泽民在人民大会堂与摩尔多瓦总统弗拉迪米尔·沃罗宁举行会谈

江泽民对中摩双边关系顺利发展表示满意。他说,双边政治互信不断增强,在经济、科技、文教、卫生、军事等各领域的交流与合作日益扩大,地方与民间交往逐步增多,两国企业也建立了直接联系,特别是两国农业合作效果明显。

沃罗宁表示重视发展与中国的关系,希望扩大双方在农业及人文领域内的交流,在建立经济自由区、互派留学生、加强对青年一代的教育、举办中摩文化节及在摩尔多瓦建立中医药中心等方面加强与中方的合作,使两国关系更趋务实和巩固。

会谈结束后,江泽民和沃罗宁共同签署了《中华人民共和国和摩尔多瓦共和国联合公报》,并出席了《中华人民共和国政府向摩尔多瓦共和国政府提供援助的换文》等其他4个文件的签字仪式。

中华人民共和国和摩尔多瓦共和国联合公报

一、应中华人民共和国主席江泽民的邀请,摩尔多瓦共和国总统弗拉迪米尔·沃罗宁于2003年2月23日至27日对中华人民共和国进行国事访问。两国领导人就双边关系现状及其发展前景和共同关心的国际问题深入交换了意见,达成了广泛共识。

访问期间,双方签署了《中华人民共和国和摩尔多瓦共和国联合公报》、《中华人民共和国政府向摩尔多瓦共和国政府提供援助的换文》、《中华人民共和国卫生部和摩尔多瓦共和国卫生部关于提高卫生专业人员技能合作的议定书》、《中华人民共和国国家中医药管理局和摩尔多瓦共和国卫生部传统医药合作谅解备忘录》和《中华人民共和国科学技术部和摩尔多瓦共和国农业和食品工业部关于在星火技术领域开展合作的谅解备忘录》。

二、双方强调,近年来,尽管国际形势及中摩两国国内情况均发生了很大变化,双方始终遵循相互尊重、平等互利、互不干涉内政等原则及其他公认的国际法准则,尊重各自对社会制度和发展道路的选择,相互支持、密切配合,使中摩关系一直保持平稳发展,政治互信进一步加深。双方对此表示满意。

三、双方重申,恪守2001年7月20日江泽民主席与沃罗宁总统签署的《中华人民共和国和摩尔多瓦共和国联合声明》及其他双方签署的文件中所阐述的各项原则,保持高层交往,支持两国政府、议会、党际、地方和民间交流。充分利用两国潜力,深化两国在政治、经贸、科技、文化、教育、军事、旅游等领域的交往与合作,把两国关系提高到新水平。

四、双方认为,经贸合作关系是两国关系的重要组成部分,深化两国的互利合作不仅符合双方的根本利益,也有助于促进各自的经济和社会发展。为进一步扩大经贸关系,双方愿在市场经济条件下及在WTO框架内,充分发挥政府经济主管部门的宏观指导作用,有效利用混委会机制,加强协商与沟通,为企业扩大合作创造条件,提供便利。双方将在建立经济特区方面开展合作并交流经验。

五、中方赞赏摩尔多瓦在经济复兴和社会进步中取得的成绩,支持摩尔多瓦加入欧洲一体化,在本地区和国际事务中发挥更大作用。中国理解和支持摩尔多瓦为维护主权和领土完整,最终解决德涅斯特河左岸问题所做的努力,支持摩尔多瓦坚决打击分裂主义的行动,认为这是对维护整个地区和平与稳定作出的重要贡献。

六、摩方赞赏中国在实行改革开放以来各领域取得的成就,高度评价中方为促进亚洲乃至世界的和平、合作和发展所发挥的巨大作用和所做的重要贡献。摩方重申,世界上只有一个中国,中华人民共和国政府是代表全中国的唯一合法政府,台湾是中国领土不可分割的一部分;摩方将继续坚持一个中国的原则立场,不同台湾建立任何形式的官方关系和进行任何具有官方性质的往来,不支持台湾加入只有主权国家才能加入的国际组织。

七、双方认为,当今世界正发生复杂而深刻的变化,世界呈现逐步走向多极化的趋势。双方主张,维护世界的多样性,提倡国际关系民主化和自主选择发展模式。国家不论大小、贫富、强弱,都是国际社会平等的一员,都有参与国际事务的平等权利。世界各国应在平等互利的基础上协商对话,密切合作,和平相处,共同发展。

八、双方还就当前国际形势和地区热点问题交换了看法。双方认为,联合国是当今最具普遍性的政府间国际组织,为维护国际和平与安全、促进各国合作与发展作出了积极贡献,并对两国在联合国框架内富有成果的合作表示满意。双方强调,联合国及安理会在防范和打击恐怖活动,有计划、有步骤地加强国际合作,努力消除产生恐怖主义的根源等方面具有重要主导作用。

中华人民共和国主席　摩尔多瓦共和国总统
江泽民　弗拉迪米尔·沃罗宁
2003年2月24日于北京

国办印发《国家电力监管委员会职能配置内设机构和人员编制规定》的通知

各省、自治区、直辖市人民政府,国务院各部委、各直属机构:

《国家电力监管委员会职能配置内设机构和人员编制规定》已经国务院批准,现予印发。

国务院办公厅
2003年2月24日

国家电力监管委员会职能配置内设机构和人员编制规定(略)

国办转发国务院体改办等部门《关于深化转制科研机构产权制度改革的若干意见》的通知

各省、自治区、直辖市人民政府,国务院各部委、各直属机构:

国务院体改办、科技部、财政部、国家经贸委《关于深化转制科研机构产权制度改革的若干意见》已经国务院同意,现转发给你们,请贯彻执行。

国务院办公厅
2003年2月24日

关于深化转制科研机构产权制度改革的若干意见

为了进一步贯彻落实《中共中央、国务院关于加强技术创新,发展高科技,实现产业化的决定》(中发〔1999〕14号)精神,加快转制科研机构建立现代企业制度的步伐,促进技术创新和科研成果产业化,现就深化转制科研机构产权制度改革提出以下意见。

一、调整和完善产权结构

(一)转制科研机构实行产权制度改革,要按照建立现代企业制度的要求,根据《国务院办公厅转发科技部等部门关于深化科研机构管理体制改革实施意见的通知》(国办发〔2000〕38号)、《国家国有资产管理局关于印发〈国有资产产权界定和产权纠纷处理暂行办法〉的通知》(国资法规发〔1993〕68号),以及财政部《关于国家经贸委管理的10个国家局所属科研机构转制中有关国有资本核定问题的通知》(财管字〔1999〕276号)等文件规定,进行清产核资,明晰产权,及时到财政、工商等部门办理产权变更登记和注册登记等手续。

凡是产权归属不清或存在产权纠纷的,有关部门要本着有利于推进技术创新、支持科技人员创业和企业长远发展的原则,依照有关规定合理界定,协调处理。

(二)转制科研机构要根据自身特点,依法进行以公司制为主要形式的企业改制。一般转制科研机构原则上都要改制成为多种经济成分参股的有限责任公司或股份有限公司。涉及国家安全和重大社会利益的转制科研机构改制,应形成国家股和多个国有法人股并存的股权结构。

鼓励社会法人资本、个人资本和外商资本等多种资本投资入股或受让股权,将转制科研机构改制成为多元股权的公司制企业。允许职工个人自愿投资入股;在公正、公平的条件下,鼓励经营管理人员和科技人员持有较大比重的股份。

(三)对从事一般竞争性业务的转制科研机构,允许向社会整体转让产权。

(四)转制科研机构改制时,原则上不再新设职工集体股。由于历史原因已经设立的,要规范和完善管理办法。现有集体股可用于以后加入企业的科技人员和经营管理人员的股权激励;也可本着自愿协商的原则,由本企业经营管理人员和科技人员购买,其余部分吸引其他资本认购。暂时难以转让的部分,可委托信托投资机构管理。对集体股收益和股权转让所得,经职工代表大会审议通过,可用于原有入股职工补充养老保险、医疗保险等方面。

二、规范国有资产处置

(一)转制科研机构因改制、改组、兼并、破产和出售等引起国有资产产权变更的,要严格执行财政部《企业国有资本与财务管理暂行办法》(财企〔2001〕325号)和《企业公司制改建有关国有资本管理与财务处理的暂行规定》(财企〔2002〕313号),以及有关政策法规,经出资人同意,征求债权人意见,在严格评估和审计的基础上,通过职工代表大会审议,按照市场规则和规范程序合理处置国有资产,防止国有资产流失。

(二)转制科研机构改制时,对主要承担行业共性技术开发、基础性研究以及鉴定、检测等工作的公益性资产,可不折股。对这类资产要通过依法审计、严格评估,将其价值计入改制后公司国有独享的资本公积,由国有股东与改制后的企业签订委托管理协议。改制后新增的公益性资产也可按此办理。

(三)对转制前用于开办学校、幼儿园、医院等形成的非经营性资产,改制时可按照《国务院办公厅关于转发国家经贸委国有大中型企业建立现代企业制度和加强管理的基本规范(试行)的通知》(国办发〔2000〕64号)、国家经贸委等六部门《关于进一步推进国有企业分离办社会职能工作的意见》(国经贸企改〔2002〕267号)精神,结合实际情况和需要,进行剥离,暂时无法剥离的,可按本意见中关于公益性资产的规定办理。

(四)转制科研机构改制时,在剥离公益性资产后,可从企业净资产中,对欠缴的职工养老统筹、医疗费、所欠职工工资,以及解除劳动关系的经济补偿金、抚恤对象安置费等,实行一次性扣除。

(五)转制科研机构转制前属于职工奖金、工资储备基金和福利基金的结余,原则上结转转制后的单位,继续用于职工奖金、工资发放和职工福利。经职工代表大会审议通过,也可将其中一部分用于职工的补充养老保险、医疗保险。

(六)转制科研机构的划拨土地使用权,按照国土资源部《关于改革土地估价结果确认和土地资产处置审批办法的通知》(国土资发〔2001〕44号)的规定,经评估后,可以采取出让、租赁、作价出资(入股)或授权经营等方式处置。对转制科研机构的国有房产处置,可按照此办法办理。

(七)转制科研机构的国有资产出售,要依法、公开、有偿进行。涉及价值较大的国有资产出售,应当采取拍卖等公开竞价方式进行。涉及单位合并、分立、解散、撤销、破产的,其资产处置按照国家有关政策规定办理。

(八)对以政府财政资金资助为主、列入国家科研计划项目的研究成果及所形成的知识产权,转制科研机构应按照《国务院办公厅转发科技部财政部关于国家科研计划项目研究成果知识产权管理若干规定的通知》(国办发〔2002〕30号),确定产权归属,并可按规定在企业改制时作价入股。转制科研机构削减事业费到位后形成的知识产权,应区分情况明确其产权归属。

三、建立规范的产权激励和约束机制

(一)转制科研机构改制后,按照工资总额增长低于税后利润总额增长、职工平均工资增长低于劳动生产率增长的原则,根据有关法规自主决定职工工资标准和分配办法,建立以岗位效益工资为主的基本工资制度,在产权约束机制到位、法人治理结构健全的情况下,逐步取消工资总额控制。

(二)改制科研机构要加大对在技术开发、经营管理、市场开拓及成果转化中起关键作用、有突出贡献者的激励力度。要积极探索实行新产品利润提成、新产品销售收入提成、科技成果入股和建立补充商业保险等多种激励方式,调动科技和经营管理人员的积极性,吸引优秀人才。

(三)转制科研机构改制可对有贡献的职工特别是作出突出贡献的科技人员和经营管理人员实行股权激励,具体办法按照《国务院办公厅转发财政部科技部关于国有高新技术企业开展股权激励试点工作指导意见的通知》(国办发〔2002〕48号)执行。

四、加强国有资产管理

(一)对改制科研机构的国有资产或国有股权,由国家授权投资的机构依法行使出资人职能,享有资产收益、重大决策和选择管理者等权利,承担保值增值责任。在国务院未明确

国家授权投资机构的具体政策法规之前,可暂由其所归属的企业集团(公司)或主管部门、机构依法行使出资人职能。

(二)行使出资人职能的单位要加强对转制科研机构的国有公益性资产,剥离、借入、剩余土地使用权,以及转制前社会非经营性资产等的管理,保证国有资产的安全和有效使用。

(三)国有资本处于控制地位的改制科研机构要按照党管干部和市场机制选择经营管理者相结合的原则,建立、健全公司法人治理结构和相应的有效约束机制,承担国有资产保值增值的具体责任。

本意见暂先在中央所属转制科研机构中进行试点,转制科研机构试点办法的制定及组织实施工作由科技部会同财政部、国家经贸委等有关部门进行。各部门要在各自的职责范围内认真做好具体操作工作,切实保证改革的顺利推进。

地方所属转制科研机构可参照本意见进行试点。

我国新型集装箱船在大连下水

这艘名为"新天津号"的5668TEU(标准箱)集装箱船,是迄今为止国内箱量最大、航速最快、技术性能最先进的大型集装箱船。

国务院副总理李岚清在人民大会堂会见英国负责高等教育事务的国务大臣玛格丽特·霍奇和牛津大学校长卢卡斯

访华期间,教育部部长陈至立与霍奇签署了《中

英两国政府关于相互承认高等教育学位证书的协议》。

外交部部长唐家璇在钓鱼台国宾馆与美国国务卿鲍威尔举行会谈

国务院副总理钱其琛在汉城与韩国总统金大中举行会谈

钱其琛说，金大中总统致力于南北和解与合作，为之付出了心血。就任总统后即提出并奉行对朝和解政策，推动了南北关系的改善和半岛局势的缓和。中国政府赞赏和支持金大中总统的这一政策。

关于朝鲜核问题，钱其琛指出，中国支持朝鲜半岛无核化。从以往的经验来看，目前的朝核问题完全可以。半岛的和平稳定必须维护。为此，中方一直在劝说有关方面，推动朝核问题坚持政治解决的方向。

金大中对两国关系的发展感到满意，并表示相信下任总统也会继续致力于韩中友好。

双方认为，朝核问题应通过对话寻求和平解决。金大中说，韩方希望与中方加强在朝核问题上的沟通与协调作用。

中国与以色列在北京签订2002年至2005年文化合作协议

该协议包括了两国在文化、艺术、博物馆、展览、电影、电视、教育等多方面的合作框架。

国务院副总理李岚清在人民大会堂出席首届国家奖学金发放仪式

李岚清向奖学金获得者代表发放了奖学金，并同他们合影留念。

国家奖学金制度是国家科技教育领导小组第十次会议研究决定，从2002年起在全国普通高校首次设立的，旨在完善我国高校资助经济困难学生的政策体系，帮助高校经济困难的品学兼优学生顺利完成学业。为此，中央财政每年拨款2亿元，专项用于资助全国普通高校中4.5万名品学兼优的经济困难学生，其中一等奖1万名，每人奖学金6000元；二等奖3.5万名，每人奖学金4000元；同时，要求学校对所有获国家奖学金的学生减免当年全部学费。

党中央、国务院一贯高度重视高校家庭经济困难学生的问题，目前已出台了包括国家助学贷款在内的"奖、贷、助、补、减"等一系列政策。其中，国家助学贷款到去年年底共审批贷款学生59万人，已签订贷款合同金额51亿元。

财政部部长项怀诚在奖学金发放仪式上讲话指出，认真帮助家庭经济困难学生解决正常入学和顺利完成学业问题，是各级财政部门的重要职责。各级财政部门要积极配合有关部门和单位，扎扎实实把这项工作做好。

教育部部长陈至立在讲话中希望获得奖学金的大学生们不辜负党、国家和人民的关心与爱护，以优异的成绩、美好的品德回报党、国家，回报社会和人民。希望各地尽快研究设立各级地方政府奖学金，各级教育部门、各高校要不断改进工作，把这项泽被学子、利在千秋的事业切实办好。

获得国家奖学金的北京大学学生支娟在发言中表达了经济困难大学生对党、国家和人民的感激之情，表示要努力学习，成为全面发展的社会主义建设者和接班人。

国务院有关部门负责人高强、廖晓淇、张保庆、金立群和部分高校师生出席了发放仪式。

中国选手获瑞士羽毛球公开赛两项冠军

张宁夺得女子单打冠军，杨维/张洁雯夺得双打冠军。

新疆巴楚—伽师地区发生6.8级强烈地震

上午10时03分，新疆维吾尔自治区巴楚—伽师地区发生6.8级强烈地震(震中位于北纬39.5度，东经77.2度)，使人民群众的生命财产遭受严重损失。地震造成震中及附近地区257人死亡，上千人受伤。

2月25日

国家主席江泽民在人民大会堂接受3国新任驻华大使递交的国书

这3位大使是：厄立特里亚大使泽盖·特斯法齐翁·塞雷克，苏丹大使米尔加尼，穆罕默德·萨利赫和摩洛哥大使穆罕默德·谢尔提。

全国人大常委会委员长李鹏和夫人朱琳在人民大会堂会见摩尔多瓦总统沃罗宁和夫人

国家副主席胡锦涛在人民大会堂会见摩尔多瓦总统沃罗宁

国务院总理朱镕基在中南海会见摩尔多瓦总统沃罗宁

国务院副总理钱其琛在汉城出席韩国新任总统卢武铉的就职仪式

国务院副总理钱其琛在汉城与韩国总统卢武铉举行会谈

钱其琛对卢武铉在就职演说中阐述的观点表示赞赏。他说,阁下还强调了和平解决朝核问题的立场。我们表示支持。这符合韩国的利益,也有利于维护半岛的和平与稳定。

钱其琛说,南北双方是半岛的主人,朝鲜半岛事务最终要由南北双方协商解决。

卢武铉说,韩中10年前建立外交关系有力地促进了朝鲜半岛局势的缓和。韩国经济之所以较快地发展,很大程度上得益于韩中经贸合作的不断扩大。我认为,中国经济的发展有利于韩国的发展。我相信,韩中睦邻友好合作关系和两国人民之间的友谊将得到不断加强。

卢武铉说,韩中两国在朝鲜半岛问题上立场十分接近,中国始终支持南北双方改善关系,致力于维护半岛的和平与稳定。韩方对此表示感谢。卢武铉强调,半岛不应出现核武器,无核化是我们必须要坚持的目标。朝鲜核问题应通过对话寻求和平解决,有关方面应增加互信,避免事态进一步恶化。韩方希望中国继续在国际和地区问题上发挥更大作用。

全国打击制售假冒伪劣药品医疗器械专项行动动员大会在北京召开

国家药品监督管理局和公安部有关领导在动员大会上做了具体部署。

据介绍,打击制售假冒伪劣药品、医疗器械违法犯罪活动时间安排是2003年3月至2003年9月。联合行动的重点地区是河北省、吉林省、黑龙江省、浙江省、安徽省、河南省、湖南省、广东省、四川省、云南省、山西省等。

联合行动将以严厉打击制售假劣药品、医疗器械的各类违法犯罪行为,取缔、捣毁假劣药品、医疗器械制售窝点和网络为重点,依法严惩参与制售假劣药品、医疗器械的违法犯罪分子,以及为制售假劣药品、医疗器械提供资金、机械、印刷、包装、运输、加工等便利条件的违法单位和个人。

2月26日

国家主席江泽民在人民大会堂与古巴国务委员会主席兼部长会议主席菲德尔·卡斯特罗举行会谈

江泽民说,过去的10年是中古关系发展最快最好的时期。我1993年访问古巴和你1995年访问中国时,我们针对国际形势的变化深入交换了看法,达成了广泛共识,为两国关系确立了发展方向。

江泽民说,我们高兴地看到,目前两国政治互信加深,经贸合作扩大,在国际和多边事务中相互支持,密切配合。我们对中古两国近年经济、贸易等各方面的合作表示满意,并愿与古巴朋友一道为两国友好关系的发展而继续努力。

江泽民向卡斯特罗介绍了中共十六大的情况。

卡斯特罗说,古巴重视与中国的关系,在建设自己国家的伟大事业中,古巴愿意借鉴中国的经验。我们希望两国关系能够得到进一步全面发展。

会谈结束后,江泽民和卡斯特罗出席了中古两国政府经济技术合作协定的签字仪式。

中共十六届二中全会在北京闭幕

中国共产党第十六届中央委员会第二次全体会议公报

(2003年2月26日中国共产党第十六届中央委员会第二次全体会议通过)

中国共产党第十六届中央委员会第二次全体会议,于2003年2月24日至26日在北京举行。

出席这次全会的有,中央委员191人,候补中央委员151人。有关负责同志列席了会议。中央政治局主持会议。中央委员会总书记胡锦涛同志作了重要讲话。

全会审议通过了中央政治局在广泛征求党内外意见、反复酝酿协商的基础上提出的拟向十届全国人大一次会议推荐的国家机构领导人员人选建议名单和拟向全国政协十届一次会议推荐的全国政协领导人员人选建议名单,决定将这两个建议名单分别向十届全国人大一次会议主席团和全国政协十届一次会议主席团推荐。全会审议通过了《关于深化行政管理体制和机构改革的意见》,建议国务院根据这个意见形成《国务院机构改革方案》提交十届全国人大一次会议审议。

全会认为,开好十届全国人大一次会议和全国政协十届一次会议,对于坚持以邓小平理论和“三个代表”重要思想为指导,全面贯彻落实十六大精神,进一步动员全党和全国各族人民为全面建设小康社会、开创中国特色社会主义事业新局面而团结奋斗,具有重大的意义。

全会指出,人民代表大会制度是我国的根本政治制度,中国共产党领导的多党合作和政治协商制度是我国的基本政治制度。始终坚持和完善人民代表大会制度、中国共产党领导的多党合作和政治协商制度,对于发展社会主义民主政治、建设社会主义政治文明,对于巩固我们党的执政地位和我国社会主义制度,对于充分调动各方面的积极因素共同建设中国特色社会主义,极为重要。十六大提出的关于建设社会主义政治文明的任务,适应我国改革开放和社会主义现代化建设的发展要求,是我们党领导人民坚持和发展人民民主长期实践的必然结论。推进社会主义政治文明建设,最根本的是要把坚持党的领导、人民当家做主和依法治国有机统一起来,坚持社会主义方向,坚持走中国特色的政治发展道路。按照促进社会主义物质文明、政治文明和精神文明协调发展的要求推进各方面的工作,党和国家的事业一定能够更好地向前发展。

全会强调,行政管理体制和机构改革是推进政治体制改革的重要内容,是推动我国上层建筑更好地适应经济基础的一项重要的制度建设和创新,也是建立和完善社会主义市场经济体制的客观需要。要充分认识行政管理体制和机构改革的重要性和必要性,按照十六大提出的要求深化改革,进一步转变政府职能,改进管理方式,改进工作作风,提高行政效率,努力形成行为规范、运转协调、公正透明、廉洁高效的行政管理体制,更好地为改革开放和社会主义现代化建设服务。

全会认为,全面贯彻落实十六大精神是全党全国当前和今后一个时期的首要政治任务。十六大闭幕以来,全党和全国各族人民认真学习贯彻“三个代表”重要思想和十六大精神,形成了学习贯彻十六大精神的热潮,有力地促进了党和国家各项事业的发展。各级党委要继续围绕主题、把握灵魂、狠抓落实,在深入人心上下功夫,在开拓创新上下功夫,在力求实效上下功夫,把学习贯彻“三个代表”重要思想和十六大精神不断引向深入。要千方百计抓好发展这个党执政兴国的第一要务,始终坚持以经济建设为中心,进一步深化改革、扩大开放,保持国民经济持续快速健康发展,同时要切实加强社会主义政治文明建设和精神文明建设,促进社会全面进步。要正确处理改革发展稳定的关系,妥善处理各种社会矛盾和利益关系,坚持在社会稳定中推进改革发展,通过改革发展促进社会稳定。要继续做好关心群众生产生活特别是帮扶困难群众的各项工作,切实帮助困难群众排忧解难,加大扶贫开发工作的力度,大力促进就业和再就业,认真做好社会保障工作。要围绕实现党在新世纪、新阶段的奋斗目标和各项任务,以加强党的执政能力建设为重点,全面推进党的建设新的伟大工程。

全会号召,全党和全国各族人民更加紧密地团结起来,坚持以邓小平理论和“三个代表”重要思想为指导,在以胡锦涛同志为总书记的党中央领导下,解放思想、实事求是、与时俱进,发扬艰苦奋斗的精神,为实现全面建设小康社会的宏伟目标、不断开创中国特色社会主义事业新局面而努力奋斗。

中共中央总书记胡锦涛在中南海主持召开民主协商会议并发表重要讲话

会议就深化行政管理体制和机构改革、中共中央拟向十届全国人大一次会议推荐的国家机构领导人员人选建议名单和拟向全国政协十届一次会议推荐的全国政协领导人员人选建议名单,向各民主党派、全国工商联和无党派人士通报情况,听取意见。中共中央总书记胡锦涛主持会议并作重要讲话。

中共中央政治局常委吴邦国、温家宝、贾庆林、曾庆红、黄菊、吴官正、李长春、罗干出席会议。

胡锦涛在讲话中说,中共中央根据十六大提出的任务,通盘考虑改革开放和现代化建设发展的需要,反复听取和征求各方面意见,形成了《关于深化行政管理体制和机构改革的意见》。中共十六届二中全会审议通过后,将建议国务院根据这个意见形成《国务院机构改革方案》提交十届全国人大一次会议审议。

胡锦涛说,切实做好新一届国家机构领导人员人选和全国政协领导人员人选的酝酿、提名工作,选出一个能够受到人民拥护的国家领导机构和全国政协领导机构,对于激励全国各族人民坚持以邓小平理论和“三个代表”重要思想为指导,全面贯彻十六大精神,实现全面建设小康社会的宏伟目标、不断开创中国特色社会主义事业新局面,具有十分重大的意义。中共中央政治局对此高度重视,在充分发扬民主、反复酝酿协商的基础上,经过认真研究,提出了人选建议名单。

胡锦涛强调,中国共产党领导的多党合作和政治协商制度是我国的一项基本政治制度,在我国政治生活中发挥着非常重要的作用。实践证明,坚持“长期共存、互相监督、肝胆相照、荣辱与共”的方针,经常就党和国家工作中的重大事项同各民主党派、全国工商联和无党派人士进行协商,充分发扬民主,有利于推进决策的科学化、民主化,有利于中国共产党加强执政能力建设,更好地团结带领全国各族人民进行社会主义现代化建设。我们党历来十分重视这项工作,以毛泽东同志、邓小平同志、江泽民同志为核心的三代中共中央领导集体为我们作出了表率。新一届中共中央领导集体将坚持和发扬这一优良传统,进一步加强同各民主党派的合作共事,进一步巩固和发展最广泛的爱国统一战线,把各方面的智慧和力量都凝聚起来,把全社会全民族的积极性和创造性都发挥出来,万众一心地为实现中华民族的伟大复兴而努力奋斗。

胡锦涛说,在座的各位同志,一直十分关心国家大事,多年来同我们党亲密合作,积极建言献策,对中国共产党的工作和国家各项事业的发展提出许多真知灼见。希望大家一如既往，畅所欲言，提出宝贵意见。

温家宝通报了关于深化行政管理体制和机构改革的意见。

曾庆红就新一届国家机构领导人员和全国政协领导人员的人选建议名单作了说明。

在民主和谐的气氛中，民革中央主席何鲁丽，民盟中央主席丁石孙，民建中央主席成思危、民建中央名誉副主席万国权，民进中央主席许嘉璐，农工党中央主席蒋正华，致公党中央主席罗豪才，九三学社中央主席韩启德，台盟中央主席张克辉，全国工商联原名誉主席王光英、全国工商联主席黄孟复，无党派代表人士阿沛·阿旺晋美等发了言。他们说，就事关全局的重大决策和重大人事方案听取意见，充分体现了以胡锦涛同志为总书记的新一届中共中央领导集体继承发扬中国共产党的优良传统，体现了中国共产党与民主党派、无党派人士的亲密合作关系。他们认为，关于深化行政管理体制和机构改革的意见、新一届国家机构领导人员和全国政协领导人员的人选建议名单，考虑比较周全，适应新形势新任务的要求，符合改革开放和社会发展的需要，体现了与时俱进的精神，表示拥护和赞成，并就切实搞好行政管理体制和机构改革等提出了建议。

王兆国、贺国强、王刚、吴阶平、孙孚凌、经叔平、周铁农、王文元，各民主党派中央、全国工商联负责人和无党派代表人士，以及有关方面负责人也出席了会议。

国务院副总理李岚清在苏州主持召开苏州工业园区中新联合协调理事会中方理事会议并发表讲话

李岚清对苏州工业园区开发建设中所取得的成绩和经验给予充分肯定。他指出，苏州工业园区成立9年来，取得了令人瞩目的成就。实际利用外资55.1亿美元，还有大批投资项目正在建设中，2002年园区国民生产总值252亿元，财政收入达到32.6亿元。苏州工业园区已经成为我国改革开放的重要窗口，为进一步推动我国与其他国家扩大经济合作与交流提供了良好范例。实践证明，党中央、国务院关于建设苏州工业园区的决策是完全正确的。

李岚清指出，苏州工业园区建设进入一个新的发展阶段。面对经济全球化的新形势，要按照十六大提出的“发展要有新思路，改革要有新突破，开放要有新局面，各项工作要有新举措”要求，拓展园区的发展思路，继续创新，扩大开放，进一步提高国际竞争力。

2月25日至26日，李岚清在苏州还考察了苏州工业园区、苏州国家高新技术产业开发区和昆山等地。江苏省委、省政府领导和国务院有关部门负责同志陪同考察。

最高人民检察院检察长韩杼滨在北京出席全国检察机关纪检监察工作会议并讲话

韩杼滨在会议上强调，要深入学习贯彻胡锦涛总书记在中纪委二次全会上的重要讲话和中纪委二次全会精神，继续坚持从严治检不放松，全面加强检察机关党风廉政建设和自身反腐败工作。

最高人民检察院党组书记、副检察长贾春旺出席会议并讲话。中纪委驻高检院纪检组组长王克主持会议。

中央综治委预防青少年犯罪工作领导小组2003年第一次全体会议在北京召开

会议对2002年的预防工作进行了回顾、总结，审议了2003年预防工作重点。全国人大常委会副委员长、中央综治委副主任、中央综治委预防青少年犯罪工作领导小组组长曹志出席会议并讲话。预防青少年违法犯罪工作领导小组副组长、共青团中央书记处第一书记周强出席会议。中央综治办主任陈冀平主持会议。

会议提出，今年，各地各部门要深入贯彻党的十六大精神和《关于进一步加强预防青少年违法犯罪工作的意见》，立足社区，抓深化，抓落实，突出重点，稳步推进，努力开创预防青少年违法犯罪工作的新局面。

会议对教育部、最高人民法院、最高人民检察院、公安部、司法部、建设部、民政部、财政部、文化部、新闻出版总署、共青团中央、全国妇联等单位在实施《青少年违法犯罪社区预防计划》工作中的职责作了明确规定。

国台办发言人张铭清就近期两岸关系的有关问题答记者问

有记者问，今年是“汪辜会谈”10周年，汪辜是否有可能再次会面？对此，张铭清表示，“汪辜会谈”是两岸关系发展中的重大事件，标志着两岸关系迈出了历史性的重要一步。在“九二共识”的基础上，海峡两岸关系协会与台湾海基会相互尊重、平等协商、求同存异，为两岸关系的改善和发展作出了贡献。在“汪辜会谈”10周年之际，祖国大陆有关方面将举办有关活动。张铭清强调，祖国大陆方面对两岸在一个中国原则和“九二共识”的基础上恢复接触与对话具有最大的诚意和善意，我们在两会接触与对话问题上的立场没有改变。只要台湾当局明确承认一个中国原则和“九二共识”，两会接触马上就可以恢复，对话与商谈马上就可以进行。张铭清说，据我们了解，汪道涵会长今年没有赴新加坡的计划。

在评价春节台商包机业务的成效时,张铭清说,经过两岸同胞和航空业者共同努力,此次春节台商包机已经顺利完成,这为未来两岸直航积累了经验。如我们多次所说,只要对台湾同胞有利的事情,祖国大陆方面都愿意配合与支持。但是,这次包机毕竟是单向"曲航",只有双向直航才能从根本上解决日益增长的两岸民众往来和经贸交流的需求。这次实施包机飞行的过程中,两岸民航业者就通航中的一些业务性、技术性问题进行了沟通,采取了一些简便可行的做法。我们认为,只要台湾当局有诚意,两岸直接"三通"的问题都可以通过民间行业组织协商的方式,很快就可以做起来。我们将继续推动两岸空中通航朝着双向直航方向发展。

国家安全生产监督管理局(国家煤矿安全监察局)矿山救援指挥中心在北京成立

2月27日

国家主席江泽民 国家副主席胡锦涛在北京分别会见俄罗斯外长伊万诺夫

全国人大常委会委员长李鹏 国家副主席胡锦涛 国务院副总理温家宝在人民大会堂分别会见古巴国务委员会主席兼部长会议主席菲德尔·卡斯特罗

国务院总理朱镕基在中南海紫光阁会见古巴国务委员会主席兼部长会议主席菲德尔·卡斯特罗

全国人大常委会委员长李鹏在北京主持召开全国人大常委会第三十二次会议

本次常委会会议主要是为即将召开的十届全国人大一次会议做准备。

全国人大法律委员会副主任委员胡光宝作海关关衔条例草案审议结果的报告;全国人大常委会代表资格审查委员会主任委员王维澄作十届全国人大代表的代表资格审查报告和九届全国人大个别代表的代表资格终止的报告;全国人大常委会秘书长何椿霖作十届全国人大一次会议主席团和秘书长名单草案的说明。会议审议了十届全国人大一次会议议程草案、列席人员名单草案,全国人大常委会工作报告稿。

会议审议了国务院关于提请审议批准中国政府和尼日利亚政府领事协定的议案、中国和俄罗斯领事条约的议案,受国务院委托,外交部副部长王毅就这两个议案作说明。会议还审议了关于亚洲议会和平协会执行理事会会议情况的书面报告。

全国人大常委会副委员长田纪云、姜春云、邹家华、帕巴拉·格列朗杰、王光英、布赫、铁木尔·达瓦买提、吴阶平、何鲁丽、周光召、曹志、丁石孙、成思危、许嘉璐、蒋正华出席会议。国务院副总理钱其琛、最高人民法院院长肖扬、最高人民检察院检察长韩杼滨列席会议。

全国政协主席李瑞环在北京主持召开全国政协第四十八次主席会议

会议审议通过了政协十届一次会议主席团成员、常务主席、常务主席会议主持人和秘书长名单草案,政协十届一次会议提案审查委员会建议名单草案,政协十届一次会议分组办法和小组召集人名单草案,政协十届一次会议副秘书长名单草案,决定将上述草案分别提请政协十届一次会议预备会议和主席团第一次会议审议。

会议审议通过了政协十届一次会议预备会议日程,决定这次预备会议于3月2日在北京举行。

会议推举李贵鲜和周铁农副主席分别代表政协九届全国委员会常务委员会,向政协十届一次会议作常委会工作报告和提案工作情况的报告。

会议审议通过了政协十届一次会议新闻发言人名单,决定张国祥为政协十届一次会议新闻发言人。会议还听取了政协十届一次会议筹备工作情况的汇报。全国政协秘书长郑万通、副秘书长王巨禄分别就上述议题作了说明。

全国政协副主席叶选平、杨汝岱、阿沛·阿旺晋美、任建新、宋健、李贵鲜、张思卿、钱正英、孙孚凌、万国权、胡启立、陈锦华、赵南起、毛致用、白立忱、经叔平、罗豪才、张克辉、周铁农、王文元出席会议。

国务院副总理李岚清在北京出席科技部门和部分科研院所负责同志座谈会并发表讲话

李岚清在听取了大家发言后指出,5年来,在党中央、国务院的正确领导下,经过广大科技工作者和社会各界的共同努力,我国的科技事业取得了重大成就,科技体制改革取得突破性进展,高新技术产业化硕果累累,一大批新兴高科技企业拔地而起,优秀青年科技人才大量涌现。国家创新体系建设试点工作取得显著成效,基础研究和高技术前沿探索取得重大进展,原始性创新能力不断增强。科技投入显著增长,科技工作者的工作条件有了较大改善,工资收入和生活待遇明显提高。科技法制建设得到加强,中国特色的科技法律体系框架基本形成,为科技事业的发展提供了法律保障。

李岚清强调,科技部门、科研院所和广大科技工作者要深入学习贯彻十六大精神,解放思想、实事求是、与时俱进，通过理论创新推动体制创新、机制创新和科技创新，为发展先进生产力作出新的更大的贡献。

李岚清指出，建设现代农业，发展农村经济，增加农民收入，是全面建设小康社会的重大任务，也是摆在广大科技工作者面前的重大课题。要大力加强科研攻关，发展农业科技。

科技部部长徐冠华、中国科学院院长路甬祥、中国工程院院长徐匡迪、国家自然科学基金委员会主任陈佳洱在座谈会上作了工作汇报。中国农业机械化科学研究院、北京矿冶研究院、中国科学院计算机技术研究所、中国地质科学院、中国气象科学研究院的负责同志发了言。国务院有关部门负责同志出席了座谈会。

中共中央政治局常委李长春在人民大会堂出席纪念学习雷锋活动40周年大会并讲话

大会由中宣部、中央文明办、解放军总政治部、团中央联合召开。中共中央政治局委员、书记处书记、中宣部部长刘云山主持会议。

团中央书记处第一书记周强、内蒙古“12·14”营救落水儿童英雄群体代表刘小杰、青年志愿者代表李泓霖、雷锋生前所在团政委修长智、山东省作协副主席张海迪先后就发扬雷锋精神、推动青年志愿者行动等内容发言。

在认真听取代表们的发言后，李长春指出，全党全社会都要充分认识学习雷锋的现实意义，把学雷锋活动作为深入学习贯彻“三个代表”重要思想和十六大精神、不断开创中国特色社会主义事业新局面的实际行动，大张旗鼓地开展起来。

刘云山在主持大会时说，雷锋精神充分体现了我们党全心全意为人民服务的根本宗旨，体现了伟大的民族精神，是动员和激励广大干部积极投身建设中国特色社会主义伟大事业的一面光辉旗帜。要加大学习雷锋活动宣传力度，努力在全社会营造学习雷锋、争当先进的良好氛围。

会上宣读了表彰决定，对100个先进集体和100名先进个人予以表彰。大会向他们颁发了奖状和奖章。

会前，李长春等中央领导同志亲切会见了全国学习雷锋、志愿服务先进集体、先进个人代表，并与大家合影留念。

国务院印发关于取消第二批行政审批项目和改变一批行政审批项目管理方式的决定

各省、自治区、直辖市人民政府，国务院各部委、各直属机构：

国务院决定取消第一批行政审批项目后，国务院行政审批制度改革工作领导小组继续对国务院部门其余的行政审批项目进行了严格的审核和论证。经研究，国务院决定第二批取消406项行政审批项目，另将82项行政审批项目作改变管理方式处理，移交行业组织或社会中介机构管理。各地区、各部门要认真做好行政审批项目取消和调整后有关后续监管和衔接等工作，防止出现管理脱节。要按照社会主义市场经济体制的要求，将行政审批制度改革与政府机构改革、财政管理体制改革、电子政务建设、相对集中行政处罚权和综合行政执法试点等工作紧密结合起来，进一步转变政府职能，深化行政管理体制改革，促进依法行政，加强行政管理，提高行政效能。

附件：1. 国务院决定取消的第二批行政审批项目目录(406项)(略)

2. 国务院决定改变管理方式的行政审批项目目录(82项)(略)

国务院

2003年2月27日

国办关于转发人事部等部门《留学人员回国服务工作部际联席会议制度》的通知

各省、自治区、直辖市人民政府，国务院各部委、各直属机构：

人事部、教育部、科技部、财政部、外交部、国家计委、国家经贸委、公安部、外经贸部、中国人民银行、中国科学院和国家外国专家局联合制定的《留学人员回国服务工作部际联席会议制度》已经国务院同意，现转发给你们，请认真贯彻执行。

国务院办公厅

2003年2月27日

留学人员回国服务工作部际联席会议制度

吸引海外留学人员回国服务工作是我国实施科教兴国战略和人才战略的重要内容。近年来，各地区、各部门认真贯彻落实中央留学回国工作方针，密切配合，共同努力，吸引了一批留学人员回国服务，将所掌握的先进的科学技术和经营管理经验用于祖国的现代化建设，加快了经济社会各方面的发展。在加入世界贸易组织的新形势下，我国对人才特别是海外人才的需求更为迫切，吸引海外留学人员回国工作或以适当方式为国服务面临新的机遇和挑战。为建立有效地吸引留学人员回国服务工作机制，加强各有关部门的协调配合，提高效率，更好地开展工作，经国务院同意，建立留学人员回国服务工作部际联席会议(以下简称联席会议)制度。

一、联席会议的职责

学习贯彻党中央、国务院关于留学人员回国工作和为国服务的方针、政策；了解掌握全国留学人员回国服务情况；就留学人员回国工作和为国服务的相关政策性问题提出建议；加强部际沟通协作；指导各地区、各部门留学人员回国和为国服务工作。

二、联席会议的成员单位

人事部、教育部、科技部、财政部、外交部、公安部、国家计委、国家经贸委、外经贸部、中国人民银行、中国科学院、国家外国专家局等12个部门。

人事部为联席会议组长单位，联席会议组长由人事部领导同志担任；副组长单位为教育部、科技部、财政部，副组长由教育部、科技部、财政部领导同志担任；联席会议成员为各部门负责留学人员工作的有关司局领导同志。

三、联席会议工作规则

联席会议原则上每半年召开一次例会。根据工作需要，或按照领导同志指示，可以临时召集会议。出席会议人员根据会议议题确定。

联席会议的议题主要包括：传达、贯彻党中央、国务院领导关于留学人员回国工作或为国服务的指示精神；研究留学回国工作的新情况、新问题；讨论需要沟通的政策规定及有关重点工作；交流通报留学回国工作情况；就有关工作进行协商并提出落实办法。

对有关留学回国工作的重大问题，经联席会议研究后，以联席会议名义报国务院审定。各成员单位在各自的职责范围内开展工作。

四、联席会议的工作要求

(一)各成员单位在联席会议召开前提出会议议题，经人事部会同教育部等有关部门研究后，提交联席会议讨论。

(二)联席会议结束后，就会议主要内容形成文字纪要，经与会单位同意后，印发联席会议各成员单位贯彻落实。

(三)会议作出的决定，按照部门职能，分工负责，具体落实。

(四)各成员单位要积极支持，相互配合，形成合力，充分发挥好联席会议的作用。

公安部在北京召开全国公安机关反腐倡廉工作会议

劳动和社会保障部发布《社会保险稽核办法》

社会保险稽核是指社会保险经办机构依法对社会保险费缴纳情况和社会保险待遇领取情况进行核查，由县级以上社会保险经办机构负责的稽核部门具体负责这项工作。社会保险费情况稽核内容包括：缴费单位和缴费个人申报的社会保险缴费人数、缴费基数是否符合国家规定；缴费单位和缴费个人是否按时足额缴纳社会保险费；欠缴社会保险费的单位和个人的补缴情况；以及国家规定的或者劳动保障行政部门交办的其他稽核事项。该办法将于2003年4月1日起施行。

农业部宣布2003年为“全国农业科技年”

2003年，农业部将以实施“优势农产品竞争力提升科技行动”为核心，开展一系列农业科技创新和推广普及活动，为农业结构调整和农村小康建设提供有力的科技支撑。

农业部部长杜青林在发布会上说，在我国加入世界贸易组织、农业科技迅猛发展的形势下，农业面临的竞争就是科技竞争。通过开展农业科技年活动，推进农业科技革命，加速农业科技成果转化，提高农业科技的普及率和到位率，切实使农业科技的创新能力有所增强，优势农产品生产、加工等关键技术有所突破，农业标准化生产和科技水平显著提升，农民科技文化素质明显提高。

农业部副部长张宝文介绍，农业科技年将大力推广先进技术，促进成果转化，推进农业高新技术转化，实施新型农民科技培训工程，发展生态农业。

中共中央政治局常委黄菊在人民大会堂会见由副领袖麦克林率领的澳大利亚工党代表团

中共中央政治局常委李长春在人民大会堂会见由政治局委员巴姆南特率领的多哥人民联盟代表团

外交部部长唐家璇在北京与俄罗斯外长伊万诺夫举行会谈

两国外长就今年双边高层交往事宜进行了讨论，并达成共识，还就双方在经贸、能源、反恐和上海合作组织等领域的合作以及加强两国外交部之间的磋商等问题交换了意见。

双方还交换了关于伊拉克问题和朝核问题的意见。两国外长同意在上述问题上继续保持磋商与合作。

中华人民共和国与俄罗斯联邦外交部长关于朝鲜半岛局势的联合新闻公报

2月27日，中华人民共和国外交部长唐家璇和俄罗斯联邦外交部长伊万诺夫对朝鲜半岛局势深表关注。

本着促进加强亚太地区和平与稳定的真诚愿望，中俄呼吁有关各方作出必要努力，和平、公正地解决朝鲜半岛问题。

双方强调，保持朝鲜半岛无核武器地位、维护半岛不扩散大规模杀伤性武器制度和维护本地区和平、安全与稳定符合国际社会的共同愿望。

双方指出,美国与朝鲜开展建设性平等对话对解决“朝核问题”和实现美朝关系正常化具有重要意义。

双方认为,朝鲜北南双方应继续积极对话和进一步合作。上述进程是对保障朝鲜半岛乃至整个东北亚局势健康发展的实质性贡献。

双方注意到朝鲜表示无意发展核武器和美朝均表示愿意和平解决有关问题。

双方重申,中俄愿尽一切努力推动朝美对话,并愿在双边和多边领域积极推动朝核问题的政治解决,维护亚太地区和平与稳定。

中俄愿继续发展同朝鲜和韩国的睦邻友好关系与合作。

中华人民共和国与俄罗斯联邦外交部长关于伊拉克问题的联合新闻公报

2月27日,中华人民共和国外交部长唐家璇与俄罗斯联邦外交部长伊万诺夫就伊拉克问题深入交换了看法,并达成广泛共识。

双方对围绕伊拉克问题的紧张局势深表关切。

双方主张在联合国框架内通过政治和外交手段解决伊拉克危机。联合国安理会2002年11月8日一致通过的第1441号决议及其他相关决议,为此提供了必要法律基础。

中俄认为,联合国监核会和国际原子能机构的核查活动在解决伊拉克问题上发挥着重要作用,并且已取得一定进展,应当继续进行。联合国安理会应当加强指导并支持核查工作。

双方强调,伊拉克必须全面、严格并切实执行联合国安理会有关决议,不能拥有大规模杀伤性武器及其运载工具。伊拉克必须充分认识核查的重要性和紧迫性,应最大限度地加强与联合国监核会和国际原子能机构的合作,向核查人员提供更多、更主动和更实质性的合作,为伊拉克问题的政治解决创造必要的条件。

双方重申,决心继续全力促进政治解决伊拉克问题,认为战争可以而且应当避免。国际社会普遍要求采取一切措施,尽力避免战争。这一愿望应当得到尊重。

双方强调,联合国安理会承担着维护国际和平与安全的主要责任,应当遵循《联合国宪章》的宗旨和原则,在解决伊拉克问题上继续发挥核心作用。联合国所有成员国应当尊重并维护联合国安理会的权威。

双方决心继续保持密切联系与合作,在联合国宪章原则基础上,推动伊拉克问题的政治解决。

纪念陈赓诞辰100周年座谈会在人民大会堂举行

中共中央政治局委员、中央军委副主席曹刚川出席座谈会。

张万年、迟浩田出席座谈会。

座谈会指出,陈赓光辉战斗的一生,为我们留下了十分宝贵的精神财富。我们要学习他对共产主义事业忠贞不屈,矢志不渝的坚定信念;学习他英勇顽强,勇于进取的革命精神;学习他艰苦奋斗,密切联系群众的优良作风;学习他虚怀若谷,克己奉公,爱憎分明,坚持真理的高尚品质;学习他不怕困难,敢于斗争,善于斗争的英雄气概;学习他在长期的革命斗争实践中形成的治军作战和建军育人的宝贵经验。我们要高举邓小平理论伟大旗帜,全面贯彻“三个代表”重要思想,继承和发扬老一辈无产阶级革命家、军事家亲手培育的优良传统,在党中央、中央军委的正确领导下,团结一致,与时俱进,扎实工作,为实现党的十六大提出的宏伟目标,为建设一支强大的现代化正规化的革命军队而努力奋斗。

张廷发等老同志,傅全有、王克、王瑞林、廖锡龙、李继耐出席座谈会。

座谈会由军事科学院政委温宗仁主持。副总参谋长张黎、总装备部副部长李安东、军事科学院院长张定发、国防科技大学校长温熙森,老同志代表、南京军区原司令员向守志在座谈会上,深情缅怀了陈赓同志光辉战斗的一生。

中央和国家机关有关部门、解放军四总部、驻京各大单位、武警部队和军委办公厅的领导同志,有关单位的专家、学者,在京部分老同志以及陈赓的夫人傅涯等亲属也参加了座谈会。

李方华获世界杰出女科学家奖

中国科学院物理研究所李方华教授在巴黎联合国教科文组织总部接受了“教科文—欧莱雅世界杰出女科学家成就奖”。这是中国女科学家首次获此殊荣。

“教科文—欧莱雅世界杰出女科学家成就奖”是目前世界上唯一在全球范围内奖励从事生物、物理和化学等基础科研领域女科学家的奖项,由联合国教科文组织和法国化妆品集团欧莱雅公司共同创办和主持,被称为女性科学界的诺贝尔奖。

李方华1932年生于香港,长期在中国科学院物理研究所从事电子显微学研究,1993年当选中国科学院院士,1998年当选第三世界科学院院士。

2月28日

国家主席江泽民在北京会见美国微软公司董事长兼首席软件设计师比尔·盖茨

江泽民说,中国发展信息化和信息技术产业始终坚持走开放道路，我们愿与世界上技术先进的软件公司加强合作，携手前进，共同发展。

盖茨感谢江泽民主席的会见，并向江主席简要介绍了微软公司在中国的业务进展以及与中国有关方面签署开放软件源代码协议的情况。

盖茨是应国家计委的邀请来华访问的。中共中央政治局委员、国家计委主任曾培炎参加了会见。

国家主席江泽民陪同古巴国务委员会主席兼部长会议主席菲德尔·卡斯特罗在南京参观

江泽民陪同卡斯特罗冒雨来到熊猫电子集团参观。熊猫集团2000年10月签订了向古巴出口100万台彩电的贸易合同。2001年4月，江泽民访问古巴时双方签订了信贷合同，标志着向古巴出口彩电的项目正式启动。

参观了产品陈列室后，两国领导人兴致勃勃地参观了熊猫电视机生产线。参观结束时，江泽民和卡斯特罗欣然在公司的留言簿上签字留念。

全国人大常委会第三十二次会议在北京闭幕

这是九届全国人大常委会的最后一次会议。会议在李鹏委员长的主持下表决通过了十届全国人大代表的代表资格审查报告等。

会议首先表决通过了海关关衔条例。国家主席江泽民签署第85号主席令予以公布，并于公布之日起施行。

会议表决通过了全国人大常委会代表资格审查委员会关于十届全国人大代表的代表资格的审查报告和九届全国人大个别代表的代表资格终止的报告。会议通过表决决定，将十届全国人大一次会议议程草案、主席团和秘书长名单草案提请十届全国人大一次会议预备会议审议、选举，进行表决。表决通过十届全国人大一次会议列席人员名单。

本次常委会会议对全国人大常委会工作报告稿进行了认真的审议，同时提出了一些修改意见。今天下午的会议通过表决原则同意了这个报告稿，会后将根据委员们提出的意见进行修改后，提请十届全国人大一次会议审议。委员长会议建议，由李鹏委员长向十届全国人大一次会议作全国人大常委会工作报告。会议还表决通过了全国人大常委会关于批准中国政府和尼日利亚政府领事协定的决定、中国和俄罗斯领事条约的决定，以及任免名单。

在各项议程进行完毕后，李鹏发表了讲话。他说，本次会议是九届全国人大常委会最后一次会议，各项议程已经进行完毕。李鹏说，决定提请十届全国人大一次会议审议的常委会工作报告稿，对五年来常委会的工作作了总结，肯定了常委会工作取得的进展。这些成绩，是在党中央的正确领导下取得的，也是和常委会全体组成人员的努力分不开的。过去的五年，各位委员牢记人民的重托，以高度负责的态度，投入常委会的工作，圆满完成了宪法和法律赋予的职责。这里，我代表委员长会议全体组成人员，向各位委员表示衷心的感谢！同时借此机会，也向关心、支持、协助常委会工作的全国人大各专门委员会、各级人大代表、地方各级人大、国务院、最高人民法院、最高人民检察院、常委会机关和广大人民群众，表示诚挚的谢意！李鹏最后说，九届全国人大常委会已经圆满地完成了自己的历史使命。再过几天，十届全国人大一次会议即将开幕。在座的各位委员，有的将作为十届全国人大代表出席会议，有的将列席十届全国人大一次会议，希望大家以党的十六大精神为指导，认真审议好会议的各项议案，保证会议的圆满成功。并祝在座的十届全国人大代表再接再厉，为我国社会主义民主法制事业、为全面建设小康社会，再创辉煌；祝即将退下来的各位同志身体健康！全国人大常委会副委员长田纪云、姜春云、邹家华、帕巴拉·格列朗杰、王光英、布赫、铁木尔·达瓦买提、吴阶平、彭珮云、何鲁丽、周光召、曹志、丁石孙、成思危、许嘉璐、蒋正华，秘书长何椿霖出席会议。国务委员司马义·艾买提、最高人民法院院长肖扬、最高人民检察院检察长韩杼滨列席会议。

全国人民代表大会常务委员会公告

中华人民共和国第十届全国人民代表大会代表，按照《中华人民共和国全国人民代表大会和地方各级人民代表大会选举法》、《中国人民解放军选举全国人民代表大会和县级以上地方各级人民代表大会代表的办法》、《第九届全国人民代表大会第五次会议关于第十届全国人民代表大会代表名额和选举问题的决定》、《中华人民共和国香港特别行政区选举第十届全国人民代表大会代表的办法》、《中华人民共和国澳门特别行政区选举第十届全国人民代表大会代表的办法》和全国人民代表大会常务委员会批准的《第十届全国人民代表大会少数民族代表名额分配方案》、《台湾省出席第十届全国人民代表大会代表协商选举方案》，已经由各省、自治区、直辖市、香港特别行政区、澳门特别行政区和中国人民解放军等35个选举单位分别选举产生。共选出第十届全国人民代表大会代表2985名。全国人民代表大会常务委员会根据代表资格审查委员会提出的审查报告，确认2985名代表的代表资格全部有效。2月22日，福建省选出的代表何团经因病逝世。现实有第十届全国人民代表大会代表2984名。现将第十届全国人民代表大会代表名单予以公布。

全国人民代表大会常务委员会

2003年2月28日

国务院发出《关于2002年度国家科学技术奖励的决定》

各省、自治区、直辖市人民政府,国务院各部委、各直属机构:

为深入贯彻十六大精神,大力实施科教兴国战略,奖励为发展我国科技事业、促进经济繁荣和社会进步作出突出贡献的科学技术人员,根据《国家科学技术奖励条例》的规定,由国家科学技术奖励评审委员会严格评审、国家科学技术奖励委员会审定和科技部审核,经国务院批准并报请国家主席江泽民签署,授予金怡濂院士2002年度国家最高科学技术奖;经国务院批准,授予"物理有机化学前沿领域两个重要方面——有机分子簇集和自由基化学的研究"国家自然科学奖一等奖,授予"全球二叠系—三叠系界线层型研究"等23项成果国家自然科学奖二等奖,授予"纳米粉体材料超重力法工业性制备新技术"等21项成果国家技术发明奖二等奖,授予"优质、高产玉米新品种农大108的选育与推广"等18项成果国家科学技术进步奖一等奖,授予"STM-64光传输系统"等200项成果国家科学技术进步奖二等奖,授予德国罗伯特·昂格特、日本平野敏右、法国罗伯特·迪盖特、美国汉密尔顿和曹韵贞等5人中华人民共和国国际科学技术合作奖。

全国科学技术工作者要向全体获奖者学习,继续发扬团结奋斗、顽强拼搏、奋力攀登、勇于创新的精神,不断加强研究开发,大力推动技术创新,加速科技成果向现实生产力转化,为不断提高我国的综合国力和国际竞争力、加快实现全面建设小康社会的奋斗目标作出更大的贡献。

国务院

2003年2月28日

中共中央 国务院在人民大会堂举行国家科学技术奖励大会

上午9时整,中共中央总书记胡锦涛宣布大会开始。国家主席、中央军委主席江泽民首先向获得2002年度国家最高科学技术奖的中国工程院院士、国家并行计算机工程技术研究中心主任金怡濂颁发奖励证书和奖金。随后,江泽民、胡锦涛、朱镕基、李岚清、吴邦国、温家宝、曾庆红、李长春等党和国家领导人向获得国家自然科学奖、国家技术发明奖和国家科学技术进步奖的代表颁奖。

国务院总理朱镕基随后发表了题为《推进科技创新 勇攀科学高峰》的讲话。

国务院副总理李岚清在会上宣读了《国务院关于2002年度国家科学技术奖励的决定》。

金怡濂代表全体获奖人员发言。

会前,江泽民、胡锦涛等党和国家领导人会见了2002年度国家科学技术奖励获奖代表。

出席奖励大会并参加会见的领导同志还有:刘淇、吴仪、王刚、邹家华、王光英、布赫、彭珮云、周光召、王忠禹、宋健、钱正英、胡启立、陈锦华、赵南起等。

中央军委委员梁光烈、廖锡龙、李继耐,中央和国家机关及军队有关方面负责同志,国家科技教育领导小组成员,国家科学技术奖励委员会成员等也出席了大会并参加了会见。

会上,颁布了2002年度国家科学技术奖励获奖人选和项目。其中,"物理有机化学前沿领域两个重要方面——有机分子簇集和自由基化学的研究"获国家自然科学奖一等奖,23项成果获国家自然科学奖二等奖;21项成果获国家技术发明奖二等奖;18项成果获国家科学技术进步奖一等奖,200项成果获二等奖。德国罗伯特·昂格特、日本平野敏右、法国罗伯特·迪盖特、美国汉密尔顿和曹韵贞等5人获中华人民共和国国际科学技术合作奖。

国务院总理朱镕基在国家科学技术奖励大会上发表题为《推进科技创新 勇攀科学高峰》的讲话

同志们:

今天,党中央、国务院在这里隆重召开国家科学技术奖励大会。江泽民主席向金怡濂院士颁发了2002年度国家最高科学技术奖。大会还为获得2002年度国家自然科学奖、国家技术发明奖、国家科学技术进步奖的科技工作者颁了奖,以表彰他们为国家科技事业所作出的贡献。我代表党中央、国务院,向金怡濂院士和全体获奖人员表示热烈的祝贺!向全国各条战线上的科技人员致以诚挚的问候和崇高的敬意!

从2000年设立国家最高科技奖以来,吴文俊、袁隆平、王选和黄昆四位院士已先后荣膺这一国家最高奖项。这次获奖的金怡濂院士是我国计算机事业的开拓者之一,他主持完成了我国多台大型、巨型计算机的研制,系统和创造性地提出了巨型机体系结构、设计思想和实现方案,为我国计算机事业特别是巨型计算机的跨越式发展作出了重大贡献。党和政府对作出突出贡献的科学家给予崇高的荣誉和奖励,已经并正在全社会产生巨大的激励和鼓舞作用。

党中央、国务院高度重视科学技术工作。特别是近年来,我们坚持把实施科教兴国战略作为极其重要的任务,从增加投入、深化改革、完善政策等方面,采取了一系列重要措施,有力地推动了科技创新和进步。1998年至2002年国家财政用于科技的投入达2500亿元,比前五年增长一倍多,研究试验开发经费和其他重大科技专项的投入也有大幅度增加,明显地改善了科研工作条件。在基础研究、高技术研究和应用技术研究方面取得了许多重要进展,一批具有重大意义的科技成果相继涌现,科技成果市场化、产业化明显加快,高新技术产业蓬勃发展。科技创新成为我国经济和社会发展的强大动力,也增强了我国的国际竞争力和发展后劲。

党的十六大确定了我国新世纪、新阶段全面建设小康社会的宏伟目标和战略部署。实现新的目标和任务,关键是要继续实施科教兴国战略,大力推进科技创新,充分发挥科学技术作为第一生产力的重要作用,走可持续发展之路。国家将制定与实施中长期科学和技术发展规划。切实加强基础研究和高技术研究,推动关键技术创新和系统集成,努力在关键领域和若干科技发展前沿掌握核心技术和拥有一批自主知识产权,持续增强科技创新力和竞争力。继续深化科技体制改革,完善科技服务体系,加强知识产权保护,加速科技成果向现实生产力转化。

推动科技创新和进步,关键在人才。要大力实施人才强国战略,加快人才队伍建设。积极培养和吸引各类人才特别是高层次急需的科技人才。不断完善国家科技评价体系和奖励制度,进一步落实技术和管理参与分配的政策。通过深化改革和完善政策,在全社会进一步形成尊重知识、尊重人才、尊重创新的良好氛围和时尚,健全有利于科技创新和创业的人才汇集机制,营造使尖子人才能够脱颖而出的环境,造就大批具有一流水平的科学家和工程技术专家,使他们成为我国科技事业发展的先锋力量。

同志们,新世纪头二十年,是我国加快实现现代化的关键时期,也是我国科学技术大发展的重要时期。广大科技工作者肩负着神圣的历史使命,要充分发挥聪明才智,不断创造无愧于伟大时代的业绩。让我们紧密团结在以胡锦涛同志为总书记的党中央周围,高举邓小平理论伟大旗帜,全面贯彻"三个代表"重要思想,树立雄心壮志,敢于开拓创新,勇攀科学高峰,为中华民族的伟大复兴和人类文明进步事业作出更大的贡献!

《人民日报》发表评论员文章《努力把科学技术事业推向前进——祝贺国家科学技术奖励大会召开》

树绽新枝,春回大地。今天,2002年度国家科学技术奖励大会在北京隆重召开。这是科技界的盛会,也是全国人民关心的大事。

在本次大会上,从全国数以万计的申报项目中评选出来的269项成果和创造这些成果的科学家,将受到政府表彰。与往年相比,本届获奖成果的整体水平有所提高,不仅有国家最高科技奖,还有连续空缺了三届终于取得突破的国家自然科学一等奖。这些成果是我国实施科教兴国战略的可喜成就。

科技工作是一项艰辛的创造性劳动。团结协作是科学研究取得大成果的关键。在科学技术互相渗透、竞相发展的今天,许多重大科技成果都是多人多学科合作的结晶。我们在向榜上有名的获奖者致敬的同时,也向那些为了祖国的科技事业默默工作的无名英雄致敬!实施科教兴国战略是我国科技事业快速发展的基础。5年来,政府制定和采取了一系列有利于科技发展的政策措施,推动我国科技事业进入历史上最好的发展时期。国家加大了对科技的投入,通过深化科技体制改革,基本解决了科技与经济脱节的问题。加强基础研究工作,鼓励原始性创新,重视培养和引进高层次人才,为科技创新营造了十分有利的政策环境。实际需求是科学研究最重要的动力之一。实践既向科学家提出问题,又反过来检验科研工作。我国广大科技工作者响应党和政府的号召,自觉走科学技术服务于经济建设之路,积极投身科教兴国的实践,急国家之所急,想国家之所想,紧密结合经济建设和社会发展中的难点、热点展开科研攻关,在水稻新品种培育、油气田开发、重大工程技术项目攻关、自有知识产权的创造、高性能计算机的研制等方面,都创造了一流水平的成果,缩短了我国和世界先进水平之间的差距,在推动经济和社会发展方面发挥了重要作用。同时,还应看到,基础研究属于人类对自然界探索的范畴,有些研究成果可能一下子看不出应用前景,但并不能因此忽视了基础研究。基础研究领域一个点的突破,往往导致应用研究一个面的变革,会催生一个新兴产业。只有基础研究根基厚实,应用研究才能根深叶茂。基础研究搞上去了,跨越式发展才有希望。因此,必须高度重视基础研究工作。在本次获奖项目中,自然科学一等奖和二等奖中的一些项目,就是经过几十年时间、几代人的努力才完成的。在这样漫长的研究过程中,只有靠国家经费持续稳定的支持才能取得成功,今后还须加强这方面的工作。本次获奖成果还表明,人才队伍是我国科学技术事业的希望。江泽民同志深刻指出:"科学技术的竞争,关键是知识和人才的竞争,是开发和创新能力的竞争"。在原始性创新和高新技术产业化中,人才特别是尖子人才起着不可替代的作用。在本次获奖者中,40岁以下年轻人占1/3以上。这是多么可喜的现象。年轻科学家的不断涌现,必将加快我国跟上世界科技进步的步伐,在日益激烈的国际竞争中真正赢得主动。

在充分肯定成绩的同时，更要清醒地看到差距。全面建设小康社会的历史重任和日趋激烈的国际竞争环境，对我国科技工作提出了巨大的挑战。21世纪是科技创新日新月异的世纪。以信息技术、生物技术、新材料技术等为代表的新科技革命，正在深刻地改变着传统的经济结构、生产组织和经营模式。科技实力和创新能力越来越决定着各国在全球政治、经济舞台上的地位。我国科技事业的整体水平与世界先进水平相比还有很大差距。我们衷心地期待着广大科技工作者担负起历史赋予的崇高而光荣的任务，在“三个代表”重要思想指引下，不畏艰苦，戒骄戒躁，既提高飞鹰翱翔的跨越勇气，又树立黄牛力耕的踏实精神，努力把我国的科学技术事业推向前进！

国务院副总理钱其琛在北京出席中国侨联六届五次全委会并讲话

钱其琛强调，各级党委和政府要认真贯彻党的侨务工作方针，进一步关心和支持侨联工作。各级侨联要根据自己的特点开展活动，充分发挥自身优势，调动华侨华人、归侨侨眷的积极性，为全面建设小康社会和中华民族伟大复兴作出更大的贡献。

钱其琛还会见了陈永栽、黄双安等62名中国侨联新聘顾问并向他们颁发了荣誉证书。中国侨联主席林兆枢作了工作报告。

中国侨联决定把2003年确定为“侨联群众工作年”，要求各级侨联面向基层，面向群众，通过说服教育、示范引导、提供服务等方式，把群众观念树立起来，把群众组织健全起来，把群众的积极性调动起来，把群众利益实现好、维护好、发展好。

国家主席江泽民签署第85号令发布《中华人民共和国海关关衔条例》

《中华人民共和国海关关衔条例》已由中华人民共和国第九届全国人民代表大会常务委员会第三十二次会议于2003年2月28日通过，现予公布，自公布之日起施行。

中华人民共和国主席 江泽民

2003年2月28日

中华人民共和国海关关衔条例

第一章 总 则

第一条 为了加强海关队伍建设，增强海关工作人员的责任感、荣誉感和组织纪律性，有利于海关工作人员依法履行职责，根据宪法，制定本条例。

第二条 海关实行关衔制度。海关总署、分署、特派员办公室、各直属海关、隶属海关和办事处的国家公务员可以授予海关关衔。

海关缉私警察实行人民警察警衔制度。

第三条 关衔是区分海关工作人员等级、表明海关工作人员身份的称号、标志和国家给予海关工作人员的荣誉。

第四条 海关工作人员实行职务等级编制关衔。

第五条 关衔高的海关工作人员对关衔低的海关工作人员，关衔高的为上级。当关衔高的海关工作人员在职务上隶属于关衔低的海关工作人员时，职务高的为上级。

第六条 海关总署主管关衔工作。

第二章 关衔等级的设置

第七条 海关关衔设下列五等十三级：

(一)海关总监、海关副总监；

(二)关务监督：一级、二级、三级；

(三)关务督察：一级、二级、三级；

(四)关务督办：一级、二级、三级；

(五)关务员：一级、二级。

第八条 海关工作人员实行下列职务等级编制关衔：

(一)署级正职：海关总监；

(二)署级副职：海关副总监；

(三)局级正职：一级关务监督至二级关务监督；

(四)局级副职：二级关务监督至三级关务监督；

(五)处级正职：三级关务监督至二级关务督察；

(六)处级副职：一级关务督察至三级关务督察；

(七)科级正职：二级关务督察至二级关务督办；

(八)科级副职：三级关务督察至三级关务督办；

(九)科员职：一级关务督办至一级关务员；

(十)办事员职：二级关务督办至二级关务员。

第三章 关衔的授予

第九条 关衔的授予以海关工作人员现任职务、德才表现、任职时间和工作年限为依据。

第十条 海关招考录用海关工作人员或者从其他部门调任海关工作人员，在确定职务后授予相应的关衔。

第十一条 关衔按照下列规定权限批准授予：

(一)海关总监、海关副总监、一级关务监督、二级关务监督由国务院总理批准授予；

(二)三级关务监督至三级关务督察，由海关总署署长批准授予；

(三)海关总署机关及海关总署派出机构的一级关务督办以下的关衔由海关总署政治部主任批准授予；

(四)各直属海关、隶属海关的一级关务督办以下的关衔由各直属海关关长批准授予。

第四章 关衔的晋级

第十二条 二级关务督察以下关衔的海关工作人员，在其职务等级编制关衔幅度内，按照下列期限晋级：

二级关务员至一级关务督办，每三年晋升一级；

一级关务督办至一级关务督察，每四年晋升一级。

第十三条　二级关务督察以下关衔的海关工作人员，晋级期限届满，经考核具备晋级条件的，应当逐级晋升；不具备晋级条件的，应当延期晋升。在工作中有突出功绩的，经批准可以提前晋升。

第十四条　一级关务督察以上关衔的海关工作人员晋级，在职务等级编制关衔幅度内，根据其德才表现和工作实绩实行选升。

第十五条　海关工作人员提升职务，其关衔低于新任职务等级编制关衔的最低关衔的，应当晋升至新任职务等级编制关衔的最低关衔。

第十六条　关务员晋升关务督办，关务督办晋升关务督察，关务督察晋升关务监督，经培训合格后，方可晋升。

第十七条　关衔晋级的批准权限适用本条例第十一条的规定。

第五章　关衔的保留、降级、取消

第十八条　海关工作人员退休后，其关衔予以保留，但不得佩戴标志。

海关工作人员调离、辞职或者被辞退的，其关衔不予保留。

第十九条　海关工作人员因不胜任现任职务被调任下级职务的，其关衔高于新任职务等级编制关衔的最高关衔的，应当降级至新任职务等级编制关衔的最高关衔。关衔降级的批准权限与原关衔的批准权限相同。

第二十条　海关工作人员受到降级、撤职行政处分的，应当相应降低关衔。关衔降级的批准权限与原关衔的批准权限相同。关衔降级后，其关衔晋级的期限按照降级后的关衔等级重新计算。

关衔降级不适用于二级关务员。

第二十一条　海关工作人员受到开除行政处分的，因犯罪被依法判处剥夺政治权利或者有期徒刑以上刑罚的，其关衔相应取消，并且不再履行批准手续。

退休的海关工作人员犯罪的，适用前款规定。

第六章　附　则

第二十二条　海关关衔标志式样和佩带办法，由国务院规定。

第二十三条　本条例自公布之日起施行。

国办下发关于严格控制丹江口水利枢纽大坝加高工程坝区和库区淹没线以下区域人口增长和基本建设的通知

湖北省、河南省人民政府，国务院有关部门：

严格控制丹江口水利枢纽大坝加高工程坝区和库区淹没线以下区域(简称丹江口工程区域)的人口增长和基本建设，是关系到丹江口水利枢纽大坝加高工程建设和移民安置任务能否按期完成，以及南水北调中线工程能否顺利实施的重要问题。为此，必须采取有力措施，加强人口管理，严格控制基本建设，并坚决制止在淹没区突击建房。经国务院同意，现就有关问题通知如下：

一、从《国务院关于南水北调工程总体规划的批复》(国函发〔2002〕117号，简称《批复》)下发之日(2002年12月23日)起，丹江口工程区域内人口的自然增长，要严格按照国家计划生育政策和鄂、豫两省的规定执行，人口自然增长率控制在不超过本地2001年的水平；人口的机械增长，要严格按现行政策掌握，对未经有审批权限的政府部门批准而自行迁入的人口，一律不按丹江口工程区域移民对待，国家也不负责搬迁安置。

二、从《批复》下发之日起，在丹江口工程区域内，任何单位或个人均不得擅自新建、扩建和改建项目。确因生产、生活特别急需，且无法采取其他措施替代的小型技术改造或简易配套项目等，须报经省人民政府审批后才能建设。凡违反规定的建设，除按违章建筑处理外，搬迁时一律不予补偿。对危房改造，也要严加控制，凡通过加固、维护、修缮能排除危险的，就不要拆除重建；个别确需拆除改建的，要因陋就简进行恢复，不能扩大原规模，对擅自扩大规模的部分，搬迁时一律不予补偿。

三、丹江口工程区域地方各级人民政府和有关部门，要抓紧做好受淹集镇、乡村的移民搬迁规划，积极为移民搬迁创造条件，有计划、有步骤地按规划组织实施。在规划设计上，一定要从实际出发，量力而行。受淹乡镇党政机关要起带头作用，新建办公用房、住宅等必须在规划区内进行；工矿企业的改建和扩建，要结合企业的技术改造、产品结构和产业结构的调整，积极配合移民搬迁，逐步转移到规划安置区内建设；商业网点、学校等单位的迁建，也要按照移民规划进行。

四、丹江口工程区域地方各级人民政府，要把严格控制丹江口工程区域的人口增长和基本建设当作一件大事来抓，切实加强领导。要有针对性地认真做好各方面的思想政治工作，让广大干部群众正确理解和处理好当前和长远、小局和大局的关系，自觉遵守有关规定。

五、丹江口工程区域县(市)人民政府可根据本通知精神，结合当地实际发布公告，或利用媒体，把通知精神传达到丹江口工程区域内的每一个群众。同时，要加强调查研究和检查工作,不断总结经验,及时研究解决存在的问题,切实把这项工作做好,确保丹江口水利枢纽大坝加高工程和移民安置工作顺利实施。

国务院办公厅

2003年2月28日

国家统计局发布《中华人民共和国2002年国民经济和社会发展统计公报》

外交部部长唐家璇就伊拉克问题和朝鲜核问题与加拿大外长 日本外相通电话

中国国家博物馆挂牌成立

国家主席江泽民题写了“中国国家博物馆”牌匾。国务院副总理李岚清出席挂牌仪式,并为牌匾揭幕。

中共中央政治局委员、中宣部部长刘云山,全国政协副主席毛致用出席了挂牌仪式。

党中央、国务院对国家博物馆的建设十分关心和重视。1958年8月,中央决定筹建中国历史博物馆和中国革命博物馆,两馆建成后一直代行着中国国家博物馆的职能。

随着我国经济和社会事业的迅速发展,人民群众的精神文化需求日益增长,对外文化交流不断增加,党中央、国务院决定,在中国历史博物馆和中国革命博物馆的基础上组建中国国家博物馆,并已批准国家博物馆改扩建工程立项。这是我国文物博物馆事业发展中的一件大事,是建设社会主义先进文化的重要举措。

文化部部长孙家正在挂牌仪式上致辞。中央和国家机关有关部门、北京市的负责同志参加了挂牌仪式。

故事片《惊涛骇浪》首映式在人民大会堂举行

重大现实题材故事片《惊涛骇浪》,由江泽民题写片名,八一电影制片厂拍摄,以1998年抗洪斗争为背景,全景式地再现了在那场百年不遇的严重水灾面前,全国军民在以江泽民同志为核心的党中央领导下,万众一心,英勇奋战,取得抗洪斗争胜利的历史性壮举,大力弘扬了在这场惊天地、泣鬼神的殊死搏斗中形成的伟大抗洪精神,热情讴歌了中华民族巨大的凝聚力、战斗力和创造力,精心塑造了奋不顾身、前仆后继的抗洪英雄群像,充分宣扬了人民军队永远听党指挥的军魂和全心全意为人民服务的根本宗旨。

中共中央宣传部副部长、国家广电总局局长徐光春,总政治部副主任袁守芳等有关领导出席了首映式。

《邓发纪念文集》出版

邓发是中国共产主义运动中涌现出来的一位杰出人物,中国工人运动早期著名领袖,生前曾长期担任党和军队重要领导职务,亲历过中国新民主主义革命的一系列重大事件,为党和人民的事业作出杰出贡献。1946年4月8日,邓发在与王若飞、博古、叶挺等从重庆飞往延安的途中,因飞机失事不幸遇难。

《邓发纪念文集》由“纪念诗文”、“邓发文选”、“邓发烈士传略”、“邓发生平年表”四部分构成,共38万字,详尽勾勒出邓发一生的革命历程,表达了人们对老一辈革命家深深的缅怀和无限的崇敬。

李铁映和中直机关有关部门领导,以及邓发同志的亲友等应邀出席了《邓发纪念文集》出版座谈会。

中国电视体育奖在北京揭晓

由中国奥委会、中华全国体育总会和中央电视台联合主办,中央电视台体育节目中心承办的2002年度中国电视体育奖颁奖典礼,在中央电视台1号演播厅举行。

本届电视体育奖一共设有12个奖项,获奖者分别是:年度突破奖江永华、年度最佳残疾人运动员奖王晓福、年度最佳组合奖申雪/赵宏博、年度最佳新人奖李娜、年度最佳教练奖许海峰、年度最受欢迎男女运动员姚明和杨扬、年度最佳非奥运项目运动员奖诸宸、年度最佳团队奖中国女子曲棍球队、年度最佳女运动员杨扬、年度最佳男运动员李小鹏以及年度体育荣誉奖中国滑冰协会。

3月1日

国家主席江泽民陪同古巴国务委员会主席兼部长会议主席菲德尔·卡斯特罗在上海参观

国务院宣布取消406项行政审批项目

国务院决定，在第一批取消789项行政审批项目的基础上，再取消406项行政审批项目，另将82项行政审批项目作改变管理方式处理，移交行业组织或社会中介机构管理。这标志着行政审批制度改革又向前迈进了一大步。

国防科工委在北京召开2003年民用航天工作会议

会议决定，"十五"后期和"十一五"期间，我国民用航天工业将实现月球探测工程的第一期目标；做好国家空间基础设施的顶层规划，在继续开展先进性能的试验型卫星研制基础上，完成民用航天从"应用型"向"业务服务型"的转化，更好地服务国民经济建设和社会可持续发展。

国家航天局局长栾恩杰介绍，"探月"工程遵循"统筹规划，远近结合，循序渐进，持续发展"的原则，分"绕"、"落"、"回"三个阶段实施。第一阶段的目标是：获取月球表面三维影像，分析月球表面有用元素含量和物质类型的分布特点，探测月壤厚度和地月空间的环境。

中国国防科工企业管理协会在北京成立

协会的主要任务是：针对国防科技工业改革、发展和企业管理等问题，开展调查研究，总结、交流和推广国内外先进经验，推进我国国防科技工业现代管理体系的建立；及时了解和分析企业改革与管理的最新动态，向政府有关部门及时反映，并提出有关政策建议；做好政府、军方和企业三方的沟通工作，发挥纽带和参谋的作用，开展学术交流和培训活动，建立国防科技工业企业信息服务网络等。

国务院总理朱镕基签署第372号令公布《中华人民共和国中外合作办学条例》

《中华人民共和国中外合作办学条例》已经2003年2月19日国务院第68次常务会议通过，现予公布，共有8章，自2003年9月1日起施行。

总　理　朱镕基

2003年3月1日

中华人民共和国中外合作办学条例

第一章　总　则

第一条　为了规范中外合作办学活动，加强教育对外交流与合作，促进教育事业的发展，根据《中华人民共和国教育法》、《中华人民共和国职业教育法》和《中华人民共和国民办教育促进法》，制定本条例。

第二条　外国教育机构同中国教育机构(以下简称中外合作办学者)在中国境内合作举办以中国公民为主要招生对象的教育机构(以下简称中外合作办学机构)的活动，适用本条例。

第三条　中外合作办学属于公益性事业，是中国教育事业的组成部分。

国家对中外合作办学实行扩大开放、规范办学、依法管理、促进发展的方针。

国家鼓励引进外国优质教育资源的中外合作办学。

国家鼓励在高等教育、职业教育领域开展中外合作办学，鼓励中国高等教育机构与外国知名的高等教育机构合作办学。

第四条　中外合作办学者、中外合作办学机构的合法权益，受中国法律保护。

中外合作办学机构依法享受国家规定的优惠政策，依法自主开展教育教学活动。

第五条　中外合作办学必须遵守中国法律，贯彻中国的教育方针，符合中国的公共道德，不得损害中国的国家主权、安全和社会公共利益。

中外合作办学应当符合中国教育事业发展的需要，保证教育教学质量，致力于培养中国社会主义建设事业的各类人才。

第六条　中外合作办学者可以合作举办各级各类教育机构。但是，不得举办实施义务教育和实施军事、警察、政治等特殊性质教育的机构。

第七条　外国宗教组织、宗教机构、宗教院校和宗教教职人员不得在中国境内从事合作办学活动。

中外合作办学机构不得进行宗教教育和开展宗教活动。

第八条　国务院教育行政部门负责全国中外合作办学工作的统筹规划、综合协调和宏观管理。国务院教育行政部门、劳动行政部门和其他有关行政部门在国务院规定的职责范围内负责有关的中外合作办学工作。

省、自治区、直辖市人民政府教育行政部门负责本行政区域内中外合作办学工作的统筹规划、综合协调和宏观管理。省、自治区、直辖市人民政府教育行政部门、劳动行政部门和其他有关行政部门在其职责范围内负责本行政区域内有关的中外合作办学工作。

第二章　设　立

第九条　申请设立中外合作办学机构的教育机构应当具有法人资格。

第十条　中外合作办学者可以用资金、实物、土地使用权、知识产权以及其他财产作为办学投入。

中外合作办学者的知识产权投入不得超过各自投入的1/3。但是,接受国务院教育行政部门、劳动行政部门或者省、自治区、直辖市人民政府邀请前来中国合作办学的外国教育机构的知识产权投入可以超过其投入的1/3。

第十一条　中外合作办学机构应当具备《中华人民共和国教育法》、《中华人民共和国职业教育法》、《中华人民共和国高等教育法》等法律和有关行政法规规定的基本条件,并具有法人资格。但是,外国教育机构同中国实施学历教育的高等学校设立的实施高等教育的中外合作办学机构,可以不具有法人资格。

设立中外合作办学机构,参照国家举办的同级同类教育机构的设置标准执行。

第十二条　申请设立实施本科以上高等学历教育的中外合作办学机构,由国务院教育行政部门审批;申请设立实施高等专科教育和非学历高等教育的中外合作办学机构,由拟设立机构所在地的省、自治区、直辖市人民政府审批。

申请设立实施中等学历教育和自学考试助学、文化补习、学前教育等的中外合作办学机构,由拟设立机构所在地的省、自治区、直辖市人民政府教育行政部门审批。

申请设立实施职业技能培训的中外合作办学机构,由拟设立机构所在地的省、自治区、直辖市人民政府劳动行政部门审批。

第十三条　设立中外合作办学机构,分为筹备设立和正式设立两个步骤。但是,具备办学条件,达到设置标准的,可以直接申请正式设立。

第十四条　申请筹备设立中外合作办学机构,应当提交下列文件:

(一)申办报告,内容应当主要包括:中外合作办学者、拟设立中外合作办学机构的名称、培养目标、办学规模、办学层次、办学形式、办学条件、内部管理体制、经费筹措与管理使用等;

(二)合作协议,内容应当包括:合作期限、争议解决办法等;

(三)资产来源、资金数额及有效证明文件,并载明产权;

(四)属捐赠性质的校产须提交捐赠协议,载明捐赠人的姓名、所捐资产的数额、用途和管理办法及相关有效证明文件;

(五)不低于中外合作办学者资金投入15%的启动资金到位证明。

第十五条　申请筹备设立中外合作办学机构的,审批机关应当自受理申请之日起45个工作日内作出是否批准的决定。批准的,发给筹备设立批准书;不批准的,应当书面说明理由。

第十六条　经批准筹备设立中外合作办学机构的,应当自批准之日起3年内提出正式设立申请;超过3年的,中外合作办学者应当重新申报。

筹备设立期内,不得招生。

第十七条　完成筹备设立申请正式设立的,应当提交下列文件:

(一)正式设立申请书;

(二)筹备设立批准书;

(三)筹备设立情况报告;

(四)中外合作办学机构的章程,首届理事会、董事会或者联合管理委员会组成人员名单;

(五)中外合作办学机构资产的有效证明文件;

(六)校长或者主要行政负责人、教师、财会人员的资格证明文件。

直接申请正式设立中外合作办学机构的,应当提交前款第(一)项、第(四)项、第(五)项、第(六)项和第十四条第(二)项、第(三)项、第(四)项所列文件。

第十八条　申请正式设立实施非学历教育的中外合作办学机构的,审批机关应当自受理申请之日起3个月内作出是否批准的决定;申请正式设立实施学历教育的中外合作办学机构的,审批机关应当自受理申请之日起6个月内作出是否批准的决定。批准的,颁发统一格式、统一编号的中外合作办学许可证;不批准的,应当书面说明理由。

中外合作办学许可证由国务院教育行政部门制定式样,由国务院教育行政部门和劳动行政部门按照职责分工分别组织印制;中外合作办学许可证由国务院教育行政部门统一编号,具体办法由国务院教育行政部门会同劳动行政部门确定。

第十九条　申请正式设立实施学历教育的中外合作办学机构的,审批机关受理申请后,应当组织专家委员会评议,由专家委员会提出咨询意见。

第二十条　中外合作办学机构取得中外合作办学许可证后,应当依照有关的法律、行政法规进行登记,登记机关应当依照有关规定即时予以办理。

第三章　组织与管理

第二十一条　具有法人资格的中外合作办学机构应当设立理事会或者董事会,不具有法人资格的中外合作办学机构应当设立联合管理委员会。理事会、董事会或者联合管理委员会的中方组成人员不得少于1/2。

理事会、董事会或者联合管理委员会由5人以上组成,设理事长、副理事长,董事长、副董事长或者主任、副主任各1人。中外合作办学者一方担任理事长、董事长或者主任的,由另一方担任副理事长、副董事长或者副主任。

具有法人资格的中外合作办学机构的法定代表人,由中外合作办学者协商,在理事长、董事长或者校长中确定。

第二十二条　中外合作办学机构的理事会、董事会或者联合管理委员会由中外合作办学者的代表、校长或者主要行政负责人、教职工代表等组成,其中1/3以上组成人员应当具有5年以上教育、教学经验。

中外合作办学机构的理事会、董事会或者联合管理委员会组成人员名单应当报审批机关备案。

第二十三条　中外合作办学机构的理事会、董事会或者联合管理委员会行使下列职权:

(一)改选或者补选理事会、董事会或者联合管理委员会组成人员;

(二)聘任、解聘校长或者主要行政负责人;

(三)修改章程,制定规章制度;

(四)制定发展规划,批准年度工作计划;

(五)筹集办学经费,审核预算、决算;

(六)决定教职工的编制定额和工资标准;

(七)决定中外合作办学机构的分立、合并、终止;

(八)章程规定的其他职权。

第二十四条　中外合作办学机构的理事会、董事会或者联合管理委员会每年至少召开一次会议。经1/3以上组成人员提议,可以召开理事会、董事会或者联合管理委员会临时会议。

中外合作办学机构的理事会、董事会或者联合管理委员会讨论下列重大事项,应当经2/3以上组成人员同意方可通过:

(一)聘任、解聘校长或者主要行政负责人;

(二)修改章程;

(三)制定发展规划;

(四)决定中外合作办学机构的分立、合并、终止;

(五)章程规定的其他重大事项。

第二十五条　中外合作办学机构的校长或者主要行政负责人,应当具有中华人民共和国国籍,在中国境内定居,热爱祖国,品行良好,具有教育、教学经验,并具备相应的专业水平。

中外合作办学机构聘任的校长或者主要行政负责人,应当经审批机关核准。

第二十六条　中外合作办学机构的校长或者主要行政负责人行使下列职权:

(一)执行理事会、董事会或者联合管理委员会的决定;

(二)实施发展规划,拟订年度工作计划、财务预算和规章制度;

(三)聘任和解聘工作人员,实施奖惩;

(四)组织教育教学、科学研究活动,保证教育教学质量;

(五)负责日常管理工作;

(六)章程规定的其他职权。

第二十七条　中外合作办学机构依法对教师、学生进行管理。

中外合作办学机构聘任的外籍教师和外籍管理人员,应当具备学士以上学位和相应的职业证书,并具有2年以上教育、教学经验。

外方合作办学者应当从本教育机构中选派一定数量的教师到中外合作办学机构任教。

第二十八条　中外合作办学机构应当依法维护教师、学生的合法权益,保障教职工的工资、福利待遇,并为教职工缴纳社会保险费。

中外合作办学机构的教职工依法建立工会等组织,并通过教职工代表大会等形式,参与中外合作办学机构的民主管理。

第二十九条　中外合作办学机构的外籍人员应当遵守外国人在中国就业的有关规定。

第四章　教育教学

第三十条　中外合作办学机构应当按照中国对同级同类教育机构的要求开设关于宪法、法律、公民道德、国情等内容的课程。

国家鼓励中外合作办学机构引进国内急需、在国际上具有先进性的课程和教材。

中外合作办学机构应当将所开设的课程和引进的教材报审批机关备案。

第三十一条　中外合作办学机构根据需要,可以使用外国语言文字教学,但应当以普通话和规范汉字为基本教学语言文字。

第三十二条　实施高等学历教育的中外合作办学机构招收学生,纳入国家高等学校招生计划。实施其他学历教育的中外合作办学机构招收学生,按照省、自治区、直辖市人民政府教育行政部门的规定执行。

中外合作办学机构招收境外学生,按照国家有关规定执行。

第三十三条　中外合作办学机构的招生简章和广告应当报审批机关备案。

中外合作办学机构应当将办学类型和层次、专业设置、课程内容和招生规模等有关情况,定期向社会公布。

第三十四条　中外合作办学机构实施学历教育的,按照国家有关规定颁发学历证书或者其他学业证书;实施非学历教育的,按照国家有关规定颁发培训证书或者结业证书。对于接受职业技能培训的学生,经政府批准的职业技能鉴定机构鉴定合格的,可以按照国家有关规定颁发相应的国家职业资格证书。

中外合作办学机构实施高等学历教育的,可以按照国家有关规定颁发中国相应的学位证书。

中外合作办学机构颁发的外国教育机构的学历、学位证书,应当与该教育机构在其所属国颁发的学历、学位证书相同,并在该国获得承认。

中国对中外合作办学机构颁发的外国教育机构的学历、学位证书的承认,依照中华人民共和国缔结或者加入的国际条约办理,或者按照国家有关规定办理。

第三十五条 国务院教育行政部门或者省、自治区、直辖市人民政府教育行政部门及劳动行政部门等其他有关行政部门应当加强对中外合作办学机构的日常监督,组织或者委托社会中介组织对中外合作办学机构的办学水平和教育质量进行评估,并将评估结果向社会公布。

第五章 资产与财务

第三十六条 中外合作办学机构应当依法建立、健全财务、会计制度和资产管理制度,并按照国家有关规定设置会计账簿。

第三十七条 中外合作办学机构存续期间,所有资产由中外合作办学机构依法享有法人财产权,任何组织和个人不得侵占。

第三十八条 中外合作办学机构的收费项目和标准,依照国家有关政府定价的规定确定并公布;未经批准,不得增加项目或者提高标准。

中外合作办学机构应当以人民币计收学费和其他费用,不得以外汇计收学费和其他费用。

第三十九条 中外合作办学机构收取的费用应当主要用于教育教学活动和改善办学条件。

第四十条 中外合作办学机构的外汇收支活动以及开设和使用外汇账户,应当遵守国家外汇管理规定。

第四十一条 中外合作办学机构应当在每个会计年度结束时制作财务会计报告,委托社会审计机构依法进行审计,向社会公布审计结果,并报审批机关备案。

第六章 变更与终止

第四十二条 中外合作办学机构的分立、合并,在进行财务清算后,由该机构理事会、董事会或者联合管理委员会报审批机关批准。

申请分立、合并实施非学历教育的中外合作办学机构的,审批机关应当自受理申请之日起3个月内以书面形式答复;申请分立、合并实施学历教育的中外合作办学机构的,审批机关应当自受理申请之日起6个月内以书面形式答复。

第四十三条 中外合作办学机构合作办学者的变更,应当由合作办学者提出,在进行财务清算后,经该机构理事会、董事会或者联合管理委员会同意,报审批机关核准,并办理相应的变更手续。

中外合作办学机构住所、法定代表人、校长或者主要行政负责人的变更,应当经审批机关核准,并办理相应的变更手续。

第四十四条 中外合作办学机构名称、层次、类别的变更,由该机构理事会、董事会或者联合管理委员会报审批机关批准。

申请变更为实施非学历教育的中外合作办学机构的,审批机关应当自受理申请之日起3个月内以书面形式答复;申请变更为实施学历教育的中外合作办学机构的,审批机关应当自受理申请之日起6个月内以书面形式答复。

第四十五条 中外合作办学机构有下列情形之一的,应当终止:

(一)根据章程规定要求终止,并经审批机关批准的;

(二)被吊销中外合作办学许可证的;

(三)因资不抵债无法继续办学,并经审批机关批准的。

中外合作办学机构终止,应当妥善安置在校学生;中外合作办学机构提出终止申请时,应当同时提交妥善安置在校学生的方案。

第四十六条 中外合作办学机构终止时,应当依法进行财务清算。

中外合作办学机构自己要求终止的,由中外合作办学机构组织清算;被审批机关依法撤销的,由审批机关组织清算;因资不抵债无法继续办学而被终止的,依法请求人民法院组织清算。

第四十七条 中外合作办学机构清算时,应当按照下列顺序清偿:

(一)应当退还学生的学费和其他费用;

(二)应当支付给教职工的工资和应当缴纳的社会保险费用;

(三)应当偿还的其他债务。

中外合作办学机构清偿上述债务后的剩余财产,依照有关法律、行政法规的规定处理。

第四十八条 中外合作办学机构经批准终止或者被吊销中外合作办学许可证的,应当将中外合作办学许可证和印章交回审批机关,依法办理注销登记。

第七章 法律责任

第四十九条 中外合作办学审批机关及其工作人员,利用职务上的便利收取他人财物或者获取其他利益,滥用职权、玩忽职守,对不符合本条例规定条件者颁发中外合作办学许可证,或者发现违法行为不予以查处，造成严重后果，触犯刑律的，对负有责任的主管人员和其他直接责任人员，依照刑法关于受贿罪、滥用职权罪、玩忽职守罪或者其他罪的规定，依法追究刑事责任；尚不够刑事处罚的，依法给予行政处分。

第五十条　违反本条例的规定，超越职权审批中外合作办学机构的，其批准文件无效，由上级机关责令改正；对负有责任的主管人员和其他直接责任人员，依法给予行政处分；致使公共财产、国家和人民利益遭受重大损失的，依照刑法关于滥用职权罪或者其他罪的规定，依法追究刑事责任。

第五十一条　违反本条例的规定，未经批准擅自设立中外合作办学机构，或者以不正当手段骗取中外合作办学许可证的，由教育行政部门、劳动行政部门按照职责分工予以取缔或者会同公安机关予以取缔，责令退还向学生收取的费用，并处以10万元以下的罚款；触犯刑律的，依照刑法关于诈骗罪或者其他罪的规定，依法追究刑事责任。

第五十二条　违反本条例的规定，在中外合作办学机构筹备设立期间招收学生的，由教育行政部门、劳动行政部门按照职责分工责令停止招生，责令退还向学生收取的费用，并处以10万元以下的罚款；情节严重，拒不停止招生的，由审批机关撤销筹备设立批准书。

第五十三条　中外合作办学者虚假出资或者在中外合作办学机构成立后抽逃出资的，由教育行政部门、劳动行政部门按照职责分工责令限期改正；逾期不改正的，由教育行政部门、劳动行政部门按照职责分工处以虚假出资金额或者抽逃出资金额2倍以下的罚款。

第五十四条　伪造、变造和买卖中外合作办学许可证的，依照刑法关于伪造、变造、买卖国家机关证件罪或者其他罪的规定，依法追究刑事责任。

第五十五条　中外合作办学机构未经批准增加收费项目或者提高收费标准的，由教育行政部门、劳动行政部门按照职责分工责令退还多收的费用，并由价格主管部门依照有关法律、行政法规的规定予以处罚。

第五十六条　中外合作办学机构管理混乱、教育教学质量低下，造成恶劣影响的，由教育行政部门、劳动行政部门按照职责分工责令限期整顿并予以公告；情节严重、逾期不整顿或者经整顿仍达不到要求的，由教育行政部门、劳动行政部门按照职责分工责令停止招生、吊销中外合作办学许可证。

第五十七条　违反本条例的规定，发布虚假招生简章，骗取钱财的，由教育行政部门、劳动行政部门按照职责分工，责令限期改正并予以警告；有违法所得的，退还所收费用后没收违法所得，并可处以10万元以下的罚款；情节严重的，责令停止招生、吊销中外合作办学许可证；构成犯罪的，依照刑法关于诈骗罪或者其他罪的规定，依法追究刑事责任。

中外合作办学机构发布虚假招生广告的，依照《中华人民共和国广告法》的有关规定追究其法律责任。

第五十八条　中外合作办学机构被处以吊销中外合作办学许可证行政处罚的，其理事长或者董事长、校长或者主要行政负责人自中外合作办学许可证被吊销之日起10年内不得担任任何中外合作办学机构的理事长或者董事长、校长或者主要行政负责人。

违反本条例的规定，触犯刑律被依法追究刑事责任的，自刑罚执行期满之日起10年内不得从事中外合作办学活动。

第八章　附　则

第五十九条　香港特别行政区、澳门特别行政区和台湾地区的教育机构与内地教育机构合作办学的，参照本条例的规定执行。

第六十条　在工商行政管理部门登记注册的经营性的中外合作举办的培训机构的管理办法，由国务院另行规定。

第六十一条　外国教育机构同中国教育机构在中国境内合作举办以中国公民为主要招生对象的实施学历教育和自学考试助学、文化补习、学前教育等的合作办学项目的具体审批和管理办法，由国务院教育行政部门制定。

外国教育机构同中国教育机构在中国境内合作举办以中国公民为主要招生对象的实施职业技能培训的合作办学项目的具体审批和管理办法，由国务院劳动行政部门制定。

第六十二条　外国教育机构、其他组织或者个人不得在中国境内单独设立以中国公民为主要招生对象的学校及其他教育机构。

第六十三条　本条例施行前依法设立的中外合作办学机构，应当补办本条例规定的中外合作办学许可证。其中，不完全具备本条例所规定条件的，应当在本条例施行之日起2年内达到本条例规定的条件；逾期未达到本条例规定条件的，由审批机关予以撤销。

第六十四条　本条例自2003年9月1日起施行。

《国家最高科学技术奖获奖人丛书》出版

国家主席、中央军委主席江泽民为丛书作序。

《国家最高科学技术奖获奖人丛书》第一辑分为《吴文俊之路》、《走近袁隆平》、《王选的世界》和《黄昆——声子物理第一人》四册，由上海科学技术出版社出版。

国务院副总理李岚清在北京出席"健康快车"光明行发车仪式

仪式在北京西站举行。李岚清出席发车仪式,并到手术车厢参观。他高度赞赏香港同胞和社会各界积极参与卫生扶贫和防盲治盲工作的义举,勉励医护人员精心治疗、精心护理,把党和政府的温暖送到千家万户,给白内障患者送去光明,真正成为广大群众健康的使者。全国政协副主席、中华"健康快车"基金会主席经叔平出席了发车仪式。

"健康快车"于1997年7月1日在内地投入运行。国务院副总理李岚清在2002年作出批示,要求把这件事列入为农村医疗办几件实事的规划中,认真办好。5年多来,"健康快车"先后在18个省、自治区、直辖市的31个地区,免费为2.7万多名白内障患者实施了复明手术,成功率达到100%。

3月2日

国家主席江泽民与科特迪瓦共和国总统洛朗·巴博就两国建交20周年互致电函

全国政协十届一次会议预备会议在人民大会堂举行

会议由九届全国政协主席李瑞环主持。他说,政协第十届全国委员会第一次会议预备会议应到委员2238人,实到委员2043人,符合法定人数。

会议以举手表决的方式,审议通过了总数为325人的政协十届一次会议主席团成员名单,通过贾庆林为主席团会议主持人,郑万通为大会秘书长,审议通过了政协十届一次会议议程和政协十届一次会议提案审查委员会名单。

在三项议程进行完毕后,政协十届一次会议主席团会议主持人贾庆林,在热烈的掌声中走上主席台,向在座的2000多位十届全国政协委员鞠躬致意,与九届全国政协主席李瑞环以及九届全国政协各位副主席、秘书长一一亲切握手,并在主席台就座。

李瑞环在预备会议结束时发表讲话。他说,作为九届全国政协主席,我衷心希望和祝愿政协十届一次会议圆满成功;衷心希望和祝愿十届全国政协坚持好的东西,修正错的东西,创造新的东西;衷心希望和祝愿人民政协事业越来越好;也衷心希望和祝愿十届全国政协委员在认真履行职责的同时,事业有成,个人进步。

九届全国政协副主席叶选平、杨汝岱、阿沛·阿旺晋美、钱伟长、任建新、宋健、李贵鲜、张思卿、钱正英、丁光训、孙孚凌、霍英东、朱光亚、万国权、胡启立、陈锦华、赵南起、毛致用、白立忱、经叔平、罗豪才、张克辉、周铁农、王文元和秘书长郑万通出席预备会议。

全国政协十届一次会议主席团第一次会议在人民大会堂举行

会议审议通过贾庆林为主席团常务主席会议主持人。

贾庆林主持会议。他说,这次应出席会议的主席团成员325人,实到306人,符合法定人数。

会议审议通过了政协十届一次会议主席团常务主席名单和常务主席会议主持人名单、政协十届一次会议日程、政协十届一次会议各次全体会议执行主席和主持人名单、政协十届一次会议分组办法和小组召集人名单、政协十届一次会议副秘书长名单、政协十届一次会议秘书处机构设置和工作任务。

在主席台就座的有政协十届一次会议主席团常务主席贾庆林、王忠禹、阿沛·阿旺晋美、帕巴拉·格列朗杰、李贵鲜、张思卿、丁光训、霍英东、白立忱、罗豪才、张克辉、周铁农和大会秘书长郑万通。

全国政协十届一次会议主席团常务主席名单

(2003年3月2日政协第十届全国委员会第一次会议主席团第一次会议通过)

贾庆林 王忠禹 阿沛·阿旺晋美(藏族) 巴金
帕巴拉·格列朗杰(藏族) 李贵鲜 张思卿 丁光训
霍英东 马万祺 白立忱(回族) 罗豪才 张克辉
周铁农

全国政协十届一次会议议程

(2003年3月2日政协第十届全国委员会第一次会议预备会议通过)

一、听取和审议政协第九届全国委员会常务委员会工作报告

二、听取和审议政协第九届全国委员会常务委员会关于提案工作情况的报告

三、列席第十届全国人民代表大会第一次会议,听取并讨论政府工作报告及其他有关报告

四、选举政协第十届全国委员会主席、副主席、秘书长、常务委员

五、审议通过政协第十届全国委员会第一次会议政治决议

六、审议通过关于政协第九届全国委员会常务委员会工作报告的决议

七、审议通过关于政协第九届全国委员会常务委员会提案工作情况报告的决议

八、审议通过政协第十届全国委员会第一次会议提案审查委员会关于政协十届一次会议提案审查情况

的报告

全国政协十届一次会议在人民大会堂举行新闻发布会

会议新闻发言人张国祥向中外记者公布：政协十届一次会议将于3月3日下午3时在人民大会堂开幕，3月14日闭幕，会期11天。目前，大会的各项准备工作已全部就绪。

张国祥还介绍了刚刚结束的政协十届一次会议预备会和主席团第一次会议的情况。

张国祥强调，五年来，以江泽民同志为核心的第三代中共中央领导集体，高度重视人民政协工作，切实加强对人民政协的领导。中共十五大把共产党领导的多党合作和政治协商制度列入了社会主义初级阶段的基本纲领。1999年，江泽民同志在庆祝人民政协成立50周年大会上，把人民政协的工作归结为团结和民主两大主题。去年11月召开的中国共产党第十六次全国代表大会，对新世纪、新阶段的统战政协工作作出许多新论述，提出许多新要求，为人民政协今后的工作开辟了广阔的发展前景。

有记者问，今年政协委员们都关注哪些问题？张国祥说，从已经收到的大会提案和发言稿来看，政协委员比较关心的有十个问题：第一是实行积极财政政策问题；第二是就业和社会保障问题；第三是国有资产管理体制改革问题；第四是“三农”问题，即农业、农村和农民问题；第五是财政金融体制改革问题；第六是社会信用问题；第七是非公有制经济发展和私有财产保护问题；第八是社会分配问题；第九是司法公正问题；第十是教育改革问题。除此以外，还有能源问题、重复建设问题、食品安全问题等等。

党的十六大报告提出，发展社会主义民主，建设社会主义政治文明，是全面建设小康社会的重要目标。有记者问，人民政协工作是怎样体现这一目标的？张国祥回答，社会主义民主政治的本质是人民当家做主。在我国，实现社会主义民主有两种重要形式，一是人民通过选举、投票行使权利；二是人民内部各方面在选举、投票以前充分协商，尽可能就共同性的问题取得一致意见。这两种形式互相配合、互相补充、相辅相成，使社会主义民主更加充分、更加完善，更能真实地体现人民当家做主的权利。人民政协作为我国最广泛的爱国统一战线组织，作为中国共产党领导的多党合作和政治协商的重要机构，是我国政治体制的组成部分，对发展社会主义民主政治、建设社会主义政治文明具有不可取代的重要作用。近年来，人民政协围绕团结和民主两大主题，认真履行职能，为发展社会主义民主政治作出了积极贡献。

在回答近年来政协在对外交往方面取得了哪些成就时，张国祥说，九届政协根据自身的特点，多层次、多渠道地开展了对外友好交往，取得了积极的效果。一是巩固和发展了高层交往。全国政协主席、副主席多次应邀出访，提高了政协对外交往的层次，扩大了人民政协的影响；二是积极组织并参与多边交往。“21世纪论坛”是政协首创的多边活动形式。全国政协充分利用这一高层次、学术性的对话机制，组织了“经济全球化——亚洲与中国”论坛、“绿色与环保”、“与不同文明对话”等国际研讨会；三是积极参与非政府组织活动。2001年7月，全国政协成立了中国经济社会研究会，这个研究会作为创始成员参加了经济社会理事会和类似国际组织协会，并被选入领导机构，积极参加其中的活动，拓宽了政协对外交往的工作面；四是采取多种形式开展对外宣传。其中最值得一提的是全国政协分别于1999年和2000年，在美国纽约联合国总部大厦和日本东京举办了中国当代著名书法家的作品展。这样的活动既宣传了中华民族的传统文化，同时也达到了宣传政协的目的。

据悉，截至今天中午12点，在2238名十届全国政协委员中，已有2192名向大会报到；已收到提案360件，大会发言稿236份。

中央党校校长曾庆红出席中央党校春季开学典礼并发表重要讲话

出席开学典礼的还有中共中央政治局委员、中央书记处书记、中央宣传部部长刘云山，中共中央政治局委员、中央书记处书记、中央组织部部长贺国强，中共中央政治局候补委员、中央书记处书记、中央办公厅主任王刚，中央书记处书记、中央纪委副书记何勇。

曾庆红在讲话中深入分析了当前的国际形势及其特点。他指出，综观全局，当前国际形势对我们既有机遇，又有挑战，机遇大于挑战。我们要紧紧抓住本世纪头20年的战略机遇期，充分利用、维护并努力延长这个战略机遇期，聚精会神搞建设，一心一意谋发展，集中力量推进改革开放和现代化建设。

曾庆红指出，深入学习贯彻“三个代表”重要思想和十六大精神，是做好党和国家各项工作的保证。要密切联系国内外形势的发展变化，密切联系本地区本部门的实际，认真研究新情况新问题，理清工作思路，切实把学习贯彻“三个代表”重要思想和十六大精神的收获落实到抓住机遇、深化改革、扩大开放、促进发展、保持稳定的各项工作上来。这是学习贯彻“三个代表”重要思想和十六大精神的出发点，也是衡量学习贯彻成效的重要标志。他指出，必须坚持实事求是、与时俱进、艰苦奋斗、执政为民的传统和作风。

曾庆红在讲话中还对学员在党校的学习提出了明确要求。

开学典礼由中央党校常务副校长虞云耀主持。

国家环保总局等八部委对重庆市和湖北省三峡库底清理工作进行联合执法监察

检查组认为，湖北省、重庆市及库区各级政府按要求较好地完成了清理任务，但由于距蓄水时间越来越近，库区水污染防治工作还需进一步加强。

3月3日

全国政协十届一次会议在人民大会堂开幕

会议应出席委员2238人，实到2150人，符合法定人数。

下午3时，政协十届一次会议主席团常务主席会议主持人贾庆林宣布大会开幕。

政协十届一次会议主席团常务主席王忠禹、阿沛·阿旺晋美、帕巴拉·格列朗杰、李贵鲜、张思卿、丁光训、霍英东、马万祺、白立忱、罗豪才、张克辉、周铁农和大会秘书长郑万通在主席台前排就座。

党和国家领导人江泽民、胡锦涛、李鹏、朱镕基、李瑞环、李岚清、吴邦国、温家宝、曾庆红、黄菊、吴官正、李长春、罗干等在主席台就座，祝贺大会召开。

受政协第九届全国委员会常务委员会委托，李贵鲜向大会作工作报告。

受政协第九届全国委员会常务委员会委托，周铁农向大会报告九届政协的提案工作情况。

在主席台就座的还有王乐泉、王兆国、回良玉、刘淇、刘云山、吴仪、张立昌、张德江、俞正声、贺国强、曹刚川、王刚、田纪云、迟浩田、张万年、姜春云、钱其琛、乔石、尉健行、何勇、邹家华、王光英、布赫、铁木尔·达瓦买提、吴阶平、彭珮云、何鲁丽、周光召、曹志、丁石孙、成思危、许嘉璐、蒋正华、司马义·艾买提、肖扬、韩杼滨、叶选平、杨汝岱、钱伟长、任建新、宋健、钱正英、孙孚凌、朱光亚、万国权、胡启立、陈锦华、赵南起、毛致用、经叔平、王文元等。

中共中央、国务院有关部门负责人应邀列席开幕大会。各国驻华使节应邀旁听了开幕大会。

全国政协十届一次会议主席团常务主席李贵鲜在全国政协十届一次会议开幕会上作《中国人民政治协商会议第九届全国委员会常务委员会工作报告》

各位委员：

我受中国人民政治协商会议第九届全国委员会常务委员会的委托，向大会作工作报告。请予审议。

中国人民政治协商会议第九届全国委员会任期的五年，是跨世纪的五年，是很不平凡的五年，是我国社会主义建设取得辉煌业绩的五年。五年来，以江泽民同志为核心的第三代中共中央领导集体，团结和带领全国各族人民，战胜种种困难和风险，胜利地完成了国民经济和社会发展第九个五年计划，实现了社会主义现代化建设第二步战略目标，并顺利地推进第十个五年计划，取得实施现代化建设第三步战略目标的良好开局。我国的国民经济持续快速健康发展，改革开放取得丰硕成果，社会主义民主政治和精神文明建设成效显著，国防和军队建设迈出新步伐，祖国统一大业取得新进展，对外工作开创了新局面，人民生活总体上达到小康水平，我国的国际地位日益提高。

去年11月，中国共产党召开了第十六次全国代表大会，科学总结了中共十三届四中全会以来建设中国特色社会主义的基本经验，确立了“三个代表”重要思想在全党的指导地位，提出了我国本世纪头二十年全面建设小康社会的奋斗目标，选举产生了新的中共中央领导集体。这次大会的召开，对于加强和改善中国共产党的领导，加快推进社会主义现代化建设，实现中华民族的伟大复兴，具有重大而深远的意义。

人民政协是中国人民爱国统一战线的组织，是中国共产党领导的多党合作和政治协商的重要机构，是我国政治生活中发扬社会主义民主的重要形式。人民政协的一切成就都是在中国共产党的领导下取得的。五年来，以江泽民同志为核心的第三代中共中央领导集体，高度重视人民政协工作，切实加强对人民政协的领导。中共十五大把共产党领导的多党合作和政治协商制度列入社会主义初级阶段的基本纲领，要求继续推进人民政协政治协商、民主监督、参政议政的规范化、制度化，使之成为党团结各界的重要渠道。中共中央在每年的工作要点中都从总览全局的高度对政协工作作出部署，提出明确要求。江泽民同志在每年“两会”召开之前都就政协工作发表重要讲话，并同其他中央领导同志一起出席政协大会，深入委员小组听取意见，与委员们共商国是。1999年，江泽民同志在庆祝人民政协成立50周年大会上，深刻总结了人民政协半个世纪的基本经验，系统阐述了人民政协的历史地位、独特作用和工作主题，提出了人民政协在新世纪的基本任务，指明了人民政协发展的方向。中共十六大后，胡锦涛总书记对人民政协工作提出了明确要求，并逐一走访各民主党派中央和全国工商联，强调必须始终不渝地坚持统一战线这个重要法宝和战略方针，必须始终不渝地发挥共产党领导的多党合作和政治协商制度的优势，把一切积极因素充分调动起来、凝聚起来，万众一心地创造我们的幸福生活和美好未来。中共中央的正确领导，为人民政协事业的发展提供了根本保证。

五年来，政协第九届全国委员会始终坚持共产党领导的多党合作和政治协商制度，高举爱国主义、社会主义旗帜，牢牢把握团结和民主两大主题，自觉服从和服务于改革发展稳定的大局，积极组织参加人民政协的各党派、各团体和各族各界人士，切实有效地履行政协职能，推动政协的各项工作扎实深入、活跃有序地向前发展，为改革开放、现代化建设和祖国和平统一大业作出了重要贡献。

——参政议政取得可喜成效。人民政协是我国发扬社会主义民主的重要形式。在政协组织中，提倡广开言路，集思广益，求同存异，增进共识，既充分反映多数人的普遍愿望，又认真吸纳少数人的合理主张；既能够听取支持的、赞同的意见，又注意倾听批评的、不同的意见。通过充分的讨论协商，努力增进各方面人士的相互沟通和理解，发现和集中群众的智慧和经验，促进党和政府决策的民主化科学化。九届政协充分运用全体委员会议、常务委员会议、主席会议、在京常委专题座谈会、专门委员会会议等形式，按照“民主、求实、团结、鼓劲”的方针，对国家重要事务进行广泛、认真的协商讨论，郑重地提出意见和建议，从政治上对国家的全局工作提供了有广泛民主基础的支持。五年来，九届政协认真开好每年一次的全体委员会议，就我国国民经济和社会发展“十五”计划草案、每个年度的政府工作报告、国家财政预算及预算执行情况的报告、最高人民法院和最高人民检察院的工作报告等进行了认真的协商讨论。各党派、团体和政协委员共提交大会发言3000多份，提出了许多有价值的意见和建议。先后举行常委会议20次、主席会议48次，学习贯彻中共十五大、十六大精神，学习贯彻中共中央《关于农业和农村工作若干重大问题的决定》、《关于国有企业改革和发展若干重大问题的决定》、《关于国民经济和社会发展第十个五年计划的建议》、《关于加强和改进党的作风建设的决定》，并就实施科教兴国战略、实施西部大开发战略、“三农”(农业、农村、农民)问题、环境与发展问题、防治土地沙化问题、我国大江大河大湖的治理和水资源的开发利用问题、实施九年制义务教育问题、解决城市困难群体生活问题和“四矿”(矿山、矿业、矿工、矿城)问题等，在深入调研、充分论证的基础上建言立论，为中共中央、国务院及有关部门的决策提供了重要参考和依据，有些意见被直接吸收到中央有关文件中。九届政协还通过其他会议形式，就许多关系改革发展稳定大局和群众生活的重要问题进行了协商讨论。如部分委员应邀出席朱镕基总理主持召开的国务院关于国有企业下岗职工再就业问题的专题座谈会，发表了很有价值的意见，得到国务院领导的高度评价。全国政协一些专委会与国务院有关部委、全国人大有关专委会，就经济建设和社会发展中的一些重要问题、重要法律、法规的征求意见稿进行座谈讨论，提出了许多建设性的意见和建议。

——为发展爱国统一战线作出了积极贡献。人民政协作为我国最广泛的爱国统一战线组织，在组织上具有广泛的代表性，在政治上具有巨大的包容性，应当也能够在加强团结、维护稳定，促进中华民族的大团结、实现中华民族的大目标方面发挥重要作用。九届政协切实贯彻“长期共存、互相监督、肝胆相照、荣辱与共”的方针，运用各种形式和方法，促进各党派、各团体和各族各界人士的团结合作。及时组织学习中共中央的方针政策和重要文件，举办各种内容的报告会、座谈会、研讨会及其他活动，帮助各界人士提高认识、增进共识；适时调整界别设置和委员构成，及时把新的社会阶层和群体的代表人物吸纳到政协组织中来，扩大了政协的团结面和联系面；加强与各民主党派等参加单位的联系，邀请各民主党派中央、全国工商联负责人和无党派人士座谈统一战线和政协工作，认真听取他们的意见和建议，共同研究政协工作中的重要事项；高度重视民主党派、工商联和无党派人士的提案、发言，积极与各民主党派联合开展调查研究，充分发挥他们在政协中的作用；在各个界别之间、委员之间，提倡相互尊重、相互学习，多联系、多沟通、多交流，在合作共事中加强理解、加深友谊。举办纪念周恩来诞辰100周年、戊戌维新100周年、辛亥革命90周年、人民政协成立50周年等重要活动，弘扬中华民族团结爱国、英勇奋斗的精神和统一战线的光荣传统；积极宣传贯彻国家的民族政策和宗教政策，认真反映少数民族和宗教界人士的意见要求，重视发挥少数民族和宗教界委员的作用，组织他们参观考察，了解有关民族政策、宗教政策的贯彻执行情况；支持政府依法打击邪教，采取多种形式对“法轮功”邪教组织进行坚决斗争，坚决反对任何民族分裂活动和宗教极端势力；就促进民族地区的经济发展和社会进步献计献策，并尽力协助解决一些实际问题，促进了民族团结和社会稳定。

——专题调研和视察工作不断深化。紧紧围绕国家中心任务，服从和服务于改革发展稳定的大局，是人民政协履行职能的一条重要经验。专题调研是政协履行职能的基础环节，是调动各界委员积极性的有效形式，也是活跃政协工作的重要途径。九届政协进一步深化专题调研工作，提出要“建言立论”，为解决国家当前和今后若干重大问题提供有价值的思路与建议；调整专委会的设置，增设了人口资源环境委员会，充实了各专委会的办事机构，建立、健全了专委会工作制度；加强调研工作的组织协调，密切了与民主党派、地方政协及有关部门的协作配合；强化对调研课题的研究论证，重视调研成果的转化。五年来，各专委会就国有大中型企业建立现代企业制度、对国有经济布局进行战略性调整、发展非公有制经济、扩大就业和再就业、继续实行并适当调整积极财政政策、建立社会信用体系和信用制度、保险资金进入证券市场、建立统一有效的国有资产管理体制、推进农业产业化、减轻农民负担、组织实施国家重大科技产业化项目、制定长期能源发展战略、加快发展远洋渔业、尽快实施南水北调工程、振兴装备制造业、加快我国人口信息系统建设、解决拖欠县乡干部工资、发展文化产业、加强文物的保护与利用、医疗机构分类管理、体育后备人才的培养、促进少数民族地区经济发展、加强政法队伍建设、全面推进依法行政等一系列重要问题开展专题调研，共形成专题调研报告或专项建议 186 件。组织全国政协常委、委员视察团 123 个，3300 多人次的常委和委员参加了视察活动，形成视察报告 103 份。委员们通过专题调研和视察提出的意见，许多是对制定政策的积极建议，有些是对存在问题包括消极腐败现象的批评监督。这些意见、建议得到中共中央、国务院及有关部门的高度重视，在党和国家的决策过程中起到重要参考作用。按照“建言立论”的要求，对委员们参政议政的成果进行精心筛选，共编辑出版了《国是建言》13 辑。

——反映社情民意和提案工作进一步拓展。密切联系群众是中国共产党的优良传统，也是人民政协的优良传统。人民政协只有坚持贴近群众，与最广大的人民群众保持密切联系，才能永葆生机与活力。反映社情民意是全国政协一项实际效果突出、富有政协特色、又有广阔发展前景的重要工作。九届政协把这一工作摆在十分重要的位置，强调政协的各项工作都应当含有了解和反映社情民意的意义，要求把反映社情民意寓于各项工作之中；建立、健全了政协信息网络系统，加强了与各民主党派、地方政协及有关部门的联系，扩大了信息来源；召开第 14 次常委会议，专门研究反映社情民意工作，制定了《关于进一步加强反映社情民意工作的若干意见(试行)》，推进了反映社情民意工作的规范化。五年来，九届政协共受理群众来信 95900 余件，收集整理各种信息 27200 多篇，通过《政协信息》、《参政议政动态》等途径，向中共中央、国务院报送了重要意见、建议和社情民意信息 7740 余份。反映社情民意工作为党政领导机关提供了许多来自基层和群众的真实情况，反映了各界人士的愿望和呼声，较好地发挥了民主监督的作用，促使一些群众广泛关注、社会反映强烈的问题得到重视或解决。

提案是政协委员议政建言、民主监督的重要形式，也是了解和反映社情民意的重要渠道。五年来，共收到全国政协委员、参加政协的各民主党派和人民团体、政协专门委员会提交的提案 17722 件，数量是历届政协最多的，质量也有新的提高。政协委员提案的内容涉及政治、经济、文化和社会生活的各个方面，反映了大量社情民意，提出了许多意见建议，为中央及有关部门掌握实情、制定政策、改进工作起到了积极的作用。

——促进祖国统一和海内外联谊工作取得新进展。人民政协联系着一大批港澳台侨代表人士，充分运用这个有利条件，加强对这些人士的工作，最大限度地团结海内外各方面力量，不断增强中华民族的凝聚力，是人民政协的一项重要工作内容。九届政协高举爱国主义和社会主义两面旗帜，按照“和平统一、一国两制”的基本方针，积极开展了各种形式的促进祖国统一和团结联谊活动。每年与国务院台办等七家单位联合举办江泽民同志发表《为促进祖国统一大业的完成而继续奋斗》重要讲话纪念活动，表明坚持一个中国、反对分裂的原则立场；做好台湾来访团组的接待工作，派人参加有关团组赴台访问，与台湾一些政党、团体、各界人士进行了广泛交流；积极参与海内外一系列反“独”促统活动，严厉批驳台湾当局领导人抛出的“两国论”和“一边一国论”，关心台资企业在祖国大陆的发展，力所能及地帮助他们解决困难；港澳台侨委员会与中央有关部门、有关民主党派和人民团体建立了六单位领导联席会议制度，加强了对台工作的协作与配合。按照我国政府的统一部署，配合有关部门做好澳门回归祖国的有关工作；根据港澳回归祖国后的新情况，积极探索在“一国两制”条件下联系港澳特别行政区全国政协委员的有效形式；通过传达有关会议精神、举办座谈会、组织视察等方式，努力为港澳委员参政议政创造条件。加大“走出去，请进来”的力度，组团出访北美、东南亚、西欧等侨胞聚集区的 21 个国家，与各国的侨胞、台胞社团广泛接触，建立联系，听取意见，向政府反映他们关心的问题；鼓励海外专家学者为政协常委会议建言献策，邀请海外华侨列席政协大会，为他们参与祖国政治生活开辟了渠道；港澳台侨委员会还与全国人大华侨委员会、国务院侨办、致公党中央、中国侨联建立领导联席会议制度，加强了相互联系和协作。九届期间，共邀请接待港澳台侨团组 300 多个，4300 多人次，促进了海内外各方面人士的相互沟通和了解，为维护香港、澳门的长期繁荣稳定，促进祖国和平统一作出了积极贡献。

——对外友好交往更加活跃。人民政协的对外交往是我国总体外交的重要组成部分。搞好这项工作，对于宣传我国社会主义建设的成就，宣传共产党领导的多党合作和政治协商制度，为我国现代化建设营造良好的国际环境具有重要作用。九届政协根据自身的特点，多层次、多渠道地开展了对外友好交往。全国政协主席、副主席应邀出访，介绍了我国现代化建设的情况与独立自主的和平外交政策，阐述了我国对一系列重大国际问题的立场和观点，提高了政协对外交往的层次，扩大了人民政协的影响。以“经济全球化——亚洲与中国”为主题举办了“21世纪论坛”2000年会议，以“论坛”名义举办了“绿色与环保”和“不同文明对话”研讨会，在国际问题调研和对外交往方面开辟了新渠道。成立中国经济社会研究会，加强与国际非政府组织的往来。安排相关专委会组团对一些国家进行访问考察，组织有关委员出访未同我国建交的国家，有针对性地开展工作。中国宗教界和平委员会组团参加世界宗教者和平会议及亚洲宗教者和平会议，委员会的负责人参加世界宗教领袖千年和平会议，宣传了我国宗教信仰自由的政策，展示了我国各种宗教和睦共处、信教与不信教群众互相尊重的真实状况。重视对国际问题的研究，就我国的对外宣传、对外交往及礼宾工作等积极提出意见和建议。九届期间，全国政协共组织88个团组出访76个国家，接待34个国家的69个团组来访。到2002年年底，我会已同95个国家的158个机构和6个国际性、区域性组织建立了友好关系。

——对地方政协的联系与指导不断加强。密切全国政协同地方政协的联系，加强对地方政协工作的指导，是政协章程赋予的重要职责，也是提高人民政协工作整体水平的重要途径。九届期间，通过邀请各省、自治区、直辖市和副省级市政协负责人列席全国政协全委会议、常委会议等形式，及时向地方政协通报中共中央有关政协工作的指示、全国政协工作要点和工作情况。召开地方政协工作经验座谈会，总结交流各级地方政协履行职能的新进展、新经验、新做法，推动各地政协互相学习、互相借鉴、取长补短。全国政协领导同志深入各地视察，调研或应邀参加地方政协有关会议，了解地方政协工作情况，听取地方同志的意见。通过《人民政协报》、《中国政协》杂志、《政协年鉴》和人民政协网站以及其他社会新闻媒体，加强对共产党领导的多党合作和政治协商制度以及各级政协工作情况的宣传。同地方政协联合开展专题调研活动，召开各种专项工作会议等，密切了与地方政协的联系和协作。加强对地方政协委员和机关干部的培训，共举办地方政协培训班21期，培训地方各级政协委员和工作人员6200多人次。在地方政协和有关方面的大力支持、配合下，完成了对近3亿字库存文史资料的清理工作，编辑出版了26卷3445万字的《文史资料存稿选编》。

——政协自身建设进一步推进。搞好政协工作，需要有一支高素质的委员队伍，需要有完善的规章制度，需要有良好的工作作风和工作环境，需要有政协机关提供优质的服务。九届政协重视学习工作和理论建设，采用多种形式组织和推动委员在自愿的基础上学习邓小平理论和“三个代表”重要思想，学习时事政治和相关政策，学习、研究统一战线和人民政协的理论。各界委员通过学习，进一步提高了坚持共产党领导的多党合作和政治协商制度的自觉性，加深了对国际国内形势的了解，增强了大局意识，提高了履行职能的责任感和参政议政的积极性。继续推进人民政协履行职能的规范化、制度化，修改了《中国人民政治协商会议章程》，努力落实《关于政治协商、民主监督、参政议政的规定》，修订了专门委员会通则、提案工作条例，制定了进一步加强和反映社情民意工作的若干意见以及其他工作制度。大力加强政协机关的思想建设、组织建设、作风建设和制度建设，把为统一战线服务、为政协工作服务、为政协委员服务作为机关工作的主旨，按照“讲质量、讲实效、讲规范、讲协作”的要求，努力提高服务质量，改进工作方式和方法。全国政协机关在中共党员领导干部中开展了以“讲学习、讲政治、讲正气”为主要内容的党性党风教育，增强了各级领导班子的团结，密切了机关干群联系，明确了加强机关建设的思路和办法，建立和完善了一系列贯彻民主集中制和加强党风廉政建设的规章制度。积极推进机构改革和人事制度改革，加大干部培训力度，提高干部素质，优化干部结构，通过竞争上岗等方式为年轻干部的成长和人才的合理使用创造条件。

各位委员：

九届政协是在历届政协特别是八届政协奠定的良好基础上开展工作的。九届政协即将结束时，我们专门召开了常委会议和一系列座谈会，对五年来的工作进行了认真总结。大家认为，九届政协履行职能的各项工作确实取得了扎实的进展，并在这个过程中进一步深化了思想认识，积累了一些新的经验。其中，比较突出的经验和体会有：坚持团结和民主两大主题，把团结和民主贯穿于政协工作的一切方面和全部过程，以坚强的团结保证我们的民主进程健康有序，以充分的民主保证我们的团结充满活力；坚持把群众观点作为统一战线和政协工作的一个理论基石，密切政协与群众的联系，深入体察民情，及时反映民意；坚持服从和服务于改革发展稳定的大局，凝聚各方面力量和智慧，围绕国家中心任务协商讨论、建言献策，为经济建设和社会发展想实招、鼓实劲；坚持实践第一的观点，解放思想、与时俱进，不断创新履行职能的内容和形式，为广大政协委员发挥积极性创造更多的机会和条件；坚持立足于政协自身的特点和优势，认真研究和合理设置政协的界别，按照界别的特点和要求开展活动，把发挥界别作用作为做好政协工作的一个着力点；坚持民主协商、平等议事和求同存异、体谅包容的原则，提倡以宽阔的胸襟和良好的人品、人缘、人格去团结人，努力营造民主和谐的工作氛围，为政协工作创造良好的环境和条件；坚持同有关部门的配合与协作，密切同地方政协的联系，积极争取各方面的支持，推动政协工作蓬勃发展。大家认为，这些经验和体会，是九届政协广大委员五年工作实践和探索的重要成果和心血结晶，是对历届政协经验的继承和发展，对人民政协工作具有长远的指导意义，值得我们珍惜。

九届政协工作取得了很大进展，但也存在一些问题和不足。比如，如何通过改进工作和加强宣传，进一步提高社会各方面对共产党领导的多党合作和政治协商制度以及政协工作重要性的认识；如何按照中共中央的要求，进一步推进政治协商、民主监督、参政议政的制度化、规范化和程序化；如何为参加政协的各党派、团体参政议政创造更好的条件，使人民政协的界别活动更为活跃和有序；如何深化政协的专题调研，提出可供党政机关决策参考的高质量、有价值的意见和建议；如何努力提高提案和大会发言的总体水平，改变一定程度上存在的重数量、轻质量的现象；如何进一步加强同党政机关的经常联系，拓展委员知情参政的渠道；如何进一步丰富委员活动的形式，更充分地调动和发挥全体委员尤其是京外委员的积极性，等等。这些都是在我国民主政治建设和人民政协事业发展过程中逐渐显现出来的问题，需要继续认真研究，在实践的过程中总结经验，逐步加以改进和解决。

各位委员：

中共十六大提出了我国在本世纪头二十年的奋斗目标，开启了我国社会主义现代化建设新的伟大进军的征程。新形势、新任务对人民政协的工作提出了新的更高的要求，也为人民政协事业的发展提供了新的机遇。我们要深入学习、全面贯彻中共十六大精神，以邓小平理论和"三个代表"重要思想为指导，围绕实现中共十六大提出的战略目标和各项任务，切实履行政治协商、民主监督、参政议政职能，以与时俱进、开拓创新、奋发有为、昂扬向上的精神状态做好各项工作，努力开创人民政协工作的新局面。为此，我们向政协第十届全国委员会建议：

第一，深入学习贯彻中共十六大精神。十六大是中国共产党在新世纪召开的第一次全国代表大会，也是在我国开始实施社会主义现代化建设第三步战略部署新形势下召开的一次十分重要的会议。十六大深刻阐明了在新世纪坚持举什么旗、走什么路、实现什么目标等重大问题，对于我们继续开创中国特色社会主义事业新局面，具有重大的现实意义和深远的历史意义。"三个代表"重要思想，是对马克思列宁主义、毛泽东思想和邓小平理论的继承和发展，反映了当代世界和中国的发展变化对中国共产党和国家工作的新要求，是加强和改进党的建设、推进我国社会主义制度自我完善和发展的强大理论武器。深入学习、全面贯彻十六大精神，是当前和今后一个时期首要的政治任务。人民政协要积极组织和推动广大委员认真学习十六大精神，深刻领会"三个代表"重要思想的科学内涵和精神实质，不断增进各党派、各团体和各族各界人士的共识。要坚持理论联系实际，自觉以"三个代表"重要思想为指导，努力推动政协工作不断创新、不断发展。

第二，按照团结和民主两大主题认真履行政协职能。团结和民主是人民政协工作的主题。在中国共产党领导下实行团结和民主，是人民政协性质的集中体现，是人民政协产生和发展的历史根据，是人民政协继往开来的方向和使命。人民政协要始终坚持和完善中国共产党领导的多党合作和政治协商制度，坚持"长期共存、互相监督、肝胆相照、荣辱与共"的方针，促进统一战线各方面的团结合作，更好地体现我国社会主义政党制度的特点和优势。要紧紧围绕团结和民主两大主题履行职能，在增进团结的过程中发扬民主，在发扬民主的基础上增进团结。要认真总结人民政协的实践经验，按照中共十六大关于发展社会主义民主政治、建设社会主义政治文明的总体要求，立足政协实际、适应形势发展，积极推进政协履行职能的制度化、规范化和程序化。

第三，围绕全面建设小康社会宏伟目标积极建言献策。全面建设小康社会是我国在本世纪头二十年的奋斗目标。这一目标符合我国国情和现代化建设的实际，符合全国各族人民的愿望，令人鼓舞，催人奋进。实现这一宏伟目标，需要举国上下同心同德，需要进行艰苦不懈的努力。人民政协要清醒地认识到肩负的历史责任，紧紧围绕全面建设小康社会的宏伟目标，认真组织广大委员参政议政，充分发挥政协人才荟萃、智力密集的优势，注重发挥界别作用，深入调查研究，积极建言立论、献计献策，为促进社会主义物质文明、政治文明和精神文明的协调发展，实现全面建设小康社会的宏伟目标作出应有的贡献。

第四，努力协助党和政府协调关系、化解矛盾。完成改革和发展的繁重任务，必须保持和谐稳定的社会环境。人民政协要高举爱国主义、社会主义的旗帜，把团结各界、凝聚人心的工作摆在突出位置；要认真研究当前我国社会结构和统一战线内部所出现的新情况、新变化，加强同各方面人士包括新的社会阶层人士的联系，调动一切积极因素，巩固和发展最广泛的爱国统一战线，不断为中华民族伟大复兴增添新力量；要宣传和协助贯彻党的民族政策，坚持和完善民族区域自治制度，巩固和发展平等、团结、互助的社会主义民族关系，促进各民族共同繁荣进步；要宣传和协助贯彻党的宗教信仰自由政策，依法管理宗教事务，积极引导宗教与社会主义社会相适应，坚持独立自主自办的原则；要深入了解群众的愿望和呼声，进一步拓展反映社情民意的渠道，协助党和政府做好协调关系、化解矛盾的工作，努力维护安定团结的社会政治局面。

第五，继续做好港澳同胞、台湾同胞和海外侨胞的工作。香港澳门回归祖国并保持繁荣稳定，证明了“一国两制”方针是正确的，具有强大的生命力。要广泛团结港澳各界人士，共同维护和促进香港、澳门的繁荣、稳定和发展。要继续大力宣传“和平统一、一国两制”的基本方针和发展两岸关系、推进祖国和平统一的八项主张，进一步加强同台湾同胞和海外侨胞的联谊工作，促进海峡两岸的交流、交往与合作，坚决反对台湾分裂势力，为实现祖国的完全统一作出新的贡献。

第六，进一步扩大对外友好交往。在和平与发展的时代主题下，世界多极化和经济全球化趋势给世界的和平与发展带来了机遇和有利条件，同时也带来了严峻的挑战。人民政协要继续按照国家外交总体部署，进一步发挥自身的特点和优势，不断开辟新的对外交往渠道、拓展新的对外交往领域，广泛地与世界各国人民进行接触与交流，增进相互之间的友谊和信任，努力为我国现代化建设创造更好的国际环境。

第七，继续加强政协自身建设。搞好自身建设是政协履行职能的重要基础。要解放思想，与时俱进，勇于实践，大胆探索，加强政协理论研究，完善政协工作机制，不断提高履行职能的实效。政协委员要适应形势发展的要求，增强履行职能的使命感和责任感，自觉加强学习，不断充实和更新知识，努力提高参政议政的能力和水平。政协机关要全面加强自身建设，当好参谋，搞好服务，为委员履行职能创造良好的条件。

各位委员！新一届政协承前启后，继往开来，任重道远。我们衷心祝愿新一届政协，在邓小平理论和“三个代表”重要思想指引下，在以胡锦涛同志为总书记的中共中央领导下，扎实工作，奋发进取，为把中国特色社会主义事业不断推向前进，作出新的更大的贡献！

全国政协十届一次会议主席团常务主席周铁农在政协第十届全国委员会第一次会议上作《中国人民政治协商会议第九届全国委员会常务委员会关于提案工作情况的报告》

各位委员：

我受政协第九届全国委员会常务委员会的委托，向大会报告九届政协的提案工作情况，请审议。

九届政协一次会议以来，政协委员、政协的各参加单位，以及政协各专门委员会，从改革、发展、稳定的大局出发，围绕党和国家的工作中心及社会关注的热点问题，共提交提案17722件，经审查，立案16281件，其中八个民主党派中央和全国工商联的提案271件，有关人民团体的提案1件，界别小组提案128件，政协专门委员会的提案2件。按内容分，有关经济建设方面的提案7235件，占44.44%；科教文卫体方面的提案4617件，占28.36%；政法、统战和其他方面的提案4429件，占27.2%。这些提案分别送交180多个承办单位，到目前为止，98.8%的提案已经办复。未予立案的转为委员来信处理。

回顾过去的五年，九届政协的提案工作，经过全体委员的共同努力和承办单位的积极支持，在八届政协工作的基础上，又有了较大的发展。

一

提案是政协委员履行政协主要职能的重要方式，提案工作在人民政协工作中有着十分重要的作用。九届政协的提案，数量不断增加，质量逐步提高，在反映社情民意、促进有关部门决策的民主化、科学化以及各项工作的开展等方面，提出了大量的意见和建议，为推进经济建设、政治建设、文化建设和祖国和平统一大业，作出了积极贡献。

（一）为加快社会主义现代化建设和建立社会主义市场经济体制建言献策，提出了许多重要的意见和建议。许多提案从国家经济和社会生活各个方面对制订和实施“十五”计划，提出了有价值的建议；对国家实施西部大开发战略决策中的一些重大建设项目，提出了有益的意见；对我国加入世贸组织后的应对措施，提出了许多好的建议。这些提案从大局出发，考虑长远，涉及基础设施建设、生态环境保护、科教兴国战略、风险投资和社会信用等等。许多提案具有较强的可行性，有些还具有一定的前瞻性，有关部门认为非常重要、非常及时，积极予以采纳。

（二）坚持依法治国和以德治国紧密结合，为加强政治文明和精神文明建设，提出了一系列具有建设性的意见和建议。许多提案建议：抓紧制定适应社会主义市场经济发展需要的法律、法规；加快教育改革和创新步伐；加大反腐倡廉力度；进一步规范文化市场；惩治邪教、贩毒吸毒社会丑恶现象等等。这些提案被承办单位采纳后，在发展我国社会主义民主政治、健全社会主义法制、繁荣社会主义文化进程中，发挥了积极作用。

（三）高度重视社会稳定，从社会生活的不同侧面关注热点问题，及时反映了大量的社情民意。许多提案建议进一步关心特殊困难群体，落实城市居民最低生活保障制度，妥善解决下岗职工再就业问题；建议高度重视“三农”问题，为减轻农民负担、增加农民收入献计献策；提出动员全社会的力量关注安老养老问题；呼吁加强我国食品安全的监督管理；要求坚决制止一些行业的乱收费现象等等。这些提案，受到社会各界的关注，经过承办单位的认真办理，取得了良好的社会效益，在化解社会矛盾中起到了重要作用。

政协提案发挥的作用充分证明，提案是人民政协参政议政最直接、最有效的方式，一直受到政协各个界别委员的高度重视。

各民主党派作为参政党，围绕我国经济、政治和社会生活中的一些重大问题，组织本党派成员进行调查研究，并经反复论证，形成党派提案。这些提案选题讲究，分析透彻，建议合理，质量较高。

有关人民团体和界别小组注重发挥自己的优势，运用提案的方式，就一些重大问题提出了许多有价值的意见和建议。

香港、澳门特别行政区的政协委员，以拳拳爱国之心，积极地运用提案形式，为祖国的现代化建设和祖国统一大业贡献力量。

二

九届政协常委会始终贯彻“围绕中心、服务大局、提高质量、讲求实效”的提案工作方针，坚持以质量求发展，着重于以下几个方面的工作：

（一）修订了《提案工作条例》，使提案工作进一步规范化、制度化。九届政协常委会根据新形势的要求和提案工作的发展，对《提案工作条例》进行了修订，明确了“提案工作应当注意提高提案质量、提案办理质量和服务质量，讲求实际效果”，同时对提案的提出、审查、办理等方面也作了明确的规定，为本届政协提案工作的进一步发展，提供了重要的制度保证。

（二）提案工作报告改由政协副主席代表常委会在全会开幕式上来作，使提案工作的重要地位和作用更为突出。从政协九届三次会议开始，恢复了在全会开幕式上向全体委员报告提案工作情况，并由一位副主席代表常委会作报告，由全会对报告作出相应决议，体现了政协委员的要求和意愿，体现了政协常委会对提案工作的高度重视。

（三）不断强调质量意识，努力提高提案工作质量。按照李瑞环主席关于提案“选题要精，内容要有分量，文字要严谨”的要求，通过1999年和2001年两次全国性提案工作会议的经验交流和探讨，并通过一系列的工作，使越来越多的委员和提案工作者认识到，提高提案工作质量，包括提案人提高提案的质量，承办单位提高办理的质量和政协提案工作机构提高服务的质量，其中，提高提案的质量最重要，是整个提案工作的基础。因此，首先要树立质量意识、精品意识，正确处理提案数量和质量的关系，以高质量的提案体现政协委员参政议政的水平，并以高质量的服务，来推动办理质量的提高。

为了树立一批高质量提案以及办理工作的榜样，2002年10月，全国政协召开了优秀提案和先进承办单位表彰会，对200件优秀提案和37个先进承办单位进行了表彰。李瑞环主席和在京的副主席向获奖的提案人和承办单位代表颁了奖，宋健副主席作了重要讲话。

（四）加强与承办单位的联系和协作，提高提案办理的实效。五年来，全国政协共召开了四次规模较大的承办单位座谈会，沟通情况，交流经验。为及时了解提案办理情况，听取承办单位对提案工作的意见，加强了走访承办单位的力度。通过这些活动，增进了全国政协和承办单位相互之间的理解和协作。各承办单位把办理政协提案的过程，看作是坚持中国共产党领导的多党合作和政治协商制度，实行决策民主化、科学化，改进工作作风，密切联系群众的过程，各级领导高度重视办理政协提案的工作，逐步健全了提案办理工作制度和工作队伍，使办理质量稳步提高。政协提案委员会为推动提案办理质量的进一步提高，于每年政协全会结束后，经过与承办单位的反复协商沟通，研究确定对一批重点提案进行重点办理。运用提案委员会、提案人和承办单位“三结合”的方式，通过协商办理座谈会或专题调研、实地考察、跟踪办理等方法，促进提案的深化和落实。五年来，共召开协商办理座谈会48次，组织专题调研25次。有20位副主席参加了提案工作的有关活动，提高了提案工作的层次。

（五）加强提案工作的宣传力度，扩大提案工作的社会影响。全国政协及时向新闻单位提供提案工作信息，在全会召开前夕，有计划地向新闻单位集中通报提案工作的总体情况和报道线索。为使社会各界更加了解政协提案工作，在政协局域网公布提案目录的基础上，自2001年开始又在互联网上全文公布一些提案的内容及其办理复文。2002年年底，出版发行了一套五册约360多万字的《把握人民的意愿》一书，介绍了九届政协的部分提案内容及其办理复文。

（六）加强政协提案工作机构建设，进一步提高服务质量。提案工作机构在加强学习、提高思想政治水平的基础上，努力加强自身建设，不断提高服务水平。一是努力为政协委员撰写提案服务，做好委员“知情”的工作，加强与委员的联系，提供必要的帮助；二是努力提高交办提案的准确率和效率，改进交办工作方式，提升交办工作规格，在政协全会后集中时间、集中地点向承办单位交办提案，一位常务副主席参加提案交办会并作重要讲话；三是提高办公自动化程度，不断对提案管理软件进行改进、升级，使提案的登记、检索、统计、查询工作更加简便、快捷；四是注重学习地方政协的提案工作经验，不断推进自己的工作。

三

五年来，提案工作取得了明显的进展，但还存在一些有待进一步研究解决的问题。提案工作涉及全体政协委员，受到了委员们的高度重视和关注，在履行政协职能中有着广阔的天地。提案工作要与时俱进，开拓创新，不断发展。九届政协五年提案工作的经验表明：

要坚持以质量求发展，不断提高包括提案质量、办理质量和服务质量在内的整个提案工作质量，特别要始终抓住提案质量这个基础，处理好提案数量和质量的关系。

要充分发挥界别优势，在重视各民主党派和全国工商联提案工作的同时，发挥有关人民团体和各界别委员的优势，提出更多的具有界别特色的高质量提案。

要注重发挥专委会在提案工作中的作用，各专委会可以根据自己的工作特点，加强与提案工作机构的沟通，结合提案的办理，开展专题调研和协商座谈活动，重视运用提案的方式，促进问题的解决。

要加强与承办单位的联系和协作，经常沟通情况，交流经验，表彰先进，并对一些重要提案进行跟踪办理，促进提案办理质量不断得到提高。

为了使委员们更多地了解承办单位办理提案的情况，选择了五个先进承办单位办理政协第九届全国委员会提案概况作为附件，供大家参考。

各位委员，新一届政协将开始工作，让我们高举邓小平理论的伟大旗帜，全面贯彻“三个代表”重要思想，认真学习、贯彻中共十六大精神，坚持“围绕中心、服务大局、提高质量、讲求实效”的提案工作方针，与时俱进，开创政协提案工作的新局面。

《人民日报》发表社论《同心同德 共创未来——热烈祝贺全国政协十届一次会议开幕》

大地回春，万象更新。

今天，中国人民政治协商会议第十届全国委员会第一次会议隆重开幕。这次大会是在全国各族人民深入学习贯彻党的十六大精神的重要时刻召开的一次重要会议。大会以邓小平理论和“三个代表”重要思想为指导，围绕党的十六大提出的全面建设小康社会的宏伟目标，共商国是，建言献策，具有十分重要的意义。我们向会议表示热烈的祝贺！

过去的五年，是我国改革开放和社会主义现代化建设取得辉煌业绩的五年。以江泽民同志为核心的第三代领导集体，团结和带领全国各族人民，战胜种种困难和风险，胜利地完成了国民经济和社会发展第九个五年计划，实现了社会主义现代化建设第二步战略目标，并顺利推进第十个五年计划，取得实施现代化建设第三步战略目标的良好开局。

五年来，政协第九届全国委员会始终坚持共产党领导的多党合作和政治协商制度，高举爱国主义、社会主义旗帜，牢牢把握团结和民主两大主题，自觉服从和服务于改革发展稳定的大局，积极组织参加人民政协的各党派、各团体和各族各界人士，切实有效地履行政协职能，推动政协的各项工作扎实深入、活跃有序地向前发展，为改革开放、现代化建设和祖国和平统一大业作出了重要贡献。

中国特色社会主义事业是亿万人民共同的事业，团结的人越多越好，凝聚的力量越大越好。统一战线是中国共产党团结一切可以团结的力量，夺取革命、建设和改革事业胜利的重要法宝，也是中国共产党执政兴国的重要法宝。共产党领导的多党合作和政治协商制度是我国的一项基本政治制度，也是我国社会主义政治制度的特有优势。党的十六大把统一战线和这项基本政治制度写入了中国共产党领导人民建设中国特色社会主义必须坚持的基本经验，表明了我们党巩固和发展最广泛的爱国统一战线、坚持和完善我国这项基本政治制度不可动摇的决心。我们要始终不渝地坚持统一战线这个重要法宝和战略方针，始终不渝地发挥共产党领导的多党合作和政治协商制度的优势，把一切积极因素充分调动起来和凝聚起来，共同创造社会主义中国的美好未来。

人民政协是中国人民爱国统一战线的组织，是中国共产党领导的多党合作和政治协商的重要机构，是我国政治生活中发扬社会主义民主的重要形式。党的十六大提出了全面建设小康社会的奋斗目标，开启了实施社会主义现代化建设第三步战略目标的伟大征程。新世纪、新阶段新形势新任务对人民政协的工作提出了新的更高的要求，也提供了更广阔的舞台。实现十六大提出的宏伟奋斗目标，需要加强共产党同民主党派合作共事，需要全体中华儿女团结奋斗。人民政协在组织上有最广泛的代表性，在政治上有最大限度的包容性。我们要充分发挥人民政协人才荟萃，智力密集，联系广泛，渠道畅通的优势，继承和发扬人民政协的好传统、好作风，坚持“长期共存、互相监督、肝胆相照、荣辱与共”的方针，切实履行政治协商、民主监督、参政议政的职能，与时俱进、开拓创新、奋发有为，把这次会议开成民主、求实、团结、鼓劲的大会。

伟大的祖国正处在一个承前启后，继往开来的伟大时代。新一届政协一定能够在邓小平理论和“三个代表”重要思想指引下，同心同德，艰苦奋斗，为全面贯彻落实十六大提出的奋斗目标和各项任务，把中国特色社会主义事业不断推向前进，作出新的更大贡献。预祝大会圆满成功！

国家行政学院举行春季开学典礼

受国务委员兼国务院秘书长、国家行政学院院长王忠禹委托，国家行政学院党委书记、常务副院长陈福今在开学典礼上讲话。

陈福今说，公务员是政府职能的具体承担者，也是行政管理体制和机构改革的具体实施者。因此，坚持以“三个代表”重要思想为指导，以十六大报告中关于提高公务员“五种能力”的要求为重点，大力加强对公务员的培训，不断推进公务员的学习，努力提高公务员的综合素质和执政能力，培养造就一支高素质的公务员队伍至关重要。

国务院发展研究中心主任王梦奎为学员讲了题为“加快社会主义现代化建设，全面建设小康社会”的第一课。中组部、人事部、国家行政学院等有关部门负责人尹蔚民、唐铁汉、张修学、高世琦等出席了开学典礼。国家行政学院各主体班次学员和教师约400人参加了开学典礼。

国家外汇管理局发布《关于完善外商直接投资外汇管理工作有关问题的通知》

《关于完善外商直接投资外汇管理工作有关问题的通知》(以下简称《通知》)对原有外汇管理思路和方法做了一些调整。《通知》确立了对外国投资者未在境内设立外商投资企业而在境内从事直接投资或与直接投资相关活动，通过外国投资者专用外汇账户进行管理的制度和原则。外国投资者可根据其投资资金用途的不同，向项目所在地外汇局申请以自身名义开立投资类、收购类、费用类和保证类四种类型的外国投资者专用外汇账户。《通知》将于2003年4月1日起正式实施。

纪念毛泽东在七届二中全会上的讲话发表54周年座谈会在北京举行

座谈会由中组部党建研究所《党建研究》编辑部主办。会上，大家重温了毛泽东同志的重要讲话，认真学习了胡锦涛同志在西柏坡学习考察时的讲话精神，就新形势下党员领导干部如何继续保持谦虚谨慎、不骄不躁的作风，大力发扬艰苦奋斗的作风进行了座谈。

出席座谈会的有张全景、郑科扬、蒋振云、张云声、张启华、邵维正及在京的部分党务工作者、理论工作者共60多人。

3月4日

国家主席江泽民应约与德国总理施罗德通电话就伊拉克问题交换意见

十届全国人大一次会议预备会议在人民大会堂举行

九届全国人大常委会委员长李鹏主持会议时宣布：十届全国人大一次会议3月5日召开，会议的各项准备工作已经就绪。

李鹏说，十届全国人大代表由各省、自治区、直辖市、香港特别行政区、澳门特别行政区和中国人民解放军等35个选举单位选举产生，共2985名。九届全国人大常委会根据代表资格审查委员会提出的审查报告，确认2985名代表的代表资格全部有效。有两位代表因病去世，现在十届全国人大实有代表2983人。

经过代表选举产生的大会主席团由181人组成，包括党和国家领导人，中央军委委员，各民主党派中央、全国工商联负责人和无党派代表人士，中央国家机关和各人民团体负责人，各省、自治区、直辖市、香港特别行政区、澳门特别行政区、解放军代表团负责人，香港特别行政区、澳门特别行政区、企业、科技、社会科学、教育、文艺、体育、卫生、归侨、宗教的代表以及工人、农民、解放军、武警、基层的代表，人口较多的少数民族代表。王兆国当选为大会秘书长。

预备会议通过的十届全国人大一次会议议程共有18项。

根据全国人大组织法和全国人大议事规则的规定，每届全国人大一次会议的预备会议，由上届全国人大常委会主持。田纪云、姜春云、邹家华、帕巴拉·格列朗杰、王光英、布赫、铁木尔·达瓦买提、吴阶平、彭珮云、何鲁丽、周光召、曹志、丁石孙、成思危、许嘉璐、蒋正华、何椿霖等九届全国人大常委会组成人员出席了会议。

十届全国人大一次会议主席团第一次会议在人民大会堂举行

会议首先在九届全国人大常委会委员长李鹏的主持下，推选大会主席团常务主席。全国人大代表、中共中央政治局常委吴邦国被推选为主席团常务主席。同时被推选为主席团常务主席的还有曾庆红、王兆国、李铁映、司马义·艾买提、何鲁丽、丁石孙、成思危、许嘉璐、蒋正华等9人。

主席团常务主席名单推定后，李鹏请主席团常务主席吴邦国继续主持会议。吴邦国走上主席台，向大家鞠躬致意，与李鹏亲切握手。

在热烈的掌声中，李鹏向新当选的十届全国人大一次会议主席团成员鞠躬致意，并在主席团常务主席吴邦国、曾庆红的陪同下，步出常委会会议厅。全场再次响起热烈的掌声。

随后，主席团会议在吴邦国的主持下，通过了十届全国人大一次会议日程，本次大会会期预计13天半。

会议通过了大会执行主席分组名单，决定了大会副秘书长和十届全国人大一次会议表决议案办法。

十届全国人大一次会议秘书长王兆国就关于设立十届全国人大专门委员会的决定草案作了说明。王兆国说，根据法律规定和工作需要，建议十届全国人大设立9个专门委员会，即：民族委员会、法律委员会、内务司法委员会、财政经济委员会、教育科学文化卫生委员会、外事委员会、华侨委员会、环境与资源保护委员会、农业与农村委员会。会议通过了这一决定草案，提请大会审议。会议还通过了关于十届全国人大各专门委员会组成人员人选的表决办法草案，提请大会审议。

根据全国人大议事规则的规定，大会期间需要审查国民经济和社会发展计划、审查中央和地方预算，因此，全国人大财政经济委员会需要提前产生。会议通过了十届全国人大财政经济委员会主任委员、副主任委员、委员人选的提名，印发各代表团酝酿，提请大会表决。

会议还决定，3月10日下午6时为代表提出议案的截止时间。根据全国人大组织法和全国人大议事规则的规定，一个代表团或者30名以上的代表联名，可以向全国人大提出属于全国人大职权范围内的议案。

十届全国人大一次会议副秘书长名单

(2003年3月4日第十届全国人民代表大会第一次会议主席团第一次会议决定)

何椿霖　王云龙　杨景宇　姜恩柱　令计划　马　凯

十届全国人大一次会议议程

(2003年3月4日第十届全国人民代表大会第一次会议预备会议通过)

一、听取和审议国务院总理朱镕基关于政府工作的报告

二、听取和审议国家发展计划委员会主任曾培炎关于2002年国民经济和社会发展计划执行情况与2003年国民经济和社会发展计划草案的报告

审查、批准2002年国民经济和社会发展计划执行情况的报告及2003年国民经济和社会发展计划

三、听取和审议财政部部长项怀诚关于2002年中央和地方预算执行情况及2003年中央和地方预算草案的报告

审查2002年中央和地方预算执行情况的报告及2003年中央和地方预算草案

批准2002年中央预算执行情况的报告及2003年中央预算

四、审议国务院关于提请审议国务院机构改革方案的议案

五、听取和审议全国人民代表大会常务委员会委员长李鹏关于全国人民代表大会常务委员会工作的报告

六、听取和审议最高人民法院院长肖扬关于最高人民法院工作的报告

七、听取和审议最高人民检察院检察长韩杼滨关于最高人民检察院工作的报告

八、审议《第十届全国人民代表大会第一次会议关于设立第十届全国人民代表大会专门委员会的决定(草案)》

九、审议《第十届全国人民代表大会第一次会议选举和决定任命的办法(草案)》

十、选举第十届全国人民代表大会常务委员会委员长、副委员长、秘书长、委员

十一、选举中华人民共和国主席、副主席

十二、决定国务院总理的人选和国务院副总理、国务委员、各部部长、各委员会主任、中国人民银行行长、审计长、秘书长的人选

十三、选举中华人民共和国中央军事委员会主席

十四、决定中华人民共和国中央军事委员会副主席、委员的人选

十五、选举最高人民法院院长

十六、选举最高人民检察院检察长

十七、决定第十届全国人民代表大会各专门委员会主任委员、副主任委员、委员的人选

十八、其他

十届全国人大一次会议在人民大会堂举行新闻发布会

大会新闻发言人姜恩柱首先介绍了在十届人民大一次会议预备会议上通过的大会议程。他还说，3月18日大会闭幕后，将请新任国务院总理与中外记者见面。

有记者问，是否正在制订有关修改宪法的计划？姜恩柱说，修改宪法是全国人民代表大会的职权。到目前为止，大会没有收到有关修改宪法的议案。

姜恩柱说，我国现行宪法是1982年颁布的。此后，根据我国改革开放和现代化建设形势发展的需要，

曾以修正案的方式对宪法的个别条款进行了修改和完善。这些修改都是根据实际需要进行的,而且是已经成熟的问题,注意保持了宪法的稳定性。今后根据社会发展的需要,还会依照法律程序进行必要的修改,以使宪法更加完备。

在回答记者关于完善保护私有财产法律制度的问题时,姜恩柱说,保护公民的合法私有财产是我国维护公民合法权益、全面建设小康社会的应有内容。在我国,私有财产同国有财产、集体财产一样,都受到法律的保护。我国宪法、民法通则等都对保护私有财产作出了明确规定。

姜恩柱说,随着社会主义市场经济的发展,我国保护私有财产的法律制度还需要进一步完善。已经提交九届全国人大常委会初审的民法草案对保护私有财产做了比较详细的规定,还需要进一步审议。

在回答有关政府机构改革方案的问题时,姜恩柱说,改革开放以来我国进行了4次政府机构改革。经过这4次改革,适应发展社会主义市场经济要求的行政管理体制正在形成。但随着经济体制改革的深入和我国加入世界贸易组织新形势的发展,现行行政管理体制仍然存在一些不适应的问题,必须通过深化改革加以解决。

姜恩柱说,政府机构改革的关键是进一步转变政府职能,加强和完善政府的经济调节、市场监管、社会管理和公共服务职能。首先要搞好国务院机构改革,同时要积极稳妥地推进地方政府的机构改革。目前,深圳等5个城市作为行政管理体制改革的试点,正在研究改革方案,探索建立适应社会主义市场经济体制需要的公共行政管理体制。

有记者问,人大在反腐败斗争中有何举措?姜恩柱说,腐败是一种顽症和痼疾,古今中外概不能外。党和政府历来高度重视反腐败斗争,采取各种措施加大打击力度,同时不断加强民主法制建设,堵塞漏洞,加强对权力的制约和监督,从源头上治理腐败。经过坚持不懈的努力,目前腐败现象蔓延的势头已经程度不同地得到遏制。

姜恩柱说,全国人大及地方各级人大在反腐败斗争中发挥了重要作用,主要表现在两方面:一是人大通过立法规范政府行为,建立约束机制;二是通过执法检查和工作监督等,督促政府、法院、检察院依法行政,公正司法,防止和遏制腐败。

在谈到人大的自身建设时,姜恩柱说,全国人民代表大会制度是我国的根本政治制度,要坚持和不断完善这一制度。近年来,全国人大及其常委会制定了立法法,通过了关于加强经济工作监督的决定和关于加强中央预算审查监督的决定,并对监督法草案进行了初步审议。这些都涉及人民代表大会制度的自身建设。

姜恩柱说,九届全国人大常委会组成人员共有155人。据了解,即将产生的十届全国人大常委会组成人员人数将会有所增加,主要是增加一些相对年轻的领导干部和专家学者,以进一步改进和完善全国人大常委会组成人员的结构。

中共中央总书记胡锦涛参加政协十届一次会议少数民族界委员联组会议

中共中央政治局常委、全国政协十届一次会议主席团常务主席会议主持人贾庆林参加了看望和讨论。

联组会上,杨吉生、克尤木·巴吾东、罗正富、帕巴公觉等9位委员先后发了言。

胡锦涛边听边记,并不时插话,就一些问题与委员们共同讨论。在听取了大家的发言后,胡锦涛发表了讲话,他首先代表党中央,向少数民族界的各位委员,向全国民族地区的广大干部群众,表示诚挚的问候。

胡锦涛强调,十六大提出了全面建设小康社会的奋斗目标和行动纲领,为新世纪、新阶段党和国家事业的发展指明了前进方向,也为我国民族团结进步事业的发展勾画了美好前景。我们要坚持以"三个代表"重要思想和十六大精神为指导,进一步做好民族工作。第一,要着力加快民族地区经济社会的发展。支持民族地区发展是中央的既定方针,随着经济的发展和财力的增强,还将不断加大支持的力度。第二,要突出抓好人力资源的开发和少数民族干部队伍建设。要把培养各级各类人才、提高劳动者素质作为重要的战略任务来抓,培养造就一大批适应民族地区发展需要的专门人才。要制定周密规划,认真组织实施,真正把少数民族优秀干部特别是优秀年轻干部选拔到各级领导岗位上来。第三,要坚决维护祖国统一和民族团结。要在各族干部群众中广泛进行爱国主义的宣传教育,使爱国主义牢牢扎根在各族干部群众的心中。要引导各族干部群众牢固树立"汉族离不开少数民族,少数民族离不开汉族,各少数民族之间也相互离不开"的思想,坚持各民族同呼吸、共命运、心连心。第四,要坚持和完善民族区域自治制度,确保民族区域自治法得到全面贯彻落实。

全国政协十届一次会议主席团常务主席王忠禹、阿沛·阿旺晋美,全国政协十届一次会议秘书长郑万通,有关方面负责人李德洙等参加了联组会。

中共中央政治局常委吴邦国参加政协十届一次会议民革台盟委员联组会议

联组会上,委员们踊跃发言。刘民复、汪毅夫、李赣骝、孙南雄、刘豫阳、陈正统、马志伟、郭理、朱培康、谢克昌、庄威、修福金委员先后就加快西部开发、实现全面小康、对台工作等问题发言。委员们畅所欲言，气氛十分活跃。

在听取了委员们的发言后，吴邦国说，长期以来，我们坚定不移地贯彻“和平统一、一国两制”的基本方针和江泽民同志提出的现阶段发展两岸关系、推进祖国和平统一进程的八项主张，和台湾同胞共同努力，坚决打击了台湾分裂势力的“台独”活动，推动了两岸经济、文化等各项交流和人员往来的长足发展，巩固了国际社会承认一个中国的外部环境。两岸关系的基本格局和发展趋势没有改变。台湾同胞求和平、求安定、求发展的意愿日益增强。“台独”分裂活动不得人心。

吴邦国强调，实现祖国的完全统一，是我们海内外中华儿女的共同心愿，是中国共产党团结带领全国各族人民在新世纪要实现的三大历史任务之一。我们要继续全面贯彻落实党的十六大提出的对台工作指导思想和总体要求。要毫不动摇地坚持一个中国原则，在此基础上恢复两岸对话和谈判。要把打击“台独”分裂活动摆在更为突出的位置上，决不允许“台独”分裂图谋得逞。他说，台湾的前途系于祖国的统一。解决台湾问题，寄希望于台湾人民。要继续推动和扩大两岸交往，共同弘扬中华文化。要积极促进两岸直接“三通”，开创两岸经济合作新局面。我们欢迎主张发展两岸关系、反对“台独”的台湾党派、人士与我们交流和对话。我们愿以最大的诚意、尽最大的努力争取和平统一的前景，同时也决不允许任何人以任何方式把台湾从中国分割出去。台湾问题不能无限期地拖延下去。

吴邦国说，民革和台盟长期以来与中国共产党风雨同舟，肝胆相照，为争取民族独立和解放，为社会主义革命和建设，作出了重大贡献。民革和台盟还充分发挥与台湾地区和海外联系广泛的特殊优势，积极宣传“和平统一、一国两制”的基本方针，以实际行动推进海峡两岸民间交流，旗帜鲜明地坚持一个中国的原则，为团结海内外中华儿女共同致力于实现祖国完全统一，作出了不懈努力。他深信，在以胡锦涛同志为总书记的中共中央领导下，通过包括台湾同胞在内的全体中华儿女的共同努力，祖国完全统一一定能够早日实现。

何鲁丽、张克辉、周铁农等参加了联组会。

中共中央政治局常委温家宝参加政协十届一次会议经济界委员联组会议

联组会上，委员们发言踊跃，各抒已见，气氛十分活跃。温家宝一边专注地听，一边记下委员们的发言要点，并不时就一些问题与大家进行讨论。

林毅夫、高仰秀、陈清泰等委员在发言中就增加就业和完善社会保障体系、推进西部大开发、深化国有企业改革等问题发表了意见。吉晓辉、陆克平、张赛娥等委员就建设国际金融中心、推动民营经济实现新的飞跃、香港经济发展等提出建议。杜钰洲、吴敬琏、王德臣、张宝明、胡友林等委员分别就发挥劳动密集型产业的作用、科学决策、国防工业改革、煤炭行业发展、汽车工业发展等发了言。随后，倪润峰、王超斌、潘庆林、田在玮、许坤元、萧灼基等委员也相继发言。在听取17位委员的发言后，温家宝说，当前我们面临的现代化建设任务十分繁重，唯有在中国共产党的领导下，团结一切可以团结的力量，调动一切积极因素，依靠全国人民共同奋斗，才能实现我们的目标。唯有发扬科学和民主的精神，集中全党全国人民的智慧，才能保证实现我们的目标。党和政府要建立科学民主决策机制，重大决策要经过科学论证，广泛发扬民主。发扬民主是科学决策的途径和基础，要建立、健全由领导、专家和群众相结合的决策机制，完善重大决策的规则和程序，推进决策科学化民主化。涉及国民经济和社会发展的重大问题，要组织跨学科、跨部门、跨行业的专家进行研究论证，认真倾听各方面的意见，特别要听取不同意见。从某种意义上说，批评意见对作出正确决策的作用最大，因为批评意见可以使我们头脑更清醒，更加重视那些容易忽视的问题，以利于把方案做得更加周全，避免决策失误。

温家宝说，全国政协集中了一大批各个领域的知名人士，人才荟萃，充分发挥政协委员参政议政的作用，是实行科学民主决策一个极其重要的方面。希望大家经常向党和政府反映社情民意，反映各方面工作的真实情况和问题，为国家的改革和发展建言献策。

李贵鲜等参加了联组会。

中共中央政治局常委曾庆红参加政协十届一次会议工青妇和青联界联组会议

联组会上，莫文秀、邱晓华、董经纬、余远辉、徐德明、叶维祯、田向利、黄四川、林瑞、陈永满、冯巩、叶顺兴等委员分别就妇女权益、青年工作、再就业、工会作用、社会保障、先进文化等问题提出意见建议。

曾庆红认真听取委员们的发言后指出，作为群英荟萃的全国政协与人才济济的工青妇和青联界别的共同特点是，都拥有巨大的人才资源优势。全面建设小康社会、实现中华民族的伟大复兴要求广纳群贤，把各方面优秀人才集聚到党和国家的各项事业中来。希望工青妇和青联界别的政协委员要积极建言献策，配合工会、共青团、青联、妇联组织，以多种形式发现人才、培养人才、凝聚人才、用好人才，把人才资源的优势凝聚到全面建设小康社会的目标上来，推进我国先进生产力和先进文化的发展，加快改革开放和现代化建设的进程。

曾庆红说，人民政协的一项重要职能就是实行民主监督。工青妇和青联界别的政协委员要结合自身特点，切实把民主监督和群众监督的优势充分发挥出来，切实维护好人民群众的根本利益。要始终站在党和人民的立场上，勇于负起监督之责，同时又要结合各自的实际，不断探索切实有效的监督方法。

曾庆红希望，工青妇和青联界别的政协委员，要以满腔的热情和高度的政治责任感，协助党和政府做好新形势下的群众工作。他说，你们来自群众，同各自所代表的群众联系密切，在党的群众工作中有着独特优势，要善于在教育引导群众上下功夫，当好党的路线方针政策的宣传员；要善于在团结联系群众上下功夫，当好党与群众的联络员；要善于在帮助和服务群众上下功夫，当好人民群众的服务员。要通过深入细致的群众工作，真正在党和群众之间架起一座联系与沟通的桥梁，围绕关系群众切身利益的问题积极反映情况、提出建议，满腔热情地同各地党和政府一道，化民忧、消民怨、解民困、帮民富，为全面建设惠及十几亿人口的小康社会作出更大贡献。

白立忱等参加了联组会。

中共中央政治局常委黄菊参加政协十届一次会议科协科技界委员联组会议

联组会上，委员们畅所欲言，为我国科学技术事业的发展献计献策。张泽、马志明、秦大河、郧贺铨、张新时、袁晴棠、封锡盛、黄宏生、胡启恒、陈清泉、胡文瑞、庞巨丰、任玉岭等委员先后就科技资源配置、营造良好学术环境、气候变化与经济和社会发展、科技创新、草原变革、企业技术创新、老工业基地改造、民营经济、互联网立法、香港和内地合作、空间科学等问题发言。

黄菊在认真听取委员们的发言后指出，党的十六大提出了全面建设小康社会的奋斗目标和行动纲领，也对科技事业的发展提出了新的更高的要求。要紧紧抓住新世纪头20年这一重要战略机遇期，准确把握世界科技发展的态势，按照全面建设小康社会、开创中国特色社会主义事业新局面的总体要求，制定和实施好我国中长期科学和技术发展规划。要进一步深化科技体制改革，加快推进国家创新体系建设，增强科学原始性创新能力、关键技术创新能力和系统集成能力，积极开展丰富多彩、扎实有效的科普活动，努力形成比较完善的科技创新体系，实现我国科学技术的跨越式发展。要认真贯彻尊重劳动、尊重知识、尊重人才、尊重创造的重大方针，坚持实施人才强国战略，继续深化人事分配制度改革，积极营造优秀科技人才脱颖而出的良好环境，使科技人才的积极性和创造力竞相迸发出来。在抓紧培养人才的同时，要积极引进人才特别是顶尖科技人才和高级管理人才，吸引海外优秀人才回国创业或为国服务。

罗豪才等参加了联组讨论。

国办转发教育部等部门（单位）《关于幼儿教育改革与发展的指导意见》的通知

各省、自治区、直辖市人民政府，国务院各部委、各直属机构：

教育部、中央编办、国家计委、民政部、财政部、劳动保障部、建设部、卫生部、国务院妇儿工委、全国妇联《关于幼儿教育改革与发展的指导意见》已经国务院同意，现转发给你们，请认真贯彻执行。

国务院办公厅

2003年3月4日

关于幼儿教育改革与发展的指导意见

幼儿教育是基础教育的重要组成部分，发展幼儿教育对于促进儿童身心全面健康发展，普及义务教育，提高国民整体素质，实现全面建设小康社会的奋斗目标具有重要意义。改革开放以来，我国幼儿教育事业取得了长足发展，大中城市已基本满足了适龄儿童的入园需求；农村和老少边穷地区通过灵活多样的形式，为越来越多的学龄前儿童提供了受教育机会；幼儿教育质量得到提高。但是，目前我国幼儿教育总体水平还不高，地区之间、城乡之间发展不平衡，与经济、社会、教育的发展和人民群众日益增长的需求还不相适应；幼儿教育事业投入不足；一些地方对幼儿教育的重要性认识尚不到位，简单套用企业改制的做法，将幼儿园推向市场，减少或停止投入，甚至出售；有的地方幼儿教育管理力量薄弱。为进一步推动幼儿教育的改革与发展，根据《中共中央、国务院关于深化教育改革，全面实施素质教育的决定》（中发〔1999〕9号）和《国务院关于基础教育改革与发展的决定》（国发〔2001〕21号）精神，现提出如下意见：

一、幼儿教育改革与发展的目标

1. 今后5年（2003—2007年）幼儿教育改革的总目标是：形成以公办幼儿园为骨干和示范，以社会力量兴办幼儿园为主体，公办与民办、正规与非正规教育相结合的发展格局。根据城乡的不同特点，逐步建立以社区为基础，以示范性幼儿园为中心，灵活多样的幼儿教育形式相结合的幼儿教育服务网络。为0—6岁儿童和家长提供早期保育和教育服务。

今后5年，全国幼儿教育事业发展的总目标是：学前三年儿童受教育率达到55%，学前一年儿童受教育率达到80%；大中城市普及学前三年教育；全面提高0—6岁儿童家长及看护人员的科学育儿能力。

2. 各省、自治区、直辖市要按照积极进取、实事求是、分区规划、分类指导的原则，结合本地区实际制定今后5年幼儿教育改革与发展的工作规划。

城市和经济发达地区，学前三年儿童受教育率应达到90%；0—6岁儿童家长及看护人员普遍受到科学育儿的指导。

已经普及九年义务教育的县(市、区)，学前三年儿童受教育率达到50%，学前一年儿童受教育率达到80%。90%的0—6岁儿童家长及看护人员受到科学育儿的指导。

尚未实现普及九年义务教育的县(市、区)，学前三年儿童受教育率达到35%，学前一年儿童受教育率达到60%。大多数0—6岁儿童的家长及看护人员受到科学育儿的指导。

二、进一步完善幼儿教育管理体制和机制，切实履行政府职责

3. 坚持实行地方负责，分级管理和有关部门分工负责的幼儿教育管理体制。国家制定有关幼儿教育的法规、方针、政策及发展规划；省级和地(市)级人民政府负责本行政区域幼儿教育工作，统筹制定幼儿教育的发展规划，因地制宜地制定相关政策并组织实施，积极扶持农村及老少边穷地区的幼儿教育工作，促进幼儿教育事业均衡发展；县级人民政府负责本行政区域幼儿教育的规划、布局调整、公办幼儿园的建设和各类幼儿园的管理，负责管理幼儿园园长、教师，指导教育教学工作；城市街道办事处配合有关部门制订本辖区幼儿教育的发展计划，负责宣传科学育儿知识、指导家庭幼儿教育、提供活动场所和设备、设施，筹措经费，组织志愿者开展义务服务；乡(镇)人民政府承担发展农村幼儿教育的责任，负责举办乡(镇)中心幼儿园，筹措经费，改善办园条件；要发挥村民自治组织在发展幼儿教育中的作用，开展多种形式的早期教育和对家庭幼儿教育的指导。各级人民政府都有维护幼儿园的治安、安全和合法权益，动员和组织家长参与早期教育活动，指导家庭幼儿教育的责任。

4. 教育部门是幼儿教育的主管部门，要认真贯彻幼儿教育的方针、政策，拟订有关行政法规、重要规章制度和幼儿教育事业发展规划并组织实施；承担对幼儿园的业务领导，制定相关标准，实行分类定级管理，向有关部门提出对幼儿园收费标准的意见；建立幼儿教育督导和评估制度；培养和培训各类幼儿园的园长、教师，建立园长、教师考核和资格审定制度；具体指导和推动家庭幼儿教育；与卫生部门合作，共同开展0—6岁儿童家长的科学育儿指导。

卫生部门负责拟定有关幼儿园卫生保健方面的法规和规章制度，监督和指导幼儿园卫生保健业务工作，负责对0—6岁儿童家长进行儿童卫生保健、营养、生长发育等方面的指导。

国务院教育部门会同财政部门和价格主管部门，按照不以营利为目的的原则，制定幼儿园(班)收费管理办法。省、自治区、直辖市教育部门根据生均培养成本、当地经济发展水平、居民承受能力等情况提出对本地区公办幼儿园(班)最高和最低收费标准的意见，经同级财政部门和价格主管部门审核报省级人民政府批准后执行；民办幼儿园(班)要按照国家有关规定，根据办学成本合理确定收费标准，报有关部门备案并公示。各地区要采取切实措施确保低收入家庭和流动人口的子女享有接受幼儿教育的机会。对社会福利机构，流浪儿童救助保护机构的适龄儿童，要给予照顾，有关费用予以减免。

建设部门要会同教育部门在城镇规划中合理确定幼儿园的布局和位置，在城镇改造和城市小区建设的过程中，要建设与居住人口相适应的幼儿园。新区建设和旧区改造的幼儿园由当地政府统筹规划，利用各种资源安排，教育部门要加强对小区配套幼儿园的管理，可采取面向社会公开招标的办法举办幼儿园，任何单位和个人不得改变用途，也不得收取国家规定以外的费用。

民政部门要把发展幼儿教育作为城市社区教育的重要内容，与教育部门共同探索依托社区发展幼儿教育的管理机制和有关政策。

劳动保障部门在研究探索农村养老保险制度时，要统筹研究农村幼儿教师的养老保险问题；城市幼儿教师要按照国家有关规定参加城镇职工社会保险，要保障幼儿教师队伍的稳定和幼儿教师的合法权益。

编制部门要会同教育部门、财政部门制定幼儿园教职工的编制标准，加强幼儿园教师编制的管理和教职工队伍的建设，保证幼儿教育事业发展的基本需要，提高办学效益。

充分发挥各级妇女儿童工作委员会和妇联组织的作用，推动幼儿教育事业健康发展。

5. 建立和完善政府领导统筹，教育部门主管，有关部门协调配合，社区内各类幼儿园和家长共同参与的幼儿教育管理机制。发挥城市社区居委会和农村村民自治组织的作用，综合协调、动员并利用各种社会资源，促进幼儿教育事业健康发展。

三、加强管理，保证幼儿教育事业健康发展

6. 地方各级人民政府要加强公办幼儿园建设，保证幼儿教育经费投入，全面提高保育、教育质量。不得

借转制之名停止或减少对公办幼儿园的投入，不得出售或变相出售公办幼儿园和乡(镇)中心幼儿园，已出售的要限期收回。公办幼儿园转制必须经省级教育部门审核批准。城乡中小学布局调整后，空余校舍要优先用于举办幼儿园。

7. 积极鼓励和提倡社会各方面力量采取多种形式举办幼儿园。社会力量举办的幼儿园，在审批注册、分类定级、教师培训、职称评定、表彰奖励等方面与公办幼儿园具有同等地位。各级教育部门要加强对社会力量举办幼儿园保育、教育工作的指导和监督，规范办园行为，保证办园的正确方向。

8. 加强对企事业单位幼儿园的管理。企事业单位转制后，可以继续举办幼儿园，也可将企事业单位办园资产整体无偿划拨，移交当地教育部门统筹管理；要通过实施联办、承办、国有民办等办园体制改革，提高办园效益和活力。实施办园体制改革要保证国有资产不流失，保育、教育质量不下降，广大幼儿教师合法权益受到保障、整体素质得到提高。

9. 县级以上教育部门负责审批各类幼儿园的举办资格、颁发办园许可证，并定期复核审验。价格主管部门和财政部门负责向已取得办园许可证并办理登记手续的幼儿园颁发收费许可证、提供行政事业性收费专用票据。未取得办园许可证和未办理登记手续，任何单位和个人不得举办幼儿园。要采取有力措施取缔非法举办的幼儿园。

10. 幼儿园不得以开办实验班、特色班和兴趣班等为由，另外收取费用，不得收取与幼儿入园挂钩的赞助费、支教费等。

四、全面实施素质教育，提高幼儿教育质量

11. 幼儿园要认真贯彻原国家教委《幼儿园工作规程》和教育部《幼儿园教育指导纲要(试行)》，积极推进幼儿教育改革，摆脱“保姆式”的教育模式，防止“应试教育”的消极因素向幼儿教育渗透，全面实施素质教育。要尊重儿童的人格尊严和基本权利，为儿童提供安全、健康、丰富的生活和活动环境，满足儿童多方面发展的需要；尊重儿童身心发展的特点和规律，关注个体差异，使儿童身心健康成长，促进体智德美等全面发展。

12. 幼儿园要建立促进教师专业水平不断提高的机制。要鼓励教师立足教育实践，开展日常教研活动，不断提高教师素质。

教育部门要建立社区和家长参与幼儿园管理和监督的机制，建立科学的评价体系，加强对幼儿园教育实验和科研的管理和指导。禁止在幼儿园从事违背教育规律的实验和活动。

13. 幼儿园要与家庭、社区密切合作。要充分利用幼儿园和社区的资源优势，面向家长开展多种形式的早期教育宣传、指导等服务，促进幼儿家庭教育质量的不断提高。

14. 加强示范性幼儿园建设。地方各级人民政府要合理布局，有计划地推动示范性幼儿园建设。要在城乡各类社会力量举办的幼儿园中扶持一批办学方向端正、管理严格、教育质量好并具有良好社会信誉的幼儿园作为示范性幼儿园。

15. 要充分发挥示范性幼儿园在贯彻幼儿教育法规、传播科学教育理念、开展教育科学研究、培训师资和指导家庭、社区早期教育等方面的示范、辐射作用。示范性幼儿园要参与本地区各类幼儿园的业务指导，协助各级教育部门做好保育、教育业务管理工作，形成以省、地、县、乡各级示范性幼儿园为中心，覆盖各级各类幼儿园的指导和服务网络。

16. 示范性幼儿园由省、地级教育部门组织评审认定。省级教育部门要根据国家有关规定制定示范性幼儿园的标准，并定期对示范性幼儿园进行指导、评估和审验，确保其发挥示范作用，带动本地区幼儿教育事业的整体发展和教育质量的提高。评审活动要简便和节俭，不要干扰地方政府和幼儿园的正常工作。

五、加强师资队伍建设，努力提高幼儿教师素质

17. 提高幼儿师范院校办学水平和教育质量。根据幼儿教育事业发展需要，确定招生规模；结合幼儿教育改革的实际，及时调整专业、课程设置和教学内容，深化教育教学改革，积极参与幼儿园的教育实践。

18. 制定幼儿教育师资培养、培训规划，加强幼儿教师培养、培训机构的建设。要按教育部《中小学教师继续教育规定》的要求，将幼儿教师的培训纳入当地中小学教师继续教育规划。

19. 要依据《教师资格条例》的有关规定，实行幼儿园园长、教师资格准入制度，严格实行持证上岗。要实行教师聘任制，建立激励机制，提高教师队伍的素质和水平。

20. 认真执行《中华人民共和国教师法》，幼儿教师享受与中小学教师同等的地位和待遇。依法保障幼儿教师在进修培训、评选先进、专业技术职务评聘、工资、社会保险等方面的合法权益，稳定幼儿教师队伍。

六、加强领导，保证幼儿教育改革与发展的顺利进行

21. 地方各级人民政府要提高对发展幼儿教育的认识，加强对幼儿教育工作的领导，把幼儿教育工作纳入本地经济、社会发展的总体规划，加强幼儿教育的科研工作，认真研究解决幼儿教育改革和发展中的热点、难点问题，并制定相应的政策和措施，把幼儿教育工作作为考核各级地方人民政府教育工作的重要内容；要

采取有效措施,积极发展农村和老少边穷地区的幼儿教育事业。

22. 地方各级人民政府要积极采取措施,加大对幼儿教育的投入,做到逐年增长。县级以上人民政府安排的财政性幼儿教育经费要保障公办幼儿园正常运转,保证教职工工资按时足额发放,保证示范性幼儿园建设和师资培训等业务活动正常进行,扶持和发展农村及老少边穷地区的幼儿教育事业。幼儿教育经费要专款专用,任何部门不得截留、挤占和挪用。乡(镇)人民政府的财政预算也要安排发展幼儿教育的经费。

23. 保证幼儿教育管理层层落实到位。要建立由教育部门牵头、有关部门参加的幼儿教育联席会议制度,通报、协调、解决幼儿教育事业发展中出现的问题,促进幼儿教育事业稳定健康发展。县级以上教育部门要加强幼儿教育管理,要办好乡(镇)中心幼儿园,发挥其对乡(镇)幼儿教育的指导作用,乡(镇)幼儿保育、教育的业务指导由乡(镇)中心幼儿园园长负责。

24. 地方各级人民政府要制定优惠政策,保证幼儿园(班)的公用事业费(煤、水、电、供热、房租等费用)按中小学的标准收缴。新建、改建、扩建幼儿园按照中小学校建设减免费用的有关规定减免相关费用。

25. 建立幼儿教育督导制度,坚持督政与督学相结合。国务院教育部门要制定幼儿教育工作督导评估暂行办法,省级人民政府要制定地方幼儿教育工作督导评估标准,把幼儿教育事业发展、幼儿教育质量、幼儿教育经费投入与筹措、幼儿教师待遇等列入各级政府教育督导内容,积极开展对幼儿教育热点难点问题的专项督导检查。

各级政府教育督导部门和教育行政部门要定期对各类幼儿园的保育、教育质量和管理水平进行督导和评估,并将评估结果向社会公示,接受社会和家长的监督。

国务院作出关于海河流域水污染防治“十五”计划的批复

北京市、天津市、河北省、山西省、山东省、河南省人民政府,国家计委、国家经贸委、科技部、财政部、国土资源部、建设部、交通部、水利部、农业部、人民银行、环保总局、林业局、旅游局、开发银行:

环保总局、国家计委《关于请批准〈海河流域水污染防治“十五”计划〉的请示》(环发〔2003〕28号)收悉。现批复如下:

一、原则同意《海河流域水污染防治“十五”计划》(以下简称《计划》),请你们认真组织实施。到2005年年底前,海河干流及主要支流水质进一步改善,饮用水源地控制断面水质达到饮用水标准,主要污染物排放总量在2000年的基础上削减20%—30%。

二、《计划》是海河流域水污染防治工作的重要依据,海河流域的经济建设活动必须符合《计划》的要求。北京市、天津市、河北省、山西省、山东省、河南省(以下简称六省市)人民政府和国务院有关部门要根据《计划》要求,抓紧制订本行政区域和本部门的海河流域水污染防治计划,按基本建设和技术改造项目审批程序列入地方、部门和国家的国民经济和社会发展年度计划,逐项落实,认真组织实施。

三、海河流域水污染防治主要责任在六省市人民政府。六省市人民政府要将海河流域水污染防治工作目标和措施纳入省(直辖市)、市、县(市、区)行政领导责任制,建立总量控制指标和环境质量指标完成情况考核制度,切实加强对海河流域水污染防治工作的领导。要适应防治水污染的需要,对制浆造纸、酿造、制革和淀粉等行业提出产业结构调整计划,大力推行清洁生产,有效控制入河污染物排放总量。要加强对《计划》实施的指导和监督,做到资金到位,措施落实,任务具体,责任明确,确保《计划》按期完成。六省市人民政府要建立严格的责任追究制度,每年对《计划》实施情况进行检查、总结,对逾期未能完成任务的,要查明原因,认真整改。

四、国务院有关部门要根据各自的职能分工,加强对《计划》实施的指导和支持。《计划》中提出的一些需国家支持的项目,请国家计委加强对项目前期工作、年度投资计划的指导和督促,会同财政部落实补助资金后按程序报批。有关产业结构调整、企业技术改造、推行清洁生产等方面的工作,请国家经贸委指导和检查。有关城镇污水处理厂(含配套管网)的建设和城市节水工作的实施等,请建设部加强指导和监督。有关流域水资源合理配置、统一调度和调水、清淤、水土保持工程的实施,请水利部加强指导和监督。有关农业面源污染控制和生态农业等农业环保项目,请农业部会同有关部门加强指导和组织。有关污染治理、生态用水等科技攻关和示范工程的研究和建设,请科技部予以支持。有关土地利用和土地使用管理,请国土资源部加强指导和监督。有关船舶污染防治工作,请交通部加强指导和监督。有关防护林带建设、湿地修复等工程的建设,请林业局加强指导和监督。有关旅游、餐饮、住宿设施和旅游景区污染防治计划的实施,请旅游局加强指导和监督。

五、加强对海河流域水污染防治工作的执法检查。环保总局要加强环境执法统一监督。进一步发挥海河流域水污染防治联席会议的作用,督促六省市人民政府落实好《计划》,对流域重大环境问题要加强组织协调,提出解决方案并加以落实。要进一步加强和完善日常监督管理工作,严肃查处各种违法行为。

六、要多方筹集水污染防治资金。"十五"期间,海河流域水污染防治资金由地方人民政府负责筹集,国家适当给予支持。六省市要建立污水处理收费机制,加大污水处理费的征管力度,逐步提高污水处理收费标准,推进污水处理产业化,增强水污染治理项目的融资能力,吸引社会资金投向水污染治理项目。对符合条件的工业污染治理项目,在企业落实治理资金后,国家给予贴息补助。

七、六省市人民政府和国务院有关部门要顾全大局,密切协作,团结治污,确保海河流域水污染防治目标的实现。

国务院

2003年3月4日

国家禁毒委员会全体委员会议在北京召开

国家禁毒委员会副主任、公安部副部长白景富代表国家禁毒委员会办公室汇报了2002年全国禁毒工作主要情况、当前的毒品形势和2003年工作建议。与会委员就白景富的工作汇报进行了审议。

致公党十二届一次中常会在北京举行

中共中央政治局委员贺国强在人民大会堂会见瑞士信贷集团副董事长汉斯·德瑞克

国务院副总理钱其琛在中南海会见欧洲部分国家华侨华人社团负责人访华团

对外友协和中非友协在北京举行招待会庆祝中国和科特迪瓦建交20周年

《部级领导干部历史文化讲座》出版

此书是由中央国家机关工委、文化部、中国社会科学院共同主办、国家图书馆承办的"部级领导干部历史文化讲座"2002年全年讲座内容的辑录,由北京图书馆出版社出版发行,国务院副总理李岚清为本书作序。

纪念三八国际劳动妇女节93周年文艺晚会在北京举行

全国人大常委会副委员长、全国妇联主席彭珮云,全国人大常委会副委员长何鲁丽,全国妇联名誉主席陈慕华等也出席了晚会。

彭珮云在致辞中代表中华全国妇女联合会,向我国和全世界的妇女姐妹致以节日的问候。

3月5日

十届全国人大一次会议在人民大会堂开幕

大会主席团常务主席、执行主席吴邦国主持大会。大会主席团常务主席、执行主席曾庆红、王兆国、李铁映、司马义·艾买提、何鲁丽、丁石孙、成思危、许嘉璐、蒋正华在主席台前排就座。

江泽民、胡锦涛、李鹏、李瑞环、李岚清、温家宝、贾庆林、黄菊、吴官正、李长春、罗干等同志在主席台就座。

上午9时许,吴邦国宣布大会开幕。全体起立,军乐队高奏国歌。

朱镕基在代表国务院向大会作的政府工作报告中,回顾了过去5年我国改革开放和经济社会发展取得的伟大成就,从9个方面总结了5年来的主要工作体会,对今年的政府工作提出了8个方面的建议。

大会期间,全国人大代表将对这个报告进行审议,出席全国政协十届一次会议的委员也将对报告进行讨论。根据代表和委员的意见,报告进行修改后,将提交十届全国人大一次会议最后一次全体会议表决通过。

在主席台就座的还有:王乐泉、回良玉、刘淇、刘云山、吴仪、张立昌、张德江、俞正声、贺国强、曹刚川、曾培炎、王刚、迟浩田、张万年、姜春云、钱其琛、万里、乔石、宋平、刘华清、尉健行、荣毅仁、薄一波、宋任穷、何勇、邹家华、帕巴拉·格列朗杰、王光英、布赫、铁木尔·达瓦买提、吴阶平、彭珮云、周光召、曹志、王忠禹、肖扬、韩杼滨、杨汝岱、阿沛·阿旺晋美、钱伟长、任建新、宋健、李贵鲜、张思卿、钱正英、丁光训、孙孚凌、霍英东、马万祺、朱光亚、万国权、胡启立、陈锦华、赵南起、毛致用、白立忱、经叔平、罗豪才、张克辉、周铁农、王文元等。

香港特别行政区行政长官董建华、澳门特别行政区行政长官何厚铧一起在主席台就座。

出席全国政协十届一次会议的2000多名政协委员列席大会。

中央党政军群领导机关负责人,各民主党派中央、全国工商联负责人和无党派代表人士列席大会。

各国驻华使节旁听了大会。

国务院总理朱镕基在十届全国人大一次会议上作政府工作报告

各位代表:

本届政府1998年3月就职,任期即将结束。现在,我代表国务院,向第十届全国人民代表大会第一次会议报告过去五年的工作,对今年的工作提出建议,请予审议,并请全国政协各位委员提出意见。

一、过去五年政府工作的回顾

第九届全国人民代表大会第一次会议以来的五年,是很不平凡的五年。本届政府初期,亚洲金融危机冲击,世界经济增长放慢;国内产业结构矛盾十分突出,国有企业职工大量下岗;1998年、1999年连续遭受特大洪涝灾害。全国各族人民在中国共产党领导下,团结奋进,顽强拼搏,战胜种种困难,改革开放和经济社会发展取得举世公认的伟大成就。我们胜利实现了现代化建设第二步战略目标,开始向第三步战略目标迈进。

五年来,国民经济保持良好发展势头,经济结构战略性调整迈出重要步伐。

——经济持续较快增长。国内生产总值从1997年的7.4万亿元增加到2002年的10.2万亿元,按可比价格计算,平均每年增长7.7%。产业结构调整成效明显。粮食等主要农产品供给实现了由长期短缺到总量平衡、丰年有余的历史性转变。以信息产业为代表的高新技术产业迅速崛起。传统工业改造步伐加快。现代服务业快速发展。经济增长质量和效益不断提高。国家税收连年大幅度增长。全国财政收入从1997年的8651亿元增加到2002年的18914亿元,平均每年增加2053亿元;国家外汇储备从1399亿美元增加到2864亿美元。五年全社会固定资产投资累计完成17.2万亿元,特别是发行6600亿元长期建设国债,带动银行贷款和其他社会资金形成3.28万亿元的投资规模,办成不少多年想办而没有力量办的大事。社会生产力跃上新台阶,国家的经济实力、抗风险能力和国际竞争力明显增强。

——基础设施建设成就显著。我们集中力量建成了一批关系全局的重大基础设施项目。进行了新中国成立以来规模最大的水利建设。五年全国水利建设投资3562亿元,扣除价格变动因素,相当于1950年到1997年全国水利建设投资的总和。一批重大水利设施项目相继开工和竣工。江河堤防加固工程开工3.5万公里,完成了长达3500多公里的长江干堤和近千公里的黄河堤防加固工程,防洪能力大大增强。举世瞩目的长江三峡水利枢纽二期工程即将完成,黄河小浪底等水利枢纽工程投入运行,南水北调工程开工建设。交通建设空前发展,现代综合运输体系初步形成。五年全国公路建设投资12343亿元,扣除价格变动因素,是1950年到1997年全国公路建设投资总和的1.7倍。公路通车里程由1997年的123万公里增加到2002年的176万公里,其中高速公路由4771公里增加到2.52万公里,从居世界第三十九位跃升到第二位。铁路营运里程由65969公里增加到71500公里;五年建成新线5944公里,复线4603公里,电气化线路5704公里。新建、改扩建机场50个。港口万吨级码头泊位新增吞吐能力1.44亿吨。邮电通信建设突飞猛进。长途光缆线路长度由1997年的15万公里增加到2002年的47万公里;固定电话和移动电话用户由8354万户增加到4.21亿户,居世界首位。能源建设继续加强。发电装机容量由1997年的2.54亿千瓦增加到2002年的3.53亿千瓦。城市规划和公用设施建设明显加强,许多城市面貌有很大改观。基础设施的显著改善,大大增强了我国经济发展的后劲。

——西部大开发开局良好。实施西部大开发战略三年来,国家通过加大建设投入、增加财政转移支付、实施优惠财税政策等措施,有力地促进了西部地区发展。新开工建设36项重点工程,投资总规模6000多亿元。青藏铁路、西气东输、西电东送、水利枢纽、干线公路等重大项目建设进展顺利。"油路到县"、"送电到乡"、"广播电视到村"等工程加快实施。生态环境保护和建设力度加大。农村公路、中小型水利、人畜饮水和科技、教育设施建设加快。东部与中西部地区经济技术合作进一步加强。

——可持续发展能力增强。五年全国环境保护和生态建设投入5800亿元,是1950年到1997年投入总和的1.7倍。退耕还林、天然林保护、京津风沙源治理等六大林业生态工程建设全面实施。五年内,全国造林面积2787万公顷,封山育林3153万公顷,退耕还林382万公顷;治理水土流失面积26.6万平方公里,治理沙化土地570万公顷。环境污染加剧的趋势总体上得到控制。主要污染物排放总量持续降低,重点城市和地区的环境质量有所改善。资源保护取得新进展。地质调查成果丰硕。防灾减灾成效明显。人口自然增长率降到6.45‰,进入了稳定低生育水平的时期。

五年来,改革开放取得突破性进展,社会主义市场经济体制初步建立。

——所有制结构进一步调整和完善。公有制经济在调整和改革中发展壮大,探索公有制多种实现形式取得成效。国有经济结构调整步伐加快,控制力和竞争力明显增强。国有企业三年改革与脱困目标基本实现。大多数国有大中型骨干企业初步建立现代企业制度,涌现出一批有实力、有活力和有竞争力的优势企业。国有中小企业进一步放开搞活。垄断行业管理体制改革迈出实质性步伐。城乡集体经济得到新的发展。股份制经济不断扩大。个体、私营等非公有制经济较快发展,在发展经济、增加就业、活跃市场、扩大出口方面发挥了重要作用。

——现代市场体系建设全面展开。国民经济市场化程度进一步提高,市场在资源配置中的基础性作用明显增强。公用服务和能源、交通领域价格改革不断深化。资本、产权、土地、技术和劳动力市场加快发展。现代流通和营销方式不断拓展。整顿和规范市场经济秩序取得阶段性成果。在全国先后开展了声势浩大的打击走私、骗税骗汇、制售假冒伪劣商品的专项行动，对文化、旅游、建筑、集贸等市场和安全生产秩序进行专项整治。依法查处了一大批经济违法案件，惩治了严重破坏市场秩序的犯罪分子。市场环境和消费环境逐步改善。

——金融、财税、投融资体制改革继续深化。与社会主义市场经济发展相适应的金融体系初步形成。逐步完善金融调控方式。改革了中国人民银行管理体制，建立了全国集中统一的证券、保险监管体制。国有独资商业银行和政策性银行改革不断推进，中小商业银行组织结构得到优化。整顿和规范非银行金融机构取得重要进展。坚持“法制、监管、自律、规范”的方针，证券业在逐步规范中发展。保险业改革不断深化。清理和撤销了农村合作基金会。依法取缔社会乱办金融等违法活动。金融监管逐步加强，防范和化解金融风险取得成效，银行不良资产比例逐步降低。适应社会主义市场经济要求的公共财政框架初步建立。财政体制在分税制改革的基础上，实行了所得税分享改革。中央和省两级实行部门预算制度，“收支两条线”管理和国库集中收付制度改革试点稳步推进。税制改革和税收征管改革成效显著。投融资体制改革逐步深化，投融资渠道进一步拓宽，投融资方式实现多样化，初步建立了项目法人责任制、招标投标制、合同制、工程监理制。城镇住房制度改革取得明显成效。

——社会保障体系框架基本确立。城镇基本养老保险制度和基本医疗保险制度建设迈出重大步伐。建立了国有企业下岗职工基本生活保障制度、失业保险制度、城市居民最低生活保障制度。社会保障覆盖面不断扩大，全国城镇参加基本养老保险、基本医疗保险和失业保险的人数大幅度增加，符合条件的城市困难居民已逐步纳入最低生活保障范围，基本做到应保尽保。建立了全国社会保障基金，已积累资金1242亿元。城镇职工基本医疗保险制度、医疗卫生体制、药品生产流通体制改革取得重要进展。农村新型合作医疗制度开始试点。社会保障体系的加快建设，为维护社会稳定、深化改革、调整结构和促进发展，提供了有力保障。

——对外开放向广度和深度扩展。对外贸易连续跨上几个台阶。外贸进出口总额由1997年的3252亿美元增加到2002年的6208亿美元，世界排名由第十位上升到第五位；出口总额由1828亿美元增加到3256亿美元，出口商品结构不断优化。服务贸易稳步发展，入境旅游人数和外汇收入大幅度增加。利用外资水平明显提高。五年累计实际利用外商直接投资2261亿美元，超过1979年到1997年的总和。高新技术产业、基础设施和服务业吸收外资明显增加。实施“走出去”战略，对外投资、工程承包和劳务合作不断扩大。经过15年的艰苦努力，我国于2001年12月正式加入世界贸易组织，标志着对外开放进入新阶段。加入世贸组织后，我们信守承诺，履行义务，行使权利，赢得较好声誉，促进了对外合作。

五年来，科技创新能力明显增强，教育事业蓬勃发展。

——基础研究、高技术研究和应用技术研究取得重要进展。国家创新体系建设积极推进。信息技术、生命科学、航空航天技术等领域成就突出。水稻基因组精细图完成、10兆瓦高温气冷核反应堆实验工程建成、超大规模并行处理计算机研制成功、“神舟”系列飞船试验成功等，标志着我国在相关领域跨入世界先进行列。建成一批国家重点实验室，实施一批重大科学工程，建设一批国家工程技术研究中心。科技成果市场化、产业化明显加快。五年获得国家登记的科技成果14万多项，授予专利权52万件。哲学社会科学研究取得一批可喜成果。知识产权保护进一步加强。

——教育事业迅速发展。全国实现基本普及九年义务教育、基本扫除青壮年文盲的人口地区覆盖率，由1997年的65%提高到2002年的91%。高中阶段教育得到加强。高等学校从1999年起连续扩大招生规模，高考录取率从36%提高到59%；2002年高等学校在校生1600万人，是1997年的2.3倍；五年内全国本专科毕业生1300万人，毕业研究生31万人。高校后勤社会化改革取得重要进展。新建和改建学生公寓4800万平方米，超过1950年到1997年的建设总规模。基本建成结构比较完整、专业门类齐全的职业和成人教育体系。特殊教育、早期教育得到重视。民办教育迅速发展。素质教育不断加强，促进了学生德智体美全面发展。

五年来，社会主义民主政治和精神文明建设成效显著。

——民主政治建设不断加强。各级政府自觉接受同级人民代表大会及其常委会的监督，主动加强与人民政协的联系，认真听取民主党派、工商联、无党派人士和人民团体的意见。基层民主进一步扩大，村民自治、城市居民自治和村务公开、厂务公开、政务公开逐步推行。城市社区建设继续发展。贯彻依法治国基本方略，坚持依法行政，政府法制建设进程加快。五年间，国务院提出法律议案50件，颁布行政法规150件；适应发展社会主义市场经济和加入世贸组织的要求，对2000年年底以前发布的756件行政法规进行全面清理，废止71件，宣布失效80件。国务院各部门共清理涉外规章和有关政策规定2300件,废止830件,修订325件。普法宣传教育深入进行,公民的法制观念增强。社会法制化管理水平不断提高。强化行政监察、审计和经济监督,在推进依法行政、反腐倡廉和查处大案要案等方面发挥了重要作用。陆地行政区的界线勘定任务全面完成,海域勘界工作全面铺开。社团管理工作得到加强。坚决取缔邪教组织。社会治安综合治理的各项措施进一步落实,社会治安状况好转,人民群众安全感增强。

——精神文明建设取得新成果。学习宣传邓小平理论和"三个代表"重要思想活动深入开展。坚持依法治国和以德治国相结合。以讲文明、树新风为主要内容的精神文明创建活动蓬勃展开。思想道德建设继续加强。科学知识进一步普及,科学精神得到弘扬。文学艺术、新闻出版、广播影视等事业全面发展,优秀作品不断涌现。广播电视覆盖能力和质量明显提高。文化、卫生、体育领域改革和发展加快。文化设施建设和各类专项经费投入力度加大,新建和改扩建了一批图书馆、博物馆、科技馆、档案馆、文化馆等。文物保护和档案工作取得新成绩。"扫黄"、"打非"斗争不断深入。对外文化交流空前活跃。城乡卫生工作得到加强,重大疾病预防控制取得成效。加强灾后防病防疫工作,实现了特大洪涝灾害之后无大疫。颁布并实施中国妇女、儿童发展纲要。青少年的教育和保护工作得到加强。老龄工作进一步开展。残疾人事业有了很大发展。群众性体育活动蓬勃展开,竞技体育屡创佳绩。五年间,在重大国际比赛中共获得485个世界冠军,创造世界纪录193次。北京申办2008年奥运会获得成功,上海赢得2010年世界博览会举办权,激发了全国各族人民的爱国热情,增强了民族自豪感和凝聚力。

——民族、宗教、侨务工作得到加强。平等、团结、互助的社会主义民族关系进一步发展。民族区域自治制度不断完善。少数民族平等权利和民族自治地方的自治权利得到保障。国家对民族地区的支持力度加大,民族地区经济社会发展加快。宗教信仰自由政策进一步贯彻落实,宗教事务管理逐步走上规范化、法制化轨道。侨务政策继续落实,侨务工作不断加强。

五年来,人民生活显著改善,总体达到小康水平。

——城乡居民收入持续增加。城镇居民家庭人均可支配收入,由1997年的5160元增加到2002年的7703元,平均每年实际增长8.6%。农村居民家庭人均纯收入由2090元增加到2476元,平均每年实际增长3.8%。城乡居民人民币储蓄存款余额由4.6万亿元增加到8.7万亿元。居民拥有的股票、债券等其他金融资产也有较多增加。农村贫困人口由4960万人减少到2820万人。这五年,在经济较快增长、物价水平较低的情况下,人民群众得到了更多实惠。

——消费水平明显提高。城乡市场繁荣,全社会消费品零售总额从1997年的2.73万亿元增加到2002年的4.1万亿元,平均每年实际增长10.5%。城镇居民人均住房建筑面积由17.8平方米增加到近22平方米,农村居民人均居住面积由22.5平方米增加到26.5平方米。电视机、洗衣机、电冰箱等家用电器进一步普及,电脑、轿车越来越多地进入居民家庭。公共服务设施、人均绿地面积不断扩大。法定节日假期增加,外出旅游人数大幅度增长。体育健身和文化娱乐消费明显增多。医疗保健条件不断改善,人民群众健康水平进一步提高。人均期望寿命2002年达71.8岁,接近中等发达国家水平。

在我们这样一个近13亿人口的国家,人民生活总体上达到小康水平,这是社会主义制度的伟大胜利,是中华民族发展史上一个新的里程碑。

五年来,国防和军队建设迈出新步伐。人民军队贯彻新时期军事战略方针,实施科技强军战略。军队革命化、现代化、正规化建设继续加强,国防实力和军队防卫作战能力提高。如期完成裁减员额50万的任务。思想政治建设扎实有效。后勤保障体制改革不断深化。武器装备现代化水平显著提高。人民解放军、武装警察部队、预备役部队和民兵在维护国家主权、安全,支持经济建设和抗灾抢险中,作出了重大贡献。国防科研得到加强,国防科技工业有了新发展。国防动员工作不断进步。拥军优属、拥政爱民活动深入开展,军政军民团结进一步加强。

五年来,祖国统一大业取得新进展。继香港回归祖国之后,1999年12月我国政府恢复对澳门行使主权。坚持"一国两制"方针,香港特别行政区基本法和澳门特别行政区基本法得到贯彻执行。中央政府全力支持香港、澳门两个特别行政区行政长官和政府依法施政。香港、澳门社会经济稳定。我们坚持"和平统一、一国两制"的基本方针和江泽民主席关于解决台湾问题的八项主张,同"台独"分裂势力进行了坚决斗争。推动两岸交流与往来,推进两岸"三通",为促进祖国和平统一进程做了大量工作。

五年来,外交工作开创新局面。面对国际局势的复杂变化,我国坚持独立自主的和平外交政策,广泛开展双边和多边外交活动,积极参与国际交流和合作,国际地位显著提高。我国同周边国家的睦邻友好合作关系进一步发展,同发展中国家的团结合作不断加强,同发达国家的关系得到改善和发展。上海合作组织的建立,促进了地区稳定和经济合作。中国—东盟自由贸易区进程启动,与东盟在诸多领域的合作加强。我国在联合国和其他国际及区域性组织中,发挥了积极作用。我们坚决维护国家主权、领土完整和民族尊严，挫败了外部势力干涉我国内政的图谋，赢得国际社会的广泛支持。我国积极参与国际反恐合作并发挥了建设性作用。

各位代表！

过去五年，"九五"计划胜利完成，"十五"计划开局良好。这五年，是全国各族人民在党的十五大、十六大精神指引下，沿着中国特色社会主义道路阔步前进的五年；是国家面貌日新月异、各项事业蒸蒸日上、人民生活显著改善的五年；是我国社会稳定、民族团结、国际影响日益扩大的五年。本届政府认真履行职责，为促进国家繁荣、增进人民福祉，作出了应有贡献。

在过去五年的政府工作中，我们始终坚持以邓小平理论为指导，认真贯彻"三个代表"重要思想，解放思想、实事求是，全面执行党的基本路线和基本纲领，牢牢把握经济建设这个中心，大力推进改革开放，正确处理改革发展稳定的关系，积极促进物质文明和精神文明协调发展。在丰富生动的实践中，积累了不少有益的经验。

五年来，我们的主要工作体会有以下几个方面。

(一)坚持正确把握宏观调控的方向和力度，实施积极的财政政策和稳健的货币政策

发展社会主义市场经济，必须加强和改善宏观调控。宏观调控要着眼于保持经济稳定较快增长，敏锐把握国际国内经济形势变化，增强预见性、针对性和有效性。这几年，面对国际经济环境严峻和国内有效需求不足的困难局面，我们采取的最重要举措，就是果断地把宏观调控的重点，从实行适度从紧的财政政策和货币政策，治理通货膨胀，转为实行扩大内需的方针，实施积极的财政政策和稳健的货币政策，抑制通货紧缩趋势，并在实践中适时完善政策措施，把握调控力度，确保取得成效。

坚持财政收支平衡和量入为出，是经济工作应当遵循的重要原则。这几年实施积极的财政政策，发行长期建设国债，是在特定情况下实行的特殊政策。我们始终坚持经常性预算不打赤字，建设性预算赤字不突破年初确定的规模。在银行存款增加较多、物资供给充裕、物价持续负增长、利率水平较低的条件下，发行国债搞建设既可以利用闲置生产能力，拉动经济增长，又可以减轻银行利息负担，也不会引发通货膨胀，一举多得。在长期建设国债资金使用中，重点支持基础设施建设，并同推进产业结构调整、企业技术改造、科技教育发展和生态环境建设结合起来，注意向中西部地区倾斜。加强国债项目管理，防止重复建设和过度超前建设，提高资金使用效益。在扩大投资需求的同时，重视培育和扩大消费需求。主要是努力增加城乡中低收入居民的收入。1999年以来，三次提高机关事业单位职工基本工资标准和离退休人员离退休金，实施年终一次性奖金制度，建立艰苦边远地区津贴制度。提高国有企业离退休人员的待遇。较大幅度地提高各类社会保障对象补助标准。采取多种措施增加农民收入。实施鼓励消费的政策，努力形成投资需求和消费需求对经济增长的双拉动。

这几年宏观调控的成功，还在于高度重视做好金融工作，坚持实行稳健的货币政策。既保持金融对经济发展的必要支持，又防止盲目放松银行信贷。银行优先为国债项目提供配套贷款，支持有市场、有效益、有信用企业的流动资金和技术改造贷款需要。根据资金供求变化和经济发展需要，1998年以来五次降低银行存贷款利率。发展居民住房、助学等消费信贷，2002年末消费贷款余额达1.07万亿元。这些措施，对增加企业投资、扩大居民消费起到了重要作用。

坚持实施积极的财政政策和稳健的货币政策，有力地促进了经济较快增长，培植和扩大了财源。同时，由于不断完善财税体制，加强税收征管，中央财政实力显著增强，对地方转移支付力度不断加大。除税收返还和体制性补助外，中央对地方转移支付总额由1997年的664亿元增加到2002年的4025亿元，五年共计12319亿元，其中用于地方"两个确保"和"低保"的资金1777亿元，用于地方增加机关事业单位职工工资1755亿元。这对于扩大内需、推动地区协调发展、维护社会稳定，发挥了重要作用。

(二)坚持以经济结构调整为主线，着力提高经济增长质量和效益

发展是硬道理，是解决我国所有问题的关键，必须使国民经济保持较快的发展速度。发展必须有新思路，有市场、有效益的速度，才是真正的、健康的发展。在我国经济发展出现阶段性变化的新情况下，必须坚决进行经济结构战略性调整。我们注意把各方面主要精力引导到调整结构、提高经济增长质量和效益上来，努力实现速度与结构、质量、效益相统一。

我们坚持全面调整产业结构、地区结构和城乡结构，着力抓好调整产业结构这个关键。一是加强基础设施建设。这是在加工工业生产能力过剩的情况下调整结构的必然选择，既可以消除基础设施的"瓶颈"制约，又可以带动装备制造业等相关行业的发展。在基础设施建设中，坚持统筹规划、突出重点、合理布局、质量第一。严格控制新上加工工业项目，防止低水平重复建设。二是大力发展高新技术产业特别是信息产业，积极推进国民经济和社会信息化。组织实施了1000多项高新技术产业化示范工程，使一批具有自主知识产权的重大科技成果在短期内实现了产业化。充分发

挥高新技术产业开发区和工业园区的作用，积极发展高新技术产业化服务体系。通过推进改革开放和加大投入，使我国信息产业实现了跨越式发展。三是积极改造和提升传统工业。采取国债贴息、改进技改项目审批等办法，支持重点行业、重点企业、重点产品进行大规模的技术改造和结构调整。五年全国共完成技术改造投资2.66万亿元，比前五年增长67%。一批大型企业走出了依靠自身力量提升技术水平、增强竞争能力的新路子。同时，综合运用经济、法律和必要的行政手段，以纺织行业为突破口，逐步扩大到煤炭、冶金、建材、石化、制糖等行业，关闭了一大批产品质量低劣、浪费资源、污染严重和不具备安全生产条件的企业，淘汰了一大批落后设备、技术和工艺，压缩了部分过剩生产能力。四是努力发展服务业。放宽市场准入，改善发展环境，推行现代经营方式和技术，使传统服务业得到进一步发展。同时，采取多种措施，积极支持和鼓励现代服务业加快发展。

提高产品质量是兴国之道，也是提高经济效益和竞争力的根本之策。我们通过采用国际标准，推广先进技术，加强认证认可工作，强化质量管理，使各行各业产品和服务质量不断提高。

(三)坚持把解决"三农"问题放在突出位置，巩固和加强农业基础地位

农业、农村、农民问题，关系我国改革开放和现代化建设全局，任何时候都不能忽视和放松。近几年，农业综合生产能力上了一个大台阶，有力地支持了国民经济发展和社会稳定。同时，也出现了农产品供过于求、价格下跌、农民收入增长缓慢等问题。如果不改变这种状况，就会严重挫伤农民积极性，动摇农业的基础地位，甚至危及国民经济全局。我们坚持把加强农业、发展农村经济、增加农民收入，作为经济工作的重中之重，下了很大功夫。

一是推进农业结构调整。通过政策支持、加强信息服务和技术服务，引导农民按照市场需求调整种植结构、品种结构，发展畜牧业和水产养殖业，推进农业生产区域布局调整。大力推广"公司加农户"、"订单农业"等方式，发展农业产业化经营，带动千家万户农民进入市场。同时，抓住粮食供给充足的有利时机，实施退耕还林，既促进了农业结构调整，又直接增加了农民收入。在农业结构调整中，坚持因地制宜，不搞行政命令，尊重农民意愿。

二是深化粮棉流通体制改革。购销市场化是粮棉流通体制改革的根本方向，但在改革步骤上，我们坚持从实际出发，着眼于保护农民利益和农业生产力，积极稳步地推进。1997年实行按保护价敞开收购农民余粮等政策。1998年进一步提出"三项政策、一项改革"，即按保护价敞开收购农民余粮、国有粮食购销企业顺价销售、粮食收购资金实行封闭运行，加快国有粮食企业改革。2001年，在粮食主产区继续按保护价敞开收购农民余粮的同时，放开主销区粮食收购市场和价格，收到明显效果。国家为支持粮食流通体制改革，投入了很大数量的资金。棉花购销市场化改革也不断深化，取得了突破性进展。

三是进行农村税费改革试点。为解决农民负担过重问题，我们采取了一系列政策措施。从2000年起，在安徽等地开展农村税费改革试点，2002年试点扩大到20个省、自治区、直辖市，试点地区农民负担平均减轻30%。今年中央财政预算用于支持这项改革的资金将达305亿元。同时，进行了乡镇机构、农村教育和县乡财政体制等配套改革。农村中小学教师工资改由县财政统一管理，以保证教师工资按时足额发放，减轻农民负担。农村税费改革，是我国农村继实行家庭承包经营之后的又一场伟大变革，对保障农民减负增收、促进农业发展、维护农村稳定，已经并将继续发挥重大作用，得到亿万农民的衷心拥护。

四是增加对农业和农村的投入。这是解决"三农"问题，促进城乡协调发展的重大举措。五年来，国家财政支持农村生产支出和各项农业事业费达4077亿元，比前五年累计增加1852亿元。我们还将部分国债资金用于农业和农村基础设施的投入，重点支持了大江大河大湖治理、农村电网改造、国家储备粮库等方面建设，还支持了农业和农村小型基础设施建设。这些措施，对改善农民生产生活条件起到了重要作用。

五是加强农村扶贫开发。认真落实并基本完成"八七"扶贫攻坚计划，制定和实施新世纪头十年农村扶贫开发纲要。坚持开发式扶贫方针，加大扶贫投入力度。五年间，国家财政扶贫资金和以工代赈资金达480亿元，通过贴息方式安排扶贫贷款770亿元，都比以前明显增加。坚持开展东部和西部地区协作扶贫。经过多年探索，走出了一条符合中国国情的扶贫开发道路。

六是引导农村劳动力合理有序流动。农村富余劳动力向非农产业和城镇转移，是工业化和现代化的必然趋势。我们坚持实施城镇化战略，积极稳妥地发展小城镇。支持农民进城务工就业，清理和纠正对农民工的歧视性政策和乱收费，保护他们的合法权益，同时加强引导和管理。以城市繁荣带动农村发展，促进城乡协调发展，是新形势下解决"三农"问题的重要途径。

实践证明，中央关于新阶段农业和农村工作的决策和部署是正确的。本届政府为解决"三农"问题倾注了极大精力，取得了积极成效。根本解决"三农"问

题，是一项长期而艰巨的任务，需要坚持不懈地努力。

（四）坚持推进国有企业改革，切实加强再就业工作和社会保障体系建设

国有企业改革是整个经济体制改革的中心环节。不坚决推进改革，国有企业就没有出路。五年来，我们坚持社会主义市场经济的改革方向，知难而进，敢于碰硬，加大工作力度，打了一场深化国有企业改革的攻坚战。

一是加快现代企业制度建设。按照"产权清晰、权责明确、政企分开、管理科学"的要求，积极推行规范的公司制和股份制改革，完善法人治理结构，深化企业内部分配、人事、劳动制度改革，建立激励和约束机制。同时，鼓励符合条件的国有大型企业改制上市。五年来，国有及国有控股企业在境内外新增上市公司442家，累计筹资7436亿元，包括境外筹资352亿美元。二是建立企业优胜劣汰的机制。从战略上调整国有经济布局和改组国有企业，支持具有优势的大公司大企业集团进一步做强做大，使他们成为国民经济的重要支柱和参与国际竞争的主要力量。同时，国家制定了妥善安置职工、对企业与职工解除劳动关系给予经济补偿、经国务院批准核销企业银行呆坏账等政策规定，使一批长期亏损、资不抵债、扭亏无望的企业和资源枯竭矿山，平稳地实施破产关闭，形成了劣势企业退出市场的机制。三是减轻企业负担和历史包袱。结合国有商业银行集中处理不良资产的改革，成立四家金融资产管理公司，确定对符合条件的580户国有大中型企业实施债权转股权。实施债转股的企业，降低了资产负债率，多数已扭亏为盈。采取有效措施，努力解决企业冗员过多、企业办社会等问题。四是积极推进企业管理创新。大力推进企业信息化，加强成本管理、资金管理和质量管理，全面提高企业现代化管理水平。五是大力加强企业外部监管。国务院先后向192个重点国有企业以及一批国有金融机构派出了监事会，对国有企业和金融机构领导人实行了经济责任审计。这些对促进企业改善经营管理，防止国有资产流失，发挥了重要作用。

国有企业改革之所以取得重大进展，至关重要的是，坚持实行鼓励兼并、规范破产、下岗分流、减员增效和实施再就业工程的方针，切实搞好再就业工作和社会保障体系建设。这几年，党中央、国务院两次召开全国再就业工作会议，相继制定和实行一系列政策措施。对下岗分流人员，通过建立再就业服务中心，保障他们的基本生活，并代缴社会保险，促进实现再就业。对关闭破产企业，首先要妥善安置职工。1998年以来，国有企业下岗职工达2700多万人，90%以上进入再就业服务中心，先后有1800多万人通过多种渠道和方式实现了再就业。同时，逐步完善"三条保障线"。各级政府逐年增加社会保障和再就业方面的资金投入，2002年中央财政用于"两个确保"和"低保"的资金达594亿元，是1998年的6.2倍。从2001年起，在辽宁全省进行完善城镇社会保障体系的试点，取得明显成效，为在全国逐步推广积累了经验。

实践表明，中央关于国有企业改革和促进再就业、加强社会保障体系建设的一系列方针政策是正确的，是相互配套的完整体系。只有全面贯彻执行，才能保证国有企业改革目标的实现。

（五）坚持全面提高对外开放水平，积极参与国际经济技术合作和竞争

在经济全球化深入发展、国际竞争日趋激烈的情况下，只有顺应世界发展潮流，坚持扩大对外开放，才能更好地利用国内外两个市场、两种资源，加快发展壮大自己。面对严峻的国际经济环境，我们积极应对，趋利避害，变挑战为机遇，开创了对外开放的新局面。

这几年，在坚持扩大内需方针的同时，丝毫没有放松扩大出口的努力。1998年下半年，受亚洲金融危机的影响，我国外贸出口一度出现负增长。在这种情况下，我们坚持人民币不贬值，果断采取一系列鼓励出口的政策措施。坚持实施市场多元化战略和以质取胜战略，大力开拓新兴市场，着力改善出口商品结构，提高质量和档次。深化外经贸体制改革，推进外贸经营主体多元化，提高口岸管理水平和通关能力。由于措施得力，克服了种种困难，实现出口大幅度增长。与此同时，进口了大量国内急需的设备、技术和短缺原材料，促进了经济发展和技术进步。实践证明，稳定人民币汇率、千方百计扩大出口的决策和措施是正确的。

我们鼓励有条件的各类所有制企业走出去，开拓国际市场，到境外投资办企业，带动设备、零部件出口和劳务输出。根据不同国家的情况，分别采取不同的投资、合作方式。对发展中国家特别是周边国家提供经济技术援助，开展带资承包，投资经营，提供无息、低息贷款。这样，既有利于巩固传统友谊，又有利于互惠互利、共同发展，意义重大。

根据国际资本流动的新特点，我们抓住机遇，积极扩大利用外资，着力提高利用外资质量，把吸收外资同国内产业结构调整、国有企业改组改造、西部大开发结合起来。这几年大力改善投资环境，交通、通信设施等硬环境大为改观；努力完善法制，提高政策透明度，提供优质服务，软环境也有很大改进。这是增强对外资吸引力的根本有效之举。

（六）坚持实施科教兴国战略，提高科技创新能力和国民素质

发展科技、教育，是实现经济振兴和国家现代化的

根本大计。这几年,我们始终把实施科教兴国战略作为极其重要的任务,主要从增加投入、深化改革、完善政策等方面采取了一系列措施。

较大幅度地增加科技、教育投入。五年来,国家财政用于科技的投入累计2500亿元,比前五年增长一倍多。全国研究与试验开发经费,从1997年的509亿元增加到2002年的1161亿元,占国内生产总值的比重从0.64%提高到1.13%。中央财政较多地增加了国家高技术研究发展计划、国家自然科学基金、国家创新体系建设等专项投入。科研条件的明显改善,促进了科技创新。2002年,全国财政性教育经费投入3366亿元,是1997年的1.8倍,占国内生产总值的比重从2.5%提高到3.3%。从1998年起,中央财政支出中教育经费所占比例每年提高一个百分点,仅此一项五年增加489亿元。中央财政还安排了大量资金解决中小学教师工资拖欠、中小学危房改造等问题。同时,建立以"奖、贷、助、补、减、免"为主要内容的助学政策体系,努力使家庭生活困难学生不失学。

全面深化科技、教育体制改革,积极推进科技教育与经济社会发展紧密结合。1999年以来,先后对国务院部门所属和省级所属应用型科研机构进行企业化转制的改革,对有条件的公益类科研机构也进行了多种形式面向市场的改革,初步建立起科技成果转化和产业化的有效机制。实行企业化转制的科研机构正在成为我国高新技术产业的生力军。通过改革,企业正逐步成为技术创新的主体,国家科研机构、大学和地方的科技力量不断增强。采取"共建、调整、合作、合并"等形式,对高校管理体制进行了重大改革,形成了中央和省两级政府管理、以省为主的新体制,开始改变长期以来条块分割、学校规模过小、专业设置过窄的局面,使教育资源得到优化配置。积极推进课程和考试评价制度改革。对农村义务教育实行在国务院领导下,由地方政府负责、分级管理、以县为主的新体制,有力地推动了农村教育改革和发展。

完善国家科技评价体系和奖励制度,制定技术和管理参与分配的政策,奖励有突出贡献的科技人员和经营管理人员。在科研机构内部积极推行聘用制。奖励高校优秀青年教师。国家多次提高教师工资标准,改善教师工作和生活条件。鼓励拔尖创新人才成长。这些措施有效激发了广大科技人员和教师的积极性。

实施人才强国战略,把培养、吸引和用好人才作为一项重大任务。制定和实施全国人才队伍建设规划纲要和西部地区人才开发十年规划,加强公务员、企业经营管理人才和专业技术人才队伍建设,完善培养、引进和使用人才的制度与措施,努力营造人尽其才、人才辈出的良好环境。深化干部人事制度改革,推行公务员考试录用、竞争上岗、轮岗交流与培训制度。完善政府特殊津贴专家选拔制度。坚持实行"支持留学、鼓励回国、来去自由"的政策,建立留学人员创业园,资助科研与创业,吸引了大批海外留学人员回国。

几年来,我们坚持"两手抓、两手都要硬"的方针,大力加强社会主义精神文明建设,不断提高全民族的思想道德和科学文化素质,为现代化建设提供强有力的精神动力和智力支持,也有力地促进了经济和社会协调发展。

(七)坚持走可持续发展道路,促进经济发展与人口、资源、环境相协调

实行计划生育、保护环境和保护资源,是我们的基本国策。绝不能以牺牲环境和浪费资源为代价求得一时的经济发展。我们始终把实施可持续发展战略放在十分突出的位置,大幅度增加投入,从源头抓起,坚持标本兼治。

一是加大生态环境保护和建设力度。1998年发生特大洪水后,总结实施了"封山植树,退耕还林;退耕还湖,平垸行洪;以工代赈,移民建镇;加固干堤,疏浚江河"的基本措施。在重点林区和长江、黄河上中游开展了天然林保护工程,在生态脆弱地区有步骤地开展了大规模退耕还林还草。采取"退耕还林、封山绿化、以粮代赈、个体承包"的办法,并总结推广"林权是核心、给粮是关键、种苗要先行、干部是保证"的经验。国家向农户无偿提供粮食、种苗和生活补助金,极大地调动了农民退耕还林还草的积极性。这对改善生态环境、加快贫困地区农民脱贫致富,发挥了重要作用。在长江流域实行平垸行洪、退田还湖、移民建镇等政策,恢复水面2900平方公里,增加蓄洪容积130亿立方米,其中鄱阳湖、洞庭湖还湖面积分别达到880平方公里和600平方公里,实现了千百年来从围湖造田、与湖争地到大规模退田还湖的历史性转变。

二是加强资源保护和合理利用。强化对土地、矿产、淡水、海洋和生物等资源的管理。制定并实施了土地利用总体规划,实行严格的土地用途管理制度,切实保护耕地。坚决整顿和规范矿产资源管理秩序,制止乱采滥挖。海域使用管理开始步入法制化轨道。从1999年起,对重点江河全流域实行水资源统一调度。启动了塔里木河、黑河流域综合治理。实施"引黄济津"等应急调水工程,基本保证了城市供水。

三是强化环境污染防治。集中力量对重点流域、区域、海域、城市的污染进行治理。加强环境基础设施建设,提高城市污水和垃圾集中处理率。健全环境法制和环境标准,加大执法力度,开展清洁生产和环境管理体系认证。支持发展环保产业和循环经济。加强自然保护区、风景名胜区和旅游景区的资源与环境保

护。开展环境警示教育，增强了全民参与环境保护的自觉性。

四是加强计划生育工作。坚持控制人口数量，提高人口素质。稳定现行计划生育政策，保持低生育水平。重点做好农村特别是中西部地区农村的计划生育工作，加强对流动人口的计划生育管理。建立和完善人口与计划生育目标管理责任制，使计划生育的基本国策落到实处。

(八)坚持全力维护社会稳定，为改革和发展创造良好环境

我们坚持贯彻稳定压倒一切的方针，十分注意处理好改革发展稳定的关系，在改革取得重大进展、经济加快发展的同时，有力地维护了社会稳定。一是坚持把改革的力度、发展的速度与社会可承受的程度统一起来。每项重要改革方案的制定和实施，都充分考虑国家财政、企业和群众的承受能力，把握出台的时机、节奏和力度，并根据实施过程中出现的新情况、新问题，及时加以调整和完善。重大改革措施坚持先行试点，取得经验后再逐步推开。努力保持经济稳定较快增长，避免出现大的波动。二是始终关心人民群众的切身利益，特别是努力解决困难群众生产生活中的实际问题。在积极做好社会保障、再就业和农村扶贫工作的同时，用很大力气解决拖欠职工工资、农民负担过重的问题。在化解金融风险隐患过程中，国家拿出相当大的财力，解决与群众个人利益相关的遗留债务问题。三是正确处理新形势下的人民内部矛盾。妥善处理突发性、群体性事件，努力把矛盾和纠纷解决在基层，消除在萌芽状态。四是加强社会治安综合治理。依法严厉打击各种严重刑事犯罪和经济犯罪活动，重点整治了一些地方治安混乱的突出问题。深入开展基层安全创建活动。积极预防和减少违法犯罪。重视和加强安全生产，健全安全生产责任制。五是切实维护国家安全。严密防范和依法打击境内外敌对势力的渗透、颠覆和破坏活动，依法坚决打击民族分裂势力、暴力恐怖势力和宗教极端势力。六是逐步完善政法经费保障机制，努力为政法系统开展工作提供必要条件。

(九)坚持转变政府职能，努力建设廉洁勤政务实高效政府

建立和完善社会主义市场经济体制，必须实行政企分开，转变政府职能，转变工作方式和工作作风。这几年，我们在加强政府自身建设方面取得很大进展。首先对政府机构进行重大改革，主要是进一步把综合经济部门改组为宏观调控部门，调整和减少专业经济部门，加强执法监管部门。1998年，国务院组成部门由40个减少到29个，内设机构精简四分之一，人员总数减少一半。2001年，又撤销了9个国家行业主管局，进一步提升市场执法监管部门的职能和地位。地方各级政府机构也进行了相应改革。全国精减行政编制共计115万人。这次改革，进一步改变了长期以来在计划经济体制下形成的政府机构框架。尽管难度很大，但由于措施得当，工作细致，改革进展顺利。与此同时，机关后勤服务社会化程度明显提高。政企分开迈出重大步伐。中央、地方党政机关与所办经济实体和管理的直属企业脱钩，军队、武警部队和政法机关不再经商办企业。这些多年积累、群众反映强烈的问题得到解决，具有重大和深远的意义。

在社会主义市场经济条件下，政府职能主要是经济调节、市场监管、社会管理和公共服务。政府该管的事一定要管好，不该管的事坚决不管。要协调好决策、执行和监督的职能。转变政府职能，必须改革行政审批制度。我们对原有审批项目进行了清理，国务院已取消1195个行政审批事项，各级地方政府也取消了一批行政审批事项。履行政府职责，必须依法行政，维护法律尊严，保护群众利益。国务院各部门和各级地方政府不断提高依法行政水平，带头严格执法。推进行政执法体制改革，开展了相对集中行政处罚权试点工作。加强执法监督，认真做好行政复议。增强政府工作透明度，支持人民群众和新闻媒体对政府工作进行监督。高度重视做好信访工作。电子政务建设不断推进。积极倡导诚实守信的职业道德，努力建立社会信用体系。这些对提高执法水平和工作效能，发挥了重要作用。

本届政府十分重视队伍和作风建设。从一开始就对政府工作人员提出“廉洁、勤政、务实、高效”的要求。强调牢记自己是人民公仆，全心全意为人民服务；恪尽职守，敢说真话；从严治政，不怕得罪人；清正廉洁，惩治腐败；勤奋学习，刻苦工作。这有力地促进了廉政建设，提高了政务效率，密切了政府与人民群众的联系。我们加强对公务员和国有企业领导人的教育与培训，围绕党和国家的中心任务和重点工作，举办了一系列专题研究班和培训班。坚持不懈地开展反腐败斗争，大力纠正部门和行业不正之风，依法惩处了一批违法违纪的腐败分子。我们深切体会到，只有不断加强政府自身建设，才能更好地适应改革开放和现代化建设的新形势，使各级政府成为人民群众真心拥护和满意的政府。

各位代表！

五年来，我国各方面的成就确实来之不易。这些成就，是以江泽民同志为核心的第三代中央领导集体正确领导和决策的结果，是全国各族人民齐心协力、艰苦奋斗的结果，也是与海外侨胞、国际友人的支持和帮助分不开的。这里，我代表国务院，向全国工人、农民、

知识分子、干部、解放军指战员、武警部队官兵和公安干警,表示崇高的敬意!向全国各族人民,向各民主党派、各人民团体和其他各界人士,对政府的信任和支持,表示衷心的感谢!向关心与支持祖国建设和统一的香港特别行政区同胞、澳门特别行政区同胞和台湾同胞以及广大侨胞,向一切关心和支持中国现代化建设的各国朋友,表示诚挚的谢意!

我们也清醒地看到,目前我国经济和社会生活中还存在一些突出的困难和问题。主要是,国内有效需求不足和供给结构不适应市场需求的变化;农民和部分城镇居民收入增长缓慢;失业人员增多,有些群众的生活还很困难;收入分配关系尚未理顺;国有企业改革任务还相当繁重;市场经济秩序有待继续整顿和规范;重大安全生产事故时有发生;有些地方社会治安状况不好;部分地区生态环境恶化;一些政府工作人员脱离群众,形式主义、官僚主义作风和弄虚作假、奢侈浪费行为相当严重,有些腐败现象仍然突出。这些问题,有的是长期积累下来的,有的是体制转轨和结构调整过程中难以完全避免的,有的是由于工作中的缺点和不足造成的。今后要继续采取措施,认真加以解决。

二、对今年政府工作的建议

中国共产党第十六次全国代表大会,提出了本世纪头二十年我国全面建设小康社会的奋斗目标,为开创中国特色社会主义事业新局面指明了方向。2003年是全面贯彻落实党的十六大精神的第一年,做好今年政府工作,意义重大。

中共中央对今年工作的总体要求是:以邓小平理论和"三个代表"重要思想为指导,认真贯彻党的十六大精神,坚持把发展作为党执政兴国的第一要务,积极应对国内外环境变化带来的困难和挑战,坚持扩大内需的方针,继续实施积极的财政政策和稳健的货币政策,进一步深化改革,全面提高对外开放水平,加快经济结构的战略性调整,促进国民经济持续快速健康发展,实现速度和结构、质量、效益相统一。正确处理改革发展稳定的关系,切实加强民主法制建设、精神文明建设和党的建设,促进社会主义物质文明、政治文明和精神文明协调发展。根据这个总体要求,考虑到十届全国人大一次会议将要进行政府换届,国务院经过认真研究,对今年的政府工作提出以下建议。

(一)继续扩大国内需求,实现经济稳定较快增长

保持经济发展的良好势头,是做好各项工作的基础。综合分析国内外各种情况,今年经济增长预期目标为7%左右,这是必要的,经过努力也是可以实现的。关键要注重调整和优化结构,着力提高经济增长质量和效益。要坚持扩大内需的方针,继续实施积极的财政政策和稳健的货币政策,保持消费需求和投资需求对经济增长的双拉动。

首先要努力扩大消费需求。在目前情况下,这比增加投资需求更重要。要继续增加城乡居民特别是低收入者的收入,努力提高人民群众生活水平。千方百计增加农民收入,减轻农民负担。切实解决好困难群众的生产生活问题。原定去年下半年增加机关事业单位职工工资及离退休人员离退休金,考虑到要优先解决城镇低收入者的生活困难问题,协调各方面利益关系,这一措施推迟到今年出台。继续改善消费环境,完善消费政策,拓宽消费领域。

保持投资较快增长。综合考虑各方面因素,今年拟发行1400亿元长期建设国债。调整国债资金使用方向,首先用于续建项目和收尾项目,还要安排一些必要的新开工项目。加大对西部开发、改善农村生产生活条件、企业技术改造、生态环境建设和科教文卫事业等方面的支持力度。拓宽社会投资和企业融资渠道,引导社会资金投入国家鼓励的产业和建设项目。坚决防止低水平重复建设。对一些地方房地产投资增长过猛、高档房地产开发过多的现象,应引起高度警惕,避免盲目开发带来的风险和损失。

在继续防范和化解金融风险的同时,加大金融对经济发展的支持力度。银行要优先为国债项目提供配套贷款,增加对有市场、有效益、有信誉企业的贷款,加大对农业和农村经济、中小企业和服务业的信贷支持,规范发展消费信贷。改善金融服务,加强金融监管。规范发展证券、保险、货币市场。

认真做好财税工作。继续大力增收节支。依法强化税收征管,严厉打击各种偷逃骗税行为,做到应收尽收。各级财政要切实调整支出结构,保证重点支出。首先要确保工资按时足额发放,继续增加社会保障支出,加大对农业、农村义务教育和农村卫生的投入,加大对中西部地区和困难地区的转移支付。

(二)促进农业和农村经济全面发展

继续把发展农业和农村经济、增加农民收入,作为经济工作的重中之重。要统筹城乡经济社会发展,切实做好"三农"工作。

加快农业和农村经济结构调整。继续推进农业区域布局调整。大力发展畜牧业、水产养殖业和农产品加工业。积极发展农业产业化经营,提高农民进入市场的组织化程度和农业综合效益。努力扩大农产品出口。加大退耕还林还草力度。抓紧实施全国草原生态保护建设规划。加强农产品质量安全体系和农业社会化服务体系建设。坚持和完善农村土地承包政策,搞好非农用地的管理和调控,严禁滥占乱征耕地。继续深化农村各项改革。农村税费改革试点在总结经验、完善政策的基础上,在全国范围内推开。认真落实减

轻农民负担的各项政策措施。进一步深化粮棉流通体制改革，切实保护农民利益。

增加对农业基础设施建设和农业科技的投入。加快节水灌溉、人畜饮水、县乡公路、农村能源、农村教育和医疗卫生设施等建设。加大对粮食主产区的扶持。搞好扶贫开发工作。增强集体经济实力。推动县域经济发展。加快城镇化进程。发展小城镇要科学规划，合理布局。加强对农村富余劳动力转移的协调和指导，维护农民进城务工就业的合法权益。

（三）积极推进产业结构调整和西部大开发

按照走新型工业化道路的要求，加快产业结构调整。积极发展对经济增长有重大带动作用的高新技术产业。大力推进信息化，用信息化带动工业化，加快工业化进程。广泛采用先进适用技术改造传统产业，努力振兴装备制造业。搞好钢铁、汽车、建材等行业发展的规划和调整，防止盲目发展和无序竞争。进一步淘汰落后生产能力。积极发展现代服务业和旅游业。高度重视发展社区服务业。

扎扎实实推进西部大开发。要突出重点，注重实效，打好基础。继续加强生态环境建设和基础设施建设。切实搞好退耕还林、天然林保护和防沙治沙。实施天然草原退牧还草工程，加强相关法制建设。着力抓好重大项目建设，确保建设进度和工程质量。积极发展特色经济和优势产业。加快科技、教育发展。加强东、中、西部地区的经济交流与合作，促进优势互补和共同发展。防止已淘汰的落后工业设备、污染企业向西部地区转移。采取有力措施，支持东北地区等老工业基地加快调整和改造，支持以资源开采为主的城市和地区发展接续产业，支持革命老区和少数民族地区加快发展。

（四）深化经济体制改革和扩大对外开放

坚持和完善以公有制为主体、多种所有制经济共同发展的基本经济制度，毫不动摇地巩固和发展公有制经济，毫不动摇地鼓励、支持和引导个体、私营等非公有制经济发展。按照建立现代企业制度的要求，继续推进国有企业规范的公司制改革和股份制改造，完善监督机制。积极支持符合条件的大企业到境外上市。加快形成主业突出、拥有自主知识产权和知名品牌、国际竞争力强的大公司大企业集团。进一步做好军工等困难行业的企业调整、重组和脱困工作。继续完成电力、电信、民航等行业改革。自上而下有序进行国有资产管理体制改革。放宽国内民间资本的市场准入领域，创造各类市场主体公平竞争的环境。支持各类所有制中小企业特别是科技型和劳动密集型企业的发展。稳步实施金融体制改革。继续推进财税、投融资体制改革。深化收入分配制度改革，逐步理顺分配关系。

整顿和规范市场经济秩序是一项长期而艰巨的任务，必须坚持不懈地进行。要标本兼治，重在治本。继续抓好专项整治，突出重点，依法打击制假售假等违法犯罪行为。加强制度和法制建设，严格执法，逐步把市场管理纳入法制化、规范化轨道。抓紧查处严重破坏市场经济秩序的大案要案。加快建立社会信用体系。高度重视安全生产，切实加强监督管理，保护人民生命财产安全。通过改革和整顿，加快建立社会主义市场经济新秩序。

坚持“引进来”与“走出去”相结合，全面提高对外开放水平。继续做好加入世贸组织过渡期的各项应对工作，认真行使权利，履行承诺义务。稳定鼓励出口的各项政策措施，实施市场多元化战略，坚持以质取胜，扩大商品和服务贸易。培育和支持国内优势品牌，提高国际竞争力。优化进口结构。深化外贸体制改革。继续积极、有效地利用外资，着重引进先进技术、现代管理经验和专门人才，支持国内企业与跨国公司进行多种形式的合作。努力改善投资环境，规范招商引资活动。鼓励和支持有比较优势的各类所有制企业，采取合资、独资、联营等形式开展跨国经营，带动国内商品特别是资本货物出口。积极推进多边双边和区域经济合作。

（五）进一步做好扩大就业和社会保障工作

各级政府要把改善就业环境、增加就业岗位作为重要职责。坚持“劳动者自主择业、市场调节就业、政府促进就业”的方针，千方百计促进就业和再就业。国有企业改革要坚持减员增效与促进再就业相结合。认真落实促进下岗失业人员再就业的各项政策措施。广辟就业门路，积极发展劳动密集型产业，充分发挥第三产业、中小企业和个体私营经济在扩大就业方面的重要作用。规范发展劳动力市场。鼓励自谋职业和自主创业，积极提倡和推广灵活多样的就业方式。大力发展职业培训和就业服务。加强对高等学校和职业学校毕业生就业创业的指导与服务工作。

继续加强“两个确保”和城市“低保”工作，搞好“三条保障线”的衔接。完善城镇企业职工基本养老、医疗保险制度，继续扩大各项社会保险覆盖面。稳步推进国有企业下岗职工基本生活保障向失业保险并轨。合理确定“低保”标准和保障对象补助水平，切实做到应保尽保。妥善解决国有困难企业和关闭破产企业职工的基本生活问题。多渠道筹集和管好社会保障基金。建立和完善对低收入者的救助制度，重视解决城市特殊困难家庭在住房、子女就学、医疗和取暖等方面遇到的问题。搞好农村新型合作医疗制度试点工作。发展社会福利、社会救济、优抚安置和社会互助等社会保障事业。维护妇女、儿童合法权益。进一步做好老龄工作。支持残疾人事业发展。

(六)认真实施科教兴国战略和可持续发展战略

继续加大对科技、教育的投入。抓紧制定与实施国家中长期科学和技术发展规划。推进国家创新体系建设。切实加强基础研究、高技术研究,增强科技创新能力和竞争力。抓紧实施“国家高技术研究发展计划”和“国家重点基础研究发展计划”,以及重大科技专项。努力在关键领域和若干科技发展前沿掌握核心技术和拥有一批自主知识产权。加强科技基础条件建设。继续深化科技体制改革,完善科技服务体系,加强知识产权保护,鼓励发明创造,加快科技成果向现实生产力转化。坚持社会科学与自然科学并重,发展繁荣哲学社会科学。深化教育体制改革,坚持教育创新,全面推进素质教育。加快发展各级各类教育,提高教育质量。完善农村义务教育以县为主的管理体制。继续做好助学贷款和设立国家奖学金工作。加强职业教育和培训。依法规范和积极支持民办教育发展。继续实施人才强国战略,培养和吸引各类人才特别是高层次急需人才,为他们充分发挥聪明才智和干成事业创造良好条件。

继续做好人口与计划生育工作,稳定低生育水平。加强城乡规划工作。切实保护、合理开发和节约使用各种自然资源。实施海洋开发。加强生态环境保护和建设,大力发展环保产业。加强重点流域、区域、海域污染防治和城市环境综合整治。做好防灾减灾工作。

(七)加强社会主义民主法制和精神文明建设

发展社会主义民主政治,建设社会主义政治文明。加强基层政权建设和城乡基层民主政治建设。实行依法治国和以德治国相结合。加强社会主义法制建设,完善行政法规,提高行政执法水平,增强全民法律素质。牢牢把握先进文化的前进方向,大力加强社会主义精神文明建设。认真贯彻公民道德建设实施纲要,加强爱国主义教育,弘扬和培育民族精神。广泛开展群众性精神文明创建活动。进一步繁荣文学艺术、新闻出版、广播影视等各项事业,着力推出一批优秀作品。深化文化体制改革,积极发展文化事业和文化产业。加强文物和文化遗产保护。加强国际文化交流。普及科学知识,反对迷信,倡导文明健康的生活方式。坚持不懈地开展“扫黄”、“打非”斗争。加强互联网站的建设和管理。积极推进卫生、体育事业的改革和发展。大力开展群众健身活动,不断提高竞技体育水平。认真做好2008年北京奥运会和2010年上海世界博览会的前期准备工作。全力维护社会稳定。坚持“严打”方针,打防结合、预防为主,全面落实社会治安综合治理的各项措施。依法严厉打击各种违法犯罪行为。防范和惩治邪教组织的犯罪活动。

(八)切实加强政府自身建设

在大力推进改革开放和现代化建设的新情况下,进一步加强政府自身建设特别是政风建设,十分重要。

深化行政管理体制改革。坚持政企分开,按照精简、统一、效能的原则,进一步转变政府职能,调整政府机构设置,理顺部门职能分工,减少行政审批,提高政府管理水平,努力形成行为规范、运转协调、公正透明、廉洁高效的行政管理体制。国务院根据党的十六届二中全会审议通过的《关于深化行政管理体制和机构改革的意见》形成的《国务院机构改革方案》,将提交本次大会审议。

坚持依法行政,从严治政。完善公务员制度,建设高素质公务员队伍。加快电子政务建设。继续深入开展反腐败斗争,大力纠正部门和行业不正之风,严肃查处各类违法违纪案件。加强制度建设,强化行政监督和审计监督,努力从源头上治理腐败。做好信访工作,加强舆论监督和社会监督。切实转变工作作风,反对形式主义和官僚主义,不搞劳民伤财、沽名钓誉的“形象工程”,纠正虚报浮夸、强迫命令的恶劣作风,反对奢侈浪费。各级政府工作人员要深入基层,深入群众,倾听群众呼声,关心群众疾苦,及时解决群众反映强烈和不满意的问题。在新的形势下,要增强忧患意识,居安思危,务必继续保持谦虚谨慎、不骄不躁的作风,务必继续保持艰苦奋斗的作风。

各位代表!

加强民族团结、维护祖国统一和社会稳定,是全国各族人民的共同愿望。要全面贯彻党的民族政策,坚持和完善民族区域自治制度。大力培养少数民族干部。继续推进兴边富民行动,加大对人口较少的民族扶持力度,促进各民族共同繁荣进步。坚决反对分裂祖国和破坏民族团结的行为。全面贯彻党的宗教信仰自由政策,依法管理宗教事务,积极引导宗教与社会主义社会相适应,坚持独立自主自办的原则。认真贯彻落实侨务政策,进一步做好侨务工作。

加强国防和军队建设,是国家安全和现代化建设的可靠保证。按照政治合格、军事过硬、作风优良、纪律严明、保障有力的总要求,努力把军队革命化、现代化、正规化建设提高到一个新水平。贯彻新时期积极防御军事战略方针,加强军事斗争准备。坚持国防建设与经济建设协调发展。重视国防科研和武器装备建设,增强军队在高技术条件下的整体防卫作战能力。加强后勤建设。积极推进国防科技工业调整、改革和发展。各级政府要大力支持国防和军队建设,增强全民国防意识。不断加强国防后备力量建设,切实抓好国防动员工作的落实。深入开展拥军优属、拥政爱民活动,巩固军政、军民团结。

维护香港、澳门的繁荣、稳定和发展，是我们坚定不移的目标。要继续贯彻“一国两制”的方针，严格按照香港基本法和澳门基本法办事。全力支持两个特别行政区行政长官和政府依法施政。积极促进内地与香港、澳门在经贸、教育、科技、文化等领域的交流与合作。

全面贯彻“和平统一、一国两制”的基本方针和解决台湾问题的八项主张，争取在一个中国原则基础上尽早恢复两岸对话与谈判，坚决反对任何旨在制造“台湾独立”、“两个中国”、“一中一台”的言行。进一步扩大两岸人员往来和经济、文化等领域的交流与合作，积极推进两岸直接“三通”。加强与台湾各党派和各界人士就发展两岸关系、推进和平统一交换意见。继续支持海外侨胞开展的“反台独、促统一”活动。我们相信，经过全体中华儿女不懈奋斗，祖国的完全统一就一定能够早日实现。

和平与发展仍是当今时代的主题。世界多极化和经济全球化趋势在曲折中发展。我国面临的国际环境依然是机遇大于挑战，但国际形势中的不确定因素有所增加。我们将始终不渝地奉行独立自主的和平外交政策。继续巩固和加强与发展中国家的团结和合作，支持发展中国家维护自身的正当权益。继续深化睦邻友好，加强区域合作，把同周边国家的交流和合作推向新水平。继续改善和发展同发达国家的关系，在和平共处五项原则的基础上，扩大共同利益，妥善解决分歧。继续积极参与多边外交活动，提倡国际关系民主化和发展模式多样化。反对各种形式的霸权主义和强权政治，反对一切形式的恐怖主义。中国人民愿同各国人民一道，共同推进世界和平与发展的崇高事业。

各位代表！

党的十六大制定了我国在新世纪、新阶段全面建设小康社会的宏伟蓝图和行动纲领。我们伟大的祖国已站在更高的历史起点，迈上新的辉煌征程。任何艰难险阻都挡不住中国人民胜利前进的步伐。展望祖国未来，前景无限美好。我们坚信，全国各族人民在以胡锦涛同志为总书记的党中央领导下，高举邓小平理论伟大旗帜，全面贯彻“三个代表”重要思想，同心同德，奋发图强，一定能够把中国特色社会主义事业不断推向前进，从胜利走向更大的胜利！

《人民日报》发表社论《继往开来与时俱进——热烈祝贺十届全国人大一次会议开幕》

举国关注的第十届全国人民代表大会第一次会议在北京隆重开幕。这是继党的十六大之后我国政治生活中的又一件大事。我们对会议的召开表示热烈的祝贺。

十届全国人大一次会议，是在全国人民认真学习贯彻党的十六大精神的重要时刻召开的一次大会，是一次换届的大会，肩负着重要的历史使命。来自全国各地区、各民族、各条战线的代表，带着人民重托，齐集首都北京，共商改革发展大计。会议将听取和审议政府工作报告；审查和批准2002年国民经济和社会发展计划执行情况的报告及2003年国民经济和社会发展计划；审查2002年中央和地方预算执行情况的报告，批准2003年中央预算；审议国务院关于提请审议国务院机构改革方案的议案；听取和审议全国人大常委会工作报告、最高人民法院工作报告、最高人民检察院工作报告；选举和决定国家机构新一届领导成员。

九届全国人大一次会议以来的5年，全国各族人民在中国共产党领导下，高举邓小平理论伟大旗帜，全面贯彻“三个代表”重要思想，团结奋斗，顽强拼搏，改革开放和社会主义现代化建设取得了伟大成就。国民经济持续快速健康发展，社会主义市场经济体制初步建立，城乡居民收入稳步增长，人民生活总体上达到小康水平，社会主义民主法制建设和精神文明建设成效显著，国防和军队建设迈出新的步伐，澳门顺利回归，祖国统一大业取得新的进展。我国的国际地位日益提高，国际影响与日俱增。事业辉煌壮丽，成绩来之不易，这些为新世纪、新阶段把中国特色社会主义的伟大事业不断推向前进奠定了坚实的基础。

过去的5年，各级人大根据国家工作大局，认真履行宪法和法律赋予的职责，各方面工作取得了新的进展。立法工作取得显著成绩，监督工作取得较大进展，代表工作进一步加强，对外交往开拓了新的局面，法制宣传教育不断深入人心，常委会自身建设逐步加强。九届全国人大及其常委会恪尽职守，为加强社会主义民主法制建设，推进依法治国、建设社会主义法治国家的进程，保障和促进中国特色社会主义事业的顺利进行，做了大量卓有成效的工作，积累了宝贵的新鲜经验。

人民代表大会制度是我国的根本政治制度。它是我们党长期进行人民政权建设的经验总结，也是我们党对国家事务实施领导的一大特色和优势。几十年的实践证明，人民代表大会制度体现了我们国家的性质，符合我国国情，既能保证全体人民统一行使国家权力，充分调动人民群众当家做主的积极性和主动性，又有利于各国家机关分工合作，协调一致地组织实施中国特色社会主义事业的各项工作。党的十六大提出的关于建设社会主义政治文明的任务，对于巩固我们党的执政地位和我国的社会主义制度，对于充分调动各方面的积极因素共同建设中国特色社会主义，极为重要。发展社会主义民主政治，建设社会主义政治文明，推进依法治国，建设社会主义法治国家，必须坚持和完善人民代表大会制度。我们要把坚持党的领导、人民当家做主和依法治国有机统一起来，坚持社会主义方向，坚持走中国特色的政治发展道路，使人民代表大会制度在建设中国特色社会主义的伟大事业中发挥更大的作用。

今年是全面贯彻落实党的十六大精神的第一年。开好今年的十届全国人大一次会议，对于全面贯彻落实十六大精神，进一步动员全国各族人民为全面建设小康社会、开创中国特色社会主义事业新局面团结奋斗，具有重大的意义。一年一次的全国人民代表大会，是最高国家权力机关行使自己庄严职责的最重要的国事活动。人大代表肩负着重要责任。我们相信，各位代表一定能够认真履行宪法和法律赋予的神圣职责，建言献计，群策群力，胜利完成大会预定的各项任务，为改革开放和社会主义现代化建设作出积极的贡献。

我们的国家正处在全面建设小康社会伟大历史进程的起步阶段和开局时期。我们对祖国日新月异的发展感到自豪，对中华民族实现伟大复兴充满信心。新的征程，新的事业，召唤着我们继往开来，团结奋斗，与时俱进，开拓创新，不断夺取中国特色社会主义事业的新胜利。

预祝大会圆满成功！

中共中央总书记胡锦涛参加十届全国人大一次会议西藏代表团审议并发表讲话

胡锦涛首先向西藏团各位代表和全国广大藏族同胞致以藏历新年的节日祝贺。在听取了本团6位代表发言后，胡锦涛发表了讲话。他首先表示完全赞同朱镕基总理代表国务院所作的《政府工作报告》，认为这是一个求真务实、催人奋进的报告，对于我们进一步做好各项工作具有重要的意义。

胡锦涛指出，5年来，面对复杂多变的国际形势和艰巨繁重的国内建设任务，以江泽民同志为核心的第三代中央领导集体，团结带领全党和全国各族人民团结奋斗、开拓进取，坚定不移地推进中国特色社会主义事业，取得了举世瞩目的伟大成就。5年来所取得的伟大成就和积累的丰富经验，为我们在新世纪、新阶段实现全面建设小康社会的宏伟目标、不断开创中国特色社会主义事业新局面奠定了坚实的基础。这些年，西藏的发展也取得了显著成就。他说，西藏的同志们一定要坚持以邓小平理论和“三个代表”重要思想为指导，全面贯彻十六大精神，艰苦创业、扎实工作，使西藏在全面建设小康社会和西部大开发的历史进程中更好更快地发展起来，使各族群众的生活不断得到改善。

胡锦涛指出，实施西部大开发、加快中西部地区发展的战略决策，是落实邓小平同志“两个大局”战略思想的重要举措，是贯彻“三个代表”重要思想的必然要求。继续推进西部大开发，既要抓紧做好当前的重点工作，又要认真规划长远的发展大计；既要加大国家的支持力度，又要调动西部自身的积极性；要把发挥政府的作用与发挥市场机制的作用结合起来，不断为西部大开发注入生机和活力。

胡锦涛还就切实做好关心群众生产生活工作谈了意见。

国务院副总理李岚清参加十届全国人大一次会议江苏代表团审议

会场气氛热烈，代表们踊跃发言。大家一致认为，朱镕基总理的报告主题鲜明，实事求是，内容丰富，鼓舞人心。梁保华、罗志军、史和平、顾冠群、沈健、王生、钱红菱、时匡等代表就富民强省、加快经济发展、重视科技教育、实施人才强国战略等问题先后发言。

李岚清认真听取了代表们的发言，对代表们过去5年中对政府工作的支持表示衷心感谢。他说，近几年来，江苏省国民经济迅速发展，各项社会事业取得巨大成绩，人民生活水平显著提高，为今后的发展打下了坚实的基础。他希望江苏全面贯彻十六大精神和“三个代表”重要思想，充分发挥科技、教育推动经济和社会发展的重要作用，继续大力实施科教兴国战略和可持续发展战略，加快产业结构升级，大力发展现代农业、高新技术产业、高附加值加工制造业和第三产业，进一步加强精神文明建设，发挥优势，加快发展，率先基本实现现代化和实现全面建设小康社会的目标。

中共中央政治局委员回良玉参加审议。

中共中央政治局常委吴邦国参加十届全国人大一次会议安徽代表团审议

吴邦国认真听取了代表们发言，并与大家就有关问题进行讨论，会场气氛热烈。吴邦国在讲话中首先对安徽省经济社会发展取得的成绩给予了充分肯定。

吴邦国指出，党中央、国务院一贯重视社会保障和再就业工作，高度重视困难职工群众的生产生活问题，多次召开会议部署，制定了一系列具体政策措施，在各方面的共同努力下，基本实现了“两个确保”和“应保尽保”，为改革发展稳定提供了有力保证。但是，要清醒地认识到，我国社会保障体系还不完善，就业和再就业的压力在增大，部分职工群众的生活还很困难，应当引起我们的高度重视。他强调，解决困难职工群众的生产生活问题，根本出路在于发展经济，但是经济发展了并不能自然而然地解决这些问题，关键要靠满腔热情、扎实有效的工作，真正把党中央、国务院的各项政策措施不折不扣地落实到每个困难职工群众的身上。

中共中央政治局常委温家宝参加十届全国人大一次会议甘肃代表团全体会议

会议在人民大会堂甘肃厅举行，代表们踊跃发言，畅抒己见。大家一致认为朱镕基总理所作的报告实事求是、顺乎民意，过去5年的成就有目共睹。

宋照肃代表就西部地区如何建设小康社会发表意见；陆浩代表就甘肃经济和社会发展提出见解；杨育荣代表就农村税费改革后如何维持税收秩序、维护纳税农民合法利益提出建议；李希代表说，写进政府工作报告的黑河流域治理，大力推动了当地经济发展；马鸿烈代表直言，重大项目安排不能由上面几个人说了算，投融资体制必须改革；董钢代表呼吁，西部开发必须重视环境保护和可持续发展；嘉木样·洛桑久美·图丹却吉尼玛代表建议，采取切实措施，贯彻落实民族区域自治法，加快少数民族地区发展。

温家宝认真听取代表发言，并不时插话就一些问题与代表们交换意见。

7位代表发言后，温家宝说，过去的5年，是很不平凡的5年。《政府工作报告》实事求是地总结了5年的工作，并概括了在实践中得出的九个方面的经验。这是一笔宝贵财富，对今后工作具有重要的指导意义。报告对今年工作提出的建议，抓住了重点，很有针对性，经过大会批准后，各级政府要认真抓好落实。

中共中央政治局常委贾庆林参加政协十届一次会议中共组讨论会

在座谈会上，叶连松、王占、程安东、阿不来提·阿不都热西提等委员，分别就走新型工业化道路、防治土地沙漠化、促进农民增收、加快民族地区发展等问题发表了意见和建议。

在认真听取委员们的发言后，贾庆林说，巩固和发展最广泛的爱国统一战线是我们党坚定不移的战略方针，也是每一个共产党员义不容辞的职责。政协中共组的委员都是党内的领导干部，大家除了同其他委员一样要履行政治协商、民主监督、参政议政职能外，还有更高的标准和更严格的要求。大家的工作如何，直接关系到党领导的多党合作事业的兴衰，影响到大局的稳定。我们一定要从党和国家战略全局的高度，充分认识统一战线和人民政协的重要性，提高做好统战、政协工作的自觉性，尽职尽责地把工作做好，争取在新的岗位上作出新的业绩。

贾庆林指出，政协工作是政治性、政策性很强的工作，光有热情和干劲还不够，还必须熟悉、掌握和身体力行地贯彻党的有关政策，遵循统战和政协工作的规律。

贾庆林说，政协组织和政协委员中的共产党员要认真贯彻执行党的路线方针政策，在同党外委员的合作共事中，以优秀的品格、模范的行为，树立良好的形象，善结人缘，广交朋友，共同开创人民政协工作的新局面。

王忠禹、李贵鲜、张思卿、白立忱、郑万通等参加了讨论。

中共中央政治局常委吴官正参加十届全国人大一次会议山东代表团全体会议

代表们发言认为，在过去很不平凡的5年中，全国各族人民在中国共产党的领导下，团结奋进，顽强拼搏，战胜种种困难，改革开放和经济社会发展取得举世公认的伟大成就。政府工作报告对过去5年的工作作了实事求是的总结，对今年的政府工作提出了建议。大家表示赞同。

会场气氛热烈。张高丽、韩寓群、鲍志强、夏耕、王金友、邵峰晶、莫立崎、毕四海等代表结合山东省近年来发展的实际情况，就社会经济文化发展、全面建设小康社会、农业产业化、软件产业发展、煤炭企业的发展和文化建设的法制化等问题先后发言。

吴官正在认真听取大家发言后说，党的十六大确立了"三个代表"重要思想在全党的指导地位。"三个代表"重要思想是我们党必须长期坚持的指导思想，也是深入开展党风廉政建设和反腐败斗争的强大思想武器。我们要以"三个代表"重要思想统领党风廉政建设和反腐败工作，把始终做到"三个代表"作为衡量反腐倡廉工作成效的根本标准，使党风廉政建设和反腐败工作不断取得新的进展、新的突破、新的成效。

吴官正强调，今年，要以治理教育乱收费、纠正医药购销中的不正之风、减轻农民负担为重点，进一步纠正部门和行业不正之风，使人民群众更多地感受到加强党风廉政建设和深入开展反腐败斗争的成果。

吴官正指出，要创新体制机制制度，推进从源头上预防和治理腐败的工作。要加快推进行政审批制度改革，继续推进财政管理制度改革，深化干部人事制度改革，形成有利于"用好权、管好钱、选好人"的体制机制。要建立结构合理、配置科学、程序严密、制约有效的权力运行机制，实行领导干部述职述廉制度，建立诫勉谈话、领导干部任前廉政谈话等制度，着力解决好对领导干部特别是主要领导干部的监督问题，使他们的权力得到有效制约，少犯或不犯错误。

中共中央政治局常委李长春参加十届全国人大一次会议广东代表团全体会议

会议在人民大会堂广东厅举行。代表们发言踊跃，各抒己见，气氛活跃。李长春专注地听着，并不时就一些问题与代表们进行讨论。黄华华、李林楷、张广宁、于幼军等代表先后发言。在听取了代表们的发言后，李长春说，十届全国人大一次会议，是在全国各族人民深入学习贯彻党的十六大精神的重要时刻，召开的一次换届的大会，肩负重要历史使命。朱镕基总理作的《政府工作报告》总览全局、内容丰富，对今后国家的发展具有非常重要的意义。

李长春指出，学习宣传贯彻“三个代表”重要思想和十六大精神是全党当前和今后一个时期首要的政治任务。各地各部门要紧密结合实际，进一步贯彻胡锦涛总书记的重要指示，围绕主题、把握灵魂、抓住精髓、狠抓落实，在深入人心上下功夫，在开拓创新上下功夫，在力求实效上下功夫，把广大干部群众的思想和行动统一到十六大精神上来。

中共中央政治局委员、广东省委书记张德江也一起参加了审议。

中共中央政治局常委罗干参加十届全国人大一次会议福建代表团审议

会场气氛热烈，发言踊跃。张昌平、欧阳元和、陈晓萍、薛国强、章联生、钟梅允、徐谦、邓力平、魏可镁、陈章良、詹毅等代表先后发言。大家认为，朱镕基总理的报告重点突出，求真务实，催人奋进。同时他们还就国有资产管理、下岗职工再就业、社会治安综合治理等提出一些意见和建议。

罗干认真听取代表们发言后说，稳定压倒一切，没有稳定的社会环境，什么事情也干不成。要正确处理改革发展稳定的关系，切实维护社会稳定。

罗干说，要认真排查各种矛盾纠纷，正确处理并化解人民内部矛盾。近年来，随着改革的不断深化，由于新旧体制转换、利益分配格局调整、经济发展不平衡以及我们工作中的不足等，出现了大量新的人民内部矛盾以及由此而引发的不稳定因素。解决这些矛盾纠纷，各地的一条重要经验就是积极开展人民内部矛盾排查调处工作。各级领导干部要关心群众疾苦，深入到困难多、问题多、矛盾多的地方，倾听群众的呼声，检查各项措施的落实情况。特别是要下大力气搞好“三条保障线”和“两个确保”，安置好改组改制兼并破产企业的职工等，从源头上减少影响稳定的因素。

罗干说，维护稳定要有良好的治安环境。当前，在经济体制改革攻坚，经济结构调整加快，对外开放不断扩大，国际局势风云变幻，各种利益关系变动较大，影响社会稳定的因素不断增多的情况下，社会治安将继续呈现严峻的态势。我们必须坚决贯彻执行中央关于维护社会稳定的一系列方针政策和要求，坚持不懈地开展“严打”斗争，坚持不懈地抓好社会治安综合治理，为改革和发展创造良好的社会环境。

中央军委领导同志参加十届全国人大一次会议解放军代表团审议

代表们表示，要增强使命感、责任感和紧迫感，紧紧围绕党和国家工作大局和总体部署，结合军队的使命任务，以十六大精神为指导，努力开创军队建设的新局面。

代表们说，军队贯彻这次会议精神，关键在高举旗帜、与时俱进、振奋精神、创新务实，开创军队建设的新局面，为全面建设小康社会提供坚强有力的安全保障。为此，要切实坚持以下四条重要原则，并一以贯之，务求实效。一是要以“三个代表”重要思想为指导。要充分认识“三个代表”重要思想的理论价值、历史地位和指导意义，真正做到坚信不疑、真学真用。要坚定信仰，学懂弄通，武装头脑，落实行动。二是要以现代化建设为中心，增强建设现代化军队的使命感、责任感和紧迫感。三是要以思想政治建设为根本，不断增强思想政治工作的时代感和针对性、及时性、实效性。四是要以战斗力为标准，把提高战斗力作为一切工作的出发点和落脚点，作为检验一切工作的基本标准。

代表们说，随着以信息技术为核心的高新技术群的迅猛发展，世界军事领域正发生着深刻的变革，它给我国国防和军队现代化建设既带来了发展机遇，也提出了严峻的挑战。我们要认真学习贯彻“三个代表”重要思想，学习江泽民主席关于国防和军队建设思想，深刻认识我军建设所处的历史方位，十分重视并紧紧抓住难得的历史机遇，采取切实有力的措施，推进我军现代化建设的跨越式发展。要紧紧围绕军事斗争准备和军队建设的重大现实问题，创新和发展军事理论；要坚持以机械化为基础、以信息化为主导，加快武器装备建设步伐；要实施人才战略工程，抓紧培养高素质新型军事人才；要进一步端正工作指导思想，大力改进工作作风。

代表们说，确保全军部队更加自觉地服从服务于党和国家工作大局，首先要深入抓好“三个代表”重要思想和十六大精神的学习贯彻。要更加坚定地坚持党对军队的绝对领导，用“三个代表”重要思想武装官兵、凝聚军心。服从服务于党和国家大局，对军队来说，最重要的是为维护国家安全统一和全面建设小康社会提供重要保障。履行好这一使命，确保打得赢、不变质，关键在于培养造就一大批高素质新型军事人才。全军政治工作,要把提高官兵素质、抓好人才培养作为基本着眼点,全面加强人才建设,大力创新人才工作,为推进军队现代化,履行我军职能提供有力的人才和智力支持。

国务院批转劳动保障部等部门《关于辽宁省完善城镇社会保障体系试点情况的报告》并发出通知

各省、自治区、直辖市人民政府,国务院各部委、各直属机构:

国务院同意劳动保障部等部门《关于辽宁省完善城镇社会保障体系试点情况的报告》,现转发给你们,请认真贯彻执行。

建立和完善社会保障体系,是健全社会主义市场经济体制的客观要求,关系改革发展稳定大局。各地区和有关部门要认真贯彻党的十六大精神,从全面实践"三个代表"重要思想的高度,充分认识做好这项工作的重要意义,加强领导,狠抓落实。要认真学习借鉴辽宁试点经验,结合本地实际,积极稳妥地开展工作。劳动保障部等部门要继续加强指导,总结经验,及时研究新情况、新问题,不断推进社会保障体系建设。

国务院

2003年3月5日

关于辽宁省完善城镇社会保障体系试点情况的报告

国务院:

根据中央的部署和要求,辽宁省从2001年开始在全省进行完善城镇社会保障体系试点。党中央、国务院领导同志十分关心试点工作,多次赴辽宁考察试点情况,作出了一系列重要指示。国务院专门成立了完善城镇社会保障体系试点工作小组,对辽宁试点工作进行指导。辽宁省委、省政府高度重视试点工作,按照试点方案确定的目标任务和工作要求,精心组织,周密部署,积极推进,试点工作取得明显成效。现将有关情况报告如下:

一、辽宁试点进展情况

按照《国务院关于印发完善城镇社会保障体系试点方案的通知》(国发〔2000〕42号)的要求,辽宁省制订了完善城镇社会保障体系试点实施方案,2001年7月1日开始组织实施。

(一)下岗职工基本生活保障向失业保险并轨任务基本完成。从2001年1月1日开始,国有企业不再建立再就业服务中心,企业新裁员不再进中心,原来在中心的下岗职工协议期满后按规定出中心、享受失业保险和最低生活保障。到2002年年底,全省企业再就业服务中心由2000年年底的4801个减少到371个,在中心的下岗职工由44万人减少到3.9万人,享受失业保险的人数由18万人增加到82万人。累计有124万国有企业下岗职工与企业解除劳动关系,达到基本生活保障向失业保险并轨计划人数的95%,其中有近一半人员现已实现了再就业。共支付经济补偿金102.3亿元,人均8250元。

(二)基本养老保险个人账户基本做实。从2001年7月1日起,全省参保职工个人缴费比例由5%统一调整到8%,个人账户规模由11%调整到8%并实行实账积累,与统筹基金分别管理。到2002年年底,累计做实基本养老保险个人账户基金47.9亿元,已全部上解省社会保险事业管理局统一管理,其中13亿元购买国债,其余部分存入国有商业银行。调整了基础养老金计发办法,基础养老金月标准为职工退休时上年度本市职工月平均工资的20%,缴费年限超过15年的,每超过一年增发上年度本市职工月平均工资的0.6%。共有23.7万企业新退休人员按新办法计发养老金,新老办法过渡平稳。

(三)城市居民最低生活保障基本做到应保尽保。全省享受低保的人数由2000年年底的71.5万人增加到2002年年底的150.1万人,月人均标准为173元,2002年12月全省实际月人均补差70.2元。两年共支付最低生活保障金15.4亿元。

(四)城镇职工基本医疗保险改革步伐加快。全省参加基本医疗保险的人数由2000年年底的105万人增加到2002年年底的617万人,覆盖范围由12.2%提高到71.7%。企业补充医疗保险在部分行业和大企业开始实施,建立并实施了大额医疗补助和公务员医疗补助制度。统筹地区的医疗保险基金实现收支平衡,参保职工的基本医疗需求得到保障,社会反映良好。

(五)困难集体企业退休人员开始按低保标准领取生活费。据辽宁省统计,全省共有未参加基本养老保险统筹、已没有生产能力、无力缴纳养老保险费的城镇集体企业退休人员5.13万人。到2002年年底,已有1.59万人按城市居民最低生活保障标准按月足额领取生活费,共发放1572.9万元。

(六)社会保障资金的筹集和管理得到加强。试点两年来,全省地方和企业共筹集社会保障资金382.5亿元(包括社会保险费征缴收入282.4亿元,地方财政补助55.7亿元,企业自筹44.4亿元。考虑可比因素不含医疗保险),其中:2001年为169亿元,比上年增长16.6%;2002年为213.5亿元,比上年增长26.3%。各项社会保障基金全部纳入财政专户,实行收支两条线管理。明确地税机关为社会保险费征收主体,省和各市都设立了由政府部门、用人单位、工会、职工代表和专家组成的社会保障监督委员会,加强了对社会保障资金的监督和管理。

(七)社会保障管理服务社会化水平明显提高。全省企业离退休人员基本养老金全部实现社会化发放，失业人员和低保对象全部纳入社区管理。到2002年年底，265万企业退休人员中有213万纳入社会化管理，占80.4%，比2000年提高近70个百分点。全省90%以上的街道、社区建立了劳动保障工作机构，有1.67万名工作人员从事社会化管理服务工作。

（八）社会保障信息网络管理系统基本建成。试点启动以来，共筹资2.5亿元用于信息系统建设，有11个市实现与省联网，基本建成覆盖各项社会保障业务的信息网络管理系统。

二、总体评价和主要做法

辽宁试点是党中央、国务院的一项重要决策，是落实"三个代表"重要思想、完善中国特色社会保障体系的重要实践。试点在国有企业下岗职工基本生活保障向失业保险并轨和做实基本养老保险个人账户两个重点上取得突破，实现了养老保险基金的部分积累；在保持企业和社会基本稳定的前提下，100多万国有企业职工从国有企业转移出来。试点达到了预期目标。试点工作的推进，促进了市场导向就业机制的形成，有力地推动了企业改革和结构调整，较好地落实了中央关于"鼓励兼并，规范破产，下岗分流，减员增效，实施再就业工程"的方针。从各级财政、企业的资金投入和各方面的承受能力看，试点成本是合理的。实践证明，中央关于完善城镇社会保障体系并首先在辽宁全省试点的决策是完全正确的，试点方案是可行的，试点是成功的，为全国完善社会保障体系积累了经验。辽宁试点的主要做法是：

（一）加强领导，认真制订实施方案并精心组织实施。辽宁省委、省政府将试点工作作为"一号工程"，主要领导同志亲自抓，深入开展调查研究，对试点实施方案进行充分论证，制定了一系列配套文件。试点启动前，统计、劳动保障、民政、财政、经贸、税务等部门和工会用半年时间开展大规模的普查和专项调查，对全省劳动力资源、离退休人员养老保险、城市低保对象、并轨人员等情况进行全面摸底，为科学决策提供基础数据。在实施过程中，重视做好培训工作，对各市、县党政一把手、政府各有关部门工作人员和企业负责人进行试点政策培训，保证了试点方案的顺利实施。加强政策宣传和思想政治工作，充分发挥工会、妇联、共青团等社会团体的作用，加强街道、社区劳动保障工作机构建设，坚持有情操作，争取群众的理解和支持，为推进试点创造良好的社会氛围。

（二）积极筹措资金，着力解决难点问题。在试点实施过程中，辽宁省始终注意把握试点推进的节奏和力度，充分考虑各方面的承受能力，对涉及职工利益的经济补偿金、职工债务等难点问题，多渠道筹集资金，及时研究提出有针对性的解决措施。在筹措经济补偿资金方面，充分发挥企业的主体作用，对困难企业由政府给予帮助。在已支付的102.3亿元经济补偿金中，企业筹集41.3亿元，占40.4%；各级财政补助40.5亿元，占39.6%；调剂使用下岗职工基本生活保障资金20.5亿元，占20%。为督促企业尽快偿还职工债务，省、市、县均成立专门工作机构，制订了具体实施方案，通过清理库存、盘活资产、土地转让等多渠道筹集资金。到2002年年底，已偿还职工债务22.9亿元，占拖欠职工债务总额的50.6%。

（三）加强生活保障和再就业工作，保持企业和社会稳定。在推进试点工作的同时，辽宁省认真贯彻落实社会保障政策，始终抓住"两个确保"和"低保"不放松，加强失业保险工作，搞好"三条保障线"的衔接，广泛开展扶贫帮困，重视解决困难群体的生活保障问题。千方百计促进就业和再就业，将其与社保试点同时部署，不断加大工作力度，出台了一系列政策措施，通过创办企业、社区安置、劳务输出、向第一产业转移、自谋职业等多渠道、多形式促进下岗失业人员再就业。试点以来，全省共筹集就业扶持基金2.1亿元，实现就业184万人。"两个确保"、最低生活保障、扶贫帮困和就业再就业工作的加强，为试点的顺利推进创造了有利条件，有力地维护了企业和社会稳定。

三、下一步的工作意见

辽宁试点的成功经验，对其他地区具有重要的借鉴意义和示范作用。下一步工作的总体考虑是：认真贯彻党的十六大精神，以"三个代表"重要思想为指导，按照中央关于加快完善社会保障体系的部署和要求，圆满完成辽宁试点任务，总结经验，逐步扩大试点，加强工作指导，研究新情况解决新问题，推进独立于企业事业单位之外、资金来源多元化、保障制度规范化、管理服务社会化的社会保障体系建设。

（一）圆满完成辽宁试点任务。辽宁省要善始善终地做好试点工作，2003年全面完成试点任务。继续做实个人账户，稳步推进并轨工作，努力扩大社会保险覆盖范围；解决养老、失业保险参保和缴费人数下降问题；做好社会保险费征缴和社会保险关系接续工作，加大财政投入力度，确保基金稳步增长；健全失业保险制度，增强基金支付能力，保障失业人员的基本生活；积极促进就业和再就业，减少失业人员总量；进一步完善城市居民最低生活保障制度，增加投入，加强管理，发挥其兜底保障作用；对于城镇未参保困难集体企业退休人员按低保标准发放生活费，以及有条件的企业为职工建立企业年金工作，要按照试点方案的要求进一步落实；合理确定企业退休人员的待遇水平，努力建立基本养老保险基金收支平衡机制，加强养老保险个人账户基金管理；多渠道筹措资金，争取年内偿还尚拖欠的并轨人员债务；进一步完善试点的有关政策，加强社区建设，巩固试点成果；根据试点进度，及时做好总结评估工作。国务院试点工作小组将进一步加强指导，保证试点任务圆满完成。

（二）逐步扩大试点范围。扩大试点工作要按照量力而行、逐步扩大的原则，有计划有步骤、分期分批地稳步推行。一是在总结辽宁试点经验的基础上，中央再选择1—2个省进行完善城镇社会保障体系的试点，试点工作继续由国务院试点工作小组给予指导，试点方案要报国务院审批，中央财政给予适当支持。其他有条件的地区，也可以根据《国务院关于印发完善城镇社会保障体系试点方案的通知》精神，结合本地实际，在国务院试点工作小组的指导下自行开展试点。二是各地要在保持政策连续性的前提下，充分考虑各方面承受能力，因地制宜，积极稳妥地推进并轨工作，并妥善解决经济补偿金和职工债务等问题。三是对城镇未参保困难集体企业退休人员按城市居民最低生活保障标准发放生活费的试点，各地可根据实际情况开展。

（三）继续落实完善社会保障体系的各项政策。对已有的各项社会保障政策，各地要全面落实。一是继续巩固“两个确保”，完善失业保险制度和城市居民最低生活保障制度，搞好“三条保障线”的衔接，把党中央、国务院解决困难群众生活的各项政策措施落到实处；二是认真贯彻落实全国再就业工作会议精神，切实做好就业与再就业工作；三是坚持“三改并举”的方针，加快推进城镇职工基本医疗保险制度改革，建立对困难群体的医疗救助制度；四是加快建立社会保障信息网络系统和街道、社区劳动保障工作平台，推进社会保障管理和服务的社会化工作；五是加强社会保障资金的筹集和管理，进一步完善监督管理机制，确保基金的安全与完整。

劳动保障部　国家经贸委
民政部　财政部
国家税务总局　国务院体改办
全国总工会
2003年2月28日

《人民日报》发表社论《发扬光大雷锋精神》

教育部决定22所高校在2003年普通高校招生中可自主选拔考生

这22所大学是：北京大学、中国人民大学、清华大学、北京师范大学、中国政法大学、复旦大学、同济大学、上海交通大学、华东理工大学、华东师范大学、南京大学、东南大学、南京航空航天大学、南京理工大学、河海大学、中国药科大学、南京农业大学、浙江大学、中国科学技术大学、华中科技大学、中山大学、重庆大学。

3月6日

国家主席江泽民应约与法国总统希拉克通电话就伊拉克问题交换意见

十届全国人大一次会议在人民大会堂举行第二次全体会议

2899名代表出席会议，符合法定人数。

江泽民、胡锦涛、李岚清、吴邦国、温家宝、贾庆林、曾庆红、黄菊、吴官正、李长春、罗干等党和国家领导人出席大会。

受国务院委托，国家发展计划委员会主任曾培炎、财政部部长项怀诚分别作了关于2002年国民经济和社会发展计划执行情况与2003年国民经济和社会发展计划草案的报告和关于2002年中央和地方预算执行情况及2003年中央和地方预算草案的报告，国务委员兼国务院秘书长王忠禹就刚刚提请十届全国人大一次会议审议的国务院机构改革方案的议案作了说明。

会议经过表决，通过了关于设立十届全国人大专门委员会的决定，通过了关于十届全国人大各专门委员会组成人员人选的表决办法，通过了十届全国人大财政经济委员会主任委员、副主任委员、委员名单。

大会主席团常务主席、执行主席李铁映主持会议。丁石孙、成思危、于均波、王云龙、李克强、宋照肃、张高丽、钱运录、曹伯纯等执行主席在主席台前排就座。

国家计委主任曾培炎在十届全国人大一次会议第二次全体会议上作《关于2002年国民经济和社会发展计划执行情况与2003年国民经济和社会发展计划草案的报告》

各位代表：

我受国务院委托，向大会报告2002年国民经济和社会发展计划执行情况与2003年国民经济和社会发展计划草案，请予审议，并请全国政协各位委员提出意见。

一、2002年国民经济和社会发展计划执行情况

过去的一年，全国各族人民在中国共产党的领导下，高举邓小平理论伟大旗帜，实践“三个代表”重要思想，按照九届全国人大五次会议的决议，积极推进改革开放和现代化建设，国民经济持续快速健康发展，各项社会事业全面进步，计划执行情况是好的，宏观调控主要预期目标顺利实现。

扩大内需政策效应继续显现，国民经济持续较快

增长。2002年国内生产总值102398亿元,增长8%。坚持实施积极的财政政策和稳健的货币政策,充分发挥国债投资的带动作用,积极启动民间投资。全社会固定资产投资完成43202亿元,增长16.1%。经九届全国人大五次会议批准,2002年发行长期建设国债1500亿元,带动经济增长2个百分点。国债资金项目形成了一大批优质资产,增强了长远发展后劲,对优化经济结构、改善投资环境、增加财政收入、促进企业技术进步、增强可持续发展能力和提高人民生活水平发挥了积极作用。各地区各部门精心组织施工,加强对国债项目的审计、监察、稽察和舆论监督,保证了工程质量和资金安全。继续把启动消费作为实施积极财政政策和稳健货币政策的重要内容,通过提高居民收入、完善消费政策、改善消费环境等综合性措施,为城乡居民扩大消费创造了条件。社会消费品零售总额40911亿元,增长8.8%。住房、通信、旅游、教育、汽车等消费热点逐渐形成。

产业结构调整取得新进展,经济增长质量和效益进一步提高。农业与农村经济结构调整取得成效,农业区域布局加快调整,粮棉等主要农产品生产继续向优势产区集中,畜牧水产养殖业稳定增长。培育了一批高产优质、抗病抗逆新品种,农业综合生产能力不断增强。粮食总产量4571亿公斤,增长1%。农业产业化经营积极推进,带动了农民增收。基础设施建设成效显著,又有一大批水利、交通、通信、能源和环保等工程建成投产。工业结构继续优化。具有自主知识产权和竞争优势的高技术产业正在形成,高技术产业工业产值增长23%。城市轨道交通设备、环保设备、大型氧化铝设备等一批重大装备制造本地化项目建成投产。传统工业改组改造力度加大。传统服务业稳步增长,现代服务业快速发展,电信、物流、咨询、旅游、社区服务等服务业方兴未艾。企业经济效益大幅度提高。规模以上工业企业实现利润5620亿元,增长20.6%。

西部大开发扎实推进,中西部地区加快发展。基础设施建设继续加快。西气东输、塔里木河综合治理等重点工程相继开工,青藏铁路、西电东送建设进展顺利。“送电到乡”、“油路到县”和“广播电视到村”工程加快实施。退耕还林、天然林资源保护、防沙治沙、天然草原恢复和建设等生态建设工程按规划推进。2002年完成退耕还林面积252万公顷,荒山荒地造林288万公顷。农村中小型水利设施、人畜饮水和农村公路建设加快,农民的生产生活条件得到改善。

经济体制改革不断深化,为发展增添了新的生机和活力。国有大中型企业的公司制改革继续推进并进一步规范。制定颁布《中小企业促进法》,有利于改善中小企业的发展环境。个体、私营等非公有制经济加快发展。电信、民航、电力等行业的管理体制改革取得重大进展。价格改革继续深化,建立和完善政府价格决策听证制度,实行了城市污水、生活垃圾处理收费制度和涉农价格收费公示制度。农村用电“两改一同价”工作取得明显成效,70%的县实现了城乡居民生活用电同价,每年可减轻农民负担420亿元。农村税费改革试点扩大到20个省(自治区、直辖市)。粮棉购销市场化改革进程加快。行政审批制度改革取得阶段性成果。整顿和规范市场经济秩序深入开展,严厉打击制售假冒伪劣食品、药品、医疗器械等不法行为,加大对文化、旅游、建筑、集贸市场等的整治力度,市场环境得到改善。

加入世贸组织有了良好开端,开放型经济进一步发展。认真履行“入世”承诺,制定、修改和废止相关法律、法规,降低关税总水平,逐步取消非关税措施,扩大外商投资领域,开始形成反倾销、反补贴和保障措施机制。外贸进出口总额6208亿美元,增长21.8%。贸易结构继续改善,机电产品和高新技术产品出口大幅度增长,国内急需的关键设备、先进技术和资源类商品进口增加。实际吸收外商直接投资527亿美元,增长12.5%。外商投资结构进一步优化,资本、技术密集型的大项目增多。实施“走出去”战略迈出新步伐。区域和多双边经济合作进一步深化。

财政收入继续增加,金融运行保持平稳。全国财政收入18914亿元,增长15.4%;支出22012亿元,增长16.4%。财政收支相抵支出大于收入3098亿元。在防范和化解金融风险的同时,金融对经济增长和结构调整的支持力度加大。广义货币供应量(M2)、狭义货币供应量(M1)均增长16.8%,全年现金投放1589亿元。到2002年年底,全部金融机构贷款余额增长15.4%,金融机构不良贷款比率下降4.5个百分点,国家外汇储备达到2864亿美元。

科技进步和创新步伐加快,教育发展的先导性作用增强。基础研究和高技术研究取得重要进展,自主创新能力不断提高。“神舟”三号、“神舟”四号飞船成功发射和安全返回,超大规模集成电路与软件、功能基因组等重大科技专项顺利推进。国家创新体系建设和科研机构改革取得明显进展,国家重点实验室、国家重大科学工程等科技基础设施建设得到加强,科技成果产业化进程加快。知识产权的保护与管理得到强化。基础教育不断加强,农村义务教育管理“以县为主”的新体制开始形成,贫困地区义务教育取得新进展。高校、普通高中扩招的基础设施建设和中小学危房改造成效显著。普通高中和中等职业技术教育发展步伐加快。高等教育不断发展,普通高校招生321万人,研究生招生20.3万人。

各项社会事业全面发展，人民生活不断改善。文化、卫生、体育、广播影视、新闻出版等事业健康发展，精神文明建设不断加强。一批重点文化设施、农村卫生设施项目和中医、专科医院建设进展顺利。全民健身活动蓬勃开展，竞技体育在国内外重大比赛中获得优异成绩。与人民生活直接相关的城市基础设施建设成效显著。农村贫困人口进一步减少。城镇居民人均可支配收入和农村居民人均纯收入分别实际增长13.4%和4.8%。"两个确保"继续巩固，城市"低保"明显加强。完善城镇社会保障体系试点取得积极进展。年末城镇登记失业率4%。

环境保护和资源合理开发利用取得成效，可持续发展能力增强。对重点地区的环境治理力度加大，关停一批污染严重企业，"三河三湖"污染治理取得阶段性成果，部分城市和工矿区二氧化硫排放量降低，酸雨恶化趋势得到控制。城市污水、垃圾处理等环保基础设施建设加强，城市污水集中处理率达到40.3%。生态环境建设和资源保护步伐加快。南水北调工程开工建设。人口自然增长率6.45‰。

各位代表，去年的成绩，是在改革开放特别是1998年以来各项工作基础上取得的。五年来，我国国民经济持续快速增长，各项社会事业蓬勃发展，综合国力再上新台阶，社会主义市场经济体制初步建立，全方位对外开放格局基本形成，国际影响显著扩大，民族凝聚力极大增强，社会安定团结，国家政通人和，是我国历史上发展最好的时期之一，为今后的长远发展打下了坚实的基础。回顾五年来走过的不平凡历程，我们深切地体会到，在国际经济环境具有诸多不利因素和国内经济运行存在不少困难的情况下，国民经济实现持续快速健康发展，是中央科学决策、正确领导的结果，是全国人大及其常委会及时指导、加强监督的结果，是各地区各部门共同努力、扎实工作的结果，是全国各族人民同心同德、艰苦奋斗的结果。

我们也认识到，经济社会生活中仍存在不少矛盾和问题，有的还相当突出。一是有效需求不足和供给结构不合理的问题并存。影响农民增收的一些主要因素尚未消除，农民收入增长缓慢，城镇部分居民收入较低，有些群众的生活还很困难，制约着消费市场的拓展。集体和个体、私营投资的潜力尚未充分发挥。二是就业和再就业形势严峻。城镇需要就业再就业的人数较多，农村还有大量富余劳动力需要转移，新创造的就业岗位难以满足就业需求。三是国有企业改革任务相当繁重，深层次矛盾有待进一步解决。为各种所有制经济发展创造公平竞争条件，还要做更多的工作。四是市场经济秩序仍较混乱，社会信用体系建设严重滞后，重大安全生产事故时有发生。对这些问题，国务院高度重视，正在积极采取措施，认真加以解决。

二、2003年经济社会发展调控目标和主要任务

2003年，是贯彻落实中国共产党第十六次全国代表大会精神、迈出全面建设小康社会新步伐的重要一年。综合分析国内外经济环境，我们既有加快发展的有利条件，也面临着新的挑战。不仅国内经济运行可能出现一些新情况、新矛盾，而且世界经济也存在诸多不确定因素。只有增强忧患意识，居安思危，把困难和问题估计足，把对策和措施考虑充分，才能有备无患，赢得主动。我们要以邓小平理论和"三个代表"重要思想为指导，按照中央确定的经济工作总体要求，坚持扩大内需的方针，继续实施积极的财政政策和稳健的货币政策，保持宏观经济政策的连续性和稳定性，促进国民经济持续快速健康发展和社会事业全面进步。

2003年宏观调控的主要预期目标为：

——经济增长率7%左右；

——新增城镇就业岗位800万个以上，城镇登记失业率4.5%；

——居民消费价格总水平上涨1%；

——外贸进出口总额增长7%。

实现今年宏观调控的预期目标，要着力抓好以下工作。

(一)加快农业和农村经济结构调整，千方百计增加农民收入。积极推进农产品优质化、区域化，建设优势农产品产业带。加大对粮食主产区的扶持力度。建立、健全农产品质量标准体系、检验检测体系和认证体系，提高农产品质量安全水平。加强农业科技推广，促进农业科技成果转化。进一步完善和落实支持龙头企业的政策措施，发展农产品精深加工，提高农业产业化经营水平。依法落实农村土地政策。加强农业和农村基础设施建设，着力抓好"一大"、"六小"工程。"一大"就是继续加强农林水利重大工程建设，"六小"就是重点支持节水灌溉、人畜饮水、乡村道路、农村沼气、农村水电、草场围栏等中小型基础设施建设。增加扶贫投入，扩大以工代赈规模，优先解决贫困地区道路、饮水、用电等突出问题。加快乡镇企业结构调整、体制创新和技术进步，推进城镇化有序发展。继续引导农村劳动力合理有序流动，清理和取消对农民工的歧视性政策和不合理收费，维护农民工合法权益。在全国全面推开农村税费改革试点，完善配套政策。深化粮棉流通体制改革，保护农民利益。整顿涉农价格和收费，落实公示制度，对矛盾突出的要专项治理，切实减轻农民负担。2003年农村居民人均纯收入预期增长4%。

(二)更好地发挥国债资金的带动作用，促进结构调整和经济稳定较快增长。2003年拟发行1400亿元

长期建设国债,全社会固定资产投资预期增长12%。我们将按照本次代表大会的决议,切实用好国债资金,优化投资结构。国债投资首先用于续建和收尾项目,还要安排必要的新开工项目。具体投向主要体现"四个倾斜":向农村倾斜,着力改善农村生产生活条件;向结构调整倾斜,促进技术进步和产业升级,支持和引导服务业发展;向中西部地区倾斜,确保重点工程建设顺利进行;向科技教育、生态环境建设倾斜,促进科教兴国和可持续发展战略的实施。认真做好项目前期工作,进一步加强投资项目管理、稽察和监督,防止低水平重复建设。积极探索新的基础设施建设融资方式,包括向社会转让项目经营权、股权等形式,将收回的资金进行再投资。在从严控制和防范风险的前提下,适当扩大企业债券发行规模。扩大国债贴息范围,吸引和带动更多的社会投资。放宽民间资本的市场准入领域,发展为民间投资服务的中介组织,在投融资、税收、土地使用等方面实行公平竞争,并依法加强监督和管理,引导非公有制经济健康发展。

(三)努力增加就业岗位,不断完善社会保障体系。要把控制失业率和增加就业岗位纳入各级政府的国民经济和社会发展计划,努力实现新增城镇就业岗位等预期指标。把发展服务业作为扩大就业再就业的主攻方向,特别要充分发挥个体私营经济和中小企业在扩大就业方面的重要作用,大力开发社区就业岗位。规范发展劳动力市场。鼓励和支持下岗失业人员自谋职业和自主创业。认真落实扶持再就业的税费减免、小额担保贴息贷款、社会保险补贴等政策措施。鼓励国有大中型企业通过主辅分离和辅业改制,合理分流安置富余人员。充分考虑财政、企业、职工和社会保障的承受能力,把握好下岗分流的规模和节奏。加强职业培训,提高劳动者的就业技能。继续对就业困难群众实行就业援助。做好高校和职业学校毕业生就业、创业的指导服务工作。加强社会保障体系建设,进一步巩固"两个确保",健全城市居民最低生活保障制度,做好"三条保障线"衔接工作。继续抓好完善城镇社会保障体系的试点。

(四)按照走新型工业化道路的要求,加快产业结构调整和升级。优先发展信息产业,在经济和社会领域广泛应用信息技术,积极推进电子政务建设。加快发展高新技术产业。继续实施对国民经济发展有深远影响的深亚微米集成电路、数字电视、广播电视直播卫星系统、生物及新医药、现代农业等重大高技术工程。进一步抓好国家工程研究中心和国家高技术产业基地建设,提高高新技术产业化能力。振兴装备制造业,依托重大工程加快关键技术装备的本地化,提高自主开发能力和技术水平。加快重点产业和骨干企业的技术改造。搞好一批能源和原材料重大项目建设。加强对汽车、钢铁、建材等行业的规划引导,防止盲目发展和无序竞争。积极探索东北和其他地区老工业基地改造和振兴的新思路、新办法,帮助以资源开采为主的城市和地区解决当前存在的突出问题,大力发展接续产业。淘汰落后设备、技术和工艺,关闭破坏资源、污染环境、不具备安全生产条件的企业。大力发展现代服务业和连锁经营、集中配送等现代流通方式,发挥服务业引导资金的示范效应,促进服务业全面发展。

(五)积极推进西部大开发,促进地区经济协调发展。继续加强基础设施和生态环境建设,当前要抓好"两头"。一头是加快实施关系发展全局的重点工程。落实好青藏铁路、西气东输、西电东送、水利枢纽、公路干线、"西新工程"和生态环保等重大工程的建设资金,保证工程顺利实施。适时开工建设一批水利、环保、公路、铁路、机场等重要项目。另一头是安排一批关系改善农村生活生产条件的建设项目,重点实施"一通、二退、三到户"工程。"一通"是逐步使西部地区县际通沥青公路。"二退"是实施退耕还林、退牧还草工程,2003年新增退耕还林面积337万公顷,荒山荒地造林377万公顷,退牧还草667万公顷。"三到户"是促进农村饮水解决到户、农村能源建设到户、生态移民安置到户。同时,西部地区要加快改革开放,发展科技教育,扶持和培育优势产业,逐步建立长期稳定的西部开发资金渠道。增加投入,支持革命老区和少数民族地区加快发展。进一步加强东、中、西部地区之间经济合作,促进优势互补和共同发展。

(六)坚持市场取向改革,整顿和规范市场经济秩序。继续推进国有大中型企业实行规范的公司制改革和股份制改造,支持具备条件的大企业在境内外上市。支持各类所有制中小企业特别是科技型和劳动密集型企业的发展。进一步做好军工等困难行业的企业调整、重组和脱困工作。巩固电信、民航、电力等行业的改革成果,积极推进其他垄断行业的改革。研究制定国有资产管理法规,自上而下有序进行国有资产管理体制改革,防止国有资产流失。完善宏观调控下主要由市场形成价格的机制,健全政府价格决策听证、专家评审、集体审议和重要商品与服务成本监审等制度,加强价格和收费的监管。加快投融资体制改革,落实企业投资自主权,改进对全社会固定资产投资的宏观调控。

大力整顿和规范市场经济秩序。严厉打击制假售假、走私贩私、非法传销等违法犯罪活动,继续做好各项专项整治工作,坚决查处严重破坏市场经济秩序的大案要案。抓紧建立全国企业和个人征信体系,加快形成诚实守信、依法经营的市场环境。加强安全生产的监督和管理,减少重大安全事故。

(七)不断提高对外开放水平,更好地利用国内外两个市场、两种资源。继续做好加入世贸组织过渡期的各项应对工作。大力推进外贸主体和出口市场多元化,稳定鼓励出口的政策措施,完善生产企业出口货物"免、抵、退"税办法,健全反倾销应诉快速反应机制。组织好国内急需的关键设备、技术和重要原材料的进口。进一步改善投资环境,推进服务业有序对外开放,把利用外资的重点放到引进先进技术、现代管理经验和专门人才上来。加强外债全口径管理。加快实施"走出去"战略,鼓励和支持有条件的企业到境外投资,采取多种形式开展跨国经营。加强区域经济合作,扩大国际经济技术交流。

(八)培育和扩大消费需求,不断改善人民生活。努力改善消费环境,培育和拓展消费市场,尤其要重视开发农村市场。清理抑制消费的不合理规定,巩固已经形成的消费热点,培育和发展社区服务、休闲娱乐、体育健身和卫生保健等新的消费增长点。建立、健全廉租房供应保障体系,改善城镇中低收入者的住房条件。规范发展消费信贷。加大旅游基础设施建设力度,提高旅游服务质量。深化收入分配制度改革,提高居民特别是低收入者的收入水平,多渠道建立和完善对低收入者的救助制度,妥善解决城市特殊困难家庭在住房、子女入学、医疗和取暖等方面遇到的问题。2003年,城镇居民人均可支配收入预期增长6%,社会消费品零售总额增长9%。

(九)做好财政增收节支工作,充分发挥金融对经济增长的支持作用。进一步强化税收征管,确保财政收入稳定增长。继续调整财政支出结构,首先确保工资按时足额发放,增加社会保障支出,加大对农业、农村义务教育和农村卫生的投入力度,增加对中西部地区和困难地区的转移支付。坚决反对和制止铺张浪费。除按法律、法规和有关政策规定需要增加的重点支出外,其他各项支出实行零增长。2003年,全国财政预算收入20501亿元,支出23699亿元,中央财政赤字控制在3198亿元以内。深化金融体制改革,提高金融服务质量。国有商业银行要继续做好国债项目配套贷款工作,增加对有市场、有效益、有信誉企业的贷款,增强对农业、中小企业和县域经济的信贷支持。进一步深化农村信用社改革,继续办好农户小额信用贷款和联户担保贷款。切实加强金融监管,不断降低银行不良资产比率,防范和化解金融风险。保持货币供应量适度增长,2003年广义货币供应量(M2)和狭义货币供应量(M1)均增长16%左右,现金投放不超过1500亿元。规范和发展证券、保险市场。

(十)坚持实施科教兴国和可持续发展战略,推动各项社会事业全面进步。加大对科技教育的投入力度。加强基础研究和高技术研究,继续实施"863"、"973"等重大科技计划以及国家重大科学工程,推进国家创新体系建设,努力在关键领域和若干科技发展前沿掌握核心技术和拥有一批自主知识产权。加强科技基础条件建设。深化科技体制改革。形成促进科技创新的激励机制,吸引境外高级人才,鼓励留学人员回国创业。繁荣发展哲学社会科学。加强科学技术普及。大力发展教育事业,全面推进素质教育。高度重视并不断加强基础教育,切实抓好贫困地区、少数民族地区普及九年义务教育和扫除青壮年文盲的工作。实施农村中小学远程教育工程。继续推进中小学危房改造和优质高中扩招项目建设。高等教育要着重提高教育质量,继续实施"211工程"二期,加快后勤社会化进程。2003年全国普通高校计划招生335万人,研究生27万人。贯彻落实《民办教育促进法》。加强职业技术教育和成人教育,逐步完善终身教育体系。

坚持计划生育、保护环境和保护资源的基本国策。稳定低生育水平,人口自然增长率控制在7.5‰以内。增加对环境治理和资源节约的投入,合理开发和有效利用资源,抓好国土资源的综合整治。加快推进石油等战略资源储备工作。严格控制污染物总量,全面实施排污许可证管理。加强重点流域、三峡库区、南水北调沿途水污染防治,推进"两控区"酸雨和二氧化硫污染的治理。提高城市污水、垃圾处理率和处理水平。

加强社会主义精神文明建设。弘扬和培育以爱国主义为核心的民族精神,促进文化、卫生、体育、广播影视、新闻出版等各项事业发展。加大公共文化设施建设投入力度。增强广播电视覆盖能力。加强文物保护。积极推进城镇、医药、卫生三项制度改革试点。逐步建立和完善新型农村合作医疗制度。继续加强疾病控制预防体系建设。做好奥运会和世博会的筹备工作。

三、团结奋斗、开拓进取,迈出全面建设小康社会新步伐

中国共产党第十六次全国代表大会提出了全面建设小康社会的奋斗目标。这既是一项长期的战略任务,也是做好今年经济工作的出发点和着力点。实现这一奋斗目标,关键是按照"三个代表"重要思想的要求,紧紧抓住发展这一执政兴国的第一要务,聚精会神搞建设,一心一意谋发展,用发展的办法解决前进中的困难和问题,努力做到发展要有新思路,改革要有新突破,开放要有新局面,各项工作要有新举措。

发展要有新思路,核心是积极推进经济结构战略性调整,注重依靠科技进步和增强劳动者素质,实现速度和结构、质量、效益相统一。按照全面建设小康社会的要求,大力调整城乡结构、地区结构、产业结构,逐步扭转工农差别、城乡差别、地区差别扩大的趋势。统筹

城乡经济社会发展，建设现代农业，加快城镇化进程；坚持不懈地推进西部大开发，促进东、中、西部地区经济协调发展；坚持走新型工业化道路，以信息化带动工业化，以工业化促进信息化，推进产业结构优化升级，形成以高新技术产业为先导、基础产业和制造业为支撑、服务业全面发展的产业格局。提高可持续发展能力，促进人与自然的和谐。

改革要有新突破，关键是完善基本经济制度和推进市场取向的改革，不断消除束缚生产力发展的体制性障碍，加快体制和机制创新。毫不动摇地巩固和发展公有制经济，毫不动摇地鼓励、支持和引导非公有制经济发展，把二者统一于社会主义现代化建设的进程中。在更大程度上发挥市场配置资源的基础性作用，培育和健全统一开放、竞争有序的现代市场体系，为各种所有制企业创造公平竞争的环境。加强和改进宏观调控，完善国家计划和财政政策、货币政策相互配合的宏观调控体系，综合运用各种经济杠杆调节经济运行。

开放要有新局面，重点是坚持“引进来”和“走出去”相结合，在更大范围、更广领域、更高层次上参与国际经济技术合作与竞争。充分发挥我国劳动力资源丰富、市场广阔等比较优势，以更加优良的投资环境吸引外商投资，并把利用外资与国内经济结构调整、国有企业改组改造和西部大开发结合起来，不断提高利用外资的质量和水平。充分利用“引进来”积累的物质技术基础、对外交流渠道和有益经验，鼓励和支持有比较优势的各种所有制企业对外投资，带动商品和劳务出口，拓展经济发展空间。培育一批有实力的跨国企业和著名品牌，增强企业的国际竞争力。

各项工作要有新举措，主要是紧紧围绕深化改革、加快发展、维护稳定做好工作，搞好宏观调控，加强经济运行的监测预警，及时发现和解决带有全局性、倾向性、苗头性的重大问题，保证经济平稳运行和健康发展。积极探索宏观调控的规律，研究加强和改善宏观调控的有效办法。宏观调控部门务必继续保持谦虚谨慎、不骄不躁的作风，务必继续保持艰苦奋斗的作风，扎扎实实地把工作做好，扎扎实实地把经济生活中出现的突出问题解决好，扎扎实实地为最广大人民群众谋利益。自觉接受全国人大的监督和指导，认真听取政协的意见和建议。增强法制观念和依法办事能力，牢固树立公仆意识和服务意识。坚持依法行政，勤政廉洁，恪尽职守，埋头苦干，不断提高工作质量和效率。

各位代表，做好今年的经济工作任务艰巨，意义重大。我们要按照党的十六大要求，在以胡锦涛同志为总书记的党中央领导下，以邓小平理论和“三个代表”重要思想为指导，与时俱进，开拓创新，奋发图强，乘势前进，为全面完成2003年国民经济和社会发展各项任务、迈出全面建设小康社会新步伐而努力奋斗！

财政部部长项怀诚在十届全国人大一次会议第二次全体会议上作《关于2002年中央和地方预算执行情况及2003年中央和地方预算草案的报告》

各位代表：

受国务院委托，我向大会提出2002年中央和地方预算执行情况及2003年中央和地方预算草案的报告，请予审议，并请全国政协各位委员提出意见。

一、2002年中央和地方预算圆满完成，中央财政赤字控制在预算确定的数额之内

2002年，是我们国家发展史上具有重大意义的一年。中国共产党第十六次全国代表大会胜利召开，极大地调动了全国各族人民全面建设小康社会的热情。各地区、各部门认真实践“三个代表”重要思想，积极贯彻落实中央经济工作方针和九届全国人大五次会议对财政经济工作的各项要求，同心同德，艰苦奋斗，在世界经济增长明显趋缓的不利环境下，国民经济继续保持了较快增长，社会各项事业全面进步，人民生活水平进一步提高。中央和地方预算也都圆满完成。

2002年，全国财政收入(不含债务收入，下同)18914亿元，比预算增加899亿元，比上年增加2528亿元，增长15.4%。全国财政支出22012亿元，比预算增加899亿元，比上年增加3109亿元，增长16.4%。收支相抵，支出大于收入3098亿元。

中央财政总收入11020亿元，比预算增加374亿元，比上年增加1248亿元，增长12.8%。其中，中央财政本级收入10390亿元，比预算增加348亿元，比上年增加1208亿元，增长13.2%；地方上解中央收入630亿元，比预算增加26亿元。中央财政总支出14118亿元，比预算增加374亿元。其中，中央本级支出6756亿元，比预算增加343亿元；对地方税收返还和补助支出7362亿元，比预算增加31亿元。中央财政收支相抵，赤字3098亿元，与九届全国人大五次会议批准的预算赤字3098亿元持平。

地方财政总收入15886亿元，比预算增加582亿元，比上年增加2081亿元，增长15.1%。其中，地方财政本级收入8524亿元，比预算增加551亿元，比上年增加1320亿元，增长18.3%；中央税收返还和补助收入7362亿元，比预算增加31亿元。地方财政总支出15886亿元，比预算增加582亿元。其中，地方财政本级支出15256亿元，比预算增加556亿元；上解中央支出630亿元，比预算增加26亿元。地方财政收支保持平衡。

另外，中央财政债务收入5679亿元，与预算持平。其中，用于偿还国内外债务本金2563亿元，弥补当年财政赤字3098亿元，补充中央财政偿债基金18亿元。

2002年,中央政府性基金收入999亿元,中央政府性基金支出999亿元。

上述预算执行数字,在中央和地方决算编制汇总后,还会有些小的变化。

过去的一年,各地区、各部门在党中央、国务院的正确领导下,围绕九届全国人大五次会议确定的预算和财政工作目标,努力开拓,顽强拼搏,认真落实积极的财政政策,加强财政法制建设,大力整顿财经秩序,各项财政工作进展顺利,较好地促进了经济及各项社会事业的健康发展。

狠抓增收节支,确保了圆满完成预算。在九届全国人大五次会议上,我曾报告,2002年预算执行的不确定性因素较多,在收入方面,主要是增收的特殊性因素减少,而减收因素又比较多,比如:履行加入世界贸易组织承诺,关税总水平由15.3%下调到12%;证券交易印花税税率,由4‰(A股)和3‰(B股)统一降为2‰;金融保险营业税税率,由7%下调为6%;停止实施国有股减持政策等。在支出方面,一些重点项目的资金需求增加,必须予以保障。预算执行过程中,部分收入项目的执行情况比年初预计的还要困难,致使财政收支尤其是中央财政收支,一度出现收入增长大大低于预算、支出增长大大高于预算的严峻局面。针对这一形势,2002年5月份,国务院召开了全国增收节支工作电视电话会议,提出了一系列增收节支的要求和措施。2002年9月份,为了巩固和发展全国财政收支情况渐趋好转的势头,国务院再次召开了全国增收节支工作会议,提出了进一步加强增收节支工作的措施和新要求。财政部密切跟踪预算执行情况,通过多种形式,组织财政系统分析、研究中央和地方财政收支变化趋势,加强情况交流和信息沟通,督促检查各地的增收节支工作。各地区、各部门对此也十分重视,迅速制定和落实行之有效的措施,堵塞收支管理漏洞,消化部分减收增支因素,使全国财政收支形势进一步好转。2002年一季度,全国财政收入增长3.4%,全国财政支出增长23.9%。二、三、四季度,收入增幅分别提高到14.4%、14.3%和27.3%;支出增幅分别降为13.6%、17.3%和14.7%,从而保证了全年预算的圆满完成。

按照《全国人大常委会关于加强中央预算审查监督的决定》的有关规定,并考虑社会经济发展的实际需要,2002年中央财政超收收入374亿元,用于增加公路建设支出和补充全国社会保障基金。这一情况,已按规定向全国人大常委会作过书面报告。地方财政超收收入由地方安排使用,主要用于增加社会保障支出、解决欠发工资等。

调整支出结构,确保了各项重点社会事业发展的资金需要。从维护改革发展稳定的大局出发,各地区、各部门在严格控制一般性支出的同时,集中财力保障重点支出。一是向低收入群体和困难群众倾斜,帮助他们解决基本生产、生活问题。在继续做好"两个确保"和"低保"工作的基础上,从2002年7月1日起,再次提高企业退休人员基本养老金水平,并重点照顾退休早、基本养老金偏低的老工人、军队转业干部、原工商业者;再次提高了在乡老复员军人优抚待遇和建国初期参加革命的老干部退休待遇水平;为支持87户国有企业依法实施关闭破产,保障这些破产企业涉及的38万职工的生产和生活需要,及时安排了补助资金。2002年中央财政用于社会保障方面的支出达到1362亿元,比上年增长38.6%。与此同时,财政部门会同有关部门加强了社会保障资金的征管和监督,改进了社会保障专项转移支付办法,健全了财政社会保障补助资金专户管理制度。税务机关征收社会保险费的改革试点省份达到16个。此外,还积极参与并支持了城镇职工基本医疗保险制度改革,以及辽宁等地完善城镇社会保障体系的改革试点工作,促进了改革的顺利实施。据统计,截至2002年年底,全国企业离退休人员基本养老金和进入再就业服务中心的国有企业下岗职工基本生活费,基本做到了按时足额发放;城市居民最低生活保障对象,由1998年年底的184万人,增加到2002年年底的2060万人,维护了社会稳定。二是向农业、农村、农民倾斜,促进农村的发展和稳定。将农村税费改革试点范围扩大到20个省(自治区、直辖市),试点地区农民负担平均减轻30%,有的地方还要多一些。这项改革被广大农民誉为"德政工程"。2002年,中央财政为此给试点地区的转移支付补助资金达到245亿元,保证了试点地区基层政权的正常运转,支持了农村义务教育的发展,对稳定和减轻农民负担,理顺农村经济关系,也发挥了十分重要的作用。2002年全国财政用于支援农村生产、农业综合开发和农林水气等部门事业费方面的支出达到1088亿元,比上年增长18.6%。同时,增加了用于农村扶贫、农村电网改造和水利基础设施建设等方面的投入。这些措施有效地促进了农业发展,提高了农民收入水平,改善了农村生活和生态环境,维护了农村稳定。三是向科技教育倾斜,推动科教兴国战略的实施。2002年中央财政安排资金72亿元,重点支持了国家重点基础研究、知识创新工程和国家"863"计划,取得了一大批科研成果,进一步提升了我国科技整体水平。继续执行中央本级财政支出中教育经费所占比例每年增加一个百分点的政策,地方财政也相应增加了教育投入,2002年全国财政教育事业费达到2640亿元,比上年增长19.6%,实施了国家贫困地区义务教育工程,进行了中小学危房改造,促进了高等教育和职业教育的发展。其他各项重点支出也得到了较好保障。

积极采取措施，确保了所得税收入分享改革顺利推进。为进一步实践“两个大局”战略构想和“三个代表”重要思想，继续完善财税体制，缩小地区财力差距，促进地区协调发展，推动国有企业改革，国务院决定，从2002年1月1日起，实施所得税收入分享改革。为此，财政部多次征询地方意见，检查确定基数，完善配套办法，指导督促落实。各地区尤其是东部发达地区讲政治、顾大局，积极采取各种有效措施，认真贯彻国务院的决定，为确保改革的顺利实施作出了重大贡献。2002年中央财政因这项改革增加的收入约124亿元，按规定全部用于对地方、主要是对中西部地区的转移支付。结合所得税收入分享改革，中央财政在增加对地方转移支付的基础上，进一步规范和完善了转移支付制度，增强了地方财政的资金调度能力；许多地区还积极调整和规范省以下财政体制，增加县乡等基层财政的可用财力。这些措施缓解了县乡财政困难，改善了机关事业单位职工欠发工资的状况。截止2002年年底，全国36个省(自治区、直辖市)和计划单列市中25个已做到按时足额发放工资，其余11个虽仍有欠发当年国家统一规定工资的情况，但数额减少到17亿元，占同期应发工资总额的0.4%，比上年同期减少了48亿元。

继续深化改革，确保了预算管理制度不断完善。财政改革政策性和技术性很强，直接涉及利益关系的调整和规范。在党中央、国务院的正确领导下，各级党委、政府高度重视财政改革，各级人大也加强了对财政改革的督促指导，各级财政部门不断改进服务，扎实组织实施，推动了预算管理制度改革的进一步深化。2002年，按照收支脱钩、收缴分离的要求，公安部、最高人民法院、海关总署等34个中央部门，率先进行了深化“收支两条线”管理改革试点，各地也普遍加大了这项改革的工作力度。试点部门主动适应改革需要，积极转变职能，提高依法行政水平，乱收乱罚现象明显减少。2002年中央各部门和省直各部门，都已按照基本支出预算和项目支出预算，编制了部门预算，部分市(地)、县(市、区)也在积极抓紧这项改革，提高了预算编制的公平性、公正性和公开性。2002年，在推进和规范6个中央部门试点工作的基础上，将国库集中支付制度改革试点扩大到了38个中央部门，试点地区也由2001年的2个扩大到9个。同时，在15个中央部门又进行了国库集中收入制度改革试点，从而使其所有财政性资金收支，都纳入了国库单一账户体系，保障了财政资金安全有效运行，减少了“中转”环节，实现了收入“直达”国库，支出“直达”商品和劳务的提供者，提高了财政资金使用效益。2002年全国政府采购规模超过1000亿元，比上年增加340多亿元，资金节约率一般在10%以上。随着《政府采购法》的出台，政府采购工作的法制化和规范化不断增强。另外，财政管理信息化建设步伐明显加快，可以适时监控财政资金运行的“金财”工程，进入正式实施阶段。这些改革，进一步推动了社会主义市场经济条件下财政管理的规范化和现代化。

各位代表：

回顾过去的五年，与全国其他行业一样，财政工作也取得了新的成绩，国家财政面貌发生了很大变化。一是健全了财政收入稳定增长的机制，国家财政实力显著壮大。2002年，全国财政收入18914亿元，比1997年增加10263亿元，增长1.19倍，年均增加2053亿元。全国财政收入占国内生产总值的比重，由1997年的11.6%，提高到2002年的18.5%，平均每年提高1.4个百分点。二是转移支付规模迅速扩大，促进了经济社会的协调发展。2002年，中央财政本级支出6756亿元，占全国财政支出的30.7%，如果剔除将国债付息支出列为经常性预算支出这一不可比因素，按可比口径计算为28.5%，比财政管理体制改革时的1994年的30.3%下降1.8个百分点。说明财政管理体制改革后，中央财政增加的收入主要用于地方。2002年除税收返还3014亿元和体制性补助323亿元外，中央对地方的转移支付4025亿元，是1997年的6.1倍，年均增长43.4%，转移支付绝大部分用于中西部地区，对支持实施西部大开发战略，促进中西部地区加快发展，维护民族团结和国家长治久安，已经并将继续发挥重要作用。三是财政支出结构进一步优化，较好地服务了国民经济和社会发展的大局。特别是大幅度增加了社会保障、科技教育、农业、基础设施等社会公共领域的投入，较好保障了国有企业、社会保障、粮食流通、金融等重大经济体制改革的顺利进行。2002年，全国财政用于社会保障、科技教育和农业方面的支出，分别是1997年的9.5倍、2.3倍和1.9倍，年均增长56.9%、17.7%和14.2%。2002年年底，机关事业单位职工月人均基本工资水平，比1998年翻了一番。五年来，中央财政根据党中央、国务院的要求，在收支矛盾十分紧张的情况下，着眼长远，已积累全国社会保障基金1242亿元，为应对不测提供了重要的财力保障。四是财政宏观调控作用明显增强，促进了国民经济持续快速健康发展。坚决贯彻中央关于扩大内需的方针，认真实施积极的财政政策，累计发行建设国债6600亿元。同时，改革财政宏观调控方式，综合运用建设国债、税收、贴息等各种财政政策工具，并与货币政策相配合，扩大投资与刺激消费并重，总量扩张与结构调整并重。虽然中央财政因此增加了赤字、债务规模有所扩大，但这是必不可少的，也是能够承受和控制的，更是值得的。如果不这样做，就不会有国民经济的稳定增长、经济结构的不断优化和人民生活的明显改善，尤其是建设国债有效地带动了各方面的投入，项目投资总规模达到 3.28 万亿元，为我国经济社会的长远发展打下了坚实的基础。事实证明，中央关于实施积极财政政策的决策，是非常必要和完全正确的。五是财政管理日趋规范，依法理财水平不断提高。五年来，根据党中央、国务院的有关决定、决议精神，以及全国人大及其有关机构提出的改革要求，进行了一系列财政改革，并且范围不断拓展，措施不断完善，内容不断深化，初步建立了符合社会主义市场经济发展要求的公共财政框架。与此同时，财政法制建设步伐加快，形成了以《预算法》《会计法》《注册会计师法》和财政规章等为基础的财政法规体系框架，并按照《行政复议法》《行政诉讼法》等有关法律的要求，严格财政执法。财政改革和财政法制建设的相互促进，把公正、公平、公开等市场经济原则，逐步贯穿到财政工作各方面，推动了财政管理的规范化，依法理财达到了新的水平，对转变政府职能、推动依法治国、促进社会全面进步，也将产生重要影响。

在看到财政工作成绩的同时，我们也清醒地认识到，财政运行中还存在一些亟待解决的问题。一是财政收支矛盾仍然比较尖锐。随着财政收入规模的扩大，今后财政收入继续大幅增长的难度加大，而财政支出刚性很强，偿债进入高峰期，经济社会各方面发展又对财政提出了更高要求，财政收支压力居高不下。二是财经秩序混乱的状况尚未得到根本改观。做假账、偷逃骗税以及财政资金使用过程中的铺张浪费等现象还比较严重。三是财政改革进展不平衡。完善措施、消化矛盾、深化改革的任务还很艰巨。四是部分地区基层财政比较困难。尽管中央财政采取了加大转移支付力度等一系列措施，仍有部分地区的基层财政运行比较紧张，不能按时足额发放国家规定工资。上述问题，我们将高度重视，通过不断深化改革、规范管理等措施，着力加以研究解决，争取尽快取得明显成效。

二、认清形势，服务大局，积极稳妥安排 2003 年中央和地方预算

2003 年是全面贯彻落实党的十六大精神，开创中国特色社会主义事业新局面的重要一年。当前，我国政治稳定，社会进步，经济发展的体制环境明显改善，对外开放程度继续提高，经济发展的活力不断增强，特别是党的十六大的胜利召开，进一步凝聚了党心、民心，必将为 2003 年及以后的经济社会发展，提供强大的推动力。但我们也必须看到，我国经济发展还面临一些突出的矛盾和问题。国际经济的不确定因素较多，部分地区局势紧张，对国际油价和世界经济的负面影响尚难准确预料。国内有效需求不足，供给结构不合理，经济自主增长的内在机制还不健全，保持出口较快增长的难度加大，农民收入增长依然缓慢，就业形势严峻，再就业压力加大，国有企业改革中的深层次问题还有待进一步解决，市场经济秩序也需要继续整顿和规范。

基于这一形势，根据党的十六大和中央经济工作会议精神，2003 年中央预算安排的指导原则是：以邓小平理论和“三个代表”重要思想为指导，认真贯彻落实党的十六大和中央经济工作会议精神，按照全面建设小康社会的要求，坚持扩大内需的方针，继续实施积极的财政政策，努力促进国民经济持续快速健康发展；严格收入征管，确保财政收入稳定增长；继续调整和优化支出结构，进一步加大对农业、科技教育、社会保障、西部开发、改善人民生活等重点支出的保障力度，一般性支出实行零增长；深化财税改革，整顿财经秩序，推进依法理财。

按照上述原则，综合考虑影响中央财政收支的主要因素，国务院编制了 2003 年中央预算草案：

中央财政总收入 11940 亿元，比上年增加 575 亿元，增长 5.1%（为便于比较，计算增长率时已按照所得税中央与地方六四分享方案对 2002 年执行数作了调整，下同）。其中，中央本级收入 11333 亿元，增加 598 亿元，增长 5.6%；地方上解收入 607 亿元，比上年减少 23 亿元。中央财政总支出 15138 亿元，增加 675 亿元，增长 4.7%。其中，中央本级支出 7201 亿元，增加 445 亿元，增长 6.6%；对地方税收返还和补助支出 7937 亿元，增加 230 亿元，增长 3%。中央财政收支相抵，赤字 3198 亿元，增加 100 亿元。赤字加上到期需归还的国内外债务本金支出 2956 亿元，中央财政债务收入 6154 亿元，增加 475 亿元。加上代地方发债 250 亿元，债务总规模为 6404 亿元。

代编的 2003 年地方财政总收入 17105 亿元，比上年增加 1219 亿元，增长 7.7%。其中，地方本级收入 9168 亿元，增加 989 亿元，增长 12.1%；中央税收返还和补助收入 7937 亿元。地方财政总支出 17105 亿元，增加 1219 亿元，增长 7.7%。其中，地方本级支出 16498 亿元，增加 1242 亿元，增长 8.1%，上解中央支出 607 亿元，比上年减少 23 亿元。

汇总中央和地方预算草案，2003 年全国财政收入 20501 亿元，增加 1587 亿元，增长 8.4%。全国财政支出 23699 亿元，增加 1687 亿元，增长 7.7%。

编制 2003 年中央预算草案时着重考虑的因素是：

切实贯彻“两个务必”要求，一般性支出原则上实行零增长。2003 年需要保障和增加的支出项目较多，中央财政收支矛盾比较尖锐，而目前一些机关事业单

位还存在比较严重的铺张浪费、大手大脚花钱的现象，人民群众对此反映强烈。为了进一步发扬艰苦奋斗的优良传统，根据中央经济工作会议精神，2003年除重点支出项目外，其他各项一般性支出(不含调整工资的增支)原则上维持2002年的水平，实行零增长。这是2003年中央预算安排确定的一项重要政策，也是财政工作深入贯彻务必保持艰苦奋斗本色要求的具体体现。

政策上调减收入，支持经济社会发展。为切实履行加入世界贸易组织承诺，再次自主降低关税税率；为促进金融保险业的改革和发展，继续下调金融保险营业税税率一个百分点；为支持西部大开发、促进再就业，进一步实施和落实相关优惠财税政策。上述政策将影响财政增收。另外，考虑到企业上缴税收受应税产品价格下降等因素制约，从价征收的一部分税收难有高的增长；以前年度有些特殊性增收因素的作用将明显减弱或消失；在分析2002年中央财政收入各项目增减变化情况和原因的基础上，2003年中央财政收入增幅安排5.1%。它虽然低于2003年预期的经济增长速度，却是积极稳妥的。

继续发行建设国债，促进国民经济稳定增长。保持积极财政政策的稳定性和连续性，发挥财政的宏观调控作用，是应对当前国际国内形势，进一步扩大国内需求，保证经济和社会稳定发展，提高人民生活水平的客观需要。2003年发行1400亿元建设国债，其中，1150亿元纳入中央预算，250亿元代地方政府发行。国债资金主要用于续建和收尾项目，并继续调整和优化国债资金使用方向和结构，重点向改善农村生产生活条件、经济结构调整、生态环境建设、中西部地区等方面倾斜。

目前，我国居民储蓄存款快速增长，国内可使用的资金比较充裕；市场物资丰富，物价处在较低水平；国际收支连年盈余，外汇储备较为雄厚；2003年的赤字水平和总体债务规模仍在可以承受的范围之内。因此，再发行一定数量的建设国债，短期内没有大的风险。我们将继续密切关注并积极防范可能出现的问题，采取各种有效措施，用发展的办法控制财政风险。

进一步增加对地方的转移支付，协调地区经济社会发展。为强化中央财政的宏观调控作用，不断缩小财力差距，努力满足基本社会公共服务需要，促进地区协调发展，2003年中央财政将进一步增加对地方的转移支付，除税收返还3404亿元和体制性补助326亿元外，拟安排对地方的转移支付4207亿元，按可比口径比上年增加140亿元。

加大重点支出项目的投入和保障力度，维护改革发展稳定大局。一是大力支持农业和农村经济社会发展。加快农业和农村经济社会的发展，是全面建设小康社会、保持国民经济持续快速健康发展、确保国家长治久安的必然要求。中央决定，除国债资金向农村倾斜外，2003年全面推开农村税费改革试点工作，中央财政拟相应安排农村税费改革试点专项转移支付补助资金305亿元，比2002年增加60亿元。另外，中央财政还将继续增加基础设施建设、生态建设、农村扶贫、良种推广、农产品质量安全标准体系和监测体系、农业结构战略性调整等方面的预算安排，进一步加大对农业和农村的投入。二是增加社会保障支出。为切实解决困难群众基本生活问题，维护人民群众的切身利益，将相应增加社会保障支出，包括：提高企业退休人员基本养老金标准、提高部分建国初期参加革命的老干部退休待遇水平和在乡老复员军人抚恤标准，增加支出84亿元；落实城市居民最低生活保障资金翻一番政策，增加支出46亿元；落实再就业补助政策，增加支出47亿元。此外，拟继续安排企业依法破产补助资金110亿元。三是保障教育、科技等重点支出。教育、科技在全面建设小康社会中具有先导性和全局性作用。中央财政对教育、科技等重点支出，将继续按照有关高于财政经常性收入增长的法律和政策规定安排(含调整工资增加的支出)。同时，考虑到更好地保障公检法部门严格执法，以及加强农村卫生工作和改革监狱管理体制的需要，中央财政拟适当增加这些方面对地方的补助。四是调整机关事业单位职工工资。1999年以来，根据中央部署，已多次调整机关事业单位职工工资，对有效改善机关事业单位职工工资偏低的状况，刺激消费，拉动内需，促进经济增长，发挥了重要作用。2002年，考虑到要优先解决城镇低收入者的生活困难，协调各方面利益关系，中央决定将原考虑2002年调整机关事业单位职工工资的措施，推迟到2003年7月1日出台，预算相应安排调资增支资金。五是增加国防支出。为应对国际形势变化，维护国家安全和主权领土完整，提高我军在高技术条件下的防卫作战能力，2003年中央财政拟安排国防支出1853亿元，增长9.6%。六是债务利息支出966亿元，增加284亿元。

三、积极开拓，艰苦奋斗，确保圆满完成预算

贯彻党的十六大精神，中央经济工作会议对2003年的经济和财政工作已提出明确要求。我们要在党中央、国务院的正确领导下，振奋精神，坚定信心，抓住机遇和有利条件，积极应对困难和挑战，把各项措施想得周全一些，把各项具体工作做得扎实一些，在认真做好实施积极财政政策等工作的同时，狠抓以下各项工作，确保圆满完成全年预算，促进国民经济和各项社会事业健康发展。

依法加强收入征管，确保财政收入稳定增长。

2003年财政工作的一项重要任务，是积极组织财政收入，为政权运转、经济发展和社会安定提供强有力的财力支持。一是坚决维护税法的统一性、权威性和严肃性。严格按照税法规定，继续清理现行各种税收优惠政策，对执行到期的及时恢复征税，坚决制止擅自出台税收优惠或变相优惠政策的行为，决不允许任何地方和部门越权减免税收。二是不断规范和完善税收制度。加强相关配套制度建设，着力解决少数私营企业主把个人消费列入企业成本、外资企业虚假亏损等逃避纳税问题，健全税制，堵塞漏洞，规范分配秩序。三是加强出口退税管理，完善出口退税机制。严厉打击骗取出口退税的犯罪行为，提高政策执行的实际效果。四是认真贯彻国务院“加强征管，堵塞漏洞，惩治腐败，清缴欠税”的方针。强化税收征管，完善个人所得税征收办法，大力清缴企业欠税，切实加强各种非税收入的征收管理，进一步挖掘增加收入的潜力，严厉查处应缴不缴行为，努力做到应收尽收。

强化财政职能作用，促进经济社会协调发展。按照“压缩一般，保障重点”的原则，对工资发放、社会保障，以及科技教育、农业、环境保护等领域，不仅预算中要足额安排，还要保证资金落实到位、政策落实到位、措施落实到位。一是坚持“一要吃饭，二要建设”的方针，确保工资发放。除中央财政继续增加对困难地区和基层财政的转移支付及增资补助外，地方财政也要进一步完善财政体制，增加对县乡财政的转移支付，并完善工资统发制度，建立、健全保障工资发放的有效机制，尤其是着力解决农村中小学教师工资的发放问题。二是要切实做好“两个确保”和城市“低保”工作，进一步衔接好“三条保障线”。依法扩大社会保障的覆盖面。将长期亏损、停产、半停产困难企业符合条件的在岗职工，全部纳入“低保”范围，做到应保尽保。全面落实相关税费减免政策，促进就业和再就业。同时，着力帮助解决好老红军、老复员军人、伤残军人、烈属等重点优抚对象和劳动模范、先进工作者以及农村“五保户”的实际困难，切实落实对义务兵家属的优待政策，继续协助做好转业复员退伍军人的安置工作。三是要认真落实支持西部开发的各项优惠财税政策，并加强监督检查，促进西部地区加快发展。

厉行节约，坚决制止铺张浪费。在全面建设小康社会、加快推进社会主义现代化建设的伟大进程中，必须始终坚持艰苦奋斗、勤俭建国的方针，精打细算，厉行节约，管好、用好每一笔财政资金。一是加强预算管理，严格执行支出预算。2003年除国家法律、法规和政策规定需要增加的重点支出外，其他各项一般性支出实行零增长，地方财政也要按照中央要求，采取有效措施，严格控制一般性支出，特别是要大力压缩会议、出国考察、招商和各种无实际效果的论坛、研讨会。二是继续从严控制党政机关办公楼和培训中心项目建设，对国家严禁开工建设的各种“形象工程”、“政绩工程”，财政停止一切形式的支持。三是积极支持各单位进一步完善并严格执行财务管理制度，挖掘机关事业单位在节能、设备配备等方面的节支潜力，努力降低机关运行成本。四是财政部门要带头执行各项财经纪律，并敢于管理，积极支持和配合纪检、监察、审计等部门，严肃查处各种挥霍浪费财政资金的行为。

继续深化财政改革，有效推动财政管理制度创新。要用改革的办法，更好地发挥财政职能作用，更好地解决财政工作中遇到的各种困难和问题。一是进一步总结经验、完善政策，全面推开农村税费改革试点工作。积极推进农业特产税制改革，探索对农业和农民实行补贴的各种有效办法。二是继续深化“收支两条线”管理改革，逐步规范政策外补贴和银行账户管理，改革和完善非税收入收缴管理制度。三是扩大部门预算实施范围，继续深化国库集中收付制度改革，认真实施《政府采购法》，不断扩大政府采购的范围和规模。四是继续推进所得税收入分享改革，2003年中央和地方实行所得税收入六四分成。五是进一步规范转移支付制度，重点完善省以下财政体制，增强县乡财政实力，缓解基层财政困难。六是加快“金财”工程建设步伐，推动财政管理的信息化。七是大力支持和配合国有资产管理、农村经济、金融和行政管理等方面的重大体制改革。在推进改革过程中，各级财政部门要牢固树立服务观念，寓改革于服务之中。

整顿规范财经秩序，积极推进依法理财和诚信建设。依法整顿和规范财经秩序，是整顿市场经济秩序的组成部分，是财政部门依法行政的重要内容，关系到国民经济的健康发展，关系到群众利益的保护，对在全社会确立和增强法制观念，加强诚信建设，也具有十分重要的意义。一是整顿财政收支秩序。继续开展税收征管检查和行政事业性收费、政府基金收缴情况检查，整顿收入秩序，堵塞收[illegible]漏洞；加强对中央财政转移支付、专项补助资金[illegible]府性基金使用情况的监督，做好追踪问效工作，[illegible]惩处挤占挪用等违规行为，确保资金按规定使用[illegible]二是深入贯彻《会计法》和《注册会计师法》，按[illegible]诚信为本，操守为重，坚持准则，不做假账”的要[illegible]大力整顿规范会计工作秩序，开展会计信息质量[illegible]，强化会计基础管理工作，进一步整顿和规范注[illegible]计师等社会中介行业，逐步建立注册会计师诚[illegible]案，推动全行业和全社会的诚信建设。三是完善[illegible]监督机制，提高财政监督水平。四是加强财政法[illegible]系建设，继续提高财政部门依法行政的水平。

各位代表：

完成2003年预算的任务十分繁重和艰巨，我们将在以胡锦涛同志为总书记的党中央领导下，高举邓小平理论伟大旗帜，全面贯彻“三个代表”重要思想，按照党的十六大精神以及中央经济工作会议和第十届全国人民代表大会提出的各项要求，统一思想，坚定信心，锐意改革，扎实工作，为实现全面建设小康社会的宏伟目标而努力奋斗。

国务委员兼国务院秘书长王忠禹在十届全国人大一次会议第二次全体会议上作关于国务院机构改革方案的说明

王忠禹在就刚刚提请十届全国人大一次会议审议的国务院机构改革方案的议案作说明时说，过去五年，按照党的十五大的要求，各级政府机构改革取得了重要进展。这是改革开放以来力度最大的一次机构改革，适应发展社会主义市场经济要求的行政管理体制正在形成。

总结行政管理体制改革5条经验

王忠禹首先介绍了机构改革方案的形成经过。他说，党的十六大明确提出了深化行政管理体制改革的任务。根据党中央的部署，经过认真调研，集思广益，反复论证，形成了《关于深化行政管理体制和机构改革的意见》。党的十六届二中全会审议通过了该意见，建议国务院根据这个意见形成国务院机构改革方案，提交十届全国人大一次会议审议。

王忠禹说，深化行政管理体制改革，是推进政治体制改革的重要内容，是完善社会主义市场经济体制的客观需要，也是贯彻落实党的十六大精神的重要举措。五年来的实践，积累了五条宝贵的经验：一是坚持以适应社会主义市场经济体制为改革的目标，把转变政府职能作为机构改革的关键；二是坚持精简、统一、效能的原则，把精兵简政和优化政府组织结构作为机构改革的重要任务；三是坚持积极稳妥的方针，既审时度势，把握时机，坚定不移地迈出改革步伐，又充分考虑各方面可承受的程度，审慎地推进改革；四是坚持机构改革与干部人事制度改革相结合，制定配套的政策措施，妥善安排分流人员，优化干部队伍结构；五是坚持统一领导，分级负责，分步实施，从实际出发，因地制宜地进行改革。

王忠禹说，社会主义市场经济体制的建立和完善是一个长期的过程，行政管理体制改革也要逐步推进，不断深化。随着经济体制改革的深入和加入世界贸易组织新形势的发展，现行政府机构还存在着一些不适应的问题，必须通过深化改革加以解决。

王忠禹介绍，国务院机构改革的指导思想是：以邓小平理论和“三个代表”重要思想为指导，按照完善社会主义市场经济体制和推进政治体制改革的要求，坚持政企分开，精简、统一、效能和依法行政的原则，进一步转变政府职能，调整和完善政府机构设置，理顺政府部门职能分工，提高政府管理水平，形成行为规范、运转协调、公正透明、廉洁高效的行政管理体制。这次改革要抓住重点，解决行政管理体制中的一些突出矛盾和问题，为促进改革开放和现代化建设提供组织保障。

国务院机构改革五大重点

王忠禹说，国务院机构改革有5个重点：深化国有资产管理体制改革，完善宏观调控体系，健全金融监管体制，继续推进流通管理体制改革，加强食品安全和安全生产监管体制建设。

——深化国有资产管理体制改革，设立国务院国有资产监督管理委员会(简称国资委)。为贯彻落实党的十六大的要求，进一步搞好国有企业，推动国有经济布局和结构的战略性调整，发展和壮大国有经济，更好地坚持政企分开，实行所有权和经营权分离，真正使企业自主经营、自负盈亏，实现国有资产保值增值，将国家经贸委的指导国有企业改革和管理的职能，中央企业工委的职能，以及财政部有关国有资产管理的部分职能等整合起来，设立国资委。国务院授权国资委代表国家履行出资人职责。国资委的监管范围，确定为中央所属企业(不含金融类企业)的国有资产。地方所属企业的国有资产，由改革后设立的省、市(地)两级地方政府国有资产管理机构负责监管。其他国有资产，依照相关的法律、法规进行管理。

国资委的主要职责是：根据授权，依照《中华人民共和国公司法》等法律和行政法规履行出资人职责，指导推进国有企业改革和重组；代表国家向部分大型企业派出监事会；通过法定程序对企业负责人进行任免、考核并根据其经营业绩进行奖惩；通过统计、稽核对所管国有资产的保值增值情况进行监管；拟订国有资产管理的法律、行政法规和制定规章制度，依法对地方国有资产管理进行指导和监督；承办国务院交办的其他事项。

国有资产管理体制改革，要在坚持国家所有的前提下，充分发挥中央和地方两个积极性。国务院将抓紧制定国有资产管理的行政法规，依法对国有资产进行管理和监督。地方国有资产管理体制改革既要积极又要稳妥，要在国务院的行政法规公布后，按照中央的统一部署，自上而下，依法有序推进。

——完善宏观调控体系，将国家发展计划委员会改组为国家发展和改革委员会(简称发展和改革委)。为综合协调各方面改革，使改革更好地为促进发展服务,将国家计委改组为发展和改革委。将国务院体改办的职能,并入发展和改革委。

目前,宏观调控体系存在着发展规划和产业政策、基本建设投资和技改投资、重要农产品和工业品的进出口计划管理分散、职能交叉的问题,不利于提高宏观调控的有效性和增强综合协调经济社会发展的能力。为减少职能交叉重复,提高工作效率,加强和完善宏观调控,将国家经贸委的行业规划、产业政策、经济运行调节、技术改造投资管理、多种所有制企业的宏观指导、促进中小企业发展以及重要工业品、原材料进出口计划等职能,划归发展和改革委。

发展和改革委是综合研究拟定经济和社会发展政策,进行总量平衡,指导总体经济体制改革的宏观调控部门。其主要职责是:拟定并组织实施国民经济和社会发展战略、长期规划、年度计划、产业政策和价格政策,监测和调节国民经济运行,搞好经济总量平衡,优化重大经济结构,安排国家重大建设项目,指导和推进经济体制改革。发展和改革委受国务院委托向全国人大作国民经济和社会发展计划的报告。

——健全金融监管体制,设立中国银行业监督管理委员会(简称银监会)。为加强金融监管,确保金融机构安全、稳健、高效运行,提高防范和化解金融风险的能力,将中国人民银行对银行、资产管理公司、信托投资公司及其他存款类金融机构的监管职能分离出来,并和中央金融工委的相关职能进行整合,设立银监会,作为国务院直属的正部级事业单位。

银监会根据授权,统一监督管理银行、资产管理公司、信托投资公司及其他存款类金融机构。其主要职责是:拟订有关银行业监管的政策法规,负责市场准入和运行监督,依法查处违法违规行为等。

随着社会主义市场经济体制的建立和完善,中国人民银行作为中央银行在宏观调控体系中的作用将更加突出。人民银行不再承担上述金融监管职能后,要加强制定和执行货币政策的职能,不断完善有关金融机构运行规则和改进对金融业宏观调控政策,更好地发挥中央银行在宏观调控和防范与化解金融风险中的作用,进一步改善金融服务。在金融监管方面,人民银行的宏观调控和银监会的监管工作是互相补充、互相促进的。人民银行与银监会要建立密切的联系机制,及时沟通有关金融市场风险和运营情况,共享监管信息。

——继续推进流通管理体制改革,组建商务部。目前,国内贸易和对外贸易以及反倾销反补贴工作分别由国家经贸委和外经贸部管理;产品的进出口工作,分别由国家计委、国家经贸委和外经贸部负责。这种内外贸分割、国内外市场分割和进出口配额分割的管理体制,不能适应加入世界贸易组织新形势的需要,不能适应建立和健全统一、开放、竞争、有序的现代市场体系的要求。为适应内外贸业务相互融合的发展趋势和加入世界贸易组织的新形势,促进现代市场体系的形成,将国家经贸委的内贸管理、对外经济协调和重要工业品、原材料进出口计划组织实施等职能,国家计委的农产品进出口计划组织实施等职能,以及外经贸部的职能等整合起来,组建商务部。

商务部是主管国内外贸易和国际经济合作的国务院组成部门。其主要职责是:研究拟定规范市场运行和流通秩序的政策法规,促进市场体系的建立和完善,深化流通体制改革,监测分析市场运行和商品供求状况,组织开展国际经济合作,负责组织协调反倾销、反补贴的有关事宜和组织产业损害调查等。

——加强食品安全和安全生产监管体制建设。为保障人民群众身体健康和生命安全,加强对食品安全的监管,在国家药品监督管理局的基础上组建国家食品药品监督管理局,仍作为国务院直属机构。其主要职责是:继续行使国家药品监督管理局职能,负责对食品、保健品、化妆品安全管理的综合监督和组织协调,依法组织开展对重大事故的查处。为进一步强化对安全生产的监管,将国家经贸委管理的国家安全生产监督管理局改为国务院直属机构,负责安全生产的综合监督管理和对煤矿的安全监察。

王忠禹还介绍,为加强人口发展战略研究,推动人口与计划生育工作的综合协调,将国家计划生育委员会更名为国家人口和计划生育委员会。

国家发展计划委员会改组为国家发展和改革委员会,组建商务部,国家计划生育委员会更名为国家人口和计划生育委员会,不再保留国家经济贸易委员会、对外贸易经济合作部。经过改革,除国务院办公厅外,国务院组成部门设置28个。根据国务院组织法规定,这些机构的调整以及国务院组成部门的设置,将由十届全国人大一次会议予以审议通过。

设立国务院国有资产监督管理委员会、中国银行业监督管理委员会,组建国家食品药品监督管理局,调整国家安全生产监督管理局的体制,以及国务院直属机构、办事机构和其他机构的设置方案,将由新组成的国务院审查批准。

认真组织实施机构改革方案 进一步转变政府职能

王忠禹说,一方面,五年来的政府机构改革已经取得显著成效,国务院机构设置总的格局需要保持相对稳定;另一方面,经济和社会的发展,要求继续深化行政管理体制改革。

王忠禹说,这次改革虽然机构变动不多,但关系重大,任务十分艰巨,要认真组织实施改革方案。十届全国人大一次会议审议通过国务院机构改革方案后，将按照科学规范部门职能、合理设置机构和优化人员结构的要求，抓紧新成立部门的“三定”(定职能、定机构、定编制)工作，并对其他部门的“三定”方案进行完善，进一步理顺部门职能分工。适应改革的要求，按照程序，抓紧制定和修改有关的法律、行政法规。研究制定配套政策，做好机构变动部门和单位的干部人事、离退休干部以及资产处置等工作。加强行政管理体制的法制建设，实现机构和编制的法定化。

王忠禹说，国务院机构改革以后，地方政府机构改革将在中央的统一部署下，按照巩固、完善、探索、深化的总体要求，结合本地实际，巩固和完善已经取得的改革成果，积极探索符合各地特点的改革路子。国有资产管理机构设置要按照中央的规定，依法有序进行。其他有的机构设置不搞“一刀切”，也不要求完全上下对口。在改革中，重视做好职能衔接，保证国民经济正常运行，保持企业改革重组以及其他各项工作的连续性，维护社会稳定。

王忠禹说，要进一步转变政府职能。转变职能是深化行政管理体制改革的关键。不论是新成立的部门，还是其他部门，都要进一步转变职能，改进管理方式，推进电子政务，减少行政审批事项，规范行政审批行为，完善政府的经济调节、市场监管、社会管理和公共服务职能。

王忠禹说，要切实加强组织领导。深化行政管理体制改革，涉及部门职责和权力的调整，直接关系改革发展稳定的大局。各地各部门要高度重视，加强领导，主要领导同志应亲自负责，精心组织安排，做好思想政治工作。要严肃各项纪律，做到思想不散，工作不断，秩序不乱，国有财产不流失，确保改革的顺利进行。

十届全国人大财政经济委员会主任委员 副主任委员 委员名单

(2003年3月6日第十届全国人民代表大会第一次会议通过)

主任委员：傅志寰

副主任委员

石广生　周正庆　王梦奎　刘积斌　贾志杰　郭树言
史玉孝　张佑才　杜宜瑾　严义埙

委员(按姓氏笔画排序)

于友民　王文泽　王佐书　乌日图(蒙古族)
刘纪原　刘　政　刘　洪　李主其　杨晓堂　沈春耀
张　肖(女)　张学东　陆百甫　陈佳贵　林兆木
段柄仁　侯义斌　贺　铿　程法光　谢伯阳　谭乃达
谭冬生　翟熙贵

十届全国人大一次会议关于设立十届全国人大专门委员会的决定

(2003年3月6日第十届全国人民代表大会第一次会议通过)

根据《中华人民共和国宪法》第七十条的规定和工作需要，第十届全国人民代表大会第一次会议决定：第十届全国人民代表大会设立民族委员会、法律委员会、内务司法委员会、财政经济委员会、教育科学文化卫生委员会、外事委员会、华侨委员会、环境与资源保护委员会、农业与农村委员会。

国家主席江泽民参加十届全国人大一次会议上海代表团全体会议

中共中央政治局常委黄菊和上海市委书记参加了上海代表团的全体会议。

会上，代表们围绕政府工作报告踊跃发言。厉无畏、程静萍、惠永正、胡平西、俞国生、祝均一、奚美娟、张林俭、袁以星、彭镇秋、王观锠等代表就国民经济发展、金融体制改革、社会保障体系建设、科教文化等方面先后发表了意见。

在认真听取代表们发言后，江泽民说，今年是贯彻十六大精神的开局之年。这次会议要讨论审议政府工作报告，选举新一届国家领导机构，进一步确定新世纪、新阶段我国改革开放和现代化建设的目标和任务。这是全国各族人民政治生活中的一件大事，备受海内外关注。开好这次会议，对于深入贯彻落实十六大精神，全面建设小康社会，推进社会主义物质文明、政治文明和精神文明建设，具有十分重要的意义。

江泽民指出，十六大以来，以胡锦涛同志为总书记的新一届中央领导集体，坚持贯彻十六大精神，扎实工作，开拓进取，重点抓了学习贯彻“三个代表”重要思想和十六大精神，抓住发展这个党执政兴国的第一要务，加强和改进党的建设，关心群众生产生活，特别是要求全党同志牢记“两个务必”，继续艰苦奋斗。应当说，这几项工作是抓得准、有成效的，为贯彻落实十六大精神开了一个好头。

江泽民指出，这些年来，上海认真贯彻中央的各项方针政策，各方面工作都上了一个新台阶。经济持续快速发展，综合经济实力明显增强。这是全市干部群众团结奋斗、开拓进取的结果，也是全国人民大力支持的结果。20世纪90年代，中央就明确了上海的发展方向，就是要把上海建设成为国际经济、金融、贸易和航运中心之一，发挥对长江流域经济发展的龙头带动作用。在新的形势下，希望上海的同志，要继续面向全国，面向世界，站在新起点，实现新发展，再攀新高峰。要大力推进制度创新和科技创新，加快具有战略意义的高新技术研究,努力形成一批具有自主知识产权的核心技术。加快推进科技成果转化,促进产业结构优化升级。上海是全国人民的上海,要牢固树立"两个大局"的思想,在全国发展的大格局中找准自己的位置,在实现新的发展中更好地为全国服务,为全面建设小康社会、不断开创中国特色社会主义事业新局面作出新的更大贡献。

全国人大常委会委员长李鹏参加十届全国人大一次会议浙江代表团全体会议

会议在人民大会堂浙江厅举行,代表们围绕政府工作报告、计划报告、财政预算报告争先恐后发言。习近平、吕祖善、王永昌、李邦良、黄友源、汪晓村等代表,就走新型工业化道路、推进城市化进程、医疗卫生体制改革、民主法制建设等提出了意见和建议。

李鹏说,浙江省五年来经济社会发展取得了显著进步,为现代化建设作出了贡献,浙江多种经济形式发展都很快,尤其是个体私营经济的发展,这是浙江经济发展很重要的一个特色。浙江省提出要率先进入现代化,这就要认清面临的形势和挑战,充分估计到可能遇到的困难。要全面、细致规划,不断培育新的经济增长点,努力增加经济发展的后劲。要注意把握国内外形势的变化,进一步扩大内需,积极拓展国内消费市场。

李鹏说,十六大提出全面建设小康社会的目标,各地要分析自身的条件、优势和不足,把握优势,明确发展方向,突出建设重点,实现跨越式发展。第一产业的发展要有新思路,紧跟市场调整农产品结构,加强农业产业链建设,不断增加农民收入。工业要走有自己特色的新型工业化道路,避免雷同、重复建设。要依靠科技进步,提升传统优势产业的竞争力,创造名牌优势产品,不仅在国内市场竞争中抢占先机,而且要到激烈的国际市场开拓发展。要大力调整产业结构,加快发展高新技术产业。

李鹏说,加强职业教育和培训,是加快产业结构调整、提高企业竞争力的迫切需要。在确保基础教育的同时,积极发展职业教育,重视就业后的再培训,尤其是要加强高级技工的培养,从根本上解决劳动力市场的结构性失衡,增强企业和产品的竞争力。

李鹏说,农业是国民经济的基础,"三农"问题是关系到我国改革开放和现代化建设的带有战略性的根本问题。解决"三农"问题,走中国特色城镇化道路是必经之路。城镇化有利于农村产业化的发展,有利于促进城乡消费,缩小城乡间的差距。要消除不利于城镇化发展的体制和政策障碍,引导农村劳动力合理有序流动。要创造有利的投资环境,吸引外来资金共同参与城镇建设。要放宽城镇基础设施建设的市场准入,积极鼓励民间投资,推动城镇化进程。

中共中央领导同志分别参加十届全国人大一次会议各代表团审议

中共中央总书记胡锦涛,中共中央政治局常委、国务院副总理吴邦国、温家宝,分别参加了十届全国人大一次会议贵州、天津、湖北代表团的审议。

在贵州代表团,代表们发言踊跃,会场气氛热烈。胡锦涛认真听取代表们的发言,详细询问有关情况,与大家共商国是。在听了钱运录、石秀诗、张群山、杨昌云等8位代表的发言后,胡锦涛说,正确的政治路线确定之后,干部就是决定的因素。实现全面建设小康社会的宏伟目标,要求各级干部特别是领导干部大力弘扬与时俱进、开拓创新的进取精神,坚持发扬求真务实、真抓实干的优良作风,切实增强为民造福、为民解难的政治责任,努力树立清正廉洁、克己奉公的良好形象。

在天津代表团,代表们围绕会议议题,认真进行讨论。在听了大家的发言后,吴邦国说,前些年我们重点解决的是国有企业在市场经济条件下摆脱困境的问题,根据党的十六大提出的走新型工业化道路的要求,今后要着重解决好国有企业可持续发展的问题。要坚定不移地贯彻中央关于国企改革发展的大政方针,并结合实际,创造性地开展工作,不断提高经济运行质量和效益。要形成一批具有国际竞争力的大公司大集团,使他们成为自主经营、自我发展的法人实体和市场投资主体,在深化改革、结构调整和参与国际竞争中发挥主导作用。要进一步完善劣势企业退出市场机制,使那些资不抵债、扭亏无望的企业稳妥退出市场。要加大技术改造力度,促进产业优化升级。坚持以信息化带动工业化,以工业化促进信息化,走出一条新型工业化道路。

在湖北代表团,温家宝仔细听取代表们的发言,并不时插话,同大家交换看法。温家宝说,统筹城乡经济社会发展,切实做好"三农"工作,是实现全面建设小康社会目标的一项重要措施。全面建设小康社会,重点和难点都在农村。我国目前达到的小康水平低,不全面,不平衡,差距主要在农村。因此,要继续把发展农业和农村经济、增加农民收入,作为经济工作的重中之重。

张立昌、俞正声分别参加了天津代表团、湖北代表团的审议。

国务院总理朱镕基参加十届全国人大一次会议湖南代表团全体会议

在认真听取代表发言后,朱镕基说,本届政府的五年,走过了很不平凡的历程。在以江泽民同志为核心的第三代中央领导集体的正确领导下，依靠全国各族人民的智慧和力量，战胜了种种困难和风险，各方面都取得了有目共睹的成绩，工作中也积累了不少有益的经验，这些确实来之不易。他对各地区、各部门和各个方面对政府工作的大力支持，表示衷心感谢。

朱镕基希望，全国各族人民在以胡锦涛同志为总书记的党中央领导下，沿着党的十六大指引的方向，再接再厉，团结奋进，努力开创中国特色社会主义事业新局面，把我们的国家建设得更加美好。

中共中央政治局常委贾庆林参加十届全国人大一次会议北京代表团全体会议

李主其、沈宝昌、田雄、唐大生、王忠诚、王文京代表先后在会议上发言，就基础研究、“三农”问题、危旧房改造等发表意见和建议。

贾庆林强调，过去5年里，在党中央、国务院的正确领导下，通过北京市广大干部群众的扎实工作，首都北京经济建设、精神文明建设、民主法制建设、社会安全稳定以及党的建设都取得了显著成就。希望北京市牢牢把握发展这个执政兴国第一要务，大力发展首都经济。加快产业结构调整和升级，大力发展高新技术产业；积极改造传统产业，振兴现代制造业。优化发展环境，为各种所有制经济创造公平竞争的环境。

贾庆林说，要继续坚持“以人为本”和可持续发展，加快郊区发展和城乡经济社会一体化进程。以筹办奥运会为契机，全面提升首都城市规划建设水平。抓好卫星城和重点小城镇建设，加快郊区工业园区和产业基地建设，提高郊区工业化、城市化和现代化水平。

贾庆林指出，要始终坚持把人民利益放在首位，切实解决关系群众切身利益的实际问题，真正使立党为公、执政为民深深扎根在全党同志特别是领导干部的思想中，全面落实在各级领导干部的行动上。要最广泛、最充分地调动一切积极因素，不断为实现“新北京、新奥运”战略构想增添新力量。要确保北京奥运会成功举办，必须团结更多的力量，调动更多的积极因素，凝聚各方面的智慧和力量共同奋斗。

刘淇、何鲁丽也参加了北京代表团的审议。

中共中央政治局常委曾庆红参加十届全国人大一次会议江西代表团审议

在人民大会堂江西厅，曾庆红同来自革命老区的人民代表一起认真审议朱镕基总理的《政府工作报告》，他边听边记，并不时插话，与大家展开互动式讨论。在听取代表们的发言后，曾庆红讲了话。

曾庆红说，《政府工作报告》充分体现了这5年来的奋斗历程，有根有据讲成绩，实事求是讲问题，高屋建瓴讲经验，着眼全局提建议，非常鼓舞人心、振奋人心，体现了团结奋进的主旋律。

曾庆红指出，全局的辉煌是由一个个局部的亮点共同构成的，5年来全国取得的成就是同各省、自治区、直辖市的奋斗和贡献分不开的。这5年，江西的各项工作有声有色，江西的改革发展红红火火，江西的老表们心齐气顺，憋足了劲踏实苦干，应当始终保持这种奋发有为的精神状态，努力抓住机遇，深化改革，扩大开放，加快发展，保持稳定。

曾庆红强调，按照党的十六届二中全会精神，当前，深入学习“三个代表”重要思想和贯彻十六大精神，要把握好三个着力点：一是要紧紧扭住党执政兴国的“第一要务”。二是要牢牢铭记“两个务必”。三是要深刻理解和自觉实践“三个代表”重要思想。

中共中央政治局常委黄菊参加十届全国人大一次会议上海代表团全体会议

李金生、彭镇秋、艾宝俊等代表先后围绕科教兴市、深化国企改革、关注困难群体等发表了意见和建议。

在听取代表们的发言后，黄菊说，听了政府工作报告，非常振奋，很受鼓舞。报告中的九条体会，既是政府工作的经验总结，也是全党全国各族人民在实践中的智慧结晶。报告对今年政府工作的建议，言简意赅，有很强的针对性。

黄菊说，今年是贯彻党的十六大精神的第一年，任务艰巨而繁重。做好经济工作，要继续坚持扩大内需的方针，保持国民经济持续健康较快增长。注重调整和优化结构，着力提高经济增长的质量和效益，继续实施积极的财政政策和稳健的货币政策，为进一步发挥投资、消费需求的潜力和提高企业的竞争力创造条件。要十分重视“三农”工作，切实提高农民收入。要深化国有资产管理体制改革。通过对国有资产的有效管理，实现国有资产的保值增值。通过对国有经济的布局和结构的调整，巩固和发展公有制经济。要加快建立和健全同经济发展水平相适应的社会保障体系。要继续推进经济结构战略性调整，千方百计扩大就业。在经济结构调整和城市化进程中，创造条件，积极培育和扩大就业。要积极推进西部大开发、科教兴国和可持续发展战略，为全面建设小康社会而努力。

黄菊说，上海是我国的经济中心城市，为建设成为国际经济、金融、贸易和航运中心之一，在新世纪交出物质文明和精神文明两份出色的答卷，肩负的使命是艰巨而又光荣的。希望上海在实现国家战略中，进一步发挥中心城市的服务功能，与长江三角洲地区携起手来,在以胡锦涛同志为总书记的党中央的领导下,为全面建设小康社会,加快推进社会主义现代化作出新的贡献。

中央军委领导同志参加十届全国人大一次会议解放军代表团分组审议

代表们表示,要坚持国防建设与经济建设协调发展的方针,加快国防和军队现代化建设步伐。

中央军委委员、总参谋长梁光烈说,要认真学习贯彻"三个代表"重要思想,着眼于维护国家安全与发展利益的需求,进一步提高国防和军队建设的起点与标准,奋发有为,积极谋求国防和军队建设的高效益。要适应世界军事发展的新趋势和国家全面建设小康社会的新要求,创新发展军事理论,完善各项政策制度,发展适应信息化战争要求的武器装备和指挥手段,扎实推进中国特色的精兵之路。要深化军事斗争准备的各项工作,提高军事训练质量,下大力培养高素质新型军事人才,加强正规化建设和管理,努力增强我军高技术条件下的整体防卫作战能力。

中央军委委员、总后勤部部长廖锡龙说,要牢固确立"三个代表"重要思想的指导地位,始终保持党对军队的绝对领导,始终保持军队后勤工作的正确方向。要着眼增强高技术条件下的整体防卫作战能力,抓紧后勤信息化建设,努力建设高素质的后勤队伍,不断增强保障打赢能力,积极推进我军后勤现代化建设跨越式发展。要积极适应国家和军队建设发展的要求,要着眼实现保障力结构的合理优化,积极推进后勤保障社会化,切实搞好政策制度的配套改革,大力推进后勤保障体制改革。要服从和服务于国家经济建设大局,把艰苦奋斗、勤俭建军的方针落到实处。

中央军委委员、总装备部部长李继耐说,要切实把"三个代表"重要思想作为各项工作的科学指南,作为推动我军装备建设跨越式发展的根本动力。深入研究面临的新情况、新问题,积极推进适应武器装备发展的理论创新;大力推进科技创新,在"生产一代、研制一代、预研一代"的基础上,着力进行"探索一代"的研究;稳步推进体制、机制创新。要适应世界新军事变革的大趋势,努力谋求武器装备建设的新突破新跨越。要适应高新技术武器装备发展的要求,确保重大科研试验任务圆满完成。要服从和服务于国家发展大局,为全面建设小康社会积极做贡献。

十届全国人大一次会议在人民大会堂举行记者招待会

外交部部长唐家璇应大会新闻发言人姜恩柱的邀请,就中国外交工作和国际热点问题回答了中外记者的提问。

中央电视台记者:回顾过去的五年,人们普遍认为中国外交面对复杂多变的国际局势,处变不惊,从容应对,维护了国家和民族的根本利益。但也有人认为,中国外交柔性有余、刚性不足,请问唐外长如何看待中国的外交工作,对中国未来的外交作何展望?当前伊拉克战争一触即发,你认为战争还有没有可能避免?

唐家璇:从全球的情况来看,当前时代的主题仍然是和平与发展。在这个方面,中国同很多国家一样,既有重要机遇,也面临着严峻挑战。中国外交政策是富有特色的,在保持稳定性和连续性的同时,体现出与时俱进的时代特征。中国将继续坚定不移地奉行独立自主的和平外交政策,其宗旨就是维护世界和平,促进共同发展。

至于你刚才提的刚、柔的问题,我认为,作为外交人员,既要有坚定的原则性,同时在处理具体问题的时候,也需要有适当的灵活性,应该是刚中有柔,柔中有刚,刚柔并济。当然,最重要的就是要全面维护好国家和人民的根本利益。

2003 年,中国将继续加强与周边国家的睦邻友好合作,改善和发展与发达国家之间的关系,进一步增强同广大发展中国家的团结与合作。我们还将致力于通过和平和政治的手段妥善解决地区的热点问题。我们要进一步地加强国际反恐合作,而且要寻求共同发展的有效途径。为此,我们将进一步加大力度,更加积极地参与各种多边的国际外交活动。

关于伊拉克问题,我认为现在伊拉克问题已经处于是武力解决还是政治解决的关键时刻。中国的立场是大家所熟悉的,我们希望在联合国安理会的框架内求得政治解决。正是在中国担任安理会轮值主席期间,安理会成员于去年 11 月份一致通过了 1441 号决议。1441 号决议所规定的各项任务至今还没有全部完成,特别是继续和加强核查的问题。应该继续加强核查,弄清问题,求得政治解决,尽力避免战争。因此,我们认为在当前情况下,把 1441 号决议放在一边,提出新的决议是没有必要的。

今天这个记者招待会结束以后,我将直接去机场赶赴纽约,这是我一个月内第三次到纽约去参加安理会有关伊拉克问题的会议。我们将进一步强调,只要有百分之一政治解决的可能,作为安理会常任理事国,中国就要为实现这个目标继续作出最大的努力。

路透社记者:中国希望朝核问题通过有关方面的直接对话得以解决,那么中国有没有促使有关方面坐到一起的具体计划?在这方面做了哪些具体的外交努力?

唐家璇:我们在朝核问题的立场实际上已经讲过

多次了。根本的一条是,我们支持朝鲜半岛成为无核区、实现无核化的主张。中国的目的是为了维护半岛的和平与稳定。而要达到这个目的,无论是从历史来看,还是从现实来看,最有效的途径就是朝美之间实现直接对话。中国反对朝鲜半岛出现核武器,无论是在南方还是在北方。我们认为朝鲜半岛无核化最有利于有关的国家,对于朝鲜本身来讲也是最有利的。我们注意到,朝鲜方面已经表示无意发展核武器,并且表示过愿意通过朝美双边的途径来加以验证,朝方可以接受这方面的核查。当前,朝美之间对立得很厉害,出现了僵持不下的局面,症结在于朝美双方严重的互不信任。我们主张对话,我们从来反对就这个问题对朝方施压或者制裁。这样做只会使半岛局势更加复杂化,无助于朝鲜核问题的解决。

我们一直在做劝和促谈的工作,推动朝美双方对话。当然,现在国际社会对于这件事情非常关心,也提出了各种各样的建议。只要是有利于半岛缓和与稳定,有利于朝鲜核问题得到和平解决的建议,中国都持积极、开放的态度。关键在于,主要的当事方,也就是美国和朝鲜的态度如何,将会决定朝核问题今后的走向。

中国不追求轰动效应,也不追求做了工作就要宣传。我们是扎扎实实地一直在做这方面的工作,而且也是有初步效果的。

法新社记者:中国多次说希望和平解决伊拉克问题,你刚才也说如果有百分之一的和平希望,中国也会尽自己的努力。这包括中国在联合国安理会使用否决权吗?就是否使用否决权,中国会不会考虑此事对中美关系的影响?

唐家璇:我觉得你现在提出这个问题,为时还稍许早了一点。我们认为现在围绕着伊拉克问题,特别是在安理会的外交舞台上,政治解决的道路尚未穷尽。使用政治外交手段解决问题的可能性仍然是存在的。

至于你提及的投票态度,中国在处理这类问题上,从来就是根据客观事物本身的是非曲直,按照中国的外交方针和政策,从中国人民的根本利益出发,独立自主地作出判断的。

日本广播协会记者:小泉首相参拜靖国神社之后,日中之间高层互访停止了。也许这对两国普通人民来说问题不是很大,但是从外交的角度来看还是很不正常的。"两会"马上要选出新的中国领导人,你认为不远的将来中日高层互访会不会恢复?请说一下你的看法和希望。

唐家璇:日本是中国的重要近邻,中国政府历来重视同日本之间的睦邻友好合作关系,今后也会继续重视同日本之间的关系。我们愿意与日方共同努力,在包括《中日联合声明》等三个重要文件的基础上,本着"以史为鉴、面向未来"的重要精神,推动两国关系健康稳定地向前发展。中国对于中日两国之间的高层互访一直是采取积极的态度。当然,为了成功地、有效地进行这些重要的互访,现在还需要创造必要的条件。我曾经讲过多次,正式参拜靖国神社的问题不是一般的问题。它至少反映出日本当政者对于过去侵略亚洲邻国,侵略中国的历史抱怎样态度的问题。我们一贯主张应该尊重过去的历史事实,从中吸取有益的教训,进而以向前看的姿态发展中日睦邻友好合作关系。

新华社记者:第一个问题是有关伊拉克的问题。昨天法、俄、德三国发表声明,明确表示反对战争。我想问一下中方在这个问题上的立场是什么?如果美国在安理会提出新的决议,中国会不会再次投弃权票?另外,你今年年初再次访问了非洲。这几年你好像每年都要去非洲访问,我想问一下你怎么看待当前中国与非洲的关系?

唐家璇:中国在伊拉克问题上的立场,同法国、德国、俄罗斯三国5日再次提出的联合声明里表述的立场是一致的。我们赞成而且支持三国声明的内容。至于投票的问题,我想我刚才已经讲得很清楚,没有什么可以补充的。

关于中非关系问题,大家都知道,最近十几年以来,中国外长每年首次出访,必去非洲。这还是钱其琛副总理担任外长时定下的,已经成为外交部的"传家宝"了。我本人担任外长以来,也是一直这样做的。这五年,除了陪同国家领导人访问非洲以外,我本人单独访非九次,足迹几乎遍及非洲大陆。我深感非洲人民、非洲国家对中国是非常热情、友好的。尽管许多非洲国家现在还面临着很多困难和挑战,但是非洲大陆充满了希望。我深感非洲国家联合自强的趋势正在上升,和平与发展的事业不断取得新的进展。中国把与包括非洲国家在内的广大发展中国家视为开展本国外交的立足点。因此,我们一贯支持非洲国家维护民族独立、领土完整和国家主权,支持他们发展本国经济,而且在力所能及的范围内给予真诚帮助。

我们积极地支持非洲国家成立"非洲联盟",支持他们制定非洲发展新伙伴计划。我们减免了许多非洲最贫穷国家和重债国家的债务,积极参与了非洲的一些热点问题的和平解决。为了进一步扩大经贸合作,更好地进行政治磋商,我们还同非洲国家一起发起和成立了"中非合作论坛",第一次部长级会议是在北京召开的,非常成功。今年就要轮到在非洲,现在已经决定在埃塞俄比亚举行第二次部长级会议。

半岛电视台记者:中国很成功地用对外政策来推动经济发展,但其他国家的对外政策也在影响中国经济发展,如控制石油资源就会影响中国经济。你认为中国对外政策会不会有一个很大的变化？

唐家璇：石油和天然气历来被看作是一种战略资源，中国实际上是一个严重缺乏油气资源的国家，每年我们都需要从国外大量进口。但是，我们比较早地发现了这个问题，而且根据实际需要和现实可能，制定和实行了进口油气资源的多元化战略。由于形势的发展与变化，中国在进口石油资源方面可能会受到一些影响，但这个影响不会很大。我们早就进行了各种准备。

美国有线电视新闻网记者：我们看到在世界上和在中国都发生了很多变化。中国的领导层也要发生很大变化。这种变化会不会影响到中国的外交政策？比如说，新的领导层产生之后，会不会意味着中国改变它在联合国投票的方式？比如说在伊拉克和朝鲜问题上，中国的外交有没有最高指导原则呢？是不是这个指导原则还是以前的和平共处五项原则，还是现在有了新的原则？

唐家璇：实际上我刚才回答别的问题的时候已经讲到这些问题了。我想再强调一下，中国的外交政策有它的继承性、稳定性。我们仍然会在和平共处五项原则基础上建立和发展同各国的正常关系，我们仍然会坚定不移地奉行独立自主的和平外交政策，核心就是维护世界和平，促进共同发展，这不会变。

我建议这位朋友不妨再用点时间翻看一下我们党的十六大文件中有关外交政策的部分，有非常明确详细的阐述。

关于伊拉克问题，我们认为没有必要提出新决议，因为1441号决议规定的任务还没有完成，应该继续核查，弄清问题，应该继续为政治解决不懈努力，尽力避免战争。爆发战争不符合世界各国的利益，世界各国人民反战的呼声日益高涨，就是一个有力的证明。战争将会给人类，特别是对海湾乃至整个中东地区的无辜平民带来严重的人道主义灾难，而且会严重地影响海湾地区乃至世界的政治和经济形势，影响正在复苏中的世界经济。

《阿尔萨斯最新消息报》记者：在中、法、德、俄之间有没有协议，对在第二个伊拉克问题决议投票时协调立场？这四国之间能够更好地相互理解，会不会对中国未来的外交产生什么有意义的影响？

唐家璇：中国同其他国家的领导人、外长就有关问题经常联系，保持接触，相互沟通。但是我们并没有同任何国家私下订立什么协议。我刚才说过，对于法国、德国、俄罗斯三国的联合声明，我们是赞成的、支持的。

香港有线电视记者：在考虑伊拉克问题时，美国方面有没有向中国就台湾问题作出一些承诺，以换取中方的支持？换句话说，台湾问题是否在你们考虑的范围之中？第二个问题，对于《基本法》第二十三条的立法问题，涉及国家安全，一些国家和国际组织有一些看法，担心影响他们在这边的工作或者投资，担心影响自由的资讯流动。你能不能在这些方面跟他们讲一下，他们的忧虑是不是成立的？

唐家璇：鲍威尔国务卿曾经说过一句话，现在几乎每周都要同中国外长接触一次，或是面谈，或是打电话。我们的确经常交换看法和意见，包括伊拉克问题、朝鲜核问题在内。

在台湾问题上，我们的立场是非常鲜明的，而且是一贯的，这就是要使中美关系能够稳定地向前发展，关键就在于美方能否妥善处理台湾问题。我们在推进中美关系方面有这样的想法：第一，中美双方必须要用长远的战略眼光、战略观点来看待双边关系；第二，应当增进了解，加深互信；第三，要承认和尊重差异，分歧是存在的，关键是要缩小分歧，扩大共识，寻求和扩大双方利益的汇合点；第四，要恪守中美三个联合公报，要坚持一个中国的政策。美方必须信守承诺，妥善地处理台湾问题。

关于《基本法》第二十三条立法的问题，我认为立法禁止危害国家安全和统一的犯罪行径，这是世界各国立法的通例。香港特别行政区作为中国的一个特别行政区，自行制定相应立法是非常正常的、理所当然的事情。这本身也是实施《基本法》的要求，而且这也是中国的内政，是作为中华人民共和国一个组成部分的地方行政区域的立法活动。这是特别行政区内部的事，外国不需要对这个问题说三道四。

巴基斯坦通讯社记者：唐外长，你能不能就巴中之间的友好关系做一个评论？如何评价巴中之间在地区和国际问题上的相互理解，以及近年来巴基斯坦在反恐领域所发挥的作用？

唐家璇：中国同巴基斯坦是非常亲密友好的邻邦。我们之间有着长期的、传统的友好合作关系，被称为是"全天候"的友好合作。中巴两国经常就国际和地区问题特别是双方共同关心的一些重大问题进行磋商、交流、协调和合作。我们认为，巴基斯坦在反恐方面做了很多积极的努力，特别是在阿富汗的问题上。我相信中巴在包括反恐领域在内的各个领域的交流合作还会继续不断地发展下去，而且这种合作有利于南亚地区和平、稳定与发展。

外交部部长唐家璇就菲律宾达沃市发生严重恐怖爆炸一事向菲律宾外交部长奥普莱致慰问电

农业部等五部门联合部署2003年农资打假工作

农业部、公安部、国家工商总局、国家质检总局、全国供销合作总社联合发出通知，部署2003年农资打假工作。

通知说，今年农资打假工作将突出重点，严厉打击9种违法违规行为：一是无证无照经营、超范围经营；二是生产、销售过期、失效、变质和标签不全、不合格以及国家禁用农资产品的；三是生产、销售无登记证(或推广许可证)、批准文号、品种审定、生产许可证、经营许可证、产品质量合格证农资产品的；四是生产、销售掺杂使假、以次充好等假冒伪劣农资产品的；五是生产、销售假冒他人产品商标、名称、包装、装潢、厂名厂址的各类农资产品的；六是假冒伪造或者买卖生产、经营许可证、批准文号或者产品登记证、合格证的；七是伪造、涂改产品生产经营单位名称、地址、有效期和有关质量标识的；八是利用各种广告或媒体对农资产品质量、服务、功效、适用范围等作虚假宣传的；九是农资生产销售中计量违法的。

3月7日

国家主席江泽民在中南海会见西班牙王后索菲娅

国家主席江泽民参加十届全国人大一次会议广东代表团全体会议

中共中央政治局常委李长春，中共中央政治局委员、广东省委书记张德江参加了广东代表团的全体会议。

会场上，代表们进行了热烈的讨论。张德江、林树森、李东生、关润尧、黄华华、于幼军、雷于蓝、陈勇等代表结合广东社会经济发展的实际，就全面建设小康社会、大力发展民族工业、经济特区建设、加强以德治国、推进科技创新等问题分别发表了意见和建议。

在认真听取了代表们的发言后，江泽民说，改革开放以来，在中央的正确领导下，广东广大干部群众坚持以邓小平理论为指导，在经济建设和社会进步方面都取得了很大的成绩。希望广东广大干部群众再接再厉，增创新优势，更上一层楼，率先基本实现社会主义现代化，努力在社会主义物质文明、政治文明、精神文明建设和党的建设上都交出优异的答卷。

江泽民强调，发展是硬道理，发展要有新思路，坚持用发展的办法解决前进道路上的问题，这个战略思想我们什么时候都要坚持。我们要紧紧扭住经济建设这个中心，聚精会神搞建设，一心一意谋发展。发展应该是全面的发展，既要大力发展物质文明，也要大力发展社会主义政治文明和精神文明。

江泽民强调，艰苦奋斗是我们党和我们民族的重要精神支柱。完成改革和发展的繁重任务，战胜前进道路上遇到的种种困难和挑战，都要求我们始终发扬艰苦奋斗的精神。随着经济的发展，我们的生活会越来越富裕，各方面的条件会越来越改善，但艰苦奋斗一定要坚持，无论什么时候都不能丢。

江泽民希望大家坚持以邓小平理论和“三个代表”重要思想为指导，全面贯彻十六大精神，在以胡锦涛同志为总书记的党中央领导下，为全面建设小康社会、不断开创中国特色社会主义事业新局面而团结奋斗。

全国人大常委会委员长李鹏参加十届全国人大一次会议四川代表团全体会议

会议在人民大会堂四川厅举行，代表们围绕政府工作报告、计划报告、财政报告、国务院机构改革方案踊跃发言。张学忠、徐世群、孙砚方、沈国俊、嘎拉茶、杨洁、朱长林、刘捷等代表就发展西部经济、加强水利基础设施建设、振兴装备制造业、开发旅游文化产业、加大扶贫力度等提出意见和建议。

李鹏说，近5年，在党中央、国务院正确领导下，四川省和全国其他地区一样，经济和社会全面进步。四川省经济年均增长速度超过了全国平均水平，经济总量的位次上升。电机制造、旅游等一些优势产业加快发展，高新技术产业有了新的进展，城市面貌也有了很大变化。经济和社会各项事业呈现出蒸蒸日上的好局面。回顾过去，成绩喜人；展望未来，前景美好。但是，也应该清醒地看到，四川人口众多，地域辽阔，各地区的经济发展并不平衡，还有不少贫困人口，进一步发展存在不少困难。包括四川在内的西部地区要清醒地认识到全面建设小康社会的艰巨性。

李鹏说，农业是西部地区的一个重要产业。在新的历史阶段，发展农业要有新的思路。要重视粮食生产，加大科技的投入力度，提高科学种田的水平。要加大农业结构调整的力度，除了发展种植业外，要下大力气发展养殖业。要在农产品的深加工上下功夫，发展现代食品工业，生产特色产品，打出自己的品牌，获得更大的效益。

李鹏说，西部地区劳动力资源丰富，有着别人不能比的价格优势。要积极鼓励农民到东部地区、到城市里打工，把收入投入再生产。要加快发展小城镇和乡镇企业，这是转移农村富余劳动力、增加农民收入、解决“三农”问题的重要途径。

李鹏说，西部地区有着丰富的水电资源。近几年，西部地区开发水电资源，发展了地方经济，增加了群众的收入，方便了人民生活。在发展电力时，要注意把握好水电和火电的比例，不能顾此失彼。

李鹏说，高新技术产业是一个有前途的产业。西部地区也有自己的人才优势和科技优势，特别是在一些大城市人才荟萃，科研基地的实力比较雄厚，可以根据自己的特点发展生物医药、信息等高新技术产业，为经济发展增添后劲。

中共中央总书记胡锦涛在政协礼堂参加政协十届一次会议港澳地区全国政协委员联组会议

中共中央政治局常委、全国政协十届一次会议主席团常务主席会议主持人贾庆林参加了看望和联组会议。

联组会上，委员们踊跃发言，气氛十分活跃。张永珍、谭耀宗、贺定一、梁振英、郑家纯、冯国经、钟小健、潘宗光、朱树豪、颜延龄等14位委员，分别就推进国家经济和社会发展，加强港澳地区与内地的经济、教育合作，保持香港、澳门的繁荣稳定，促进祖国和平统一等先后发表了意见和建议。

胡锦涛认真听取了委员们的发言，并不时记下发言要点。他要求有关部门重视委员们的意见，并认真研究。

胡锦涛在讲话中指出，香港、澳门回归祖国以来，保持了社会和经济的稳定，香港同胞、澳门同胞当家做主的意识和积极性空前高涨，管理特别行政区事务的能力和水平不断提高。在特别行政区政府和香港同胞、澳门同胞的共同努力下，香港、澳门的形势总体上是好的。我们高兴地看到，香港特别行政区、澳门特别行政区的绝大多数人都认同和拥护“一国两制”方针和基本法，国际社会对香港、澳门回归后的情况也普遍给予好评。这一切都充分证明，“一国两制”方针是完全正确的，具有强大的生命力。胡锦涛表示，中央既定的有关香港特别行政区、澳门特别行政区的一系列方针政策，新一届中央领导集体都会坚定不移、一以贯之地贯彻施行。

胡锦涛希望各位委员继续高举爱国爱港、爱国爱澳的旗帜，并通过自己的工作和影响力，把香港、澳门各界人士广泛凝聚起来，同舟共济，共谋发展。

联组会议由全国政协十届一次会议主席团常务主席霍英东主持。全国政协十届一次会议主席团常务主席王忠禹、马万祺，全国政协十届一次会议秘书长郑万通，有关方面负责人廖晖、刘延东等参加了联组会。

中共中央领导同志分别参加十届全国人大一次会议和政协十届一次会议审议讨论

中共中央政治局常委、国务院副总理吴邦国、温家宝，中共中央政治局常委贾庆林，中共中央政治局常委、书记处书记曾庆红，分别参加香港代表团、云南代表团、政协民建和工商联组、黑龙江代表团的审议讨论。

在香港代表团，吴邦国认真听取代表发言，并不时记下要点。林广兆、范徐丽泰、曾德成、王英伟等代表发言后，吴邦国说，香港回归祖国后，“一国两制”、“港人治港”、高度自治的方针和基本法正在全面贯彻落实。香港居民享有充分的自由和前所未有的民主权利。香港各界人士的国家民族观念不断增强，正在以主人翁的姿态，积极参与香港的各项社会事务。香港经济社会稳定。事实证明，“一国两制”方针是正确的，具有强大的生命力。我们将继续坚定不移地实行这一方针，严格按照香港特别行政区基本法办事，全力支持香港特别行政区行政长官和政府的工作，广泛团结香港各界人士，积极促进内地与香港在经贸、教育、科技、文化等领域的广泛交流与合作，共同维护和促进香港的繁荣、稳定和发展。

在云南代表团，温家宝认真听取了白恩培、徐荣凯、和段琪、管国芳等代表就少数民族地区经济和社会发展、就业和社会保障等问题提出的意见和建议。温家宝说，实行西部大开发，是我国经济社会发展的重大战略，是逐步缩小地区差距，促进地区经济协调发展，全面建设小康社会，最终实现共同富裕的必然要求。推进西部大开发，要突出重点，注重实效，打好基础。加强基础设施建设，改善生产生活条件；切实搞好退耕还林、天然林保护和防沙治沙，加强生态环境建设；加快科技教育发展，培养各类建设人才；积极发展特色经济和优势产业，加强东、中、西部地区的经济交流与合作，促进优势互补和共同发展。特别要加大力度，支持革命老区、少数民族地区、边疆地区、贫困地区加快发展，繁荣经济，提高人民生活水平。

在政协民建和工商联组，李雅芳、方兆本、张龙之、任文燕等委员踊跃发言。在分别听取两个组委员的发言后，贾庆林说，中国共产党领导的多党合作和政治协商制度是我国的基本政治制度，中共十六大强调要坚持和完善这项基本政治制度。中共十六大之后，胡锦涛总书记逐一走访了各民主党派中央和全国工商联，这充分表明新的中共中央领导集体坚持多党合作和政治协商制度的愿望和决心。人民政协的各级组织、各参加单位和广大委员，要认真学习和贯彻十六大精神，不断适应新形势、新任务的要求，提高参政议政水平，在国家政治生活和各项建设事业中发挥更大的作用。希望民建和工商联继续发挥各自的优势和特点，广泛团结自身联系的人士和群众，积极建言献策，为全面建设小康社会、实现中华民族伟大复兴作出新的贡献。

在黑龙江代表团，徐有芳、宋法棠、曾玉康、马淑洁等代表就加快东北地区发展、老工业基地改造和振兴等问题发表了意见和建议。曾庆红认真听取发言，并不时做记录。曾庆红说，以今年“两会”召开为动力，深入学习贯彻十六大精神，要始终坚持“两手抓”，一手抓推进中国特色社会主义伟大事业，一手抓推进党的建设新的伟大工程。他强调，从黑龙江省的实际情况出发，还要突出强调“发挥优势，负重奋进，重振雄风”。这既是一种工作要求，也是一种发展思路，更是一种精神状态。为此，必须增强加快发展的紧迫感，树立负重奋进的自信心，探索“二次创业、富民强省”的新思路，提高确保稳定的自觉性。要通过自己的辛勤劳动和不懈奋斗，让一个经济繁荣、社会文明、环境优美、人民幸福的黑龙江屹立在祖国的东北边疆。

王兆国、成思危、李贵鲜等分别参加了审议讨论。

中共中央政治局常委吴官正参加政协十届一次会议民盟民进委员联组会议

联组会气氛热烈。厉以宁、荀建丽、吴正德、潘贵玉、张宝文、严隽琪、周宜兴、贺旻、陈万志、蔡述明、柏均和、雷蕾、李利君委员就宏观经济政策、义务教育、缩小东西部差距、发展文化事业、推进司法改革等问题先后发言。

在认真听取委员们的发言后，吴官正说，中国民主同盟、中国民主促进会都是中国共产党长期合作的亲密友党。民盟、民进坚持以邓小平理论和“三个代表”重要思想为指导，紧密围绕国家的中心任务，切实履行民主监督、参政议政的职能，在国家政治生活和社会生活中发挥了重要作用。

吴官正强调，党的十六大提出了全面建设小康社会的奋斗目标，开启了实施社会主义现代化建设的第三步战略目标的伟大征程。实现十六大提出的宏伟奋斗目标，需要加强共产党同民主党派合作共事，需要全体中华儿女团结奋斗。去年下半年以来，民盟和民进分别举行了代表大会，顺利完成了换届工作，进一步明确了参政党建设的任务，提出了参政党建设的目标和原则。希望民盟、民进作为参政党，紧紧围绕全面建设小康社会的奋斗目标，为推进改革开放和建设社会主义现代化不断作出新的贡献。

吴官正还向委员们通报了近期党风廉政建设和反腐败工作情况。

吴官正指出，共产党与各民主党派实行相互监督，首先是我们共产党要接受监督。中国共产党作为执政党，需要经常倾听人民群众和民主党派的意见，自觉接受人民群众和民主党派的监督。

丁石孙、许嘉璐、张思卿参加了联组会。

中共中央政治局常委李长春参加政协十届一次会议文艺界委员联组会议

联组会上，委员们踊跃发言，李长春认真听取委员们对发展社会主义先进文化的建议，并不时插话。在冯骥才、靳尚谊、傅庚辰、张平等委员发言后，李长春说，党的十六大从战略高度强调了建设中国特色社会主义先进文化的重要意义。文艺工作者肩负着庄严的历史使命和崇高的历史责任。我们一定要用“三个代表”重要思想统领文艺工作，努力完成十六大对文艺工作提出的各项任务。

中共中央政治局委员、书记处书记、中宣部部长刘云山，白立忱、周铁农及有关部门负责人也参加了座谈。

中共中央政治局常委罗干参加政协十届一次会议社会福利和社会保障界委员小组讨论

讨论会上，王建伦、张海迪、李宝库、王林、夏荣强等委员围绕完善城镇职工社会保险制度、残疾人权益保障、加强法律援助等提出了意见和建议。

罗干在认真听取委员们的发言后指出，党中央、国务院历来高度重视社会福利和社会保障事业，党的十六大提出了明确要求。经过中央和地方的共同努力，在巩固“两个确保”、建立“三条保障线”、完善社会保障体系、促进下岗职工再就业以及发展社会福利事业等方面都取得了重大进展。

罗干说，当前和今后一个时期，随着经济结构的调整和国有企业改革的深化，我们仍将面临下岗职工再就业和新增加劳动力就业的巨大压力。为此，一方面要加快经济发展，既要发展高新技术等新兴产业，又要发展劳动密集型产业和服务业等传统产业，千方百计增加就业岗位；一方面要继续加强社会保障体系建设，坚持不懈地落实“两个确保”和“一个低保”，搞好“三条保障线”的衔接，切实做到应保尽保。

罗干说，社会福利和社会保障界是人民政协的一个重要界别。面对新形势、新任务，希望新一届委员继承和发扬人民政协的优良传统，进一步增强使命感和责任感，多做联系群众、反映民意、化解矛盾、调动积极性的工作，不负党和人民的重托，在全面建设小康社会的伟大事业中作出新的贡献。

张克辉等参加了讨论会。

政协十届一次会议在人民大会堂举行中外记者招待会

出席记者招待会的各民主党派中央负责人是：民革中央副主席、最高人民法院副院长万鄂湘，民盟中央副主席张梅颖，民建中央副主席、监察部副部长陈昌智，民进中央常务副主席、全国人大教科文卫委员会副主任委员张怀西，农工党中央常务副主席、全国人大环境与资源保护委员会副主任委员李蒙，致公党中央副主席、科技部副部长程津培,九三学社中央主席韩启德,台盟中央常务副主席、北京市人大常委会副主任林文漪。

共同的政治目标是中国共产党和民主党派团结合作的政治基础

张梅颖在回答中新社记者提问时说,各民主党派接受中国共产党的领导,是在中国革命过程中形成的,也是各民主党派自身的正确选择。占世界1/5还多的人口,从贫穷落后到总体小康,这是一个了不起的伟大成就。中国还没有像今天这样,在世界上备受瞩目和尊重。历史和现实都一再证明,中国共产党有驾驭任何复杂形势、应对各种困难和风险的能力。总是能够准确把握时代发展的要求,带领中国人民实现既定的目标。这样强大的执政能力没有一个政治力量可以替代,包括我们民主党派在内的全国人民对中国共产党比以往任何时候都更充满了信任和期望。

她强调,作为民主党派,我们的政治目标和根本利益和中国共产党是一致的,只有坚持中国共产党的领导,民主党派才能够实现自己的政治意愿,发挥出自己的特色和优势。

民主党派的参政建议产生重要社会、经济效益

李蒙回答新华社记者提问说,改革开放以来,各民主党派紧紧抓住经济建设这个中心,对经济和社会发展的重大问题进行调研,积极出主意、想办法、做实事、做好事,受到中共中央和国务院领导的充分肯定,有的建议产生了重要的社会和经济效益。

李蒙说,农工党于1999年和2001年分别就长江上游水质污染整治工作和三峡库区库底清理工作进行了考察。随后,向中共中央、国务院提出了《关于在建设三峡水库的同时,抓好长江上游水质污染整治工作的意见》,得到中共中央、国务院的高度重视。一些建议内容得到具体落实,国家计委、国家环保总局重新编制三峡库区环境保护和生态建设规划,长江上游水质污染治理已列为国家环境保护的重点。2000年提出的"关于加强西藏等边远省区广播电视工作的建议",得到江泽民同志的高度重视。国家有关部门实施了"西新工程"。

民主党派领导结构进一步改善

韩启德回答《中华工商时报》记者提问说,民主党派换届后,进一步改善了领导集体的年龄结构和知识结构,提高了整体素质。这次换届为民主党派在新世纪、新阶段更好地履行参政党职能,提供了坚实的组织保证。

他说,九三学社经过换届后,225名中央委员平均年龄是51岁半,比上一届降低了6岁。中央领导班子成员都是各个领域的高级专家。这是一个非常重要的变化。要把九三学社建设成为一个适应新世纪需要的参政党,一要加强思想素质建设;二要实施人才强社战略,吸收更多的优秀人才加入九三学社。我对九三学社和多党合作的发展前景充满信心。

万鄂湘还就民主党派成员在法院任职的情况、陈昌智就在监察部的工作、张怀西就多党合作和政治协商的特点、程津培就联系海内外侨胞、林文漪就加强与台湾同胞的联系等问题回答了记者的提问。

中组部部长贺国强在北京与赴三峡工程挂职锻炼的干部座谈

去年3月,中组部选派了12名年轻干部到三峡工程进行为期一年的挂职锻炼。贺国强在听取了三峡工程总公司党组负责同志和挂职干部的汇报后指出,选派年轻干部到基层包括到重点工程锻炼,有利于他们增长才干,密切与群众的联系,积累群众工作经验,加强党性锻炼,使之加深对"三个代表"重要思想的理解,增强实践和贯彻"三个代表"重要思想的自觉性和坚定性。要在总结经验的基础上,将这一好的形式加以完善,形成制度,长期坚持下去。

贺国强希望第二批赴三峡工程挂职锻炼的12名年轻干部珍惜挂职锻炼的机会,自觉地把完成工作任务的过程当作苦练领导工作基本功的过程,努力提高调研决策的本领、组织实施和协调落实的本领、处理复杂问题和指挥应变的本领、做群众工作的本领。要坚持边实践边学习,深入学习"三个代表"重要思想和十六大精神,学习十六届二中全会和"两会"精神,学习三峡建设者的好作风,牢记"两个务必",自觉做实践"三个代表"重要思想的模范。

参加座谈会的还有中组部、国务院三峡办、三峡工程总公司以及挂职干部所在单位的负责同志。

国土资源部公布《全国土地开发整理规划》

规划提出到2010年全国将通过开发整理土地补充耕地274万公顷。到2010年,通过农田和农村居民点整理补充耕地165.87万公顷。新增工矿废弃地得到全面复垦,历史欠账逐步消化。在保护和改善生态环境的前提下,宜耕土地后备资源得到适度开发。规划确定土地开发重点区域是:东部沿海滩涂区、河套银川平原区、滇中地区、甘肃疏勒河流域和沿黄灌区、新疆伊犁河谷地—南北疆山麓绿洲区、川西南地区。

民建八届二次中常会在北京举行

欢迎西班牙王后索菲娅访华暨庆祝中国与西班牙建交30周年招待会在北京举行

3月8日

十届全国人大一次会议主席团在人民大会堂举行第二次会议

主席团常务主席吴邦国主持会议。

会议表决通过，将十届全国人大一次会议关于国务院机构改革方案的决定草案、十届全国人大一次会议选举和决定任命的办法草案，提交各代表团审议，提请大会全体会议表决。

政协十届一次会议在人民大会堂举行第二次全体会议

中共中央政治局常委、全国政协十届一次会议主席团常务主席会议主持人贾庆林出席会议。

大会的执行主席是阿沛·阿旺晋美、张思卿、霍英东、周铁农常务主席。会议由张思卿主持。

中共中央政治局委员、国务委员吴仪，以及中共中央、国务院有关部门负责人到会听取发言。

13位委员先后作大会发言，就启动存量需求、提高农民收入、民营经济发展、能源发展战略、建立和完善生态环境补偿机制、城镇化建设等问题发表了意见和建议。

林毅夫委员在发言中说，要启动存量需求，消化过剩生产能力，启动农村消费是最重要的一项。应将积极财政政策的资金更多地用在改善与农村生活有关的基础设施上，使积极财政政策起到更大作用。

萧灼基委员在发言中提出要加大财政支农力度，提高农民收入水平。他为此提出清理收费项目和收费标准、大幅减免农业税、增加财政对农业的支出、提高农村救济和扶贫标准等6项建议。

黄孟复委员在代表全国工商联发言时提出，要对民营经济在认识上"放胆"，政治上"放心"，发展上"放手"，政策上"放宽"。对民营企业与国有企业、外资企业要一视同仁。还应着重在融资环境、创业扶持、市场准入、技术创新、产品出口、境外投资等方面从政策上给予支持。

陈洲其委员在和张洽委员的联合发言中强调，我国是能源生产和消费大国，今后的能源供求关系将对世界能源格局产生较大影响。必须从宏观的、长远的观点来研究和把握我国的能源问题，以确保现代化建设有长期足够的能源供应。发言为此提出了加强能源工作的宏观调控等6项建议。

王钦敏委员代表致公党中央发言时指出，要建立和完善生态环境补偿机制，推进可持续发展战略实施。发言针对目前我国实行生态环境补偿的现状，提出了建立、完善生态环境补偿机制的原则和有关建议。

厉有为委员在发言中认为，在我国城镇化的过程中，必须注意大中小城市和小城镇协调发展，坚决防止大城市病的发生，克服和防止盲目扩镇、建镇热潮。

朱树豪委员发言时建议，在城镇化的产业规划中，要把就业优先原则放在首位；通过立法和政府行政手段，解决城镇化进程中的环境保护和生态建设问题；以发展大中城市周边的卫星城镇为突破口，与中心城市功能形成补充关系。

陈明德委员在代表民建中央发言时强调，要深化分配制度改革，缩小收入分配差距。发言在实施就业优先的发展战略、实行完整的货币工资制度、积极开辟投资渠道、鼓励智力劳动和智力投资等8个方面提出了建议。

张圣坤委员在和鲍敏中委员的联合发言中指出，过高的房价对中国未来经济增长的各个方面都会带来不利影响，政府应该未雨绸缪，及早采取措施平抑房价，以促进我国房地产业健康稳定发展。

方兆本委员在发言中说，要促进中小企业发展，关键在政府深化行政管理体制和机构改革。他同时指出，解决中小企业融资问题要通过金融改革，解决中小企业人才和技术问题要从教育改革入手。

刘民复委员代表民革中央发言时就加快西部开发问题提出了以新的观念促进发展，加快城镇化进程，增加农民收入，改变西部地区投资环境，加强西部基础设施和生态建设等多项建议。

陈耀邦委员在发言时说，建立、健全农业科技推广体系，是实现科技兴农的组织保证。为在改革中巩固和健全县乡两级农技推广机构，建议正确进行分类指导，防止"一刀切"；明确两类职能，安置分流人员；推进体制创新，增强一线力量；加大财政投入，推动机制创新。

刘枫委员发言提出，抓紧制定长江三角洲发展的总体规划，适时出台加快长江三角洲发展的政策，推动长江三角洲区域内的合作和交流，加速长江三角洲的经济发展，应该及早提到我国新阶段经济发展的重要议事日程。

全国政协十届一次会议主席团常务主席王忠禹、帕巴拉·格列朗杰、李贵鲜、丁光训、白立忱、罗豪才、张克辉，秘书长郑万通出席会议。

中共中央领导同志分别参加十届全国人大一次会议代表团审议

中共中央总书记胡锦涛，中共中央政治局常委、书记处书记曾庆红，中共中央政治局常委黄菊，中共中央政治局常委、中央纪委书记吴官正，中共中央政治局常委李长春,分别参加了十届全国人大一次会议江苏、浙江、内蒙古、山西、河南代表团的审议。

今天是国际劳动妇女节,胡锦涛代表党中央,向出席“两会”的女代表、女委员,向全国广大妇女,致以节日的祝贺和诚挚的问候。

在江苏代表团,胡锦涛认真听取大家的发言,并不时与代表们就有关问题进行讨论。在听了李源潮、王荣、洪天慧、严少华、肖同友、严以新等15位代表发言后,胡锦涛说,在促进中西部地区加快发展的同时,我们仍然要进一步推动东部发达地区加快发展。有条件的地方发展得更快一些,努力在全面建设小康社会的基础上率先基本实现现代化。胡锦涛希望江苏的同志们抓住机遇,用好机遇,乘势而上,只争朝夕地把各项工作做好,努力走出一条符合江苏实际的加快发展路子,在改革开放和现代化建设的征程上不断取得新的优异成绩,充分发挥“排头兵”作用。

在浙江代表团,曾庆红仔细听取代表们的发言,并不时插话,同大家进行热烈讨论。曾庆红说,党中央最近一再强调抓住机遇、乘势而上,与时俱进、乘胜前进,联系浙江实际,乘势而上就是要在全面建设小康社会的过程中,争取率先基本实现现代化。因此,要坚持因势利导加快发展,成绩面前找差距,确定奋斗新目标。要坚持发挥优势加快发展,以发展的新思路强化优势,以改革的新突破和开放的新局面扩大优势,以各项工作的新举措增添新优势。

在人民大会堂内蒙古厅,代表们发言踊跃,各抒己见。在听取代表们发言后,黄菊说,西部大开发战略实施3年来开局良好。国家通过一系列的政策措施,有力地促进了西部地区的发展。我们要抓住这一历史机遇,找准加快开发和发展的着力点,充分发挥地区比较优势,把国家的总体战略与内蒙古自治区的实际结合起来,促进和加快整个地区的发展。

在山西代表团,代表们围绕会议议题,结合实际,畅所欲言。吴官正在充分肯定山西在改革发展稳定方面取得的显著成绩后,着重就解决老百姓身边的不正之风问题发了言。他说,推进党的作风建设,核心是保持党同人民群众的血肉联系。腐败分子是极少数,但是以权谋私、与民争利、铺张浪费等不正之风在相当一部分基层单位都不同程度地存在,直接影响群众的生产生活,引起民愤民怨,必须坚决予以纠正和查处。深入开展反腐倡廉,既要把领导干部尤其是县处级以上领导干部中发生的腐败案件作为重点,继续保持查办违纪违法案件的强劲势头;也要着力解决少数干部侵害群众利益的问题,切实纠正和查处涉及群众治病、子女就学、农民负担等人民群众所关心问题中的不正之风,坚决维护人民群众的根本利益,以优良的党风带动和促进政风和社会风气的好转。

在河南代表团,代表们踊跃发言,会场气氛热烈。在认真听取代表们的发言后,李长春说,学习贯彻十六大精神,关键是要从实际出发,与时俱进,开拓创新,紧紧抓住发展这个执政兴国的第一要务,加快全面建设小康社会的步伐。全面建设小康社会,重点难点都在农村,要下气力解决好“三农”问题,加快农业和农村经济结构调整,千方百计增加农民收入。要发扬艰苦奋斗的作风。焦裕禄精神和林县“红旗渠”精神,体现了中华民族艰苦奋斗、顽强进取的优良传统,体现了“三个代表”重要思想,符合“两个务必”的要求,是极为宝贵的精神财富,在新世纪、新阶段要很好地发扬光大,为全面建设小康社会提供强大精神动力。回良玉、刘云山、肖扬等分别参加了审议。

十届全国人大一次会议在人民大会堂举行记者招待会

国家计委副主任王春正和国家计委副主任、国务院西部开发办副主任李子彬,就国民经济发展和西部开发问题回答了中外记者的提问。

中央电视台记者问:积极的财政政策是在特殊的经济环境下采取的特殊措施,实际上是一种扩张性的财政政策。今年国债发行规模是1400亿元,比去年少100亿元,这是否意味着积极的财政政策正在淡出?

王春正:积极的财政政策就其实质来说确实是扩张性的财政政策,就是用增加财政支出来刺激投资需求和消费需求。5年来共发行了长期建设国债6600亿元,这些建设资金的投入既拉动了投资需求,也扩大了消费需求,对国民经济保持稳定较快发展起到了关键性的作用,但也相应地扩大了财政收支的差额。

目前国内需求不足的问题仍然存在,在这种情况下,继续实行积极的财政政策和稳健的货币政策,有利于扩大国内需求。去年国债发行规模是1500亿元,其中100亿元结转到今年,所以今年国债发行规模跟去年大体相当。今年少发行100亿元,并不表明积极财政政策要淡出。

《人民日报》记者问:中国实施扩大内需政策已经5年了,去年全社会固定资产投资增长达到16.1%,为什么说当前仍然存在需求不足的问题?

王春正:去年投资增长幅度和最近几年比较起来是不低的,达到了16.1%,但还应该看到,投资需求还有很多问题需要研究,其中一个很重要的方面就是投资主体。投资主体应该是企业。尽管国有企业的投资能力在提高,但是,投资持续增长的机制还不完善。另外,从社会投资角度看,私营、个体投资增长的潜力还有待进一步开掘。所以完善投资持续增长的机制还需要一个过程。

需求不仅包括投资需求，也包括消费需求。现在消费需求不足的问题还比较明显，特别是农民增收难的问题还相当突出。这对扩大整个消费需求还是有影响的。所以，从这几个方面来看，我们需求不足的问题仍然存在。

香港《太阳报》记者问：已经和准备发行的国债资金是否都用在国家建设上？有没有被挤占、挪用和贪污的情况发生？这方面有没有监管的措施？

王春正：国债建设资金对我们国家来说是非常宝贵的。如何用好国债建设资金，中央有关部门、各个地方都十分重视。对国债项目，各个地方都是精心设计、精心管理的。同时，各个地方对国债资金的使用都建立了比较严格的责任制度，同时计划、财政、监察、审计等部门对国债项目加强了监督、检查和审计，国债建设资金使用情况总的来说是好的。当然，个别地方确实发现过挤占、挪用国债资金的问题，尽管所占比重极小，但对这些问题发现一起，严肃查处一起。

在谈到西部开发问题时，李子彬说，西部大开发战略实施以来，西部地区与东部地区经济增长速度的差距已由1999年的1.5个百分点缩小到2002年的0.6个百分点。

李子彬说，3年来，我国在西部地区加大了在基础设施、生态环境方面的投资力度，带动西部地区经济加快发展，固定资产投资的速度也在加快。2000年到2002年，西部地区的国内生产总值年均增长9%，比1999年的7.2%明显加快。固定资产投资年均增长18.8%，比全国平均水平高出近6个百分点。由于历史、自然条件和地理位置以及社会的原因，西部地区人均国内生产总值仅是东部沿海地区的40%，经济发展水平的差距较大。实施西部大开发战略，目的就是要缩小地区差距，实现地区间的协调发展。

李子彬说，缩小东西部经济水平差距，需要较长一段时间的努力。最近3年，西部地区经济有逐渐加快发展的趋势，但主要是中央的资金投入起到了带动作用，西部地区经济的自我发展能力还不够强。随着投资环境的优化，国外资金、国内资本将越来越多地进入这块土地，西部将呈现更加快速发展的趋势，东西部差距将逐步缩小。

针对缩小城乡差距问题，王春正说，缩小城乡差距是我们全面建设小康社会的难点和重点所在。

去年我国城镇居民人均收入实际增长13.4%，而农村居民人均收入实际增长仅为4.8%，该问题引起中外传媒的极大关注。王春正指出，农业问题、农村经济问题，特别是农民增收问题，是我们经济社会发展的重中之重。中国城乡差别是长期形成的，解决这个问题需要一个过程。

王春正说，朱镕基总理的政府工作报告以及曾培炎的计划报告、项怀诚的财政报告中，对“三农”问题都十分重视。“三农”问题关系全局，不能懈怠，必须抓紧解决。

王春正说，今年国家在缩小城乡差距及缩小城乡居民收入差距方面，将着重做好四项工作：首先是加快农村经济结构战略调整和农产品结构调整，生产适应市场需求的优质农产品。二是加快农村改革，特别是税费改革，这项改革去年在20个省市区试点，今年将在全国普遍试点，这是减轻农民负担的重要方面。另外，还要深化粮、棉流通体制的改革。三是加强农村基础设施建设、包括“一大”、“六小”工程，改善农民生产生活条件。四是继续推进城镇化，为农村富余劳动力向城镇合理流动创造条件。此外，还要加大扶贫开发、以工代赈的力度，更好地解决贫困农民的温饱问题。

全国政协十届一次会议在人民大会堂举行记者招待会

5位全国政协委员就扶贫与西部开发问题回答中外记者的提问。这5位政协委员是：国务院扶贫开发领导小组副组长吕飞杰，国务院西部地区开发领导小组办公室副主任王志宝，农业部副部长齐景发，宁夏回族自治区政协主席任启兴，全国工商联副主席郑跃文。

20年来我国扶贫开发成就瞩目

在回答记者关于扶贫工作进展的问题时，吕飞杰说，20多年来，我国扶贫开发取得举世瞩目的成就，农村贫困人口从1978年的2.5亿人减少到2002年的2820万人。扶贫重点县农民人均年纯收入达到1305元，比1986年增长5倍多，并解决了一批集中连片地区的温饱问题。

吕飞杰说，虽然我国农村贫困发生率已下降到3%，低收入人口占农村人口的比例只有6.2%，但绝对数量还不少。国家将继续加大扶贫开发力度，走可持续发展之路，用发展的办法解决贫困问题，大力调整结构，发展特色农业，引导农民进入市场。我国有700万贫困农民需要移民，将在今后十几年分期分批推动。具体是从5个方面来推进：第一，加大投入，将在西部开发国债资金中拿出相当一部分资金用于生态移民，也就是扶贫移民。第二，坚持自愿移民原则。第三，移民城镇建设要配套。第四，使移民有稳定的收入。第五，各种政策要配套，让他们迁得出，稳得下，富得起来。

应降低门槛切实解决农民“贷款难”问题

吕飞杰说，扶贫贷款是国家支持扶贫的一个重要手段。从1986年开始，扶贫贷款从23亿元增加到去年的185亿元，十几年间，国家总投入扶贫贷款1250亿元，占整个中央扶贫资金的60%。针对农民反映的贷款难问题，政府将采取三大措施加以解决：第一，进一步发挥农村信用社的作用。第二，简化银行和信用社手续，降低门槛。第三，扶贫工作机构或者政府在组织产业化经营、组织民营合作经营组织中为农户提供担保贷款。今年，人民银行、农业银行和国务院扶贫办将在农村小额信贷上有更大的动作，准备抓紧进行试点。

生态环境建设要与农民脱贫致富相结合

有记者问，西部大开发在提出保护生态的同时，如何兼顾农民？王志宝说，生态环境建设是西部开发的头等重要任务，也是西部开发的根本和切入点。在西部开发中，只有把西部生态环境建设与农民脱贫致富结合起来，才能确保生态环境建设成果的巩固，最大限度调动群众参与的积极性。

他指出，西部开发生态环境建设主要用工程形式加以推进，主要是四大工程：天然林保护工程、退耕还林工程、防沙治沙工程、草原封育工程。这四大工程的总投入有5000多亿元，都是国家通过提供粮食、现金以及种苗补助等形式无偿发给农民，直接增加农民收入。通过林草兼种、林药兼种、林果兼种等生产模式，不但确保了生态环境建设，也大大增加了农民收入。

1:0.51：西部农村居民收入仍亟待提高

在回答记者关于农村居民人均收入的提问时，齐景发说，2002年，全国农村居民人均纯收入是2476元，比上一年增长4.8%。2001年东、西部地区农村居民人均纯收入之比是1:0.51，2002年大体也是这个比例。对于东部地区和西部地区农村经济发展的不平衡，国家已采取了不少措施。国家实施西部开发战略，主要是增加对西部农业、农村经济的投入，安排专门的西部国债来支持西部地区与农民生产、生活相关的一些基础设施建设项目；同时，推进农村税费改革，切实减轻农村居民负担，试点地区农村居民负担平均减轻30%。但现在东部地区和西部地区农民人均纯收入差距仍然较大，特别是西部地区农民收入低的问题，国家高度重视，并将继续采取切实措施进一步解决这个问题。

光彩事业开展9年，1万多名企业家到西部投资

在回答记者提问时，郑跃文说，在我们国家，政府扶贫是主流，全国工商联也积极响应号召，发起了光彩事业，鼓励企业家到西部扶贫。光彩事业开展9年，有1.1万多名企业家到西部投资。现在投资项目有7377个，到上个月为止，投资到位总金额314亿元，给地方捐赠是47亿元，并且解决了约150万人的培训和130万人的就业，同时帮助了350万人脱贫。他说，这种企业扶贫的模式已经得到国际社会特别是联合国的肯定，认为是中国特色的一种扶贫模式，并向国际社会广泛推广。随着西部大开发的深入，政策会越来越好，相信企业家到西部投资将会越来越多。

吕飞杰委员、任启兴委员还分别就扶贫标准、宁夏的扶贫开发等问题回答了中外记者的提问。

国家计委等部门联合发布《工程建设项目施工招标投标办法》

《工程建设项目施工招标投标办法》强调，任何单位和个人不得强制招标人编制、报审标底，或干预其确定标底；招标项目可以不设标底进行无标底招标。《工程建设项目施工招标投标办法》将于2003年5月1日实施。

外交部部长唐家璇在联合国安理会关于伊拉克问题的会议上发言阐述中国立场

唐家璇说，4个月前，安理会本着团结、合作的精神，在这里一致通过了第1441号决议。这项决议的通过，充分体现了安理会销毁伊拉克大规模杀伤性武器的决心，也如实反映了国际社会希望政治解决伊拉克问题的意愿。正因为如此，决议在世界各国受到了普遍欢迎和广泛支持。

唐家璇说，切实落实安理会有关决议，全面、彻底地销毁伊拉克的大规模杀伤性武器，是摆在我们面前的一个艰巨任务。值得高兴的是，在联合国监核会和国际原子能机构的不懈努力下，武器核查工作不断拓展和深入。从两机构的报告看，第1441号决议的执行情况总体上是好的，是有进展和成效的。诚然，核查进程中也还有问题和困难。这也再次说明核查是十分必要的。我们相信，只要朝着政治解决的方向走下去，销毁伊拉克大规模杀伤性武器的目标是能够实现的。

唐家璇指出，第1441号决议来之不易。在当前形势下，我们既需要决心和勇气，更需要耐心和智慧。为此，安理会尤其需要保持团结与合作，以利于维护安理会的权威和地位。我们要求安理会继续给予两机构的核查工作以有力的指导和支持，继续核查、弄清问题，直至其完成第1441号决议的授权。同时，我们也敦促伊拉克政府进一步采取有效措施，切实加强与核查人员的实质性合作，为政治解决问题创造必要的条件。目前没有理由关闭和平的大门。因此，我们不赞成搞新的决议，尤其是含有授权动武的内涵的新决议。

唐家璇说，伊拉克问题关系到海湾地区乃至世界的和平与发展。解决伊拉克问题，必须充分考虑各国的共同利益，充分考虑人类发展的长远利益。进入21世纪，和平与发展仍然是时代的主题，世界各国都面临

着维护和平,走向发展、繁荣的共同任务,也都迫切需要一个稳定、安宁的国际环境。

唐家璇最后强调,万物人至上,万事和为贵。过去几个月来,在这个大厅里,我们已经多次听到了联合国广大会员国关于政治解决伊拉克问题的强烈要求。在这个大厅外,我们也听到了各国人民"要和平,不要战争"的正义呼声。安理会的权力来自于联合国所有会员国,来自于各国人民。我们没有理由不为这些强烈的要求和呼声所动。从对历史负责出发,从维护各国人民的共同利益出发,中国政府强烈呼吁安理会切实负起责任,竭尽全力避免战争,坚持不懈地实现政治解决。

外交部部长唐家璇在联合国会见美国国务卿鲍威尔就伊拉克问题等交换意见

外交部部长唐家璇在联合国分别会见俄 法 英三国外长

唐家璇说,联合国监核会和国际原子能机构负责人在最新报告中表示,对伊核查工作已开始取得实质性进展,这是一个积极迹象。我们认为,安理会没有理由放弃核查。同时,伊拉克也应更积极、主动地提供实质性合作。中方支持法、俄、德共同提出的备忘录和三国外长近日发表的联合声明。我们不赞成安理会现在搞新决议,尤其是有授权动武含义的决议。

俄罗斯外长伊万诺夫高度赞赏俄、中两国在伊拉克问题上的合作,表示和平解决伊拉克问题的可能性完全存在。目前安理会毫无必要通过授权动武的新决议。试图用战争手段解决问题是不明智的。俄愿与各方一道,推动在联合国框架内政治解决伊问题。

法国外长德维尔潘赞同唐家璇的看法,感谢中方对三国备忘录和外长联合声明的支持,强调对伊核查正取得进展,反对安理会通过授权动武的新决议。

英国外交大臣斯特劳表示理解中方立场,愿同中方保持联系。

外交部部长唐家璇在联合国分别会见多国外长

唐家璇会见了由巴林、黎巴嫩、突尼斯、埃及、叙利亚五国外长及阿盟秘书长穆萨组成的阿拉伯外长委员会代表团,就伊拉克及中东问题深入交换看法。双方一致认为,应当继续对伊武器核查,争取政治解决伊拉克危机。

同日,唐家璇外长还会见了安理会本月轮值主席、几内亚外长法勒。

农工民主党十三届二次中常会在北京举行

3月9日

国家主席江泽民应约与英国首相布莱尔通电话就伊拉克问题交换意见

国家主席江泽民和西班牙国王胡安·卡洛斯就中西建交30周年互致贺电

政协十届一次会议主席团常务主席会议第一次会议在北京举行

中共中央政治局常委、政协十届一次会议主席团常务主席会议主持人贾庆林主持会议。

会议审议了政协十届一次会议选举办法草案,政协十届全国委员会主席、副主席、秘书长、常务委员候选人名单草案,政协十届一次会议政治决议草案,政协十届一次会议关于政协九届常委会工作报告的决议草案和提案工作情况报告的决议草案,决定将上述草案提请政协十届一次会议主席团第二次会议审议。

政协十届一次会议秘书长郑万通、中共中央统战部部长刘延东分别就有关草案作了说明。

政协十届一次会议主席团常务主席王忠禹、阿沛·阿旺晋美、帕巴拉·格列朗杰、李贵鲜、张思卿、丁光训、霍英东、马万祺、白立忱、罗豪才、张克辉、周铁农出席会议。

政协十届一次会议主席团第二次会议在北京举行

中共中央政治局常委、政协十届一次会议主席团会议主持人贾庆林主持会议。

会议审议并原则通过了由政协十届一次会议主席团常务主席会议第一次会议提交的政协十届一次会议选举办法草案,政协十届全国委员会主席、副主席、秘书长、常务委员候选人名单草案,政协十届一次会议政治决议草案,政协十届一次会议关于政协九届常委会工作报告的决议草案和提案工作情况报告的决议草案,决定将上述草案提交全体委员讨论和酝酿协商。

根据选举办法草案,政协第十届全国委员会主席、副主席、秘书长、常务委员采用等额选举的办法产生。大会选举采用无记名投票方式。

受中共中央委托,中共中央统战部部长刘延东就中共中央向政协十届一次会议推荐的新一届全国政协主席、副主席、秘书长、常务委员人选建议名单作了说明。

刘延东说,选举产生新一届全国政协领导班子和常务委员会,是全国政协十届一次会议的一项重要任务,对于未来5年全国政协切实履行职能,认真贯彻中共十六大精神，把中国特色社会主义事业胜利推向前进，具有极为重要的意义。中共中央对第十届全国政协的换届人事安排工作十分重视。中共十六大闭幕后，中共中央政治局常委会和中央政治局立即对全国人大、全国政协换届人事安排工作进行了研究。中共中央认为，新一届全国政协领导班子应当是高举邓小平理论伟大旗帜，以“三个代表”重要思想为指导，在中共中央的领导下，充分履行政治协商、民主监督、参政议政职能，为全面完成十六大提出的各项战略任务而奋斗的领导集体。为此，中共中央提出，为推进国家领导机构和全国政协领导人员的新老交替，根据工作需要，现全国政协领导机构中的一批老同志将退下来，充实一批相对年轻的同志。新一届全国政协领导人员人选中，应有各方面的领导骨干，也应有特定界别的代表性人物，还应有女同志和少数民族同志。

刘延东说，中共中央按照民主集中制的原则，采取集体领导、民主集中、个别酝酿、会议决定的方式，在广泛听取党内外各方面的意见，包括各民主党派中央、全国工商联负责人和无党派人士以及有关领导同志的意见，反复酝酿，认真研究的基础上，经中共中央政治局常委会和政治局全体会议讨论，提出了第十届全国政协领导人员人选建议名单，并于2月26日召开民主协商会，就人选建议名单同各民主党派中央、全国工商联领导人和无党派代表人士进行了协商。中共十六届二中全会审议通过了这个推荐人选名单。

据介绍，十届全国政协拟提名主席人选1名；副主席人选24名，比九届减少7名；秘书长人选1名；常务委员人选299名。

刘延东说，这次全国政协换届，由于年龄、职务变动等原因，九届全国政协领导人员中有17位同志不再提名，他们为我国的改革开放和现代化建设事业，为人民政协的发展，为坚持和完善共产党领导的多党合作和政治协商制度，为推进全国政协领导人员的新老交替，作出了重要贡献。九届全国政协常务委员中有160名同志不再提名，5年来，这些同志认真履行职责，对政协工作倾注了大量心血。我们向他们表示崇高的敬意。

政协十届一次会议秘书长郑万通就有关草案作了说明。

政协十届一次会议主席团常务主席王忠禹、阿沛·阿旺晋美、帕巴拉·格列朗杰、李贵鲜、张思卿、丁光训、霍英东、马万祺、白立忱、罗豪才、张克辉、周铁农出席会议。

中共中央总书记胡锦涛在人民大会堂主持召开中央人口资源环境工作座谈会并发表重要讲话

党和国家领导人朱镕基、吴邦国、温家宝、贾庆林、曾庆红、黄菊、吴官正、李长春、罗干等出席座谈会。

胡锦涛在讲话中指出，十三届四中全会以来，以江泽民同志为核心的第三代中央领导集体，把实施可持续发展战略、推动经济发展和人口、资源、环境相协调摆在现代化建设全局的战略地位，制定和实施了一系列重大政策措施，推动人口资源环境工作取得了显著成效，积累了十分宝贵的经验。这些成就和经验，为我们进一步做好工作创造了有利条件。

胡锦涛说，十六大把实施可持续发展战略，实现经济发展和人口、资源、环境相协调写入了党领导人民建设中国特色社会主义必须坚持的基本经验，强调实现全面建设小康社会的宏伟目标，必须使可持续发展能力不断增强，生态环境得到改善，资源利用效率显著提高，促进人与自然的和谐，推动整个社会走上生产发展、生活富裕、生态良好的文明发展道路。

胡锦涛指出，我们要清醒地看到，我国是一个有近13亿人口的发展中大国，正处于并将长期处于社会主义初级阶段，解决好人口资源环境问题是一项长期的艰巨的任务，人口资源环境工作仍然面临着一些亟待解决的突出问题和严峻挑战。对此，全党同志务必高度重视，坚决克服盲目乐观、麻痹松懈和消极畏难的情绪，牢固树立可持续发展观念，不断增强人口意识、资源意识和环境意识，继续坚持不懈地把人口资源环境工作抓紧抓好。

胡锦涛强调，做好人口资源环境工作，必须坚持以“三个代表”重要思想为指导。人口资源环境工作关系经济社会的可持续发展，关系人民群众的切身利益和根本利益。各地区各部门都要全面贯彻“三个代表”重要思想和十六大精神，围绕实现全面建设小康社会的宏伟目标，进一步明确新世纪、新阶段人口资源环境工作的重点和方向。人口和计划生育工作，主要任务是稳定低生育水平，提高出生人口素质，同时要努力促进出生人口性别比的平衡，积极应对老龄人口、流动人口、就业人口增加带来的问题，为全面建设小康社会创造良好的人口环境。国土资源工作，要坚持开发和节约并举，把节约放在首位，在保护中开发，在开发中保护，最大限度地发挥资源的经济效益、社会效益和环境效益。环境保护工作，要着眼于人民喝上干净的水、呼吸清洁的空气、吃上放心的食物，在良好的环境中生产生活，坚持预防为主、防治结合，集中力量先行解决危害群众健康的突出问题。水利工作，要继续坚持全面规划、统筹兼顾、标本兼治、综合治理，坚持兴利除害结合、开源节流并重、防洪抗旱并举，对水资源进行合理开发、高效利用、优化配置、全面节约、有效保护和综合治理，下大气力解决洪涝灾害、水资源不足和水污染问题。

胡锦涛强调,人口资源环境工作必须尊重自然规律和社会发展规律。我们确定的工作重点、方向和各项措施只有符合客观规律才能取得成功。反之,脱离了客观实际,违背了客观规律,就难以取得成功,甚至可能带来严重后果,受到客观规律的惩罚。我们要善于从实践中总结经验、吸取教训,自觉地去认识和把握规律,不断提高工作水平。

胡锦涛强调,人口资源环境工作是强国富民安天下的大事,是全面建设小康社会的必然要求。各级党委和政府要坚持党政一把手亲自抓、负总责,完善目标管理责任制,坚持一级抓一级、一级带一级,确保责任到位、措施到位、投入到位。要真正做到有法可依、有法必依、执法必严、违法必究,把人口资源环境工作切实纳入依法治理的轨道。

胡锦涛强调,做好人口资源环境工作必须紧紧依靠人民群众。要坚持专门队伍和群众参与相结合的工作思路,把广大人民群众的积极性充分发挥出来,形成做好人口资源环境工作的广泛群众基础。只要充分调动和发挥人民群众的积极性,我们就能不断开创人口资源环境工作的新局面。

朱镕基在座谈会上就如何学习和贯彻胡锦涛总书记的讲话精神,切实做好人口资源环境工作讲了话。他着重强调了当前做好人口资源环境工作需要着力抓好的几项重点工作。他指出,要认真执行计划生育政策,稳定低生育水平,提高人口素质;严格保护和合理利用各种资源;继续加强环境保护和生态建设;切实搞好水资源管理和保护。各地方各部门要支持广大群众和新闻媒体对人口资源环境工作进行监督。广泛开展人口资源环境方面的警示教育,不断提高全民人口意识、资源意识和环境意识,增强走可持续发展道路的自觉性。

座谈会上,国家计生委主任张维庆、国家环保总局局长解振华、国土资源部部长田凤山、水利部部长汪恕诚分别汇报了有关人口资源环境工作的情况。福建省省委书记宋德福、陕西省省委书记李建国、重庆市市长王鸿举、江西省省长黄智权、山东省省委书记张高丽先后发了言。

出席座谈会的领导同志还有:王乐泉、回良玉、刘淇、刘云山、张立昌、张德江、俞正声、贺国强、王刚、姜春云、彭珮云、王忠禹等。

各省、自治区、直辖市主要负责人,中央和国家机关以及解放军、武警部队有关方面负责人出席了会议。

全国国土资源厅局长会议在北京召开

会议披露,我国目前已在31个省、自治区、直辖市全面推行了经营性土地资源使用权的招标、拍卖与挂牌转让,全国以此方式出让的土地面积占出让总面积的比例大幅上升,已由5年前的2%上升到2002年的15%,价款比例由20%上升到41.5%。同时,全国大多数省区还开展了探矿权、采矿权招标拍卖和挂牌转让试点。

国土资源部在打击违法批租、违法出让转让、非法入市、隐形交易以及违法开发利用土地资源的行为方面也取得了显著成效,5年来共查处各类案件60万起,处理违法乱纪人员近4000人,其中追究刑事责任260多人,有力地保护了国家资源。

民进十一届二次中常会在北京举行

中华情缘——民族传统文化艺术展在北京开幕

本次展览由国家民委文化宣传司、中华文化联谊会、澳门中华文化艺术协会、台北奥林匹亚文教基金会、香港中华文化促进中心及中华世纪坛发展基金会联合主办。展览共分中国各民族书画艺术、中国少数民族服饰、中国少数民族乐器、中国少数民族面具以及民族文物档案精粹5部分。

围棋选手孔杰七段在北京夺得第三届理光杯围棋赛冠军

百万青少年参加"保护母亲河日"环保行动

3月9日是第二个"保护母亲河日",全国各地近百万青少年纷纷以环保行动为母亲河奉献赤子情。

首都大学生环保社团在校园和附近的居民区里开展了为保护母亲河捐款、环保知识咨询等活动。上海苏州河沿岸,青年绿色志愿者开展环保咨询服务,向来往市民发放天天环保绿色承诺卡,倡导居民们用实际行动"创建国家园林城市,共筑绿色美好家园"。"关注绿城清水,保护生态环境、建设绿色江苏,创建美好未来"的环保短信,近日在江苏移动用户间传递。江苏省数万名青少年9日签名承诺:为实现"绿城清水"目标贡献力量。河南2000多名青年在黄河花园口共同营造"青少年保护母亲河生态工程林"。四川,长江主要支流岷江、沱江流域的重点城市,青少年环保志愿者深入街道、社区、公共场所,发放绿色环保承诺卡,清理白色垃圾,进行生态环保现场演示,开展环保监护活动。

3月10日

国家主席江泽民应约与美国总统布什通电话就朝鲜核问题和伊拉克问题交换意见

国家主席江泽民与德国总理施罗德通电话就伊拉克问题交换意见

十届全国人大一次会议在人民大会堂举行第三次全体会议

受九届全国人大常委会委托，全国人大常委会委员长李鹏向大会报告了常委会的工作。

2892名代表出席会议。会议通过了十届全国人大一次会议关于国务院机构改革方案的决定，通过了十届全国人大一次会议选举和决定任命的办法。

江泽民、胡锦涛、李岚清、吴邦国、温家宝、贾庆林、曾庆红、黄菊、吴官正、李长春、罗干等党和国家领导人出席会议。

会议经过表决，通过了十届全国人大一次会议关于国务院机构改革方案的决定。这一决定指出，十届全国人大一次会议听取了国务委员兼国务院秘书长王忠禹关于国务院机构改革方案的说明，审议了国务院机构改革方案，决定批准国务院机构改革方案。

会议表决通过的十届全国人大一次会议选举和决定任命的办法，是根据宪法和有关法律的规定制定的。这一办法规定，全国人大常委会委员长、副委员长、秘书长、委员的人选，国家主席、副主席的人选，中央军事委员会主席的人选，最高人民法院院长和最高人民检察院检察长的人选，由主席团提名，经各代表团酝酿协商后，再由主席团根据多数代表的意见确定正式候选人名单。

办法规定，国务院总理的人选，由国家主席提名；国务院副总理、国务委员、各部部长、各委员会主任、中国人民银行行长、审计长、秘书长的人选，由国务院总理提名；中央军事委员会副主席、委员的人选，由中央军事委员会主席提名。

办法规定，十届全国人大常委会组成人员的名额为175名。委员长、副委员长、秘书长共提名16名，进行等额选举。委员应选名额为159名，按照5%的差额比例，提名167名，进行差额选举，差额数8名。国家主席、副主席，中央军事委员会主席，最高人民法院院长，最高人民检察院检察长，进行等额选举。十届全国人大一次会议进行选举和决定任命，采用无记名投票方式。

大会执行主席王兆国主持会议。司马义·艾买提、许嘉璐、习近平、刘焯华、杨正午、孟建柱、闻世震等执行主席在主席台前排就座。

全国人大常委会委员长李鹏在十届全国人大一次会议上作全国人民代表大会常务委员会工作报告

各位代表：

我受第九届全国人民代表大会常务委员会的委托，向大会报告本届常委会五年来的主要工作，请予审议。

九届全国人大常委会任期的五年，是我国改革开放和社会主义现代化建设波澜壮阔的五年。在中国共产党领导下，全国各族人民高举邓小平理论伟大旗帜，以“三个代表”重要思想为指导，深入贯彻党的十五大、十六大精神，团结奋斗，开拓创新，经受住了各种困难和风险的考验，推动改革开放和现代化建设事业取得了巨大成就。五年来，全国人大常委会根据国家工作的大局，认真履行宪法和法律赋予的职责，各方面工作取得了新的进展，为加强社会主义民主法制建设，推进依法治国、建设社会主义法治国家的进程，保障和促进中国特色社会主义事业的顺利进行，作出了新的贡献。

一、立法工作取得显著成绩

五年来，常委会把加强立法工作、提高立法质量作为首要任务，共审议了124件法律、法律解释和有关法律问题的决定草案。其中，由常委会审议通过102件，由常委会审议后提请代表大会审议通过7件。另有4件有关法律问题的决定由代表大会审议通过。在前几届工作的基础上，经过不懈努力，构成中国特色社会主义法律体系的各个法律部门已经齐全，每个法律部门中主要的法律已经基本制定出来，加上国务院制定的行政法规和地方人大制定的地方性法规，以宪法为核心的中国特色社会主义法律体系已经初步形成。

宪法和宪法相关法规定我国的社会制度和国家制度、公民的基本权利义务，以及国家机构的组织、职责和活动原则。根据中共中央的建议，常委会提请九届全国人大二次会议审议通过的宪法修正案，确立了邓小平理论在国家生活中的指导地位，规定了我国社会主义初级阶段的基本经济制度和分配制度，确定了依法治国、建设社会主义法治国家的基本方略，使党的主张经过法定程序成为国家意志，为巩固改革发展稳定的成果，进一步推进我国改革开放和社会主义现代化建设，提供了宪法保障。总结我国立法工作的实践，制定了立法法，系统规定了国家的立法体制和立法程序，对规范立法活动，健全国家立法制度，维护国家法制统一，有重要意义，也推进了地方性法规统一审议制度的建立和完善。民族区域自治法的修改，对坚持和完善民族区域自治制度，促进民族地区经济和社会的全面发展，维护国家统一，巩固和发展平等、团结、互助的社会主义民族关系，具有重要作用。在村民自治经过十年实践的基础上，对村民委员会组织法进行修订，进一步扩大了农村基层民主，保障广大农民群众直接行使民主权利，调动了他们依法管理自己的事情、发展生产和创造自己幸福生活的积极性。根据历年来全国人大代表提出的议案,依据宪法和法律的规定,总结全国人大和地方人大在监督工作方面的实践经验,起草了监督法草案,就人大开展监督工作的指导思想和基本原则、监督宪法和法律的实施、听取工作报告等,作出了相应的规定。这个法律草案已经由常委会作了初步审议。

民法商法是规范民事和商事活动的基础性法律。常委会通过制定合同法,规范了市场交易规则,使我国市场经济条件下民事活动的法律制度更加完备。根据我国社会生活变化给婚姻家庭关系带来的新情况、新问题,修改了婚姻法,这对坚持一夫一妻的婚姻家庭制度,维护平等、和睦、文明的婚姻家庭关系,促进社会稳定,推进社会主义精神文明建设,起到了积极作用。制定农村土地承包法,以法律的形式赋予农民长期而有保障的土地使用权,有利于保持党在农村的基本政策的连续性和稳定性,促进农村和农业的发展,维护农村的稳定。专利法、商标法、著作权法的修改,适应了我国加入世界贸易组织的需要,进一步完善了保护知识产权的各项制度。证券法、招标投标法、信托法、个人独资企业法等法律的制定,确立了我国证券市场、招投标市场、信托事业、私营企业的基本制度和活动规则,维护了金融秩序,促进了公平竞争和非公有制经济的健康发展。在多年民事立法的基础上,经过大量调研论证,一部系统规范民事关系的民法草案,在本届任期内完成了起草任务,并由常委会作了初步审议,这是为建立我国完备的民事法律制度而迈出的重大步伐。

经济法是调整因国家对经济活动的管理所产生的社会经济关系的法律。常委会修改了产品质量法、会计法、税收征收管理法,针对经济活动中的突出问题,建立和补充了新的行为规范,加大执法力度,完善监管措施,保障了人民群众的生命和财产安全,维护了良好的经济秩序。通过修改农业法、制定种子法,巩固和加强了农业在国民经济中的基础地位,对建设现代农业,发展农村经济,增加农民收入,具有重要意义。土地管理法、草原法、水法的修改和海域使用管理法的制定,建立、健全了保护基本农田、维护草原生态和有偿使用资源的法律制度,为我国自然资源的永续利用,提供了法律保障。中小企业促进法和政府采购法的制定,有利于多种所有制经济共同发展,增加劳动就业,有利于提高财政资金的使用效益,从源头上遏制腐败。在修改知识产权法律的同时,分别对中外合资经营企业法、中外合作经营企业法、外资企业法、海关法、进出口商品检验法等进行了修改,使我国有关货物贸易、服务贸易、知识产权、投资措施的法律,与世贸组织规则相一致,维护了国家的经济利益和经济安全,进一步完善了我国对外开放的法律环境。

行政法是调整国家行政管理活动的法律。行政复议法的制定,健全了对行政行为的监督机制,有利于纠正违法和不当的行政行为,维护公民和法人的合法权益,促进依法行政。在总结各地多年实践和实施地方性法规经验的基础上,制定了人口与计划生育法,把这一基本国策上升为法律,这对于有效控制人口数量,提高人口素质,具有现实和深远的影响。高等教育法、国防教育法、民办教育促进法、国家通用语言文字法、科学技术普及法、执业医师法、药品管理法、文物保护法等一批法律的制定和修订,推动了科教兴国战略的实施,促进了教育、科学、文化、卫生事业的健康发展。常委会还制定了防沙治沙法、环境影响评价法、清洁生产促进法,修改了大气污染防治法、海洋环境保护法,加上以往制定的保护环境的法律,我国环境保护方面的法律基本完备,从而把生态环境的法制保护提高到一个新的水平。

社会法是调整劳动关系、社会保障和社会福利关系的法律。通过对工会法的修改,进一步肯定了工人阶级在我国政治生活和社会生活中的主人翁地位,对完善市场经济条件下的劳动关系,维护职工的合法权益,组织职工积极参加经济建设,具有重要意义。还制定了安全生产法、职业病防治法等,为防止和减少生产安全事故,预防、控制和消除职业危害,保护劳动者的健康安全,提供了法律保障。

刑法是规定犯罪和刑罚的法律规范。通过对刑法有关规定的修改和法律解释,为严厉打击邪教活动犯罪、恐怖活动犯罪和黑社会性质的有组织犯罪,惩处国家工作人员犯罪,以及破坏外汇、期货、财务会计管理等新的经济犯罪行为,维护国家安全和经济建设的正常秩序,保持社会稳定,提供了有力的法律武器。

诉讼和非诉讼程序法是规范因诉讼和非诉讼活动而产生的社会关系的法律。常委会根据海事活动的特点,制定了海事诉讼特别程序法。还制定了引渡法,为惩治犯罪的国际合作,提供了法律依据。

五年来,在总结前几届人大立法经验的基础上,本届常委会又采取了一些重要举措和做法,不断加强和改进立法工作,提高立法质量。

(一)坚持以宪法为依据,从我国社会主义初级阶段的基本国情出发搞好立法工作。我国目前生产力还不发达,地区发展不平衡,经济成分、利益主体等日趋多样化,经济和社会发展面临一些体制性障碍,立法工作必须以"三个代表"重要思想为指导,注意解决现行体制与立法要求之间的矛盾和差异,正确处理中央和地方、全局和局部、长远和当前、发达地区和欠发达地区的利益关系,防止和克服地方和部门的保护主义,维护好国家的整体利益和人民的根本利益。

(二)坚持把立法与国家改革、发展、稳定的重大决策更加紧密地结合起来。紧紧围绕国家的中心工作开展立法,集中力量,保证急需制定和修改的法律,以及形成法律体系必不可少的重要法律适时出台,使立法工作服从和服务于国家工作的大局。

(三)坚持立法工作的计划性,争取立法工作的主动性。按照到2010年形成中国特色社会主义法律体系的要求,确定本届任期的立法工作目标,做到年度有计划、五年有规划、长远有目标。

(四)坚持把修改原有法律与制定新的法律放在同等重要的位置。本届审议通过的法律共76件,其中41件是对法律的修改,从而把实践证明是成功的新经验和新认识及时用法律规定下来,使立法工作适应我国社会发生的广泛而深刻的变化,更好地发挥法律对现实生活的规范作用。

(五)坚持在做好立法工作的同时,把法律解释作为常委会的重要工作。在现有的9件法律解释中,有8件是本届常委会作出的,法律解释已经成为常委会立法工作的重要组成部分,这有利于增强法律的适用性,保证法律的正确实施。

(六)坚持从实际出发,尊重立法工作自身的规律。常委会在立法工作中既着眼于法律的现实可行性,又注意法律的前瞻性;既着眼于通过立法肯定改革成果,又注意为深化改革留有空间和余地;既着眼于加快国家立法的步伐,又注意发挥地方人大依法制定地方性法规的积极性;既着眼于立足于我国国情立法,又注意借鉴国外立法的有益做法。努力使法律内容科学规范,相互协调。

二、监督工作取得较大进展

五年来,常委会把监督工作放在与立法工作同等重要的位置,先后对22件法律和法律问题决定的实施情况进行了检查,听取并审议了国务院、最高人民法院、最高人民检察院的40个专题工作报告。各专门委员会也对一些法律的实施情况进行了检查,并听取了有关部门的工作汇报。通过监督,推动了宪法、法律的实施,促进了国务院依法行政、最高人民法院和最高人民检察院公正司法。

对法律实施情况进行检查,是常委会监督工作的基本形式之一。义务教育法的执法检查,推动了我国九年制义务教育和基础教育的发展。对农业法实施情况的检查,从1994年开始,先后进行了六次,结合听取和审议国务院关于加强农业基础地位和增加农民收入情况的专题工作报告,提出了改进执法的意见,对巩固农业的基础地位,促进农业与农村经济的发展,起了重要作用。围绕合理开发利用资源、保护生态环境,贯彻实施可持续发展战略,先后对大气污染防治法、水污染防治法、矿产资源法等的实施情况进行检查,推动了这些法律的实施。还对刑事诉讼法进行了执法检查,并就发现的普遍性问题和典型案件,要求公安、检察、审判机关采取有效整改措施,切实加以解决,有关机关逐件进行了查处,并将查处情况向常委会作了反馈。

听取和审议国务院、最高人民法院和最高人民检察院的工作报告,是常委会监督工作的另一种基本形式。常委会每年听取和审议中央决算的报告、中央预算执行情况和其他财政收支的审计报告、每年前八个月国民经济和社会发展计划执行情况的报告,还听取和审议了国务院关于改革开放、经济建设方面的其他一些报告,不断加强对预算工作和经济工作的监督。根据加强中央预算审查监督的决定和加强经济工作监督的决定,常委会加强了对经济运行情况的经常性分析,改进和规范预决算审查监督程序,推动国务院编制部门预算、细化预算和提前编制预算,开展部门预算审查监督,逐步加大对预算外资金和预算超收部分使用情况的监督力度。从2001年开始,国务院提交全国人大审查的部门预算已达26个部门。各省、自治区、直辖市人大也扩大了部门预算的审查范围。这对监督财政资金的有效使用,厉行节约,杜绝浪费,遏制腐败,发挥了重要作用。常委会还听取和审议了最高人民法院、最高人民检察院开展集中教育整顿情况的汇报,以及近年来公安队伍建设情况的汇报,对促进政法队伍的建设,起到了积极的作用。

加强法规的备案审查工作。本届任期内,国务院和地方人大向常委会备案的行政法规、地方性法规、自治条例和单行条例共3700多件,其中有些规定与宪法和法律相抵触的,已由有关专门委员会提出了纠正意见。常委会还根据立法法的规定,完善了法规备案工作的程序。

五年来,常委会围绕增强监督实效这一中心环节,不断改进监督工作,增强了监督的力度。

(一)注意把改革、发展、稳定中的重大问题,人民群众关心的热点难点问题,作为常委会监督工作的重点。亚洲金融危机后,常委会听取和审议了金融工作情况的报告;1998年特大洪水后,常委会听取和审议了大江大河流域治理和抗洪抢险工作的报告;为实施好积极的财政政策和稳健的货币政策,常委会听取和审议了长期国债投资使用情况的报告;根据国有企业三年基本脱困的要求,常委会听取和审议了国有企业改革情况的报告;常委会还根据人民群众的呼声和要求,围绕国有企业下岗职工再就业、社会保障、减轻农民负担、退耕还林、食品卫生、产品质量、义务教育等问题,听取工作报告和组织执法检查。可以说,围绕国家工作的大局,联系人民群众的切身利益,确定监督工作的内容,使监督工作有针对性、有重点,是五年来常委会开展监督工作最基本的经验。

(二)注意加强监督工作的计划性。常委会每年年初就提出执法检查和听取专题工作报告的计划,以便各有关部门提前做好准备。还根据改革、发展、稳定方面新发生的突出问题,适时增加法律监督或工作监督的安排。检查的法律和听取专题工作报告的数量不在多,而在于每年抓住几部实施中问题较多的法律,抓住几个人民群众普遍关心的问题,集中力量进行监督,并针对存在的问题举一反三,起到改进工作、警示后来的作用。

(三)注意克服形式主义,不断增强监督实效。能否把改进执法的措施落到实处,是检验监督效果的重要标志。常委会强调执法检查组要缩小规模,轻车简从,深入实际,深入基层,努力了解法律实施主管机关执法的真实情况;强调和地方人大一起,上下结合开展执法检查;强调人大监督要与群众监督、舆论监督结合,与督促执法机关解决法律实施中带普遍性的问题和纠正违法案件结合;强调有关部门要把改进执法的整改措施报告常委会,实行监督反馈制度。所有这些,都是为了使监督工作取得实实在在的效果。

(四)注意把监督工作与完善法律结合起来。常委会通过执法检查和听取工作报告,一方面督促有关机关严格执法;另一方面也重视发现法律本身不够完善的问题,或者已经不能适应新情况的地方,结合有关法律的修改工作,予以补充和修订。

(五)注意充分发挥专门委员会在协助常委会开展监督工作中的作用。专门委员会有专业性强、能经常开展工作的优势和特点,承担了常委会法律监督和工作监督的大量任务,无论开展执法检查,还是协助常委会审议专题工作报告,都提前介入,了解情况,提出监督重点,并在事后主动跟踪检查,督促有关部门提出改进执法的措施。各专门委员会还结合职责范围内的工作,组织执法检查或执法调研,听取有关部门的工作汇报,开展对法规的备案审查工作,为加强常委会的监督工作作出了贡献。

(六)注意监督工作的规范化、法律化。根据多年来开展预算审查监督和经济工作监督的实践,常委会制定了关于加强中央预算审查监督的决定和关于加强经济工作监督的决定;根据法规备案工作的实践,在立法法中就行政法规、地方性法规、自治条例、单行条例的备案审查,作了明确规定;制定监督法的工作也取得了进展。监督工作的规范化、法律化,是常委会加强监督工作的一项重要措施,也是人大监督工作得到加强的一个重要标志。

三、代表工作进一步加强

全国人大代表是最高国家权力机关的组成人员,充分发挥全国人大代表的作用,是做好常委会工作的基础和保证。常委会高度重视、认真办理代表们依法提出的各项议案。本届任期内,代表们提出的议案中,有365件属于立法议案,涉及需要制定和修改的法律131件。其中,有57件已经由常委会审议通过,有4件正在审议之中,还有11件已列入立法规划,正在抓紧起草。对代表们提出的建议、批评和意见,也已经由有关国家机关办理完毕,并逐件答复了代表,体现了这些国家机关对人民负责的精神。常委会还认真办理了人民群众的来信来访,妥善处理了群众反映比较突出的一些问题,并召开了信访工作座谈会,推动了信访工作的开展。

五年来,常委会还不断加强和改进代表工作,努力为代表执行职务创造条件。全国人大代表列席常委会会议已经制度化,扩大了常委会审议议案的民主基础。法律草案在征求部门、地方、专家意见的同时,征求有关全国人大代表的意见。委员长会议和各专门委员会组成人员到地方调研时,注意向当地的全国人大代表了解情况、听取意见。常委会组织执法检查,邀请全国人大代表参加。代表的视察方式也有改进,注意安排在京的全国人大代表回原选举单位参加视察,密切了代表与原选举单位的联系。去年是代表法颁布十周年,常委会召开纪念座谈会,进一步推动了代表法的贯彻实施。在本届常委会任期内,香港、澳门特别行政区的全国人大代表首次单独组团,参加最高国家权力机关的工作。港澳代表们多次到内地视察,了解国家改革、发展的情况,并以主人翁态度参与国家事务管理,在实践中积累了“一国两制”情况下,既参加行使国家权力,又关心港澳事务,发挥好自己作为全国人大代表作用的宝贵经验。

加强与地方人大的联系,总结地方人大的工作经验,共同推进社会主义民主法制建设,是本届常委会的一项重要工作。二十多年来,地方人大根据宪法和法律赋予的职责,与时俱进,开拓创新,在立法、监督、决定重大事项、联系人大代表和人民群众等方面,积累了很多好的经验和做法,有些工作走在全国人大常委会的前面。常委会及时总结地方人大工作中的成功经验,注意从中汲取营养,并将一些成熟的做法,经过法定程序,上升为国家的法律或决定。

选举权是公民最重要的政治权利。本届常委会任期内,乡镇人大和县级以上地方各级人大先后进行换届选举。常委会对此高度重视,在广泛调查研究的基础上,及时提出指导性意见,要求在选举工作中把坚持党的领导、充分发扬民主、严格依法办事有机统一起来，保证了换届选举工作的顺利进行。为了做好第十届全国人民代表大会代表的选举工作，常委会审议了第十届全国人民代表大会代表名额和选举问题的决定草案、香港特别行政区选举第十届全国人民代表大会代表的办法草案、澳门特别行政区选举第十届全国人民代表大会代表的办法草案，并提请九届全国人大五次会议通过了上述决定和办法。常委会还通过了第十届全国人民代表大会少数民族代表名额分配方案、台湾省出席第十届全国人民代表大会代表协商选举方案。1999年澳门回归祖国后，常委会主持选举了澳门特别行政区第九届全国人大代表。去年，常委会又依据香港特别行政区基本法和澳门特别行政区基本法的规定，主持了香港、澳门两个特别行政区第十届全国人大代表的选举工作，依法顺利选举出了拥护“一国两制”，遵守宪法，遵守香港基本法、澳门基本法，爱国爱港、爱国爱澳的香港、澳门两个特别行政区第十届全国人大代表。他们已分别组团，出席本次全国人民代表大会会议，参加最高国家权力机关的工作。

四、对外交往开拓了新的局面

加强全国人大同外国议会和国际议会组织的交往与合作，是我国外交工作的重要组成部分。五年来，根据国际形势的变化，按照我国外交工作的总方针和总体部署，结合人大工作的特点，常委会不断开拓对外交往的新局面。

议会交往形式灵活、接触面宽、影响广泛。常委会遵循请进来、走出去、以请进来为主的方针，依靠全国人大代表、常委会组成人员和地方人大，五年内共接待440多个外国议会代表团访华，其中有半数以上是由议长或副议长率团。一些原来对我国了解不多的人士，来华实地参观考察后，增进了了解，成为双边关系的积极推动者；一些原来对我国有误解或偏见的人士，根据耳闻目睹的事实，消除了一些误解，增强了进一步交往的愿望。我们还通过有计划地组团出访、进行立法调研和出席国际会议，特别是通过委员长会议组成人员同外国的高层接触，宣传了我国改革开放和现代化建设的大好形势，介绍了我国的人民代表大会制度和民主法制建设成就，阐明了我国在重大国际和地区问题上的原则立场和主张，同时也增进了对外国政治经济情况、议会体制和立法工作的了解。

五年来，全国人大同周边国家议会的关系进一步深化，有力地推动了睦邻友好关系的发展。同广大发展中国家议会的友好联系不断扩大，加强了在国际事务中的相互支持与合作。同俄罗斯联邦议会和独联体各国议会保持高层互访的良好势头，进一步丰富了双边合作的实质内容。同美国、法国、意大利、加拿大、澳大利亚等国议会建立了交流和磋商机制，本着相互尊重、求同存异的精神，坦诚交换意见，增进了解，扩大共识。我们还与中美洲和加勒比地区一些未建交国家的议会建立了联系。

积极参与议会多边外交活动，是全国人大开展对外交往的显著特点。在各国议会联盟于2000年召开的千年议长大会上，我国代表团阐述了对当前国际形势的看法，并倡议各国议联积极参与推动世界多极化和经济全球化的进程，重申了每个国家都是国际社会平等的一员，都有权选择符合本国国情的发展道路的主张，表示中国愿意同各国议会加强交流与合作，共同致力于建立公正合理的国际政治经济新秩序，得到了普遍赞赏和积极响应。2002年4月，我国成功地承办了亚洲议会和平协会第三届年会，会议发表的《重庆宣言》，以和平与发展为主题，集中反映了亚洲各国议会领导人的共识，充分体现了亚洲各国人民渴望和平、谋求发展的共同愿望和呼声。全国人大还先后举办了亚太地区议员环境与发展大会第六届年会和亚洲议员人口与发展论坛第七次大会，都取得了良好效果。

在议会交往中，全国人大各专门委员会和双边友好小组、友好协会发挥了积极作用。九届全国人大双边友好小组和友好协会由原来的46个增加到78个。各专门委员会根据自身业务需要，同外国议会对口委员会开展交流。外事委员会针对某些国家议会和个别区域性议会在人权、宗教、台湾等问题上侵犯我国主权、干涉我国内政的情况，先后发表36件声明、谈话和对外信函，及时阐明我国的严正立场和态度，坚定地捍卫了我国的主权和尊严。

五、法制宣传教育和人大工作宣传报道不断拓展

法制宣传教育和人大新闻宣传工作是人大工作的重要组成部分，加强这方面的工作，有利于人民群众了解人大工作、对人大工作进行监督，也有利于提高全社会对人民代表大会制度的认识，增强人民群众管理国家事务、行使当家做主权利的自觉性和积极性。

常委会始终把法制宣传教育放在重要位置。为继续深入地学习宪法、法律，推进各个方面的依法治理工作，常委会作出了在全体公民中实施法制宣传教育第四个五年规划的决定。去年，举行了首都各界纪念现行宪法公布施行二十周年大会，还举办了宪法知识竞赛，有几十万干部、群众积极参赛。配合“四五”普法，常委会工作机构编辑出版了《中华人民共和国法典》、《法律常识系列丛书》等一大批法律书籍和人大工作用书，研制开发了《中国法律、法规信息系统》等一批电子出版物。通过这些活动和工作，进一步强化了全民的宪法意识和法制观念，有效地推动了宪法和法律的贯彻实施。

对人民代表大会制度和人大工作的宣传报道进一

步加强。召开了通讯员工作座谈会，建立了通讯员队伍，中央主要新闻单位向常委会派出了常驻记者。组织了宣传人大制度好新闻评选和优秀通讯员评选，调动了各方面参与人大新闻宣传工作的积极性。改进和加强了对人大会议的报道，加大了闭会期间对人大工作经常性报道的力度。《中国人大》充实办刊力量，正在成为反映人大工作动态、交流人大工作经验的园地。支持《人民日报》、《法制日报》办好《民主与法制》、《人大视窗》周刊和中国人大新闻网站，协助新华社、中央电视台和其他主要新闻单位加强民主法制和人大制度的宣传。人大新闻宣传工作取得的这些成绩，与各新闻单位和广大新闻宣传工作者的努力和支持，是分不开的。

六、常委会自身建设逐步加强

加强自身建设，是常委会履行好宪法和法律赋予的职责的重要前提。五年来，常委会组成人员认真学习邓小平理论和“三个代表”重要思想，学习宪法、法律，不断提高依法履行职责的能力。适应工作需要，有针对性地举办了30次法制讲座，对于加强常委会立法、监督等各项工作，提高审议有关议案、开展执法检查的水平和效率，发挥了重要作用。

常委会重视作风建设。五年来，常委会和各专门委员会组成人员，以对人民、对国家高度负责的精神，认真履行职责，经常围绕审议的议题和立法、监督中的重大问题，深入实际，深入基层，开展立法和执法调研，加深对改革和建设中实际情况的了解，努力使常委会的工作符合客观实际，更好地代表最广大人民群众的根本利益。重视对人大工作中重大理论和实际问题的研究，组织力量，对中国特色社会主义法律体系进行了研究，提出了研究报告。结合立法法、监督法的制定，对立法制度和人大的监督制度、议事制度，也进行了研究。

常委会的工作制度建设不断改进。委员长会议处理常委会重要日常工作的作用进一步得到发挥。改革和完善了常委会会议的审议方式，法律草案的审议由一般实行两审制改为一般实行三审制；分组审议由原来的四个组调整为相对固定的六个组，以便常委会组成人员更充分地发表审议意见；对婚姻法修正案的审议采用了联组会议的方式；在研究文物保护法修订草案的过程中，采取了论证会的形式；改革了分组审议的记录方式。通过采取这些措施，扩大了常委会组成人员审议议案的民主，推动了常委会审议水平的提高。

常委会工作机构和办事机构的建设得到加强。新设立了预算工作委员会和澳门特别行政区基本法委员会。常委会机关按照精简、统一、效能的原则进行了机构改革，机关党委开展了以讲学习、讲政治、讲正气为主要内容的党性党风教育，加强了对机关干部的培训。机关各部门还建章立制，改善工作条件，开展信息化建设，努力提高为代表大会、常委会、委员长会议服务的效率和质量。

回顾过去的五年，常委会依法履行职责，立法、监督等各方面工作都有新的进展。常委会还依法任免了国家机关的一些工作人员，批准了同外国缔结的60件条约、协定和我国加入的公约，决定了一批国家重大事项。这些成绩，是在党中央正确领导下、经过常委会全体组成人员的共同努力取得的。五年来，全国人大各专门委员会协助常委会，做了大量富有成效的工作。各级人大代表和地方各级人大对常委会的工作，给予了热情的支持。国务院、最高人民法院、最高人民检察院对常委会的工作，给予了有力的配合。常委会机关的工作人员，也在各自的工作中付出了辛勤努力。在这里，我代表九届全国人大常委会，向大家表示衷心的感谢！

在总结本届常委会工作取得成绩的同时，我们也清醒地看到，虽然我们对任期内应该做的事情，努力去做了，并力争做好，但工作中仍有不足和差距。代表们关注的监督法、民法的制定工作，尽管提请常委会对草案进行了初步审议，但没有完成制定工作；执法检查还存在某些形式主义；监督工作的实效有待加强；代表工作和常委会自身建设也需要进一步加以改进。

各位代表：

九届全国人大常委会已经胜利地完成了自己的历史使命。五年工作的实践使我们更加深刻地认识到，人民代表大会制度是适合我国国情，保证国家兴旺发达、长治久安的根本政治制度，必须长期坚持下去。五年工作的实践，也使我们对如何坚持和完善人大制度、做好人大工作，有了更加深切的认识和体会。

第　，必须正确处理自觉坚持党的领导与发挥人大作用的关系。中国共产党是中国特色社会主义事业的领导核心，是执政党。党通过人大党的组织和在人大工作的共产党员，实施党对人大工作的领导，支持人大依法履行职责，充分发挥人大作为国家权力机关的作用。人大及其常委会要自觉地接受党的领导，在依法履行职责的过程中，全面贯彻党的路线方针政策，使党的主张经过法定程序成为国家意志，切实把坚持党的领导、人民当家做主和依法治国有机统一起来。这是人大工作必须始终坚持的最重大的政治原则，也是做好人大工作最根本的政治保证。

第二，必须正确处理人大与人民群众的关系。按照宪法规定，人大是民主选举产生的，对人民负责、受人民监督。作为代表人民行使国家权力的机关，人大一定要在工作中时刻牢记人民的重托，把最广大人民的根本利益作为人大工作的出发点和归宿。要保持同人民的血肉联系,了解人民的意见,倾听人民的呼声,反映人民的愿望,自觉地把人大工作置于人民的监督之下。只有这样,人大工作才有坚实的基础,才能保持蓬勃生机和旺盛活力。

第三,必须正确处理人大与政府、法院、检察院的关系。我国的国家机构是一个有机整体。各级政府、法院、检察院都由人大产生,对人大负责,受人大监督。人大通过制定法律、作出决议,统一行使国家权力,在这个前提下,政府严格依法行政,法院、检察院正确适用法律。这种国家机关间的合理分工、各司其职、密切配合,体现了国家机构实行民主集中制的原则,是人民代表大会制度这一根本政治制度的重要特征。人大与"一府两院"分工不同、职责不同,目标和任务是一致的,都是在党的领导下,共同建设中国特色社会主义。人大依照法律规定对"一府两院"实行监督,目的是为了督促"一府两院"依法行政、公正司法,把各项工作做得更好,保证把人民赋予的权力真正用来为人民谋利益。这种监督,既是对"一府两院"必要的制约,也是对"一府两院"工作的支持和促进。

第四,必须正确处理充分发扬民主与在民主的基础上实行集中的关系。民主集中制是一切国家机关开展工作的基本原则。常委会制定任何法律、作出任何决定,都必须走群众路线,广泛听取各地方、各部门和广大人民群众的意见,也都必须依照法定程序充分听取常委会组成人员的意见。只有这样,才能保证通过的法律和决定符合客观实际、切实可行,并且有广泛的民意基础。五年来,常委会十分注意表决前的协商过程,每一件法律案,一般都经过三审,有的还要经过四审、五审,才交付表决,做到既尊重少数人的意见,又维护少数服从多数的民主原则。这种在充分协商的基础上再依法进行表决、作出决策的民主,是我国人民代表大会制度的一大特色和优势。

第五,必须正确处理依法行使职权与不断开拓创新的关系。人大行使职权必须依法进行。同时,中国特色社会主义事业每日每时都在蓬勃发展,新情况、新问题层出不穷。加上人民代表大会制度在全国范围内建立至今,还不到五十年,这个制度中的一些具体制度还不成熟、还不定型。因此,人大的工作必须解放思想、实事求是、与时俱进。改革开放二十多年来,各级人大在依法行使职权的过程中,坚持从群众中来,到群众中去,不断通过实践,探索和创造好的经验和做法,并适时将这些经验和做法上升为法律、地方性法规,开创了人大制度建设和人大工作前所未有的崭新局面。今后,人大工作也必须从理论上和制度上开拓创新,才能不负人民的重托,更好地履行宪法和法律赋予的职责。

各位代表:

去年11月召开的中国共产党第十六次全国代表大会,科学总结了党领导人民建设中国特色社会主义的基本经验,实现了党的指导思想的与时俱进,提出了全面建设小康社会的奋斗目标,对我国新世纪、新阶段的改革和发展作出了全面部署。各级人大及其常委会要认真学习贯彻十六大精神,以马克思列宁主义、毛泽东思想、邓小平理论和"三个代表"重要思想为指导,认真履行宪法和法律赋予的职责,发展社会主义民主政治,建设社会主义政治文明,继续推进依法治国、建设社会主义法治国家的进程。

——要适应社会主义市场经济发展、社会全面进步和加入世贸组织的新形势,加强立法工作,提高立法质量,为到2010年形成中国特色社会主义法律体系继续作出努力。

——要继续把监督工作放在重要位置,紧紧围绕增强监督实效,加强对宪法和法律实施的监督,加强对国家行政机关、审判机关和检察机关工作的监督,进一步实现监督工作的规范化、法律化。

——要密切同人大代表、人民群众和地方人大的联系,更好地发挥人大代表的作用,鼓励地方人大开展开拓性工作,扩大公民对人大工作的知情权和有序参与,使人大工作更好地代表人民的意志,符合最广大人民群众的根本利益。

——要积极开展同外国议会和议会国际组织的交流与合作,增进了解,加强对话,求同存异,扩大共识,推动国家关系的发展。

——要加强常委会自身建设,努力建设一支高素质的机关干部队伍,以适应新形势下各级人大承担的繁重任务。

各位代表:

人类已经进入新的世纪,我国已经进入全面建设小康社会、加快推进社会主义现代化的新的发展阶段。回顾过去,我们为伟大祖国的日益繁荣而深感自豪;展望未来,我们对伟大祖国更加美好的前景充满信心。我们肩负的使命无比光荣,我们面临的任务艰巨繁重。让我们紧密地团结在以胡锦涛同志为总书记的党中央周围,高举邓小平理论伟大旗帜,全面贯彻"三个代表"重要思想,艰苦奋斗,恪尽职守,继往开来,与时俱进,为全面建设小康社会,推进中国特色社会主义事业,作出新的更大的贡献!

附件一:第九届全国人民代表大会及其常务委员会通过的法律、法律解释、有关法律问题的决定目录(略)

附件二:第九届全国人民代表大会常务委员会执法检查项目(略)

附件三：第九届全国人民代表大会常务委员会听取审议专题工作报告项目(略)

十届全国人大一次会议关于国务院机构改革方案的决定

(2003 年 3 月 10 日第十届全国人民代表大会第一次会议通过)

第十届全国人民代表大会第一次会议听取了国务委员兼国务院秘书长王忠禹关于《国务院机构改革方案》的说明，审议了《国务院机构改革方案》，决定批准《国务院机构改革方案》。

国务院机构改革方案

根据党的十六大提出的深化行政管理体制改革的任务和十六届二中全会审议通过的《关于深化行政管理体制和机构改革的意见》，这次国务院机构改革的主要任务是：

(一)深化国有资产管理体制改革，设立国务院国有资产监督管理委员会。

(二)完善宏观调控体系，将国家发展计划委员会改组为国家发展和改革委员会。

(三)健全金融监管体制，设立中国银行业监督管理委员会。

(四)继续推进流通管理体制改革，组建商务部。

(五)加强食品安全和安全生产监管体制建设，在国家药品监督管理局基础上组建国家食品药品监督管理局，将国家经济贸易委员会管理的国家安全生产监督管理局改为国务院直属机构。

(六)将国家计划生育委员会更名为国家人口和计划生育委员会。

(七)不再保留国家经济贸易委员会、对外贸易经济合作部。

改革后除国务院办公厅外，国务院组成部门如下：

1. 中华人民共和国外交部
2. 中华人民共和国国防部
3. 中华人民共和国国家发展和改革委员会
4. 中华人民共和国教育部
5. 中华人民共和国科学技术部
6. 中华人民共和国国防科学技术工业委员会
7. 中华人民共和国国家民族事务委员会
8. 中华人民共和国公安部
9. 中华人民共和国国家安全部
10. 中华人民共和国监察部
11. 中华人民共和国民政部
12. 中华人民共和国司法部
13. 中华人民共和国财政部
14. 中华人民共和国人事部
15. 中华人民共和国劳动和社会保障部
16. 中华人民共和国国土资源部
17. 中华人民共和国建设部
18. 中华人民共和国铁道部
19. 中华人民共和国交通部
20. 中华人民共和国信息产业部
21. 中华人民共和国水利部
22. 中华人民共和国农业部
23. 中华人民共和国商务部
24. 中华人民共和国文化部
25. 中华人民共和国卫生部
26. 中华人民共和国国家人口和计划生育委员会
27. 中国人民银行
28. 中华人民共和国审计署

根据《国务院组织法》规定，国务院组成部门的调整和设置，由全国人民代表大会审议批准。设立国务院国有资产监督管理委员会、中国银行业监督管理委员会，组建国家食品药品监督管理局，调整国家安全生产监督管理局的体制，将由新组成的国务院审查批准。

全国政协十届一次会议在人民大会堂举行第三次全体会议

中共中央政治局常委、全国政协十届一次会议主席团常务主席会议主持人贾庆林出席会议。

大会的执行主席是帕巴拉·格列朗杰、李贵鲜、丁光训、罗豪才常务主席。会议由罗豪才主持。

中共中央政治局委员、书记处书记刘云山、周永康，以及中共中央和国务院有关部门的负责人到会听取发言。

14 位委员先后作大会发言，就实施科教兴国战略、重视解决“三农”问题、促进祖国统一等问题发表了意见和建议。

吴正德委员在代表民盟中央发言时说，义务教育中存在的不公平现象已成为全社会关注的热点。他为此建议，各级政府应建立稳定的义务教育投入保障机制，防止校际义务教育资源差距继续扩大，政府加大对义务教育资源的监管力度。

赵乃岩委员在发言中提出，为有效解决高校毕业生就业难的问题，建议取消各种对毕业生就业的限制，大力拓宽毕业生的就业渠道；调整人才培养结构，从深层次上解决毕业生就业难问题；建立高校毕业生社会服务体系；鼓励高校毕业生到西部地区、农村和基层工作；鼓励毕业生自主择业。

吴伯明委员代表九三学社中央发言指出，要实施国家知识产权战略，大力培育我国核心竞争力。他建议加强知识产权战略的研究与运用，实行明确、有力的知识产权政策导向，进一步完善中国特色的知识产权法律体系，健全我国知识产权工作体系，积极参与知识产权国际规则的调整，为实施知识产权战略创造良好环境和条件。

董力委员代表工会界发言说，企业拖欠职工工资问题已到了非解决不可的时候。发言建议加强政府对拖欠职工工资问题的管理与监察；完善法律、法规，明确除不可抗力之外，凡是拖欠职工工资都属违法行为；发挥工会组织和职工依法参与和监督企业工资支付的作用。

黄璜委员在发言中讲述了他在农村调查研究中发现的一些问题，建议各级领导机关切实按照党的十六大要求，高度重视基层、热忱关心基层、尽力帮助基层。

赵勇委员代表共青团中央发言时指出，为最大限度地开发进城务工青年人力资源，要抓紧制定出台保障进城务工青年权益的政策法规，把他们的培训纳入职业教育规划和预算，尽可能多地吸纳进城务工青年参与城市化进程，扶持和推动中心城镇建立进城青年返乡创业园。

陈宗兴委员在代表农工民主党中央的发言中说，要充分认识新形势给人口工作带来的新变化，转变只重视降低人口出生率的观念，正确处理控制人口数量、提高人口质量、优化人口结构之间的关系。

江蓝生委员在发言时就加强哲学社会科学工作提出建议：进一步加强全党、全社会对哲学社会科学的重视，逐步理顺对全国哲学社会科学的领导体制，建立国家级哲学社会科学表彰和奖励制度，进一步增加对哲学社会科学研究的投入，有效解决哲学社会科学人才待遇偏低问题。

江家福委员在他与郝文明委员的联合发言中说，必须从全面建设小康社会的高度，加大扶持力度，从根本上支持人口较少民族的经济社会发展。他为此提出抓紧制定规划、进一步加强政策研究等5条具体建议。

张海迪委员在发言中说，我国有1000万肢体残疾者需要无障碍设施，应该关心无障碍设施建设，加强无障碍设施管理。

刘亦铭委员在代表台盟中央与全国台联发言时，呼吁台湾当局遵从台湾人民的意愿，早日响应祖国大陆的主张，抛开政治因素的影响和干扰，从两岸人民的福祉出发，本着互惠互利、共同发展的原则，加强两岸往来和交流，增进相互理解和信任，积极创造两岸经济发展的新局面。

来自香港的杨孙西委员在发言中说，香港若与内地联手发展新装备制造业，加强投融资、高新技术等各个方面的合作，取长补短、互通有无，将能提高合作各方在全球范围内的竞争力，为香港经济的转型和发展，也为内地企业和庞大劳动大军创造机会。

澳门特别行政区全国政协委员颜延龄在发言时指出，妈祖信仰文化蕴含着两岸同胞对国泰民安的共同期盼，而两岸和平，祖国统一，则是最大的平安。妈祖信仰文化作为两岸重要的精神纽带，需要弘扬，并通过弘扬，为祖国的和平统一作出贡献。

潘贵玉委员代表民进中央发言时说，弘扬和培育民族精神是实现中华民族伟大复兴的必然要求。随着经济全球化趋势进一步增强，我国开放程度进一步扩大，必将受到世界各种思潮的影响，只有不断弘扬和培育民族精神，才能使人民“始终保持昂扬向上的精神状态”，去实现全面建设小康社会的宏伟目标。

全国政协十届一次会议主席团常务主席王忠禹、张思卿、白立忱、张克辉、周铁农，秘书长郑万通出席会议。

中央军委主席江泽民参加解放军代表团全体会议并发表重要讲话

中共中央总书记、国家副主席、中央军委副主席胡锦涛等出席了会议。

吴青田、戴清民、郑守增、杨业功、许和震、柴家科等代表就贯彻“三个代表”重要思想、加强部队党的建设，军队信息化建设，加快军队院校改革与发展等问题发表了意见。

江泽民认真听取代表们的发言并发表了重要讲话。他在分析了国际形势后强调，全军同志特别是各级领导干部一定要牢记我军的根本职责，扎实做好军事斗争准备，全面提高我军高技术条件下的防卫作战能力，为国家的安全统一和全面建设小康社会提供坚强有力的保障。

江泽民指出，十六大提出了全面建设小康社会的宏伟目标，对建设中国特色社会主义经济、政治、文化和党的建设等各项工作作出了全面部署。我军作为体现党和国家政治优势的重要力量，历来是党的理论、路线、方针、政策的模范实践者。学习贯彻“三个代表”重要思想和十六大精神，军队要走在前列，切实把思想统一到党的基本理论、基本路线、基本纲领、基本经验上来，把力量凝聚到完成十六大提出的奋斗目标和各项任务上来。

江泽民说，改革开放20多年来，我国现代化建设的一条重要经验，就是坚持国防建设与经济建设协调发展的方针，在经济发展的基础上推进国防和军队现代化。这条宝贵的经验要长期坚持下去。军事战略必须服从和服务于国家发展战略。国防现代化作为我国现代化事业的重要组成部分，要在国家发展的总目标下进行规划和实施，必须紧密配合国家经济建设的大局,坚持在大局下行动,使国防建设在国家财力增加的基础上不断有所发展。

江泽民指出,全军同志要增强大局观念,积极为全面建设小康社会贡献力量。今年,全军部队开展了学习实践“三个代表”重要思想、为全面建设小康社会作贡献的教育活动。这个活动的主题和形式都很好,要注意结合国家和军队改革的实际,结合官兵的思想实际,增强针对性,提高实效性。这些年来,全军部队积极参加国家经济建设,援建地方重点工程,出色完成了抢险救灾等各项任务,为国家现代化建设作出了重要贡献。今后要一如既往地做好这方面的工作,特别是要发挥自身优势支援西部大开发,为国兴利,为民造福。

江泽民说,我军在维护国家安全和社会稳定中肩负着重要使命,务必保持高度的政治警觉。要重视从思想上、政治上掌握部队,严密防范各种敌对势力的渗透破坏,通过强有力的思想教育和管理工作,确保部队的集中统一和高度稳定。要积极协助地方做好维护社会稳定的工作,广泛开展拥政爱民活动,模范执行党的民族政策和宗教政策,做到军政军民心连心,万众一心地为全面建设小康社会而奋斗。

江泽民强调,当今世界,以信息技术为核心的高新技术的发展,极大地改变了人们的生产、生活方式和国际经济、政治关系,同时也有力地促进了世界新军事变革的发展。信息化是当代科技革命、社会变革最重要的推动因素,也是新军事变革的本质和核心。现代战争形态正由机械化战争向信息化战争转变。我们要积极推进中国特色的军事变革,使我军适应当代科学技术和新军事变革加速发展的形势,加快推进军队的各项改革和建设,实现我军由机械化半机械化向信息化的转变,全面提高我军的实战能力。江泽民指出,推进中国特色的军事变革,必须按照实现信息化的要求,科学确立我军建设的战略目标、发展思路和具体步骤。要坚持以信息化带动机械化,以机械化促进信息化,实现机械化、信息化建设的复合式发展,完成机械化、信息化建设的双重历史任务。要发挥军事理论的先导作用,创新军事理论和作战思想,更好地指导和推动我军信息化建设和军事斗争准备。推进中国特色的军事变革,必然给我军建设的各个领域带来深刻变化,也必然需要我们进一步思考和解决一些深层次的矛盾和问题。必须坚持解放思想、实事求是、与时俱进,使我们的思想认识从那些不合时宜的观念、做法和体制的束缚中解放出来,通过艰苦扎实的工作,力争在本世纪中叶完成信息化建设的战略任务。

江泽民强调,培养大批高素质新型军事人才,是中国特色的军事变革的重要内容,也是推进这一变革的重要保证。必须下大气力抓好人才战略工程,重点抓好指挥军官队伍、参谋队伍、科学家队伍、技术专家队伍和士官队伍。我军是一支善于学习的军队,是一所大学校,历来有注重学习、教育人、培养人的光荣传统。我们要大兴学习之风,在全军部队形成一个学习科学理论和现代科学文化知识的热潮,为我军现代化建设和军事斗争准备提供强大的人才和智力支持。

中央军委委员梁光烈、廖锡龙、李继耐也出席了会议。

全国人大常委会委员长李鹏参加重庆代表团全体会议

会议在人民大会堂重庆厅举行,黄镇东、金烈、陈忠林、马正其、涂安祥、韩德云、黄席樾、黄奇帆等代表围绕全国人大常委会工作报告踊跃发言。他们认为,九届全国人大常委会任期的5年,在立法、监督、加强人大自身建设、对外交往等方面都取得了显著成效。全国人大常委会工作报告内涵丰富、求真务实。5年来,全国人大及其常委会在立法、监督等方面的经验,是一份弥足珍贵的财富。

李鹏说,虽然中国特色的社会主义法律体系已经初步形成,但是立法工作是一个动态的过程,需要随着经济、社会的发展,不断制定新的法律,修改已经过时的法律,法律体系还要不断发展和完善。立法工作也需要与时俱进,在这方面还任重道远。监督工作要注重实效,对存在的问题,要加强跟踪了解整改的情况。

李鹏说,地方人大在立法、监督等方面,有些工作走在全国人大常委会的前面。近几年,地方人大在立法、监督、重大事项决定、干部述职评议等方面,开展了有益的探索,积累了很好的经验,并取得了较好的效果。他希望地方人大今后继续加强探索和实践,多做一些开拓性的工作。全国人大也要及时总结地方人大工作中的成功经验,注意从中汲取营养。

李鹏说,现在全国各级人大代表有300多万人,全国人大代表近3000名。他们都是建设中国特色社会主义的中坚力量,要注意发挥好他们的作用。我们的人大代表,是从人民中产生的,工作、生活在群众中,密切联系群众。如何发挥好代表的作用,特别是发挥好代表在闭会期间的作用,现在还没有完全解决好,是一个需要研究的课题。

李鹏说,党的十六大报告提出,要建设社会主义政治文明。社会主义政治文明的内涵十分丰富。建设中国社会主义民主政治,要坚持党的领导、人民当家做主和依法治国的有机统一。依法治国,建设社会主义法治国家,是建设社会主义政治文明的重要内容。只有创造一个良好的法制环境,才能保证人民群众享受充分的民主和自由。在这方面，要做的工作还很多。

中共中央政治局委员、书记处书记、中组部部长贺国强参加审议。

中共中央领导同志分别参加十届全国人大一次会议代表团审议

中共中央政治局常委、国务院副总理吴邦国，中共中央政治局常委黄菊、李长春，中共中央政治局常委、国务委员罗干分别参加了十届全国人大一次会议新疆、四川、辽宁、湖南代表团的审议。

在新疆代表团，吴邦国认真听取各位代表的发言，不时插话，还仔细询问了新疆维吾尔自治区地震灾区抗震救灾情况。他说，以西气东输、青藏铁路、西电东送等重点工程的全面开工为标志，西部大开发已经进入一个新的重要阶段。西部各省区要紧紧抓住机遇，以重点工程的全面实施为契机，充分发挥本地区能源、矿产、森林、草地等资源丰富和自然景观优美、民族风情独特的优势，加强交通等基础设施和生态环境的建设，积极调整产业结构，将资源优势转化为经济优势，集中力量办成一些对西部地区发展有重要影响的大事，办好一些对改善人民生活有切实作用的实事，进一步增强民族团结，维护边疆稳定，促进西部地区经济和社会的全面发展。

在四川代表团，代表们围绕会议议题，结合本省实际，认真进行讨论。在听了代表们的发言后，黄菊说，全面建设小康社会，必须紧紧抓住发展这个执政兴国的第一要务。四川在西部大开发中的实践充分证明，各省区虽然在地理位置、基础条件、发展水平等方面存在差异，但是只要以“三个代表”重要思想为指导，坚持发展是硬道理，把改革开放作为发展的强大动力，做到一切从本地区的实际出发，用创新的思路找到工作的突破口，用发展的办法解决前进中的问题，就一定能走出一条适合本地区的加快发展之路。

在辽宁代表团，代表们发言踊跃，会场气氛热烈。在认真听取代表的发言后，李长春说，近些年，在党中央、国务院的正确领导下，辽宁省干部群众在困境中奋起，在开拓中前进，取得了好成绩。他说，要紧紧围绕振兴老工业基地的实际，把学习贯彻十六大精神不断引向深入，为振兴老工业基地提供强大精神动力。要始终保持与时俱进的精神状态，继续深化国有企业改革，增强搞好国有企业的信心。要坚持“两个毫不动摇”，为公有制经济和非公有制经济的发展都创造良好的社会舆论环境。要发挥科技作为第一生产力的作用，坚持走新型工业化道路，特别是大力发展先进的技术装备工业，焕发老工业基地的青春。要采取有力措施，切实做好再就业工作，把“三个代表”重要思想贯彻到方方面面的工作中去。

在湖南代表团，代表们各抒己见，气氛十分活跃。罗干边听边记，并不时插话。他说，实施依法治国方略首先要有法可依。我国以宪法为核心的中国特色社会主义法律体系已初步形成，基本上做到了有法可依。实行依法治国要有法必依，一切政党、国家机关、社会团体、企事业单位、公民都必须依法办事，任何组织和个人都不能置身于法律之外。实行依法治国还必须做到执法必严，违法必究。执法是依法治国的关键。当前我国行政执法和司法领域有法不依、执法不严、徇私枉法的现象还比较突出，地方和部门保护主义的问题时有发生，少数行政执法和司法人员中存在腐败现象和不正之风。解决这些问题，一是要加强社会主义法制建设，推进司法体制改革；二是各级执法机关和执法人员要严格依法行政和公正执法；三是要加强队伍建设和对执法活动的监督，确保司法公正。

王乐泉、铁木尔·达瓦买提、彭珮云、何鲁丽、司马义·艾买提、李铁映等分别参加了审议。

十届全国人大一次会议在人民大会堂举行中外记者招待会

农业部部长杜青林和国务院发展研究中心副主任陈锡文就农业和农村工作回答了中外记者的提问。

有记者问，对我国当前的农业和农村经济形势怎么看？杜青林说，过去的5年，农业和农村经济取得了丰硕的成果，是我国农业发生历史性变化的重要时期，也是中国农业发展史上一个具有划时代意义的关键时期，农业和农村经济形势发生了六大趋势性的变化。更为可喜的是，在农产品价格持续低迷的情况下，5年来，农民的人均收入平均每年增长了3.8%，去年增长了4.8%，实现了持续恢复性增长的态势。有记者提问，为什么把推进优势农产品区域布局作为今后一个时期农业结构调整的突破口？陈锡文说，只有把农产品放在最适宜它生产的地区和自然环境中进行生产，才能获得质量最好的农产品；主要农产品形成集中产区，有利于促进农户进行专业化的生产，有利于农业的科技进步和提高农户的经济收入；主要农产品形成集中产区以后，有利于促进农产品的市场建设，有利于推动农产品加工业的发展；这种指导和管理方式对于中国农村形成适合社会主义市场经济的管理体制具有非常重要的意义。

杜青林在回答记者关于税费改革的问题时说：我们在20个省、市、区进行了税费改革的试点，农民减负一般都在30%以上。现在的问题是税费改革发展不平衡。基层普遍存在“食之者众、生之者寡”的问题，换句话说就是吃饭的人太多。解决这个问题，一条是发展经济、增加收入；另一条是实行配套改革，精简机构，减少吃闲饭的人。在精简机构的同时，转变政府职能和工作作风。

陈锡文在回答农民增收为什么困难的问题时说，这几年农民收入增长缓慢，其中一个最突出的表现就是，农民来自农业方面的收入增长困难。一是农产品供过于求、价格下跌；二是城市居民收入提高，消费结构变化，用于农产品方面的开支减少。造成这种情况的重要原因是，我国城镇化进程滞后，购买商品农产品的城市消费群体相对比重太低。如果这样一种大格局不改变，农民从农业中增收是非常困难的。

在回答农民的社会保障问题时，陈锡文说，目前的国情、国力下，要把近8亿农村人口都纳入统一的社会保障体系，应该说暂时是做不到的。但是，对农民的社会保障问题，中国政府还是倾注了很大的精力。20年来，中央一贯强调要稳定农村土地承包制度，这部分承包到户的土地，实际上是现在中国大多数农民最可靠的生活保障。

杜青林在回答有关中国农产品质量安全状况的问题时说，我国政府高度重视农产品质量安全，采取了许多有效措施。中国的农产品质量总体来说是好的，特别是食品的安全是有保证的。

杜青林说，近两年来，我们在北京、天津、上海、深圳4个城市开展了“无公害农产品行动计划”。去年4月份和11月份，定期对这4个城市的农产品进行了检验。检验的结果是，这4个城市蔬菜产品的合格率都达到95%以上。今年我们将在全国省会城市、计划单列市全面实行“无公害农产品行动计划”。我们要采取综合措施，对农产品的质量进行管理和控制，千方百计让人们吃上放心的食物、用上合格的农产品。

陈锡文在回答如何就2002年的情况看待加入世贸组织对中国农业的冲击时说，2002年我国粮食出口量明显大于进口。但是需要特别指出的是，去年的背景是全球谷物减产导致价格飙升，这是一个特殊情况。国际市场粮食更多进入中国的压力仍然存在。

国务院新闻办发布《西藏的生态建设与环境保护》白皮书

前言

中国西藏自治区位于青藏高原的主体，地势高峻，地理特殊，野生动植物资源、水资源和矿产资源丰富，素有“世界屋脊”和“地球第三极”之称。这里不仅是南亚、东南亚地区的“江河源”和“生态源”，还是中国乃至东半球气候的“启动器”和“调节区”。

中国政府高度重视西藏的生态建设与环境保护，为加强西藏的生态建设与环境保护，促进西藏经济、社会可持续发展，提高各族人民的生活质量，作出了巨大的努力。半个多世纪以来，西藏的生态建设与环境保护作为西藏现代化建设的一项重要内容，与经济发展、社会进步、人民生活的提高同步推进，取得了重大成就。回顾西藏生态建设与环境保护事业发展的历程，展示西藏生态建设与环境保护的现状，昭示西藏可持续发展的前景，有助于澄清人们对西藏生态环境问题的误解，增进对西藏的了解。

一、西藏生态建设与环境保护事业的发展

西藏自治区面积122万平方公里，平均海拔在4000米以上，有着独特的自然生态和地理环境。西藏的气候自东南向西北由暖热湿润向寒冷干旱呈递次过渡，自然生态由森林、灌丛、草甸、草原到荒漠呈带状更迭。复杂多样的地形地貌和特殊的生态系统类型，为生物多样性营造了天然乐园。

20世纪50年代以前的旧西藏，长期处于封建农奴制的统治之下，生产力发展水平极其低下，基本处于被动适应自然条件和对自然资源的单向索取状态，根本谈不上对西藏生态环境客观规律的认识，也谈不上生态建设和环境保护问题。19世纪下半叶起，一些外国探险家和科学家在青藏高原进行过各种考察和调查；20世纪30年代，中国科学家也在青藏高原进行过考察和调查，但总体上说，他们对青藏高原特殊自然生态环境的认识还不全面、不系统。

西藏生态建设和环境保护起步于西藏和平解放以后，并随着西藏现代化建设的发展而得到发展。

——和平解放开启了科学认识、主动保护和积极建设西藏生态环境的进程。1951年西藏和平解放之初，为了揭开青藏高原的奥秘，促进西藏的社会进步与发展，中央人民政府就组织“政务院西藏工作队”（1958年，在此基础上成立“中国科学院西藏综合考察队”），对西藏的土地、森林、草场、水利和矿产资源进行考察和评价，提出了科学开发利用的意见，从而开启了科学认识、利用和保护西藏生态环境的进程。

与此同时，改善西藏高原生存条件的生态建设和环境保护逐步开展起来。国家派遣林业技术人员对雅鲁藏布江流域部分地区进行考察，并在拉萨市西郊七一农场开展育苗造林试验，为在西藏开展大规模植树造林、改善生态奠定基础。1959年实行民主改革以后，西藏以乡土树种为主，掀起了大规模的群众性义务植树活动。植树造林工作的开展，使西藏人民实现了由千百年来被动适应自然，进入主动改造自然的质的飞跃。

1965年9月西藏自治区人民政府正式成立以后，生态建设和环境保护工作伴随着人民民主政权各方面工作的开展纳入议事日程，得到组织上的保证。1975

年西藏自治区环境保护领导小组和办公室成立，1983年正式成立自治区城乡建设环境保护厅，此后，组织机构和管理体制不断完善，西藏的生态建设和环境保护工作逐步走上良性发展轨道。

有关青藏高原的科学考察活动全面铺开，对西藏自然生态环境的认识更加系统、深入，生态建设开始取得实质性进展。中国科学院制定了《青藏高原1973—1980年综合科学考察规划》，于1972年在兰州首次召开了“珠穆朗玛峰地区科学考察学术研讨会”，其后，有关青藏高原自然生态环境的各类综合性、专题性学术会议不断召开。一大批学术成果相继问世，仅一套《青藏高原综合科学考察丛书》就达31部42册，约1700万字。这些科研成果，为西藏在经济建设和发展中更好地利用自然资源，不断改善人类生存环境提供了科学依据。1977年，国家农林部组织了对西藏全区的第一次全面森林资源清查。1978年起，为适应造林绿化的需要，各地先后建立苗圃近50个，引进、驯化、培养了数十种适宜西藏生长的造林绿化树种。

——改革开放使西藏的生态建设和环境保护事业的发展走上法制化的道路。改革开放后，生态建设和环境保护随着西藏现代化的发展日益受到重视，西藏的生态建设和环境保护事业在法制化的轨道上不断得到发展。1982年到1994年的13年间，西藏自治区人民代表大会常务委员会、西藏自治区人民政府及政府各部门颁布实施的生态建设和环境保护类地方性法规、政府规范性文件、部门规章等共计30余件，形成了比较系统的地方性环境保护法规体系。从内容上看，既有涉及生态与环境保护的综合性法规，如《西藏自治区环境保护条例》，也有涉及生态与环境保护各个领域的，如土地管理、矿产资源管理、森林保护、草原保护与管理、水土保持、野生动物保护、自然保护区管理、污染治理等方面的专项法规，基本上涵盖了生态与环境保护的各个领域，做到了有法可依。

国家直接投资建设了以改善生态环境为重点的“一江两河”（雅鲁藏布江、拉萨河、年楚河）中部流域农业综合开发工程项目，取得了明显的生态效益。政府专门制定了在荒山、荒坡、荒滩地区植树种草实行“谁开发，谁经营，谁受益，长期不变，允许继承”的政策，鼓励人民群众植树造林和种草，保证了人民群众在改善生态方面应有的权益。西藏相继开展并完成了对土地资源、野生动植物资源、植物资源和昆虫资源、湿地资源等生态环境现状的调查。生态环境科学研究开始关注人类活动对生态环境影响的监测和跟踪，开展了如西藏“一江两河”中部流域农业综合开发生态环境遥感动态监测、西藏粮食中有机氯残毒污染普查、工业污染源调查等方面的工作，并提出了污染防治的相关政策措施。

改善生态、保护环境的宣传教育广泛开展、深入人心。广播、电视、报纸、互联网等宣传媒体都把造林绿化、保护野生动植物、保护环境作为重要栏目，加大宣传报道力度。世界湿地日、植树节、地球日、世界环境日、世界防治荒漠化与干旱日等重要纪念日受到西藏各界的关注。生态建设和环境保护的知识进入课堂，“绿色学校”创建活动全面开展。

——中央政府的关心、全国人民的支持，使西藏的生态建设和环境保护事业进入新的阶段。1994年，中央政府召开第三次西藏工作座谈会，作出了中央关心西藏、全国支援西藏的重大决策，有力地推动了西藏生态建设和环境保护事业的快速发展。

国家环保总局自20世纪90年代以来组织全国环保系统支援西藏环保能力建设，帮助建设了自治区、拉萨市、日喀则市、昌都地区环境监测站，帮助培训了大批环保技术、管理人员，帮助编制了生态保护与污染治理规划。国务院在1998年和2000年制定的《全国生态环境建设规划》和《全国生态环境保护纲要》，对西藏的生态建设和环境保护工作给予了高度重视，将青藏高原冻融区作为全国八大生态建设区之一，进行专门规划，提出明确的建设任务和建设原则。据此，西藏自治区人民政府于2000年制定了《西藏自治区生态环境建设规划》，对西藏的生态环境建设进行全面规划和部署。国家实施西部大开发战略后，中央政府于2001年召开第四次西藏工作座谈会，进一步加大了对西藏生态建设投资力度，西藏从实现可持续发展的角度出发，明确把发展旅游、绿色农业等作为推动地区经济增长的支柱产业。

国家加大对西藏生态建设和环境保护的投入，加强了生态环境领域的执法监督。统计表明，1996年以来，中央政府仅在西藏生态建设项目方面的投资就达3.68亿元。与此同时，天然林资源保护工程、退耕还林还草工程、拉萨市及周边地区造林绿化工程、野生动植物保护及自然保护区建设工程等一大批生态工程项目相继实施，有效地改善了西藏的生态环境。

半个多世纪以来，西藏的生态建设和环境保护事业从无到有，不断发展，实现了从自发到自觉，从被动到主动，从盲目到科学的质的飞跃。据国家有关部门2000年公布的生态环境状况公报，西藏的环境质量保持在良好状态，大部分地区基本处于原生状态，是世界天然环境最好的地区之一。

二、生态建设与生物多样性保护

半个多世纪以来，西藏自治区为生态建设和生物多样性保护作出了积极的努力，取得了显著成就。

——天然草地得到合理利用，草原生态保护积极有效。西藏是中国五大牧区之一，有天然草地8207万公顷，约占全国天然草地面积的21%，占西藏土地总面积的68.11%。根据全国首次统一草地资源调查，西藏拥有草地种类居全国各省、自治区之首，在全国18个草地类中，西藏就占有17个草地类。保护好草原生态，是保持青藏高原生态链完整有序的重要一环。

西藏的草地面积虽大，但载畜能力较低。在旧西藏，由于人口增长处于停滞状态，自然灾害频繁，每逢雪灾等天灾来临，往往造成大量人畜死亡，草场超载现象并不突出。西藏和平解放后，西藏的人均寿命显著提高，人口数量不断增加，草畜矛盾开始出现，保持草原生态平衡成为日渐突出的问题。为解决好人畜和草畜矛盾，西藏采取了一系列措施，加强天然草地的合理利用和生态保护。一是重点对天然草地开展围栏和水利建设，全面提高草地的产出水平和单位面积的载畜能力；二是实施草场责任制，按照以草定畜的原则，划定轮牧期、轮牧区和禁牧区，加大牲畜出栏，严禁草场的超载过牧，使天然草地得到有效保护；三是建设人工草地，减轻牲畜数量增加对自然草地的压力；四是运用科学手段，采取人工和生物等技术，加大对鼠害、虫害、毒草的预防和治理，维护草地的自然生态平衡；五是为加强西藏牧区草原建设，转变游牧民生产方式，加快牧区经济发展，提高牧民生活水平，从2001年起开始在西藏实施牧区草原建设、游牧民定居工程以及天然草原恢复和建设项目。这些措施既保障了农牧民收入和生活水平的稳步提高，又确保了草原生态的良性发展。

——保护天然林资源，开展植树造林，改善生态环境。西藏森林面积717万公顷，活立木蓄积量达20.91亿立方米，保存有中国最大的原始森林。为了保护西藏的生态环境，政府实行限额采伐，以严格控制森林的采伐规模，每年的商品性采伐量一直控制在15万立方米以内。同时，对采伐基地进行及时更新，恢复森林植被。在影响长江下游生态的江达、贡觉、芒康3个县实施西藏长江上游天然林资源保护工程，总面积达3.1万平方公里。在风沙危害和水土流失严重的金沙江、澜沧江、怒江上游及雅鲁藏布江流域的28个县实施退耕还林工程，规划退耕地造林5.2万公顷，宜林荒山荒地造林5.3万公顷，2002年已实施退耕地造林0.67万公顷，宜林荒山荒地造林0.67万公顷。政府还大力推行能源替代建设，营造薪炭林，推广太阳能以保护天然灌木植被。

植树造林已成为西藏广大人民的自觉行动。西藏自治区先后制定了《西藏自治区造林绿化规划》和《关于加快造林绿化步伐的意见》，全区人民共同努力，从改善人们的周边生活环境做起，从绿化庭院、街道、城市环境，到建设人类活动集中的河谷地带及各主要公路沿线绿色走廊，植树造林成效显著。据统计，50多年来，西藏人工造林7万多公顷，"四旁"（村旁、宅旁、路旁、水旁）植树9000多万株，种植经济林木150多万株。

工程造林和生态工程项目不断实施。拉萨及周边地区造林绿化工程、雅鲁藏布江防护林体系建设工程、芒康长江防护林体系建设试点示范工程、日喀则林业治沙示范工程等重点项目的实施，在很大程度上改善了所在区域的自然生态环境。从1996年开始，国家开始在西藏实施长江上中游防护林体系建设工程，截至2000年，共投入资金370多万元，积极支持西藏地方因地制宜地开展人工造林、封山育林，累计造林面积达1.3万多公顷，为改善当地群众生产生活条件发挥了良好的作用。隶属"一江两河"农业开发重点项目的雅鲁藏布江防护林体系建设工程实施后，形成了从上游的日喀则到泽当几百公里的人工林带，成为西藏一道新的亮丽景观，对雅鲁藏布江的水土保持起到了积极的作用。

通过对西藏天然林资源的有效保护和植树造林，西藏的森林覆盖率不断增加，从20世纪50年代的不足1%，上升到目前的5.93%，对生态环境改善起到了积极作用。据有关部门监测，由于人工植被增加，西藏的风沙天气明显减少，如：目前拉萨比30年前减少了32天；日喀则比30年前减少了34天；泽当比30年前减少了32天。

——水土流失综合治理成效显著。西藏高原属高寒草甸和草原区，水土保持能力差，水土流失问题较为严重。近50年来，通过植树造林和兴修水利等综合措施，西藏的水土流失得到有效治理。特别是近年来，国家和西藏自治区加大了治理水土流失的投资，并取得了良好的效果。截至2001年年底，国家在西藏已投入3680多万元，种植水土保持林5.3万公顷，种草6.7万公顷，治理水土流失面积1166平方公里，并启动了拉萨市曲水县热堆沟小流域综合治理工程，开展了江孜、尼木等县的水土保持综合治理工作。同时，西藏自治区制定了《西藏水土保持规划》等多部水土保持和水土流失综合治理规划，颁布了《西藏自治区水土保持项目管理办法》，把预防、监督、保护放到水土保持工作的首位，防止因人为活动而造成新的水土流失。为了使水土流失的综合治理更加科学，2001年，西藏自治区启动了投资6000多万元的水土保持监测网络建设，对全区的水土流失进行全面监测。

——防沙治沙工作取得积极效果。西藏的风沙活动历史悠久，特别是受全球气温变暖、造成臭氧空洞扩大的影响，近几年西藏出现雪线上升、湖泊干涸、草场退化的问题,局部地区出现草地退化、石质化、低质化等自然退化现象。为了有效遏制和治理草场退化、土地沙化,西藏以江河整治为基础,以小流域治理和退化草场荒漠化治理为重点,以建立比较完备的林业和草场生态体系为目标,采取乔、灌、草以及造林、封山育林和飞播相结合的措施,在江河周围以及草场退化、沙化严重的地区,大规模植树种草,恢复植被。在长江上游实施天然林保护工程,退耕还林、还草和湿地保护工程。2002年共安排退耕还林任务1.3万多公顷,当年中央补助种苗林费1000万元,给退耕还林农牧户补助粮食1500万公斤,生活费200万元。在拉萨周边地区实施造林绿化工程,在重要农业区推广农田林网化,降低风沙对土壤的侵蚀。这些治理措施,有效地控制了西藏土地沙化扩展的趋势。

——生物多样性保护取得重大进展。西藏是世界上生物多样性最典型的地区之一,是保障地球生物多样性的重要基因库。目前,西藏有野生植物9600多种,被列入《濒危野生动植物种国际贸易公约》(CITES)和国家重点保护的野生珍稀、濒危植物39种。西藏现有各类脊椎动物798种,昆虫类近4000种,已有125种被列为国家重点保护野生动物,占全国重点保护野生动物的1/3以上。约有600余种高等植物、200余种陆栖脊椎动物为青藏高原所特有。

50多年来,国家和西藏地方对西藏生物资源状况进行了详细的调查,摸清了情况,制定了科学的保护西藏野生动植物资源的规划和方案,并采取多种措施,有效保护珍稀野生动植物资源。按照国家有关法律、法规,西藏自治区建立了森林公安执法机构,成立了武警西藏森林总队,在青海、新疆、西藏3省区交界处组织开展了以保护藏羚羊为主的"可可西里一号行动"等专项行动,有效地打击了破坏野生动物资源的违法犯罪活动和盗猎行为。同时,国家每年投资数百万元用于西藏森林公安和森林防火基础设施建设,2002年还从国债投资中投入366万元专门用于打击盗猎藏羚羊重点整治工程建设,并加强保护野生动物的宣传。如今,保护野生动物已经成为西藏人民群众的自觉行动,一度十分猖獗的盗猎藏羚羊活动已基本得到控制。

50多年来,西藏没有任何物种遭到灭绝,生物多样性得到有效保护,生物种类不断丰富。国际动物研究界认为20世纪就已经绝种的西藏马鹿,20世纪90年代被重新发现,并且种群不断扩大。随着西藏不断扩大开放,一些过去没有的物种,如鲤鱼、鲫鱼、鳝鱼、泥鳅等水生动物,一些高产、优质的牛、羊、猪、鸡、鸭等家禽家畜,玉米、西瓜及各种蔬菜等高效农作物,都已从内地引进并在西藏蓬勃生长。

——自然保护区建设取得重大成就。建立自然保护区,是西藏加强生态建设与环境保护、实施可持续发展战略的重要举措。自20世纪80年代以来,西藏相继建立了70多处不同类型的自然保护区,其中国家级自然保护区3处(西藏还将新建国家级自然保护区4处),自治区级(省级)自然保护区15处。这18个自然保护区总面积为40.1万平方公里,占全区土地面积的33.4%,占全国自然保护区总面积的30.8%。此外,各地(市)还建立了50余个地市级自然保护区,初步形成了一个类型比较齐全,分布比较合理的自然保护网络。根据国家的总体规划和要求,西藏自治区人民政府正在实施《西藏自治区自然保护区发展规划(1996—2010)》,预计在2010年前在西藏建立28个自治区级以上自然保护区,届时,除海洋和海岸生态系统类型外的自然保护区在西藏均有分布。

在已建立的自然保护区内,严格限制经济开发等人为活动的影响,恢复自然生态系统,多数保护区的生态环境趋于稳定,并逐渐向良性循环的方向发展,使珍稀濒危物种的繁殖地、栖息地以及重要的生态系统,候鸟迁移的重要湿地以及具有重要科研价值的自然景观、地质遗迹和生物遗迹等得到了很好的保护。西藏拥有的125种国家重点保护野生动物,39种国家重点保护野生植物,以及典型的地质遗迹,在已建的自然保护区中均得到了很好的保护。西藏自治区有湿地面积600多万公顷,约占全区土地面积的4.9%,名列中国首位,其高山湿地是世界上独一无二的。根据有关部门监测,保护区内野生动物和植物种群数量明显增多,野生动物资源储量增长30%以上。一些消失多年的珍稀动物,又开始重返家园。在羌塘自然保护区,根据近几年的监测,西藏野驴、盘羊、藏羚羊等野生动物数量都有了不同程度增加,尼玛核心保护区藏羚羊就达4万—5万头。雅鲁藏布江中游河谷地区黑颈鹤自然保护区建立后,到此越冬的黑颈鹤数量逐年增加,约占全球黑颈鹤数量的80%左右。

三、经济发展中的生态建设和环境保护

西藏地区生态系统十分脆弱,抗干扰能力低,自我更新能力差,一旦遭到破坏,在很长时间内难以恢复。50多年来,西藏始终坚持可持续发展战略,坚持生态建设、环境保护和经济建设紧密结合、协调发展,在推动经济快速发展、人民生活水平稳步提高的同时,使生态环境也得到了有效保护。据最新监测结果,西藏目前的水环境、大气环境仍基本没有受到污染,城市大气中总悬浮微粒年均值浓度介于每立方米193—268之间。全区没有发生过大的环境污染事故,主要江河湖泊大多仍处于原生状态。

——农业生产和开发注重与环境保护、生态建设同步进行。西藏农业自然条件差,基础设施薄弱,粮食产出水平低，抵御自然灾害的能力差。为此，加强农业基础建设，改造中低产田，把改善农业的生态水平作为农业生产和开发积极追求的目标，西藏注重通过改善农业发展的生态环境来努力提高粮食产量。政府帮助农民改变千百年来传统的撂荒式的“白色休耕”等不利于保持水土的耕种习惯，实行粮草轮作等生物手段，提高土壤的肥力和水分涵养能力。在搞好农田水利基本建设的同时，推广农田林网化，降低风沙对土壤的侵蚀。经过不懈努力，西藏中部农业主产区的土地利用率大幅度提高，土壤侵蚀程度明显下降，支撑农作物生长的水热等自然条件得到改善。2000年，专家测定，这一地区农业综合生态环境评价指数比10年前提高了1.5个百分点。生态环境的改善促进了农业发展水平的稳定提高，到2001年，西藏农业已经连续14年获得丰收，粮食总产量达到98.25万吨，基本实现了自给。

国家投入巨资在西藏先后建设了一批农业综合开发项目，始终注意土地开发与改善生态相结合，做到土地面积的扩大与生态环境的改善同步进行。由中央政府直接投资12亿元建设的“一江两河”中部流域农业综合开发工程等重大建设项目，都把环境保护与生态建设作为项目建设的重点。有关部门对“一江两河”地区农业综合开发10年来的生态环境跟踪监测结果显示，由于生物措施和工程措施的有机结合，使开发区内的土地利用类型、利用率和人工植被面积显著提高，土地沙化、土壤侵蚀得到有效控制，生态环境质量综合指数普遍提高1—3个等级。农业综合开发，不仅取得了良好的经济效益，而且取得了十分显著的社会效益和生态效益。

——择优选择工业项目，加强污染防治。西藏的工业是和平解放以后逐步发展起来的。至今工业企业仍然很少，工业污染问题并不突出。为了尽量减少工业发展对生态环境产生的不利影响，西藏自治区政府对工业发展始终坚持发展与保护并重的原则，在发展工业的同时，努力做到经济效益、社会效益和环境效益相统一，决不为了单纯追求经济效益和填补空白而盲目上马工业项目。为了有效防治污染，政府积极采取了一系列污染防治措施，确保不因现代化工业的发展对生态环境造成破坏。一是通过调整产业结构、产品结构及技术改造进行工业污染治理，如拉萨皮革厂在从德国引进先进工艺设备的同时，配套引进了环保设施；拉萨重点水污染企业拉萨啤酒厂在技术改造中投入400多万元用于污水治理，现已实现达标排放。二是强化环境监督管理，对超标排放污染物的企业进行严格整顿。按照“上大关小”的产业结构调整原则，关闭了拉萨市区的6条污染严重的机立窑水泥生产线，并严格禁止污染严重的企业开工生产，淘汰国家明令禁止的落后工艺设备。

——加强对资源开发、重大基础设施建设项目的生态环境影响评价和管理。对一切新建、改建、扩建项目，一律实行环境影响评价后才能立项的政策，严格执行环境影响评价和“三同时”制度(指项目的污染防治设施与主体工程同时设计、同时施工、同时投产使用)，大中型建设项目的生态环境影响评价执行率达80%以上。西藏的罗布莎、香卡山铬铁矿产资源开发项目，都把生态环境保护措施作为资源开采的重点工作加以落实。举世瞩目的西藏羊卓雍湖水电站，从项目的确定、设计到施工建设，均充分考虑了生态环境保护。该电站自运行以来，没有因发电而造成湖水水位的下降，影响羊卓雍湖的自然生态环境。

——重视城镇生态环境综合治理，改善人口密集区域人类生存环境。城镇生态环境综合整治工作历来是西藏生态建设和环境保护工作的重点之一。为保证大气环境质量，西藏在城镇中积极推广使用无污染能源，逐步淘汰柴草、牛粪、燃煤、燃油等居民生活燃料，大力提高民用燃料气化率。到2001年，拉萨市、日喀则市石油液化气用户已发展至4.46万户，用气普及率达83%。同时，西藏还积极利用水能、地热能、太阳能和风能等清洁能源，初步形成了以水能为主、多能互补的能源建设利用格局，对保护生态环境起到了积极作用。全区对太阳能的推广使用，目前年折合标准煤13万吨。在城市公共绿地建设方面，拉萨市、日喀则市的绿化覆盖面积已达1693.6公顷，公共绿地面积有47.48公顷，建成区绿化率为23.5%。加强城镇上下水管网道建设和废弃物的处理工作，建成供水管道679.46千米、排水管道392.77千米；投资5127.94万元建设拉萨市城市垃圾卫生填埋场，其他各城镇的垃圾处理设施也正在积极规划建设中。

——大力发展旅游业等有利于生态环境保护的特色产业。发展对生态环境影响相对较小的特色产业，一直是西藏加快经济发展中的一项重要政策。西藏具有独特的自然地理环境和人文环境，发展旅游等第三产业，有得天独厚的自然优势。西藏自治区人民政府于1996年作出了《关于加快发展旅游业的决定》，把作为支柱产业之一的旅游业摆在突出位置，大力发展。2001年，全区接待国内外旅游者68.61万人次，实现旅游收入7.5亿元人民币，创汇4638万美元；旅游业直接从业人员6506人，间接从业人员超过3万人。旅游业在西藏国民经济中的地位日趋提高。与此同时，对旅游业这类污染小的行业，西藏也十分重视其发展中带来的破坏生态和环境污染问题。对旅游景区(点)产生的垃圾，旅游和环保部门采取积极措施，通过收集、分类、处理，防止污染生态环境。就连条件极其恶劣的珠穆朗玛峰登山大本营,都专门修建了垃圾箱,收集登山者和旅游者带来的生活垃圾,定期由专人清运和处理。

四、建设生态环境保护型铁路——青藏铁路

西藏和平解放以前没有一条公路,区内外的经济和社会交往全靠骡马驿道、人背畜驮。如今,西藏已建成了包括2.4万公里公路网、10多条空中航线、1000多公里运输管道的立体交通网。但是,西藏仍是目前全国唯一不通铁路的省区,交通一直是制约西藏经济和社会快速发展、人民生活水平提高的“瓶颈”。修建青藏铁路是西藏各族人民的夙愿,不仅是加强西藏与祖国内地的联系、推动西藏经济和社会的发展、提高西藏人民物质文化生活水平的需要,而且对于促进民族团结和共同繁荣具有十分重要的意义。

2001年6月29日,经中央政府批准,青藏铁路二期工程格尔木至拉萨段正式动工修建。该铁路全长1142公里,预计总投资262.1亿元,工期6年。“建成一条生态环境保护型铁路”,是青藏铁路在建设论证之初就已确定的目标。

——在前期研究工作阶段,切实做好环境影响评价。在铁路建设前期,针对面临的生态环境问题,有关部门确定了多项课题,深入开展研究。在此基础上,中国政府组织各方面专家,按照环境保护法、水土保持法、野生动物保护法等法规及《全国生态环境建设规划》和《全国生态环境保护纲要》的要求,通过深入的实地考察,对青藏铁路建设的生态与环境影响进行了科学、严密的论证,分别编制了环境影响评价大纲、环境影响报告书,提出了生态环境保护方案,并进行了认真的环境影响评价。根据评价要求,确定了项目建设“以预防为主、保护优先、开发与保护并重”的原则,以生态环境评价的结果指导设计、施工、环境管理。为了保护好沿线的生态环境,青藏铁路全线用于环保工程的投资将达12亿元,创下中国铁路建设史上的最高纪录。

——铁路建设的设计阶段,生态环境保护成为工程方案的决定因素。生态环境保护成为青藏铁路设计的基本理念,在铁路的线路选择上,尽量避开野生动物栖息、活动的重点区域。如原设计路线要通过雅鲁藏布江中游河谷黑颈鹤自然保护区,为了避免对野生动物的干扰,经过多方论证,决定选择经过羊八井的线路方案,绕避了黑颈鹤保护区。对于无法避让,必须经过野生动物活动区域的路段,如穿过可可西里、楚玛尔河、索加等自然保护区的线路区段,在设计中进行了多方案比选,研究提出工程保护对策,尽量减少对自然保护区的干扰。在调查研究沿线野生动物的习性、迁徙规律的基础上,在不同地段布设了25处不同类型的野生动物通道,在桥涵和隧道的设计中充分考虑了野生动物穿越铁路的需要,在许多地段还专门架设了旱桥,作为野生动物迁徙过往的通道,以最大程度地保证铁路沿线野生动物的正常活动。分布在可可西里的国家濒危一级保护动物藏羚羊,每年6—7月都集结成群,长途跋涉前往卓乃湖、太阳湖等地产仔,青藏铁路有关参建单位为此停止施工四天,施工人员和施工机械撤离工地,拔掉让藏羚羊警觉和恐惧的彩旗,确保了藏羚羊顺利通过工地,前去繁衍生息。为了不破坏草地、湿地等自然环境,设计中大量采用了以桥代路的方法,仅在西藏自治区境内就为此专门设置了累计13公里的桥梁。

建成后的青藏铁路各车站,取暖使用以电能、太阳能、风能为主的环保型能源。车站的废弃物收集后集中处理;生活污水要经处理达标排放,尽量用于绿化;客车采用封闭式车体,车上垃圾装袋,运至高原下交车站集中处理。管理上适应高原特点,采取中心站的管理模式,全线设置7个中心站。每个中心站管理控制半径在80公里左右,对行车和维修全面负责。尽量采用远程自动化控制,机械化维修,减少高原上的组织机构和人员,最大限度地保护青藏高原的自然生态环境。

——在施工中,尽最大可能减少对生态环境的影响。为了把对生态环境带来的不利影响控制到最低程度,青藏铁路建设总指挥部与建设施工单位签订了《生态环境保护责任书》。要求各施工单位必须建立和健全生态环境保护制度和规章,设立环保管理部门并配置专、兼职管理人员。必须有落实生态环境保护的具体措施,所采取的措施必须科学,施工作业方案必须符合生态环境保护的要求。由国土、环保、水利行政主管部门和建设、设计、监理、施工各有关部门,联合确定取、弃土和砂石料场,并根据日照、冰溶情况,确定取、弃土场与铁路路基的合理间距,划定施工人员和车辆的行走路线,严格按指定范围施工及活动,以保持冻土层稳定。保护江河源头水源和沿线湿地,避免因施工引起水源区沙化、湿地萎缩、草场退化和水质污染。做好地表植被的保护与恢复,植被难以生长的地段、路基和施工车辆所经之处的草皮要保留下来,逐段移植,易地保存,待后覆盖到已完成的路基边坡或施工场地表面,使地表植被的损失减少到最小程度。对自然条件较好的地段,精选适合高原生长的草种,辅以适合的播种繁育技术,尽最大努力恢复地表植被。对自然条件稍好的地段进行人工培植草皮试验,辅以喷播、覆膜等技术,在沱沱河长江源区,高原路基植草专项试验已取得了初步成功。建设者将采用一切可能的方法和措施,力争建成一条符合环保要求的铁路。

青藏铁路建设的关键是保护好铁路周边的生态环境,各参建单位在施工中都作出了极大的努力。例如中铁十四局在进行科技攻关的13个施工工艺难题中,涉及环保施工的就占了一半。他们设置了六名生态环境保护监管员,负责施工现场沿线的生态保护工作。要求在营地设置、人员设备进场、施工道路开设、采石、取土场、路堑开挖等施工活动中,尽量缩小工作面,对生活区范围进行划线监控,力求保护好高原的脆弱植被。

——采取有效措施,最大程度地减少施工作业对高原生态环境的污染。为减少施工对环境的污染,建设单位尽量选用高性能、低噪声、污染小的设备,采用机械化程度高的施工方式,尽量减少现场的管理和施工人员,对混凝土结构尽量采用预制构件,运至现场拼装。桥梁施工中为减少泥浆对桥位处的环境污染,尽量采用旋转钻机干法成孔。为防止施工作业造成水的污染,建设指挥部要求所有施工污水和营地生活污水均经处理达到相应标准后排放;施工固体废物和营地生活垃圾分类收集,可回收成分尽量回收,不可降解成分运至环保条件允许的地点集中处理。

——加强环境保护监督检查,确保环保目标的实现。青藏铁路首次实行了全线环保监理制度,由总指挥部委托第三方对全线环境保护进行全过程监控。为加强全线全过程施工期环境保护监督检查,国家环保总局和铁道部联合下发了《关于加强青藏铁路建设生态环境监督管理工作的通知》,对施工期内的环境保护和监督检查工作作出了专门部署。国家环保总局、铁道部会同其他有关行政主管部门多次派出检查组检查施工中各项环保措施的落实情况,一旦发现违反环境保护规定的行为,即予以严厉处罚。

有理由相信,经过努力,青藏铁路将作为一条符合环保要求的高原铁路,真正造福于西藏各族人民。

五、可持续发展的战略选择

50多年来,在中央政府的重视和全国人民的支持下,西藏各族人民经过努力奋斗,不仅使西藏的社会面貌发生了翻天覆地的变化,而且在生态建设与环境保护方面取得了举世瞩目的成就。如今的西藏,不仅经济发展、社会进步、人民安居乐业,而且山川秀美、河流清澈,动物多样、植物繁茂,成为名副其实的“香格里拉”。

尽快摆脱落后面貌,迅速走向现代化,是西藏社会进步与发展的必然要求,也是西藏各族人民的强烈愿望。西藏地处青藏高原,地理环境特殊,生态环境比较脆弱,保护自然资源的再生能力,改善生态环境质量,确保自然生态系统的完整性及良好的调节能力,确保生态安全和经济、社会、生态的和谐统一、协调发展,是西藏现代化发展的重要内容和可持续发展的战略选择。

西藏的生态建设与环境保护既不能用停止发展来维系,又不能用破坏生态环境来换取经济发展的短期效应,只能遵循社会发展的规律,坚持经济建设和生态环境保护并举,在发展中重保护,在保护中求发展,实施可持续发展战略。生态建设与环境保护必须是积极、主动、动态的,而不能是被动、保守、封闭的,不能以保持脆弱的原始自然状态为由,拒绝一切人与自然生态环境的交流互动,阻碍西藏经济社会的发展和人民生活水平的提高。

西藏在走向现代化的进程中,必须始终正确处理好资源开发利用与生态环境保护的关系,促进经济增长方式的转变。西藏的发展经验昭示,资源的开发利用要遵循自然规律,兼顾长远利益与全局利益,避免急功近利,超出生态环境的承载能力。自然资源的开发和生态环境的保护都要本着科学的态度和方法,不该开发利用的决不开发,需要开发的必须目标明确、方式科学,坚决防止对生态功能造成不必要的负面影响。只有这样,才能促进西藏自然资源的合理、科学利用,实现经济发展与生态环境改善的双赢。

西藏的生态建设和环境保护,与经济社会发展一样,是西藏各族人民的根本利益所在,也关系到全中国人民的共同利益。西藏各族人民是西藏生态建设和环境保护事业的主要推动者和直接参与者,也是生态环境保护成果的主要受益者。发展西藏的生态建设与环境保护事业利国利民,功在当代,利及子孙。半个多世纪来,中国中央政府和西藏地方政府从西藏人民的根本利益和全国各族人民共同繁荣的根本要求出发,以对子孙后代和全世界高度负责的精神,为促进和发展西藏的生态建设与环境保护事业作出了巨大努力,取得了举世瞩目的成就。

达赖集团和国际反华势力无视西藏生态建设和环境保护事业发展的客观事实,在国际上到处散布谣言,指责中国政府“破坏西藏生态环境”,“掠夺西藏自然资源”,“剥夺西藏人的生存权”,等等,妄图借此欺骗国际舆论,丑化中国的形象。其实质是打着关心西藏生态环境保护的幌子,妄图阻碍西藏的社会进步与现代化发展,为其在西藏图谋恢复落后的封建农奴制社会和实现分裂祖国的政治目的制造舆论。

诚然,西藏在生态建设和环境保护方面还存在着不少问题。全球生态环境的恶化,使西藏脆弱的生态首当其冲,泥石流、山体滑坡、水土流失、雪灾等自然灾害时有发生,土地沙化正在威胁着西藏的生态环境,经济发展中一些人为破坏生态环境的行为也时有发生。中央政府和西藏地方政府对这些问题高度重视,为了确保生态环境和自然资源的永续利用,防患于未然,西藏在中央政府的支持下,已经制订并于2001年开始实施了一项大规模的生态建设和环境保护计划。从现在起到本世纪中叶,将投资220多亿元人民币,建设160多个生态环境保护项目,促进西藏生态环境的不断改善。毫无疑问,西藏人民在未来的发展中将创造更加优美的环境,迎来更加美好的生活。

3月11日

国家主席江泽民应约与法国总统希拉克通电话就伊拉克问题交换意见

中共中央总书记胡锦涛就深入学习郑培民先进事迹作出重要批示

批示全文如下:

郑培民同志是新时期领导干部的优秀代表。他身居领导岗位,心系人民群众,始终把"做官先做人,万事民为先"作为自己的行为准则,廉洁从政,艰苦奋斗,尽职尽责,鞠躬尽瘁,真心诚意地为人民谋利益,以自己的模范行为和崇高品德,赢得了广大群众的衷心赞誉,集中体现了当代共产党人的精神风貌。

全党同志特别是领导干部都要向郑培民同志学习。要发扬党的优良传统,始终坚持全心全意为人民服务的根本宗旨,始终做到"两个务必",自觉实践"三个代表"重要思想。要严于律己、率先垂范,立党为公、执政为民,真正做到权为民所用、情为民所系、利为民所谋,真正当好推进改革开放和现代化建设的带头人,当好为民造福、为民解难的贴心人,为全面建设小康社会,开创中国特色社会主义事业新局面而努力奋斗。

郑培民于1943年7月23日出生在吉林省海龙县海龙镇一个普通工人家庭。1968年毕业于吉林大学物理系,1969年加入中国共产党。1970年3月分配到湘潭电机厂工作。曾任中共湘潭市委书记、中共湘西土家族苗族自治州党委书记、湖南省人民政府副省长、中共湖南省委副书记、湖南省人大常委会副主任。2002年3月11日,在北京参加中央组织的十六大干部考察工作中,因突发心肌梗死去世在工作岗位上,享年59岁。郑培民担任领导职务近二十年,时刻不忘以共产党员的党性要求规范自己的行为,全心全意为人民谋利益,严于律己,清正廉洁,不畏艰苦,甘于奉献,得到广大干部群众的广泛赞扬。他的先进事迹,集中体现了共产党人忠诚实践"三个代表"重要思想,为人民的事业尽职尽责、鞠躬尽瘁的崇高追求和思想风范。

十届全国人大一次会议在人民大会堂举行第四次全体会议

会议听取和审议最高人民法院、最高人民检察院工作报告。

江泽民、胡锦涛、吴邦国、温家宝、贾庆林、曾庆红、黄菊、吴官正、李长春、罗干等出席。

大会执行主席何鲁丽主持会议。李铁映、蒋正华、王云坤、白恩培、杨永良、何椿霖、阿不来提·阿不都热西提、袁武等执行主席在主席台前排就座。

出席全国政协十届一次会议的政协委员列席大会。

最高人民法院院长肖扬在十届全国人大一次会议第四次全体会议上作最高人民法院工作报告

各位代表:

现在,我代表最高人民法院向大会作工作报告,请予审议,并请全国政协各位委员提出意见。

九届全国人大一次会议以来,最高人民法院在党中央的领导下,在全国人大及其常委会的监督下,坚持以邓小平理论和"三个代表"重要思想为指导,努力实践"公正与效率"这一法院工作主题,各项工作取得了新进展。

一、关于审判和执行工作

五年来,最高人民法院紧紧围绕党和国家工作大局,全面加强审判和执行工作,审判职能进一步强化,审判领域进一步拓展,审判质量和效率进一步提高。1998年至2002年,最高人民法院共审结各类案件20293件,比前五年上升46%;地方各级人民法院和专门人民法院共审结各类案件2960万件,比前五年上升22%。

(一)严厉打击刑事犯罪,维护国家安全,确保社会稳定。人民法院以维护社会稳定为己任,坚决依法惩处各类刑事犯罪。五年来,共审结一审刑事案件283万件,比前五年上升16%,判处犯罪分子322万人,上升18%。其中,判处五年以上有期徒刑、无期徒刑和死刑的81.9万人,占25%。

依法严惩危害国家安全犯罪和危害公民生命财产安全犯罪。人民法院依法惩处颠覆国家政权、分裂国家等犯罪,恐怖犯罪,组织和利用"法轮功"邪教组织破坏法律实施的犯罪。积极参加"严打"整治斗争,重点打击黑社会性质组织犯罪,一批曾称霸一方、无恶不作的犯罪分子受到严惩。严厉惩处杀人、抢劫、绑架等严重暴力犯罪,爆炸、放火、投放危险物质等严重危害公共安全犯罪,盗窃等多发性犯罪;依法惩处毒品、淫秽物品和非法出版物犯罪;严厉打击拐卖妇女儿童等犯罪。共审结上述案件109万件,判处犯罪分子161

万人，分别比前五年上升7%和14%。此外，还审结诈骗、寻衅滋事、交通肇事等案件130万件，判处犯罪分子140万人，分别比前五年上升26%和20%。审结自诉案件27万件，比前五年下降2%。

依法严惩破坏社会主义市场经济秩序犯罪。人民法院积极参与整顿和规范市场经济秩序工作，重点打击涉及食品、药品、棉花、农资、医疗器械等生产、销售伪劣商品犯罪，走私、金融诈骗、偷税、骗取出口退税、骗汇以及制贩假币等犯罪。共审结上述案件71213件，比前五年上升68%，判处犯罪分子89896人，比前五年增长1.3倍，给国家和集体挽回直接经济损失138亿元。

依法严惩贪污贿赂等职务犯罪。共判处犯罪分子83308人。其中，县(处)级以上公务人员2662人，比前五年上升65%。对拉拢、腐蚀国家工作人员的行贿犯罪分子，加大打击力度。此外，依法惩处滥用职权、玩忽职守，给国家、集体造成重大损失的渎职犯罪，一批重大责任事故案件的被告人被依法追究刑事责任。

加强刑事司法领域人权保障。人民法院严把案件事实关、证据关、程序关和适用法律关，坚持重罪重罚，轻罪轻罚，无罪不罚。五年来，共对不构成犯罪的11651名自诉案件被告人、17870名公诉案件被告人依法宣告无罪，确保无罪的公民不受法律追究。对罪行较轻，确实不致再危害社会的，依法判处缓刑，促进犯罪分子的悔改。对构成犯罪的未成年人，实行教育、感化、挽救的方针，寓教于审，惩教结合，促进未成年犯及时得到矫治。

积极参与社会治安综合治理。制定《关于审理涉及人民调解协议的民事案件的若干规定》，支持和规范人民调解工作。结合审判工作，大力开展法制宣传教育活动。通过庭审直播、选择典型案件公开报道等形式，以案说法，以案普法。五年来，参加旁听审判的群众累计达2.3亿人次。针对审判中发现的治安隐患和管理漏洞，提出司法建议41133份，对预防和减少犯罪发挥了积极作用。

(二)调节民事和行政关系，促进经济发展和社会进步。随着社会主义市场经济的发展和法制的逐步完善，民事案件逐年增加。五年来，共审结一审民事案件2362万件，比前五年上升20%；诉讼标的总金额31971亿元，增长2.4倍。

加强婚姻家庭等案件的审理，保护公民人身和财产权利。人民法院妥善处理离婚、抚养、赡养、扶养、继承以及家庭财产分割案件，共审结678万件，比前五年上升5%，注重保护妇女、老人、未成年人、残疾人的合法权益。妥善处理人身、财产损害赔偿案件，依法制裁侵权行为，共审结179万件，比前五年上升60%。妥善处理劳动争议等案件，共审结42万件，比前五年增长1.7倍，维护用人单位和劳动者合法权益。此外，还审结房地产、建设工程、运输等案件791万件，比前五年上升29%。

加强商事案件的审理，规范市场行为，维护市场秩序。人民法院妥善处理涉及企业改制、破产案件，买卖合同、金融纠纷、企业承包、租赁等案件，共审结670万件，比前五年上升9%。其中，审结借款、存单、票据、股票、债券、清收金融资产债权等案件292万件，比前五年上升39%，诉讼标的金额13285亿元，推动资本市场健康发展，维护金融安全。

加强知识产权案件的审理，保护先进文化成果，促进科技进步。人民法院相继开展涉及植物新品种、商业秘密、计算机软件、网络环境下侵犯著作权、商标权、专利权等案件的审判工作。五年来，共审结知识产权案件23636件，比前五年上升40%。

加强行政案件的审理，维护当事人合法权益，保障和监督行政机关依法行政。五年来，共审结行政案件464689件，比前五年上升65%，案件种类已基本覆盖行政管理领域。

加强国家赔偿工作，促进严格执法和公正司法。五年来，共办理国家赔偿案件11321件，决定赔偿4013件，占35%，使蒙受冤屈的公民获得司法救济。

加强涉军案件的审理，维护军人军属合法权益。制定《关于认真处理涉军纠纷和案件，切实维护国防利益和军人军属合法权益的意见》等规范性文件，对依法及时妥善处理涉军案件提出明确要求。地方各级人民法院进一步健全审理涉军案件工作机制，促进军政军民团结。

加强涉外案件的审理，促进对外开放。随着我国改革开放的不断深入，尤其是加入世贸组织后，涉外案件数量相应增加。人民法院严格执行我国法律，认真履行我国参加和批准的国际公约、条约和协定，充分行使我国的司法管辖权。五年来，共审结涉外案件26399件，平均每年递增4%。不同诉讼主体、不同地域当事人的合法权益受到平等保护。

最高人民法院根据“一国两制”方针和香港、澳门两个基本法，先后达成内地与香港特别行政区相互委托送达民商事司法文书和相互执行仲裁裁决的安排、内地与澳门特别行政区相互委托送达民商事司法文书和调取证据的安排，推动了内地与香港、澳门的司法协作。此外，还制定《关于人民法院认可台湾地区有关法院民事判决的规定》，促进台湾与祖国大陆的人员往来和经贸关系的发展。

(三)加强执行工作，维护法律权威。认真落实党中央关于解决“执行难”问题的指示和全国人大常委会的立法解释，加大工作力度，清理执行积案。五年来，执结诉讼案件、行政机关申请执行的非诉讼案件以及仲裁裁决等案件共1226万件，比前五年上升83%；执结标的总金额13477亿元，增长4倍。

改革执行体制，健全执行机构。建立高级人民法院对辖区内执行工作统一管理、统一协调的体制。对跨地区的案件，实行委托执行和提级执行，抵制和克服各种干扰，维护法制尊严。

改进执行方法，提高执行效率。通过对被执行人财产审计等措施，以及运用转让无形资产、以物抵债、执行和解等方式，缓解“执行难”。对涉及困难群众切身利益和社会安定的案件，优先予以执行。依法制裁暴力抗法行为。加强监督制约，纠正执行错误，提高执行工作水平。

(四)加强审判监督与指导，提高裁判质量。健全告诉申诉制度。五年来，共接待处理群众来信来访4224万件(人)次。对提出申诉和申请再审的，认真进行审查，对确有错误的裁判，严格按照审判监督程序再审改判。

五年来，全国法院共审结检察机关依照审判监督程序提出抗诉的案件66757件，其中抗诉理由成立依法予以改判的14956件，因有新的证据或原判事实不清而发回重审的5011件，双方当事人自愿达成调解协议以及和解结案的24797件，原判正确依法予以维持的20107件，检察机关撤回抗诉的1886件。

最高人民法院加强司法解释工作，指导和监督各级人民法院正确适用法律，维护法制统一。五年来，共制定司法解释170件，比前五年增长近2倍。及时清理、修订与世贸组织规则和我国承诺不符的司法解释以及其他规范性文件2000多件，废止的177件司法解释已向社会公布。

二、关于法院改革

五年来，最高人民法院认真落实党的十五大提出的推进司法改革的要求，积极进行法院改革。根据宪法和法律规定的原则，制定《人民法院五年改革纲要》，比较系统地提出了法院改革的目标和任务。目前，纲要确定的39项改革任务绝大部分已经完成。

(一)改革完善审判方式。全面落实公开审判制度，以公开促公正。对依法应当公开审判的案件，一律公开审判。全面推行以公开举证、质证、辩论、认证为主要内容的庭审方式，提高审判活动的透明度。实行法官开庭穿法袍、用法槌制度，规范法官庭审行为方式，树立法官良好形象，维护法庭尊严。

进一步加大裁判文书改革力度。注重对证据的分析和适用法律的阐述，增强裁判文书的说理性。实行裁判文书公开查阅制度，在媒体和网络上公布裁判文书，提高裁判结果的公开性和透明度，接受人民群众的监督。

(二)改革完善诉讼制度。推行诉讼证据制度改革。制定民事、行政诉讼证据的规定，规范当事人的举证责任，方便当事人诉讼，确保裁判公正。

探索审判监督制度改革。制定再审案件立案标准，确保当事人依法行使申诉权和申请再审权，在纠正错误裁判的前提下，维护生效裁判的权威性和稳定性。

改革诉讼费用管理制度。认真落实“收支两条线”规定，严格诉讼收费项目和标准，减轻当事人诉讼负担。改进收费办法，法院不再直接收取诉讼费，当事人直接到指定银行交费，由银行汇交各级财政专户集中管理，从源头上防止乱收费、私设小金库等违法违纪行为的发生。

健全司法救助制度。对经济确有困难的当事人，尤其是涉及妇女、老人、未成年人、残疾人、下岗职工追索赡养费、扶养费、抚育费、抚恤金、养老金等诉讼案件，依法实行缓交、减交或者免交诉讼费用，使有理无钱的当事人打得起官司。对公诉案件中符合条件的被告人，依法指定律师为其辩护，保证当事人的诉讼权利。五年来，全国法院实行司法救助的案件已达59万件，司法救助总金额32亿元。

(三)改革完善审判机制。按照确保司法公正、廉洁、高效的要求，对审判机构的设置和职能进行调整，建立民事审判新格局，完善刑事、民事、行政审判体系。全面落实立案与审判、审判与监督、审判与执行三个分立制度，强化监督制约机制。

推行审判运行机制改革。加强审判流程管理，运用网络等现代科技手段，实行统一立案，对案件审理的不同阶段进行跟踪，保证审判活动有序进行。加强审限管理，建立审限警示、催办和通报制度，解决案件超审限问题。五年来，审限内结案率97.9%，比前五年有所提高。实行诉讼风险明示制度，引导当事人正确行使诉讼权利。依法扩大简易程序的适用范围，提高诉讼效率。

强化合议庭职责。除重大、复杂、疑难案件提交审判委员会讨论外，其他案件均由合议庭依法自行裁决，并对裁判结果负责，做到权责一致。逐步改变院长、庭长审批案件的做法，强调院长、庭长担任审判长直接审理案件，提高办案质量和效率。

最高人民法院还基本完成了海事法院管理体制改革；按照规范化要求，调整人民法庭的设置，突破了按行政区划设置的模式。这些体制创新，对排除干扰，确保司法公正，发挥了积极作用。

(四)改革完善法官管理制度。最高人民法院和大多数地方人民法院完成了机构改革任务，审判部门得到充实,法官队伍的知识结构更加趋于合理。根据《法官法》的规定,完成了法官等级评定工作。实行法官任职前的审核制度,在法院职权范围内,最大限度地把好"进人关",防止不合格人员进入法官队伍。

探索法院人事分类管理制度改革。根据审判工作特点,试行对法官、法官助理、书记员、司法警察和司法行政人员的分类管理,理顺法官与其他工作人员的关系。推行审判长和独任法官选任制,优化法官队伍。

三、关于队伍建设

五年来,最高人民法院努力探索提高法官素质的有效途径。在总结历史经验的基础上,针对法院队伍现状,提出要大力加强法官职业化建设,把提高思想政治素质放在首位,严格职业准入,强化职业意识,培养职业道德,提高职业技能,树立职业形象,加强职业保障,完善职业监督,造就一支政治坚定、业务精通、作风优良、司法公正的法官队伍。

(一)以"三个代表"重要思想为指导,进一步加强队伍思想政治和作风建设。深入开展"三讲"集中教育和"三个代表"重要思想学习教育活动,坚持用邓小平理论和"三个代表"重要思想武装法官和其他工作人员,着力在解决世界观、人生观、价值观问题上下功夫,树立文明办案、司法为民的思想,增强政治意识、大局意识和法治意识。制定《法官职业道德基本准则》,建立符合法官特点的职业操守和道德规范。运用集中教育整顿、执法大检查等多种形式,解决审判纪律和审判作风方面存在的突出问题。开展争创优秀法院、争当优秀法官等活动,树立人民法院公正司法、热情服务的良好形象。经过努力,广大法官的职业道德素质进一步提高,审判纪律进一步增强,审判作风进一步改进,涌现出一批以厦门市中级人民法院、青岛市中级人民法院为代表的先进集体和以尚秀云、顾双彦、盛勇强为代表的先进个人。五年来,全国法院共有286个集体和350名个人受国家和最高人民法院表彰奖励。

(二)强化教育培训,进一步提高队伍业务素质。制定实施《法官培训条例》,对法官培训工作进行总体部署。建立、健全教育培训机构,形成了国家和省、自治区、直辖市两级法官培训体系。实行法官任职前培训、在职培训等制度,五年来共培训法官和其他工作人员20余万人(次),全国法院的法官已普遍得到轮训。继续开展在职学历、学位教育,有3000余名法官获得硕士、博士学位。举办西部地区基层人民法院院长培训班,对西部地区法官教育培训给予倾斜。在最高人民法院统一部署下,东西部地区法院互派法官挂职锻炼,取长补短,共同提高。

(三)加大协管力度,进一步优化领导班子结构。坚持"四化"方针和德才兼备原则,认真执行《法官法》,加大上级人民法院对下级人民法院领导干部的协管力度,一批德才兼备、实绩突出、群众公认的优秀中青年干部陆续走上领导岗位。重视在法院领导班子中配备女干部、少数民族干部以及民主党派、无党派知名人士。法院各级领导干部的决策能力和管理水平不断提高。

(四)以基层建设为重点,进一步夯实队伍建设的基础。制定《关于加强人民法院基层建设的若干意见》,建立完善一级抓一级、层层抓落实的基层建设机制。最高人民法院和高级人民法院设立基层联系点,加强对基层工作的指导和监督,帮助解决实际问题和困难。协助地方党委对部分基层人民法院的领导班子进行考察、调整和充实。从专项经费补助等方面,加大对西部地区基层人民法院的支持力度。经过努力,基层人民法院队伍的政治和业务素质逐步提高,一些群众反映强烈的突出问题逐步得到解决。

(五)推进廉政建设,纯洁法官队伍。认真落实党风廉政建设责任制,开展警示教育。落实回避制度,规范法官的职务行为。建立违法审判和违法执行责任追究制度,加大对违法违纪人员的查处力度,重点查处利用审判权、执行权徇私舞弊、贪赃枉法的人和事,坚决清除腐败分子,纯洁法官队伍。五年来,全国法院违法违纪人数逐年减少,已从1998年的6.7‰下降到2002年的2‰。

各位代表,五年来,最高人民法院自觉接受全国人大及其常委会的监督。坚持重大事项报告制度,认真向全国人大常委会专题汇报开展"严打"整治斗争、集中教育整顿等工作。主动听取全国政协和各民主党派中央、全国工商联、无党派人士的意见和建议。认真办理人大代表和政协委员的建议、提案,最高人民法院共收到全国人大常委会办公厅、全国政协办公厅转来的建议、提案554件,全部在规定期限内办复。建立、健全人大代表联络机构,完善批评、意见和建议的办理程序。建立、健全邀请人大代表和政协委员视察、检查法院工作和旁听审判制度,增进人大代表和政协委员对法院工作的了解。

各位代表,五年来,人民法院工作能够取得一定的成绩,是以江泽民同志为核心的第三代中央领导集体正确领导,人大及其常委会监督,政府、政协和社会各界积极支持的结果。在此,我代表最高人民法院,向长期支持法院工作的人大代表、政协委员和社会各界人士,表示衷心的感谢!

回顾五年走过的历程,我们深深体会到,要不断推进人民法院各项工作,必须坚持以邓小平理论和"三个代表"重要思想为指导;必须坚持党对司法工作的领导,自觉接受人大及其常委会的监督;必须坚持"公正与效率”这一法院工作主题，着力抓好审判工作、法院改革、队伍建设三件大事；必须坚持遵循司法工作的特点和规律，确保审判组织和审判人员依法居中裁判。这些是法院工作的主要经验，也是必须始终坚持的基本原则。

在肯定成绩的同时，我们清醒地看到，人民法院工作离党和人民的要求还有相当的差距，一些长期存在的问题还没有得到根本解决。主要是：一些法官素质不高，不能胜任高度专业化的审判工作，办案水平低，超审限办案问题依然存在；少数法官违法违纪问题时有发生，有的法官甚至贪赃枉法；“执行难”的问题仍未得到根本解决；案件审理时各种干扰仍比较严重；物质装备虽有改善，但仍有一些法院尤其是西部地区法院经费不足，装备落后，制约了审判工作的正常开展。最高人民法院对地方各级人民法院的监督指导缺乏有效措施。对此，我们将以高度的责任心，努力加以改进。

四、关于今后工作建议

党的十六大提出了全面建设小康社会的宏伟目标，这对人民法院工作提出了更高要求，人民法院面临的任务更加艰巨。为此，我们要努力抓好以下几项工作。

（一）继续全力维护社会稳定。依法严厉打击危害国家安全和危害社会治安犯罪、破坏市场经济秩序犯罪和贪污贿赂犯罪，为经济发展和社会进步创造良好法制环境。坚决贯彻“打防结合、预防为主”的方针，认真落实社会治安综合治理的各项措施。加大人权司法保障力度。加强对人民调解工作的指导，尽力化解社会矛盾，消除不安定因素。

（二）继续加强民事和行政审判工作。依法审理涉及国有企业改制和破产案件，防止国有资产流失。依法审理金融案件、农村土地承包经营权流转案件、房地产案件、涉及企业下岗职工和低保失业人员等困难群众利益的案件、婚姻家庭案件、劳动争议案件、知识产权案件、行政诉讼案件、国家赔偿案件，保障国家法律和各项政策的执行，保护公民、法人和其他组织的合法权益。依法审理涉及西部大开发的各类案件，为推进西部大开发提供司法保障。平等保护各类市场主体，保障公有制经济和非公有制经济健康发展。

（三）继续做好加入世贸组织后相关审判工作。坚持法制统一性、透明度和非歧视等原则，依法履行加入世贸组织后的司法审查职能，平等保护中外当事人合法权益。认真审理信用证案件和国际贸易欺诈等案件，保障交易安全。妥善处理海事海商案件，反倾销、反补贴案件，商标、专利复审案件以及海关估价等新类型行政案件，促进对外贸易。做好外国仲裁和港澳地区仲裁裁决的承认和执行工作。根据我国法律并按照我国参加和批准的司法协助协定，做好引渡等案件的司法审查工作，加强惩罚犯罪的国际合作。

（四）继续加大执行工作力度。认真落实党的十六大提出的“切实解决执行难”的要求，准确适用全国人大常委会有关立法解释，强化执行措施，提高执行效率，最大限度地实现当事人的合法权益。进一步改革执行工作管理体制，强化执行权分权制衡机制，增加执行工作透明度，确保公正行使执行权。

（五）继续深化法院改革。根据党的十六大提出的司法体制改革总体要求，认真总结经验，不断完善中国特色社会主义司法理论，进一步改革和完善审判组织、审判方式、审判管理等制度，完善诉讼程序，规范审判活动，改善审判条件，使之更加符合司法的本质、特点和规律。协同有关部门积极探索建立能够抵御各种干预的机制，着手研究法院设置和人财物管理等体制改革，促进相关立法和司法政策的调整与完善，更有效地保障在全社会实现公平和正义。

（六）继续加强法官队伍建设。坚持用“三个代表”重要思想武装法官队伍，广泛开展“两个务必”教育。积极稳妥推进法官职业化建设。认真执行《法官法》，严格职业准入。加大初任法官、在职法官教育培训力度。加强各级人民法院领导班子建设和基层基础建设。推行法院人事分类管理制度，逐步建立符合法官职业特点的职务、职级序列。建立、健全法官职业保障制度，确保法官依法审理案件不受干扰和侵害。加强职业道德教育，切实转变审判作风。继续惩治司法领域中的腐败现象，重点查处利用审判权和执行权贪赃枉法的人和事，构成犯罪的，坚决依法从严惩处，确保司法公正廉洁。

各位代表，我国正处于实现中华民族伟大复兴的关键时期，人民司法事业任重道远。我们要紧密团结在以胡锦涛同志为总书记的党中央周围，高举邓小平理论伟大旗帜，以“三个代表”重要思想为指导，认真贯彻党的十六大精神，紧紧围绕“公正与效率”这一法院工作主题，忠实履行宪法和法律赋予的职责，为完成本次代表大会提出的各项任务，全面建设小康社会，加快推进社会主义现代化提供更加有力的司法保障。

最高人民检察院检察长韩杼滨在十届全国人大一次会议第四次全体会议上作最高人民检察院工作报告

各位代表：

现在，我代表最高人民检察院向大会报告工作，请予审议，并请全国政协各位委员提出意见。

第九届全国人民代表大会第一次会议以来，全国检察机关以邓小平理论和“三个代表”重要思想为指导，认真贯彻党的十五大、十六大和九届全国人大历次会议精神，坚持“公正执法，加强监督，依法办案，从严治检，服务大局”的检察工作方针，认真履行宪法和法律赋予的职责，检察工作整体推进，全面发展，为改革开放和社会主义现代化建设作出了积极贡献。

一、依法严厉打击严重刑事犯罪，全力维护社会稳定

检察机关始终把维护社会稳定作为首要任务，认真履行对刑事案件的批准逮捕和提起公诉职责，坚持严打方针，稳、准、狠地打击刑事犯罪活动，共批准逮捕各类刑事犯罪嫌疑人3601357人，提起公诉3666142人，比前五年分别上升24.5%和30.6%，有力地维护了社会稳定。

严惩危害国家安全的犯罪。突出打击暴力恐怖势力、民族分裂势力、宗教极端势力实施的爆炸、杀人、放火等犯罪活动。共批准逮捕危害国家安全的犯罪嫌疑人3402人，起诉3550人。认真执行全国人大常委会关于取缔邪教组织、防范和惩治邪教组织犯罪的决定，批准逮捕、起诉了一批组织和利用“法轮功”等邪教组织破坏法律实施的犯罪嫌疑人。

严厉打击严重危害社会治安的犯罪。针对各个时期突出的治安问题，积极参加打黑除恶、治爆缉枪、禁毒、打击拐卖妇女儿童犯罪等集中行动和专项斗争，不断加大对严重刑事犯罪的打击力度。全国社会治安工作会议后，检察机关全力投入严打整治斗争，重点打击黑社会性质组织犯罪和流氓恶势力犯罪，严重暴力犯罪，盗窃、抢夺等严重影响群众安全的多发性犯罪，对重大案件实行挂牌督办，依法批准逮捕黑社会性质组织犯罪和爆炸、杀人、强奸、绑架、抢劫等严重暴力犯罪嫌疑人411379人，起诉410511人。

坚决打击破坏市场经济秩序的犯罪。积极参加整顿和规范市场经济秩序工作，依法打击走私、金融诈骗、偷税骗税、逃汇骗汇、侵犯知识产权等严重危害国家经济安全、扰乱经济秩序的犯罪活动，严惩制售假冒伪劣食品、药品、农资、医疗器械等严重危害人民生命财产安全的犯罪活动。共批准逮捕这类犯罪嫌疑人116932人，起诉106910人。

认真落实社会治安综合治理措施。坚持严打与整治相结合，积极参加对治安混乱地区的集中整治和突出治安问题的专项治理，推动建立社会治安防控体系。参与创建优秀“青少年维权岗”活动，加强对未成年违法犯罪人员的教育、感化和挽救。认真排查调处矛盾纠纷，依法妥善处置群体性事件，消除了一些社会不安定因素。

二、积极查办和预防职务犯罪，促进反腐败斗争的深入开展

集中力量查办大案要案。坚决贯彻党中央关于反腐败斗争的部署，认真履行对职务犯罪案件的侦查职责，不断加大办案力度，共立案侦查贪污贿赂、渎职等职务犯罪案件207103件。其中，贪污、贿赂、挪用公款百万元以上大案5541件，涉嫌犯罪的县处级以上干部12830人。查办了成克杰、胡长清、李纪周等一批严重腐败分子。查办危害国有企业改革和发展，涉嫌贪污、受贿、挪用公款、私分国有资产犯罪的国有企业人员84395人。查办国家机关工作人员滥用职权、玩忽职守等渎职犯罪案件27416件，利用职权侵犯公民人身权利、民主权利的犯罪案件7760件。在严打整治斗争中，查办充当黑恶势力后台和“保护伞”，涉嫌职务犯罪的国家工作人员554人。对为牟取不正当利益拉拢腐蚀国家工作人员的严重行贿犯罪，坚决依法追究，共立案侦查6440件。2000年以来，与公安机关联合开展追逃行动，共捕获在逃职务犯罪嫌疑人5115名。通过办案，为国家挽回直接经济损失220多亿元。

严格依法规范办案工作。一是制定并严格执行“九条硬性规定”等办案纪律。严禁超越管辖范围办案；严禁立案前对犯罪嫌疑人采取强制措施；严禁刑讯逼供、超期羁押；严禁截留、挪用扣押款物等。对违反者，依法依纪严肃追究。二是规范办案程序。适应刑事诉讼法的修改，严格规范受理举报、初查、立案、侦查、适用强制措施和起诉、申诉等环节的工作，加强内部制约。三是注重办案质量和效果。坚持“一要坚决，二要慎重，务必搞准”的原则，重证据，重程序，建立办案质量考评体系。注重维护发案单位正常的生产和工作秩序，不轻易冻结账户、查封账册、扣押款物。对受到诬告错告的人，及时澄清是非，保护无辜者，支持改革者，挽救失误者。

大力开展预防职务犯罪工作。认真贯彻党中央关于标本兼治、综合治理的方针，把预防职务犯罪工作摆上重要位置。最高人民检察院增设了职务犯罪预防厅，多数地方检察院设立了预防机构。各级检察机关结合办案，立足检察职能，在发案单位开展个案预防，在重大工程建设中开展专项预防，在重点行业和领域开展系统预防，配合有关单位开展警示教育，针对易发犯罪的环节提出防范对策，协助堵漏建制。最高人民检察院与中央有关主管部门联合部署，在金融证券、国有企业、海关、税务、工商、建筑、医药等行业和领域开展了预防工作。西部地区检察机关围绕西部大开发中重大基础设施和生态环境等建设工程，协助有关部门开展了以“工程优质、干部优秀”为主题的预防职务犯罪活动。几年来，各级检察机关共向党委、政府和有关部门提出预防建议75000多条，推动建立社会化预防组织6300多个，提请地方人大常委会制定预防职务犯罪的法规27件，一些地方形成了党委统一领导、有关部门

齐抓共管、检察机关发挥职能作用的预防职务犯罪网络，对教育、警示和保护干部，防止和减少职务犯罪起到了积极作用。

三、强化诉讼监督，努力维护司法公正和法制尊严

加强对侦查活动和刑事审判活动的监督。注意防错防漏、不枉不纵。对侦查机关应当立案而未立案的，依法监督立案36955件；对应当逮捕、起诉而未提请逮捕、移送起诉的，依法决定追加逮捕50863人，追加起诉25297人。对不符合法定逮捕、起诉条件的，依法决定不批准逮捕466357人，不起诉106715人；对认为确有错误的刑事判决、裁定，按照二审程序提出抗诉16680件，按照审判监督程序提出抗诉1689件；对侦查、审判活动中的违法情况，提出书面纠正意见61162件次，维护了诉讼当事人的合法权益。

加大对刑罚执行活动和监管活动的监督力度。重点对违法减刑、假释、保外就医和不按规定交付执行等情况进行检察，共提出书面纠正意见44435件次。对侦查、起诉、审判等各个环节的超期羁押问题，共监督纠正308182人次。推行与看守所、监狱管理部门的计算机联网，实施网络化管理和动态监督，防止和减少了监管活动中违法情况的发生。

积极开展民事审判和行政诉讼监督。最高人民检察院制定了《人民检察院民事行政抗诉案件办案规则》。对积压的民事行政申诉案件进行了清理。重点监督严重侵害国家利益或社会公共利益、因地方保护主义造成错判、审判人员枉法裁判以及裁判明显不公的案件。对认为确有错误的民事、行政生效判决、裁定，依法提出抗诉69392件，提出检察建议15189件。

改进和加强控告申诉检察工作。最高人民检察院将刑事申诉检察厅和控告检察厅分设，坚持每年直接办理一批申诉案件，带动各级检察机关努力解决群众告状难、申诉难的问题。普遍实行检察长接待日制度，各级检察长接待群众来访432000多人次，直接了解和督促解决群众反映的问题。坚持开展文明接待活动，全面推行控告申诉首办责任制，力求把问题解决在首次办理环节，及时化解矛盾。共立案复查刑事申诉案件44934件，对确有错误的6849件依法予以纠正，决定给予刑事赔偿1438件。

在诉讼监督中，检察机关坚持纠正违法与惩治司法领域中的腐败现象相结合，注意透过严重违反程序和司法不公的现象，查办贪赃枉法、徇私舞弊、刑讯逼供等职务犯罪案件，共立案侦查涉嫌犯罪的政法机关工作人员24886人。为进一步加大诉讼监督力度，增强监督实效，2002年，全国检察机关开展了打黑除恶立案监督、清理超期羁押、清理控告申诉积案、办案质量检查四个专项行动，集中监督纠正了一批诉讼活动中存在的突出问题。

四、深化检察改革，为检察工作注入生机与活力

全面推行检务公开。1998年最高人民检察院作出实行检务公开的决定，各级检察机关将检察工作依法能够公开的全部向社会公开。建立了诉讼参与人权利义务告知制度，不起诉案件、刑事申诉案件、民事行政抗诉案件公开审查和听证制度，检察工作重要事项通报制度。实行检务公开，把检察工作置于人民群众的监督之下，增强了执法透明度，促进了公正执法。

改革检察业务工作机制。实行主诉检察官办案责任制，有2960个检察院择优选任主诉检察官9000多名，明确了办案责任，提高了公诉质量和效率。建立职务犯罪案件侦查指挥和协作机制，地、市级以上检察院设立了大要案侦查指挥中心，增强了突破大案要案的整体能力。改革侦查监督方式，初步形成了适时介入侦查、引导侦查取证、加强侦查监督的工作机制，加强了同公安机关的配合和制约。改革检察委员会工作，建立专家咨询制度，完善特约检察员制度，促进了检察工作决策的民主化和科学化。实施科技强检规划，加快信息化建设，开通了检察专线网，1000多个检察院建成计算机局域网，推广举报电话自动受理系统、讯问监控系统和出庭公诉多媒体示证系统，提高了运用现代科技手段发现、揭露和证实犯罪的能力。

推行机构和干部管理制度改革。最高人民检察院、省级检察院和大多数市、县检察院进行了机构改革，规范了机构设置，加强了业务部门，精简了人员。根据检察官法进行了检察官等级评定。检察人员录用制度进一步规范，地方检察院新进人员统一由省级检察院公开招考、严格审核、择优录用。普遍推行竞争上岗、双向选择和岗位轮换，实行领导干部民主推荐制、任前公示制和任职试用期制，组织了干部上下交流和东西部交流，初步建立起有利于优秀人才脱颖而出的选人用人机制。

完善行使检察权的监督机制。建立了自觉接受人大及其常委会监督的工作制度，加强对重大事项的专题报告。对全国人大常委会在刑事诉讼法执法检查中发现的问题，进行了认真整改。办理全国人大代表和全国政协委员建议、提案242件。最高人民检察院和省级检察院设立了人大代表联络机构。加强和改进同人大代表、政协委员的联系，邀请视察工作，认真听取批评、意见和建议。自觉接受政协民主监督，接受舆论监督和社会监督。在刑事诉讼中，依法接受侦查机关和审判机关的制约。强化内部制约，实行错案责任追究制，完善了自我防错纠错的工作机制。

五、坚持从严治检，狠抓检察队伍建设和基层检察院建设

从教育整顿入手，着力解决队伍中存在的突出问

题。开展了集中教育整顿、执法作风大检查和反特权思想、反霸道作风等专项治理活动。对地、县两级检察院及反贪局的领导班子进行全面考察和调整充实，清理不适合从事检察工作的人员，清理撤销经营性公司，制定廉洁从检十项纪律，严肃查处违法违纪的检察人员。实行领导干部"一岗双责"，落实党风廉政建设责任制，262名领导干部因对干警违法违纪问题负有领导责任受到追究。经过努力，干警违法违纪逐年减少，从1998年的7‰下降到2002年的1.4‰，违法办案、以案谋私、作风粗暴等问题得到初步遏制。

加强思想政治建设和职业道德建设。以整风精神开展"三讲"教育，各级检察院领导班子的凝聚力、战斗力进一步增强。深入进行邓小平理论和"三个代表"重要思想学习活动，广泛开展理想信念、公正执法、艰苦奋斗教育，坚持把思想政治工作落实到办案第一线，增强了检察干警为民执法的观念和拒腐防变的能力。大力弘扬忠诚、公正、清廉、严明的检察职业道德，涌现出以方工、付玲玲为代表的一批秉公执法、无私奉献的优秀检察官，有4302个集体和5114名个人受到省级以上领导机关表彰。

实施"素质工程"。加强教育培训和岗位练兵，举办各类培训班3356期，对检察人员进行了普遍轮训，举行了首次全国检察人员基本素质考试。根据修改后检察官法有关任职条件的规定，组织31500多名检察官参加了续职资格培训和法律本科学历教育。启动高层次人才培养计划，建立检察人才库，培养了一批专家型、复合型人才。认真落实国家统一司法考试制度，严格依法任用检察官，择优录用了一批法律本科以上毕业生充实基层和业务部门。最高人民检察院连续两年组织巡讲团赴西部地区巡回授课，在经费、师资和培训基地建设等方面加大了对西部地区检察教育的支持力度。

大力加强基层检察院建设。最高人民检察院先后制定《关于加强基层检察院建设的意见》和《人民检察院基层建设纲要》，组织创建以"好班子、好队伍、好机制、好业绩、好形象"为内容的"五好"检察院活动。上级检察院加强分类指导，狠抓督促落实，对一批后进基层检察院实行挂牌攻坚，落实领导责任制，派工作组蹲点指导，针对薄弱环节对口帮扶，对软弱涣散的领导班子进行调整。基层检察院坚持开门创"五好"，从群众满意的地方做起，从群众不满意的地方改起，对照"五好"标准全面加强自身建设，执法水平有了新的提高，整体面貌发生了积极变化。

五年来，军事检察工作、铁路运输检察工作取得新的成绩。检察国际交流与司法协助进一步加强。最高人民检察院同55个国家的有关司法机关签订了合作协议，完善了同港澳地区有关部门的个案协查工作机制；主办了亚欧国家总检察长会议、上海合作组织成员国总检察长会议，促进了打击恐怖犯罪、跨国有组织犯罪的国际司法合作。制定司法解释132件；适应加入世贸组织的新形势，制定了检察工作应对加入世贸组织的指导意见，对新中国成立以来颁布的司法解释和规范性文件进行了全面清理。

各位代表，五年来检察工作的成绩，是在党中央的正确领导下，在各级党委领导、人大监督和政府、政协、各民主党派的大力支持下，在社会各界和广大人民群众的关心、帮助下取得的。对此，我代表最高人民检察院表示衷心的感谢！

回顾五年的实践，我们对做好检察工作有以下几点认识和体会：必须以邓小平理论和"三个代表"重要思想为指导，不断统一执法思想，增强政治意识、大局意识、为民执法意识，确立符合依法治国要求的检察工作方针，推动检察工作不断发展；必须坚持党的领导、自觉接受人大监督，牢牢把握检察工作的正确方向，坚决贯彻党的路线方针政策，认真落实人大决议，切实把党的主张和人民的意志落实到具体执法实践中；必须把服务改革发展稳定大局作为检察工作的出发点和落脚点，紧紧围绕国有企业改革和发展、西部大开发等党和国家的重大决策和部署，适时调整工作重点，在服务大局中推进检察工作；必须突出"强化监督、公正执法"的主题，全面正确履行法律监督职能，坚持执行实体法与执行程序法并重、打击犯罪与保障人权结合，加大监督力度，增强监督实效，维护法制的统一和尊严；必须坚持以改革为动力，围绕从制度上保证依法独立公正行使检察权，遵循宪法原则和司法规律，进行机制创新和体制创新，推动检察工作与时俱进；必须坚持从严治检，加强教育，严格监督，依法管理，努力建设高素质的专业化检察队伍；必须把基层检察院建设作为关系检察工作全局的战略任务常抓不懈，为检察事业的持续发展奠定坚实基础。

当前检察工作中还存在不少问题和困难。一是对诉讼活动中执法不严、司法不公等问题监督力度不够，尤其是民事审判和行政诉讼监督缺乏具体的程序和有效的手段，人民群众对监督效果还不满意。二是检察队伍的整体素质还不完全适应形势和任务的需要，一些检察人员执法水平较低，有的案件办案质量不高；有的检察人员违法违纪办案，甚至以案牟私、贪赃枉法。三是检察改革力度不够，有些制约工作发展的问题还未得到解决，依法独立公正行使检察权的保障机制还不健全。四是一些地方经费紧缺、装备落后，边远贫困地区检察院困难尤为突出，检察工作科技含量仍然较低。对这些问题，我们要认真研究，努力解决。

各位代表：

党的十六大提出了全面建设小康社会的奋斗目标，对我国新世纪、新阶段的改革和发展作出了全面部署。全国检察机关要以邓小平理论和“三个代表”重要思想为指导，认真贯彻党的十六大精神，紧紧围绕发展这个党执政兴国的第一要务，突出“强化监督、公正执法”的主题，全面履行检察职能，深化检察改革，加强队伍专业化建设和基层检察院规范化建设，努力推进依法治国，促进在全社会实现公平和正义，为全面建设小康社会提供有力的法治保障。建议今年着重做好以下工作：

第一，坚持依法严惩严重刑事犯罪活动。继续把维护社会稳定摆在首位。积极参加反分裂、反恐怖斗争，防范和惩治邪教组织的犯罪活动，维护国家安全。坚持严打方针，重点打击黑恶势力犯罪、严重暴力犯罪、毒品犯罪和抢劫、抢夺、盗窃等严重多发性犯罪，切实保障人民群众的生命财产安全。深入贯彻中央关于整顿和规范市场经济秩序的部署，坚决打击破坏市场经济秩序的犯罪，突出打击严重危害国家经济安全的走私、洗钱、金融诈骗、偷税骗税、侵犯知识产权等犯罪活动，严重危害人民生命健康的制假售假犯罪活动。认真落实检察环节的综合治理措施，为改革和发展创造稳定的社会环境。

第二，加大查办和预防职务犯罪工作力度。重点查办县处级以上领导干部犯罪案件，司法人员和行政执法人员贪赃枉法、徇私舞弊等犯罪案件，国家工作人员充当黑恶势力“保护伞”以及利用职权参与、包庇、纵容破坏市场经济秩序犯罪的案件，发生在国有企业、金融系统和建设工程招标投标、经营性土地使用权出让等领域和环节的职务犯罪案件，重特大安全生产事故中的渎职犯罪案件。注重查办发生在群众身边的以权谋私、严重侵害群众利益的犯罪案件。严肃查办行贿犯罪案件。加强侦查工作规范化建设，严格内部监督制约，确保办案质量。依法保护公民、法人的合法权益，平等保护国有企业、私营企业、外资企业等各类市场主体的合法权益，保护合法劳动收入和合法非劳动收入。大力加强预防职务犯罪工作，突出抓好重点行业和领域的系统预防、西部大开发中重大建设工程的专项预防，推动完善社会化预防网络，努力从源头上遏制职务犯罪。

第三，进一步强化对诉讼活动的法律监督。认真贯彻党的十六大关于加强对执法活动和司法工作监督的要求，全面加强对侦查活动、审判活动和刑罚执行活动的监督。在刑事立案监督中，重点监督对严重刑事犯罪和破坏市场经济秩序犯罪该立案不立案、有罪不究、以罚代刑的问题。在侦查活动监督中，重点监督违反法定程序、侵犯诉讼参与人合法权益的问题，坚决排除通过刑讯逼供等非法手段获取的证据。在刑罚执行活动和监管活动监督中，重点监督超期羁押和违法减刑、假释、保外就医问题。在审判活动监督中，重点加强对徇私枉法造成重罪轻判、有罪判无罪案件的抗诉，进一步强化对民事审判和行政诉讼活动的监督措施，增强监督实效。积极提出完善监督程序和监督手段的立法建议。继续加强控告申诉检察工作，运用检察职能切实为群众排忧解难。

第四，深入推进检察改革。按照党的十六大关于司法体制改革的部署，制订今后一个时期的检察改革方案，健全权责明确、公正高效、监督有序的检察权运行机制。适应社会主义市场经济发展、社会全面进步和加入世贸组织的新形势，进一步更新执法观念，改进执法方式。深化主诉检察官办案责任制改革，健全符合诉讼规律的审查逮捕和公诉工作机制，加强职务犯罪侦查一体化建设。健全诉讼参与人权利保障机制，完善向律师展示证据和听取意见的工作制度，推动完善诉讼程序，坚持以程序公正保障实体公正，促进司法文明。逐步完善检察机关的执法保障机制。

第五，加强检察队伍的专业化和基层检察院的规范化建设。坚持用邓小平理论和“三个代表”重要思想武装干警，广泛开展“两个务必”教育，弘扬检察职业道德，塑造良好的职业形象，努力建设一支政治坚定、业务精通、作风优良、执法公正的检察队伍。以提高素质、优化结构、改进作风、增强团结为重点，加强各级检察院领导班子建设。认真贯彻检察官法，严格检察职业准入，扩大检察人员分类管理试点。完善检察官职业教育培训体系，继续抓好学历教育和续职资格培训，进一步优化队伍结构。坚持从严治检，严明办案纪律，严肃查处违法违纪人员。认真实施《人民检察院基层建设纲要》，以基本素质整体提高、基础工作全面加强、基本保障逐步改善为目标，深入推进基层检察院规范化建设。

各位代表，面对新的形势和任务，全国检察机关要紧密团结在以胡锦涛同志为总书记的党中央周围，高举邓小平理论伟大旗帜，全面贯彻“三个代表”重要思想，认真落实党的十六大和本次大会精神，振奋精神，扎实工作，与时俱进，努力开创中国特色社会主义检察事业新局面，为全面建设小康社会作出新的更大的贡献！

国家主席江泽民参加十届全国人大一次会议江苏代表团全体会议

会上，代表们争相发言，气氛热烈。李源潮、梁保华、任彦申、杨卫泽、蒋树声、周厚松、季建业、毛洪梅、孙安华、周建平、左群声等代表分别就经济社会发展、率先基本实现现代化、科教兴国和精神文明建设、发展支柱产业、维护社会稳定等问题提出意见和建议。江泽民边听边记,并不时插话,与代表进行讨论。

在认真听取代表的发言后,江泽民说,全面建设小康社会,最核心的任务是不断解放和发展社会生产力。要紧紧抓住经济建设这个中心,在优化结构、提高效益上下功夫,力争在本世纪头二十年内使国内生产总值翻两番。要依靠科技创新,走新型工业化道路。要注重制度创新,不断深化改革、扩大开放,使社会主义市场经济体制更趋完善,经济更具活力,综合国力更加强大。

江泽民指出,全面建设小康社会,江苏有条件搞得更快一些。江苏的经济基础扎实,区位优势明显,文化底蕴深厚,具有很大的发展潜力。希望同志们进一步解放思想,与时俱进,开拓创新,为加快发展提供动力支持和环境保障,放手让一切劳动、知识、技术、管理和资本,在发展社会主义市场经济的过程中迸发活力。要从自身特点出发,坚持走新型工业化道路,高起点、高标准地推进结构优化和产业升级,加快城镇化和第三产业发展的步伐。把"引进来"和"走出去"结合起来,发挥加工工业基础较好、劳动力资源充裕的比较优势,进一步提高产业和企业的国际竞争力,提高对外开放水平。相信经过大家的共同努力,江苏一定会拓展新优势,再创新业绩,率先全面建成小康社会,率先基本实现现代化,为全国的发展作出新的更大的贡献。

中共中央政治局委员回良玉参加了全体会议。

全国人大常委会委员长李鹏参加十届全国人大一次会议广东代表团全体会议

会议在人民大会堂广东厅举行。中共中央政治局常委李长春,中共中央政治局委员、广东省省委书记张德江参加审议。卢钟鹤、卢瑞华、梁绍棠、邓国雄等代表围绕全国人大常委会工作报告踊跃发言。代表们认为,九届全国人大及其常委会在立法、监督等方面的经验,必将对今后人大工作产生重要的影响。卢瑞华代表建议,全国人大常委会应当组织力量对一些地方和部门制定的与法律、法规相抵触的规定,展开一次检查清理,以维护法制的统一。

李鹏在认真听取代表们的发言后说,广东省人大和广东省依法治省工作在过去5年取得了较大成绩。他希望广东省不仅在经济发展方面,而且在依法治省方面也要走在全国前列。这是广东省实现现代化所必需的。广东省经济比较发达,创造一个政治文明、法制完备的社会环境,有比较好的基础。这将会为现代化建设提供更加有力的保障。

李鹏说,党的领导和发挥人大的作用是统一的。人大工作必须坚持党的领导,党是领导我们一切事业的核心力量。在改革开放20多年中,在党的领导下,中国的经济和社会面貌发生了巨大的变化。各级人大在工作中要牢固树立党的领导的意识,自觉接受党的领导,各级党组织要善于发挥人大的作用,更好地维护人大作为国家权力机关的权威。

李鹏说,我国是一个发展中国家,法律在全国范围内必须统一,才能保证政治、经济和社会协调发展。改革开放以来,有立法权的地方人大制定了一批地方性法规,为初步形成社会主义法律体系作出了贡献。在立法工作中,对于许多问题马上制定全国性的法律有一定的困难,需要各个地方根据当地的情况先行探索,积累立法的经验,在总结经验的基础上再上升为全国的法律。

李鹏说,立法工作要增加公开性和透明度,通过公开征求立法建议、立法调研、听证会等形式,让人民参与法律的制定,以保证法律的科学性、公正性和民主性。建设中国特色的社会主义,必须加强法制宣传,树立全民的法律意识,这是实现依法治国的基础性工作。

中共中央总书记胡锦涛参加十届全国人大一次会议台湾代表团审议

胡锦涛向台湾代表团的各位代表,并向广大台湾同胞致以诚挚的问候。会场上,发言踊跃,亲情融融。胡锦涛认真听取大家的发言,并不时询问有关情况,同大家一起讨论。

在杨国庆、陈云英、魏丽惠、何大欣、范增胜、胡亚芳等11位代表发言后,胡锦涛发表了重要讲话。他说,党的十三届四中全会以来,我们坚持"和平统一、一国两制"的基本方针,实现了香港、澳门顺利回归祖国,祖国统一大业取得新进展。这些年来,我们应对挑战,排除干扰,大力推动对台工作,取得了重大成果。国际社会普遍坚持承认一个中国的基本立场,两岸关系的基本格局和发展趋势没有改变。这是以江泽民同志为核心的第三代中央领导集体正确决策和坚强领导的结果,是包括台湾同胞在内的全体中华儿女共同努力的结果。我们要坚决贯彻十六大提出的今后一个时期对台工作的指导思想和总体要求,把祖国和平统一进程继续推向前进。

胡锦涛就做好新形势下的对台工作谈了四点意见:一是要始终坚持一个中国原则;二是要大力促进两岸的经济文化交流;三是要深入贯彻寄希望于台湾人民的方针;四是要团结两岸同胞共同推进中华民族的伟大复兴。

中共中央领导同志分别参加十届全国人大一次会议代表团审议

中共中央政治局常委贾庆林,中共中央政治局常委、书记处书记曾庆红,中共中央政治局常委、中央纪委书记吴官正,中共中央政治局常委、国务委员罗干分别参加了十届全国人大一次会议澳门、青海、重庆、广西、宁夏代表团的审议。

在澳门代表团,贾庆林仔细听取代表们的发言,不时同大家交换意见。他说,澳门回归祖国后,在以何厚铧先生为首的澳门特别行政区政府领导下,广大澳门同胞同舟共济,坚忍不拔,开创了经济和社会繁荣稳定的大好局面。这充分证明,"一国两制"、"澳人治澳"、高度自治的方针是完全正确的,是具有强大生命力的。希望各位代表继续发扬爱国、爱澳的光荣传统,切实遵守、维护"一国两制"方针和基本法精神,全力支持特区政府依法施政,为澳门地区经济发展和社会稳定作出新的贡献。

曾庆红先后参加青海代表团和重庆代表团的审议,认真听取代表们的发言,并不时询问基层群众的生产生活情况。在青海代表团,他说,十六大强调西部地区要进一步解放思想,增强自我发展能力,在改革开放中走出一条加快发展的新路。青海要结合实际贯彻落实好十六大精神,就要一心一意谋发展,脚踏实地奔小康。要继续靠艰苦奋斗求发展,发扬青海人民"特别能吃苦、特别能忍耐、特别能战斗"的精神,为努力实现富民强省的目标而不懈奋斗。在重庆代表团,曾庆红说,面对西部大开发、设立重庆直辖市和三峡工程建设这三大历史机遇,重庆广大干部群众一定要不断深化对机遇的认识,进一步增强抢抓机遇的意识和能力,提高乘势而上、奋发有为的自觉性和坚定性。他希望重庆人民紧密团结在以胡锦涛同志为总书记的党中央周围,大力弘扬与时代精神相统一的红岩精神,齐心协力,艰苦奋斗,努力实现"富民兴渝,建设长江上游经济中心"的奋斗目标,共同创造幸福生活和美好未来。

在人民大会堂广西厅,代表们围绕会议议题,联系广西实际,积极发表意见和看法。吴官正在充分肯定广西现代化建设和反腐倡廉工作取得明显成效后,就加强反腐倡廉教育问题发了言。他说,开展反腐倡廉,对绝大多数党员干部,一定要坚持立足于教育,着眼于防范,筑牢思想道德防线。要深入学习贯彻"三个代表"重要思想和党的十六大精神,坚持不懈地开展理想信念和廉洁从政教育、革命传统教育以及党纪政纪和法律、法规教育,大力宣传先进典型,深入开展警示教育,注意反腐倡廉宣传的政治和社会效果。要积极推行领导干部任前廉政谈话、诫勉谈话制度,针对苗头性问题早打招呼,严格要求,使我们的干部少犯或不犯错误。对违反党的纪律的党员,应当本着惩前毖后、治病救人的精神,按照错误性质和情节轻重,给予批评教育直至纪律处分;严重触犯刑律的必须开除党籍。

在宁夏代表团,罗干认真听取代表们的发言,不时作记录,并就有关问题同代表们一起进行讨论。他说,实践证明,中央关于"严打"的方针和决策是完全正确的。但是,也要清醒地看到,当前社会治安形势不容盲目乐观,诱发犯罪的因素还很多,社会治安综合治理的措施在一些地方还不够落实。因此,为期两年的"严打"斗争告一段落后,仍要毫不动摇地坚持"严打"方针,不断改进"严打"方式,增强打击的实效。

贺国强、许嘉璐等分别参加了审议。

国务院总理朱镕基签署第373号令公布《特种设备安全监察条例》

《特种设备安全监察条例》已经2003年2月19日国务院第68次常务会议通过,现予公布,自2003年6月1日起施行。

总　理　朱镕基

2003年3月11日

特种设备安全监察条例(略)

外交部发言人孔泉就欧盟委员会在台湾设立经贸办事处问题发表谈话

孔泉表示,我们希望欧盟委员会以实际行动恪守一个中国原则,严格履行有关办事处不从事任何政治和外交活动的承诺,不同台湾发展任何形式的官方关系。

3月12日

江泽民 胡锦涛等党和国家领导人在人民大会堂出席"两会"少数民族代表 委员茶话会

茶话会由中共中央统战部、全国人大民族委员会、国家民族事务委员会、全国政协民族和宗教委员会举行,党和国家领导人江泽民、胡锦涛、李鹏、李岚清、吴邦国、温家宝、贾庆林、曾庆红、黄菊、吴官正、李长春、罗干等同志与出席十届全国人大一次会议和全国政协十届一次会议的少数民族代表、委员们欢聚一堂,同庆"两会"的胜利召开,共话中华民族的美好未来。

茶话会由中共中央统战部部长刘延东主持。全国人大常委会副委员长铁木尔·达瓦买提讲话。他说,新一届全国人大和全国政协,集中了56个民族的优秀代表,肩负着重要的历史使命。少数民族代表委员,在各自的工作岗位上为祖国的社会主义现代化事业和民族团结、社会稳定作出了很大成绩。当前,民族地区社会稳定，民族团结，人民生活水平进一步提高，这充分说明，我们党的民族政策是正确的，我们的民族工作是卓有成效的。

茶话会上，演出了精彩的文艺节目，展现了各民族的艺术魅力，表达了各族人民对祖国母亲的热爱和对美好未来的祝福。

出席茶话会的还有：王乐泉、王兆国、回良玉、刘淇、刘云山、吴仪、张立昌、张德江、俞正声、贺国强、曹刚川、王刚、迟浩田、张万年、何勇、帕巴拉·格列朗杰、王光英、司马义·艾买提、王忠禹、阿沛·阿旺晋美、赵南起、白立忱等，中央军委委员梁光烈、廖锡龙、李继耐，中央和国家机关有关方面负责人，参加“两会”的各省、自治区、直辖市的负责人，香港特别行政区、澳门特别行政区和台湾代表团的负责人，部分老同志和在京的部分少数民族人士、民族工作者。

政协第十届全国委员会第一次会议主席团第三次会议在北京举行

会议通过了经全体委员酝酿讨论的政协第十届全国委员会主席、副主席、秘书长、常务委员候选人名单，确定主席候选人1名，副主席候选人24名，秘书长候选人1名，常务委员候选人299名，决定将这个候选人名单提交3月13日下午举行的全体会议进行投票选举。

中共中央政治局常委、政协十届一次会议主席团会议主持人贾庆林主持了会议。

中共中央统战部部长刘延东就政协第十届全国委员会主席、副主席、秘书长、常务委员候选人名单草案讨论情况作了说明。她说，3月10日上午，各委员小组对名单草案进行了酝酿讨论。委员们畅所欲言，讨论的气氛热烈、民主、严肃、认真，表现了对统一战线和人民政协事业高度负责的精神。大家普遍认为，人选建议名单是中共中央在充分发扬民主，反复酝酿协商，广泛听取意见的基础上郑重提出的。这个名单体现了与时俱进的精神，领导机构较为精干，年龄有所降低，人选的条件较好，结构比较合理。大家认为，这个名单按照统筹兼顾、合理安排的要求，基本上照顾了方方面面，符合多党合作和政治协商大格局，体现了政协大团结、大联合的精神。委员们认为，这个名单符合政协章程，考虑得比较周全，是一个比较好的方案。

刘延东说，在酝酿讨论中，有的委员也从不同的角度对名单草案提出了一些意见和建议。有的问题将在适当时候予以妥善解决。

会议还通过了政协十届一次会议选举办法；审议通过了54名监票人名单，黄跃金、李羚为总监票人；通过了政协十届一次会议政治决议草案、政协十届一次会议关于政协九届常委会工作报告的决议草案和政协九届常委会提案工作情况报告的决议草案；审议通过了政协十届一次会议提案审查委员会关于政协十届一次会议提案审查情况的报告草案，决定将上述四个草案提交全体会议进行表决。

政协十届一次会议秘书长郑万通就有关草案作了说明。

此前，政协十届一次会议主席团常务主席会议第二次会议听取了小组讨论情况的综合汇报。

政协十届一次会议主席团常务主席王忠禹、阿沛·阿旺晋美、帕巴拉·格列朗杰、李贵鲜、张思卿、丁光训、霍英东、马万祺、白立忱、罗豪才、张克辉、周铁农出席会议。

国家主席江泽民分别参加十届全国人大一次会议吉林代表团和湖北代表团全体会议

在吉林代表团的全体会议上，王云坤、洪虎、王儒林、竺延风、祝业精、戴洪生代表分别就老工业基地改造和粮食主产区、发展汽车工业、国有企业改革等问题发言；在湖北代表团的全体会议上，杨永良、祝金水、汪定国、顾海良、朱家新代表就农村税费改革、流域综合开发、培育和弘扬民族精神、科研体制改革等问题先后发言。

江泽民认真听取了代表们的发言。江泽民对过去5年里吉林、湖北的广大干部群众团结奋斗、扎实工作取得的新的成就给予肯定。

江泽民指出，发展先进生产力，发展先进文化，发展最广大人民的根本利益，都蕴含着开拓创新的内在要求。要把十六大对党和国家事业发展提出的新思路、新战略、新举措落实到位，必须不断推动各方面的创新，做到永不自满、永不懈怠。弘扬开拓创新的精神，不能停留在一般的思想认识上，要切实落实到各方面的实际工作中去。

江泽民强调，要大力实施科教兴国战略和可持续发展战略，坚持走新型工业化道路。这是十六大为推进我国工业化、信息化和现代化建设确立的新思路。要坚持深化改革、扩大开放，加快产业结构调整，不断提高科技创新能力，提高经济运行的整体素质，促进经济发展与人口、资源、环境相协调。东北地区在全国具有重要的战略地位。十六大作出了支持东北地区等老工业基地加快调整和改造的战略部署，这是中央从全面建设小康社会的全局着眼作出的一个战略决策，要抓紧落实。要按照走新型工业化道路的要求，动员各方面的力量，加快振兴东北地区等老工业基地的步伐，为全面建设小康社会作出积极贡献。

江泽民强调，统筹城乡经济社会发展，努力开创农业和农村工作的新局面，是十六大提出的推进农业、农村和农民工作的一个很重要的战略思想，也是推进我国现代化建设的一个新举措。农业是安天下的战略产业，解决好“三农”问题对全面建设小康社会具有决定意义。要切实把解决好“三农”问题作为全党工作的重中之重，按照统筹城乡经济社会发展的要求，认真贯彻党在农村的基本政策，加大对农业的投入，加强对农业的支持和保护，加快农业和农村经济的结构调整，充分发挥城市对农村发展的带动作用，巩固和加强农业的基础地位。要千方百计增加农民的收入，提高农民的购买力。要采取各种有效的政策措施促进粮食主产区的发展，保护种粮农民的积极性，扶持粮食主产区增强综合经济功能，使粮食主产区在全面建设小康社会的进程中发挥更大作用。

江泽民强调，要注重制度建设和创新，不断推进各方面工作的制度化、规范化和程序化。这是十六大提出的一个重要要求，也是我们改革开放以来一直在做的事情。可以说，没有制度建设和创新，就没有中国特色社会主义事业的巨大成就。今后进一步加快发展，我们仍然要大力推进制度建设和创新。要善于总结各方面改革和建设的成功经验，并上升到制度、规范和程序的高度，用以指导实践，同时要在全面建设小康社会的实践中，进一步推进制度建设和创新。这项工作，对实现党和国家的兴旺发达和长治久安带有根本性，要高度重视、切实抓好。

江泽民强调，做好就业和再就业工作，完善社会保障体系，关系改革发展稳定的大局，关系人民生活水平的提高，关系国家的长治久安。各级党委和政府一定要下大气力做好就业工作和社会保障工作，特别是要切实把下岗失业人员再就业工作抓好，切实把困难群众的基本生活保障好。

江泽民最后表示，只要全党和全国各族人民紧密团结在以胡锦涛同志为总书记的党中央周围，大力发扬艰苦奋斗的作风，求真务实，真抓实干，中国特色社会主义事业就一定能发展得更快更好。

中共中央政治局委员、湖北省委书记俞正声参加了湖北代表团全体会议，中央书记处书记何勇参加了吉林代表团全体会议。

全国人大常委会委员长李鹏参加十届全国人大一次会议甘肃代表团全体会议

在会议上，陆浩、李定凡、卢克俭、马彩云、阎三忠等代表认为，九届全国人大及其常委会在立法、监督等方面，开创了新的局面，为初步建立以宪法为核心的中国特色社会主义法律体系作出突出的贡献。代表们还就进一步完善人民代表大会制度、提高立法质量、加强民主法制宣传教育等提出意见和建议。

李鹏在认真听取了代表们的发言后说，九届全国人大在开展监督工作方面取得较大进展，特别是加强了对预算工作和经济工作的监督。地方人大在实践中创造了一些新的监督方式，开展了述职评议、代表评议等，起到了监督和警示的作用。为了更好地履行宪法赋予人大的权力，使监督工作走上规范化的道路，全国人大常委会一直重视监督法的制定。目前，监督法草案已提请九届全国人大常委会第二十九次会议初步审议。希望十届全国人大继续做好对这部法律草案的审议工作，使它尽快出台。

李鹏说，我们已经初步建立了中国特色的社会主义法律体系，但是立法工作仍然任重道远。目前，全球化趋势日益明显，科技进步日新月异，在经济和社会的发展中会不断出现新的问题。这就需要我们不断制定新的法律，以适应形势变化的需要。

李鹏说，地方人大要不断开拓创新，在立法工作方面进行积极的探索。我国经济发展不平衡，地域差别很大。在没有全国性的法律之前，地方人大可以围绕经济建设、人民群众关心的热点难点问题，制定一些地方性法规。没有立法权的地方人大可以通过行使重大事项决定权，保障地方经济的发展。

李鹏说，新中国成立50多年来，特别是改革开放以来，甘肃经济和社会面貌发生了巨大变化。但是，甘肃现在还是欠发达地区，在全面建设小康社会的新征程中，甘肃要加快发展，必须结合自身的实际找到新的发展思路。甘肃省水电资源、油气资源比较丰富，兰州是重要的交通、通信枢纽。甘肃要充分利用这些优势，搞好经济建设，改善人民生活。

中共中央领导同志分别参加十届全国人大一次会议代表团审议

中共中央政治局常委黄菊、李长春，中共中央政治局常委、国务委员罗干分别参加了十届全国人大一次会议河北、海南、陕西代表团的审议。

在河北代表团，代表们争相发言，黄菊仔细听取大家的意见，并不时插话，与代表们进行讨论。他说，河北全省上下贯彻十六大精神，树正气、讲团结、求发展，紧紧抓住新世纪头二十年战略机遇期，发展势头很好，形势十分喜人。在以胡锦涛同志为总书记的党中央领导下，河北一定会开创改革发展的新局面，为实现党的十六大提出的奋斗目标，作出新的更大的贡献。

在海南代表团，李长春认真听取代表们的发言，不时记下要点，并询问有关情况。他说，新一届省委确定的发展战略，符合海南实际。海南地理位置优越，海洋资源丰富，环境优势明显，要坚持实施可持续发展战略，切实保护、合理开发和节约使用各种资源，促进经济发展与人口、资源、环境相协调，推动海南走上生产发展、生活富裕、生态良好的文明发展道路。

在陕西代表团，代表们围绕会议议题，认真进行讨论，充分表达意见。在听了代表们的发言后，罗干说，预防犯罪要重点抓好以下几方面的工作：一是落实预防青少年违法犯罪的措施，加强对青少年的思想、道德和法制教育，使他们增强法制观念，远离犯罪。二是加强对流动人口的管理。三是加强对刑满释放、解除劳教人员的安置帮教工作。四是加强对吸毒人员的管理。

成思危参加了河北代表团的审议。

十届全国人大一次会议举行记者招待会

在记者招待会上，劳动和社会保障部部长张左已、民政部副部长杨衍银就就业和社会保障、最低生活保障和救灾工作等回答中外记者提问。

我们有信心、有能力解决中国的就业问题

张左已说，中国的就业形势确实很严峻。到去年年底，我国有失业人员770万人，失业率已经达到了4%，是近5年来最高水平。此外，到2002年末全国还有下岗职工410万人。中共中央和国务院对此高度重视，去年召开了全国再就业工作会议，对就业形势进行了分析，出台了一系列方针政策。张左已表示，解决中国就业问题的根本出路是发展。今年的政府工作报告中讲到要继续实行积极的财政政策和稳健的货币政策，要坚持扩大内需的方针。宏观经济政策总的说来有利于就业问题的解决。张左已同时谈到，通过调整产业结构、企业结构、所有制结构，来增加和扩大就业岗位也很重要。张左已表示，当前就业的主渠道已不在大型企业，而在中小企业，特别是小企业。

养老、失业、医疗三保险覆盖范围今年都将超过1亿人

在谈到我国目前的社会保障制度时，张左已说，从今年开始，养老保险、失业保险、医疗保险作为中国社会保障制度的三个主要险种，其覆盖范围都将超过1亿人大关。他说，当前的首要任务就是要落实中央已经确定的各项方针政策，坚持不懈地做到“两个确保”和“一个低保”，搞好“三条保障线”的衔接。二是要继续完善养老保险、医疗保险和失业保险制度，要把下岗职工的基本生活保障方式向失业保险过渡，变三条线为两条线。同时，也要建立起工伤保险制度。对城镇社会保障体系，要在总结辽宁试点经验的基础上，逐步地扩大试点的范围。三是扩大范围。从今年开始，养老保险、失业保险、医疗保险作为中国社会保障制度的三个主要险种，其覆盖范围将分别从原来的1.3亿人增加到1.5亿人、1亿人增加到1.1亿人、9000万人增加到1亿人。

张左已说，在全国范围内，全面实行农民的社会保险条件还不成熟。但是我们将根据十六大精神，在经济比较发达的沿海地区和有条件的地区开始探索建立农村养老、医疗保险制度的试点工作。

城市“低保”基本上实现了应保尽保

民政部副部长杨衍银在十届全国人大一次会议举行的记者招待会上说，截至2002年年底，全国城市居民领取最低生活保障金的人数为2053万人，基本上做到了应保尽保，有效保障了贫困人员尤其是特困职工的基本生活，对于促进国有企业改革和经济结构调整，维护社会稳定发挥了重要作用。

杨衍银说，2002年1—12月，全国“低保”金总支出112.6亿元，其中中央财政46亿元，地方各级财政共投入66.6亿元。应该说，强有力的财政支持基本上保障了“低保”对象“低保”金的按时足额发放。去年通过“百城万户”、“低保”抽样调查显示，95%以上的“低保”对象按时足额领到了低保金。由于这项工作推进比较快，保障面比较宽，个别地方错保、漏保、少发、欠发等现象是存在的。国务院非常重视这项工作，下一步会就已经存在或可能发生的一些新情况、新问题，有重点地加以解决，确保应保尽保更好地实现，努力实现“低保”工作的规范化、社会化和信息化，保证“低保”工作快速、健康发展。

在回答记者有关农村“低保”问题时，杨衍银说，按照党的十六大精神，将在有条件的地方探索建立农村最低生活保障制度。目前，全国绝大部分省份已不同程度地开展了农村最低生活保障工作，到2002年年底，全国已有404万人享受了农村“低保”。

国务院任免国家工作人员

任命龚正为海关总署副署长；免去赵光华的海关总署副署长职务。

纪念孙中山先生逝世78周年活动在北京中山公园中山堂举行

全国政协副主席张思卿代表中国人民政治协商会议全国委员会，全国人大常委会副委员长、民革中央主席何鲁丽代表中国国民党革命委员会中央委员会，中央统战部副部长胡德平代表中共中央统战部，北京市副市长孙安民代表北京市政府，民革北京市委主委韩汝琦代表中国国民党革命委员会北京市委员会，向孙中山先生像敬献了花篮。

纪念仪式由全国政协副主席、民革中央常务副主席周铁农主持。

吴阶平、钱伟长、孙孚凌、朱光亚、万国权、经叔平、

罗豪才、张克辉以及全国人大、全国政协、中共中央统战部、民革中央、北京市等有关方面负责同志，部分在京参加十届全国人大一次会议和政协十届全国委员会一次会议的代表、委员，首都各界人士，参加了纪念仪式。

《人民日报》发表评论员文章《植树造林不可松懈——纪念我国第二十五个植树节》

全国绿化委员会办公室发布《2002 年中国国土绿化状况公报》

2002 年，在党中央、国务院的高度重视下，各地、各部门以党的十六大精神为指导，以纪念江泽民同志"再造秀美山川"批示 5 周年为契机，积极开展生态建设，争创国土绿化佳绩，生态建设形势喜人。

全国造林绿化速度和质量取得了历史性突破。2002 年全国造林绿化面积首次突破 1 亿亩大关，达到 1.12 亿亩（约 746.7 万公顷），比 2001 年增幅高达 50.76%。新增封山育林面积 61.3 万公顷。造林合格率达 90%以上，造林质量显著提高。

六大林业重点工程建设全面实施，管理进一步加强，成效显著。2002 年国家投入六大林业重点工程资金达 264.98 亿元。退耕还林工程正式启动，当年完成 413.2 万公顷（退耕地造林 197.5 万公顷，宜林荒山造林 215.7 万公顷），退耕农户补助钱粮得到及时兑现；天然林保护工程区的长江上游、黄河上中游 13 个省（含自治区、直辖市）全面停止了天然林采伐，东北、内蒙古等重点国有林区木材产量调减已基本到位，纳入天保工程区的 9466.7 万公顷森林得到有效管护，59.76 万森工企业富余职工得到妥善分流安置；京津风沙源治理工程的 5 省、区完成治理面积 228.4 万公顷，风沙源林草植被开始恢复；"三北"防护林工程已将建设重点转向防沙治沙，全年治理沙化土地面积达 39 万公顷；长江、沿海、珠江、太行山、平原绿化等防护林体系建设工程完成造林绿化 139.5 万公顷，封山育林 225.1 万公顷。野生动植物保护及自然保护区建设工程 2002 年新建各类自然保护区 249 处，新增保护面积 359 万公顷。大熊猫、朱鹮、金丝猴、老虎、藏羚羊、兰科植物、苏铁等濒危物种的拯救繁育工作取得新的进展。重点地区速生丰产用材林基地建设工程正式启动，林木采伐、建设贷款等发展政策相继出台，当年完成造林 36.9 万公顷，利用世界银行贷款实施的"贫困地区林业发展项目"完成造林 9.6 万公顷。

林业重点生态工程建设按照"严管林、慎用钱、质为先"的要求，普遍推行招标制、承包制、监理制、报账制和审计制，认真落实"五到省"责任制度，并通过 GPS 卫星定位系统、计算机网络管理与监测等科技手段，提高工程建设水平。

全民义务植树运动不断深入。各地、各部门对义务植树工作组织领导力度进一步加大。党政领导普遍带头参加义务植树，认真履行义务，起到了很好的率先垂范作用。江泽民等党和国家领导人已连续 13 年带头参加首都全民义务植树活动。各地积极探索义务植树新机制，采取灵活的办法，进一步丰富了义务植树的组织形式。一是组织上规模、有影响的义务植树活动。2002 年不少省区市和地市、县都组织了上千人、上万人参加的义务植树活动。二是义务植树与精神文明和公民道德建设相结合，营造各种纪念林，在精神文明和公民道德宣传教育活动中纳入有关植树、绿化内容。通过倡导营建各种纪念林活动，带动适龄公民履行义务。三是义务植树与绿地认养、古树名木保护等相结合，扩大了义务植树的有效实现形式。四是义务植树与领导绿化点、重点生态工程和城乡环境绿化相结合，充分显示出了义务植树的巨大作用。五是采取收缴义务植树代劳费等灵活的义务植树尽责方式，进一步扩大了适龄公民履行植树义务的覆盖面。在全民义务植树运动的推动下，全社会形成了植绿、爱绿、护绿、兴绿的热潮。全民绿化意识进一步提高，广大公民自愿报名参加植树的现象普遍增多，义务植树尽责率较 2001 年有所上升，义务植树成效大为提高，义务植树在国家生态建设中的贡献率明显增大。2002 年全国有 5.4 亿人次参加义务植树，新建义务植树基地 9753 个，植树 23.0 亿株，折合面积 116.9 万公顷。至 2002 年年底，全国参加义务植树的人数累计已达 82.8 亿人次，植树 398.4 亿株。

绿色通道工程建设快速推进。各地通过制定建设规划，落实优惠政策，开展重点路段检查评比活动等措施，采取党政领导包路段、包任务、包目标等有效办法，全力推进绿色通道工程建设。北京市开展了"五河十路"两侧各 200 米宽的绿色长廊建设。上海市绿色通道工程建设以人为本，点成景、线成荫、片成林。安徽省大力推进万里长廊工程建设，在完成国道、省道建设任务后，又启动了二期工程，向县乡道延伸。河北省出台了绿色通道建设检查表彰办法，省政府出资 1000 万元设立绿色通道工程建设奖励资金，省交通部门还投资 2000 万元用于公路沿线地方绿色通道建设补助。铁道部专门下发了《关于铁路工程建设中推进绿色通道建设有关工作的通知》，将铁路沿线绿色通道工程建设纳入铁路规划设计重要内容，同步设计、同步施工、同步验收。胶新铁路和秦沈铁路客运专线已先期将绿色通道建设列入工程基本建设投资计划，并由铁道部投资2150万元专门用于沿线地方绿色通道建设的补助。湖北省交通部门采取对国道、省道绿色通道建设验收合格的每株补助1元钱的办法进行以奖代补。据不完全统计，2002年全国绿色通道工程绿化里程达8.14万公里，绿化面积24万公顷。

城市绿化步伐全面加快。各地在城市建设和旧城改造过程中，拆墙透绿，拆违还绿，广栽树木，城市绿化快速发展。2002年城市森林建设成为城市绿化的亮点。北京、上海、广东、河北石家庄、江苏苏锡地区、湖南长沙、湖北宜昌、贵州遵义、安徽合肥、吉林长春、黑龙江哈尔滨等省市和地区，大力建设林荫街道、社区森林和环城林带。北京市新建万米以上大型公园绿地16处，环城地区绿化隔离带一期工程102.3平方公里已提前完成，为"绿色奥运"建设再添新绿；上海环城林带100米以外至500米宽度范围也正在按高标准加紧建设；城市森林体系建设在全国不少大、中城市全面铺开。一些城市林木覆盖率的增幅较大，其中，首都北京林木覆盖率已达到45.5%。全国又有9个城市跻身"国家园林城市"行列，2002年全国城市绿化覆盖率已达29.5%，人均公共绿地达7.73平方米。分别比2001年增加1.3个百分点和近1平方米。

草原建设稳步发展，牧区生态环境好转。广大牧区认真落实《国务院关于加强草原保护与建设的若干意见》(国发〔2002〕19号)。草原草地建设和保护力度不断加强，乱垦、滥挖现象受到遏制，草原火灾、鼠害较往年明显减少。2002年全国人工种草600万公顷、草原围栏466.7万公顷，在西部地区禁牧、休牧草原面积已达2666.7万公顷。牧区生态状况开始好转。

部门绿化进一步加强。共青团中央等部门通过召开全国青少年防沙治沙誓师大会、创建生态教育基地、开展"青春在绿色中闪光"等活动，强化青少年的绿化生态意识。由共青团中央等部门组织开展的保护母亲河工程，2002年植树1450万株，造林0.9万公顷。全国各级妇联积极组织各界妇女营造"三八"绿色工程林，参与重点林业生态建设。解放军、武警部队开展创建"绿色营区"活动，营区绿地率分别达到35%和30%，并积极出动兵力、飞机、车辆支援国家重点生态建设。石油、石化系统的厂区、矿区和生活区绿化迈出新步伐，绿化覆盖率分别较2001年增加1个百分点。农垦区积极开展退耕还林和荒山荒地造林，2002年全垦区完成造林面积10.8万公顷。民航部门在改扩建和新建机场中，将绿化美化作为改善机场形象的重要措施，与基本建设同步实施。北京首都国际机场、浙江杭州萧山国际机场新绿化景观面积都达到了几十万平方米，机场面貌焕然一新。

森林绿色产业基地建设迈出新步伐。花卉产业蓬勃发展，生产面积和营销市场快速增长，特色花卉、品牌花卉不断涌现，大型交易活动频繁，呈现出购销两旺的势头。全国现有大中型花卉企业3343家、市场2052个，生产面积24.6万公顷，全年销售额216亿元，出口创汇8003万美元。经济林效益进一步提高，经济林在农村种植结构中的比重明显增加，特色化和区域化布局初步形成。总面积、总产量、总产值已分别达到2733.3万公顷、6880多万吨和1320多亿元，年出口经济林产品100多万吨，创汇近50亿美元。林木种苗供应能力增强，全国良种、苗木生产能力已分别达到196万公斤和260亿株，基地供种率和良种使用率分别达到37%和28%。全国共建森林公园1217处，面积1200万公顷，森林旅游日益兴旺，2002年森林旅游达9000多万人次，森林旅游收入近60亿元。

森林资源保护进一步加强。全国湿地、森林、野生动植物和草原等类型自然保护区数量已达1416个，面积11133.3万公顷。全国古树名木和濒危野生动植物普查基本完成。非法侵占林地的现象明显下降，各类破坏森林资源案件数量继续呈下降趋势。森林病虫害防治工作力度进一步加大，外来有害生物的防范工作得到加强，重大病虫害工程治理成效显著，江苏、浙江、安徽等地松材线虫病致死树木数量首次出现了下降。森林防火取得了可喜成绩。与前三年相比，火灾损失和人员伤亡分别下降了18.4%和56.5%。广大林业职工和武警森林部队指战员团结奋战，扑灭了发生在内蒙古大兴安岭北部原始林区的新中国成立以来最大的雷击森林火灾，创造了在气候条件极为不利、地形地貌十分复杂、火势非常强盛的情况下，主要依靠人力扑灭特大森林火灾的奇迹，为国家减少了巨额损失，受到了党中央、国务院、中央军委的高度赞扬。

但是，国土生态安全形势不容乐观。我国水土流失、土地沙化、水旱沙灾还很严重，买卖古树、侵占绿地、破坏林木和非法捕猎事件时有发生，相当一部分适龄公民尚未履行植树义务，生态环境"局部治理，整体恶化"的趋势尚未得到根本扭转，生态建设任务仍然十分艰巨。

2003年国土绿化工作要全面贯彻落实十六大精神，围绕努力开创"生产发展、生活富裕、生态良好的文明发展道路"的要求，调动一切积极因素，继续推动全民义务植树运动，大力推进六大林业重点工程和绿色通道工程建设，加快城乡绿化一体化步伐，加强草原建设和草地改良恢复，保护古树名木和珍稀野生动植物，优化国土绿化布局，全面加快国土绿化进程，促进生态环境进一步改善，为全面建设小康社会作出新贡献。

3月13日

中共中央政治局常委贾庆林在全国政协十届一次会议第四次全体会议上当选全国政协主席

选举结果宣读前，九届全国政协主席李瑞环来到大会会场，对新一届政协全国委员会常务委员会的即将产生表示祝贺。当会议主持人宣布贾庆林当选政协第十届全国委员会主席后，李瑞环与贾庆林热烈握手。此时，全场响起长时间的掌声。

会议选出的政协第十届全国委员会副主席是：王忠禹、廖晖、刘延东、阿沛·阿旺晋美、巴金、帕巴拉·格列朗杰、李贵鲜、张思卿、丁光训、霍英东、马万祺、白立忱、罗豪才、张克辉、周铁农、郝建秀、陈奎元、阿不来提·阿不都热西提、徐匡迪、李兆焯、黄孟复、王选、张怀西、李蒙。

会议选举郑万通为政协第十届全国委员会秘书长，并选出政协第十届全国委员会常务委员299名。

会议于下午3时在人民大会堂举行。大会的执行主席是马万祺、白立忱、张克辉、郑万通，会议由白立忱主持。十届全国政协委员共2238人，到会参加选举的委员2152人，符合选举的法定人数。

根据政协十届一次会议选举办法，大会选举采用无记名投票方式。主席、副主席、秘书长和常务委员采用等额选举的办法产生。候选人得到的赞成票超过全体委员的半数为当选。

15时52分，投票开始，总监票人、监票人就位并先投票，委员们按座区分别到指定票箱投票。整个投票过程持续了约20分钟。

当工作人员计算完回收选票后，总监票人向会议主持人递交投票结果报告单。会议主持人宣布：截至投票前，实到委员2152人，发出选举主席、副主席、秘书长选票2152张，收回选票2151张；发出选举常务委员选票2152张，收回选票2151张，收回的选票均少于发出的选票，选举有效。

计票完毕，工作人员宣读选举计票结果。选举结果表明，主席、副主席、秘书长和常务委员共325名候选人得票均超过全体委员总数的半数，全部当选。

新当选的全国政协主席、副主席平均年龄比九届下降3.5岁，其中民主党派和全国工商联、无党派人士13名，少数民族人士5名，女性2名。新当选的常务委员平均年龄为61.9岁，比九届下降2.2岁，其中非中共人士195名，占65.2%；少数民族人士37名；女性35名。

中国人民政治协商会议第十届全国委员会主席、副主席、秘书长、常务委员名单

主席：贾庆林

副主席

王忠禹 廖 晖 刘延东(女) 阿沛·阿旺晋美(藏族)
巴 金 帕巴拉·格列朗杰(藏族) 李贵鲜 张思卿
丁光训 霍英东 马万祺 白立忱(回族) 罗豪才
张克辉 周铁农 郝建秀(女) 陈奎元
阿不来提·阿不都热西提(维吾尔族) 徐匡迪
李兆焯(壮族) 黄孟复 王 选 张怀西 李 蒙

秘书长：郑万通

常务委员(按姓氏笔画排序)

一 诚 丁人林 刀述仁(傣族) 于 珍 万学远
万鄂湘 马永伟 马志伟(满族) 马忠臣 王 东
王 蒙 王力平 王大中 王巨禄 王少阶 王东明
王光谦 王先琼(女,侗族) 王良溥 王忍之 王明明
王钦敏 王恒丰 王鹤龄 王耀华
瓦哈甫·苏来曼(哈萨克族) 毛增华 方兆本 方祖岐
孔小均 邓朴方 邓成城 邓伟志 甘子钊 甘宇平
左铁镛 左焕琛(女) 厉以宁 厉有为 石万鹏
石四箴(女) 卢强 卢 光 琇(女) 卢荣景
卢登华 叶 青 叶 朗 叶大年 叶小文 叶少兰
叶连松 田 岚(土家族) 田期玉 令狐安 包叙定
冯健亲 冯培恩 冯骥才 圣 辉 西 纳(藏族)
曲钦岳 朱 铭 朱永新 朱兆良 朱佩玲(女)
朱振中 朱培康 朱增泉 伍绍祖 伍淑清(女)
任文燕(女) 任玉岭 伉铁保 刘 璞(女)
刘元仁 刘汉铨 刘永好 刘民复 刘光复 刘廷焕
刘仲藜 刘亦铭 刘迎龙 刘忠德 刘绍先(彝族)
刘政奎 刘柏年 刘剑锋 刘炳森 齐续春(满族)
江家福(壮族) 安启元 许克敏 许柏年 孙永福
孙优贤 克尤木·巴吾东(维吾尔族) 苏纪兰
李世济(女) 李良辉 李其炎 李奇生 李昌鉴
李宝祥 李泽钜 李承淑(女,朝鲜族) 李勇武
李敏宽 李雅芳(女) 李慈君(女) 李慧珍(女)
李赣骝 杨 岐 杨孙西 杨春兴(苗族)
杨保建(白族) 杨俊文 杨振杰 吴 福 吴正德
吴光正 吴光宇 吴国祯 吴明熹 吴贻弓 吴冠中
吴祖强 吴润忠 吴敬琏 吴新涛 吴蔚然 何柱国
何添发 何鸿燊 余国春 邹哲开 闵乃本 闵智亭
汪纪戎(女) 宋金升 宋宝瑞 宋瑞祥 宋德福
启 功(满族) 张 工 张 平 张 帆 张 洽
张 涛 张大宁 张永珍(女) 张发强 张圣坤
张芝庭 张廷翰 张吾乐 张宏伟 张国祥 张宝文
张宝明 张承芬(女) 张俊九 张梅颖(女)
张绪武 张新时 张榕明(女) 陆锡蕾(女)
阿不都热依木·阿吉伊明(维吾尔族) 陈 军(哈尼族)
陈 虹 陈广元(回族) 陈广文 陈心昭 陈永棋
陈邦柱 陈抗甫 陈昊苏 陈昌智 陈明德 陈佳洱

陈宗兴　陈政立　陈勋儒　陈俊亮　陈凌孚　陈高华
陈益群　陈清华　陈清泰　陈辉光　陈德敏　陈耀邦
邵　鸿　邵华泽　邵奇惠　苟建丽(女)　　范宝俊
欧阳明高　　季剑虹　岳海岩　征　鹏(傣族)
金　昇　金开诚　金日光(朝鲜族)　金基鹏(回族)
金鲁贤　周子玉　周宜兴　周绍熹　郑兰荪　郑必坚
郑军里(瑶族)　郑楚光　宗顺留　赵　龙　赵　勇
赵　燕(女)　赵展岳　赵喜明　胡彦林　胡富国
钮茂生(满族)　俞　正　俞云波　俞泽猷　俞海潮
姜笑琴(女)　洪绂曾　姚守拙　姚志彬
贺　旻(女)　　珠康·土登克珠(藏族)　　袁隆平
莫时仁(布依族)　桂世镛　索丽生　贾　军
夏　日(蒙古族)　夏家骏(土家族)　夏培度　钱景仁
倪国熙　倪润峰　徐至展　徐自强　徐更生　徐展堂
徐鸿道　徐麟祥　爱泼斯坦　　栾恩杰(满族)高
占祥高　国　才(黎族)　郭东坡　郭炳湘
桑顶·多吉帕姆·德庆曲珍(女,藏族)　黄　璜　黄光汉
黄关从　黄格胜(壮族)　萧灼基　曹圣洁(女)
龚世萍(女)　龚谷成　章祥荪　阎洪臣　梁金泉
梁荣欣　梁振英　梁裕宁(女,壮族)　彭　钊
韩大建(女)　韩生贵(回族)　韩汝琦　韩忠朝
韩喜凯　程安东　程津培　程誌青(女)　　傅　杰
傅家祥　傅惠民　舒圣佑　曾　华　谢生林(回族)
谢克昌　谢丽娟(女)　靳尚谊　雷　蕾(女,满族)
窦瑞华　蔡睿贤　翟泰丰　墨文川　黎乐民
德哇仓(藏族)　潘　霞(女)　　潘贵玉(女)
潘蓓蕾(女,高山族)　霍　达(女,回族)

全国政协主席贾庆林在钓鱼台国宾馆出席港澳地区全国政协委员招待会并致辞

招待会由全国政协办公厅、中共中央统战部举行,全国政协副主席、中共中央统战部部长刘延东主持。

贾庆林首先代表新一届全国政协常委会,向港澳地区的全体委员表示诚挚的问候。他说,新一届政协领导机构今天下午已经选举产生。此时此刻,我们同港澳地区的政协委员欢聚一堂,畅叙友情,共同预祝大会圆满成功。

贾庆林指出,今年是全面贯彻落实中共十六大精神的第一年,也是十届全国政协产生并开展工作的第一年,做好今年的工作,开好局,起好步,至关重要。当前,人民政协的首要任务,就是要认真落实中共十六大对人民政协提出的各项要求,按照即将闭幕的政协十届一次会议确定的方针和部署,坚定信心,与时俱进,发挥优势,扎实工作,最广泛最充分地调动一切积极因素,不断开创人民政协事业的新局面,为全面建设小康社会、实现中华民族的伟大复兴贡献力量。

他说,港澳地区的政协委员,都是港澳各界有代表性、有影响力的人士。长期以来,广大政协委员为香港、澳门回归祖国,保持港澳地区的繁荣稳定,为祖国的现代化建设不懈努力,作出了很大贡献。希望大家继续高举爱国爱港、爱国爱澳的旗帜,广泛团结香港、澳门各界人士,为维护和促进香港、澳门地区的繁荣、稳定与发展,为实现祖国完全统一,作出新的贡献。

贾庆林最后说,人民政协是中国人民爱国统一战线的组织,是中国共产党领导的多党合作和政治协商的重要机构。我深信,港澳地区的政协委员一定能够认真履行职责,努力工作,使自己在本届政协任期内的光荣业绩成为个人一生中的美好回忆。

国务院副总理钱其琛,全国政协副主席王忠禹、廖晖、霍英东、罗豪才、张克辉,以及国务院港澳办,中央政府驻香港、澳门特别行政区联络办公室负责人共400余人出席了招待会。

十届全国人大一次会议主席团在人民大会堂举行第三次会议

主席团常务主席吴邦国主持会议。

会议分别表决通过,将十届全国人大常委会委员长、副委员长、秘书长、委员,国家主席、副主席,中央军事委员会主席,最高人民法院院长,最高人民检察院检察长,全国人大民族委员会、法律委员会、内务司法委员会、教育科学文化卫生委员会、外事委员会、华侨委员会、环境与资源保护委员会、农业与农村委员会组成人员等各项候选人人选名单,作为主席团提名,提交各代表团酝酿协商。全国人大财政经济委员会组成人员名单已于六日由十届全国人大一次会议第二次全体会议表决通过。

会议表决通过,将十届全国人大一次会议关于政府工作报告的决议草案,提交各代表团审议,提请大会全体会议表决。

会议听取并通过了全国人大财政经济委员会主任委员傅志寰作的关于2002年国民经济和社会发展计划执行情况与2003年国民经济和社会发展计划草案的审查结果报告、全国人大财政经济委员会副主任委员刘积斌作的关于2002年中央和地方预算执行情况及2003年中央和地方预算草案的审查结果报告,并将这两个审查结果报告印发全体代表。

会议表决通过,将十届全国人大一次会议关于2002年国民经济和社会发展计划执行情况与2003年国民经济和社会发展计划的决议草案、关于2002年中央和地方预算执行情况及2003年中央和地方预算的决议草案,提交各代表团审议,提请大会全体会议表决。

受中共中央委托，中共中央政治局常委、中央书记处书记，大会主席团常务主席曾庆红就中共中央向十届全国人大一次会议主席团推荐的新一届国家机构组成人员人选名单作了说明。

曾庆红说，选举和决定任命新一届国家机构组成人员特别是国家机构领导人员，是这次会议的主要任务之一，也是关系国家改革、发展、稳定全局的一件大事。中共中央对推荐新一届国家机构组成人员特别是国家机构领导人员人选十分重视，在研究十六大人事准备工作时，就作了通盘考虑。中共十六大闭幕后，中央政治局常委会和中央政治局即对全国人大、全国政协换届人事安排工作进行了研究。中共中央认为，新一届国家机构领导班子应当高举邓小平理论伟大旗帜，以“三个代表”重要思想为指导，在中共中央的领导下，充分履行各自的职能，为全面完成中共十六大提出的各项战略任务而奋斗。

曾庆红说，中共十六大时，一些担任中共中央领导职务的同志，以党和人民的利益为重，以对国家和民族的前途命运高度负责的精神，从中央委员会退了下来，这次又将从国家机构一些领导岗位上退下来，表现了共产党人的宽阔胸怀和高风亮节。为了推进国家机构组成人员的新老交替，现国家机构中还有一些老同志也将退下来，同时充实一批相对年轻一些的同志。新一届国家机构组成人员要形成合理的结构，应有各方面的领导骨干，也应有一定数量的女同志和少数民族同志。全国人大常委会组成人员中，应保持党内外人员的一定比例，应有特定方面的代表性人物。新进入国家机构的人选应主要考虑本人的素质和条件，同时，也要考虑工作需要和结构要求。要坚持干部队伍“四化”方针和德才兼备的原则，按照统筹兼顾、合理安排的要求，着眼于我们事业的长远发展，着眼于发展社会主义民主政治、建设社会主义政治文明和加强社会主义法制建设的需要，着眼于改革、发展、稳定的大局，切实做好换届工作。通过这次换届，圆满完成从中共十六大开始的党和国家高层领导人员的新老交替。

曾庆红说，中共中央推荐的新一届国家机构领导人员人选名单，是在充分酝酿，并听取各有关方面意见的基础上形成的。经过广泛听取党内外各方面的意见，包括各民主党派中央、全国工商联负责人和无党派人士以及有关领导同志的意见，中央政治局常委和中央政治局按照民主集中制原则，反复酝酿，认真研究，经中央政治局常委会和中央政治局全体会议讨论，提出了新一届国家机构领导人员人选建议名单，并就这个人选建议名单同各民主党派中央、全国工商联负责人和无党派人士进行民主协商，进一步听取了意见。之后，中共十六届二中全会审议通过了这个建议名单。提请大会主席团审议的十届全国人大常委会委员人选建议名单，是根据全国人大常委会的工作需要和结构要求，在各地各部门和各民主党派、全国工商联及其他有关方面民主推荐的基础上，经党内外反复酝酿、协商，中共中央政治局全体会议研究提出的。

据介绍，十届全国人大常务委员会拟提名委员长人选1名，副委员长人选15名，比九届一次会议时减少4名；秘书长人选1名。十届全国人大常务委员会委员应选名额为159名，按照5%的差额比例，应提名委员人选167名，差额数8名。新一届中华人民共和国主席人选1名，副主席人选1名。新一届国务院拟提名总理人选1名，副总理人选4名，国务委员人选5名。新一届中华人民共和国中央军事委员会拟提名主席人选1名，副主席人选3名，委员人选4名。根据十届全国人大一次会议批准的《国务院机构改革方案》，除国务院办公厅外，新一届国务院组成部门设置28个。国务院秘书长和各部部长、各委员会主任、中国人民银行行长、审计长人选共29名。

曾庆红说，这次全国人大换届，有一些党内外的老同志由于年龄原因，没有继续提名。长期以来，他们为党和国家事业的发展辛勤工作，为改革开放和社会主义现代化建设作出了宝贵贡献，这次又以实际行动为实现国家机构组成人员的新老交替作出了新的贡献。我们向他们表示崇高的敬意。

中共中央推荐的新一届国家机构组成人员人选，提请大会主席团审议通过后，依照《中华人民共和国宪法》和《中华人民共和国全国人民代表大会组织法》的规定，全国人大常委会委员长、副委员长、秘书长、委员的人选，中华人民共和国主席、副主席的人选，中华人民共和国中央军委主席的人选，最高人民法院院长的人选，最高人民检察院检察长的人选，全国人大各专门委员会组成人员的人选，由主席团提名，提交各代表团酝酿协商后，提请大会选举或表决；大会根据中华人民共和国主席的提名，决定国务院总理的人选；根据国务院总理的提名，决定国务院其他组成人员的人选；根据中华人民共和国中央军委主席的提名，决定中央军委其他组成人员的人选。

全国人大财政经济委员会主任委员傅志寰向十届全国人大一次会议主席团报告全国人大财经委关于2002年国民经济和社会发展计划执行情况与2003年国民经济和社会发展计划草案的审查结果

傅志寰说，在中国共产党的领导下，经过全国各族人民的共同努力，九届全国人大五次会议批准的2002年国民经济和社会发展计划预期目标基本实现。国民经济继续保持良好的发展势头，经济运行情况总体上好于预期。

傅志寰说，在充分肯定成绩的同时，也要看到存在的困难和问题。主要是：经济增长仍然受到有效需求不足和供给结构不合理的制约，财政收支矛盾加大，就业和再就业形势严峻，农民增收困难，农村消费需求依然不足，市场经济秩序仍较混乱，重大安全生产事故时有发生。同时，在收入分配、投资结构、金融领域和生态环境等方面还存在隐忧，科技教育投入和可持续发展能力有待增强。对这些矛盾和问题必须高度重视，并采取切实有效的措施加以解决。

傅志寰说，财经委员会认为，2003年国民经济和社会发展计划草案和报告体现了中央经济工作会议精神，符合实际情况，主要调控目标和措施基本可行。财经委员会建议批准国务院提出的2003年国民经济和社会发展计划草案，批准国家发展计划委员会主任曾培炎受国务院委托所作的《关于2002年国民经济和社会发展计划执行情况与2003年国民经济和社会发展计划草案的报告》。

傅志寰说，做好2003年的经济和社会发展工作，要以邓小平理论和"三个代表"重要思想为指导，认真落实中共中央关于今年经济工作的总体要求和部署。着力解决国民经济和社会发展中的突出问题，高度关注国际形势中的不确定因素，增强忧患意识，妥善应对。

财经委员会根据代表们的审查意见，提出八点建议：

(一)坚持扩大国内需求的方针，继续实施积极的财政政策和稳健的货币政策。调整和优化国债资金的使用方向和结构，除首先用于续建、收尾项目和西部大开发的重点项目外，要加大对改善农村生产生活条件、扩大城镇就业、促进企业技术进步以及生态环境建设和科教文卫事业等方面的支持力度。重大建设项目必须合理规划，科学决策，量力而行，注重实效。强化对资金使用和工程质量的监督管理，继续做好对国债投资项目的审计和专项稽察，提高投资效益。要深化投融资体制改革，拓宽融资渠道，继续鼓励和引导社会投资增长，促进投资主体多元化，加快培育和完善经济增长的内在机制。改善消费环境，逐步提高城乡居民消费需求对经济增长的拉动作用。调整和完善税收政策，调节收入分配，刺激投资和消费。继续实施稳健的货币政策，在防范和化解金融风险的同时，充分发挥货币政策促进经济增长的作用。

(二)推进农业和农村经济结构调整，深化农村各项改革，千方百计增加农民收入。要把发展农村经济，建设现代农业，增加农民收入，作为经济工作的重中之重。采取积极措施，增加对农业和农村基础设施建设的投入，切实改善农村生产生活和教育、医疗卫生条件。加快农业和农村经济结构调整，合理调整农业区域布局，大力推进农业产业化经营，改革农业科技推广体制，增加农业科技投入。建立、健全农产品质量标准体系和检验检测体系，实施"无公害食品行动计划"。全面推进农村税费改革，减轻农民负担。深化粮棉流通体制改革，切实保护农民的生产积极性。探索扶持农业和农民的有效办法，加大国家对农业特别是粮食主产区的支持力度。加快农村金融体制改革，加大信贷支农力度，发挥农村信用社为农业、农村和农民服务的功能。坚持和完善农村土地承包政策，加强对非农用地的管理和调控，切实保护基本农田，维护农民合法权益。促进农村富余劳动力向非农产业和城镇合理有序转移，加快乡镇企业的调整和改革，保护进城务工农民的合法权益。加快城镇化进程。加大农村扶贫工作力度，巩固扶贫成果。

(三)增加就业岗位，不断完善社会保障体系。国务院提出新增800万个以上城镇就业岗位，对于促进就业和维护社会稳定具有重要作用，要努力实现这个预期目标。认真贯彻鼓励就业和再就业的各项政策，引导全社会转变择业观念，推行灵活多样的就业形式，改善创业条件，鼓励自谋职业和自主创业。要大力发展服务业、中小企业和个体、私营经济，积极发展劳动密集型产业。加快完善社会保障体系，进一步做好"两个确保"和城市"低保"工作以及"三条保障线"的衔接工作。各级政府要调整财政支出结构，加大社会保障基金征缴力度，落实和增加社会保障资金，多渠道建立和完善对低收入者的救助制度。

(四)积极推进经济结构调整，扎扎实实搞好西部大开发，继续深化国有企业改革。要按照走新型工业化道路的要求，加快产业结构调整和升级。广泛采用高新技术和先进适用技术改造传统产业，特别要努力提高装备制造业水平，大力发展高新技术产业尤其是信息产业，用信息化带动工业化。大力发展第三产业，推动服务业现代化。西部大开发要继续加强基础设施和生态环境建设，加快实施关系全局的重点工程，加快科技教育发展，扶持和培育优势产业，逐步建立长期稳定的西部开发资金渠道，促进区域协调发展。积极抓好国家石油战略储备建设，确保能源安全。支持老工业基地的改造和振兴，帮助以资源开采为主的城市和地区发展接续产业。加快立法，推进国有资产管理体制改革。按照建立现代企业制度的要求，加快国有企业规范的公司制改革和股份制改造。推动国有企业的战略性改组，加大对中小企业改革和发展的支持力度。鼓励、支持和引导非公有制经济发展。

(五)稳步推进金融改革,加大金融对经济发展的支持力度。调整和优化信贷结构,拓展金融服务范围,提高金融服务质量,着力解决中小企业贷款难、县域经济发展困难和支农资金不足的问题。努力改善金融业经营状况,降低不良资产比例,防范和化解金融风险。深化国有独资商业银行改革,有步骤地实施股份制改造,加强管理,提高银行竞争力。建立符合中国国情的金融监管体制,加强金融监管,打击金融犯罪。稳步扩大金融对外开放。要在"法制、监管、自律、规范"的基础上,坚定信心,规范发展资本市场,拓宽货币市场与资本市场的通道,提高直接融资比重,保护投资者合法权益。

(六)进一步扩大对外经济技术合作与交流,努力提高对外开放水平。继续做好加入世贸组织过渡期的各项应对工作,认真行使权利,履行承诺义务,有步骤地扩大对外开放领域。要继续实施鼓励出口的各项政策措施,健全贸易融资机制。坚持以质取胜和出口市场多元化,优化商品结构,提高竞争力,努力扩大出口。优化进口结构,积极引进高新技术和关键设备。改革和完善进出口管理体制。不断改善投资环境特别是软环境,合理引导外资投向,不断提高利用外资的质量和水平。加快实施"走出去"战略,引导、鼓励和支持有比较优势的各种所有制企业对外投资。

(七)积极实施科教兴国战略和可持续发展战略,推动社会事业全面进步。制定好科学和技术中长期发展规划,切实加强基础研究和高技术研究,加快国家创新体系建设,确保科技投入持续稳定增长。采取积极措施鼓励专利发明。提高教育质量和管理水平,全面推进素质教育。加强教师队伍建设,提高教师的师德和业务水平。继续把义务教育放在突出位置,逐步建立义务教育投入由财政予以保障的机制。大力发展职业教育与各种形式的继续教育。鼓励和支持民办教育。加强精神文明建设,弘扬中华民族优秀的传统文化,培育以爱国主义为核心的民族精神,推进文化、广播影视、新闻出版等各项事业的全面发展,加大对公共文化设施建设的投入力度,做好文物和民族传统文化的保护工作。继续推进城镇职工基本医疗保险制度、医疗卫生体制、药品生产流通体制改革,搞好农村新型合作医疗制度试点工作,认真解决群众医疗负担重的问题。坚持计划生育基本国策,稳定低生育水平,提高人口素质,进一步做好妇女儿童、老龄和残疾人工作。全面落实全民健身计划,增强人民体质。合理开发和节约使用自然资源,加强重点流域、重点区域污染防治,搞好生态环境保护和建设,做好防灾救灾工作。

(八)继续整顿和规范市场经济秩序,建设公平竞争和诚信守法的市场环境。切实转变政府职能,抓好制度和法律建设,建立统一、开放、竞争、有序的市场秩序,完善市场流通体制。加快建立、健全社会信用制度,提高全社会诚实守信的意识。加强市场管理,依法查处地方保护和不正当竞争行为,严厉打击破坏市场经济秩序的违法犯罪活动。加强安全生产监督管理,依法落实安全生产责任,要特别重视解决好交通和矿山安全问题。

全国人大财政经济委员会副主任委员刘积斌向十届全国人大一次会议主席团报告全国人大财经委关于2002年中央和地方预算执行情况及2003年中央和地方预算草案的审查结果

刘积斌说,各代表团对预算草案和报告进行了审查。全国人民代表大会财政经济委员会根据各代表团的审查意见,对预算草案和报告进行了审查。2002年赤字和国债发行均在批准的数额内。预算执行情况是好的。同时,也要看到财政运行中还存在一些亟待解决的问题:财政收支矛盾加大,部分地区基层财政比较困难,财经秩序混乱的情况仍然存在,浪费财政资金现象比较严重等。要采取切实有效措施,认真加以解决。

财经委员会认为,2003年中央和地方预算草案体现了中共中央确定的方针,继续实施积极财政政策,保证重点支出,除法律和政策规定需要增加的重点支出外,其他一般性支出原则上实行零增长,加强收入征管,强化预算管理,深化财税改革,整顿规范财经秩序。国务院提出的预算草案是可行的。财经委员会建议批准国务院提出的2003年中央预算草案,同意财政部部长项怀诚受国务院委托所作的《关于2002年中央和地方预算执行情况及2003年中央和地方预算草案的报告》。

为更好地完成2003年预算,做好财政工作,财经委员会根据代表们的审查意见,提出六点建议。

——保持艰苦奋斗的作风,节约使用财政资金。各级领导干部和工作人员务必继续保持谦虚、谨慎、不骄、不躁的作风,务必继续保持艰苦奋斗的作风。要制定严格、有效的措施,坚决反对铺张浪费、大手大脚,坚决反对浮躁浮夸、急功近利。严格按照人大批准的预算执行。严格控制楼堂馆所建设,未经批准不得开工建设新的政府机关办公楼和培训中心。对挪用财政资金搞各种"形象工程"、"政绩工程"的要严肃查处,并扣减下年度预算指标。整顿和规范财经秩序,对财政收支要严格管理和监督。

——加强税收征管,依法改进和完善税收制度。严格依法治税,强化税收征管,不得随意减免税,大力清缴欠税,努力做到应收尽收,进一步规范税收秩序。

改进税收征管制度。进一步加强个人所得税征收管理,落实和完善代扣代缴单位全员全额申报个人所得税的征管制度。稳步推进农业特产税制改革。加快税收立法进程,逐步将经过实践检验条件成熟的税收法规制定成法律。

——进一步调整和优化财政支出结构。按照公共财政的要求,进一步调整和优化财政支出结构,保证重点支出需要。逐步形成国家财政支农资金稳步增长的机制,安排好扶贫开发以及农村税费改革和退耕还林(草)的资金,加大农村义务教育、文化、卫生等事业建设的投入。继续安排好社会保障方面的支出,安排好支持西部大开发以及扶持帮助贫困地区人民群众生产生活的资金,安排好科技、教育、维护社会安全方面的支出。进一步加强国债资金的管理和监督,提高国债资金的使用效益。认真研究国债余额增长较快的问题,注意防范财政风险。

——规范出口退税制度。要依法做好出口退税工作,采取有效措施,切实解决出口退税拖欠的问题。严厉打击骗取出口退税的行为。要逐步建立科学规范的出口退税保障机制。今年中央预算执行中出现超收收入,可以用于解决拖欠的出口退税。进一步完善"免、抵、退"制度。

——进一步完善财政转移支付制度。要依法规范中央和地方的职能和权限,明确中央、地方各级政府事权和财权,建立规范、透明的中央对地方以及省以下财政转移支付制度,及时拨付资金。增强财政再分配功能,对现行的中央专项转移支付项目进行清理,提高中央财政一般性转移支付比例。同时,制定有效措施,防止中央补助地方专项资金被挤占挪用。要加强对中央补助地方支出的审计,并将审计结果向全国人大常委会报告。地方政府要严格控制财政供养人员的增长,用好中央财政补助资金。

——进一步推进预算制度改革。完善预算决策和管理制度,坚持先有预算后有支出的原则。继续提前编制预算、细化预算内容,规范部门预算和预算报送内容。逐步做到中央本级预算按部门编列,部门预算按主要工作反映预算支出情况,改进和完善部门预算编制程序。进一步细化中央补助地方支出预算内容,加快预算科目体系改革。深化"收支两条线"改革,加强对预算外资金的管理和监督,逐步将预算外资金纳入预算内。进一步加强对预算执行情况的审计监督,继续推进部门决算草案审签的试点。加快财政法制建设。

出席十届全国人大一次会议的各代表团酝酿协商国家机构组成人员人选

2003年中央和国家机关党风廉政建设和反腐败工作任务分解会议在北京召开

为了更好地贯彻落实胡锦涛总书记在中央纪委第二次全会上的重要讲话精神和中央纪委第二次全会的工作部署,严格执行党风廉政建设责任制,中央纪委将今年党风廉政建设和反腐败工作的主要任务逐项分解,分别落实到中央和国家机关有关部门。

中共中央书记处书记、中央纪委副书记、监察部部长何勇在讲话中指出,各部门党政领导班子尤其是主要领导,一定要充分认识这次任务分解的重要意义。要坚持"两手抓,两手都要硬"的方针,坚决贯彻中央的有关方针政策和工作部署,把所承担的反腐倡廉任务纳入本部门工作的整体格局中,通盘考虑,统一部署。各有关单位要根据工作需要,对承担的工作任务作出安排和进行再分解,进一步明确工作目标、进度和要求,制订实施方案,落实到部门、到人,要加强工作指导和督促检查,及时掌握工作进展情况,做到年初有布置,年中有检查,年底有考核,通过采取切实有效的措施,使各项工作不折不扣地落到实处。

会议由中央纪委副书记夏赞忠主持。中央纪委副书记、监察部副部长李至伦宣读了《中央和国家机关有关部门贯彻落实2003年党风廉政建设和反腐败工作部署的分工意见》。中央和国家机关有关部门的负责同志参加了会议。

国办下发《关于印发〈中央预算单位2003年政府集中采购目录及标准〉的通知》

国务院各部委、各直属机构:

《中央预算单位2003年政府集中采购目录及标准》已经国务院同意,现印发给你们,请遵照执行。

国务院办公厅

2003年3月13日

中央预算单位2003年政府集中采购目录及标准

一、政府集中采购目录

以下项目必须按规定委托集中采购机构代理采购:

1. 货物类。空调机、计算机、打印机、复印机、印刷设备、服务器、网络设备、程控交换机(国务院系统)、电话机(国务院系统)、投影仪(国务院系统)、炊事设备(国务院系统)、建筑装饰材料(国务院系统)、电梯、起重机、锅炉、办公家具、公务用车(轿车、越野汽车、面包车、大客车)、摩托车。

2. 工程类。统一组织的房屋修缮、装修。

3. 服务类。公务车辆维修(在京单位)、公务车辆保险(在京单位)、规定的印刷项目(在京单位)、计算机通用软件、规定的会议服务。

二、部门集中采购项目

以下项目原则上应当实行部门集中采购。部门集中采购由部门自行组织，可以委托集中采购机构或社会招投标代理机构采购。

1. 货物类。救灾物资、防汛物资、抗旱物资、农用物资、储备物资、网络专用设备、医疗设备和器械、计划生育设备、交通管理监控设备、港口设备、农用机械设备、气象专用仪器设备、人工影响天气作业设备、航测设备、消防设备、警察设备和用品、专用教学设备、广播电视和影像设备、体育设备、海关专用物资装备、税务专用物资装备、救助船舶和直升机、港务监督巡逻艇、检察诉讼设备、法庭内部装备、救护车、缉私船。

2. 工程类。部门确定的本系统单位公用房建设和宿舍建设，以及修缮和装饰工程。

3. 服务类。本部门或本系统信息管理系统开发及维护、部门确定的其他有特殊要求的专用服务项目。

三、部门采购限额标准

除政府集中采购目录和部门集中采购项目外，各部门自行采购（单项或批量采购）80万元以上的货物和服务项目、100万元以上的工程项目应执行《中华人民共和国政府采购法》有关规定。

四、政府采购货物和服务公开招标数额标准

政府采购货物或服务的项目，单项或批量采购金额一次达到80万元以上的，必须采用公开招标采购方式。政府采购工程公开招标数额标准按照国务院有关规定执行。

国家工商行政管理总局通报2002年消费者权益保护工作情况

在消费者投诉的消费热点问题中，食品安全、手机质量与服务、伪劣农资坑农占据了前三位。

民革第十届中央常务委员会第二次会议在北京召开

民盟第九届中央常务委员会第二次会议在北京召开

台盟第七届中央常务委员会第二次会议在北京召开

外交部发言人孔泉在例行记者招待会上就台湾问题答记者问

有记者问：据报道，美国会众议院3月11日未经实质性辩论即表决通过了关于支持台湾参与世界卫生组织（WHO）的议案。请问中方对此有何评论？

答：世界卫生组织系由主权国家组成的联合国专门机构，台湾作为中国的一部分，没有资格参加该组织，也无权成为世界卫生大会的观察员。自1997年以来，世界卫生大会多次否决了所谓支持台湾参与世界卫生组织的提案。

美国会众议院3月11日通过的议案，违反国际法准则和中美三个联合公报原则，干涉中国内政，也是注定要失败的。中国政府已就此向美国政府提出严正交涉并表示坚决反对。

有记者问：据媒体报道，美国防部办公室主管亚太安全的官员近日率团访问台湾，和台湾方面商讨反导合作以及美售台武器装备问题。请问中方对此有何评论？

答：美方与台进行军事交往与合作，直接违反“8·17”公报原则和美方有关承诺，向“台独”势力发出新的错误信号，中方对此表示强烈不满和坚决反对。我们再次敦促美方认清上述行动的敏感性和危害性，恪守在台湾问题上向中方所作的各项承诺，以免给中美关系带来损害。

《科技知识讲座文集》出版

经国务院领导同志批准，国家科技教育领导小组办公室编辑了《科技知识讲座文集》一书，由中央党校出版社出版。李岚清副总理为本书作序。

本书的主要内容为国家科技教育领导小组在中南海举办的22次科技知识讲座，主讲人均为国内、国际著名专家学者，内容涉及物理学、医学、生命科学、信息技术、纳米技术、环境保护等多学科领域。

3月14日

全国政协十届一次会议闭幕

全国政协主席贾庆林在闭幕会讲话中要求政协的各级组织和各参加单位，紧密团结在以胡锦涛同志为总书记的中共中央周围，高举邓小平理论伟大旗帜，认真贯彻“三个代表”重要思想，与时俱进，开拓创新，全面完成中共十六大提出的各项任务，不断推进中国特色社会主义事业，努力谱写人民政协工作新的辉煌篇章。

会议由全国政协副主席王忠禹主持。全国政协副主席廖晖、刘延东、阿沛·阿旺晋美、帕巴拉·格列朗杰、李贵鲜、张思卿、丁光训、霍英东、马万祺、白立忱、罗豪才、张克辉、周铁农、郝建秀、陈奎元、阿不来提·阿不都热西提、徐匡迪、李兆焯、黄孟复、王选、张怀西、李蒙，秘书长郑万通在主席台前排就座。

江泽民、胡锦涛、李鹏、朱镕基、李瑞环、李岚清、吴邦国、温家宝、曾庆红、黄菊、吴官正、李长春、罗干等在主席台就座。

上午9时，闭幕会开始。王忠禹宣布，政协十届全国委员会第一次会议应出席委员2238人，实到2103人，符合法定人数。

会议通过了政协第十届全国委员会第一次会议政治决议、政协十届一次会议关于政协第九届全国委员会常务委员会工作报告的决议、政协十届一次会议关于政协第九届全国委员会常务委员会提案工作情况报告的决议，以及政协十届一次会议提案审查委员会关于政协十届一次会议提案审查情况的报告。

出席闭幕会的领导同志还有：王乐泉、王兆国、回良玉、刘淇、刘云山、吴仪、张立昌、张德江、俞正声、贺国强、曹刚川、曾培炎、王刚、迟浩田、张万年、姜春云、钱其琛、乔石、尉健行、何勇、邹家华、王光英、布赫、铁木尔·达瓦买提、吴阶平、彭珮云、何鲁丽、周光召、曹志、丁石孙、成思危、许嘉璐、蒋正华、司马义·艾买提、肖扬、韩杼滨、杨汝岱、钱伟长、任建新、钱正英、孙孚凌、朱光亚、万国权、胡启立、陈锦华、赵南起、经叔平等。

中共中央、国务院有关部门负责人列席闭幕会。各国驻华使节应邀旁听闭幕会。

大会在雄壮的国歌声中闭幕。

全国政协主席贾庆林在全国政协十届一次会议闭幕会上的讲话

各位委员、各位同志：

中国人民政治协商会议第十届全国委员会第一次会议在大家的共同努力下，圆满完成各项议程，就要胜利闭幕了。

这次大会是在全国各族人民深入学习贯彻中共十六大精神，为全面建设小康社会、开创中国特色社会主义事业新局面而努力奋斗的新形势下召开的。会议审议通过了政协第九届全国委员会常务委员会工作报告和关于提案工作情况的报告；列席了第十届全国人民代表大会第一次会议，听取并讨论了朱镕基总理所作的政府工作报告以及其他重要报告；选举产生了政协第十届全国委员会常务委员会。委员们以满腔的热忱和高度的责任感，对关系我国改革发展稳定大局和人民群众切身利益的重要问题提出了许多宝贵的意见和建议，就如何做好新一届政协工作发表了很好的见解。这次大会开得很成功，是一次民主求实、团结鼓劲的大会，是一次继往开来、与时俱进的大会，是一次凝聚力量、催人奋进的大会。

感谢大家的信任，选举我们组成政协第十届全国委员会常务委员会，我们深感责任重大。十届政协将在历届政协奠定的良好基础上开展工作。这些年来，在以江泽民同志为核心的中共第三代中央领导集体的领导下，在李瑞环同志的主持下，人民政协的各项工作取得了新成绩，开创了新局面，创造了新经验。这些成绩和经验，凝聚着各界政协委员的心血和智慧，融汇了广大政协工作者的思考和探索，是十分宝贵的财富。我们一定要坚持和发扬人民政协的优良传统，紧密团结各党派团体和各族各界的广大委员，尽职尽责地做好工作，努力创造新的业绩，推动人民政协事业不断向前发展。

一

中共十六大是中国共产党在新世纪初召开的一次具有里程碑意义的代表大会。这次大会，把“三个代表”重要思想同马克思列宁主义、毛泽东思想、邓小平理论一道确立为中国共产党必须长期坚持的指导思想，系统总结了中国共产党领导人民建设中国特色社会主义的基本经验，提出了全面建设小康社会的奋斗目标，作出了建设中国特色社会主义经济、政治、文化的战略部署，顺利实现了中国共产党中央领导集体的新老交替。这对于进一步开创中国特色社会主义事业新局面，具有极其重大而深远的意义。贯彻落实十六大精神是当前和今后一个时期全党全国的首要政治任务，也是人民政协的首要任务。

在新的世纪，实现推进现代化建设、完成祖国统一、维护世界和平与促进共同发展这三大任务，在中国特色社会主义道路上实现中华民族的伟大复兴，这是历史和时代赋予我们的庄严使命，是广大中华儿女殷切期盼并为之奋斗的宏伟大业。完成这一宏伟大业，关键是要紧紧抓住本世纪头20年这个重要战略机遇期，实现全面建设小康社会的奋斗目标。全面建设小康社会，是我国现代化建设承上启下的发展阶段，事关推进中国特色社会主义事业的战略全局。我们每一位委员，无论来自哪一个党派、哪一个团体、哪一个民族、哪一个界别，都要树立高度的使命感和责任感，在共同的大目标下团结起来，扎扎实实、尽心尽力地做好工作，努力为全面建设小康社会贡献力量。

实现全面建设小康社会的奋斗目标，我们具有诸多有利的条件。一是改革开放以来，特别是近13年取得的巨大成就，为今后的发展奠定了坚实的基础。以江泽民同志为核心的中共第三代中央领导集体，团结和带领全国各族人民，坚持贯彻我国现代化建设“三步走”的战略，开创了改革开放和现代化建设的新局面。二是中共十六大科学回答了在新世纪坚持举什么旗、走什么路、实现什么目标等重大问题，选举产生了以胡锦涛同志为总书记的新一届中共中央领导集体，充分体现了全党和全国人民的意愿和要求，这是我们事业继往开来的最重要的政治保证和组织保证。三是尽管国际形势复杂多变，天下并不太平，但和平与发展仍然是时代的主题，我们可以为中国的发展争取一个较长时期的和平国际环境和良好周边环境。维护世界和平，促进共同发展，直接关系各国人民的福祉，是各国人民的强烈愿望，也是不可阻挡的历史潮流。中国人民将一如既往地同各国人民一道，为继续促进世界和平与发展而奋斗。同时，我们也要清醒地看到，全面建设小康社会，是一项艰巨复杂的任务。我国正处于并将长期处于社会主义初级阶段，我们的经济基础比较薄弱，科学技术还不发达，人均资源相对短缺，人口众多且发展不平衡，在前进道路上还会遇到这样那样的风险和挑战。我们既要充分认识有利的条件，抓住机遇，乘势而上，争取更大的胜利；又要充分估计到不利的因素，居安思危，艰苦奋斗，百折不挠地把我们的事业不断推向前进。

全面建设小康社会、开创中国特色社会主义事业新局面，关系到中华民族的前途和全国人民的切身利益，必须紧紧依靠广大人民群众的智慧和力量，紧紧依靠各党派团体、各族各界人士的团结奋斗。在全面建设小康社会的历史进程中，人民政协责任重大、大有可为。政协的各级组织和各参加单位要在中国共产党的领导下，在共同的政治基础和共同的大目标下，同心同德，群策群力，为建设中国特色社会主义伟大事业作出新的更大的贡献。

二

统一战线历来是中国共产党的总路线、总政策的重要组成部分，是中国共产党执政兴国的重要法宝，也是中国共产党领导人民建设中国特色社会主义基本经验的重要内容。在中国革命、建设和改革的各个时期，统一战线为中国共产党团结和带领全国各族人民，联合各方面的积极力量，共同实现党的奋斗目标发挥了重大作用。

以毛泽东同志、邓小平同志为核心的中共第一代、第二代中央领导集体，为统一战线的建立和发展倾注了巨大的心血，作出了巨大的贡献。中共十三届四中全会以来，以江泽民同志为核心的中共第三代中央领导集体，又以新的实践和新的经验进一步丰富和发展了统一战线思想。江泽民同志强调："在新世纪，统一战线作为党的一个重要法宝，决不能丢掉；作为党的一个政治优势，决不能削弱；作为党的一项长期方针，决不能动摇。"随着我国经济和社会结构的深刻变化，出现了多种经济成分和分配方式，产生了新的利益群体和社会组织，人们思想活动的自主性、差异性明显增强，价值取向、行为方式日益多样化，统一战线内部的构成也更加多样。在这种情况下，要把广大工人、农民、知识分子和其他社会力量的积极性充分地调动起来，把海内外全体中华儿女的智慧和力量最大限度地凝聚起来，共同为中国共产党提出的宏伟目标而奋斗，就必须更加重视统一战线，进一步巩固和发展最广泛的爱国统一战线。

中国共产党领导的多党合作和政治协商制度，是我国的一项基本政治制度，也是我国社会主义政治制度的特点和优势。它是马克思主义政党理论与我国实际相结合的产物，是中国共产党团结和带领中国人民长期奋斗的结果，是中华民族政治经验和政治智慧的结晶。坚持这一基本政治制度，有利于发扬民主，活跃国家政治生活；有利于增进人民团结，维护国家政局稳定；有利于加强、改善共产党的领导和充分发挥民主党派的参政党作用，实现统一领导与广泛民主、富有效率与充满活力的有机统一。中共十六大明确提出："发展社会主义民主政治，建设社会主义政治文明，是全面建设小康社会的重要目标。"我们发展社会主义民主政治，必须走适合中国国情的政治发展道路，决不能照搬西方政治制度的模式。中国共产党领导的多党合作和政治协商制度，是我国社会主义民主制度的重要内容。要发展社会主义民主政治，建设社会主义政治文明，就必须始终坚持并且不断完善、发展这项制度。我们应当切实按照中共十六大的要求，努力把这项基本政治制度坚持好、完善好、落实好。

人民政协是中国人民爱国统一战线的组织，是中国共产党领导的多党合作和政治协商的重要机构。巩固和发展最广泛的爱国统一战线，充分发挥人民政协政治协商、民主监督和参政议政的作用，是发展社会主义民主政治、建设社会主义政治文明的必然要求，是人民政协义不容辞的职责。人民政协要高举爱国主义、社会主义的旗帜，紧紧围绕团结和民主两大主题，坚持自身的性质和特点，充分发挥代表性广、包容性大的优势，积极做好团结各界、凝聚人心的工作，努力为全面建设小康社会创造一个良好的社会政治环境。要坚持"长期共存、互相监督、肝胆相照、荣辱与共"的方针，坚持民主协商、平等议事的原则，充分发扬社会主义民主，大力加强同民主党派、工商联和无党派人士的团结合作，切实发挥他们在政协中的作用，使共产党领导的多党合作和政治协商这一基本政治制度在我国社会政治生活中更好地发挥作用。

三

十届全国政协的 5 年，正处于我国改革开放和社会主义现代化建设的关键时期。做好这 5 年的工作，具有极其重要的意义。我们要谨记历史的重托，顺应时代的要求，不负人民的期望，为维护改革发展稳定的大局，实现中共十六大提出的宏伟蓝图，贡献我们的智慧和力量。

按照中共十六大的精神,根据委员们在这次政协全体会议上发表的意见,十届政协工作的基本思路是:以邓小平理论和“三个代表”重要思想为指导,全面贯彻中共十六大精神,认真落实十六大对人民政协提出的各项要求,坚持团结和民主两大主题,切实履行政治协商、民主监督和参政议政职能,坚定信心,与时俱进,发挥优势,扎实工作,最广泛最充分地调动一切积极因素,不断开创人民政协事业的新局面,为全面建设小康社会、实现中华民族的伟大复兴贡献力量。

要坚持围绕中心、服务大局,把为实现全面建设小康社会的奋斗目标服务作为政协工作的出发点和落脚点。发展是中国共产党执政兴国的第一要务,也是人民政协履行职能的第一要务。人民政协工作的开拓与创新,人民政协的作用与贡献,都同亿万人民全面建设小康社会、不断推进中国特色社会主义事业的伟大实践紧密相连。在任何时候、任何情况下,人民政协都要自觉地服从和服务于全国工作的大局,而不能偏离这个大局;都要发挥爱国统一战线组织的优势,而不能削弱这个优势。要把各党派团体和各族各界人士的注意力引导到聚精会神搞建设、一心一意谋发展上来,把方方面面的智慧和力量凝聚到为全面建设小康社会努力奋斗上来。要把政协智力密集、联系广泛的优势,转化为促进改革与发展的强大动力,依托专门委员会和各界别,组织委员有重点地开展调查研究,积极建言献策,为领导机关决策提供真实情况与科学依据。

要把维护团结稳定摆在政协工作的突出位置,努力做好协调关系、化解矛盾的工作。完成改革和发展的繁重任务,需要保持稳定的社会环境,营造和谐的社会氛围。人民政协由各党派团体和各族各界代表人士组成,团结面大、联系面广,应当充分运用这些有利条件,把团结各界、维护稳定作为政协工作的一个着力点。要经常深入基层、深入群众,真实了解民情,充分反映民意,广泛集中民智,使政协反映社情民意的工作不断拓展和深化。要认真研究当前我国社会结构和统一战线内部所出现的新情况、新变化,努力加强同各方面人士的联系,团结的人越多越好,团结的面越广越好,最大限度地把一切可以团结的力量都团结起来,把一切积极因素都调动起来。要积极协助党和政府,多做统一思想、理顺情绪、排忧解难的工作,为改革发展稳定减少阻力、增加助力、形成合力,努力维护民主团结、生动活泼、安定和谐的政治局面。

要充分发扬社会主义民主,积极推进人民政协履行职能的制度化、规范化、程序化。发展社会主义民主政治,建设社会主义政治文明,最根本的是要把坚持共产党的领导、人民当家做主和依法治国有机统一起来。人民政协作为我国政治生活中发扬民主的重要组织形式,要坚持广开言路、集思广益,求同存异、相互尊重,切实搞好与各民主党派、无党派人士、各人民团体和各族各界人士的合作共事。要适应形势的发展,进一步推进政协履行职能的各项工作制度化、规范化、程序化,更好地为发展社会主义民主政治、建设社会主义政治文明服务。

要加强海内外联谊工作,积极促进祖国统一大业。实现祖国的完全统一,是海内外中华儿女的共同心愿。香港、澳门回归祖国并保持繁荣稳定,充分证明“一国两制”方针是完全正确的,具有强大的生命力。人民政协联系着一大批港、澳、台、侨代表人士,这是政协组织的一大特色和优势。应当继续多形式、多渠道、多领域地加强对各界人士的工作,为继续维护和促进香港、澳门的繁荣、稳定和发展,为坚持贯彻“和平统一、一国两制”的基本方针和江泽民主席关于现阶段发展两岸关系、推进祖国和平统一进程的八项主张,坚决反对台湾分裂势力,促进海峡两岸的交流、交往与合作,实现祖国的完全统一作出新的贡献。

各位委员、各位同志:

政协委员是政协工作的主体,责任重大而光荣。半个多世纪来,一届又一届政协委员,为国家的建设与发展,为民族的振兴与富强,殚精竭虑,努力奉献,谱写了许多感人至深的篇章。新一届政协委员来自不同的党派、团体、民族和界别,但我们肩头承担的历史使命是一致的,这就是要建设社会主义现代化、完成祖国统一大业、实现中华民族的伟大复兴。政协委员中人才济济,群英荟萃,大家既有报国之志,又有兴国之才。这是做好人民政协工作的坚实基础。我们要始终尊重劳动、尊重知识、尊重人才、尊重创造,充分发挥政协委员的积极性、主动性和创造性,努力营造鼓励政协委员干事业、支持政协委员干成事业的良好氛围。同时,我们也希望大家珍惜政协委员的称号,发扬为国奉献、为民服务的崇高精神和“先天下之忧而忧,后天下之乐而乐”的高尚情操,怀一腔热血,展一身才华,更加关注民生、参与国是、致力发展、奉献社会,积极投身到全面建设小康社会的宏伟事业中去。

同志们!我们正处在一个大有希望、大有作为的时期。让我们紧密团结在以胡锦涛同志为总书记的中共中央周围,高举邓小平理论伟大旗帜,认真贯彻“三个代表”重要思想,与时俱进,开拓创新,全面完成中共十六大提出的各项任务,不断推进中国特色社会主义事业,努力谱写人民政协工作新的辉煌篇章!

现在我宣布:中国人民政治协商会议第十届全国委员会第一次会议闭幕!

政协十届一次会议关于政协九届常委会工作报告的决议

（2003年3月14日政协第十届全国委员会第一次会议通过）

中国人民政治协商会议第十届全国委员会第一次会议，批准李贵鲜同志受政协第九届全国委员会常务委员会委托所作的工作报告。会议认为，九届政协紧紧围绕国家中心任务，始终把握团结和民主两大主题，认真履行政治协商、民主监督、参政议政职能，各项工作扎实深入、活跃有序，取得了重大进展，为巩固和发展爱国统一战线、坚持和完善共产党领导的多党合作和政治协商制度、推动改革开放和现代化建设、促进祖国统一大业发挥了重要作用。会议同意九届政协常务委员会工作报告对本届政协工作提出的各项建议，要求本届政协常务委员会认真组织实施，并希望常务委员会与时俱进，开拓创新，在建设中国特色社会主义伟大事业中开创政协工作的新局面。

政协十届一次会议关于政协九届常委会提案工作情况报告的决议

（2003年3月14日政协第十届全国委员会第一次会议通过）

中国人民政治协商会议第十届全国委员会第一次会议，同意周铁农同志受政协第九届全国委员会常务委员会委托所作的提案工作情况的报告。会议充分肯定政协第九届全国委员会提案工作取得的成绩。会议要求政协第十届全国委员会常务委员会继续坚持围绕中心、服务大局、提高质量、讲求实效的提案工作方针，把提案工作质量提高到一个新的水平。

中国人民政治协商会议第十届全国委员会第一次会议政治决议

（2003年3月14日政协第十届全国委员会第一次会议通过）

中国人民政治协商会议第十届全国委员会第一次会议，听取和讨论了朱镕基总理所作的政府工作报告，表示赞同并给予高度评价。听取和讨论了国务院关于2002年国民经济和社会发展计划执行情况与2003年国民经济和社会发展计划草案的报告、关于2002年中央和地方预算执行情况及2003年中央和地方预算草案的报告、关于国务院机构改革方案的说明，听取和讨论了最高人民法院工作报告和最高人民检察院工作报告，对以上报告和方案表示赞同。

会议认为，过去的5年，以江泽民同志为核心的中共中央领导全国各族人民团结奋斗，战胜种种困难，完成了国民经济和社会发展第九个五年计划，胜利实现了社会主义现代化建设第二步战略目标，并取得了实施第十个五年计划的良好开局。这些来之不易的巨大成就，为实现我国社会主义现代化建设第三步战略目标奠定了坚实的基础。

会议认为，中国共产党第十六次全国代表大会，科学总结了中共十三届四中全会以来建设中国特色社会主义的基本经验，确立了“三个代表”重要思想在中国共产党的指导地位，明确提出了全面建设小康社会的奋斗目标，选举产生了新一届中共中央领导集体，对于我国各项事业在新世纪的新发展具有重大而深远的意义。中国共产党领导的多党合作和政治协商制度是我国一项基本政治制度，中国人民政治协商会议是中国人民爱国统一战线的组织，是共产党领导的多党合作和政治协商的重要机构，在国家政治生活、社会生活和对外友好活动中具有重要作用。人民政协要把深入学习、认真贯彻中共十六大精神，作为当前和今后一个时期的首要政治任务，围绕完成十六大提出的各项任务，切实履行政治协商、民主监督和参政议政职能，巩固和发展民主团结、生动活泼、安定和谐的政治局面，为促进社会主义物质文明、政治文明和精神文明建设，不断推进中国特色社会主义伟大事业作出应有的贡献。

会议认为，当前，我国加快推进社会主义现代化、实现全面建设小康社会奋斗目标的有利条件很多，但也存在着不容忽视的困难和问题。面对复杂多变的国际形势和艰巨繁重的国内建设任务，我们必须居安思危，增强忧患意识；必须始终保持谦虚谨慎、不骄不躁、艰苦奋斗的作风，团结一致，奋发进取，集中力量把我们国家建设好。

会议认为，香港和澳门回归祖国，丰富了“一国两制”的理论和实践，充分证明“一国两制”的方针是正确的，具有强大的生命力。早日实现祖国的完全统一，事关中华民族的根本利益，是包括广大台湾同胞在内的全体中华儿女的共同愿望。与会委员坚决拥护“和平统一、一国两制”的基本方针和现阶段发展两岸关系、推进祖国和平统一进程的八项主张，坚决支持在一个中国原则基础上恢复两岸对话与谈判，加强两岸人员的往来和经济文化等领域的交流，实现两岸直接通邮、通航和通商，坚决反对任何旨在分裂祖国的言行。会议呼吁，全体中华儿女携起手来，共同促进祖国统一大业的早日实现。

会议认为，和平与发展仍是当今时代的主题。维护和平，促进发展，事关各国人民的福祉，是各国人民的共同愿望，也是不可阻挡的历史潮流。世界多极化和经济全球化趋势在曲折中发展。我国面临的国际环境依然是机遇大于挑战，但国际形势中的不确定因素有所增加。参加人民政协的各党派团体和各族各界人士，坚决支持我国政府奉行独立自主的和平外交政策，在和平共处五项原则的基础上发展同各国的关系。反对各种形式的霸权主义和强权政治，反对一切形式的恐怖主义。中国人民愿同各国人民一道，共同推进世界和平与发展的崇高事业。

会议号召，人民政协的各参加单位、各级组织和广大委员，紧密团结在以胡锦涛同志为总书记的中共中央周围，高举邓小平理论伟大旗帜，学习和贯彻"三个代表"重要思想，坚持和完善共产党领导的多党合作和政治协商制度，围绕团结和民主两大主题切实履行职能，解放思想，实事求是，与时俱进，开拓创新，为实现中共十六大提出的全面建设小康社会的目标，为实现中华民族的伟大复兴而努力奋斗！

政协十届一次会议提案审查委员会关于政协十届一次会议提案审查情况的报告

（2003年3月14日政协第十届全国委员会第一次会议通过）

参加十届全国政协的各党派、人民团体和各族各界政协委员，在中共十六大精神鼓舞下，牢牢把握团结和民主两大主题，以高度的政治责任感和使命感，认真履行人民政协职能，在政协十届一次会议上通过提案提出了许多有价值的意见和建议。

政协第十届全国委员会第一次会议截至3月9日下午5时，共收到提案3668件，参与的委员1936人，占委员总数的86.5%。按照《中国人民政治协商会议全国委员会提案工作条例》，提案审查委员会对收到的提案进行了审查，共立案3448件，占总数的94%，作为委员来信转有关方面研究和参考的220件。对本次会议急需处理的3件提案，已及时送交有关部门办理，并得到了答复。在已立案的提案中，委员提案3311件；各民主党派、全国工商联提案82件；界别小组提案55件。按类别分，经济建设方面1505件，占43.65%；科教文卫体方面966件，占28.02%；政法、人事、统战综合方面977件，占28.33%。

本次会议提案内容十分广泛，涉及社会主义物质文明、政治文明和精神文明建设的各个方面，主要有：继续扩大内需，促进国民经济稳定增长；加快农业和农村经济全面发展，增加农民收入；推进产业经济结构调整和升级，发展高新技术产业；推进西部大开发，促进地区经济协调发展；整顿和规范市场经济秩序，建立、健全信用体系；不断提高对外开放水平，更好地利用国内外市场和资源；完善社会保障体系，扩大就业和再就业；发展先进文化，弘扬民族精神；坚持科教兴国战略，推动科技和教育事业的发展；坚持可持续发展战略，重视生态环境保护；加强社会主义民主法制建设，推动社会进步；深化行政管理体制改革，转变政府职能；加强廉政建设，深入开展反腐败斗争；全面贯彻民族、宗教政策，促进民族地区发展；进一步推动两岸交流，促进祖国和平统一等。从提案中反映出委员们对生态环境、社会保障体系、就业和再就业、社会信用、社会分配和"三农"等问题格外关注。

本次会议提案明显体现出：委员们注重提案质量，按照提案工作条例的要求，撰写提案基本做到了有情况、有分析、有具体建议。特别是民主党派、全国工商联提案，在调查研究的基础上，慎重选题，深入分析，合理建议，质量更为突出。

会议期间，提案审查委员会就缩小分配收入差距和加强城市灾害应急管理能力建设问题，召开了两次协商办理座谈会，分别邀请国家有关部委和北京市政府等14个有关单位的负责人，与提出提案的有关民主党派中央、政协委员进行座谈，沟通情况，交换意见，共商解决问题的办法和措施。

大会闭幕后，定于3月20日召开政协十届一次会议提案交办会，将已审查立案的提案分别送中共中央、全国人大常委会、国务院、全国政协、中央军委所属的有关部门，最高人民法院、最高人民检察院办公厅，各省、自治区、直辖市党委和人民政府，以及有关人民团体等150个承办单位办理。

本次大会提案截止日期以后收到的提案，将及时审查立案，送交有关单位办理。

政协第十届全国委员会第一次主席会议在北京举行

中共中央政治局常委、全国政协主席贾庆林主持并讲话。他说，刚刚闭幕的全国政协十届一次会议，选举我们组成主席会议，担负起对新一届政协工作的领导职责。大家都会珍惜中共中央和各界委员对我们的信任，珍惜未来5年合作共事的这段缘分，勤勉工作，尽职尽责，与广大委员一道，完成好历史赋予的使命。

贾庆林说，在政协组织中担任主席、副主席职务，面对的是不同党派、不同团体、不同民族、不同界别的代表人士，协商的是涉及国家大政方针的重要问题，对我们这个班子来讲，确实是要求高，责任大。政协的主要工作是团结各界、发扬民主，是参政议政、建言献策。这对于我们多数从党政领导岗位转过来的人讲，对于过去没有做过政协工作的同志讲，都会有一个角色的转换过程，有一个从观念到方法的转换过程。从十届政协面临的形势以及主席会议新成员较多的情况看，我们应该转换得好一些，转换得快一些。因此，第一，我们需要加强学习，学习统一战线的理论和政策，掌握政协工作的规律和方法，尽快适应新的岗位、新的角色。第二,我们需要多投入一些时间思考有关政协工作全局的大问题,研究如何推进政协工作的思路和方法,使新一届政协在原有的基础上更加活跃起来。第三,我们需要在力所能及的条件下,多参加政协的一些活动,比如,结合自己关注的问题,参与政协组织的视察、调研以及联谊等活动。

贾庆林强调,我们要发扬历届政协的好作风、好传统,贯彻民主协商、平等议事的原则,建立肝胆相照、荣辱与共的关系,倡导知无不言、言无不尽的精神,形成团结和谐、民主活跃的环境。让我们紧密团结在以胡锦涛同志为总书记的中共中央周围,坚持以邓小平理论和"三个代表"重要思想为指导,同心同德、群策群力,互相关心、互相支持,共同推动人民政协工作不断向前发展。

会议审议通过了关于召开政协第十届全国委员会常务委员会第一次会议议程草案和日程,决定这次常委会议于3月14日至15日在北京召开,建议这次会议的主要议程是:审议通过政协第十届全国委员会常务委员会关于设置专门委员会的决定;审议通过政协第十届全国委员会专门委员会主任、副主任名单;审议通过政协第十届全国委员会副秘书长名单;学习贯彻政协十届一次会议精神,研究本年度常委会工作思路。

会议听取了全国政协秘书长郑万通就有关草案所作的说明,决定将这些草案提交政协十届常委会第一次会议审议。

全国政协副主席王忠禹、廖晖、刘延东、帕巴拉·格列朗杰、李贵鲜、张思卿、丁光训、霍英东、马万祺、白立忱、罗豪才、张克辉、周铁农、郝建秀、陈奎元、阿不来提·阿不都热西提、徐匡迪、李兆焯、黄孟复、王选、张怀西、李蒙出席会议。

中国人民政治协商会议第十届全国委员会专门委员会委员名单(520人)

(2003年3月14日政协第十届全国委员会第一次主席会议通过)

提案委员会(45人)

委员(按姓氏笔画排序):

王惠通　方智远　田瑞璋　冯　巩　冯　淬(女)
朱　焘　朱树豪　朱锦林　朱新均　朱增泉　李子彬
杨孙西　邱国义　何丕洁　何慧娴(女)
余振贵(回族)　宋春华　张化本　张龙之　张华军
张鹤镛　陈兰通　陈贵州　陈益群　周天顺　周远清
周晋峰　赵士英　赵光华　郝文明(满族)
夏家骏(土家族)　徐心华　徐永光　徐玉麟　殷大奎
高文远　唐克美(女)　唐树杰　梁　华　阎纯德
蒋秋霞(女)　傅志煌　鲍培德　熊大方　滕进贤

经济委员会(62人)

委员(按姓氏笔画排序):

马永伟　王玉锁　王志宝　王武龙　王秦平　王基铭
朱登山　任运良　刘海燕　孙安民　孙树义　纪明波
寿嘉华(女)　杜钰洲(满族)　李志民　李居昌
李晓林　杨邦杰　杨贤足　杨树德　杨崇春　肖万钧
肖贞堂　吴光宇　吴耀文　邱立成　何林祥
何界生(女)　佟常印　宋瑞祥　张光瑞　张卓元
陆　江　陈　峰　陈明德　陈晓颖(女)　陈清泰
武春河　范西成　林毅夫　周明臣　周德强　赵希正
赵春明　段永基　洪敬南　袁振宇　徐鸿道
徐德明(满族)　殷介炎　高安泽　唐大智(女)
康　义　梁季阳　梁燕君(女)　董文标　韩　伟
傅立民　谢松林　蔡庆华　潘蓓蕾(女,高山族)
穆麒茹(女)

人口资源环境委员会(64人)

委员(按姓氏笔画排序):

卜漱和(女)　马　福　王　东　王心芳　王光谦
王禹民　王弭力(女)　王家柱　王福中　王曙光
牛文元　叶文虎　朱光武　刘于鹤　刘衍泉　孙　钢
李士忠　李安民　李良辉　李昌鉴　李烈荣
李善同(女)　李慈君(女)　杨　岐
肖燕军(女)　吴晓青(满族)　何升韬　邹玉川
汪纪戎(女)　沈国舫　张红武　张宝文　张新时
张赛娥(女)　张德楠　陆延昌　陈子华　林而达
罗冰生　金祥文　郄秀书(女)　郑一军　赵汉钟
赵忠祥　赵宝江　赵新先　茹　克　秦大河　聂振邦
索丽生　倪晋仁　徐是雄　唐守正　黄　炎　黄大卫
黄荣辉　梁从诫　彭嘉柔(女)　蔡国雄　漆　林
谭庆琏　黎安田　潘贵玉(女)　薛荣哲

教科文卫体委员会(92人)

委员(按姓氏笔画排序):

于文明　王大中　王成喜　王次炤
王明明　王铁成　王景川　王渝生　王德炳　文　喆
邓亚萍(女)　甘子钊　甘英烈　左铁镛　龙致贤
叶少兰　田麦久　田爱习　尼玛泽仁(藏族)
曲维枝(女)　朱庆生　朱宗涵　邬贺铨　刘　钝
刘　敏(女)　刘长铭　刘迎龙　刘建中
孙丽英(女,满族)　李　未　李　羚(女)　李双江
李立明　李国章　李济生　李炳华　李维康(女)
杨力舟　吴以岭　吴良好　吴明熹　吴祖强　吴雁泽
何惠宇　佘　靖(女)　沈士团　沈仁干　沈德忠
宋祖英(女,苗族)　迟宝荣(女)　张　健　张今强
张立贵　张会军　张杰庭　张国初　张忠辉　张登义
陈　铎　陈文博　陈佳洱　陈晓光　罗爱伦(女)
金曼(女,朝鲜族)　郑必坚　郑质英　郑筱萸　单霁翔

赵志祥 胡启恒(女) 洪祖杭 姚乃礼 袁贵仁
夏国洪 倪 萍(女) 徐德晓 高润霖 郭传杰
黄大昉 董协良 董志伟 韩真发 傅世垣 焦文俊
谢 炳 谢维和 雷 蕾(女,满族) 褚 平 蔡国斌
蔡冠深 潘公凯 瞿振元

社会和法制委员会(64人)

委员(按姓氏笔画排序):

于生龙 于泽荣 万鄂湘 卫建林 王 征 王书平
王立忠 王伟华 王宪章 王景荣 王瑞璞 卞耀武
左连璧 石汉基 卢天骄(女) 叶 亮
叶维祯(女) 田期玉 田鹤年 付 彦(女)
朱佳木 朱恩涛 刘是龙 刘新成 齐景发 许荣茂
许智明 孙怀山 李永安 李永海 李贤义 李宝库
杨海坤 吴伯明 应文华 宋林飞 陆克平
陈 洪(女) 陈广文 陈金飞 罗 锋 岳海岩
赵 勇 赵功民 赵展岳 胡 伟 胡友林
胡克惠(女) 保育钧(蒙古族) 贾 祥 桂晓风
徐自强 唐德华 黄英豪 黄景钧 崔 波 梁慧星
彭 玉(女) 董 力 敬一丹(女) 景天魁
程津培 谢遐龄 戴 舟

民族和宗教委员会(70人)

委员(按姓氏笔画排序):

一 诚 丁文方(回族) 万选蓉(女,彝族)
才旺扎西(藏族) 马 洁(女,蒙古族)
马占山(回族) 马国超(回族) 王 平(女)
瓦哈甫·苏来曼(哈萨克族) 方建平 巴德年(满族)
甘连舫(回族) 卢湖山(壮族) 叶小文 邝广杰
圣 辉 吉狄马加(彝族) 伍贻业(回族) 任法融
伊丽苏娅(女,维吾尔族) 刘文甲(满族) 刘怀元
刘秀晨(回族) 刘明哲(黎族) 刘炳森
齐续春(满族) 安家瑶(女)
那仓向巴昂翁·丹曲成来(藏族) 孙 福(满族)
孙锡培 戒 忍 李玉玲(女) 李国安 杨 钊
何星亮 库尔班·艾尔西丁(维吾尔族)
张千一(朝鲜族) 陈 杰(女,高山族)
陈 勉(满族) 陈丽华(女,满族) 陈顺鹏
拉巴平措(藏族) 尚绍华(女) 季剑虹
金 蔚(女) 金仁燮(朝鲜族) 金基鹏(回族)
金靖宇(满族) 学 诚 净 慧 房兴耀
赵振国(回族) 荣仕星(壮族)
珠康·土登克珠(藏族) 莫时仁(布依族) 徐颂陶
唐诚青 黄元河(壮族) 黄信阳 彭丽媛(女)
韩兴旺(撒拉族) 曹圣洁(女) 雷世银
嘉木扬·图布丹(蒙古族) 熊胜祥(普米族)
德德玛(女,蒙古族) 蔺英海(维吾尔族)
薛光林(回族) 霍 达(女,回族) 穆 励(回族)

港澳台侨委员会(50人)

委员(按姓氏笔画排序):

王巨禄 王志新 王晓玉 卞晋平 方俐洛(女)
邓培德 石四皓 叶乔波(女) 白淑湘(女)
乐美真 冯理达(女) 羊子林 许世铨 许坤元
孙宝启 李小和(女) 李炳才 杨思泽 吴国祯
吴承业 邱维廉 张 茵(女) 张文中 张克俭
陈联合 林明江 林盛中 林嘉騋 欧阳华
周远楣(女) 胡克勤 施子清 施祥鹏
贺定一(女) 徐展堂 郭国庆 郭麟恭
唐闻生(女) 黄光汉 黄军军(女)
黄植诚(壮族) 黄紫玉(女) 彭磷基
董利翔(女) 韩汝琦 曾文仲 谢朝华 蔡国雄
蔡继明 瞿弦和

外事委员会(41人)

委员(按姓氏笔画排序):

丁人林 王立安 王昌义 王林旭 尤兰田(女)
石 愚 车书剑 白 钢 伍淑清(女)
刘 明(壮族) 李 兰(女) 李小林(女)
李敏宽 李静杰 杨俊文 谷永江 张永珍(女)
张吾乐 张宏喜 张虎生 张蕴岭 陆忠伟
陈乃芳(女) 武东和 苗耕书 袁 明(女)
贾庆国 徐更生 徐锡澄 高金钿 高敬德
资华筠(女) 梅 平 龚谷成 梁 浞 蒋晓松
喻权域 蔡 武 蔡名照 蔡来兴 潘占林

文史资料委员会(32人)

委员(按姓氏笔画排序):

丁振海 王晓秋 冯 友(女) 刘庆柱 刘国能
刘景录(蒙古族) 李 燕 李汉秋 李君如 李国强
李祖泽 李致忠 杨胜群 谷安林 张 皎 张志新
张征宇 张德二(女) 张燕瑾 陈漱渝 范如玉
周秉德(女) 弥松颐 聂震宁 夏燕月(女)
郭 理(女) 曹幸穗 曹鸿鸣 戚发轫
舒 乙(满族) 游洛屏 梁晓声

十届全国人大一次会议主席团在人民大会堂举行第四次会议

大会主席团常务主席吴邦国主持会议。

3月13日,大会主席团提出了十届全国人大常委会委员长、副委员长、秘书长、委员的人选,国家主席、副主席的人选,中央军事委员会主席的人选,最高人民法院院长的人选,最高人民检察院检察长的人选。各代表团对主席团提出的各项候选人人选进行了酝酿协商。根据多数代表的意见,主席团分别表决通过,确定十届全国人大常委会委员长、副委员长、秘书长、委员,国家主席、副主席,中央军事委员会主席,最高人民法

院院长，最高人民检察院检察长等各项正式候选人名单，提请大会全体会议选举。

各代表团对主席团提出的十届全国人大民族委员会、法律委员会、内务司法委员会、教育科学文化卫生委员会、外事委员会、华侨委员会、环境与资源保护委员会、农业与农村委员会主任委员、副主任委员和委员的人选，进行了酝酿协商。根据多数代表的意见，主席团分别表决通过，将十届全国人大民族委员会、法律委员会、内务司法委员会、教育科学文化卫生委员会、外事委员会、华侨委员会、环境与资源保护委员会、农业与农村委员会主任委员、副主任委员、委员名单草案，提请大会全体会议通过。

各代表团共推选监票人36人。会议表决通过，将总监票人、监票人名单草案，印发全体代表，提请大会全体会议表决。

会议分别表决通过，将十届全国人大一次会议关于九届全国人大常委会工作报告的决议草案、关于最高人民法院工作报告的决议草案、关于最高人民检察院工作报告的决议草案，提交各代表团审议，提请大会全体会议表决。

会议听取并通过了十届全国人大一次会议副秘书长何椿霖作的关于代表提出议案处理意见的报告，会后将报告印发全体代表。

十届全国人大一次会议副秘书长何椿霖在十届全国人大一次会议主席团第四次会议上作关于代表提出议案处理意见的报告

（2003年3月14日第十届全国人民代表大会第一次会议主席团第四次会议通过）

大会主席团：

根据第十届全国人民代表大会第一次会议主席团第一次会议规定的议案截止时间，到3月10日18时，大会秘书处共收到代表提出的议案1050件。其中，代表团提出的议案19件，30名以上代表联名提出的议案1031件。

全国人大代表依照宪法和法律规定，向全国人民代表大会会议提出属于全国人大职权范围内的议案，是代表人民参加行使国家权力的重要形式。在这次会议上，代表们以高度的政治责任感，认真履行宪法和法律赋予的职责，围绕发展社会主义民主政治，健全社会主义法制，推进依法治国进程，促进改革开放和现代化建设，实现党的十六大提出的全面建设小康社会的宏伟目标，积极提出议案。

议案涉及的内容很多，主要有：农村税费改革，减轻农民负担和增加农民收入；加快农业和农村经济结构调整，推进农业产业化经营；深化国有企业改革，鼓励、支持和引导非公有制经济发展；发展高新技术产业，走新型工业化道路；扩大开放，提高对外经济合作水平；加快发展各级各类教育，提高教育质量和管理水平；增加就业岗位，完善社会保障体系；维护妇女合法权益；整顿和规范市场经济秩序，加强社会诚信建设；保障生产安全、食品安全和信息安全；加强生态环境保护和建设，合理利用自然资源；提高行政执法水平，推进司法体制改革；加强社会治安综合治理，维护社会稳定等。这些都是关系到国家改革发展稳定的重大问题，与人民群众切身利益密切相关。其中，要求制定、修改法律或者完善有关法律制度的议案，占议案总数的近2/3。

按照《全国人大组织法》第十条和《全国人大议事规则》第二十一条的规定，大会秘书处在收到代表提交的议案后，进行了认真研究，建议将1050件议案中的338件交由有关专门委员会审议，提出是否列入全国人民代表大会会议或者全国人大常委会会议议程的意见，由全国人大常委会审议决定。其中，交由民族委员会审议的有4件；交由法律委员会审议的有100件；交由内务司法委员会审议的有51件；交由财政经济委员会审议的有67件；交由教育科学文化卫生委员会审议的有34件；交由外事委员会审议的有2件；交由华侨委员会审议的有1件；交由环境与资源保护委员会审议的有31件；交由农业与农村委员会审议的有48件。其余的712件，需要由有关方面办理，转为建议、批评和意见，由全国人大常委会办事机构交由有关机关、组织研究处理，并负责答复代表。

十届全国人大一次会议举行记者招待会

在记者招待会上，国家环保总局局长解振华就环保问题回答了中外记者的提问。

在谈到我国环保工作的进展时，解振华说，我国政府十分重视环境保护，将保护环境作为基本国策，并努力在发展中解决环境问题，实现可持续发展。近5年来，我国环保工作取得重要进展：先后修订、颁布了《大气污染防治法》《环境影响评价法》等10部环保法律、法规，加大了对环境违法行为的查处力度；国家和地方开展了重点流域、区域、城市、海域的污染治理，取得阶段性成果；积极进行产业结构调整，关停了一批技术落后、浪费资源、污染严重的企业，城市污水和垃圾处理厂等环境基础设施建设加快；环保和生态建设投入不断增加，5年共投入5800亿元，是1950年至1997年投入总和的1.7倍。同时，全民环境意识不断提高。5年来，在国民经济年均增长7.7%的形势下，主要污染物排放总量明显降低，环境污染加剧的势头总体上得到控制，部分地区环境质量明显改善。

在回答如何确保南水北调水质问题时，解振华说，对已经开工的南水北调东线工程来说,沿线污染防治至关重要,目前国家已经制定了一个总投资超过240亿元的防治东线水污染的规划;在中线,主要问题是如何加强保护,保持丹江口水库良好的水质。只要按照中央提出的"先节水,后调水"、"先治污,后通水"、"先环保,后用水"的原则开展工作,南水北调的水质完全能够保证。

在回答是否会采取限制购买汽车的方法来控制机动车污染问题时,解振华说,解决汽车污染是我国目前城市环保工作的一项重要任务。但是不能单纯因为污染问题,就限制老百姓享受现代化的生活方式。要解决这个问题,一是大力发展、鼓励使用公共交通;二是加速淘汰使用化油器的汽车;三是提高新车的尾气排放标准;四是不断提高燃油品质。

在回答美国记者关于外资进入我国环保领域的问题时,解振华说,我国环保市场潜力很大,前景看好。目前我国环保产业的年产值约为1700亿元,并保持年均15%的增长速度。我们欢迎外国企业进入城市污水处理厂、垃圾处理厂、电厂脱硫、汽车尾气治理以及环保咨询服务业等领域。

在回答如何解决跨界污染纠纷问题时,解振华说,在我国的许多江河流域,跨界污染纠纷问题有一定的普遍性,社会各界对此高度关注。近年来,我们主要采取了以下措施:一是关停、治理上游的超标排放企业;二是在上游新建垃圾、污水处理厂;三是建立了上下游联防制度;四是在两地交界处建立监测站,随时监测水质情况,发现问题马上解决。由于措施得力,全国发生的跨界污染纠纷事件明显减少。

在回答关于二氧化硫排污交易问题时,解振华说,我国将在实行排污总量控制和排污许可证制度的基础上,逐步推行排污交易政策,其中包括二氧化硫排污交易。从试点情况看,这方面工作进展比较顺利。

解振华还就核安全及核辐射、西部开发中的生态环境保护等问题回答了中外记者的提问。

最高人民法院最高人民检察院司法部联合发布《关于适用普通程序审理"被告人认罪案件"的若干意见(试行)》和《关于适用简易程序审理公诉案件的若干意见》

两个文件明确界定了适用简化方式和适用简易程序审理案件的条件和范围。对于"被告人对被指控的基本犯罪事实无异议,并自愿认罪的第一审刑事公诉案件"可以适用简化审理方式;对于"事实清楚、证据充分"、"被告人及辩护人对所指控的基本犯罪事实没有异议"、"依法可能判处三年以下有期徒刑、拘役、管制或者单处罚金"的案件,适用简易程序审理。而对于可能判处死刑或有重大影响的案件,不论被告人是否认罪,都不适用简化的审理方式。

文件还明确规定了庭审中可以简化的具体环节,简化审理的内容仅限于法庭对被告人的询问和重复证据的出示,法庭调查、法庭辩论等庭审基本环节不能省略。普通程序简化审理只是因为被告人认罪而简化某些诉讼环节,而对于被告人依法享有的申请回避权、辩护权、申请新的证人、鉴定人到庭和最后陈述权,都必须予以充分保障。

这两个文件从2003年3月14日正式开始实施。

我国最大的数据处理超级服务器"曙光4000L"在北京通过验收

"曙光4000L"由中科院计算所国家智能计算机研究开发中心与曙光公司共同研制完成,是当前国内最大的数据中心处理主机,系统由644个中央处理器组成,644GB内存,百万亿字节存储,峰值速度每秒3万亿次。按设计能力,该系统可扩展至1300个中央处理器,峰值速度达每秒6.75万亿次。

3月15日

十届全国人大一次会议在人民大会堂举行第五次全体会议

大会执行主席王兆国主持会议。

会议的主要议程是:选举第十届全国人民代表大会常务委员会委员长、副委员长、秘书长、委员;选举中华人民共和国主席、副主席;选举中华人民共和国中央军事委员会主席。

2951名代表出席大会,符合法定人数。

会议首先通过了由36名代表组成的总监票人、监票人名单。张莘英、胡友贵为总监票人。

选举工作正式开始,监票人首先对设置在会场的23个票箱进行检验,4种不同颜色的选举票被分发到会场每一位代表手中。

根据大会通过的选举和决定任命的办法,全国人大常委会委员长、副委员长、秘书长,国家主席、副主席,国家中央军事委员会主席,进行等额选举;全国人大常委会委员进行差额选举,在167名候选人中产生159名委员,差额比例为5%。

选举票用汉文和7种少数民族文字印制。少数民族代表还拿到一份印有全国人大常委会委员候选人姓名的少数民族文字对照表,以便对照写票。

会场后区,设有秘密写票处。

9时38分,投票开始。

经过1小时22分的投票、计票,工作人员于11时宣读计票结果。

随后,王兆国宣布:

吴邦国当选为第十届全国人民代表大会常务委员会委员长;

王兆国、李铁映、司马义·艾买提、何鲁丽、丁石孙、成思危、许嘉璐、蒋正华、顾秀莲、热地、盛华仁、路甬祥、乌云其木格、韩启德、傅铁山当选为第十届全国人民代表大会常务委员会副委员长;盛华仁当选为第十届全国人民代表大会常务委员会秘书长;159人当选为第十届全国人民代表大会常务委员会委员。

胡锦涛当选为中华人民共和国主席;曾庆红当选为中华人民共和国副主席。江泽民当选为中华人民共和国中央军事委员会主席。选举结果公布后,全场响起经久不息的掌声。

热烈的掌声中,任期届满的国家主席江泽民与新当选的国家主席胡锦涛亲切握手,相互致意。任期届满的九届全国人大常委会委员长李鹏与十届全国人大常委会委员长吴邦国亲切握手,相互致意。再次当选国家中央军事委员会主席的江泽民向代表挥手致意。这时,全场再次响起长时间的掌声。

在主席台前排就座的大会执行主席还有:许嘉璐、丁石孙、王太华、白克明、李源潮、杨国庆、陈建国、热地、黄镇东。

中华人民共和国全国人民代表大会公告(第一号)

第十届全国人民代表大会常务委员会委员长、副委员长、秘书长和委员由第十届全国人民代表大会第一次会议于2003年3月15日选出:

委员长:吴邦国

副委员长:

王兆国 李铁映 司马义·艾买提(维吾尔族)
何鲁丽(女) 丁石孙 成思危 许嘉璐 蒋正华
顾秀莲(女) 热 地(藏族) 盛华仁 路甬祥
乌云其木格(女,蒙古族) 韩启德 傅铁山

秘书长:盛华仁(兼)

委员(按姓氏笔画排序):

刀美兰(女,傣族) 万学文 王云龙 王太岚
王以铭(回族) 王东江 王立平(满族) 王宁生
王永炎 王佐书 王怀远 王宋大 王茂林 王茂润
王英凡 王学萍(黎族) 王祖训 王 涛(女)
王梦奎 王梅祥 王维城 韦家能(壮族)
扎汗·俄马尔(哈萨克族) 尤 仁(蒙古族)
毛如柏乌日图(蒙古族) 方 新(女) 厉无畏
石广生 卢邦正(彝族) 卢瑞华 叶如棠
田玉科(女,土家族) 丛 斌 冯之浚(回族)
邢世忠 邢 军(女) 吉佩定 朱丽兰(女)
朱相远 乔晓阳 伍增荣(女) 任克礼 任茂东
华福周(女) 多吉才让(藏族) 庄公惠 刘大响
刘应明 刘明祖 刘 珩 刘振伟 刘积斌 刘鹤章
汤洪高 许志琴(女) 许智宏 孙英孙 金 龙
孙晓群 买买提明·阿不都热依木(维吾尔族) 严义埙
杜宜瑾 杜铁环 李元正 李从军 李连宁
李明豫(女) 李春亭 李树文 李重庵 李新良
李慎明 杨长槐(侗族) 杨兴富 杨国庆 杨国梁
杨柏龄 杨景宇 吴基传 吴德馨(女)
何晔晖(女) 何椿霖 谷建芬(女) 冷 溶
沈辛荪 沈春耀 张龙俊(朝鲜族) 张志坚
张 肖(女) 张佑才 张学东 张美兰(女,哈尼族)
张 耕 张继茂 陈士能 陈佳贵 陈宜瑜 陈建生
陈难先 陈章良 奉恒高(瑶族) 武连元(回族)
林文漪(女) 林兆枢 林 强 图道多吉(藏族)
金炳华 金 烈 周玉清 周正庆 周坤仁
庞丽娟(女) 郑功成 郑 荃 赵 地(女)
胡光宝 胡贤生(苗族) 胡康生 胡德平 南振中
柳 斌 信春鹰(女) 侯义斌 姜恩柱
姜 颖(女) 祝铭山 姚湘成 贺一诚 贺 铿
袁汉民 袁行霈 袁 驷 贾志杰 夏赞忠 倪岳峰
徐永清 徐志纯 高 洪(白族) 郭凤莲(女)
郭树言 陶伯钧 陶驷驹 桑国卫 黄康生(布依族)
隗福临(满族) 蒋树声 蒋祝平 程贻举 傅志寰
舒惠国 童 傅 曾宪梓 谢佑卿 路 明
嘉木样·洛桑久美·图丹却吉尼玛(藏族) 戴证良
魏复盛

现予公告。

中华人民共和国第十届全国人民代表大会
第一次会议主席团
2003年3月15日于北京

中华人民共和国全国人民代表大会公告(第二号)

第十届全国人民代表大会第一次会议于2003年3月15日选举:

胡锦涛为中华人民共和国主席

曾庆红为中华人民共和国副主席

现予公告。

中华人民共和国第十届全国人民代表大会
第一次会议主席团
2003年3月15日于北京

中华人民共和国全国人民代表大会公告(第三号)

第十届全国人民代表大会第一次会议于2003年3月15日选举江泽民为中华人民共和国中央军事委员会主席。

现予公告。

中华人民共和国第十届全国人民代表大会
第一次会议主席团
2003年3月15日于北京

《人民日报》发表社论《发扬好传统 再创新辉煌——热烈祝贺全国政协十届一次会议闭幕》

中国人民政治协商会议第十届全国委员会第一次会议胜利闭幕。我们对会议的圆满成功表示热烈祝贺！

这次会议高举邓小平理论伟大旗帜，以“三个代表”重要思想为指导，全面贯彻中国共产党第十六次全国代表大会精神，圆满地完成了预定的各项议程。全体委员列席十届全国人大一次会议，听取并讨论了朱镕基总理的《政府工作报告》和其他各项报告，一致认为，过去的五年，全国各族人民在中国共产党的领导下，团结奋进，顽强拼搏，战胜种种困难，改革开放和经济社会发展取得了举世公认的伟大成就。我们的祖国，国泰民安，政通人和，百业兴旺，蒸蒸日上；各族人民正信心百倍地朝着全面建设小康社会的奋斗目标阔步前进。五年来，政协第九届全国委员会高举爱国主义、社会主义旗帜，牢牢把握团结和民主两大主题，自觉服从和服务于改革发展稳定的大局，切实有效地履行政协职能，推动各项工作扎扎实实、活跃有序地向前发展，为改革开放、现代化建设和祖国和平统一大业作出了重要贡献。九届政协在工作中，继承和发扬了优良传统，又探索和积累了新的经验。

这次大会选举产生了新一届全国政协领导班子和常务委员会。九届全国政协领导机构中一批老同志退了下来，充实了一批相对年轻的同志。这些老同志为我国的改革开放和现代化建设，为人民政协的发展，为坚持和完善中国共产党领导的多党合作和政治协商制度，为推进全国政协领导人员的新老交替，作出了重要贡献。我们向他们表示崇高的敬意。

中国共产党第十六次全国代表大会确定的全面建设小康社会的奋斗目标，为开创中国特色社会主义事业新局面指明了方向。实现这一宏伟目标，需要全国各族人民团结奋斗。今后五年，是社会主义现代化建设承前启后、继往开来的五年。新形势、新任务对人民政协工作提出了新的更高的要求，也为人民政协事业的发展提供了新的机遇。我们一定要深入学习、全面贯彻十六大精神，围绕十六大提出的奋斗目标和各项任务，切实履行政治协商、民主监督、参政议政职能，以与时俱进、开拓创新、奋发有为、昂扬向上的精神状态，做好各项工作，为改革和发展作出新的更大贡献。

中国共产党领导的多党合作和政治协商制度是我国的一项基本政治制度。中国人民政治协商会议是实行中国共产党领导的多党合作和政治协商制度的重要组织形式。它们集中体现了我国社会主义民主政治的特色和优势。把中国共产党领导的多党合作和政治协商制度坚持好、完善好，对于发展社会主义民主政治、建设社会主义政治文明，对于巩固中国共产党的执政地位和我国社会主义制度，对于调动各方面的积极因素共同建设中国特色社会主义，意义十分重大。我们要继续坚持和完善中国共产党领导的多党合作和政治协商制度，坚持“长期共存、互相监督、肝胆相照、荣辱与共”的方针，加强同民主党派合作共事，更好地发挥我国社会主义政党制度的特点和优势，保证人民政协围绕团结和民主两大主题，发挥政治协商、民主监督和参政议政的作用，进一步巩固和发展爱国统一战线，最广泛最充分地调动一切积极因素，共同致力于实现中华民族的伟大复兴。要从全面贯彻“三个代表”重要思想和十六大精神的高度，围绕党和国家的中心工作，努力为政协工作创造更好的环境和条件，充分发挥各级政协的作用，不断巩固和发展民主团结、生动活泼、安定和谐的政治局面。

“长风破浪会有时，直挂云帆济沧海。”现在，中国人民开始了现代化建设第三步战略目标的伟大进军。前景光明，任务艰巨。让我们高举邓小平理论伟大旗帜，全面贯彻“三个代表”重要思想，紧密团结在以胡锦涛同志为总书记的党中央周围，扎实工作，奋发进取，为实现十六大确定的奋斗目标，创造新的辉煌业绩。

政协十届常委会第一次会议在北京闭幕

中共中央政治局常委、全国政协主席贾庆林出席会议并讲话。

为期两天的会议期间，常委会组成人员讨论研究了新一届政协常委会的工作思路，通过了政协十届常委会关于设置专门委员会的决定和专门委员会主任、副主任名单。根据决定，政协十届全国委员会设九个专门委员会，傅杰为提案委员会主任，刘仲藜为经济委员会主任，陈邦柱为人口资源环境委员会主任，刘忠德为教科文卫体委员会主任，李其炎为社会和法制委员会主任，钮茂生为民族和宗教委员会主任，郭东坡为港澳台侨委员会主任，刘剑锋为外事委员会主任，桂世镛为文史资料委员会主任。会议还通过了政协十届全国委员会副秘书长名单。

贾庆林在会议结束时发表讲话，分别就把握人民政协的地位和作用问题、学习问题、履行政协主要职能问题、政协自身建设问题作了阐述。

闭幕会由全国政协副主席王忠禹主持。全国政协副主席廖晖、刘延东、阿沛·阿旺晋美、帕巴拉·格列朗杰、李贵鲜、张思卿、霍英东、马万祺、白立忱、罗豪才、张克辉、周铁农、郝建秀、陈奎元、阿不来提·阿不都热西提、徐匡迪、李兆焯、黄孟复、张怀西、李蒙和秘书长郑万通出席会议。

中国人民政治协商会议第十届全国委员会常务委员会关于设置专门委员会的决定

(2003年3月15日政协第十届全国委员会常务委员会第一次会议通过)

按照中共十六大关于"坚持和完善共产党领导的多党合作和政治协商制度","保证人民政协发挥政治协商、民主监督和参政议政的作用"的要求,依据《中国人民政治协商会议章程》第三十九条"中国人民政治协商会议全国委员会根据工作需要,设立若干专门委员会及其他工作机构,由常务委员会决定"的规定,中国人民政治协商会议第十届全国委员会设置以下九个专门委员会:提案委员会、经济委员会、人口资源环境委员会、教科文卫体委员会、社会和法制委员会、民族和宗教委员会、港澳台侨委员会、外事委员会、文史资料委员会。

中国人民政治协商会议第十届全国委员会副秘书长名单

(2003年3月15日政协第十届全国委员会常务委员会第一次会议通过)

任命:王巨禄、赵喜明、李昌鉴、吴明熹、张梅颖(女)、齐续春、孙怀山、李敏宽、陈洪(女)、陈明德、傅志煌、范西成、朱维群、刘民复、潘贵玉(女)、陈宗兴、陈抗甫、张龙之为政协第十届全国委员会副秘书长。

中国人民政治协商会议第十届全国委员会专门委员会主任、副主任名单(122名)

(2003年3月15日政协第十届全国委员会常务委员会第一次会议通过)

提案委员会(12名)

主　任:傅　杰

副主任(按姓氏笔画排序):

朱培康　杨振杰　宋宝瑞　张　工　张岳琦　郑社奎
范宝俊　俞泽猷　贾　军　高　强　倪豪梅(女)

经济委员会(15名)

主　任:刘仲藜

副主任(按姓氏笔画排序):

石万鹏　厉以宁　叶连松　刘立清　刘永好　刘廷焕
吴敬琏　陈耀先　陈耀邦　邵奇惠　郑家纯　段应碧
洪绂曾　程安东

人口资源环境委员会(14名)

主　任:陈邦柱

副主任(按姓氏笔画排序):

马国良　王克英　叶　青　江泽慧(女)　刘成果
李伟雄　杨魁孚　张　洽　张人为　张宝明
张榕明(女)　陈洲其　温克刚

教科文卫体委员会(15名)

主　任:刘忠德

副主任(按姓氏笔画排序):

于友先　韦　钰(女,壮族)　方祖岐　孙隆椿　杨伟光
宋金升　张发强　赵喜明　徐善衍　栾恩杰(满族)
覃志刚(壮族)　傅庚辰(满族)　翟泰丰　蔡睿贤

社会和法制委员会(14名)

主　任:李其炎

副主任(按姓氏笔画排序):

王建伦(女)　江蓝生(女)　朱治宏　刘家琛
祁培文　李奇生　肖建章　张绪武　周子玉　赵登举
曹克明　萧灼基　谭耀宗

民族和宗教委员会(15名)

主　任:钮茂生(满族)

副主任(按姓氏笔画排序):

巴桑(女,藏族)　邓福村　刘柏年　江家福(壮族)
克尤木·巴吾东(维吾尔族)　李晋有　杨同祥
肖作福(满族)　闵智亭　陈广元(回族)
金日光(朝鲜族)　香根·巴登多吉(藏族)
夏　日(蒙古族)　黄　璜

港澳台侨委员会(15名)

主　任:郭东坡

副主任(按姓氏笔画排序):

王永海　厉有为　刘亦铭　李赣骝　何少川　何添发
张伟超　张廷翰　张道诚　陈玉益　胡应湘　俞晓松
郭荣昌　廖泽云

外事委员会(13名)

主　任:刘剑锋

副主任(按姓氏笔画排序):

万永祥　马振岗　王淑贤(女)　李北海　杨正泉
吴建民　陈昊苏　张国祥　武　韬(满族)　周可仁
原　泰　俞云波

文史资料委员会(9名)

主　任:桂世镛

副主任(按姓氏笔画排序):

邓成城　刘　枫　刘济民　李仁臣　吴　福　金开诚
龚心瀚　崔占福

中央军委主席江泽民向在伊拉克因公殉职的郁建兴烈士家属致慰问电

中央军委主席江泽民在获悉消息后非常关心,并

向郁建兴的妻子徐新艺发去唁电，表示深切的哀悼和亲切的慰问。

在伊拉克执行武器核查任务的中国化学专家郁建兴3月13日下午在巴格达南郊执行核查任务途中因交通事故不幸遇难。他是自1991年联合国开始对伊拉克进行武器核查以来第一位因公殉职的核查员。

李雪峰逝世

中国共产党的优秀党员，久经考验的忠诚的共产主义战士，原中共中央顾问委员会委员、中国人民政治协商会议第六届全国委员会常务委员李雪峰同志因病于3月15日在北京逝世，享年97岁。

李雪峰1907年1月19日生于山西省永济县，1932年冬参加中国共产党领导的山西互济会，1933年10月加入中国共产党。先后任山西省工委宣传部部长、北平市委书记、直中特委书记、平汉线省委宣传部部长、晋冀豫省委书记、太行区党委书记兼太行军区政委、中原局副书记兼河南省委第一书记等职。新中国成立后，他先后任中南局副书记、中南行政委员会副主席、中央副秘书长兼中央中南地区工作部部长、中央工业交通工作部部长、中央工业工作部部长、中央书记处书记、华北局第一书记兼北京军区第一书记、北京市委第一书记、河北省革命委员会主任、河北省军区第一政委等职。他是中共七大代表，党的八届中央委员、中央书记处书记，八届十一中全会补选为中央政治局候补委员，党的九届中央委员、中央政治局候补委员；全国人民代表大会第一、二、三届代表，第一、二届全国人大常委会委员，第三届全国人大常委会副委员长。

3月16日

十届全国人大一次会议在人民大会堂举行第六次全体会议

大会执行主席曾庆红主持会议。2948名代表出席会议，符合法定人数。

这次会议的议程是：根据中华人民共和国主席的提名，决定国务院总理人选；根据中华人民共和国中央军事委员会主席的提名，决定中华人民共和国中央军事委员会副主席、委员人选；选举最高人民法院院长；选举最高人民检察院检察长。

会议首先宣读了中华人民共和国主席胡锦涛关于国务院总理人选的提名信和中华人民共和国中央军事委员会主席江泽民关于中央军事委员会副主席、委员人选的提名信。

根据宪法第六十二条的规定，胡锦涛向大会提名温家宝为国务院总理人选；江泽民向大会提名胡锦涛、郭伯雄、曹刚川为中华人民共和国中央军事委员会副主席人选，徐才厚、梁光烈、廖锡龙、李继耐为中华人民共和国中央军事委员会委员人选。

最高人民法院院长的人选，最高人民检察院检察长的人选，主席团提名后，各代表团进行了酝酿协商，主席团根据多数代表的意见，确定了正式候选人名单。

9时05分，4张不同颜色的表决票、选举票开始分发给全场每一位代表。

根据十届全国人大一次会议选举和决定任命的办法，选举事项设选举票，决定任命事项设表决票。对选举票上的候选人，代表可以表示赞成、反对、弃权。表示反对的，可以另选他人；表示弃权的，不能另选他人。对表决票上的人选，代表可以表示赞成、反对、弃权，不能另提人选。

监票人验票箱后，经过投票、计票，10时29分，计票工作结束。

工作人员宣读表决、选举计票结果后，曾庆红宣布：

温家宝为中华人民共和国国务院总理。

胡锦涛、郭伯雄、曹刚川为中华人民共和国中央军事委员会副主席；徐才厚、梁光烈、廖锡龙、李继耐为中华人民共和国中央军事委员会委员。

肖扬当选为最高人民法院院长。

贾春旺当选为最高人民检察院检察长。

表决、选举结果宣布后，全场响起热烈的掌声。

如潮的掌声中，任期届满的国务院总理朱镕基和新任国务院总理温家宝亲切握手，相互致意。

根据大会决定，胡锦涛签署第一号国家主席令，任命温家宝为中华人民共和国国务院总理。

担任大会执行主席的还有：王兆国、何鲁丽、王岐山、田成平、杨景宇、宋德福、房凤友、徐有芳、郭伯雄。

中华人民共和国主席令(第一号)

根据中华人民共和国第十届全国人民代表大会第一次会议的决定，任命温家宝为中华人民共和国国务院总理。

中华人民共和国主席　胡锦涛

2003年3月16日

中华人民共和国全国人民代表大会公告(第四号)

根据中华人民共和国中央军事委员会主席江泽民的提名，第十届全国人民代表大会第一次会议于2003年3月16日决定：

胡锦涛、郭伯雄、曹刚川为中华人民共和国中央军事委员会副主席。

徐才厚、梁光烈、廖锡龙、李继耐为中华人民共和国中央军事委员会委员。

现予公告。

中华人民共和国第十届全国人民代表大会
第一次会议主席团
2003年3月16日于北京

中华人民共和国全国人民代表大会公告(第五号)

第十届全国人民代表大会第一次会议于2003年3月16日选举肖扬为中华人民共和国最高人民法院院长。

现予公告。

中华人民共和国第十届全国人民代表大会
第一次会议主席团
2003年3月16日于北京

中华人民共和国全国人民代表大会公告(第六号)

第十届全国人民代表大会第一次会议于2003年3月16日选举贾春旺为中华人民共和国最高人民检察院检察长。

现予公告。

中华人民共和国第十届全国人民代表大会
第一次会议主席团
2003年3月16日于北京

3月17日

十届全国人大一次会议在人民大会堂举行第七次全体会议

会议由大会执行主席司马义·艾买提主持。

会议的议程是:表决十届全国人大民族委员会、法律委员会、内务司法委员会、教育科学文化卫生委员会、外事委员会、华侨委员会、环境与资源保护委员会、农业与农村委员会组成人员名单草案;根据国务院总理的提名,决定国务院副总理、国务委员、各部部长、各委员会主任、中国人民银行行长、审计长、秘书长人选。

十届全国人大8个专门委员会组成人员名单草案,主席团提名后,各代表团进行了酝酿,同意提请大会表决。根据十届全国人大一次会议关于十届全国人大各专门委员会组成人员人选的表决办法,表决各专门委员会组成人员人选,采用按表决器方式,分别对每个专门委员会整个名单合并表决,以全体代表的过半数通过。

大会经过表决,分别通过了十届全国人大8个专门委员会主任委员、副主任委员、委员名单。全国人大财政经济委员会组成人员名单已于6日由十届全国人大一次会议第二次全体会议表决通过。

会议宣读了国务院总理温家宝关于国务院副总理、国务委员、各部部长、各委员会主任、中国人民银行行长、审计长、秘书长人选的提名信。

经过分发表决票,代表们写票,监票人验票箱,代表们投票,工作人员计票,下午4时22分,司马义·艾买提宣布投票表决结果:

黄菊、吴仪、曾培炎、回良玉为中华人民共和国国务院副总理。

周永康、曹刚川、唐家璇、华建敏、陈至立为中华人民共和国国务院国务委员。

主持人还宣布了国务院秘书长和国务院各部部长、各委员会主任、中国人民银行行长、审计长名单。

各项名单通过时,会场响起热烈的掌声。

根据十届全国人大一次会议的决定,胡锦涛签署了第二号国家主席令,对这次大会表决通过的国务院组成人员予以任命。

成思危、蒋正华、卢钟鹤、李建国、张学忠、姜恩柱、龚学平、储波等执行主席在主席台前排就座。

中华人民共和国主席令(第二号)

根据中华人民共和国第十届全国人民代表大会第一次会议的决定:

任命黄菊、吴仪(女)、曾培炎、回良玉(回族)为国务院副总理;

任命周永康、曹刚川、唐家璇、华建敏、陈至立(女)为国务委员;

任命华建敏为国务院秘书长(兼);

任命李肇星为外交部部长;

任命曹刚川为国防部部长(兼);

任命马凯为国家发展和改革委员会主任;

任命周济为教育部部长;

任命徐冠华为科学技术部部长;

任命张云川为国防科学技术工业委员会主任;

任命李德洙(朝鲜族)为国家民族事务委员会主任;

任命周永康为公安部部长(兼);

任命许永跃为国家安全部部长;

任命李至伦为监察部部长;

任命李学举为民政部部长;

任命张福森为司法部部长;

任命金人庆为财政部部长;

任命张柏林为人事部部长;

任命郑斯林为劳动和社会保障部部长;

任命田凤山为国土资源部部长;

任命汪光焘为建设部部长;

任命刘志军为铁道部部长;

任命张春贤为交通部部长；
任命王旭东为信息产业部部长；
任命汪恕诚为水利部部长；
任命杜青林为农业部部长；
任命吕福源为商务部部长；
任命孙家正为文化部部长；
任命张文康为卫生部部长；
任命张维庆为国家人口和计划生育委员会主任；
任命周小川为中国人民银行行长；
任命李金华为审计署审计长。

中华人民共和国主席　胡锦涛

2003 年 3 月 17 日

十届全国人大八个专门委员会主任委员 副主任委员委员名单

（2003 年 3 月 17 日第十届全国人民代表大会第一次会议通过）

第十届全国人民代表大会民族委员会（26 人）

主任委员：多吉才让（藏族）

副主任委员

武连元（回族）　陈士能　隗福临（满族）
尤　仁（蒙古族）　韦家能（壮族）
买买提明·阿不都热依木（维吾尔族）　王立平（满族）

委员（按姓氏笔画排序）

刀美兰（女，傣族）　马昌裔（回族）　王学萍（黎族）
扎汗·俄马尔（哈萨克族）　卢邦正（彝族）
田玉科（女，土家族）　司马义·哈提甫（维吾尔族）
孙英牟绪珩（土家族）　李庆云　杨长槐（侗族）
张美兰（女，哈尼族）　奉恒高（瑶族）
金　华（女，朝鲜族）　胡贤生（苗族）
高　洪（白族）　黄康生（布依族）　赫冀成（满族）

第十届全国人民代表大会法律委员会（24 人）

主任委员：杨景宇

副主任委员

王茂林　胡光宝　周坤仁　胡康生　乔晓阳
蒋黔贵（女）　王以铭（回族）　李重庵

委员（按姓氏笔画排序）

王天玺（彝族）　王伟光　王　坚　王利明　李连宁
李国光　冷　溶　张春生　周玉清　郑成思
信春鹰（女）　姜　颖（女）　徐显明　黄信生
曹惠臣

第十届全国人民代表大会内务司法委员会（26 人）

主任委员：何椿霖

副主任委员

陶驷驹　张志坚　张丁华　祝铭山　李新良　刘　珩
嘉木样·洛桑久美·图丹却吉尼玛（藏族）

委员（按姓氏笔画排序）

刘　飏（女）　刘鹤章　孙金龙　孙晓群
李明豫（女）　李慎明　杨兴富　何晔晖（女）
应松年　张　耕　郑功成　赵　地（女）　赵锡君
胡德平　袁行霈　夏赞忠　陶伯钧　窦树华

第十届全国人民代表大会教育科学文化卫生委员会（35 人）

主任委员：朱丽兰（女）

副主任委员

吴基传　蒋祝平　邢世忠　陈难先　刘应明　桑国卫

委员（按姓氏笔画排序）

于　宁　王　永　炎方新（女）　冯长根　朱相远
任茂东　许　江　许智宏　李从军　李宏规　李树文
杨牧之　吴德馨（女）　张继禹　陆善镇　陈达植
陈建生　陈章良　林文漪（女）　金炳华　周成奎
周鸿兴　庞丽娟（女）　郑　荃　赵化勇　柳　斌
高运甲　黄学禄

第十届全国人民代表大会外事委员会（18 人）

主任委员：姜恩柱

副主任委员

南振中　杨国梁　吕聪敏　王英凡　吉佩定　马文普
童　傅

委员（按姓氏笔画排序）

王东江　王良旺　王祖训　刘大响　李元正
李国华（女）　杨柏龄　杨慧珠（女）　沈辛荪
高之国

第十届全国人民代表大会华侨委员会（20 人）

主任委员：陈光毅

副主任委员

卢瑞华　林兆枢　张帼英（女）　杜铁环　杨国庆
王建双　王宋大

委员（按姓氏笔画排序）

王珣章　田书根　冯玉兰（女）　朱士明　刘山在
邱苏伦（女）　谷建芬（女）　冷　宽　罗益锋
周　松　黄次胜　赖爱光

第十届全国人民代表大会环境与资源保护委员会（28 人）

主任委员：毛如柏

副主任委员

叶如棠　朱育理　徐永清　冯之浚（回族）　钱　易（女）

委员（按姓氏笔画排序）

王茂润　王　涛（女）　王梅祥　王维城　吕　志
刘海荣（女）　刘　镇　许志琴（女）　许健民
李定凡　杨庚宇　何少苓（女）　陈宜瑜　周友良
胡世祥　姜云宝　姜悦楷　袁　驷　倪岳峰　阎三忠
蒋承菘　魏复盛

第十届全国人民代表大会农业与农村委员会(24 人)

主任委员:刘明祖

副主任委员:舒惠国　李春亭　万宝瑞　路　明

委员(按姓氏笔画排序)

王太岚　王如珍(女)　任正隆　华福周(女)

刘振伟　李　华　李梅芳(女)　李登海　杨新人

张百良　张进宝　陈吉元　图道多吉(藏族)　单荣范

桑逢文　彭振坤(土家族)　韩新民　景学勤　程贻举

九三学社十一届二次中常委会议在北京召开

外交部部长李肇星就伊拉克问题分别与美国国务卿鲍威尔 英国外交大臣斯特劳通电话

李肇星重申了中国在伊拉克问题上的原则立场。他指出,全世界都十分关注伊拉克局势。在伊拉克问题上,是战是和,何去何从,需要慎重处理。现在国际上普遍希望和平,不要战争。

外交部部长李肇星就中俄关系和伊拉克问题与俄罗斯外长伊万诺夫通电话

中国常驻联合国日内瓦办事处和瑞士其他国际组织代表特命全权大使沙祖康率代表团在日内瓦出席联合国人权委员会第五十九届全体会议

苏步青逝世

杰出的数学家、教育家,著名的社会活动家,中国共产党的优秀党员,中国人民政治协商会议第七、八届全国委员会副主席,中国民主同盟中央委员会名誉主席,中国科学院院士苏步青同志因病于 3 月 17 日 16 时 45 分在上海逝世,享年 101 岁。

苏步青同志 1902 年 9 月出生在浙江省平阳县。他从小喜欢数学,1927 年 3 月入日本东北帝国大学研究院,1931 年 3 月毕业并获理学博士学位。同年 4 月回国,先后任浙江大学数学系副教授、教授和数学系主任。1935 年参与发起成立中国数学会,被推为《中国数学学报》主编。1948 年 9 月任浙江大学训导长,国民政府中央研究院院士兼学术委员会常委。1949 年 5 月杭州解放后,任浙江大学数学系教授、浙江大学教务长,并主持了筹建中国科学院数学研究所的工作。1952 年全国高等院校院系调整后,任复旦大学数学系教授并兼任复旦大学教务长。1956 年任复旦大学副校长,开始筹建复旦大学数学研究所,后任所长。1960 年 3 月任中国数学会副理事长。1978 年 4 月任复旦大学校长,1983 年 2 月任复旦大学名誉校长。

苏步青同志是蜚声海内外的杰出数学家。20 世纪 40 年代,他曾被国际数学界赞誉为“东方国度上升起的灿烂数学明星”。1980 年创办并主编《数学年刊》。他创立了国际公认的浙江大学微分几何学学派;他对“K 展空间”几何学和射影曲线的研究,荣获 1956 年国家自然科学奖;他开展的计算几何在航空、造船、汽车制造等方面的应用研究成果,先后获 1978 年全国科学大会奖,1985 年、1986 年三机部和国家科技进步奖。1998 年获何梁何利基金科学与技术成就奖。

苏步青同志是政协第五届上海市委员会副主席,第七届上海市人大常委会副主任;第二、三、七届全国人大代表,第五、六届全国人大常委;第二届全国政协委员,第七、八届全国政协副主席。

苏步青同志于 1951 年 9 月加入中国民主同盟,历任民盟第四、五、六届上海市副主任委员,民盟第四、五届中央副主席,民盟第一、二、三届中央参议委员会主任,民盟第八、九届中央名誉主席。

3 月 18 日

国家主席胡锦涛与美国总统布什通电话就两国关系及伊拉克 朝鲜等问题交换意见

布什首先祝贺胡锦涛当选为中国国家主席,并表示美方愿与中方紧密合作,使两国关系持续向前发展。布什重申美国政府将坚持一个中国的政策,遵守美中三个联合公报,不支持台湾寻求独立。

胡锦涛强调,新一届中国领导人将坚持改革开放,继续奉行独立自主的和平外交政策,致力于同包括美国在内的世界各国发展友好合作关系。

两国领导人还就伊拉克和朝鲜核问题交换了意见。胡锦涛说,中国一贯主张伊拉克问题应在联合国框架内政治解决。我们希望和平,不要战争。关于朝鲜核问题,胡锦涛表示,我们主张半岛无核化,维护半岛和平与稳定,通过对话解决问题。关键是尽快通过某种形式启动对话,尤其是美朝之间的对话,同时避免采取使局势进一步升级的行动。

国家主席胡锦涛与俄罗斯总统普京通电话就双边关系和伊拉克问题交换意见

普京对胡锦涛当选为国家主席表示热烈祝贺。普京表示,俄方将与中方共同努力,推动两国睦邻友好合作关系和战略协作伙伴关系不断向前发展。

胡锦涛说,中国新一届政府将继续把发展对俄关系作为外交的优先方向之一,一如既往地致力于发展和加深两国战略协作,以实现两国的共同繁荣和共同发展的宏伟目标。同时,为促进地区稳定、维护世界和平作出应有的贡献。

两位领导人还就双边关系和伊拉克问题的最新形势交换了意见。

国家主席胡锦涛与法国总统希拉克通电话就两国关系及伊拉克问题交换意见

希拉克祝贺胡锦涛当选为中国国家主席，并表示加强法中合作是法国外交的重点，目前，两国的友好合作在各个领域都取得了可喜的进展。

胡锦涛表示中方愿与法方共同努力，推动中法全面伙伴关系继续向前发展。

两位领导人还就伊拉克问题交换了意见。

十届全国人大一次会议在人民大会堂闭幕

十届全国人大常委会委员长、副委员长、秘书长担任大会执行主席，并在主席台前排就座。他们是：吴邦国、王兆国、李铁映、司马义·艾买提、何鲁丽、丁石孙、成思危、许嘉璐、蒋正华、顾秀莲、热地、盛华仁、路甬祥、乌云其木格、韩启德、傅铁山。

江泽民、温家宝、贾庆林、曾庆红、黄菊、吴官正、李长春、罗干等党和国家领导人出席会议。

2913名代表出席会议。闭幕会由大会执行主席、十届全国人大常委会委员长吴邦国主持。

上午9时，吴邦国宣布大会开始。

会议经过表决，通过了关于政府工作报告的决议，批准了政府工作报告。

会议表决通过了关于2002年国民经济和社会发展计划执行情况与2003年国民经济和社会发展计划的决议，通过了关于2002年中央和地方预算执行情况及2003年中央和地方预算的决议。

会议还表决通过了关于九届全国人大常委会工作报告的决议、关于最高人民法院工作报告的决议、关于最高人民检察院工作报告的决议。

这些决议通过时，全场响起热烈的掌声。

完成这些议程后，国家主席胡锦涛发表了重要讲话。

吴邦国委员长随后也发表了讲话。

胡锦涛、吴邦国的讲话赢得全场多次热烈的掌声。

10时许，吴邦国宣布：第十届全国人民代表大会第一次会议闭幕。大会在雄壮的国歌乐曲声中结束。

在主席台就座的还有：王乐泉、回良玉、刘淇、刘云山、吴仪、张立昌、张德江、俞正声、贺国强、曹刚川、曾培炎、王刚、李鹏、朱镕基、李瑞环、李岚清、何勇、唐家璇、华建敏、陈至立、肖扬、贾春旺、王忠禹、廖晖、刘延东、阿沛·阿旺晋美、帕巴拉·格列朗杰、李贵鲜、张思卿、霍英东、马万祺、白立忱、罗豪才、张克辉、周铁农、郝建秀、陈奎元、阿不来提·阿不都热西提、徐匡迪、李兆焯、黄孟复、王选、张怀西、李蒙和迟浩田、张万年、姜春云、钱其琛、邹家华、王光英、布赫、铁木尔·达瓦买提、彭珮云、周光召、曹志、韩杼滨等。

香港特别行政区行政长官董建华、澳门特别行政区行政长官何厚铧列席会议并在主席台就座。

中央党政军群领导机关负责人，各民主党派中央、全国工商联负责人和无党派代表人士列席大会。各国驻华使节旁听了大会。

国家主席胡锦涛在第十届全国人民代表大会第一次会议上的讲话

各位代表：

这次大会选举我担任中华人民共和国主席，我对各位代表和全国各族人民的信任，表示衷心的感谢。我深知，担任国家主席这一崇高的职务，使命光荣，责任重大。我一定忠诚地履行宪法赋予的职责，恪尽职守，勤勉工作，竭诚为国家和人民服务，不辜负各位代表和全国各族人民的重托。

江泽民同志担任国家主席10年间，高举邓小平理论伟大旗帜，以审时度势的领导才能、与时俱进的政治勇气和励精图治的工作精神，为中国特色社会主义事业的发展建立了卓著的功勋，赢得了全国各族人民的衷心爱戴和国际社会的普遍赞誉。尤其是他集中全党智慧创立的"三个代表"重要思想，对于我国各项事业的发展具有重大而深远的指导意义。我们向江泽民同志表示衷心的感谢和崇高的敬意！

我们新一届国家机构工作人员是在国际形势复杂多变、国内建设任务艰巨繁重的新形势下担负重任的，为了履行好人民赋予的神圣职责，我们一定努力做到：

第一，发扬民主、依法办事，坚持党的领导、人民当家做主和依法治国的有机统一，坚定不移地维护社会主义民主的制度和原则，维护社会主义法制的统一和尊严。

第二，忠于祖国、一心为民，坚持国家和人民的利益高于一切，做到权为民所用、情为民所系、利为民所谋，始终做人民的公仆。

第三，继往开来、与时俱进，继承和弘扬中华民族的优良传统，学习和发扬我国老一辈领导人的崇高品德，永不自满，永不懈怠，开拓进取，不断前进。

第四，严于律己、廉洁奉公，始终保持谦虚谨慎、艰苦奋斗的作风，为国家和人民夙兴夜寐地勤奋工作。

我和新一届国家机构工作人员诚心诚意地接受各位代表和全国各族人民的监督。

各位代表，五千多年来，中华民族历经沧桑，创造了灿烂辉煌的中华文明，也经受过屈辱和磨难。近代以来，无数爱国志士和中国共产党人为中华的崛起前赴后继、英勇奋斗。新中国成立半个多世纪来，在中国共产党的领导下，经过全国各族人民的顽强努力，中国大地上发生了翻天覆地的历史巨变。今天，我们伟大的祖国欣欣向荣，发展前景无比美好。中国人民的伟大实践向世人昭示：只有社会主义才能救中国，只有中国特色社会主义才能发展中国。全面贯彻十六大精神，把中国特色社会主义伟大事业继续推向前进，这是历史和时代赋予我们的崇高使命。

我国的发展正处在一个新的历史起点上。我们要坚持解放思想、实事求是、与时俱进，紧紧抓住本世纪头20年的重要战略机遇期，聚精会神搞建设，一心一意谋发展，大力推进改革开放，促进社会主义物质文明、政治文明和精神文明的协调发展，坚定不移地朝着全面建设小康社会的宏伟目标前进。

实现祖国的完全统一是海内外中华儿女的共同心愿。我们要继续坚持"一国两制"方针，保持香港、澳门繁荣稳定，大力推动海峡两岸经济文化交流和人员往来，为早日解决台湾问题、实现祖国的完全统一而继续奋斗。

中华民族历来爱好和平。我们要继续奉行独立自主的和平外交政策，同所有国家保持和发展友好合作关系，同世界各国人民一道，努力推动建立公正合理的国际政治经济新秩序，不断促进人类和平与发展的崇高事业。

各位代表，1954年9月15日，毛泽东同志在第一届全国人民代表大会第一次会议上致开幕词时指出："我们有充分的信心，克服一切艰难困苦，将我国建设成为一个伟大的社会主义共和国。"我们已经朝着这个光辉目标迈出了伟大的步伐，我们必将迈出更加伟大的步伐。只要我们坚定不移地高举邓小平理论伟大旗帜，坚定不移地贯彻"三个代表"重要思想，坚定不移地走中国特色社会主义道路，万众一心、团结奋斗，自强不息、艰苦创业，我们就一定能够胜利到达现代化的光辉彼岸，一代又一代中国人梦寐以求的中华民族的伟大复兴就一定能够实现，中华民族就一定能够对人类作出更大的贡献！

全国人大常委会委员长吴邦国在第十届全国人民代表大会第一次会议闭幕会上的讲话

各位代表：

我完全同意胡锦涛主席的重要讲话。

第十届全国人民代表大会第一次会议，在全体代表的共同努力下，圆满完成了各项议程。会议充分发扬民主，严格依法办事，开得很成功，是一次以邓小平理论和"三个代表"重要思想为指导，全面贯彻落实党的十六大精神的大会，是一次团结、民主、求实、奋进的大会。

这次会议，是继党的十六大之后我国政治生活中的又一件大事。代表们肩负着全国各族人民的重托，以高度的主人翁责任感，认真履行宪法和法律赋予的职责，使会议通过的各项决议和决定，充分体现了人民的意志，代表了人民的利益。会议审议批准的政府工作报告和其他报告，总结了在以江泽民同志为核心的第三代中央领导集体的领导下，五年来我国经济社会发展、民主法制建设等方面取得的巨大成就和有益经验，明确提出了今年乃至今后五年的工作部署。会议依法选举和决定任命了新一届国家机构领导人员，为承前启后、继往开来，全面建设小康社会，提供了组织保证。这次会议必将极大地鼓舞全国各族人民，与时俱进、开拓创新，满怀信心地为实现党的十六大提出的各项任务而团结奋斗。

各位代表，九届全国人大及其常委会在过去的五年任期内，紧紧围绕国家工作的大局，认真行使宪法和法律赋予的职权，立法工作成效显著，监督工作完善加强，代表工作不断改进，为保障和促进中国特色社会主义事业的顺利进行发挥了重要作用。李鹏同志在担任九届全国人大常委会委员长期间，坚定不移地贯彻执行党的路线方针政策，始终致力于加强和改进人大工作，为坚持和完善人民代表大会制度，加强社会主义民主法制建设作出了重要贡献。在这里，请允许我代表十届全国人大及其常委会，向李鹏同志，向九届全国人大常委会全体组成人员，向九届全国人大代表，致以崇高的敬意和诚挚的感谢！

这次大会选举产生了新一届全国人大常务委员会，并选举我担任本届全国人大常委会委员长。这是各位代表和全国各族人民对我们的信任和重托，我代表十届全国人大常委会全体组成人员表示衷心的感谢！我们深感责任重大。我们将同全体代表一道，以对国家、对人民高度负责的精神，忠实模范地遵守宪法，尽心尽力地做好工作，竭诚为祖国、为人民服务，决不辜负全国各族人民的期望。

各位代表，我国已经进入全面建设小康社会、加快推进社会主义现代化的新的发展阶段。十届全国人大任期的五年，是为实现全面建设小康社会奋斗目标打下坚实基础的重要时期。党的十六大明确把发展社会主义民主政治，建设社会主义政治文明，同建设社会主义物质文明、精神文明一起，作为全面建设小康社会的重要目标。强调必须在坚持四项基本原则的前提下，继续积极稳妥地推进政治体制改革，扩大社会主义民主，健全社会主义法制，建设社会主义法治国家，巩固和发展民主团结、生动活泼、安定和谐的政治局面；强调发展社会主义民主政治，最根本的是把坚持党的领导、人民当家做主和依法治国有机统一起来；强调坚持和完善人民代表大会制度，保证人民代表大会及其常委会依法履行职能，保证立法和决策更好地体现人民的意志。这些都为人大工作指明了方向。十届全国人大及其常委会将坚持以邓小平理论和“三个代表”重要思想为指导，全面贯彻党的十六大精神，紧紧围绕国家工作大局和经济建设这个中心，在党中央的坚强领导下，把坚持党的领导、人民当家做主和依法治国有机统一起来，继续把发展社会主义民主、健全社会主义法制作为根本任务，认真履行宪法和法律赋予的职责，坚持和完善人民代表大会制度，继往开来，与时俱进，努力开创人大工作新局面，更好地发挥人民代表大会制度的优越性，为把中国特色社会主义事业不断推向前进作出更大的贡献。

我们要继续加强立法工作，提高立法质量。要按照党的十六大再次明确提出的到2010年形成中国特色社会主义法律体系的要求，适应社会主义市场经济发展、社会全面进步和加入世贸组织的新形势，抓紧制定一批新的法律，及时修改完善一批现有法律，争取在本届任期内，基本形成中国特色社会主义法律体系，为深化改革、加快发展、保持稳定提供有力的法律保障，为加快推进社会主义现代化、为开创中国特色社会主义事业新局面创造良好的法制环境。

我们要继续加强监督工作。要紧紧围绕增强监督实效这一中心环节，开展对宪法和法律实施的监督，坚决纠正有法不依、执法不严、违法不究的行为，切实维护宪法和法律的权威。要依法加强对国务院、最高人民法院和最高人民检察院工作的监督，促进行政机关依法行政、审判机关和检察机关公正司法。

我们要继续加强与人民群众的密切联系。人大是由民主选举产生的，要始终不渝地为人民群众谋利益。要了解民情，反映民意，集中民智，自觉地把人大工作置于人民群众的监督之下。常委会要密切与代表的联系，切实为他们执行代表职务创造条件，更好地发挥代表的作用。要密切与地方人大的联系，及时总结地方人大的工作经验，共同推进我国社会主义民主法制建设。

我们要继续加强自身建设。做到务必继续保持谦虚谨慎、不骄不躁的作风，务必继续保持艰苦奋斗的作风。要努力学习，深入实际，脚踏实地，求真务实，力戒形式主义，按照民主集中制的原则，扎扎实实地依法履行好自己的职责。要进一步健全工作制度，完善工作规则，严格议事程序，努力提高工作能力和水平。

各位代表！十届全国人大及其常委会肩负的任务光荣而艰巨。让我们紧密地团结在以胡锦涛同志为总书记的党中央周围，高举邓小平理论伟大旗帜，全面贯彻“三个代表”重要思想，坚定信心，奋发图强，以务实的作风，做扎实的工作，为坚持和完善人民代表大会制度，为全面建设小康社会，为开创中国特色社会主义事业新局面而努力奋斗！

第十届全国人民代表大会第一次会议关于《政府工作报告》的决议

（2003年3月18日第十届全国人大第一次会议通过）

第十届全国人民代表大会第一次会议，审议了朱镕基总理代表国务院所作的《政府工作报告》。会议认为，报告实事求是地总结了政府5年工作，充分反映了各方面取得的显著成绩，清醒地指出了目前我国经济和社会生活中存在的困难和问题。报告对今年政府工作的建议，充分体现了党的十六大精神，是切实可行的。会议决定批准这个报告。

会议认为，过去5年，全国各族人民在中国共产党领导下，齐心协力，艰苦奋斗，战胜各种困难，改革开放和现代化建设取得了举世公认的伟大成就。国务院依法认真履行职责，做了大量卓有成效的工作，在实践中积累的有益经验，对今后工作具有重要指导意义。会议对上届国务院的工作表示满意。

会议指出，2003年是全面贯彻落实党的十六大精神的第一年，做好今年工作，意义重大。国务院和地方各级人民政府，要以邓小平理论和“三个代表”重要思想为指导，认真贯彻党的十六大精神，正确处理改革发展稳定的关系，促进社会主义物质文明、政治文明和精神文明协调发展，努力完成本次会议确定的各项任务。

会议强调，保持经济发展的良好势头，是做好各项工作的基础。要加快经济结构的战略性调整，着力提高经济增长质量和效益，促进国民经济持续快速健康发展。坚持扩大内需的方针，继续实施积极的财政政策和稳健的货币政策，努力扩大消费需求，保持投资较快增长。在继续防范和化解金融风险的同时，加大金融对经济发展的支持力度。认真做好财税工作，继续大力增收节支。

会议强调，要继续把发展农业和农村经济、增加农民收入，作为经济工作的重中之重。统筹城乡经济社会发展，切实做好“三农”工作。加快农业和农村经济结构调整。增加对农业基础设施建设和农业科技的投入。坚持和完善农村土地承包政策。继续深化农村各项改革，认真落实减轻农民负担的各项政策措施。加强对农村富余劳动力转移的协调和指导，维护农民进城务工就业的合法权益。

会议强调，要走新型工业化道路，加快产业结构调整。积极发展对经济增长有重大带动作用的高新技术产业。广泛采用先进适用技术改造传统产业。积极发展现代服务业。扎扎实实推进西部大开发，认真落实西部开发各项政策措施，继续加强生态环境建设和基础设施建设，积极发展特色经济和优势产业。加强东、中、西部地区的经济技术交流与合作，促进地区协调发展。

会议强调，要继续深化经济体制改革，扩大对外开放。推进国有企业改革，加快现代企业制度建设。自上而下有序进行国有资产管理体制改革。放宽国内民间资本的市场准入领域，创造各类市场主体公平竞争的环境。稳步实施金融体制改革，继续推进财税、投融资体制和收入分配制度改革。必须坚持不懈地整顿和规范市场经济秩序，加强法制建设和信用体系建设，创造良好市场环境。高度重视安全生产。深化外贸体制改革，坚持"引进来"与"走出去"相结合，全面提高对外开放水平。努力改善投资环境，提高利用外资的质量和水平，积极推进多边双边和区域经济合作。继续做好加入世贸组织过渡期的各项应对工作。

会议要求，进一步做好扩大就业和社会保障工作。各级政府要把改善就业环境、增加就业岗位作为重要职责，认真落实促进就业和再就业的各项政策措施。继续加强"两个确保"和城市"低保"工作，做好"三条保障线"的衔接。完善城镇企业职工基本养老保险、医疗保险制度。搞好农村新型合作医疗制度试点工作。做好社会福利、社会救济、优抚安置和社会互助工作。

会议强调，要认真实施科教兴国战略和可持续发展战略。继续加大对科技、教育的投入。抓紧制定与实施国家中长期科学和技术发展规划。推进国家创新体系建设。深化科技体制改革，加快科技成果向现实生产力转化。深化教育体制改革，加快发展各级各类教育。继续实施人才强国战略。继续做好人口与计划生育工作。切实保护、合理开发和节约使用各种自然资源，加强生态环境保护和建设。

会议指出，要加强社会主义民主法制和精神文明建设。实行依法治国和以德治国相结合，加强思想道德和文化建设。发展社会主义民主政治，建设社会主义政治文明。推进卫生、体育事业改革和发展。全力维护社会稳定。要全面贯彻党的民族政策，坚持和完善民族区域自治制度。全面贯彻党的宗教信仰自由政策。认真贯彻落实侨务政策。加强国防和军队建设。

会议要求，切实加强政府自身建设，搞好政府机构改革，努力建设廉洁勤政务实高效政府。坚持依法行政，从严治政。继续深入开展反腐败斗争，强化行政监督和审计监督，加强舆论监督和社会监督。各级政府工作人员要切实转变工作作风，关心群众疾苦，及时解决群众反映强烈和不满意的问题。增强忧患意识，居安思危，务必继续保持谦虚谨慎、不骄不躁的作风，务必继续保持艰苦奋斗的作风。

会议指出，要维护香港、澳门的繁荣、稳定和发展，严格按照香港特别行政区基本法和澳门特别行政区基本法办事。全面贯彻"和平统一、一国两制"的基本方针和解决台湾问题的八项主张，积极推进两岸直接"三通"，早日实现祖国的完全统一。

会议指出，要始终不渝地奉行独立自主的和平外交政策，在和平共处五项原则的基础上，发展同世界各国的友好和合作关系，同各国人民一道，共同推进世界的和平与发展。

会议号召，全国各族人民在以胡锦涛同志为总书记的党中央领导下，高举邓小平理论伟大旗帜，全面贯彻"三个代表"重要思想，同心同德，奋发图强，与时俱进，为全面建设小康社会，开创中国特色社会主义伟大事业新局面而努力奋斗！

第十届全国人民代表大会第一次会议关于2002年国民经济和社会发展计划执行情况与2003年国民经济和社会发展计划的决议

（2003年3月18日第十届全国人大第一次会议通过）

第十届全国人民代表大会第一次会议经过审查并根据全国人民代表大会财政经济委员会的审查报告，决定批准国务院提出的2003年国民经济和社会发展计划，批准国家发展计划委员会主任曾培炎受国务院委托所作的《关于2002年国民经济和社会发展计划执行情况与2003年国民经济和社会发展计划草案的报告》。

会议同意全国人民代表大会财政经济委员会在审查报告中为完成2003年国民经济和社会发展计划提出的各项建议。会议要求国务院和地方各级人民政府落实中共中央关于今年经济工作的总体要求和部署，做好各项工作，促进国民经济持续快速健康发展和社会全面进步。

会议强调，要坚持扩大国内需求的方针，继续实施积极的财政政策和稳健的货币政策。积极推进经济结构的战略性调整，保持经济发展良好势头。把发展农村经济，建设现代农业，增加农民收入，作为经济工作的重中之重，推进农业和农村经济结构调整，深化农村各项改革。做好控制失业率和增加就业岗位的工作，不断改善就业环境，扩大城乡就业，加快完善社会保障体系。按照走新型工业化道路的要求，加快产业结构调整和升级。扎扎实实搞好西部大开发。积极稳妥推进国有资产管理体制改革，按照建立现代企业制度的要求，加快国有企业规范的公司制改革和股份制改造，推进国有企业的战略性改组。鼓励、支持和引导非公有制经济健康发展。调整和优化国债资金的使用方向和结构，加强对资金使用和工程质量的监督管理。抓紧投融资体制改革，继续鼓励和引导社会投资增长。改善消费环境，扩大城乡居民消费，增强消费对经济增长的拉动作用。稳步推进金融改革，优化信贷结构，规范发展资本市场，加强金融监管，加大金融对经济发展的支持力度。进一步扩大对外经济技术合作与交流，继续做好加入世贸组织过渡期的各项应对工作，发展对外贸易，不断提高利用外资的质量和水平。继续整顿和规范市场经济秩序，建设公平竞争和诚信守法的市场环境，健全社会主义市场流通体制。继续加强安全生产监督管理。坚持实施科教兴国和可持续发展战略，全面发展各项社会事业。努力完成2003年国民经济和社会发展计划。

第十届全国人民代表大会第一次会议关于2002年中央和地方预算执行情况及2003年中央和地方预算的决议

（2003年3月18日第十届全国人大第一次会议通过）

第十届全国人民代表大会第一次会议经过审查并根据全国人民代表大会财政经济委员会的审查报告，决定批准国务院提出的2003年中央预算，同意财政部部长项怀诚受国务院委托所作的《关于2002年中央和地方预算执行情况及2003年中央和地方预算草案的报告》。

会议同意全国人民代表大会财政经济委员会在审查报告中为完成2003年中央和地方预算提出的各项建议。会议要求国务院和地方各级人民政府严格按人民代表大会批准的预算执行，全面完成2003年的预算任务。

会议强调，要继续实施积极的财政政策。在预算执行中，要厉行节约，除重点支出外其他一般性支出原则上实行零增长。严格控制楼堂馆所建设；加强税收征管，完善税收制度，加快税收立法进程；保证重点支出需要，逐步形成国家财政支农资金稳步增长的机制，继续安排使用好支持西部大开发、扶持帮助贫困地区人民群众生产生活以及社会保障、科技、教育和维护社会安全方面的支出，努力提高国债资金的使用效益；规范和完善出口退税制度；进一步完善财政转移支付制度，加强对中央补助地方支出的审计；继续推进预算制度改革，加强对财政收支的监督，整顿和规范财经秩序。

第十届全国人民代表大会第一次会议关于第九届全国人民代表大会常务委员会工作报告的决议

（2003年3月18日第十届全国人大第一次会议通过）

第十届全国人民代表大会第一次会议审议了李鹏委员长代表第九届全国人民代表大会常务委员会作的工作报告，会议决定批准这个报告。

会议认为，第九届全国人民代表大会常务委员会高举邓小平理论伟大旗帜，全面贯彻“三个代表”重要思想，紧紧围绕党和国家的工作大局，认真履行宪法和法律赋予的职责，积极促进社会主义民主法制建设，坚持贯彻依法治国的基本方略，推进建设社会主义法治国家，各项工作取得了新的进展，开创了新的局面。立法工作成绩显著，初步形成了中国特色社会主义法律体系。监督工作取得较大进展，推动了宪法和法律的实施，促进了依法行政和公正司法。第九届全国人民代表大会常务委员会卓有成效的工作，为实现党的十五大提出的跨世纪发展目标作出了重要贡献。会议对5年来常务委员会的工作表示满意。

会议要求，第十届全国人民代表大会常务委员会要以邓小平理论和“三个代表”重要思想为指导，全面贯彻党的十六大精神，把坚持党的领导、人民当家做主和依法治国有机统一起来，把发展社会主义民主、健全社会主义法制作为根本任务，以新的思路和新的举措进一步做好各项工作。要以宪法为依据，以最广大人民的根本利益为出发点，立足于我国国情，同改革发展稳定的重大决策紧密结合，加强立法工作，提高立法质量。要在总结经验的基础上，改进监督工作，完善监督制度，不断增强监督的实效。要进一步加强常务委员会的组织建设和制度建设，增强代表人民行使国家权力的政治责任感，坚持深入实际、深入群众，倾听和反映人民群众的意见和要求，自觉接受人民的监督，全心全意为人民服务。

让我们紧密团结在以胡锦涛同志为总书记的党中央周围，解放思想，实事求是，与时俱进，开拓创新，为全面建设小康社会、开创中国特色社会主义事业新局面，作出新的更大的贡献。

第十届全国人民代表大会第一次会议关于最高人民法院工作报告的决议

（2003年3月18日第十届全国人大第一次会议通过）

第十届全国人民代表大会第一次会议审议了最高人民法院院长肖扬所作的《最高人民法院工作报告》。会议认为，九届全国人大一次会议以来，最高人民法院认真履行宪法和法律赋予的职能，大力加强审判和执行工作，加强队伍建设，推进法院改革，各项工作取得了新进展。报告对最高人民法院5年工作的总结是实事求是的，对今后工作提出的意见是可行的，会议决定批准这个报告。

会议要求，最高人民法院要以邓小平理论和“三个代表”重要思想为指导，认真贯彻落实党的十六大精神，按照依法治国、建设社会主义法治国家的要求，严格依法履行审判机关职能，全面加强各项审判工作和执行工作，进一步提高法官的政治业务素质和职业道德素质，解决队伍建设中存在的问题。要从司法改革的全局出发，深入推进法院改革，完善各项制度，采取切实有效措施保证公正司法，提高司法效率，为全面建设小康社会创造良好的法治环境。

第十届全国人民代表大会第一次会议关于最高人民检察院工作报告的决议

(2003年3月18日第十届全国人大第一次会议通过)

第十届全国人民代表大会第一次会议审议了最高人民检察院检察长韩杼滨所作的《最高人民检察院工作报告》。会议认为，九届全国人大一次会议以来，最高人民检察院认真履行宪法和法律赋予的职能，大力加强检察工作，加强队伍建设，推进检察改革，各项工作取得了新进展。报告对最高人民检察院5年工作的总结是实事求是的，对今后工作提出的意见是可行的，会议决定批准这个报告。

会议要求，最高人民检察院要以邓小平理论和“三个代表”重要思想为指导，认真贯彻落实党的十六大精神，按照依法治国、建设社会主义法治国家的要求，严格依法履行检察机关职能，强化法律监督，进一步提高检察官的政治业务素质和职业道德素质，解决队伍建设中存在的问题。要从司法改革的全局出发，深入推进检察改革，完善各项制度，采取切实有效措施保证公正司法，提高司法效率，为全面建设小康社会创造良好的法治环境。

十届全国人大常委会第一次委员长会议在人民大会堂举行

中共中央政治局常委、全国人大常委会委员长吴邦国主持会议。会议决定，十届全国人大常委会第一次会议于3月19日在京举行。

会议听取了全国人大常委会副委员长兼秘书长盛华仁所作的十届全国人大常委会第一次会议议程草案和日程安排的汇报，以及他所作的关于拟提请十届全国人大常委会第一次会议审议的人事任免事项的汇报等。

委员长会议建议，十届全国人大常委会第一次会议主要议程为：任命全国人大常委会副秘书长，任免全国人大常委会法制工作委员会主任、副主任，任免全国人大常委会预算工作委员会主任、副主任，任命十届全国人大常委会香港特别行政区基本法委员会主任、副主任、委员等。

全国人大常委会副委员长王兆国、李铁映、司马义·艾买提、何鲁丽、丁石孙、成思危、许嘉璐、蒋正华、顾秀莲、热地、路甬祥、乌云其木格、韩启德、傅铁山出席会议。

国务院总理温家宝在十届全国人大一次会议举行的记者招待会上答中外记者问

国务院总理温家宝和副总理黄菊、吴仪、曾培炎、回良玉，3月18日上午应十届全国人大一次会议新闻发言人姜恩柱的邀请，与采访“两会”的中外记者见面，并回答记者的提问。

温家宝总理首先向中外记者介绍了各位副总理，并对大家表示欢迎。

温家宝说，我首先对全国人民讲几句话，感谢人民对我的信任。我是一个很普通的人。我出生在农村的一个教育世家。我的祖父、父亲和母亲都是教员。我的孩提时代是在战乱中度过的。战火烧毁了我的全家，包括爷爷亲手办的那座小学。旧中国的苦难在我幼小的心灵留下了不可磨灭的印象。

我从在大学学地质到从事地质工作整整25年。这期间大部分是在非常艰苦和恶劣的环境中度过的。我深知人生的艰辛，也知道国家建设的艰难。但我也树立了一种信念：一个人、一个民族、一个国家，只要不畏艰险，勇于攀登，一定能达到光辉的顶点。

我在中南海工作了18年，这是我们国家现代化建设十分重要的一个时期。我目睹了在邓小平同志和江泽民同志的领导下，中国改革开放和现代化建设所取得的巨大成就，中国面貌发生的历史性变化。我经历了这场伟大的实践。中国的建设事业是非常伟大也非常艰巨的，唯有在中国共产党的领导下，坚持改革开放，走中国特色社会主义道路，国家才能繁荣富强；唯有坚持民主、科学和负责任的精神，才能实现我们的目标。全国2500多个县(区)，我跑遍了1800多个。这使我更深地了解了国情和人民的状况，深知人民的期待。我决不辜负人民的期望，一定要以人民给我的信心、勇气和力量，忠实地履行宪法赋予我的职责，殚精竭虑，鞠躬尽瘁，不负众望。

中央电视台记者：首先祝贺您就任本届政府的总理，同时也向昨天新就任的四位副总理表示祝贺。温总理，我们知道您也是上届政府的主要领导人之一。

请问您对上届政府的工作,以及对朱总理本人的工作有何评价?过去的5年中国取得了举世瞩目的成就,也对本届政府的工作提出了更高的要求,您认为本届政府所面临的主要困难和挑战是什么?

温家宝:以江泽民同志为核心的党的第三代中央领导集体,为中国的改革、发展、稳定作出了举世公认的巨大贡献,并且在实践中形成了"三个代表"重要思想,这是我们一笔宝贵的财富。上届政府在朱镕基总理的领导下,忠实地履行职责,做了大量富有成效的工作,人民是满意的。我们现在的全部工作都是在前任的基础上开始的。前人给我们奠定了很好的基础,但是摆在我们面前还有许多困难和问题,还要我们继续进行开创性的工作。我总记着一句古训:生于忧患,死于安乐。要居安思危,有备无患。

当前摆在我们面前的主要问题是:第一,农业发展滞后,农民收入增长缓慢,这已经成为制约扩大内需的一个重要因素。第二,一部分企业生产经营困难,建立现代企业制度将是一个长期的任务。第三,下岗和失业人口不断增加,社会保障的压力非常之大。第四,城乡发展不平衡,东西发展不平衡,还有相当一部分地区、相当一部分人口处于贫困状态。第五,财政负担沉重,金融不良资产比例较高。但是,我们有改革开放20多年来奠定的雄厚物质技术基础,有安定团结的政治局面,只要坚持正确的路线和政策,我相信,在以胡锦涛为总书记的党中央领导下,我们一定能够克服困难,实现全面建设小康社会的宏伟目标。

德新社记者:朱镕基开始当总理的时候,他说,不管前面是地雷阵还是万丈深渊,他都将鞠躬尽瘁,死而后已。和他比起来,你觉得你的工作风格会怎么样?

温家宝:朱镕基总理是我非常敬佩的一个领导人,他有许多优点值得我学习。至于我自己,大家普遍认为我是一个温和的人。但同时,我又是一个有信念、有主见、敢负责的人。在我当总理以后,我心里总默念着林则徐的两句诗:"苟利国家生死以,岂因祸福避趋之。"这就是我今后工作的态度。

《人民日报》记者:刚才您谈到新一届政府面临的任务仍然非常艰巨。特别是新一届政府还担负着为全面建设小康社会开好局的任务,应该说担子非常重。请问总理,新一届政府在5年任期当中,准备确定什么样的目标,制定什么样的施政纲领?

温家宝:我认为这是一个总理今天应该认真回答的重大问题。我曾经把今后的工作概括为四句话。第一,实现一个目标,这就是保持经济持续较快增长,同时,不断提高人民的生活水平。而做到这点,就要继续保持政策的稳定性和连续性,坚持扩大内需的方针,实施积极的财政政策和稳健的货币政策。第二,抓住两个关键环节:一是经济结构的战略性调整,二是继续扩大对外开放。第三,解决好三个重大的经济问题:第一个问题是就业和社会保障,第二个问题是财政的增收节支,第三个问题是继续整顿和规范市场经济秩序。第四,推进四项改革:第一项是农村改革。农村改革包括农村税费改革,粮食购销体制改革,对农民补贴方式的改革,农村金融体制改革和农村医疗制度改革。第二项是企业改革。继续把国有企业改革作为整个经济体制改革的中心环节,致力于实现建立现代企业制度的目标,同时,推进国有资产管理体制改革。第三项是金融改革。一方面要建立和完善金融监管体制;另一方面要加快国有金融企业的改革,建立起真正的现代金融企业制度。第四项是政府机构改革。这个方案大家都已经知道了,关键在于政府职能的转变,成败与否在此一举。

这四句话大家可能都已经熟悉了。我又想了24个字,就是为了保证这些任务的完成,必须把握以下几个原则:城乡协调、东西互动、内外交流、上下结合、远近兼顾、松紧适度。城乡协调,就是要把农业和农村工作作为重中之重,促进城乡协调发展;东西互动,就是东部地区要抓住机遇,加快发展,有条件的地方率先实现现代化。要把老工业基地的改组、改造和振兴摆在更加突出的位置。继续实施西部大开发战略;内外交流,就是要坚持以扩大内需为主,同时抓住加入世贸组织的大好机遇,继续推进对外开放;上下结合,就是要充分发挥中央和地方两个积极性;远近兼顾,就是要继续实施科教兴国战略和可持续发展战略,使我们国家经济和社会实现可持续发展;松紧适度,就是要使发展的速度、改革的力度和社会可承受的程度相适应,正确处理改革、发展和稳定的关系。

香港东方报业集团记者:我们很想知道,新一届政府对香港政策会不会改变?目前香港财政赤字严重,失业率也很高,无论是特区政府也好,香港市民也好,都在努力渡过难关。请问,中央政府会不会采取进一步措施支持香港更快渡过难关?我还想问一下,您什么时候去香港亲自为我们打打气,我想香港市民一定会很欢迎的。

温家宝:感谢你的提问,使我有机会第一次通过新闻媒体向广大香港同胞、澳门同胞表示我亲切的问候和良好的祝愿。香港回归5年多来,在香港特别行政区行政长官董建华和特区政府的领导下,认真贯彻执行了"一国两制"的方针和《基本法》的原则,维护了法律赋予香港同胞的自由和权利。香港战胜了亚洲金融风波带来的经济上的困难,保持了稳定和发展。毋庸讳言,香港经济目前确实遇到比较大的困难,主要表现在失业率增高和财政赤字加大。这既有国际经济形势变化的影响，也有香港自身经济结构的问题，但是香港的优势还在。香港有雄厚的物质基础，直到目前，香港没有一笔内债和外债，目前香港的居民储蓄率还超过1997年。香港有完备的法制，有有利的区位优势，有许多优秀的管理人才。现在需要的是团结和信心。我完全相信香港同胞的智慧和能力，在以董建华先生为首的特区政府的领导下，香港一定能够克服眼前的困难。

至于说到中央政府对香港的支持，我想明确表示，我们将一如既往、竭尽全力支持香港的稳定和发展。我们正在抓紧落实内地与香港特别行政区建立更加紧密的经贸关系的各项措施。香港是中国的一颗璀璨的明珠，保持香港的稳定和繁荣是我们坚定不移的目标，也是中央政府义不容辞的责任。

我希望能到香港去，越快越好。

布隆伯格金融信息社记者：温总理，江泽民和朱镕基说解决失业问题有一个方式，就是给民间企业、私营企业一些优惠的政策。您可以给我们介绍一下有什么样的优惠政策给这些私营企业吗？还有一个问题，中国有没有一个计划扩大人民币汇率的浮动范围？

温家宝：发展个体私营企业等非公有制经济，是我们政府坚定不移的方针。只要是依法经营，照章纳税，维护职工的合法权益，并且符合安全和环保的要求，我们支持和鼓励个体私营企业发展，这是扩大就业的一个非常重要的渠道。我们将在市场准入、税收、贷款和进出口等方面，给个体私营企业以平等的待遇。

至于你提到的汇率问题，中国实行的是根据市场需求变化、有管理的浮动汇率。从1994年汇率并轨到现在，人民币汇率并不是一成不变的。人民币对美元的实际汇率，到去年年底升值了18%，对欧元升值了39%。我们将继续探索和完善汇率形成的机制。但是我想说明一点，人民币的强劲和稳定不仅有利于中国，也有利于亚洲和世界。

新华社记者：最近我们注意到，海外一些媒体有这样两种说法：一种说法是我国经济体制改革近年来取得了明显的成果，但与经济体制改革相比，政治体制改革的步伐相对缓慢；另一种说法认为，我国反腐败工作，越反腐败案件越多，涉案的政府官员级别越来越高，金额越来越大。我想问总理，您对这两种说法有何评价？新一届政府将采取哪些措施推动我国政治体制改革进一步深化？对建立清正廉洁高效的政府，您有何设想？

温家宝：推进政治体制改革，是我们党和政府坚定不移的目标。我们的政治体制改革，始终围绕着什么是社会主义、怎样建设社会主义，建设一个什么样的党、怎样建设党这样两个重大问题来进行。其基本目标是：发展社会主义民主，完善社会主义法制，依法治国，实现人民当家做主。本届政府推进政治体制改革打算从三个方面入手：第一，建立科学民主的决策机制，重大的经济决策、重大的经济问题和重大的建设项目要经过充分论证，形成领导、群众和专家相结合的决策机制。第二，依法行政。政府部门和工作人员都要按照宪法和法律执行公务，同时又要接受宪法和法律的约束和规范。第三，民主监督。政府要自觉接受人民代表大会的监督，接受政协的民主监督，接受群众和舆论的监督。只有让人民监督政府，政府才不会懈怠。只有人人负起责任来，才不会人亡政息。

尽管这些年我们反腐败取得很大的成绩，但是应当承认，在我们的社会中还存在比较严重的腐败现象，在经济体制转轨中，某些领域尤为突出。我们新一届政府准备从四个方面加强反腐败斗争：第一，严格公务员的纪律。第二，严惩公务员违法犯罪。第三，推进政府机构改革，改革行政管理制度，改革行政审批制度，改革资金管理制度，改革人事制度。第四，加强各方面对我们的监督。

在这里，我愿意代表我们新一届政府向大家表示，从我们自己做起，以身作则，接受全国人民的监督。

日本经济新闻记者：我想问一下金融方面的问题。四大国有商业银行处理不良资产的问题已经成为中国经济发展比较大的课题。请问，是不是有可能投入财政资金？怎样提高四大国有商业银行的竞争力？还有，今年是《日中和平友好条约》签署25周年，您是不是打算年内访问日本？

温家宝：为了降低金融不良资产，这些年我们做了很大的努力，包括剥离了14000亿元不良资产，成立了四家金融资产管理公司加以处置。但是目前四家国有商业银行的不良资产率，如果按照四级分类口径，还高达21.4%；如果按照国际通行的五级分类法口径，达到25%左右，其中损失资产占相当大的比例。改变国有商业银行的经营状况，需要有政策的扶持，包括补充资本金和剥离不良资产。过去五年，我们曾发行2700亿元特别国债补充银行资本金。同时，剥离了14000亿元的不良资产。但是根本解决银行的问题在于改革，在于建立现代的公司治理结构和现代金融企业制度，并且创造条件实行股份制。

至于中日关系问题，我想说几句话。中日两国是一衣带水的邻邦，有2000多年的友好交往。但是近代以来也有过很大的曲折。正确对待和处理日本侵华的那段历史，始终是发展中日关系的政治基础。我们希望日本政府恪守中日之间的三个文件，以史为鉴，面向未来。我们愿意发展同日本的各方面关系，包括高层往来。至于我自己，我希望在一个适当的气氛中到日本去访问。

台湾中天电视台记者：从年初以来，台湾方面在两岸关系上有新的做法，比如提出希望建立两岸和平稳定的互动架构，在两岸“三通”直航上也有比较积极的做法，大家都很希望两岸关系能够进入良性循环的互动。不过在此之前一直没有机会了解您对两岸关系的看法，借这个机会请您谈一下您对台湾的了解和认识是什么？新一届政府成立以后，在两岸关系上有哪些问题要有所推动？您个人的期待又是什么？

温家宝：我愿意通过记者女士向台湾同胞表示亲切的问候。实现祖国的完全统一是包括台湾同胞在内的全体中国人民的共同愿望。说起台湾，我就很动情，不由得想起了一位辛亥革命的老人、国民党的元老于右任在他临终前写过的一首哀歌：“葬我于高山之上兮，望我大陆。大陆不可见兮，只有痛哭。葬我于高山之上兮，望我故乡。故乡不可见兮，永不能忘。天苍苍，野茫茫。山之上，国有殇。”这是多么震撼中华民族的词句。中国政府将坚定不移地贯彻“和平统一、一国两制”的方针，在一个中国的原则基础上，尽早恢复两岸的对话和谈判，反对“台独”，积极推进两岸经济、文化的来往与交流，推进两岸直接“三通”的早日实现，争取早日实现和平统一。

俄通社—塔斯社记者：您认为中俄关系会不会有什么改变？您对上海合作组织有什么态度？

温家宝：中俄两国有着4000多公里的共同边界。稳定和发展中俄两国的睦邻友好关系，符合两国人民的根本利益。这些年来，中俄两国的战略协作伙伴关系有了进一步发展，保持了良好的态势。《中俄睦邻友好合作条约》又为两国关系的发展奠定了法律基础。中俄两国领导人为发展两国友好关系制定了长远的规划。我相信中俄关系会稳定发展。我们将继续发挥上海合作组织的作用，加强组织内各国在重大国际问题上的磋商，为维护世界和平、促进共同发展作出应有的贡献。

美联社记者：在中国越来越开放的趋势下，您对1989年那场风波有何看法？针对伊拉克问题的最新事态，您有何评论？

温家宝：作为一个有13亿人口的大国的总理，我最关心的是中国的稳定和发展。我深知中国的稳定和发展来之不易。上世纪80年代末90年代初，世界风云变幻，苏联解体，东欧剧变，在中国也发生了一场政治风波。党和政府紧紧依靠人民，采取果断措施，稳定了国内局势，并且继续推进改革开放，走中国特色社会主义道路。13年来，中国所取得的巨大成就说明，稳定是至关重要的。

关于伊拉克问题，中国的立场是一贯的、鲜明的、有原则的。我们主张伊拉克问题应该在联合国的框架内，通过政治手段和平解决，尽量避免战争。联合国1441号决议应该得到全面、切实的贯彻。核查工作应该继续进行。同时，我们也主张伊拉克政府应该严格、切实地遵守联合国的有关决议，主动配合国际组织搞好武器的核查工作，彻底销毁大规模杀伤性武器。现在伊拉克的局势已经箭在弦上，一触即发。但是，只要有一线希望，就不应放弃通过政治方式解决的努力。

中央人民广播电台记者：农村税费改革今年将在全国全面推开。您曾经说过，我们一定会走出历史上“黄宗羲定律”这个怪圈。请问您认为我们的税费改革怎么才能走出这个怪圈？

温家宝：这个问题我已经讲得很多了。我想强调两点。第一，农村税费改革的实质，是要改革农村不适应生产力发展的上层建筑的某些环节，最重要的是要精简机构和人员。中国古代《大学》中说，生财有道，生之者众，食之者寡，为之者疾，用之者舒。现在在农村倒过来了，“食之者众，生之者寡”。有一个县十二三万人口，吃财政饭的多达5700人。如果不精简机构，不减少人员，农民的负担不可能得到彻底解决。与此同时，要加大财政对农村的支持力度。我们的最终目标，是要把一切不应该向农民收取的税费，全部减下来，但这需要有一个过程。从今年开始，我们就出台了一项措施，就是新增对科技、教育、文化、卫生的财政支出，主要用于农村。

中东社记者：目前世界形势并不太平，比如中东地区就是一个非常危险的地区。所以我们很想了解您关于这些问题的看法。您是否同意今天美国总统对伊拉克总统所发出的最后通牒？您能否就此发表一下看法？能否介绍一下中国对于这些热点地区问题的看法？

温家宝：中东地区始终是中国和世界人民关注的焦点。当前突出的是伊拉克问题和巴以问题。我注意到布什总统在北京时间今天上午9点发表的演说。中国的立场是鲜明的：应该继续坚持通过政治手段和平解决伊拉克问题。我们认为，第1441号决议是符合《联合国宪章原则》的，各国应该遵守。我们对于以巴冲突一直深感忧虑和关切，我们衷心希望以巴双方能够配合国际各方面的调解，按照联合国的有关决议和“土地换和平”的原则，通过政治谈判和平解决以巴冲突。我们不希望中东燃起战火。一个和平稳定的中东有利于全世界。

英国《金融时报》记者：我想补充提一个金融方面的问题。你们现在是否有计划允许私营银行成立？

温家宝：你的问题使我想起2000年访问英格兰银行时，我发现英格兰银行的门很多，窗户很小。我了解到，英国金融发展有几百年的历史，而中国提出要把银行办成真正的银行，不是财政的出纳，只有十几年的历史。我们已经有了以民间资本为主的股份制银行，比如中国民生银行。随着金融监管的加强，中国金融企业的所有制形式势必会多样化，但这是一个比较长的过程。

香港凤凰卫视记者：熟悉您的人都说您是一个重视事实、也非常注重数据的人。麻烦您告诉我们，在目前中国国情当中，有哪些数据您认为是最为可喜的？有哪些数据是最忧心、牵挂和关注的？

温家宝：瑞士前驻中国大使曾经说过我的脑子像computer(电脑)，我的脑子里确实装了许多数字。这些数字有使我高兴的，也有使我忧虑的。譬如说，中国改革开放以来，GDP的增长速度年均在9%以上；中国近5年尽管受到亚洲金融风波的影响，GDP的增长年均在7.7%，去年达到8%。目前中国的外汇储备达到3000亿美元等等，这些是使我高兴的。但是，有些数字恐怕连记者也不完全清楚，比如中国的劳动力有7亿4千万，而欧美所有发达国家的劳动力只有4亿3千万。中国每年新增劳动力1000万；下岗和失业人口大约1400万；进城的农民工一般保持在1亿2千万。中国面临巨大的就业压力。中国13亿人口有9亿农民，目前没有摆脱贫困的3000万左右，这是按每年人均收入625元的标准计算的。大家知道，这个标准是低水平的，如果标准再增加200元，农村贫困人口就是9000万。中国东西部差距很大，大家恐怕只是从概念上了解。我想说一个数字，中国沿海五六个省市GDP超过全国GDP总值的50%。这几个数字，已经点出了三个问题：农村问题，就业和贫困人口的问题，东西部地区差距问题。因此，当好中国的总理不容易。如果要我说现在的心情，我觉得身上的担子有千钧重。

温家宝：我非常希望跟大家交流意见，因此，破例再给一个提问的机会。

美国有线新闻网记者：在开场白中您谈到您的孩提时代是在战乱当中度过的。在您二十几岁的时候，您也经历过"文化大革命"。您能否谈一下"文化大革命"的这段经历对于您对中国国内问题、国际问题的看法产生什么样的影响？特别是关于伊拉克问题，您的这段孩提时代的战争经历是否使您成为一个反战的积极分子？对于一触即发的伊拉克战争，您是支持还是反对？

温家宝：新中国成立已经半个多世纪了，她走过辉煌的道路，也曾出现过严重的曲折。"文化大革命"就是个曲折。我始终相信，社会主义是大海，大海是不会枯竭的，大海可以容纳百川。只有吸收人类一切文明成果，社会主义才能巩固和完善。这个时间会很长，需要上百年，甚至几百年的时间。

关于伊拉克问题，中国是有原则的，中国的立场是根据世界和平与发展的潮流以及从中国的根本利益出发的。中国主张伊拉克要彻底销毁大规模杀伤性武器。同时，伊拉克问题应通过政治方式加以解决，避免战争给中东地区和世界带来影响。

这次会见在人民大会堂三楼中央大厅举行，历时近两小时。结束时，温家宝总理特意来到记者席前，同在场的中外记者亲切握手致意。参加采访的中外记者约800名。

全国人大常委会委员长吴邦国在人民大会堂会见香港 澳门特别行政区全国人大代表

吴邦国说，十届全国人大一次会议已经胜利闭幕。这是一次继往开来、具有重要历史意义的会议，对于动员全国人民全面建设小康社会，开创中国特色社会主义事业新局面将产生巨大的影响。在这次大会上，来自香港特别行政区、澳门特别行政区的各位代表，以高度负责的爱国热情和主人翁责任感，积极进行工作，认真行使人大代表的各项权利，履行了人大代表的光荣职责。他对港澳代表的辛勤工作以及为会议圆满成功所作的贡献表示衷心的感谢。

吴邦国说，希望各位代表继续发扬爱国爱港、爱国爱澳的光荣传统，在今后的工作中，更好地履行人大代表的职责，积极参与国家事务的管理，同港澳同胞保持密切的联系，大力支持以行政长官为首的特区政府的工作，为祖国的富强昌盛，为香港、澳门的繁荣稳定作出自己的贡献。

致辞结束后，吴邦国与港澳代表合影留念。

全国人大常委会副委员长王兆国、何鲁丽、盛华仁参加了会见。

外交部部长李肇星就双边关系和伊拉克问题分别与法国德维尔潘和巴西外长阿莫里姆通电话

世界遗产工作委员会在都江堰成立

我国21家世界遗产地在四川都江堰共同发起成立了世界遗产工作委员会。这个组织的成员单位包括长城、颐和园、天坛、九寨沟、都江堰、苏州园林、丽江古城等。委员会主任杨洪波称，这个组织旨在加强对我国世界遗产地的保护、规划、建设和管理，并为国内外世界遗产地、联合国教科文组织世界遗产中心、国际上相关保护组织提供多种形式的科技与信息交流。

杨洪波说，世界遗产工作委员会隶属建设部中国风景名胜区协会，是行业自律组织。委员会将配合建设部、国家文物局和联合国世界遗产委员会对其成员单位的遗产进行监测,并规划建立世界遗产地网络信息系统方案。

中国风景名胜区协会副会长林家宁称,全世界共有730多处世界遗产,其中我国有28处,名列世界第三,但目前包括我国在内的许多世界遗产地都面临着保护与开发的矛盾。我国正通过运用高科技手段、加强规划、提高人们保护意识等方法全面保护世界遗产。

3月19日

国家主席胡锦涛在人民大会堂分别会见香港特别行政区行政长官董建华和澳门特别行政区行政长官何厚铧

中央军委主席江泽民在中南海会见塔吉克斯坦总统拉赫莫诺夫

国务院总理温家宝在中南海分别会见香港特别行政区行政长官董建华和澳门特别行政区行政长官何厚铧

十届全国人大常委会第一次会议在人民大会堂举行

全国人大常委会委员长吴邦国主持会议。他指出,要以“三个代表”重要思想为指导,坚持和完善人民代表大会制度,努力开创人大工作新局面,争取在十届全国人大及其常委会的五年任期内,基本形成中国特色社会主义法律体系。

根据会议通过的议程,会议表决通过,任命王云龙、乔晓阳、姜云宝、刘镇、周成奎、林文漪为全国人大常委会副秘书长;免去顾昂然的全国人大常委会法制工作委员会主任职务,任命胡康生为全国人大常委会法制工作委员会主任;免去卞耀武、乔晓阳、张春生的全国人大常委会法制工作委员会副主任职务,任命李飞、王胜明为全国人大常委会法制工作委员会副主任;免去郭振乾的全国人大常委会预算工作委员会主任职务,任命刘积斌为全国人大常委会预算工作委员会主任;免去张光瑞的全国人大常委会预算工作委员会副主任职务,任命王大成为全国人大常委会预算工作委员会副主任。

会议还任命了全国人大常委会香港特别行政区基本法委员会主任、副主任、委员,乔晓阳为主任,黄保欣为副主任。

吴邦国委员长在会上发表重要讲话。他说,十届全国人大常委会已经开始履行宪法和法律赋予的庄严职责。发展社会主义民主政治,建设社会主义政治文明,做好人大及其常委会的工作,极为重要的是,必须坚持社会主义方向。关键是要把握好三点:一是要把坚持党的领导、人民当家做主和依法治国有机统一起来,这是最根本的。最重要的是经过法定程序,使党的主张成为国家意志,使党组织推荐的人选成为国家政权机关的领导人员,并对他们进行监督。二是要坚持走中国特色的政治发展道路。三是要坚持和发展我国社会主义政治制度的特点和优势。

吴邦国说,在基本形成中国特色社会主义法律体系的目标下,要切实加强立法工作,重在提高立法质量。立法工作要坚持以“三个代表”重要思想为指导;坚持从国情和实际出发;坚持突出重点,为民所用,把重点放在基本的、比较成熟的、改革发展稳定迫切需要的立法项目上;坚持服从服务于党和国家的工作大局,紧紧围绕全面建设小康社会这个奋斗目标,体现、推动和保障发展这个第一要务,为发展创造更加良好的法制环境、提供更加有力的法制保障。

吴邦国说,立法和监督应当摆在同样重要的位置。立法是为了做到有法可依,宪法和法律是监督的依据;监督是为了更好地做到有法必依、执法必严、违法必究,为了保证宪法和法律得到切实执行。同时通过监督还可以发现法律本身不够完善的地方,从而促进立法工作,提高立法质量。要继续加强和不断改进监督工作,在增强监督实效上下功夫,克服形式主义。要坚决纠正有法不依、执法不严、违法不究的行为,切实维护宪法和法律的权威,促进依法行政和公正司法。要把主要精力花在抓重大问题和人民群众普遍关心、关系人民群众切身利益的热点难点问题上。

在谈到当前全国人大常委会需要抓紧作的几件事时,吴邦国说,新人多是本届全国人大常委会的一个特点,要尽快转换角色、转变工作方式。要加强学习。首先要深入学习贯彻“三个代表”重要思想和党的十六大精神,确保在工作中把握正确的政治方向。同时要抓紧学习宪法和法律,熟悉议事规则和议事程序,以便尽快适应工作的需要,更好地开展人大工作。根据党的十六大精神对现行宪法作适当修改,是必要的。在修改宪法过程中,要加强党的领导,充分发扬民主,广泛听取各方面意见,依法办事。要在党中央的领导下,按照要求加紧工作,确保圆满完成任务。新一届专门委员会要保持工作的连续性,尽快开展工作。

吴邦国最后说,全国人大常委会全体组成人员,要按照胡锦涛主席对新一届国家机构工作人员的四条要求,身体力行。他强调,全国人大常委会作风建设的核心,是保持同人民群众的血肉联系。人大工作的最大优势是密切联系群众,最大危险是脱离群众,在任何时候任何情况下,我们都必须走群众路线,坚持全心全意为人民服务的宗旨，把实现人民群众的利益作为一切工作的出发点和归宿。始终保持谦虚谨慎、艰苦奋斗的作风，防止和克服形式主义和官僚主义，扎扎实实、尽心尽力地履行好自己的职责，做联系群众的模范、团结群众的模范、廉洁自律的模范、遵守宪法和法律的模范。

全国人大常委会副委员长王兆国、李铁映、司马义·艾买提、何鲁丽、丁石孙、成思危、许嘉璐、蒋正华、顾秀莲、热地、盛华仁、路甬祥、乌云其木格、韩启德、傅铁山出席会议。

全国人大常委会任免名单

(2003年3月19日第十届全国人民代表大会常务委员会第一次会议通过)

一、免去顾昂然的全国人民代表大会常务委员会法制工作委员会主任职务；

任命胡康生为全国人民代表大会常务委员会法制工作委员会主任。

二、免去卞耀武、乔晓阳、张春生的全国人民代表大会常务委员会法制工作委员会副主任职务；

任命李飞、王胜明为全国人民代表大会常务委员会法制工作委员会副主任。

三、免去郭振乾的全国人民代表大会常务委员会预算工作委员会主任职务；

任命刘积斌为全国人民代表大会常务委员会预算工作委员会主任。

四、免去张光瑞的全国人民代表大会常务委员会预算工作委员会副主任职务；

任命王大成为全国人民代表大会常务委员会预算工作委员会副主任。

全国人大常委会香港特别行政区基本法委员会名单

(2003年3月19日第十届全国人民代表大会常务委员会第一次会议通过)

主 任：乔晓阳

副主任：黄保欣

委 员(按姓氏笔画排序)

王光亚 邬维庸 刘 镇 李 飞 吴康民 陈佐洱

陈弘毅 夏 勇 梁定邦 谭惠珠(女)

全国人大常委会任命全国人大常委会副秘书长名单

(2003年3月19日第十届全国人民代表大会常务委员会第一次会议通过)

任命王云龙、乔晓阳、姜云宝、刘镇、周成奎、林文漪(女)为全国人民代表大会常务委员会副秘书长。

国务院总理温家宝主持召开国务院常务会议

会议按照既分工负责又团结协作的精神，对本届国务院领导同志的工作作了分工。

会议根据十届全国人大一次会议通过的国务院机构改革方案，讨论并通过了国务院直属特设机构、直属机构、办事机构、直属事业单位、部委管理的国家局以及国务院议事协调机构和临时机构等的设置。会议决定，设立国务院国有资产监督管理委员会、中国银行业监督管理委员会，组建国家食品药品监督管理局，将国家安全生产监督管理局由原来部委管理的国家局改为国务院直属机构。

会议讨论并原则通过了《国务院工作规则(草案)》，决定将《国务院工作规则(草案)》提交将要召开的国务院第一次全体会议讨论通过。

会议研究部署了当前需要抓紧做好的工作。总的要求是深入贯彻党的十六大精神和刚刚结束的十届全国人大一次会议精神，联系实际，抓好落实。近期要重点抓好七件事。(一)抓紧国务院机构改革的实施。按照人大会议通过的方案，认真做好“三定”工作。关键要体现改革的精神，切实转变政府职能。(二)紧紧抓住经济工作不放松。要认真分析一季度经济形势，及时发现和抓住关键问题，提出推进改革和加强宏观调控的政策措施。(三)抓好几项改革工作。一是农村税费改革。今年在全国推行税费改革试点，要抓紧做好准备工作。二是国有资产管理体制改革。抓紧研究国有资产管理的法规，积极探索国有资产管理的有效办法。三是金融改革。完善金融监管体制，加强金融监管。继续推进国有商业银行改革。加快农村信用社改革。(四)整顿和规范市场经济秩序。抓住重点，进一步开展打击走私、逃税骗税漏税、制售假冒伪劣商品等违法犯罪活动。(五)维护社会稳定。加强生产安全、交通安全等工作。(六)加强廉政建设。按照中央的统一部署，贯彻中纪委二次会议精神，提出政府系统廉政建设和反腐败工作的具体要求。(七)解决困难群众生产生活问题。重点抓好下岗职工再就业、落实社会保障各项措施、加强农村扶贫工作。

会议强调，国务院各部门和全体工作人员，要在以胡锦涛同志为总书记的党中央领导下，以邓小平理论和“三个代表”重要思想为指导，同心同德，扎实工作，努力开创政府工作新局面。

《人民日报》发表社论《迈向全面建设小康社会伟大征程——热烈祝贺十届全国人大一次会议闭幕》

第十届全国人民代表大会第一次会议完成预定的各项议程，胜利闭幕了。我们对大会的圆满成功表示热烈的祝贺！

十届全国人大一次会议是在全面建设小康社会的起步阶段和开局时期召开的一次重要会议。会议以邓小平理论和“三个代表”重要思想为指导，全面贯彻落实党的十六大精神，洋溢着民主、团结、求实、鼓劲的热烈气氛，令人鼓舞，催人奋进。代表们认真审议并批准了《政府工作报告》和其他各项重要报告，一致认为，过去的5年很不平凡，全国各族人民在中国共产党领导下，团结奋进，顽强拼搏，战胜种种困难，改革开放和经济社会发展取得举世公认的伟大成就。5年的辉煌成就和丰富经验，为深化改革、扩大开放和现代化建设的进一步发展奠定了坚实基础。5年来，全国人大常委会根据国家工作的大局，认真履行宪法和法律赋予的职责，各方面工作取得了新的进展、开拓了新的局面，为加强社会主义民主法制建设，推进依法治国、建设社会主义法治国家的进程，保障和促进中国特色社会主义事业胜利进行，作出了新的贡献。5年来，全国人大常委会以及各级人大卓有成效的工作进一步证明，人民代表大会制度是适合我国国情，保证国家兴旺发达、长治久安的根本政治制度。坚持和完善人民代表大会制度，对于发展社会主义民主政治、建设社会主义政治文明，对于巩固我们党的执政地位和我国社会主义制度，对于充分调动各方面的积极因素共同建设中国特色社会主义，具有十分重要的意义。

这次大会选举和决定任命了新一届国家机构领导人员。党的十六大时，一些担任中共中央领导职务的同志，以党和人民的利益为重，以对国家和民族的前途命运高度负责的精神，从中央委员会退了下来，这次又从国家机构一些领导岗位上退下来，表现了共产党人的宽阔胸怀和高风亮节。为了推进国家机构组成人员的新老交替，国家机构中还有些老同志也退了下来，同时充实了一批相对年轻一些的同志。这些退下来的党内外老同志，长期以来为党和国家事业的发展辛勤工作，为改革开放和社会主义现代化建设作出了宝贵贡献，这次又以实际行动为实现国家机构组成人员的新老交替作出了新的贡献。我们向他们表示崇高的敬意。

党的十六大提出全面建设小康社会的奋斗目标和行动纲领，为新世纪、新阶段党和国家事业的发展指明了前进方向。今年是全面贯彻落实党的十六大精神的第一年，做好今年的各项工作，对于今后5年以至更长时期的发展具有十分重要的意义。我们要以邓小平理论和“三个代表”重要思想为指导，认真落实党的十六大精神，坚持把发展作为党执政兴国的第一要务，积极应对国内外环境变化带来的困难和挑战，坚持扩大内需的方针，继续实施积极的财政政策和稳健的货币政策，进一步深化改革，全面提高对外开放水平，加快经济结构的战略性调整，促进国民经济持续快速健康发展，实现速度和结构、质量、效益相统一。正确处理改革发展稳定的关系，切实加强民主法制建设、精神文明建设和党的建设，促进社会主义物质文明、政治文明和精神文明协调发展。

全面建设小康社会，实现现代化建设第三步战略目标，是全国各族人民的共同心愿和根本利益。思想统一起来，力量凝聚起来，同心同德，群策群力，我们就能够不断取得新的胜利。面对很不安宁的世界，面对艰巨繁重的任务，我们一定要增强忧患意识，居安思危，清醒地看到前进道路上的困难和风险，倍加顾全大局，倍加珍视团结，倍加维护稳定。

中国人民正昂首阔步迈向全面建设小康社会的伟大征程。回顾过去，我们为伟大祖国的日益繁荣而深感自豪；展望未来，我们对伟大祖国更加美好的前景充满信心。让我们高举邓小平理论伟大旗帜，全面贯彻“三个代表”重要思想，紧密团结在以胡锦涛同志为总书记的党中央周围，继往开来，与时俱进，艰苦奋斗，开拓创新，满怀信心地夺取中国特色社会主义事业新的更大胜利。

中央纪委 中央编办 监察部发出《关于严明纪律切实保证深化行政管理体制和机构改革顺利进行的通知》

各省、自治区、直辖市党委、政府、纪委、监察厅(局)、编委办公室，中央各部委，中央国家机关各部委党组(党委)、纪检组(纪委)、监察局，中央纪委各派驻纪检组，监察部各派驻监察局、监察专员办公室，中央直属机关工委、纪工委，中央国家机关工委、纪工委，中央金融工委、纪工委，中央企业工委、纪工委，军委纪委：

根据党的十六届二中全会通过的《关于深化行政管理体制和机构改革的意见》和十届全国人大一次会议的决定，国务院机构改革即将进入具体实施阶段，地方的机构改革也将进行。深化行政管理体制和机构改革，是推进政治体制改革的重要内容，是推动我国上层建筑更好地适应经济基础的一项重要的制度建设和创新，也是建立和完善社会主义市场经济体制的客观需要。各级党委、政府要充分认识这项改革的重要性，加强领导，精心组织，认真实施；机构改革涉及的单位和人员要讲政治，顾大局，严格遵守政治纪律，确保政令畅通。为严明纪律，切实保证深化行政管理体制和机构改革的顺利进行，特重申和提出以下要求：

一、要严格遵守机构编制工作纪律和组织人事工作纪律。机构改革方案及机构设置、人员编制调整，要严格按规定程序报批。上级部门不得违反有关规定干预下级机关的机构设置和人员编制配备。机构改革涉及的人员要正确对待进退留转，服从组织分配。严禁擅自增设机构和增加编制，严禁突破编制增加人员，严禁突击提拔干部和超职数配备干部，严禁突击评定专业技术职称。

二、要严格执行国家财经法律、法规和国有资产管理的规定，防止国有资产流失。机构改革涉及的部门和单位在资产的清理、登记和处置工作中，要加强对资产和账户的管理。不得弄虚作假、瞒报漏报，不得随意变更、毁坏财会账目和凭证，不得擅自改变资产用途，不得转移、转卖、转借、私分或以其他方式擅自处置公款公物。

三、要采取有效措施预防和制止借机挥霍公款、奢侈浪费的行为。禁止借机构改革之机超编制超标准配备使用小汽车，禁止违反规定用公款购买、装修个人住房，禁止用公款互相宴请、大吃大喝和安排旅游、高消费娱乐活动，禁止滥发奖金、补贴和纪念品。

四、要严格执行保密纪律，加强档案管理。在机构改革方案研究和确定过程中，对方案内容要严格保密，不得对外透露；组织实施中，要保证党和国家秘密的安全，确保不失密、不泄密。要认真清点、保管好文件和档案，特别要维护干部人事档案的完整性和真实性，不得私自或者允许他人擅自涂改、抽取、伪造或销毁档案。

五、要加强监督检查，严肃查处违纪违法行为。各级机构编制、组织、人事和财政、审计部门要认真履行职责，及时发现和纠正存在的问题。各级纪检监察机关要加强监督检查，对违纪违法行为，要坚决查处；对情节严重、造成恶劣影响的，要追究有关领导的责任；触犯刑律的，要移交司法机关处理。

卫生部部长张文康在北京会见世界卫生组织驻华代表

张文康介绍了广东省部分地区非典型肺炎的有关情况。中国广东省部分地区自2002年11月始发生非典型肺炎，中国政府对此十分重视，及时组织医疗机构和医学专家救治患者，分析病因，采取积极的预防措施。

世界卫生组织驻华代表向张文康通报了近期其他国家和地区的非典型肺炎情况，并高度赞赏了中国政府采取的有效措施，表示今后世界卫生组织将进一步加强与中国政府的技术合作，共同努力，做好疾病预防与控制工作。

3月20日

全国政协十届一次会议提案交办会在北京举行

全国政协十届一次会议共提交提案3668件，经提案审查委员会审查，立案3448件。这些提案于3月20日交由在京的110家承办单位办理，并于8月底前进行办复。

全国政协副主席王忠禹强调，要认真总结经验，切实加强提案的办理和落实，使政协提案工作在全面建设小康社会的进程中发挥更加积极的作用。他说，提案是人民政协工作的重要方面，是政协委员和政协的参加单位履行职责的重要方式。提案取得实效关键在于认真办理。

全国政协提案委员会主任傅杰主持交办会，全国政协秘书长郑万通等有关部门负责人出席。

中央纪委中组部2003年巡视工作动员会在北京召开

近两年来，中央纪委、中央组织部派出巡视组，先后对一些省、自治区、直辖市进行了巡视，取得了明显成效。根据中央纪委第二次全会部署，经中央纪委常委会、中央组织部部务会研究决定，今年将在原有基础上扩大巡视面，进一步加大巡视工作力度。

中共中央书记处书记、中央纪委副书记何勇在会上强调，要按照“三个代表”重要思想的要求，认真贯彻党的十六大精神和十届全国人大一次会议精神，明确任务，加强领导，切实做好2003年的巡视工作。

何勇强调，中央纪委、中央组织部巡视组的任务，主要是对省级领导班子及其成员贯彻执行党的路线方针政策、贯彻执行民主集中制、选拔任用领导干部、贯彻落实党风廉政建设责任制和廉政勤政的情况进行监督检查，将巡视中了解到的情况和问题及时向中央汇报，并有针对性地提出意见和建议。

国家电力监管委员会正式挂牌

本着勤俭节约、简朴务实的原则，国家电力监管委员会挂牌时没有举行任何仪式。

据悉，去年3月，中央决定设立国家电力监管委员会。根据国务院授权，电监会统一履行全国电力监管职责。电监会为国务院直属事业单位，它的设立标志着我国电力工业管理体制由传统的政府行政管理向适应市场经济要求的依法监管的重大转变，是电力工业市场化改革的必然结果，也是进一步转变政府职能、构建适应市场经济要求的政府监管体制的重要探索，对促进我国电力工业结构调整和优化将发挥重要作用。

国台办民政部联合颁布《台湾同胞投资企业协会管理暂行办法》

该办法共分21条，对台资企业协会的性质、宗旨、业务范围、业务主管单位、审批程序、会长资格、活动管理、经费来源和使用等做了规定，自2003年4月20日起正式实施。

台资企业协会是以在祖国大陆登记注册的台资企业为主体,依法自愿组成的社会团体。《暂行办法》的颁布,将有利于进一步保障台资企业协会及其会员的合法权益,以及按照章程所进行的合法活动,规范管理,加强服务,更好地发挥台资企业协会的积极作用,促进台资企业协会健康发展。

国务委员唐家璇就伊拉克等问题应约与美国国务卿鲍威尔通电话

鲍威尔对唐家璇就任新职表示祝贺。双方就伊拉克等问题交换了意见。

唐家璇说,我们对伊拉克战争的爆发表示严重关切,对战争可能引起的人道主义灾难、地区动荡及其他后果深感忧虑。反对战争、维护和平是国际社会的共同愿望。中方呼吁停止军事行动,避免伤害无辜平民,使伊拉克问题重新回到政治解决的正确道路上来。

外交部就美国等国家对伊拉克发动军事行动发表声明

声明全文如下:

3月20日,美国等国家绕开联合国安理会,对伊拉克发动了军事行动。中国政府对此表示严重关切。

中国政府一直主张在联合国框架内政治解决伊拉克问题,要求伊拉克政府全面、切实地执行安理会有关决议;同时认为伊拉克的主权和领土完整应该得到国际社会的尊重。

安理会去年11月一致通过的第1441号决议是政治解决伊拉克问题的重要基础。国际社会普遍认为,通过严格执行第1441号决议,以和平手段实现伊拉克不拥有大规模杀伤性武器的目标是可能的。中国政府与有关各方一道,为实现这一目标进行了不懈的努力。

战争必将带来人道主义灾难,影响地区和世界的安全、稳定与发展。反对战争、维护和平是世界人民的共同愿望。中国政府一贯致力于维护世界和平与稳定。我们主张通过政治手段解决国际争端,反对在国际事务中使用武力或以武力相威胁。中国政府强烈呼吁有关国家停止军事行动,重新回到政治解决伊拉克问题的正确道路上来。

外交部发言人孔泉发表谈话呼吁立即停止对伊军事行动

孔泉说,我们强烈呼吁有关国家立即停止军事行动,重新回到政治解决伊拉克问题的正确道路上来。

他说,关于伊拉克问题,中国领导人曾多次阐明中国政府的原则立场。中国政府的立场完全符合世界人民要求和平的强烈愿望。不顾大多数国家和世界人民的反对,绕开联合国安理会,对伊拉克发动军事行动,违背了《联合国宪章》和国际法基本准则。我们对此表示严重关切,我们正密切注视事态的发展。

第十九次南极考察队返回上海

上午10时,我国第十九次南极考察队乘坐的"雪龙"号科考船安抵上海浦东民生港码头。此次考察历时121天,是中国历次南极考察时间最短的一次。科考队在南极冰盖研究、地质研究、陨石研究和南大洋研究方面取得了丰硕成果。

纪念马克思逝世120周年座谈会在北京召开

座谈会由中国社会科学院邓小平理论研究中心、世界社会主义研究中心联合主办,以"'三个代表'重要思想与马克思主义一脉相承"为主题,社科院副院长李慎明主持。他指出,我们党历经革命、建设和改革,始终坚持把马克思主义的基本原理同中国的具体实际相结合,使得毛泽东思想、邓小平理论与"三个代表"重要思想应运而生,充分体现了马克思主义与时俱进的理论品质。全国政协副主席、中国社会科学院院长陈奎元出席,专家学者70余人参加了座谈会。

中国国家博物馆举办《求学海外建功中华——百年留学历史文物展》

展览展期为2003年3月20日至4月18日,通过近400幅珍贵的历史图片和近300件历史文物,浓墨重彩、真实地展现100多年来我国留学教育历程,以及近现代历史上我国著名留学人士的主要贡献,弘扬为国奉献的爱国主义精神。这是新中国成立以来举办的第一个以近现代留学历史为题材的大型展览。

国家环保总局宣布新增9处国家级自然保护区

这9处新晋升的国家级自然保护区分别是:内蒙古额济纳胡杨林国家级自然保护区、红花尔基樟子松林国家级自然保护区,吉林鸭绿江上游国家级自然保护区,广西猫儿山国家级自然保护区,海南铜鼓岭国家级自然保护区,云南大山包黑颈鹤国家级自然保护区,西藏芒康滇金丝猴国家级自然保护区,新疆托木尔峰国家级自然保护区,青海三江源国家级自然保护区。

3月21日

国务院总理温家宝主持召开新一届国务院第一次全体会议并发表重要讲话

会议通报了国务院领导同志分工,宣布了国务院机构设置，讨论通过了《国务院工作规则》。

温家宝指出，本届政府任期的五年，是向全面建设小康社会迈进的起步阶段和关键时期，任务光荣而繁重。做好这五年的政府工作，具有十分重大的意义。他要求国务院组成人员，要在以胡锦涛同志为总书记的党中央领导下，忠实履行宪法和法律赋予的职责，恪尽职守，奋发进取，励精图治，全力做好新一届政府工作，决不辜负党和人民的信任与重托。

温家宝说，做好未来五年的政府工作，要坚持解放思想，实事求是，与时俱进，最重要的是把握好两条：一是抓住和用好机遇，积极推进改革和发展；二是培养和用好人才，充分调动各方面的积极性和创造性。

温家宝指出，本届政府总的任务是：以邓小平理论和“三个代表”重要思想为指导，认真落实党的十六大精神，全面建设小康社会，加快推进社会主义现代化；坚持把发展作为第一要务，以经济建设为中心，继续深化改革，扩大对外开放，逐步完善社会主义市场经济体制，加快经济结构战略性调整，大力实施科教兴国战略和可持续发展战略，走新型工业化道路，促进国民经济持续快速健康发展，不断提高人民生活水平；正确处理改革发展稳定的关系，全力维护社会稳定；切实加强民主法制建设、精神文明建设和政府自身建设，促进社会主义物质文明、政治文明和精神文明协调发展，把中国特色社会主义伟大事业全面推向前进。

温家宝对当前需要做好的工作做了部署。

温家宝指出，新一届政府要有新气象、新面貌，关键要在这三个方面有明显进步。

第一，实行科学民主决策。正确决策是各项工作成功的前提。中央政府的决策关系国民经济和社会发展全局，必须实行科学民主决策，从而保证决策的正确性和有效性。发扬民主是科学决策的途径和基础。国务院和各部门要建立一套在发扬民主基础上的科学决策机制。各项重大决策，都要经过深入调查研究，充分论证，广泛听取各方面意见，由集体讨论决定。涉及国民经济和社会发展的重大问题，要组织跨学科、跨部门和跨行业的专家研究论证。要完善重大决策的规则和程序，建立、健全领导、专家和群众相结合的民主决策机制。充分发挥专家和研究咨询机构的作用，对涉及面广和专业性强的决策事项，通过举行论证会、座谈会，以及多种形式的咨询活动，进行科学论证。要建立决策责任制度，对不依照法定权限、违反法定程序、损害国家和人民利益的决策行为，将严肃追究决策者的法律责任。

第二，坚持依法行政。在政府工作中，必须切实做到依法行政，这是贯彻依法治国基本方略的重要内容和必然要求，是政府正确行使行政权力的基本准则。依法行政的核心是规范行政权力。国务院要在全面推进依法行政方面切实负起责任，带头依法办事。同时，进一步加强对依法行政的领导，督促和支持地方各级政府严格依法行政。国务院要根据改革开放和经济社会发展的需要，适时提出法律议案，制定行政法规，修改或废止不相适应的法规。各部门和所有工作人员都必须依法行使权力、履行职责。各部门制定规章、发布决定，必须符合宪法、法律，符合国务院的行政法规、决定。要强化执法监督，严格行政责任，确保政令畅通。

第三，加强行政监督。我们政府的一切权力都属于人民，必须自觉接受人民的监督，确保权力真正用于为人民谋利益。本届政府一定要十分重视和切实加强民主监督。我们将继续探索和完善人民监督制度，进一步拓宽人民监督渠道，确保人民监督权力的实现。一是自觉接受人大及其常委会的监督，接受政协的民主监督，接受司法监督。二是诚恳接受舆论和群众的监督。高度重视和解决新闻媒体反映的问题。三是经常发布政务信息，增加政府工作的透明度。四是高度重视人民群众通过行政复议、行政诉讼等法定渠道，对行政机关及其工作人员的监督。五是高度重视人民群众来信来访工作，确保信访渠道的畅通。六是加强行政专项监督和政府系统内部监督。监察、审计部门要依法独立地履行监督职责。国务院和各部门还要认真听取地方政府提出的批评、意见和建议。

温家宝强调，全面履行本届政府的职责，必须进一步转变作风，严格纪律，形成良好的政风。政府工作人员特别是国务院组成人员，务必保持谦虚谨慎、不骄不躁的作风，务必保持艰苦奋斗的作风。要切实做到：第一，加强学习，与时俱进；第二，牢记宗旨，执政为民；第三，恪尽职守，敢于负责；第四，求真务实，注重实效；第五，廉洁自律，艰苦奋斗；第六，顾全大局，团结协作。他特别强调，领导干部要严于律己，严格要求亲属和身边工作人员，坚决执行中央廉政规定，不搞特殊化；政府工作人员要正确行使手中的权力，在公务活动中，严禁收受礼品和有价证券，严禁插手工程承包，严禁参加用公款支付的高消费娱乐活动；国务院组成人员到基层考察、调研，要简化接待，轻车简从；国务院及各部门工作人员不准用公款相互送礼和宴请，不准接受地方的送礼和宴请；国务院领导同志不为部门和地方的会议活动等发贺信、贺电，不题词。

国务院副总理、国务委员以及国务院全体会议其他组成人员出席了会议。

国务院其他部门、单位的负责人列席了会议。

国务院下发《国务院关于机构设置的通知》

各省、自治区、直辖市人民政府，国务院各部委、各直属机构：

根据第十届全国人民代表大会第一次会议审议批准的《国务院机构改革方案》和经国务院第一次常务会议审议通过的国务院直属特设机构、直属机构、办事机构、直属事业单位设置方案，现将国务院机构设置通知如下：

一、中华人民共和国国务院办公厅

二、国务院组成部门

中华人民共和国外交部

中华人民共和国国防部

中华人民共和国国家发展和改革委员会

中华人民共和国教育部

中华人民共和国科学技术部

中华人民共和国国防科学技术工业委员会

中华人民共和国国家民族事务委员会

中华人民共和国公安部

中华人民共和国国家安全部

中华人民共和国监察部

中华人民共和国民政部

中华人民共和国司法部

中华人民共和国财政部

中华人民共和国人事部

中华人民共和国劳动和社会保障部

中华人民共和国国土资源部

中华人民共和国建设部

中华人民共和国铁道部

中华人民共和国交通部

中华人民共和国信息产业部

中华人民共和国水利部

中华人民共和国农业部

中华人民共和国商务部

中华人民共和国文化部

中华人民共和国卫生部

中华人民共和国国家人口和计划生育委员会

中国人民银行

中华人民共和国审计署

（监察部与中共中央纪律检查委员会机关合署办公，机构列入国务院序列，编制列入中共中央直属机构。）

三、国务院直属特设机构

国务院国有资产监督管理委员会

四、国务院直属机构

中华人民共和国海关总署

国家税务总局

国家工商行政管理总局

国家质量监督检验检疫总局

国家环境保护总局

中国民用航空总局

国家广播电影电视总局

国家新闻出版总署（国家版权局）

国家体育总局

国家统计局

国家林业局

国家食品药品监督管理局

国家安全生产监督管理局

国家知识产权局

国家旅游局

国家宗教事务局

国务院参事室

国务院机关事务管理局

五、国务院办事机构

国务院侨务办公室

国务院港澳事务办公室

国务院法制办公室

国务院研究室

六、国务院直属事业单位

新华通讯社

中国科学院

中国社会科学院

中国工程院

国务院发展研究中心

国家行政学院

中国地震局

中国气象局

中国银行业监督管理委员会

中国证券监督管理委员会

中国保险监督管理委员会

国家电力监管委员会

全国社会保障基金理事会

国家自然科学基金委员会

（国务院台湾事务办公室与中共中央台湾工作办公室、国务院新闻办公室与中共中央对外宣传办公室、国务院防范和处理邪教问题办公室与中央处理法轮功问题领导小组办公室，一个机构两块牌子，列入中共中央直属机构序列。国家档案局与中央档案馆，一个机构两块牌子，列入中共中央直属机关的下属机构。）

国务院

2003年3月21日

国务院下发《国务院关于部委管理的国家局设置的通知》

各省、自治区、直辖市人民政府，国务院各部委、各直属机构：

根据国务院第一次常务会议审议通过的国务院部委管理的国家局设置方案，现将部委管理的国家局设置通知如下：

国家信访局，由国务院办公厅管理。

国家粮食局，由国家发展和改革委员会管理。

国家烟草专卖局，由国家发展和改革委员会管理。

国家外国专家局，由人事部管理。

国家海洋局，由国土资源部管理。

国家测绘局，由国土资源部管理。

国家邮政局，由信息产业部管理。

国家文物局，由文化部管理。

国家中医药管理局，由卫生部管理。

国家外汇管理局，由中国人民银行管理。

（国家保密局与中央保密委员会办公室，一个机构两块牌子，列入中共中央直属机关的下属机构。国防科学技术工业委员会在内设机构中保留国家航天局、国家原子能机构牌子。教育部对外保留国家语言文字工作委员会牌子。国家环境保护总局对外保留国家核安全局牌子。）

国务院

2003年3月21日

国务院下发《国务院关于议事协调机构和临时机构设置的通知》

各省、自治区、直辖市人民政府，国务院各部委、各直属机构：

根据国务院第一次常务会议审议通过的国务院议事协调机构和临时机构调整方案，现将国务院议事协调机构和临时机构的设置与调整通知如下：

一、国务院议事协调机构和临时机构设置

国家国防动员委员会，具体工作由国家发展和改革委员会、总参谋部、总后勤部承担。

国务院中央军委专门委员会，具体工作由国防科学技术工业委员会承担。

国家边防委员会，具体工作由总参谋部承担。

国务院中央军委空中交通管制委员会，具体工作由总参谋部承担。

全国爱国卫生运动委员会，具体工作由卫生部承担。

全国绿化委员会，具体工作由国家林业局承担。

国务院学位委员会，在教育部单设办事机构。

国家防汛抗旱总指挥部，在水利部单设办事机构。

国务院妇女儿童工作委员会，具体工作由中华全国妇女联合会承担。

全国拥军优属拥政爱民工作领导小组，具体工作由民政部、总政治部承担。

国务院三峡工程建设委员会，单设办事机构。

国务院残疾人工作协调委员会，具体工作由中国残疾人联合会承担。

国务院扶贫开发领导小组，单设办事机构。

国务院关税税则委员会，具体工作由财政部承担。

中国国际减灾委员会，具体工作由民政部承担。

国家科技教育领导小组，办公室设在国务院办公厅。

国家履行《禁止化学武器公约》工作领导小组，具体工作由国家发展和改革委员会承担。

国务院军队转业干部安置工作小组，具体工作由人事部承担。

国家禁毒委员会，具体工作由公安部承担。

全国老龄工作委员会，办公室设在民政部。

国务院西部地区开发领导小组，在国家发展和改革委员会单设办事机构。

国务院抗震救灾指挥部，办公室设在中国地震局。

国家处置劫机事件领导小组，办公室设在中国民用航空总局。

全国整顿和规范市场经济秩序领导小组，办公室设在商务部。

国家信息化领导小组，单设办事机构。

国务院行政审批制度改革工作领导小组，办公室设在监察部。

此外，国务院纠正行业不正之风办公室保留名义，具体工作由监察部承担。

二、撤销的国务院议事协调机构和临时机构

撤销国务院清理整顿经济鉴证类社会中介机构领导小组，工作由财政部承担。

撤销国务院打击骗取出口退税工作领导小组，工作由国家税务总局承担。

撤销全国粮食清仓查库工作领导小组，工作由国家发展和改革委员会承担。

撤销国家经济体制改革委员会，工作由国家发展和改革委员会承担。

撤销国务院安全生产委员会，工作由国家安全生产监督管理局承担。

撤销第29届奥林匹克运动会工作领导小组，工作由第29届奥林匹克运动会组织委员会承担。

国务院

2003年3月21日

十届全国人大财经委员会第四次全体会议在北京举行

全国人大常委会副委员长李铁映出席并讲话。李铁映说，立法和监督是宪法赋予全国人大及其常委会的基本职权。其中，经济方面的立法和监督占有十分重要的位置。他要求财经委的各位委员，要坚定不移地坚持党的领导、人民当家做主和依法治国的有机统一；要严格依法办事，认真履行宪法和法律赋予的职责；坚持不懈地加强学习；坚持民主集中制原则，积极推进立法、监督工作的科学化、民主化、制度化；坚定不移地密切同人民群众的联系，大兴调查研究之风，充分反映群众的意愿和呼声，代表人民的根本利益。要把经济立法和监督工作摆到突出位置，提高立法质量和监督实效，为形成中国特色社会主义法律体系作出积极贡献。

黄河流域抗旱工作会议在北京召开

国家防汛抗旱总指挥部秘书长鄂竟平在会议上说，沿黄各省(区)要充分认识黄河流域严峻的抗旱形势，强化各项抗旱措施，加强流域水资源的统一管理和调度，确保黄河不断流，最大限度地满足沿黄地区用水需求。他说，黄河是中华民族的摇篮，防止黄河断流，对黄河流域的生态、沿黄地区居民的生活和工农业生产都有十分重大的意义。必须采取措施，确保黄河不断流。黄河水利委员会和沿黄各级防汛抗旱指挥部要进一步加强黄河水量的统一管理和调度工作，切实加强流域水资源统一管理。

民航总局台港澳事务办公室负责人就台湾航空公司飞机飞越祖国大陆空域一事发表谈话

负责人说，3月20日，美国对伊拉克发动了军事行动。为确保民航飞机的飞行安全，我们欢迎台湾航空公司的飞机在有需要时，改飞祖国大陆开放的应急航路至中亚、欧洲。祖国大陆有关部门愿意为飞越大陆空域的台湾航空公司的飞机提供安全优质的航行保障服务。我们欢迎台湾有关航空公司尽快向祖国大陆民航业务主管部门提出申请，并就具体业务细节进行沟通。

全国人大外事委员会就美国等国家对伊拉克发起军事行动发表声明

声明全文如下：

3月20日，美国等国家对伊拉克发起了军事行动，我们对此表示严重不安。

中国作为联合国安理会常任理事国，始终致力于维护联合国安理会的团结、权威和作用，一直主张在联合国框架内政治解决伊拉克问题，要求伊拉克政府严格、全面、切实地执行安理会有关决议，彻底销毁大规模杀伤性武器，同时认为伊拉克的主权和领土完整应该得到尊重。安理会一致通过的第1441号决议是政治解决伊拉克问题的重要基础。为了不放弃任何一丝和平的希望，中国与有关各方一道一直进行着不懈的努力。

中国人民和世界人民需要和平。我们一贯致力于维护世界的和平与稳定，主张国际争端应该通过政治手段解决，反对在国际争端中诉诸武力。

美国等国对伊拉克的军事行动将导致人道主义灾难，给伊拉克人民造成人员伤亡和财产损失，危及地区的和平与稳定。我们对事态的发展深感忧虑。我们强烈呼吁有关国家顺应国际社会的愿望，停止军事行动，迅速回到政治解决的轨道上来。

全国政协外事委员会就美国等国对伊拉克发起军事行动发表声明

声明全文如下：

3月20日，美国等国家未经联合国安理会授权，不顾世界人民反对战争、维护和平的共同愿望，一意孤行，对伊拉克发起军事行动。参加全国政协的各党派、各团体和各族各界人士对此表示震惊和关切。

长期以来，联合国为通过政治手段和平解决伊拉克问题进行了不懈的努力，并取得了积极进展。特别是联合国安理会一致通过的第1441号决议，为联合国武器核查人员履行职责，以政治手段实现伊拉克不拥有大规模杀伤性武器奠定了良好的基础。在和平的大门并没有关闭的情况下，美国等国家竟对一个主权国家肆意使用武力，是对《联合国宪章》和国际关系基本准则的践踏，其行为在二十一世纪的国际关系中开创了一个恶劣的先例。这不但会给伊拉克人民带来人道主义灾难，而且会影响地区与世界的安全、稳定与发展，也会给美国人民带来严重损害。

中国人民政治协商会议全国委员会坚决支持中国政府关于解决伊拉克问题的立场和主张。中国人民一贯致力于维护世界和平与稳定，反对在国际关系中诉诸武力或以武力相威胁。我们对处于战火中的伊拉克人民的处境深感忧虑。我们呼吁，无论在任何情况下，伊拉克平民的生命和财产安全都应得到保障，伊拉克的主权和领土完整应得到尊重和维护。我们强烈要求有关国家顺应国际社会的呼声，停止军事行动，继续寻求在联合国框架内政治解决伊拉克问题。

全国人大常委会副委员长王兆国在人民大会堂会见以理事长槙枝元文为团长的日本日中技能者交流中心访华团

中华全国新闻工作者协会主席邵华泽荣获意大利第三十八届圣万桑新闻特别奖

意大利总统钱皮为获奖者颁奖。圣万桑新闻奖是当今意大利全国最重要的新闻奖之一,始设于1948年。在意大利全国记者协会的建议下,为加强意大利新闻界与国外同行之间的交流与合作,增进彼此间相互了解和友谊,本届评委会决定增设特别奖。

邵华泽是中国新闻界的一名著名资深新闻工作者,先后任解放军报社副社长和人民日报社总编辑、社长,并于1996年和2001年两度当选中华全国新闻工作者协会主席。

"中华环保志愿者在行动"活动在北京启动

活动由中华环境保护基金会发起。首批200多名青少年"中华环保志愿者"郑重宣誓:志愿成为中华环境保护的实践者、先行者和倡导者,从身边小事做起,把环保变成自己的自觉行动,为2008绿色奥运贡献力量。

据了解,"中华环保志愿者在行动"活动今年将定期组织义务植树、环保知识竞赛、生态考察等系列活动。

3月22日

国务院副总理回良玉到山东考察

3月22日至23日,回良玉在山东省委、省政府有关负责同志的陪同下考察了春耕生产和抗旱工作。在德州乐陵市,他与乡村基层干部座谈,走访台张村和善化桥村农户,详细了解农民生产生活情况,并深入到田间地头察看旱情和作物长势。在济南市,他考察了城市水源工程鹊山水库,察看了黄河泺口段来水情况。他对山东春耕和抗旱工作取得的成绩给予充分肯定。

3月24日,国务院在济南市召开部分地区春耕和抗旱工作座谈会,分析当前旱情和春耕生产形势,研究部署春耕和抗旱工作。回良玉作了讲话,河北、山西、吉林、山东、河南、四川、陕西、甘肃等省以及中央和国务院有关部门的负责同志参加了会议。

回良玉指出,当前农村形势总的是好的。目前春耕生产面临的突出问题是干旱。他说,今年是全面贯彻落实党的十六大精神的第一年,做好春耕和抗旱工作对于促进农业和农村经济发展,增加农民收入,实现国民经济稳定较快增长,意义重大。各级党委和政府要精心组织,全力以赴,带领广大群众努力做好春耕和抗旱工作,确保城市供水,确保农村人畜饮水,确保春耕生产顺利进行,努力完成今年农业和农村工作的各项任务。

国办发出《关于机构改革中调整变动部门文件发送印章使用及悬挂部门名称牌子等事项的通知》

国务院有关部门、直属机构:

根据十届全国人大一次会议批准的国务院机构改革方案和国务院第一次常务会议通过的国务院机构设置方案,国务院已经下发《国务院关于机构设置的通知》(国发〔2003〕8号)。为尽快建立正常的工作秩序,确保各项工作有序衔接和运转,现将国务院和国务院办公厅文件发送、部门印章使用及悬挂部门名称牌子等有关事项通知如下:

一、新组建、设立及改组的部门和单位在"三定规定"下发前,国务院和国务院办公厅文件的发送范围、份数和渠道不变;"三定规定"下发后,有关部门应依据机构设置变动情况,抓紧提出所需国务院和国务院办公厅文件的份数,其中新组建、设立部门还需明确收文渠道,报国务院办公厅核准后发送。

二、新组建、设立及改组、更名的部门和单位应及时向国务院办公厅申报启用新印章和套印。新印章和套印启用后,原印章和套印停止使用,并于2003年4月10日前送交国务院办公厅秘书局。

三、新组建、设立的机构均须悬挂书写有部门、单位名称的牌子。部门、单位名称应采用国务院有关机构设置文件规定的名称,不能使用简称。牌子的尺寸根据建筑物的大小确定。牌子为白底黑字,字体为标准宋体或美术宋体,一律竖写,不得使用繁体字或不规范的简化字,牌子悬挂于机关正门左侧,材质不作统一要求。

国务院办公厅

2003年3月22日

中国国民经济核算与增长研究中心在北京成立

中心由国家统计局与北京大学经济学院共同创办。国家统计局局长朱之鑫中心成立仪式上说,经过20年的努力,中国学习引进了市场经济国家普遍采用的国民账户体系,目前中国国民经济核算工作在大的框架方面与国际标准已基本接轨。

在我国,国民经济核算数据已广泛应用于制定国民经济计划和发展目标、判断经济形势和各项政策研究,在宏观经济管理中发挥了重要作用。朱之鑫说,由于统计基础比较薄弱,国民经济核算工作还存在许多不足,今后应从四个方面改进:一是加强统计基础资料的调查和收集;二是增强国家统计部门的权威性和协调能力,在提高地区统计数据质量的基础上提升全国性统计数据的准确性和可靠性;三是要发挥国民经济核算作为统计框架的作用,协调好各种专业统计资料;四是加强国际交流,提高中国国民经济核算统计的国际可比性。

中国伊斯兰教协会发表关于强烈呼吁美国等国家停止战争的声明

3月20日,美国等国家不顾国际社会的反对,未经联合国授权,对伊拉克发动了军事行动。对此,我国外交部已发表严正声明，中国伊斯兰教协会完全拥护我国政府的原则立场。

我会对美国等国家不顾国际社会为避免战争进行的外交斡旋与努力，以及包括美国人民在内的各国人民的反战呼声，悍然发动对伊拉克战争，表示极大的愤慨和谴责，并对遭受战争创伤和痛苦的伊拉克人民深表关切和同情。我会强烈呼吁美国等国家停止战争，重新回到政治解决伊拉克问题的正确道路上来。

伊斯兰教是倡导和平的宗教，中国2000多万各族穆斯林是爱好和平、反对战争的。我国政府对解决伊拉克问题的一贯立场和主张，表达了包括我国各族穆斯林在内的全国人民的意愿和心声。

我们中国穆斯林要从国家的根本利益出发，通过正常渠道表达热爱和平、反对战争的意愿。我们相信，真主是公正的。让我们捧起双手，虔诚敬意地向仁慈的真主祈求，使伊拉克穆斯林兄弟姐妹早日摆脱战争灾难，并赐予全世界和平与安宁。阿门！

中国伊斯兰教协会

2003年3月22日

水利部部长汪恕诚在日本京都出席第三届水论坛部长会议并阐述中国主张

关于水资源领域的国际合作问题，汪恕诚提出了三个主张：将解决水资源问题与经济社会发展、消除贫困、改善环境紧密结合起来，在经济发展中求得问题的解决；发达国家要发挥经济技术优势，以实际行动切实帮助发展中国家解决水资源问题，并注意加强发展中国家水资源领域的能力培养；水资源领域的国际规则制定应由各国平等协商，体现各国的意愿和利益。

国家纳米科学中心在北京成立

中心是根据国务院领导批示，由国家改革与发展委员会部署成立的。它以中科院为依托，中科院纳米科技中心、北大、清华为最初发起单位，国家先期投资2.5亿元。

国家纳米科学中心将在学科交叉、优势集成的基础上，努力成为我国纳米科研领域的公共技术服务平台、科学技术发展中心、国际学术交流中心和高级人才培养基地。中心近期的主要研究方向包括纳米加工和纳米器件、重要纳米材料和纳米结构、纳米科技在医学和生命科学中的应用、纳米结构与性能的表征方法与技术四个方面。

合成纤维国家工程研究中心在上海通过竣工验收

该研究中心是全国三个依托特大型企业建设的国家工程研究中心之一，由原国家计委批准设立，建设周期历时6年。该中心采用国产嫁接方案，利用世界银行贷款，建有涤纶高模低收缩工业长丝纺丝试验（HMLS装置）、二部位HOY涤纶长丝试验装置（HOY装置）和丙纶长丝纺丝试验装置（PP装置）3个主要项目及基础设施，总投资6400多万元。

这个研究中心将改变我国化纤行业大型装置依赖全套进口的状况，提高大型化纤装置的技术和设备国产化率，实现科研与生产的良性循环，全面提升我国化纤工业的技术含量和国际竞争力。

山西孝义市驿马乡孟南庄煤矿发生特大瓦斯爆炸事故72人死亡

事故发生后，经救护队轮流下井搜救，全部87名下井作业的矿工中，有15人生还。

国家煤矿安全监察局事故调查组经过调查，最后确定，事故造成72人死亡。

3月23日

国务院副总理吴仪在北京出席中国发展高层论坛并致词

国务院发展研究中心主办的“中国发展高层论坛”2003年年会于3月23日至24日在北京钓鱼台国宾馆举行。这次是第四届年会，主题是“全面建设小康社会的中国”。

吴仪在致词时说，十六大确定的全面建设更高水平的小康社会的目标，符合中国国情和中国的经济社会发展，反映了全中国人民的共同意愿。中国的经济发展有利于世界经济的繁荣，全面建设小康社会是中国对世界发展和稳定的贡献。

吴仪指出，实现全面建设小康社会的目标，我们已有了比较好的基础，人力资源丰富、劳动力成本低仍然是我们最大的优势。近几年来，我们集中力量建成了一批关系全局的水利、能源、电力、交通、通信等基础设施，经济发展后劲进一步加强。不仅国内资金充裕，而且越来越多的国外企业看好中国经济发展和社会的稳定以及中国有一个巨大的市场。更重要的是，我国的市场经济体制已经初步建立并在逐步完善，各项改革有序进行，经济活力不断涌现。在长期经济建设和积极参与经济全球化的过程中，我们已经积累了比较丰富的克服国内各种困难和应对严峻国际形势的经验。我们将保持宏观经济政策的连续性和稳定性，坚持扩大内需的方针，实行积极的财政政策和稳健的货币政策。进一步深化政府机构改革、国有资产管理体制改革、金融改革、农村改革。着力解决经济运行中突出的矛盾和问题，积极推进经济结构调整，加强农业和农村经济，鼓励高新技术产业发展,加快对传统产业的改造,提高服务业的水平。推进西部大开发和城镇化进程,促进城乡经济和区域经济协调发展。扩大就业是中国经济和社会发展中的重大问题,我们正采取多种途径,广开就业门路。改革和发展需要有一个良好的市场环境,我们将坚持不懈地整顿和规范市场秩序,打击和治理各种破坏市场秩序、有悖公平竞争的行为,加强社会信用体系建设,促进统一、开放、竞争、有序的市场体系的形成与完善。

吴仪指出,扩大对外开放是中国政府长期坚持的基本政策,中国将全面提高对外开放水平。我们将逐步取消非关税措施,扩大外商投资领域。中国实行进出口贸易基本平衡的政策,在扩大出口的同时也为贸易对象国提供越来越广阔的市场。中国接受外国投资,为国际过剩资本和生产能力提供了新的获利机会。我们将继续按照加入世贸组织的协议,在行使权利的同时,认真履行承诺义务,建立和完善公正、公平、透明的贸易体制;进一步改善投资环境,鼓励外商投资参与中国的经济结构调整、国有企业改组改造和西部大开发;同时我们也鼓励和支持有条件的中国企业到境外投资,采取多种形式开展跨国经营。

国家外汇局成立反洗钱专门机构

外交部部长李肇星就伊拉克局势应约与俄罗斯外长伊万诺夫通电话

伊万诺夫介绍了俄方的最新立场。

李肇星说,美、英对伊拉克发动的战争,引发了大多数国家的严重关切。中方再次呼吁尽快停止军事行动。这场战争已经给伊拉克无辜平民带来伤亡,造成了人道主义灾难。中方对此深感不安和严重关切,因为世界上人的生命是最宝贵的。

他还说,中方将尽快向在约旦的伊拉克难民提供人道主义救援物资。

两国外长还就中俄双边关系交换了意见。

中国选手在华沙举行的短道速滑世锦赛上夺得三枚金牌

李佳军夺得速滑男子1000米比赛的金牌。在3月22日进行的男、女500米比赛中,李佳军和杨扬分别摘得金牌。

3月24日

国务院总理温家宝在人民大会堂与巴基斯坦总理米尔·扎法鲁拉·汗·贾迈利举行会谈

会谈中,双方在继续保持高层往来,加强各层次的交往,进一步拓展经贸等领域的合作,更加密切在反恐领域的合作等问题上达成了广泛共识。

会谈结束后,两国总理出席了中巴两国政府经济技术合作协定等4个文件的签字仪式。

温家宝还于贾迈利访华前接受了巴基斯坦联合通讯社驻京记者贾维德的书面采访,就中巴关系阐述了中国政府的立场。

中国和巴基斯坦在北京发表关于成立“中巴友好论坛”的联合新闻公报

公报全文如下:

2003年3月24日,中华人民共和国国务院总理温家宝与巴基斯坦总理米尔·扎法鲁拉·汗·贾迈利在人民大会堂举行会谈。会谈中,两位领导人同意正式成立“中巴友好论坛”。论坛的宗旨在于促进和加强两国间的友好纽带。

论坛中巴双方人员由各个领域的著名人士和专家组成。论坛将开展各种交流和活动,制定各项计划以进一步加强中巴两国在政治、经济、新闻、学术和文化领域的合作。论坛将轮流在北京和伊斯兰堡举行会议。

“中巴友好论坛”第一次全体会议将于今年下半年在伊斯兰堡举行。具体日期将由双方商定。

最高人民法院决定开展以公正与效率为主题的司法大检查

最高人民法院决定集中精力抓好三件事:第一,要采取一切有效措施,推进司法公正和司法改革,认真解决人民群众关心的突出问题。第二,依照宪法和法律的规定,继续推进法院改革。今年下半年将推出新的人民法院五年改革纲要。第三,按照《法官法》和最高人民法院有关违法审判和违法执行追究、办案回避制度,加强队伍建设,确保公正和廉洁。

中共中央统战部部长刘延东在北京会见以曾宪梓为团长的香港中华总商会访问团

国家人口和计划生育委员会正式挂牌

国家人口和计划生育委员会主任张维庆在揭牌仪式上说,此次更名的目的是为了切实加强人口发展的战略研究,进一步推动人口与计划生育工作的综合协调与综合治理。今后人口和计划生育工作主要任务是稳定低生育水平,提高出生人口素质,遏制出生人口性别比升高的势头,积极应对老龄人口、流动人口、就业人口增加带来的问题,为全面建设小康社会创造良好的人口环境。

1981年3月,五届全国人大决定成立国家计划生育委员会,负责计划生育基本国策的实施。在我国生育水平有较大幅度的下降之后,20 世纪 90 年代,又有许多专家学者呼吁将人口与计划生育工作进行统筹安排。2003 年 3 月 11 日,十届全国人大一次会议审议通过了《国务院机构改革方案》,正式提出将国家计生委更名为国家人口和计划生育委员会。

保监会发布《保险公司偿付能力额度及监管指标管理规定》

保监会有关部门负责人说,该规定构筑起对保险公司偿付能力状况监测的两道防线:第一道防线是通过预警指标体系对保险公司的偿付能力状态和变化趋势进行监测,对指标超过正常范围的个数达到 4 个以上的公司,保监会将要求公司进行解释、提交改进报告,或者实施进一步的检查以评估其偿付能力。第二道防线是强制性的偿付能力额度监管,凡是实际偿付能力额度低于法定最低偿付能力额度的,保监会将根据其严重程度分别采取责令提出整改方案。

中央纪委副书记何勇在钓鱼台国宾馆会见加蓬反贪部部长马巴拉

中共中央政治局常委曾庆红在北京看望郁建兴烈士亲属

解放军总参谋部在北京举行郁建兴烈士悼念大会

胡锦涛、江泽民、曾庆红、曹刚川、唐家璇等向烈士献了花圈。

悼念大会上,宣读了中央军委主席江泽民的唁电和联合国秘书长安南的唁函。

中共中央政治局委员、中央军委副主席、国务委员兼国防部部长曹刚川代表中央军委,向郁建兴烈士表示深切的哀悼,向郁建兴烈士的亲属表示亲切的慰问。

悼念大会由中央军委委员梁光烈主持。中央军委委员廖锡龙、李继耐等献了花圈。

外交部、教育部、民政部、国家质检总局、解放军总参谋部和中共江苏省委、省政府等单位,烈士家乡政府和社会各界也献了花圈。

出席悼念大会的还有国家有关部门领导李肇星,解放军总参谋部和军委办公厅领导葛振峰、熊光楷、张黎、谭悦新,江苏省以及郁建兴烈士家乡的领导,郁建兴的亲属、生前友好和官兵代表共 1000 余人。

教育部在北京召开全国教育系统治理中小学乱收费工作电视电话会议

教育部党组书记、部长周济明确了治理学校乱收费的重点:在国家扶贫开发工作重点县的农村小学和初中坚决落实“一费制”,在城镇严格执行公办高中招收择校生“三限”政策。

“一费制”是指在全面清理农村中小学乱收费,严格核定杂费、课本费标准的基础上,由中央有关部门规定一个最高收费限额,只收一次费用,不再向学生收取任何其他费用。“三限”政策指在公办高中招收择校生时要限分数、限人数、限钱数。

今年治理学校乱收费工作的总体要求是:综合治理、标本兼治、严格标准、强化监督、从严查处、狠抓落实。坚决刹住乱收费现象蔓延的势头,努力实现学校乱收费的案件数量下降、乱收费金额下降的目标;逐步完善治理乱收费的监督制约机制和教育的投入保障机制。要严厉禁止通过学校向学生搭车收费。要进一步加强中小学收费使用管理。要积极推行校务公开和收费公示制度,实行收费审计制度,探索建立收费听证制度。要落实学校收费管理领导责任制和责任追究制度。

全国人大常委会副委员长顾秀莲在北京出席中国妇女儿童发展纲要宣传培训工作会议并讲话

顾秀莲强调,要从全面建设小康社会的高度,充分认识实施妇女儿童发展纲要的重大意义。她要求各级妇女儿童工作委员会要继续深入做好纲要的宣传培训工作,把实施纲要的工作纳入各级政府工作的议事日程,继续做好实施纲要的监测评估工作,加强实施纲要的示范市(县)工作。同时,要继续做好与联合国儿基会合作的项目工作,确保项目计划的如期完成。

此次会议由国务院妇女儿童工作委员会办公室主办。

周子健逝世

原中央顾问委员会委员、第一机械工业部部长周子健同志因病医治无效,于 2003 年 3 月 24 日凌晨在北京逝世,享年 89 岁。

周子健 1914 年 4 月 1 日生于安徽省临泉县,1932 年参加中国共产党外围组织——反帝大同盟,1936 年加入中国共产党。1940 年起,先后任八路军西安办事处科长、处长,中央统战部秘书处副处长、处长,政务院秘书厅副主任、管理局副局长。1952 年调第一机械工业部工作,先后任局长、部长助理、副部长、部长。1981 年任安徽省省长、省委代理第一书记。1983 年,受聘担任国家计委特邀顾问。

周子健是中共十一届中央候补委员,十二届中央委员。第五、六届全国人大代表。

3月25日

国家主席胡锦涛和全国人大常委会委员长吴邦国分别在人民大会堂会见巴基斯坦总理贾迈利

中央军委主席江泽民在中南海会见巴基斯坦总理贾迈利

全国政协主席贾庆林在人民大会堂会见以曾宪梓为团长的香港中华总商会访问团一行

贾庆林向客人介绍了刚刚闭幕的“两会”情况和我国的经济形势,对广大香港同胞在行政长官董建华和特区政府的领导下,克服亚洲金融危机的冲击和国际经济环境变化带来的种种困难和不利影响,致力于推动特区各项事业的全面发展,保持香港的繁荣稳定给予积极评价。他指出,香港的繁荣稳定离不开包括香港工商界在内的广大香港同胞的共同努力。目前,受国际经济环境变化的影响,香港经济遇到了一些暂时的困难。但是香港有很多优势,比如有雄厚的物质基础、完备的法制、有利的区位优势和众多优秀的管理人才。希望中华总商会发扬爱国爱港的优良传统,团结广大工商界人士,支持以董建华先生为首的特区政府依法施政,坚定信心,团结一致,自强不息,奋发进取,为开创香港发展的新局面作出新的贡献。中央政府也将会一如既往、竭尽全力支持香港的稳定和发展。

全国政协副主席、中共中央统战部部长刘延东等参加了会见。

中华人民共和国商务部正式挂牌

十届全国人大一次会议通过了国务院机构改革方案,撤销外经贸部和国家经贸委,设立商务部。原外经贸部党组书记、常务副部长吕福源为第一任商务部部长。

根据国务院批复的“三定”方案,商务部作为主管国内外贸易和国际经济合作的部门,主要履行以下职责:研究拟定规范市场运行和流通秩序的政策法规,促进市场体系的建立和完善,深化流通体制改革,检测分析市场运行和商品供求状况,组织开展国际经济合作,负责组织协调反倾销、反补贴的有关事宜和组织产业损害调查。

外交部部长李肇星应约与保加利亚外长帕西通电话就两国关系和伊拉克问题交换意见

文化部在北京召开演出市场改革发展创新经验推介会

会议披露,为满足广大人民群众精神生活需求,文化演出市场今年起将进一步加大改革开放力度,使市场机制在资源配置中更好地发挥基础性调节作用。

今年起,文化部将简政放权,转变政府职能。目前我国演出单位主体资格许可制度和演出项目审批制度是演出市场管理的基本制度,这种双重审批制度是演出市场初级阶段的产物,带有明显的计划经济色彩。今年起将取消演出单位主体资格许可制度。根据新的制度,任何单位或个人从事营业性演出活动,将不必事先通过文化行政部门的主体资格许可,其从业资质将由社会性的中介组织(例如文化经纪事务所)按照文化部制定的行业标准来认定,文化行政部门将主要负责对营业性演出项目、内容的审核和活动的监管。

加大农村演出市场的扶植与管理力度也是今年演出市场改革的重要任务。目前文化下乡活动采取“政府拿钱,演员下乡,临时搭台”的形式,对活跃和丰富农民的文化生活起到了很好的作用。同时,今年还将进一步加大对农村流动性演出活动的管理力度,严厉打击各类非法演出活动,为农村演出市场的健康发展创造良好的经营环境。

此外,积极发挥中介组织作用,完善演出体系;适度放开外资进入条件,壮大演出市场经营实力等问题也被提上文化改革的重要议程。

3月26日

国家主席胡锦涛等在人民大会堂会见各国驻华使节及国际组织驻华代表

国家主席胡锦涛、国务院总理温家宝、国家副主席曾庆红集体会见了150多位外国驻华使节及国际组织驻华代表,感谢他们为推动各国和国际组织与中国友好合作关系的发展作出的贡献。

使节们转达了各国领导人对中国领导人的问候,并表示将继续为加强与中国的友好合作关系作出积极努力。

中共中央总书记胡锦涛在中南海会见出席全国党校校长会议的全体代表并发表重要讲话

中共中央政治局常委、中央书记处书记、中央党校校长曾庆红参加了会见。

胡锦涛在讲话中指出,党校事业的发展历来是同党的事业的发展紧密相连的。十六大提出了新世纪、新阶段全面建设小康社会的宏伟目标。要顺利实现这一目标,关键在人,关键在领导干部。各级党校作为轮训和培训党员领导干部的重要阵地和干部增强党性的熔炉，要紧紧围绕党的中心任务，为培养和造就大批高素质的领导干部作出应有的贡献。要继续完善党校教学新布局，深化教学改革，提高教学质量，努力研究新情况、解决新问题、总结新经验，不断开创党校工作的新局面。

胡锦涛希望各级党校在全党深入学习贯彻“三个代表”重要思想和十六大精神中当好表率，努力走在前列。要按照围绕主题、把握灵魂、狠抓落实的要求，结合党校的实际，深入学习贯彻十六大精神。在兴起学习贯彻“三个代表”重要思想新高潮中，党校的同志不仅要自己带头学好，而且要认真贯彻到教学、科研中去，在党的思想理论建设中更好发挥重要作用。

中共中央政治局委员、中央书记处书记刘云山、贺国强，中共中央政治局候补委员、中央书记处书记王刚以及中央和国家机关有关方面负责同志参加了会见。

国务院总理温家宝在北京主持召开国务院常务会议

会议讨论并原则通过了国家发展和改革委员会、商务部、国务院国有资产监督管理委员会的“三定”规定。改组后的国家发展和改革委员会，将作为综合研究拟订经济和社会发展政策，进行总量平衡，指导总体经济体制改革的宏观调控部门；新组建的商务部，将更好地适应内外贸业务融合的发展趋势和加入世界贸易组织的需要，有利于建立和健全统一、开放、竞争、有序的现代市场体系；新设立的国务院国有资产监督管理委员会，将由国务院授权代表国家履行出资人职责，监管国有资产，确保国有资产保值增值，进一步搞好国有企业。会议认为，这三个部门的“三定”规定，符合党的十六大精神，符合党的十六届二中全会审议通过并经十届全国人大一次会议审议批准的《国务院机构改革方案》的要求。这些部门的职责配置抓住转变政府职能这一关键，注重发挥市场机制对经济活动的调节作用，重视解决经济社会发展的重大问题。国家发展和改革委员会增设能源局和国民经济运行局，有利于加强能源工作，保证国民经济正常运行；商务部增设市场运行调节司、商业改革发展司，有利于加强内贸工作，进一步深化流通体制改革。按照发展市场经济的要求，国家发展和改革委员会、商务部的职能减少了行政审批和微观管理事务，减少了部门职能的交叉。“三定”规定坚持精简、统一、效能的原则，整合内设机构职能，内设机构、人员编制和领导职数均有所减少。会议要求，各有关部门务必加强领导，精心组织，抓紧实施“三定”工作，确保机构改革顺利进行，确保各项工作正常运转。

会议研究了进一步解决困难群众生产生活问题的措施。会议指出，解决困难群众生产生活问题取得了明显成效，但目前群众生产生活中还有不少实际困难，有的问题还比较突出。国务院有关部门要针对亟须解决的突出问题，抓紧研究落实具体措施。要进一步做好再就业和社会保障工作。各级财政要加大投入力度，确保国有企业下岗职工基本生活费、企业离退休人员基本养老金、失业保险金按时足额发放。认真做好城市居民最低生活保障工作，努力做到应保尽保。扎实做好救灾工作，保证受灾群众的基本生活。加大扶贫开发投入力度，加强贫困地区的基础设施建设，千方百计改善贫困农户的生产生活条件。

会议认为，今年以来，安全生产形势比较严峻，特别是最近一段时间，煤矿、交通等领域重特大事故接连发生，给国家和人民群众的生命财产造成了很大损失，必须采取切实措施，坚决扭转重大事故接连发生的状况。各地区、各部门和各单位要立即组织开展一次全面的安全生产大检查，彻底排查各类事故隐患，并制定有效措施进行整改。要进一步健全和完善安全生产责任制。对已经发生的安全事故，要一查到底，严肃追究有关人员的责任。会议决定，由国务院办公厅就进一步加强安全生产工作下发紧急通知，提出具体要求。

中央党校校长曾庆红在北京与全国党校校长会议代表座谈并发表重要讲话

为期两天的全国党校校长会议3月26日在北京结束。曾庆红在与会议代表座谈时发表重要讲话。他强调，深入学习贯彻“三个代表”重要思想和十六大精神，既是对党校工作的根本要求，也是在新世纪、新阶段进一步做好党校工作的根本保证。要坚持用“三个代表”重要思想和十六大精神统领党校工作全局，指导党校工作实践，检验党校工作成效，使之切实贯彻落实到党校的各项工作中去，特别要贯彻落实到党校的教学和科研工作中去。

会议代表王国发、周同战、李本钧、李锡炎等在座谈会上发了言。

座谈会由中央党校常务副校长虞云耀主持。

国办发出《关于进一步加强安全生产工作的紧急通知》

各省、自治区、直辖市人民政府，国务院各部委、各直属机构：

今年以来，安全生产形势仍比较严峻，重特大事故时有发生。截至3月23日，全国共发生一次死亡10人以上特大事故35起，死亡619人(其中煤矿事故11起，死亡261人；道路交通事故15起，死亡226人)，分别比去年同期上升14%和23%.其中,1月11日,黑龙江省哈尔滨市方正县宝兴煤矿发生特大瓦斯爆炸事故,死亡34人;2月2日,黑龙江省哈尔滨市天潭酒店发生特大火灾事故,死亡33人;2月24日,贵州省水城矿务局木冲沟煤矿发生特大瓦斯爆炸事故,死亡39人;3月22日,山西省吕梁地区孝义市孟南庄煤矿发生特大瓦斯爆炸事故,目前已死亡53人,19人下落不明。上述事故的发生,给国家和人民群众的生命财产造成了巨大损失。党中央、国务院领导同志对此高度重视,作了一系列重要批示。为了把安全生产工作真正落到实处,坚决扭转重大事故接连发生的状况,现就有关问题紧急通知如下:

一、充分认识安全生严工作的极端重要性

安全生产关系到国家和人民群众的生命财产安全,关系到改革开放、经济发展和社会稳定的大局,也关系到党和政府的形象。抓好安全生产工作,是实践"三个代表"重要思想的具体体现。各级政府要正确处理安全生产与经济发展的关系,针对当前存在的薄弱环节,从组织领导、工作制度、监管机构和方法手段等方面采取有效措施,确保安全生产的各项工作落到实处。各级领导同志一定要充分认识安全生产工作的极端重要性和当前安全生产形势的严峻性,牢固树立安全生产"责任重于泰山"的思想观念,以对党、对人民高度负责的精神,抓好安全生产工作,使重特大事故多发势头得到有效遏制。

二、立即组织开展安全生产大检查

各地区、各部门和各单位要立即组织开展一次全面的安全生产大检查,彻底排查各类事故隐患,并制定有效措施进行整改。要将煤矿、交通以及人员密集场所消防安全等领域作为重点进行检查和整治。一是煤矿生产安会,要重点检查国有煤矿"一通三防",特别是瓦斯治理"先抽后采、监测监控、以风定严"的落实情况,以及小煤矿关闭整顿情况和安全生产责任制落实情况。对"一通三防"存在重大隐患的煤矿,必须立即停户整顿,对经整顿仍达不到安全标准的,不能恢复生产;对该关未关或明停暗开的小煤矿,坚决予以关闭。二是交通运输安全,要重点检查交通运输安全责任制落实情况,运输企业、客运站点对客运车辆和驾驶员的管理情况,切实加强客运车辆安全技术检验和客运驾驶员的安全教育,及时堵塞长途客车安全和危险化学品运输管理中存在的漏洞。对客运车辆超载、超速、客货混装和驾驶员疲劳驾驶、带病车辆上路、农用车非法载客等违规违章行为必须坚决予以纠正,从源头上消除事故隐患。三是人员密集场所消防安全,主要检查消防安全责任制是否落实,消防通道是否畅通,设施是否齐全等情况。特别是"五一"节黄金周之前,各有关单位要组织为量,对商场、影剧院、歌舞厅、网吧、饭店、旅游景点、车站、码头、机场、学校、城市广场等人员密集场所的安全状况,进行一次全面彻底的消防安全检查,消除一切火灾事故隐患。对达不到消防要求的场所,必须停业整顿,限期治理。另外,还要对建筑施工企业的安全生产状况进行检查,严肃查处违章指挥和违章作业;搞好对城市燃气企业、供气管道的安全检查,防止民用燃气事故。加强中个学生春游活动的安全管理,防止意外伤亡事故。

各地区、各部门和各单位要按照上述要求认真组织落实,由主要负责同志负责,在"五一"黄金周之前完成安全生产大检查,6月底前完成整改工作,并将检查和整改情况报国家安全生产监督管理局。

三、切实落实安全生产责任制

各地区、各部门和各单位要依照《安全生产法》等法律、法规,健全和完善安全生产责任制,明确各级政府和各级干部在安全生产工作方宙的责任,一级抓一级,逐级负责,逐级抓好落实。特别是要加强县乡两级安全生产责任的落实,坚决解决"落实不下去,严不起来"的问题。要切实加强对安全生产工作的领导,主要负责同志作为安全生产的第一责任人,要把安全生产工作时刻放在心上,及时了解和掌握本地区、本部门和本单位安全生产的情况,对重大问题要亲自动手抓,对存在的事故隐患要彻底排除,加大对安全生产的投入,真正做到为官一任,保一方平安。

四、对造成事故的责任人要严肃处理

要认真贯彻落实《国务院关于特大安全事故行政责任追究的规定》(国务院令第302号)和相关法律、法规。凡已经发生的生产安全事故,要按照"四不放过"(即事故原因没查清不放过、责任人员没处理不放过、整改措施没落实不放过、有关人员没受到教育不放过)的原则,一查到底,严厉追究有关人员的责任,构成犯罪的依法追究刑事责任。凡因政府工作人员失职、渎职导致重特大事故的,要严肃追究其行政责任。要加大对县乡领导行政责任的追究力度,把落实县乡领导责任作为落实安全生产责任的重点来抓。要把安全生产责任追究与打黑除恶、惩治腐败、社会治安综合治理紧密结合起来,坚决打击和严惩违法犯罪活动。

国务院办公厅

2003年3月26日

全国禁毒工作电视电话会议在北京召开

会议回顾了2002年全国禁毒工作并表彰先进,分析我国当前面临的毒品形势,全面部署今年全国禁毒工作。

国家禁毒委员会副主任、中宣部副部长胡振民主持会议。国家禁毒委员会副主任白景富在会上就今年全国的禁毒工作做了具体安排和部署，国家禁毒委员会副主任盛光祖宣读了国家禁毒委《关于表彰全国禁毒严打整治专项斗争先进单位的决定》。

国务院副总理曾培炎在北京听取电力建设和改革工作汇报

曾培炎指出，目前，我国电力体制改革进展顺利，国家电力监管委员会已经成立，电力企业重组工作基本完成，并初步实现了“厂网分开”。在推进改革的过程中，各电力企业保持了各项生产经营活动和建设项目的正常进行，保持了干部职工队伍的稳定，保证了电力供应，做到了安全生产。但同时要清醒地看到，电力体制改革刚开始不久，许多深层次的体制性问题还没有解决，深化改革的任务仍很重。

曾培炎强调，深化电力体制改革，一是要继续完善新组建和改组的电力企业重组工作。二是要继续组建区域电网公司，促进在更大范围内实现电力资源的优化配置。三是制订各级电网企业所属多种经营等企业剥离工作的整体方案，有计划、有步骤地组织实施。四是在具备条件的地区，开展发电企业向大用户直接供电的试点工作。同时，本着积极稳妥的原则，理顺电网定价机制。五是继续推进农村电力管理体制改革，切实减轻农民负担。六是抓紧制定和实施其他配套措施。

曾培炎指出，随着我国国民经济不断持续快速增长，对电力的需求不断增加，特别是党的十六大提出全面建设小康社会的奋斗目标，对电力建设提出了更高的要求，需要加快电力建设进度。一要抓紧落实电力发展规划，完善电力建设项目布局。二要按照电力发展规划，加快发电和电网项目的建设进度，并继续实施“西电东送”。三要加快技术进步，积极采用高新技术和先进适用技术，加快对老机组的技术改造，实现新机组的技术升级。

曾培炎指出，今年国民经济增长率将保持在7%左右，保证电力供应将是一项十分艰巨和紧迫的任务。要充分发挥现有机组的发电能力，加强日常维护，保证燃煤供应，优化水库运行管理，确保电力生产。要改进电网调度运行方式，加强区域电力资源优化调度，大区域平衡余缺，大范围配置电力资源，提高资源利用率。要认真研究落实经济政策和措施，鼓励大型、高效、环保电站多发电，合理引导用电。要加强制度建设，明确责任，确保电站和电网安全稳定运行。为发展生产和改善人民生活创造良好的环境。

汇报会前，曾培炎还考察了国家电力调度通信中心。

陪同曾培炎考察和出席汇报会的有关方面负责人有马凯、李荣融、汪洋、柴松岳、赵希正等。

最高人民检察院检察长贾春旺在北京出席全国检察机关深入学习贯彻十届全国人大一次会议精神电视电话会议并讲话

贾春旺指出，在今年“两会”上，全国人大代表和政协委员在审议高检院工作报告时，对五年来检察工作取得的成绩给予了充分肯定，同时也在业务工作、队伍建设、执法水平和办案质量等方面，对检察机关提出了中肯的批评、意见和建议。高度重视人大代表、政协委员的意见和建议，诚心诚意地接受监督，是做好检察工作的重要保证，也是检察事业前进的动力。全国检察机关要采取有力措施，加强和改进工作，推动检察工作的新发展。

在谈到当前的检察工作时，贾春旺强调，一是进一步加大查办职务犯罪工作力度，按照中央关于反腐败斗争的总体部署，集中力量查办有影响、有震动的职务犯罪大要案，坚决依法打击腐败分子；加大对诉讼活动的法律监督力度，增强监督意识，创新监督机制，完善监督方式，维护法律的尊严和权威。二是提高执法水平，确保办案质量。坚持依法办案，加强执法规范化建设，切实保障诉讼参与人的合法权益，严格办案纪律；进一步增强监督者更要接受监督的观念，大力加强对检察机关自身执法活动的监督制约机制，拓宽接受监督的渠道。三是按照党的十六大提出的“政治坚定、业务精通、作风优良、执法公正”的要求，紧紧围绕严格、公正和文明执法，切实加强检察队伍的自身建设。四是积极稳妥地推进检察改革。

国台办新闻发言人张铭清就近期两岸关系的有关问题答记者问

张铭清首先指出，3月11日，中共中央总书记胡锦涛在全国人大台湾代表团就做好新形势下的对台工作发表了重要讲话。胡总书记的讲话内容丰富，意义重大。我们理解，主要有四点：一是充分体现了党中央高度重视对台工作，体现了我们党早日解决台湾问题、实现祖国完全统一的坚强决心和坚定信心；二是充分体现了全国人民致力于早日解决台湾问题、实现祖国完全统一的共同意志和迫切愿望；三是充分体现了我们对台方针政策的一贯性、连续性和与时俱进的创新性；四是充分体现了对台湾同胞的关心、理解和希望，致力于与最广大的台湾人民一道，共同维护国家的领土和主权完整，共同争取实现和平统一，共同为中华民族的伟大复兴而奋斗。胡总书记关于对台工作的重要讲话，为我们做好对台工作进一步指明了方向，对两岸关系的发展必将产生重大的积极影响。

有记者问，对台湾“立法院”推动“公投立法”有何评论？对此，张铭清强调，台湾是中国领土一部分的法律地位，无论在国内法还是国际法上，都已是明确的。台湾是包括台湾同胞在内的13亿中国人民的台湾。台湾的前途，应由包括台湾同胞在内的13亿中国人民决定。图谋以公民投票的方式把台湾从中国分割出去，是非法的、无效的，也是不可能得逞的。

在回答有关伊拉克战争对两岸关系会产生什么影响的问题时，张铭清说，我们和各有关方面一直在关注美、英发动对伊战争对在该地区的台湾同胞生命财产安全及有关问题的影响，并做好相应的提供帮助的准备。因此，战争爆发的第二天，我民航总局即表示，欢迎台湾航空公司的飞机在有需要时，改飞祖国大陆开放的应急航路到中亚、欧洲。张铭清表示，加强两岸交流交往，改善和发展两岸关系是我们的一贯主张。同时，我们坚决反对任何制造两岸关系紧张的挑衅言行。台湾当局应放弃分裂立场，接受一个中国原则，承认“九二共识”，开放两岸直接“三通”，扩大两岸交流，在一个中国原则基础上恢复对话与谈判，以利于两岸关系稳定发展。

中组部 中宣部印发《关于开展学习郑培民同志活动的通知》

各省、自治区、直辖市党委，各副省级城市党委，中央各部委，国家机关各部委党组(党委)，各人民团体党组，军委总政治部，新疆生产建设兵团党委，中央管理的国有重要骨干企业党组(党委)：

郑培民同志生前曾任中共湖南省委副书记，省人大常委会党组副书记、副主任。2002年3月11日，他在参加十六大“两委”人选考察工作中，因心脏病突发，倒在工作岗位上。郑培民同志原籍河北省武安市，1943年7月23日生于吉林省海龙县，1969年12月入党，1970年从吉林大学毕业后到湖南工作。从1983年6月起，他先后任中共湘潭市委副书记、书记，中共湘西土家族苗族自治州党委书记，湖南省人民政府副省长，中共湖南省委副书记。在担任领导职务的近20年里，他身居领导岗位，心系人民群众，始终把“做官先做人，万事民为先”作为自己的行为准则，廉洁从政，艰苦奋斗，尽职尽责，鞠躬尽瘁，真心诚意地为人民谋利益，以自己的模范行为和崇高品德，赢得了广大群众的衷心赞誉。郑培民同志的先进事迹集中体现了当代共产党人的精神风貌，是新时期领导干部的优秀代表。今年3月11日，胡锦涛总书记就深入学习宣传郑培民先进事迹作出了重要批示。在批示中，胡锦涛总书记对郑培民同志的先进事迹给予了高度评价，要求全党同志特别是领导干部都要向郑培民同志学习。中共中央组织部、中共中央宣传部决定，在全体党员干部特别是领导干部中，广泛开展学习郑培民同志先进事迹的活动。

实现党的十六大提出的全面建设小康社会，努力开创中国特色社会主义事业新局面的历史任务，关键在党，关键在人，关键在于把各级领导班子建设成为坚持贯彻“三个代表”重要思想的坚强领导集体。大力宣传学习郑培民，对于加强领导班子思想政治建设，对于教育各级领导干部自觉实践“三个代表”重要思想，树立正确的权力观、地位观、利益观，坚持立党为公，执政为民，认真改进领导方法和工作作风，保持同人民群众的血肉联系，有着重要而深远的意义。

全党同志，特别是各级领导干部，要认真学习贯彻胡锦涛总书记关于学习郑培民先进事迹的重要批示精神，积极投身到学习郑培民同志活动中来。要努力学习郑培民同志坚定理想信念，时刻不忘以共产党员的党性要求规范自己行为的崇高品格；学习他心系群众，把全心全意为人民服务作为人生最高追求的公仆情怀；学习他奋发有为、扎实工作、艰苦奋斗的革命精神；学习他始终保持共产党人一身正气、两袖清风、谦虚谨慎、克己奉公的高尚情操；学习他顾全大局、公道正派，认真执行党的干部工作原则，以坚强的党性、优良的作风为党和人民把好选人用人关的模范行为。

各级党委(党组)要把开展向郑培民同志学习的活动作为加强党的思想政治建设的一项重要内容，结合学习贯彻“三个代表”重要思想和十六大精神，结合正在开展的保持共产党员先进性教育活动，认真安排部署，切实抓紧抓好；要充分运用新闻宣传媒介和各种形式，广泛深入地学习宣传郑培民同志的模范事迹；要组织好各个层次的干部特别是领导干部的学习活动，务求取得实效。

广大党员干部特别是领导干部，要认真学习郑培民同志的先进事迹，以郑培民同志为榜样对照检查自己，找出差距，明确今后的努力方向。要像郑培民同志那样，始终坚持全心全意为人民服务的根本宗旨，始终做到“两个务必”，自觉实践“三个代表”重要思想。要严于律己、率先垂范，立党为公、执政为民，真正做到权为民所用、情为民所系、利为民所谋，真正当好推进改革开放和现代化建设的带头人，当好为民造福、为民解难的贴心人，为全面建设小康社会，开创中国特色社会主义事业新局面而努力奋斗。

中共中央组织部
中共中央宣传部
2003年3月26日

外交部部长李肇星在人民大会堂为各国驻华使节及国际组织驻华代表举行酒会

李肇星表示，中国政府将继续奉行独立自主的和平外交政策，在和平共处五项原则的基础上巩固和发展与世界各国的友好关系，同各国人民一道，共同推进和平与发展的崇高事业。

使节们表示，将为发展与中国的友谊与合作作出自己的贡献。

中央军委及北京市领导同志参加首都义务植树活动

中国科学院在北京召开2003年工作会议

会议决定，从现在开始，中科院将实施三大新时期发展战略——科技创新跨越发展战略、科技创新人才战略和科技创新可持续发展战略，大幅提升科技创新的能力和效率，实现人才动态优化，培养科技将帅才，构筑科技创新可持续发展的竞争能力和物质基础，在本世纪头20年将中科院建设成国际领先的综合性科研机构。

全国人大常委会副委员长、中科院院长路甬祥说，中国科学院从事的是基础性、战略性、前瞻性研究，这决定了它所进行的科技创新往往无法直接获得市场回报，需要国家和社会的投入支持。但这决不是说中科院就可以躺在国家身上舒舒服服地过日子，而是要通过自身努力，寻求良好的科学、社会和经济价值体现，树立国家目标与学术追求相统一的价值观，敢于开展高风险的原始性、突破性重大创新研究，克服急功近利的浮躁思想，建立一整套完善的科学评价标准、科技布局动态优化机制、队伍更新机制、激励约束机制、资源配置制度和创新文化体系，真正提高创新能力和国际竞争力。只有这样，才能获得广泛的支持，实现中科院科技创新的持续性发展。

3月27日

国家主席胡锦涛指示有关部门妥善处理中国公民在吉尔吉斯斯坦遇害有关事宜

3月27日凌晨，一辆属于中国新疆喀什地区旅客运输责任有限公司的定期旅客班车自吉尔吉斯斯坦首都比什凯克返回喀什途中，在吉尔吉斯斯坦境内距比什凯克约260公里处被烧毁。事发后，中国使馆人员立刻赶赴现场，发现有19名中国公民遇难。

国家主席胡锦涛获悉后，十分关心中国公民的安危，立即指示有关部门迅速核实情况，妥善处理有关事宜。

中国驻吉尔吉斯斯坦大使宏九印于事发次日紧急约见吉尔吉斯斯坦外交部官员，表示中国政府对此案十分关切，要求吉尔吉斯斯坦政府采取一切措施，尽快查明真相，缉拿凶手，及时向中方通报有关案情进展。

吉尔吉斯斯坦总统阿卡耶夫对此事件深表震惊，已通过宏九印大使向遇害中国公民表示哀悼，并责成吉尔吉斯斯坦有关部门尽快查明原因，依法处理凶手。吉总理已签署命令，成立以副总理茹马利耶夫为首的政府委员会，专门负责调查此案。

国家主席胡锦涛在人民大会堂会见圭亚那总统贾格德奥和夫人

胡锦涛表示，中国政府十分重视发展与圭的经贸关系。中圭经济具有互补性，两国经贸合作的发展潜力较大。希望两国政府进一步推动两国企业界加强接触，共同探讨扩大两国贸易合作的新形式、新途径。

会谈中，胡锦涛赞赏贾格德奥总统执政以来，在推进国内政治改革、振兴民族经济和促进社会进步方面取得了显著成绩。在谈到地区问题时，胡锦涛说，中国政府愿意在和平共处五项原则基础上，与加勒比各国建立和发展友好关系，开展平等互利的合作。中国理解加勒比国家在全球经济一体化和贸易自由化进程中所面临的处境和挑战，支持加勒比国家为地区一体化建设所作的努力。祝愿加勒比国家在联合自强的道路上不断取得新的成功。

贾格德奥说，圭中两国在联合国及其他国际组织中有着良好的合作，双方对国际事务和地区问题有许多共识。圭亚那感谢中国积极支持加勒比一体化的进程。圭亚那愿继续加强同中国在这些领域的合作。

会谈结束后，胡锦涛主席和贾格德奥总统出席了《中华人民共和国政府和圭亚那共和国政府关于促进和保护投资协定》和《中华人民共和国政府和圭亚那共和国政府经济技术合作协定》的签字仪式。

国务院在北京召开廉政工作会议

国务院副总理黄菊、吴仪、曾培炎、回良玉，国务委员曹刚川、唐家璇、华建敏、陈至立等出席会议。

中共中央政治局常委、中央纪委书记吴官正，中共中央书记处书记何勇应邀出席会议。

中共中央政治局常委、国务院总理温家宝在会上说，今年政府系统廉政建设和反腐败工作总的要求是，以邓小平理论和“三个代表”重要思想为指导，全面贯彻党的十六大精神，坚持从严治政、依法行政的方针，标本兼治、综合治理，在严厉惩处腐败的同时，着力推进制度创新，强化对行政权力的制约和监督，努力建设行为规范、运转协调、公正透明、廉洁高效的政府。

在讲到今年政府系统廉政建设和反腐败工作的部署时，温家宝强调要抓好以下五个方面。

第一，进一步落实廉洁自律规定，规范从政行为。

各级政府工作人员特别是领导干部在公务活动和社交活动中，都要不折不扣地遵守中央关于廉洁自律的各项规定。根据当前存在的突出问题，要特别做到“四个不准”：不准在行使行政审批权和分配使用财政资金过程中搞权钱交易，为个人和小团体谋取利益；不准利用职权违反规定干预和插手建设工程招标投标、经营性土地使用权出让、房地产开发与经营等市场经济活动；不准收受与其行使职权有关系的单位、个人的现金、有价证券和支付凭证；不准默许或授意配偶、子女及身边工作人员打着自己的旗号以权谋私。国有企业领导人也要认真执行中央关于廉洁自律的各项规定。

要加强政风建设，坚决防止和克服形式主义、官僚主义，坚决反对各种奢侈浪费行为。特别要做到“五个严禁”、“四个严格控制”和“四个坚决制止”：严禁搞沽名钓誉、劳民伤财的各种“形象工程”、“政绩工程”；严禁超编制、超标准配备使用小汽车；严禁以开会、考察、招商、研讨、培训等名义变相公费旅游；严禁在各类会议中赠送礼品和纪念品；严禁向企业事业单位摊派会议经费。继续严格控制新建和装修机关办公楼；严格控制各种名目的庆典和达标评比活动；严格控制出国(境)团组；严格控制会议和文件，切实解决“文山会海”问题。坚决制止以各种名义用公款互相宴请和送礼；坚决制止参加用公款支付的高消费娱乐活动；坚决制止在公务活动中超标准接待；坚决制止私自借用下级机关或企业事业单位的车辆。必须下大决心狠刹用公款大吃大喝之风。

第二，深化改革，创新体制，加大从源头上预防和解决腐败问题的力度。今年要着重抓好四项工作：一是深化行政审批制度改革。以转变政府职能、促进依法行政为重要目标，加快推进这项改革。下决心取消不符合政企分开、政事分开原则，不符合我国加入世贸组织所作的承诺和世贸规则的行政审批事项。二是深化财政管理体制改革。继续落实“收支两条线”的规定。加快推进部门预算改革，强化预算管理。三是深化国有资产管理体制改革。加强和改进对国有资产和国有企业的监督管理，防止国有资产流失。四是深化干部人事制度改革。建立、健全科学的干部选拔任用和管理监督机制。同时，还要进一步完善并严格执行建设工程招标投标、经营性土地使用权出让、产权交易和政府采购制度。通过逐步加大治本力度，将社会经济生活的各个方面、各个环节，逐步纳入制度化、规范化、法治化的轨道。

第三，纠正部门和行业不正之风，解决人民群众反映强烈的突出问题。一是有效治理教育乱收费。要严格规范各类学校的收费行为，坚决制止通过学校进行各种形式的摊派和搭车收费。二是切实解决群众就医收费过高问题。要加快推进医疗保险制度、医疗卫生体制和药品生产流通体制改革。加强医德医风建设，认真解决拿“回扣”、收“红包”等问题。三是进一步做好减轻农民负担工作。要落实好减轻农民负担的各项政策措施，认真做好农村税费改革试点在全国范围推开的工作。四是继续治理向机动车辆乱收费的问题，整顿道路收费站点。所有经济管理部门、行政执法部门和公用事业单位，都要认真整治群众反映强烈的不正之风，务求取得新的成效。

第四，加大查办案件力度，严厉惩处腐败分子。要按照中央的统一部署，集中力量查办影响恶劣、后果严重的大案要案，特别要坚决查办官商内外勾结作案、执法人员执法犯法，以及领导干部贪赃枉法、腐化堕落等违法犯罪行为。对所有违纪违法案件都要一查到底；对任何腐败分子都必须彻底查处、严惩不贷。

第五，严格依法行政，强化对行政权力的制约和监督。要按照建立结构合理、配置科学、程序严密、制约有效的权力运行机制的要求，对施政行为的全过程进行有效制约和监督。要实行多种形式的述职述廉制度，健全重大事项报告制度、质询制度和民主评议制度，重点加强对各级领导干部特别是主要领导干部的监督。要切实加强行政系统内部监督。要自觉接受人民群众的监督，充分发挥舆论监督的作用。

会议由国务委员兼国务院秘书长华建敏主持。国务院各部委、各直属机构及有关单位主要负责同志在主会场出席会议。会上，监察部、教育部、财政部、农业部和卫生部的负责同志分别作了发言。

中共中央纪委、中共中央有关部门、全国人大常委会办公厅、全国政协办公厅、中央军委办公厅、最高人民法院、最高人民检察院的负责人，各人民团体、各民主党派中央、全国工商联的负责人和无党派人士应邀出席了会议。

各省、自治区、直辖市以及部分市(地)、县(市)负责人在分会场收听收看了会议实况。

国务院总理温家宝对税收工作和税收宣传月活动作出重要批示

中共中央政治局常委、国务院总理温家宝在国家税务总局《关于今年开展第十二个全国税收宣传月情况的报告》上作出重要批示：

税收是国家财政收入的主要来源，是国家宏观调控的重要手段。严格依法治税，是整顿和规范市场经济秩序的重要方面。要加强税收法律、法规和税收政策的宣传教育，普及税收知识，强化税收征管，依法打击逃税骗税行为。要通过开展税收宣传月活动，进一步增强公民纳税意识,在全社会形成诚信纳税的良好风气。所有纳税人都应依法履行纳税义务,税务机关和工作人员都要忠实履行职责、依法征税、文明执法,社会各界都要关心和支持税收工作,共同为全面建设小康社会多做贡献。

国务院印发《关于全面推进农村税费改革试点工作的意见》

各省、自治区、直辖市人民政府,国务院各部委、各直属机构:

按照国务院统一部署,2002 年全国有 20 个省(自治区、直辖市,下同)以省为单位进行了农村税费改革试点,其他省继续在部分县(市)进行试点。地方各级党委、政府高度重视并精心组织试点工作,中央各有关部门注意加强配合和指导,及时处理改革中遇到的矛盾和问题,试点工作进展顺利,取得了明显成效,为全面推进改革积累了经验。实践证明,农村税费改革是现阶段减轻农民负担的治本之策,不仅有力地促进了农民收入恢复性增长,得到了广大农民群众的衷心拥护,而且带动了农村各项改革,推进了农村经济的持续发展和农村社会的全面进步,是农村工作实践“三个代表”重要思想的具体体现。但也要看到,各地区还不同程度地存在基础工作不扎实,政策宣传不深入,执行政策不到位,配套改革力度不平衡等问题,切实做到“三个确保”和巩固改革成果的任务仍相当艰巨。按照党的十六大以及中央经济工作会议和中央农村工作会议精神,国务院决定,2003 年在进一步总结经验、完善政策的基础上,全面推进农村税费改革试点工作。现就有关问题提出以下意见:

一、全面推进农村税费改革试点工作

2003 年农村税费改革试点工作的总体要求是:总结经验,完善政策;全面推进,分类指导;巩固改革成果,防止负担反弹。已先行试点的地方,要进一步落实好各项改革政策,加快推进各项配套改革,建立、健全确保农村基层组织正常运转和农村义务教育必要经费投入的保障制度,完善改革后农民负担监督管理约束机制,防止农民负担反弹。目前尚未以省为单位实施改革试点的省,今年是否进行全省范围的改革试点,由各省根据本地实际情况自主决定;准备进行试点的省,要按照中央有关文件要求,抓紧做好试点的各项基础工作,认真制定本省试点方案,并于 2003 年 4 月 15 日前报国务院审批。中央财政继续安排一定资金支持地方试点工作,试点地区省级财政和有条件的市、县财政,都要加大对改革试点的支持力度,千方百计安排足够资金支持农村税费改革,实行专款专用,确保顺利推进试点工作。

二、切实做到“三个确保”

确保改革后农民负担明显减轻、不反弹,确保乡镇机构和村级组织正常运转,确保农村义务教育经费正常需要,是衡量农村税费改革是否成功的重要标志,也是顺利推进试点工作,巩固改革成果的必然要求。

在试点地区,无论是一个省、一个县,还是一个乡、一个村,从总体上计算,改革后的农民负担要比改革前有较大幅度的减轻,做到村村减负,户户受益。对承包土地较多、改革后负担有所增加的农户,要通过减免等办法,把负担减下来。要建立有效的农民负担监督管理约束机制,确保农民负担减轻后保持长期稳定、不反弹。

乡镇机构和村级组织要通过精简机构,转变职能,减少财政供养人员,大力压缩开支,确保正常运转。应调整和完善县乡财政体制,乡镇财政首先要保运转,本级财力不足的,上级财政要加大转移支付力度。对财政收入规模较小的乡,可由上一级财政统筹安排其必要的开支。应加强村级组织建设,完善村民自治制度,大力压缩村级开支。在此基础上,村级三项费用不足部分,财政要给予适当补助。不得把经费缺口留在基层。

改革后农村义务教育的投入,要确保不低于改革前乡统筹费中的农村教育附加、经国家批准的农村教育集资以及正常财政投入的总体水平,并逐步有所增长,实现“保工资、保运转、保安全”的基本目标。要将农村中小学教师工资发放工作上收到县,设立教师工资专户,按国家规定标准及时足额发放,不准发生新的拖欠;学校收取的杂费要全部用作学校正常的办公经费,不得用于发放工资或福利。农村中小学正常运转所需公用经费的不足部分,由县级财政给予补助;建立、健全农村中小学正常的危房改造资金保障渠道,省级财政应根据本地实际情况,从农村税费改革专项转移支付资金中,每年安排一定资金用于学校危房改造,确保师生安全。要加快推进农村义务教育管理体制改革,精简教师队伍,调整教育布局,提高教学质量。

三、进一步调整完善有关农业税收政策

试点地区应进一步完善和落实二轮土地承包制度,稳定党在农村的基本政策。农业税征收机关在核定农业税计税面积时,对因自然灾害、合法征占减少的耕地,应据实核减。对未经合法审批,因长期建设占地、农村兴办公益事业占地等因素减少的计税土地,应先据实核减,并由占地单位按规定补办审批手续和补缴税款;确有困难的,应先登记造册,暂不纳入计税面积,另行处理,不得将这部分面积计算的农业税负担平摊到农民头上。新增试点地区核定常年产量,可依据改革前连续 5 年实际平均产量,并充分考虑当地实际情况，征求农民意见，得到农民认可。村与村之间自然条件有明显差异的，核定的常年产量应有所区别，防止搞“一刀切”。农业税计税价格由各省级人民政府综合考虑本地区粮食市场价、保护价和农民承受能力等因素合理确定，并注意与毗邻地区衔接。计税价格明显偏高的地方，应实事求是地进行调减。除国家政策调整外，一经正式确定的农业税负担要保持长期稳定。

各地区应结合实际，逐步缩小农业特产税征收范围，降低税率，为最终取消这一税种创造条件。

四、加强和规范农业税及其附加征收工作

试点地区要实行农业税征收机关负责征税、聘请协税员协税的农业税收征管制度。乡镇政府和村级组织应积极协助征收机关做好农业税及其附加征管工作，但不得代行执法权。

非农业税征收人员不得直接收取税款。农业税征收机关要坚持依法征收，规范农业税收征管程序，建立、健全纳税登记、纳税申报、纳税通知制度，逐步实现农业税收征收方式由上门征收向定点常年征收转变。要加强税收宣传工作，引导农民积极依法纳税，履行应尽义务。农业税附加、农业特产税附加由农业税征收机关与正税同步征收，实行乡管村用，由乡镇经营管理部门监督管理，只能用于村级组织正常运转需要，任何单位和个人不得截留、平调。要加强农业税征管机构队伍建设，配备必要的征管人员。必需聘请的协税员，应通过岗前培训，持证上岗。加快农业税收征管计算机信息系统建设，努力提高工作质量和服务水平。

五、健全和完善农业税减免制度

农业税(包括农业税附加)灾歉减免应坚持“轻灾少减，重灾多减，特重全免”的原则。认真落实农村各项社会减免政策，加大对革命老区、贫困地区、少数民族地区，以及革命烈士家属、在乡革命残废军人的农业税减免力度。改进农业税减免方式。灾歉减免应尽量做到先减免后征收，社会减免必须实行先减免后征收，确保减免政策及时兑现到户。要适应农村税费改革后的新情况，建立稳定的农业税减免资金渠道。中央和省级财政每年应在预算中安排一定资金用于农业税减免，省级以下各级财政应从农业税征收总额中预留一定的减免机动资金，或在预算中安排相当数量的资金用于农业税减免，实行滚动使用。

六、妥善处理农民公平负担问题

农村税费改革后，由于农业税及其附加按照土地面积和粮食产量计税，客观上会造成一部分种地多的农民负担增加。因此，各地区在试点过程中，要结合本地实际，制定减免税等优惠政策，把因种地多出现农业税收负担高于改革前的负担部分切实减下来，以调动粮食主产区种粮农民的积极性。应注意解决好毗邻地区同等耕种条件土地的农业税负担相差过于悬殊的问题，促进农业税负担公平合理。中央和省两级财政安排的农村税费改革专项转移支付资金，要重点向农业主产区特别是粮食主产区倾斜。结合深化粮食流通体制改革和农村税费改革试点工作，借鉴国际通行做法，进行调整政府对农业和农民的补贴方式试点，逐步建立和完善直接补贴农民的办法。

七、严格执行村内“一事一议”筹资投劳政策

村内“一事一议”筹资投劳制度是农村基层民主政治建设的重要内容，必须长期坚持。各地区要适应新形势，转变观念，统筹安排农村集体公益事业发展，坚持走群众路线，及时制定和完善“一事一议”的议事程序、议事范围和上限标准。村内事业发展要坚持量力而行的原则，充分考虑农民的经济承受能力，有多少钱办多少事；充分尊重农民的民主权利，多数农民同意的事就办，不同意的就不办；决不能把“一事一议”筹资投劳变成农民负担的固定项目。

农业综合开发中农民筹资投劳，应纳入村内“一事一议”范畴，实行专项管理。其范围只限于受益村改善农业生产条件的建设项目，并与农民商议，由农民签字认可，实行民主决策、数量控制、以村为单位统一组织，不准搞强迫命令。确需农民投劳进行农业综合开发的项目，农民只出工，不得要求农民以资代劳，不得跨村筹劳；确需跨村使用劳动力的，应采取借工、换工或有偿用工等形式，不能平调使用农村劳动力。要逐步降低农民筹资投劳在农业综合开发中的比例。

暂停执行对不承包土地并从事工商业活动的农村居民收取资金用于村内公益事业的政策。已经收取的地方，要做好善后工作。

八、切实加强涉农收费管理

这是深化农村税费改革、从根本上减轻农民负担的一项重要内容。各地区和有关部门要进一步清理整顿涉农收费项目，加强对农村中小学生就学、计划生育指标审批、农村结婚登记、农民建房、农民外出务工等方面乱收费的专项治理。按照国家规定权限批准保留的行政事业性收费项目，必须在规定环节、范围和标准内收费，不得超范围、超标准收费或搭车收费。农村经营服务性收费，应按照自愿、有偿原则向农民收取，并实行公示制度；不准强制服务、强行收费，或只收费不服务。其中，向农民收取水费、电费等跨区域共同生产费用，要严格执行“受益缴费，计量收费”的原则，因大面积抗旱、排涝难以做到计量收费的，应按直接受益原则据实分摊，不得提前预收。今后，任何地方和部门一律不得出台涉及农民负担的行政事业性收费和政府性基金、集资项目。有关部门要切实加强农村税费改革后对农民负担的监督管理工作。

九、积极探索化解乡村债务的措施和办法

各地区要通过加快发展农村经济、深化农村改革，积极探索通过债权债务抵冲、依法削减高利贷、加强内部控制、节约开支、盘活集体存量资产等有效办法逐步化解乡村债务。

乡镇机构的债务，要靠发展经济，完善财政体制等办法妥善解决；村级组织的债务，要在防止发生新债的基础上，摸清底数，分清责任，结合实际制定办法，逐步化解。

各地区要暂停向农民收缴农村税费改革前的税费尾欠。对改革前农民的税费尾欠，要进行核实、登记、归类；对不符合有关政策规定的，要予以核销，不得再向农民追缴；对符合减免规定的税费尾欠，要给予减免；对农民历年形成的农业税收及符合政策规定的乡统筹和村提留费尾欠，采取先挂账的办法，待农村经济进一步发展、农民承受能力明显增强后再作处理。

十、加强督促检查，严肃改革纪律

各地区要建立、健全督查制度，改进督查方式，采取日常检查与重点督查、定期检查与随机抽查、明察与暗访相结合的方式，加大督促检查力度。对执行政策中出现的偏差，应及时纠正；对农民反映的问题，要认真对待，及时处理。地方各级人民政府都要建立、健全税费改革群众信访查处反馈制度，向社会公开政策咨询和群众举报电话，定期通报有关情况，自觉接受社会监督。要建立、健全税费改革工作责任追究制度，对违反农村税费改革政策特别是顶风违纪行为，必须依法严肃处理，重大案(事)件要公开曝光。要认真落实涉及农民负担案(事)件责任追究制。今后，凡是发现违反有关规定乱收费，或者歪曲中央改革政策加重农民负担的，不仅要追究县、乡党政主要领导的责任，而且中央财政要相应扣减给该地区的转移支付资金。

各地区和有关部门要注意研究农村税费改革试点中出现的新矛盾和新问题，加强专题调查，及时提出切实可行的解决办法。通过不断调整和完善收入分配政策，逐步实行城乡统一的税费制度，进一步解放和发展农村生产力；同时，加大对农村社会事业发展的财政支持力度，促进城乡经济和社会协调发展，加快全面建设小康社会的步伐。

以前农村税费改革有关政策规定与本意见不一致的，以本意见为准。

国务院

2003年3月27日

全国厂务公开协调小组第八次会议在北京举行

会议由中央书记处书记、中央纪委副书记、全国厂务公开协调小组组长何勇主持召开，他在会议上强调，各级厂务公开领导小组及有关部门，要深入学习贯彻“三个代表”重要思想和党的十六大精神，扎实工作、开拓创新，努力推进厂务公开工作的新发展。

这次会议对2002年的厂务公开工作进行了总结，审议并原则通过了《关于表彰全国厂务公开工作先进单位的决定》，研究部署了今年的厂务公开工作。

全国农业科技教育工作会议在北京召开

农业部部长杜青林在讲话中说，党中央、国务院把农业和农村工作作为重中之重，农业部门要把农业科技教育工作作为重中之重。他说，新中国成立以来，我国农业发展积累了一条宝贵的经验，那就是依靠科技进步不断提高农业生产率。50多年来，我国培育并推广的农作物新品种、新组合6000多个，粮、棉等主要作物品种在全国范围内更换了5—6次，每次更换增产10%以上，有效地提高了粮食等农产品的产量。科技在畜牧业、水产业增长中的贡献率均达到50%左右，为满足人们食物结构多样化的需求和出口创汇作出了重要贡献。

杜青林提出，新阶段“科教兴农”要紧紧围绕全面建设小康社会的中心任务，牢牢盯住农产品竞争力增强、农业增效、农民增收的主攻方向，构建与农业结构战略性调整要求相适应的农业科技进步与创新体系，完善和强化精干高效的农业科研、技术推广和农民培训的运行机制，满足建设现代农业、繁荣农村经济和可持续发展的科技教育需求，从总体上缩小与发达国家的差距，力争在一些尖端技术上与世界同步发展。

为此，农业部党组把今年确定为“全国农业科技年”，目的就是尽快形成加快农业科技进步的合力，为农业和农村经济发展提供有效的科技推动力。一是实施优势农产品竞争力提升科技行动，重点要攻克11种优势农产品的关键技术。二是在全国推广50项重大农业新技术，对500个优良农作物新品种进行展示和示范。三是对120万农民进行科技培训和进城务工技能培训。四是建设50个科教兴农与可持续发展示范县、51个生态农业示范县，建设100万户以沼气为重点的生态家园示范户。五是发送100万份农业技术操作规程等科普书籍、光盘，在西部地区建设500个农民科技书屋。农业部副部长张宝文、科技部副部长李学勇等出席会议并讲话。

全国人大常委会副委员长成思危到人民日报社视察人民网并做客强国论坛

民革在北京召开十届中常会第二次会议

民盟在北京举行九届中常会第二次会议

民进在北京举行十一届中常会第二次会议

中共中央政治局常委李长春在人民大会堂会见郑东泳率领的韩国新千年民主党代表团

国务院副总理吴仪在中南海紫光阁会见德国宝马公司董事长庞克

全国政协副主席李贵鲜在河内与越南政府总理潘文凯举行会谈

中国常驻联合国代表王英凡大使在联合国安理会就伊拉克问题发言阐述中国立场

王英凡说，美国等国不顾绝大多数国家的反对，绕开联合国安理会，对伊拉克发动了军事行动。这种做法违背了联合国宪章和国际法的基本准则。他对战争已造成伊拉克平民伤亡和财产损失，以及对该地区和世界的安全、稳定和发展所带来的影响深表关切和不安。

王英凡重申，中国政府一直主张在联合国框架内政治解决伊拉克问题，要求伊拉克政府全面、切实地执行安理会有关决议。

王英凡强调，安理会肩负着维护世界和平与安全的首要责任。他表示，中国赞成并支持安理会继续在伊拉克问题上发挥重要作用。他说，安理会正在安南秘书长建议的基础上加紧磋商有关就调整“石油换食品”计划的决议草案，以缓解伊拉克人民的紧急人道需求。中国代表团以积极和建设性的态度参加了有关磋商，希望各方尽快就此达成一致。中国政府向伊拉克提供的人道救援物资将于近日启运，送往约旦。中国将继续提供力所能及的人道援助。

王英凡还说，中国政府一贯致力于维护世界和平与稳定，主张通过政治手段解决国际争端，反对在国际事务中使用武力或以武力相威胁。我们强烈呼吁有关国家停止军事行动，重新回到政治解决伊拉克问题的正确道路上来。

中国红十字会向伊拉克难民提供10万美元捐款

中国社科院在北京召开2003年度工作会议

会议决定，中国社会科学院今年将突出办好研究所这个重心，以建立现代科研院所新体制为依托，努力建设一批国内一流、国际知名的学科研究所。

中国社科院院长陈奎元说，办好社科院，核心是办好各个研究所。要建设国内一流、国际知名的研究所，关键在于研究所是否拥有一批一流的品牌，其中最重要的是要拥有一流的科研队伍、一流的科研成果、一流的优势学科、一流的研究环境。为了达到这“四个一流”，社科院各研究所必须根据具体情况，制定出切实可行的发展规划。

目前中国社科院有37个学科研究所，其中的一些研究所如社会学所、考古所、法学所、工业经济研究所和人口所等都已在国内和国际上享有了一定的知名度和权威性。按照中国社科院的规划，在不长的时间内争取一半左右的研究所都达到在国内、国际享有盛誉的水平，从而真正把中国社科院建设成为世界学术界瞩目的“思想库”和“智囊团”。

全国竞技体育工作会议在武汉闭幕

这是国家体育总局自1998年召开全国训练工作会议和1999年召开全国竞赛工作会议后，第一次组织召开的以竞技体育为中心内容的全国性工作会议。会议为期3天，主题是“与时俱进，全面部署，狠抓落实，整体推动新时期奥运争光计划的实施”。

在会上，国家体育总局副局长李富荣主要从我国竞技体育面临的形势和任务、对当前我国竞技体育工作的意见和2003年竞技体育工作的要点进行阐述和部署。

在本次会议上，共有《2008年奥运争光行动计划项目实施方案》《中华人民共和国第十届运动会竞赛规程总则》《全国运动员注册与交流管理办法》3个主要文件提交大会进行讨论。

此外，会上还有11个省区市和5个运动项目中心分别就本地区、本项目备战2004年奥运会工作做大会经验交流发言。国家体育总局在对各省区市充分调研的基础上，撰写出《各省区市备战2004年、2008年奥运会调研情况报告》，整理出《2003年国内国际赛事一览》供与会代表参阅。

国家体育总局副局长段世杰在总结讲话中表示：“本次会议汇聚了全国竞技体育各方面的代表，从不同角度，各个层面研究了奥运工作，标志着备战2004年奥运会进入新的阶段，2008年奥运会工作全面启动。”

段世杰说，未来五六年的时间里，我国竞技体育面临着两条线作战的艰巨任务。一是抓好参赛队伍，争取优异成绩；二是组织好奥运竞赛。要重点抓好“七支队伍”，即竞技体育的管理者队伍、竞赛组织者队伍、教练员队伍、运动员队伍、裁判员队伍、外事人员队伍和科研人员队伍。

来自全国各省（区、市）体育局负责人、竞体处和训练单位负责人；新疆生产建设兵团、总参、总政体育部门、各行业体协、国家体育总局机关各厅、司、局负责人；奥运项目运动管理中心负责人、各项目部室负责人、各项目国家队主教练；各有关直属单位等260多人出席了本次会议。

韦加宁同志先进事迹报告会在人民大会堂举行

报告会由卫生部、北京市委、北京市政府联合举行。中共中央政治局委员、国务院副总理吴仪，中共中央政治局委员、北京市委书记刘淇在会前亲切会见了韦加宁和报告团成员，高度赞扬韦加宁的先进事迹和崇高精神，号召广大医务工作者向韦加宁学习。

韦加宁是北京积水潭医院医生。他潜心于手外科的研究和发展，医术精湛，医德高尚，已做过5万多例手术，其中有的手术达到了世界手外科前沿领域的最高水平。他还结合自己的临床实践，参加了28部医学专著的编写工作。韦加宁在身患重病的时候，仍争分夺秒地编辑绘制有关图谱，把一切全部奉献给了医疗事业。

人事部副部长尹蔚民在会上宣读了《国家人事部、卫生部关于授予韦加宁"白求恩奖章"的决定》。卫生部副部长王陇德向韦加宁颁发了中国卫生界的最高荣誉——白求恩奖章。韦加宁先进事迹报告团成员、北京市卫生局工会主席齐敬宁、韦加宁同志的夫人、北京积水潭医院主任医师李景英和青年医师陈山林分别从不同侧面讲述了"白求恩式医务人员"、积水潭医院手外科专家韦加宁把病人当亲人、把工作当乐趣、把医术当艺术、把一生献给党的崇高品格和无私奉献精神。

中宣部、国务院办公厅、卫生部、人事部和北京市有关方面负责同志也会见了报告团成员。卫生部部长张文康在报告会上讲了话。他号召广大卫生工作者向韦加宁同志学习。

首都各界群众近千人参加了报告会。

3月28日

中共中央总书记胡锦涛在北京主持召开中共中央政治局会议

会议讨论了《关于进一步改进会议和领导同志活动新闻报道的意见》和《关于中央政治局同志出国访问的规定》，并决定于近日实施。

会议还研究了其他事项。

中共中央总书记胡锦涛在北京主持中共中央政治局第三次集体学习

这次集体学习安排的内容是世界就业发展趋势和我国就业政策研究。中国人民大学曾湘泉教授、中国社会科学院蔡昉研究员就这个题目进行了讲解，并提出了他们的研究建议。

中央政治局各同志认真听取了他们的讲解，并就有关问题进行了深入的讨论。

胡锦涛在主持学习时发表了讲话。他指出，就业是民生之本，是人民群众改善生活的基本前提和基本途径。我们必须坚持把促进就业作为关系改革发展稳定全局的重大战略任务，实行促进就业的长期战略和政策。

中央和国家机关有关方面负责人也参加了学习。

全国人大常委会委员长吴邦国在人民大会堂会见圭亚那总统贾格德奥

国务院总理温家宝在中南海紫光阁会见圭亚那总统贾格德奥

国务院总理温家宝到新疆维吾尔自治区地震灾区考察慰问

3月28日晚10时30分，温家宝一行乘专机经过5个半小时的飞行后抵达喀什机场。随即，他在中共中央政治局委员、新疆维吾尔自治区党委书记王乐泉，自治区主席司马义·铁力瓦尔地的陪同下，连夜转乘火车赶赴地震灾情最严重的巴楚县。

3月29日，温家宝一行从巴楚县驱车2个多小时，来到民房全部倒塌、死亡256人的琼库恰克乡。温家宝先后到受灾农户家中、灾民居住的帐篷和临时搭建的新房走访慰问，了解灾后生活情况。他来到琼库恰克乡6村党支部书记达吾提·阿西木的家。在地震中，他家6口人中有5位遇难。当时，他顾不上照看从瓦砾中挖出的亲人，迅速召集村里的十几名党员，逐户寻找和营救存活者。温家宝握住他的手说，"你是个好党员，你的行为体现了一个共产党员的先锋模范作用，地震虽然强烈，但震不垮共产党员的意志"。

温家宝十分关心灾区孩子们的上学问题。29日中午时分，他来到琼库恰克乡中学。学校原来的教室在地震中大多倒塌或成为危房。在社会各界大力支持和人民解放军的帮助下，地震发生3天后，学生们便走进一个个临时搭起的简易教室和帐篷中上课。温家宝走进用帐篷搭起的临时教室里，亲切地向师生们问好，鼓励孩子们努力学习，多学本领，长大后把家乡建设得更美好。

温家宝还到巴楚县人民医院和喀什地区第二人民医院，探望和慰问在地震中受伤入院治疗的部分群众。

29日17时许，温家宝前往喀什南疆军区，慰问参加抗震救灾的解放军指战员、武警官兵。在喀什期间，温家宝还看望了喀什爱国宗教人士。

当天晚上，温家宝听取了新疆维吾尔自治区党委、政府及喀什地委、行署抗震救灾工作汇报。他对前一阶段各级党委和政府在抗震救灾工作中坚强有力的领导给予充分肯定，并高度赞扬这次抗震救灾中谱写了军民团结的新篇章，谱写了各族人民团结的新篇章。他说，灾区当前要重点抓好生产自救、重建家园和社会稳定工作。春耕在即，要一手抓抗震救灾，一手抓恢复生产。重建家园要抓紧住房、校舍、医院等与灾区群众生产生活密切相关的设施建设。

温家宝强调，要高度重视社会稳定工作。要建设一个繁荣的新疆，加快新疆经济社会发展，必须加强军民团结、民族团结，不断巩固和发展目前安定团结的良好局面。

陪同温家宝考察慰问的有关方面负责人有刘江、魏礼群、宋瑞祥、尤权、杨衍银、楼继伟、郑一军、敬正书、朱庆生等。

九三学社在北京举行十一届中常会第二次会议

会议审议通过了《九三学社关于学习贯彻十届全国人大一次会议和全国政协十届一次会议精神的决议》，还审议并原则通过了《九三学社中央委员会专门委员会条例》《九三学社中央常务委员会工作制度》《九三学社中央2003年工作要点》。

台湾民航飞机首次飞越祖国大陆空域

台湾“中华航空公司”CI—065班机3月27日深夜从台北桃园机场启程，飞越祖国大陆空域前往荷兰阿姆斯特丹。这是台湾民航飞机首次飞越祖国大陆空域。

台湾“华航”班机至阿姆斯特丹航线原本是由台北飞到曼谷短暂停留后，再经中东地区到阿姆斯特丹，飞行时间12小时。由于近期爆发伊拉克战争，为确保台湾民航飞机的飞行安全，祖国大陆批准台湾“华航”飞机改飞大陆开放的应急航路至中亚、欧洲。这样，从本月27日起，“华航”所有班机到曼谷短暂停留后，就改飞昆明、成都、兰州、乌鲁木齐等4个祖国大陆航区，再直飞阿姆斯特丹，全程比原先航线节省15到30分钟。

中国民航总局有关部门负责人3月21日表示，祖国大陆有关部门愿意为飞越大陆空域的台湾航空公司的飞机提供安全优质的航行保障服务，欢迎台湾有关航空公司尽快向祖国大陆民航业务主管部门提出申请，并就具体技术细节进行沟通。除“华航”外，台湾长荣航空也于27日取得中国民航总局的飞越许可。

外交部部长李肇星应约与乌克兰外长兹连科通电话就两国关系和伊拉克战争等问题交换意见

2002年度全国十佳运动员评选在上海揭晓

经群众投票，本年度十佳运动员从52个候选者中选出，他们是：杨扬、姚明、张怡宁、李小鹏、陶璐娜、郭晶晶、诸宸、聂亚丽、隋菲菲和刘翔。

“与艾滋病作斗争——121联合行动计划”在北京启动

此项大型慈善公益活动由中国预防性病艾滋病基金会发起，卫生部、教育部、科技部等31个部级单位和中华慈善总会等47个社团组织以及联合国艾滋病规划署等积极参与支持。

每年的12月1日是世界艾滋病日，以“互相关爱共享生命”为主题的“121联合行动计划”，旨在通过多部门、多组织的协作和参与，最大限度地整合和利用现有的社会资源，充分发挥各自优势，以多种形式深入持久地开展艾滋病预防和宣传教育，倡导人们奉献爱心，营造一个关心、帮助和不歧视艾滋病人及病毒感染者的宽松社会环境，从而唤起全社会对艾滋病防治工作的关怀、理解、支持和参与。

据悉，截至2002年年底，我国艾滋病毒感染者已超过100万人。启动仪式上，中科院院士、卫生部艾滋病性病预防控制中心首席科学家、中国预防性病艾滋病基金会会长曾毅呼吁：社会各界人士积极参与投入到宣传预防艾滋病的工作中去。

“中国预防性病艾滋病基金会121艾滋病捐助中心”同时成立。

中国儿童少年基金会秘书长程淑琴代表组委会宣读了与艾滋病作斗争的121联合行动计划宣言，卫生部副部长马晓伟、联合国艾滋病规划署官员雷若舟先生、中国预防性病艾滋病基金会宣传员蒋雯丽等分别讲话。全国人大常委会副委员长何鲁丽、全国政协副主席张思卿出席了启动仪式。

陕西佛坪发生山火9人在灭火中牺牲

3月28日中午1时左右，距陕西省佛坪县城北约1公里的塘湾村山上突然发生火灾。县委、县政府接到报告后，立即组织力量赶赴现场进行扑救。在灭火中，9名机关干部不幸以身殉职，包括佛坪县林业局局长在内。

3月29日

“建绿色家园——共和国部长义务植树”活动在北京举行

来自全国绿化委员会、中央各部门、国务院各部委、首都绿化委员会的156名部级领导挥锹培土、播春洒绿，在海淀区四季青乡栽下了1500多株油松、侧柏等树木，为首都浓重的春意再添秀色。

全国绿化委员会副主任、国家林业局局长周生贤在植树现场说，在全民义务植树运动的推动下，我国国土绿化取得了历史性的突破，特别是六大林业重点工程全面实施，造林绿化质量显著提高，森林资源保护得到有效加强。截至2002年年底，全国已完成造林面积1.12亿亩，首次突破年造林1亿亩大关，全国城市绿化覆盖率已达29.5%，人均公共绿地面积7.73平方米。

这次“建绿色家园——共和国部长义务植树”活动由全国绿化委员会、中共中央直属机关绿化委员会、中央国家机关绿化委员会、首都绿化委员会共同举办。今年是第二次举办共和国部长植树活动。

全国“法律进社区”活动在北京启动

以北京市丰台区举办的“法律进社区”活动为标志，2003年全国“法律进社区”活动迈出第一步。

根据中央关于加强社区建设的精神，2002年中央文明办、中央综治办、司法部、全国普法办联合开展了“法律进社区”活动。为了进一步推动这一活动的深入开展，四部门与有关部门近日制定下发了《关于继续深入开展科教、文体、法律、卫生“四进社区”活动的通知》，决定2003年在全国全面开展“法律进社区”系列活动。

中央政法委副秘书长、中央综治办主任陈冀平在启动仪式上说，开展“法律进社区”活动的根本目的，在于提高社区居民的法律素质，增强社区居民遵守法律的意识，自觉运用法律武器保护自身的合法权益。“法律进社区”活动要真正把法律送进社区，诚心诚意地为社区群众服务，维护群众的合法权益。

司法部副部长胡泽君要求，要努力做到每个社区建设一个法制宣传专栏，每个季度上一堂法制课，每个社区配一套法律图书，建一支法制宣传教育志愿者队伍。要建立、健全社区法律服务网络，为社区居民提供优质、便捷的法律服务。要进一步建立和完善社区法律服务、法律援助工作机制，把广大律师、公证员、法律援助和基层法律服务工作者等力量充分整合，使社区法律服务工作更加生动活泼。

援助约旦境内伊拉克难民人道主义救援物资启运仪式在乌鲁木齐举行

国家商务部、新疆维吾尔自治区有关领导出席启运仪式。国家商务部援外司副司长夏云贵在启运仪式上说：“中国政府将在力所能及范围内对伊拉克难民提供人道主义援助。中国政府强烈希望这场战争尽快结束，使伊拉克问题重新回到联合国政治解决的轨道上来。”

此次援助的物资为100顶帐篷。据悉，4月上旬我国政府还将陆续为约旦境内伊拉克难民运送400顶帐篷。

第二十届“中国戏剧梅花奖”评选结果在北京揭晓

获奖名单如下：

梅花奖二度获得者：3名

王红丽　河南小皇后豫剧团

田蔓莎　四川省川剧学校青年川剧团

刘玉玲　北京市河北梆子剧团

戏曲：17名

贾文龙　河南省濮阳市豫剧团

王书龙　江苏省盐城市淮剧团

王珍如　山西省晋中市青年晋剧团

王洪玲　河北省河北梆子剧院

赖琼霞　广东省珠海市粤剧团

孙勇波　成都市川剧院

张彩萍　山西省大同市雁剧青年团

彭青莲　湖北省地方戏曲艺术剧院

崔光丽　四川省川剧院

王锦文　浙江省宁波市甬剧团

刘惠欣　中国评剧院

陈　春　天津市河北梆子剧院

徐金仙　石家庄市评剧院青年评剧团

王桂荣　辽宁省锦州市京剧团

李新花　山东省济宁市豫剧团

李丹瑜　云南省花灯剧团

杨帅学　河南省曲剧团

话剧：5名

杨立新　北京人民艺术剧院

张丰毅　中国国家话剧院

朱　衡　甘肃省话剧团

曾拥军　青岛话剧院海尔儿童艺术剧团

姚居德　辽宁人民艺术剧院

歌剧：1名

刘燕燕　总政歌剧团

3月30日

国务院领导同志就重点林区森林防火工作作出批示

3月下旬以来，黑龙江省大兴安岭地区相继发生多起草甸、森林火灾。中共中央政治局常委、国务院总理温家宝作出重要批示，要求高度重视大兴安岭等重点林区的森林防火工作。落实各项防火措施,严格责任制。中共中央政治局常委、国务院副总理黄菊,中共中央政治局委员、国务院副总理回良玉等领导同志也分别作出重要批示,要求采取有力措施,防止火势蔓延,确保人民生命财产安全。

近四年来大兴安岭林区持续干旱,降雨降雪极少,特别是去年大兴安岭北部地区降水量仅为160毫米,为50多年来最低值,今年春天仍未形成有效降水,气温又比常年偏高1摄氏度,地下可燃物多而干燥,火险等级极高。

3月22日,呼玛县、松岭区境内相继发生草甸火多处,部分向林缘蔓延。火灾发生后,国家林业局局长周生贤、黑龙江省省长宋法棠迅速对扑救工作作出部署,并派出工作组组织扑救。国家林业局副局长雷加富、黑龙江省副省长付晓光及时赶赴火场协调指挥,当地政府和林业部门奋力组织扑救。经过广大林业干部职工和森林武警部队官兵艰苦扑救,大部分火场已得到控制。没有发生人员伤亡。

澳门基本法推广协会举行盛大酒会隆重纪念基本法颁布十周年

中国联通在北京宣布CDMA通信系统全面升级

基于2.5代网络技术的CDMA1X系统投入商用,这意味着手机的"高速公路网络"初步建成,以前受限于带宽而无法实现的一些功能和服务现在已无障碍。

据中国联通总裁王建宙介绍,升级后的CDMA1X网络容量翻番至3500万,通话质量将大大改善,网络传输速率是原CDMA的10倍。

3月31日

《人民日报》发表评论员文章《向郑培民同志学习兴起学习贯彻"三个代表"重要思想新高潮》

政协第十届全国委员会第一次专门委员会主任会议在北京举行

中共中央政治局常委、全国政协主席贾庆林出席会议并讲话。他强调,政协专委会要坚持以"三个代表"重要思想和中共十六大精神为指导,围绕中心,服务大局,选准角度,发挥优势,针对经济和社会生活中的突出矛盾,积极参政议政、建言献策,为中共中央和国务院的决策提供科学依据,开创新一届政协专委会工作的新局面。

全国政协副主席王忠禹主持会议。

在听取各专委会负责人关于本年度专题调研的设想及开展工作意见和建议汇报后,贾庆林就进一步做好政协专委会的工作提出了四点要求:第一,要进一步增强做好专委会工作的责任感;第二,要切实抓好中共十六大和"两会"精神的学习贯彻;第三,要努力提高专委会工作的水平;第四,要尽快适应政协专委会主任的新角色。

全国政协副主席刘延东、张思卿、白立忱、罗豪才、周铁农、陈奎元、徐匡迪、黄孟复、王选、张怀西、李蒙,秘书长郑万通出席会议。

国办下发《关于调整全国整顿和规范市场经济秩序领导小组组成人员的通知》

各省、自治区、直辖市人民政府,国务院各部委、各直属机构:

根据国务院机构改革和人员变动情况,国务院决定调整全国整顿和规范市场经济秩序领导小组(以下简称领导小组)组成人员。现将有关事项通知如下:

一、领导小组的主要职责

(一)负责统一领导全国整顿和规范市场经济秩序的工作,指导、部署和协调各项专项整治行动。

(二)定期检查各地区、各部门的工作进展情况,及时向国务院报告整顿和规范市场经济秩序中的重大事项。

二、领导小组的组成

组 长:吴仪国务院副总理

副组长:徐绍史国务院副秘书长

成 员:(略)

三、领导小组办事机构的设置

领导小组办公室设在商务部,承担领导小组的日常工作。办公室主任由商务部副部长张志刚兼任,副主任由公安部副部长赵永吉、监察部副部长陈昌智、工商总局副局长甘国屏、质检总局副局长蒲长城、食品药品监管局局长及商务部一位部长助理担任。

国务院办公厅

2003年3月31日

国办下发《关于调整全国绿化委员会成员的通知》

各省、自治区、直辖市人民政府,国务院各部委、各直属机构:

根据国务院机构设置及人员变动情况和工作需要,国务院决定对全国绿化委员会的组成部门和人员进行相应调整。现将调整后的名单通知如下:

主 任:回良玉(国务院副总理)

副主任:

周生贤(国家林业局局长)

汪 洋(国务院副秘书长)

周友良(总后勤部副部长)

刘 江(国家发展和改革委员会副主任)

廖晓军(财政部副部长)

仇保兴(建设部副部长)

牛有成(北京市副市长)

委 员:(略)

全国绿化委员会办公室设在国家林业局,周生贤同志兼任办公室主任。

国务院办公厅

2003年3月31日

国办下发《关于调整国家防汛抗旱总指挥部成员的通知》

各省、自治区、直辖市人民政府,国务院各部委、各直属机构:

根据国务院机构设置及人员变动情况和工作需要,国务院决定对国家防汛抗旱总指挥部的组成部门和人员进行相应调整。现将调整后的名单通知如下:

总指挥:回良玉(国务院副总理)

副总指挥:汪恕诚(水利部部长)

汪 洋(国务院副秘书长)

秘书长:鄂竟平(水利部党组成员)

副秘书长:(待定)(总参作战部部长)

成 员:(略)

国家防汛抗旱总指挥部在水利部单设办事机构,鄂竟平兼任办公室主任。

国务院办公厅

2003年3月31日

国务院副总理回良玉在北京出席气候变化国际科学讨论会开幕式并发表讲话

回良玉说,在中国政府的支持下,中国国家气候委员会在北京召开气候变化国际科学讨论会,并把"气候变化——科学与可持续发展"作为主题,具有现实的科学意义和深远的社会意义。这反映出中国政府和中国科学家对气候变化与可持续发展问题的高度重视,也反映了国际科学界对气候变化及其对人类社会可持续发展影响的高度关注。

回良玉指出,中国气候类型多种多样,每年洪涝、干旱等极端气候事件灾害频繁发生,对中国经济建设和社会发展有着很大影响。中国政府一贯重视气候变化问题,1992年签署了《联合国气候变化框架公约》,制定了《中国21世纪议程》,提出实施可持续发展战略,2002年核准了《京都议定书》和《可持续发展国家报告》。多年来,为了做好中国的气候变化工作和履行相应的国际义务,中国政府成立了国家气候变化对策协调小组和国家气候委员会,积极参与政府间气候变化专门委员会、联合国气候变化框架公约等相应的国际活动,发挥了重要的建设性作用。中国政府一直积极支持中国科学家开展气候变化研究工作,组织科学家研制气候系统模式、编制气候变化国家评估报告。中国政府将继续支持中国科学家与各国科学家对全球气候变化问题的研究和交流。

来自61个国家及世界气象组织等国际机构的250多位代表对极端天气气候事件与气候变化、气候系统的过程与相互作用等内容进行了广泛交流和讨论。

国家林业局在北京召开全国森林防火电视电话会议

陕西、黑龙江等地近日陆续发生森林火灾,国务院总理温家宝,国务院副总理黄菊、国务院副总理回良玉,国务委员兼国务院秘书长华建敏作出批示,要求各地认真落实森林防火责任制,提高警惕,克服麻痹思想,检查隐患,堵塞漏洞,作出切实可行的部署,要求要明确,态度要坚决,措施要具体,确保不发生大的森林火灾。

国家林业局局长周生贤在会议上要求各地把森林防火工作作为当前林区头等大事,强化管理,加强预防,全力做好当前的森林防火工作,确保森林资源和人民生命财产安全。

中国人民银行宣布停止执行26项行政审批项目

据悉,此次停止执行的26项行政审批项目包括:经营已退出流通的人民币审批,人民币伪钞鉴别仪产品生产许可证审批,黄金收购许可,黄金制品生产、加工、批发业务审批,黄金供应审批,黄金制品零售业务核准,白银进口(境)审批,贷款证发放核准,贷款证变更核准,贷款卡变更核准,贷款证解停核准,贷款卡解停核准,银行汇票业务准入与退出审批,外资金融机构代表处展期审批,政策性银行支行副行长任职资格备案,股份制商业银行支行副行长任职资格备案,从事金融审计业务会计师事务所资格审查,商业银行票据承兑类中间业务审批,商业银行开出信用证类中间业务审批,商业银行担保类中间业务(包括备用信用证业务)审批,商业银行贷款承诺类中间业务审批,商业银行代理政策性银行、外国政府和国际金融机构贷款业务类中间业务备案,商业银行代理资金清算类中间业务备案,商业银行代理其他银行银行卡的收单业务(包括代理外卡业务)类中间业务备案,银行外汇业务非主管人员从业资格认证,非国有商业性银行罚款代收机构确定。

中共中央决定宋法棠同志任黑龙江省省委书记

湖南省十届人大常委会第一次会议决定周伯华为代理省长

外交部部长李肇星就伊拉克及朝核等问题与英国外交大臣杰克·斯特劳通电话

中联部副部长张志军率中共代表团启程出访欧洲三国

张志军是应意大利左翼民主党、葡萄牙社会党和西班牙工人社会党的邀请，出席意大利左翼民主党纲领代表大会，并对上述三国进行友好访问。

中国代表团团长胡小迪在联合国2003年裁军审议委员会全会上阐述中国关于裁军问题的主张

胡小迪说，一些事态发展令人关切。首先，尽管核武器的数量在减少，但其在某些国家战略中的作用未能大幅度减低。其次，发展导弹防御系统和外空武器对全球战略稳定产生了消极影响。另外，国际安全环境的恶化加大了核扩散的风险。他说，中国主张各国均须奉行以互信、互利、平等、合作为核心的新安全观，并致力于建立公正、合理的国际政治经济新秩序，以便各国享有普遍安全，为核裁军取得进展创造积极的国际环境。

他说，任何国家都不应将武器引向外空，为此应谈判缔结有关国际条约。任何核裁军措施都应遵循战略稳定和各国安全不受减损的原则，都应有助于增进国际和平与安全。他呼吁拥有最大核武库的国家率先大幅度削减其核武库，以法律形式确定其承诺的削减，并对削减下来的核武器予以销毁。

人口计生委副主任王国强出席联合国大会关于人口教育与发展会议并发言

王国强在会议发言中说，联合国秘书长安南在关于人口教育与发展的报告中引用了大量翔实的数据，进一步阐明了人口、教育与发展互为依存的关系。这一事实在中国开展计划生育实践中已得到了充分的证实。

王国强说，国际人口与发展大会行动纲领把扫盲作为人类发展的一个前提，要求所有国家在2015年前对男女儿童完全普及初级或相等程度教育。中国政府在2000年年底实现了基本普及九年义务教育和基本扫除青壮年文盲的战略目标，并努力缩小教育上的性别差距，保障妇女在政治、社会、文化、教育和生殖健康等方面的合法权益。

王国强说，中国加入世贸组织给教育带来了机遇和挑战，中国将着力于国内人力资源的可持续开发，学习和借鉴先进国际经验，大力普及教育，加速培养紧缺人才，努力提高国民素质和国际竞争力。

中日两国在东京签署日元贷款合同

2002年度日本向中国提供的总额1212.14亿日元的政府贷款合同在东京签字。中国财政部副部长廖晓军和日本国际协力银行副总裁田波耕治分别代表中日双方签字，中国驻日使馆公使参赞吕淑云出席了签字仪式。

这次日元贷款主要用于安徽、河南、湖北、甘肃、广西、内蒙古等省、自治区的6个环保项目、内陆地区六省市的人才培养项目以及湖南省的扶贫项目。贷款条件为利率0.75%—2.2%，偿还期限为30—40年。

关于日本向中国提供政府日元贷款一事，外交部副部长王毅和日本驻华大使阿南惟茂于3月28日在北京举行了换文仪式。

我国首例成人胰岛细胞移植治疗Ⅰ型糖尿病在南京军区福州总医院获得成功

3月31日，接受手术的患者彻底摆脱了使用长达9年的胰岛素。

这一重大课题是由南京军区福州总医院副院长谭建明领衔的课题组，在世界成人胰岛细胞专家、美国迈阿密大学教授里柯迪的指导下，与上海市第一人民医院合作完成的。经国际成人胰岛细胞移植网络中心检索，这一手术也是亚洲第一例成功的成人胰岛细胞移植手术。

专家们认为，这例成人胰岛细胞移植手术的成功，标志着我国在这一领域的技术已达国际领先水平，从而为Ⅰ型糖尿病患者找到了根治方法。

4月1日

“依法诚信纳税,共建小康社会”高层研讨会在北京召开

研讨会由司法部、国家税务总局联合主办。全国政协副主席罗豪才、国家税务总局局长谢旭人、司法部部长张福森和有关部门负责人、经济界、法律界专家及中央新闻单位记者50多人参加了研讨会。研讨会的召开,拉开了从4月1日开始的第十二个全国税收宣传月的序幕。

全国政协副主席罗豪才指出,依法治税是全面实施依法治国方略的必然要求,是促进国民经济持续快速健康发展的客观需要,是实现税收工作目标的重要保证,是税收工作的基本方针和税务人员的基本职责。他说,税收立法工作还亟待加强和完善,建设税收法律体系的步伐需要进一步加快。税收执法有待进一步规范,执法监督制约机制亟待建立和完善。

司法部部长张福森说,要结合法律进社区、送法下乡等活动,使税法走进社区、走向基层,做到家喻户晓,不断增强全体公民诚信纳税的意识,提高征管部门依法治税的水平,为推进依法治国和全面建设小康社会的进程作出积极贡献。

国家税务总局局长谢旭人说,税收工作的重心正在逐步转向法治导向型,税收法制建设取得重要突破,税收执法水平不断提高,整顿和规范税收秩序收效明显,依法治税的社会环境明显改善。

会议由国家税务总局副局长钱冠林主持,国务院发展研究中心副主任谢伏瞻等在会上发言。司法部副部长胡泽君等参加了会议。

广西壮族自治区第十届人民代表大会常务委员会第一次会议决定陆兵(壮族)任自治区代理主席

国家主席胡锦涛根据全国人大常委会的决定任免驻外大使

一、免去江勤政的中华人民共和国驻斯里兰卡民主社会主义共和国特命全权大使兼驻马尔代夫共和国特命全权大使职务;

任命孙国祥为中华人民共和国驻斯里兰卡民主社会主义共和国特命全权大使兼驻马尔代夫共和国特命全权大使。

二、免去赵学昌的中华人民共和国驻阿曼苏丹国特命全权大使职务;

任命邓绍勤为中华人民共和国驻阿曼苏丹国特命全权大使。

三、免去陆伯源的中华人民共和国驻葡萄牙共和国特命全权大使职务;

任命马恩汉为中华人民共和国驻葡萄牙共和国特命全权大使。

四、免去张沙鹰的中华人民共和国驻阿根廷共和国特命全权大使职务;

任命柯小刚为中华人民共和国驻阿根廷共和国特命全权大使。

中共中央政治局常委吴官正在人民大会堂会见德国巴伐利亚州州长埃德蒙·施托伊贝尔

外交部发言人刘建超就美国发表所谓《2002年度国别人权报告》发表谈话

刘建超说:美国务院刚刚发表的所谓《2002年度国别人权报告》不顾事实,对中国的人权状况进行了无端指责。我们对此表示强烈不满和坚决反对。

在例行的记者招待会上,有记者问发言人:近日,美国务院在其发表的《2002年度国别人权报告》涉华部分中继续对中国的人权状况提出批评。请问你对此有何评论?

刘建超说,中国政府一贯致力于促进和保护人权和基本自由,并取得了巨大的成就。这是举世公认的事实。中国政府和中国各族人民正满怀信心地建设更加美好的未来。

他说,我愿利用回答你的问题的机会,奉劝美方多想想自己的问题,停止以人权为借口干涉别国内政,停止在人权问题上搞双重标准,以免继续失信于世界人民。

解放军总政治部发出通知要求在全军开展向郑培民同志学习的活动

4月2日

国家主席胡锦涛就玻利维亚北部地区发生严重泥石流灾害向玻利维亚总统桑切斯致慰问电

国务院总理温家宝在中南海紫光阁会见法国前总统现任欧洲制宪委员会主席吉斯卡尔·德斯坦及其率领的法国企业家代表团

国务院总理温家宝在中南海紫光阁会见德国巴伐利亚州州长埃德蒙·施托伊贝尔

国务院总理温家宝在北京主持召开国务院常务会议

会议听取了卫生部关于非典型肺炎防治工作的汇

报。会议认为，广东等少数地区发生非典型肺炎后，党中央、国务院高度重视，有关部门、有关地区做了大量工作，目前疫情已得到有效控制。全国绝大多数地区没有发现疫情，社会安定，各项工作秩序正常。为从根本上消除少数地区疫情，会议强调：(一)要把控制疫情作为当前卫生工作的重中之重。以卫生部部长为组长的非典型肺炎防治工作领导小组，负责指导非典型肺炎防治工作；由国务院副秘书长牵头的部际联席会议，协调解决有关问题。(二)及时向世界卫生组织通报疫情。近日由卫生部举行中外记者招待会，向社会公布疫情和预防控制措施。(三)进一步与世界卫生组织开展有效合作。(四)抓紧建立国家应对突发公共卫生事件的应急处理机制。会议要求各有关部门要密切协作，进一步加强监测，全面掌握疫情动态，千方百计控制疫情扩散蔓延，切实维护人民群众的健康。

会议讨论通过了《国务院2003年工作要点》。根据党中央关于2003年工作部署和十届人大一次会议精神，国务院2003年工作要点主要有十二项：(一)坚持扩大内需的方针，促进国民经济持续较快增长；(二)加快经济结构战略性调整，推进西部开发和老工业基地改造；(三)全面发展农业和农村经济，努力增加农民收入；(四)深化经济体制改革，继续整顿和规范市场经济秩序；(五)进一步扩大对外开放，积极拓展对外经济交流与合作；(六)大力做好增收节支工作，确保完成全年财政预算；(七)积极做好就业和再就业工作，加强社会保障体系建设；(八)加快科技教育发展，积极培养和用好人才；(九)继续实施可持续发展战略，促进经济与人口资源环境协调发展；(十)加强民主法制和精神文明建设，全力维护社会稳定；(十一)加强国防建设，推进祖国统一，做好外交工作；(十二)深化行政管理体制和机构改革，加强政府自身建设。会议强调，2003年是全面贯彻党的十六大精神的第一年，做好今年政府工作，具有十分重要意义。各地区、各部门要同心协力，奋发进取，努力开创各项工作的新局面。

会议讨论并原则通过了中国银行业监督管理委员会"三定"规定。新设立的中国银行业监督管理委员会将根据授权统一监督管理银行、金融资产管理公司、信托投资公司及其他存款类金融机构。

会议认为，为继承和发展中医药学，加强对中医药的规范化管理，保障和促进中医药事业的发展，保护人民健康，制定《中华人民共和国中医药条例》是十分必要的。会议决定，《中华人民共和国中医药条例(草案)》经进一步修改后，由国务院公布实施。

中共中央决定王家瑞任中央对外联络部部长

政协山东省第九届委员会第一次会议选举吴爱英(女)为省政协主席

卫生部部长张文康就防治非典型肺炎答记者问

问：什么叫非典型肺炎？此次流行的非典型肺炎有什么明显特征？发病原因究竟是什么？

答：非典型肺炎(Atypical pneumonias)是指由支原体、衣原体、军团菌、立克次体、腺病毒以及其他一些不明微生物引起的肺炎。而典型肺炎是指由肺炎链球菌等常见细菌引起的大叶性肺炎或支气管肺炎。

非典型肺炎主要通过近距离空气飞沫和密切接触传播，是一种呼吸道急性传染病。其临床主要表现为肺炎，在家庭和医院有聚集感染现象。

根据流行病学和临床治疗情况分析，本次疫情绝大部分病例经治疗后痊愈，愈后状况良好。概括起来主要有以下几个特征：1.发病时间是在呼吸道传染病容易高发的冬、春季节。2.临床上一般有持续发热，干咳，少部分病人有血丝痰和出现呼吸困难等特点，在症状、体征和实验室检查不同于典型的肺炎。3.从流行病学表现来看，本病主要以呼吸道飞沫传播为主。4.此病是可以治愈的，绝大部分患者已经康复出院。

此次非典型肺炎疫情的病原目前尚未最终确定，国内专家在5例非典型肺炎患者身上所取的标本中发现有衣原体样颗粒，而境外有专家认为可能是一种病毒，主要集中在冠状病毒或副黏液病毒。国内专家已排除了鼠疫、肺炭疽、钩端螺旋体病、流行性出血热、军团病等病原，现正集中研究确证是否属于冠状病毒、衣原体等几个重点病原。

问：目前，全国非典型肺炎发病人数有多少？死亡人数有多少？治愈出院人数有多少？

答：到3月31日，我国内地共报告发病1190例，主要集中在广东省的部分地区，有1153例。累计已治愈出院934例，其中广东911例。死亡病例共46例，其中广东40例。目前仍在医院治疗的210例患者，除6例病情严重外，其他患者均得到有效治疗。北京发现12例输入性病例，北京市卫生行政部门已及时采取措施，病原没有向社会扩散，也没有发现原发性病例。

问：发生非典型肺炎以后，我国政府在控制疫情方面采取了哪些措施？取得了哪些成果？

答：党中央、国务院领导对非典型肺炎疫情防治工作非常关心，多次专题研究作出明确指示，要求有关部门采取有力措施，切实维护人民群众的身体健康和生命安全。我部有3位部领导先后赴广东指导非典型肺炎防治工作，并3次派出专家组赴广东协助开展防治工作。有关地方党委、政府充分调集各方力量全力救治病人，确保患者得到及时妥善的医疗救助。广大医护人员与卫生防疫人员努力工作，救治病人，并广泛宣传医疗卫生知识，采取消毒、隔离措施，控制疫情的传播与蔓延，取得了明显效果。3月份，广东省新发病例比2月份下降47%，治愈出院患者增加507人，死亡人数大为减少。

问：为什么医务人员感染病例较多？

答：医务人员感染非典型肺炎病例较多，是因为在抢救与治疗、护理非典型肺炎病人的过程中，医务人员与病人的近距离接触较多，受到感染的可能也相应增加。在这种情况下，医务人员一直恪守救死扶伤的天职，坚持工作在第一线上。政府为了保护医务人员，加强了对医务人员的防护措施，加强病房的消毒和通风，避免医务人员过度劳累而导致身体抵抗力下降，采取必要的个人防护措施等，现在医务人员的发病已得到基本控制。

问：目前一些国家和地区先后发现了非典型肺炎病例，有外国媒体说，中国广东是非典型肺炎疫情的原发地，实际情况怎样？

答：目前，非典型肺炎的病因还没有最终查明，所以不能确定非典型肺炎的病原体来自何方。广东报告非典型肺炎病例比较早，但没有科学依据表明广东是病原体的发源地。事实上，国外有些病人并没有到过广东或香港，也还是发病了。那种认为某个地方发现病例较早就是疾病发源地的说法是不科学的。例如，艾滋病是在美国首先报告的，但不能说美国就是艾滋病的发源地。

问：我国政府如何同世界卫生组织合作共同征服非典型肺炎？

答：我国政府与世界卫生组织一直有着良好的合作关系，特别是在传染病预防与控制方面，双方有很多成功合作的经验。本次非典型肺炎发生后，我们先后三次邀请世界卫生组织专家来华，与我国专家就非典型肺炎防治的流行病学、病原学、临床诊断和治疗以及控制措施等广泛开展合作。世界卫生组织专家对我国卫生部门能及时排除鼠疫、肺炭疽、钩端螺旋体病、流行性出血热、禽流感等传染病原给予高度赞扬，对我国疾病预防控制机构专业人员的技术水平和工作能力给予充分肯定，对我国制定的非典型肺炎诊断标准和处理措施也给予很高评价。世界卫生组织专家认为，中国在非典型肺炎防治工作中积累了大量宝贵的经验，已摸索出此病传播的基本规律，制定了一套控制疫情和救治病人的有效方法，这将对其他国家控制疫情具有重要的参考价值。近日，我国专家将会同世界卫生组织专家前往广东进一步开展合作。

问：非典型肺炎是否能够预防，应当如何预防？

答：尽管此次非典型肺炎的确切病因还没有最后确定，但专家们已经摸索出了疾病传播的基本规律，是可以预防的，专家提出可以采取以下预防措施：

1. 培养良好个人健康生活习惯。如保持良好的个人卫生习惯，打喷嚏、咳嗽和清洁鼻子后要洗手；洗手后，用清洁的毛巾和纸巾擦干；不要共用毛巾；注意均衡饮食、根据气候变化增减衣服、定期运动、充足休息。减轻压力和避免吸烟，以增强身体的抵抗力。

2. 确保室内空气流通。经常打开所有窗户，使空气流通；保持空调设备的良好性能，并经常清洗隔尘网；在流行季节，尽量避免前往空气疏通不畅、人口密集的公共场所。

3. 出现症状要及时就医。

4. 不要去探访已明确诊断为非典型肺炎的病人。

5. 家长要教育儿童注意防护。

问：有许多国际会议和交流活动在中国举行，我国政府将采取哪些措施确保外国客人避免感染？

答：我国已经逐步有效控制了疫情，并积累了宝贵的经验。我部还将组织协调卫生、医药、工商、交通、广播电视等多个部门做好各项防治工作，保护参加各种会议与交流活动的来宾的健康。中国疾病预防控制中心已经制定了《全国非典型肺炎防治技术方案》，包括《非典型肺炎病例的临床诊断标准》、《非典型肺炎病例或疑似病例的推荐治疗方案和出院诊断参考标准》、《病人住所及公共场所的消毒》、《各种污染对象的消毒方法》、《社区综合性预防措施》等9项具体标准和方案；广东省卫生部门制定了《广东省公共场所预防控制非典型肺炎工作指引》。医疗卫生人员将按照这些标准和方案，加强对公共场所的管理和消毒等。卫生部将协助各主管部门，提供技术指导和支持，认真开展防治工作，确保来宾的身体健康和会议的顺利召开。

《人权》杂志发表题为《13年中国人权事业的发展》的文章

4月3日

国家主席胡锦涛在人民大会堂会见乌克兰总统库奇马

宾主进行了友好的谈话。胡锦涛说，两国在各领域的合作不断取得新的进展。中国新一届中央领导集体将始终不渝地致力于巩固和发展中乌友好合作关系，支持乌克兰为维护国家独立、主权和领土完整所做的努力，理解和尊重乌克兰根据本国国情选择的发展道路和制定的内外政策，支持乌克兰在国际和地区事务中发挥积极作用。

会见中，双方还就共同关心的国际和地区问题交换了看法。

库奇马说,近年来,乌中经贸关系进展顺利。两国经济既有很强的互补性,也存在着巨大的潜力。乌方愿切实努力,加强与中国在经贸、科技、教育等各方面的合作。

中央军委主席江泽民在中南海会见法国前总统现任欧洲制宪委员会主席吉斯卡尔·德斯坦

江泽民指出,中法经贸合作富有成果,两国经济有较强的互补性,双边合作仍有很大的潜力。

德斯坦对江泽民的会见表示感谢。他希望双方进一步加强经贸合作,推动两国关系的发展。

德斯坦此行是率团出席由中国贸促会、北京市人民政府和法国法中委员会举办的第九届中法经济研讨会。中国贸促会会长俞晓松、外交部副部长戴秉国等会见时在座。

国务院总理温家宝在北京出席全国农村税费改革试点工作电视电话会议并作重要讲话

温家宝指出,中央决定,今年农村税费改革试点工作在全国范围推开,这是深化农村改革、促进农村发展的一项重大决策。全面推开农村税费改革试点工作,要以"三个代表"重要思想为指导,认真贯彻党的十六大精神,以彻底减轻农民负担、促进农民增收为目标,理顺国家、集体和农民的分配关系,推动农村上层建筑的变革,建立与社会主义市场经济要求相适应的农业管理体制和运行机制,进一步解放和发展农村生产力。

温家宝指出,农村税费改革试点工作取得明显成效。农民负担大幅减轻,农村税费制度得到规范。密切了干群关系,加强了农村基层政权建设,维护了农村社会稳定。各地在农村税费改革试点中,大胆探索,勇于实践,积累了丰富经验。实践证明,中央关于农村税费改革的决策是完全正确的,得到了亿万农民的衷心拥护。

温家宝强调,农村税费改革是涉及全局的一项重大改革,要注意研究新情况,解决新问题,不断完善政策措施。第一,进一步减轻粮食主产区和种地农民的负担,是农村税费改革的一个基本政策取向。要加大对粮食主产区的支持力度,中央和省两级财政的转移支付,重点向农业主产区特别是粮食主产区倾斜。第二,取消农业特产税,应该成为推进农村税费改革的又一项重要措施。现在大部分地区已经具备取消农业特产税的条件,这些地区可以取消特产税。少数地区一时取消不了的,要缩小征收范围,降低税率,逐步取消。第三,严格把握政策界限。农业税及其附加不准超过国家规定的税率上限,确保改革后每个农户的负担水平都有所减轻,这要作为一条硬杠杠。新试点的地区和先行试点地区,都必须把减轻农民负担真正放在首位,确保农民负担明显减轻、不反弹,确保乡镇机构和村级组织正常运转,确保农村义务教育经费正常需要。第四,按照精简、统一、效能的原则,加快乡镇机构改革,切实转变政府职能。深化县乡财政体制改革和教育管理体制改革。国家财政今后每年新增加的教育、卫生和文化事业经费,主要用于农村。有条件的地方,要逐步扩大农村义务教育收费"一费制"实施范围,让更多农民受益。

温家宝要求,各地要加强对试点工作的领导。对改革方案和重要政策要认真研究,精心组织实施;对各项配套改革,要加强协调,周密安排;对群众反映强烈的热点问题,要深入调查研究,及时妥善解决。各有关部门要从全局出发,齐心协力,积极做好工作。要建立、健全农民负担监督管理机制,全面实行收费项目、标准公示制,自觉接受社会监督。

中共中央政治局委员、国务院副总理回良玉主持会议,并就贯彻落实这次会议精神提出了要求。他说,各级党委和政府要把思想认识统一到中央精神上来,严格执行政策,切实转变作风,扎扎实实地抓好税费改革试点工作。

安徽、江西省负责同志在会上发了言。中央和国务院有关部门的负责同志在主会场出席会议。各省、自治区、直辖市以及部分市县有关负责人在分会场参加会议。

中组部部长贺国强在北京出席中央保持共产党员先进性教育活动试点工作领导小组会议并讲话

中央保持共产党员先进性教育活动试点工作领导小组4月3日召开第二次会议,听取前段试点工作情况汇报,研究部署下一步工作。担任中央试点工作领导小组组长的贺国强强调,试点工作自始至终要以"三个代表"重要思想为指导,努力做到谋划工作以"三个代表"重要思想为根本依据,推进工作以"三个代表"重要思想为根本动力,检验工作以"三个代表"重要思想为根本标准。

贺国强强调,按照中央的要求,扎实推进试点工作,必须坚持"六个贯穿始终"。一要把不断提高思想认识贯穿试点工作的始终。要努力做到工作每向前推进一步,思想认识也要提高一步。要把解决突出问题和提高思想认识紧紧联系在一起,紧紧抓住解决突出问题这个关键,边学边改,边学边解决问题。大家看到了实际效果,认识就会提高,信心也就更加坚定了。二要把学习实践"三个代表"重要思想作为主线贯穿试点工作的始终。要组织广大党员认真学习《保持共产党员先进性教育读本(试用本)》,让大家知道“三个代表”重要思想的历史地位、科学内涵、精神实质是什么,对照“三个代表”重要思想自己的差距在哪里,按照“三个代表”的要求自己应该怎样做,不断增强广大党员学习实践“三个代表”重要思想的自觉性和坚定性。三要把激发党员参加先进性教育活动的内动力贯穿试点工作的始终。要激发党员自我教育、自我改进、自我提高的自觉性,要有群众的广泛参与,要发挥领导干部的带头和表率作用。领导的带动、群众的推动、良好氛围的营造,可以更好地激发党员的内动力。把这几个方面很好地结合起来,试点工作就有了充足的动力。四要把创新贯穿试点工作的始终。用“三个代表”重要思想指导试点工作,十分重要的一点,就是要坚持创新。要注意借鉴“三讲”集中教育、农村“三个代表”重要思想学习教育活动的有益经验,同时要大胆实践,大胆探索,大胆创新。要尊重基层的首创精神,善于总结基层的经验,带着问题和题目到基层去研究,到实践中去找答案。五要把见实效贯穿试点工作的始终。这就是要紧紧围绕发展这个第一要务展开,推动本单位各项工作任务的完成,要切实解决党组织和党员个人存在的突出问题,要认真研究回答中央提出的六个方面问题,为全党开展先进性教育活动提供经验。六要把加强领导贯穿试点工作的始终。试点省市和部门党委(工委、党组)要切实加强领导。试点单位党委要具体抓好落实,党委一班人要切实负起责任。

贺国强还就搞好“思想发动、学习培训”阶段的工作提出了要求。

4月2日,贺国强还到卫生部中日友好医院、交通部部机关,就试点工作情况进行调研,并听取了中央直属机关工委、中央国家机关工委和中央统战部、交通部、卫生部、铁道部有关试点工作情况汇报。

国务院副总理吴仪在北京出席中法经济研讨会并讲话

吴仪在研讨会上表示,本届研讨会把2008年奥运会对中国城市及经济可持续发展的作用与影响作为主题是很有意义的。中国政府支持北京市全力筹办2008年奥运会,这将对中国的城市建设和经济可持续发展产生积极的推动作用。

吴仪简要介绍了中国当前的经济形势。她强调,中国继续坚持扩大内需的方针,实施积极的财政政策和稳健的货币政策,不断提高对外开放水平,着力克服和解决前进中的困难和问题。吴仪说,中国今年经济增长目标为7%左右,现在看起来这个目标是可以实现的。

中法经济研讨会是由中国贸促会、北京市人民政府和法国法中委员会共同举办的,为期两天。700多名中法两国企业界人士参加了这次研讨会。

研讨会开幕前,吴仪会见了法国前总统、现任欧洲制宪委员会主席德斯坦一行。

国务院副总理回良玉在北京出席全国绿化委员会第21次全体会议并讲话

回良玉在讲话中指出,新时期的国土绿化工作,必须围绕全面建设小康社会的目标,以提升绿化质量和效益为中心,突出林业六大重点工程和全民义务植树两个重点,强化绿色通道工程、城乡一体化建设和部门绿化三项工作,落实组织领导、宣传发动、政策机制、科技支撑和法律保障五个方面的措施,努力开创新局面。

第一,全面提升国土绿化质量。要牢固树立质量第一的思想,遵循自然规律,搞好科学规划,加强科技推广,强化经营管护,认真检查监督,保证造一片、活一片、保存一片。

第二,抓好林业六大工程建设。中央和地方政府要把林业六大工程的建设投入,纳入财政预算,并把省级政府确定为工程建设的责任主体,以确保工程按期高标准完成。

第三,开展全民义务植树活动。要做好宣传发动工作,增强全民义务植树意识,有效组织适龄公民参加义务植树,大力提高尽责率,进一步丰富全民义务植树的实现形式。

第四,动员各部门参与国土绿化。要按照中央和地方事权财权划分,明确各部门与地方政府的责任。各地、各部门要分工负责,相互协作,加快绿色通道工程、城乡一体化建设,鼓励社会各界参与国土绿化工作。

第五,狠抓各项措施的落实到位。一要进一步落实目标责任制,将国土绿化工作列入重要议事日程,纳入本地国民经济和社会发展计划。二要将宣传发动与评比表彰有机结合起来,增强全民族、全社会支持和参与国土绿化的自觉性。三要理顺责、权、利关系,落实“谁造林、谁所有,谁管护、谁收益”的政策,充分调动和保护各种社会主体投资国土绿化的积极性。四要科学规划、科学设计、科学实施,切实提高国土绿化的科技含量。五要依法巩固国土绿化的成果,进一步加大执法力度,严厉打击破坏林草植被的违法犯罪行为。

会上,国务院副秘书长汪洋宣布了新一届全国绿化委员会成员名单,审议通过了全国绿化委员会副主任、国家林业局局长周生贤所作的工作报告,并决定对在2002年植树造林、绿化祖国的伟大事业中,作出突出贡献的同志颁发“全国绿化奖章”。

国务院新闻办发表《2002 年美国的人权纪录》白皮书

山东省第十届人民代表大会第一次会议选举张高丽为省人大常委会主任 韩寓群为省长

内蒙古自治区第十届人民代表大会常务委员会第二次会议决定杨晶(蒙古族)任自治区代理主席

外交部部长李肇星在北京会见俄罗斯副外长费多托夫

外交部副部长王光亚在北京就伊拉克等问题与俄罗斯副外长费多托夫举行磋商

中国、俄罗斯对仍在继续进行的伊拉克战争深表关注,对冲突导致的人道主义后果尤为不安。鉴此,中俄双方强调,应该完全遵守国际人道主义法的准则。

近几个月,围绕不断升级的伊拉克紧张局势,中俄两国为通过政治手段解决伊拉克危机作出了不懈努力。双方认为,对伊拉克的战争正超出地区范围,可能影响地区和世界的安全、稳定与发展。

双方呼吁有关国家停止军事行动,重新回到政治解决伊拉克问题的正确道路上来。

双方强调,联合国应继续在停止冲突和全面解决伊拉克问题方面发挥中心作用。联合国的参与应根据安理会早先通过的有关裁军、制裁和人道主义计划的决议,以及考虑到局势进一步发展可能通过的新决议。

双方表示,两国对伊拉克目前局势的看法一致,愿继续共同努力,争取恢复联合国框架内政治解决伊拉克问题的进程。

卫生部部长张文康就非典型肺炎防治情况答记者问

王国庆(国务院新闻办副主任):今天记者招待会的主题是关于非典型肺炎的防治,邀请卫生部长张文康向大家介绍有关情况。出席记者招待会的还有卫生部副部长马晓伟、卫生部疾病控制司司长齐小秋、中国疾病预防控制中心主任李立明。

张文康:我向各位介绍我国对非典型肺炎的防治情况。中国大陆自 2003 年初发现非典型肺炎以来,截至 3 月 31 日,共报告非典型肺炎 1190 例,其中广东省 1153 例、北京市 12 例、山西省 4 例,另外经回顾性调查,广西壮族自治区 11 例、湖南省 7 例、四川省 3 例。已经治愈出院的共 934 人,占总病例数的 78.5%。其中广东 911 例、北京 1 例、广西 8 例,湖南、山西、四川的所有病例全部治愈出院,并且未发生新的病例。在这次疫情中,共死亡 46 例,其中广东 40 例、北京 3 例、广西 3 例,山西、湖南、四川没有死亡病例。目前仍在住院治疗的 210 例患者中,有 6 例比较危重,其他患者都受到有效治疗。

根据流行病学和临床特点的分析,本次的疫情概括起来有以下几个特征:1. 发病时间是在呼吸道传染病容易高发的冬、春季节。2. 临床上一般有持续发热、干咳,少部分病人出现呼吸困难,在症状和体征以及实验室检查上不同于典型肺炎。3. 以近距离呼吸道飞沫传播为主。4. 此病是可以预防和治愈的,绝大多数患者已经康复出院。

此次非典型肺炎疫情发生后,党中央、国务院领导非常关心,高度重视,多次专题研究,并作出指示,要求采取有力措施,控制疫情蔓延。卫生部三位部领导先后分赴广东指导非典型肺炎防治工作,并三次派出专家组赴广东协助开展防治工作,同时向各地卫生行政部门发出了《加强春季呼吸道传染病防治工作的通知》,召开专题会议,布置工作,积极主动地开展疫情监测和预防控制工作。

广东省充分调集各方力量全力救治病人,确保每一位患者都能得到及时妥善的医疗救助,并开展大量的调查、临床诊断、现场取样、实验室检验、消毒与隔离工作,积累了比较丰富的经验。经过中央和地方卫生部门的艰苦努力,现在发病人数明显减少,治愈人数显著增加,死亡人数减少,疫情得到有效控制。病原的进一步研究查找工作也取得积极的成果。

现在中国大陆社会稳定,人们生活工作正常。在此,我可以负责任地告诉大家,在中国工作、生活,包括旅游,都是安全的。下面我和几位同事愿意回答大家的提问。

UBI 记者:在过去很多年,卫生部一直讲艾滋病是一个外国的疾病,但昨天您曾经做过这样的表示,尽管广东是首先报告有肺炎的地方,但并没有科学证据表明它就是原发地。我想问,不管这个病的原发地在哪儿,找出病因加以治疗是否更重要呢?

张文康:首先我要说的是,卫生部和我从来没有说过艾滋病是外国的病。我是一个医生,我不会说这些外行话。其次,我要说明的是,非典型肺炎到目前为止,它确切的病原体还没有找到,或者说还没有得到各国科学家的公认。中国的科学家愿意跟世界各国的科学家共同合作,寻找病原,这对于进一步做好非典型肺炎的防治工作是相当有益的。

中央电视台记者:有两个问题请教张部长。第一,中国政府对于台湾就非典型肺炎与世界卫生组织合作的态度是什么样的?第二,祖国大陆方面是否准备协助台湾地区进行非典型肺炎的防治工作?

张文康：台湾同胞是我们的骨肉兄弟，血浓于水。中央政府和祖国人民十分关心台湾同胞的健康和福祉。对近期台湾出现非典型肺炎的疫情我们十分关注，我们愿意提供一切可能的帮助，并愿意跟有关国际组织合作，共同为台湾同胞提供必要的协助。同时，也愿意与台湾有关的医学专家共商对策，共同探讨预防和治疗非典型肺炎的办法。两岸卫生系统的交流渠道是畅通的，信息的交流也是方便的，不存在所谓台湾无法取得相关信息的问题。每年两岸医学专家的交流达到几百次，几千人次。所以，台湾当局声称台湾同胞的健康受到漠视，这完全不符合事实。

当务之急是两岸加强合作，关心民众的疾苦，共同采取措施，有效地控制疫情。我们希望台湾当局领导人不要再节外生枝，别有用心地散布一些没有根据、不负责任的说法，甚至打着所谓人权的幌子，图谋以非典型肺炎疫情为由，为台湾挤入只有主权国家才能参加的世界卫生组织造势。这是不明智的，也是永远不会得逞的。

法国《费加罗报》记者：事实上，最初病例在三四个月之前就已经出现了，为什么这一段时间中国媒体上的相关报道非常少？为什么等了那么久才从官方层面上对这个信息进行发布？

张文康：最初的病例确实是可以追溯到三四个月以前，但因为非典型肺炎是一种新的疾病，是一种我们还没有认识的疾病，一开始我们对它还没有认识。只是到了2003年的年初，我们意识到这种疾病跟以往的非典型肺炎不相同，有比较强的传染力。这样，中央派出了专家组协助广东的专家，一起研究这个疾病。经过研究以后，我们才对这个疾病的发病规律、治疗和预防逐步地加深了认识。

广东最早报道的病例是在去年11月中旬，这个病例是回顾性的病例，就是说等我们明确了诊断标准之后回过来想，这个人得的可能就是非典型肺炎。由于非典型肺炎不是我国《传染病防治法》规定的法定传染病，因此要建立新的疫情报告方法和规范，还要收集疫情、分析疫情，这都需要一定的时间。而且这种疫情在我们国家只有少数的省份发现，按照《传染病防治法》应该由地方来公布，所以广东省和广州市分别在2月初举行了新闻发布会，通报了疫情和处理情况。在2月上中旬之交，我们向全国通报了广东的疫情。以后，我们根据疫情的发展以及中国自己的国情，决定每个月通报一次疫情。考虑到世界卫生组织希望每个国家能够每天报告，我们决定从4月1日开始，每天向世界卫生组织报告疫情。

王国庆：刚才记者提问说媒体没有报道，我知道今天会有这个问题，所以我们请广东省新闻办公室提供了一个数据，从今年2月初到现在，广东的各种媒体有关非典型肺炎的报道、有关文章有500多篇，如果记者感兴趣，我们可以请广东省新闻办公室给你提供文章的目录。

法国电视台记者：刚才您讲的这个情况有一点我觉得费解，因为您刚才提到现在非典型肺炎已经得到控制，但是您又讲疫情问题上还要作进一步的研究和调查。现在，每天不同的国家，在加拿大、法国都有人死于这个疾病，您不觉得这样有点矛盾吗？

张文康：我说的是有效控制，没有说有效消灭，彻底消灭。而且我说的是在中国大陆有效控制，没有说在世界各地有效控制和完全消灭。考虑到在中国内地还是有少数的病例发生，考虑到中国的香港、台湾地区有新的病例发生，也考虑到在世界上还有十多个国家有病例发生，因此，中国愿意介绍自己的经验，包括自己的教训，愿意跟世界各国共同合作来对付非典型肺炎，造福于世界人民的健康。

德国电视台记者：过去的几个星期，中国在这个问题上讲得非常少，让我们感到对很多东西不大了解。但是您刚才又讲，现在在中国旅游是安全的。但是世界卫生组织已经发布一个警告，就是让大家不要去香港和华南地区。您刚才事实上是邀请大家到这些地方去。您能不能给我们澄清一下，现在那些游客和商人可以去香港和华南地区吗？

张文康：我们跟世界卫生组织在非典型肺炎防治工作中一直保持着密切的联系。现在的实际情况是，中国局部地区非典型肺炎的疫情得到有效控制，而且也积累了治疗和预防方面的宝贵经验。我相信世界卫生组织会按照客观实际来决定自己的对策和建议，比如世界卫生组织现在就取消了把北京列为疫区的建议。我想世界卫生组织之所以作出这样的决定，是因为世界卫生组织的专家正在北京工作，他们会向世界卫生组织报告在北京是否安全。

世界卫生组织宣布广东是疫区的理由，是因为他们不清楚广东疫情处理的情况。现在世界卫生组织的专家已经到了广东，已经开始了我们第二阶段的合作。我想，在世界卫生组织的专家清楚地了解了广东的情况以后，会考虑他们的建议。

我顺便告诉大家，世界卫生组织的专家今天上午就到了广东。

《中国日报》记者：有境外媒体报道说，中国公布的数字表明，中国的疫情特别是广东的疫情正在迅速蔓延，您对此有何评价？

张文康：我认为，这样说是没有根据的。根据广东省卫生厅的报告，3月1日到3月31日，整个广东省共发生非典型肺炎361例，比2月份下降了47.5%。

其中3月上旬发病145例,中旬128例,下旬88例。3月份治愈出院的有507例,比2月份增加了133例。3月份死亡9例,比2月份减少18例。从4月份开始,病例数还在继续下降。我不知道他们是怎么样作出这个结论的。

荷兰记者:我想问的是关于中国和世界卫生组织合作的问题。如果我没有记错的话,2月份的时候,世界卫生组织要求派专家到广东进行实地考察。您刚才也跟我们讲了,中国政府派出不少专家到广东去进行考察。我想广东也是接待了不少这样的实地考察疫情的专家团组。为什么世界卫生组织要等那么长时间才能够到广东去考察呢?

张文康:我们跟世界卫生组织一直有着良好的合作关系,在非典型肺炎方面也保持着良好的合作关系。世界卫生组织在2月份向我们提出了要求到中国来考察非典型肺炎的问题,我们在2月底和3月初就接待了世界卫生组织的专家到北京来考察。从2月下旬以来,世界卫生组织就先后派出了三批专家组到北京来,对我国在非典型肺炎的临床诊断、治疗、流行病学等方面所做的工作进行了全面的了解,与我国专家就有关技术问题进行了认真地交流和讨论。

世界卫生组织的专家组对我国防治非典型肺炎给予了较高的评价和充分的肯定,对中国的专家所做研究工作表示赞赏,并且建议在临床、流行病学和病因学等方面进一步进行合作。中国方面是采取了积极的态度的。我记得来的第一、第二批专家基本上都是流感方面的专家,是我主动要求第三批专家组要包括更多学科的专家到中国来,便于我们更广泛地进行研究和合作。我们双方商定,我们的合作是分阶段的。第一个阶段在北京,然后根据合作的需要,可以考虑到广东。现在第一个阶段在北京已经顺利地完成了。从今天开始,他们就在广东开始工作。

世界卫生组织欢迎中国加入世界卫生组织为非典型肺炎建立的全球病毒学的网络、流行病学的网络和临床学的网络。我明确表示,中国将把自己的网络跟国际网络结合起来。我还向世界卫生组织西太区主任提出建议,在中国的香港召开各个国家的专家研讨会,总结前一个阶段的研究工作,并对今后的工作提出建议。很高兴的是,我这个建议得到了西太区主任的赞成。这个会议很快就召开。

外国记者:李先生,根据刚才的介绍我们可以看出来,在过去的一个月里面,广东非典型肺炎的疫情得到了很大程度的控制,病例已经减少了很多。我想问你们采取了哪些具体的措施?

李立明:我想非常重要的就是中央和广东的专家一起合作,及早发现了本病的临床学和流行病学特点,针对这些特点采取针对性的防、治等措施,所以取得了今天这样的一些成果。最近我们在中国CDC网站上公布了一些建议的防治方案,第一是针对流行病学的特点,也就是发病的特殊人群、传播的途径,按照呼吸传染病的综合防治特点,开展针对性的预防。第二,就是加强医院内的防护,防止医院内的感染。这些是针对防护的一些措施。第三,是加强对医护人员的培训,让他们了解这次的非典型肺炎临床的特殊特征,有针对性地开展治疗和防疫。

张文康:经过这几个月中央和广东有关专家的共同努力,积累了宝贵的诊断、治疗和预防的经验。包括非典型肺炎临床诊断的标准、非典型肺炎病例和疑似病例推荐方案和出院诊断参考标准、医院消毒隔离工作指南、病人住所及公共场所的消毒办法、社区综合性的预防措施等等。我们已经把它汇编成册,已提供给世界卫生组织驻华代表处。希望英文版尽快出来。

新加坡记者:最近几个星期在北京已经开始有了非典型肺炎的病例。昨天您在中央电视台被问到这样一个基本性的问题,就是非典型肺炎到底是一个什么样的病?对公众宣传这方面的知识是非常有用的。北京为什么没有汲取广东的教训,让公众认识、了解这个疾病?您刚才说,现在这个病已经有了防治的办法,已经可以治愈,您是指用药治愈还是用人的本身防疫系统来抵抗这个病,达到治疗的目的呢?

张文康:关于北京的病例,我要说明的是北京的病例不是原发的病例,我们叫输入性的病例。就是说外地的病人得了这个病到北京来求医,结果在北京诊断为非典型肺炎。陪他来北京的父母以及亲属,有几位也得了病。刚开始没有得到明确诊断的时候,个别的接诊医生也有几个得病。北京市卫生局汲取了广东省的经验和教训,很快把病人和这个病人传染的病人,还有没有症状表现的接触者,都采取了适当的隔离治疗措施。北京还接受过从香港到北京来的病人,正是因为香港及时给我们通报了病情,所以一到北京,我们就把他隔离治疗。

所以我们说,北京由于汲取了广东的教训,有效地控制了输入病例以及由这些病例引起的少数病例,所以没有向社会扩散。由于非典型肺炎病原没有明确,现在还没有针对性的或者说特效的药物来治疗这个病。但是,根据广东的经验,我们采取积极的对症治疗和增加病人免疫力的治疗,病人是可以治愈的。事实上,现在绝大多数病人已经治愈出院。根据广东的经验,中西医结合的疗效比较好。

美国《时代周刊》记者:如果卫生部能够早一些把有关这个病的信息告诉香港卫生部门,香港卫生部门是不是能够更好地防治这个疾病?这样可以救死扶伤。有一个问题问王主任，您刚才说从2月初以来，广东大小媒体对此病有500多篇报道。据我了解的数据来看，2月中旬以前报道并不是很多，也就是50次报道。您能不能具体介绍一下2月中旬以来，广东媒体对非典型肺炎报道的次数？

张文康：实际上，中国卫生部通过各种途径向香港特别行政区政府的卫生当局介绍了广东防治非典型肺炎的一些做法和经验。我们也发现，香港卫生当局也采取了比较得力的措施。但是我认为，这样一个不知病因的传染病，可能会有自己的发展过程。按照中国广东的经验，可能有三个星期左右的高发阶段，然后由于采取了适当的措施，逐渐下降。我们祝愿，也相信香港能够尽早地控制疫情的发展。而且我们跟香港方面进一步研究了在防治非典型肺炎方面的合作。我在到香港接受荣誉学位期间，跟董特首见了面。我们双方确认，将在流行病学、临床学和病原学方面进一步进行合作。董特首建议，香港跟广东进行合作，我们也表示同意，现在在工作层面上正在商讨合作的方式。

王国庆：我们双方在遵守《基本法》的前提下，加强交流合作。关于广东媒体对非典型肺炎的报道情况，如果你需要的话，我可以请广东省新闻办给你提供一个目录。

外国记者：我想提一下艾滋病的问题，几个月以前我们听到一位姓齐的医生介绍了有关艾滋病的情况，他提到，中国很需要西方在预防和治疗艾滋病方面给中国更多的帮助，因为这个病毕竟是从西方输入到中国来的。现在中国在输出非典型肺炎，中国有没有对其他国家给予帮助呢？而且这样的帮助是通过世界卫生组织还是双边的渠道进行帮助？中国是怎样跟其他政府介绍有关的信息和防治的有关情况？第二，很多跨国公司，包括英特尔已经取消了在中国的活动，他们也认为现在到中国来不是特别安全。您是不是说这些人说的都是错的？您是不是认为在中国旅游或者说在中国走动，或者在中国任何一个地方都是安全的还是仅仅在北京是安全的？因为现在不断地有单位在发出这样的警告，叫人不要到中国来旅行？

张文康：中国发现了艾滋病，最早的病例可能是从西方或者某个国家到中国旅游或者工作的人员，或者说是中国的有些人在这些地区交流的时候传染上艾滋病。但是我们从来没有说是某个国家向我们输出了艾滋病。同样，中国广东是最早发现和最早报告非典型肺炎的地区，但这并不意味着广东向哪些地方输出了疾病。

美国最早发现和报告了艾滋病，可是我们不认为是美国输出了艾滋病。现在的问题是让全世界共同努力，尽早地发现这个病原体，更有效地治疗病人，更有效地发现这个病原体究竟在哪儿，究竟分布在哪里，让全世界人民，包括中国人民有效地预防和治疗非典型肺炎。

关于旅游的问题，我的回答是，我在这里以部长的名义说，中国局部地区已经有效地控制了非典型肺炎疫情，积累了比较宝贵的预防和治疗经验。中国人民包括广东人民的生活、生产的秩序是正常的。因此，到中国来工作、旅游、开会等等是安全的。我们将根据以往所取得的经验，进一步做好各项预防工作，保护来华旅游、开会或者工作的人员的身体健康。大家都是在北京工作的，北京怎么样，我想各位都很清楚，也建议大家到广州去看看。我刚从广州回来。我声明，我没有接受航空公司的要求来给他们做推销机票的宣传。至于一些公司作出了不到中国旅游或不到中国开会的决定，我希望他们听了我们的介绍以后，重新考虑他们的决定。据我所知，从昨天我向中国的公众发表讲话以后，有些人已经改变了主意，当然我们不强迫他们改变决定。

日本产经新闻记者：您刚才给我们介绍说较早的时候，中国卫生部门经过各种途径向香港卫生部门提供了信息。但实际上，结果已经如此，疫情已经蔓延到世界各国，而且世界各地有上千人感染了这个病。中央政府向香港作通报的方式或者说香港方面听到中国内地方面的情况，没有采取适当的方法来预防，责任是哪一方面的？

张文康：首先我要说的是，中国内地，特别是广东和香港特别行政区确实发生了非典型肺炎，一些外国和其他地区也发生一些病例。有些人到过中国内地和香港，但也有些病人既没有到过中国内地，也没有到过香港，他也发病了。因此，我们不能说中国内地或者香港把疾病输出去了。

第二，所谓非典型肺炎，是一个到目前为止还没有发现准确病原的疑难疾病。中国，特别是广东是经过了比较长的时期，甚至经历了比较大的痛苦才总结了诊断、治疗、预防非典型肺炎的经验。我认为，在香港，或者在任何一个地区要掌握预防、治疗非典型肺炎的经验，并不是少数几个卫生官员了解就能够做到的，它需要得到全体民众、全体医护人员，包括那些病人的了解和配合，才能够比较有效地控制非典型肺炎的发生和发展。

4月4日

新一届全国整顿和规范市场经济秩序领导小组第一次全体会议在北京召开

中共中央政治局委员、国务院副总理、全国整顿和规范市场经济秩序领导小组组长吴仪出席会议并讲话。她强调，要突出工作重点，加大治本力度，继续把整顿和规范市场经济秩序工作引向深入。

吴仪说，2001年4月以来在全国范围内开展的整顿和规范市场经济秩序工作，集中力量开展了一系列专项整治活动，依法查处了一批大要案，严惩了违法犯罪分子，取得了阶段性成果。但认识尚需提高，发展很不平衡，地区保护、部门分割、行业垄断等问题仍然存在，一些地区和领域市场经济秩序混乱的状况还难以根除，整顿和规范市场经济秩序的任务将是长期的、艰巨的，将伴随着我国社会主义市场经济体制完善的全过程，是一个永恒的主题，不可能一蹴而就，必须坚持整治与规范并举，深入持久地开展下去。

吴仪指出，实践证明，整顿和规范市场经济秩序工作是"民心工程"，直接关系人民群众的切身利益和社会稳定。要把严厉打击制售假冒伪劣食品、药品和农资等重点商品的不法行为作为今年整规工作的重中之重，切实抓出成效，取信于民。要组织好"食品放心工程"建设，开展房地产、汽车、通信产品等专项整治行动。

吴仪强调，治本工作要在四个方面下功夫。第一，在全社会进行诚信教育和职业道德教育，开展普法宣传，形成知法守法、诚实守信的良好社会氛围；第二，建立、健全相关法律、法规，强化执法责任制和执法责任追究制，做好综合执法试点，提高执法能力和效果；第三，加快社会信用体系的建设，抓紧制定诚信标准，努力构筑良好的社会信用基础；第四，进一步转变政府职能和工作作风，深化行政审批制度改革，提高依法行政水平。

国务院副秘书长、全国整顿和规范市场经济秩序领导小组副组长徐绍史主持了会议，并宣布了新一届全国整顿和规范市场经济秩序领导小组成员名单。会议还讨论了2003年全国整顿和规范市场经济秩序工作要点。

国家防汛抗旱总指挥部2003年第一次全体会议在北京举行

会议由国务院副总理、国家防汛抗旱总指挥部总指挥回良玉主持。

回良玉说，当前部分地区旱情持续，抗旱水源严重不足，汛期大江大河有发生流域性大洪水的可能，防汛抗旱形势不容乐观，任务十分艰巨。各地、各部门要坚决克服麻痹思想和侥幸心理，高标准严要求，及早做好各项准备工作，扎扎实实落实各项措施，牢牢把握防汛抗旱的主动权。

第一，层层落实防汛抗旱责任制。各地、各部门要抓紧落实以行政首长负责制为主要内容的防汛抗旱责任制，做到职责到位、思想到位、指挥到位，确保工作有人抓、问题有人管。对因领导不力、工作疏忽造成严重后果的，要追究责任，严肃处理。

第二，完善和落实防汛抗旱预案。各级防汛抗旱指挥部要对本地区、本流域江河防御洪水方案和洪水调度方案进行修订完善，制定切实可行的防汛预案。要特别重视水库防洪安全，抓紧水库防洪调度运用计划的制订和审批。各缺水城市要落实城市抗旱预案，确保城市供水安全。

第三，抓紧水毁工程修复和病险工程除险加固。要对重点堤防、水库、蓄滞洪区等工程进行认真排查，发现问题及时处理。汛前要抓紧水毁工程修复、病险工程除险加固和度汛应急工程建设，消除隐患。

第四，加强水资源的统一管理和水量的科学调度。要切实加强水资源的调度和管理工作，统筹考虑生活、生产和生态用水，合理配置地表水和地下水，减少水资源浪费，防止无序超量开采水资源。大力推广普及节水技术和节水设施，提高水资源的有效利用率。

第五，做好防汛抗旱队伍和物资准备。要加强对防汛抢险队伍和抗旱服务队的培训，做好防汛抢险和抗旱物资储备。要做好蓄滞洪区运用准备，落实人员转移安置方案。

第六，加强山洪灾害和台风的防御工作。要切实加强山洪灾害的监测，制定完善防、抢、撤、救预案，并落实到县、乡、村、户，努力避免人员伤亡。沿海地区要抓紧海堤建设，落实各项防台风措施。

第七，顾全大局、团结协作。防汛抗旱工作要做到各尽其能，各负其责，信息畅通，协调有力，调度科学，决策果断。在情况紧急时，各地、各部门要服从大局，急事急办，特事特办，决不能推诿扯皮，贻误时机。

会上，国务院副秘书长汪洋宣布了新一届国家防汛抗旱总指挥部成员名单，国家防汛抗旱总指挥部副总指挥、水利部部长汪恕诚总结了过去五年的防汛抗旱工作，提出了今年防汛抗旱工作的安排意见。

国务院任命国家工作人员

国务院审议通过了国务院国有资产监督管理委员会、中国银行业监督管理委员会两个新设正部级机构的主要职责、内设机构和人员编制规定。同时，决定将中国保险监督管理委员会调整为国务院直属正部级事业单位。国务院任命李荣融为国务院国有资产监督管理委员会主任、刘明康为中国银行业监督管理委员会主席、吴定富为中国保险监督管理委员会主席。

国务院任命谢旭人为国家税务总局局长。

国土资源部发布《2002年中国国土资源公报》

沪深证券交易所发出《关于对存在股票终止上市风险的公司加强风险警示等有关问题的通知》

两大交易所负责人在接受记者采访时表示，建立退市风险预警机制的目的，在于进一步完善退市机制，从制度上保证投资者能够随时掌握公司股票可能的退市风险状态，促进中国证券市场的稳定发展。

退市风险警示制度将于2003年5月8日起正式实施。

国务院副总理黄菊在人民大会堂会见德国大众汽车集团董事长毕睿德博士

全国人大常委会副委员长傅铁山在北京会见埃塞俄比亚议会联邦院议长穆拉图·特肖梅

外交部部长李肇星在北京应约会见东盟十国驻华大使

李肇星积极评价中国与东盟的友好合作关系，并介绍了中国政府在防治非典型肺炎方面所做的工作。

十国大使表示愿继续为促进东盟各国与中国的合作而努力。

国务委员兼国防部部长曹刚川在北京会见尼泊尔国防秘书马丹·普拉萨德·阿亚尔

外交部副部长杨文昌在雅温得与喀麦隆总统保罗·比亚举行会谈

双方就进一步发展双边关系进行了亲切友好的交谈。

杨文昌还与喀麦隆对外关系部负责与英联邦关系的部长级代表迪永·恩古代举行了工作会谈。会谈后，杨文昌与恩古代共同签署了关于中国向喀麦隆提供无偿援助的协议换文。

中央军委主席江泽民签署命令发布《军事法规军事规章条例》

中央军委曾于1990年4月15日发布了《中国人民解放军立法程序暂行条例》(以下简称《暂行条例》)。随着形势的发展，特别是在我国于2000年公布施行《立法法》后，《暂行条例》已滞后于国家立法制度发展的要求和军事立法实践的客观需要。为适应新的形势和任务，中央军委以"三个代表"重要思想为指导，以《宪法》《立法法》和《国防法》的有关规定为依据，科学总结军事立法工作的特点、规律和历史经验，充分吸收国家立法工作的创新成果，在《暂行条例》的基础上，制定了新的《军事法规军事规章条例》(以下简称《条例》)。

《条例》共11章69条，明确了军事法规、军事规章在军队建设中的地位和作用，确立了制定、修改和废止军事法规、军事规章的原则，划分了中央军委制定军事法规和总部、军兵种、军区制定军事规章的权限，并遵循军事立法科学性、民主性的要求，进一步完善了军事法规、军事规章的制定程序，对起草、审查、决定与发布等作出了一系列新的规定。《条例》还对军事法规、军事规章的修改、废止提出了新的要求，增加了军事法规、军事规章适用与解释的内容，统一了军事法规、军事规章的体例规范和发布命令的格式。

我国核聚变实验研究装置产生的高约束等离子体存在时间刷新世界纪录

中国科学院等离子体所科研人员在日前结束的HT—7超导托卡马克2002—2003年冬季实验中，获得超过一分钟的等离子体放电，从而使HT—7超导托卡马克成为世界上第二个能产生分钟量级的高温等离子体的实验装置。这也是目前世界各大装置近几年内很难达到的实验结果。

超导托卡马克是一种核聚变物理实验装置，它利用环形超导磁场，对等离子体进行加热、约束，创造可以控制的产生聚变的物理条件。

国务院副总理吴仪到中国疾病预防控制中心调研

吴仪就加强疾病预防控制，建立和完善突发公共卫生事件应急处理机制与卫生部负责同志和专家技术人员座谈。吴仪强调，要抓紧建立和完善突发公共卫生事件应急反应处理机制，特别是公共卫生信息系统和预警报告机制。

吴仪强调，要继续深化卫生改革。一是要积极开展新型农村合作医疗制度试点，以点带面推进农村卫生改革。二是继续推进医疗机构体制改革。三是加大药品流通体制改革力度，坚决纠正药品购销中的不正之风。四是完善卫生防疫体制，加大投入，加强各方面建设，将中国疾病预防控制中心建设成为权威性的公共卫生机构。要努力做好各项卫生工作，为人民健康服务，为社会主义现代化建设服务，为全面小康建设作出更大的贡献。

国务院办公厅、卫生部、财政部、发展和改革委有关负责同志陪同调研。

大兴安岭草甸森林火灾扑救工作取得决定性胜利

中午12时，大兴安岭扑火前线指挥部宣布，经过

2万余名林业职工和武警森林部队官兵连续14个昼夜的艰苦奋战，发生在黑龙江省大兴安岭地区松岭区和呼玛县境内的草甸、森林火灾火场全部得到有效控制，明火已经扑灭，火灾扑救工作取得决定性胜利。

这次火灾是由于黑龙江省大兴安岭林区气温迅速回升，风力加大，导致因计划烧除形成的地下火大面积复燃而引起的，火点多、火线长，但过火面积绝大多数为草甸，对森林资源没有造成大的影响。在扑救过程中，没有发生人员伤亡。

4月5日

胡锦涛 江泽民等党和国家领导人参加首都义务植树活动

胡锦涛、江泽民、吴邦国、温家宝、贾庆林、曾庆红、黄菊、吴官正、李长春、罗干等来到北京奥林匹克森林公园，参加了义务植树活动。

植树活动开始前，胡锦涛、江泽民等在现场听取了北京市市委书记刘淇关于北京市绿色生态屏障建设、北京奥林匹克公园总体规划和国家体育场建筑设计方案的情况介绍。

参加义务植树活动的领导同志还有王兆国、回良玉、刘云山、吴仪、贺国强、曹刚川、王刚、何勇、唐家璇、华建敏、陈至立等。中央和国家机关有关部门以及北京市的负责同志也参加了植树活动。

全国政协主席贾庆林和全国政协其他领导同志到北京市西城区参加植树活动

全国人大常委会副委员长许嘉璐等参加公祭黄帝陵活动

典礼由陕西省委常委、常务副省长陈德铭主持。陕西省省长贾治邦恭诵了祭文。来自中央有关部门和部分省市区的代表以及台港澳同胞、海外侨胞代表，依次在黄帝庙前敬献了鲜花，并行礼三鞠躬。全国人大常委会副委员长许嘉璐，全国政协副主席罗豪才，中共陕西省委书记李建国等出席了今天的公祭典礼，并敬献了花篮。

全国人大常委会副委员长王兆国在人民大会堂会见由叙利亚复兴党地区领导成员瓦利德·布兹率领的代表团

外交部副部长杨文昌在班吉分别会见中非总统博齐泽 总理贡巴和外长梅卡苏阿

杨文昌在会见中重申，中国政府一贯奉行不干涉别国内政的政策，尊重各国人民的政治选择。中国愿在和平共处五项原则基础上与中非新政府继续发展在各个领域的友好合作。

中非方面表达了希望同中国保持和发展友好合作关系的愿望，并且重申将继续坚持一个中国的政策，不与台湾当局发生官方关系。

今年3月15日，中非现任总统博齐泽领导的武装力量夺取首都班吉，随后组建过渡政府，目前中非局势渐趋稳定。中非政权更迭期间，首都班吉一度发生骚乱，一些中资机构和华侨遭受了财产损失。杨文昌副外长抵达班吉后，对中国驻中非使馆、中资机构人员和华侨进行了慰问。

卫生部副部长马晓伟在广州会见世界卫生组织专家

马晓伟说，中国政府一直高度关注非典型肺炎的防治情况，作为该组织的成员之一，中国长期以来同世界卫生组织保持着良好的联系，我们有义务向世界卫生组织提供有关疫情的情况和数据，从而帮助世界各国预防非典型肺炎的蔓延，这是我们应尽的责任。

世界卫生组织专家罗伯特·F.布雷曼代表5名专家对广东省政府和卫生部门的热情接待表示感谢。他说，广东前段时间取得的经验对于我们在全球展开防治非典型肺炎工作有巨大的参考价值，对于世界其他国家和地区的研究工作也具有指导意义。

马晓伟对布雷曼的要求表示理解和支持。他希望专家们能在广东多走一走，看一看，这样有助于专家们了解广东的实际情况。

世界卫生组织专家是4月3日来到广东的。他们先后考察了广东疾病控制中心、佛山市人民医院、中山大学微生物研究实验室和广东省人民医院。

4月6日

国务院总理温家宝到中国疾病预防控制中心考察并发表重要讲话

温家宝在参观了中毒控制中心和病毒实验室之后，同卫生部领导成员和部分著名医学专家进行了座谈。

在听取卫生部工作汇报和专家的发言后，温家宝发表了重要讲话。他说，党和政府始终把保护人民群众身体健康和生命安全放在第一位。当前把防治非典型肺炎的工作作为各级政府的一件大事，作为卫生工作的重中之重。从中央到地方都已经成立非典型肺炎防治工作领导机构和专家队伍，各项防治工作正在有序进行。各级政府要充分认识非典型肺炎防治工作的复杂性、艰巨性和反复性，针对不同情况，采取相应的防治措施。已发现疫情的地区，要总结行之有效的防治经验，努力巩固防治成果，防止疫情出现反复，力争尽快消除疫情。未发现疫情的地区，要保持高度警惕，制定和落实预防措施，一旦发现疫情，及时、果断地处理。各级政府都要切实加强疾病预防控制，抓紧建立和完善突发公共卫生事件应急处理机制。

温家宝说，我国卫生部门在非典型肺炎防治工作中同世界卫生组织一直保持着密切的联系。从4月1日开始，每天向世界卫生组织报告疫情，同时与世界卫生组织专家开展防治疫病的合作研究。卫生部门将定期向社会公布疫情，并通过各种方式向广大群众介绍防治措施和疾病预防知识。

温家宝说，中国政府对香港特别行政区和台湾地区出现的非典型肺炎疫情一直十分关注，我们愿与香港特别行政区和台湾地区开展多种形式的疫情控制和疾病防治合作。中国政府也愿与世界各国加强合作，共同采取措施，有效地防治疾病。

温家宝指出，我国当前经济持续发展，社会政治稳定，生产生活秩序正常，大多数地区没有发现疫情，局部地区的疫情已经得到有效控制。中国政府和中国人民热烈欢迎世界各国朋友来我国旅游、参观、访问和进行商务活动，我们将采取一切必要措施，切实保障来华朋友的健康和安全。

卫生部部长张文康和有关方面负责人作了汇报。医学专家高守一、杨晓光、阮力、梁国栋、毕胜利在座谈会上发了言。

中共中央政治局委员、国务院副总理吴仪，国务委员兼国务院秘书长华建敏一同参加了考察和座谈。

中共中央政治局常委吴官正在四川考察

4月6日至12日，吴官正先后到成都、德阳、绵阳，深入农村、企业、科研院所、建设工地调研，与干部群众进行座谈，并听取了四川省委、省政府、省纪委的工作汇报。他充分肯定四川在加快经济社会发展和推进反腐倡廉等方面取得的显著成绩。

吴官正在调研座谈和听取工作汇报时指出，实施西部大开发战略，关系全国发展的大局，关系民族团结和边疆稳定。纪检监察机关要在党委的领导下，以邓小平理论和“三个代表”重要思想为指导，紧紧围绕经济建设这个中心开展工作，为西部大开发提供坚强的政治保证。

吴官正还就查办案件工作和纪检监察机关自身建设问题提出了严格要求。

中共中央政治局常委李长春在北京出席中央宣传思想文化部门负责人会议并讲话

李长春在会议上强调，要从贴近实际、贴近生活、贴近群众入手，加强和改进宣传思想工作，切实把“三贴近”要求贯穿到宣传思想工作的各个方面，大力倡导“三贴近”，积极鼓励“三贴近”，努力实践“三贴近”，使“三贴近”在宣传思想战线蔚然成风。

中共中央政治局委员、书记处书记、中宣部部长刘云山参加了会议，并就进一步学习宣传贯彻十六大精神和“三个代表”重要思想，加强和改进宣传思想工作，更好地做到“三贴近”提出了明确要求。

第七届中国东西部合作与投资贸易洽谈会在西安开幕

全国人大常委会副委员长许嘉璐、全国政协副主席罗豪才参加了开幕式。第二届中国西部吸收外商投资洽谈会也在大会期间同期举行。

外交部部长李肇星在北京与日本外相川口顺子举行会谈

李肇星指出，“以史为鉴，面向未来”是中日双方在历史问题上达成的重要共识。希望日方以实际行动落实这一共识，使两国关系保持健康稳定的发展。

对今后中日关系的发展，李肇星提出，要保持两国间高层接触，加强各层次的沟通与交流，大力推动民间友好交流，全面深化经贸合作，增加两国关系内涵，共同推动东亚区域合作，致力于亚洲的繁荣与振兴。

川口表示，日中关系是日本最重要的双边关系之一。近年来，两国在各领域进行了密切的交流与合作。日方愿在正确认识历史的基础上，面向未来，与中方建立更紧密相互依存的关系。

川口强调，日方将恪守村山首相有关讲话和日中联合声明等文件所确立的原则，在这个基础上处理历史问题。

双方还就共同关心的国际和地区问题交换了意见。

中国选手在2003年日本羽毛球公开赛上夺得三枚金牌

张军/高崚、夏煊泽和高崚/黄穗分获混双、男单和女双冠军。

卫生部和北京市卫生局联合举行新闻发布会介绍非典型肺炎感染病例情况

卫生部疾病控制司司长齐小秋在新闻发布会上说，截至4月5日，中国内地非典型肺炎感染病例为

1247例,其中死亡51人。

齐小秋说,过去4天里,中国内地非典型肺炎发病人数增加了57例,死亡5人,新增加的病人主要集中在广东省。另外,上海市新发现1例非典型肺炎病人。

据介绍,北京非典型肺炎感染病例为19例,均为输入性病例,其中4人死亡。

北京市卫生局副局长郭积勇在新闻发布会上披露,国际劳工组织技能开发司司长派克·阿罗经泰国曼谷到北京公干,因患非典型肺炎,经抢救无效6日凌晨1时25分在北京去世。

卫生部有关人士说,北京至今有包括派克·阿罗在内的两例输入性非典型肺炎外国患者,另一例为加拿大人。

北京市疾病预防控制中心主任刘泽军说,北京对春季呼吸道传染病共有11个监测点,监测结果每日上报;全市所有医疗机构都开设了非典型肺炎的监测点,医务人员都受到了关于非典型肺炎的诊断和治疗培训,有一套完整的系统。他还说,医务人员对非典型肺炎有高度的警觉性,如果遇到高烧、咳嗽者会留院观察,可疑病人会立即被隔离观察,以杜绝传染机会。

刘泽军说,北京市目前春季呼吸道传染病发病平稳,且有非典型肺炎应急预案,以保证人民群众的健康。

卫生部公布非典型肺炎病例或疑似病例的推荐治疗方案和出院诊断参考标准(试行)

4月7日

中共中央总书记胡锦涛在人民大会堂与越南共产党中央委员会总书记农德孟举行会谈

双方在亲切、友好、诚挚的气氛中,就两党、两国关系和共同关心的问题深入交换了意见,并达成了广泛共识。

胡锦涛高度评价了中越两党两国关系,他说,愿与越南同志一道,继承和发扬两党、两国高层领导人经常互访的优良传统。加强双方治党治国经验的交流,深入探讨社会主义理论和实践方面的新情况新问题。

胡锦涛表示,中国党和政府愿同越方共同努力,进一步充实和丰富“长期稳定、面向未来、睦邻友好、全面合作”16字指导方针的内涵,把中越睦邻友好、全面合作关系不断提高到新的水平,使两国和两国人民永做好邻居、好朋友、好同志、好伙伴。

农德孟表示完全赞同胡锦涛对中越关系的评价,并表示,越南将全力以赴地推动两国关系进一步发展。

两党领导人相互通报了各自国内情况,并就当前重大国际和地区问题交换了意见。

农德孟是当日下午抵达北京开始对中国进行为期5天的工作访问的。

国务院总理温家宝在中南海会见日本外相川口顺子

温家宝指出,作为在亚洲有重要影响的国家,中日应从更宽广的角度增进相互信任,扩大共同利益。

温家宝说,进入新世纪、面临新形势,中日两国的友好关系应该加强而不能削弱;两国各层次交往应该增加而不能减少;两国在经贸等领域的合作应该扩大而不能缩小。中国政府将继续重视和发展中日关系,希望两国在《中日联合声明》等三个政治文件指导下,加强各领域的互利合作,弘扬民间友好传统,使中日世代友好的理念扎根于人民。

温家宝强调,中日双方应重视两国关于“以史为鉴、面向未来”的共识,在正确对待历史的基础上向前看,构筑两国持久的睦邻友好合作关系。

川口顺子向温家宝转交了小泉首相的亲笔信。她说,日中友好关系有着悠久的历史和深厚的基础。日中关系极为重要,日方愿在正确认识历史的基础上,按照日中三个政治文件的原则,思考和规划进一步加强与中国面向未来的关系。她说,中国经济的高速发展以及在国际上影响的不断扩大,对日本是个机遇。双方应扩大共同利益,加强双边和区域合作,以造福两国人民。

国台办主任陈云林在巴黎与法国中国和平统一促进会举行座谈会

双方就当前两岸统一的形势、有关方针政策进行了交流,双方表示要继续为推进中国和平统一大业而努力。

在座谈会上,陈云林说,坚持一个中国原则是发展两岸关系和实现和平统一的基础,核心是维护中国的主权和领土完整。要坚决遏制“台独”等任何分裂图谋,决不允许“公投台独”图谋得逞。中共十六大为恢复两岸对话与谈判提出了新的主张和倡议,重申在一个中国前提下什么都可以谈,提出“可以谈正式结束两岸敌对状态问题,可以谈台湾地区在国际上与其身份相适应的经济文化社会活动空间问题,也可以谈台湾当局的政治地位等问题”。“三个可以谈”体现了最大的诚意。我们将继续大力发展两岸经济交流,采取实际步骤,积极争取早日实现直接“三通”。

座谈会由法国中国和平统一促进会执行会长杨明主持。法国统促会名誉会长、法国潮州会馆永久名誉会长陈克威和法国华侨华人会主席林加者等出席座谈会。

全国人大代表团团长刘明祖在圣地亚哥出席各国议会联盟第108届大会并阐述中国对伊拉克问题立场

刘明祖在大会上作关于世界政治、经济和社会形势一般性辩论发言时说，使用武力解决伊拉克问题不符合各方利益，应该尽一切努力在联合国框架内重开政治解决的大门。

他强调，世界是丰富多彩的，应当维护世界多样性。世界上的各种文明、不同社会制度和不同发展道路应彼此尊重。各国的事情应由各国人民自己决定，世界上的事情应由各国平等协商。

各国议会联盟第108届大会6日晚在智利首都圣地亚哥开幕。来自近120个国家和地区议会的1200名代表参加这次为期一周的大会。

中央军委主席江泽民签署命令颁布重新修订的《中国人民解放军计划生育条例》

《中国人民解放军计划生育条例》修订的内容包括：适用范围、职责分工、生育调节、再婚生育、权利与义务、优待与奖励等。

《中国人民解放军计划生育条例》规定，在符合女方户籍所在省、自治区、直辖市规定的生育第二个子女的条件下，夫妻双方均为独生子女的、夫妻双方均为少数民族的、职工配偶是农村居民的，可以申请生育第二个子女。

《中国人民解放军计划生育条例》还规定，军队依法保障军队人员合法生育、免费享受国家规定的基本项目的计划生育技术服务的权利，以及法律、法规规定的其他实行计划生育的权益；育龄夫妻享有避孕节育方法的知情选择权和安全保障权。女军人、女职工符合晚育规定，自愿终生只生育一个子女的，除按照规定享受3个月产假外，增加产假90天。

促进民办教育发展论坛在人民大会堂举行

全国人大教科文卫委员会主任委员朱丽兰、全国人大教科文卫委员会副主任委员邢世忠、教育部副部长章新胜等出席论坛。人民日报社副总编辑梁衡主持论坛。

朱丽兰在讲话中对民办教育取得的成就及其对我国社会发展作出的巨大贡献给予充分肯定。她说，《民办教育促进法》已经于2002年12月颁布，并将于今年9月1日实施，目前的当务之急是制定实施细则。作为立法机关，全国人大教科文卫委员会将结合实际，在监督和督促上下功夫，为民办教育发展创造更好的法律环境。

章新胜说，办好新时期的教育事业，不但要靠政府，还要靠社会，靠全民。在这方面，民办教育功不可没。

本次论坛有20多位与会者是民办教育领域各个方面的优秀分子。大家一致认为，《民办教育促进法》为民办教育的改革和发展创造了更好的条件和环境，必将极大地促进民办教育的发展。同时，《民办教育促进法》也对民办教育和民办教育机构提出了更高的要求。如何在新的历史条件下发挥更大的功能，形成自己适当的定位、特色和发展走向，是目前民办教育面临的重大课题。

论坛的焦点主要集中在如何维护民办教育机构、教职员工和受教育者合法权益等问题上。与会者表示，民办教育需要更有力的政策支持和更宽松的社会环境。谈松华、胡大白、谢维和、张杰庭、朱永新、徐亚芬、侯小娟等还从民办教育的发展模式、政策环境、办学特色、质量要求等方面进行了深入的研讨。

国务院总理温家宝签署第374号令发布《中华人民共和国中医药条例》

《中华人民共和国中医药条例》已经2003年4月2日国务院第3次常务会议通过，现予公布，自2003年10月1日起施行。

总　理　温家宝

2003年4月7日

中华人民共和国中医药条例

第一章　总　则

第一条　为了继承和发展中医药学，保障和促进中医药事业的发展，保护人体健康，制定本条例。

第二条　在中华人民共和国境内从事中医医疗、预防、保健、康复服务和中医药教育、科研、对外交流以及中医药事业管理活动的单位或者个人，应当遵守本条例。

中药的研制、生产、经营、使用和监督管理依照《中华人民共和国药品管理法》执行。

第三条　国家保护、扶持、发展中医药事业，实行中西医并重的方针，鼓励中西医相互学习、相互补充、共同提高，推动中医、西医两种医学体系的有机结合，全面发展我国中医药事业。

第四条　发展中医药事业应当遵循继承与创新相结合的原则，保持和发扬中医药特色和优势，积极利用现代科学技术，促进中医药理论和实践的发展，推进中医药现代化。

第五条　县级以上各级人民政府应当将中医药事业纳入国民经济和社会发展计划，使中医药事业与经济、社会协调发展。

县级以上地方人民政府在制定区域卫生规划时，应当根据本地区社会、经济发展状况和居民医疗需求，统筹安排中医医疗机构的设置和布局，完善城乡中医服务网络。

第六条 国务院中医药管理部门负责全国中医药管理工作。国务院有关部门在各自的职责范围内负责与中医药有关的工作。

县级以上地方人民政府负责中医药管理的部门负责本行政区域内的中医药管理工作。县级以上地方人民政府有关部门在各自的职责范围内负责与中医药有关的工作。

第七条 对在继承和发展中医药事业中作出显著贡献和在边远地区从事中医药工作作出突出成绩的单位和个人，县级以上各级人民政府应当给予奖励。

第二章 中医医疗机构与从业人员

第八条 开办中医医疗机构，应当符合国务院卫生行政部门制定的中医医疗机构设置标准和当地区域卫生规划，并按照《医疗机构管理条例》的规定办理审批手续，取得医疗机构执业许可证后，方可从事中医医疗活动。

第九条 中医医疗机构从事医疗服务活动，应当充分发挥中医药特色和优势，遵循中医药自身发展规律，运用传统理论和方法，结合现代科学技术手段，发挥中医药在防治疾病、保健、康复中的作用，为群众提供价格合理、质量优良的中医药服务。

第十条 依法设立的社区卫生服务中心(站)、乡镇卫生院等城乡基层卫生服务机构，应当能够提供中医医疗服务。

第十一条 中医从业人员，应当依照有关卫生管理的法律、行政法规、部门规章的规定通过资格考试，并经注册取得执业证书后，方可从事中医服务活动。

以师承方式学习中医学的人员以及确有专长的人员，应当按照国务院卫生行政部门的规定，通过执业医师或者执业助理医师资格考核考试，并经注册取得医师执业证书后，方可从事中医医疗活动。

第十二条 中医从业人员应当遵守相应的中医诊断治疗原则、医疗技术标准和技术操作规范。

全科医师和乡村医生应当具备中医药基本知识以及运用中医诊疗知识、技术，处理常见病和多发病的基本技能。

第十三条 发布中医医疗广告，医疗机构应当按照规定向所在地省、自治区、直辖市人民政府负责中医药管理的部门申请并报送有关材料。省、自治区、直辖市人民政府负责中医药管理的部门应当自收到有关材料之日起10个工作日内进行审查，并作出是否核发中医医疗广告批准文号的决定。对符合规定要求的，发给中医医疗广告批准文号。未取得中医医疗广告批准文号的，不得发布中医医疗广告。

发布的中医医疗广告，其内容应当与审查批准发布的内容一致。

第三章 中医药教育与科研

第十四条 国家采取措施发展中医药教育事业。

各类中医药教育机构应当加强中医药基础理论教学，重视中医药基础理论与中医药临床实践相结合，推进素质教育。

第十五条 设立各类中医药教育机构，应当符合国家规定的设置标准，并建立符合国家规定标准的临床教学基地。

中医药教育机构的设置标准，由国务院卫生行政部门会同国务院教育行政部门制定；中医药教育机构临床教学基地标准，由国务院卫生行政部门制定。

第十六条 国家鼓励开展中医药专家学术经验和技术专长继承工作，培养高层次的中医临床人才和中药技术人才。

第十七条 承担中医药专家学术经验和技术专长继承工作的指导老师应当具备下列条件：

(一)具有较高学术水平和丰富的实践经验、技术专长和良好的职业品德；

(二)从事中医药专业工作30年以上并担任高级专业技术职务10年以上。

第十八条 中医药专家学术经验和技术专长继承工作的继承人应当具备下列条件：

(一)具有大学本科以上学历和良好的职业品德；

(二)受聘于医疗卫生机构或者医学教育、科研机构从事中医药工作，并担任中级以上专业技术职务。

第十九条 中医药专家学术经验和技术专长继承工作的指导老师以及继承人的管理办法，由国务院中医药管理部门会同有关部门制定。

第二十条 省、自治区、直辖市人民政府负责中医药管理的部门应当依据国家有关规定，完善本地区中医药人员继续教育制度，制定中医药人员培训规划。

县级以上地方人民政府负责中医药管理的部门应当按照中医药人员培训规划的要求，对城乡基层卫生服务人员进行中医药基本知识和基本技能的培训。

医疗机构应当为中医药技术人员接受继续教育创造条件。

第二十一条 国家发展中医药科学技术，将其纳入科学技术发展规划，加强重点中医药科研机构建设。

县级以上地方人民政府应当充分利用中医药资源，重视中医药科学研究和技术开发，采取措施开发、推广、应用中医药技术成果，促进中医药科学技术发展。

第二十二条 中医药科学研究应当注重运用传统方法和现代方法开展中医药基础理论研究和临床研

究,运用中医药理论和现代科学技术开展对常见病、多发病和疑难病的防治研究。

中医药科研机构、高等院校、医疗机构应当加强中医药科研的协作攻关和中医药科技成果的推广应用,培养中医药学科带头人和中青年技术骨干。

第二十三条　捐献对中医药科学技术发展有重大意义的中医诊疗方法和中医药文献、秘方、验方的,参照《国家科学技术奖励条例》的规定给予奖励。

第二十四条　国家支持中医药的对外交流与合作,推进中医药的国际传播。

重大中医药科研成果的推广、转让、对外交流,中外合作研究中医药技术,应当经省级以上人民政府负责中医药管理的部门批准,防止重大中医药资源流失。

属于国家科学技术秘密的中医药科研成果,确需转让、对外交流的,应当符合有关保守国家秘密的法律、行政法规和部门规章的规定。

第四章　保障措施

第二十五条　县级以上地方人民政府应当根据中医药事业发展的需要以及本地区国民经济和社会发展状况,逐步增加对中医药事业的投入,扶持中医药事业的发展。

任何单位和个人不得将中医药事业经费挪作他用。

国家鼓励境内外组织和个人通过捐资、投资等方式扶持中医药事业发展。

第二十六条　非营利性中医医疗机构,依照国家有关规定享受财政补贴、税收减免等优惠政策。

第二十七条　县级以上地方人民政府劳动保障行政部门确定的城镇职工基本医疗保险定点医疗机构,应当包括符合条件的中医医疗机构。

获得定点资格的中医医疗机构,应当按照规定向参保人员提供基本医疗服务。

第二十八条　县级以上各级人民政府应当采取措施加强对中医药文献的收集、整理、研究和保护工作。

有关单位和中医医疗机构应当加强重要中医药文献资料的管理、保护和利用。

第二十九条　国家保护野生中药材资源,扶持濒危动植物中药材人工代用品的研究和开发利用。

县级以上地方人民政府应当加强中药材的合理开发和利用,鼓励建立中药材种植、培育基地,促进短缺中药材的开发、生产。

第三十条　与中医药有关的评审或者鉴定活动,应当体现中医药特色,遵循中医药自身的发展规律。

中医药专业技术职务任职资格的评审,中医医疗、教育、科研机构的评审、评估,中医药科研课题的立项和成果鉴定,应当成立专门的中医药评审、鉴定组织或者由中医药专家参加评审、鉴定。

第五章　法律责任

第三十一条　负责中医药管理的部门的工作人员在中医药管理工作中违反本条例的规定,利用职务上的便利收受他人财物或者获取其他利益,滥用职权,玩忽职守,或者发现违法行为不予查处,造成严重后果,构成犯罪的,依法追究刑事责任;尚不够刑事处罚的,依法给予降级或者撤职的行政处分。

第三十二条　中医医疗机构违反本条例的规定,有下列情形之一的,由县级以上地方人民政府负责中医药管理的部门责令限期改正;逾期不改正的,责令停业整顿,直至由原审批机关吊销其医疗机构执业许可证、取消其城镇职工基本医疗保险定点医疗机构资格,并对负有责任的主管人员和其他直接责任人员依法给予纪律处分:

(一)不符合中医医疗机构设置标准的;

(二)获得城镇职工基本医疗保险定点医疗机构资格,未按照规定向参保人员提供基本医疗服务的。

第三十三条　未经批准擅自开办中医医疗机构或者未按照规定通过执业医师或者执业助理医师资格考试取得执业许可,从事中医医疗活动的,依照《中华人民共和国执业医师法》和《医疗机构管理条例》的有关规定给予处罚。

第三十四条　中医药教育机构违反本条例的规定,有下列情形之一的,由县级以上地方人民政府负责中医药管理的部门责令限期改正;逾期不改正的,由原审批机关予以撤销:

(一)不符合规定的设置标准的;

(二)没有建立符合规定标准的临床教学基地的。

第三十五条　违反本条例规定,造成重大中医药资源流失和国家科学技术秘密泄露,情节严重,构成犯罪的,依法追究刑事责任;尚不够刑事处罚的,由县级以上地方人民政府负责中医药管理的部门责令改正,对负有责任的主管人员和其他直接责任人员依法给予纪律处分。

第三十六条　违反本条例规定,损毁或者破坏中医药文献的,由县级以上地方人民政府负责中医药管理的部门责令改正,对负有责任的主管人员和其他直接责任人员依法给予纪律处分;损毁或者破坏属于国家保护文物的中医药文献,情节严重,构成犯罪的,依法追究刑事责任。

第三十七条　篡改经批准的中医医疗广告内容的,由原审批部门撤销广告批准文号,1年内不受理该中医医疗机构的广告审批申请。

负责中医药管理的部门撤销中医医疗广告批准文号后,应当自作出行政处理决定之日起5个工作日内通知广告监督管理机关。广告监督管理机关应当自收到负责中医药管理的部门通知之日起15个工作日内，依照《中华人民共和国广告法》的有关规定查处。

第六章 附 则

第三十八条 本条例所称中医医疗机构，是指依法取得医疗机构执业许可证的中医、中西医结合的医院、门诊部和诊所。

民族医药的管理参照本条例执行。

第三十九条 本条例自2003年10月1日起施行。

卫生部公布全国非典型肺炎疫情

卫生部称，总体上全国非典型肺炎发病呈缓慢下降趋势。目前，除广东省外其他省份均为输入性病例。感染病人中，医务人员的发病明显下降，从原来的33%下降至目前的25%。

据统计，截至4月6日，全国发病1268人，死亡53人。

中国工程院院士钟南山在广州就广东非典型肺炎病情接受新华社记者采访

钟南山担任广东省防治非典型肺炎医疗专家组组长，他说，今年2月是广东非典型肺炎发病的高峰，3月开始下降，预计4月会继续下降。

钟南山认为，广东非典型肺炎发病下降的原因有三。第一，政府采取必要的措施，制定了防治指南，指导医疗机构和公众进行防治。

钟南山说，广东在防治中一个重要的经验，就是在发现这一疾病的早期，特别注意把病人隔离，集中治疗，这样有效阻止了病毒的传播和扩散。同时向公众宣传防治的方法，强调要注意通风、洗手、换衣服。

"非典型肺炎发病的一个明显特征是家族聚集和医院聚集。我们开始认为是近距离飞沫传播，后来根据发病情况，发现可能还有其他传播途径，比如病人分泌物污染等，因为病原体在外界可以存活4—8小时。因此我们比较早就提出了要注意洗手，医务人员要穿隔离衣等。这些措施看来是有效的。"钟南山说。

第二，该病有自限性。早期的病人感染力会特别强，第二代、第三代的感染力减弱，说明该病原体还没有适应在人体的生存。

第三，广东各医疗机构加强了协作，共同交流、切磋，较早地确定了诊断和治疗的方案，一些经验得到了及时总结和推广。

目前广东已经总结出了一套较为成熟有效的治疗方案，实践证明非常有效。

钟南山是广州呼吸病研究所所长，该所收治了广州市的大多数非典型肺炎危重病人。2月初广东专家组会诊的6个危重病人有5人在该所康复。

4月3日下午，到广东了解病情的世界卫生组织专家组，听取了钟南山的详细介绍。这些专家对广东所采取的措施给予了高度评价。

4月8日

国家主席胡锦涛指示有关方面全力抢救在美遇车祸受伤的我访问学者

4月8日(美国时间4月7日)，湖南高校学术考察团一行13人在美国宾夕法尼亚州中部地区发生车祸，车上7人死亡，3人受伤。

事故发生后，国家主席胡锦涛立即询问情况，要求中国有关部门协助美方全力抢救伤员，妥善处理善后。据了解，外交部、教育部正在处理此事。中国驻美大使馆和驻纽约总领馆负责人已赶赴事故现场和医院，了解情况，慰问伤员，开展工作。

中央军委主席江泽民在中南海会见越共中央总书记农德孟

会见中，江泽民愉快地回顾了中越关系正常化以来的发展历程。他说：我作为推动中越关系发展的当事人，为当前中越关系的良好局面感到高兴。中越两国同属社会主义国家，都在探索建设有自己特色的社会主义；两国党和政府都从战略高度重视和发展双边关系，双方合作关系不断与时俱进；两国毗邻而居，在长期的民族解放斗争和建设事业中结下了深厚友谊。所有这一切都为发展中越关系奠定了坚实的基础，也展示了广阔的发展前景。

他希望两国新领导人倍加珍惜中越关系来之不易的良好局面，共同努力把两国友好合作关系推向新的阶段。

江泽民还衷心祝愿越南革新开放事业和社会主义建设不断取得新的成就。

农德孟表示，越中两国永做好邻居、好朋友、好同志、好伙伴，已经成为越南全党全国的共同意志。我此次来华进行工作访问，目的就是贯彻落实我们两国最高领导人已经达成的共识，把我们两国的睦邻友好合作关系推向新的阶段。

全国人大常委会委员长吴邦国和国务院总理温家宝在人民大会堂分别会见越共中央总书记农德孟

全国政协主席贾庆林在陕西宁夏甘肃考察

4月8日至16日，贾庆林先后来到延安、银川、石嘴山、吴忠、兰州、定西等地，瞻仰了老一辈无产阶级革命家的延安旧址，亲切慰问了老红军老战士；深入农村农户、城镇社区、工厂车间、科技园区、科研院所、民族院校考察调研，顶着风沙来到回族群众家中，踩着积雪看望贫困山区的农民，到清真寺与宗教界人士促膝交谈；同民主党派、工商联负责人和无党派人士、民族宗教界人士座谈，听取当地党委政府的情况汇报，并讲了话。

贾庆林指出，全面建设小康社会，必须大力倡导和弘扬延安精神，始终坚持“两个务必”，始终保持同人民群众的血肉联系。

贾庆林强调，西部地区在我国全面建设小康社会的历史进程中占有举足轻重的地位。我们必须以最大的决心、最大的努力不断满足人民群众加快发展、改善生活的愿望，逐步使各族人民群众的生活更加富裕。要紧紧抓住西部大开发的历史机遇，坚持追赶型发展思路，将资源优势转化为经济优势。要深化国有企业改革，放手发展非公有制经济，大力发展民族地区经济。各级领导干部都要把关心群众的生产生活作为一项重大的政治任务抓紧抓好。

贾庆林指出，要认真学习领会党的十六大报告中确立的党在新世纪、新阶段民族宗教工作的基本方针和基本任务，充分认识做好民族宗教工作的特殊重要性，认真研究和妥善处理涉及民族宗教因素的突发事件，警惕和抵御境外各种敌对势力利用民族宗教问题进行渗透和破坏，为西部地区的发展创造团结稳定的社会环境。

国务院副总理黄菊在北京出席全国安全生产电视电话会议并讲话

黄菊在会议上强调，要从实践“三个代表”重要思想的高度，从维护改革发展稳定大局的高度，认真贯彻落实胡锦涛总书记重要批示精神和温家宝总理在国务院第二次常务会议上重要讲话精神，牢固树立安全第一的思想，全面开展安全生产大检查，落实安全生产责任，切实加强安全生产工作。

黄菊要求，各地区、各部门要按照国务院的统一部署，立即组织开展一次全面的安全生产大检查，并制定有效措施进行整改，促进安全生产形势稳定好转。煤矿、交通和公众聚集场所要重点检查。

会议由国务院副秘书长尤权主持。国家安全监管局局长王显政通报了今年以来全国安全生产情况。

中央有关部门、国务院各部门、各直属机构，高法院、高检院、解放军和武警总部以及中央管理的在京有关重要企业的负责同志在主会场参加了会议，各省、自治区、直辖市人民政府和计划单列市、新疆生产建设兵团的负责同志在各分会场参加了会议。

中共中央政治局常委李长春在重庆云南考察

4月8日至15日，李长春在重庆市、云南省考察工作时指出，深入学习贯彻十六大精神，是全党当前和今后一个时期的首要政治任务。当前，要继续把学习贯彻十六大精神引向深入，兴起学习“三个代表”重要思想的新高潮。他强调，宣传思想工作要体现时代性，把握规律性，富于创造性，贴近实际，贴近生活，贴近群众，努力开创宣传思想工作新局面。

考察期间，李长春还同重庆市有关部门就革命文化建设进行了座谈。李长春指出，红岩精神充分体现了无产阶级革命家、共产党人、革命志士的崇高革命理想和大无畏的革命精神、坚定的信念、人格力量和浩然正气。要落实好江泽民同志提出的“红岩精神和井冈山精神、长征精神、延安精神一样，是我们党宝贵的精神财富”的要求，进一步深入研究红岩精神的内涵和外延，要把弘扬红岩精神和加强社会主义精神文明建设紧密结合起来，特别是要与深入学习贯彻十六大精神，兴起学习“三个代表”重要思想新高潮紧密结合起来。要围绕红岩精神创作一批文艺精品，做到寓教于乐，使红岩精神更加深入人心。

国务院副总理吴仪在中南海接见全国首批百名援藏导游员并与其座谈

吴仪高度赞扬了援藏导游员积极响应号召、不畏艰难、志愿援藏的行为，勉励大家不负重托，牢记使命，克服困难，勤奋工作，圆满完成援藏任务。

吴仪说，实施导游援藏，是国家旅游局贯彻落实胡锦涛总书记重要批示的具体行动，是新时期开展援藏工作的一个新举措，各有关方面要高度重视，密切配合，精心组织，力争早见成效。

吴仪要求援藏导游员积极宣传西藏、宣传祖国大好河山，让海内外旅游者更全面、客观地了解西藏的昨天、今天和明天，并同一切歪曲事实、企图分裂祖国的言行作坚决斗争。同时通过传、帮、带等形式，带动西藏当地导游队伍的成长壮大。

据了解，国家旅游局将从今年开始在10年内每年组织100名导游援藏。这次首批百名援藏导游员来自全国23个省、自治区、直辖市的85家旅行社等单位，都是西藏目前紧缺的外语导游，他们经过国家旅游局培训后将于4月15日赴藏工作。

中央和国务院有关部门负责人胡德平、徐绍史、王湛、李晋有、何光暐、叶小文、李勇等陪同接见并参加了座谈。

国务院副总理曾培炎在浙江调研

曾培炎在浙江就经济发展和改革问题进行了调

研,并召开了上海、江苏、浙江、广东、山东五省市和国务院有关部门负责同志参加的座谈会,对当前经济运行情况和存在的问题进行了研究和分析。

曾培炎指出,要努力减少伊拉克战争对我国经济发展的影响;要加强调控和引导一些行业中出现的投资增长过快的苗头;要采取措施加快解决部分生产要素供需矛盾加剧问题。

曾培炎强调,当前要突出抓好以下几项工作:一是加强房地产投资引导,运用经济、法律手段,约束别墅、高档商品房的盲目发展,促进经济适用房建设;二是加大对钢材、汽车等行业的宏观监控力度,坚决制止无序竞争和低水平重复建设;三是多方采取措施,解决部分地区电力供应紧张问题;四是切实加强水资源管理,缓解部分地区的缺水局面,同时加快城市和农业用水价格的改革进度;五是做好国际国内经济形势的跟踪监测,及时制定应对预案。既要及早制止某些行业过热倾向的进一步蔓延,防止其演变成实际的过热,又要鼓励经济增长中的合理因素。

全国劳动保障厅局长座谈会在北京举行

劳动和社会保障部部长郑斯林表示,去年中央召开全国再就业工作会议后,各地积极贯彻落实会议精神,加大了就业和再就业工作力度。

目前,全国已有29个省、自治区、直辖市的党委和政府结合当地实际,对中央的政策进行细化,出台了促进下岗失业人员再就业的政策措施,建立了工作目标责任制和政策落实机制。但是从总体上看,工作的进度还不够快,效果还不够明显。

为进一步推动全国再就业工作会议精神的落实,各地劳动保障部门要切实做到领导到位、责任到位、政策到位、资金到位,确保实现今年新增就业800万人以上,其中下岗失业人员400万人以上,城镇登记失业率在4.5%的目标,安置"4050"人员再就业达100万人以上。"4050"人员是指女40岁以上、男50岁以上的下岗失业人员,他们是就业难度最大的一个群体。

核能与公众国际研讨会在北京举行

研讨会由中国国家原子能机构和国际原子能机构联合主办,旨在帮助公众客观公正地了解核技术在国民经济发展的广泛应用和独特的地位,消除人们的核恐惧心理,促进我国及周边国家核能和平利用的健康发展。研讨会分四个专题:核电和可持续发展;核安全与核保安;核技术在工业、农业及水利等领域的应用;核技术服务于人类健康。来自国际原子能机构和部分成员国的官员、专家以及关心核能发展的各界人士近200位代表参加了研讨会。

中国国家原子能机构主任张华祝说:"我们有责任向公众提供科学、客观的核知识和相关信息,从安全、经济、环保以及其他公众关心的方面阐述核能的特点和优势,树立核能的正面形象,为中国乃至世界核能技术的发展作出积极贡献。"

《农村经济绿皮书》(《2002—2003年中国农村经济形势分析与预测》)出版

《农村经济绿皮书》是中国社会科学院农村发展研究所与国家统计局农村社会经济调查总队合作完成的关于农村经济运行、发展与预测的年度分析报告,已出版到第十一本。

绿皮书描述了2002年中国农村经济运行的一些主要特征:农业产业结构调整继续进行并显现成效,优质专用农产品比重提高。农村经济占整个国民经济的份额继续下降,农民收入增长速度继续回升,但仍属于恢复性增长,农民工资性劳动报酬是农民收入增长的主要源泉。

外交部部长李肇星就伊拉克和朝鲜核问题与俄罗斯外交部部长伊万诺夫通电话

中国常驻维也纳联合国和其他国际组织代表张炎在维也纳出席联合国麻醉品委员会第四十六届常规会议并发言

张炎表示,中国政府将继续支持联合国有关机构的工作,积极、全面推进禁毒国际合作。

张炎说,中国政府认真履行各项国际禁毒公约,积极参与各项禁毒国际活动,始终把禁毒国际合作视为解决国内毒品问题的重要途径。2002年中国政府与有关国家开展了积极的双边和多边禁毒合作,在缉毒执法、减少非法毒品需求、境外替代发展、防止易制毒化学品流入境外非法渠道等方面取得明显成效。通过国际核查共发现并阻止2288吨易制毒化学品非法出口。

中央军委主席江泽民签署命令发布《中国人民解放军安全工作条例》

《中国人民解放军安全工作条例》(以下简称《安全工作条例》)共10章57条,明确了我军安全工作的指导思想和基本任务、方针与原则、地位与作用,以及各级职责和工作制度等。条例从健全责任制和追究责任人方面加大了从严执纪力度,明确规定了军政主官、副职领导和各类机关在安全工作方面应尽的职责,强调发生事故不仅追究直接责任人员的责任,还要依法追究单位领导的责任。条例系统、具体地规范了安全工作的组织领导、工作制度、教育训练、检查监督、事故查处、报告统计以及安全设施保障的方法和要求。条例规定，事故按照其性质分为责任事故和非责任事故，按照其危害程度分为一般事故、严重事故、重大事故、特大事故四个等级。条例对事故报告与统计的时限、内容、方式等都作了具体要求，强调发生事故应当立即组织抢救，并按规定报告和调查。明确了追究事故责任的一般原则、直接责任与领导责任的区分及对负有直接责任人员和负有领导责任人员的处理。

《安全工作条例》自发布之日起施行。

全国星火计划工作会议在宝鸡召开

全国人大常委会副委员长许嘉璐、全国政协副主席张怀西、科技部部长徐冠华、陕西省委书记李建国、省长贾治邦、农业部副部长齐景发、科技部副部长李学勇等出席会议。

星火计划是党中央、国务院于1986年批准实施的依靠科技进步、振兴农村经济，普及科学技术、带动农民致富的指导性科技计划，其宗旨是把先进适用的技术引向农村，引导农民依靠科技发展农村经济。星火计划为农村经济成长与农民收入增加发挥了看得见、摸得着的实际效果，仅“九五”期间，就累计创利2810多亿元，2001年新增产值656.6亿元，新增利税122.9亿元。

17年来，星火计划通过134个国家级星火技术密集区和227个国家级星火区域性支柱产业的建设，培育了一批星火龙头企业，有力促进了星火产业带的形成和区域经济健康发展，初步形成以产品促企业、以企业带产业、以产业兴区域的发展格局，为加快农村城镇化建设，统筹城乡经济发展奠定了良好基础。截至目前，星火计划共实施了12万多个示范项目，覆盖全国85%以上的县(市)。

星火计划的普及推广，为提高农民科技文化素质发挥了积极作用。到目前为止，全国范围内已建立5000多个培训基地，以先进适用技术和科学管理技能为重点，相继培训农民近7000万人次，在他们当中涌现出一大批星火带头人和星火科技骨干。

大辛庄遗址重大考古发现新闻发布会在济南举行

主持此项考古发掘的山东大学考古系教授方辉介绍说，此次发掘区位于大辛庄遗址东南部，发现的商代甲骨文集中出自4个探方的商代文化层中。现已清理出有字卜甲8片。

“中国夏商周断代工程”首席科学家李学勤教授说：“这是自殷墟首次发现甲骨文104年后的第二次发现，也是中国考古学史上具有界标意义的重大发现，必将对中国古代历史和甲骨文的研究产生深远影响。”

广东省省长黄华华就广东防治非典型肺炎情况接受新华社记者采访

黄华华说，现在，非典型肺炎在广东省已经得到有效的控制，发病率不断下降。在继续全力以赴救治病人、查找病因的同时，广东已开始在全省开展三个运动：一是非典型肺炎防治知识的普及运动，二是爱国卫生运动，三是全民健身运动。通过增强全民的防病意识和能力来进一步做好非典型肺炎的防治工作。

黄华华介绍说，目前全省累计出现的1206例病例中已有993人治愈出院，治愈率达82.3%以上，新发病例明显减少，医务人员感染发病问题已经得到根本解决。同时，经过近4个月的积极探索和认真总结，广东对非典型肺炎的防治已经积累了比较丰富的临床经验，制定了一整套防治规范和技术指引。

从4月3日起到8日，世界卫生组织专家在广东省就当地防治非典型肺炎的工作进行了认真而细致的考察。在考察过程中，广东省政府相关部门给予了积极的配合，提供了大量翔实可靠的数据。

谈到将在4月15日开幕的第九十三届广交会，黄华华说，广东正在积极组织实施卫生保障工作，坚决防止本届广交会来宾和工作人员感染发病。广东省已经成立了由常务副省长汤炳权任组长的第九十三届广交会卫生保障工作领导小组，制定了周密的工作预案。我可以负责任地说，来广东进行商贸旅游活动是安全的。

北京部署非典型肺炎防治工作

北京市输入性非典型肺炎患者已达19人。在市委、市政府的高度重视下，全市卫生系统已建立起较完善的疾病控制监测系统和应急治疗机制，采取了对非典型肺炎流行病进行调查、实施疫情报告制度、开辟了转诊的绿色通道、启动集中隔离收治医院等一系列措施，有效地控制了疫情的传播，保障了人民群众工作、学习和生活的正常进行和健康安全。

首届中国少年儿童艺术节在北京开幕

由共青团中央、全国少工委联合主办，中国青少年发展服务中心承办的首届中国少年儿童艺术节在京拉开帷幕。这次中国少年儿童艺术节内容丰富，既有少年儿童喜闻乐见的艺术表演、比赛，也有艺术教育研讨和成果展览。艺术节将历时8个月。

4月9日

国务院副总理回良玉到河南农村调研

4月9日至13日，回良玉在许昌、开封、新乡等地考察了优质和特色农产品基地、农业产业化龙头企业，与乡村干部和群众座谈，听取了省委、省政府关于农业和农村工作的汇报，并对取得的成绩给予了充分肯定。他指出，我国农业和农村经济发展进入新阶段后，面临资源和市场的双重制约，面临加快发展和保护环境的双重任务，面临国内和国际市场的双重挑战。各地要转变观念，拓宽思路，因地制宜，加快发展。

回良玉强调，当前要把增加农民收入特别是增加粮食主产区农民收入作为"三农"工作的重要任务，坚持"多予、少取、放活"的方针，采取综合措施。一是大力调整农业结构。要面向市场，发挥优势，依靠科技进步，优化区域布局，发展特色产业，增强农产品市场竞争力。二是积极发展农业产业化经营。要扶持龙头企业，培育主导产业，提高规模和档次，创新运行机制，增强带动农民进入市场的能力。三是加快转移农村富余劳动力。积极发展农村二、三产业，放手发展个体私营经济，鼓励和引导农村劳务输出，拓宽农民就业渠道。四是深化农村改革。要切实搞好农村税费改革试点，进一步深化粮食流通、农村金融、医疗体制改革，探索对农民直接补贴的办法。五是加大对粮食主产区的扶持力度。

53家轴承生产企业在对美贸易反倾销诉讼中胜诉

商务部进出口公平贸易局和浙江省慈兴集团、万向集团等53家轴承生产企业4月9日收到了来自美国方面的正式信息：中国球轴承倾销案不成立，以"零损害"方式结案。商务部有关人士表示：这意味着，我国正式加入世贸组织后在美国遭遇的首起反倾销诉讼，在本年度以中方应诉企业的胜利而告终。

令人遗憾的是，另有200家国内轴承企业因拒绝应诉，美方将对其征收59.3%的反倾销税。至此，这些企业将因过高的关税而痛失美国市场。

根据美国国际贸易委员会官方网站的公告，华盛顿当地时间4月3日，美国国际贸易委员会举行了最终裁决听证会，美国际贸易委员会代表以四对零的绝对票，认定中国应诉企业的球轴承对美国轴承工业没有造成任何损害，判定中国输美球轴承倾销案不成立，美国不能向应诉企业加收任何"反倾销税"。

公众计算机互联网拆分完成

中国网通集团宣布，根据国家对中国电信的拆分方案，他们与中国电信的公众计算机互联网(CHINANET)实施的拆分已经基本结束。根据拆分方案，"公众计算机互联网"也将一分为二，南方归中国电信，北方归中国网通。原163接入号码和"CHINANET"品牌归中国电信。而中国网通则启用新接入号码16900，并推出新互联网品牌"宽带中国CHINA169"。

国务委员唐家璇在中南海会见法国前外交部长韦德里纳

中国全国人大代表团副团长乔晓阳在圣地亚哥出席各国议会联盟第108届大会并发言阐述中国立场

乔晓阳在就补充议题举行的会议上发言，阐述了中国反对大规模杀伤性武器扩散的一贯立场。

乔晓阳强调，中国恪守有关国际条约规定的义务和国际承诺，并颁布了《导弹出口管理条例》等一系列管理法规，对敏感物项出口实行严格控制，并建立了一整套涵盖核、生物、化学与导弹等领域的较完善的出口控制措施。他强调指出，大规模杀伤性武器的扩散有其复杂的根源，因此防扩散努力应本着标本兼治的原则，通过政治、外交手段谋求妥善的解决办法。

解放军总参谋部总政治部发出通报表彰参加巴楚—伽师抗震救灾部队

通报说，新疆巴楚—伽师地区发生强烈地震后，兰州军区和新疆驻军、武警部队共出动官兵3800余人、民兵预备役人员6200余人、车辆和机械420台，连续奋战13天，救出被压埋群众800多人，巡诊救治伤病员11000多人次，清理倒塌房屋26000多间，搭建各类帐篷15214顶，为抗震救灾胜利作出了贡献。

通报说，驻灾区部队广大官兵视国家和人民的利益高于一切，视灾情如命令，昼夜兼程，迅速从四面八方赶赴地震灾区，冒着频繁余震的危险，搜救群众、拆除危房、抢运物资、救治伤员、架设帐篷，每天连续奋战达12个小时以上。南疆军区组织300多个救灾小组展开大会战，顶风雪、斗严寒，昼夜突击。各级领导率先垂范，80多名师团干部始终奋战在抢险救灾第一线。广大共产党员哪里最危险就最先冲向哪里，哪里最艰苦就坚持战斗在哪里，发挥了先锋模范作用。抗震救灾部队官兵和各族群众团结奋战，最大限度地减少了国家和人民群众的损失，实现了灾民全部入住帐篷，有饭吃、有水喝、不挨饿、不冻伤和伤员及时救治的目标。

通报说，在抗震救灾中，各部队充分发挥我军政治优势，深入做好灾区群众的思想稳定工作，发动灾民开展自救互救；配合地方政府赈灾救灾，帮助灾区尽快恢复供水、供电和复工、复课；紧急调拨帐篷、棉衣(被)、粮食、燃料、药品，解决灾区群众吃饭、住宿、御寒等生产生活困难。官兵们踊跃捐款1160万元，支援灾区人民重建家园。参加抗震救灾部队模范执行民族宗教政策，尊重少数民族群众风俗习惯，严守纪律，秋毫无犯，把清挖出的存折、现金和金银首饰等贵重物品全部归还群众。在完成抗震救灾任务的同时，各部队还积极配合当地公安部门维护治安，确保了灾区的社会稳定。

教育部部长周济在北京出席高等学校教学质量和教学改革工程启动仪式并讲话

作为正在抓紧制订的《2003—2007年教育振兴行动计划》的重要组成部分，高等学校教学质量工程包括10个子项目。根据高等教育发展现状和需求，教育部决定先期启动和实施其中的4项。一是精品课程建设。教育部将于今年下半年评选1500门精品课程，授予国家精品课程荣誉称号，给予一定经费补助并向全国推广；二是高等学校教学名师奖。从今年开始，每年评选表彰100名长期担任基础课教学、成绩突出、教学效果良好的教师，授予国家级高等学校教学名师荣誉称号，待遇等同于同级同类科技奖；三是大学英语教学改革。改革大学英语教学标准、手段和考试方法，推进基于计算机技术手段的个性化教学，提高大学生英语综合实用能力；四是高等学校教学评估。从今年开始，建立五年一轮的普通高校评估制度，对所有普通高校进行教学评估，并建立普通高校教学状态数据采集和发布制度，让全社会更全面地了解各高校人才培养情况。

中央电视台播出59集大型电视剧《走向共和》

该剧取材于1840—1920年的中国近代历史，由中央电视台投资4000多万元，由中央电视台影视部、北京同道文化影视制作公司、长沙电视台、中国国际电视总公司合作拍摄，以这段波澜壮阔的历史为背景，深刻揭示了清王朝灭亡的本质，集中研讨了共和立宪失败的原因，从人文角度展开对民族生存境遇的深入思考和对未来的美好期待。

国务院副总理吴仪在中南海会见世界卫生组织驻华代表贝汉卫和非典型肺炎专家组成员

吴仪对世界卫生组织专家组来华考察表示欢迎和感谢。在介绍中国的疫情和防治情况时，她说，非典型肺炎是一个新的传染性疾病，世界各国对它的认识都经历一个过程。疫情发生后，中国政府高度重视，国务院总理温家宝将防治非典型肺炎作为当前政府工作的重中之重，要求各级政府、各部门采取有力措施，控制疫情蔓延。中国政府专门成立了由国务院副秘书长牵头、卫生部等部委组成的部际联席会议，协调解决有关问题。成立由卫生部部长领导的全国非典型肺炎防治工作领导小组，负责指导非典型肺炎防治工作。中国政府还采取一系列措施，保证在华外国人的健康安全。我们还将密切注视疫情态势，进一步做好疫情控制工作。

吴仪指出，中国政府与世界卫生组织一直保持着良好合作关系。在防治非典型肺炎工作中，中国与世界卫生组织也保持密切、友好、务实的合作。中国政府将进一步加强与发展这种友好合作关系，为促进人民群众的身体健康作出贡献。

世界卫生组织专家向吴仪介绍了他们在广东的工作情况。专家们表示，世界卫生组织愿进一步在控制非典型肺炎方面加强与中国的合作，提供必要帮助。

有关方面负责人高强、朱庆生、马晓伟、王国庆等参加了会见。

吴祖光逝世

著名剧作家吴祖光先生，因病于4月9日在京逝世，享年86岁。

吴祖光是江苏武进人，生于北京。他1936年于中法大学文科肄业，1937—1948年任南京国立戏剧专科学校讲师，重庆中央青年剧社、中华剧艺社编导，《新民晚报》副刊编辑，《清明》杂志主编，香港大中华影片公司编导，香港永华影业公司导演。1949年后吴祖光任中央电影局、北京电影制片厂导演，牡丹江文工团编导，中国戏曲学校、中国戏曲研究院、北京京剧院编剧，文化部艺术局专业创作员，中国文联委员、中国戏剧家协会常务理事、副主席，友谊出版公司名誉董事长。他是第五届至八届全国政协委员。

吴祖光从20世纪30年代就开始戏剧创作，年轻时期的代表作有《凤凰城》《正气歌》《风雪夜归人》，其中《风雪夜归人》久演不衰，成为话剧史上的经典作品之一，此后他又陆续创作了京剧《三打陶三春》《凤求凰》《武则天》《踏遍青山》《蔡文姬》，评剧《花为媒》以及电影剧本《北大荒》等作品，执导了电影《梅兰芳的舞台艺术》。

4月10日

中共中央总书记胡锦涛在广东考察

4月10日至15日，胡锦涛在中共中央政治局委员、广东省委书记张德江和省长黄华华等陪同下，先后到湛江、深圳、东莞、广州等地，深入港口码头、企业车间、城市社区、乡村农户，了解改革开放和现代化建设的情况，与基层干部群众亲切交谈，共商在新形势下实现和维护好广大群众利益、推动经济社会发展的大计。

4月15日，胡锦涛听取了广东省委、省政府的工作汇报，并作了重要讲话。

胡锦涛指出，十一届三中全会以来，广东广大干部群众认真贯彻党的理论路线和方针政策，抓住机遇，加快发展，不仅迅速改变了自身面貌，而且为推进全国的改革开放和现代化建设积累了经验，为探索中国特色社会主义道路作出了重大贡献。在新世纪、新阶段，包括广东在内的东部地区正处在一个新的发展起点上，面临着新机遇、新挑战、新任务。我们要认清形势，进一步增强加快发展、率先发展、协调发展的历史责任感和使命感。要积极探索加快发展的新路子，通过完善发展思路不断增创新优势；着力深化改革，通过制度创新不断增创新优势；进一步发展外向型经济，通过扩大对外开放不断增创新优势；大力实施科教兴国战略和人才战略，通过科技创新和发挥人才效应不断增创新优势；坚持全面的发展观，通过促进三个文明协调发展不断增创新优势。要在全面建设小康社会、率先基本实现社会主义现代化的进程中，努力在社会主义物质文明、政治文明、精神文明建设方面都交出优异的答卷。

胡锦涛强调，关心群众生产生活，是贯彻我们党全心全意为人民服务宗旨、始终保持党同人民群众血肉联系的根本要求，也是充分调动广大人民群众积极性、万众一心地推进改革开放和社会主义现代化建设的重要保证。各级党委和政府要坚持执政为民，时刻关心人民群众的安危冷暖，切实做好关心群众生产生活的工作。无论是贫困地区、欠发达地区还是发达地区，都要把关心群众生产生活作为一项重大政治任务抓紧抓好，想群众之所想，急群众之所急，办群众之所难。当前，尤其要关心人民群众身体健康和生命安全，大力做好就业和再就业工作，切实加强社会保障体系建设。

胡锦涛强调，实现十六大提出的奋斗目标和各项任务，不断开创中国特色社会主义事业新局面，关键在于坚持和改善党的领导，进一步把党建设好。我们既要通过深化改革、加快发展不断为党的建设注入新的活力，又要通过加强党的建设不断推动深化改革、加快发展的进程。要坚持解放思想、实事求是、与时俱进，切实加强干部队伍的思想作风和学风建设，不断推进理论创新、制度创新、科技创新、文化创新以及其他各方面的创新。要广泛开展坚持“两个务必”的教育，使各级干部增强居安思危的忧患意识，保持永不懈怠的奋斗精神，发扬真抓实干的工作作风，永葆人民公仆的政治本色。要加强和改进基层党建工作，把基层党组织建设成为贯彻“三个代表”重要思想的组织者、推动者和实践者。

考察期间，胡锦涛还看望了南海舰队某部基层官兵。

中共中央政治局常委曾庆红在贵州考察

4月10日至14日，曾庆红先后到遵义、黔东南、黔南和贵阳等地进行调查研究。他来到田间地头、工厂车间、学校课堂、苗家村寨和居民家中，同基层干部群众亲切交谈，深入了解贵州城乡和少数民族自治州的改革发展稳定的情况和党的建设情况。

贵州是革命老区，红军长征途中曾先后六次转战贵州。在考察期间，曾庆红先后参观了息烽集中营旧址，瞻仰了遵义会议会址，拜谒了红军烈士纪念碑并敬献花篮，在红军山烈士陵园植了树，还亲切会见了几位老红军。他强调，中国革命的胜利来之不易，是无数革命先烈用鲜血和生命换来的，我们任何时候都不能忘记他们。在全面建设小康社会的历史进程中，我们要始终发扬党的优良传统和作风，牢记“两个务必”，继往开来，与时俱进，把老一辈无产阶级革命家开创的社会主义伟业不断推向前进。

曾庆红十分关心群众的生产生活。当他了解到贵州去年因遭受新中国成立以来最严重的低温冷冻灾害，农村缺粮人口较多的情况后，和随行的民政部负责同志沿途详细了解中央和省里对灾民救济粮和救济款的落实情况。每到一地，他都详细询问群众的生产生活情况，并走访了部分城乡困难群众。他指出，关心群众特别是困难群众生产生活问题是我们党执政为民的具体体现，各级党委和政府要把这一关系全局的大事坚持不懈地抓实抓好。要满怀深情做工作，真心实意地帮助困难群众解决实际问题，把党和政府的温暖送到他们的心坎上。

在考察中，曾庆红重点就农村党的基层组织建设和农村党员干部现代远程教育问题深入进行调研。在遵义市红花岗区深溪镇清江村，他同村党支部一班人围坐在村里的场院中，一起讨论“围绕经济抓党建，抓好党建促经济”的问题。在黔东南凯里市南花村，他认真参观了村里的党员活动室，并在这里召开了一次发展农村党员干部现代远程教育试点工作的“现场办公会”。他还先后到息烽县小寨坝镇黑神庙中学、贵州省委党校等地详细考察现代远程教育情况，并同中央和地方有关部门的同志以及基层干部进行了座谈。他指出，现代远程教育具有信息量大、覆盖面广、方便快捷、生动直观等明显的优势。运用现代远程教育手段加强和改进农村党员干部教育培训工作，是党员教育手段上的一大创新，体现了党建工作的与时俱进。

曾庆红指出，这些遍布全国广大农村的党员干部远程教育接收点，还可以成为农村信息化的示范点，成为广大农民学习现代农业知识和实用技术的致富点，成为农村富余劳动力向城镇转移之前的职业技能传授点，成为丰富农民文化生活和精神文明建设的娱乐点。

中共中央政治局常委罗干在广西考察

4月10日至15日，罗干先后到广西钦州、百色、南宁和桂林等地，深入农村、城市社区、工厂、港口和边境地区调研，与广大干部群众亲切交谈，看望、慰问在一线工作的政法干警和武警边防官兵，并听取了广西壮族自治区党委、政府的工作汇报。他充分肯定广西经济发展，民族团结，社会稳定，经过两年"严打"整治斗争，社会治安取得了新的明显进步。

罗干指出，必须继续坚持"严打"方针，始终保持对严重刑事犯罪的高压态势，什么犯罪问题突出就重点打击什么犯罪，哪里社会治安不好就重点整治哪里。

罗干强调，各地各部门要在思想观念、工作重点、力量配置、经费投入、工作机制、实绩考评等方面，全面体现和落实"打防结合、预防为主"的要求，努力防范和减少犯罪。要加强基层基础工作，充分依靠群众，加强科技强警，动员各部门、社会各方面的力量积极参与社会治安综合治理，增强预防和控制犯罪的能力。

罗干还瞻仰了百色起义革命烈士纪念碑、红军突破湘江革命烈士纪念碑并敬献花圈，亲切看望了模范检察官张晓毅同志的遗属。

《人民日报》发表署名为金吉平的文章《坚持"两个毫不动摇"》

坚持和完善公有制为主体、多种所有制经济共同发展的基本经济制度，必须毫不动摇地巩固和发展公有制经济，必须毫不动摇地鼓励、支持和引导非公有制经济发展，坚持公有制为主体，促进非公有制经济发展，统一于社会主义现代化建设的进程中，不能把这两者对立起来。这是党的十六大作出的一项重大决策。坚持"两个毫不动摇"，对于贯彻"三个代表"重要思想，坚持和完善基本经济制度，深化经济体制改革，促进国有经济和非公有制经济共同发展，具有重要的现实意义和深远的历史意义。

我们是社会主义国家。公有制经济是社会主义经济制度的基础，是国家推动、引导经济和社会发展的基本力量，是实现人民共同富裕的重要保证。坚持改革的社会主义方向，维护最广大人民的根本利益，就必须毫不动摇地巩固和发展公有制经济。国有经济是公有制经济的重要组成部分。发展壮大国有经济，国有经济控制国民经济命脉，对于发挥社会主义制度的优越性，增强我国的经济实力、国防实力和民族凝聚力，具有关键性作用。推进国有企业改革，国有大型企业进行公司化、股份化改造，建立现代企业制度，多种形式放开搞活国有中小企业，是探索国有制的有效实现形式，能够增强国有企业的市场竞争力。调整国有经济战略布局，要坚持有进有退，有所为有所不为，国有经济要控制国民经济命脉；在其他行业和领域，要集中力量，加强重点，提高国有经济的整体素质。国有经济是国民经济的支柱。国有企业改革发展已取得突破性进展。国有企业尽管数量减少，但仍然控制着国民经济命脉，在国民经济中发挥着主导作用，是国家财政税收的主要来源。特别是在历史包袱重、人员多的情况下，国有经济承担了许多改革成本，对经济的持续快速健康发展和社会稳定作出了重要贡献，也为非公有制经济发展创造了有利条件。

社会主义的根本任务是解放和发展生产力。发展是党执政兴国的第一要务。人口众多，经济底子薄，生产力水平低、多层次、发展不平衡，这是社会主义初级阶段的基本国情。个体、私营等各种形式的非公有制经济是社会主义市场经济的重要组成部分，对充分调动各方面的积极性，加快生产力发展具有重要作用。发展非公有制经济，有利于促进经济发展、繁荣市场、扩大就业、增加税收等。毫不动摇地鼓励、支持和引导非公有制经济发展，就要一视同仁，放宽市场准入的领域，在投融资、税收、土地使用和对外贸易等方面采取措施，实现公平竞争。要完善保护私人财产的法律制度。要依法加强监督和管理，促进非公有制经济健康发展。

坚持"两个毫不动摇"，要正确处理两者关系，把坚持公有制为主体、促进非公有制经济发展，统一于社会主义现代化建设的进程中。发展公有制经济和发展非公有制经济，目标一致，都是加快生产力发展，实现民富国强；手段一样，都要靠依法经营，在市场竞争中发展壮大。两者各具优势，虽有竞争，但更多的是互补和促进，相辅相成。我国经济发展潜力巨大，市场天地广阔，社会需要多种多样，公有制经济和非公有制经济都可以大显身手，完全可以在市场竞争中发挥各自优势，相互促进，共同发展。

"两个毫不动摇"，是20多年改革开放的宝贵经验，是中国特色社会主义的重要内容，也是进一步推进改革发展的可靠保证。坚持"两个毫不动摇"，就是坚持社会主义方向，就是解放和促进生产力发展，就是维护国家的长治久安。对此我们应当有更加深刻的认识，有更加自觉的行动。

中国人民银行颁布《人民币银行结算账户管理办法》

央行有关负责人称，单设个人银行结算账户能更好地满足个人投资、消费等产生的各种转账结算需要，进一步扩大转账结算范围。近年来，随着经济发展、人民生活水平提高、消费方式多样化，个人金融业务迅速发展，个人转账支付需求不断增长，越来越多的个人需要通过银行办理结算。比如支付水、电、电话、气等费用，归还住房信贷款项、证券投资、购物消费等，单纯的个人储蓄账户的功能显然已不能满足这些需求。

《人民币银行结算账户管理办法》从2003年9月1日起实施。

国家林业局"春雷行动"在全国范围内同时启动

此次行动的打击整治重点是非法猎捕、运输和经营野生动物的违法犯罪行为。

国家林业局森林公安局局长杜永胜要求，各级森林公安机关要与野生动物保护等有关部门密切配合，突出重点，快速出击，集中行动，彻底清查，重点破获一批破坏野生动物资源的大案要案。对非法经营野生动物的集散地、集贸市场、宾馆、饭店、酒楼，要普遍开展一次全面检查，对发现的问题要依法严肃处理。

第四届昆明国际旅游节开幕式在云南大理举行

外交部发言人刘建超就援助伊拉克难民问题答记者问

有记者问：伊拉克人道主义局势恶化，中国政府是否将向伊提供更多的人道主义援助？

刘建超答：战争给伊拉克人民带来了严重的人道主义问题。中国十分关注伊拉克人道主义局势的进展，是最早向伊难民提供人道主义援助的国家之一。自战争爆发以来，我们已向约旦紧急提供了一定数量的人道主义救援物资，以救助在约的伊拉克难民。与此同时，中国红十字会也采取了类似行动。目前，伊人道主义局势在进一步恶化，中国政府和人民非常关注伊拉克人民所面临的困境，将继续通过各种有效途径向伊拉克人民提供更多的人道主义援助。

中央军委主席江泽民签署通令给一批单位个人记功

通令上说，分别给2个单位、4名个人记功。

给总装特种工程技术安装总队记二等功

总装特种工程技术安装总队，主要担负卫星、运载火箭等发射阵地工程建设及特种工程安装任务。这个总队1951年组建以来，圆满完成了我国首次核试验爆塔，酒泉、西昌、太原三大卫星发射中心和"神舟"飞船等发射阵地建设任务，为发展我国航天事业和加快我军武器装备现代化建设作出了重要贡献，先后获得国家科技进步一等奖1项，军队科技进步一等奖2项、二等奖3项，"鲁班奖"2项，军队优质工程奖9项。

给成都军区某部川藏兵站部记三等功

成都军区某部川藏兵站部组建48年来，广大官兵以艰险多吓不倒、条件差难不倒、任务重压不倒的"三不倒"精神，长期奋战在3000公里的川藏线上，累计运送进藏物资400多万吨，行程29亿多公里，涌现出了"川藏线上十英雄"、"川藏线上英雄汽车兵张洪"和邦达"高原模范兵站"等一批英模单位和个人。

给郑忠堂同志记一等功

兰州军区某修理所高级工程师郑忠堂同志，1958年出生，1976年入伍。多年来，他主持和参与30多项科研项目，有14项获国家专利，17项获军队科技进步奖，其中一等奖1项、二等奖2项，6项成果在军区推广应用，2项成果在全军推广应用。

给王成同志追记一等功

成都军区某部副译审王成，1960年出生，1979年入伍，2002年2月因肝癌病逝。多年来，他立足本职建功立业，特别是在肝癌晚期仍然坚持工作，表现出强烈的事业心和责任感。他先后3次获得全军性科研成果奖，4次被评为"业务先进个人"，4次受到总部专电表扬。

给董谊信记一等功

中国空气动力研究与发展中心某研究所研究员董谊信，1939年出生，1962年入伍。入伍以来，他致力于风洞设计研究工作，先后参与11座风洞设计建造和5座风洞的技术改造，为空气动力学研究作出了重大贡献，先后获得国家科技进步一等奖、军队科技进步一等奖各1项，军队优秀工程勘察设计一等奖1项。

给臧克茂同志记三等功

装甲兵工程学院教授臧克茂，1932年出生，1955年入伍。几十年来，他致力于坦克炮控系统研究，取得突出成绩，主持完成的"装甲车辆电气系统动态性能测试与仿真"和"坦克数字交流电驱动系统"两项科研成果，均获得军队科技进步二等奖。

中美海上军事安全磋商机制第四次年度会晤在夏威夷结束

会晤为期3天，于当地时间4月10日结束。中国人民解放军海军副参谋长周伯荣和美军太平洋总部战略计划与政策局局长沙利文海军少将率各自国防部代表团参加了会晤。

卫生部副部长马晓伟等有关方面负责人在国新办记者招待会上就非典型肺炎防治工作答记者问

王国庆(国务院新闻办副主任)：今天我们邀请卫生部副部长马晓伟先生，中国工程院院士、广州呼吸病研究所所长钟南山先生，卫生部疾病控制司司长齐小秋先生，中国疾病预防控制中心主任李立明先生，向大家介绍目前的非典型肺炎防治工作的情况，并回答大家的问题。

马晓伟：我刚从广州回来，首先把一些情况通报一下。

截至4月9日，中国大陆共报告非典型肺炎病例1290例，其中广东省1213例，山西省32例，北京市22例，广西壮族自治区12例，湖南省6例，四川省4例，上海市1例。已经治愈出院1025人，占总病例数的79.4%。其中广东1004例，山西4例，北京1例，广西8例，湖南5例，四川3例。在这次疫情中，共发生死亡病例55例，其中广东44例，山西2例，北京4例，广西3例，湖南1例，四川1例。近两个月来，广西、湖南、四川已无新发病例。

我国部分地区发生非典型肺炎后，世界卫生组织高度关注疫情和防治工作，3月份以来先后三次派出专家来华，与我国专家就非典型肺炎防治的流行病学、病原学、临床诊断和治疗以及控制措施开展协助工作，并提供技术支持。世界卫生组织的专家充分肯定了我国对非典型肺炎病人的救治工作和预防工作，认为中国在非典型肺炎防治工作中积累了大量宝贵的经验，这将对于其他国家具有重要的参考价值。

我国卫生部也指定有关机构加入世界卫生组织建立的全球非典型肺炎流行病学、实验室和临床治疗网络，加强与其他国家的信息沟通，分享研究成果，尽快突破防治难题。在今后的防治工作中，卫生部将分期分批地组织有关专家奔赴疫区，进行现场指导和督导，确保各项防治工作正常有序地开展。对于我国各个地区的情况，疫情的发生状况，实行不同的、有针对性的指导方针。对于早发地区，例如广东省，主要工作是总结经验、巩固成果、防止反复。对于新发疫情的地区，主要是采取早发现、早报告、早隔离、早治疗，积极开展病人的救治和预防工作。对于未发病地区主要是做好保护工作，制定防治预案，狠抓工作落实。

钟南山：我作为一个医生，觉得这次跟世界卫生组织合作以及交流是很愉快的。我们共同交流了三方面的问题：第一是对病人的诊断和治疗问题；第二是有关流行病学的一些规律；第三是病原学的探讨。非典型肺炎到目前为止，50%以上的病人都发生在广东。世界卫生组织对广东是怎么诊断和治疗，特别是早期治疗，降低死亡率等问题，非常感兴趣。我们做了很好的交流。

我们共同讨论了几个很重要的问题：第一，如何认识重症的非典型肺炎的诊断。第二，这个肺炎和一般肺炎不一样，是一种很特殊的病变，主要表现是肺的纤维化和玻璃样变。这就需要比较早地使用皮质激素，这跟一般的治疗方法是不一样的。我们用这个办法可以使很重的病人得到救治，大大地降低了死亡率。第三，因为我刚才讲到病理变化，早期的要用“非创伤性”的空气，能够使病人发展成“低氧血症”，这也有它的特殊性。所以我们总结出这个经验以后，在后期极少有死亡的。所以世界卫生组织的专家就希望我们同其他国家和地区交流经验。我在香港已经做过一次报告，他们也是采用这样一些办法。最近美国也给我们提出来，希望共同交流。第四，关于病原学的交流。我们跟世界卫生组织互相交流，他们也认为这可能是一个新的病原。

短短的5天，我们建立了很好的关系，我们跟几位世界卫生组织的同事希望以后建立更密切的联系，我们的目标是一致的，面对人类的疾病，我们能够共同找出解决早期诊断和治疗的方法。

合众国际社记者：首先关于每一个省非典型肺炎病例，包括一次病例和已经发现的病例，能不能每天做通报？另外，能不能负责任地告诉我们，这些省卫生局有关官员的名字，因为他要对报告的数字的准确性负责。另外，关于卫生部给出来的关于北京的非典型肺炎发病的数字跟我们几天前从一家解放军医院里面所了解到的北京的病例数字有一定的出入，您如何解释？

马晓伟：关于中国疫情的报告，我们已经把疫情的报告以及疫情的处理问题，纳入传染病防治法的一个重要内容，就是各级地方政府具有法律责任来报告疫情。今天我向大家通报的疫情是目前能够确诊的病人的数字，包括广东、北京、山西等几个省市区的数字，这个数字目前是准确的。关于有一些地区可能最近有一些输入性病例的进入，我们卫生部已经专门派出专家组对这些情况进行核实，一旦核实情况，能够确诊是非典型肺炎的疫区，我们会尽快向大家通报这方面的情况。

中央电视台记者：请马部长给我们介绍一下北京疫情的具体情况。现在有什么样的措施控制疫情，保证北京市民和外地来京人员的安全？

马晓伟：北京市政府采取了很多措施来控制疫情的扩大，同时也很注意保护和保障外国来华人员的安全。现在主要采取了几项措施：第一，开辟疫情热线电话，24小时值班。市卫生局开设专门的网页，回答外国朋友关于非典型肺炎的有关问题。第二，指定一些条件比较好、技术力量比较强的医院，为外国患者提供良好的医疗服务。第三，市外办还要邀请驻华的领馆、商社、媒体召开通报会，通报疫情，散发有关的宣传资料。教育部门还要召开留学生通气会，向留学生通报疫情，同时宣传一些预防疾病方面的知识。对于入境的外国人，发放了防治知识材料和医院电话号码，如有情况可以联系进行诊断和治疗。第四，加强机场、车站的防疫消毒，出租车每天消毒一次。第五，北京还组成了强有力的医疗专家组，为在京的外国人提供医疗服务。同时，北京市还组织了上千人的调查队，对全市进行流动监察，发现疫情及时报告。外交部已经通知了各省区市的外办，学习北京的做法。

法新社记者：我们昨天给卫生部打电话，他们说掌握不了那些医院的病例，所以我还是想问清楚，这个数字是不是包括所有的病例？现在除了广东以外，有没有本地化的一些病例，不是输入性的，现在仍然在北京或者别的地方传染给别人。在山西我们看到最近有很多新的病例，是不是现在有一些人在山西传给别人，而不是从广东过去的。一开始说这是老人病，很多死亡者都是年纪比较大的，但现在是不是也有小孩因为他们的父母患了非典型肺炎而得的？

马晓伟：目前我们所报告的病例当中是包括地方医院和部队医院所有确诊的病例的数字。关于山西的问题，据我们所了解到的情况，山西首例病例是输入性的，以后山西有一些密切接触者和医院等一些地方发生了感染。山西总的病例数是32人。关于山西的详细情况，我们卫生部已经派出专家组到山西进行更加详细、具体的调查。有关山西的情况，我们还会继续向各位朋友通报。

钟南山：补充两句。关于年龄的问题，就广东来说，绝大多数是中青年，老年人有，而且老年人的死亡率比较高，但是并不主要是老年人，儿童也不多。您刚才讲到一些省或者一些地方，疾病发展到目前，既有输出也有输入。比如说前两天香港"淘大花园"有些居民担心，结果跑到广东，也传染给别人了。所以很难说病源在哪儿，这是由于人的来往而造成的。

《华尔街日报》记者：中国有没有数字来显示疑似病例到底有多少？每个省和地区的分布情况怎样？中国关于疑似病例没有发布什么消息，而很多国家发布这方面的消息。据中国疾病预防中心表示，关于疑似病例在医学上还是有诊断标准的，在广东考察的有关世界卫生组织专家也告诉我们，广东省在搜集疑似病例的信息方面也做了不少工作，但是没有发布这方面的信息，我想问为什么没有发布这些消息？

齐小秋：由于非典型肺炎的病原还没有最后确定，虽然我们国家和世界卫生组织制定了对于非典型肺炎诊断的标准，但是在实践中需要进一步研究。根据世界卫生组织的要求，我们把非典型肺炎诊断分为诊断病例、疑似病例和医学观察对象。我们报告世界卫生组织的数字包括诊断病例和疑似病例。大家可能没有注意到，原来湖南报告的病例当中现在减少了两个，他们过去是作为疑似病人，现在又排除了，所以减少了两个。各地卫生部门为了进一步控制这个疾病，对一些有密切接触的人采取观察，这是预防控制的一个措施。

CNN记者：您认为在有关的疫区所搜集到的所有数据可信度到底有多大？也就是地方官员有没有意愿既准确又及时地报告非常糟糕的流行病传播的数字。因为他们出于要么怕丢面子，要么怕丢了这个工作，会掩盖一些数字，虚报一些数字。现在是不是应该使卫生部门更加有透明度？卫生部门向媒体和公众报告免费的信息，您觉得中国应不应该采取这个措施？

马晓伟：这个问题是非常重要的问题，也是我们这次控制非典型肺炎的一个很关键的问题。这次控制的主要原则当中就有一个早发现、早报告，而报告数字的准确对疫情的判断和采取的措施是非常重要的。国务院已经采取了很重要的步骤，措施已经向大家通报了，就是把传染性非典型肺炎纳入我们国家《传染病防治法》管理，要求各个地方政府有法律责任来上报疫情。卫生部所采取的措施是，一旦有新的疫情发生或者说有新的疑似病例出现，卫生部将在24小时之内派出专家组到当地核实了解有关这方面的情况，协助当地来确诊病人，做好流行病学的调查。同时，我们要进一步完善我们国家的信息报告系统，建立应对突发事件的信息报告中心和应急反应的指挥中心，这项工作正在和有关部门进行论证，很快就会启动。此外，卫生部还要进行关于疫情数据漏报的调查工作。从目前我们专家组所到之处反馈的信息看，各级政府正在积极地进行非典型肺炎防治工作的部署，各地方的疾病控制部门也正在做好预防工作，并且积极、准确、科学地上报疫情。

中国是一个幅员辽阔、人口众多的国家，对于一种不明原因的疾病在广大城乡进行调查研究是一项大量、复杂的工作。我相信经过采取积极的措施，我国的疫情报告工作会越做越好。

新华社记者：现在咱们对非典型肺炎病因的研究，有什么新的情况？另外，世界卫生组织对我们中西医结合的治疗方法有积极的评价，能不能谈谈这方面的情况。

李立明：关于病原学的研究，在4日的时候，我和祖国大陆、香港、台湾的记者曾经有过交流。我们这次对病原学的研究，基本上可以分成三个阶段：第一阶段，主要是要排除那些烈性的法定传染病。第二阶段，有人怀疑是否有禽流感，所以要排除禽流感。第三阶段，对可能的各种病原进行全面的寻找和发现。

钟南山：这个病一开始表现像流感一样的症状。

流感的症状,从中医的概念来说,清热解毒对减轻症状、缩短病程是有效的。中西医结合会不会更好或者说更有疗效,这需要时间,需要做更多的对比实验,我们正在做一些更多的工作来进行对比。

德国记者:很多人对于医生关于到底有多少病例的说法是不怀疑的,而怀疑政府人士的数据。比如一家北京医院的医生说,病例在北京超过60个,人们容易相信他。您怎么样解释这两种数据的不同?

马晓伟:这个问题我在回答某位记者提问时已经回答了。北京接受了22例现在能够确诊的病人。这22例病人当中,绝大多数都是来自北京市以外的病人,到北京来看病。来的病人分散在若干个医院当中,接诊之后,这些病人经过确诊,转入北京市指定的收治医院。在他所看过病的医院当中,北京市采取了扩大一定范围,对患者的接触者进行隔离和医学观察的措施。

我们一方面保护医护人员的健康,一方面也要防止疫情的扩散。确实在北京的若干医院当中,隔离观察了一些人员,包括一些医务人员。在这些人当中也有类似的状况,但还没有最后确诊。最近将会有一些被隔离观察的人员,经诊断没有什么状况,很快就会离开医院。如果在临床医学观察的人员当中,确实有符合非典型肺炎的病症,我们还会按照非典型肺炎的病例将其收治到指定医院住院,并且及时向世界卫生组织和通过媒体通报新的疫情。

钟南山:我补充一下。不是搞这一行的医生有时候看到有症状就觉得是了。就像在我们的研究所,因为医务人员接触病人,我们有13个病例,但是很多人认为我们有二十几个、三十几个,有点不舒服的都叫病,这种出入是常有的,我不觉得奇怪。

外国记者:请进一步澄清一下非常规医院系统的有关情况。军队医院也像地方医院一样向卫生部报告有关疫情的情况吗?

马晓伟:大家关心疫情,这很自然。驻京的军队医院在3月份接收过来自山西的非典型肺炎病例。在诊断和治疗过程当中,这个病人的接触者和家属总共12个人。这12个人当中有7人被确诊为非典型肺炎,及时转入了北京市指定的收治医院。另外5个人经过观察以后,陆续出院。在7个病例当中有两人死亡。这7个病例已经统计到北京市确诊的22个病例当中,北京市这4个死亡病例当中也包括这两个病例。

香港《大公报》记者:昨天世界卫生组织的专家受到国务院主管卫生的吴仪副总理的接见,他们在晚间举行一个小型的记者招待会,对中国政府给予他们的配合作出了正面的评价和肯定。在政府层面与世界卫生组织的合作情况,还有什么最新的进展?

马晓伟:世界卫生组织专家组在广东进行了卓有成效的工作,同广东疾病控制的同道们就控制非典型肺炎进行了积极的讨论。他们对我们下一步进行非典型肺炎的防治工作以及疾病控制工作都提出了非常好的建议。同世界卫生组织的合作主要有三个方面:一个是在病原学方面;一个是在临床诊断和治疗方面;一个是在流行病学方面。同世界卫生组织合作的进展情况,我们将陆续告诉大家。

中国疾病预防控制中心病毒病预防控制所科研人员首次证实在非典型肺炎病人器官内存在冠状病毒

4月11日

全国人大常委会委员长吴邦国在人民大会堂会见奥地利联邦议会常务副议长哈塞尔巴赫

吴邦国说:副议长这次应对外友协邀请来访出席罗生特医生生平展,是很有意义的事情。罗生特医生为中国人民的解放事业作出宝贵贡献,我们永远不会忘记。

吴邦国指出,多年来,中国全国人大和奥地利议会保持着密切合作,希望双方进一步加强交流,继续为巩固中奥友好关系发挥积极作用。

他积极评价对外友协与奥中友协的友好关系,赞赏奥中友协为推进两国民间和地方友好联系所做的大量有益工作。

哈塞尔巴赫说:奥中友好关系正在不断发展。今年是罗生特医生诞辰100周年。罗生特热爱中国人民。我们今天致力于奥中友谊就是继承他的遗志。1991年我首次访华时正值海湾战争,这次来访又碰上伊拉克战争,这使我们更痛切地感到和平的可贵。

她赞同吴邦国的看法,表示奥地利议会愿意在广泛领域内加强同中国全国人大的合作。

国务院总理温家宝在中南海会见韩国外交通商部长官尹永宽

国务院总理温家宝在中南海主持召开各民主党派工商联和无党派人士座谈会

中共中央政治局常委、国务院副总理黄菊,中共中央政治局委员、国务院副总理吴仪,国务委员兼国务院秘书长华建敏出席会议。

座谈会上,温家宝通报了当前经济形势和非典型肺炎防治工作的情况。全国政协副主席、中央统战部部长刘延东介绍了近年来各民主党派中央、全国工商联和无党派人士参政议政、民主监督的情况。民革中央常务副主席周铁农，民盟中央主席丁石孙，民建中央主席成思危，民进中央主席许嘉璐，农工党中央主席蒋正华，致公党中央主席罗豪才，九三学社中央主席韩启德，台盟中央主席张克辉，全国工商联主席黄孟复，全国政协委员、北京大学中国经济研究中心主任林毅夫等发了言。他们说，新一届政府成立不久，即听取各民主党派、工商联和无党派人士对经济形势和非典型肺炎防治工作的意见和建议，充分体现了以胡锦涛为总书记的新一届中共中央领导集体继承发扬中国共产党的优良传统，也充分体现了新一届国务院重视推进决策的科学化民主化。大家对做好当前经济工作、非典型肺炎防治工作及其他方面工作提出了意见和建议。

温家宝在认真听取大家的发言后发表了讲话。他说，改革和完善决策机制，推进决策的科学化民主化，是中共十六大提出的明确要求。本届政府在新修订的《国务院工作规则》中，突出了实行科学民主决策、坚持依法行政和加强民主监督问题，明确规定了国务院在作出重大决策前，要直接听取民主党派、群众团体、专家学者等方面的意见和建议。充分发扬民主，广开言路，广纳善策，有利于集思广益，避免决策失误，增强决策科学性，也有利于形成广泛共识，使正确的决策能够顺利得到贯彻实施。

温家宝说，国务院在今后工作中将更加重视各民主党派、工商联和无党派人士的重要作用。一是要建立重要情况通报和重大决策咨询制度。国务院将定期召开各民主党派、工商联和无党派人士座谈会，通报经济和社会发展的有关情况；在有关重大问题决策前，要通过多种形式征询意见和建议。二是请各民主党派、工商联和无党派人士每年选择一两个经济和社会发展中的重大问题，开展考察调研，为国务院决策提出建议。三是国务院和各部门要真诚地接受各民主党派、工商联和无党派人士的民主监督，虚心听取批评意见。四是国务院和有关部门要进一步为各民主党派、工商联和无党派人士知情建言创造有利条件，提供良好服务，帮助解决工作中的具体困难和问题。

应邀出席座谈会的各民主党派中央、全国工商联有关负责人和无党派人士还有：朱培康、张梅颖、张榕明、张怀西、李蒙、杜宜瑾、陈抗甫、刘亦铭、梁金泉、李庆云。国务院有关部门负责人也出席了座谈会。

外交部部长李肇星就双边关系等问题与美国国务卿鲍威尔通电话

双方深入讨论了中美双边关系、伊拉克局势及战后重建问题，并就通过对话和平解决朝鲜核问题交换了意见。

双方认为，当前国际形势发展很快，中美两国加强沟通协调很重要。

解放军总参谋部 总政治部发出通报表彰参加扑救大兴安岭林区火灾部队

通报指出，参加扑救大兴安岭林区火灾的部队坚决贯彻执行党中央、国务院和中央军委指示，先后出动官兵4600多人，民兵预备役人员6000多人，车辆245台，与林区干部职工并肩作战，奋力灭火，为夺取扑救大兴安岭林区火灾的决定性胜利作出了突出贡献。

通报要求参加灭火部队和广大民兵预备役人员谦虚谨慎，再接再厉，为夺取灭火作战全面胜利再立新功。通报号召全军和武警部队要以参加大兴安岭林区灭火部队为榜样，牢记我军全心全意为人民服务宗旨，自觉践行“三个代表”重要思想，认真做好抢险救灾的各项准备工作，一旦发生灾情，立即出动，圆满完成党和人民赋予的任务。

国台办在北京举行新闻发布会介绍两岸合作防治非典型肺炎情况

应邀出席新闻发布会的有卫生部台港澳办公室主任刘培龙，疾病控制司司长齐小秋，广州市呼吸病研究所所长和中国工程院院士钟南山。

刘培龙说，台湾同胞是我们的骨肉兄弟，我们十分关注台湾岛内非典型肺炎的疫情发展。根据温家宝总理的指示，我们积极通过民间渠道与台湾方面沟通信息，分享经验，希望两岸专家共商对策，争取非典型肺炎的防治早日取得突破性进展。

刘培龙表示，为让台湾同胞迅速了解大陆公布的疫情，我们除及时将疫情刊登有关网站外，祖国大陆的民间卫生团体还将这些信息传给台湾相关卫生组织或专家，积极通过民间渠道，传达大陆防治非典型肺炎的经验和做法。我们还接待了台湾医学专家来北京、广州考察交流，就防治非典型肺炎交换意见。

刘培龙表示，我们将积极推动两岸专家加强联系，交流疫情和控制措施，探讨对策。欢迎台湾专家来大陆，我们的专家也可以去台湾。中华医学会、中华预防医学会和中华医院管理学会正在积极筹办“海峡两岸控制预防非典型肺炎学术研讨会”，将邀请两岸流行病学、病毒学、呼吸医学、感染医学的专家参加，共同研究、交流非典型肺炎的病因、预防和治疗情况，我们真诚欢迎台湾的医学专家到北京来参加会议。非典型肺炎是一个全球性的问题，全球都在合作，两岸同胞没有理由不合作。我们非常愿意与台湾有关医疗机构、研究单位建立沟通交流机制，就非典型肺炎以及其他疫情进行沟通交流，促进两岸医务界扩大交流合作。我们也愿意与世界卫生组织一道,共同为台湾同胞提供必要的帮助。

刘培龙表示,为方便台胞在大陆就诊,我们正在台胞集中的一些地区,选定医院,设定诊区,由经卫生行政部门批准取得短期行医许可的台湾医师为台胞提供医疗服务。

国台办发言人李维一表示,我们对在大陆工作生活的台商、台属的身体健康非常关心。非典型肺炎出现后,国务院台办给各地台办发出通知,要求关心所在地的台湾同胞,走访他们,了解情况,听取他们的意见,积极做好预防工作,保障他们的身体健康。

在新闻发布会上,齐小秋介绍了中国非典型肺炎的近期疫情和防治工作情况。钟南山介绍了在广东开展救治非典型肺炎病人工作的经验,并表示愿意到台湾去,与台湾医学界同仁共同研究如何有效防治非典型肺炎。

广东省卫生厅发布《防治非典型肺炎工作指引》

《防治非典型肺炎工作指引》(以下简称《工作指引》)包括《医院收治非典型肺炎诊断与治疗工作指引》《公共场所预防控制非典型肺炎工作指引》《学校、托幼机构非典型肺炎预防控制工作指引》三份文件。

非典型肺炎病例发现后,广东省卫生厅及时组织专家展开调研,总结、制订了诊断、治疗和预防方案。随后,经临床学、预防学、病原学专家反复研究修改,迅速制定了以上三份防治非典型肺炎的《工作指引》。前不久到访的世界卫生组织官员、专家认为,这一措施是中国对全球防治非典型肺炎的一大贡献,值得推广。

蔡子民逝世

著名的社会活动家,台湾民主自治同盟的卓越领导人,第六、七、八届全国人民代表大会常务委员会委员,中国人民政治协商会议第九届全国委员会常务委员蔡子民同志,因病于2003年4月11日9时5分在北京逝世,享年83岁。

蔡子民同志原名蔡庆荣,1920年6月出生于台湾彰化一个传统的书香门第。1939年,他怀着"政治报国"的心愿考进日本早稻田大学政治学系,毕业后担任了东京《华侨日报》总编辑。1946年8月,他毅然放弃在日本优越的工作和生活条件,怀着重建台湾的心愿,返回台湾创办《自由报》并担任总编辑。1947年2月,台湾爆发"二·二八"起义,他积极投身到如火如荼的人民斗争中。1947年9月,在国民党当局的围追堵截中,他冒着腥风血雨抵达上海,寻找台湾的出路、祖国的前途。中国共产党领导的解放区使他看到了希望,他毅然投身于新民主主义革命,担任了上海台湾旅沪同乡会总干事,并加入了中国共产党。后于1949年7月加入台湾民主自治同盟。新中国成立后,他一直从事对台广播的编辑工作。1962年9月转到外事工作岗位后,仍悉心研究台湾历史,关心台湾问题,结集出版了《台湾史志》一书。1979年10月后任第二、三届台湾民主自治同盟总部常务理事。1981年3月至1985年5月,他担任中华人民共和国驻日文化参赞。归国后历任台湾民主自治同盟常务委员、宣传部长,第四届台湾民主自治同盟中央主席团主席,第五届台湾民主自治同盟中央主席。为搞好政治交接,做好新老交替工作,1997年他主动提出退居二线,担任了第六届台湾民主自治同盟中央名誉主席。曾任海峡两岸关系协会顾问,中华海外联谊会副会长等职。是第四、五届全国人大代表,第六、七、八届全国人大常委会委员,第九届全国政协常务委员、港澳台侨委员会副主任。

蔡子民同志一贯反对"台湾独立",反对"两个中国"、"一中一台",坚决主张台湾是中国的神圣领土,台湾人是中国人。他将全部心智,倾注在了对台工作上。他积极引导台湾民主自治同盟始终高举爱国主义和社会主义两面旗帜,努力加强自身建设。他为坚持和完善人民代表大会制度、中国共产党领导的多党合作和政治协商制度,为巩固和发展爱国统一战线,为完成祖国的统一大业,作出了重要贡献。

4月12日

国家主席胡锦涛在深圳会见香港特别行政区行政长官董建华

胡锦涛表示,中央政府高度重视广大香港同胞的福祉和健康,十分关心香港非典型肺炎的防治工作,全力支持和帮助香港夺取同疫病斗争的胜利。

董建华向胡锦涛报告了香港近期的社会经济形势和香港特别行政区政府在处置非典型肺炎疫病方面采取的主要措施。胡锦涛充分肯定了香港特别行政区政府为促进香港繁荣稳定所做的积极努力,特别是在非典型肺炎治疗、预防和控制等方面所做的大量艰苦细致的工作。胡锦涛请董建华转达对香港非典型肺炎患者及其亲属的亲切慰问,转达对在防治疫病中作出贡献的香港医护人员、公务人员和社会工作者的衷心感谢。

在会见时,胡锦涛希望香港特别行政区政府继续把疫病防治工作作为当前的一件大事来抓,紧紧依靠和广泛动员社会各方面的力量,积极应对,综合施治,有效遏制疫病的传播和蔓延,切实保障香港民众的身体健康和生命安全。他希望香港同胞继续发扬不怕困难、同舟共济的光荣传统,增强信心,团结一致,共同克服面临的暂时困难。胡锦涛说,在防治非典型肺炎过程中,需要内地和香港共同研究总结已经取得的成功经验,进一步加强交流与合作。胡锦涛相信,在香港特别行政区政府的坚强领导下,经过香港各界的不懈努力,疫病造成的困难一定能得到克服,香港一定会继续焕发出勃勃生机。

中共中央政治局委员、广东省委书记张德江,全国政协副主席、国务院港澳办主任廖晖,广东省省长黄华华,中共深圳市委书记黄丽满和深圳市市长于幼军会见时在座。

国务院总理温家宝到北京佑安医院看望医护人员

黑龙江省第十届人大常委会第二次会议第三次全体会议任命张左己为副省长代理省长

外交部发言人刘建超就中国对驻伊使馆遭抢答记者问

有记者问:据报道,中国驻伊拉克大使馆遭到匪徒抢劫,你对此有何看法?

刘建超说,中国政府对伊拉克战后出现无政府状态深表遗憾,对中国驻伊拉克大使馆遭到抢劫予以强烈谴责。

他说,根据国际法,交战方有义务保护外国使领馆人员及财产的安全。为此,中方已向美方提出紧急交涉,要求美方采取有效措施,制止任何对中国驻伊拉克使馆的进一步侵犯,并追回被劫财物。

4月13日

国务院在北京召开全国非典型肺炎防治工作会议

会议通报了当前全国非典型肺炎防治工作情况,交流预防、治疗和控制工作经验,分析疫情发展趋势及其对我国经济社会的影响,全面部署下一步非典型肺炎防治工作。中共中央政治局常委、国务院总理温家宝发表重要讲话。他指出,要充分认识做好非典型肺炎防治工作的重要性和紧迫性,统一思想,加强领导,明确责任,采取有力措施,切实加强和认真做好非典型肺炎的预防、治疗和控制工作,保护人民群众身体健康,维护改革发展和稳定的大局,确保社会主义现代化建设顺利进行。

中共中央政治局常委、国务院副总理黄菊,国务院副总理回良玉,国务委员曹刚川、唐家璇、华建敏、陈至立等出席了会议。国务院副总理吴仪主持会议。

广东省和上海市政府主要负责同志在会议上介绍了预防、治疗和控制非典型肺炎的经验和办法。

各省、自治区、直辖市政府主要负责人,党中央有关部门负责人,国务院各部委、各直属机构、有关单位及武警总部主要负责人,全国人大机关、全国政协机关,高法院、高检院及解放军四总部负责人参加了会议。

国务院总理温家宝在全国非典型肺炎防治工作会议上发表重要讲话《加强领导 落实责任 坚决打好非典型肺炎防治这场硬仗》(摘要)

一

今年以来,我国经济政治形势很好。国民经济保持良好发展势头,经济增长速度加快,经济效益明显提高,财政收入、进出口贸易和利用外资大幅度增长。改革开放继续推进。各项事业全面发展。社会政治保持稳定。

当前,社会经济生活中的一个突出问题,是一些地区发生非典型肺炎疫情。非典型肺炎是一场突如其来的重大灾害。疫情发生后,党中央、国务院高度重视。胡锦涛总书记多次作出重要指示,要求卫生部等部门和有关地区采取有效措施,加强疾病监控,做好救治工作,尽快查找病因,制定预防、控制办法,防止疫情蔓延。新一届国务院成立以后,就把非典型肺炎防治工作放在突出重要位置。多次召开常务会议对非典型肺炎防治工作进行专门研究和部署,果断地作出决定,将非典型肺炎列入我国法定的传染病进行依法管理,每天向世界卫生组织通报情况,并向社会公布疫情。从组织领导、工作机制、疫情防治和舆论宣传等方面,采取了一系列措施。经过有关地区、部门和广大医护人员的共同努力,防治工作取得了明显成绩。

但是,当前非典型肺炎防治工作的形势依然严峻。广东等发病较早的地区仍有新发病例不断出现。北京、山西等省市病例增多。前一段未发现疫情的地区,有些最近也出现病例或疑似病例,流行的范围有扩大趋势。由于我国人口多、流动性大,目前尚未发现疫情的地区,也存在输入病例的危险。特别是非典型肺炎传播性较强,流行特点还没有完全掌握,鉴别诊断和治疗困难。因此,我们务必充分认识非典型肺炎防治工作的复杂性、艰巨性和反复性,要做好充分的思想准备和工作准备,决不可掉以轻心,有丝毫的麻痹松懈思想。

非典型肺炎疫情的发生和蔓延,已经给我国旅游、贸易、对外交往和社会生活带来一些负面影响。如果不采取坚决有力的措施,控制住疫情蔓延,彻底消除疫病,还会给我国带来更大的危害和损失。搞好非典型肺炎防治工作,直接关系广大人民群众的身体健康和生命安全,直接关系改革发展稳定的大局,直接关系国家利益和我国国际形象。全国上下必须进一步动员起来,坚决打好同非典型肺炎疫情作斗争这场硬仗。

非典型肺炎的防治工作,是对我们党和政府应对突发事件、驾驭复杂局面能力的又一次严峻考验。疫情的发生和扩散,不可避免地会带来一定的经济社会损失。但如果我们应对得当,措施有力,战胜疫情,就可以使坏事变为好事。这不仅能够增强我们控制突发公共卫生事件和防疫、防病的应变能力,而且能够进一步增强人民的团结和民族凝聚力,增强世界人民对中国发展前景的信心。我们要在战略上藐视疫情,在战术上重视疫情,树立必胜的信心。我们有党中央、国务院的坚强领导,有雄厚的物质基础和较好的医疗技术条件,有对人民高度负责的干部队伍和医务工作者队伍,同时也积累了一些预防、治疗和控制疫病的经验,只要高度重视,工作到位,依靠科学,依靠群众,就一定能够赢得这场非典型肺炎防治战役的全面胜利。

二

做好非典型肺炎防治工作,总的要求是:沉着应对,措施果断;依靠科学,有效防治;加强合作,完善机制。务必使发病人数逐步减少,治愈率不断提高,死亡率明显下降。当前,要集中力量抓好以下几项重点工作。

第一,采取果断措施,控制疫情蔓延。这是当务之急,也是防治工作的重中之重。我们一定要立足于防大疫、抗反复,千方百计采取一切可能的措施,坚决把疫情控制住。控制疫情,关键是要做到"四早":早发现、早报告、早隔离、早治疗。无论是已经发现疫情的地区还是没有发现疫情的地区,都要切实加强对疫情的预防和监测。一旦发现疫情,就要采取坚决果断措施,控制传染源,阻断传播途径,防止疫情传播和蔓延。要严格疫情报告制度。所有地方、任何单位都必须及时准确地掌握和上报疫情,决不允许缓报、瞒报和漏报。否则,要严肃追究有关地方、部门领导人的责任。

要突出重点部位和重点环节,切实加强监控和防范。对人群密集的地方和单位,作出特殊的部署。从目前的实际情况看,疫情传播的主要渠道,除了医疗机构外,主要是飞机、火车、轮船、汽车等大众交通工具以及入境口岸。国务院有关部门已发出文件,要求对这些人口比较集中、流动性比较大的地方,加大检疫力度,各地要密切配合做好这项工作。铁路、公路、水运沿线、大中城市和主要航空站所在地,都要设立病人留验站,配备必要设备和人员,制订留验、调查、处理方案,发现病人和疑似病例均要及时隔离观察,任何地方都不得拒收。各种公共交通工具也都要采取必要措施,发现病人及时隔离、消毒并登记备查。

要严格控制医院内感染,加强对非典型肺炎患者和疑似病人的医疗管理,高度重视医护人员的身体健康和安全保护。目前在所发病例中,医护人员占了一定数量。这一方面反映出医护人员发扬了救死扶伤的人道主义精神;另一方面也反映出对医护人员缺乏必要的防护措施。各级政府和卫生部门对他们的健康安全要给予格外关心,对直接接触非典型肺炎病人的医护人员,要加强安全保护措施,配备有效的防护设备。

第二,坚持分类指导,全面加强预防。要根据各地的不同情况,实行分类指导,采取有针对性的措施。广东等发现疫情比较早的地区,要认真总结行之有效的防治经验,努力巩固防治成果,防止疫情出现反复,并力争尽快消除疫病。同时,要向其他地区提供成功的防治方法和经验。新发现疫情的地区,要加强对重点人群、重点单位的疾病监测和控制。严格隔离病人,严防疫情扩散。不但发现的病人要严格隔离治疗,而且疑似病人以及病例的密切接触者也要隔离和检查。目前尚未发现疫情的地区,要保持高度警觉,切不可存有侥幸心理。如果放松警惕,没有制定防治措施和应对预案,疫情一旦出现,就会惊慌失措。必须充分估计可能出现的疫情,研究制定有效的应对预案和防治措施,一经发现疫情,及时加以处置。

要加强农村疫情预防工作。农村卫生医疗条件差,农民防范意识薄弱,一旦出现疫情,很容易在不知不觉中造成拖延和扩散,后果不堪设想。必须严防疫情向农村扩散。学校、机关、军队、企业事业等单位,特别是中小学和幼儿园,都要采取有针对性的措施,加强监控和防范。

要关心在华外国人的健康保障问题。凡是外国人比较集中的地方,要加强防疫工作,做好宣传和服务。切实保障在华使馆、商社、媒体等各类外籍人员的身体健康。

第三,组织力量攻关,尽快研究有效的治疗方法。卫生部门要组织卫生、教育、科技以及军队系统各学科专家,集中优势力量,密切合作,联合攻关,做到资源共享,信息互通。各方面医疗机构要形成非典型肺炎实验室网络,以便对相关结果、样本和实验信息及时进行交流。对攻关所需要的人力、物力和财力,有关部门要给予积极支持。还要充分利用国外先进技术和专家力量,共同研究有效的诊断方法和治疗方法。经过努力,争取尽早地取得重大突破,这将是对世界和人类作出的贡献。

第四,强化救治工作,提高治疗效果。各地都要指定专门医院,增强收治能力,切实提高治愈率,明显降低死亡率。这是人民政府对人民高度负责和实行人道主义的要求,也是避免群众出现恐慌情绪的关键。疫病患者较多的城市,要增加定点医院,扩大专门病区。疫情严重的城市,凡能满足治疗要求或通过采取一些改进措施即可达到治疗标准的医院,都要尽可能对社会开放收治病人,防止病人因辗转求医而耽误治疗并传染他人。要采取中西医结合等有效办法,积极探索和提高治疗效果。要改善医院的治疗条件。对经济上有困难的病人,要在医疗费用等方面采取救助办法,中央和地方政府以及有关单位都要给予支持,以防止患者无法得到及时诊治,造成生命危险和传染面扩大。要千方百计确保无一患者漏治,无一疑者漏查。

第五,抓紧建立全国应对公共卫生事件的应急处理机制。通过多年的努力,我们初步建立了一个全国性的疾病预防控制体系,在各种疾病特别是传染病的防治方面发挥了重要作用。但是从非典型肺炎的防治情况看,这个体系还不能适应新的情况。应对突发性公共卫生事件,还缺乏应急反应的能力。这次疫情使我们更加深刻地认识到,要构筑防疫大堤,必须从根本上改善防止疫病发生的卫生环境。要以此为契机,加快推进卫生体制改革步伐,实行治疗与预防相结合,建立起疾病防治的快速反应机制。国务院已决定,建立国家应对突发公共卫生事件应急处理机制。要建设有权威的疾病预防控制中心,建立起全国性疫情特别是突发性疫情信息系统,加强防治机构和队伍建设。这方面政府要给予必要的财力投入。各地区也要抓紧研究建立本地区公共卫生事件的应急处理机制。要做到一旦发生疫情,就能够及时掌握,并采取措施有效防治,快速遏制疾病的传播和蔓延。

第六,加强国际和地区间防治工作的合作与交流。任何疾病特别是原因不明的传染性新疾病,都是全人类的共同敌人。战胜非典型肺炎疫情是国际社会的共同任务。我们要加强同世界各国和有关国际组织的合作,特别是同世界卫生组织的合作,包括科研合作和信息交流。从2月底开始,我们先后接待了三批世界卫生组织专家来华考察。从4月1日起,每日向世界卫生组织通报疫情,并请世界卫生组织专家到疫情比较严重的广东省实地调研。对外合作态度要积极,力求取得实际效果。我们要继续加强同世界卫生组织的合作与交流,同时还要重视借鉴其他国家和地区的经验。要加强同香港特别行政区的合作,尽可能支持和帮助香港战胜疫情。现在我们已经与香港、澳门两个特别行政区建立了非典型肺炎防治工作联系机制,正在开展积极的合作。还要同台湾地区开展多种形式的疫情控制和疫病防治合作。

三

加强非典型肺炎预防、治疗和控制工作,事关全局,责任重大。做好这项工作,关键在于加强统一领导,层层建立责任制,把各项工作落到实处。

第一,高度重视,明确责任。防治和消除非典型肺炎,是贯彻落实"三个代表"重要思想的具体体现,也是政府执政为民、对人民高度负责的必然要求。这项工作已经不是一个单纯的卫生医疗问题,而是一个关系全局的重大经济社会问题。各地区、各部门一定要把思想统一到党中央、国务院关于加强非典型肺炎防治工作的要求和部署上来,要按照《中华人民共和国传染病防治法》的规定,认真贯彻落实各项措施。要切实把做好非典型肺炎防治工作,作为各级政府当前的重大任务,摆在重要议事日程,主要负责同志要亲自抓、负总责,领导班子中要有专人抓。国务院已建立了工作机构和协调机制。无论是已经发现还是尚未发现疫情的地区,都要建立本地区非典型肺炎防治工作的领导机构、协调机制,积极主动地开展工作。遇到重大问题,要及时向党中央、国务院报告。

第二,通力协作,密切配合。非典型肺炎防治工作是一项复杂的社会系统工程。各部门、各地区和各有关方面,一定要有全局观念、大局意识,在党中央、国务院统一领导下,协同配合,共同努力,全国上下拧成一股绳。中央各部门要各司其职,各负其责。卫生部门要把这项工作作为重中之重。其他部门要积极支持和配合卫生部门,共同做好疫情防治工作。从中央到地方各级财政部门都要安排必要的资金,保证防治工作的需要。中央各有关部门要加强与地方的联系和沟通,及时帮助地方解决疫情防治工作中遇到的困难和问题。各地区之间要在疫情预防、监控、病人救治等方面相互支持,加强协作。各地如发现非典型肺炎病人和疑似病例,原则上参考卫生部制定的防治技术方案就地隔离、就地救治。各级卫生部门要统一协调医务人员和医疗技术力量,指导和帮助疫情严重地区的防治工作。北京市党政军部门很多,防治工作由北京市政府统一负责。

第三,加强宣传,注重实效。我们已经定期公布疫情,还要继续完善这项制度。各地区、各部门要深入宣传党和政府对疫情防治工作采取的有效措施,大力宣传一些地方预防、检查诊断、临床治疗的成功经验和做法。采取多种方式,向国际社会报道我国非典型肺炎的防治情况。

第四,加强思想教育,做好群众工作。要充分发挥我们的政治优势,切实做好群众的思想政治工作。要加强科普教育,广泛宣传疾病预防知识,让广大人民群众知道非典型肺炎可防、可治、可控制,及时解疑释惑,消除恐惧心理,保持正常的生产生活秩序。要结合开展全民爱国卫生运动,增强广大人民群众自我健康保健意识。要十分关心非典型肺炎病人,满腔热情、千方百计进行医疗救治,决不能疏远和歧视他们,还要做好患者家属、亲友的思想工作和防护工作。现在,进城务工就业的农民工很多,也要很好关心他们的防病治病工作。对疑似隔离人员,态度要和蔼,要耐心,晓之以理,动之以情,不可造成对立情绪。

第五,统筹兼顾,合理安排。要继续全面贯彻党的十六大精神和党中央、国务院关于今年工作的各项部署。在抓紧抓好非典型肺炎防治工作的同时,毫不放松经济工作和其他各项工作,努力保持经济发展的良好势头,把非典型肺炎的负面影响降到最低程度。要做好重点商品准备,保证市场供应。对趁机制售假冒伪劣产品、哄抬物价、行骗牟利的行为,要依法查处。

非典型肺炎对我国旅游、交通、商贸和对外交往等活动造成的暂时影响是难以避免的。对此,我们要正确对待,把眼光放长远一些,不要计较一时的得失。只要我们尽快消除疫情,积极主动做好工作,局面很快就会改观。要认真做好所有的国际交流活动的卫生保障工作。承办国际交流活动的地方和单位,必须制定卫生保障工作预案,完善应急处理措施,确保国际交流活动的顺利进行。

今年我国改革发展稳定的任务非常繁重,做好非典型肺炎防治工作关系重大。我们要紧密团结在以胡锦涛同志为总书记的党中央周围,全面贯彻"三个代表"重要思想,以对人民高度负责的精神,坚定信心,扎实工作,夺取非典型肺炎防治工作的全面胜利,确保完成今年的各项任务。

全国人大常委会 国务院致电祝贺西双版纳建州50周年

财政部副部长金立群在华盛顿出席国际货币基金组织和世界银行发展委员会会议并发表讲话

金立群在讲话中说,全球经济增长放缓,国际资本流入发展中国家的数量持续减少,特别是地区不稳定加剧了金融市场的动荡和不确定因素的增加,这已对发展中国家的经济发展和减贫形成了巨大的挑战。他说,建立公正合理的国际经济秩序,必须有发展中国家的充分参与。世行是国际发展机构,加大发展中国家对其决策过程的参与是实现其促进经济发展和减贫宗旨的保障。

金立群说,与半个多世纪以前布雷顿森林机构成立时相比,发展中国家的经济发展取得了巨大成就,其整体在世界经济中的比重有所上升,这一变化应在基金组织的份额和世界银行的股份分配中得到体现。他强调,中国支持一切有利于形成公正合理的全球经济秩序、有利于所有成员国特别是发展中国家间团结、并能体现发展中国家利益的发展方案。

关于如何实现联合国制定的千年发展目标问题,金立群说,蒙特雷会议形成的发展合作伙伴关系,要求全球的发展中国家和发达国家共同承担责任,加强合作,应对挑战,通过经济增长促进扶贫,尽可能如期实现千年发展目标。为此,发达国家应进一步向发展中国家开放市场,减少贸易壁垒,特别是对初级产品的补贴,为发展中国家经济发展创造良好的外部环境,同时尽量使所有国家参与到经济全球化进程中,促进世界经济的平衡发展。

2002年度全国十大考古新发现在北京揭晓

这十项新发现是:广西革新桥新石器时代遗址、湖南里耶战国古城及出土秦代简牍、山东日照海曲汉代墓地、河北邺南城东魏北齐塔基遗迹、山西太原王家峰北齐徐显秀墓、湖北巴东旧县坪遗址、吉林延边西古城城址、黑龙江阿城刘秀屯金代大型宫殿基址、江西李渡元代烧酒作坊遗址、浙江宁波元代庆元路永丰库遗址。

卫生部发出通知将传染性非典型肺炎列入法定管理传染病

卫生部决定成立非典型肺炎病原学研究联合攻关组

攻关组由卫生部科技教育司牵头,防治领导小组技术支持组负责组织、协调各有关部门的研究工作。

卫生部要求,各病原研究机构将每日工作进度报技术支持组,并定期讨论有关研究工作,建立中国非典型肺炎实验室研究网络,网络会议由卫生部科技教育司负责组织。卫生部指出,各病原研究机构涉及非典型肺炎的研究成果和重大发现,必须报防治领导小组,以防治领导小组名义发布,任何人不得擅自对外发布。不以卫生部非典型肺炎防治领导小组名义发布的任何病原研究的信息,属个人行为。

北京市成立防治非典型肺炎工作领导小组启动一级疫情控制措施

北京市委、市政府把防治和控制"非典"作为当前的重要工作来抓,市委书记刘淇、市长孟学农亲自主持召开有关专题会,强调要把"非典"的防治工作作为一项重要政治任务,采取坚决、果断、有效的措施,使"非典"在全市得到预防和控制。北京市已成立防治非典型肺炎工作领导小组,由刘淇、孟学农负总责,领导小组常设指挥部,24小时运转,负责疫情监控,协调相关工作。北京市还成立了防治"非典"工作专家小组。

4月14日

中共中央总书记胡锦涛到广东省疾病预防控制中心考察

上午8时40分，胡锦涛在中共中央政治局委员、广东省省委书记张德江，省长黄华华等陪同下，来到广东省疾病预防控制中心考察，并同工作人员亲切交谈，详细了解有关情况。在这里，胡锦涛同省市医疗管理部门负责同志和来自防治非典型肺炎一线的23家医院的医务工作者代表进行了座谈。

在听取大家的发言后，胡锦涛说，广东部分地区发生非典型肺炎疫情后，党中央、国务院十分关心。我们既为一些群众的身体健康和生命安全受到严重威胁而感到揪心，又为广大医护人员通过艰苦细致的工作使患者恢复健康而感到欣慰。面对疫情的挑战，广东省委、省政府高度重视，采取了一系列措施，各有关方面做了大量工作，使疫病得到有效控制。胡锦涛代表党中央、国务院，向参加救治工作的广大干部、医护人员和所有对防治疫病作出贡献的同志们，表示衷心的感谢和亲切的慰问。

胡锦涛指出，要继续全力以赴做好非典型肺炎的防治工作，对已经患病的群众要想方设法进行治疗，努力使他们早日痊愈。要继续加强疫情监测，搞好预防和控制工作，切实防止疫情扩散和反弹。他要求各级党委和政府高度重视，加强领导，帮助医疗防疫单位解决实际问题，为他们的工作创造必要的条件。要依靠科学，不断完善治疗方案，尽快查出确切病因。要依靠群众，充分发挥我们的政治优势，努力夺取与疫病斗争的全面胜利。

国务院总理温家宝在北京主持召开国务院常务会议

会议听取并原则同意卫生部关于建设完善国家突发公共卫生事件应急反应机制问题的汇报。会议认为，为应对突发性公共卫生事件，切实保障人民群众的健康与生命安全，尽快建设和完善国家突发公共卫生事件应急反应机制是完全必要的。建设这一机制应遵循的原则是：中央统一指挥，地方分级负责；依法规范管理，保证快速反应；完善监测体系，提高预警能力；改善基础条件，保障持续运行。会议确定了当前要抓紧的几项工作：一是制定相关行政法规，从法律上保障突发公共卫生事件应急反应机制的运行；二是建立应急指挥系统，对突发公共卫生事件实行统一指挥，统一部署，统一行动；三是完善信息网络，及时、准确地对突发公共卫生事件作出预测、预报和预警；四是加快各级防治机构建设，完善疾病预防控制体系；五是加强人才培训和技术队伍建设，改善参加疫病防治工作专家和医务人员的健康防护条件。会议要求，各地区也要从实际出发，抓紧建立本地区突发公共卫生事件的应急处理机制，充分利用现有基础设施，加强疾病预防控制机构的建设，保障国家应对突发公共卫生事件应急反应机制的正常有效运转。

会议分析研究了当前经济形势和需要采取的对策。4月9日、10日，国务院领导同志还与部分经济专家学者进行了座谈，听取了他们对当前经济运行情况的意见和建议。

国务院总理温家宝在北京出席全国整顿和规范市场经济秩序工作会议并作重要讲话

温家宝强调，建立规范的社会主义市场经济新秩序，是贯穿于建立和完善社会主义市场经济体制全过程的一项重大任务。整顿和规范市场经济秩序，是实现国民经济持续快速健康发展的必要条件和重要保证；解决当前经济秩序中存在的问题，根本要靠深化改革，靠健全法制，靠营造诚信的社会环境；全面提高对外开放水平，必须建立符合现代市场经济制度和世界贸易组织规则的经济秩序。各地区、各部门要把思想真正统一到党中央、国务院的决策和部署上来，以强烈的使命感、责任感和高度的自觉性，把整顿和规范市场经济秩序工作不断推向前进。

会议指出，近年来，在党中央、国务院领导下，在各地区、各部门的共同努力下，先后开展了打击走私、偷逃骗税和制售假冒伪劣商品违法犯罪活动等一系列专项斗争，整顿了建筑市场、文化市场、旅游市场和集贸市场等，查处了一批大案要案，严厉惩处了违法犯罪分子，推动了社会主义市场经济新秩序的建设。同时，也积累了有益的经验：一是突出重点，明确阶段性目标，不断开展专项整治；二是标本兼治，坚持一手抓集中整治，一手抓制度建设；三是与时俱进，积极运用现代信息技术等市场监管手段；四是加强监督，构建群众积极参与的社会监督体系；五是各地联动，形成统筹协调的工作格局。

会议认为，已经取得的成果只是初步的、阶段性的。当前，市场经济秩序混乱的现象还大量存在，地区封锁和行业垄断依然突出，一些深层次矛盾和问题还没有根本解决，继续整顿和规范市场经济秩序的任务仍很艰巨。

会议提出，今后五年整顿和规范市场经济秩序的工作目标是，相关的法律、法规制度基本建立和完善，执法水平和依法行政水平显著提高，社会信用体系的框架和运行机制初步建立，市场经济秩序总体上有根本好转。

会议具体部署了今年工作重点。一是开展专项整治,严厉打击制售假冒伪劣食品、药品、农资等重点商品的不法行为,整顿房地产、汽车、建材、通信产品和服务市场以及价格秩序。二是打击走私、偷税、逃税、骗税、非法传销和变相传销等违法犯罪活动,始终保持高压态势,防止反弹。三是加强全社会的诚信和职业道德教育,加快建立社会信用体系。四是加强法制建设,实行行政执法责任制和执法过错追究制,推进综合行政执法试点。五是进一步转变政府职能,提高依法行政的水平,创新市场监管手段。六是积极推进流通现代化,提高市场的组织化程度。

会议要求,各地区、各部门一定要按照党中央、国务院的部署和要求,切实加强领导,精心组织,周密部署,把整顿和规范市场经济秩序工作继续引向深入。既要坚持不懈地长期抓下去,又要抓紧解决当前的突出问题;既要全面推进,又要突出重点;既要治标,又要治本,为加快建立社会主义市场经济新秩序,完善社会主义市场经济体制,实现全面建设小康社会的宏伟目标而努力奋斗。

中共中央政治局委员、国务院副总理吴仪在会上作了《认真总结经验,巩固扩大成果,继续大力整顿和规范市场经济秩序》的工作报告。

参加会议的有,各省(自治区、直辖市)常务副省长(副主席、副市长),各省(自治区、直辖市)整规办、公安厅(局)、监察厅(局)、工商局、质量技术监督局、药品监督管理局负责人,中央和国家机关有关部门负责人,部分大型企业负责人。

中组部 中宣部在杭州联合举行郑培民先进事迹报告会

民政部取消 11 项行政审批项目

这 11 项行政审批项目是:代销中国福利彩票资格审批,社会团体刻制印章审批,社会团体设立企业法人备案,外国商会聘请外籍工作人员审批,民办非企业单位刻制印章审批,在地方各级革命烈士纪念建筑物保护单位范围内进行其他建设工程审批,社会福利企业因合并、分离、转让而终止的审批,社会福利企业法定代表人或主要负责人委任、选举、招聘或罢免的备案,社会福利企业招用残疾人员的残疾状况鉴定审核,社会福利企业辞退残疾职工备案,举办社会福利性募捐义演核准。

中共中央政治局委员俞正声率中共代表团访问日本

俞正声先后会见了日本内阁官房长官福田康夫、外相川口顺子、执政三党和主要在野党领导人。俞正声说,中国的新一届领导集体将保持内外政策的连续性和稳定性,坚持改革开放的路线、方针和政策,坚定不移地奉行与邻为善、以邻为伴的睦邻友好政策。

辽宁选手朱红军夺得中国田径首个黄金大奖

在扬州举行的中国竞走锦标赛的黄金大奖今晚揭晓,来自辽宁竞走队的朱红军在男子 20 公里竞走比赛中表现出色,夺取了本次比赛黄金大奖:1 公斤黄金。

卫生部等五部门联合发出通知要求严格预防通过交通工具传播“非典”

国务院决定,将传染性非典型肺炎列为传染病,按照《中华人民共和国传染病防治法》的有关规定依法管理。为防止传染性非典型肺炎通过交通工具传播和扩散,保障人民群众的健康,维持正常的生产、生活和交通秩序,根据有关法律、法规,经国务院同意,卫生部、财政部、铁道部、交通部、民航总局发出了以下通知:

一、地方各级人民政府和各级各类卫生、铁路、交通、民航部门(单位)对通过交通工具可能造成传染性非典型肺炎传播的问题,要高度重视,加强领导,密切配合,建立沟通渠道和协调机制,共同努力,严格堵住通过交通工具传播传染性非典型肺炎的渠道。

二、各省、自治区、直辖市人民政府要协调上述有关部门,在铁路、公路、水运沿线和主要航空站所在的地级及其以上城市,设立传染性非典型肺炎病人和疑似病人留验站,配备必要的设备和条件,并制定传染性非典型肺炎病人和疑似病人留验预案以及接触者的调查、处理方案。对交通工具上发现的传染性非典型肺炎病人和疑似病人,留验站负责留验观察和隔离治疗。任何地方都不得拒收。

三、铁路、交通、民航等部门要制定非典型肺炎应急处理预案。在火车、汽车、飞机、船舶等交通工具上发现传染性非典型肺炎病人或疑似病人后,交通工具的负责人要立即通知前方最近设有留验站的城市的铁路、交通或民航部门,联系做好留验的准备工作。同时,立即在交通工具上采取隔离、通风等措施,对与病人同舱或同一车厢的乘客和其他与病人有密切接触的人员进行调查登记,并通知前方沿途各站联系有关部门做好准备。对沿途下车与病人密切接触的乘客,开展流行病学调查和必要的医学检查等工作。

四、留验站所在地的卫生部门要开展医护人员培训,认真做好非典型肺炎病人和疑似病人的留验观察、隔离治疗,以及跟踪调查和主动监测工作。国家和省级卫生部门负责向各地提供技术支持和指导。

五、铁路、交通、民航等部门和交通工具的负责人,要全力配合卫生部门，调查和提供传染性非典型肺炎病人和疑似病人密切接触者的相关信息，以便开展流行病学调查工作。检疫、民航部门要积极支持和配合卫生部门做好对飞机上病人、疑似病人及其密切接触者的回顾性追踪调查工作。

六、铁路、交通、民航等部门要对交通工具和车站、码头客运站、候机楼等相关场所进行经常性的消毒，在可能的情况下要保持交通工具和相关场所良好的通风。一旦在交通工具上发现传染性非典型肺炎病人或疑似病人，要立即对交通工具进行消毒。

七、铁路、交通、民航等部门在旅客办理登车、船、飞机手续时，通过观察和询问，发现传染性非典型肺炎病人或疑似病人应当劝阻其登乘，并立即通知检疫机关或当地卫生部门。

铁路、交通、民航等部门要在交通工具上配备必要的防护用品和消毒物品，加强对本系统员工的传染性非典型肺炎防治知识宣传和健康教育，增强工作人员的防护意识和能力。对有关部门通知协助调查、寻找需要追踪的病人和疑似病人，交通工具上的工作人员要认真履行职责，协助寻找，并采取隔离病人、通风和必要的消毒等措施，立即开展密切接触者的调查和登记工作。铁路、交通、民航等部门还要以多种形式对旅客大力开展防病知识的宣传教育工作。

八、各省、自治区、直辖市人民政府要向社会公布传染性非典型肺炎病人和疑似病人留验站的设置地点和联系方式，并对留验站的工作开展监督检查。

卫生部 科技部启动紧急科技行动集中优势力量攻“非典”

《人民日报》报道，现在已从科技部现有科技计划中紧急筹措了1000万元，先期安排的应急科技经费300万元已拨到卫生部。

这次行动将集中国内的优势力量，协同攻关，通过流行病学、免疫学、分子生物学等技术和手段，探明病因及发病机理，以指导临床治疗；同时，以此次非典型肺炎的应急措施和对策为基础，为未来应对新发传染病提供技术支撑和保障，提高我国的综合防治能力。

4月15日

国务院总理温家宝与美英日法德政府首脑联名发表《六国政府首脑关于完成人类基因组序列图的联合声明》

中华人民共和国科学技术部、中国科学院、国家自然科学基金委员会在科技部联合召开新闻发布会，宣布了这一声明。声明全文如下：

我们作为美国、英国、日本、法国、德国和中国的政府首脑自豪地宣布，来自我们六个国家的科学家已经完成了人类基因组30亿对碱基，即人类生命的分子密码书的基本测序。

1953年4月DNA双螺旋结构的发现标志着一个里程碑。此后50年间，遗传科学和技术取得了重大进展。在适逢沃森和克里克这一重大发现50周年的今天，国际人类基因组测序协作组已经解读了人类生命密码书中所有章节的秘密。现在，全世界都可以通过因特网上的公共数据库不受限制地免费获取这些信息。

基因序列为我们提供了了解人类自身的基础平台。据此，生物医学和人类健康和福祉将取得革命性的进步。因此，今天我们朝着为世界各国人民创造一个更加健康的未来迈出了重要的一步，人类基因组是他们的共同遗产。

我们对这项计划所有参与人员的创造性和奉献精神致以敬意。他们非凡的工作成就将作为里程碑载入科学技术和人类发展的史册。

我们鼓励全世界共同庆祝人类基因组计划这一科学工程的完成。我们鼓励科学和医学界继续致力于应用这些新发现以减少人类的痛苦。

中国人民银行公布《中国人民银行假币收缴、鉴定管理办法》

《中国人民银行假币收缴、鉴定管理办法》（以下简称《办法》）规定，商业银行、城乡信用社和邮政储蓄的业务机构在办理货币存取款和外币兑换业务时，发现假币有权收缴；中国人民银行及其授权的鉴定机构按规定程序鉴定货币真伪。《办法》将于2003年7月1日起施行。

第九十三届广交会在广州隆重开幕

本届广交会共有48个交易团、9128家企业参展，破历史纪录。

中国科学家人文论坛在人民大会堂开幕

论坛由中国科学院研究生院主办。首都科技界与人文社科界的代表和青年学子800多人共贺论坛开幕，并听取中国科协主席、著名物理学家周光召题为《发展学科交叉促进科技创新》的首场报告。

全国人大常委会副委员长、中国科学院院长路甬祥在讲话中说，中国科学家人文论坛将为自然科学和社会科学的沟通架起一座桥梁，为自然科学知识和社会科学知识的交融搭建一个平台，为科技创新、创新人才培养和创新文化建设注入新的活力，创造良好的氛围。

卫生部紧急培训防治非典型肺炎医务人员

卫生部要求各地尤其是发生非典型肺炎疫情的地区对医务人员进行紧急培训。由卫生部举办的“非典型肺炎临床治疗省级师资培训班”第一期已结束，培训过程全程录像，并制作成光盘用于指导下一步培训。接受培训的医师将奔赴各自所在地区，担任培训讲师，继续对本地区的医务人员进行培训。

4月16日

中共中央总书记胡锦涛在人民大会堂会见由党首菅直人率领的日本民主党代表团

胡锦涛表示，中国党和政府一贯高度重视中日关系。在新的历史条件下，承前启后、继往开来，推动中日关系健康稳定地向前发展，是两国政党和政治家的重要责任。

菅直人说，民主党高度重视发展同中国共产党的关系。两党建立党际关系以来，双方交往频繁，特别是党的高层交往对深化两党友好关系、推动两国友好合作不断发展发挥了重要作用。他表示，两国应进一步加强在各个领域，特别是经济领域的合作。他赞扬中国取得的经济发展成就，相信中国一定能实现到2020年国内生产总值翻两番的战略目标。

国务院总理温家宝就我向阿派遣医疗队40周年与阿尔及利亚总理阿里·本弗利斯互致贺电

十届全国人大常委会第二次委员长会议在北京举行

会议决定，十届全国人大常委会第二次会议于4月26日至27日在京举行；全国人大常委会计划今年对固体废物污染环境防治法等法律进行执法检查；听取和审议国务院9个方面的工作报告。

中共中央政治局常委、全国人大常委会委员长吴邦国主持会议。

会议决定，全国人大常委会今年将进行4次执法检查，检查固体废物污染环境防治法、未成年人保护法、建筑法、农村土地承包法、科学技术进步法(跨年度安排)的实施情况。

今年，全国人大常委会还将听取和审议国务院9个方面的工作报告：关于2002年中央决算、关于2002年中央预算执行和其他财政收支的审计工作、关于今年以来国民经济和社会发展计划执行情况、关于重大传染病防治工作情况、关于老年人权益保障工作情况、关于小城镇建设和农村富余劳动力转移情况、关于就业和再就业工作情况、关于南水北调工程建设情况与下一步安排、关于我国加入世贸组织以来有关情况的报告等。

在会议上，全国人大常委会副委员长兼秘书长盛华仁汇报了十届全国人大常委会第二次会议议程草案和日程安排意见，十届全国人大常委会代表资格审查委员会组成人员人选的建议，关于2003年全国人大常委会执法检查计划和听取工作报告计划稿；关于委员长会议组成人员活动安排的有关规定、常委会组成人员守则、委员长会议议事规则的说明。

全国人大法律委员会主任委员杨景宇就公民身份证法草案、放射性污染防治法草案、港口法草案的修改情况作汇报；全国人大常委会法工委主任胡康生就银监会行使原由中国人民银行行使的监督管理职权的决定草案作说明。

根据委员长会议建议，第二次常委会会议的主要议程有：审议公民身份证法草案、放射性污染防治法草案、港口法草案；审议国务院关于提请审议中国银行业监督管理委员会行使原由中国人民银行行使的监督管理职权的议案；审议国务院关于提请审议批准中国和吉尔吉斯睦邻友好合作条约的议案，中国和哈萨克斯坦睦邻友好合作条约的议案，中国和哈萨克斯坦关于打击恐怖主义、分裂主义和极端主义的合作协定的议案；审议全国人大常委会委员长会议关于提请审议十届全国人大常委会代表资格审查委员会主任委员、副主任委员、委员名单草案的议案；审议全国人大代表团出席各国议会联盟第一百零八届大会情况的书面工作报告等。

由于十届全国人大常委会组成人员中有3/4为新成员，常委会在本次常委会会议的前一天安排了三次法制讲座，请有关专家介绍我国的立法体制、法律体系和立法原则、全国人大常委会的监督工作、全国人大的组织制度和议事制度。

全国人大常委会副委员长王兆国、李铁映、司马义·艾买提、丁石孙、许嘉璐、蒋正华、顾秀莲、热地、路甬祥、乌云其木格出席。

国务院总理温家宝在北京主持召开国务院常务会议

会议讨论并原则通过了《国务院2003年立法工作计划》和《关于做好国务院2003年立法工作的几点意见》。会议指出，做好2003年政府立法工作，对于贯彻落实党的十六大精神和依法治国方略，全面推进依法行政，促进经济和社会全面发展都具有重要意义。根据形势和任务的需要，国务院将把有关建立完善突发公共卫生事件应急处置机制，整顿和规范市场经济秩序，深化金融体制改革、国有企业改革和国有资产管理体制改革,完善社会保障体系,以及适应教育科技文化卫生事业发展需要制定、修订的法律、行政法规项目,作为今年立法工作的重点。会议要求国务院各部门要高度重视政府立法工作,起草、审查法律和行政法规草案,要适应改革发展稳定的需要,把提高人民的物质文化生活水平作为出发点和归宿。要进一步提高社会公众对政府立法工作的参与程度,增强立法工作的计划性和可预见性,确保立法质量。

会议讨论并原则通过了国家食品药品监督管理局的"三定"规定。新组建的国家食品药品监督管理局作为国务院直属机构,将负责食品、保健品、化妆品安全管理的综合监督、组织协调和组织开展对重大事故的查处,以及药品研究、生产、流通、使用等环节的行政、技术监督等工作。

会议认为,为进一步规范工伤保险制度,保障职工在工作中遭受事故伤害或者患职业病职工及时获得医疗救治和经济补偿,促进工伤预防和职业康复,分散用人单位的工伤风险,制定《工伤保险条例》是十分必要的。会议决定,《工伤保险条例(草案)》经进一步修改后,由国务院公布施行。

中纪委等五部委联合发出通知对厂务公开工作提出指导意见

中纪委、中组部、监察部、国资委、全国总工会联合发出通知,对厂务公开工作几个重要问题提出指导意见。

国有、集体及其控股企业要进一步落实职工群众参与企业民主决策、民主管理和民主监督的权利,充分发挥职工代表大会的作用。必须充分发挥职代会对关闭破产、主辅分离、企业裁员、人员分流及劳动关系处理问题的民主管理和民主监督作用,严格履行职工(代表)大会审议通过相关议案的法定程序。企业要将下岗职工基本生活保障和再就业政策的落实、企业社会保障费的缴纳,以及下岗职工和解除劳动关系人员的劳动关系处理、社会保障关系接续等情况作为厂务公开的重要内容,接受职工群众的监督。

实行公司制改革和股份制改造后的国有企业、集体企业及其控股企业,必须坚持和完善职工代表大会制度。职代会与股东大会的性质不同、权限不同,要通过建立、健全制度,理顺两者的关系,使之互相配合。民主管理是现代企业制度的题中应有之义,职代会是企业法人治理结构的重要组成部分,绝不能用股东大会取代职代会。要认真总结和研究这类企业坚持和完善职代会制度的新经验,使职代会制度与时俱进,不断适应新形势,充满生机与活力。

积极引导非公有制企业采取与本单位相适应的形式,建立厂务公开、平等协商和集体合同、职(员)工代表大会、职工董事和职工监事、民主恳谈会等多种形式的民主管理制度。

有关领导机关的责任和职责更加明确。在国有、集体及其控股企业,对于企业改革和发展的重大决策,没有公开并提交职代会审议的,有关上级领导机关不能批准实施;经职代会民主评议和民主测评,大多数职工不拥护的企业领导人员,有关上级领导机关要及时采取组织措施;企业领导人员违反职代会决议和厂务公开有关规定,导致矛盾激化,影响企业和社会稳定的,有关上级领导机关要追究有关人员的责任。

《人民日报》发表社论《打响整顿和规范市场经济秩序新战役》

维护正常的市场经济秩序,直接关系广大人民群众的切身利益,全社会普遍关注。这次全国整顿和规范市场经济秩序工作会议,是新一届国务院组成后召开的一次重要会议,对于在新形势下进一步统一认识,明确任务,不断推进整顿和规范市场经济秩序这项"民心工程",意义十分重大。

经济秩序和运行规范是整个经济体制不可或缺的组成部分,建立和完善社会主义市场经济体制的一项重要内容,就是构建规范的市场经济新秩序。整顿和规范市场经济秩序是贯彻"三个代表"重要思想的具体体现,是国家管理经济的重要职责和任务,符合最广大人民的根本利益,不仅是一个重大的经济问题,也是一个严肃的政治问题,事关社会主义现代化建设的全局。

两年来,在党中央、国务院的正确领导下,经过各方共同努力,全国整顿和规范市场经济秩序工作取得了阶段性成果,广大人民群众基本上是满意的。但是,应该清醒地看到,目前无论是生产、建设、流通、财税、金融领域,还是社会经济生活的其他方面,无论是商品市场,还是生产要素市场,市场秩序混乱的状况依然相当严重,地方保护、部门分割、行业垄断仍很突出,尤其是制售假劣食品、药品、农资等直接危及百姓生活、生产安全的事件时有发生。市场主体行为不规范,市场体系不健全,市场法治不完备,致使经济秩序混乱的一些沉疴痼疾还没得到根治,继续整顿和规范市场经济秩序的任务十分艰巨、复杂。在全面建设小康社会的新阶段,我们要逐步形成统一、开放、竞争、有序的现代市场体系,整顿和规范市场经济秩序将是伴随这个过程的一场持久战,不可能一蹴而就,毕其功于一役。对此,应当有足够的思想准备,采取更加得力的措施,把这项工作坚持不懈地抓下去,切实巩固扩大整顿和规范市场经济秩序的成果。

继续大力整顿和规范市场经济秩序，首先必须正确认识这项工作与经济发展、深化改革、扩大开放、加强法治和诚实信用等方面的密切关系。经济秩序混乱，假冒伪劣泛滥，坑蒙拐骗猖獗，商业欺诈横行，严重损害人民群众的切身利益，甚至危害到人民群众生命安全，抑制人们的消费意愿和企业的投资意愿，阻碍扩大内需和经济发展。经济秩序混乱，与社会主义市场经济格格不入，不利于深化改革，许多混乱现象恰恰是新旧体制转轨中一些改革不到位造成的。经济秩序混乱，损害我国的国际形象，影响外商的投资信心，不利于扩大对外开放。经济秩序混乱，破坏社会主义法治，大量失信违规现象的产生不仅与法律、法规体系不完备有关，更与有法不依、违法不究、执法不严不公有关。此外，社会主义市场经济是信用经济，没有信用就没有秩序，经济秩序混乱则败坏社会信用，毒化社会风气。因此，继续大力整顿规范市场经济秩序，就是要维护人民群众切身利益，创造安全的消费和投资环境，保持国民经济持续快速健康发展的好势头；就是要深化改革，解决导致市场经济秩序混乱的深层次矛盾，加快完善社会主义市场经济体制；就是要建立适应现代市场经济制度和世贸组织规则的经济秩序，促进对外开放水平全面提高；就是要加紧建立社会主义市场经济法律体系，强化法治，严格执法，促进依法行政、依法经营；就是要建立诚信体系，树立诚信意识，推动全社会的道德规范建设。

继续大力整顿和规范市场经济秩序，最关键的一条，是要把群众放心不放心、满意不满意，作为工作的出发点和立足点，一切以民为本，真正体现“权为民所用，情为民所系，利为民所谋”。让人民安居乐业，保一方兴旺太平，是各级党委和政府的神圣使命，对群众最关心的、与群众自身利益密切关联的经济秩序问题，绝不能坐视不管或敷衍塞责。当前和今后一个时期，按照“标本兼治，着力治本”的方针，应突出重点，加大力度，继续抓好专项整治，保持高压态势，围绕重点领域、重点地区、重点商品，集中力量解决与人民群众身体健康和生命财产安全相关的典型顽症，始终把严厉打击制售假劣食品、药品、农资等不法行径列为重中之重，深入开展打击走私、偷税逃税骗税和传销等违法犯罪活动。对群众反映强烈的热点问题，适时展开新的专项整治行动，着力整顿房地产市场、汽车市场、建材市场、电信市场、价格秩序等。同时，加快法制建设，加快社会信用体系建设，加快体制、机制创新，加快政府职能转变，从根本上为人民群众营造良好的市场环境。这当中，各地各部门特别要注意正确处理好眼前利益与长远利益、局部利益与全局利益的关系，尽快走出认识误区，从严执政，求真务实，下大决心、花大气力把整顿规范工作引向深入，以实际成效取信于民，造福于民。

继续大力整顿和规范市场经济秩序关乎民心，任重道远。我们一定要以“三个代表”重要思想和党的十六大精神为指导，同心协力，迎难而上，不断开创整顿和规范市场经济秩序工作新局面，为实现全面建设小康社会的宏伟目标作出新贡献！

强制性国家标准 GB 18937—2003《全国产品与服务统一代码编制规则》正式在全国范围内实施

《人民日报》发表中央军委主席江泽民 1991 年 3 月 10 日为“南京路上好八连”题词“学习好八连优良传统和作风　推进现代化正规化革命军队建设”

教育部下发《关于贯彻全国非典型肺炎防治工作会议精神做好学校非典型肺炎预防与控制工作的通知》

交通部发布《关于加强道路、水路客运行业非典型肺炎预防控制工作的紧急通知》和《关于车船交通工具非典型肺炎应急处理预案的紧急通知》

中国国际象棋男女队在印度焦特布尔举行的亚洲团体赛中双获冠军

鞍山市政府辽宁省卫生厅在海城公布海城豆奶中毒事件病因

3 月 19 日，辽宁省海城市部分小学生及教师饮用豆奶引发食物中毒，其中涉及 2556 名小学生。4 月 9 日至 15 日，卫生部和辽宁省卫生厅共同组成联合调查组，食品卫生、流行病学、食品加工工艺、理化和微生物检验及临床医学等方面的专家，对海城市 8 所小学饮用鞍山宝润乳业有限公司生产的“高乳营养学生豆奶”引发突发事件的发病情况进行了调查。

参与调查的专家共同认定：本次豆奶食物中毒的原因是活性豆粉中的胰蛋白酶抑制素等抗营养因子未彻底灭活。由于部分人群对此类物质较为敏感，饮用含有这类物质的豆奶后会引起以上消化道为主的刺激症状。同时还排除了细菌性、化学性、动物性中毒的可能。联合调查组认为，该类食物中毒预后良好，较为轻微，不会对人体造成长期的、潜在的健康危害。

鞍山市市长张杰辉通报了鞍山、海城两级市委、政府对事件处理的工作情况，向社会作出两点承诺：一是鞍山市委、市政府会对 2556 名学生的健康情况、生命安全跟踪负责到底。当前主要的工作是做好治疗工作，直至所有学生的病情痊愈。二是本着“公正、透明、不遮丑、不护短”的原则,依法处理相关人员。鞍山市政府还通报了曾饮用豆奶的学生李洋的死因,经辽宁省公安厅和中国医科大学的4位专家检验,李洋死于一氧化碳中毒。截至15日晚,当地3所医院住院学生共有84人。

龙书金逝世

原新疆军区司令员龙书金同志,因病医治无效,于4月16日在广州逝世,享年93岁。

龙书金同志是湖南省茶陵县人,1929年参加农民赤卫队,1930年编入中国工农红军,同年加入中国共产主义青年团,1932年转为中国共产党党员。土地革命战争时期,他历任班长、排长、连长等职,参加了中央苏区第一至第五次反“围剿”斗争和二万五千里长征,以及直罗镇、东征、西征等战役战斗。抗日战争时期,他历任副营长、营长、副支队长、团长、冀鲁边第二军分区司令员、山东渤海军区副司令员、副师长等职,带领部队深入敌占区开展游击战和反“扫荡”、反蚕食、反封锁斗争,参加了平型关、大宗家、侠河村、王家楼等战役战斗。解放战争时期,他历任师长、副军长等职,参加了东北夏、秋、冬季攻势,三下江南、四保临江和辽沈、平津、渡江、湘赣、广东、粤桂边等战役战斗。新中国成立后,他参加指挥解放海南岛战役。海南岛解放后,他历任军长、海南军区副司令员兼某军军长、广东省军区司令员、广州军区公安部队司令员、广东军区司令员兼广州市警备区司令员、湖南省军区司令员、新疆军区司令员、新疆维吾尔自治区党委第一书记等职。

龙书金同志是中国共产党“八大”、“九大”代表,中共第九届中央委员会委员。他1955年被授予少将军衔。

4月17日

中共中央总书记胡锦涛在北京主持召开中共中央政治局常务委员会会议部署非典型肺炎防治工作

会议指出,要本着沉着应对、措施果断,依靠科学、有效防治,加强合作、完善机制的总体要求,切实做好非典型肺炎防治工作。当务之急是采取果断措施,控制疫病蔓延。关键是要做到早发现、早报告、早隔离、早治疗,切断传播途径。要坚持分类指导,全面加强预防。防治工作取得明显成效的地方,要总结经验,巩固成果,防止反复;新出现疫病的地方,要坚决防止疫病的扩散和传播;没有发生疫病的地方,要保持高度警惕,制订切实可行的预案。要强化救治工作,组织力量攻关,尽快研究有效的治疗方法,增强治疗效果,切实提高治愈率。对攻关所需的人力、物力、财力,有关部门要给予积极支持。要抓紧建立公共卫生应急处理机制。要加强国际和地区合作,交流预防治疗经验,提高防治效果。

会议强调,要切实加强对防治工作的领导,建立严格的责任制,把各项工作落到实处。各级领导干部一定要切实把广大人民群众的身体健康和生命安全放在第一位,党政主要领导要亲自抓、负总责,建立工作机构和协调机制,保证防治工作所需的资金。要广泛发动群众,动员社会力量,加强疫病的跟踪监测,建立和完善防疫网。特别要注意做好机关、学校、企事业单位的防疫工作。各地党委和政府要对该地区的防治工作实行统一领导,统一指挥,统筹医疗卫生资源。对生活困难的患者,要实行医疗救助,保证他们及时得到有效治疗。要关心医务人员的健康,配备必要的防护设备。要准确掌握疫情,如实报告并定期对社会公布,不得缓报、瞒报。要向广大群众宣传科学的防护知识,增强群众的防病意识。

会议要求,各级党委和政府及社会各个方面要行动起来,团结一致,坚定信心,扎实工作,夺取非典型肺炎防治工作的胜利。

国办转发国务院纠风办《关于2003年纠风工作的实施意见》并发出通知

各省、自治区、直辖市人民政府,国务院各部委、各直属机构:

国务院纠正行业不正之风办公室《关于2003年纠风工作的实施意见》已经国务院同意,现转发给你们,请结合实际,认真贯彻执行。

国务院办公厅

2003年4月17日

关于2003年纠风工作的实施意见

为贯彻落实中央纪委第二次全会和国务院廉政工作会议的部署和要求,现提出2003年纠风工作实施意见。

一、纠风工作的主要任务

2003年的纠风工作,要以“三个代表”重要思想为指导,认真贯彻党的十六大精神,以治理教育乱收费、纠正医药购销中的不正之风和减轻农民负担工作为重点,着重解决社会反映强烈、严重损害群众切身利益的问题,努力取得纠风工作的新成效。

(一)深入治理教育乱收费。国家扶贫开发工作重点县的农村小学和初中一律实行“一费制”收费办法。同时,抓紧研究提出在其他地区农村小学和初中推行“一费制”的具体办法,逐步扩大实施范围。未实行“一费制”的地区义务教育阶段学校,应按照国家和省级人民政府规定的收费项目和标准收费，不得以任何名义向学生乱收费。非义务教育公办高中招收择校生，继续实行“三限”政策(即限人数、限钱数、限分数的政策)，严格控制择校生的招生比例、最高收费标准和最低录取分数线。加强对择校生收费的审计工作。进一步规范高等学校的收费行为，收费标准继续稳定在2000年的水平，不得提高；禁止以民办二级学院、网络学院、软件学院等名义超成本高收费；禁止以调专业为名乱收费。加强教育收费管理，积极推行校务公开和收费公示制度，探索建立教育收费听证和监察员制度，落实“收支两条线”管理的规定。实行教育乱收费责任追究制，严肃查处擅自设立收费项目、提高收费标准、扩大收费范围以及巧立名目收取赞助费、建校费和捐资助学费等违反规定的乱收费行为。坚决制止通过学校进行各种形式的摊派和“搭车”收费。加强对招生考试工作的管理监督，严肃查处弄虚作假和徇私舞弊行为。

(二)继续纠正医药购销中的不正之风。全面推行药品集中招标采购制度。全国县级以上人民政府、国有企业等所办的非营利性医疗机构都要对国家规定列入招标采购范围的药品实行集中招标采购。加大对药品集中招标采购的监管力度，坚决纠正各种不规范行为，建立公开透明、公平竞争和规范运作的药品购销机制。综合整治药品生产流通和医药价格秩序，推动解决由于药品生产经营企业过多过滥而引发的恶性竞争问题；继续整顿和规范药品、药材市场，降低药品“虚高”价格，完善药品和医疗服务价格公示和费用查询等制度；严肃查处制售假劣药品和医疗器械、非法经营药品、违反医药价格政策、发布虚假医疗药品广告、非法行医以及药品和医疗器械购销中的商业贿赂等违纪违法行为。加强医德医风建设，大力开展职业道德教育和作风纪律整顿，不断增强医务人员的廉洁行医意识和“以病人为中心”的服务理念；把医德医风建设纳入医院综合目标管理和院长任期目标责任制，建立和完善医德医风考核、群众投诉举报、惩戒公示等制度，切实解决医疗服务中开单提成、索要和收受“红包”等问题。

(三)认真做好减轻农民负担工作。严格执行中央关于农村税费改革和减轻农民负担的各项政策规定。要严格把握政策界限，农业税及其附加不许超过国家规定的税率上限，不准超范围、超标准进行“一事一议”筹资筹劳，不准在农业税及附加和“一事一议”之外对农民进行任何形式的摊派和收费。今后任何地方和部门一律不得出台涉及农民负担的行政事业性收费和政府基金、集资项目。要坚决防止发生新的乡村债务，真正摸清债务底数，不准突击清收税费尾欠，不能把乡村债务分摊到农民身上。对涉及农民负担的文件和项目进行一次全面清理和审核，深入开展对农业生产性费用、农民建房收费和向农民工收费等问题的专项治理。禁止在农业用水、用电、农机服务等生产性费用中违反规定加价收费和“搭车”收费；禁止将已取消的行政事业性收费转为经营性收费，继续向农民收取；禁止变无偿服务为有偿服务，强制农民接受服务并收费；禁止利用行政手段硬性摊派报刊，增加群众负担；农民建房和农民外出务工除依法颁发的证照、证书可收取工本费外，其他行政事业性收费项目一律取消；禁止借婚姻登记等“搭车”收费。要建立、健全农民负担监督管理机制。加强涉农收费管理，全面实行涉农税收、价格和涉农收费项目、标准公示制，完善群众信访查处反馈制度，自觉接受社会监督。认真落实减轻农民负担工作地方党政主要领导负总责和部门分工负责制度。建立并严格执行税费改革工作责任追究制度。对侵犯农民利益、加重农民负担的行为，必须依法严肃处理。

(四)继续治理公路“三乱”。凡不符合规定的涉及机动车辆的行政事业性收费、政府性基金、政府性集资、罚款和各种摊派项目均一律取消。按要求完成公路和城市道路收费站(点)的清理整顿工作。巩固治理成果，争取2003年有更多的省、自治区、直辖市实现所有公路基本无“三乱”的目标。完善治理工作机制和监督检查制度，规范上路执收执罚人员的行为，提出从根本上解决公路“三乱”问题的措施。

(五)加强政府部门和行业的作风建设。行政执法部门要着力解决要威风、搞特权、刁难群众的问题；经济管理部门要精简审批项目，简化审批手续，公开办事程序，努力提高办事质量和办事效率；公用事业单位要着重在改善服务态度、提高服务质量上下功夫。政府各部门都要坚持依法行政，认真解决“门难进、脸难看、事难办”，乱收费、乱罚款和各种摊派，“吃、拿、卡、要”，以权、以职、以业谋私等群众反映强烈的不正之风问题。要从领导机关做起，抓机关带基层，特别是中央和省一级领导机关要作出表率，切实转变作风，规范自身行为，抓好队伍建设，主动接受监督。

(六)深入开展民主评议行风活动。紧紧围绕优化经济发展环境、纠风专项治理和解决群众反映强烈的问题，以教育、卫生、旅游等部门为重点开展民主评议行风工作。采取省、地(市)、县(市)三级联动，基层站(所)广泛参与的形式，通过议下评上、评上促下，推动评议工作深入开展，促进行业作风建设不断加强。要创新评议方法，完善评议制度，规范评议行为，强化评议纪律，科学运用评议结果，确保民主评议的公平、公正。要把民主评议与创建文明行业活动结合起来，不断完善纠、评、建相互促进的工作机制。

二、抓落实的主要措施

(一)认真落实纠风工作责任制。继续发挥纠正医药购销中不正之风、减轻农民负担、治理公路“三乱”等部门协调工作机制的作用,2003年要建立治理教育乱收费工作部际联席会议制度。继续坚持“谁主管、谁负责”的原则,教育部、国务院纠风办、农业部、交通部和公安部等部门和单位,要分别对所牵头负责的纠风治理工作制订专门方案,并认真组织实施;国务院减轻企业负担部际联席会议办公室要牵头组织实施公路和城市道路收费站(点)的清理整顿等工作;各参与部门要各司其职,密切配合,落实本部门职责范围内的有关工作。其他部门和单位都要按照“一岗双责”的要求,把纠风工作和行风建设与业务工作同部署、同落实、同检查、同考核。国务院纠风办将召开全国纠风工作会议,对2003年的纠风工作进行具体部署。

(二)突出重点,加强监督检查。治理教育乱收费工作,要对国家扶贫开发工作重点县农村小学和初中实行“一费制”、公办高中落实“三限”政策和高等学校收费以及落实收费公示制等情况进行检查。纠正医药购销中不正之风工作,要对全面实行药品集中招标采购、医疗服务收费和药品价格以及医疗服务中执行医德医风有关规定的情况开展专项检查,并加强已取缔的非法药品集贸市场的监管。减轻农民负担工作,要重点对执行中央关于农村税费改革的各项政策和专项治理情况进行检查,及时发现问题,提出有效对策。治理公路“三乱”工作,要加强对节假日期间、“绿色通道”和“三乱”问题易发多发地区的明察暗访,对已公布实现所有公路基本无“三乱”后又出现严重反弹的地区予以“摘牌”。坚决纠正违规违纪行为,曝光典型案件,对直接责任人和有关领导实行责任追究。注意总结推广经验,用典型推动面上的治理工作。

(三)标本兼治、纠建并举,努力从源头上预防和解决不正之风问题。在坚持从严刹风整纪的同时,要加强思想道德教育,修订、完善部门和行业的行为准则和职业道德规范,健全制度,加强管理,堵塞漏洞。建立科学的行风建设评价标准和考核体系,并严格实行责任追究制度。积极推行服务承诺制和各种办事公开制度,增加政府工作透明度。各项治理工作都要狠抓收费公示制的落实,确保监督到位,同时积极探索运用互联网等现代科技手段防范和解决不正之风的有效措施。结合国家各项改革措施的实施,找准切入点,解决产生不正之风的体制和机制问题。

(四)加强领导,抓好落实工作。各级政府要高度重视纠风工作,要在党委统一领导下,强化政府领导主抓、部门各负其责、条块紧密结合、纠风办组织协调和监督检查的领导体制和工作机制。各地区、各部门要对本地区、本部门的纠风工作和行业作风建设进行总体规划,提出阶段性目标,并在抓落实、见成效上下功夫。各级纠风办要转变作风,深入基层,加强工作指导,不断提高纠风工作水平。

中组部 中宣部在南京联合举行郑培民同志先进事迹报告会

国家开发银行分支机构统一更名

经中国人民银行批准,国家开发银行29家分行和2家代表处日前统一更名,即由所在地城市命名变更为所在省(自治区、直辖市)命名,更名后国家开发银行分支机构名称为:国家开发银行某某省(市、自治区)分行(代表处),国家开发银行总行营业部名称不变。

国家开发银行是经国务院批准于1994年3月成立的政策性金融机构,直属国务院领导。总部设在北京,目前全国设有30家分行(含总行营业部)、6家代表处(含香港代表处)。

全国服务标准化技术委员会在北京正式宣布成立

卫生部发出通知要求不得以任何理由推诿患者

通知要求,各级医疗机构在接诊疑似传染性非典型肺炎患者时,不得以任何理由推诿。否则,将按照《执业医师法》、《传染病防治法》等有关法律、法规,对当事医疗机构和人员严肃处理;造成严重后果的,要追究刑事责任。

国家旅游局 卫生部联合下发《旅游经营单位预防控制传染性非典型肺炎应急预案》

全国“美德在农家”活动在山西昔阳大寨村启动

“美德在农家”活动由全国妇联主办,通过“家家学,呼唤美德进农家”、“家家议,点评农家新事”、“家家做,共签治家新协议”、“家家乐,展示农家新生活”、“家家评,争当家庭好成员”五个系列活动的广泛开展,让尊老爱幼、男女平等、夫妻和睦、勤俭持家、邻里团结的家庭美德在广大农村深入人心。为使这一活动在广大农村扎扎实实地开展下去,全国妇联投入62万元,在各省、自治区、直辖市资助建立31个村(镇)“美德在农家活动示范点”和“农村妇女文化活动示范站”。

青海德令哈发生6.6级地震

据我国地震台网测定,4月17日8时48分(北京时间),在青海省德令哈市(北纬37.5度,东经96.8度)发生6.6级地震。震中距德令哈市约50公里。地震没有造成人员伤亡。

4月18日

国务院总理温家宝到北京市大中小学和幼儿园检查非典型肺炎防治工作

温家宝同中共中央政治局委员、国务院副总理吴仪，国务委员陈至立一起，先后到北京市六一幼儿园、北京市101中学、北京大学附属小学和北京航空航天大学，察看了学校的教室、宿舍、阅览室，并同教师、学生进行交谈，详细了解疫病防治工作。

温家宝指出，要采取有针对性的措施，切实加强学校的防治工作。各类学校都要高度重视。要关心教职员工、外籍教师和留学人员，保护他们的身体健康。一旦发现疫病患者，要立即采取果断措施，救治病人，隔断传染源，坚决防止疫病蔓延。

温家宝强调，一个负责任的政府，必须时刻把人民的利益放在第一位。当前，要把防治和消除非典型肺炎，切实维护广大人民群众的身体健康和生命安全，作为各级政府的一项重大任务。要以对人民高度负责的态度，及时发现、报告和公布疫情，决不允许缓报、漏报和瞒报。否则，要严肃追究有关领导人的责任。中央已向重点地区派出督查组，对防治工作进行检查。

中组部 中宣部 湖南省委在京召开学习郑培民先进事迹座谈会

座谈会由中共中央政治局委员、中央书记处书记、中央宣传部部长刘云山主持。

中共中央政治局委员、中央书记处书记、中央组织部部长贺国强在会上讲话，要求各地各部门认真学习贯彻胡锦涛总书记重要批示精神，广泛开展学习郑培民同志活动，努力培养和造就千千万万郑培民式的好干部。

刘云山在会议结束时强调，学习郑培民同志，重在行动，贵在落实。广大党员干部特别是领导干部，要以郑培民同志为榜样，做勤奋学习、善于思考的模范，解放思想、与时俱进的模范，勇于实践、锐意创新的模范。要发扬党的优良传统，始终坚持全心全意为人民服务的根本宗旨，始终做到"两个务必"，不辱使命、不负重托，结合新的实际创造性地开展工作。

湖南省委书记杨正午、中直工委副书记贾祥、中央国家机关工委副书记黄燕明、北京市委副书记杜德印、湖南省军区原副政委黄祖示等在座谈会上发了言。

国家副主席曾庆红在人民大会堂会见塞尔维亚和黑山外交部长戈兰·斯维兰诺维奇

《中国大百科全书》第二版总编辑委员会在北京成立

全国人大常委会副委员长许嘉璐出席了在人民大会堂举行的成立大会。

《中国大百科全书》第二版总编辑委员会由96名委员组成，周光召任总编辑委员会主任，于友先、于光远、贝时璋、石宗源、孙家正、江蓝生、许嘉璐、吴阶平、宋健、张定发、邹家华、陈至立、金立群、徐匡迪、徐冠华、徐惟诚、钱伟长、梅益、葛振峰、路甬祥任总编委会副主任。

《中国大百科全书》第二版1995年12月经国务院批准正式立项，并列为国家"九五"、"十五"重点图书出版规划。这部面向21世纪，代表我国科学文化最高水平的新一代百科全书现已进入全面审稿阶段。《中国大百科全书》第二版的总体规模为5000万字，共设80余个学科和知识门类，6万个别条目。第二版不再像第一版那样以学科分卷，而是全部条目以汉语拼音为序。

第二届"国家音像制品奖"颁奖大会在北京举行

《宇宙与人》等20部作品获"国家音像制品奖"，另有23部作品获提名奖。

在获奖音像制品中，有很多是集思想性、艺术性和观赏性于一体的佳作。中央文献出版社出版的《使命》，积极宣传中国共产党为实现中华民族伟大复兴而奋斗的光辉历程；太平洋影音公司出版的音乐CD《中国合唱极品》，被评委称为不可多得的合唱精品；武汉音像出版社出版的《盘王之女》，在创意、配器、编排等方面有独到之处；高等教育出版社出版的《为了地球的明天——环境教育片》，通俗易懂，是一部很好的环保教育片。

广东选手曾启亮在天津举行的全国游泳冠军赛上打破男子50米蛙泳全国纪录

曾启亮以28秒37的成绩夺得冠军并打破全国纪录。

商务部发出通知要求切实保证防治"非典"药品和医疗器械供应

4月19日

全国人大常委会副委员长顾秀莲在人民大会堂会见印度尼西亚国会副议长法特瓦

北京选手陈祚在天津举行的全国游泳冠军赛上打破男子100米自由泳全国纪录

陈祚创造的新纪录的成绩为50秒44。

北京市市委书记刘淇召集首都各大医院院长参加防治"非典"工作会议

刘淇在会上要求,首都任何一家医院,第一不能拒收病人,第二要对具有"非典"症状的患者实行首诊负责制,患者就医必须接诊,如果被确诊为"非典"患者,首诊医院要负责联系定点医院和专用车辆,保证患者得到及时救治。

卫生部部长、北京防治非典型肺炎联合工作小组副组长张文康在会上指出,对于拒收具有"非典"症状患者的医院,一经查实,要追究医院负责人的责任。

4月20日

中共中央总书记胡锦涛到军事医学科学院微生物流行病研究所和中国科学院北京基因组研究所考察

中共中央政治局委员、中央军委副主席郭伯雄,中共中央政治局候补委员、中央书记处书记王刚,全国人大常委会副委员长、中国科学院院长路甬祥等随同考察。

根据党中央、国务院、中央军委的要求,军事医学科学院微生物流行病研究所和中科院北京基因组研究所于近期开展了非典型肺炎的科研攻关工作。一线人员经过昼夜奋战,取得了重大成果:先后分离出非典型肺炎的病原体——新型冠状病毒,完成了对冠状病毒的全基因组测序,并研制出非典型肺炎快速检测技术——免疫荧光法和酶联免疫吸附法试剂。这些成果为防治非典型肺炎提供了比较准确可靠、快速经济的诊断手段,为研制疫苗和药物奠定了基础。

在两个研究所里,胡锦涛考察了部分实验室,还就运用科技力量防治非典型肺炎同专家们进行了座谈。

胡锦涛强调,要继续深化对病原的研究,加强检测手段、防治药物和疫苗以及防护装备的研究,并尽快实现研究成果的临床应用和批量生产,以更加有效地治疗、预防和控制疫病。

国务院总理温家宝在北京看望外国老专家

温家宝上午来到全国政协常委、外国老专家爱泼斯坦寓所,亲切看望了爱泼斯坦同志,并代表党中央、国务院祝贺他在华工作七十年暨八十八寿辰。

温家宝代表党中央、国务院向长期在华工作的外国老专家和国际友人表示崇高的敬意,向所有在华工作的外国老专家表示衷心的感谢。

爱泼斯坦自20世纪30年代初就投身于中国新民主主义革命,长期以来,为中国革命和建设作出了重要贡献。自1983年至今,爱泼斯坦连任五届全国政协委员。他对党和政府的工作十分关心,经常提出意见和建议,并得到党和政府的高度重视。爱泼斯坦是国际著名记者、作家,几十年来,他致力于国际传播与对外宣传,撰写了大量反映中国革命和建设以及改革开放巨大成就的新闻报道和专著,为增进中国与世界各国的相互了解和友谊,做了许多成绩卓著的工作。

中共中央决定调整卫生部北京市海南省主要负责同志职务

中共中央决定:

高强同志任卫生部党组书记;

免去张文康同志的卫生部党组书记职务;

王岐山同志任北京市委委员、常委、副书记,免去其海南省委书记、常委、委员职务;

免去孟学农同志的北京市委副书记、常委、委员职务;

汪啸风同志任海南省委书记。

国办发出《关于认真做好电力供应有关工作的通知》

各省、自治区、直辖市人民政府,国务院各部委、各直属机构:

"十五"以来,我国电力工业加快发展,发电装机总容量和年发电量已位居世界第二位。"西电东送"、城乡电网改造等工作成效显著,电力供应基本上满足了国民经济和社会发展的需要。但是,随着国民经济的快速发展和人民生活水平的不断提高,全社会对电力的需求大幅度增加。今年一季度,全国平均用电增长率达17.6%,为历年同期的最高水平。由于高耗能产业发展过快,部分地区新投产的发电容量偏少,主要江河来水偏枯和原油价格上涨,电网结构、设备维修保养以及体制和管理上还存在一些问题,预计今年部分地区夏、冬两季用电高峰时期供电形势会较为严峻。

保证电力安全、稳定和充足的供应,事关经济发展和社会稳定大局。针对电力供需形势的新情况和新问题,国务院有关部门、地方各级人民政府以及电力企业要高度重视,未雨绸缪,加强领导,通力协作,加快电力体制改革,落实"十五"电力调整规划,加快电力工业发展,逐步解决电力供求不平衡的问题。当前要加强宏观调控,采取有力措施,缓解局部地区电力供应紧张状况,确保安全度过用电高峰期。经国务院同意,现将有关事项通知如下:

一、国务院有关部门和地方各级人民政府要密切关注电力供需形势的变化,对各地区电力供应在用电高峰季节和时段可能出现的各种问题早做研究。要采取切实可行的措施,监督落实安全生产的各项责任制度,及时协调电煤交易和运输过程中存在的问题。加强与电力企业的沟通，共同研究制定应对紧急情况的预案。在电力供应紧张的情况下，首先保证居民生活、重要单位用电，合理安排其他行业和工业企业的供电次序，尽量减少限电可能造成的损失。要认真做好水情预测预报工作，优化水库调度，统筹安排发电和防洪、灌溉，用好宝贵的水资源。

二、电力企业要加强安全生产管理，充分发挥现有电力设施的生产能力。发电企业要合理安排检修计划，避开在用电高峰期检修，提高设备可用率，努力保证发电机组在用电高峰季节和时段正常运行；电网经营企业要优化调度，确保电网稳定运行；建设单位要加快在建电源、电网工程的建设进度，保证工程质量，争取尽快投产；电力设备制造企业要抓好生产调度管理，挖掘潜力，增加产量，保证质量，按期交货。对拖期交货，随意提价和出现质量事故的制造企业，除按合同追究责任外，今后招投标时要相应降低对其资质的评价。

三、打破分省平衡、地方保护的格局，开放市场，鼓励竞争，加强电网调度，促进“西电东送”和网间的丰枯、峰谷和余缺调剂，发挥电网间的“错峰”效益。针对当前电力资源配置中的问题，国家电力监管委员会要会同电网企业，抓紧制定区域之间和区域内跨省电力优化调度的规则，价格管理部门要建立和完善送受电价格形成机制，在今年夏季用电高峰到来以前实施。以最大限度满足市场用电需求为目标，合理安排电力生产计划和电力调度。在供电紧张时要鼓励电厂多发电，多发高峰电。地方省级人民政府行业主管部门和电网企业不得以“计划外指标”等名义压低上网电价，影响企业发电积极性。要取消在电力供应富余时期采取的一些限制发电的措施，允许企业的自备电厂将富余电量以不高于地区平均上网价格上网供应。“竞价上网”涉及电力系统调度规则和现行电价体系的改革，应按国家电力体制改革的进程统一部署，国家电力监管委员会要加强监管，防止不规范的竞价上网影响电力生产。

四、加强用电侧管理，充分发挥价格杠杆作用，科学引导电力消费，缓解电网峰谷差矛盾。国家发展和改革委员会要会同有关部门，尽快制定出台相关规定，在发电和用电环节普遍推行峰谷电价政策。用电紧张地区在高峰用电期可合理安排大用户“错峰用电”。同时加强节能和环保方面的宣传工作，增强用户节电意识。

五、地方各级人民政府要认真贯彻国家的产业政策，正确引导高耗能产业的发展。对产品供大于求、经济规模不足、市场竞争力差的高耗能企业，要清理和调整自行颁布实施的优惠电价政策。国家发展和改革委员会、国家电力监管委员会可以在必要时组织检查，进行整顿。各地政府和中介组织、行业协会要严格遵守国家价格政策，决不允许搞煤炭价格同盟，搞行业保护和地方保护，干预企业市场采购。

六、国家发展和改革委员会要抓紧落实“十五”电力规划调整方案，结合电力工业结构调整的各项方针，抓紧审批、开工一批电源、电网项目，加快国家规划内电力项目的前期工作进度，使电力工业实现持续稳定的增长。

七、电力工业是资金、技术密集型产业，工程建设周期较长，与水资源、大气排放等环境因素及其他行业的发展密切相关。为了保证电力工业稳定有序发展，当前在部分地区出现电力紧张的情况下，更要注意防止电力投资过热、项目一哄而上的倾向。电力项目的建设必须服从总体规划，地方各级人民政府均不得自行审批、建设燃煤发电厂。银行不得对未经批准的电厂提供贷款。凡违规建设电厂因燃煤供应、上网价格、资金供应造成的纠纷和损失，均由违规审批单位和项目业主承担责任。严重违规的，要追究责任。

国务院办公厅

2003年4月20日

浙江选手于诚和江苏选手季志祥在天津进行的全国游泳冠军赛上打破男子800米自由泳全国纪录

于诚和季志祥双双打破该项目8分7秒79的全国纪录。于诚的成绩为8分04秒44，季志祥的成绩为8分05秒28。

全国女子举重锦标赛在河南平顶山落幕

历时3天的全国女子举重锦标赛，在7个级别的角逐中，共有6人超12项世界纪录，3人平3项世界纪录。

在48公斤级比赛中，王明娟抓举第三次试举举起了92.5公斤，平了她自己保持的世界纪录。在挺举比赛中，王明娟以117.5公斤的优异成绩，刷新了世界纪录。同时，她的总成绩210公斤也刷新了207.5公斤的世界纪录。

山东选手刘春红在全国女子举重锦标赛69公斤级抓举比赛中以抓举117.5公斤、挺举150公斤和总成绩267.5公斤的成绩夺得该级别3项冠军，并打破她本人在釜山亚运会上创造的115.5公斤、148公斤和262.5公斤三项世界纪录。

辽宁队尚世春在75公斤级的比赛中，以抓举120公斤、挺举152.5公斤和总成绩275.5公斤夺走这一级别的3枚金牌，并超过了孙瑞萍在釜山亚运会上创造的抓举118.5公斤和总成绩270公斤两项世界纪录。

丁美媛在75公斤以上级比赛中，先以137.5公斤获得抓举第一名,并超过自己保持的135公斤的世界纪录。接着,她又在挺举比赛中举起了165公斤,以总成绩302.5公斤夺冠,也超过了由她自己保持的300公斤的总成绩世界纪录。

卫生部常务副部长高强等在国务院新闻办公室举行的新闻发布会上就非典型肺炎防治情况答记者问

王国庆(国务院新闻办副主任):今天,我们请到了卫生部常务副部长高强出席今天的新闻发布会。出席新闻发布会的还有卫生部副部长朱庆生。现在我们先请高强先生介绍有关情况。

高强:我首先要通报一下中国内地最新的疫情情况。截至4月18日,全国累计报告非典型肺炎病例1807例,其中,广东1304例,北京339例,山西108例,内蒙古25例,广西12例,湖南6例,四川5例,福建3例,上海2例,河南2例,宁夏1例。在累计报告的病例中,已治愈出院1165人,占64.5%;死亡79人,占4.3%。其中,广东省已治愈出院1110人,占85%;死亡46人,占3.5%。

下面,我讲一讲大家都很关心的北京市的情况。

按最新统计,北京共确诊非典型肺炎339例,其中,已治愈出院33人,占9.7%;死亡18人,占5.3%。在确诊的人员中,医务人员24人,学生8人,外地人员28人,境外人士5人。另外,北京还收治疑似病例402人。其中,医务人员41人,学生42人,外地人员21人,境外人士4人。目前在医院收治的确诊病人和疑似病人中,地方医院收治353人,军队医院收治235人,卫生部及其他医院153人。

现在公布的北京市的数字,为什么与前几天公布的数字有很大变化呢?主要有以下三个原因:

第一,非典型肺炎是一场突如其来的严重灾害,又是一种人类至今尚未完全认识的疑难病症,诊断比较困难,从收治到确诊需要一个过程。经过一段时间的诊断,最近有一些症状明显的疑似病人被确诊为非典型肺炎患者,使病例人数有所增加。在今后的几天里,还会有一些疑似病人被确诊为非典型肺炎的患者。我们报告的病例数字还会有所增加。

第二,北京地区二级以上的医院有175家,其中,北京市的市、区、县属医院131家,卫生部、教育部所属医院14家,军队、武警所属医院16家,各行业所属医院14家。这些医院彼此之间缺乏有效联系,也没有一个统一的领导,信息互不沟通,资源不能整合。而目前收治的病人分散在70多家医院里,北京市没有全面准确的统计。

第三,从工作上讲,卫生部应对突发公共卫生事件准备不足,防疫体系比较薄弱,当非典型肺炎疫情出现后,没有及时对全国的疫情制定统一的收集、汇总、报告制度,要求不明确,指导不得力。北京市做了大量工作,特别是广大医务工作者不畏艰险,抢救患者,做了艰苦的努力,但由于有关部门信息统计、监测报告、追踪调查等方面的工作机制不健全,疫情统计存在较大疏漏,没有做到准确地上报疫情数字。这些工作中的问题,应认真总结经验教训,切实加以改进。

党中央、国务院对非典型肺炎防治工作极为重视,胡锦涛总书记、温家宝总理多次作出重要批示。明确要求北京市建立防疫工作统一领导机制,由北京市政府统一领导党政军群机关及企事业单位的防疫工作,统一指挥所有的卫生医疗资源,统一收集、汇总、报告疫情情况。同时,要严格疫情报告制度,所有医疗机构都要加强疫情的监测,及时准确地核实疫情,如实上报政府有关部门,决不允许缓报、瞒报和漏报。这要作为一条纪律。对因工作不力,不能准确掌握疫情或有意隐瞒疫情的,要严肃追究地方和部门负责人的责任。国务院4月15日向北京市派出督察组,我是组长,朱庆生先生是副组长,同北京市政府和中央有关部门一起,一家一家医院进行核对,一个一个患者进行登记,经过一周的紧张工作,认真统计,查清了北京地区所有医院收治的病例,包括外地来京就医的患者。对尚未确诊的疑似病例,我们也如实向社会公布。这表明,我们对公布疫情是坦诚的,对广大人民群众是负责的。

为了使全社会及时了解全国疫情变化情况,国务院决定,从明天开始,将原来5天公布一次疫情改为每天公布一次;公布的数字既包括确诊病人数字,又包括疑似病人数字,以引起各级政府和广大人民群众对防疫工作的重视,共同努力,控制疫情。

在非典型肺炎防治工作中,我们同世界卫生组织进行了积极有效的合作,对世界卫生组织提出的一些工作建议,我们给予高度重视。这对于推进防治工作的开展发挥了积极作用。

下面我愿意回答记者朋友们提出的问题。

外国记者:两个星期前,有中方官员表示,北京现在是安全的。您认为现在北京的疫情到底是什么样子?您刚才也解释了为什么前几天给出的数字有一定的局限性。我想知道北京或者说中国的卫生体系方面存在哪些不足,使得真实的情况没有足够地公布给大家?同时我也想问为什么中国在发布信息方面会从一个极端走到另外一个极端呢?

高强:SARS是人类至今还没有完全认识的疾病,还没有特别有效的治疗方法和控制的措施,而且它的传染性非常强,任何地方的安全我想都是相对的。某一个地方今天没有SARS病例,如果控制不好,明天就有可能出现。上一次发布会曾经有官员讲北京是安全的。我认为是根据当时北京的情况来讲的这个观点。因为当时中国疫情主要的发生地在广东，北京疫情是控制在一个非常非常小的范围内。但是最近，北京疫情发生了一些变化。

大家从刚才公布的数字可以看出，北京的病例在逐步增加。这反映了非典型肺炎防治工作中存在一些薄弱环节，主要问题就在于，北京现在已有的医疗机构分别属于很多部门来管理。既有北京市管理的医院，也有卫生部管理的医院，还有军队管理的医院和其他方面管理的医院。这种医疗机构分散管理的体制就造成了医院之间信息沟通不畅，不能够准确地掌握疫情情况，也不能够采取非常有效的隔离和防止扩散的措施。

我不认为我刚才公布的数字是从一个极端走向另一个极端，而是经过了一段时间认真负责紧张的工作，我们摸清了北京实际的疫情情况，如实地向大家公布了数字。我们现在已经制定了比较严密的防止扩散的措施，现在的问题是要监督、检查、落实这些措施。我相信经过一段时间的工作，北京疫情防治的情况会有很大的变化。

中央电视台记者：从您刚才介绍的情况来看，北京目前的疫情是严重的。请问中央政府和北京市政府目前采取了哪些措施来控制疫情的发展？

高强：我们认为不仅是对北京，对所有发生疫情的地区，当务之急、重中之重是采取果断的措施防止疫情扩散。我们对医疗机构采取了严密的防护措施，防止医务人员被感染。我们对发病的患者、可疑的患者以及和患者密切接触者都采取了比较严密的隔离措施。我们对民航、铁路、公共汽车以及其他交通工具都采取了严密的观察、监测和跟踪调查的措施。

我们还采取了一项重大措施，今年暂不实行“五一”放长假的制度。而改按法定的节假日期执行，目的就是避免出现人群大面积的流动可能造成疫情的扩散。这项措施对中国的旅游收入会有很大的影响，但是中国政府是把人的生命、人民的身体健康放在第一位的。

第二，我们加强对各地区防疫工作的指导。中国政府已经向广东、北京和内蒙古派出了督察组。最近还要向山西、河南、宁夏派出督察组。为什么宁夏只发生1例病例我们就要派督察组呢？因为宁夏处于中国的西部地区，当地的医疗条件相对比较差，人们的收入水平相对比较低，所以保护西部地区广大的农村不受到这次疫情的影响，是中国政府非常关注的一个问题。

我们还要特别加强对学校，特别是中小学、机关、军队等人群密集地方的防疫工作和监测措施。对在华的外国人和港澳台同胞的健康也采取了保障措施。

第三，我们集中国内优势的医疗力量和科研力量联合攻关，提高治疗的效果。目标是提高治愈出院率，明显降低死亡率。

第四，我们制定了对经济困难的患者和农民实行医疗费用救助制度。中国财政部、卫生部、劳动和社会保障部已经发了文件，凡是因为经济困难而难以支付医疗费用的，由政府财政给予费用补贴。不仅是地方财政要拿钱，中央财政也要拿钱。我们对医务人员也实行了发放保健补贴的保障措施，有关费用由财政开支。

第五，我们要进一步加强同世界卫生组织的合作。前一段我们和世界卫生组织专家进行了非常积极友好的合作。专家们对我们提出了一些建议，对我们改进工作发挥了很大的作用。今天在我们新闻发布会的同时，在另一个场合，卫生部的官员正在向世界卫生组织专家组如实地介绍北京和全国当前的疫情情况，共同研究改进控制措施问题。我想如果中国政府现在制定的措施能够一项一项得到落实，中国的非典型肺炎防治工作一定会取得非常大的进展。

英国天空电视台记者：您提到今年的“五一”放长假不会放那么长了。我们知道去年黄金周期间有7400万游客在中国各地进行了参观旅游的活动。现在在中国旅游安全吗？

高强：今年暂不执行“五一”放长假的制度，是中国政府为了控制非典型肺炎的扩散而采取的预防措施。中国有一句话，“凡事预则立，不预则废”。特别在当前中国局部地区还有发生非典型肺炎的情况下，我们认为采取一些更为严密的控制措施是非常必要的。我们并没有全部取消旅游，而是主张不要全国性的大面积的流动，提倡大家在本地旅游，但是也不希望大家都关在房子里。最近北京一些旅游的地方，比如香山、颐和园，去游玩的人还很多。

荷兰记者：为什么说卫生部指导不力？能不能再详细地谈一谈？

高强：卫生部是中国政府主管卫生的一个职能部门，具体负责保障人民身体健康的重任。在非典型肺炎防治工作中，它也肩负着非常繁重的任务，要负责制定诊断的标准，组织广大医疗队伍进行救治，对各地的工作进行指导，对各地的疫情进行核查，确保疫情如实上报，等等。

在这次非典型肺炎的防治过程中，卫生部和全国卫生系统的广大卫生工作者尽了很大力量，做了很多工作。特别是广大医务工作者，战斗在抢救患者的第一线，承担着很大的风险，这种精神是很可贵的。

但是，我们的工作中也确实存在一些缺陷和薄弱环节。我刚才给大家指出了一些问题，目的就是要解决这些问题,改进我们的工作,使我们今后非典型肺炎防治工作能够更加有效。各地的疫情报告制度是一个逐步完善的过程。由于大家对SARS不了解,所以开始时疫情报告制度并不很完善。像广东这些地方疾病发生比较早,疫情报告制度很健全,基础工作比较好;而像北京这些地方在疫情的报告收集方面存在着一些缺陷。而卫生部对北京市的防治工作指导检查也不够有力,也是我们工作的问题。

美国全美广播公司记者:您刚才说出现数字不准确的情况,是因为工作中存在一些薄弱环节和缺陷。有无有意隐瞒的情况?

高强:我认为,疫情数字统计不准和故意隐瞒有本质的不同。我们要求各地如实、准确、及时地把实际发生的疫情统计、报告上来,如实向社会公布,严禁地方隐瞒、漏报或者缓报。直到目前为止,我还没有发现哪个地方有意隐瞒疫情。

我们现在已经向一些地区派出了督察组。督察组的任务之一就是核实各地的疫情。一旦发现有意隐瞒的情况,我们就会严肃处理,并且会及时向大家通报。如果大家有相关信息,希望提供给我们。当然,我要求信息是准确的。

东森新闻记者:北京是外地人口聚集的地方,掌控有关的疫情难度很大。北京市是否考虑对整个人口采取措施掌握有关疫情?

高强:现在我们考虑的是,要进一步加强卫生部门的力量,加大我们工作的力度,完善我们的工作措施,以取得一个圆满的效果。现在北京已确诊300多例非典型肺炎患者,目前还收治了400多例疑似患者,其中一部分经过诊断后会排除、出院,但也会有一部分会转为确诊患者。

今后几天会新出现一些患者,这并不意味着北京的疫情会有非常大的扩散。因为现在收治的这些患者绝大部分是在3月下旬至4月上旬收治的。

北京作为一个千万人以上的大城市,一个国际大都市,每天的流动人口有400万。我们既要采取严密的措施,防止疫情扩散,又要保障给人们一个正常的生产、生活和娱乐的秩序。漠视疫情、不采取防护措施,或者对疫情过分地渲染,影响大家正常的生活和生产,都是不对的。我们会根据北京疫情的实际发展变化情况,随时调整我们的预案,使我们的工作能适应控制和防治SARS的需要。

NBC记者:刚才提到疑似病例的问题,我想问疑似病例在临床上有哪些症状表现?中国在疑似病例方面的诊断标准跟世界卫生组织的标准是否一致?世界卫生组织的专家也提到,在北京现在有很多人是在医院里观察当中,既没有证实是病人,也没有证实是疑似病人。这些人到底有多少?

朱庆生(卫生部副部长):刚才高强常务副部长已经讲了,SARS是本世纪的一种新的疾病,还未被人类完全认识。虽然最近几个月来中国大陆和香港、台湾地区,以及其他国家和地区都对这种疾病进行了观察、治疗和研究。但总的来讲,我们处于探索阶段,不能说关于SARS病的所有问题都已经得到解决。

现在我们对于临床诊断病例主要依据三个标准:第一,有与流行病的接触史或者到过疫区的资料,或有跟病人接触的历史;第二,在临床症状方面,病人有高烧、干咳、全身乏力,或者通过X光诊断,肺部出现阴影等症状;第三,有实验室的血清学诊断以及其他的现代检查手段。可喜的是,世界卫生组织已经宣布,经过包括中国在内的多个国家和地区科学家的努力,已经发现病原是一种冠状病毒的变异体。从临床诊断的角度来讲,有一项或者两项引起我们重视,就定为疑似病例。

这些标准与发生SARS的其他国家和地区以及与WHO的诊断标准,概念基本是一致的。世界卫生组织的专家在北京和广东考察时,与我们在诊断和治疗方面进行了很好的合作,并在疾病的治疗上达成很大的共识。他们肯定中国在诊断和治疗方面为世界作出的贡献。世界卫生组织专家明天将到上海进行考察,在上海考察完以后,还可能到中国的西部地区进行考察。

世界卫生组织的专家既给我们的工作提出了很多建议,也要求我们把广东等地一些关于SARS的防治经验向国外介绍。我们会积极配合,把我们在诊断和防治方面比较有效的经验介绍给别的国家和地区,作为他们的参考。现在我们跟WHO的合作,包括技术、临床诊断、流行病调查等方面,应该说是非常有效的、非常积极的、非常愉快的。

中国国际广播电台记者:刚才您已经谈到中国政府对于生活困难的"非典"病人和农村的"非典"病人建立医疗救助的制度。但是我看到有报道说,有些生活困难的"非典"病人在进医院的时候被拒收,不知道这种情况是否属实?实际情况怎么样呢?

高强:我也注意到你反映的这个情况,有些地方确实存在这种现象。但是医院发生这种状况可能有客观原因,比方说有些医院不是传染病医院,它是治心脏病的,如果把SARS病人送到它那儿去,它就不可能进行有效的治疗。但也有个别因经济原因拒收病人的情况。为了解决这些问题,我们采取了以下措施。

第一,我们在北京指定了6家专门治疗SARS的医院。对这些医院的地址和电话公开公布,使SARS患者和可疑患者可以及时地到这些医院就诊,既能够得到有效治疗,也防止病人运送途中的扩散。

第二，我们在一些条件比较好的医院要求设立相对隔离的、专门的呼吸道疾病门诊。对出现发烧、咳嗽等症状的患者，这些门诊要及时进行判断隔离，并及时将有关情况向北京市的防疫部门报告。北京市有关部门接到报告以后，要及时派专家、医生和救护车到这些地方去具体诊断，如果诊断可疑就把他用专用车辆送到定点的专门医院收治。

第三，我们对医院的院长提出严格要求，重申了纪律。即对发现的病人不得以任何理由，更不得以经济原因拒收。如果医院客观上确实有困难，应该把病人暂时找一个场所隔离，立即报告，采取措施，决不允许把病人拒之门外造成扩散。如果发现有拒收病人的情况，发现一件处理一件。诸位如果在社会上发现这种情况，欢迎向我们举报。不仅在北京，在全国都要成为一个统一的纪律。

合众国际社记者：您刚才提到中国方面在报告有关疫病患者的数字方面，既包括已确诊的病人，也包括疑似病人，在报告方面会更加开放。您提到以后每天发布有关数据。您准备通过哪一种机制来做每天的发布？既然您能在患者的数目方面做到更开诚布公，对涉及的费用问题能否也谈一点？卫生部已经有多大的预算来处理有关“非典”的情况？专门的拨款数额有多大？这项拨款在中央政府和地方政府之间怎样分配？尤其是比较贫困的西部地区，他们将得到怎样的财政支持？

高强：我不是卫生部的专职新闻官，不可能进行每天这样的发布会。主要通过有关的新闻媒体来发布。不管采取什么形式，要保证使每一个关心和重视中国非典型肺炎防治工作的人士都能够得到相关的信息。对于这位先生刚才问到卫生部有多少钱来用于SARS病防疫问题，我可以做一个承诺，中国政府已经要求中央财政和地方财政都要准备相当多的资金来用于防治、控制和消除这个疫情。为了控制这个疫情，花多少钱，我们都在所不惜。

具体说需要多少预算，现在还很难编制出来。但是我们和财政部门有一个默契，只要卫生部提出开支预算是合理的、科学的，财政部会给予大力支持。中国经过20多年的改革开放，已经有了比较雄厚的经济基础，当前的整个经济财政形势非常好，不会因为资金问题影响防疫工作的开展。

美国之音记者：现在死亡率有小幅度的上升，您觉得这一点是很严重的吗？

高强：死亡率上升是我们十分关注的问题。我们希望死亡率是零，但是实际上很难做到。减少死亡率的关键在于早发现、早治疗，如果一个病人得了病，不能够及时送到医院去救治，错过了最好的治疗时机，到医院以后，再好的抢救措施都可能不起作用。我们要求广大群众密切注视自己、密切注视周围，如果确实发现有类似的病症，要及时到医院就医。

我们的医院也购买了很多药品，这些药品主要是提高人们的免疫力，提高人们的抵抗力，用人们自身生命的活力来战胜病魔。现在还没有一种有效杀死病毒的药物。广东摸索出一套很有效的治疗方法，治愈率达到了85%。卫生部正在组织力量把广东的一些预防治疗的经验，向已经发生疫情的地方推广。

中国政府对广大人民群众是负责的。我们对工作中的失误和不足，一定想办法弥补和改进。从当前卫生部的工作来讲，最重要的任务是团结一致、协调一致，共同研究能够克制SARS病扩散的控制办法。

《中国日报》记者：中国农村人口非常多，而且医疗条件非常差，农村人口的收入水平也相对要低得多，这有可能导致SARS在农村迅速蔓延，难以控制。中国政府有何措施预防这一点？

高强：目前还没有发现中国农村有比较大面积的SARS流行，但是我们一直保持着高度的警惕，因为农民收入相对城市来讲比较低，农村医疗条件相对城市来讲也比较差，农民的自我防护意识相对城市来讲也比较低，一旦农村发生疫情流行，后果就非常严重。如果农村发现患者，要及时送到有关医院去治疗。对经济困难的农民，当地政府财政给予经费补助。如果当地财政经济困难，由中央财政对地方财政给予补助。

SARS流传到农村最大的可能是外出打工的人把病带回到农村去，因此，要采取切实有效措施防止这种问题的出现，第一，对所有交通工具都要采取严密的监测措施，一旦发现病情，立即送当地的留验站观察；第二，对在城市里打工的患者，要像城市居民一样，一视同仁，给予积极救治；第三，农村也要密切注意可能出现的疫情，一旦发现，及时报告，隔离治疗。

CNN记者：为什么不一次把病例都报道出来，是不是对这个工作不重视？

高强：北京是中国的首都，有上千万人，既有中央单位，也有地方单位，还有部队的单位。而这些单位都分别管理着一些医院，这些医院都收治了不同的病人，这是中国医疗体制上的问题。在这种情况下，要求北京市到一个部队医院去准确地、及时地掌握疫情情况是比较困难的。胡锦涛主席、温家宝总理已经非常敏锐地察觉到这个问题，才决定对北京的党政军所有的机关和企事业单位的防疫工作由北京市统一领导。在统一的领导体制下不会再出现像前一段时间的情况。

远东经济评论记者：您能不能更多地谈一下“非典”在北京发病的情况？北京患者人数有大幅度上升。我想知道，在什么时期病人大幅度增加？病人在

病情方面有没有什么变化？您能不能解释一下，为何在北京的医护人员感染上“非典”的情况比其他地方要少得多呢？现在是否鼓励国际交往？

高强：你说北京的疫情大幅度上升，这个用词不准确。我刚才讲组织几百个人，经过一周紧张的时间，才把过去分散在好多医院里没有发现的病人统计清楚，应该说现在通报的数字比过去有所上升。5天以前，卫生部公布北京的确诊病人是37人，现在是339人，增加了302人。但这302人决不是在这5天内出现的病人，而可能是10天以前、20天以前已经发病了，住在某一个医院里，但是并没有发现。现在把过去没有发现的病例发现出来，而且如实地向大家报告，这是中国疫情统计制度的一个进步。至于北京的医务人员受感染的比较少，我想可能和北京的医疗条件比较好，人们的防护意识比较强，医院对医务人员采取的防护措施比较周密有关。为确保地方报告疫情数字的准确性，我们已经派出了督察组，如果发现哪个地方有瞒报的情况，会及时向大家通报。

至于鼓励国际交往的问题，加强疫情防护是非常必要的，但是保持国际之间的正常交往也是非常必要的。我不提倡讲“中国是世界上最安全的，你们来保证不会得SARS”这个话。但是我也同样不赞成说中国是一个很危险的国家，来到中国就可能得病。因为这个病不仅中国有，据我所知，世界上有20多个国家都出现了这个病。我们希望还是进一步加强在华外国人和港澳台同胞的一些安全措施，一旦发现有不舒服的症状，及时去就医。我没有准确地统计在北京的外籍人士和港澳台人士有多少。但我刚才讲了，目前在北京住院的外国人和港澳台同胞只有9个人。这9个人中，一个加拿大人已经出院，还有两个台湾人也即将出院。

第二十届潍坊国际风筝节在素称“世界风筝之都”的山东潍坊开幕

4月21日

国家主席胡锦涛在人民大会堂会见由参议院多数党领袖弗里斯特率领的美国参议院访华团

胡锦涛说，近年来，中美关系继续得到改善和发展。两国高层领导人保持了经常接触和对话。双方在反恐、经贸、执法、医疗卫生等领域的交流与合作取得了新进展，在一些重大国际和地区问题上也进行了有效的磋商与协调。事实说明，中美之间不仅需要而且能够开展广泛的交流与合作。中美关系的发展符合两国人民的根本利益，有利于地区及世界的和平与稳定。

胡锦涛指出，中美两国国情不同，存在一些分歧是正常的。双方应从战略高度和长远角度着眼，积极寻求共同利益的汇合点，照顾对方的关切，妥善处理彼此间的分歧，坚定地推动中美建设性合作关系健康稳定地向前发展。

胡锦涛说，台湾问题的实质是主权问题，是涉及中国是统一还是分裂的问题。中国政府在台湾问题上的立场是一贯的、明确的。我们赞赏美方多次重申恪守一个中国政策、遵守中美三个联合公报和反对“台湾独立”。希望美方信守承诺，不向“台独”势力发出错误信号，为中国实现和平统一发挥建设性的作用，也希望美国国会和各位参议员朋友为此发挥积极影响。

弗里斯特表示完全同意胡锦涛主席对美中关系的评价。美方完全支持布什总统向中国领导人所作的承诺，坚持一个中国的政策。美中双方有很多共同利益，有广阔的合作领域。代表团此行就是表示美方对进一步发展美中关系的高度重视和有力支持。

全国人大常委会委员长吴邦国在人民大会堂分别会见以美国国会参议院多数党领袖比尔·弗里斯特为团长的美国参议员代表团和印尼国会副议长法特瓦

吴邦国说，中国全国人大重视与美国会参众两院开展交流与合作。近年来，双方交流逐步走向经常化、机制化。这次弗里斯特和其他各位参议员来访，是多年来中美双方在议会交往方面的高级别直接政治对话，中方对此给予高度评价。中方欢迎更多的美国会参众两院议员朋友来中国访问，为中美关系健康稳定发展作出贡献。

弗里斯特说，美中有着广泛的合作领域，不断发展美中关系符合双方的共同利益。美国会参议院重视与中国全国人大的友好交往，希望通过这次访问加强彼此的关系。美参议院正在积极考虑建立与中国全国人大的交流和磋商机制。

在会见法特瓦时，吴邦国说，中国与印尼是友好邻邦，近年来两国领导人互访增多，各领域的友好交流与合作不断扩大，在地区和国际事务中合作良好。中方高度评价印尼为促进东盟与中国关系的发展发挥的积极作用。中国和印尼应继续为推动建立公正合理的国际政治经济新秩序作出新的贡献。

法特瓦说，印尼和中国都是亚洲大国，有着传统友谊，双方没有理由不友好合作。他强调，印尼坚持一个中国政策，这一立场不会动摇。他还感谢中国政府一贯支持印尼维护国家统一和民族独立的努力。

国务院总理温家宝在中南海会见印度国防部部长费尔南德斯

国务院决定向有关地方派出第二批非典型肺炎防治工作督查组

温家宝总理对督查组工作作了重要批示，要求督查组宣传防治非典型肺炎工作的重大意义和党中央、国务院的方针部署；调查核实疫情，特别要注意掌握农村、学校、机关、企事业单位的情况；检查督促各项防治工作落实情况，对收治非典型肺炎病人的专门医院要做重点检查；倾听群众和医护人员的意见，了解社会各方面的反映；要主动听取地方党委、政府的意见，配合地方做好工作，帮助解决实际问题。要求督查组成员认真负责，深入实际，勤奋工作，实事求是，自觉实践"三个代表"重要思想，以对人民高度负责的精神，完成这项任务。

国务院副总理吴仪主持召开了督查组全体人员会议并作了动员讲话，国务委员兼国务院秘书长华建敏传达了温家宝总理的批示精神。

吴仪副总理指出，由于多方面的原因，非典型肺炎防治工作的形势依然严峻。当前，国家关于非典型肺炎防治工作的大政方针已经明确，关键在于抓落实。督查组全体成员要认真学习党中央、国务院关于非典型肺炎防治工作的有关精神和温家宝总理的指示，认真检查当地贯彻党中央、国务院一系列部署的落实情况；检查统一领导党政军群机关及企事业单位防疫工作的领导小组是否建立；疫情上报渠道是否畅通，是否如实上报疫情；非典型肺炎防治工作预案落实情况，帮助地方解决工作中遇到的困难和问题，切实做好防治工作。

国务院非典型肺炎防治工作督查组由国家机关有关部委负责人带队，由医学专家等组成，将于4月22日分赴北京、山西、内蒙古、河南、广东、宁夏等省市区。

2003年全国环境监察工作会议在大连召开

国家环保总局提出，将启动"严查环境违法行为三年行动计划"。

今年严查行动的主题是"让群众喝上干净水"。严查行动的重中之重是水污染的防治和水资源的保护，尤其是饮用水的保护，将集中开展"33211"及三峡水库、南水北调等重点区域污染防治专项检查，造纸、铬盐化工、畜禽养殖等重污染行业结构调整的专项检查，污水处理厂专项检查，地方资源开发中的中小型项目环境管理专项检查。

4月22日

中共中央总书记胡锦涛在人民大会堂会见朝鲜国防委员会第一副委员长人民军总政治局长赵明禄次帅

国办发出《关于调整国务院扶贫开发领导小组组成人员的通知》

各省、自治区、直辖市人民政府，国务院各部委、各直属机构：

根据《国务院关于议事协调机构和临时机构设置的通知》(国发〔2003〕10号)以及人员变动情况和工作需要，国务院决定对国务院扶贫开发领导小组的组成人员进行相应调整。现将调整后的名单通知如下：

组　长：回良玉(国务院副总理)

副组长：

汪　洋(国务院副秘书长)

刘　江(发展改革委副主任)

吕飞杰(扶贫办主任)

刘　坚(农业部副部长)

廖晓军(财政部副部长)

吴晓灵(人民银行副行长)

成　员：(略)

国务院办公厅

2003年4月22日

北京市第十二届人民代表大会常务委员会第三次会议任命王岐山为北京市副市长代理市长职务

国务院决定派出第三批非典型肺炎防治工作督查组

第三批非典型肺炎防治工作督查组主要督查指导发病人数较少的部分省、自治区、直辖市非典型肺炎防治工作。国务院副总理吴仪在北京主持召开督查组全体人员会议并作动员讲话。她首先传达了温家宝总理4月21日对非典型肺炎防治督查工作的重要批示精神，要求督查组全体人员以对人民高度负责的精神，深入实际，深入基层，全面了解、掌握真实情况，协助和配合地方扎扎实实地做好非典型肺炎防治工作。

第三批国务院非典型肺炎防治工作督查组由国务院有关部门负责人带队，由医学专家和有关部门人员组成，将于4月23日分赴辽宁、吉林、浙江、福建、湖北、湖南、重庆、四川、陕西、甘肃、新疆等省、自治区、直辖市开展督查工作。

江西选手欧阳鲲鹏在天津举行的全国游泳冠军赛上以25秒82的成绩打破男子50米仰泳亚洲纪录

4月23日

中共中央政治局常委吴邦国在北京会见以总书记格布扎为团长的莫桑比克解放阵线党代表团

国务院总理温家宝在北京主持召开国务院常务会议

会议决定,为进一步加强非典型肺炎防治工作,成立国务院防治非典型肺炎指挥部,统一指挥、协调全国非典型肺炎的防治工作。国务院副总理吴仪任总指挥,国务委员兼国务院秘书长华建敏任副总指挥。

会议决定,中央财政设立非典型肺炎防治基金,基金总额20亿元,从预算总预备费中安排。主要用于:农民和城镇困难群众中非典型肺炎患者的救治工作;中西部困难地区县级医院的应急改造和购置治疗非典型肺炎的医疗设备;支持非典型肺炎防治的科技攻关等。国务院为支持中西部地区疾病控制机构的建设,在已安排20亿元国债资金的基础上,再安排9亿元;为支持中国疾病预防控制中心一期工程建设,安排专项资金6亿元。

会议指出,当前做好北京等地区和广大农村的非典型肺炎防治工作至关重要,各地区、各部门务必采取有力措施,切实做到早发现、早报告、早隔离、早治疗,千方百计控制疫情扩散蔓延。有关方面要精心组织好非典型肺炎防治药品、物资的生产、调运、供应等工作,确保市场供应和物价稳定。

国办发出《关于调整全国爱国卫生运动委员会组成人员的通知》

各省、自治区、直辖市人民政府,国务院各部委、各直属机构:

根据《国务院关于议事协调机构和临时机构设置的通知》(国发〔2003〕10号)以及人员变动情况和工作需要,国务院决定对全国爱国卫生运动委员会的组成人员进行相应调整。现将调整后的名单通知如下:

主　任:

吴　仪(国务院副总理)

副主任:

高　强(卫生部常务副部长)

汪光焘(建设部部长)

杜青林(农业部部长)

解振华(环保总局局长)

胡振民(中宣部副部长)

徐绍史(国务院副秘书长)

王　谦(总后勤部副部长)

委　员:(略)

全国爱国卫生运动委员会的具体工作由卫生部承担。

国务院办公厅

2003年4月23日

国办发出《关于调整国务院行政审批制度改革工作领导小组组成人员的通知》

各省、自治区、直辖市人民政府,国务院各部委、各直属机构:

根据《国务院关于议事协调机构和临时机构设置的通知》(国发〔2003〕10号)以及人员变动情况和工作需要,国务院决定对国务院行政审批制度改革工作领导小组的组成人员进行相应调整。现将调整后的名单通知如下:

组　长:华建敏(国务委员兼国务院秘书长)

副组长:李至伦(监察部部长)

成　员:(略)

国务院行政审批制度改革工作领导小组办公室设在监察部,李玉赋兼任办公室主任。

国务院办公厅

2003年4月23日

国办发出《关于调整国务院纠正行业不正之风办公室领导成员的通知》

各省、自治区、直辖市人民政府,国务院各部委、各直属机构:

经国务院批准,监察部部长李至伦兼任国务院纠正行业不正之风办公室主任,胡玉敏担任国务院纠正行业不正之风办公室副主任。

国务院办公厅

2003年4月23日

外交部部长李肇星就朝核问题与美国国务卿鲍威尔通电话交换意见

外交部举行非典型肺炎防治情况介绍会

138家驻华使馆、国际组织驻华机构人员参加了介绍会。

外交部部长助理张业遂主持会议,外交人员服务局局长瞿文明介绍了北京防治非典型肺炎的情况,中国工程院院士钟南山介绍了非典型肺炎的病理、症状以及防治办法等。中方人员还就外国使节的有关问题作了回答。

八一男篮夺得2002—2003年全国男篮甲A联赛(CBA)总冠军

财政部宣布设立中央财政20亿元"非典"防治基金

北京防治非典型肺炎联合工作小组召开第四次会议

中共中央政治局委员、北京市委书记、北京防治非典型肺炎联合工作小组组长刘淇主持会议。会议研究依法采取更加坚决、果断、有力的措施,切断"非典"传播途径。刘淇号召市民增强自我防护意识,特别是要增强保护健康人群意识,支持政府的隔离措施。

北京市人民政府发布通告指出,对于受到非典型肺炎扩散污染的人员和场所,应当依法采取隔离措施,政府有关部门、社会组织和个人应当给予配合。

中共中央总书记胡锦涛作出重要批示向在防治非典型肺炎工作中殉职的邓练贤同志表示沉痛悼念

胡锦涛对邓练贤同志的亲属表示亲切慰问。他指出,有广大医护人员的奋斗与贡献,有全国上下的团结一致,众志成城,我们就一定能战胜疫病。

邓练贤同志是广东中山大学附属第三医院传染病科党支部书记、主任医师。在这次救治非典型肺炎患者工作中,他勇挑重担,冲锋在前,以自己丰富的临床经验,带领科室医护人员共同战斗。今年2月1日,在连续30多个小时没有休息的情况下,他不幸受到感染,经全力抢救无效,于4月21日不幸殉职,终年53岁。在邓练贤同志身上,集中体现了临危不惧、尽职尽责的敬业奉献精神和视患者如亲人的高尚医德医风。

广东省委、省政府发出通知,号召全省干部群众和广大医务工作者以邓练贤同志为榜样,迎难而上,齐心协力,顽强拼搏,努力夺取防治非典型肺炎斗争的胜利。

国家环保总局发布重点水系地表水水质月报

这是我国首次向全社会公开发布重点水系的水质状况月报。为加快推进重点流域水污染综合治理,更好地为环境管理服务,国家环保总局决定在长江、黄河、珠江、松花江、太湖、滇池等重点水系全面实施地表水水质月报制度。

4月24日

中央党校校长曾庆红在中央党校检查"非典"防治工作

在认真听取中央党校校委领导关于全校防治"非典"工作的情况汇报后,曾庆红充分肯定了党校前一阶段坚决贯彻中央部署,在"非典"防治方面所做的工作。

曾庆红强调,中央党校是我们党的干部教育和培训的主阵地,在这里培训和轮训的都是我们党的中高级干部,在抗击非典型肺炎的斗争中,保持中央党校正常的教学秩序和工作秩序至关重要。他要求中央党校校委认真做好全校广大学员的思想稳定工作,引导广大学员坚守学习岗位,保持良好的精神状态,严格遵守党校的各项教学纪律,保证党校各项教学和科研工作的正常进行。他要求,党校校委和行政后勤部门要进一步丰富学员的文体生活,进一步搞好学员伙食,保持党校团结、紧张、严肃、活泼的教学氛围。

国办发出《关于调整国务院军队转业干部安置工作小组组成人员的通知》

各省、自治区、直辖市人民政府,国务院各部委、各直属机构:

根据《国务院关于议事协调机构和临时机构设置的通知》(国发〔2003〕10号)以及人员变动情况和工作需要,国务院决定对国务院军队转业干部安置工作小组的组成人员进行相应调整。现将调整后的名单通知如下:

组　长:张柏林(人事部部长)

副组长:戴光前(人事部副部长)

唐天标(总政治部副主任)

成　员:(略)

国务院军队转业干部安置工作小组的具体工作由人事部承担。

国务院办公厅

2003年4月24日

黑龙江省第十届人民代表大会第二次会议选举宋法棠为省人大常委会主任 张左己为省长

信息产业部调整部分常用电话号码

部分常用的电话号码今起将调整:报时117、天气预报121分别调整为12117、12121;各基础电信运营商的客户服务号码扩展为5位,1000调整为10000(中国电信)、1001调整为10010(中国联通),1860/1861分别调整为10086/10088(中国移动);中国邮政电话信息服务185调整至11185。此外,互联网电话拨号上网业务接入码163、165、169调整为16300、16500、16900、16901。179××统一作为IP电话类业务接入码,将原在此号段内的非IP电话类业务号码调整出来。无线寻呼号码126、127、128、129、191、192分别调整为95126、95127、95×××、95129、95191、95192,而198、199暂维持不变。

一些业已广泛使用的紧急业务号码,如匪警110、火警119、急救中心120、道路交通事故报警122、政府公务类号码如12315、12345及电话查号114等不变。

世贸组织在日内瓦总部召开扩大信息技术产品贸易委员会会议通过中国加入《信息技术协议》

全国人大常委会副委员长热地率全国人大代表团对瓦努阿图共和国进行友好访问

访问期间，热地分别与瓦总统巴尼、议长塔加、总理纳塔佩、副总理兼外长沃霍尔及反对党领袖吉米等官员进行了会见，并出席了中国援瓦农业学院项目的开工仪式。

热地是应瓦努阿图共和国议会的邀请，4月20日抵达瓦努阿图共和国，进行了为期5天的友好访问。

外交部发言人刘建超就中方邀请朝鲜和美国来华进行会谈发表谈话

刘建超表示，自去年10月以来，朝核问题再次突出，导致朝鲜半岛局势紧张，引起国际社会的广泛关注。为了推动朝核问题的和平解决，中方邀请朝鲜和美国来华进行北京会谈。

刘建超在例行记者招待会上说，北京会谈于4月23日起在钓鱼台国宾馆举行，外交部副部长王毅主持了开幕式，并代表中国政府对朝鲜和美国双方与会表示欢迎，中国外交部亚洲司司长傅莹、朝鲜外务省美国局副局长李根、美国助理国务卿凯利分别率领三国代表团与会。

他说，当天晚上，王毅副部长为朝鲜和美国代表团举行了欢迎宴会，各方在会上围绕当前朝鲜半岛核问题和半岛形势充分阐述了各自的立场，表达了相互关切，这有助于增进相互了解，也有助于寻求通过对话和平解决朝核问题的途径。

他说，朝鲜半岛核问题有着复杂的背景，解决起来需要一个过程和各方的不懈努力，我们希望有关各方继续显示诚意，发挥建设性作用。中方愿与国际社会一道继续为朝鲜半岛核问题纳入和平解决的轨道作出努力。

解放军总后勤部党委作出开展向姜素椿同志学习的决定

总后勤部党委要求军队全体医务工作者学习姜素椿的献身精神，为打赢这场防治“非典”的攻坚战作出贡献。

现年74岁的302医院传染病专家姜素椿，长期从事中枢神经、消化和呼吸等传染病的防治工作。今年3月，他不顾自己身体有病，积极参与抢救非典型肺炎患者，不幸被感染。他以无私无畏的精神，在自己身上大胆试验，注射康复“非典”患者的血清，仅23天就痊愈出院。

全国防治非典型肺炎指挥部在北京成立国务院副总理吴仪任总指挥

中共中央政治局常委、国务院总理温家宝在指挥部成立会上强调，成立全国防治非典型肺炎指挥部是党中央、国务院的重大决策，是加强非典型肺炎防治工作的重要组织保证。要加强领导，统一指挥，协调各方面力量，坚决打赢防治非典型肺炎这场硬仗。

中共中央政治局委员、国务院副总理、全国防治非典型肺炎指挥部总指挥吴仪主持会议并讲了话。国务委员兼国务院秘书长、全国防治非典型肺炎指挥部副总指挥华建敏出席会议。

温家宝要求，指挥部要扎扎实实做好10个方面的重要工作：一是做好防治工作，准确统计并及时公布疫情，针对疫情采取有效的防治措施，及时总结经验，提高防治效果；二是做好卫生检疫工作，加强对车站、机场、码头、出入境口岸和汽车、火车、飞机等重点部位流动人员的卫生检疫工作，采取果断措施，切断疫病传播途径；三是组织科技攻关，充分利用国内科研力量，积极开展国际交流与合作，尽快找到科学有效的防治方法；四是做好后勤保障工作，确保医药用品等各种物资和设备不断档、不涨价；五是把农村疫情的防治工作做在前面，摸清农村疫情，采取相应防治措施，对困难患者实行免费治疗，对城市农民工就地救治；六是加强学校的疫情防治工作，充分发挥党、团组织和教师的作用，关心师生身体健康，对患病学生要及时救治，维护学校的正常秩序；七是加强社会治安综合治理，坚决打击趁机造谣惑众、哄抬物价等各种违法犯罪活动，维护群众利益；八是大力宣传党中央和国务院的正确决策，宣传传染病防治法与防治知识，宣传防治工作中的先进人物和先进事迹，树立群众的信心；九是加强国际合作，加强与世界卫生组织的合作，加强与香港、澳门特别行政区和台湾地区的合作；十是把北京市防治工作作为全国的重中之重抓紧抓好。

吴仪对指挥部下一步工作作出了部署：一是各工作组要迅速行动起来，工作立即到位。抓紧制订详细周密的工作方案和切实有效的工作措施。二是严格工作责任，严肃工作纪律。要层层建立责任制，决不允许推诿扯皮、玩忽职守，否则要严肃追究有关领导和直接责任人的责任。三是密切配合，形成合力。指挥部各成员单位要树立全局意识和大局意识，以高度的政治责任感和历史使命感，团结协作，积极配合，相互支持、相互理解、相互补台，共同做好工作。要积极主动地帮助地方解决防治非典型肺炎工作中的实际问题。

全国防治非典型肺炎指挥部由党中央、国务院、军队系统和北京市的30多个部门和单位的人员组成，下设10个工作组和办公室，卫生部常务副部长高强为防治组组长、质检总局局长李长江为卫生检疫组组长、科技部部长徐冠华为科技攻关组组长、发展改革委主任马凯为后勤保障组组长、农业部副部长刘坚为农村组组长、中宣部常务副部长吉炳轩为宣传组组长、公安部常务副部长田期玉为社会治安组组长、外交部副部长戴秉国为外事组组长、教育部部长周济为教育组组长、北京市代市长王岐山为北京组组长、国务院副秘书长徐绍史为办公室主任。指挥部全体成员出席了会议。

“开展爱国卫生运动推动卫生防病工作”电视电话会议在北京召开

中共中央政治局委员、国务院副总理、全国爱国卫生运动委员会主任吴仪在会议上强调,各地区、各部门、各单位要把非典型肺炎防治工作作为当前的首要任务,结合实际,立即动员部署,迅速掀起春季爱国卫生运动的高潮,把群众宣传好、发动好、组织好、教育好、引导好,编织起一张全民防治非典型肺炎的网络,坚决控制疫病传播和蔓延,最终消除疫情。

吴仪强调,党中央、国务院对非典型肺炎防治工作高度重视,作出了一系列重大决策和部署。当前,各项工作要求已经明确,关键在于落实。党政军群各部门、社会各方面,所有基层单位以及每一个公民,都要以对自己、对家庭、对社会、对国家负责的态度,积极行动,互相配合,保证党和政府的决策落到实处。她要求各执法部门加强依法防治工作,严厉打击制假售假、囤积居奇、哄抬物价的不法分子,维护好市场秩序。对社会上散布的谣言,要进行揭露,以正视听,维护社会稳定。

电视电话会议由国务院副秘书长、全国爱国卫生运动委员会副主任徐绍史主持。全国爱国卫生运动委员会各位副主任及各成员单位有关负责同志等在北京主会场参加了会议。各省、自治区、直辖市人民政府、新疆生产建设兵团及其爱卫会的有关负责同志在各地分会场参加了会议。

卫生部发出规范传染性非典型肺炎疫情报告的紧急通知

通知要求,医疗卫生保健人员发现传染性非典型肺炎病人或疑似病人,必须立即以最快方式向当地疾病预防控制机构报告疫情。传染性非典型肺炎疫情实行日报告和“零”报告制度。卫生部决定自4月26日起将传染性非典型肺炎的报告管理工作纳入“国家疾病报告管理信息系统”。

全国总工会授予3个医疗单位和6名医务人员全国五一劳动奖状奖章

北京佑安医院、北京老年医院和广州医学院第一附属医院呼吸疾病研究所获全国五一劳动奖状,北京地坛医院二病区主任李兴旺、护士长贾双平,卫生部中日友好医院急诊科护士长刘荣玉,已殉职的广东省中医院护士长叶欣,中国工程院院士、广州呼吸疾病研究所所长钟南山,广东省疾病控制中心副主任林锦炎获全国五一劳动奖章。

4月25日

国家主席胡锦涛在钓鱼台国宾馆会见法国总理拉法兰

国务院总理温家宝在人民大会堂与法国总理拉法兰举行会谈

会谈结束后,两国总理出席了《中方购买30架空客飞机的总协议》、《四川白马电厂有关设备采购和技术转让合同》等3个协议的签字仪式。

全国人大常委会委员长吴邦国主持召开十届全国人大常委会第二次会议

针对当前我国一些地区非典型肺炎疫情严峻的形势,本次人大常委会会议调整原定的会议议程,专门听取国务院关于非典型肺炎防治工作的报告。

受温家宝总理的委托,国务院副总理吴仪代表国务院向全国人大常委会报告全国非典型肺炎防治工作的情况。

按照会议通过的议程,会议首先听取并审议公民身份证法草案、放射性污染防治法草案、港口法草案。全国人大法律委员会主任委员杨景宇就3个法律草案修改情况作了汇报。

根据十届全国人大一次会议通过的关于国务院机构改革方案的决定,国务院决定设立中国银监会。为保证金融监督管理工作的正常进行,国务院向全国人大常委会提交议案,建议在修改有关法律之前,由国务院决定银监会行使中国人民银行法、商业银行法和其他有关法律、行政法规规定原由中国人民银行行使的对银行、金融资产管理公司、信托投资公司及其他存款类金融机构的监督管理职权及相关职权。国务院法制办公室主任曹康泰就议案作说明。

会议听取并审议国务院关于提请审议批准中国和吉尔吉斯睦邻友好合作条约,中国和哈萨克斯坦睦邻友好合作条约,中国和哈萨克斯坦关于打击恐怖主义、分裂主义和极端主义的合作协定等3个议案。受国务院委托,外交部副部长刘吉昌就草案作了说明。

会议还听取并审议了委员长会议关于提请审议十届全国人大常委会代表资格审查委员会主任委员、副主任委员、委员名单草案的议案，听取并审议了全国人大代表团出席各国议会联盟第108届大会的书面工作报告等。

全国人大常委会副委员长王兆国、李铁映、司马义·艾买提、丁石孙、成思危、许嘉璐、蒋正华、顾秀莲、盛华仁、路甬祥、乌云其木格、韩启德、傅铁山出席会议。最高人民法院院长肖扬、最高人民检察院检察长贾春旺列席会议。

国务院副总理吴仪在十届全国人大常委会第二次会议上报告全国非典型肺炎防治工作情况

吴仪说，非典型肺炎防治工作是在党中央、国务院直接领导下进行的。党中央、国务院采取的一系列非典型肺炎防治措施，是非常及时、十分必要的，收到了积极成效。当前全国防治形势十分严峻。我们必须充分认识非典型肺炎防治工作的复杂性、艰巨性和反复性，依照《中华人民共和国传染病防治法》，集中力量做好防治非典型肺炎的各项工作。

吴仪说，国务院对非典型肺炎防治工作总的要求是：沉着应对，措施果断；依靠科学，有效防治；加强合作，完善机制。务必使发病人数逐步减少，治愈率不断提高，死亡率明显下降。当前，国务院采取了七项措施展开非典型肺炎防治工作：

一是加强领导，明确责任。国务院把非典型肺炎防治工作作为各级政府当前的重大任务，作为卫生工作的重中之重。国务院建立了工作机构和协调机制，成立了非典型肺炎防治工作领导小组；建立了非典型肺炎防治工作部际联席会议制度，及时协调解决有关问题。各地区也相应建立了防治工作领导机构和协调机制。国务院已派出3批督查组赴17个省、自治区、直辖市检查督促防治工作，成立了由有关领导同志任总指挥、副总指挥的全国防治非典型肺炎指挥部。

二是全面加强预防，控制疫情蔓延。国务院要求各地区、各部门立足于防大疫、抗反复，切实加强对疫情的预防和监测，做到早发现、早报告、早隔离、早治疗。采取了将非典型肺炎列为法定传染病、严格疫情报告制度、实行分类指导、突出抓好重点部位和重点环节的监控和防范、高度重视医务人员身体健康和安全保护、严防疫情向农村扩散、今年暂不实行“五一”长假制度、为在华外国人提供医疗协助8个方面的具体措施。

三是全力组织救治，努力提高治愈率。国务院要求，无论是发现还是尚未发现疫情的地区，都要按照卫生部制订的防治技术方案，积极做好防治工作。疫情严重的城市，普遍增加了定点医院，扩大专门病区，增强收治能力。疫情较轻或没有发生疫情的地区也确定了定点医院。有关部门重点开展了四个方面的工作：修订和补充相关治疗标准，及时指导各地救治工作，采取中西医结合等有效方法，积极探索和提高治疗效果；统一协调医务人员和医疗技术力量；组成防治非典型肺炎医药用品协调办公室；对农村患者实行免费收治，对城市困难群众中的患者实行医疗救助。

四是积极开展地区间和国际合作与交流，集中力量查找病原。卫生部门组织卫生、教育、科技以及军队系统各学科专家，成立非典型肺炎病原学研究联合攻关组，建立了非典型肺炎实验室研究网络，对相关结果、样本和实验信息及时进行交流，集中力量查找病因病原。目前，我国科学家在非典型肺炎快速检测技术和防治非典型肺炎药物的研究方面，已经取得了一定的进展。加强同世界卫生组织等国际组织的交流与合作。与香港、澳门特别行政区建立了非典型肺炎防治工作联系机制，通报内地有关情况并提供一些帮助。同时，积极探讨同台湾的技术交流与合作。

五是建立突发公共卫生事件应急处理机制。国务院决定建立国家应对突发公共卫生事件应急处理机制，通过建立全国公共卫生组织指挥体系，完善疾病监测、信息网络和实验室鉴别诊断网络，提高控制疫情的应急处理能力。为加快全国疾病预防控制基础设施建设，国务院决定在去年投入专项资金8亿元、今年已安排12亿元的基础上，再增加9亿元，支持中西部地区疾病预防控制机构建设，并要求东部地区安排自有财力建设疾病预防控制机构。通过中央和地方的共同努力，年内基本建成全国省、市(地)、县三级疾病预防控制网络。今年安排专项资金6亿元，支持中国疾病预防控制中心一期工程建设。

六是设立非典型肺炎专项基金。国务院决定，从预算总预备费中安排20亿元设立救治基金，主要用于农民和城镇困难群众中非典型肺炎患者的救治工作、中西部困难地区县级医院的应急改造和购置治疗非典型肺炎的医疗设备等。要求地方财政也安排专项资金，用于非典型肺炎的防治工作。

七是加强宣传教育和舆论工作。建立了疫情信息发布制度，从4月1日开始，每天向世界卫生组织报告疫情；从4月21日起，国内由五天向社会公布一次疫情改为每天公布。动员有关部门充分利用电视、报纸、网络等新闻传媒，积极开展卫生宣传和健康教育，普及卫生防病基本知识，以增强群众的防病意识，提高公众进行自我保护和参与疫情控制的能力。

吴仪说，从总体上看，经过有关地区、部门和广大医务人员的共同努力，非典型肺炎防治工作取得了明显成绩，特别是广大医务人员发扬救死扶伤的人道主义精神,赢得了全社会的赞誉。

吴仪还介绍了下一步非典型肺炎防治工作的部署:一是坚决按照中央的统一部署和要求,以对人民高度负责的精神,进一步加强领导;二是严格疫情报告制度;三是加强防疫工作督查;四是加强对中西部地区和农村地区的疫情防治工作的支持;五是加快疫病防治科技攻关;六是制定突发公共卫生事件应急处理行政法规;七是保障市场供应,维护社会稳定。

十届全国人大常委会第二次会议举行分组审议

参加会议的委员们审议了国务院副总理吴仪代表国务院所作的关于非典型肺炎防治工作的报告。全国人大常委会委员长吴邦国参加了小组审议。常委会组成人员表示,国务院向全国人大常委会作这个报告是适时的。报告全面、客观地通报了我国当前的疫情,以及国务院为预防、治疗和控制非典型肺炎所作的部署、采取的具体措施和取得的进展。大家认为,这个报告的内容是实事求是的,措施是切实有效的。

委员们表示,防治非典型肺炎是当前社会经济生活中的一个突出问题,关系到我国改革发展稳定的大局。全国人大常委会要全力支持国务院和地方各级政府为此开展的各项工作。

全国人大常委会委员长吴邦国主持十届全国人大常委会第一次法制讲座并发表重要讲话

吴邦国强调,要把学习放在突出的位置,努力提高自身素质和工作水平,更好地履行宪法和法律赋予的职责。

吴邦国指出,为了切实加强全国人大常委会的学习,九届全国人大常委会在李鹏同志的主持下,建立了法制讲座的学习制度。讲座的举办,对于常委会组成人员熟悉法律和人大工作,提高素质,特别是提高审议法律的质量,起到了积极的作用。十届全国人大常委会将发扬这一传统,承前启后,继续把法制讲座办好。

吴邦国还对做好全国人大的干部培训工作提出了要求。他说,要围绕培养造就一支政治坚定、业务精通、务实高效、作风过硬、团结协作、勤政廉洁的人大干部队伍的目标,加强领导,把干部培训工作作为一项重要的基础性工作,抓紧抓好,切实提高人大干部的整体素质。

讲座的主讲人是全国人大法律委员会主任委员杨景宇。他讲授的题目是《我国的立法体制、法律体系和立法原则》。

全国人大常委会副委员长王兆国、李铁映、司马义·艾买提、丁石孙、成思危、许嘉璐、顾秀莲、盛华仁、乌云其木格、韩启德以及全国人大常委会委员、全国人大专门委员会组成人员、省级人大常委会的部分负责同志、部分全国人大代表听取了讲座。

全国政协主席贾庆林主持召开政协第十届全国委员会第四次主席会议

会议传达学习胡锦涛总书记最近主持召开的中央政治局常委会议精神,要求各级政协组织和广大政协委员进一步行动起来,认真学习贯彻党中央、国务院关于加强非典型肺炎防治工作的一系列指示和部署,为非典型肺炎防治工作积极建言献策,协助党和政府做好群众工作,为打好同非典型肺炎疫情作斗争这场硬仗作出应有贡献。

会议认为,党中央对当前非典型肺炎防治工作形势的分析判断是完全正确的,对防治工作的指导和部署是非常及时的,采取的重大措施是十分必要的。大家一致表示,坚决拥护党中央的决策,完全赞同党中央采取的措施。与会同志向参与防治非典型肺炎工作的广大医务工作者和科技人员表示崇高敬意和衷心感谢。

贾庆林在会上发表讲话指出,人民政协拥有人才荟萃、智力密集的优势,各方面的专家学者特别是从事医药卫生工作的委员,要充分发挥自身的专业特长,为制定预防和治疗措施、健全和完善防控机制、有效遏制病情,积极出主意、想办法。政协委员和各界别群众联系广泛,要满腔热情地关心群众疾苦,宣传科学的防治知识,帮助群众排忧解难,保持正常的生产生活秩序。要密切关注和了解防治工作中出现的新情况和新问题,并及时准确地向政府和有关部门反映。

会议决定向全国政协委员发出积极协助党和政府进一步做好非典型肺炎防治工作的一封信。

会议还通过了全国政协主席会议工作规则、全国政协常委会2003年度工作要点、关于进一步改进全国政协会议和领导同志活动新闻报道的实施办法等。

全国政协秘书长郑万通和副秘书长王巨禄、李昌鉴分别就有关议题作了说明。

全国政协副主席王忠禹、廖晖、刘延东、阿沛·阿旺晋美、李贵鲜、张思卿、白立忱、罗豪才、张克辉、周铁农、陈奎元、阿不来提·阿不都热西提、徐匡迪、黄孟复、张怀西、李蒙出席会议。

国务院副总理黄菊在北京检查交通运输部门非典型肺炎防治工作

黄菊最近分别到民航总局、铁道部和交通部等部门检查工作,对交通运输部门非典型肺炎防治工作提出了要求。他说,飞机、火车、轮船、客运汽车等交通工具和机场、车站、码头等公共场所，是非典型肺炎易于传播的渠道。打好同非典型肺炎作斗争这场硬仗，交通运输部门担负着非常重要的责任。要加强领导，明确责任，采取果断有效措施，确保广大乘客和人民群众的身体健康。

黄菊强调，做好交通运输部门的非典型肺炎防治工作，一要进一步加强领导。主要负责同志一定要亲自抓、负总责，领导班子中要有专人抓，层层落实责任。对工作不力、造成疫情扩散蔓延的，要严肃处理。二要落实监控和防范措施。要按照卫生部、财政部、铁道部、交通部、民航总局联合发出的关于严防通过交通工具传播非典型肺炎的通知要求，对飞机、火车、轮船、客运汽车等交通工具和机场、车站、码头等公共场所严格消毒，做好卫生检疫，切断疫情传播渠道。发现病人和疑似病人，要就地隔离、观察和治疗，杜绝往返旅行造成的疫情扩散。三要重视做好一线职工身体健康和疫病防护工作。目前交通运输部门职工中已经发现非典型肺炎病例，要引起高度重视，加强预防疫病的保护措施，配备有效的防护设备。四要加强督促检查。交通运输部门的负责同志，要深入基层和防治工作第一线，督促和检查各项措施的落实，发现问题，及时解决。五要严格疫情报告制度。要及时准确地掌握和上报疫情，决不允许缓报、漏报和瞒报。否则，要严肃追究领导者和有关人员的责任。黄菊还要求，工业、金融部门也要按照中央的统一部署，切实做好本部门、本单位的非典型肺炎防治工作。

中共中央政治局常委李长春在北京主持召开中央新闻宣传部门负责人会议并作重要讲话

中共中央政治局委员、书记处书记、中宣部部长刘云山，国务委员陈至立出席会议。

李长春强调，宣传思想工作者要以防治非典型肺炎第一线的人们为榜样，大力弘扬在防治"非典"斗争中所体现出来的众志成城，团结奉献，科学求实，战胜困难，夺取胜利的伟大民族精神，大力宣传党中央国务院的决策部署，大力宣传各级党委政府和方方面面在党中央领导下团结一心，努力实践"三个代表"，认真贯彻落实中央精神的实际行动，大力宣传各条战线，特别是卫生战线无私奉献，勇于拼搏，救死扶伤的崇高精神。党的领导、民族精神是我们的政治优势，再加以科学求实，广大科技人员勇于拼搏，攻克科技难关，没有战胜不了的困难。

李长春要求，要按照"三贴近"的要求，增强宣传思想工作的针对性、实效性。要及时报道防治工作的进展，引导群众增强战胜疫情的信心。思想政治教育要紧紧围绕防治非典型肺炎斗争的实际，关心人，爱护人，引导人。群众性精神文明创建活动要围绕防治非典型肺炎的斗争，开展健康教育，普及卫生知识，推动全民健身，促进卫生保健事业的发展。

李长春强调，我们要站在全局的高度正确处理好宣传经济发展与防治非典型肺炎斗争的关系，按照胡锦涛总书记提出的宁可把困难估计的更严重一些，把解决问题的措施想得更充分一些，把各项工作做得更扎实一些的要求，引导广大干部群众紧密团结在以胡锦涛同志为总书记的党中央周围，倍加顾全大局，倍加珍视团结，倍加维护稳定，紧紧抓住执政兴国这个第一要务，为确保今年各项任务顺利完成，确保防治非典型肺炎斗争的胜利，提供强大的精神动力和思想保证。

中央新闻宣传部门主要负责同志出席了今天的会议。

国务院任免国家工作人员

任命沈跃跃(女)兼人事部副部长，王晓初为人事部副部长；免去舒惠国的人事部副部长职务。

中央纪委常委会决定给予贵州省委原书记省人大常委会原主任刘方仁开除党籍处分

经中共中央批准，中央纪律检查委员会对贵州省委原书记、省人大常委会原主任刘方仁严重违纪问题进行了审查。

现已查明，刘方仁在担任省委书记期间，先后帮助贵州某集团公司总经理和一企业主贷款、开发房地产、承揽工程，事后共收受贿赂人民币161万元、1.99万美元；收受某外商所送名贵手表一对；长期与一有夫之妇保持不正当两性关系。

刘方仁身为高级领导干部，利用职权为他人谋利，收受贿赂和贵重物品，道德败坏，其行为已构成严重违纪。根据《中国共产党纪律处分条例(试行)》有关规定，经中共中央批准，中央纪委常委会决定，给予刘方仁开除党籍处分；鉴于其收受贿赂行为已涉嫌犯罪，将其移送司法机关依法处理。

中朝美朝核问题北京会谈在钓鱼台国宾馆闭幕

外交部部长李肇星、副部长王毅与三方代表团团长在一起亲切交谈。李肇星说，这次北京会谈是一个好的开端，受到国际社会的关注和欢迎。希望各方为和平解决朝核问题继续努力。朝美双方对此表示赞同，并认为，在会谈中各方阐明了立场，充分交换了意见，增进了相互了解。

三方团长把手握在一起，北京会谈至此结束。各方同意，通过外交渠道，就继续会谈进程保持联系。

闭幕前,李肇星还分别会见了美国代表团团长、助理国务卿凯利和朝鲜代表团团长、朝鲜外务省美国局副局长李根。

李肇星说,朝鲜核问题十分复杂敏感。但事在人为。当务之急是从维护朝鲜半岛的和平与稳定、实现半岛无核化的大局出发,坚持以和谈方式解决问题。这是唯一对各方都有利的选择。

李肇星说,在讨论重大问题时,出现分歧并不奇怪,关键要重视实质内容,而不必拘泥于形式。既要关注对方的言辞和声明,更应重视其行动。最终目标是服务于有关国家人民的长远利益。

朝方和美方团长高度评价中方提议举办北京会谈,对中方的周到安排表示感谢。

商务部部长吕福源在北京与法国外贸部长级代表弗朗索瓦·洛斯率领的经贸代表团举行会谈

纪念邓兆祥诞辰100周年座谈会在全国政协礼堂举行

纪念著名爱国主义者、中国共产党的优秀党员、中国人民解放军优秀领导干部邓兆祥同志诞辰100周年座谈会在全国政协礼堂举行。中共中央政治局常委、全国政协主席贾庆林出席座谈会。

邓兆祥先后在北洋政府海军、东北海军、国民政府海军任职,经历了北伐战争、抗日战争和解放战争。1949年2月,在中国共产党的感召下,时任"重庆"号巡洋舰舰长的邓兆祥顺应时势,率全舰官兵在上海吴淞口起义,受到毛泽东主席、朱德总司令的电报嘉勉。新中国成立后,邓兆祥历任海军青岛基地司令部副参谋长、基地副司令员、北海舰队副司令员、海军副司令员等重要领导职务。邓兆祥是第一、二、三届国防委员会委员,1955年被授予少将军衔,并获一级解放勋章。1965年7月加入中国共产党。邓兆祥是中国人民政治协商会议第一届全国委员会委员,第一、二、三、四届全国人民代表大会代表,第五届全国人大常委会委员,政协第六、七、八届全国委员会副主席。

全国政协副主席、中共中央统战部部长刘延东在座谈会上讲话。她说,邓兆祥同志生逢中国最后一个封建王朝被推翻后的大变革时代,亲身经历了旧中国的衰朽没落和新中国社会主义事业的发展,深刻认识到只有社会主义才能救中国,只有中国共产党才能领导中国的革命和建设事业。我们纪念邓兆祥同志,就是要深切缅怀他为中国革命、建设和改革事业,为巩固发展爱国统一战线,为人民海军的现代化、正规化建设作出重要贡献的业绩;学习他热爱祖国、热爱人民、热爱中国共产党、热爱社会主义,学习他生命不息、奋斗不止的精神,从而牢固树立社会主义坚定信念和共产主义远大理想,更加紧密地团结在以胡锦涛同志为总书记的中共中央周围,为建设中国特色社会主义事业,为实现统一祖国、振兴中华的伟大目标努力奋斗。

座谈会由全国政协副主席王忠禹主持。海军司令员石云生,邓兆祥生前友好代表、海军大连舰艇学院原副院长王颐桢,邓兆祥之子邓汝棣先后在座谈会上发言。

南京军区上海举行纪念"南京路上好八连"命名40周年大会

国办发出《关于动员北京等地高等学校学生农民工就地学习务工的紧急通知》

各省、自治区、直辖市人民政府,国务院各部委、各直属机构:

近期,北京、山西、内蒙古等省(区、市)非典型肺炎疫情存在扩散和蔓延趋势。为切断非典型肺炎传播途径,有效控制疫情,保障人民群众的身体健康,根据《中华人民共和国传染病防治法》和有关规定,现就动员北京等地高等学校学生、农民工就地学习务工的有关问题通知如下:

一、北京等发病人数较多地区的高等学校要调整教学和学习方式,加强对疫情的监控和防治,避免疫情扩散。要发挥学校党团组织的作用,依靠教师和学生干部做好学生的思想工作,动员学生在校学习和生活,对准备离校的学生要予以劝阻,保持正常的教学和生活秩序,保持学校稳定。

二、北京等大中城市的用工单位要对当地务工人员负起责任,一旦发现患者,必须及时就地收治,不得推回原籍和推向社会,更不得大范围疏散民工。对个别因故返乡的民工,要事先进行健康检查,并及时通知原籍地有关部门。对已返乡的农民工,原籍地政府要跟踪了解健康情况。

三、加强对人员流动过程中重点部位和环节的检疫防治工作。对飞机、火车、轮船、长途客运汽车、公共汽车等交通工具,以及机场、车站、码头、口岸等重点部位要做好消毒、检疫工作。在始发地、中转站和目的地等环节,要对流动人员进行检疫,发现患者要就地隔离、治疗。

国务院办公厅

2003年4月25日

北京市新闻发言人蔡赴朝举行新闻发布会介绍非典型肺炎防治情况

蔡赴朝就当前社会上关于北京防治非典型肺炎工

作的一些传闻,集中进行了澄清与说明。据了解,北京将每周两次定期举行新闻发布会。

货源完全能够满足市民需求

蔡赴朝表示,北京货源丝毫没有问题,完全能够满足市民需求。消毒液、口罩等出现暂时脱销,是因为这些商品是按照正常状态准备的库存,面对突如其来的疫情,一时间不能及时供应也是正常的。

他说,市商业系统等正增强运力,保证市场供应,并将进一步改进服务和供应方式。同时,全国各地的蔬菜也正源源不断地进入京城。北京市已迅速采取应急措施,生产消毒液、口罩的企业也在日夜加班生产。

转院诊治有利于有效治疗

蔡赴朝说,当前,有个别人说北京市转移病人是为了隐瞒疫情,这是一种不了解情况并且很不负责的说法。对收治病人实行转院诊治,是对病人实行有效的治疗,同时也是切断传染链的重要措施。

北京市卫生局副局长郭积勇介绍说,北京定点医院已由原来的3所扩大到6所,并且还在进一步增加。

绝大部分市民对政府措施满意

不久前,中央调整了卫生部和北京市政府主要领导,有人因此对公众与政府的信任关系产生揣测。蔡赴朝说,中央是从全国和首都大局作出的决策,得到了北京市委、市政府领导班子全体成员的坚决拥护。目前,大家正在夜以继日地工作。他介绍说,几天以前,北京市统计局对1500户居民进行了抽样调查,结果显示,78%的人认为政府的措施得当,74%的人认为政府的措施令人满意。北京1300万市民不存在对政府缺乏信任的问题。

当前北京集中精力抗击"非典"

蔡赴朝表示,当前北京市集中精力考虑的是抗击"非典",保护人民的身体健康。我们现在的基本方针是以经济建设为中心,但经济建设如果与人的健康和生命安全相比,就要退居次要位置。突如其来的疫情确实给北京的社会经济发展带来了严重影响,北京已宣布"科博会"推迟举办。北京其他一些重要会议、展览、旅游文化交流活动都被推迟或者取消。这是我们不希望看到的,但必须正视现实。

黑龙江小兴安岭发生森林火灾

火灾发生在伊春市境内乌伊岭林业局阿廷河林场,大火烧入林场场部和附近宝山乡,241户民房被烧毁。由于事先制定了防火预案,及时转移居民,没有发生人员伤亡。经过1.1万余名森警官兵、专业扑火队员和林业干部职工7个昼夜顽强艰苦扑救,到5月2日,火场明火全部扑灭。

4月26日

国家主席胡锦涛就非典型肺炎防治及朝核问题与美国总统布什通电话

布什首先高度评价了中国政府在防治非典型肺炎方面所做的非同寻常的工作,并表示美方愿提供一切可能的支持和帮助。

胡锦涛表示,非典型肺炎疾病是人类的共同敌人。我们愿与国际社会加强合作。中国政府有信心也有能力,经过艰苦的努力,有效控制并战胜这一疾病。

布什谈了他对朝核问题北京会谈的看法,并感谢中方为此所做的积极努力。他还表示赞同继续这一进程,通过外交途径解决朝核问题。

胡锦涛说,北京会谈为和平解决朝核问题开了个好头。中方认为,半岛无核化有利于地区的和平与稳定,符合各方的利益。同时,朝方的安全关切也应得到解决。胡锦涛指出,朝核问题错综复杂,但只要各方都有诚意,坚持对话与协商,总能找到解决问题的办法。中方将继续为推动朝核问题的和平解决作出自己的努力。

中央军委主席江泽民在上海会见印度国防部部长费尔南德斯

江泽民积极评价了两国关系,并向费尔南德斯介绍了中国开展非典型肺炎防治工作的有关情况。

费尔南德斯向江泽民转达了印度总统卡拉姆和总理瓦杰帕伊的亲切问候。他说,历史和文化把印中两国联系在一起,印度高度重视两国关系,近年来双边经贸合作发展势头迅猛。两军的交往也在向多层次和宽领域的方向顺利发展。

他说,印方认为,两国发展经贸关系和两军建立互信是两国关系中的重要的组成部分。他表示相信,印度总理瓦杰帕伊今年将对中国进行的访问必将进一步促进两国关系的发展。

十届全国人大常委会第二次会议闭会

全国人大常委会委员长吴邦国主持会议。

会议表决通过了关于卫生部部长决定任免的名单,国家主席胡锦涛签署第3号主席令,根据全国人大常委会的这一决定,免去张文康的卫生部部长职务,任命吴仪为卫生部部长(兼)。

会议经过表决,通过全国人大常委会关于中国银行业监督管理委员会履行原由中国人民银行履行的监督管理职责的决定。

会议分别表决通过了全国人大常委会关于批准中国和吉尔吉斯共和国睦邻友好合作条约,中国和哈萨克斯坦共和国睦邻友好合作条约,中国和哈萨克斯坦共和国关于打击恐怖主义、分裂主义和极端主义的合作协定的决定。

会议表决通过了十届全国人大常委会代表资格审查委员会主任委员、副主任委员、委员名单,通过了其他任免名单。

完成各项议程后,吴邦国就人大立法、监督工作的指导思想和原则等问题发表了讲话。吴邦国说,做好立法工作是全国人大及其常委会的首要任务。针对争取在本届人大任期内基本形成中国特色社会主义法律体系的立法任务,他指出,中国特色社会主义法律体系是以宪法为统帅,法律为主干,包括行政法规、地方性法规、自治条例和单行条例等规范性文件在内的由七个法律部门、三个层次的法律规范组成的统一整体。这个法律体系是动态的、开放的、发展的,而不是静止的、封闭的、一成不变的。我们的法律体系要体现与时俱进的精神,处理好稳定性与变动性、前瞻性与阶段性的关系。即使到2010年中国特色社会主义法律体系形成之后,也还要根据我国经济、政治、社会发展的需要不断进行调整和完善。

吴邦国指出,为了在本届人大任期内基本形成中国特色社会主义法律体系,要制定好五年的立法规划,同时还要制订今年的立法计划。

吴邦国说,全国人大常委会的监督工作,主要是法律监督和工作监督。做好人大的监督工作,总的指导思想是少而精、讲实效。无论是执法检查还是听取专题工作报告,都要着重抓两头:一头是抓关系改革发展稳定全局的重大问题;另一头是抓同老百姓切身利益密切相关的热点、难点问题。比如传染病防治问题、再就业问题、学校乱收费问题、看病难问题、农民负担重问题等。

在谈到调查研究工作时,吴邦国指出,要把大力加强调查研究,作为理论联系实际、加强和改进全国人大常委会及其机关作风建设的一个重要方面,要紧紧围绕人大立法、监督工作的重点来进行,贯彻少而精的原则,增强调查研究工作的针对性和时效性。

全国人大常委会副委员长王兆国、李铁映、司马义·艾买提、丁石孙、成思危、许嘉璐、蒋正华、顾秀莲、盛华仁、路甬祥、乌云其木格、韩启德、傅铁山出席会议。国务院副总理回良玉、最高人民法院院长肖扬、最高人民检察院检察长贾春旺列席会议。

国家主席胡锦涛签署第3号主席令

根据中华人民共和国第十届全国人民代表大会常务委员会第二次会议于2003年4月26日的决定:免去张文康的卫生部部长职务;任命吴仪(女)为卫生部部长(兼)。

中华人民共和国主席　胡锦涛

2003年4月26日

全国人民代表大会常务委员会关于批准《中华人民共和国和吉尔吉斯共和国睦邻友好合作条约》的决定

(2003年4月26日通过)

第十届全国人民代表大会常务委员会第二次会议决定:批准国家主席江泽民代表中华人民共和国于2002年6月24日在北京签署的《中华人民共和国和吉尔吉斯共和国睦邻友好合作条约》。

全国人民代表大会常务委员会关于批准《中华人民共和国和哈萨克斯坦共和国睦邻友好合作条约》的决定

(2003年4月26日通过)

第十届全国人民代表大会常务委员会第二次会议决定:批准国家主席江泽民代表中华人民共和国于2002年12月23日在北京签署的《中华人民共和国和哈萨克斯坦共和国睦邻友好合作条约》。

全国人民代表大会常务委员会关于批准《中华人民共和国和哈萨克斯坦共和国关于打击恐怖主义、分裂主义和极端主义的合作协定》的决定

(2003年4月26日通过)

第十届全国人民代表大会常务委员会第二次会议决定:批准外交部部长唐家璇代表中华人民共和国于2002年12月23日在北京签署的《中华人民共和国和哈萨克斯坦共和国关于打击恐怖主义、分裂主义和极端主义的合作协定》。

全国人民代表大会常务委员会关于中国银行业监督管理委员会履行原由中国人民银行履行的监督管理职责的决定

(2003年4月26日第十届全国人民代表大会常务委员会第二次会议通过)

第十届全国人民代表大会常务委员会第二次会议审议了《国务院关于提请审议中国银行业监督管理委员会行使原由中国人民银行行使的监督管理职权的议案》。根据第十届全国人民代表大会第一次会议决定批准的国务院机构改革方案,为了使中国银行业监督管理委员会依法履行监督管理职责,特作如下决定:

一、由国务院依照现行《中华人民共和国中国人民银行法》、《中华人民共和国商业银行法》和其他有关法律的规定,确定中国银行业监督管理委员会履行原由中国人民银行履行的审批、监督管理银行、金融资产管理公司、信托投资公司及其他存款类金融机构等的职责及相关职责。

二、由国务院抓紧提出修改《中华人民共和国中国人民银行法》和《中华人民共和国商业银行法》以及其他有关法律的议案，提请全国人民代表大会常务委员会审议。本决定自公布之日起施行。

第十届全国人民代表大会常务委员会代表资格审查委员会主任委员、副主任委员、委员名单

（2003 年 4 月 26 日第十届全国人民代表大会常务委员会第二次会议通过）

主任委员

何椿霖

副主任委员

胡光宝　孙晓群　王立平(满族)

委　员(按姓氏笔画排序)

王维城　朱相远　华福周(女)　李明豫(女)

杨国庆　图道多吉(藏族)　周玉清　陶伯钧

全国人民代表大会常务委员会任免名单

（2003 年 4 月 26 日第十届全国人民代表大会常务委员会第二次会议通过）

一、免去何晔晖(女)的最高人民检察院检察委员会委员、检察员职务。

二、免去张德章、荣礼瑾(女)、蔡子玉的最高人民检察院检察员职务。

三、免去石吉洲的中国人民解放军军事检察院检察长职务。

四、任命高来夫为中国人民解放军军事检察院检察长。

全国人民代表大会常务委员会任免名单

（2003 年 4 月 26 日第十届全国人民代表大会常务委员会第二次会议通过）

一、免去李国光的最高人民法院副院长、审判委员会委员职务。

二、免去祝铭山的最高人民法院审判委员会委员职务。

三、免去黄松有的最高人民法院民事审判第一庭庭长职务。

四、免去江必新的最高人民法院行政审判庭庭长职务。

五、免去刘会生、张章(女)、岳志强的最高人民法院审判员职务。

六、任命王秀红(女)为最高人民法院审判委员会委员、行政审判庭庭长。

七、任命孙华璞为最高人民法院民事审判第一庭庭长。

八、任命杜万华为最高人民法院民事审判第一庭副庭长。

九、任命刘新魁、杨世伟为最高人民法院审判员。

国办发出《关于国务院关税税则委员会主要职责和调整组成人员的通知》

各省、自治区、直辖市人民政府，国务院各部委、各直属机构：

国务院关税税则委员会为国务院的议事协调机构，其主要职责是：审定调整海关关税税率、年度暂定税率、关税配额税率、特别关税(包括反倾销税和反补贴税)税率和修订进出口税则税目、税号的方案；批准有关国家适用税则优惠税率的方案；审议上报国务院的重大关税政策和对外关税谈判方案；提出拟订和修订《中华人民共和国进出口关税条例》的方针和原则，并对其修订草案进行审议。

根据人员变动情况和工作需要，国务院决定对国务院关税税则委员会组成人员进行相应调整。现将调整后的名单通知如下：

主　任：金人庆(财政部部长)

副主任：楼继伟(财政部副部长)

尤　权(国务院副秘书长)

龚　正(海关总署副署长)

于广洲(商务部副部长)

委　员：(略)

国务院关税税则委员会办公室设在财政部，办公室主任由财政部税政司司长朱振民兼任。

今后，如国务院关税税则委员会成员需作调整，由成员单位提出意见，由国务院关税税则委员会主任审批。

国务院办公厅

2003 年 4 月 26 日

国办发出《关于调整国家履行〈禁止化学武器公约〉工作领导小组组成人员的通知》

各省、自治区、直辖市人民政府，国务院各部委、各直属机构：

根据《国务院关于议事协调机构和临时机构设置的通知》(国发〔2003〕10 号)以及人员变动情况和工作需要，国务院决定对国家履行《禁止化学武器公约》工作领导小组的组成人员进行相应调整。现将调整后的名单通知如下：

组　长：黄　菊(国务院副总理)

副组长：马　凯（发展改革委主任）

尤　权（国务院副秘书长）

周文重（外交部副部长）

熊光楷（副总参谋长）

成　员：（略）

国家履行《禁止化学武器公约》工作领导小组的具体工作由发展改革委承担。

国务院办公厅

2003年4月26日

国务委员唐家璇在《人民日报》发表文章《两岸同胞团结起来，共同推进中华民族的伟大复兴》

4月27日是汪辜会谈10周年的日子。回顾历史、总结经验，促进在一个中国原则基础上恢复两岸对话与谈判，对于推动当前两岸关系向着和平统一方向发展，具有重要的现实意义。

10年前举行的汪辜会谈，是两岸关系发展史上的重大事件。它标志着海峡两岸关系迈出了历史性的重要一步。这次会谈，首次实现了40多年来两岸受权民间团体的高层会晤，充分体现了两岸同属一个中国的客观事实，集中反映了两岸同胞要接触、要交流、要合作的强烈民族情感和民族认同。这次会谈及其成果，有力地推动了两岸人员往来和经贸文化交流的发展，成功地树立了在一个中国原则基础上进行两岸平等协商的范例，生动地说明了海峡两岸中国人完全可以在一个中国原则的基础上找到双方平等谈判的适当方式，使得和平谈判得到两岸同胞的认同和支持。汪辜会谈的启示是，两岸之间不管有多大政治分歧，有多少历史恩怨，只要信守一个中国原则，就可以平等谈判，求同存异，累积共识，共同寻求消除分歧、解决问题的良策，携手推进两岸关系的发展。

10年来，两岸关系取得了进展，经历了曲折，无论形势如何变化，我们始终坚持在一个中国原则基础上推动两岸和平谈判。我们的努力持之以恒、从未间断。汪辜会谈后，我们授权海协倡议举行第二次汪辜会谈，并取得了进展。令人遗憾的是，李登辉访美进行制造“两个中国”的分裂活动，使两会原本商定的第二次汪辜会谈被迫中断。我们党的十五大再次郑重呼吁先进行“在一个中国原则下，正式结束两岸敌对状态”的谈判，希望台湾当局及早与我们进行政治谈判。此后，海协邀请辜振甫先生率团来访，实现了汪辜会晤，拉开了两岸政治对话的序幕，达成了包括进行政治、经济等方面对话的四项共识。两会随后就汪道涵会长访问台湾作了安排，原则商定继续进行政治、经济等多方面的对话。这一意义深远的进展，再次被李登辉公然抛出“两国论”的分裂主张所破坏。2000年3月台湾政局发生重大变化后，我们仍然多次表示只要台湾当局明确承认一个中国原则，两岸对话与谈判即可恢复。但是，台湾当局领导人不仅不承认一个中国原则、否定“九二共识”，而且公然抛出“一边一国”的分裂主张，致使两岸对话与谈判至今无法恢复。

为早日打破两岸政治僵局、开启两岸关系新局面，我们党的十六大充分展现了继续推动两岸对话与谈判的诚意，提出了新主张、新倡议，呼吁在一个中国原则基础上，暂时搁置某些政治争议，尽早恢复两岸对话和谈判；提出了“在一个中国前提下什么问题都可以谈”的三个重大议题。第一，可以谈正式结束两岸敌对状态问题。这是全面发展两岸关系的必经之路，可以为两岸同胞正常交往创造一个良好、安全的环境，满足台湾同胞求和平、求安定、求发展的愿望，并且为双方共同规划两岸关系发展前景创造新的条件。第二，可以谈台湾地区在国际上与其身份相适应的经济文化社会活动空间问题。凡是涉及台湾同胞对外交往中的切身利益问题，都可通过平等协商，积极寻求解决办法，作出适当安排，以增进台湾同胞的福祉，使台湾同胞与大陆同胞共享伟大祖国在国际上的尊严与荣誉。第三，可以谈台湾当局的政治地位问题。只要双方以诚相待，尊重历史、尊重现实，就可能在一个中国的框架内找到共识。我们的主张充分表明，只要双方在一个中国原则基础上谈起来，议题是开放的，谈判空间是广阔的，即使是敏感的政治问题也都可以充分讨论。

10年来，我们党和政府坚持“和平统一、一国两制”的基本方针，贯彻江泽民同志提出的关于现阶段发展两岸关系、推进祖国和平统一进程的八项主张，经受复杂形势的考验，排除各种困难，不断推动两岸关系发展、促进祖国和平统一进程。我们深入贯彻“寄希望于台湾人民”的方针，采取一系列积极务实的措施，有力地推动了两岸经济合作和交流交往的发展，密切了两岸同胞的民族情感，促进了两岸直接“三通”形势的发展。我们旗帜鲜明地坚持一个中国原则，深入开展反对“台独”等分裂图谋的斗争，坚持遏制台湾当局在国际上的分裂活动，反对外国势力干涉台湾问题，巩固了国际社会普遍承认一个中国的大框架，维护了两岸关系大局的稳定。实践证明，任何有利于两岸关系发展、有利于和平统一的努力，都是顺应潮流、合乎民心的；任何违背两岸同胞根本利益的分裂活动和阻碍两岸关系发展的图谋，都是不得人心、不会得逞的。

实现中华民族的伟大复兴，是近代以来中国人民梦寐以求的奋斗目标。中国共产党肩负着实现中华民族伟大复兴的庄严使命，开辟了中华民族伟大复兴的新征程。今天，祖国大陆已经进入全面建设小康社会、加快推进社会主义现代化的新阶段，到处呈现着发展和进步的蓬勃景象，展现出强大的生机与活力。中华民族的伟大复兴已经显现出辉煌的前景。国家的统一，是中华民族振兴和强盛的重要保证。分裂则衰，统一则兴。这是历史和现实告诉我们的一条颠扑不破的真理。振兴中华，必须依靠全民族的团结合作与长期奋斗。海峡两岸中国人，都应该着眼于中华民族的伟大复兴，以维护国家统一、实现民族振兴为己任，认真思考加速发展两岸关系、早日完成祖国统一大业这一重大的历史和时代命题。

在两岸关系发展的重要时期，江泽民同志在十六大报告中宣示了对台工作的指导思想和总体要求，胡锦涛总书记发表了做好新形势下对台工作的四点意见。我们要以邓小平理论和“三个代表”重要思想为指导，在以胡锦涛同志为总书记的党中央领导下，全面贯彻落实十六大精神，继续坚持“和平统一、一国两制”的基本方针和江泽民同志的八项主张，一如既往地推进两岸关系发展与祖国和平统一的进程。

坚持一个中国原则，是发展两岸关系和实现和平统一的基础。我们提出世界上只有一个中国、大陆和台湾同属一个中国、中国的主权和领土完整不容分割，正如胡锦涛总书记所指出的，这是要表明，“中国是两岸同胞的中国，是我们共同的家园”。同时，这也展现了我们推进两岸对话与谈判的诚意。一个中国原则具有不可动摇的事实和法理基础。它不是我们单方面预设的前提条件，也见之于台湾当局多年来的有关规定和政策文件。在一个中国原则基础上，双方交流、互访、谈判，努力实现合作双赢，符合两岸同胞的愿望，也是历史发展的必然趋势。一切有利于发展两岸关系、促进祖国统一进程的主张和努力，我们都欢迎、支持；一切阻碍两岸关系发展、破坏祖国和平统一进程的图谋，我们都坚决反对。

当前，两岸直接“三通”已经出现新的形势。两岸“三通”是经济问题。当前应当通过两岸民间组织进行平等协商，协商中可以不涉及一个中国的政治含义，当然也不能把“三通”说成是“国与国”之间的事情。应以这种灵活务实、简单易行的办法先谈起来，尽早通起来。这既可为实现两岸经济交流与合作拓展更广阔的空间，又可增进互信，累积共识，为今后的对话与谈判创造条件与氛围。

在推进祖国统一大业、实现中华民族伟大复兴的进程中，我们将坚定不移地深入贯彻“寄希望于台湾人民”的方针。我们以最大的诚意、尽最大的努力，争取和平统一的前景，要最大限度地维护台湾同胞的根本利益。在这个世界上，没有谁比我们更希望以和平的方式解决台湾问题。但是，台湾分裂势力一直没有停止“台独”分裂活动，对和平统一的前景构成严重的威胁。当前，这股分裂势力正在进行所谓以公民投票方式改变台湾地位的分裂活动。我们尊重台湾同胞的民主权利。我们注意到，广大台湾同胞对这一分裂行径是不赞成的。

我们相信，广大台湾同胞将与我们一道共同制止“公投台独”的分裂行径，共同维护台湾社会和两岸关系的稳定。我们主张按照“一国两制”的构想实现统一，就是要照顾各方利益，充分尊重台湾同胞的生活方式和当家做主的愿望。我们将一如既往地与主张发展两岸关系、反对“台独”的台湾各党派团体和各界人士加强交流与对话。只要不是顽固坚持“台独”的人，我们都愿意与之接触，交换意见。凡是有利于台湾同胞的事，凡是有利于祖国统一的事，凡是有利于中华民族伟大复兴的事，我们都将积极支持、大力推动、努力实现。

中华民族有着维护祖国统一的光荣传统，这是我们中国人千百年来历经磨难而一脉相承的强大力量。两岸同胞团结起来，高举爱国主义的伟大旗帜，同心同德，努力奋斗，为实现祖国的完全统一和中华民族的伟大复兴，作出新的历史性贡献。

国台办主任陈云林在《人民日报》发表文章《积极促进两岸对话与谈判，开创两岸关系发展新局面》

海协会会长汪道涵在《人民日报》发表文章《两岸对话与谈判是和平解决问题的唯一途径》

中国选手在奥地利举行的第十二届世界航海模型(帆船项目)锦标赛中囊括F5—E级比赛中金银铜牌

来自河南的王郑以20.1分的优异成绩夺得冠军，梁勇获得银牌，获得第三名的是林义宁。

国务院总理温家宝在北京考察非典型肺炎防治工作

中共中央政治局委员、国务院副总理吴仪，国务委员陈至立一起参加了考察。

温家宝一行先后来到北京财富中心一期工程施工现场、物美大卖场惠新西街店、安苑北里小区和北京大学考察防疫情况。所到之处，温家宝与建筑工人、商场顾客、社区居民和北大学生亲切交谈，详细了解他们采取的防疫措施，以及生产、生活和学习情况。温家宝就加强外来民工防治“非典”的工作、切实保障商品供应以及居民社区的防疫工作作了指示。

在北京大学，温家宝看望了中外师生并与同学们一起用餐。他说，当前我们一方面要打好防治非典型肺炎的攻坚战，一方面要继续推进改革开放和现代化建设。在重大疫情面前,大家要同舟共济,共渡难关。我们中华民族历经种种磨难,铸就了愈挫愈奋、坚忍顽强、敢于胜利的伟大民族精神。相信经历这场与非典型肺炎斗争的考验,我们的民族团结和凝聚力会更加增强,我们的国家将更加大踏步地前进。

中宣部发出通知要求切实加强防治“非典”宣传思想工作

通知强调,宣传思想战线要按照党中央的要求,坚持以“三个代表”重要思想和党的十六大精神为指导,在全社会大力宣传和倡导在防治非典型肺炎斗争中所体现出来的伟大民族精神,大力宣传党中央、国务院采取的一系列重大措施,大力宣传《传染病防治法》,大力宣传防治工作第一线特别是广大医护人员的感人事迹和奉献精神,实事求是地报道疫情,为防治非典型肺炎斗争提供强大精神动力、思想保证和舆论支持。

通知要求,深入开展精神文明创建活动,广泛发动群众开展全民爱国卫生运动,要积极普及与防治非典型肺炎相关的科学知识,广泛开展形式多样的送温暖、献爱心活动,帮助困难群体解决生产生活中的实际问题。

通知强调,宣传思想战线要站在防治非典型肺炎斗争的前列,出色完成党和人民交给的光荣任务。广大新闻工作者要深入基层、深入群众,充分反映干部群众防治非典型肺炎斗争的生动实践,以满腔的热情、扎实的工作和优异的成绩,向党和人民交出一份合格的答卷。

国务院决定派出第四批非典型肺炎防治工作督查组

第四批工作督查组的任务是督查、指导发病人数较少和没有发生疫情的部分省、自治区、直辖市做好非典型肺炎防治工作。

中共中央政治局委员、国务院副总理、全国防治非典型肺炎指挥部总指挥吴仪主持召开督查组全体人员会议并作动员讲话。她首先传达了温家宝总理4月21日对非典型肺炎防治督查工作的重要批示精神,要求督查组全体人员认真学习、领会党中央、国务院有关精神和温家宝总理的指示,本着对党、对人民、对社会高度负责的态度,增强责任感,深入实际,深入基层,不辱使命,不负重托,督促、协助地方做好非典型肺炎防治工作。

吴仪强调,非典型肺炎防治是当前工作的重中之重。没有疫情的地区,要细化工作预案,层层设防,坚决防止疫病传入。要明确一把手责任制,对于工作不力、玩忽职守者,要严肃处理,决不姑息。

截至目前,除西藏自治区外,国务院已向内地所有省(自治区、直辖市)派出督查组。第四批督查组将于4月27日分赴天津、河北、黑龙江、上海、江苏、安徽、江西、山东、广西、海南、贵州、云南、青海等13个省(自治区、直辖市)开展督查工作。

卫生部发出《关于追授叶欣等三位同志“人民健康好卫士”荣誉称号的决定》

各省、自治区、直辖市卫生厅(局),部直属单位:

在抗击非典型肺炎斗争中,广大医务工作者团结奋战、顽强拼搏,涌现出了许多可歌可泣的英雄人物和感人事迹,其中叶欣等3位同志就是他们当中的杰出代表。

叶欣同志生前系广东省中医院急诊科护士长。在我国发生非典型肺炎流行以来,她一直工作在最前线,恪尽职守、救死扶伤,发扬不怕牺牲的精神。在救治病人的过程中,她感染上了非典型肺炎,于2003年3月25日凌晨,不幸殉职。

邓练贤同志生前系中山大学附属第三医院传染科党支部书记、主任医师。他坚守岗位,尽心尽责,把被感染的危险留给自己,把安康奉献给人民,面对凶险,他勇于冲在最前线。于2003年4月21日下午,因抗击非典型肺炎疫情不幸以身殉职。

范信德同志生前系中山大学附属第二医院司机。他关心集体,热心助人,勤勤恳恳,兢兢业业,在这次防治非典型肺炎工作中,表现出了一个共产党员的先锋模范作用。于2003年2月23日晚为救治非典型肺炎病人不幸殉职。

叶欣、邓练贤、范信德3位同志以救死扶伤为己任,全心全意为患者服务;他们立足本职,爱岗敬业,无私奉献;他们为了人民的健康,鞠躬尽瘁,献出他们宝贵的生命。为表彰他们的事迹,卫生部决定:追授叶欣等3位同志“人民健康好卫士”荣誉称号并在全国卫生系统开展向他们学习的活动。广大卫生工作者要学习他们忠于职守,勤业敬业,心系人民群众,关键时刻挺身而出、临危不惧,不怕牺牲的大无畏英雄气概和无私奉献精神。各级卫生行政部门要大力宣传他们的先进事迹,弘扬他们的献身精神,激发卫生战线广大职工团结拼搏、坚定攻克非典型肺炎的信心。同时,要采取科学、规范、严格、有效的防护措施,切实维护医务人员的身体健康和生命安全。希望广大医务工作者按照党中央、国务院的部署和要求,坚守岗位、努力工作、克服困难、艰苦奋斗,总结经验,再接再厉,彻底战胜病魔,夺取非典型肺炎防治工作的全面胜利!

2003年4月26日

公安部向全国公安机关发出紧急通知就有关“非典”疫情防治工作作出部署

公安部要求,公安机关对工作中发现的有关非典型肺炎的情况和接报的有关疫病的报警,要迅速通报卫生部门,并依法协助采取强制隔离措施。

北京防治非典型肺炎联合工作小组召开第五次会议

会议决定,对公共交通采取更加严密的检验防疫措施,同时,通过科学手段,加快疑似“非典”病人确诊。

根据卫生部、财政部、铁道部、交通部和民航总局《关于严格预防通过交通工具传播传染性非典型肺炎的通知》,北京市将更加严密地对通过民航、铁路、公路进出北京的乘客实行防疫检查,切实做到不传染外地,不感染北京。目前正急调100余台红外线测温仪把守北京进出口,对进出乘客进行体温检测。

联合小组会议决定,根据目前北京市防治“非典”的实际,对已确诊的“非典”患者,将按规定住院标准安排病房。会议特别强调要加快对疑似患者的确诊。要通过组织专家、运用科技手段等方式,进行严格排查,加快诊断、加快分流。

目前,北京市开辟8家收治“非典”患者的定点医院,加上将陆续开通的,北京目前已确定17家治疗“非典”患者的定点医院,病床累计达到1836张。占地80亩、计划建设1000张病床的小汤山“非典”定点医院23日开工以来,6家施工队伍夜以继日,目前结构已完成60%。整个医院院区分为污染区、半污染区和清洁区,病房设备将按传染病标准配备。为这所医院配备的医务人员也整装待发,确保及时收治及时治疗。会议要求高度关注大学生和民工的防治“非典”工作,坚决做到就地预防、就地观察、就地治疗。

4月27日

国务院总理温家宝签署第375号令发布《工伤保险条例》

《工伤保险条例》已经2003年4月16日国务院第5次常务会议讨论通过,现予公布,自2004年1月1日起施行。

总 理 温家宝

2003年4月27日

工伤保险条例(略)

卫生部发出紧急通知要求防止非典型肺炎在医院的交叉感染

通知要求各医院吸取广东、北京等地治疗非典型肺炎病人的经验和教训,切实纠正思想上麻痹大意、管理上粗放的状态。医院主要领导亲自抓隔离防护工作,指定职能部门或专人具体实施消毒、隔离、防护和效果监测,切实保证各项消毒、隔离、防护措施落到实处,防止医院在非典型肺炎诊疗过程中的交叉感染。

北京市委 北京市人民政府发出《关于加强防治“非典”工作的决定》

为全面贯彻落实党中央、国务院关于防治非典型肺炎工作的重要指示精神和部署,本着对人民身体健康和生命安全高度负责的态度,夺取首都抗击非典型肺炎斗争的胜利,根据《中华人民共和国传染病防治法》和国家有关部委颁发的关于防治非典型肺炎文件的规定与要求,中共北京市委、北京市人民政府结合北京的实际情况,特制定《关于加强北京防治非典型肺炎工作的决定》。决定如下:

一、认真搞好预防,严格落实防控措施

坚持预防为主,及时掌握疫情,是做好防治非典型肺炎的一项基础性工作。全市各地区、各部门、各单位要坚持对“非典”患者做到早发现、早报告、早隔离、早治疗。要及时进行流行病学调查,及时查清与患病者的密切接触者,及时做好密切接触人员的隔离防护和服务保障工作,及时切断病毒的传播途径,保护广大人民群众的身体健康。

要健全防控工作领导体制和工作机制,理顺流行病学调查管理体制,保障信息网络的畅通落实。严格执行《非典型肺炎疫情重点区域隔离控制工作规范》,对需要隔离的地点和人员采取适宜的隔离方式,并做好服务保障工作。

切实加强大众预防工作,广泛宣传疫病预防知识和各类隔离方法,做到家喻户晓,人人明白。落实各项预防措施。公共场所、公共交通工具和人员集中的地区要定时进行消毒。建立严格的防控工作督查机制。

二、发挥社区优势,加强群防群治

动员全社会力量,共同构筑全民防治非典型肺炎的严密网络,街道、社区和居委会、村委会具有重要作用。社区和居委会党组织、卫生服务组织要全面了解本地区疫情和群众思想动态,积极做好群众思想政治工作。实行街道、社区、居委会逐级管理、分组包片的办法。每名社区、居委会干部都要确定联系对象,工作涵盖辖区全体居民。对于健康人群,做到早预防、勤检测、少流动;对于非典型肺炎病人和疑似病人做到“四早”;对于与非典型肺炎病人、疑似病人密切接触人员以及受“非典”污染的地点和物品,做到早调查、快隔离、常监测。要坚持对社区居民实行定时测量体温制度,为全市每户农民配体温计。居委会、村委会发现发烧病人立即向街道和乡镇报告。每位市民都有义务和责任及时报告“非典”患者及与“非典”患者密切接触者的情况,街道、社区、居委会、村委会要及时汇总情况上报卫生防疫部门。发现“非典”疫情地区的市民,要坚决服从卫生防疫部门采取的隔离措施。

街道、社区要统一对住宅楼公共部位、文化健身活动场所及公共卫生设施定时消毒。立即停止居民小区内的房屋装修工程,由社区和物业管理部门负责监督落实。倡导居民开展个人卫生、家庭卫生、社区卫生等爱国卫生运动,养成不随地吐痰、不乱扔垃圾等良好卫生习惯,为防治“非典”创造清新整洁的环境。

全市所有街道、社区、居委会、村镇,都要坚持群防群治,切实加强管理,严格控制传染源的传播,形成防止疫情扩散的铜墙铁壁,努力维护社区正常的生活秩序,维护社会稳定。

三、及时公布疫情,鼓励社会监督

所有医疗机构都要加强疫病监测,及时准确地核实疫情,如实报告市、区疾病防控中心,并由北京防治非典型肺炎联合工作小组统一收集、汇总,每天向卫生部报告,卫生部每天对社会统一公布,市属新闻媒体及时播报。从4月28日起,北京市将按医院所在地向社会通报非典型肺炎确诊人数、疑似人数、隔离人数和整体隔离场所。

主动与国际卫生组织开展合作,积极报告疫情,相互交流信息,共同研讨防治非典型肺炎的工作措施。要每天向驻京外国使馆、国际组织和外国商会用英文书面通知当日疫情和北京市采取的防治措施。

北京防治非典型肺炎联合工作小组每周举行两次新闻发布会,及时向中外媒体通报北京市非典型肺炎疫情及其有关情况。

政府鼓励和欢迎社会各界对北京防治非典型肺炎工作进行监督,通过各种形式对防治工作提出意见和建议。

四、对通过民航、铁路、公路进出北京的乘客实行防疫检查

由北京市交通委、北京市卫生局、北京市公安局、民航华北管理局、北京铁路分局组织,在北京行政区域内的机场、火车站、省际长途汽车站和公路检查站设立联合检查组,实施防疫检查;所有进出北京的乘客要按规定填写《健康登记卡》,并接受体温测量;发现有发热症状的乘客,要送留验站;对疑似病人由卫生部门及时送定点医院;对与疑似病人同舱或同一车厢的乘客由流行病学调查队进行追访和医学观察。对拒不接受体温测量或留验诊断经劝阻无效者,由公安机关采取必要措施予以制止。

全市各宾馆、饭店、旅馆、招待所要严格执行入住旅客填写《健康登记卡》制度,并对住店客人每天测量体温,发现问题,及时向所在地卫生防疫部门报告。

五、切实做好各级各类学校和托幼园所的防疫工作

首都各高等院校、中等职业技术学校、中小学和幼儿园、托儿所,要把关心青少年学生和儿童的身体健康作为第一位的任务,严格执行关于防疫工作的各项规定。每天坚持对学生测量体温;加强对教室、实验室、食堂和学生宿舍等公共场所的消毒;取消一切人员过于集中的大课和大活动。已经停课、放假的中小学必须每天坚持跟踪了解学生身体状况,教育学生在家学习和休息。

各高等院校、民办高校要坚持教师不停课、学生不停学、师生不离校,合理调节教学计划、课程安排和教学形式。强化校园封闭式管理,严格控制外来人员随意进入校园,明确要求师生减少外出。学生未经批准不得离校;健康状况不佳的学生,家在农村地区、西部地区或疫区的学生,不予批准离校。对所有离校的大学生,学校要追踪了解学生的健康状况,并纳入学校疫情监控和信息报告范围;离校后要求返校的学生(含家住北京的学生),必须进行隔离观察。

六、对外来民工和建筑工地实施严格防控措施

市建委建立24小时运转的监控网络,对施工现场和工棚进行检查;对民工宿舍、食堂、厕所逐一定时、定点消毒;降低居住人员密度,不符合条件的,应停工改造。对建筑工地实行封闭式管理,工地、驻地分开者建立安全通道,上下班班车接送。对外来民工,要由施工单位负责按照“健康人员就地预防,有接触史的就地观察,已确诊的就地治疗”的原则,严格控制其离京。用工单位对外来民工要定时足额发放工资,改善膳食条件;对可疑病例及时按防疫程序进行治疗,对与患者密切接触的采取分散、集中或整体隔离方式进行隔离观察,并在生活上给予照顾;政府和用工单位共同负担“非典”患者的医疗费用。

七、严格控制各类大型活动,坚决执行文化娱乐场所防治“非典”的各项措施

近期北京地区各单位不要组织全国性的和跨省、跨地区的大型会议和活动,已安排的大型活动(包括各类演出等)原则上取消或推迟。关闭网吧、电子游戏厅,录像厅;剧场、影院、图书馆、博物馆、文化馆站等公益性文化设施,必须逐一落实防治“非典”各项措施,凡不符合防疫要求的,应予关闭和停业整顿。坚持营业的公共文化娱乐场所,必须严格执行防疫“非典”的消毒、检查等措施,并建立完善值班制度和疫情报告制度。凡达不到防控要求仍继续经营的,主管部门应采取坚决措施,依法严处。倡导开展家庭文化活动,适当

组织有利于健康的户外文化和体育健身活动。

八、严格控制外出开会、旅游、考察等活动

为有效控制"非典"的扩散，减少、预防交叉感染，近期，北京地区各机关、企事业单位、学校、人民团体，不得组织外出开会、旅游、考察等活动，取消不必要的公务出差，已列入计划的外出参观考察活动，应立即停止。对于必须进行的外出活动，必须报告上级主管部门批准，主管部门和单位应及时掌握并报告离京人员情况。要耐心细致地做好广大干部群众的思想政治工作，提醒市民"五一"假日期间不要到京效农村和外地参观旅游。各旅行社也要停止组织赴外省市及境外的旅游活动。

九、依靠科技，严格管理，千方百计做好"非典"患者的医疗救治工作

按照集中优势医疗资源，危重病人重点抢救，挖潜与新增医院相结合，建立对口包干支援机制的原则，全市各级医疗卫生机构要加强组织领导，全力做好医疗救治工作。

全市二级以上医疗机构要实行"首诊负责制"，确保非典型肺炎患者、疑似病人及时就诊。对需要就诊和转诊的病人，市急救中心要做到随叫随到，严防病人在自行求诊中造成传染。要明确医院院长负总责的制度，对于推诿、拒收、对病人不负责任的医院严厉追究责任。充分发挥专家组的作用，对定点医院疑难危重病人进行会诊和指导，建立抢救危重病人的激励机制；发挥首都的科研优势，加强救治的研究工作。要在全市范围整合医疗资源，集中优秀的专家医护队伍，调配最好的救治设施和医疗设备，以最高的操作标准投入到"非典"病人的救治工作中，尽一切努力提高收治率和治愈率，降低病死率和医护人员的感染率。

严格执行市政府关于"非典"患者的社会救助机制，对农民中的"非典"患者，要免费医治；对本市享受最低生活保障待遇的"非典"患者，其医疗费用由政府负担；对参加医疗保险的企业职工和退休人员中的"非典"患者，其医疗费用从基本医疗保险基金中支付；城镇登记失业人员中的"非典"患者，其医疗费用由失业保险基金支付。对其他有特殊困难的患者，医院也要尽全力先进行救治，医疗费用视情况由市财政予以补贴。

十、动员社会力量，关心和帮助工作在防治"非典"第一线的医务人员

各区县、各系统、各单位要认真落实市委市政府《关于保障医务人员全力以赴做好防治非典型肺炎工作的若干决定》，想方设法为奋战在抗击"非典"最前线的广大医务人员的身心健康，创造一切可以创造的条件，提供一切可以提供的便利，保证其休息和营养。社会各界要积极主动地发挥各自优势，开展慰问和捐助工作，为医务人员送温暖，献爱心，帮助医务人员解除后顾之忧。新闻媒体要大力宣传医务人员不畏艰险、救死扶伤的崇高敬业精神，为医务人员和医疗单位的工作提供有力的舆论支持。

市委市政府号召，全市人民进一步行动起来，在党中央、国务院的正确领导下，在中央党政军机关的大力支持下，集合各方优势，整合首都资源，同心同德，万众一心，振奋百折不挠的民族精神，努力夺取抗击"非典"斗争的最终胜利！

2003 年 4 月 27 日

北京市市委书记刘淇与北京市代市长王岐山共同会见世界卫生组织驻华代表贝汉卫

关于信息发布问题，刘淇向贝汉卫介绍说，从 27 日开始，北京将向公众发布三种信息，即北京市各区、县辖区内医疗机构收治的"非典"报告病例数；已经实行隔离管理的医院、居民楼等场所；已经被隔离的"非典"患者、疑似患者的密切接触人员总数。

刘淇向世界卫生组织官员表示，北京将加强与世卫组织的合作，向世卫组织公开信息，北京非常重视世卫组织在防治"非典"方面的宝贵经验，北京正在制订一套完整的防治计划，欢迎世卫组织专家参与。希望世卫组织派遣专家，作为北京防疫工作的顾问，并邀请专家们参加一些有关会议。

刚刚被任命为北京市代市长的王岐山说，北京市政府在防治"非典"的信息发布和知识普及上要充分考虑不同受众的需要。他说，北京有许多市民具备良好的卫生知识，与国际社会保持着密切交流。同时，北京也有大量流动人口和农民，需要花很大力气向他们普及卫生知识，尽可能为他们提供更完备的医疗服务。

王岐山表示，北京当前迫切希望得到世卫组织专家的建议，特别是了解如何切断传染途径，以及一些国际通用的传染病治疗防疫的标准。他表示愿意与世卫组织实现信息共享，希望通过世卫组织增强信息公布的透明度和有效性。

王岐山提出，希望邀请世卫组织专家担任北京防治"非典"工作小组的顾问，在双方间设立热线电话，或由北京市为世卫组织专家开设专门办公室，以加强双方的合作和沟通。

在会见后接受新华社记者采访时，贝汉卫说，中国政府正在非常严肃认真地对待非典型肺炎，并委派职位非常高的人来加强防治工作，世卫组织期待着与中国各方面合作一同抗击"非典"。

他表示，世卫组织将"随时准备"与中方开展更密切的合作，尽力帮助中国民众建立信心，也愿意向外界传达北京市政府抗击"非典"的决心。

4月28日

中共中央总书记胡锦涛在北京主持召开中共中央政治局会议

会议研究了即将在全党开展的兴起学习贯彻“三个代表”重要思想新高潮的工作。会议指出，十六大把“三个代表”重要思想同马克思列宁主义、毛泽东思想、邓小平理论一道确立为党必须长期坚持的指导思想，实现了我们党指导思想上的又一次与时俱进。始终做到“三个代表”，是我们党的立党之本、执政之基、力量之源。全面贯彻“三个代表”重要思想，是坚持和发展社会主义的必然要求，是我们党艰辛探索和伟大实践的必然结论。

会议强调，十六大提出在全党兴起学习贯彻“三个代表”重要思想的新高潮，是推动党的事业继往开来、与时俱进的重大战略举措，关系党和国家工作的全局，关系中国特色社会主义事业的长远发展，关系中华民族的伟大复兴。兴起学习贯彻“三个代表”重要思想的新高潮，就是要使全党在对“三个代表”重要思想的时代背景、实践基础、科学内涵、精神实质和历史地位的认识上达到新的高度，在认真贯彻“三个代表”重要思想的根本要求、始终做到“三个代表”上取得新的成效，不断增强贯彻“三个代表”重要思想的自觉性和坚定性。各地区、各部门要按照中央的统一部署，结合实际，周密安排，精心组织，扎实开展，引导广大党员特别是领导干部深入学习贯彻“三个代表”重要思想，进一步解放思想、实事求是、与时俱进，为全面建设小康社会、开创中国特色社会主义事业新局面而奋斗。

会议听取了当前我国经济发展情况的汇报。会议指出，今年以来，我国经济发展开局良好，增长速度明显加快，效益大幅提高，结构调整稳步推进，自主增长能力增强，国民经济初步呈现了速度和结构、质量、效益相统一的良好发展势头。这种好形势来之不易，要倍加珍惜。同时也要清醒地看到，在经济快速增长的过程中，我们也面临着一些亟待解决的问题，特别是非典型肺炎疫情的突发，使我国经济发展环境的不确定因素增加。对这些问题，我们要高度重视，深入研究，并有针对性地采取措施加以解决。

会议强调，各地区、各部门要站在全局的高度，处理好非典型肺炎防治工作和经济工作的关系，一手抓防治非典型肺炎这件大事，一手抓经济建设这个中心不动摇。要按照党中央、国务院的要求和部署，全力以赴地做好非典型肺炎防治工作，切实保护人民群众的身体健康和生命安全。要坚持扩大内需的方针，继续实施积极的财政政策和稳健的货币政策，用发展的办法解决好经济生活中出现的突出矛盾和问题，把各方面加快发展的积极性引导好、保护好、发挥好。要把各种困难和不利影响估计得严重一些，把解决的措施准备得更充分一些，全面扎实地做好改革发展稳定的各项工作，维护社会生产、学习和生活的正常秩序，坚定不移地完成今年经济和社会发展的预期目标，保持国民经济持续快速健康发展。

中共中央总书记胡锦涛在北京主持中共中央政治局第四次集体学习并发表讲话

这次集体学习安排的内容是当代科技发展趋势和我国的科技发展，以及运用科学技术加强非典型肺炎防治工作。中国科学院王恩哥研究员、清华大学薛澜教授、中国疾病预防控制中心曾光研究员分别就这几个题目进行了讲解，并提出了他们的研究建议。

中央政治局各同志认真听取了他们的讲解，并就有关问题进行了讨论。

胡锦涛在主持学习时发表了讲话。他指出，中华民族是具有伟大民族精神的民族。千百年来，中华民族之所以能够历经磨难而不衰，饱尝艰辛而不屈，千锤百炼而愈加坚强，靠的就是这种威力无比的民族精神，靠的就是各族人民的团结奋斗。越是困难的时候，越是要大力弘扬民族精神，越是要大力增强中华民族的民族凝聚力。在当前这场防治非典型肺炎的斗争中，我们要大力弘扬万众一心、众志成城，团结互助、和衷共济，迎难而上、敢于胜利的精神。万众一心、众志成城，就是全党全国要把思想和行动统一到中央的部署上来，同心同德、齐心协力，心往一处想，劲往一处使，全党全国拧成一股绳，形成抗击疫病的强大合力。团结互助、和衷共济，就是全社会要广泛动员起来，团结一致、共同行动，互相帮助、互相关心，一方有难、八方支援，给患病群众以无微不至的关爱，给医护人员以满腔热情的支持，给发病地区以切实有力的帮助，做到同呼吸、共命运、心连心，共同应对疫病的挑战。迎难而上、敢于胜利，就是要坚定战胜困难的昂扬斗志和必胜信念，实事求是地分析形势，沉着冷静地面对挑战，坚忍不拔地克服困难，在困难和挑战面前不惊慌、不退缩、不悲观，坚定信心，顽强拼搏，坚决同病魔斗争到底。广大共产党员和各级领导干部要牢记全心全意为人民服务的宗旨，把做好非典型肺炎防治工作作为贯彻“三个代表”重要思想的自觉实践，团结带领广大人民群众积极投身到防治非典型肺炎的斗争中去。

胡锦涛强调，夺取防治非典型肺炎斗争的胜利，关键要发挥科学技术的重要作用。各级党委和政府都必须尊重科学规律，采用科学方法，依靠科学手段，切实做好治疗、预防和控制的各项工作。

胡锦涛强调,能不能取得非典型肺炎防治工作的胜利,是对我们党和政府驾驭复杂局势能力的考验,也是对全党同志和全国人民战胜困难、继续前进的意志和勇气的考验。有党中央、国务院的坚强领导,有全党和全国人民的共同努力,坚持依靠群众、依靠科学,万众一心、众志成城,我们一定能够打赢防治非典型肺炎的攻坚战。

中央和国家机关有关方面负责人也参加了学习。

国务院总理温家宝在云南考察"非典"防治工作

4月28日晚,赴曼谷出席中国—东盟领导人"非典"特别会议路经昆明的温家宝总理,前往云南省疾病预防控制中心,代表党中央、国务院,看望战斗在防治"非典"第一线的广大医务工作者,考察中心的疫情信息网络、监测检验设施,并听取了云南省委、省政府预防"非典"工作汇报。

温家宝说,云南防治"非典"做了大量工作,目前尚未发生疫情,但必须提高警惕,不能掉以轻心。他对云南省继续做好"非典"防治工作提出几点要求:

第一,依靠科学,依靠群众,做好预防工作。要做好组织工作和科学监测工作,要建立监测网络,真正做到早发现、早报告、早隔离、早治疗。要抓紧建立、健全从省到县乡村疾病监测网络。这件事做得早、做得好,可以有效预防疾病的发生和扩散。

第二,广泛深入地学习和宣传《中华人民共和国传染病防治法》。要做到家喻户晓,这是群防群治工作的基础。按照国家法律规定,发现传染病就要报告,就要隔离,否则要追究有关人员的法律责任。群众懂得这个法,也就能够主动配合政府进行防治工作。

第三,立足于打真仗,抓紧做好防治的各项准备。云南是重要的旅游区,流动人口多,"非典"疫情控制难度大。如果准备不足,一旦遇到病人,就会在医院收治、病房隔离和诊治手段等多方面出现混乱。各地要认真落实病院、医疗队和治疗措施。

第四,向广大群众大力宣传"非典"防疫知识。要使群众都知道"非典"是可防、可治、可控的,既要高度重视,加强自我防护,又不要产生恐慌心理。

第五,坚持一手抓"非典"防治,一手抓经济建设。要切实抓好"非典"防治工作,保证人民群众的身体健康和生命安全,同时,要紧紧抓住经济建设不放松,继续推进改革开放和现代化事业。

国办下发《关于成立全国防治非典型肺炎指挥部的通知》

各省、自治区、直辖市人民政府,国务院各部委、各直属机构:

为了认真贯彻落实党中央、国务院关于防治非典型肺炎工作的各项决策和部署,加强领导,统一指挥,协调各方面力量,进一步加强非典型肺炎防治工作,国务院决定成立全国防治非典型肺炎指挥部。现将有关事项通知如下:

一、指挥部主要任务

(一)贯彻落实党中央、国务院关于防治非典型肺炎工作的决策和部署,统一领导、指挥和协调全国非典型肺炎防治工作。

(二)核实各项工作预案,分析、研判疫情,提出紧急应对措施。组织、协调成员部门(单位),配合地方开展防治工作。帮助解决地方防治工作中遇到的实际问题。

(三)对各地防治工作进行指导、检查和督促。

(四)研究、处理其他有关防治非典型肺炎的重大事项。

指挥部下设防治、卫生检疫、科技攻关、后勤保障、农村、宣传、社会治安、外事、教育、北京10个工作组和办公室,各工作组(办公室)负责人为指挥部成员。指挥部办公室设在国务院办公厅。

二、指挥部成员

总指挥:吴 仪(国务院副总理)

副总指挥:华建敏(国务委员兼国务院秘书长)

成 员:高 强(卫生部常务副部长,防治组组长)

李长江(质检总局局长,卫生检疫组组长)

徐冠华(科技部部长,科技攻关组组长)

马 凯(发展改革委主任,后勤保障组组长)

刘 坚(农业部副部长,农村组组长)

吉炳轩(中宣部常务副部长,宣传组组长)

田期玉(公安部常务副部长,社会治安组组长)

戴秉国(外交部副部长,外事组组长)

周 济(教育部部长,教育组组长)

王岐山(北京市代市长,北京组组长)

徐绍史(国务院副秘书长,办公室主任)

三、指挥部各工作组及办公室主要任务

(一)防治组:

1.指导、督促各地制定防治非典型肺炎工作预案和监测方案并检查实施情况,及时提出全国疫情控制措施和政策建议。

2.完善疫情报告信息系统,负责全国非典型肺炎疫情的收集、汇总、分析、报告和公布工作。

3.制订非典型肺炎流行病学调查方案和有关技术方案并组织专家咨询组,指导重点地区开展流行病学调查工作。

4.指导各地做好个案病例流行病调查和密切接触

者的信息分析及追踪、隔离工作。

5. 协调、督导各地做好非典型肺炎患者的收治和临床救治工作，组织专家支援非典型肺炎重点地区的临床治疗工作。

6. 组织培训省级非典型肺炎预防、流行病学调查及临床救治的医务人员。

7. 组织协调各地做好非典型肺炎临床救治及预防控制经验交流工作。

8. 指导各地根据疫情提出隔离、封锁有关地区和单位的建议。

9. 配合其他各组在全国范围内开展有关非典型肺炎防治行动。

10. 承办指挥部领导同志交办的工作。

(二)卫生检疫组：

1. 依法制订流动人员检疫防治方案。

2. 建立、健全飞机、火车、汽车、轮船等交通工具和出入境口岸防治非典型肺炎工作机制。

3. 制定交通工具和出入境口岸防治非典型肺炎工作预案并组织实施，及时收集、报告有关疫情。

4. 加强对出入境人员和乘坐交通工具人员的卫生检疫查验工作，依照有关规定协助地方政府做好对流动人员中的非典型肺炎患者、疑似患者及其密切接触者采取隔离、留验、就地检验等医学措施并向指定医疗机构送治的工作。

5. 加强对出入境口岸和乘坐交通工具人员的疫情监测工作和卫生监督工作。

6. 强化对出入境口岸和交通工具的紧急卫生处理措施。

7. 督查地方政府和有关部门对出入境口岸和重要交通通道及场所有关防治非典型肺炎监管设施的落实情况。

8. 协助地方政府做好有关人员的疏散和救援物资运送工作。

9. 督查进口防治非典型肺炎所需的物资、仪器设备、交通工具、药品、试剂等的办理工作。

10. 承办指挥部领导同志交办的工作。

(三)科技攻关组：

1. 制订防治非典型肺炎技术研究方案及相关政策。

2. 组织科研力量进行防治非典型肺炎科技攻关。

3. 统一协调防治非典型肺炎科研中的有关问题，解决科研与临床应用、疫苗等药物研发及应用问题。

4. 指导地方开展防治非典型肺炎科研工作。

5. 组织有关专家开展防治非典型肺炎应急咨询。

6. 组织防治非典型肺炎的国际交流与合作。

7. 承办指挥部领导同志交办的工作。

(四)后勤保障组：

1. 制订防治非典型肺炎有关物资保障方案及相关政策和措施并指导和监督实施。

2. 负责督促和协调各地政府做好保障本地区防治非典型肺炎药品、医疗器械、口罩、隔离服、消杀剂等用品的生产、采购、供应等工作；遇有紧急情况，调剂余缺，组织调运。

3. 组织解决防治非典型肺炎医药用品等生产应急所需资金和物资。

4. 负责防治非典型肺炎医药用品等物资储备及调节工作，制定紧缺医药用品的应对预案及应急措施。

5. 监测与群众基本生活密切相关的粮、油、盐、糖、蔬菜、肉、蛋等生活必需品和卫生清洁用品的市场动态，督促地方政府做好市场供给保障等工作；遇有紧急情况，调剂余缺，组织调运。

6. 指导各地加强市场监督管理，保证商品质量，稳定物价，查处违规经营，维护正常的市场秩序。

7. 制订中央财政防治非典型肺炎专项基金使用方案，确保及时拨付；严格监督，督促地方政府安排落实非典型肺炎防治资金，做好城乡困难群众非典型肺炎防治医疗救助及生活救助工作。

8. 负责组织接受国内外对防治非典型肺炎的捐赠事宜。

9. 承办指挥部领导同志交办的工作。

(五)农村组：

1. 制定农村非典型肺炎防治工作预案。

2. 督促检查各地落实党中央、国务院关于救治农民工和农村人口非典型肺炎患者方针政策的情况。

3. 分析并预测农村非典型肺炎疫情，及时提出相关措施和建议。

4. 配合有关部门组织对农村非典型肺炎患者及时采取救治措施。

5. 指导和督促地方政府加强对农村和广大农民开展防治非典型肺炎知识的宣传和普及工作。

6. 督促地方政府建立、健全农村防治非典型肺炎监测体系和疫情报告制度。

7. 指导地方政府对从疫区返乡的务工人员实施疫情监测。

8. 指导和督查落实农村集贸市场的非典型肺炎防治工作。

9. 及时总结交流各地防止疫情向农村蔓延的经验和做法。

10. 承办指挥部领导同志交办的工作。

(六)宣传组：

1. 制定宣传报道口径，及时提出新闻宣传报道的指导性意见。

2. 指导和组织有关部门、新闻媒体做好疫情通报、防治知识与措施、相关法律、法规、先进人物和先进事迹、重大决策和部署、经济发展与改革开放成就等方面的宣传工作。

3. 审查有关防治非典型肺炎工作的新闻稿件，提出加强对外宣传和对互联网信息、手机短信息管控的意见。

4. 组织新闻媒体采访与新闻发布会。

5. 承办指挥部领导同志交办的工作。

（七）社会治安组：

1. 密切关注社会动态，搜集、掌握与非典型肺炎有关的情况信息，尤其是影响社会稳定的情况信息。

2. 加强对社会面的控制，及时发现、严密防范、严厉打击哄抬物价等扰乱市场秩序和造谣惑众等违法犯罪活动。

3. 严密监控互联网上有关非典型肺炎的信息，依法处理制造恐慌和恶意攻击、诽谤等违法行为。

4. 加强出入境边防检查工作，配合有关部门做好检疫工作。

5. 防范和打击境内外敌对势力、民族分裂势力、暴力恐怖势力、宗教极端势力以及“法轮功”等邪教组织借机进行的各种破坏活动。

6. 依法协助卫生等部门，采取强制隔离措施。

7. 做好交通疏导，保障疫情处理车辆和人员迅速抵离疫区。

8. 承办指挥部领导同志交办的任务。

（八）外事组：

1. 负责防治非典型肺炎所涉及的外事工作，协调处理防治非典型肺炎的重大涉外问题，协调涉及台港澳地区的防治非典型肺炎有关事务。

2. 收集和反映国（境）外包括国际组织对中国防治非典型肺炎工作的反应等信息。

3. 收集和反映在内地的台港澳人员和在华外籍人员的感染和救治情况，指导和督促落实外国和国际组织驻华机构及学校、寓所等外国人集中地区的卫生防疫工作。

4. 指导和督促落实对我国派出人员的非典型肺炎防治工作以及涉及非典型肺炎问题的侨民保护工作。

5. 督促和推动我有关部门及时对外实事求是地通报我国防治非典型肺炎的情况。

6. 组织和督促有关部门跟踪研究各国应对非典型肺炎及类似公共卫生安全事件的经验和做法。

7. 会同有关部门跟踪研究非典型肺炎对我外交、经贸、旅游和人员往来等方面的影响，提出相应政策建议。

8. 督促国务院有关部门和各地区设立英语及其他语言热线提供咨询。

9. 承办指挥部领导同志交办的工作。

（九）教育组：

1. 指导和推动教育系统落实防治非典型肺炎的各项措施。

2. 收集教育系统非典型肺炎疫情信息和防治工作情况，分析研究教育系统防治工作形势，提出各级各类学校防治非典型肺炎的政策措施并组织实施。

3. 指导高等学校加强非典型肺炎防治工作中的思想政治工作，确保校园秩序的稳定。

4. 及时总结和推广各地、各学校预防工作的经验和做法，组织有关专家对学校防治非典型肺炎工作提出咨询意见。

5. 检查各地教育行政部门对中央有关防治非典型肺炎政策措施的落实情况。

6. 根据疫情对学校教学安排作出相应调整。

7. 承办指挥部领导同志交办的工作。

（十）北京组：

1. 在北京市非典型肺炎防治联合工作小组的统一领导下，开展北京地区的防治工作并及时报告重大情况。

2. 负责北京地区防治非典型肺炎的后勤保障工作，维护社会稳定。

3. 负责报告北京地区防治非典型肺炎信息，根据指挥部要求协调处理有关事项。

4. 承办指挥部领导同志交办的工作。

（十一）办公室：

1. 及时传达指挥部领导同志的有关指示、会议和文件决定事项，并督促检查贯彻落实情况。

2. 承办指挥部领导同志召开的会议，负责领导同志活动的组织与服务工作。

3. 负责指挥部有关文件起草、审核和印发工作；负责有关方面报文的分办工作。

4. 负责各小组之间和有关部门及地方的联络、沟通和服务工作。

5. 负责非典型肺炎防治工作信息的收集、综合、整理。

6. 负责国务院派出非典型肺炎防治工作督查组的组织与联络工作。

7. 承办指挥部领导同志交办的工作。

国务院办公厅

2003 年 4 月 28 日

《人民日报》发表评论员文章《在抗击“非典”斗争中弘扬和培育民族精神》

国办发出《关于调整国务院三峡工程建设委员会组成人员的通知》

各省、自治区、直辖市人民政府，国务院各部委、各直属机构：

根据《国务院关于议事协调机构和临时机构设置的通知》(国发〔2003〕10号)以及人员变动情况和工作需要，国务院决定对国务院三峡工程建设委员会的组成人员进行相应调整。现将调整后的名单通知如下：

主　任：温家宝(国务院总理)

副主任：曾培炎(国务院副总理)

郭树言(国务院三峡工程建设委员会办公室主任)

马　凯(发展改革委主任)

罗清泉(湖北省省长)

王鸿举(重庆市市长)

陆佑楣(中国长江三峡工程开发总公司总经理)

委　员：(略)

国务院办公厅

2003年4月28日

中国银监会正式挂牌履职

中国银监会发布公告称，根据第十届全国人民代表大会第一次会议通过的《关于国务院机构改革方案的决定》，国务院决定设立中国银监会。中国银监会根据第十届全国人大常委会第二次会议通过的《关于中国银行业监督管理委员会行使原由中国人民银行行使的监督管理职权的决定》，统一监督管理银行、金融资产管理公司、信托投资公司及其他存款类金融机构，维护银行业的合法、稳健运行。

公告称，中国银监会的主要职责是：制定有关银行业金融机构监管的规章制度和办法；草拟有关的法律和行政法规，提出制定和修改的建议；审批银行业金融机构及分支机构的设立、变更、终止及其业务范围；对银行业金融机构实行现场和非现场监管，依法对违法违规行为进行查处；审查银行业金融机构高级管理人员任职资格；负责统一编制全国银行数据、报表，并按照国家有关规定予以公布；会同有关部门提出存款类金融机构紧急风险处置的意见和建议；负责国有重点银行业金融机构监事会的日常管理工作；承办国务院交办的其他事项。

据悉，中国银监会共设15个部门。其中，5个主要业务部门及监管对象分别为：银行监管一部，负责承办对国有商业银行及资产管理公司等的监管工作；银行监管二部，负责承办对股份制商业银行、城市商业银行的监管工作；银行监管三部，负责承办对政策性银行、邮政储蓄机构以及外资银行等的监管工作；非银行金融机构监管部，负责承办对非银行金融机构(证券、期货和保险类除外)的监管工作；合作金融机构监管部，负责承办对农村和城市存款类合作金融机构的监管工作。

哈萨克斯坦总理塔斯马加姆别托夫在阿斯塔纳会见外交部部长李肇星

李肇星在会见中说，中哈两国在经贸、能源、交通、教育、文化等领域的合作不断加强，双方携手反对本地区的“三股恶势力”、开展反毒斗争，在伊拉克、朝鲜核问题等重大国际问题上也有着许多共同的看法和见解。

塔斯马加姆别托夫表示同意李肇星外长对两国关系的评价。他说，两国应当加强相互学习和借鉴，进一步加强在双边政治、经贸、安全领域和国际重大问题上的合作。

李肇星当天还分别同哈议会上院议长阿卜迪卡里莫夫和下院议长图亚克拜进行了会见。双方积极评价了两国议会间的交流与合作。李肇星说，中国全国人大常委会已经批准了《中哈睦邻友好合作条约》，相信哈议会也将很快完成相关的法律程序。

经中央军委主席江泽民批准全军紧急选调医护人员支援北京防治“非典”

经中央军委主席江泽民批准，全军各大单位将紧急抽调1200名医护人员支援北京市组建非典型肺炎收治定点医院。目前，由北京军区、沈阳军区、济南军区和总后勤部直属单位抽调的第一批333名医护人员已到位入住。赴京支援的医护人员将分三批进驻小汤山医院，5月5日全部到位。

4月28日下午，中央军委委员、总后勤部部长廖锡龙来到小汤山看望了先期到达的医务人员。

广东省人民政府在广州举行专门仪式追认邓纬贤叶欣同志为革命烈士

国家林业局国家工商总局发出紧急通知要求立即停止野生动物市场经营活动

通知要求：从即日起，除科学研究需要外，全国范围内暂停一切猎捕、出售、收购、运输、进出口和在市场上摆卖野生动物(人工驯养繁殖的虎纹蛙除外)活体、死体。各级陆生野生动物主管部门暂时不得继续审批猎捕、出售、收购、运输、进出口野生动物的申请，不再核发野生动物活体、死体允许进出口证明书。已经发放相关证明，但尚未完成猎捕、出售、收购、运输和进出口行为的，应立即收回批准文件或延期进行。

团中央全国学联在北京召开网络会议要求严肃处理擅自离校返校的大学生团员

4月29日

中共中央总书记胡锦涛在人民大会堂会见日本社民党党首土井多贺子

胡锦涛对中国共产党和日本社民党建立党际交流关系20周年表示祝贺,对社民党长期以来为中日友好事业所作出的努力和贡献给予高度评价。

土井多贺子说,社民党愿进一步加强同中国共产党的合作,促进两国关系的发展。她赞赏中国为推动地区和平、发展与稳定作出的贡献,强调日中两国应进一步加强合作,扩大交流。

国务院总理温家宝在曼谷出席中国—东盟领导人关于非典型肺炎特别会议

会议主要讨论了如何加强地区合作,采取切实措施防治"非典"和消除其威胁的问题。国务院总理温家宝出席会议,并发表讲话。

这次会议是在本地区遭受"非典"这一严重灾害的时刻召开的。这是中国和东盟领导人首次举行特别会议,共商抗击"非典"的战略。会议受到国际社会的广泛关注。

会议在泰国外交部举行,泰国总理他信致辞欢迎温家宝总理参加这次特别会议。温家宝总理随后发表重要讲话,介绍了中国防治"非典"面临的严峻形势和中国政府为防治疫病采取的果断措施,并向参会各国提出了建议。

柬埔寨首相洪森也在会上发言。

会议发表了联合声明。

会议结束后,中国和东盟领导人联合举行了记者招待会,介绍了会议的情况,回答了记者提出的问题。

国务院总理温家宝在曼谷举行的中国—东盟领导人关于非典型肺炎特别会议上发表重要讲话

讲话详细摘要如下:

我是本着坦诚负责、信任、合作的精神,前来参加这个会议的。我将向东盟领导人通报中国的疫情和防治工作中的主要经验教训,介绍中国政府采取的措施。我期待着通过这次会议,促进中国与东盟的相互了解和信任,增进我们之间的合作。

世界一些国家和地区持续蔓延的非典型肺炎,是对人类健康和生命安全的严重威胁。非典型肺炎是一种尚未被人类完全认识的新型传染病,还没有特效的诊断办法和治疗手段,流行特点也没有完全掌握。面对这场突如其来的疫情灾害,我们缺乏预防和控制经验,应对机制不健全,一些地方和部门工作不力,特别是中国人口多、流动量大,尽管我们做了大量的艰苦工作,但目前非典型肺炎防治形势依然严峻。广东等发病较早的地区仍有少量新发病例出现。北京、山西、内蒙古等地病例明显增多,疫情还没有得到完全控制,并有向大多数地区扩散的趋势。

中国政府是勇于面对困难、高度负责任的政府,时刻把人民健康和生命安全放在第一位。我们已经并且继续采取果断的措施,努力扭转这个局面。

一是全面加强预防,控制疫情蔓延。中国政府已将非典型肺炎列为法定传染病进行管理。建立公开透明的疫情报告和信息发布制度。每天向世界卫生组织通报疫情,同时向社会公布。要求做到早发现、早报告、早隔离、早治疗。采取各种措施,加强传染源的有效控制。对公共交通工具、重点部位以及出入境口岸,实行严格检疫和防范。严防医院内感染,对患者和疑似病人一律进行隔离治疗,对病人污染场所、物品实施卫生处理,隔离密切接触者,并实施医学观察。对疫情较重的单位和场所,依法采取隔离控制措施。在全社会广泛宣传疾病预防知识,增强公民自我防护意识和能力,做到群防群治。

二是全力开展救治,设立防治基金。各地普遍设立定点医院,扩大专门病区,及时收治患者。保证防治药品供应,改善医院治疗和防护条件。中央财政安排20亿元人民币,设立非典型肺炎防治基金,主要用于农民和城镇困难群众中非典型肺炎患者的救治工作、中西部困难地区县级医院的应急改造和购置治疗非典型肺炎的医疗设备。各地区也都拨出财政专款,用于防治工作。我们高度重视农村疫病预防工作,采取一切必要措施,包括对在农村发现的非典型肺炎患者实行免费治疗,对进城务工的农民患者就地治疗,严防疫情向农村扩散。

三是建立突发疫情应对机制,提高应急处理能力。积极建设完善全国突发公共卫生事件的应急处理机制,建立疾病监测、信息网络和实验室网络。国家已安排35亿元人民币,用于全国疾病预防控制机构的基础设施建设和中国疾病预防控制中心工程建设。

四是加强科研攻关,研究有效诊治办法。我们组织全国各学科专家联合攻关,集中力量查找病因病原,研究探索疾病诊断和治疗方法。已研制出非典型肺炎快速检测试剂,正在进一步完善和进行临床试验,同时积极进行防治药物的研制。中央财政已拨出专款用于非典型肺炎科研工作。

五是密切同国际社会合作,重视借鉴国外经验。我们积极同世界卫生组织等国际组织开展合作,共同探讨救治患者、控制疫情和查找病因方面的问题。高度重视并采纳世界卫生组织专家经过实地考察提出的宝贵建议。我们对国际社会给予我国防治工作的理解、支持、合作的愿望和态度表示欢迎。我们将继续加强与世界卫生组织以及其他国家的合作与交流。

中国中央政府高度重视香港、澳门特别行政区和台湾地区的非典型肺炎疫情，十分关心港澳同胞和台湾同胞的健康和生命安全。我们已与香港、澳门特别行政区建立了非典型肺炎防治工作联系机制。香港特别行政区行政长官董建华先生作为中国代表团主要成员出席了今天的会议。中央政府将采取一切必要措施，全力支持香港防治疫病工作。我们已做好香港防治工作所需医疗物资和护理人员的充分准备，一旦需要，确保供得上、拉得出，一切费用都由中央政府负担。同时，我们还积极同台湾地区开展多种形式的疫病防治合作与交流。

我们深刻认识到非典型肺炎防治工作的艰巨性、复杂性和反复性，已做好各方面充分准备。中国政府有信心经过坚持不懈地努力，最终战胜非典型肺炎这场严重灾害。

非典型肺炎的跨国蔓延，是国际社会特别是本地区面临的共同挑战。唯有通过地区和国际合作，才能有效加以应对。中国政府将一如既往，就像处理亚洲金融危机一样，以极负责任的态度处理好非典型肺炎问题。中国政府真诚愿与东盟各国加强协调与合作。为此，我提出以下几点建议：

第一，建立疫病防治通报机制。立即着手建立中国与东盟非典型肺炎疫情、治疗和科研信息通报网络。按照共同商定的统一标准、规范和方法，及时通报疫情。相互分享防治经验和研究成果。加强双方在防治非典型肺炎方面的信息交流、磋商与协调。

第二，开展经验交流与合作研究。建议今年5月双方联合举办一次防治非典型肺炎高级国际研讨会，交流经验和探讨问题，中国愿做这次会议的东道主。同时，围绕非典型肺炎流行规律、致病机理和临床诊断治疗等方面，开展合作研究与人员培训。中国决定出资1000万元人民币，设立一个专项基金，以支持与东盟国家开展各种合作活动。

第三，加快卫生领域合作进程。尽快建立“10+1”卫生合作机制，近期以防治非典型肺炎为重点，适时启动“10+1”卫生部长会议。

第四，协调出入境管理措施。为减少非典型肺炎疫情对双方正常交往和人员流动的影响，建议尽早召开一次双方出入境管理官员会议，协调出入境管理政策与措施。

第五，努力减低疫情负面影响。非典型肺炎给本地区经济和社会发展带来了多方面的不利影响。建议召开一次中国与东盟专题研讨会，共同探讨应对之策。我愿在此表示，根据疫情防治的进展情况，中国将逐步恢复组团到东盟国家旅游，并采取有效的卫生检疫措施。

中国与东盟是好邻居、好伙伴、好朋友。加强与东盟的睦邻互信伙伴关系，是中国外交的重要组成部分。我们的深厚友谊和全面合作，是经过双方多年努力精心培育起来的。非典型肺炎丝毫不会影响我们之间的关系。共同抗击非典型肺炎，会更加增强我们之间的友谊与合作。中国新一届政府将继续发展与东盟的互利友好合作，积极推进中国与东盟自由贸易区建设，愿与东盟方面加快谈判进程。中国政府决定加入《东南亚友好合作条约》，希望双方加快完成加入的法律程序。中国与东盟去年发表了《关于非传统安全领域合作联合宣言》，在当前形势下更需要积极落实其后续行动，开展切实有效的合作。

中国有句古语：“安危相易，祸福相生。”伟大的亚洲人民有着逆境自强的优良传统。中国与东盟国家有着坚实的合作基础。我相信，只要我们同心携手，共赴时艰，就一定能够战胜非典型肺炎，转危为安，迎来亚洲特别是本地区更大的繁荣和发展。

国务院总理温家宝在曼谷分别会见泰国总理他信柬埔寨王国政府首相洪森和新加坡总理吴作栋

温家宝与三国领导人就加强地区合作防治非典型肺炎和进一步发展双边友好合作关系问题交换了意见。

国务院温家宝在曼谷出席记者招待会

中国—东盟领导人关于非典型肺炎问题特别会议结束后，国务院总理温家宝与柬埔寨首相洪森、泰国总理他信、新加坡总理吴作栋共同出席了记者招待会。温家宝回答了记者提出的问题。

温家宝首先说，刚才我与东盟各国领导人共同商讨了防治非典型肺炎的对策。这次会议非常必要，非常及时，开得很成功。我是本着坦诚、负责、信任和合作的态度来参加会议的。新一届中国政府组建后即面临了这场突如其来的灾害。中国政府是一个负责任的政府，不仅要对我国十三亿人民的身体健康和生命安全负责，而且要为世界人民的福祉和健康贡献力量。我代表中国政府出席这次会议，表明了我们勇于面对现实，勇于面对世界。我在会上实事求是地向东盟各国领导人通报了中国的疫情，介绍了中国防治非典型肺炎所采取的有力措施，得到了东盟各国领导人的理解和支持。患难知真情，我相信，在携手抗击这场疾病灾害的过程中,中国与东盟之间的友好合作关系必将得到进一步巩固和加强。

当记者问到中国在与东盟合作方面有什么具体措施时,温家宝说,我在会上提出了一系列建议,包括与东盟建立互通疫情的机制,加强出入境管理合作措施。中国愿意提供一笔专项基金,支持与东盟开展防治非典型肺炎的合作。我们还商议了如何减少非典型肺炎对本地区经济和社会带来的损失。

当记者问到当前中国非典型肺炎疫情时,温家宝作了介绍,并强调中国政府已经采取了一系列果断的措施,这些措施不仅为中国人民所拥护,而且也为国际社会所理解和肯定。虽然当前非典型肺炎防治的形势依然严峻,但我们有必胜的信心。只要各项措施真正落实到位,经过一段时间坚持不懈地艰苦努力,我们最终一定能够战胜非典型肺炎这场严重灾害。在与疾病作斗争的过程中,我们懂得了许多,也学到了许多。这将成为我们今后应对重大灾害的宝贵财富。现在,从各级政府到普通百姓都已经行动起来。行动本身就是希望所在,一打纲领不如一个行动。检验我们最终成果的标志,是使发病率下降,死亡率减少,治愈率提高。我们会以实际行动来证明中国政府的决心和中国人民的意志。

当有记者问到现在疫情是否得到如实报告时,温家宝说,如实报告疫情,不仅是我国法律的规定,也是防治工作的需要。瞒报疫情要负法律责任。现在,我们实行每天报告并公布疫情的制度。国务院还派出了31个督察组到各地检查指导工作。我们欢迎世界卫生组织到中国实地考察,他们可以到任何地方,选择任何医院去了解情况。我们高度重视他们提出的意见和建议。

中华人民共和国与东盟国家领导人特别会议发表联合声明

(2003年4月29日曼谷)

我们,中华人民共和国、文莱达鲁萨兰国、柬埔寨王国、印度尼西亚共和国、老挝人民民主共和国、马来西亚、缅甸联邦、菲律宾共和国、新加坡共和国、泰王国和越南社会主义共和国的国家元首或政府首脑,于2003年4月29日齐集泰国曼谷,召开非典型肺炎问题特别会议,深为关心非典型肺炎在亚洲乃至全球范围内给人民的生命健康带来的日益扩大的威胁,对正在遭受疾病痛苦和面临疾病威胁的人们表示由衷的慰问和同情;

注意到,非典型肺炎已给本地区国家的经济和社会,包括国际交往与合作带来严重的负面影响;

认识到有必要在本地区和世界其他地方采取集体努力来有效应对这一致命病毒带来的挑战,同意就非典型肺炎防治问题促进信息交流和经验共享;

强调应该通过强有力的领导、政治意愿、跨部门合作以及国家和区域层面的伙伴关系来应对疫情;

对各国、各地区勇敢战斗在防治非典型肺炎第一线的医护、科研、检疫、宣传人员深表敬意。

进一步注意到,在全球化背景下处理像非典型肺炎这样的非传统威胁的时候,国际合作应吸收并聚集人类克服灾害的最高智慧和能力,中国与东盟能够为加强这一国际合作发挥重要和积极作用;

我们决定,在中国与东盟之间开展并加强防治非典型肺炎的合作,并共同采取措施,努力减少和消除非典型肺炎对本地区的综合影响,并注意到2003年4月26日在吉隆坡举行的东盟+3卫生部长特别会议通过的具体措施;

各方利用此次会议的难得机会,相互介绍了各国为预防、监控、研究、医治非典型肺炎采取的措施。中国表示赞同东盟领导人宣言并愿与东盟就抗击非典型肺炎进行合作。

为此,我们责成各自卫生和其他相关部门的部长们采取以下措施:

——在统一规范、标准和方法的基础上,通过连接中国非典型肺炎信息网与东盟非典型肺炎防控信息网来就疫情、治疗和科研信息进行通报;

——各国指定联络点,进行定期信息交流,并以之作为紧急情况下联系的热线网络的组成部分;

——围绕非典型肺炎流行规律、致病病理和临床诊断治疗等方面,开展合作研究与培训;

——尽快在中国联合举办一次防治非典型肺炎高级国际研讨会,交流经验和探讨问题;

——召开一次中国与东盟专题研讨会,评估非典型肺炎给本地区带来的政治、安全、经济等多方面影响,综合研究应对之策;

——采取严格的移民和海关控制措施,以防止非典型肺炎的传播,例如,对抵离旅客进行筛查,加强航空旅行期间的管理等,为此尽快召开移民和卫生部门官员的会议。

中方为支持双方在防治非典型肺炎及消除相关综合影响方面的合作项目,决定出资1000万元人民币,设立一个专项基金。

我们将努力克服非典型肺炎疫情给各国经济和人员往来带来的影响,采取刺激经济的有效措施,继续扩大贸易、鼓励投资并加强旅游合作,保持经济增长的势头,同时,要继续巩固和深化中国与东盟经济合作。

我们,中华人民共和国和东盟国家领导人,承诺本着互信互利、平等协作的精神,进一步深化双方的睦邻互信合作伙伴关系，不断巩固和提升双方关系，使双方的交往与合作向新的深度和广度发展。

兹于公元2003年4月29日在泰国曼谷通过。

国务院总理温家宝在曼谷会见香港特别行政区行政长官董建华

温家宝表示，为体现中央政府对香港特别行政区公众的关心和对董建华先生所领导的抗击"非典"工作的支持，中央政府决定应董建华先生的要求，向特区无偿提供一大批口罩、眼罩、防护服等用品，这些物品内地正在按质、按量组织生产，很快即可送达香港特别行政区。中央政府在护理人员、药品及其他防护用品方面也作了准备，只要董建华先生提出，很快就可以向香港派出和提供。我相信，在董建华先生和香港特别行政区政府的领导下，香港公众团结一致，科学应对，一定能够夺取抗击"非典"的最后胜利。

董建华感谢中央政府对香港特别行政区的关心和支持

全国劳动模范座谈会在中南海怀仁堂召开

中共中央政治局常委、国务院副总理黄菊，中共中央政治局委员、全国人大常委会副委员长、中华全国总工会主席王兆国，中共中央政治局候补委员、中央书记处书记、中央办公厅主任王刚出席会议。王兆国主持座谈会。南京熊猫电子集团公司副总工程师董金春，上海液压泵厂工人技师李斌，沈阳春霞装饰公司总经理王春霞，北京佑安医院院长赵春慧等四位全国劳动模范、先进工作者和全国"五一"劳动奖状、奖章获得者代表在座谈会上先后发言，分别介绍了他们在投身卫星通讯科研、从事企业技术劳动和创新、带领下岗职工再就业、组织医务人员抗击非典型肺炎疫病等方面的感人事迹。

在听取了劳动模范特别是其中来自抗击非典型肺炎斗争第一线的劳模的发言后，曾庆红发表了讲话。

北京市全国劳动模范、先进工作者和"五一"劳动奖状、奖章获得者代表，中华全国总工会的领导同志及有关部门的负责同志共70多人参加了座谈会。

中共中央政治局常委曾庆红在全国劳动模范座谈会上发表讲话《在全面建设小康社会的历史进程中充分发挥工人阶级主力军作用》

同志们：

再过两天就是"五一"国际劳动节了。这是全世界工人阶级和劳动群众的光辉节日。首先，我代表党中央、国务院，向出席座谈会的各位代表，并通过你们，向全国各族工人、农民、知识分子和其他社会阶层的劳动群众，向人民解放军指战员、武警部队官兵和公安干警，向香港特别行政区同胞、澳门特别行政区同胞和台湾同胞、海外侨胞，致以节日的问候！向战斗在各条战线上作出突出贡献的劳动模范和先进工作者，向荣获全国"五一"劳动奖状、奖章的先进集体和先进个人，致以崇高的敬意！

在党的十六大之后的第一个"五一"国际劳动节前夕，中央邀请全国劳动模范的代表到中南海座谈，这充分体现了新一届中央领导集体对全国广大劳动模范的亲切关怀，体现了对工人阶级主力军作用的高度重视。通过这次座谈会，我们要进一步弘扬劳动模范的优秀品质和崇高精神，团结动员我国工人阶级和广大劳动群众，在新世纪、新阶段肩负起新的历史使命，在党的领导下，聚精会神搞建设，一心一意谋发展，为全面建设小康社会、加快推进社会主义现代化，为创造我们的幸福生活和美好未来而不懈奋斗。

刚才，董金春、李斌、王春霞、赵春慧等四位同志，作为全国劳动模范和先进工作者的代表，作了很好的发言。董金春同志是科技工作者的代表，长期奋战在科研工作第一线，以强烈的爱国情怀和民族自信心，勇攀科学高峰，为我国的科技进步和发展作出了突出贡献；李斌同志是生产一线普通工人的代表，坚持岗位成才，勤于学习，勇于创新，乐于奉献，积极投身企业的技术革新和改革发展，在平凡的岗位上作出了不平凡的业绩；王春霞同志是下岗工人的代表，面对市场经济的挑战，转变就业观念，不等不靠，自强自立，艰苦奋斗，勇于创业，走出了一条光明的再就业之路；赵春慧同志是来自抗击非典型肺炎斗争第一线的医务工作者的代表，她告诉我们，广大医务工作者在疫情突发的紧急关头，发扬大无畏的献身精神，置个人安危于度外，夜以继日地与"非典"病魔殊死搏斗的战斗历程。本来，今天的座谈会还邀请了全国"五一"劳动奖章获得者、广州呼吸疾病研究所所长钟南山院士发言。但因为临时决定，他随温家宝总理出国而不能与会了。他是广东省防治"非典"医疗专家组组长，他和他的同事们在与"非典"病魔斗争中，有"四个率先"，就是：第一，率先行动，收治了我国大陆地区第一例非典型肺炎患者；第二，率先提出"将最危险的病人集中收治到我们这里"；第三，率先摸索出一套行之有效的治疗方案；第四，率先倡导科学合作的观念。当有记者问他："这个病你们怕不怕？"他说："怕，当然怕。但我们像战场上的扫雷班，你不扫雷，谁去扫？在人民群众生命健康受到威胁的时候，我们的医务人员需要义不容辞地冲上去，这是我们的职责。"这是多么高尚的思想境界！这是何等感人肺腑的奉献精神啊！在这里，我们还要特别提到，在这次抗击非典型肺炎的斗争中光荣殉职、最近被卫生部追授为“人民健康好卫士”称号的叶欣、邓练贤、范信德三位同志。他们临危不惧，尽职尽责，把生的希望留给患者、把被感染的危险留给自己，不惜献出了宝贵的生命。党和人民永远不会忘记他们。他们三位也都是今年的全国“五一”劳动奖章获得者。这些劳动模范的先进事迹，特别是战斗在非典型肺炎防治工作第一线的白衣战士的英雄事迹感人至深，他们的崇高品德催人奋进，生动地体现了我国工人阶级和劳动群众高度的主人翁责任感和顾全大局精神、高昂的劳动热情和忘我献身精神、强烈的开拓进取意识和创新求实精神、良好的职业道德和爱岗敬业精神。

党中央、国务院十分关心、高度重视目前我国发生的非典型肺炎疫情，多次召开会议，专门研究和部署非典型肺炎防治工作，要求各级党委和政府迅速行动起来，切实把非典型肺炎防治工作作为当前一项重大政治任务抓紧抓好。应当看到，这是关系人民身体健康和生命安全、关系改革发展稳定大局、关系我国的国家利益和国际形象的一场重大斗争，是对党和政府应对突发性事件能力、对中国人民与疫情抗争的勇气和力量的一次严峻考验。各级党委、政府和工会组织，要坚决按照中央提出的“沉着应对、措施果断，依靠科学、有效防治，加强合作、完善机制”的总体要求，做到既不掉以轻心、又不惊慌失措，既要控制疫情、又要稳定人心，既要广泛动员、又要扎实工作，既要突出重点、又要统筹兼顾。全国工人阶级和全国各族人民要发扬当年的伟大抗洪精神，万众一心、众志成城，不怕困难、顽强拼搏，坚忍不拔、敢于胜利，坚定信心、战胜疫情。应当坚信，在党中央、国务院的坚强领导下，我们能够战胜过去在政治、经济领域和自然界出现的各种困难和风险，也一定能够打胜防治非典型肺炎这场硬仗。当前，我们要一手抓好防治非典型肺炎这件大事，一手紧紧抓住经济建设这个中心不动摇。任何风险都不能改变我们全面建设小康社会、加快推进社会主义现代化的坚强决心，任何困难都无法阻挡中国人民胜利前进的步伐。

同志们，我们党领导的中国特色社会主义伟大事业，是中国工人阶级和人民群众自己的创造性事业。全心全意依靠工人阶级，这是我们党一贯坚持的根本指导方针，也是各级领导干部必须牢固树立的根本观念。毛泽东、邓小平等老一辈无产阶级革命家对全心全意依靠工人阶级的问题作过一系列精辟论述。以江泽民同志为核心的党的第三代中央领导集体，结合新的形势和任务，从多方面进一步丰富和发展了关于全心全意依靠工人阶级的重要思想。概括起来，主要是：第一，中国工人阶级始终是推动先进生产力发展的基本力量，是社会主义事业的中坚，是我们党最坚实、最可靠的阶级基础，是我们国家当之无愧的领导阶级，在发展社会主义市场经济的条件下，工人阶级的历史地位和作用没有变、也不能变。第二，必须毫不动摇地坚持全心全意依靠工人阶级的根本指导方针，这是我们党和国家的政治优势，也是我们从胜利走向胜利的重要保证。第三，要通过政治、经济、法律、行政等手段以及必要的组织措施，使全心全意依靠工人阶级的方针得到更好的贯彻落实，切实保证职工群众的主人翁地位，维护他们的经济、政治和文化权益。第四，要充分发挥工人阶级在改革开放和社会主义现代化建设中的主力军作用，使他们始终站在发展社会生产力的最前沿，为深化改革、促进发展、维护稳定作出应有的贡献。第五，要不断发展工人阶级的先进性，提高广大职工的整体素质，把他们锻炼成一支真正具有先进阶级理想、社会主义道德、现代文化科学知识和严格纪律的强大阶级队伍。第六，工会是党领导的职工自愿结合的工人阶级群众组织，要紧紧围绕全党全国工作大局，认真履行职责，充分发挥党联系职工群众的桥梁和纽带作用、国家政权的重要社会支柱作用，等等。这些重要思想是我们新一届中央领导集体必须继承和弘扬的宝贵精神财富，为我们在新的历史条件下充分发挥工人阶级的主力军作用，进一步指明了方向。

在中国共产党的领导下，中国工人阶级在长期革命和建设的实践中，始终紧紧跟随党的前进步伐，始终站在时代前列，始终发挥着先进阶级的强大作用。党的十一届三中全会以来，中国工人阶级在党的基本理论、基本路线、基本纲领的指引下，解放思想，实事求是，开拓进取，艰苦奋斗，经受住了各种困难和风险的考验，为抓住机遇、深化改革、扩大开放、加快发展、保持稳定，作出了不可磨灭的历史性贡献。实践充分证明，中国工人阶级不愧为我们党的阶级基础和我们国家的领导阶级，不愧为我国先进生产力的代表，不愧为我国社会主义物质文明、政治文明和精神文明建设的主力军。

应当看到，改革开放以来，我国工人阶级队伍已经并且将继续发生巨大而深刻的变化，这些变化归根到底使中国工人阶级作为先进生产力代表的地位得到了进一步巩固和加强。伴随着我国社会主义现代化建设和工业化进程，伴随着我国科技革命和知识经济的发展，我国工人阶级已经日益成为一个包括产业工人、其他工人、知识分子、管理干部在内的不可分割的统一整体，成为一个包括劳动和工作在各种所有制的企业和各种事业单位以及机关中的脑力劳动者与体力劳动者不可分割的统一整体。在这个过程中，工人阶级队伍不断壮大，结构不断优化，整体素质不断提高，党执政的阶级基础进一步增强。还应当看到，中国工人阶级队伍在发展、壮大、进步的同时，也正面临着新的历史考验。比如，随着社会主义市场经济体制的建立，经济结构的战略性调整，国有企业改革、改组和改造，出现了部分职工下岗失业等新情况新问题。这确实给部分职工的生产生活带来一些暂时的困难，但这是前进中发展中的问题，是可以通过进一步深化改革、加快发展逐步得到解决的。这些问题的出现，并没有改变工人阶级的性质、地位和作用。重要的是，下岗职工通过分流和培训，重新上岗或自主创业，既考验了工人阶级，也锻炼了工人阶级，使中国工人阶级的先进性不仅体现在革命的彻底性、严格的组织纪律性方面，而且进一步体现在顾全大局的胸怀、克服困难的意志、奋起创业的勇气和与时俱进的追求方面。因此，在新形势下，工人阶级作为我们国家的领导阶级和主人翁的地位不能动摇，作为改革开放和现代化建设主力军的作用不能削弱，我们党全心全意依靠工人阶级的根本指导方针不能改变。

党的十六大明确提出，要紧紧抓住本世纪头20年的重要战略机遇期，全面建设惠及十几亿人口的更高水平的小康社会，基本实现工业化，大力推进信息化，加快建设现代化，使经济更加发展、民主更加健全、科教更加进步、文化更加繁荣、社会更加和谐、人民生活更加殷实。这是一个宏伟的战略目标。如果我们再进一步联系近代以来世界经济和社会发展的历史，就可以更加深刻地认识到，实现党在新世纪、新阶段的这个奋斗目标，将会带来世界历史上最大规模的、最为深刻的社会变革。众所周知，近代产业革命以来的250年，全世界实现工业化的国家和地区，总共不过15亿人，也就是说，每50年才有不超过3亿人口进入工业化社会；而我国从20世纪80年代起，经历改革开放和现代化建设的第一、第二步发展进程，到全面小康目标实现后，再继续奋斗几十年，到本世纪中叶，大体上只用不到100年的时间，就将把一个15亿人口的发展中社会主义大国带入工业化、现代化，使中华民族在中国特色社会主义道路上实现伟大复兴。可见，这个奋斗目标，既鼓舞人心，又催人奋进，体现了我们党是一个始终把发展作为执政兴国第一要务，全心全意为国家谋富强、为人民谋幸福的负责任的党。

全面建设小康社会，既要坚定地依靠工人阶级，又必将造福于工人阶级，既反映了工人阶级和广大劳动群众的共同心愿和根本利益，也为工人阶级更好地发挥作用提供了广阔的舞台。当代中国工人阶级一定要提高肩负起新的历史使命的自觉性和坚定性，在全面建设小康社会的历史进程中充分发挥主力军作用，为建设社会主义物质文明、政治文明、精神文明作出新贡献。一是要紧紧扭住发展这个第一要务，以解放和发展社会生产力为己任，在坚持走新型工业化道路的进程中，立足本职、学赶先进、争创一流，积极参与各种形式的群众性经济技术创新活动，为提高企业经济效益、促进国民经济持续快速健康发展建功立业；要始终站在改革的前列，坚决支持改革，积极投身改革，为推动国有企业的改革和发展、建成完善的社会主义市场经济体制作贡献。二是要认真行使管理国家、管理经济和社会事务的权利，积极参与本单位的民主决策、民主管理和民主监督，促进社会主义民主法制建设；倍加珍惜安定团结的政治局面，倍加珍惜工人阶级队伍的团结统一，倍加自觉地做维护社会稳定的中流砥柱。三是要带头弘扬爱国主义、集体主义和社会主义精神，积极参与群众性精神文明创建活动，努力形成爱岗敬业、诚实守信、办事公道、服务群众、奉献社会的良好职业风尚，用工人阶级的先进思想和模范行动影响和带动全社会，推进社会主义精神文明建设。

中国工人阶级在新世纪、新阶段要适应时代发展的要求，肩负起新的历史使命，就必须进一步弘扬解放思想、实事求是、与时俱进的精神。与时俱进是马克思主义的理论品质，也是全面建设小康社会，实现中华民族伟大复兴的必然要求。历史和现实一再证明，坚持与时俱进的政党，才能永葆青春；坚持与时俱进的阶级，才能始终充满活力；坚持与时俱进的事业，才能永远欣欣向荣。工人阶级和广大劳动群众要坚持用“三个代表”重要思想武装头脑，在不断体现时代性、把握规律性、富于创造性的伟大实践中，不断提高自身的思想道德素质和科学文化素质，进一步提高学习能力、创新能力、竞争能力和创业能力。要通过提高自身素质和加强能力建设，使工人阶级的地位更加巩固、力量更加强大、贡献更加突出。

同志们，我们肩负的全面建设小康社会、实现中华民族伟大复兴的历史任务光荣而艰巨。伟大的事业需要伟大的精神力量。全党全社会都要学习和弘扬先进模范人物的优秀品质和崇高精神，以坚定的信心、旺盛的热情和奋发有为的精神状态，投身到全面建设小康社会的伟大事业中去。劳动模范是我国工人阶级和广大劳动群众的杰出代表，是民族的精英、国家的脊梁，是社会的中坚、人民的楷模。在实践中不断涌现的劳动模范为我国的改革、发展和稳定作出了突出贡献。工人阶级要肩负起新的历史使命，就必须发扬劳模精神，勤奋工作，不断进取，奋发有为，多做贡献。各级党委和政府要广泛宣传劳模，使劳模精神在全面建设小康社会的历史进程中不断发扬光大，使劳模的优秀品格成为广大劳动群众奋发向上、建功立业的精神动力；要切实关心劳模，特别要关心生活遇到困难的劳模和离退休老劳模，通过制定和完善有关政策措施，比如，通过建立劳模基金、实施困难劳模救助等办法，切实解决他们的实际困难，把党和政府的关怀和社会主义社会的温暖送到他们的心坎上。总之，全社会都要尊重和关心劳模、宣传和学习劳模，努力形成劳动光荣、知识崇高、人才宝贵、创造伟大的时代新风，使尊重劳动、尊重知识、尊重人才、尊重创造真正成为全社会的共识和人们的自觉行动。同时也希望劳模和先进工作者更加珍惜自己的荣誉，始终保持谦虚谨慎、艰苦奋斗的精神，再接再厉，与广大职工和各族人民一起，在新的起点上创造新的业绩，作出更大的贡献。

全面建设小康社会，实现中华民族的伟大复兴，归根到底是为了强国富民，使我们的祖国更加繁荣富强，人民的生活更加幸福美好。因此，各级党委和政府在团结动员工人阶级和广大劳动群众为全面建设小康社会作贡献的同时，还要切实保障他们的经济、政治和文化权益，切实把最广大人民群众的利益实现好、维护好、发展好。当前，特别要高度重视和妥善解决下岗失业人员和困难职工的生产生活问题。去年9月，党中央、国务院召开全国再就业工作会议以来，各地结合实际，认真贯彻会议精神，加强组织领导，明确目标责任，制定相关政策措施，在有组织地开发就业岗位、有针对性地开展职业介绍和职业指导、加强职业培训、积极开展再就业援助、继续巩固“两个确保”、搞好“三条保障线”的衔接等方面，做了大量富有成效的工作。但是，下岗职工基本生活保障和再就业的压力仍然较大。党中央、国务院今年还将召开全国就业和再就业工作座谈会，交流经验，检查督促，强化措施，进一步落实有关方针政策。“就业是民生之本”。各级党委和政府要进一步加大就业和再就业工作力度，切实把关心困难职工群众的生产生活作为一件关系全局的大事抓紧抓好。要以深厚的感情，满腔热忱地关心困难职工，时刻把他们的安危冷暖挂在心上；要以扎实的作风，深入体察民情，倾听困难职工和群众的呼声，了解他们的疾苦；要以细致的工作，千方百计地帮助困难职工排忧解难，使他们的生产生活切实得到保障。

工会工作是党的群众工作的重要组成部分。各级工会组织要围绕中心，服务大局，通过卓有成效的工作，把广大职工的积极性、主动性、创造性引导到立足本职、干好工作上来，凝聚到为全面建设小康社会建功立业上来。要认真履行依法维护职工合法权益的基本职责，在维护全国人民总体利益的同时，更好地代表和维护职工群众的具体利益。要主动适应工人阶级内部结构的新变化和职工群众的新要求，坚持与时俱进，不断创新工会的组织体制、运行机制和活动方式，切实加强自身建设，努力提高服务能力，不断增强工会组织的吸引力和凝聚力。各级党委要高度重视工会工作，切实加强和改进对工会工作的领导，认真研究新世纪、新阶段工会工作面临的重大问题，帮助工会解决工作中遇到的实际困难，支持他们依照法律和自己的章程独立自主、创造性地开展工作，更好地履行职责。各级政府要大力支持工会工作，进一步加强同工会的联系，在研究和制定有关政策措施时，对涉及职工利益的重大问题，要认真听取工会的意见，主动接受监督，进一步拓宽工会民主参与、民主监督的渠道。

同志们，党的十六大热切地号召全党全社会：“要形成与社会主义初级阶段基本经济制度相适应的思想观念和创业机制，营造鼓励人们干事业、支持人们干成事业的社会氛围”，这就是要进一步倡导“全民奋起、艰苦创业”的精神。社会主义初级阶段，是“全民奋起、艰苦创业”的阶段；全面建设小康社会的过程，是“全民奋起、艰苦创业”的过程。在新世纪、新阶段，我们既艰苦奋斗，又艰苦创业，必将开创出“放手让一切劳动、知识、技术、管理和资本的活力竞相迸发，让一切创造社会财富的源泉充分涌流”的崭新局面。让我们高举邓小平理论伟大旗帜，全面贯彻“三个代表”重要思想，紧密团结在以胡锦涛同志为总书记的党中央周围，沿着党的十六大指引的方向，最广泛、最充分地调动一切积极因素，为全面建设小康社会、开创中国特色社会主义事业新局面，为共同创造我们的幸福生活和美好未来，为实现中华民族的伟大复兴而努力奋斗！

中央组织部部长贺国强在北京出席全国知识分子工作联席会议第五次会议并讲话

会议高度评价了知识分子在当前防治非典型肺炎斗争中所作出的突出贡献。贺国强指出，夺取防治非典型肺炎斗争的胜利，必须尊重科学、依靠科技，充分发挥知识分子的作用。

会议通报交流了联席会议第四次会议以来知识分子工作情况，就如何深入贯彻“三个代表”重要思想和十六大精神，进一步做好当前知识分子工作的问题进行了研究和部署。

贺国强强调，做好当前的知识分子和人才工作，必须坚持以“三个代表”重要思想和十六大精神为指导，按照全国组织工作会议部署，认真贯彻落实中央《关于加强专业技术人才队伍建设的若干意见》。要抓好培养培训这个重要环节，全面提高专业技术人才队伍素质。要进一步完善联系知识分子等制度，切实做好专业技术人才的吸引工作。要采取多种形式，大力组织知识分子为全面建设小康社会贡献聪明才智。要继续抓好知识分子政策的研究制定和贯彻落实，充分调动广大专业技术人才的积极性、创造性。

中国证监会新闻发言人就延长五一休市时间问题发表谈话

经证监会同意，上海证券交易所、深圳证券交易所、上海期货交易所、大连商品交易所和郑州商品交易所研究决定，将原定2003年5月1日至5月5日的休市安排改为2003年5月1日（星期四）至5月9日（星期五）休市，5月12日（星期一）开市。上述决定是证监会考虑到预防非典型肺炎传播，保障广大投资者和证券、期货营业场所工作人员的健康而作出的。

国务委员唐家璇在钓鱼台国宾馆会见以党首土井多贺子为团长的日本社民党代表团

外交部部长李肇星率团在阿拉木图参加上海合作组织成员国外长例行会议并发表讲话

李肇星指出，目前首先应加快上海合作组织的机制建设，抓紧做好秘书处正式启动的有关准备工作，深化和拓展安全合作，尽早建立地区反恐机构；第二应更加有效地打击恐怖主义、分离主义和极端主义，尽快实施反毒合作；第三应推动成员国间经济合作，拿出切实可行的发展纲要，确定和启动合作项目；第四应加强本组织的对外交往，以更加积极和开放的姿态参与国际事务。

哈萨克斯坦外长托卡耶夫、吉尔吉斯斯坦外长艾特马托夫、俄罗斯外长伊万诺夫、塔吉克斯坦外长纳扎罗夫以及乌兹别克斯坦副外长涅马托夫也分别发表讲话，就本组织的建设、经贸合作、反恐和反毒以及伊拉克危机、阿富汗重建等共同关心的国际问题发表了意见。

会议最后通过了有关上海合作组织各机构条例草案等文件。这些文件将被提交到计划于今年5月召开的上海合作组织莫斯科峰会上审议。会议还发表了《上海合作组织成员国外交部长会议新闻公报》。

外交部部长李肇星在阿拉木图与俄罗斯外长伊万诺夫举行会晤

中俄两国外长就当年两国高层交往和一系列共同关心的国际问题交换了意见。

李肇星当天还分别会见了吉尔吉斯斯坦外长艾特马托夫和塔吉克斯坦外长纳扎罗夫。

哈萨克斯坦总统纳扎尔巴耶夫在阿拉木图会见外交部部长李肇星

纳扎尔巴耶夫说，哈中两国建交十多年来，在双边关系中已形成了牢固的睦邻友好、互利互信基础，两国领导人间的频繁交往、边界问题的彻底解决和经贸合作的突破性进展就是互信互利原则的最好体现。他说，双方应不断巩固两国关系的基础，进一步深化在各个领域的合作。

李肇星说，中国新一届领导集体高度重视保持和发展中哈长期稳定的睦邻友好合作关系，重视两国间的高层交往，胡锦涛主席十分珍视与纳扎尔巴耶夫总统的良好工作关系和个人友谊。

李肇星还就哈方在台湾、西藏、反对“东突”势力等问题上对中方的支持表示感谢，并希望双方在上海合作组织框架中继续加强合作。

李肇星是4月26日抵达阿拉木图开始对哈进行为期4天的访问的。

外交部发言人刘建超就日本向中国提供医疗援助答记者问

有记者问：据报道，日本决定向中国提供2.05亿日元的援助以防治非典型肺炎，请证实。

刘建超说，日本政府于4月28日宣布，向中国提供价值2.05亿日元的医疗器材和药品，以支持中国防治非典型肺炎。中国政府对此表示感谢。

解放军总参谋长梁光烈在拉巴特与摩洛哥国王穆罕默德六世举行会谈

全国防治非典型肺炎指挥部在北京召开会议部署北京及周边地区“非典”防治工作

国务院总理温家宝作出重要批示强调，有关省区市要交流经验，吸取教训，避免重蹈因准备不足、应对不力而造成被动局面的覆辙；建立协调机制，及时沟通信息，共同采取措施，防止疫病扩散；保证交通通畅和物资供应，切实做好检疫工作；地方之间要相互配合，团结协作，共同克服困难。

中共中央政治局委员、国务院副总理、全国防治非典型肺炎指挥部总指挥吴仪出席会议并讲话。

吴仪指出，当前北京及周边地区做好联防协防工作十分重要。要建立北京及周边地区防治工作协调机制，各地要讲政治，讲大局，相互理解，相互支持。北京等疫情较重的地区要加强流出人口的管理，认真落实健康人员就地预防，疑似病人就地观察，确诊病人就地治疗的原则，落实政府补贴困难患者医疗费用的救助政策，严格控制疫情向周边地区特别是农村扩散。机场、车站、码头和重要交通工具要增加检疫设备，加强检疫力量。要充分发挥城市社区组织和农村村民委员会的作用，动员全社会力量，构建疫情监测防护网络。地区之间要及时相互通报跨地区人员流动、疫情防控、卫生检疫等方面的信息，形成防治工作的合力。要不断研究防治工作中的新情况、新问题,及时调整部署,制定相关措施。吴仪强调,一定要一手抓防治工作,一手抓经济发展。要维护正常的交通秩序和生活秩序,维护社会稳定。

国务委员兼国务院秘书长、全国防治非典型肺炎指挥部副总指挥华建敏主持会议并讲话,他要求各地和指挥部各工作组认真贯彻落实温家宝总理批示、吴仪副总理讲话和这次会议精神,把北京及周边地区协防联防作为当前的一项重要工作,突出抓好流动人员出口、途中和入口的管理,保证交通畅通和正常货物供应,扎扎实实做好协防联防工作,保证人民群众的健康安全和北京及周边地区的社会稳定。

北京、天津、河北、山西、内蒙古、辽宁、山东等省区市主管防治工作的负责同志在会上发了言,全国防治非典型肺炎指挥部成员出席会议。

国务院副总理吴仪在北京听取防治"非典"联合工作小组工作汇报

中共中央政治局委员、北京市市委书记、北京防治非典型肺炎联合工作小组组长刘淇主持会议。

在听取北京市工作情况汇报后,吴仪指出,北京防治非典型肺炎联合工作小组成立以来,采取了一系列果断措施,做了大量工作,形成了社会各方力量密切配合、群防群控的态势,为最终打赢非典型肺炎攻坚战奠定了良好基础。目前,北京的防治形势依然严峻,当务之急是控制传染源、切断传播渠道,要充分发挥乡镇、街道和社区居委会、村民委员会的作用,构筑覆盖全社会的疫情防护网。要完善定点医院各项设施,设立发热门诊隔离区,发现疑似患者立即收治,及时转移到定点医院,防止交叉感染。要统筹协调,用好首都医疗资源,提高治愈率,降低病死率。要保障防治非典型肺炎用的口罩、防护服、消毒液等物资的供应,严厉打击制售假冒伪劣药品和囤积居奇、哄抬物价等违法行为。

吴仪要求,切实加强对师生和外来务工人员的管理,坚决落实"健康人员就地预防、有接触史的就地观察、已确诊的就地治疗"的方针,决不能把发病民工推回原籍或推向社会,对违反者要严厉查处。要加强信息交流,建立北京市和民工输出地之间的双向沟通机制,及时发现和通报流动民工信息,共同建立群防群控机制,严防疫情向京外地区扩散。

吴仪指出,各项防治措施一定要一抓到底,不能有半点含糊,不允许任何人以任何方式敷衍塞责、推诿扯皮。对于决定的事项,要不折不扣地贯彻执行,这要作为一项铁的纪律。要把贯彻落实决定事项的情况,用来衡量一个干部是否真正贯彻落实"三个代表"重要思想,是否真正忠诚于党的事业,是否真正把人民的疾苦放在心上。

吴仪特别强调,要切实保护好医护人员。她说,各级政府、社会各界都要关心一线医护人员,要加强防护工作,保护他们的健康。要有计划地组织一线医护人员轮流休息,避免过度疲劳引起感染。基层组织和街道社区要关爱一线医护人员的家人,热心为他们的家庭服务,解除他们的后顾之忧。要表彰先进,保护广大医护人员的积极性。

北京市代市长王岐山汇报了北京市防治非典型肺炎工作情况。全国防治非典型肺炎指挥部有关工作组负责人、北京市有关负责同志参加了会议。

国务院副总理回良玉到农业部调研并召开有关部门负责人座谈会

回良玉强调指出,加大农村防治非典型肺炎工作力度,控制疫情在农村传播和扩散,是摆在我们面前的一项十分紧迫的重大任务。各地和各有关部门务必高度重视,按照党中央、国务院的统一部署,迅速采取有力措施,坚决打好农村防治非典型肺炎这场硬仗。

回良玉指出,当务之急是要切断"非典"传播途径,防止因农民工和学生返乡流动造成疫情向农村扩散。要建立完善快速信息反应系统,对"非典"疫情切实做到早发现、早报告、早隔离、早治疗。调研中,回良玉还要求有关部门高度重视、继续加强动物疫病的防治工作。

全国人大常委会法工委有关负责人就传染病防治法有关问题答新华社记者问

问:传染病防治法的立法精神和主要内容是什么?

答:传染病是人类的天敌。防治传染病,要依靠科学,依靠群众,依靠法律。1989年2月,总结我国防治传染病工作多年积累的经验,建立和完善防治传染病的法律机制,七届全国人大常委会第六次会议审议通过了《中华人民共和国传染病防治法》。这部法律的立法精神,就是要动员全社会的力量,来共同预防、控制和消除传染病的发生与流行,保障人民的身体健康和生命安全。整部法律共7章41条,对传染病防治工作的基本原则,法定传染病的范围,各级人民政府、社会组织和公民个人在防治传染病工作中的职责,传染病的预防,疫情的报告和公布,传染病的控制,传染病防治工作的监督管理以及法律责任等,作出明确规定。这部法律是这次开展防治"非典"传染病的重要法律依据。

问:卫生部已经将"非典"列入法定传染病。传染病防治法对法定传染病是怎么规定的?

答:根据不同传染病的危害程度,传染病防治法列出了甲类、乙类和丙类三类法定传染病，采取相应措施，进行防治管理。同时，授权国务院可以根据情况，增加或者减少甲类传染病病种，并予以公布；国务院卫生行政部门可以根据情况，增加或者减少乙类、丙类传染病病种，并予以公布。"非典"是一种新发现的疾病，具有较强的传染性。4月8日，卫生部报经国务院批准，将"非典"列入法定传染病范围。这样，就必须严格按照传染病防治法的规定，对"非典"进行监测、报告、控制和监督。这对依靠国家法律的强制力开展"非典"防治工作，具有重要意义。

问：传染病防治法对疫情的报告和公布是怎么规定的？对传染病的预防应采取哪些措施？

答：及时报告和公布传染病疫情，可以引起全社会对传染病的重视，共同来预防和控制传染病的流行和蔓延。因此，传染病防治法规定：(1)任何人发现传染病病人或者疑似传染病病人时，都应当及时向附近的医疗保健机构或者卫生防疫机构报告。(2)执行职务的医疗保健人员、卫生防疫人员发现传染病病人、病原携带者或者疑似传染病病人，必须按照国务院卫生行政部门规定的时限向当地卫生防疫机构报告疫情。卫生防疫机构发现传染病流行或者接到疫情报告，应当立即报告当地卫生行政部门和当地政府，同时报告上级卫生行政部门和国务院卫生行政部门。(3)各级政府有关主管人员和从事传染病的医疗保健、卫生防疫、监督管理的人员，不得隐瞒、谎报或者授意他人隐瞒、谎报疫情。(4)国务院卫生行政部门应当及时地如实通报和公布疫情，并可以授权省、自治区、直辖市政府卫生行政部门及时地如实通报和公布本行政区域的疫情。(5)按照职责分工，各级政府卫生行政部门指定的卫生防疫机构应当对辖区内各类医疗保健机构的疫情登记报告和管理情况定期进行核实、检查和指导。

传染病防治法规定，国家对传染病实行预防为主的方针，防治结合，对传染病的预防措施，该法作出了明确的规定：(1)各级政府应当开展预防传染病的卫生健康教育，组织力量消除各种病媒昆虫以及其他传播传染病的或者患有人畜共患传染病的动物的危害。(2)地方各级政府应当有计划地建设和改造公共卫生设施，对污水、污物、粪便进行无害化处理，改善饮用水卫生条件。供水单位供应的饮用水必须符合国家规定的卫生标准。(3)各级各类医疗保健机构应当设立预防保健组织或者人员，承担本单位和责任地段的传染病预防、控制和疫情管理工作。市、市辖区、县设立传染病医院或者指定医院设立传染病门诊和传染病病房。(4)国家实行有计划的预防接种制度。国家对儿童实行预防接种证制度。(5)对被传染病病原体污染的污水、污物、粪便，有关单位和个人必须按照卫生防疫机构提出的卫生要求进行处理。对甲类传染病病原体污染的污水、污物、粪便，必须严密消毒后处理；拒绝消毒处理的，当地政府可以采取强制措施。(6)对从事传染病预防、医疗、科研、教学的人员，现场处理疫情的人员，以及在生产、工作中接触传染病病原体的其他人员，有关单位应当根据国家规定，采取有效的防护措施和医疗保健措施，等等。

问：各级政府、卫生防疫部门和医疗机构在防治传染病工作中负有什么职责？

答：传染病防治法规定，各级政府对传染病防治工作负有领导职责，负责制定传染病防治规划，并组织实施。

各级政府卫生行政部门对传染病防治工作实施统一监督管理，行使下列监督管理职权：(1)对传染病的预防、治疗、监测、控制和疫情管理措施进行监督检查；(2)责令被检查单位或者个人限期改进传染病防治管理工作；(3)对违反传染病防治法的行为，依法给予行政处罚。

各级各类卫生防疫机构按照专业分工承担责任范围内的传染病监测管理工作。各级各类医疗保健机构承担责任范围内的传染病防治管理任务，并接受有关卫生防疫机构的业务指导。医疗保健机构设立传染病管理检查员，负责检查本单位及责任地段的传染病防治管理工作，并向有关卫生防疫机构报告检查结果。

问：各种社会组织和公民个人在传染病防治中负有什么责任？

答：防治传染病需要动员全社会的力量，紧密配合，共同行动，严加防范和控制。传染病防治法规定，在中华人民共和国领域内的一切单位和个人，必须接受医疗保健机构、卫生防疫机构有关传染病的查询、检验、调查取证以及预防、控制措施，并有权检举、控告违反本法的行为。

问：对传染病的暴发、流行，法律规定应当采取哪些控制、隔离措施？

答：传染病防治法规定，对法定传染病病人和病原携带者，予以隔离治疗；对疑似传染病病人，在明确诊断前，在指定场所进行医学观察。对传染病病人、病原携带者、疑似传染病病人污染的场所、物品和密切接触的人员，实施必要的卫生处理和预防措施。传染病病人及其亲属和有关单位以及居民或者村民组织，应当对实施有关措施予以配合。对法定传染病中严重的传染病，传染病病人和病原体携带者，拒绝隔离治疗或者擅自脱离隔离治疗的，可以由公安机关协助治疗单位采取强制隔离治疗措施。传染病防治法还规定，在传染病暴发、流行时，当地政府应当立即组织力量进行防治,切断传染病的传播途径;必要时,报经上一级地方政府决定,可以采取下列紧急措施:(1)限制或者停止集市、集会、影剧院演出或者其他人群聚集的活动;(2)停工、停业、停课;(3)临时征用房屋、交通工具;(4)封闭被传染病病原体污染的公共饮用水源。县级以上地方政府接到下一级政府关于采取以上紧急措施的报告时,应当在规定的时限内作出决定。紧急措施的解除,由原决定机关宣布。

问:按照传染病防治法规定,哪一级政府有权宣布疫区?对疫区应当采取哪些措施?

答:将传染病暴发、流行的区域宣布为疫区,在疫区内采取强有力的控制措施,是控制传染病扩散的有效手段。传染病防治法规定,县级以上地方政府报经上一级地方政府决定,可以宣布疫区,在疫区内可以采取传染病防治法规定的紧急措施,并可以对出入疫区的人员、物资和交通工具实施卫生检疫。经省、自治区、直辖市政府决定,可以对甲类传染病疫区实施封锁;封锁大、中城市的疫区或者跨省、自治区、直辖市的疫区,以及封锁疫区导致中断干线交通或者封锁国境的,由国务院决定。疫区封锁的解除,由原决定机关宣布。

问:违反传染病防治法应当承担什么责任?如何处理?

答:为了保证传染病防治法的贯彻实施,有效预防、控制和消除传染病的发生与流行,传染病防治法对违反该法的行为,根据情节和危害程度,规定了相应的法律责任和处理办法。主要有:

1. 对违反传染病防治法规定,有下列行为之一的,由县级以上政府卫生行政部门责令限期改正,可以处以罚款;有造成传染病流行危险的,由卫生行政部门报请同级政府采取强制措施:(1)供水单位供应的饮用水不符合国家规定的卫生标准的;(2)拒绝按照卫生防疫机构提出的卫生要求,对传染病病原体污染的污水、污物、粪便进行消毒处理的;(3)准许或者纵容传染病病人、病原体携带者和疑似传染病病人从事国务院卫生行政部门规定禁止从事的易使该传染病扩散的工作的;(4)拒绝执行卫生防疫机构依照本法提出的其他预防、控制措施的。

2. 有上述违反传染病防治法的行为之一,引起甲类传染病传播或者有传播严重危险的,依照刑法有关规定追究刑事责任。

3. 从事传染病的医疗保健、卫生防疫、监督管理的人员和政府有关主管人员玩忽职守,造成传染病传播或者流行的,给予行政处分;情节严重,构成犯罪的,依照刑法有关规定追究刑事责任。

当前,全社会都已经紧急动员起来,团结一心,战胜各种困难,与这场突如其来的传染病灾害进行顽强斗争,我们相信,在党中央、国务院的有力领导下,在各级人民政府、社会组织和广大人民群众的共同努力下,严格依法办事,我们一定能够夺取这场抗"非典"斗争的最后胜利。

卫生部发布《公众预防传染性非典型肺炎指导原则》

财政部卫生部发出紧急通知要求各地切实做好农民和城镇困难群众非典型肺炎患者救治工作

通知要求,各级医疗机构必须及时收治农村"非典"患者,决不允许因费用问题延误农村"非典"患者的救治。对农民和城镇困难群众中的"非典"患者实行免费医疗救治,所发生的救治费用由救治地政府负担。其他"非典"患者救治费用按有关规定给予解决。中央财政对中西部困难地区政府负担救治费用,按规定给予补助。

通知要求,通过鉴别确定为农村和城镇困难"非典"患者的,医疗机构可先行记账,医疗费用由救治地医疗机构按属地管理原则报所在地区卫生部门汇总报财政部门,财政部门及时通过卫生部门将资金拨付各医疗机构,确保医疗救治工作正常进行。同时,各地要尽快制定具体的救助办法和结算办法。

中央统战部部长刘延东在北京同全国性宗教团体负责人就防治非典型肺炎工作座谈

刘延东说,希望宗教团体和宗教界人士按照党和政府的要求,正确引导信教群众,为安定人心、维护稳定作出贡献。她强调,各宗教团体要依法加强对宗教事务的管理,根据各自的实际,进一步采取有效的措施,加强宗教场所、宗教活动的"非典"防治工作。

一诚、闵智亭、余振贵、刘柏年、于新粒等宗教团体负责人表示坚决响应党和政府的号召,配合做好各项工作,为最终战胜"非典"作出应有的贡献。

座谈会上,国家宗教局局长叶小文传达了中央有关防治"非典"工作的精神。

国台办新闻发言人就两岸交流和人员往来政策调整问题发表谈话

发言人表示,今年一季度,两岸交流和人员往来保持持续发展的势头,但由于非典型肺炎疫情的影响,进入3月下旬以来有所减少。鉴于大陆一些地区和台湾地区非典型肺炎疫情现状,为保证两岸同胞的健康,我对台交流主管部门决定暂缓审批近期赴台团组,暂缓一些团组赴台。我们相信,在两岸同胞共同努力下,我们一定会战胜非典型肺炎，两岸交流交往也一定会继续得到发展。

国家质量监督检验检疫总局发布《商业服务业经营场所传染性疾病预防措施》

作为强制性国家标准，《商业服务业经营场所传染性疾病预防措施》(以下简称《措施》)由中国商业联合会、中国饭店协会、中国烹饪协会、中国美容美发协会联合起草。该标准规定了商业、服务业经营场所在传染性疾病流行期间实施预防的基本要求和技术措施，包括成立传染性疾病预防控制工作领导机构、制定应急预案、实行首见报告制等。适用于百货店、超级市场、大型综合超市、便利店、专业店、专卖店、购物中心、仓储超市、家居中心和提供住宿及相关服务、餐饮服务、美容美发服务的场所。《措施》自发布之日起实施

交通部发出特急通知对运输紧急物资的车辆发放《特别通行证》

通知指出，《特别通行证》是在防“非典”期间为保障紧急物资及时运输而采取的紧急措施，交通管理人员、执法人员和收费人员，对持有《特别通行证》的车辆，在遇到困难时，要积极协助解决，一律免予检查和收取车辆通行费。

4月30日

国务院总理温家宝在广东考察“非典”防治工作

温家宝在曼谷出席中国—东盟领导人关于非典型肺炎问题特别会议后，于4月30日下午抵达广州。稍事休息后，温家宝在中共中央政治局委员、广东省省委书记张德江，广东省省长黄华华陪同下，先后来到华南师大附中、广州天河区林和街社区卫生服务中心、侨怡苑小区、广州地铁3号线体育西站建设工地，看望学校师生、社区医护人员、小区居民和工地工人，了解预防“非典”的措施。

随后，温家宝来到广东省人民医院看望了医务人员。他要求各级政府要格外关心医务人员的身心健康，要进一步改善他们的工作和生活条件，大力宣传他们的先进事迹。

当晚，温家宝听取了广东省委、省政府关于广东防治非典型肺炎工作情况的汇报并作了重要讲话。他充分肯定了前一阶段广东在防治“非典”工作中所做的大量工作、取得的成效和积累的经验。他指出，当前，广东防治“非典”工作和任务仍然艰巨，要务必做到毫不松懈，巩固成果，防止反复。

温家宝强调，广东是我国实行改革开放最早的地区，地位十分重要。当前，广东各级领导干部要坚持一手抓抗击“非典”，一手抓发展经济。要采取各种有效措施，尽量减少非典型肺炎给经济和社会发展带来的负面影响，把改革开放和现代化建设继续推向前进。

全国政协主席贾庆林在北京出席党外人士防治非典型肺炎工作座谈会并讲话

贾庆林在会议上认真听取了各民主党派中央、全国工商联和无党派代表人士近期防治非典型肺炎工作的情况，及进一步做好这项工作的意见和建议。他代表中共中央对各民主党派、工商联、无党派人士和统一战线各界人士，为防治非典型肺炎工作作出的积极贡献，表示崇高的敬意和衷心的感谢。他说，要充分发挥统一战线各方面专家的聪明才智，相信和依靠科学技术的力量，增强战胜非典型肺炎的信心。要充分发挥统一战线成员热心公益事业的传统，积极开展各种社会公益活动。

全国政协副主席、民革中央常务副主席周铁农，全国人大常委会副委员长、民盟中央主席丁石孙，全国人大常委会副委员长、民建中央主席成思危，全国人大常委会副委员长、民进中央主席许嘉璐，全国人大常委会副委员长、农工党中央主席蒋正华，全国政协副主席、致公党中央主席罗豪才，全国人大常委会副委员长、九三学社中央主席韩启德，全国政协副主席、台盟中央主席张克辉，全国政协副主席、全国工商联主席黄孟复和无党派代表人士叶朗等在座谈会上发了言。他们一致对党、政府和广大医务工作者在防治“非典”工作中所作出的巨大努力给予高度评价，并就进一步做好防治“非典”工作提出了一些意见和建议。

座谈会由全国政协副主席、中央统战部部长刘延东主持。出席会议的还有全国政协副主席张怀西、李蒙，以及各民主党派中央、全国工商联负责人。

中共中央政治局常委曾庆红在北京中日友好医院及和平家园社区考察

曾庆红充分肯定了中日友好医院的广大医务工作者，在抗击“非典”斗争中为挽救患者生命、减轻病人痛苦所作出的贡献，他要求医院党组织和广大党员，继续以开展共产党员先进性教育活动试点为动力，做到试点活动与抗击“非典”斗争“两不误、两促进”，用实际行动为党旗增光辉，为群众作表率。

中共中央政治局委员、书记处书记、中组部部长贺国强等参加了考察和慰问。

地处朝阳区的和平家园社区，由于社区党委高度重视，积极开展群防群控，到目前为止，社区内没有一例“非典”病人和疑似病人，只有4户居民因同疑似病

人有过接触而被隔离在家进行观察。曾庆红走进社区医务室、防治“非典”咨询室和警务室，仔细了解并充分肯定社区党委、居委会为做好“非典”防控工作而采取的各项有效措施。他说，目前北京市的疫情形势仍然很严峻。党中央、国务院时刻牵挂着首都人民的生命安全，全国人民也关注着北京抗击“非典”斗争的进展。北京的疫情控制住了，就能给全国人民以力量和信心。他强调，在抗击“非典”的斗争中，要充分发挥社区的优势，建立以社区党组织为核心的疫情防控工作领导机制，把社区内居委会、机关、学校、企事业单位等各方面的力量全面动员起来，加强群防群控，努力做到早发现、早报告、早隔离、早治疗。他要求，社区党委、居委会要按照中央的要求，在防治“非典”的同时，要加强社会治安综合治理，维护正常的生产、生活秩序，维护社会稳定。

国务院副总理回良玉在江西农村调研

4 月 30 日至 5 月 3 日，回良玉在江西农村调研时指出，当前各地要按照中央关于农业农村工作和“非典”防治工作的部署，加大农村“非典”防治力度，加快农业和农村经济发展。

回良玉强调，各地务必采取果断措施，严防“非典”疫情向农村扩散。当务之急是严格控制农民工返乡。

回良玉还就农民增收和防汛防灾作了指示。

国务院派出第五批非典型肺炎防治工作督查组指导西藏自治区非典型肺炎预防工作

第九十三届广交会在广州闭幕

本届广交会累计出口成交 44.2 亿美元。

国务院副总理吴仪在中南海会见古巴政府部长卡夫里萨斯

公安部等七部委发出《关于加强卫生检疫预防控制非典型肺炎传播的紧急通知》

各省、自治区、直辖市公安(厅、局)，铁路、交通、卫生、出入境检验检疫(厅、局)，宁波、厦门、深圳、珠海检验检疫局，民航、海关(厅、局)，各出入境边防检查总站、公安边防总队：

为认真贯彻落实党中央、国务院关于防治非典型肺炎工作的重要指示精神和部署，加强和规范国内交通和国境口岸卫生检疫，防止疫病扩散，保护人民群众身体健康，保证交通畅通和物资运输，维护正常的交通和口岸出入境秩序，现就进一步加强卫生检疫，预防控制非典型肺炎有关事项紧急通知如下：

一、各级公安、铁道、交通、卫生、出入境检验检疫、边防检查、海关、民航等各有关部门，要高度重视，加强领导，密切配合，认真贯彻《传染病防治法》《国境卫生检疫法》《国内交通卫生检疫条例》，依法加强国内交通和国境口岸卫生检疫，进一步采取有力措施，控制非典型肺炎通过交通工具和国境口岸传播和扩散。

二、在火车站、长途汽车站、机场、客运码头采取下列卫生检疫措施：

1. 设立临时发热病人检查室，对进出本地的人员实施医学检查。

2. 对经检测体温高于 38℃的人员，要立即报告并送至当地卫生行政部门统一安排的医院诊治。

3. 对同舱、同一车厢与非典型肺炎病人、疑似病人接触者，要逐一登记，并配合当地卫生部门进行流行病学调查，以及追访和医学观察。

4. 对出入本地的交通工具及其承运的物资，加强卫生检查，发现有被污染或者可能被污染的物品，实施严格的消毒等卫生处理。

三、增加机场、车站、码头等候室和国境口岸现场的医务人员，加强医学巡查、医学咨询和防治宣传教育，对可疑病人进行及时的医学检查并提供相应的医疗服务。

四、加强国内机场、车站、码头、交通工具及其等候室和国境口岸的卫生检疫，严格执行《公共交通工具卫生标准》、《公共交通等候室卫生标准》，加大卫生监督检查力度，采取通风换气、消毒等措施，保持上述场所的清洁卫生安全。对产生的垃圾等废弃物要按规定实施严格的消毒和卫生处理，防止污染。

五、检验检疫、公安、边防检查、海关等有关部门要各司其职，进一步加大对出入境人员和交通工具的卫生检疫力度。对出入境人员填写《健康申明卡》，测量体温，发现非典型肺炎病人、疑似病人，立即用指定的救护车送指定的医院诊治，对其乘坐的交通工具要实施严格的消毒等卫生处理；对与非典型肺炎病人、疑似病人密切接触者，要进行追访和医学观察。对拒不配合检验检疫部门采取有关措施的出入境人员，根据检验检疫部门的要求，公安边防检查部门可拒绝为其办理出入境手续。

六、公安和交通部门要确保道路交通畅通，任何地方、任何部门、任何个人不得以任何理由阻断交通，一经发现严肃处理。

七、各部门要高度重视并切实加强交通工具及等候室工作人员自身防护。

八、非典型肺炎的疫情报告、通报、公布，应依照

《传染病防治法》及其实施办法和《国内交通卫生检疫条例》及其实施方案有关疫情的规定执行。

公安部 铁道部 交通部 卫生部

质检总局 民航总局 海关总署

2003年4月30日

北京市委市政府部署防治“非典”工作

北京市委、市政府要求全市各级党委和政府要从全局的高度认识防治“非典”工作，坚决把首都地区的疫情稳定住，控制在北京，决不能让疫情扩散到农村和其他省市。

中共中央政治局委员、北京市市委书记、北京防治非典型肺炎联合工作小组组长刘淇强调指出，对外来民工和建筑工地必须实施严格的防控措施，决不允许出现任何纰漏。要做好外地民工和外来务工人员的思想工作，把他们稳定在北京，把防治工作控制在北京范围之内。

针对北京市防治“非典”工作的实际，北京市要求，要进一步动员乡镇、农村、街道、社区和居委会的力量，形成群防群控的态势，共同构筑全民防治“非典”的严密网络。社区的防治工作要实行分类指导，对于“非典”病人和疑似病人做到“早发现、早报告、早诊断、早治疗”；对与病人有密切接触的人员及受污染的地方和物品做到“早调查、快隔离、常监测”，对健康人群做到“早预防、勤检测、少流动”。

集中优势医疗资源，组织优秀医疗力量，对危重病人进行重点抢救，降低病死率是北京目前“非典”救治工作的关键。北京市要求把大力挖掘现有医院潜力，全力做好医疗救助工作。各医院主要领导要亲自抓隔离防护工作，防止医院在“非典”诊疗过程中的交叉感染。要充分发挥专家组的作用，建立抢救危重病人的激励机制。发挥首都的科研优势，加强救治的研究工作；整合医疗资源，集成优秀的专家医护队伍，调配最好的救治设施和医疗设备，以最高的操作标准投入到“非典”病人的救治工作中，尽一切努力提高收治率和治愈率，降低病死率和医护人员的感染率。

北京市委、市政府在总结前一阶段工作的基础上，作出了《关于加强北京防治非典型肺炎工作的决定》，从预防、医疗、物资等10个方面对首都全面决战“非典”作出了总的战略部署，与之全面配套的相关措施和政策也相继出台。北京市要求各级党委和政府要统一思想、统一行动，尽快实现全市防治工作的整体有序推进。

北京市代市长王岐山在北京防治“非典”联合工作小组第二次新闻发布会上答记者问

针对当前公众所关心的“非典”防治中的焦点与难点问题，王岐山回答了中外记者的提问。

当前公布的疫情数字是准确、坦白的

王岐山表示，我可以负责任地讲，我上任以来公布的数字都是非常准确、坦白的。在此之前有些数字不准，应该说主要是由于统计口径不同。现在，北京每天报中央的数字都是由刘淇和我一起签字的。

学生是重点保护对象

王岐山说，从中央到市委、市政府都高度重视学生的防治问题。北京已经采取了若干措施来保证学生在“非典”流行过程中免受感染。未来一周对观察疫情发展是关键的一周，这个时间足够给我们判断学校何时可以恢复上课。

“封城”和“飞机洒药”都是谣言

王岐山表示，关于北京将要“封城”和“用飞机洒药”的传闻，他只是在网上看见过。

他认为，现在的疫情根本谈不上要“封城”。虽然现在北京疫情数字在增长，但相对于过去信息不完整、数字不准确要好得多。疫情是可以控制的。

对于捐款实行严格管理

王岐山说，到目前为止，北京已接受了社会各界7000多万元捐款及捐物，有关部门为此组织了专门的财务人员和审计人员。

他还透露说，到4月29日，北京市财政已为抗“非典”投入4亿元专项经费。他强调，所有款项的使用都有严格要求，从制度和人员配备上，北京市都将充分保证资金不被贪污和挪用。

农村地区的防治丝毫不放松

王岐山说，农村的“非典”防治问题是政府非常关心的，对此丝毫不敢放松。

王岐山说，北京要求郊区农村以自然村为单位，采取多种“非典”防治措施。比如，帮助农民做卫生消毒，每家发放体温计，每天测量体温，村委会主任要掌握村民的体温情况。针对农村可能发生的疫情，北京已做好相应的应急预案。

坚决扭转医院成为传染源的不利局面

王岐山说，北京所有收治“非典”患者的医院和病区都要符合环保要求，患者的粪便要另行处理，垃圾更不能按照常规的医学垃圾来处理，而是要重建焚烧炉。北京要坚决扭转医院成为传染源的不利局面。

医疗部门有能力担负抗击“非典”任务

王岐山表示，现在北京的注册医生有32000人，有资格的护士34000人，但真正熟悉呼吸疾病的医生和护士才不到3000人。中央已抽调了包括军队医院在内的各方面医护人员，帮助北京抗击“非典”。虽然北京的医疗资源面临一定困难，但北京有信心和能力担负抗击“非典”的任务。

中组部发出《为防治非典型肺炎工作提供强有力组织保证的通知》

通知强调,要注重在防治非典型肺炎工作这一重大考验中考察和识别干部。抗击“非典”疫情的斗争是对各级领导干部的政治思想、工作作风、领导水平的一次严峻考验,也是各级党委及其组织部门了解考察干部、发现优秀干部的重要时机。党中央、国务院对各级领导干部抓好“非典”防治工作提出了明确要求。各级组织部门要按照这些要求,把跟踪了解考察领导干部在防治“非典”工作中的表现作为一项重要任务,贯穿于防治工作的全过程。要注重考察了解各级领导班子贯彻中央的重大决策和工作部署是否坚决,工作措施是否到位,是否把人民群众的生命和健康放在首位;要重点考察干部的政治敏锐性、全局观念和驾驭复杂局势、应对突发事件的能力。对在防治工作中表现突出、作出重大贡献的,要及时表彰;对工作不力,甚至失职渎职、畏惧退缩的,要按照有关政策法规进行严肃处理。

中央国家机关工委组织21部委慰问抗击“非典”一线医务人员

国家旅游局下发紧急通知要求近期入境旅游团队不得去中西部和农村

卫生部追授梁世奎同志“人民健康好卫士”荣誉称号

梁世奎同志生前是山西省人民医院急诊科副主任,主任医师,他在与非典型肺炎的斗争中表现了一位医务工作者崇高的职业道德和敬业精神,为了人民的健康,舍生忘死,献出宝贵的生命,以实际行动履行了“三个代表”重要思想,展示了新时期白衣战士的英雄风采。为表彰他的事迹,卫生部决定:追授梁世奎同志“人民健康好卫士”荣誉称号,并在全国卫生系统开展向他学习的活动。

国家环保总局发布《“非典”病毒污染的污水应急处理技术方案》和《“非典”病毒污染的废弃物应急处理处置技术方案》

5月1日

中共中央总书记胡锦涛在天津检查非典型肺炎防治工作

胡锦涛和随行的中共中央政治局委员、国务院副总理兼卫生部部长吴仪，中共中央政治局候补委员、中央书记处书记王刚，在中共中央政治局委员、天津市委书记张立昌和市长戴相龙等陪同下，检查防治非典型肺炎工作的落实情况，亲切慰问为防治疫病辛勤工作的广大干部群众、医务工作者和科研人员。

胡锦涛首先来到天津市卫生防病中心，深入了解全市防治工作的进展情况。他赞扬防疫战线的同志们既是“侦察兵”，又是“突击队”，党和人民对你们寄予厚望。希望同志们再接再厉，为防治“非典”作出更大的贡献。要集中力量进行科学攻关，积极探索防治规律，加强检测手段、防治药物和疫苗以及防护设备的研究，继续深化对病原体的研究，并尽快把成功的研究成果应用到防治工作中去，为抗击非典型肺炎提供科技武器。

胡锦涛十分关心基层防治非典型肺炎的工作，先后视察了和平区小白楼街崇仁里社区和河西区越秀路街教师村社区和家世界友谊路超市，对这里采取的预防控制措施给予了肯定。

胡锦涛在听取了天津市委、市政府的汇报和天津市3位基层干部群众代表的发言后，肯定了天津市前一段为防治疫病所作的积极努力，并就充分认识非典型肺炎防治工作的极端重要性、抓紧落实预防和控制的各项措施、坚持运用科技力量有效防治疫病、广泛发动群众做好基层防治工作、着眼全局切实加强领导等问题发表了重要讲话。

胡锦涛在讲话中强调，疫情的始发阶段是能否把疫情控制在最小范围的一个紧要阶段。做好早期的预防和控制工作至关重要。各级党委和政府要切实做到党政一把手负总责，把所在地区党政军群各单位的防治工作统一组织、协调起来。处在疫情始发阶段的地区，一定要紧紧抓住宝贵战机，防微杜渐、严防死守，牢牢把握防治工作的主动权。

胡锦涛要求各级党委和政府，都要站在全局的高度，正确把握和处理好防治非典型肺炎和推动经济发展的关系，坚持一手抓防治非典型肺炎这件大事，一手抓经济建设这个中心不动摇，夺取防治非典型肺炎斗争和促进经济社会发展的双胜利。

《人民日报》发表社论《发扬光荣传统 站在时代前列——写在“五一”国际劳动节》

今天是“五一”国际劳动节。我们向奋斗在改革和建设各条战线的全国工人、农民、知识分子和中国特色社会主义建设者致以节日的问候！向在抗击非典型肺炎一线的广大医务工作者、科技工作者，以及所有坚守工作岗位的广大职工群众致以崇高的敬意！

在全国各族人民深入学习贯彻党的十六大精神，全面建设小康社会，加快社会主义现代化建设的进程中，我国突发非典型肺炎疫情。对这样一场突如其来的重大灾害，党中央、国务院十分关心，高度重视，迅速作出部署，果断采取措施，领导广大干部群众开展防治非典型肺炎的斗争。全国各条战线特别是医疗卫生战线、科技战线，夜以继日地奋斗，全力以赴地工作。广大职工以实际行动支援抗“非典”斗争，心系大局，立足本职，坚守岗位，扎实工作，为推进改革发展稳定作出了积极贡献。

“五一”国际劳动节前夕，为了表彰在抗击非典型肺炎斗争中涌现出来的先进集体和个人，全国总工会决定，授予3个医疗单位和6名医务人员全国“五一”劳动奖状奖章。这些受到表彰的先进集体和个人，是新时期我国工人阶级的优秀代表。这些先进集体和个人与各条战线涌现出的先进模范一样，集中地反映了我国工人阶级胸怀全局、目标远大，爱岗敬业、艰苦奋斗，刻苦学习、勇于创新，严于律己、弘扬正气的光荣传统。我们一定要大力倡导和弘扬广大医护工作者的英勇无畏和敬业奉献精神，坚定信心，鼓舞士气，再接再厉，顽强拼搏，为控制疫情传播，尽快消除疫病，保障人民群众身体健康和生命安全作出自己的贡献。

中华民族具有伟大的民族精神，面对任何艰难险阻，都表现出无比豪迈的英雄气概。在我们全面建设小康社会，实现民族振兴的伟大事业中，不可能一帆风顺，其中包括遭遇到像非典型肺炎这样的疫病灾害。越是艰难困苦，越是危难关头，越要弘扬和培育伟大的民族精神。中国人民决不向任何困难低头。任何困难都无法阻挡中国人民沿着十六大指引的方向阔步前进。我们要坚决贯彻党中央、国务院的工作部署，一手抓防治非典型肺炎这件大事，万众一心、众志成城，团结互助、和衷共济，迎难而上、敢于胜利，坚决打胜防治非典型肺炎这场硬仗。一手抓经济建设这个中心不动摇，要坚持扩大内需的方针，继续实施积极的财政政策和稳健的货币政策，用发展的办法解决好经济生活中出现的突出矛盾和问题，全面扎实地做好改革发展稳定的各项工作，维护社会生产、学习和生活的正常秩序，坚定不移地完成今年经济和社会发展的预期目标，保持国民经济持续快速健康发展。

疾风知劲草，危难见坚贞。中国工人阶级一向具有光荣的传统和优良的品德，越是在困难的时候，越要发挥工人阶级主力军作用，始终站在时代的前列。我们坚信,有党中央的坚强领导,有社会主义的优越制度,有几个月艰苦努力探索的防治疫病的宝贵经验,有改革开放以来形成的雄厚物质和技术基础,我们一定能够同舟共济,渡过难关,夺取抗击非典型肺炎攻坚战的全面胜利,夺取改革开放和现代化建设的新胜利。让我们紧密地团结在以胡锦涛同志为总书记的党中央周围,全面贯彻“三个代表”重要思想和十六大精神,在抗击“非典”的英勇斗争中,在中国特色社会主义建设的伟大实践中,锤炼我们的坚强意志,升华我们的民族精神,凝聚我们的智慧力量,谱写出更加辉煌的新的历史篇章。

海协会常务副会长李炳才在《求是》杂志第9期发表文章《在“九二共识”基础上恢复对话与谈判》

劳动和社会保障部与国家统计局发布《2002年度劳动和社会保障事业发展统计公报》

全国人大常委会副委员长热地率全国人大代表团在莫尔斯比港出席第三届太平洋岛国论坛议长会议

对话会由本届太平洋岛国论坛议长会议主席、巴布亚新几内亚国民议会议长斯卡特主持,基里巴斯、马绍尔群岛等国议长出席。

斯卡特感谢中方派高级代表团出席对话会以及为会议成功举行提供的支持和帮助,并表示愿进一步扩大与中国全国人大的交流与合作。

中国疾病预防控制中心印发《公共场所、学校、托幼机构传染性非典型肺炎预防性消毒措施指引》

国务委员陈至立到科技部慰问防治“非典”科技人员

陈至立鼓励全体工作人员发扬“两弹一星”精神,齐心协力,为尽早攻克防治非典型肺炎科学难关作出贡献。

救治“非典”病人的专科医院北京小汤山医院建成启用

从5月1日23时起,北京15家医院的156名病人陆续转入这所位于京郊小汤山地区的新建医院。该院所需药品器材和设备已经到位,已经抵达的医护人员也经过了一系列岗前培训,医院各系统已进入运行状态。

北京市市委书记刘淇深入北京医疗机构社区建筑工地检查防治“非典”情况

刘淇在石景山医院和石景山区疾控中心仔细了解了病人收治和疫情动向,在新华社鲁谷社区听取了居委会主任冯重北关于防治措施的汇报。刘淇说,我们就是要社区各自为战,形成防控“非典”的铜墙铁壁。他希望社区和石景山区委、区政府多关心医务人员的家庭生活,为他们解除后顾之忧。

在检查首都博物馆新馆工地时,刘淇要求各个工地严格管理,一定要落实各项防护措施,百分之百地确保民工的安全。

中组部作出《关于追授邓练贤、叶欣、梁世奎、李晓红同志“全国优秀共产党员”称号的决定》

今年以来,我国一些地区发生了非典型肺炎疫情。在党中央、国务院的坚强领导下,全国人民万众一心、众志成城,团结互助、共济,迎难而上、敢于胜利,奋起抗击非典型肺炎疫病。广大医务工作者勇敢地站在这场斗争的最前线,置个人安危于度外,忠实履行职责,为保护人民群众的身体健康和生命安全作出了重要贡献,赢得了全社会的高度赞誉。广大共产党员牢记党的宗旨,冲锋在前,忘我工作,涌现出许多可歌可泣的事迹,树立了新时期共产党人的光辉形象。邓练贤、叶欣、梁世奎、李晓红4位同志就是他们当中的优秀代表。最近,胡锦涛总书记就学习邓练贤同志作出重要批示,温家宝同志也就学习梁世奎同志作出重要批示。

邓练贤,男,1949年12月生,1968年2月参加工作,1970年1月入党,生前系中山大学附属第三医院党委委员、党支部书记、传染病科副主任、主任医师。他走上医疗工作岗位以来,始终把“当医生就意味着付出,病人的需要就是我们的需要”作为自己的职业准则。接治非典型肺炎病人后,他亲自参与每一个病人的救治,尽最大努力挽救病人生命。2003年2月1日,他连续工作15个小时,因抢救病人感染致病。2003年4月21日光荣殉职。

叶欣,女,1956年7月生,1972年10月参加工作,1996年7月入党,生前系广东省中医院二沙岛分院急诊科护士长。她从事护理工作多年,始终爱岗敬业,默默奉献,任劳任怨。接护非典型肺炎病人后,她坚守工作岗位,坚持战斗在抢救危重病人的最前线,因抢救病人感染致病。2003年3月24日光荣殉职。

梁世奎,男,1946年5月生,1970年9月参加工作,2001年3月入党,生前系山西省人民医院急诊科主任、主任医师。他从医33年,一直兢兢业业,勤奋努力,从不计较个人得失。接治非典型肺炎病人后,他始终率先垂范,坚持战斗在救治病人的第一线,因抢救病人感染致病。2003年4月24日光荣殉职。

李晓红,女,1974年7月生,1997年12月入伍,

2001年7月入党，生前系武警北京总队医院内二科主治医师。她入伍以来，荣立三等功一次，被评为学雷锋标兵。接治非典型肺炎病人后，她连续奋战6天为病人诊治。被病毒感染后，她表示如果有新的治疗方法，可先在她身上试验，愿以她的生命换取更多人的生命。2003年4月16日光荣殉职。

这4位同志在人民群众的身体健康和生命安全受到严重威胁的紧急关头，挺身而出，勇敢地与病魔作斗争，不惜牺牲自己的宝贵生命，是当代共产党人忠实实践“三个代表”重要思想的典范。根据邓练贤、叶欣、梁世奎、李晓红4位同志生前的一贯表现和他们在这场斗争中的突出贡献，中央组织部决定，追授邓练贤、叶欣、梁世奎、李晓红4位同志“全国优秀共产党员”称号。

中央组织部希望全国各条战线的共产党员都要向邓练贤、叶欣、梁世奎、李晓红同志学习，要学习他们坚持党和人民的利益高于一切，视疫情如命令，视病房如战场，视病人如亲人的高尚情操；学习他们临危不惧，迎难而上，舍生忘死的英雄气概；学习他们将人民群众的身体健康和生命安全放在心上，舍小家顾大家的无私奉献精神；学习他们立足本职岗位，踏实工作，恪尽职守，救死扶伤的职业道德。所有共产党员都要像邓练贤等4位同志那样，在各自的岗位上，出色完成工作任务，自觉维护改革发展稳定的大局，以实际行动展现新时期共产党员的政治本色和精神风貌。

当前，同非典型肺炎疫情的斗争取得了一定成绩，但形势依然严峻。各级党组织和广大共产党员要认真学习胡锦涛总书记的有关重要批示，以邓练贤等4位同志为榜样，认真学习和忠实实践“三个代表”重要思想，紧密地团结在以胡锦涛同志为总书记的党中央周围，大力弘扬民族精神，依靠群众，依靠科学，坚决打赢这场防治非典型肺炎疫病的攻坚战。

中共中央组织部

2003年5月1日

民政部发出通知要求重大自然灾害要在24小时内上报

全国妇联书记处第一书记顾秀莲到中华女子学院慰问师生

顾秀莲代表全国妇联对学院全体师生表示节日祝福，并对中华女子学院前一阶段防控“非典”工作给予了充分肯定。她号召全国的女子学校向中华女子学院学习，积极开展“学习法律、搞好卫生、锻炼身体、抗击‘非典’”的活动。

5月2日

国家主席胡锦涛应约与韩国总统卢武铉通电话就两国关系和朝核问题交换意见

国务院副总理黄菊在北京考察工业企业

黄菊先后来到北京航天长峰股份有限公司医疗器械分公司和华北电力集团公司，亲切慰问节日期间坚守生产岗位的职工，检查非典型肺炎防治工作和节日期间生产情况。

在北京航天长峰股份有限公司医疗器械分公司，黄菊考察了呼吸机的生产情况。他要求确保防治“非典”用医疗器械、药品、消毒用品和防护用品的供应，同时要加强企业非典型肺炎预防、治疗和控制工作。

随后，黄菊来到华北电力集团公司调度中心，检查节日电力供应情况。黄菊强调，电力供应要首先保证“非典”防治机构、“非典”隔离区和居民生活等重点方面的用电。一定要在管理中挖潜力，在调度中求平衡，做好充分准备，迎接夏季用电高峰的到来。

黄菊指出，最近中央政治局召开会议，胡锦涛总书记要求各地区、各部门都要站在全局的高度，正确把握和处理好非典型肺炎防治和推动经济发展的关系。电力系统一定要按照中央的要求，一手抓防治非典型肺炎，一手抓电力生产和供应，为非典型肺炎防治工作顺利开展提供坚强的物质基础和可靠保障。

中央纪委书记吴官正到黑龙江考察

5月2日至7日，吴官正先后到黑龙江省齐齐哈尔、大庆、哈尔滨市考察工作，深入企业、农村和医院，与基层干部、职工、医务人员和农户进行座谈，了解反腐倡廉情况，并听取了省委、省政府和省纪委的工作汇报。他对黑龙江省经济社会发展和反腐倡廉取得的成绩给予充分肯定。

吴官正强调，我们要按照中央的要求，全面贯彻“三个代表”重要思想，一手抓防治非典型肺炎这件大事，一手抓经济建设这个中心不动摇。我们纪检监察机关在防治非典型肺炎和经济建设中，要充分发挥职能作用，协助党委和政府加强监督检查，确保中央的政令畅通。

中央军委主席江泽民向海军361号潜艇遇难官兵亲属致唁电

近日，我海军一艘常规动力潜艇在内长山以东我领海进行训练时，因机械故障失事，艇上70名官兵不幸全部遇难。军委、总部和有关部队领导对事故处理高度重视，对遇难烈士表示沉痛哀悼，对其亲属表示亲切慰问。现潜艇已拖回港口，善后工作正在妥善处理。

江泽民5月2日发唁电，对海军361号潜艇遇难官兵表示深切哀悼，向遇难官兵亲属表示亲切慰问。

北京市市委书记刘淇在海淀区检查防治“非典”工作

中直机关工委常务副书记伍绍祖组织中直机关慰问抗击“非典”一线医务人员

卫生部新闻发言人刘培龙就台湾非典型肺炎疫情一事发表谈话

刘培龙指出，中国政府十分关心包括台湾同胞在内的全中国人民的健康福祉，一直高度关注台湾非典型肺炎疫情。我们将继续同台湾地区积极开展多种形式的交流与合作，共享防治“非典”的信息、经验及成果，以早日战胜非典型肺炎。中国政府同意世界卫生组织派专家赴台湾考察非典型肺炎疫情。

5月3日

中共中央总书记胡锦涛发唁电哀悼361号潜艇遇难官兵

全国人大常委会组成执法检查组赴全国各地检查固体废物污染环境防治法实施情况

这是本届全国人大常委会开展的第一次执法检查。全国人大常委会副委员长王兆国在执法检查组第一次全体会议上指出，人大的执法检查，主要是督促法律实施主管机关进一步解决固体废物污染环境防治法实施中存在的问题。人大和政府分工不同，但目标是一致的，人大进行执法检查，既是对政府的监督，也是对政府工作的支持。

执法检查组将分赴天津、辽宁、上海、福建、重庆等地检查，并委托一些省级人大常委会对本地贯彻环保法律、法规实施的情况进行检查。

我国一些地方发生非典型肺炎后，医疗废物、废水的处理成为迫在眉睫的问题，这项工作是防治“非典”战役的一个重要组成部分。为此，全国人大常委会执法检查组提出，要重视医疗垃圾的处理，切实有效地切断“非典”的可能传播途径。

全国人大常委会副委员长、执法检查组组长盛华仁要求，对医院的医疗垃圾、废水以及隔离区生活垃圾、废水的处置，要加大工作力度，严格依法监管，各个环节都要建立严格的责任制，确保实现处理无害化，确保病毒不扩散，确保所有接触垃圾的人员的安全。要在严格执行现有的法律的基础上，进一步完善法律、法规和污染控制标准，强化监督管理，做到处理规范化、标准化，使日常工作有法可依。

国办下发《关于加强防治非典型肺炎社会捐赠款物管理工作的通知》

全国防治非典型肺炎指挥部发出《关于确保交通畅通维护正常经济社会秩序的紧急通知》

前一阶段，少数地方发生了挖断或阻断国道等道路交通，随意将一些疫情较重的其他省区市指定为疫区并对外来人员实行隔离一至两周的医学观察，少数群众阻挠设置非典型肺炎医学观察所、隔离区的问题。这些问题的出现，直接影响到交通运输和人员往来，妨碍了正常的经济和社会秩序，严重影响非典型肺炎防治工作的顺利开展。针对这些情况，全国防治非典型肺炎指挥部发出《关于确保交通畅通维护正常经济社会秩序的紧急通知》(第一号)，要求各地区和国务院有关部门采取措施，确保交通畅通，维护正常的经济和社会秩序。

紧急通知要求各地区和国务院有关部门坚持一手抓疫情防治工作，一手抓经济发展和社会稳定工作。当前正处在防治非典型肺炎的关键时刻。要坚持讲政治、讲大局、讲团结、讲稳定，发扬“一方有难，八方支援”的精神，同舟共济，共渡难关；认真贯彻落实党中央、国务院关于防治非典型肺炎工作的一系列决策和部署，牢固树立依法行政的观念，切实担负起防治非典型肺炎、发展经济和维护社会稳定的政治责任。

紧急通知要求各地区、各部门采取切实有效措施，保证交通(铁道、公路、水路)安全畅通，保障人员和物资的正常输送。在防治非典型肺炎期间，未经省级人民政府批准，任何单位、任何个人都不得擅立关卡；未经国务院批准，不得限制省际之间的交通。要确保处理疫情的车辆和人员运输、药品、食品等城乡居民生活必需品运输车辆的正常通行，保障城乡物资运输畅通。要加强检疫力量，增加检疫设备，缩短检疫和消毒时间，避免引起交通堵塞。所有非典型肺炎检疫一律不得收费。对于擅立关卡和阻断交通的，要依据《中华人民共和国铁道法》《中华人民共和国公路法》和《道路交通管理条例》的有关规定，严肃追究直接责任人员的责任，追究有关负责人的责任。

紧急通知要求保证人员的正常往来。各地区各部门既要积极采取措施，加强对流动人员的检疫和跟踪监测，防止疫情扩散和蔓延，又要保障公务人员、商务人员和其他人员的正常往来。各地对非典型肺炎病人和疑似病人采取隔离治疗措施，对密切接触者采取卫生处理和预防措施，对有关外来人员实行卫生检疫和登记、追访等措施，是正确的，也是必要的。各地区要严格坚持健康人员就地预防，疑似病人就地观察，确诊病人就地治疗，但是绝对不能随意采取限制人身自由的做法。

紧急通知要求各地区各部门要从实际出发，严格依照《中华人民共和国传染病防治法》和有关规定，确定非典型肺炎的医学观察所、治疗场所和非典型肺炎的隔离区域，同时要确定防止疫情扩散措施和配置污染物处理设施，保障周围群众的健康和权益；不允许越权或超越法律规定确定隔离区和指定疫区。要充分发挥各级组织的作用，对留观、治疗、隔离区内和周边的干部群众做耐心、深入、细致的思想政治工作，认真研究、解决有关问题和困难，取得广大群众的理解和支持。

紧急通知要求各级政府要正确处理在防治非典型肺炎工作中遇到的各种矛盾、问题和群众性事件。要增强预见性，提前做好工作，努力把矛盾和问题化解在萌芽状态，防止酿成群众性事件。一旦发生群体性事件，政府主要负责人要及时亲临现场，讲究策略，深入细致地作思想工作，说服劝解，疏散群众，依法、及时、妥善予以处置。政法部门要慎用强制措施，防止因处置不当而激化矛盾，扩大事态。对于严重影响防治工作顺利进行、影响经济和社会秩序、影响社会稳定的事件，要依法果断处置；对违法犯罪分子和别有用心、蓄意制造事端的敌对分子，要坚决依法打击。

共青团中央全国青联作出决定授予18名青年“中国青年五四奖章”

获此殊荣的18名青年是：北京市朝阳医院综合科护士、团支部书记张锦，中日友好医院副院长、SARS防治专病医院副总指挥许树强，水利部黄河水利委员会勘测规划设计研究院南水北调地质队队长陈书涛，中国科学院计算技术研究所研究员、“龙芯1号”研制组组长胡伟武，武汉钢铁(集团)公司党委书记、副总经理王炯，山东大学校长展涛，中国航空工业第一集团公司成都飞机设计研究所总设计师杨伟，北京第一机床厂重型加工二分厂柔性线工段副段长魏刚，江苏远东集团有限公司董事长、党委书记蒋锡培，中国人民解放军66498部队6连班长肖毅，武警云南省总队德宏傣族景颇族自治州支队副参谋长张云波，红蜻蜓集团有限公司董事长钱金波，新疆尉犁县兴平乡达西村团总支书记买买提·沙吾尔，湖南大学机械与汽车工程学院教授李光耀，海南省昌江黎族自治县十月田镇敬老院管理员豹爱芳，云南省西双版纳傣族自治州景洪市勐养镇中心小学少先队辅导员岳丽群，天津人民广播电台滨海台总监印永清，重庆山城超市有限公司总经理任渝欣。

5月4日

国务院总理温家宝在北京看望高校青年学生

温家宝同中共中央政治局委员、国务院副总理吴仪，国务委员陈至立一起，先后来到清华大学和中国农业大学，看望了两校青年学生，与他们亲切交谈，详细询问了他们的学习、生活和健康情况，了解学校的非典型肺炎防治工作。

卫生部公布《传染性非典型肺炎医院感染控制指导原则(试行)》

新公布的指导原则是在总结前一阶段防治工作经验的基础上制定的。原《医院收治非典型肺炎病人消毒隔离工作规范(试行)》、《卫生部办公厅关于进一步做好医院非典型肺炎诊疗工作中防治交叉感染工作的紧急通知》停止执行。

5月5日

江泽民胡锦涛等中央军委领导在大连接见遇难潜艇官兵亲属代表

中央军委主席江泽民，中央军委副主席胡锦涛、郭伯雄、曹刚川，在大连接见了海军361号潜艇遇难官兵亲属代表和所在部队代表。江泽民代表中央军委，向遇难官兵表示深切哀悼，向遇难官兵亲属表示亲切慰问。他称赞361艇官兵是为国捐躯、为民牺牲的。要求在全军部队大力弘扬361艇官兵们爱国奉献的崇高精神。

江泽民要求部队和有关地方的党委、政府要热情周到地照顾好牺牲官兵的亲属，不仅现在要关心，而且一定要负责到底。

党中央、中央军委对361号潜艇失事的处理工作高度重视，极为关注。361艇失事后，江泽民、胡锦涛等中央军委领导同志一直亲自领导和指挥着事故处理工作。5月3日，他们专程赶赴部队驻地，亲自调查了解有关情况，夜以继日地工作。他们亲自登上361艇，下到每一个舱室，仔细查看每一个战位，详细询问有关细节。几天来，江泽民、胡锦涛等中央军委领导同志广泛听取各方面的意见，与部队领导和有关专家座谈，一起分析失事原因，并反复强调，要本着实事求是、尊重科学的精神，认真总结吸取教训，切实改进工作，努力把军队现代化建设搞得更好。

参加接见和调查研究的还有中央军委委员、总政治部主任徐才厚，中央有关部门、总部、海军和辽宁省有关领导同志。

国务院总理温家宝在北京考察非典型肺炎防治工作

温家宝同随行的中共中央政治局委员、国务院副总理吴仪，国务委员兼国务院秘书长华建敏一起，在中共中央政治局委员、北京市委书记刘淇，代市长王岐山的陪同下，首先来到地处北京昌平区的小汤山医院二部，考察治疗“非典”患者工作，看望慰问军队医务工作者。他还深入农村，了解“非典”防治情况。

温家宝听取了北京市委、市政府防治“非典”工作的汇报，并发表了重要讲话。他说，北京是首都，是全国政治、文化中心，具有十分重要的地位。做好北京市的“非典”防治工作，事关全国大局，责任重大。他肯定了北京市近来在防治工作中采取的一系列果断措施，并对下一步工作提出明确要求，强调坚定信心，加强领导，积极防治，狠抓落实。

中国常驻联合国人类居住区中心(联合国人居署)代表郭崇立在内罗毕出席联合国人居署理事会第十九次会议并发言

郭崇立说，自1996年联合国《人居议程》颁布以来，中国政府更加重视城乡住房建设和人居环境改善工作，确立了以创造良好的人居环境为目标，加强城乡住房建设和基础设施建设，加强污染治理和环境保护，改善城乡生态环境质量的指导思想。在推进可持续发展城市化战略方面，中国政府明确指出“要逐步提高城镇化水平，坚持大中小城市和小城镇协调发展，走中国特色的城镇化道路”，通过建立和完善城镇规划体系，探索科学、合理、可持续发展的城镇化发展道路。在城镇住房建设方面，中国城镇住宅短缺问题已基本得到解决，重视住房质量和环境改善，提高住房科技含量开始成为新的追求目标。在城镇基础设施建设方面，近5年来，全国城市建设完成固定资产投资逐年上升。与此同时，中国政府高度重视环境保护和生态建设。退耕还林、天然林保护、风沙源治理等林业生态工程已全面实施，5年来城市人均绿地面积年平均增长7.2%，主要污染物的排放总量大为降低，基本控制了环境污染加剧的趋势。

联合国人居署理事会会议每两年举行一次。本次会议于本月5日在人居署总部内罗毕召开，会议持续5天。

解放军四总部发出通报表彰全军“非典”防治先进单位和个人

通报表彰了全军和武警部队在“非典”防治一线涌现出来的6个先进单位和32名先进个人。

内蒙古大兴安岭发生森林火灾

火灾发生地属于大兴安岭林区西北部，内蒙古自治区呼伦贝尔市境内金河林业局，因住宅庭院木栅栏失火，引燃附近草甸后蔓延到周边森林，火势迅速向东南方延伸，烧入毗邻的根河林业局辖区。国家林业局和内蒙古自治区党委、政府对火灾扑救工作高度重视。经过1.2万名武警森林部队官兵和林业职工的奋力扑救，截至5月11日下午，燃烧了7天的森林大火被全部扑灭。火灾未造成人员伤亡。

5月6日

国务院在北京召开全国农村非典型肺炎防治工作电视电话会议

会议对农村非典型肺炎防治工作和经济工作做了部署。中共中央政治局常委、国务院总理温家宝发表重要讲话。他指出，要充分认识做好农村非典型肺炎防治工作的重要性和紧迫性，进一步提高认识，统一思想，加强领导，落实措施，千方百计确保农村不发生大规模疫情，确保广大农民群众身体健康和生命安全，确保农村经济健康发展和社会稳定。

中共中央政治局常委、国务院副总理黄菊，国务院副总理曾培炎、回良玉，国务委员周永康、华建敏出席会议。国务院副总理吴仪主持会议。

温家宝在讲话中指出，我国一些地区发生非典型肺炎疫情以来，党中央、国务院高度重视，作出一系列重大决策，采取了许多坚决果断的措施。经过全国上下共同努力，非典型肺炎防治工作取得一定成绩。但是，疫情还没有得到完全控制，全国非典型肺炎防治形势依然严峻。目前农村还没有出现大规模疫情，但农村防治工作中的问题不容忽视，需要引起高度重视。农村医疗基础设施薄弱，技术力量不足，疫病监测体系不健全，农民普遍缺乏必要的卫生防疫知识，防范疫病的意识差，农村存在着“非典”疫情扩散的渠道和隐患。对农村非典型肺炎防治工作的重要性、艰巨性和紧迫性，必须有清醒的认识。

温家宝指出，农村防治非典型肺炎是整个疫病防治的重要组成部分。农村防治工作，不仅关系农民健康和农村经济社会的发展，也直接关系全国疫病防治的成败。要克服麻痹思想和畏难情绪，紧紧抓住宝贵的战机，牢牢把握防治工作的主动权。

温家宝强调，做好农村防治非典型肺炎工作，要落实九项措施。一是加强组织领导。各级党委、政府要高度重视，主要负责同志亲自抓、负总责，领导班子中要有专人负责农村疫病防治工作，层层建立责任制。抓紧制定农村疫病防治预案，做到有备无患。二是开展宣传教育。大力宣传《中华人民共和国传染病防治法》，做到家喻户晓，人人皆知，使各级政府、基层组织、农村干部和广大农民都明确在防治非典型肺炎中的权利、义务和责任。大力宣传科学预防知识，树立依靠科学、战胜疫病的信心。三是加强农村疫情监测。要抓紧建立从省到村的疫情信息网络，健全县乡村三级相结合、以村为基础的疫情监测体系。这既是当前防治"非典"的紧迫任务，也是今后预防其他疾病的重要措施。四是建立救治机制。县级医院要尽快创造收治"非典"病人的条件，地市要确定定点医院。各省、自治区、直辖市要抓紧建立一支应急医疗队伍，做到什么地方发现疫情，都能立即赶赴现场进行紧急处置。这支队伍要长期坚持下去，成为应对农村各种突发疾病灾害的重要力量。从长远看，必须在县乡建立传染病防治医院和卫生站，从中央到地方现在就要着手制定规划，分步实施。五是加强培训和巡诊。各地要组织医学专家，对农村医务人员和基层干部进行培训，使他们尽快掌握疫病防治知识与技能。省市两级要组织巡回医疗队，加强重点地区的巡回诊断和医疗。六是实行"三就地"原则，切断疫情传播渠道。对在城市务工的农民工，必须实行属地管理，坚决做到就地预防、就地观察、就地治疗，对患者绝不能送回原籍或推向社会。七是对农民患者一律实行免费医疗。各地都要不折不扣地执行这项政策。农民(包括农民工)中的"非典"患者，从留验、隔离到治疗的全过程一律实行免费，包括免费提供住院和伙食。八是齐抓共管、群防群控。农村基层党组织和村委会要团结带领农民群众搞好疫病防治工作，农村医疗卫生系统要加强卫生防疫工作，农村基层公安、科技、人口和计划生育系统都要发挥各自优势，积极参与农村疫病防治工作。九是实行部门和地区联防联控。中央各部门要各司其职，各负其责，积极帮助地方解决疫病防治工作中的困难和问题。各级政府有关部门要尽快落实各项防治工作所需资金，保证防治工作需要。要维护地区之间正常的交通秩序，保障交通畅通和物资供应。严禁以疫病防治为名乱设卡、乱收费，所有正常的交通运输和人员往来都不得阻止，所有非典型肺炎检疫、消毒都不得收费。

温家宝指出，各级党委和政府要坚持一手抓好防治非典型肺炎这件大事，一手抓经济建设这个中心不动摇。各地区、各部门要认真贯彻党的十六大精神和中央关于今年农村工作的各项部署，全面做好农业和农村工作，巩固和发展农村的好形势，把非典型肺炎造成的损失减少到最低限度。一要大力抓好当前农业生产，帮助农民解决春耕夏收中的实际问题，制定和完善防汛抗旱预案，落实各项防灾抗灾措施。二要继续推进农业结构调整，加强政策、技术和信息服务。三要切实加强畜禽疫病防治，落实动物防疫的各项制度和措施，建立重大疫病快速反应机制。四要扎实搞好农村税费改革，推进其他各项改革。五要积极发展农村各项社会事业，特别是加快农村科技、教育、卫生事业发展，深入开展群众性精神文明创建活动，维护农村社会稳定。

温家宝最后指出，我们要紧密团结在以胡锦涛同志为总书记的党中央周围，全面贯彻"三个代表"重要思想，坚定信心，振奋精神，团结一致，克服困难，努力夺取农村非典型肺炎防治和农村经济发展的全面胜利。

党中央有关部门负责人，国务院有关部门、单位及武警总部主要负责人，全国人大机关、全国政协机关，高法院、高检院及解放军四总部负责人在主会场出席会议。各省、自治区、直辖市政府主要负责人以及部分市县负责人在分会场参加会议。

国务院副总理曾培炎在北京召开会议专题研究和安排部署"非典"防治设施建设工作

曾培炎强调，加快"非典"防治设施建设，特别是加快农村防治"非典"的设施建设，是应对突发性疫情和提高应急处理能力的迫切要求，是实践"三个代表"重要思想，保障人民身体健康和生命安全的重要措施。各地和各有关部门必须高度重视，集中资金，加快建设，为防治"非典"提供有力的物质保障。

曾培炎指出，要贯彻温家宝总理的重要批示，按照远近结合、着眼应急的原则，特事特办，不要贻误战机，抓紧安排和下拨专项资金，支持已发生疫情和存在疫情威胁的农村县级医疗机构发热门诊及隔离观察室的改建，购置急需医疗设备，严防疫情向农村扩散。同时，多数县级医院要尽快创造收治"非典"病人的条件，其中有条件和急需的县可分别不同情况改造或新建定点医院。要充分发挥城市的医疗资源技术优势，支持定点救治医院的改建、临建，配置急需的救治设备、病人转运专用车和消毒车，提高收治农村"非典"病人的能力。要进一步提高疫情检验检疫、防疫药品科研生产和有害垃圾处理能力。建设口岸隔离留验病房，做好呼吸机、监护仪等产品的生产安排，增加应急药品储备，加紧调运安装医疗垃圾焚烧装置。要加快中国疾病预防控制中心工程的前期工作，努力在年内建成省、地、县三级疾病预防控制网络。

曾培炎要求，有关部门要积极协调配合，明确目标责任，加快应急项目审批，做好资金保证和调度，确保工程和设备质量，在以胡锦涛同志为总书记的党中央坚强领导下，齐心协力，扎实工作，夺取防治非典型肺炎斗争的最后胜利。

中组部部长贺国强在浙江调研

5月6日至12日，贺国强在浙江就在抗击"非典"斗争中加强党的建设和组织工作进行调研。他强调，各级党委及其组织部门要在以胡锦涛同志为总书记的党中央正确领导下，坚持一手抓防治"非典"这件大事，一手抓经济建设这个中心不动摇，充分发挥各级党组织和广大党员的战斗堡垒作用和先锋模范作用，为夺取抗击"非典"斗争的全面胜利提供坚强的组织保证。

贺国强要求，各级组织部门要注重在这场斗争中考察、识别和锻炼干部。对表现突出、作出突出贡献的，要及时表彰；对工作不力，甚至失职渎职、畏惧退缩的，要按有关党纪和政策法规进行严肃处理。同时，要及时发现和大胆起用那些在这场斗争中表现突出的优秀同志。要在抗击"非典"的斗争中，及时把那些优秀分子吸收到党组织中来，不断增强党组织的吸引力、凝聚力和战斗力。

国务院任免国家工作人员

任命汪洋为国务院副秘书长，戴秉国为外交部副部长，王春正、刘江、李盛霖、张国宝、李子彬、朱之鑫、姜伟新、欧新黔(女)为国家发展和改革委员会副主任，于广洲、张志刚、安民、魏建国、马秀红(女)、廖晓淇为商务部副部长，高强为卫生部常务副部长，潘贵玉(女)、赵炳礼、王国强为国家人口和计划生育委员会副主任，李毅中、王瑞祥、吴晓华、黄淑和为国务院国有资产监督管理委员会副主任，潘岳为国家环境保护总局副局长，李德水为国家统计局局长，郑筱萸为国家食品药品监督管理局局长，邵明立、任德权、惠鲁生(女)、张文周为国家食品药品监督管理局副局长，李剑阁为国务院发展研究中心副主任，华建敏兼任国家行政学院院长，阎海旺、史纪良、李伟为中国银行业监督管理委员会副主席，李克穆为中国保险监督管理委员会副主席，项怀诚为全国社会保障基金理事会理事长。

免去马凯、高强的国务院副秘书长职务，阎海旺、史纪良、肖钢的中国人民银行副行长职务，王忠禹兼任的国家行政学院院长职务，朱之鑫的国家统计局局长职务，金人庆的国家税务总局局长职务，刘仲藜的全国社会保障基金理事会理事长职务。

国家发展和改革委员会正式挂牌

按照十届全国人大一次会议通过的国务院机构改革方案，原国家发展计划委员会并入国务院体改办的职能以及原国家经贸委的部分职能后，被改组为国家发展和改革委员会。

国家发展和改革委员会是综合研究拟订经济和社会发展政策，进行总量平衡，指导总体经济体制改革的宏观调控部门。主要职能是：拟订并组织实施国民经济和社会发展战略、长期规划、年度计划、产业政策和价格政策，监测和调节国民经济运行，搞好经济总量平衡，优化重大经济结构，安排国家重大建设项目，指导和推进经济体制改革。发展改革委受国务院委托还将向全国人大作国民经济和社会发展计划的报告。

据介绍，改组后的国家发改委在职能配置、机构设置等方面都具有一些新的特点。从职能配置来看，一是发展和改革相互促进；二是宏观经济调控与微观经济运行有机结合；三是基本建设投资和技术改造投资统一管理，有利于减少职能交叉，提高行政效率，有利于集中有限财力办大事，避免低水平重复建设；四是发展规划和产业政策统筹考虑；五是重视资源节约和综合利用；六是强调促进就业、调整收入分配、完善社会保障，有利于经济和社会协调发展。从内设机构及职能来看，这次改组后，设立26个职能司(局)，精简了7个。

国家发展和改革委发出《关于进一步加强宏观引导促进电解铝行业有序发展的意见的通知》

通知提出，地方政府一律停止审批任何形式的扩大电解铝生产能力的建设项目，更不得化整为零变相上新项目。外商投资项目也要严格按照有关规定办理审批手续。有关金融管理部门和商业银行要加强对电解铝项目的审贷，防范投资风险。金融机构的贷款，上市公司增发、配股和发行可转换债券募集的资金，也不应用于违规审批的电解铝项目建设。环保部门要加大执法力度，严格执行《淘汰落后生产能力、工艺和产品的目录(第一、二批)》和《工商投资领域制止重复建设目录(第一批)》等有关规定，采取有力措施，限期关停淘汰落后的自焙槽电解铝生产能力。

外交部部长李肇星应约与英国外交大臣斯特劳通电话

斯特劳代表英国政府对中国人民抗击非典型肺炎的努力表示同情和支持，对中国政府采取的措施予以高度评价。他表示，英国已决定通过有关国际机构向中国提供500万美元的援助，并愿考虑提供进一步的帮助。

李肇星感谢英国对中国防治"非典"工作的支持以及日前就此发来的慰问电。他说，"非典"作为一种尚未被完全认知的新型传染病正严重威胁着人类的健康和安全。面对这场突如其来的灾害，中国政府采取了高度负责任的态度，始终把人民的身体健康和生命安全放在第一位。

李肇星说，在抗击"非典"的斗争中，中国非常重视开展国际和地区合作。中国与世界卫生组织进行了积极、有效的合作。温家宝总理出席了中国—东盟领导人特别会议并提出了一系列具体合作建议。中方愿在传染病的应对、监控和防治等方面借鉴英国等国家的经验，并积极开展合作。

双方均认为，在当前国际形势下，中英两国应就中东、朝核、伊拉克等国际问题加强磋商与沟通。

南非副总统祖马在比勒陀利亚会见中国人民解放军总参谋长梁光烈

国务院副总理兼卫生部长吴仪应约与美国卫生部长汤米·汤普森通电话就"非典"防治领域的合作问题交换意见

北京防治非典型肺炎联合工作小组举行第四次新闻发布会

北京市市委常委、宣传部长蔡赴朝，北京市副市长刘志华等介绍了北京防治"非典"工作情况。

蔡赴朝在新闻发布会上介绍说，截至5月5日，北京"非典"患者累计确诊1897人。按年龄划分，10岁以下24人，占1.27%；11—20岁的145人，占7.64%。患者中数量最多的是年龄20—50岁的人，总数为1391人，占全部患者的73.33%，其中，21—30岁的为677人，31—40岁的为382人，41—50岁的为332人。51岁以上的患者共有337人，占总数的17.77%。

蔡赴朝还介绍说，按性别划分，男性955人，占50.34%，女性942人，占49.66%。按照职业划分，患者中排在前三位的分别是医务人员、干部职员和离退休人员。其中，医务人员335人，占17.66%；干部职员229人，占12.07%；离退休人员198人，占10.44%。

对于社会各界十分关心的青少年患病情况，蔡赴朝说，根据统计，目前，学龄前儿童患者为8人。大学、中学(包括中等专业技术学校以及职业高中)和小学学生患者总计136人，占总数的7.17%。他透露说，目前，北京郊区农民的"非典"确诊患者为9人，占0.47%。

蔡赴朝另外向中外记者详细介绍了在京境外人士的患病情况。他说，在京境外人士患病者累计为8人，其中6人已痊愈出院。其余的两位患者，一位仍在医院接受治疗，病情稳定；另一位已不幸逝世。在京境外人士"非典"疑似患者为3例，其中两例已经排除。

刘志华在新闻发布会上说，小汤山医院二部是一个定点传染病应急医院。它建在北京北部偏东地区，距四环路20公里，距昌平县城10公里。占地面积122亩，整个建筑面积2.5万平方米，有1000张左右的病床。

刘志华说，这所新建的应急医院里分三个区，即生活区、限制区和隔离区。医护人员有两条通道，从小汤山医院一部进入隔离区，而病人由小汤山西侧路到北门进入隔离区。医护人员进入隔离区要经过两次消毒和更衣。医护人员和病人在传递物品时，有两层门的隔离封闭窗。所有病人的污物和医护人员换下来的防护服就地焚烧，那里建有3台两吨的焚烧炉。

刘志华说，医院污水要经过二次处理，病人的粪便和排泄物进行三次消毒，医院建有独立的污水处理厂。同时，我们也对周边的居民采取了一些防护措施，对周边居民已经进行了广泛的宣传和预防教育，并且开展了灭蚊蝇和灭鼠活动。医院配备有通风系统，所有医护人员和病人都能接受到新鲜空气。每间病房都有独立的淋浴间、厕所，有电话、电视、氧气系统、呼叫系统等。

5月7日

国务院总理温家宝在北京主持召开国务院常务会议

会议听取了国家发展和改革委员会关于应对非典型肺炎影响做好当前经济工作的情况汇报。会议认为，当前防治非典型肺炎形势依然严峻，疫情对经济的影响日益显露，经济建设工作任务十分繁重，必须正确把握和处理好防治非典型肺炎和推动经济发展的关系，坚持一手抓防治非典型肺炎这件大事，一手抓经济建设这个中心不动摇，努力保持经济的稳定发展，把损失减少到最低限度。会议提出，当前要在全力做好非典型肺炎防治工作的同时，切实做好以下工作：一、抓好春耕夏收，稳定农业生产。加快农村经济结构调整，千方百计增加农民收入。二、加大投资力度，调整投资结构。已经确定的重大工程项目，要加快建设进度。国债和预算内建设资金要优先安排"非典"防治工作急需的项目，加强公共卫生基础设施建设，加大对老工业基地调整改造的支持力度。三、培育新的消费热点和经济增长点。抓紧出台汽车产业和消费政策，进一步扩大普通住房和经济适用房的供给。规范和改善电信、互联网业务的消费环境，推动扩大电子商务、电子政务、网络教育、网上文化娱乐及全民健身等方面的消费。四、努力促进外贸出口和利用外资。加强国内出口商品的检验检疫工作。大力组织机电产品、高新技术产品和纺织品的出口。五、对民航、旅游、餐饮、商贸、出租车等受影响较大的行业，采取减免行政事业性收费和适当财税优惠政策等措施给予必要的扶持。六、大力增收节支，合理调整财政支出结构。除抗击非典型肺炎应急等各项必需保障的重点支出外，严格控制其他支出。七、进一步做好就业和社会保障工作。发生疫情地区的企业不得随意解雇员工，尽可能稳定就业状况。对疫情导致部分企业职工和个体经营者收入低于当地最低生活保障线的，各级政府要及时纳入"低保"。八、维护正常的生产和生活秩序。各地区和各部门要采取有力措施，确保重点物资和生活必需品的运输畅通，电信、电力、交通枢纽、城市煤气、自来水，以及银行清算、证券交易等重要部门或企业要确保正常运转。会议要求，各地区各部门要加强对经济的预期分析和跟踪监测，及时处理和解决疫病防治和经济建设中出现的问题，努力保持国民经济持续较快增长，实现全年经济社会发展预期目标。

会议认为，为有效预防、及时控制和消除突发公共卫生事件的危害，保证公众身体健康与生命安全，维护正常的社会秩序，制定《突发公共卫生事件应急条例》是十分必要的。会议决定，《突发公共卫生事件应急条例(草案)》经进一步修改后，由国务院公布施行。

全国政协领导人和各民主党派中央全国工商联领导人等慰问北京抗击"非典"一线的干部群众和医务人员

中共中央政治局常委、全国政协主席贾庆林委托全国政协副主席王忠禹向广大干部群众和医务人员表示慰问。

农工党中央主席蒋正华、九三学社中央主席韩启德、全国工商联主席黄孟复在慰问中，代表各民主党派中央、全国工商联表示，要发扬同中国共产党风雨同舟、患难与共、亲密合作的优良传统，继续发挥自身优势，通过不同形式为取得防治"非典"最后胜利贡献力量。民建中央主席成思危、民进中央主席许嘉璐代表各民主党派中央、全国工商联及统一战线各界人士为北京市防治"非典"工作捐款192万元，捐赠1370万元的药品和器材。

中共中央政治局委员、北京市委书记刘淇对此表示感谢。

王忠禹就政协委员在防治"非典"中如何发挥作用讲了话。全国政协副主席、中共中央统战部部长刘延东就统一战线如何发挥优势，为抗击"非典"作贡献提出了要求。

丁石孙、罗豪才、张克辉、周铁农、张怀西、李蒙等民主党派中央领导人，郑万通、胡德平、王岐山等有关方面负责人，闵智亭、陈广元等宗教界人士参加慰问活动。

最高人民法院发出通知要求依法严惩利用"非典"破坏经济秩序者

最高人民法院向各级人民法院发出通知，要求各级人民法院要重点打击利用非典型肺炎防治工作实施破坏市场经济秩序的各种犯罪，对于借机生产、销售伪劣的传染病防治、防护用品，制售假药、劣药以及不符合保障人体健康标准的医疗器械、医用卫生材料，假借防治传染病发布虚假广告推销商品、诈骗财物，借机垄断货源、囤积居奇、哄抬物价等构成犯罪的，各级人民法院要及时审理，坚决依法从严惩处。

国务院农村税费改革工作小组发出紧急通知要求严禁借防治"非典"名义向农民乱收费

国家统计局发布公告从当年开始国民经济核算实行新方案

公告称，包括GDP在内的国民经济核算将实行新的方案。新核算体系的实施，将更加全面、系统地反映国民经济的发展水平和运行情况，为宏观经济管理和决策提供更加准确、可靠的依据。国家统计局负责人说，由于我国国民经济核算基础还比较薄弱，与最新国际标准和发达市场经济国家的核算体系相比，新核算体系还存在一定差距，尚需在实践中不断发展和完善。

今年开始实施的《中国国民经济核算体系(2002)》，是我国国民经济核算工作新的规范性文本，由五套基本核算表、一套国民经济账户和两张附属表组成。五套基本核算表包括国内生产总值表、投入产出表、资金流量表、国际收支表和资产负债表；一套国民经济账户，包括经济总体账户、国内机构部门账户和国外部门账户；两张附属表，即自然资源实物量核算表和人口资源与人力资本实物量核算表。

与1992年的《中国国民经济核算体系(试行方案)》相比，新核算体系取消了其中的物质产品平衡表体系核算内容，澄清了某些基本概念，修订了机构部门和产业部门分类，调整了基本框架，增加了核算内容，修改和细化了有关表式的指标设置，努力做到基本上与联合国等国际组织于1993年推出的国民账户体系相衔接。

从新中国成立初期到改革开放初期，我国国民经济核算一直采用产生于苏联、东欧国家的物质产品平衡表体系。20世纪80年代中期以后，我国在继续实行这一体系的同时，逐步引进产生于发达的市场经济国家、并被世界大多数国家广泛采用的国民账户体系。1984年至1992年，国家统计局会同有关部门制订了

《中国国民经济核算体系(试行方案)》。1999年,国家统计局决定以国际通行的国民经济核算标准为基础,结合我国的实际,对试行方案进行修订。新的核算体系就是这次修订的最终结果。

卫生部公布《公共场所预防传染性非典型肺炎消毒指导原则(试行)》和《对从传染性非典型肺炎流行地区返乡民工监测的指导原则》

5月8日

《人民日报》发表评论员文章《一手抓防治"非典"一手抓经济建设》

共青团中央在北京召开电视电话会议要求组建抗"非典"青年志愿服务队

要求各地团组织行动起来,在全国每一个县、乡、村尽快组建起至少一支防治"非典"青年志愿服务队,以此为载体在农村"非典"防治工作中办好五件实事:带头群防群控,开展科普宣传,组织助耕帮困,向生活陋习开战,切实服务进城务工青年。团中央要求建立行之有效的协调机制、快速高效的动员机制、配套运行的应急机制、奖罚分明的激励机制,把工作落到实处。

做好2003年电力供应工作电视电话会议在北京举行

联合召开此次会议的国家发展和改革委员会、国家电力监管委员会和国家电网公司强调,电力企业要大力做好自身的防治"非典"工作,保证电力系统工作人员健康,保证电力设施的安全、正常运行,保证医院、居民、军队、政府机关、重要交通枢纽和通信设施的电力供应。

长江防总在武汉全面部署长江防汛工作

长江防总总指挥、湖北省省长罗清泉要求长江防汛工作按照国家防总的精神,各地全力做好防汛抗旱工作,确保大江大河、大型水库、大中城市和主要交通干线的防洪安全。

长江防总常务副总指挥、长江水利委员会主任蔡其华认为,长江干流堤防工程已经按照标准基本完成,长江中下游防洪能力有了一定提高;三峡水利枢纽今年将进入围堰蓄水期,有利于减轻荆江河段的防洪压力;覆盖沿江各省近2600处水情站网的测报精度、报汛速度和信息处理能力提高。尽管如此,长江中下游洪水来水量大与河道泄洪能力不足的矛盾仍然非常突出,而且长江综合防洪体系建设仍不完善,分蓄洪区运用比较困难,山洪灾害点多面广,少数地方的干部群众存在着麻痹思想。这些因素对今年的防汛工作将是一个考验。

蔡其华说,今年要把长江干流和主要支流、重要城市和交通干线、新建和在建工程、病险水库、山洪灾害作为防汛重点,切实抓好汛前检查、水情预报、洪水调度、险情抢护、灾害评估5个环节,强化责任落实、组织落实、预案落实、物资落实、队伍落实,确保长江防洪安全。

外交部发言人章启月就世界卫生大会出现涉台提案问题答记者问

章启月在回答记者提问时说,在世界卫生大会搞涉台提案没有任何法律依据,违反了世界卫生组织的宗旨和原则,中国政府对此表示坚决反对。

有记者问:据了解,马绍尔群岛近日已要求邀请台湾以观察员身份参与今年的世界卫生大会。请问对此有何评论?

章启月说,世界卫生组织是联合国专门机构,只有主权国家才能成为其成员。台湾作为中国的一个省,没有资格加入世界卫生组织,也无资格以观察员身份参与世界卫生大会。

她说,中国中央政府十分关心包括台湾同胞在内的全体中国人民的健康福祉,积极促进两岸在卫生领域的交流与合作,并与台湾有关机构分享非典型肺炎信息,共同抗击疫情。

章启月强调,台湾问题事关中国的主权和领土完整,我们反对任何借卫生问题做政治文章的举动。

她说,世界卫生大会连续六年挫败了涉台提案,反映了世界卫生组织大多数成员国主持正义的立场。个别国家在今年世界卫生大会搞涉台提案,同样避免不了再次失败的结局。

《民族工作文献选编》出版

该书由国家民委和中央文献研究室共同编辑,是1990年出版的《新时期民族工作文献选编》的续编,收入了1990年9月至2002年7月有关民族工作的重要文献47篇。

国务院副总理兼卫生部部长吴仪与在京知名中医药专家座谈

吴仪强调,中医是抗击非典型肺炎的一支重要力量,要充分认识中医药的科学价值,积极利用中医药资源,发挥广大中医药医务人员的作用,中西医结合,共同完成防治非典型肺炎的使命。

16位知名老中医药专家分别在会上发了言,全国防治非典型肺炎指挥部有关工作组的负责人参加了会议。

北京防治"非典"联合工作小组召开第九次会议

会议决定,清理规范设立的发热门诊,加强医疗救治工作的标准化,科学配备医疗力量,超前研究防治工作中可能遇到的各种问题。

会议要求,设有发热门诊的医院要设立分诊台,把一般病人和与"非典"有关的发热病人分开。不设发热门诊的医院要设立醒目标志,引导病人到设有发热门诊的医院就诊,进一步有效切断传染源。开设发热门诊的医院要加强对发热患者的科学排查,确保对病情诊断的准确性。

提高收治率和治愈率,降低病死率和医务人员感染率,是影响全局的关键问题。会议要求一切措施都要落实到"两提高两降低"上来。

会议决定建立北京地区医院院长联席会议制度,加强信息沟通和相互协调,保障"非典"医疗救治工作顺利进行。

中共中央政治局委员、北京市市委书记、北京防治非典型肺炎联合工作小组组长刘淇强调,要把困难估计得更多些,切实做到有备无患,把工作做到前头。从现在起就要对出院病人安置、学生返校及外来务工人员返京等将要面对的问题进行研究,同时要着手研究公共卫生防御体系建设,为长远做准备。

国务委员唐家璇在深圳代表中央政府向香港特别行政区行政长官董建华送交抗击非典型肺炎物资

国务委员陈至立考察北京地区"空中课堂"开展情况

陈至立在考察时强调,在当前进行的抗击"非典"的斗争中,北京等地区中小学校调整了教学和学习方式,开设了"空中课堂",这既是一个很好的应对措施,同时也为推进教育信息化、现代化提供了机遇。

"空中课堂"是教育部和北京市委、市政府针对中小学生停课在家的实际情况,以电视教学为主,利用计算机网络、广播、教学光盘等多种媒体,根据各年级特点,进行专题性、模块式的教学,以帮助和指导中小学生在家自主学习而开设的。

陈至立指出,有关部门和地区要总结经验,供其他因发生疫情而停课的地区借鉴、推广。要充分利用现有的设备和条件,发挥现代远程教育的独特优势,面向广大中小学生进行教育教学工作和进行防治"非典"的宣传教育。要特别关注边远贫困地区和贫困家庭学生。

教育部 卫生部就加强2003年普通高校招生期间做好"非典"防治工作发出紧急通知

根据国务院决定,今年全国普通高校招生统一考试于6月7日至10日进行。为确保普通高校招生工作中考生及工作人员身体健康和生命安全,通知要求地方各级高校招生委员会要成立普通高校招生"非典"防治工作领导小组,实行目标责任制,负责组织协调、检查监督各项防治措施落实情况。各级教育和卫生行政部门、招生办公室、疾病控制部门和有关学校要积极配合,制定切实可行的"非典"防治措施和应急预案。

5月9日

国务院总理温家宝就孟加拉国东部部分地区遭龙卷风袭击向孟加拉国总理卡莉达·齐亚致慰问电

国务院副总理黄菊在北京考察外商投资企业

5月9日上午,黄菊和中共中央政治局委员、国务院副总理曾培炎来到北京经济技术开发区,先后考察了北京首信诺基亚移动通信有限公司、富士康精密件有限公司、北京松下电工有限公司和GE航卫医疗器械有限公司,了解企业防治"非典"和生产情况,亲切慰问坚持生产的中外员工。中共中央政治局委员、北京市市委书记刘淇,北京市代市长王岐山等陪同考察。

黄菊在考察过程中表示,扩大对外开放是中国政府长期坚持的基本政策。中国将全面提高对外开放水平,进一步扩大外商投资领域,改善投资和经营环境,依法保护境外投资者利益,鼓励外商参与中国的经济结构调整、国有企业的改造改组和西部大开发,支持外商投资企业加快发展。

黄菊指出,近期部分地区发生"非典"疫情,对经济发展带来一定影响。中央政府和各级政府已经采取了一系列果断有效的措施。现在全国上下正在以胡锦涛同志为总书记的党中央坚强领导下,一手抓防治"非典",一手抓发展经济,努力把"非典"带来的经济损失降到最低限度。中国国内市场巨大,人力资源丰富,经济持续快速增长,社会政治稳定。我们相信,只要大家共同努力,中国与各国投资者之间的合作前景会越来越广阔,外商在中国的事业会更加兴旺发达。

国办中央军委办公厅关于调整全国拥军优属拥政爱民工作领导小组组成人员的通知

各省、自治区、直辖市人民政府,国务院各部委、各直属机构,各军区、省军区、各军,各军兵种、各总部、军事科学院、国防大学、国防科学技术大学,武警部队(军级以上单位）：

根据《国务院关于议事协调机构和临时机构设置的通知》（国发〔2003〕10号）以及人员变动情况和工作需要，国务院、中央军委决定对全国拥军优属拥政爱民工作领导小组的组成人员进行相应调整。现将调整后的名单通知如下：

组　长：回良玉（国务院副总理）

副组长：李学举（民政部部长）

唐天标（总政治部副主任）

樊士晋（中央办公厅副主任）

汪　洋（国务院副秘书长）

胡振民（中宣部副部长）

罗平飞（民政部副部长）

成　员：（略）

全国拥军优属拥政爱民工作领导小组的具体工作由民政部、总政治部承担。

国务院办公厅

中央军委办公厅

2003年5月9日

云南省原省长李嘉廷一审被判死缓

云南省原省长李嘉廷受贿案在北京市第二中级人民法院一审宣判，以受贿罪判处李嘉廷死刑、缓期二年执行，剥夺政治权利终身，并处没收个人全部财产。

法院经审理查明，1994年至2000年7月，被告人李嘉廷在担任中共云南省委常委、省委副书记、云南省人民政府副省长、省长期间，利用职务上的便利，单独或伙同其子李勃（另案处理）收受他人贿赂共计折合人民币1810万余元。

国家主席胡锦涛根据全国人大常委会的决定任免驻外大使

一、免去宋爱国的中华人民共和国驻塞浦路斯共和国特命全权大使职务；

任命张利民为中华人民共和国驻塞浦路斯共和国特命全权大使。

二、免去熊展旗的中华人民共和国驻摩洛哥王国特命全权大使职务；

任命程涛为中华人民共和国驻摩洛哥王国特命全权大使。

三、免去王永秋的中华人民共和国驻坦桑尼亚联合共和国特命全权大使职务；

任命于庆泰为中华人民共和国驻坦桑尼亚联合共和国特命全权大使。

四、免去赵振宇的中华人民共和国驻巴布亚新几内亚独立国特命全权大使职务；

任命李正君为中华人民共和国驻巴布亚新几内亚独立国特命全权大使。

五、免去郭崇立的中华人民共和国驻牙买加特命全权大使职务；

任命赵振宇为中华人民共和国驻牙买加特命全权大使。

六、免去杜起文的中华人民共和国驻肯尼亚共和国特命全权大使职务；

任命郭崇立为中华人民共和国驻肯尼亚共和国特命全权大使。

外交部部长李肇星分别与美国国务卿 巴基斯坦和俄罗斯外长通电话

美国国务卿鲍威尔通报了美国将于10日向联合国安理会提交的有关伊拉克问题决议草案内容，表示希望国际社会能尽早解除对伊制裁。李肇星强调，发挥联合国在伊拉克战后安排与重建问题上的重要作用，维护安理会的信誉和权威是国际社会的普遍愿望，也是全面和妥善解决伊拉克问题的重要基础。中国愿就此与美国等其他安理会成员国保持磋商。

在谈到朝鲜核问题时，鲍威尔感谢中国为北京会谈作出的大量努力。他说，北京会谈是一次有益的会议。美国正在对会谈的结果进行研究，愿继续与中国等有关国家保持接触。李肇星阐述了中国在朝核问题上的原则立场，表示北京会谈为和平解决朝核问题开了个好头，应继续下去。中方愿与各方共同努力，推动朝核问题早日和平解决。

李肇星还介绍了中国全国上下众志成城抗击“非典”的情况以及海峡两岸人民在此方面进行的交流与合作。鲍威尔说，正如布什总统日前在与胡锦涛主席通电话时所表示的那样，美国十分关心中国为抗击“非典”所做的巨大努力，并愿尽一切可能向中方提供所需的帮助。

巴基斯坦外长卡苏里通报了最近南亚局势走向缓和的情况。他说，穆沙拉夫总统和巴基斯坦政府一直主张对话，和平解决分歧。巴方的这一态度是认真的。他希望中国继续为缓和南亚局势发挥作用。

李肇星说，近来巴印双方采取了一系列改善关系的措施，中方对此表示支持。希望双方抓住这一契机，继续引导局势朝着有利于对话的方向发展。

伊万诺夫向李肇星通报了俄方对美国等国拟向联合国安理会提交的有关伊拉克问题决议草案的看法，表示联合国应在这种重大问题上发挥重要作用。俄愿与中国就此密切磋商，为伊拉克问题的解决作出建设性努力。

李肇星表示，伊拉克问题进入了一个新的阶段。

中俄两国在伊拉克问题上有不少共同点，两国常驻联合国代表可就妥善解决伊拉克问题进一步加强沟通，并与安理会其他成员保持磋商。

两国外长还就南亚次大陆局势和抗击“非典”等问题交换了看法。

中央军委副主席曹刚川看望小汤山医院军队医护人员

国务院总理温家宝签署第376号令公布施行《突发公共卫生事件应急条例》

《突发公共卫生事件应急条例》已经2003年5月7日国务院第7次常务会议通过，现予公布，自公布之日起施行。

总 理 温家宝

2003年5月9日

突发公共卫生事件应急条例

第一章 总 则

第一条 为了有效预防、及时控制和消除突发公共卫生事件的危害，保障公众身体健康与生命安全，维护正常的社会秩序，制定本条例。

第二条 本条例所称突发公共卫生事件（以下简称突发事件），是指突然发生，造成或者可能造成社会公众健康严重损害的重大传染病疫情、群体性不明原因疾病、重大食物和职业中毒以及其他严重影响公众健康的事件。

第三条 突发事件发生后，国务院设立全国突发事件应急处理指挥部，由国务院有关部门和军队有关部门组成，国务院主管领导人担任总指挥，负责对全国突发事件应急处理的统一领导、统一指挥。

国务院卫生行政主管部门和其他有关部门，在各自的职责范围内做好突发事件应急处理的有关工作。

第四条 突发事件发生后，省、自治区、直辖市人民政府成立地方突发事件应急处理指挥部，省、自治区、直辖市人民政府主要领导人担任总指挥，负责领导、指挥本行政区域内突发事件应急处理工作。

县级以上地方人民政府卫生行政主管部门，具体负责组织突发事件的调查、控制和医疗救治工作。

县级以上地方人民政府有关部门，在各自的职责范围内做好突发事件应急处理的有关工作。

第五条 突发事件应急工作，应当遵循预防为主、常备不懈的方针，贯彻统一领导、分级负责、反应及时、措施果断、依靠科学、加强合作的原则。

第六条 县级以上各级人民政府应当组织开展防治突发事件相关科学研究，建立突发事件应急流行病学调查、传染源隔离、医疗救护、现场处置、监督检查、监测检验、卫生防护等有关物资、设备、设施、技术与人才资源储备，所需经费列入本级政府财政预算。

国家对边远贫困地区突发事件应急工作给予财政支持。

第七条 国家鼓励、支持开展突发事件监测、预警、反应处理有关技术的国际交流与合作。

第八条 国务院有关部门和县级以上地方人民政府及其有关部门，应当建立严格的突发事件防范和应急处理责任制，切实履行各自的职责，保证突发事件应急处理工作的正常进行。

第九条 县级以上各级人民政府及其卫生行政主管部门，应当对参加突发事件应急处理的医疗卫生人员，给予适当补助和保健津贴；对参加突发事件应急处理作出贡献的人员，给予表彰和奖励；对因参与应急处理工作致病、致残、死亡的人员，按照国家有关规定，给予相应的补助和抚恤。

第二章 预防与应急准备

第十条 国务院卫生行政主管部门按照分类指导、快速反应的要求，制定全国突发事件应急预案，报请国务院批准。

省、自治区、直辖市人民政府根据全国突发事件应急预案，结合本地实际情况，制定本行政区域的突发事件应急预案。

第十一条 全国突发事件应急预案应当包括以下主要内容：

（一）突发事件应急处理指挥部的组成和相关部门的职责；

（二）突发事件的监测与预警；

（三）突发事件信息的收集、分析、报告、通报制度；

（四）突发事件应急处理技术和监测机构及其任务；

（五）突发事件的分级和应急处理工作方案；

（六）突发事件预防、现场控制，应急设施、设备、救治药品和医疗器械以及其他物资和技术的储备与调度；

（七）突发事件应急处理专业队伍的建设和培训。

第十二条 突发事件应急预案应当根据突发事件的变化和实施中发现的问题及时进行修订、补充。

第十三条 地方各级人民政府应当依照法律、行政法规的规定，做好传染病预防和其他公共卫生工作，防范突发事件的发生。

县级以上各级人民政府卫生行政主管部门和其他有关部门，应当对公众开展突发事件应急知识的专门教育，增强全社会对突发事件的防范意识和应对能力。

第十四条 国家建立统一的突发事件预防控制体系。

县级以上地方人民政府应当建立和完善突发事件监测与预警系统。

县级以上各级人民政府卫生行政主管部门，应当指定机构负责开展突发事件的日常监测，并确保监测与预警系统的正常运行。

第十五条 监测与预警工作应当根据突发事件的类别，制订监测计划，科学分析、综合评价监测数据。对早期发现的潜在隐患以及可能发生的突发事件，应当依照本条例规定的报告程序和时限及时报告。

第十六条 国务院有关部门和县级以上地方人民政府及其有关部门，应当根据突发事件应急预案的要求，保证应急设施、设备、救治药品和医疗器械等物资储备。

第十七条 县级以上各级人民政府应当加强急救医疗服务网络的建设，配备相应的医疗救治药物、技术、设备和人员，提高医疗卫生机构应对各类突发事件的救治能力。

设区的市级以上地方人民政府应当设置与传染病防治工作需要相适应的传染病专科医院，或者指定具备传染病防治条件和能力的医疗机构承担传染病防治任务。

第十八条 县级以上地方人民政府卫生行政主管部门，应当定期对医疗卫生机构和人员开展突发事件应急处理相关知识、技能的培训，定期组织医疗卫生机构进行突发事件应急演练，推广最新知识和先进技术。

第三章 报告与信息发布

第十九条 国家建立突发事件应急报告制度。

国务院卫生行政主管部门制定突发事件应急报告规范，建立重大、紧急疫情信息报告系统。

有下列情形之一的，省、自治区、直辖市人民政府应当在接到报告1小时内，向国务院卫生行政主管部门报告：

(一)发生或者可能发生传染病暴发、流行的；

(二)发生或者发现不明原因的群体性疾病的；

(三)发生传染病菌种、毒种丢失的；

(四)发生或者可能发生重大食物和职业中毒事件的。

国务院卫生行政主管部门对可能造成重大社会影响的突发事件，应当立即向国务院报告。

第二十条 突发事件监测机构、医疗卫生机构和有关单位发现有本条例第十九条规定情形之一的，应当在2小时内向所在地县级人民政府卫生行政主管部门报告；接到报告的卫生行政主管部门应当在2小时内向本级人民政府报告，并同时向上级人民政府卫生行政主管部门和国务院卫生行政主管部门报告。

县级人民政府应当在接到报告后2小时内向设区的市级人民政府或者上一级人民政府报告；设区的市级人民政府应当在接到报告后2小时内向省、自治区、直辖市人民政府报告。

第二十一条 任何单位和个人对突发事件，不得隐瞒、缓报、谎报或者授意他人隐瞒、缓报、谎报。

第二十二条 接到报告的地方人民政府、卫生行政主管部门依照本条例规定报告的同时，应当立即组织力量对报告事项调查核实、确证，采取必要的控制措施，并及时报告调查情况。

第二十三条 国务院卫生行政主管部门应当根据发生突发事件的情况，及时向国务院有关部门和各省、自治区、直辖市人民政府卫生行政主管部门以及军队有关部门通报。

突发事件发生地的省、自治区、直辖市人民政府卫生行政主管部门，应当及时向毗邻省、自治区、直辖市人民政府卫生行政主管部门通报。

接到通报的省、自治区、直辖市人民政府卫生行政主管部门，必要时应当及时通知本行政区域内的医疗卫生机构。

县级以上地方人民政府有关部门，已经发生或者发现可能引起突发事件的情形时，应当及时向同级人民政府卫生行政主管部门通报。

第二十四条 国家建立突发事件举报制度，公布统一的突发事件报告、举报电话。

任何单位和个人有权向人民政府及其有关部门报告突发事件隐患，有权向上级人民政府及其有关部门举报地方人民政府及其有关部门不履行突发事件应急处理职责，或者不按照规定履行职责的情况。接到报告、举报的有关人民政府及其有关部门，应当立即组织对突发事件隐患、不履行或者不按照规定履行突发事件应急处理职责的情况进行调查处理。

对举报突发事件有功的单位和个人，县级以上各级人民政府及其有关部门应当予以奖励。

第二十五条 国家建立突发事件的信息发布制度。

国务院卫生行政主管部门负责向社会发布突发事件的信息。必要时，可以授权省、自治区、直辖市人民政府卫生行政主管部门向社会发布本行政区域内突发事件的信息。

信息发布应当及时、准确、全面。

第四章 应急处理

第二十六条 突发事件发生后，卫生行政主管部门应当组织专家对突发事件进行综合评估，初步判断突发事件的类型，提出是否启动突发事件应急预案的建议。

第二十七条 在全国范围内或者跨省、自治区、直辖市范围内启动全国突发事件应急预案，由国务院卫生行政主管部门报国务院批准后实施。省、自治区、直辖市启动突发事件应急预案，由省、自治区、直辖市人民政府决定，并向国务院报告。

第二十八条 全国突发事件应急处理指挥部对突发事件应急处理工作进行督察和指导，地方各级人民政府及其有关部门应当予以配合。

省、自治区、直辖市突发事件应急处理指挥部对本行政区域内突发事件应急处理工作进行督察和指导。

第二十九条 省级以上人民政府卫生行政主管部门或者其他有关部门指定的突发事件应急处理专业技术机构，负责突发事件的技术调查、确证、处置、控制和评价工作。

第三十条 国务院卫生行政主管部门对新发现的突发传染病，根据危害程度、流行强度，依照《中华人民共和国传染病防治法》的规定及时宣布为法定传染病；宣布为甲类传染病的，由国务院决定。

第三十一条 应急预案启动前，县级以上各级人民政府有关部门应当根据突发事件的实际情况，做好应急处理准备，采取必要的应急措施。

应急预案启动后，突发事件发生地的人民政府有关部门，应当根据预案规定的职责要求，服从突发事件应急处理指挥部的统一指挥，立即到达规定岗位，采取有关的控制措施。

医疗卫生机构、监测机构和科学研究机构，应当服从突发事件应急处理指挥部的统一指挥，相互配合、协作，集中力量开展相关的科学研究工作。

第三十二条 突发事件发生后，国务院有关部门和县级以上地方人民政府及其有关部门，应当保证突发事件应急处理所需的医疗救护设备、救治药品、医疗器械等物资的生产、供应；铁路、交通、民用航空行政主管部门应当保证及时运送。

第三十三条 根据突发事件应急处理的需要，突发事件应急处理指挥部有权紧急调集人员、储备的物资、交通工具以及相关设施、设备；必要时，对人员进行疏散或者隔离，并可以依法对传染病疫区实行封锁。

第三十四条 突发事件应急处理指挥部根据突发事件应急处理的需要，可以对食物和水源采取控制措施。

县级以上地方人民政府卫生行政主管部门应当对突发事件现场等采取控制措施，宣传突发事件防治知识，及时对易受感染的人群和其他易受损害的人群采取应急接种、预防性投药、群体防护等措施。

第三十五条 参加突发事件应急处理的工作人员，应当按照预案的规定，采取卫生防护措施，并在专业人员的指导下进行工作。

第三十六条 国务院卫生行政主管部门或者其他有关部门指定的专业技术机构，有权进入突发事件现场进行调查、采样、技术分析和检验，对地方突发事件的应急处理工作进行技术指导，有关单位和个人应当予以配合；任何单位和个人不得以任何理由予以拒绝。

第三十七条 对新发现的突发传染病、不明原因的群体性疾病、重大食物和职业中毒事件，国务院卫生行政主管部门应当尽快组织力量制定相关的技术标准、规范和控制措施。

第三十八条 交通工具上发现根据国务院卫生行政主管部门的规定需要采取应急控制措施的传染病病人、疑似传染病病人，其负责人应当以最快的方式通知前方停靠点，并向交通工具的营运单位报告。交通工具的前方停靠点和营运单位应当立即向交通工具营运单位行政主管部门和县级以上地方人民政府卫生行政主管部门报告。卫生行政主管部门接到报告后，应当立即组织有关人员采取相应的医学处置措施。

交通工具上的传染病病人密切接触者，由交通工具停靠点的县级以上各级人民政府卫生行政主管部门或者铁路、交通、民用航空行政主管部门，根据各自的职责，依照传染病防治法律、行政法规的规定，采取控制措施。

涉及国境口岸和入出境的人员、交通工具、货物、集装箱、行李、邮包等需要采取传染病应急控制措施的，依照国境卫生检疫法律、行政法规的规定办理。

第三十九条 医疗卫生机构应当对因突发事件致病的人员提供医疗救护和现场救援，对就诊病人必须接诊治疗，并书写详细、完整的病历记录；对需要转送的病人，应当按照规定将病人及其病历记录的复印件转送至接诊的或者指定的医疗机构。

医疗卫生机构内应当采取卫生防护措施，防止交叉感染和污染。

医疗卫生机构应当对传染病病人密切接触者采取医学观察措施，传染病病人密切接触者应当予以配合。

医疗机构收治传染病病人、疑似传染病病人，应当依法报告所在地的疾病预防控制机构。接到报告的疾病预防控制机构应当立即对可能受到危害的人员进行调查，根据需要采取必要的控制措施。

第四十条 传染病暴发、流行时，街道、乡镇以及居民委员会、村民委员会应当组织力量，团结协作，群防群治，协助卫生行政主管部门和其他有关部门、医疗卫生机构做好疫情信息的收集和报告、人员的分散隔离、公共卫生措施的落实工作，向居民、村民宣传传染病防治的相关知识。

第四十一条 对传染病暴发、流行区域内流动人口，突发事件发生地的县级以上地方人民政府应当做好预防工作，落实有关卫生控制措施；对传染病病人和疑似传染病病人，应当采取就地隔离、就地观察、就地治疗的措施。对需要治疗和转诊的，应当依照本条例第三十九条第一款的规定执行。

第四十二条　有关部门、医疗卫生机构应当对传染病做到早发现、早报告、早隔离、早治疗，切断传播途径，防止扩散。

第四十三条　县级以上各级人民政府应当提供必要资金，保障因突发事件致病、致残的人员得到及时、有效的救治。具体办法由国务院财政部门、卫生行政主管部门和劳动保障行政主管部门制定。

第四十四条　在突发事件中需要接受隔离治疗、医学观察措施的病人、疑似病人和传染病病人密切接触者在卫生行政主管部门或者有关机构采取医学措施时应当予以配合；拒绝配合的，由公安机关依法协助强制执行。

第五章　法律责任

第四十五条　县级以上地方人民政府及其卫生行政主管部门未依照本条例的规定履行报告职责，对突发事件隐瞒、缓报、谎报或者授意他人隐瞒、缓报、谎报的，对政府主要领导人及其卫生行政主管部门主要负责人，依法给予降级或者撤职的行政处分；造成传染病传播、流行或者对社会公众健康造成其他严重危害后果的，依法给予开除的行政处分；构成犯罪的，依法追究刑事责任。

第四十六条　国务院有关部门、县级以上地方人民政府及其有关部门未依照本条例的规定，完成突发事件应急处理所需要的设施、设备、药品和医疗器械等物资的生产、供应、运输和储备的，对政府主要领导人和政府部门主要负责人依法给予降级或者撤职的行政处分；造成传染病传播、流行或者对社会公众健康造成其他严重危害后果的，依法给予开除的行政处分；构成犯罪的，依法追究刑事责任。

第四十七条　突发事件发生后，县级以上地方人民政府及其有关部门对上级人民政府有关部门的调查不予配合，或者采取其他方式阻碍、干涉调查的，对政府主要领导人和政府部门主要负责人依法给予降级或者撤职的行政处分；构成犯罪的，依法追究刑事责任。

第四十八条　县级以上各级人民政府卫生行政主管部门和其他有关部门在突发事件调查、控制、医疗救治工作中玩忽职守、失职、渎职的，由本级人民政府或者上级人民政府有关部门责令改正、通报批评、给予警告；对主要负责人、负有责任的主管人员和其他责任人员依法给予降级、撤职的行政处分；造成传染病传播、流行或者对社会公众健康造成其他严重危害后果的，依法给予开除的行政处分；构成犯罪的，依法追究刑事责任。

第四十九条　县级以上各级人民政府有关部门拒不履行应急处理职责的，由同级人民政府或者上级人民政府有关部门责令改正、通报批评、给予警告；对主要负责人、负有责任的主管人员和其他责任人员依法给予降级、撤职的行政处分；造成传染病传播、流行或者对社会公众健康造成其他严重危害后果的，依法给予开除的行政处分；构成犯罪的，依法追究刑事责任。

第五十条　医疗卫生机构有下列行为之一的，由卫生行政主管部门责令改正、通报批评、给予警告；情节严重的，吊销《医疗机构执业许可证》；对主要负责人、负有责任的主管人员和其他直接责任人员依法给予降级或者撤职的纪律处分；造成传染病传播、流行或者对社会公众健康造成其他严重危害后果，构成犯罪的，依法追究刑事责任：

（一）未依照本条例的规定履行报告职责，隐瞒、缓报或者谎报的；

（二）未依照本条例的规定及时采取控制措施的；

（三）未依照本条例的规定履行突发事件监测职责的；

（四）拒绝接诊病人的；

（五）拒不服从突发事件应急处理指挥部调度的。

第五十一条　在突发事件应急处理工作中，有关单位和个人未依照本条例的规定履行报告职责，隐瞒、缓报或者谎报，阻碍突发事件应急处理工作人员执行职务，拒绝国务院卫生行政主管部门或者其他有关部门指定的专业技术机构进入突发事件现场，或者不配合调查、采样、技术分析和检验的，对有关责任人员依法给予行政处分或者纪律处分；触犯《中华人民共和国治安管理处罚条例》，构成违反治安管理行为的，由公安机关依法予以处罚；构成犯罪的，依法追究刑事责任。

第五十二条　在突发事件发生期间，散布谣言、哄抬物价、欺骗消费者，扰乱社会秩序、市场秩序的，由公安机关或者工商行政管理部门依法给予行政处罚；构成犯罪的，依法追究刑事责任。

第六章　附　则

第五十三条　中国人民解放军、武装警察部队医疗卫生机构参与突发事件应急处理的，依照本条例的规定和军队的相关规定执行。

第五十四条　本条例自公布之日起施行。

国务院副总理兼卫生部部长吴仪在北京会见世界卫生组织候任总干事李钟郁博士

吴仪祝贺李钟郁在今年世界卫生组织执委会的提名选举中获胜。

吴仪向客人详细介绍了中国防治传染性非典型肺

炎的情况。她强调，中国政府和人民完全有信心、有能力战胜这场突如其来的灾难。中国一直十分重视世界卫生组织在国际卫生事业中的地位和作用，多年来双方的合作是卓有成效的，希望进一步加强。她对李钟郁在多种场合表示坚持一个中国原则立场表示赞赏，对世界卫生组织驻中国代表处和专家组的工作表示感谢。

北京防治非典型肺炎联合工作小组举行第五次新闻发布会

北京市委常委、宣传部长蔡赴朝，北京市副市长范伯元，北京市卫生局副局长梁万年分别向中外记者介绍了北京防治“非典”的最新情况。

确诊“非典”患者确保收治，医务人员感染率明显降低

蔡赴朝在新闻发布会上说，北京现在已经做到了确保收治，所有确诊的“非典”患者都能够收治到市级定点医院。截至5月6日24时，原来在各区县非定点医院收治的那些“非典”患者已全部转到了市定点医院。医务人员感染率已明显降低。统计数据表明，从4月21日到5月1日，这段期间医务人员当日确诊的发病人数，日均保持在两位数，每天平均是15.81人。从5月2日开始到8日，整整一周时间，每天直接确诊的医务人员发病人数已经降到个位数，平均每天6.3人。5月7日和8日，医务人员当日直接确诊的人数都是4人。

北京将如期举行高考，但对某些程序作出调整

范伯元说，根据国家教育部统一部署，北京市2003年普通高等学校统一招生考试将在6月7日、8日两天如期举行。

北京对今年高考志愿的填报将调整到公布成绩以后再进行，即由原来的5月15日、16日调整到6月28日、29日。今年将暂停全市统一组织的外语专业的口试，高等职业学校的一些单独招生报名工作也将调整到文化课统一考试后的6月下旬举行。

同时，今年北京将不允许举办各种类型大规模、人员集中的高考咨询活动。

北京“非典”疫情上升趋势得到有效控制

梁万年在新闻发布会上回答记者提问时说，北京“非典”疫情出现了下降的迹象和趋势，从5月2日以后，每天新收治确诊病人从4月21日以来的70—80人减少到30—40人。

5月10日

全国人大常委会委员长吴邦国在内蒙古考察“非典”防治工作

5月10日至12日，吴邦国先后来到呼和浩特、包头，深入疾病预防控制中心、SARS救治中心工地、内蒙古大学，以及两个居民小区、一个行政村、三个开发区和包钢等八家企业，考察“非典”防治工作和企业生产经营情况，并走进居民、农户家中和学生宿舍详细询问防治措施落实情况。考察期间，吴邦国还分别与有关专家和部门负责同志就“非典”防治、贯彻传染病防治法等问题进行座谈，并听取了自治区的工作汇报。

吴邦国指出，“非典”防治工作决不能有一丝一毫的麻痹和松懈，必须将防治工作纳入法制化轨道，依法行政，依法管理。要通过防治“非典”工作的实践，逐步建立公共卫生突发事件应急机制，整合和健全有效的工作系统和监控网络。

吴邦国要求各级组织继续做好“两个确保”和“低保”工作，做到应保尽保。他指出，餐饮、旅游、零售、交通等行业，受“非典”疫情影响较大。对从事这些行业的困难群众，要给予更多的关心、支持和扶助，帮助他们解决实际困难，共渡难关。

吴邦国十分关心疫情期间经济发展情况。他指出，各地区、各部门要按照中央的统一部署，正确把握和处理好疫病防治和经济发展的关系，在深入扎实做好“非典”防治工作的同时，牢牢抓住发展这个执政兴国的第一要务不松劲。

国务院总理温家宝在山西省考察非典型肺炎防治工作

国务院副总理吴仪参加了考察。

上午，温家宝一行首先来到寿阳县，先后考察了县人民医院和尹灵芝镇卫生院，仔细询问了农村医疗卫生情况和防治“非典”工作的准备情况。在芹泉村，他深入农民家庭，与村民亲切交谈。温家宝对随行的各级干部说，一定要落实对农民“非典”患者一律实行免费治疗的政策。

下午，温家宝来到太原理工大学东社区，与社区负责人和群众亲切交谈，检查学校和社区的防治“非典”工作。他还来到退休教授徐璞、秦振纪家中，关切地询问了他们的身体状况和家庭防疫情况。

在太原钢铁集团有限公司冷轧厂和山西省疾病预防控制中心，温家宝看望了坚守工作岗位的一线职工和医务人员。

5月10日晚，温家宝听取了山西省委、省政府关于山西省防治“非典”工作情况的汇报并作了重要讲话。他提出三点要求：坚持不懈、恪尽职守、狠抓落实。

国务院副总理曾培炎在北京主持召开会议专题研究和安排部署加快“非典”防治设施建设工作

国家发展改革委按照会议确定的意见，并经国务院批准，决定适时调整国债资金投向。

在抗击“非典”以来已安排专项投资15.5亿元用于全国疾病预防控制网络建设的基础上，国家发展改革委决定再增加投资8.126亿元，加快“非典”防治设施建设，改善医疗机构的收治能力，有效遏制疫情向农村蔓延。

按照温家宝总理“突出重点，保证急需”的指示精神，资金安排上，重点支持疫情比较严重地区的“非典”防治，主要用于“非典”定点救治医院和农村县级医疗机构发热门诊、隔离观察室的改建及购置急需的医疗设备，配置转运专运车和消毒车，同时支持疫区口岸隔离室及设备和有害垃圾、医疗污水应急处理设施建设及专用运输车购置。资金由有关省、自治区、直辖市和相关部门根据疫情，统筹安排，专款专用，确保重点，解决好防治“非典”急需和关键性设施建设。

文化部颁布《互联网文化管理暂行规定》

《互联网文化管理暂行规定》(以下简称《规定》)自2003年7月1日起施行，这是我国互联网文化发展历程中的一件大事，互联网文化发展和管理从此有章可循。

《规定》的管理对象包括，通过互联网生产、传播和流通的音像制品、游戏产品、演出剧(节)目、艺术品、动画等互联网文化产品，以及从事互联网文化产品经营服务的互联网文化单位。

《规定》将互联网文化活动区分为经营性和非经营性两种，由文化部和省、自治区、直辖市人民政府文化行政部门分级管理，对经营性互联网文化单位实行许可制度，对非经营性互联网文化单位实行备案制度。《规定》明确了互联网文化单位的设立条件和审批程序，制定了对进口互联网文化产品的内容审查制度，还明确了违反互联网文化管理规定的相应罚则。

解放军总参谋长梁光烈在达累斯萨拉姆与坦桑尼亚国防部长菲利蒙·萨伦吉举行会谈

双方就双边关系和共同关心的问题交换了意见，表示愿进一步发展两国和两军友好合作关系。此前，坦桑尼亚人民国防军司令乔治·瓦伊塔拉上将为梁光烈的来访举行了欢迎仪式，并同他进行了会谈。

国家体育总局公布施行《普通人群体育锻炼标准(试行)》

国家体育总局、卫生部、财政部、农业部、国家民委、全国总工会、共青团中央、全国妇联8部委局于5月10日联合发出了关于《普通人群体育锻炼标准实施办法》的通知。国家体育总局副局长张发强说，施行《普通人群体育锻炼标准》是中国的一项基本体育制度。《中华人民共和国体育法》明确规定：国家推行全民健身计划，实施体育锻炼标准。

中国自1954年第一次公布了《准备劳动与卫国》体育制度暂行条例。1958年，国务院正式批准公布《劳卫制》，1964年改为《青少年体育锻炼标准》，1975年又改为《国家体育锻炼标准》，以后又经过1982年、1989年的两次修改。但是，当时的《国家体育锻炼标准》实施对象主要是面对学校的广大学生。

从2000年起，国家体育总局群体司组织了以北京师范大学教授毛振明为首的几十位专家，经过两年多的调查研究，于今年2月初圆满完成了科研课题，研制出《普通人群体育锻炼标准》(试行)，普通人群的范围从20岁至59岁，并在北京通过了专家组的鉴定。

《普通人群体育锻炼标准》是根据科学性、趣味性、实用性、可行性、统筹性等原则来研制的。其中包括：速度、力量、耐力、柔韧、灵敏五大要素的25项评价指标。

《普通人群体育锻炼标准》公布施行后，将和先前出台的《学生体质健康标准》《军人体育锻炼标准》《公安民警体育锻炼达标标准》等一起，构成一个综合的、更加完整的国家体育锻炼标准——《普通人群体育锻炼标准》。

卫生部常务副部长高强在北京主持传染性非典型肺炎诊断治疗专题讲座

讲座以电视电话会议的形式，由中国工程院院士、广州呼吸病研究所所长钟南山教授主讲。

钟南山结合广东省防治“非典”的实践，就“非典”的诊断、鉴别和治疗，详细阐述了自己的看法。

北京、天津、河北、山西、内蒙古、广东等地的医疗技术骨干、部分一线医护人员以及卫生行政部门和医院的主要管理人员听取了此次专题讲座。

北京召开市委常委扩大电视电话会议要求坚决打好5月“非典”攻坚战

中共中央政治局委员、北京市市委书记、北京防治非典型肺炎联合工作小组组长刘淇强调，下最大决心、尽最大努力打好北京5月防治“非典”攻坚战。

刘淇说，当前已到了“非典”防治的全面决战阶段。随着疫情得到控制，以及学校的开学，高考的临近，大批人员返京，对“非典”防治工作提出了新的挑战和严峻的考验。5月群防群控与医疗救治，哪一条都不能有丝毫的放松，不能有丝毫的麻痹，一定要乘势而上，不松劲，不厌战，劲头更足，措施更实，一鼓作气，坚决打好5月北京防治“非典”攻坚战，在5月取得关键阶段的战果。

刘淇对北京5月"非典"防治攻坚战做了全面部署。一是坚持群防群控不放松,在确保落实上狠下功夫。村自为战、社区为战、校自为战、工地为战的方针,一点都不能放松。二是确保收治,做到随诊随收,实行集中治疗,不让感染者在社会上失控。这是防治"非典"工作的基本要求,也是对社会负责任的体现。三是加强医院的内部管理和完成发热门诊的整改。四是依靠科技,高度重视发挥专家的作用,积极采取中西医结合的治疗方法,实施科学防治。五是切实做好宣传工作,弘扬好民族精神,进一步保持战胜困难的昂扬斗志。六是要坚持两手抓的方针。要正确把握和处理好防治"非典"和推动经济发展的关系,在深入开展防治"非典"斗争的同时,农业、工业、第三产业,各行各业,各条战线都要抓紧做好当前各自的工作,及时采取适当的调控措施,保证经济的稳定发展,尽最大努力将负面影响降低到最小。

5月11日

中共中央总书记胡锦涛在四川考察

5月11日至14日,胡锦涛和随行的中共中央政治局候补委员、中央书记处书记王刚,在四川省委书记张学忠、省长张中伟等陪同下,先后到宜宾、自贡、成都,就做好非典型肺炎防治工作和促进经济发展进行考察。

胡锦涛十分关心基层特别是农村非典型肺炎防治工作开展的情况。他考察了市、县、镇三级医疗单位以及交通检疫站、长途汽车客运站,并走村入户,了解防治非典型肺炎措施的落实情况。胡锦涛在成都同医务工作者以及有关方面的同志进行座谈时指出,各级党委和政府一定要以对人民群众极端负责的态度,坚决克服侥幸心理和松懈情绪,继续抓紧抓好非典型肺炎防治工作。

胡锦涛在国有企业、乡村农家、科研院所考察时,看到干部群众克服困难千方百计促进经济发展的情景,十分高兴。他指出,我们既要看到"非典"疫情给经济发展带来的不利影响,也要认识到有利于发展的许多条件依然存在。要冷静观察,迎难而上,灵活应对,保持经济的稳定发展。

考察期间,胡锦涛听取了四川省委、省政府的工作汇报并作了重要讲话。他对四川省的各项工作特别是当前"非典"防治工作给予了肯定。

胡锦涛指出,夺取抗击"非典"和促进发展双胜利,必须切实加强和改善党的领导,充分发挥各级党委的领导核心作用、基层党组织的战斗堡垒作用和共产党员的先锋模范作用。

全国政协主席贾庆林在河北和广西考察

5月11日至19日,贾庆林分别在河北省委书记白克明、省长季允石和广西壮族自治区党委书记曹伯纯、自治区代主席陆兵的陪同下,先后来到河北省保定、邯郸、邢台、石家庄和广西壮族自治区北海、百色、南宁等市,深入企业、农村、医院、防疫部门、社区、机关和学校,考察防疫和生产经营工作,慰问医务人员。

在邯郸钢铁公司、华北制药集团、南宁化工集团等9家企业,贾庆林同干部职工亲切交谈,了解防治"非典"和生产经营情况。

在太行山区和百色革命老区农村,贾庆林走进麦田果林、村民家中,同农民和基层干部促膝交谈。他要求,确保农村不发生大面积疫情。同时,决不能放松农业和农村经济的发展。

贾庆林还来到河北省收治重症"非典"病人的省胸科医院和河北省疾病预防控制中心、南宁市"非典"重症救治中心,代表党中央亲切慰问了工作在抗击"非典"第一线的医务人员。他还了解了河北省永年县蔬菜批发市场和安国东方药城蔬菜、药品交易情况,考察了保定、石家庄和南宁市社区的防疫工作。在河北科技大学和广西大学,他亲切看望了师生和科研人员。

考察期间,贾庆林先后听取了河北省和广西壮族自治区的工作汇报。在对两省区前一阶段防治"非典"工作和经济发展取得的成绩给予了充分肯定后,贾庆林指出,当前疫情形势依然严峻,决不能有丝毫的松懈情绪和侥幸心理。在当前抗击"非典"的形势下,我们要坚持"非典"防治和经济建设两手抓。贾庆林还就加快革命老区和少数民族地区的经济发展与进一步做好扶贫开发工作发表了意见。

贾庆林在考察期间,还与两省区政协、统战部门负责同志,各民主党派、工商联负责人和无党派人士进行座谈。

全国政协副主席李兆焯参加了在广西的考察工作。

外交部部长李肇星就伊拉克中东和朝核等问题与英国外交大臣斯特劳通电话

外交部部长李肇星就伊拉克问题与沙特阿拉伯外交大臣费萨尔通电话

中国遇难同胞纪念碑揭幕仪式在奥地利毛特豪森前纳粹集中营举行

中国驻奥大使卢永华在揭幕仪式上说,中国在上个世纪前半叶所进行的抗日战争是国际反法西斯斗争的重要组成部分。在西部战线也有一些中国人献出了自己的生命。我们最强烈地谴责纳粹政权推行的种族恐怖。

毛特豪森集中营是纳粹德国在占领奥地利后于1938年8月在上奥州修建的,在这里以及49座附属营地里囚禁过20万人,其中10万多人被枪杀、毒死或折磨致死。二战结束后,该集中营被改建为纪念馆。由于最新调查发现在遇害者中有5位中国人,中国政府决定以中国驻奥使馆的名义在毛特豪森集中营的哭墙上为遇难同胞立碑。深色的大理石纪念碑上镌刻着:"纪念在此集中营遇难的中国同胞"。

奥地利内政部长施特拉塞尔、中国常驻联合国维也纳办事处和其他国际组织代表张炎大使等参加了揭幕仪式。

2008年北京奥运会主体育场选定"鸟巢"设计方案

该方案由2001年普利茨克奖获得者、瑞士建筑师赫尔佐格、德梅隆,与中国建筑设计研究院合作完成,2003年3月从中外13个竞赛方案中胜出,被评委以压倒多数票选为重点推荐实施方案,并获得公众广泛好评。经决策部门认真研究,被确定为中国国家体育场的最终实施方案。

这个巨型体育场的外观如同树枝织成的鸟巢,其灰色矿质般的钢网以透明的膜材料覆盖,其中包含着一个土红色的碗状体育场看台,恰似北京故宫青灰色的城墙内矗立着红墙垒筑的宏大宫殿,饱含东方式的含蓄美。

中国男子花剑运动员王海滨在2003年世界杯波恩站比赛中获得男子个人冠军

卫生部印发《传染性非典型肺炎流调人员现场防护指导原则(试行)》

国家发改委等五部委联合发出紧急通知要求确保防治"非典"货物运输畅通

针对一些地方在防治"非典"工作中出现的重复消毒、重复体检,导致车辆长时间排队,运输周期加长,成本增加等问题,国家发展改革委员会会同公安部、交通部、商务部和卫生部联合发出紧急通知,要求各省、自治区、直辖市规范对车辆和人员的消毒、检查工作,确保防治"非典"货物运输畅通。

通知规定,对运输粮食、蔬菜、肉蛋奶等生活必需品和防治"非典"药品等货物的车辆和人员,需要进行消毒和检查的,由始发地或目的地政府指定的部门负责组织实施。运输途中任何地方、部门和单位不再对车辆、人员进行检查、消毒,以减少中途滞留,确保运输畅通快捷。任何地方政府、部门和单位都不得违反国家规定设置检查站、卡;严禁以防治"非典"为由阻断公路交通;严禁在行政区划交界处实行交通管制;严禁在道路上设置路障,阻碍车辆正常通行;严禁对辖区以外的车辆进行劝返;严禁对车辆强制消毒收费;严禁对人员强制体检收费。

国家环保总局发出紧急通知要求加强农村环保工作严防"非典"向农村蔓延

通知要求各级环保部门抓住"非典"尚未在农村扩散的有利时机,采取有效措施,加强农村环保工作,切断"非典"传播渠道,确保广大农村群众的身体健康和生命安全。

通知指出,各地环保部门要切实加大对县、乡(镇)卫生院和村卫生所医疗废水和医疗废物的环境监管力度,确保已建成的医疗废水、废物处理处置设施正常运转。各地要高度重视农村饮用水源的保护,确保其不受污染。各地要开展农村环境综合整治,切实解决农村生活污水和垃圾问题。

贺晋年逝世

军委装甲兵原副司令员贺晋年同志(正大军区职待遇),因病医治无效,于5月11日在北京逝世,享年93岁。

贺晋年同志是陕西省子长县人,1928年加入中国共产党,1930年参加中国工农红军。他是陕北红军创建人之一。土地革命战争时期,历任陕甘游击队骑兵大队副大队长、一支队政委、总指挥部参谋长、总指挥,中国工农红军团长、师长、军长等职,率部参加了陕北革命根据地的第一、二、三次反"围剿"斗争,为开辟和巩固陕北革命根据地,迎接中央红军的到来作出了重要贡献。抗日战争时期,历任团长、旅长兼分区司令员,率部参加了固守黄河防线、反国民党顽固派磨擦滋扰的斗争和大生产运动。解放战争时期,历任东北民主联军合江军区司令员、纵队司令员,兵团副司令员兼军长、江西军区第一副司令员兼赣西南军区司令员等职。他创建了我军第一支骑兵纵队和第十一纵队,率部参加了东北夏季攻势、冬季攻势和辽沈、平津、解放江南等战役战斗。新中国成立后,任东北军区副司令员兼参谋长,同时兼任防空、卫戍、装甲兵部队司令员和中朝联合铁道运输指挥部司令员,为东北军区部队的正规化建设和抗美援朝战争的胜利建立了功勋。他1957年任装甲兵副司令员,主持了我国第一代主战坦克装甲车辆的研制工作，为建设人民装甲兵作出了重要贡献。

贺晋年是第四届全国人民代表大会代表，中共第七次全国代表大会代表，第十一届中央候补委员，在党的第十二、十三次全国代表大会上当选为中央顾问委员会委员。

5月12日

中共中央总书记胡锦涛在四川向全国广大护理工作者祝贺护士节

5月12日是国际护士节，胡锦涛和随行的中共中央政治局候补委员、书记处书记王刚来到自贡市富顺县人民医院，看望医护人员，向广大护士特别是奋战在抗击"非典"一线的全国护理工作者，致以节日的祝贺，并向广大医务人员表示亲切的慰问。

中共中央政治局常委李长春在湖北 浙江考察

5月12日至20日，李长春先后来到湖北和浙江两省的疾病预防控制中心以及建设工地、科研院所、居民小区、工厂、乡村农家，就做好"非典"防治工作和促进经济发展进行考察，并听取了两省的工作汇报。在浙江省和武汉市的疾病预防控制中心、武汉大学现代病毒学研究中心、中科院武汉病毒研究所，李长春详细了解"非典"防疫和科技攻关的情况，向奋战在抗击"非典"第一线的医护人员和科技工作者表示亲切慰问和衷心感谢。他指出，要抓好关键环节，落实群防群控，控制疫病蔓延，特别要防止疫情向农村扩散。

李长春深入三峡大坝工地和一些重点企业的车间，实地考察生产建设情况，他对这些企业克服"非典"影响，抓好生产经营的做法给予充分肯定。李长春指出，当前防治"非典"工作能够取得成效，就是因为我们有改革开放和现代化建设打下的雄厚物质技术基础。今后夺取防治"非典"斗争的最后胜利，也还是要依靠经济发展。他希望湖北和浙江结合自身实际，调整经济结构，改善投资环境，扩大消费需求，加快发展步伐，把"非典"带来的不利影响减少到最低程度，努力实现全年经济社会发展预期目标。

考察期间，李长春还就大力发展先进文化、加快文化体制改革、加强基层文化阵地建设等项工作召开座谈会，听取意见。

李长春还来到武汉市百步亭社区和宁波万安社区，考察社区精神文明建设。

国务院副总理曾培炎在北京考察

5月12日下午，曾培炎先后考察了北汽福田汽车股份有限公司欧曼重型卡车制造厂和北京现代汽车股份有限公司。他深入到生产车间第一线，仔细询问了生产经营情况和防治"非典"的具体措施。他指出，北京"非典"疫情虽有好转，但决不能掉以轻心，要充分认识"非典"斗争的长期性、艰巨性和复杂性，继续做好防治工作。当前关键是要全面贯彻胡锦涛总书记的指示精神，坚持一手抓防治"非典"这件大事，一手抓经济建设这个中心不动摇，努力保持经济发展的良好势头。

曾培炎说，汽车产业是我国经济的增长点，一定要使它健康发展。要加强指导协调，改善宏观调控，抓紧出台汽车产业政策和消费政策，改善汽车消费环境，促进汽车的生产和消费。他同时强调，汽车工业发展决不能一哄而起，搞低水平重复建设。要通过调整产业结构，实行规模化生产，注重经济效益，不断提高自主开发能力和国产化水平，加强核心竞争能力，使我国汽车工业迈上一个新台阶。

国办发出《关于加快推进再就业工作的通知》

各省、自治区、直辖市人民政府，国务院各部委、各直属机构：

党中央、国务院对就业和再就业工作高度重视。最近，中共中央政治局常委会和国务院常务会议专门听取了再就业工作情况汇报，并决定在适当时候召开全国再就业工作座谈会，进一步推动再就业工作。去年9月党中央、国务院召开全国再就业工作会议以来，各地区、各部门认真贯彻落实会议精神和《中共中央、国务院关于进一步做好下岗失业人员再就业工作的通知》(中发〔2002〕12号，以下简称《通知》)，加强了对再就业工作的组织领导，陆续出台了配套实施办法，逐步建立了目标责任体系，并在加大再就业资金投入和帮助困难对象再就业等方面做了大量工作。但是，目前地区间工作进展不平衡，一些地区存在着工作进展缓慢、责任不够明确、政策措施不够得力、工作尚未取得明显实效等问题。当前，我国就业的压力很大，就业的结构性矛盾相当突出，困难群体再就业问题还未缓解，就业形势依然严峻。特别是非典型肺炎疫情的突发，使我国经济发展环境的不确定因素增加，给就业工作带来了新的困难和不利影响，实现今年工作目标的任务相当艰巨。为进一步做好就业和再就业工作，千方百计实现今年净增就业800万人以上、下岗失业人员再就业400万人以上(其中"4050"人员100万人)、城镇登记失业率控制在4.5%左右的工作目标，经国务院同意，现就有关问题通知如下：

一、加强领导，落实责任

(一)各地要处理好非典型肺炎防治工作与经济工

作的关系,一手抓防治非典型肺炎这件大事,一手抓经济建设这个中心不动摇。各级政府要从实现国家长治久安的高度,把促进就业和再就业作为维护改革发展稳定大局的一件大事来抓,继续巩固和强化再就业工作“一把手”责任制,切实把这项工作摆上重要议事日程。要把净增就业岗位、落实再就业政策、强化再就业服务、加大再就业资金投入和帮助困难群体就业五项具体工作目标,作为考核各级政府和有关部门工作是否落实的重要内容,层层分解,从措施办法、资金投入和督促检查等方面给予保证,除了非典型肺炎疫情暂时比较严重的地区外,其他地区均要按月、按季落实再就业工作目标的完成进度,落实部门责任制。

(二)加强对就业和再就业工作的组织协调。国务院决定建立再就业工作部际联席会议制度,由劳动保障部、国务院办公厅、发展改革委、教育部、监察部、民政部、财政部、建设部、国资委、人民银行、税务总局、工商总局、中央编办和全国总工会组成,在国务院直接领导下,加强部门统一协调,及时通报各部门工作落实情况,分析工作中出现的新问题,研究解决政策难点,督促检查各地区、各部门任务完成情况,更有力地指导和推动再就业工作开展。地方各级政府也要相应建立再就业工作领导机构,形成统一领导、分工协作的工作机制。各有关部门要从上到下建立落实再就业政策的推动机制,按季调度工作进展情况,建立基层单位基础台账和本系统的统计制度。部门之间要加强协调,密切配合,真正形成齐抓共管、共同推动政策落实的合力。要充分发挥工会、妇联、共青团组织的积极性和主动性,动员全社会共同参与,齐心协力做好就业和再就业工作。

二、加大工作力度,全面落实政策

(三)各级政府和各有关部门要全面贯彻《通知》精神,加快落实税费减免、社保补贴、岗位补贴、小额贷款、就业服务、工商登记、场地安排等各项再就业扶持政策。地级城市所有配套政策的实施办法应在6月底前制定出台,并在街道、社区建立劳动保障工作平台,切实做到机构、人员、经费、场地、制度和工作到位,确保7月底前全面进入政策实施阶段。各地劳动保障部门要根据本地实际,进一步完善再就业优惠证发放办法,加强规范管理,加快再就业优惠证的审核、发放,保证符合条件的下岗失业人员及时领到优惠证,并定期向税务、工商等部门通报有关情况。在各项扶持政策的具体实施中,各地及各有关部门要从有利于解决实际问题和积极促进再就业出发,切实保证已经出台的各项再就业政策不折不扣地得到落实,努力为就业和再就业创造更为宽松的环境。各地还要按照属地管理的原则,将中央企业下岗失业人员再就业纳入当地的再就业工作规划,统筹安排落实。

(四)各级政府要根据再就业工作的实际需要,调整财政支出结构,落实再就业资金,并按时足额拨付到位。2003年度中央财政补助地方国有企业下岗职工基本生活保障和再就业专项转移支付资金已下达,并与地方资金实际投入情况和工作成效挂钩。各地应根据当年净增就业岗位、强化再就业服务、帮助困难群体再就业等目标任务的需要,加大再就业资金投入,并与下岗职工基本生活保障资金统筹安排使用,做到及时拨付,加强管理,提高效益。

(五)各地区、各有关部门要结合实际,及时研究解决政策落实中的难点问题。财政部、人民银行负责组织各商业银行抓紧制定下岗失业人员小额担保贷款实施细则,并督促各经办银行按要求加大贷款发放力度,简化贷款手续,提高经办效率。各级政府要积极采取措施,在6月底前将担保基金落实到位,使小额贷款担保业务尽快开展起来。各级税务、工商等部门要将扶持下岗失业人员再就业的工作成效作为部门考核的重要内容,严格按规定执行有关税费减免政策,不得以完成税费征收任务为由对落实税费减免的有关政策打折扣。对按政策减免的税费,可以相应抵减基层单位税费收缴的任务。财政部、税务总局、国资委等部门要进一步明确享受再就业扶持政策的商贸企业的标准,细化国有企业主辅分离的操作程序,简化审批手续,使地方和企业准确执行政策。

三、大力开发就业岗位,多渠道拓宽就业门路

(六)各地要努力实现国民经济持续快速健康发展和促进充分就业双重目标,并结合本地实际,提出发展经济与增加就业岗位有机结合、扩大内需与扩大就业良性互动的具体措施。要大力发展第三产业以及有比较优势和市场需求的劳动密集型产业,鼓励发展就业容量大的个体、私营、外商投资、股份合作等多种所有制经济,积极发展有市场需求的中小企业,继续发展劳动就业服务企业,促进跨地区的劳务协作和对外劳务输出,千方百计为下岗失业人员再就业创造岗位和机会。要积极推进城市社区建设,大力开发社会化服务岗位,引导更多的下岗失业人员在社区服务领域实现再就业。当前,要特别注意把防治非典型肺炎与开发社区环境卫生、清洁消毒等公益性就业岗位结合起来,帮助就业困难对象实现再就业。

(七)各级政府和有关部门要积极运用各项再就业扶持政策,鼓励服务型企业多吸纳下岗失业人员;鼓励下岗失业人员自谋职业、自主创业以及通过非全日制、临时性、季节性、弹性工作等灵活多样的方式实现再就

业；鼓励有条件的国有大中型企业通过重组改制、主辅分离分流安置企业富余人员。

四、强化就业服务，建立再就业援助制度

（八）各级政府要建立完善公共就业服务制度，全面落实免费再就业培训和免费职业介绍政策。要加强劳动力市场信息网络建设。要广泛推行上门服务、即时服务和承诺服务，普遍推广在同一场所开展各项就业服务和社会保险业务的“一站式”服务。要努力提高再就业培训的针对性、实用性和有效性，完善免费职业培训和职业介绍制度，动员社会各方面力量开展再就业培训和中介服务。各级劳动保障部门要对社会办的职业培训机构和职业介绍机构进行资质认定，并根据培训和再就业效果给予补贴。要大力开展创业培训，结合项目开发、开业指导、小额贷款、税费减免、跟踪扶持，以创业促就业。要加快研究制定鼓励灵活就业的政策措施，做好下岗失业人员社会保险关系接续服务工作。

（九）建立、健全再就业援助制度，千方百计帮助大龄就业困难人员实现再就业。这项工作要从政府、部门一直落实到基层。各级政府要抓紧建立公益性岗位空岗报告制度，凡是由政府投资形成的公益性岗位，要优先安排“4050”人员。街道劳动保障工作机构和社区工作人员要摸清“4050”人员底数，并逐一建立台账，为其提供专门的帮助和便捷的服务，切实帮扶一批大龄就业困难人员实现再就业。

五、巩固“两个确保”的成果，做好三条保障线衔接

（十）各级政府要继续落实资金，进一步巩固“两个确保”，不得发生新的拖欠。要进一步加强“三条保障线”的衔接，积极稳妥地解决下岗职工基本生活保障制度向失业保险制度并轨中出现的问题。对企业新裁减人员和出中心的下岗职工，要做好社会保险接续工作，按规定为其提供失业保险。对符合城市居民最低生活保障条件的，要及时将其纳入最低生活保障。协议期满的下岗职工，原则上应按规定出中心，并与企业解除劳动关系。对协议期满暂时无法解除劳动关系的下岗职工，各级政府和企业要继续运用现有各类资金渠道筹措的资金保障其基本生活。

（十一）做好城市居民最低生活保障工作。将符合条件的城市贫困居民及时纳入保障范围，做到“应保尽保”。要处理好最低生活保障与促进就业的关系，有劳动能力和就业愿望但尚未就业的城市居民，在享受城市居民最低生活保障待遇期间，应当参加社区组织的公益性劳动和就业培训活动。

六、加强督促检查，加大宣传力度

（十二）各级政府和各有关部门要抓紧建立政府和部门自上而下的监督检查制度，建立社会和群众自下而上的监督举报机制，对再就业工作进行督办、督促和检查评估。5月底前，各地级以上城市和各有关部门要普遍建立再就业政策监督举报制度，向社会公布监督举报电话，接受社会和群众的监督。从6月份开始，劳动保障部要按月汇总各地再就业专项工作进展情况，按季汇总主要目标的完成情况，对地方政府进行通报（对非典型肺炎疫情仍较重的地区可适当推迟）。各级政府也要建立再就业工作通报制度，了解工作进展，推动工作落实。国务院将在今年第三季度组织专项督查，采取地方自查与国务院有关部门督办相结合的方式，促使再就业政策切实得到贯彻落实。

（十三）加强劳动力市场管理，保障劳动者合法权益。

各地要结合再就业扶持政策的贯彻落实，加大劳动监察力度，组织开展企业用工情况大检查，对各类用人单位招聘人员不签订劳动合同、滥用试用期、拖欠和克扣工资、拒缴社会保险费等违法行为，要依法查处。要加强对各类中介机构的监管，严厉打击非法职业中介和各类欺诈行为。要进一步做好劳动者的劳动保护和职业安全卫生工作。

（十四）各地区、各有关部门和新闻单位要继续通过多种形式把促进再就业的各项政策宣传到群众、企业和基层单位，并大力宣传党和政府对下岗失业人员的关心和对再就业工作的支持，继续引导下岗失业人员转变就业观念，树立和宣传一批下岗失业人员再就业和企业吸纳下岗失业人员就业的典型，营造全社会支持和帮助再就业的良好气氛。

国务院办公厅

2003年5月12日

国办发出《关于调整国家科技教育领导小组组成人员的通知》

各省、自治区、直辖市人民政府，国务院各部委、各直属机构：

根据《国务院关于议事协调机构和临时机构设置的通知》（国发〔2003〕10号）以及人员变动情况和工作需要，国务院决定对国家科技教育领导小组的组成人员进行相应调整。现将调整后的名单通知如下：

组　长：温家宝（国务院总理）

副组长：陈至立（国务委员）

成　员：（略）

国家科技教育领导小组办公室设在国务院办公厅，陈进玉兼任办公室主任。

国务院办公厅

2003年5月12日

国办发出《关于调整国务院学位委员会组成人员的通知》

各省、自治区、直辖市人民政府,国务院各部委、各直属机构:

根据《国务院关于议事协调机构和临时机构设置的通知》(国发〔2003〕10号)以及人员变动情况和工作需要,国务院决定对国务院学位委员会的人员进行相应调整。现将调整后的名单通知如下:

主任委员:陈至立(国务委员)

副主任委员:

路甬祥(全国人大常委会副委员长、中国科学院院长)

徐匡迪(全国政协副主席、中国工程院院长)

陈奎元(全国政协副主席、中国社会科学院院长)

周　济(教育部部长、主持学位委员会常务工作)

赵沁平(教育部副部长)

委　员:(略)

秘书长:赵沁平(兼)

副秘书长:周其凤(兼)

国务院办公厅

2003年5月12日

农业部和国家环保总局联合发布2002年度《中国渔业生态环境状况公报》

公报显示,2002年,我国渔业生态环境总体状况保持良好,但由于受到营养盐类、有机物、石油类和重金属等污染物的影响,局部渔业水域污染依然严重,去年环境污染造成渔业经济损失36.2亿元。

农业部在北京召开蝗灾防治指挥部联席会议

会议要求,各级农业部门要确保实现今年"飞蝗不起飞成灾、土蝗不扩散危害"的目标。做到一手抓"非典"防治,一手抓农村经济的发展。

农业部蝗灾防治指挥部办公室从即日起开始治蝗值班制度,从5月下旬到6月中旬,坚持24小时值班,及时监测、调度、反映蝗虫发生和防治动态,在重点蝗区,要确保在5月底前做到资金、物资和技术的全面到位。

国家气象中心开始发布《灾害性天气监测公报》

公报主要对当前的暴雨、台风、干旱、沙尘天气、高温等重大灾害性天气和高影响天气进行监测,并对重要天气发生的成因、范围、强度及其对社会和经济的可能影响程度进行分析,指出当前重要天气与历史平均状况和极端状况的对比分析和评价。

外交部公布新版《领事保护指南》

新版《领事保护指南》力求向公众客观介绍我国境外领事保护和服务的职能范围,有针对性地解答中国公民在境外可能遇到的常见问题,消除公众的某些认识误区,以便更好地将领事保护工作纳入到法制化、透明化的轨道。《领事保护指南》信息量大、通俗易懂、富有人情味、实用性和可操作性强,共分为5个部分:"中国公民寻求领事保护和服务的常见问题"、"中国驻外使、领馆能够提供的领事保护和服务"、"中国驻外使、领馆不能提供的领事保护和服务"、"正确认识领事保护"和"帮助您自己"。

国务委员唐家璇到喀麦隆驻华使馆看望驻华使节代表

外交部部长李肇星与希腊外长帕潘德里欧通电话

李肇星向帕潘德里欧通报了中国正全力以赴抗击"非典"的情况,并表示,在抗击"非典"的斗争中,中国得到了包括希腊和欧盟在内的国际社会的广泛同情和支持,这鼓舞了中国人民与"非典"作斗争的决心,中国人民有信心、有能力取得抗击"非典"斗争的胜利。李肇星还赞赏并感谢希腊和帕潘德里欧本人在希腊担任欧盟轮值主席期间为推动中欧关系发展所做的积极努力。

帕潘德里欧为希腊能在担任欧盟轮值主席期间对中欧关系的发展提供帮助和支持感到高兴。他说,希腊非常尊重中国,希腊人民和欧洲人民都对中国人民向来怀有友好感情,愿对中国在抗击"非典"的斗争中继续提供帮助和支持,希望并相信中国能够尽快战胜"非典"这场灾难。

外交部部长李肇星同印度外交部长亚什万特·辛哈通电话

李肇星说,中国坚持与邻为善、以邻为伴的睦邻外交政策,重视加强与印度的友好合作关系。辛哈表示,印度政府愿不断深化印中关系,进一步推动双方友好合作关系的发展。

李肇星感谢印方对当前中国抗击"非典"斗争所提供的宝贵支持和帮助。辛哈表示,印度政府和人民愿向中国提供必要的支持和协助,相信中国人民将最终战胜"非典"。

辛哈介绍了当前南亚局势,表示印度愿同巴基斯坦通过对话和谈判,和平解决彼此的问题。李肇星表示,中国支持和欢迎印巴双方为缓和南亚局势所作的努力,作为印巴共同的朋友和邻居,中方愿意看到印巴关系进一步走向缓和。

坦桑尼亚领导人在达累斯萨拉姆会见中国人民解放军总参谋长梁光烈

坦桑尼亚总统本杰明·姆卡帕和总理弗雷德里

克·苏马耶分别会见了正在这里访问的中央军委委员、中国人民解放军总参谋长梁光烈上将及其率领的军事代表团,宾主双方进行了友好的谈话。

国务院副总理兼卫生部部长吴仪向全国护理工作者致慰问信祝贺国际护士节

全国妇联和卫生部决定表彰抗“非典”一线女医务工作者

时值国际护士节,全国妇联和卫生部联合表彰战斗在防治“非典”第一线的优秀女医务工作者,授予李秀华等70名事迹突出的女医护人员“全国三八红旗手”荣誉称号,授予北京地坛医院等61个女医护人员集中、贡献突出的单位“全国三八红旗集体”荣誉称号。

叶欣等10名中国护士获南丁格尔奖章

经中国红十字会向红十字国际委员会申请,广东省中医院二沙岛分院急诊科护士长叶欣(已经殉职)等10名中国护士获得第三十九届弗洛伦斯·南丁格尔奖章。

南丁格尔奖每两年评选一次,每届50名,是国际上授予护士的最高荣誉。到目前为止,我国已经有38名优秀护士获此殊荣。

山东省委追授张普善“山东省优秀共产党员”称号

山东省省委书记张高丽亲手将荣誉证书交给了张普善同志的爱人。

张普善1961年9月生人,1982年参加工作,1986年入党,生前任枣庄市山亭区卫生局副局长、山亭区非典型肺炎疾病控制组组长。在防治“非典”的斗争中,他不顾身患高血压病,始终站在工作一线,以最快的速度拟定了全市第一个《非典型肺炎防治预案》,组织编写了宣传材料,深入镇、村开展宣讲,每天工作20个小时左右。在近期外出务工人员返乡人数增多、防治任务更加繁重的情况下,他带病夜以继日地工作。5月5日下午,他外出检查工作刚回来,即开始制定《山亭区非典型肺炎疫情重点区域隔离控制处置预案》,因劳累过度突发心脏病,倒在了办公桌前,牺牲在防治“非典”的工作岗位上。

山东省委要求全省广大共产党员广泛开展向张普善同志学习的活动。

国务院法制办负责人在北京就《突发公共卫生事件应急条例》答记者问

记者:《突发公共卫生事件应急条例》的出台有什么意义,尤其在当前抗击“非典”之际,具有什么现实的指导意义?

国务院法制办负责人(以下简称负责人):《突发公共卫生事件应急条例》(以下简称条例)的出台,标志着我国进一步将突发公共卫生事件(以下简称突发事件)应急处理工作纳入到了法制化的轨道,将促使我国突发事件应急处理机制的建立和完善,为今后及时、有效地处理突发事件建立起“信息畅通、反应快捷、指挥有力、责任明确”的法律制度。

条例在当前抗击“非典”之际出台,为严格依法防治“非典”工作提供了更具有可操作性的法律依据,使政府及其各有关部门的职责有了明确的规定,有利于调动全社会一切力量,充分发挥社区和群众的积极性。特别是对于目前只有散发或者未发生“非典”病例的地区,作好预防和预警准备提供法律依据和工作思路。使得全国防治“非典”的工作有序地进行,彻底切断疫病传播和扩散的途径,有效控制疫情蔓延,保持正常的生产、生活秩序。

记者:一般行政法规立法均需要较长时间的调研和论证。这一条例出台前后时间不长。能否介绍一下条例出台的经过?

负责人:4月14日国务院第4次常务会议提出抓紧研究《突发公共卫生事件应急条例》的要求之后,我们会同卫生部立即抽调人员,共同组织起草小组,经过日夜奋战,草拟了条例的初稿,于4月20日邀请桑国卫、高守一、洪涛三位院士和中国疾病预防控制中心、医疗机构的十几位医学专家、学者,对条例初稿进行研究、论证。会后,根据专家、学者的意见进行了修改,形成了条例征求意见稿立即送发展改革委、财政部、公安部、监察部等15个国务院有关部门和军委法制局征求意见;同时邀请中国疾病预防控制中心负责人和北京大学公共卫生学院的专家、学者,对征求意见稿作了进一步的研究、论证。根据专家和有关部门的意见,对征求意见稿做了补充、完善,形成了条例草案,经5月7日国务院第7次常务会议审议并原则通过。根据常务会议的精神,我们会同卫生部对草案做了进一步修改,报请温家宝总理审批同意并签署后公布施行。

这个条例之所以能在较快的时间内出台,我们认为,有以下几个原因:

一是,有法律基础。《中华人民共和国传染病防治法》是处理突发事件的主要法律依据。这个条例的一些内容就是针对新形势下出现的新情况、新问题,特别是前一段“非典”防治工作中暴露出的薄弱环节,对传染病防治法等有关法律规定的制度,做了进一步明确和细化。

二是,有实践基础。条例的许多内容是把党中央、国务院关于防治“非典”工作的一系列坚决、果断、有效的政策措施条文化、规范化。

三是，国务院领导的亲自指导。在起草过程中，我们随时就有关问题向国务院有关领导请示报告，领导都及时给我们以明确指导，保证了起草工作的顺利进行。

四是，集思广益。我们邀请了多位公共卫生专家参与条例的起草工作。在起草过程中，我们征求了国务院15个部门和军委法制局的意见，召开了两次专家论证会，并邀请20多位专家、学者对草案进行论证、修改、把关。可以说，这个条例是集体智慧的结晶。

五是，起草小组全体同志的日夜奋战，勤奋工作。

记者：当前突发事件应急处理体系还存在一些什么问题？突发事件的应急处理，关键是快速反应机制和应急处理能力，条例如何从法律制度上予以规范？

负责人：经过几十年的建设和努力，我国已经初步建立了一套公共卫生体系，拥有一批预防、医疗服务机构和专业技术队伍，对于保障人民群众的身体健康和生命安全，发挥了重要的作用。这是我们建立和完善突发事件应急机制的基础。但是，从前一段防治非典型肺炎的过程中，也暴露出我们在应对突发事件方面还存在一些问题，主要是：信息渠道不畅通，信息统计不准确，反应不快，应急准备不足等。针对这些问题，条例着眼于建立和完善快速反应机制，提高应急处理能力，规定了一系列具体、可行的措施：

一是，为了强化处理突发事件的指挥系统，明确了政府对突发事件的应急管理职责。条例规定，突发事件发生后，国务院和有关省、自治区、直辖市人民政府成立应急处理指挥部，负责对突发事件应急处理的统一领导和指挥。卫生行政主管部门和其他有关部门在各自的职责范围内，做好突发事件应急处理的有关工作。

二是，针对一些部门和地方对突发事件预警能力不足、监测系统反应不灵敏的问题，条例明确规定了突发事件的监测与预警制度；确立了多渠道的、快捷的、纵横协调的信息报告制度，特别是强化了省级人民政府的信息报告责任，规定省级人民政府必须在接到疫情等突发事件报告1小时内，向国务院卫生行政主管部门报告；还明确了各级政府之间、上下级卫生部门之间的信息报告时限。同时，明确规定任何单位和个人均有权向政府或者政府部门报告突发事件，有权举报不履行职责或者不按照规定履行职责的政府或者政府部门。

三是，针对这次防治“非典”工作中反映出的应急储备不足的问题，条例规定县级以上各级政府应当组织开展防治突发事件相关的科学研究，建立突发事件应急物资、设备、设施、技术与人才资源等方面的储备，所需经费纳入本级政府财政预算。

四是，为了及时、有序地处理突发事件，制定突发事件应急预案至关重要。条例规定国务院卫生行政主管部门应当按照分类指导、快速反应的要求，针对重大传染病疫情、群体性不明原因疾病、重大食物和职业中毒等突发事件制定全国突发事件应急预案，报请国务院批准；省、自治区、直辖市人民政府根据全国突发事件应急预案，结合本地实际情况，制定本行政区域的突发事件应急预案。同时规定突发事件应急预案，应当包括突发事件应急指挥部的组成和相关部门的职责、突发事件信息的报告与通报、突发事件的分级，以及应急处理工作方案和应急储备等主要内容。此外，还规定了突发事件应急预案的启动程序。

五是，为了保证有关部门和单位能够切实按照应急预案的规定履行职责，条例规定突发事件应急处理专业技术机构负责突发事件的技术调查、确证、处置、控制和评价等工作；有关政府、部门负责保证突发事件应急所需物资的生产、供应、运输。条例规定，突发事件发生后，应急处理指挥部可以紧急调集人员、储备物资、交通工具等相关设施，对人员进行疏散、隔离，封锁疫区以及采取其他控制措施等。

六是，为了使专业技术机构和基层在突发事件发生后能够有章可循，条例规定，对新发现的突发传染病、不明原因的群体性疾病、重大食物和职业中毒事件，国务院卫生行政主管部门应当尽快组织力量制定相关的技术标准、规范和控制措施。

七是，为了及时有效地救治传染病病人，防止相互推诿和交叉感染，切断传染源，条例规范了医疗卫生机构接诊治疗、病人转送等行为，规定了医疗卫生机构对传染病密切接触者采取隔离、医学观察措施以及对内应当采取卫生防护措施。条例还规定，医疗机构收治传染病病人，应当依法报告所在地的疾病预防控制机构。接到报告的疾病预防控制机构应当立即对可能受到危害的人员进行调查，采取必要的控制措施。条例还规定，县级以上各级人民政府应当提供必要资金，保障突发事件所致病人得到及时、有效的救治。

记者：条例规定了什么样的责任追究制度？

负责人：突发事件应急处理工作具有相当的艰巨性、复杂性，要保证条例规定的各项法律制度得到切实贯彻、执行，针对违反本条例的行为，设定合理、适当的责任追究制度是关键之一：

一是，强化了有关政府及其部门不履行法定职责应当承担的责任。规定，有关政府及其部门对突发事件隐瞒、缓报、谎报或者授意他人隐瞒、缓报、谎报的；

未依照规定完成突发事件应急处理所需要的设施、设备、药品和医疗器械等物资的生产、供应、运输和储备的；对上级部门的调查不予配合或者阻碍、干涉的；在突发事件调查、控制、医疗救治工作中玩忽职守、失职、渎职的，以及拒不履行应急处理职责的，责令改正、通报批评、给予警告；对政府主要领导人及有关部门的主要负责人，负有责任的主管人员和其他直接责任人员，依法给予降级或者撤职的行政处分；造成传染病传播、流行或者对社会公众健康造成其他严重危害后果的，依法给予开除的行政处分；构成犯罪的，依法追究刑事责任。

二是，进一步明确了有关医疗卫生机构不履行有关义务应当承担的责任。条例规定，医疗卫生机构不履行报告职责，隐瞒、缓报、谎报的；未及时采取控制措施的；未依照规定履行突发事件监测职责的；拒绝接诊病人的，以及拒不服从应急处理指挥部调度的，责令改正、通报批评、给予警告；情节严重的，吊销《医疗机构执业许可证》；对主要负责人、负有责任的主管人员和其他直接责任人员依法给予纪律处分；造成传染病传播、流行或者对社会公众健康造成其他严重危害后果，构成犯罪的，依法追究刑事责任。

三是，明确了有关单位和个人不按照规定履行应急处理义务应当承担的责任。条例规定，有关单位和个人不履行报告职责，隐瞒、缓报、谎报，阻碍突发事件应急处理工作人员执行职务，拒绝有关机构进入突发事件现场，或者不配合调查、采样、技术分析和检验的，对有关责任人员依法给予行政处分或者纪律处分；触犯《治安管理处罚条例》的，由公安机关依法予以处罚；构成犯罪的，依法追究刑事责任。

四是，针对这次防治"非典"工作中发生的个别扰乱社会秩序、市场秩序的违法行为，条例加大了处罚力度。条例规定，在突发事件发生期间，散布谣言、哄抬物价、欺骗消费者，扰乱社会秩序、市场秩序的，由公安机关或者工商行政管理部门依法给予行政处罚；构成犯罪的，依法追究刑事责任。

卫生部发布《传染性非典型肺炎防治管理办法》

科技部在北京召开全国科技系统网络电话会议部署"非典"科技攻关项目

科技部要求进一步动员和部署科技系统积极组织全国科技力量，抗击"非典"。我国"非典"科技攻关工作已经全面展开。现已启动科研攻关项目85项，落实攻关经费1.08亿元，并就生物安全实验室、综合研究基地和临床研究基地建设等重大问题形成了有效部署。

5月13日

国务院总理温家宝在北京主持召开国务院常务会议

会议审议并原则通过了《企业国有资产监督管理暂行条例(草案)》《中华人民共和国文物保护法实施条例(草案)》。

会议认为，为实现党的十六大提出的深化国有资产管理体制改革目标，建立适应社会主义市场经济需要的国有资产监督管理体制，进一步搞好国有企业，推动国有经济布局和结构的战略性调整，发展和壮大国有经济，实现国有资产保值增值，制定《企业国有资产监督管理暂行条例》是十分必要的。《企业国有资产监督管理暂行条例(草案)》明确了国有资产管理体制的基本框架和企业国有资产监督管理的基本制度，规定了国有资产监督管理机构的出资人职责，提出切实保障企业经营自主权、不得干预企业生产经营活动的要求；同时还对企业负责人管理、企业重大事项管理、企业国有资产管理等作了明确规定。会议决定，《企业国有资产监督管理暂行条例(草案)》经修改后，由国务院公布施行。

会议认为，为切实贯彻落实《中华人民共和国文物保护法》，推进文物保护事业健康发展，制定《文物保护法实施条例》是必要的。《文物保护法实施条例(草案)》，主要规定了不可移动文物、考古发掘、馆藏文物的日常管理制度，明确了文物修缮、文物经营及考古发掘等相关单位的资质条件和审批程序等。会议决定，《文物保护法实施条例(草案)》经修改后，由国务院公布施行。

中央政法委书记罗干在河南考察

5月13日至17日，罗干在河南省委书记李克强、省长李成玉陪同下，先后到郑州、洛阳、焦作、安阳就做好"非典"防治工作和促进经济发展进行考察。所到之处，他深入学校、社区、医院、诊所、商店、科研院所、工厂企业、乡村农户，实地查看健康检查站的工作情况，走村入户与农民群众亲切交谈，深入生产车间调查了解生产经营情况。

5月13日上午，罗干一行先后来到京珠高速公路郑州南站"非典"留验站、河南省人民医院、郑州市疾病防控中心和郑州21世纪社区看望工作人员和群众，察看相关工作情况。

在沁阳市万北村，罗干详细了解了该村外出务工人员及近期返乡的情况。

在洛阳石化总厂、安阳彩玻等企业考察时，罗干亲切看望了坚守在工作岗位的一线职工。考察期间,他还亲切看望了战斗在抗击"非典"和维护社会稳定的第一线的公安干警。

考察期间,罗干听取了河南省委、省政府的工作汇报并讲话,他对河南省各项工作特别是当前的"非典"防治和经济建设给予充分肯定。

罗干指出,防治"非典"工作,要做到不麻痹,不松劲,不留死角。要坚持一手抓防治"非典",一手抓经济建设这个中心不动摇。

罗干强调,各级党委、政府和政法各部门要认真分析形势,采取有效措施,切实做好维护社会稳定工作,确保防治非典型肺炎、经济建设等各项工作的顺利进行。要严厉打击以各种方式散布谣言、编造传播虚假信息,恶意攻击党和政府、故意制造社会恐慌的犯罪活动,为防治"非典"和经济建设创造良好的社会环境。

《人民日报》发表社论《依靠科学　依法办事　夺取防治"非典"斗争的全面胜利》

国务院批准国家发改委依据"十五"电力发展规划提出的13个电站项目

这13个项目主要分布在电力供应紧张的华东、华中、华北、西北等地区,发电装机规模共计1188万千瓦,投资总规模约为512亿元。

这13个项目分别是江苏利港电厂三期(2×60万千瓦)、江苏沙洲电厂(2×60万千瓦)、浙江瓯江滩坑水电站(3×20万千瓦)、湖南金竹山电厂扩建(2×60万千瓦)、四川江油电厂(2×30万千瓦)、四川火溪河梯级电站(30万千瓦)、贵州纳雍二电厂(4×30万千瓦)、甘肃张掖电厂(2×30万千瓦)、内蒙古正蓝电厂(2×60万千瓦)、内蒙古岱海电厂(2×60万千瓦)、安徽阜阳电厂(2×60万千瓦)、河南宝泉抽水蓄能电站(4×30万千瓦)和陕西汉江喜河水电站(3×6万千瓦)。这些项目均可在"十五"期间开工建设,对增加"十五"末及"十一五"初期的电力供应能力有显著作用。

劳动和社会保障部等8部门联合通知要求加大对非法使用童工处罚力度

劳动和社会保障部、公安部等8部门13日联合通知,要求全面落实《禁止使用童工规定》,建立用人单位招用人员登记核查制度,对非法使用童工者加大处罚力度。

8部门在通知中对原规定使用童工的主体进一步予以明确,排除了不满16周岁的未成年人从事家庭劳动、家务劳动等未形成劳动关系的劳动,将禁止使用童工的主体限定为用人单位,即国家机关、社会团体、企业事业单位、民办非企业单位或个体工商户。

新制定的《禁止使用童工规定》自2002年12月1日起施行。

外交部部长李肇星在北京会见摩洛哥国王特使农业和乡村发展大臣莫昂·安萨尔

外交部发言人章启月就日本官员支持台湾参与世卫组织答记者问

新华社记者问:日前,日本厚生劳动大臣坂口力声称支持台湾以观察员身份参加世界卫生组织,中方对此有何看法?

章启月说:世界卫生组织是只有主权国家才有资格加入的国际组织,台湾作为中国的一个省,没有资格以任何名义参与世界卫生组织,任何国家或个人也无权邀请台湾作为观察员参与世界卫生组织。

她说,中方迄今已通过外交渠道多次向日方提出交涉。刚刚结束访问日本的外交部副部长王毅也已向日本外相阐明了中方的严正立场,要求日方恪守一个中国的原则,维护两国关系的政治基础。

卫生部负责人在北京就《突发公共卫生事件应急条例》答记者问

记者:在全国抗击非典型肺炎之际,国务院出台了《突发公共卫生事件应急条例》,请您谈一谈条例制定的意义?

负责人:条例的施行为建立突发公共卫生事件应急处理体系提供重要法律保障,并将在当前的非典型肺炎防治工作中发挥重要指导作用。条例根据《中华人民共和国传染病防治法》的规定,总结了非典型肺炎防治工作中的经验教训,借鉴了国际一些好的做法,重点解决了突发公共卫生应急处理工作中存在的信息不准确、反应不及时、应急准备不足等问题,确定了应急处理指挥体制、制订应急预案及其启动程序、疫情的监测和预警制度、疫情报告、通报和发布制度,以及人员隔离、群体防护等应急处理具体措施,以保证突发公共卫生事件应急处理工作有力、有效、有序地进行。对应急处理经费和生活困难者的医疗救助也作了明确规定。条例的实施对建立和完善突发公共卫生事件应急处理体系,有效应对当前或今后可能发生的突发公共卫生事件的危害,保障公众身体健康与生命安全,维护正常的社会秩序都将发挥重要的作用。

记者:《突发公共卫生事件应急条例》的适用范围包括哪些内容?

负责人:条例中规定的突发公共卫生事件,是指突然发生的,造成或者可能造成严重损害社会公众健康的重大传染病疫情、群体性不明原因疾病、重大食物和职业中毒以及其他严重影响公众健康的事件。概括地讲，突发公共卫生事件应当具备以下三个特征：一是突发性事件，它是突如其来的，不易预测的；二是在公共卫生领域发生，具有公共卫生属性；三是对公众健康已经或可能造成严重损害。

凡是具备以上三个特征的重大传染病疫情、群体性不明原因疾病、重大食物和职业中毒以及其他严重影响公众健康的事件都在本条例适用范围之内。

重大传染病疫情，是指发生《中华人民共和国传染病防治法》规定的传染病或依法增加的传染病暴发流行的重大疫情。

群体性不明原因的疾病，是指在一定时间内，某个相对集中的区域内同时或者相继出现多个临床表现基本相似患者，又暂时不能明确诊断的疾病。

重大食物和职业中毒事件，是指危害严重的急性食物中毒和职业中毒事件。

记者：《突发公共卫生事件应急条例》规定的处理应急事件的方针和原则是什么？

负责人：突发事件应急工作首先应当遵循预防为主、常备不懈的方针。这是减少各类突发公共卫生事件的保证，是有效应对突发事件的前提。

预防为主是卫生工作的基本指导方针。做好预防工作，可以有效控制传染病的发生和传播，减少食物中毒、职业中毒和其他突发公共卫生事件。中国是一个欠发达国家，经济和社会发展水平还不高。特别是广大中西部地区和农村地区，人均收入水平较低，公共卫生设施较差。一旦发生突发公共卫生事件，必将给广大人民群众的身体健康和生命安全带来严重伤害，也会使国家经济遭受巨大损失。因此，坚持预防为主，既是突发公共卫生事件应急处理的方针，也是卫生工作的基本指导方针。

做好突发事件应急工作，要贯彻统一领导、分级负责、反应及时、措施果断、依靠科学、加强合作的原则。

统一领导是指在突发事件应急处理的各项工作中，必须坚持由各级人民政府统一领导，成立应急指挥部，对处理工作实行统一指挥。各有关部门都要在应急指挥部的领导下，依照条例的规定，开展各项应急处理工作。

分级负责是指全国性的突发事件或跨省、自治区、直辖市的突发事件，由国务院设立全国突发事件应急处理指挥部，负责统一领导和指挥全国的应急处理工作；地方性突发事件，由省级人民政府设立突发事件应急处理指挥部，负责统一领导和指挥本行政区域内的应急处理工作。

反应及时、措施果断是指突发事件发生后，有关人民政府要成立应急处理指挥部，决定是否启动应急处理预案等。有关部门应当及时作出反应，搜集、报告疫情及有关情况，立即组织调查，组织医疗队伍，积极开展救治，并向政府提出处理建议，采取果断措施，有效控制突发事件事态发展。

依靠科学、加强合作是指突发事件应急工作要尊重科学、依靠科学，各有关部门、学校、科研单位等要通力合作，实现资源共享。

记者：请谈一谈对参加突发公共卫生事件应急处理的医疗卫生人员、作出贡献的人员以及因参与应急处理工作致病、致残、死亡的人员，国家给予什么样的照顾政策？

负责人：为鼓励战斗在突发公共卫生事件处理第一线的医务人员和其他有关人员，条例作出了一系列规定。第一，对参加突发事件应急处理的医疗卫生人员，给予适当补助和保健津贴。医疗卫生人员是突发事件应急处理的主力军，在突发事件预防、控制、救治过程中，接触传染病病毒及其他有毒有害物质，风险很大。给予这部分人员适当的补助和保健津贴，既体现了政府对他们的关心和爱护，又有利于鼓励他们积极开展工作。第二，对参加突发事件应急处理做出贡献的人员，给予表彰和奖励。参加突发事件处理的，除医疗卫生人员外，还有生产经营企业的职工、志愿者等各方面人员。第三，对因参与应急处理工作致病、致残、死亡的人员，按照国家有关规定，给予相应的补助和抚恤。突发事件应急工作风险很大，有可能危及参加处理工作人员的身体健康和生命安全。对在突发事件应急处理工作中致病、致残和死亡的人员，给予相应补助和抚恤，既是对他们的补偿，更是对他们工作的褒扬。

记者：《突发公共卫生事件应急条例》对卫生部门的职责作了哪些主要规定，在当前疫情还比较严峻的形势下，卫生部将采取哪些措施贯彻落实呢？

负责人：在突发公共卫生事件应急处理工作中，卫生部门负有重要职责，条例作了明确规定。

卫生部要在全国突发事件应急处理指挥部的领导和指挥下，按照分类指导、快速反应的要求，制定全国突发公共卫生事件应急预案，报请国务院批准后实施；制定突发公共卫生事件应急报告规范，建立重大、紧急疫情报告系统；对可能造成重大社会影响的突发事件，立即向国务院报告；承担突发公共卫生事件的通报和信息发布工作；对新发现的突发传染病，及时宣布或提请国务院宣布为法定传染病；对新发现的突发传染病、不明原因的群体性疾病和重大中毒事件，及时组织力量制定相关的技术标准、规范和控制措施等。县级以上地方人民政府卫生行政部门具体负责组织突发事件的调查、控制和医疗救治工作，向公众开展应急知识教育，指定有关机构开展突发事件日常监测，保证监测和预警系统正常运转，定期对医疗机构卫生人员开展相关知识技能培训、应急演练，推广先进技术；按时、准确向当地政府和上级卫生行政部门报告疫情等有关情况，对突发事件现场采取控制措施，宣传防护知识，对易受害人群采取防护措施等。条例还对医疗卫生机构承担的职责做了具体的明确规定。

为了确保落实条例规定的卫生部门职责，卫生部根据《中华人民共和国传染病防治法》和条例的有关规定，针对当前非典型肺炎防治亟须解决的问题，制定了《传染性非典型肺炎防治管理办法》(以下简称《办法》)，管理办法经部务会审议后，5月7日与条例一起在国务院常务会议上进行了研究和讨论，于5月12日以卫生部第三十五号令发布施行。管理办法对传染病防治法和条例的有关规定进一步予以明确、细化。主要内容为：

1.“非典”防治坚持预防为主，防治结合，分级负责，依靠科学，依法管理的原则。对“非典”病人做到“早发现、早报告、早隔离、早治疗”。在发现和控制传染源、切断传播途径、保护易感人群方面，构筑了三道防线，对病人、疑似病人、密切接触者等规定了严格的预防、控制、医疗等措施。

2.《办法》明确规定将“非典”列入法定管理传染病。根据《中华人民共和国传染病防治法》的有关规定，用部门规章的形式将“非典”纳入《中华人民共和国传染病防治法》管辖范围。

3.《办法》规定了各级卫生行政部门、疾病预防控制机构、卫生监督机构和医疗机构的职责。在明确分工和责任的基础上，解决“非典”防治工作中职责不清或职责交叉和空缺问题，从工作方法、程序和时限的角度，进一步密切协调配合关系，以共同做好各项防治工作。

4.明确了收治“非典”病人的机构设置、处置规则、隔离治疗原则等，以防止推诿病人、院内交叉感染等问题，保障病人和疑似病人及时在符合条件的医疗机构得到有效的治疗，以提高治愈率，降低病死率。同时，强调了要做好医务人员的防护问题。

5.明确规定了疫情报告、通报和公布制度。在保证准确、及时上报疫情信息的同时，规定了中央与地方、部门与部门、地方与地方之间的疫情通报制度，并明确了向社会公布疫情的要求。

6.强化监督，明确责任。《办法》在罚则中对卫生行政部门，疾病预防控制机构和医疗机构及其工作人员，不依法履行职责作出了严格的行政处罚或行政处分规定。

按照国务院的要求，卫生部将在全国卫生系统中广泛、深入开展条例和办法的宣传教育活动，使每一名卫生行政工作人员及医疗卫生人员明确自己的职责，履行自己的义务，做好自身的工作。同时，还要向广大人民群众开展多种形式的宣传教育活动，全面推动条例的贯彻实施。

民政部 卫生部 财政部联合下发《关于接收防治非典型肺炎社会捐赠工作有关问题的通知》

国家发改委与卫生部在北京联合召开全国电视电话会议专项部署和落实加强抗击“非典”医疗设施建设和加快公共卫生疾病预防控制设施建设任务

会议指出，各地、各部门要充分认识加大投入、加快公共卫生基础设施建设的重要性和紧迫性，按照“远近结合、着眼应急；区别对待、确保重点；特事特办、不失战机”的原则，加快突发性公共卫生事件医疗救治设施和全国疾病预防控制网络建设。同时，为加快突发性公共卫生事件应急体系建设，按照国务院的要求，国家发展改革委和卫生部等部门，将立即着手研究制定突发公共卫生事件医疗救治体系建设规划。

全国防治非典型肺炎指挥部科技攻关组在北京召开第一次新闻发布会

攻关组宣布，由军事医学科学院卫生装备研究所和微生物流行病研究所研制的传染病急救车、传染病员运送隔离舱、传染病员负压救护车、生物防护服和生物防护口罩5项生物安全装备，已经完成实验室研究和评价，首先在中日友好医院、佑安医院和解放军三〇二医院进行临床试验。

这次进入临床试验的5种防护装备，在保证医护人员安全的前提下，结合实际，使之在应用上更合理、更科学。军事医学科学院领导表示：这5项生物防护装备首先无偿提供北京试用，经过临床验证后，再报经国家有关部门批准和装备设计定型，并指定符合生产条件的企业形成批量生产。

国家环保总局下发《环境应急手册》

该手册突出了应急处理措施和环境监测方法，便于污染事故现场处置时快速查阅。同时，该手册也适用于其他化学品环境污染事故有关的部门、单位。手册主要包括两部分内容，一是39种常见化学品的相关知识；二是收集了与污染事故和危险化学用品相关的法律、法规、推荐性应急措施。

该手册特别增加了包括过氧乙酸、次氯酸钠在内的12种主要消毒剂的相关资料，国家环保总局还组织专家编制了《过氧乙酸消毒液安全使用方法》。

全国总工会发出紧急通知制止用人单位因“非典”解除职工劳动关系

通知要求各级工会组织坚决制止用人单位以任何借口,单方面解除“非典”患病职工和疑似“非典”职工的劳动关系。尚未建立工会组织的用人单位,其所在地工会要加大排查和监督力度,发现类似问题或接到职工举报,必须立即介入,会同有关部门予以严肃处理。

安徽淮北芦岭煤矿发生特大瓦斯爆炸事故86名矿工遇难

5月13日16时许,安徽省淮北矿业集团公司芦岭煤矿二水平104采区1048工作面发生特大瓦斯爆炸事故,当时井下灾区有作业人员114人,经抢救28人生还。搜救工作持续到5月18日,经确认86名矿工全部遇难。

国务院组成“5·13”事故调查组,经现场勘察初步分析认定,这是一起由于瓦斯治理措施不落实、现场管理不严、违规操作而导致的重大责任事故。

5月14日

国家主席胡锦涛就俄联邦车臣共和国发生恐怖爆炸事件向俄罗斯总统普京致慰问电

国家主席胡锦涛就沙特首都利雅得发生多起恐怖爆炸事件向沙特阿拉伯国王法赫德·本·阿卜杜勒—阿齐兹致慰问电

全国人大常委会委员长吴邦国在北京会见罗马尼亚总理阿德里安·讷斯塔塞

国务院总理温家宝在人民大会堂与罗马尼亚总理阿德里安·讷斯塔塞举行会谈

温家宝提出,为进一步深化中罗关系,两国需在以下三个方面继续作出努力:一是继续保持高层互访势头,巩固两国的政治关系;二是积极扩大双边贸易、投资和金融交流,不断拓宽经贸合作渠道;三是密切在国际事务中的磋商与合作,对对方关切的问题给予理解和支持。

讷斯塔塞说,过去十余年中,国际形势和罗中两国都发生了很大变化,但两国传统友好关系没有变。两国在政治、经贸、文化等方面保持着密切合作。罗方愿意加强两国政府各部门间的交流,希望与中方在投资、金融、高速公路建设和通信等领域开展合作,进一步扩大双边贸易。罗愿参与中国西部开发,在水电等领域与中方合作。

中共中央政治局常委曾庆红在湖南山东考察

5月14日至21日,在湖南省委书记杨正午、代省长周伯华和山东省委书记张高丽、省长韩寓群等分别陪同下,曾庆红先后到湖南省长沙、湘潭、常德、湘西和山东省济南、聊城、烟台、威海等地,考察“非典”防治、经济建设和党的建设等方面的情况。

曾庆红详细了解了防治“非典”工作的情况,并向基层干部、社区居民和儿童以及农民考问对“非典”防治常识的掌握情况。在山东省胸科医院,他还通过视频会议系统和手机同“非典”病房的医护人员和病人亲切交谈。

曾庆红十分关心两省的经济发展,每到一处都关切地询问当地的经济发展情况,充分肯定两省经济在抗击“非典”中保持稳定发展的势头。曾庆红指出,发展是第一要务,也是我们战胜各种灾害的物质保证。各级党委和政府一定要千方百计地促进经济的稳定发展,努力实现全年经济和社会发展目标。曾庆红还冒雨到常德市防洪大堤考察,叮嘱当地干部要立足于防大汛、抗大灾,做好各项工作,确保国家财产和人民生命的安全。

曾庆红高度重视在夺取抗击“非典”和促进发展双胜利中如何充分发挥各级党组织和广大党员的作用。他先后考察了常德市开展保持共产党员先进性教育活动的试点工作情况,考察了正在深入开展的学习郑培民活动的情况。在湖南湘西,他沿着郑培民当年走过的崎岖山路,专程到郑培民生前的扶贫联系点凤凰县火炉坪村,同村民和基层干部进行了座谈;在山东聊城,他专门参观了孔繁森纪念馆,并分别看望了郑培民夫人和孔繁森夫人,向她们转达了胡锦涛总书记和其他中央领导同志的亲切问候。

搞好农村党员干部现代远程教育试点工作,是曾庆红此次调研的一个重要内容。他在就开展农村党员干部现代远程教育试点工作进行座谈时指出,运用现代远程教育手段加强和改进农村党员干部教育培训工作,是党员教育的思路、内容和手段的一大创新,体现了党建工作的与时俱进。这项工作要先进行试点,取得经验后逐步推开。

今年是毛泽东同志诞辰110周年。曾庆红在考察中专程瞻仰了韶山毛泽东故居,向毛主席铜像敬献了花篮。

国务院副总理黄菊在重庆考察

5月14日至17日,黄菊一行在重庆市委书记黄镇东、市长王鸿举陪同下，深入社区、企业、机场、码头，考察了“非典”防治和经济建设工作。

考察期间，黄菊每到一处，都首先了解“非典”防治情况，他与长寿区和重庆四川维尼纶厂干部座谈了解社区和企业防治工作，又冒雨来到朝天门码头、登上江山7号客轮，到江北国际机场，和战斗在防治“非典”工作第一线的职工亲切交谈，检查交通运输部门防治措施。黄菊对重庆干部群众防治“非典”蔓延的有效工作表示肯定。

黄菊十分关心下岗失业人员再就业工作。14日下午，他来到大坪街道社会保障机构和市劳动力市场，在招聘摊位前与下岗职工亲切交谈，倾听他们的意见和愿望。16日上午，黄菊与部分已实现再就业的下岗职工进行座谈。黄菊说，你们不等不靠、不怕挫折、自强不息，走创业之路，实现了再就业，党和政府感谢你们，全社会都要弘扬这种精神。黄菊要求各级干部想下岗职工所想，急下岗职工所急，加快落实中央制定的各项促进再就业的政策措施。

黄菊还考察了长安汽车集团公司、西南铝业集团公司和扬子江乙酰化工公司等企业，了解企业防治“非典”及改革发展等情况。

在听取重庆市委、市政府的汇报后，黄菊作了讲话。黄菊强调，面对困难，我们抓住经济建设这个中心一丝一毫也没有动摇。我们不但要夺取防治“非典”的胜利，还要牢牢把握经济工作的主动权，夺取经济建设的新胜利。

中央纪委书记吴官正在陕西检查非典型肺炎防治工作

5月14日至19日，吴官正先后到延安、西安、宝鸡等地，深入农村、企业、医院和学校，与工人、农民、基层干部、医务工作者和大学生座谈，并听取了陕西省委、省政府和省纪委的工作汇报。他强调，要从实践“三个代表”重要思想的高度，大力弘扬延安精神，打赢抗击“非典”的攻坚战，千方百计保持经济持续快速健康发展的好势头。

吴官正还就国有企业党风廉政建设进行了调研。他着重指出，搞好国有企业党风廉政建设，关键在于企业领导人员带头廉洁自律。中央纪委第二次全会提出国有企业领导人员“五不准”的要求，在企业的重要决策、物资购销、项目开发、投资借贷、租赁承包等方面作出了具体规定。落实这些规定，既是对企业领导人员个人行为的规范和爱护，也是加强企业经营管理、促进国有资产保值增值的重要举措。要加强制度建设，完善厂务公开，开展效能监察，严肃查处违纪违法以及侵害职工利益的案件，为企业改革发展稳定提供有力的政治保证。

李建国、贾治邦等同志陪同检查。

最高人民法院 最高人民检察院公布《关于办理妨害预防、控制突发传染病疫情等灾害的刑事案件具体应用法律若干问题的解释》

该解释所称“突发传染病疫情等灾害”，是指突然发生，造成或者可能造成社会公众健康严重损害的重大传染病疫情、群体性不明原因疾病以及其他严重影响公众健康的灾害。

解释规定，故意传播突发传染病病原体，危害公共安全的，按照以危险方法危害公共安全罪定罪处罚；患有突发传染病或者疑似突发传染病而拒绝接受检疫、强制隔离或者治疗，过失造成传染病传播，情节严重，危害公共安全的，按照过失以危险方法危害公共安全罪定罪处罚。

解释规定，在预防、控制突发传染病疫情等灾害期间，生产、销售伪劣的防治、防护产品、物资，或者生产、销售用于防治传染病的假药、劣药，构成犯罪的，以生产、销售伪劣产品罪，生产销售假药罪或者生产、销售劣药罪定罪，依法从重处罚；生产用于防治传染病的不符合保障人体健康的国家标准、行业标准的医疗器械、医用卫生材料，或者销售明知是用于防治传染病的不符合保障人体健康的国家标准、行业标准的医疗器械、医用卫生材料，不具有防护、救治功能，足以严重危害人体健康的，以生产、销售不符合标准的医用器材罪定罪，依法从重处罚。医疗机构或者个人，知道或者应当知道系前款规定的不符合保障人体健康的国家标准、行业标准的医疗器械、医用卫生材料而购买并有偿使用的，以销售不符合标准的医用器材罪定罪，依法从重处罚。

该解释还就办理编造与突发传染病疫情等灾害有关的恐怖信息等其他刑事案件具体应用法律作了规定。解释共18条，自2003年5月15日起施行。

劳动和社会保障部发出通知规范“非典”时期劳动关系

针对一些地方因“非典”疫情而裁员的情况，劳动和社会保障部发出通知要求，不得以疫情为由解除职工的劳动合同，不可对“非典”患者解除劳动合同。

根据这份通知，用人单位因防治非典型肺炎或受非典型肺炎影响，导致效益下降或停工停产的，可以采取灵活安排工作时间等办法调整用工方式，但不得以此为由解除与职工的劳动合同。用人单位正常生产经营的，必须按时支付劳动者工资。用人单位停工停产期间，按《工资支付暂行规定》支付劳动者工资或生活费。停工停产在一个工资支付周期内的,应按劳动合同规定的标准支付工资。停工停产超过一个工资支付周期的,劳动者提供了正常劳动,支付给劳动者的劳动报酬不得低于当地的最低工资标准。劳动者没有提供正常劳动,用人单位应当向劳动者支付生活费。生活费标准按各省、自治区、直辖市规定的办法执行。

通知强调,对"非典"患者、疑似病例者或被依法隔离人员,用人单位不得解除劳动合同。在治疗隔离期间,劳动合同到期的,顺延至治疗终结或隔离期满。其治疗隔离时间,不计算在职工依法应享受的医疗期之内。因防治"非典"或受"非典"影响造成当事人申请劳动争议仲裁超过规定申诉时效的,劳动争议仲裁时效相应顺延。

国家统计局颁布新的《三次产业划分规定》

在新颁布的《三次产业划分规定》中,三次产业的范围是:第一产业包括农、林、牧、渔业;第二产业包括采矿业,制造业,电力、燃气及水的生产和供应业,建筑业;第三产业包括除第一、二产业以外的其他行业,具体包括:交通运输、仓储和邮政业,信息传输、计算机服务和软件业,批发和零售业,住宿和餐饮业,金融业,房地产业,租赁和商务服务业,科学研究、技术服务和地质勘查业,水利、环境和公共设施管理业,居民服务和其他服务业,教育,卫生、社会保障和社会福利业,文化、体育和娱乐业,公共管理和社会组织,国际组织等。

新的《三次产业划分规定》对 1985 年国务院办公厅转发国家统计局关于建立第三产业统计报告的通知做了调整,主要变动内容包括两个方面,一是将"农、林、牧、渔服务业"从原第三产业划入第一产业;二是取消了 1985 年划分办法中对第三产业四个层次的划分。

该规定自其颁布之日起执行,并将从当年的统计年报开始按新的划分方法进行有关统计。

外交部部长李肇星就菲律宾南部科罗纳达尔市恐怖爆炸事件向菲律宾外长布拉斯·奥普莱致慰问电

外交部部长李肇星就俄罗斯联邦车臣共和国发生严重恐怖爆炸事件向俄罗斯外交部长伊万诺夫致慰问电

亚非作协在开罗授予周恩来"杰出贡献盾牌"奖

亚非作家协会向中华人民共和国已故总理周恩来授予"杰出贡献盾牌"奖和荣誉证书,以表彰他为促进中华民族的解放事业以及维护世界和平作出的重要贡献。同时获得这一荣誉的还有阿尔及利亚前总统胡阿里·布迈丁、印度尼西亚前总统苏加诺、印度前总理贾瓦哈拉尔·尼赫鲁和朝鲜已故国家主席金日成。

中国驻埃及大使刘晓明出席了颁奖仪式。

全国防治非典型肺炎指挥部在北京召开会议部署加强华北地区联防联控工作

中共中央政治局委员、国务院副总理、全国防治非典型肺炎指挥部总指挥吴仪出席会议并讲话,她要求五省区市进一步加强联防联控,坚决遏制疫情扩散,全面做好防治工作,尽快实现华北地区非典型肺炎防治形势的根本好转。

吴仪指出,华北地区是当前全国非典型肺炎的重灾区和防治工作的主战场,华北地区的疫情牵动着党中央、国务院和全国人民的心。打好全国防治非典型肺炎战役,关键之仗在华北。当前,华北五省区市要着重从五个方面做好联防联控工作:一是加强流行病学调查的信息沟通,要把流行病学调查和普遍排查结合起来,特别要加强对新发病例和农村患者的流行病学调查,搞清疫病感染和传播的来龙去脉,以最快的速度将信息通报给相关地区。同时,加强疫情的综合分析和会商,加强防治经验总结和交流。二是不折不扣地落实"三就地"方针。防止因人员大量流动和患者跨地区求医造成疫情扩散,切实做到"健康人员就地预防、有接触史的就地观察、已确诊的就地治疗",努力实现提高收治率,提高治愈率,降低病死率的目标。三是切实搞好检疫工作的协调配合,改进检疫方式,提高检疫工作效率,保证交通畅通和人员正常流动,特别是重点保证防治非典型肺炎用品和其他急需物资的运输畅通。四是抓紧建立医药用品及其他物资的供应调剂机制,及时协调解决应急生产、供应、调运中出现的问题,保证防治工作和生产生活的需要。五是进一步健全和完善联防联控制度,加强协调协商,及时沟通防治信息,相互帮助和支持,共同做好联防联控工作。

吴仪强调,要在坚持各地党政一把手亲自抓、负总责的基础上,加强华北地区的联防联控,依靠科学,依靠群众,依靠法制,打好华北地区非典型肺炎防治这场攻坚战。

国务委员兼国务院秘书长、全国防治非典型肺炎指挥部副总指挥华建敏主持会议并讲话,他要求五省区市和指挥部各工作组认真贯彻落实胡锦涛总书记指示、温家宝总理批示、吴仪副总理讲话和这次会议精神,把华北地区联防联控作为当前的一项重要工作,加强领导,落实责任,团结协作,相互支持,尽快扭转非典型肺炎疫情蔓延的局面。

会议讨论通过了《关于加强华北地区非典型肺炎联防联控的意见》。北京、天津、河北、山西、内蒙古五省区市分管防治工作的负责同志，全国防治非典型肺炎指挥部有关负责同志出席了会议。

5月15日

国家主席胡锦涛在人民大会堂会见罗马尼亚总理讷斯塔塞

胡锦涛说，中罗两国关系经受了国际风云变幻的考验，一直发展顺利。“患难见真情”是中罗关系的真实写照。我们愿与罗马尼亚朋友一道，不断巩固两国传统友谊，加强双边互利合作，把新世纪两国关系推向新的更高的水平。

在谈到两党关系时，胡锦涛说，社会民主党是罗马尼亚政党中最早与中国共产党建立关系，交往最为密切的政党。中国共产党愿本着独立自主、完全平等、互相尊重、互不干涉内部事务的原则，进一步加强同罗马尼亚社会民主党的友好交流与合作，促进两国关系的全面发展。

讷斯塔塞说，我这次访问再次表明罗中两国的坚固关系。罗方期待两国在经贸、文化、人员、党际等方面的交流与合作不断扩大，以进一步深化两国人民间的友谊。

国家主席胡锦涛在人民大会堂接受澳大利亚新任驻华大使唐茂思和意大利新任驻华大使孟凯帝递交的国书

全国人大常委会委员长吴邦国在江西考察

5月15日至20日，吴邦国在江西省委书记孟建柱、省长黄智权陪同下，深入南昌、赣州、吉安等8个市县的工矿企业、城镇乡村和建设工地，考察“非典”防治工作和经济建设情况。考察期间，吴邦国瞻仰了兴国、瑞金、于都、井冈山革命旧址，走访老红军家庭，与基层干部群众进行座谈，并听取了江西省委、省人大、省政府的工作汇报。吴邦国对江西省近几年来在改革开放、经济发展、城乡建设和改变老区面貌以及防治“非典”等方面取得的成绩给予了充分肯定。

吴邦国强调，我们举全国之力防治“非典”，至少应当达到三个目的：一是有效控制“非典”疫情，防止出现反复，确保人民群众的身体健康和生命安全，并在疫病防治科研攻关方面为人类作贡献；二是建立、健全灵敏有效应对公共卫生突发事件的监测信息系统和工作体系，切实提高疫病防治能力和水平；三是进一步增强全社会的法制观念，促进依法办事和依法行政，推动依法治国的进程。

考察中，吴邦国反复强调，发展经济是我们党和国家必须始终紧紧抓好的中心工作。针对江西等中西部地区经济发展问题，吴邦国着重强调了三点：一要解放思想，扩大开放。开放，不但引进了资本，而且开阔了眼界、更新了观念。二要学会按市场机制运作，解决发展中的难题，使市场在资源配置中起基础性作用。要大力发展特色经济，将资源优势转化为经济优势。三要从实际出发，分类指导。要进一步调整和完善所有制结构，大力发展非公有制经济，进一步优化国有经济布局。

革命老区的经济建设和人民生活，是吴邦国这次考察的一个重点。老区的重大变化，给他留下深刻印象。他指出，在全面建设小康社会的今天，老区一定要加快经济发展步伐，努力改善人民生活。要关心老红军和对革命做出贡献的老同志以及老同志遗属的生活，尽力帮助他们解决实际困难。

在谈到人大工作时，吴邦国指出，发展社会主义民主政治，建设社会主义政治文明是全面建设小康社会的重要内容。党的十六大对人大工作提出了新的更高的要求。他强调，做好人大工作，必须坚持党的领导，把握社会主义的政治方向。要从我国将长期处于社会主义初级阶段的国情和实际出发，坚持和完善人民代表大会制度。要紧紧围绕国家工作大局和经济建设这个中心开展工作，把关系全局的重大问题以及人民群众普遍关注的热点难点问题和关系人民群众切身利益的实际问题，作为人大立法、监督工作的重点，结合实际，积极探索，努力开创人大工作的新局面。

国务院在北京召开贯彻实施《突发公共卫生事件应急条例》座谈会

中共中央政治局委员、国务院副总理吴仪主持座谈会，中共中央政治局委员、全国人大常委会副委员长王兆国和全国政协副主席王忠禹在座谈会上讲话，国务委员兼国务院秘书长华建敏出席了座谈会。

国务院总理温家宝出席会议并讲话。

吴仪在座谈会结束时强调，各级政府要认真学习、深入贯彻《条例》，依法建立、健全突发公共卫生事件应急机制，依法做好非典型肺炎防治工作。

中央和国家机关、解放军、武警部队和北京市负责同志，以及卫生界、法学界的专家学者和医护人员代表参加了座谈会。

国务院总理温家宝在贯彻实施《突发公共卫生事件应急条例》座谈会上的讲话

在我国同非典型肺炎作斗争的关键时刻，国务院颁布《突发公共卫生事件应急条例》，具有重大的意义。制定《突发公共卫生事件应急条例》，是当前非典型肺炎防治工作的迫切需要，也是从根本上建立国家突发公共卫生事件应急机制的重大举措。面对突如其来的非典型肺炎疫情灾害，党中央、国务院坚持把人民群众的身体健康和生命安全放在第一位，采取了一系列坚决、果断的措施。新一届国务院第一次常务会议就决定，把非典型肺炎列为我国法定传染病，依法进行管理。但是这次非典型肺炎疫情的发生和蔓延，也暴露出我国在处置重大突发公共卫生事件方面机制不健全，特别是在疫情初发阶段，组织指挥不统一，信息渠道不畅通，应急准备不充分。为有效预防、及时控制和消除突发公共卫生事件的危害，迫切需要建立统一、高效、权威的突发公共卫生事件应急处理机制，完善相应的法律、法规。国务院依据《中华人民共和国传染病防治法》和有关法律的规定，在总结前阶段防治非典型肺炎工作经验教训的基础上，借鉴国外的有益做法，制定了《突发公共卫生事件应急条例》。《条例》的制定和实施，标志着我国应对突发公共卫生事件进一步纳入法制化轨道，也标志着我国处理突发公共卫生事件应急机制进一步完善。《条例》与《传染病防治法》都为抗击非典型肺炎提供了强有力的法律武器。

为了打赢防治非典型肺炎这场硬仗，并为今后处置突发公共卫生事件建立、健全应急机制，各级政府要按照《条例》的要求，突出抓好以下几项工作：

一是建立统一的指挥系统。国务院和省级人民政府要切实担负起统一领导、统一指挥的职责。国务院有关部门、地方各级人民政府及其有关部门要认真履行法定职责，建立严格的突发事件防范和应急处理责任制。坚持统一领导、分级负责、反应及时、措施果断、依靠科学、加强合作的原则，尽职尽责地做好工作。

二是建立畅通的信息网络。国务院卫生行政主管部门要建立、健全重大、紧急疫情信息报告系统，各地要建立、健全从省到村的疫情信息网络。严格执行疫情报告制度和信息发布制度。在非典型肺炎防治期间，要坚持日报告制度和零报告制度。任何单位和个人都不得隐瞒、缓报、谎报疫情。

三是建立和完善疾病预防控制和应急救治体系。从中央到省地县都要建立疾病预防控制中心，改善疾病监控设施和手段，开展疾病科学研究，完善监测和预警机制，全面提高预防监控水平。县级以上都要配备相应的医疗救治药物、技术、设备和人员，提高医疗卫生机构应对突发事件的救治能力。省市(地)两级应设置传染病专科医院，或指定具备传染病防治条件和能力的医疗机构承担传染病防治任务。

四是建立应急医疗卫生队伍。各省、自治区、直辖市都要建立一支随时能够处置突发疫情的机动应急医疗卫生队伍，作为应对各类突发公共卫生事件的重要力量。对医疗卫生人员要开展突发公共卫生事件应急处理相关知识、技能的培训。

贯彻落实《条例》，加强公共卫生事件应急机制建设，必须立足当前，着眼长远，远近结合。要加大执法的力度，加大医疗卫生体制改革的力度，加大各级财政对医疗卫生事业支持的力度，全面提高处置突发公共卫生事件的能力，构筑保障人民群众身体健康和生命安全的防护屏障。经济社会协调发展，城乡协调发展，不断提高人民的物质文化生活水平和卫生健康水平，是我们在现代化建设中必须始终坚持的一条重要方针。

下面，我对贯彻实施《条例》提几点要求：

一要广泛宣传《条例》，做到家喻户晓、人人皆知。通过立法形式建立突发公共卫生事件应急机制，是我国公共卫生管理中的一项重大制度创新，涉及社会各个方面。贯彻实施《条例》，首先要做好宣传教育工作。要广泛利用大众传媒，采取多种方式，深入宣传《条例》的重大意义、主要内容、具体规定和法律责任。要把宣传《条例》同宣传《传染病防治法》及其他有关法律、法规结合起来，同宣传贯彻党中央、国务院关于防治“非典”斗争的决策部署和政策措施结合起来，同宣传普及科学预防疫病知识结合起来。通过宣传《条例》，使广大干部群众知法、懂法、守法，增强依法防疫的意识。

二要自觉遵守《条例》，正确履行职责和义务。《条例》对各级政府、有关部门、医疗卫生机构、社会公众等各方面，在应对突发公共卫生事件中的权利、责任和义务作出了明确规定。各级政府和有关部门必须认真履行职责，依法行政。各有关方面要团结协作、密切配合、相互支持。社会公众要自觉遵守《条例》规定的义务，积极配合政府采取的各项措施，保证防治工作紧张而有序地进行。

三要严格执行《条例》，做到有法必依，执法必严，违法必究。“天下之事，不难于立法，而难于法之必行”。贯彻实施《条例》，最重要的就是要加强行政执法和执法监督，确保政令畅通，令行禁止。对违反《条例》规定的单位和个人，要依法追究责任。

让我们紧密地团结在以胡锦涛同志为总书记的党中央周围，全面贯彻“三个代表”重要思想，依靠科学，依靠法制，依靠群众，坚决打赢非典型肺炎防治这场硬仗。

国务院副总理回良玉在河北走访慰问特殊困难群体

在第十三次“全国助残日”前夕，中共中央政治局委员、国务院副总理、国务院残疾人工作协调委员会主任回良玉在河北省廊坊市固安县走访慰问了贫困残疾人家庭，考察了固安县残疾人基础设施建设情况。

回良玉指出，残疾人是社会特殊的困难群体，残疾人事业是一项文明而崇高的事业。关心残疾人，帮助残疾人，始终给予他们温暖和关爱，是政府和社会义不容辞的责任，是实践“三个代表”重要思想的具体体现。今年“全国助残日”的主题是“发展残疾人事业，共同奔赴小康”，这是邓小平同志共同富裕理论的具体实践，也是广大残疾人和全社会的共同愿望。各级政府要重视和支持残疾人事业，社会各界要更加理解、尊重、关心和帮助残疾人，以开展“全国助残日”活动为契机，多为残疾人办实事，办好事，为广大残疾人谋取更多的实实在在的利益。希望广大残疾人自尊、自信、自强、自立，刻苦学习，乐观进取，热爱生活，积极投身全面建设小康社会的伟大实践。

他强调，当前全国人民正万众一心、众志成城抗击非典型肺炎。各级政府和残疾人组织要采取有力措施，做好残疾人防治“非典”工作，广大残疾人也要提高自我防护意识。

中宣部部长刘云山在北京考察防治“非典”宣传思想工作

刘云山先后考察了北京市海淀区海淀街道友谊社区、北京电视台等单位在防治“非典”中的宣传思想工作，听取了北京市委领导同志的工作汇报。他充分肯定北京市属新闻媒体和宣传文化部门在抗击“非典”斗争中所做的出色工作和发挥的重要作用。

刘云山指出，宣传思想战线要认真贯彻落实胡锦涛总书记对北京防治工作的重要指示，大力宣传先进人物的模范事迹，大力弘扬民族精神。要广泛深入地宣传《传染病防治法》和《突发公共卫生事件应急条例》。要大力宣传一手抓防治非典型肺炎这件大事，一手抓经济建设这个中心不放松，引导干部群众万众一心抗“非典”、迎难而上促发展，努力夺取防治“非典”和发展经济双胜利。

全国农村公路建设工作电视电话会议在北京召开

交通部部长张春贤在会议上宣布，今后3年，县际和农村公路计划建设17.6万公里，主要实施东部地区通村、中部地区通乡、西部地区通县“三大工程”，国家拟安排建设资金500亿元。

中共中央政治局常委、国务院副总理黄菊批示，要求抓住有利的施工季节，力争完成今年的建设任务。

外交部部长李肇星同克罗地亚外长托尼诺·皮楚拉通电话

皮楚拉首先对中国遭受“非典”疫情表示深切慰问，通报克罗地亚将向中国提供药品等援助，并拟派专家组赴华协助工作，以表达对中国政府和人民的支持。李肇星感谢克罗地亚政府和人民的支持和帮助。两国外长还就朝核等国际问题交换了意见。

外交部发言人章启月就美国会通过支持台湾成为世卫大会观察员的议案答记者问

有记者问，近日，美国国会通过了支持台湾成为世界卫生大会观察员的议案。请问你对此有何评论？

章启月说：美国国会不顾中方反对，执意通过支持台湾成为世界卫生大会观察员的议案。中方对此表示强烈不满和坚决反对，并已就此再次向美方提出严正交涉。

她说，台湾是中国的一部分。根据联合国大会有关决议和世界卫生组织规定，台湾既没有资格作为会员或准会员加入世卫组织，也无资格作为观察员参与世卫大会活动。

她说，中国中央政府历来关心台湾同胞的健康，积极促进两岸卫生领域的交流与合作，“非典”疫情发生后一直与台湾方面分享有关信息和经验，并支持世卫组织派专家小组去台湾考察。台湾获取卫生信息的渠道是畅通的。

章启月说，明眼人不难看出，台湾当局是借“非典”问题做政治文章，其目的是在国际上制造“两个中国”、“一中一台”。自1997年以来，台湾当局的这一企图连续6年被挫败，这一次也是注定要失败的。

她说，我们敦促美国政府认清台湾当局的政治图谋，恪守一个中国政策和中美三个联合公报的原则，明确反对上述议案，不支持台湾挤入世卫组织，以免给中美关系的发展制造障碍。

国务院新闻办举行记者招待会介绍农村防治“非典”情况

国务院防治非典型肺炎指挥部农村组组长、农业部副部长刘坚在记者招待会上说，目前我国农村除个别地区发生少数“非典”病例外，总体上没有出现大面积疫情。从对4月26日到5月12日确诊病人的情况分析来看，农民有155例，占同期发病人数的6.2%；我国共有85个县区报告发生“非典”，其中有50余个农业县发生了“非典”临床诊断病例；全国除北京和天津外，山西省波及的农业县范围较广，其次是河北和内蒙古。

刘坚说，农村是整个“非典”防治工作的重要组成部分，目前农村的防治工作主要是管住源头、管住进口、管住途径三个关键环节，目标是确保农村不发生大的疫情，确保广大农民群众身体健康和生命安全，确保农村经济社会的发展和稳定。

中央已确定对农民和农民工中的“非典”患者实行免费救治的政策,以避免农民因经济困难导致拖延救治。免费涉及检查、隔离和救治等方面,包括免费提供住院和伙食。

据了解,农村疫情防治实行属地管理,对进城务工的农民坚持就地预防、就地隔离、就地治疗。为防止“非典”疫情向农村扩散,前一段各地主要抓劝阻和控制农民工返乡,切断疫情向农村蔓延的渠道。按照国务院办公厅《关于北京等地学生、农民工就地学习务工的紧急通知》的精神,在城市,采取了许多稳定措施,要求用人单位不得随意解雇农民工,制定税收减免等优惠政策鼓励用人单位安置好农民工,利用社区基层组织等做好农民工的思想稳定工作;在农村,当地政府通过各种形式劝告在外务工人员尽量不要返乡,同时组织各种帮扶队,解决在外农民工家庭的生产生活实际困难。目前农民工大量返乡势头已趋平缓。

在农村,实行群防群控,建立县、乡、村三级防护网:村级负责登记和报告,乡级负责巡回检查,县级负责隔离、转诊或治疗。为了及时掌握农村的疫情情况,切实做到“早发现、早报告、早隔离、早治疗”,各地逐步建立了疫病监测制度,配备专门人员和调查队,对返乡人员身体状况进行检查,逐人进行登记、排查,造册备案,发现疫情,立即报告。目前,防止农村疫情扩散的各项措施和管理制度正在落实。全国农村还广泛开展了防治“非典”的知识宣传。各地各部门通过多种途径和方式,如播放宣传录像、张贴宣传挂图、分发宣传手册等宣传防治“非典”的知识。多数农民通过广播、电视和其他宣传形式初步了解了防治“非典”的有关知识。

刘坚表示,我国已投入 43 亿元用于农村防治“非典”。为了保证对农民和农民工“非典”患者实行免费救治政策的落实,中央财政专门设立了 20 亿元专项基金。另外,国家建设投资也向农村医疗卫生设施建设倾斜。近期在安排专项投资 15 亿元的基础上,再增加投资 8 亿多元,以改善医疗机构的收治条件。此外,不少地方政府也对疫情监测、隔离、救治投入了大量资金,配备了医务人员,确定了定点医院,提供了后勤保障,农村的防治能力有所加强。

北京防治非典型肺炎联合工作小组召开第 12 次会议

中共中央政治局委员、北京市委书记、北京防治非典型肺炎联合工作小组组长刘淇在会议上要求:目前,北京的“非典”疫情初步得到遏制,在这种情况下,必须充分认识抗击“非典”斗争的艰巨性和复杂性,正确处理经济建设和防治“非典”的关系,决不允许有任何松懈,一定要落实落实再落实,坚决防止疫情反弹,打好 5 月攻坚战,取得关键时刻的胜利。

5 月 16 日

国家主席胡锦涛在钓鱼台国宾馆接受俄罗斯媒体采访

胡锦涛接受了俄罗斯国际文传电讯社第一副社长阿布杜林和国家广播电视公司副主席贝斯特里茨基的联合采访。

当记者问及中俄双边关系时,胡锦涛说,应普京总统的邀请,我即将对俄罗斯进行国事访问,并出席上海合作组织成员国元首第三次会晤和圣彼得堡建市 300 周年庆典。访问期间,我将与普京总统就双边关系和当前国际和地区的一些重大问题深入交换意见,进一步增进双方的政治互信,深化两国的互利合作,努力把中俄战略协作伙伴关系提高到一个新的更高的水平。

胡锦涛强调,中国政府和领导人高度重视中俄关系,无论国际风云如何变幻,我们都将始终不渝地坚持中俄睦邻友好合作的方针和政策。我们对近年来两国关系的良好发展感到满意。我们愿与俄方一道,承前启后,继往开来,共同开创中俄睦邻友好合作关系更加美好的明天,以造福两国和两国人民。

当记者问及中俄经贸合作时,胡锦涛说,中国和俄罗斯互为最大邻国,经济互补性强,两国良好的政治关系为双方经贸合作提供了有力保障。发展中俄经贸合作潜力巨大,前景广阔。在双方共同努力下,中俄双边贸易持续快速发展,成果显著。特别是近四年来,双边贸易连续增长,去年贸易额已达到约 120 亿美元,今年 1—4 月继续保持增长势头。进一步加强两国经贸合作、密切双方经济联系,对巩固两国战略协作伙伴关系具有重要意义。双方要本着战略协作、互利合作的精神,以市场原则为基础,按照国际惯例,结合两国经济发展需要,加强经济技术合作,改进信贷、保险、信息等贸易服务体系,相互支持对方的产品、服务和投资进入本国市场,积极探索扩大两国经贸合作的新领域、新途径和新方式。

当记者问到中国目前防治非典型肺炎的情况时,胡锦涛说,中国一些地区发生的非典型肺炎,是一种尚未被人类完全认识的传染病。面对疫情的严重危害,中国政府采取了负责的态度,始终把维护人民群众的身体健康和生命安全放在第一位。我们深入到疫情第一线调查研究,了解疫情和防治情况,总结经验教训,采取了一系列果断措施,强化防治工作。我们完善了有关法律、法规，建立了应急处理机制，健全了疫情监测报告体系，及时向社会公布疫情。我们加大了财政投入，建立了专项基金，为农民患者免费提供救治，为城镇居民中有困难的患者建立社会救助机制。我们广泛开展宣传教育，实施群防群控，要求对患者做到早发现、早报告、早隔离、早治疗，控制疫情的扩散和蔓延。我们组织全国一流的专家进行科技攻关，加强病源、检测和防治规律的研究，提高诊治水平。我们在边境口岸采取严格的检疫措施，千方百计防止"非典"患者出入境。我们还加强了与世界卫生组织等国际组织以及有关国家的交流与合作。

经过这一段的工作，中国对"非典"的防治已取得明显成效。当然，要有效控制并最终消除疫情，还需要作出艰苦的努力。实践证明，"非典"疫病是可防、可治、可控的。我们有决心、有信心，依靠全国人民的力量，依靠广大医护、科研人员的努力，在国际社会的大力支持下，夺取防治"非典"斗争的最后胜利。

胡锦涛感谢俄罗斯政府和人民在中国人民遇到困难的时候给予的理解和支持，并表示，我们愿加强同包括俄罗斯在内的国际社会的交流与合作，为人类战胜"非典"疫病作出积极贡献。

接受采访中，胡锦涛还就反对恐怖主义、伊拉克问题、朝鲜核问题等回答了记者的提问。

国务院副总理回良玉在贵州农村调研

5月16日至20日，回良玉先后到遵义、毕节等市县进行考察，他深入到田间地头、龙头企业、乡镇卫生院和农民家中，了解当前生产情况和防治"非典"工作，走访慰问贫困农户。

回良玉指出，最近江南华南大部分地区持续降雨，局部地区已形成洪涝灾害，北方部分地区旱情严重。各级政府要认真贯彻温家宝总理关于防汛抗旱工作的批示精神，高度重视，明确责任，落实各项措施，在全国抗击"非典"的特殊时期，切实做好防汛抗旱工作，确保经济建设正常进行，确保人民生命安全。

回良玉强调，加快西部地区农业和农村经济发展，是西部大开发的重要任务。要大力调整农业结构，积极发展特色农业。进一步加强农业基础设施建设和生态环境建设。培育和引进龙头企业，推进农业产业化经营。加快农业科技进步，不断提高劳动力素质，促进农村富余劳动力转移。大力发展农村社会事业，实现经济和社会的协调发展。

回良玉指出，西部地区贫困人口相对较多，要继续加大扶贫开发力度，努力改善贫困地区的生产生活条件。要坚持扶贫到村、到户，帮助贫困群众发展生产，增加收入，提高扶贫开发成效，实现稳定脱贫。

西藏自治区第八届人民代表大会第二次会议选举列确(藏族)为自治区人大常委会主任　向巴平措(藏族)为自治区主席

外交部部长李肇星与苏丹代外长能源和矿产部长阿瓦德·艾哈迈德·贾兹通电话

外交部发言人章启月就美国一委员会发表干涉中国内政的报告答记者问

有记者问，近日，美国国际宗教自由委员会发表2003年度报告，对中国等国的宗教政策进行指责。请问中方对此有何评论？

章启月说，美国的所谓国际宗教自由委员会近日再次发表报告，对中国等一些发展中国家的宗教状况妄加评论。其涉华部分无视事实，肆意攻击中国的宗教和民族政策，甚至为"法轮功"邪教鸣冤叫屈。这种作法毫无道理，只能说明它的无知和偏见。

她说，中国政府依法保护公民宗教信仰自由，中国公民依法享有宗教信仰自由。"法轮功"邪教是什么货色，早已众人皆知。中国政府依法处理"法轮功"，正是为了保护公民的基本人权，受到广大人民群众包括宗教界人士的拥护。美国那个委员会一再打着宗教自由幌子干涉中国内政，破坏中美关系，既不得人心，也是注定要失败的。我们奉劝它改弦易辙，多管管美国自己的事，不要再给中美关系制造噪音和障碍。

国务院军队转业干部安置工作小组会议在北京召开

人事部 卫生部 解放军总政治部作出决定追授邓练贤等五位同志"白求恩奖章"

决定指出，在全国人民万众一心、众志成城抗击"非典"的斗争中，广大医护卫生人员日夜战斗在第一线，把自己的生命与人民群众的命运紧紧地联系在一起，无私无畏、竭诚奉献，甚至献出宝贵的生命。邓练贤、叶欣、梁世奎、陈洪光、李晓红5位同志就是其中的杰出代表，他们的英雄行为感人肺腑，事迹催人奋进，不愧为人民英雄。

邓练贤生前系中山大学附属第三医院党委委员、党支部书记、传染病科副主任、主任医师。2003年2月1日，他连续工作15个小时，因抢救病人感染致病。2003年4月21日光荣殉职，终年53岁。

叶欣生前系广东省中医院二沙岛分院急诊科护士长。直到病倒前长达2个多月的时间里，她始终没有离开过岗位，没有回过一次家，在抢救患者的过程中不幸受到感染，经抢救无效，于3月24日光荣殉职，终年

46 岁。

梁世奎 1970 年 8 月到山西省人民医院内科工作。在不幸被感染非典型肺炎住院期间，顽强地与病魔作斗争。在身体极度虚弱的情况下，他心中想的还是别人。2003 年 4 月 24 日上午，经医护人员全力抢救治疗无效，梁世奎同志光荣殉职，终年 57 岁。

陈洪光 1987 年从广东医学院毕业到广州市胸科医院工作，亲手组建了医院的重症监护室并担任主任。在一线抢救病人的 70 多个日日夜夜里，他亲自为 100 多名危重病人插管上呼吸机，经常会被病人喷射出的痰液、分泌物污染得一身一脸。4 月 16 日，陈洪光同志被确诊为非典型肺炎，虽经全力救治，终因病情过重于 5 月 7 日凌晨不幸殉职，年仅 39 岁。

李晓红生前系武警北京总队医院内二科主治医师。在抗击非典型肺炎的战役中，她连续奋战 6 天，不幸被感染。4 月 16 日凌晨，终因抢救无效，以身殉职，年仅 29 岁。

决定号召全国广大干部群众、解放军和武警部队官兵向邓练贤、叶欣、梁世奎、陈洪光、李晓红 5 位同志学习。

人事部 监察部发出《关于严肃纪律确保非典型肺炎防治工作顺利进行的通知》

通知要求广大国家公务员和事业单位工作人员，坚决贯彻执行党和国家关于防治“非典”工作的各项部署和要求，对拒不执行党和国家关于防治“非典”工作的各项部署和要求的，一律给予开除处分。

5 月 17 日

国家主席胡锦涛就摩洛哥发生多起恐怖爆炸造成无辜平民伤亡事件向摩洛哥国王穆罕默德六世致慰问电

国务院总理温家宝致信 2003 年科技活动周指出科学是战胜“非典”的有力武器

在全国抗击“非典”的关键时刻，2003 年科技活动周如期拉开帷幕。“依靠科学，战胜‘非典’”，成为本年度科技活动周的主题。

“这不是一句简单的口号，而是行动的纲领”，国务院总理温家宝在为活动周发来的致信中明确指出，科学是战胜“非典”的有力武器。他认为，战胜“非典”最终要靠科学，靠在疾病诊断、治疗、预防等科学研究方面取得重大突破。消除人们的恐慌心理要靠科学。科学思想和科学态度，能使人们获得信心和勇气。破除封建迷信和愚昧思想要靠科学。人民群众掌握了防治“非典”的知识，增强了科学防治的意识，就会出现亿万神州尽舜尧的局面。

温家宝在信中还说，“非典”的发生，既是一场灾难，也是对我们民族的一次考验和锻炼。一个伟大和智慧的民族，从灾难中一定会学到比平时多得多的东西，一定会懂得比平时多得多的道理，一定会掌握比平时多得多的科学。

也正因为如此，他认为，在这个非常时期举办这个科技周活动，有着特别的意义。他相信，经过这次磨难，我们的民族会更加坚强、更加成熟，我们的祖国会更加生机勃勃、欣欣向荣。

国务委员陈至立出席了本次科技活动周别开生面的网上开幕式。

一年一度的全国科技活动周已经连续举办 3 年。今年活动周期间，广大科技工作者将在全国范围内大力开展防治“非典”科普活动，普及防治“非典”的科学知识、科学方法，宣传防治“非典”的科学态度、科学精神，使科技周活动成为科技界和广大群众齐心协力，共抗“非典”的重要阵地。

据了解，科技周将通过开办“依靠科学，战胜‘非典’”网上主题展览，制作高水平高质量的电视、广播科普专题节目，开设防治“非典”报刊专栏等多种形式，广泛开展防治“非典”科普宣传活动。

全国总工会主席王兆国在福建考察

5 月 17 日至 20 日，王兆国深入到福建水口电站、闽清县梅溪镇、闽侯县上街镇卫生院、华映光电公司、福州软件园、福建炼油化工有限公司、厦门火炬高技术产业开发区和厦门软件园等地，详细考察一手抓防治“非典”、一手抓经济建设的情况。他说，福建省在 2 月初就提出了明确的应对措施和防治预案，防治“非典”工作成效显著；同时紧紧抓住经济发展不放松，今年 1 至 4 月，全省经济社会事业发展取得良好成绩。要发挥自身优势，进一步扩大对外开放，加大吸引港澳台资和外资工作的力度，保持经济社会发展的良好势头。

在闽期间，王兆国听取了福建省委、省政府和厦门市委、市政府的工作汇报，并在与省工青妇及科协、侨联等群团组织负责人座谈时强调指出，各级群团组织要积极发挥联系群众的桥梁纽带作用，狠抓党的各项方针政策的贯彻落实工作；要通过广泛开展群众性的学赶先进活动，在全社会大力弘扬民族凝聚力；要结合群团组织的特点，开展深入细致的思想政治工作，维护社会的团结稳定；各级工青妇等群众团体要在以胡锦涛同志为总书记的党中央的领导下，紧紧围绕中心，服务大局，组织和引导各自所联系的群众共同奋斗，努力夺取防治“非典”和经济发展的双胜利。

5月18日

《人民日报》发表新华社特约评论员文章《深化农村改革全面推进农村税费改革试点工作》

全面推进农村税费改革，是党中央、国务院统筹城乡经济社会协调发展全局，加快农村全面小康建设而作出的一项重大决策。最近，国务院发布了《关于全面推进农村税费改革试点工作的意见》，召开了全国农村税费改革电视电话会议，对今年全国农村税费改革试点工作进行了全面部署。

从2000年安徽率先在全省进行农村税费改革试点，到2002年试点范围扩大到全国20个省份，经过各方面的共同努力，改革试点工作总体进展顺利，取得了明显成效。一是农民负担明显减轻，初步遏制了农村乱收费、乱集资和各种摊派。二是规范了农村税费制度，确立了以农业税及附加、农业特产税及附加，以及村内"一事一议"筹资筹劳为主要内容的新的农村税费制度框架，逐步将农民负担管理纳入法制化、规范化轨道。三是促进了农村上层建筑变革，加强了农村基层政权建设。四是密切了干群关系，党和政府在农民群众中的威信进一步提高，有力地促进了农村的稳定和发展。因此，全面推进农村税费改革试点的时机已经成熟。积极认真学习、深刻领会全国电视电话会议精神，全面贯彻中央有关农村税费改革的各项方针政策，切实做好全面推进农村税费改革试点工作十分重要。

要进一步统一思想，提高认识。农村税费改革关系到9亿农民的切身利益，是"三个代表"重要思想在农村的具体体现。全面推进农村税费改革，对深化农村各项改革，促进农村经济发展，从根本上推动解决"三农"问题，加快农村全面小康建设步伐，以及加强农村基层民主政治建设，都具有重大而深远的意义。农村税费改革试点是当前农村工作的头等大事，各级党委、政府和有关部门都要把它摆上突出位置，安排得力干部，稳定改革队伍，做到常抓不懈。由于改革将触及农村许多长期积累的深层次矛盾，稍有不慎，就会引发新的矛盾和问题。因此，要未雨绸缪，进一步加深对改革复杂性、艰巨性和长期性的认识，注意研究新情况，解决新问题。

要全面落实改革政策措施，确保执行中央政策不走样。全面推进农村税费改革试点，不只是试点范围的简单扩大，而且要完善相关政策，解决好改革中的突出问题。先行试点地区要按照《意见》和全国电视电话会议精神，针对试点中存在的问题，全面检查各项政策的落实情况。要确保改革后村村减负、户户受益，进一步减轻粮食主产区和种地农民的负担；对因自然灾害、各种原因征占减少的土地，必须据实核减；农业税常年产量和计税价格明显偏高的地方，应实事求是地进行调减；要严格执行村内"一事一议"筹资筹劳的政策，坚决暂停执行对不承包土地并从事工商业活动的农村居民收取资金用于村内公益事业的政策；按照关于调整农业特产税政策的有关精神，进一步明确农业特产税政策。同时，还要结合本地实际情况，进一步完善本省的改革方案，采取切实措施，把中央确定的各项改革政策落实到位。新增全面试点省份，要注意借鉴先行试点地区的成功经验，认真制订改革方案，扎扎实实做好基础工作。

要大力推进配套改革，实现"三个确保"。农村税费改革最终能否成功，关键取决于配套改革。要按照精简、统一和效能的原则，加快乡镇机构改革，撤并乡镇事业单位，大力精简乡镇行政和事业人员，切实转变乡镇政府职能，规范行政管理，使基层政权的工作重点逐步转到履行政务和发展农村公共事业上来。要加快村组合并步伐，实行村组干部交叉任职，精简村组干部人数，降低村级组织运行成本。要完善农村义务教育管理体制，因地制宜地调整农村教育布局，精简和优化教师队伍，合理配置教育资源。通过严格执行税费改革政策，大力推进配套改革，确保农民负担明显减轻、不反弹，确保乡镇机构和村级组织正常运转，确保农村义务教育经费正常需要。

要明确责任，严肃纪律。要落实领导和部门责任制。主要领导要亲自抓，负总责。对改革方案和重要政策要精心组织实施；对各项配套改革工作，要经常过问，指导协调；对群众反映强烈的热点问题，要亲自下基层调研，及时督导解决。各有关职能部门要讲政治、顾大局，主动配合，积极工作。要抽调精干力量，充实农村税费改革工作机构。各级农村税费改革领导小组及办事机构要建章立制，抓紧建立防止农民负担反弹的约束机制，积极探索完善和深化农村税费制度改革的有效办法。要建立、健全农民负担监督管理机制，严格执行责任追究制度。对侵犯农民利益、加重农民负担的行为，必须依法严肃处理，确保全面试点工作的顺利进行。

国办发出《关于调整国务院西部地区开发领导小组组成人员的通知》

各省、自治区、直辖市人民政府，国务院各部委、各直属机构：

根据《国务院关于议事协调机构和临时机构设置的通知》(国发〔2003〕10号)精神和工作需要，国务院决定对国务院西部地区开发领导小组的组成人员进行调整。现将调整后的组成人员通知如下：

组　长：温家宝（国务院总理）

副组长：曾培炎（国务院副总理）

成　员：（略）

国务院西部地区开发领导小组下设办公室，在发展改革委单设机构。马凯兼任办公室主任，王春正、李子彬、段应碧、王志宝任办公室副主任，李子彬负责日常工作。

国务院办公厅

2003年5月18日

国务院总理温家宝签署第377号令公布《中华人民共和国文物保护法实施条例》

《中华人民共和国文物保护法实施条例》已经2003年5月13日国务院第八次常务会议通过，现予公布，自2003年7月1日起施行。

总　理　温家宝

2003年5月18日

中华人民共和国文物保护法实施条例

第一章　总　则

第一条　根据《中华人民共和国文物保护法》（以下简称文物保护法），制定本实施条例。

第二条　国家重点文物保护专项补助经费和地方文物保护专项经费，由县级以上人民政府文物行政主管部门、投资主管部门、财政部门按照国家有关规定共同实施管理。任何单位或者个人不得侵占、挪用。

第三条　国有的博物馆、纪念馆、文物保护单位等的事业性收入，应当用于下列用途：

（一）文物的保管、陈列、修复、征集；

（二）国有的博物馆、纪念馆、文物保护单位的修缮和建设；

（三）文物的安全防范；

（四）考古调查、勘探、发掘；

（五）文物保护的科学研究、宣传教育。

第四条　文物行政主管部门和教育、科技、新闻出版、广播电视行政主管部门，应当做好文物保护的宣传教育工作。

第五条　国务院文物行政主管部门和省、自治区、直辖市人民政府文物行政主管部门，应当制定文物保护的科学技术研究规划，采取有效措施，促进文物保护科技成果的推广和应用，提高文物保护的科学技术水平。

第六条　有文物保护法第十二条所列事迹之一的单位或者个人，由人民政府及其文物行政主管部门、有关部门给予精神鼓励或者物质奖励。

第二章　不可移动文物

第七条　历史文化名城，由国务院建设行政主管部门会同国务院文物行政主管部门报国务院核定公布。

历史文化街区、村镇，由省、自治区、直辖市人民政府城乡规划行政主管部门会同文物行政主管部门报本级人民政府核定公布。

县级以上地方人民政府组织编制的历史文化名城和历史文化街区、村镇的保护规划，应当符合文物保护的要求。

第八条　全国重点文物保护单位和省级文物保护单位自核定公布之日起1年内，由省、自治区、直辖市人民政府划定必要的保护范围，作出标志说明，建立记录档案，设置专门机构或者指定专人负责管理。

设区的市、自治州级和县级文物保护单位自核定公布之日起1年内，由核定公布该文物保护单位的人民政府划定保护范围，作出标志说明，建立记录档案，设置专门机构或者指定专人负责管理。

第九条　文物保护单位的保护范围，是指对文物保护单位本体及周围一定范围实施重点保护的区域。

文物保护单位的保护范围，应当根据文物保护单位的类别、规模、内容以及周围环境的历史和现实情况合理划定，并在文物保护单位本体之外保持一定的安全距离，确保文物保护单位的真实性和完整性。

第十条　文物保护单位的标志说明，应当包括文物保护单位的级别、名称、公布机关、公布日期、立标机关、立标日期等内容。民族自治地区的文物保护单位的标志说明，应当同时用规范汉字和当地通用的少数民族文字书写。

第十一条　文物保护单位的记录档案，应当包括文物保护单位本体记录等科学技术资料和有关文献记载、行政管理等内容。

文物保护单位的记录档案，应当充分利用文字、音像制品、图画、拓片、摹本、电子文本等形式，有效表现其所载内容。

第十二条　古文化遗址、古墓葬、石窟寺和属于国家所有的纪念建筑物、古建筑，被核定公布为文物保护单位的，由县级以上地方人民政府设置专门机构或者指定机构负责管理。其他文物保护单位，由县级以上地方人民政府设置专门机构或者指定机构、专人负责管理；指定专人负责管理的，可以采取聘请文物保护员的形式。

文物保护单位有使用单位的，使用单位应当设立群众性文物保护组织；没有使用单位的，文物保护单位所在地的村民委员会或者居民委员会可以设立群众性文物保护组织。文物行政主管部门应当对群众性文物保护组织的活动给予指导和支持。

负责管理文物保护单位的机构，应当建立、健全规章制度,采取安全防范措施;其安全保卫人员,可以依法配备防卫器械。

第十三条　文物保护单位的建设控制地带,是指在文物保护单位的保护范围外,为保护文物保护单位的安全、环境、历史风貌对建设项目加以限制的区域。

文物保护单位的建设控制地带,应当根据文物保护单位的类别、规模、内容以及周围环境的历史和现实情况合理划定。

第十四条　全国重点文物保护单位的建设控制地带,经省、自治区、直辖市人民政府批准,由省、自治区、直辖市人民政府的文物行政主管部门会同城乡规划行政主管部门划定并公布。

省级、设区的市、自治州级和县级文物保护单位的建设控制地带,经省、自治区、直辖市人民政府批准,由核定公布该文物保护单位的人民政府的文物行政主管部门会同城乡规划行政主管部门划定并公布。

第十五条　承担文物保护单位的修缮、迁移、重建工程的单位,应当同时取得文物行政主管部门发给的相应等级的文物保护工程资质证书和建设行政主管部门发给的相应等级的资质证书。其中,不涉及建筑活动的文物保护单位的修缮、迁移、重建,应当由取得文物行政主管部门发给的相应等级的文物保护工程资质证书的单位承担。

第十六条　申领文物保护工程资质证书,应当具备下列条件:

(一)有取得文物博物专业技术职务的人员;

(二)有从事文物保护工程所需的技术设备;

(三)法律、行政法规规定的其他条件。

第十七条　申领文物保护工程资质证书,应当向省、自治区、直辖市人民政府文物行政主管部门或者国务院文物行政主管部门提出申请。省、自治区、直辖市人民政府文物行政主管部门或者国务院文物行政主管部门应当自收到申请之日起30个工作日内作出批准或者不批准的决定。决定批准的,发给相应等级的文物保护工程资质证书;决定不批准的,应当书面通知当事人并说明理由。文物保护工程资质等级的分级标准和审批办法,由国务院文物行政主管部门制定。

第十八条　文物行政主管部门在审批文物保护单位的修缮计划和工程设计方案前,应当征求上一级人民政府文物行政主管部门的意见。

第十九条　危害全国重点文物保护单位安全或者破坏其历史风貌的建筑物、构筑物,由省、自治区、直辖市人民政府负责调查处理。

危害省级、设区的市、自治州级、县级文物保护单位安全或者破坏其历史风貌的建筑物、构筑物,由核定公布该文物保护单位的人民政府负责调查处理。

危害尚未核定公布为文物保护单位的不可移动文物安全的建筑物、构筑物,由县级人民政府负责调查处理。

第三章　考古发掘

第二十条　申请从事考古发掘的单位,取得考古发掘资质证书,应当具备下列条件:

(一)有4名以上取得考古发掘领队资格的人员;

(二)有取得文物博物专业技术职务的人员;

(三)有从事文物安全保卫的专业人员;

(四)有从事考古发掘所需的技术设备;

(五)有保障文物安全的设施和场所;

(六)法律、行政法规规定的其他条件。

第二十一条　申领考古发掘资质证书,应当向国务院文物行政主管部门提出申请。国务院文物行政主管部门应当自收到申请之日起30个工作日内作出批准或者不批准的决定。决定批准的,发给考古发掘资质证书;决定不批准的,应当书面通知当事人并说明理由。

第二十二条　考古发掘项目实行领队负责制度。担任领队的人员,应当取得国务院文物行政主管部门按照国家有关规定发给的考古发掘领队资格证书。

第二十三条　配合建设工程进行的考古调查、勘探、发掘,由省、自治区、直辖市人民政府文物行政主管部门组织实施。跨省、自治区、直辖市的建设工程范围内的考古调查、勘探、发掘,由建设工程所在地的有关省、自治区、直辖市人民政府文物行政主管部门联合组织实施;其中,特别重要的建设工程范围内的考古调查、勘探、发掘,由国务院文物行政主管部门组织实施。

建设单位对配合建设工程进行的考古调查、勘探、发掘,应当予以协助,不得妨碍考古调查、勘探、发掘。

第二十四条　国务院文物行政主管部门应当自收到文物保护法第三十条第一款规定的发掘计划之日起30个工作日内作出批准或者不批准决定。决定批准的,发给批准文件;决定不批准的,应当书面通知当事人并说明理由。

文物保护法第三十条第二款规定的抢救性发掘,省、自治区、直辖市人民政府文物行政主管部门应当自开工之日起10个工作日内向国务院文物行政主管部门补办审批手续。

第二十五条　考古调查、勘探、发掘所需经费的范围和标准,按照国家有关规定执行。

第二十六条　从事考古发掘的单位应当在考古发掘完成之日起30个工作日内向省、自治区、直辖市人民政府文物行政主管部门和国务院文物行政主管部门提交结项报告,并于提交结项报告之日起3年内向省、自治区、直辖市人民政府文物行政主管部门和国务院文物行政主管部门提交考古发掘报告。

第二十七条　从事考古发掘的单位提交考古发掘报告后,经省、自治区、直辖市人民政府文物行政主管部门或者国务院文物行政主管部门依据各自职权批准,可以保留少量出土文物作为科研标本,并应当于提交发掘报告之日起6个月内将其他出土文物移交给由省、自治区、直辖市人民政府文物行政主管部门或者国务院文物行政主管部门指定的国有的博物馆、图书馆或者其他国有文物收藏单位收藏。

第四章　馆藏文物

第二十八条　文物收藏单位应当建立馆藏文物的接收、鉴定、登记、编目和档案制度,库房管理制度,出入库、注销和统计制度,保养、修复和复制制度。

第二十九条　县级人民政府文物行政主管部门应当将本行政区域内的馆藏文物档案,按照行政隶属关系报设区的市、自治州级人民政府文物行政主管部门或者省、自治区、直辖市人民政府文物行政主管部门备案;设区的市、自治州级人民政府文物行政主管部门应当将本行政区域内的馆藏文物档案,报省、自治区、直辖市人民政府文物行政主管部门备案;省、自治区、直辖市人民政府文物行政主管部门应当将本行政区域内的一级文物藏品档案,报国务院文物行政主管部门备案。

第三十条　文物收藏单位之间借用馆藏文物,借用人应当对借用的馆藏文物采取必要的保护措施,确保文物的安全。

借用的馆藏文物的灭失、损坏风险,除当事人另有约定外,由借用该馆藏文物的文物收藏单位承担。

第三十一条　国有文物收藏单位未依照文物保护法第三十六条的规定建立馆藏文物档案并将馆藏文物档案报主管的文物行政主管部门备案的,不得交换、借用馆藏文物。

第三十二条　修复、复制、拓印馆藏二级文物和馆藏三级文物的,应当报省、自治区、直辖市人民政府文物行政主管部门批准;修复、复制、拓印馆藏一级文物的,应当经省、自治区、直辖市人民政府文物行政主管部门审核后报国务院文物行政主管部门批准。

第三十三条　从事馆藏文物修复、复制、拓印的单位,应当具备下列条件:

(一)有取得中级以上文物博物专业技术职务的人员;

(二)有从事馆藏文物修复、复制、拓印所需的场所和技术设备;

(三)法律、行政法规规定的其他条件。

第三十四条　从事馆藏文物修复、复制、拓印,应当向省、自治区、直辖市人民政府文物行政主管部门提出申请。省、自治区、直辖市人民政府文物行政主管部门应当自收到申请之日起30个工作日内作出批准或者不批准的决定。决定批准的,发给相应等级的资质证书;决定不批准的,应当书面通知当事人并说明理由。

第三十五条　为制作出版物、音像制品等拍摄馆藏二级文物和馆藏三级文物的,应当报省、自治区、直辖市人民政府文物行政主管部门批准;拍摄馆藏一级文物的,应当经省、自治区、直辖市人民政府文物行政主管部门审核后报国务院文物行政主管部门批准。

第三十六条　馆藏文物被盗、被抢或者丢失的,文物收藏单位应当立即向公安机关报案,并同时向主管的文物行政主管部门报告;主管的文物行政主管部门应当在接到文物收藏单位的报告后24小时内,将有关情况报告国务院文物行政主管部门。

第三十七条　国家机关和国有的企业、事业组织等收藏、保管国有文物的,应当履行下列义务:

(一)建立文物藏品档案制度,并将文物藏品档案报所在地省、自治区、直辖市人民政府文物行政主管部门备案;

(二)建立、健全文物藏品的保养、修复等管理制度,确保文物安全;

(三)文物藏品被盗、被抢或者丢失的,应当立即向公安机关报案,并同时向所在地省、自治区、直辖市人民政府文物行政主管部门报告。

第五章　民间收藏文物

第三十八条　文物收藏单位以外的公民、法人和其他组织,可以依法收藏文物,其依法收藏的文物的所有权受法律保护。

公民、法人和其他组织依法收藏文物的,可以要求文物行政主管部门对其收藏的文物提供鉴定、修复、保管等方面的咨询。

第三十九条　设立文物商店,应当具备下列条件:

(一)有200万元人民币以上的注册资本;

(二)有5名以上取得中级以上文物博物专业技术职务的人员;

(三)有保管文物的场所、设施和技术条件;

(四)法律、行政法规规定的其他条件。

第四十条　设立文物商店,应当依照国务院文物行政主管部门的规定向省、自治区、直辖市以上人民政府文物行政主管部门提出申请。省、自治区、直辖市以上人民政府文物行政主管部门应当自收到申请之日起30个工作日内作出批准或者不批准的决定。决定批准的,发给批准文件;决定不批准的,应当书面通知当事人并说明理由。

第四十一条　依法设立的拍卖企业,从事文物拍卖经营活动的,应当有5名以上取得高级文物博物专业技术职务的文物拍卖专业人员,并取得国务院文物行政主管部门发给的文物拍卖许可证。

第四十二条　依法设立的拍卖企业申领文物拍卖许可证,应当向国务院文物行政主管部门提出申请。国务院文物行政主管部门应当自收到申请之日起30个工作日内作出批准或者不批准的决定。决定批准的,发给文物拍卖许可证;决定不批准的,应当书面通知当事人并说明理由。

第四十三条　文物商店购买、销售文物,经营文物拍卖的拍卖企业拍卖文物,应当记录文物的名称、图录、来源、文物的出卖人、委托人和买受人的姓名或者名称、住所、有效身份证件号码或者有效证照号码以及成交价格,并报核准其销售、拍卖文物的文物行政主管部门备案。接受备案的文物行政主管部门应当依法为其保密,并将该记录保存75年。

文物行政主管部门应当加强对文物商店和经营文物拍卖的拍卖企业的监督检查。

第六章　文物出境进境

第四十四条　国务院文物行政主管部门指定的文物进出境审核机构,应当有5名以上专职文物进出境责任鉴定员。专职文物进出境责任鉴定员应当取得中级以上文物博物专业技术职务并经国务院文物行政主管部门考核合格。

第四十五条　运送、邮寄、携带文物出境,应当在文物出境前依法报文物进出境审核机构审核。文物进出境审核机构应当自收到申请之日起15个工作日内作出是否允许出境的决定。

文物进出境审核机构审核文物,应当有3名以上文物博物专业技术人员参加;其中,应当有2名以上文物进出境责任鉴定员。

文物出境审核意见,由文物进出境责任鉴定员共同签署;对经审核,文物进出境责任鉴定员一致同意允许出境的文物,文物进出境审核机构方可作出允许出境的决定。

文物出境审核标准,由国务院文物行政主管部门制定。

第四十六条　文物进出境审核机构应当对所审核进出境文物的名称、质地、尺寸、级别,当事人的姓名或者名称、住所、有效身份证件号码或者有效证照号码,以及进出境口岸、文物去向和审核日期等内容进行登记。

第四十七条　经审核允许出境的文物,由国务院文物行政主管部门发给文物出境许可证,并由文物进出境审核机构标明文物出境标识。经审核允许出境的文物,应当从国务院文物行政主管部门指定的口岸出境。海关查验文物出境标识后,凭文物出境许可证放行。

经审核不允许出境的文物,由文物进出境审核机构发还当事人。

第四十八条　文物出境展览的承办单位,应当在举办展览前6个月向国务院文物行政主管部门提出申请。国务院文物行政主管部门应当自收到申请之日起30个工作日内作出批准或者不批准的决定。决定批准的,发给批准文件;决定不批准的,应当书面通知当事人并说明理由。

一级文物展品超过120件(套)的,或者一级文物展品超过展品总数的20%的,应当报国务院批准。

第四十九条　一级文物中的孤品和易损品,禁止出境展览。禁止出境展览文物的目录,由国务院文物行政主管部门定期公布。

未曾在国内正式展出的文物,不得出境展览。

第五十条　文物出境展览的期限不得超过1年。因特殊需要,经原审批机关批准可以延期;但是,延期最长不得超过1年。

第五十一条　文物出境展览期间,出现可能危及展览文物安全情形的,原审批机关可以决定中止或者撤销展览。

第五十二条　临时进境的文物,经海关将文物加封后,交由当事人报文物进出境审核机构审核、登记。文物进出境审核机构查验海关封志完好无损后,对每件临时进境文物标明文物临时进境标识,并登记拍照。

临时进境文物复出境时,应当由原审核、登记的文物进出境审核机构核对入境登记拍照记录,查验文物临时进境标识无误后标明文物出境标识,并由国务院文物行政主管部门发给文物出境许可证。

未履行本条第一款规定的手续临时进境的文物复出境的,依照本章关于文物出境的规定办理。

第五十三条　任何单位或者个人不得擅自剥除、更换、挪用或者损毁文物出境标识、文物临时进境标识。

第七章　法律责任

第五十四条　公安机关、工商行政管理、文物、海关、城乡规划、建设等有关部门及其工作人员,违反本条例规定,滥用审批权限、不履行职责或者发现违法行为不予查处的,对负有责任的主管人员和其他直接责任人员依法给予行政处分;构成犯罪的,依法追究刑事责任。

第五十五条　违反本条例规定,未取得相应等级的文物保护工程资质证书,擅自承担文物保护单位的修缮、迁移、重建工程的,由文物行政主管部门责令限期改正;逾期不改正,或者造成严重后果的,处5万元以上50万元以下的罚款；构成犯罪的，依法追究刑事责任。

违反本条 例规定，未取得建设行政主管部门发给的相应等级的资质证书，擅自承担含有建筑活动的文物保护单位的修缮、迁移、重建工程的，由建设行政主管部门依照有关法律、行政法规的规定予以处罚。

第五十六条 违反本条例规定，未取得资质证书，擅自从事馆藏文物的修复、复制、拓印活动的，由文物行政主管部门责令停止违法活动；没收违法所得和从事违法活动的专用工具、设备；造成严重后果的，并处1万元以上10万元以下的罚款；构成犯罪的，依法追究刑事责任。

第五十七条 文物保护法第六十六条第二款规定的罚款，数额为200元以下。

第五十八条 违反本条例规定，未经批准擅自修复、复制、拓印、拍摄馆藏珍贵文物的，由文物行政主管部门给予警告；造成严重后果的，处2000元以上2万元以下的罚款；对负有责任的主管人员和其他直接责任人员依法给予行政处分。

第五十九条 考古发掘单位违反本条例规定，未在规定期限内提交结项报告或者考古发掘报告的，由省、自治区、直辖市人民政府文物行政主管部门或者国务院文物行政主管部门责令限期改正；逾期不改正的，对负有责任的主管人员和其他直接责任人员依法给予行政处分。

第六十条 考古发掘单位违反本条例规定，未在规定期限内移交文物的，由省、自治区、直辖市人民政府文物行政主管部门或者国务院文物行政主管部门责令限期改正；逾期不改正，或者造成严重后果的，对负有责任的主管人员和其他直接责任人员依法给予行政处分。

第六十一条 违反本条例规定，文物出境展览超过展览期限的，由国务院文物行政主管部门责令限期改正；对负有责任的主管人员和其他直接责任人员依法给予行政处分。

第六十二条 依照文物保护法第六十六条、第七十三条的规定，单位被处以吊销许可证行政处罚的，应当依法到工商行政管理部门办理变更登记或者注销登记；逾期未办理的，由工商行政管理部门吊销营业执照。

第六十三条 违反本条例规定，改变国有的博物馆、纪念馆、文物保护单位等的事业性收入的用途的，对负有责任的主管人员和其他直接责任人员依法给予行政处分；构成犯罪的，依法追究刑事责任。

第八章 附 则

第六十四条 本条例自2003年7月1日起施行。

国务院副总理兼卫生部部长吴仪在日内瓦分别会见世界卫生组织总干事布伦特兰和孟希两国卫生部部长

在会见了世界卫生组织总干事布伦特兰时，吴仪积极评价世界卫生组织为促进全球卫生合作所做的有益工作，并全面介绍了中国防治非典型肺炎的情况。吴仪对世界卫生组织多次派专家到中国指导防治工作表示感谢。中方欢迎世界卫生组织关于建立“非典”研究基金的建议，愿意积极参与。

吴仪还向布伦特兰介绍了中国中央政府关心台湾人民健康福祉、积极促进两岸卫生交流与合作的情况。她说，在两岸人民同舟共济、共战“非典”之际，台湾当局借“非典”大做政治文章，提出以观察员、“公共卫生实体”或“公共卫生当局”名义挤入只有主权国家才能加入的世卫组织，其目的是在国际上制造“两个中国”、“一中一台”。这是乘人之危，在道德和法理上都不能被接受，也有悖于联合国和世界卫生组织的宗旨和原则。

布伦特兰表示，世卫组织高度评价中国政府为防治“非典”所采取的有力措施和所做的大量工作，对双方的合作感到满意。台湾问题在近几年的世卫大会都得到了解决，我们不愿看到这个问题影响我们集中精力讨论处理世界卫生组织的重大问题，也不希望这种无关问题干扰我们讨论“非典”问题。

吴仪还于前一日和当日分别会见了孟加拉国卫生部部长侯赛因和希腊卫生部部长斯蒂德尼斯。

即将担任本届世界卫生大会主席的孟加拉国卫生部部长侯赛因表示，“非典”的危害是人们始料未及的，我们对中国人民在抗击“非典”中所表现的勇气、智慧、决心和信心充满钦佩。中国在防治“非典”中所做的工作、积累的经验是对整个人类的贡献。

担任欧盟轮值主席国的希腊卫生部部长斯蒂德尼斯代表欧盟高度赞赏中国防治“非典”的努力和与国际社会的合作。他说，“非典”是人类面临的共同挑战，中国的工作对防止其蔓延至关重要，欧盟愿向中国提供必要的援助。他还表示，欧盟坚定奉行一个中国的政策，此次世卫大会再次出现涉台问题是令人遗憾的。

外交部部长李肇星就营救澳登山队员与澳大利亚代理外长贸易部长韦尔通电话

李肇星在电话中通报，5月17日，获悉澳大利亚4名登山队员在攀登中尼边界中方一侧奇欧雨峰时遇险后，中国外交部、国家体育总局、西藏自治区外办、军队有关部门都十分重视，立即着手为营救行动提供人道主义协助。我和国家体育总局局长袁伟民对澳一位登山队员不幸遇难表示哀悼，对3位受伤的队员表示慰问。李肇星还介绍了出事地点的复杂地形和恶劣气候情况，希望营救人员特别注意安全，祝愿营救行动成功。

韦尔感谢中方迅速同意协助营救，并表示澳政府和人民将继续全力支持中国人民抗击“非典”的斗争。

中国女选手张莉和沈巍巍在国际剑联世界杯女子重剑个人赛意大利站比赛中包揽冠亚军

5月19日

国家主席胡锦涛在人民大会堂会见日本执政三党干事长

日本自民党干事长山崎拓、公明党干事长冬柴铁三和保守新党干事长二阶俊博参加会见。

日本客人感谢胡锦涛的会见。他们说，今年适逢《日中和平友好条约》缔结25周年，此次联袂访华，表明了执政三党推动日中两国友好关系进一步发展的共同意愿。小泉首相本人非常重视日中睦邻友好关系，他表示，在处理对华关系方面，日本也要本着以史为鉴，面向未来的精神，这一立场不会发生任何改变。

双方还就共同关心的国际和地区问题交换了看法。三党干事长转交了小泉首相致胡锦涛的亲笔信。

当日，中共中央政治局常委黄菊在北京也会见了日本执政三党干事长一行。

国务院副总理兼卫生部长吴仪率中国代表团在日内瓦出席第五十六届世界卫生大会并讲话

会议通过协商一致的方式，拒绝了少数国家提出的“邀请台湾作为观察员参加世界卫生大会”问题列入本届大会议程的提案。这是世界卫生大会连续第七年否决涉台提案。

中国代表团团长、国务院副总理兼卫生部长吴仪在总务委员会和全体大会上分别发言，阐述了中国政府在涉台提案问题上的原则立场，坚决反对将这一提案列入大会议程。

吴仪介绍了两岸近年来在卫生领域的交流与合作，强调指出，台湾当局和少数国家宣称台湾因为未能加入世界卫生组织影响了防治“非典”，完全违背事实。事实上，台湾发生“非典”疫情后，中国中央政府迅速采取了一系列加强两岸交流与合作的措施，除了通过医学专业机构向台湾同行传送有关“非典”疫情、防治技术和政策方面的信息外，还邀请台湾专业人员来祖国大陆实地考察“非典”防治工作。4月下旬，祖国大陆有关医疗卫生团体与台湾同行召开了“海峡两岸预防控制SARS学术研究会”。5月9日，两岸联合举办了电视电话“非典”研讨会。中国疾病预防控制中心还向台湾有关部门提供了“非典”检测试剂。与此同时，中国中央政府同意世界卫生组织派专家赴台湾考察“非典”疫情，同意台湾医学专家出席世界卫生组织将于6月举行的“非典”全球科学会议。

吴仪指出，正当海峡两岸医学专家为防治“非典”携手合作之际，台湾当局却把“非典”作为搞分裂活动的政治工具，鼓动少数国家为其摇旗呐喊。其根本目的并不在于发展卫生事业，而是在国际上制造“两个中国”、“一中一台”。

吴仪还强调，世界卫生组织是一个只有主权国家才能参与的联合国专门机构，台湾作为中国的一个省，没有资格以任何形式或变换名称参与世界卫生大会。她说，世界上任何一个主权国家都不会同意本国的一个省或地区参与只有主权国家才能参加的联合国机构；少数国家年复一年地提出一个早在上个世纪70年代就已解决的问题，这不能不说是在公然挑战联合国的有关决议和世界卫生组织的《组织法》。吴仪最后重申欢迎台湾医疗卫生人员参加中国代表团出席世界卫生大会。

本届世界卫生大会为期10天。

国务委员唐家璇在钓鱼台国宾馆会见以自民党干事长山崎拓为首的日本执政三党干事长一行

国家安监局（煤安局）局务会议通过《安全生产违法行为行政处罚办法》

《安全生产违法行为行政处罚办法》（以下简称《办法》）共6章78条。根据行政处罚法、安全生产法及其他有关法律、行政法规的规定制定，以制裁安全生产违法行为，规范安全生产行政处罚工作，保证生产经营单位依法进行安全生产。《办法》将自2003年7月1日起施行。

5月20日

国务院总理温家宝就斯里兰卡遭遇洪灾和山体滑坡向斯里兰卡总理拉尼尔·维克勒马辛哈致慰问电

国务院副总理兼卫生部部长吴仪在日内瓦出席第五十六届世界卫生大会一般性辩论会并发言

吴仪在发言时坦诚地指出，由于非典型肺炎是一种尚未被人类完全认识的新型传染病，在疫病发生的初期，中国政府对这场疫情的严重性认识不足，公共卫生系统存在缺陷，防治工作在一段时间内有些被动。

吴仪说：“中国政府很快意识到这一疫情的挑战性，作为敢于面对困难、高度负责的政府，我们时刻把人民的身体健康和生命安全放在第一位，迅速果断地采取了一系列措施。我们把控制疫情的蔓延作为各级政府最重要的任务,成立了全国防治非典型肺炎指挥部,统一领导全国的防治工作。"

吴仪指出,现在中国的"非典"防治工作基本走上了有序的轨道。虽然近期疫情较为平稳,呈下降趋势,但由于中国人口多,流动性大,形势依然严峻。她说:"中国抗击'非典'正处于关键时刻,我们深刻认识到'非典'防治工作的艰巨性、复杂性和反复性,丝毫不会掉以轻心。"

吴仪代表中国政府和人民,向从道义、资金、物质和技术等方面理解、支持和援助中国的所有国家和国际组织致以诚挚的谢意。她稍稍离开讲台,向与会代表鞠躬致谢,全场报以热烈的掌声。

吴仪还向大会提出三项建议:

第一,充分发挥世界卫生组织在全球卫生事务中的作用,加强国际合作。在防治"非典"过程中,世界卫生组织要在信息交流、人员培训、技术支持和资源利用等方面发挥更大作用。有必要设立抗击"非典"的全球基金,中国愿意为此作出贡献。

第二,建立和完善全球应急机制,提高应对重大疾病灾害的能力。各国应建立、健全传染病监测、预防、治疗和信息通报网络,一旦出现异常情况,应按照共同商定的规范和途径,及时通报,以便有关国家能够正确地作出判断和应对。

第三,经济发展与社会发展必须同步协调,互相促进。

在出席本次大会的世界卫生组织192个成员国代表中,吴仪和瑞士联邦主席兼卫生部长库什潘是职务最高的两名代表。世界卫生组织官员和各国与会代表高度评价中国政府派吴仪参加世界卫生大会。

与会期间,吴仪还分别会见了古巴卫生部长彭顿、美国卫生部长汤普森、印度卫生部长斯瓦拉杰、西班牙卫生和消费事务大臣帕斯托尔、俄罗斯卫生部长舍甫琴科和尼泊尔卫生大臣德夫科塔,同他们就进一步加强卫生领域的交流与合作交换了意见。

卫生部副部长马晓伟在日内瓦出席第五十六届世界卫生大会介绍中国"非典"防治具体措施

马晓伟向大会着重介绍了中国"非典"防治的具体措施:一、将"非典"列入《传染病防治法》管理和法定传染病,开展监测和报告工作。二、根据疫情程度不同实行分类指导,采取巩固、控制和预案的方法。三、全力开展救治工作,严格控制传染源,及时收治患者,隔离治疗;控制病人流动,在机场、车站、口岸设立检疫站,控制"非典"通过交通工具传播。四、加强疫情和相关信息的沟通,完善疫情报告和信息发布制度。五、做好边缘地区的预防工作,对患"非典"的农民实行免费治疗。六、抓紧建立国家应对突发公共卫生事件的应急处理机制,建立监测、信息和实验室网络。七、同香港、澳门建立防治"非典"合作机制,向台湾提供有关信息和开展技术交流;加强同国际社会合作,借鉴国外经验;积极同世界卫生组织、东盟及美国合作,共同探讨"非典"救治和控制问题。

电监会发出《规范电力市场秩序保证电力供应有关问题的通知》

通知要求加快电力市场建设。电力市场建设要按照统一部署、整体设计、分步实施的原则进行。已明确进行电力市场试点的地区,要按照批准的方案和总体部署,规范运作,加快实施。未开展电力市场试点的地区,可根据各地区的实际,进行电力市场建设的研究准备工作,条件成熟时,适时开展电力市场建设。未经批准,任何单位不得自行出台电力市场建设的方案。

商务部发布《国别贸易投资环境报告》

为帮助国内企业和相关组织了解我国贸易伙伴在货物贸易、服务贸易以及投资等领域的管理制度及具体做法,熟悉国际市场的竞争环境,平等地参与国际竞争,同时表达中国企业对贸易发展外部环境的关注,根据有关法规,商务部收集整理了各方面信息,编写并发布了2002年度《国别贸易投资环境报告》。

这是中国政府首次发布的介绍我国外贸环境的报告。发布该报告是我国进一步应对加入WTO新形势,转变政府职能,改进管理方式,切实为企业服务的重要举措。《国别贸易投资环境报告》介绍了阿联酋、菲律宾、韩国、马来西亚、日本、沙特阿拉伯、泰国、印度、印尼、越南、俄罗斯、欧盟、加拿大、美国、墨西哥、巴西、澳大利亚和南非等18个贸易伙伴的贸易投资环境,主要包括我国与该贸易伙伴双边贸易、相互投资、经济合作概况;该贸易伙伴贸易管理体制概述;该贸易伙伴在外贸管理中采取的具体贸易措施情况。

今后,商务部将不断增加《国别贸易投资环境报告》涉及的国家(或地区),充实相关内容并定期发布。

外交部发言人章启月就乌克兰的中国留学生与当地人发生冲突一事发表评论

章启月说,5月18日、19日,乌克兰国立技术大学的保安及学生与部分中国留学生发生冲突,造成3名中国学生受伤。得知上述情况后,外交部高度重视,立即与中国驻乌使馆取得联系。中国驻乌克兰大使等官员赶到现场,看望了中国留学生,并要求乌方尽快采取措施,救治被打学生,确保中国学生的安全,并对事件进行客观公正的调查和处理。目前,受伤学生已得到及时治疗。中国驻乌使馆将同中国学生保持联系,做好各方面工作。

海军361潜艇遇难官兵追悼会在大连隆重举行

追悼会由海军司令员石云生主持,政委杨怀庆致悼词。中共中央书记处书记、中央军委委员、总政治部主任徐才厚宣读5月2日中央军委主席江泽民和5月3日中共中央总书记、国家主席胡锦涛给遇难官兵亲属发的唁电。中共中央政治局委员、中央军委副主席郭伯雄在追悼会上讲话,代表中央军委主席江泽民、中央军委副主席胡锦涛和中央军委向全体遇难官兵表示深切的哀悼,向他们的亲属和361潜艇所在部队表示亲切的慰问,号召广大官兵化悲痛为力量,在党中央、中央军委的领导下,高举邓小平理论伟大旗帜,全面贯彻"三个代表"重要思想,为建设一支强大的人民海军,为进一步推进我军革命化、现代化、正规化建设而努力奋斗!

江泽民、胡锦涛向361潜艇遇难官兵送了花圈。郭伯雄、曹刚川、徐才厚、梁光烈、廖锡龙、李继耐等也送了花圈。

姚明问鼎劳伦斯年度最佳新人奖

有体坛"奥斯卡"之称的劳伦斯奖在蒙特卡洛揭晓,姚明因其在美国NBA的突出表现当选为年度世界最佳新人。他也是第一位获得该项大奖的亚洲运动员。

卫生部等6部委印发《关于加强农村传染性非典型肺炎防治工作的指导意见》

《关于加强农村传染性非典型肺炎防治工作的指导意见》是根据全国防治非典型肺炎指挥部《全国农村非典型肺炎防治工作方案》精神,由卫生部、国家发改委、民政部、财政部、农业部和国家人口计生委联合制定

指导意见明确了农村防治非典型肺炎的指导思想和目标:各地要以"三个代表"重要思想为指导,充分认识农村非典型肺炎防治工作的艰巨性和复杂性,立足于防大疫、抗反复,按照中央关于"沉着应对,措施果断;依靠科学,有效防治;加强合作,完善机制"的总体要求,坚持预防为主、防治结合、分级负责、依靠科学、依法管理的原则,进一步加强组织领导,周密部署,层层设防,严防死守,尽一切力量遏制非典型肺炎疫情向农村扩散。力争做到未发生非典型肺炎疫情的地区,当地不出现继发病例;已发生疫情的地区,把疫情控制在最小的范围内,保证农民群众的身体健康和生命安全。

北京防治非典型肺炎联合工作小组举行第七次新闻发布会

中共北京市委常委朱善璐、吉林和北京市卫生局副局长梁万年向中外记者介绍了北京防治非典型肺炎工作的最新情况。

确保学校复课过程中疫情不发生反弹

朱善璐表示,在全市中小学和高校陆续复课过程中,北京将尽最大努力,确保校园疫情不发生反弹。

为了能够在疫情高峰期过后,逐步恢复学校正常的教育、教学秩序,同时切实保证学生的健康和安全,北京市作出了中小学逐步复课和高校学生分期、分批返校的决定。北京已决定把初中升高中的中考时间向后推迟一个月,并将把高考的准备工作做得更扎实、细致。目前,北京教育系统的疫情已得到有效控制,全日制高等院校已经连续11天没有发生临床诊断病例,学生已由疫情初期的高发群体转为低发群体。

全力做好建筑工地和外来民工的"非典"防控工作

吉林介绍说,北京采取5个方面的措施,全力做好建筑工地和外来民工的"非典"防控工作。一是对建筑工地和民工居住地实行严格的封闭式管理,最大限度减少民工在社会上受感染的机会。二是改善民工居住条件,严禁民工住在大工棚、通铺中。三是改善民工的生活条件,及时、足额发放民工工资,改善民工膳食,增加他们的营养,增强他们的抵抗能力。四是实行民工体温监测制度。五是对确诊的民工和疑似民工,要积极进行医疗救治,救治的费用不用民工个人负担。

现在还不能松懈、不能麻痹

针对北京5月19日确诊的"非典"病人数字首次降到个位数的情况,梁万年指出,一天的个位数,乃至后两天仍然是个位数,也不能肯定就不会出现波动,因为这种疾病发生发展的很多因素还没有被了解。现在需要提醒广大民众的是,还不能松懈、不要麻痹,一定要把已经采取的并且被事实证明是行之有效的措施继续扎扎实实地落实下去,落实、落实、再落实,打好5月攻坚战。

山西连续发生两起煤矿大事故

5月19日14时10分,晋中市寿阳县富东煤业有限公司煤矿发生透水事故,33名矿工被困井下,经过全力抢救,24名矿工先期被救出,另9名矿工2日后也被救出。

5月20日7时左右,临汾市安泽县永泰煤矿井下发生瓦斯爆炸事故,搜救持续到5月25日,确认井下25名矿工全部遇难。

5月21日

国务院在北京召开第二次全体会议

中共中央政治局常委、国务院总理温家宝主持会议并发表重要讲话。他强调,要进一步贯彻中央关于坚持"两手抓"的方针,一手抓"非典"防治工作,一手抓经济发展和其他工作,建立防治"非典"特殊时期良好的工作秩序,努力减少"非典"造成的损失,以更加旺盛的斗志,更加顽强的作风,更加扎实的工作,夺取防治"非典"和经济建设双胜利。

温家宝首先总结了新一届国务院组成以后的工作。他说,两个月来,国务院做了大量工作。建立了国务院正常运转秩序。及时采取一系列果断有力的措施,集中力量做好非典型肺炎防治工作。研究宏观经济形势和对策,解决经济运行中的突出问题,推进经济体制改革,毫不放松地做好经济工作。积极解决城乡困难群众生产生活问题。努力维护社会稳定。各方面工作都取得了明显成绩。

温家宝全面分析了当前"非典"防治形势和经济形势。他指出,在党中央、国务院的领导下,各地区、各部门在"非典"防治方面做了大量艰苦的工作。近些天来全国疫情趋于平缓,这说明中央采取的方针和一系列政策措施是正确的、有效的,也使我们增强了战胜"非典"的信心。但目前防治工作的形势依然严峻,任务十分艰巨。一些地区每天还有新发病例出现,在医院治疗的确诊患者和疑似患者数量较大。北京等重点地区新增病例下降的时间还很短,防治工作还存在一些薄弱环节和漏洞,农村存在疫情扩散的隐患。对疫病尚缺乏有效的诊治和防疫手段。在疫情趋缓的时候,很容易产生麻痹思想和盲目乐观情绪。目前防治工作正处在关键时期。坚持不懈,再接再厉,就能够不断巩固和扩大成果。如果掉以轻心,工作松懈,稍有不慎,就会出现反复,甚至功亏一篑。温家宝说,今年以来,我国经济形势总体是好的。国民经济快速增长,经济效益明显提高。但一些行业受到了"非典"的较大冲击,对疫情给经济造成的影响必须有足够的估计。

温家宝指出,国务院各项工作必须坚持以党的十六大精神统揽全局,一手抓防治非典型肺炎这件大事不松劲,一手抓经济建设这个中心不动摇。当前,必须坚持把"非典"防治作为政府工作的一项重大任务,全面贯彻中央关于防治工作的决策和部署,坚持分类指导、科学防治、依法防治,始终紧紧把握"非典"防治工作主动权。广东等疫情早发地区,要充分认识"非典"疫情的复杂性和反复性,进一步巩固防治成果,防止疫情反弹。北京及华北地区仍然是全国防治工作重点,要狠抓薄弱环节,实施积极防御方针,继续降低发病率,提高治愈率。随着疫情的逐步缓解,要抓紧研究人口流动增加、农民工返城、学生返校等新情况、新问题,提出新对策,防止疫情出现反复。疫情较轻地区和无疫情地区,要继续重视做好防治工作,力争不发生新的病例。广大农村要落实各项政策措施,实行群防群控,坚决防止疫病在农村蔓延。

温家宝强调,发展始终是我们党执政兴国的第一要务。为减少"非典"造成的损失,实现今年经济和社会发展目标,要立足当前、谋划长远,着力抓好六项工作。一是坚持扩大内需的方针和积极的财政政策。要充分发挥我国市场广阔、经济增长空间和回旋余地大的优势,扬长避短,实现投资和消费对经济增长的双拉动。各级财政要加大对公共卫生事业的投入力度,保证"非典"防治的必需支出。二是落实对受"非典"冲击较大行业的扶持政策,研究"非典"过后相关行业振兴计划。三是做好对外贸易和利用外资工作。落实鼓励出口的政策,切实帮助境外投资者解决生产经营中的实际困难和问题。四是关心困难群众生产生活。进一步做好就业和社会保障工作,推动下岗失业人员再就业,做好高校毕业生就业工作,注意解决特殊困难家庭的基本生活保障问题。支持农村"六小"工程建设,使更多的农民工获得就业机会。五是维护正常的生产和生活秩序。确保交通畅通无阻和人员正常流动,整顿和规范市场经济秩序,加强安全生产管理。六是筹划好长远改革和发展的工作。

温家宝要求,国家机关领导干部和工作人员,要树立同"非典"疫病作斗争的坚定信心,在抗击"非典"特殊环境下主动做好本职工作,保持机关紧张而有序的工作面貌。第一,树立全局观念,提高执行中央决策和部署的自觉性。第二,增强责任意识,努力提高社会管理和应对突发事件的能力。要总结防治"非典"的经验教训,更加重视经济社会协调发展、城乡协调发展,更加重视政府对公共事务的管理,更加重视增强全社会抗御各种灾害的能力。第三,改进工作作风,积极主动地为地方服务、为基层服务、为企业服务。第四,发扬奉献精神,始终把人民利益放在第一位。

温家宝强调,我们要在以胡锦涛同志为总书记的党中央领导下,全面贯彻"三个代表"重要思想,振奋精神,团结奋斗,努力夺取防治"非典"和经济建设的全面胜利。

国务院全体会议组成人员出席会议,有关部门、单位负责人列席了会议。

国家发改委在北京召开"做好投资工作促进经济发展"电视电话会议

会议对做好当前投资工作,保持固定资产投资持续快速增长作了部署。国家发改委要求有关部门和各地方着重抓好以下工作:一是加大重点领域的投资力度,各地要在保证疫病防治资金的基础上,加大配套资金投入,首先用于保证国债项目和重点项目建设,严禁建设各种“形象工程”。有关银行对已经承诺的贷款要及时发放。适当增加企业债券的发行规模,支持国家重点建设。二是加快在建项目建设,保证工程进度和质量。三是抓紧重大项目前期工作,加快重大项目审批,缩短审批时间。当前要重点抓好一批年内有条件开工建设的重大项目,落实各项建设条件,争取早日开工建设。四是进一步鼓励和引导社会投资。继续放宽投资领域,除国家另有规定外,凡是外商投资可以进入的领域,国内社会投资均可进入。鼓励和引导国内社会投资以多种方式,参与经营性基础设施项目建设。要加强对房地产业的宏观调控,引导和促进房地产业健康发展。同时,要积极主动地做好利用外资工作。

外交部部长李肇星应约与美国国务卿鲍威尔通电话就伊拉克战后重建问题交换意见

外交部发言人章启月就美国政府向国会提交“西藏问题”总统报告答记者问

记者问:近日,美国政府根据《2003财年国务院授权法》有关条款要求,向美国会提交了一份关于“西藏问题”的总统报告。该报告希望中国政府尽快与达赖喇嘛恢复对话。请问中方对此有何评论?

章启月说,西藏是中国的一部分,西藏事务纯属中国内部事务,这是人所皆知的事实。美方根据其国内立法提出总统报告,对西藏事务说三道四,这违反国际关系基本准则和中美三个联合公报的原则,干涉中国内政。中方对此表示坚决反对。

章启月指出,中国中央政府对达赖喇嘛的政策是明确的。只要达赖真正放弃“西藏独立”的主张,停止分裂祖国的活动,公开声明承认西藏是中国不可分割的一部分,承认台湾是中国领土不可分割的一部分,我们可以同他进行接触商谈。章启月强调,我们要求美方恪守其多次重申的承认西藏是中国一部分、不支持“西藏独立”的承诺,停止利用西藏问题干涉中国内政。

中共中央总书记胡锦涛致电祝贺2003中国珠峰登山队成功登顶

贺电全文如下:

2003中国珠峰登山队:

在人类登上珠穆朗玛峰50周年之际,2003中国珠峰登山队今天成功登上珠穆朗玛峰。我代表党中央、国务院,向登山队全体队员表示热烈的祝贺和诚挚的慰问!

在这次攀登珠峰过程中,登山队全体队员发扬不畏艰险、顽强拼搏、团结协作、勇攀高峰的奋斗精神,使五星红旗再次在世界最高峰上迎风飘扬。你们的这一壮举,为祖国争得了荣誉,极大地鼓舞了全国人民为夺取抗击“非典”和促进发展双胜利而奋斗的勇气和信心。你们的英勇行动再一次证明,在伟大的中国人民面前,没有克服不了的困难,没有战胜不了的风险。

希望你们保持荣誉,再接再厉,不断创造新的成绩。

中共中央总书记、国家主席 胡锦涛

2003年5月21日

国务委员陈至立致电祝贺2003中国珠峰登山队成功登顶

5月22日

国家主席胡锦涛就阿尔及利亚发生强烈地震向阿尔及利亚总统布特弗利卡致慰问电

中央保持共产党员先进性教育活动试点工作领导小组在北京召开第三次会议

会议听取前段试点工作情况汇报,研究部署下一步工作。中共中央政治局委员、书记处书记、中组部部长、中央保持共产党员先进性教育活动试点工作领导小组组长贺国强强调,在抗击“非典”的任务仍然十分艰巨的情况下,一定要按照党中央关于一手抓防治“非典”、一手抓经济建设的部署,切实做到“两不误”、“两促进”,扎扎实实地做好试点工作,不断巩固和扩大试点成果,促进防治“非典”斗争和经济建设取得双胜利。

贺国强指出,在“非典”灾害突如其来的情况下,试点工作仍取得了阶段性成果。试点单位的广大共产党员进一步提高了对先进性教育活动意义的认识,进一步增强了学习实践“三个代表”重要思想的自觉性和坚定性,在抗击“非典”斗争和促进各项工作中发挥了先锋模范作用。

贺国强强调,试点工作要服从和服务于抗击“非典”斗争,促进和保证这场斗争取得全面胜利。要把广大党员在防治“非典”和促进发展中的表现和发挥先锋模范作用的情况作为检验教育活动成效的重要标志。要大力宣传在防治“非典”斗争中涌现出来的先进基层党组织和优秀共产党员的事迹。要根据防治“非典”斗争的实际,安排好先进性教育活动试点工作。

贺国强要求，目前试点工作已经进入党性分析、民主评议阶段。这个阶段既是对前段学习效果的检验，又是解决突出问题、搞好整改的前提和基础，是整个试点工作的关键环节。要运用批评与自我批评的武器，做到听取意见的面要广，党性分析的起点要高，民主评议的要求要严，整改的力度要大，领导干部要发挥好表率作用。

会上，试点工作领导小组还听取了中共杭州市委和卫生部中日友好医院党委开展试点工作情况的汇报。

国资委主任李荣融出席国务院新闻办举行的记者招待会

李荣融说，国资委的成立，《企业国有资产监督管理暂行条例》的即将公布施行，标志着我国国有资产管理体制改革取得了重大突破，进入了新阶段。

李荣融说，国资委是经国务院授权代表国家履行出资人职责的机构，内设18个职能机构，暂定编制555人，目前机构组建与人员配备已基本完成。国资委的监管范围是中央所属企业(不含金融类企业)的国有资产。目前直接监管的企业共196家，截至2002年拥有资产总额6.9万亿元人民币，所有者权益2.5万亿元人民币。国资委要定好位、定准位，最重要的是牢牢把握好依法履行出资人职责这个根本，科学界定与所出资企业、与政府有关部门、与地方国有资产监督管理机构的职责范围和权利、义务及责任。

在谈到国企经营人员的业绩考核问题，国资委党委书记、副主任李毅中表示，国资委将对经营者进行年度业绩考核和任期目标考核。考核内容包括：经济效益指标，如利润、净资产收益率；资产运营目标，如资产保值增值率。

李荣融说，下一阶段深化国有资产管理体制改革有9项主要任务：一是配合《企业国有资产监督管理暂行条例》的公布施行，抓紧制定和完善国有资产监督管理的基本法律、法规；二是依法自上而下建立、健全权责明确、管理规范、上下协调、廉洁高效的中央和省、市(地)三级国有资产监督管理机构；三是建立一套科学严格的国有资产经营责任制度，包括国有资产业绩考核体系、国有资产统计评价体系、公平合理的奖惩体系；四是继续搞好国有资产的授权经营，完善和发展国家授权投资机构和国家控股公司，研究和规范大公司大企业集团国有资产授权经营制度；五是加快具备条件的国有大中型企业的公司制改革步伐，支持其在完成重组改制基础上到境外上市，积极开展外派董事和独立董事制度试点；六是逐步建立符合社会主义市场经济要求的国企领导人员选拔任用和激励约束机制，实现内部竞聘上岗、社会公开招聘、人才市场选聘，实行经营业绩与报酬挂钩；七是加快国有经济布局和结构的战略性调整，力争用5年时间使符合破产条件的国企基本退出市场；八是进一步完善监事会制度，加强对国企的财务、审计监督和纪检监察，建立、健全国有资产产权交易监督管理制度，研究制定对所出资企业重大事项的管理办法；九是加强和改进国有企业党的建设和精神文明建设。

国务委员陈至立到解放军军事医学科学院和中国科学院计算技术研究所考察

在军事医学科学院，陈至立参观了防治非典型肺炎的生物保护服、防护口罩、正压医用安全防护头罩、传染病患者运送隔离舱和负压救护车等最新科技成果。在军事医学科学院微生物流行病研究所参观了生物安全三级实验室、病毒学实验室和分析微生物学实验室，考察了防治非典型肺炎的检测试剂和药物的研制情况后，陈至立听取了军事医学科学院、中国科学院北京基因组研究所和中国中医研究院有关防治非典型肺炎科技攻关工作的汇报。她热情赞扬了广大科技工作者以高度的责任感和使命感，积极投身防治非典型肺炎科研攻关第一线，并取得了重大的科技成果，强调战胜非典型肺炎最终要依靠科学技术，勉励广大科研人员继续团结协作，联合攻关，创造出更多的科技成果，为保护人民身体健康，夺取防治非典型肺炎的胜利作出新的贡献。

在中国科学院计算技术研究所，陈至立观看和了解了龙芯CPU(中央处理器)和高性能计算机的研究情况。

全国人大常委会副委员长、中国科学院院长路甬祥等也参加了有关考察。

中国人权研究会和中国宗教问题研究中心在北京举行座谈会批驳美国国际宗教自由委员会年度报告

与会的人权专家和宗教界人士在会上强烈谴责美国国际宗教自由委员会发表2003年度报告的涉华部分。

“圣经教训我们：‘你们的话，是，就说是，非，就说非。’这使我们不得不坦诚说明我们宗教的真实情况。”中国天主教主教团秘书长马英林神甫以一个虔诚的天主教徒身份表达了他对美国政府歪曲中国宗教信仰自由状况的气愤和不解。

5月13日，美国国际宗教自由委员会发表所谓2003年年度报告，将中国列为“特别值得关注的国家”，声称中国政府“依然特别严重地侵犯宗教自由”。

马英林神甫说:“这些道听途说的依据与我所见到的事实不符。自改革开放以来,中国各个宗教都取得了长足的发展。天主教同其他兄弟宗教一样,各项事业都充满生机,已经进入健康发展的历史时期。”

中国基督教协会常委高英牧师针对报告谈到的“华南教会”龚圣亮被判处死刑一事说:“龚圣亮等人自1991年开始,就组织建立邪教非法组织‘华南教会’,制造、散布迷信邪说。仅龚圣亮本人就直接策划实施故意伤害、纵火案10起,并以‘教主’自居,强暴妇女8人,以恐吓、欺诈手段聚敛钱财400余万元。”

高英说:“龚圣亮是因为其行为触犯了国家刑法才受到法律制裁的,与其信仰无关。更何况,其所行、所信完全与基督教的基本教义及伦理道德背道而驰。”

中国佛教协会副会长圣辉法师在座谈会上对这份报告公然将中国政府取缔“法轮功”的正义行为污蔑为“迫害宗教”表示无法接受。他说,“法轮功”不是宗教而是危害宗教的邪教。

圣辉法师说,李洪志在其《转法轮》等书中盗用了很多佛教的专门术语,而稍有宗教常识的人都能看出李洪志完全不懂这些术语真实、准确的含义。相反,他利用这些神圣用语欺骗群众,让人们有病不去医,有药不能吃,甚至不顾起码的人伦,要人们抛妻弃子,杀亲弑父。

他说:“美国不顾‘法轮功’是邪教的事实为其摇旗呐喊,我们宗教界不得不表示坚决反对和强烈抗议。”

在谈到新疆的情况时,中国伊斯兰教协会副会长夏米西丁说,新疆近年来有一些人以教经的名义开办习武点,煽动民族仇恨,破坏民族团结,组织暴力事件。中国政府打击暴力恐怖活动不仅保护人民群众的生命财产安全,而且是国际反恐斗争的重要组成部分。

他说:“政府在反恐斗争中始终把宗教问题同利用宗教进行犯罪活动区分开来,在打击恐怖的同时,保护了宗教信仰自由。”

据夏米西丁介绍,中国政府近年来出资近千万元帮助新疆重建和维修了一批清真大寺和古寺,还首次以维吾尔文出版了宣教书刊。由国家资助的新疆经文学校建成3年来已累计培训了数千名伊玛目。

中国佛教协会副秘书长那仓活佛强调指出,“所谓‘西藏严厉控制宗教场所和宗教活动’的言论完全没有依据,因为宗教信仰自由的政策在西藏得到了认真的落实。”

他说,“藏区处处可见从事佛事活动的信教群众,到处悬挂着经幡,堆积着刻有佛教经文的嘛尼堆。僧尼们自主地学经、辩经;信徒们自由地去寺庙、深山朝拜,转山、煨桑、颂经。”

5月23日

中共中央总书记胡锦涛在北京主持召开中共中央政治局会议

会议认为,人才问题是关系党和国家事业发展的关键问题。近年来,根据国际国内形势的发展变化,中央站在推进改革开放和社会主义现代化的战略高度,作出了人才资源是第一资源的科学判断,提出了人才强国战略和党管人才原则,制定并实施了加强和改进人才工作的一系列重大方针政策,逐步确立了人才工作的基本思路和宏观布局,推动人才工作取得了重要成绩。

会议强调,现在,我国人才工作既面临良好的机遇,也面临严峻的挑战。我们要紧紧抓住机遇,正确应对挑战,努力使我国的人才工作迈上一个新的台阶。我们党在新世纪、新阶段人才工作的紧迫任务是:适应全面建设小康社会的需要,抓住培养、吸引、使用人才三个环节,着力建设党政人才、企业经营管理人才和专业技术人才三支队伍,重点培养一批适应社会主义现代化建设和改革开放要求的高层次人才,创新人才工作机制,努力创造人才辈出、人尽其才的良好局面,把各类优秀人才聚集到党和国家的各项事业中来。

会议提出,新时期我国人才工作和人才队伍建设要坚持以邓小平理论和“三个代表”重要思想为指导,认真贯彻十六大精神,坚持党管人才原则,大力实施人才强国战略,全面推进人才工作和人才队伍建设,为全面建设小康社会提供坚强的人才保证。

会议要求,各级党委和政府要认真贯彻十六大提出的尊重劳动、尊重知识、尊重人才、尊重创造的重大方针,进一步加强党对人才工作的领导,按照党管人才的要求,形成党委统一领导,组织部门牵头抓总,有关部门各司其职、密切配合的人才工作格局。会议还研究部署了编写出版《“三个代表”重要思想学习纲要》等其他事项。

中共中央总书记胡锦涛在北京主持中共中央政治局第五次集体学习并发表讲话

这次集体学习安排的内容是世界新军事变革的发展态势。军事科学院科研指导部钱海皓研究员和外国军事研究部傅立群研究员就世界新军事变革的基本内容和世界主要国家推进新军事变革的基本情况进行了讲解,并谈了他们对我国如何应对世界新军事变革的意见。

中央政治局各同志认真听取了他们的讲解,并就有关问题进行了讨论。

胡锦涛在主持学习时发表了讲话。他强调,要坚持以毛泽东军事思想、邓小平新时期军队建设思想为指导,全面贯彻“三个代表”重要思想,认真落实十六大提出的国防和军队建设的各项任务,从我国国情出发,借鉴世界新军事变革的经验,抓住机遇,在国家经济发展、科技进步的基础上,实现国防和军队现代化的跨越式发展。

国办发出《关于调整国务院妇女儿童工作委员会组成人员的通知》

各省、自治区、直辖市人民政府,国务院各部委、各直属机构:

根据《国务院关于议事协调机构和临时机构设置的通知》(国发〔2003〕10号)以及人员变动情况和工作需要,国务院决定对国务院妇女儿童工作委员会的组成人员进行相应调整。现将调整后的名单通知如下:

主　任:吴　仪(国务院副总理)

副主任:徐绍史(国务院副秘书长)

黄晴宜(全国妇联副主席)

李盛霖(发展改革委副主任)

成　员:(略)

国务院妇女儿童工作委员会的具体工作由全国妇联承担。

国务院办公厅

2003年5月23日

国务院总理温家宝在中南海紫光阁会见瑞士联邦委员兼外长米舍利娜·卡尔米—雷

外交部发言人章启月就日方遗弃在华化武问题答记者问

有记者问:5月15日,日本东京地方法院对日本遗弃在华化学武器受害者诉讼案作出一审判决,以国家不负赔偿责任为由,判决原告中国黑龙江省拜泉县张岩等5人败诉。请问中方对此有何评论?

章启月回答说:日本在侵华战争期间,违反国际法,试验并多次使用生化武器,对中国人民犯下了惨无人道的罪行。日本战败前夕,侵华日军又将大量化学武器遗弃在中国境内,使中国平民在战后和平时期遭受到新的伤害。日本政府对解决这一战争遗留问题负有不可推卸的责任。

中国政府已多次就日本遗弃在华化武问题向日本政府阐明立场。我们再次要求日方采取对历史负责的态度,认真对待,妥善处理。

新华社发表中国人权研究会副会长兼秘书长董云虎的署名文章《评美国国际宗教自由委员会2003年年度报告中国部分》

5月13日,美国国际宗教自由委员会发表的所谓2003年年度报告(以下简称《报告》),是该委员会成立以来发表的第四份年度世界宗教报告。《报告》再次以“世界人权法官”自居,打着“维护宗教自由”的旗号,对一些发展中国家的宗教自由状况进行指责。《报告》中国部分以道听途说和主观臆测为依据,将中国列为“特别值得关注的国家”,肆意歪曲中国的宗教信仰自由状况,攻击中国政府“是宗教自由的特别严重的侵犯者”,混淆国际视听,破坏中国声誉,又一次暴露了美国一些敌视中国的势力利用人权和宗教问题进行反华的图谋。

一、《报告》指责中国“官方对宗教信仰自由的尊重每况愈下”完全违背事实。在中国,公民的宗教信仰自由依法受到尊重和保障。中国宪法规定:中国公民有宗教信仰的自由。任何国家机关、社会团体和个人不得强制公民信仰宗教或不信仰宗教,不得歧视信仰宗教的公民和不信仰宗教的公民。国家保护正常的宗教活动和宗教界的合法权益。改革开放以来,中国政治稳定、经济发展、社会进步、民族团结,宗教事业伴随着现代化的发展而得到很大发展,宗教信仰自由状况不断得到改善,人民的各方面人权和基本自由得到了有效保障。据不完全统计,中国现有各种宗教信徒1亿多人,宗教活动场所8.5万余处,宗教教职人员约30万人,宗教团体3000多个。可以说,当前是中国人权状况最好的时期,也是中国宗教发展最好的时期。中国公民正享受前所未有的宗教信仰自由。这是任何不带偏见的人士都不能否认的客观事实。《报告》无视客观事实,蓄意丑化中国形象,显然是别有用心。

二、《报告》把中国依法惩处违法犯罪活动说成是侵犯宗教信仰自由,耸人听闻地指责中国政府“以个人的宗教和信仰为根据进行歧视”,“严重地、系统地侵犯宗教自由和信仰自由”,“许多人由于宗教或信仰的原因遭受关押、酷刑、监禁和其他形式的虐待。”事实是,中国是一个法治国家,实行无罪推定、罪刑法定、罪刑相当和法律面前人人平等的原则。根据中国法律,任何人仅有思想或信仰,没有触犯刑律的行为,均不构成犯罪。没有人会仅仅因为其宗教信仰或从事正常的宗教活动而被关押或被判处刑罚,也不存在《报告》所谓的“良心犯”。《报告》中提到的一些人受到惩处的案例,完全是因为这些人从事了违法犯罪的活动,与他们的宗教信仰无关。中国公民在法律面前一律平等,不因宗教信仰而有所歧视。信教公民与不信教公民依法享有平等的权利和义务。任何人,不论其是否信教,也不论其是否打着宗教的旗号，只要其从事了违法犯罪活动，都得依法受到惩罚。这在任何法治国家都是如此。《报告》将中国依法打击犯罪指责为“侵犯宗教信仰自由”，显然是荒谬的。美国监狱里关押着200多万犯人，居世界之最，其中大多数是信仰某种宗教的教徒，按照《报告》的逻辑，是否应该认为美国是侵犯宗教信仰自由最严重的国家呢？

三、众所周知，世界上没有没有权利的义务，也没有没有义务的权利。中国法律规定，公民在享有宗教信仰自由权利的同时，必须承担法律规定的义务。“任何人不得利用宗教进行破坏社会秩序、损害公民身体健康、妨碍国家教育制度的活动”。这与联合国人权文书关于宗教信仰自由的规定是基本一致的。《公民及政治权利国际公约》第18条在规定“人人有权享有思想、良心和宗教自由”的同时，明文规定：宗教或信仰自由的表达需受到“为保障公共安全、秩序、卫生或道德或他人的基本权利和自由所必需的法定限制”。《报告》将中国政府主张“为了保护公共安全、秩序、健康等”而对宗教活动依法进行限制说成是“侵犯宗教信仰自由”，是毫无道理的，也是不公正的。

四、《报告》暴露了美国在人权问题上奉行的是双重标准。邪教是世界许多国家面临的公害。依法铲除邪教，保护人民的生命财产安全，有助于保护公民的宗教信仰自由和正常的宗教活动，是世界各国的共同任务和通行做法。美国政府就对邪教进行过十分严厉的打击。1993年2月，为了铲除邪教大卫教派，美国联邦调查局对得克萨斯州韦科的大卫教派庄园包围了51天之后，动用坦克和催泪弹进行猛攻，致使80多人葬身于大火和枪弹之下，在事后找到的难以辨认的众多尸体中，至少有2名是有孕在身的妇女，有22名儿童，其中最小的只有9个月。这些人中有27人是被枪杀的，其中有4名儿童，在一具儿童尸体上发现将近4.5公斤重的子弹和弹片。美国国会、政府和传媒从来不认为这是侵犯人权和侵犯宗教信仰自由的行为。而对中国依法打击“法轮功”邪教的活动，作为联邦政府机构的美国国际宗教自由委员会却大兴讨伐之师。“法轮功”是一种典型的反社会、反人类、反宗教的邪教，它打着宗教信仰的旗号，对信徒进行精神控制和信仰专制，宣扬练习“法轮功”可以消灾治病，生病不许求医吃药，致使1600多人因练“法轮功”精神失常而自残、自杀或因贻误医疗时间病情恶化而死，给社会和人民造成严重的危害。中国依法取缔“法轮功”，对从事违法犯罪活动的极少数“法轮功”头目依法予以惩处，正是为了保护人权和正常的宗教信仰自由，实属天经地义、无可非议。《报告》借此大做文章，指责中国“侵犯宗教信仰自由”，真可谓“只许州官放火，不许百姓点灯”。

五、宗教信仰自由是基本人权和自由之一，尊重和保障宗教信仰自由是世界各国的共同价值和任务。由于历史传统、文化背景、发展水平和社会制度的不同，各国的宗教观念和宗教发展状况往往不尽一致，保护宗教信仰自由的方式方法和具体实践也会有所差异，这是自然的，也是正常的。不同的文明之间、不同的宗教观念和实践之间应该开展对话和交流，而不应该制造人为的对抗和进行相互攻击。各国应该充分尊重不同宗教发展状况和人权发展模式的多样性，在平等和相互尊重的基础上开展宗教领域的对话，交流经验，增进了解，减少不必要的对抗和分歧，而不应该打着“维护宗教信仰自由”的幌子干涉别国内政。我们奉劝美国政府尊重世界的客观现实，放弃利用宗教问题推行霸权主义和强权政治的做法。

中央文明办发出《关于开展“改陋习、树新风”活动的通知》

通知要求组织动员广大群众自觉革除危害健康、污染环境的不文明行为和不良陋习，形成讲文明讲卫生讲科学的良好风尚。

通知指出，要抓住时机，深入进行不良陋习危害性教育、社会公德和社会责任感教育、文明健康生活常识教育，广泛发动群众从现在做起，从自己做起，从身边事情做起，自觉加入“改陋习、树新风”活动。要精心设计各种具有吸引力、感染力的活动载体，引导群众自我教育、自我提高。找准对公共卫生和社会风尚危害最为严重、群众最为深恶痛绝的陋习，集中力量进行解决。要把全民动手与职能部门依法管理结合起来，对城乡环境进行集中整治。单位、社区、村镇、家庭都要承担起清洁环境、杜绝陋习的责任。通过积极有效的工作和社会各界坚持不懈的努力，使累积多年的种种陋习逐步得到解决，直至彻底根除，使讲文明讲卫生讲科学蔚然成风。

5月24日

国家主席胡锦涛与厄立特里亚国总统伊萨亚斯·阿费沃基就两国建交10周年互致电函

国务委员陈至立在陕西考察

5月24日至26日，陈至立先后到西安、宝鸡、杨凌等地，就学校“非典”防治、农村义务教育和远程教育、高校毕业生就业和科研院所转制等问题，深入农村、学校、科研院所和高新技术企业考察和座谈。陈至立对陕西省科技教育事业发展和学校“非典”防治工作取得的成绩给予充分肯定，并代表国务院向广大师生、科研人员表示慰问和感谢。

陈至立指出，科研院所转制是科技体制的重大变革，为科研院所发展带来了新的生机和活力。杨凌农业高新技术产业示范区的快速发展，必将促进和带动农业产业化、现代化和西部大开发。要坚持改革的方向不动摇，加快科技成果产业化和科技人才培养的步伐。

陈至立强调，要巩固和完善以县为主的农村义务教育管理体制，加快农村教育改革的步伐，确保农村税费改革顺利进行和城乡教育协调发展。认真总结远程教育在促进农村教育发展和"非典"防治斗争中发挥的重要作用，大力推动现代远程教育发展。在当前抗击"非典"的特殊时期，要研究采取有针对性的措施，做好高校毕业生就业工作，鼓励高校毕业生到基层和最需要的地方建功立业。

北京防治非典型肺炎联合工作小组举行第八次新闻发布会

中共北京市委常委、宣传部长蔡赴朝介绍了北京防治非典型肺炎的最新情况。

蔡赴朝说，只要继续坚持前段时间被证明是行之有效的措施，北京有信心、亦有能力防止新一轮的疫情爆发。他介绍，从 5 月 17 日到 23 日，北京市新收治确诊"非典"患者共 93 人，平均每天 13.2 人。当日直接确诊数总计 26 人，平均每天 3.7 人。另一方面，过去一周，治愈出院的患者 399 人，平均每天 57 人。但是，由于城市人口更大频率地流动及公共场所人流增多，北京防治"非典"也面临新的挑战。针对这种情况，北京对人群相对集中的公共场所，进一步严格做好防控工作。

蔡赴朝说，突如其来的"非典"疫情，减缓了北京经济发展速度，影响最大的是旅游业、客货运输业、餐饮业、商业和会展业等。北京已经确定和采取了一些措施，促进经济发展。一是加大投资力度，确保重点工程的顺利进行。二是努力创造条件，促进社会消费。三是采取相应措施，鼓励出口，争取尽可能多地利用外资。四是通过减税、减费、贴息等政策扶持，帮助受"非典"疫情影响比较大的一些产业和行业继续发展。五是采取措施通过第二产业和第一产业的加速发展来弥补第三产业受到的损失。

蔡赴朝说，受"非典"疫情影响，北京 2008 年奥运会组委会原定的有些工作推迟了，但是内部工作仍然在抓紧进行，体育场馆的设计、建筑、施工都在按计划推进。从 5 月 8 日起，北京奥组委每两周和国际奥委会通过电话会议就一些筹办工作共同进行磋商。同时，北京奥组委将与北京市政府有关部门密切配合，确保国家体育场、国家游泳中心等 4 座场馆年底前如期开工。

台盟中央主席张克辉在北京就台湾"非典"疫情发表谈话

张克辉指出，两岸人民要密切配合，心手相连，共同抗击 SARS。他说，据了解，近来，由于台湾的 SARS 疫情没能得到有效控制，岛内民众情绪不稳定，生活在祖国大陆的台湾同胞对此深感不安。

张克辉说，"一方有难，八方支援"是中华民族的优良传统。祖国大陆在全面抗击 SARS 的同时，一直积极推动海峡两岸在防治 SARS 方面的交流与合作，并愿为台湾地区防治 SARS 提供一切必要的支援。现在，祖国大陆已经在医疗技术和物资、防护装备、预防用品以及医护人员支持等方面做好了充分准备，随时可以向台湾同胞提供帮助。

他表示相信，在医疗设备、技术较好的台湾，只要大家积极行动起来，认真落实科学防治措施，加上两岸同胞密切合作，一定能够早日夺取抗击 SARS 的最后胜利。

河南安阳一煤矿发生特大透水事故 15 名被困矿工全部遇难

河南省安阳市安利煤矿在维修过程中发生透水事故，经紧急抢救，有 27 人升井脱险，15 名矿工被困井下。至 6 月 13 日，现场抢险指挥部证实 15 名矿工已全部遇难。

5 月 25 日

国务院总理温家宝在北京看望著名科学家侯祥麟王大珩

温家宝分别来到中国科学院院士、中国工程院院士侯祥麟和王大珩的家，亲切看望这两位为新中国科技事业作出突出贡献的著名科学家。温家宝代表党中央、国务院向两位科学家致以亲切的问候，对他们不顾年事已高仍然十分关心和支持国家科技事业的发展表示感谢。他希望两位科学家健康长寿、生活愉快，为我国科技事业发展献计献策。

侯祥麟院士是我国炼油工业科技的开拓者和奠基人，1950 年从美国留学回国后，先后在清华大学、石油工业部等任职，曾出任石油工业部副部长，中国石油化工总公司技术经济顾问委员会首席顾问，中国石油学会第一、二届理事长、名誉理事长，世界石油大会中国国家委员会主席等，领导完成了一系列重大炼油技术课题，为推动我国炼油工业技术水平进入世界先进行列作出了突出贡献。

王大珩院士是国内外著名的应用光学专家，是我国“863计划”的倡导者之一。1948年从英国留学回国后，曾先后在长春光学精密机械研究所、哈尔滨科技大学、中国科学院任职。1986年当选为中国科协副主席。他为我国应用光学、光学工程、光学精密机械、空间光学、激光科学和计量科学的创建和发展作出杰出贡献。

全国人大常委会委员长吴邦国在上海考察

5月25日至30日，吴邦国和随行的中共中央政治局委员、全国人大常委会副委员长王兆国，全国人大常委会副委员长兼秘书长盛华仁，在上海市委书记和上海市市长等陪同下，考察了上海市经济社会发展情况和“非典”防治工作，并同上海市人大常委会负责同志座谈。

吴邦国先后来到卢湾区五里桥街道丽园社区和长宁区疾病预防控制中心，查看疫情分析报告，仔细询问辖区内机场、医院、学校等单位的防治措施落实情况。他对上海市“非典”防治工作取得的成绩表示满意。

考察中，吴邦国反复强调，尽管“非典”疫病给我国经济带来了一定的负面影响，但拉动我国经济发展的基本因素没有变化，我国经济发展的势头仍然强劲。当前，要牢固树立“两手抓”的思想，坚定信心，千方百计减少“非典”造成的负面影响，保持经济增长的良好态势，确保今年经济发展目标的实现。

吴邦国十分关心上海经济发展情况。他专程来到上海化学工业区，认真听取了工业区规划建设的汇报。考察期间，吴邦国还察看了即将竣工的卢浦大桥，考察了联合汽车电子有限公司等企业。他充分肯定了上海市在经济发展等方面取得的成绩，希望加快建设国际经济、金融、贸易和航运中心的步伐，率先基本实现现代化。

吴邦国还就人大工作提出了要求。

第三颗北斗导航定位卫星发射升空

0时34分(北京时间)，我国在西昌卫星发射中心用“长征三号甲”运载火箭，成功地将第三颗“北斗一号”导航定位卫星送入太空。这标志着我国已自主建立了完善的卫星导航系统。

中国乒乓球队在巴黎第四十七届世乒赛上夺得四项冠军

王楠与张怡宁配合获得女双冠军，与马琳配合夺取混双冠军，自己又获得女单桂冠，在自己参加的3项比赛中获得大满贯。王励勤/马琳获得男双冠军。

全国防治“非典”卫生厅局长电视电话会议在北京召开

卫生部常务副部长高强在会议上说，从整体上看，目前防治工作的形势依然严峻，任务仍十分艰巨。一是全国还有2300多名临床诊断病人在医院接受治疗，有1600多名疑似病人在接受隔离治疗和观察。降低发病率、提高治愈率、降低死亡率的任务仍很繁重；二是北京和周边地区疫情缓解的趋势还不稳定，仍要密切注视，防止反弹；三是一些农村地区的防治工作仍存在薄弱环节和疫情扩散的隐患；四是非典型肺炎是人类至今尚未完全认识的疑难病症，传染性较强，流行特点还没有完全掌握，鉴别诊断和治疗仍有一些困难。

高强说，广东等疫情早发地区，要充分认识“非典”疫情的复杂性和反复性，进一步巩固防治成果，防止疫情反弹。北京及华北地区仍然是全国防治工作重点，要狠抓薄弱环节，实施积极防御方针，继续降低发病率，提高治愈率。随着疫情的逐步缓解，要抓紧研究人口流动增加、农民工返城、学生返校等新情况、新问题，提出新对策，防止疫情出现反复。疫情较轻地区和无疫情地区，要继续重视做好防治工作，力争不发生新的病例。广大农村要落实各项政策措施，实行群防群控，坚决防止疫病在农村蔓延。

5月26日

国家主席胡锦涛乘专机抵达莫斯科开始对俄罗斯联邦进行为期3天的国事访问

国务院总理温家宝主持会议听取中国工程院可持续发展油气战略研究课题组的汇报

中共中央政治局常委、国务院副总理黄菊，中共中央政治局委员、国务院副总理曾培炎出席会议。

全国政协副主席、中国工程院院长徐匡迪和王淀佐、翟光明、侯祥麟、邱中建、胡见义、袁晴棠、汪燮卿、刘光鼎、李京文院士在会上作了汇报。

温家宝说，加强科学民主决策是国务院工作规则的一个重要方面。凡重大决策都必须经过科学论证和民主程序，广泛听取各方面的意见，保证决策的正确性和科学性。对涉及经济社会发展全局的重大问题，要组织跨学科、跨部门、跨行业的专家论证，这要成为一项制度。

温家宝指出，石油天然气是重要的战略资源，关系国民经济和社会发展，关系国家安全。中国可持续发展油气战略研究的重点是：资源和供需状况、国内油气资源开发、油气资源进口和参与国际油气资源开发、石油安全和储备、石化工业发展、油气资源节约和替代、油气资源发展的有关政策措施。

新一届国务院扶贫开发领导小组第一次全体会议在北京举行

中共中央政治局委员、国务院副总理、国务院扶贫开发领导小组组长回良玉主持会议。回良玉强调，要以邓小平理论和"三个代表"重要思想为指导，认真贯彻党的十六大和中央农村工作会议精神，坚持中央确定的扶贫开发工作的基本方针，狠抓《中国农村扶贫开发纲要》的落实，全面开创新时期扶贫开发工作的新局面。

回良玉指出，过去5年来，在党中央、国务院的正确领导下，通过全党动手，全民动员，各方支持，合力攻坚，如期实现了"八七扶贫攻坚计划"，基本解决了贫困人口的温饱问题，并科学分析新阶段面临的新形势，制定了《中国农村扶贫开发纲要》，全面推动了新时期的扶贫开发工作，取得了显著的成就，积累了丰富的经验。但必须看到，要尽快解决剩余贫困人口的温饱问题，帮助农村低收入人口实现稳定脱贫，任务仍很艰巨。

回良玉强调，今年要重点做好以下几项工作：

第一，大力发展优势特色农业，努力增加贫困地区农民收入。要集中力量帮助贫困群众发展有特色、有市场的种养业项目，以增加收入为中心，调整和优化农业结构，大力推进农业产业化，引导农民进入市场，积极开展劳务输出。同时通过继续实施退耕还林、农村"六小工程"等措施，加强农业和农村基础设施建设，改善贫困地区生产生活条件。

第二，抓好扶贫规划的实施，坚持扶贫到村、落实到户。今年要突出重点，集中财力，抓好首批5.3万个重点贫困村的扶贫开发工作。按照整村推进的思路，重点改善贫困村的山、水、田、林、路等条件，做到干一项成一项。

第三，弘扬中华民族的优良传统，动员社会力量参与扶贫开发。要继续开展党政机关定点扶贫，推进东西协作扶贫，动员组织社会各界扶贫济困。

第四，认真研究扶贫开发面临的新情况新问题。包括易地扶贫搬迁、人口较少民族的脱贫致富、特殊贫困群体的扶贫救助和运用市场机制改进扶贫方式等问题。

第五，转变工作作风，加强扶贫开发工作的组织领导。要落实扶贫工作责任制，坚持责任、任务、资金、权力"四个到省"的原则，由省统筹安排各项工作，关键抓好扶贫开发工作重点县。加强贫困地区的基层组织建设，牢记"两个务必"，多为贫困群众办好事、办实事。

中组部部长贺国强在甘肃 新疆考察

5月26日至6月2日，贺国强在甘肃、新疆考察工作时强调，各级党委及其组织部门要认真学习贯彻5月23日中央政治局会议精神，坚持党管人才的原则，大力实施人才强国战略，着力建设党政人才、企业经营管理人才和专业技术人才三支队伍，为全面建设小康社会提供坚强的人才保证。

贺国强指出，要抓住培养、吸引、用好人才三个环节，充分利用国内国际两个人才市场、两种人才资源，重点培养一批适应社会主义现代化建设和改革开放要求的高层次人才。要认真落实《2002—2005年全国人才队伍建设规划纲要》和《西部地区人才开发十年规划》，创新人才工作机制，整合人才工作力量，加强人才工作理论研究和基础建设，努力开创人才工作的新局面。

在新疆考察期间，贺国强还召开了援疆干部座谈会，与自治区党委研究了进一步做好援疆干部工作的意见。考察期间，贺国强还就加强基层党组织建设等工作进行了调研。

国务院新闻办发表《新疆的历史与发展》白皮书

前言

新疆维吾尔自治区（简称新疆）地处中国西北边陲，亚欧大陆腹地，面积166.49万平方公里，占中国国土面积1/6，陆地边境线5600公里，周边与八个国家接壤，是古丝绸之路的重要通道。据2000年统计，新疆人口为1925万人，其中汉族以外的其他民族为1096.96万人。新疆现有47个民族成分，主要居住有维吾尔、汉、哈萨克、回、蒙古、柯尔克孜、锡伯、塔吉克、乌孜别克、满、达斡尔、塔塔尔、俄罗斯等民族，是中国五个少数民族自治区之一。

新疆自古以来就是一个多民族聚居和多种宗教并存的地区，从西汉（公元前206年—公元24年）开始成为中国统一的多民族国家不可分割的组成部分。中华人民共和国成立50多年来，新疆各民族人民团结协作，努力开拓，共同书写了开发、建设、保卫边疆的辉煌篇章，新疆的社会面貌发生了翻天覆地的变化。

一、新疆自古是多民族聚居的地区

在古代历史上，曾有许多部落、民族在新疆聚居。新疆居民的族属，从汉代（公元前206年—公元220年）开始才有明确的记载，当时主要有：塞、月氏（音：肉支）、乌孙、羌、匈奴和汉人。

塞人，原游牧于东起伊犁河、楚河流域，西抵锡尔河地区。因被月氏排挤而西迁，一部分退至锡尔河北岸，另一些南下帕米尔，散居各地。月氏人，战国（公元前475年—公元前221年）时期活动于河西走廊到塔里木盆地的广大地区，秦（公元前221年—公元前206年）汉之际最为强盛。公元前176年前后，受匈奴的攻击，被迫向伊犁河流域迁徙，驱走那里的塞人而居其地。乌孙，最初活动于河西走廊。秦末汉初，受月氏人的攻击而依附于匈奴，后在匈奴的支持下，袭击月氏人，并将其逐出伊犁河流域。羌人，最初活动于黄河中上游地区。春秋（公元前770年—公元前476年）战国时期，一部分羌人经河西走廊，沿祁连山、昆仑山向西迁徙，从而在新疆留下了足迹。匈奴人，主要是在公元前176年前后进入新疆的。汉人，是较早进入新疆地区的民族之一。公元前101年，汉朝军队开始在轮台、渠犁等地屯田，后来扩大到全疆各地，各屯田点成为汉人进入新疆后最初的分布区域；公元前60年西域都护府设立以后，或为官、或从军、或经商，进入新疆的汉人连续不断。

魏晋南北朝（公元220年—公元589年）时期，是中国民族大融合时期，各民族迁徙往来频繁，又有许多古代民族进入新疆，如柔然、高车、（口厌）哒、吐谷（音：玉）浑等。柔然，是北方草原古老民族东胡人（中国古族名）后裔，五世纪初兴起于蒙古草原，公元402年建立了强大政权，同北魏（公元386年—公元534年）争夺西域。高车，亦称敕勒、铁勒，最初游牧于贝加尔湖及鄂尔浑河、土拉河流域。公元487年，高车副伏罗部首领阿伏至罗与其弟穷奇率所属10余万部落（户）西迁，在车师前部（今吐鲁番交河故城）西北建立高车国。（口厌）哒，起于塞北（古指长城以北地区），5世纪末东进塔里木盆地，南攻月氏，建立政权，并越过帕米尔高原，曾一度控制南疆部分地区。吐谷浑源于鲜卑（中国古族名），四世纪初自辽东（泛指辽河以东地区）西迁，逐渐控制了今甘南（甘肃南部地区）、四川和青海地区的氐（中国古族名）、羌等民族，建立政权。

隋（公元581年—公元618年）唐（公元618年—公元907年）时期，突厥、吐蕃等古代民族对新疆历史进程产生了重要影响。突厥是公元6世纪到8世纪活跃于中国西北和北方草原的古代游牧民族。公元552年突厥首领土门打败柔然，以漠北（蒙古高原大沙漠以北地区）为中心建立政权，尔后分裂为东西两部，为争夺汗权争斗不休。8世纪中叶，东、西突厥汗国相继灭亡，其后裔融入了其他民族之中。吐蕃是藏族的祖先，6世纪末兴起于青藏高原，占领青海后，开始与唐朝争夺西域。公元755年，中原地区爆发“安史之乱”（唐代安禄山、史思明发动的叛乱），大批驻守西域的唐军调往内地，吐蕃乘机占领南疆及北疆部分地区。

公元840年，大批回鹘人进入新疆。回鹘，原称回纥，是铁勒（中国古族名）诸部之一。最初活动于色楞格河和鄂尔浑河流域，后迁居土拉河北。公元744年，发展壮大了的回鹘于漠北建立政权，并两次出兵帮助唐朝中央政权平息“安史之乱”。公元840年，回鹘汗国因自然灾害侵袭、统治集团内讧及黠戛斯（中国古族名）的进攻等原因而崩溃，其部众大部分向西迁徙。其中一支迁往今吉木萨尔和吐鲁番地区，后建立高昌回鹘王国；还有一支迁往中亚草原，分布在中亚至喀什一带，与葛逻禄、样磨等民族一起建立了喀喇汗王朝。自此，塔里木盆地周围地区受高昌回鹘王国和喀喇汗王朝统治，当地的居民和西迁后的回鹘互相融合，这就为后来维吾尔族的形成奠定了基础。

1124年，辽朝（公元916年—1125年）皇族耶律大石率众西迁，征服新疆地区，建立西辽政权，一批契丹人（中国古族名）由此进入新疆。13世纪初，成吉思汗率军进入新疆后，把他征服的地方分封给其子孙。回鹘人进一步同化、融合了部分契丹人、蒙古人。

瓦剌，是明代（1368年—1644年）对漠西蒙古的总称，初分布于叶尼塞河上游地区，后不断向额尔齐斯河中游、伊犁河流域扩展。17世纪初，逐渐形成了准噶尔、杜尔伯特、和硕特、土尔扈特四部。17世纪70年代，准噶尔占据伊犁河流域，成为四部之主，并统治南疆。

18世纪60年代以后，清朝（1644年—1911年）政府为进一步加强新疆边防，从东北陆续抽调满、锡伯、索伦（达斡尔）等族官兵驻防新疆，他们成为新疆少数民族中的新成员。以后，又有俄罗斯、塔塔尔等民族移居新疆。至19世纪末，新疆已有维吾尔、汉、哈萨克、蒙古、回、柯尔克孜、满、锡伯、塔吉克、达斡尔、乌孜别克、塔塔尔、俄罗斯共13个民族，以维吾尔族为主体，形成了新的多民族聚居分布格局。

二、多种宗教在新疆并存与传播

新疆作为古代东西方经济文化交流的主要通道和枢纽，自古以来就是一个多种宗教并存的地区。早在伊斯兰教传入前，祆教、佛教、道教、摩尼教、景教等多种宗教，就相继沿着丝绸之路传播到新疆，与当地土生土长的原始宗教一起在各地流传。伊斯兰教传入后，新疆不仅继续维持了多种宗教并存的局面，而且又有基督教、天主教等宗教传入。

在外来宗教传入以前，新疆的古代居民信仰本地土生土长的原始宗教及由原始宗教发展而成的萨满教。至今新疆的一些少数民族都还程度不同地保留着原始宗教和萨满教的观念及遗俗。

公元前4世纪前后，产生于古代波斯的琐罗亚斯德教即中国所称之祆教（俗称拜火教）经中亚传入新疆。南北朝至隋唐时期，祆教流行于新疆各地，吐鲁番地区尤为盛行。当时的高昌政权专门设置了机构和官员来加强对祆教的管理。新疆一些信仰伊斯兰教的民族历史上曾信仰过祆教。

公元前1世纪前后,产生于印度的佛教经克什米尔传入新疆。不久,佛教就在各地统治者的大力推行下,发展成为新疆的主要宗教。佛教鼎盛时期,在塔里木盆地周缘各绿洲,佛寺林立,僧尼众多,还形成了于阗、疏勒、龟兹(音:秋词)、高昌等著名的佛教中心。新疆佛教在造像、绘画、音乐、舞蹈、寺院和石窟建筑艺术等方面,都达到了很高的水平,留下了大量珍贵的文化遗产,丰富了中国和世界文化艺术宝库。

公元5世纪左右,中国内地盛行的道教随着汉人的不断到来传入新疆。但是传播范围不广,主要盛行于汉人比较集中的吐鲁番、哈密等地。直到清代,道教才传播到全疆各地。

公元6世纪前后,摩尼教由波斯经中亚传入新疆。9世纪中叶,以摩尼教为国教的回鹘西迁新疆后,促进了摩尼教在新疆的发展。信仰摩尼教的回鹘人在吐鲁番地区建造寺院,开凿洞窟,翻译经典,绘制壁画,弘扬摩尼教教义和文化。在摩尼教传入前后,景教(基督教的早期派别聂斯脱利派)也传入了新疆,但早期传播不够广泛。到元朝(公元1206年—公元1368年)时,才因为大量回鹘人接受景教而兴盛起来。

9世纪末10世纪初,伊斯兰教经中亚传入新疆南部地区。10世纪中叶,信仰伊斯兰教的喀喇汗王朝发动了对于阗佛教王国历时四十余年的宗教战争,于11世纪初灭亡于阗,把伊斯兰教推行到和阗地区。14世纪中叶起,在察合台汗国(蒙古成吉思汗二子察合台在西域建立的藩属国)的强制推行下,伊斯兰教逐渐成为察合台汗国的蒙古人、维吾尔人、哈萨克人、柯尔克孜人、塔吉克人等信仰的主要宗教。16世纪初,伊斯兰教最终取代佛教成为新疆的主要宗教。

伊斯兰教成为维吾尔等民族信仰的主要宗教后,原来主要由这些民族信仰的祆教、摩尼教、景教在新疆随之逐渐消失,但佛教、道教仍然存在。从明朝起,藏传佛教还有了重大发展,成为与伊斯兰教并列的新疆两大主要宗教。17世纪后期,伊斯兰教白山派首领阿帕克和卓借助藏传佛教的力量,消灭了自己的政敌黑山派和卓势力,并灭亡了叶尔羌汗国(蒙古察合台汗后代于1514年—1680年间以今莎车为中心建立的地方政权),足见当时藏传佛教势力之大。大约从18世纪起,基督教、天主教相继传入新疆,佛教、道教和萨满教也有了较大发展。这些宗教的寺院、教堂遍布天山南北,有些穆斯林甚至改信了基督教等其他宗教。

历史上,新疆的宗教虽然一直在不断演变,但自从外来宗教传入以来所形成的多种宗教并存的格局却一直保持下来。现在新疆主要有伊斯兰教、佛教(包括藏传佛教)、基督教、天主教、道教等。萨满教在一些民族中仍然有较大影响。

三、历代中央政府对新疆的治理

新疆与中原地区的密切联系由来已久。西汉之初,西域各地处在匈奴统治之下。公元前138年,为击退匈奴对汉朝边境地区的劫掠,汉朝派遣张骞出使西域。公元前121年,汉军大败驻牧在河西走廊一带的匈奴军队,汉朝在此先后置武威、张掖、酒泉、敦煌四郡。公元前101年,西汉王朝在天山南部的轮台、渠犁等地驻兵数百人进行屯田,并设“使者校尉”地方官员统领之,后“使者校尉”改称“护鄯善以西使者”。

公元前60年(汉宣帝神爵二年),设置“西域都护府”。当时,匈奴统治层内部发生动乱,驻守西域的匈奴日逐王贤掸“率其众数万骑”自愿归服汉朝,西汉王朝委任郑吉为“西域都护”,驻乌垒城(今轮台县境内),治理西域全境,西域各地的首领和主要官吏均接受西汉赐予的印绶。西域都护府的设立,标志着西汉开始在西域行使国家主权,新疆成为中国统一多民族国家的一个组成部分。

东汉(公元25年—公元220年)政府在西域先设“西域都护”,后置“西域长史”,继续行使对天山南北各地的军政管辖。公元221年,三国(魏、蜀、吴)曹魏(公元220年—公元265年)政权继承汉制,在西域设“戊己校尉”,治设高昌(吐鲁番),后又置西域长史以对西域各地诸多民族进行管理。西晋(公元265年—公元316年)末年,前凉政权(公元301年—公元376年)创建者张骏发兵西征,占领高昌地区,设立高昌郡。北魏王朝设置鄯善镇、焉耆镇,加强对西域的治理。

隋唐时期,中央政府加强对新疆的统治。公元6世纪末,隋朝统一中原,隋炀帝(公元604年—公元618年在位)即位之初,就派遣吏部侍郎裴矩到张掖、武威主管与西域的互市,了解西域民情。公元608年,隋军进驻伊吾,建筑城郭,设鄯善(今若羌)、且末(今且末西南)、伊吾(今哈密境内)三郡。

公元7世纪初,唐朝代隋而兴。公元630年,原属西突厥的伊吾城(今哈密)主率所属七城归顺唐朝,唐朝设西伊州(后改称伊州)。公元640年,唐军击败随突厥反唐的高昌麹氏王朝(公元501年—公元640年),于该地置西州,又于可汗浮图城(今吉木萨尔)设庭州;同年在高昌设安西都护府,这是唐朝在西域建立的第一个高级军政管理机构,后迁至库车,改置为安西大都护府。唐朝打败西突厥后,统一了西域各地,于公元702年在庭州设置北庭都护府,后又升为北庭大都护府,管理天山北麓及新疆东部地区的军政事务,而安西大都护府管理天山南部和葱岭以西的广大地区。唐玄宗年间(公元712年—公元756年在位),唐朝又在两大都护府之上设“碛西节度使”,是当时全国八大节度使之一。

唐朝中央政府对西域各地实行的是藩汉分别管理制度,即在汉民集中居住的伊州、西州和庭州等地,行政上采用与内地一样的府、州、县、乡、里管理制度;经济上推行“均田制”(唐朝田制)与“租庸调制”(唐朝赋税制度);军事上实行“府兵制”(唐朝军事制度)。非汉民聚居区,则设置“羁縻府州”,即继续维护当地本民族首领的行政管理制度,冠以唐朝都护、都督、州刺史的名号,允其以旧俗治理其部众。同时,还在龟兹、于阗、疏勒、碎叶(一度是焉耆)设军事建制,史称“安西四镇”。

五代宋辽金时期,因中原地区诸朝争夺统治权而无暇顾及西域,西域出现了几个地方政权并列的局面。其中主要有高昌、喀喇汗和于阗等地方政权,但它们同中原诸王朝都保持着密切关系。

高昌与喀喇汗王朝都是公元840年漠北回鹘汗国覆灭后,由西迁西域的回鹘人汇同其他操突厥语诸族建立的地方政权,前者以吐鲁番地区为中心,后者控制包括天山南部、中亚河中等广大地区。

回鹘人落居西域及其建立的这些地方政权与中原王朝关系十分密切,喀喇汗王朝的统治者就自称“桃花石汗”,意即“中国之汗”,表示自己是属于中国的。1009年,占领于阗地区的喀喇汗王朝派出使臣向北宋(公元960年—公元1127年)进献方物。1063年,北宋册封喀喇汗王朝可汗为“归忠保顺砺鳞黑韩王”。北宋建立后第三年,高昌回鹘就派遣使者42人前往北宋进贡方物。

于阗系塞人居地。唐朝以后,于阗尉迟王族执政,与中原地区往来密切,因曾受过唐朝册封而自称李姓。公元938年,后晋高祖遣张匡邺、高居诲出使于阗,封李圣天为“大宝于阗国王”。北宋初,于阗使臣、僧人向宋朝进贡不断。

元朝时期成吉思汗完成对天山南北的政治统一。蒙古汗最初设立“达鲁花赤”(蒙古官名,意为镇守官)、“别失八里等处行尚书省”等军政管理机构,对西域进行军政管辖。元朝建立后,在发展西域各地社会经济的同时,在吐鲁番地区设立提刑按察司,以后,又在吐鲁番等地建立交钞提举司(印钞机构)和交钞库等机构,设置“别失八里元帅府”以总管派往该地的“新附兵”(元朝以俘降的南宋士卒组成的军队)屯垦事务,派兵到和阗、且末等地屯田,在别失八里设立冶场“鼓铸农具”。在畏兀儿(元朝称回鹘为“畏兀儿”)地区实行“计亩输税”。1406年,明朝设立了哈密卫,任用哈密当地的世族首领为各级官吏统辖当地军政事宜,维持中西商贸通道之安全,并对西域其他地区实施羁縻控制。

清朝政府对西域的统一规模和管辖范围。1757年,清朝平定长期割据西北的准噶尔政权。两年后,清朝平定伊斯兰教白山派首领大、小和卓(大和卓波罗泥都、小和卓霍集占)叛乱,巩固了对西域各地的军政统辖。在管理制度方面以1762年设立的“伊犁将军”统一行使对天山南北各地的军政管辖,官府驻地在“惠远城”(今霍城县境),分设都统、参赞、办事、领队大臣管理各地军政事务。清朝政府依据“因地制宜”、“因俗施治”的原则,对天山北部汉、回族居住区实行郡县制管理;在伊犁地区和天山南部各地维吾尔族中维持当地的“伯克制”,但是伯克(突厥语音译,地方官吏称号)的任免权归于中央,并严格实行政教分离;对蒙古族和哈密、吐鲁番地区的维吾尔族则实行“扎萨克(蒙古语音译,意为支配者)制”,即册封王、贝子、公等世袭爵位。清朝政府在官员的任用方面还采取了以满族为主、各族官员并用的政策;经济方面,推行以农业为主,农牧并举的经济措施,采取减轻赋税,确定财政定额补贴制度等。清朝统治时期,新疆的社会经济得到了稳步的发展。

1840年鸦片战争以后,新疆受到沙俄等列强的侵略。1875年,陕甘总督左宗棠就任钦差大臣,督办新疆事务。到1877年底,清军陆续收复了中亚浩罕汗国(费尔干纳)阿古柏侵占的天山南北诸地。1881年2月,清政府收复被沙俄强行占领长达十一年之久的伊犁。1884年,清政府正式在新疆建省,并取“故土新归”之意改称西域为“新疆”。新疆建省,是清朝政府对历朝各代治理新疆的一次重大改革。自此,由巡抚统管全疆各项军政事务,新疆军政中心由伊犁移至迪化(今乌鲁木齐)。至1909年,新疆省下辖4道,道以下共隶有6府、10厅、3州、21个县或分县,新疆行政建置与内地完全一致。

1911年辛亥革命爆发后第二年,革命党人在伊犁策动起义成功,成立新伊大都督府,宣告了清朝在伊犁地区政治统治的结束。民国政府建立后,不断强化新疆防务。

1949年9月25日新疆和平解放。随着全国解放形势的发展和新疆各族人民革命斗争形势的高涨,国民党新疆警备司令陶峙岳、新疆省政府主席包尔汉宣布起义,中国人民解放军第一野战军第一兵团在王震将军率领下进驻新疆。1949年10月1日,新疆各族人民同全国人民一起,迎来了中华人民共和国的成立。

综上所述,自汉朝于公元前60年在新疆设“西域都护府”之后,中国历代中央政府都对新疆进行军政管辖。由于历代统治时强时弱,中央政府对新疆地区的管辖也时强时弱。新疆各族人民积极维护与中央政府的关系，为中华民族大家庭的形成和巩固作出了自己的贡献。

四、"东突厥斯坦"问题的由来

在中世纪阿拉伯地理学著作中，曾出现过"突厥斯坦"一词，意为"突厥人的地域"，是指中亚锡尔河以北及毗连的东部地区。随着历史的演进，中亚近代各民族相继确立，到 18 世纪，"突厥斯坦"的地理概念已相当模糊，在当时史籍中也已基本无人使用。19 世纪初，随着帝国主义列强在中亚地区殖民扩张的深入，地理名词"突厥斯坦"重新被提出。1805 年，俄国人季姆科夫斯基在使团出使报告中又使用了"突厥斯坦"的名称，用以从地理上表述中亚及中国新疆南部塔里木盆地。鉴于两地历史、语言、习俗的差异和政治归属的不同，他将位于"突厥斯坦"东部的中国新疆塔里木盆地称为"东突厥斯坦"，或称为"中国突厥斯坦"。19 世纪中期，俄国先后吞并了中亚希瓦、布哈拉、浩罕三汗国，在中亚河中地区设立了"突厥斯坦总督区"，于是西方一些人称中亚河中地区为"西突厥斯坦"，或"俄属突厥斯坦"，把中国新疆地区称为"东突厥斯坦"。

20 世纪初以后，极少数新疆分裂分子和宗教极端分子，受国际上宗教极端主义和民族沙文主义思潮的影响，根据老殖民主义者炮制的说法，将不规范的地理名词"东突厥斯坦"政治化，编造了一套所谓的"东突厥斯坦独立"的"思想理论体系"。鼓吹"东突厥斯坦"自古以来就是一个独立的国家，其民族有近万年历史，"是人类历史上最优秀的民族"；鼓噪所有操突厥语和信奉伊斯兰教的民族联合起来，组成一个"政教合一"的国家；否认中国各民族共同缔造伟大祖国的历史；叫嚣"要反对突厥民族以外的一切民族"，消灭"异教徒"，中国是"东突厥斯坦民族 3000 年的敌国"，等等。所谓的"东突"理论形成后，形形色色的分裂分子都打着"东突"的旗号进行活动，企图实现其建立"东突厥斯坦国"的妄想。

从 20 世纪初至 40 年代末，"东突"势力在外国敌对势力的怂恿、支持下，多次制造动乱。1933 年 11 月，沙比提大毛拉等在喀什建立了所谓"东突厥斯坦伊斯兰共和国"，但在新疆各族人民的反对下，不到三个月便垮台了。1944 年，爆发了反对国民党统治的、作为中国人民民主革命运动一部分的"三区革命"（"三区"是指当时新疆的伊犁、塔城和阿勒泰三个地区），分裂分子艾力汗·吐烈（原苏联乌兹别克人）窃取了"三区革命"初期的领导权，在伊宁成立了所谓"东突厥斯坦共和国"，自任"主席"。1946 年 6 月，"三区革命"领导人阿合买提江、阿巴索夫等撤销了艾力汗·吐烈的职务，将"东突厥斯坦共和国"改组为伊犁专区参议会，分裂势力受到了致命的打击。

新疆和平解放后，"东突"势力并不甘心失败。极少数逃到国外的新疆分裂分子和在境内的分裂分子里应外合，在国际反华势力的支持下伺机从事分裂破坏活动。尤其是进入 20 世纪 90 年代，在宗教极端主义、分裂主义和国际恐怖主义的影响下，境内外部分"东突"势力转向以恐怖暴力为主要手段的分裂破坏活动。一些"东突"组织公开宣扬要通过恐怖暴力手段达到分裂目的。在中国新疆和有关国家，"东突"势力策划、组织了一系列爆炸、暗杀、纵火、投毒、袭击等血腥恐怖暴力事件，严重危害了中国各族人民群众的生命财产安全和社会稳定，并对有关国家和地区的安全与稳定构成了威胁。

"9·11"事件发生后，国际反恐怖斗争与合作的呼声日趋强烈，"东突"势力为了摆脱尴尬的处境，又一次打着所谓维护"人权"、"宗教自由"和"少数民族利益"的旗号，编造所谓"中国政府借机打击少数民族"的谎言，混淆视听，欺骗国际舆论，试图逃脱国际反恐怖主义的打击。

五、新中国成立后新疆经济的发展

中华人民共和国成立前的新疆，国民经济是以农牧业为主体的自然经济，工业十分落后，没有一寸铁路，没有像样的工厂和矿山，一些地方粮荒不断，人民生活贫困不堪。1949 年 9 月 25 日，新疆和平解放，1955 年 10 月 1 日，新疆维吾尔自治区成立，掀开了新疆历史发展的新篇章。50 年来，新疆经济和社会各项事业得到了迅速发展。

国民经济快速增长。2001 年，新疆国内生产总值达 1485.48 亿元，按可比价格计算，比 1952 年增长 41.9 倍，年均递增 8.0%。人均国内生产总值由 1952 年的 166 元提高到 2001 年的 7913 元。2001 年财政收入已达 178.07 亿元，比 1955 年新疆维吾尔自治区成立时的 1.73 亿元增长了 101.9 倍。产业结构得到不断调整和优化，2001 年，一、二、三产业占国内生产总值的比重分别为 19.4%、42.4% 和 38.2%，与 1955 年相比，第一产业比重下降 35 个百分点，第二产业比重上升 16.3 个百分点，第三产业比重上升 18.7 个百分点。

农业综合生产能力显著提高。经过 50 多年特别是改革开放以来的开发建设，新疆的农田灌溉网络初步形成，现代化装备水平提高。到 2001 年，农业机械总动力 880.85 万千瓦，农用化肥施用量（折纯）83.29 万吨，农村用电量 25.45 亿千瓦时；全疆总播种面积达到 3404.12 千公顷，比 1955 年扩大 1 倍；粮食、棉花、甜菜总产量分别达到 796 万吨、157 万吨和 455 万吨，比 1955 年分别增长 4.4 倍、61.5 倍和 4550.2 倍。久负盛名的吐鲁番葡萄、库尔勒香梨、哈密瓜等远销国内外市场,特色园艺业、种植业近年来迅速发展。农牧结合、依靠科技的现代畜牧业不断发展,2001年,牲畜年末存栏4603.78万头,比1955年增长1.8倍。新疆已成为全国最大商品棉、啤酒花和番茄酱生产基地,全国重要的畜牧业和甜菜糖生产基地。

工业实力迅速增强。新中国成立之初,新疆仅有工业企业363个,年产值0.98亿元。2001年,全区已有乡及乡以上工业企业6287个,工业增加值为450亿元;主要工业产品产量成数倍增长,原油1946.95万吨,原煤2819.61万吨,棉纱30.27万吨,发电量197.62亿千瓦小时,分别比1955年增长590.78倍、42.68倍、80.8倍和358.3倍;机制糖41.98万吨、钢131.83万吨、水泥981.29万吨、化肥72.9万吨。工业实力大大增强,技术水平明显提高,形成以农副产品深加工为主导力量,包括石油、石油化工、钢铁、煤炭、电力、纺织、建材、化工、医药、轻工、食品等资源工业为主体的门类基本齐全,具有一定规模的现代工业体系。

水利建设成就显著。根据"绿洲生态,灌溉农业"的特点,新疆展开了大规模的农田水利建设,全面启动塔里木河综合治理工程,先后四次从博斯腾湖向下游调水10.5亿立方米。以克孜尔水库、和田乌鲁瓦提水利枢纽等为代表的一批现代大型水利工程和大批干支渠及其防渗工程的建成,使全区的引水量、水库库容和有效灌溉面积迅速增加。到2000年已建成水库485座,总库容达到67.16多亿立方米,分别是1949年的162倍和200倍,总灌溉面积338.8万公顷;建成防洪堤坝5129公里,是1949年289公里的17.7倍。

交通运输业突飞猛进。新中国成立前的新疆,人们远行、运物主要借助畜力,现代交通基本空白。新中国成立后50多年来,新疆的交通运输业发生了翻天覆地的变化。1962年底兰新铁路铺轨到乌鲁木齐,结束了新疆没有铁路的历史;1984年全长476公里的南疆铁路吐鲁番至库尔勒西段建成通车,1990年全长460公里从乌鲁木齐至阿拉山口的兰新铁路西线顺利建成通车,贯通第二亚欧大陆桥;1994年兰新铁路复线建成通车,1999年全长975公里的南疆铁路库尔勒西至喀什段建成通车;到2001年,正线营运里程已达3010.4公里。1949年新疆只有几条简易公路,通车里程仅3361公里,到2001年底,全区公路通车里程已达8.09万公里,其中高速公路428公里,一级公路230公里,二级公路5558公里;穿越塔克拉玛干大沙漠的沙漠公路,是世界上首次在流动性大沙漠上修筑的长距离等级公路;目前已形成了以乌鲁木齐为中心,以7条国道为主骨架,东联甘肃、青海,西出中亚、西亚各国,南通西藏,并与境内68条省道相连接,境内地市相通,县乡相连的公路交通运输网。新疆民航现已新建扩建了乌鲁木齐等11座机场,开通了乌鲁木齐至阿拉木图、塔什干、莫斯科、伊斯兰堡的国际航线,至香港的包机航线和跨省(区)航线及自治区区内航线92条,形成了以乌鲁木齐为中心,连接国内外65个大中城市和区内12个地、州、市的空运网,通航里程已达16.18万公里。

通信设施与全国发展水平同步。新疆目前已先后建成了乌鲁木齐经奎屯、博乐至伊犁,奎屯经克拉玛依到阿勒泰,吐鲁番经库尔勒、阿克苏、喀什至和田的数字微波干线电路;南北疆数字微波工程,西安经兰州、乌鲁木齐、伊宁到霍尔果斯口岸的四条群干线光缆;乌鲁木齐经吐鲁番、库尔勒、若羌从茫崖出疆的第二出疆光缆,亚欧光缆;乌鲁木齐至南北疆及各主要地州市光缆。全疆所有县市均已实现全国电话长途直拨,全疆电话数达262.6万户。数据通信网、多媒体通信网发展迅速,相继建成了覆盖各地州市的ATM宽带网,并开展了IP宽带网城域网的建设。移动通信网络能力大幅提高,建成了覆盖全疆的移动网,全区移动通信交换机容量已达292.4万户。

对外贸易快速发展。现汇贸易、边境小额贸易、来料加工、补偿贸易、旅游购物贸易等一系列灵活多样的贸易方式,使新疆对外贸易蓬勃发展。到2001年,新疆与119个国家和地区建立了贸易往来关系,产品达到22类上千个品种,其中出口在1000万美元以上的商品10种,全区外贸进出口总额已达17.7亿美元。出口产品的结构不断改善,由附加值较低的初级大宗产品扩展到附加值较高的机电设备、精密仪器等产品,目前工业制成品出口占出口的比重已上升到67%。作为国家实施沿边开放战略的重点省区,新疆已经逐步形成了沿边、沿桥(亚欧大陆桥)和沿交通干线向国际、国内拓展的全方位、多层次、宽领域的对外开放格局,成为中国向西开放的前沿。

旅游业蓬勃兴起。依托神奇独特的自然景观和绚丽多彩的风俗民情,新疆旅游业的发展令人瞩目。2001年,新疆接待国际旅游人数27.3万人次,旅游外汇收入9856万美元;国内旅游人数达到839.3万人次,旅游收入71.8亿元。旅游接待能力迅速扩大。2001年,全区已拥有涉外饭店250个,其中星级饭店(酒店)173个。旅游业已成为新疆国民经济发展新的经济增长点。

六、教育科技文化卫生事业的进步

新中国成立50多年来,新疆各项社会事业发生了历史性变化。

教育事业稳步发展。2001年与1949年相比,全区小学由1335所增加到6221所,中学由9所增加到1929所,中等专业学校由11所增加到99所,普通高校由1所增加到21所，高校在校学生数由0.04万人增加到11万人，50多年来累计培养普通高校毕业生18.5万人；中等专业学校在校学生数由0.20万人增加到9.73万人；基础教育不断加强，实现九年义务教育的县(市、区)已达65个；各类成人教育进一步发展，多层次、多形式的职业技术培训体系基本形成。全区受教育人口比例显著增大，青壮年文盲率已降至2%以下。科技事业不断进步。科学技术的整体实力大为增强，建立起了专业比较配套、布局比较合理、具有新疆区域特征的研究与开发体系、技术推广体系、科技管理和服务体系；培养了一批学术造诣较深的科技专家，造就了一支具有较强研究、开发、试验、推广和管理能力的多民族科技队伍；重点建设了一批反映新疆科技优势的实验中心、试验基地。科技成果产业化、市场化进程加快，改变了新疆农业传统生产经营的方式，在保护性栽培、灌溉技术、品种改良等方面取得了明显成效，工业企业技术改造提高了企业经济效益，增强了市场竞争实力，科学技术在国民经济发展和社会进步中发挥着重要作用。

到2001年年末，全区企事业单位各类专业技术人员已达38.51万人。新中国成立50多年来，新疆共取得重大科技成果7102项，其中获国家奖励的201项，中国美利奴羊推广技术达到国内先进水平，沙漠公路修筑技术等处于国际领先水平。

文化艺术事业欣欣向荣。新中国成立前，新疆没有一个专业文艺团体，没有艺术研究机构和艺术学校。2001年，全区共有艺术表演团体89个，艺术研究和创作单位107个和一批艺术学校；维吾尔、哈萨克、回、柯尔克孜、蒙古、塔吉克、锡伯等民族都有自己的专业文艺团体，涌现了一批杰出的民族艺术家。新中国成立前，新疆没有一座公共图书馆和博物馆，现自治区有公共图书馆81个，博物馆23个。近年来，广播电视事业得到快速发展，现有广播发射台及转播电台41座，电视发射台及转播台826座，全区广播人口覆盖率已达91.3%，电视人口覆盖率达90.93%。文学艺术创作硕果累累，《天山彩虹》《木卡姆先驱》等一批优秀艺术作品获国家级大奖，大型歌舞《我们新疆好地方》轰动全国，一批具有浓郁民族风格的文学艺术作品走出新疆，走向世界；图书、报纸、杂志出版的种类和数量成倍增长，报纸由1952年的4种发展至2001年的98种，其中少数民族文字报纸有43种。

卫生事业快速发展。1949年，新疆只有54个医疗机构、696张病床，每万人只有1.6张病床、0.19名医生，而且卫生机构都集中在少数城市(镇)。2001年，已有各类卫生机构7309个，其中各类医院1357所，三级以上医院11所，病床位7.1万张，平均每万人拥有医院床位35.1张；专业卫生技术人员9.75万人，其中少数民族卫生技术人员3.36万人，每千人拥有的医生数、每千农业人口拥有乡镇卫生院床位数、乡镇卫生人员数均高于全国平均水平。广大农牧区已初步形成了县、乡、村三级医疗预防保健网。现在，全区的85个县(市)，县县都有医院、卫生防疫站和妇幼保健机构，乡乡都有卫生院，村村有医疗点。农牧民缺医少药、备受疾病折磨的历史已经结束。医疗水平有了很大提高，自治区及地州的一些大医院已装备了一大批现代化诊疗设备，医疗专业分科日趋完善，很多疑难病症已能在区内得到诊治。全区有卫生防疫站207个，地方病等专科防治所(站)17个，历史上遗留下来的危害各族群众健康的地方病、传染病已基本被消灭。以自治区、县(市)、乡(镇)为单位计划免疫接种率达到85%，传染病发病率显著下降。在中央政府的关怀下，自治区大规模地开展改水防病工程，取得阶段性成果，改水受益人口达850多万，其中饮用自来水人口达到810万。妇幼卫生工作受到重视，目前，农村新法接生率达70%以上，住院分娩率达50%左右；孕产妇系统保健管理覆盖率，城市达90%，农村达50%；儿童系统保健管理覆盖率，城市达70%，农村达30%。

七、人民生活水平和生活质量的提高

伴随经济和社会各项事业的发展，新疆各族人民的生活水平逐年提高。

城乡居民收入水平不断提高。2001年农民人均纯收入达到1710.44元，实现温饱有余；城镇在岗职工年平均工资10278元，城镇居民已经整体上实现小康。

居民消费结构不断优化。恩格尔系数(食品消费比重)逐年下降。从农村居民看，1978年恩格尔系数高达60.8%，2001年则降至50.4%；从城镇居民看，1978年恩格尔系数为57.3%，2001年降到35.5%。

居民拥有耐用消费品数量迅速增加。2001年，农民平均每百户拥有自行车122.3辆、电视机93.3台、洗衣机22.13台、录音机53.1台，仅与1985年比，分别增长78.4%、8.3倍、9.5倍和6.1倍。2001年城市居民家庭平均每百户拥有彩色电视机107.39台、电冰箱84.47台、洗衣机94.69台、照相机41架，分别比1985年增长1.9倍、7倍、76.7%和3.3倍；另外还拥有影碟机42.96台，录放像机18.59台，组合音响17.33台，移动电话15.89部。从住房的变化情况看，2001年农民人均住房面积为18.04平方米，比1981年增长1.3倍；2001年城市居民人均居住面积15.54平方米，比1981年增长1.6倍。

居民生活质量明显提高。教育普及率和受教育程度提高，广播、电视覆盖面广，群众性文化、体育活动丰富多彩，医疗卫生保健条件有了很大改善，城乡各族群众的生活富裕、稳定。目前新疆人口平均期望寿命延长到71.12岁。人口增长模式呈现低出生、低死亡、低增长的特点。1985年新疆被国际自然医学会列为世界上4个长寿地区之一,每百万人口百岁老人数居全国之冠。

八、坚持民族平等团结、宗教信仰自由

中华人民共和国成立以来,中国政府为实现国内各民族的平等、团结和共同发展,从中国民族和宗教的实际状况出发,制定了一系列民族政策和宗教政策,并在实践中不断使之丰富和完善。新疆作为中国实行民族区域自治地方之一,全面贯彻了中央政府的民族政策和宗教政策,维护了各族人民的根本利益,形成、发展和巩固了平等、团结、互助的新型民族关系。

保障民族平等,促进民族团结。《中华人民共和国宪法》规定:“中华人民共和国各民族一律平等。国家保障各少数民族的合法的权利和利益,维护和发展各民族的平等、团结、互助关系。禁止对任何民族的歧视和压迫,禁止破坏民族团结和制造民族分裂的行为。”

宪法保障各民族公民广泛享有宪法和法律赋予的各项平等权利。年满18周岁的公民,不分民族、种族、性别、宗教信仰,都有选举权和被选举权;各民族公民的人身自由和人格尊严不受侵犯;各民族都有宗教信仰自由的权利;各民族公民都有接受教育的权利;各民族都有使用和发展自己的语言文字的自由等等。政府采取各种特殊的政策措施,努力使宪法和法律规定的各民族一律平等的权利在社会生活和政府行为中得到有效落实和保障。

中华人民共和国成立后,新疆地方政府发布行政命令,废除了带有侮辱性的称谓、地名,如“迪化”改为“乌鲁木齐”,“镇西”改为“巴里坤”等。有的少数民族称谓虽然没有侮辱性的含义,也根据少数民族自己的意愿进行了更改,如1958年,根据达斡尔族自己的意愿,将“达呼尔”改为“达斡尔”。

为进一步巩固和发展各民族的大团结,从1983年起,自治区政府每年都在全区范围内集中开展民族团结教育月活动,以生动活泼的形式和赋予时代特点的内容,集中、广泛、深入地进行宣传教育,使平等、团结、进步成为各族人民相互关系的主旋律,互相信任、互相尊重、互相学习、互相支持、互相谅解成为各族人民共同遵守的行为准则。

少数民族的自治权利得到法律和制度的保障。根据中国宪法,各少数民族聚居的地方实行区域自治,这是中国的一项基本政治制度。新疆维吾尔自治区是以维吾尔族为主体的民族自治地方。在自治区境内,还存在着其他民族聚居的地区,也成立了相应的民族自治地方。目前全区有哈萨克、回、柯尔克孜、蒙古4个民族的5个自治州,以及哈萨克、回、蒙古、塔吉克、锡伯等5个民族的6个自治县,还有43个民族乡。

根据中国宪法和民族区域自治法的规定,民族自治地方享有广泛的自治权利,在行使地方国家机关职权的同时,还行使立法权、对不适合民族自治地方实际情况的上级国家机关决定的变通执行或者停止执行权、经济发展权、财政权、少数民族干部培养使用权、发展教育和民族文化权等等。新疆维吾尔自治区人民代表大会及其常委会根据民族区域自治法赋予的权力和新疆的实际,制定了适应新疆特点和需要的各种法规和决议,依法保障了民族自治地方的自治权利。截至2000年年底,自治区人大及其常委会共制定地方性法规119件,法规性决议、决定71件,批准地方人大制定的地方性法规31件,单行条例3件;自治区政府制定的行政规章173件。

民族自治地方的主要领导由自治民族的公民担任。各级民族自治地方的政府主席、州长、县长,均由实行区域自治民族的公民担任;自治地方人民政府的其他组成人员,也都配备了实行区域自治的民族或其他少数民族的人员。为切实保障民族区域自治和少数民族各项权利,新疆十分重视为少数民族干部创造学习和培训的机会,把大批少数民族干部送往内地院校学习,在新疆也建立了各级民族干部学校和民族干部培训班,培养了大批从事政治、经济和文化等各个领域工作的少数民族行政和专业技术干部。1950年,新疆少数民族干部仅3000人,1955年,新疆维吾尔自治区成立时,少数民族干部4.6万人,目前,已达34.8万人,占全区干部总数的51.8%,少数民族妇女干部占全区妇女干部总数的46%以上。

少数民族在各级人民代表大会有充分代表权。为切实保障少数民族的权利,在自治区各级人民代表大会代表中,少数民族代表的比例都高于同期少数民族人口在新疆各地区人口中的比例约4个百分点。在历届全国人民代表大会的新疆代表中,少数民族代表所占名额的比例,都在63%以上,均高于同期在全疆人口中所占的比例。

少数民族使用发展本民族语言文字的自由和权利得到充分尊重和保障。自治区政府于1988年和1993年相继颁布了《新疆维吾尔自治区民族语言使用管理暂行规定》和《新疆维吾尔自治区语言文字工作条例》,进一步从法律上保障了少数民族使用本民族语言文字的自由和权利。无论在司法、行政、教育等领域还是在政治和社会生活中,少数民族语言文字都得到广泛使用。自治区机关执行公务时,同时使用两种以上语言文字;各自治州、自治县机关在执行公务时,也同时使用自治民族的语言文字。少数民族有权使用本民族的语言文字进行选举或诉讼。新闻、出版、广播、电影、电视广泛使用民族语言文字。新疆人民广播电台用维吾尔、汉、哈萨克、蒙古、柯尔克孜等5种语言广播,新疆电视台有维吾尔、汉、哈萨克等3种语言的频道节目,维吾尔、汉、哈萨克、柯尔克孜、蒙古、锡伯等各民族都有本民族文字的报纸和书刊。

少数民族的风俗习惯受到充分尊重。少数民族的风俗习惯与群众生产生活息息相关,与宗教信仰密切相连。为尊重少数民族风俗习惯,中央和自治区人民政府颁布了一系列规定。为保证少数民族特别是信仰伊斯兰教民族特需食品的供应,人民政府颁布法规,采取了一系列具体措施,要求大中城市和有穆斯林群众的小城镇保持一定数量的清真饭馆;在交通要道以及有少数民族职工的单位,设立"清真食堂"或"清真灶";供应穆斯林群众的牛羊肉,按照其习惯进行宰杀与处理,并单独储运和销售;各少数民族在自己的传统节日,如"古尔邦节"和"肉孜节"期间,都能享受到法定的节日假期和节日特殊食品的供应;在有土葬习俗的少数民族中,政府不推行火葬,并采取划拨专用土地、建立专用公墓等具体措施予以保障;对一些带有宗教色彩的民族风俗习惯,如婚丧仪式、割礼、起经名等都不加限制。

少数民族教育水平不断提高。新中国成立后,为改变少数民族教育十分落后的情况,采取了一系列措施,把发展少数民族教育事业作为教育工作的重点,在发展规划、资金投入、师资培训等方面对少数民族教育给予重点和优先的安排与扶持。为改变牧区民族教育落后的问题,投巨资在牧区建立寄宿制学校,对牧区寄宿制学校和中学、大中专院校的少数民族特困生设立助学金,如2002年资助寄宿制学校免费课本1200万元、助学金3000万元;对南疆少数民族聚居的和田、喀什、阿克苏和克孜勒苏柯尔克孜自治州等四个地州义务教育阶段中小学生实施免费教育,延长义务教育时间,使少数民族学生接受九年至十二年的义务教育。对其他一些边境县和贫困县的少数民族中小学免除学杂费和课本费。全疆单独设置的民族中小学5882所,占全疆中小学总数的69%。同时还有不少学校实行民汉合校。目前,全区已形成结构合理、多层次办学、协调发展的少数民族教育体系。到2001年,小学适龄儿童入学率已达97.41%,初中达82.02%。在高等学校招生考试中,根据目前生源的实际情况,对少数民族考生采取降低分数线的优惠政策等。

少数民族传统文化得到保护和光大。新疆各族人民创造了丰富多彩的传统历史文化,为中华民族文化的发展作出了独特的贡献。自治区政府有计划地组织对各少数民族文化遗产进行搜集、整理、翻译和出版的工作,保护少数民族的名胜古迹、珍贵文物和其他重要历史文化遗产。自1984年以来,自治区古籍整理办公室已搜集少数民族古籍5000多册,整理出版100多部。濒于失传的11世纪喀喇汗王朝的两部鸿篇巨著《福乐智慧》和《突厥语大词典》,在政府的大力支持和各族学者的长期共同努力下,于20世纪80年代翻译、出版了维吾尔文译本,之后又出版了汉文译本。对在中国少数民族三大英雄史诗中产生于新疆蒙古族和柯尔克孜族的《江格尔》和《玛纳斯》两部史诗的搜集、整理、翻译和研究取得了很大成就。被誉为维吾尔族"音乐之母"的维吾尔族大型古典音乐套曲"十二木卡姆",在新中国成立前已濒于灭绝,新疆地方政府将其列为重点抢救的艺术品种组织力量搜集、整理。现在,"十二木卡姆"已由半个世纪前仅有两三个艺人能够较完整地演唱,发展到成立木卡姆艺术团、木卡姆研究室,并广泛演唱。历史悠久的民族传统体育项目得到发扬光大,如叼羊、赛马、摔跤、射箭等十分普及,为群众所喜爱;维吾尔族的传统体育项目达瓦孜(高空走绳),近年来享誉国内外。

对少数民族实行宽于汉族的生育政策。根据计划生育国策,新疆维吾尔自治区人民代表大会结合具体情况,制定了《新疆维吾尔自治区少数民族计划生育暂行规定》,实行少数民族可宽于汉族的生育政策,保障了少数民族人口的增长,并使得新疆少数民族的人口自然增长速度高于当地汉族的人口自然增长速度。2001年少数民族人口自然增长率为13.04‰,汉族为8.25‰。1953年全国第一次人口普查时,新疆的少数民族人口为454万人;2000年第五次人口普查时,新疆的少数民族人口达到1096.96万人。

宗教信仰自由得到尊重和保护。新疆少数民族群众大多信仰宗教,有的民族群众性信仰某种宗教,如维吾尔、哈萨克、回等民族群众性信仰伊斯兰教,蒙古、锡伯、达斡尔等民族群众性信仰佛教。各民族人民宗教信仰自由的权利得到充分的尊重,正常的宗教活动都受到法律的保护。新疆现有宗教活动场所2.4万余座,其中伊斯兰教清真寺23753座;宗教教职人员2.68万人,其中伊斯兰教教职人员2.65万人。政府每年还拨专款用于维修重点寺院教堂,仅1999年中央政府就拨款760万元人民币用于重修乌鲁木齐的洋行大寺、伊宁拜图拉清真寺、和田加麦大寺。

宗教界人士享有充分的参政议政权利。目前,在各级人民代表大会、政治协商会议担任职务的新疆宗教界人士有1800多人,其中在全国人大的1人,全国政协的4人;在自治区人大的有21人,自治区政协的27人。他们代表信教群众积极参政议政,并对政府贯彻宗教信仰自由政策进行监督。为保证宗教人士正常地履行教务，政府对一些生活困难的宗教人士，发放一定的生活补助费。

依法保障宗教团体的合法权益。1982年以来，全区共恢复和新建宗教团体88个，其中自治区伊斯兰教协会1个，佛教协会1个；地、州、市伊斯兰教协会13个，佛教协会3个，基督教“三自爱国运动委员会”1个；县、市伊斯兰教协会65个，佛教协会2个，基督教“三自爱国运动委员会”2个。各宗教团体在法律允许的范围内，自主地开展教务活动。在宗教教职人员的培养、教育和管理，宗教学校的设置，以及开展国际间宗教交流活动等方面，各宗教团体都发挥着重要的作用。

为保证宗教活动的正常开展，新疆成立了伊斯兰教经学院，专门培养伊斯兰教高级教职人员。各地、州、市伊斯兰教团体根据实际需要，开设了伊斯兰教经文班，培养宗教教职人员。为提高宗教人士学识水平，培养高素质宗教人士队伍，建立了自治区、地、县三级培训体系，政府财政拨款，对在职的宗教教职人员进行轮训，组织宗教人士参观考察，开阔眼界，增长见识。

保证宗教人士获得经文等宗教读物。在新疆翻译、出版和发行了维吾尔、哈萨克、汉等多种文字和版本的《古兰经》、《卧尔兹选编》、《新编卧尔兹演讲集》等一批伊斯兰教经典和宗教书刊，以及佛教、基督教等其他宗教的经典。发行了《中国穆斯林》杂志维吾尔文版和汉文版。为方便信教群众，各地还批准设立了专营宗教书刊的销售点。

正常的宗教活动得到法律保护。自治区政府根据宪法和法律，制定并颁布了《新疆维吾尔自治区宗教活动场所管理暂行规定》等法规。信教群众根据各自信仰宗教的教规、礼仪等进行正常的宗教活动，并受到法律的保护。近年来，圆满进行了新活佛转世；随着人民生活水平的提高，有数万穆斯林去麦加朝觐；经学院学生参加国际国内《古兰经》诵经比赛，并获得好成绩。

九、新疆生产建设兵团的建立、发展和作用

1954年组建的新疆生产建设兵团，承担着国家赋予的屯垦戍边的职责，是在自己所辖的垦区内，依照国家和新疆维吾尔自治区的法律、法规，自行管理内部的行政、司法事务，在国家实行计划单列的特殊社会组织，受中央政府和新疆维吾尔自治区人民政府双重领导。新疆生产建设兵团也称中国新建集团公司。兵团现有14个师(垦区)，174个农牧团场，4391个工业、建筑、运输、商业企业，有健全的科研、教育、文化、卫生、体育、金融、保险等社会事业和司法机构，总人口245.36万人，在岗职工93.3万人。

新疆生产建设兵团是在特殊历史背景下建立的。1949年，新疆和平解放。驻新疆人民解放军部队为巩固边防，加快新疆发展，减轻新疆当地政府和各族人民的经济负担，将主要力量投入到生产建设中，开展了大规模的生产建设。到1954年，解放军驻新疆部队经过艰苦创业，共建成农场34个，牧场8个，拥有耕地77.2千公顷，收获的农牧产品解决了驻新疆部队的后勤供给，而且还兴建了一批现代工矿商贸企业，兴办了学校、医院等一批事业单位。

1954年10月，中央人民政府命令驻新疆人民解放军的大部集体就地转业，脱离国防部队序列，组建生产建设兵团，其使命是劳武结合，屯垦戍边。1956年5月起，兵团受国家农垦部和新疆维吾尔自治区双重领导。

屯垦戍边是中国几千年开发和保卫边疆的历史遗产。据史料记载，中国历朝历代都把屯垦戍边作为开发边疆、巩固边防的一项重要国策。中央政府在新疆地区大规模屯垦戍边始于西汉，以后历代相袭。这对统一国家、巩固边防，促进新疆社会和经济发展都发挥了重要的历史作用。1954年，中央人民政府决定在新疆组建生产建设兵团，则是这一历史经验在新的历史条件下的继承和发展。

新疆生产建设兵团在艰苦创业中发展壮大。新疆生产建设兵团成立后，以屯垦戍边、造福新疆各族人民为己任，朝着工农商学兵相结合，农林牧副渔全面发展，工交商建服综合经营的方向发展。

20世纪50年代和60年代初，兵团按照“不与民争利”的原则，在天山南北的塔克拉玛干、古尔班通古特两大沙漠边缘和自然环境恶劣的边境沿线，兴建水利，开垦荒地，在茫茫戈壁荒漠上建成一个个田陌连片、渠系纵横、林带成网、道路畅通的绿洲生态经济网络。兵团从农副产品加工业起步，发展现代工业，逐步形成以轻工、纺织为主，钢铁、煤炭、建材、电力、化工、机械等门类较多的工业体系。随着兵团国民经济体系的确立，兵团的教育、科技、文化等各项事业也得到长足发展。到1966年年底，兵团的各项事业发展到较高的水平。

1981年12月，中央政府决定恢复曾于1975年被撤销的新疆生产建设兵团，生产建设兵团开始了第二次创业，其建设和发展进入了一个新时期。到2001年，新疆生产建设兵团在两大沙漠边缘兴修水利、植树造林、防风固沙，建起了数千公里的绿色屏障，形成了1064千公顷新绿洲，建起了石河子、五家渠等一批新兴城镇；国内生产总值占自治区的13.2%。

新疆生产建设兵团对新疆的发展发挥了重要作用。兵团的农牧团场、工交建商企业在依法向当地政府纳税的同时，几十年来坚持为新疆各族人民服务的宗旨，积极支援地方建设，每年抽调大批技术人员到附近的县、乡、村举办种植、农机等各类培训班，推广先进技术；从1964年起，每年筹集资金帮助地方搞规划和建设，为各民族群众送医送药，给予各方面的帮助。为支持新疆工业发展，兵团还把已经建设起来的规模较大的一批工交建商企业无偿移交给地方，为自治区的现代化建设作出了贡献。

兵团作为新疆稳定、边防巩固的重要力量，坚持劳武结合，与军队、武警、人民群众共同在边境地区建立了“军、警(武警)、兵(兵团)、民”四位一体的联防体系，近50年来在打击和抵御境内外分裂势力的破坏和渗透活动，保卫祖国边疆的稳定和安全等方面，发挥了不可替代的特殊作用。

在屯垦戍边中建立与地方政府的密切关系。兵团自觉接受自治区人民政府的领导，遵守政府的各项法规和法令，尊重少数民族的风俗习惯和宗教信仰，努力为新疆各族人民办好事、办实事，积极发展融合型经济，密切了与各族群众的血肉联系，做到边疆同守、资源共享、优势互补、共同繁荣。

兵团的发展，始终得到了自治区各级政府和各族人民的帮助与支持。在屯垦初期，各族群众当向导，提供生产工具，给予各种支持；自治区各级政府给兵团划拨了大片的国有荒地和草场、矿山及天然林等资源，奠定了兵团发展的基础。改革开放以来，自治区人民政府出台的相当多的政策都明确适用于兵团，促进了兵团和地方经济的融合发展。

在长期发展中，新疆生产建设兵团已有汉族、维吾尔族、哈萨克族、回族、蒙古族等37个民族成分。垦区主要有伊斯兰教、佛教、基督教和天主教等，信仰伊斯兰教的少数民族人口约25万人。新疆生产建设兵团全面贯彻中央政府制定的民族宗教政策，依法管理宗教事务，使兵团成为各民族团结的大家庭。

新疆生产建设兵团近50年的发展，对加快新疆经济发展，促进民族团结，保持社会稳定，巩固边防，维护祖国统一，发挥着十分重要的作用。

十、国家对新疆发展的支持

新中国成立以来，依据《中华人民共和国宪法》规定，中央政府把帮助边疆少数民族地区发展政治经济和文化、走中国各民族共同富裕之路作为一项基本国策。加大在新疆的固定资产投资。中央政府制订实施的十个“五年计划”中，始终把新疆基础设施建设项目、农业基础发展项目、现代工业体系建设项目等列为国家重点项目，出台一系列优惠和特殊的政策，保障计划的顺利实施。新中国成立50多年来，在国家的大力支持下，新疆进行了大规模的投资建设，1950年至2001年，全社会固定资产投资累计完成5015.15亿元，其中中央投资2662.23亿元，占同期全社会投资的53.1%；累计建成投产项目9万多个，其中包括178个大中型项目和一大批对新疆经济发展有重大影响的项目，为支持新疆经济的持续增长奠定了扎实的基础。

给新疆以巨大财力支持。据初步统计，从新疆维吾尔自治区成立的1955年到2000年，中央政府给新疆的财政补助累计达877.41亿元。特别是1996年以来，随着中央政府财力的增强和西部大开发战略的实施，中央政府给新疆的一般性财政补助逐年增长：1996年为59.07亿元，1997年为68.38亿元，1998年为80.12亿元，1999年为94.00亿元，2000年为119.02亿元，2001年为183.82亿元。中央政府还通过各种专项财政转移支付、民族优惠政策财政转移支付，加大资金的投入和支持。

支持自治区政府积极利用国际金融组织和外国政府贷款。到2001年底，在中央政府的支持和安排下，自治区已完成和正在执行的世界银行贷款项目22个，总投资额179895万美元，按现行汇率折合人民币1493128万元，三个中外合资企业获准使用亚洲开发银行贷款552.4万美元；利用加拿大等几个国家和政府金融组织的贷款41067万美元，已生效执行和完成的项目68个。充分利用国际组织和外国政府的贷款，对促进新疆经济发展发挥了积极、重要的作用。

通过石油天然气开发造福新疆。新疆拥有丰富的石油、天然气资源。新中国成立以来，中央政府为促进新疆经济的发展，坚持对新疆油气大勘探、大开发和大投入的方针，以造福于新疆各族人民。为实现把新疆建成全国最大的石油化学工业基地的战略构想，在国内外油气价格下跌，而新疆油气勘探开发成本较高的情况下，中央政府逐年加大了新疆石油天然气勘探开发的投资力度，1995年为181.96亿元，2000年为292.23亿元。已经开工建设的以新疆为主要气源的“西气东输”工程，计划投资额达1200多亿元。

石油、天然气及石化工业的快速发展，不仅满足了新疆经济发展对能源和石化产品的需求，而且有力地带动了机械、交通运输、通信、建筑、电力、水利、农业、食品和纺织、化工、塑料、橡胶、医药等产业的发展，刺激了服务行业的增长，对新疆区域经济结构的形成和升级产生了重大影响；极大地促进了就业人口的增加，仅巴音郭楞蒙古自治州从1994年以来，随塔里木油田开发，每年新增职工人数超过18%；大大推动了城市化进程，克拉玛依、独山子、阜东、泽普等一批石油新城在戈壁荒滩建起，乌鲁木齐、库尔勒、阜康、轮台等城市现代化建设加快；有效支援了当地经济发展，新疆克拉玛依、吐哈、塔里木等各大油田和泽普、独山子、乌鲁木齐、克拉玛依等各大石化企业，都充分发挥人才、资金、技术优势，扶持地方企业，投资搞建设，贯穿塔克拉玛干大沙漠南北的沙漠石油公路，就是由塔里木油田投资7.85亿元建设的。新疆石油、天然气及石化工业的发展也为新疆财政增加了大量收入,仅“西气东输”项目,每年可为新疆增加10多亿元的财政收入,为促进新疆各项事业的发展作出了极大的贡献。

制定优惠政策,促进新疆发展。新中国成立以来,尤其是实行改革开放政策以来,中央政府在经济发展及各项政策上给予新疆以倾斜。颁布实施沿边开放战略的有关法规,赋予新疆等西部地区扩大对外开放八条优惠政策;提出搞好新疆的粮棉生产基地建设,建设“三北”(东北、华北和西北)防护林以及防沙治沙工程;执行扶持贫困地区经济发展的各项优惠政策;建设边境公路,完善配套边境口岸公路设施;加快塔里木河生态和水资源综合治理,优先在新疆安排资源开发和基础设施建设项目;实行规范的中央财政转移支付制度,逐步增加财政支持,提高国家政策性贷款、国际金融组织贷款和外国政府贷款的比重。2001年,中央政府在《关于西部大开发若干政策措施实施意见的通知》中,规定和提出了18个方面的68条具体优惠政策。自治区政府依据国家这些规定,制定颁布了《新疆维吾尔自治区关于西部大开发税收优惠政策有关问题的实施意见》,出台10条吸引国内外企业及农牧民参与新疆社会基础设施、生态环境保护工程、优势和特色产业、高科技产业等领域投资经营的具体税收优惠政策。

为新疆输送和培养优秀专业技术人才。新中国成立以来,针对新疆较为偏远落后、缺乏高素质人才的困难,国家通过分配、调动和鼓励内地80多万知识分子和专业技术人员到新疆工作,为工业、农业、教育、文化、科学研究、医疗卫生等行业输送了大批大学毕业生、科学技术人员及高学历的专门人才。这些专门人才为新疆的现代化建设事业作出了杰出的贡献。

从1989年起,中央政府组织内地80多所高校支援新疆,共招收新疆少数民族大学本专科学生1万人,定向培养研究生640人,培训教师和少数民族教育行政管理干部860多人,培训少数民族经济和企业管理干部1400人,派出一定数量的少数民族访问学者出国进修。从2000年起,北京、上海、天津、南京、杭州、广州、深圳、大连、青岛、宁波、苏州、无锡12个发达城市在所属的省级重点高中举办了新疆高中班,每年招收1540名新疆民族学生,政府向这些在校学生提供财政补贴。

全国其他省区市大力支持新疆。几十年来,各省区市向新疆提供了大量的技术和人才支援。在新疆工业企业发展落后的情况下,中央政府把东南沿海较发达地区的一些企业、工厂全部搬迁至新疆,从内地调进工程技术人员充实到新疆初建的骨干企业中去,并选送一大批少数民族工人到内地先进企业进修实习,在很短的时间内在新疆培养起一支工程技术骨干队伍。改革开放以来,随着社会主义市场经济体制的逐步确立,新疆与内地各兄弟省区市的经济技术合作与交流,人才的互相流动日益兴起和扩大,以市场为导向,以资本为纽带,以“物流”、“人才流”为特征,以优势互补为原则的新的支援新疆经济和社会发展的形式已迅速发展起来;尤其是近年来,根据中央政府的要求,北京、上海、广东、山东、浙江等20多个较发达的省市对口支援新疆的各地州市,取得了明显成效。

结束语

在中央政府的领导和支持下,经过新疆各族人民50多年的艰苦奋斗,新疆经济社会等各方面的发展取得了历史性的辉煌成就。但是由于新疆地处中国西北边陲,自然条件较差,经济基础薄弱,教育、文化、卫生等各项社会事业的发展还面临不少困难,提高各族人民生活水平的任务还十分艰巨。加快新疆的发展是新疆各族人民的共同愿望,也是中央政府的战略规划。

1999年,中央政府作出实施西部大开发战略的重大决策,为新疆的发展提供了一次难得的历史机遇。根据国家实施西部大开发战略的总体部署,自治区制订了第十个五年计划和到2010年的发展规划。根据这一计划,到2005年,全区按2000年价格计算的国内生产总值达到2100亿元,年均增长9%,人均国内生产总值达到万元以上;完成全社会固定资产投资4200亿元左右;全区城镇居民人均可支配收入年均增长7%左右,农民人均纯收入年均增加150元左右;全区城镇居民人均住宅建筑面积达到23平方米,农村居民居住环境、住房质量、卫生条件有较大提高。到2010年,实现国内生产总值比2000年再翻一番以上,人民的生活更加宽裕。

新疆经济和社会发展的前景是美好的。新疆各族人民在中央政府和各兄弟省区市的支持下,通过艰苦努力,一定会把新疆建设得更加美丽富饶。

国务委员唐家璇在莫斯科会见俄罗斯外交部长伊万诺夫

双方就中俄双边关系、即将举行的上海合作组织成员国元首第三次会晤和当前的国际形势交换了意见。

5月27日

国家主席胡锦涛在莫斯科克里姆林宫与俄罗斯总统普京举行会谈

两国元首在亲切友好的气氛中重点就双边关系和

重大国际问题深入交换意见,达成广泛共识。

两国元首还一致同意进一步加强两国在国际事务中的协调与合作,以维护世界和平、促进共同发展。

会谈结束后,胡锦涛和普京出席了中俄两国有关合作文件的签字仪式并共同签署了《中华人民共和国与俄罗斯联邦联合声明》。

随后,两国元首共同会见了记者并回答了他们的提问。双方一致表示将共同努力,承前启后,继往开来,在巩固现有成果的基础上,不断加深双方的睦邻友好,全面扩大在各领域的互利合作,努力开创中俄战略协作伙伴关系的新局面。

国家主席胡锦涛在莫斯科与俄罗斯联邦总统普京签署《中华人民共和国与俄罗斯联邦联合声明》

全文如下:

应俄罗斯联邦总统弗·弗·普京的邀请,中华人民共和国主席胡锦涛2003年5月26日至28日对俄罗斯联邦进行了国事访问。

两国元首全面深入探讨了双边关系十年来的发展历程、现状和前景,一致表示,无论国际风云如何变幻,深化中俄睦邻友好、互利合作和战略协作伙伴关系,都将是两国外交政策的战略优先方向。双方愿承前启后,继往开来,共同努力开创中俄关系发展的新局面。

为此,中俄元首声明如下:

一

十年来,中俄关系经历了从相互视为友好国家、建立建设性伙伴关系直至确立战略协作伙伴关系的历史进程,双方通过共同努力建立起合作的最佳模式,使两国关系步入平稳发展轨道。两国之间政治互信日益加深,务实合作持续扩大,人民之间的友谊和了解不断加强。中俄关系的发展给两国和两国人民带来了实实在在的利益,成为处理邻国和大国之间关系的典范。

中俄将继续大力加强战略协作伙伴关系,共同解决双边关系中的实际问题,以捍卫两国的国家安全,促进两国人民的繁荣发展,维护周边地区的稳定和安宁。

2001年7月16日签署的《中俄睦邻友好合作条约》集中体现了近年来双边关系发展所取得的一系列成果,为两国关系在新世纪持续稳定发展奠定了坚实的法律基础。《条约》已成为两国法律体系不可分割的组成部分。

双方认为,两国具备保障落实《条约》的一切必需条件。双方表示决心恪守《条约》确定的方针和原则,继续落实双方达成的所有合作协议,不断以新的内容充实两国战略协作伙伴关系,探索推动两国关系不断向前迈进的新途径,努力使中俄关系永远保持旺盛的生机与活力。

二

中俄高层交往和两国政府及各部门之间的合作委员会是双方在各领域开展战略协作的重要机制保障,是就双边关系和迫切的国际问题及时交换意见、协调立场的有效渠道。双方强调,两国总理定期会晤机制具有重要意义,高度评价其对发展中俄长期经贸合作所作的贡献。双方将巩固现有机制,同时拓宽其他各级别、各领域的交流与磋商渠道。为此,双方将继续探讨落实关于建立中俄国家间安全磋商机制的协议。

为巩固中俄边境地区的安宁与稳定,保障两国边民的经济利益,双方重申,本着公正平等、互谅互让的原则,尽快彻底解决两国历史遗留的边界问题。

双方将继续相互坚定支持对方维护国家统一、主权、独立和领土完整的努力,这是中俄战略协作伙伴关系的重要内容。俄方重申在台湾和西藏问题上的原则立场不变。

三

为巩固和扩大中俄关系的物质基础,双方商定,在互利基础上积极发展两国经贸、军技、科技、能源、运输、核能、金融、航天、航空、信息技术等领域的务实合作及边境和地区合作。

双方高度评价近年来两国经贸合作的积极势头,并指出,应扩大贸易规模,通过提高高新技术、机械制造、电子产品和其他高附加值商品在贸易中的份额来改善贸易商品结构,使之平衡发展;为两国商品、服务和投资进入对方市场创造有利条件,加强包括建立合资企业、生产性合作和转让技术等形式的经济技术与投资合作;完善贸易服务体系,包括加强在银行结算、贷款担保、保险领域的合作,加强两国在经贸领域的法律和行政管理等工作,使贸易制度符合国际标准;加强两国边境和地方间合作以及中小企业之间的联系。双方决心使整个双边经贸关系的发展取得突破并使经贸额大幅增长。双方认为,能源领域合作对两国意义重大。落实大型油气项目,包括中俄原油管道建设、俄向中国输送天然气、俄参与西气东输项目以及研究俄为西气东输项目提供必要能源设备的可能性、双方石油公司合作勘探开发俄境内油田,应成为加强两国能源合作的基础。

中国声明,支持俄罗斯联邦加入世界贸易组织。双方认为,继续就俄加入世贸组织的条件进行积极和建设性的双边谈判,并在考虑双方利益的基础上达成相关协议,有利于加强中俄经贸关系。

四

中俄教文卫体合作委员会自2000年12月成立以来已召开3次会议,为扩大和加深两国人文领域的合作制定了具体规划,有效地发挥了协调和指导两国人文合作的作用。双方将继续发挥这一机制的潜力，加强两个伟大民族先进文明成果的交流。

考虑到非典型肺炎这一新型疾病在世界上的蔓延，双方认为，必须利用现有协作机制，加强卫生和医学领域的交流。

双方高度重视中俄合作打击非法移民等跨国犯罪，促进执法合作。根据业已达成的协议，双方将成立中俄移民问题联合工作小组，并于近期投入工作。

五

中俄友好、和平与发展委员会是两国元首倡议成立的双边民间友好组织。成立6年来，委员会为扩大双方民间交往、增进两国人民的相互了解、加深传统友谊、巩固中俄关系的社会基础作出了贡献。

在北京召开委员会第五次全体会议，是今年中俄关系的一件大事。双方将密切合作，做好准备工作，确保全会取得成功，并采取有力措施，加强两国青年、文教和实业界之间的联系和旅游领域的合作。

六

当今世界正发生着复杂、深刻的变化。和平与发展仍是时代的主题，求和平、盼稳定、促发展是世界各国人民的共同愿望。但天下仍不太平，一些原有矛盾长期未得到解决，传统安全威胁和非传统安全威胁的因素相互交织，强权政治和单边主义给这个本不安宁的世界增添了新的不稳定因素，国际恐怖主义已成为全球性威胁和公害。

历史经验和现实都表明，要解决影响国际安全、稳定与共同发展的全球性问题，应对共同挑战，必须依靠各国和各国人民的共同努力，加强国际合作。

中俄主张，应以公认的国际法原则为基础建立多极、公正和民主的国际秩序，各国应建立合理的相互关系，实现和谐共存。各国应致力于实现共同繁荣，以相互尊重和考虑彼此利益、鼓励和发展经济联系和合作原则为基础建立相互关系，促进文化交流与交往，在安全领域相互信任、相互协作，促进树立以平等、合作和考虑彼此关切为基础的新安全观。应通过对话与合作解决争端，巩固和完善国际关系体系，保障联合国在当代世界中的主导地位，促进实现发展模式多样化。世界多极化乃大势所趋，但将是一个艰难的过程，需要整个国际社会共同努力。

双方指出，中俄在国际和地区事务中有着广泛的共同利益，两国战略协作伙伴关系作为国际关系的重要因素，对未来国际政治、维护和平、保障全球安全与稳定具有原则性意义。中俄伙伴关系，包括两国在联合国和其他多边论坛上的协作，是对加强国际和平与安全的重大贡献。两国通过各种渠道，在不同级别上，定期就国际生活中的广泛问题进行外交协调，有效地促进了当今全球和地区问题的解决。

双方声明，将继续就国际事务进行磋商与协作，愿同其他有关国家一起，为实现持久和平与稳定、促进国际关系民主化而不懈努力。

七

双方强调，应以公认的国际法原则为基础，通过和平手段解决争端和危机，以多边形式解决全球和地区问题。

联合国为维护世界和平、促进共同发展发挥了不可替代的作用。在新形势下，恪守《联合国宪章》的宗旨和原则十分重要，双方决心为加强联合国体系而继续努力。

双方认为，联合国因其权威性、普遍性和积累的独特经验，理应在保障国际和平与安全方面发挥协调作用。必须共同努力，建立一个以联合国为核心的应对新挑战与新威胁的普遍体系，以保障国际稳定、安全和可预见的发展。这一体系应符合每个国家的切身利益，确保社会经济的持久发展与稳定，符合国际安全不可分割的原则，并应以《联合国宪章》的宗旨和原则及其他国际法准则为基础。它应具有全球性和普遍性，可保障根据新威胁、新挑战之间的相互联系采取一揽子解决办法。

八

中俄就战略稳定问题保持着经常对话。双方一致认为，在新的国际安全形势下，切实维护全球战略稳定，积极促进裁军进程和加强多边军控，有效防止大规模杀伤性武器及其运载工具的扩散，符合所有国家的利益。双方将继续加强各层面的协调与合作，推动上述领域的国际努力。中俄在裁军谈判会议上共同提出了防止在外空部署武器、对外空物体使用武力或威胁使用武力的国际法律文书要点草案。双方将与其他国家开展合作，继续有关工作。

九

中俄认为，应尽快采取措施恢复伊拉克国内的稳定。首要任务是解决伊拉克人道主义问题。双方同意为此继续努力，并将向伊拉克人民继续提供援助。

双方声明，伊拉克危机应回到在联合国框架内政治解决的轨道上来。联合国应在伊拉克战后重建中发挥中心作用。中俄深信，只有在联合国框架内，在安理会有关决议的基础上，伊拉克问题，这个当今世界最复杂的问题之一，才能得到妥善解决。

双方认为，必须确保伊拉克的主权、政治独立和领土完整，尊重伊拉克人民的意愿和自主选择，及其支配国家自然资源的权利。在伊拉克战后安排和重建过程中应考虑其邻国及有关各方的合法权益与关切。

自伊拉克危机发生以来，中俄即与世界上绝大多数国家一起，坚持通过政治和外交途径解决伊拉克问题的主张，并为此进行了积极努力。这一立场赢得了国际舆论的广泛尊重和支持。

双方认为，应通过协商，努力将伊拉克战争给国际关系造成的损害降低到最低限度，这符合国际社会的共同利益。实现这一目标的最佳途径是加强以联合国为核心的多边机制应对国际社会共同面对的问题的作用，加强国际反恐合作，以国际法为基础，协调一致地应对新威胁与新挑战。

中俄高度重视加强亚太地区的安全与合作，保障这一地区所有国家的稳定和顺利发展。双方重申，愿继续努力，在亚太地区建立符合地区特点的合作机制，确保地区稳定与安全，并与其他国家和地区组织开展协作。

中俄一贯认为，建立各种双边和多边机制应有利于增进亚太地区的合作与和谐。这些机制应根据《联合国宪章》的宗旨和原则相互补充，应以考虑彼此利益和对解决地区及全球问题持一致立场为基础。

双方认为，东盟地区论坛是该地区多边政治对话的重要平台，主张加强其维护地区安全的作用。双方重申，愿在东盟地区论坛框架内紧密协作。

双方认为，上海合作组织的宗旨和原则符合当今时代的发展趋势和本地区的实际，其活动有利于加强本地区的安全与稳定。上海合作组织莫斯科峰会是该组织制度建设道路上的重要里程碑，将为该组织 2004 年初起开展全面工作创造条件。

双方声明，维护朝鲜半岛的和平与稳定符合两国的安全利益，也符合国际社会的共同愿望。不赞成施加压力或动用武力的解决方案。

双方主张保障朝鲜半岛无核化地位，遵守不扩散大规模杀伤性武器制度，同时保障朝鲜民主主义人民共和国的安全，并为其社会经济发展创造有利条件。

双方认为，解决朝鲜半岛问题的关键在于当事方的政治意愿，危机应通过政治外交办法解决。双方将继续为维护朝鲜半岛的和平、稳定和发展加强合作。

中华人民共和国主席　俄罗斯联邦总统
胡锦涛　弗·弗·普京
2003 年 5 月 27 日于莫斯科

全国政协主席贾庆林在黑龙江调研

5 月 27 日至 6 月 1 日，贾庆林就即将召开的全国政协十届二次常委会的议题进行调研，先后来到佳木斯、伊春、齐齐哈尔、大庆、哈尔滨等地，考察了一些国有大中型企业、非公有制企业、林区湿地和科研院所，同广大基层干部职工、科研人员等亲切交谈，询问和了解生产经营、改革创新、防治"非典"和科研等方面的情况。他听取了黑龙江省委、省政府的工作汇报，对黑龙江省在防治非典型肺炎和经济社会发展中取得的成绩给予了充分肯定。他同省政协和民主党派、工商联负责人进行了座谈。

贾庆林说，非典型肺炎疫情给我国人民群众的身体健康和生命安全造成了很大危害，也对我国经济的正常运行产生了不利影响。黑龙江省虽然没有发生大的疫情，但是也绝不能有丝毫的麻痹和松懈。要继续做好防治工作，同时千方百计促进经济发展，夺取防治疫病和经济建设双胜利。

贾庆林说，全国政协把贯彻中共十六大关于紧紧抓住发展这个党执政兴国第一要务的精神，围绕促进国民经济持续快速健康发展和完善社会主义市场经济体制两大任务建言献策作为十届二次常委会的中心议题。各级政协组织、各党派团体都应当充分认识把发展作为第一要务的极端重要性，发挥自身的优势，协助党和政府解决好前进中的问题，进一步完善社会主义市场经济体制，促进国民经济持续快速健康发展。

贾庆林还就加强学习、搞好合作、加快制度建设等政协自身建设问题发表了意见。

国务院总理温家宝签署第 378 号令公布《企业国有资产监督管理暂行条例》

《企业国有资产监督管理暂行条例》已经 2003 年 5 月 13 日国务院第 8 次常务会议讨论通过，现予公布，自公布之日起施行。

总　理　温家宝
2003 年 5 月 27 日

企业国有资产监督管理暂行条例

第一章　总　则

第一条　为建立适应社会主义市场经济需要的国有资产监督管理体制，进一步搞好国有企业，推动国有经济布局和结构的战略性调整，发展和壮大国有经济，实现国有资产保值增值，制定本条例。

第二条　国有及国有控股企业、国有参股企业中的国有资产的监督管理，适用本条例。

金融机构中的国有资产的监督管理，不适用本条例。

第三条　本条例所称企业国有资产，是指国家对企业各种形式的投资和投资所形成的权益，以及依法认定为国家所有的其他权益。

第四条　企业国有资产属于国家所有。国家实行由国务院和地方人民政府分别代表国家履行出资人职责，享有所有者权益，权利、义务和责任相统一，管资产和管人、管事相结合的国有资产管理体制。

第五条　国务院代表国家对关系国民经济命脉和

国家安全的大型国有及国有控股、国有参股企业，重要基础设施和重要自然资源等领域的国有及国有控股、国有参股企业，履行出资人职责。国务院履行出资人职责的企业，由国务院确定、公布。

省、自治区、直辖市人民政府和设区的市、自治州级人民政府分别代表国家对由国务院履行出资人职责以外的国有及国有控股、国有参股企业，履行出资人职责。其中，省、自治区、直辖市人民政府履行出资人职责的国有及国有控股、国有参股企业，由省、自治区、直辖市人民政府确定、公布，并报国务院国有资产监督管理机构备案；其他由设区的市、自治州级人民政府履行出资人职责的国有及国有控股、国有参股企业，由设区的市、自治州级人民政府确定、公布，并报省、自治区、直辖市人民政府国有资产监督管理机构备案。

国务院，省、自治区、直辖市人民政府，设区的市、自治州级人民政府履行出资人职责的企业，以下统称所出资企业。

第六条　国务院，省、自治区、直辖市人民政府，设区的市、自治州级人民政府，分别设立国有资产监督管理机构。国有资产监督管理机构根据授权，依法履行出资人职责，依法对企业国有资产进行监督管理。

企业国有资产较少的设区的市、自治州，经省、自治区、直辖市人民政府批准，可以不单独设立国有资产监督管理机构。

第七条　各级人民政府应当严格执行国有资产管理法律、法规，坚持政府的社会公共管理职能与国有资产出资人职能分开，坚持政企分开，实行所有权与经营权分离。

国有资产监督管理机构不行使政府的社会公共管理职能，政府其他机构、部门不履行企业国有资产出资人职责。

第八条　国有资产监督管理机构应当依照本条例和其他有关法律、行政法规的规定，建立、健全内部监督制度，严格执行法律、行政法规。

第九条　发生战争、严重自然灾害或者其他重大、紧急情况时，国家可以依法统一调用、处置企业国有资产。

第十条　所出资企业及其投资设立的企业，享有有关法律、行政法规规定的企业经营自主权。

国有资产监督管理机构应当支持企业依法自主经营，除履行出资人职责以外，不得干预企业的生产经营活动。

第十一条　所出资企业应当努力提高经济效益，对其经营管理的企业国有资产承担保值增值责任。

所出资企业应当接受国有资产监督管理机构依法实施的监督管理，不得损害企业国有资产所有者和其他出资人的合法权益。

第二章　国有资产监督管理机构

第十二条　国务院国有资产监督管理机构是代表国务院履行出资人职责、负责监督管理企业国有资产的直属特设机构。

省、自治区、直辖市人民政府国有资产监督管理机构，设区的市、自治州级人民政府国有资产监督管理机构是代表本级政府履行出资人职责、负责监督管理企业国有资产的直属特设机构。

上级政府国有资产监督管理机构依法对下级政府的国有资产监督管理工作进行指导和监督。

第十三条　国有资产监督管理机构的主要职责是：

（一）依照《中华人民共和国公司法》等法律、法规，对所出资企业履行出资人职责，维护所有者权益；

（二）指导推进国有及国有控股企业的改革和重组；

（三）依照规定向所出资企业派出监事会；

（四）依照法定程序对所出资企业的企业负责人进行任免、考核，并根据考核结果对其进行奖惩；

（五）通过统计、稽核等方式对企业国有资产的保值增值情况进行监管；

（六）履行出资人的其他职责和承办本级政府交办的其他事项。

国务院国有资产监督管理机构除前款规定职责外，可以制定企业国有资产监督管理的规章、制度。

第十四条　国有资产监督管理机构的主要义务是：

（一）推进国有资产合理流动和优化配置，推动国有经济布局和结构的调整；

（二）保持和提高关系国民经济命脉和国家安全领域国有经济的控制力和竞争力，提高国有经济的整体素质；

（三）探索有效的企业国有资产经营体制和方式，加强企业国有资产监督管理工作，促进企业国有资产保值增值，防止企业国有资产流失；

（四）指导和促进国有及国有控股企业建立现代企业制度，完善法人治理结构，推进管理现代化；

（五）尊重、维护国有及国有控股企业经营自主权，依法维护企业合法权益，促进企业依法经营管理，增强企业竞争力；

（六）指导和协调解决国有及国有控股企业改革与发展中的困难和问题。

第十五条　国有资产监督管理机构应当向本级政府报告企业国有资产监督管理工作、国有资产保值增值状况和其他重大事项。

第三章　企业负责人管理

第十六条　国有资产监督管理机构应当建立、健全适应现代企业制度要求的企业负责人的选用机制和激励约束机制。

第十七条　国有资产监督管理机构依照有关规定，任免或者建议任免所出资企业的企业负责人：

（一）任免国有独资企业的总经理、副总经理、总会计师及其他企业负责人；

（二）任免国有独资公司的董事长、副董事长、董事，并向其提出总经理、副总经理、总会计师等的任免建议；

（三）依照公司章程，提出向国有控股的公司派出的董事、监事人选，推荐国有控股的公司的董事长、副董事长和监事会主席人选，并向其提出总经理、副总经理、总会计师人选的建议；

（四）依照公司章程，提出向国有参股的公司派出的董事、监事人选。

国务院，省、自治区、直辖市人民政府，设区的市、自治州级人民政府，对所出资企业的企业负责人的任免另有规定的，按照有关规定执行。

第十八条　国有资产监督管理机构应当建立企业负责人经营业绩考核制度，与其任命的企业负责人签订业绩合同，根据业绩合同对企业负责人进行年度考核和任期考核。

第十九条　国有资产监督管理机构应当依照有关规定，确定所出资企业中的国有独资企业、国有独资公司的企业负责人的薪酬；依据考核结果，决定其向所出资企业派出的企业负责人的奖惩。

第四章　企业重大事项管理

第二十条　国有资产监督管理机构负责指导国有及国有控股企业建立现代企业制度，审核批准其所出资企业中的国有独资企业、国有独资公司的重组、股份制改造方案和所出资企业中的国有独资公司的章程。

第二十一条　国有资产监督管理机构依照法定程序决定其所出资企业中的国有独资企业、国有独资公司的分立、合并、破产、解散、增减资本、发行公司债券等重大事项。其中，重要的国有独资企业、国有独资公司分立、合并、破产、解散的，应当由国有资产监督管理机构审核后，报本级人民政府批准。

国有资产监督管理机构依照法定程序审核、决定国防科技工业领域其所出资企业中的国有独资企业、国有独资公司的有关重大事项时，按照国家有关法律、规定执行。

第二十二条　国有资产监督管理机构依照公司法的规定，派出股东代表、董事，参加国有控股的公司、国有参股的公司的股东会、董事会。

国有控股的公司、国有参股的公司的股东会、董事会决定公司的分立、合并、破产、解散、增减资本、发行公司债券、任免企业负责人等重大事项时，国有资产监督管理机构派出的股东代表、董事，应当按照国有资产监督管理机构的指示发表意见、行使表决权。

国有资产监督管理机构派出的股东代表、董事，应当将其履行职责的有关情况及时向国有资产监督管理机构报告。

第二十三条　国有资产监督管理机构决定其所出资企业的国有股权转让。其中，转让全部国有股权或者转让部分国有股权致使国家不再拥有控股地位的，报本级人民政府批准。

第二十四条　所出资企业投资设立的重要子企业的重大事项，需由所出资企业报国有资产监督管理机构批准的，管理办法由国务院国有资产监督管理机构另行制定，报国务院批准。

第二十五条　国有资产监督管理机构依照国家有关规定组织协调所出资企业中的国有独资企业、国有独资公司的兼并破产工作，并配合有关部门做好企业下岗职工安置等工作。

第二十六条　国有资产监督管理机构依照国家有关规定拟订所出资企业收入分配制度改革的指导意见，调控所出资企业工资分配的总体水平。

第二十七条　所出资企业中的国有独资企业、国有独资公司经国务院批准，可以作为国务院规定的投资公司、控股公司，享有公司法第十二条规定的权利；可以作为国家授权投资的机构，享有公司法第二十条规定的权利。

第二十八条　国有资产监督管理机构可以对所出资企业中具备条件的国有独资企业、国有独资公司进行国有资产授权经营。

被授权的国有独资企业、国有独资公司对其全资、控股、参股企业中国家投资形成的国有资产依法进行经营、管理和监督。

第二十九条　被授权的国有独资企业、国有独资公司应当建立和完善规范的现代企业制度，并承担企业国有资产的保值增值责任。

第五章　企业国有资产管理

第三十条　国有资产监督管理机构依照国家有关规定，负责企业国有资产的产权界定、产权登记、资产评估监管、清产核资、资产统计、综合评价等基础管理工作。

国有资产监督管理机构协调其所出资企业之间的企业国有资产产权纠纷。

第三十一条　国有资产监督管理机构应当建立企业国有资产产权交易监督管理制度，加强企业国有资产产权交易的监督管理,促进企业国有资产的合理流动,防止企业国有资产流失。

第三十二条　国有资产监督管理机构对其所出资企业的企业国有资产收益依法履行出资人职责;对其所出资企业的重大投融资规划、发展战略和规划,依照国家发展规划和产业政策履行出资人职责。

第三十三条　所出资企业中的国有独资企业、国有独资公司的重大资产处置,需由国有资产监督管理机构批准的,依照有关规定执行。

第六章　企业国有资产监督

第三十四条　国务院国有资产监督管理机构代表国务院向其所出资企业中的国有独资企业、国有独资公司派出监事会。监事会的组成、职权、行为规范等,依照《国有企业监事会暂行条例》的规定执行。

地方人民政府国有资产监督管理机构代表本级人民政府向其所出资企业中的国有独资企业、国有独资公司派出监事会,参照《国有企业监事会暂行条例》的规定执行。

第三十五条　国有资产监督管理机构依法对所出资企业财务进行监督,建立和完善国有资产保值增值指标体系,维护国有资产出资人的权益。

第三十六条　国有及国有控股企业应当加强内部监督和风险控制,依照国家有关规定建立、健全财务、审计、企业法律顾问和职工民主监督等制度。

第三十七条　所出资企业中的国有独资企业、国有独资公司应当按照规定定期向国有资产监督管理机构报告财务状况、生产经营状况和国有资产保值增值状况。

第七章　法律责任

第三十八条　国有资产监督管理机构不按规定任免或者建议任免所出资企业的企业负责人,或者违法干预所出资企业的生产经营活动,侵犯其合法权益,造成企业国有资产损失或者其他严重后果的,对直接负责的主管人员和其他直接责任人员依法给予行政处分;构成犯罪的,依法追究刑事责任。

第三十九条　所出资企业中的国有独资企业、国有独资公司未按照规定向国有资产监督管理机构报告财务状况、生产经营状况和国有资产保值增值状况的,予以警告;情节严重的,对直接负责的主管人员和其他直接责任人员依法给予纪律处分。

第四十条　国有及国有控股企业的企业负责人滥用职权、玩忽职守,造成企业国有资产损失的,应负赔偿责任,并对其依法给予纪律处分;构成犯罪的,依法追究刑事责任。

第四十一条　对企业国有资产损失负有责任受到撤职以上纪律处分的国有及国有控股企业的企业负责人,5年内不得担任任何国有及国有控股企业的企业负责人;造成企业国有资产重大损失或者被判处刑罚的,终身不得担任任何国有及国有控股企业的企业负责人。

第八章　附　则

第四十二条　国有及国有控股企业、国有参股企业的组织形式、组织机构、权利和义务等,依照《中华人民共和国公司法》等法律、行政法规和本条例的规定执行。

第四十三条　国有及国有控股企业、国有参股企业中中国共产党基层组织建设、社会主义精神文明建设和党风廉政建设,依照《中国共产党章程》和有关规定执行。

国有及国有控股企业、国有参股企业中工会组织依照《中华人民共和国工会法》和《中国工会章程》的有关规定执行。

第四十四条　国务院国有资产监督管理机构,省、自治区、直辖市人民政府可以依据本条例制定实施办法。

第四十五条　本条例施行前制定的有关企业国有资产监督管理的行政法规与本条例不一致的,依照本条例的规定执行。

第四十六条　政企尚未分开的单位,应当按照国务院的规定,加快改革,实现政企分开。政企分开后的企业,由国有资产监督管理机构依法履行出资人职责,依法对企业国有资产进行监督管理。

第四十七条　本条例自公布之日起施行。

国务院长江三峡二期工程验收委员会第二次全体会议在北京举行

中共中央政治局委员、国务院副总理、验收委员会主任委员曾培炎主持了会议,各验收组分别汇报了移民工程验收、枢纽工程验收、输变电工程验收情况。

长江三峡二期工程验收是对三峡工程10年建设的全面检查、系统总结和权威鉴定,16名两院院士参加了验收工作。

验收成果表明,三峡工程建设10年来取得了显著成就,135米蓄水、永久船闸通航、首批机组发电三大目标的实现指日可待。截至2003年3月底,三峡移民工程已累计搬迁安置移民72万多人,累计建设各类移民房屋3237万平方米,搬迁、破产、关闭工矿企业1065户,完成了大量公路、码头、输变电、通信等专项设施的复建,三峡库区淹没设计的13个全淹和半淹城市(县城)已基本复建完成,库区面貌发生了翻天覆地的变化。截至2003年4月底,三峡枢纽工程共完成土石方开挖14223万立方米,土石方回填4791万立方米，混凝土浇筑2180万立方米，机电及金属结构安装18.10万吨，目前，永久船闸顺利完成了无水和有水调试，具备了船闸试通航的条件；截至2003年3月底，三峡输变电工程已开工建设交流线路4374公里，投产2599公里。开通三峡至常州、三峡至广东直流线路2条、1822公里。

移民工程验收组验收结论认为：长江三峡二期移民工程任务已全面完成，135米水位线下地质灾害防治和水污染防治工程进展能够满足蓄水要求。枢纽工程验收组验收结论认为：长江三峡二期枢纽工程135米蓄水及永久船闸试通航前验收范围内工程项目的设计、施工和制造、安装质量符合国家和行业有关技术标准，施工和安装过程中出现过的质量缺陷，经处理后工程质量可满足设计要求，大坝下闸蓄水和船闸试通航的条件已经具备。与会专家和代表一致同意两个验收组的结论。会议决定，将验收成果提请国务院三峡工程建设委员会审议，并由三峡建委下达蓄水、试通航令。

曾培炎在验收通过后特别强调，三峡二期工程建设任务还没有最后完成，验收中发现的一些问题还需改进和完善，输变电工程验收还正在进行。水库蓄水后，水库管理和环境保护工作尤为重要，要切实加强三峡库区污染的监测、预警以及防治工作。我们一定要以对国家、对人民、对历史高度负责的态度，再接再厉，加倍努力工作，确保今年蓄水、通航、发电的三大目标如期实现，全面完成三峡二期工程各项任务。

全国工商联主席黄孟复在北京考察民营企业

黄孟复一行来到北京昌平区康得工业园，深入高科技环保民营企业康得投资(集团)公司的车间进行考察，与当地工商联和民营企业家进行了座谈。他说，在“非典”灾害中，有的企业面临严重冲击，特别是旅游、餐饮等第三产业，第二产业也受到一些影响。我们最重要的是增强信心。目前，政府已采取一系列措施，为非公有制经济的正常经营发挥了作用。在这个关键时刻，工商联要充分发挥行业商会、同业公会的作用，反映要求，互帮互助。另一方面，广大非公有制经济人士要深入研究“非典”斗争中的经济发展，化危机为契机，积极适应“非典”冲击给生产经营带来的各种变化，促进经营、产品上水平、上台阶。

国家副主席曾庆红在人民大会堂与阿富汗副总统纳马图拉·沙拉尼举行会谈

曾庆红说：中国重视并积极参与了阿富汗的和平重建进程，将继续向阿富汗提供力所能及的援助。此次我们将签署中国向阿富汗提供1500万美元无偿援助的协定和中国承建帕尔旺工程的换文，我们还将提供100万美元现汇，支持阿富汗政府的常规预算。中方将继续与阿方探讨新的合作领域，推动互利合作，以实际行动帮助阿富汗发展经济。

沙拉尼说，目前阿富汗正在进行和平重建，中国已承诺向阿提供1.5亿美元的援助，现在准备开始修复喀布尔共和国医院和帕尔旺水利工程，阿政府和人民感谢中方的真诚和无私的援助，也欢迎中国参与阿基础设施方面的建设。

沙拉尼重申阿富汗将一如既往地支持中国打击“东突”恐怖势力。

为进一步加深两国的相互了解和友谊，双方宣布恢复建立中阿友好协会，同意北京大学与喀布尔大学建立友好校际关系。

会见结束后，曾庆红与沙拉尼共同出席了中阿两国政府经济技术合作协定等三个合作文件的签字仪式。

新闻出版总署署长石宗源在巴黎出席第三十四届国际期刊大会

石宗源作为嘉宾，通过卫星电视直播，向来自50个国家出版和发行界的900多位媒体巨头阐述了对中国期刊全球化的看法，表达了进一步加强与国际期刊界合作的愿望。

石宗源阐述了我国对期刊全球化的三项原则，第一是自主，让每个国家都能够根据自身期刊发展的需求，选择国际合作的形式与途径；第二是平等，各民族、各国家之间应该互相尊重、平等相待，而不是从属关系，不赞成强势文化支配以至取代弱势文化；第三是要达到的最终目标，应是不同传统、不同风格的文化多元发展，而不应是各民族、各国家期刊出版同质化。石宗源还介绍说，中国将进一步完善有关法律、法规，改善对外合作环境，以保障对外合作出版的健康发展。

5月28日

国家主席胡锦涛在莫斯科国际关系学院发表重要演讲

俄罗斯政府官员、学者、各界知名人士和学生听取了胡锦涛主席的演讲。演讲结束后，胡锦涛还回答了与会者就中俄战略协作伙伴关系、两国青年交往和世界多极化趋势等提出的问题。

莫斯科国际关系学院创办于1944年，是俄罗斯专门培养国际问题专家的高等学府，也是俄罗斯的外交官摇篮。许多外国领导人都在这里发表过演讲。

国家主席胡锦涛在莫斯科国际关系学院发表题为《世代睦邻友好 共同发展繁荣》的重要演讲

尊敬的院长先生,女士们,先生们,朋友们:

应普京总统的邀请,我对伟大的邻邦俄罗斯进行国事访问。今天,有机会在著名的莫斯科国际关系学院同各界知名人士、各位友好人士和学生代表见面,我感到十分高兴。我带来了中国人民对俄罗斯人民的友好情谊和良好祝愿,带来了中国人民同俄罗斯人民世代睦邻友好、共同发展繁荣的真诚愿望。在座各位朋友都十分关注中国,为促进中俄两国和两国人民的友好关系作出了不懈努力和积极贡献,我谨向你们表示衷心的感谢。

在历史的演进中,伟大的俄罗斯人民为人类文明进步作出了杰出贡献。门捷列夫发现的化学元素周期律,推进了人类对物质世界的认识。普希金和托尔斯泰的不朽诗文,丰富了世界文学艺术的宝库。加加林的首次太空之旅,把人类探索宇宙的梦想和追求带到了崭新的空间。俄罗斯人民为世界反法西斯战争胜利建立的卓越功勋,谱写了一曲保卫祖国、维护和平、战胜邪恶的壮丽凯歌。在中国人民争取解放的长期斗争中,在新生的中华人民共和国开展经济建设的时期,俄罗斯人民给予了我们多方面的支持和援助,对此中国人民永远不会忘记。

近年来,俄罗斯坚定地维护国家主权和领土完整,实现了社会政治稳定和经济较快发展。在国际上,俄罗斯积极推动世界多极化和国际关系民主化,国际地位和声望不断提高。普京总统5月16日向联邦会议发表的年度国情咨文中,提出到2010年国内生产总值翻一番的目标,为俄罗斯的发展描绘了宏伟蓝图。"亲望亲好,邻望邻好。"中国人民为俄罗斯人民已经取得的成就感到高兴,并衷心祝愿俄罗斯顺利实现上述目标,不断走向繁荣富强。

女士们、先生们、朋友们!

在座各位都关心中国的形势,都愿意为中俄友好合作贡献力量。借此机会,我愿向各位简要介绍一下中国的情况。

自20世纪70年代末以来,中国实行邓小平先生倡导的改革开放政策,坚持走中国特色社会主义道路,全面推进现代化建设,经济、政治和文化等各领域的建设取得了显著的成就。在过去20年间,中国国内生产总值年均增长9.4%,综合国力显著增强,人民生活总体上达到小康水平,实现了发展的历史性跨越。

去年11月,中国共产党召开了第十六次全国代表大会。这次大会确立了"三个代表"重要思想的指导地位,选举产生了中国共产党新一届中央领导集体,提出了中国在新世纪、新阶段的奋斗目标。今年3月,中国第十届全国人民代表大会第一次会议召开,选举产生了新一届国家机构领导人员,进一步确定了中国今后的发展目标。在本世纪头20年里,我们将集中力量全面建设小康社会,加快推进社会主义现代化。概括起来说,就是要经过20年的努力,争取到2020年国内生产总值比2000年翻两番,按现在人民币对美元的汇率估算,将达到4万多亿美元。到那时,中国经济更加发展、民主更加健全、科教更加进步、文化更加繁荣、社会更加和谐、人民生活更加殷实。中国政府和人民将坚持以邓小平理论和"三个代表"重要思想为指导,紧紧扭住经济建设这个中心不动摇,与时俱进、开拓创新,进一步深化社会主义市场经济取向的改革,在更大范围、更广领域和更高层次上实行对外开放,大力实施科教兴国战略和可持续发展战略,聚精会神搞建设,一心一意谋发展,努力促进物质文明、政治文明和精神文明的协调发展。

我们清醒地认识到,中国人口多、底子薄,发展很不平衡,人民生活远不富裕。中国仍然是一个发展中国家,正处于并将长期处于社会主义初级阶段。我们在前进道路上仍面临不少亟待解决的矛盾和问题,也还会遇到来自国际国内的各种困难和风险。中国的现代化事业任重道远,需要继续长期进行艰苦奋斗。

当前,中国政府和人民正在大力开展防治非典型肺炎的斗争。由于"非典"是一种新发现的传染病,在疫病发生初期,我们在诊断、治疗和预防方面都缺乏经验,加上中国人口多、人员流动性大,使防治工作面临很大困难。面对这场突如其来的疾病灾害,中国政府始终把人民的身体健康和生命安全放在第一位,采取了一系列有力措施,依靠科学技术,实行群防群控,加强国际合作,全力开展防治工作,取得了明显成效。我们还采取严密措施,坚决防止非典型肺炎疫病在中国境内和向中国境外扩散和蔓延。非典型肺炎是人类社会的共同敌人。中国将继续加强同国际社会的合作,为人类最终战胜这一疾病贡献力量。在这里,我要代表中国政府和人民,向在抗击"非典"中给予我们宝贵支持的俄罗斯政府和人民,表示诚挚的谢意。尽管非典型肺炎疫病给中国一些地区和行业的发展带来了不利影响,但拉动中国经济发展的基本因素依然在发挥作用,中国经济发展的势头依然强劲。中国人民决心万众一心抗"非典",迎难而上促发展,我们一定能够克服暂时的困难,夺取抗击"非典"和促进发展的双胜利,继续为促进地区和全球经济增长作出贡献。

中国的发展关乎中国各族人民的根本利益,也同世界的和平与发展事业紧密相关。中国的发展需要和平稳定的周边和国际环境,同时也为世界各国特别是周边国家创造了更多的合作机遇和良好的发展环境。

近13亿中国人民彻底摆脱贫困、走向繁荣,有利于促进地区及世界的和平、稳定和发展。

中国一贯奉行独立自主的和平外交政策,愿同世界各国人民开展友好交往和各领域的合作。即使今后富强了,中国也将永远不称霸,永远不搞扩张,永远做维护世界和平、促进共同发展的坚定力量。

女士们、先生们、朋友们!

10多年来,在双方的精心培育和共同努力下,中俄关系保持着积极的发展势头。2001年,两国元首签署的《中俄睦邻友好合作条约》,标志着中俄战略协作伙伴关系进入了一个新的发展阶段。这个条约集中体现了中俄关系取得的积极成果,确立了中俄世代友好、永不为敌的和平思想,是指导新时期双边关系发展的纲领性文件,为中俄关系长期稳定发展奠定了坚实的法律基础。遵循条约的原则和精神,发展中俄长期稳定的睦邻友好和互利合作,符合两国的根本利益,符合两国人民的共同愿望,符合和平与发展的时代潮流。

中俄关系的顺利发展给双方带来了实实在在的好处。我们解决了历史遗留的边界问题,把漫长的边界变成了两国人民友好合作的纽带。我们相互尊重对方的国家主权,支持对方维护本国统一和领土完整的努力。我们大力发展互利合作,双边贸易额已经从上世纪90年代中期的60亿美元提高到去年的120亿美元,其他领域的合作也取得了可喜成果。我们同上海合作组织其他成员国一起,积极推进区域合作,共同打击"三股势力"。中方强烈谴责前不久在贵国车臣发生的恐怖主义事件。中俄两国一直在国际事务中相互协调、相互支持,维护两国的共同利益,促进世界的和平、稳定和发展。可以说,中俄关系发展正面临着良好的历史机遇。我们应该紧紧抓住和运用这一历史机遇,继续推动两国关系向前发展。

中俄关系在中国对外关系中占有特别重要的地位。中国新一届中央领导集体对加强双方的睦邻友好和互利合作高度重视,愿同俄方朋友们一道,全面落实《中俄睦邻友好合作条约》,推动双方在政治、经济、科技、人文以及国际事务等领域的全面战略协作,不断加固中俄关系的基础,促进两国世代睦邻友好、共同发展繁荣。

为实现这一目标,我认为,双方需要重点做好以下几方面的工作。

第一,加强相互支持,深化政治互信。继续从战略高度和长远角度看待和处理双边关系,巩固和加强双方的高层交往和各领域合作机制,履行双方达成的各项合作协议,在涉及各自国家的主权、领土完整和民族尊严等重大问题上相互支持,不断加深两国业已建立的政治互信。这是中俄关系顺利发展的重要保障。

第二,扩大互利合作,实现互惠双赢。中俄经济互补性强,彼此取长补短、互利合作,可以更好地促进各自国家经济的发展。双方要拓宽合作领域,探讨新的合作渠道和方式,积极推动大项目合作。在开展合作时,既要考虑本国的利益,又要照顾对方的利益,努力创造更好的合作环境。

第三,拓展友好交往,加深传统友谊。中俄两国人民有着深厚的传统友谊。在新形势下,双方各界人士更要多走动、多交往,以增进相互了解和理解,巩固双边关系的社会基础。要进一步密切两国议会间的联系,发挥中俄友好、和平与发展委员会的作用,扩大两国地方交往,加强两国青年交流。我们高兴地看到,去年俄罗斯有127万人次来华,中方也有69万人次赴俄。今后两国的人员往来还会不断增加。我们欢迎更多的俄罗斯朋友来中国访问、经商、旅游、学习。两国政府要为保护对方人员的合法权益、鼓励双方人员往来提供更好的条件,并加强引导和管理,确保人员往来方便、有序。

第四,密切沟通协作,促进和平发展。中俄都是联合国安理会常任理事国,对世界的和平、稳定和发展负有重大责任。双方在维护联合国的权威、建立国际新秩序、推进世界多极化等重大国际问题上有共同利益,立场相同或相近。双方应进一步加强各级别的沟通和协作,并同国际社会一道努力,为促进世界的和平与发展作出更大的贡献。

女士们、先生们、朋友们!

和平与发展仍是当今时代的主题。维护世界和平,促进共同发展,是世界各国人民的共同愿望。科学技术的突飞猛进,世界多极化和经济全球化趋势的深入发展,给世界的和平与发展带来了新的机遇和有利条件。世界的基本格局和发展方向没有改变,国际形势总体稳定、局部动荡的基本态势也没有改变。但是,我们也必须看到,影响世界和平与发展的不确定因素在增加,传统安全威胁和非传统安全威胁的因素交织在一起,恐怖主义危害上升,单边主义倾向抬头,地区冲突时起时伏,南北差距仍在扩大,人类还面临着一些深刻矛盾和突出问题。我们如何应对所面临的各种挑战?怎样才能使我们这个世界更安全、更稳定、更繁荣?这是摆在各国人民面前的重大课题。

人类只有一个地球。各国人民共同生活在一个"地球村"里,应该携手合作、共同努力,推动建立公正合理的国际政治经济新秩序。

——我们应该促进国际关系民主化。国家不论大小、强弱、贫富,都是国际社会的平等一员,不仅有权自主地决定本国事务,而且有权平等地参与决定国际事务。在国际事务中,只有遵循平等协商、友好合作的民主精神，才能有效地扩大各国的共识，深化共同利益，应对共同挑战，实现世界的和平、稳定和繁荣。

——我们应该维护和尊重世界的多样性。世界各国人民在漫长的历史进程中创造了各自独特的文化、传统、信仰和价值观。多样性是世界文明的基本特征。多样性意味着差异，差异需要交流，交流促进发展。各种文明在交流中相互学习和借鉴，不断丰富和发展，将使我们的世界更加绚丽多彩，更加充满生机和活力。

——我们应该树立互信、互利、平等和协作的新安全观。历史和现实反复证明，武力不能缔造和平，强权不能确保安全。只有增进互信，平等协商，广泛合作，才能实现普遍而持久的安全。

——我们应该促进全球经济均衡发展。在过去几十年里，人类社会在促进生产力快速发展、创造出巨大财富的同时，也产生了贫富愈加悬殊、南北差距拉大、生态环境恶化等突出问题。国际社会应该共同努力，趋利避害，推动世界经济朝着均衡、稳定和可持续的方向发展。这是各国共同发展的需要，也是维护世界和平与稳定的要求。

——我们应该尊重和发挥联合国及其安理会的重要作用。联合国在维护世界和平与稳定方面的重要作用，没有任何其他国际组织可以替代。《联合国宪章》的宗旨和原则，依然具有强大的生命力，是处理当今国际事务应该遵循的基本准则。我们应该维护联合国的权威，发挥联合国在解决重大国际问题上的重要作用。

女士们、先生们、朋友们！

实现持久和平和共同繁荣，需要国际社会通力合作，不懈努力。中国人民愿同俄罗斯人民和所有国家的人民携手合作，为建立一个和平、发展、和谐的世界而共同努力。

谢谢大家！

国家主席胡锦涛在莫斯科会见俄罗斯政府总理卡西亚诺夫

胡锦涛主席同他就中俄关系特别是双边经贸合作等问题深入交换了看法。

胡锦涛肯定了中俄总理定期会晤机制，希望双方再接再厉，充分发挥有关机制的潜力和作用，努力开创中俄经贸合作的新局面。

胡锦涛说，为加强两国的经贸合作，中方建议，第一，以互利互信为基础，以大型经济技术合作项目为龙头，提高中俄经贸合作质量。已确定的重大合作项目要抓紧实施，同时在高新技术和各自拥有优势的领域提出新项目，不断增强发展后劲。第二，相互扩大市场开放，规范贸易秩序，积极支持对方商品、服务和资本进入本国市场，为企业经营创造公正透明的平等竞争条件。第三，从大局出发，坚持通过友好协商妥善处理经贸合作中可能出现的新情况和新问题，实现双赢的目标。

卡西亚诺夫对近年来俄中经贸合作的成果及积极趋势表示满意。他说，俄中经贸合作具有重要的战略意义，我们完全赞同胡锦涛主席对进一步推进双方互利合作提出的建议。俄方将与中方一道，继续落实现有的合作项目，同时也希望根据政府制定的产业政策和结构调整规划，扩大向中国出口产品的品种。俄方感谢中方支持俄加入世界贸易组织。

当天下午，胡锦涛还参观了赫鲁尼切夫国家宇航科研生产中心。该中心主要从事火箭和宇航产品的设计和制造。

国家主席胡锦涛在莫斯科分别会见俄罗斯联邦委员会（议会上院）主席米罗诺夫和国家杜马（议会下院）主席谢列兹尼奥夫

胡锦涛同他们就中俄关系、两国议会交往、各自国内的经济发展情况等广泛议题进行了友好交谈。

国家主席胡锦涛在莫斯科会见吉尔吉斯斯坦总统阿卡耶夫

胡锦涛说，中国新一届中央领导集体将继续致力于发展中吉睦邻友好，愿同吉方一道，认真落实《中吉睦邻友好合作条约》精神，推动中吉关系不断发展。胡锦涛还表示，中方支持中吉乌三国公路的建设。

阿卡耶夫说，要使两国漫长的边界成为睦邻友好、密切合作的纽带，使古老的丝绸之路焕发新生。

国务院总理温家宝在中南海紫光阁会见阿富汗副总统沙拉尼

国务院总理温家宝主持召开国务院常务会议

会议听取了教育部关于做好2003年普通高等学校毕业生就业工作有关情况的汇报。会议指出，今年是高校扩招本科学生毕业的第一年，做好今年高校毕业生就业工作，关系200多万毕业生的切身利益，关系高等教育的发展改革和科教兴国战略的实施，关系社会稳定。各级政府必须充分认识做好这项工作的重要性和紧迫性，继续坚持“市场导向、政府调控、学校推荐、学生与用人单位双向选择”的改革方向，动员组织社会各方面力量共同做好高校毕业生就业工作。会议强调，要努力为高校毕业生创造更多的就业机会，并切实做好高校毕业生的思想政治工作，引导他们树立正确的择业观和创业观，积极到基层和艰苦地区锻炼成长、建功立业。会议要求，各地区要进一步加强对高校毕业生就业工作的领导，加强政策指导和工作协调；有关部门要密切配合，通力协作，千方百计拓宽就业渠道，为促进高校毕业生自主创业和灵活就业提供便利条件和相应服务。会议决定，由国务院办公厅就做好2003年普通高等学校毕业生就业工作下发通知，提出具体要求。

会议认为，为规范物业管理，维护业主和物业管理企业的合法权益，改善人民群众的生活和工作环境，制定《物业管理条例》是十分必要的。鉴于物业管理立法涉及广大人民群众的切身利益，经国务院领导批准，该草案曾于2002年10月分别在《人民日报》和《法制日报》上全文公布，公开征求意见。在认真研究、充分吸收社会各界意见的基础上，又对草案进行了修改和完善。会议决定，《物业管理条例(草案)》经进一步修改后，由国务院公布施行。

国务院三峡工程建设委员会办公室在北京召开新闻通报会

三峡建委通报说，2003年，三峡工程将由二期建设向三期建设转变，三峡库区将形成，三峡工程由以建设为主转向建设与管理并举。

三峡建委办公室新闻发言人迟文江在通报会上说，下一阶段要对验收中发现的问题和缺陷认真做好整改工作，做到下闸蓄水、船闸通航和发电并网万无一失。这次下闸蓄水前验收虽已顺利通过，但其中也看到了不足，还存在着薄弱环节。例如，在大坝混凝土上出现过一些裂缝，虽然各单位先后进行了认真整改，措施到位，满足了设计要求，也不会给工程留下隐患，但从高标准、一流工程的要求看，还需作进一步努力，真正做到让人民满意，让人民放心，真正做到对历史负责，对人民负责。同时，三峡工程还要加快枢纽工程和输变电工程的建设进度，确保在发电后，三峡电力能顺利送出。

今年是三峡工程蓄水、通航、发电之年，也是工程二、三期任务衔接之年。今年三峡首批机组将并网发电，这标志着三峡二期工程的结束、三期工程的开始。从2004年起至2009年底，三峡工程要在导流明渠上所围起的三期围堰里，修建右岸厂房坝段及电站厂房；要安装余下的水轮发电机组及相应的高压电气设备。今后6年，库区还有40多万人需要搬迁安置。

中国中东问题特使王世杰在北京向中外媒体通报中方对当前中东问题的五点主张

王世杰于5月18日至22日对以色列和巴勒斯坦进行了访问。据王世杰介绍，他此次的中东之行旨在为推动尽早恢复和谈作出努力。访问期间，王世杰分别会见了以色列外长沙洛姆、前总理佩雷斯和巴勒斯坦民族权力机构主席阿拉法特、总理阿巴斯和外长沙阿斯。在与双方的会见会谈中，王世杰就中东和平进程和“路线图”计划提出了中方的五点主张：

一、中方对“四方”正式公布中东和平“路线图”计划表示欢迎和支持，认为“路线图”内容积极，为以巴恢复和谈提供了良好基础。希望以巴双方抓住时机，采取切实措施配合国际社会的促和努力，争取早日解决巴勒斯坦问题。

二、以、巴双方应尽快正式宣布接受并执行“路线图”计划。当务之急是双方立即停止以暴易暴和冤冤相报，为恢复和谈及达成协议创造条件。以应撤军至2000年9月28日前的位置，停止对巴采取的军事打击、政治孤立和经济封锁的措施及“定点清除”政策，冻结定居点建设，缓解巴人道主义危机，恢复阿拉法特主席人身自由。同时，以的安全应该得到充分保障，巴勒斯坦民族权力机构有义务采取有效措施制止暴力活动。中方支持早日建立独立的巴勒斯坦国，欢迎巴举行民主选举及在政治、财经、司法、行政等方面进行改革。巴人民自主选择政治体制的权利及其通过民主选举产生的合法领导人应得到尊重。对于在实施“路线图”过程中可能遇到的问题，双方应本着开诚布公、平等协商、互谅互让、先易后难的原则，通过谈判加以解决。

三、为确保“路线图”计划得到落实，应当及早建立公正、权威、有效的国际监督机制。

四、以联合国有关决议、马德里和会确立的“土地换和平”原则及各方已达成的协议与共识为基础，尽快恢复以色列同叙利亚和黎巴嫩的谈判，以达成各方均可接受的最终解决方案，最终实现中东地区全面、持久和平。

五、推动中东地区实现和平与稳定是国际社会的共同责任和义务。国际社会应增加对中东问题的关注和投入，联合国应发挥更大作用。中国倡议尽快召开由安理会五个常任理事国及有关各方参加的中东问题国际会议，并愿积极参与推动中东和平进程的国际努力。

王世杰说，中方一直关注中东局势的发展，对以巴冲突深感忧虑。中国认为尽早解决中东问题符合本地区各国人民的根本利益，有利于中东和平事业的发展。中国主张通过和平谈判解决以色列和巴勒斯坦的问题，最终实现以色列人民和巴勒斯坦人民的和平共处，共同发展。中国希望以色列和巴勒斯坦尽快恢复和谈，按照土地换和平等原则，在联合国有关决议的基础上，解决双方之间的问题。

中国常驻联合国日内瓦代表处代表沙祖康在日内瓦出席世界卫生大会并阐述中国立场

世界卫生大会在当日举行的全会上正式通过了关于防治非典型肺炎的决议，呼吁世界卫生组织会员国加强国际和区域合作，采取有效的战略，投入更多的资源，以控制21世纪第一种严重传染病——“非典”在世界的传播。

决议还提出了一些具体措施，要求世界卫生组织会员国和世界卫生组织总干事予以落实。要求会员国落实的措施主要包括：加强国内领导，提高监测和预防“非典”的能力；应用世界卫生组织建议的旨在控制“非典”的有关监测、管理和国际旅行的指导方针；及时向世界卫生组织报告病例；加强与世界卫生组织以及其他国际和区域性组织的合作；确保与世界卫生组织的联系畅通；及时就预防和控制新出现的传染病交流经验和信息等。

在决议通过后，中国常驻联合国日内瓦代表处代表沙祖康大使再次发言，针对在讨论“非典”决议过程中少数国家妄图将有关涉台的不当措辞塞入决议的企图，阐述中国政府的立场。他说，在事关国家主权、领土完整这一重大政治原则问题上，中方没有妥协余地。“非典”是卫生和健康问题，不应该和政治问题搅在一起。

于5月19日开幕的世界卫生大会本日闭幕。

中俄在莫斯科签署原油管道原油长期购销合同

中国石油天然气集团公司和俄罗斯尤科斯石油公司签署了《关于“中俄原油管道原油长期购销合同”基本原则和共识的总协议》和关于600万吨原油的铁路购销合同。中俄原油管道项目是目前两国最大的经济合作项目。该项目投产后5年内每年可实现原油贸易2000万吨，以后增加到每年3000万吨。中俄关于600万吨原油的铁路购销合同是两国迄今最大的一笔原油贸易合同。

中国外交部副部长刘古昌、国家发展和改革委员会副主任张国宝、中国石油天然气集团公司总经理马富才，以及俄罗斯联邦外交部副部长洛修科夫、能源部副部长尼泽尔斯基等出席了签字仪式。

中央统战部部长刘延东主持召开向党外人士通报抗“非典”情况通报会并讲话

卫生部常务副部长高强应中央统战部的邀请，向各民主党派中央、全国工商联领导人、无党派人士、民族宗教界人士通报全国抗击“非典”情况。

民盟中央主席丁石孙、民建中央主席成思危、民进中央主席许嘉璐、农工党中央主席蒋正华、致公党中央主席罗豪才、九三学社中央主席韩启德、台盟中央主席张克辉、民革中央常务副主席周铁农、民进中央常务副主席张怀西、农工党中央常务副主席李蒙、全国工商联主席黄孟复等民主党派中央、全国工商联领导人出席通报会。无党派人士叶朗、张洽，中国伊斯兰教协会会长陈广元，中国佛教协会副会长圣辉等也出席了通报会。

5月29日

国家主席胡锦涛在莫斯科出席上海合作组织成员国元首第三次会晤并发表重要讲话

这是2001年6月上海合作组织在上海诞生以来第三次举行成员国元首会晤。

莫斯科时间上午10时45分，哈萨克斯坦、中国、吉尔吉斯斯坦、塔吉克斯坦和乌兹别克斯坦国家元首陆续抵达设在克里姆林宫的会场。俄罗斯总统普京在会场迎候。中国国家主席胡锦涛抵达时受到普京总统的热情欢迎。

随后，六国元首在叶卡捷琳娜厅举行了小范围会谈。普京首先对成员国元首们的到来表示欢迎。他说，虽然这次元首会晤从哈萨克斯坦首都阿斯塔纳改到莫斯科召开，但哈萨克斯坦总统纳扎尔巴耶夫仍是本次会议的主席。纳扎尔巴耶夫首先对胡锦涛主席首次出席会议表示欢迎。

12时30分，正式会晤在亚历山大厅举行。胡锦涛主席在会上发表重要讲话，就上海合作组织的发展方向和国际形势等重大问题阐述了中国的立场。

各成员国元首在发言中高度评价上海合作组织两年来所取得的进展和在本次会晤中通过的一系列有关内部建设的决议，认为该组织将成为促进地区与世界安全、稳定和发展的重要因素，将在国际事务中发挥越来越重要的作用。本次会议主席、哈萨克斯坦总统纳扎尔巴耶夫总结说，本次会晤取得了丰硕成果，提出了今后的工作方向。

出席会议的六国领导人在上海合作组织机制建设以及一些重大国际问题上达成广泛共识。会议决定不应晚于2004年1月1日启动上海合作组织秘书处和地区反恐怖机构。会议还决定下次成员国元首会晤将于明年在乌兹别克斯坦首都塔什干举行。乌兹别克斯坦总统卡里莫夫表示，乌方将与各成员国共同努力，确保下次峰会取得成功。

会议结束时，六国元首签署了《上海合作组织成员国元首宣言》。

六国元首在签署宣言后会见记者，并分别发表谈话。

胡锦涛在谈话中指出，上海合作组织成立两年来取得的成就充分证明，我们作出的战略判断和政策选择是正确的，确立的宗旨原则和发展方向也是正确的。当前，国际形势正在发生深刻变化，给上海合作组织建设提出了新的任务。我们六国元首一致认为，为推动上海合作组织在国际和地区事务中发挥更加积极的作用，要采取切实步骤，进一步加快组织建设和合作的步伐。加紧筹建组织的常设机构，深化经济和安全等领域的合作，扩大组织的对外交往，这是上海合作组织下一阶段工作的中心任务。

国家主席胡锦涛在上海合作组织成员国元首莫斯科会议上的重要讲话《承前启后 继往开来 努力开创上海合作组织事业新局面》

尊敬的普京总统，尊敬的纳扎尔巴耶夫总统，尊敬的各位同事：

两年前，江泽民主席同各位一道创立了上海合作组织。上海合作组织的成立，是21世纪初国际关系发展中的一个重要事件，也是冷战结束后欧亚大陆地缘政治格局发生的影响深远的一次重大变化。它倡导并实践新型安全观和新的国家关系理念，致力于探求和发展新型区域对话和合作模式，促进地区和世界的和平与发展，对推动世界多极化和建立公正合理的国际政治经济新秩序作出了重要贡献。

上海合作组织诞生两年来，走过了不平凡的历程，经受住了国际风云变幻的考验。在上海峰会和圣彼得堡峰会精神指引下，本组织在完善机制化建设、推动各领域合作和开展对外交往等方面都取得了可喜的进展，引起了国际社会的广泛关注。

上海合作组织取得的成就表明，本组织确立的基本宗旨和发展原则是十分正确的，也是我们今后必须始终不渝地予以维护和遵循的，这就是：

——毫不动摇地坚持“互信、互利、平等、协作、尊重多样文明、谋求共同发展”的“上海精神”。

——毫不动摇地坚持以安全和经济合作为重点，逐步带动其他各领域全面合作的发展思路。

——毫不动摇地坚持不结盟、不针对其他国家和组织，广泛交往、广为合作的对外开放原则。

——毫不动摇地坚持高效、务实、稳健、创新的组织建设方针。

各位同事，随着本次会议即将批准关于组织建设方面的一系列重要法律文件，上海合作组织也将由初创阶段进入一个全面、稳定发展的新时期。创业固然艰辛，兴业更为不易。中方愿同各方一道，继往开来，开拓进取，不断开创上海合作组织建设和发展的新局面。

加快组织的机制化建设是当前上海合作组织面临的首要任务。经过各方努力，秘书处和地区反恐怖机构的筹建已经取得很大进展。我们要再接再厉，确保今年内正式启动秘书处，并早日建立地区反恐怖机构。为了体现对上海合作组织的高度重视，作为组织秘书处的东道国，中国政府决定免费为秘书处提供办公馆舍。今后，我们还将继续为秘书处顺利开展工作提供大力支持。

深化和拓展安全合作一直是上海合作组织的工作重点。对在本地区严重危害各成员国利益的“三股势力”，我们决不能放松警惕，更不能姑息迁就。我们应该进行长期不懈的努力，铲除这些恶势力，切实维护本地区的安宁稳定。为了切断“三股势力”活动的资金来源，更全面、更有效地打击“三股势力”，我们应该尽快把反毒问题提上安全合作日程。

经济合作是上海合作组织的重要基础和优先方向。我们要以明确坚定的政治意愿、切实可行的政策思路和锲而不舍的实干精神，不断推动这项工作。考虑到目前本地区的实际需要，中方建议先从交通运输领域入手，尽快签署多边公路运输协定，并切实有效地落实。希望今年下半年六国总理第二次会晤能够在推动区域经济合作方面取得新的突破。

开展对外交往是上海合作组织参与国际事务的必由之路。今年以来，上海合作组织的对外合作已有良好开端。今后应该本着积极稳妥、注重实效的原则继续向前推进，树立上海合作组织友好、合作、开放的国际形象。

各位同事，本次会议是在一个重要的历史时刻举行的。伊拉克战争已基本结束，但它引发的对国际形势的深刻思考才刚刚开始。在历史跨入21世纪的今天，如何建立符合各国人民利益和愿望的国际新秩序？如何维护世界的持久和平与安全？每一个有远见和负责任的政治家都应该努力寻找解决这些问题的正确答案。

中国主张国际关系民主化，各国平等参与国际事务，通过协商解决共同关注的国际问题。中国主张树立新型安全观，以互信求安全，以对话促合作。军事手段可以赢得一时的胜利，但不会带来持久的安全。

中国主张尊重公认的国际法和国际关系基本准则，坚决维护《联合国宪章》的宗旨和原则，维护联合国的权威和处理重大国际问题的主导地位。

中国主张维护人类文明的多样性，世界上各种文明、不同社会制度和发展道路应该彼此尊重，在竞争比较中取长补短，在求同存异中共同发展。

中国主张通过各国开展互利合作，缩小南北差距，妥善解决贫富悬殊等问题，努力促进全球的共同发展。

总之,中国主张建立公正合理的国际政治经济新秩序。这种国际秩序应该以相互安全为前提,以均衡发展为基础,以公认法理为保障,以对话合作为手段,以共同繁荣为目标。

各位同事,中国新一届中央领导集体将保持内外政策的连续性和稳定性,始终不渝地奉行独立自主的和平外交政策。坚持与邻为善、以邻为伴的方针,加强同周边国家的睦邻友好,促进区域合作,是中国对外政策的重要基石。上海合作组织是中国同俄罗斯和中亚国家睦邻友好关系发展的结晶,中国将一如既往地高度重视、积极参与和全力推动本组织的各项工作。我本人也愿意同各位一道,努力为上海合作组织的发展谱写新的篇章。

谢谢大家!

上海合作组织成员国发表元首宣言

值此上海合作组织(以下简称本组织)即将结束初创阶段,开始在国际生活中独立自主地发挥作用的重要时刻,本组织成员国哈萨克斯坦共和国、中华人民共和国、吉尔吉斯共和国、俄罗斯联邦、塔吉克斯坦共和国和乌兹别克斯坦共和国的国家元首在莫斯科举行会晤并声明如下:

一

国际局势的发展证明,2001 年 6 月 15 日在上海通过的关于建立本组织的决定是及时的,顺应了地区及世界局势发展的大趋势。

2002 年 6 月 7 日在圣彼得堡签署的《上海合作组织宪章》,为本组织的发展奠定了坚实的法律基础,使之能够成为维护地区安全与稳定、推动世界和平与发展的重要力量。

六国元首审议了上届峰会提出的按照宪章规定尽早启动本组织所有机制这一任务的落实情况,认为,在过去阶段,本组织在这方面做了大量有益的工作。

六国元首批准了规范包括常设机构——北京秘书处和比什凯克地区反恐怖机构在内的本组织各机构活动的法律文件,以及本组织徽标方案。

六国元首根据本组织外交部长会议的推荐,通过了关于批准张德广先生(中华人民共和国)出任上海合作组织首任秘书长的决议。六国元首商定了本组织预算编制与执行规则并签署了相关协定。六国元首强调,上海合作组织常设机构的启动不应晚于 2004 年 1 月 1 日。

为此,应确保《上海合作组织宪章》和《上海合作组织地区反恐怖机构协定》的及时生效,在定于今秋在中国召开的政府首脑(总理)会议上通过本组织第一个财政预算,并在 2003 年内完成本组织财务条例和细则及《上海合作组织地区反恐怖机构协定》中规定的文件草案的制定工作。

六国元首还表示,应加快地区反恐怖机构理事会的筹组工作,以解决《上海合作组织地区反恐怖机构协定》涉及的有关问题。

六国元首认为,有必要责成国家协调员理事会与各方有关专家一道,继续协商与启动本组织各机制有关的具体问题。

二

上海合作组织旨在通过共同努力,全面发展六国伙伴关系,开展政治、经贸、人文各领域合作,以应对新的威胁和挑战。

六国元首积极评价圣彼得堡峰会以来本组织机制化及深化各领域合作进程,指出必须确保成员国外交、国防和执法、紧急救灾、对外经济、交通、文化及其他政府部门间开展高效务实的合作。

六国元首认为,即将举行的本组织政府首脑(总理)会议具有重要意义。对该会议的准备应有助于加快已开始的关于制定贸易投资便利化措施的谈判进程。应根据 2001 年 9 月 14 日签署的上海合作组织成员国政府间备忘录,完成《上海合作组织长期多边经贸合作纲要》的制定工作。

六国元首强调,各成员国外交部间应就当前迫切国际问题加强沟通,包括在联合国及其他国际组织内保持接触。

六国元首重申,在组织处于初创及启动常设机构阶段,本组织愿按照开放原则,并根据六国外长 2002 年 11 月 23 日通过的有关临时方案,与其他国际组织及世界各国开展交流。

三

六国元首指出,政治和经济体制多样化的当代世界正在发生迅速变化。不仅政治结构,而且整个国际安全体系都在变化之中。

为此要树立和实践互信、互利、平等、协作的新型安全观。要维护和遵循《联合国宪章》的宗旨和原则以及公认的国际法准则。

要尊重和促进人类文明的多样性。各种文明应该求同存异,取长补短,共同发展。

要推动世界经济的平衡和可持续发展,实现各国的普遍繁荣。

四

六国元首认为,承认联合国和联合国安理会在处理重大国际问题上的重要作用具有根本意义。联合国应当首先确保国际政治和安全问题获得有效解决,同时应该也能够根据急剧变化的国际形势进行改革。

本组织成员国认为,根据《联合国宪章》及国际法准则，通过预防性手段防止冲突应继续成为联合国的主要活动方向之一。

本组织成员国认为，联合国在伊拉克重建问题上应发挥重要作用，同时，恢复伊国内和平、在伊建设繁荣和民主社会的基本前提是维护伊人民的民族利益和主权，以及国际社会向其提供切实援助。

五

上海合作组织成员国认为，在政治、经济和社会全球化进程日益深化的背景下，面对现代恐怖主义、毒品威胁及其他跨国犯罪的挑战，世界上没有一个国家可以独善其身。因此，世界各国应在本地区和全世界范围内就解决上述全球性问题开展最广泛的合作，并作出自己的实际贡献。

上海合作组织成员国处于同恐怖主义作斗争的前沿，深知现代恐怖主义的国际化特点。在相互合作反恐的同时，积极参与国际社会的反恐斗争，包括切断其资金来源。本组织成员国执法及国防部门间的密切协作从中发挥着重要作用。

在推进本组织框架内反恐合作的同时，本组织成员国将积极开展与联合国安理会反恐委员会的合作，并对推动联合国尽快完成《制止核恐怖主义行为的国际公约》及《关于国际恐怖主义的全面公约》草案的制定工作给予高度重视。

上海合作组织成员国始终认为，反恐斗争应以国际法准则和原则为基础，不应将反恐与反对某个特定的宗教、国家和民族相提并论。

非法贩卖毒品、麻醉品及易制毒化学品问题已日益构成严重威胁。鉴于在很大程度上，这已成为国际恐怖主义的一个重要资金来源，国际社会应采取有效的应对措施。上海合作组织成员国正采取切实措施，以加强本组织框架内打击非法贩卖毒品、麻醉品及易制毒化学品的合作。2003年年底前，各成员国将签署有关多边协定。

阿富汗毒品威胁已具有全球的性质。加强多边合作予以应对已成为当前的迫切任务。本组织成员国认为，应在联合国的领导下，及时制定综合应对阿富汗毒品威胁的国际战略，重申决心在联合国毒品控制计划的框架内与联合国及其他国际组织开展密切合作。

本组织成员国对阿富汗过渡政府为稳定国内局势所作的努力表示支持，同时认为，近来国际上发生的一系列事件不应削弱国际社会为阿富汗经济重建所做的努力。

本组织成员国坚信，与现代威胁斗争的胜利，在很大程度上取决于贫困、大规模失业、文盲、种族歧视、民族歧视和宗教歧视这些社会经济问题的解决。寻找有效解决安全问题的关键在于建立联合国领导下的应对新挑战和威胁的全球战略。

六

本组织成员国坚信，本组织能够并且应该对成员国范围内及整个世界的安全和稳定发展作出显著的贡献。本组织愿积极参与建设地区安全体系，该体系应均衡照顾到各方的利益及立场。本组织将与所有国家及组织在这一重要领域开展建设性的合作。

本组织成员国认为，在全球化背景下，维持和加强战略稳定、包括不扩散大规模杀伤性武器等问题的重要性不但没有减弱，反而进一步上升。

国际社会从未像现在这样迫切需要采取协调一致的行动，以探索和建立一个各国都能接受的21世纪国际安全体系。

上海合作组织成员国坚信，团结一致，携手应对共同威胁将成为越来越多国家的共识，符合历史发展的潮流。人类终将选择建立民主和保障世界各国不断发展及普遍安全的国际秩序。

哈萨克斯坦共和国总统努尔苏丹·纳扎尔巴耶夫
中华人民共和国主席　胡锦涛
吉尔吉斯共和国总统　阿斯卡尔·阿卡耶夫
俄罗斯联邦总统　弗拉基米尔·普京
塔吉克斯坦共和国总统　埃莫马利·拉赫莫诺夫
乌兹别克斯坦共和国总统　伊斯兰·卡里莫夫
2003年5月29日于莫斯科

国家主席胡锦涛在莫斯科分别会见乌兹别克斯坦总统卡里莫夫和塔吉克斯坦总统拉赫莫诺夫

全国人大常委会委员长吴邦国在上海会见阿富汗副总统沙拉尼

国务院三峡工程建设委员会第12次全体会议在北京召开

中共中央政治局常委、国务院总理、国务院三峡工程建设委员会主任温家宝主持会议并作了重要讲话。他强调，三峡工程是举世瞩目的宏伟工程和中华民族的千秋大业，要以对人民、对国家、对历史高度负责的精神，坚持高标准、高质量、高效率，确保如期完成三峡工程建设的各项任务。

中共中央政治局委员、国务院副总理、国务院三峡工程建设委员会副主任曾培炎，国务委员兼国务院秘书长华建敏出席会议。

会议批准国务院长江三峡二期工程验收委员会的验收意见，同意枢纽工程今年6月1日下闸蓄水，6月16日五级船闸试通航，8月首批机组并网发电。会议还研究了三峡工程建设中的若干重要问题。

温家宝充分肯定了三峡工程建设取得的成绩。他指出,三峡二期工程完成后,即进入三期工程阶段,任务依然繁重、艰巨。我们肩负的责任重于泰山,要不负重托,尽职尽责,扎扎实实地做好工作,认真完成今后各项任务,向国家、人民和历史交出完满的答卷。

温家宝对今后三峡工程建设提出了明确的要求:

第一,高度重视三峡工程质量。千年大计,质量第一。质量是三峡工程的生命。要继续牢固树立质量第一的思想,一切服从质量,务必精心组织,精心施工,精益求精。要强化质量管理和监督责任制,切实落实各项措施,确保三峡工程达到一流的质量,经得起历史的检验。

第二,抓紧整改验收中发现的问题。要按照各个验收组和质量检查专家组提出的意见,认真、全面、彻底地整改,坚决做到不留死角、不留隐患,确保下闸蓄水、船闸通航和发电并网顺利进行。

第三,继续做好移民和库区经济发展工作。要保持政策连续性和稳定性,搞好农村移民外迁安置,搞好企业迁建及结构调整,真正使移民"搬得出、稳得住、逐步能致富",保证库区社会稳定和长治久安。

第四,十分重视库区地质灾害和水污染治理。重点加强迁建区和专业设施复建区域的地质灾害防治,改进项目、资金管理方式,使之与移民迁建工作紧密结合。要加大重庆市和长江上游主要支流的水污染防治力度,做好长江两岸绿化工作,确保三峡水库水质的清洁。

第五,认真做好二、三期工程建设的衔接。今年是三峡工程蓄水、通航、发电之年,同时也是三峡工程二、三期任务衔接之年,要早作计划,早作安排,保证三期工程建设顺利进行。三峡水库形成后,必须加强水库的管理工作。

第六,加强工程建设各方面的团结协作。各有关部门、地方和单位要加强沟通,相互支持,密切配合。三峡工程的全体建设者要继续发扬谦虚谨慎、艰苦奋斗的优良作风,顽强拼搏,甘于奉献,把工程建设各项工作做得更好。

温家宝最后说,三峡工程建设凝聚着我们党几代领导集体的心血,凝聚着全国人民的殷切期望。要努力高质量地完成三峡工程建设各项任务。

国务院副总理回良玉在安徽检查淮河流域防汛工作

5月29日至6月1日,中共中央政治局委员、国务院副总理、国家防汛抗旱总指挥部总指挥回良玉在安徽检查淮河流域防汛工作,并主持召开了淮河流域防汛抗旱工作会议。回良玉指出,各地区、各部门要认真贯彻落实党中央、国务院关于防汛抗旱工作的指示精神,进一步动员起来,立足于防大汛、抗大旱、抢大险,周密部署,狠抓落实,全力做好防汛工作,确保人民生命安全,确保城市和交通干线安全,确保经济建设顺利进行。

其间,回良玉在安徽检查了淮河流域防汛准备情况,察看了淮河干流的蒙洼蓄滞洪区、临淮岗洪水控制工程、淮北大堤、怀洪新河、蚌埠闸和蚌埠城市圈堤等防汛工程。

国家防汛抗旱总指挥部召开的淮河流域防汛抗旱工作会议,主要分析全国和淮河流域的防汛抗旱形势,研究部署当前的防汛抗旱工作。安徽、河南、江苏、山东等省和国务院有关部门负责同志参加了会议。

回良玉指出,根据气象预测分析,今年大江大河存在发生大洪水的可能性,务必要高度警惕,决不可掉以轻心。

回良玉强调,做好今年全国防汛抗旱工作,当前要重点抓好以下工作:一是各地要组织力量对防洪工程再进行全面、认真的检查,发现问题及时处理。二是要按防大汛、抢大险的要求,备足抢险物料,落实抢险队伍。三是要着力抓好水库安全度汛和行蓄洪区运用准备。四是要全力加强汛期防守。认真落实各项防洪预案,尤其是重大堤防险情处置预案。加强巡堤查险,及时发现和消除险情。切实搞好气象预报和水情测报,确保汛情测得出、报得准、传得快。五是要加强山洪灾害防治和台风的防御工作,努力减少灾害损失。六是要认真做好救灾工作,妥善安排受灾群众的生活和生产。七是要坚持防汛和抗旱两手抓。旱情严重的地区要加大抗旱工作力度,统筹考虑生活、生产和生态用水,确保城市供水和农村人畜饮水。

银监会主席刘明康出席国务院新闻办公室举行的记者招待会

刘明康在记者招待会上说,中国银监会的建立,标志着我国金融业对外开放步伐进一步加快,标志着我国金融监管业的体制、机制向着市场化和国际化方向又迈出了新的一步。

据悉,中国银监会负责统一监管银行、金融资产管理公司、信托投资公司及其他存款类金融机构,包括所有在中华人民共和国境内的外资银行营业机构和代表处。其监管对象的总资产在去年年底就已达26.45万亿元人民币,占全国金融资产的85%。目前,中国银监会的组建工作正按照中央的部署稳步有序地进行,内设15个职能部门,在省(自治区、直辖市)设立银监局,地(州、市)设立分局,根据需要在县(县级市)设立精干的办事机构。

刘明康介绍说,中国银监会的主要职责是:制定有关银行业金融机构监管的规章制度和办法,起草有关法律和行政法规,提出制定和修改的建议;审批银行业金融机构及分支机构的设立、变更、终止及其业务范围;对银行业金融机构实行现场和非现场的监管,依法对违法违规行为进行查处;审查银行业金融机构高级管理人员任职资格;负责统一编制全国银行数据、报表,并按照国家有关规定予以公布;会同有关部门提出存款类金融机构紧急风险处置的意见和建议;负责国有重点银行业金融机构监事会的日常管理工作;承办国务院交办的其他事项。

刘明康说,当前中国银监会正抓紧部署4项工作:一是对存款类金融机构的经营风险情况进行一次全面分析评价;二是全面部署对贷款五级分类等进行现场检查和改进工作;三是完善银行业的监管法律、法规,保证依法履行监管职责,目前正在清理2000多条法规;四是筹划建设良好的、科学的监管支持系统。其中包括信息的处理、人才队伍的培训和培养,也包括整个支持系统安全性的建设。

刘明康透露,今后一段时期内,中国银监会的工作重点是:第一,继续加大监管力度,促进各类银行降低不良贷款比例和余额;第二,大力推进国有独资商业银行的改革,其综合改革要有突破性进展;第三,加快农村信用社的改革试点工作;第四,做好国家政策性银行、股份制商业银行和其他金融机构的规范化改革工作,充分发挥信托投资公司、企业集团财务公司、金融租赁公司等非金融机构在经济改革和全面建设小康社会中的作用。

在回答记者关于国有银行不良资产的提问时,刘明康说,2002年底,四大国有独资商业银行的不良贷款率加权平均为26.12%,到今年一季度末,这个数字已下降到24.13%。今年,中国银监会所把握的四大国有独资商业银行不良资产下降的指标是:不良贷款比例下降3—4个百分点,余额下降700多亿元。

银监会发出《关于调整银行市场准入管理方式和程序的决定》

《关于调整银行市场准入管理方式和程序的决定》(以下简称《决定》)自7月1日起施行。

《决定》调整了新业务的审批方式。要求取消对中资商业银行下列业务的审批:国内保理、代理证券资金清算(银证转账)、代理保险、证券公司受托投资托管、信托资产托管、企业年金托管。取消对中资商业银行下列业务的备案:买方或协议付息票据贴现、法人账户透支、代理信托产品资金收付。取消对外资银行下列业务的备案:国内保理、买方或协议付息票据贴现、法人账户透支。

《决定》还调整了高级管理人员任职资格核准方式。《决定》指出,各中资银行、外国独资银行和中外合资银行在本机构内作同级职责平行调动的高级管理人员,若已经经过任职资格审核,原有任职资格仍然有效,无须重新进行核准。

国办转发农业部等部门《关于2003年减轻农民负担工作的意见》并发出通知

各省、自治区、直辖市人民政府,国务院各部委、各直属机构:

农业部、纠风办、财政部、发展改革委、法制办、教育部《关于2003年减轻农民负担工作的意见》已经国务院同意,现转发给你们,请认真贯彻执行。

国务院办公厅

2003年5月29日

关于2003年减轻农民负担工作的意见

2002年以来,各地区、各部门按照中央的部署,在扩大农村税费改革试点工作、落实农民负担"一定三年不变"政策、开展专项治理等方面做了大量工作,基本实现了农民负担明显减轻的目标。但是,农民负担重的问题还未从根本上解决,农民负担反弹的隐患依然存在。针对当前存在的问题,今年减轻农民负担工作的总体要求是:以"三个代表"重要思想为指导,围绕全面推进农村税费改革试点工作,坚持综合治理、标本兼治,狠抓中央政策落实,强化农民负担监督管理,努力使农民负担进一步减轻,涉及农民负担的突出问题进一步减少,防止农民负担反弹的监督管理机制进一步完善。2003年要重点做好六个方面的工作:

一、确保农村税费改革政策落实到位

2003年开始全面试点的地区,要按照中央的政策着眼于减负做好改革方案的制订和实施工作。已经开展全面试点的地区,应严格按照《国务院关于全面推进农村税费改革试点工作的意见》(国发〔2003〕12号),对减负的实际效果开展检查,切实解决试点中存在的突出问题。各有关部门要加强督查指导,健全督查机制,改进督查方式,确保农村税费改革政策落到实处。

二、认真清理涉及农民负担的收费项目

按照统一政策、分级负责的原则,在全国范围内开展对涉及农民负担行政事业性收费项目的重新审核工作,取消不合理、过时的收费项目,降低过高的收费标准。财政部、发展改革委负责对现行的全国性及中央部门涉及农民负担的收费项目和标准进行清理并提出处理意见,对取消和降低收费标准的项目予以公告施行。省级人民政府负责组织清理审核本行政区域内涉及农民负担的收费项目,并将结果报国务院减轻农民负担联席会议办公室(农业部)备案,农业部要加强对这项工作的督促指导。所有清理工作,应在2003年9月30日前完成。

清理收费项目要做到“四个一律取消”,即:没有法律、法规依据或未经中央和省两级人民政府及其财政、价格主管部门会同农民负担监督管理部门批准的,涉及农民负担的行政事业性收费项目一律取消;没有法律、法规依据或未经国务院及其财政部门会同农民负担监督管理部门批准的,涉及农民负担的政府性基金项目一律取消;除国家法律和法规规定之外,1997年以来出台的专门面向农民的行政事业性收费项目和政府性基金项目一律取消;农村的各种集资、摊派以及要农民出钱出物出工的达标升级项目一律取消。清理后应予保留的行政事业性收费项目,由同级价格主管部门会同有关部门重新核定收费标准。

三、深入开展农民负担专项治理工作

继续把农业生产性费用中的不合理收费和搭车收费、农民建房乱收费、农村义务教育乱收费和农民进城务工乱收费等,作为今年专项治理的重点,务求取得明显成效。

(一)对农业生产性费用中不合理收费和搭车收费的专项治理。治理重点是农业供水、供电、农机管理和服务中的不合理收费和搭车收费。一是农业供水要严格执行“受益缴费,计量收费”的原则,因大面积抗旱、排涝难以做到计量收费的,应按直接受益原则据实分摊。二是农村用电收费要抄表到户,计量收取,坚决纠正乱加价和搭车收费行为。坚决落实城乡用电同网同价政策,尚未实现城乡统一电价的地方要严格执行省级价格主管部门批准的农村到户电价标准。三是要减少农机行政事业性收费项目,降低收费标准,规范收费行为。农机经营服务性收费要尊重农民意愿,合理确定标准,不准借服务之名强行收费,不准超标准收费。

(二)对农民建房乱收费的专项治理。任何地方、部门均不得自立农民建房收费项目、扩大收费范围、提高收费标准。要全面对农民建房收费进行清理,已经清理的地方要查找死角。今后农民自建住房,除依法发证可按规定收取工本费外,一律不得再向农民收取其他行政事业性收费。

(三)对农村义务教育乱收费的专项治理。除国家统一规定的杂费、借读费、代收课本费外,学校不得再向学生收取其他费用,也不得提高收费标准。农村义务教育收费实行校长负责制和收费卡制度,凡是出现乱收费行为的,要按照规定追究校长和有关当事人的责任。

(四)对农民进城务工乱收费的专项治理。除按规定收取有关农民工证书工本费外,其他行政事业性收费项目一律取消。为农民工提供经营性服务,必须坚持自愿原则,不得强行服务、强制收费。对经营性服务收费应进行公示,没有纳入公示范围的,不得收取。

四、全面落实减轻农民负担“四项制度”

(一)进一步提高“公示制”的质量和水平。凡是向农民收取的农业税收、涉及农民负担的行政事业性收费、重要商品及服务价格,都要通过多种形式向社会公示。今年下半年,由财政部、发展改革委、农业部对农业生产性收费、农民建房收费、农村中小学收费、农民进城务工收费进行重点公示,公示内容包括文件依据、项目名称、收取标准和对象范围等。各地区应对本行政区域涉及农民负担收费项目清理审核结果向社会公示。县、乡要及时公示调整后的相关内容。各级人民政府及有关部门要在公示前对税收、价格和收费项目进行严格审核,规范公示的各项内容。凡是将违规的税收、价格和收费项目及标准列入公示范围的,要追究有关人员的责任。凡是按规定应该公示而没有公示的,农民有权拒绝缴纳。

(二)严格执行农村义务教育收费“一费制”。国家扶贫开发工作重点县的农村小学和初中实行“一费制”,任何学校不得以任何借口推迟或拒不执行。有条件的地方应扩大“一费制”的实施范围,让更多的农民受益,有关部门要抓紧制定具体办法。

(三)把农村订阅报刊费用“限额制”落到实处。要采取有力措施,整顿面向农村的报刊发行秩序。有关部门要对本系统的报纸杂志进行清理,压缩报刊种类,内部刊物一律不得公开发行。任何单位和个人不得以任何形式和名义向乡村基层组织、学校或向农民、学生摊派报刊征订。乡村基层组织、学校也不得替农民、学生代订报刊,不得代扣代缴订阅费用。严禁将农村订阅报刊费用转嫁给农民或学生。

(四)严格执行违反农民负担政策责任追究制。各地区要按照中共中央办公厅、国务院办公厅《关于印发〈关于对涉及农民负担案(事)件实行责任追究的暂行办法〉的通知》(中办发〔2002〕19号)规定,结合本地实际,尽快制定实施细则,加大对涉及农民负担案(事)件的责任追究力度。

五、进一步强化农民负担监督检查

各地区要做好年中和年底的减轻农民负担工作检查。国务院减轻农民负担联席会议和国务院农村税费改革工作小组将在年底联合开展减轻农民负担工作检查。要改进检查方式,把明察与暗访结合起来,把检查与处理结合起来。

各级人民政府及有关部门要高度重视和认真受理农民负担问题的来信来访。对属本部门职责范围内的问题,应查清事实,认真处理。对属其他部门职责的问题,要及时转办。对上级部门责成查处的,要按时限要求报告结果。对群众反映的问题能解决而长期不解决并造成损失的,应追究有关部门负责人的责任。

六、建立、健全农民负担监督管理机制

要适应农村税费改革新形势,抓紧建立、健全农民负担监测、信访举报、检查监督、案件查处等制度,推动管理工作制度化,监督机制进一步完善。地方各级党政一把手要亲自抓、负总责。农业部门要切实发挥牵头和监督管理作用,监察(纠风)部门要严肃查处涉及农民负担的案(事)件,财政部门要积极指导农村税费改革试点工作、严格管理涉及农民负担的收费项目,价格主管部门要强化农村价格管理,政府法制机构要加强涉及农民负担法规的健全完善工作,教育部门要做好农村中小学收费管理工作。

减轻农民负担工作是一项长期、艰巨的任务。各地区、有关部门应注意分析农村税费改革后农民负担的新情况、新问题,加强调查研究,认真总结经验,积极探索减轻农民负担的治本措施。要统筹城乡经济社会发展,转变政府职能,精简机构人员,转变干部工作作风,为彻底减轻农民负担而努力。

国务院副总理吴仪在中南海会见美国卡特彼勒公司副总裁兼亚太区总裁乐文礼

中国政府向柬埔寨国家选举委员会提供物资援助交接仪式在金边举行

中国驻柬大使宁赋魁和柬国家选举委员会主席英索斯代分别在交接证书上签字。

英索斯代对中国再次向柬埔寨大选提供援助表示感谢。他说,中国政府历来关心和支持柬埔寨的大选,曾向1998年柬全国选举提供过车辆等物资援助。他相信中国政府这次无偿提供的2万美元办公用品将对柬埔寨今年7月大选顺利举行发挥积极作用。

中国科学院院士叶笃正荣获第四十八届国际气象组织奖

国际气象组织奖是世界气象组织的最高奖项,也是国际气象界的最高荣誉。这是中国科学家首次获此殊荣。

全国防治非典型肺炎指挥部在北京召开第十次会议

会议研究贯彻落实国务院第二次全体会议精神,总结指挥部成立以来的工作,分析当前疫情防治形势,部署近期工作。会议首先传达了中共中央政治局常委、国务院总理温家宝5月25日对指挥部工作的重要批示:"要防止一些地方,特别是重点地区出现思想麻痹、工作松懈,继续狠抓薄弱环节,注意针对新情况加强防治措施。这些问题和工作,必须引起各级政府高度重视。愈是疫情趋缓愈要提高警惕,防止反复。"中共中央政治局委员、国务院副总理、全国防治非典型肺炎指挥部总指挥吴仪在讲话中强调,一定要坚定不移地贯彻落实中央的决策部署和温家宝总理的重要批示精神,牢固树立长期作战的思想,坚持分类指导、依法防治、科学防治,以更高的标准、更严的要求、更大的力度,进一步加强和完善防治工作。

吴仪指出,总体上看,经过各方面的共同努力,全国非典型肺炎防治工作取得了阶段性成效,但形势依然严峻,稍有疏忽就可能导致疫情反复,功亏一篑,铸成大错。对此,我们的思想绝不能麻痹,指挥绝不能削弱,工作绝不能松懈。

吴仪强调,指挥部下一阶段工作要抓住几个重点。一是指导各地完善群防群控工作体系,进一步落实防控措施。努力做到无疫情的地方不出现疫情,有疫情的地方不扩散疫情。二是千方百计降低发病率和提高治愈率。三是华北地区和农村的防治工作一刻都不能放松。四是坚决打好科技攻坚战,力争在流行病学研究、疫苗和新型药物研制等方面实现突破。五是继续做好后勤保障工作。六是坚定不移地依法治疫,将防治工作纳入科学、规范和有序的轨道。七是进一步加强宣传和外事工作。吴仪最后说,指挥部的每个同志都要以对人民的身体健康和生命安全高度负责的精神,出色完成党和人民交给我们的光荣任务,努力夺取防治非典型肺炎斗争的全面胜利。

国务委员兼国务院秘书长、全国防治非典型肺炎指挥部副总指挥华建敏主持会议,全国防治非典型肺炎指挥部各工作组和办公室负责人出席了会议。

5月30日

国家主席胡锦涛出席圣彼得堡建市300周年庆典活动

国家主席胡锦涛在圣彼得堡分别会见波兰总统克瓦希涅夫斯基希腊总理西米蒂斯和加拿大总理克雷蒂安

国家科技教育领导小组第一次会议在中南海召开

会议由中共中央政治局常委、国务院总理、国家科技教育领导小组组长温家宝主持,审议科技部《关于制订国家中长期科学和技术发展规划工作方案的汇报》、教育部《关于进一步加强农村教育工作的汇报》,

通过了修订的国家科技教育领导小组工作规则。

国务委员兼国务院秘书长华建敏，国务委员、国家科技教育领导小组副组长陈至立出席会议。

会议指出，本世纪头20年，是我国经济社会发展的重大战略机遇期，也是科学技术大发展的战略机遇期，制定这一时期国家中长期科学和技术发展规划，对于充分发挥科学技术第一生产力的作用，全面推进国家创新体系的建设，迅速提升我国的科技创新能力和竞争力，迎接世界新科技革命的挑战，有力支撑全面建设小康目标的实现，具有重大的战略意义。制定规划的基本要求是：一要从全局性、战略性、前瞻性的高度进行总体规划和统筹安排。要在全面分析世界政治、经济、军事、文化、公共卫生、生态环境等综合因素发展变化的基础上，根据我国经济与社会发展对科技的总体需求，提出我国科学技术发展的指导方针和重点目标。二要突出重点，明确目标。本着“有所为，有所不为”的原则，发挥社会主义国家集中力量办大事的优势，在重点任务、重点项目上务求取得突破性进展。三要把战略研究放在十分重要的位置。组织各方面的力量，发挥广大科技工作者的作用，对涉及我国国民经济、社会发展和国家安全，以及科技自身发展的重大课题，进行系统而深入的分析研究，为规划的制定奠定基础。四要发扬科学民主，集思广益。规划制定工作要充分体现决策的科学化和民主化，广泛研究论证，充分听取科技界、企业界、教育界、国防军工等部门和地方的意见。

会议强调，各级政府必须从农村长远发展和我国现代化建设全局的高度，充分认识发展农村教育的重要性和紧迫性，切实把农村教育工作摆上议事日程。加强农村教育工作，要着眼于提高农民素质，坚持把农村义务教育作为教育工作的重中之重。今后每年新增教育事业经费，主要用于农村。要深化农村教育综合改革，坚持“以县为主”的管理体制，促进义务教育、职业教育、成人教育“三教统筹”和“农科教结合”。要进一步采取措施，解决农村教育中的突出问题，包括确保教师工资发放，继续实施中小学危房改造工程，加强中小学教育信息化建设，为贫困学生免费提供教科书。经过几年的努力，使农村教育事业有一个大的发展，逐步缩小城乡教育发展的差距，为农村全面实现小康奠定重要的基础。

中共中央政治局常委李长春在吉林考察

5月30日至6月4日，李长春深入长春市、吉林市、延边朝鲜族自治州等地的大型企业、居民小区、乡村农家、边境口岸及吉林省疾病预防控制中心，就夺取抗击“非典”斗争和经济建设双胜利，兴起学习贯彻“三个代表”重要思想新高潮，深化文化体制改革等问题进行调研，同基层干部群众进行座谈，听取了吉林省委、省政府的工作汇报，对吉林省防治非典型肺炎和经济社会发展中取得的成绩给予充分肯定，对下一步工作提出明确要求。

李长春指出，防治“非典”的任务还很艰巨，要严防疫情出现反复，要把各项防治工作做得坚决彻底，一鼓作气地夺取防治“非典”的彻底胜利。当前更要注意正确把握和处理好防治“非典”与发展的关系，像吉林这样的老工业基地和一汽、吉化这样的大型国有企业，更要带头克服“非典”影响，努力抓好生产经营，保持经济持续快速健康发展，加快老工业基地的振兴。

李长春还就文化发展和推动兴起学习贯彻“三个代表”重要思想新高潮作了指示。

保监会经国务院批准公布新的《保险公司投资企业债券管理暂行办法》

今后我国保险业投资企业债券的范围，由只允许投资三峡、铁路、电力、移动通信等中央企业债券，扩大到自主选择购买经国家主管部门批准发行，且经监管部门认可的信用评级在AA级以上的企业债券；保险公司投资企业债券的比例由目前不得超过总资产的10%，提高到20%。

国家工商总局和国家林业局在北京联合召开电视电话会议

会议就严禁违法捕猎和经营野生动物，保护生态环境，控制疫病传播的工作进一步作出部署。工商部门将从当年6月至9月期间，在全国集中开展清理整治违法捕猎和经营野生动物的执法行动，以切断疫病传播途径，保护人民群众身体健康和维护生态平衡。

国家工商总局局长王众孚指出，各级工商行政管理机关要把打击违法经营野生动物作为一项重要的市场专项整治任务，坚决禁止野生动物及其产品进入市场。要对经营野生动物的各类市场主体进行全面检查和监管，禁止饭店、餐馆等餐饮场所出售以国家重点保护野生动物为原料的食品，对走私贩运，非法加工、制作、销售野生动物及其产品的行为要坚决予以查处。对专门经营野生动物或企业名称中有“野味店”等字样的，要限期办理变更登记，逾期不办的依法吊销营业执照。对擅自在店名或牌匾中使用“野味店”等字样的违法违规行为，要从重予以处罚。要追根溯源，深挖违法经营野生动物及其产品的窝点，加大从源头上治理的力度。

国家林业局局长周生贤强调，各级林业主管部门要加强对本区域有关重点目标物种野外资源的保护管理，要加大执法检查和监管力度，切实禁止野外猎捕行为；要掌握本地区有关重点目标物种的养殖和经营利用情况，做好对养殖场所的有关预防性工作，对已流入餐饮业及市场的应妥善封存处理；要支持防治传染病的科学研究。要以坚决有力手段，强化野生动物保护，进一步强化利用管理，切实禁止乱捕滥杀和非法经营行为。要大力强化栖息地保护和加强濒危物种拯救，进一步加强保护区的建设和发展，切实保护好野生动物的栖息环境。

中国和印度两国在新德里举行首次外交政策磋商

双方认为磋商富有成效，增进了互信和共识，同意适时在北京举行第二次磋商。

卫生部常务副部长高强出席国务院新闻办举行的新闻发布会并答记者问

全国疫情出现稳中有降态势

高强：近几个月来，中外媒体对中国的SARS防治情况进行了大量的报道，中国一位先师荀子有一句名言叫"非我当者吾师也，是我当者吾友也"。这句话的意思是，对我提出适当批评的人是我的老师，对我提出适当鼓励的人是我的朋友。我代表中国卫生部对新闻界朋友的关心支持和辛勤劳动表示衷心感谢。

今年年初至今，在我国部分地区发生的非典型肺炎疫情，大致经历了3个阶段：

第一阶段，1—3月份，疫情主要集中在广东省。3月底，我国内地累计报告临床诊断病例1190例，其中广东有1153例，占97%。

第二阶段，4月份，疫情开始向其他省份扩散，并逐步向北京、山西、内蒙古、河北和天津市集中。4月底，全国累计报告确诊病例3460例。其中华北5省、自治区、直辖市和广东省有3368例，占97.3%。

第三阶段，5月份，全国疫情出现稳中有降态势。5月上旬，全国平均每天新增病例151例；5月中旬，平均每天新增病例45例；5月下旬，平均每天新增病例14例。并出现了逐步下降的态势，疫情开始得到有效控制。

截至5月29日，全国累计报告诊断病例5325例，其中，广东和华北5省、自治区、直辖市共有5153例，占全国累计报告总数的96.8%。全国累计已经治愈出院3121例，占报告病例总数的58.6%；死亡327例，病死率为6.1%。目前还有1877例患者在医院接受治疗。

中国政府在控制疫情方面主要采取以下措施：

第一，加强法制建设，严格依法管理。中国政府将SARS列入法定传染病，依照传染病防治法进行管理。国务院颁布了《突发公共卫生事件应急条例》，卫生部制订了《传染性非典型肺炎防治管理办法》，完善了疫情信息报告制度和预防控制措施，把防治工作纳入法制化轨道。

第二，加强组织领导，统一协调指挥。国务院成立防治"非典"指挥部，吴仪副总理任总指挥。各级地方政府都把防治工作作为当前最主要的任务，明确责任，集中力量，实行统一指挥，整合医疗卫生资源，加大防治力度。

第三，加强农村防治，实行群防群控。对返乡农民和学生采取严格的监测措施，控制传染渠道。到目前为止，全国累计报告农民确诊病人241人，没有发生大面积扩散。

第四，加强交通检疫，建立追踪寻访机制。民航、铁路、轮船、长途汽车都建立旅客监测、登记、跟踪等制度，发现患者立即隔离。

第五，集中优势资源，积极救治患者。在有条件的医院设立发烧门诊，对病人进行鉴别，并确定定点医院集中收治患者，防止医院内感染。

第六，坚持中西医结合，提高治疗水平。集中最优秀的中西医专家密切合作，研究有效的治疗方法，提高治愈率。

第七，加大政府投入，实行医疗救助。中央政府和地方政府已经拨付100多亿元资金，用于购置医疗设备、药品、防护用品和定点医院的改造。今后还将拨付巨额资金，用于加强疾病预防体系的建设、信息网络的建设和医疗救助体系的建设。对农民和城镇困难的居民实行免费医疗和救助。

第八，开展技术交流，加强科技攻关。我们与世界卫生组织和有关国家保持着密切良好的合作，交流情况，改进工作。我们与香港、澳门、台湾等地的医学专家多次开展学术交流，相互传递诊断、治疗经验，共同研究防治SARS的有效手段和措施。我们集中国内最优秀的专家学者积极探索病因，研究诊断、治疗技术，取得一定成果。

当前，我国的疫情出现了缓解的势头，大家都为之高兴。但是，我们清醒地认识到，防治工作形势依然很严峻。最终消除非典型肺炎疫情还有相当长的路要走。我们不能因为新发病例的减少而放松警惕。人类对SARS病至今还尚未完全认识，其流行特点迄今还没有完全掌握，诊断治疗还比较困难，还没有研制出特效的预防疫苗和治疗的药物，特别是建立、健全疾病预防控制体系，完善突发公共卫生事件应急处理机制还需要一个过程。

因此，我们要总结经验教训，在疫情逐步缓解的时候，必须保持清醒的头脑。坚持思想不能麻痹，防治力度不能减弱,工作不能松懈,继续做好各项预防、控制工作,不断巩固和扩大已有的成果,再接再厉,一鼓作气地夺取最后的胜利。

SARS是人类面对的共同敌人,在我国防治SARS的工作中得到了各国政府、人民和中国社会各界的理解、支持和帮助。我代表中国卫生部和全国600万医疗卫生工作者表示诚挚的感谢。希望进一步加强交流与合作,为最终战胜SARS而共同奋斗。

政府在防治"非典"的同时也加强了对其他传染性疾病的防控

外国记者:有一种传言说治疗SARS患者的一些医生原先工作几个星期,再休息几个星期。现在他们连续3个星期工作还很难得到一个星期的休息。有些艾滋病患者也得上"非典",能不能证实这种情况?您能不能谈一下河南艾滋病村的情况?

高强:为了保护广大医务人员的健康,我们坚持严格的轮休制度。医务人员坚持工作半个月以后,轮休一段时间。为了防止这些医务人员可能受到感染再传染给别人,这些轮休下来的医务人员,被安排到已被政府租下来的一些宾馆和饭店休息。据了解,从5月7日以后,北京还没有一个医务人员被感染。

至于艾滋病患者患上SARS的问题,确有其事。最近,一个山西的患者被送到北京来治疗。这个人是一个艾滋病患者,去年曾经在北京佑安医院进行一段时间的治疗,今年又出现了发烧的症状,他全家租了一辆出租车到北京。由于他曾经在佑安医院住过院,所以他从山西过来直接就到了佑安医院,中途没有下车,也没有传染给其他人。

河南是中国艾滋病发病比较多的地区,中国政府为了救治艾滋病患者,投入了大量的资金和人力。同时,在河南也建立了一些集中收治艾滋病患者的医疗中心。卫生部还特别提醒地方卫生部门,在防治SARS的同时,绝对不能放松对其他传染病的防治。不仅对艾滋病,对中国一些地区比较容易发生的肺结核、痢疾、麻疹、肝炎等传染病,都采取了一定的防治措施。

特殊时期防控工作只能加强不能有丝毫懈怠

日本记者:很多人都非常赞赏中国中央政府以及地方各级政府为了防治"非典"所作出的大量工作和努力。但是也有一些人也在批评说有很多实际的工作没有到位。比如下星期将召开关于"非典"的研讨会,有很多记者参与,我们听说参与会议采访的记者要经过很多的检查,不光是要查体温,而且要查血,还要照X光。前不久我在北京火车站看到厕所里面没有肥皂,人们就无法洗手。这样通过人和人之间的接触,"非典"就比较容易传染。这些小的或者实际的地方,中国是不是还有做得不够之处?

高强:6月3日到6月4日,卫生部要召开东盟和中日韩三国防治SARS的研讨会。届时要有很多国家的卫生部长或副部长参加。为了保证与会代表的安全,我们确实采取了比较严格的检测措施。这些措施也不是中国独创,据我所知很多国家都采取了这些措施,甚至是更严厉的措施。目的是保证这些代表的健康,同时也保证记者朋友们的身体健康。如果有些检查措施宽了,大家认为很不安心;有些措施严了,大家又感觉不方便。但无论如何,还是要把大家的健康放在第一位。我们应该尽量地提高效率,尽量地提供方便。这位记者提出来有些基层单位的卫生措施还不到位,车站的厕所没有香皂,我觉得这种可能性是存在的,我们将进一步加强这方面的工作。

我们要千方百计地减少疫情对经济的影响

中央电视台记者:现在很多人都在分析和预测非典型肺炎疫情对于中国经济带来的影响,有人认为这种影响是很大的,也有人认为这种影响是暂时性的。请问您对这种影响有什么看法?我们怎么做才能尽快消除这种影响?

高强:应该说SARS疫情到目前为止,对中国经济最基本的方面还没有造成很大的影响。一季度中国的GDP增长9.9%。4月份,在中国疫情发展最厉害的这一个月,GDP也增长了8.9%。4月份,中国外贸进出口依然增长了30%以上。受影响比较大的是旅游业、交通运输业、餐饮业和服务业。这几个行业是中国经济最近几年最活跃、增长最快的行业,但是在4月份都出现了不同程度的下降。

做经济工作的人都懂得,当一个重大的事件产生以后,对经济的影响往往需要经过一段时间才能反映出来,有一个滞后期。比如说最近一段时间,有些国家限制中国经贸人员入境,也限制本国的人员到中国来。如果时间长了,肯定会对经贸发展产生影响。有些国家为了防止SARS病的输入,采取一些严厉措施是可以理解的,但是我认为,他们对中国SARS病疫情分布情况缺乏具体的了解。

到目前为止,中国的疫情主要集中在广东和华北5省区。这6个省、直辖市和自治区占到全国累计报告确诊人数的97%,而其他20多个省份,只占3%。6个省、直辖市和自治区的人口只有两亿三千四百万,占全国总人口的18.5%。而占中国总人口81.5%的地区的报告病例只占3%。而且现在广东已经被世界卫生组织解除了旅游警告。

现在目前仍在医院住院的患者,华北5省区占总数的96.5%,为什么要对所有的中国人都限制入境呢?为什么限制到中国所有的地区呢?湖南、福建、山东已经连续40多天没有发生病例,还有七八个省已经连续20天以上没有发生病例。包括疫情曾经比较严重的天津市也已经连续13天没有新增病例。

我希望大家不要把中国看成铁板一块。有些地方的疫情比较严重,限制旅行是必要的。但是有些地方疫情很轻,一个省只有两三个人,而且这已经是十几天以前发生的了,甚至有些省已经没有疫情,为什么这么紧张呢?

我觉得对这个问题应该两方面看:既不能因为发展经济而忽视SARS病的防治,同时也不能因为对SARS病疫情的不了解而影响经济的发展。对于一些一直没有发现疫情的地区,对于一些疫情并不严重并且已经采取了严格控制措施的地区,我们希望尽快恢复对外经济贸易往来。前提是现在已经采取的预防控制措施不能放松。

中国和世界各国的经贸往来发展到现在是经过几十年的努力的结果。如果长时间不往来,对于双边或者多边的经贸关系必然受到影响,这个影响是相互的,既影响中国,也影响世界。我希望新闻界的朋友能够准确地、具体地介绍中国疫情的分布情况,使各方面都能准确了解和判断。

为了减少SARS疫情对中国经济的影响,中国政府已经提出了一手抓防治SARS,一手抓经济发展的方针。并采取了一系列的措施,包括信贷、财政税收等鼓励措施,促进经济的发展。我们相信,经过全国人民的努力,今年年初预定经济增长7%的目标能够实现。

中国将着力健全国家疾病防控体系

合众国际社记者:我想问高副部长一个问题,中国政府最高层在政府怎么样开放以及怎么样贯彻责任制方面,有没有汲取到什么教训?

高强:从这次SARS疫情反映出来的情况看,中国的公共卫生建设相当薄弱,应对公共卫生突发事件的能力不强,信息传递不通畅,疾病预防控制体系不健全,医疗机构布局也不够合理,造成了在防治SARS初期的一些被动。这些正是我们今后在加强公共卫生建设方面亟须着力做好的工作。

中国和世界卫生组织进行的合作是有效的

在回答美国记者有关中国应加强信息交流的问题时,高强说,信息沟通和交流在防治SARS工作中起着非常重要的作用。中国卫生部和世界卫生组织进行了非常有效的合作,我们向世界卫生组织提供的信息越来越广泛,越来越具体。对此,世界卫生组织给予很高的评价。经过我们与世界卫生组织驻华代表处多次交谈,并没有听到他对我们有什么意见。

要对医疗用品严格把关,全力确保医护人员的安全

台湾中天电视记者:内地医院采取何种方法确保医务人员不被病毒感染?内地一些医院采用血清治疗"非典"是否有疗效?

高强:关于防止医院医护人员感染问题,我们采取了非常严格的保护措施。第一,按照国际标准,确定了防护的口罩、面罩、眼罩、手套以及防护服装的生产定点单位。对于企业生产的防护用品,严格按照标准进行检验,对一些不符合标准的企业、生产假冒伪劣用品的企业进行了严格查处。有关部门对一些以次充好的企业进行处罚。这样做的目的就是为了保证医务人员所用的防护用品必须要合格。

第二,按照规定,医院采购防护用品必须到符合产品标准、经过检验合格的企业去采购,不允许到市场上随便采购。对违反规定的医疗机构进行处罚,目的也是确保医务人员的身体健康。

第三,内地在防治"非典"的工作中,一边进行科学研究,一边总结经验。中日友好医院已出版了一本关于"非典"患者护理工作的小册子,介绍了医务人员自身保护的一些规程和护理患者的操作规范。总之,防止医务人员感染既是政府的责任,是医院主管部门的责任,也是医务人员自身保护的责任。

至于血清疗法问题,有些医生进行了探索,也取得了一定的效果,也有些专家有不同看法。如果台湾的医学界对此感兴趣,我们可以通过电视会议的形式,加强交流和研究。

对疫情防控的关注不应停留在数字上,应关注各项措施是否得力

美国CBS记者:尽管中国宣布SARS疫情正在稳中有降,但仍有人认为,中国还存在漏报或瞒报疫情的现象。

高强:我对传染病问题有一个基本认识,就是传染病是瞒不住的,因为病毒是隐瞒不了的。对传染病,我们不能只从数字上看问题,不能认为数字一增加就说失去控制,数字下降了就认为不真实。我希望大家看当前中国的疫情要注意3点:

第一,要看中国政府现在确定的预防控制措施是不是有力,是不是落到实处。如果各个环节能够真正落实到位,疫情的下降是必然的。如果我们放松控制,疫情的反弹也是可能的。据我所知,现在国际社会对中国政府采取的预防和控制措施都是肯定的。

第二,要看医院的情况。一个月以前,北京市医院曾经有一段告急。后来北京集中了19家医院作为定点医院,专门收治SARS病人。最近北京市决定把定点医院从19所减少为7所。这7所医院现在也有空余的病床1000多张。说明北京的新发病例明显减少,出院患者明显增加。

第三,要看整个北京社会的气氛。广大群众对北京的疫情数字是了解的,是相信的,对防控"非典"的

措施是有信心的。

中央政府密切关注台湾的疫情发展，希望台湾当局不要嫁祸于人

中新社记者：现在台湾疫情还在发展，有人认为台湾的疫情是由大陆引起的，应该由大陆负责。请您对这个说法评论一下。

高强：我注意到台湾一些人发表的这个言论，我认为这种言论本身就是不负责任的，是一种转移视线、推卸责任、嫁祸于人的做法。内地的疫情官方发布最早是在2月11日，而台湾的首例发布是3月15日，已经过了一个多月的时间，难道台湾的消息这么不灵通吗？怎么能说因为内地隐瞒疫情而造成台湾的扩散呢。对于台湾的疫情，中央政府和内地人民都非常关心。我们两岸都是中国人，都是炎黄子孙，无论是大陆的人民患了病，还是台湾人民患了病，我们都很关心。

为了增强两地的交流和合作，提高防治水平，我们在北京召开过两岸医学专家的交流会，也多次组织了两岸三地的电视电话会议，由专家交流诊断治疗的经验。中央政府还同意世界卫生组织派专家到台湾进行考察，还准备了一些医疗物资，包括高标准的手套、口罩、鞋套等运到台湾，并抽调内地最有经验的、最优秀的医疗专家准备赴台进行技术指导。这些都表达了中央政府和大陆人民对台湾人民的关心。希望台湾当局真正能够从关心台湾人民的福祉和健康出发，增强两地的交流和合作，在两岸共同控制疫情方面多做一些实实在在的事情。嫁祸于人、转移视线对于控制台湾的疫情是没有用处的。

尽快完善疾病防控体系决不允许历史重演

《中国日报》记者：这次“非典”疫情暴露了我国在公共卫生建设方面的一些问题，包括农村人口和城市贫困人口的医疗保障等方面。我们在这方面有什么具体的打算？

高强：随着疫情的缓解，人民正常的生活生产秩序逐步恢复，防疫工作的担子和责任最终还要落到卫生部门的身上。加强公共卫生建设和疾病预防控制的建设是摆在我们面前的一项非常紧迫的任务，我们不允许历史重演，不允许再出现前一段时间出现的情况。卫生部正在和财政部、国家发展和改革委员会紧密协商研究，加强今后公共卫生体系建设。

第一，我们要建立从中央到地方、机构健全、人员责任明确的疾病预防控制体系。国家、省、市、县都要建立CDC(疾病预防控制中心)，乡和村以及城市的社区也要设立负责疾病控制的人员。为了加强地方CDC的建设，国家已经安排了29亿元，国家还安排了17亿元用于加强国家CDC的建设。

第二，建立快捷、畅通、准确、及时的信息传递网络。不仅是对SARS病的疫情，对其他所有传染病的疫情都要做到及时发现、及时报告、及时控制、及时治疗。

第三，完善医疗救治体系，对现在医疗机构的布局进行调整。直辖市、省会城市和地级城市都要建立专门收治传染病患者的医院，县一级要在一些医院改建传染病隔离病房或隔离病区。同时，我们对农村的乡卫生院改造、设备购置也要给予大力的支持。每年财政新增的卫生事业经费主要用于农村卫生事业的发展。

第四，在省一级建立设备齐全、技术高超、能够机动灵活运转的医疗救治队伍。不论是城市还是农村发现疫情，都能够紧急调动这支队伍前去救治。卫生部的工作职能和工作思路也要有一些转变，中国的公共卫生体系建设一定会得到改善。

大力加强卫生和医疗队伍的建设

在回答日本记者有关中国采取措施加强卫生和医疗队伍建设的问题时，高强说，在防治“非典”的工作中，确实有一些人因为擅离职守，工作不力，不守纪律或不服从分配，受到了处分。今天《人民日报》有一篇文章，讲在这场防治SARS的斗争中，有些医务人员舍生忘死、日夜奋战、救死扶伤、无私奉献，也有一些人擅离职守、临阵脱逃；有一些党政干部昼夜奋战在防治的第一线，甚至牺牲了自己的生命，也有一些工作不力、落实防治措施不严而受到处分。虽然受到处分的人是极少数的，但是给我们敲响了警钟。我们要注意在防治SARS的斗争中，切实加强卫生和医疗队伍的建设，要大力弘扬无私奉献的精神和革命人道主义的精神，一定要牢记希腊古代医学的创始人希波克拉底的一句名言：“我唯一的目的，一切为病人谋利益。”同时，也要注意克服我们队伍中一些不良的作风。通过这场斗争，能够把我们的医疗队伍锻炼成一支全心全意为人民服务、技术高超、群众能够信得过的卫生医疗队伍。

彻底消灭SARS需要各国科学家的共同努力

巴基斯坦美联社记者：中国什么时候能够完全把SARS消灭？

高强：最终战胜“非典”疫情，还要依靠科学。当人类还没有研究出有效的预防疫苗和有效的治疗药物之前，不能宣布彻底地战胜这个疾病。有一些传染病，人们已经研究出有效的药物，但是它依然存在。我们现在一方面要科学攻关，不仅是依靠中国的科学家，也要依靠世界各国和地区的科学家，集中全力共同研制有效预防和治疗的药物。同时也要对疾病采取严格的预防控制措施，一旦发现立即进行隔离和治疗，防止扩散。只要这两条战线取得圆满的成果，才能宣布战胜SARS。我希望这一天尽快到来。

对返城人员要继续加强防控,对患者要给予高度同情和帮助

中国国际广播电台记者:中国SARS疫情初步得到有效控制,社会上也存在一些放松的心理。随着大批民工陆续返城,国家在今后一段时间如何进一步采取措施搞好SARS疫情控制工作?已经有很多SARS患者治愈出院,但社会上往往对这些出院的人有一些歧视的心理,有的人甚至因此失去了工作,有没有进一步的措施保证这些治愈出院SARS病人能够回到他们正常的工作生活中去?如果遇到一些部门或者单位解雇出院的SARS患者,有没有一些具体的解决办法以及处罚的措施?

高强:我们现在非常关注这些问题。就像一个月以前大批的民工返乡和学生回家,我们防止把疫情带到农村一样。随着城市疫情的逐步缓解,一些返乡的民工或者学生陆续返回城里工作或学习。对此,我们根据变化了的新情况制订了一系列措施:第一,对返城的学生和民工,在离开农村的时候要进行严格的健康检测,确保他没有受到感染;第二,对回城的民工由他们所在的企业、单位或者社区进行密切的观察。如果发现有可疑的情况,及时报告处理;第三,明确他们所在单位的责任,如果哪一个单位发现可疑情况而不报告,引起疫情发生,要严格追究这个单位负责人的责任。在这些方面,北京市政府已经制定了非常周密严格的规定。

对出院的SARS患者决不能歧视,这是一个非常重要的问题。SARS患者是受害者,包括传染给别人的患者也是受害者。我们对这些患者要给予高度的理解、同情、帮助和保护。现在有一些单位对出院的患者要求在家里多休息一段时间,尽量防止传染。但是,对这个问题要讲科学,医院同意出院,就说明患者已经符合规定的出院参考标准。至于某些单位解雇SARS病患者,这是绝对不能允许的。劳动和社会保障部已经发了文件,保护这些患者的合法权益,绝对不能随意解雇患病的职工。

北京市副市长张茅代表市政府向市人大常委会报告近期防治“非典”的工作

张茅在报告中提到,目前,北京“非典”防治工作取得明显成效,疫情得到有效控制,由4月下旬每天新增百例的高发病期,下降到每天新增病例一位数的低发病期,根本扭转了疫情初期的被动局面。

张茅说,5月7日至29日,全市定点医院无一例医护人员感染。目前,北京承担及参加国家科研项目13项、市级攻关项目19项,有关医疗科研单位自选课题49项。北京还组建了2600多人的流行病学调查队伍。截至5月28日,全市实行分散隔离和集中隔离的“非典”患者及与疑似患者的密切接触人员共计29200人,已解除隔离观察26679人。

5月31日

国家主席胡锦涛在圣彼得堡分别会见印度总理瓦杰帕伊和日本首相小泉纯一郎

国家主席胡锦涛启程前往法国埃维昂出席南北领导人非正式对话会议

中共中央总书记胡锦涛答复《中华小记者》杂志7名小记者的来信

“六一”前夕,北京7名中小学生给中共中央总书记、国家主席胡锦涛写信,希望同胡爷爷“像朋友一样谈谈心”。胡锦涛给他们回了信,向他们并向全国各族少年儿童致以节日的祝福和亲切的问候,祝小朋友们身体健康、学习进步、生活幸福。

胡锦涛在信中说,我逐一阅读了你们每个人的来信。每封信都写出了你们的真情实感,说出了你们的心里话。读了你们的信,我既为你们的爱国热忱和纯真爱心所打动,也对疫情影响了你们正常的学习生活而不安,更为你们在非常时期的磨炼中变得更加坚强而深感欣慰。

胡锦涛指出,非典型肺炎疫情是对我们国家和民族的又一次严峻考验。面对这个考验,我们大家万众一心,众志成城,依靠科学,同病魔展开了顽强的搏斗,已经取得了明显的成效。在这场没有硝烟的战争中,我们不仅增强了同疫病作斗争的能力,而且在全社会进一步弘扬了伟大的民族精神。同学们在历史课上都会了解到,我们中华民族在几千年的发展中历经沧桑,饱尝忧患,但愈挫愈奋,百炼成钢,靠的就是不屈不挠、自强不息的民族精神。我们坚信,有这种民族精神的强大威力,有全国人民的团结奋斗,就一定能够夺取抗击“非典”斗争的最后胜利,一定能够把我们的祖国建设得更加美好。

胡锦涛在信中对小朋友们表示,少年儿童是祖国的花朵,是民族的未来和希望。党和政府历来十分关心你们,像你们的爸爸妈妈、爷爷奶奶等亲人们一样,始终关爱着你们,千方百计为你们的身体健康和成长进步创造有利的条件。他希望广大少年儿童,从小树立远大理想、坚定爱国信念,学习科技知识、掌握报国本领,培养优良品德、锻炼强健体魄,从各方面提高自身素质,努力成长为社会主义事业的合格建设者和接班人,时刻准备着,为祖国的现代化建设,为中华民族

的伟大复兴贡献力量。

给胡锦涛写信的7个孩子都是中国记协所属《中华小记者》杂志的小记者，分别来自北京的6所中小学。

全国人大常委会委员长吴邦国在四川考察

5月31日至6月3日，吴邦国和随行的中共中央政治局委员、全国人大常委会副委员长王兆国，全国人大常委会副委员长兼秘书长盛华仁，在四川省委书记张学忠、省长张中伟等陪同下，考察了中国电子科技集团公司第十研究所、中国核动力研究设计院、成都高新技术产业开发区西区科技创业服务中心、迈普通信技术有限公司，察看了紫坪铺水利枢纽工程建设工地、拉法基水泥厂等。他还深入郫县友爱镇，走村入户，了解村民的生产生活情况。吴邦国对四川省经济社会发展和“非典”防治工作取得的成绩予以充分肯定。

考察中，吴邦国专程来到四川大学华西医院，察看了重症监护室，亲切看望和慰问了医护人员，对广大医护人员救死扶伤、无私奉献的精神表示赞赏。

在谈到四川省及西部地区经济发展时，吴邦国着重指出，一要从实际出发，面向市场，发展特色产业，将资源优势转化为经济优势。二要进一步调整和完善所有制结构，在深化国有企业改革的同时，大力发展非公有制经济，增强经济活力。三要利用技术优势，做好信息化与工业化结合和相互促进这篇大文章，促进先进技术与资金的结合，加速科技成果的产业化，实现资金——技术——资金的良性循环。

考察期间，吴邦国与四川省人大常委会和机关负责同志座谈，认真听取了他们的意见和建议。吴邦国强调，要充分认识做好新时期人大工作的重要性。他说，人大在发展社会主义民主、健全社会主义法制等方面将发挥越来越重要的作用。做好新时期人大工作，对于增强党和国家的活力，发挥社会主义制度的特点和优势，充分调动人民群众的积极性创造性，维护国家统一、民族团结和社会稳定，促进经济发展和社会全面进步具有重大而深远的意义。

国务院总理温家宝“六一”前夕到北京儿童医院看望儿童

上午，温家宝和中共中央政治局委员、国务院副总理吴仪，在中共中央政治局委员、北京市委书记刘淇，北京市代市长王岐山陪同下，来到北京儿童医院新门诊大楼。这里拥有国际一流的就诊环境和诊疗手段，日门诊量可满足近万名患儿就诊。在第七层的神经康复中心，温家宝关切地一一询问孩子们的病情和治疗情况，祝他们节日快乐。他对来自甘肃省患重症肌无力的女孩雷敏说，要有信心战胜疾病，全社会都在关心你，并提笔给小姑娘写下“要坚强”三个字。

在新门诊楼大厅，温家宝同医务人员和专家进行了亲切交谈。他说，北京儿童医院新门诊大楼建成并正式投入使用，体现了党和政府对儿童身体健康的关心和重视。我今天来看望大家，就是表达政府的责任。不能让“非典”侵害我们的孩子们。全国各地都要给儿童创造良好的医疗条件。要提高儿童和母亲的医疗保健水平。按规定给孩子们注射疫苗，做好防疫工作。要让农村和城市困难家庭的孩子看得起病。全社会都要关心残疾儿童和弱智儿童，不能歧视他们。他深情地说，儿童是祖国的未来。使每一个儿童都幸福地生活，受到良好的教育，健康地成长，是我们最为崇高的使命。

随后，温家宝又来到血液病房，看望在这里住院接受白血病治疗的儿童，向他们赠送了节日礼物。温家宝来到11岁的湖南女孩许碧玉的病床前，关切地询问病情和家庭情况，鼓励她坚定战胜疾病的信心，叮嘱医护人员要精心治疗和护理，让孩子们早日康复。在听取中国工程院院士、北京儿童医院名誉院长胡亚美关于儿童血液病治疗工作的有关建议后，温家宝说，我们要建设儿童血液肿瘤中心。

考察结束时，温家宝还寄语全国的小朋友们，要勤奋学习，强健体魄，培养社会公德，从小树立造福社会、报效祖国的远大志向，将来成为国家建设的合格人才。

国务院总理温家宝到辽宁考察

5月31日至6月3日，温家宝先后来到鞍山、本溪、抚顺、沈阳等老工业城市，考察了鞍钢、本钢、抚顺石化、抚顺矿务局、沈阳黎明航空发动机集团、沈阳飞机制造公司、沈阳机床集团等国有大型企业和东软集团等高新技术企业。他还连续召开座谈会，与当地领导干部、企业负责人共商振兴老工业基地大计。他实地考察了煤矿沉陷区内的厂房和居民家庭，详细了解资源枯竭地区的企业状况和群众生活，听取当地干部和群众的意见。考察期间，温家宝听取了辽宁省委、省政府工作汇报。

温家宝指出，振兴老工业基地，是一项长期艰巨的任务。既要有紧迫感，抓紧解决突出问题，力争尽快取得成效；又要从长计议，有计划、有步骤推进。同时，正确发挥政府的引导和调控作用。广大干部群众要发扬艰苦奋斗、奋发图强的精神，各方面共同努力，使老工业基地焕发青春和活力，重铸辉煌。

温家宝要求，有关地区党委、政府要紧紧抓住加快老工业基地振兴的机遇，高度重视，加强领导，确实把这项工作提到更加重要的议事日程。要深入调查研究，搞好全面规划。国务院有关部门也要组织力量,深入基层和地方同志共同研究难点和重点问题,提出政策措施,在充分论证的基础上,制定科学的、符合实际的规划。对当前突出和紧迫的问题,要采取有力措施,积极而稳妥地解决。煤矿沉陷区治理,涉及群众生命安全和切身利益,必须尽快加以实施。

6月2日,温家宝考察辽宁省疾病预防控制中心,看望了医护人员,还参观了防治"非典"科技攻关产品展。

中央纪委书记吴官正在云南考察党风廉政建设和反腐败工作

5月31日至6月4日,吴官正先后到昆明、玉溪等地,深入企业、农村,同工人、农民、基层干部和科技工作者亲切交谈,召开反腐倡廉制度建设和纠风工作座谈会,并听取了云南省委、省政府和省纪委的工作汇报。他对云南省在防治非典型肺炎、经济建设和反腐倡廉工作等方面所取得的成绩予以肯定。他强调,要以邓小平理论和"三个代表"重要思想为指导,解放思想,与时俱进,大力加强党的制度建设,进一步建立、健全党风廉政方面的制度,深入推进反腐倡廉工作。

吴官正强调,要把制度建设贯穿于反腐倡廉工作的各个环节,体现到各个方面,在实践中不断探索,不断提高反腐倡廉制度化、法制化水平。云南省委书记白恩培、省长徐荣凯陪同考察。

三峡总公司在三峡工地举行新闻通气会答记者问

新闻通气会由三峡总公司副总经理郭涛主持。就媒体记者提出的蓄水、船闸试通航、发电机组就位情况等热点问题,三峡总公司相关负责人一一作了回答。

问:蓄水前的准备工作如何?

答:各项准备工作已经就绪。临时船闸上游隔流堤深槽段填筑工程竣工;2、5、3、6号水轮发电机组相继吊装就位,意味着三峡电站年内计划投产的4台70万千瓦机组全部进入总装和调试阶段;左岸大坝、碾压混凝土围堰、茅坪溪防护大坝等建筑物和大坝泄水孔洞的金属结构等,均处于蓄水前的正常状态;双线五级船闸的有水调试全部完成。

问:正式蓄水从何时开始?

答:5月29日召开的国务院三峡建设委员会第12次全体会议,已批准三峡二期工程验收委员会的验收意见,同意枢纽工程6月1日正式下闸蓄水。蓄水准备期水位已在30日突破100米高程,提前一天完成目标。原计划6月15日达到的135米水位,可能在13日实现。

问:蓄水后大量漂浮物如何清理?

答:随着水位的上涨,将有大量漂浮物从库区上游顺流而下,给今后机组的运行带来了安全隐患。三峡总公司枢纽管理部及其梯调中心按照以"导"为主,"导、排、疏、清"相结合的蓄水期制漂原则,并制订了确保综合"清漂"的应急预案。公司还专门租借了两艘拖轮,对漂浮物进行不定期清理。

问:轮船过船闸收不收费?

答:双线五级船闸试通航的条件已经具备,6月13日至15日,船闸可能进行实船调试。16日,船闸开始试通航,试航时两线船闸同时运用,将安排客轮、货轮各一艘相向通过。随后,正式通航时间由权威部门另行公布,轮船过船闸不会收费。

问:蓄水后工程能否马上起到防洪作用?

答:初期蓄水的135米水位,对长江中下游的防洪作用是非常有限的。135米主要依靠已建成的1600米长的大坝和580米长的右岸混凝土围堰来挡水。目前,三峡工程左岸大坝已修至185米高程,右岸混凝土围堰已修至140米高程,考虑到汛情,围堰上又加了1.5米高的防浪墙。若遭遇特大洪水,可将水库的蓄水水位提至接近140米,这样一来就比蓄水135米时增加了20多亿立方米的防洪库容。

工程蓄水与5月份湖南发生的洪灾是个巧合,客观上对洞庭湖来水起到了缓解作用。

在工程的初步设计中,工程要在2006年大坝全部建到坝顶高程后才承担防洪任务。随着大坝的升高,水位的抬升,防洪功能将逐渐凸显出来。

问:蓄水后裂缝会否影响大坝?

答:裂缝对混凝土大坝来说是一个非常普遍的问题。三峡大坝以前出现过一些裂缝,但没有发现一条基础贯穿性裂缝。虽然这些裂缝构不成威胁,但各施工单位都先后进行了认真整改,措施到位,处理认真,满足了设计要求。因此在蓄水后,以前的裂缝绝对不会给工程造成影响。

问:发电后上网电价是多少?

答:今年8月份,三峡工程首批2台机组开始发电,10月份另2台机组发电,年内预计将发电55亿千瓦时。今年三峡电力主要输往华东和华中地区。55亿千瓦时电中有28.8亿千瓦时送往华中,26.2亿千瓦时送往华东。华中电网具体分配比例为湖北35%、河南25%、湖南22%、江西18%;华东电网为上海40%、江苏28%、浙江23%、安徽9%。明年,三峡电力将送往广东市场。三峡电力具有很强的竞争力,经过国家有关部门多次严格测算,三峡电厂上网电价为每千瓦时0.25元。

问:发电后工程资金筹措会发生什么变化?

答:今年三峡电力有望售电量超过200亿千瓦时,

为三峡工程建设增加35亿元资金。不断扩大的三峡电能销售收入也将成为三峡建设最雄厚的资金来源。三峡工程建设资金也将更加充实,资金筹措更趋多元化。2002年9月成立的中国长江电力股份有限公司,是三峡总公司改制重组和实施资本运营战略的重要一步,该公司将通过上市筹措更多的资金,逐步壮大总公司的电力产业,最终完成发电2000亿千瓦时,实现电力销售500亿元。

问:金沙江开发将给三峡工程带来哪些影响?

答:今后20年,我国将在长江上游的金沙江再建4个水利水电工程,总装机容量相当于两个三峡工程。金沙江修建水电站后,能拦截73.6%的泥沙进入下游,从而延长三峡水库寿命,减少淤积,使入库泥沙量减少43%,同时还能使进入三峡水库的泥沙颗粒变细,更容易被出库泄水带走。

金沙江开发项目已经开始启动,三峡总公司也由单一的三峡工程建设进入多个工程项目建设同时进行的管理时期。

问:泥沙对三峡水库的影响如何?

答:目前,三峡总公司已经在大坝埋设了多种监测仪器,实时密切监控大坝的运行状况。根据掌握的各项数据,大坝运行良好。经过长时间、大量的模型试验研究表明,长江上游泥沙30年内不会对水库产生影响。30年以后影响如何,还要进行跟踪研究。

银监会发布《金融许可证管理办法》

《金融许可证管理办法》对原有的金融许可证制度进行了相应的修订和完善。重点是简化行政审批,减轻监管和被监管单位的负担,提高监管透明度,促进公众对金融机构的了解和监督。《金融许可证管理办法》将于2003年7月1日正式施行。

银监会有关负责人称,金融许可证制度修订后,对于监管当局而言,可以从繁琐的许可证打印、换证等工作中解脱出来,集中人力及物力资源进行有效的现场与非现场监管;对于被监管机构,可以节约成本、节约时间,更侧重于内部风险管理与内部控制,提高效率;对于公众,可以更为快捷及时地获得完整可靠的金融信息,了解和监督金融机构的业务活动,在一定程度上减少欺诈和犯罪。

外交部发言人章启月答记者问时敦促美方停止支持台挤入世卫组织图谋

有记者问:近日,美国总统布什签署美国会不久前通过的支持台湾参与世界卫生组织的议案,同时声称,美一个中国政策没有改变。请问你对此有何评论?

章启月回答:中方曾多次就美国会上述议案向美方提出严正交涉。中方对美方不顾中方立场,签署这一错误议案表示坚决反对。

台湾是中国的一部分。根据联合国大会有关决议和世卫组织规定,台湾既没有资格作为会员或准会员加入世卫组织,也无资格作为观察员参与世卫组织的活动。在前不久举行的第五十六届世界卫生大会上,台湾当局挤入世卫组织的图谋第七次以失败告终,这反映了国际社会在此问题上的广泛共识和鲜明态度。

台湾获取卫生信息的渠道是畅通的。中国中央政府历来关心台湾同胞健康,积极促进两岸在卫生领域的交流与合作。在"非典"防治问题上,正是台当局不顾岛内人民生命安全,无理拒绝了大陆方面的援助。台当局企图挤入世卫组织的真正目的,是想在国际上制造"两个中国"、"一中一台"。这一图谋是不会得逞的。

中方敦促美国政府顺应国际民意,认清台当局的政治图谋,恪守一个中国政策和中美三个联合公报的原则,停止一切支持台湾当局挤入世卫组织的言行,不要给中美关系的发展制造障碍。

北京防治非典型肺炎联合工作小组举行第九次新闻发布会

中共北京市委常委、宣传部长蔡赴朝向中外记者介绍了北京防治非典型肺炎工作的最新情况。

蔡赴朝说,北京5月防治"非典"攻坚战取得阶段性成果。随着近期"非典"疫情得到初步遏制,北京防治非典型肺炎联合工作小组决定,对北京市现有定点医院进行阶段性调整,把"非典"病人集中到医疗条件较好、设施较健全、综合条件较强的7家定点医院。调整以后,另外9家医院不再收治新的"非典"病人,逐步恢复正常的医疗工作。调整后的7家医院共有病床2503张,现有住院患者1377人,尚有空余床位1126张。

蔡赴朝表示,北京市自始至终保证全体社会成员都能得到及时、有效的救治,对于部分低收入困难群体也出台了相关政策。他介绍说,政府在疫情发生初期就对"非典"医疗费用问题作出了相关的分类规定:第一,享受公费医疗的,其费用由公费医疗支出;第二,参加基本医疗保险的,治疗费用全部从医疗保险中支出;第三,部分享受"低保"待遇的低收入群体,其治疗费用全部由民政部门负担;第四,其他困难群众的治疗费用由市和区县两级财政补贴。他表示,这四项规定涵盖了全体社会成员。迄今为止,所有的病人不管是确诊病人还是疑似病人,全部医疗费用都没有由患者个人负担。

蔡赴朝说,中西医结合治"非典"效果好。到目前为止,北京已经有半数以上的"非典"患者采用了中西医结合的治疗办法,采用中西医结合治疗"非典"的优势已初步显现。

中国一艘货轮在丹麦海域失事沉没

一艘中国散装远洋货轮当地时间5月31日中午在丹麦东部博恩霍尔姆岛附近海域与一艘悬挂塞浦路斯国旗的波兰集装箱货轮相撞。中国货轮受到严重破坏,波兰货轮受损不大。

事故发生后,丹麦和瑞典两国的海上援救部门出动直升机和救援船只赶往出事海域进行救援,中国货轮上的27名船员全部获救。

丹麦海上援救部门还试图用拖轮将中国货轮拖离事故现场,但没有成功。最后,这艘货轮在31日晚沉没。

陈琮英逝世

全国妇联第八届常委、第五届全国政协委员陈琮英同志,因病医治无效,于5月31日在北京逝世,享年102岁。

陈琮英1902年1月出生于湖南省长沙县。1926年,她到上海参加党的地下工作。同年3月,与时任共青团中央总书记的任弼时同志结为革命伴侣。4月,经任弼时同志介绍,加入了中国共产主义青年团。先后在上海、汉口、香港、汕头、潮州等地从事秘密交通、机要和油印文件等工作,并兼管一部分中央经费。

1932年,陈琮英到中央革命根据地工作,同年加入中国共产党。1934年至1936年,参加了二万五千里长征。1938年,陈琮英伴随和协助任中共驻共产国际代表团负责人的任弼时前往莫斯科工作。回国后,1941年,组织决定陈琮英任任弼时同志处机要秘书,1950年任中央机要局机要处处长。1978年当选为第五届全国政协委员,1982年离职休养。

6月1日

国家主席胡锦涛在法国埃维昂出席南北领导人非正式对话会议并发表重要讲话

这次南北领导人对话会议是在八国集团首脑会议前一天召开的。会议以发展为主题，南北有关国家和一些国际组织的领导人就加强南北合作和促进全球经济增长等重大问题交换了意见和看法。

胡锦涛在会议上发表了题为《推动全面合作 促进共同发展》的重要讲话。

出席这次会议的还有巴西、墨西哥、沙特阿拉伯、印度、摩洛哥、马来西亚、埃及、塞内加尔、尼日利亚、阿尔及利亚、南非等发展中国家的领导人和法国、德国、英国、意大利、美国、日本、加拿大、俄罗斯八国集团成员国的首脑。联合国秘书长安南、世界银行行长沃尔芬森、国际货币基金组织总裁克勒、世界贸易组织总干事素帕猜和瑞士联邦主席库什潘也出席了会议。

国家主席胡锦涛在南北领导人非正式对话会议上发表题为《推动全面合作 促进共同发展》的讲话

尊敬的希拉克总统，各位同事，各位朋友：

首先，我感谢希拉克总统的盛情邀请，使我有机会来到美丽的埃维昂同各位同事相会。

这次会议非同寻常。我们来自世界各方，但都怀着共同的愿望。这就是：通过沟通加深理解，通过对话增强信任，通过交流推动合作。

和平与发展是当今时代的主题。但必须看到，实现人类社会的持久和平与普遍发展任重道远。有远见、负责任的政治家应遵从世界各国人民的意愿，为促进这两大问题的解决而不懈努力。

这次对话会议以发展为主题，很有意义。发展是人类文明进步的基础，是解决全球面临的各种矛盾和问题的关键所在。只有实现全球协调、平衡、普遍发展，才能实现世界的持久和平与稳定。我们应全面深入地探讨这一课题，齐心协力地解决这一课题。

经济全球化趋势加速发展已成为当今世界经济一个最显著的特征。在经济全球化趋势的推动下，各国、各地区的联系日益密切，市场更为开放，资金、技术、人才等流动更加广泛和迅速，这一切为加强国际合作、促进共同发展带来了前所未有的机遇。同时，经济全球化趋势的发展也带来了严峻挑战，南北差距拉大，一些发展中国家面临被进一步边缘化的危险，经济和金融风险增大，跨国犯罪严重，这一切又增加了开展国际合作、共同应对挑战的紧迫性。在这机遇和挑战并存的时刻，我们应该抓住机遇、应对挑战，求同存异、扩大合作，促进经济全球化朝着实现共同发展繁荣的方向演进。

这里，我愿就加强国际合作和促进共同发展问题提出几点建议。一、采取有力措施，促进全球经济增长。各国要着力发掘经济发展潜能，激发经济增长的内在活力，同时要加强宏观政策协调，稳定金融市场，维护正常贸易秩序，为全球经济增长创造良好环境。发达国家应该采取切实有效的财政和货币政策，进行必要的结构调整，扩大内需，增加进口，为促进全球经济增长发挥积极作用。

二、倡导和睦相处，维护世界多样性。应该充分利用经济全球化趋势的发展带来的机遇，促进世界不同文明和不同发展模式的相互交流和借鉴，在竞争比较中取长补短，在求同存异中共同发展，为世界经济发展注入活力。

三、加强多边合作，推动建立国际经济新秩序。建立适应经济全球化发展要求、公正合理的国际经济新秩序，符合世界各国的共同利益。当前，尤其要高度重视改革和完善国际金融体制，加强危机预防和应对能力。要充分尊重和体现各方特别是发展中国家的关切，健全开放、公平的多边贸易体制。国际社会应共同反对恐怖主义，为促进共同发展创造良好的国际环境。各国应该维护联合国的权威，充分发挥其在维护世界和平、促进共同发展方面的主导作用。

四、加大支持力度，充实南北合作的实质内容。发展中国家应该承担起发展本国经济的主要责任。但发展中国家条件差、底子薄，往往难以充分利用经济全球化带来的机遇。国际社会应该关注他们的困难，提供必要的支持，增强他们自我发展的能力，帮助他们从经济全球化中受益。发达国家要承担应有的义务和责任，进一步开放市场，取消贸易壁垒，切实履行在增加资金和技术援助、减免债务等方面的承诺。各国要进一步加强协调和磋商，探讨形成具体的措施和机制，落实国际社会在发展合作方面达成的共识。

谢谢大家。

国家主席胡锦涛在法国埃维昂分别会见美国总统布什 法国总统希拉克和马来西亚总理马哈蒂尔

国家主席胡锦涛在瑞士洛桑会见瑞士联邦主席库什潘

胡锦涛表示，中国重视发展同瑞士的友好合作关系。我们愿在相互尊重、平等互利的基础上，进一步加强合作，努力把中瑞关系提高到新的水平。

库什潘说，瑞方珍视同中国的友好合作关系，赞赏中国在世界经济中特别是在世界贸易组织中发挥的积极和建设性作用,愿进一步加强双方在各领域的协调与合作。

胡锦涛是于当天凌晨抵达洛桑的。

淮河流域防汛总指挥部在蚌埠成立

这是继黄河、长江、松花江之后第四个经国家批准的流域性专业指挥部,安徽省省长任总指挥。国家防总有关负责人说,淮河流域防汛总指挥部是根据防洪法和国务院批转《关于加强淮河流域2001—2010年防洪建设的若干意见》的要求成立的。流域各省将在淮河防汛总指挥部的统一指挥下,团结协作,合理调度,整体提高淮河防洪能力和水平,确保全流域安全度汛。

国务院三峡建设委员会批准三峡工程正式下闸蓄水

6月1日零时至上午9时21分,三峡大坝20号导流底孔弧形闸门逐渐关闭,三峡枢纽工程从此进入正式蓄水期,为实现五级船闸试通航、首批机组发电的目标,创造了前提条件。

由国土资源部与中国气象局联合开展的全国地质灾害气象预报预警启动

地质灾害气象预报预警信息由各级国土资源主管部门和气象主管部门联合署名发布,通过当地电视台、广播电台、有线广播等新闻媒体在气象预报节目中播报。预报等级统一划分为5级:1级为可能性很小、2级为可能性较小、3级为可能性较大、4级为可能性大、5级为可能性很大。其中,3级在预报中为注意级,4级在预报中为预警级,5级在预报中为警报级。今后每年汛期(5—9月份),国土资源部与中国气象局都将共同开展这项工作。

中国与东盟国家在北京通过《中国政府和东盟国家政府关于控制非典型肺炎传播的出入境检疫管理行动计划》

行动计划是在"中国—东盟非典型肺炎出入境检疫管理会议"上通过的,旨在确立防控"非典"出入境检疫管理的共同原则,在出入境人员、交通工具、货物的管理和信息交流等方面,建立合作机制。中国和文莱、柬埔寨、老挝、印度尼西亚、马来西亚、缅甸、菲律宾、新加坡、泰国、越南等东盟10国的卫生检疫和出入境管理部门的代表出席了会议。

计划要求各合作方建立密切有效的合作机制,随时通报"非典"疫情,交流有效预防、控制、治疗"非典"的方法、药物和措施,以及流行病监测手段,充分利用信息监测网络沟通信息。各方为防止"非典"传播而临时关闭口岸时,应根据有关协定,通过外交途径提前通报有关合作方。

会后,国务院副总理吴仪于6月2日在钓鱼台国宾馆会见了参加会议的各代表团团长。吴仪表示,中国政府和人民有信心、有决心、也有能力最终战胜"非典"。

军事医学科学院研制成功"非典"检测蛋白芯片

该芯片的问世,对提高非典型肺炎的检出率和准确性有着重要的实用价值。

6月2日

国家主席胡锦涛在瑞士洛桑为发展中国家领导人举行早餐会

参加早餐会的发展中国家领导人有阿尔及利亚总统布特弗利卡、巴西总统卢拉和马来西亚总理马哈蒂尔。胡锦涛与他们共进早餐,就共同关心的问题深入交换意见。

胡锦涛表示,发展中国家是维护世界和平、促进共同发展的重要力量。不结盟运动、七十七国集团、东盟、非盟和拉美南方共同市场等发展中国家的组织,为加强发展中国家的团结、维护自身权益发挥了重要作用。近年来,发展中国家的交流和合作不断取得丰硕成果。

胡锦涛强调,中国是发展中国家的一员,长期以来在许多方面得到了广大发展中国家的支持。中国珍视同发展中国家的信任和合作,始终把加强同发展中国家的友好合作作为中国外交政策的基石。无论国际风云如何变幻,中国将始终坚定地同广大发展中国家站在一起。

三位领导人都表示赞同胡锦涛的观点,高度评价中国为推动和加强南南及南北合作所作的努力,希望继续同中方保持密切交流,进一步深化合作,努力维护发展中国家的合法权益,为促进人类和平与发展的崇高事业作出贡献。

国家主席胡锦涛在洛桑分别会见国际奥委会主席罗格和著名物理学家丁肇中

在会见国际奥委会主席罗格时,胡锦涛表示,北京2008年奥运会筹备工作没有受到非典型肺炎疫情的影响,中国政府将一如既往地全力支持北京奥运会组委会的各项工作,并同国际奥委会加强合作。

罗格表示,北京2008年奥运会组委会工作出色,效率很高,国际奥委会对此高度评价。在世界人口最多的中国举办奥运会对国际体育运动具有极为重要的意义,国际奥委会全力支持中国举办好这次盛会,并坚信2008年奥运会的成功将是全人类的宝贵财富。

胡锦涛在会见国际著名物理学家、诺贝尔奖获得者丁肇中时,认真听取了丁肇中关于他近年来工作和下一步设想的介绍,特别是有关阿尔法磁谱仪研究项目的情况,并祝愿有关科研项目不断取得新进展。

中宣部部长刘云山在天津考察

6月2日至3日,刘云山先后考察了天津市新闻单位、居民社区和基层文化单位,充分肯定了天津市的宣传思想工作和精神文明建设。

刘云山强调,当前要把讲文明讲卫生讲科学树新风作为各类创建活动的重要内容,采取有效措施,切实抓出成效。要充分发挥新闻媒体和基层宣传文化阵地的作用,依靠群众、发动群众,贴近生活、贴近实际,努力形成“三讲一树”的良好社会氛围。要把思想教育和严格管理结合起来,从具体事情抓起,从一言一行做起,从一点一滴改起,通过坚持不懈的努力,使环境更加整洁优美、生活更加健康科学、社会更加文明进步,充分展示中国人民积极进取、昂扬向上的精神风貌。

《人民日报》发表评论员文章《喜看高峡出平湖》

6月1日,举世瞩目的三峡工程正式开始下闸蓄水了!随着三峡蓄水线的日日抬升,水库初期蓄水至135米高程,“高峡出平湖”的壮丽景观即将呈现在世人面前。此后,永久船闸试通航、首批机组发电也将相继实现,长江三峡二期工程三大目标的胜利完成近在眼前。这对全国人民在党中央、国务院的坚强领导下,万众一心抗“非典”,迎难而上促发展,是一个巨大的鼓舞。

三峡工程是中华民族的千秋伟业,对中国经济社会的长远发展将产生重大而深远的影响。从施工准备到初获硕果,三峡工程已经走过了十年的建设历程。十年奋战,高坝筑起,山河巨变。1997年大江截流,一期工程告捷之后,二期工程顺利推进,三峡枢纽工程、输变电工程按计划实施,二期移民任务全面完成,三峡库区经济有了长足发展,库区的生态环境保护和三峡文物保护工作取得了新进展。三峡工程将进入边建设、边收益的新阶段,这标志着整个工程的又一座重要的里程碑即将矗立起来。

三峡工程建设的辉煌成就,归功于党中央、国务院的高度重视和正确决策,归功于全国人民和海内外朋友的热忱关心和积极支持,归功于三峡全体建设者的艰苦努力和顽强拼搏,归功于库区广大干部群众顾全大局的奉献精神。

三峡工程建设的辉煌成就,表明我国经济实力和工程技术水平又跃上了新台阶,显示了中华民族勤劳勇敢、自强不息的民族精神。它再次向世人昭示,只有社会主义中国,才能凝聚这样伟大的力量;只有改革开放,才能奠定这样雄厚的物质基础。几代中国人民的梦想逐步变为现实,我们由衷地感到自豪。

十年艰辛不寻常。三峡建设在工程规模、施工难度、质量要求、移民数量等方面,创造了诸多世界纪录。三峡的建设者不畏艰难,始终坚持以经济建设为中心,依靠科学,攻关夺隘,改进工艺,强化监督,建立了符合市场经济规律的运行机制,积累了丰富的施工和管理经验。

三峡工程凝结着党的几代领导集体的心血,浸透了几代科学家和工程技术人员的智慧,也得到了全国人民的支持。它的最终建成,将为长江中下游人民的防洪安全提供强有力的保障,为国家调整能源结构和水资源布局、充分发挥长江航运效益、促进西部大开发发挥关键作用,为实施可持续发展战略、加速三峡地区经济社会发展奠定坚实的基础。

三峡工程二期工程的任务还没有最后完成,需要抓紧整改验收中发现的问题,不留死角、不留隐患,确保下闸蓄水、船闸通航和发电并网顺利进行。即将开始的三期工程,任务仍然繁重、艰巨。千年大计,质量第一。只要坚持对人民、对国家、对历史高度负责的精神,坚持高标准、高质量、高效率,扎实做好各项工作,精心组织,精心施工,就一定能够确保三峡工程达到一流的质量,建设成功在当代、利在千秋的宏伟工程。

中科院大气物理研究所荣获“计算机世界荣誉奖励计划”科学类最高大奖

颁奖典礼在美国首都华盛顿国家建筑博物馆举行。评选委员会指出,中科院大气物理研究所对厄尔尼诺现象等进行的大规模气候模型分析,为中国减轻气候变化和自然灾害等带来的经济损失提供了帮助,并因此被评为本年度全球科学领域内“最佳的信息技术(IT)应用项目”。

“计算机世界荣誉奖励计划”创设于1988年,旨在表彰运用信息技术为社会作出重大贡献的机构和个人,评委会包括微软、IBM、英特尔、摩根斯坦利等全球所有顶级IT企业和投资巨头,因规格高、竞争激烈、影响大而被视为国际IT业的“奥斯卡”。

除中科院大气物理研究所之外,中国招商银行的网上银行服务项目,以及中国教育和科研计算机网的下一代因特网试验床项目,也分别获得提名,进入金融类和学术教育类奖项的最后决赛圈。其中,招商银行是国内企业首次闯入IT业“奥斯卡”奖的决赛圈。“计算机世界荣誉奖励计划”组织者称,今年对中国参赛单位来说是“非凡的一年”。

全国“非典”防治指挥部科技攻关组在北京举行新闻发布会

科技攻关组副组长、军事医科院副院长黄培堂少将在发布“非典”流行病研究的科技进展情况时说，在广东、北京等地的大力支持下，科技攻关组在疫情流行趋势预测、病毒体外生存规律、出院病人是否排毒等流行病学研究方面已经取得了阶段性的进展，主要有以下几方面：一是确定了非典型肺炎病毒体外环境存活时间；二是研究评价了目前正在应用的几种消杀制剂和手段的效果；三是科学研究表明出院病人没有传染性；四是初步确定与非典型肺炎病人密切接触者隐性感染的可能性很低；五是初步研究表明潜伏期非典型肺炎患者传染可能性很小；六是建立了非典型肺炎国家控制与预警地理信息系统并投入使用；七是建立了非典型肺炎流行的短期和中期分析预测方法，并重点对北京市一周内新增确诊病人数进行了预测，预测误差在10%范围的天数达到总预测天数的66.7%。

科技攻关组副组长、科技部副部长李学勇在讲话中强调，今后的科技攻关重点是继续研制疫苗和特异性药物、继续开展流行规律的研究等，他指出，科技攻关今后应突出以下四个方面：一是要瞄准需求；二是要加强基础研究；三是要大力协同；四是要强化管理。

6月3日

国家主席胡锦涛在阿斯塔纳与哈萨克斯坦总统纳扎尔巴耶夫举行会谈并签署两国联合声明

胡锦涛就推动中哈关系进一步发展提出四点建议：第一，深化两国政治互信，保持高层交往，加强相互沟通和相互支持；第二，加强两国经贸特别是能源领域的合作；第三，扩大双方在科技、教育、文化、体育、卫生等领域和民间的交流与合作；第四，密切在国际事务中的合作，特别是加强在联合国、上海合作组织等国际和地区机制框架内的沟通和协作。

纳扎尔巴耶夫表示，哈方完全赞同中方提出的进一步发展双边互利合作的四点建议。

会谈后两国元首签署了《中华人民共和国和哈萨克斯坦共和国联合声明》，并出席了《中华人民共和国和哈萨克斯坦共和国2003年至2008年合作纲要》和《中华人民共和国教育部和哈萨克斯坦共和国教育科学部教育合作协议》等六个文件的签字仪式。

随后，两国元首共同会见了记者。他们一致高度评价中哈友好合作关系，并表示愿进一步努力，推动两国加强交往，增进互信，扩大合作，共同发展。他们还回答了记者有关两国关系前景、中国西部大开发战略和中哈经贸合作发展的提问。

当天上午，胡锦涛还向位于市中心的哈萨克斯坦祖国保卫者纪念碑献了花篮，并在“国家元首林”种下了象征中哈人民友谊的纪念树。

国家主席胡锦涛与哈萨克斯坦共和国总统纳扎尔巴耶夫在阿斯塔纳签署《中华人民共和国和哈萨克斯坦共和国联合声明》

联合声明全文如下：

应哈萨克斯坦共和国总统努尔苏丹·纳扎尔巴耶夫的邀请，中华人民共和国主席胡锦涛于2003年6月2日至4日对哈萨克斯坦共和国进行国事访问，中哈举行了最高级会谈。两国元首在相互理解与建设性气氛中就发展中哈关系以及共同关心的地区和国际问题深入坦诚地交换了意见，达成广泛共识。

中华人民共和国和哈萨克斯坦共和国（以下简称双方），基于巩固两国间业已存在的睦邻友好与互利合作关系的共同愿望，确信扩大和深化两国各领域互利合作符合两国人民的根本利益，有利于维护地区与世界的和平、安全与稳定，声明如下：

一、双方认为，2002年12月23日两国元首共同签署的《中华人民共和国和哈萨克斯坦共和国睦邻友好合作条约》是具有重要历史和现实意义的文件，将指导中哈关系未来发展。双方将全面贯彻落实条约和建交以来中哈签署和发表的政治文件所确立的各项内容和原则，不断提高中哈友好合作关系的质量和水平。

二、双方重申将继续保持经常性高层政治对话和磋商，不断提高互信水平。双方相信，中国国家主席胡锦涛访哈期间签署的《中华人民共和国和哈萨克斯坦共和国2003年至2008年合作纲要》有助于双方有效落实已达成的各项协议，推动双边关系不断发展。

三、双方指出，中哈国界划定和勘定具有历史意义。双方将遵循领土完整和国界不可侵犯的国际法原则，严格遵守两国间有关边界协定，并决心在两国边境地区保持永久和平和世代友好。

四、哈方重申，世界上只有一个中国，中华人民共和国政府是代表全中国的唯一合法政府，台湾是中国领土不可分割的一部分。哈方反对任何制造“两个中国”或“一中一台”的图谋，反对“台湾独立”，反对台湾加入任何必须由主权国家参加的国际和地区组织。哈方确认不同台湾建立任何形式的官方关系和进行任何官方往来。

五、中方高度评价哈萨克斯坦共和国以无核武器国家身份加入1968年7月1日签署的《不扩散核武器条约》，并重申中国在任何时候、任何情况下都不首先使用核武器,也不对无核武器国家或无核武器区使用或威胁使用核武器,呼吁其他核武器国家采取相同立场。

哈方高度评价并赞赏中方的上述立场,强调1995年2月中国政府发表的向哈萨克斯坦提供安全保证的声明具有重要历史意义,重申为不断加强全球和地区的稳定和安全,愿与中方继续相互协作。

六、双方将不参加任何有损于对方主权、安全和领土完整的联盟或集团,不采取任何此类行动,包括不同第三国缔结此类条约。双方将不允许第三国利用本国领土损害另一方的国家主权、安全和领土完整。

双方将不允许在本国领土上成立和存在损害另一方主权、安全和领土完整的组织和团伙。

七、双方将在此前签署的协议和协定的基础上,继续扩大军事交流和军技合作,促进两国国防部门和军队之间的友好交往。双方认为2002年12月23日在北京签署的《中华人民共和国政府和哈萨克斯坦共和国政府关于预防危险军事活动的协定》对维护边境地区的和平与安宁具有重要意义。双方将采取一切必要措施,尽快完成使该协定生效的国内法律程序。

八、双方认为,恐怖主义、分裂主义和极端主义是全球安全与稳定的严重威胁,双方将在双边和多边基础上就共同打击上述"三股势力"加强合作。

双方决心继续采取有效措施,共同打击包括"东突伊斯兰运动"恐怖势力在内的一切形式的恐怖主义,以维护两国和本地区的和平与稳定。双方认为,打击"东突伊斯兰运动"恐怖势力是国际反恐斗争的重要组成部分。

九、双方认为,加强双边经贸合作对全面推进两国关系发展具有十分重要的意义,决心致力于巩固和加强两国经贸合作的良好势头,并根据本国法律和双方共同参加的国际条约的规定,为扩大上述合作创造必要的条件。双方重申,将充分利用中哈政府间经贸合作委员会机制,结合各自优势,挖掘潜力,优化贸易结构,在平等互利的基础上扩大在能源、交通、科技、信息、金融、航天、航空等领域的合作。双方将不断加强在国际和地区经济、金融组织内的协作。

十、双方认为,中哈能源领域合作具有战略意义,双方将加强在石油天然气领域的合作,采取有效措施,确保现有合作项目的顺利实施,并继续就中哈石油管道项目和相应的油田开发项目,以及建设由哈萨克斯坦至中国的天然气管道的可能性问题进行研究。哈方支持中方参加哈里海大陆架油田的勘探和开发。

十一、双方认为,交通运输领域合作以及经贸合作是两国关系的重要组成部分。双方将提高中哈政府间经贸合作委员会交通和口岸分委会的工作效率。将在平等互利的基础上开展两国间和包括泛亚铁路北部通道在内的过境运输方面的合作,继续提高阿拉山口—德鲁日巴口岸的过货能力,协调两国海关的工作。

十二、双方将依据相关国际条约,采取必要措施,防止环境污染,合理利用自然资源。双方将在中哈有关双边协定基础上开展环保及合理利用和保护跨界河流方面的合作。

十三、双方认为,扩大文化、教育、旅游、卫生、社会保障、体育领域的交流以及组织两国青年团体互访具有重要意义。

十四、双方将采取措施,不断完善两国之间的条约法律基础,保护双方法人和自然人的合法权益,以巩固各领域双边合作。

十五、双方认为,和平与发展仍是当今时代的主题,但影响国际和地区形势稳定的因素在增加。双方主张加强联合国在促进多极化和国际关系民主化、维护世界和平与安全、推动经济发展与合作方面的作用,支持联合国和安理会进行必要的改革。双方将根据《联合国宪章》的宗旨和原则,以及其他公认的国际法准则加强在联合国和其他国际组织框架内的合作。

双方强调,运用政治和外交手段,通过对话和谈判的途径解决地区冲突应成为国际关系的准则。

十六、双方认为,上海合作组织在加强成员国间睦邻互信与友好合作、维护本地区和平、安全与稳定方面发挥着重要作用。推动其健康发展符合包括中哈在内的各方的共同利益。双方愿与上海合作组织其他成员国一起采取切实措施,加快该组织机制建设,尽早建立秘书处和地区反恐机构,加强打击恐怖主义、分裂主义和极端主义、毒品和麻醉品走私、非法移民和其他跨国犯罪活动,扩大和深化各方在经济和人文领域的合作,推动该组织积极开展国际交往,使上海合作组织在促进本地区乃至世界的和平与发展方面发挥更大作用。

十七、双方认为,亚洲相互协作与信任措施会议(简称"亚信")作为旨在促进亚洲区域内对话与互信的论坛,是促进亚洲国家信任与合作的积极因素。双方支持继续发展"亚信"进程,为维护亚洲地区的和平、安全与稳定而共同努力。

中华人民共和国主席 胡锦涛　　哈萨克斯坦共和国总统 努·纳扎尔巴耶夫

2003年6月3日于阿斯塔纳

国家主席胡锦涛在阿斯塔纳先后会见哈萨克斯坦总理塔斯马加姆别托夫上院议长阿卜迪卡里莫夫和下院议长图亚克拜

胡锦涛同他们就发展双边关系、深化互利合作广泛深入地交换了意见。

全国政协主席贾庆林在全国政协机关会见香港特别行政区部分全国政协委员

贾庆林代表全国政协对港澳委员支援内地抗击非典型肺炎表示感谢。

会见结束后举行了捐款仪式。受赠地区和单位负责人表示,将切实按照港区全国政协委员的愿望和要求,管好用好这笔善款。

全国政协副主席王忠禹参加会见并在捐款仪式上讲了话。参加会见和捐款仪式的还有全国政协副主席廖晖、刘延东,全国政协秘书长郑万通以及民政部、卫生部、中央政府驻港联络办和中华慈善总会负责人等。

国务院副总理黄菊在北京出席全国高校毕业生就业工作电视电话会议并讲话

国务委员兼国务院秘书长华建敏出席会议,会议由国务委员陈至立主持。今年是1999年高校扩招后本科学生毕业的第一年,全国高校毕业生总数达到212万人,比去年增长46%。

黄菊在讲话中指出,要认真贯彻落实国务院常务会议精神和《国务院办公厅关于做好2003年普通高等学校毕业生就业工作的通知》,进一步动员各方面力量,增强责任感和紧迫感,切实做好今年高校毕业生就业工作。他同时强调指出,党中央、国务院关于扩大高等教育招生规模的决策,实践证明是正确的,对当前出现的部分高校毕业生就业困难问题,既要清醒地看到解决好这个问题的长期性和复杂性,也要实事求是看到当前高校毕业生就业难的问题是发展中的问题,经过努力是完全可以缓解和解决的。

教育部、劳动和社会保障部、人事部、共青团中央、江苏省政府和辽宁农业职业技术学院的负责同志在会议上作了发言。党中央有关部门负责人,国务院有关部门、单位和在京部分高校负责人在北京主会场参加了会议,各省、自治区、直辖市人民政府,新疆生产建设兵团领导和有关方面及高校负责人在各地分会场参加了会议。

第三颗"北斗一号"导航定位卫星定点成功

"北斗一号"于5月25日发射,于6月3日5时0分成功定点,顺利进入地球同步轨道。该卫星与前两颗"北斗一号"卫星组成了完整的卫星导航定位系统。

国务委员陈至立在北京接见2003中国珠峰登山队和第四十七届世界乒乓球锦标赛中国代表团部分运动员教练员

东盟和中日韩"非典"防治国际研讨会在北京举行

国务院副总理兼卫生部部长吴仪出席开幕式,并会见了与会各代表团团长。卫生部常务副部长高强在致开幕词。

东盟代表、柬埔寨驻华大使凯·勒昂,美国代表团团长奥斯特洛夫,世界卫生组织驻华代表贝汉卫也在开幕式上发言。应邀参加本次会议的有东盟成员国与日本、韩国的代表,世界卫生组织代表以及蒙古、美国、英国、法国、加拿大卫生官员。此外,喀麦隆、俄罗斯等国驻华使馆代表也应邀列席会议。中国香港、澳门特别行政区卫生官员和专家,台湾学者也出席了会议。

此次会议由中国卫生部主办、中华医学会协办,为期两天。百余名与会人员将充分交流和探讨防治"非典"的经验和成效,特别是流行病学调查、临床治疗、诊断试剂和药物研究等领域,并寻求在防治"非典"方面更多的地区和国际合作。

6月4日

国家主席胡锦涛在乌兰巴托与蒙古国总统巴嘎班迪举行会谈

胡锦涛积极评价了中蒙近年在各领域富有成果的合作。他说,为在新世纪使中蒙关系迈上新台阶,我们建议:第一,在目前友好关系的基础上,宣布建立中蒙睦邻互信伙伴关系,两国永远做好邻居、好朋友、好伙伴;第二,保持高层互访势头,推动两国关系进一步发展;第三,发展互利互惠的经贸关系,开展多渠道、多领域、多种类的合作;第四,加强双方在国际和地区事务中的合作,共同维护本地区的和平与稳定。

巴嘎班迪表示,蒙方完全赞同中方提出的建立睦邻互信伙伴关系等积极建议,并重申坚定奉行一个中国政策。

两国元首就进一步扩大和深化双边经贸合作深入交换了意见,一致同意双方在金融、基础设施建设和防治沙尘暴等方面开展合作。巴嘎班迪说,蒙方重视加强对华经贸合作,感谢中方为支持开展大型项目提供优惠贷款并欢迎中方将蒙古列为中国公民自费旅游目的地国。

会谈后,两国元首出席了《中华人民共和国政府和蒙古国政府经济技术合作协定》等合作文件的签字仪式。签字仪式后,两国元首共同会见了记者。双方一致对会谈成果表示满意,强调加强中蒙友好合作符合双方根本利益,愿共同努力,建立和发展中蒙睦邻互信伙伴关系。

国务院总理温家宝在北京主持召开国务院常务会议

会议研究部署当前防治"非典"和经济工作。会议强调,当前防治"非典"的主要任务是巩固成果,防止反复;经济工作要抓住时机,迎难而上,努力减少损失,力争完成全年任务。

会议认为,在党中央、国务院的领导下,经过全国上下共同努力,防治"非典"工作取得了显著成绩,新增病例明显减少,全国疫情进一步平缓,正常的经济社会秩序正在逐步恢复。

会议提出,各地区、各部门要继续坚持"两手抓"的方针,一手抓防治"非典"这件大事不松劲,一手抓发展经济这个中心不动摇。防治"非典"要坚持分类指导,依法防治,科学防治,完善行之有效的办法,形成有力的防治机制,把防治工作引向依法、科学、规范、有序的轨道。当前重点抓好四项工作:一要加快建立突发公共卫生事件应急机制,抓紧完善信息网络体系、疾病预防控制体系和治疗救治体系,做到常备不懈,有备无患。二要继续加强疫情防控,决不能出现反复,特别要防止出现大的反复。机场、车站、码头等人员流动集中的场所,要继续做好监测工作,防止疫情传播。三要集中力量进行科研攻关,抓住重点,在关键项目、关键手段上取得突破性进展。四要积极开展爱国卫生运动和全民健身活动,改变陈规陋习,养成良好的卫生习惯,增强全民体质。同时要认真做好夏季其他传染病的防治工作。

会议提出,要有针对性地采取措施,努力保持经济增长势头。一是逐步恢复正常的生产秩序、生活秩序和社会秩序,在坚持必要监测措施的同时,保证道路畅通和人员、物资的正常流动。二是扶持困难行业、扶持小企业、扶持困难群众,把国务院确定的各项扶持政策落到实处。要尽快制定受冲击大的行业特别是服务业的振兴计划,抓住时机改善饮食消费环境和商品流通方式,提高服务质量和水平。三是积极贯彻落实扩大内需的方针,从投资和消费两个方面促进经济增长。在建项目要加快进度,已经批准的项目要尽早开工,同时要制定促进消费的政策,积极培育新的消费增长点。四是下大力气抓好对外开放。抓紧启动因"非典"停缓的投资合同和出口订单,尽快完善出口退税办法,千方百计扩大出口,努力改善投资环境。五是抓紧研究西部大开发、东北老工业基地调整改造、粮食主产区农民增收、国有企业改革、非公有制经济发展等政策措施,适时作出部署。会议还要求切实做好维护社会稳定的工作,努力化解各类社会矛盾。

会议强调,各地区、各部门要切实转变工作作风,创新工作方法,把防治"非典"工作中形成的讲大局、讲责任、讲配合、讲效率的风气保持和发扬下去。各级领导要坚持分工负责,分类指导,适时调控,统筹兼顾,积极主动地开展工作。

会议还讨论并原则同意《深化农村信用社改革试点方案》,审议并原则通过《医疗废物管理条例(草案)》。会议提出,从2003年下半年开始进行深化农村信用社改革试点。通过改革,把信用社逐步办成为农民、农业和农村经济发展服务的地方金融机构,更好地支持农村经济结构调整,帮助农民增加收入。

会议认为,制定《医疗废物管理条例》,对加强医疗废物的安全管理,防止疾病传播,保护环境,保障公众的身体健康是必要和及时的,对当前"非典"防治工作具有重要的现实意义。会议决定,《医疗废物管理条例(草案)》经进一步修改后,由国务院公布施行。

国务院法制办负责人就《企业国有资产监督管理暂行条例》有关问题答新华社记者问

记者:为什么要制定《企业国有资产监督管理暂行条例》?

国务院法制办负责人(以下简称负责人):制定《企业国有资产监督管理暂行条例》(以下简称暂行条例)主要有两点考虑:一是,为落实党的十六大关于国有资产管理体制改革的精神。十六大提出深化国有资产管理体制改革的重大任务,并明确国家要制定法律、法规,建立中央政府和省、市(地)两级地方政府分别代表国家履行出资人职责,享有所有者权益,权利、义务和责任相统一,管资产和管人、管事相结合的国有资产管理体制。制定暂行条例,将十六大精神具体化,对于推动国有资产管理体制改革,具有重要意义。二是,为机构改革的顺利进行提供法制保障。本届政府机构改革的一项重要内容就是设立国有资产监督管理机构。根据国务院领导的指示,要先制定法规,保证国务院国有资产监督管理机构及省、市(地)两级国有资产监督管理机构的设立和运行能够自上而下依法有序进行。

记者:党的十六大提出的国有资产管理体制改革是一项新的改革措施,目前还没有太多的实践经验可供借鉴,在起草暂行条例时把握了什么原则?

负责人:我们在起草暂行条例时主要把握三项原则:一是,按照十六大和十六届二中全会关于国有资产管理体制改革的精神,明确国有资产管理体制的基本框架和企业国有资产监督管理的基本制度。二是,依据公司法等有关法律、法规的规定,明确国有资产监督管理机构的出资人职责,既要保证出资人职责到位,又要切实保障企业经营自主权。三是,考虑到国有资产监督管理体制改革的经验还不成熟,条例是暂行的,具有原则性、起步性、过渡性的特点,对当前急需解决、看得准的问题,作了比较明确的规定;对有些需要进一步研究探索的问题,作了比较原则的规定,有些没作规定。待实施一段时间后,再总结经验,对暂行条例进行修改、补充和完善。

记者：暂行条例的适用范围是全部国有资产吗？

负责人：不是的。暂行条例规定，国有及国有控股企业、国有参股企业中的国有资产的监督管理，适用本条例；金融机构中的国有资产的监督管理，不适用本条例。由于条例的名称是“企业国有资产监督管理暂行条例”，因此，行政事业性国有资产、资源性国有资产不适用本条例。但由企业开发、经营的资源性国有资产已经成为企业国有资产的重要组成部分，其监督管理适用本条例。同时，企业国有资产中的土地等资源性国有资产在转让、处置等方面的活动，还要遵守国家有关法律、法规的规定。

记者：暂行条例关于企业国有资产监督管理体制主要做了哪些规定？

负责人：按照十六大报告，暂行条例规定，企业国有资产属于国家所有。国务院代表国家对关系国民经济命脉和国家安全的大型国有及国有控股、国有参股企业，重要基础设施和重要自然资源等领域的国有及国有控股、国有参股企业，履行出资人职责。省、自治区、直辖市人民政府和设区的市、自治州级人民政府分别代表国家对由国务院履行出资人职责以外的国有及国有控股、国有参股企业，履行出资人职责。

同时，暂行条例就国有资产管理机构的设立作出明确规定，国务院，省、自治区、直辖市人民政府，设区的市、自治州级人民政府，分别设立国有资产监督管理机构。国有资产监督管理机构根据授权，按照“权利、义务和责任相统一，管资产与管人、管事相结合”的原则，依法履行出资人职责，依法对企业国有资产进行监督管理。考虑到目前有些市(地)企业国有资产数量较少的实际情况，暂行条例还规定，企业国有资产较少的设区的市、自治州，经省、自治区、直辖市人民政府批准，可以不单独设立国有资产监督管理机构。

此外，暂行条例明确要求各级人民政府应当坚持政府的社会公共管理职能与国有资产出资人职能分开，坚持政企分开，实行所有权与经营权分离。国有资产监督管理机构不行使政府的社会公共管理职能，政府其他机构、部门不履行企业国有资产出资人职责。

记者：国有资产监督管理机构作为履行出资人职责的机构，对所出资企业国有资产实施监督管理的内容包括哪些？

负责人：作为履行国有资产出资人职责的机构，国有资产监督管理机构主要通过行使企业出资人权利对所出资企业国有资产实施监督管理。其监督管理的主要内容包括：

一是，对所出资企业负责人实施管理。国有资产监督管理机构任免国有独资企业的总经理、副总经理、总会计师及其他企业负责人；任免国有独资公司的董事长、副董事长、董事，并向其提出总经理、副总经理、总会计师等的任免建议；依照公司章程，提出向国有控股的公司派出的董事、监事人选，推荐国有控股的公司的董事长、副董事长和监事会主席人选，并向其提出总经理、副总经理、总会计师人选的建议。国务院，省、自治区、直辖市人民政府，设区的市、自治州级人民政府，对所出资企业的企业负责人的任免另有规定的，按照有关规定执行。

二是，对所出资企业重大事项实施管理。国有资产监督管理机构依照法定程序，决定所出资企业中的国有独资企业、国有独资公司的分立、合并、破产、解散、增减资本、发行公司债券等重大事项；作为出资人，决定国有股权转让；对所出资企业的重要子企业需要进行监管的，由国务院国有资产监督管理机构另行制定办法，报国务院批准；国有资产监督管理机构可以对所出资企业中具备条件的国有独资企业、国有独资公司进行国有资产授权经营。被授权的国有独资企业、国有独资公司对其全资、控股、参股企业中国家投资形成的国有资产依法进行经营、管理和监督。被授权的国有独资企业、国有独资公司应当建立和完善规范的现代企业制度，并承担企业国有资产的保值增值责任。

三是，对企业国有资产实施管理。国有资产监督管理机构负责企业国有资产的产权界定、产权登记等基础管理工作；协调其所出资企业之间的企业国有资产产权纠纷；对所出资企业的企业国有资产收益依法履行出资人职责，对所出资企业的重大投融资规划、发展战略和规划，依照国家发展规划和产业政策履行出资人职责。为防止企业国有资产流失，要求国有资产监督管理机构建立企业国有资产产权交易监督管理制度，加强对企业国有资产产权交易的监督管理；所出资企业中的国有独资企业、国有独资公司的重大资产处置，需由国有资产监督管理机构批准的，依照有关规定执行。

记者：国有资产监督管理机构以什么方式对企业国有资产实施监督管理？

负责人：国有资产监督管理机构对企业国有资产采取不同的监管方式。国有资产监督管理机构依照法定程序，直接决定国有独资企业、国有独资公司的重大事项；对国有控股的公司，国有资产监督管理机构依照公司法的规定，通过派出的股东代表、董事，参加股东会、董事会，按照国有资产监督管理机构的指示发表意见，行使表决权，对企业国有资产实施监督管理。

同时，为了保证国有资产监督管理机构既要履行出资人职责，又不影响企业经营自主权，暂行条例明确规定，所出资企业及其投资设立的企业，享有有关法律、行政法规规定的企业经营自主权。国有资产监督管理机构应当支持企业依法自主经营,除履行出资人职责以外,不得干预企业的生产经营活动。

国务院副总理黄菊在中南海紫光阁会见美国高盛公司董事长亨利·保尔森

全军实施人才战略工程加速人才培养座谈会在北京召开

这次会议的主要任务是,以"三个代表"重要思想为指导,深入贯彻十六大精神,集中研究落实江泽民主席关于抓好人才战略工程的重要指示,动员和组织全军大规模培养人才、大幅度提高干部素质,为推进中国特色军事变革、实现军队现代化跨越式发展提供强大的人才和智力支持。

中国选手杜丽在克罗地亚萨格勒布举行的射击世界杯赛上打破女子10米气步枪世界纪录

杜丽夺得该赛事首金,她的成绩为504.9环,成为这个项目新的世界纪录。

6月5日

国家主席胡锦涛在蒙古国议会发表题为《携手共建睦邻互信伙伴关系》的演讲

尊敬的图木尔奥其尔主席先生,各位议员,女士们,先生们:

很高兴来到蒙古国大呼拉尔,并同各位议员见面。这是我第一次访问蒙古。首先,请允许我向在座各位,并通过你们向蒙古人民,转达中国人民的亲切问候和良好祝愿。我也愿借此机会,对蒙古政府和人民积极发展经济、扩大对外交往所取得的成就表示衷心的祝贺。

中蒙两国人民友谊源远流长。建交半个多世纪以来,两国关系取得了长足发展,特别是20世纪90年代以来,两国在各个领域的合作都取得了可喜的成果。1994年两国重新修订的《中蒙友好合作关系条约》,为双方关系的健康发展奠定了政治和法律基础。1998年和1999年巴嘎班迪总统和江泽民主席的成功互访,为两国关系的发展进一步指明了方向。

昨天,我同巴嘎班迪总统进行了诚挚友好的会谈。我们商定,根据新形势的需要,从维护我们两国和两国人民的根本利益出发,建立和发展中蒙睦邻互信伙伴关系。

——我们要在政治上相互信任,尊重对方的独立、主权和领土完整,尊重对方选择的发展道路和内外政策,并本着协商、合作和友好的精神处理两国间的问题。

——我们要在经济上互利合作,同时积极扩大科教、文化合作和人员交流,实现共同发展繁荣。

——我们要在安全上加强合作,把中蒙边界继续建设成一条和平、友好、合作的纽带,同时在国际和地区事务中不断加强协调和合作,共同维护地区的和平与稳定。

推进经贸合作,是中国对蒙政策的重要组成部分。中国已成为蒙古最大的贸易伙伴和直接投资国。双方利用中国政府提供的2亿元人民币贷款合作开发的图木尔廷锌矿项目进展顺利。双方在畜牧、农业、采矿、服装加工等领域开展着良好的合作。我们愿同蒙方共同努力,发挥各自优势,不断提高经贸合作水平。中国将继续向蒙古提供力所能及的援助。我们将援助修建从中国的二连浩特口岸通往蒙古的扎门乌德口岸的公路,以改善边境贸易环境。我们将鼓励扩大对蒙贸易,在同等条件下优先进口蒙古的产品,同时鼓励有实力的中国企业到蒙古投资。我们愿把矿产资源开发和基础设施建设作为今后两国合作的重点领域。我们支持我国内蒙古自治区在两国经贸合作中发挥桥梁作用。中蒙都在致力于经济建设,都拥有丰富的资源,两国人民都有加强经贸合作的真诚愿望。我相信,在双方的共同努力下,中蒙互利互惠的经济合作一定能结出更加丰硕的成果。

中国理解并尊重蒙古从本国国情和国家根本利益出发制定的对外方针政策,高度赞赏蒙古坚持对华友好,支持蒙古不在本国领土部署外国军队、核武器、大规模杀伤性武器的政策,也支持蒙古平等地同世界各国发展友好合作。

中国有句古话:"路遥知马力,日久见人心。"中蒙友谊和合作经得起时间的考验。中蒙关系的全面发展,不仅符合两国人民的共同利益,而且对亚洲地区的和平、稳定和发展也具有重要意义。无论国际风云如何变幻,只要双方牢牢把握两国关系发展的大方向,中蒙就一定能永远做好邻居、好朋友、好伙伴。

女士们、先生们!

改革开放20多年来,中国经济一直保持持续快速健康发展的势头,综合国力显著上升,人民生活水平不断提高。我们初步建立起社会主义市场经济体制,形成了面向全球的开放型经济。去年11月,中国共产党第十六次全国代表大会确定了新世纪、新阶段中国发展的宏伟目标,即在本世纪头20年,全面建设惠及十几亿人口的更高水平的小康社会,使经济更加发展,民主更加健全,科教更加进步,文化更加繁荣,社会更加和谐,人民生活更加殷实。尽管实现这一目标需要付出艰苦的努力，但我们坚信，只要始终紧紧抓住经济建设这个中心不动摇，坚定不移地走符合中国国情的发展道路，正确处理改革发展稳定的关系，我们的目标就一定能够实现。

当前，中国举国上下万众一心、众志成城，正在开展一场防治非典型肺炎的攻坚战。由于非典型肺炎是一种新发现的传染病，一开始人们对它知之甚少，在疫病发生初期，我们在诊断、治疗和预防方面都缺乏经验，加上中国人口多、人员流动性大，使防治工作遇到了很大困难。面对突如其来的疫情灾害，中国政府始终把保护人民的身体健康和生命安全放在第一位，同时也对世界各国人民的身体健康和生命安全高度负责，采取果断措施，大力开展防疫抗病的斗争，并取得了明显成效。我们有信心、有能力最终战胜非典型肺炎这场疾病灾害。中国防治非典型肺炎的努力得到了包括蒙古在内的许多国家的支持。我们充分理解周边国家对非典型肺炎疫情的关切，将同各国加强合作，坚决防止和控制非典型肺炎疫病的扩散和蔓延。

女士们、先生们！

中国的发展同亚洲的发展紧密相连，中国人民的命运和亚洲人民的命运休戚与共。中国的发展对亚洲是机遇而不是威胁。中国坚持奉行独立自主的和平外交政策和睦邻友好的周边外交政策，同亚洲各国建立和发展相互理解、信任和合作的友好关系。

中国新一届中央领导集体将始终不渝地坚持与邻为善、以邻为伴的方针，同周边国家平等相待、和谐共处，风雨同舟、携手进步。

我们将加强同周边各国的高层往来和政治对话，努力深化相互理解，积极营造融洽、信任、协调的地区政治环境。我们将推动在本地区树立互信、互利、平等和协作的新安全观，坚持通过对话解决矛盾、分歧和冲突，共同营造和平、稳定、和谐的地区安全环境。我们将深化同本地区各国的经济合作，促进各种形式的区域、次区域合作机制，努力营造互利、互惠、共赢的地区经济环境。

中国始终主张，国家不分大小、强弱、贫富，都是国际社会的平等一员，国际上的事情要由各国平等协商来处理，国与国之间的纷争要通过和平谈判来解决。中国愿同包括蒙古在内的亚洲各国一道，继续实践这一信念，推动建立公正合理的国际政治经济新秩序，共创美好未来。谢谢大家。

国家主席胡锦涛在乌兰巴托会见蒙古国总理恩赫巴亚尔

胡锦涛表示，中蒙保持长期友好，加强互利合作，符合两国人民的根本利益，也有利于地区的和平、稳定和发展。我们愿把资源开发和基础设施建设作为双方今后合作的重点领域。

恩赫巴亚尔说，蒙方重视同中方在资源开发和基础设施建设等方面的合作，同时也愿意在教育、人文和政党交往等领域加强交流。

中国和蒙古在乌兰巴托发表联合声明

应蒙古国总统那楚克·巴嘎班迪的邀请，中华人民共和国主席胡锦涛于2003年6月4日至5日对蒙古国进行了国事访问。

访问期间，胡锦涛主席同巴嘎班迪总统举行了友好会谈，会见了蒙古国大呼拉尔主席图木尔奥其尔和蒙古国总理恩赫巴亚尔。两国领导人相互通报了各自国内情况，就进一步发展中蒙友好合作关系和当前国际以及地区形势广泛深入地交换了意见，达成了共识。中华人民共和国主席胡锦涛在蒙古国大呼拉尔特别会议上发表了演讲。

双方一致同意并宣布，中蒙作为友好邻邦，根据1994年友好合作关系条约、1998年联合声明和2002年联合公报的精神，以及和平共处五项原则，建立和发展中蒙睦邻互信伙伴关系，全面发展两国友好和互利合作，永远做好邻居、好伙伴、好朋友。

双方指出，高层互访和接触对稳步发展中蒙关系和加深相互理解具有重要意义，两国领导人应保持经常接触和互访的传统。

蒙方重申，同中国全面发展友好合作关系，是蒙古对外政策的首要方针之一。中方重申，进一步巩固和发展与蒙古的睦邻友好是中国周边外交的重要组成部分。

双方重申，相互尊重独立、主权和领土完整，尊重各自对本国发展道路的选择，主张加强在政治、经济和安全事务上的对话与合作，协商处理两国间出现的任何问题。

中方表示，支持蒙古的无核区地位，支持蒙不在本国领土部署外国军队、核武器及其他大规模杀伤性武器的政策。双方重申，不参加任何针对对方的军事政治同盟，不同第三国缔结任何损害另一方国家主权和安全的条约和协定。

蒙方重申，中华人民共和国政府是代表全中国的唯一合法政府，台湾是中国领土不可分割的一部分，台湾问题是中国的内政。蒙方表示，支持中国在台湾问题上采取“和平统一、一国两制”的方针，不支持所谓的“台湾独立”。

双方对近年两国经贸合作取得的进展感到满意。双方同意大力发展互利互惠的经贸关系，开展多渠道、多领域、形式多样的合作。双方同意鼓励扩大贸易和投资，深化矿业和加工业合作，把资源开发和基础设施建设作为今后两国合作的重点领域。双方商定尽快开辟两国间的新航线。

双方同意加强旅游合作，中国政府宣布将蒙古列为中国公民自费旅游目的地国。两国同意加强环保、防治沙漠化等领域的合作，扩大文化、教育、科技等领域的合作及人员交流。双方对中蒙两国边界第二次联检工作进展情况表示满意，一致同意要把中蒙边界建设成一条和平、友好、合作的纽带。

访问期间，双方签署了中国政府向蒙古国政府提供无偿援助的经济技术合作协定和关于增开乌兰巴托—北京国际列车的协议。蒙方对中方一贯支持蒙古经济发展和两国合作，向蒙方提供优惠贷款和援助表示感谢。

双方认为，应尊重《联合国宪章》的宗旨及公认的国际关系准则。各国内部事务应由本国政府和人民自行决定，国际事务应由各国平等参与处理，应鼓励国际关系民主化。双方一致认为，应尊重各国的历史文化、社会制度和发展模式，世界各种文明和社会制度可以长期共存，共同发展。

双方认为，联合国是最具普遍性的政府间国际组织，在维护世界和平与安全、解决国际争端，促进经济、社会、环境和其他领域的合作方面发挥着十分重要的作用，今后应加强联合国的作用。

双方同意在双边和多边框架内加强合作，维护国际和地区和平与安全，加深地区相互信任和相互理解。

双方支持各自为扩大地区政治对话和增强相互信任所作出的努力，欢迎各自为加强东北亚对话与合作所提出的倡议。

双方支持朝鲜半岛无核化，主张通过对话和平解决半岛核问题，以维护朝鲜半岛的和平与稳定。

双方指出，不久前举行的中朝美北京会谈是和平解决朝鲜半岛核问题的良好开端。蒙方高度评价中方为使会谈顺利进行所作的努力。双方强调了这一进程继续下去的重要性。

中国支持蒙古成为亚太经济合作组织(APEC)成员和加入亚欧会议(ASEM)的愿望。

双方高度评价中国和蒙古国在经济和社会建设事业中取得的成就，表示继续支持各自为国家建设所作的努力。

双方表示，通过加强有关职能部门的来往与信息交流，共同努力防治非典型肺炎疾病，为战胜新世纪人类面临的这一挑战而进行合作。

胡锦涛主席对蒙古政府和人民的热情接待表示感谢，并转达了中国全国人民代表大会常务委员会委员长吴邦国对蒙古国大呼拉尔主席图木尔奥其尔和国务院总理温家宝对蒙古国总理恩赫巴亚尔的亲切问候。胡锦涛主席邀请巴嘎班迪总统在方便的时候访问中国，巴嘎班迪总统愉快地接受了邀请。

2003年6月5日于乌兰巴托

国务院总理温家宝对中国国际救援队作出重要批示

中国国际救援队圆满完成赴阿尔及利亚地震灾区救援任务，于5月30日回国。温家宝在批示中说，你们赴阿尔及利亚参加地震救援，发扬救死扶伤的人道主义精神，不怕困难，连续作战，圆满完成了任务，增进了中阿两国人民的友谊，为祖国赢得了荣誉。你们第一次参加国际救援，就取得了优异的成绩，表明你们是一支训练有素，能够战斗的队伍。我谨向你们致以亲切的慰问，希望你们继续努力，加强训练，在今后的抗震救灾工作中作出更大的贡献。

国务院副总理回良玉6月5日听取了中国国际救援队赴阿尔及利亚救援工作的情况汇报。

全国政协主席贾庆林在人民大会堂会见德国柏林市市长克劳斯·沃韦赖特

贾庆林说，沃韦赖特在这个特殊的时刻访华，是对中国抗击"非典"的有力支持。德国政府在中德财政合作框架内向中国提供了1000万欧元的紧急援助，西门子等德国公司也向北京市捐赠了价值10多万欧元的医疗设备，我们对此表示感谢。

沃韦赖特说，他这次访问北京是要表达德国人民和柏林市对中国人民和北京市抗击"非典"斗争的同情和支持。他说，柏林与北京可以开展合作的领域非常广泛，希望双方在文化、体育、城市规划与基础设施建设等领域扩大合作。

国务院副总理黄菊在湖北考察并主持召开部分省国有企业改革和再就业工作座谈会

6月5日至6月9日，黄菊在中共中央政治局委员、湖北省委书记俞正声、湖北省省长罗清泉的陪同下，先后考察了武钢集团公司、神龙汽车公司等大型企业，与部分国有企业负责人进行了座谈，走访了武汉市劳动力市场、硚口发展社区，考察了汉口龙王庙防汛工程。他听取了湖北省委、省政府的工作汇报，对湖北省坚持"两手抓"，在防治"非典"和发展经济两个方面取得的成绩予以充分肯定。6月8日，黄菊在武汉主持召开座谈会，与部分省政府负责同志共同研究国有企业改革和再就业工作。

黄菊指出，我们要抓住有利时机，采取有力措施，加快推进国有企业和国有资产管理体制改革。当前的工作重点是要认真学习、贯彻和执行好刚刚颁布的《企业国有资产监督管理暂行条例》,抓紧组建省市国资监管机构。

黄菊还就加强再就业工作和积极克服“非典”给经济工作带来的后续影响作了指示。

解放军副总参谋长熊光楷在北京为党外人士作“美伊战争后的世界新军事变革”的报告

熊光楷是应中共中央统战部的邀请作这一报告的。全国政协副主席、中央统战部部长刘延东主持报告并讲话。

熊光楷详细介绍了世界新军事变革的基本情况,深入分析了美伊战争后世界新军事变革的动向,并对如何应对世界新军事变革、积极推进中国特色军事变革提出了见解。

丁石孙、成思危、许嘉璐、蒋正华、罗豪才、韩启德、张克辉、黄孟复、周铁农、张怀西、李蒙、王选等各民主党派中央、全国工商联负责人出席了报告会。

中国选手王义夫和陶璐娜在萨格勒布世界杯射击赛中夺得男女气手枪项目金牌

国务委员陈至立在中南海会见来京参加中德抗击非典型肺炎合作研讨会的中德科学家代表

陈至立对研讨会的成功举行表示祝贺。她说,开展国际科研合作非常必要,中国欢迎并支持德国科学家与中方加强在这方面的合作。

此次研讨会由中国国家自然科学基金委主办。在6月3—4日两天的会议上,中德两国的科学家就非典型肺炎的研究与防治进行了交流和研讨,就双方的科研合作项目进行了具体商谈。

6月6日

江泽民 胡锦涛等中央军委领导在北京看望出席全军实施人才战略工程加速人才培养座谈会代表

江泽民发表重要讲话。他指出,人才,是治国强国之本,也是治军强军之本。以信息化为核心的世界新军事变革对我军人才建设提出了更高要求。伊拉克战争再次证明,在高技术条件下,战争胜负的决定性因素仍然是人的素质。

江泽民强调,提高官兵素质,一靠学习,二靠实践。面对新的形势和任务,务必在全军大兴学习之风,按照军队现代化建设和增强我国军事实力的需要,奋发学理论、学文化、学科技、学军事,真正兴起新的学习热潮。

解放军四总部、驻京部队各大单位、军委办公厅等单位领导也参加了看望活动。

国办发出《关于成立国家中长期科学和技术发展规划领导小组的通知》

各省、自治区、直辖市人民政府,国务院各部委、各直属机构:

为做好制定国家中长期科学和技术发展规划的领导和组织工作,经国务院批准,成立制定国家中长期科学和技术发展规划领导小组。领导小组成员如下:

组　长:温家宝(国务院总理)

副组长:陈至立(国务委员)

成　员:(略)

领导小组下设办公室,办公室设在科技部。徐冠华兼办公室主任,张国宝(发展改革委副主任)、邓楠(科技部副部长)、金立群(财政部副部长)任办公室副主任。

国务院办公厅

2003年6月6日

国办发出《关于调整国务院抗震救灾指挥部组成人员的通知》

各省、自治区、直辖市人民政府,国务院各部委、各直属机构:

根据《国务院关于议事协调机构和临时机构设置的通知》(国发〔2003〕10号)以及人员变动情况和工作需要,国务院决定对国务院抗震救灾指挥部的组成人员进行相应调整。现将调整后的名单通知如下:

指挥长:回良玉(国务院副总理)

副指挥长:宋瑞祥(地震局局长)

汪　洋(国务院副秘书长)

章沁生(总参谋部作战部部长)

刘　江(发展改革委副主任)

杨衍银(民政部副部长)

成　员:(略)

国务院抗震救灾指挥部办公室设在中国地震局,宋瑞祥兼任办公室主任。

国务院办公厅

2003年6月6日

国办发出《关于发布河北衡水湖等29处新建国家级自然保护区的通知》

各省、自治区、直辖市人民政府,国务院各部委、各直属机构:

环保总局提出的河北衡水湖等29处新建国家级自然保护区已经国务院审定,现予发布。

河北衡水湖等29处自然保护区具有很高的生物

多样性及物种和生境的稀有性、典型性与代表性，在保持水土、调节气候、维持生态系统良性循环方面具有重要的保护价值，将这些自然保护区晋升为国家级自然保护区，进一步加强保护与管理，对于改善生态环境，促进经济社会可持续发展具有重要意义。各地区、各有关部门要依照《中华人民共和国自然保护区条例》等规定，加强领导，严格管理，高标准建设国家级自然保护区；要通力合作，加强对自然保护区的检查和监管，纠正一些地区存在的重开发、轻保护和旅游过热的现象，进一步提高自然保护区的建设和管理水平。

国务院办公厅

2003年6月6日

新建国家级自然保护区名单

河北省

衡水湖国家级自然保护区

大海坨国家级自然保护区

内蒙古自治区

黑里河国家级自然保护区

吉林省

龙湾国家级自然保护区

黑龙江省

南瓮河国家级自然保护区

八岔岛国家级自然保护区

浙江省

九龙山国家级自然保护区

福建省

梁野山国家级自然保护区

天宝岩国家级自然保护区

漳江口红树林国家级自然保护区

江西省

九连山国家级自然保护区

河南省

南阳恐龙蛋化石群国家级自然保护区

黄河湿地国家级自然保护区

湖北省

星斗山国家级自然保护区

广东省

珠江口中华白海豚国家级自然保护区

广西壮族自治区

十万大山国家级自然保护区

海南省

五指山国家级自然保护区

重庆市

大巴山国家级自然保护区

四川省

察青松多白唇鹿国家级自然保护区

长宁竹海国家级自然保护区

画稿溪国家级自然保护区

贵州省

麻阳河国家级自然保护区

云南省

黄连山国家级自然保护区

文山国家级自然保护区

西藏自治区

色林错国家级自然保护区

雅鲁藏布江中游河谷黑颈鹤国家级自然保护区

甘肃省

莲花山国家级自然保护区

敦煌西湖国家级自然保护区

新疆维吾尔自治区

罗布泊野骆驼国家级自然保护区

外交部在北京召开中国驻伊拉克使馆留守组表彰大会

留守组组长、驻伊大使张维秋被记一等功。留守组成员马忠平、于海琳记二等功，其他4名成员记三等功。

外交部长李肇星说，驻伊使馆留守组在战争一触即发的紧要关头，以党和国家利益高于一切的精神，牢记使命，临危不惧，沉着应对，克服困难，积极开展工作，出色地完成了肩负的外交使命，展示了当代中国外交人员的优秀品质和良好风范。

美国对伊拉克战争爆发前，中国驻伊拉克使馆始终密切跟踪形势，很好地完成了各项工作，包括保证在伊中国公民分批安全撤离伊拉克。

去年9月，使馆对在伊中国公民进行了登记，共有160多人。使馆建议中资机构人员提前撤离。截至今年2月中旬，所有中资机构人员及使馆部分人员撤离伊拉克。使馆只剩7人留守。3月18日留守组撤至中国驻约旦使馆，并坚持工作。5月22日，在完成有关工作任务后，最后一批人员张维秋一行4人奉国内指示回国。

中国驻伊使馆在战争中遭到抢劫，损失惨重。5月2日至5日，中方派3人赴巴格达，了解和察看使馆馆舍受损情况。

6月7日

国办发出《关于调整全国老龄工作委员会组成人员的通知》

各省、自治区、直辖市人民政府，国务院各部委、各直属机构：

根据《国务院关于议事协调机构和临时机构设置的通知》(国发〔2003〕10号)以及人员变动情况和工作需要,国务院决定对全国老龄工作委员会的组成人员进行相应调整。现将调整后的名单通知如下:

主　任:回良玉(国务院副总理)

副主任:李学举(民政部部长)

汪　洋(国务院副秘书长)

郑斯林(劳动保障部部长)

王东明(中组部副部长)

委　员:(略)

全国老龄工作委员会办公室设在民政部,李学举兼任办公室主任,具体工作委托中国老龄协会承担。

国务院办公厅

2003年6月7日

国办发出《关于调整中国国际减灾委员会组成人员的通知》

各省、自治区、直辖市人民政府,国务院各部委、各直属机构:

根据《国务院关于议事协调机构和临时机构设置的通知》(国发〔2003〕10号)以及人员变动情况和工作需要,国务院决定对中国国际减灾委员会的组成人员进行相应调整。现将调整后的名单通知如下:

主　任:回良玉(国务院副总理)

副主任:李学举(民政部部长)

汪　洋(国务院副秘书长)

周文重(外交部副部长)

李盛霖(发展改革委副主任)

李学勇(科技部副部长)

杨衍银(民政部副部长)

安　民(商务部副部长)

委　员:(略)

秘书长:杨衍银(兼)

中国国际减灾委员会的具体工作由民政部承担。

国务院办公厅

2003年6月7日

国办发出《关于调整国务院残疾人工作协调委员会组成人员的通知》

各省、自治区、直辖市人民政府,国务院各部委、各直属机构:

根据《国务院关于议事协调机构和临时机构设置的通知》(国发〔2003〕10号)以及人员变动情况和工作需要,国务院决定对国务院残疾人工作协调委员会的组成人员进行相应调整。现将调整后的名单通知如下:

主　任:回良玉(国务院副总理)

副主任:邓朴方(中国残联主席)

汪　洋(国务院副秘书长)

王　湛(教育部副部长)

李宝库(民政部副部长)

张小建(劳动保障部副部长)

朱庆生(卫生部副部长)

委　员:(略)

秘书长:郭建模(兼)

国务院残疾人工作协调委员会的具体工作由中国残疾人联合会承担。

国务院办公厅

2003年6月7日

普通高等学校招生全国统一考试在全国各地举行

此次高考时间比往年提前一个月进行。高考安排在每年7月7、8、9日,是从1979年开始的。20多年来,高考时间的稳定,对维护中学教学秩序和规范招生考试管理发挥了积极作用。但是,我国大部分地区7月份的气温总体偏高,自然灾害频发,7月高考对考生复习应考及考试阅卷的组织工作影响较大,社会各界要求将高考时间提前的呼声日趋强烈。为此,教育部进行一系列调研活动,广泛听取了中学、大学和各省级人民政府及教育行政、招生考试部门等方面的意见,各个方面都赞成将高考时间适当提前。

内蒙古呼伦贝尔遭受低温灾害

6月7日夜间到8日凌晨,新巴尔虎左旗出现降雪,雪量达4毫米,导致部分羊羔和已剪毛的羊只冻死。此次低温天气过程中,呼伦贝尔全市共有百万亩农田遭受霜冻袭击。

6月8日

中共中央发出关于印发《"三个代表"重要思想学习纲要》的通知

各省、自治区、直辖市党委,各大军区党委,中央各部委,国家机关各部委党组(党委),军委各总部、各军兵种党委,各人民团体党组:

党的十六大把"三个代表"重要思想同马克思列宁主义、毛泽东思想和邓小平理论一道,确立为党必须长期坚持的指导思想,实现了我们党指导思想的又一次与时俱进。十六大提出,坚持用马克思列宁主义、毛泽东思想和邓小平理论武装全体党员,在全党兴起一个学习贯彻"三个代表"重要思想的新高潮。这是党的事业继往开来、与时俱进的战略任务。学习“三个代表”重要思想，要认真研读十六大报告和党章，研读江泽民同志一系列重要著作和讲话。

为落实十六大提出的兴起学习贯彻“三个代表”重要思想新高潮的战略任务，根据中央要求，中央宣传部组织编写了《“三个代表”重要思想学习纲要》(以下简称《纲要》)。中央认为，《纲要》比较全面、准确地反映了“三个代表”重要思想，有助于更好地理解“三个代表”重要思想这一系统的科学理论。中央同意印发这个《纲要》(由中央宣传部统一印发)，作为全党县处级以上领导干部学习“三个代表”重要思想的重要辅助材料，也可供广大党员和干部、群众阅读。

各级党委要在组织兴起学习贯彻“三个代表”重要思想新高潮活动中，认真组织干部群众研读江泽民同志的原著，把《纲要》的学习纳入“三个代表”重要思想的学习计划。通过学习，在对“三个代表”重要思想的时代背景、实践基础、科学内涵、精神实质和历史地位的认识上达到新的高度，在认真贯彻“三个代表”重要思想的根本要求、始终做到“三个代表”上取得新的成效。把思想和行动进一步统一到邓小平理论和“三个代表”重要思想上来，把智慧和力量进一步凝聚到实现十六大确定的各项任务上来，紧密团结在以胡锦涛同志为总书记的党中央周围，解放思想、实事求是、与时俱进、开拓创新，为全面建设小康社会，开创中国特色社会主义事业新局面而努力奋斗。

中共中央

2003年6月8日

国务院总理温家宝签署第379号令公布《物业管理条例》

《物业管理条例》已经2003年5月28日国务院第9次常务会议通过，现予公布，自2003年9月1日起施行。

总　理　温家宝

2003年6月8日

物业管理条例(略)

中国女排在瑞士蒙特勒夺得瑞士国际女排精英赛冠军

卫生部要求各地尽快恢复正常诊疗秩序

卫生部近日要求各地及时调整发热门(急)诊及“非典”定点医疗机构，尽快研究和拟定适应本地实际情况的突发公共卫生事件应急预案，尽快恢复正常诊疗秩序，满足人民群众日常就医需求，保证就医安全。

6月9日

全国政协主席贾庆林主持召开政协第十届全国委员会第五次主席会议

会议决定7月8日至11日在京召开政协第十届全国委员会常务委员会第二次会议，建议这次常委会议的主要议题是：贯彻中共十六大关于紧紧抓住发展这个党执政兴国第一要务的精神，围绕促进国民经济持续快速健康发展和完善社会主义市场经济体制两大任务建言献策。

主席会议审议通过了政协十届常委会第二次会议议程草案和日程、关于部分修改《中国人民政治协商会议章程》的决定草案，决定将上述草案提请政协十届常委会第二次会议审议。

贾庆林在会议上就夺取抗击“非典”和促进经济发展的双胜利作了讲话。

全国政协秘书长郑万通、副秘书长李昌鉴分别就有关议题作了说明。

全国政协副主席王忠禹、廖晖、刘延东、阿沛·阿旺晋美、李贵鲜、白立忱、罗豪才、张克辉、周铁农、郝建秀、陈奎元、阿不来提·阿不都热西提、李兆焯、黄孟复、王选、张怀西、李蒙出席会议。

国务院任免国家工作人员

任命陈进玉为国务院副秘书长，吴启迪(女)为教育部副部长，杨健强、吴仕民为国家民族事务委员会副主任，陈杰昌为民政部副部长，沈跃跃(女)兼人事部副部长，王晓初为人事部副部长，冯正霖为交通部副部长，奚国华为信息产业部副部长，李若谷为中国人民银行副行长，王勇、邵宁为国务院国有资产监督管理委员会副主任，刘玉亭、刘凡为国家工商行政管理总局副局长，周波为国务院港澳事务办公室副主任，韩长赋为国务院研究室副主任，唐双宁为中国银行业监督管理委员会副主席，吴小平、冯晓增、魏迎宁为中国保险监督管理委员会副主席，刘安东为国家邮政局局长，陈新权为国有重点金融机构监事会主席。

免去图道多吉、江家福、李晋有的国家民族事务委员会副主任职务，刘飏(女)的司法部副部长职务，舒惠国的人事部副部长职务，张春江的信息产业部副部长职务，韩长赋的农业部副部长职务，翟熙贵的审计署副审计长职务，程法光的国家税务总局副局长职务，韩新民的国家工商行政管理总局副局长职务，杨牧之的国家新闻出版总署副署长职务，陈锡文的国务院发展研究中心副主任职务，刘立清的国家邮政局局长职务，刘洪的国有重点金融机构监事会主席职务。

中国驻俄大使张德广在莫斯科获颁“俄中友谊奖章”

俄罗斯—中国友好协会和俄科学院远东研究所举行隆重仪式为张德广大使颁奖，同时还向他颁发了名誉博士证书。

张德广大使在仪式上对俄中友好人士热心支持和推动两国战略协作表示感谢，同时介绍了中国国家主席胡锦涛访问俄罗斯取得的成果。他还介绍了中国政府和人民在抗击“非典”斗争中取得的成就，并对俄罗斯政府和人民所给予的支持表示感谢。

全国防治非典型肺炎指挥部在北京召开华北五省区市第三次联防联控联席会议

中共中央政治局委员、国务院副总理、全国防治非典型肺炎指挥部总指挥吴仪主持会议并讲话，充分肯定华北五省区市联防联控取得的成效，强调要巩固成果，坚决防止反复，早日夺取抗击“非典”的胜利。国务委员兼国务院秘书长、全国防治非典型肺炎指挥部副总指挥华建敏出席会议并传达中共中央政治局常委、国务院总理温家宝在最近一次国务院常务会议上的讲话精神。

吴仪说，华北五省区市按照中央的部署和要求，认真落实全国防治非典型肺炎指挥部提出的各项措施，做了大量卓有成效的工作。一是加强领导，建立协调统一的联防联控机制；二是明确责任，落实各项防治措施；三是密切配合，切实做到联防联控；四是加强交流，促进相互理解和支持；五是充分保障，及时调配物资并给予技术支持。经过艰苦努力，华北地区的疫情得到有效控制。

吴仪指出，6月份是防治“非典”的巩固期，要按照分类指导、依法防治、科学防治的总体要求，由应急向常态转变。她要求华北五省区市，要认真学习贯彻温家宝总理在最近一次国务院常务会议上的讲话精神，把思想和行动统一到党中央、国务院关于今后一个时期非典型肺炎防治工作的精神上来，思想不能麻痹，领导不能削弱，工作不能松懈。

华北五省区市和全国防治非典型肺炎指挥部各组负责同志参加了会议。

广州市中级人民法院对孙志刚被故意伤害致死案作出一审判决

广州市中级人民法院6月5日至6月6日公开审理乔燕琴、李海婴、钟辽国等故意伤害原广州市达奇服装公司职员孙志刚致死案，于9日作出一审判决。以故意伤害罪判处被告人乔燕琴死刑，剥夺政治权利终身；判处被告人李海婴死刑，缓期2年执行，剥夺政治权利终身；判处被告人钟辽国无期徒刑，剥夺政治权利终身；判处被告人周利伟、张明君、吕二鹏有期徒刑15年，剥夺政治权利5年；判处被告人李龙生有期徒刑12年，剥夺政治权利4年；判处被告人韦延良、何家红、李文星、乔志军、胡金艳有期徒刑3年至10年。

同日，孙志刚案涉及的原广州市公安局天河分局黄村街派出所民警李耀辉，原广州市脑科医院江村住院部副主任张耀辉，原广州市收容人员救治站负责人彭红军，医生任浩强，护士邹丽萍、曾伟林等6人，以玩忽职守罪，被广州市天河区人民法院和白云区人民法院分别判处有期徒刑2年至3年。

法院经审理查明，3月17日晚，被害人孙志刚因未携带任何证件外出，被广州市公安局天河区分局黄村街派出所民警错误收容。3月18日晚，孙志刚称有心脏病被送至广州市收容人员救治站诊治。3月19日晚，因孙志刚大声呼叫，引起救治站护工乔燕琴不满。乔遂与吕二鹏、乔志军、胡金艳等人商量，授意李海婴等8名被收治人员殴打孙志刚。3月20日凌晨，被告人李海婴、钟辽国、周利伟、张明君、李龙生、韦延良、何家红、李文星等先后两度对孙志刚轮番殴打，致使孙志刚于3月20日上午经抢救无效死亡。后经法医鉴定，孙志刚系因背部遭受钝性暴力反复打击，造成大面积软组织损伤致创伤性休克死亡。

6月10日

国务院西部地区开发领导小组第一次会议在北京召开

会议由担任国务院西部地区开发领导小组组长的温家宝主持。会议强调，实施西部大开发战略，是以江泽民同志为核心的党的第三代领导集体总揽全局作出的重大决策，具有重大的现实意义和深远的历史意义。在新的形势下，我们要以更大的决心，更得力的措施，更扎实的工作，坚定不移地把西部大开发扎扎实实地向前推进。

中共中央政治局委员、国务院副总理、国务院西部地区开发领导小组副组长曾培炎出席了会议。

会议指出，今年要着力抓好几项重点工作。一是继续推进生态环境保护和建设。实施好退耕还林、退牧还草等工程，确保各项政策措施真正落实到位，讲求实效，保证质量。二是加快基础设施建设。重大工程项目要保证干一项，成一项，尽早发挥效益，同时要加快农村小型公共设施建设。三是大力调整产业结构。加强农业的基础地位，积极发展特色优势产业，着力推进重点地带开发。四是加快发展科技教育。加大对贫困地区、民族地区、边疆地区农村义务教育的扶持力度，力争用五年时间在西部地区基本普及九年义务教育。五是努力创造改革开放和发展的良好环境。要以改革开放为根本动力，进一步解放思想，更新观念，探索新机制、新方法、新路子，增强发展活力。

会议要求，要切实加强对西部开发工作的组织领导，加强对重大政策措施的调查研究。保持西部大开发政策的连续性和稳定性，同时根据形势发展变化，调整和完善有关政策措施。

《“三个代表”重要思想学习纲要》出版座谈会在北京召开

座谈会由中宣部、中组部、中央政策研究室、中央党校、中央文献研究室、教育部、新闻出版总署、中国社会科学院联合召开。中共中央政治局委员、书记处书记、中宣部部长刘云山出席会议并讲话。全国政协副主席、中国社会科学院院长陈奎元出席会议并发言。

刘云山强调，用“三个代表”重要思想武装全党教育人民，是实现十六大确定的宏伟目标的根本保证，是巩固全党全国人民团结奋斗共同思想基础的根本途径。一定要从党和国家事业发展全局的高度，从全面建设小康社会、实现中华民族伟大复兴的高度，深刻认识兴起学习贯彻“三个代表”重要思想新高潮的重大意义。

虞云耀、李景田、何毅亭、冷溶、袁贵仁、邢贲思等在座谈会上发了言。中央有关部门负责同志和理论界部分专家学者参加了会议。

国家发改委等九部门联合印发《关于进一步加强和改进农产品价格信息服务工作的意见》

经国务院同意，国家发展改革委、农业部、财政部、商务部、国家广电总局、中华全国供销合作总社、国家统计局、国家粮食局、中国农业发展银行九部门近日联合印发了《关于进一步加强和改进农产品价格信息服务工作的意见》(以下简称《意见》)，要求各地方及各有关部门做好农产品价格信息服务工作。

《意见》对加强和改进农产品价格信息服务工作的目标、内容、形式、制度建设以及配套措施等都作了明确规定，要求中央和省级价格主管部门要会同农业等有关部门，选择一些重要农产品，对其供求、价格情况进行科学分析，对价格走势作出预测，引导农业生产、农业结构调整和农产品平稳有序流通。《意见》规定，价格主管部门要会同有关部门进一步建立和完善国内主要农产品主产地交易市场、批发市场、期货市场、集散地市场价格监测制度。建立、健全国际市场主要农产品价格监测和国内外价格比较分析制度。完善国内主要农产品生产成本收益调查制度。建立农产品价格信息服务工作联席会议制度，由国家发展和改革委员会牵头，农业部等有关部门、单位参加，定期通报农产品价格信息服务工作的开展情况，会商重要农产品价格信息的分析、预测和发布工作。

共青团中央和教育部在北京启动大学生志愿服务西部计划

这项计划是根据国务院有关要求组织实施的，目的是促进西部贫困地区社会事业的发展，拓宽大学生就业、创业渠道，培养造就一大批既有现代科学文化知识、又有基层工作经验和强烈社会责任感的优秀人才。计划从今年开始，按照公开招募、自愿报名、组织选拔、集中派遣的方式，每年招募一定数量的普通高等院校应届毕业生，以志愿服务的方式到西部贫困县的乡镇从事为期1—2年的教育、卫生、农技、扶贫以及青年中心建设和管理等方面的工作。志愿服务期满后，鼓励其扎根西部就业，也可以自主择业或流动就业。财政部、人事部等部门对志愿者给予一系列政策、资金支持。

目前招募工作已经全面展开。团中央、教育部为此联合成立了领导小组和项目管理办公室，各省区市团委、教育厅和各高校、志愿服务所在地也将成立领导小组和项目管理办公室，负责组织、协调工作和志愿者的日常管理。

财政部 国家税务总局发出通知要求实施农村税费改革试点地区逐步取消农业特产税

通知要求，在取消农业特产税的问题上，要根据统一政策，分散决策的原则，由各省、自治区、直辖市自主决定，条件成熟的可结合本地实际，在自行消化财政减收的前提下，对部分农业特产品(除烟叶外)不再单独征收农业特产税，改为征收农业税。

关于税目的转换，通知要求，将现行农业特产税应税品目中的水果、干果、药材、果用瓜、花卉、经济林苗木等园艺作物收入，水产品收入，林木产品收入，食用菌收入和省级人民政府确定的其他收入，改为征收农业税；将园艺作物收入中的蚕茧改按桑叶，毛茶改按茶青征收农业税；将贵重食品中的海参、鲍鱼、干贝、鱼唇、鱼翅并入水产品中征收农业税；对牲畜产品(猪皮、牛皮、羊皮、羊毛、兔毛、羊绒、驼绒)，不在土地上生产的农业特产品(如蜂蜜、燕窝等，但不含水产品)，零星、分散地块上生产的农业特产品，既不征收农业特产税，同时也不征收农业税。征收牧业税的省份，继续对羊、牛等牲畜产品收入征收牧业税。

税率确定方面，水果、干果、茶青、桑叶、药材、果用瓜、花卉、经济林苗木等园艺作物收入，水产品、林木产品、食用菌收入和省级人民政府确定的其他收入的税率,按照省级人民政府在农村税费改革中规定的农业税税率执行。对个别省区的原木、药材、经济林苗木、天然橡胶等品目收入,原农业特产税的税率低于当地农业税税率的,仍按原税率征收农业税。是否随正税征收20%的附加,由省级人民政府确定。但正税附加的总体负担水平应低于原农业特产税(含附加)的负担水平。

关于计税收入,通知要求对改征农业税的农业特产品的计税收入由实际收入改为原则上参照粮食作物收入确定。对利用耕地和园地生产的,按照当地同等土地粮食作物的常年产量确定计税收入;利用其他土地生产的,参照当地耕地上粮食作物常年产量确定计税收入。对利用滩涂、海水养殖和捕捞的水产品,按其历史收益情况确定计税收入。计税收入确定以后,原则上保持一定时期的稳定。考虑到农业特产品生产受自然条件影响较大,计税收入应按照从低原则确定。对林农采伐的原木、原竹,按照采伐量从低确定计税收入。对财务制度健全、会计核算准确真实的捕捞水产品、采伐原木原竹的企业和单位,按其销售收入确定计税收入。具体品目的计税收入由省级人民政府确定。

外交部部长李肇星就俄罗斯联邦北奥塞梯共和国发生自杀性爆炸事件向俄罗斯外交部长伊万诺夫致慰问电

国家林业局“三北”防护林建设局局长王成祖获得全球生态及环境保护杰出成就贡献奖

联合国可持续发展委员会第十一次会议近日在美国纽约联合国总部召开。会上,经8个机构、27位与会世界著名专家评选,决定授予王成祖这一奖项,以表彰他为中国“三北”防护林体系四期工程建设所作出的努力。王成祖是2003年获得此奖项的唯一的中国人。

在会上,王成祖作了题为《中国东北、西北、华北防护林四期工程建设基本思路、任务、重点、目标和对策》的书面发言。

卫生部副部长黄洁夫在暹粒出席东盟与中日韩卫生部长关于非典型肺炎问题的特别会议

会议为期两天,就防治“非典”开展地区合作等问题发表了联合声明,并宣布东盟为“无非典地区”。

中国代表团团长、卫生部副部长黄洁夫出席会议并介绍了中国政府在抗击“非典”方面的经验和情况。

与会各国对中国政府在防治“非典”中表现出来的政治责任感和在检测“非典”和防止其扩散方面所做的努力表示赞赏,并期望中国在流行病学研究领域为全球控制“非典”作出新的贡献。

乔晓光逝世

原中共中央顾问委员会委员,中共广西壮族自治区委员会原第一书记,广西壮族自治区原政协主席,广西军区原第一政委乔晓光同志因病于6月10日在北京逝世,享年86岁。

乔晓光是河北省广宗县人,1934年3月加入中国共产党。1935年担任中共广宗县委秘书,1939年,调任中共冀南三地委书记。1951年后,任中共广西省委组织部部长、秘书长、副书记、土地改革委员会主任。1953年,受中央派遣出使越南,先后任中国驻越南民主共和国政治顾问团顾问、副总顾问兼群运部长。1955年,调任中国驻朝鲜民主主义人民共和国特命全权大使。1961年后担任中共广西壮族自治区委员会常务书记、代理第一书记。1971年后担任中共广西壮族自治区委员会常委、书记、第二书记等职。“文革”结束后,历任中共广西壮族自治区委员会第一书记、革委会主任、广西军区第一政委。1979年,兼任广西壮族自治区政协主席。1987年10月,乔晓光当选为中共中央顾问委员会委员。

乔晓光是中共第十一届、十二届中央委员,十四大代表,列席了党的十五大、十六大,是第四届、第五届全国人大代表。

6月11日

《人民日报》发表社论《把“三个代表”重要思想的学习贯彻引向深入》

在全国人民万众一心抗“非典”,迎难而上促发展的重要时刻,中共中央发出关于印发《“三个代表”重要思想学习纲要》(以下简称《纲要》)的通知。该通知要求各级党委在组织兴起学习贯彻“三个代表”重要思想新高潮活动中,认真组织干部群众研读江泽民同志的原著,把《纲要》的学习纳入“三个代表”重要思想的学习计划。《纲要》的印发和学习,对于深入学习贯彻“三个代表”重要思想,提高全党的马克思主义理论水平,具有重要的意义。

《纲要》是一部县处级以上领导干部学习“三个代表”重要思想的重要辅助材料,也可供广大党员和干部、群众阅读。《纲要》脉络清晰,结构严谨,讲究内在逻辑,从阐述“三个代表”重要思想是对马克思列宁主义、毛泽东思想和邓小平理论的继承和发展,是我们党必须长期坚持的指导思想开始,到展开“三个代表”重要思想的主要内容,最后强调用邓小平理论和“三个代表”重要思想武装全党，为全面建设小康社会、实现中华民族伟大复兴而努力奋斗，对“三个代表”重要思想进行了比较全面准确的阐述。学习《纲要》，对于更好地理解“三个代表”重要思想这一系统的科学理论，把“三个代表”重要思想的学习贯彻引向深入，具有重要的推动作用。

党的十六大把“三个代表”重要思想同马克思列宁主义、毛泽东思想和邓小平理论一道，确立为党必须长期坚持的指导思想，实现了我们党指导思想的又一次与时俱进，这是一个历史性决策，也是一个历史性贡献。学习贯彻“三个代表”重要思想和学习贯彻十六大精神，是紧密相关、相辅相成的。“三个代表”重要思想是十六大的灵魂，也是贯穿十六大报告的一条主线。学习贯彻十六大精神，核心是学习贯彻“三个代表”重要思想；把学习贯彻十六大精神引向深入，最重要的是兴起学习贯彻“三个代表”重要思想的新高潮。在前一段学习贯彻十六大精神热潮的基础上，在全党兴起学习贯彻“三个代表”重要思想的新高潮，这是关系党的事业继往开来、与时俱进的战略任务，是完成十六大提出的战略任务、全面建设小康社会的根本举措，是牢固树立中华民族强大精神支柱的根本途径。各级领导干部一定要带头学习好、运用好“三个代表”重要思想，同时要组织好广大党员、干部和群众的学习，使广大干部群众在对“三个代表”重要思想的时代背景、实践基础、科学内涵、精神实质和历史地位的认识上达到新的高度，在认真贯彻“三个代表”重要思想的根本要求、始终做到“三个代表”上取得新的成效。

兴起学习贯彻“三个代表”重要思想新高潮，关键是理论联系实际。当前，坚持防治“非典”和促进发展两手抓，是贯彻“三个代表”重要思想的必然要求，是实践“三个代表”重要思想的具体体现。我们要从实践“三个代表”重要思想的高度充分认识坚持两手抓的极端重要性，把推动兴起学习贯彻“三个代表”重要思想的新高潮，同贯彻两手抓紧密结合起来。学习贯彻“三个代表”重要思想，要体现在进一步落实两手抓方针上，通过推动兴起学习贯彻“三个代表”重要思想的新高潮，鼓舞干部群众万众一心抗“非典”，迎难而上促发展，夺取防治“非典”和经济发展双胜利。

党在思想理论上的提高，是党和国家事业不断发展的思想保证。让我们紧密团结在以胡锦涛同志为总书记的党中央周围，坚持用马克思列宁主义、毛泽东思想和邓小平理论武装全党，在全党兴起一个学习贯彻“三个代表”重要思想的新高潮，解放思想、实事求是、与时俱进、开拓创新，为全面建设小康社会，开创中国特色社会主义事业新局面而奋斗。

国务院总理温家宝在北京主持召开国务院常务会议

会议审议并原则通过了《中华人民共和国渔业船舶检验条例(草案)》。

会议还研究了其他事项。

全国农村党员干部现代远程教育试点工作领导协调小组第一次会议在北京召开

中组部部长、全国农村党员干部现代远程教育试点工作领导协调小组组长贺国强主持会议并讲话。

贺国强指出，这次试点工作时间紧，任务重，头绪多，要求高。开展试点的山东、湖南、贵州省和有关部门要按照中央的要求，周密安排，突出重点，协同推进。试点省和中央有关部门要增强全局观念，强化协调配合意识。要在试点工作中做到优势互补，相互支持；领导协调小组办公室要积极做好组织协调、督促检查、情况交流工作。

贺国强强调，要继续把党的建设工作摆在重要位置，抓紧抓好，为夺取防治“非典”和经济建设双胜利提供坚强的组织保证。

国土资源部公布《协议出让国有土地使用权规定》

根据规定，出让国有土地使用权，除依照法律、法规和规章的规定应当采用招标、拍卖或者挂牌方式外，可采取协议方式。商业、旅游、娱乐和商品住宅等经营性用地，不得以协议方式出让。同一块地有两个以上意向用地者的，也不得以协议方式出让。规定还明确了协议出让最低价的确定标准、协议出让的各个环节、公布协议出让结果的时间及各种违法行为的法律责任。

中国外交部领导成员乔宗淮在布鲁塞尔出席“新防务议程”论坛第二届年会上并发表讲话阐述新安全观

乔宗淮说，中国主张树立以“互信、互利、平等、协作”为核心的新安全观。这是中国代表首次应邀在这一安全论坛上发言。

乔宗淮说，互信就是以诚为本、以信为先，各国要摒弃“冷战”思维和强权政治，超越意识形态和社会制度的差异，互不猜疑，互不敌视，经常就各自的安全防务政策进行对话，并相互通报各自的重大行动；互利就是将全球安全构筑在共同利益基础上，各国在维护本国利益的同时，尊重对方的安全利益，在实现自身安全利益的同时，也为对方的安全创造条件，实现共同安全；平等就是坚持国家无论大小强弱，都是国际社会平等一员的原则，国与国之间相互尊重，平等相待，互不干涉内政，共同促进国际关系的民主化；协作就是求同存异，就共同关心的安全问题进行广泛深入的合作，以有效应对全球安全挑战，实现普遍和持久的安全。

“新防务议程”论坛是由布鲁塞尔一非政府组织“欧洲论坛”于去年创办的，旨在讨论北约和欧盟的防务和安全政策问题。包括一些国家的国防部长在内的近200名代表参加了本次年会。

第二十九届奥林匹克运动会组织委员会帆船委员会在青岛正式成立 青岛市长夏耕为奥帆委主席

6月12日

国家主席胡锦涛在人民大会堂与老挝人民革命党中央主席国家主席坎代举行会谈

坎代说，老中两党两国人民有着共同的奋斗目标和互利合作的友好关系，为推动两国关系进一步发展，建议双方继续保持和发扬领导人经常互访的优良传统，深化两党和两国群众团体之间的友好交往，相互学习和借鉴，持续发展和扩大两国在经济、文化、禁毒、边境安全等各方面的合作。

胡锦涛表示赞同坎代提出的建议。

两国领导人相互通报了各自国内的情况，并就国际和地区形势交换了意见。

会谈结束后，两位领导人出席了两国政府间文件的签字仪式。

中央人才工作协调小组第一次会议在北京召开

中共中央政治局委员、中央书记处书记、中央组织部部长、中央人才工作协调小组组长贺国强强调，要以“三个代表”重要思想为指导，抓住机遇，应对挑战，扎实工作，乘势而上，努力使我国人才工作迈上一个新台阶。

贺国强指出，5月23日召开的中央政治局会议，充分肯定了近年来我国人才工作取得的成绩，提出了新世纪、新阶段我国人才工作和人才队伍建设的指导思想、重大任务和工作目标。当前和今后一个时期要着力做好以下工作：一是进一步学习宣传中央政治局会议精神，努力营造尊重人才、服务人才，重视人才工作、做好人才工作的良好氛围；二是精心筹备和开好全国人才工作会议；三是抓好人才工作理论、政策和实际问题等方面重要课题的调查研究；四是继续落实《2002—2005年全国人才队伍建设规划纲要》和《西部地区人才开发十年规划》；五是做好西部地区人才工作特别是新疆、西藏人才工作。

贺国强指出，成立中央人才工作协调小组，是中央根据党管人才的要求，为全面加强人才工作采取的一项组织措施，有利于在党委领导下，统筹规划，协调各方，充分发挥各方面的优势和积极性，形成工作合力，把中央关于人才工作的各项方针政策落到实处。协调小组要按照中央的要求，切实履行好人才工作的战略规划、政策研究、宏观指导、工作协调等方面的职责。

会议讨论通过了中央人才工作协调小组（中央西部地区人才开发协调小组）的工作职责、工作规则等事项。中央人才工作协调小组的全体成员出席会议。

国务院副总理回良玉在陕西调研并主持召开部分省农村经济工作座谈会

6月12日到17日，回良玉先后深入到县乡农村、养殖场、果园、龙头企业了解当前生产情况，与基层干部和农民群众亲切交谈，并考察杨凌农业高新技术产业示范区。

回良玉指出，当前我国农村“非典”防治工作取得显著成效，农业和农村经济稳步发展，保持良好势头。同时，“非典”疫情也对农民增收、农业结构调整、农产品流通和出口、县乡财政增收节支等方面造成了影响，加大了工作难度。对此，我们要予以高度重视，切实加以解决。

回良玉要求各地各部门积极转变工作方式，拓宽工作思路，在巩固农村“非典”防治成果、防止反弹的同时，大力促进农业和农村经济发展。要继续推进农业结构调整，扎实搞好农村各项改革，扩大农民就业门路，多渠道增加农民收入。加强农产品质量安全管理，疏通农产品流通渠道，加强动物疫病和农作物病虫害防治，努力做好当前“三夏”和防汛抗旱工作。

国务院新闻办举行三峡工程新闻发布会

国务院三峡工程建设委员会副主任郭树言介绍说，三峡工程2009年竣工时，动态总投资可控制在1800亿元以内。

三峡工程静态总投资按1993年5月末价格水平总额为900.9亿元，其中枢纽工程500.9亿元，库区移民经费400亿元。当时考虑到物价上涨、贷款利息以及汇率变化等，预计工程动态总投资约为2039亿元。由于近年来我国宏观经济环境好，物价指数、贷款利率比原来预测的低，同时加强管理，预计工程动态总投资可控制在1800亿元以内。

目前初步测算，三峡工程建设期的资产负债率一般在50%左右。按照1994年的方案预测，在上网电价0.35元/千瓦时的前提下，三峡工程在2010年就可还清贷款。三峡发电以后,考虑到不提高受电地区的销售电价的前提下,上网电价比原来预测的要低,预计偿还全部贷款比原方案推后5年左右。

郭树言还介绍了三峡库区的污染治理问题。他说,三峡库区的污染问题主要包括生活污水、工业污水和船舶排放的垃圾。重庆正在建设的污水处理厂日处理能力年底将达到80万吨,明年底将达160万吨,可以处理900万人的生活污水。库区原有1600家工业企业,约2/3因为没有能力治理污染而关闭。

郭树言说,很多人担心蓄水以后水质将严重恶化,但监测结果显示,三峡水质到现在仍然是三级水。在国家采取各种措施之后,两年后三峡水质将会有很大提高。

郭树言表示,从长远来看,长江流域特别是上游沿江的垃圾堆放问题必须彻底解决,以保证三峡的漂浮物得到很好的治理。沿江所有城市都要建垃圾处理厂,不准在沿江堆放垃圾。沿江流动的所有船舶,一律不准向江里排放垃圾,而要送到垃圾厂回收。

两院院士、三峡工程开发总公司技术委员会主任潘家铮在新闻发布会上说,三峡大坝表面裂缝都已做了非常细致地处理,对大坝安全没有影响。

潘家铮介绍说,大坝裂缝有不同类型。有一种是贯穿性的裂缝,破坏大坝结构的整体性,影响大坝安全。这种贯穿性裂缝在三峡大坝一条也没有。另一种发生在大坝表面,很细很浅。三峡大坝有这种表面裂缝。产生表面裂缝的因素是多方面的,有的是由于施工原因,如冬天没有把大坝表面保护好,产生温度裂缝。有的是设计原因。

潘家铮表示,表面裂缝一般对大坝的安全没有影响。但是在大坝上游面的垂直表面裂缝,蓄水后水要渗进去,会产生不利影响。三峡大坝约80条这类裂缝都做了非常细致地处理,可以保证蓄水以后不会渗漏。因此,对大坝的安全没有影响。

资料显示,对于温度裂缝,国际标准是每1万立方米混凝土平均不超过1条裂缝。而三峡工程的温度裂缝不到国际标准的1/10。

秦山三期核电站在浙江海盐并网发电

9时10分,我国首座商用重水堆核电站——秦山三期核电站二号机组在浙江海盐成功并网发电,比计划进度提前了91天。

秦山三期核电站工程是国家"九五"重点工程,是我国和加拿大两国政府迄今最大的贸易项目。在建设中实现了多项技术突破,并在施工和调试方面创造了多项国际重水堆核电站之最。在确保安全、质量的前提下,创造了同类型核电机组调试时间最短的纪录。

国务院副总理黄菊在中南海紫光阁会见瑞典爱立信公司首席执行官兼总裁思文凯

经中共中央批准中央军委发布命令调整海军军政主官

经中共中央批准,中央军委近日发布命令,任命张定发为海军司令员、胡彦林为海军政治委员。免去石云生的海军司令员职务、杨怀庆的海军政治委员职务。

国家体育总局任命王汝南为中国棋院院长

国家体育总局正式宣布,接受陈祖德因身体原因辞去国家体育总局棋牌运动管理中心主任和中国棋院院长职务的请求,并同时任命王汝南为棋牌运动管理中心主任、中国棋院院长。

国家体育总局还宣布,陈祖德改任中国棋院顾问。陈祖德目前仍担任中国围棋协会和中国国际象棋协会主席。

王汝南八段比陈祖德小两岁,与后者是同时期的国家围棋队队友,曾获得过全国亚军。王汝南原任棋牌运动管理中心副主任、中国棋院副院长,与陈祖德一起直接参与了中国棋类运动的改革,有丰富的管理经验。

中国选手陈颖在2003年世界杯射击赛慕尼黑站的比赛中夺得女子25米手枪项目金牌

卫生部与世界卫生组织在北京共同举行新闻发布会

卫生部常务副部长高强说,中国十分重视和世界卫生组织的合作,目前已与世界卫生组织达成共识,在"非典"防治方面继续加强合作,共同研究疾病暴发机理和规律,为全球最终控制"非典"作出贡献。

中国卫生部还将与世界卫生组织在公共卫生系统建设、突发公共卫生事件应急处理系统、卫生体制改革、农村卫生、人才资源建设等领域广泛加强合作。

世界卫生组织总部传染病执行主任海曼说,中国对"非典"病人的诊断标准与世界卫生组织的标准是一致的,但中国的标准更为敏感,这使中国的疑似病人更多。他还指出,根据世界卫生组织对数据的分析,"非典"病人病死率的高低主要取决于年龄,老年人病死率较高,青壮年病死率较低。中国"非典"病人青壮年比重大,其报告的病死率较低,符合这个规律,因而是可信的。

6月13日

中央军委主席江泽民在玉泉山会见老挝人民革命党中央主席国家主席坎代

全国人大常委会委员长吴邦国 国务院总理温家宝在人民大会堂分别会见老挝人民革命党中央主席国家主席坎代

吴邦国积极评价了中国全国人大和老挝国会之间的交往与合作,希望双方共同努力,不断加强在立法、监督和民主法制方面的经验交流。

温家宝说,近年来,双边贸易额年年递增,中资企业对老投资持续增加,双方在劳务合作和工程承包方面成绩显著,两国在区域合作中的协调与配合密切。中方愿以更加积极的态度参与老挝的经济建设,并决定减免老挝3笔到期无息贷款和再向老挝提供5000万元人民币无偿援助。

坎代说,老方愿与中方一道继续努力,积极探索两国在农业、矿业、交通、能源、区域合作等各方面开展互利合作的新途径,不断开拓更有效益、更有前景的合作领域。

国务院总理温家宝在人民大会堂会见欧盟委员会贸易委员帕斯卡尔·拉米

中共中央政治局常委曾庆红在宁夏考察

6月13日至16日,在自治区党委书记陈建国、自治区政府主席马启智等陪同下,曾庆红一行先后到银川、固原、吴忠等市县的医院、社区、农村、企业、党校和中小学,深入了解宁夏"两手抓"的情况、党的建设情况和城乡困难群众的生产生活情况,并就贯彻实施党中央关于人才工作的重要部署,同自治区党政领导和各方面人才代表进行了座谈。

在宁夏医学院附属医院看望医护人员时,曾庆红对宁夏防治"非典"工作取得的成绩和经验给予了充分肯定。

曾庆红对加强和改进党的建设十分重视。他先后来到银川市凤凰北街北安小区党员活动室和固原市杨郎乡马店村的场院,同城乡基层党员、干部亲切交谈。

在同宁夏回族自治区党政领导干部和各方面人才座谈时,曾庆红强调,西部大开发,人才是关键。西部地区各级党组织要进一步增强做好人才工作的紧迫感和责任感,真正把防止人才流失放在比治理水土流失更加重要的位置上,把培养好、吸引好、使用好各类人才摆到西部开发的战略位置上,切实做到谋划发展同时考虑人才保证,制订计划同时考虑人才需求,研究政策同时考虑人才导向,部署工作同时考虑人才措施。

全国村务公开协调小组第一次会议在北京召开

全国村务公开协调小组是为贯彻落实党的十六大精神和中央纪委二次全会精神,进一步加大村务公开工作的力度,促进农村社会主义政治文明建设而成立的指导全国村务公开工作的协调机构,由中央纪委、中组部、中央农村工作领导小组办公室、民政部、财政部、农业部等部门组成,办公室设在民政部。此次会议听取了全国村务公开工作情况介绍,明确了协调小组的工作规则、各成员单位的职责,议定了今年全国村务公开工作要点。中央书记处书记、中央纪委副书记何勇出席会议并作重要讲话。何勇要求,要充分认识进一步做好村务公开工作的重要意义,切实加强对村务公开工作的领导,以与时俱进的精神推进村务公开工作。

人民日报社召开纪念《人民日报》创刊55周年座谈会

座谈会上,报社各部门代表结合近期抗"非典"宣传报道工作,畅谈了学习领会中央领导同志重要指示精神的体会,决心继续努力,创造出无愧于党,无愧于人民的新业绩。人民日报社总编辑张研农主持座谈会。

中央军委决定对海军361潜艇失事特大事故有关责任人进行严肃处理

海军361潜艇失事原因已查明,是由于指挥操纵不当造成的。近日,中央军委作出决定,给予济南军区副司令员兼海军北海舰队司令员丁一平、海军北海舰队政治委员陈先锋行政降职处分,同时分别给予其他8名有关人员以行政撤职、降职等纪律处分。

中国气象局国家气候中心副研究员张祖强在世界气象组织执行组织理事会第55次会上获得2003年度世界气象组织青年科学家奖

卫生部证实世界卫生组织解除对中国四省区市的旅游警告

卫生部证实,世界卫生组织已宣布从6月13日起解除对中国天津、山西、河北和内蒙古四省区市的旅游限制建议,并将天津、河北、山西、内蒙古、吉林、江苏、湖北、广东、陕西从其"近期有当地传播"的名单中删除。

国务院新闻办召开记者招待会通报当前汛情旱情灾情

据国家防汛抗旱总指挥部办公室负责人介绍，今年以来华北大部、西北部分地区降水比常年偏多二至六成；内蒙古东北部、黑龙江和吉林大部降水比常年偏少三至五成，广东、福建等沿海部分地区和海南偏少二至四成；全国其余大部分地区降水接近常年。目前，我国大江大河水势平稳，大江大河水位均在警戒水位以下。受降雨的影响，5月中旬湖南湘江发生了十年一遇的较大洪水，江西赣江、福建闽江、广东北江和韩江、新疆伊犁河等河流先后发生了超过警戒水位的洪水，新疆、湖南、广东以及贵州等地局部发生了较为严重的山洪灾害。

截至6月10日，全国农作物洪涝受灾面积976千公顷，成灾面积578千公顷，受灾人口1693万人，死亡186人(其中山洪灾害造成死亡122人，占洪涝灾害死亡人数的65%)，倒塌房屋6.19万间，初步估算直接经济损失58.01亿元。洪涝灾害各项指标明显低于历史同期水平。

据了解，各地普遍加大了大江大河治理力度，加快防洪建设和病险工程除险加固。今年中央已下达100多亿元的防洪建设资金，中央财政已经下拨了4.7亿元水利建设基金和特大防汛费，用于大江大河堤防加固、防洪枢纽建设和病险工程的应急处理等。目前长江堤防已基本达标，其他大江大河的防洪能力也有了较大提高。此外，各地进一步完善和落实防汛抗旱预案。国家防总重点组织对永定河、松花江等大江大河洪水调度方案进行修订完善。

河北省高院终审裁定维持一审对河北省原常务副省长丛福奎死缓判决

河北省高级人民法院13日对丛福奎受贿一案作出终审裁定，维持张家口市中级人民法院对丛福奎判处死刑、缓期二年执行的一审判决。

1997年年初至2000年6月，丛福奎在担任河北省委常委、省人民政府常务副省长期间，利用职务便利，为他人谋取利益，索取、非法收受贿赂共计人民币936万余元。

6月14日

第12期《求是》杂志发表署名秋石的文章《执政兴国的保证重大长期的任务——社会稳定论》

越南领导人在河内会见中国外交部部长李肇星

越共中央总书记农德孟、国家主席陈德良、政府总理潘文凯和副总理武宽在河内分别会见了正在越南访问的中国外交部部长李肇星。

李肇星是应越南外长阮颐年的邀请，于6月13日下午抵达河内对越南进行为期3天访问的。到达河内当天他与越南外长阮颐年举行了会谈，双方就两国关系以及其他共同关心的问题交换了意见。

双方还就两国外交部之间的交流与合作交换了意见。

《中国断代史系列》编纂完成

历经50年成就的《中国断代史系列》，共16部，1000余万字。几代学者撰就的这套中国断代史，与4年前完成的《中国通史》，并列为当代史学界锻铸的两座文明丰碑。

学界认为，《中国断代史系列》是新中国历史学家在前人基础上，吸纳田野考古等新史料，对中华民族和中国历史、文明所做的一项全新、厚重的总结。

中国选手包揽维也纳女网赛双打冠亚军

获得冠军的是孙甜甜/李婷，晏紫/郑洁获得亚军。

6月15日

中共中央印发《关于在全党兴起学习贯彻“三个代表”重要思想新高潮的通知》

各省、自治区、直辖市党委，各大军区党委，中央各部委，国家机关各部委党组(党委)，军委各总部、各军兵种党委，各人民团体党组：

党的十六大把“三个代表”重要思想同马克思列宁主义、毛泽东思想、邓小平理论一道，确立为党必须长期坚持的指导思想，实现了我们党指导思想上的又一次与时俱进，这是一个历史性决策，也是一个历史性贡献。十六大提出要在全党兴起一个学习贯彻“三个代表”重要思想新高潮，是具有战略意义的重要举措。为贯彻落实这一战略任务，现通知如下。

一、充分认识在全党兴起学习贯彻“三个代表”重要思想新高潮的重大意义

“三个代表”重要思想同马克思列宁主义、毛泽东思想和邓小平理论是一脉相承的科学体系，是马克思主义基本原理同中国具体实际相结合的产物，科学回答了我们党和国家事业发展所遇到的一系列理论和实际问题，开辟了马克思主义的新境界，是马克思主义中国化的最新成果。几年来，全党全国各族人民在深入学习邓小平理论的同时，认真学习贯彻“三个代表”重要思想，使这一重要思想日益深入人心，化为广大干部群众的生动实践，成为指导改革开放和社会主义现代

化建设的强大理论武器。特别是在十六大以后,各地区各部门围绕主题、把握灵魂、狠抓落实,兴起了学习贯彻十六大精神的热潮。“三个代表”重要思想是十六大的灵魂,也是贯穿十六大报告的一条主线。学习贯彻十六大精神,核心是学习贯彻“三个代表”重要思想;把学习贯彻十六大精神的热潮引向深入,最重要的是兴起学习贯彻“三个代表”重要思想新高潮。

21世纪头20年,对我国来说,是一个必须紧紧抓住并且可以大有作为的重要战略机遇期。国际局势正在发生深刻变化。世界多极化和经济全球化的趋势在曲折中发展,科技进步日新月异,综合国力竞争日趋激烈。我们要全面建设小康社会,在本世纪中叶基本实现现代化,必须牢固树立中华民族强大的精神支柱,巩固发展全党全国各族人民团结奋斗的共同思想基础。最根本的就是以马克思列宁主义、毛泽东思想、邓小平理论和“三个代表”重要思想为指导,兴起学习贯彻“三个代表”重要思想新高潮,把“三个代表”重要思想作为统领全局、贯穿各项工作的根本指针。

深入学习贯彻“三个代表”重要思想,关系党和国家工作的全局,关系中国特色社会主义事业的长远发展,关系中华民族的伟大复兴。全党同志一定要按照十六大的要求,兴起学习贯彻“三个代表”重要思想新高潮,在对“三个代表”重要思想的时代背景、实践基础、科学内涵、精神实质和历史地位的认识上达到新的高度,在认真贯彻“三个代表”重要思想的根本要求、始终做到“三个代表”上取得新的成效,紧密团结在以胡锦涛同志为总书记的党中央周围,解放思想、实事求是、与时俱进、开拓创新,为全面建设小康社会,开创中国特色社会主义事业新局面而奋斗。

二、深刻领会“三个代表”重要思想的基本精神

“三个代表”重要思想内涵丰富、博大精深,涵盖了经济、政治、文化和党的建设各个领域,体现在改革发展稳定、内政外交国防、治党治国治军各个方面,是一个系统的科学理论。在学习贯彻中要着重把握以下几个方面。

1. 深刻领会学习贯彻“三个代表”重要思想,就要牢牢把握“三个代表”重要思想的历史地位和指导意义。“三个代表”重要思想是对马克思列宁主义、毛泽东思想和邓小平理论的继承和发展,反映了当代世界和中国的发展变化对党和国家工作的新要求,是加强和改进党的建设、推进我国社会主义自我完善和发展的强大理论武器,是全党集体智慧的结晶,是党必须长期坚持的指导思想。始终做到“三个代表”,是我们党的立党之本、执政之基、力量之源。

2. 深刻领会学习贯彻“三个代表”重要思想,就要始终坚持解放思想、实事求是、与时俱进。努力掌握贯穿“三个代表”重要思想的马克思主义的立场、观点和方法,思想上不断有新的解放,理论上不断有新的发展,实践上不断有新的创造。自觉把思想认识从那些不合时宜的观念、做法和体制的束缚中解放出来,从对马克思主义的错误的和教条式的理解中解放出来,从主观主义和形而上学的桎梏中解放出来,善于在解放思想中统一思想,用发展着的马克思主义指导新的实践。

3. 深刻领会学习贯彻“三个代表”重要思想,就要毫不动摇地坚持党的基本理论、基本路线、基本纲领和基本经验。改革开放以来,我们党在总结历史经验和新的实践的基础上,逐步形成了党的基本理论、基本路线、基本纲领和基本经验,这是我们做好工作的法宝。十六大科学概括的基本经验,集中体现了我们党领导人民在建设中国特色社会主义实践中形成的重大认识和重大方针。要注重从党的基本理论、基本路线、基本纲领和基本经验的内在联系出发,加深对“三个代表”重要思想的认识。

4. 深刻领会学习贯彻“三个代表”重要思想,就要为实现全面建设小康社会目标而奋斗。要紧紧抓住本世纪头20年的重要战略机遇期,全面建设惠及十几亿人口的更高水平的小康社会,使经济更加发展、民主更加健全、科教更加进步、文化更加繁荣、社会更加和谐、人民生活更加殷实。

5. 深刻领会学习贯彻“三个代表”重要思想,就要坚定不移地抓好发展这个党执政兴国的第一要务。“三个代表”重要思想是以发展这一主题来贯穿的。紧紧抓住发展这个主题,把坚持党的先进性和发挥社会主义制度的优越性,落实到发展先进生产力、发展先进文化、实现最广大人民的根本利益上来,推动社会全面进步,促进人的全面发展,就从根本上把握了人民的愿望,把握了社会主义现代化建设的本质。要坚持以经济建设为中心,坚持深化改革、扩大开放。一切妨碍发展的思想观念都要坚决冲破,一切束缚发展的做法和规定都要坚决改变,一切影响发展的体制弊端都要坚决革除。聚精会神搞建设,一心一意谋发展。

6. 深刻领会学习贯彻“三个代表”重要思想,就要促进社会主义物质文明、政治文明和精神文明协调发展。社会主义物质文明、政治文明和精神文明互为条件、互为目的、相辅相成。物质文明处于基础地位。政治文明为物质文明提供政治保证和法律保障,建设社会主义政治文明,最根本的是要把坚持党的领导、人民当家做主和依法治国有机统一起来。精神文明为物质文明提供思想保证、精神动力和智力支持,要大力发展面向现代化、面向世界、面向未来的,民族的科学的大众的社会主义文化,弘扬和培育民族精神,不断丰富人

们的精神世界，不断增强人们的精神力量。

7. 深刻领会学习贯彻“三个代表”重要思想，就要最广泛最充分地调动一切积极因素，不断为中华民族的伟大复兴增添新力量。最大多数人的利益和全社会全民族的积极性创造性，对党和国家事业的发展始终是最具有决定性的因素。在我国社会深刻变革、党和国家事业快速发展的进程中，妥善处理各方面的利益关系，把一切积极因素充分调动和凝聚起来，至关紧要。必须贯彻尊重劳动、尊重知识、尊重人才、尊重创造的重大方针，营造鼓励人们干事业、支持人们干成事业的社会氛围，放手让一切劳动、知识、技术、管理和资本的活力竞相迸发，让一切创造社会财富的源泉充分涌流。

8. 深刻领会学习贯彻“三个代表”重要思想，就要始终做到立党为公、执政为民。我们党来自于人民，植根于人民，服务于人民。在任何情况下，与人民群众同呼吸共命运的立场不能变，全心全意为人民服务的宗旨不能忘，坚信人民群众是真正英雄的历史唯物主义观点不能丢。务必继续保持谦虚谨慎、不骄不躁的作风，务必继续保持艰苦奋斗的作风，树立正确的世界观、人生观、价值观，树立正确的权力观、地位观、利益观，做到权为民所用、情为民所系、利为民所谋。

9. 深刻领会学习贯彻“三个代表”重要思想，就要大力加强和改进党的建设。要以提高党的执政能力为重点，从思想上、组织上、作风上和制度上全面推进党的建设新的伟大工程，努力提高领导水平、执政水平和拒腐防变、抵御风险的能力，保证我们党始终是中国工人阶级的先锋队，同时是中国人民和中华民族的先锋队，始终是中国特色社会主义事业的领导核心，始终代表中国先进生产力的发展要求，代表中国先进文化的前进方向，代表中国最广大人民的根本利益。

三、学习贯彻“三个代表”重要思想要着力解决实际问题

学习贯彻“三个代表”重要思想，重在理论联系实际。要按照关键在坚持与时俱进、核心在坚持党的先进性、本质在坚持执政为民这个根本要求，不断增强实践“三个代表”重要思想的自觉性和坚定性。把“三个代表”重要思想贯彻到社会主义现代化建设的各个领域，体现在党的建设的各个方面，落实到改造客观世界和改造主观世界中，使广大党员干部真正在思想上有所提高，使各地区各部门的工作切实得到改进。

1. 通过学习贯彻“三个代表”重要思想，把思想进一步统一到“三个代表”重要思想和十六大精神上来，把智慧和力量进一步凝聚到实现十六大确定的各项任务上来。要围绕全面建设小康社会的奋斗目标和重大部署，在国家宏观规划指导下紧密联系本地区本部门的实际，提出具体奋斗目标，形成发展思路，制定发展措施，推动各项工作取得新进展，打开新局面。

2. 通过学习贯彻“三个代表”重要思想，进一步树立与时俱进、开拓创新的良好精神状态。要查找思想观念和精神状态上存在的差距，振奋精神，开阔视野，着眼新的实际，总结新的经验，探索新的路子，使各项工作体现时代性、把握规律性、富于创造性，不断推进理论创新、制度创新、科技创新、文化创新以及其他各方面的创新，努力做到发展要有新思路，改革要有新突破，开放要有新局面，各项工作要有新举措。要坚持实事求是、一切从实际出发的科学态度，讲科学、鼓实劲、求实效。

3. 通过学习贯彻“三个代表”重要思想，着力解决本地区本部门影响发展的突出矛盾和问题，促进改革发展，维护社会稳定。要针对存在的问题，深入调查研究，集中民意，集思广益，提出解决问题的措施和办法。通过解决突出矛盾和问题，深化农村改革、企业改革、金融改革、政府机构改革，推进对外开放，推进经济结构战略性调整，保持经济持续较快增长，实现社会全面进步。

4. 通过学习贯彻“三个代表”重要思想，切实解决群众生产生活中的困难和问题。要把群众的身体健康和生命安全放在第一位，始终关注群众的安危冷暖，努力实现好、维护好、发展好人民群众的根本利益。当前，要按照中央的统一部署，坚持“两手抓”，一手抓防治“非典”这件大事不放松，一手抓经济建设这个中心不动摇。要团结一致、坚定信心、依靠科学、扎实工作，控制和消除“非典”疫情。要深入了解中央关于解决离退休人员、下岗失业人员和城乡困难群众生产生活问题政策的落实情况，深入了解中央关于农民增收减负政策的落实情况，提出进一步解决的具体措施。要完善社会保障制度，做好就业和再就业工作。要帮助贫困地区和灾区群众安排好生产生活，制定脱贫致富的措施，增强战胜困难的信心。

5. 通过学习贯彻“三个代表”重要思想，落实“两个务必”，按照“八个坚持、八个反对”的要求，认真解决本地区本部门党的建设和干部作风中存在的问题。要查找和解决影响发挥党委的核心作用、基层党组织的战斗堡垒作用、党员的先锋模范作用的主要问题，使党组织真正成为贯彻“三个代表”重要思想的组织者、推动者和实践者，使广大党员真正成为实践“三个代表”重要思想的模范。要查找和解决影响党群、干群关系的突出问题，特别是官僚主义、形式主义和腐败等群众反映强烈的问题，使群众切实感到党风和干部作风有明显改进。

四、要注意突出重点区分层次

兴起学习贯彻“三个代表”重要思想新高潮，领导机关和领导干部是关键。要学在前面、用在前面，做持久学、深入学的表率，成为学以致用、用有所成的模范。要坚持以县处级以上领导干部为重点，推动全党的学习贯彻。在第三、四季度，各级党委中心组要组织认真研读十六大报告和党章，认真研读江泽民同志《论“三个代表”》、《论党的建设》和《江泽民论有中国特色社会主义（专题摘编）》等一系列重要著作，把《“三个代表”重要思想学习纲要》作为重要辅助材料，既从整体上深刻领会“三个代表”重要思想，又分专题展开深入研讨。以中央党校省部级领导干部培训班为依托，举办学习贯彻“三个代表”重要思想研讨班。各地区各部门要发挥党校、干校和行政学院的作用，通过举办各种形式的研讨班、培训班、学习班，把县处级以上领导干部轮训一遍。

要抓好基层党员干部的学习贯彻。凡有一定文化水平和阅读能力的党员干部，都要认真学习十六大报告和党章，学习《“三个代表”重要思想学习纲要》。对文化水平低的党员干部，要进行通俗易懂的讲解。要通过基层党校、农民夜校、市民学校等多种途径，组织好基层党员干部的学习。特别要注意抓好偏远地区农村党员的学习，抓好新经济组织、离退休人员、下岗失业人员、流动人口中的党员的学习。

要用“三个代表”重要思想教育广大群众。充分发挥报刊、广播电视、互联网等大众传媒的作用，广泛采取宣讲、知识竞赛、主题教育活动等形式，积极利用基层文化阵地，宣传“三个代表”重要思想。要找准学习贯彻“三个代表”重要思想与群众生产生活的结合点，把学习贯彻“三个代表”重要思想融入到群众获取各种信息和知识之中，融入到群众喜闻乐见的各种活动之中，融入到群众全面建设小康社会、创造幸福生活的奋斗之中。

用“三个代表”重要思想教育广大青年特别是青年学生，关系中国特色社会主义事业的前途命运。要高度重视青年学生的理论武装工作，加强教材编写和师资队伍建设，推动“三个代表”重要思想进教材、进课堂、进学生头脑。高等学校要系统讲授“三个代表”重要思想。中学要把“三个代表”重要思想的基本观点贯穿到相关课程的教学中。学校的党团组织要采取丰富多彩的形式，开展学习实践“三个代表”重要思想的主题活动。

五、切实加强组织领导

各级党委要充分认识兴起学习贯彻“三个代表”重要思想新高潮，推动十六大精神进一步贯彻落实，是党的事业继往开来、与时俱进的战略举措，把这项工作作为首要政治任务，切实抓好。要按照中央的统一部署，结合本地区本部门实际，制订具体方案，周密安排，精心组织，加强指导。中央将于7月组织宣讲团，赴各地宣讲“三个代表”重要思想。各地也要参照这一做法，组织好本地区的宣讲活动。

组织、宣传部门和其他有关部门，要在党委统一领导下，各司其职，密切配合，做好各项工作。组织部门要把学习贯彻“三个代表”重要思想与干部培训工作结合起来，与加强领导班子建设和基层党组织建设结合起来，加强组织协调工作。宣传部门要把学习贯彻“三个代表”重要思想作为当前和今后一个时期宣传思想工作的重中之重，充分发挥新闻媒体的宣传主导作用，牢牢把握正确导向，在全社会营造学习贯彻“三个代表”重要思想的浓厚氛围。工会、共青团和妇联等人民团体要充分发挥广泛联系各界群众的优势，开展各具特色的学习贯彻活动。党校、社会科学院、高等学校等单位，要围绕重大理论和实际问题，集中力量，加强研究，推出一批有深度、有分量的研究成果。企业、农村、机关、学校、部队和社区的基层党组织，要把学习贯彻“三个代表”重要思想同加强自身建设紧密结合起来，同开展保持共产党员先进性教育活动结合起来，真正使干部受到教育，群众得到实惠。

要及时总结推广学习贯彻“三个代表”重要思想的经验和典型，宣传通过学习贯彻“三个代表”重要思想，联系实际、解决实际问题的新成效新进展；宣传实践“三个代表”重要思想的先进人物和先进事迹。要贴近实际、贴近生活、贴近群众，增强宣传工作的针对性和实效性，提高吸引力和感染力。多运用群众的语言，多联系群众身边的事例，多采取群众喜闻乐见的形式，生动活泼、打动人心。坚决防止形式主义。

各地区各部门要及时将学习贯彻“三个代表”重要思想的情况报告中央。中央将于年底组成督查组，对学习贯彻情况进行检查。

中共中央

2003年6月15日

国务院任命中国人民银行货币政策委员会新一届组成人员

中国人民银行行长周小川任货币政策委员会主席，委员会成员有：国务院副秘书长尤权，国家发展和改革委员会副主任朱之鑫，财政部副部长金立群，中国人民银行副行长吴晓灵、李若谷，国家统计局局长李德水，国家外汇管理局局长郭树清，中国银行业监督管理委员会主席刘明康，中国证券监督管理委员会主席尚福林，中国保险监督管理委员会主席吴定富，中国银行业协会会长、中国银行行长肖钢，中国社会科学院金融研究所所长李扬。

外交部部长李肇星在金边分别与柬埔寨首相洪森和柬埔寨外交与国际合作大臣贺南洪举行会谈

双方就双边关系以及地区和国际问题交换了意见。

李肇星向柬方转交了一批用于柬埔寨医疗防疫的援助物资。

全国防治非典型肺炎指挥部发出《关于科学规范非典型肺炎防治措施的通知》

通知说,在党中央、国务院的正确领导下,经过全国上下的共同努力,目前,全国非典型肺炎疫情得到有效控制,正常的经济社会秩序正在逐步恢复。总体上看,前一段工作中所采取的一系列防治措施,起到了积极的作用。为了巩固防治成果,防止疫情反复,对一些行之有效的措施要总结完善,继续坚持;对一些应急措施要根据实际情况适时调整;对个别过度做法要及时纠正,将防治工作纳入依法、科学、规范、有序的轨道,以适应逐步恢复正常的经济社会秩序的需要。

通知还包括了以下内容:

坚持政府对防治工作统一领导的机制

在疫情趋于缓和的情况下,要继续按照分类指导、依法防治、科学防治的总体要求,思想不能麻痹,领导不能削弱,工作不能松懈,切实加强对防治工作的统一领导和指挥,落实各方面的责任制,坚持严格的疫情报告制度,统一协调整合公共卫生和医疗资源,继续保持应急处理机制和能力,务必做到常备不懈。

各种救治设备、隔离设施不能拆除

各地经调整设立的规范的发热门诊要继续保留,不断完善;定点医院和后备医院布局要根据实际需要进行合理调整并保留备用,各种救治设备、隔离设施不能拆除;普通医院要设立相对隔离的预检接诊点,做好发热病人的监测及转诊医疗工作。在逐步恢复正常医疗秩序的同时,确保患者就医安全、方便,严防医疗机构内疫病传播。

对来自连续20天以上没有报告确诊病例地区的人员不再进行医学观察

严格按照《传染性非典型肺炎密切接触者判定标准和处理原则(试行)》划分密切接触者和一般接触者。对密切接触者进行严格隔离观察,当非典型肺炎病人或疑似病人被排除时,要立即解除对其密切接触者的隔离措施。对一般接触者要进行为期2周医学观察,即每天检测体温并观察询问有无相关症状,如无异常,不得限制或变相限制其正常工作、生活和学习,更不得进行隔离或变相隔离。对来自传染性非典型肺炎流行地区有发热症状的流动人员要在医疗机构内实行医学观察。对来自连续20天以上没有报告确诊病例地区的人员不再进行医学观察。随着疫情趋缓,要逐步取消对人员流动的限制,保证公务、商务和其他日常活动的正常进行。

体温达到或超过37.5摄氏度的旅客不得登乘公共交通工具

旅客在境内旅行无需出具健康证明。乘坐飞机、火车、轮船、营运客车的旅客在起始站填写全国防治非典型肺炎指挥部卫生检疫组统一规定格式的《健康申报卡》,该卡由交通运输部门指定单位保管并根据需要及时转交地方疾病预防控制机构。对乘坐同一班(车)次的旅客,各地不得要求重复填写《健康申报卡》。旅客在起始站和到达站要各测一次体温,体温达到或超过37.5摄氏度(以水银体温计测试为准)的旅客不得登乘公共交通工具,体温38摄氏度以上的旅客应立即按有关规定采取隔离、移送、留验等措施,对密切接触者按规定采取预防控制措施,并做好疫情报告。对旅客进行体温检测和填表登记,不得收取任何费用。

未经批准不得阻断交通

各省、自治区、直辖市人民政府要对本辖区内的临时交通卫生检疫站(点)进行适当调整,尽量减少数量,避免重复检查。未经省级人民政府批准,任何单位和个人不得设立交通卫生检疫站(点);未经国务院批准,任何单位和个人不得以任何方式阻断交通。

省、自治区、直辖市交界处交通卫生检疫站(点)要对进入本辖区的货运车辆和非营运客车上的人员进行体温检测,对体温正常的人员放行,同时对上述交通工具内部进行消毒,不得对当日已消毒的交通工具重复进行消毒,不得对交通工具外部进行消毒,不得对所载货物进行消毒。

不得对正常人群反复进行有损健康的X线透视

目前,使用较多的中草药、胸腺肽等预防性药物,只能在调节人体免疫状态、提高机体非特异性免疫力方面起一定的作用;干扰素体外实验结果显示有抑制非典型肺炎病毒的作用,但上述药物预防非典型肺炎的确切效果还有待进一步研究、评价、验证。因此,要进行客观的宣传报道,防止盲目进行预防性用药。不得对正常人群反复进行有损健康的X线透视。

不得设置农民工务工障碍

继续做好对高校返校学生的医学观察,实行体温日检日报制度;对已返城农民工要加强管理,但不得设置务工障碍。要加强对农民工集中生活工作场所的卫生防疫检查,为农民工提供相对固定、卫生通风条件较好的住所。

与治愈出院的"非典"病人接触是安全的

流行病学研究结果显示,非典型肺炎治愈出院病人中没有发生新的疫情传播,与治愈出院的非典型肺炎病人接触是安全的。非典型肺炎病人治愈出院后一般需要休养,但不应限制其生活自由。一至两周后若身体状况许可,应恢复正常工作、学习。

6月16日

全国人大常委会委员长吴邦国主持召开十届全国人大常委会第四次委员长会议

会议首先听取了全国人大常委会副委员长兼秘书长盛华仁关于十届全国人大常委会第三次会议议程草案和日程安排意见的汇报。会议决定,6月23日至28日召开十届全国人大常委会第三次会议。会议建议,本次常委会会议审议的法律草案有居民身份证法草案、港口法草案、放射性污染防治法草案、道路交通安全法草案、行政许可法草案、证券投资基金法草案。委员长会议建议第三次常委会会议安排的议程还有:听取和审议国务院关于2002年中央决算的报告、审查和批准2002年中央决算,听取和审议国务院关于2002年中央预算执行和其他财政收支的审计工作报告,听取和审议全国人大常委会执法检查组关于检查固体废物污染环境防治法实施情况的报告等。

盛华仁还就全国人大常委会2003年立法计划和工作要点作了汇报。据介绍,全国人大常委会将立法工作作为首要任务,将提高立法质量作为立法工作的重点。常委会将把主要精力放在法律案的审议上,通过组织立法听证会、座谈会,开展立法调研,公布重要的法律草案广泛征求意见,提高立法工作的民主性、科学性,确保立法质量。今年安排审议的法律草案有13件,起草和修订的法律草案有30件,待条件成熟时视情况安排审议。

全国人大法律委员会主任委员杨景宇汇报了关于常委会会议将要审议的6个法律草案的修改情况。

全国人大常委会副委员长王兆国、李铁映、司马义·艾买提、何鲁丽、丁石孙、成思危、许嘉璐、蒋正华、顾秀莲、热地、路甬祥、乌云其木格、韩启德出席会议。

国务院副总理曾培炎出席三峡工程双线五级船闸试通航仪式

上午9时许,中共中央政治局委员、国务院副总理、三峡工程建设委员会副主任曾培炎宣布:长江三峡工程双线五级船闸试通航开始。

三峡船闸是目前世界上规模最大、技术最为复杂、施工难度最大的船闸,采用5级方式,分南北两线,可双向通行,设计单向年通过能力5000万吨。

长江三峡试通航首航成功,标志着断航67天的长江航运开始恢复。在随后一年左右的试运行过程中,将对船闸作进一步调试和检验,组织验收后正式通航。

中国驻美国大使杨洁篪应邀在美国商会发表演讲

杨洁篪说,不久前,胡锦涛主席和布什总统在法国埃维昂举行了成功的会晤,双方达成了重要共识,对促进中美建设性合作关系的发展具有重大意义。中美两国都是世界上具有重要影响的大国,在反对恐怖主义、打击国际犯罪、促进全球经济增长、防治疾病和保护环境等许多领域有着广泛的共同利益和合作基础。近来中美在一些重要领域的合作取得了新的进展。实践证明,中美发展建设性合作关系符合中美双方的利益,也有利于整个世界的和平、稳定与繁荣。

杨洁篪强调,台湾问题始终是中美关系中最重要、最敏感的核心问题。美国政府已向中方作出坚持一个中国政策、恪守中美三个联合公报和反对"台独"等承诺。美方应遵守承诺,妥善处理台湾问题,不向"台独"势力发出错误信号,在中国实现和平统一的进程中发挥建设性作用。

谈到抗击"非典"和加强中美经贸合作时,杨洁篪指出,中国政府始终把人民群众的健康和生命安全放在第一位,采取了各项果断措施,并积极加强国际合作。中国人民有决心、有信心、有能力战胜"非典"疫情。由于全国上下的共同努力和国际社会的支持与合作,中国防治"非典"的工作取得了显著成绩,已初步控制住了疫情。杨洁篪强调,"非典"阻挡不了中国经济发展的步伐。中国政府坚持一手抓防治"非典",一手抓经济发展,有针对性地采取各项措施,保持了中国经济积极的增长势头。中国经济的发展前景依然良好。包括许多美国公司在内的国际企业界纷纷表示"非典"不会影响他们对中国经济的信心,仍视中国为最具吸引力的投资环境和市场。中方对此表示赞赏。

杨洁篪说,中美经贸互补性强,潜力巨大。继去年双边贸易额增长了20.8%,达971.8亿美元之后,今年前5个月双边贸易又增长了35.4%,达464.2亿美元。最近一些美大公司负责人相继访华或公布新的对华投资计划。双方交流与合作的前景十分广阔。他说,中美两国在共同推动亚洲和世界经济增长、维护国际金融稳定等方面也存在重要的共同利益。实践证明,中国加入世界贸易组织符合各方的利益。中国将继续坚持权利与义务的平衡,在稳定和促进地区和世界经济中发挥积极作用。

杨洁篪希望美企业及各界人士从战略和长远的角度来看待中美经贸合作和两国关系,进一步加强中美双方在众多领域的交流,增进了解,扩大合作,推动中美关系不断取得新的发展。

埃克森·莫比尔石油公司、花旗银行、波音公司等十几家美大企业和中小企业的代表及美政府官员、经贸团体负责人等出席了演讲会。与会者反响热烈,许多听众表示支持中国抗击“非典”努力。他们认为中国经济继续充满活力,美企业应进一步加大与中国经贸合作的力度;美中双方应共同努力确保两国关系稳定和发展。

中央人民广播电台第四套节目FM101.8“都市之声”试播

这是中央台继推出音乐之声、经济之声、华夏之声之后,又一重大改革举措。

中央人民广播电台有关负责人介绍,“都市之声”定位为“时尚、实用、快捷、快乐”,目标是成为最受大众欢迎的服务型商业电台。

国务院总理温家宝签署第380号令公布《医疗废物管理条例》

《医疗废物管理条例》已经2003年6月4日国务院第10次常务会议通过,现予公布,自公布之日起施行。

总　理　温家宝

2003年6月16日

医疗废物管理条例(略)

北京防治非典型肺炎联合工作小组召开第17次会议

中共中央政治局委员、北京市委书记、北京防治非典型肺炎联合工作小组组长刘淇在会议上强调,北京的防治“非典”工作进入了最后的决战阶段思想不能麻痹,领导不能削弱,工作不能松懈,要继续规范各类人员的隔离防护工作,进一步落实各项防控措施,按照“依法、科学、规范、有序”的要求,研究制定长效的管理办法和工作措施。

会议听取、讨论并原则通过了关于医疗组下一步工作重点及小汤山医院调整计划的汇报和关于下一步做好防控传染性非典型肺炎工作的意见汇报。

6月17日

国务院总理温家宝在中南海主持召开专家座谈会并作重要讲话

国务院副总理黄菊、吴仪、曾培炎,国务委员华建敏、陈至立参加了座谈会。

中国科学院国情研究中心主任胡鞍钢,卫生部办公厅副主任尹力,清华大学公共管理学院常务副院长薛澜,国家行政学院教授应松年,北京师范大学副校长史培军,中国社会科学院研究员黄平,中国人民大学教授张成福先后发言,就加强公共卫生建设、政府公共管理、突发事件的应急处理和法规建设等发表了看法和建议。

温家宝在听取专家的发言后指出,经历了这次抗击“非典”的斗争,使我们进一步提高了对加强公共卫生建设重大意义的认识。必须采取更加有力的措施,推进这项建设:一要建立公共卫生突发事件应急机制,完善疾病信息网络体系、疾病预防控制体系、疾病应急救治体系。二要进一步完善应对公共卫生突发事件的法律、法规。三要深化医疗卫生体制改革,特别要建立和完善农村新型合作医疗制度,加强农村医疗卫生设施建设。四要加强疾病诊断、治疗、防疫的科学研究。五要普及卫生科学知识,改变陈规陋习,开展爱国卫生运动和全民健身活动,提高人民健康水平。

外交部部长李肇星在金边出席东盟与中日韩外长会议

东盟与中国、日本、韩国(10+3)外长们就共同关心的地区和国际热点问题深入交换了看法并强调深化“10+3”合作的重要性。

中国外长李肇星在发言中指出,1997年以来,“10+3”开展了稳健的合作,开创了邻国合作的新模式,成为推动地区经济持续发展的重要力量。他说,新时期中国的东亚区域合作政策包括:继续把东亚“10+3”合作作为亚洲区域合作的主渠道;支持本地区逐步建立完善的贸易与投资框架,最终形成物资、人员、技术和信息的自由流通;以积极、开放、包容、合作的态度支持亚洲多层次合作机制齐头并进发展;调动各方面的热情和资源,政府部门、学术机构、民间人士共同参与,不断增强合作基础,扩大参与范围。

李肇星就如何进一步加强“10+3”合作提出了建议。他说,“10+3”应积极探讨扩大贸易与投资便利的措施与途径;应继续推进地区金融合作,包括为探讨和推动建立亚洲统一债券市场发挥重要作用;应加强协调,逐步深化打击跨国犯罪方面的合作;应抓紧落实去年“10+3”领导人会议通过的《东亚研究小组最终报告》,中方愿担任“东亚思想库网络”项目的牵头国。

柬埔寨国民议会议长拉那烈在金边会见中国外交部部长李肇星

外交部发言人刘建超就台湾发行新版“护照”答记者问

有记者问,台湾方面称将于9月1日发行新版加注“TAIWAN”的“护照”,你对此有何评论?

刘建超说,世界上只有一个中国,大陆和台湾同属一个中国,中国的主权和领土完整不容分割。台湾当局在所谓“护照”上加注“TAI-WAN”字样,是其“渐进式台独”分裂活动的继续,也是其破坏两岸关系的又一严重步骤,不能不引起全中国人民的高度警惕。

他说,不论台湾当局玩弄什么花招,都改变不了台湾是中国一部分的事实,其搞分裂和“台独”的图谋是不可能得逞的。希望各国政府尊重中国的国家主权和领土完整,对台湾当局分裂中国的图谋保持警惕。

陈嘉庚科学奖基金会在北京成立

基金会由中国科学院和中国银行共同出资3000万元设立,是非营利性的全国性基金会,奖励取得重大原始性创新科技成果的科学家。

陈嘉庚科学奖共设5个奖项:数理科学奖(包括数学、物理学、力学、天文学)、化学科学奖、生命科学奖(包括生物学、医学、农学)、地球科学奖和技术科学奖。陈嘉庚科学奖每两年评选一次,每项获奖人数一般为一人,每个奖项奖金为30万元。陈嘉庚科学奖基金会的前身是陈嘉庚基金会。

6月18日

《人民日报》发表署名为任仲平的文章《夺取双胜利 关键在落实》

(一)一手抓防治非典型肺炎这件大事不放松,一手抓经济建设这个中心不动摇,夺取防治“非典”和经济建设的双胜利。这是以胡锦涛同志为总书记的党中央审时度势、总览全局、前瞻未来,根据我国当前经济和社会发展的客观实际作出的重大战略决策。

这一决策,深刻揭示了抗击“非典”和经济建设相互联系、相互促进的辩证关系,当前工作和长远发展的辩证关系。

这一决策,有力地把人民群众在抗击“非典”伟大实践中凝聚起来的力量,迸发出来的智慧,引导到全面建设小康社会,开创社会主义现代化建设新局面的轨道上。

归根结底,这一决策是为了维护和实现最广大人民的根本利益,是贯彻“三个代表”重要思想的必然要求,是实践“三个代表”重要思想的具体体现。

(二)党中央的决策,凝聚人心,激励斗志。万众一心抗“非典”,迎难而上促发展,亿万人民在祖国大地上展开了又一幅团结奋进的宏伟画卷。坚持“两手抓”,夺取双胜利的大政方针、重要部署、贯彻措施都已明确,一个带根本性的问题就在于抓落实。

(三)抓落实是一个老话题,抗“非典”是一个新课题,新课题赋予老话题以新的内容。

“抓紧落实”、“逐条落实”、“马上落实”——在抗“非典”的斗争中,各级领导干部强调多、抓得紧的是落实。

“落到了实处”、“真的落实了”、“落实得真快”——在抗“非典”的斗争中,人民群众感受深、赞扬多的也是落实。

“沉着应对、措施果断,依靠科学、有效防治,加强合作、完善机制。”克难攻坚的抗“非典”过程,是全面落实党中央总体要求的过程;群防群控的抗“非典”实践,是充分展现全党和全国人民狠抓落实的崭新风貌的实践。

(四)“多少年了,很少见到中央的决策像这次这样不打折,不拐弯,一竿子扎到底。”一位乡村老教师这样评价抗击“非典”斗争中的“落实”。什么叫“政令如山”,什么叫“政令畅通”,什么叫“军中无戏言”?抗击“非典”的实践作了生动的诠释。全国上下有令必行,有禁必止,迅速筑起一道抗击“非典”的铜墙铁壁。几十万个社区、上百万个乡村,处处设立疫情检查站,人人参与,群防群控。落实,不论其深度、广度还是积极性、主动性都是罕见的。

(五)“像老八路的作风,像共产党的干部。”老区的乡亲这样赞叹。在抗击“非典”的战场上,广大共产党员特别是各级领导干部,深入一线,靠前指挥。哪里有疫情,哪里就有他们的身影;哪里有困难,哪里就有他们的足迹。一双双布满血丝的眼睛,映照着对人民的赤诚和深情;一个个不知疲倦的身躯,赢得了人民的信任和拥护。落实,就在这种心忧万家、情系人民的公仆本色和躬身实践中谱写了新的篇章。

(六)危难当前,大局至上。在抗击“非典”的斗争中,人们欣喜地看到,地区之间、部门之间、单位之间互相配合、互相支持,一方有难、八方支援,那种推诿扯皮、互拆墙脚,斤斤计较、各行其是的现象难觅踪影。在首都抗击“非典”的危难时刻,全国各地心向北京,倾情出力。在全国一些地方防治疫情的紧要关头,北京也以同样的热忱,慷慨援手,无私相助。落实,就在这种心往一处想、劲往一处使,全国一盘棋、上下一股劲的合力中打开了新的天地。

(七)城市打攻坚战,农村打防御战,城乡协同打总体战,显示了科学防治、依法防治、属地防治的巨大威力,显示了我们党面对突发事件的强大动员能力和组织能力,显示了各级党组织的坚强战斗力,显示了中华民族巨大的凝聚力和创造力。实践充分证明了党中央、国务院各项决策部署果断、正确,各级党委和政府贯彻落实中央精神坚决、有力。落实,就在这种大力弘扬“万众一心、众志成城，团结互助、和衷共济，迎难而上、敢于胜利”的抗击“非典”伟大精神的过程中，展现着党的作风建设的新成果，创造着党的优良传统的新财富。

(八)“别的工作也像这样抓落实就好了。”这是人民群众对我们抗击“非典”工作的肯定，更饱含着对我们今后工作的期望。

什么是落实？落实，是实践，是把嘴上说的、纸上写的变为具体干的行动，是把贴在墙上的蓝图变为改造世界的实践；落实，是人们认识世界、改造世界的一个环节，是联结认识与实践、理想与现实的一座桥梁；落实，是一个过程，是一个环环紧扣的链条。落实，凝聚着心血和责任，体现着作风和意志，反映着能力和水平。

(九)以全心全意为人民服务为宗旨、以推动中国社会进步为己任的中国共产党人，是最讲落实的。

我们昨天的成就来自落实，今天的任务需要落实，明天的希望在于落实。回顾党的奋斗历程和光辉业绩，可以深切地感受到：落实，使我们劈开荆棘，踏平坎坷；落实，使规划变为果实，希望变为现实。一件一件地落实，构筑起我们事业的宏伟大厦；一步一步地落实，引领我们登上巍峨的峰峦。

我们还可以深刻地认识到：落实是一个充满艰辛的奋斗过程，是一门富有智慧的领导艺术，是一所培养干部的生动课堂。抓落实必须以科学的理论指导实践，坚持解放思想、实事求是、与时俱进；必须以奋发有为的精神状态开展工作，永葆共产党人的蓬勃朝气、昂扬锐气、浩然正气；必须以保持党同人民群众的血肉联系为核心建设党的作风，牢记“两个务必”，做到“八个坚持、八个反对”；必须以造就高素质干部队伍为目标，着力增强解决问题的能力，提高抓落实的本领；必须以制度建设为保证，建立和完善推动落实的制度和机制。

毋庸讳言，在我们的干部队伍和日常工作中，不重视抓落实、不善于抓落实、不致力于抓落实的现象还大量存在。“以会议落实会议，以文件落实文件”；“上有政策，下有对策”；“收发室”、“传声筒”、“留声机”；“隔着车窗看，绕开矛盾转”；“形象工程”、“政绩工程”；“等一等、看一看，打官腔、慢半拍，喊得凶、抓得松”……对于这些形式主义、官僚主义的歪风陋习，人民群众很有意见，也深感忧虑。如果不坚决反对，让这些现象成为顽疾和流弊，就会毁掉我们的事业，毁掉我们的党。

(十)坚持“两手抓”，夺取双胜利，是一项十分艰巨的任务。防治“非典”工作已经取得明显成效，但是疫病并没有彻底消除，巩固成果，防止反复，还需艰苦努力。如同森林扑火，尚有火星，掉以轻心，就有可能死灰复燃。突如其来的“非典”，不仅给人民群众身体健康和生命安全带来严重威胁，也给经济发展造成冲击，带来意想不到的困难。防治“非典”要强调毫不松懈，促进发展要强调迎难而上，这对于抓落实提出了新的更高的要求。

(十一)抓落实最重要的是坚持权为民所用，情为民所系，利为民所谋。坚持防治“非典”和促进发展“两手抓”，说到底是为了维护好、实现好和发展好最广大人民的根本利益。落实的结果是为了人民，落实的根本是依靠人民。抗击“非典”的实践充分说明，只要我们从实践“三个代表”重要思想的高度，始终把人民群众的身体健康和生命安全放在第一位，心中装着人民，情感贴近人民，工作依靠人民，抓落实就有无穷的力量和不竭的动力。

在落实“两手抓”、夺取双胜利的过程中，我们要坚定地相信群众、依靠群众。各项方针政策、各项工作部署都要从人民的利益出发，着眼于调动群众的积极性，保护群众的创造性。

(十二)落实反映作风，作风决定落实。在抗击“非典”伟大斗争中展现出来的新的精神风貌，集中体现了党的建设特别是作风建设的新成果，并由此带动了干部工作作风和工作方式的新转变。这些成果来之不易，值得倍加珍惜，需要把它巩固下来，发扬下去，贯注到全面推进社会主义物质文明、政治文明、精神文明建设的伟大事业中。当前，党的建设的各项工作，都要落实到坚持“两手抓”的生动实践中去，体现到夺取双胜利的实际效果上来。

(十三)任何事物都是共性与个性、普遍性与特殊性的对立统一。具体问题具体分析是马克思主义活的灵魂，具体矛盾具体解决是抓落实的方法论原则。坚持“两手抓”、夺取双胜利，必须将中央精神与各地实际结合起来，创造性地开展工作。

结合不是简单相加。要在“上情”与“下情”之间寻找对接点，在理论和实际之间发现一致性，在共性和个性之间寻找统一性。“照猫画虎”、照搬照套、“依葫芦画瓢”、上下一般粗，只能落空，不会落实。

结合不是简单拼凑。同样的条件，同一个地方，结合的方式不同，效果也不同，甚至有质的区别。只懂机械的物理结合，不知有机的化学结合，同样也只能落空，不会落实。

结合还有一层含义，就是要善于协调各种力量，形成抓落实的合力。中国特色社会主义制度，决定了我国各族人民、社会各个阶层的根本利益是一致的。但社会经济成分、组织形式、就业方式、利益关系和分配方式的日趋多样化，也必然带来各种各样的矛盾。这些矛盾处理不好，也会影响稳定、影响发展。结合，就要以积极的态度、主动的工作去化解矛盾，最广泛最充分地调动一切积极因素。这样，夺取双胜利的步伐就会大大加快。

（十四）“樱桃好吃树难栽，不下苦功花不开”，反映了劳动和收获之间的内在联系。抓落实离不开实干、苦干。面对坚持“两手抓”、夺取双胜利的艰巨任务，侥幸取胜，懒汉懦夫，无所作为，都是有害的。

但是，实干、苦干不等于瞎干、蛮干。落实更需要弘扬科学精神、讲求科学态度。有了科学精神，我们才能在纷繁矛盾中拨云见日；有了科学态度，我们才能在重重困难时柳暗花明。夺取防治“非典”的胜利，必须全面贯彻党中央、国务院关于防治“非典”工作的决策和部署，坚持分类指导、科学防治、依法防治，思想不麻痹，领导不削弱，工作不松懈，由应急向常态转变，始终牢牢把握工作主动权。夺取经济建设的胜利，必须全面贯彻党中央、国务院关于保持经济稳定发展的决策和部署，认真研究新情况，解决新问题，努力做到发展有新思路，改革有新突破，开放有新局面，各项工作有新举措。

（十五）“没有制度工作搞不起来。”没有制度和机制作保证，落实也无从谈起。

在这个问题上，“木桶理论”给我们以启示：决定一只木桶能装多少水，不在于最高的木板有多长，而在于最矮的木板有多长。这说明，抓落实需要各个方面、各个环节、各个岗位、各道工序之间的协调配合、尽职尽责，“挂着空挡轰油门，关键时刻掉链子”是断然不行的。而要使各个方面、各个环节、各个岗位、各道工序之间做到步调一致，需要建立一套科学的制度和机制。抗击“非典”的实践，提供了制度建设的新鲜经验，也使我们对制度建设重要性的认识达到了新的高度。情况报告、信息发布、应急反应、决策程序、督查检查、责任追究等等，这些制度和机制对于抓落实发挥着重要作用。坚持依机制运转，按制度办理，由机制推动，以制度评判，就可以落实有序，落实到位。

（十六）奋斗就会有艰辛，艰辛孕育新的发展。这是一条普遍规律。万众一心、众志成城抗“非典”的斗争已经证明了这一点；坚持“两手抓”、夺取双胜利的实践正在证明着这一点。

在以胡锦涛同志为总书记的党中央坚强领导下，全党同志和全国各族人民全面贯彻“三个代表”重要思想，沿着十六大指引的方向，以更加旺盛的斗志，更加顽强的作风，更加扎实的工作，投身万众一心抗“非典”、迎难而上促发展的伟大实践，防治“非典”和经济建设的双胜利，就一定属于伟大的中国人民。

国家主席胡锦涛在人民大会堂接受尼泊尔 缅甸新任驻华大使递交的国书

两位递交国书的大使是：尼泊尔王国新任驻华大使纳南德拉·拉吉·潘迪和缅甸联邦新任驻华大使吴登伦。

国家主席胡锦涛在人民大会堂与科摩罗总统阿扎利举行会谈

阿扎利说，自科摩罗独立以来，中国人民始终站在科摩罗人民一边。科中两国在政治、经济等诸多领域的交往与合作不断发展，特别是中国政府提供的无私援助和中国医疗队在科摩罗的出色工作赢得了科摩罗人民的爱戴、尊重和感激。我们愿不断发展同伟大中国的友好合作关系。

在谈到当前非洲形势时，胡锦涛说，由于历史和现实的种种原因，非洲个别地区的冲突仍在继续，不少非洲国家仍面临经济困难。但谋求和平、稳定与发展是近年来非洲形势的主流。中国支持非洲国家成立非洲联盟，制订并实施“非洲发展新伙伴计划”，并与非洲国家共同发起和成立了旨在加强双方政治磋商和经贸合作的中非合作论坛，推动中非友好合作日益扩大和深化。胡锦涛强调，巩固和加强同包括科摩罗在内的广大非洲国家的团结与合作，是中国独立自主和平外交政策的重要组成部分。中国将一如既往地遵循“真诚友好、平等相待、团结合作、共同发展、面向未来”的对非关系基本准则，致力于发展中非长期稳定、平等互利的新型伙伴关系。

会谈后，两国元首出席了《中科政府经济技术合作协定》《中科政府关于派遣中国医疗队赴科摩罗工作的议定书》等文件的签字仪式。

国务院总理温家宝在北京主持召开国务院常务会议

会议审议并原则通过了《城市生活无着的流浪乞讨人员救助管理办法(草案)》，研究部署全国煤矿安全生产工作。

会议认为，20多年来，我国经济社会发展和人口流动状况发生了很大变化，1982年5月国务院发布施行的《城市流浪乞讨人员收容遣送办法》，已经不适应新形势的需要。为从根本上解决城市生活无着的流浪乞讨人员的问题，完善社会救助制度和相关法规，会议审议并原则通过了《城市生活无着的流浪乞讨人员救助管理办法(草案)》。会议决定，该办法草案经进一步修改后，由国务院公布施行，同时废止1982年5月国务院发布的《城市流浪乞讨人员收容遣送办法》。

会议听取了国家安全监管局关于全国煤矿安全生

产情况汇报。会议决定,为遏制煤矿事故连续发生的势头,促进安全生产状况根本好转,当前重点抓好以下工作:一是落实安全生产责任,逐级抓好落实。二是深化煤矿安全专项整治,严格执行各项规章制度。三是严厉查处违反安全生产法律、法规的责任人员。对已经发生的特大安全事故,要抓紧调查处理,并严肃追究有关人员的责任。四是加强煤矿安全生产的监督与监察,加大事故隐患的整改力度。五是加大安全生产资金的投入,对安排用于国有重点煤矿的"一通三防"(通风、防瓦斯、防煤尘、防火)的资金,要尽快落实到位,改善煤矿安全生产条件,增强矿井防御灾害的能力。

会议还审议并原则通过了《公共文化体育设施条例(草案)》。会议决定,《公共文化体育设施条例(草案)》经进一步修改后,由国务院公布施行。

国家发改委发布《制止价格垄断行为暂行规定》

《制止价格垄断行为暂行规定》禁止经营者之间通过协议、决议或者协调等串通方式操纵市场价格,以及凭借市场优势地位牟取暴利、实行价格倾销和价格歧视。这对于为不同经营者营造公平的市场竞争环境,具有重要意义,也将对规范经营者价格行为,促进统一、开放、公平、竞争、有序市场格局的形成发挥积极作用。

国家发改委有关人士介绍,在我国《反垄断法》尚未出台的情况下,国家发改委发布《制止价格垄断行为暂行规定》,既是我国反垄断立法的探索,也是促进市场价格竞争的法律保障。

国务院副总理吴仪在钓鱼台国宾馆与泰国副总理颂吉举行会谈

吴仪说,中国政府重视与泰国的经贸合作。两国此次签署中国—东盟自由贸易区框架下中泰关于水果、蔬菜零关税安排的协议,将对两国经贸合作和中国—东盟自由贸易区进程产生积极的促进作用。同时,我们也欢迎其他东盟国家自愿参加。

吴仪说,中泰经济互补性强,发展前景广阔。双方应努力扩大双边贸易,积极鼓励双向投资,共同推进区域合作。

颂吉说,他受他信总理委托访华,主要与中国就加强双边经贸合作交换看法。泰国感谢中国在加速取消水果、蔬菜等农产品关税方面采取的积极和友好态度,相信这将有力推动本地区的贸易往来。

中国政府和泰国政府在北京签署关于实现农产品零关税协议

中国商务部部长吕福源和泰国商务部部长阿蒂赛分别代表两国政府在钓鱼台国宾馆签署了《中华人民共和国政府与泰王国政府关于在〈中国—东盟全面经济合作框架协议〉"早期收获"方案下加速取消关税的协议》。双方将从今年10月1日起,实现蔬菜和水果产品贸易的零关税。

这个协议涉及的蔬菜和水果共188项产品。其中蔬菜产品为食用蔬菜、根及块茎(如萝卜、甜菜根等),共计108项;水果产品为食用水果及坚果等,共计80项。

外交部部长李肇星在金边会见美国国务卿鲍威尔

双方就两国关系和共同关心的其他问题交换了意见。

李肇星当天还分别会见了韩国外交通商部长官尹永宽和巴布亚新几内亚外长约翰·卡普廷。

李肇星、鲍威尔、尹永宽和卡普廷正在金边参加东盟与有关国家系列年会。

中联部副部长蔡武率中共代表团启程赴东南亚三国进行访问

蔡武是应马来西亚马来民族统一机构(巫统)邀请,赴马来西亚出席巫统党代会,这是中共代表第七次应邀出席。之后,蔡武将率中共代表团应印度尼西亚民主斗争党和东帝汶独立革命阵线邀请访问上述两国。这也是中共代表团首次访问东帝汶。

中国常驻维也纳联合国和其他国际组织代表张炎在维也纳出席国际原子能机构理事会关于伊朗核问题的讨论会并发言

以中国国家原子能机构主任张华祝为团长的中国代表团出席了这次会议。

张炎说,中国代表团希望各方进一步采取必要措施,继续增进全面合作,使问题能以妥善的方式得到解决。他说,中国一贯支持《不扩散核武器条约》和国际原子能机构《规约》所确立的目标,反对任何形式的核武器扩散,支持和平利用原子能的国际合作。

张炎说,附加议定书是对保障监督协定的重要补充,对于进一步加强保障体系的有效性和效率有着重要意义。中国在核武器国家中率先签署和批准了附加议定书,并按照该议定书的规定向国际原子能机构作了有关申报。我们呼吁其他国家,特别是有重要核活动的国家,也能采取同样步骤,尽快签署、批准和实施附加议定书。

张炎说,国际原子能机构总干事巴拉迪在报告中指出了伊朗核活动中存在的问题。同时,伊朗最近在签署附加议定书问题上作出了积极表态,这是值得欢迎和鼓励的。此举将有助于化解国际社会的疑虑和关切，而且从长远看，也有利于伊朗开展和平利用核能的国际合作，是符合其自身利益的。

科技部发布《关于加强国家科技计划成果管理的暂行规定》

《关于加强国家科技计划成果管理的暂行规定》(以下简称《暂行规定》)内容涉及从项目立项到验收结题的全过程。其中专门规定，重大成果的新闻发布由科技部统一组织或批准，项目承担单位不得擅自发布成果信息。成果归属关系存在争议或成果发布、发表将影响专利申请的，不得先行对外发布、发表。成果的发布、发表不得损害国家安全和利益，不得泄露国家秘密。

新出台的规定专门针对科技部归口管理并由中央财政支持的科技计划项目，实行重大成果报告制度，重申凡是国家科技计划项目必须严格登记，对于重大成果，项目承担单位还必须向科技部成果管理机构报告。规定要求国家科技计划项目学术报告和论文专著发表时，要注明资助情况，项目承担单位要及时将发表情况向科技部报告。规定要求进一步加强国家科技计划形成的科学数据、档案和仪器设备的管理，以便为改变技术、资源和信息在单位间相互分割、封锁局面，逐步推动资源共享，实现国家经费购置的仪器设备向社会开放服务。

科技部在《暂行规定》中明确要求加强信用管理，对于违反规定的单位和人员将停止其申报或参与国家科技计划项目的资格1—2年。

教育部试办独立学院网络视频会议在北京召开

会议披露，我国将采取一系列措施，积极支持各地在规范管理、改革创新中试办独立学院，促进高等教育资源特别是优质资源迅速、有效地扩大，加快高等教育大众化进程。

教育部部长周济在会议上强调，试办独立学院必须实行新的管理机制和办学模式：办学和管理与校本部相对独立，独立颁发学历证书；具有独立法人资格，能独立承担民事责任；有独立的校园和基本办学设施；一律实行民办机制。

农业部等4部门联合联合发出《严厉打击非法捕捉和经营利用水生野生动物行为的紧急通知》

农业部、国家工商行政管理总局、海关总署、公安部联合发出的紧急通知要求，各级渔业、工商行政管理、海关、公安部门要高度重视水生野生动物保护工作，针对水上、码头、集贸市场、餐馆等重点地区存在的捕捉、交易、加工、食用水生野生动物泛滥现象，要密切配合，组织专项行动，对非法捕捉、杀害、加工、贩卖、走私等违法犯罪行为进行认真查处，严厉打击。除经批准的科学研究外，禁止捕捉、捕捞、伤害、出售、收购国家重点保护的水生野生动物及其产品。严格禁止食用国家重点保护的水生野生动物。暂停审批发放国家重点保护水生野生动物的《捕捉证》《驯养繁殖许可证》《运输证》《经营利用许可证》。对未经批准从事驯养、展览、加工、利用水生野生动物的，要依法从严处罚；对构成犯罪的，要依法追究刑事责任；对查获的水生野生动物，要及时进行救治或野外放流，妥善处理。

6月19日

全国人大常委会委员长吴邦国 国务院总理温家宝在北京先后会见科摩罗总统阿扎利

全国人大常委会委员长吴邦国 国务院总理温家宝在北京分别会见泰国副总理颂吉

全国政协主席贾庆林在山东调研

6月19日至25日，贾庆林就即将召开的全国政协十届二次常委会会议议题赴山东进行调研。他在山东省委书记张高丽、省长韩寓群的陪同下，先后来到济南、泰安、淄博、潍坊、青岛、威海、烟台等地，深入考察高新技术开发区、农业科技示范园、国有企业和非公有企业，就进一步学习贯彻“三个代表”重要思想、加快经济结构调整、推进城市化进程和农业产业化经营、实现区域经济协调发展、扩大对外开放，促进国民经济持续快速健康发展和完善社会主义市场经济体制等问题，同山东省各级党政领导、统一战线与人民政协的负责同志以及基层干部进行座谈，广泛交换意见。

中央政法委书记罗干对全国法院正在开展的“公正与效率”司法大检查作出重要批示

批示指出，“开展‘公正与效率’司法大检查很好，希望从实践‘三个代表’重要思想的高度认真抓好这件事，并从大检查中研究从哪些方面进一步推进司法改革。”

最高法院党组认真学习了罗干同志的重要批示，并在6月20日召开的全国法院电视电话会议上要求全国各级法院认真贯彻落实罗干同志的批示精神，把这次司法大检查与学习贯彻“三个代表”重要思想紧密结合起来，与人民法院加强自身建设紧密结合起来，与推进司法体制改革紧密结合起来。通过司法大检查强化公平与正义、公正与效率的观念。对人民群众反映强烈的热点问题，要认真整改，务求实效，使全国法院司法指导思想进一步明确,审判和执行工作作风进一步端正,办案质量和效率进一步提高,以崭新的面貌和良好的精神状态呈现在社会公众面前。

中办发出关于印发《党政领导干部选拔任用工作监督检查办法(试行)》的通知

各省、自治区、直辖市党委,各大军区党委,中央各部委,国家机关各部委党组(党委),军委各总部、各军兵种党委,各人民团体党组:

《党政领导干部选拔任用工作监督检查办法(试行)》已经中央同意,现印发给你们,请结合实际情况,认真遵照执行。

中共中央办公厅

2003年6月19日

党政领导干部选拔任用工作监督检查办法(试行)

第一章　总　则

第一条　为加强和规范对党政领导干部选拔任用工作的监督检查,根据《党政领导干部选拔任用工作条例》(以下简称《干部任用条例》)的有关规定,制定本办法。

第二条　党政领导干部选拔任用工作的监督检查,以邓小平理论和"三个代表"重要思想为指导,坚持党要管党、从严治党的方针,加强对党政领导干部选拔任用工作全过程的监督,坚决防止和纠正选人用人上的不正之风,保证党的干部路线、方针、政策全面正确地贯彻执行。

第三条　党政领导干部选拔任用工作的监督检查遵循下列原则:

(一)党委(党组)领导、分级负责;

(二)实事求是、客观公正;

(三)发扬民主、群众参与;

(四)预防为主、违规必纠。

第四条　党委(党组)及其组织(人事)部门对党政领导干部选拔任用工作的情况进行监督检查,受理有关党政领导干部选拔任用工作的举报、申诉,制止、纠正违反党政领导干部选拔任用工作有关规定的行为,并对有关责任人作出处理或者提出处理意见。组织(人事)部门干部监督机构具体负责党政领导干部选拔任用工作监督检查的组织实施。

第五条　纪检机关(监察部门)按照有关规定对党政领导干部选拔任用工作进行监督检查。

第二章　监督检查的对象和内容

第六条　监督检查的对象是《干部任用条例》适用和参照范围内的党委(党组);党政领导干部特别是主要领导成员。

第七条　监督检查的主要内容:

(一)学习宣传《干部任用条例》的情况;

(二)坚持选拔任用党政领导干部的原则、基本条件,遵守任职资格规定的情况;

(三)执行党政领导干部选拔任用工作程序,重点是民主推荐、组织考察、讨论决定的情况;

(四)执行公开选拔和竞争上岗规定的情况;

(五)执行干部交流、回避和免职、辞职、降职等制度的情况;

(六)遵守党政领导干部选拔任用工作纪律的情况;

(七)对党政领导干部选拔任用工作开展监督检查的情况;

(八)对群众反映的有关党政领导干部选拔任用方面问题调查处理的情况;

(九)其他需要监督检查的情况。

第三章　检查的方式

第八条　对党政领导干部选拔任用工作的检查,实行上级检查与本级自查自纠相结合,定期检查与不定期抽查相结合。实行干部双重管理的单位,以主管方为主进行检查,协管方配合。

第九条　党委(党组)每年对党政领导干部选拔任用工作进行一次自查,形成专题报告,于次年第一季度报上一级党委(党组)及其组织(人事)部门,重要情况随时报告。对下级党委(党组)的党政领导干部选拔任用工作,应当定期进行集中检查,必要时进行抽查。

第十条　检查的方法步骤:

(一)拟订方案,组织检查组并进行培训;

(二)向被检查的党委(党组)说明检查的目的、要求、内容和程序,并在一定范围内发布检查公告;

(三)听取被检查党委(党组)的汇报;

(四)在一定范围对党委(党组)的干部选拔任用工作情况进行民主评议;

(五)采取个别谈话、召开座谈会、走访有关部门、问卷调查等方式,广泛深入了解情况;

(六)查阅材料,包括党委(党组)及其组织(人事)部门研究干部任免事项的会议原始记录,干部民主推荐、考察、呈报任免等有关材料,以及调查处理群众反映有关问题的材料;

(七)向被检查的党委(党组)反馈检查情况,肯定成绩,指出问题,提出加强和改进党政领导干部选拔任用工作的意见和建议;

(八)检查组向派出机关汇报检查情况并写出专题报告。

第十一条　党委(党组)根据检查情况,对下级党委(党组)、党政领导干部特别是主要领导成员执行《干部任用条例》情况进行综合分析。对认真执行的,在适当范围内通报表扬；对执行不认真的，提出批评，督促其改正；对存在突出问题的，依据有关规定作出处理。

第四章 日常监督

第十二条 党委(党组)负责本地区、本部门党政领导干部选拔任用工作的日常监督，主要领导成员是第一责任人。同时，加强上级监督和群众监督，发挥舆论监督的作用。

第十三条 强化领导班子内部监督。

(一)党委(党组)研究干部任免事项，要严格执行《干部任用条例》的有关规定。主要领导成员应当充分发扬民主，认真听取大家的意见；其他成员应当充分发表意见，发现不符合规定的情况，应及时提醒或者要求纠正，必要时可直接向上级党组织反映。

(二)党委(党组)民主生活会要把执行《干部任用条例》情况作为一项重要内容，认真对照检查，发现问题及时纠正。

第十四条 地方党委常委会向同级党的委员会全体会议报告工作时，应当将党政领导干部选拔任用工作情况作为一项内容，接受同级党的委员会全体会议的监督。

第十五条 建立、健全党政领导干部选拔任用工作有关事项报告制度。

(一)在机构变动或主要领导成员已经明确即将调动时，不得突击提拔、调整干部。确因工作需要提拔、调整干部的，应当向上一级组织(人事)部门报告，经同意后方可研究决定。

(二)党委(党组)研究任用干部，凡在重要问题上有争议的，属于破格提拔的，超过任职年龄需继续留任的和领导干部的配偶、子女在领导干部所在单位(系统)提拔的，在作出决定前，应当征求上一级组织(人事)部门的意见。

第十六条 坚持和完善组织(人事)部门与纪检机关(监察部门)等有关单位的联席会议制度，就加强党政领导干部选拔任用工作的监督，沟通信息，交流情况，研究提出意见和建议。

第十七条 纪检机关和组织部门联合派出的巡视组，发现党政领导干部选拔任用工作中的问题，应及时向派出单位报告。

第十八条 加强组织(人事)部门干部选拔任用工作的内部监督。组织(人事)部门要进一步健全决策、执行、监督、咨询系统，逐步形成科学分工、相互配合、合理制约、高效运行的工作机制。

第十九条 加强群众监督，发挥舆论监督的作用。加强举报受理工作，对群众反映的问题，要认真调查核实。利用新闻媒体，广泛宣传党的干部路线、方针、政策，以及执行《干部任用条例》的先进典型和经验，揭露和批评违反《干部任用条例》的现象。

第二十条 加强干部监督的信息工作。进一步拓宽监督渠道，扩大信息来源，逐步建立覆盖面广、反应灵敏的干部监督信息网络。

第五章 调查核实

第二十一条 调查核实违反《干部任用条例》的问题，原则上按照干部管理权限，实行分级负责。

第二十二条 纪检机关(监察部门)和组织(人事)部门要加强对违反《干部任用条例》问题的调查和处理工作。

(一)对于在监督检查中发现的或群众举报的严重违反《干部任用条例》的行为，组织(人事)部门要认真调查核实，必要时可与纪检机关(监察部门)组成联合调查组进行调查，并提出处理意见或建议。

(二)对于严重违反《干部任用条例》行为的责任人，纪检机关(监察部门)应当立案查处。

(三)纪检机关(监察部门)在查办案件等工作中发现有关违反《干部任用条例》的问题，应当适时与组织(人事)部门沟通情况。

第二十三条 党委(党组)及其组织(人事)部门对责成下级党委(党组)及其组织(人事)部门调查处理的有关违反《干部任用条例》的问题，要加强督促检查，及时掌握情况。

(一)有关地方和部门对上级党委(党组)及其组织(人事)部门批转调查核实并要求报告结果的查核件，要及时报告结果，三个月内不能报告的，应当说明理由和查核进展情况。

(二)党委(党组)及其组织(人事)部门必要时可派出督促检查组，对责成有关地方和部门查核的重要问题进行督查。

第二十四条 落实党政领导干部选拔任用工作责任追究制度。对违反《干部任用条例》选拔任用干部、用人失察失误造成严重后果的责任人员，按照违反《干部任用条例》行为的处理规定进行处理。

第二十五条 纪检机关(监察部门)和组织(人事)部门对违反《干部任用条例》的案件，要认真剖析，总结教训。典型案例可进行通报。

第六章 纪律和责任

第二十六条 党委(党组)及其组织(人事)部门派出的检查组，要坚持原则，实事求是，深入细致，如实反映检查情况。检查组成员要公道正派，保守秘密，廉洁自律。对违反纪律的，要按有关规定追究责任。

第二十七条 接受检查的党委(党组)，要如实报告党政领导干部选拔任用工作的情况，提供有关材料。凡弄虚作假以及对检查组成员打击报复的，依据有关规定严肃处理。

第二十八条 实行党政领导干部选拔任用工作监督责任制。党委(党组)要加强对干部选拔任用工作的领导和监督。凡本地区、本部门不认真执行《干部任用条例》,用人上的不正之风严重、干部群众反映强烈以及对违反组织人事纪律的行为查处不力的,应当追究有关党委(党组)主要领导成员、分管领导成员和其他有关人员的责任。

第七章 附 则

第二十九条 本办法由中共中央组织部负责解释。

第三十条 本办法自发布之日起施行。

中办 国办转发劳动和社会保障部等部门《关于积极推进企业退休人员社会化管理服务工作的意见》并发出通知

各省、自治区、直辖市党委和人民政府,各大军区党委,中央和国家机关各部委,军委各总部、各军兵种党委,各人民团体:

劳动和社会保障部、中央组织部、国家发展和改革委员会、民政部、财政部、文化部、卫生部、国务院国有资产监督管理委员会、国家体育总局、全国总工会、共青团中央、全国妇联、全国老龄工作委员会办公室《关于积极推进企业退休人员社会化管理服务工作的意见》已经党中央、国务院同意,现转发给你们,请结合实际,认真贯彻执行。

企业退休人员实行社会化管理服务,是建立独立于企业事业单位之外的社会保障体系的重要内容,也是深化国有企业改革、解决企业办社会问题的重要措施。切实做好这项工作,对于保障广大企业退休人员晚年生活的安定,提高他们的生活质量,维护社会稳定,具有十分重要的意义。各级党委和政府及各有关部门要高度重视,切实加强组织领导,努力创造条件,加快实施步伐,务求取得应有成效。

中共中央办公厅

国务院办公厅

2003年6月19日

关于积极推进企业退休人员社会化管理服务工作的意见

近年来,各地按照党中央、国务院的部署,在基本实现企业退休人员养老金由社会服务机构发放的基础上,加大推进社会化管理服务工作的力度,取得初步成效。这对深化企业改革和经济结构调整,保障企业退休人员基本生活,维护社会稳定发挥了积极作用。但由于这项工作目前尚处于起步阶段,一些部门和地区还存在思想认识不到位、工作条件不配套、职责分工不明确、管理服务不规范等问题。为积极推进企业退休人员社会化管理服务工作,现提出如下意见。

一、提高思想认识,切实加强领导

企业退休人员实行社会化管理服务,是建立独立于企业事业单位之外的社会保障体系的重要内容,是贯彻落实"三个代表"重要思想和十六大精神的具体体现,也是党中央、国务院在社会保障方面提出的一项重要任务。按照党的十五届四中全会通过的《中共中央关于国有企业改革和发展若干重大问题的决定》精神,国务院《关于完善城镇社会保障体系的试点方案》(国发〔2000〕42号)和《中共中央、国务院关于进一步做好下岗失业人员再就业工作的通知》(中发〔2002〕12号)对做好企业退休人员社会化管理服务工作提出了明确要求。广大企业退休人员长期以来为我国社会主义建设和国家发展作出了重要贡献,他们的晚年生活应当通过实行社会化管理服务得到更加充分的保障。同时,积极推进这项工作,对于深化国有企业改革、建立现代企业制度,对于更好地维护社会稳定,都具有十分重要的意义。各级党委和政府要充分认识做好这项工作的重要性和紧迫性,将其摆上重要议事日程,切实加强领导,精心组织,统筹规划,保证工作的顺利推进。

各地区要按照党中央、国务院提出的完善社会保障体系的有关目标和要求,以深化企业改革、维护社会稳定和不断提高企业退休人员生活质量为宗旨,因地制宜,分类指导,积极探索推进社会化管理服务工作的有效途径和方法,加大工作力度,逐步完善和规范管理服务办法。要充分利用城市社区资源,努力实现企业退休人员老有所养、老有所医、老有所教、老有所学、老有所为、老有所乐,使他们共享经济和社会发展的成果。

二、企业退休人员社会化管理服务的主要内容

企业退休人员社会化管理服务是指职工办理退休手续后,其管理服务工作与原企业分离,养老金实行社会化发放,人员移交城市街道和社区实行属地管理,由社区服务组织提供相应的管理服务。街道和社区的社会化管理服务工作主要包括:配合社会保险经办机构做好确保养老金按时足额发放工作,保障企业退休人员的基本生活;为企业退休人员提供社会保险政策咨询和各项查询服务;跟踪了解企业退休人员生存状况,协助社会保险经办机构进行领取养老金资格认证;帮助死亡企业退休人员的家属申请丧葬补助金和遗属津贴;集中管理企业退休人员的人事档案;组织企业退休人员中的党员经常开展组织活动,加强企业退休人员的思想政治工作;建立企业退休人员健康档案,有计划地开展健康教育、疾病预防控制和保健工作,提供方

便的医疗、护理和康复服务；组织企业退休人员开展文化体育健身活动，指导和帮助他们通过各种形式的社会公益活动发挥余热，开展自我管理和互助服务。

企业退休人员中由中央管理的领导干部的移交、管理问题，另行规定。由县(市)以上各级党委管理的企业退休领导干部，在纳入街道和社区管理时，人事档案暂不移交，街道和社区可先建立这些退休人员基本情况的信息库。

三、企业退休人员社会化管理服务的形式

社会化管理服务的基本形式是将企业退休人员直接纳入街道和社区进行管理与服务。大中城市和其他经济比较发达、社区建设比较规范的地区，应主要采取这种形式。中央下放到地方管理的企业的退休人员，原则上应纳入其常年居住地或户口所在地的街道、社区实行属地管理，其养老保险关系和基本养老金的社会化发放工作，仍由省级社会保险经办机构负责管理。

由于各地城市社区建设发展不平衡，部分地区在一定时期内还可以结合实际情况，采取一些现实可行的管理服务形式。在远离城市的独立工矿区和企业退休人员居住比较集中的企业生活区，可以委托企业主管单位或企业，确定或设立企业退休人员管理服务机构，对退休人员实行管理服务。劳动保障部门要通过统一机构名称、统一规章制度和工作职责、对工作人员进行培训考核等方式，加强对这类管理服务机构的指导和规范。有条件的地区可以将企业原有的退休人员管理服务机构、人员和设施一并移交当地政府，对企业退休人员实行集中统一管理。在社区组织不够健全、企业退休人员居住比较分散的县，可以由社会保险经办机构直接对企业退休人员进行管理服务。部分地区经当地政府确定，由有关部门、单位建立的企业退休人员管理服务机构应充分利用现有的组织、人员及活动场所，继续开展社会化管理服务工作。随着企业办社会职能的逐步移交和当地社区建设的发展，这几种管理服务形式应逐步过渡到由街道和社区进行管理服务的基本形式。

四、加强党组织建设和思想政治工作

要加强街道、社区和企业党组织建设，做好企业退休人员党组织关系的接转工作，开展党的组织活动。尚未建立党组织的社区，要加快党组织建设的步伐，努力实现“一社区一支部(总支、党委)”的目标。企业退休人员中党员的组织关系要转入居住地党组织。企业退休人员中的党员，其居住地与户口所在地分离的，应将组织关系转入居住地党组织；又被原单位返聘的，组织关系继续留在原单位；受聘于其他单位或外出务工经商半年以上的，组织关系转入所去地区或单位的党组织。街道和社区党组织要认真抓好这项工作，及时将企业退休人员中的党员编入基层党支部，切实加强对他们的教育管理。要及时组织企业退休人员中的党员学习党的路线方针政策和国家的法律、法规，履行党员义务，发挥先锋模范作用。对于转到街道和社区管理的企业退休领导干部，街道党(工)委和上级党组织应积极创造条件，保证这些退休人员能够按原来的职务级别阅读文件，参加相关的会议和活动，确保他们的政治待遇不受影响。

在推进社会化管理服务的过程中，要认真做好企业退休人员的思想政治工作。有关部门和街道、社区要通过多种形式广泛宣传企业退休人员实行社会化管理服务的有关政策、措施，创造良好的社会舆论环境。要把解决思想问题与解决实际困难结合起来，增强思想政治工作的实效，不断提高管理服务水平，消除企业和退休人员的顾虑，争取社会各方面的充分理解和广泛支持。

五、尽快落实社会化管理服务的工作条件

各地区要认真贯彻落实《中共中央、国务院关于进一步做好下岗失业人员再就业工作的通知》(中发〔2002〕12号)精神，加强街道、社区的劳动和社会保障工作。街道和工作任务重的乡镇可设立或确定负责劳动保障事务的机构，具体由各地党委、政府根据实际情况决定。街道劳动保障机构的人员编制由各地劳动保障部门提出方案，商同级编制部门确定。街道劳动保障机构的人员和工作经费，以及社区劳动保障工作经费由财政安排。要采取措施统筹解决开展社会化管理服务的场所和设施等方面的问题，满足企业退休人员档案管理、政策查询、工作人员办公和组织开展文体活动等方面的需要。

六、继续落实企业在一定时期应承担的责任

企业应加强与退休人员所在街道劳动保障机构联系，密切配合，共同做好企业退休人员的移交和社会化管理服务工作，及时解决他们的生活和思想问题。移交的人事档案要做到材料齐全、完好。企业退休人员的统筹项目外养老金，由企业继续按有关政策发放。尚未参加基本养老保险和基本医疗保险的企业退休人员的养老金和医疗费，继续由原渠道支付；企业退休人员居住的企业住房，尚未实行房改的，管理和维修工作仍由企业负责。企业不得以社会化管理为由随意减少退休人员的福利待遇。企业现有的用于退休人员活动的场所、设施，要继续发挥作用，并向社会开放。

七、加强协调配合，共同做好企业退休人员社会化管理服务工作

企业退休人员社会化管理服务工作内容多，涉及面广，各地要在党委、政府的统一领导下，动员社会各有关方面的力量，共同把这项工作做好。各级劳动保

障部门及其社会保险经办机构要加强对街道(乡镇)、社区劳动保障工作的指导,积极推进医疗保险制度改革,及时将符合条件的社区卫生服务机构纳入城镇职工基本医疗保险定点医疗机构的范围,在医药费结算方式上对社区内的企业退休人员予以适当照顾并提供方便。组织部门要加强街道和社区党建工作,指导街道和社区党组织开展经常性的组织活动,加强对企业退休人员中党员的教育管理。发展改革部门要把社区公共服务体系建设纳入当地国民经济和社会发展计划,加快发展社区服务业,加强社区公共服务设施建设。民政部门要加强社区建设,指导社区服务坚持产业化、社会化发展方向,加快社区老年服务设施和服务网络建设,将有特殊生活困难的企业退休人员纳入社会扶助范围,及时提供公益性养老服务,及时向符合享受低保条件的企业退休人员家庭提供最低生活保障。财政部门在编制预算时,要统筹考虑企业退休人员社会化管理服务工作所需经费。卫生部门要加快社区卫生服务网络建设,为企业退休人员就近医疗提供方便。文化、体育部门要加快社区文体设施建设,组织企业退休人员开展丰富多彩的文化体育健身活动。工会、共青团、妇联、老龄等组织和机构要充分利用各自的管理服务网络,发挥自身优势,积极组织和指导社会志愿者队伍和其他社会公益组织,为企业退休人员特别是为高龄、孤寡、病残等生活困难的退休人员提供义务服务,并在维护企业退休人员合法权益方面发挥积极作用。

各省、自治区、直辖市要根据企业退休人员社会化管理服务目标和任务,抓紧制订切实可行的工作方案,于2003年7月底前报劳动和社会保障部备案,并尽快组织实施。

全国军队转业干部安置工作电视电话会议在北京召开

6月15日,中共中央总书记、国家主席胡锦涛对军队转业干部安置工作作出重要指示。胡锦涛强调,军队转业干部是党和国家的宝贵财富,是社会主义现代化建设的重要人才资源,是促进改革发展稳定的重要力量。军队干部转业到地方工作,是党、国家和军队的一项重要制度。要发扬与时俱进、开拓进取的精神,适应社会主义市场经济发展的要求,积极推进军转安置工作的改革和创新,建设中国特色的退役军官安置制度。

此次会议传达学习了胡锦涛同志的重要指示,总结了过去5年来军转安置工作的成绩和经验,并对当年军队转业干部安置工作进行了部署。

会议指出,要继续把师团职转业干部作为安置重点,积极稳妥地进一步推进自主择业这项改革,提高军转安置工作整体水平。要引导广大转业干部发扬人民军队优良传统,服从组织安排和事业需要。

国务委员兼国务院秘书长华建敏在讲话中要求,要把军队转业干部安置工作与干部队伍建设和人才工作紧密结合起来,调动各方面接收安置军队转业干部的积极性,开发使用好转业干部资源。要认真落实各项安置政策,妥善解决遇到的问题。要进一步完善安置工作领导责任制,加强对工作的督促检查,继续积极稳妥地推进军转安置制度改革。地方要积极主动与军队搞好协作配合,共同做好工作。

全国扶贫开发工作电视电话会议在北京召开

会议披露,2003年国家将投入总量为299亿元的扶贫资金用于扶贫开发工作,比去年增加8亿元。同时国家将实施以村为基础的扶贫规划,坚持扶贫到村,落实到户,今年集中力量抓好首批5.3万个重点贫困村的扶贫开发。

国务院扶贫开发领导小组副组长、办公室主任吕飞杰说,解决贫困问题,关键靠发展,一定要把发展经济、增加收入作为新阶段扶贫开发的中心工作。贫困地区要以市场为导向,加快产业结构调整,发挥自然条件独特、污染少等优势,按照优质、高产、高效、生态、安全农业的要求,大力发展特色农业,走产业化发展的道路。

外交部部长李肇星在金边出席东盟与中国(10+1)对话会

李肇星在会上指出,过去十几年,中国与东盟关系迅速从建立全面对话关系发展到确立睦邻互信伙伴关系。双方政治互信不断增强,经济交融日益紧密,合作越来越富有成效。这些合作给双方带来了实惠,为本地区乃至世界的和平、稳定与发展作出了战略性贡献。

李肇星还就进一步深化与东盟的全面合作提出了一些具体想法和建议。他强调,中国政府愿与东盟各国政府一道,不断充实各领域合作,实现政治、经济、安全对话与合作的齐头并进和相互促进。

李肇星当天还和东盟对话伙伴的外长们一起拜会了柬埔寨首相洪森,出席了东盟与对话伙伴会议和联合记者招待会。

外交部部长李肇星在金边分别会见俄罗斯外长伊万诺夫 印度外长辛哈和澳大利亚外长唐纳

外交部发言人刘建超就反对美台进行官方往来答记者问

有记者问,据报道,简又新已赴美国活动,他将参加美国企业研究所在科罗拉多举行的第二十二届“世界论坛会议”，并有可能在会上与美国防部长拉姆斯菲尔德会面。请问中方是否已就简赴美活动向美方提出交涉。

刘建超说，美方与台进行官方往来违反中美三个联合公报的原则和美方多次重申的一个中国政策，是对中国内政的干涉。中国敦促美方言而有信，恪守其向中方作出的各项承诺，停止与台进行任何官方往来，以免损害中美关系和两国的合作。

中国贸促会与泰国贸易院及泰国投资促进委员会签署合作协议及备忘录

内容涉及贸易投资、信息交流、团组互访等领域，标志着两国经贸合作又建立了新的机制与渠道。

签字仪式结束后，中国贸促会组织中国经贸界人士与泰国经贸代表团成员见面，共话中泰经贸合作的现状和前景。这是“非典”疫情发生以来，中国贸促会举办的第一次高规格对外经贸交流活动。

据悉，泰国是中国的第十六大贸易伙伴，是中国在东盟国家中的第三大贸易伙伴。截至去年年底，泰国客商已获准在中国创办3100多个项目，协议投资金额近57亿美元，实际投入23亿美元。中国在泰国投资创办了230多家企业，协议金额逾2.3亿美元。

2002年度全国青年岗位能手评选结果在北京揭晓

评选活动由共青团中央、劳动和社会保障部共同组织。10名青年职工被授予全国杰出青年岗位能手称号，106名青年职工被授予全国青年岗位能手称号。

荣膺全国杰出青年岗位能手称号的是：有效提高企业产品质量和经济效益的天津纺织集团天一有限公司工人杨月霞；为城市供水地下管线抢修工作默默奉献的江苏省镇江市自来水公司工人孙建军；满腔热情为乘客服务的青岛公交集团巴士公司乘务员刘艺；掌握机器人维修先进技术、有效提高企业竞争力的一汽—大众汽车有限公司轿车厂工程师李天明；践行“产品即人品”质量理念的楷模、湖南省浦沅集团有限公司工人周全民；为国防科技事业发展作出贡献的中国电子科技集团公司二十九研究所总设计师陈鑫；在开发化工新产品、新工艺和回收处理化工废物研究等方面取得突出成绩的中国石油乌鲁木齐石化公司高级工程师展江宏；两次获得中国电视主持人最高荣誉“金话筒奖”的中央电视台新闻评论部高级编辑水均益；为我国热煤炉产品开发研制、打破国外企业对该行业垄断发挥骨干作用的中国航天科技集团公司高级工程师张彦军；为军队的后勤保障建设立下大功的总后沁阳油料仓库业务处助理员杨汝军。

大学生志愿服务西部计划与人才强国座谈会在北京召开

来自国家有关部委、高校负责人和志愿服务西部的大学生代表及其家长，在座谈会上围绕实施大学生志愿服务西部计划畅谈了认识。

与会者普遍认为，到西部去，到基层去，到祖国和人民最需要的地方去奉献青春，是当代大学生成长的正确道路，同时还能影响、带动当地人才的成长与发展，促进当地人才观念的转变和人才工作的发展，形成东西部人才的良性互动。

团中央书记处书记赵勇说，党中央非常重视人才工作，作出了人才资源是第一资源的科学判断，提出了人才强国战略。实施大学生志愿服务西部计划，要认真贯彻党中央、国务院的要求，广泛宣传，精心组织，总结经验，探索机制，开展好这项活动，为实现西部大开发和人才强国战略，加快全面建设小康社会步伐作出新的贡献。座谈会由团中央宣传部、教育部社政司等单位联合召开。

重庆涪陵区长江水域一艘客轮翻沉造成53人死亡或失踪

6月19日7时50分，重庆涪陵区长江水域发生一起两船相撞事故，其中一艘客轮沉没。事故共造成53人死亡或失踪。

6月20日

中共中央总书记胡锦涛在人民大会堂会见以最高委员郑大哲为团长的韩国新千年民主党代表团

国务院总理温家宝签署第381号令公布《城市生活无着的流浪乞讨人员救助管理办法》

《城市生活无着的流浪乞讨人员救助管理办法》已经2003年6月18日国务院第12次常务会议通过，现予公布，自2003年8月1日起施行。

总　理　温家宝

2003年6月20日

城市生活无着的流浪乞讨人员救助管理办法

第一条　为了对在城市生活无着的流浪、乞讨人员（以下简称流浪乞讨人员）实行救助，保障其基本生活权益，完善社会救助制度，制定本办法。

第二条　县级以上城市人民政府应当根据需要设立流浪乞讨人员救助站。救助站对流浪乞讨人员的救助是一项临时性社会救助措施。

第三条　县级以上城市人民政府应当采取积极措施及时救助流浪乞讨人员，并应当将救助工作所需经费列入财政预算，予以保障。

国家鼓励、支持社会组织和个人救助流浪乞讨人员。

第四条　县级以上人民政府民政部门负责流浪乞讨人员的救助工作，并对救助站进行指导、监督。

公安、卫生、交通、铁道、城管等部门应当在各自的职责范围内做好相关工作。

第五条　公安机关和其他有关行政机关的工作人员在执行职务时发现流浪乞讨人员的，应当告知其向救助站求助；对其中的残疾人、未成年人、老年人和行动不便的其他人员，还应当引导、护送到救助站。

第六条　向救助站求助的流浪乞讨人员，应当如实提供本人的姓名等基本情况并将随身携带物品在救助站登记，向救助站提出求助需求。

救助站对属于救助对象的求助人员，应当及时提供救助，不得拒绝；对不属于救助对象的求助人员，应当说明不予救助的理由。

第七条　救助站应当根据受助人员的需要提供下列救助：

(一)提供符合食品卫生要求的食物；

(二)提供符合基本条件的住处；

(三)对在站内突发急病的，及时送医院救治；

(四)帮助与其亲属或者所在单位联系；

(五)对没有交通费返回其住所地或者所在单位的，提供乘车凭证。

第八条　救助站为受助人员提供的住处，应当按性别分室住宿，女性受助人员应当由女性工作人员管理。

第九条　救助站应当保障受助人员在站内的人身安全和随身携带物品的安全，维护站内秩序。

第十条　救助站不得向受助人员、其亲属或者所在单位收取费用，不得以任何借口组织受助人员从事生产劳动。

第十一条　救助站应当劝导受助人员返回其住所地或者所在单位，不得限制受助人员离开救助站。救助站对受助的残疾人、未成年人、老年人应当给予照顾；对查明住址的，及时通知其亲属或者所在单位领回；对无家可归的，由其户籍所在地人民政府妥善安置。

第十二条　受助人员住所地的县级人民政府应当采取措施，帮助受助人员解决生产、生活困难，教育遗弃残疾人、未成年人、老年人的近亲属或者其他监护人履行抚养、赡养义务。

第十三条　救助站应当建立、健全站内管理的各项制度，实行规范化管理。

第十四条　县级以上人民政府民政部门应当加强对救助站工作人员的教育、培训和监督。

救助站工作人员应当自觉遵守国家的法律、法规、政策和有关规章制度，不准拘禁或者变相拘禁受助人员；不准打骂、体罚、虐待受助人员或者唆使他人打骂、体罚、虐待受助人员；不准敲诈、勒索、侵吞受助人员的财物；不准克扣受助人员的生活供应品；不准扣压受助人员的证件、申诉控告材料；不准任用受助人员担任管理工作；不准使用受助人员为工作人员干私活；不准调戏妇女。

违反前款规定，构成犯罪的，依法追究刑事责任；尚不构成犯罪的，依法给予纪律处分。

第十五条　救助站不履行救助职责的，求助人员可以向当地民政部门举报；民政部门经查证属实的，应当责令救助站及时提供救助，并对直接责任人员依法给予纪律处分。

第十六条　受助人员应当遵守法律、法规。受助人员违反法律、法规的，应当依法处理。

受助人员应当遵守救助站的各项规章制度。

第十七条　本办法的实施细则由国务院民政部门制定。

第十八条　本办法自2003年8月1日起施行。1982年5月12日国务院发布的《城市流浪乞讨人员收容遣送办法》同时废止。

中央政法委书记罗干在青海调研考察

6月20日至23日，罗干在青海省长赵乐际等陪同下，先后来到西宁市、海东地区、海南藏族自治州等地进行调研考察。

6月20日中午，罗干一行一到西宁就前往青海桥头铝电股份有限公司、青海生物科技产业园考察。在西宁市城东区南小街社区，罗干兴致勃勃地与社区管理人员就社区基层组织建设和社会治安综合治理工作等进行座谈。

21日下午，罗干一行冒雨来到海东地区，视察了连续三年获得“全国优秀公安局”称号的民和回族土族自治县公安局，勉励他们不骄不躁，再接再厉，为党和人民再立新功。罗干还亲切看望了在缉枪治爆专项斗争中英勇牺牲的刘文国烈士的家属。

考察期间，罗干不顾路途遥远，走进草原深处，实地考察了海南州公安交警支队倒淌河大队、共和县倒淌河镇派出所，与长年在高海拔地区工作的同志们亲切交谈，充分肯定他们的工作，认真听取他们的意见。当他得知共和县黑马河乡派出所是一个条件艰苦的两人派出所后，他又特地赶到这个所看望慰问公安民警。

6月22日，他来到共和县江西沟乡上社村牧民多杰扎西的定居点上，与村干部和牧民群众共同探讨农牧民如何致富奔小康及搞好牧区社会治安的问题。

在视察民和县川口镇司法所时，罗干对司法所的同志说："你们在基层调解了大量的纠纷，化解了许多矛盾，维护了社会稳定。你们的工作很重要，贡献很大，我代表中央政法委向你们表示感谢。"在川口镇法庭，罗干与法官交谈时指出，当前法院系统正在开展公正与效率执法大检查活动，各级法院要严格依法办案，提高工作效率，维护司法公正。

考察期间，罗干听取了青海省委、省政府的工作汇报，他对青海省近几年经济社会发展取得的成绩和各级政法部门深入开展"严打"整治斗争所取得的成效给予了充分肯定。

国务院副总理回良玉在北京出席国务院残疾人工作协调委员会第12次全体会议并讲话

国务院副总理、国务院残疾人工作协调委员会主任回良玉在会议上强调，以"三个代表"重要思想和十六大精神统领残疾人工作全局，扎实工作，开拓进取，全面开创新时期残疾人工作的新局面，为实现"残疾人奔小康"目标努力奋斗。

回良玉强调，当前，要抓紧落实《中国残疾人事业"十五"计划纲要》，高度重视和关心贫困残疾人的生活、生产问题，切实加强基层工作，做好2008年残疾人奥运会筹备等工作。

回良玉要求，各级政府要一如既往地关心和重视残疾人工作，将残疾人事业的发展列入重要议事日程；各级政府残工委要加强对残疾人工作的研究、部署和综合协调，各成员单位要主动、切实将残疾人工作纳入部门职责；全社会要弘扬人道主义精神，参与支持残疾人事业的发展；各级残联要充分代表和反映残疾人的呼声和要求，全心全意为残疾人服务。同时，希望广大残疾人发扬自强不息精神，积极投身全面建设小康社会的伟大实践，同全国人民一道共同创造幸福生活和美好未来。

国办下发《关于进一步加强煤矿安全生产工作的通知》

各省、自治区、直辖市人民政府，国务院各部委、各直属机构：

今年5月中旬以来，安徽、山西、云南、河南等地煤矿接连发生特大生产安全事故。5月13日，安徽淮北矿业集团公司芦岭煤矿发生特大瓦斯爆炸事故，造成86人死亡。5月20日，山西临汾市安泽县永泰煤矿(无证非法矿)发生特大瓦斯爆炸事故，造成25人死亡。5月21日，云南丽江地区华坪县永兴煤炭有限公司基佐煤矿发生特大瓦斯爆炸事故，造成24人死亡。5月24日，河南安阳市龙安区安利煤矿发生透水事故，造成15人死亡。经初步认定，这几起事故均属责任事故。这些事故的发生给国家财产和人民群众生命安全造成巨大损失，也暴露出当前煤矿安全生产工作中存在监管不严、安全措施不到位、违规操作等问题。党中央、国务院领导同志对煤矿生产安全事故高度重视，收到事故报告后即作出重要批示，要求全力以赴组织救援工作，千方百计抢救被困人员，认真调查事故原因，妥善处理善后事宜；同时，要求各级政府本着对人民生命财产高度负责的精神，采取强有力措施，制止当前受利益驱动，一些煤矿超能力突击生产、已关闭小矿死灰复燃情况。为进一步加强煤矿安全生产工作，迅速扭转煤矿事故多发的状况，经国务院同意，现就有关事项通知如下：

一、真正落实安全生产责任

(一)各地区、各部门和各单位要依照《中华人民共和国安全生产法》等法律、法规，健全和完善安全生产责任制，明确各级地方人民政府安全生产工作的责任，一级抓一级，逐级负责，逐级抓好落实。特别是要加强县乡两级安全生产责任制的落实，把责任落实到基层。目前，煤炭销售市场好转，煤炭价格持续上升，在这种情况下，各地区、各企业一定要正确处理好安全生产与经济效益的关系，牢固树立"安全第一"的思想。

(二)各煤矿企业必须依法加强安全生产管理，建立、健全安全生产责任制度，完善安全生产条件，确保安全生产。煤矿企业主要负责人或个人经营的投资人是本单位安全生产的第一责任人，必须认真贯彻落实《中华人民共和国安全生产法》关于生产经营单位安全保障的各项制度和规定，在煤矿改制以及承包、租赁合同中必须明确安全生产职责。要建立、健全安全生产责任制，把责任落实到基层、班组以及与安全生产密切相关的各个方面；要健全安全生产规章制度和操作规程，加强对从业人员的安全生产技能培训，保证这些制度和规程的严格执行；要保证本单位安全生产投入并得到有效实施；要经常督促检查本单位的安全生产工作，及时消除事故隐患；组织制定、实施特大生产安全事故应急救援预案并及时、如实报告生产安全事故。

二、深化煤矿安全专项整治

(一)凡《国务院办公厅关于进一步加强安全生产工作的紧急通知》(国办发明电〔2003〕3号)下发后，发生过重大事故(一次死亡3至9人)的乡镇、发生过特大事故(一次死亡10至29人)的县(市)、发生过特别重大事故(一次死亡30人以上)的市(地)，所在地区要严加整顿。整顿的重点是煤矿内部安全生产责任制和各项规章制度是否建立并落实到位，“一通三防”（通风、防瓦斯、防煤尘、防火）等安全设施的建设是否符合规定要求，煤矿安全规程和技术规范是否严格执行。

（二）凡属“四个一律关闭”的小煤矿，即国有煤矿矿办小井、国有煤矿矿区范围（国有煤矿采矿登记确认的范围）内的小煤矿、不具备基本安全生产条件的各类小煤矿、“四证”（采矿许可证、煤炭生产许可证、营业执照和矿长资格证书）不全以及生产高灰高硫煤炭（灰分超过40%、含硫超过3%）的小煤矿，应关未关或已取缔关闭又死灰复燃的，地方政府要予以强制关闭；未取得煤炭生产许可证非法生产的，还要依据《中华人民共和国煤炭法》和《煤炭生产许可证管理办法》没收全部违法所得并处罚款，同时依法追究企业及其主要负责人的法律责任。

（三）国家安全生产监督管理局（国家煤矿安全监察局，下同）要抓紧制定下发煤矿安全生产基本条件，由地方人民政府按照条件对煤矿逐个进行审核评估。凡有一项基本条件达不到的，一律停产整顿，限期达标。逾期未能达标的，由地方人民政府强制关闭。对安全生产投入欠账较多的煤矿，要加大安全生产投入。新建、改建、扩建矿井，必须坚持安全设施设计、施工、使用的“三同时”（与主体工程同时设计、同时施工、同时使用）原则。其安全设施必须由煤矿安全监察机构进行设计审查和竣工验收。未经设计审查的不得施工，未经竣工验收的不得投入使用。各地要尽快制定煤矿安全生产投入标准和监督保证措施，并报国家安全生产监督管理局备案。

三、严厉查处违反安全生产法律、法规的责任人员

（一）要严格按照有关法律、法规进行事故调查和处理，凡已经发生的生产安全事故，都要按照事故原因没查清不放过、责任人员没处理不放过、整改措施没落实不放过、有关人员没受到教育不放过的“四不放过”原则，一查到底，严厉追究有关人员的责任，构成犯罪的，依法追究刑事责任。对特大煤矿生产安全事故，要自事故发生之日起90日内完成事故调查处理工作。

（二）凡因政府工作人员对煤矿安全生产监督检查不力，玩忽职守，失职渎职，甚至利用职权参股办矿或收受贿赂，包庇袒护非法采矿，导致发生重特大事故的，要按照《国务院关于特大安全事故行政责任追究的规定》（国务院令第302号）和相关法律、法规的规定，严肃追究其行政责任，构成犯罪的要依法追究刑事责任。自2003年7月1日起，凡县（市）发现两处、乡镇发现一处非法生产或属“四个一律关闭”应关却未关的煤矿，对县、乡政府主要领导人给予行政处分。

（三）要加大对生产经营单位主要负责人的责任追究力度，特别是对违法违规生产，对安全生产责任制置若罔闻，造成生产安全事故的要依法从重处罚，构成犯罪的要依法追究其刑事责任。从业人员不服从安全管理和违反安全生产规章及规程，造成重大事故的，也要依法处理。

四、加强安全生产的监督与监察

（一）县级以上地方人民政府要依照《中华人民共和国安全生产法》的规定，建立、健全安全生产监管机构，充实必要的人员，加强安全生产监管队伍建设，提高安全生产监管工作的权威，切实履行安全生产综合监督管理职能。

（二）煤矿安全监察机构要结合已部署开展的全国安全生产大检查，依法加强对煤矿安全生产的监督监察，要进行明察暗访，严格执法；凡下达的停产整顿、关闭矿井、行政罚款等安全监察执法文书都要通报给当地人民政府；对拒不执行监察指令的煤矿，地方人民政府要立即采取措施强制实施。

（三）各级地方人民政府在安全生产大检查和专项整治中，要把煤矿作为重点。着重检查各煤矿的安全生产责任制和各项规章制度是否落实；深化煤矿安全整治的措施是否到位，特别要检查防治瓦斯的措施是否落实。对查出的问题，要明确责任，落实整改的措施。

（四）监察部和国家安全生产监督管理局要对本通知的贯彻落实情况进行督查。各省、自治区、直辖市人民政府要在年底将本地落实情况报国家安全生产监督管理局，由国家安全生产监督管理局汇总后报国务院。

国务院办公厅

2003年6月20日

学习《“三个代表”重要思想学习纲要》报告会在北京举行

报告会由中共中央宣传部、中央直属机关工委、中央国家机关工委、北京市委、解放军总政治部联合举行。中央宣传部副部长雒树刚在会上介绍了学习《纲要》的体会。

参加报告会的有在京党政军机关司局级以上干部700多人。中央直属机关工委副书记陈希明主持报告会。

国务院法制办负责人就《物业管理条例》答记者问

问：条例制定的背景和目的是什么？

答：随着我国城镇住房制度改革的不断深化，房屋的所有权结构发生了重大变化，越来越多的公有住房逐渐转变成个人所有。与此相适应，原来的公房承租人逐步转变为房屋所有权人，原来的公房管理者与住户之间的管理与被管理关系也逐渐演变为物业管理企

业与房屋所有权人的服务与被服务关系。在住房制度改革和城市建设发展过程中,物业管理这一新兴行业应运而生。近年来,物业管理行业进入了一个迅速发展的时期。据调查,上海、广东、山东、辽宁等省市的物业管理的覆盖面已达50%左右,深圳市物业管理的覆盖面已超过90%。全国物业管理企业已有2万多家,从业人员超过200万。它的产生和发展,对于改善人民群众的生活、工作环境,提高城市管理水平,扩大就业起着积极的作用。同时,也出现了一些问题,需要通过立法、完善制度加以解决。条例就是在这种背景下制定的。

制定条例的目的是:明确业主、物业管理企业和物业开发建设单位的权利、义务,规范物业管理企业的行为以及业主大会、业主委员会、职责、运作,保护业主的共同利益,为改善人民群众的生活和工作环境创造良好的条件。

问:制定条例遵循的基本思路是什么?

答:制定条例的基本思路是:保护业主的财产权利,协调好单个业主利益和全体业主共同利益的关系;明确物业管理企业和业主是平等的民事主体,他们之间是服务与被服务的关系;双方通过平等协商,公开、公平地确定物业管理活动中的事项。

问:条例从哪几个方面保护业主的合法权益?

答:业主的财产权利是物业管理的基础,物业管理的落脚点就是要保护业主的财产权利,不仅要保护单个业主的权利,而且要保护全体业主的共同利益。条例从如下几个方面加强了对业主合法权益的保护:

一是明确列举了业主在物业管理活动中享有的权利及其内容。

二是规定物业管理区域内全体业主组成业主大会,并选举产生业主委员会,业主大会应当代表和维护全体业主在物业管理中的共同利益,决定物业管理中的重大事项,业主委员会负责公共日常事务,为保护业主合法权益提供组织上的保障。

三是规范了业主大会的会议形式和表决方式,业主通过业主大会行使自己在物业管理中的权利,如自主地选聘或者解聘物业管理企业、决定物业服务合同的内容、监督物业管理企业履行物业服务合同等,为保护业主的合法权益提供程序上的保障。

四是通过规范建设单位、物业管理企业的行为,来保护业主的合法权益。如条例规定了建设单位不得擅自处分业主依法享有的物业共用部位、共同设施设备的所有权或者使用权;建设单位应当依法承担物业的保修责任。条例还明确了物业管理用房的所有权归业主,物业管理企业不能擅自改变其用途;物业管理企业在代收有关公用事业费用时,不得收取手续费等额外费用;物业管理企业不得擅自改变物业管理区域内按照规划建设的公共建筑和共用设施的用途等。

问:条例是如何规范物业管理企业的服务行为的?

答:物业管理企业的服务质量是广大人民群众最为关心的问题,为了规范物业管理企业的服务行为,加强对其监督管理,条例从以下几个方面进行了规定:

一是对物业管理企业实行资质管理制度。只有符合一定资质条件的企业,才能从事物业管理服务。

二是业主委员会应当与物业管理企业订立书面的物业服务合同,并对物业服务合同的基本内容作出规定。

三是物业管理企业应当按照物业服务合同的约定,向业主提供相应的服务。

四是要求物业管理企业在承接物业时必须办理物业验收手续。防止开发建设遗留的质量问题,影响业主利益,也影响物业管理企业的服务。

五是要求物业管理企业协助做好物业管理区域内的安全防范工作。

问:目前大家反映比较强烈的是业主大会成立以前,由开发建设单位聘用物业管理企业所实施物业管理的问题,条例对此有哪些规定?

答:在业主、业主大会选聘物业管理企业之前,由建设单位选聘物业管理企业实施的物业管理在条例中被称作前期物业管理。为了保证建设单位聘请物业管理企业的行为公开、透明,保护新入住的业主的利益,条例对前期物业管理作了以下几个方面的规定:

一是明确了前期物业管理的招投标制度。一般而言,住宅物业的建设单位必须通过招投标的方式选聘物业管理企业。这就防止了目前存在的因为物业管理企业和建设单位之间的利益关系,而影响将来的物业管理。

二是建设单位制定的业主临时公约必须向物业买受人明示。业主在知道自己在将来物业管理中的权利和义务的前提下,再作出购房决定。

三建设单位与业主签订的购房合同中必须包含前期物业服务合同约定的内容。业主通过签订购房合同了解和接受前期物业服务合同的内容。同时条例规定前期物业服务合同的期限未满、业主委员会与物业管理企业签订的物业服务合同生效的,前期物业服务合同终止。

四是规定了物业承接时的验收手续和相关资料的移交。

问:物业服务费用、物业专项维修资金一直是大家比较关心的问题,条例对物业服务费用、物业专项维修资金作了怎样的规定？

答：物业服务费用是广大群众十分关心的问题，考虑到物业服务费用涉及亿万群众的切身利益，目前物业管理市场发育还不完善，需要国家对其予以必要的指导和规范，条例作了以下规定：

一是物业服务收费应当遵循合理、公开以及费用与服务水平相适应的原则，区别不同物业的性质和特点，由业主和物业管理企业按照国务院价格主管部门会同国务院建设行政主管部门制定的物业服务收费办法，在物业服务合同中约定。

二是对违反物业服务合同约定，逾期不交纳物业服务费用的业主，规定了相应的措施。

物业共用部位、共用设施设备专项维修资金是物业保修期满以后，专项用于物业共用部位、共用设施设备维修保养的资金，是物业的“养老金”，条例对专项维修资金作了以下规定：

一是住宅物业、住宅小区内的非住宅物业或者与单幢住宅楼结构相连的非住宅物业的业主，应当按照国家有关规定交纳专项维修资金。

二是专项维修资金属业主所有，专项用于物业保修期满后物业共用部位、共用设施设备的维修和更新、改造，不得挪作他用。

三是对挪用专项维修资金的行为规定了相应的法律责任。

问：在物业的使用和维护过程中，必须处理好单个业主权利和全体业主共同利益之间的关系，条例对物业的使用和维护有哪些规定？

答：条例规定业主在行使自己权利的同时，必须尊重全体业主的共同利益。对物业的使用和维护，条例作了以下规定：

一是业主与物业管理企业都不得改变物业管理区域内按照规划建设的公共建筑和共用设施用途。

二是供水、供电、供气、供热、通信、有线电视等单位依法承担物业管理区域内相关管线和设施设备维修、养护的责任。

三是业主需要装饰装修房屋的，应当事先告知物业管理企业；物业管理企业应当将房屋装饰装修中的禁止行为和注意事项告知业主。

内地与澳门建立“更紧密经贸关系安排”磋商在北京启动

商务部副部长安民和澳门特别行政区政府财政司司长谭伯源分别率内地和澳门特别行政区代表团参加了会议。双方同意，磋商将遵循“一国两制”方针和符合世贸组织规则，内容主要包括货物贸易、服务贸易和贸易投资便利化措施等。

全国人大有关专门委员会决定对野生动物保护法进行联合执法检查

全国人大农业与农村委员会、环境与资源保护委员会决定，检查组于6、7月分赴广东、广西、北京开展执法检查，同时委托安徽、湖南、四川、云南、青海等省人大农委、环资委对本行政区域该法的贯彻实施情况进行检查。

这次执法检查的重点有四项：依法打击非法捕猎和经营利用野生动物及其产品等各种违法行为，加强对经营野生动物的各类市场主体进行清理整顿的情况；加强对野生动物捕猎、驯养繁殖、出售、收购、运输、进出口等环节进行检查和监督管理的情况；保护珍贵、濒危野生动物及其生存环境，特别是自然保护区、野生动物集中分布的水域、收容救护场所和科学研究的情况；加强野生动物保护体系和执法队伍建设的情况。同时了解对修改野生动物保护法的意见和建议。

全国人大常委会副委员长乌云其木格在会上强调，要采取有力措施切实改进和加强野生动物保护法执法工作。

国务委员唐家璇在钓鱼台国宾馆会见以最高委员郑大哲为团长的韩国新千年民主党代表团

外交部部长李肇星在清迈与泰国外长素拉杰举行会谈

李肇星建议：继续保持两国高层交往，巩固和加强两国关系的政治基础；扩大两国贸易，抓住中泰蔬菜、水果零关税协议的新机遇，加速自由贸易区谈判进程，挖掘中泰贸易潜力；推动多种形式的民间交流；通过全面拓展中泰关系，推动中国与东盟关系不断发展；以亚洲合作对话等机制为平台，共同促进区域合作，提升亚洲在国际事务中的整体实力和地位。李肇星还表示中国愿与泰国等东盟国家一道，积极落实中国—东盟领导人关于非典型肺炎问题特别会议的各项成果，共同应对“非典”等疾病的挑战。

素拉杰完全赞同李肇星提出的建议。他说，泰中关系是特殊友好的关系。泰国政府高度重视对华关系，发展与中国的战略性合作关系是泰国外交的重要内容。

国务委员陈至立听取教育部人事部等有关部门汇报工作

陈至立听取了教育部、人事部、劳动和社会保障部、共青团中央等有关部门和单位就贯彻落实全国高校毕业生电视电话会议和有关宣传工作的汇报。她说，各部门、各地方和各高校，根据中央和国办通知的精神，做了大量工作，出台了许多具体政策措施，引导毕业生和用人单位转变择业、就业、用人观念，可以说，全国上下出现了一个推动高校毕业生就业的良好局面。特别是共青团中央和教育部共同组织的大学生志愿服务西部计划招募工作进展顺利，得到广大毕业生及其家长的热烈支持。

陈至立同时强调，“我们面临的形势依然严峻”。目前，毕业生签约率尚未达到去年同期水平，不同地区、专业、院校的不平衡也十分突出。她认为，我们对市场机制下解决大学生就业问题的研究还很不够，在政策、组织、经验上的准备也远不充分，已经出台的一些政策和措施还需要进一步细化。她提出，接下来的一个月，对毕业生就业工作至关重要。各部门和各地方领导要继续亲自着手，精心组织，狠抓落实。特别是要尽快解决一些关键性政策的落实问题；大力加强信息服务，提供可靠、便捷、全方位的就业信息；还要加大宣传力度，唱响“到基层去，到西部去，到祖国需要的地方去建功立业”的主旋律。

中共中央宣传部、国家发展和改革委员会、财政部、国务院办公厅负责同志和首都部分新闻单位参加了汇报会并发了言。

中央军委主席江泽民签署通令嘉奖小汤山医院全体官兵

由中央军委主席江泽民签署的通令说，根据中央军委命令，自4月25日起，全军先后从13个大单位的114所医院，紧急抽调1383名医护工作人员，赶赴北京市小汤山医院，参加北京市非典型肺炎病人救治工作。这是党中央、国务院、中央军委根据全国抗击非典型肺炎严峻形势，在北京防治“非典”的关键时刻作出的重大决策，是在急难险重的情况下对我军医疗卫生系统战斗力、保障力的一次实战性检验。

通令号召全军和武警部队以小汤山医院全体官兵为榜样，在党中央、中央军委的正确领导下，高举邓小平理论伟大旗帜，认真学习贯彻“三个代表”重要思想，全面落实“五句话”总要求，为推进我军现代化建设跨越式发展而努力奋斗。

小汤山医院送走最后一批“非典”治愈患者

上午，最后一批18位“非典”治愈患者走出北京小汤山医院，宣告这座全国最大的“非典”收治定点医院在高速运转51天后，圆满完成了历史使命。

前来迎接出院患者的北京市卫生局局长金大鹏感谢解放军为北京抗击“非典”作出的贡献。

北京高院终审裁定维持一审对李嘉廷死缓判决

北京市高级人民法院20日对云南省原省长李嘉廷受贿一案作出终审裁定，维持北京市第二中级人民法院对李嘉廷判处死刑，缓期二年执行的一审判决。

1994年年初至2000年7月，被告人李嘉廷在担任中共云南省委常委、省人民政府副省长、省委副书记、省人民政府省长期间，利用职务上的便利，单独或伙同其子李勃（另案处理）收受他人贿赂共计折合人民币1810万余元。

6月21日

民盟九届三次中常会在北京举行

上海外环线全线通车

上海外环隧道建成通车，标志着总长99公里的上海城市外环线全线胜利通车，上海城市快速道路网进一步得到完善。

投资17.48亿元、全长2880米的上海外环隧道工程，是该市首次采用沉管法施工的越江隧道，也是世界第二、亚洲第一的特大型江底隧道。

泰国总理他信在清迈会见外交部部长李肇星

在谈到即将召开的亚洲合作对话第二次外长会议时，李肇星说，他信总理倡议举行的亚洲合作对话具有战略意义，是为亚洲各国人民办的一件好事、实事，中国将继续支持和积极参加。

会见后，中泰外长签署了《中泰刑事司法协助条约》，他信总理出席了签字仪式。

李肇星还分别会见了孟加拉国、巴基斯坦、印尼、菲律宾等国外长。李肇星强调，中国对周边国家政策的出发点是与邻为善、以邻为伴，愿通过加强区域合作，为亚洲和世界的和平与发展作出贡献。

当天，李肇星还出席了中国、泰国、缅甸、老挝和印度5国外长和代表就禁毒问题举行的非正式早餐会。他们同意加强协调，特别是在相邻边境地区就打击贩毒开展合作。

6月22日

国务院副总理国家防总总指挥回良玉就防汛抗灾工作作出批示

回良玉批示要求，务必要以“如履薄冰、戒慎恐惧”的精神，以开拓进取、求真务实的态度，抓好防汛抗灾，确保安全度汛。检查中发现的问题，要及时整改，落实到位。各地防汛指挥机构要高度戒备，加强防范。

国家防总发出紧急通知，要求各地认真贯彻回良玉同志的重要批示，针对防汛检查中发现的问题，抓紧研究对策,采取有力措施,及时整改,消除隐患。要按照防大汛、抗大旱的要求,落实各项防汛抗旱预案,尤其要做好工程调度、重大险情抢护、群众安全转移和缺水城市应急供水等预案。要密切监视天气和雨水情变化,精心做好防洪工程和抗旱水源的调度。要针对水库病险和山洪灾害严重的实际情况,认真总结经验教训,落实确保水库安全和防御山洪灾害的各项预案和措施,提前转移危险地区的群众,努力避免和减少人员伤亡。

通知要求各级地方政府行政首长要切实担负起防汛抗旱的责任,做到思想到位、责任到位、工作到位、指挥到位。发生洪涝时,要靠前指挥。

国办下发《关于深化安全生产专项整治工作的通知》

各省、自治区、直辖市人民政府,国务院各部委、各直属机构:

安全生产专项整治是全国整顿和规范市场经济秩序工作的重要内容。自2001年4月国务院部署开展以煤矿、危险化学品、民用爆破器材和烟花爆竹、道路和水上交通运输、公共聚集场所消防安全等为主要内容的安全生产专项整治以来,各地区、各部门和各单位认真贯彻落实专项整治工作要求,采取有效措施,严厉打击无证非法开采和违法生产经营活动,取缔、关闭了一大批非法或不具备基本安全生产条件的小矿、小厂和生产经营网点,查处纠正了大量违规违章行为,排查和治理了大量事故隐患,安全生产条件有所改善,生产经营秩序明显好转,安全生产法制建设得到加强,全国安全生产状况总体稳定,趋向好转。但安全生产形势依然严峻,煤矿和非煤矿山、道路交通等领域事故多发的状况尚未从根本上扭转,重、特大事故仍然时有发生;一些证照不全、不具备安全生产条件的矿、厂、生产经营网点、个体运输户等仍在违法生产经营;一些整顿验收后恢复生产经营的单位安全管理出现滑坡;一些重大事故隐患仍未得到整改。为此,我们一定要把安全生产专项整治作为贯穿于整顿和规范社会主义市场经济秩序全过程的一项长期而艰巨的重要任务来抓。为巩固和扩大安全生产专项整治成果,把专项整治工作不断推向深入,促进全国安全生产状况的进一步改善,经国务院同意,现就有关事项通知如下:

一、深化安全生产专项整治工作的指导思想、原则和目标

深化安全生产专项整治要认真贯彻“安全第一,预防为主”的方针,全面实施《中华人民共和国安全生产法》,以煤矿和非煤矿山、道路和水上交通运输、危险化学品、民用爆破器材和烟花爆竹、人员密集场所消防安全等为重点,依法整治,强化执法;标本兼治,重在治本;常抓不懈,防止反弹;突出重点,全面推进。

把开展专项整治与学习宣传和贯彻《中华人民共和国安全生产法》结合起来,把深化整治的过程变成依法规范安全生产行为、建立安全生产法制秩序的过程;把专项整治与加强日常性监督管理结合起来,健全完善安全生产监管体系和监管工作机制;把专项整治与加强企业基础工作结合起来,建立预防为主、持续改进的企业安全生产自我约束机制;把专项整治与全面做好安全生产工作结合起来,持续不懈地抓好体制、法制和队伍建设,构建安全生产法律、信息、技术装备、宣传教育、培训和应急救援等支撑体系,建立安全生产的长效机制。

通过深化安全生产专项整治,坚决淘汰、关停不具备安全生产条件的生产经营单位,整顿和规范安全生产秩序;进一步健全和落实安全生产责任制,加大安全生产投入,提高各类企业安全生产水平;督促地方各级人民政府及有关部门切实履行安全生产监督管理职责,有效遏制重点行业和重点领域重、特大事故多发势头,推动全国安全生产状况的稳定好转。

二、深化安全生产专项整治的内容和要求

(一)以煤矿为重点的矿山安全整治。继续依法关闭非法和不具备安全生产条件的小煤矿和各类非煤小矿山,严厉查处已关闭取缔小煤矿和各类非煤小矿山擅自恢复生产的违法行为,严防死灰复燃。对通过停产整顿后已经省级政府验收并重新核发“四证”(即采矿许可证、煤炭生产许可证、营业执照和矿长资格证书)的小煤矿和整顿验收合格的非煤小矿山,要完善安全生产设施,改善安全生产条件,提高安全技术装备水平,落实隐患整改和灾害防治措施,增强防灾抗灾能力。没有经过验收的要继续整顿,验收之后安全管理不到位或严重滑坡的,要限期停产整顿;经整顿仍然达不到安全标准的,要依法关闭。加强对瓦斯灾害严重煤矿的监控,凡矿井通风系统不合理,瓦斯防治措施不到位,超通风能力生产的矿井,必须停产整顿,限期达标。要加强改制矿山企业安全生产工作的管理,对依法以租赁、承包、拍卖、股份合作、破产重组等形式进行改制的矿山企业,必须督促落实关于安全生产保障的各项规定,建立、健全安全生产责任制,依法加强安全生产工作。

(二)道路和水上交通运输安全整治。对安全生产责任制不健全、安全防范措施不落实、事故多发的交通运输企业,要坚决停运整顿。对不符合安全要求、隐患较大的交通运输企业、个体运输户,要立即停业停运;经整改仍然不合格的,要依法吊销其营业执照和运输工具牌照。加大道路交通违章查纠力度,严肃查纠带

病车辆上路、无证经营、农用车非法载客、客货混装以及超载、超速、疲劳驾驶、无证驾驶、酒后驾车、逆向行驶等违规违章行为。依法取缔生产或改装不符合国家要求的汽车生产单位。加大事故多发路段重大隐患的治理整顿力度。坚决取缔不符合资质规定的客运和危险品船舶运输经营者,整顿违规经营客(渡)船、客滚船、高速客船、旅游船、危险品船等"四客一危"船舶的企业,严肃查处农用船舶、渔业船舶和其他未经交通部门许可的船舶载客营运,取缔无证无照和达到报废年限仍在运营的船舶。

(三)危险化学品安全整治。严格危险化学品管理,加强监督执法,凡未经批准,非法从事危险化学品生产、储存、运输、销售和使用的企业,一律取缔并予以处罚。对采用国家明令淘汰的落后工艺装备、不符合安全生产条件、存在重大隐患的从业单位,要坚决关闭。督促有关企业和业户依法做好对危险化学品生产、储存装置的安全评价工作,查找事故隐患,落实安全措施,对隐患和问题严重的单位要立即停产整顿。加强危险化学品运输企业、运输工具和从业人员资质管理,严格危险化学品运输监管,严厉打击非法从事危险化学品运输的行为;经营单位必须具备法律规定的安全生产条件,取得危险化学品经营许可证,做到持证经营,严禁无证销售。加强对危险化学品使用单位的安全整治,对使用氰化物的小金矿、小电镀厂、小电子器件厂等,要依法予以关闭。

(四)民用爆破器材和烟花爆竹安全整治。督促民用爆破器材和烟花爆竹从业单位完善安全生产责任制,加强对从业人员的安全培训。继续取缔、关闭非法和不具备安全生产条件的生产经营厂点。对生产车间、仓库等达不到国家有关安全技术标准的企业,要限期整改、限量储存;整改不合格的,吊销许可证并予以关闭。严格原材料和产品出入库登记制度,加强守卫看护,建立、健全民爆器材流向登记制度和监控网络,严格雷管编号登记管理,防止丢失被盗。继续抓好民用爆破器材和烟花爆竹销售领域的清理整顿,对非法经营销售和使用者要依法查处。

(五)人员密集场所消防安全整治。要认真贯彻执行《中华人民共和国消防法》等法律、法规,落实消防安全责任制,加强公共消防设施的建设,提高防御火灾能力。当前,要把人员密集场所消防安全疏散通道、安全出口作为深入整治的重点。凡疏散通道、疏散楼梯和安全出口被封堵、占用或在营业、生产、有人住宿期间被锁闭的,必须当场改正。应急照明设置的场所、位置、数量不符合消防技术规范要求的,常闭式防火门闭门装置损坏不能保持常闭状态的,疏散门开启方向错误的,以及商住楼经营部分与住宅部分的安全出口未分开设置的,要限期整改。在人员密集场所的疏散通道、疏散楼梯、安全出口处设置铁栅栏的和在公共区域的外窗(包括学生、幼儿、老人、病员的集体宿舍和员工休息的房间外窗)安装金属护栏影响消防安全疏散和应急救援的,要立即拆除。对拒不按上述要求整改或逾期不整改的,要依法强制实施并予以处罚。

(六)其他相关领域的整治。加强对建筑施工企业的安全监管,对不具备安全生产条件、不执行国家强制性标准、存在重大隐患、不认真进行整改以至发生重大事故的建筑施工企业,要限期整改并降低资质,情节严重的,要依法吊销资质证书和营业执照。要按照国家法律、法规和强制性标准规定,对城市轨道交通的车辆、供电系统、信号系统、防灾报警系统、通风排烟系统以及救援防护用品等设施设备存在的事故隐患进行全面排查和整治,建立重、特大事故、突发事件应急预案和处置机制;要认真做好对城市燃气企业、供气管道的安全检查,防止民用燃气泄漏、爆炸事故发生。加强特种设备生产、使用、检验检测监督管理工作,坚决查处非法制造、非法安装、非法使用、无证操作等违法行为;进一步开展特种设备安全的普查整治工作,凡隐患严重、不及时整改的,必须停止运行。

民航、铁路、旅游、电力、冶金、机械、轻工、军工、林业、纺织、教育等行业和领域,也要在前一阶段工作的基础上,深化安全整治工作,落实整治措施,消除事故隐患。

三、进一步加强对深化安全生产专项整治工作的领导

(一)加强领导,落实责任。深化安全生产专项整治工作要坚持全国统一领导,地方人民政府负责具体实施,国务院主管部门负责指导,国家安全生产监督管理局(国家煤矿安全监察局,下同)负责监督协调,各方面联合行动,全社会齐抓共管。

地方各级人民政府要充分认识安全生产专项整治工作的长期性、艰巨性和复杂性,进一步加强对整治工作的领导,建立、健全安全生产责任制,并认真抓好落实,把安全生产的责任和措施落实到乡镇、企业。各有关部门要切实抓好安全生产督促指导工作。在深化专项整治工作中,国家安全生产监督管理局牵头负责指导煤矿及非煤矿山安全整治、烟花爆竹安全整治和危险化学品安全整治(其中危险化学品运输的安全整治,分别由公安部和交通部根据职责分工负责指导),公安部牵头负责指导道路交通安全和人员密集场所消防安全整治,交通部牵头负责指导水上交通安全整治,国防科工委牵头负责指导民用爆破器材安全整治,建设部牵头负责指导建筑施工、城市轨道交通和城市燃气安

全整治，农业部牵头负责指导农机和渔船安全整治，质检总局牵头负责指导特种设备的安全整治，其他各方面的安全整治，由各相关部门负责指导。各项整治工作所涉及的部门要积极配合，大力协同，并建立安全生产专项整治通气汇报制度，及时沟通情况，协调行动，提高整治工作的效率。

（二）加强监督检查，严格责任追究。国家安全生产监督管理局和监察部要会同有关部门组织重点检查和专项督查，监督检查各地区、各部门的落实情况。对监督检查中发现的问题，以及重大危险源和重大隐患的监控、整改情况，要及时通知当地政府部门。对不认真履行职责、监管不力、失职渎职的领导干部和国家工作人员，以及造成事故的直接责任人员和有关责任人员，都要依法追究责任，构成犯罪的要依法追究其刑事责任。对发生的重、特大事故，要严格按照有关法规要求，一查到底，查明事故原因和责任，按时完成事故调查并批复结案。要把安全生产的责任追究与“打黑除恶”、惩治腐败、社会治安综合治理结合起来，坚决打掉保护伞，有效防范重、特大事故的发生。

（三）加强制度建设，标本兼治。完善《中华人民共和国安全生产法》配套法规和规章，加快安全生产标准的制定和修订工作，建立、健全地方性安全生产法规规章，使深化整治和安全生产各方面工作都有法可依，有章可循。建立、健全重大危险源监控制度，所有重大危险源都要落实监控责任并向主管部门报告和向安全生产监管监察机构备案。建立重大隐患整改制度，所有重大事故隐患的整改都要做到责任、人员、资金、时间“四落实”。对有关建设项目要严格实行“三同时”（即安全设施与主体工程同时设计、同时施工、同时投产使用）制度，并相应组织设计审查和竣工验收，从源头上把住安全生产关。

（四）开展企业安全评估，实施分类指导。通过评估，将企业的安全状况划分出不同等级。对安全状况差的企业要加强监督，进行重点整治，淘汰不具备安全生产条件的企业和严重危及安全生产的工艺、设备。要抓紧对煤矿、非煤矿山和危险化学品等重点领域的企业，以及发生过重大事故的其他非公有制企业进行安全评估，并确保质量和进度。其他领域企业的安全评估工作也要尽快启动。

（五）搞好宣传教育，加强舆论监督。各级地方人民政府及其安全生产监管监察机构，要加强《中华人民共和国安全生产法》等有关法律、法规的宣传教育，普及安全生产法律知识，强化从业人员的安全生产意识，提高从业人员的安全技能，使生产经营企业牢固树立“安全第一，预防为主”的思想和守法生产经营的观念，为安全生产专项整治工作创造良好的环境。要强化社会监督，继续利用公开举报电话、政府网站、信箱等途径，鼓励群众举报。对整治工作严重滞后，整治期间发生重、特大生产安全事故的，要在新闻媒体上曝光。

国务院办公厅

2003年6月22日

外交部部长李肇星在清迈出席亚洲合作对话（ACD）第二次外长会议并发言

李肇星指出，ACD成立一年来，促进了亚洲合作，取得了重要进展：启动了泛亚合作，增强了亚洲合作意识。作为面向全亚洲的官方合作与对话机制，ACD为推进地区合作开辟了新的途径；创立了独特的合作模式。ACD强调平等对话、协商一致，符合亚洲地区多样性的特点，也照顾了各方的舒适度；一些领域合作取得积极进展。已有14个国家愿担任17个领域合作的牵头国。

他说，中国作为农业合作牵头国，愿意与各国分享农业方面的经验和技术，共同促进亚洲农业发展。中方向本次会议提交了农业合作概念文件。

关于ACD的合作发展方向，李肇星说，ACD应坚持以促进相互了解与信任为出发点，以经济合作为重点，注意与其他区域合作机制的协调，循序渐进推进对话与合作，并逐步建立起智力支撑。

李肇星强调，作为亚洲一员，中国致力于推进亚洲合作，愿于明年6月主办第三次ACD外长会议。

首都人民感谢子弟兵战“非典”夺胜利表彰欢送大会在北京举行

会上宣读了中央军委主席江泽民签署的嘉奖小汤山医院全体官兵的通令，宣读了北京防治“非典”联合工作小组表彰小汤山医院先进集体和先进个人的决定。北京防治“非典”联合工作小组决定：授予沈阳军区医疗队、北京军区医疗队等19个医疗队“首都防治非典型肺炎工作先进集体”荣誉称号；授予郭晓钟、魏路清等453位同志“首都防治非典型肺炎工作先进个人”称号；向小汤山医院1304名医务人员颁发“首都防治非典型肺炎工作纪念证书”。北京市政府向小汤山医院赠送了纪念匾。

中共中央政治局委员、北京市委书记、北京防治“非典”联合工作小组组长刘淇，中央军委委员、全军“非典”防治工作领导小组组长、解放军总后勤部部长廖锡龙出席会议并讲话。

卫生部、解放军四总部、武警部队和北京市的有关负责人出席会议。表彰欢送大会由北京市代市长王岐山主持。

第二届“中国儿童慈善活动日”在北京举行

此次活动由中国儿童少年基金会和中国少年儿童新闻出版总社等共同主办。本届的主题是“关爱儿童健康成长——安康教室”。

为开展全民爱国卫生运动，实施安康计划“远离疾病、远离失学、远离伤害、远离犯罪”的宗旨，儿基会首次在全国推广建设1000所、价值1000万元的“安康教室”，并公布了对全国抗击“非典”一线、家庭生活特殊困难的医务人员子女进行资助的决定。目前，已资助北京市抗击“非典”一线医务人员子女4名，特困家庭子女5名。

6月23日

国务院总理温家宝在人民大会堂会见加拿大外长威廉·格雷厄姆

国务院总理温家宝在人民大会堂与印度总理瓦杰帕伊举行会谈

温家宝说，我们将签署的《中印关系原则和全面合作宣言》，是一份纲领性文件，它将确立中印关系的目标和指导原则，全面规划两国在各个领域的合作。它标志着中印关系进入一个新的发展阶段。

温家宝对中印未来关系发展提出具体建议：扩大交往，增信释疑；拓展合作，争取使双边贸易额在2005年达到100亿美元，开展两国在科教文卫领域的交流，互设文化中心；加强协调，在国际事务中共同维护发展中国家的正当权益，推进世界多极化和国际关系民主化进程；维护友好关系，既重视两国间历史遗留问题，又不使其在解决过程中影响两国关系的正常发展。

温家宝阐述了对国际形势的看法。关于南亚形势，他说，南亚是亚洲的重要组成部分，中方欢迎南亚各国平等相待，和睦相处。愿意看到印巴关系进一步走向缓和，支持一切有助于消除紧张、维护和平的努力。中国在南亚不谋求任何私利，我们和南亚各国发展友好合作决不针对第三国。中国愿为促进南亚的和平与发展继续发挥建设性的作用。

瓦杰帕伊表示赞同温家宝对发展两国关系提出的建议。他强调印度希望保持南亚地区的稳定并将致力于推动南亚的区域合作。瓦杰帕伊还对中国在处理朝鲜核问题中发挥的作用表示赞赏。

会谈后，温家宝和瓦杰帕伊共同出席了中印两国政府9个合作文件的签字仪式。这9个文件是：中国最高人民检察院与印度司法部合作谅解备忘录、中国教育部与印度政府人力资源开发部教育交流与合作的执行计划、中国质量监督检验检疫总局与印度农业部关于印度芒果输华植物检验检疫议定书、两国政府关于简化签证手续的谅解备忘录、中国水利部和印度非常规能源部在可再生能源领域的合作谅解备忘录、中国国家海洋局与印度政府海洋开发部关于中印海洋科技领域合作的谅解备忘录、中国国家自然科学基金会与印度科学技术部合作谅解备忘录、两国政府关于在两国首都互设文化中心的谅解备忘录和两国政府文化合作协定2003年至2005年执行计划。

当晚，温家宝还在人民大会堂为瓦杰帕伊一行举行欢迎宴会。宴会前，两国总理签署了《中印关系原则和全面合作的宣言》。双方有关人员还签署了《中印关于扩大边境贸易的谅解备忘录》。

国务院总理温家宝与印度总理瓦杰帕伊在人民大会堂签署《中华人民共和国和印度共和国关系原则和全面合作的宣言》

全文如下：

应中华人民共和国国务院总理温家宝的邀请，印度共和国总理阿塔尔·比哈里·瓦杰帕伊于2003年6月22日至27日对中国进行了正式访问。

访问期间，温家宝总理与瓦杰帕伊总理举行了会谈。中国国家主席胡锦涛、中央军委主席江泽民、全国人民代表大会常务委员会委员长吴邦国和国家副主席曾庆红分别会见了瓦杰帕伊总理。会谈和会见是在诚挚友好的气氛中进行的。

两国领导人对近年来两国关系取得的进展表示满意。这不仅有利于两国各自的发展，而且对本地区的稳定与繁荣作出了贡献。双方回顾了两国历史上源远流长的友好交往。中印是世界上两个最大的发展中国家，有着悠久的文明、独特的历史和相似的奋斗目标。双方注意到，占世界人口1/3的两个国家实现经济社会持续发展，对确保亚洲乃至世界的和平、稳定与繁荣至关重要。

双方一致认为，中印存在着发展睦邻关系的共同愿望和广泛的共同利益。双方同意充分挖掘巨大潜力，抓住有利机遇，深化互利合作。两国友好合作符合中印社会经济发展与繁荣的需要，符合促进地区与全球和平与稳定的需要，也符合推进世界多极化和利用全球化积极因素的需要。双方确认将遵循以下原则，进一步推动长期建设性合作伙伴关系的发展，在此基础上建立新型关系：

(一)双方致力于在和平共处五项原则、相互尊重和照顾彼此关切以及平等的基础上，发展两国长期建设性合作伙伴关系。

(二)作为两个发展中大国，中印双方在维护亚洲和世界的和平、稳定和繁荣方面有着广泛共同利益，双方都希望在地区和国际事务中增进相互理解,实现更加广泛、密切的合作。

(三)双方的共同利益大于分歧。两国互不为威胁,互不使用武力或以武力相威胁。

(四)双方同意,从根本上加强两国在各层次、各领域的双边关系,同时通过公平、合理及双方都可接受的方式和平解决分歧。有关分歧不应影响双边关系的整体发展。

双方同意开展经常性高层交往,这将有利于进一步增进相互了解,拓展双边关系。双方认为,为深化在双边、地区和国际问题上的协调与对话,两国外交部长有必要每年举行会晤。双方还同意,进一步加强两国政府各部委、议会及政党之间的人员往来和友好交流。

双方欢迎近年来两国经贸合作的积极势头,一致认为,不断开拓和深化中印经济合作对加强双边关系至关重要。

双方一致认为,两国现有经济互补性为双方进一步增进经济关系提供了重要基础,开辟了广阔前景。为促进经贸合作,双方将根据本国法律、法规和国际义务,采取必要措施消除贸易和投资方面存在的障碍。双方重申中印经贸科技联合工作组部长级会晤的重要性,同意在年内召开下一次(第七次)联合工作组会议。

双方将成立由官员和经济学家组成的联合研究小组,负责研究两国扩大经贸合作的潜在互补关系。该小组还将制定今后5年中印经贸合作的发展规划,以鼓励双方企业界扩大合作。该小组将于2004年6月底之前,向两国政府提交有关全面经贸合作措施的研究报告和建议。

为加强在财金领域的对话与协调,两国将建立财政金融对话与合作机制。

双方一致同意,加强在世界贸易组织中的合作,这不仅有利于中印两国,而且符合广大发展中国家的利益。双方将就此问题展开定期对话。

两国将促进文化、教育、科技、媒体、青年和民间交流,巩固历史和文化联系。双方同意在两国首都互设文化中心并为此提供便利。

双方将努力加强空中和海上直航、旅游、交换双方同意的共有河流的汛期水文数据,促进农业、乳制品、食品加工业、卫生和其他领域的合作。

双方同意,两国国防交流的广度和深度应该得到加强。这将有助于增进和深化两军之间的相互了解和信任。双方确认,将加强两国国防部长以及军方各层次的互访。

双方就中印边界问题交换了意见,阐述了各自立场。双方重申愿通过平等协商,寻求公正合理以及双方都能接受的解决方案。双方同意,在最终解决之前,双方应共同努力保持边境地区的和平与安宁,并重申致力于继续执行为此目的签署的有关协定,包括澄清实际控制线。

双方同意各自任命特别代表,从两国关系大局的政治角度出发,探讨解决边界问题的框架。

印方承认西藏自治区是中华人民共和国领土的一部分,重申不允许西藏人在印度进行反对中国的政治活动。中方对印方的立场表示赞赏,重申坚决反对任何旨在分裂中国、制造"西藏独立"的企图和行为。

印方忆及印度是最早承认只有一个中国的国家之一,其一个中国的政策没有改变。中方对印方的立场表示赞赏。

中国和印度认识到维护世界和平的首要意义。这是包括中印两国在内的所有发展中国家社会和经济发展的前提。世界是丰富多彩的,每个国家都有权选择自己的政治制度和发展道路。作为两个发展中大国,中印认识到各自在推动建立国际政治经济新秩序过程中的重要作用。国际社会应通过对话与合作,消除贫困,缩小南北差距,实现共同繁荣。

双方认为,联合国在维护国际和平、稳定和促进发展中发挥着核心作用。双方决心为加强联合国作用而继续努力。双方重申,愿意就推动联合国的改革开展合作,联合国安理会的改革应优先考虑增加发展中国家的代表性。

双方主张,维护多边军控与裁军进程,在逐渐降低军备水平的基础上,以平等和各国安全不受减损的方式实现共同安全,主张举行旨在裁减核军备和消除核武器的多边谈判。双方坚决反对向外空发展军备,反对对部署在外空的物体使用或威胁使用武力,支持在空间技术和平开发方面进行合作。

双方都认识到恐怖主义对两国及全球和平与安全所构成的威胁。双方坚决谴责任何形式的恐怖主义。国际社会与全球恐怖主义之间的斗争是全面和持久的,其最终目的是要从所有地区铲除恐怖主义。这就要求在全球范围内强化反恐法律体系。双方将通过双边对话机制,推进在反恐问题上的合作。

在推动两国社会和经济快速发展的同时致力于保护环境,中国和印度面临着特殊而相似的挑战。双方同意以务实的态度,在保护环境和保障可持续发展领域进行合作,在相关的多边场合上,就气候变化和保护生物多样性资源等问题协调立场。

双方支持亚洲地区的多边合作,认为上述合作增进了亚洲国家的互利交往、经济发展和凝聚力。双方积极看待对方参与亚洲的区域和次区域多边合作进程。

双方声明,中印关系的改善和发展不针对任何第三国,不影响各自同其他国家业已存在的友好合作关系。

双方表示,此次印度总理对中华人民共和国的正式访问取得了成功,增进了两国政府、两国领导人和两国人民之间的相互理解和信任,标志着中印双方为在新世纪加强全面合作迈出了新的步伐。

瓦杰帕伊总理邀请温家宝总理在双方方便的时间访问印度,同时转达了阿卜杜尔·卡拉姆总统对胡锦涛主席的访印邀请。中方接受邀请并对此表示感谢,具体访问日期将通过外交渠道另行商定。

瓦杰帕伊总理谨代表印度政府和人民向中国政府和人民对他本人及代表团的热情欢迎表示感谢。本宣言于2003年6月23日在北京用中文、印地文、英文三种文字签署。

中华人民共和国国务院总理 印度共和国总理
温家宝 阿塔尔·比哈里·瓦杰帕伊

国务院总理温家宝接受印度报业托拉斯驻京记者约瑟夫和《印度教徒报》记者苏里亚联合书面采访

谈到中印关系时,温家宝对中印关系的积极进展感到满意,并指出,中印关系保持稳定和发展符合两国人民根本利益,也有利于维护地区乃至世界和平与发展。中印经济各有优势,互补性较强,都有广阔的市场。两国政府和企业应加强交流与往来,增进相互了解,促进互利合作。

关于中印边界问题,温家宝表示,中方主张按照"平等协商、互谅互让、相互调整"的原则,公平合理地解决边界问题。在边界问题解决之前,双方应努力维护边境地区和平安宁的局面。

在回答记者关于中国周边外交政策的提问时,温家宝指出,推进现代化建设,完成祖国统一大业,维护世界和平与促进共同发展,是中国在新世纪的三大任务。因此,中国需要一个长期稳定的国际和平环境,特别是良好的周边环境,并愿意为此而积极努力。这已经成为中国的基本国策,任何时候都不会改变。

他说,中华民族饱受侵略和凌辱,特别渴望和平与安宁。中国现在还不发达,即使今后发达了也不称霸,中国永远不称霸。中国的发展只会有利于本地区的共同发展,不会对任何国家构成威胁。

《人民日报》发表社论《兴起学习贯彻"三个代表"重要思想新高潮》

经中共中央国务院批准三所干部学院开工建设

这三所干部学院是中国浦东干部学院、中国井冈山干部学院和中国延安干部学院。中央军委主席江泽民为三所干部学院题写了院名。中共中央政治局常委、国家副主席曾庆红分别向三所学院发去贺信。

浦东干部学院将建设成为具有国际性、时代性、开放性特点的新型干部教育基地和开展国际培训交流合作的窗口,井冈山干部学院和延安干部学院将建设成为面向全国的革命传统教育基地、基本国情教育基地。

三所干部学院将于2004年建成、2005年投入使用,与中央党校、国家行政学院实现交流合作、资源共享、优势互补,使国家级干部教育培训基地布局更加合理、功能更加完备。

中共中央政治局委员、中央组织部部长贺国强参加了三所干部学院的开工典礼,并对学院的建设、教学和管理提出了明确要求。

十届全国人大常委会第三次会议在北京举行

会议共有14项议程。全国人大常委会委员长吴邦国主持会议。

本次常委会会议审议的法律草案有居民身份证法草案、港口法草案、放射性污染防治法草案、道路交通安全法草案、行政许可法草案、证券投资基金法草案。在今天的会议上,全国人大法律委员会副主任委员胡光宝、蒋黔贵、王茂林、乔晓阳、王以铭分别就6部法律草案审议结果和修改情况作了汇报。

会议审议了国务院关于提请审议批准《〈禁止或限制使用某些可被认为具有过分伤害力或滥杀滥伤作用的常规武器公约〉第一条修正案》的议案、国务院关于提请审议加入《东南亚友好合作条约》及其两个修改议定书的议案,受国务院委托,外交部副部长张业遂分别就这两个议案作了说明。

会议还审议了国务院关于提请审议批准《万国邮政联盟组织法第六附加议定书》的议案,受国务院委托,信息产业部副部长奚国华就这个议案作了说明。

会议最后一项议程为审议各项任免案。

全国人大常委会副委员长王兆国、李铁映、司马义·艾买提、何鲁丽、丁石孙、成思危、许嘉璐、蒋正华、顾秀莲、热地、盛华仁、路甬祥、乌云其木格、韩启德出席会议,国务委员周永康、最高人民法院院长肖扬、最高人民检察院检察长贾春旺列席会议。

中组部部长贺国强在陕西 江西 上海考察

贺国强在各地考察时指出,在兴起学习贯彻"三个代表"重要思想新高潮过程中,各级组织部门要发挥表率作用,切实把"三个代表"重要思想贯穿到组织工作的各个方面。

考察期间,贺国强出席了中国延安、井冈山、浦东干部学院的开工典礼，并对三个学院的建设、教学和管理工作提出明确的要求；走访慰问了革命老区的老红军、老党员、老干部，在建党82周年前夕，听取他们的意见和建议。

贺国强要求各级组织部门要加强和改进干部教育培训工作的宏观管理，积极探索干部教育培训工作的新路子，进一步加大对西部地区干部教育培训工作的支持力度。要大力弘扬以延安精神、井冈山精神为代表的革命传统，牢记“两个务必”，以良好的精神状态做好新世纪、新阶段的各项工作。

外交部发言人孔泉就钓鱼岛问题答记者问

有记者问：据报道，香港和大陆“保钓”人士已前往钓鱼岛宣示主权，中方对此有何评论？

孔泉说，钓鱼岛及其附属岛屿自古以来就是中国的固有领土，中国对这些岛屿拥有无可争辩的主权。

任何企图侵占中国领土的图谋都是不可能得逞的。

国务委员陈至立在北京出席国家中长期科技发展规划战略研究论坛并讲话

由国家中长期科学和技术发展规划领导小组办公室举办的这次论坛，邀请了国内近百位科技、经济、社会、企业等方面的知名专家，就我国当前科技发展面临的机遇和挑战、新时期我国科技发展的战略和指导方针、国家中长期科技发展规划战略研究的工作和组织等，进行了广泛的研讨。规划战略研究论坛的举办，标志着国家中长期科技发展规划工作的全面启动，也是贯彻“三个代表”重要思想，实现政府决策科学化、民主化的具体体现。

国家中长期科学和技术发展规划领导小组办公室主任、科技部部长徐冠华院士在讲话中指出，本次规划要以“三个代表”重要思想为指导，突出“以人为本”的科技发展观，从全局性、战略性、前瞻性的高度进行总体规划和统筹安排。

全国政协副主席、中国工程院院长徐匡迪，国务院副秘书长陈进玉以及有关部门领导出席本次论坛。

国办转发教育部等部门《关于2003年治理教育乱收费工作的实施意见》并发出通知

各省、自治区、直辖市人民政府，国务院各部委、各直属机构：

教育部、国务院纠风办、监察部、发展改革委、财政部、审计署、新闻出版总署《关于2003年治理教育乱收费工作的实施意见》已经国务院同意，现转发给你们，请认真贯彻执行。

国务院办公厅

2003年6月23日

关于2003年治理教育乱收费工作的实施意见

为贯彻落实中央纪委第二次全会和国务院廉政工作会议关于深入治理教育乱收费工作的部署和要求，现提出2003年治理教育乱收费工作实施意见。

一、治理工作的主要任务

2003年治理教育乱收费工作，要以党的十六大精神和“三个代表”重要思想为指导，坚持“谁主管、谁负责”的原则，相关部门各司其职、齐抓共管，按照标本兼治、综合治理的方针，突出重点、严格标准、强化监督、健全制度、狠抓落实。坚决遏制教育乱收费现象蔓延的势头，使学校乱收费的案件数量、乱收费金额明显下降。

（一）全面清理教育收费项目和收费标准。各省（自治区、直辖市）人民政府要根据国家现行教育收费政策，立即全面清理审定本地区教育收费项目和收费标准。省级人民政府自行制定的教育收费项目，凡需要保留的，必须于2003年8月底之前报教育部、财政部、发展改革委审批；省级以下人民政府或有关部门自行制定的教育收费项目要一律废止。清理工作结束后，各省（自治区、直辖市）要将批准执行的收费项目和重新审定的收费标准报送教育部、财政部、发展改革委备案，同时通过新闻媒体向社会公示。

（二）在国家扶贫开发工作重点县的农村小学和初中坚决实行“一费制”收费办法。2003年，全国所有国家扶贫开发工作重点县的农村小学和初中必须实行“一费制”收费办法。省级人民政府要根据有关规定，结合当地实际情况，制定具体的实施办法和“一费制”收费标准。不得以任何理由缩小“一费制”的实行范围，突破国家规定的“一费制”的最高限定标准。

（三）严格执行“择校生”“三限”政策。公办高中招收“择校生”要严格执行“三限”（即限人数、限钱数、限分数）政策。各地区要结合实际，制定严格具体的实施办法。“择校生”招生比例和最低录取分数线由省级教育行政部门确定，最高收费标准由省级人民政府制定。要将“择校生”纳入普通高中招生计划，统一向社会公示招生比例、招生人数和收费标准，统一按分数择优录取，统一办理入学手续。严禁学校擅自扩大“择校生”招生比例、降低录取分数线、提高收费标准或在限定金额外收取其他任何费用。

（四）严格规范学校收费、代收费行为。经批准进行中小学办学体制改革试验的学校可以依托优质公办中小学办学。这类学校必须具有独立的法人资格，必须实行独立的财务核算和人事管理，有独立的校园、校舍，独立进行教育教学。

坚决禁止中小学校以组织举办辅导班、补习班、“提高班”或“超常班”等为由向学生收取费用。

中小学校除按国家规定可以代收课本费外，不得向学生收取其他任何性质的代收费。学校面向学生的各类服务项目，必须遵循学生自愿的原则，要加强对学校代收费资金收支情况的监督管理。

进一步规范高等学校收费行为。高等学校招收的专升本学生、体育艺术类特长生、预科生、定向生应与同等学力层次本、专科学生执行同样的收费项目和标准，除按规定收取学费、住宿费外，不得额外收取其他任何费用。专升本学生升入本科后，其学费按照本校相同专业本科生的标准收取。预科生在预科阶段的学费按照预科培养学校所在地省级人民政府批准的预科生收费标准收取；预科生升入本、专科后，其学费按照预科招生当年的普通本、专科生的学费标准收取。经批准设立的独立学院、网络学院、计算机软件学院、中外合作办学机构的收费，可在严格核算生均培养成本的基础上，实行按成本收费的办法，具体收费标准由省级人民政府批准。普通高等学校不得将国家下达的计划内招生指标转由独立学院招生，变相高收费。

（五）禁止搭车收费和各种形式的摊派。坚决禁止任何部门或单位通过学校向学生搭车收取任何费用或向学校进行各种形式的摊派。严禁任何部门以任何形式要求学生订购教辅材料、课外读物、报纸杂志等。对违反的要坚决纠正和查处。

二、治理工作的主要措施

（一）加强领导，落实专项治理责任制。各省（自治区、直辖市）人民政府和国务院有关部门要加强对治理教育乱收费工作的领导，要建立纠风专项治理责任制，明确分管领导，切实负起责任，各司其职，密切配合，及时研究解决治理工作中出现的新情况和新问题。要严肃责任追究制度，对领导不重视、工作不积极、落实不到位的地区和单位要促其整改；对教育乱收费问题严重的地区和单位要追究有关领导和直接责任人的责任，并予以通报。

（二）加强法制观念，完善政策规定，推动治理工作逐步走上规范化、制度化轨道。地方各级人民政府要加强依法行政观念，严格执行中央已出台的治理教育乱收费的各项政策和规定。要结合本地区实际尽快制定本地区实施细则，认真组织实施。各级价格、财政、教育行政部门和各学校要通过各种形式，将学校的收费项目、收费标准、收费资金管理情况和投诉电话等向社会公示，主动接受学生、家长和社会的监督。

（三）严格控制教材成本，切实降低人民群众的经济负担。要坚决贯彻执行《国务院办公厅转发体改办等部门关于降低中小学教材价格深化教材管理体制改革意见的通知》（国办发〔2001〕34号）的规定，坚决纠正将教辅材料纳入《教学用书目录》、向学校印发教辅材料《推荐目录》、学校统一组织学生购买教辅材料和专题教育书籍及材料等违规行为，减轻学生家长的经济负担。要进一步完善中小学教材价格管理办法，将中小学实验教材纳入政府价格管理范围，严格核价。坚决制止以“培训费”等名义向教材出版、发行单位收取发行准入费用的现象。制定有关费用支付标准和管理规定，严格审核、控制教材成本，严禁转嫁、变相加重学生家长的经济负担。

（四）建立和完善投入机制，切实保障学校办学经费。各省（自治区、直辖市）人民政府要按照关于加大对农村教育投入的要求，坚决贯彻落实《国务院关于基础教育改革与发展的决定》（国发〔2001〕21号）精神，加快农村义务教育管理体制调整工作，建立和完善农村义务教育保工资、保运转、保安全（以下简称“三保”）的投入机制，保证学校办学经费。对国家扶贫开发工作重点县实行“一费制”后学校公用经费不足的，要按规定核定的农村中小学公用经费标准和定额，由县级财政预算予以安排，县级财力不足、财政预算安排有困难的地区，由上级人民政府通过转移支付解决。财政部、教育部等有关部门将对各地调整和完善农村义务教育管理体制、建立“三保”投入机制的情况进行定期检查。

（五）加强对学校收费收入支出的管理。地方各级人民政府及有关部门要切实加强对学校收费收入和支出的监督管理，建立、健全科学合理的监督管理机制。义务教育阶段学校的杂费、借读费收入要全部用于补充学校公用经费的不足，不得用于教职工工资、津贴、福利、基建等项开支，不得用于平衡政府的财政预算，不得从中提取任何性质的调节基金，禁止挤占、挪用、截留学校收费收入。学校代收的课本费，由学校直接用于购买课本；普通高中、高等学校的学费收入统筹用于办学支出。学校的收费收入要严格按照规定及时足额缴纳财政专户，实行“收支两条线”管理。

（六）严格核定教职工编制，合理配置教育经费。各地区要按照《国务院办公厅转发中央编办、教育部、财政部关于制定中小学教职工编制标准意见的通知》（国办发〔2001〕74号）精神，抓紧完成中小学教职工编制的核定工作。要通过实施教师资格制度、深化人事制度改革和调整教育布局，精简管理人员和非教学人员，清理不合格教师和占用教师编制的非教学人员，逐步辞退代课人员，清退临时工勤人员，以减少人员经费，使有限的教育经费得到合理配置。国务院有关部门将适时对各地教职工编制执行情况进行检查，问题严重的将予以通报批评。

(七)加强督促、检查和指导,确保各项工作落到实处。地方各级人民政府和有关部门要加强对本地区治理教育乱收费工作的督促、检查和指导,组织专门力量开展督导工作,对不落实的地方及时促其整改,确保不留死角。各级纪检监察、纠风、教育、价格、财政和审计部门要认真履行各自的职责,切实加大对教育乱收费的监督查处力度。对顶风违纪向学生乱收费、搭车收费和进行各种形式摊派的,对抵制搭车收费和各种形式摊派的学校进行打击报复的,要严肃处理当事人,并追究有关领导的责任;对违规违纪乱收费的典型案件,要严肃查处、公开曝光,以儆效尤。

要加大对治理教育乱收费工作的宣传力度,通过新闻媒体广泛宣传有关教育收费的政策规定以及治理教育乱收费的工作目标、治理措施和实际效果,使广大人民群众了解治理工作情况,积极参与监督。

教育部、国务院纠风办、监察部、发展改革委、财政部、审计署、新闻出版总署等部门,将适时组织联合检查组,重点对各地区落实本意见的工作情况进行监督检查;对国家扶贫开发工作重点县农村小学和初中“一费制”落实情况、公办高中招收“择校生”的“三限”政策执行情况、高等学校收费情况以及地方各级人民政府执行教育收费政策情况进行专项检查,并将监督检查的有关情况,通过新闻媒体向社会公布。

中央政府驻港联络办主任高祀仁向香港特别行政区行政长官董建华致函祝贺香港被世界卫生组织从“非典”疫区名单中除名

6月24日

国家主席胡锦涛在人民大会堂会见印度总理瓦杰帕伊

中央军委主席江泽民在北京玉泉山会见印度总理瓦杰帕伊

江泽民说,你这次访华,签署了中印关系原则和全面合作的宣言,就发展双边关系达成了一系列共识。我对此感到高兴。希望继续本着平等协商、互谅互让的精神处理存在的问题。我对中印关系的前景充满信心。

瓦杰帕伊说,江泽民主席1996年访问印度时,我们确定建立建设性合作伙伴关系。这次来中国访问,亲眼看到了中国发生的惊人变化。更为重要的是两国领导人就许多重要问题达成共识,增进了相互信任,推动了两国合作。对印中之间存在的边界等历史遗留问题,印方希望双方共同努力加以解决。

双方还就国际局势和南亚地区形势等问题交换了意见。江泽民说,印度大诗人泰戈尔曾说:“他把他的刀剑当作他的上帝/当他的刀剑胜利的时候他自己却失败了。”这是我们东方人的哲学观。中国不赞成在处理国际关系时滥用武力,支持一切有助于维护国际和地区和平的努力,并将继续为此作出自己的贡献。国务委员唐家璇等参加了会见。

全国人大常委会委员长吴邦国 国家副主席曾庆红在人民大会堂分别会见印度总理瓦杰帕伊

全国人大常委会委员长吴邦国在人民大会堂会见韩国现代汽车集团会长郑梦九

十届全国人大常委会第三次会议组成人员对三部法律草案进行分组审议

在分组审议居民身份证法草案时,委员们认为,该法律草案已经两届常委会的审议,这次也作了进一步修改,草案已经基本成熟,建议这次会议能够提交表决。这部法律的出台,将对维护社会治安、保障居民的合法权益起到非常有益的作用。

委员们还分组审议了港口法草案和放射性污染防治法草案。在审议港口法草案时,一些委员认为,港口法的尽快出台有利于市场经济发展,有利于促进我国港口在新形势下健康发展,也有利于对港口的管理。同时,港口法草案在环保、生态上面还应该有所规定,港口建设方面还要加强。

中国—印度经济合作与发展研讨会在北京举行

正在访华的印度总理瓦杰帕伊出席并发表讲话。瓦杰帕伊指出,印中经济合作取得“令人鼓舞的成果”,双边贸易以每年30%的速度快速增长,印中在对方的投资增加也很快,两国将进一步推进在各个领域的广泛合作关系。这种合作有巨大的潜力。他认为,印中贸易额达到100亿美元的目标不久将实现。

中国商务部部长吕福源在研讨会上致辞说,中印之间的共识和共同利益远远大于分歧,印度是中国在南亚地区最大的贸易伙伴,中国愿进一步加强与印度在经济贸易领域的合作与交流。中国贸促会会长万季飞主持研讨会并讲话。印度外交部长辛哈、商工部长贾伊特莱伊以及两国工商界人士数百人出席了研讨会。研讨会期间,万季飞与贾伊特莱伊共同开通了中国贸促会与印度工商会联合会的联合商务网络平台,万季飞还与印度工业联合会会长马辛拉共同签署了两商会合作协议。

外交部部长李肇星在外交部会见克罗地亚副外长希莫诺维奇

印尼副总统哈姆扎·哈兹在雅加达会见由中共中央对外联络部副部长蔡武率领的中共代表团

外交部发言人孔泉就美台进行官方接触的错误做法答记者问

有记者问：据台湾媒体报道，台“外交部长”简又新近日在美国参加美国企业研究所有关会议期间，同与会的美副总统切尼见了面，还讨论了“双边关系”。请问中方对此有何评论？

孔泉回答说，中方已就上述报道向美方表示严重关切，并要求美方作出澄清。

他说，美方与台湾当局进行任何形式的官方接触，都是对中美三个联合公报原则和美方有关承诺的公然违反。这种干涉中国内政的做法将给中美关系和两国的合作造成损害，中方对此表示坚决反对。

孔泉说，中方再次敦促美方认清台湾问题的重要性和敏感性，纠正与台进行官方接触的错误做法，以免给中美关系的发展制造障碍。

外交部部长助理沈国放在纽约联合国总部出席伊拉克重建会议非正式筹备会并发言

沈国放在发言时强调，伊拉克重建应以长期和平、稳定和发展为目标，致力于伊人民的长远利益和中东地区的长治久安。

沈国放说，安理会第1483号决议为伊拉克重建确立了基本框架，重申了维护伊拉克主权和领土完整、尊重伊人民自主意愿和发挥联合国重要作用等基本原则。这项决议代表了国际社会的共同意愿，必须得到全面和认真地执行。

他说，发挥联合国作用是重建工作的重要保障。伊战后重建离不开各国、各国际机构以及非政府组织的协调配合，更有赖于联合国的重要作用。

联合国伊拉克重建会议非正式筹备会6月24日在纽约联合国总部举行。中国、美国、英国、法国、俄罗斯和日本等50多个国家以及联合国开发计划署、世界银行、国际货币基金组织等10多个国际机构的代表出席了会议。

《国土资源保护与利用文献选编》出版

国土资源部与中央文献研究室合作编辑的《国土资源保护与利用文献选编》一书，近日由中央文献出版社出版，开始在全国各地发行。该书收入了自1979年3月至2002年10月党和国家关于国土资源保护与利用的文献77篇，约33万字，不少文献是第一次公开发表。

国务院副总理兼卫生部部长吴仪在中南海紫光阁会见世界卫生组织西太区主任尾身茂博士及世界卫生组织驻华代表贝汉卫

吴仪代表中国政府感谢世界卫生组织对中国抗击“非典”斗争给予的支持与合作，感谢世界卫生组织总部对北京的防治工作成绩给予的科学、客观的评价。吴仪表示，北京能够被取消旅行限制建议并从疫区名单中删除，将标志着中国走出了“非典”的阴影，迎来了一片蓝天。

吴仪希望世界卫生组织警惕台湾当局利用技术问题做政治文章。吴仪说，我们一直关心台湾的疫情，我们和台湾的信息交流是畅通的。今后我们仍然会积极推动两岸的卫生合作。但是我们决不允许利用技术问题做政治文章。

尾身茂高度评价中国的“非典”防治工作，对中国卓有成效的工作表示祝贺。

双方就中国与世界卫生组织中长期合作交换了意见。吴仪表示，中国愿意在完善突发公共卫生事件预警机制，健全疾病控制体系和疫情信息报告网络，加强医疗救治体系建设，特别是农村医疗卫生体系建设等方面加强与世界卫生组织合作。

尾身茂是应卫生部邀请于6月23日来华的。

卫生部常务副部长高强、外交部副部长刘古昌等有关方面负责人参加了会见。

卫生部和世界卫生组织在北京联合举行新闻发布会宣布我国防治“非典”工作取得阶段性重大胜利

世界卫生组织官员在新闻发布会上郑重宣布：从即日起解除对北京的旅行警告，并将北京从“近期有当地传播”的“非典”疫区名单中删除。

卫生部常务副部长高强在新闻发布会上说，抗击“非典”的历程使我们总结出一条宝贵的经验，这就是，在以胡锦涛同志为总书记的党中央领导下，只要我们团结一致，共度时艰，认真落实中央的重大决策和部署，广泛加强与国际的合作，就没有克服不了的困难。

世界卫生组织西太区主任尾身茂博士称，世界卫生组织解除对北京的旅行警告，这一决定是基于对北京整体情况进行全面分析而作出的，主要考虑因素有报告病例数、监测工作质量、控制措施是否有效、是否向外界输出病例等等。今天对北京的“双解除”，不仅对于中国而且对于世界“非典”防治都具有里程碑意义。至此，世界卫生组织已经没有对任何地区有旅行警告了。

高强说，世界卫生组织宣布对北京“双解除”，意味着北京防治“非典”的成绩得到了国际社会的充分肯定，标志着中国内地已经全部被解除了旅行限制并从疫区名单中除名，中国将恢复正常的社会和经济生活秩序。这标志着中国防治“非典”工作取得了阶段性的重大胜利。

据悉，目前全世界仅有中国台湾和加拿大多伦多市仍在世界卫生组织的“非典”疫区名单之列。

6月25日

中共中央国务院作出《关于加快林业发展的决定》

加强生态建设，维护生态安全，是21世纪人类面临的共同主题，也是我国经济社会可持续发展的重要基础。全面建设小康社会，加快推进社会主义现代化，必须走生产发展、生活富裕、生态良好的文明发展道路，实现经济发展与人口、资源、环境的协调，实现人与自然的和谐相处。森林是陆地生态系统的主体，林业是一项重要的公益事业和基础产业，承担着生态建设和林产品供给的重要任务，做好林业工作意义十分重大。为加快林业发展，实现山川秀美的宏伟目标，促进国民经济和社会发展，现作出如下决定。

一、加强林业建设是经济社会可持续发展的迫切要求

1.我国林业建设取得了巨大成就。新中国成立以来，特别是改革开放以来，党中央、国务院对林业工作十分重视，采取了一系列政策措施，有力地促进了林业发展。全民义务植树运动深入开展，全社会办林业、全民搞绿化的局面正在形成。“三北”防护林等生态工程建设成效明显，近几年实施的天然林保护、退耕还林、防沙治沙等重点工程进展顺利，部分地区的生态状况明显改善。森林、湿地和野生动植物资源保护得到加强。林业产业结构调整取得进展，各类商品林基地建设方兴未艾，林产工业得到加强，经济林、竹藤花卉产业和生态旅游快速发展，山区综合开发向纵深推进。森林资源的培育、管护和利用逐渐形成较为完整的组织、法制和工作体系。新中国成立以来，林业累计提供木材50多亿立方米，目前全国森林覆盖率已达到16.55%，人工林面积居世界第一位。林业为国家经济建设和生态状况改善作出了重要贡献，对促进新阶段农业和农村经济的发展，扩大城乡就业，增加农民收入，发挥着越来越重要的作用。

2.经济社会可持续发展迫切要求我国林业有一个大转变。随着经济发展、社会进步和人民生活水平的提高，社会对加快林业发展、改善生态状况的要求越来越迫切，林业在经济社会发展中的地位和作用越来越突出。林业不仅要满足社会对木材等林产品的多样化需求，更要满足改善生态状况、保障国土生态安全的需要，生态需求已成为社会对林业的第一需求。我国林业正处在一个重要的变革和转折时期，正经历着由以木材生产为主向以生态建设为主的历史性转变。

3.加快林业发展面临的形势依然严峻。目前我国生态状况局部改善、整体恶化的趋势尚未根本扭转，土地沙化、湿地减少、生物多样性遭破坏等仍呈加剧趋势。乱砍滥伐林木、乱垦滥占林地、乱捕滥猎野生动物、乱采滥挖野生植物等现象屡禁不止，森林火灾和病虫害对林业的威胁仍很严重。林业管理和经营体制还不适应形势发展的需要。林业产业规模小、科技含量低、结构不合理，木材供需矛盾突出，林业职工和林区群众的收入增长缓慢，社会事业发展滞后。从整体上讲，我国仍然是一个林业资源缺乏的国家，森林资源总量严重不足，森林生态系统的整体功能还非常脆弱，与社会需求之间的矛盾日益尖锐，林业改革和发展的任务比以往任何时候都更加繁重。

4.必须把林业建设放在更加突出的位置。在全面建设小康社会、加快推进社会主义现代化的进程中，必须高度重视和加强林业工作，努力使我国林业有一个大的发展。在贯彻可持续发展战略中，要赋予林业以重要地位；在生态建设中，要赋予林业以首要地位；在西部大开发中，要赋予林业以基础地位。

二、加快林业发展的指导思想、基本方针和主要任务

5.指导思想。以邓小平理论和“三个代表”重要思想为指导，深入贯彻十六大精神，确立以生态建设为主的林业可持续发展道路，建立以森林植被为主体、林草结合的国土生态安全体系，建设山川秀美的生态文明社会，大力保护、培育和合理利用森林资源，实现林业跨越式发展，使林业更好地为国民经济和社会发展服务。

6.基本方针。

——坚持全国动员，全民动手，全社会办林业。

——坚持生态效益、经济效益和社会效益相统一，生态效益优先。

——坚持严格保护、积极发展、科学经营、持续利用森林资源。

——坚持政府主导和市场调节相结合，实行林业分类经营和管理。

——坚持尊重自然和经济规律，因地制宜，乔灌草合理配置，城乡林业协调发展。

——坚持科教兴林。

——坚持依法治林。

7.主要任务。通过管好现有林，扩大新造林，抓好退耕还林，优化林业结构，增加森林资源，增强森林生

态系统的整体功能，增加林产品有效供给，增加林业职工和农民收入。力争到2010年，使我国森林覆盖率达到19%以上，大江大河流域的水土流失和主要风沙区的沙漠化有所缓解，全国生态状况整体恶化的趋势得到初步遏制，林业产业结构趋于合理；到2020年，使森林覆盖率达到23%以上，重点地区的生态问题基本解决，全国的生态状况明显改善，林业产业实力显著增强；到2050年，使森林覆盖率达到并稳定在26%以上，基本实现山川秀美，生态状况步入良性循环，林产品供需矛盾得到缓解，建成比较完备的森林生态体系和比较发达的林业产业体系。

实现上述目标，必须努力保护好天然林、野生动植物资源、湿地和古树名木；努力营造好主要流域、沙地边缘、沿海地带的水源涵养林、水土保持林、防风固沙林和堤岸防护林；努力绿化好宜林荒山、地埂田头、城乡周围和道渠两旁；努力建设好用材林、经济林、薪炭林和花卉等商品林基地；努力发展好森林公园、城市森林和其他游憩性森林。同时，要加快林业结构调整步伐，提高林业经济效益；加快林业管理体制和经营机制创新，调动社会各方面发展林业的积极性。

三、抓好重点工程，推动生态建设

8.坚持不懈地搞好林业重点工程建设。要加大力度实施天然林保护工程，严格天然林采伐管理，进一步保护、恢复和发展长江上游、黄河上中游地区和东北、内蒙古等地区的天然林资源。认真抓好退耕还林(草)工程，切实落实对退耕农民的有关补偿政策，鼓励结合农业结构调整和特色产业开发，发展有市场、有潜力的后续产业，解决好退耕农民的长远生计问题。继续推进"三北"、长江等重点地区的防护林体系工程建设，因地制宜、因害设防，营造各种防护林体系，集中治理好这些地区不同类型的生态灾害。切实搞好京津风沙源治理等防沙治沙工程，通过划定封禁保护区、种树种草、小流域治理、舍饲圈养、生态移民、合理利用水资源等综合措施，保护和增加林草植被，尽快使首都及主要风沙区的风沙危害得到有效遏制。高度重视野生动植物保护及自然保护区工程建设，抓紧抢救濒危珍稀物种，修复典型生态系统，扩大自然保护面积，提高保护水平，切实保护好我国的野生动植物资源、湿地资源和生物多样性。加快建设以速生丰产用材林为主的林业产业基地工程，在条件具备的适宜地区，发展集约林业，加快建设各种用材林和其他商品林基地，增加木材等林产品的有效供给，减轻生态建设压力。

9.深入开展全民义务植树运动，采取多种形式发展社会造林。不断丰富和完善义务植树的形式，提高适龄公民履行义务的覆盖面，提高义务植树的实际成效。义务植树要实行属地管理，农村以乡镇为单位、城市以街道为单位，建立、健全义务植树登记制度和考核制度。进一步明确部门和单位绿化的责任范围，落实分工负责制，并加强监督检查。绿色通道工程要与道路建设和河渠整治统筹规划，合理布局，加快建设。城市绿化要把美化环境与增强生态功能结合起来，逐步提高建设水平。鼓励军队、社会团体、外商造林和群众造林，形成多主体、多层次、多形式的造林绿化格局。

四、优化林业结构，促进产业发展

10.加快推进林业产业结构升级。适应生态建设和市场需求的变化，推动产业重组，优化资源配置，加快形成以森林资源培育为基础、以精深加工为带动、以科技进步为支撑的林业产业发展新格局。鼓励以集约经营方式，发展原料林、用材林基地。积极发展木材加工业尤其是精深加工业，延长产业链，实现多次增值，提高木材综合利用率。突出发展名特优新经济林、生态旅游、竹藤花卉、森林食品、珍贵树种和药材培植以及野生动物驯养繁殖等新兴产品产业，培育新的林业经济增长点。充分发挥我国地域辽阔、生物资源和劳动力丰富的优势，大力发展特色出口林产品。

11.加强对林业产业发展的引导和调控。根据市场需要、资源条件和产业基础，抓紧编制林业产业发展规划，制定产业政策，引导产业健康发展，避免低水平重复建设。鼓励培育名牌产品和龙头企业，推广公司带基地、基地连农户的经营形式，加快林业产业发展。扶持发展各种专业合作组织，完善社会化服务体系，培育、规范林产品和林业生产要素市场，对农民生产的木材允许产销直接见面，拓宽农民进入市场的渠道，增强林业产业发展活力。

12.进一步扩大林业对外开放。充分利用国内外两个市场、两种资源，加快林业发展。针对我国林业基础薄弱、建设任务繁重的情况，要加大引进力度，着力引进资金、资源、良种、技术和管理经验。努力扩大林业利用外资规模，鼓励外商投资造林和发展林产品加工业。制定有利于扩大林产品出口的政策，完善林产品出口促进机制，提高我国林产品的国际竞争力。坚持实施"走出去"战略，加强海外林业开发。积极开展森林认证工作，尽快与国际接轨。采取有效措施，加强对我国种质资源的保护和输出管理，防止境外有害生物传入。认真履行有关国际公约，加强生态保护领域的国际交流与合作。

五、深化林业体制改革，增强林业发展活力

13.进一步完善林业产权制度。这是调动社会各方面造林积极性，促进林业更好更快发展的重要基础。要依法严格保护林权所有者的财产权，维护其合法权益。对权属明确并已核发林权证的，要切实维护林权证的法律效力；对权属明确尚未核发林权证的，要尽快核发;对权属不清或有争议的,要抓紧明晰或调处,并尽快核发权属证明。退耕土地还林后,要依法及时办理相关手续。

已经划定的自留山,由农户长期无偿使用,不得强行收回。自留山上的林木,一律归农户所有。对目前仍未造林绿化的,要采取措施限期绿化。

分包到户的责任山,要保持承包关系稳定。上一轮承包到期后,原承包做法基本合理的,可直接续包;原承包做法经依法认定明显不合理的,可在完善有关做法的基础上继续承包。新一轮的承包,都要签订书面承包合同,承包期限按有关法律规定执行。对已经续签承包合同,但不到法定承包期限的,经履行有关手续,可延长至法定期限。农户不愿意继续承包的,可交回集体经济组织另行处置。

对目前仍由集体统一经营管理的山林,要区别对待,分类指导,积极探索有效的经营形式。凡群众比较满意、经营状况良好的股份合作林场、联办林场等,要继续保持经营形式的稳定,并不断完善。对其他集中连片的有林地,可采取"分股不分山、分利不分林"的形式,将产权逐步明晰到个人。对零星分散的有林地,可将林木所有权和林地使用权合理作价后,转让给个人经营。对宜林荒山荒地,可直接采取分包到户、招标、拍卖等形式确定经营主体,也可以由集体统一组织开发后,再以适当方式确定经营主体;对造林难度大的宜林荒山荒地,可通过公开招标的方式,将一定期限的使用权无偿转让给有能力的单位或个人开发经营,但必须限期绿化。不管采取哪种形式,都要经过本集体经济组织成员的民主决策,集体经济组织内部的成员享有优先经营权。

14. 加快推进森林、林木和林地使用权的合理流转。在明确权属的基础上,国家鼓励森林、林木和林地使用权的合理流转,各种社会主体都可通过承包、租赁、转让、拍卖、协商、划拨等形式参与流转。当前要重点推动国家和集体所有的宜林荒山荒地荒沙使用权的流转。对尚未确定经营者或其经营者一时无力造林的国有宜林荒山荒地荒沙,也可按国家有关规定,提供给附近的部队、生产建设兵团或其他单位进行植树造林,所造林木归造林者所有。森林、林木和林地使用权可依法继承、抵押、担保、入股和作为合资、合作的出资或条件。积极培育活立木市场,发展森林资源资产评估机构,促进林木合理流转,调动经营者投资开发的积极性。

要规范流转程序,加强流转管理。认真做好流转的各项服务工作,及时办理权属变更登记手续,保护当事人的合法权益。在流转过程中,要坚决防止出现乱砍滥伐、改变林地用途、改变公益林性质和公有资产流失等现象。要切实加强对流转后应当用于林业建设资金的监督管理。国务院林业主管部门要会同有关部门抓紧制定森林、林木和林地使用权流转的具体办法,报国务院批准后实施。

15. 放手发展非公有制林业。国家鼓励各种社会主体跨所有制、跨行业、跨地区投资发展林业。凡有能力的农户、城镇居民、科技人员、私营企业主、外国投资者、企事业单位和机关团体的干部职工等,都可单独或合伙参与林业开发,从事林业建设。要进一步明确非公有制林业的法律地位,切实落实"谁造谁有、合造共有"的政策。统一税费政策、资源利用政策和投融资政策,为各种林业经营主体创造公平竞争的环境。

16. 深化重点国有林区和国有林场、苗圃管理体制改革。建立权责利相统一,管资产和管人、管事相结合的森林资源管理体制。按照政企分开的原则,把森林资源管理职能从森工企业中剥离出来,由国有林管理机构代表国家行使,并履行出资人职责,享有所有者权益;把目前由企业承担的社会管理职能逐步分离出来,转由政府承担,使企业真正成为独立的经营主体,参与市场竞争。国有森工企业要按照专业化协作的原则,进行企业重组,妥善分流安置企业富余职工。国务院林业主管部门要会同有关省、自治区、直辖市人民政府和国务院有关部门研究制定具体改革方案,报国务院批准后实施。

深化国有林场改革,逐步将其分别界定为生态公益型林场和商品经营型林场,对其内部结构和运营机制作出相应调整。生态公益型林场要以保护和培育森林资源为主要任务,按从事公益事业单位管理,所需资金按行政隶属关系由同级政府承担。商品经营型林场和国有苗圃要全面推行企业化管理,按市场机制运作,自主经营,自负盈亏,在保护和培育森林资源、发挥生态和社会效益的同时,实行灵活多样的经营形式,积极发展多种经营,最大限度地挖掘生产经营潜力,增强发展活力。切实关心和解决贫困国有林场、苗圃职工生产生活中的困难和问题。加快公有制林业管理体制改革,鼓励打破行政区域界限,按照自愿互利原则,采取联合、兼并、股份制等形式组建跨地区的林场和苗圃联合体,实现规模经营,降低经营成本,提高经济效益。

17. 实行林业分类经营管理体制。在充分发挥森林多方面功能的前提下,按照主要用途的不同,将全国林业区分为公益林业和商品林业两大类,分别采取不同的管理体制、经营机制和政策措施。改革和完善林木限额采伐制度,对公益林业和商品林业采取不同的资源管理办法。公益林业要按照公益事业进行管理,以政府投资为主,吸引社会力量共同建设;商品林业要按照基础产业进行管理,主要由市场配置资源,政府给予必要扶持。凡纳入公益林管理的森林资源,政府将以多种方式对投资者给予合理补偿。要逐步改变现行的造林投入和管理方式,在进一步完善招投标制、报账制的同时,安排部分造林投资,探索直接收购各种社会主体营造的非国有公益林。公益林建设投资和森林生态效益补偿基金,按照事权划分,分别由中央政府和各级地方政府承担。加快建立公益林业认证体系。

六、加强政策扶持,保障林业长期稳定发展

18. 加大政府对林业建设的投入。要把公益林业建设、管理和重大林业基础设施建设的投资纳入各级政府的财政预算,并予以优先安排。对关系国计民生的重点生态工程建设,国家财政要重点保证;地方规划的区域性生态工程建设投资,要纳入地方财政预算;部门规划的配套生态工程建设投资,要纳入相关工程的总体预算。森林生态效益补偿基金分别纳入中央和地方财政预算,并逐步增加资金规模。以工代赈、农业综合开发等财政支农资金,也要适当增加对林业建设的投入。对重点地区速生丰产用材林基地建设和珍贵树种用材林建设中的森林防火、病虫害防治和优良种苗的开发推广等社会性、公益性建设,由国家安排部分投资。逐步规范各项生态工程建设的造林补助标准。随着重点国有林区改革的逐步深入,有关地方政府要承担起原来由森工企业承担的社会事业投入,国家给予必要支持。

19. 加强对林业发展的金融支持。国家继续对林业实行长期限、低利息的信贷扶持政策,具体贷款期限可根据林木的生长周期由银行和企业协商确定,并视情况给予一定的财政贴息。有关金融机构对个人造林育林,要适当放宽贷款条件,扩大面向农户和林业职工的小额信贷和联保贷款。林业经营者可依法以林木抵押申请银行贷款。鼓励林业企业上市融资。

20. 减轻林业税费负担。继续执行国家已经出台的各项林业税收优惠政策,并予以规范。按照农村税费改革的总体要求,逐步取消原木、原竹的农业特产税。取消对林农和其他林业生产经营者的各种不合理收费。改革育林基金征收、管理和使用办法,征收的育林基金要逐步全部返还给林业生产经营者,基层林业管理单位因此出现的经费缺口由财政解决。

七、强化科教兴林,坚持依法治林

21. 加强林业科技教育工作。要重视林业科学基础研究、应用研究和高新技术开发,提高林业的科技创新能力。重点研发林木良种选育、条件恶劣地区造林、重大森林病虫害防治、防沙治沙、森林资源与生态监测、种质资源保存与利用、林农复合经营、林火管理与控制及主要经济林产品加工转化等关键性技术。抓好林业重点实验室、野外重点观测台站、林业科学数据库和林业信息网络建设。林业重点工程建设与林业技术推广要同步设计、同步实施、同步验收。深化林业科技体制改革,国家在扶持基础性、公益性林业科学研究的同时,积极推动非公益性科学研究和技术推广走向市场。鼓励林业科研单位、大专院校和科技人员,通过创办科技型企业、建立科技示范点、开展科技承包和技术咨询服务等形式,加快科技成果转化。要加强林业技术推广服务体系建设,稳定科技工作队伍。对林业科学研究、新技术推广和新产品开发等方面有突出贡献的单位和个人,要给予重奖。完善相关政策,推动林科教、技工贸相结合。积极推进林业标准化工作,建立、健全林业质量标准和检验检测体系。不断加强林业科技领域的国际合作。根据林业建设特点,建立各类林业人才教育和培训体系。切实加大对林业职工的培训力度,提高林业建设者的整体素质。

22. 加强林业法制建设。加快林业立法工作,抓紧制定天然林保护、湿地保护、国有森林资源经营管理、森林林木和林地使用权流转、林业建设资金使用管理、林业工程质量监管、林业重点工程建设等方面的法律、法规,并根据新情况对现有法律、法规进行修订。加大林业执法力度,严格森林和野生动植物资源保护管理,严厉打击乱砍滥伐林木、乱垦滥占林地、乱捕滥猎野生动物等违法犯罪行为,严禁随意采挖野生植物。加强林业执法监管体系,充实执法监督力量,改善执法监督条件,提高执法监督队伍素质。加强林业法制教育和生态道德教育,为执法人员依法办事创造良好的社会氛围和执法环境。

八、切实加强对林业工作的领导

23. 各级党委和政府要高度重视林业工作。要充分认识加强林业建设对实施可持续发展战略、全面建设小康社会的重要性和紧迫性,将其纳入国民经济和社会发展规划,做到认识到位,责任到位,政策到位,工作到位。各有关部门要认真履行职责,密切配合,支持林业发展。根据加快林业发展的需要,强化林业行政管理体系,加强各级政府的林业行政机构建设。建立完善的林业动态监测体系,整合现有监测资源,对我国的森林资源、土地荒漠化及其他生态变化实行动态监测,定期向社会公布。健全林业推广和服务体系,乡镇林业工作站是对林业生产经营实施组织管理的最基层机构,要充分发挥政策宣传、资源管护、林政执法、生产组织、科技推广和社会化服务等职能和作用。林业行业要继续发扬艰苦奋斗、无私奉献的精神,为促进林业发展再立新功。

24. 坚持并完善林业建设任期目标管理责任制。要合理划分中央和地方政府在林业建设方面的事权。中央政府领导全国林业工作,主要负责制定林业法规、政策和国家林业发展规划，指导和协调解决全国性或跨省、自治区、直辖市的重大林业和生态问题，帮助地方加快林业发展。各级地方政府对本地区林业工作全面负责，政府主要负责同志是林业建设的第一责任人，分管负责同志是林业建设的主要责任人。对林业建设的主要指标，实行任期目标管理，严格考核、严格奖惩，并由同级人民代表大会监督执行。各级地方党委组织部门和纪检监察机关，要把责任制的落实情况作为干部政绩考核、选拔任用和奖惩的重要依据。国家林业重点工程建设，要坚持规划落实到省、任务分解到省、资金分配到省、责任明确到省的管理制度。工程建设的进展情况，要定期检查，定期通报。建立重大毁林案件、违规使用资金案件和工程质量事故责任追究制度，对违反规定的，要严格追究有关领导人的责任。

25. 动员全社会力量关心和支持林业工作。各级工会、妇联、共青团和民兵、青年、学生组织及其他社会团体，要发挥各自作用，动员社会各界力量，投身国土绿化事业。人民解放军和武警部队为保护森林、绿化祖国作出了重要贡献，要继续发扬优良传统，积极承担造林绿化任务。要大力加强林业宣传教育工作，不断提高全民族的生态安全意识。中小学教育要强化相关内容，普及林业和生态知识。新闻媒体要将林业宣传纳入公益性宣传范围。

各地区各部门要紧密团结在以胡锦涛同志为总书记的党中央周围，高举邓小平理论伟大旗帜，认真贯彻“三个代表”重要思想，动员和组织全国人民，积极投身林业建设的伟大事业，为把我国建设成为山川秀美、生态和谐、可持续发展的社会主义现代化国家而努力奋斗！

十届全国人大常委会第三次会议在北京举行全体会议

全国人大常委会委员长吴邦国出席会议。在全国人大常委会副委员长王兆国主持下，会议听取国务院关于2002年中央决算的报告、关于2002年度中央预算执行和其他财政收支的审计工作报告、全国人大常委会执法检查组关于检查固体废物污染环境防治法实施情况的报告等。

受国务院委托，财政部部长金人庆作关于2002年中央决算的报告。他说，2002年中央财政总收入11026.6亿元，总支出14123.47亿元，收支相抵赤字3096.87亿元，比九届全国人大五次会议批准的赤字数额减少1.28亿元。财政收入圆满完成了预算，重点支出得到较好保障，国债投资项目顺利实施，财政改革进一步深化。今年以来预算执行和财政工作情况总体形势是好的，但还面临着不少困难和挑战。尤其是今后“非典”疫情和洪涝灾情的发展变化对财政的影响具有不确定性。

受国务院委托，审计署审计长李金华作关于2002年度中央预算执行和其他财政收支的审计工作报告。他说，2002年度中央预算执行和其他财政收支情况是好的。他还分别指出在审计中发现的中央本级预算管理、中央专项转移支付管理、中央税收征管、国务院部门预算执行、专项资金管理使用、建设银行和农业发展银行经营管理、国有骨干企业领导人经济责任审计和县乡财政管理中存在的主要问题。他说，审计署对查出的问题依法进行了处理，国务院年底前将就这些问题的全面整改情况向全国人大常委会作专题报告。

全国人大常委会执法检查组5—6月赴天津、重庆、辽宁、福建和上海等地，对固体废物污染环境防治法实施情况进行了检查。全国人大常委会副委员长、执法检查组组长盛华仁向常委会报告了检查情况。他说，固体废物污染环境防治法公布施行8年来，固体废物污染防治工作取得初步成效，但总体上还处于起步阶段，发展很不平衡，形势依然严峻，突出问题主要有：工业固体废物综合利用和处置问题突出；城市生活垃圾处理设施能力不足、标准不高，处理方式单一；危险废物集中处置能力低下；电子废物污染问题逐步显现；农村固体废物污染问题日益严重。他还就切实加强固体废物污染防治工作提出了具体建议。

会议还审议了全国人大代表团访问瓦努阿图、巴布亚新几内亚并出席第三届太平洋岛国论坛议长会议对话会情况的书面报告。

全国人大常委会副委员长李铁映、司马义·艾买提、丁石孙、成思危、许嘉璐、蒋正华、顾秀莲、热地、路甬祥、乌云其木格、韩启德出席会议。国务委员唐家璇、最高人民法院院长肖扬、最高人民检察院检察长贾春旺列席会议。

全国人大常委会组成人员进行分组审议

全国人大常委会委员长吴邦国参加分组审议。

委员们认为，2002年较好地完成了全国人大批准的年度预算任务，为保持国民经济持续较快发展，维护社会稳定发挥了巨大的作用。但预算执行和其他财政工作中还存在一些迫切需要解决的问题，这就要求进一步规范中央预算管理，提高财政资金使用效益，严禁挤占挪用。要牢固树立依法理财观念，健全科学决策机制，深化财政体制改革。

委员们认为，审计工作报告指出了财政预算执行中的8个方面的问题，实事求是地反映了财政收支中的一些弊端，体现了审计工作认真贯彻实践“三个代表”重要思想的高度责任感。对于报告中反映的问题，有关单位要认真加以纠正，对制度规定不完善、管理不规范的问题，要建章立制，从根本上加以解决，堵住漏洞。县乡政府要端正理财思想，严禁搞“形象工程”、“政绩工程”。委员们对今年前5个月，特别是新一届政府成立以来的财政收支的情况给予了积极评价。总体财政决算收支平衡情况是好的，重点支出向低收入群体和困难群体倾斜，向农业农民倾斜，向科技教育倾斜，充分体现了“三个代表”的思想。尤其是防治“非典”的特殊时期，在以胡锦涛同志为总书记的党中央的领导下采取了一系列行之有效的措施，财政也做了很大的贡献。相信今年下半年财政工作能应对各种挑战，保障国民经济稳定增长，并确保完成全年预算任务。有的委员提出，“非典”给我们带来诸多启示，各级财政要加大对社会保障、教育、卫生、文化等领域的投入，尤其要确保卫生事业支出，重点加强农村卫生体系建设。有的委员提出，当前要认真研究“非典”疫情之后各级财政出现的新情况，考虑“非典”疫情带来的不仅是“直接影响”，还有很多“连带影响”和“滞后影响”，尤其要具体帮助县乡解决当前财政存在的突出矛盾。有的委员还建议对防治“非典”的专项基金、专项资金和捐赠款物使用的情况进行专项审计，对于贪污挪用专项基金、专项资金的，必须严肃查处；对涉嫌犯罪的，要追究其刑事责任。

中央纪委和监察部在北京召开中央和国家机关纪检监察机构负责人会议

会议由中央书记处书记、中央纪委副书记何勇主持。中共中央政治局常委、中央纪委书记吴官正出席会议并讲话。他指出，纪检监察派驻机构是中央和国家机关开展反腐倡廉工作的重要力量，为深入推进党风廉政建设和反腐败斗争作出了贡献。他强调，一定要增强责任感和紧迫感，努力完成中央纪委第二次全会部署的各项任务。中央和国家机关要发挥从源头上预防和治理腐败的优势，通过深化改革，创新体制机制，加强对权力运行的制约和监督；坚持标本兼治，逐步建立起教育、制度、监督三者并重的预防和惩处腐败的体系。

吴官正还就积极稳妥地推进派驻纪检监察机构统一管理试点工作提出要求。

中央纪委副书记、监察部部长李至伦在会上就派驻纪检监察机构统一管理试点工作作了讲话。

国家环保总局等六部委经国务院同意联合开展“清理整顿不法排污企业保障群众健康环保行动”

在3个月的时间里，清理整顿行动将以八大地区为重点，对死灰复燃的“十五小”、“新五小”等严重危害人民群众身体健康的企业进行清理整顿，以实际行动贯彻“三个代表”重要思想。

据介绍，“九五”期间，在全国范围内开展大规模环境污染治理工作，取得明显成效。全国23万家有污染工业企业，90%以上完成主要污染物的达标排放任务。但受经济利益的驱动和部分地方存在的地方保护主义影响，不少地方出现了污染反弹上升的势头。近来，一些地方相继发生因企业违法排污导致群体性中毒伤亡事故，对人民群众生命财产安全构成严重威胁。国务院领导高度重视，要求彻底清查。

国家环保总局、国家发展和改革委员会、监察部、国家工商管理总局、司法部和国家安全生产监督管理局六部委开展的这次行动，拉开了分别以“让人民喝上干净水，呼吸清洁空气，吃上放心食物”为主题的3年严查行动的序幕。这次严查将切实解决人民群众反映强烈、危害群众健康的突出环境问题，并由此推进产业结构的调整。清理整顿的重点是违反环境管理规定上马的建设项目；未按国家规定期限淘汰的落后生产能力、工艺和产品；从事废五金电器、电线电缆和电机加工利用场所，群众健康危害长期得不到解决的污染行业集中地区。其中包括河北省辛集市、无极县、蠡县小制革企业群；安徽省界首市、太和县回收蓄电池土法炼铅企业群；广东省贵屿、南海、清远废五金电器、废电线电缆、废电机加工利用企业和化工企业群等八大重点地区。

国台办新闻发言人李维一在北京出席新闻发布会并答记者问

李维一在回答记者的提问时指出，对于有人在台湾地区试图推动所谓“公民投票”，我们的态度是一贯的、明确的、坚定的。台湾当局纵容、支持少数“台独”分裂分子，试图通过所谓的“公民投票”来进行分裂活动，破坏台海和平，制造两岸关系紧张，是违背包括广大台湾同胞在内的整个中华民族的根本利益的。对此，我们坚决反对。

李维一强调，台湾问题是中美关系中最重要、最敏感的核心问题。美国政府应当切实信守承诺，坚持一个中国政策，恪守中美三个联合公报，反对一切形式的“台独”。这不仅有利于中美关系的大局和台湾海峡局势的稳定，也有助于保持亚太地区的和平与安全。

有记者问，两岸非典型肺炎（SARS）疫情日趋缓解，大陆方面对于尽快恢复两岸交流交往将有何考虑？对此李维一回答说，自出现SARS疫情以来，海峡两岸各项交流交往受到很大影响。我们希望台湾也能尽快从疫区中除名，使两岸交流交往恢复常态。这是两岸民众的热切需要。

应记者的要求，李维一还介绍了截至6月下旬，祖国大陆方面以各种方式向台湾捐赠抗击SARS物品的情况。他说,祖国大陆在抗击“非典”的同时,时刻关心同为骨肉同胞的台湾兄弟姐妹们的困难,在各方面给予大力帮助。祖国大陆各界通过各种渠道为台湾民众捐赠了防治SARS医用物品,包括:中华医学会捐赠11万套防护服、11万双防护鞋套、5万个符合N95标准口罩;北京大学医学部捐赠2万套防护服、2万双防护鞋套、5万个符合N95标准口罩;中国科协捐赠1万个口罩、1000套防护服、1000只眼罩等医用物品;国家民委所属中华民族团结进步协会捐赠价值近50万元的保健物品;苏州市捐赠2万只口罩、1万件手术衣;福建省捐赠2万余个口罩和3台空气消毒机;中国科学院基因研究所捐赠3000多人份的“SARS病毒酶联免疫检测试剂盒”。

交通部在南京宣布长江江苏段将实施分道航行

自7月1日起,长江江苏段开始实施船舶定线制。交通部有关人士认为,这将是长江航运史上的一件具有划时代意义的事情,今后国内内河航运将逐步全面实施船舶定线制。

船舶定线制,是指通过法律规定或推荐形式,指定船舶在某些水域航行时严格按一定的航线、航路航行的制度。简单说,就是分道航行,即按大船分道、小船分流、各自靠右航行的原则重新进行航路的设计。

这一举措将结束长江江苏段海轮不能夜航的历史,为实现中外船舶全天候通航、提高口岸的运转效率创造必要的条件。

全国人大常委会副委员长王兆国在人民大会堂会见以老挝人民革命青年团代书记佩沙空·卢昂·阿帕为团长的老挝人民革命青年团代表团

英国首相布莱尔在伦敦会见外交部部长李肇星

外交部部长李肇星在伦敦与英国外交大臣斯特劳举行会谈

双方讨论了伊拉克问题和朝鲜核问题。

李肇星当天还分别会见了英国前副首相、英中论坛英方主席赫塞尔廷和保守党副领袖安克拉姆。

国家中长期科学和技术发展规划领导小组办公室在北京在北京举办规划战略研究论坛

会议为期3天。国务委员、国家中长期科学和技术发展规划领导小组副组长陈至立出席会议并讲话。

会议传达了中共中央政治局常委、国务院总理、国家中长期科学和技术发展规划领导小组组长温家宝近日关于规划制定工作的重要指示。温家宝指出,制定这个规划,是党的十六大提出的一项重要任务,是本届政府必须着力做好的一项重要工作,也是科技界的一件大事。搞好规划的制定,必须明确一个正确的指导方针。这是制定规划的基础;必须确定主攻方向和目标,规划最终要落实到重点项目、重点课题上,这是规划的最终成果;必须实行决策的科学化、民主化,使规划制定成为一个发扬民主、集思广益的过程。

国务院副秘书长、规划领导小组成员陈进玉传达了温家宝总理的重要指示。

陈至立在讲话中指出,制定规划要充分体现“发展是硬道理”,提出明确的国家目标;要贯彻“有所为、有所不为”的原则,凝练出一批重大课题、重大项目;要构建良好的科技发展平台并形成大力协同、开拓创新的科技发展机制和体制。

国务院新闻办公室举行记者招待会介绍我国防治“非典”科技攻关进展

全国防治非典型肺炎指挥部科技攻关组副组长、科技部副部长李学勇,中国科学院副院长陈竺,军事医学科学院副院长黄培堂,介绍了我国在防治“非典”科技攻关方面取得的进展。

我国防治“非典”科技攻关取得的成果主要有:第一,一批重要成果已经得到有效的应用。比如,中西医结合治疗取得了比较明显的效果,该疗法在5个方面具有明显作用;开发的系列生物防护攻关用品形成了一整套生物防护链,为减少一线医护人员的感染,提供了有力的帮助;流行病学的研究成果,为疫情控制措施提供了可靠的依据。第二,在目前世界上尚未取得突破的一些领域,如疫苗、药物和诊断试剂研制等方面,取得了关键性进展,为下一步工作奠定了重要的基础。经过攻关,灵长类动物感染模型已取得突破性进展;两项灭活疫苗研究已完成实验室制备,灭活疫苗灵长类动物实验进展顺利;筛选和发现了一批具有自主知识产权的候选药物;诊断试剂和基因芯片研制取得新进展,正在抓紧进行临床评价。第三,初步建立起了防治“非典”研究平台。特别是已完成了对全国生物安全三级(P3)实验室的考核评价工作,并在短时间内完成了改扩建工作,已基本满足了防治“非典”研究的实验室需求。第四,加强了防治“非典”研究生物安全管理。科技部联合卫生部、国家食品药品监督管理局、国家环境保护总局制定并下发了《传染性非典型肺炎病毒研究实验室暂行管理办法》和《传染性非典型肺炎病毒的毒种保存、使用和感染动物模型的暂行管理办法》;下发了《关于进一步加强非典型肺炎研究生物安全管理工作的紧急通知》,并结合政策法规,开展了重点督查。第五，积极开展国际合作。

李学勇说，科技攻关组下一阶段要突出解决的关键问题是：一是进一步深入开展SARS流行规律的研究和防治措施的科学评价；二是加速疫苗和有效药物的研制开发，争取早日突破；三是加紧诊断技术和试剂的研究开发，为流行病学研究和临床诊断提供有效的技术手段。

在记者招待会上，中国科学院副院长陈竺和中国军事医学科学院副院长黄培堂指出：在防治"非典"的科技攻关中，中国科学家整体上打了胜仗。

针对有人认为中国科学家整体上打了败仗的说法，陈竺认为，中国虽然是"非典"发病数最多、受害最重的国家，但是平均死亡率是6.7%，而全球8000多例患者总的死亡率是9.3%。从这一点来看，我们总体上是打了胜仗。

中国代表团团长杨洁篪在华盛顿出席"碳收集领导人论坛"首届会议

由美国能源部主持的"碳收集领导人论坛"6月23日至25日在华盛顿举行，包括中国在内的13个国家和欧盟的部长级官员出席。

会议讨论了碳收集技术的经济及技术可行性等问题。碳收集技术旨在将工业生产过程中产生的二氧化碳收集并安全地存储起来，减少向大气的排放，以减少温室气体在大气层中的聚积，从而减缓全球气候变化。

会议通过了《碳收集领导人论坛宪章》，25日，与会代表签署了这一文件，中国代表团团长杨洁篪大使出席了签字仪式，并代表中国政府签署了宪章。宪章规定了论坛的宗旨、组织、职能等，旨在促进有关国家在碳收集技术方面的合作，但它不具有法律约束力。

在6月24日的部长级圆桌会议上，杨洁篪发言指出，气候变化是人类面临的重大课题，需要国际社会共同关注。技术进步与合作是减少温室气体排放、减缓全球变暖的重要途径。考虑到目前世界的能源结构和能源技术发展现状，发展碳收集技术可能成为对付全球变暖的另一途径。中国代表团积极参与本次论坛的活动，表明了中国对全球共同努力对付气候变化的支持。

6月26日

全国政协机关举行庆祝中国共产党成立82周年大会

中共中央政治局常委、全国政协主席贾庆林出席并讲话。他要求各级政协组织和广大政协委员认真落实中共中央《通知》精神，兴起学习贯彻"三个代表"重要思想的新高潮。全国政协机关的中共党员代表在会上交流了学习"三个代表"重要思想的心得体会。

全国政协副主席王忠禹出席大会。全国政协秘书长郑万通就全国政协机关兴起学习贯彻"三个代表"重要思想新高潮作了动员讲话。

全国政务公开领导小组第一次会议在北京召开

全国政务公开领导小组由中央纪委、监察部、国务院办公厅、中央组织部、民政部、财政部、人事部、国务院信息化工作办公室负责同志组成。此次会议通报了全国政务公开工作的进展情况，讨论通过了下一步工作要点。

中央书记处书记、中央纪委副书记、全国政务公开领导小组组长何勇出席会议并讲话。他强调，要以"三个代表"重要思想为指导，充分认识推行政务公开的重大意义，切实加强对政务公开工作的领导，推动政务公开工作深入开展。

国务院总理温家宝签署第382号令公布《公共文化体育设施条例》

《公共文化体育设施条例》已经2003年6月18日国务院第12次常务会议通过，现予公布，自2003年8月1日起施行。

总　理　温家宝

2003年6月26日

公共文化体育设施条例(略)

全国人民代表大会财政经济委员会关于2002年中央决算的审查报告

全国人民代表大会常务委员会：

第十届全国人民代表大会常务委员会第三次会议听取了财政部部长金人庆受国务院委托所作的《关于2002年中央决算的报告》和审计署审计长李金华受国务院委托所作的《关于2002年度中央预算执行和其他财政收支的审计工作报告》。全国人民代表大会财政经济委员会根据全国人大常委会组成人员的审查意见，结合审计工作报告，对决算草案和决算报告进行了审查。现将审查结果报告如下：

国务院报告的2002年中央决算，中央财政总收入11026.6亿元，比预算增加380.72亿元，完成预算的103.6%；中央财政总支出14123.47亿元，比预算增加379.44亿元，完成预算的102.8%；中央财政赤字3096.87亿元，比预算减少1.28亿元；国债发行5929亿元，其中代地方发债250亿元，均与预算持平。

2002年，国务院及其财政等部门认真贯彻中共中央确定的方针政策，落实《第九届全国人民代表大会第五次会议关于2001年中央和地方预算执行情况及

2002年中央和地方预算的决议》，继续实施积极的财政政策，加强和改善宏观调控，努力培育和扩大需求，深化财税改革，采取措施克服困难，开源节流，努力组织财政收入，保持了财政收入的稳定增长，财政支出结构进一步优化，重点支出得到较好保障。财政对促进经济和社会发展、保持稳定发挥了重要作用。去年12月国务院向全国人大常委会报告了预计财政超收收入安排使用情况，超收收入主要用于补充全国社会保障基金和增加公路建设支出。

审计署继续加大审计力度，为规范财政预算管理，促进财税改革，完善财税法规，加强廉政建设，做了大量工作，发挥了十分重要的作用。审计结果表明：2002年中央预算执行和其他财政收支情况是好的，完成了全国人大批准的年度预算。同时，中央预算执行和其他财政收支中仍然存在一些不容忽视的问题，如中央预算管理还存在不规范的现象；中央对地方专项转移支付管理亟待改进；一些部门和单位没有严格执行“收支两条线”的规定；政府性基金管理还存在一些问题；一些地方县乡财政困难突出等。建议国务院责成有关部门和地方，对审计查出的问题，认真分析原因，切实加强整改，限期纠正，对责任人依法追究责任，在2003年年底前将纠正情况和处理结果向全国人大常委会提出报告。国务院在审计工作报告中提出的加强中央预算管理的意见是可行的，要认真加以落实。

财经委员会认为，2002年中央预算完成情况是好的，建议批准《2002年中央决算(草案)》和《关于2002年中央决算的报告》。

今年以来财政收支形势总体上比较好。国务院及其财政等部门积极应对“非典”疫情带来的不利影响，努力组织财政收入，保证了财政收入的稳定增长。同时，对疫情地区、部分困难行业制定和实行一系列减免税等优惠政策，加大财政支持力度，帮助受疫情影响大的行业克服困难，渡过难关。在财政支出上，适当调整支出结构，压缩一般性开支，加大“非典”防治、公共卫生体系建设等投入。这些措施是必要的，也是及时的。面对今年的特殊情况，要注意分析财政收支形势，充分估计可能出现的困难，国务院及其财政等部门要继续抓好预算执行工作，依法加强收入征管，调整支出结构，确保重点支出需要，厉行节约，努力完成今年的预算任务。

为进一步做好财政预算工作，财经委员会提出如下建议：

(一)进一步规范预算编制，严格预算执行。要提高预算资金分配到位率，一般情况下除预算调整和安排超收收入使用外，预算执行中如有需要追加的支出，只能动支预备费或留待下年预算安排。年初预算安排确实难以分配到位的，应将所涉及的部门和资金数额报送全国人大。明年要进一步扩大中央部门预算报送范围，并增加报送中央财政卫生支出表。要增强预算的严肃性，减少随意性，严格按批准的预算执行。

(二)进一步规范财政转移支付制度。要按照国务院提出的意见，集中力量对现行的中央专项转移支付项目进行全面清理，规范专项转移支付项目，严格审批程序和监督管理。今后要加大一般性转移支付比重，逐步建立规范、透明的中央对地方以及省以下财政转移支付制度。

(三)努力解决出口退税拖欠问题。要完善出口退税制度，依法做好出口退税工作。根据今年预算执行情况，今年中央财政超收收入要重点用于增加出口退税。争取明年不再发生新的拖欠，并对解决历年拖欠作出安排。尽快研究从制度上解决出口退税问题，在制定改进出口退税办法时应考虑长远发展的需要，注意科学性、稳定性和可操作性。

(四)增强财政公共服务职能。进一步调整和优化财政支出结构，以抗击“非典”疫情为契机，认真调查研究，制订可行方案，健全和完善适合我国现阶段国情的公共财政体制，实现经济与社会的协调发展。当前要特别重视公共卫生体系、社会保障和再就业等社会发展事业的建设，建议明年各级预算安排中适当增加公共卫生特别是农村公共卫生方面的支出。

(五)进一步细化中央决算。要根据中央预算逐步细化的情况，对中央决算逐步细化。国务院已向全国人大提交了其组成部门的部门预算，今后要向全国人大常委会提交相应的部门决算，明年首先提交汇总的部门决算草案，并提交农业、科技、教育和社会保障支出的决算表。

(六)高度重视县乡财政困难问题。要针对县乡财政困难问题突出的情况，积极组织调查研究，摸清底数，从制度和机制上进行改革和完善。依法规范中央和地方的职能和权限，推进行政改革，合理划分事权财权，逐步建立适合我国国情的各级财政管理体制和科学合理的财政转移支付制度。争取用几年的时间，逐步缓解县乡财政困难。

(七)进一步加强中央预算执行审计。加强对中央财政、部门及所属单位的审计，开展中央专项转移支付资金地方使用情况的审计，加强对国债建设项目的审计，逐步开展财政重点建设项目的绩效审计，加大对政府性基金的审计力度。

全国人大财政经济委员会

2003年6月26日

十届全国人大常委会组成人员分组审议道路交通安全法草案

十届全国人大常委会组成人员分组审议全国人大常委会执法检查组关于检查固体废物污染环境防治法实施情况的报告

国务院任免国家工作人员

任命张穹、汪永清为国务院法制办公室副主任，丘小雄为国务院研究室副主任。免去徐玉麟的国务院法制办公室副主任职务。

银监会和国家发改委发布《商业银行服务价格管理暂行办法》

《商业银行服务价格管理暂行办法》(以下简称《办法》)对商业银行服务收费作出了明确规定。《办法》自2003年10月1日起施行。

《办法》指出，商业银行服务价格分别实行政府指导价和市场调节价。实行政府指导价的商业银行服务范围为：第一，人民币基本结算类业务，包括：银行汇票、银行承兑汇票、本票、支票、汇兑、委托收款、托收承付；第二，中国银行业监督管理委员会、国家发展和改革委员会根据对个人、企事业的影响程度以及市场竞争状况确定的商业银行服务项目。

《办法》强调，商业银行办理收付类业务实行“谁委托、谁付费”的收费原则，不得向委托方以外的其他单位或个人收费。商业银行不得对人民币储蓄开户、销户、同城的同一银行内发生的人民币储蓄存款及大额以下取款业务收费，大额取款业务、零钞清点整理储蓄业务除外。

《办法》还指出，实行市场调节价的服务价格，由商业银行总行、外国银行分行(有主报告行的，由其主报告行)自行制定和调整，其他商业银行分支机构不得自行制定和调整价格。商业银行制定和调整价格时应充分考虑个人和企事业的承受能力。商业银行实行市场调节价的服务项目及服务价格，由中国银行业协会通过适当方式公布，接受社会监督。《办法》没有对商业银行的外币业务进行直接限定。中国银监会有关负责人称，对商业银行的外币业务，包括外币储蓄业务的定价方式采用市场调节价。

国务院副总理黄菊在钓鱼台国宾馆分别会见美国国际集团董事长兼首席执行官莫里斯·格林伯格和芬兰诺基亚公司董事长兼首席执行官约尔马·奥利拉

国务委员唐家璇在钓鱼台国宾馆会见应国务院侨办邀请来访的“部分海外华侨华人知名企业家访京团”全体成员

“部分海外华侨华人知名企业家访京团”是“非典”疫情发生以来国务院侨办接待的第一个重点团组。他们中既有在世界华商排行榜上名列前茅的东南亚著名华人工商巨头，又有近年来事业发展迅速的华侨华人中青年企业家。

英国副首相普雷斯科特在伦敦会见外交部部长李肇星

双方就两国经贸合作与两国在国际事务中的合作交换了意见。

同日，李肇星还会见了英国议会中国小组主席查普曼和议会外委会及中国小组主要成员，并就中英关系、经贸合作、知识产权保护及朝鲜核问题、联合国改革等问题交换了看法。他还分别会见了英中贸易协会主席鲍威尔和英国前副首相、“英中中心”名誉主席杰弗里·豪。双方均对目前双边关系表示满意，希望这一势头不断得到加强。

外交部宣布给予短期来华的新加坡和文莱公民免签证待遇

届时，凡持普通护照来华经商、旅游观光、探亲访友或过境的新加坡公民和文莱公民，停留时间从入境之日起不超过第十五天出境者，均免办签证，并可从中国对外国人开放的口岸入出境。

外交部说，这一决定是为适应中国经济建设和对外开放不断发展的需要，进一步促进中国与新加坡、文莱人员往来而作出的。

国家边防委员会有关部门透露新中国成立以来规模最大的陆地边防基础设施建设工程完成

我国从1996年开始投巨资在辽宁、吉林、黑龙江、内蒙古、甘肃、新疆、西藏、云南和广西9个省、自治区的边境，进行边防基础设施建设，现已建成边防巡逻路12900多公里，边境铁丝网3700多公里，口岸铁栅栏近3万米，边境管理监控设施230多套，边境管理辅助标志1200座。这些设施投入使用后，明显地改善了边防部队的执勤条件，提高了对边境的管理与控制能力，为我国与邻国共同维护边界秩序创造了良好条件，促进了睦邻友好关系的发展。同时，边防巡逻路的建设，改变了边境地区交通闭塞的状况，方便了沿边农牧民的生产生活，促进了边疆地区经济建设的发展。

科技部秘书长石定环在北京宣布出台税收优惠政策鼓励科普事业发展

经国务院批准，由财政部、国家税务总局、海关总署、科技部、新闻出版总署共同制定的《关于鼓励科普事业发展税收优惠政策》，已于2003年6月1日起开始执行。

该项政策的主要内容是：对科技馆、自然博物馆、对公众开放的天文馆(站、台)和气象台(站)、地震台(站)、高校和科研机构对公众开放的科普基地的门票收入，以及县及县以上党政部门和科协开展的科普活动的门票收入免征营业税。对综合类科技报纸和科技音像制品在出版环节的发行收入，在2005年年底以前，实行增值税先征后退办法。科技馆、自然博物馆、对公众开放的天文馆(站、台)和气象台(站)、地震台(站)、高校和科研机构对公众开放的科普基地，从境外购买自用科普影视播映权而进口的拷贝、工作带，在2005年年底以前，免征关税，不征进口环节增值税，免征对境外单位转让上述播映权等无形资产应代扣(缴)的营业税；以其他形式进口的自用影视作品，免征关税和进口环节增值税。通过我国境内非营利的社会团体、国家机关，向科技馆、自然博物馆等上述单位的捐赠，符合有关规定的，在年度应纳税所得额的10%以内的部分，准予扣除。与这些优惠政策相配套的认定标准和具体实施办法正在抓紧制定之中。

国务委员陈至立在北京出席全国治理教育乱收费工作电视电话会议并讲话

陈至立要求各地区、各有关部门把治理教育乱收费作为当前一项十分紧迫的任务，突出重点，加大工作力度，确保今年治理工作取得明显成效。

陈至立指出，要确保今年治理教育乱收费工作取得明显成效，第一，要认真落实基础教育“一费制”和“三限”政策，切实减轻贫困地区农民负担。所有国家扶贫开发工作重点县的农村小学、初中今年全面实施“一费制”；要严格执行公办高中择校实行限人数、限钱数、限分数的“三限”规定。第二，各地区、各高校必须严格执行今年两部一委关于稳定收费项目和标准的通知，任何高校都不能以任何理由违反规定乱收费、高收费。第三，要进一步规范收费行为，认真落实教育收费公示制度，自觉接受学生、家长和教师的监督。第四，各级人民政府要对治理教育乱收费工作负总责，严肃查处各种乱收费行为。

教育部、发展改革委、财政部、审计署、新闻出版总署的负责人在会上发言提出，治理教育乱收费工作必须从治标和治本两个方面入手，突出抓好五项工作：进一步落实和完善“在国务院领导下，由地方政府负责、分级管理、以县为主”的农村义务教育管理体制；进一步调整、完善以政府投入为主、多渠道筹集教育经费的机制，继续千方百计加大对教育的经费投入；扩大优质教育资源办学规模，加大对薄弱学校的改造，促进学校之间的协调、均衡发展；进一步深化教育改革，不断提高教育经费管理水平和使用效益；坚持依法治教、依法收费，使教育收费的管理、监督步入法制化、规范化轨道。

会议由中纪委副书记、监察部部长、国务院纠风办主任李至伦主持。

全国防治非典型肺炎指挥部在北京召开会议

中共中央政治局委员、国务院副总理、全国防治非典型肺炎指挥部总指挥吴仪强调，一定要认真贯彻落实指挥部关于科学规范非典型肺炎防治措施的通知精神，加强督查，落实措施，切实巩固防治工作成果，科学规范地做好传染性疾病预防控制工作。

国务委员兼国务院秘书长、全国防治非典型肺炎指挥部副总指挥华建敏出席了会议。

吴仪指出，北京实现旅行警告和“非典”疫情传播地区“双解除”，标志着我国“非典”防治工作取得阶段性胜利，国内外对此反响良好。但今后的防治工作不能松懈，指挥部要督促、指导各地继续实施科学规范的防治措施，特别要做好今冬明春的预防工作，确保疫情不出现反复。

会议决定，立即从指挥部各组抽调人员组成15个督查组，对全国31个省、自治区、直辖市贯彻执行全国防治非典型肺炎指挥部关于科学规范非典型肺炎防治措施的通知、制定防治工作预案和加强P3实验室管理等方面的情况进行督促和检查。

全国防治非典型肺炎指挥部各工作组和办公室负责人出席了会议。

6月27日

国务院总理温家宝与印度总理瓦杰帕伊通电话

即将结束对中国访问的印度总理瓦杰帕伊从上海给国务院总理温家宝打来电话。瓦杰帕伊说，访华期间受到了中国政府和人民的热情款待，他对此深表感谢。几天来，他与中国领导人作出了一些重要决定，为印中关系的长远发展奠定了坚实的基础。

温家宝说，瓦杰帕伊总理的访问富有成果，取得了成功。我们两人签署的《中华人民共和国和印度共和国关系原则和全面合作的宣言》(以下简称《宣言》)是一个具有历史意义的纲领性文件，已得到两国人民的欢迎和国际社会的普遍好评。中方愿同印方一道，遵循《宣言》确立的各项原则，落实各项任务，把两国睦邻友好和互利合作关系提高到一个新的水平，共同谱写中印友好的新篇章。

全国文化体制改革试点工作会议在北京召开

为期两天的会议按照党的十六大关于深化文化体

制改革的要求,研究部署文化体制改革试点工作。中共中央政治局常委李长春,中共中央政治局委员、书记处书记、中宣部部长刘云山,国务委员陈至立出席会议并讲话。李长春在会议上强调指出,要用十六大精神统一思想,以“三个代表”重要思想为指导,进一步解放思想,勇于实践,积极进行体制机制创新,逐步建立有利于调动文化工作者积极性、推动文化事业和文化产业繁荣发展、多出精品、多出人才的管理体制和运行机制。

会议认为,开展文化体制改革试点工作,就是要从理论和实践的结合上进行探索,为制定文化体制改革总体方案、推动文化体制改革作准备。这是宣传文化战线深入贯彻十六大精神和“三个代表”重要思想的具体步骤和实际行动,也是加快文化事业文化产业发展的迫切要求。

会议指出,文化体制改革试点工作,要高举邓小平理论伟大旗帜,以“三个代表”重要思想为指导,深入贯彻十六大精神,坚持党的基本路线、基本纲领、基本经验,坚持解放思想、实事求是、与时俱进,根据社会主义精神文明建设的特点和规律,适应社会主义市场经济发展的要求,以发展为主题,以体制机制创新为重点,以增强活力、壮大实力、提高竞争力,繁荣社会主义文化,满足人民群众日益增长的精神文化需求为目的,通过深化改革,建立有利于加强和改善党的领导,充分发挥社会主义市场经济体制的作用,充分发挥国有文化企事业单位的主体主导作用,充分调动社会各方面的力量,充分调动广大文化工作者的积极性、创造性,推动文化创新,多出精品、多出人才的文化管理体制和运行机制,为推动文化事业文化产业的繁荣发展创造条件。

中央和国务院有关部门、文化体制改革试点地区的党委、政府和试点单位的负责同志参加了会议。

中央政法委 中央综治委作出《关于表彰全国“严打”整治斗争先进集体和先进工作者的决定》

2001年4月以来,在党中央的领导下,各级党委、政府和各部门认真贯彻全国社会治安工作会议精神,在全国范围内开展了声势浩大的“严打”整治斗争。广大政法干警、综治干部辛勤工作,连续作战,英勇奋斗,不怕牺牲,有的甚至献出了宝贵的生命。解放军和武警部队积极参加,密切配合,作出了重要贡献。社会各界和广大人民群众踊跃参与,同违法犯罪分子进行了坚决的斗争。在全社会的共同努力下,“严打”整治斗争进展顺利,依法严惩了一批严重刑事犯罪分子,集中整治了一批治安混乱地区和突出治安问题,刑事案件大幅度上升的势头得到了有效遏制,治安混乱地区的面貌大为改观,社会治安防范体系更加完善,人民群众的安全感明显增强,政法队伍战斗力进一步提高,圆满完成了中央交给的两年内社会治安取得新的明显进步的任务。在斗争中,涌现出了一批先进集体和先进工作者。

为鼓励先进,弘扬正气,进一步调动广大政法干警、综治干部、解放军和武警官兵以及社会各界与违法犯罪作斗争的积极性,推动“严打”整治斗争深入开展,维护社会长期稳定,中共中央政法委员会、中央社会治安综合治理委员会决定:授予北京市公安局刑侦总队大案支队等323个单位“全国‘严打’整治斗争先进集体”荣誉称号,授予李和平等435名同志“全国‘严打’整治斗争先进工作者”荣誉称号。希望受到表彰的先进集体和先进工作者,珍惜荣誉,戒骄戒躁,再接再厉,为维护社会治安和社会稳定作出新的更大的贡献。

各地各部门要认真学习他们的先进事迹。坚持以“三个代表”重要思想和十六大精神为指导,坚决贯彻执行中央的路线、方针和决策部署,在思想上、政治上、行动上与党中央保持高度一致。牢固树立大局意识和忧患意识,紧紧围绕党的中心工作,正确处理改革、发展与稳定的关系,加强社会治安工作,为全面建设小康社会提供良好的社会和法治环境。坚持“严打”方针,旗帜鲜明,立场坚定,排除干扰,依法办事,严厉打击黑恶势力和各种刑事犯罪活动,切实做到除恶务尽。当好人民的公仆,法律的卫士,坚决抵制不正之风的侵袭,一身正气,两袖清风,廉洁自律,艰苦奋斗。恪尽职守,连续作战,不怕牺牲,无私奉献,以高度的敬业精神和饱满的工作热情,全力维护社会稳定。

各地各部门要以这次表彰先进活动为契机,深入做好思想教育和宣传发动工作,动员社会各界特别是广大政法综治干部,在以胡锦涛同志为总书记的党中央领导下,努力实践“三个代表”的重要思想,全面贯彻“打防结合,预防为主”的方针,严厉打击各种刑事犯罪活动,深入推进社会治安综合治理,为社会持续稳定,全面推进建设中国特色社会主义的伟大事业而努力奋斗。

中共中央政法委员会
中央社会治安综合治理委员会
2003年6月27日

全国“严打”整治斗争总结表彰电视电话会议在北京召开

中共中央总书记、国家主席胡锦涛作出重要指示,对受到表彰的先进集体和先进工作者表示热烈的祝贺,强调要坚持以“三个代表”重要思想为指导,全面贯彻十六大精神,切实加强领导,协调各方面力量,扎实做好各项政法工作,为全面建设小康社会创造良好的社会环境。

中共中央政治局常委、中央政法委员会书记、中央社会治安综合治理委员会主任罗干出席会议并讲话。

罗干在讲话中指出,当前和今后一个时期,社会治安工作总的要求是:以“三个代表”重要思想和党的十六大精神为指导,坚持打防结合、预防为主,继续贯彻“严打”方针,依法严厉打击各种严重刑事犯罪,深入推进社会治安综合治理,在增强社会防控能力上狠下功夫,促进社会治安的进一步好转,全力维护社会稳定,为全面建设小康社会创造良好的社会环境。

会上还宣读了表彰决定,对323个全国“严打”整治斗争先进集体和435名先进工作者予以表彰。

全国人大常委会副委员长、中央综治委副主任顾秀莲,中央综治委副主任、最高人民法院院长肖扬,中央综治委副主任、最高人民检察院检察长贾春旺和中央政法委委员、中央综治委委员及有关部门负责同志出席会议。

全国人大常委会委员分组审议证券投资基金法草案

十届全国人大常委会第三次会议分组审议行政许可法以及拟提请表决的居民身份证法草案等各项法律草案和决定草案

国务院总理温家宝签署第383号令公布《中华人民共和国渔业船舶检验条例》

《中华人民共和国渔业船舶检验条例》已经2003年6月11日国务院第11次常务会议通过,现予公布,自2003年8月1日起施行。

总　理　温家宝

2003年6月27日

中华人民共和国渔业船舶检验条例(略)

泰国总理他信和国会主席乌泰先后在曼谷会见国务院副总理吴仪

他信向吴仪介绍了泰方倡议召开此次亚太经合组织卫生部长会议的考虑,认为亚太地区可从“非典”疫情的蔓延和防治中得出有益的启示。吴仪说,这次会议对恢复公众和市场信心,推动亚太地区经济持续稳定发展十分及时,具有重要意义,有利于加强本地区在抗击“非典”方面的合作。

乌泰对吴仪说,泰国议会同中国全国人大保持着密切交往,这对两国人民增进全面了解是很重要的。吴仪表示,近年来中泰经贸合作不断取得新进展,相信通过双方的努力,中泰经贸合作必将不断扩大。吴仪还积极评价了两国议会间的交流与合作对推动两国关系发展所发挥的重要作用。

应泰国政府邀请,吴仪副总理前来出席在曼谷举行的亚太经合组织卫生部长会议。

中宣部部长刘云山在人民大会堂会见以长官赵永东为团长的韩国国政弘报处代表团

刘云山说,中韩两国新闻媒体间加深相互理解、加强交流合作,对两国业已建立的全面发展的合作伙伴关系,将起到积极的推动作用。希望中国国务院新闻办公室与韩国国政弘报处进一步加强相互之间的友好交流合作关系,为推动中韩关系在新世纪不断向前发展作出努力。

赵永东表示,韩国国政弘报处十分重视与中国国务院新闻办公室建立友好合作关系,愿为促进韩中两国的新闻媒体交流而努力。

葡萄牙总理巴罗佐在里斯本会见外交部部长李肇星

外交部部长李肇星在里斯本与葡萄牙外长达克鲁斯举行会谈

两国外长在会谈中达成了以下共识:

一、加强高层互访和人员往来,共同努力推动两国领导人尽早互访;增加双方科技、文化等部门的交流。双方同意在明年建交25周年时,共同举办文化、商务及其他庆祝活动。

二、扩大经贸合作。双方将鼓励企业界相互投资。中方欢迎葡企业参与中国北京奥运会及上海世博会的项目,同意在年内举办中国—葡语国家经贸合作论坛(澳门)和中葡混委会会议,并将通过亚洲开发银行的渠道加强经贸合作。

三、充实教、科、文、卫领域的交流,加强双方在语言教学、生物科学、海洋科学、农业及医学等方面的合作。

四、加强在多边领域的合作,继续在联合国等国际组织中协调合作,维护双方共同利益。

双方对澳门在回归后各方面的顺利发展感到高兴,表示将继续使澳门成为两国关系的纽带。双方还就朝核、伊拉克、中东等问题交换了意见。

李肇星是6月26日晚来到里斯本对葡萄牙进行为期两天的访问的。

中国政府在日内瓦向联合国提交《经济、社会及文化权利国际公约》首次履约报告

该报告全面介绍了近年来中国在促进和保护人

民经济、社会和文化权利方面取得的成就。提交履约报告是中国在人权领域的一项重要举措，进一步体现了中国政府一贯重视人权和倡导国际人权合作的积极态度。

该公约是最有影响的国际人权文书之一，中国政府于1997年签署，中国全国人大常委会于2001年批准。

外交部发言人孔泉就美方干涉中国内政和香港特别行政区内部事务答记者问

有记者问：近日，美国国务院发表了题为《2002—2003年度支持人权民主—美国纪录》报告，对包括中国在内的90多个国家和地区的人权状况提出批评，并说明美方为促进这些地方人权状况所做的工作。请问你对此有何评论？

孔泉答：美国务院上述报告和它今年3月发表的"年度人权国别报告"一样，含有无端指责中国政府、诬蔑中国人权状况的内容。中方对此表示反对。

他说，中国政府一贯致力于促进和保护人权和基本自由，致力于促进社会主义民主政治建设，并取得了举世公认的成就。中国政府和中国人民正满怀信心地建设更加美好的未来。

他说，我们奉劝美方多想想自己的问题，多考虑一下如何改善自己的人权状况，停止以人权为借口干涉别国内政。

有记者问：据报道，美国会众院6月26日通过了关于香港《基本法》第二十三条立法问题的决议案，呼吁香港特别行政区政府撤回此项立法。请问你对此有何评论？

孔泉答：中方对美国会众院这一干涉中国内政和香港特别行政区内部事务的行径表示坚决反对。

他说，立法禁止危害国家安全和统一的犯罪行为是包括美国在内的世界各国刑事立法的通例。香港特别行政区作为中华人民共和国的一个地方行政区域，根据《基本法》规定自行立法以维护国家安全是理所当然的，也是落实《基本法》的必然要求。目前在香港特别行政区立法会审议的《国家安全(立法条文)条例草案》在香港特别行政区经过了广泛、深入的公众咨询。该条例草案在保障国家安全和统一的同时，体现了保障香港居民依照《基本法》享有的各项权利和自由的原则，符合两个国际人权公约适用于香港的规定，得到了香港社会各界人士的普遍支持，具有广泛的民意基础。美国会众院有关决议案对第二十三条立法说三道四是毫无道理的，也是徒劳的。

他说，我们再次敦促美方尊重事实，停止任何干涉中国内政和香港特别行政区内部事务的言行，以免损害中美关系和美方自身的形象。

军队参加和支援西部大开发领导小组第二次全体会议在北京召开

中共中央政治局委员、中央军委副主席、军队参加和支援西部大开发领导小组组长曹刚川在会上强调，军队要全面贯彻落实"三个代表"重要思想，为加快西部地区开发建设，实现全面建设小康社会的宏伟目标作出新的贡献。

曹刚川要求军队各级党委要把援建工作纳入重要议事日程，加强与地方党委和政府的协调沟通，注重研究解决援建工作的政策性问题，把握新特点，探索新办法，使援建工作更加富有成效。

解放军四总部领导以及军队参加和支援西部大开发领导小组成员出席会议。

6月28日

十届全国人大常委会在人民大会堂举行第二次法制讲座

这次法制讲座安排两讲，分别由全国人大常委会副秘书长刘镇讲授《全国人大常委会的监督工作》，全国人大法律委员会委员张春生讲授《关于全国人大常委会的组织制度和议事制度》。讲座由全国人大常委会委员长吴邦国主持。

全国人大常委会副委员长王兆国、李铁映、司马义·艾买提、何鲁丽、丁石孙、成思危、许嘉璐、蒋正华、顾秀莲、盛华仁、路甬祥、乌云其木格、韩启德等听取了讲座。

十届全国人大常委会召开第三次会议

全国人大常委会委员长吴邦国主持会议。会议表决通过了居民身份证法、港口法、放射性污染防治法。国家主席胡锦涛签署第4、5、6号主席令，予以公布。

会议经过表决，通过了全国人大常委会关于批准《〈禁止或限制使用某些可被认为具有过分伤害力或滥杀滥伤作用的常规武器公约〉第一条修正案》的决定、关于批准《万国邮政联盟组织法第六附加议定书》的决定、关于加入《东南亚友好合作条约》及其两个修改议定书的决定。

会议还表决通过了关于批准2002年中央决算的决议和其他任免名单。

完成各项议程后，吴邦国发表重要讲话。他说，党的十六大把"三个代表"重要思想同马克思列宁主义、毛泽东思想、邓小平理论一道，确立为我们党必须长期坚持的指导思想，实现了我们党指导思想上的又一次与时俱进,也为做好新时期人大工作指明了方向。

吴邦国强调,全国人大常委会以及地方各级人大常委会、各级人大机关,都要把兴起学习贯彻"三个代表"重要思想新高潮,作为当前的首要政治任务,切实抓好。

吴邦国最后说,这两次常委会会议印发了今年的执法检查计划、听取专题工作报告的计划、立法工作计划以及今年的工作要点。这些工作计划,是新一届常委会组成后,经过充分酝酿,在统一认识的基础上制定的。从现在到明年的大会只有8个月的时间,要完成各方面的工作计划,任务十分繁重。希望大家振奋精神,同心协力,恪尽职守,再接再厉,共同把今年的各项工作任务完成好,为本届人大常委会五年的工作开好局,起好步。

全国人大常委会副委员长王兆国、李铁映、司马义·艾买提、何鲁丽、丁石孙、成思危、许嘉璐、蒋正华、顾秀莲、盛华仁、路甬祥、乌云其木格、韩启德出席会议。国务委员曹刚川、最高人民法院院长肖扬、最高人民检察院检察长贾春旺列席会议。

国家主席胡锦涛签署第4号令公布《中华人民共和国居民身份证法》

《中华人民共和国居民身份证法》已由中华人民共和国第十届全国人民代表大会常务委员会第三次会议于2003年6月28日通过,现予公布,自2004年1月1日起施行。

中华人民共和国主席　胡锦涛

2003年6月28日

中华人民共和国居民身份证法

第一章　总　则

第一条　为了证明居住在中华人民共和国境内的公民的身份,保障公民的合法权益,便利公民进行社会活动,维护社会秩序,制定本法。

第二条　居住在中华人民共和国境内的年满十六周岁的中国公民,应当依照本法的规定申请领取居民身份证;未满十六周岁的中国公民,可以依照本法的规定申请领取居民身份证。

第三条　居民身份证登记的项目包括:姓名、性别、民族、出生日期、常住户口所在地住址、公民身份号码、本人相片、证件的有效期和签发机关。

公民身份号码是每个公民唯一的、终身不变的身份代码,由公安机关按照公民身份号码国家标准编制。

第四条　居民身份证使用规范汉字和符合国家标准的数字符号填写。

民族自治地方的自治机关根据本地区的实际情况,对居民身份证用汉字登记的内容,可以决定同时使用实行区域自治的民族的文字或者选用一种当地通用的文字。

第五条　十六周岁以上公民的居民身份证的有效期为十年、二十年、长期。十六周岁至二十五周岁的,发给有效期十年的居民身份证;二十六周岁至四十五周岁的,发给有效期二十年的居民身份证;四十六周岁以上的,发给长期有效的居民身份证。

未满十六周岁的公民,自愿申请领取居民身份证的,发给有效期五年的居民身份证。

第六条　居民身份证式样由国务院公安部门制定。居民身份证由公安机关统一制作、发放。

居民身份证具备视读与机读两种功能,视读、机读的内容限于本法第三条第一款规定的项目。

公安机关及其人民警察对因制作、发放、查验、扣押居民身份证而知悉的公民的个人信息,应当予以保密。

第二章　申领和发放

第七条　公民应当自年满十六周岁之日起三个月内,向常住户口所在地的公安机关申请领取居民身份证。

未满十六周岁的公民,由监护人代为申请领取居民身份证。

第八条　居民身份证由居民常住户口所在地的县级人民政府公安机关签发。

第九条　香港同胞、澳门同胞、台湾同胞迁入内地定居的,华侨回国定居的,以及外国人、无国籍人在中华人民共和国境内定居并被批准加入或者恢复中华人民共和国国籍的,在办理常住户口登记时,应当依照本法规定申请领取居民身份证。

第十条　申请领取居民身份证,应当填写《居民身份证申领登记表》,交验居民户口簿。

第十一条　居民身份证有效期满、公民姓名变更或者证件严重损坏不能辨认的,应当申请换领新证;居民身份证登记项目出现错误的,公安机关应当及时更正,换发新证;领取新证时,必须交回原证。居民身份证丢失的,应当申请补领。

未满十六周岁公民的居民身份证有前款情形的,可以申请换领、换发或者补领新证。

公民办理常住户口迁移手续时,公安机关应当在居民身份证的机读项目中记载公民常住户口所在地住址变动的情况,并告知本人。

第十二条　公民申请领取、换领、补领居民身份证,公安机关应当按照规定及时予以办理。公安机关应当自公民提交《居民身份证申领登记表》之日起六十日内发放居民身份证;交通不便的地区,办理时间可以适当延长,但延长的时间不得超过三十日。

公民在申请领取、换领、补领居民身份证期间，急需使用居民身份证的，可以申请领取临时居民身份证，公安机关应当按照规定及时予以办理。具体办法由国务院公安部门规定。

第三章　使用和查验

第十三条　公民从事有关活动，需要证明身份的，有权使用居民身份证证明身份，有关单位及其工作人员不得拒绝。

第十四条　有下列情形之一的，公民应当出示居民身份证证明身份：

(一)常住户口登记项目变更；

(二)兵役登记；

(三)婚姻登记、收养登记；

(四)申请办理出境手续；

(五)法律、行政法规规定需要用居民身份证证明身份的其他情形。

依照本法规定未取得居民身份证的公民，从事前款规定的有关活动，可以使用符合国家规定的其他证明方式证明身份。

第十五条　人民警察依法执行职务，遇有下列情形之一的，经出示执法证件，可以查验居民身份证：

(一)对有违法犯罪嫌疑的人员，需要查明身份的；

(二)依法实施现场管制时，需要查明有关人员身份的；

(三)发生严重危害社会治安突发事件时，需要查明现场有关人员身份的；

(四)法律规定需要查明身份的其他情形。

有前款所列情形之一，拒绝人民警察查验居民身份证的，依照有关法律规定，分别不同情形，采取措施予以处理。

任何组织或者个人不得扣押居民身份证。但是，公安机关依照《中华人民共和国刑事诉讼法》执行监视居住强制措施的情形除外。

第四章　法律责任

第十六条　有下列行为之一的，由公安机关给予警告，并处二百元以下罚款，有违法所得的，没收违法所得：

(一)使用虚假证明材料骗领居民身份证的；

(二)出租、出借、转让居民身份证的；

(三)非法扣押他人居民身份证的。

第十七条　有下列行为之一的，由公安机关处二百元以上一千元以下罚款，或者处十日以下拘留，有违法所得的，没收违法所得：

(一)冒用他人居民身份证或者使用骗领的居民身份证的；

(二)购买、出售、使用伪造、变造的居民身份证的。

伪造、变造的居民身份证和骗领的居民身份证，由公安机关予以收缴。

第十八条　伪造、变造居民身份证的，依法追究刑事责任。

有本法第十六条、第十七条所列行为之一，从事犯罪活动的，依法追究刑事责任。

第十九条　人民警察有下列行为之一的，根据情节轻重，依法给予行政处分；构成犯罪的，依法追究刑事责任：

(一)利用制作、发放、查验居民身份证的便利，收受他人财物或者谋取其他利益的；

(二)非法变更公民身份号码，或者在居民身份证上登载本法第三条第一款规定项目以外的信息或者故意登载虚假信息的；

(三)无正当理由不在法定期限内发放居民身份证的；

(四)违反规定查验、扣押居民身份证，侵害公民合法权益的；

(五)泄露因制作、发放、查验、扣押居民身份证而知悉的公民个人信息，侵害公民合法权益的。

第五章　附　则

第二十条　公民申请领取、换领、补领居民身份证，应当缴纳证件工本费。居民身份证工本费标准，由国务院价格主管部门会同国务院财政部门核定。

对城市中领取最低生活保障金的居民、农村中有特殊生活困难的居民，在其初次申请领取和换领居民身份证时，免收工本费。对其他生活确有困难的居民，在其初次申请领取和换领居民身份证时，可以减收工本费。免收和减收工本费的具体办法，由国务院财政部门会同国务院价格主管部门规定。

公安机关收取的居民身份证工本费，全部上缴国库。

第二十一条　现役的人民解放军军人、人民武装警察申请领取和发放居民身份证的具体办法，由国务院和中央军事委员会另行规定。

第二十二条　本法自2004年1月1日起施行，《中华人民共和国居民身份证条例》同时废止。

依照《中华人民共和国居民身份证条例》领取的居民身份证，在依照本法换领居民身份证前，在其有效期内，继续有效。换领居民身份证的具体办法，由国务院规定。

国家主席胡锦涛签署第5号令公布《中华人民共和国港口法》

《中华人民共和国港口法》已由中华人民共和国第十届全国人民代表大会常务委员会第三次会议于2003年6月28日通过，现予公布，自2004年1月1

日起施行。

中华人民共和国主席　胡锦涛

2003年6月28日

中华人民共和国港口法

第一章　总　则

第一条　为了加强港口管理，维护港口的安全与经营秩序，保护当事人的合法权益，促进港口的建设与发展，制定本法。

第二条　从事港口规划、建设、维护、经营、管理及其相关活动，适用本法。

第三条　本法所称港口，是指具有船舶进出、停泊、靠泊，旅客上下，货物装卸、驳运、储存等功能，具有相应的码头设施，由一定范围的水域和陆域组成的区域。

港口可以由一个或者多个港区组成。

第四条　国务院和有关县级以上地方人民政府应当在国民经济和社会发展计划中体现港口的发展和规划要求，并依法保护和合理利用港口资源。

第五条　国家鼓励国内外经济组织和个人依法投资建设、经营港口，保护投资者的合法权益。

第六条　国务院交通主管部门主管全国的港口工作。

地方人民政府对本行政区域内港口的管理，按照国务院关于港口管理体制的规定确定。

依照前款确定的港口管理体制，由港口所在地的市、县人民政府管理的港口，由市、县人民政府确定一个部门具体实施对港口的行政管理；由省、自治区、直辖市人民政府管理的港口，由省、自治区、直辖市人民政府确定一个部门具体实施对港口的行政管理。

依照前款确定的对港口具体实施行政管理的部门，以下统称港口行政管理部门。

第二章　港口规划与建设

第七条　港口规划应当根据国民经济和社会发展的要求以及国防建设的需要编制，体现合理利用岸线资源的原则，符合城镇体系规划，并与土地利用总体规划、城市总体规划、江河流域规划、防洪规划、海洋功能区划、水路运输发展规划和其他运输方式发展规划以及法律、行政法规规定的其他有关规划相衔接、协调。

编制港口规划应当组织专家论证，并依法进行环境影响评价。

第八条　港口规划包括港口布局规划和港口总体规划。

港口布局规划，是指港口的分布规划，包括全国港口布局规划和省、自治区、直辖市港口布局规划。

港口总体规划，是指一个港口在一定时期的具体规划，包括港口的水域和陆域范围、港区划分、吞吐量和到港船型、港口的性质和功能、水域和陆域使用、港口设施建设岸线使用、建设用地配置以及分期建设序列等内容。

港口总体规划应当符合港口布局规划。

第九条　全国港口布局规划，由国务院交通主管部门征求国务院有关部门和有关军事机关的意见编制，报国务院批准后公布实施。

省、自治区、直辖市港口布局规划，由省、自治区、直辖市人民政府根据全国港口布局规划组织编制，并送国务院交通主管部门征求意见。国务院交通主管部门自收到征求意见的材料之日起满三十日未提出修改意见的，该港口布局规划由有关省、自治区、直辖市人民政府公布实施；国务院交通主管部门认为不符合全国港口布局规划的，应当自收到征求意见的材料之日起三十日内提出修改意见；有关省、自治区、直辖市人民政府对修改意见有异议的，报国务院决定。

第十条　港口总体规划由港口行政管理部门征求有关部门和有关军事机关的意见编制。

第十一条　地理位置重要、吞吐量较大、对经济发展影响较广的主要港口的总体规划，由国务院交通主管部门征求国务院有关部门和有关军事机关的意见后，会同有关省、自治区、直辖市人民政府批准，并公布实施。主要港口名录由国务院交通主管部门征求国务院有关部门意见后确定并公布。

省、自治区、直辖市人民政府征求国务院交通主管部门的意见后确定本地区的重要港口。重要港口的总体规划由省、自治区、直辖市人民政府征求国务院交通主管部门意见后批准，公布实施。

前两款规定以外的港口的总体规划，由港口所在地的市、县人民政府批准后公布实施，并报省、自治区、直辖市人民政府备案。

市、县人民政府港口行政管理部门编制的属于本条第一款、第二款规定范围的港口的总体规划，在报送审批前应当经本级人民政府审核同意。

第十二条　港口规划的修改，按照港口规划制定程序办理。

第十三条　在港口总体规划区内建设港口设施，使用港口深水岸线的，由国务院交通主管部门会同国务院经济综合宏观调控部门批准；建设港口设施，使用非深水岸线的，由港口行政管理部门批准。但是，由国务院或者国务院经济综合宏观调控部门批准建设的项目使用港口岸线，不再另行办理使用港口岸线的审批手续。

港口深水岸线的标准由国务院交通主管部门制定。

第十四条　港口建设应当符合港口规划。不得违反港口规划建设任何港口设施。

第十五条　按照国家规定须经有关机关批准的港口建设项目，应当按照国家有关规定办理审批手续，并符合国家有关标准和技术规范。

建设港口工程项目，应当依法进行环境影响评价。

港口建设项目的安全设施和环境保护设施，必须与主体工程同时设计、同时施工、同时投入使用。

第十六条　港口建设使用土地和水域，应当依照有关土地管理、海域使用管理、河道管理、航道管理、军事设施保护管理的法律、行政法规以及其他有关法律、行政法规的规定办理。

第十七条　港口的危险货物作业场所、实施卫生除害处理的专用场所，应当符合港口总体规划和国家有关安全生产、消防、检验检疫和环境保护的要求，其与人口密集区和港口客运设施的距离应当符合国务院有关部门的规定；经依法办理有关手续，并经港口行政管理部门批准后，方可建设。

第十八条　航标设施以及其他辅助性设施，应当与港口同步建设，并保证按期投入使用。

港口内有关行政管理机构办公设施的建设应当符合港口总体规划，建设费用不得向港口经营人摊派。

第十九条　港口设施建设项目竣工后，应当按照国家有关规定经验收合格，方可投入使用。

港口设施的所有权，依照有关法律规定确定。

第二十条　县级以上有关人民政府应当保证必要的资金投入，用于港口公用的航道、防波堤、锚地等基础设施的建设和维护。具体办法由国务院规定。

第二十一条　县级以上有关人民政府应当采取措施，组织建设与港口相配套的航道、铁路、公路、给排水、供电、通信等设施。

第三章　港口经营

第二十二条　从事港口经营，应当向港口行政管理部门书面申请取得港口经营许可，并依法办理工商登记。

港口行政管理部门实施港口经营许可，应当遵循公开、公正、公平的原则。

港口经营包括码头和其他港口设施的经营，港口旅客运输服务经营，在港区内从事货物的装卸、驳运、仓储的经营和港口拖轮经营等。

第二十三条　取得港口经营许可，应当有固定的经营场所，有与经营业务相适应的设施、设备、专业技术人员和管理人员，并应当具备法律、法规规定的其他条件。

第二十四条　港口行政管理部门应当自收到本法第二十二条第一款规定的书面申请之日起三十日内依法作出许可或者不予许可的决定。予以许可的，颁发港口经营许可证；不予许可的，应当书面通知申请人并告知理由。

第二十五条　经营港口理货业务，应当按照规定取得许可。实施港口理货业务经营许可，应当遵循公开、公正、公平的原则。具体办法由国务院交通主管部门规定。

港口理货业务经营人应当公正、准确地办理理货业务；不得兼营本法第二十二条第三款规定的货物装卸经营业务和仓储经营业务。

第二十六条　港口经营人从事经营活动，必须遵守有关法律、法规，遵守国务院交通主管部门有关港口作业规则的规定，依法履行合同约定的义务，为客户提供公平、良好的服务。

从事港口旅客运输服务的经营人，应当采取保证旅客安全的有效措施，向旅客提供快捷、便利的服务，保持良好的候船环境。

港口经营人应当依照有关环境保护的法律、法规的规定，采取有效措施，防治对环境的污染和危害。

第二十七条　港口经营人应当优先安排抢险物资、救灾物资和国防建设急需物资的作业。

第二十八条　港口经营人应当在其经营场所公布经营服务的收费项目和收费标准；未公布的，不得实施。

港口经营性收费依法实行政府指导价或者政府定价的，港口经营人应当按照规定执行。

第二十九条　国家鼓励和保护港口经营活动的公平竞争。

港口经营人不得实施垄断行为和不正当竞争行为，不得以任何手段强迫他人接受其提供的港口服务。

第三十条　港口行政管理部门依照《中华人民共和国统计法》和有关行政法规的规定要求港口经营人提供的统计资料，港口经营人应当如实提供。

港口行政管理部门应当按照国家有关规定将港口经营人报送的统计资料及时上报，并为港口经营人保守商业秘密。

第三十一条　港口经营人的合法权益受法律保护。任何单位和个人不得向港口经营人摊派或者违法收取费用，不得违法干预港口经营人的经营自主权。

第四章　港口安全与监督管理

第三十二条　港口经营人必须依照《中华人民共和国安全生产法》等有关法律、法规和国务院交通主管部门有关港口安全作业规则的规定，加强安全生产管理，建立、健全安全生产责任制等规章制度，完善安全生产条件，采取保障安全生产的有效措施，确保安全生产。

港口经营人应当依法制定本单位的危险货物事故

应急预案、重大生产安全事故的旅客紧急疏散和救援预案以及预防自然灾害预案，保障组织实施。

第三十三条　港口行政管理部门应当依法制定可能危及社会公共利益的港口危险货物事故应急预案、重大生产安全事故的旅客紧急疏散和救援预案以及预防自然灾害预案，建立、健全港口重大生产安全事故的应急救援体系。

第三十四条　船舶进出港口，应当依照有关水上交通安全的法律、行政法规的规定向海事管理机构报告。海事管理机构接到报告后，应当及时通报港口行政管理部门。

船舶载运危险货物进出港口，应当按照国务院交通主管部门的规定将危险货物的名称、特性、包装和进出港口的时间报告海事管理机构。海事管理机构接到报告后，应当在国务院交通主管部门规定的时间内作出是否同意的决定，通知报告人，并通报港口行政管理部门。但是，定船舶、定航线、定货种的船舶可以定期报告。

第三十五条　在港口内进行危险货物的装卸、过驳作业，应当按照国务院交通主管部门的规定将危险货物的名称、特性、包装和作业的时间、地点报告港口行政管理部门。港口行政管理部门接到报告后，应当在国务院交通主管部门规定的时间内作出是否同意的决定，通知报告人，并通报海事管理机构。

第三十六条　港口行政管理部门应当依法对港口安全生产情况实施监督检查，对旅客上下集中、货物装卸量较大或者有特殊用途的码头进行重点巡查；检查中发现安全隐患的，应当责令被检查人立即排除或者限期排除。

负责安全生产监督管理的部门和其他有关部门依照法律、法规的规定，在各自职责范围内对港口安全生产实施监督检查。

第三十七条　禁止在港口水域内从事养殖、种植活动。

不得在港口进行可能危及港口安全的采掘、爆破等活动；因工程建设等确需进行的，必须采取相应的安全保护措施，并报经港口行政管理部门批准；依照有关水上交通安全的法律、行政法规的规定须经海事管理机构批准的，还应当报经海事管理机构批准。

禁止向港口水域倾倒泥土、砂石以及违反有关环境保护的法律、法规的规定排放超过规定标准的有毒、有害物质。

第三十八条　建设桥梁、水底隧道、水电站等可能影响港口水文条件变化的工程项目，负责审批该项目的部门在审批前应当征求港口行政管理部门的意见。

第三十九条　依照有关水上交通安全的法律、行政法规的规定，进出港口须经引航的船舶，应当向引航机构申请引航。引航的具体办法由国务院交通主管部门规定。

第四十条　遇有旅客滞留、货物积压阻塞港口的情况，港口行政管理部门应当及时采取有效措施，进行疏港；港口所在地的市、县人民政府认为必要时，可以直接采取措施，进行疏港。

第四十一条　港口行政管理部门应当组织制定所管理的港口的章程，并向社会公布。

港口章程的内容应当包括对港口的地理位置、航道条件、港池水深、机械设施和装卸能力等情况的说明，以及本港口贯彻执行有关港口管理的法律、法规和国务院交通主管部门有关规定的具体措施。

第四十二条　港口行政管理部门依据职责对本法执行情况实施监督检查。

港口行政管理部门的监督检查人员依法实施监督检查时，有权向被检查单位和有关人员了解有关情况，并可查阅、复制有关资料。

监督检查人员对检查中知悉的商业秘密，应当保密。监督检查人员实施监督检查时，应当出示执法证件。

第四十三条　监督检查人员应当将监督检查的时间、地点、内容、发现的问题及处理情况作出书面记录，并由监督检查人员和被检查单位的负责人签字；被检查单位的负责人拒绝签字的，监督检查人员应当将情况记录在案，并向港口行政管理部门报告。

第四十四条　被检查单位和有关人员应当接受港口行政管理部门依法实施的监督检查，如实提供有关情况和资料，不得拒绝检查或者隐匿、谎报有关情况和资料。

第五章　法律责任

第四十五条　有下列行为之一的，由县级以上地方人民政府或者港口行政管理部门责令限期改正；逾期不改正的，由作出限期改正决定的机关申请人民法院强制拆除违法建设的设施；可以处五万元以下罚款：

（一）违反港口规划建设港口、码头或者其他港口设施的；

（二）未经依法批准，建设港口设施使用港口岸线的。

建设项目的审批部门对违反港口规划的建设项目予以批准的，对其直接负责的主管人员和其他直接责任人员，依法给予行政处分。

第四十六条　未经依法批准，在港口建设危险货物作业场所、实施卫生除害处理的专用场所的，或者建设的危险货物作业场所、实施卫生除害处理的专用场所与人口密集区或者港口客运设施的距离不符合国务院有关部门的规定的，由港口行政管理部门责令停止建设或者使用，限期改正，可以处五万元以下罚款。

第四十七条　码头或者港口装卸设施、客运设施未经验收合格，擅自投入使用的，由港口行政管理部门责令停止使用，限期改正，可以处五万元以下罚款。

第四十八条　有下列行为之一的，由港口行政管理部门责令停止违法经营，没收违法所得；违法所得十万元以上的，并处违法所得二倍以上五倍以下罚款；违法所得不足十万元的，处五万元以上二十万元以下罚款：

（一）未依法取得港口经营许可证，从事港口经营的；

（二）未经依法许可，经营港口理货业务的；

（三）港口理货业务经营人兼营货物装卸经营业务、仓储经营业务的。

有前款第（三）项行为，情节严重的，由有关主管部门吊销港口理货业务经营许可证。

第四十九条　港口经营人不优先安排抢险物资、救灾物资、国防建设急需物资的作业的，由港口行政管理部门责令改正；造成严重后果的，吊销港口经营许可证。

第五十条　港口经营人违反有关法律、行政法规的规定，在经营活动中实施垄断行为或者不正当竞争行为的，依照有关法律、行政法规的规定承担法律责任。

第五十一条　港口经营人违反本法第三十二条关于安全生产的规定的，由港口行政管理部门或者其他依法负有安全生产监督管理职责的部门依法给予处罚；情节严重的，由港口行政管理部门吊销港口经营许可证，并对其主要负责人依法给予处分；构成犯罪的，依法追究刑事责任。

第五十二条　船舶进出港口，未依照本法第三十四条的规定向海事管理机构报告的，由海事管理机构依照有关水上交通安全的法律、行政法规的规定处罚。

第五十三条　未依法向港口行政管理部门报告并经其同意，在港口内进行危险货物的装卸、过驳作业的，由港口行政管理部门责令停止作业，处五千元以上五万元以下罚款。

第五十四条　在港口水域内从事养殖、种植活动的，由海事管理机构责令限期改正；逾期不改正的，强制拆除养殖、种植设施，拆除费用由违法行为人承担；可以处一万元以下罚款。

第五十五条　未经依法批准在港口进行可能危及港口安全的采掘、爆破等活动的，向港口水域倾倒泥土、砂石的，由港口行政管理部门责令停止违法行为，限期消除因此造成的安全隐患；逾期不消除的，强制消除，因此发生的费用由违法行为人承担；处五千元以上五万元以下罚款；依照有关水上交通安全的法律、行政法规的规定由海事管理机构处罚的，依照其规定；构成犯罪的，依法追究刑事责任。

第五十六条　交通主管部门、港口行政管理部门、海事管理机构等不依法履行职责，有下列行为之一的，对直接负责的主管人员和其他直接责任人员依法给予行政处分；构成犯罪的，依法追究刑事责任：

（一）违法批准建设港口设施使用港口岸线、违法批准建设港口危险货物作业场所或者实施卫生除害处理的专用场所，或者违法批准船舶载运危险货物进出港口、违法批准在港口内进行危险货物的装卸、过驳作业的；

（二）对不符合法定条件的申请人给予港口经营许可或者港口理货业务经营许可的；

（三）发现取得经营许可的港口经营人、港口理货业务经营人不再具备法定许可条件而不及时吊销许可证的；

（四）不依法履行监督检查职责，对违反港口规划建设港口、码头或者其他港口设施的行为，未经依法许可从事港口经营、港口理货业务的行为，不遵守安全生产管理规定的行为，危及港口作业安全的行为，以及其他违反本法规定的行为，不依法予以查处的。

第五十七条　行政机关违法干预港口经营人的经营自主权的，由其上级行政机关或者监察机关责令改正；向港口经营人摊派财物或者违法收取费用的，责令退回；情节严重的，对直接负责的主管人员和其他直接责任人员依法给予行政处分。

第六章　附　则

第五十八条　对航行国际航线的船舶开放的港口，由有关省、自治区、直辖市人民政府按照国家有关规定商国务院有关部门和有关军事机关同意后，报国务院批准。

第五十九条　渔业港口的管理工作由县级以上人民政府渔业行政主管部门负责。具体管理办法由国务院规定。

前款所称渔业港口，是指专门为渔业生产服务、供渔业船舶停泊、避风、装卸渔获物、补充渔需物资的人工港口或者自然港湾，包括综合性港口中渔业专用的码头、渔业专用的水域和渔船专用的锚地。

第六十条　军事港口的建设和管理办法由国务院、中央军事委员会规定。

第六十一条　本法自2004年1月1日起施行。

国家主席胡锦涛签署第6号令公布《中华人民共和国放射性污染防治法》

《中华人民共和国放射性污染防治法》已由中华

人民共和国第十届全国人民代表大会常务委员会第三次会议于2003年6月28日通过，现予公布，自2003年10月1日起施行。

中华人民共和国主席　胡锦涛

2003年6月28日

中华人民共和国放射性污染防治法(略)

全国人民代表大会常务委员会关于批准2002年中央决算的决议

(2003年6月28日通过)

第十届全国人民代表大会常务委员会第三次会议听取了财政部部长金人庆受国务院委托所作的《关于2002年中央决算的报告》和审计署审计长李金华受国务院委托所作的《关于2002年度中央预算执行和其他财政收支的审计工作报告》。会议结合审计工作报告，对《2002年中央决算(草案)》和中央决算的报告进行了审查，同意全国人民代表大会财政经济委员会提出的《关于2002年中央决算的审查报告》，决定批准《2002年中央决算(草案)》和《关于2002年中央决算的报告》。

会议要求国务院继续落实《第十届全国人民代表大会第一次会议关于2002年中央和地方预算执行情况及2003年中央和地方预算的决议》，严格按照全国人大批准的预算执行，深化财税改革，依法加强收入征管，进一步改善财政支出结构，增强财政公共服务职能，高度重视县乡财政困难，进一步规范财政转移支付制度，努力解决出口退税拖欠问题，切实整改审计查出的问题，加强审计监督，克服“非典”疫情带来的不利影响，大力开展增收节支，努力做好财政工作，全面完成2003年预算。

全国人大常委会任免工作人员

(2003年6月28日第十届全国人民代表大会常务委员会第三次会议通过)

一、免去张军的最高人民法院副院长、审判委员会委员、审判员职务。

二、免去李凡的最高人民法院审判员职务。

三、任命王琉为最高人民法院民事审判第四庭副庭长。

全国人大常委会任免工作人员

(2003年6月28日第十届全国人民代表大会常务委员会第三次会议通过)

一、免去张穹的最高人民检察院副检察长、检察委员会委员、检察员职务。

二、任命孙谦为最高人民检察院副检察长、检察委员会委员。

三、免去王克的最高人民检察院检察委员会委员职务。

四、免去苏德永的最高人民检察院检察员职务。

全国人民代表大会常务委员会关于批准《万国邮政联盟组织法第六附加议定书》的决定

(2003年6月28日通过)

第十届全国人民代表大会常务委员会第三次会议决定：批准我国政府代表于1999年9月在北京签署的《万国邮政联盟组织法第六附加议定书》。

全国人民代表大会常务委员会关于批准《〈禁止或限制使用某些可被认为具有过分伤害力或滥杀滥伤作用的常规武器公约〉第一条修正案》的决定

(2003年6月28日通过)

第十届全国人民代表大会常务委员会第三次会议决定：批准《〈禁止或限制使用某些可被认为具有过分伤害力或滥杀滥伤作用的常规武器公约〉第一条修正案》。

全国人民代表大会常务委员会关于加入《东南亚友好合作条约》及其两个修改议定书的决定

(2003年6月28日通过)

第十届全国人民代表大会常务委员会第三次会议决定：中华人民共和国加入《东南亚友好合作条约》、《东南亚友好合作条约修改议定书》和《东南亚友好合作条约第二修改议定书》。

十届全国人大常委会第二次会议分组审议国务院副总理吴仪代表国务院所作的关于非典型肺炎防治工作的报告

全国防治非典型肺炎工作先进基层党组织和优秀共产党员代表座谈会在北京召开

中共中央政治局委员、书记处书记、中组部部长贺国强出席会议并讲话。他指出，这次表彰的先进基层党组织和优秀共产党员，是新时期基层党组织和共产党员的优秀代表，是忠实实践“三个代表”重要思想的典范，是全党学习的榜样。要认真总结和大力宣传他们的先进事迹，激励全党以先进为榜样，全面贯彻“三个代表”重要思想，紧密团结在以胡锦涛同志为总书记的党中央周围，进一步夺取抗击“非典”和促进发展的双胜利。

国务委员兼国务院秘书长、全国防治非典型肺炎指挥部副总指挥华建敏出席座谈会。

经中央同意,中组部决定授予卫生部中日友好医院等108个基层党组织“全国防治非典型肺炎工作先进基层党组织”称号,授予钟南山等307名共产党员“全国防治非典型肺炎工作优秀共产党员”称号;追授丁秀兰等8名共产党员“全国优秀共产党员”称号,追授裴鸿烈等28名共产党员“全国防治非典型肺炎工作优秀共产党员”称号。

座谈会上,卫生部中日友好医院党委书记郭生贵、解放军小汤山医院党委书记张雁灵、北京佑安医院感染一科主任金荣华、河北医科大学第四医院呼吸内科主任金普乐、全国优秀共产党员邓练贤同志的遗属朱秀娟发了言。

60位受表彰的先进基层党组织、优秀共产党员代表,中央和国家机关有关部门、军委总政治部负责同志出席了座谈会。会前,贺国强、华建敏亲切会见了被追授“全国优秀共产党员”称号的邓练贤、叶欣、梁世奎、李晓红同志的遗属,并同与会代表合影留念。

上海卢浦大桥通车

卢浦大桥总投资22亿余元,全长3900米,其中主桥长750米,为全钢结构。由于主跨直径达550米,居世界同类桥梁之首,被誉为“世界第一钢拱桥”。

淮河入海水道工程全线通水

中共中央政治局委员、国务院副总理回良玉出席全线通水仪式。这项工程全线通水标志着淮河有了完整意义的独立入海尾闾,结束了淮河800年没有入海通道的历史

淮河入海水道位于江苏省淮安市、盐城市境内,西起洪泽湖二河闸,东至滨海县扁担港注入黄海,全长163.5公里。近期工程设计排洪流量2270立方米每秒,使洪泽湖防洪标准从目前的50年一遇提高到100年一遇。远期工程设计排洪流量7000立方米每秒,防洪标准可进一步提高到300年一遇。

广东东莞经深圳至香港的跨流域大型调水改造工程全线完工

东深供水工程自1965年建成以来,历经3次扩建,对香港供水累计已达110亿吨,为香港的经济繁荣、社会稳定作出了重大贡献。1998年10月,为实现清污分流,保证供水水质,增强供水能力,广东省政府决定对工程进行全线改造。改造工程自2000年8月28日动工,工程线路长、项目类型多、沿线地质复杂、工程技术难度大,经过精心组织,精心施工,比原计划提前两个月全线完工向港供水。

6月29日

国务院总理温家宝在香港出席《内地与香港关于建立更紧密经贸关系的安排》签署仪式

下午3时,温家宝在香港特别行政区行政长官董建华陪同下,在香港礼宾府出席《内地与香港关于建立更紧密经贸关系的安排》签署仪式。商务部副部长安民和香港特别行政区政府财政司司长梁锦松分别代表中央政府和香港特别行政区政府签字。接着,温家宝会见香港社会人士并出席演讲会。董建华致欢迎词后,温家宝发表演讲。

演讲后,温家宝回答了与会人士提出的民营企业发展、知识产权保护、人才战略、中国—东盟自由贸易区、香港和珠江三角洲发展等问题。

温家宝的陪同人员唐家璇、廖晖等出席签署仪式和演讲会。出席签署仪式和演讲会的还有全国政协副主席霍英东。

下午,温家宝还会见了董建华,并与香港工商界人士座谈。

国务院总理温家宝在会见香港社会人士时的演讲

温家宝在出席《内地与香港关于建立更紧密经贸关系的安排》签署仪式后,会见了香港社会人士并发表演讲。演讲内容摘要如下:

这次我受胡锦涛主席的委托来香港,一是参加香港回归祖国六周年庆祝活动;二是出席《内地与香港关于建立更紧密经贸关系的安排》签署仪式;三是我也想有机会来看望大家,看看香港。

首先,讲一下刚才正式签署的《内地与香港关于建立更紧密经贸关系的安排》(以下简称《安排》)。中央政府对香港经济发展十分关心。根据香港特别行政区行政长官董建华先生向中央政府提出的建议,国务院组织有关部门,就进一步密切内地与香港经济合作,作了专门研究,并同特区政府进行了充分磋商,形成了这个《安排》。概括地说,《安排》文本包括了货物贸易、服务贸易和贸易投资便利化三方面内容。基本目标是:逐步取消货物贸易的关税和非关税壁垒,逐步实现服务贸易自由化,促进贸易投资便利化,以提高内地与香港之间的经贸合作水平,实现共同发展。

在货物贸易方面:核心是尽快实行零关税。从2004年1月1日起,对香港有较大实际利益的273个税目的香港原产货物,进入内地市场实行零关税;其他香港原产货物不迟于2006年1月1日实行零关税。

在服务贸易方面:从2004年1月1日起,对香港提前实施内地对世界贸易组织成员所作的部分开放承

诺。此外，部分行业还对港资企业取消股权比例限制，降低注册资本和资质条件等门槛，放宽地域和经营范围限制。《安排》涉及服务业的17个领域。

在贸易投资便利化方面：对贸易投资促进、通关便利化、法律、法规透明度、电子商务、商品检验检疫和质量认证、中小企业合作、中医药产业合作等七个领域，简化手续，提供便利。

中央政府和香港特别行政区政府签署的这个《安排》，是在“一国两制”的原则下和世贸组织的框架内作出的特殊安排，反映了中国作为主权国家与香港作为单独关税区之间建立更为紧密的经贸关系，体现了中央政府和祖国人民对香港的关心和支持。我希望，这能够为香港工商界带来更多的商机，为香港经济的恢复和发展提供一些实际帮助。

这个《安排》，只是建立香港与内地更紧密经贸关系的第一步。今后，我们不仅要认真执行这个《安排》，还要根据实际情况，继续研究、充实新的政策措施；同时，进一步推动香港与珠江三角洲地区的经济合作。

有人说，这个《安排》是一份“大礼”。但依我看，真正的“大礼”是：我带来了新一届中央领导集体的坚定决心，我们将毫不动摇地继续贯彻“一国两制”、“港人治港”、高度自治的方针和香港基本法，中央政府对香港既定的方针政策都不会改变。

香港朋友很关心内地经济形势，这里我简要介绍一些情况。今年上半年，中国经济经受了“非典”的严峻挑战和考验。一季度国民经济开局良好，国内生产总值增长9.9%，工农业生产持续发展，固定资产投资、进出口贸易和利用外资快速增长，社会消费稳定增加。然而，4、5两月“非典”疫情在一些地方蔓延，特别是广东、北京及华北地区尤为严重，经济运行受到很大冲击。最直接的影响是，物流不畅，消费减少，对外交往受阻。一些行业特别是服务业损失严重，旅游业遭受重创，民航、铁路、公路运量大幅减少，饭店、餐饮和商业经营活动明显受挫。部分纺织品、农产品等出口减少，有的外商投资延迟。中小企业部分职工失业，大量进城务工农民返乡，农民增收更加困难。现在看来，“非典”疫情对经济发展的影响，有的已经显现，有的还会滞后一段时间。

针对突如其来的重大疫病灾害，党中央、国务院采取“两手抓”的方针，一手抓防治“非典”这件大事不松劲，一手抓经济建设这个中心不动摇。在抗击“非典”方面，坚持依法防治，科学防治，采取了一系列果断、有力的措施。经过全国上下艰苦奋战，疫情已经得到控制。6月24日，世界卫生组织宣布解除对北京市的旅游限制，并从疫区名单中删除。这标志着全国抗击“非典”取得阶段性的重大胜利。现在，全国生产生活秩序恢复正常，防治工作转入依法、科学、规范、有序的轨道。当然，我们仍不能放松警惕，要加强对“非典”预防疫苗、诊断试剂、治疗药物的科研攻关，继续做好巩固成果、防止反复的工作。

在促进经济增长方面，我们及时采取了一系列有针对性的措施。包括对受“非典”冲击较大的行业，实行减免税收和行政事业性收费、对贷款给予财政贴息等阶段性扶持政策；加大投资力度，调整投资结构；引导和促进消费，培育新的经济增长点；努力做好进出口贸易和利用外资工作；促进就业和加强社会保障，关心困难群众生产生活。这些措施取得了明显效果。

“非典”疫情使二季度经济增速减缓，但从整体上看，影响是暂时的、局部的，没有伤害中国经济肌体的基本面，没有改变经济较快增长的势头。初步预计，上半年国内生产总值增长8%以上。现在看，实现全年经济增长7%的预定目标是有把握的。

还需要指出，“非典”没有也不可能阻挡中国改革开放和现代化建设的总趋势。中国市场广阔，经济增长空间和回旋余地大；劳动力素质较高且成本较低，有较强竞争力；社会主义市场经济体制初步建立和对外开放的扩大，为经济发展注入了强大活力；经过二十多年的经济快速发展，积累了比较雄厚的物质技术基础。这些既为我们成功抗击“非典”创造了有利条件，也为经济持续发展奠定了坚实的基础。我们对中国经济发展的未来充满信心。

“非典”对我国经济造成了不少负面影响，也使我们从中得到很多启示。为了克服“非典”的影响，保持经济持续快速健康发展，中央政府立足当前，着眼长远，统筹谋划，在近期内将着力抓好以下四个方面：

第一，扩大内需，调整结构。无论是克服当前困难，还是实现长远发展，立足扩大内需都是必须坚持的基本方针。当前，扩大内需将着力调整结构，主要是继续抓好一批关系全局的重大工程建设，加强企业技术改造，支持和引导对经济增长有重大带动作用的产业和行业发展。加大对公共卫生体系建设和农村基础设施建设的投入。落实扶持受疫情严重冲击的行业和企业的政策措施，制定振兴这些行业的行动计划。

第二，统筹兼顾，协调发展。这次抗击“非典”，给我们最重要的启示，就是在整个现代化建设进程中，必须统筹兼顾，促进经济社会协调发展、城乡协调发展、地区协调发展、人与自然和谐相处。我们要以更大的力量，加快发展教育、卫生、文化等社会事业。我们正在研究制定加快公共卫生建设规划，切实加大对农业和农村发展的支持力度，继续实施西部大开发战略，加快东北地区等老工业基地调整、改造和振兴的步伐，推进东西互动。加强生态保护和环境建设，实现可持续发展。

第三,深化改革,推进开放。我们正在深入调查研究,认真总结经验,按照完善社会主义市场经济体制的要求,提出全面深化改革的措施。包括推行公有制的多种有效实现形式,加快发展个体、私营等非公有制经济;完善现代市场体系,更大程度地发挥市场在资源配置中的基础性作用;深化国有企业改革、金融改革、财税改革和投融资体制改革;加快政府职能转变,健全宏观调控体系,提高政府的社会管理和公共服务水平。我们将深化涉外经济体制改革,形成稳定、透明、统一的管理体制和相关法律、法规体系,全面履行加入世贸组织的各项承诺。继续实施"引进来"、"走出去"相结合的对外开放战略。

第四,促进就业,改善生活。就业压力大,始终是中国经济和社会发展中的突出问题。这次"非典"疫情的冲击,更加重了当前的就业困难。就业是民生之本,我们已经并将继续采取有力的政策措施,增加就业岗位。主要是积极发展有市场前景的劳动密集型产业,扶持各类中小企业发展,支持个体、私营等非公有制企业发展,形成良好的就业环境和就业机制。努力增加城乡居民收入,特别是农民收入,完善社会保障体系,关心困难群众生活,不断提高全体人民的物质文化生活水平和健康水平。

现在,我国已经进入全面建设小康社会、加快推进社会主义现代化的新的发展阶段。我们要适应经济全球化和世界科技进步的大趋势,紧紧抓住可以大有作为的战略机遇期,加快发展,把我们的国家建设得更好。

下面,我还想讲讲对香港经济的一些看法。香港回归祖国六年来,各种挑战接踵而至。以董建华先生为首的特区政府团结香港民众,在成功应对亚洲金融危机的冲击之后,又克服全球经济放缓的不利影响,总体上保持了香港经济、金融和社会的稳定,这是很不容易的。今年,香港与内地一样,也遭受了"非典"的严重冲击。面对新的困难,香港特别行政区政府沉着应对,迎难而上,香港同胞空前团结,众志成城,取得了抗击"非典"的重大胜利。特区政府采取了一系列纾缓民困、促进经济增长的措施,香港经济开始出现回升的势头。

毋庸讳言,目前香港经济还存在一些困难和问题,特区政府和各界人士对此也有清醒的认识。正如大家所认同的那样,香港经济主要是结构性问题,这是长期积累形成的。失业率高企,财政赤字增加,都是经济结构性矛盾的综合表现。我们既要看到困难,更要看到有利条件,看到香港发展的优势和潜力。

从根本上解决香港经济面临的问题,关键是要加快发展。这里,我提出几点希望:

第一,发挥优势,保持特色。香港是世界上最开放的自由港,是国际金融、贸易、航运中心,有着广泛的国际经济联系,香港具有发达的基础设施、完善的市场体系和比较完备的法律制度。尤为重要的是,香港背靠祖国内地,在"一国两制"下,不仅可以保持原有制度和优势,而且能从祖国的日益繁荣中获得更多的发展机遇、更大的发展空间和强有力的支持。善于发挥香港优势,保持自由经济特色,激发经济活力,增强国际资本吸引力,提高竞争力,香港经济就一定能够实现振兴。

第二,调整结构,优化产业。香港原有的产业,对香港的经济繁荣产生过重要作用。随着世界经济和科学技术的发展变化,香港产业结构应适应新形势进行调整。这几年各界人士为此已付出很大努力。要进一步调整、发展和提升服务业,使服务业在实现香港经济振兴中更好地发挥带头作用。同时,也要注意多元产业发展,优化产业结构,开拓高增值新兴产业,培育新的经济增长点,开辟财源,增加就业岗位。努力改善民生。

第三,艰苦创业,拼搏奋进。香港的繁荣是几代香港人不畏艰难、辛勤创造的结果。克服当前的困难,实现经济振兴,仍然要靠香港人自己艰苦奋斗。"艰难困苦,玉汝于成"。历史上香港同胞曾经多次从危难中奋起。现在香港又面临加快发展的新契机。只要香港各界人士坚定信心,抓住机遇,团结拼搏,就一定能够克服各种困难,振兴香港经济。

我深信,任何力量都阻挡不了香港的繁荣与进步,香港这颗祖国的明珠将更加绚丽、璀璨。

中组部在北京召开学习《"三个代表"重要思想学习纲要》座谈会

与会者围绕大力弘扬与时俱进的精神、发展是党执政兴国的第一要务、建设社会主义政治文明、创造更加灿烂的先进文化、以改革的精神建设党、实现好维护好发展好最广大人民的根本利益等问题,畅谈了学习体会。首都部分专家学者及中组部有关部门负责人50余人参加座谈会。中组部副部长李景田出席会议并讲话。

解放军总政治部发出通报表彰全军50个先进基层党组织和150名优秀共产党员

这次受表彰的先进单位和个人,有防治"非典"一线的先进基层党组织28个,优秀党员78名,其中有6个单位和15名个人分别被中组部授予全国防治"非典"工作先进基层党组织和优秀共产党员称号。受表彰的先进基层党组织中，营连单位党组织 19 个；医疗卫生战线的党组织 26 个；机关、教学、科研等单位的基层党组织 5 个。受表彰的优秀共产党员中，医务人员 59 名；工作在部队、教学、科研等基层单位一线的党员 55 名；师团职领导干部 36 名。

通报号召全军各级党组织和广大党员，向受表彰的单位和个人学习，学习他们认真贯彻落实党的十六大精神，积极践行"三个代表"重要思想，自觉保持党的先进性的高度觉悟；学习他们牢记职责使命，心系"打赢"重任，干现代化、钻现代化的开拓进取精神；学习他们坚持党和人民的利益高于一切，临危不惧，舍生忘死，迎难而上，视疫情如命令，视病房如战场，视病人如亲人的高尚情操；学习他们恪尽职守，勇挑重担，埋头苦干，团结拼搏，科学严谨的优良作风。

中国科协宣布将每年的 6 月 29 日定为全国科普行动日

6 月 30 日

国家主席胡锦涛在人民大会堂会见法国国防部长米谢勒·阿利奥—马里女士

中央军委主席江泽民在中南海会见法国国防部长米谢勒·阿利奥—马里女士

江泽民指出，中国倡导建立公正合理的国际新秩序，强调政治上应相互尊重，经济上相互促进，文化上相互借鉴，安全上相互信任，树立平等、互利、互信和协作的新安全观。作为安理会常任理事国，中法两国应加强沟通与合作，为建立一个公正合理的国际新秩序共同努力。

江泽民强调，伊拉克战争对国际政治和经济秩序的影响值得重视，但伊战没有改变世界向多极化方向发展的大趋势，和平与发展仍是当今时代的主题。

阿利奥—马里说，法中两国虽相距遥远，政治制度不同，但两国都强调世界的多样性，这一点对处理当前国际关系是重要的。法中两国应进一步加强包括军事在内的各个领域的交流与合作。

国务院总理温家宝出席香港特别行政区政府表扬医护及各界成功克服非典型肺炎聚会并发表重要讲话

温家宝代表中央政府向在抗击"非典"中作出突出贡献的人员表示崇高敬意，向全体香港同胞致以亲切问候，也向那些在这场疫病中失去亲人的家庭表示诚挚慰问。

温家宝说，一个民族在灾难中形成的凝聚力，定将推动民族的团结和进步。"非典"是一场突如其来的重大灾难，祖国内地、香港特别行政区和台湾地区受害尤烈。疾风知劲草，患难见真情。在抗击"非典"的斗争中，"两岸三地"人民守望相助，和衷共济；世界各地华侨心系祖国，拳拳相报。这种血浓于水的骨肉亲情，彰显了中华民族强大的凝聚力和生命力。

董建华在聚会上致辞。学生代表也在聚会上发言并向温家宝赠送了纪念品。医护人员代表向温家宝赠送了抗"非典"照片集。随后，温家宝将鲜花赠送给在抗"非典"前线以身殉职的谢婉雯医生的家人，并与参加表彰活动的医护人员合影。

聚会后，温家宝会见了香港特别行政区全国人大代表、全国政协委员，中央政府驻港机构及内地在港企业等主要负责人。

当天，温家宝还访问视察了竹篙湾迪斯尼乐园建筑工地、葵涌货柜码头、淘大花园、威尔斯亲王医院、新城市广场(商场)、香港交易所和香港大学。

国务院总理温家宝视察香港大学

温家宝视察了香港大学医学院基因研究中心，看望港大师生并与他们进行了交谈。

在余振强医学图书馆，温家宝表示十分高兴在香港回归祖国 6 周年的时候，有机会来到香港大学，看望港大的老师和同学。

他说，香港大学是一所历史悠久、享有盛名的大学。从 1911 年正式成立到现在，已经 92 年了。如果从 1887 年西医书院创立算起，就有 116 年了。一个多世纪来，香港大学培养了大批对社会作出重要贡献的优秀人才。特别应当提到的是，中国民族民主革命的伟大先行者孙中山先生，就是你们学校的第一届毕业生。这是港大的无上光荣。

温家宝说，80 年前，孙中山先生在香港大学所作的一次演讲中说："香港及香港大学，乃我知识之诞生地也。"他还说，他的革命思想和新思想的发源地就在香港。为了推翻腐朽的封建专制统治，把当时黑暗的中国改造成光明的中国，孙中山先生奋斗了一生。今天，历经苦难的中国人不仅已经站立起来，而且在现代化建设上取得了举世瞩目的成就。祖国对香港已经恢复行使主权，香港进入了一个新的时代。

面对莘莘学子，温家宝语重心长地说："今天的香港是怎样一个地方呢？我想讲三句话：香港是中国的香港，香港是香港人的香港，香港是面向世界的香港。"

他说，香港是中国的香港，自古以来就是中国领土不可分割的一部分。2200 多年前，中央政府就对这块土地实行了有效的行政管辖。英国殖民统治时期，香港居民的 98% 是中国人。香港的割让，是晚清统治腐败无能的写照;香港的回归,是祖国繁荣强盛的体现。香港回归6年来,“一国两制”已经从构想成为现实,并且在香港社会中扎下根来。香港对祖国内地的改革开放和现代化建设作出了巨大贡献,祖国内地的发展又为香港经济繁荣和社会稳定提供了坚强的后盾。香港的命运同祖国的命运紧密相连。

温家宝说,香港是香港人的香港,香港的中国人完全有能力治理好香港。香港从昔日几千人的小小渔村变成今天几百万人口的现代化大城市,将一片荒山,化为金银楼阁,靠的是什么力量?归根到底是靠香港的中国人。邓小平先生深情地说过:“香港人是能治理好香港的,要有这个自信心。香港过去的繁荣,主要是以中国人为主体的香港人干出来的。”今天的香港,保持了经济繁荣和社会稳定。广大居民继续以自己习惯的方式生活。事实证明,香港人是完全能治理好香港的。

他说,香港是面向世界的香港,香港的未来充满希望。香港是世界上最开放的自由港,是重要的国际金融中心、贸易中心、航运中心。回归祖国后,香港的地位和作用没有任何改变。香港只要充分运用这些有利条件,背靠祖国内地,面向国际市场,抓住一切机遇,努力发展自己,就一定能够再创新的辉煌。在场师生对温总理情深意长的一番话报以热烈掌声。

全国政协主席贾庆林在北京出席统一战线人士纪念中共成立82周年座谈会并讲话

民革中央主席何鲁丽、民盟中央主席丁石孙、民建中央主席成思危、民进中央主席许嘉璐、农工党中央主席蒋正华、致公党中央主席罗豪才、九三学社中央主席韩启德、台盟中央主席张克辉、全国工商联主席黄孟复、中国天主教爱国会主席傅铁山、无党派人士章祥荪等先后发言,祝贺中国共产党成立82周年,畅谈中国共产党领导全国各族人民建设中国特色社会主义的辉煌成就,畅谈中国共产党领导全国各族人民抗击“非典”取得的伟大胜利,交流学习贯彻“三个代表”重要思想的体会。

贾庆林在认真听取发言后说,长期以来,统一战线各界人士与中国共产党风雨同舟、肝胆相照、亲密合作,为中国的革命、建设和改革事业作出了重大贡献。实践证明,中国共产党不愧为中国特色社会主义事业的坚强领导核心,各民主党派不愧为中国共产党的亲密友党,统一战线不愧为中国共产党执政兴国的重要法宝。

贾庆林指出,当前,全党和全国正在兴起学习贯彻“三个代表”重要思想的新高潮。这是中国共产党提高领导水平和执政水平的需要,是实现全面建设小康社会奋斗目标的需要,也是巩固和发展最广泛的爱国统一战线的需要。统一战线广大成员要把学习贯彻“三个代表”重要思想作为当前首要的政治任务,要全面准确地把握“三个代表”重要思想的基本精神。

会前,贾庆林与党外人士抗击“非典”先进个人合影。全国政协副主席、中央统战部部长刘延东主持座谈会。周铁农、张怀西、李蒙等各民主党派中央、全国工商联负责人,一诚、闵智亭、陈广元、季剑虹、夏家骏、那仓等民族宗教界人士等出席座谈会。

全国人大常委会未成年人保护法执法检查组第一次会议在北京召开

1991年制定的《未成年人保护法》和1999年制定的《预防未成年人犯罪法》,实施以来一直受到社会各界的关注。7月,全国人大常委会执法检查组将分赴吉林、安徽、河南、宁夏等地对这两部法律的实施情况进行执法检查,同时委托北京、江苏、贵州、新疆等4个省、自治区、直辖市人大常委会对本地的实施情况进行检查。

本次会议还披露,本次执法检查的重点包括三方面:依法保障未成年人受教育权的情况,特别是农村和城市外来人口中的未成年人受教育的情况、存在的主要问题及对策;未成年人的社会保护特别是文化环境管理的情况,主要是对网吧、电子游戏、影视书刊、音像制品等在管理上采取的主要措施、存在的突出问题及对策;家庭保护以及违法犯罪的未成年人的教育和挽救的情况。全国人大常委会副委员长王兆国强调,要通过这次执法检查,督促法律实施主管机关进一步加强对未成年人的保护工作,促进《未成年人保护法》和《预防未成年人犯罪法》得到更好的贯彻实施。全国人大常委会副委员长顾秀莲担任本次执法检查组组长。全国人大常委会副委员长兼秘书长盛华仁出席会议,全国人大内司委主任委员何椿霖主持会议。

中国国际交流协会第九届理事会会议在北京举行 全国政协副主席李贵鲜再次当选为协会会长

国务委员兼国防部部长曹刚川在北京与法国国防部部长米谢勒·阿利奥—马里举行会谈

苏州获第二十八届世界遗产大会承办权

在联合国教科文组织总部召开的第二十七届世界遗产大会全体会议上,与会代表一致通过决定:2004年第二十八届世界遗产大会在中国苏州举行。至此,苏州坚持不懈的努力,在“非典”使第二十七届世界遗产大会易地召开后,又获得举办第二十八届世界遗产大会承办权的殊荣。

中国政府代表团团长、中国联合国教科文组织全委会主任章新胜在第二十七届世界遗产大会上发言表示，虽然因为“非典”，第二十七世界遗产大会不得不易地召开，但中国举办世界遗产大会的决心从未动摇。中国始终相信，世界遗产大会在中国苏州举办是最好的选择。

中国第一部大型人权画册《中国人权》出版

画册由中国人权研究会与人民画报社联合编辑，由中国画报出版社出版，在全国各地发行。

《中国人权》画册分序篇、历史篇、建设篇、国际篇及展望篇五部分。画册以大量生动、形象的画面，再现了旧中国在“三座大山”压迫下悲惨的人权状况以及中国人民在中国共产党领导下争取、维护和促进人权的光辉历程，全面展示了新中国成立以来特别是改革开放以来中国在生存权、发展权、政治民主权、新闻出版自由、劳动社会保障权利、健康权、受教育权、司法中的人权保障、妇女儿童及老年人权利、残疾人权利、宗教信仰自由及少数民族权利等方面的建设成就、发展状况和灿烂前景，展示了中国积极参与国际人权活动、广泛开展国际人权对话与合作的情况。画册以丰富的图片资料说明，中国共产党的历史是领导中国人民争取和发展人权的历史，中国共产党执政就是领导和支持人民当家做主，尊重和保障人权。

《中国人权》英文版还将以光盘的形式出版发行。

北京奥组委在布拉格向国际奥委会执委会作2008年奥运会筹备工作汇报

北京奥组委副主席王伟在当天召开的执委会会议上，主要从场馆建设、市场开发、城市交通、新闻宣传、体育比赛、环境、运动员服务等方面介绍了北京奥组委近来的工作情况，并回答了执委们的提问。

王伟在会上还简要通报了中国战胜“非典”疫情的情况。他指出，北京奥运会的筹办工作并没有因“非典”受到影响，期间北京奥组委和国际奥委会每两周通过电话会议就筹办工作共同进行磋商。

王伟说，为了鼓励青少年和大学生更多参与体育运动，北京奥组委还建议将5个项目安排在4所大学进行。这一计划已经得到国际奥委会的肯定，目前奥组委正就此事与相关单项体育组织磋商。奥组委今后将加强北京奥运会的宣传教育活动，以便让更多的中国民众了解和参与奥运会。他同时透露，近期北京将举行大型活动，正式推出北京2008年奥运会的会徽。

在认真听取了北京奥组委的汇报后，国际奥委会奥运会执行主任费利代表第二十九届奥运会协调委员会向执委会汇报了北京奥运会的筹备工作。他全面肯定了北京奥组委的筹备工作，认为组委会一年多来的工作是“非常出色和高效的”，各项筹备工作进展快速。他希望保持北京奥组委与国际奥委会以及各国际单项体育组织之间的“健康良好”关系，进一步加强彼此间的合作。

会后国际奥委会主席罗格高度评价了北京奥组委的工作。

国办发出《关于进一步开展非典型肺炎防治督查工作的通知》

通知说，为贯彻落实党中央、国务院关于当前非典型肺炎防治工作的部署，检查落实全国防治非典型肺炎指挥部关于科学规范非典型肺炎防治措施以及制定今后防治工作预案等情况，国务院决定再向各省、自治区、直辖市派出非典型肺炎防治工作督查组，从全国防治非典型肺炎指挥部组成单位抽调人员，组成15个督查组，赴各省、自治区、直辖市开展督查工作。督查组将在7月8日前完成督查工作并向指挥部提交督查情况报告。

卫生部直属机关防治非典型肺炎先进基层党组织和优秀共产党员表彰大会在北京举行

中共中央政治局委员、国务院副总理兼卫生部部长吴仪发来贺信，对受到表彰的先进基层党组织、优秀共产党员表示祝贺和慰问。

卫生部党组书记、常务副部长高强在出席会议并讲话。会上，中日友好医院中医糖尿病科党支部等28个基层党支部和刘鹏等153名党员，分别获卫生部直属机关防治非典型肺炎工作先进基层党组织和优秀共产党员称号。

陇海铁路宝(鸡)天(水)段电气化铁路全线开通

7月1日

中共中央总书记胡锦涛在北京出席“三个代表”重要思想理论研讨会并发表重要讲话

中共中央政治局常委吴邦国、贾庆林、曾庆红、黄菊、吴官正、罗干出席会议。中共中央政治局常委李长春主持会议。

中共中央总书记胡锦涛在会上发表了重要讲话。

李长春在主持会议时指出，这次理论研讨会是党中央批准召开的一个十分重要的会议，是推动全党兴起学习贯彻“三个代表”重要思想新高潮的一项重要举措。胡锦涛同志的重要讲话，站在全局和战略的高度，深刻阐述了兴起学习贯彻“三个代表”重要思想新高潮的重大意义和基本要求，对全党兴起学习贯彻“三个代表”重要思想新高潮作了进一步动员，提出了明确要求，具有很强的理论性、思想性、指导性，我们一定要认真学习领会，坚决贯彻执行。

这次研讨会，是经中央批准，由中央宣传部、中央政策研究室、中央党校、中央文献研究室、中央党史研究室、教育部、中国社会科学院和解放军总政治部联合召开的。

中共中央总书记胡锦涛在“三个代表”重要思想理论研讨会上的讲话

在中国共产党成立82周年之际，在全党兴起学习贯彻“三个代表”重要思想新高潮的重要时刻，中央有关部门联合召开这个理论研讨会，具有十分重要的意义。

会议的主要任务是：认真贯彻落实十六大精神，交流学习、宣传和实践“三个代表”重要思想的体会，推动全党更好地兴起学习贯彻“三个代表”重要思想新高潮。希望大家紧紧围绕会议的主题，密切联系党和国家事业发展的新要求，密切联系干部群众的思想实际和工作实际，总结经验，交流心得，努力把研讨会开成一个提高认识、统一思想，推动学习、深入贯彻的会议。

兴起学习贯彻“三个代表”重要思想新高潮，是十六大提出的一个战略举措，也是近年来全党全国学习贯彻“三个代表”重要思想活动的继续和深化。2000年2月，江泽民同志明确提出“三个代表”要求。从那时以来，学习贯彻活动大体经历了三个阶段。第一阶段是从2000年2月到2001年6月。“三个代表”要求的提出在党内外、国内外引起强烈反响，全党全国以极大的热情开展学习研究，对这一重要思想的认识不断深化。第二阶段是从2001年7月到2002年11月。江泽民同志代表党中央在庆祝建党80周年大会上发表重要讲话，系统阐述“三个代表”重要思想的科学内涵和基本内容，全党全国深入学习贯彻，有力地推动了改革开放和现代化建设。第三阶段是从十六大到现在。十六大把“三个代表”重要思想同马克思列宁主义、毛泽东思想、邓小平理论一道确立为党必须长期坚持的指导思想，提出了学习贯彻的根本要求和工作部署。十六大以来，各地区各部门围绕主题、把握灵魂、狠抓落实，形成了学习贯彻十六大精神的热潮，取得了学习贯彻“三个代表”重要思想新的明显成效。现在，这一重要思想更加深入人心，对我国社会主义现代化建设和党的建设起到了有力的指导和推动作用。

“三个代表”重要思想反映了我国最广大人民的共同意愿，体现了当今世界和中国发展的时代精神，显示了马克思主义科学理论的强大力量，是全党全国人民在新世纪、新阶段继续团结奋斗的共同思想基础。要实现全面建设小康社会的宏伟目标，必须把学习贯彻“三个代表”重要思想不断引向深入。这就是党中央提出在全党兴起学习贯彻“三个代表”重要思想新高潮的重大现实意义和深远历史意义。我们要通过兴起学习贯彻新高潮，切实使广大党员和干部在对“三个代表”重要思想的时代背景、实践基础、科学内涵、精神实质和历史地位的认识上达到新的高度，在认真贯彻“三个代表”重要思想的根本要求、始终做到“三个代表”上取得新的成效，解放思想、实事求是、与时俱进，同心同德地为全面建设小康社会、开创中国特色社会主义事业新局面而奋斗。

下面，我想结合自己的认识讲四个问题，同大家一起研究讨论。

一、“三个代表”重要思想同马克思列宁主义、毛泽东思想和邓小平理论是一脉相承而又与时俱进的科学体系，是马克思主义在中国发展的最新成果

坚持以反映时代特征和实践要求的科学理论指导实践，并根据实践的新鲜经验不断推进理论创新，是马克思主义政党坚持先进性、不断推进事业发展的根本保证。我们党从诞生之日起就把马克思主义确立为自己的指导思想，并在长期奋斗中坚持把马克思主义基本原理同中国具体实际相结合，产生了毛泽东思想、邓小平理论和“三个代表”重要思想这三大理论成果。

十三届四中全会以来，以江泽民同志为主要代表的当代中国共产党人，高举邓小平理论伟大旗帜，准确把握时代特征，科学判断我们党所处的历史方位，围绕建设中国特色社会主义这个主题，集中全党智慧，以马克思主义的巨大理论勇气进行理论创新，逐步形成了“三个代表”重要思想这一系统的科学理论。这一科学理论在建设中国特色社会主义的思想路线、发展道

路、发展阶段和发展战略、根本任务、发展动力、依靠力量、国际战略、领导力量和根本目的等重大问题上取得了丰硕成果,用一系列紧密联系、相互贯通的新思想、新观点、新论断,进一步回答了什么是社会主义、怎样建设社会主义的问题,创造性地回答了建设什么样的党、怎样建设党的问题。党中央同意印发的《"三个代表"重要思想学习纲要》,比较系统地概括了"三个代表"重要思想在改革发展稳定、内政外交国防、治党治国治军等方面取得的理论成果。"三个代表"重要思想的形成,表明我们党对共产党执政规律、社会主义建设规律和人类社会发展规律的认识,达到了新的理论高度,开辟了马克思主义发展的新境界。

"三个代表"重要思想的形成,不仅表明我们党在理论的自觉性和实践的主动性上达到了一个新的高度,而且在马克思主义和科学社会主义发展史上也是具有重大意义的事情。"三个代表"重要思想紧密结合新的时代条件,生动而具体地坚持和发展了马克思主义,赋予马克思主义新的鲜活力量,再一次有力地证明马克思主义基本原理仍然是我们正确认识和运用人类社会发展规律的锐利思想武器。"三个代表"重要思想是坚持马克思主义的典范,又是发展马克思主义的典范。

第一,"三个代表"重要思想坚持马克思主义的世界观和方法论,创造性地运用它们分析当今世界和中国的实际,为我们在新的时代条件下运用辩证唯物主义和历史唯物主义认识和把握社会发展规律、更好地推进我国社会主义事业作出了新的理论概括。辩证唯物主义和历史唯物主义的世界观和方法论,是马克思主义最根本的理论特征。马克思主义坚持从社会物质生产特别是生产力和生产关系的矛盾运动来解释世界,把生产力作为推动社会前进最活跃、最革命的力量,认为生产力的总和决定着社会状况。始终代表中国先进生产力的发展要求,是对马克思主义关于生产力和生产关系、经济基础和上层建筑的辩证关系这一基本原理的运用和阐发;始终代表中国先进文化的前进方向,是对马克思主义关于物质生活和精神生活、社会存在和社会意识的辩证关系这一基本原理的运用和阐发;始终代表中国最广大人民的根本利益,是对马克思主义关于人民群众是推动历史前进的动力这一基本原理的运用和阐发。"三个代表"重要思想所具有的基本点,马克思主义经典作家都有论述,但把发展先进生产力和先进文化、实现最广大人民的根本利益同坚持党的先进性联系在一起,上升到党的性质和宗旨的高度,上升到党的指导思想的高度,构成一个完整的体系,这是当代中国共产党人对辩证唯物主义和历史唯物主义的创造性运用和发展。"三个代表"重要思想既坚定不移地坚持了马克思主义的世界观和方法论,又赋予它们鲜明的时代精神和实践要求。

第二,"三个代表"重要思想坚持党的最高纲领和最低纲领的统一,为我们坚持马克思主义的最终奋斗目标、根据实际制定和实施推动我国社会主义发展的科学战略提供了新的理论基础。实现物质财富极大丰富、人民精神境界极大提高、每个人自由而全面发展的共产主义社会,是马克思主义最崇高的社会理想。"三个代表"重要思想强调树立共产主义的远大理想和坚定信念,同时强调共产主义只有在社会主义社会充分发展和高度发达的基础上才能实现,实现共产主义是一个非常漫长的历史过程,要立足我国正处于并将长期处于社会主义初级阶段这个实际,脚踏实地地为实现党在现阶段的基本纲领而不懈努力。在我国社会主义初级阶段,我们党作为执政党的根本任务就是发展生产力,发展是我们党执政兴国的第一要务。发展是以经济建设为中心、经济政治文化相协调的发展,是促进人与自然相和谐的可持续发展。中国共产党人要坚持以兴国为己任、以富民为目标,走适合中国国情的社会主义发展道路,经过长时期的努力,不断使经济更加发展、民主更加健全、科教更加进步、文化更加繁荣、社会更加和谐、人民生活更加殷实,不断促进人的全面发展,不断向党的最终目标前进。忘记远大理想而只顾眼前就会失去方向,离开现实工作而空谈远大理想就会脱离实际。"三个代表"重要思想既鲜明地坚持了马克思主义的社会理想,同时又为在锲而不舍的努力中不断朝着实现共产党人的远大理想和最终目标胜利前进指明了现实途径。

第三,"三个代表"重要思想坚持马克思主义关于无产阶级政党必须植根于人民的政治立场,注重从人民群众的实践中吸取养分,为我们坚持马克思主义的群众观点、不断实现最广大人民的根本利益提出了新的理论要求。马克思主义政党的一切理论和奋斗都应致力于实现最广大人民的根本利益,这是马克思主义最鲜明的政治立场。"三个代表"重要思想强调中国共产党是中国工人阶级的先锋队,同时是中国人民和中华民族的先锋队,是中国特色社会主义事业的领导核心。建设中国特色社会主义的根本目的是不断实现好、维护好、发展好最广大人民的根本利益,党的理论、路线、纲领、方针、政策和工作必须以符合最广大人民的根本利益为最高衡量标准。必须坚持实践第一的观点,以最广大人民的实践为理论创新的源泉,以实现最广大人民的根本利益为理论创新的目的。这些重要理论观点,适应我们党的历史地位和执政条件的发展变化,适应我国人民利益要求和社会结构的发展变化,为我们在新的时代条件下更好地坚持马克思主义的政治立场提出了全面要求。

第四,“三个代表”重要思想坚持马克思主义与时俱进的理论品质,体现了马克思主义理论创新的巨大勇气,为我们坚持马克思主义基本原理、不断在实践中推进理论创新打开了新的理论视野。坚持一切从实际出发,理论联系实际,实事求是,在实践中检验真理和发展真理,是马克思主义最重要的理论品质。这种与时俱进的理论品质,是150多年来马克思主义始终保持蓬勃生命力的关键所在。“三个代表”重要思想强调实践没有止境,创新也没有止境,党的全部理论和工作要体现时代性,把握规律性,富于创造性。“三个代表”重要思想创造性地运用马克思列宁主义、毛泽东思想特别是邓小平理论,紧密结合新的实践,提出了关于建立社会主义市场经济体制的思想,关于公有制为主体、多种所有制经济共同发展是我国社会主义初级阶段的基本经济制度的思想,关于按劳分配为主体、多种分配方式并存的思想,关于实行全方位对外开放战略的思想,关于社会主义物质文明、政治文明和精神文明协调发展的思想,关于正确处理改革发展稳定的思想,关于建设社会主义法治国家的思想,关于依法治国和以德治国相结合的思想,关于走中国特色的精兵之路的思想,关于巩固党的阶级基础和扩大党的群众基础的思想,等等。这些都是对马克思主义理论的重大贡献。“三个代表”重要思想既坚持马克思主义基本原理,又不从书本、概念和抽象的原则出发,而是一切从实际出发,深刻总结实践创造的新鲜经验并上升到理论,在推动马克思主义的发展中卓有成效地坚持了马克思主义。

总之,“三个代表”重要思想贯穿了马克思主义的红线,在许多重大方面丰富和发展了马克思主义。这为我们提供了重要启示:理论创新必须以坚持马克思主义基本原理为前提,否则就会迷失方向,就会走上歧途,而坚持马克思主义又要以根据实践的发展不断推进理论创新为条件,否则马克思主义就会丧失活力,就不能很好地坚持下去;最广大人民改造世界、创造幸福生活的伟大实践是理论创新的动力和源泉,脱离了人民群众的实践,理论创新就会成为无源之水,就不能对人民群众产生感召力、对实践发挥指导作用。学习贯彻“三个代表”重要思想,既要全面把握它同马克思列宁主义、毛泽东思想和邓小平理论一脉相承的特征,也要全面把握它在继承前人基础上不断与时俱进的特征。在新的历史条件下,坚持“三个代表”重要思想,就是真正坚持马克思列宁主义、毛泽东思想和邓小平理论;高举“三个代表”重要思想的旗帜,就是真正高举马克思列宁主义、毛泽东思想和邓小平理论的旗帜。

二、“三个代表”重要思想是新世纪、新阶段全党全国人民继往开来、与时俱进,实现全面建设小康社会宏伟目标的根本指针

新的时代呼唤新的理论,新的理论指导新的实践。学习贯彻“三个代表”重要思想,根本目的就是要推动全党更好地带领人民群众把中国特色社会主义事业推向前进。

马克思、恩格斯曾经说过:“一切划时代的体系的真正的内容都是由于产生这些体系的那个时期的需要而形成起来的。”我们党在指导思想上的与时俱进,都产生于党和人民事业发展的实践进程中,也都是为党和人民事业发展的现实需要服务的。在毛泽东思想指引下,我们党团结带领人民取得了新民主主义革命的伟大胜利,并取得了社会主义革命和建设的巨大成就。在邓小平理论指引下,我们党团结带领人民取得了改革开放和现代化建设的伟大成就,成功走出了中国特色社会主义的新道路。没有毛泽东思想的正确指引,就没有中国革命的胜利和社会主义基本制度的确立。没有邓小平理论的正确指引,就没有改革开放和建设中国特色社会主义新道路的开辟。“三个代表”重要思想是面向21世纪的中国化的马克思主义,是指引全党全国人民为实现新世纪、新阶段的发展目标和宏伟蓝图而奋斗的根本指针。

十六大提出,我们要紧紧抓住本世纪头20年的重要战略机遇期,集中力量全面建设小康社会。这个宏伟目标令人振奋又十分艰巨。在实现这个目标的征程中,我们将长期面对以下三个重大课题。一是要科学判断和全面把握国际形势的发展变化,正确应对世界多极化和经济全球化以及科技进步的发展趋势,妥善处理影响世界和平与发展的各种复杂和不确定因素,抓住和用好重要战略机遇期,在日益激烈的综合国力竞争中牢牢掌握加快我国发展的主动权。二是要科学判断和全面把握我国将长期处于社会主义初级阶段的基本国情,正确认识和妥善处理人民日益增长的物质文化需要同落后的社会生产这个社会主要矛盾,紧紧抓住经济建设这个中心不动摇,正确处理好改革发展稳定的关系,推动物质文明、政治文明和精神文明协调发展,不断增强综合国力,逐步实现全体人民的共同富裕。三是要科学判断和全面把握我们党所处的历史方位和肩负的历史使命,正确认识和妥善处理党在改革开放和发展社会主义市场经济条件下执政遇到的新情况新问题,以改革的精神加强和改进党的建设,不断提高党的领导水平和执政水平,增强拒腐防变和抵御风险能力,始终成为团结带领人民建设中国特色社会主义的领导核心。能否始终解决好这三个重大课题,关系我们党和国家的前途命运,关系全面建设小康社会的成败。“三个代表”重要思想为我们正确认识和处

理这些重大课题提供了科学理论和科学方法，指明了方向。

——“三个代表”重要思想系统概括我们党对社会主义建设规律的探索成果，科学预测现代化建设的发展趋势，规划了中国特色社会主义发展的宏伟蓝图和一整套发展战略。坚持贯彻“三个代表”重要思想，始终把发展作为党执政兴国的第一要务，把创新作为党必须长期坚持的治党治国之道，把不断改善人民生活作为处理改革发展稳定关系的重要结合点，坚持四项基本原则，坚持改革开放，聚精会神搞建设、一心一意谋发展，我们就能经过不懈努力实现既定的发展目标。

——“三个代表”重要思想依据改革开放和现代化建设的新实践，紧紧把握我国社会生活和社会结构的深刻变化，对建设中国特色社会主义的依靠力量作出了科学判断。坚持贯彻“三个代表”重要思想，始终认为包括知识分子在内的工人阶级、广大农民是推动我国先进生产力发展和社会全面进步的根本力量，在社会变革中出现的新的社会阶层是中国特色社会主义事业的建设者，最广泛最充分地调动一切积极因素，妥善处理各种利益关系和社会矛盾，切实维护社会稳定，形成全体人民各尽其能、各得其所而又和谐相处的局面，我们就能集聚起推进事业发展的强大力量。

——“三个代表”重要思想全面审视当今世界格局的变化，准确判断国际形势的发展趋势，深刻分析国际社会各种力量和矛盾的交互运动，提出了我国外交工作的战略策略方针。坚持贯彻“三个代表”重要思想，始终奉行独立自主的和平外交政策，高举和平与发展的旗帜，维护世界多样性，促进世界多极化和国际关系民主化，推动建立公正合理的国际政治经济新秩序，我们就能不断为我国现代化建设营造和平的国际环境和良好的周边环境。

——“三个代表”重要思想把党的建设新的伟大工程同中国特色社会主义伟大事业紧密联系起来，赋予党的性质、宗旨、指导思想和任务以丰富的时代内容，确定了党的建设的总体部署。坚持贯彻“三个代表”重要思想，以加强党的执政能力建设为重点，不断提高党的创造力、凝聚力和战斗力，不断巩固党的阶级基础和扩大党的群众基础，我们党就能在世界形势深刻变化的历史进程中始终走在时代前列，在应对国内外各种风险考验的历史进程中始终成为全国人民的主心骨，在建设中国特色社会主义的历史进程中始终成为坚强领导核心。

总之，全面贯彻落实“三个代表”重要思想，关系党和国家工作的全局，关系实现全面建设小康社会的宏伟目标，关系中华民族的伟大复兴，关系中国特色社会主义事业的长远发展。全党同志一定要从这样的高度不断增强学习贯彻“三个代表”重要思想的自觉性和坚定性，牢固确立“三个代表”重要思想在全党一切工作中的指导地位，自觉用“三个代表”重要思想指导自己的思想和行动，在建设中国特色社会主义这一前无古人的伟大实践中继续创造新的辉煌。

三、“三个代表”重要思想的本质是立党为公、执政为民，学习贯彻“三个代表”重要思想必须以最广大人民的根本利益为根本出发点和落脚点

相信谁、依靠谁、为了谁，是否始终站在最广大人民的立场上，是区分唯物史观和唯心史观的分水岭，也是判断马克思主义政党的试金石。对于马克思主义执政党来说，坚持立党为公、执政为民，实现好、维护好、发展好最广大人民的根本利益，充分发挥全体人民的积极性来发展先进生产力和先进文化，始终是最紧要的。全国各族人民是建设中国特色社会主义事业的主体，人民群众积极性创造性的充分发挥是我们事业成功的保证，不断实现最广大人民的根本利益是我们党全部奋斗的最高目的。

我们说，始终做到“三个代表”，是我们党的立党之本、执政之基、力量之源。这里的“本”、“基”、“源”，说到底就是人民群众的支持和拥护。“乐民之乐者，民亦乐其乐；忧民之忧者，民亦忧其忧。”人心向背，是决定一个政党、一个政权盛衰的根本因素。马克思主义政党的理论路线和方针政策以及全部工作，只有顺民意、谋民利、得民心，才能得到人民群众的支持和拥护，才能永远立于不败之地。我们党80多年的一切奋斗，无论是战争年代浴血奋战推翻“三座大山”，无论是建立社会主义制度、开展大规模的社会主义建设，还是进行社会主义改革开放和现代化建设，归根到底都是为了实现好、维护好、发展好最广大人民的根本利益。

实现人民的愿望、满足人民的需要、维护人民的利益，是“三个代表”重要思想的根本出发点和落脚点。“三个代表”是相互联系、辩证统一的整体。只有不断解放和发展生产力，增强国家的经济实力，才能为建设中国特色社会主义文化和实现人民群众的根本利益提供雄厚的物质基础。只有不断发展和繁荣社会主义文化，才能不断满足人民群众日益增长的精神文化生活需要，才能为发展生产力提供强大的精神动力和智力支持。只有不断提高人民群众的物质文化生活水平，改革和建设才能具有坚实的群众基础，人民群众才能始终以饱满的热情投身到中国特色社会主义的伟大事业中来。发展先进生产力和先进文化是实现最广大人民根本利益的基础和前提，实现最广大人民根本利益则是发展先进生产力和先进文化的目的和归宿。人民群众既是先进生产力和先进文化的创造者，又是其成

果的享有者。这不仅提出了坚持立党为公、执政为民的根本要求，而且指明了实现立党为公、执政为民的根本途径。

学习贯彻“三个代表”重要思想，必须牢牢把握立党为公、执政为民。这是衡量有没有真正学懂、是不是真心实践“三个代表”重要思想最重要的标志。

第一，坚持立党为公、执政为民，必须落实到党和国家制定和实施方针政策的工作中去。方针政策对党和国家工作的全局起指导和推动作用。抓住这个环节落实立党为公、执政为民的要求，坚持用人民拥护不拥护、赞成不赞成、高兴不高兴、答应不答应来衡量我们的一切决策，就能在全局上把握住贯彻落实“三个代表”重要思想的根本出发点和落脚点。坚持党的基本理论、基本路线、基本纲领和基本经验，制定和实施深化改革、促进发展、保持稳定的各项方针政策，都要把实现好、维护好、发展好最广大人民的根本利益作为依据，都要统筹兼顾、妥善处理各方面的利益。各级党委和政府要坚持从群众中来、到群众中去的工作路线，倾听群众呼声，反映群众意愿，集中群众智慧，推进决策科学化民主化，创新发展思路，努力使我们的方针政策更好地体现人民群众的利益，使先进生产力和先进文化更快更好地发展起来，不断让人民群众得到实实在在的利益。

第二，坚持立党为公、执政为民，必须落实到各级领导干部的思想和行动中去。各级领导干部都要牢固树立全心全意为人民服务的思想和真心实意对人民负责的精神，做到心里装着群众，凡事想着群众，工作依靠群众，一切为了群众。要坚持权为民所用、情为民所系、利为民所谋，为群众诚心诚意办实事，尽心竭力解难事，坚持不懈做好事。要始终把群众的利益放在第一位，在各项工作各个环节都细心研究群众的利益，关心群众疾苦，体察群众情绪，努力运用说服教育、示范引导和提供服务等方法，做好新形势下的群众工作，团结带领群众不断前进。领导干部必须深入基层、深入群众，特别是要到最困难的地方去，到群众意见多的地方去，到工作推不开的地方去，同那里的干部和群众一道，努力排忧解难，化解矛盾，打开工作局面。要切实加强党风政风建设，改进领导方式和领导方法，转变思想作风和工作作风，坚决防止和克服形式主义、官僚主义，坚决维护人民群众的合法权益，始终与群众心连心、同呼吸、共命运。各级干部都要自觉接受监督，决不脱离群众，决不贪图安逸，决不以权谋私。

第三，坚持立党为公、执政为民，必须落实到关心群众生产生活的工作中去。坚持立党为公、执政为民，不能停留在口号和一般要求上，必须围绕人民群众最现实、最关心、最直接的利益来落实，努力把经济社会发展的长远战略目标和提高人民生活水平的阶段性任务统一起来，把实现人民的长远利益和当前利益结合起来。群众利益无小事。凡是涉及群众的切身利益和实际困难的事情，再小也要竭尽全力去办。要时刻把群众的安危冷暖挂在心上，对群众生产生活面临的这样那样的困难，特别是对下岗职工、农村贫困人口和城市贫困居民等困难群众遇到的实际问题，一定要带着深厚的感情帮助解决，切实把中央为他们脱贫解困的各项政策措施落到实处。

近一个时期以来，全国大多数省区市发生了“非典”疫情，对广大人民群众的身体健康和生命安全构成严重威胁。党中央、国务院把防治工作列为各项工作的重中之重，采取了一系列果断措施。全国上下紧急动员起来，同这场突如其来的疾病灾害展开了一场艰苦卓绝的斗争。中央还及时地向全党全国发出了坚持一手抓防治工作这件大事不放松，一手抓经济建设这个中心不动摇，齐心协力夺取抗击“非典”和促进发展双胜利的号召。经过不懈努力，现在“非典”疫情已经得到有效控制，防治工作取得了阶段性的重大胜利，国民经济保持了较快增长的良好势头。这场波澜壮阔的斗争，奏响了弘扬中华民族伟大精神的嘹亮凯歌，书写了中国人民不畏艰险、敢于胜利的壮丽诗篇。这一胜利的取得，首先要归功于全党和全国各族人民的团结奋斗。在抗击“非典”的斗争中，各级党组织和政府加强领导、精心组织、扎实工作，充分发挥了核心作用和领导作用；广大党员和干部以身作则、身先士卒、经受考验，切实起到了先锋模范作用和表率作用；全国各族人民万众一心、众志成城、群防群控，开展了一场声势浩大的人民战争；地方和军队广大医务工作者和科技工作者迎难而上、奋不顾身、顽强拼搏，组成了战胜“非典”的强大突击队。国际社会也对我国的防治工作给予了大力支持和帮助。成绩来之不易，经验尤为珍贵。我们要继续以对人民高度负责的精神，毫不松懈地抓好经常性防治措施的落实，坚决防范疫情再次发生。同时，要认真总结抗击“非典”工作的宝贵经验，查找工作中的不足和薄弱环节以及干部思想作风方面暴露出来的问题，切实加强公共卫生体系建设和应急机制建设，切实改进有关工作，切实转变干部的思想观念和工作作风。这次抗击“非典”的实践再一次证明，只要我们认真实践“三个代表”重要思想，始终把最广大人民的根本利益放在第一位，切实把关心群众的工作做好、做细、做实，我们就能集聚起强大的力量，战胜一切艰难险阻，不断把改革开放和现代化建设推向前进。

总之，学习贯彻“三个代表”重要思想，必须坚持尊重社会发展规律和尊重人民历史主体地位的一致性，坚持为崇高理想奋斗和为最广大人民谋利益的一致性，坚持完成党的各项工作和实现人民利益的一致性，切实把立党为公、执政为民具体地、深入地落实到各项工作中去。

四、坚持用马克思主义态度学习贯彻好“三个代表”重要思想，用“三个代表”重要思想指导新的实践，并努力在实践中继续发展马克思主义

当前，摆在全党全国人民面前的一项重大政治任务，就是把“三个代表”重要思想学习好、贯彻好、落实好，务必在武装思想和指导实践两方面都取得新的成效。为此，要注重做到以下三个结合。

第一，坚持学习理论和指导实践相结合。我们党历来高度重视理论工作，目的就是要通过强有力的理论指导，使党和人民的事业不断从胜利走向新的胜利。学习的目的全在于运用。只有同指导实践相结合才能把理论学深学透。要深刻认识学习好、运用好科学理论对推进事业发展的重大意义，大力弘扬理论联系实际的马克思主义学风，努力做到学以致用、用以促学、学用相长。全党同志特别是领导干部要全面系统地学习“三个代表”重要思想，切实领会其科学内涵和精神实质，着力掌握其科学态度和创新精神，努力提高马克思主义理论水平，不断增强科学判断形势的能力、驾驭市场经济的能力、应对复杂局面的能力、依法执政的能力和总揽全局的能力。要按照关键在坚持与时俱进、核心在坚持党的先进性、本质在坚持执政为民的根本要求，密切联系改革开放和现代化建设的实际，联系本地区本部门的工作实际，坚持用“三个代表”重要思想指导实践、解决问题、推动工作。要紧紧围绕实现全面建设小康社会的宏伟目标，抓紧研究解决本地区本部门改革发展稳定中的重大问题，抓紧研究解决群众生产生活中的迫切问题，抓紧研究解决党的建设中存在的突出问题，真正把“三个代表”重要思想落实到各项工作中去，体现到各级党组织和广大党员的行动中去，成为推动事业实现新发展、开创新局面的强大精神动力。

第二，坚持改造客观世界和改造主观世界相结合。“三个代表”重要思想是指导我们改造客观世界的思想武器，也是指导我们改造主观世界的思想武器。学习贯彻“三个代表”重要思想，既要对事也要对人。对事，就是要用“三个代表”重要思想来指导工作、推动社会实践。对人，就是要用“三个代表”重要思想来武装头脑、指导自我修养。如果只对事不对人，或者只对人不对事，都不能真正学习贯彻好“三个代表”重要思想。领导干部不树立正确的世界观、人生观、价值观，不解决好权力观、地位观、利益观问题，就不可能领导好改造客观世界的工作。现在，有些党员干部思想空虚，意志衰退，抵御不住拜金主义、享乐主义、极端个人主义的诱惑；有些地方和部门存在严重的形式主义、官僚主义作风和弄虚作假、铺张浪费行为以及各种消极腐败现象。产生这些问题的原因很多，但从根本上说是一些干部放松了主观世界的改造。在学习贯彻“三个代表”重要思想的过程中，要紧密联系自己的思想实际，坚定共产党人的理想信念，提高思想政治水平，加强道德品质修养，牢记“两个务必”，真正做到在改造客观世界的同时改造主观世界，寓改造主观世界于改造客观世界的过程中，用改造主观世界的成效来推进客观世界的改造。

第三，坚持运用理论和发展理论相结合。毛泽东思想、邓小平理论和“三个代表”重要思想，是我们党在长期奋斗和艰辛探索中取得的宝贵精神财富，是我们事业胜利前进的根本保证，全党同志一定要倍加珍惜。在未来的征途中，无论遇到什么样的困难和风险，我们都要坚定不移地以马克思列宁主义、毛泽东思想、邓小平理论和“三个代表”重要思想为行动指南。中国特色社会主义是不断发展的事业，我们在前进中还会遇到这样那样的新情况新课题，还要应对各种可以预料和难以预料的风险和挑战，因此还要继续进行新的实践和新的探索。正如江泽民同志所指出的：“要使党和国家的事业不停顿，首先理论上不能停顿。否认马克思主义的科学性，丢掉老祖宗，是错误的、有害的；教条式地对待马克思主义，也是错误的、有害的。我们一定要适应实践的发展，以实践来检验一切，用发展着的马克思主义指导新的实践。”全党同志必须认识到，我国社会主义的自我完善和发展还有许多重大课题需要进一步探索和回答，还有大量工作需要去做。比如，如何切实抓好发展这个党执政兴国的第一要务，如何进一步完善公有制为主体、多种所有制经济共同发展的基本经济制度，如何建成完善的社会主义市场经济体制，如何走新型工业化道路、统筹城乡经济社会发展，如何扩大就业和促进再就业，如何进一步深化收入分配制度改革、健全社会保障体系，如何在更大范围、更广领域和更高层次上参与国际经济技术合作和竞争，如何推动整个社会走上生产发展、生活富裕、生态良好的文明发展道路，如何更好地实现坚持党的领导、人民当家做主和依法治国的有机统一，如何最广泛最充分地调动一切积极因素、不断为中华民族的伟大复兴增添新力量，如何在新的历史条件下不断巩固马克思主义在意识形态领域的指导地位，如何弘扬和培育民族精神，如何改革和完善党的领导方式和执政方式，如何以加强党的执政能力建设为重点全面推进党的建设新的伟大工程，等等。“三个代表”重要思想既是我们推动实践创新的根本指针，又是我们深化理论探索的崭新起点。我们必须坚持解放思想、实事求是、与时

俱进，从理论和实践的结合上不断研究新情况、解决新问题，做到自觉地把思想认识从那些不合时宜的观念、做法和体制的束缚中解放出来，从对马克思主义的错误的和教条式的理解中解放出来，从主观主义和形而上学的桎梏中解放出来，不断有所发现、有所创造、有所前进。

广大理论工作者在理论的研究、宣传和贯彻方面肩负着重要责任。理论研究只有同社会发展的要求、丰富多彩的生活和人民群众的实践紧密结合起来，才能具有强大生命力和影响力，才能实现自身的社会价值。全面建设小康社会的宏伟事业为广大理论工作者施展聪明才智提供了广阔舞台。希望广大理论工作者认真学习和宣传"三个代表"重要思想，认真研究改革开放和现代化建设提出的重大理论和实际问题，在认识世界、传承文明、创新理论、咨政育人、服务社会方面不断作出新的建树。各条战线、各个领域的广大知识分子都要联系自己的思想和工作实际，自觉学习和贯彻"三个代表"重要思想，不断创造新的业绩。

同志们！当前，学习贯彻"三个代表"重要思想新高潮正在全国兴起。各级党委要按照《中共中央关于在全党兴起学习贯彻"三个代表"重要思想新高潮的通知》的要求，切实加强领导，结合本地区、本部门和本单位的工作实际，做到精心组织、周密安排、及时指导、加强督促，不断将学习贯彻活动引向深入。要采取切实有效、丰富多彩的方式方法，力求贴近现实、贴近群众，努力提高学习贯彻的成效。要把兴起学习贯彻"三个代表"重要思想新高潮的活动，同开展共产党员先进性教育活动结合起来。各级领导机关和领导干部要做好表率，带头学习，带头运用，努力推动全社会形成自觉学习贯彻"三个代表"重要思想、万众一心为全面建设小康社会而团结奋斗的生动局面。

最后，祝这次研讨会取得成功。

国务院总理温家宝出席庆祝香港回归祖国六周年酒会并发表重要讲话

国务院总理温家宝在庆祝香港回归祖国六周年酒会上的讲话

同胞们、朋友们：

今天是香港回归祖国六周年的喜庆日子。在香港万众一心战胜"非典"、奋力重振经济的重要时刻，我代表中央政府和全国各族人民，向香港特别行政区政府、香港同胞和各界人士表示热烈祝贺和良好祝愿。

六年前的今天，江泽民主席代表中央政府在这里庄严宣告，中国对香港恢复行使主权，中华人民共和国香港特别行政区正式成立。经历了百年沧桑的香港回到了祖国的怀抱，进入了一个崭新的时代。

香港回归祖国六年来，走过了不平凡的历程，经受了种种考验。回归之初，就面临亚洲金融危机的严重冲击；今年以来，又遭遇"非典"肆虐的严峻挑战。我们欣慰地看到，以董建华先生为首的特区政府团结广大香港同胞，沉着应对，共赴时艰，拼搏奋进，保持了香港的稳定和发展。香港像一艘起锚的巨轮，穿过急流险滩，破浪前进。

六年来的实践充分表明：邓小平先生提出的"一国两制"伟大构想是具有强大生命力的；"一国两制"、"港人治港"、高度自治的基本方针和香港特别行政区基本法是完全正确的；掌握了自己命运的香港人完全有能力治理好香港。这既是历史的结论，也为全世界所见证。

我想借此机会郑重重申，新一届中央政府将一如既往、坚定不移地贯彻"一国两制"方针，严格按照香港基本法办事，全力支持香港特别行政区行政长官和政府依法施政，保障香港居民依法享有的各项权利和自由，广泛团结香港各界人士，共同维护和促进香港的繁荣、稳定和发展。

实现香港经济振兴和社会进步，是香港民众的共同企盼，也是香港特别行政区政府的重要使命。当前，香港发展面临暂时困难，这既有香港经济自身的原因，也有外部环境变化的影响，在前进道路上还可能遇到这样或那样的困难。尽管如此，我们有充分的理由相信，香港的明天一定会更加美好。

香港明天更美好，最重要的在于坚持"一国两制"、"港人治港"、高度自治的基本方针长期不变，坚持香港基本法不动摇。一个国家，两种制度，长期并存，共同发展，这是香港繁荣、稳定和发展的政治基础和制度保证。

香港明天更美好，在于香港的优势依然存在，而且将长期发挥作用。香港具有得天独厚的优越区位，有高度自由开放的经济体系，有比较完备的法律制度，有广泛的国际市场联系。香港还有一支素质较高的公务员队伍，有一大批成功的企业家和各行各业的优秀人才。这些是香港保持国际竞争力的有利条件，也决定了香港的独特地位和作用不可替代。

香港明天更美好，在于香港善于灵活应变、革故鼎新。社会发展的生命力在于创造。任何社会经济制度都需要不断进行自我调整和完善。香港作为自由港和国际化大都市，易于博采众长，融贯中西，必将在变革的时代潮流中不断产生新的活力。

香港明天更美好，在于香港特别行政区政府和民众自强不息、百折不挠。特区政府在六年施政中积累了宝贵经验，具有驾驭复杂局势的智慧和能力。香港民众富有聪明才智和艰苦创业精神，这是香港长盛不衰的力量之源。香港的未来，归根到底要靠香港人自己去创造。现在最需要的，是理解、信任和团结，是信心、勇气和行动。

香港明天更美好，还在于伟大的祖国始终是香港的坚强后盾。香港的命运从来就与祖国的命运紧密相连。祖国内地已进入全面建设小康社会、加快推进社会主义现代化新的发展阶段，改革开放继续推进，经济持续快速发展，社会保持稳定，这必将为香港提供更多的发展机遇和更为广阔的发展空间。前天签订的《内地与香港关于建立更紧密经贸关系的安排》，就是中央政府支持香港的重要举措，是贯彻“一国两制”方针的生动体现。今后，凡是有利于香港繁荣稳定、有利于香港和内地共同发展的事情，中央政府都将给予全力支持。

同胞们、朋友们！

香港的长期繁荣、稳定和发展，是全体香港同胞的根本利益和福祉所在。希望香港同胞珍惜来之不易的主人翁地位，维护人心所向的社会稳定大局，抓住不可多得的发展机遇，爱国爱港，携手同心，奋力实现香港再起飞，开创更加美好的明天！

现在我提议：

为香港明天更加美好，

为祖国更加繁荣昌盛，

为各位来宾和朋友的健康，

干杯！

国务院总理温家宝在深圳考察

温家宝是在参加香港回归祖国六周年庆祝活动，并出席《内地与香港关于建立更紧密经贸关系的安排》签署仪式后，于7月1日上午经皇岗口岸抵达深圳的。随即，温家宝在中共中央政治局委员、广东省委书记张德江，广东省省长黄华华陪同下，冒着高温酷暑，前往深圳东湖医院，看望和慰问医务工作者。

温家宝十分关心深圳高新技术产业的发展。7月1日下午，他先后考察了富士康企业集团、华为技术有限公司和中兴通讯股份公司。温家宝对这几家企业积极开发高新技术产品和开拓市场的做法表示赞赏，鼓励他们进一步面向市场，自主创新，提高核心技术竞争力。

温家宝还来到莲花山公园，瞻仰邓小平同志塑像并敬献花篮。在公园山顶广场上，深圳宝安区邮政局等一些单位的党员正在举行纪念党的生日活动。温家宝与他们亲切交谈，并高兴地与新党员一起合影。他还走访了深圳梅林一村，看望了小区的居民。

7月1日晚，温家宝听取广东省和深圳市的工作汇报，并作了重要讲话。他对广东省和深圳市在抗击“非典”和发展经济方面所取得的成绩给予充分肯定。

温家宝说，办好经济特区，必须贯彻“三个代表”重要思想，关键在坚持与时俱进，核心在坚持党的先进性，本质在坚持执政为民。深圳特区要站在新的起点，开创新的局面。一要与时俱进，开拓创新。深圳经济特区创立以来，在改革开放和现代化建设中取得了显著成就，发挥了十分重要的作用。希望深圳特区广大干部群众再接再厉，锐意进取，努力开创特区建设新局面。

全国人大常委会副委员长许嘉璐在重庆就生态家园富民工程进行专题调研

7月1日至6日，许嘉璐率领民进中央考察团先后到重庆市的长寿区、涪陵区、丰都县、忠县、九龙坡区、大足县，听取各地政府的情况介绍，并实地察看沼气使用和农民生活环境等情况。

许嘉璐说，生态家园富民工程是列入农业部“十五”期间的工作重点。如何在保护生态平衡的同时，让广大农民群众致富，这是关系社会稳定和发展的大问题，也是当前迫切需要解决的问题。生态家园富民工程要在保护生态平衡、增加农民收入、提高农民生活质量之间行成一个良性循环，共同协调发展，让农民通过这样一个实实在在的工程得到实惠，真正富起来。此外，生态家园富民工程也为地方政府促进农业和农村经济发展提供了新的思路。

审计署印发《审计署2003至2007年审计工作发展规划》

规划的内容主要包括三个部分：第一部分论述了今后5年审计工作的指导思想、总体目标和主要任务，明确了今后5年审计工作的发展方向，是整个规划的灵魂。第二部分按照财政、金融、企业三大审计加经济责任审计的审计工作格局，分别提出了各项审计工作的具体目标和重点。第三部分提出了加强“人、法、技”建设和审计业务管理的各项目标、任务和主要措施。

规划思路清晰，目标明确，对今后5年财政、金融、企业审计的要求，坚持了有所为、有所不为的原则。财政审计提出要以中央预算执行审计为重点；金融审计提出以促进防范风险、提高效益、规范管理为目标，促进政策、制度和监管的完善；企业审计坚持“摸家底、揭隐患、促发展”的思路，促进深化国有企业改革，加强国有资产管理。

希腊总统斯特凡诺普洛斯在雅典总统府会见外交部部长李肇星

解放军总政治部发出通知要求全军和武警部队认真传达学习胡锦涛总书记在学习贯彻“三个代表”重要思想理论研讨会上的重要讲话

7月2日

《人民日报》发表社论《“三个代表”重要思想指引我们前进——纪念中国共产党成立82周年》

在全党兴起学习贯彻“三个代表”重要思想新高潮的重要时刻，我们迎来了中国共产党成立82周年。

在“七一”这个重要的纪念日，中共中央总书记胡锦涛在“三个代表”重要思想理论研讨会上发表了重要讲话。讲话站在全局和战略的高度，深刻阐述了兴起学习贯彻“三个代表”重要思想新高潮的重大意义和基本要求，进一步阐明了“三个代表”重要思想同马克思列宁主义、毛泽东思想和邓小平理论是一脉相承而又与时俱进的科学体系，阐明了“三个代表”重要思想是新世纪、新阶段全党全国人民继往开来、与时俱进，实现全面建设小康社会宏伟目标的根本指针，阐明了学习贯彻“三个代表”重要思想必须以最广大人民的根本利益为根本出发点和落脚点，阐明了必须坚持用马克思主义态度学习贯彻好“三个代表”重要思想。讲话具有很强的理论性、思想性、指导性。我们一定要认真学习领会，坚决贯彻落实。

“三个代表”重要思想反映了我国最广大人民的共同意愿，体现了当今世界和中国发展的时代精神，显示了马克思主义科学理论的强大力量，是全党全国人民在新世纪、新阶段继续团结奋斗的共同思想基础。要实现全面建设小康社会的宏伟目标，必须把学习贯彻“三个代表”重要思想不断引向深入。这就是党中央提出在全党兴起学习贯彻“三个代表”重要思想新高潮的重大现实意义和深远历史意义。

我们党从诞生之日起就把马克思主义确立为自己的指导思想，并在长期奋斗中坚持把马克思主义基本原理同中国具体实际相结合，产生了毛泽东思想、邓小平理论和“三个代表”重要思想这三大理论成果。“三个代表”重要思想的形成，表明我们党对共产党执政规律、社会主义建设规律和人类社会发展规律的认识，达到了新的理论高度，开辟了马克思主义发展的新境界。学习贯彻“三个代表”重要思想，既要全面把握它同马克思列宁主义、毛泽东思想和邓小平理论一脉相承的特征，也要全面把握它在继承前人基础上不断与时俱进的特征。在新的历史条件下，坚持“三个代表”重要思想，就是真正坚持马克思列宁主义、毛泽东思想和邓小平理论；高举“三个代表”重要思想的旗帜，就是真正高举马克思列宁主义、毛泽东思想和邓小平理论的旗帜。

新的时代呼唤新的理论，新的理论指导新的实践。“三个代表”重要思想是面向21世纪的中国化的马克思主义，是指引全党全国人民为实现新世纪、新阶段的发展目标和宏伟蓝图而奋斗的根本指针。全面贯彻落实“三个代表”重要思想，关系党和国家工作的全局，关系实现全面建设小康社会的宏伟目标，关系中华民族的伟大复兴，关系中国特色社会主义事业的长远发展。我们一定要从这样的高度不断增强学习贯彻“三个代表”重要思想的自觉性和坚定性，牢固确立“三个代表”重要思想在全党一切工作中的指导地位，自觉用“三个代表”重要思想指导自己的思想和行动，在建设中国特色社会主义这一前无古人的伟大实践中继续创造新的辉煌。

“三个代表”重要思想的本质是立党为公、执政为民，学习贯彻“三个代表”重要思想必须以最广大人民的根本利益为根本出发点和落脚点。学习贯彻“三个代表”重要思想，必须牢牢把握立党为公、执政为民。这是衡量有没有真正学懂、是不是真心实践“三个代表”重要思想最重要的标志。坚持立党为公、执政为民，必须落实到党和国家制定和实施方针政策的工作中去，必须落实到各级领导干部的思想和行动中去，必须落实到关心群众生产生活的工作中去。抗击“非典”的实践再一次证明，只要我们认真实践“三个代表”重要思想，始终把最广大人民的根本利益放在第一位，切实把关心群众的工作做好、做细、做实，我们就能集聚起强大的力量，战胜一切艰难险阻，不断把改革开放和现代化建设推向前进。

坚持用马克思主义态度学习贯彻好“三个代表”重要思想，用“三个代表”重要思想指导新的实践，并努力在实践中继续发展马克思主义，这是一个把学习贯彻“三个代表”重要思想不断引向深入的基本要求。当前，摆在全党和全国人民面前的一项重大政治任务，就是把“三个代表”重要思想学习好、贯彻好、落实好，务必在武装思想和指导实践两方面都取得新的成效。这就要注重坚持学习理论和指导实践相结合，坚持改造客观世界和改造主观世界相结合，坚持运用理论和发展理论相结合。

一个学习贯彻“三个代表”重要思想新高潮正在全国兴起。这个新高潮必将对我国社会主义现代化建设和党的建设起到有力的指导和极大的推动作用，必将化为亿万人民全面建设小康社会、开创中国特色社会主义事业新局面的澎湃热情和巨大力量。让我们更加紧密团结在以胡锦涛同志为总书记的党中央周围，解放思想、实事求是、与时俱进、开拓创新，在“三个代表”重要思想指引下，在党的十六大精神指引下，夺取中国特色社会主义这一壮丽事业的更大胜利。

国务院总理温家宝对淮河防汛抗洪作出重要指示

温家宝提出了四点要求：一是要确保人民生命安全；二是要最大限度地减少财产损失；三是要从全局出发，兼顾上下游、左右岸；四是要强化领导，紧张有序，忙而不乱，扎扎实实地抓好防汛抗洪工作。中共中央政治局委员、国务院副总理、国家防汛抗旱总指挥部总指挥回良玉主持召开了国家防总淮河防汛紧急会商会。

回良玉传达了温家宝的指示，听取了水利部汇报，并提出了明确要求。国家防总利用异地会商系统，经反复研究，充分听取了淮河防总，安徽省、河南省防汛指挥部的意见后，慎重作出了7月3日凌晨1时启用淮河蒙洼蓄洪区分洪运用的决定。

回良玉要求水利部淮河水利委员会和安徽省防汛指挥部认真组织实施蒙洼蓄洪区分洪工作，特别是在群众转移过程当中，要确保安全，同时要妥善安置转移出的群众，组织安排好群众的吃、住和医疗救护，公安部门要依法维持好秩序，重要情况要及时向国家防总办公室报告。

针对全国已进入主汛期、日趋严峻的防洪形势，回良玉要求各级防汛指挥部务必站在全局的高度把当前的防汛工作抓好，要明确任务，落实责任，各级领导要深入第一线，靠前指挥，做到认识到位、责任到位、指挥到位；要强化措施，全力防守，组织好抢险队伍，备足抢险物料，特别是要加强巡堤查险，及时排除险情；要加强监测，科学调度，密切注视天气和水情的变化，及时做好洪水预报和洪水调度，准确分析雨情、水情、汛情、工情；要密切协作，及时沟通情况，形成合力；要讲政治，讲大局，在党委和政府的领导下，各级防汛指挥部要承担起责任，各有关部门要通力合作。

中央纪委 中组部在北京召开巡视工作会议

这次会议按照党的十六大精神以及中央纪委第二次全会的要求，对加强巡视工作进行部署和动员。中共中央政治局常委、中央纪委书记吴官正在会上强调，要按照“三个代表”重要思想的要求，开拓创新，建立起科学有效的巡视制度。

中央书记处书记、中央纪委副书记何勇就巡视工作的指导思想、职责任务和要求作了讲话。

吴官正指出，各级领导干部要提高认识，切实增强接受监督的自觉性，主动诚恳地接受各方面的监督。

吴官正指出，巡视工作是完善党内监督机制，加强党内监督的重大举措。巡视工作做好了，能够进一步发扬民主，广泛听取各方面的意见和建议；能够及时了解领导班子和领导干部贯彻执行党的路线方针政策、民主集中制、选拔任用干部规定和落实党风廉政建设责任制的情况；能够从制度上强化党内监督，促进党员领导干部廉洁自律，依法执政。同时，可以把一些不正之风和腐败问题解决在萌芽状态，减少腐败现象的发生。

吴官正强调，巡视工作具有很强的政治性和政策性，必须加强领导，精心组织。要坚持实事求是，坚持群众路线，深入基层，调查研究，全面了解和掌握情况。要正确处理加强监督与尊重当地党政领导班子的关系。要加强学习，严守纪律，认真履行职责。既要坚持已有的好做法，又要与时俱进，开拓创新，不断提高巡视工作水平，争取用几年时间，建立起一套科学有效的巡视制度。

据悉，为加强对省级领导班子和领导干部的监督，近年来，中央纪委、中央组织部按照党中央的要求，共派出10批巡视组，对20个省区和中央国家机关6个部门开展了巡视工作。最近建立了专门巡视机构和专职巡视队伍，这次将派出5个巡视组开展巡视工作，并计划用4年左右时间，把31个省区市巡视一遍。中央组织部副部长赵洪祝就巡视工作做了具体安排。

国务院副总理曾培炎在北京出席全国重点流域区域污染防治工作会议并讲话

曾培炎强调，要按照走新型工业化道路的要求，努力遏制生态环境恶化趋势，完成好“十五”期间重点流域区域污染防治任务。

曾培炎说，党中央、国务院高度重视环境保护和生态建设工作，先后组织实施了淮河、海河、辽河，太湖、滇池、巢湖，二氧化硫控制区和酸雨控制区，以及北京市、渤海等重点地区污染防治一系列重大环保工程。在实施扩大内需方针中，把环保作为投资重点，共安排国债资金690多亿元，有效带动了地方政府和社会资金投入，极大地改善了广大人民群众的生产、生活环境。

曾培炎说，当前我国环境形势仍十分严峻，一些环保控制指标和项目建设进度，离“十五”计划要求还有一定差距。他强调，重点流域区域污染防治，是环境保护的重中之重，对已列入计划的治污项目，要尽早开工、抓紧建设。要严格控制污染物排放总量，加快淘汰浪费资源、污染环境的工艺、设备和生产能力。加大城市环保基础设施建设力度，努力提高城市生活污水处理能力和生活垃圾无害化处理水平。加快“两控区”电厂脱硫进程，加强农村污染防治和水环境保护。积极发展循环经济和环保产业。

全国人大常委会副委员长顾秀莲在吉林进行执法检查

7月2日至10日，全国人大常委会未成年人保护法执法检查组在顾秀莲副委员长的带领下先后赴长春市、松原市、通化市、延边朝鲜族自治州等地对法律实施情况进行了检查。检查组听取了各级人大、政府及有关部门的汇报，实地考察了城市、乡村的中小学校、孤儿学校、少年犯管教所等，并多次召开有关政府部门负责人、基层代表、社区家长、教师及青少年参加的座谈会。

顾秀莲强调，在新的形势下，未成年人保护面临一些突出问题，希望各地认真研究这些突出问题，总结好经验，寻找新对策，更好地贯彻执行未成年人保护法，切实维护孩子们的合法权益。

外交部副部长戴秉国访问俄罗斯与俄方就朝鲜半岛局势及共同关心的其他问题交换意见

国办转发教育部 卫生部《关于加强学校卫生防疫与食品卫生安全工作的意见》并发出通知

各省、自治区、直辖市人民政府，国务院各部委、各直属机构：

教育部、卫生部《关于加强学校卫生防疫与食品卫生安全工作的意见》已经国务院同意，现转发给你们，请认真贯彻执行。

国务院办公厅

2003年7月2日

关于加强学校卫生防疫与食品卫生安全工作的意见

做好学校卫生防疫与食品卫生安全工作，对保障青少年学生身体健康和生命安全，保持学校正常的教学秩序，维护社会的稳定意义重大。各级政府和教育、卫生等部门在学校卫生防疫与食品卫生安全方面做了大量的工作，取得了一定的成绩。但是，近期在学校发生的传染病流行和食物中毒事件数量有所增加。一些地区和学校不重视卫生防疫与食品卫生安全工作，工作机制不健全，工作措施不落实，学校特别是农村学校卫生基础设施条件落后等，是发生上述事件的重要原因。为切实保障学校师生身体健康和生命安全，现就加强学校卫生防疫与食品卫生安全工作提出如下意见：

一、提高认识，加强领导。做好学校卫生防疫和食品卫生安全工作，是各级人民政府、各有关部门和学校的共同责任。要从保障青少年学生身体健康和生命安全、保证学校正常教学秩序、维护社会稳定大局的高度，充分认识这项工作的重要性、紧迫性和长期性。要以极端负责的态度，采取切实有效措施，把这项工作扎扎实实地抓紧抓好，抓出成效。

地方各级人民政府主要领导和分管教育、卫生工作的领导要切实负起领导责任，关心学校卫生防疫和食品卫生安全工作，协调解决有关重大问题。各级教育行政部门和学校要成立由一把手负总责的学校卫生防疫与食品卫生安全工作领导小组，全面负责学校卫生防疫与食品卫生安全工作。各级卫生行政部门要把学校卫生防疫与食品卫生安全工作作为卫生部门的一项重要工作，给予密切配合和指导。

二、明确职责，健全机制。建立、健全学校卫生防疫与食品卫生安全工作责任制，将学校卫生防疫与食品卫生安全工作的责任分解落实到部门和具体责任人。各级教育、卫生行政部门要逐级签订学校卫生防疫与食品卫生安全工作责任状，教育行政部门要与学校签订卫生防疫与食品卫生安全工作责任状。要借鉴非典型肺炎防治工作中形成的工作机制建立学校卫生防疫与食品卫生安全工作长效机制。各级教育、卫生行政部门和学校要结合各地区、各学校的实际，按照《突发公共卫生事件应急条例》要求，共同研究制定学校传染病流行、群体性食物中毒等突发事件的应急处理工作预案。要将学校卫生防疫与食品卫生安全应急处理工作纳入突发公共卫生事件应急处理体系之中。

三、加强预防控制，严格学校管理。各级教育、卫生行政部门要指导学校大力开展爱国卫生运动，增强师生的公共卫生和食品卫生安全意识，促使师生养成良好的卫生习惯，提高自我防范的能力。要加强安全、卫生教育，将公共卫生和食品卫生安全教育贯穿在日常教育之中，结合季节性、突发性传染病及食物中毒的预防，安排必要的课时进行相应的健康教育，使防病防疫知识深入人心。要督促师生加强体育锻炼，不断增强体质，增强防病抗病的能力。

严格学校特别是寄宿制学校的卫生防疫与食品卫生安全管理。学校要严格执行有关法律与规章，加强食堂卫生管理。坚持每天清洁扫除，保持食堂环境卫生清洁；加强安全保卫，禁止非食堂工作人员随意进入食堂加工操作间及食品原料存放间，严防发生投毒事件；加强学校生活饮用水水源的管理，防止水源污染造成疫病传播；加强厕所卫生管理，做好粪便的无害化处理，防止污染环境和水源；加强学生宿舍的卫生管理与安全保卫，改善学生宿舍卫生与通风条件。各学校要明确责任人，切实落实各项卫生防疫与食品卫生安全措施。

建立学生定期健康体检制度，及时发现传染病患者并采取相应的隔离防范措施，及时切断传染病在学校的传播途径。各级人民政府要协调有关部门，妥善解决学生健康体检费用问题。学校要按要求，联系医疗或卫生保健机构定期对学生进行健康体检。

学校发生食物中毒或者疑似食物中毒事件，应当及时报告当地卫生行政部门和教育行政部门；学校发生传染病流行，必须立即报告当地卫生疾病控制机构和教育行政部门，有关部门接报后要按照《中华人民共和国传染病防治法》和《突发公共卫生事件应急条例》的规定，立即上报。学校在食物中毒或传染病流行事件得到控制后，要将该事件的详细情况和处理结果向上级主管部门报告。

四、加强监督检查，严格责任追究。加强对学校卫生防疫与食品卫生安全工作的监督检查。各级教育督导部门要将学校卫生防疫与食品卫生安全的有关职责落实情况纳入对中小学的综合评估体系之中，并根据工作要求开展专项督导检查。省级卫生、教育行政部门每年至少安排一至两次专项检查；县级卫生、教育行政部门每学期至少安排一至两次专项检查，相关部门管理人员要经常深入学校(包括教学点)对卫生防疫与食品卫生安全措施落实情况进行巡查，对于发现的问题，要及时提出整改措施。每个学校每学期至少接受一次巡查(包括专项检查或督导检查)。学校要经常性地对食堂、教学环境与生活设施进行自查，以便及早发现问题，把不安全因素消灭在萌芽状态。专项检查或督导检查结果要及时报告上级主管部门并予以公布。对落实卫生防疫与食品卫生安全措施不力，导致学校发生传染病流行或食物中毒事件，对学生身体健康和生命安全造成严重危害；以及在发生传染病流行或食物中毒事件后不及时报告或隐瞒不报的，要依法查处直接责任人，并追究有关领导的领导责任。

五、加大投入，切实改善学校卫生设施与条件。各级人民政府要加大经费投入，切实改善学校卫生基础设施和条件，在学校规划、建设和危房改造过程中要统筹考虑食堂、宿舍、厕所设施和条件的改善，每年必须安排相应的专项经费改善学校食堂、宿舍、厕所等卫生设施条件。教育行政部门和学校也要安排相应的专项经费，改善学校卫生基础设施和条件。

地方教育行政部门每年要安排学生饮水的专项经费，学校要为学生提供足够的符合卫生标准的饮用水和必要的洗手设施。

各级教育行政部门必须将学校食堂、宿舍、厕所设施及学校卫生基础设施作为义务教育达标验收、示范高中达标验收的重要内容，予以统筹考虑。要及时对存在安全事故隐患的教学、生活设施进行整改，消除事故隐患。

“三江并流”列入世界遗产名录

联合国教科文组织第二十七届世界遗产大会一致决定，将中国云南省西北部的“三江并流”自然景观列入联合国教科文组织的《世界遗产名录》。

“三江并流”自然景观位于青藏高原南延部分的横断山脉纵谷地区，由怒江、澜沧江、金沙江及其流域内的山脉组成，是世界上罕见的高山地貌及其演化的代表地区，也是世界上生物物种最丰富的地区之一。同时，该地区还是16个民族的聚居地，是世界上罕见的多民族、多语言、多种宗教信仰和风俗习惯并存的地区。

全国总工会主席王兆国在北京出席全总十三届十四次主席(扩大)会议并讲话

王兆国在会议上要求，各级工会要认真学习、深刻领会胡锦涛同志7月1日在“三个代表”重要思想理论研讨会上的讲话精神，结合工会工作的实际，迅速兴起学习贯彻“三个代表”重要思想的新高潮。

7月3日

“三个代表”重要思想理论研讨会在北京闭幕

研讨会历时两天半，由中央宣传部、中央政策研究室、中央党校、中央文献研究室、中央党史研究室、教育部、中国社会科学院、解放军总政治部联合召开。中共中央政治局委员、书记处书记、中宣部部长刘云山在会议总结讲话中强调，兴起学习贯彻“三个代表”重要思想新高潮，必须首先把思想和行动统一到胡锦涛同志“七一”重要讲话精神上来。要以胡锦涛同志重要讲话精神为指导，结合实际，精心组织，周密安排，扎扎实实地兴起学习贯彻“三个代表”重要思想新高潮。

全国政协副主席、中国社会科学院院长陈奎元出席了本日的会议。

这次理论研讨会的主要任务是，认真贯彻落实十六大精神，交流学习、宣传、实践“三个代表”重要思想的体会，推动兴起学习贯彻“三个代表”重要思想新高潮。参加会议的200多位代表，既有德高望重的老专家老学者，又有年富力强的中青年理论骨干；既有理论工作者，又有各条战线的实际工作者；既有领导干部，又有来自基层第一线的同志。会议期间，大家认真学习讨论胡锦涛同志“七一”重要讲话，畅谈体会，交流成果，进一步提高了对兴起学习贯彻“三个代表”重要思想新高潮战略意义的认识，进一步明确了思想理论界在兴起学习贯彻新高潮中的重要职责。

张学忠、李建国、虞云耀、张文岳、赵可铭、龙新民、殷一璀、陈绍基、冷溶、谷安林、李慎明、程天权、纪玉祥、赵存生等作了大会发言。

国务委员陈至立在吉林调研

7月3日至6日，陈至立先后考察了部分高校、长春职业技术学院、高校毕业生就业中心，以及农村中小学校，就高校毕业生就业工作和农村教育改革等问题进行了调研。

陈至立指出，党中央、国务院高度重视今年高校毕业生就业工作，各地区、各有关方面积极贯彻落实国务院电视电话会议精神，克服非典型肺炎的影响，今年高校毕业生就业率有所提高，但是大专毕业生就业率仍然较低。各地区、各方面要进一步加大工作力度，研究新情况，采取更加切实有效的措施，从政策、组织、信息等方面做好毕业生就业服务工作。要帮助高校毕业生建立正确的就业观，鼓励他们到祖国最需要的地方去锻炼成长，有针对性地对就业困难的毕业生给予指导和帮助。

在吉林省农安县，陈至立强调，尽管我国农村教育事业取得巨大发展，但农村教育的发展与中央关于解决好农村、农业和农民问题要求还不相适应。我们要把农村教育作为教育工作的重中之重。中央决定今后每年新增教育、文化等事业经费，主要用于农村，逐步缩小城乡社会事业发展差距，解决城乡发展不协调的问题。各级政府都要调整财政支出结构，将农村义务教育的发展纳入公共财政支出范畴，巩固和完善农村义务教育"以县为主"的管理体制，建立规范的农村教育投入制度。要积极推进新形势下的"三教统筹"和"农科教"结合，高度重视教育信息化，加强农村中小学教师队伍建设。

国家环保总局局长解振华在北京出席全国重点流域区域污染防治工作会议并讲话

解振华强调，必须按照"十五"污染防治计划的要求，加大力度淘汰浪费资源、污染环境的落后生产方式，加快重点治污工程建设，严格控制污染物排放总量，努力改善重点流域区域环境质量。

解振华说，要以污染物排放总量控制为龙头，深化重点流域区域污染防治。要坚持污染预防和治理相结合，从工农业生产和城乡建设等各个环节减少污染排放，以清洁的生产方式和文明的生活方式为全面建设小康社会做贡献。限期治理工业污染源，严格防范新的环境问题，全面实施排污许可证制度；加强城市环境综合整治；采取综合措施，防治农村环境污染。

针对一些地区重点治污工程建设进展较慢的情况，解振华指出，重点流域区域污染防治责任主要在地方，要尽快将各项治理任务落到实处。"十五"计划中安排的所有治污工程项目最迟在今年年底前完成前期准备，2004年全面开工建设。企业是工业污染防治的主体，按照"污染者负担"的原则，筹集治理资金，确保污染物排放浓度和总量稳定达到要求。

解振华强调，要强化环境执法，加强执法能力建设。各级环保部门要按照法律、法规赋予的职责，切实加强环境执法工作，提高执法水平，对环境违法行为要发现一起，查处一起，件件查处到位，件件有结果，对故意违法、屡查屡犯的要依法严惩。对于行政不作为的，要加大行政责任追究力度。

外交部发言人孔泉在例行记者会上宣布77个国家解除对中国团组和人员入境限制

孔泉说，6月24日，世界卫生组织宣布解除对北京的旅行限制建议并将北京从疫区名单中删除之后，一些国家相继解除对中国往访团组和人员的限制措施。

孔泉说，自中国一些地区发生"非典"疫情后，最多时有127个国家对中国往访团组和人员不同程度地采取停发签证、不准入境、关闭口岸、入境隔离、跟踪观察等限制措施。中国政府为严防"非典"疫情的传播，也对出国团组进行了严格管理。一段时间中国对外交往大幅度减少。世界卫生组织宣布北京"双解除"后，在外交部和中国驻外使领馆积极推动下，有关国家陆续解除了限制措施，对外交往开始逐渐恢复正常。

北京市明十三陵和江苏省南京市明孝陵作为明清皇家陵寝的一部分列入《世界遗产名录》

联合国教科文组织世界遗产委员会第二十七届会议于7月3日作出上述决定。

7月4日

国家主席胡锦涛 全国人大常委会委员长吴邦国在人民大会堂分别会见瓦努阿图总理纳塔佩

国务院总理温家宝在人民大会堂与瓦努阿图总理纳塔佩举行会谈

温家宝对中瓦未来关系发展提出三点建议：一是促进双方高层往来，加强政府、议会和政党间的交流与对话；二是努力扩大经贸关系，开展互利合作；三是继续加强双方在南太地区组织中的磋商与合作，为维护南太地区的稳定与发展作出贡献。

温家宝表示，中国重视发展与其他南太国家的关系，支持他们维护国家主权和领土完整、发展民族经济和区域合作、建立南太无核区和保护南太资源与合作的立场。

纳塔佩说，瓦努阿图感谢多年来中国为其经济社会发展提供的无私帮助。瓦努阿图政府和瓦努阿库党将继续坚持一个中国的政策，不断巩固和深化与中国在各个领域的关系。

会谈结束后，中瓦双方还签署了《中华人民共和国政府和瓦努阿图共和国政府经济技术合作协定》等4个合作文件。

第13期《求是》杂志发表中国社会科学院邓小平理论研究中心的文章《实践是"三个代表"重要思想形成和发展的根本依据》

国务院副总理兼卫生部部长吴仪在中南海会见即将离任的联合国开发计划署驻华代表和联合国机构驻地协调员莱特娜女士

吴仪感谢联合国开发计划署多年来对中国经济及社会发展给予的支持，肯定了双方在引进外资、妇女发展、卫生等诸多领域开展的富有成效的合作，表示中国政府愿继续保持与包括联合国开发计划署在内的联合国有关机构的良好合作关系。

《马克思恩格斯列宁斯大林毛泽东邓小平江泽民论工人阶级政党的先进性》出版

为深入学习贯彻"三个代表"重要思想，全面推进党的建设新的伟大工程，人民出版社组织出版了由中国社会科学院马克思列宁主义毛泽东思想研究所选编了此书，即日起在北京及全国各地新华书店陆续发行。

大学生暑期"三下乡"活动出征仪式在中国人民大学举行

在中宣部、中央文明办、教育部、团中央和全国学联于中国人民大学举行的"三下乡"活动出征仪式上，教育部副部长袁贵仁、中央文明办专职副主任翟卫华、团中央书记处书记赵勇为各大学生实践服务团授旗，并在讲话中勉励广大青年学生在"三下乡"社会实践中为农村两个文明建设作出新的贡献，兴起学习贯彻"三个代表"重要思想的新高潮。80万大学生陆续奔赴广大农村，开展暑期文化、科技、卫生"三下乡"社会实践活动。

大中专学生"三下乡"社会实践活动已连续开展7年。2003年的活动主题是"实践'三个代表'，弘扬民族精神"，大中专学生将通过举行文艺演出、露天报告等人民群众喜闻乐见的形式，深入宣传"三个代表"重要思想和胡锦涛总书记"七一"重要讲话精神，大力弘扬抗击"非典"斗争中体现的伟大民族精神。他们将发挥专业技能，通过科技支农、企业帮扶、法律援助、支教扫盲等实践服务为农村经济发展做贡献，参与夏季爱国卫生运动，帮助农民革除生活陋习，大力倡导健康、文明、科学的生活方式，并向广大农民群众赠送防治"非典"的书籍材料，宣传防治"非典"知识，为有外出务工人员的家庭及生活困难的群众提供志愿服务。

国家防总派出工作组到淮河检查工作

由水利部副部长敬正书带队的这个工作组由水利、财政、民政等部门有关负责同志组成。工作组将检查淮河当前的防汛情况和王家坝蒙洼蓄洪区分洪后居民生活安置、社会治安等情况。

7月5日

中央纪委书记吴官正在河南考察党风廉政建设和反腐败工作

7月5日至9日，吴官正先后到郑州、开封、洛阳等地，深入企业、农村、学校，与工人、农民、科技工作者亲切交谈，召开座谈会，并听取了河南省委、省政府和省纪委的工作汇报。他对河南省在防治非典型肺炎、经济建设和纪检监察工作等方面所取得的成绩予以肯定。

吴官正指出，当前，诱发腐败的一些深层次问题尚待进一步解决，反腐败任务还相当艰巨繁重。各级党委和纪检监察机关要按照中央的要求，以坚定不移的态度、坚强有力的工作和坚持不懈的努力，继续深入推进党风廉政建设和反腐败工作。吴官正强调，查办案件是惩治腐败的重要手段，是纪检监察机关的一项基本职能。各级党委要加强对查办案件工作的领导，纪委要协助党委搞好组织协调。查办案件，一要坚决，二要慎重，务必搞准。对任何腐败分子，都要依纪依法予以惩处，决不留情，决不手软。在重点查办大案要案的同时，着力查办一批发生在老百姓身边、侵害群众利益的案件，切实维护好人民群众的利益。

香港特别行政区行政长官董建华就《基本法》第二十三条立法问题发表讲话

董建华说：我多次强调，《基本法》第二十三条立法，是香港市民和特区政府履行基本法、保卫国家安全的神圣责任。

董建华强调，《基本法》第二十三条立法亦是关系到国家尊严、民族荣辱的大事。维护国家安全，是"一国两制、港人治港"能够成功实施的前提，是维系香港与内地良好关系的要素，是香港经济振兴的基本条件和保障香港长远利益的必要工作。在这样一个大是大非的原则问题上，特区政府的立场和态度，是十分明确和坚决的。

董建华说：我也多次重申，特区政府对第二十三条立法的目的、原则，是非常清晰和明确的，第二十三条立法是绝对不会影响市民的权利和自由的。

他说：经过将近一年的广泛讨论和咨询，特区政府充分吸纳了市民的各种意见和建议，对国家安全条例草案作了修订。根据当前社会上对条例的修订意见，行政会议特别会议决定再一次修订有关条文，进一步消除部分市民的疑虑。国家安全条例草案将如期在7月9日提交立法会恢复二读及三读。

董建华强调说：香港过去的成功，最重要的一个前提，是稳定。我建议大家对于如何维持香港的稳定，要多作理性的思考，妥善处理好维持香港稳定的一些基本关系，包括处理好香港与内地的关系，处理好香港与国际社会的关系。这是维持香港稳定的必备条件。香港当前最关键的问题，是尽快恢复经济。我呼吁香港社会，尽快完成国家安全条例的立法，集中精力，团结奋进，为经济恢复共同努力。

全国人大法工委负责人就香港《基本法》第二十三条立法发表谈话

这位负责人说，香港特别行政区行政长官董建华先生就《基本法》第二十三条立法问题发表了重要讲话。我完全同意董先生所说的，第二十三条立法是香港市民和特区政府履行基本法、维护国家安全的神圣职责，是"一国两制、港人治港"成功实施的前提。特区政府在对《基本法》第二十三条立法过程中，始终注意听取和吸纳广大市民的意见，始终遵循基本法第三十九条的规定，切实维护香港居民的权利和自由，这次又决定对公众存有较大疑虑的条款作进一步修订，这种做法是恰当的，相信公众对此是认同和接受的。

这位负责人表示，希望特区立法会的议员，以及社会各界，从香港的根本和长远利益着想，积极支持和配合特区政府如期完成立法。

民革第十届中常会第三次会议在北京召开

中共中央政治局常委李长春启程赴古巴 阿根廷 新西兰进行正式友好访问

陪同出访的有中联部部长王家瑞、中宣部常务副部长吉炳轩、文化部部长孙家正、中央外宣办主任赵启正、中联部副部长蔡武等。

中共中央书记处书记贺国强率中共代表团启程赴奥地利 乌克兰 匈牙利进行友好访问

贺国强是应奥地利社会民主党、乌克兰最高苏维埃和匈牙利社会党的邀请出访上述三国。陪同出访的代表团成员有中共中央候补委员、中组部副部长李景田和中联部副部长马文普等。

财政部部长金人庆在巴厘岛出席第五届亚欧财政部长会议

金人庆在就加强亚欧伙伴关系作主旨发言时呼吁，亚欧国家应从长远角度和战略高度出发，充分利用两地在市场、资源、资金及技术方面的互补优势，切实强化亚欧经济合作。

金人庆提议，亚欧两个地区在区域金融合作、推动实现千年发展目标和进一步深化经济改革与结构调整方面加强交流与合作，并积极探索双方财政金融合作的可持续资金支持机制。

受印尼总统梅加瓦蒂委托，印尼经济统筹部长多罗查通·昆佐罗—扎克蒂在会上致开幕词。

亚欧财长会议是亚欧首脑会议的一个重要论坛，成员包括有中国在内的亚洲10国和欧盟15国，其宗旨是落实亚欧首脑会议有关财政和金融问题的决定和精神，并通过对话磋商推动亚欧之间经济和金融等领域的合作。本次会议为期两天，来自25个成员国的财政部长和国际货币基金组织、世界银行、欧洲中央银行、亚洲开发银行及欧盟委员会的代表出席会议。

中国选手李梅芳在日内瓦世界B级自行车锦标赛上夺得女子公路个人计时赛冠军

国务院副总理回良玉到安徽检查防汛救灾工作并慰问受灾群众

7月5日至6日，中共中央政治局委员、国务院副总理、国家防汛抗旱总指挥部总指挥回良玉受党中央、国务院委托，来到安徽抗洪救灾第一线，察看淮河大堤防守情况，慰问受灾群众，看望日夜奋战的广大干部群众和解放军、武警官兵。他传达了胡锦涛总书记和温家宝总理近日关于淮河防汛工作的重要指示，转达了他们对灾区干部群众和解放军、武警官兵的亲切慰问。

7月5日，回良玉深入到汛情灾情严重地区，察看了蒙洼蓄洪区、上下六坊行洪区，实地了解王家坝开闸分洪情况，并要求做好迎战更大洪水的准备。他检查了淮河干堤等重点堤防的防守情况，察看了险工险段，慰问了正在抢险的干部群众和解放军、武警官兵。在灾民安置点，回良玉走进帐篷，详细了解灾民生活、救灾物资发放和医疗情况，要求当地党委政府要保证灾民有饭吃、有衣穿、有水喝、有住处、有医疗。

7月4日至5日，滁州突降暴雨，汛情灾情严重。7月6日，回良玉又前往滁州灾区，察看汛情灾情，看望临时安置在学校的灾民,鼓励他们战胜困难,艰苦奋斗,重建家园。他还赶往一度中断的京沪铁路水毁路段修复现场,勉励参加抢险护路的干部群众继续奋战,确保铁路干线交通畅通。

回良玉强调,沿淮各地党委、政府要以“三个代表”重要思想为指导,切实加大抗洪救灾工作力度,充分做好抗御新的洪峰和战胜各种险情的准备。一要强化认识,责任到位。要认清严峻形势,保持高度警惕,实行严格的责任制。二要强化措施,工作到位。进一步强化抗洪救灾措施,加强护堤查险,做好各项准备。三要强化领导,落实到位。各级领导要深入一线,靠前指挥,把抗洪救灾各项工作落到实处。四要统筹兼顾,全面安排。既要抓好抗洪救灾,又要抓好其他工作,努力完成今年的各项任务。

国家防总通报淮河及全国防汛情况

防总通报了淮河目前的水情。据介绍,今年6月下旬以来,淮河流域普降大到暴雨,部分地区降大暴雨,其中王家坝以上区域降雨量达200毫米以上,安徽阜阳关集站累计雨量达608毫米。受降雨影响,淮河上中游干支流水位普遍上涨,淮河发生了1991年以来最大洪水。安徽省根据防洪预案,有计划、有步骤地先后启用了蒙洼,洛河洼,上、下六方堤4个行蓄洪区,有效减轻了淮河干流防守压力。根据防洪法规定,安徽省于7月4日12时宣布进入紧急防汛期,以更好地调集各方面力量,全力投入防汛抗洪工作。目前,安徽、河南、江苏三省已有56万多军民上堤防守,巡堤查险。安徽省启用的行蓄洪区内需要转移的群众2.2万人已全部转移到安全地带,没有人员伤亡,群众生活得到妥善安置,蓄滞洪区秩序井然,民心安定。

党中央、国务院领导高度重视淮河防汛工作,心系灾民,多次对淮河防汛工作作出重要指示。为了确保淮河防汛安全,国家防总、淮河防总精心指挥,科学调度,慎重决策,沿淮各省顾全大局、团结抗洪、密切协作,采取了一系列有效措施,1991年大水后治淮骨干防洪工程发挥了显著效益。国家防总先期已派出工作组赶赴一线,水利部敬正书副部长带领由水利部、财政部、民政部等有关部委组成的国家防总工作组于昨天夜里赶赴淮河防汛前线,指导抗洪救灾,慰问灾民。国家防总协商财政部紧急安排一批资金,支持淮河防汛救灾工作。

据悉,7月4日至5日,江苏、安徽、河南中部东部、甘肃东部、湖北、湖南北部、四川南部、重庆、贵州、云南部分地区、广西东部降了小到中雨,其中安徽中部、江苏中部、湖北东部降了大到暴雨。位于淮河流域的安徽金寨、定远等地降雨量接近200毫米。根据气象预报,近两天淮河流域南部仍将维持较强降雨。目前,全国其他大江大河水势平稳。但是受局部暴雨影响,7月4日四川、重庆等地发生山洪泥石流灾害,造成21人死亡。

张爱萍逝世

中国共产党的优秀党员,久经考验的忠诚的共产主义战士,无产阶级革命家、军事家,国务院原副总理,原国务委员兼国防部长,原中共中央顾问委员会常务委员,中央军委原副秘书长,原副总参谋长兼国防科学技术委员会主任张爱萍同志,因病于7月5日20时35分在北京逝世,享年93岁。

张爱萍同志1910年1月9日出生于四川省达县一个农民家庭。1925年参加革命活动。1926年4月加入中国共产主义青年团,1928年8月转为中国共产党党员。早起曾参加党的地下工作,1929年12月参加中国工农红军。

1930年年底,张爱萍同志到中央苏区工作。他参与创建少共国际师,先后参加第三、四、五次反“围剿”作战和万里长征。

抗日战争时期,张爱萍同志赴华东开辟抗日根据地。1941年皖南事变后,到新四军工作,率部转战在徐州以南、津浦路东西的广大战场,连续作战,收复失地,为夺取抗日战争的最后胜利作出了贡献。

解放战争初期,张爱萍同志任华中军区副司令员、中共中央华中局委员,在指挥部队破击津浦铁路顽敌的战斗中头部负重伤,后赴苏联治疗。1948年年底,他伤愈回国,任第三野战军前线委员会委员。渡江战役伊始,受命组建中国人民解放军海军部队,任华东海军司令员兼政委。

1951年年初,张爱萍同志任解放军第7兵团暨浙江军区司令员。后任华东军区暨第三野战军参谋长、华东军政委员会委员、华东行政委员会委员、中共华东局委员。1954年8月,任浙东前线指挥部司令员兼政治委员,负责组织指挥大陈列岛战役。同年9月,任中国人民解放军副总参谋长。他于1955年1月组织指挥了我军历史上首次陆海空三军联合渡海登陆作战,一举攻占一江山岛,大陈列岛不战而克,解放了浙东沿海全部敌占岛屿,给国民党反攻大陆的图谋以沉重打击。他到总参谋部任职后,任总参党委副书记、中央军委办公会议成员,负责军事行政、装备、军务等工作。

张爱萍同志长期从事国防科学技术和国防工业战线的领导工作,是我国国防科技事业的杰出领导者。自1959年9月,先后任国防科委副主任、国防工业办公室副主任,中央专委委员兼办公室副主任,中央军委委员,主持国防科技、装备和国防工业工作,组织领导“两弹一星”大协作、大会战，先后4次担任核试验委员会主任委员、现场试验总指挥，成功地组织了我国第一代地地导弹、首次原子弹塔爆、空爆及第三次原子弹爆炸试验。1964年2月，任地地导弹专门领导小组组长，负责建立导弹作战基地及组建导弹部队领导机构的工作。1965年6月，向中央军委呈报了《关于组建导弹部队领导机构问题的报告》，得到军委批准。1966年6月6日，党中央、中央军委决定成立中国人民解放军第二炮兵。他亲赴全国各地勘察、选址，为第二炮兵和我国战略核力量的建设与发展倾注了大量心血，作出了重要贡献。

“文化大革命”中，张爱萍同志惨遭迫害，被批斗、囚禁达6年之久，与林彪、江青反革命集团进行了坚决的斗争。1975年3月，他复出后任国防科委主任，在十分困难的情况下积极开展工作，成功组织了我国第一颗返回式卫星“尖兵一号”的发射。

1977年3月后，张爱萍同志再次复出，历任中央军委委员、国防科委主任、中国人民解放军副总参谋长，国家科委第一副主任、党组副书记并兼任中央专委办公室主任、中央军委科技装备委员会主任。他团结带领广大干部和科技工作者，大力拨乱反正，全面整顿，很快恢复了正常工作秩序。他集中精力抓洲际导弹、潜地导弹和通信卫星的研制试验，创造性地建立了武器装备研制试验工作中的总设计师和行政总指挥“两条指挥线”制度。1980年5月，他成功地组织指挥了中国第一颗洲际导弹的发射。同年9月，任国务院副总理。主持国防科委、国防工办、军委科装委合并组建国防科学技术工业委员会。1982年9月，任中央军委副秘书长。同年11月，任国务委员兼国防部长。

1987年11月，张爱萍同志任中央顾问委员会常委。退居二线后，他仍十分关心党、国家和军队的建设，积极参加社会公益活动，热心参与开拓老年事业和关心下一代的工作，撰写了大量回忆文章，出版了诗词、书法、摄影选集。著有《神剑之歌》、《张爱萍军事文选》等，为后人留下了宝贵的精神财富。

张爱萍同志是中共第八届中央候补委员，第十一、十二届中央委员，中共中央顾问委员会常务委员，第五届全国人民代表大会常务委员会委员，第一、二、三届国防委员会委员。1955年被授予上将军衔。曾获一级八一勋章、一级独立自由勋章、一级解放勋章、一级红星功勋荣誉章。

孙毅逝世

中国人民解放军总参谋部原顾问孙毅同志(大军区正职待遇)，因病于7月5日在北京逝世，享年100岁。

孙毅是河北大城人，1931年12月参加宁都起义，走上革命道路，1933年5月加入中国共产党。土地革命战争时期，参加了中央苏区第四、第五次反“围剿”斗争和二万五千里长征。红军到达陕北后他参加了直罗镇战役、东征战役、西征战役。抗日战争时期，参加了平型关战役，协助指挥冀中部队粉碎了敌人13路进攻，参与指挥了大龙华、大清河北、三尚庄、刘庄、神堂等战役、战斗。解放战争时期，率冀中部队两次展开胜芳保卫战，参加了石家庄战役，参加了解放天津的战斗。新中国成立后，他历任华北军区陆军军官学校校长，第六高级步兵学校校长，华北军区副参谋长，中央军委军校部副部长，解放军训练总监部军外训练部副部长、军事出版部部长，总参谋部军训部副部长等职。“文化大革命”中，他同林彪、江青反革命集团进行了坚决斗争，1975年11月，担任总参举办的全军教导队长集训总顾问兼指导。1978年6月，他恢复工作，担任总参谋部顾问；1980年12月，他被选为中央军委纪律检查委员会委员。

孙毅是党的七大代表，全国政协第五届全国委员会常务委员。他1955年被授予中将军衔，荣获一级八一勋章、一级独立自由勋章和一级解放勋章。1988年被授予一级红星功勋荣誉章。

7月6日

国家主席胡锦涛就俄罗斯莫斯科图什诺机场发生恐怖爆炸事件造成重大人员伤亡向俄罗斯总统普京致慰问电

7月7日

国家主席胡锦涛在人民大会堂与韩国总统卢武铉举行会谈

胡锦涛在会谈中将中韩关系发展的历程概括为“发展迅速、成效显著、潜力巨大、前景广阔”四句话。他说，在新世纪，建立和发展中韩全面合作伙伴关系，将开创中韩睦邻友好和互利合作的新局面。为此，我们建议，加强两国高层交往，扩大两国各部门、各层次的对话与交流；深化两国经贸、科技、通信、能源和金融等各领域的互利合作，使两国年贸易额在今后5年内达到1000亿美元；扩大两国文化、教育、新闻和青少年等方面的交流与合作；加强双方在地区和国际事务中的协调与配合，促进地区和世界的和平与发展；及时、妥善处理双方交往中出现的问题，共同维护中韩友好的大局。

卢武铉表示完全赞同胡锦涛提出的建议。他说，韩方愿扩大韩中两国人员交往、特别是高层互访和青少年交流，加强经贸关系，推动双方在文化、教育、社会等领域的合作，建立韩中全面合作伙伴关系。

双方还就半岛形势与朝核问题交换了意见，并达成广泛共识。

会谈后，两国元首出席了中韩民事和商事司法协助条约等文件的签字仪式并共同会见了记者。

全国人大常委会委员长吴邦国在北京会见苏丹国民议会议长塔希尔

吴邦国说，中国全国人大重视与苏丹议会发展友好合作关系。议长此访标志着双方友好交往的加强，必将推动中国全国人大与苏丹议会关系乃至两国关系的发展。中方愿与苏丹议会加强立法领域的交流，希望进一步加强双方在各国议联等国际议会组织中的合作。

塔希尔高度评价苏中传统友谊。他说，苏中双边合作有坚实的基础，双方在石油领域的合作不仅造福苏丹经济，而且有力推动了两国关系。苏丹议会将为推动与中国全国人大在双边和多边领域的友好合作作出积极努力。

国务院总理温家宝在北京主持召开国务院常务会议

会议听取了国家发展和改革委员会《关于当前经济运行情况和下半年工作建议的汇报》，并进行了讨论。

6月份以来，国务院及有关部门着手进行经济形势分析，研究做好下一步工作的措施。国务院领导同志于6月17日和24日两次召开专家座谈会听取意见。各有关部门结合实际，从各个方面进行了分析研究。在此基础上，国家发展和改革委员会汇总提出了当前经济运行情况和下半年工作建议。

香港特别行政区行政长官董建华宣布对基本法第二十三条立法继续进行公众咨询

董建华重申立法保障国家安全是香港特别行政区不可推卸的责任，尽早完成条例草案的立法工作，有助于政府和社会各界集中精力为经济复苏共同努力。

全国保险工作座谈会在北京举行

保监会副主席李克穆在座谈会上指出，加入世贸组织以来，我国保险市场对外开放步入了一个新的历史阶段，中国保监会严格履行加入世贸承诺，不断扩大开放的广度和深度。总体看，外资保险公司运行情况良好，对促进我国保险业与国际接轨发挥了积极作用。

李克穆指出，加入世贸组织以来，中国保险市场主体不断增加，已先后批准8家外国保险公司来华筹建营业机构，批准17家外资保险营业机构开业。外资经营区域逐渐扩大，保监会提前开放了北京、天津、苏州、成都和重庆等城市。法定分保比例逐渐降低。按照加入世贸承诺，保监会已经对法定再保险的比例进行了相应调整，将于4年内逐步取消法定分保。此外，按照世贸规则和我国对外承诺，中国政府及中国保监会及时修改了《保险法》和《保险公司管理规定》等一系列保险法律、法规，较好地完成了对现行保险法规的清理工作，同时不断提高保险监管工作的透明度。

李克穆指出，外资保险公司具有长远的发展战略和良好的市场定位，采取了有效的营销体制、先进的技术和管理方式，这些做法推动了我国保险业提升服务水平，对促进我国保险业与国际接轨发挥了积极作用。今后外资保险公司在经营中，应进一步把国际上通行的守法合规经营的理念运用于中国市场，尊重合资伙伴的合法权益；要加强对现有及潜在保险市场的研究，不断进行产品创新、服务创新和管理创新；要继续加强与中资保险公司的交流，取长补短。

《人民日报》发表冷溶的文章《一脉相承 与时俱进——“三个代表”重要思想对马克思列宁主义、毛泽东思想、邓小平理论的继承和发展》

中共中央政治局常委李长春在哈瓦那革命宫会见古共中央第一书记国务委员会主席兼部长会议主席菲尔德·卡斯特罗

双方在亲切友好的气氛中就中古两党两国关系和共同关心的国际和地区问题深入交换了意见。

卡斯特罗强调，当前国际形势日益复杂，出现许多前所未有的新情况、新问题，人类面临着许多严峻的挑战和艰难险阻。在这种形势下，衷心希望双方继续作出巨大努力，进一步加强古中在各个领域中的交流与合作。

李长春介绍了当前我国内形势和十六大以来我党的主要工作。

中共中央政治局常委李长春在哈瓦那会见古共中央政治局委员、国务委员会副主席兼部长会议执委会秘书拉赫

当天上午，李长春还与古共中央政治局委员、国际部长巴拉格尔举行了工作会谈。

会谈前，李长春还在巴拉格尔的陪同下，向何塞·马蒂纪念碑敬献了花圈。

奥地利总理许塞尔在维也纳会见中央书记处书记贺国强率领的中共代表团

贺国强是应奥地利社民党邀请率中共代表团访奥的。中共中央候补委员、中组部副部长李景田，中联部副部长马文普和中国驻奥大使卢永华会见时在座。

中奥两国当天还签署了关于公务员培训合作的备忘录。

国务院副总理曾培炎在中南海紫光阁会见美国摩根士丹利国际公司董事长斯蒂芬·纽豪斯和全球首席经济学家斯蒂芬·罗奇

北京奥组委常务副主席刘敬民在香河举行的全国体育局长会议上汇报北京奥运会筹办工作

刘敬民介绍了去年以来奥组委重点开展的工作，包括场馆和设施建设和市场开发的各项进展。他还介绍了北京奥组委网站建设、会徽设计作品征集、火炬传递跨越珠峰及各种服务工作的筹办情况。

刘敬民说，北京奥组委坚持开放办奥运、勤俭办奥运和公开、公正、透明办奥运的原则，广泛吸收世界各国的先进成果和成熟经验，注重奥运设施的赛后利用，自觉接受社会各界监督。国际奥委会布拉格全会专门提出控制奥运会规模，压缩开支，尽可能利用原有场馆或修建临时场馆。北京奥组委准备将原定建在奥林匹克中心区的3座场馆移到大学区建设，比赛场馆总数从37座减少到35座，北京地区的场馆中有一半为扩改建或临时场馆。

2008年奥运会竞赛包括28个大项，37个分项，300个小项。中国奥委会各单项体育协会已开始选拔、培训人才，准备将来承担竞赛组织工作。

7月8日

全国人大常委会委员长吴邦国 国务院总理温家宝和国家副主席曾庆红在北京分别会见韩国总统卢武铉

中韩在北京发表联合声明

在韩国总统卢武铉对中国进行国事访问之际，中国和韩国在北京发表联合声明。声明全文如下：

一、应中华人民共和国主席胡锦涛的邀请，大韩民国总统卢武铉于2003年7月7日至10日对中国进行国事访问，受到中国政府和人民的隆重欢迎和热情接待。

访问期间，胡锦涛主席同卢武铉总统举行了会谈，卢武铉总统会见了中华人民共和国全国人民代表大会常务委员会委员长吴邦国、国务院总理温家宝、国家副主席曾庆红。在会谈和会见中，双方就进一步发展中韩友好合作关系和共同关心的地区及国际问题深入交换了意见，达成广泛共识。

二、中韩两国领导人全面回顾和总结了建交11年来两国睦邻友好合作关系的发展，对双方在政治、经济、社会、文化等各个领域合作取得的显著成就表示满意，认为这不仅给两国人民带来了巨大利益，也为促进本地区的和平、稳定与繁荣作出了重要贡献。

两国领导人一致同意并宣布，以联合国宪章原则、中韩建交联合公报精神以及两国间业已存在的合作伙伴关系为基础，面向未来，建立中韩全面合作伙伴关系。

三、双方各自介绍了国内形势以及对外政策。中方高度评价韩国政府为发展经济、促进朝鲜半岛及地区和平与繁荣所作的积极努力。韩方赞赏中国政府推进改革开放以及现代化建设取得的成就，高度评价中国奉行的与邻为善、以邻为伴的睦邻外交方针。

四、双方一致认为应维护朝鲜半岛和平与稳定，确保朝鲜半岛无核化地位，确信朝核问题可以通过对话和平解决。

中方主张，朝鲜的安全关切应得到解决。韩方强调，朝核问题应以可验证、不可逆转的方式完全解决。

双方认为今年4月举行的北京会谈是有益的。韩方赞赏和支持中方为推动北京会谈作出的努力。双方希望由北京会谈开始的对话势头继续下去，使局势向积极的方向发展。中方赞赏韩方为改善南北关系、缓和紧张局势所采取的积极措施，支持韩方作为朝鲜半岛事务当事者发挥建设性作用。

双方同意就包括朝核问题在内的朝鲜半岛问题进一步加强协调与合作。

五、中方重申，世界上只有一个中国，台湾是中国领土不可分割的一部分。韩方对此表示充分理解和尊重，重申中华人民共和国政府是代表中国的唯一合法政府，韩国将继续坚持一个中国立场。

六、双方认为，中韩高层交往和两国政府、议会、政党之间的交流对促进两国的全面合作具有重要意义。为此，双方将加强两国领导人之间经常性互访和会晤，拓宽和完善合作与对话机制。

七、双方认为，扩大和深化两国经贸合作，符合两国共同利益，有利于两国的共同发展。同意成立联合小组研究双边经贸合作规划。

双方同意采取积极措施，推动两国贸易的健康、顺利发展，坚持在发展中求平衡的原则，共同努力改善贸易不平衡状况。双方同意，按照互利互惠、友好协商的精神，预防并妥善解决贸易中发生的问题。商定尽快建立质量监督检验检疫磋商机制。

双方同意修改中韩投资保护协定,共同为扩大双方的投资合作营造良好环境。

八、双方同意,努力开辟新的合作领域和合作方式,探讨面向未来的经济合作关系。双方积极评价并同意继续加强两国在整车生产、金融、CDMA等领域的合作。同意在此基础上,加强在新一代信息通信技术、生物工程、新材料等高新技术领域的共同研究与产业化合作,扩大在流通、资源开发以及能源、交通等基础设施建设领域的交流与合作。

双方同意加强在环境保护和环保产业领域的合作,商定共同举办由两国政府、行业、学术界及有关团体参加的"中韩环保产业投资论坛"。同意继续加强在沙尘暴监测、荒漠化防治和生态建设等领域的合作。

韩方表示积极支持2008年北京奥运会、2010年上海世博会和中国的西部大开发计划,中方表示欢迎韩国企业积极参与。

九、双方认为,"2002中韩交流年"活动取得成功,同意在此基础上对每年举办"中韩交流节"问题予以研究。加强两国文化交流及文化产业合作。

双方同意,进一步扩大两国教育、体育、新闻等领域和友好团体、青少年以及两国友好省市之间的交流,巩固两国人民友好合作的基础。

韩方高度评价中国政府和人民在抗击"非典"方面所取得的重大成果。中方感谢韩方对中国防治"非典"给予的支持和帮助。双方同意加强两国在传染病防治等领域的交流合作。

双方同意扩大两国航空合作,逐步推进航空自由化,以适应两国间人员往来迅速增长的需求。

双方同意加强在领事、司法领域的合作,开展双方执法部门之间的磋商和人员交流,为两国人员的正常往来提供法律保障。

双方对两国签署《中韩民事和商事司法协助条约》、《中韩关于标准化和合格评定的合作安排》和《中韩两国工程院工程科技合作谅解备忘录》表示欢迎。中方同意韩方在成都设立总领事馆。希望上述措施为发展两国关系,扩大两国间的交流与合作作出贡献。

十、双方同意致力于推动亚太地区正在兴起的区域合作进程。支持以东盟与中韩日为渠道不断扩大和深化东亚合作,为地区和平与共同繁荣作出贡献。双方认为,加强中韩日合作有利于促进东亚合作的发展,期待三国经济研究机构对建立中韩日自由贸易区的经济影响进行的联合研究取得积极成果。

双方同意继续在联合国、世界贸易组织、亚太经济合作组织、亚欧首脑会议等地区和国际事务中加强协调与合作,并为2005年在韩国召开的亚太经济合作组织领导人非正式会议的成功举行进行密切合作。

双方同意在打击毒品、国际恐怖活动、金融经济犯罪、海盗、高科技犯罪等非传统安全等领域加强合作。

十一、双方对卢武铉总统访华取得的积极成果表示满意,一致认为卢武铉总统此行对未来两国关系的长远发展具有重要意义。卢武铉总统对中方的盛情款待表示感谢,并邀请胡锦涛主席在方便的时候访问韩国。胡锦涛主席对此表示感谢,并愉快地接受了邀请。

2003年7月8日于北京

全国人大常委会委员长吴邦国在人民大会堂会见德国西门子公司董事长冯必乐

国务院总理温家宝在钓鱼台国宾馆会见西班牙外交大臣安娜·帕拉西奥

国务院总理温家宝在北京主持召开国务院常务会议

会议听取了农业部关于克服"非典"影响、努力增加农民收入的汇报。会议认为,"非典"疫情尽管没有改变农业和农村经济稳步发展的基本态势,但对农民收入影响较大。为克服"非典"影响,增加农民收入,会议决定,下半年着重抓好以下工作:一是推进农业和农村经济结构调整,扩大优质农产品的生产,增加安全无公害绿色农副产品的供应,扶持畜牧业和水产养殖业的发展。二是加大对农村基础设施的投入,在年初安排257亿元国债投资的基础上,下半年再增加32.5亿元用于人畜饮水、乡村道路、贫困地区电力建设、病险水库除险加固和中小学危房改造等基础设施建设。建设施工要尽可能多用农民工。三是做好农民外出务工的组织和信息指导、技能培训等服务工作,简化手续,降低收费。进一步清除对农民进城务工的不合理限制和歧视性做法,督促用工单位及时足额兑现农民工工资。四是做好农产品促销工作,抓紧建立农产品流通营销体系,努力扩大农产品出口。五是全面落实扶持发展乡镇企业的各项政策措施,大力推进农业产业化,支持重点龙头企业实施现代农业高技术产业化示范工程。六是积极推进农村医疗卫生体制改革,提高农民健康水平。七是进一步加强动物防疫工作,尽快建立国家重大动物疫病紧急反应机制。八是进一步做好防汛救灾工作,确保人民群众的生命财产安全,落实各项救灾补偿措施,最大限度地减少农民损失。九是全面推进农村税费改革试点,认真落实党在农村的各项政策,清理和整顿涉农收费,继续减免灾区和贫困户的税费,切实减轻农民负担。

会议研究了妥善处理因防治“非典”引发的矛盾和纠纷的原则意见。会议要求,各地区、各部门要从实践“三个代表”重要思想的高度,妥善处理因防治“非典”引发的矛盾和纠纷。要鼓励和支持医患双方在互谅互让、相互信任的基础上通过协商或者依法调解解决医患纠纷。各有关部门和单位要做好“非典”患者及死者亲属的抚慰工作,帮助他们解决实际困难。切实加强劳动监察执法工作,督促用人单位落实国家各项劳动用工和福利政策,及时处理劳动纠纷,保持劳动关系的稳定。认真对待民事合同纠纷,鼓励和引导当事人尽量通过平等协商的方式妥善解决。

会议还审议并原则通过了《海关关衔标志式样和佩带办法(草案)》,由国务院公布施行。

政协十届常委会第二次会议在北京开幕

这次会议的主要议题是贯彻中共十六大关于紧紧抓住发展这个党执政兴国第一要务的精神,围绕促进国民经济持续快速健康发展和完善社会主义市场经济体制两大任务建言献策。

中共中央政治局常委、全国政协主席贾庆林主持开幕会。

中共中央政治局常委、国务院副总理黄菊应邀到会作了关于经济发展和抗击“非典”工作情况的报告。黄菊在报告中通报了我国当前经济形势和下半年经济工作重点,分析了“非典”疫情给经济发展带来的影响和党中央、国务院采取的对策措施。

黄菊说,今年上半年成绩的取得来之不易。我们坚持“两手抓”的方针,在经济发展方面及时采取了一系列有针对性的措施,抓紧解决经济运行中的一些突出问题,对受疫情冲击较大的行业实施阶段性扶持政策,加大投资力度,引导和促进消费,努力促进外贸出口和扩大利用外资,加强就业和社会保障工作,关心城乡困难群众的生产生活,继续稳步推进经济体制改革。经过各地区、各部门和各个方面的共同努力,全国工业保持较快增长,农业生产平衡发展,国内需求继续扩大,对外经贸增长迅速,财政收支状况良好,金融运行平稳。从总体上看,“非典”对我国经济的影响是暂时的、局部的,没有损害我国经济增长的基本面,没有改变经济较快增长的格局和势头。在党中央的领导下,经过全国人民的共同努力,我们一定能克服经济运行中存在的困难和问题,实现全年经济增长的目标。

黄菊在谈到今年下半年经济工作时说,下半年全国深化改革、促进发展、维护稳定的各项任务十分繁重。我们要深入学习和实践“三个代表”重要思想,紧紧抓住发展这个执政兴国的第一要务,坚持扩大内需的方针,实施积极的财政政策和稳健的货币政策。要努力做好以下各项工作:扩大国内需求、调整经济结构,坚持统筹兼顾、促进协调发展,深化各项改革、推进对外开放,努力扩大就业、改善人民生活,提高经济增长质量、做好经常性防疫工作,保持国民经济持续快速健康发展。

按照议程,本次会议还将审议通过关于部分修改《中国人民政治协商会议章程》的决定。

全国政协副主席王忠禹、廖晖、刘延东、阿沛·阿旺晋美、李贵鲜、丁光训、霍英东、马万祺、白立忱、罗豪才、张克辉、周铁农、郝建秀、陈奎元、阿不来提·阿不都热西提、徐匡迪、李兆焯、黄孟复、王选、张怀西、李蒙,秘书长郑万通出席会议。

中共中央和国务院有关部门负责人应邀列席会议。

政协十届全国委员会常务委员会第二次会议进行分组学习讨论

中共中央政治局常委、全国政协主席贾庆林参加了分组学习讨论。

常委会组成人员指出,当前,摆在我们面前的一项重大政治任务,就是把“三个代表”重要思想学习好、贯彻好、落实好,务必在武装思想和指导实践两个方面取得新成效。要密切联系改革开放和现代化建设以及政协工作的实际,特别是要同解决政协履行职能遇到的实际问题结合起来,坚持用“三个代表”重要思想指导实践、解决问题、推动工作。

国办关于调整国家民族事务委员会兼职委员单位和部分兼职委员有关问题的复函

国家民族事务委员会:

你委《关于重新确认国家民委兼职委员及委员单位职责和建议增补兼职委员单位的请示》(民委报〔2003〕18号)收悉。经国务院领导同志同意,现函复如下:

一、根据政府机构改革和工作需要,同意发展改革委、商务部、国务院法制办为国家民委兼职委员单位。发展改革委、商务部、国务院法制办作为国家民委兼职委员单位的职责分别为:

发展改革委:负责民族地区国民经济和社会发展的重大战略研究;协调编制民族地区中长期发展专项规划、国家民委系统基本建设年度计划;协调解决少数民族和民族地区经济社会发展以及经济运行中的特殊问题;支持“兴边富民行动”和扶持22个人口较少的少数民族整体发展;在国家资源开发、生态环境建设和安排国家基础设施建设项目等方面向民族地区倾斜；指导民族地区的国有企业改革；积极引导和安排发达地区对民族地区的对口支援，促进企业间开展互惠互利的经济技术合作；按照同等条件、优先扶持的原则，支持民族地区的企业技术改造、资源开发与综合利用和中小企业发展。

商务部：协调解决民族地区经济运行中涉及国内外贸易和国际经济合作的重大、特殊问题；会同国务院有关部门研究制定发展民族地区国内外贸易和国际经济合作方面的特殊政策；支持边境地区发展边境贸易；对民族地区接受国际组织援助、吸引外资、实施“走出去”战略、对外经济技术合作给予优先支持；在执行统一的进出口商品管理规定的前提下，优先考虑和安排民族地区提出的进出口商品配额；研究制定民族地区的国内外贸易和国际经济合作人才培养计划。

国务院法制办：根据国家在民族工作方面的立法要求，研究有关民族方面的立法问题，拟定相关立法计划，承办民族方面的法律、行政法规草案的审查修改工作。

二、根据工作需要和有关同志工作变动情况，同意发展改革委副主任李盛霖、人事部副部长尹蔚民、交通部副部长胡希捷、商务部部长助理郭莉、中国人民银行副行长吴晓灵、国务院法制办副主任宋大涵为国家民委兼职委员。

国务院办公厅

2003年7月8日

国务院任免国家工作人员

任命张军为司法部副部长，王小奕为驻国际货币基金组织中国执行董事。

免去魏本华的驻国际货币基金组织中国执行董事职务。

银监会省级派出机构筹备组主要负责人会议在北京召开

会议通报了银监会组建工作的进展情况，并宣布了银监会省级派出机构主要负责人的名单。银监会省级派出机构筹备组的成立，标志着银监会派出机构组建工作的正式展开。

按照国务院常务会议要求，银监会按照行政区划设置派出机构，在全国31个省、区、市和大连、青岛、厦门、深圳、宁波5个计划单列市设银监局，在地、市设银监分局，在部分县、市设监管办事处。银监会党委与人民银行党委协商，成立银监会省级派出机构筹备组。筹备组的主要职责是负责所在省、区、市银监局和辖内地、市分局的组建工作。

中共中央政治局常委李长春在哈瓦那会见古巴全国人民政权代表大会主席阿拉尔孔

双方在会见时表示要进一步深化和加强两国全国人大的关系。

会见结束后，李长春前往古巴遗传工程和生物技术中心参观。

上午，李长春在古巴共产主义青年联盟计算机培训中心会见了古共青盟第一书记里韦罗。李长春希望两国青年组织加强交流，为培养中古友好事业的接班人作出积极贡献。随后，他参观了哈瓦那大学，听取了校方关于古巴高等教育的情况介绍。

奥地利社民党主席古森鲍尔在维也纳会见中央书记处书记贺国强率领的中共代表团

国务委员唐家璇在中南海会见苏丹国民议会议长塔希尔

全国人大常委会副委员长韩启德在北京会见苏丹国民议会议长塔希尔

外交部部长李肇星在北京与西班牙外交大臣安娜·帕拉西奥举行会谈

李肇星积极评价中西两国关系现状，对西班牙政府始终奉行一个中国政策并积极实施以中国为重点的“亚太计划”赞赏。

帕拉西奥说，西班牙政府重视发展对华关系，希望两国在政治、经贸、文化、科教、旅游等方面加强合作。为表达对中国人民抗击“非典”斗争的支持，西班牙政府决定向中方提供22.9万欧元援助。

马其顿总统特拉伊科夫斯基在斯科普里会见外交部副部长刘古昌

会见后，特拉伊科夫斯基与刘古昌出席了中国政府向马其顿赠送电脑设备的交接仪式。

当天，马其顿前总统格利戈罗夫也会见了刘古昌。刘古昌和马其顿副外长哈桑诺维奇进行了两国副外长级磋商，双方就进一步发展双边关系和共同关心的其他问题交换了意见，并达成广泛共识。

外交部发言人孔泉就近期美台关系问题答记者问

有记者问：据报道，美在台协会驻台北办事处7月3日在台北举行了大型国庆酒会，并邀请台湾所谓“行政院长”、“立法院长”等多名政要出席。请问你对此有何评论？

孔泉回答说，美国在台协会台北办事处上述行为与其民间机构的地位和职能不符，是对中美三个联合公报原则和美方有关承诺的公然违反。中方对此表示强烈不满和坚决反对，并已就此向美方提出严正交涉。

他说，我们再次敦促美方认清台湾问题的重要性和敏感性，恪守承诺，纠正错误，停止提升美台关系的做法，以免损害中美关系和双方的共同利益。

《中国外交》（2003年版）出版发行

该书由中华人民共和国外交部主编，外交部长李肇星撰序。由世界知识出版社出版，面向国内外发行。该书回顾了2002年的国际形势和中国外交工作，系统阐述了中国政府的外交政策和对当前国际形势以及重大国际问题的立场，是一部帮助中外各界人士全面了解中国外交的权威性著作。与往年相比，《中国外交》（2003年版）大幅增加了国际形势和中国外交年度综述的内容，对外政策宣示的特点更为突出，编辑结构和版式也作了较大调整。为满足读者需要，首次试发行英文版。

中央军委在北京为总装备部特种工程技术安装总队举行记功庆功会

会上宣读了中央军委主席江泽民签署的记功通令，为解放军总装备部特种工程技术安装总队记集体二等功。通令说，总装特种工程技术安装总队，主要担负卫星、运载火箭等发射阵地工程建设及特种工程安装任务。这个总队1951年组建以来，圆满完成了我国首次核试验爆塔，酒泉、西昌、太原三大卫星发射中心和"神舟"飞船等发射阵地建设任务，为发展我国航天事业和加快我军武器装备现代化建设作出了重要贡献，先后获得国家科技进步一等奖1项，军队科技进步一等奖2项、二等奖3项，鲁班奖2项，军队优质工程奖9项。

中国奥委会2003年第六次代表大会和中华全国体育总会第七次全国代表大会先后在香河举行

大会经过选举，产生了新的领导机构。袁伟民和李志坚分别担任新一届中国奥委会主席和全国体总主席。

北京奥组委常务副主席刘敬民陪同国际奥委会前主席萨马兰奇访问北京奥组委

萨马兰奇此次是以中国西班牙论坛西方主席的身份来华访问的。他表示，在他担任国际奥委会主席的任期内，一件重大的事就是北京在莫斯科获得了奥运会主办权。

民政部决定表彰抗击"非典"先进民间组织

民政部决定，授予中国医师协会等48个全国性社会团体"抗击'非典'先进全国性社会团体"称号，授予新探健康发展研究中心等两个民办非企业单位"抗击'非典'先进民办非企业单位"称号。

农业部在北京召开防汛抗旱领导小组紧急会议并向灾区派出工作组

会议通报了当前的防汛抗洪形势，特别是安徽、江苏的农业受灾情况，具体部署了抗洪救灾工作。为支持江淮地区开展农业抗灾自救，农业部紧急安排下拨救灾化肥4.3万吨和柴油2.5万吨，用于支持安徽、江苏等重灾区尽快恢复农业生产。农业部派出两个工作组，分赴安徽省、江苏省调查了解灾情，研究解决抗洪救灾、恢复生产中遇到的问题。

农业部部长杜青林要求尽早下拨救灾化肥、柴油等物资，同时组织灾区群众搞好生产自救，备足备好救灾种子，并帮助灾区解决生产、生活实际问题。他要求各级农业部门迅速行动起来，为基层办实事、办好事，研究落实抗灾和灾后恢复生产的各项措施，密切关注灾情发展动态，严格值班制度，确保灾情信息渠道畅通。

国家环保总局局长解振华在北京与韩国环境部长官韩明淑举行会谈

两国环境部长达成共识，双方将进一步加强在东北亚沙尘暴和荒漠化预防等领域的合作，促进两国环保产业的合作与发展，并共同签署了双边环境合作谅解备忘录。双方认为，由于中国与韩国面临着众多类似的环境问题，两国今后应在沙尘暴监测、预警、信息共享和源头治理等方面加强合作，并以中韩日三国环境部长会议机制为基础，吸纳蒙古、哈萨克斯坦、朝鲜等国加入东北亚沙尘暴治理工作。

7月9日

国务院总理温家宝致函祝贺非洲联盟第二届国家元首和政府首脑会议在莫桑比克首都马普托召开

贺函全文如下：

莫桑比克马普托非洲联盟国家元首和政府首脑会议：

值此非洲联盟第二届国家元首和政府首脑会议召开之际，我谨代表中国政府，并以我个人的名义，向会议致以热烈的祝贺和良好的祝愿。

2002年7月，非洲联盟诞生，标志着非洲一体化进程进入新阶段。"非洲发展新伙伴计划"被确定为非洲联盟的行动纲领并将逐步付诸实施,显示出非洲大陆谋求经济和社会发展的强烈愿望。今天,非洲各国元首、政府首脑会聚一堂,共商加强非洲联盟建设、应对新形势和全球化挑战的大计。这次会议必将激励非洲大陆继承和发扬泛非主义精神,推动非洲的和平与发展事业不断取得新的进步。

中国和非洲有着深厚友谊和广泛合作。随着中非合作论坛机制的完善和相关后续行动的落实,中非友好、互利合作将得到进一步的巩固和发展。中国政府高度重视与非洲国家的团结与合作,无论国际风云如何变幻,中国始终是非洲可以信赖的真诚朋友和合作伙伴。中国政府将一如既往支持非洲联盟建设和“非洲发展新伙伴计划”的实施,与非洲国家一道,为非洲的和平与发展事业,为建设长期稳定、平等互利的中非新型伙伴关系而不懈努力。

祝本届首脑会议取得圆满成功。

中华人民共和国国务院总理　温家宝

2003 年 7 月 9 日于北京

政协十届全国委员会常务委员会第二次会议进行专题分组讨论

中共中央政治局常委、全国政协主席贾庆林出席专题讨论会。

这次常委会议是十届全国政协举行的第一次专题议政性的会议。围绕会议主题,分组讨论共设置了 7 个专题:一是完善社会主义市场经济体制;二是促进农业和农村经济全面发展;三是促进非公有制经济健康发展;四是坚持走可持续发展道路;五是做好扩大就业和社会保障工作;六是实施科教兴国战略;七是实现经济和社会的协调发展。

本次常委会议召开之前,常委会组成人员和全国政协专门委员会就上述议题进行了深入调研,取得了一些重要成果。专题讨论发言踊跃、气氛活跃。与会人员结合调研成果,就解决当前我国经济和社会发展中的一些突出问题积极建言献策,其中包括深化国有经济改革、推进农业产业化和增加农民收入、促进经济与环境协调发展、加速能源工业发展、就业与再就业面临的问题及对策、防范和化解金融风险、强化我国城市灾害的应急管理、为非公有制经济发展创造良好的法律环境、促进高等教育深化改革、制定国家中长期科技发展规划、推进文化产业发展、加快实施“走出去”战略等。

中共中央和国务院有关部门负责人应邀出席专题讨论会并听取意见和建议,教育部、科技部、文化部、卫生部、广电总局、新闻出版总署等部门负责人在会上介绍了有关情况。

全国人大常委会建筑法执法检查组在北京召开第一次全体会议

根据十届全国人大常委会执法检查计划安排,全国人大常委会将于 7—9 月对建筑法的贯彻实施情况进行检查。

这次执法检查主要是督促国务院及其有关部门、最高人民法院和最高人民检察院及时解决建筑法实施中存在的问题。检查的主要内容包括建筑项目执行法定建设程序、工程招标投标和承包发包、工程建设技术标准执行、安全生产责任制度的建立、健全等情况。同时了解建筑法本身存在的需修改和完善的问题。检查组将分赴黑龙江、河南、陕西、江苏和四川等省进行执法检查,并委托天津、山西、山东、广西、甘肃等省(自治区、直辖市)人大常委会对本地贯彻实施建筑法的情况进行检查。执法检查组将于 10 月下旬向十届全国人大常委会第五次会议报告建筑法执法检查情况。

全国人大常委会副委员长、执法检查组组长李铁映主持会议。他强调,要以“三个代表”重要思想和胡锦涛同志“七一”讲话精神为指导,从依法治国、推进社会主义法制建设的高度,重视并切实做好执法检查工作。成思危副委员长也对执法检查工作提出具体要求。

国办下发《关于调整电力电信民航体制改革领导小组和工作小组组成人员及单位的通知》

发展改革委、信息产业部、民航总局:

根据工作需要,国务院决定对电力电信民航体制改革领导小组和下设 3 个工作小组组成人员及单位进行调整。现将调整后的组成人员和单位名单通知如下:

一、电力电信民航体制改革领导小组

组　长:黄　菊(国务院副总理)

副组长:马　凯(发展改革委主任)

王旭东(信息产业部部长)

杨元元(民航总局局长)

尤　权(国务院副秘书长)

成员单位:中组部、中编办、发展改革委、公安部、财政部、劳动保障部、信息产业部、审计署、国资委、税务总局、环保总局、民航总局、法制办、电监会。

二、电力体制改革工作小组

组　长:马　凯(发展改革委主任)

副组长:柴松岳(电监会主席)

李荣融(国资委主任)

成员单位:中编办、发展改革委、财政部、劳动保障部、国资委、法制办、电监会、国家电网公司、南方电网公司、中国华能集团公司、中国大唐集团公司、中国华电集团公司、中国国电集团公司、中国电力投资集团公司。

电力体制改革工作小组办公室设在电监会，电监会副主席邵秉仁任办公室主任。

三、电信体制改革工作小组

组　长：王旭东（信息产业部部长）

成员单位：发展改革委、财政部、信息产业部、国资委。具体工作由信息产业部承担。

四、民航体制改革工作小组

组　长：杨元元（民航总局局长）

成员单位：中编办、发展改革委、公安部、财政部、国资委、税务总局、民航总局。具体工作由民航总局承担。

请你们根据上述调整情况，抓紧开展工作。

国务院办公厅

2003年7月9日

国家旅游局决定从即日起恢复国内跨省区市旅游和出境旅游的经营活动

国务委员唐家璇在北京会见平山郁夫率领的日本社团法人日中友好协会代表团

国务院副总理吴仪北京会见法国标致雪铁龙集团总裁让·马丁·佛尔兹

中央军委主席江泽民签署命令颁布施行《中国人民解放军计量条例》

该条例是中央军委制定和颁布的第一部规范全军计量工作的基本法规，是我军计量工作科学化、法制化、规范化管理的重要法律保障。条例的颁布施行，对于建立与国家军事订货制度相适应的计量监督管理体系，科学规范军事计量工作，提高装备保障能力和部队战斗力，具有十分重要的意义。

条例共设7章39条，覆盖了军队计量工作的各个方面、各个层次和各个环节的活动，明确了军队计量工作的基本任务与建设方针，规定了军队计量技术机构的设置与分工，测量标准的溯源与管理，军队计量检定人员的职责、权利义务与法律责任，提出了装备论证、研制、试验、采购、使用、维修及引进工作中的有关计量要求，确立了与国家军事订货制度相适应的军事计量监督评价体系。

中共中央政治局委员刘淇在北京会见全国政协副主席霍英东

霍英东会见时表示，北京申办2008年奥运会的成功具有重要的历史意义。他将积极参与到奥运会的筹备工作中，为北京举办一届最出色的奥运会贡献自己的力量。

国务委员陈至立在香河出席全国体育局长会议并讲话

陈至立指出，体育工作作为中国特色社会主义事业的一部分，具有重要的地位，体育战线要兴起学习贯彻"三个代表"重要思想新高潮，结合体育工作的实际，切实加强思想建设、作风建设和组织建设，扎扎实实做好各项工作。

陈至立指出，体育战线的同志要把增强人民体质放在体育工作首位，以民为本，大力实施《全民健身计划纲要》，加强对群众健身需求的引导，努力开发社区健身空间，以多种方式开展全民健身活动，促进健康文明生活方式的建立。要学习、宣传、贯彻好《公共文化体育设施条例》，加大群众性体育活动场地和设施建设力度，推动全民健身工作迈上一个新台阶。要把开展全民健身活动与发展体育产业紧密结合起来，大力发展健身市场和竞技体育市场，努力把体育产业培育成为国民经济新的增长点。

陈至立强调，要以筹备2008年奥运会为中心，以迎战2004年雅典奥运会为重点，全面提高竞技运动水平。

陈至立要求各有关部门切实关心运动员的生活、学习和工作，并制定切实可行的政策措施，真正解决运动员的后顾之忧。

国家体育总局决定表彰一批运动员和教练员

按照《授予优秀运动员、教练员体育运动荣誉奖章暂行办法》的规定，国家体育总局决定授予杨扬（短道速滑）、陶璐娜（射击）、江永华（自行车）、王明娟（举重）、李小鹏（体操）等135名运动员，以及辛庆山（短道速滑）、许海峰（射击）、姚滨（花样滑冰）、王永庆（自行车）、马文辉（举重）等95名教练员体育运动荣誉奖章。

国家体育总局根据各单位2002年度为国家队输送运动员人数，打破或创造世界纪录、亚洲纪录次数，以及在世界和亚洲重大国际比赛中取得的成绩，决定对广东、吉林、上海、辽宁体育局，中国人民解放军，以及山东、北京、浙江、江苏和黑龙江体育局共10个单位予以表彰。

国务院副总理回良玉在北京主持召开国家防汛抗旱总指挥部全体会议

会议传达了胡锦涛、温家宝的重要指示，分析当前的防汛抗洪形势，部署下一步工作。

近日，中共中央总书记、国家主席胡锦涛，中共中央政治局常委、国务院总理温家宝，分别对做好当前防汛抗洪救灾工作作出重要指示。

胡锦涛强调，各级党政和部门负责同志要继续加强领导，靠前指挥，依靠群众，科学调度，周密安排，为迎战可能发生的更大洪水做好准备，夺取防汛抗洪救灾的胜利。温家宝要求，各有关地区、各有关部门、各级防汛指挥机构，要认真贯彻胡锦涛同志的指示精神，以"三个代表"重要思想为指导，依靠广大干部群众顽强拼搏，依靠人民解放军和武警部队的大力支持，依靠科学指挥和调度，切实做好今年的防汛、抗洪和救灾工作，保护人民的生命安全，保障经济建设和各项事业的顺利进行。

7月10日

国家主席胡锦涛和夫人刘永清在人民大会堂会见柬埔寨国王诺罗敦·西哈努克和莫尼列王后

《人民日报》发表署名为李忠杰的文章《战略举措思想基础 精神动力——论兴起学习贯彻"三个代表"重要思想新高潮的重大现实意义和深远历史意义》

公安部在北京召开全国公安系统优秀单位优秀人民警察表彰电视电话会议

北京市公安局通州分局中仓派出所民警朱晋明等118名同志被人事部、公安部授予"全国特级优秀人民警察"荣誉称号。同时，47个公安局、448个公安基层单位、990名公安民警被公安部分别授予全国优秀公安局、全国优秀公安基层单位和全国优秀人民警察荣誉称号。

中央企业负责人会议在北京召开

国务院国有资产监督管理委员会主任李荣融在会议上说，要牢牢把握出资人职责定位，确保国有资产保值增值，必须尽快建立起有效的国有资产监管体制。国资委会议对中央企业学习贯彻胡锦涛总书记"七一"重要讲话精神、兴起学习贯彻"三个代表"重要思想新高潮、推进国有资产管理体制改革和国企改革及进一步加强和改进国企党建工作进行了动员和部署。

会议指出，当前要着重在六方面积极推进建立有效的国有资产监督管理体制：一是建立法律、法规体系和各项规章制度。二是抓紧出资人的层层到位。三是建立国有资产经营责任制度。四是推进企业国有资产的合理流动和重组。五是加强对国有资产的监督。六是加强和改进企业党的建设、领导班子建设和精神文明建设，充分发挥党组织的政治核心作用。

乌克兰领导人在基辅会见中共中央政治局委员贺国强率领的中共代表团

乌克兰总统库奇马、最高苏维埃主席利特温、总理亚努科维奇分别在的总统府、议会大厦和政府大厦会见了由中共中央政治局委员、中央书记处书记、中组部部长贺国强率领的中国共产党代表团。

中组部副部长李景田、中联部副部长马文普和中国驻乌克兰大使李国邦等参加了会见。

贺国强一行应乌克兰最高苏维埃邀请于7月9日抵达基辅对乌克兰进行访问。访问期间，贺国强还与乌克兰内阁部长、国家人事总局局长进行了工作会谈。

国务委员陈至立在北京出席防治非典型肺炎国际科技研讨会开幕式并讲话

陈至立说，中国政府对防治非典型肺炎开始就十分重视科学技术的作用。全国防治非典型肺炎指挥部专门设立科技攻关组，组织全国各方面的科学家、医务工作者进行联合攻关，同时积极开展国际学术交流与合作。在非典型肺炎流行规律、临床救治技术与方案、中西医结合、防护技术与设备、早期诊断技术、疫苗和药物研制等方面进行大量研究工作，已经取得了一些重要进展和成果。

陈至立强调，目前人类对非典型肺炎流行规律与治疗方法的认识还不够深入，特别是对致病机理、传播规律还不完全清楚，还缺乏可靠、灵敏、快捷的早期诊断技术，治疗性药物和疫苗尚在研究阶段，科技攻关任重而道远。

科技部部长徐冠华在会上对我国防治非典型肺炎科技攻关工作进展和下阶段工作部署做了介绍。

研讨会由科技部、教育部、卫生部、北京市政府、中国科学院、中国工程院、国家自然科学基金委员会等部门发起。来自中国、美国、澳大利亚、加拿大等19个国家、地区和国际组织的300多位生物和医学专家以及世界卫生组织的代表参加会议。

民政部会同财政部向安徽江苏河南三省下拨5400万元中央救灾应急资金

民政部提供的灾情信息表明，截至7月10日，淮河洪水使农作物受灾面积达到390.5万公顷，受灾人口达4751.8万人，因灾直接经济损失达181.7亿元。7月9日，民政部再次派出以副部长带队的工作组赶赴安徽、江苏、河南、湖北、湖南等重灾省，指导救灾工作。民政部已分别向安徽、江苏紧急调拨救灾专用帐篷9000顶、2000顶，会同财政部分别向安徽、江苏、河南下拨3700万元、600万元、1100万元中央救灾应急资金。

7月11日

《人民日报》发表署名为何毅亭的文章《深化认识武装思想 指导实践——论全党同志特别是领导干部要全面系统地学习“三个代表”重要思想》

全国人大常委会委员长吴邦国在北京会见日中友好协会会长平山郁夫

政协十届常委会第二次会议闭幕

中共中央政治局常委、全国政协主席贾庆林出席闭幕会并讲话。他强调，各级政协组织和广大政协委员学习贯彻“三个代表”重要思想，必须始终坚持围绕中心、服务大局，把发展作为人民政协履行职能的第一要务，积极参政议政、建言献策，为实现全面建设小康社会的宏伟目标作出应有的贡献。

这次常委会议是在全党和全国人民兴起学习贯彻“三个代表”重要思想新高潮的形势下召开的。会议期间，常委会组成人员认真学习胡锦涛总书记“七一”重要讲话，听取了中共中央政治局常委、国务院副总理黄菊所作的报告，围绕促进国民经济持续快速健康发展和完善社会主义市场经济体制两大任务，提出了许多很好的意见和建议。这次会议主题鲜明、重点突出，开得生动活跃、富有成效。会议产生的一批成果将分别报送党中央、国务院有关部门。

贾庆林在讲话中指出，认真学习胡锦涛总书记“七一”重要讲话，兴起学习贯彻“三个代表”重要思想新高潮，是当前摆在全党和全国人民面前的一项重大政治任务。各级政协组织和广大政协委员要坚持用马克思主义态度学习贯彻好“三个代表”重要思想，用“三个代表”重要思想指导新的实践，按照团结和民主两大主题的要求，履行好政治协商、民主监督、参政议政的职能，推动人民政协事业实现新发展，开创新局面。

贾庆林说，在抗击“非典”的斗争中，各级政协组织和广大政协委员积极响应党中央、国务院和全国政协的号召，全面投入抗击“非典”和促进发展的工作中，经受了一场重大考验，展示了自己的崭新风貌。实践再一次说明，人民政协只有紧紧围绕中心、服务大局，始终关心党和国家的命运，始终关心群众的疾苦，才能保持不竭的生机与活力，为祖国和人民作出较大的贡献。

贾庆林强调，修改政协章程是坚持和完善社会主义民主制度的要求，也是人民政协与时俱进的需要，关系到人民政协事业在新世纪的蓬勃发展，意义重大，影响深远。我们必须以高度的政治责任感和历史使命感，深入细致、认真负责地做好这项工作。

会议期间，吴敬琏、周可仁、陈耀先、夏日、刘家琛、刘枫、汪纪戎、吴明熹、叶青、王建伦、傅杰、韦钰、翟泰丰、张梅颖、陈广元等15位常委和委员先后作了大会发言，就解决当前我国经济和社会发展中的一些突出问题提出了意见和建议。

闭幕会还通过了《关于部分修改〈中国人民政治协商会议章程〉的决定》。

全国政协副主席王忠禹主持闭幕会。全国政协副主席廖晖、刘延东、李贵鲜、丁光训、马万祺、白立忱、罗豪才、张克辉、周铁农、郝建秀、陈奎元、阿不来提·阿不都热西提、徐匡迪、李兆焯、黄孟复、王选、张怀西、李蒙，秘书长郑万通出席闭幕会。中共中央和国务院有关部门负责人应邀列席闭幕会。

致公党十二届中常会第二次会议在北京举行

会议的主要议程是学习《中共中央关于在全党兴起学习贯彻“三个代表”重要思想新高潮的通知》和胡锦涛同志“七一”重要讲话，讨论、研究党务工作有关问题。

会议讨论通过了《中国致公党中央常务委员会议事规则》《致公党中央关于加强反映社情民意工作的意见》《致公党中央关于加强专门委员会工作的若干意见》等。

亚洲七国首都及香港澳门旅游业共兴亚洲旅游经济研讨会在北京举行

与会代表就尽快克服“非典”对旅游业影响、携手振兴亚洲旅游经济、提升亚洲旅游业水平等议题进行了充分探讨，并通过了《北京共识》。

《北京共识》提出，亚洲各地区要进一步互为旅游客源地和旅游目的地，多方联手开展联合促销；广泛宣传为重振亚洲旅游而开发的旅游新产品、新线路、新的服务项目和对旅游者的优惠措施；旅游机构要定期互换有关信息和旅游者对旅游服务质量、旅游产品和设施的意见和建议，不断提高接待水平；各地区组织客源到其他地区旅游，要切实保证每名旅游者的身体健康，大力倡导健康文明旅游。

国家副主席曾庆红在人民大会堂会见巴勒斯坦外交事务部长纳比勒·沙阿斯

中共中央政治局常委李长春在布宜诺斯艾利斯总统府会见阿根廷代总统参议长丹尼尔·肖利

中共中央政治局常委李长春在阿根廷议会会见参议院副议长洛佩斯·阿里亚斯和阿中议会友好小组成员

前一天下午,李长春还会见了阿根廷外交部长别尔萨,就中阿关系等共同关心的问题交换了意见。

中共中央政治局常委李长春在布宜诺斯艾利斯出席“锦绣中华”摄影展开幕式

本次摄影展由中国驻阿根廷大使馆和阿根廷参议院共同举办,共展出了60幅精美的图片,分别展示了中国的传统文化、人文景观和现代文明,特别是改革开放20多年来中国社会发生的巨大变化。摄影展在阿根廷国会最重要的礼宾厅之一国会大厦蓝厅举行,该厅是阿总统在重大典礼仪式前会见各国首脑的场所。

全国人大常委会副委员长顾秀莲在北京出席中朝友好条约签订42周年庆祝会

国务委员兼国防部长曹刚川在广州出席南京军区和广州军区国防动员委员会会议并讲话

曹刚川强调,要适应新形势、新任务,从践行“三个代表”重要思想和贯彻党的十六大精神的高度,充分认识加强国防动员建设的重要性和紧迫性,大力推进国防动员建设的全面发展。

曹刚川指出,要理清思路,把握关键,着力提高国防动员建设的质量和效益。要根据沿海、沿边和内陆地区的不同特点,合理布局,优化结构,认真搞好国防动员建设的总体谋划。要区分轻重缓急,以重点突破带动整体水平的提高。

曹刚川指出,要大力推进国防动员的改革和创新,提高后备力量的科技素质,切实加强后备力量的质量建设。要做好物资保障动员工作,逐步建立平战结合、军民兼容的国民经济综合保障体系。要加快道路、港口、码头等基础建设,加强工程抢修、运输队伍建设,确保交通战备任务的落实。要把提高大中城市和重要目标综合防护能力摆在突出位置,不断增强高技术条件下的防空袭作战能力。要抓好地方性动员法规建设,为搞好国防动员建设提供可靠的法律保障。

曹刚川强调,国防动员建设是一项复杂的系统工程。军地领导要摆上位置,加强协调,密切配合,真正形成齐心协力抓国防动员建设的良好局面。

《毛泽东邓小平江泽民论青少年和青少年工作》(增订本)出版

该书由共青团中央与中共中央文献研究室共同编辑的出版,即日起在全国各地发行。

《毛泽东邓小平江泽民论青少年和青少年工作》一书是2000年7月出版的。现在的第二版,增补了21篇文稿。其中,邓小平文稿增补6篇;江泽民文稿增补15篇,主要是第一版出版以后新发表的。

国务院副总理吴仪在北京听取国务院“非典”防治督查组汇报并讲话

国务委员兼国务院秘书长、全国防治非典型肺炎指挥部副总指挥华建敏出席了会议。

吴仪指出,从督查的情况看,各地落实指挥部通知精神态度坚决,行动迅速,继续加强政府对防治工作的统一领导和指挥,科学总结完善各项防治措施,认真制定和落实防治工作预案,正在实现由应急向常态转变,并按照依法、科学、规范、有序的原则,继续做好防治工作。

吴仪强调,要建立和完善常态下的防治工作机制。同时,要进一步研究加快公共卫生建设和医疗卫生体制改革的步伐。

国家防总办公室通报全国各地汛情灾情

国家防总的专家说,受降雨影响,淮河水位复涨,与上一次来水有很大不同,上次王家坝以上来水较大,这次来水主要集中在淮河中游和南部。针对这种情况,采取了以下几项措施:

一是针对淮河南部大别山区强降雨,充分利用水库拦洪错峰。二是王家坝再次提闸分洪。三是继续加大洪泽湖出湖流量。

7月11日13时30分,安徽省启用城东湖蓄洪区。此前,从7月3日开始,安徽省今年在淮河流域先后启用了蒙洼、洛河洼、上六方堤、下六方堤、唐垛湖、石姚段、荆山湖、邱家湖8个行蓄洪区。

连日来,大别山区普降大到暴雨,淮河支流淠河防汛全线告急。为应对可能出现的危险情况,淠河流域的30万群众在当地政府组织下紧急转移。

国家防总办公室通报,长江支流澧水、酉水流域普降暴雨到特大暴雨,引发山洪泥石流灾害。据湖南省报告,目前湖南共有张家界、湘西土家族苗族自治州、常德、怀化、岳阳等5个市、州27个县(市、区)586个乡镇受灾受灾,一座小型水库(蓄水40万立方米)溃坝,未造成人员伤亡。

四川甘孜发生特大山洪泥石流灾害

22时30分,四川甘孜藏族自治州丹巴县巴底乡邛山沟发生特大山洪泥石流灾害,造成50人失踪,死亡1人,5000多人受灾。

7月12日

《人民日报》发表署名为邢贲思的文章《学以致用 用以促学　学用相长——论坚持用马克思主义态度学习贯彻好“三个代表”重要思想》

国务院总理温家宝和国务院副总理回良玉赴淮河汛区视察并慰问受灾群众

7月12日至13日，温家宝和中共中央政治局委员、国务院副总理回良玉实地察看淮河水情和防洪设施，深入行蓄洪区转移群众安置点慰问受灾群众。

12日上午，温家宝一下飞机，便驱车直接来到地处阜南县的王家坝闸。位于淮河中上游分界处的王家坝闸是淮河蒙洼行蓄洪区的主要控制工程，在这场洪水中先后两次开闸分洪，减轻干堤压力。温家宝详细询问了两次开闸前后水位变化的情况在大堤上，温家宝走进一顶顶临时帐篷内和受灾群众亲切交谈，了解救灾物资发放和医疗情况。

下午，温家宝又来到淮北大堤荆家沟险段，代表胡锦涛总书记，代表江泽民主席慰问正在抢险的解放军和武警官兵，高度赞扬他们在抗洪抢险斗争中发挥了突击队作用。随后，温家宝又乘船到荆山湖行洪区内的姚山乡，慰问受灾群众。

7月13日一大早，温家宝一行驱车近200公里，来到江苏省金湖县，察看淮河入江水道和淮河入海水道枢纽工程。温家宝冒雨察看了工程运用情况，询问上下游水位和当天的泄洪量。下午，他又前往洪泽湖大堤，详细了解大堤的守卫情况。

12日晚，温家宝在安徽蚌埠市主持召开会议，听取安徽、江苏省和南京军区、武警总部及淮河防总防汛抗洪工作汇报。他充分肯定了安徽、江苏在抗洪救灾中取得的成绩，对下一步抗洪救灾工作提出了三点要求。第一，夺取抗洪全面胜利。目前淮河第二次洪峰正向中下游推进，防汛抗洪工作面临着新的考验。沿淮各地干部群众思想不能麻痹，工作不能松懈，确保干堤和重要城市万无一失，决不能功亏一篑。第二，搞好救灾和灾后重建。当务之急是要安排好受灾群众生活，保证群众有饭吃、有干净的水喝、有住的地方、有医疗保障，特别要做好防疫工作，确保灾后无大疫。同时要抓紧做好灾后恢复生产和重建工作，加强指导和服务，鼓励群众广开门路，生产自救，帮助群众搞好水毁房屋的规划和重建。第三，加快治淮骨干工程的建设。国家有关部门和地方要统筹规划，精心设计，加大投入，加快建设步伐，下决心早日把淮河治理好。

2003年关注森林活动启动大会在北京召开

会前，中共中央政治局常委、全国政协主席贾庆林接见了参加关注森林启动大会的代表，并作了重要指示。

贾庆林向2003年关注森林活动的启动表示祝贺。他希望关注森林组委会发扬成绩，再接再厉，与时俱进，开拓创新，把关注森林活动深入持久地开展下去，为再造秀美山川、全面建设小康社会、实现经济社会可持续发展作出更大的贡献。

全国政协人口资源环境委员会主任、关注森林组委会副主任陈邦柱主持大会，并对2003年关注森林活动作了部署。全国绿化委员会副主任、国家林业局局长周生贤对当前林业建设的指导思想、基本方针、战略目标和战略重点等作了介绍。

关注森林活动是由全国政协人口资源环境委员会、全国绿化委员会、国家林业局、国家广播电影电视总局、中国绿化基金会、中华新闻工作者协会等六家单位联合开展的一项公益宣传活动。今年活动的主题是“林业历史性转变与全面建设小康社会”。

全国政协主席贾庆林在云南调研

7月12日至16日，贾庆林在云南省委书记白恩培、省长徐荣凯陪同下，先后来到大理、丽江、昆明，深入乡村、企业、高新技术开发区，就兴起学习贯彻“三个代表”重要思想新高潮、促进民族地区经济社会发展、做好统一战线和人民政协工作等问题进行调研，并看望了云南省民主党派、工商联负责人，听取了云南省委、省政府的工作汇报。贾庆林对云南省改革发展稳定各项工作所取得的成绩给予充分肯定，称赞云南省政协和各民主党派、工商联积极参政议政、建言献策，为全省经济社会发展作出了积极贡献。

贾庆林强调，全面贯彻党的民族、宗教政策，做好民族、宗教工作，为发展创造团结稳定的社会环境，对我国的现代化建设事业具有十分重要的意义。要认真研究和妥善处理涉及民族、宗教因素的突发事件，坚决抵御境外势力利用民族、宗教问题进行渗透。要从实践“三个代表”重要思想的高度，充分认识民族、宗教问题的极端重要性，切实把这项工作当作一项长期的重要任务，坚持不懈地抓紧抓好。全国政协副主席、中共中央统战部部长刘延东参加了调研。

中共中央政治局常委李长春在阿根廷布宜诺斯艾利斯省考察参观

李长春考察参观了阿根廷工业生产和农牧业发展项目——世特佳钢厂和圣塞费力诺庄园。

作为阿根廷三大钢铁公司之一和世界第二大无缝

钢管出口商,世特佳钢厂与中国有着25年的贸易关系。李长春听取了钢厂总经理诺列加的介绍并参观了钢厂专用装卸码头和轧钢车间。他告诉诺列加:"中国在快速发展。作为中国的老客户,你们也在快速前进。希望我们进一步加强合作,携手共进。"

具有阿根廷传统庄园特色的圣塞费力诺庄园,李长春详细询问了庄园的生产发展情况,并饶有兴致地参观了马车展览馆和乳品加工房。

解放军四总部联合致电慰问抗洪救灾部队官兵民兵预备役人员

中华环保世纪行组委会在人民大会堂南门外广场举行记者团出发仪式

这次中华环保世纪行活动的主题是"推进林业建设,再造秀美山川",从7月中旬开始,近30家新闻单位的记者将兵分六路,先后赴陕西、甘肃、吉林、黑龙江、内蒙古和新疆等省区,主要围绕天然林保护、退耕还林、防沙治沙、保护生态等进行采访报道。

全国人大常委会副委员长盛华仁为记者采访团授旗并讲话。

中华环保世纪行活动是由全国人大环境与资源保护委员会、中宣部、国土资源部、水利部、国家环保总局、国家林业局、团中央、中国科协等14个部门联合组织开展的。该活动开展10年来,每年确定一个主题,以舆论监督、法律监督和群众监督等形式,组织开展宣传活动。

7月13日

全国人大2003年新疆人大干部培训班在北京举行开班仪式

百余名来自新疆各级人大常委会的主任、副主任将在这里进行为期两周的学习。据悉,全国人大专门为少数民族地区人大干部在京举办培训班尚属首次。

全国人大常委会副委员长盛华仁出席会议并讲话。针对这次参加培训学习的多为新疆各级人大换届后新当选的常委会负责人这一情况,他说,做好人大工作需要学习掌握的知识很多,但对新到人大工作的同志来说,首先要通过学习清楚认识人大的性质、地位、任务,熟悉、掌握人大工作的各项程序、制度和工作方法,增强自觉接受党对人大工作领导的意识,在政治上与党中央保持一致。

盛华仁强调,结合人大工作实际学习"三个代表"重要思想和胡锦涛总书记"七一"重要讲话,兴起学习贯彻"三个代表"重要思想新高潮,是当前的首要政治任务,全国人大常委会以及地方各级人大常委会、各级人大机关要切实抓好。

在学习期间,将由专家学者为学员们讲授中国特色社会主义法律体系、选举法和地方组织法、地方人大常委会职权及其行使等专题,同时还将安排他们在京参观企业及市政建设等。

农工党十三届中常会三次会议在北京召开

会议的主要议程是学习《中共中央关于在全党兴起学习贯彻"三个代表"重要思想新高潮的通知》和胡锦涛同志"七一"重要讲话,审议通过《中国农工民主党中央关于在全党兴起学习实践"三个代表"重要思想新高潮的意见》,研究探讨新时期加强农工党后备干部队伍建设,审议通过《中国农工民主党中央关于表彰抗击非典型肺炎斗争先进党员和先进集体的决定》。全国人大常委会副委员长、农工党中央主席蒋正华出席会议并讲话。

全国政协副主席、农工党中央常务副主席李蒙主持了会议。

九三学社十一届中常会三次会议在大连召开

这次为期3天的会议的主题是:深入学习"三个代表"重要思想,贯彻《中共中央关于印发〈"三个代表"重要思想学习纲要〉的通知》精神,进一步加强九三学社思想建设。全国人大常委会副委员长、九三学社中央主席韩启德出席会议并讲话。

会议通过了《九三学社中央关于学习实践"三个代表"重要思想、切实加强思想建设的决议》。九三学社北京、重庆、河北、江西、贵州5个省级组织的主委在会上介绍了加强思想建设的经验。

三峡工程第二台机组通过投产前试验

7月13日16时32分,三峡工程第二台投产发电的机组——5号机组顺利完成72小时并网试运行。至此,这台装机70万千瓦的机组通过投产前试验,即将正式并网发电。

中央军委颁发四总部修订的《军队基层建设纲要》

经中央军委主席江泽民批准,中央军委日前颁发由总参谋部、总政治部、总后勤部、总装备部共同修订的《军队基层建设纲要》,并对贯彻落实新《纲要》提出了要求。

这次修订《纲要》,坚持以"三个代表"重要思想为指导,在保持原《纲要》的精华和风格的基础上,根据新形势、新任务的要求,着眼今后一个时期基层建设的发展，对基层建设的指导思想、标准、任务和要求等作了调整、充实和完善。在基层建设标准部分，主要是着眼高标准落实"五句话"总要求，增加了一些新的内容，提升了一些具体衡量尺度。在基层经常性主要工作部分，根据有关条令条例，对训练、战备、教育、管理、内外关系、后勤保障和组织建设的具体任务、方法、目标等作了进一步规范，并增写了"管好武器装备"一项工作，使基层经常性主要工作由原来的七项增加到八项。在基层建设的检查、评比和表彰部分，为进一步调动基层广大官兵参与"双争"的积极性，提出了开展"双争"活动的基本要求，进一步明确了"双争"评比的条件、程序和比例等。在领导机关抓基层的主要职责和要求部分，强调要加强对抓基层工作的统一领导，认真履行抓基层的职责，实施对基层建设的科学指导，树立抓基层的良好作风和形象。

我国首辆自主驾驶轿车在长春研制成功

这次研制成功的自主驾驶轿车在正常交通情况下，在高速公路上行驶的最高稳定速度为130公里每小时，最高峰值速度为170公里每小时，并且具有超车功能，其总体技术性能和指标已经达到世界先进水平。

这是中国第一汽车集团公司和国防科技大学机电工程与自动化学院联合向外界宣布的。专家认为，这辆自主驾驶轿车的问世，将有力地推动我国汽车主动安全系统和智能化汽车的研究进程。

北京举行大型市民日活动纪念申奥成功两周年

中共中央政治局委员、北京市委书记、北京奥组委主席刘淇出席开幕式并致辞。国务委员陈至立按下了北京奥组委中级网站开通按钮。

全国人大常委会副委员长何鲁丽，全国政协副主席周铁农，国家体育总局局长、北京奥组委执行主席袁伟民，国家体育总局党组书记、北京奥组委副主席李志坚等出席开幕式并与市民一起参加了健身活动。北京市代市长、北京奥组委执行主席王岐山主持开幕式。

中国选手劳丽诗 李婷在巴塞罗那进行的世界游泳锦标赛女子双人跳台跳水决赛中赢得金牌

湖北秭归发生特大滑坡灾害14人死亡10人失踪

凌晨零时20分，湖北宜昌市秭归县沙镇溪镇发生特大滑坡。滑坡土方量2400多万立方米，造成房屋倒塌，企业损毁，船只翻沉，交通中断，长江支流青干河被滑坡体堵塞。滑坡体涉及两个村民小组、4家企业，总计1200人，由于转移及时，绝大部分人脱离危险。经证实死亡人员为14人，另有10人失踪。

7月14日

国务院总理温家宝在中南海紫光阁会见塞尔维亚和黑山的黑山共和国总理久卡诺维奇

第14期《求是》杂志发表评论员文章《在"结合"上做文章、下功夫——论兴起学习贯彻"三个代表"重要思想新高潮》

全国物业管理工作会议在北京召开

建设部副部长刘志峰在会议上说，物业管理就业容量大，对扩大就业具有重要作用。目前，全国城市物业管理的覆盖面已占物业总量的38%，物业管理企业总数超过2万家，从业人员超过230万人

物业管理吸纳的劳动力中大部分来自企事业单位下岗分流人员、农村剩余劳动力及部队复转军人等，对于缓解农村剩余劳动力向非农产业转移和产业结构调整中的就业矛盾作出了重要贡献。

中共中央政治局常委罗干在人民大会堂会见以总书记哈比·马哈马杜·萨利苏为团长的尼日尔全国发展社会运动——纳萨拉代表团

朝鲜劳动党总书记国防委员会委员长金正日在平壤会见中国政府特使戴秉国

中英财金对话机制第三次会议在伦敦举行

中国财政部副部长金立群和英国财政部副大臣保罗·波藤共同主持了本次会议。

会议期间，中英双方就当前宏观经济形势、金融部门的稳定和监管、财政体制改革以及其他共同感兴趣的问题深入地交换了意见，并达成许多共识。

双方表示，在当前国际经济形势下，中英两国加强在财政和金融领域的合作与对话很有意义。这种定期的对话机制有助于两国政府之间交换意见、加深了解、扩大共识。双方一致同意将这项工作继续深入地进行下去，并积极采取具体行动把双方提出的合作设想变成现实，进一步推动中英两国关系的发展。

国务院扶贫办成立科技扶贫咨询委员会

科技扶贫咨询委员会为专业咨询组织，其职责是研究讨论科技扶贫有关事项并提出建议，联系和组织专业科技人员，为科技扶贫提供决策参考和咨询服务。来自中国科学院、中国林科院、中国中医研究院、全国畜牧兽医总站、北京大学、中国农业大学等农业技术推

广部门、科研院所、高等院校和扶贫部门的19名专家参加了科技扶贫咨询委员会。

"青少年健康上网"活动在北京启动

由共青团中央、全国妇联、网络文明工程组委会和中国电信共同发起的"青少年健康上网"活动日前在北京启动。活动旨在将互联网的快速发展成就更好地服务于青少年一代的健康成长。

活动主办单位专门推出了全国青少年健康网站youth.chinavnet.com。活动期间,还将进行全国青少年健康上网优秀网站评估认证,筛选出一批面向青少年的优秀网站,并授予"青少年健康上网"认证标志。

《十六大党章电视教材》出版发行

这一教材中组部组织局精心制作,以"三个代表"重要思想为指导,运用翔实的资料、生动的事例和灵活的形式,对十六大党章进行了系统讲解。中组部日前发出通知,要求各级组织部门将《十六大党章电视教材》尽快发至各基层党组织,认真做好播放收看工作。

国办下发《关于妥善处理因防治非典型肺炎引发的矛盾和纠纷的通知》

各省、自治区、直辖市人民政府,国务院各部委、各直属机构:

非典型肺炎是一场突如其来的灾害。在党中央、国务院的领导下,经过全国上下的共同努力,目前全国疫情得到有效控制,防治工作逐步走上依法、科学、规范、有序的轨道。但是,少数地方也出现了因防治非典型肺炎引发的矛盾和纠纷。比如,有的患者、疑似患者或其家属以在医疗机构感染非典型肺炎为由要求医疗机构或者政府赔偿损失;有的生产经营单位因政府依法采取控制疫情扩散等行政应急措施,导致生产经营困难,要求政府补偿;有的用人单位单方解除与患者、疑似患者的劳动关系,或者拒付、拖延支付其劳动报酬,引发劳动纠纷。这些矛盾和纠纷如不及时妥善处理,不仅直接影响防治工作的进一步开展,而且会影响正常的经济和社会生活秩序。为了巩固防治工作成果,促进经济持续快速健康发展,保护人民群众的合法权益,维护社会稳定,经国务院同意,现就妥善处理因防治非典型肺炎引发的矛盾和纠纷通知如下:

一、各地区、各部门要从实践"三个代表"重要思想的高度,妥善处理因防治非典型肺炎引发的矛盾和纠纷

要在继续抓好防治工作和经济建设的同时,把处理因防治非典型肺炎引发的矛盾和纠纷摆上重要议事日程,切实抓紧抓好。地方各级政府主要负责同志要亲自抓,分管领导要专门抓;各有关部门要各司其职、各负其责、相互协调、密切配合。要抓紧排查、梳理因防治非典型肺炎引发和可能引发的矛盾和纠纷,密切关注社会动态,及时掌握可能影响发展和稳定的问题,制订指导性原则和应对预案。要深入细致地做好思想政治工作,注意发挥各级信访部门、人民调解组织在化解矛盾和纠纷方面的作用,充分发挥各单位、居民委员会、村民委员会和工会、共青团、妇联等组织的作用,努力把矛盾和纠纷化解在萌芽状态。要充分发挥舆论宣传的正面引导作用,大力宣传《中华人民共和国传染病防治法》《突发公共卫生事件应急条例》和其他有关法律、法规,使广大群众知法、懂法、守法,充分理解政府为防治非典型肺炎采取的措施,明确并正确行使、履行在防治非典型肺炎中的权利、义务。要严格依法行政,切实提高运用法律手段解决矛盾和纠纷的能力,把矛盾和纠纷的解决引导到法律轨道上来。对已经发生的矛盾和纠纷,要依法、有效、妥善处理,并注意法律的统一实施,尤其要防止因方法简单、态度粗暴引发群众对立情绪甚至群体性事件。对因防治非典型肺炎引发的群体性事件,政府及其有关部门主要负责人要及时亲临现场,讲究策略,深入细致地做好思想工作,说服劝解疏散群众。执法部门要慎用强制措施,慎用警力,防止因处置不当而激化矛盾、扩大事态。同时,要依法打击煽动群众扰乱社会秩序的违法犯罪分子。

二、切实解决医疗机构的医疗费用,妥善处理医患纠纷

对医院在收治患者和疑似患者期间垫付的需要由政府支付的各种费用以及医院因防治非典型肺炎发生的亏损和必要的恢复性费用,各级政府要尽快审核结算,及时将资金拨付到位,以解决医疗机构的经费问题。对因防治非典型肺炎引发的医患纠纷,各级政府和卫生行政部门都要本着对国家和人民高度负责的精神,鼓励和支持医患双方在互谅互让、相互信任的基础上协商解决;协商不成的,卫生行政部门应当依法调解,努力使医患纠纷尽可能通过协商或者依法调解得到解决。调解过程中所需经费,由当地政府财政部门给予支持。

三、做好患者及死者亲属的抚慰工作,切实帮助他们解决实际困难

各地区、各部门要采取措施帮助非典型肺炎康复者重新回到工作岗位、融入社会生活。政府及其有关部门要支持城市社区卫生服务机构做好对非典型肺炎康复者的健康指导工作。要加大有关医疗卫生科学知识的宣传力度,使广大群众充分认识非典型肺炎康复者不再具有传染性的特点,教育群众不得歧视非典型肺炎康复者、疑似患者、医护人员及其亲属。要充分发

挥单位和各类组织的作用,关心、照顾非典型肺炎康复者,帮助他们从生理上和心理上全面康复。对歧视非典型肺炎康复者、疑似患者、医护人员及其亲属的,要给予批评教育,并视情况通过新闻媒体予以曝光。要采取有效措施,关心和解决非典型肺炎康复者及死者亲属遇到的生活困难。对因履行职务感染的人员,要按工伤对待;城市居民因患非典型肺炎造成生活困难,符合城市居民最低生活保障条件的,要及时纳入保障范围;对农民要及时给予救助或者抚恤。要鼓励基金会、慈善机构和社会福利机构等社会力量参与非典型肺炎善后事务,有针对性地帮助患者及死者亲属。

四、稳定劳动关系,及时处理劳动纠纷

各地区要切实加强劳动监察执法工作,督促用人单位落实国家劳动用工和福利政策,及时处理劳动纠纷,保持劳动关系的稳定。要教育用人单位按照《中华人民共和国劳动法》和有关法律、法规招用劳动者,不得歧视非典型肺炎康复者、疑似患者,不得以此为由单方面解除与他们的劳动合同。要监督各用人单位按照国家规定,按时足额支付职工在防治非典型肺炎时期的工资或者生活费,及时支付患非典型肺炎或者疑似非典型肺炎职工接受治疗期内的病假工资或者病假救济费、按出勤支付被隔离人员隔离期间的工资。

五、积极帮助生产经营受到严重影响的单位尽快恢复生产经营

要切实落实国务院对疫情地区、部分困难企业在限定时段内减免部分税收、行政事业性收费、政府性基金以及对民航和旅游企业短期贷款实行财政贴息的政策措施。有关地方还可以根据本地实际,针对不同行业、不同生产经营单位的情况,通过调整财政支出结构、提供市场信息等多种措施,帮助生产经营单位尽快克服困难、恢复生产经营。

六、抓紧清理为防治非典型肺炎采取的应急措施,做好临时征用财物的清退和补偿工作

各地方要根据防治疫情的实际需要,对为防治非典型肺炎采取的行政应急措施及时进行清理,对不需要继续保留的,要立即予以修改或者废止,并按照《全国防治非典型肺炎指挥部关于科学规范非典型肺炎防治措施的通知(第十一号)》(国办发明电〔2003〕25号)的要求,科学规范非典型肺炎防治措施。地方各级政府要加大行政执法监督力度,切实防范乱强制、乱处罚、乱收费现象的发生。要做好在防治期间临时征用财物的管理和维护,并随着疫情的平缓,抓紧清退所征用的财物。房屋、交通工具在被征用期间经过改造的,除被征用人同意保留现状的外,一般要先恢复原状再予退还。征用财物被损坏后无法修复或者修复后不能达到原有状态的,或者因其他原因不能归还的,或者被征用人因财物被临时征用而造成实际损失的,应当给予合理补偿。征用财物在被征用期间所发生的有关费用,由有关地方财政负担。

七、认真对待因防治非典型肺炎引发的民事合同纠纷

要通过各种途径特别是各种新闻媒体,教育和引导全社会正确对待和处理国家、集体、个人之间的利益关系。要在充分尊重当事人合同自愿的前提下,鼓励和引导当事人本着互谅互让、诚实信用和公平的原则,尽量通过平等协商的方式,实事求是地解决矛盾、纠纷。对当事人不能通过协商解决的民事合同纠纷,切忌粗暴干涉和简单处理。要尊重当事人对民事合同纠纷解决方式的选择权,为当事人向仲裁机构申请仲裁或者向人民法院提起诉讼提供方便。

各地方、各部门在处理因防治非典型肺炎引发的矛盾和纠纷中,遇有重要情况,要及时向国务院报告。

国务院办公厅

2003年7月14日

中央财政紧急拨付7800万元支持安徽湖北江苏三省防洪救灾

刘西元逝世

南京军区原副政治委员刘西元同志(正大军区职待遇),因病于7月14日在南京逝世,享年86岁。

刘西元是江西吉安人,1931年参加中国工农红军,同年参加中国共产主义青年团,翌年转为中国共产党党员。土地革命战争时期,他历任司号员、通讯员、干事、俱乐部主任、团政治委员等职,参加了中央根据地的第一至第五次反"围剿"和二万五千里长征,到达陕北后又参加了东征、西征和山城堡战役。抗日战争时期,他历任八路军营教导员、团政治委员、支队政治委员、军分区政治委员兼地委书记等职,参加了平型关、广阳、午城、井沟、汾漓、陆房、白彦等大小上百次战役战斗,为开辟巩固鲁南滨海抗日根据地、发展壮大八路军和夺取抗日战争的胜利作出了贡献。解放战争时期,他历任支队司令员兼政治委员、师长兼政治委员、纵队副政治委员、军副政治委员兼政治部主任等职,参加了长春、吉林以北地区的三下江南、四保临江战役和辽沈战役、平津战役、解放鄂西、解放重庆等。新中国成立后,他历任军政治委员、总政治部青年部副部长、共青团中央书记处书记、总政治部组织部部长、总政治部副主任、兰州军区副政治委员、南京军区副政治委员等职。他参加了抗美援朝战争的第一、二、三、四次战役。"文化大革命"中,他对林彪、江青反革命集团的倒行逆施进行了坚决的抵制和斗争。

刘西元是第一、第二届全国人大代表，党的八大代表，第二、第三届全国政协常务委员，第四、第五届全国政协委员。曾担任中华全国民主青年联合会副主席、主席，世界青年联合会副主席。1955年被授予中将军衔。荣获二级八一勋章、二级独立自由勋章、一级解放勋章，朝鲜民主主义人民共和国二级国旗勋章，解放军一级红星功勋荣誉章。

7月15日

十届全国人大财经委举行第十四次全体会议

会议听取国家发展和改革委员会、财政部、劳动和社会保障部、商务部、人民银行、国家税务总局和国家统计局关于今年上半年经济形势的汇报，并进行了讨论。委员们认为，今年上半年，国际局势复杂多变，国内遭受“非典”冲击，在党中央、国务院的领导下，各地区各部门一手抓抗“非典”，一手抓经济建设，在抗击“非典”取得阶段性重大胜利的同时，国民经济继续保持较快增长，为实现全年预期目标打下了基础。当前经济运行中也存在一些困难和问题。一是受“非典”影响，消费需求不旺的问题更加突出，经济增长将更加依赖投资需求的扩大。二是一些早些时候已暴露的问题又有发展。电力供应紧张，一些高耗能产业发展偏快，加剧了电力供需矛盾；一些地方政府盲目上新项目、铺新摊子的冲动仍很强烈，一些行业低水平重复建设屡禁不止，特别是在工业园区建设和房地产开发中非法圈占土地的行为愈演愈烈，引发不少社会问题。三是货币信贷投放增长过快，中小企业、县域经济资金紧张的矛盾没有缓解。四是农民收入增幅主要受外出打工人员返乡影响明显下降，城乡收入差距继续拉大。五是就业形势比较严峻，大学毕业生初次就业率低于去年水平。

委员们认为，下半年要继续认真学习和贯彻党的十六大精神和“三个代表”重要思想，坚持扩大内需的方针，继续实施积极的财政政策和稳健的货币政策，认真解决改革和发展中存在的问题，巩固和扩大抗击“非典”的成果，扎扎实实地做好各项工作。委员们认为，要加强和改善宏观调控，高度重视和解决当前经济结构中的一些突出问题，提高消费对经济增长的促进作用。要进一步推进结构调整，控制新开工项目增长过快的趋势。在促进经济增长的同时，要更加重视公共健康、就业和社会保障、教育和环境保护等社会发展问题，大力促进经济和社会的协调发展。要进一步完善公共财政制度，规范财政支出，重视财政风险。要高度重视出口退税拖欠问题，依法增加出口退税指标，在保持政策连续性和稳定性的前提下，完善出口退税机制。委员们建议，对货币信贷增长过快的问题，既要高度重视，采取有效措施防止问题进一步发展，又要防止“一刀切”和“急刹车”。在搞好总量调控的同时，继续采取措施，消除体制和机制上的障碍，解决中小企业和县域经济融资困难问题。大力发展资本市场，扩大直接融资。要完善法制，加强监督检查，遏制一些地区存在的违法违规占地和拆迁之风，维护城乡居民的合法权益。委员们建议，对遭受“非典”冲击严重的行业特别是能提供大量就业岗位的第三产业，要加大扶持力度，帮助它们尽快恢复正常的生产经营。要进一步深化税费改革，减轻农民负担，简化手续，降低收费，取消对农民进城务工的不合理限制和歧视性做法。要重视农民社会保障问题。继续做好防汛抗灾工作，确保人民群众生命财产安全，安排好灾区人民的生产生活，积极开展生产自救。全国人大常委会副委员长王兆国、成思危、蒋正华、盛华仁、乌云其木格出席会议。全国人大财经委员会主任委员傅志寰主持会议。

国办发出《关于加强汛期地质灾害防治工作的紧急通知》

通知指出，今年入汛以来，全国因暴雨引发的泥石流、滑坡等地质灾害频繁发生，使一些地方的人民生命财产遭受了严重损失。国务院领导近日对做好汛期地质灾害防治工作作出重要指示，要求各地、各部门高度重视汛期地质灾害防治工作，确保人民生命安全。

通知要求气象、水利部门加强与国土资源部门的协作，认真做好雨情、水情的预测工作，尤其要提高基层气象、水利部门的预测预报能力，及时作出强降雨和洪水预报，并报告当地人民政府和地质灾害防治的主管部门及有关单位，遇紧急情况要以最快速度通知到各有关方面和群众，为防止和减少地质灾害创造条件。

通知要求国土资源部门加强地质灾害监测，特别是对地质灾害高发区、危险区的实时监测。要充分发挥专家的作用，通过监测、会商，确定危险区域，标明危险等级，发布预警通告。各级国土资源部门要严格执行险情巡查、灾情速报、汛期值班等制度，完善地质灾害防治应急指挥系统，确保联络畅通。湖南、湖北、四川、贵州、云南等丘陵山区和浙江、福建、广东等沿海地区要做好大面积群发性滑坡、泥石流的预警工作。西北地区要做好黄土滑坡和泥石流防治工作。矿山企业要特别注意尾矿和废渣堆放点的安全，防止暴雨引发尾矿垮坝。

通知要求，对已发生和易发生地质灾害的地方，要根据实际情况编制防御地质灾害预案，制定紧急避让措施，选择好安置点，组织好紧急撤离工作，及时转移安置受灾群众，千方百计避免和减少人员伤亡，并解决好他们的生活问题，确保有住处、有饭吃、有水喝、有衣穿、有病能医。

通知要求认真贯彻执行地质灾害防治的有关法律、法规和管理制度。国土资源部门要严格执行地质灾害防治工程的有关制度，严格执行建设项目地质灾害危险性评估制度，对建设工程遭受地质灾害危害的可能性、工程建设引发和加重地质灾害的可能性作出评价。对公路建设过程中形成的高陡边坡和不稳定斜坡，交通行政主管部门要责成建设单位及时治理，避免地质灾害发生。要加大责任追究制度，对因人为因素发生地质灾害造成重大损失的，要坚决依法追究有关人员的责任。

通知说，各级人民政府和国土资源等部门要结合汛期情况，组织开展地质灾害调查，通过掌握地质灾害的现状、分布和发育特征，划定地质灾害易发区，按照预防为主、避让和治理相结合，因地制宜、注重实效的原则，制定和完善地质灾害防治规划。对规划方案确定的防治项目和工程，要纳入各级国民经济和社会发展计划。各级政府要安排适当经费，用于地质灾害防治和救助工作。

通知强调，地质灾害防治是事关人民生命安全的大事，也是政府维护社会公共安全的重要职责。各地区、各有关部门要加强领导，落实责任。在地质灾害高发地区，政府主要领导要把防治地质灾害摆在当前工作的重要议程。国土资源、气象、水利、建设、民政等部门要根据各自分工落实责任并及时了解汛期地质灾害防治工作进展情况，向国务院作出报告。

全国人大常委会副委员长民盟中央主席丁石孙在黑龙江调研

丁石孙一行于7月15日至20日先后在黑龙江省的大庆、哈尔滨、伊春等地进行了调研。他们考察了当地的大中型国有企业，与有关部门负责同志进行了座谈。丁石孙强调，东北地区老工业体系的改造和振兴，将为我国的国企改革、老工业基地的全面改造和振兴提供大的思路和具体经验。

香港同胞庆祝中华人民共和国成立54周年筹备委员会举行成立大会

来自香港10多个界别的800多位人士应邀参加筹委会工作，霍英东为筹委会主席团主席。

民建八届三次中常委会议以文代会形式在北京召开

本次会议的主题是组织动员民建全体会员深入学习“三个代表”重要思想，掀起新的学习高潮，努力开创民建工作新局面。会议审议并通过了《中国民主建国会第八届中央委员会五年工作规划纲要》及四项制度，通过了人事任免决定，增补了专委会副主任。

国务院总理温家宝签署第384号令公布《海关关衔标志式样和佩带办法》

《海关关衔标志式样和佩带办法》已经2003年7月8日国务院第14次常务会议通过，现予公布，自公布之日起施行。

总　理　温家宝

2003年7月15日

海关关衔标志式样和佩带办法(略)

国务院副总理吴仪在北京主持召开“跨国公司在华投资座谈会”

吴仪指出，在华外商投资企业是中国经济发展的重要组成部分，中国政府在继续依法保障在华投资者权益的同时，将为外商在华投资创造更加安全、更趋完善、更为优化的环境。

吴仪认真听取了西门子、索尼、通用电气、巴斯夫、ABB等20多家跨国公司在华设立的投资性公司负责人的发言，他们就中国的投资软环境、审批制度的改革以及加强知识产权保护等问题提出了意见和建议。近80家在华投资的跨国公司代表出席了座谈会。

吴仪在讲话中首先对外商投资企业在“非典”时期表现出的对中国政府的信任、支持和高度的社会责任感表示感谢。她说，许多外商投资企业的外籍职工在“非典”时期坚守岗位，同时踊跃捐款捐物，为防治“非典”和经济发展作出了贡献。吴仪说，中国政府坚持一手抓防治“非典”，一手抓经济建设，采取一系列果断措施，有效控制住了疫情。事实证明，中国政府有能力战胜任何艰难险阻，有能力保障来华投资者的健康和安全，中国仍然是世界上对外商投资最具吸引力的地区之一。

吴仪指出，今年上半年中国国民经济保持较快增长的好势头。中国政府正在推进一系列改革，这些措施将进一步完善社会主义市场经济体制和市场运行机制，为中国国民经济的持续、快速、健康发展，为更多、更好地吸收外商投资提供可靠的保障。

吴仪说，中国将继续保持吸收外资政策的连续性和稳定性，并按照国际惯例和中国加入世贸组织的承诺，进一步完善吸收外商投资的法律体系和政策，进一步扩大对外商开放的领域；继续积极推进服务贸易领域的开放，重点推进现代物流体系的建设，与此同时，进一步扩大外商投资性公司和外商投资企业进出口经营权；继续鼓励外商投资配套产业，充分发挥聚合产业区的优势；在继续鼓励外商投资制造、服务领域的同时，抓住机遇，促进发展；要重视跨国集团内部服务业外包的新趋势，积极创造条件，探索新方式，拓展吸收外资的新领域。

吴仪表示，中国政府有关部门制定了相关规定，允许外国投资者通过并购、BOT、信托投资等方式进行投资，鼓励跨国公司参与国有企业改组改造；引导和推荐符合条件的外商投资企业上市；允许外商投资以直接投资方式受让上市公司的法人股股权；鼓励跨国公司在华设立地区总部和研发中心；进一步扩大外资参与不良资产的重组与处置。继续创造条件，推动外商投资中西部地区、鼓励外商参与东北老工业基地的改组改造，加大国家级经济技术开发区的引资工作，发挥其示范、辐射和带动作用。

吴仪强调，中国政府非常重视知识产权的保护，不保护好外国企业的知识产权，就不能创造良好的投资环境。良好的投资环境，特别是投资软环境，是一个国家社会进步的重要标志和经济发展的重要保证，也是国际竞争力的重要体现。中国政府将努力为外国投资者提供稳定透明的政策环境、统一开放的市场环境和规范高效的行政环境。

民航国内航空运输价格改革方案听证会在北京铁道大厦举行

中共中央政治局常委李长春在帕皮提会见法属波利尼西亚领导人

李长春在前往新西兰访问途中经停帕皮提时，分别会见了法属波利尼西亚高级专员米歇尔·马蒂厄和自治政府主席加斯东·弗罗斯。

当天，李长春还会见了当地华人社团领袖，勉励他们继续为当地的建设事业和双方友好关系发展作出新的贡献。

李长春是在结束了对阿根廷的正式友好访问后，于当地时间7月15日离开布宜诺斯艾利斯的。

匈牙利总理迈杰希和匈牙利社会党主席兼外长科瓦奇分别会见由中共中央书记处书记贺国强率领的中共代表团

贺国强是应匈牙利社会党的邀请于7月13日抵达这里访问的。访问期间，贺国强还会见了总理府政治国务秘书萨博和匈牙利社民党主席考博伊。

国务委员兼国防部部长曹刚川在北京分别会见几内亚军队总参谋长卡马拉和巴基斯坦陆军第一副参谋长尤素夫·汗

中共中央政策研究室副主任卫建林率中共友好代表团启程赴加蓬 吉布提访问

卫建林是应加蓬民主党和吉布提争取进步人民联盟的邀请，作为中共代表出席加蓬民主党第八次全国代表大会，并对吉布提进行友好访问。

第六届“中国武警十大忠诚卫士”在北京揭晓

尼玛扎西、欧阳运华、刘兴京、陈源、丁贵华、郭春耀、刘正志、杜振高、周春光、裴雷10人荣膺“中国武警十大忠诚卫士”荣誉称号。

中国北极科学考察队乘“雪龙”号科考船从大连起锚赴北极考察

中共中央政治局委员、国务院副总理曾培炎向全体考察队员表示亲切的问候。

曾培炎在7月14日听取国家海洋局汇报时指出，这次考察对于认识极地变化对我国环境的影响，参与国际北极事务，进行海洋、大气、生物、化学、地质等多学科研究有着十分重要的意义。他希望全体考察队员，以顽强的意志和科学的精神，战胜极地恶劣环境的挑战，平安、圆满地完成各项任务，在人类探索自然的道路上取得新的成就。

据介绍，第二次中国北极科学考察，共有中外科考队员115人，计划历时74天。主要任务是获取海洋、大气、生物、化学、地质等方面数据，初步建立我国在北极海区持续的海洋和大气观测、采样体系。来自美国、加拿大、日本、韩国、芬兰等国的十几位科学家，将登船与我国科学家合作开展研究。

全国爱卫会命名15个镇为“国家卫生镇”

本次获得“国家卫生镇”称号的有：江苏省常熟市董浜镇、古里镇，张家港市德积镇、锦丰镇、兆丰镇，吴江市同里镇；广东省南海市沙头镇、松岗镇、和顺镇，东莞市石龙镇，深圳市宝安区福永镇、石岩镇、光明镇，龙岗区葵涌镇、布吉镇。

此前，全国已命名“国家卫生镇”89个。

国家防总负责人在北京宣布淮河抗洪初步取得胜利

有关负责人说，淮河今年发生了超过1991年的大洪水，干流部分河段超过历史最高水位，但是，在今年淮河防汛中，千军万马抗洪的场面少了，更多的是防汛调度上的“拦、排、分、蓄、滞”合理安排，群众转移、安置和卫生防疫等工作有序进行，由单纯与洪水抗争转为给洪水以出路，灾害损失大大低于1991年。目前，淮河防汛抗洪工作初步取得胜利。

中央财政紧急拨付安徽等 13 个省 自治区 直辖市 2 亿元特大防汛补助费

7 月 16 日

《人民日报》发表评论员文章《坚持党管人才原则 实施人才强国战略》

在全面建设小康社会的历史进程中，人才问题尤为重要。近年来，根据国际国内形势的发展变化，中央站在推进改革开放和社会主义现代化的战略高度，作出了人才资源是第一资源的科学判断，提出了人才强国战略和党管人才原则，制定并实施了加强和改进人才工作的一系列重大方针政策，逐步确立了人才工作的基本思路和宏观布局，推动人才工作取得了重要成绩。现在，我国人才工作既面临良好的机遇，也面临严峻的挑战。我们要紧紧抓住机遇，正确应对挑战，努力使我国的人才工作迈上一个新的台阶。

大家知道，人是生产力中最活跃的因素，人力资源是我国的第一资源。唯有人才资源得到有效开发，各方面的英才不断涌现，让最活跃的因素最大限度地活跃起来，我们的事业才能始终充满生机和活力。从十六大确定的全面建设小康社会的目标来看，不论是综合国力和国际竞争力的增强，还是社会主义民主法制的完善；不论是全民族科学文化素质的提高，还是可持续发展能力的增强，都离不开人才的作用。从这个意义上说，小康大业，人才为本。只有下大力气做好人才的培养、吸引和使用工作，努力造就一支数量充足、结构合理、素质较高的人才大军，才能为全面建设小康社会提供可靠的智力支持和人才保证。

进入改革开放和现代化建设新时期以来，党中央先后提出科教兴国、依法治国，现在又明确提出人才强国。这表明，我们党在坚持“一个中心、两个基本点”的前提下，坚持靠科学、靠法制、靠人才来治国强国和执政兴国。人才强国战略的提出，把人才问题提升到国家战略的层面，揭示了人才工作与国家富强的内在联系，揭示了靠科学、靠法制与靠人才的辩证统一关系，标志着我国的人才工作进入了一个新的发展阶段。

继提出人才强国战略之后，中央又郑重提出党管人才原则。这是一项具有重大现实意义和深远历史意义的重要指导原则。应当看到，中央在历来坚持党管干部原则的基础上，进一步提出党管人才原则，这是党的组织工作与时俱进的必然要求，也是党管干部原则在新世纪、新阶段的深化和扩展。党管人才，是管宏观、管大局、管战略、管政策。也就是说，要通过政策支持、精神激励和环境保障，促进人才的健康成长和充分发挥作用；要遵循社会主义市场规律和人才资源开发利用规律，在充分发挥市场对人才资源配置的基础性作用的同时，加强党对人才工作的宏观管理和综合协调；要制定和组织实施人才工作的中长期发展规划，建立和完善中国特色的人才政策体系，加大人才立法力度，努力用法制手段保障各类人才的合法权益和人才工作的有序进行。

把中央关于加强人才工作的重要部署落到实处，关键在于根据党管人才原则，进一步完善人才工作格局，创新人才工作机制，改进人才工作方法，不断加强党对人才工作的领导。各级领导干部一定要有强烈的人才意识，真正把培养好、吸引好、使用好各类人才作为一件大事来抓，把防止人才流失放在同治理水土流失同样重要甚至更为重要的位置上来对待。要实行党委“一把手”抓“第一资源”和“第一生产力”的目标责任制。要做到谋划发展同时考虑人才保证，制订计划同时考虑人才需求，研究政策同时考虑人才导向，部署工作同时考虑人才措施。在具体工作中，要全面体现爱才之心、识才之智、容才之量、用才之艺。

“国以人兴，政以才治。”我们要从贯彻“三个代表”重要思想的高度，充分认识人才工作的极端重要性，落实《2002—2005 全国人才队伍建设规划纲要》的一系列政策措施，努力创造人才辈出、人尽其才的良好局面，把各类优秀人才聚集到党和国家的各项事业中来。这样，我们就能够有力地推进全面建设小康社会的进程，使建设中国特色社会主义的伟大事业兴旺发达，实现中华民族的伟大复兴。

国务院总理温家宝在北京主持召开国务院常务会议

会议听取了海关总署关于打击走私工作的汇报。会议指出，1998 年以来，全国打击走私工作取得了很大成绩，有效地维护了正常的经济秩序，保证了经济建设的健康发展和改革开放顺利进行。打击走私是一项长期任务，必须坚定不移地进行下去。会议决定，针对新形势下走私活动出现的新情况，继续在全国范围内深入开展打击走私专项斗争，并抓紧召开全国性会议进行部署。会议要求，各地区、各部门要充分认识打击走私工作的长期性、艰巨性和复杂性，认真贯彻“打防结合、综合治理、突出重点、坚持不懈”的工作方针，密切配合，协同作战，严防狠打。要不断完善法律制度，建立、健全反走私有效机制，维护国家利益和社会主义市场经济秩序。

会议听取了卫生部关于“非典”防治工作和加强公共卫生建设的汇报。还审议并原则通过了法律援助条例(草案)，由国务院公布施行。

国务院副总理曾培炎到秭归慰问灾区群众和抢险官兵

曾培炎代表党中央、国务院看望了灾区广大干部群众，慰问战斗在抢险第一线的人民解放军、武警部队和民兵预备役官兵，贯彻落实温家宝同志指示精神，对下一步救灾和地质灾害防治工作作出部署。

曾培炎还分别听取了专家组、地方政府以及三峡总公司的情况汇报。他说，国土资源部门灾前部署了观测点，通过群防群测，及时作出预报，最大限度地减少了人员伤亡。实践证明，这是一种行之有效的措施。

曾培炎强调，各级党委、政府要切实承担起本地区地质灾害防治的责任。近期内要对存在地质灾害隐患的流域进行一次全面排查。对已完成的地质灾害治理工程，要加强监测预警。不断完善地质灾害防治的法律、法规体系、监督管理体系以及快速反应机制。要大力宣传普及地质灾害防治基本知识，增强干部群众的自我保护能力。

香港特别行政区行政长官董建华接受梁锦松 叶刘淑仪辞职请求

董建华发表声明表示，尊重香港特别行政区政府财政司司长梁锦松、保安局局长叶刘淑仪的意愿，接受他们的辞职请求；根据香港基本法第四十八条(五)的规定，向中央人民政府建议免除他们各自的职务。

董建华对梁锦松、叶刘淑仪任职期间的工作予以充分肯定并表示感谢。他说，梁锦松在任期间，尽心尽力振兴香港经济，尤其在处理财赤、协助经济转型、内地与香港更紧密经贸关系安排的落实和疫后重建香港等方面作出了重要贡献。叶刘淑仪在政府服务多年，表现出色，凭卓越的才干和智慧，解决过不少非常棘手的问题，深受同事敬佩。董建华对她服务特区的热忱高度赞赏，对她的离开极为惋惜。

国台办主任陈云林在北京会见“台湾工会界人士参访团”

陈云林表示，祖国大陆将继续以两岸人民福祉为依归，推动恢复两岸正常交流与交往。

三峡工程5号机组并网发电

上午9时45分，三峡工程第二台投产发电的机组——三峡电站5号机组正式并网发电。至此，三峡工程已有两台机组并网运行。

5号机组由葛洲坝集团承担机电安装施工。该机组于6月10日充水，6月15日首次启动，到7月13日16时32分顺利完成72小时运行试验。在正式并网发电前，这台机组已向电网供电5192万千瓦时。

国家副主席曾庆红在人民大会堂分别会见巴基斯坦陆军第一副参谋长尤素夫·汗和马里外交和国际合作部长拉萨纳·特拉奥雷

外交部部长李肇星在北京与马里外交和国际合作部长拉萨纳·特拉奥雷举行会谈

会谈结束后，中马两国外长签署了关于两国外交部间确立政治磋商机制的协议。

大学生志愿服务西部计划选拔出6000名志愿者

他们是从全国43763名报名者中选拔出的，将在8月底参加培训后，奔赴西部地区182个县，开展1—2年的教育、卫生、农技、扶贫、青年工作等志愿服务。

目前，全国项目办正委托各省、自治区、直辖市项目办与志愿者签订招募协议。西部地区各服务县项目办正抓紧落实具体服务岗位，做好志愿者与服务岗位的对接。

《国学备览》光盘出版

由国学时代文化传播有限公司研制、商务印书馆国际有限公司出版的《国学备览》光盘最近面世。《国学备览》是“国学经典文库”系列光盘的首张，收录的81部传世经典，包纳经、史、子、集，跨越先秦至晚清两千多年历史，涉及儒、释、道、诸子、天文、地理、科技、诗词、曲赋、小说、蒙学等领域。

国办下发《关于实施食品药品放心工程的通知》

各省、自治区、直辖市人民政府，国务院各部委、各直属机构：

近年来，各地区和有关部门组织实施“无公害食品行动计划”、“三绿工程”(指：提倡绿色消费、培育绿色市场、开辟绿色通道)，实行食品卫生监督量化分级管理制度和食品质量安全市场准入制度，积极开展食品药品市场秩序专项整治，取得了一定成效。但由于各方面原因，当前我国食品药品生产经营秩序仍比较混乱，制售假冒伪劣食品药品现象屡禁不止，特别是严重的食物中毒事件时有发生，不仅严重损害了消费者的合法权益，而且影响食品药品行业的健康发展和社会安定，有的还引起国际贸易纠纷，损害了我国的国际形象。为保障广大人民群众身体健康和生命安全，促进我国对外贸易发展，国务院决定，从现在起，在全国范围内实施食品药品放心工程。经国务院同意，现就有关问题通知如下：

一、突出重点，明确目标

实施食品药品放心工程的指导思想是：以党的十六大精神和“三个代表”重要思想为指导，按照“标本兼治,着力治本”的工作方针,把整治与建设、当前与长远、专项整治与日常监管有机结合起来,推进农产品、中药材标准化生产,发展现代流通方式,开展质量认证,建立、健全食品药品安全法规、标准和认证体系,完善食品药品监管体制,确保人民群众食品药品的消费安全。近期,要着力抓好食品药品专项整治,并以此推动食品药品放心工程的全面实施。

食品药品专项整治的重点是以质量卫生安全为主题,抓好食品源头污染治理和市场准入两个环节,严厉打击制售假冒伪劣粮、肉、蔬菜、水果、奶制品、豆制品、水产品等“菜篮子”产品和药品、医疗器械的违法犯罪活动,捣毁制售这类假冒伪劣产品的窝点,对无证食品、药品、医疗器械的生产、经营和使用进行整治。通过整治,使生产经营假冒伪劣食品药品的违法犯罪活动得到有效遏制,大案要案得到及时查处,食品药品安全状况得到改善,市场秩序明显好转,人民群众对食品药品的安全感普遍增强。

二、主要内容和措施

(一)狠抓生产加工环节整治,加强源头管理。以农产品生产过程控制和产地环境监管为重点,全面实施“无公害食品行动计划”,加强农产品和农药、兽药等农业投入品的监管;严格质量标准,规范农业生产行为,全面实施农产品安全监测制度。以解决蔬菜有机磷的农药残留问题为突破口,进行植物产品农药残留超标整治;以严查“瘦肉精”污染为主线,进行畜产品使用违禁药物和兽药残留超标整治;以氯霉素污染为切入点,进行水产品药物残留超标整治。加强对食品加工环节的监管,采取卫生许可、生产许可、出厂强制检验等措施,强化食品生产企业的质量管理。依法全面实施药品生产质量管理规范(GMP),加快实施中药材生产质量管理规范(GAP),提高药品生产和中药材种植养殖的管理水平。

(二)严格市场准入,规范经营行为。加强市场质量抽查、强制检验和计量监督,严把市场准入关。建立进货检验制度,推广统一的认证和标准化包装标识,推行购销索证索票及重要市场销售备案和质量追究制度。继续实施“三绿工程”,加强对食品加工、流通业的行业指导和管理。全面监督实施药品经营质量管理规范(GSP),严格执行药品批发零售企业设置标准,严厉查处买卖、出租、出借或变相出租、出借《药品经营许可证》以及挂靠经营等违法违规行为;全面清查已注册医疗器械产品,严厉查处生产、经营、使用无证医疗器械的行为。

(三)推广现代流通方式,提高市场组织化程度。积极推进食品药品流通体制改革,大力发展农业产业化和连锁经营、物流配送等现代营销方式,鼓励食品药品连锁门店进社区、进农村。要在大中城市建立示范市场,具备条件的,要推广农贸市场改超市,鼓励实行商店与农副产品生产者、生产企业、生产基地直接挂钩等新型购销方式。打破地方保护和市场分割,坚决革除一切影响现代流通方式发展的体制性障碍。

(四)完善法规,加大执法力度。加快研究制定食品质量卫生安全、农产品质量安全等法规和标准,建立、健全食品药品法律、法规、标准和认证体系。要加大执法力度,完善执法责任制和责任追究制,彻查大案要案,重点对大中城市城乡结合部的食品加工点进行检查和清理,取缔非法生产经营行为和制售假冒伪劣食品窝点。凡不具备食品卫生和质量安全基本条件的企业不准开业、生产,已经开业的要立即停业整顿;凡未经检验或检验不合格的食品不准出厂销售。对全国中药材专业市场进行一次全面的清理整顿,对达不到要求的限期整改,整改后仍达不到要求的,坚决予以关闭。在查办制售假冒伪劣食品药品违法犯罪案件工作中,行政执法机关要加强与司法机关的联系和配合,及时通报案件查处情况,努力建立行政执法与刑事执法相衔接的工作机制。对涉嫌犯罪的,要及时移送司法机关,不得以罚代刑。

(五)建立应急处理机制。为了有效预防、及时控制和消除食品药品安全突发性事件的危害,维护正常的社会秩序,各地区、各有关部门要根据国务院公布的《突发公共卫生事件应急条例》,结合我国食品药品安全特点,研究提出相应的应急措施和法律责任,制定预防与应急处置及信息报告与发布等制度。各级教育、卫生行政部门要全面落实学校卫生防疫与食品卫生安全工作责任制。

(六)加强法制宣传教育,加快信用体系建设。加强对《食品卫生法》《产品质量法》《标准化法》和《药品管理法》等法律、法规的宣传教育,开展行业诚信教育和职业道德教育。要根据食品药品行业特点,研究制定信用体系建设规划。统一制定食品药品行业信用标准,实现信用信息的互通互联、资源共享。建立、健全失信惩戒机制,对企业违法违规行为通过记录在案,公示社会,起到警示和惩戒作用。

(七)发挥社会监督作用。要充分发挥消费者协会和质量监督、食品药品行业协会等中介组织的作用,加强食品药品的行业自律。设立举报投诉电话,发动广大群众积极参与。要重视新闻媒体的舆论监督,大张旗鼓地宣传报道食品药品生产经营和质量卫生安全监管中的好典型,对影响恶劣的违法违规案件要公开曝光。

食品药品放心工程是一项复杂的系统工程,需要各方面协同配合,特别是要科学制定规划、适当增加投入，着力建设农产品和中药材标准化生产基地、食品和农产品标准体系、食品药品检验检测体系，加强食品质量卫生安全的科学研究，扶持发展现代流通方式。发展改革委、财政部要会同农业部、商务部、卫生部、质检总局、食品药品监管局等部门研究具体落实意见。

三、加强领导，落实责任

（一）地方负责，落实责任。实施食品药品放心工程涉及面广，影响大，要坚持"全国统一领导，地方政府负责，部门指导协调，各方联合行动"的方针。地方各级人民政府要切实负起责任，加强领导和协调，结合本地区的实际，因地制宜地确定工作重点，明确工作任务和目标，落实责任制，把任务和责任逐级分解到有关单位和人员，并尽快制订工作方案，于2003年7月30日前将方案报食品药品监管局。

（二）分工协作，综合治理。实施食品药品放心工程由食品药品监管局牵头，发展改革委、教育部、公安部、农业部、商务部、卫生部、工商总局、质检总局、环保总局等部门配合，同心协力，齐抓共管。在切实按照《国务院关于加强新阶段"菜篮子"工作的通知》(国发〔2002〕15号)要求落实对"菜篮子"产品质量卫生安全的职责分工和责任的同时，食品药品监督部门要切实履行对药品研制、生产、经营、使用全过程的监管，确保人民用药安全有效；农业部门要组织建设农产品标准化生产基地，实施农产品质量安全例行监测制度；商务(经贸)部门要加强食品流通的行业指导和管理，推进流通体制改革，建立、健全食品安全检测体系；卫生部门要积极推行食品卫生监督量化分级管理制度，加强食品卫生日常监管和卫生许可证发放的监督管理，强化对学校食堂和餐饮业的卫生监督，进一步完善食物污染物监测网络；工商行政管理部门要认真做好食品生产经营企业及个体工商户的登记注册工作，取缔无照生产经营行为，加强上市食品质量监督检查，严肃查处虚假食品药品广告、商标侵权的违法行为；质检部门要加强对食品生产企业的监督管理，组织专项监督抽查，推行食品认证，全面实施加工食品质量安全市场准入制度，查处生产假冒伪劣食品和无证生产的违法行为。各级整规办要加强督促、协调和重点检查。

（三）督促检查，狠抓落实。国务院责成食品药品监管局会同有关部门组成检查组，在2003年内组织两次对各地专项整治工作的督促检查，重要情况应报告全国整顿和规范市场经济秩序领导小组。各省、自治区、直辖市人民政府要对本地区整治工作抓紧部署，组织力量加强督查，并将贯彻落实情况及时报送食品药品监管局，由食品药品监管局汇总后报国务院。

国务院办公厅

2003年7月16日

全国妇联八届六次执委会在北京召开

会议为期两天。全国人大常委会副委员长、全国妇联副主席、书记处第一书记顾秀莲代表全国妇联八届常委会对中国妇女"九大"筹备工作情况作了说明。全国妇联党组书记、副主席黄晴宜首先传达了曾庆红等中央书记处领导同志在听取全国妇联党组关于中国妇女"九大"筹备工作汇报后的重要讲话精神。

全国妇联主席彭珮云在会上作了讲话。彭珮云希望中国妇女"九大"以后，新一届执委会高举邓小平理论伟大旗帜，以"三个代表"重要思想为指导，深入贯彻党的十六大精神，进一步团结动员全国各族妇女广泛参与社会主义物质文明、政治文明和精神文明建设，在全面建设小康社会的伟大事业中作出新的更大的贡献，并实现妇女的全面进步与发展。

会议原则通过了中国妇女"九大"工作报告(讨论稿)和中华全国妇女联合会章程修正案(讨论稿)，决定同意经进一步修改后将其提交8月下旬召开的中国妇女"九大"审议。

7月17日

国务院总理温家宝在北京接见全国防治"非典"指挥部全体同志并讲话

全国防治非典型肺炎指挥部昨天下午在京召开阶段性总结会议，中共中央政治局常委、国务院总理温家宝在会前接见指挥部全体同志时指出，要认真贯彻"三个代表"重要思想，切实做好经常性的卫生防疫工作。加强公共卫生建设，促进经济和社会的协调发展。

中共中央政治局委员、国务院副总理、全国防治非典型肺炎指挥部总指挥吴仪出席会议并讲话。国务委员兼国务院秘书长、全国防治非典型肺炎指挥部副总指挥华建敏主持会议并宣读《国务院办公厅关于给予全国防治非典型肺炎指挥部先进个人表扬的通报》。

温家宝说，在党中央的领导下，经过全党和全国人民的共同奋斗，我们取得了抗击"非典"的阶段性重大胜利。指挥部全体同志认真贯彻党中央、国务院的决策和部署，团结一致，努力奋斗，为抗击"非典"作出了重要贡献。他指出，由于非典型肺炎的病因病原研究还没有取得最终成果，治疗、防疫方面也没有重大突破，防治工作仍不可放松。指挥部要继续保留。

温家宝强调，要切实转变政府职能，重视社会管理和公共服务。加强公共卫生建设，加强农村卫生工作，统筹兼顾，促进经济和社会的协调发展。

吴仪说，在党中央、国务院的领导下，指挥部以及各地区、各部门始终加强组织领导和统一协调指挥，坚决切断传染源，努力提高收治率，及时保障物资供应，集中力量开展科技联合攻关，切实维护经济社会秩序，不断依法、科学地规范防治措施，做了大量艰苦细致的工作。

吴仪指出，指挥部在防治工作中积累和形成了许多宝贵经验。一是指挥部的实践为应急体系的建设进行了成功探索。二是尊重科学，民主决策。三是坚持依法防治，严格规范行为。四是依靠群众，坚持群防群控。五是信息公开，措施透明。六是积极加强交流，广泛开展合作。

吴仪强调，各地区、各部门要认真总结经验，继续以对人民高度负责的精神，毫不松懈地抓好经常性防治措施的落实，依法、科学、规范、有序地做好防治工作。一是要加强领导，统筹兼顾，建立常态下的防治工作机制，思想不麻痹，工作不放松。二是要分工负责，继续抓好源头防治；加强重点部位和重点环节的卫生检疫；加速疫苗和药物的研制开发，加强中医中药、中西医结合防治"非典"的研究；做好防治物资的储备；妥善处置因防治工作引发的矛盾和纠纷；加强国际和地区间的交流与合作。三是要加强指导，依靠地方，抓紧建立应对突发公共卫生事件的长效机制。

全国防治非典型肺炎指挥部全体同志出席会议，共有91人受到通报表扬。

党政机关考试录用与公务员培训工作会议在成都召开

中组部副部长、人事部部长张柏林在会议上明确提出，各地不要把对高学历、高职称人员免考，或随意简化考试科目和程序作为吸引人才的优惠政策，以维护公务员"凡进必考"制度的严肃性。他指出，高学历、高职称人员可能在某个方面有专业特长，但对党政机关工作而言，并不一定具有高水平。

凡是进入公务员队伍就要通过考试的"凡进必考"制度一直是我国干部人事制度改革的突破口，是推行公务员制度的一面旗帜。然而，从实际情况来看，这项制度的推行还远没有到位。据人事部统计，近3年来，全国新增公务员70万，但经过考试录用的比例只有62.7%，乡镇一级的比例仅为43.26%。个别地方甚至违反规定，使一些素质低劣的人混入党政机关，严重影响了党和政府的形象。

中组部、人事部要求，当前要彻底刹住不经考试就进入公务员队伍的不正之风，不折不扣地实行"凡进必考"，把社会上的优秀人才集聚到各级党政机关中来。各级党政机关凡是补充主任科员以下非领导职务人员，一律实行职位竞争考试，以确保"公开、平等、竞争、择优"的原则落到实处。各地的考试录用工作要逐步向社会承诺定时定期，满足报考者和用人单位的需求。有条件的地方要继续实行省、市、县、乡四级统一考试制度。

海峡两岸关系研究中心举办的"两岸关系论坛"在云南丽江开幕

这是"非典"疫情过后两岸间最大规模的交流活动，来自祖国大陆、台湾、香港、澳门的150余名专家学者与会，其中来自台湾的代表60多人。本次论坛的主题是"两岸关系的现状和发展趋势"，在两天的会期里，与会人士就目前两岸关系形势及主要动向、台湾政局等议题进行了深入的研讨。

海峡两岸关系研究中心主任唐树备指出，"三通"是经济事务，应该把以民为本、为民谋利，作为解决"三通"问题的立足点和出发点，通过两岸民间行业组织磋商作出安排。不久以前内地与香港商定的更紧密经贸关系的安排，必将为海峡两岸及香港的经济合作创造新的有利条件。我们愿意与台湾各界人士一起继续努力，促进"三通"的早日实现。

国务院台湾事务办公室副主任王在希在闭幕式上作总结发言时指出，发展两岸关系是符合两岸同胞根本利益的，是深得民心的。在党的十六大对台工作指导思想和胡锦涛总书记对台工作四点重要意见指引下，两岸关系必将迎来又一个新的发展天地。

王在希在发言中说，今年上半年，两岸各项交流与人员往来受到"非典"疫情的一定影响，但在两岸同胞的共同努力下，两岸关系发展的势头没有改变。据最新统计，上半年除人员往来有所下降外，其他各项交流与合作仍然呈现出持续增长的良好势头。这说明，两岸交流是顺民心、得民意的，一时一事的形势变化，不会也不可能影响两岸关系发展的大趋势。

王在希指出，最近一段时间，台湾有人利用"公投"问题大做文章，企图进一步恶化两岸关系，这是一个非常危险的动向。我们一向尊重台湾同胞要求当家做主的愿望，理解台湾同胞渴望民主自由的心情，支持台湾同胞主张发展政治民主的要求。但是，我们决不允许极少数人蓄意利用"公投"进行分裂祖国的活动，坚决反对任何挑战一个中国原则的所谓"公投"。维护祖国的统一，事关中华民族的根本利益。在这个重大原则问题上，我们决不能动摇，中国人民将义无反顾地捍卫国家主权和领土的完整。

王在希认为，当前应把两岸经贸交流与合作摆在更为突出的位置上。一切限制两岸经济合作的人为障碍，都应当尽快拆除；一切干扰和影响两岸经贸交流的政治分歧，都应当暂时搁置，并逐步化解。

国家统计局新闻发言人姚景源发布上半年国民经济发展情况

姚景源说，二季度国民经济受到"非典"的较大冲击,GDP同比增长速度由一季度的9.9%回落到6.7%,增速为1992年以来同期的最低水平。但由于一季度经济增势强劲,加上6月份工业生产、市场销售等主要经济指标明显回升,以及1—6月份固定资产投资和进出口一直持续强劲增长,上半年国内生产总值完成50053亿元,按可比价格计算,同比增长8.2%。增速比去年同期加快0.4个百分点,为近几年同期增长较快的时期之一。

受"非典"疫情影响,上半年第三产业仅增长0.8%,其中,客运业、餐饮业、社会服务业、旅游业等受损尤为严重。社会服务业营业收入同比下降14.8%。国内市场销售增幅明显回落。上半年农业基本平稳,工业则保持较快增长。投资、出口增势强劲,利用外资增长较快,消费增长有所放缓。

瑞典副首相温贝里在斯德哥尔摩会见中共中央政治局委员贺国强

贺国强率领的中共代表团是结束对奥地利、乌克兰和匈牙利的访问后途经瑞典时在这里作短暂停留的。

外交部在钓鱼台国宾馆为驻华使节举行消夏晚会

国务委员唐家璇出席晚会。各国驻华使节和国际组织驻华代表夫妇近300人应邀出席。

外交部部长李肇星在致辞中感谢各国使节对中国防治"非典"的支持和帮助。

外交团团长、喀麦隆驻华大使埃蒂安代表外交团对中国成功控制"非典"表示祝贺,并感谢中国政府为确保驻华外交官的身体健康所采取的有力措施。他说,唯有伟大的人民才能面对重大的挑战,而有着数千年历史的中国各族人民再一次证明了他们的伟大。

外交部伊拉克工作小组抵达巴格达

工作小组以前任中国驻伊拉克大使孙必干为首,他们将为重建在伊拉克战争中遭到破坏的中国使馆做前期准备。

孙必干表示,工作小组到伊后将首先查看使馆损坏情况,然后立即开始为重建使馆做准备工作。当天随同4人工作小组进入伊拉克的还有中国建设工程总公司等3家公司的7名工作人员。

由于中国使馆内的办公用房和住所均遭到较为严重的破坏,所以这个小组在伊拉克期间暂住在位于巴格达市中心、有美军重兵把守的一家饭店内。在伊拉克战争爆发前的3月17日,前任中国驻伊拉克大使张维秋率领当时在伊的最后13名中国人撤离了伊拉克。

两百余册《永乐大典》成功修复后在国家图书馆展出

经过9个月的修复,历经劫难的221册《永乐大典》重现了当年风采。修复后的9册《永乐大典》原件将在国家图书馆展出。

《永乐大典》是明永乐年间编纂的一部大型类书,全书目录60卷,正文22877卷、11095册,共辑图书8000多种,上自先秦下迄明初,涵盖天文地理、人事名物,是中国古代最为成熟、最为杰出的百科全书。

由于卷帙浩繁,这部巨著从未刊刻过,仅在嘉靖年间重新抄录过一部。明亡之后,《永乐大典》的正本杳无踪迹。嘉靖的副本又屡遭劫难,20世纪初,八国联军入侵北京,侵略者对《永乐大典》大肆抢掠,《永乐大典》副本残册只剩400册左右,约800卷,不足原书的4%,而且散落在8个国家和地区的30多家收藏单位。

国图现存的《永乐大典》是从1912年开始陆续收藏的,目前馆内存有221册,是世界上存量最多的一家图书馆。2002年起,国家拨专款对《永乐大典》进行修复。本着"整旧如旧"的原则,经过10余名能工巧匠9个月的艰难修复工作,终于使《永乐大典》恢复原貌。

中国选手徐翔在巴塞罗那世锦赛上夺得男子跳水一米板金牌

人事部和全国妇联在北京召开全国妇联系统先进集体劳动模范和先进工作者表彰大会

为妇女儿童事业作出突出贡献的105个先进集体、62名先进个人受到表彰,并被分别授予全国"三八"红旗集体和全国"三八"红旗手荣誉称号。全国妇联主席彭珮云在表彰会上讲了话。表彰大会由全国人大常委会副委员长、全国妇联副主席、书记处第一书记顾秀莲主持,全国妇联党组书记、副主席、书记处书记黄晴宜,人事部副部长侯建良等出席了大会。

7月18日

国家主席胡锦涛和柬埔寨国王西哈努克就两国建交45周年互致贺电

中央社会治安综合治理委员会2003年第二次全体会议在北京举行

中共中央政治局常委、中央社会治安综合治理委员会主任罗干在会上强调,要认真学习贯彻胡锦涛总书记"七一"重要讲话精神,用"三个代表"重要思想统领社会治安综合治理工作,落实"打防结合、预防为主"方针,切实加强社会治安综合治理,为经济发展创造长期稳定的社会环境,实现好、维护好广大人民群众的根本利益。

罗干指出,经过两年多来的扎实工作,实现了党中央提出的两年内社会治安取得新的明显进步的目标。在这次"严打"整治和前段时间抗击"非典"的斗争中,各级社会治安综合治理组织做了大量的工作,积累了许多宝贵的经验。各级综治部门要认真总结经验,找出工作中的薄弱环节,切实加以整改,从而巩固"严打"整治斗争的成果,落实社会治安综合治理的各项措施,确保社会治安秩序的长期稳定。

罗干强调,近来"非典"疫情过后,各种刑事犯罪又有上升的苗头,要继续坚持"严打"方针,始终保持对刑事犯罪的高压态势,采取有效措施,巩固"严打"整治斗争成果,防止治安形势出现反复。要坚持立党为公,执政为民,不断加强和改进社会治安综合治理工作。各有关职能部门要牢固树立群众观点,转变执法观念,增强服务意识和依法办事的意识,进一步健全工作制度,改进各项管理工作,充分发挥职能作用,推动社会治安综合治理工作深入开展。

罗干说,今年社会治安综合治理工作的重点是,认真学习贯彻胡锦涛总书记"七一"重要讲话精神,以"三个代表"重要思想为指导,大力推进社会治安防控体系建设,加强社会治安防范工作,最大限度地预防和减少违法犯罪。要认真做好矛盾纠纷排查调处工作,司法行政、公安、法院等部门要结合自身业务,积极有效地调处矛盾纠纷,把矛盾纠纷解决在基层,解决在萌芽状态。要妥善处置群体性事件,防止和减少因处置不当而激化矛盾,影响社会稳定。

全国人大常委会副委员长、中央综治委副主任顾秀莲,最高人民法院院长、中央综治委副主任肖扬,最高人民检察院检察长、中央综治委副主任贾春旺及有关部门的负责同志出席会议。会上,中央综治办负责人介绍了两年来社会治安综合治理工作情况,中组部、建设部、北京市等有关负责同志就进一步做好社会治安综合治理工作发了言。

全国人大内司委执法调研组第一次全体会议在北京举行

会议决定7月下旬对老年人权益保障法进行执法调研。根据工作安排,全国人大常委会将在10月份召开的第五次会议上审议国务院关于老年人权益保障工作情况的报告。为协助常委会做好这项工作,全国人大内司委决定分赴江西、湖北、上海、黑龙江进行老年人权益保障法执法调研,重点调查老年人"受赡养扶养权"、老年人养老金和医疗待遇的落实、建立完善老年人社会保障制度等方面的情况。全国人大常委会副委员长顾秀莲在会上的讲话中指出,贯彻落实老年人权益保障法,切实保护老年人的合法权益,也是贯彻"三个代表"重要思想的具体体现。这次执法调研不仅是为全国人大常委会听取和审议国务院的工作报告做准备,同时要通过调查研究了解法律的贯彻实施情况,发现执法中的典型经验和存在问题,提出解决问题的办法,进一步推动老年人权益保障法的贯彻实施,为切实维护好老年人合法权益做一点实实在在的工作。

全国人大内司委主任委员何椿霖主持会议。

中纪委 中宣部 农业部 新闻出版总署联合召开治理部门报刊会议

此次会议部署治理部门报刊散滥、制止利用职权发行,减轻基层和农民负担工作。中共中央政治局委员、书记处书记、中宣部部长刘云山,中央书记处书记、中纪委副书记何勇出席会议并讲话。刘云山强调,要从贯彻落实十六大精神和"三个代表"重要思想的高度,充分认识做好报刊治理工作、减轻基层和农民负担的重要意义,加强组织领导,狠抓工作落实,切实取得成效。

何勇在讲话中强调,各级纪检监察机关要把制止报刊摊派和变相摊派作为纠风整纪的重点,坚决查处各种违规违纪行为,狠刹报刊发行中的不正之风,努力取得让人民群众满意的成效。

湖北、江西等省在会上介绍了制止报刊摊派的做法和经验。新闻出版总署、农业部负责同志发了言。中央和国家机关有关部门,各省、自治区、直辖市党委、纪委和宣传、新闻出版部门的负责同志参加了会议。

国办下发《关于部际联席会议审批程序等有关问题的通知》

国务院各部委、各直属机构:

近年来,为充分发挥职能部门的作用,相继批准建立了一些部际联席会议,对涉及多个部门职责的事项,明确由主办部门进行协商。为进一步规范部际联席会议的审批程序、名称以及刻制印章、行文等问题,经国务院领导同志同意,现就有关事项通知如下:

一、部际联席会议是为了协商办理涉及多个部门职责的事项而建立的一种工作机制,各成员单位按照共同商定的工作制度,及时沟通情况,协调不同意见,以推动各项工作任务的落实。建立部际联席会议,应当从严控制。可以由主办部门与其他部门协调解决的事项,一般不建立部际联席会议。

二、建立部际联席会议,均须正式履行报批手续,具体由牵头部门请示,明确部际联席会议的名称、召集人、牵头单位、成员单位、工作任务与规则等事项,经有关部门同意后,报国务院审批。部际联席会议工作任务结束后,应由牵头部门提出撤销申请,说明部际联席会议的建立时间、撤销原因等,经各成员单位同意后,报国务院审批。

三、新建立的部际联席会议,由国务院领导同志牵头负责的,名称可冠"国务院"字样,其他的统一称"部际联席会议"。

四、部际联席会议不刻制印章,也不正式行文。如确需正式行文,可以牵头部门名义、使用牵头部门印章,也可以由有关成员单位联合行文。

国务院办公厅

2003年7月18日

中央人民政府决定任命杨文昌为外交部驻香港特别行政区特派员公署特派员

交通部在武汉召开长江港航公安管理体制改革动员大会

这标志着长江航运公安机关管理体制改革工作进入具体实施阶段。长江港航公安机构将作为国家治安行政力量和刑事司法力量的重要组成部分,在长江行使跨区域的中央管理水域的公安管理事权。

长江港航公安机构过去大部分由长江沿岸港航企业管理。由于政企不分及长江港航企业近年来经济效益不佳,公安管理体制不顺的问题日益突出,公安经费严重短缺,制约长江港航公安队伍正规化建设和战斗力,打击犯罪往往力不从心,长江航线上盗抢运输物资、航运设备、通信线路,破坏航道标志以及贩毒、走私、偷渡等犯罪活动时有发生。

根据国务院《关于长江港航公安管理体制改革有关问题的批复》精神,改革后,长江航运公安局及所属单位完全从企业中剥离出来,成为行政机构;长江航运公安局由交通部公安局领导,其党政关系由交通部委托长江航务管理局管理;公安民警纳入国家行政编制,由中央财政负担所需经费,代表国家行使公安管理事权。改革后的长江航运公安局,下设泸州、重庆、岳阳、武汉、九江、安庆、南京、上海等16个分局。分局受长江航运公安局和所在地公安机关双重领导,管辖范围涉及四川宜宾至上海3000公里的长江干线,及与其交汇的干支流河口水域和港口,负责长江中央管理水域治安巡逻、接警、处警、客运治安和消防监督管理等治安行政管理工作,打击发生在长江干线的刑事犯罪活动,确保长江干线水域和港航的政治、治安稳定。此项改革工作将于今年10月30日前全部结束。

三峡三期工程全面开工

上午,完成最后一段坝基开挖的三峡三期工程,在厂坝段浇下第一仓混凝土。此举意味着第三期工程已在三峡右岸全面开工。

三峡工程由拦河大坝及泄水建筑物、水电站厂房、通航建筑物等组成。拦河大坝为混凝土重力坝,坝顶高程185米,坝长2309米,溢流坝段居中,两侧为发电厂房坝段及非溢流坝段。其中左岸二期大坝长1644米,右岸三期大坝长665米,最大坝高为181米。

三峡电站系坝后式厂房,分别位于溢洪坝段两侧坝后。电站共装26台机组,总装机容量1820万千瓦,其中左侧厂房安装14台机组,右侧厂房安装12台机组,单机容量均为70万千瓦。今天开浇的右岸厂房坝段轴线长525米,最大底宽为118米。兴建右岸大坝和电站,完成右岸电厂内12台70万千瓦机组安装并投产,是第三期工程的主要目标。

上午,三峡首批发电机组——2号、5号机组通过国务院长江三峡二期工程验收组投产验收。验收组认为,三峡二期工程左岸电站首批机组及相关的公用设备已具备正式投运条件,同意投入运行。

国家主席胡锦涛根据全国人大常委会的决定任免驻外大使

一、免去曾序勇的中华人民共和国驻科威特国特命全权大使职务;

任命吴久洪为中华人民共和国驻科威特国特命全权大使。

二、免去梁银柱的中华人民共和国驻尼日利亚联邦共和国特命全权大使职务;

任命王永秋为中华人民共和国驻尼日利亚联邦共和国特命全权大使。

三、免去陈来元的中华人民共和国驻纳米比亚共和国特命全权大使职务;

任命梁银柱为中华人民共和国驻纳米比亚共和国特命全权大使。

四、免去吴建民的中华人民共和国驻法兰西共和国特命全权大使职务;

任命赵进军为中华人民共和国驻法兰西共和国特命全权大使。

五、任命许士国为中华人民共和国驻瑙鲁共和国特命全权大使。

六、免去居一杰的中华人民共和国驻哥伦比亚共和国特命全权大使职务;

任命吴长胜为中华人民共和国驻哥伦比亚共和国特命全权大使。

七、免去王珍的中华人民共和国驻委内瑞拉玻利瓦尔共和国特命全权大使职务；

任命居一杰为中华人民共和国驻委内瑞拉玻利瓦尔共和国特命全权大使。

中共中央政治局常委李长春在奥克兰会见新西兰总理克拉克

当天上午，李长春会见了新西兰外交贸易部长戈夫，双方就各自国内形势、双边关系及重要国际和地区问题交换了意见。

当天，李长春还参观了奥克兰大学，听取了有关新西兰的教育、科研发展和中新教育交流与合作的情况介绍。

中共中央政治局常委李长春在奥克兰会见新西兰众议院议长乔纳森·亨特

双方在会见时表示，要继续重视发展中国全国人大与新西兰议会的友好合作关系。双方还相互介绍了各自国内经济形势。李长春应邀简要介绍了中国实施西部大开发战略的有关情况。

当地时间19日上午，李长春在新西兰工党主席迈克·威廉姆斯的陪同下参观了萨维奇纪念公园。该公园是以新西兰第一位工党总理迈克尔·约瑟夫·萨维奇的名字命名的。随后，他还专程赴奥克兰艺术博物馆参观访问，并详细了解艺术馆的运营和发展情况。

美国副总统切尼在华盛顿会见中国政府特使戴秉国

戴秉国转交了中国国家主席胡锦涛给布什总统的信。

同日，戴秉国还分别会见了美国国务卿鲍威尔和总统国家安全事务助理赖斯。会见中，双方对中美关系的发展表示满意，认为两国就朝核等重大国际和地区问题保持沟通与合作是重要和有益的，表示愿共同努力继续推动通过对话和平解决朝核问题的进程。

戴秉国一行昨天抵达华盛顿开始对美国进行访问。

对外友协等在北京举行招待会庆祝中柬建交45周年

中国人民对外友好协会、中国柬埔寨友好协会和柬埔寨王国驻华使馆今晚在北京举行招待会，庆祝中华人民共和国和柬埔寨王国建交45周年。全国人大常委会副委员长顾秀莲、外交部副部长王毅等出席了招待会。

外交部发言人孔泉就日本右翼分子辱华言论答记者问

有记者问：据报道，日本右翼政客石原慎太郎再放厥词，蔑称中国人为“支那”人，主张削减对华援助用以遣送中国人。请问中方对此有何评论？

孔泉回答说，我们对石原慎太郎再次公然发表攻击中国、伤害中国人民感情的言论表示强烈愤慨和谴责。

他说，发展中日睦邻友好符合中日两国人民的根本利益和共同愿望，是不可阻挡的历史潮流。任何破坏中日友好的企图都是不得人心的，更不会得逞。

中国驻美国大使杨洁篪在华盛顿官邸为青年钢琴家李云迪举行招待会

100多名美国客人和正在美国访问的中国外交部副部长戴秉国出席了招待会。

杨洁篪向来宾介绍了李云迪这位中国人民引以为自豪的年轻音乐家，并介绍了近年来中国青年一代艺术家在国外重大赛事中获奖的情况。他强调说，加强中美文化交流是加深中美两国人民相互了解和友谊的良好途径。李云迪演奏了多首世界名曲，并加演了中国乐曲《向阳花》和李斯特的《钟》，受到来宾们的热烈欢迎。

出席招待会的有美国前国务卿黑格、前国家安全事务助理布热津斯基、副国务卿拉尔森、国土安全部副部长哈金森等多位政要，一些国家驻美外交使节、公司和企业负责人、美国主流媒体负责人和文化艺术界人士。

在2000年举办的第十四届国际肖邦钢琴比赛中，年仅18岁的李云迪以卓越的演奏获得这一顶级赛事的第一名，成为该项比赛设立70多年来最年轻的金牌得主和首次获得该项殊荣的中国人。

国办下发《关于成立国家中长期科学和技术发展规划总体战略专家顾问组的通知》

各省、自治区、直辖市人民政府，国务院各部委、各直属机构：

为做好国家中长期科学和技术发展规划的研究制定工作，力求重大决策的科学化和民主化，经国务院批准，成立国家中长期科学和技术发展规划总体战略专家顾问组。专家顾问组成员如下：

召集人：周光召（全国人大原副委员长，院士）

宋　健（全国政协原副主席，院士）

朱光亚（全国政协原副主席，院士）

成　员:(略)

国务院办公厅

2003年7月18日

中国选手郭晶晶在巴塞罗那世界游泳锦标赛女子三米板跳水比赛中获得金牌

国务院在北京召开实施食品药品放心工程电视电话会议

会议部署实施食品药品放心工程和开展毒鼠强专项整治工作。中共中央政治局委员、国务院副总理、全国整顿和规范市场经济秩序领导小组组长吴仪出席会议并作了讲话。她强调,实施食品药品放心工程,让老百姓在饮食、用药方面感到踏实放心,这是我们共产党人立党为公、执政为民的重要使命。各地区、各部门务必认真贯彻胡锦涛总书记在"三个代表"重要思想理论研讨会上的讲话精神,深刻认识实施食品药品放心工程的重要性,增强责任感和紧迫感,集中力量把这项民心工程组织好。

吴仪指出,食品专项整治要将与老百姓日常生活息息相关的粮、肉、蔬菜、水果、奶制品、豆制品、水产品作为重点,紧紧抓住生产、加工、流通、消费等关键环节,加强对食品源头污染的管理,严格市场准入,取缔无证照食品生产经营行为,特别要对城乡结合部食品加工场所从严监管。同时强化对学校、建筑工地等大型集体食堂和餐饮业的食品安全管理。药品专项整治要加大对科研、生产、经营、使用全过程的监督,严厉查处无证生产经营行为,打击制售假冒伪劣药品医疗器械违法活动;重点开展对中药材专业市场的整治;规范药品生产经营秩序,查处买卖、出租、出借《药品经营许可证》以及挂靠经营等违法违规行为;推进农村药品监督供应网络建设。要继续彻查一批大要案。

吴仪强调,今年年内要下大决心禁止制售和使用毒鼠强。

吴仪最后指出,要继续坚持省长、市长负责制,根据实际情况因地制宜地确定本地区的工作重点,务求实效。各部门要保持和发扬抗击"非典"时形成的好作风,密切配合地方政府把食品药品放心工程抓紧抓实抓好。

中国科协在北京举行防治非典型肺炎优秀科技工作者和先进学会表彰大会

会上,丁丽萍等325名科技工作者被授予"全国防治非典型肺炎优秀科技工作者"称号;中华医学会等29个学会被授予"中国科协防治非典型肺炎先进学会"称号;丁秀兰等21名科技工作者被追授为"全国防治非典型肺炎优秀科技工作者"称号。中共中央政治局委员、全国人大常委会副委员长王兆国出席会议并讲话。

王兆国在讲话中高度评价受表彰的优秀科技工作者和先进学会,称赞他们是新时期科技工作者和科技团体的优秀代表,是实践"三个代表"重要思想的先进典范。

中国科协主席周光召出席会议并讲话。会议由中国科协书记处第一书记张玉台主持。在表彰大会上,中国科协还为追授为"全国抗击非典型肺炎优秀科技工作者"的医务工作者的亲属颁发了慰问金。会后,获奖代表以"依靠科学、战胜'非典'、用实际行动实践'三个代表'重要思想"为主题进行了座谈。

卫生部追授陈洪光等10人"人民健康好卫士"称号

卫生部近日追授陈洪光等10位同志"人民健康好卫士"荣誉称号,称颂他们是广大投身抗击非典型肺炎斗争医疗卫生人员中的杰出代表和时代楷模,并在全国卫生系统开展向他们学习的活动。

此次被授予荣誉称号的还有:张普善、丁秀兰、裴鸿烈、孙晓荣、孙家华、马宝璋、赵世勇、王晶、段力军。加上前些时候以身殉职的叶欣、邓练贤、范信德、梁世奎,目前因抢救"非典"病人而牺牲在第一线、被授予"人民健康好卫士"称号的白衣战士达14人。

7月19日

国家主席胡锦涛 国务院总理温家宝在北京分别会见香港特别行政区行政长官董建华

胡锦涛和温家宝都强调,中央政府将一如既往地坚持"一国两制"、"港人治港"、高度自治的基本方针,贯彻香港基本法,全力支持行政长官董建华领导的香港特别行政区政府依法施政,坚决维护香港的社会稳定,并将尽最大努力帮助香港恢复经济,实现长期繁荣和发展。

国家副主席曾庆红,国务院副总理吴仪,中共中央书记处书记、中共中央办公厅主任王刚,国务委员唐家璇,国务委员兼国务院秘书长华建敏,全国政协副主席、国务院港澳事务办公室主任廖晖分别参加会见。

胡锦涛在会见时表示,中央政府对香港特别行政区近期的事态非常关注。香港回归六年来,中央政府全面贯彻落实"一国两制"、"港人治港"、高度自治的基本方针,严格依照香港特别行政区基本法办事,不干预香港特别行政区自治范围内的事务,并全力支持和帮助香港特别行政区克服各种风险和困难。中央政府所做的这一切,都有利于保持香港的繁荣稳定。保持香港的繁荣稳定,是中央政府和祖国人民的共同心愿,也是广大香港同胞的共同利益所在。香港只有保持社会稳定,才能保持良好的营商环境,保持自由港的特色和国际金融、贸易、航运等中心的地位,也才能为经济的恢复和进一步发展创造有利条件。在这个事关香港同胞福祉的重大问题上,香港特别行政区政府和各界人士都应共同作出努力。

胡锦涛指出,香港特别行政区自行制定维护国家安全和统一的法律,是落实香港基本法的必然要求,也是香港作为中华人民共和国的一个特别行政区必须履行的责任。他表示,注意到香港特别行政区已决定就有关法律草案再次进行公众咨询。他表示相信,在经过认真、广泛的咨询后,有关立法一定会获得广大香港同胞的普遍理解、支持和认同。

胡锦涛说,董建华先生是经香港各界人士组成的具有广泛代表性的选举委员会依法选举产生、由中央政府任命的香港特别行政区行政长官。六年来,他以高度的使命感和责任感,为香港、为国家辛勤工作,带领香港特别行政区政府,团结广大爱国爱港同胞,沉着应对亚洲金融危机的冲击和外部经济环境的变化以及"非典"疫情等带来的挑战,为"一国两制"的成功实践,为保持香港的繁荣稳定,作出了重要贡献。中央政府坚定地支持董建华先生领导的特别行政区政府依法施政。香港特别行政区的政治体制,必须按照香港基本法的规定,从香港的实际情况出发,循序渐进地发展。他赞成董建华日前提出的改善政府施政、关注经济民生的安排,并表示相信,在董建华的领导下,特别行政区政府一定能够在凝聚社会共识、关注社情民意、改善政府施政等方面做得更好。

胡锦涛强调,香港特别行政区是中华人民共和国的一个地方行政区域,按照香港基本法的规定,实行"一国两制"、"港人治港"、高度自治。香港是中国的香港,是香港人的香港。任何外国势力以及其他外部势力干预香港内部事务,我们都坚决反对。保持香港的繁荣稳定,符合各国投资者的利益,也符合国际社会的利益。

胡锦涛说,"一国两制"在香港的实践是一项崭新的事业。中央政府以及香港特别行政区政府要在实践中不断探索,不断总结经验,推动"一国两制"伟大事业在香港的顺利发展。中央政府贯彻"一国两制"、"港人治港"、高度自治基本方针的决心和诚意已为香港回归以来的全部实践所证明,也得到国际社会的公认。我们对以董建华先生为首的香港特别行政区政府和广大香港同胞充满信心。只要香港特别行政区政府和各界人士齐心协力,团结奋进,就一定能够克服目前的经济困难,开创更加美好的未来。

温家宝在会见董建华时说,香港回归六年来的历程很不平坦,香港特别行政区在各方面取得的成绩来之不易,这是以董建华先生为首的特区政府团结广大香港同胞共同努力的结果。当务之急是要维护香港的社会稳定,努力发展经济、改善民生。这是解决香港目前面临的各种问题的根本之策。目前香港经济出现的困难,原因是多方面的。克服这些困难需要保持一个稳定的社会环境,需要香港同胞和特区政府一起,同舟共济,埋头苦干,自强不息。

温家宝表示,中央政府始终按照"一国两制"方针和香港基本法处理香港事务,同时对香港的经济问题高度重视,并给予大力支持。上个月底中央政府有关部门和香港特别行政区政府签订了《内地与香港关于建立更紧密经贸关系的安排》。目前,中央政府各有关部门和各地方正在抓紧落实这一安排。为进一步支持香港经济发展,中央政府将在这一安排的基础上,加大内地市场对香港开放的步伐和程度,包括增值电信服务、旅游、金融服务。凡是有利于香港繁荣稳定、有利于香港和内地共同发展的事情,中央政府都将给予全力支持,伟大的社会主义祖国永远是香港发展和进步的坚强后盾。

农工党中央专家考察团赴上海调研

全国人大常委会副委员长、农工民主党中央主席蒋正华,全国政协副主席、农工民主党中央常务副主席李蒙近日在上海调研时强调,要继续贯彻扩大内需方针,大力促进消费结构调整,积极拓展国内市场,推动国民经济持续快速增长。

7月19日至25日,蒋正华、李蒙率农工党中央专家考察团,在上海就"调整消费结构,拓宽国内市场"进行专题调研。蒋正华指出,调整消费结构,拓宽国内市场,有五个基本观点要进一步明确:一是收入水平决定消费的基本格局。就目前全国情况而言,要确保生存型消费,鼓励发展型消费,引导享受型消费,建立以人为本的消费观。二是文化背景决定消费区位格局,建立适合中国国情的消费文化。三是全面创新,创造有效需求。要建立供需的良性互动。四是商业的业态,可以增强消费的欲望,在城市要大力发展商业。五是加强诚信建设,完善消费环境。

蒋正华强调,在拓展市场、发展经济过程中,要正确处理好四个关系:一是高科技与产业化的关系,二是引进技术合作与自主知识产权的关系,三是鼓励民营企业发展与促进国有企业做强做大的关系,四是正确处理房地产业的发展与泡沫危险的关系。

7月20日

中共中央在北京召开党外人士座谈会

座谈会就做好经济工作和加强公共卫生建设，听取各民主党派中央领导人、全国工商联领导人和无党派人士的意见和建议。中共中央总书记、国家主席胡锦涛主持座谈会并发表重要讲话。他指出，搞好民主协商，推进决策的科学化、民主化，是发展社会主义政治文明的重要内容，也是坚持和完善中国共产党领导的多党合作和政治协商制度的重要内容。加强民主协商，认真听取意见和建议，有利于我们党提高领导水平和执政水平，也有利于更好地推进改革发展稳定的各项工作。

中共中央政治局常委、国务院总理温家宝通报了抗击"非典"和上半年经济运行情况以及中共中央、国务院关于做好下半年经济工作和加强公共卫生建设的考虑。中共中央政治局常委贾庆林、曾庆红、黄菊出席座谈会。

座谈会上，民革中央主席何鲁丽、民盟中央主席丁石孙、民建中央主席成思危、民进中央主席许嘉璐、农工党中央主席蒋正华、致公党中央主席罗豪才、九三学社中央主席韩启德、台盟中央主席张克辉、全国工商联主席黄孟复、无党派代表人士阿沛·阿旺晋美先后发言。他们在发言中表示，面对突如其来的"非典"疫情，中共中央、国务院沉着应对，果断决策，团结带领全国人民取得了抗击"非典"、促进经济发展的重大成绩，这再一次充分体现了社会主义制度的优越性。他们还就下一阶段"非典"防治工作、确立经济社会协调发展的战略、建立突发灾害应急管理机制、进一步拉动内需、努力扩大出口、增加农民收入、做好就业和再就业工作、完善社会保障体系、培育新的经济增长点等提出了意见和建议。

在认真听取他们的发言后，胡锦涛说，大家在发言中提出了许多很有见地的意见和建议，讲得都很好，我们将认真研究、积极采纳。

胡锦涛指出，面对突然发生的"非典"疫情，我们采取了一系列果断措施，全力开展防治工作，及时要求各地区各部门坚持一手抓抗击"非典"这件大事不放松，一手抓经济建设这个中心不动摇，齐心协力夺取抗击"非典"和促进发展的双胜利。经过不懈努力，现在"非典"疫情已经得到有效控制，防治工作取得阶段性的重大胜利，国民经济保持了较快增长的良好势头。各民主党派、工商联和广大党外人士围绕夺取抗击"非典"和促进发展的双胜利，做了大量卓有成效的工作，作出了重要贡献。

胡锦涛强调，成绩来之不易，经验尤为珍贵。要认真反思我们抗击"非典"和促进发展的工作实践，总结成功经验，看清存在问题，制定应对之策，采取改进措施，切实把各项工作做得更好。今年是完成中共十六大提出的各项任务的第一年，也是全面建设小康社会的开局之年，做好今年的工作十分重要。回顾上半年，尽管经历了伊拉克战争和"非典"疫情的冲击，但由于我们应对得当，经济发展继续保持良好的势头。越是上半年经济形势比预料的好，越要保持清醒的头脑，越要看到经济社会发展中存在的突出问题和困难。我们不仅要继续保持经济较快增长的良好势头，而且要重视提高经济增长的质量和效益；不仅要确保今年经济社会发展目标的实现，而且要高度重视研究和解决经济社会发展中存在的突出问题；不仅为做好下半年的工作，而且为长远发展打下良好的基础。

在谈到做好今后的工作时，胡锦涛说，要继续以对人民高度负责的精神，毫不松懈地抓好疫情防控工作，毫不松懈地抓好经常性防治措施的落实，坚决防范疫情再次发生。要全面促进经济持续快速健康发展，继续坚持扩大内需的方针，实施积极的财政政策和稳健的货币政策，有针对性地采取措施，特别是要在增加农民收入、扩大就业和再就业、关心群众生产生活等方面采取有效措施，促进经济发展。要大力加强公共卫生工作，更好地贯彻预防为主的方针，加快卫生体制改革步伐，加强公共卫生基础设施建设，特别要大力推进农村卫生事业发展。要围绕落实立党为公、执政为民的要求和发扬艰苦奋斗、谦虚谨慎的作风，切实加强干部队伍思想作风、工作作风和领导作风建设，抓紧解决突出问题，加强工作中的薄弱环节，通过不懈努力，建设一支思想过得硬、作风过得硬，关键时候上得去、打得赢的干部队伍。

胡锦涛最后说，希望各民主党派、工商联和无党派人士坚持以"三个代表"重要思想和中共十六大精神为指导，加强调查研究，掌握真实情况，提出真知灼见，始终做我们党的诤友、挚友，共同为实现全面建设小康社会的宏伟目标、开创中国特色社会主义事业新局面而奋斗。

温家宝在通报情况时说，"非典"疫情发生后，党中央、国务院高度重视，采取一系列坚决果断的措施，使疫情得到很快控制。当前，要继续做好经常性的防治工作，严防疫情出现反复。同时，要按照"加大投入、改善设施，健全体系、完善机制，改革体制、整合资源，城乡统筹、重在农村"的原则，全面推进我国公共卫生建设。

温家宝说，上半年我国经济经受了"非典"肆虐的严峻挑战和考验，继续保持较快发展的良好势头，结构调整取得积极进展，经济效益不断提高。下半年要保持政策的连续性和稳定性，按照"扩大内需、调整结构，深化改革、推进开放，统筹兼顾、协调发展，促进就业、改善生活"的思路，安排好各项工作，着力提高经济增长质量和效益，努力实现年初确定的经济和社会发展目标。

回良玉、吴仪、曾培炎、王刚、华建敏、刘延东和中央有关部门负责人出席座谈会。

出席座谈会的党外人士还有周铁农、王选、张怀西、李蒙和张梅颖、张榕明、杜宜瑾、陈抗甫、林文漪等。

全国人大常委会副委员长李铁映在黑龙江进行建筑法执法检查

7月20日至28日，李铁映率全国人大常委会建筑法执法检查组先后赴佳木斯、牡丹江和哈尔滨、大庆、齐齐哈尔等地检查法律实施情况。检查组听取了各级人大、政府及有关部门的汇报，实地考察了23个在建项目及已建成工程，走访一线施工工人、小区居民，多次召开建设、施工、监理单位和专家学者、人大代表等参加的座谈会。

李铁映指出，建筑业是国民经济的支柱产业，其发展状况直接关系到党和国家的威信，关系到改革、发展和稳定的全局，关系到人民群众的安居乐业。全国人大常委会选择建筑法作为执法检查项目，就是根据当前我国现代化建设的全局需要。

全国人大常委会副委员长 民盟中央主席丁石孙在辽宁考察

7月20日至23日，丁石孙率民盟中央专家组一行先后在沈阳东软公司、本溪本钢集团公司和沈阳铁西区就老工业基地改造有关问题进行调研，他们详细了解了企业管理体制和内部运行机制、职工收入和待遇等问题，并听取了辽宁省政府关于老工业基地改造的专题汇报。

丁石孙说，东北是我国重要的老工业基地，由于受计划经济影响较多，在向市场经济转轨过程中包袱重、欠账多，存在许多困难和问题，但同时东北还有许多优势，工业基础较好，人才多，资源丰富。中央把恢复和发扬东北老工业基地优势作为新时期一项重大战略部署，决策非常英明，东北老工业基地通过改造调整，摸索出一套由计划经济向市场经济转轨的成功思路和经验，将对全国有借鉴意义。东北三省作为一个区域，要发扬老工业基地的优势，互相借鉴，取长补短，发挥各自优势，创出一条路子，为全国经济转型、全面实现小康社会贡献力量。

国务院副总理黄菊在中南海紫光阁会见日本新日本制铁公司会长千速晃和社长三村明夫

双方进行了友好的交谈，表示愿意进一步加强在钢铁工业领域的合作与交流。

江泽民 胡锦涛等中央军委领导在中南海怀仁堂会见第十四次武官工作会议代表

江泽民代表中央军委，向战斗在第一线的武官队伍全体同志表示诚挚的问候。

在与会议代表合影留念后，江泽民发表了讲话。他说，"冷战"结束以来，国际形势一直处在深刻复杂的变动之中。和平与发展仍然是时代的主题，世界多极化和经济全球化的趋势深入发展。以信息技术为核心的高新技术迅猛发展，正在有力推动着世界新军事变革。我们的军事斗争准备和现代化建设既面临着难得的机遇，也面临着严峻的挑战。

江泽民指出，我国已进入了全面建设小康社会、加速推进社会主义现代化新的发展阶段。全党全国人民认真贯彻十六大精神，各项工作出现了蓬勃发展的新局面。现在，防治"非典"工作取得了阶段性的重大胜利，国民经济也保持了较快增长的良好势头。同时，我们要清醒地看到，我国有13亿人口，将长期处于社会主义初级阶段，底子还很薄，要实现全面建设小康社会的宏伟目标，完成十六大提出的各项任务，不断解决经济社会发展中存在的深层次问题，还需要进行长期的艰苦努力。

江泽民强调，做好武官工作必须善于科学判断形势，善于确定正确的工作方向。他希望大家大力加强理论学习，特别加强马克思主义理论的学习，坚持用党的基本理论、基本路线、基本纲领和基本经验来指导工作。坚持马克思主义，必须把握其与时俱进这个最重要的理论品质。我们既要坚持用马克思主义基本原理来认识和分析这种变化，同时又要根据新的实际不断推进理论创新。始终做到"三个代表"，就是要求我们根据当今世界和中国的新发展新变化，更好地用马克思主义武装头脑、统领工作，不断取得更大的成绩。

江泽民指出，要紧密围绕维护国家安全和推进中国特色军事变革开展工作，适应当代科学技术和世界新军事变革加速发展的形势，努力完成我军机械化、信息化建设的双重历史任务。要严密关注国际形势发展变化对我国安全的影响，严密关注世界科技和新军事变革的发展趋势，以卓有成效的工作，为维护国家安全和推进中国特色军事变革作出积极贡献。

在谈到全面掌握做好工作的本领和增强拒腐防变能力时，江泽民强调，做好军事外交工作，要有娴熟的外交工作技巧，善于同形形色色的人打交道，能够应付各种复杂局面。要把武官人才队伍建设摆在战略位置，下大气力抓紧抓好。每个武官同志都要努力学政治、学军事、学外语、学科技、学法律，掌握做好武官工作所必备的一切知识和技能。要勤于思考，勤于实践，在不同环境和岗位上摔打磨炼，提高素质，增长才干，努力成为能够担当重任的优秀武官。同志们身居国外，所处的环境复杂，担负的任务特殊，经常面临各种各样的考验。要坚定理想信念，以党的事业为重，以国家利益为重，顽强拼搏，勇于奉献，自觉拒腐防变。

参加会见的还有解放军四总部和军委办公厅的领导同志。

航空涡轮风扇发动机"秦岭"号在西安试制成功

该发动机是由中航一集团所属西安航空发动机(集团)有限公司和80余个有关厂、所、院校研制的，是一种中等推力的双转子涡轮风扇发动机，具有启动可靠、迅速，高度、速度特性好，巡航耗油率低，维护性好等特点。

专家认为，该型发动机的试制成功，填补了我国自主生产涡轮风扇加力型航空发动机的空白，标志着我国航空发动机制造取得重大突破。

中国选手郭晶晶 吴敏霞在巴塞罗那第十届游泳世锦赛女子双人三米板决赛中夺得金牌

中国女子重剑队在世界杯击剑赛暨奥运会资格赛(悉尼站)的比赛中获得团体冠军 男选手赵刚夺得男子重剑个人冠军

7月21日

国家主席胡锦涛在钓鱼台国宾馆会见英国首相托尼·布莱尔

胡锦涛指出，中英两国都是世界上有重要影响的国家和联合国安理会常任理事国，双方应增进政治互信，深化互利合作。既不断扩大共同利益的汇合点，又妥善处理彼此的差异和关切。

胡锦涛还阐述了中国政府在香港问题上的一贯方针和立场。

布莱尔说，英中关系近年来发展势头强劲，令人高兴。六年前香港的顺利回归为两国关系翻开了新的篇章。中国的经济迅速发展，在国际事务中的影响不断扩大。英中两国在不少重大国际问题上有着相似的看法，在促进世界和平与发展方面存在着广泛的共同利益。这些都使双方的关系面临重要的发展机遇。英方愿同中方共同努力，不断加强两国在各个领域的交流与合作。

中央军委主席江泽民在中南海会见英国首相托尼·布莱尔

国务院总理温家宝在人民大会堂与英国首相托尼·布莱尔举行会谈

温家宝对中英关系未来发展提出四点希望：一是继续保持高层互访势头，建立和完善战略对话及磋商机制；二是拓展经贸合作，帮助两国中小企业加强交往，推动英资企业到中国中西部地区发展，在今后3到5年内实现双边贸易额从100亿到150亿美元的跨越；三是深化文化、教育合作，增进两国人民的了解与信任；四是通过对话，妥善处理相互之间的差异和分歧。

布莱尔表示完全赞同温家宝对两国关系的积极评价和对进一步加强双边互利合作提出的建议。他说，英中之间有着广泛的共同利益，在维护世界稳定、促进发展方面也有着共同的期待和追求，英方愿与中方携手努力，不断加强两国在政治、经贸、教育、文化等各个领域的合作。

布莱尔说，通过与中国各界人士的接触，他更深刻地理解了一个中国原则的重要含义，英方将坚持一个中国政策，妥善处理有关问题。

布莱尔说，6年来，"一国两制"方针在香港执行的效果很好，是令人欣慰的。"一国两制"是新鲜事物，在实施过程中完全有可能出现大的问题，但实际上这种情况并没有发生。英方赞赏中方对香港最近出现的有关问题所采取的处理方式，希望找到保持香港稳定的办法，英方也愿为此作出努力。

会谈后，温家宝和布莱尔还共同会见了英国企业家。

中共中央总书记胡锦涛在北京主持召开中共中央政治局会议

会议研究部署进一步做好经济工作和公共卫生建设工作等问题。

会议指出，今年我国经济社会发展开局良好。但伊拉克战争的爆发、特别是我国大部分省区市发生的"非典"疫情，给我国经济社会发展带来了不利影响。面对严峻形势，党中央、国务院果断决策，坚持把人民群众的身体健康和生命安全放在第一位，作出了一手抓防治"非典"这件大事不放松、一手抓经济建设这个中心不动摇的重大战略部署。全党和全国各族人民认真贯彻中央的决策部署，万众一心，众志成城，艰苦努力，夺取了防治"非典"工作的阶段性重大胜利，保持了国民经济较快增长的良好势头。成绩来之不易。

会议强调,越是上半年形势比预料的好,越是要保持清醒的头脑,越是要高度重视研究和解决经济社会发展中存在的突出问题,不仅要保持经济较快增长的良好势头,更要努力提高经济增长的质量和效益。当前,"非典"疫情对经济发展还存在滞后影响,就业压力加大,农民增收面临新的困难,某些行业不合理重复建设问题比较突出。

会议指出,各地区各部门要切实落实年初中央确定的各项政策和措施,坚持扩大内需的方针,保持政策的连续性和稳定性。要按照扩大内需、调整结构,深化改革、推进开放,统筹兼顾、协调发展,促进就业、改善生活的思路,安排好各项工作,把各方面加快发展的积极性引导好、保护好、发挥好,切实把着力点放在调整经济结构、提高经济增长的质量和效益上来。要把就业和再就业工作摆在更加突出的位置,千方百计增加农民收入,积极促进居民消费,优化投资结构,制止盲目投资和不合理重复建设,扩大对外经贸合作和技术交流,加强财政和金融工作,深化各项改革,整顿市场经济秩序。当前,有关部门和地区要切实做好防汛救灾工作,妥善安排好受灾群众的生产生活。

会议指出,防治"非典"的斗争,使我们更加深刻地认识到了我国公共卫生工作和公共卫生事业发展中存在的不足和问题,必须采取有力的政策措施,抓紧加以解决。当前,要继续做好经常性防治工作,严防"非典"疫情再次发生。各级党委和政府要从实现全面建设小康社会宏伟目标的高度,充分认识做好公共卫生工作和加强公共卫生建设的重要性,坚持统筹经济社会发展,深化医疗卫生体制改革,加大政府卫生经费投入,加大公共卫生设施建设力度。要认真贯彻预防为主和以农村为重点的卫生工作方针,进一步加强疾病预防控制体系建设、卫生执法监督体系建设和医疗救助体系建设,加快农村卫生事业发展,全面提高应对突发公共卫生事件的能力,为人民群众提供更好的医疗卫生服务。

会议强调,下半年推进改革、促进发展、维护稳定的任务很繁重。各地区各部门要坚持以"三个代表"重要思想和十六大精神为指导,发扬谦虚谨慎、艰苦奋斗的作风,开拓进取,扎实工作,认真做好关心群众生产生活的各项工作,确保实现今年经济社会发展的目标。会议还研究了其他事项。

共青团十五大在人民大会堂举行预备会和主席团第一次会议

预备会由团中央书记处第一书记周强代表共青团第十四届中央委员会主持。预备会通过了共青团十五大议程。团十五大的议程是:听取和审议中国共产主义青年团第十四届中央委员会的报告;审议并通过中国共产主义青年团章程(修正案);选举产生中国共产主义青年团第十五届中央委员会。预备会还通过了团十五大代表资格审查委员会名单、大会主席团和秘书长名单,通过了关于确认团十四届五中全会增补团中央委员、候补委员的决定的决议。共青团十五大主席团随后举行了第一次会议。会议推选周强、赵勇、胡伟、杨岳为大会主席团常务主席。

主席团会议通过了代表资格审查报告。代表资格审查委员会认为:39个选举单位产生的1539名代表,符合团章和团中央关于选举团十五大代表文件的规定,代表资格有效。

会议还通过了大会日程、大会执行主席分组名单、大会副秘书长名单。

国务委员兼国务院秘书长华建敏在北京出席全国参事工作座谈会并讲话

座谈会为期两天。华建敏在会议上强调,以"三个代表"重要思想为指导,与时俱进,开拓创新,增强责任感,发挥参事的参政咨询作用,全面开创参事工作的新局面。

全国政协副主席、中央统战部部长刘延东出席会议并作了讲话。

华建敏强调,各级政府要出题目、交任务,配强配好参事室的领导班子,在机构编制、工作经费等方面予以保证,为参事室更好地履行职责创造条件。各级参事工作机构要认真贯彻党的统战工作方针政策,主动工作,加强学习,不断提高服务和管理水平。各部门各有关单位要积极支持,认真解决参事在工作和生活中遇到的实际问题。

刘延东指出,参事工作要充分发挥专业特长和角色优势,为政府决策提供参考。各级统战部门要切实加强对参事工作的指导,更好地落实和体现党的统战政策,积极为参事履行职责创造良好条件。

国务院参事室主任崔占福作了工作报告。全国各地参事室主任、参事代表和党中央、国务院有关部门的同志参加了座谈会。

全国人大常委会副委员长成思危在陕西就《建筑法》的执行情况进行执法检查

7月21日至25日,由成思危率领的全国人大常委会执法检查组,采取听汇报、召开座谈会、深入建设工地等形式,对陕西省实施《建筑法》进行深入了解。检查组认为,陕西省各级政府和有关部门能够较好地实施《建筑法》有关规定,依法行政,使《建筑法》在陕西得到了有效实施,建筑业的发展正走向法制化轨道。

国务院总理温家宝签署第385号令公布《法律援助条例》

《法律援助条例》已经2003年7月16日国务院第15次常务会议通过,现予公布,自2003年9月1日起施行。

总　理　温家宝

2003年7月21日

法律援助条例

第一章　总　则

第一条　为了保障经济困难的公民获得必要的法律服务,促进和规范法律援助工作,制定本条例。

第二条　符合本条例规定的公民,可以依照本条例获得法律咨询、代理、刑事辩护等无偿法律服务。

第三条　法律援助是政府的责任,县级以上人民政府应当采取积极措施推动法律援助工作,为法律援助提供财政支持,保障法律援助事业与经济、社会协调发展。

法律援助经费应当专款专用,接受财政、审计部门的监督。

第四条　国务院司法行政部门监督管理全国的法律援助工作。县级以上地方各级人民政府司法行政部门监督管理本行政区域的法律援助工作。

中华全国律师协会和地方律师协会应当按照律师协会章程对依据本条例实施的法律援助工作予以协助。

第五条　直辖市、设区的市或者县级人民政府司法行政部门根据需要确定本行政区域的法律援助机构。

法律援助机构负责受理、审查法律援助申请,指派或者安排人员为符合本条例规定的公民提供法律援助。

第六条　律师应当依照律师法和本条例的规定履行法律援助义务,为受援人提供符合标准的法律服务,依法维护受援人的合法权益,接受律师协会和司法行政部门的监督。

第七条　国家鼓励社会对法律援助活动提供捐助。

第八条　国家支持和鼓励社会团体、事业单位等社会组织利用自身资源为经济困难的公民提供法律援助。

第九条　对在法律援助工作中作出突出贡献的组织和个人,有关的人民政府、司法行政部门应当给予表彰、奖励。

第二章　法律援助范围

第十条　公民对下列需要代理的事项,因经济困难没有委托代理人的,可以向法律援助机构申请法律援助:

(一)依法请求国家赔偿的;

(二)请求给予社会保险待遇或者最低生活保障待遇的;

(三)请求发给抚恤金、救济金的;

(四)请求给付赡养费、抚养费、扶养费的;

(五)请求支付劳动报酬的;

(六)主张因见义勇为行为产生的民事权益的。

省、自治区、直辖市人民政府可以对前款规定以外的法律援助事项作出补充规定。

公民可以就本条第一款、第二款规定的事项向法律援助机构申请法律咨询。

第十一条　刑事诉讼中有下列情形之一的,公民可以向法律援助机构申请法律援助:

(一)犯罪嫌疑人在被侦查机关第一次讯问后或者采取强制措施之日起,因经济困难没有聘请律师的;

(二)公诉案件中的被害人及其法定代理人或者近亲属,自案件移送审查起诉之日起,因经济困难没有委托诉讼代理人的;

(三)自诉案件的自诉人及其法定代理人,自案件被人民法院受理之日起,因经济困难没有委托诉讼代理人的。

第十二条　公诉人出庭公诉的案件,被告人因经济困难或者其他原因没有委托辩护人,人民法院为被告人指定辩护时,法律援助机构应当提供法律援助。

被告人是盲、聋、哑人或者未成年人而没有委托辩护人的,或者被告人可能被判处死刑而没有委托辩护人的,人民法院为被告人指定辩护时,法律援助机构应当提供法律援助,无须对被告人进行经济状况的审查。

第十三条　本条例所称公民经济困难的标准,由省、自治区、直辖市人民政府根据本行政区域经济发展状况和法律援助事业的需要规定。

申请人住所地的经济困难标准与受理申请的法律援助机构所在地的经济困难标准不一致的,按照受理申请的法律援助机构所在地的经济困难标准执行。

第三章　法律援助申请和审查

第十四条　公民就本条例第十条所列事项申请法律援助,应当按照下列规定提出:

(一)请求国家赔偿的,向赔偿义务机关所在地的法律援助机构提出申请;

(二)请求给予社会保险待遇、最低生活保障待遇或者请求发给抚恤金、救济金的,向提供社会保险待遇、最低生活保障待遇或者发给抚恤金、救济金的义务机关所在地的法律援助机构提出申请;

(三)请求给付赡养费、抚养费、扶养费的,向给付赡养费、抚养费、扶养费的义务人住所地的法律援助机构提出申请；

（四）请求支付劳动报酬的，向支付劳动报酬的义务人住所地的法律援助机构提出申请；

（五）主张因见义勇为行为产生的民事权益的，向被请求人住所地的法律援助机构提出申请。

第十五条　本条例第十一条所列人员申请法律援助的，应当向审理案件的人民法院所在地的法律援助机构提出申请。被羁押的犯罪嫌疑人的申请由看守所在 24 小时内转交法律援助机构，申请法律援助所需提交的有关证件、证明材料由看守所通知申请人的法定代理人或者近亲属协助提供。

第十六条　申请人为无民事行为能力人或者限制民事行为能力人的，由其法定代理人代为提出申请。

无民事行为能力人或者限制民事行为能力人与其法定代理人之间发生诉讼或者因其他利益纠纷需要法律援助的，由与该争议事项无利害关系的其他法定代理人代为提出申请。

第十七条　公民申请代理、刑事辩护的法律援助应当提交下列证件、证明材料：

（一）身份证或者其他有效的身份证明，代理申请人还应当提交有代理权的证明；

（二）经济困难的证明；

（三）与所申请法律援助事项有关的案件材料。

申请应当采用书面形式，填写申请表；以书面形式提出申请确有困难的，可以口头申请，由法律援助机构工作人员或者代为转交申请的有关机构工作人员作书面记录。

第十八条　法律援助机构收到法律援助申请后，应当进行审查；认为申请人提交的证件、证明材料不齐全的，可以要求申请人作出必要的补充或者说明，申请人未按要求作出补充或者说明的，视为撤销申请；认为申请人提交的证件、证明材料需要查证的，由法律援助机构向有关机关、单位查证。

对符合法律援助条件的，法律援助机构应当及时决定提供法律援助；对不符合法律援助条件的，应当书面告知申请人理由。

第十九条　申请人对法律援助机构作出的不符合法律援助条件的通知有异议的，可以向确定该法律援助机构的司法行政部门提出，司法行政部门应当在收到异议之日起 5 个工作日内进行审查，经审查认为申请人符合法律援助条件的，应当以书面形式责令法律援助机构及时对该申请人提供法律援助。

第四章　法律援助实施

第二十条　由人民法院指定辩护的案件，人民法院在开庭 10 日前将指定辩护通知书和起诉书副本或者判决书副本送交其所在地的法律援助机构；人民法院不在其所在地审判的，可以将指定辩护通知书和起诉书副本或者判决书副本送交审判地的法律援助机构。

第二十一条　法律援助机构可以指派律师事务所安排律师或者安排本机构的工作人员办理法律援助案件；也可以根据其他社会组织的要求，安排其所属人员办理法律援助案件。对人民法院指定辩护的案件，法律援助机构应当在开庭 3 日前将确定的承办人员名单回复作出指定的人民法院。

第二十二条　办理法律援助案件的人员，应当遵守职业道德和执业纪律，提供法律援助不得收取任何财物。

第二十三条　办理法律援助案件的人员遇有下列情形之一的，应当向法律援助机构报告，法律援助机构经审查核实的，应当终止该项法律援助：

（一）受援人的经济收入状况发生变化，不再符合法律援助条件的；

（二）案件终止审理或者已被撤销的；

（三）受援人又自行委托律师或者其他代理人的；

（四）受援人要求终止法律援助的。

第二十四条　受指派办理法律援助案件的律师或者接受安排办理法律援助案件的社会组织人员在案件结案时，应当向法律援助机构提交有关的法律文书副本或者复印件以及结案报告等材料。

法律援助机构收到前款规定的结案材料后，应当向受指派办理法律援助案件的律师或者接受安排办理法律援助案件的社会组织人员支付法律援助办案补贴。

法律援助办案补贴的标准由省、自治区、直辖市人民政府司法行政部门会同同级财政部门，根据当地经济发展水平，参考法律援助机构办理各类法律援助案件的平均成本等因素核定，并可以根据需要调整。

第二十五条　法律援助机构对公民申请的法律咨询服务，应当即时办理；复杂疑难的，可以预约择时办理。

第五章　法律责任

第二十六条　法律援助机构及其工作人员有下列情形之一的，对直接负责的主管人员以及其他直接责任人员依法给予纪律处分：

（一）为不符合法律援助条件的人员提供法律援助，或者拒绝为符合法律援助条件的人员提供法律援助的；

（二）办理法律援助案件收取财物的；

（三）从事有偿法律服务的；

（四）侵占、私分、挪用法律援助经费的。

办理法律援助案件收取的财物，由司法行政部门责令退还；从事有偿法律服务的违法所得，由司法行政部门予以没收；侵占、私分、挪用法律援助经费的，由司法行政部门责令追回，情节严重，构成犯罪的，依法追究刑事责任。

第二十七条　律师事务所拒绝法律援助机构的指派，不安排本所律师办理法律援助案件的，由司法行政部门给予警告、责令改正；情节严重的，给予1个月以上3个月以下停业整顿的处罚。

第二十八条　律师有下列情形之一的，由司法行政部门给予警告、责令改正；情节严重的，给予1个月以上3个月以下停止执业的处罚：

(一)无正当理由拒绝接受、擅自终止法律援助案件的；

(二)办理法律援助案件收取财物的。

有前款第(二)项违法行为的，由司法行政部门责令退还违法所得的财物，可以并处所收财物价值1倍以上3倍以下的罚款。

第二十九条　律师办理法律援助案件违反职业道德和执业纪律的，按照律师法的规定予以处罚。

第三十条　司法行政部门工作人员在法律援助的监督管理工作中，有滥用职权、玩忽职守行为的，依法给予行政处分；情节严重，构成犯罪的，依法追究刑事责任。

第六章　附　则

第三十一条　本条例自2003年9月1日起施行。

民政部公布《城市生活无着的流浪乞讨人员救助管理办法实施细则》

民政部会同财政部向全国14个省(自治区)下拨中央救灾款1.89亿元

民政部要求灾区各地及时将中央安排的救灾资金拨付到受灾群众手中，确保灾区群众生活不出问题。

云南大姚发生6.2级强烈地震

23时16分，在云南省大姚县发生6.2级强烈地震(震中位于北纬26.0度，东经101.2度)，地震造成15人死亡，390余人受伤。

7月22日

《人民日报》发表社论《为全面建设小康社会奉献青春——祝贺中国共产主义青年团第十五次全国代表大会开幕》

今天，中国共产主义青年团第十五次全国代表大会隆重开幕。这是我国各族团员青年政治生活中的一件大事，我们对大会的召开表示热烈祝贺！

这次代表大会是在全党学习胡锦涛同志“七一”重要讲话、兴起学习贯彻“三个代表”重要思想新高潮的重要时刻召开的。这次大会，对于进一步组织、动员和激励各族青年在“三个代表”重要思想指引下，继往开来，与时俱进，为全面建设小康社会，开创中国特色社会主义事业新局面而努力奋斗，具有十分重要的意义。

中国共产主义青年团第十四次全国代表大会以来的5年，是我国改革开放和现代化建设取得辉煌成就的5年，同时也是广大团员青年脚踏实地、艰苦奋斗，不断作出新贡献、取得新业绩的5年。在我国现代化建设的各条战线、各个领域，广大青年洒下辛勤汗水，留下创业足迹，在物质文明、政治文明和精神文明建设中发挥了生力军作用。党和人民高度评价我国青年为国家的发展和振兴作出的突出贡献。5年来，中国共产主义青年团坚持不懈地用马克思列宁主义、毛泽东思想、邓小平理论和“三个代表”重要思想武装团员，教育青年，紧紧围绕党和国家工作大局，充分发挥团组织的特点和优势，在继承中创新，在探索中前进，开展了卓有成效的工作。团组织的吸引力和凝聚力不断增强。在今年抗击“非典”的斗争中，广大团员青年响应党的号召，把青年生力军和突击队的作用展现在人民面前，奏响了弘扬中华民族伟大精神的凯歌。实践证明，当代青年是值得信赖的一代，是大有作为的一代，是大有希望的一代。

党的十六大提出，21世纪头20年，对我国来说，是一个必须紧紧抓住并且可以大有作为的重要战略机遇期。集中力量，全面建设惠及十几亿人口的更高水平的小康社会，是全党全国人民新世纪、新阶段的奋斗目标。党的事业离不开青年，青年茁壮成长更离不开党，党确立的奋斗目标决定青年运动的主题。今天，把握青年运动的主题，就是要用全面建设小康社会的奋斗目标鼓舞青年，凝聚青年，并团结带领青年为实现这一宏伟目标而不懈奋斗。全面建设小康社会，为当代青年实现抱负、施展才干提供了广阔舞台，赋予了当代青年艰苦创业、奋发进取的历史责任。一切有志青年，都应积极投身于全面建设小康社会、加快推进社会主义现代化的伟大事业中来，奉献青春，建功立业。

在新的历史征程中，中国共产主义青年团要坚定不移跟党走，团结带领广大青年为全面建设小康社会而奋斗，最重要的就是要用马克思列宁主义、毛泽东思想、邓小平理论和“三个代表”重要思想武装教育青年。在新的历史条件下，坚持“三个代表”重要思想，就是真正坚持马克思列宁主义、毛泽东思想和邓小平理论；高举“三个代表”重要思想的旗帜，就是真正高举马克思列宁主义、毛泽东思想和邓小平理论的旗帜。“三个代表”重要思想是新世纪、新阶段全党全国人民继往开来、与时俱进,实现全面建设小康社会宏伟目标的根本指针。广大团员青年在各行各业的本职工作中,在共青团组织开展的具有自身特点的各项活动中,一定要努力为我国先进生产力和先进文化的发展作出自己的贡献,努力为最广大人民谋利益。中国共产主义青年团的各项工作和建设,一定要坚持以“三个代表”重要思想为统领,不断开创新局面。

青年代表着我们祖国和民族的未来,代表着我们事业兴旺发达的希望。共青团的事业是党的事业的重要组成部分,青年工作是党的群众工作的重要内容。各级党组织要加强对共青团工作的领导,支持共青团依照法律和自己的章程创造性地开展工作。要坚持党建带团建,把团的建设纳入党的建设总体规划之中。要热情关心团员和团干部,帮助和引导他们茁壮成长。

辉煌的岁月留下了青年奋斗足迹,宏伟的事业激励着青年奋勇前进。热爱祖国,热爱人民,树立远大理想,坚持发奋学习,注重锤炼品德,不断开阔视野,勇于进取创新,始终艰苦奋斗,这是党和人民对当代青年的殷切期望。让我们紧密地团结在以胡锦涛同志为总书记的党中央周围,在“三个代表”重要思想和十六大精神指引下,为全面建设小康社会奉献青春和力量,在实现中华民族伟大复兴中,谱写更加壮美的青春之歌。

预祝大会圆满成功!

共青团第十五次全国代表大会在人民大会堂开幕

胡锦涛、吴邦国、温家宝、贾庆林、曾庆红、黄菊、吴官正、李长春、罗干等党和国家领导人到会祝贺。

上午9时30分,大会主席团常务主席周强宣布大会开幕。在热烈的掌声中,中共中央政治局常委吴官正代表党中央发表了题为《在全面建设小康社会的伟大实践中谱写新的青春乐章》的祝词。

中华全国总工会副主席、书记处第一书记张俊九代表中华全国总工会、中华全国妇女联合会、中国文学艺术界联合会、中国作家协会、中国科学技术协会、中华全国归国华侨联合会、中华全国台湾同胞联谊会、中国残疾人联合会向大会致贺词。贺词指出,青年是社会上最富有朝气、最富有创造性、最富有生命力的群体。当代青年一定会铭记党和人民的嘱托,在党的领导下,同人民紧密结合,为祖国奉献青春,创造出无愧于时代和人民的崭新业绩。

周强代表共青团第十四届中央委员会作了题为《在“三个代表”重要思想指引下团结带领广大青年为全面建设小康社会而努力奋斗》的报告。

到会祝贺的领导同志还有:王兆国、回良玉、刘淇、刘云山、吴仪、贺国强、曹刚川、曾培炎、王刚、何勇、何鲁丽、顾秀莲、路甬祥、唐家璇、华建敏、陈至立、肖扬、贾春旺、王忠禹、刘延东、黄孟复和胡启立等。

出席开幕式的还有中央和国家机关各部门、解放军总政治部、武警总部、各人民团体、北京市委市政府的领导同志和在京的团中央历届领导同志。首都各族各界团员和青年代表3500多人参加了开幕式。

中共中央政治局常委吴官正在共青团十五大开幕式上致祝词《在全面建设小康社会的伟大实践中谱写新的青春乐章》

青年朋友们,同志们:

中国共产主义青年团第十五次全国代表大会今天隆重开幕了。这是共青团在新世纪召开的第一次全国代表大会。开好这次大会,对于更好地团结动员广大团员青年,深入学习贯彻“三个代表”重要思想和党的十六大精神,为实现全面建设小康社会的宏伟目标而努力奋斗,具有十分重要的意义。

我受党中央委托,向大会表示热烈的祝贺!向全国各族青年、全体共青团员和广大青少年工作者表示亲切的问候!

改革开放以来,在中国共产党的坚强领导下,全国各族人民坚持以邓小平理论和“三个代表”重要思想为指导,团结奋斗,锐意进取,克服前进道路上的种种困难,胜利实现了我国现代化建设“三步走”战略的第一步、第二步目标,人民生活总体上达到小康水平,综合国力大幅度跃升,社会保持安定团结,民族凝聚力极大增强,国际影响显著扩大,中国特色社会主义事业取得了举世瞩目的历史性成就,在中华民族发展史上树起了一座新的里程碑。

在这一波澜壮阔的历史进程中,全国各族青年响应党的号召,高举爱国主义和社会主义的旗帜,以实现祖国的繁荣富强为已任,踊跃投身改革和建设的伟大实践,在各条战线上弘扬开拓精神,尽展奋斗英姿,为建设中国特色社会主义事业建立了突出功勋。各级共青团组织坚持党的基本路线不动摇,围绕大局,发挥优势,积极引导广大青年成长成才、建功立业,为改革开放和现代化建设作出了重要贡献。实践再次证明:当代中国青年是值得信赖、大有希望的一代,是党和国家事业发展的可靠接班人和强大生力军;中国共产主义青年团是我们党的忠实助手和后备军,是党联系青年群众的牢固桥梁和纽带。

本世纪头20年,对我国来说,是一个必须紧紧抓住并且可以大有作为的重要战略机遇期。机不可失,时不再来。党的十六大提出要抓住和用好这一难得的历史机遇,全面建设惠及十几亿人口的更高水平的小康社会，使经济更加发展、民主更加健全、科教更加进步、文化更加繁荣、社会更加和谐、人民生活更加殷实。实现这一目标之后，我们再经过几十年的奋斗，将实现现代化建设的第三步战略目标。江泽民同志曾经指出："到本世纪中叶，基本实现现代化，把我国建设成为富强民主文明的社会主义国家，实现中华民族的伟大复兴，这是全国各族人民的奋斗目标，也是当代青年的历史使命和当代青年运动的主题。"广大青年要自觉担负起历史赋予的神圣使命，坚定地跟党走中国特色社会主义道路，积极投身全面建设小康社会的伟大实践，奉献青春，开拓奋进，不断创造无愧于时代的业绩。

为全面建设小康社会而奋斗，广大青年就必须树立理想、坚定信念。理想信念是人生的精神支柱和动力源泉。每个青年都有自己的理想抱负，这是青年人的特点。但个人的理想抱负只有与全民族的共同理想相一致、与祖国发展的历史洪流相融合、与人民前进的伟大步伐相统一，才能真正得到实现。正确的理想信念应当建立在对社会发展规律科学认识的基础之上。广大青年要牢固树立为全面建设小康社会而奋斗的理想信念，就必须努力学习和掌握马克思主义科学理论。"三个代表"重要思想是同马克思列宁主义、毛泽东思想和邓小平理论一脉相承而又与时俱进的科学体系，是新世纪、新阶段全党全国人民实现全面建设小康社会宏伟目标的根本指针，为当代青年的成长进步指明了正确方向。广大青年要响应党中央的号召，积极投身学习贯彻"三个代表"重要思想的新高潮，在全面、系统、深入学习上下功夫，进一步加深对"三个代表"重要思想的时代背景、实践基础、科学内涵、精神实质和历史地位的认识，用"三个代表"重要思想武装头脑，把"三个代表"重要思想作为行动指南，切实增强实践"三个代表"重要思想的自觉性和坚定性，为自己的人生确立正确的理论指导和强大的精神支柱。

为全面建设小康社会而奋斗，广大青年就必须刻苦学习、发奋成才。学习是我们认识自然和社会、不断完善和发展自我的必由之路。科学技术日新月异的时代，全面建设小康社会的艰巨任务，对我们的学习提出了新的更高的要求。青年时期是一个人学习的黄金阶段。广大青年要跟上时代步伐，履行历史使命，就必须珍惜宝贵时光，勤奋刻苦学习，不断充实和提高自己，切实增强为祖国和人民服务的本领，提高应对竞争和挑战的能力。要全面学习，既抓紧学文化、学知识，又注重学技术、学技能，学习人类创造的一切优秀文明成果，不断开阔视野，扩大知识面，优化知识和能力结构。要善于学习，在学习科学知识的同时努力掌握科学方法，培养科学精神，在学习书本知识的同时自觉向实践学习，向人民学习，向生活学习，在亿万人民群众创造历史的伟大实践中增长学识和才干。要坚持学习，养成终身学习的良好习惯，始终保持高涨的学习热情和旺盛的求知欲望，使自己通过学习不断得到新的提高。只要全面学习、善于学习、坚持学习，广大青年就一定能够成为全面建设小康社会的有用之才。

为全面建设小康社会而奋斗，广大青年就必须与时俱进、开拓创新。具有不竭创新精神的民族，才是前途无量的民族；具有不竭创新精神的国家，才能成为繁荣昌盛的国家。全面建设小康社会、开创中国特色社会主义事业新局面是前无古人的事业，只有坚持与时俱进、开拓创新，才能把这一伟大事业不断推向前进。发展的希望在创新，创新的希望在青年。青年人风华正茂，最少保守思想，最具创新潜力，应坚持解放思想、实事求是、与时俱进，努力走在全社会创新的前列。要勇于创新，带头树立创新意识，发扬创新精神，保持创新锐气，努力为理论创新、制度创新、科技创新、文化创新以及其他各方面的创新作出应有的贡献。要善于创新，把创造热情和科学态度结合起来，把寻求突破和日积月累结合起来，在继承前人的基础上超越前人，努力取得更多更好的创新成果。要立足岗位创新，坚持求真务实的科学精神和扎实苦干的工作作风，把创新和做好本职工作有机统一起来，力争在本职岗位上有所发现、有所发明、有所创造、有所前进。亿万青年的创新实践必将汇成奔涌的创新洪流，为全面建设小康社会的宏伟事业源源不断地注入强大动力。

为全面建设小康社会而奋斗，广大青年就必须脚踏实地、艰苦创业。实干成就宏伟事业，苦干造就灿烂人生。一切辉煌的成就，都是通过艰苦奋斗取得的。要创造更加美好的未来，必须艰苦奋斗。广大青年必须懂得，社会主义初级阶段就是全民奋起、艰苦创业的阶段，全面建设小康社会的过程就是全民奋起、艰苦创业的过程。广大青年要清醒地认识我国的基本国情，真正懂得坚持艰苦奋斗的极端重要性，始终做到谦虚谨慎、艰苦奋斗。要矢志奋斗、永不懈怠，而不能无所作为、半途而废；要勤勉敬业、埋头苦干，而不能心浮气躁、好高骛远；要艰苦朴素、勤俭节约，而不能贪图享受、铺张浪费。越是艰苦的地方越需要青年去奋斗，越是艰苦的奋斗越能够成就事业。广大青年要自觉到艰苦的环境中去经风雨、见世面，在艰苦的磨炼中让青春绽放出绚丽的光彩。

为全面建设小康社会而奋斗，广大青年就必须陶冶情操、锤炼品德。社会主义物质文明、政治文明和精神文明的协调发展，是全面建设小康社会的必然要求。青年要在全面建设小康社会中担当重任，不仅要有丰富的知识、过硬的本领，而且要有高尚的情操、顽强的意志，努力成为有德有才、全面发展的人。这就要求广大青年大力发扬开风气之先的光荣传统，勇敢地站在开创社会文明新风的最前列，带头实践爱国守法、明礼诚信、团结友善、勤俭自强、敬业奉献的基本道德规范，积极促进与社会主义市场经济相适应、与社会主义法律规范相协调、与中华民族传统美德相承接的社会主义思想道德体系的形成和发展。要从自身做起，自警自省，自励自强，加强自身修养，规范自身行为，努力养成良好的道德习惯。要从小事做起，勿以善小而不为，勿以恶小而为之，在一点一滴中积累，在一言一行中培养，打牢自身道德修养的根基。要从参与做起，积极投身群众性精神文明创建活动，以自己的行动大力倡导为人民服务的思想和行为，大力倡导社会公德、职业道德和家庭美德，为提高全民族的道德素质和全社会的文明程度贡献力量。

时势造英雄，危难见精神。在抗击非典型肺炎疫病的斗争中，广大团员青年响应党和政府的号召，与人民同呼吸，与国家共命运，不畏艰险、勇挑重担，立足岗位、勤奋工作，特别是战斗在防治工作第一线的广大青年医护人员舍身忘我、冲锋在前，大力弘扬万众一心、众志成城，团结互助、和衷共济，迎难而上、敢于胜利的精神，用自己的青春和热血奏响时代的最强音，充分展现了当代中国青年的精神风貌。希望广大青年继续发扬这种伟大的精神，为改革开放和现代化建设不断建立新的功勋。

实现中华民族的伟大复兴，是包括广大青年在内的全体中华儿女的共同心愿。一切热爱中华民族的中华青年，都应增强民族自豪感，为实现中华民族的伟大复兴团结奋斗。海外留学青年虽然远离祖国，但祖国始终关注着你们，盼望你们早日学有所成，回国服务或以多种方式为中华民族的伟大复兴贡献聪明才智。我们要团结香港特别行政区、澳门特别行政区的广大青年，为实施“一国两制”、“港人治港”、“澳人治澳”、高度自治的方针，保持香港、澳门的繁荣和稳定作出贡献。要高举爱国主义旗帜，广泛团结全体中华青年特别是台湾青年，坚决反对“台独”分裂活动，积极促进两岸关系发展，为完成祖国统一大业共同努力。

共青团是党领导的先进青年的群众组织，是广大青年在实践中学习中国特色社会主义和共产主义的学校。团结和带领广大青年为党和人民的事业而奋斗，是共青团必须始终坚持的工作方向。要坚持以邓小平理论和“三个代表”重要思想为指导，自觉服从服务于党和国家工作的大局，主动适应时代发展和社会生活的变化，准确把握当代青年的特点和青年工作的规律，与时俱进，奋发有为，不断拓宽工作领域，全面履行各项职能，在全面建设小康社会的进程中努力开创共青团工作的新局面。要进一步发挥党的助手和后备军作用，坚持用科学理论教育引导青年，用宏伟目标凝聚激励青年，把广大青年的积极性、主动性和创造性充分调动起来，团结带领全国各族青年积极投身社会主义物质文明、政治文明和精神文明建设。要进一步发挥党联系青年群众的桥梁和纽带作用，坚持把竭诚为青年服务作为共青团一切工作的出发点和落脚点，积极协助政府管理青年事务，不断提高服务青年的能力和水平，更好地维护青年的合法权益，进一步巩固党的青年群众基础。要进一步加强共青团的自身建设，积极探索和创新社会主义市场经济条件下团的组织体系和运行机制，切实加强基层团组织建设，不断改进工作方式和工作作风，努力增强团组织的吸引力、凝聚力和战斗力，使共青团事业不断焕发出新的生机和活力。要坚持发挥共青团在青联中的核心作用，加强对学联的指导和对少先队的领导。要加强同各国青年组织和青年的交流与合作，同各国青年一道，推进人类和平与发展的崇高事业。

共青团工作的岗位是十分光荣的岗位，也是可以大有作为的岗位。广大团干部一定要珍惜这个岗位，牢牢铭记“两个务必”，身体力行“三个代表”，刻苦学习，勤奋工作，勇于创造，自觉奉献，努力做党放心、青年满意的干部。

胡锦涛同志曾经指出：“一个有远见的民族，总是把关注的目光投向青年；一个有远见的政党，总是把青年看作推动历史发展和社会前进的重要力量。我们的民族就是这样的民族，我们的党就是这样的党。”全党全社会都要从党和国家事业薪火相传、后继有人的战略高度，关心青年一代的成长，支持共青团工作。各级党委要高度重视青年工作，充分认识当代青年在改革开放和现代化建设中的重要作用，充分信任青年，热情关心青年，正确引导青年，积极为广大青年各显其能、施展才华提供舞台和途径，注重了解青年的成长愿望和需求，认真解决他们学习、工作和生活中的实际问题，帮助青年在实践中成长为有理想、有道德、有文化、有纪律的中国特色社会主义事业建设者和接班人。要切实加强对共青团的领导，坚持以党的建设带动团的建设，支持共青团依照法律和自己的章程独立自主、创造性地开展工作，为共青团更好地发挥作用创造条件。

青年朋友们，同志们！

时代召唤青年，青年创造未来。党中央相信，全国各族青年一定能发扬光荣传统，在新世纪的伟大征程上再创新的辉煌。让我们紧密团结在以胡锦涛同志为总书记的党中央周围，高举邓小平理论伟大旗帜，全面贯彻“三个代表”重要思想，在党的十六大精神指引下，万众一心，奋发图强，为全面建设小康社会、开创中国特色社会主义事业新局面，为实现中华民族的伟大复兴而不懈奋斗！

共青团第十五次全国代表大会主席团在北京举行第二次会议

会议审议了共青团第十五次全国代表大会选举办法，团十五届中央委员会委员、候补委员候选人建议名单，中国共产主义青年团章程修正案。主席团会议同意将以上文件提交共青团第十五次全国代表大会全体代表酝酿讨论。

国家信息化领导小组第三次会议在北京召开

中共中央政治局常委、国务院总理、国家信息化领导小组组长温家宝主持会议并作重要讲话。会议讨论了《关于加强信息安全保障工作的意见》，听取了国家信息办关于电子政务建设的工作汇报。

中共中央政治局常委、国务院副总理、国家信息化领导小组副组长黄菊，中共中央政治局委员、国家信息化领导小组副组长刘云山、曾培炎等出席会议。

会议认为，在党中央、国务院领导下，我国信息化建设取得了重要进展。信息技术得到广泛应用，信息产业持续快速增长，信息立法、标准、培训等基础性工作也不断得到加强。同时也要看到，我国信息化进程与发达国家相比仍然存在较大差距，信息化建设中还存在一些不容忽视的问题。对此，我们必须高度重视，认真加以解决。

会议强调，我国信息化建设既要加快步伐，又要从实际出发。总体要求是，坚持以信息化带动工业化，以工业化促进信息化，走新型工业化道路。要做好五个结合，一是信息化与经济社会发展相结合；二是信息化与提高政府管理水平相结合；三是军事信息化与经济社会信息化相结合；四是保障信息安全和促进信息化发展相结合；五是政府引导与发挥市场机制作用相结合，走出一条中国特色信息化的新路子。

会议要求，加快推进信息化，必须立足当前，放眼长远。当前要着力抓好四个方面：一是大力推广应用信息技术。抓紧在经济和社会发展的重要领域和关键环节率先应用信息技术。积极运用信息技术改造和提升传统产业、调整和改造东北等老工业基地、加快企业信息化步伐。继续促进金融、财税、商贸等领域信息化，推进电子商务。加快农业信息化步伐。大力发展互联网，提高互联网应用水平。二是加强信息资源开发利用。以政府信息资源开发利用为突破口，带动全社会信息资源的开发利用。加快发展信息服务业。进一步加强信息基础设施建设，防止盲目投资和重复建设。三是抓紧推行电子政务。按照统一规划、突出重点、整合资源、统一标准、保障安全的原则，逐步建成电子政务体系的基本框架。四是切实加强信息安全保障工作。坚持积极防御、综合防范的方针，在全面提高信息安全防护能力的同时，重点保障基础网络和重要系统的安全。完善信息安全监控体系，建立信息安全的有效机制和应急处理机制。

会议要求，必须切实加强对信息化建设组织领导，落实责任，加强协调，深入调研，科学决策。加强制度和法规建设，把信息化纳入规范化、法制化轨道。加快人才培养，造就一支高素质的专门人才队伍。锐意进取，扎实工作，不断把我国信息化建设提高到新水平。

国家信息化领导小组成员出席了会议，国务院有关部门、国家信息办负责同志列席了会议。

中共中央政治局常委李长春在北京同学习贯彻“三个代表”重要思想中央宣讲团进行座谈

中共中央政治局委员、书记处书记、中宣部部长刘云山主持了座谈会，中共中央政治局委员、书记处书记、中组部部长贺国强，全国政协副主席、中国社会科学院院长陈奎元出席了座谈会。

为帮助广大干部群众认真学习贯彻胡锦涛同志“七一”重要讲话精神，推动兴起学习贯彻“三个代表”重要思想新高潮，把思想和行动进一步统一到“三个代表”重要思想和十六大精神上来，中央宣传部会同中央组织部、中央政策研究室、中央党校、中央文献研究室、中央党史研究室、教育部、中国社会科学院，组成中央宣讲团。

李长春指出，要认真搞好这次宣讲活动。宣讲要全面准确，讲求艺术。要带着感情讲，讲出我们对“三个代表”重要思想的坚定信仰；要针对问题讲，讲出“三个代表”重要思想对党和人民事业的巨大指导作用；要结合发展前景讲，讲出在“三个代表”重要思想指引下实现全面建设小康社会宏伟目标的坚定信心。

出席座谈会的有中央有关部门的负责同志吉炳轩、虞云耀、滕文生、周济等。

中央宣讲团由16位同志组成，他们是中央党史研究室主任孙英，中华全国新闻工作者协会主席邵华泽，中央组织部副部长李景田，中央宣传部副部长雒树刚，中央政策研究室原副主任郑科扬，中央党校副校长李君如，中央党校原副校长刘海藩，中央文献研究室常务副主任冷溶，求是杂志总编辑王天玺，中央编译局局长韦建桦，教育部副部长袁贵仁，中国社会科学院副院长李慎明，国防大学副校长许志功，国防大学原副校长侯树栋，中国人民大学校长纪宝成，北京大学原校长吴树青。

7月21日，中央宣讲团成员孙英在中央宣传部、中直机关工委、中央国家机关工委、解放军总政治部和中共北京市委联合举行的报告会上作了首场报告。中央宣讲团从7月23日起赴各地开展宣讲活动。

全国人大内务司法委员会调研组在江西进行老年人权益保障法执法调研

全国人大常委会副委员长顾秀莲参加并指导了这次执法调研。

7月22日至28日，调研组先后听取了江西省政府及有关部门的情况汇报，通过座谈、走访、考察等形式，重点调查老年人"受赡养抚养权"、老年人养老金发放和医疗待遇的落实、建立完善老年人社会保障制度等方面的情况。

据了解，在老年人权益保障法的贯彻落实工作中，江西省在经济基础还比较薄弱，困难比较多的情况下，各级领导和有关部门积极采取措施，依法保障老年人权益的工作取得了很好效果，为老年人办了许多实事。调研中也发现在贯彻老年人权益保障法工作中存在的一些问题，如政策措施落实不到位，维权工作存在薄弱环节；老有所医还没有很好地解决等。调研组就解决这些问题与当地同志一起进行了深入探讨。

最高人民检察院建立新闻发言人制度

最高人民检察院新闻发言人制度7月22日正式启动。最高人民检察院新闻发言人张仲芳首次主持召开了最高人民检察院新闻发布会，请最高人民检察院副检察长赵登举及监所检察厅负责人向新闻界通报了检察机关超期羁押专项清理工作的情况。

最高人民检察院新闻发言人负责主持召开最高人民检察院新闻发布会，代表高检院对外发布检察机关重大新闻事项，接受新闻媒体记者常规性采访，具体办事机构为最高人民检察院新闻办公室。

最高人民检察院新闻发布会原则上每季度召开一次，确因工作需要，可随时召开。新闻发布会主要内容有：检察机关重要工作部署和重大业务决策；检察机关的阶段性成果及典型工作经验；检察机关出台的新举措、新机制；检察机关查办的职务犯罪和刑事犯罪重大典型案件；检察机关新颁布的司法解释；针对社会上有关检察机关的不实言论和消息给予澄清，其他有必要向社会发布的重要检察新闻等。

据悉，最高人民检察院近期已发出通知，要求全国各级检察机关建立新闻发言人制度。

国务院任免国家工作人员

任命胡亚东、陆东福为铁道部副部长。免去蔡庆华的铁道部副部长职务。

国务院决定刘经南院士任武汉大学校长

刘经南，湖南长沙人，中国工程院院士。1967年毕业于武汉测绘学院天文大地测量专业，1982年获该校大地测量工学硕士学位，历任湖南煤田物探队技术员、助理工程师，湘潭矿业学院助教，武汉测绘科技大学地学测量工程学院院长、副校长、武汉大学副校长等职。同时兼任国家卫星定位系统工程技术研究中心主任、软件工程国家重点实验室主任等职。1999年当选为中国工程院院士。

刘经南院士长期从事大地测量坐标系理论、卫星定位技术理论与应用研究，是我国卫星大地测量领域的著名专家。

国家统计局公布2003年全国夏粮减产240万吨

国家统计局对夏粮主产区抽样实测和非主产区初步预计，2003年全国夏粮总产量为9622万吨，比上年减产240万吨，减2.4%。

播种面积减少是今年夏粮减产的主要原因。据调查，2003年全国夏粮播种面积为2562万公顷，比上年减少179万公顷，减6.5%。多数夏粮产区单产提高。夏粮生长期间，农业气象条件有利因素大于不利因素，14个夏粮主产区中，大部分地区夏粮单产比上年提高。

国务院副总理黄菊在中南海紫光阁会见国际清算银行总经理马尔科姆·奈特

中共中央政治局常委吴官正在中南海紫光阁会见澳大利亚司法部长兼总检察长达里尔·威廉斯

中国驻美国大使馆发言人孙伟德在华盛顿出席新闻发布会介绍中美关系发展情况

孙伟德说，在双边关系和政治领域，两国最高层领导人继续保持接触。6月1日，中国国家主席胡锦涛与美国总统布什在法国成功举行了会晤。两位国家领导人在会晤中达成的共识，为两国关系的进一步发展奠定了良好基础。

中美两国与国际社会一道为亚太地区乃至全世界的和平、稳定与发展作出了建设性的贡献。两国在争取和平解决朝鲜半岛核问题上保持密切接触和合作。最近，中国副外长王毅和副外长戴秉国特使为这一问题在一个月内相继访问美国，与美国领导人进行了有益的磋商。这显示了中国为和平解决朝鲜半岛核问题一直进行不懈的努力。

此外，中美两国还在不同领域和层次进行了有效的合作、对话和磋商。尽管受到"非典"的影响，中国经济继续健康发展。今年头5个月，中美双边贸易额达到464.2亿美元,同比增长35.4%。中美两国在反对国际恐怖主义、环境保护、疾病控制、打击贩毒、走私等方面进行了合作。

在回答记者提问时,孙伟德还揭露了"法轮功"顽固分子近来所犯的一系列罪行。

7月23日

国家主席胡锦涛在人民大会堂会见由日本日中友好议员联盟会长自民党众议员林义郎率领的日中友好议员联盟代表团

全国人大常委会委员长吴邦国在北京会见日本日中友好议员联盟代表团团长林义郎

全国政协主席贾庆林在人民大会堂会见新加坡金鹰国际集团主席陈江和

全国新闻界抗击"非典"宣传工作表彰大会在北京召开

中共中央政治局常委李长春和中共中央政治局委员、中央书记处书记、中宣部部长刘云山出席会议并向受表彰者的代表颁奖。

中国记协主席邵华泽主持表彰大会。中宣部常务副部长吉炳轩宣读了表彰决定。中央新闻宣传单位负责人和全国新闻界代表500多人出席了大会。

国务院发出《关于克服非典型肺炎疫情影响促进农民增加收入的意见》

今年以来,各地区、各部门认真贯彻党的十六大和中央农村工作会议精神,全面落实党中央、国务院的各项工作部署,农业和农村经济总体上开局良好,运行平稳。但3月份以来非典型肺炎疫情对农业和农村形成了很大冲击,使农民增收遇到了新的困难。尽管非典型肺炎疫情没有改变农业和农村经济稳步发展的基本态势,但对近年已成为农民收入增长主要来源的畜牧业、农村二三产业和劳动力外出务工,产生了明显的不利影响,加大了实现全年农民增收目标的难度,各地区、各部门对此要有充分的估计。为了尽快克服非典型肺炎疫情带来的不利影响,促进农民增加收入,必须切实提高认识,加强部门协调,采取综合措施,创造良好环境,加大工作力度,有针对性地解决农村存在的突出问题。当前要重点抓好以下工作:

一、切实把增加农民收入作为农业和农村工作的中心任务,摆到更加突出位置

1.增加农民收入是农业和农村经济发展的重要任务,是促进整个国民经济持续快速健康发展的重大问题。努力克服非典型肺炎疫情给农业和农村经济带来的新的不利影响,实现今年农民收入稳定增长,对于完成全年国民经济发展目标,推进全面建设小康社会,具有重大意义。各地区、各有关部门要自觉按照立党为公、执政为民的要求,认真实践"三个代表"重要思想,落实党中央、国务院已经确定的各项政策措施,紧紧围绕增加农民收入这个中心任务,按照统筹城乡经济社会发展的要求,坚持"多予、少取、放活"的方针,进一步推进农业和农村经济结构的战略性调整,切实加大对农业的支持力度,继续深化农村改革,全面促进农业和农村经济发展,采取治标治本结合、增收减负并重等多种措施,千方百计弥补非典型肺炎疫情给农民收入造成的损失。

二、采取有效措施,着力解决当前影响农民增收的突出问题

2.为农民外出务工创造条件,切实维护农民工合法权益。地方各级人民政府要按照"公平对待、合理引导、完善管理、搞好服务"的方针,切实做好农民外出务工就业的组织、指导和服务工作。提供及时、准确的就业信息和技能培训服务,加强输出地和输入地的供需衔接,引导农民工有序流动。进一步清除对农民进城务工的不合理限制和歧视性做法,简化农民外出务工的审核手续,取消各种乱收费。重点解决农民工劳动条件恶劣、劳动安全和职业病防护没有保障、一些企业蓄意拖欠克扣农民工工资等问题。各地区要大力发展农产品加工和流通业,增加农民就业机会;积极扶持中小企业、劳动密集型企业和个体私营企业的发展,鼓励这些企业多吸纳农村劳动力。中西部地区既要鼓励农民到大中城市和经济发达地区务工就业,又要拓宽农民在当地就业的门路。城乡建设工程应根据需要尽可能多用农民工。

3.做好农产品促销工作,努力扩大农产品出口。要全面落实搞活农产品流通的各项政策,进一步疏通农产品运销"绿色通道"。清理和取消农产品流通中的不合理收费,降低农产品运销成本。减少农产品出口收费项目,适当降低收费标准。扶持农产品出口基地建设,提高产品质量。完善农产品出口服务体系,帮助企业解决出口中遇到的困难。落实农产品出口退税政策,当年出口退税要保证,退税补欠要优先安排。加强农产品特别是对粮食、棉花等进出口的宏观调控和管理,严格执行农产品进出口检验检疫标准,坚决打击走私行为。

4.加强动物防疫工作,尽快建立国家重大动物疫病应急机制。加强动物疫病防治,是保障畜牧业健康发展、促进农民增收的有效措施。要抓紧落实动物疫

病防治规划，严格动物疫情报告制度，建立和完善动物疫病防治、控制和扑灭机制。加强动物防疫设施建设，所需资金从基本建设投资中安排。发挥无规定动物疫病示范区的带动作用，创造条件实施国际通行的非疫区认证制度。建立稳定的防疫经费投入机制，保证动物防疫的必要经费。进一步改革和完善兽医管理体制。

5. 关心困难群众生产生活，切实做好救灾救济工作。受灾地区各级人民政府要保证受灾群众有饭吃、有衣穿、有住处、有病能及时治疗，学生能按时上学。同时，应抓紧落实各项抗灾救灾措施，做好已使用行蓄洪区农民损失的补偿工作。引导受灾群众广开门路，开展自力更生、生产自救，尽快恢复生产。帮助受灾群众搞好水毁房屋的规划和重建。尽早安排并落实好灾区和贫困群众的农(牧)业税费减免工作。中央财政适当追加救灾化肥、柴油的专项补贴资金，各有关地区要切实做好救灾物资和救济资金的发放工作。

三、加大对农业和农村投入力度，为促进农民增收创造条件

6. 进一步调整投资结构，加大改善农村生产生活条件的投入。各级人民政府要增加对农业和农村的投入，重点用于能够直接增加农民收入、明显改善农村生产生活条件的项目建设。在年初中央安排257亿元的基础上，下半年再增加32.5亿元国债投资，主要用于人畜饮水、乡村道路、病险水库除险加固、贫困地区电力设施建设等。有关方面要抓紧项目的规划设计，及早拨付资金，加紧工程建设。切实把农村公益和社会事业发展纳入各级财政支持范围，促进农村社会全面进步。

7. 加强对农业投资的使用管理，真正使农村和农民受益。要整合多渠道投资，形成合力，改善管理，提高效益，防止分散资金和重复建设。今年新增的以工代赈资金要抓紧下达，落实项目建设，并适当提高农民劳务报酬比例。进一步完善退耕还林和草原生态治理政策，搞好天然草原退牧还草工程和"小水电代燃料"试点。要充分发挥国家投资的带动作用，在明晰产权的前提下，按照谁投资、谁受益的原则，积极鼓励和吸引社会资金用于农村中小型基础设施建设。今年已经出台的其他各项增加农业和农村投入的措施，要尽量提前到位，及早落实。

四、继续推进农业和农村经济结构调整，扩大农民增收渠道

8. 抓好优势农产品区域布局，促进农业结构调整。抓住当前消费者对优质安全农产品需求增加的有利时机，扩大优质和特色农产品生产。加强农产品生产、加工、流通、消费的全过程质量管理，全面实施食品放心工程。组织优势农产品区域布局规划实施，加快区域化布局、专业化生产和产业带建设。扩大农作物良种推广补贴规模和范围，抓好高产高油大豆和优质专用小麦示范工作。继续扶持发展畜牧业，调整畜产品品种结构，大力发展优质肉牛、肉羊和奶牛等生产。抓好农业技术推广体制改革试点，开展多种形式的农民技术培训。

9. 大力发展农业产业化经营，进一步扶持龙头企业发展。各级财政要继续加大对龙头企业的扶持力度，有关金融机构要改善对龙头企业的服务。重点支持龙头企业实施现代农业高技术产业化示范工程。健全龙头企业与农民的利益联结机制，引导龙头企业和农户建立利益共同体，让农民分享加工、流通环节的收益。

10. 积极扶持乡镇企业，促进农村二、三产业快速增长。支持乡镇企业加快结构调整、技术改造和体制创新，引导乡镇企业重点发展农产品加工业和农产品储藏、保鲜、运销业，增强乡镇企业吸纳农村富余劳动力的能力。加大对规模以上乡镇企业的技术改造支持力度，鼓励乡镇企业向小城镇和工业小区集中。

五、完善农产品市场体系，发挥市场对促进农民增收的作用

11. 增强服务功能，提高农产品市场的服务和管理水平。要多渠道增加投入，重点搞好农产品批发市场的信息收集发布、质量安全检测、电子结算和场地道路等配套设施建设。扶持发展农产品连锁经营、配送、超市、电子商务等现代流通方式。培育和规范市场主体，改进交易方式，提高农产品流通效率。完善市场交易规则，严格市场准入制度，依法规范和整顿农产品市场秩序，打击制售假冒伪劣商品和欺行霸市的违法行为。

12. 建立、健全质量安全标准体系，提高农产品质量档次。加快建立、健全统一、权威的农产品质量安全标准体系、检验检测体系和认证认可体系。进一步完善农业生产资料市场和农业社会化服务体系，为促进农民增收提供各项服务。逐步建立重要农产品、重要生产资料生产和经营的可追溯制度，确保农产品质量安全。

13. 进一步转变政府职能，改进行政管理方式和方法。各级人民政府应从直接干预农业生产转变到经济调节、市场监管、社会管理和公共服务上来，加强对农民增收的引导和服务。抓紧实施"金农工程"，建立和完善农业信息收集、整理和发布制度，为农民发展生产、调整结构提供及时、准确的信息服务。加快发展符合自愿、民主原则的农民专业合作组织和农产品行业协会，提高农民进入市场的组织化程度。

六、进一步深化农村改革，认真落实党在农村的各项政策

14. 切实做好全面推进农村税费改革的试点工作。

要加强领导,精心组织,努力做到“三个确保”。特别要按照“精简、统一、效能”的原则,加快乡镇机构改革,切实转变政府职能,搞好农村教育体制改革。结合农村税费改革后出现的新情况,健全和完善农民负担监督管理机制,抓紧完善农民负担监测、信访举报、检查监督、案件查处等制度。同时,全面落实涉农税收、价格和收费“公示制”,贫困地区农村义务教育收费“一费制”,农村订阅报刊费用“限额制”,违反农民负担政策“责任追究制”,巩固农村税费改革成果,防止农民负担反弹。

15. 继续深化粮食流通体制改革。已经放开粮食购销的地区,要坚持改革的市场化取向,重点培育和规范粮食市场,完善配套改革措施。粮食主产区要认真执行保护价收购政策,防止出现卖粮难,保护农民的利益。同时,还应做好粮食市场化改革的准备。各地区要结合深化粮食流通体制改革和农村税费改革,积极探索对农民直接补贴的有效办法。

16. 积极稳妥地开展农村金融改革。要认真做好农村信用社改革试点工作,明晰产权关系,强化约束机制,增强服务功能,真正把农村信用社办成服务“三农”的社区性地方金融机构,发挥农村金融主力军和联系农民的金融纽带作用。国有商业银行和国家政策性银行要增加对农业和农村的信贷投放。有关金融机构应增加农村小额贷款和农户联保贷款,创造搞活农村经济的条件。

17. 加快推进农村医疗卫生改革和发展。加大农村公共卫生投入,抓紧完善疫情信息网络、疾病预防控制和医疗体系,建立、健全农村疫病防治机制。省级人民政府应加强领导、统一组织、积极稳妥地开展新型农村合作医疗试点工作,探索新型合作医疗制度和贫困家庭医疗救助制度的运行机制和管理办法,重点解决农民因患传染病、地方病等因病致贫和因病返贫的问题。

18. 完善农村土地征用制度。贯彻实施《农村土地承包法》,加强农村土地承包和流转的指导,维护农民合法权益。依法加强征地管理工作,严格监督检查,切实保护好耕地。对土地被征用而失地的农民,要依照有关法律和规定给予合理补偿和妥善安置,防止出现农民失地又失业的现象。今年下半年,各地区要集中力量对农村土地政策执行情况进行一次检查,严肃查处乱占耕地、侵犯农民权益的违法乱纪案件。

中宣部等五部门在北京举办形势报告会

报告会由中共中央宣传部、中直机关工委、中央国家机关工委、解放军总政治部、中共北京市委联合举办,国家发展和改革委员会主任马凯介绍了当前经济形势,以及下半年经济工作的主要任务和政策措施。

关于下半年的工作,马凯提出要继续落实好年初中央确定的各项政策和工作部署,保持政策的连续性和稳定性,按照扩大内需、调整结构、深化改革、推进开放、统筹兼顾、协调发展、促进就业、改善生活的思路,安排好各方面的工作,把各方面加快发展的积极性引导好、保持好、发挥好,确保实现全年经济和社会发展的预期目标。对经济和社会发展中存在的突出问题,要区别情况,加强引导和调控,切实把着力点放到调整经济结构、提高经济增长质量上来。

报告会由中央国家机关工委副书记黄燕民主持,在京党政机关司局级以上领导干部约800人参加。

全国安全生产工作座谈会山西晋城召开

国家安全生产监督管理局局长王显政在会上说,目前全国的安全生产形势仍然严峻。主要表现在一次死亡30人以上的特别重大事故上升。不仅是煤矿,道路和水上交通的特别重大事故也有所上升。上半年,全国共发生特别重大事故7起,死亡349人,同比增加4起、58人。特别是安徽淮北芦岭煤矿、山西孝义县孟南庄煤矿的瓦斯爆炸事故和重庆涪陵的沉船事故等,损失惨重,在国内外造成了严重影响。另外,部分领域特大事故多发势头尚未得到有效控制。上半年全国发生一次死亡10人以上的特大事故68起,死亡1238人。主要发生在煤矿、道路交通和水上交通(含渔船和其他船舶)3个领域。乡镇煤矿、客运车辆、渔业和乡镇船舶是死亡人数最集中的几个场所。需要指出的是,上半年全国事故总量下降,与“非典”疫情造成交通运输、餐饮、旅游、娱乐等行业和领域生产经营活动减少有较大关系。因此对取得的成绩不能估价过高。

王显政提出,下半年要突出抓好六件事:深入开展安全生产专项整治;采取过硬措施抓好煤矿安全生产;加快《安全生产法》配套法规建设;加大事故查处力度;做好安全生产检查和督察工作;搞好企业安全评估;进一步加强监管、监察队伍的自身建设。

国务院副总理黄菊在中南海紫光阁会见瑞士瑞银集团投资银行全球执行主席、欧盟委员会前副主席利昂·布里坦勋爵

外交部部长李肇星在巴厘岛分别会见亚欧外长会议部分代表

先后参加会见的有印尼外长维拉尤达、韩国外交通商部长官尹永宽、马来西亚外长哈米德、泰国外长素拉革、日本外务大臣政务官新藤义孝,以及欧盟轮值主席国意大利外长弗拉蒂尼、欧盟候任主席国爱尔兰负责海外发展和人权事务的国务部长基特和欧盟负责对外关系的委员彭定康。

李肇星在会见中说，亚欧会议成立7年多来，在政治对话、经贸合作、社会文化交流三大领域取得了显著成果。在当前形势下，应加强亚欧政治对话，密切双方在重大国际问题上的协调与合作；充实经贸合作内容，继续推动亚欧合作取得实质性进展；开展文明对话，促进相互理解和交流；妥善处理好亚欧会议本身的有关问题，继续坚持平等相待、求同存异的原则，推动亚欧合作进程不断取得新的进展。

李肇星说，印尼、韩国、马来西亚、泰国和日本都是中国的重要邻国，中国同五国在经贸、科技、教育、旅游等各领域的合作成效显著，在国际和地区事务中也有着良好的协调与配合。中国新一届政府将本着“与邻为善，以邻为伴”的方针，与各国共同努力，推动双边关系进一步发展。

李肇星还就朝核问题以及中国和欧盟的关系问题阐述了中国立场。

与李肇星会晤的各国外长都表示，中国在国际及地区事务中发挥着重要作用，他们愿与中国共同努力，使双边关系得到全面发展。他们对中国在和平解决朝核问题方面发挥的积极作用表示高度赞赏，并强调各国一致赞同中方关于应通过对话和平解决朝核问题的主张。

科技部在北京召开“国家科技基础条件平台建设”部际联席会和专家顾问组成立大会

国家发展和改革委员会、教育部、科技部、财政部等16个部门和单位的领导以及来自科技教育界的23位知名专家学者出席了会议。

国家科技基础条件平台建设是对科技资源粗放管理的挑战，是对知识“小农”生产和管理方式的冲击。按照国务院领导同志指示，由科技部牵头，国务院相关的16个部门和单位共同参加，组成了国家科技基础条件平台建设部际联席会；同时，为了保证政府决策的科学性和民主性，更好地发挥专家群体的智囊团作用，经广泛推荐和多方遴选，成立了由23位知名专家组成的专家顾问组。

中国美术馆举行建馆40周年暨改造装修工程竣工重新开馆仪式

7月24日

全国人大常委会委员长吴邦国在人民大会堂会见由副议长素察·陈乍仑率领的泰国国会下议院代表团

全国政协主席贾庆林在人民大会堂先后会见尼泊尔前首相比斯塔和由全国政委基永加率领的乌干达运动代表团

国务院副总理黄菊在河南考察

7月24日至26日，黄菊在河南省委书记李克强、省长李成玉的陪同下，先后考察了郑州宇通客车公司、许昌许继集团公司等企业，走访了郑州市职业介绍中心、21世纪社区、许昌市东大街道劳动保障事务所，看望了下岗再就业的环卫工人，召开了就业和再就业工作座谈会。他听取了河南省委、省政府的工作汇报，对河南省认真落实中央“两手抓”部署，在防治“非典”、发展经济、促进再就业等方面取得的成绩予以充分肯定。

黄菊在分析当前就业和再就业形势时说，今年受“非典”的影响，就业和再就业工作难度加大。但是，我们更要看到当前的有利条件，增强实现就业和再就业工作目标的信心和决心。

黄菊强调，今年就业和再就业工作任务重、时间紧，必须加大工作力度，加快工作节奏。各地要在认真贯彻执行中央政策和部署的同时，结合本地实际，创造性地开展工作，采取多项措施、多条渠道、多样形式、多种办法扎扎实实地促进就业和再就业。

共青团十五大在人民大会堂举行第二次全体会议

会议由大会主席团常务主席胡伟主持。1504名代表以无记名投票方式选举产生了中国共产主义青年团第十五届中央委员会。

共青团第十五届中央委员会委员、候补委员名单

（2003年7月24日共青团十五大第二次全体会议选举产生）

共青团第十五届中央委员会委员（189名，按姓氏笔画为序）

卫　华（女）　马正学（回族）　马红梅（女，回族）
马春雷　王　宏（女）　王　剑　王　晓
王　晓（女）　王　锐　王永斌　王兴男　王孟全
王荣清（满族）　王晓栋　王晓锋　王海红（女）
王德君　井剑萍（女）　方更生　方春明　尹德明
邓海光　甘　霖　艾　玲（女）　石　华　卢雍政
史庆伟　付　潇　付晓利　白　希（满族）
白　杰（满族）　尔肯江·吐拉洪（维吾尔族）
尼玛卓玛（女，藏族）　吕　刚　吕福春
朱天钰（女，满族）　朱业平　朱学庆
伊力汗·奥斯曼（维吾尔族）　庄长兴　刘　广　刘　闯
刘　勇　刘文新　刘可为　刘志杰　刘宏健（女）

刘剑桥 刘秤荣 关成华(满族) 江广平 许宏
孙国相 阳秋冬 苏喜在 李　历(女) 李　亚
李　虹(女) 李　晖(女) 李大忠
李龙熙(朝鲜族) 李伟群 李国华 李学谦 李晓军
李晓声 李新华 杨　卉(女,彝族) 杨　岳
杨玉经(回族) 杨玉柱 杨宏星 杨建华 杨筱怀
肖菊华(女) 吴　旭(女) 吴拥军(女)
吴康明 余　刚 余远辉(瑶族)
库兰·赛富汗(女,哈萨克族) 汪明浩(满族)
沈千帆 宋芳蓉(女,土家族) 宋希斌 张　立
张　伟 张　彤 张　惠(女) 张九萍(女)
张文全 张文杰 张立军 张光峰 张志刚(朝鲜族)
张忠林 张晓兰(女) 张恩亮(满族) 张绳道
陆　林 陆　晓 阿　旺(藏族) 陈　冬 陈　伟
陈　琛(女) 陈　靖 陈　磊 陈小艳(女)
陈志伟 陈昌龄 武卫东 林　强 杭　东
卓上雄(黎族) 罗　强 罗永纲 罗志虎(蒙古族)
罗国权 周　强 庞　果(女) 郑　林 郑浩峻
孟宪新 赵　钊 赵　勇 赵　彪 赵一德 赵建东
赵新峰 郝　明 荆南讲 胡　伟 胡　军 胡　侠
胡学庆 胡增印 钟志生 段绍安 保建彬 侯大伟
姚　明 秦　军 袁宝成 夏　忠 夏光志 夏科家
顾晓红 晏绍前 倪宝贵 徐　强 徐绍川(满族)
徐总茂 翁志华 高　汎 高　波 高　洪 高宏志
高裕跃 郭长江 郭美荐 唐明英(女) 唐显凯
唐剑光 唐航浩 陶　宏 陶明伦 黄玉生
黄合新(女,壮族) 黄泽元 黄晓炎 曹爱华(女)
常志刚(蒙古族) 常继红(女) 彭　波 彭诚强
葛慧君(女) 董　雨 景小勇 程显峰(满族)
曾　佳(女) 谢京帅(女) 雷　平 路永利
蔡双亭 廖　飞(苗族) 谭　平
滕　红(女,布依族) 魏国强 魏洪波

共青团第十五届中央委员会候补委员(129名,按得票多少为序)

孙　柱 许晓峰 何正清 江　卫 全孙欣(女)
辛志光 宋震寰(回族) 张志红(藏族) 张瑞奇
林飞燕(女,高山族) 和爱宏(傈僳族) 赵恒峰
曹　爱(女) 冯德强 戎立强 刘　敬
张　锦(女) 陈　俊 肖林戎 孟昆龙 王　舸
申淑征(女) 乔占伟 刘雅琴(女)
肖凤利(满族) 吴　纯(女) 胡　霞(女)
钟雪玲(女,畲族) 郭　颖(女) 韩亚君
马旭(女,回族) 王东云(女) 方文杰(女)
石　如 龙冬月(女,鄂伦春族) 刘华亮
许　玲(女) 张　震 陈　实(仡佬族)
杭　颖(女) 国亚萍(女) 孟德昌 徐广村
常　青(蒙古族) 蒋　辉 焦　荣(女)
皮志杰(女) 刘　哲 许　佳
孙俊俊(女,赫哲族) 李国庆 何亚兵(回族)
张　萱(女) 陈荣送 武文梅(女)
赵立平(女) 柳树国 秦　捷 顾苏闽 舒中华
廖立勇 马　佳(女,回族) 毛　方(女) 伞翔宇
李桂臣 张怡宁(女) 范元丰 章雪晴(女)
丁小强 片多(女,藏族) 江　燕(女) 孙云晓
李　顺 杨　帆(女) 杨治花(女,回族) 陈跃楠
金佳慧(女) 孟　敏(女) 宫　辉
聂　巧(女) 郭　萍(女,裕固族)
韩玉冰(女,撒拉族) 傅　强 谭　雪(女)
王　莉(女) 王家仲 车红妮(女,俄罗斯族)
比丽克孜·夏克尔(女,维吾尔族) 陈　琳(女)
徐妍玮(女) 曾凡亚(女)
古丽思坦(女,维吾尔族) 卢　波 让　英(女,藏族)
杨　敏(女) 应　飚 郭　巧(女) 涂　猛
黄　卓(女) 韩　国 贺燕红(女,藏族) 魏　刚
任　洁(女) 张晶莹(女) 王　楠(女)
吴婷婷(女) 初建松 陈　耆 祝培莉(女)
洪剑涛(回族) 彭晓谭(女,土家族) 鲁伟鼎
简　洁(女) 周小兰(女) 舒笑笑(女)
黄　勇 黄秋艳(女,壮族) 薛庆峰 刘英妹(女)
张　菲(女) 冯红云(女,壮族) 张宁宁(女)
陈天桥 陈红红(女) 姚小毅 李中国 李文革
王　铁 樊　牛

国务院任免国家工作人员

任命张业遂、周文重为外交部副部长;免去杨文昌、王光亚的外交部副部长职务。

公安部颁布《公安机关人民警察奖励条令》

这是公安部继《公安机关人民警察内务条令》和《公安机关人民警察训练条令》颁布实施之后,为加强公安队伍建设所采取的又一重大措施,标志着公安机关奖励工作规范化、制度化建设又迈出了新的步伐。

公安机关奖励工作是公安人事管理工作的重要组成部分,是加强公安工作和公安队伍建设的有效手段。全国各级公安机关通过广泛开展立功创模活动,表彰奖励了一大批英雄模范人物和先进集体,弘扬了公安队伍的浩然正气,树立了人民警察的良好形象,有力地推动了各个历史时期的公安工作和公安队伍建设。

为了确保公安机关奖励工作的健康开展,早在新中国成立初期,公安机关就制定出台了一系列规章制度,特别是1984年颁布施行《人民警察奖惩条例(试行)》以来,公安机关在实践中逐步探索形成了一整套

行之有效的具有鲜明公安特色的奖励工作方法,对于规范和加强公安机关奖励工作发挥了重要作用。但是,随着形势的变化和公安工作的发展进步,公安机关奖励工作出现了许多新情况、新问题,公安部依照有关法律、法规和规章,在认真总结经验、深入调查研究和广泛征求意见的基础上,经过多年论证、修改,制定出台了目前的奖励条令。

奖励条令共8章46条,主要包括制定奖励条令的目的、依据,奖励工作的任务、原则、组织管理,奖励的类别、对象、等级、条件、标准、审核审批程序,获奖的标志和待遇,获奖对象的教育和管理以及奖励的撤销等内容。奖励条令自2003年9月1日起施行。

秦山三期核电站全面建成投产

该电站二号机组顺利通过满功率连续运行100小时考验,于7月24日零时18分正式投入商业运行,比计划进度提前了112天。此举创造了国际重水堆核电站建设周期最短的纪录。

秦山三期核电站是国家"九五"重点工程,也是迄今为止中国和加拿大合作的最大贸易项目。该电站采用加拿大成熟的坎杜6重水堆核电技术,总装机容量为两座700兆瓦级,设计寿命40年。两台机组全部投入商业运行后,年发电量近100亿千瓦时。

中共中央政治局常委吴官正在人民大会堂会见印度共产党(马克思主义)政治局委员耶丘里

五国部长级禁毒会议在泰国清莱举行

中国、泰国、印度、缅甸和老挝五国派员参会,会议一致通过了《清莱宣言》。宣言指出,与会各国决定成立特别委员会,合作加强对易制毒化学品的管制;合作扶助种植农作物以替代罂粟种植;加快发展各国间边境贸易合作。中国公安部副部长、国家禁毒委员会副主任罗锋出席了会议。

全国人大常委会副委员长乌云其木格在华沙会见波兰众议院议长博罗夫斯基

乌云其木格率领的中国全国人大代表团于7月23日抵达华沙对波兰进行友好访问。在华沙期间,她还会见了波兰众议院副议长沃伊切霍夫斯基以及波兰议会波中友好议员小组主席和部分成员。

国务院副总理吴仪在大连出席第五届亚欧经济部长会议开幕式并致欢迎词

这是我国抗"非典"取得阶段性重大胜利后主办的第一个高层次、大规模国际会议。亚欧25国及欧盟委员会均派出代表团参会,会议代表约计250人。会议由本次大会主席、中国商务部部长吕福源主持。

吴仪致辞时指出,经济合作是亚欧合作的基础和支柱。亚欧会议的25个成员国有人口23亿,国内生产总值约占世界的一半,科技力量雄厚,自然资源丰富,市场空间巨大,经济上有很强的互补性,开展经济合作具有广阔的前景。

吴仪说,当前,世界经济正处在调整和恢复阶段,复苏面临诸多不确定因素。此次会议恰逢世贸组织坎昆部长级会议召开前夕,如果各成员能够本着求同存异的态度,并能在新一轮谈判涉及的一些问题上形成共识,就能够向坎昆会议发出积极的信号,推动会议取得实质性成果。

吴仪指出,中国人民刚刚经受了与"非典"抗争的洗礼。中国政府和人民经受住了考验。"非典"对中国经济的影响是暂时的、局部的,没有改变经济增长的总体格局。从目前情况看,中国经济今年仍将继续保持稳步发展的良好势头。全面建设小康社会是中国在本世纪头20年经济社会发展的奋斗目标。这一目标的实现不仅将惠及十几亿中国人民,同时也必将为世界经济的发展作出积极贡献。

吴仪说,亚欧经济部长会议作为协调和指导亚欧经济合作的重要机制,为推动亚欧间经贸发展,创造稳定和可预测的经济环境发挥了积极作用。希望本次会议能提出切实可行的办法,进一步明确亚欧经济合作的重点和方向,把亚欧经济合作推向新的发展阶段。

吴仪表示,中国新一届政府将继续积极推进改革开放的政策,继续认真履行加入世界贸易组织的承诺,积极推进与世界各国全方位、多领域、深层次的合作。

开幕式上,本次会议的四方协调员欧盟委员会贸易委员帕斯卡尔·拉米、日本经济产业省经济产业副大臣西川太一郎、意大利生产活动部副部长阿道夫·乌尔索和越南贸易部部长张庭选分别作了发言。他们表示,这次会议作为今年亚欧之间最重要的一次经贸会议,意义重大。会议要讨论的世界经济形势、新一轮多边贸易谈判和亚欧之间的合作等议题关系到亚欧和全球的经济发展。他们都对会议取得积极成果表示乐观。开幕式前,吴仪会见了与会各代表团团长,并与他们合影留念。

亚欧经济部长会议在大连举行新闻发布会

第五届亚欧经济部长会议在闭幕后举行新闻发布会,本次会议主席、中国商务部部长吕福源以及会议四方经济协调员出席了发布会并回答了中外记者提问。

在谈到我国进口增长问题时,吕福源说,进口快速增长是经济发展的必然趋势,中国对此并不担心。今年1—6月中国总体进出口贸易均以两位数增长,其中进口增幅约44%,大于出口,这主要是由于中国经济的快速增长。中国经济发展基本面没受到"非典"疫情的根本冲击,经济的快速增长需要进口相当多的原材料和零部件。进口增加还因为中国已根据加入世贸组织承诺较大幅度降低了关税。伊拉克战争造成一季度石油进口价格较高,也使得上半年进口增幅较大。

关于人民币币值问题,吕福源认为,稳定货币,不使币值大起大落,关系到经济发展和广大人民的根本利益,目前中国仍要保持人民币的稳定。中国经济的首要方向,是保持经济增长,一心一意谋发展。稳定货币,并不意味着我们今后不做调整和改变,其着眼点就在于中国经济的发展。

亚欧经济部长会议发表主席声明

第五届亚欧经济部长会议在大连闭幕。会议结束前,与会代表通过主席声明,就全球经济发展等问题阐述了参加亚欧会议的26个成员方立场。

声明称,会议与会各方代表深入探讨了全球经济发展前景及其对亚欧的影响;分析了亚欧会议成员之间的区域贸易安排持续发展;认为在亚洲以"10+X"为主的合作进程正在加强,亚洲经济合作和制度化的活动日趋活跃;听取了欧盟扩大进程的报告,强调了扩盟对亚欧贸易关系产生的积极影响。

声明称,代表们认为WTO目前正在进行的谈判在一些领域取得了进展,但对其他领域的缓慢进程表示担忧;重申了对在WTO体制下的多边贸易体制的承诺,强调成功结束该轮谈判、促进世界经济复苏的重要性;表达了亚欧将携手应对挑战,对多哈议程开展实质性合作的意愿;重申了对正在加入WTO的成员的支持,同意应加速目前正在进行的越南加入世贸组织谈判。

声明称,会议审议通过了《第九次贸易投资高官会关于〈亚欧会议经济领域审议报告〉的建议》和《亚欧会议经济领域审议报告》。代表们认识到亚欧间还存在其他合作领域,可以对加强亚欧的贸易与投资流动起补充作用。

声明称,会议审议了亚欧"贸易便利行动计划"和"投资促进行动计划",对亚欧会议成员在促进贸易和投资发展方面取得的进展表示赞赏,期望将来可以在这两方面取得更具体的成果。

声明称,代表们对亚欧更紧密经济伙伴关系工作组于2003年5月在西班牙马德里召开首次会议表示欢迎。亚欧会议成员鼓励工商界更加经常性地参与亚欧会议各层次的工作,鼓励在选择经济领域的项目时充分考虑工商界关于亚欧会议优先目标的意见。

第六届亚欧经济部长会议将于2004年9月在荷兰鹿特丹举行。

甘肃泾川发生一起特大交通事故12人死亡

事故发生在泾川县罗汉洞坡底、国道312线1704公里处。目击者称,24日15时左右,一辆大货车在沿坡道下山时,刹车突然失灵,与同向行驶的一辆客车发生追尾,导致客车坠入一条小河沟中。有12人死亡,38人受伤。

7月25日

中共中央总书记胡锦涛在中南海怀仁堂同团中央新一届领导班子成员和团十五大部分代表座谈

座谈会由中共中央政治局委员王兆国主持。中共中央政治局常委曾庆红、吴官正出席了座谈会。

胡锦涛在讲话中向全国广大青年提出三点希望。一是要勤于学习。学习是进步的根基。青年处在学习的关键时期,一定要珍惜大好时光,发愤学习、刻苦钻研,打牢人生成长进步的根基。青年需要掌握丰富的知识,具有适应社会发展需要的技能和本领,更要有坚定的信念、顽强的意志和崇高的精神追求。广大青年要注重学习马克思列宁主义、毛泽东思想、邓小平理论和"三个代表"重要思想,注重砥砺品格、磨炼意志,树立正确的理想信念,培养高尚的道德情操。二是要善于创造。青年时期是最富有生命力和创造力的时期。全国广大青年都要努力培养自己的创造能力、充分发挥自身的创造潜能,紧密结合全面建设小康社会的伟大实践,在不断认识和把握客观规律的基础上,勇于创造、善于创造、不断创造。三是要甘于奉献。奉献是崇高的精神境界,是美好的人生追求,也是成就事业的前提。广大青年要自觉把个人的命运同祖国和民族的命运紧紧联系在一起,把个人的理想追求同全面建设小康社会的伟大事业紧紧联系在一起,自觉服务祖国,无私奉献社会,艰苦奋斗,不懈进取,在火热的社会实践中创造出无悔的青春、永恒的青春。

座谈会上,新当选的团中央书记处第一书记周强介绍了团十五大的情况,北京市朝阳医院综合科护士、团支部书记张锦等6位出席团十五大的代表发了言。

座谈会前,胡锦涛、曾庆红、吴官正等中央领导同志亲切会见了团十五大部分代表和第七届中国青年五四奖章获得者。

共青团第十五届一中全会第一次会议在北京举行

全会选举周强为团十五届中央委员会书记处第一书记,赵勇、胡伟、杨岳、尔肯江·吐拉洪、王晓、张晓兰为书记处书记。经差额选举,王晓、尹德明、卢雍政、白希(满族)、尔肯江·吐拉洪(维吾尔族)、吕福春、朱学庆、刘可为、关成华(满族)、江广平、李学谦、李晓军、杨岳、张晓兰(女)、陆晓、陈伟、陈靖、周强、赵勇、胡伟、胡增印、高洪、郭长江、陶宏、彭波、葛慧君(女)26人当选为团十五届中央委员会常委。

国务院副总理回良玉在北京出席国家民委委员全体会议并讲话

回良玉强调,要深入学习贯彻胡锦涛同志"七一"重要讲话精神,坚持用"三个代表"重要思想统领新世纪、新阶段的民族工作,努力开创我国民族团结进步事业的新局面。

回良玉指出,正确对待和妥善处理好民族问题,做好民族工作,事关国家的长治久安,事关现代化建设的顺利进行和中华民族的伟大复兴。要从党和国家工作全局的高度,充分认识民族工作的极端重要性,全面把握党的民族理论政策,紧扣"共同团结奋斗、共同繁荣发展"的主题。

回良玉强调,做好新世纪、新阶段的民族工作,必须狠抓发展第一要务,努力提高各族人民群众的生活水平。加快民族地区的经济发展,既要在国家经济发展的大局中统筹研究和把握,又要有特殊的政策和措施;既需要国家和有关方面积极支持和大力帮助,更需要民族地区干部群众的开拓创新和艰苦奋斗。要把坚决维护祖国统一和民族团结作为根本原则,要倍加顾全大局,倍加珍惜民族团结,倍加维护社会稳定。

回良玉要求,要充分发挥国家民委委员制度的作用,凝聚各方面力量齐心协力做好民族工作。国家民委各兼职委员单位要认真贯彻党和国家的民族政策法律、法规,切实履行好职责。当前要抓紧制订与民族区域自治法配套的有关法规和政策。

会议由国家民委主任李德洙主持。国家民委兼职委员,以及中央有关部门和全国人大、全国政协有关单位负责同志参加了会议。

国家发改委发布《中国21世纪初可持续发展行动纲要》

1992年联合国环境与发展大会后,我国政府率先组织制定了《中国21世纪议程——中国21世纪人口、环境与发展白皮书》,作为指导我国国民经济和社会发展的纲领性文件,开始了我国可持续发展的进程。为了全面推动可持续发展战略的实施,明确21世纪初我国实施可持续发展战略的目标、基本原则、重点领域及保障措施,保证我国国民经济和社会发展第三步战略目标的顺利实现,在总结以往成就和经验的基础上,根据新的形势和可持续发展的新要求,特制定《中国21世纪初可持续发展行动纲要》(以下简称《纲要》)。

第一部分　成就与问题

经过10年的努力,我国实施可持续发展取得了举世瞩目的成就。

——经济发展方面。国民经济持续、快速、健康发展,综合国力明显增强,国内生产总值已超过10万亿元,成为发展中国家中吸引外国直接投资最多的国家和世界第六大贸易国,人民物质生活水平和生活质量有了较大幅度的提高,经济增长模式正在由粗放型向集约型转变,经济结构逐步优化。

——社会发展方面。人口增长过快的势头得到遏制,科技教育事业取得积极进展,社会保障体系建设、消除贫困、防灾减灾、医疗卫生、缩小地区发展差距等方面都取得了显著成效。

——生态建设、环境保护和资源合理开发利用方面。国家用于生态建设、环境治理的投入明显增加,能源消费结构逐步优化,重点江河水域的水污染综合治理得到加强,大气污染防治有所突破,资源综合利用水平明显提高,通过开展退耕还林、还湖、还草工作,生态环境的恢复与重建取得成效。

——可持续发展能力建设方面。各地区、各部门已将可持续发展战略纳入了各级各类规划和计划之中,全民可持续发展意识有了明显提高,与可持续发展相关的法律、法规相继出台并正在得到不断完善和落实。

但是,我国在实施可持续发展战略方面仍面临着许多矛盾和问题。

——制约我国可持续发展的突出矛盾主要是:经济快速增长与资源大量消耗、生态破坏之间的矛盾,经济发展水平的提高与社会发展相对滞后之间的矛盾,区域之间经济社会发展不平衡的矛盾,人口众多与资源相对短缺的矛盾,一些现行政策和法规与实施可持续发展战略的实际需求之间的矛盾等。

——亟待解决的问题主要有:人口综合素质不高,人口老龄化加快,社会保障体系不健全,城乡就业压力大,经济结构不尽合理,市场经济运行机制不完善,能源结构中清洁能源比重仍然很低,基础设施建设滞后,国民经济信息化程度依然很低,自然资源开发利用中的浪费现象突出,环境污染仍较严重,生态环境恶化的趋势没有得到有效控制,资源管理和环境保护立法与实施还存在不足。

随着经济全球化的不断发展,国际社会对可持续发展与共同发展的认识不断深化,行动步伐有所加快。我国应以加入世贸组织为契机,充分发挥社会主义市场经济体制的优越性,进一步发挥政府在组织、协调可持续发展战略中的作用,正确处理好经济全球化与可持续发展的关系,抓住2002年联合国可持续发展世界首脑会议成功召开的契机,进一步积极参与国际合作,维护国家的根本利益,保障我国的国家经济安全和生态环境安全,促进我国可持续发展战略的顺利实施。

第二部分　指导思想、目标与原则

一、指导思想

我国实施可持续发展战略的指导思想是:坚持以人为本,以人与自然和谐为主线,以经济发展为核心,以提高人民群众生活质量为根本出发点,以科技和体制创新为突破口,坚持不懈地全面推进经济社会与人口、资源和生态环境的协调,不断提高我国的综合国力和竞争力,为实现第三步战略目标奠定坚实的基础。

二、发展目标

我国21世纪初可持续发展的总体目标是:可持续发展能力不断增强,经济结构调整取得显著成效,人口总量得到有效控制,生态环境明显改善,资源利用率显著提高,促进人与自然的和谐,推动整个社会走上生产发展、生活富裕、生态良好的文明发展道路。

——通过国民经济结构战略性调整,完成从"高消耗、高污染、低效益"向"低消耗、低污染、高效益"转变。促进产业结构优化升级,减轻资源环境压力,改变区域发展不平衡,缩小城乡差别。

——继续大力推进扶贫开发,进一步改善贫困地区的基本生产、生活条件,加强基础设施建设,改善生态环境,逐步改变贫困地区经济、社会、文化的落后状况,提高贫困人口的生活质量和综合素质,巩固扶贫成果,尽快使尚未脱贫的农村人口解决温饱问题,并逐步过上小康生活。

——严格控制人口增长,全面提高人口素质,建立完善的优生优育体系和社会保障体系,基本实现人人享有社会保障的目标;社会就业比较充分;公共服务水平大幅度提高;防灾减灾能力全面提高,灾害损失明显降低。加强职业技能培训,提高劳动者素质,建立、健全国家职业资格证书制度。到2010年,全国人口数量控制在14亿以内,年平均自然增长率控制在9‰以内。全国普及九年义务教育的人口覆盖率进一步提高,初中阶段毛入学率超过95%,高等教育毛入学率达到20%左右,青壮年非文盲率保持在95%以上。

——合理开发和集约高效利用资源,不断提高资源承载能力,建成资源可持续利用的保障体系和重要资源战略储备安全体系。

——全国大部分地区环境质量明显改善,基本遏制生态恶化的趋势,重点地区的生态功能和生物多样性得到基本恢复,农田污染状况得到根本改善。到2010年,森林覆盖率达到20.3%,治理"三化"(退化、沙化、碱化)草地3300万公顷,新增治理水土流失面积5000万公顷,二氧化硫、工业固体废物等主要污染物排放总量比前5年下降10%,设市城市污水处理率达到60%以上。

——形成健全的可持续发展法律、法规体系;完善可持续发展的信息共享和决策咨询服务体系;全面提高政府的科学决策和综合协调能力;大幅度提高社会公众参与可持续发展的程度;参与国际社会可持续发展领域合作的能力明显提高。

三、基本原则

——持续发展,重视协调的原则。以经济建设为中心,在推进经济发展的过程中,促进人与自然的和谐,重视解决人口、资源和环境问题,坚持经济、社会与生态环境的持续协调发展。

——科教兴国,不断创新的原则。充分发挥科技作为第一生产力和教育的先导性、全局性和基础性作用,加快科技创新步伐,大力发展各类教育,促进可持续发展战略与科教兴国战略的紧密结合。

——政府调控,市场调节的原则。充分发挥政府、企业、社会组织和公众四方面的积极性,政府要加大投入,强化监管,发挥主导作用,提供良好的政策环境和公共服务,充分运用市场机制,调动企业、社会组织和公众参与可持续发展。

——积极参与,广泛合作的原则。加强对外开放与国际合作,参与经济全球化,利用国际、国内两个市场和两种资源,在更大空间范围内推进可持续发展。

——重点突破,全面推进的原则。统筹规划,突出重点,分步实施;集中人力、物力和财力,选择重点领域和重点区域,进行突破,在此基础上,全面推进可持续发展战略的实施。

第三部分　重点领域

一、经济发展

按照"在发展中调整,在调整中发展"的动态调整原则,通过调整产业结构、区域结构和城乡结构,积极参与全球经济一体化,全方位逐步推进国民经济的战略性调整,初步形成资源消耗低、环境污染少的可持续发展国民经济体系。

——产业结构调整。对农业和农村经济结构进行战略性调整,提高土地和水资源的利用率,减少对环境的污染和对生态环境的破坏;调整种植业、养殖业内部结构,优化农业生产区域布局,大力推进农业产业化经营,推进乡镇企业技术进步和体制创新。对工业进行改组改造和结构优化升级,减少产业发展对资源环境造成的压力,用高新技术和先进适用技术改造提升传统产业,有重点地改造一批骨干企业和发展一批高技术工程。大力发展服务业,提高供给能力和服务水平,满足人民生活质量日益增长的需要，发展以住宅为重点的房地产业，加强旅游基础设施和配套设施建设，优化配置和充实社区服务设施，壮大社区服务业，改造提升传统流通业、运输业和邮政服务业；发展信息产业，实施信息化战略，推进政务、金融、外贸、广播电视、教育、科技、医疗卫生、社会保障和公用事业等重点领域信息化进程。加强基础设施建设，加强以大江大河治理为重点的防洪工程建设，加快南水北调等水资源宏观配置工程，加快重点公路国道主干网建设，建设改造主要铁路通道。

——区域发展与消除贫困。调整区域结构，减缓区域发展不平衡，通过扶贫和推进西部大开发战略，加快西部地区的水利、交通、能源、通信、广播电视和城市基础设施建设，加快发展特色经济，提高资源利用效率，减少污染物排放；逐步消除绝对贫困和减少相对贫困，继续实行开发式扶贫，实行政府主导，社会各界参与扶贫开发，采取社会、经济、生态环境综合配套的扶贫措施，改善贫困地区生产、生活、医疗卫生等基本条件；积极稳妥地开展生态移民，减轻生态恶化地区的压力，促进生态保护和恢复。

——城镇化与小城镇建设。加强城镇体系规划，积极发展中小城市，完善区域性中心城市的功能，发挥大城市的辐射带动作用，有重点地发展小城镇。适时、科学、稳妥地调整城镇行政区划设置，构建适应我国城镇可持续发展的体制框架、政策框架和规划体系，积极稳妥地推进城镇化进程，完善城镇社会经济综合发展规划，分类指导不同类型的城镇发展。发展城乡一体化的劳动力、资金等要素市场，加快农村人口向城镇转移的步伐。把引导农村中小企业合理集聚、完善农村市场体系、发展农业产业化经营和社会化服务等与小城镇建设结合起来，通过繁荣小城镇经济，提高小城镇对农村人口的吸纳能力。加强城镇基础设施建设，提高城镇的就业容量，健全城镇居住、公共服务和社会服务等功能；加强城市社区管理，建设有序、文明、祥和的新型社区，创造良好的人居环境，加强城镇综合治理，改善城镇环境，形成各具特色的城镇风格，全面提高城镇管理水平。

——积极应对经济全球化。优化出口商品结构，完善进口商品管理，扩大机电产品和高新技术产品的出口，限制和禁止影响人类健康、安全、破坏环境的商品和技术进出口；逐步提高进出口商品的环境质量标准，建立、健全保护人类健康、动植物健康和环境的管理体制；大力发展国际经贸，吸引外资投向我国鼓励发展的领域和地区，鼓励有实力的国内企业向海外发展；提高产业国际竞争力，将传统的资源密集型产业调整为劳动密集型、技术密集型和资本密集型相结合的产业；积极参与多边贸易、环境等规则制定，与国际社会共同努力，反对利用环境、人权等问题制造新的贸易壁垒，切实保障可持续发展战略的顺利实施。

二、社会发展

建立完善的人口综合管理与优生优育体系，稳定低生育水平，控制人口总量，提高人口素质。建立与经济发展水平相适应的医疗卫生体系、劳动就业体系和社会保障体系。大幅度提高公共服务水平。建立、健全灾害监测预报、应急救助体系，全面提高防灾减灾能力。

——加强人口综合管理。坚持计划生育基本国策，稳定现行生育政策，加快我国有关人口方面的法律、法规体系建设；切实加强计划生育基层基础工作，农村抓村组，城市抓社区，落实企事业单位计划生育法人责任制，加强计划生育技术服务网络建设，提高干部队伍管理和服务水平；加强社会主义新型生育观念和生育文化宣传教育，加强计划生育利益导向机制建设，加强与计划生育相关的社会保障制度建设；采取多种综合措施，鼓励家庭实行计划生育，加强计划生育人群权益保护；加强对流动人口的综合管理；高质量、高水平地普及九年义务教育，搞好学前教育，在城市和发达地区普及高中阶段教育，加强高等教育，发展继续教育，提高人口素质。

——完善社会保障体系。建立独立于企业事业单位之外，资金来源多元化、保障制度规范化、管理服务社会化的社会保障体系。调整和完善城镇职工基本养老保险制度；稳步推动国有企业下岗职工基本生活保障向失业保险并轨，健全失业保险制度；努力扩大基本医疗保险覆盖面，稳步推进工伤保险和生育保险；加强和完善以城市居民最低生活保障制度为基础的社会救济制度，加快社会福利特别是社区老年福利事业的发展；在有条件的地区探索建立农村养老、医疗保险和最低生活保障制度；实现社会保障管理和服务的社会化；加强社会保障资金的筹集和管理；加快社会保障立法步伐；加快社会保障信息系统建设；实行积极的就业政策，千方百计扩大就业，广开就业门路，发展劳动密集型产业；引导全社会转变就业观念，推行灵活多样的就业形式，鼓励自谋职业和自主创业；完善就业服务体系，加强职业技能培训，提高劳动者素质。

——发展卫生事业。建立、健全卫生法律、法规体系、监督执法体系。继续深化医疗卫生管理体制改革，完善政府调控下的各项医疗卫生管理政策；优化卫生资源配置，合理布局，逐步形成以社区卫生服务为基础、分工合理、方便、快捷的新型城镇卫生服务体系；加强农村卫生事业建设，建立适应农村社会经济发展要求，具有预防保健和基本医疗功能的农村卫生服务体系,基本实现农民人人享有初级卫生保健目标;提高对突发事件、紧急疫情的迅速反应和处理能力,加强对重大疾病的预防与有效控制;切实加强妇女儿童的预防保健工作,提高儿童全程免疫接种率,全面提高妇女儿童的保健水平;加强社会养老保障建设,完善老年医疗、康复服务以及医院、社区卫生服务与家庭护理服务体系;加强职业病的防治,保护从业人员健康;全面普及卫生知识,提倡健康的生活习惯与生活方式。

——加强灾害综合管理。进一步完善灾害管理法律、法规,增强全民防灾减灾意识;制定防灾减灾规划和应急方案;建立和完善主要自然灾害以及重大事故的监测、预报预警系统,全面提升和整合信息处理能力,提高预报的时效性和准确性;加强部门协作与配合,建立完善的灾害处理应急指挥系统和减灾救灾综合协调机制,加强防灾减灾工程建设、救援物资和设备储备,形成一支快速反应的救灾力量,提高紧急救援能力,减少灾害造成的人员伤亡和经济损失;推进经常性社会捐助工作网络建设和制度建设,逐步形成良好的社会化灾害救助机制。

三、资源优化配置、合理利用与保护

合理使用、节约和保护资源,提高资源利用率和综合利用水平。建立重要资源安全供应体系和战略资源储备制度,最大限度地保证国民经济建设对资源的需要。

——水资源优化配置、合理利用、有效保护与安全供给。健全水资源开发、管理与保护的法律、法规体系,实施更严格的水资源管理政策;实施水资源流域管理与行政区域管理相结合的管理体制;明确水权,实施流域与区域水资源总量的分配制度,合理调配生活、生产和生态用水;实施国民经济和社会发展规划、城市总体规划、重大建设项目水资源论证制度,促进水资源利用与人口、环境、经济社会协调发展;建立合理的价格机制和激励机制,实施计划用水与定额用水相结合的综合管理措施,推行用水审计,促进水资源的合理利用;鼓励发展节水农业、节水工业,建设节水型城市和节水型社会,全面节约用水,提高水的利用率;实施水功能区划管理制度,有效保护水资源;实施南水北调工程,改善水资源的宏观布局;大力提倡污水再生利用等非传统水资源的开发利用;在沿海地区积极开发利用海水资源,推广应用海水淡化技术,补充陆地淡水不足。

——土地合理利用。贯彻执行十分珍惜、合理利用土地和切实保护耕地的基本国策,坚持实行世界上最严格的土地管理制度;加强土地资源调查、评价和监测,科学编制和严格实施土地利用总体规划;加强耕地保护和基本农田建设,防止耕地质量退化,确保国家粮食安全;加强林地保护和森林资源建设,确保国土生态安全;合理调整土地利用结构与布局,提高土地利用效率;加强建设用地管理,控制建设用地规模,促进农民居住向城镇集中、工业向工业园区集中,保障经济建设必需的土地;积极开展土地整理和复垦,适度开发土地后备资源;加强土地资产管理,深化土地使用制度改革,大力推进土地使用权市场建设,完善地价管理制度和土地税费体系,引导集约高效利用土地资源;完善土地产权制度,保障农户承包经营权;改革征地制度;深入开展土地科技的研究与应用,扩大土地遥感监测,逐步完善土地利用管理信息系统;加强土地法制建设,完善土地管理法律、法规,健全土地执法体制,加大土地执法力度。

——改善能源结构,提高能源效率。大力发展天然气、水电、可再生能源、新能源等清洁能源,发展清洁燃料公共汽车和电动公共汽车,积极利用国外油气资源,努力降低煤炭在一次能源消费中的比重;大力发展清洁利用煤炭和热电联产集中供热技术,强化能源节约,提高能源利用效率,减少环境污染;在适宜地区大力发展沼气、节能灶、太阳能、风能等,改善农村能源结构;实施“西气东输”、“西电东送”等重大工程,改善能源布局。

——森林资源的可持续利用。加大森林资源保护、管理、监督和执法力度,制止乱砍滥伐林木、毁林开垦等行为,提高全民保护森林资源的意识;积极落实森林资源管护经营责任制,明确“责、权、利”关系,理顺森林资源管理体制;深化林业的分类经营改革;调整和完善不适应的林业政策,切实减轻林业税费负担;提高科技含量,以高新技术改造传统产业和淘汰落后生产方式,加快发展速生丰产用材林基地和林业产业;加大生态环境建设力度,全面实施天然林资源保护等林业重点工程建设。

——草地资源的可持续利用。加强草原管理机构建设,强化管理职能,加大执法力度;积极落实草原承包制,明确草原使用的“责、权、利”关系;提高科技含量,改变草原资源利用方式,变传统的粗放数量型为质量效益型;加大以人工种草、飞播种草、围栏封育、草场改良、划区轮牧和草地鼠虫害防治等为主要内容的天然草原保护建设实施力度,防止超载过牧,强化“三化”草地治理,恢复天然草场植被。

——矿产资源的可持续利用。进一步健全矿产资源法律、法规体系;科学编制和严格实施矿产资源规划,加强对矿产资源开发利用的宏观调控,促进矿产资源勘查和开发利用的合理布局。进一步加强矿产资源调查评价和勘查工作,提高矿产资源保证程度;对战略性矿产资源实行保护性开采。健全矿产资源有偿使用制度,依靠科技进步和科学管理,促进矿产资源利用结构的调整和优化，提高资源利用效率。充分利用国内外资金、资源和市场，建立大型矿产资源基地和海外矿产资源基地。加强矿山生态环境恢复治理和保护。

——海洋资源的可持续利用。制定合理利用和保护海洋的发展规划；严格执行海洋功能区划，强化海域使用管理，加强海域使用审批，全面推行海域有偿使用制度；加强海洋监测、执法管理系统建设；开展全国性海洋生态环境调查与研究；大力发展海洋高新技术，积极开发利用深海和大洋资源。

——气候资源的可持续利用。进一步增强全民的气候资源意识；建立和健全气候资源开发利用与保护的法律、法规体系；制定气候资源合理开发利用与保护规划；及时修订、更新气候资源区划；采用先进的计算机信息处理技术和遥感技术，加强对气候资源的监测与评估；建立气候资源合理开发利用的试验示范基地。重点做好农业气候资源、风能、太阳能的监测、区划、规划和试验示范工作。

——矿产资源战略储备。建立战略矿产资源储备制度，完善相关经济政策和管理体制；建立战略矿产资源安全供应的预警系统，在大城市实行多水源供给的水资源战略储备制度；采用国家储备与社会储备相结合的方式，实施石油等重要矿产资源战略储备。

四、生态保护和建设

建立科学、完善的生态环境监测、管理体系，形成类型齐全、分布合理、面积适宜的自然保护区，建立沙漠化防治体系，强化重点水土流失区的治理，改善农业生态环境，加强城市绿地建设，逐步改善生态环境质量。

——生态环境监测及安全评价。建立完善的生态环境监测与安全评估技术和标准体系，形成国家级、区域级、保护区等多层次的生态环境监测体系；采用遥感和地面监测等现代技术手段对森林、草地、湿地、农田、自然保护区、沙漠、水土保持、农业生态环境、生物多样性、大型生态建设工程、重点资源开发区及土地利用变化等进行有效监测与管理，对严重突发污染事故和海上赤潮、石油污染、沙尘暴等灾害进行应急跟踪监测；建立生态环境安全评价及预警预报系统。

——建设林业重点生态工程。重点保护长江上游、黄河中上游和东北国有林区天然林资源，治理水土流失，减少风沙危害，加强生物多样性保护，建立速生丰产林基地，逐步满足人们对生态环境和林副产品的需求。加快实施天然林保护，退耕还林，京津风沙源治理，“三北”和长江中下游地区等重点防护林建设、野生动植物及自然保护区建设、重点地区速生丰产用材林基地建设六大林业生态工程。

——建立自然保护区。加强现有森林生态系统、珍稀野生动物、荒漠生态系统、内陆湿地和水域生态系统等类型自然保护区建设，强化现有草原与草甸生态系统、海洋和海岸生态系统、野生植物、地质遗迹、古生物遗迹等类型自然保护区的建设；在长江、黄河等大江大河源头区域及青藏高原的重要天然湿地，西南、东北以及西北荒漠地区等生物多样性丰富、原生生态系统保存较好且生态敏感区域以及珍稀濒危物种的栖息地，有计划地建立一批质量高、有实效的自然保护区。合理空间布局，加强生物走廊带建设。

——建立生态功能保护区。加强现有生态功能保护区的建设和管理；在江河源区，长江、黄河和松花江等流域重要湿地(湖泊)，塔里木河、黑河等内陆河流域，南方红壤丘陵区、黄土高原、北方土石山区，农牧交错区、干旱草原地区，近海重要渔业水域建立生态功能保护区；调整生态功能保护区内的产业结构，发展生态“友好型”的产业，最大限度地减轻人为活动对生态系统的影响；坚持“封育为主，宜治则治，宜荒则荒”的原则，尽快恢复与重建生态功能。

——防治土地沙化。制定适合土地沙化地区经济发展的经营机制和政策，研究、推广防治土地沙化的适应耕作制度；形成防、治、用有机结合的土地沙化防治体系；干旱沙漠边缘及绿洲类型区以保护现有植被为主，在绿洲外围建立综合防护体系；半干旱沙地类型区主要是保护和恢复林草植被；高原高寒沙化土地类型区主要是在做好现有植被保护的前提下，对人类经济活动集中地区的沙化土地进行治理；黄淮海平原半湿润、湿润沙地类型区应全面治理沙化土地并适度开发利用，南方湿润沙地类型区应对沙化土地进行综合治理和开发。对不具备治理条件和不宜开发利用的连片沙化土地，采取措施，严禁开发。

——加强水土保持。完善水土保持政策，落实国家对退耕还林、还草的各项政策，加强基本农田和草原水利建设；坚持水资源保护与开发相结合，水土流失治理与群众脱贫致富、发展地方经济相结合的原则，实施以大流域为骨干、以小流域为单元的综合治理，防止大规模开发建设过程中造成新的人为水土流失；建立工程措施、生物措施和耕作措施相结合的综合防治体系；研究、开发和推广水土保持实用技术，加强国际合作与交流，引进和推广先进技术、优良品种、管理方法和手段。

——发展生态农业。加大对农业野生生物资源保护的监督管理力度，抢救性收集重点地区农业野生生物资源，建立农业野生生物原生地保护示范区或保护点；大力开展保护性耕作，继续开展旱作农业示范县和生态农业示范县建设；制订有效的政策及管理机制，研究、推广生态农业关键技术和模式，鼓励农民采用清洁生产技术，合理使用化肥、农药，开展农业废弃物综合利用，建立可持续发展的农业生态系统；健全无公害农产品法律、法规、标准、检测体系，完善农业生态环境检测、评价及预警系统；强化农产品生产基地及产品安全管理，创建各类特色的无公害农产品生产示范基地及品牌。

——加强风景名胜区保护。按照“严格保护、统一管理、合理开发、永续利用”的原则，编制风景名胜区规划，并严格实施。风景名胜区规划中要划定核心保护区（包括生态保护区、自然景观区和史迹保护区）保护范围，制定专项保护规划，确定保护重点和保护措施。核心保护区禁止与资源保护无关的工程建设。风景名胜区规划要与当地土地利用总体规划协调一致。

——重视城市生态环境建设。合理规划城市建设用地，建立并严格实施城市“绿线”管制制度。按现代化城市的标准，确保一定比例的公共绿地和较大面积的城市周边生态保护区域。加大城市绿化建设力度，提高城市大气环境质量。大力推动园林城市创建活动，减轻“城市热岛效应”。加强城市建设项目环境保护及市容环境管理，减少扬尘和噪音。

五、环境保护和污染防治

实施污染物排放总量控制，开展流域水质污染防治，强化重点城市大气污染防治工作，加强重点海域的环境综合整治。加强环境保护法规建设和监督执法，修改完善环境保护技术标准，大力推进清洁生产和环保产业发展。积极参与区域和全球环境合作，在改善我国环境质量的同时，为保护全球环境作出贡献。

——流域水污染防治。加大重点河流和湖泊水污染防治力度，加强饮用水源地保护、富营养化湖泊治理、面源污染控制；推行清洁生产，进一步减少污染物排放量；实行流域污染物排放总量控制，提高污水处理率，在一些行业推行污水零排放；继续加大城市污水和垃圾处理设施的建设力度；优化产业、产品结构，发展环保高技术，加快研发和推广适合国情的重污染行业污染治理技术工艺，提升我国整体产业水平和水污染治理水平。

——海洋污染防治。完善全国海洋环境监测网络，强化海洋污染及生态环境监测；逐步减少陆源污染物向海排放和各种海洋生产、开发活动对海洋造成的污染，实施污染物入海总量控制制度；开展重点海域的环境综合整治，加大海岸带生态环境保护与建设力度。

——大气污染防治。控制致酸物质、有毒有害工业气体排放，防治酸雨、可吸入颗粒物、光化学烟雾和室内空气污染。

——城市交通管理。整合城市交通结构，优先发展公共交通，特大城市要注重发展轨道交通，建立公共交通优先的路网系统，控制城市机动车尾气污染和噪声污染。

——固体废物污染防治。逐步实行垃圾分类收集，实现垃圾的无害化、减量化、资源化，提高垃圾无害化处理率和综合利用率；进一步提高固体废弃物中可利用物质的综合利用率，加强矿山环境保护和生态恢复治理；加强危险废物的安全处置。

——环保产业发展。规范环保产业市场，优化环保产业结构，通过推进污染治理市场化、企业化、产业化，构筑面向市场的环保技术服务体系和良好的市场运行机制；制定引导环保产业发展的配套政策，加强环境保护关键技术和工艺设备的研究开发，提高高效实用环保设备的生产能力，促进重大环保设备的成套化、系列化和标准化；通过环境标准、技术政策、示范工程和重点实用技术等引导环保产业发展；实施 ISO 14000 环境管理体系、环境标志产品认证制度，大力加强环保中介、环保技术和工程服务。

六、能力建设

建立完善人口、资源和环境的法律制度，加强执法力度，充分利用各种宣传教育媒体，全面提高全民可持续发展意识，建立可持续发展指标体系与监测评价系统，建立面向政府咨询、社会大众、科学研究的信息共享体系。

——可持续发展的立法与实施。加强可持续发展立法，完善有关法律制度；以可持续发展为原则，制定和完善人口、资源、生态环境、自然灾害防治以及信息资源共享和利用等方面的法规；根据市场经济运行规律和世贸组织的规则，修订相应的法规。建立、健全可持续发展的法律实施保障体系，严格依法行政，加强执法监督，切实保证可持续发展的各项法律制度得以实施。

——可持续发展指标体系与监测评价。逐步建立符合我国国情、多层次的可持续发展指标体系和监测评价系统，开展国家和地区的可持续发展水平监测评价，定期发布监测评价报告。

——可持续发展的信息共享。建立公共基础数据、人口、社会经济、资源、生态、环境和灾害等信息库，实现基于高速网络基础上的、面向社会各界的、具有数据分析与处理能力的信息共享和信息服务体系；建立适应于政府决策的信息共享网络。

第四部分　保障措施

面对新世纪的国际国内环境，为了实现本《纲要》中提出的各项目标，必须采取行政、经济、科技、法律等手段，从加强部门协调、拓宽融资渠道、依靠科教支撑、健全法规制度等方面采取切实有效的保障措施。按照“三个代表”重要思想的要求，以高度的责任感和使命感，切实推进可持续发展战略的顺利实施。

一、运用行政手段，提高可持续发展的综合决策水平

——加强领导，抓好管理。各级政府都要认真贯彻可持续发展战略，将《纲要》所确定的有关人口资源环境等方面的任务纳入日常工作议程。继续坚持和认真落实人口资源环境工作党政一把手亲自抓、负总责的制度，逐级建立和完善严格的责任制。由政府负责，协调部门制定政策、明确任务，落实责任、督促检查，做到责任、措施和投入“三到位”。不断提高政府统筹规划和政策协调以及规范管理的能力和水平。

——强化监督，狠抓落实。结合完善规范、科学的公务员政绩考核和奖惩制度，使各级政府主要领导关心和重视人口、资源和环境的可持续发展。各级政府应当确保将可持续发展工作纳入相关的战略、规划和计划，并且贯穿到计划实施的全过程。逐步将领导干部实施可持续发展战略的评估结果和最后验收结果作为定量考核和评估其工作实绩的主要依据。

——统一协调，综合决策。建立和完善人口资源环境与经济社会的统一协调机制与综合决策激励机制；制定有利于综合考核地区和企业可持续发展水平的指标体系，试行将资源环境成本纳入国民经济核算体系；试行重大项目和重大决策的可持续发展影响评价制度，建立公众参与综合决策的渠道，提高政府推进可持续发展的公共服务水平。

二、运用经济手段，建立有利于可持续发展的投入机制

——建立有利于可持续发展的相对稳定的资金投入筹措机制。逐步加大各级政府在可持续发展方面的必要投入，引导非国有资金甚至国外资金投入可持续发展领域，大幅度提高实施可持续发展战略的资金保障程度和稳定性，提高对投入可持续发展资金使用的管理水平和投入资金的经济效益。

——建立有利于引导各类利益主体参与可持续发展的价格调节机制。通过价格调节，引导各类相关利益主体的法人强化节约资源，严格保护城乡生态环境，真正发挥价格机制在资源的市场供求和可持续利用等方面的调节功能。

三、运用科教手段，为推进可持续发展提供强有力的支撑

——深化科技体制改革，建设国家创新体系。通过机制创新和管理创新，逐步形成既顺应市场经济要求，又符合科技发展自身规律的科技体制。优化科技资源配置，进一步加强与可持续发展相关的科学研究体系、技术开发体系、科技服务体系建设，调动科技人员从事可持续发展领域研究和产业化的积极性、创造性，促进实现人口资源环境的可持续发展。

——依靠科技，大力开发、推广和应用先进适用的生态“友好型”实用技术。集中力量研究开发一批对可持续发展有重大影响的关键技术，提高可持续发展技术水平和能力；在加快企业结构调整的过程中，推行清洁生产，并与企业技术进步、节能降耗、资源综合利用和加强企业管理结合起来，加快各类企业环境污染由末端治理向全过程控制的根本转变。加快建立和完善以开展清洁生产为重点的工业污染综合防治模式，鼓励和支持企业采用高新技术，使用新型能源，走低能耗、物耗、少排污的清洁生产发展道路；选择具备条件的地区或企业，扶持建立若干生态和环保研发中心，组织开展技术和装备攻关，提高环保设备成套化、系列化水平。

——积极发展各级各类教育，提高全民可持续发展意识。强化人力资源开发，提高公众参与可持续发展的科学文化素质。在基础教育以及高等教育教材中增加关于可持续发展的内容，在中小学开设“科学”课程，在部分高等学校建立一批可持续发展的示范园(区)。政府有关部门要在经费投入和工作安排上加大面向全社会宣传、普及、推广、应用等软环境建设的力度。科研机构定期向社会开放。利用大众传媒和网络广泛开展国民素质教育和科学普及。加快培育一大批熟悉优生优育、生态环境保护、资源节约、绿色消费等方面基本知识和技能的科研人员、公务员和志愿者。积极鼓励与支持社会组织和民间团体参与促进可持续发展的各项活动。

四、运用法律手段，提高实施可持续发展战略的法制化水平

——继续加强可持续发展方面的立法工作。研究、制定一些新的法律、法规，加快修改完善现有法律、法规，形成基本完善的可持续发展法律制度。各地区要按照国家法律、法规，根据当地实际情况，制定实施一些地方性法规，以促进发展各具特色的区域性可持续发展模式和道路。

——做好相应的配套制度建设和标准制定工作。建立、健全有关可持续发展的各项管理制度，包括现行的各项环境管理制度、自然资源权属管理制度、有偿使用制度和使用权(产权)流转制度、流动人口综合管理制度等，逐步形成具有中国特色社会主义的人口资源环境工作管理制度体系。

——大力提高全社会的公共监督和法制化管理水平。加强执法队伍建设，加大执法力度，注意发挥新闻单位、社会中介组织的监督作用，切实保障各级政府和执法部门依法行使管理职能；注重人口资源环境有关法律、法规知识的宣传、普及和教育，尽快提高社会大

众的可持续发展法律意识和法制观念。

五、运用示范手段,做好重点区域和领域的试点示范工作

加强可持续发展的试点示范工作,总结经验,逐步推进可持续发展战略的实施。通过开展试点示范工作,建立一批可持续发展基地,形成集技术、管理、政策、机制于一体的综合示范;围绕可持续发展领域的重大问题,开展政策、战略和关键技术研究。通过典型区域和领域的试点示范,解决地方普遍遇到的资源利用、生态环境保护、结构调整和经济增长方式转变等方面的问题,形成不同类型的可持续发展模式,并向周围其他地区辐射推广。

六、加强国际合作,为可持续发展创造良好的国际环境

积极参与全球环境合作,就参与各类环境条约问题制定对策,认真履行参加的各类国际条约,贯彻落实可持续发展世界首脑会议等相关国际会议达成的决议和决定;重视并积极推动双边和多边国际合作,利用各种渠道促进国内环境保护,维护我国利益,为可持续发展创造良好的国际环境;适应经济全球化和我国加入世贸组织的新形势,逐步建立和完善以绿色产品、技术、服务为主导的投资贸易政策体系,充分利用国际国内两种资源和两个市场,促进我国可持续发展战略的顺利实施。

新加坡领导人在新加坡分别会见外交部部长李肇星

新加坡总理吴作栋、内阁资政李光耀和副总理李显龙分别会见了正在新加坡访问的中国外交部长李肇星。

当天,李肇星外长还同新加坡外长贾古玛举行了会谈,就两国关系及两国外交部间的交流进行了深入讨论,并共同出席了中新外交部就修改《互惠培训计划纪要》举行的换文仪式。

全国人大常委会副委员长乌云其木格在华沙会见波兰副总理豪斯纳

国务院学位委员会在北京召开第二十次会议

国务委员、国务院学位委员会主任委员陈至立出席会议,要求认清形势和任务,深化改革,开拓进取,努力开创学位与研究生教育工作的新局面。

陈至立指出,胡锦涛总书记在“三个代表”重要思想理论研讨会上发表的讲话,对全面推进学位与研究生教育改革和发展具有十分重要的指导意义,学位与研究生教育要认真实践“三个代表”重要思想,主动适应全面建设小康社会的需要。23年来我国学位与研究生教育事业取得了巨大成绩,要认真系统地总结经验,认清当前形势和所担负的任务,按照“巩固、深化、提高、发展”的方针,开创学位与研究生教育工作的新局面。要把提高研究生教育质量放到首要位置,狠抓学风建设,加强法制建设;与时俱进,深化改革;加强宏观研究,制定到2020年的规划和进一步改进学位与研究生教育工作的意见。要结合制定国家中长期科学和技术发展规划的需求,努力把我国建设成为研究生教育的强国,不断满足经济和社会发展对高层次人才的需要。新一届学位委员会要解放思想,发扬民主,继往开来,开拓创新,努力提高工作水平。

会议期间,陈至立主持召开第四届、第五届学位委员会委员座谈会,对第四届学位委员会委员所做的工作表示感谢。

国务院学位委员会第二十次会议审批通过了第九批学位授权审核结果和《关于改进新增学位授予单位审核办法的建议》等。路甬祥、徐匡迪、陈奎元等副主任委员出席了会议。

中国选手在马德里进行的国际军体第五十届军事五项世锦赛中夺得多项冠军

中国选手包揽了越野跑比赛男、女团体冠军和男子个人前3名、女子个人前4名。中国军事五项队男子实现了团体九连冠,女子实现了团体四连冠。

徐蕾以投准136环——满环及投远62.7米的优异成绩,打破了由朝鲜选手明金顺1999年在第二届世界军人运动会上创造的投准136环和投远53.3米的世界纪录。

首都防治非典型肺炎总结表彰大会在人民大会堂隆重举行

北京胸科医院、西城区展览路街道办事处等1000个单位被授予“首都防治非典型肺炎工作先进集体”荣誉称号;关键时刻,义务到“非典”定点医院佑安医院做护工的北京世纪铭人珠宝有限公司董事长王兰、首都医科大学附属复兴医院院长席修明等5000名个人获得“首都防治非典型肺炎先进个人”称号。

北京世纪铭人珠宝有限公司董事长王兰、北京市卫生工委副书记齐敬宁、北京西城区展览路街道工委书记赵春英、首都医科大学附属复兴医院院长席修明代表受表彰的集体和个人,深情回顾了惊心动魄的抗“非典”历程,他们的发言激起了与会者的强烈共鸣,许多人流下了热泪。

中共中央政治局委员、北京市市委书记、北京防治非典型肺炎联合工作小组组长刘淇在大会讲话。北

京市代市长王岐山主持会议。有关方面负责人出席了会议。

7月26日

国务院在银川召开西部大开发座谈会

中共中央政治局委员、国务院副总理曾培炎在会上强调，要坚定不移地实施西部大开发战略，总结经验，把握规律，加强调研，落实任务，积极探索西部地区加快发展的新路子。

座谈会上，陕西、甘肃、宁夏、青海、新疆、内蒙古和新疆生产建设兵团负责人分别介绍了各地当前的经济形势和西部大开发的进展，并对做好下一步工作提出了意见和建议。国务院有关部门负责人也发了言。

曾培炎在听取发言后指出，今年上半年，西部地区和全国其他地区一样，保持了经济较快增长和效益质量同步提高的好势头。党的十六大从全面建设小康社会的高度，对推进西部大开发提出了新的要求。西部各级政府和国务院有关部门要深入贯彻"三个代表"重要思想，立党为公，执政为民，切实落实新一届国务院西部地区开发领导小组第一次会议精神，以更大的决心，更得力的措施，更扎实的工作，坚定不移地把西部开发推向前进。

曾培炎要求，要深入调查研究，有针对性地探索加快西部地区发展的新路子。一是要研究如何统筹兼顾生态建设、农民生计和地方经济发展，研究建立生态环境保护和建设的有效机制。二是要研究如何加强基础设施建设的科学规划、合理布局，保证各类建设项目尽早发挥效益。三是要研究如何推进城乡经济和社会协调发展，不断提高西部教育、科技、卫生、文化水平。四是要研究如何大力调整和优化产业结构，推进资源优势转化为经济优势。五是要研究如何进一步改善西部的投资软环境，不断扩大对内对外开放。六是要研究如何逐步建立长期稳定的西部开发资金渠道。

在座谈会召开前，曾培炎来到宁夏盐池县高沙窝镇大圪瘩村，深入田间地头和农牧民家庭，考察了退耕还林、退牧还草工程的进展，详细了解各项优惠政策的落实情况和农民的生产生活情况。曾培炎还听取了宁夏回族自治区党委、政府的汇报。

共青团第十五次全国代表大会在人民大会堂举行第三次全体会议

大会圆满完成了各项议程胜利闭幕。会议通过了中国共产主义青年团第十五次全国代表大会关于十四届中央委员会报告的决议和关于《中国共产主义青年团章程(修正案)》的决议。

团中央书记处第一书记周强主持了会议。

共青团十五届一中全会举行第二次会议

团中央书记处第一书记周强在会上讲话。

周强指出，党中央对共青团第十五次全国代表大会高度重视。胡锦涛总书记的重要讲话和党中央的祝词，高屋建瓴，内涵丰富，热情洋溢，语重心长，充分体现了党中央对青年一代的殷切期望和对共青团工作的高度重视，进一步明确了当代青年在全面建设小康社会的进程中所肩负的光荣使命和共青团组织所担负的重要任务，为当代青年的健康成长和共青团事业的蓬勃发展指明了方向。各级团组织要认真学习、及时传达、坚决贯彻中央领导同志讲话和党中央祝词精神，从中汲取推动共青团工作发展的强大力量。

周强还就加强团中央委员会建设和团干部队伍建设，创造新业绩、开创新局面提出了要求。

会议由团中央书记处常务书记赵勇主持，团中央书记处书记胡伟、杨岳、尔肯江·吐拉洪、王晓、张晓兰出席会议。

山东枣庄一煤矿发生透水事故33人死亡2人失踪

22时15分，山东枣庄木石煤矿发生透水事故。抢险指挥部经过现场调查得出初步结论：导致这次矿难的直接原因是，事发几周前，鲁南地区连降大雨，使得位于出事巷道上方的四号积水坑水量增多，导致出事点煤层压力增大、土质疏松，最终大水渗露到采煤区造成事故。但主要原因在于人为越界开采薄弱煤层，最终酿成惨剧。

7月27日

中组部发出《关于开展〈党政领导干部选拔任用工作条例〉贯彻执行情况检查的通知》

《关于开展〈党政领导干部选拔任用工作条例〉贯彻执行情况检查的通知》(以下简称《通知》)要求各级党组织认真学习贯彻《党政领导干部选拔任用工作监督检查办法(试行)》，切实做好检查工作。中组部将从8月中旬开始对部分省(区、市)和中央国家机关部委进行检查。

《通知》指出，2002年7月中央颁布的《党政领导干部选拔任用工作条例》，是我们党关于党政领导干部选拔任用工作的基本规章，也是从源头上预防和治理用人上不正之风的有力武器，加强对《干部任用条例》贯彻执行情况的检查，是认真贯彻党的十六大精神、落实全国组织工作会议部署和要求的实际步骤。这次检查是《干部任用条例》颁布实施以来，也是党的十六大以来,对党政领导干部选拔任用工作情况进行的第一次全面检查。做好检查工作,对于进一步加强对党政领导干部选拔任用工作的监督,全面正确地贯彻执行党的干部路线方针政策,造就一支能够担当重任、经得起风浪考验的高素质的领导干部队伍,把各级领导班子建设成为坚持贯彻"三个代表"重要思想的坚强领导集体,具有十分重要的意义。

《通知》强调,这次检查工作要以"三个代表"重要思想为指导,总结经验,发现问题,坚决纠正和严肃处理违反《干部任用条例》的行为,进一步推动《干部任用条例》的贯彻执行。检查的重点,一是学习宣传《干部任用条例》的情况,二是执行《干部任用条例》的情况,三是贯彻执行《干部任用条例》中制定的配套制度,采取的措施和办法,取得的成效和经验,存在的突出问题,四是整治用人上的不正之风和腐败现象的情况。

《通知》要求,各地各部门要认真贯彻中央办公厅印发的《党政领导干部选拔任用工作监督检查办法(试行)》文件精神,确保检查工作的质量。首先,要切实加强领导,研究制定可行的工作方案,有计划、有步骤地开展检查工作。其次,检查要深入细致。重点查阅党委(党组)和组织人事部门讨论干部任免会议的原始记录,干部民主推荐、干部考察、呈报任免等材料,以及调查处理问题的材料。中组部检查组在到各省(区、市)检查时,将有重点地抽查部分市(地)、县(市)贯彻执行《干部任用条例》的情况。第三,要认真纠正存在的突出问题。要把工作重点放在发现和纠正存在的突出问题上。特别是要注意了解深层次问题,帮助被检查单位完善有关工作制度和程序,堵塞漏洞,防止和克服表面上履行程序、背后搞不正之风的现象。

中共中央政治局委员王兆国在北京同第七届"中国青年五四奖章"获得者座谈

王兆国强调,要认真学习、贯彻和落实胡锦涛同志的讲话和吴官正同志代表党中央的祝词,以"三个代表"重要思想为指导,充分发挥先进典型对当代青年成长成才的示范和导向作用,团结、组织和带动广大青年,在全面建设小康社会的伟大实践中建功立业。

座谈会由团中央书记处第一书记周强主持。7位第七届"中国青年五四奖章"获得者代表先后在会上发言。

解放军总参谋部签署通令为连续三次获得国际军体跆拳道世界锦标赛团体冠军的体育学院女子跆拳道队记集体一等功

中国选手罗雪娟在巴塞罗那世界游泳锦标赛上一人独得3枚金牌

罗雪娟当天在女子50米蛙泳决赛中夺金。此前她还夺得了女子100米蛙泳和女子4×100混合泳接力(由战姝、罗雪娟、周雅菲、杨雨组成的中国队集体夺得)的金牌。

7月28日

全国防治"非典"工作会议在北京举行

中共中央总书记、国家主席胡锦涛在会上发表重要讲话指出,面对突如其来的"非典"疫情的严峻考验,全党全国人民在党中央、国务院的坚强领导下,坚持一手抓防治"非典"这件大事不放松,一手抓经济建设这个中心不动摇,夺取了防治"非典"工作的阶段性重大胜利,保持了经济较快增长的良好势头。这场斗争的胜利,进一步显示了我国社会主义制度的巨大优越性,更加坚定了全国各族人民走中国特色社会主义道路的信心;极大地提高了我国人民战胜困难的勇气和能力,增强了中华民族的凝聚力;极大地增强了世界各国对中国发展前景的信心,扩大了我国在国际上的影响。这再一次充分说明,有中国共产党的坚强领导,有邓小平理论和"三个代表"重要思想的正确指引,有全党全国人民的团结奋斗,我们就没有克服不了的困难,就没有战胜不了的风险。

中共中央政治局常委、国务院总理温家宝主持会议并讲话。中共中央政治局常委吴邦国、贾庆林、曾庆红、黄菊、吴官正、李长春、罗干出席会议。

这次会议是党中央、国务院决定召开的一次重要会议,会议的主要任务是:以"三个代表"重要思想和十六大精神为指导,认真总结防治"非典"的工作和经验,研究和部署加强公共卫生建设工作,进一步推动经济社会协调发展。

胡锦涛在讲话中回顾了我国抗击"非典"斗争的艰苦历程,他代表党中央、国务院,向为这次防治"非典"工作作出重大贡献的医务工作者、科技工作者以及广大干部群众,向积极投身抗击"非典"斗争的中国人民解放军、武警部队官兵和公安干警,向全力投身防治"非典"工作的各民主党派、工商联和无党派人士、各人民团体,向在这场斗争中涌现出来的先进集体和模范人物,表示崇高的敬意。向支持我们防治"非典"的香港特别行政区同胞、澳门特别行政区同胞、台湾同胞以及海外华侨华人,表示衷心的感谢。向世界上声援和帮助我国防治"非典"的国家、国际组织、政党、社会团体、企业和友好人士,表示诚挚的谢意。

胡锦涛说,此时此刻,我们要向在这场斗争中英勇殉职的英烈们，向不幸被“非典”病魔夺去生命的同胞们，表示沉痛的哀悼。

胡锦涛从8个方面对抗击“非典”斗争积累的经验、获得的启示进行了总结。他指出，面对“非典”疫情，党中央、国务院高度重视、果断决策，地方各级党委和政府认真负责、靠前指挥，充分发挥了中流砥柱作用；我们实行全民动员、群防群控，紧紧依靠广大人民群众，充分发挥了人民群众的伟大力量；社会各方面团结一致、齐心协力，一方有难、八方支援，形成了共克时艰的强大合力；我们坚持依靠科学、运用科学，充分发挥科技人员的作用和科学技术的力量，使科学技术成为战胜疫病的有力支撑；我们坚持依法执政、依法行政，制定和运用有关法律、法规，使法律成为战胜疫病的有力保障；广大基层党组织战斗在第一线，广大党员干部冲锋在最前面，成为群众抗击“非典”的主心骨、贴心人；我们坚持经济建设这个中心不动摇，统筹安排、促进发展，为战胜困难提供了强大的物质基础；全民族万众一心、迎难而上，伟大的民族精神得到锤炼和升华，形成了凝聚人心、克敌制胜的强大精神支柱。

胡锦涛强调，通过抗击“非典”斗争，我们更加深刻地认识到，党的领导是我们推进事业发展、战胜前进道路上各种艰难险阻的关键，必须加强和改善党的领导，坚决维护党的团结统一，坚持立党为公、执政为民，带领全国各族人民披荆斩棘、勇往直前，不断从胜利走向胜利；必须牢固树立马克思主义的群众观点，自觉坚持党的群众路线，坚定地相信群众，紧紧地依靠群众，在各项工作中充分发挥人民群众的历史主动精神；必须大力倡导全社会团结协作的精神，特别是在危难时刻和紧要关头，更要使全民拧成一股绳，全国形成一盘棋，携手抵御风险、克服困难，充分发挥我们的政治优势；必须尊重科学、依靠科学，不断推进科技进步和创新，坚持依靠科学技术解决经济社会发展面临的各种难题和挑战，推动我们的事业更快更好地向前发展；必须贯彻依法治国的基本方略，坚持依法执政、依法行政，切实把改革发展稳定的各项工作纳入法制化轨道；必须不断提高基层党组织的凝聚力、战斗力，充分发挥基层党组织的战斗堡垒作用和共产党员的先锋模范作用，把广大人民群众紧紧团结在党的周围，同心同德地把各项事业和各项工作推向前进；必须坚持抓好发展这个党执政兴国的第一要务，聚精会神搞建设、一心一意谋发展，不断增强我国的综合国力，为战胜各种困难和风险提供雄厚的物质技术依托；必须大力弘扬民族精神，不断赋予民族精神以新的时代内涵，使民族精神牢牢扎根于人民群众的心灵中，见诸于人民群众的行动上，成为推动中国特色社会主义事业不断发展的强大精神力量。

胡锦涛指出，通过抗击“非典”斗争，我们比过去更加深刻地认识到，我国的经济发展和社会发展、城市发展和农村发展还不够协调；公共卫生事业发展滞后，公共卫生体系存在缺陷；突发事件应急机制不健全，处理和管理危机能力不强；一些地方和部门缺乏应对突发事件的准备和能力。我们要高度重视存在的问题，采取切实措施加以解决，真正使这次防治“非典”斗争成为我们改进工作、更好地推动事业发展的一个重要契机。

胡锦涛指出，今年上半年，尽管发生了“非典”疫情，但在全党全国人民的共同努力下，我国经济发展仍然取得了较好的成绩。越是形势比预料的好，我们越要保持清醒的头脑，越要看到经济社会发展中存在的问题和困难。从今后的工作来说，我们不仅要继续保持经济较快增长的良好势头，而且要重视提高经济增长的质量和效益；不仅要确保今年经济社会发展目标的实现，而且要高度重视研究和解决经济社会发展中存在的深层次问题；不仅要努力做好当前的工作，而且要为长远发展打下良好的基础。

胡锦涛强调，当前，要按照中央的要求，继续抓好防治“非典”工作，全面促进经济持续快速健康发展。从长远发展看，要进一步研究并切实抓好促进经济社会协调发展、统筹城乡经济社会发展、加强公共卫生建设工作、推进社会管理体制的建设和创新、加强宣传舆论工作、狠抓依法治国基本方略的落实、增强对外开放条件下做好工作的能力、加强党的执政能力建设、做好关心群众生产生活工作等9个方面的工作。

温家宝在讲话中说，前几个月暴发的非典型肺炎疫情，是一场突如其来的重大灾害。我们同这场灾害进行了惊心动魄、艰苦卓绝的斗争，夺取了抗击“非典”的阶段性重大胜利。这是党中央、国务院贯彻“三个代表”重要思想，果断决策、坚强领导的结果；是各地区、各部门密切配合，军民团结，共同奋斗的结果；是广大医护人员和科技工作者临危不惧、无私奉献、顽强拼搏的结果；是全国人民万众一心、众志成城、敢于胜利的结果。实践再次证明，我们党具有应对任何风险和挑战的能力，我国社会主义制度具有巨大的优越性，中华民族具有强大的凝聚力。

温家宝说，一定要巩固“非典”防治成果，防止疫情反复，切实加强公共卫生建设。公共卫生建设的目标是，争取用3年左右的时间，建立、健全突发公共卫生事件应急机制、疾病预防控制体系和卫生执法监督体系；用更长一段时间，完善我国农村卫生体系、城市基本医疗服务体系、环境卫生体系和财政经费保障体系。总的要求是：“统筹规划、因地制宜，增加投入、健全体系，改革体制、整合资源，城乡兼顾、重在农村。”

要加强疾病预防控制，提高突发公共卫生事件应急能力；加快农村卫生发展，改善农民卫生服务条件；加强环境卫生体系建设，广泛开展全民爱国卫生运动。

温家宝指出，下半年经济工作总的要求是，以“三个代表”重要思想和党的十六大精神为指导，坚持扩大内需的方针，实施积极的财政政策和稳健的货币政策，保持政策的连续性和稳定性。要按照“扩大内需、调整结构，深化改革、推进开放，统筹兼顾、协调发展，促进就业、改善生活”的思路，安排好各项工作。要努力促进经济持续较快增长，千方百计增加农民收入，积极促进就业和再就业，进一步深化各项改革，继续扩大出口和利用外资，加强财政和金融工作。

温家宝强调，在全面建设小康社会和整个现代化过程中，必须进一步树立全面的发展观，始终坚持统筹兼顾，更加注重经济与社会协调发展、城乡协调发展、地区协调发展、人与自然协调发展，更加注重政府的社会管理和公共服务职能，更加注重全面把握宏观调控的各项目标，更加注重全面提高人民的物质生活、文化生活和健康水平。

王乐泉、王兆国、回良玉、刘淇、刘云山、吴仪、张立昌、张德江、俞正声、贺国强、曹刚川、曾培炎、王刚、顾秀莲、盛华仁、路甬祥、唐家璇、华建敏、陈至立、肖扬、贾春旺、王忠禹、廖晖、刘延东、白立忱、陈奎元、徐匡迪和彭珮云、周光召，中央军委委员梁光烈、廖锡龙、李继耐等出席了会议。

各省、自治区、直辖市，计划单列市，新疆生产建设兵团主要负责同志；中央和国家机关各部委、国务院所属有关单位主要负责同志；以及军委各总部、武警部队的主要负责同志参加了会议。

青海省海北藏族自治州庆祝成立50周年

国务委员唐家璇在北京会见美国前总统国家安全事务助理塞缪尔·伯杰

唐家璇说，近来，在双方共同努力下，中美关系继续改善和发展。两国在反恐、朝核、经贸等重要领域进行着有效的磋商、协调与合作。特别是胡锦涛主席与布什总统保持着密切的沟通，不久前在埃维昂还就进一步推进中美建设性合作关系达成了重要共识，为下阶段两国关系的发展奠定了基础。

唐家璇指出，当前中美关系中也存在一些干扰因素，需要双方认真对待。其中最重要、最突出的仍然是台湾问题。中国政府坚持“和平统一、一国两制”的基本方针，以最大诚意、尽最大努力争取实现两岸和平统一。但台湾当局至今拒不接受一个中国原则，千方百计在岛内外进行分裂活动，这是引发台海局势紧张的根源。

他说，多年来，美国两党历届政府都承诺奉行一个中国政策，遵守中美三个联合公报。布什总统已多次重申美国反对“台湾独立”。我们对此表示赞赏。希望美方言行一致，停止售台先进武器和提升美台关系，不向“台独”势力发出错误信号，不要助长他们搞分裂的嚣张气焰，以免给中美关系和两国的共同利益带来损害。

唐家璇说，希望美方与中方一道，从两国人民的根本利益和两国关系大局出发，加强各个领域的交往与合作，正确处理两国间的问题特别是台湾问题，推动中美关系不断取得新的进展。

伯杰表示，近来，中美两国在反恐等领域进行着很好的合作，在朝核问题上也保持着密切的协调。那些把中国视为威胁的人并不代表美国社会的主流，美中关系是强有力的。他表示了解台湾问题的敏感性，支持一个中国的政策。

外交部部长助理沈国放与澳大利亚外交贸易部副秘书长芮捷锐在北京共同主持中澳第七次人权对话

双方相互介绍了本国人权状况。沈国放表示，中国政府以最广大人民的根本利益为根本出发点和落脚点，集中精力发展经济，同时加强民主法制建设，在人权领域取得了巨大成就。中国愿继续与各国在平等和相互尊重基础上开展人权对话与交流，以相互借鉴，共同进步。芮捷锐介绍了澳为促进人权所做的工作，积极评价中国的人权成就，高度赞赏中国在司法改革、依法治国方面取得的进展。双方还就妇女儿童权利、少数民族权利及国际人权合作等问题深入交换了意见。对在人权问题上存在的某些分歧，双方阐述了各自立场，认为在平等和相互尊重基础上开展对话有助于增进相互了解。双方还一致核可了《2003—2004年度中澳人权技术合作项目方案》，将在扶贫、打击拐卖妇女儿童、人权的司法保障、人权教育等领域开展合作。

解放军副总参谋长钱树根在北京与赞比亚国防部常务秘书奇塔夫举行会谈

北京市卫生局副局长梁万年接受新华社记者专访时透露北京已没有“非典”患者

国务院副总理吴仪在北京出席全国卫生工作会议并讲话

吴仪强调，要认真总结“非典”防治工作的基本经验，大力弘扬抗击“非典”精神，加强公共卫生体系建设，做好“非典”防治和救灾防病工作，努力开创公共卫生工作新局面。

吴仪强调,要加强公共卫生建设,建立、健全突发公共卫生事件应急机制,做好应对突发公共卫生事件预案;建立畅通的疫情信息网络、医疗救治体系和应急救治队伍;完善疾病预防控制体系,提高各级疾病预防控制中心的能力。加快农村卫生事业发展,加强农村乡镇卫生院建设,积极建立新型农村合作医疗制度。加强卫生法制建设,完善卫生执法监督体系,充实和加强卫生监督执法力量。广泛宣传卫生科普知识,开展爱国卫生运动,改善城乡居民的生活环境卫生条件。

吴仪强调,当前和今后一个时期,要继续做好“非典”防治和救灾防病工作,落实各项防治措施,坚决防止“非典”疫情出现反复。要弘扬抗击“非典”精神,加强医德医风建设,纠正行业不正之风,树立卫生医疗行业的新形象。

吴仪要求各级政府认真贯彻落实中央召开的全国非典型肺炎防治工作会议精神,把公共卫生建设作为实践“三个代表”重要思想的具体行动。

会议期间,吴仪同各省、自治区、直辖市有关负责同志进行了座谈。大会还表彰了全国卫生系统在抗击“非典”斗争中涌现出来的100个先进集体和500名先进个人。

河北一烟花爆竹厂发生爆炸事故29人死亡

18时08分,河北省辛集市郭西郭西烟花爆竹厂发生爆炸。由于前日该地区刚降过一场大雨致使道路泥泞,加之夜晚照明不足和突如其来的大雾,给抢救工作带来极大的不便。一直到次日凌晨2时许,爆炸才基本平息。爆炸造成29人死亡,91人受伤,其中重伤12人,轻伤79人。

7月29日

《人民日报》发表社论《总结抗击“非典”经验 促进改革发展稳定》

全国防治“非典”工作会议是党中央、国务院召开的一次重要会议。这次会议以“三个代表”重要思想和十六大精神为指导,全面总结了防治“非典”的工作和经验,高度评价了夺取这场斗争胜利的伟大意义,深刻阐明了今后工作中要注意抓好的重大问题。这次会议,对于我们总结经验、改进工作,更好地为全面建设小康社会、开创中国特色社会主义事业新局面而奋斗,具有十分重要的意义。

在以胡锦涛同志为总书记的党中央坚强领导下,经过全党全国人民艰苦卓绝的奋斗,我们夺取了防治“非典”工作阶段性重大胜利,国民经济保持了较快增长的良好势头。成绩来之不易,经验尤为珍贵。面对突如其来的“非典”疫情,党中央、国务院高度重视、果断决策,地方各级党委和政府认真负责、靠前指挥,充分发挥了中流砥柱作用;实行全民动员、群防群控,紧紧依靠广大人民群众,充分发挥了人民群众的伟大力量;社会各方面团结一致、齐心协力,一方有难、八方支援,形成了共克时艰的强大合力;坚持依靠科学、运用科学,充分发挥科技人员的作用和科学技术的力量,使科学技术成为战胜疫病的有力支撑;坚持依法执政、依法行政,制定和运用有关法律、法规,使法律成为战胜疫病的有力保障;广大基层党组织战斗在第一线,广大党员干部冲锋在最前面,成为群众抗击“非典”的主心骨、贴心人;坚持经济建设这个中心不动摇,统筹安排、促进发展,为战胜困难提供了强大的物质基础;全民族万众一心、迎难而上,伟大的民族精神得到锤炼和升华,形成了凝聚人心、克敌制胜的强大精神支柱。

抗击“非典”的艰苦斗争,使我们党和我国人民又一次经受了战斗的洗礼和考验。这场斗争的胜利,进一步显示了我国社会主义制度的巨大优越性,更加坚定了全国各族人民走中国特色社会主义道路的信心。这场斗争的胜利,极大地提高了我国人民战胜困难的勇气和能力,增强了中华民族的凝聚力;极大地增强了世界各国对中国发展前景的信心,扩大了我国在国际上的影响。实践再一次证明,有中国共产党的坚强领导,有邓小平理论和“三个代表”重要思想的正确指引,有全党全国人民的团结奋斗,我们就没有克服不了的困难,就没有战胜不了的风险。

这次会议强调,越是形势比预料的好,越要保持清醒头脑,越要看到经济社会发展中存在的问题和困难。这充分体现党中央审时度势,高瞻远瞩。我们要按照党中央的要求,真正使防治“非典”斗争成为我们改进工作、更好地推动事业发展的一个重要契机。从今后的工作来说,我们不仅要继续保持经济较快增长的良好势头,而且要重视提高经济增长的质量和效益;不仅要确保今年经济社会发展目标的实现,而且要高度重视研究和解决经济社会发展中存在的深层次问题;不仅要努力做好当前的工作,而且要为长远发展打下良好的基础。当前,要继续抓好防治“非典”和全面促进经济持续快速健康发展这两方面的工作。

这次会议明确了从长远发展看进一步研究并切实抓好的工作。这就是:进一步加强经济社会协调发展的工作;进一步加强统筹城乡经济社会发展的工作;进一步加强公共卫生建设工作;进一步加强社会管理体制的建设和创新;进一步加强宣传舆论工作;进一步加强依法治国基本方略的落实;进一步加强对外开放条件下做好工作的能力;进一步加强党的执政能力建设；进一步加强关心群众生产生活的工作。这9个方面的工作是全面促进改革发展稳定的客观要求。各级党的组织和全党同志一定要统一思想，提高认识，坚定信心，狠抓落实。

今年是完成党的十六大提出的各项任务的第一年，也是全面建设小康社会的开局之年，做好今年各项工作十分重要。当前，一个学习贯彻“三个代表”重要思想的新高潮正在全党兴起，经历“非典”考验的中国人民正昂首阔步地朝着全面建设小康的宏伟目标前进。让我们在以胡锦涛同志为总书记的党中央领导下，认真学习贯彻“三个代表”重要思想，全面落实中央确定的各项方针政策和工作部署，再接再厉，团结奋斗，扎实工作，全面完成今年的各项任务，夺取改革开放和现代化建设的新胜利。

中共中央政治局常委李长春在人民大会堂会见抗击“非典”斗争英雄模范事迹报告团成员

李长春代表党中央、国务院向全国各条战线在抗击“非典”斗争中涌现出来的英雄模范表示亲切慰问和衷心感谢。

中共中央政治局委员、书记处书记、中宣部部长刘云山，中共中央政治局委员、国务院副总理、全国防治非典型肺炎指挥部总指挥吴仪，中共中央政治局委员、书记处书记、中组部部长贺国强，中共中央书记处书记、中央军委委员、总政治部主任徐才厚参加了会见。

李长春要求，各级宣传部门和新闻单位要大力宣传好这次抗击“非典”斗争中取得的宝贵经验，宣传好各条战线涌现出的抗击“非典”斗争英雄模范的崇高精神和高尚情操，宣传好报告团的宣讲活动，鼓舞和激励全党全国各族人民始终保持昂扬向上的精神状态，为深入贯彻十六大精神，全面建设小康社会而努力奋斗。

全国“严打”整治斗争成果展在中国国家博物馆开幕

中共中央政治局常委、中央政法委书记、中央综治委主任罗干出席开幕式并参观展览。他指出，这个展览办得好，内容丰富生动，充分展示了“严打”整治斗争的丰硕成果，充分展示了广大政法干警重拳出击、严惩犯罪的英雄风采，充分展示了有关各方和广大人民群众参与“严打”整治斗争和社会治安综合治理的积极性，很有教育意义。两年来“严打”整治斗争的实践充分证明，党中央、国务院的决策是正确的、英明的。

展览由中央政法委、中央综治委主办，最高人民法院、最高人民检察院、公安部、国家安全部、司法部、财政部、国家工商总局、团中央、解放军总政治部、武警总部及北京市政法委、首都综治委等12个单位协办，包括“正确决策、全民支持”，“重拳出击、惩治犯罪”，“齐抓共管、重点整治”，“英雄辈出、浩气长存”，“加强防范、重在治本”，“励精图治、长治久安”6部分内容。

中共中央统战部部长刘延东受中共中央委托向党外人士通报全国防治“非典”工作会议精神

刘延东指出，在抗击“非典”斗争中，统一战线广大成员作出了重要贡献。统一战线各界人士认真学习、贯彻和落实会议精神，要充分认识这次抗击“非典”的基本经验，并把它贯彻到加强公共卫生建设、促进经济社会协调发展等各项工作中去；要充分发挥人才智力优势，积极为加强公共卫生建设、促进经济社会协调发展建言献策。

出席通报会的有何鲁丽、丁石孙、成思危、韩启德、傅铁山、李蒙以及各民主党派中央、全国工商联负责人，无党派人士和民族、宗教界人士。

中组部 中宣部等九部委在人民大会堂联合举行抗击“非典”斗争英模事迹报告会

报告会由中组部、中宣部、中直机关工委、中央国家机关工委、教育部、科技部、农业部、卫生部、解放军总政治部联合举行。来自抗击“非典”一线的8位英模代表生动具体、真实感人的报告，使与会干部群众又一次回忆起在党中央的领导下，全国上下万众一心、众志成城抗击“非典”的难忘场面，受到了一次深刻的伟大民族精神教育。中国工程院院士、广东省非典型肺炎医疗救护专家指导小组组长钟南山，解放军302医院教授姜素椿，北京市佑安医院护士长朱伟平，解放军小汤山医院院长张雁灵，广东省中医院原护士长叶欣烈士生前同事李丽娜，北京市西城区展览路街道工委书记李春英，武警北京总队医院内二科原主治医师李晓红烈士的丈夫刘会昭，河北省保定市传染病医院党委副书记、副院长樊峰萍，分别通过自己的切身经历，从不同侧面讲述了英雄模范集体和先进个人的感人事迹。

中宣部副部长、中央文明办主任胡振民主持报告会。500多名在京党政军机关干部、首都各界群众及医疗卫生战线代表参加了首场报告会。

参加报告团的英模代表共18名，有医疗战线的代表，有科技部门的代表，有军队的代表，也有地方的代表，还有来自街道社区、农村基层群防群控的代表。首场报告会之后，他们将组成两个分团，分赴北京、天津、河北、山西、内蒙古、上海、湖南、广东、云南、新疆等10个省、自治区、直辖市作巡回报告。

中美两国海关在北京签署"集装箱安全倡议"合作原则声明

根据中美两国领导人达成的共识,中国海关总署署长牟新生与来访的美国海关与边境保护局局长伯纳在北京签署了中美海关"集装箱安全倡议"(CSI)合作原则声明。

原则声明的主要内容包括:中方支持CSI倡议;CSI合作应最大限度地促进双边和国际贸易;作为试点,美将在上海港和深圳港派驻海关官员,两国共同制定工作计划;美方人员尊重中方主权,遵守中国法律和法规;中国海关根据对等原则可以在美港口派驻人员。原则声明附件还就美派驻官员的职责范围、工作程序等作出了具体规定。

双方一致认为,中美"集装箱安全倡议"合作是中美反恐合作的重要组成部分,双方在此领域的合作有助于推动两国建设性合作关系的发展,也有利于推进国际反恐合作进一步深化。

国务院副总理回良玉在中南海会见美国天主教华盛顿教区枢机主教西奥多·麦卡里克

全国人大常委会副委员长乌云其木格在维尔纽斯会见立陶宛议长保劳斯卡斯

乌云其木格率领的中国全国人大代表团于7月28日抵达维尔纽斯对立陶宛进行友好访问。她在7月29日还会见了立陶宛议会第一副议长尤尔舍纳斯、立陶宛议会对华关系小组部分成员和立陶宛外交部第一副部长帕莱茨基斯。

中国常驻联合国副代表张义山在联合国安理会公开会上发言阐述了中国反恐立场

张义山说,恐怖主义是国际社会的一大公害。"东突"恐怖组织长期接受塔利班和"基地"组织的训练、武装和资助,不断在中国及中亚地区国家制造恐怖事件,是国际恐怖势力的一部分。反对"东突"是国际反恐斗争的一个重要方面。去年,经中国和其他有关国家要求,委员会将"东突"重要组织"东突伊斯兰运动"列入了作为成员国执行制裁措施关键依据的"综合清单"。中国政府期待将其他的"东突"恐怖组织也列入这一名单。

张义山对该委员会的工作提出了三点建议:加强分析和研究能力;加强与安理会反恐委员会的协调与合作;改善和提高"综合清单"的实用性。他表示,中国将继续与该委员会各成员密切合作,为严格执行安理会第1455号等决议,为全球反恐斗争作出新的贡献。

外交部部长李肇星在外交部会见美国负责军控与国际安全事务的副国务卿约翰·罗伯特·博尔顿

28日,外交部副部长王毅会见博尔顿,双方就朝核问题交换了看法。同日,外交部副部长张业遂与博尔顿举行第二轮中美副外长级战略安全、多边军控与防扩散问题磋商。双方就当前全球安全形势、国际军控、裁军及防扩散等问题深入交换了意见。双方认为,磋商有助于增进了解和加强沟通,并同意继续就上述问题保持接触。

国务委员陈至立考察农村中小学现代远程教育工程试点

为提高农村基础教育质量,国家决定规划实施农村中小学现代远程教育工程,通过教学光盘播放点、卫星教学收视点和计算机教室3种模式,把优质教育教学资源和教学方法送到农村中小学。陈至立考察了部分地区试点的演示情况。她要求有关部门通力合作,整合资源,精心组织,搞好试点;加大工作力度,加快信息资源建设,确保信息资源质量;研究农村中小学现代远程教育工程可持续发展的机制,加强管理,进一步推进农村现代远程教育。

7月30日

国家主席胡锦涛应约与美国总统布什通电话就两国关系和朝核问题交换意见

国家主席胡锦涛在人民大会堂会见巴布亚新几内亚总督西拉斯·阿托帕尔

国务院总理温家宝在北京主持召开国务院常务会议

会议听取了建设部关于房地产市场发展情况的汇报。会议认为,促进房地产市场持续健康发展,有利于扩大内需,促进消费,改善居民居住质量,提高人民群众生活水平。会议指出,要深化改革,加强宏观调控,切实解决房地产市场快速发展过程中出现的问题。重点做好以下工作:一是完善供应政策,调整供应结构。要加强经济适用住房的建设和管理,增加普通商品住房供应,控制高档商品住房建设。二是改革住房制度,健全市场体系。继续推进现有公房出售,完善住房补贴制度。三是发展住房信贷,强化管理服务。切实加强房地产贷款监管,完善个人住房贷款担保机制。四是改进规划管理,调控土地供应。充分发挥城乡规划的调控作用,合理确定各类住房用地的布局和比例。五是加强市场监管,整顿市场秩序。建立、健全房地产市场信息系统和预警预报体系,完善市场监管制度,提高市场监管水平。

会议听取了劳动和社会保障部关于就业工作有关情况的汇报,分析了就业再就业工作面临的形势,并研究了推进就业再就业工作的措施。

会议审议并原则通过了《婚姻登记管理条例(草案)》《乡村医生从业管理条例(草案)》。会议决定,这两个条例草案经进一步修改后,由国务院公布施行。

国办下发《关于清理整顿各类开发区加强建设用地管理的通知》

各省、自治区、直辖市人民政府,国务院各部委、各直属机构:

改革开放以来,依照国务院规定批准兴办的开发区在改善投资环境、引进外资、促进产业结构调整和发展经济等方面起到了积极的辐射、示范和带动作用。但近一个时期以来,一些地方和部门擅自批准设立名目繁多的各类开发区(包括园区、度假区,下同),随意圈占大量耕地和违法出让、转让土地,越权出台优惠政策,导致开发区过多过滥,明显超出了实际需要,严重损害了农民利益和国家利益,对此,必须进行全面清理整顿。经国务院同意,现就清理整顿各类开发区,加强建设用地管理有关问题通知如下:

一、清理整顿开发区要以"三个代表"重要思想为指导,深入贯彻党的十六大精神,依据国家有关法律、法规、土地利用总体规划和城市总体规划,纠正越权审批、违规圈占土地、低价出让土地等行为,促进各类开发区健康发展和土地资源的可持续利用。

二、要对各级人民政府及其有关部门批准设立的各类开发区进行全面清查。清查的重点是省及省级以下人民政府和国务院有关部门批准设立的各类开发区,以及未经批准而扩建的国家级开发区。清查的内容包括:开发区的名称、数量、批准机关、批准时间和批准规划面积;当前规划面积、征地面积、出让面积、收取出让金总额和已建成面积;选址和建设用地是否符合土地利用总体规划和城镇体系规划、城市总体规划,农用地转用、土地征用和土地供应是否符合法定程序;各类开发区招商引资项目和规模、国内生产总值、现有优惠政策(包括税收)等。

三、要在检查清理的基础上进行整顿规范。对未经国务院和省级人民政府批准擅自设立的各类开发区,以及虽经省级人民政府批准,但未按规定报国务院备案的各类开发区,先整改,对缺乏建设条件,项目、资金不落实的,要坚决停办,所占用的土地要依法坚决收回,能够恢复耕种的,要由当地人民政府组织复垦后还耕于农,严禁弃耕撂荒;对整改后确需保留的,由省级人民政府严格审核后,按有关规定报国务院审批。对经国务院批准或省级人民政府批准并已报国务院备案的开发区,要按照土地利用总体规划和城市总体规划对照检查,对超过规划建设用地规模和范围的开发土地,要依法处理;对确需扩建的,要严格核定规划面积,按法定程序办理审批手续。

四、加强对开发区建设用地的集中统一管理。开发区建设用地必须符合土地利用总体规划并纳入土地利用年度计划,选址必须纳入城市统一规划管理。凡是违法下放农用地转用、土地征用和供地审批权,违法下放规划管理权的,必须立即纠正,废止有关文件。要严格按照法定程序征用土地,并按法定标准给予农民合理补偿和妥善安置,严禁拖欠、截留和挪用被征地农民的补偿费用。严禁低价协议出让土地,协议供地必须提前公布供地方案。协议出让的土地改变为经营性用地的,必须先经城市规划部门同意,由国土资源行政主管部门统一招标拍卖挂牌出让。禁止将以征用方式取得的农民集体所有土地用于农业园区开发。各省、自治区、直辖市人民政府要对种植、养殖等农业园区的建设用地标准(或比例)作出规定,防止将农用地转为建设用地,变相搞房地产。

五、今后要更严格控制设立以成片土地开发为条件的开发区。鼓励工业项目向依法设立的国家级和省级开发区集中。市、县根据经济社会发展需要,进行工业、教育、科技和商贸等项目建设的,选址和建设用地必须符合土地利用总体规划和城镇体系规划、城市总体规划,未经批准不得使用开发区的名称。现有各类开发区扩区、改变区位、升级的审批,都要由地方人民政府提出申请,开发区主管部门提出意见,经国土资源和建设行政主管部门审核后,按批准权限报国务院或省级人民政府批准。

六、加强对开发区清理整顿工作的组织领导。清理整顿工作采取以省为主、部门配合,自下而上逐级进行的方法。各省、自治区、直辖市人民政府要组织力量对辖区内各类开发区以及建设用地管理情况进行全面的清查,对发现的问题,要依法主动纠正和处理。清理整顿工作要在2003年年底前完成,并向国务院报告清理整顿工作情况。国务院责成发展改革委、财政部、国土资源部、建设部、商务部会同监察部、审计署等有关部门组织联合工作组,制定清理整顿的具体标准和政策界限,组织检查验收,并在此基础上,提出进一步加强宏观调控、规范开发区发展的政策建议。对经验收合格的省、自治区、直辖市,要在2004年3月底前由联合工作组将名单报国务院。

国务院办公厅

2003年7月30日

中组部部长贺国强在北京出席《党政领导干部选拔任用工作条例》颁布实施1周年座谈会并讲话

贺国强指出，实践证明，中央颁布《党政领导干部选拔任用工作条例》（以下简称《干部任用条例》）的决策是正确的，各地各部门实施《干部任用条例》的成效是显著的。各级党委（党组）及其组织人事部门一定要以兴起学习"三个代表"重要思想新高潮为强大动力，坚持与时俱进，开拓创新，把《干部任用条例》的学习贯彻落实工作，提高到一个新的水平。

贺国强强调，继续推进《干部任用条例》的贯彻落实，必须做好四个方面的工作：一是要进一步加大学习宣传力度，真正使《干部任用条例》深入人心。要重点抓好各级领导干部和组织人事干部的学习。二是要进一步加大贯彻执行力度，严格按照规定的原则、条件、程序、纪律选拔任用干部。三是要进一步加大改革力度，积极推进制度创新和配套措施建设，进一步改进和完善干部选拔任用工作。四是要进一步加大监督检查力度，严厉查处违反《干部任用条例》的行为。

中组部副部长赵洪祝主持了座谈会。农业部、上海市委等8家单位在会上交流了学习贯彻《干部任用条例》的经验和做法，会议还为本报国内政治部与中组部党建研究杂志社举办的全国《干部任用条例》知识竞赛获奖单位和个人代表颁了奖。

国办下发《关于清理整顿各类开发区加强建设用地管理的通知》

通知要求各地区、各有关部门全面清理整顿各类开发区，加强建设用地管理。

通知说，改革开放以来，依照国务院规定批准兴办的开发区在改善投资环境、引进外资、促进产业结构调整和发展经济等方面起到了积极的辐射、示范和带动作用。但近一个时期以来，一些地方和部门擅自批准设立名目繁多的各类开发区（包括园区、度假区等），随意圈占大量耕地和违法出让、转让土地，越权出台优惠政策，导致开发区过多过滥，明显超出了实际需要，严重损害了农民利益和国家利益，对此，必须进行全面清理整顿。

通知指出，清理整顿开发区要依据国家有关法律、法规、土地利用总体规划和城市总体规划，纠正越权审批、违规圈占土地、低价出让土地等行为，促进各类开发区健康发展和土地资源的可持续利用。要对各级人民政府及其有关部门批准设立的各类开发区进行全面清查。清查的重点是省及省级以下人民政府和国务院有关部门批准设立的各类开发区，以及未经批准而扩建的国家级开发区。

通知要求，对未经国务院和省级人民政府批准擅自设立的各类开发区，以及虽经省级人民政府批准，但未按规定报国务院备案的各类开发区，先整改，对缺乏建设条件，项目、资金不落实的，要坚决停办，所占用的土地要依法坚决收回，能够恢复耕种的，要由当地人民政府组织复垦后还耕于农，严禁弃耕撂荒。对整改后确需保留的，由省级人民政府严格审核后，按有关规定报国务院审批。

通知强调，要加强对开发区建设用地的集中统一管理。开发区建设用地必须符合土地利用总体规划并纳入土地利用年度计划，选址必须纳入城市统一规划管理。凡是违法下放农用地转用、土地征用和供地审批权，违法下放规划管理权的，必须立即纠正，废止有关文件。今后要更严格控制设立以成片土地开发为条件的开发区。鼓励工业项目向依法设立的国家级和省级开发区集中。市、县根据经济社会发展需要，进行工业、教育、科技和商贸等项目建设的，选址和建设用地必须符合土地利用总体规划和城镇体系规划、城市总体规划，未经批准不得使用开发区的名称。

通知还对开发区清理整顿工作的组织领导等提出了明确要求。

第15期《求是》杂志发表署名为秋石的文章《干部作风论》

国务委员唐家璇在钓鱼台国宾馆会见巴布亚新几内亚总督西拉斯·阿托帕尔

国务委员兼国防部部长曹刚川在北京会见赞比亚国防部常务秘书奇塔夫

中央军委发出通知要求全军认真学习江泽民国防和军队建设思想推动学习贯彻"三个代表"重要思想新高潮深入发展

在中国人民解放军建军76周年前夕，经中央军委批准，由总政治部组织编写的《江泽民国防和军队建设思想学习纲要》正式出版并印发全军。中央军委日前发出通知，要求全军官兵以江泽民《论国防和军队建设》和一系列重要讲话为基本教材，以《纲要》为重要辅助材料，认真学习贯彻江泽民国防和军队建设思想，推动全军学习贯彻"三个代表"重要思想新高潮不断深入发展。

通知强调，党的十六大把"三个代表"重要思想同马克思列宁主义、毛泽东思想、邓小平理论一道确立为我们党必须长期坚持的指导思想，提出在全党兴起学习贯彻"三个代表"重要思想的新高潮。江泽民国防和军队建设思想，是"三个代表"重要思想的重要组成部分，是毛泽东军事思想、邓小平新时期军队建设思想的继承和发展，是新形势下推进国防和军队建设的强大思想武器和科学指南。全军在学习贯彻“三个代表”重要思想的过程中，要深入学习贯彻江泽民国防和军队建设思想。

“星火科技培训专项行动”在北京启动

由科技部、农业部、劳动和社会保障部、共青团中央联合实施的这一行动的目标是，力争用三年的时间，实现全国70多万个村“村村有科技带头人”，4万多个乡镇“乡乡有星火课堂”，2000多个县“县县有星火学校”，从而培养一大批掌握现代科技知识和市场经济知识的新型农民。

全国社会保险局长会议在武汉召开

劳动和社会保障部副部长刘永富在会议上说，各地要加快街道社区劳动保障工作平台建设，确保今年年底80%的企业退休人员实现管理服务社会化，更好地保障广大企业退休人员晚年生活的安定。

7月31日

国务院在北京召开全国进一步治理整顿土地市场秩序电视电话会议

会议就清理整顿各类开发区用地，加强土地管理作出部署。中共中央政治局常委、国务院总理温家宝对会议作了重要批示。中共中央政治局委员、国务院副总理曾培炎出席会议并讲话。

温家宝指出，土地是民生之本。保护土地是一项基本国策。实行最严格的土地管理制度，一是要完善土地产权与征地制度，健全土地管理法律体系；二要加强土地审批管理，杜绝乱批滥占耕地现象；三要清理整顿各类开发用地，强化对土地使用的监督；四要加强宏观调控和政策引导，防止盲目投资和低水平重复建设。各级领导干部一定要放眼长远，认真贯彻“三个代表”重要思想，从真正保护最广大人民群众的根本利益出发，珍惜和保护每一寸土地。

曾培炎指出，党中央、国务院在分析当前经济运行情况和部署下半年经济工作时，从保证经济持续快速健康发展和社会稳定的高度，要求实行最严格的土地保护制度。各地区、各部门要坚决贯彻中央部署，严格执行土地管理法规，重点解决各类开发区违法、违规占地等突出问题。

曾培炎说，改革开放以来，特别是近5年来，我国土地市场建设和管理取得了积极成效。国有土地有偿使用制度全面实施，经营性土地使用权招标、拍卖、挂牌出让制度初步建立，市场配置土地资源的基础性作用不断增强，土地管理的法律、法规相继出台，政府调控土地市场的能力不断提高。

曾培炎指出，近年来，国家不断加大整顿土地市场秩序力度，严肃查处土地违法案件，促进了土地市场规范运行。但目前全国土地市场仍存在不少问题。违规设立开发区，非法占地、入市现象有所抬头。一些地方任意出台土地优惠政策，滥用土地管理权限，乱批滥占耕地，严重损害了农民利益和国家利益。

曾培炎强调，保护土地是关系中华民族生存与发展，关系广大人民群众根本利益的大事。进一步治理整顿土地市场秩序，是贯彻“三个代表”重要思想，立党为公、执政为民的重要举措，务必抓紧抓好，抓出成效。

曾培炎要求，第一，加强领导，狠抓落实。各级政府要把整顿土地市场秩序作为当前的一项重要任务，主要领导要亲自抓，负总责。有关领导干部要带头纠正存在的问题。对执法犯法，以权谋私，影响恶劣的，必须依法从严处理。

第二，突出重点，集中解决开发区违法违规占地问题。新设立和扩建的各级各类开发区一律暂停审批，国家级开发区确需扩建的，须报国务院审批。对突击审批和突击设立开发区的行为，要严肃追究有关行政领导和当事人的责任。对违规设立的开发区，该撤销的要坚决撤销；该核减面积的要坚决核减；该缩小范围的要坚决缩小；该扣回用地指标的要坚决扣回。

第三，加强督查指导，加大执法力度。国务院有关部门和各地方要集中力量开展专项督查。要通过严格执法，真正使违法者得到惩处，违法行为得到纠正。

第四，进一步采取措施，全面加强土地管理工作。加强土地集中统一管理和土地审批管理。改革和完善征地制度。严格土地利用规划、计划管理，严格实施土地用途管制制度，加强耕地特别是基本农田保护。对不符合土地利用规划、计划的项目，不得批准立项、不得批准用地、不得批准贷款。坚决执行经营性用地招标、拍卖、挂牌出让制度，规范协议出让，严格限制划拨用地范围。同时，继续加强国土资源管理队伍建设，提高依法行政水平。

会议传达了温家宝总理今年以来关于土地问题的有关批示，以及《国务院办公厅关于清理整顿各类开发区加强建设用地管理的通知》。四川、安徽、福建省负责同志在会上发了言。

全国政协主席贾庆林在陕西调研

7月31日至8月5日，贾庆林先后来到西安、杨凌等地，深入企业、农业科研单位和高新技术开发区，就经济社会发展及如何进一步做好统一战线和人民政协工作进行调查研究。调研期间，贾庆林听取了陕西省统战工作和政协工作的汇报，与当地部分党政负责人，政协和民主党派、工商联负责人进行了座谈。

贾庆林指出，前不久，党中央、国务院召开了全国防治“非典”工作会议。会议以“三个代表”重要思想和十六大精神为指导，全面总结了防治“非典”的工作和经验，高度评价了夺取这场斗争胜利的伟大意义，深刻阐明了今后工作中要注意抓好的重大问题。统一战线和人民政协要认真学习领会会议精神，在工作实践中切实加以落实。

贾庆林回顾了统一战线的形成和发展历史。他指出，历史和实践证明，只要坚持和完善共产党领导的多党合作和政治协商制度，不断巩固和发展最广泛的爱国统一战线，最广泛最充分地调动一切积极因素，我们就一定能克服一切艰难险阻，不断从胜利走向新的胜利。在新世纪、新阶段，统一战线和人民政协要继承和发扬光荣革命传统，紧紧围绕党和国家的中心工作，充分发挥自身优势，努力为改革开放和现代化建设作出新的贡献。他强调，当前，国家正在大力实施西部大开发战略，加快推进社会主义现代化进程，这为广大统一战线成员和政协委员提供了施展才华的广阔舞台。统一战线和人民政协要充分发挥人才荟萃、智力密集的优势，围绕经济社会发展中的重大问题，深入调查研究，积极建言献策，以参政议政的实际行动，投身到全面建设小康社会的伟大实践。

贾庆林指出，统战工作和政协工作只有与时俱进，开拓创新，才能永葆生机与活力。各级统战部门和政协组织要适应形势的发展要求，进一步加强学习。要按照中共中央的要求和胡锦涛同志“七一”重要讲话精神，深入学习贯彻“三个代表”重要思想，切实领会其科学内涵和精神实质，着力把握其科学态度和创新精神，努力提高马克思主义理论水平。要联系统一战线面临的新形势新任务，认真学习江泽民同志关于统一战线的重要论述。通过深入学习和实践，提高运用这些新的理论成果分析和解决问题的能力。要加强统一战线和人民政协的干部队伍建设，进一步增强统战和政协干部的政治意识、团结意识、大局意识、民主意识、创新意识，着力培养一大批精通统一战线和人民政协工作的行家里手。

贾庆林强调，要以政协章程修改为契机，推进人民政协履行职能的制度化、规范化和程序化。要认真总结这些年来政协工作的好经验、好做法，对那些有利于巩固和发展共产党领导的多党合作和政治协商制度、有利于巩固和发展爱国统一战线、被实践证明是成熟的经验，进行理论上的提炼和概括。要进一步建立、健全各种议事规则和工作程序，探索履行职能的多种有效形式，使政治协商、民主监督、参政议政更加规范有序，富有成效。

全国政协副主席王忠禹、秘书长郑万通等参加了调研。

国务院副总理黄菊在山西考察

7月31日至8月2日，黄菊在山西省委书记田成平、省长刘振华的陪同下，带领国务院再就业工作部际联席会议成员单位组成的7个小组，深入企业、社区，对就业和再就业工作进行了深入调研。

考察期间，黄菊先后来到大同晋华宫煤矿、大同齿轮集团、太原钢铁集团、太原第一机床厂、太原重型机械集团等企业，向矿工和一线职工表示亲切慰问。他走访了太原市职业介绍中心、桃北东社区，与下岗职工亲切交谈，详细询问他们的生活和再就业情况。黄菊听取了山西省委、省政府的工作汇报，召开了再就业工作座谈会，对山西省在“非典”疫情较重的情况下，认真落实中央“两手抓”部署，在防治“非典”、发展经济、促进就业等方面取得的成绩予以充分肯定。

黄菊指出，山西等受“非典”影响严重地区，就业和再就业工作的任务更加艰巨，时间更加紧迫，一定要以“三个代表”重要思想为指导，按照中央政治局会议和全国防治“非典”工作会议的部署，把就业和再就业作为下半年经济工作的重点，加强领导，加大力度，加快节奏，落实政策，抓出成效。一要根据经济社会协调发展的要求，把改革、发展、调整结构等与促进就业和再就业结合起来。要把企业改革的力度、经济发展的速度、结构调整的强度和社会可承受的程度统一起来，走出一条既能保证经济持续快速健康发展，效益逐步提高，又能促进就业和再就业，保持社会稳定的新路子。既要致力于产业升级，又要注重发展劳动密集型产业；既要不断提高企业劳动生产率，又要尽量减少社会就业压力，推动国有大中型企业更好地运用主辅分离、辅业转制政策，分流安置企业富余人员。二要因地制宜，创造性地做好就业和再就业工作。山西等受“非典”影响严重的地区，要针对就业和再就业工作的困难和特点，抓住重点，破解难题。要在认真贯彻中央政策的同时，从有利于就业和再就业出发，结合当地实际情况，积极探索，采取更加灵活的政策措施，创造更为宽松的就业环境，千方百计促进就业和再就业。三要牢牢把握创造岗位和培训技能两个关键环节。要通过发展经济提供更多的就业岗位，特别是大力发展第三产业、劳动密集型产业、中小企业和多种所有制经济，开辟公益性岗位，广辟就业和再就业门路。当前特别要为就业困难群体提供就业岗位。要针对劳动力市场需求和下岗失业人员的实际情况,制订培训计划,增加培训投入,创新培训方法,提高培训质量,增强下岗失业人员的就业适应性和再就业能力。

黄菊强调,再就业工作是就业工作中的重点和难点,需要全社会各方面的共同努力。推进再就业,地方各级党委和政府责无旁贷,同时要充分发挥企业、工会、社会等各方面的作用,群策群力,齐抓共管。要全面落实和不断完善各项再就业优惠政策,简化小额贷款发放程序,鼓励自主就业和创业,做好社会保障衔接工作,为下岗失业人员灵活就业解除后顾之忧。要抓紧建立政府和部门自上而下的监督检查制度,建立社会和群众自下而上的监督举报机制,对再就业工作进行督促和检查。要加强舆论宣传工作,营造有利于就业和再就业的良好社会氛围。我们坚信,在以胡锦涛同志为总书记的党中央领导下,只要认真学习贯彻全国防治"非典"工作会议精神,统一思想认识,扎扎实实工作,就一定能开创就业和再就业工作的新局面。

国务院发出《关于成立国务院南水北调工程建设委员会的通知》

各省、自治区、直辖市人民政府,国务院各部委、各直属机构:

为确保南水北调工程的顺利实施,解决我国北方地区水资源严重短缺问题,实现黄淮海流域经济社会可持续发展,国务院决定成立国务院南水北调工程建设委员会。委员会是高层次的决策机构,其任务是决定南水北调工程建设的重大方针、政策、措施和其他重大问题。国务院南水北调工程建设委员会组成人员如下:

主　任:温家宝(国务院总理)

副主任:曾培炎(国务院副总理)

回良玉(国务院副总理)

成　员:(略)

国务院

2003年7月31日

公安部在北京召开全国公安系统加强派出所执法工作和内部管理电视电话会议

会议指出,公安队伍建设是公安工作的根本和保证。派出所是公安工作的根基,任务繁重,涉及面广,与群众利益直接相关,工作成效与服务质量直接影响党和政府的威信,必须切实予以加强。

会议强调,坚持从严治警,执法为民,必须从领导机关、领导干部做起,从群众反映强烈的问题抓起。各级公安机关要实行领导联系派出所制度,加强指导,鼓励警力下沉;要严禁向派出所下达抓人和罚款指标,严禁让派出所违规从事非警务活动。要将严格、公正、文明执法作为公安工作的生命线,提高执法水平,改善执法形象;要顺应群众要求,改革公安行政管理工作,积极推出便民利民措施,满腔热情为人民群众服务;要在继续毫不松懈地抓好"五条禁令"的同时,采取迅速行动,坚决杜绝再次发生伤天害理、激起民愤的恶性案件,坚决纠正一切违法侵占群众利益的滥收滥罚政策和指标,坚决制止一切滥用强制措施、侵犯人权、侮辱人格的事件的发生,坚决撤出参与经营的娱乐场所;要全面贯彻落实《公安机关人民警察内务条令》,努力实现"人要精神,物要整洁,说话和气,办事公道"目标,树立良好警风。

最高人民检察院检察长贾春旺在河南考察

贾春旺7月31日在郑州出席全国检察机关"模范检察官"侯耀生命名表彰大会,随后到侯耀生工作过的郑州市二七区检察院考察,并与郑州市及所属市(区)检察院的干警座谈。8月1日至3日,贾春旺又到武陟县、焦作市、洛阳市等市、县检察院考察、调研。

在听取河南省检察院工作汇报后,贾春旺指出,各级检察机关要充分认识所面临任务的重要性和艰巨性,进一步自觉加大工作力度,在提高执法水平和办案质量上下功夫;要结合开展"强化法律监督、维护公平正义"等教育活动,进一步搞好检察机关队伍建设。要通过改革,进一步加强和改进检察工作。一要通过改革,强化检察机关的法律监督职能,通过加强办案来实现法律监督的要求;二在推进改革中,要积极提出进一步完善、明确和细化有关法律规定的建议;三要进一步加强和改善对职务犯罪案件的查处工作,依法加大查处贪污贿赂、渎职侵权等犯罪的力度;四要加强对民事审判和行政诉讼活动的监督;五是要高度重视接受党和人大、政府、舆论、人民群众的监督。

最高人民检察院决定授予郑州市人民检察院副检察长侯耀生全国检察机关"模范检察官"荣誉称号

侯耀生1979年11月从部队转业到河南省郑州市中原区人民检察院,先后任检察员、副检察长、代检察长、检察长,1995年2月调任郑州市二七区人民检察院检察长,2001年11月任郑州市人民检察院反贪局局长,2002年8月任郑州市人民检察院副检察长兼反贪局局长。侯耀生自1995年2月担任郑州市二七区人民检察院检察长以来,团结和带领党组一班人,积极探索新形势下做好检察工作的新举措,鲜明地提出"质量建院,素质建队,管理兴院,科技强检"的新思路,着力提高全院干警的政治业务素质,加强制度化、规范化建设,使二七区人民检察院各项工作不断跃上新台阶,走在了全国基层检察院的前列。

国家林业局局长周生贤在北京出席全国林业厅局长会议并讲话

周生贤在会议上表示:林业系统将举全行业之力,尽快启动并全力实施"林业科技振兴计划",并将生物工程技术放在林业科学技术研究的首要位置。

国务院副总理曾培炎在中南海会见越共中央政治局委员越南国会副主席张光得率领的越南国会代表团

立陶宛总理布拉藻斯卡斯在涅林格会见全国人大常委会副委员长乌云其木格

乌云其木格率领的中国全国人大代表团是7月28日抵达维尔纽斯对立陶宛进行友好访问的。

国防部在人民大会堂举行盛大招待会热烈庆祝中国人民解放军建军76周年

中共中央政治局委员、中央军委副主席、国务委员兼国防部部长曹刚川上将致祝酒词。中央军委委员、总参谋长梁光烈上将,中央军委委员、总后勤部部长廖锡龙上将,中央军委委员、总装备部部长李继耐上将等出席了招待会。

曹刚川在致祝酒词时说,全军官兵要进一步增强使命感和责任感,努力完成党和人民赋予的各项任务,为维护国家安全统一和全面建设小康社会提供坚强有力的保障。

曹刚川说,我们要积极推进中国特色军事变革,实现我军现代化的跨越式发展。他表示,中国人民解放军热爱和平,反对战争。我们决心为维护世界和平、促进共同发展作出应有的贡献。

出席招待会的还有解放军四总部、驻京各大单位、武警总部、军委办公厅负责人葛振峰、吴铨叙、钱树根、熊光楷、张黎、唐天标、袁守芳、张树田、张文台、迟万春、张定发、胡彦林、乔清晨、邓昌友、靖志远、隋明太、郑申侠、温宗仁、裴怀亮、朱启、杜铁环、吴双战、徐永清、谭悦新等。

中共中央、国务院有关部门,北京市、对外友协负责人刘华秋、李肇星等也出席了招待会。

出席招待会的还有在京的军队离休老干部代表,部队各有关部门负责人,部队英模、首都民兵、军烈属和原国民党起义人员代表等。外国驻华大使馆武官夫妇等也应邀出席了招待会。

中央军委在北京召开《江泽民国防和军队建设思想学习纲要》出版座谈会

国家防汛抗旱总指挥部发出紧急通知部署南方地区抗旱工作

国家防总要求,南方有关受旱地区要认真分析当前抗旱形势,加强抗旱工作领导,明确目标,落实任务,周密部署,组织广大干部群众全力做好抗旱工作;要加强水情雨情预报测报,强化旱情监测,对受旱范围、受旱程度以及对社会经济的影响及时作出分析和预测,完善抗旱预案,积极主动采取应对措施。各地要按照抗旱预案,本着"先生活、后生产,先节水,后调水,先地表、后地下"的原则,落实抗旱措施,强化水量的统一调度和管理,认真研究洪水资源的利用,统筹兼顾各方面用水需求,确保城乡居民用水安全,最大限度地满足工农业生产和生态用水需求。国家防总要求各有关部门通力协作,加大对受旱地区的支持力度,切实为旱区群众解决实际问题和困难。

国务院副总理回良玉受国务院总理温家宝委托在湖南检查抗旱救灾工作并慰问受灾群众

6月下旬以来,江南及华南大部分地区持续高温少雨,发生严重干旱。目前,旱情仍在发展,范围不断扩大,程度日趋严重。截至7月31日,湖南、江西、浙江、福建等11省农田受旱面积9800多万亩,缺水缺墒2900多万亩,因干旱有865万城乡居民发生饮水困难,389万头大牲畜饮水受到影响。对此,党中央、国务院十分重视,并作出明确部署。7月31日至8月3日,回良玉与国家有关部门负责同志冒着高温酷暑,来到受灾严重的衡阳等市县,深入田间地头查看灾情,检查抗旱措施落实情况,到农户详细了解群众生产生活和收入情况。

回良玉强调,各有关地区和部门要高度重视,密切关注旱情发展,加强组织领导,落实各项措施,全面做好抗旱救灾。要十分关心群众生活,把确保群众饮水放在第一位,切实做好防暑、防病、防火工作。要统一调度,优化水资源配置,科学用水,节约用水,提高水的利用率。要抓好救灾工作,帮助灾区开展生产自救,努力把灾害损失降到最低限度。要加强水利基础设施建设,逐步改善生产条件。

回良玉还考察了农业结构调整情况、产业化龙头企业和国家杂交水稻研究中心。他指出,由于"非典"疫情和洪涝干旱灾害的影响,今年农民增收遇到新的困难。各地、各有关部门要认真践行"三个代表"重要思想,紧紧围绕农民增收这个中心任务,进一步推进农业结构调整,发展产业化经营,拓宽农民就业渠道,深化农村各项改革,加快农业科技进步,加大对农业支持力度,全面发展农业和农村经济,千方百计增加农民收入。

8月1日

全国人大常委会委员长吴邦国在人民大会堂会见由副主席张光得率领的越南国会代表团

国务院总理温家宝在黑龙江 吉林考察并在长春主持召开振兴东北老工业基地座谈会

8月1日至3日，温家宝先后到大庆市、哈尔滨市、吉林市和长春市等地，考察了大庆石化公司、哈飞集团、吉林铁合金集团、一汽集团公司等11家国有大型企业，并专程前往铁人王进喜工作过的大庆钻井二公司1205钻井队，看望慰问在生产一线的石油工人。1日晚和2日晚，温家宝分别在哈尔滨市和吉林市召开座谈会，与部分国有企业负责人共商加快振兴老工业基地大计。考察期间，他还走访下岗职工家庭，详细了解他们的生活情况。温家宝还来到吉林大学第一医院，慰问为抗击"非典"作出贡献的医务人员。

8月3日下午，温家宝在长春市主持召开振兴东北老工业基地座谈会。在听取黑龙江、吉林和辽宁三省负责人的汇报后，温家宝作了重要讲话。

温家宝说，振兴老工业基地既是东北等地自身改革发展的迫切要求，也是实现国家经济社会协调发展的重要战略举措。加快东北等老工业基地调整、改造和振兴，最重要的是必须进一步解放思想，做到发展要有新思路，改革要有新突破，开放要有新局面，工作要有新举措。

温家宝说，振兴东北等老工业基地，需要着力抓好以下几个主要任务：一要继续从战略上调整经济结构。包括调整产业结构、调整所有制结构、调整国有经济结构。这是振兴老工业基地的主线和基础。二要切实加强企业技术改造。这是振兴老工业基地的重要环节。三要努力实现全面、协调和可持续发展。这是振兴老工业基地的长远大计。四要积极搞好就业和社会保障体系建设。这是振兴老工业基地的重要保证。五要加快发展科技教育事业。这是振兴老工业基地的重要条件。六要大力推进改革开放。这是振兴老工业基地的强大动力。

黑龙江、吉林和辽宁省委、省政府主要负责人，国务院有关部门负责人出席了座谈会。

中共中央政治局常委李长春在北京出席2003年度国家社科基金项目评审工作会议并发表重要讲话

中共中央政治局委员、书记处书记、中宣部部长、全国哲学社会科学规划领导小组组长刘云山主持了会议，全国政协副主席、中国社会科学院院长、全国哲学社会科学规划领导小组副组长陈奎元出席了会议。

这次会议的主要任务是评审2003年度国家社科基金项目拟立项课题。全国哲学社会科学界300多名评审专家聚集北京，进行评审工作。

李长春指出，要坚持以马克思主义为指导，以"三个代表"重要思想统领哲学社会科学工作，运用"三个代表"重要思想的立场、观点、方法，深刻观察当今世界和当代中国的发展大势，着眼新的实际，使哲学社会科学真正体现时代性、把握规律性、富于创造性，推动兴起学习贯彻"三个代表"重要思想新高潮。要形成体现"三个代表"重要思想最新理论成果的哲学、经济学、政治学、法学、社会学、新闻学、历史学、文学等学科，丰富和完善当代中国马克思主义的基础理论体系。要大力推进理论创新，把"三个代表"重要思想作为我们深化理论探索的崭新起点，研究中国特色社会主义发展中提出的新课题，用新的理论指导新的实践。要贴近实际、贴近生活、贴近群众，满足群众的理论需求，提高群众的哲学社会科学素质。

刘云山在讲话中指出，兴起学习贯彻"三个代表"重要思想新高潮，是当前摆在全党全国人民面前的一项重大政治任务，哲学社会科学界担负着重要职责。广大哲学社会科学工作者一定要认真学习胡锦涛同志"七一"重要讲话精神，为学习贯彻"三个代表"重要思想作出自己的贡献，促进哲学社会科学繁荣发展。

青海省海南藏族自治州庆祝成立50周年

全国政协副主席兼工商联主席黄孟复在新加坡会见新加坡总理吴作栋

双方就加强中新关系和双边经贸合作等问题进行了磋商。

黄孟复一行是应新加坡工商联的邀请，于7月31日从马来西亚来到新加坡访问的。当天，双方还签署了加强两国工商联机制合作的《谅解备忘录》。

外交部发言人孔泉就美国防部公布《中国军事力量年度报告》答记者问

有记者问：7月30日，美国防部公布2003年《中国军事力量年度报告》，中方有何评论？

孔泉回答说，中国奉行独立自主的和平外交政策，实行防御性国防政策，始终不渝地走和平发展的道路。作为主权国家，中国为维护国家安全和领土完整所进行的国防建设和军事部署是无可指责的。

他说，台湾是中国领土不可分割的一部分。中国政府始终坚持"和平统一、一国两制"的基本方针，本着最大的诚意,进行最大的努力,促进两岸的和平统一,"台独"势力的发展才是台海地区稳定的最大威胁。美方多次表示将遵守中美三个联合公报、坚持一个中国政策、反对"台独"。我们希望美方切实履行承诺。孔泉说,美国内一些人夸大中国军力和军费开支,渲染大陆对台湾的威胁,目的是为了向台湾出售武器寻找借口。事实胜于雄辩。国际社会公认,中国是维护世界和平、促进共同发展的积极力量。

国务院副总理吴仪检查北京市场食品安全等情况

吴仪在北京市代市长王岐山、国务院副秘书长徐绍史、国家工商总局局长王众孚等人陪同下,视察了通州区八里桥农产品中心批发市场、永顺工商所对外服务大厅和北京市工商局12315调度指挥中心,现场了解农产品安全工作情况,并观看了食品安全控制系统模拟演示和企业信用信息演示。

吴仪充分肯定了北京市工商局推进企业信用建设、实施食品准入制度、建立市场秩序长效监管机制的做法。她说,北京建立政府信用平台,延伸了市场监管的触角和视野,体现了监管现代化大市场的特色。监管现代化的市场,必须运用现代化的科技手段。

吴仪还对北京市工商局提出的"胸怀大局甘当主力、勇挑重担甘当苦力"的"两甘"精神给予了充分肯定。她说,监管现代化市场需要大力提倡"两甘"精神。

国务院副总理回良玉就当前防汛抗旱和救灾工作作出批示

回良玉的批示是:"近期,黄河、嫩江、松花江流域出现强降雨天气,防汛抗洪形势不容乐观,南方大部地区持续高温少雨,旱情急剧发展。目前正值三伏,并处在主汛期,国家防总和各级防汛抗旱指挥机构,都要密切监测雨情、水情、汛情和旱情,切实完善防汛、抗旱预案,继续落实责任,积极主动采取应对措施,既要抓好防汛抗洪,又要抓好抗旱工作,还要做好救灾工作,真正以防汛抗旱救灾的成效,践行'三个代表'重要思想。"

8月2日

中共中央政治局常委曾庆红到北戴河看望部分医务专家和科技专家

曾庆红与他们进行座谈,并发表了重要讲话。曾庆红希望广大知识分子积极投身于学习贯彻"三个代表"重要思想的新高潮,在十六大精神指引下,紧密团结在以胡锦涛同志为总书记的党中央周围,努力开创科学繁荣、人才辈出的新局面,为全面建设小康社会、实现中华民族的伟大复兴作出新贡献。

今年暑期,党中央、国务院邀请到北戴河休假的主要是在抗击"非典"、促进发展中作出突出贡献的医务专家、全国防治"非典"科技攻关组的负责人,国家重点工程建设项目的总工程师、国家重大科研项目的首席科学家和国防科技专家等。在专家座谈会上,广州市第八人民医院院长、主任医师唐小平,北京佑安医院院长、主任医师赵春惠,军事医学科学院副院长、教授黄培堂,获得国家最高科学技术奖的金怡濂院士,中国长江三峡工程开发总公司总工程师张超然,中国科学院物理研究所所长、研究员王恩哥,中国航天科工集团三院科技委副主任、研究员刘永才联系他们的科研工作实际和思想实际分别发了言。

座谈会由中共中央政治局委员、书记处书记、中组部部长贺国强主持。国务委员、国务院秘书长华建敏,国务委员陈至立,以及中央组织部、国家发展和改革委员会、教育部、科技部、国防科工委、人事部、卫生部、解放军总政治部等有关部门负责同志出席了座谈会。

国务院任免香港特别行政区政府部分主要官员

依照香港特别行政区基本法的有关规定,根据香港特别行政区行政长官董建华的提名和建议,国务院决定,对香港特别行政区政府部分主要官员作如下任免:

任命唐英年为财政司司长;

任命李少光为保安局局长;

任命曾俊华为工商及科技局局长;

任命黄鸿超为廉政专员;

免去唐英年的工商及科技局局长职务;

免去李少光的廉政专员职务;

免去黄鸿超的海关关长职务。

森林资源监督机构启动大会在北京举行

此次会上,国家林业局正式向新成立的兰州、西安、武汉、贵阳、海口、合肥、乌鲁木齐7个森林资源监督机构派出专员。至此,国家派驻各区域森林资源监督机构达到14个,国土面积95%以上的森林资源得到有效监督。

经中央机构编制委员会办公室批准,上述森林资源监督机构直属国家林业局领导,代表国家负责监督驻在区域内森林资源和林政管理,确保国家有关森林资源管理的法律、法规和方针、政策得到正确贯彻执行,查处超限额采伐、毁林开荒、乱砍滥伐、乱占林地、破坏野生动植物资源等重大案件,并将按季度和年度向派出单位和驻地区域内各省、自治区、直辖市人民政府提交森林资源监督工作报告。

张健成功横渡青海湖

2日18时08分，张健在耗时8小时53分后，成功横渡我国内陆第一大咸水湖——青海湖，横渡距离26.3公里。

这是张健横渡琼州海峡、渤海海峡、英吉利海峡、长白山天池和云南抚仙湖后的第六次成功横渡。

第十一世班禅额尔德尼·确吉杰布在青海甘肃参观学习并举行佛事活动

8月2日至21日，第十一世班禅额尔德尼·确吉杰布先后在青海、甘肃省参观学习。这是第十一世班禅自1996年坐床以来第一次到青、甘两省参观学习，受到了藏传佛教界人士和广大信教群众的热烈欢迎。

青海、甘肃两省的领导同志专程看望了第十一世班禅额尔德尼·确吉杰布。第十一世班禅赞赏两省经济建设所取得的巨大成就，祝福青海、甘肃两省在以胡锦涛为总书记的党中央的领导下，经济发展，社会进步，民族团结，人民生活幸福安康。

8月3日

第二十九届奥运会会徽发布仪式在北京天坛祈年殿隆重举行

中共中央政治局常委、全国人大常委会委员长吴邦国出席发布仪式，并与第二十九届奥运会协调委员会主席维尔布鲁根一起，为2008年北京奥运会会徽揭幕。

中共中央政治局委员、北京市委书记、北京奥组委主席刘淇在发布仪式上致辞。国际奥委会主席罗格在会徽发布仪式上发表了电视讲话，高度赞扬了新揭幕的会徽。

北京市代市长、北京奥组委执行主席王岐山主持会徽发布仪式。国家体育总局局长、中国奥委会主席、北京奥组委执行主席袁伟民代表北京奥组委向国际奥委会赠送了北京奥运会会徽徽宝。国际奥委会奥运会执行主任吉尔伯特·费利代表国际奥委会接受了会徽徽宝。徽宝将被位于瑞士洛桑的奥林匹克博物馆永久珍藏。

会徽“中国印·舞动的北京”字体部分采用了中国书法艺术、特别是汉代竹简文字的笔意和风格，将这一字体的笔画和韵味有机地融入到Beijing2008字体之中，其总体结构和独立结构比例协调；它的中国印、书法Beijing2008和奥运五环三部分之间在布局以及比例关系方面近乎完美。

全国人大常委会副委员长盛华仁、傅铁山，国务委员陈至立和全国政协副主席李蒙陪同为会徽揭幕。

北京奥组委发布会徽知识产权公告

公告说，根据《奥林匹克标志保护条例》及相关法律、法规，北京奥组委为该会徽的权利人，该会徽的商标注册申请已在国内外进行。未经北京奥组委许可，任何机构或个人均不得为商业目的(含潜在商业目的)使用该会徽，将该会徽用于非商业目的时，必须明显区别于商业行为，并不得与商业广告相邻使用。

公告说，任何机构或个人，在任何情况下均不得将该会徽进行拆分、歪曲、篡改等变形使用，亦不得将该会徽作为其他图案的组成部分使用。在北京市行政区域内使用该会徽时，除严格遵守《奥林匹克标志保护条例》之外，还应遵守《北京市奥林匹克知识产权保护规定》。

公告还特别指出，若发现任何侵犯该会徽知识产权的行为，北京奥组委将提请有关部门依法查处，追究侵权人的侵权责任。北京奥组委欢迎任何机构和个人举报侵犯该会徽知识产权的行为。

叙利亚复兴社会党民族领导副总书记阿哈迈尔在大马士革会见以中联部副部长马文普为团长的中共代表团

首届“中国十大科技前沿人物”颁奖仪式在北京人民大会堂举行

全国人大常委会副委员长、中国科学院院长路甬祥，全国政协副主席王选，全国人大常委会原副委员长倪志福、王光英，中国科协党组书记张玉台等为“中国十大科技前沿人物”获奖者颁奖。

由科技日报发起、首都15家新闻媒体参与评选的首届“中国十大科技前沿人物”分别是(按姓氏笔画为序)：在青藏铁路线上成功解决世界技术难题的基层科技工作者、青藏铁路第五标段科技攻关组组长王永义，无公害绿色植物生长研究领域的开拓者、中国工程院院士王涛(女)，“虚拟人”技术年轻的领军人物、中国科学院自动化所研究员田捷博士，我国最早从事纳米研究的专家、中国科学院副院长、中国科学院院士白春礼，敢于填补我国特殊钢空白的科技企业家、江阴兴澄特种钢铁有限公司总经理俞亚鹏，四送“神舟”飞船人太空的中国空间技术研究院院长袁家军，“倪志福钻头”(群钻)发明人倪志福，中文二笔输入技术的创始人、中华中文信息研究院院长高精链，液体火箭发动机学术和技术带头人、中国航天科技集团公司第六研究院院长雷凡培，从教授到厅长的科技管理工作者、河北省科技厅副厅长廖波。

中国羽毛球队在伯明翰举行的世界锦标赛上获得三项冠军

夏煊泽夺得男单金牌，张宁获得女单金牌，高崚／黄穗夺得女双冠军。

中国女排在意大利安德里亚夺得世界女子排球大奖赛冠军

这是1993年世界女排大奖赛创立以来，中国队首次在这项赛事中夺冠。

8月4日

国家主席胡锦涛在人民大会堂分别接受4国新任大使国书

这4位大使分别是：6月24日抵京的乌兹别克斯坦共和国驻华大使诺西尔容·尤苏波夫，6月29日抵京的毛里塔尼亚伊斯兰共和国驻华大使恩盖德·拉明·卡尤和巴布亚新几内亚独立国驻华大使马克斯·拉伊，以及8月1日抵京的莫桑比克共和国驻华大使安东尼奥·伊纳西奥·儒尼奥尔。

全国人大常委会委员长吴邦国在人民大会堂会见俄罗斯联邦会议联邦委员会主席米罗诺夫

国务院在北京召开全国打击走私工作会议

会议为期两天。中共中央政治局常委、国务院总理温家宝在会上强调，要以“三个代表”重要思想为指导，充分认识打击走私工作的艰巨性、长期性和复杂性，全面贯彻“打防结合、综合治理、突出重点、坚持不懈”的工作方针，统一思想，加强领导，坚定信心和决心，克服松劲和畏难情绪，继续毫不动摇、毫不手软地把打击走私工作深入开展下去。

会议对1998年全国打击走私工作会议以来反走私斗争工作进行了全面总结，对当前和今后一个时期打击走私工作进行了部署，要求各地区、各部门要不断根据反走私斗争中出现的新情况、新问题，及时从体制、机制、法制建设方面研究有效打击走私和防范走私的新措施，夺取反走私斗争的新胜利。

中共中央政治局委员、国务院副总理吴仪在会上作了《再接再厉，常抓不懈，继续严厉打击走私违法犯罪活动》的工作报告，中共中央政治局委员、国务委员周永康，国务委员兼国务院秘书长华建敏出席了会议。

海关总署、公安部、工商总局和广东省、广西壮族自治区、福建省、吉林省负责同志作了大会发言。会上还表彰了在反走私斗争中涌现出来的先进集体和先进个人。

国办下发《国务院南水北调工程建设委员会办公室主要职责内设机构和人员编制规定》的通知

各省、自治区、直辖市人民政府，国务院各部委、各直属机构：

《国务院南水北调工程建设委员会办公室主要职责内设机构和人员编制规定》已经国务院批准，现予印发。

国务院办公厅

2003年8月4日

国务院南水北调工程建设委员会办公室主要职责内设机构和人员编制规定（略）

中国统促会在北京与香港地区中国统促会访问团座谈

全国政协副主席、中国和平统一促进会会长周铁农出席座谈会并讲话。他说，香港回归6年来的实践证明，“一国两制”在香港的实施是成功的，得到了国际社会的广泛赞誉。保持香港的繁荣稳定，不仅事关香港同胞的福祉，也事关祖国的和平统一、中华民族的伟大复兴。他表示相信有中央政府的支持、特区政府的领导、香港同胞的努力，香港的明天会更好。

周铁农赞扬了香港地区中国统促会自成立以来，为维护香港的繁荣稳定和推动祖国和平统一作出的努力。

访问团团长张有洪说，访问团希望借此次北京之行进一步了解中央政府对台方针政策，为推动两岸统一继续努力，并向中央政府反映香港人民希望两岸和平统一的愿望。

中国统促会秘书长王克斌在座谈会上致欢迎辞。中国统促会部分理事出席了座谈会。

国务院副总理黄菊在人民大会堂会见塞拉利昂外交和国际合作部长科罗马

外交部部长李肇星在北京与塞拉利昂外交和国际合作部长莫莫杜·科罗马举行会谈

外交部发言人孔泉就朝核问题六方会谈发表谈话

孔泉在回答记者有关的提问时说，中方对朝方宣布将在北京举行六方会谈表示欢迎，并愿同有关各方保持协商，共同推动六方会谈早日举行。

孔泉说，朝鲜半岛是中国的近邻，中国重视维护半岛的和平与稳定，在核问题上，中国坚持通过对话和平解决的立场，并为实现这个目标做了大量有成效的工作。为启动新一轮北京会谈，把朝核问题纳入和平解决轨道，一段时间以来中国与相关国家高层进行了深入接触，逐步形成了重要共识。中方支持扩大北京会谈的范围，欢迎朝方宣布将在北京举行六方会谈。中方作为东道主，愿同有关各方保持协商，共同推动六方会谈早日举行。

孔泉说，中方对参加会谈的范围一直持开放态度。韩国、俄罗斯和日本都积极主张通过对话解决问题，相信他们的参与将有利于推进和平解决进程。

关于会谈形式问题，孔泉说，朝鲜和美国都主张和平解决，在重启北京会谈的问题上，中方分别与他们双方进行了深入探讨与沟通，他们也提出了不少重要的想法和意见，这对实现对话是有益的。

《人民日报》发表江泽民同志1992年为中国人民解放军总医院题词手迹

江泽民的题词为："建设第一流的解放军总医院，为提高部队战斗力服务"。

五部门共同授予刘坤洲"全国模范军队转业干部"荣誉称号

国务院军队转业干部安置工作小组、中组部、中宣部、人事部、解放军总政治部共同授予刘坤洲"全国模范军队转业干部"荣誉称号。

刘坤洲是山东省潍坊坤洲中草药发展有限公司董事长兼总经理。他1968年入伍，同年入党，在部队多次获得嘉奖，1980年转业到山东省原潍县检察院任助理检察员，后调入潍坊市坊子区商业局工作，1994年任坊子区泰峰肉鸡有限公司党支部书记兼副经理，1997年下岗。在下岗的5年中，他几经挫折，始终保持着共产党人的坚定信念和昂扬斗志，在组织的关怀和帮助下，通过承包荒地，种植中草药，实现了二次创业。创业成功后，他积极吸纳下岗职工再就业，团结和带领群众发展生产，服务社会，走共同富裕之路。

五部门的表彰决定指出，刘坤洲讲政治、顾大局，正确处理改革过程中个人利益与全局利益的关系，正确对待工作和生活中遇到的困难，勤奋学习，开拓进取，依靠科学，开创了事业发展的新境界，是改革开放和发展社会主义市场经济条件下涌现出的军队转业干部的先进典型。全国广大干部，特别是军队转业干部，要努力向刘坤洲学习，学习他忠于党、忠于人民的政治信念，学习他艰苦奋斗、勇于拼搏的革命精神，学习他顾全大局、无私奉献的优秀品质，为全面建设小康社会，加快推进社会主义现代化作出积极的贡献。

黑龙江齐齐哈尔发生侵华日军遗留毒剂泄漏伤人事件

8月4日凌晨4时，黑龙江省齐齐哈尔市市内的一处工地施工时，从地下挖出5个侵华日军残留的毒气罐。由于毒剂泄漏，导致43人中毒受伤，1人死亡。

事件发生后，应我国外交部要求，日方派出有关人员8月8日前往现场，调查确认事件原因是日军遗弃的化学毒剂造成的。

10月19日，外交部发言人章启月在北京发表谈话说，为解决这一事件，中日外交当局举行了多次磋商。中方严肃要求日方承担责任，补偿损失。日本政府决定，将向中方支付3亿日元，用于补偿这一事件给中方所造成的损失。她说，这一事件严重伤害了中国人民的生命安全和民族感情，不是任何数量的金钱就能补偿的。中方要求日方充分认识到侵华日军遗弃毒剂伤人事件所产生的严重后果和政治影响，尽快履行所作出的承诺，杜绝类似事件再次发生，同时加快销毁侵华日军遗弃在华化学武器的进程。

8月5日

国家主席胡锦涛在人民大会堂出席第三十九届南丁格尔奖章颁奖大会并为获奖者颁奖

叶欣等10位在我国护理事业中作出卓越贡献的优秀护理工作者，日前荣获国际护理界最高荣誉奖——南丁格尔奖章。中国红十字会代表红十字国际委员会在北京人民大会堂举行第三十九届南丁格尔奖章颁奖大会。中共中央总书记、国家主席胡锦涛出席大会，为获奖者颁奖，并向他们表示热烈祝贺。

在本届45位获奖者中，我国有10位护士获奖，是获奖人数最多的一次。他们是：广东省中医院二沙岛分院急诊科护士长叶欣(已殉职)、广东省人民医院护理部主任钟华荪、解放军第二炮兵总医院口腔科护士长李淑君、解放军喀喇昆仑模范医疗站护士长姜云燕、贵州省护理学会理事长苏雅香、四川省甘孜藏族自治州人民医院副院长巴桑邓珠、江西省南昌市第一人民医院原护理部主任章金媛、天津市护理学会名誉理事长梅玉文、上海第二人民医院原护士长李琦、北京佑安医院护理部主任陈东。

国家主席胡锦涛在人民大会堂会见俄罗斯联邦会议联邦委员会主席米罗诺夫

国务院总理温家宝在北京会见俄罗斯联邦会议联邦委员会主席米罗诺夫

国务院总理温家宝在北京会见美国花旗集团董事长鲁宾和候任首席执行官普林斯

温家宝在会见时表示，保持人民币汇率基本稳定，不仅有利于中国经济和金融持续稳定发展，而且有利于周边国家和地区的经济和金融稳定发展，从根本上说，也有利于世界经济和金融的稳定发展。

温家宝阐述了中国政府关于人民币汇率的政策。他说，我们注意到一个时期以来国际上对人民币汇率的关注。中国政府对这个问题一贯持十分慎重、负责的态度。1997年亚洲金融危机时，在周边许多国家货币大幅度贬值的情况下，我们坚持人民币不贬值，保持汇率稳定，对亚洲乃至世界金融和经济的稳定作出了应有的贡献。

他说，一个国家的汇率制度和政策，应当根据本国经济发展水平、经济运行状况和国际收支状况来决定。中国实行以市场供求为基础的、单一的、有管理的浮动汇率制度，符合中国的现实国情。我们要在深化金融改革中进一步探索和完善人民币汇率形成机制。

中组部部长贺国强在北京出席谷文昌先进事迹座谈会并讲话

座谈会由中组部、中宣部、福建省委联合召开。贺国强在讲话中指出，谷文昌和焦裕禄、孔繁森、郑培民等同志一样，体现了“三个代表”重要思想，是领导干部坚持立党为公、执政为民的优秀代表，是广大党员干部特别是各级领导干部学习的榜样。

座谈会由中组部副部长赵洪祝主持。中宣部副部长胡振民，全国党建研究会会长张全景，福建省委副书记黄瑞霖，河南省委副书记、组织部长陈全国，福建省东山县委书记黄双庆在座谈会上发了言。中组部、中宣部部分机关干部，北京市部分市直和县区干部、第七期组织部门领导干部进修班学员出席了座谈会。

全国打击走私工作会议在北京召开

国务院副总理黄菊在中南海紫光阁会见日本国土交通大臣扇千景

中国人权专家陈士球在第五十五届联合国人权小组会上就打击恐怖主义和人权议题发言

陈士球表示，打击恐怖主义应注重综合治理，标本兼治，把重点放在消除恐怖主义产生的根源上。

陈士球强调，在打击恐怖主义的同时，应尊重主权国家的主权和领土完整，遵循公认的国际法和国际关系基本准则，不得以反恐为名随意对别国发起战争，或以其他方式干涉别国内政。

他说，反恐行动应有证据，恐怖主义的标签不得随意乱贴，还应当避免在反恐问题上推行双重标准。世界各国都应以同样标准来对待与处理国内外的一切恐怖主义活动，反对任何形式的恐怖主义。他认为，人类社会由各种不同的文明组成，文明本身无优劣、高低和贵贱之分。反对恐怖主义不应与特定的民族或宗教挂钩。

第五十五届联合国人权小组会7月28日在日内瓦开幕，至8月15日结束。作为联合国人权机构的智囊团，人权小组会主要为推动和保护人权提出建议和发展战略。

国务院总理温家宝签署第386号令公布《乡村医生从业管理条例》

《乡村医生从业管理条例》已经2003年7月30日国务院第16次常务会议通过，现予公布，自2004年1月1日起施行。

总　理　温家宝

2003年8月5日

乡村医生从业管理条例(略)

8月6日

国家主席胡锦涛就雅加达发生严重爆炸事件向印尼总统梅加瓦蒂致慰问电

国务院总理温家宝在北京主持召开国务院常务会议

会议讨论并原则通过《中华人民共和国中国人民银行法修正案(草案)》《中华人民共和国商业银行法修正案(草案)》和《中华人民共和国银行业监督管理法(草案)》；审议并原则通过《中央储备粮管理条例(草案)》；研究加强城市快速轨道交通建设管理等工作。

国务院在北京召开12省区市抗旱工作电视电话会议

会议就浙江、安徽、福建、江西、湖北、湖南、广东、广西、重庆、贵州、云南、陕西12省区市抗旱工作作出部署。中共中央政治局常委、国务院总理温家宝对会议作了重要批示。中共中央政治局委员、国务院副总理、国家防汛抗旱总指挥部总指挥回良玉出席会议并讲话。

温家宝在批示中指出，当前，南方省区持续高温，旱情严重，给城乡人民生活和工农业生产带来严重影响。各级政府和有关部门务必高度重视，以实践“三个代表”重要思想的政治责任感和对人民高度负责的精神，紧急动员部署，做好抗旱工作。一是保证城市供水安全，调整城市供水结构，优先保证生活用水。二是千方百计解决农村人畜饮水问题，采取各项措施，开辟水源，让缺水地区农民喝上水。三是大力做好农业抗旱工作，抓好补种和结构调整，促进农民增收。四是搞好电力调度，保证城乡用电。五是切实搞好高温环境下的安全生产和职工防暑降温工作。

回良玉指出，我国江南、华南等地区发生罕见的夏伏旱，造成大面积农田受灾，部分城乡居民发生饮水困难。旱情发生后，旱区各级党委、政府紧急动员，周密部署，广大干部群众奋起抗旱救灾，取得很大成绩，旱区社会秩序井然，人心稳定。但目前旱情还在发展。各有关地区和部门要加强领导，统一调度，开源节流，科学用水，全力做好抗旱工作，保证城市供水安全，千方百计解决农村人畜饮水困难，促进农民增收和经济社会发展。

回良玉强调，在做好抗旱救灾工作的同时，防汛工作也决不能有丝毫放松，要继续落实各项防汛措施。

回良玉在讲话中还传达了国务院常务会议上温家宝总理的讲话精神，要求各地搞好电力调度，优先保证城乡居民生活用电。要十分关心群众的健康，采取有效措施，做好防暑、防病工作。搞好高温环境下的安全生产，科学安排生产和用工，尽量避开酷暑高温，减少安全隐患，防止发生重大安全事故。要严密监测火情，落实防火预案，确保不发生大的火灾。

湖南、江西、福建、浙江省负责同志在会上发了言。

国务委员兼国防部部长曹刚川在北京出席北京军区国防动员委员会会议

曹刚川在充分肯定了北京军区和华北五省(市、自治区)国防动员建设所取得的成绩后指出，前不久，国家国防动员委员会召开了第三次全体会议，强调要从国家安全战略全局的高度，深刻认识新形势下加强国防动员的重要意义，适应国防建设与经济建设协调发展的需要，加强组织领导，形成工作合力，下大力抓好国防动员工作。我们一定要认真学习领会、贯彻落实好这次会议精神。

曹刚川强调，国防动员建设作为国防建设的重要组成部分，必须放在推进中国特色军事变革的全局中来思考和筹划，以更好地适应打赢未来信息化战争的要求。

总参谋部、北京军区以及北京、天津、河北、山西、内蒙古的领导同志出席了会议。

解放军总参谋部总政治部发出通报表彰全军预备役部队建设先进单位和个人

通报对全军180个预备役部队建设先进单位和先进个人进行表彰。受表彰的90个先进单位中，有先进旅、团30个，先进营、连60个；受到表彰的90名先进个人中，有现役军人30名，预备役军人60名。

通报强调，加强预备役部队建设，是党中央、国务院、中央军委立足我国国情军情，顺应世界军事变革潮流作出的战略决策，是完善我军快速动员体制、增强国防整体实力的重大举措。各级要进一步提高思想认识，加强组织领导，狠抓工作落实，切实把预备役部队战斗力提高到新的水平。广大预备役部队官兵要增强忧患意识和国防观念，认清肩负的光荣使命，认真履行职责，充分发挥作用，为保卫祖国、建设祖国再立新功。

上海合作组织成员国武装力量联合反恐军事演习在哈萨克斯坦举行

这是上海合作组织框架内首次举行的多边联合反恐军事演习。演习将分两个阶段，先后在哈萨克斯坦和中国境内举行。中国、哈萨克斯坦、吉尔吉斯斯坦、俄罗斯、塔吉克斯坦5国武装力量1000余人参加演习。

代号为“联合—2003”的演习于当地时间上午10时10分(北京时间上午11时10分)开始。兰州军区司令员李乾元中将率中国军事代表团及中方军事专家组出席了演习开始仪式并将全程观摩在哈方境内的演习。

哈萨克斯坦国防部部长阿尔腾巴耶夫大将亲临开始仪式并致辞，中、吉、俄、塔军事代表团均发表了热情洋溢的讲话。

据介绍，此次演习是为落实上海合作组织成员国元首共识和《打击恐怖主义、分裂主义和极端主义上海公约》，根据中、哈、吉、俄、塔5国国防部长2003年5月在莫斯科共同签署的联合反恐演习备忘录而举行。演习着眼当前国际反恐怖斗争形势，借鉴上海合作组织各成员国反恐怖斗争的成功经验，共同探索联合打击“三股势力”，维护地区安全稳定这一重大问题的有效途径和手段。演习对于加强各成员国在军事领域的互信与合作，维护地区安全稳定，提高联合反恐作战指挥协调能力等方面有着重要意义。

中国经济网在北京举行开通仪式

由经济日报社主办的中国经济网以经济报道和经济信息传播为主，是继人民网、新华网等网站之后成立的又一个国家重点网络媒体。日前，中央宣传部、国务院新闻办公室已将中国经济网列入中央重点新闻宣传网站序列，以充分发挥其在经济新闻宣传领域的优势。

“为实现公平和正义——法律援助在中国”大型公益活动在北京正式启动

司法部部长张福森在启动仪式上指出，法律援助制度是司法制度的重要组成部分，法律援助通过向那些缺乏能力、经济困难的当事人提供法律帮助,使人人平等地站在法律面前,享受平等的法律保护,实现社会公平和正义。新近颁布的《法律援助条例》从立法上肯定了参与和支持法律援助事业是全社会的共同使命和崇高美德。他希望社会各界响应党和国家的号召,大力弘扬中华民族扶危济困的传统美德,发扬仁爱之心,伸出援助之手,为中国的法律援助事业贡献力量。

此项活动由司法部、中央文明办、中央综治办、全国总工会、共青团中央、中央电视台联合举办,将在全国范围内开展多种形式的法律援助公益筹资活动。

财政部紧急启动抗旱救灾预案下拨特大抗旱补助费1.7亿元

8月7日

国务院总理温家宝在人民大会堂与尼日尔总理哈马·阿马杜举行会谈

温家宝对尼日尔政府为维护社会稳定、促进经济发展和提高人民生活水平所制定的政策给予了积极评价。他说,为支持尼日尔经济发展,中国政府将再向尼日尔提供五千万元人民币的无偿援助,并将鼓励中国企业赴尼投资,开展经贸合作。

哈马说,目前中国是尼日尔的第二大贸易伙伴。尼中经贸合作有力地推动了尼日尔的发展,尼日尔政府将本着团结友好的精神,加强与中国的友好合作关系。

会谈后,两国总理共同出席了《中华人民共和国政府和尼日尔共和国政府经济技术合作协定》的签字仪式。

《人民日报》发表署名为郑京文的文章《两岸僵局为何难以打破——兼评台湾当局的两岸政策》

国务委员唐家璇在人民大会堂会见以成嘉玲女士为团长的台湾新闻媒体负责人大陆访问团

唐家璇对台湾主要媒体的负责人在"非典"疫情后组团来大陆进行交流访问表示欢迎。他说表示,长期以来,台湾新闻界为加深两岸同胞的了解、促进两岸关系发展做了大量有益的工作,值得充分肯定。目前两岸新闻交流还不平衡,台湾方面还有不少限制规定。这不利于两岸新闻交流,应尽快改变。希望两岸新闻工作者深入了解两岸民众的心声,继续发挥沟通桥梁与舆论推动的作用,为两岸关系的改善发展作出新贡献。

台湾新闻媒体负责人访问团一行19人是应中华全国新闻工作者协会的邀请,于8月6日来北京、山西交流访问的。国务院台湾事务办公室主任陈云林、副主任周明伟等参加了会见。

国务委员唐家璇在北京会见伊拉克临时管理委员会领导机构成员库尔德斯坦爱国联盟主席塔拉巴尼

唐家璇阐述了中国政府对伊拉克战后重建问题的五点主张。

唐家璇表示:第一,尽快恢复伊拉克的稳定和正常秩序是伊当前最紧迫的任务,也是包括中国在内的国际社会普遍关心的问题。第二,伊拉克问题的最终解决还是要依靠伊拉克人民。伊拉克新政权应尽快产生,并具有广泛的代表性。伊拉克人民的政治意愿和选择应得到充分尊重。第三,联合国的有效参与有助于伊拉克问题的妥善解决,也符合伊拉克人民的利益。第四,各国在伊拉克的正当、合法权益应切实得到保障。第五,中国政府十分关注并愿积极参与伊拉克战后经济重建。

塔拉巴尼一行是伊拉克战后第一个来访的伊拉克代表团。唐家璇说,伊拉克不久前成立临时管理委员会,是朝着伊人治伊方向迈出的重要一步。希望该委员会能切实担负起治理国家的重任,造福伊拉克人民。

塔拉巴尼是应中国人民对外友好协会邀请来华访问的。

财政部部长金人庆在马尼拉出席第六届东盟和中日韩("10+3")财政部长会议并发表讲话

金人庆在会上介绍了中国经济发展情况,并就亚洲经济形势、区域债券市场发展和"10+3"货币金融合作等问题发表了看法。金人庆说,近年来,随着东亚区域合作的深化,"10+3"成员经贸往来和相互投资快速增长,经济融合趋势日益明显。今年上半年,中国与日本、韩国和东盟的贸易在去年快速增长的基础上,又分别增长了36%、44%和45%。他说,在世界经济频繁波动的情况下,中国和"10+3"其他成员的经贸合作对亚洲经济的稳定发挥了重要作用。金人庆表示,发展亚洲债券市场符合本地区的需要,中国支持这一倡议,愿意积极参与各项相关研究与合作。他认为,建立亚洲债券市场首先需要各国完善自身的债券市场,其次是各国债券市场的相互开放和逐步融合,最后形成区域性的统一的市场。

财长会议之前还举行了"10+3"财政央行副手会,中国财政部部长助理李勇和中国人民银行副行长李若谷参加了会议。

会后发表的《部长联合声明》预计,随着全球经济的好转,本地区经济增长速度也将加快。

我国常驻联合国代表王光亚大使致函联合国秘书长安南批驳企图分裂中国提案

信函就冈比亚等极少数国家近日致函秘书长，要求将所谓“台湾在联合国的代表权问题”列入第五十八届联合国大会议程一事，严正阐述了中国政府的立场，批驳了冈比亚等国信函中的种种谬论。

安南在接受信函时对王光亚表示，在台湾问题上，联合国秘书处的一贯立场是以联大2758号决议为基础的，这是绝对清楚并毫无问题的。

中国作协六届四次主席团会议在北京举行

会议原则通过了《中国作协重点作品创作扶持工程暂行条例》。根据条例，中国作协将设立专项资金对重点文学作品的创作、出版、研讨和奖励给予经济上的支持。中国作协党组书记、副主席金炳华说，此举旨在“为更多精品力作的诞生创造条件”。

本届主席团会议认真学习了胡锦涛同志“七一”重要讲话，并对在文学界兴起学习贯彻“三个代表”重要思想新高潮和下半年工作进行了部署。会议还推举陈建功、田滋茂为中国作协第六届书记处书记。

8月8日

国家主席胡锦涛和全国人大常委会委员长吴邦国在人民大会堂分别会见尼日尔总理哈马·阿马杜

国务院总理温家宝在北京考察城市建设工作

中共中央政治局常委、国务院副总理黄菊和中共中央政治局委员、国务院副总理曾培炎，国务委员兼国务院秘书长华建敏一起参加了考察。

8月8日上午，温家宝一行在中共中央政治局委员、北京市委书记刘淇和北京市代市长王岐山的陪同下，先后来到首都国际机场、北京城铁东直门站、崇文区龙须沟北里和东城区南池子进行考察。

在首都国际机场，温家宝听取了有关机场建设工作的汇报。温家宝指出，为保证北京举办奥运会的需要和建成世界一流空港的目标，首都国际机场建设要科学论证，统筹规划，分步实施。温家宝还登上机场塔台，察看了机场规划建设情况。

随后，温家宝来到北京城铁东直门站，了解城市轨道交通系统规划和建设情况。温家宝在听取有关情况介绍后说，北京要大力发展公共交通体系建设，让人们出行更加便捷。

崇文区龙须沟北里是危旧房改造任务比较重的地方。温家宝走进居民家中，仔细询问他们的居住和生活情况。接着，他又察看了金鱼池危旧房改造一期回迁楼工程。他来到居民家里，听他们讲述迁入新居后的幸福生活。

临近中午时分，温家宝又考察了南池子历史文化保护区修缮改建试点工程。原来这一地区市政基础设施条件很差，区内普度寺等历史建筑破坏严重。改建后，南池子地区的历史建筑和有保护价值的院落全部得到保留，普度寺也修缮一新。温家宝察看了改造后的四合院和普度寺，考察了菖蒲河公园，看到这一地区历史风貌得到较好恢复，他十分高兴。

在考察中，温家宝充分肯定了北京市在抗击“非典”和其他各方面工作取得的成绩。

在听取北京市负责人关于奥运场馆建设重点工程汇报后，温家宝说，北京是全国的政治、文化中心，在推进现代化建设过程中，要特别重视全面发展、协调发展和可持续发展。要以筹办奥运为契机，带动经济社会发展，带动精神文明建设，带动环境保护和生态建设，带动人民生活质量的提高。他强调，要贯彻勤俭办奥运的方针，充分利用现有的设施，统筹考虑社会效益和经济效益。所有的大型场馆建设项目都要公开招标，听取专家和群众的意见。

温家宝说，要按照城市建设的客观规律和历史文化特点，以新思路、新举措，进一步搞好北京市的规划、建设和管理工作。合理进行城市空间发展布局，明确建设重点区域，加快公共基础设施建设，全面提高城市现代化管理水平。要在加快旧城改造、改善市民居住条件和环境的同时，十分注意保护好文物和历史文化遗产，保护好古都风貌，努力把北京建设成为既拥有现代化新姿又保留历史文化名城特色的世界一流国际化大都市。

全国政协主席贾庆林在北京会见台湾少数民族文化交流团

贾庆林指出，求和平、求安定、求发展，是当前台湾的民心所向。两岸同胞合则两利、分则两害、通则双赢。两岸中国人应当倍加珍惜同胞情谊，促进两岸人员往来和经贸、文化等领域的交流与合作，共同继承和弘扬中华文化的优秀传统，努力开创两岸经济合作新局面，坚决反对一切“台独”分裂活动。

中共中央台办、国务院台办主任陈云林，副主任王在希等参加了会见。

以台湾知名人士林春德为团长的台湾少数民族文化交流团一行75人，8月3日至9日先后在海南、北京参观访问。

中央文明委主任李长春在北京主持召开中央精神文明建设指导委员会全体会议并讲话

中共中央政治局委员、书记处书记、中央文明委副主任刘云山,国务委员、中央文明委副主任陈至立出席会议。

李长春指出,在抗击“非典”斗争中升华的伟大民族精神,丰富了新时期思想道德建设的内涵,为加强思想道德建设注入了新的动力。要大力弘扬和培育这一伟大精神,使之成为推动中国特色社会主义事业不断发展的强大精神力量。要以人民群众对讲文明讲卫生讲科学的迫切呼唤为动力推动公民道德建设,使公民道德素质有一个明显提高。要在学习贯彻“三个代表”重要思想的新高潮中,推动党员干部在思想道德建设上作出表率,影响和带动全社会的思想道德建设。要在精神文明创建活动中突出抓好思想道德建设这个中心环节,不断提高创建工作水平。

李长春强调,切实加强思想道德建设,要坚持贴近实际、贴近生活、贴近群众。要结合当前的中心工作,针对当前存在的突出问题,切实抓好重点工作:一是围绕抗击“非典”斗争中弘扬和培育的伟大民族精神,在全社会大力倡导顾全大局、团结奋斗,一方有难、八方支援的精神;大力倡导爱岗敬业、恪尽职守,不怕牺牲、无私奉献的精神;大力倡导珍惜生命、关爱他人,尊老爱幼、邻里互助的精神,把抗击“非典”斗争中弘扬和培育的伟大民族精神进一步发扬光大。二是围绕巩固抗击“非典”斗争成果,广泛开展讲文明讲卫生讲科学树新风活动。三是围绕整顿和规范市场经济秩序,加强诚信教育,强化信用意识,促进社会主义市场经济健康发展。四是围绕关心和帮助困难群众,广泛开展各种形式的扶贫济困活动,让受助群众感受社会主义大家庭的温暖。五是围绕提高社会文明程度和公民道德素质,深入开展群众性精神文明创建活动,引导人们在社会做个好公民、在单位做个好建设者、在家庭做个好成员。

李长春要求,各级党委政府要加强领导,把思想道德建设摆上重要议事日程,组织社会各方面力量,把各项工作做深做实。各基层单位要依靠群众,开展多种形式的道德评议活动。各行政执法部门要严格执法,对各种不良行为给予相应处罚。中央文明委委员出席会议。

国务院副总理回良玉在北京出席全国农业工作会议并讲话

会议为期两天。回良玉在会议上强调,各地、各部门要认真贯彻落实党中央、国务院关于促进农民增收的一系列部署,按照城乡协调、经济社会协调发展的新思路,坚持“多予、少取、放活”的方针,进一步推进农业和农村经济结构战略性调整,继续深化农村改革,努力克服“非典”疫情和自然灾害的影响,促进农民收入稳定增长。

农业部部长杜青林就贯彻落实《国务院关于克服非典型肺炎疫情影响促进农民增加收入的意见》进行了部署。

全国部门绿化工作会议在上海举行

全国绿化委员会办公室副主任、国家林业局副局长祝列克在会议上说,坚持不懈的部门造林绿化,使我国城市绿化覆盖率快速提高。目前,我国城市绿化覆盖率已由1981年的10.1%提高到29.5%,人均绿地面积由2.3平方米提高到7.7平方米。部门造林绿化,成为我国城市绿化建设的一支生力军。

自1982年党中央、国务院批准成立全国绿化委员会以来,各地、各部门相应组成绿化委员会,形成自上而下的绿化组织体系。包括石油、化工、冶金、煤炭、轻工等在内的部门绿化专业人员,目前已有5万人之多,初步形成了部门绿化的组织体系,有效地保证了部门绿化的稳步发展。

祝列克说,今后一个时期,我国部门造林绿化工作重点是加快城市绿化美化步伐,大力开展“拆墙透绿”和垂直绿化。要加快城市环城绿带建设,有条件的地区要在城近郊建立城市森林公园。要走大中城市带动中小城市的绿化之路,以城带乡,城乡联动,整体推进,逐步实现城区园林化、郊区森林化、道路林荫化、农村庭院花果化的城乡绿化一体化格局。

全国人大财经委员会证券法修改起草组在北京举行第二次全体会议

会议邀请中国证券业协会、沪深证券交易所、中国证券登记结算公司以及证券公司、基金管理公司、上市公司、律师事务所、会计师事务所、新闻界以及部分群众代表参加,听取社会各界对证券法修改的意见和建议,研讨证券法修改的主要问题。

证券法修改工作将在充分调查研究、广泛听取各方面意见的基础上,为适应加入世贸组织的需要和针对现实存在的一些问题如证券发行、上市公司的监管等进行。全国人大常委会将于12月对提交的证券法修正案草案进行审议。

国务院总理温家宝签署第387号令公布《婚姻登记条例》

《婚姻登记条例》已经2003年7月30日国务院第16次常务会议通过,现予公布,自2003年10月1日起施行。

总 理 温家宝

2003年8月8日

婚姻登记条例

第一章 总 则

第一条 为了规范婚姻登记工作,保障婚姻自由、一夫一妻、男女平等的婚姻制度的实施,保护婚姻当事人的合法权益,根据《中华人民共和国婚姻法》(以下简称婚姻法),制定本条例。

第二条 内地居民办理婚姻登记的机关是县级人民政府民政部门或者乡(镇)人民政府,省、自治区、直辖市人民政府可以按照便民原则确定农村居民办理婚姻登记的具体机关。

中国公民同外国人,内地居民同香港特别行政区居民(以下简称香港居民)、澳门特别行政区居民(以下简称澳门居民)、台湾地区居民(以下简称台湾居民)、华侨办理婚姻登记的机关是省、自治区、直辖市人民政府民政部门或者省、自治区、直辖市人民政府民政部门确定的机关。

第三条 婚姻登记机关的婚姻登记员应当接受婚姻登记业务培训,经考核合格,方可从事婚姻登记工作。

婚姻登记机关办理婚姻登记,除按收费标准向当事人收取工本费外,不得收取其他费用或者附加其他义务。

第二章 结婚登记

第四条 内地居民结婚,男女双方应当共同到一方当事人常住户口所在地的婚姻登记机关办理结婚登记。

中国公民同外国人在中国内地结婚的,内地居民同香港居民、澳门居民、台湾居民、华侨在中国内地结婚的,男女双方应当共同到内地居民常住户口所在地的婚姻登记机关办理结婚登记。

第五条 办理结婚登记的内地居民应当出具下列证件和证明材料:

(一)本人的户口簿、身份证;

(二)本人无配偶以及与对方当事人没有直系血亲和三代以内旁系血亲关系的签字声明。

办理结婚登记的香港居民、澳门居民、台湾居民应当出具下列证件和证明材料:

(一)本人的有效通行证、身份证;

(二)经居住地公证机构公证的本人无配偶以及与对方当事人没有直系血亲和三代以内旁系血亲关系的声明。

办理结婚登记的华侨应当出具下列证件和证明材料:

(一)本人的有效护照;

(二)居住国公证机构或者有权机关出具的、经中华人民共和国驻该国使(领)馆认证的本人无配偶以及与对方当事人没有直系血亲和三代以内旁系血亲关系的证明,或者中华人民共和国驻该国使(领)馆出具的本人无配偶以及与对方当事人没有直系血亲和三代以内旁系血亲关系的证明。

办理结婚登记的外国人应当出具下列证件和证明材料:

(一)本人的有效护照或者其他有效的国际旅行证件;

(二)所在国公证机构或者有权机关出具的、经中华人民共和国驻该国使(领)馆认证或者该国驻华使(领)馆认证的本人无配偶的证明,或者所在国驻华使(领)馆出具的本人无配偶的证明。

第六条 办理结婚登记的当事人有下列情形之一的,婚姻登记机关不予登记:

(一)未到法定结婚年龄的;

(二)非双方自愿的;

(三)一方或者双方已有配偶的;

(四)属于直系血亲或者三代以内旁系血亲的;

(五)患有医学上认为不应当结婚的疾病的。

第七条 婚姻登记机关应当对结婚登记当事人出具的证件、证明材料进行审查并询问相关情况。对当事人符合结婚条件的,应当当场予以登记,发给结婚证;对当事人不符合结婚条件不予登记的,应当向当事人说明理由。

第八条 男女双方补办结婚登记的,适用本条例结婚登记的规定。

第九条 因胁迫结婚的,受胁迫的当事人依据婚姻法第十一条的规定向婚姻登记机关请求撤销其婚姻的,应当出具下列证明材料:

(一)本人的身份证、结婚证;

(二)能够证明受胁迫结婚的证明材料。

婚姻登记机关经审查认为受胁迫结婚的情况属实且不涉及子女抚养、财产及债务问题的,应当撤销该婚姻,宣告结婚证作废。

第三章 离婚登记

第十条 内地居民自愿离婚的,男女双方应当共同到一方当事人常住户口所在地的婚姻登记机关办理离婚登记。

中国公民同外国人在中国内地自愿离婚的,内地居民同香港居民、澳门居民、台湾居民、华侨在中国内地自愿离婚的,男女双方应当共同到内地居民常住户口所在地的婚姻登记机关办理离婚登记。

第十一条 办理离婚登记的内地居民应当出具下列证件和证明材料:

(一)本人的户口簿、身份证;

(二)本人的结婚证;

(三)双方当事人共同签署的离婚协议书。

办理离婚登记的香港居民、澳门居民、台湾居民、华侨、外国人除应当出具前款第(二)项、第(三)项规定的证件、证明材料外,香港居民、澳门居民、台湾居民还应当出具本人的有效通行证、身份证,华侨、外国人还应当出具本人的有效护照或者其他有效国际旅行证件。

离婚协议书应当载明双方当事人自愿离婚的意思表示以及对子女抚养、财产及债务处理等事项协商一致的意见。

第十二条 办理离婚登记的当事人有下列情形之一的,婚姻登记机关不予受理:

(一)未达成离婚协议的;

(二)属于无民事行为能力人或者限制民事行为能力人的;

(三)其结婚登记不是在中国内地办理的。

第十三条 婚姻登记机关应当对离婚登记当事人出具的证件、证明材料进行审查并询问相关情况。对当事人确属自愿离婚,并已对子女抚养、财产、债务等问题达成一致处理意见的,应当当场予以登记,发给离婚证。

第十四条 离婚的男女双方自愿恢复夫妻关系的,应当到婚姻登记机关办理复婚登记。复婚登记适用本条例结婚登记的规定。

第四章 婚姻登记档案和婚姻登记证

第十五条 婚姻登记机关应当建立婚姻登记档案。婚姻登记档案应当长期保管。具体管理办法由国务院民政部门会同国家档案管理部门规定。

第十六条 婚姻登记机关收到人民法院宣告婚姻无效或者撤销婚姻的判决书副本后,应当将该判决书副本收入当事人的婚姻登记档案。

第十七条 结婚证、离婚证遗失或者损毁的,当事人可以持户口簿、身份证向原办理婚姻登记的机关或者一方当事人常住户口所在地的婚姻登记机关申请补领。婚姻登记机关对当事人的婚姻登记档案进行查证,确认属实的,应当为当事人补发结婚证、离婚证。

第五章 罚 则

第十八条 婚姻登记机关及其婚姻登记员有下列行为之一的,对直接负责的主管人员和其他直接责任人员依法给予行政处分:

(一)为不符合婚姻登记条件的当事人办理婚姻登记的;

(二)玩忽职守造成婚姻登记档案损失的;

(三)办理婚姻登记或者补发结婚证、离婚证超过收费标准收取费用的。

违反前款第(三)项规定收取的费用,应当退还当事人。

第六章 附 则

第十九条 中华人民共和国驻外使(领)馆可以依照本条例的有关规定,为男女双方均居住于驻在国的中国公民办理婚姻登记。

第二十条 本条例规定的婚姻登记证由国务院民政部门规定式样并监制。

第二十一条 当事人办理婚姻登记或者补领结婚证、离婚证应当交纳工本费。工本费的收费标准由国务院价格主管部门会同国务院财政部门规定并公布。

第二十二条 本条例自2003年10月1日起施行。1994年1月12日国务院批准、1994年2月1日民政部发布的《婚姻登记管理条例》同时废止。

全国政协副主席刘延东在北京会见澳门工商界青年代表人士访问团

刘延东说,澳门回归以来,在中央政府的支持下,在以何厚铧先生为首的特区政府的领导下,政治稳定,社会和谐,经济稳步上升,人民安居乐业,充分证明了"一国两制"伟大创举在澳门取得了成功实践,这与包括各位在内的澳门各界人士的努力是分不开的。

刘延东表示,在座各位都是来自澳门各界的青年才俊,是澳门的未来和希望所在。澳门有着非常好的爱国爱澳传统,正面临着前所未有的发展机遇,希望你们要多学习,不断增长才干,努力成为建设发展澳门的优秀人才,为澳门的繁荣稳定和中华民族的伟大复兴作出贡献。

香港全国人大代表视察团到内蒙古自治区视察

以袁武为团长的香港全国人大代表视察团,8日下午抵达内蒙古自治区呼伦贝尔市。

这是十届全国人大常委会首次组织香港全国人大代表视察内地。在美丽的呼伦贝尔草原,全国人大常委会副委员长兼秘书长盛华仁代表全国人大常委会迎接香港全国人大代表视察团的到来。

从8月9日开始,视察团将对内蒙古自治区进行为期8天的视察。这次视察的重点是了解内蒙古的经济和社会发展情况,尤其是了解林业、牧业、边贸和旅游业的发展情况。代表们将在海拉尔、满洲里、根河等地视察森林保护、水源保护等情况。

全国土地市场秩序治理整顿工作联合督查工作动员会在北京举行

根据国务院统一部署,由国土资源部会同国家发展和改革委员会、监察部、建设部、审计署组成的10个联合督查组将从8月8日起开始对全国31个省区市土地市场秩序治理整顿工作进行联合督查。

这10个督查组由有关部委的领导带队,将用两个月时间,分三次对全国土地市场秩序治理整顿工作进行认真全面的督查指导。国土资源部部长田凤山在动员会上说,这次督查的重点包括:国务院进一步治理整顿土地市场秩序电视电话会议贯彻落实情况,各类开发区清理整顿情况,经营性土地使用权招标拍卖挂牌出让制度落实情况,各级政府和管理部门自纠情况等。

监狱体制改革试点省市工作会议在北京召开

会议披露,我国的监狱体制改革试点工作将从2003年9月1日起,在黑龙江、上海、江西、湖北、重庆、陕西6个试点省市正式展开。这次监狱体制改革的最终目的在于将监狱原有的刑罚执行职能和生产经营管理职能分开,建立以监企分开为重点的公正、廉洁、文明、高效的新型监狱工作体制。

会议提出,实行监狱体制改革,要建立起两套既独立运行又有机联系的新型监狱工作体制:一套是新型监狱管理体制,它的主要任务是执行刑罚、改造罪犯,按照《监狱法》运行;另一套是新型监狱企业管理体制,它的主要任务是为监狱改造罪犯提供劳动场所和生产岗位,可以参照《公司法》并结合监狱企业特点运作。监狱管理局将负责生产经营管理的内设机构分离出来,组建为其领导下的监狱国有独资公司;现有的监狱企业改组为该公司的子公司或分公司,是改造罪犯工作的组成部分。分开后监狱和监狱企业是分别隶属于省监狱管理局和省监狱国有独资公司的相互独立法人实体。监企分开后,监狱警察应当按照规定和劳动合同协议组织罪犯到企业去劳动,监狱企业也必须尽可能为罪犯提供足够的劳动岗位,决不允许把用于罪犯劳动的岗位聘用其他人。

外交部副部长王毅在平壤与朝外务省官员会谈

正在朝鲜访问的中国外交部副部长王毅8月7日和8日分别与朝鲜副外相金永日和第一副外相姜锡柱举行了会谈。双方着重围绕当前朝鲜核问题形势和即将举行的北京六方会谈进行了全面、深入的讨论。

访问期间,朝鲜最高人民会议常任委员会副委员长杨亨燮和外务相白南舜分别会见了王毅一行。

外交部发言人孔泉就冈比亚等国干涉中国内政发表谈话

孔泉说,8月6日,冈比亚等极少数国家致函联合国秘书长,要求第五十八届联合国大会审议所谓"台湾在联合国的代表权"问题。我们对此表示强烈愤慨,坚决反对冈比亚等国干涉中国内政,侵犯中国主权和领土完整。

他说,1993年以来,联大总务委员会已连续10年拒绝将所谓台湾"参与"联合国提案列入联大议程。这充分说明国际社会在此问题上的普遍共识:第一,世界上只有一个中国,台湾作为中国的一部分,没有资格以任何名义或方式加入由主权国家组成的联合国;第二,1971年第二十六届联大通过联大第2758号决议,早已从政治、法律和程序上全面解决了中国在联合国的代表权问题。《联合国宪章》和联大决议必须得到尊重和维护。上述提案将理所当然地再次遭到拒绝。他说,2300万台湾同胞是我们的手足兄弟姐妹,实现祖国统一和中华民族的复兴是所有炎黄子孙的共同愿望。任何在国际上制造"两个中国"、"一中一台",分裂祖国的行为,包括台湾同胞在内的全体中国人民都决不会答应。

外交部亚洲司司长傅莹紧急约见日本驻华使馆公使

8月4日,黑龙江省齐齐哈尔市一建筑工地发生化学毒剂伤人事故。经中方专家鉴定,这些毒剂系二战期间侵华日军所遗弃。

8月8日下午,傅莹紧急约见日本驻华使馆公使,向日方提出严正交涉。傅莹指出,使用细菌化学武器是侵华日军在二战期间犯下的严重罪行。战后,日本遗弃在华的化武毒剂又对中国平民多次造成严重伤害,日方对解决这一历史遗留问题负有不可推卸的责任。

傅莹说,在中方协助下,日方处理遗弃在华化武工作即将进入实质性销毁阶段。对待这一问题,日方应根据中日联合声明等政治文件的精神和《禁止化学武器公约》的规定,履行应尽的政治、道义责任和法律义务。日方应加快有关工作进度,早日彻底解决日本遗弃在华化武问题。

中国社科院在北京举行学术座谈会纪念顾颉刚诞辰110周年

来自北京、上海、广东、广西以及苏州等地科研院所和高校的专家学者汇聚一堂,就顾颉刚先生在中国古代史、历史文献学、历史地理学、民俗学等方面的成就进行了座谈。

顾颉刚先生是我国著名历史学家,也是我国现代史学的奠基人之一。他于20世纪20年代初期提出了"层累地造成中国古史观",引起了当时学界对古代史料真伪的考辨,产生了"古史辨学派"。同时,他是中国民俗学的倡导者,以民俗学材料印证古史,并对歌谣、故事、风俗等进行了开拓性研究。20世纪30年代,他创办禹贡学会并出版《禹贡》半月刊，为中国历史地理学培养了整整一代人才。他一生治学，著作等身，在国内外学术界具有广泛而重大的影响。与会者认为，今天，我们纪念顾颉刚先生，应当学习顾颉刚求实求真、勇于创新、献身学术的精神，继承并发扬光大他留下的宝贵遗产，更好地服务于振兴中华的伟大事业。

8月9日

国家主席胡锦涛在人民大会堂会见来京出席《中日和平友好条约》缔结25周年纪念活动的日本各界代表

参加会见的外宾有日本前首相桥本龙太郎、村山富市，内阁官房长官福田康夫以及日中友好团体负责人等日本各界代表。

胡锦涛殷切期望中日双方各界有识之士以纪念条约缔结25周年为契机，扩大共识，增进互信，紧紧围绕和平与发展、友好与合作的主题，扎扎实实推动两国在各个领域、各个方面的交流与合作，为不断扩大双方共同利益的汇合点，妥善处理好对方的关切发挥影响、多做工作，共同开创新世纪中日友好事业的新局面。

桥本和参加会见的日本客人都表示赞同胡锦涛阐述的意见。他们对在两国关系面临新发展的重要时刻来京参加《中日和平友好条约》缔结25周年庆祝活动感到十分高兴，一致认为这项活动对推进两国关系在新的世纪取得更大发展具有重要意义。

他们表示，《中日和平友好条约》凝聚着两国老一辈政治家倾注的心血，没有他们的付出，就不会有两国关系的今天。25年来，两国关系历经风雨，总体上保持了良好发展势头。双方在各个领域的合作更加紧密。相信在双方的共同努力下，新世纪两国关系的前景更加美好。

国务委员唐家璇、中日友好协会会长宋健、中国人民对外友好协会会长陈昊苏、外交部副部长王毅和日本驻华大使阿南惟茂等参加了会见。

中日友协和对外友协在人民大会堂举办纪念《中日和平友好条约》缔结25周年招待会

全国人大常委会委员长吴邦国出席招待会，并在招待会前会见专程来华参加纪念活动的日本前首相桥本龙太郎、村山富市，内阁官房长官福田康夫以及日中友好团体负责人等各界代表。

全国人大常委会副委员长王兆国、国务委员唐家璇、全国政协副主席白立忱和当年作为外长参与缔约的黄华等参加会见并出席招待会。

吴邦国在会见时指出，25年前中日两国签署的《中日和平友好条约》，以法律形式确认了《中日联合声明》的各项原则，条约的缔结为中日关系的全面发展奠定了稳固的政治基础，为两国政府和人民的交流与合作架起了桥梁，也体现了中日两国人民世世代代友好下去的共同愿望。

吴邦国说，中国政府和人民一向高度重视发展同日本的友好合作关系。中日两国作为亚太地区的重要国家，应当进一步从长远角度和战略高度看待中日关系，牢牢把握两国关系的大方向，努力增进相互信任，扩大共同利益。

中日友协会长宋健在招待会上致辞。他说，在纪念《中日和平友好条约》缔结25周年的时候，我们更加怀念为促进和发展中日友好关系作出贡献的中日两国老一辈政治家和各界人士。宋健指出，《中日和平友好条约》巩固了中日关系的政治基础，对两国关系的发展具有深远的历史意义和重要的现实意义。

宋健希望中日两国各界人士共同努力，在《中日联合声明》《中日和平友好条约》和《中日联合宣言》这三个文件的原则基础上，本着“以史为鉴，面向未来”的精神，将中日睦邻友好关系推向新的高度。

桥本龙太郎在招待会上致辞。他说，日中和平友好条约的缔结，体现着日中两国之间要永久发展和平友好关系的原则和精神。日中和平友好条约明确提出了维护亚洲和世界的和平与稳定的共同目标。日中两国不仅要全力发展日中友好关系，同时也要为本地区的稳定及世界和平与发展作出贡献。桥本希望日中两国政界、经济界、文化界等各界人士加强合作，为实现这个目标共同作出努力。

出席招待会的还有外交部部长李肇星以及有关部委和人民团体负责人、长期从事中日友好的各界人士以及日本日中友好团体的代表、经济文化界人士、日本驻华大使阿南惟茂及外交官、驻京日本工商界、新闻界的代表。

国务委员陈至立在青海考察

8月9日至11日，陈至立考察了海东地区、海南藏族自治州农牧区中小学教育，亲切慰问了偏远农牧区的各族教育工作者，详细询问了教师工资、教学经费及适龄儿童入学情况，察看了农村中小学危房和牧区寄宿制学校，了解了教育信息化工程建设情况，并操作了远程教育接收设备。她对偏远农牧区干部、教师的敬业精神和远程教育工程试点实施情况表示赞许。在看到互助土族自治县东沟乡农村小学的危房和临时搭建的“帐篷教室”时，陈至立要求学校抓紧维修改造校舍，力争在开学前给孩子们一个安全的学习环境，并要求有关部门尽快安排第二期农村中小学危房改造工程计划,加快危房改造步伐。

陈至立指出,要明确目标,落实措施,大力推进农牧区教育改革与发展。她特别强调,要把农村教育作为教育工作的"重中之重",进一步完善"以县为主"的农村义务教育管理体制,制定对农村教育的扶持政策。她指出,国家要大力支持青海发展现代远程教育,促进青海义务教育实现跨越式发展。同时,各级政府及教育部门要采取措施,以提供免费教科书、提供助学金等方式给农牧区贫困学生以帮助。

陈至立还考察了青海大学和青海民族学院,并出席了第二届环青海湖国际公路自行车赛开幕式。

全国农业工作会议在北京举行

农业部部长杜青林在会议上提出,今后将通过加大优势农产品区域布局调整、农民外出务工的指导和服务、农业科技进步和基础设施建设等八个方面,全力促进农民收入的增长。

杜青林说,各地要加大良种推广补贴制度和项目带动战略的实施力度,重点做好高油高产大豆和优质专用小麦区域布局规划的实施。认真抓好高油高产大豆和优质专用小麦示范区良种推广补贴的兑现;加强对高油高产大豆示范区的指导,着力提高大豆品质和订单履约率。

针对"非典"影响,杜青林表示要进一步做好农民外出务工就业的组织、指导和服务工作。切实做好外出务工农民的技能培训工作,提高农民外出就业能力,拓展农民就业面。加强农村劳动力流动的监测,做好输出地与输入地的供需对接。

杜青林说,"非典"疫情尤其对畜牧业和乡镇企业影响较大,要采取有力措施振兴这些产业。大力发展肉牛、肉羊和牛奶等生产,积极扶持肉鸡和禽蛋业发展,遏制增速下滑的态势;支持乡镇企业加快结构调整、技术改造和体制创新。

今年农业部开展了"全国农业科技年"活动。杜青林说,要进一步调整和优化农业投资结构,多渠道争取资金,重点用于能够直接增加农民收入的项目建设。抓好农村沼气、草原生态治理、天然草原退牧还草工程建设。

"非典"对农产品流通影响很大,为此农业部将大力开展农产品促销,扩大农产品出口,抓紧建立、健全农产品流通营销体系。继续加强农产品市场建设和管理,扶持发展连锁经营、配送、超市、电子商务等现代流通方式。

杜青林提出,要整体推进"无公害食品行动计划",重点解决好部分植物产品农药残留超标、动物源性产品兽药残留超标和违禁药物滥用等问题。推进农产品的标准化生产,扩大安全优质无公害农产品的生产和供应。

杜青林说,当前我国部分地区洪涝和干旱灾害严重,各级农业部门要抓紧调拨、调剂救灾备荒种子、救灾化肥和救灾柴油。洪涝灾区要及时动员和引导农民抓紧灾后补种、改种生育期短的农作物,受旱地区要大力推广节水灌溉等技术。

杜青林还表示,各地要全面推进农村税费改革试点,进一步健全和完善农民负担监督管理机制。

中央纪委决定给予河北省人大常委会原主任程维高开除党籍处分

经查,程维高在担任河北省主要领导期间,插手行政事务,为他人和其子程慕阳谋利,给国家造成巨大经济损失;放任配偶子女利用其职务影响,进行违纪甚至违法犯罪活动;利用职权,对如实举报其问题的郭光允同志进行打击报复;与其配偶收受他人翡翠摆件等一批贵重物品;前后两任秘书吴庆五、李真违法犯罪分别被依法判处死缓和一审判处死刑,程维高对他们利用其职务影响进行犯罪活动,负有重要责任。

中央纪委常委会认为,程维高曾担任河北省省长、省委书记、省人大常委会主任等重要领导职务,本应带头遵守党的纪律,全心全意为人民服务,但他放松了思想改造,个人主义恶性膨胀,自恃位高权重,目无党纪,独断专行,最终走上了严重违纪的道路,辜负了党组织和河北人民的期望,给党和人民的事业造成无可挽回的损害,教训十分深刻。

中央纪委常委会要求,党员领导干部特别是主要领导干部,应该从程维高所犯严重错误中汲取教训,引以为戒。

中央纪委常委会强调,必须坚持从严治党的方针,严肃党的纪律。不管是什么人,不论职务高低,只要违反了党的纪律,都必将受到党纪的严肃追究。

国务院副总理吴仪在北京出席东盟与中日韩旅游部长特别会议开幕式并致辞

吴仪指出,旅游业是世界各国高度重视和普遍关注的行业,它对促进经济增长与社会繁荣、增进了解与友谊、维护和平与发展有着积极的作用。旅游业在东盟及中日韩各国经济中也占有重要位置,有的已经成为国民经济的支柱产业。在中国,旅游业已经成为国民经济新的增长点。

吴仪说,突如其来的SARS疫情使中国旅游业遭受了重创,中国政府对旅游等行业采取了减免税费和金融支持政策,确立了在抓好旅游业防控SARS工作、确保旅游安全的同时,大力恢复入境旅游、积极恢复国内旅游、稳步恢复出境旅游的方针。目前，中国社会安定，经济保持快速稳定增长的良好态势，这为中国旅游业的恢复和振兴创造了良好的环境和条件。

吴仪指出，为使各国旅游业早日重返快速健康的发展轨道，不仅要立足当前，更要着眼长远，坚持不懈地开展国际合作。中国与东盟和日韩各国都是一衣带水的好邻居、好朋友，在旅游方面既互为旅游目的地国家，又互为旅游客源国家，应该大力加强旅游合作，共享旅游资源和成功经验，联合开发新的旅游市场，促进区域内旅游互惠互利，实现旅游业的共同发展。

开幕式上，中国国家旅游局局长何光暐，东盟与中日韩旅游轮值国主席、老挝总理府部长宋蓬先生分别致辞。他们表示，这次会议对加快本地区旅游业重振步伐，加强中国与东盟地区及日、韩两国的旅游合作与交流，意义重大。他们都对会议取得积极成果表示乐观。

在为期一天的会议上，东盟及中日韩13个国家的旅游部长们分别就本国旅游业的恢复情况与重振措施作了介绍，并就如何加强“10+3”区域内的旅游合作问题广泛深入地交换了意见，达成了共识。会议结束前，举行了《“10+3”振兴旅游业北京宣言》发布仪式暨新闻发布会。

北京奥运会主体育场国家体育场项目法人合作方签约仪式在北京人民大会堂举行

北京市政府副秘书长阎仲秋在签字仪式上宣布，以中国中信集团公司为代表的联合体，成为2008年奥运会国家体育场项目法人合作方招标的中标人。中国中信集团联合体分别与北京市人民政府、北京奥组委、北京市国有资产经营有限责任公司分别签署了《特许权协议》《国家体育场协议》和《合作经营合同》3个合同。根据3个合同协议，中信集团联合体将与北京市国有资产经营有限责任公司共同组建项目公司，项目公司将获得2008年奥运会后30年的国家体育场经营权。

国家体育场是2008年奥运会主体育场和北京奥林匹克公园内的标志性建筑，也是北京市最大的具有国际先进水平的多功能体育场。

厦门一在建厂房仓库坍塌7人死亡

17时30分左右，厦门市湖里区禾山镇高林村一处在建仓库发生坍塌事故，80余名正在施工的工人被压在废墟下面。有关部门救出并送往医院抢救45人，其中7人经抢救无效死亡。

8月10日

国务院总理温家宝在中南海紫光阁会见日本内阁官房长官福田康夫

国务委员唐家璇在钓鱼台国宾馆会见日本内阁官房长官福田康夫

中国大学生体育协会委员会全体会议在北京举行 选举教育部副部长章新胜为新一任协会主席

全国总工会主席王兆国在北京与参加暑期疗休养活动的全国劳模座谈

王兆国指出，各级工会和广大职工要学习劳模、关心劳模、爱护劳模，大力弘扬劳模精神，为全面建设小康社会建功立业。

8月11日

《人民日报》刊登《认真学习贯彻“三个代表”重要思想——学习贯彻“三个代表”重要思想宣讲团宣讲提纲(摘要)》

2003年7月1日，胡锦涛同志在“三个代表”重要思想理论研讨会上的讲话中指出：“三个代表”重要思想反映了我国最广大人民的共同意愿，体现了当今世界和中国发展的时代精神，显示了马克思主义科学理论的强大力量，是全党全国人民在新世纪、新阶段继续团结奋斗的共同思想基础。要实现全面建设小康社会的宏伟目标，必须把学习贯彻“三个代表”重要思想不断引向深入。

一、认真学习领会胡锦涛同志“七一”重要讲话，充分认识兴起学习贯彻“三个代表”重要思想新高潮的重大意义

兴起学习贯彻“三个代表”重要思想新高潮，是十六大作出的一项重大战略部署，是当前全党全国人民的一项重大政治任务。胡锦涛同志“七一”重要讲话，从党和国家发展全局的高度，深刻阐明了“三个代表”重要思想的理论意义、实践价值、本质要求和学习贯彻中应当坚持的科学态度，深刻阐明了兴起学习贯彻“三个代表”重要思想新高潮的重大意义和基本要求，是兴起学习贯彻“三个代表”重要思想新高潮的纲领性文献，具有十分重要的指导意义。

第一，兴起学习贯彻“三个代表”重要思想新高潮，是坚持和发展马克思主义，用新的理论指导新的实践的需要。新的时代呼唤新的理论，新的理论指导

新的实践。“三个代表”重要思想紧密结合新的时代条件，生动而具体地坚持和发展了马克思主义，赋予马克思主义新的鲜活力量，再一次有力地证明马克思主义基本原理仍然是我们正确认识和运用人类社会发展规律的锐利思想武器。“三个代表”重要思想的形成，表明我们党对共产党执政规律、社会主义建设规律和人类社会发展规律的认识，达到了新的理论高度，开辟了马克思主义发展的新境界。要通过兴起学习贯彻“三个代表”重要思想新高潮，使广大党员干部深刻认识到，“三个代表”重要思想同马克思列宁主义、毛泽东思想和邓小平理论是一脉相承而又与时俱进的科学体系，是马克思主义在中国发展的最新成果。在新的历史条件下，坚持“三个代表”重要思想，就是真正坚持马克思列宁主义、毛泽东思想和邓小平理论；高举“三个代表”重要思想的旗帜，就是真正高举马克思列宁主义、毛泽东思想和邓小平理论的旗帜。

第二，兴起学习贯彻“三个代表”重要思想新高潮，是实现全面建设小康社会宏伟目标的需要。十六大提出，我们要紧紧抓住本世纪头20年的重要战略机遇期，集中力量全面建设小康社会。在实现这个目标的征程中，我们将长期面对关系我们党和国家前途命运，关系全面建设小康社会成败的重大课题。“三个代表”重要思想为我们正确认识和处理这些重大课题提供了科学理论和科学方法，指明了方向。要通过兴起学习贯彻“三个代表”重要思想新高潮，使广大党员干部深刻认识到，“三个代表”重要思想是新世纪、新阶段全党全国人民继往开来、与时俱进，实现全面建设小康社会宏伟目标的根本指针。

第三，兴起学习贯彻“三个代表”重要思想新高潮，是坚持立党为公、执政为民，实现好、维护好、发展好最广大人民根本利益的需要。“三个代表”重要思想不仅提出了坚持立党为公、执政为民的根本要求，而且指明了实现立党为公、执政为民的根本途径。要通过兴起学习贯彻“三个代表”重要思想新高潮，使广大党员干部切实把立党为公、执政为民具体地、深入地落实到各项工作中去，做到权为民所用、情为民所系、利为民所谋。

兴起学习贯彻“三个代表”重要思想新高潮，全面贯彻落实“三个代表”重要思想，关系党和国家工作的全局，关系实现全面建设小康社会的宏伟目标，关系中华民族的伟大复兴，关系中国特色社会主义事业的长远发展。我们要从这样的高度，充分认识兴起学习贯彻“三个代表”重要思想新高潮的重大战略意义。

二、深刻认识“三个代表”重要思想是我们党必须长期坚持的指导思想

党的十六大把“三个代表”重要思想同马克思列宁主义、毛泽东思想和邓小平理论一道确立为党必须长期坚持的指导思想，这是一个历史性决策、一个历史性贡献。

第一，“三个代表”重要思想是面向21世纪的中国化的马克思主义，是指引全党全国人民为实现新世纪、新阶段的发展目标和宏伟蓝图而奋斗的根本指针。我们党在把马克思主义基本原理同中国具体实际相结合的过程中，产生了毛泽东思想、邓小平理论和“三个代表”重要思想这三大理论成果。“三个代表”重要思想是对马克思列宁主义、毛泽东思想和邓小平理论的继承和发展，反映了当代世界和中国的发展变化对党和国家工作的新要求，是加强和改进党的建设、推进我国社会主义自我完善和发展的强大理论武器，是党必须长期坚持的指导思想。始终做到“三个代表”，是我们党的立党之本、执政之基、力量之源。

第二，“三个代表”重要思想是在科学判断党的历史方位基础上提出来的。当今国际局势的深刻变化，是“三个代表”重要思想形成的时代背景。改革开放以来特别是十三届四中全会以来党和人民建设中国特色社会主义的伟大探索，是“三个代表”重要思想形成的实践基础。党的建设面临的新形势新任务，是“三个代表”重要思想形成的现实依据。

第三，“三个代表”重要思想是一个系统的科学理论。“三个代表”重要思想在改革发展稳定、内政外交国防、治党治国治军各个方面，提出了一系列紧密联系、相互贯通的新思想、新观点、新论断，构成了一个系统的科学理论。这一重要思想，在邓小平理论基础上，进一步回答了什么是社会主义、怎样建设社会主义的问题，创造性地回答了建设什么样的党、怎样建设党的问题，集中起来就是深化了对中国特色社会主义的认识。“中国共产党必须始终代表中国先进生产力的发展要求，代表中国先进文化的前进方向，代表中国最广大人民的根本利益。”这是对“三个代表”重要思想的集中概括。

三、深刻认识“三个代表”重要思想的精髓是解放思想、实事求是、与时俱进

解放思想、实事求是、与时俱进，是我们党坚持先进性和增强创造力的决定性因素。与时俱进，就是党的全部理论和工作要体现时代性，把握规律性，富于创造性。能否始终做到这一点，决定着党和国家的前途命运。

第一，坚持解放思想、实事求是、与时俱进，就要坚持马克思主义的世界观和方法论。辩证唯物主义和历史唯物主义的世界观和方法论是马克思主义最根本的理论特征。“三个代表”重要思想既坚定不移地坚持了马克思主义的世界观和方法论，又赋予它们鲜明的

时代精神和实践要求。"三个代表"重要思想所具有的基本点,马克思主义经典作家都有论述,但把发展先进生产力和先进文化、实现最广大人民的根本利益同坚持党的先进性联系在一起,上升到党的性质和宗旨的高度,上升到党的指导思想的高度,构成一个完整的体系,这是当代中国共产党人对辩证唯物主义和历史唯物主义的创造性运用和发展。

第二,坚持解放思想、实事求是、与时俱进,就要不断根据实践要求进行创新。理论创新必须以坚持马克思主义基本原理为前提,否则就会迷失方向,就会走向歧途,而坚持马克思主义又要以根据实践的发展不断推进理论创新为条件,否则马克思主义就会丧失活力,就不能很好地坚持下去;最广大人民改造世界、创造幸福生活的伟大实践是理论创新的动力和源泉,脱离了人民群众的实践,理论创新就会成为无源之水,就不能对人民群众产生感召力、对实践发挥指导作用。要自觉地把思想认识从那些不合时宜的观念、做法和体制的束缚中解放出来,从对马克思主义的错误的和教条式的理解中解放出来,从主观主义和形而上学的桎梏中解放出来。

第三,坚持解放思想、实事求是、与时俱进,必须以科学的态度对待马克思主义。"三个代表"重要思想既坚持马克思主义基本原理,又不从书本、概念和抽象的原则出发,而是一切从实际出发,深刻总结实践创造的新鲜经验并上升到理论,在推动马克思主义的发展中卓有成效地坚持了马克思主义。"三个代表"重要思想是坚持马克思主义的典范,又是发展马克思主义的典范。学习贯彻"三个代表"重要思想,既要全面把握它同马克思列宁主义、毛泽东思想和邓小平理论一脉相承的特征,也要全面把握它在继承前人基础上不断与时俱进的特征。

四、深刻认识"三个代表"重要思想的主题是建设中国特色社会主义

建设中国特色社会主义,是当代中国共产党全部理论和全部实践的主题。"三个代表"重要思想围绕建设中国特色社会主义这一主题,提出了一系列新的思想理论观点,使我们党对中国特色社会主义的认识达到了一个新的水平。

第一,建设中国特色社会主义,必须坚持物质文明、政治文明和精神文明的协调发展。在社会主义条件下,物质文明、政治文明和精神文明彼此紧密联系而又有各自的发展规律,互为条件、互为目的、相辅相成。建设中国特色社会主义,是经济、政治、文化全面发展的进程,是物质文明、政治文明和精神文明全面建设的进程。

第二,建设中国特色社会主义,必须把发展作为党执政兴国的第一要务。中国特色社会主义是靠发展来不断巩固和推进的。党要承担起推动中国社会进步的历史责任,必须始终紧紧抓住发展这个党执政兴国的第一要务,把坚持党的先进性和发挥社会主义制度的优越性,落实到发展先进生产力、发展先进文化、实现最广大人民的根本利益上来,推动社会全面进步,促进人的全面发展。要坚持用发展的眼光、发展的思路、发展的办法解决前进中的问题,集中全党全国人民的智慧和力量,聚精会神搞建设,一心一意谋发展。

第三,建设中国特色社会主义,必须不断促进先进生产力的发展。社会主义的根本任务是发展社会生产力。必须敏锐把握我国社会生产力的发展趋势,坚持以经济建设为中心,制定和实施正确的路线方针政策,不断为生产力的解放和发展打开更广阔的通途。要注重增长的质量,努力实现速度和结构、质量、效益相统一。要坚持以信息化带动工业化,以工业化促进信息化,走新型工业化道路。

第四,建设中国特色社会主义,必须建设社会主义政治文明。建设社会主义政治文明,最根本的就是要坚持党的领导、人民当家做主和依法治国的有机统一。党的领导是人民当家做主和依法治国的根本保证,人民当家做主是社会主义民主政治的本质要求,依法治国是党领导人民治理国家的基本方略。要在坚持四项基本原则的前提下,继续积极稳妥地推进政治体制改革。

第五,建设中国特色社会主义,必须坚持先进文化的前进方向。要发展面向现代化、面向世界、面向未来的,民族的科学的大众的社会主义文化。坚持马克思列宁主义、毛泽东思想、邓小平理论和"三个代表"重要思想在意识形态领域的指导地位。坚持为人民服务、为社会主义服务的方向和百花齐放、百家争鸣的方针。坚持以科学的理论武装人,以正确的舆论引导人,以高尚的精神塑造人,以优秀的作品鼓舞人。坚持贴近实际、贴近生活、贴近群众,弘扬主旋律、提倡多样化。坚持把弘扬和培育民族精神作为文化建设极为重要的任务,把依法治国和以德治国紧密结合起来。

第六,建设中国特色社会主义,必须最广泛最充分地调动一切积极因素,不断为中华民族的伟大复兴增添新力量。要尊重劳动、尊重知识、尊重人才、尊重创造。形成与社会主义初级阶段基本经济制度相适应的思想观念和创业机制,营造鼓励人们干事业、支持人们干成事业的社会氛围,放手让一切劳动、知识、技术、管理和资本的活力竞相迸发,让一切创造社会财富的源泉充分涌流,以造福于人民。

第七,建设中国特色社会主义,必须正确处理改革发展稳定的关系。要把改革的力度、发展的速度和社会可承受的程度统一起来,把不断改善人民生活作为

处理改革发展稳定关系的重要结合点。中国特色社会主义是在改革中前进的。一切妨碍发展的思想观念都要坚决冲破,一切束缚发展的做法和规定都要坚决改变,一切影响发展的体制弊端都要坚决革除。要坚持“引进来”和“走出去”相结合,在更大范围、更广领域和更高层次上参与国际经济技术合作和竞争。

第八,建设中国特色社会主义,必须坚持“一个中心、两个基本点”的基本路线。坚持党的基本路线不动摇,关键是坚持以经济建设为中心不动摇。四项基本原则是我们的立国之本。改革开放是我们的强国之路。要把经济建设这个中心同四项基本原则、改革开放这两个基本点统一于建设中国特色社会主义的伟大实践。

五、深刻认识“三个代表”重要思想关于新世纪、新阶段的奋斗目标是全面建设小康社会

江泽民同志提出本世纪头20年是全面建设小康社会的阶段,丰富了我们党关于社会主义初级阶段的理论,符合我国国情,符合人民愿望,有利于最广泛最充分地调动一切积极因素为实现中华民族的伟大复兴而奋斗。

第一,全面建设小康社会,是立足于基本国情提出的奋斗目标。在社会主义初级阶段完成基本实现现代化任务,需要分步骤、长时期的努力。邓小平同志设计了分“三步走”基本实现现代化的宏伟蓝图。到20世纪末,我们已经胜利实现了现代化建设“三步走”战略的第一步、第二步目标,人民生活总体上达到小康水平。这是社会主义制度的伟大胜利,是中华民族发展史上一个新的里程碑。江泽民同志对如何实现第三步战略目标作了深入思考,提出了全面建设小康社会的目标。全面建设小康社会,是实现现代化建设第三步战略目标必经的承上启下的发展阶段,也是完善社会主义市场经济体制和扩大对外开放的关键阶段。

第二,必须紧紧抓住本世纪头20年的重要战略机遇期,集中力量全面建设小康社会。我国现在达到的小康还是低水平的、不全面的、发展很不平衡的小康,巩固和提高目前达到的小康水平,还需要进行长时期的艰苦奋斗。江泽民同志强调,我们必须紧紧抓住本世纪头20年大有可为的重要战略机遇期,全面建设惠及十几亿人口的更高水平的小康社会。全面建设小康社会的目标,是中国特色社会主义经济、政治、文化全面发展的目标,是与加快推进现代化相统一的目标。

第三,实现全面建设小康社会的目标,发展要有新思路,改革要有新突破,开放要有新局面,各项工作要有新举措。各地各部门都要从实际出发,采取切实有效的措施,努力实现这个目标。可以肯定,实现了全面建设小康社会的目标,使经济更加发展、民主更加健全、科教更加进步、文化更加繁荣、社会更加和谐、人民生活更加殷实,我们的祖国必将更加繁荣富强,人民的生活必将更加幸福美好,中国特色社会主义必将进一步显示出巨大的优越性。

六、深刻认识“三个代表”重要思想的核心是坚持党的先进性

时代在发展,形势在变化,我们党要不断巩固自己的执政地位,坚定地站在时代潮流的前头,必须始终坚持党的先进性。党的先进性是具体的、历史的,必须放到推动当代中国先进生产力和先进文化的发展中去考察,放到维护和实现最广大人民根本利益的奋斗中去考察,归根到底要看党在推动历史前进中的作用。

第一,坚持党的先进性,必须坚持和改善党的领导。坚持中国共产党的领导,就是坚持党在建设中国特色社会主义事业中的领导核心地位,发挥党总揽全局、协调各方的作用。坚持党对国家大政方针和全局工作的政治领导,坚持党对军队和其他人民民主专政的国家机器的绝对领导,坚持党管干部的原则,坚持党对意识形态领域的领导,坚持共产党领导的多党合作。

第二,坚持党的先进性,必须坚持党的指导思想和性质,坚持党的最低纲领和最高纲领的统一,坚持增强党的阶级基础和扩大党的群众基础的统一。中国共产党以马克思列宁主义、毛泽东思想、邓小平理论和“三个代表”重要思想作为自己的行动指南。中国共产党是中国工人阶级的先锋队,同时是中国人民和中华民族的先锋队,是中国特色社会主义事业的领导核心,代表中国先进生产力的发展要求,代表中国先进文化的前进方向,代表中国最广大人民的根本利益。要坚持共产主义远大理想和坚定信念,又要脚踏实地地为实现党在现阶段的基本纲领而奋斗。要根据经济发展和社会进步的实际,不断增强党的阶级基础和扩大党的群众基础,不断提高党的社会影响力。

第三,坚持党的先进性,必须全面推进党的建设新的伟大工程。党的建设必须按照党的政治路线来进行,围绕党的中心任务来展开,朝着党的建设的总目标来加强。推进党的建设新的伟大工程的重点是加强党的执政能力建设,总的要求是:一定要高举邓小平理论伟大旗帜,全面贯彻“三个代表”重要思想,保证党的路线方针政策全面反映人民的根本利益和时代发展的要求;一定要坚持党要管党、从严治党的方针,进一步解决提高党的领导水平和执政水平、提高拒腐防变和抵御风险能力这两大历史性课题;一定要准确把握当代中国社会前进的脉搏,改革和完善党的领导方式和执政方式、领导体制和工作制度,使党的工作充满活力;一定要把思想建设、组织建设和作风建设有机结合起来,把制度建设贯穿其中,既立足于做好经常性工作,

又抓紧解决存在的突出问题。

七、深刻认识“三个代表”重要思想的本质是立党为公、执政为民

学习贯彻“三个代表”重要思想,必须牢牢把握立党为公、执政为民。这是衡量有没有真正学懂、是不是真心实践“三个代表”重要思想最重要的标志。

第一,实现人民的愿望、满足人民的需要、维护人民的利益,是“三个代表”重要思想的根本出发点和落脚点。马克思主义政党的理论路线和方针政策以及全部工作,只有顺民意、谋民利、得民心,才能得到人民群众的支持和拥护,才能永远立于不败之地。发展先进生产力和先进文化是实现最广大人民根本利益的基础和前提,实现最广大人民根本利益则是发展先进生产力和先进文化的目的和归宿。人民群众既是先进生产力和先进文化的创造者,又是其成果的享有者。

第二,坚持立党为公、执政为民,必须落实到党和国家制定和实施方针政策的工作中去。抓住这个环节落实立党为公、执政为民的要求,坚持用人民拥护不拥护、赞成不赞成、高兴不高兴、答应不答应来衡量我们的一切决策,就能在全局上把握住贯彻落实“三个代表”重要思想的根本出发点和落脚点。要坚持从群众中来、到群众中去的工作路线,倾听群众的呼声,反映群众的意愿,集中群众的智慧。

第三,坚持立党为公、执政为民,必须落实到各级领导干部的思想和行动中去。要牢固树立全心全意为人民服务的思想和真心实意对人民负责的精神,做到心里装着群众,凡事想着群众,工作依靠群众,一切为了群众。坚持权为民所用、情为民所系、利为民所谋,为群众诚心诚意办实事,尽心竭力解难事,坚持不懈做好事。要切实加强党风政风建设,改进领导方式和领导方法,转变思想作风和工作作风,始终与群众心连心、同呼吸、共命运,决不脱离群众,决不贪图安逸,决不以权谋私。

第四,坚持立党为公、执政为民,必须落实到关心群众生产生活的工作中去。坚持立党为公、执政为民,必须围绕人民群众最现实、最关心、最直接的利益来落实。群众利益无小事。凡是涉及群众的切身利益和实际困难的事情,再小也要竭尽全力去办。要时刻把群众的安危冷暖挂在心上,对群众生产生活面临的这样那样的困难,一定要带着深厚的感情帮助解决,切实把中央为他们脱贫解困的各项政策措施落到实处。

八、以胡锦涛同志“七一”重要讲话为指导,推动兴起学习贯彻“三个代表”重要思想新高潮

兴起学习贯彻“三个代表”重要思想新高潮,要以胡锦涛同志“七一”重要讲话为指导,按照中央的统一部署和要求,根据本地区、本部门的工作实际,坚持学习理论和指导实践相结合,坚持改造客观世界和改造主观世界相结合,坚持运用理论和发展理论相结合,使干部群众在对“三个代表”重要思想的时代背景、实践基础、科学内涵、精神实质和历史地位的认识上达到新的高度,在认真贯彻“三个代表”重要思想的根本要求、始终做到“三个代表”上取得新的成效。

第一,坚定对马克思主义的信仰,在增强学习贯彻“三个代表”重要思想的自觉性和坚定性上下功夫。“三个代表”重要思想是真理、是科学。要坚定不移地以马克思列宁主义、毛泽东思想、邓小平理论和“三个代表”重要思想为行动指南,牢固树立“三个代表”重要思想这一强大精神支柱,牢固确立“三个代表”重要思想在全党一切工作中的指导地位。要把“三个代表”重要思想作为最可宝贵的精神财富倍加珍惜,作为科学的真理认真学习运用,作为根本指导方针长期加以坚持,不断增强学习贯彻“三个代表”重要思想的自觉性和坚定性。

第二,坚持实事求是的态度和与时俱进的精神,在全面掌握“三个代表”重要思想的系统理论上下功夫。要认认真真地学习江泽民同志的原著,认真学好《“三个代表”重要思想学习纲要》,系统掌握“三个代表”重要思想在建设中国特色社会主义的思想路线、发展道路、发展阶段和发展战略、根本任务、发展动力、依靠力量、国际战略、领导力量和根本目的等重大问题上取得的丰硕成果,更加全面深刻地理解贯彻这一重要思想关键在坚持与时俱进、核心在坚持党的先进性、本质在坚持执政为民的根本要求。

第三,坚持理论联系实际,在自觉运用“三个代表”重要思想指导实践上下功夫。要坚持用“三个代表”重要思想统领各项工作,坚持用这一重要思想的立场、观点、方法来观察和解决问题,坚持用这一重要思想来衡量和检验各项工作的实际成效。要紧密联系改革开放和现代化建设的实际,紧密联系各地区各部门的工作实际,紧密联系干部群众的思想实际,主动查找思想观念和精神状态方面的差距,抓紧研究解决影响党员干部解放思想、转变观念方面存在的主要问题;主动查找本地区、本部门经济社会发展方面的差距,抓紧研究解决改革发展稳定中的重大问题;主动查找执政为民、服务群众方面的差距,抓紧研究解决群众生产生活中的紧迫问题;主动查找干部作风方面的差距,抓紧研究解决党的建设中存在的突出问题,使广大党员干部在思想上切实有新的提高,使各地各部门的工作切实有新的改进。

中共中央总书记胡锦涛在北京主持召开中共中央政治局会议

会议决定今年10月在北京召开中国共产党第

十六届中央委员会第三次全体会议，主要议程是，中共中央政治局向中央委员会报告工作，讨论研究完善社会主义市场经济体制问题和修改宪法部分内容的建议。中共中央总书记胡锦涛主持了今天的会议。

会议认为，要实现十六大提出的建成完善的社会主义市场经济体制和更具活力、更加开放的经济体系的任务，必须进一步推进经济体制改革，促进经济社会全面发展。十一届三中全会以来特别是十四大提出建立社会主义市场经济体制的改革目标以来，我国改革开放不断迈出重大步伐，社会主义市场经济体制初步建立，公有制为主体、多种所有制经济共同发展的基本经济制度已经确立，全方位、宽领域、多层次的对外开放格局基本形成，极大地促进了社会生产力、综合国力和人民生活水平的提高。为适应经济全球化和科技进步加快的国际环境，适应全面建设小康社会、开创中国特色社会主义事业新局面的新要求，必须加快推进改革，进一步解放和发展生产力，为经济社会发展继续提供强大动力。

会议指出，深化经济体制改革，要以邓小平理论和"三个代表"重要思想为指导，全面贯彻十六大精神，解放思想、实事求是、与时俱进。坚持社会主义市场经济的改革方向，注重制度建设和体制创新。坚持尊重群众的首创精神，充分发挥中央和地方两个积极性。坚持正确处理改革发展稳定的关系，有重点、有步骤地推进改革。坚持统筹兼顾，协调好改革进程中的各种利益关系。

会议认为，宪法的稳定是国家稳定的基础。我国现行宪法是一部好宪法，总体上适应我国改革开放和现代化建设的需要，应该保持稳定。同时，根据国家经济社会发展的客观需要，依照法定程序对宪法作适当的修改和补充也是必要的。

会议指出，开展修改宪法工作，要坚持以邓小平理论和"三个代表"重要思想为指导，全面贯彻十六大精神，体现我们党和人民在改革开放和社会主义现代化建设实践中取得的成熟经验，为在新形势下继续推进中国特色社会主义事业、维护和发展最广大人民的根本利益更好地提供法律保障。修宪工作要坚持正确的政治方向，切实加强党的领导，充分发扬民主，广泛听取各方面的意见，严格依法办事。

会议决定，就完善社会主义市场经济体制问题和修改宪法部分内容的建议进一步深入征求意见。关于修改宪法部分内容的建议经十六届三中全会审议后，依照法定程序提请全国人民代表大会常务委员会审议。会议还研究了其他事项。

国务院总理温家宝在人民大会堂与斯里兰卡总理维克勒马辛哈举行会谈

在会谈中，温家宝对中斯关系未来发展提出三点建议：一是巩固和发展传统友谊。中斯应继续保持高层互访，加强议会、政府部门、政党的往来，扩大民间交流，使两国友好世代相传。二是加强经贸关系。中斯经贸合作需要进一步开拓新的思路、开辟新的途径。两国政府应积极鼓励各自企业到对方去发展，为它们开展投资、工程承包、资源开发等提供便利。双方还可推动在农业和旅游等领域的合作。三是加强在国际事务中的协调与配合。中斯应继续发扬两国共同倡导的万隆精神，携手应对当前国际形势巨大变化带来的挑战，全力维护发展中国家的正当权益，为推动建立公正合理的国际政治经济新秩序作出新贡献。

维克勒马辛哈赞同温家宝提出的发展两国关系的建议。他表示，斯方希望与中方研究制定新的双边经贸协定，加强双方在相互投资、人力开发、旅游和民航等领域的合作。同时，也希望推动双方在文化、宗教等领域的交流。

会谈后，双方签署了两国政府经济技术合作协定、关于对所得避免双重征税和防止偷漏税的协定等五个文件。温家宝和维克勒马辛哈出席了签字仪式。

国台办主任陈云林在北京会见台湾工业总会大陆经贸考察团

陈云林强调，我们历来主张不以政治分歧去影响、干扰两岸经济合作。我们将继续执行鼓励台湾同胞投资的政策，欢迎具有远见卓识的台湾企业家前来投资兴业。我们将一如既往地贯彻落实《台湾同胞投资保护法》及其《实施细则》，改善投资环境，切实维护台商的一切正当权益。

陈云林指出，我们主张尽快实现两岸直接"三通"，这是两岸关系发展的客观趋势，是两岸同胞的殷切期望，是两岸经济共同繁荣的利益所在。尊重民意、以民为本、为民谋利，应当成为两岸解决经贸和"三通"问题的宗旨。

国务委员唐家璇在中南海会见日本日中友好协会名誉顾问前日本首相村山富市和日中友协会长代理前日本驻华大使佐藤嘉恭

外交部部长李肇星在东京会见日本首相小泉纯一郎并与日本外相川口顺子举行会谈

李肇星表示，目前，中日关系主流是好的，双方高层往来和政府间交流密切，经贸合作不断加强，民间交往活跃。双方在国际和地区事务中的协调与合作日益增强。

李肇星说,中方赞赏日本政府特别是首相本人多次重申坚持和平宪法,走和平发展道路的决心。小泉首相访华时在卢沟桥明确表示日中不再战。历史不应该成为包袱,而应成为智慧和力量的源泉,这样才能面向未来,推动两国关系健康发展。

小泉积极评价日中关系发展的势头,表示日本愿以史为鉴,发展面向未来的日中友好合作关系,这也是日中双方的共识。小泉说,中国的发展对日本是机遇,不是威胁,我在各种场合一再表明这一观点。日中拥有广泛共同利益,合作领域日益宽广,希望日中双方以纪念缔约25周年为契机,进一步加强和扩大两国的交流与合作,推动日中关系向前发展。

李肇星就朝鲜半岛核问题阐述了原则立场,通报了中方在筹备六方会谈方面取得的进展,表示欢迎日方发挥建设性作用。小泉和川口感谢并高度评价中国为和平解决朝核问题所做的努力,中日双方一致认为应通过对话和平解决核问题,主张实现半岛无核化,同时应解决朝鲜的安全关切。

李肇星在与川口外相会谈中提出,近日发生在中国齐齐哈尔市的侵华日军遗留毒剂罐泄漏事件给中方带来严重的人员伤害,此事关系到中国人民的健康、安全和感情,日方应高度重视,承担责任,妥善处理。川口对此次事件的受害人深表同情,表示日方重视这个严重情况,将本着真诚的态度与中方密切配合,妥善处理。

当天,李肇星还会见了日本共产党中央委员会主席不破哲三和日共委员长志位和夫,并在日本记者俱乐部举行记者招待会,回答了记者关于中日关系、朝鲜半岛核问题、人民币是否会升值等方面的问题,并接受了日本广播协会和东京新闻记者的专访。

外交部部长李肇星在东京就靖国神社问题回答日本记者的提问

李肇星说,关于靖国神社问题,我想讲三句话:

第一,中国人民是重原则的。当前国际关系当中最大的原则就是国与国之间要平等相待,和平共处,反对战争,加强互利合作,共同发展。这就是我们为什么高度评价日本战后坚持和平宪法,走和平发展道路。日本军国主义发动的那场战争,给中国和其他亚洲国家造成空前深重的灾难,日本人民也深受其害。这段历史,只能正视,不能抹杀。正确认识和对待这段历史,以史为鉴,面向未来,对中日两国睦邻友好合作关系的发展具有重要意义,这已经成为中日两国的共识。

第二,中国人民是讲道理的。我们一直坚持把日本人民与少数军国主义分子相区别,也不是说现在的人对当时的战争要负什么责任。我们赞赏广大日本人民坚持和平发展的愿望,日本普通民众悼念在战争中死去的亲人是完全可以理解的,因为这些死者也是军国主义的受害者。甲级战犯不是一般的战死者,对那场战争负有重要责任。在靖国神社把这些甲级战犯列为供奉对象之后,日本政府领导人就确实不应该再去了。

第三,中国人民是重友情的。我们十分珍惜中日两国绵延两千年的友好交往和两国人民长期相互学习、相互借鉴、共同进步的历史。不忘过去那一段不幸的历史,正是为了重视友谊,巩固和加强两国人民的传统和今天的互利合作。我们非常感谢日本人民对中国改革开放和现代化建设给予的积极合作,也不会忘记在刚刚过去的中国抗"非典"斗争中给予的宝贵支持。我们真诚地希望通过双方的共同努力,使中日关系真正走出历史阴影。

外交部副部长王毅在北京与俄罗斯副外长洛修科夫举行磋商

中国常驻联合国代表王光在联合国总部向联合国秘书长安南交存中国关于《〈禁止或限制使用某些可被认为具有过分伤害力或滥杀滥伤作用的常规武器公约〉第一条修正案》(也称《〈特定常规武器公约〉第一条修正案》)的批准书

该修正案于2001年12月在日内瓦通过,将公约的适用范围从国际武装冲突扩大到非国际武装冲突,以解决非国际武装冲突中的人道主义问题。中国以建设性态度参加了修订公约第一条的谈判,并为最终达成该修正案作出了重要贡献。

中国是目前第16个批准《〈特定常规武器公约〉第一条修正案》的国家。根据有关规定,该修正案将在第20个缔约国批准6个月后正式生效。

上海合作组织成员国武装力量联合反恐军事演习的第二阶段在中国新疆伊犁地区举行

中央军委副主席、国务委员兼国防部部长曹刚川观看了演习联合指挥部室内演练,参观了参演国部队联合营地,并分别会见来华参加演习活动的吉尔吉斯斯坦国防部部长托波耶夫、塔吉克斯坦国防部部长海鲁拉耶夫、哈萨克斯坦国防部副部长波斯别洛夫和俄罗斯驻华大使罗高寿。

托波耶夫、海鲁拉耶夫、波斯别洛夫和罗高寿分别表示,感谢中国邀请他们来华参加上海合作组织成员国武装力量联合反恐军事演习第二阶段的演习活动。此次5国联合反恐军事演习,充分展示了上海合作组织成员国共同打击恐怖主义、分裂主义、极端主义“三股势力”的坚定立场和巨大力量，显示了各成员国之间日益加深的团结、友谊和合作，对维护地区的安全稳定具有重要意义。在演习中，各参演国军队联合指挥，共同行动，既达到了相互学习、共同提高的目的，也进一步加深了了解，增进了友谊，促进了合作。从刚刚开始的指挥部演练可以看出，中方组织严密，指挥得当，保障有力，相信在中国境内的演习一定会取得圆满成功。

中国阶段的演习中，各参演国指挥参谋人员和部队将先后进行联合指挥部室内演练和城镇清剿、解救人质以及攻打恐怖分子营地、联合围歼恐怖分子的实兵实弹演习。

山西一煤矿发生特大瓦斯爆炸事故43人死亡

8月11日6时40分，山西省大同市杏儿沟煤业有限责任公司万家咀风井发生特大瓦斯爆炸事故，造成43人死亡。

8月12日

国家主席胡锦涛 全国人大常委会委员长吴邦国 全国政协主席贾庆林在人民大会堂分会见斯里兰卡总理拉尼尔·维克勒马辛哈

中共中央总书记胡锦涛在北京主持中共中央政治局第七次集体学习

这次集体学习安排的内容是世界文化产业发展状况和我国文化产业发展战略。中国社会科学院新闻研究所张西明研究员、清华大学新闻与传播学院熊澄宇教授就这个题目进行了讲解，并介绍了他们对这个问题的一些思考。

中央政治局各同志认真听取了他们的讲解，并就有关问题进行了讨论。

胡锦涛在主持学习时发表了讲话。他指出，发展文化事业和文化产业，是社会主义文化建设的重要组成部分。要发扬与时俱进的时代精神，大力发扬中华文化的优秀传统，大力弘扬中华民族的伟大精神，同时，要积极吸收借鉴国外文化发展的有益成果，更好地推动我国文化的发展繁荣。一切有利于加强我国社会主义文化建设的有益经验，一切有利于提高我国人民精神境界的文化成果，一切有利于发展我国社会主义文化事业和文化产业的管理方式，都要积极研究借鉴。要始终高举社会主义文化旗帜，在文化观念上决不照抄照搬，在发展模式上决不简单模仿，坚决防范和抵御各种腐朽落后的文化观念侵蚀干部群众的思想，确保国家的文化安全和社会稳定。

国务院总理温家宝在北京出席国务院关税税则委员会第一次全体会议并发表重要讲话

温家宝希望新一届税委会要认真履行职责，着力抓好几项主要工作：一是促进改革开放和经济发展。有效发挥关税调控作用，使关税更好地为促进经济发展服务，为深化改革和扩大对外开放服务，为提高我国经济竞争力服务。二是努力增加国家财政收入。按照加入世贸组织的承诺，在逐步降低关税总水平的情况下，通过扩大税基和加强征管，力争做到税率降低但税收不减少。三是在维护国家利益的前提下，积极促进国际贸易公平发展，推动国际合作。四是切实发挥关税保护作用。要善于运用世贸组织规则，加强反倾销税、反补贴税、实施保障措施等工作。五是加强关税法制建设。根据新形势和新情况，不断制定和完善关税的法律、法规和政策，着力体现公平性，增强规范性，提高透明度。温家宝要求税委会全体成员，忠实履行职责，加强学习和研究，实行科学民主决策，完善工作机制，出色完成党中央、国务院交办的各项任务。

温家宝在谈到做好财政工作时强调，财政是国家的一项重要职能。坚持科学理财和量入为出，预算安排注意适当留有余地；坚持发展经济，培植财源，千方百计增加财政收入；坚持财政支出统筹兼顾，“一要吃饭、二要建设”，分别轻重缓急，确保重点；坚持正确处理中央与地方、全局与局部的关系，促进经济与社会协调发展、城乡协调发展、地区协调发展、人与自然协调发展；坚持勤俭建国，勤俭办一切事业，厉行节约，反对浪费；坚持依法行政，依法理财，依法治税，强化预算管理和财政监督，为全面建设小康社会和实现现代化服务。

温家宝指出，今年前几个月财政收支情况基本正常。但是，财税工作仍然面临不少困难。在预算执行较好的形势下，增收节支工作不可有丝毫放松。

温家宝最后指出，我国改革发展稳定的任务非常繁重，做好关税和财政工作关系重大。我们要紧密团结在以胡锦涛同志为总书记的党中央周围，全面贯彻“三个代表”重要思想和党的十六大精神，坚定信心，扎实工作，为推进改革开放和现代化建设作出新的贡献。

本届国务院关税税则委员会全体成员出席会议，会议由新任本届税委会主任、财政部部长金人庆主持。

全国政协主席贾庆林在人民大会堂会见台湾工业总会大陆经贸考察团

贾庆林说，发展两岸经济关系、尽快实现两岸直接“三通”，是两岸关系发展的客观趋势，是两岸同胞的殷切期望,是两岸经济共同繁荣的利益所在。我们主张不以政治分歧去影响、干扰两岸经济合作。以民为本、为民谋利,应当成为两岸解决经贸和“三通”问题的出发点和立足点。凡是有利于台湾同胞的切身利益、有利于两岸人民的各项交流和往来、有利于实现中华民族伟大复兴的事,我们都将竭尽全力推动和促成。我们将继续执行鼓励台湾同胞投资的政策,维护保障台商的切身利益和正当权益。

中央政法委书记罗干在山东调研

8月12日至17日,罗干先后深入济南、德州、淄博、潍坊、烟台、威海等地,实地考察基层单位,与政法部门的同志进行座谈,并听取了山东省委、省政府的工作汇报。罗干对山东改革开放、现代化建设取得的成绩和维护稳定工作给予充分肯定。他说,山东省委、省政府认真落实中央的统一部署,迅速兴起学习贯彻“三个代表”重要思想的新高潮,全省干部群众心往一处想,劲往一处使,全面建设小康社会迈开了坚实有力的步伐,国民经济和社会各项事业取得了很大进步。

罗干非常关心基层政法工作和基层基础工作。他来到济南市交警支队指挥中心、泉城路派出所、德州市车站街派出所和威海市公安局高技术产业开发区公安分局,亲切看望慰问战斗在维护稳定第一线的公安民警,调查了解基层基础工作情况。在德州皇明太阳能有限公司、淄博硅苑新材料科技股份有限公司、潍坊柴油机厂、烟台东岳汽车有限公司、山东威高集团等企业,罗干深入到生产车间了解企业的技术研发、经营销售和社会治安情况。

在考察中,罗干指出,当前,全党上下正在按照中央的部署,兴起学习贯彻“三个代表”重要思想的新高潮。各级政法部门都要结合政法工作的实际,深刻领会“三个代表”重要思想的科学内涵和精神实质,不断提高贯彻“三个代表”重要思想的自觉性和坚定性,以“三个代表”重要思想为指导,正确分析社会稳定和治安形势,及时作出决策部署,确保各项工作任务的顺利完成。

罗干还就加强基层基础工作、继续坚持“严打”方针、加强社会治安防控体系建设,整合各种治安防范力量,落实各项综合治理措施、建立、健全矛盾纠纷排查调处机制以及加强政法队伍建设作了指示。

在济南期间,罗干主持召开司法体制改革座谈会,认真听取山东省政法部门负责同志的意见和建议。

罗干还亲切看望了勇斗歹徒、英勇牺牲的烟台市公安局芝罘分局民警、“全国公安战线二级英雄模范”栾波同志的父母。

国务院发出《关于促进房地产市场持续健康发展的通知》

各省、自治区、直辖市人民政府,国务院各部委、各直属机构:

《国务院关于进一步深化城镇住房制度改革加快住房建设的通知》(国发〔1998〕23号)发布5年来,城镇住房制度改革深入推进,住房建设步伐加快,住房消费有效启动,居民住房条件有了较大改善。以住宅为主的房地产市场不断发展,对拉动经济增长和提高人民生活水平发挥了重要作用。同时应当看到,当前我国房地产市场发展还不平衡,一些地区住房供求的结构性矛盾较为突出,房地产价格和投资增长过快;房地产市场服务体系尚不健全,住房消费还需拓展;房地产开发和交易行为不够规范,对房地产市场的监管和调控有待完善。为促进房地产市场持续健康发展,现就有关问题通知如下:

一、提高认识,明确指导思想

(一)充分认识房地产市场持续健康发展的重要意义。房地产业关联度高,带动力强,已经成为国民经济的支柱产业。促进房地产市场持续健康发展,是提高居民住房水平,改善居住质量,满足人民群众物质文化生活需要的基本要求;是促进消费,扩大内需,拉动投资增长,保持国民经济持续快速健康发展的有力措施;是充分发挥人力资源优势,扩大社会就业的有效途径。实现房地产市场持续健康发展,对于全面建设小康社会,加快推进社会主义现代化具有十分重要的意义。

(二)进一步明确房地产市场发展的指导思想。要坚持住房市场化的基本方向,不断完善房地产市场体系,更大程度地发挥市场在资源配置中的基础性作用;坚持以需求为导向,调整供应结构,满足不同收入家庭的住房需要;坚持深化改革,不断消除影响居民住房消费的体制性和政策性障碍,加快建立和完善适合我国国情的住房保障制度;坚持加强宏观调控,努力实现房地产市场总量基本平衡,结构基本合理,价格基本稳定;坚持在国家统一政策指导下,各地区因地制宜,分别决策,使房地产业的发展与当地经济和社会发展相适应,与相关产业相协调,促进经济社会可持续发展。

二、完善供应政策,调整供应结构

(三)完善住房供应政策。各地要根据城镇住房制度改革进程、居民住房状况和收入水平的变化,完善住房供应政策,调整住房供应结构,逐步实现多数家庭购买或承租普通商品住房;同时,根据当地情况,合理确定经济适用住房和廉租住房供应对象的具体收入线标准和范围,并做好其住房供应保障工作。

(四)加强经济适用住房的建设和管理。经济适用住房是具有保障性质的政策性商品住房。要通过土地划拨、减免行政事业性收费、政府承担小区外基础设施建设、控制开发贷款利率、落实税收优惠政策等措施，切实降低经济适用住房建设成本。对经济适用住房，要严格控制在中小套型，严格审定销售价格，依法实行建设项目招投标。经济适用住房实行申请、审批和公示制度，具体办法由市(县)人民政府制定。集资、合作建房是经济适用住房建设的组成部分，其建设标准、参加对象和优惠政策，按照经济适用住房的有关规定执行。任何单位不得以集资、合作建房名义，变相搞实物分房或房地产开发经营。

(五)增加普通商品住房供应。要根据市场需求，采取有效措施加快普通商品住房发展，提高其在市场供应中的比例。对普通商品住房建设，要调控土地供应，控制土地价格，清理并逐步减少建设和消费的行政事业性收费项目，多渠道降低建设成本，努力使住房价格与大多数居民家庭的住房支付能力相适应。

(六)建立和完善廉租住房制度。要强化政府住房保障职能，切实保障城镇最低收入家庭基本住房需求。以财政预算资金为主，多渠道筹措资金，形成稳定规范的住房保障资金来源。要结合当地财政承受能力和居民住房的实际情况，合理确定保障水平。最低收入家庭住房保障原则上以发放租赁补贴为主，实物配租和租金核减为辅。

(七)控制高档商品房建设。各地要根据实际情况，合理确定高档商品住房和普通商品住房的划分标准。对高档、大户型商品住房以及高档写字楼、商业性用房积压较多的地区，要控制此类项目的建设用地供应量，或暂停审批此类项目。也可以适当提高高档商品房等开发项目资本金比例和预售条件。

三、改革住房制度，健全市场体系

(八)继续推进现有公房出售。对能够保证居住安全的非成套住房，可根据当地实际情况向职工出售。对权属有争议的公有住房，由目前房屋管理单位出具书面具结保证后，向职工出售。对因手续不全等历史遗留问题影响公有住房出售和权属登记发证的，由各地制定政策，明确界限，妥善处理。

(九)完善住房补贴制度。要严格执行停止住房实物分配的有关规定，认真核定住房补贴标准，并根据补贴资金需求和财力可能，加大住房补贴资金筹集力度，切实推动住房补贴发放工作。对直管公房和财政负担单位公房出售的净收入，要按照收支两条线管理的有关规定，统筹用于发放住房补贴。

(十)搞活住房二级市场。要认真清理影响已购公有住房上市交易的政策性障碍，鼓励居民换购住房。除法律、法规另有规定和原公房出售合同另有约定外，任何单位不得擅自对已购公有住房上市交易设置限制条件。各地可以适当降低已购公有住房上市出售土地收益缴纳标准；以房改成本价购买的公有住房上市出售时，原产权单位原则上不再参与所得收益分配。要依法加强房屋租赁合同登记备案管理，规范发展房屋租赁市场。

(十一)规范发展市场服务。要健全房地产中介服务市场规则，严格执行房地产经纪人、房地产估价师执(职)业资格制度，为居民提供准确的信息和便捷的服务。规范发展住房装饰装修市场，保证工程质量。贯彻落实《物业管理条例》，切实改善住房消费环境。

四、发展住房信贷，强化管理服务

(十二)加大住房公积金归集和贷款发放力度。要加强住房公积金归集工作，大力发展住房公积金委托贷款，简化手续，取消不合理收费，改进服务，方便职工贷款。

(十三)完善个人住房贷款担保机制。要加强对住房置业担保机构的监管，规范担保行为，建立、健全风险准备金制度，鼓励其为中低收入家庭住房贷款提供担保。对无担保能力和担保行为不规范的担保机构，要加快清理，限期整改。加快完善住房置业担保管理办法，研究建立全国个人住房贷款担保体系。

(十四)加强房地产贷款监管。对符合条件的房地产开发企业和房地产项目，要继续加大信贷支持力度。同时要加强房地产开发项目贷款审核管理，严禁违规发放房地产贷款；加强对预售款和信贷资金使用方向的监督管理，防止挪作他用。要加快建立个人征信系统，完善房地产抵押登记制度，严厉打击各种骗贷骗资行为。要妥善处理过去违规发放或取得贷款的项目，控制和化解房地产信贷风险，维护金融稳定。

五、改进规划管理，调控土地供应

(十五)制定住房建设规划和住宅产业政策。各地要编制并及时修订完善房地产业和住房建设发展中长期规划，加强对房地产业发展的指导。要充分考虑城镇化进程所产生的住房需求，高度重视小城镇住房建设问题。制定和完善住宅产业的经济、技术政策，健全推进机制，鼓励企业研发和推广先进适用的建筑成套技术、产品和材料，促进住宅产业现代化。完善住宅性能认定和住宅部品认证、淘汰的制度。坚持高起点规划、高水平设计，注重住宅小区的生态环境建设和住宅内部功能设计。

(十六)充分发挥城乡规划的调控作用。在城市总体规划和近期建设规划中，要合理确定各类房地产用地的布局和比例，优先落实经济适用住房、普通商品住房、危旧房改造和城市基础设施建设中的拆迁安置用房建设项目，并合理配置市政配套设施。各类开发区以及撤市(县)改区后的土地，都要纳入城市规划统一管理。严禁下放规划审批权限,对房地产开发中各种违反城市规划法律、法规的行为,要依法追究有关责任人的责任。

(十七)加强对土地市场的宏观调控。各地要健全房地产开发用地计划供应制度,房地产开发用地必须符合土地利用总体规划和年度计划,严格控制占用耕地,不得下放土地规划和审批权限。利用原划拨土地进行房地产开发的,必须纳入政府统一供地渠道,严禁私下交易。土地供应过量、闲置建设用地过多的地区,必须限制新的土地供应。普通商品住房和经济适用住房供不应求、房价涨幅过大的城市,可以按规定适当调剂增加土地供应量。

六、加强市场监管,整顿市场秩序

(十八)完善市场监管制度。加强对房地产企业的资质管理和房地产开发项目审批管理,严格执行房地产开发项目资本金制度、项目手册制度,积极推行业主工程款支付担保制度。支持具有资信和品牌优势的房地产企业通过兼并、收购和重组,形成一批实力雄厚、竞争力强的大型企业和企业集团。严格规范房地产项目转让行为。已批准的房地产项目,确需变更用地性质和规划指标的,必须按规定程序重新报批。

(十九)建立、健全房地产市场信息系统和预警预报体系。要加强房地产市场统计工作,完善全国房地产市场信息系统,建立、健全房地产市场预警预报体系。各地房地产市场信息系统和预警预报体系建设中需要政府承担的费用,由各地财政结合当地信息化系统和电子政务建设一并落实。

(二十)整顿和规范房地产市场秩序。要加大房地产市场秩序专项整治力度,重点查处房地产开发、交易、中介服务和物业管理中的各种违法违规行为。坚决制止一些单位和部门强制消费者接受中介服务以及指定中介服务机构的行为。加快完善房地产信用体系,强化社会监督。采取积极措施,加快消化积压商品房。对空置量大的房地产开发企业,要限制其参加土地拍卖和新项目申报。进一步整顿土地市场秩序,严禁以科技、教育等产业名义取得享受优惠政策的土地后用于房地产开发,严禁任何单位和个人与乡村签订协议圈占土地,使用农村集体土地进行房地产开发。切实加强源头管理,有效遏制并预防住房制度改革和房地产交易中的各种腐败行为。

地方各级人民政府要认真贯彻国家宏观调控政策,从实际出发,完善房地产市场调控办法,建立有效的协调机制,并对本地房地产市场的健康发展负责。省级人民政府要加强对市、县房地产发展工作的指导和监督管理。国务院有关部门要各司其职,分工协作,加强对各地特别是问题突出地区的指导和督查。国家发展改革、财政、国土、银行、税务等部门要调整和完善相关的政策措施。建设部要会同有关部门抓紧制定经济适用住房管理、住房补贴制度监督、健全房地产市场信息系统和预警预报体系、建立全国个人住房贷款担保体系等方面的实施办法,指导各地具体实施并负责对本通知贯彻落实情况的监督检查。

国务院

2003年8月12日

全国人大常委会未成年人保护法执法检查组在北京举行第二次全体会议

会议认为,经过7月份对未成年人保护法和预防未成年人犯罪法进行执法检查,这两部法律实施的总体情况较好,但也存在一些问题。

检查组认为,未成年人的受教育状况明显改善,未成年人成长的文化环境净化力度加大;在预防未成年人违法犯罪,教育、挽救失足未成年人等方面也做了大量工作。

检查组发现法律实施过程中还存在一些问题。比如,我国农村"普九"总体水平不高,2861个县级单位中有431个未实现"普九"。此外流动人口中的未成年人难以进入当地公办学校就读,受教育权没有得到有效保障。在不良文化对未成年人危害方面,网络文化市场隐患犹存,一些地区黑网吧又有抬头之势;违规经营歌舞厅、录像厅等问题仍不容忽视。

全国人大常委会副委员长顾秀莲带队开展这次执法检查。

国务院任免国家工作人员

任命张万海为常驻联合国亚洲及太平洋经济社会委员会代表。

免去黄永安的常驻联合国亚洲及太平洋经济社会委员会代表职务。

青海省甘南藏族自治州庆祝成立50周年

全国销毁走私盗版光盘大行动启动

上午,在广东省汕尾市科技文化中心广场,随着海关总署负责人一声令下,10台光盘粉碎机同时启动,由此拉开了"2003年中国销毁走私盗版光盘大行动"的序幕。在汕尾主会场,这10台粉碎机将连续工作4天,将汕头海关、公安边防查获的2600万张走私盗版光盘全部销毁。

与此同时,在全国其他省、自治区、直辖市销毁活动分会场上,有1600万张走私盗版光盘被粉碎销毁。通过这次行动,全国共销毁走私盗版光盘4200万张,是迄今我国组织的规模最大、销毁数量最多的一次公开销毁走私盗版光盘活动。

大唐托克托电厂一期工程竣工

位于内蒙古托克托县境内的中国大唐集团托克托电厂一期工程两台六十万千瓦机组,近日正式投产发电。这是国家“西电东送”北通道第一个竣工投产发电工程。该工程计划投资60.7亿元,实际投资53亿元。电厂投产运行,为保证首都可靠供电提供了有力的支撑。

外交部部长李肇星在东京分别与日本执政三党干事长日本民主党代表菅直人公明党代表神崎武法和社民党党首土井多贺子进行友好会晤

外交部部长李肇星在东京举行记者招待会

李肇星在回答日本《读卖新闻》记者关于朝鲜半岛核问题六方会谈的时间和形式时说,中国正就此同其他五方进行协商。中方主张通过对话和平解决朝鲜半岛问题,实现半岛的无核化。为此,中国进行了长期的耐心努力,我们希望日本在这个问题上发挥建设性的作用。

李肇星在回答富士电视台记者关于六方会谈成功概率的提问时说,我对六方会谈的成功很有信心,因为这符合各方利益,也有利于地区和世界的和平与稳定。目前,有关各方都表示愿意努力通过和平手段解决问题。日本方面也表示愿意发挥建设性作用,我们表示欢迎。六方会谈是4月北京会谈的继续,中方愿与有关各方就此不懈努力,推动六方会谈取得成果,并将这一进程进行下去,最终实现半岛持久的和平与稳定。

当《日本经济新闻》记者问到中国如何对待美、日等国有人要求人民币升值的问题时,李肇星说,日本和美国都是中国重要贸易伙伴,加强彼此经贸合作符合各自国家人民的根本利益。我赞赏小泉首相的看法,中国经济的发展对日本来说不是威胁,而是机遇。

他说,一个国家的汇率政策应当根据其经济发展阶段、金融监管水平和企业承受能力等因素决定。中国现行的汇率制度符合中国的实际国情。外界对此有些误解。中国的外贸出口与日本和美国的经济总量相比是微不足道的,不到日本国内生产总值的2%,不足美国国内生产总值的1%,不可能影响日本和美国的经济。

李肇星说,历史的经验是值得注意的。1997年出现亚洲金融危机时,有人要求人民币贬值,但是我们根据本国的情况并为了亚洲各国的利益,保持了人民币汇率的基本稳定,虽然付出一些代价,但成功地抵御了亚洲金融危机的冲击,促进了中国经济和金融的稳定,也避免了金融危机的进一步扩散,赢得了国际社会的赞扬,为亚洲经济、金融稳定作出了重大贡献。现在面对人民币升值的议论,中国政府仍会以严肃、慎重和负责任的态度来对待。事实最终也会证明,人民币币值基本稳定是有利于亚太地区乃至世界金融和经济稳定的。

外交部副部长王毅约见日本驻华大使阿南惟茂奉命就黑龙江省齐齐哈尔市日本遗弃毒剂伤人事件再次向日方提出严正交涉

王毅说,中方注意到日方表示重视这一严重事件,将本着真诚态度妥善处理。中方要求日本政府立即采取实际行动,承担相应责任,做好善后工作。王毅还指出,根据中日双方签署的协议,日本政府已正式承担销毁遗弃在华化学武器的责任。中方要求日本政府高度重视这一问题的严重性和紧迫性,切实履行《禁止化学武器公约》的规定和两国政府《关于销毁中国境内日本遗弃化学武器的备忘录》的要求,加快处理进度,以负责任的态度,早日铲除这一长期危害和威胁中国人民生命安全的毒瘤。

《臧克家全集》首发式在北京举行

诗人臧克家自1929年首次发表新诗至今,已在文坛驰骋70余年。在他即将跨入百岁之际,时代文艺出版社出版了《臧克家全集》。全集分新诗、旧体诗、散文、小说、杂文、评论、随笔等12卷,共600万字。

8月13日

中央纪委书记吴官正在江苏考察

8月13日至19日,吴官正在江苏省考察工作,重点了解贯彻执行党章、党风廉政建设和行政监察工作情况。他对江苏省经济社会发展和纪检监察工作取得的成绩给予充分肯定。他强调,深入学习贯彻“三个代表”重要思想,实现全面建设小康社会的宏伟目标,必须坚决贯彻党要管党、从严治党的方针,严格遵守和维护党的纪律。

吴官正要求,各级纪检监察机关要全面履行党的纪律检查和行政监察两项职能,注意发挥行政监察的职能作用,加强对行政机关和国家公务员的施政过程和行政行为的监督。江苏省委书记李源潮、省长梁保华陪同考察。

中国国际减灾委员会第一次全体会议在北京举行

中共中央政治局委员、国务院副总理、中国国际减灾委员会主任回良玉在会议上强调，各地区、各有关部门要努力实践“三个代表”重要思想，认真做好减灾工作，最大限度减轻灾害损失，切实维护人民群众的根本利益，促进经济社会协调发展。

回良玉强调，新一届减灾委要切实履行职责，着力抓好几项重点工作：一是全面推进《中华人民共和国减灾规划（1998—2010年）》的落实；二是充分利用现代科学技术，提高国家的综合减灾能力；三是完善灾害紧急救援体系，提高灾害的应急反应能力和管理能力；四是加强宣传教育，增强全社会的减灾意识；五是继续加强国际交流与合作。

中组部部长贺国强在北京出席纪念《国家公务员暂行条例》颁布10周年座谈会并讲话

座谈会由中组部、中宣部、人事部联合召开。贺国强在会上强调，公务员制度建设和队伍建设要始终以“三个代表”重要思想为指导，解放思想，实事求是，与时俱进，开拓创新，促进公务员制度的不断完善，进一步激发公务员队伍的活力。

座谈会由国务委员、国务院秘书长华建敏主持。中组部副部长、人事部部长张柏林介绍了10年来国家公务员制度的建立和推行情况。国家环保总局、广东省的有关领导介绍了实施国家公务员制度的情况。李伍民、徐林、张云泉3位公务员代表汇报了个人成长经历。

在听取了大家的发言后，贺国强强调，以《国家公务员暂行条例》颁布10周年为新的起点，继续推进公务员制度和公务员队伍建设，要做好五方面的工作：一是制定公务员法，健全公务员管理法规体系。二是完善管理机制，促使优秀人才脱颖而出。三是坚持执政为民，加强公务员的作风建设。四是围绕能力建设，打造学习型队伍。五是深化工资改革，稳定吸引人才。

国务院副总理吴仪在广州出席全国检验检疫大通关工作会议并讲话

吴仪在会议上强调，要以“三个代表”重要思想和十六大精神为指导，加强领导，加快进度，密切配合，不断创新，推进大通关建设，提高检验检疫工作效能，促进外贸发展。

吴仪详细了解了检验检疫大通关建设的情况，实地考察了深圳蛇口口岸、皇岗口岸检验检疫大通关现场和广州虎头电池集团有限公司。吴仪说，检验检疫系统积极实施大通关制度，信息化建设取得明显进展，改革检验检疫监管模式，与海关共同协调完善通关放行制度，在提速、减负、增效和严密监管方面取得了很好的成效，成绩应该充分肯定。

吴仪强调，提高通关效率涉及多个部门，需要部门之间加强协作，合力推进，努力避免重复投资、重复查验、重复收费。

国务委员唐家璇在钓鱼台国宾馆会见参加“华侨华人回国（来华）创业成功人士座谈会”的全体代表

座谈会由国务院侨务办公室主办，旨在听取华侨华人专业人士对回国（来华）创业的意见、建议，以不断完善国家有关政策。

国务院侨办主任陈玉杰会见时在座。

外交部部长李肇星在汉城与韩国外交通商部长官尹永宽举行会谈

《大辞海》由上海辞书出版社开始出版

《大辞海》分38卷，收录25万条目，共5000万字，篇幅为1999年版《辞海》的2.5倍，比26个分册的1989年版《辞海》多了12卷。其中的《哲学卷》和《医药科学卷》已在8月举行的2003年上海图书交易会上首发。预计到2010年《大辞海》可以全部出齐。

8月14日

国务院南水北调工程建设委员会第一次全体会议在北京召开

担任国务院南水北调工程建设委员会主任的国务院总理温家宝主持会议并讲话。中共中央政治局委员、国务院副总理、国务院南水北调工程建设委员会副主任曾培炎、回良玉出席会议。

温家宝对做好当前工作提出三点要求：第一，加强对工程建设的组织领导，实行严格的责任制。第二，加强前期工作。加快研究制定工程建设的筹资、移民、节水、治污、水资源保护的规划和政策措施。要把解决京津冀地区应急供水问题摆到突出位置。第三，健全运行机制。要建立和完善工程建设的各项政策、法规和规章制度。工程建设要按照政企分开的原则，严格实行项目法人责任制、招标投标制、建设监理制、合同管理制。

会议听取了工程建设委员会办公室的汇报，讨论并原则同意办公室提出的计划新开工项目，包括中线石家庄至北京团城湖段、丹江口水库大坝加高工程和穿黄工程、东线城市污水处理厂建设等8个项目，要求加快前期工作，尽早开工建设。会议还研究了南水北调工程建设的若干重要问题。

国办转发信息产业部等部门《关于进一步加强电信市场监管工作的意见》并发出通知

各省、自治区、直辖市人民政府，国务院各部委、各直属机构：

信息产业部等部门《关于进一步加强电信市场监管工作的意见》已经国务院同意，现转发给你们，请认真贯彻执行。

国务院办公厅

2003年8月14日

关于进一步加强电信市场监管工作的意见

近年来，在党中央、国务院的正确领导下，电信体制改革取得了显著成绩，打破垄断、引入竞争、产业重组、改制上市等措施有力地促进了电信业的发展。但一个时期以来，一些电信运营企业(以下简称电信企业)违反国家有关法律、法规，采取不正当手段，人为设置障碍，干扰、阻碍网间互联互通，有的地方甚至发生砍电缆破坏通信设施、资费违规引起用户集体上访等事件，严重影响了电信网安全畅通，扰乱了电信市场秩序，侵害了广大用户的通信权益。产生上述问题的主要原因，一是部分电信企业法制观念不强，对国家有关法律、法规和监管部门的依法行政行为置若罔闻、阳奉阴违，甚至公开抵触；二是现行网间结算办法和标准不能形成对企业保障网间通信畅通的有效激励；三是电信监管部门缺乏有效监管手段。解决上述问题，维护电信市场秩序，需要从法律、经济、技术、行政等多方面进行综合治理，标本兼治。为此，提出以下意见：

一、加强法制建设，加大执法力度，严惩违法违规行为

有关部门要严格执行《中华人民共和国电信条例》等有关法规，加大行政执法力度，对擅自破坏通信设施、中断或阻碍电信网间通信以及有其他违法、违规行为的单位及有关责任个人，依法从严处罚；构成犯罪的，依法追究刑事责任。同时，要依照《中华人民共和国立法法》的规定，加快《中华人民共和国电信法》及有关法规的起草工作，建立、健全有关法规和规章制度，加强法制宣传和教育。努力形成监管部门依法行政、电信企业依法经营、广大用户依法维权的法治环境，推动建立公平、有效、有序的竞争秩序，保障电信市场的繁荣与发展。

二、完善技术、经济手段，加大监督检查力度，促进电信网间互联互通

电信监管部门要研究制定电信网间通信质量标准和测试办法，组织各电信企业对电信网间通信质量进行测试，监督电信企业按时上报测试结果，限期解决测试中发现的电信网间通信质量问题，并由信息产业部定期向社会公布各电信企业互联互通和网间通信质量情况。同时，尽快建设电信网间通信质量监控系统，对电信网间互联互通情况和通信质量等进行实时监测，增强电信监管部门和司法部门调查取证能力。

要根据互联互通需要，综合考虑技术进步、市场发展、用户承受能力等因素，积极推进电信网经济成本核算。抓紧制定科学、合理的电信网间通话费结算办法，在认真测算的基础上合理调整电信网间结算标准，理顺结算关系，形成有利于各电信企业互利互惠、共同发展的有效激励机制，促进电信企业搞好互联互通。

三、加强对电信企业领导干部考核与管理，促进电信企业守法经营，建立良好的电信市场秩序

中央企业负责人管理部门要加强对各电信集团公司(有限公司，下同)领导班子的考核，选拔任用领导班子成员时，应听取信息产业部主要负责同志的意见，把是否认真执行国家法律、法规和政策规定，维护电信市场秩序，作为综合考核评价领导班子及其成员业绩的重要内容和任用依据。各电信集团公司在任免省级分支机构领导班子成员时，也要把所在省(区、市)通信管理局党组反映的意见作为考核、调整干部的重要依据。对违反国家政策规定、恶性竞争和破坏互联互通等违规行为负有领导责任，或采取推诿、扯皮等手段干扰、阻挠电信监管部门执法的电信企业领导班子成员，电信监管部门要根据隶属关系，及时向中央企业负责人管理部门或电信集团公司反映情况。对因疏于管理造成重大经济损失或发生恶性事件的电信企业领导班子成员，监察机关要依照有关规定追究其领导责任。

各电信集团公司及其省级分支机构领导班子以外的其他人员，如有纵容甚至参与违反国家政策规定、破坏电信网间互联互通或毁坏电信设施等违法违纪行为的，由电信监管部门提出处理建议，有关电信企业依据建议进行严肃处理。对因上述原因被撤、免职人员，在三年内不得任用；构成犯罪的，依法追究刑事责任。

为促进国有电信企业健康发展，今后可根据工作需要，在各电信集团公司及其省级公司间，对企业主要负责人实行交流。

四、加强电信企业经营效益监督考核，促进电信企业国有资产保值增值

国有资产监督管理部门要加强对电信企业国有资产保值增值情况的监管。对电信企业经营业绩考核评价时，除依据本企业效绩评价结果外，还要检查其是否存在因违规经营、恶性竞争等使国家利益受到损害的问题。对检查中发现企业经营行为有可能危及国有资产安全、造成国有资产流失或者侵害国有资产所有者权益的情况，应及时向国务院报告。考核评价结果要在一定范围内通报。

加强电信监管，维护电信市场秩序，是当前一项十分重要的工作。电信监管部门要认真履行国家赋予的监管职责，进一步健全监管体系，加强电信监管队伍自身建设，提高电信监管水平。各地区、各有关部门要认真落实国务院各项措施，密切协调与配合，共同促进我国电信业持续快速健康发展。

2003年安全生产万里行活动在北京正式启动

该活动由中央宣传部、国家安全生产监督局、国家广播电视总局、中华全国总工会、共青团中央联合主办。今年安全生产万里行活动的主题是"实施安全生产法，人人事事保安全"。由人民日报社、新华社、中央电视台等10家新闻单位选派的记者以及组委会工作人员，组成采访团。采访团从北京出发，途经河北，重点在山西、陕西、甘肃和宁夏4省区活动，历时20天，行程万余里。他们将就贯彻实施《安全生产法》、落实国务院办公厅关于安全生产工作的三个通知精神、落实全国安全生产电视电话会议和国务院安全生产检查组提出的整改意见等情况，进行检查，并对安全生产的重点和难点问题进行采访报道。

国务委员陈至立在钓鱼台国宾馆会见泰国公主诗琳通

中共中央政治局委员王兆国人民大会堂会见以全国主席基尚·雷迪为团长的印度人民党青年阵线代表团

朝鲜最高人民会议常任委员会委员长金永南在平壤会见以全国妇联主席彭珮云为团长的中国妇女代表团

中国妇女代表团是应朝鲜民主妇女同盟中央委员会的邀请，于8月12日抵达平壤进行访问的。访问期间，代表团与朝鲜民主妇女同盟进行了工作交流，并在平壤等地参观访问。代表团还向朝鲜民主妇女同盟赠送了价值12万元人民币的电脑、打印机、复印机等办公用品。

韩国总统卢武铉在汉城会见外交部部长李肇星

李肇星说，不久前卢武铉总统成功访华，同胡锦涛主席确定两国建立全面合作伙伴关系，推动了两国在各个领域互利合作的拓展和深化。我此次访韩就是为了落实两国领导人的共识。

卢武铉赞同李肇星对两国关系的评价，表示韩国高度重视对华关系。

卢武铉说，你的来访为和平解决朝核问题带来了重要的信息。韩国衷心感谢中国怀着诚意积极斡旋，推动通过对话实现和平解决核问题的进程。中方的努力符合本地区的利益，韩方愿在六方会谈的框架内，与中方密切合作，争取以和平方式解决核问题。

外交部发言人孔泉宣布朝核问题六方会谈将于8月27日在北京举行

外交部官员约见法国驻华使馆有关负责人就中国一公民过境巴黎戴高乐机场遭受法警方虐待一事进行交涉

外交部官员向法方转交了受害公民的抗议信，并表示，今年以来，中国公民在巴黎机场屡遭粗暴对待，影响极坏。中方已就此多次向法方交涉，但此类事件仍时有发生。

外交部表示，中方要求法方恪守承诺，保障中国公民正当过境法国机场时的合法权利，并严格约束法国警方的执法行为。法方答应立即向国内汇报并希望与中方协商，争取尽快解决此类问题。中国驻法使馆也已经向法方就此提出交涉。

外交部再次提醒中国公民：在国外机场遇到困难时应立即向中国驻当地使领馆求助。

教育部在北京召开全国治理教育乱收费工作会议

教育部部长周济在会议上强调，全国治理教育乱收费已走过10年历程，今年必须从根本上得到改变。要充分认识教育乱收费的严重危害，态度要坚决，措施要过硬，落实要抓紧。"学校乱收费，校长要撤职。"

秋季开学是治理教育乱收费的关键时期。周济就此要求，治理乱收费重点放在两个方面：一是对于国家扶贫开发工作重点县农村义务教育阶段学校收费实行"一费制"，不得以任何理由缩小其实行范围和突破其最高限额标准。二是公办高中招收择校生必须严格执行规定的"三限"政策，择校生比例不得超过省级教育行政部门规定的上限；不得再以任何借口和方式收取限定金额之外的择校费用；不得招收规定的录取分数线以下的学生。

国务院新闻办在北京举行新闻发布会介绍中国妇女发展状况

全国人大常委会副委员长、全国妇联副主席、书记处第一书记顾秀莲向中外记者介绍了中国妇女发展状况。

顾秀莲首先向大家通报，中国妇女第九次代表大会将于8月22日在北京召开，这是中国妇女发展进程中的一件大事，是新世纪中国妇女的第一次盛会。

据介绍,5年来,中国妇女发展状况得到明显改善,妇女事业取得长足进步。广大妇女积极投身经济建设和社会发展,作出了重大贡献,取得了卓越成绩,在政治、经济、社会、文化、家庭等各个方面的权利得到进一步实现。妇女参与国家和社会事务管理程度不断提高,妇女劳动就业权利进一步得到保障,妇女总体受教育程度明显提高,妇女健康状况明显改善,妇女的人身权利、婚姻家庭权益进一步得到实现。继1995年第四次世界妇女大会之后,中国政府积极落实《北京宣言》《行动纲领》和联合国妇女问题特别联大通过的《政治宣言》和《成果文件》,采取切实有力的措施,贯彻男女平等基本国策,中国妇女发展环境得到进一步优化。5年来,全国各级妇联组织以"三个代表"重要思想为指导,坚持一手抓发展、一手抓维权,不断深化"双学双比"、"巾帼建功"、"五好文明家庭创建"三大活动,实施科技致富、社区服务、家庭文明和女性素质四项工程,各项工程取得了新的进展,为广大妇女做了大量的好事实事,有力地促进了我国妇女的进步与发展。

有记者问:最近,就业问题被人们所关注,女性就业与男性相比,在某种程度上困难更大一点。对于这种情况,全国妇联采取了哪些措施促进妇女的就业?

顾秀莲说,就业问题是社会关心的问题,全国妇联采取了很多措施帮助妇女就业,如:开展宣传教育,更新妇女的就业观念;组织培训,提高素质;开展社区服务,拓展妇女就业渠道;争取国际项目支持,探索新的妇女就业模式。在这5年里,全国妇联共培训下岗女工500多万人次,直接帮助200多万妇女就业。

有记者问:我国农村妇女土地权益方面还存在哪些问题?妇联采取了哪些保护措施?

顾秀莲说,农村妇女的土地是基本生产资料,过去存在的问题是嫁出去的女儿,土地得不到完全保证。全国妇联把这方面调查了解的情况向政府进行了汇报,在修改《土地承包法》时,全国人大把妇女也应当占有土地列入到了法律中。

卫生部制订《食品安全行动计划》

《食品安全行动计划》确定的总目标是:控制食品污染,减少食源性疾病,保障消费者健康,促进经济发展。具体目标是:到2007年,在保障食品安全的水平上;建立较完善的食品卫生法律、法规与标准体系;建立和完善食品污染物监测与信息系统;建立和完善食源性疾病的预警与控制系统等。

山西阳泉一煤矿发生瓦斯爆炸28人死亡

8月15日

中共中央总书记胡锦涛在北京出席全国再就业工作座谈会并发表重要讲话

座谈会为期两天。中共中央总书记、国家主席胡锦涛在会上发表重要讲话指出,各级党委和政府要从贯彻落实"三个代表"重要思想和十六大精神的战略高度,从坚持立党为公、执政为民的战略高度,从实现全面建设小康社会宏伟目标的战略高度,充分认识做好就业和再就业工作的重要性、紧迫性和长期性,切实加强对再就业工作的领导,坚决落实中央关于促进再就业工作的方针政策和各项措施,发动社会各界共同努力,开拓创新,扎实工作,不断取得再就业工作的新成绩。

中共中央政治局常委、国务院总理温家宝主持会议并讲话。中共中央政治局常委、国务院副总理黄菊作会议总结。中共中央政治局常委曾庆红、李长春出席会议。

这次会议是党中央、国务院根据目前我国就业形势决定召开的一次重要会议。会议的主要任务是:以"三个代表"重要思想和十六大精神为指导,检查贯彻落实去年全国再就业工作会议精神和《中共中央、国务院关于进一步做好下岗失业人员再就业工作的通知》的情况,总结交流做好再就业工作的经验,研究解决存在的问题,进一步推动再就业工作。

胡锦涛在讲话中说,做好就业和再就业工作,关系人民群众的切身利益,关系改革发展稳定的大局。去年全国再就业工作会议后,各地区各部门高度重视再就业工作,认真贯彻落实中央的方针政策和工作部署,加大了工作力度,开展了形式多样的促进再就业活动。到7月底,全国新增就业570万人,下岗失业人员实现再就业210万人。在"非典"疫情严重影响下,上半年能取得这样的成绩很不容易。当前和今后一个较长时期内,我国就业形势都将比较严峻,就业和再就业工作相当艰巨。但我们也具有进一步做好工作的有利条件。我国经济保持较快增长的良好势头,这是做好就业和再就业工作的根本保证。产业结构调整不断推进,这是增加就业的有利因素。各项再就业扶持政策的效应将进一步释放,这是对再就业工作的有力推动。只要我们坚定信心,努力工作,认真落实各项扶持政策,积极调动各类企业和下岗失业人员的积极性主动性,充分发挥我们的政治优势,再就业工作一定能不断取得新的成绩。

胡锦涛指出,中央关于再就业工作的大政方针和政策措施已经明确,关键是要全力以赴抓好落实。各级党委和政府要以增加就业岗位为目标，以落实再就业政策为主线，以强化再就业服务为手段，以加大资金投入为保障，以帮助困难人员就业为重点，继续把再就业工作抓紧抓实，切实抓出成效。要集中力量抓好以下几个方面的工作。第一，大力开发就业岗位。要坚持把抓好发展作为促进就业和再就业的根本途径，确立经济发展和扩大就业并举的发展战略，积极培育和发展新的就业增长点，大力发展吸纳劳动力容量大的产业和企业，鼓励劳动者自谋职业、自主创业和灵活就业，实现经济持续快速健康发展和就业岗位增加的目标。第二，全面落实再就业扶持政策。要全面落实鼓励企业吸纳下岗失业人员再就业的政策，充分运用税收减免和社会保险补贴等项政策，根据需求发展各类服务性企业，开辟一批面向社区的服务网点和实体，更多地吸纳下岗失业人员。全面落实鼓励下岗失业人员自主创业、自谋职业、合伙经营等方面的扶持政策，把减免税费和小额贷款政策落实到位。全面落实鼓励国有企业挖掘内部潜力分流安置富余人员的政策。全面落实对有特殊困难人员实行再就业援助的政策。第三，增加再就业资金投入。充分运用财政、税收、信贷等手段，加大再就业资金投入，增强对下岗失业人员再就业的援助。各地要切实调整支出结构，在财政预算中安排一定数量的再就业资金，并逐步形成再就业资金的制度性安排。第四，强化再就业技能培训。各地区和有关部门要把增强劳动者就业和创业能力作为一项战略任务来抓，推动培训模式和工作机制的创新，广泛动员社会各方面力量参与再就业培训。大力推广一些城市将创业培训与开业指导、小额贷款、税费减免、后续扶持相结合，为下岗失业人员创业提供一条龙服务的经验。第五，进一步搞好再就业服务。大力改善公共职业介绍服务机构的设施和手段，进一步探索和完善再就业服务的运行机制，实现再就业服务体系的制度化、专业化和社会化，尽可能为下岗失业人员提供更好的服务。第六，引导下岗失业人员转变就业观念。在全社会加强就业观念教育，摒弃只有正规就业或端“铁饭碗”才算就业的传统观念，树立从事非全日制、临时性、季节性等灵活形式工作也是就业的观念，树立职业平等和劳动光荣的观念。第七，落实下岗失业人员的社会保障。继续做好下岗职工基本生活保障和企业离退休人员基本养老金的按时足额发放，进一步做好“三条保障线”的衔接工作。

胡锦涛说，解决好就业和再就业问题是一项长期的艰巨任务，要着眼长远，创新思路，积极探索符合我国国情的就业发展战略：坚持抓好发展这个党执政兴国的第一要务，把就业和再就业工作放在更加突出的位置；大力提高经济竞争力，注重发展就业容量大的产业和企业；继续深化国有企业改革，采取多种方式分流富余人员；加强人力资源能力建设，不断提高劳动者的创业和就业能力；提高对外开放水平，通过扩大国际交换发挥我国劳动力资源优势。

温家宝在讲话中说，必须充分认识做好就业和再就业工作是一项紧迫而长期的任务，必须始终把做好就业和再就业工作作为党和政府的重要职责，必须全面贯彻做好就业和再就业工作的指导方针与政策措施。政府要实行积极的就业政策，制定就业发展战略，完善就业服务体系，引导全社会转变就业观念，努力改善就业和创业环境。必须注重发展就业容量大的劳动密集型产业和第三产业，注重发展吸纳劳动力多的中小企业和个体私营等非公有制经济，注重采用灵活多样的就业形式，鼓励下岗失业人员自谋职业、自主创业。

温家宝指出，尽管目前面临一些困难，但今年的就业和再就业目标任务一定要努力实现。今后一个时期，要继续努力做到新增就业岗位不断增加、城镇登记失业率基本稳定。要落实和完善促进再就业的政策，重点做好困难地区、困难行业和困难群体再就业工作，统筹做好全社会就业工作，强化政府公共就业服务，继续加强社会保障工作。

温家宝强调，做好新形势下的就业和再就业工作，关键在于切实加强领导，在狠抓落实上下功夫。各级党委、政府主要负责人要亲自抓，负总责，层层建立责任制，层层抓落实，做到责任、政策、资金、措施四到位。各有关部门都要从大局出发，把促进就业和再就业作为应尽的责任，加强协作，密切配合，形成统一领导、分工协作、部门联动、齐抓共管的工作格局。各地区、各部门要加强督促检查，重点检查增加就业岗位、落实再就业政策、强化再就业服务、加大资金投入、帮助困难人员就业等情况，深入实际，调查研究，掌握新情况，提出新对策。

中共中央政治局常委、国务院副总理黄菊在会议总结讲话时说，在抗击“非典”取得阶段性重大胜利的形势下，党中央、国务院召开这个座谈会，对就业和再就业工作进行再动员、再部署、再推动，充分体现了新一届中央领导集体对这项工作的高度重视，体现了对广大人民群众切身利益的极端关切。只要我们抓住有利时机，认真落实各项政策措施，加紧工作，就能够克服困难，全面实现今年就业和再就业工作的目标。推动再就业工作，关键在于领导靠前指挥，组织推动得力；落实再就业政策，关键在于从实际出发，既要不折不扣，又要创造性地开展工作；开发就业岗位，关键在于抓住经济增长和扩大就业的结合点；加大再就业资金投入，关键在于下决心调整财政支出结构；搞好就业服务，关键在于提高针对性和实效性；帮助困难对象再就业，关键在于把再就业援助做细、做实、做好；转变思想观念，关键在于加强宣传教育和舆论引导，营造良好社会氛围。

王兆国、回良玉、刘云山、吴仪、贺国强、曾培炎、王刚、唐家璇、华建敏、陈至立、肖扬、贾春旺、王忠禹等出席会议。

天津、吉林、江西、湖北、四川及劳动和社会保障部负责人在座谈会上作了发言。

各省、自治区、直辖市、计划单列市、新疆生产建设兵团负责人，中央和国家机关有关部门负责人参加了会议。

全国人大常委会委员长吴邦国在人民大会堂会见泰国公主诗琳通

十届全国人大常委会举行第六次委员长会议

会议决定全国人大常委会第四次会议于8月22日至27日在京举行，将审议行政许可法草案、中国人民银行法修正案草案、商业银行法修正案草案、银行业监督管理法草案四部法律草案。

全国人大常委会委员长吴邦国主持了会议。

会议听取并通过了全国人大常委会副委员长兼秘书长盛华仁关于十届全国人大常委会第四次会议议程和日程安排意见的汇报。即将举行的第四次会议主要有以下议程：审议行政许可法草案、中国人民银行法修正案草案、商业银行法修正案草案和银行业监督管理法草案；审议国务院关于提请审议批准《中华人民共和国和南非共和国关于刑事司法协助的条约》的议案；审议国务院关于提请审议批准《中华人民共和国和吉尔吉斯共和国关于打击恐怖主义、分裂主义和极端主义的合作协定》的议案；审议国务院关于提请审议批准《联合国打击跨国有组织犯罪公约》的议案；听取和审议国务院关于今年以来国民经济和社会发展计划执行情况的报告；听取和审议国务院关于重大传染病防治工作情况的报告；听取和审议全国人大常委会执法检查组关于检查《中华人民共和国未成年人保护法》实施情况的报告；审议全国人大代表团访问波兰、立陶宛两国情况的书面报告等。

会议还听取了全国人大法律委员会主任委员杨景宇关于行政许可法草案修改情况的汇报；全国人大财经委主任委员傅志寰关于中国人民银行法修正案草案、商业银行法修正案草案、银行业监督管理法草案审议工作的情况汇报；盛华仁关于法规备案审查工作程序修改情况的汇报，关于人事任免事项的汇报，关于人民代表大会成立50周年纪念活动方案的汇报。

全国人大常委会副委员长王兆国、李铁映、司马义·艾买提、何鲁丽、丁石孙、成思危、许嘉璐、蒋正华、顾秀莲、热地、路甬祥、韩启德、傅铁山出席会议。

国务院总理温家宝签署第388号令公布《中央储备粮管理条例》

《中央储备粮管理条例》已经2003年8月6日国务院第17次常务会议通过，现予公布，自公布之日起施行。

总　理　温家宝

2003年8月15日

中央储备粮管理条例

第一章　总　则

第一条　为了加强对中央储备粮的管理，保证中央储备粮数量真实、质量良好和储存安全，保护农民利益，维护粮食市场稳定，有效发挥中央储备粮在国家宏观调控中的作用，制定本条例。

第二条　本条例所称中央储备粮，是指中央政府储备的用于调节全国粮食供求总量，稳定粮食市场，以及应对重大自然灾害或者其他突发事件等情况的粮食和食用油。

第三条　从事和参与中央储备粮经营管理、监督活动的单位和个人，必须遵守本条例。

第四条　国家实行中央储备粮垂直管理体制，地方各级人民政府及有关部门应当对中央储备粮的垂直管理给予支持和协助。

第五条　中央储备粮的管理应当严格制度、严格管理、严格责任，确保中央储备粮数量真实、质量良好和储存安全，确保中央储备粮储得进、管得好、调得动、用得上并节约成本、费用。

未经国务院批准，任何单位和个人不得擅自动用中央储备粮。

第六条　国务院发展改革部门及国家粮食行政管理部门会同国务院财政部门负责拟定中央储备粮规模总量、总体布局和动用的宏观调控意见，对中央储备粮管理进行指导和协调；国家粮食行政管理部门负责中央储备粮的行政管理，对中央储备粮的数量、质量和储存安全实施监督检查。

第七条　国务院财政部门负责安排中央储备粮的贷款利息、管理费用等财政补贴，并保证及时、足额拨付；负责对中央储备粮有关财务执行情况实施监督检查。

第八条　中国储备粮管理总公司具体负责中央储备粮的经营管理，并对中央储备粮的数量、质量和储存安全负责。

中国储备粮管理总公司依照国家有关中央储备粮

管理的行政法规、规章、国家标准和技术规范，建立、健全中央储备粮各项业务管理制度，并报国家粮食行政管理部门备案。

第九条　中国农业发展银行负责按照国家有关规定，及时、足额安排中央储备粮所需贷款，并对发放的中央储备粮贷款实施信贷监管。

第十条　任何单位和个人不得以任何方式骗取、挤占、截留、挪用中央储备粮贷款或者贷款利息、管理费用等财政补贴。

第十一条　任何单位和个人不得破坏中央储备粮的仓储设施，不得偷盗、哄抢或者损毁中央储备粮。

中央储备粮储存地的地方人民政府对破坏中央储备粮仓储设施，偷盗、哄抢或者损毁中央储备粮的违法行为，应当及时组织有关部门予以制止、查处。

第十二条　任何单位和个人对中央储备粮经营管理中的违法行为，均有权向国家粮食行政管理部门等有关部门举报。国家粮食行政管理部门等有关部门接到举报后，应当及时查处；举报事项的处理属于其他部门职责范围的，应当及时移送其他部门处理。

第二章　中央储备粮的计划

第十三条　中央储备粮的储存规模、品种和总体布局方案，由国务院发展改革部门及国家粮食行政管理部门会同国务院财政部门，根据国家宏观调控需要和财政承受能力提出，报国务院批准。

第十四条　中央储备粮的收购、销售计划，由国家粮食行政管理部门根据国务院批准的中央储备粮储存规模、品种和总体布局方案提出建议，经国务院发展改革部门、国务院财政部门审核同意后，由国务院发展改革部门及国家粮食行政管理部门会同国务院财政部门和中国农业发展银行共同下达中国储备粮管理总公司。

第十五条　中国储备粮管理总公司根据中央储备粮的收购、销售计划，具体组织实施中央储备粮的收购、销售。

第十六条　中央储备粮实行均衡轮换制度，每年轮换的数量一般为中央储备粮储存总量的20%至30%。

中国储备粮管理总公司应当根据中央储备粮的品质情况和入库年限，提出中央储备粮年度轮换的数量、品种和分地区计划，报国家粮食行政管理部门、国务院财政部门和中国农业发展银行批准。中国储备粮管理总公司在年度轮换计划内根据粮食市场供求状况，具体组织实施中央储备粮的轮换。

第十七条　中国储备粮管理总公司应当将中央储备粮收购、销售、年度轮换计划的具体执行情况，及时报国务院发展改革部门、国家粮食行政管理部门和国务院财政部门备案，并抄送中国农业发展银行。

第三章　中央储备粮的储存

第十八条　中国储备粮管理总公司直属企业为专门储存中央储备粮的企业。

中央储备粮也可以依照本条例的规定由具备条件的其他企业代储。

第十九条　代储中央储备粮的企业，应当具备下列条件：

（一）仓库容量达到国家规定的规模，仓库条件符合国家标准和技术规范的要求；

（二）具有与粮食储存功能、仓型、进出粮方式、粮食品种、储粮周期等相适应的仓储设备；

（三）具有符合国家标准的中央储备粮质量等级检测仪器和场所，具备检测中央储备粮储存期间仓库内温度、水分、害虫密度的条件；

（四）具有经过专业培训，并取得有关主管部门颁发的资格证书的粮食保管、检验、防治等管理技术人员；

（五）经营管理和信誉良好，并无严重违法经营记录。

选择代储中央储备粮的企业，应当遵循有利于中央储备粮的合理布局，有利于中央储备粮的集中管理和监督，有利于降低中央储备粮成本、费用的原则。

第二十条　具备本条例第十九条规定代储条件的企业，经国家粮食行政管理部门审核同意，取得代储中央储备粮的资格。

企业代储中央储备粮的资格认定办法，由国家粮食行政管理部门会同国务院财政部门，并征求中国农业发展银行和中国储备粮管理总公司的意见制定。

第二十一条　中国储备粮管理总公司负责从取得代储中央储备粮资格的企业中，根据中央储备粮的总体布局方案择优选定中央储备粮代储企业，报国家粮食行政管理部门、国务院财政部门和中国农业发展银行备案，并抄送当地粮食行政管理部门。

中国储备粮管理总公司应当与中央储备粮代储企业签订合同，明确双方的权利、义务和违约责任等事项。

中央储备粮代储企业不得将中央储备粮轮换业务与其他业务混合经营。

第二十二条　中国储备粮管理总公司直属企业、中央储备粮代储企业（以下统称承储企业）储存中央储备粮，应当严格执行国家有关中央储备粮管理的行政法规、规章、国家标准和技术规范，以及中国储备粮管理总公司依照有关行政法规、规章、国家标准和技术规范制定的各项业务管理制度。

第二十三条　承储企业必须保证入库的中央储备

粮达到收购、轮换计划规定的质量等级,并符合国家规定的质量标准。

第二十四条　承储企业应当对中央储备粮实行专仓储存、专人保管、专账记载,保证中央储备粮账账相符、账实相符、质量良好、储存安全。

第二十五条　承储企业不得虚报、瞒报中央储备粮的数量,不得在中央储备粮中掺杂掺假、以次充好,不得擅自串换中央储备粮的品种、变更中央储备粮的储存地点,不得因延误轮换或者管理不善造成中央储备粮陈化、霉变。

第二十六条　承储企业不得以低价购进高价入账、高价售出低价入账、以旧粮顶替新粮、虚增入库成本等手段套取差价,骗取中央储备粮贷款和贷款利息、管理费用等财政补贴。

第二十七条　承储企业应当建立、健全中央储备粮的防火、防盗、防洪等安全管理制度,并配备必要的安全防护设施。

地方各级人民政府应当支持本行政区域内的承储企业做好中央储备粮的安全管理工作。

第二十八条　承储企业应当对中央储备粮的储存管理状况进行经常性检查;发现中央储备粮数量、质量和储存安全等方面的问题,应当及时处理;不能处理的,承储企业的主要负责人必须及时报告中国储备粮管理总公司或者其分支机构。

第二十九条　承储企业应当在轮换计划规定的时间内完成中央储备粮的轮换。

中央储备粮的轮换应当遵循有利于保证中央储备粮的数量、质量和储存安全,保持粮食市场稳定,防止造成市场粮价剧烈波动,节约成本、提高效率的原则。

中央储备粮轮换的具体管理办法,由国务院发展改革部门及国家粮食行政管理部门会同国务院财政部门,并征求中国农业发展银行和中国储备粮管理总公司的意见制定。

第三十条　中央储备粮的收购、销售、轮换原则上应当通过规范的粮食批发市场公开进行,也可以通过国家规定的其他方式进行。

第三十一条　承储企业不得以中央储备粮对外进行担保或者对外清偿债务。

承储企业依法被撤销、解散或者破产的,其储存的中央储备粮由中国储备粮管理总公司负责调出另储。

第三十二条　中央储备粮的管理费用补贴实行定额包干,由国务院财政部门拨付给中国储备粮管理总公司;中国储备粮管理总公司按照国务院财政部门的有关规定,通过中国农业发展银行补贴专户,及时、足额拨付到承储企业。中国储备粮管理总公司在中央储备粮管理费用补贴包干总额内,可以根据不同储存条件和实际费用水平,适当调整不同地区、不同品种、不同承储企业的管理费用补贴标准;但同一地区、同一品种、储存条件基本相同的承储企业的管理费用补贴标准原则上应当一致。

中央储备粮的贷款利息实行据实补贴,由国务院财政部门拨付。

第三十三条　中央储备粮贷款实行贷款与粮食库存值增减挂钩和专户管理、专款专用。

承储企业应当在中国农业发展银行开立基本账户,并接受中国农业发展银行的信贷监管。

中国储备粮管理总公司应当创造条件,逐步实行中央储备粮贷款统借统还。

第三十四条　中央储备粮的入库成本由国务院财政部门负责核定。中央储备粮的入库成本一经核定,中国储备粮管理总公司及其分支机构和承储企业必须遵照执行。

任何单位和个人不得擅自更改中央储备粮入库成本。

第三十五条　国家建立中央储备粮损失、损耗处理制度,及时处理所发生的损失、损耗。具体办法由国务院财政部门会同国家粮食行政管理部门,并征求中国储备粮管理总公司和中国农业发展银行的意见制定。

第三十六条　中国储备粮管理总公司应当定期统计、分析中央储备粮的储存管理情况,并将统计、分析情况报送国务院发展改革部门、国家粮食行政管理部门、国务院财政部门及中国农业发展银行。

第四章　中央储备粮的动用

第三十七条　国务院发展改革部门及国家粮食行政管理部门,应当完善中央储备粮的动用预警机制,加强对需要动用中央储备粮情况的监测,适时提出动用中央储备粮的建议。

第三十八条　出现下列情况之一的,可以动用中央储备粮:

(一)全国或者部分地区粮食明显供不应求或者市场价格异常波动;

(二)发生重大自然灾害或者其他突发事件需要动用中央储备粮;

(三)国务院认为需要动用中央储备粮的其他情形。

第三十九条　动用中央储备粮,由国务院发展改革部门及国家粮食行政管理部门会同国务院财政部门提出动用方案,报国务院批准。动用方案应当包括动用中央储备粮的品种、数量、质量、价格、使用安排、运输保障等内容。

第四十条　国务院发展改革部门及国家粮食行政

管理部门,根据国务院批准的中央储备粮动用方案下达动用命令,由中国储备粮管理总公司具体组织实施。

紧急情况下,国务院直接决定动用中央储备粮并下达动用命令。

国务院有关部门和有关地方人民政府对中央储备粮动用命令的实施,应当给予支持、配合。

第四十一条　任何单位和个人不得拒绝执行或者擅自改变中央储备粮动用命令。

第五章　监督检查

第四十二条　国家粮食行政管理部门、国务院财政部门按照各自职责,依法对中国储备粮管理总公司及其分支机构、承储企业执行本条例及有关粮食法规的情况,进行监督检查。在监督检查过程中,可以行使下列职权:

(一)进入承储企业检查中央储备粮的数量、质量和储存安全;

(二)向有关单位和人员了解中央储备粮收购、销售、轮换计划及动用命令的执行情况;

(三)调阅中央储备粮经营管理的有关资料、凭证;

(四)对违法行为,依法予以处理。

第四十三条　国家粮食行政管理部门、国务院财政部门在监督检查中,发现中央储备粮数量、质量、储存安全等方面存在问题,应当责成中国储备粮管理总公司及其分支机构、承储企业立即予以纠正或者处理;发现中央储备粮代储企业不再具备代储条件,国家粮食行政管理部门应当取消其代储资格;发现中国储备粮管理总公司直属企业存在不适于储存中央储备粮的情况,国家粮食行政管理部门应当责成中国储备粮管理总公司对有关直属企业限期整改。

第四十四条　国家粮食行政管理部门、国务院财政部门的监督检查人员应当将监督检查情况作出书面记录,并由监督检查人员和被检查单位的负责人签字。被检查单位的负责人拒绝签字的,监督检查人员应当将有关情况记录在案。

第四十五条　审计机关依照审计法规定的职权和程序,对有关中央储备粮的财务收支情况实施审计监督;发现问题,应当及时予以处理。

第四十六条　中国储备粮管理总公司及其分支机构、承储企业,对国家粮食行政管理部门、国务院财政部门、审计机关的监督检查人员依法履行职责,应当予以配合。

任何单位和个人不得拒绝、阻挠、干涉国家粮食行政管理部门、国务院财政部门、审计机关的监督检查人员依法履行监督检查职责。

第四十七条　中国储备粮管理总公司及其分支机构应当加强对中央储备粮的经营管理和检查,对中央储备粮的数量、质量存在的问题,应当及时予以纠正;对危及中央储备粮储存安全的重大问题,应当立即采取有效措施予以处理,并报告国家粮食行政管理部门、国务院财政部门及中国农业发展银行。

第四十八条　中国农业发展银行应当按照资金封闭管理的规定,加强对中央储备粮贷款的信贷监管。中国储备粮管理总公司及其分支机构、承储企业对中国农业发展银行依法进行的信贷监管,应当予以配合,并及时提供有关资料和情况。

第六章　法律责任

第四十九条　国家机关工作人员违反本条例规定,有下列行为之一的,给予警告直至撤职的行政处分;情节严重的,给予降级直至开除的行政处分;构成犯罪的,依法追究刑事责任:

(一)不及时下达中央储备粮收购、销售及年度轮换计划的;

(二)给予不具备代储条件的企业代储中央储备粮资格,或者发现中央储备粮代储企业不再具备代储条件不及时取消其代储资格的;

(三)发现中国储备粮管理总公司直属企业存在不适于储存中央储备粮的情况不责成中国储备粮管理总公司对其限期整改的;

(四)接到举报、发现违法行为不及时查处的。

第五十条　中国储备粮管理总公司及其分支机构违反本条例规定,有下列行为之一的,由国家粮食行政管理部门责令改正;对直接负责的主管人员和其他直接责任人员,责成中国储备粮管理总公司给予警告直至撤职的纪律处分;情节严重的,对直接负责的主管人员和其他直接责任人员给予降级直至开除的纪律处分;构成犯罪的,依法追究刑事责任:

(一)拒不组织实施或者擅自改变中央储备粮收购、销售、年度轮换计划及动用命令的;

(二)选择未取得代储中央储备粮资格的企业代储中央储备粮的;

(三)发现中央储备粮的数量、质量存在问题不及时纠正,或者发现危及中央储备粮储存安全的重大问题,不立即采取有效措施处理并按照规定报告的;

(四)拒绝、阻挠、干涉国家粮食行政管理部门、国务院财政部门、审计机关的监督检查人员依法履行监督检查职责的。

第五十一条　承储企业违反本条例规定,有下列行为之一的,由国家粮食行政管理部门责成中国储备粮管理总公司对其限期改正;情节严重的,对中央储备粮代储企业,还应当取消其代储资格;对直接负责的主管人员和其他直接责任人员给予警告直至开除的纪律处分;构成犯罪的,依法追究刑事责任:

(一)入库的中央储备粮不符合质量等级和国家标准要求的;

(二)对中央储备粮未实行专仓储存、专人保管、专账记载,中央储备粮账账不符、账实不符的;

(三)发现中央储备粮的数量、质量和储存安全等方面的问题不及时处理,或者处理不了不及时报告的;

(四)拒绝、阻挠、干涉国家粮食行政管理部门、国务院财政部门、审计机关的监督检查人员或者中国储备粮管理总公司的检查人员依法履行职责的。

第五十二条　承储企业违反本条例规定,有下列行为之一的,由国家粮食行政管理部门责成中国储备粮管理总公司对其限期改正;有违法所得的,没收违法所得;对直接负责的主管人员给予降级直至开除的纪律处分;对其他直接责任人员给予警告直至开除的纪律处分;构成犯罪的,依法追究刑事责任;对中央储备粮代储企业,取消其代储资格:

(一)虚报、瞒报中央储备粮数量的;

(二)在中央储备粮中掺杂掺假、以次充好的;

(三)擅自串换中央储备粮的品种、变更中央储备粮储存地点的;

(四)造成中央储备粮陈化、霉变的;

(五)拒不执行或者擅自改变中央储备粮收购、销售、轮换计划和动用命令的;

(六)擅自动用中央储备粮的;

(七)以中央储备粮对外进行担保或者清偿债务的。

第五十三条　承储企业违反本条例规定,以低价购进高价入账、高价售出低价入账、以旧粮顶替新粮、虚增入库成本等手段套取差价,骗取中央储备粮贷款和贷款利息、管理费用等财政补贴的,由国家粮食行政管理部门、国务院财政部门按照各自职责责成中国储备粮管理总公司对其限期改正,并责令退回骗取的中央储备粮贷款和贷款利息、管理费用等财政补贴;有违法所得的,没收违法所得;对直接负责的主管人员给予降级直至开除的纪律处分;对其他直接责任人员给予警告直至开除的纪律处分;构成犯罪的,依法追究刑事责任;对中央储备粮代储企业,取消其代储资格。

第五十四条　中央储备粮代储企业将中央储备粮轮换业务与其他业务混合经营的,由国家粮食行政管理部门责成中国储备粮管理总公司对其限期改正;对直接负责的主管人员给予警告直至降级的纪律处分;造成中央储备粮损失的,对直接负责的主管人员给予撤职直至开除的纪律处分,并取消其代储资格。

第五十五条　违反本条例规定,挤占、截留、挪用中央储备粮贷款或者贷款利息、管理费用等财政补贴,或者擅自更改中央储备粮入库成本的,由国务院财政部门、中国农业发展银行按照各自职责责令改正或者给予信贷制裁;有违法所得的,没收违法所得;对直接负责的主管人员和其他直接责任人员依法给予撤职直至开除的纪律处分;构成犯罪的,依法追究刑事责任。

第五十六条　国家机关和中国农业发展银行的工作人员违反本条例规定,滥用职权、徇私舞弊或者玩忽职守,构成犯罪的,依法追究刑事责任;尚不构成犯罪的,依法给予降级直至开除的行政处分或者纪律处分。

第五十七条　违反本条例规定,破坏中央储备粮仓储设施,偷盗、哄抢、损毁中央储备粮,构成犯罪的,依法追究刑事责任;尚不构成犯罪的,依照《中华人民共和国治安管理处罚条例》的规定予以处罚;造成财产损失的,依法承担民事赔偿责任。

第五十八条　本条例规定的对国家机关工作人员的行政处分,依照《国家公务员暂行条例》的规定执行;对中国储备粮管理总公司及其分支机构、承储企业、中国农业发展银行工作人员的纪律处分,依照《企业职工奖惩条例》的规定执行,国家另有规定的,依照有关规定执行。

第七章　附　则

第五十九条　地方储备粮的管理办法,由省、自治区、直辖市参照本条例制定。

第六十条　本条例自公布之日起施行。

中共中央政治局常委曾庆红在安徽洪涝灾区和革命老区考察

8月15日至19日,曾庆红在省委书记王太华、省长王金山等陪同下,深入沿淮行蓄洪区和大别山革命老区,代表党中央、国务院慰问了灾区困难群众和老区干部群众,并就认真贯彻胡锦涛总书记"七一"重要讲话和在全国防治"非典"工作会议上重要讲话的精神,在兴起学习贯彻"三个代表"重要思想新高潮中突出学以致用,把始终做到"三个代表"作为根本要求的问题,同安徽省各级党政负责干部进行了座谈讨论。

曾庆红连日来到颍上、阜南、霍邱、金寨、霍山县的田野、农舍、水库、厂房,在灾民安置点和灾民家中,询问灾民的生产生活情况。曾庆红强调指出,"三个代表"重要思想,是为了人民、代表人民、造福人民的理论。他要求灾区各级党组织一定要牢记群众利益无小事,一定要把受灾群众的困难时刻放在心上,千方百计减少灾害损失,千方百计确保灾区群众基本生活不出问题,千方百计确保灾区中小学秋季按时开学,千方百计确保灾民在冬季到来之前住进新房。

地处大别山区的金寨县,是著名的革命老区,在革命和建设时期,为党和国家作出了重要贡献。在考察期间,曾庆红还专程来到金寨光荣院,亲切看望了老红军、老战士，并向革命烈士纪念塔敬献了花篮。他同随行的中央和国家机关有关部委的负责同志，反复商量如何切实帮助老区群众解决发展生产和改善民生的一些重要问题。

在同安徽省各级党政负责干部座谈时，曾庆红充分肯定了安徽省把兴起学习贯彻“三个代表”重要思想新高潮，同抗灾救灾和灾后重建统一起来，同“加强组织、发展经济、富裕农民、锻炼干部”统一起来的做法。他指出，“三个代表”是注重实践的理论，是指导党员干部注重实干的理论，更是注重给人民群众带来实惠的理论。我们必须把学习与运用结合起来，把知与行结合起来，在用“三个代表”重要思想武装头脑和指导实践两方面，不断取得新的成效。曾庆红强调，检验学习贯彻“三个代表”重要思想的成效如何，不是看开了多少次会议，写了多少文章，而是要看实际行动，看实际效果，也就是要看理论武装的水平是不是提高了，干部作风是不是转变了，经济和社会是不是协调发展了，老百姓是不是满意了。

在考察调研中，曾庆红还先后来到霍邱县杨楼村、金寨县板堰村和霍山县源牌集团，就农村基层党的建设和非公有制企业的党建工作进行了深入调研。

国家安监局在北京召开全国煤矿安全生产电话会议

会议要求坚决扭转部分地区和单位煤矿安全生产被动状况，遏制重特大事故。局长王显政主持会议。

据统计，今年1—6月，在全国煤炭产量增长幅度高达12%的情况下，煤矿事故死亡人数同比减少96人，下降3.1%。一次死亡3人以上的重大事故同比减少16起、123人，分别下降10.8%和18%；一次死亡10人以上的特大事故同比减少5起、60人，分别下降17.2%和9.9%。但是，全国煤矿安全生产形势仍然很严峻。进入三季度以来，个别地区和单位相继发生了一些重特大事故，给人民群众生命和国家财产造成了严重损失。

会议强调，各地区、各部门、各单位一定要深入做好安全生产大检查和隐患整改工作。国家安监局将会同监察部等有关部门，于近期对非法和不具备基本安全条件的小煤矿安全整顿、煤矿重大危险源、重大隐患的监控治理等情况进行专项督察。

长三角16个城市在南京签署《以承办“世博会”为契机，加快长江三角洲城市联动发展的意见》

长三角16城市为上海、南京、扬州、镇江、南通、泰州、苏州、无锡、常州、杭州、嘉兴、湖州、宁波、绍兴、台州、舟山。意见就筹建“世博会”长三角工作机构、加强城市间发展规划衔接、共同构建区域交通网络、联手保护生态环境、开展专题合作、提高市民素质6项内容达成了共识。

国家广电总局严厉谴责“法轮功”邪教组织再次非法攻击鑫诺卫星行为

8月12日21时05分和8月13日20时23分，鑫诺卫星再次受到“法轮功”邪教非法信号的攻击，中国教育电视台和中央电视台、10个省级电视台的多套节目先后被严重干扰，观众无法正常收看远程教育节目和其他电视节目。这一消息也得到了教育部和广电总局有关部门的证实。这是“法轮功”邪教组织违反有关民用通信的基本准则，干扰广播电视正常播出、侵犯公众权益的又一新罪行。

广电总局负责人表示，“法轮功”邪教不顾社会公德，多次干扰电视正常播出，再次暴露了“法轮功”邪教祸国殃民的本质。在背后支持和纵容邪教的势力对“法轮功”的非法行径负有不可推卸的责任，并终将养痈遗患，自食恶果。

鑫诺卫星于1998年由“长征三号乙”运载火箭发射升空，服务广电总局“村村通”广播电视工程、中国教育电视台节目传输、中国海上石油、中国气象局、中国联通和中国网通等数十家用户。2002年6月至11月，“法轮功”邪教组织曾多次从台湾省台北地区发射非法信号对鑫诺卫星实施攻击。

外交部发言人孔泉就日本官员参拜靖国神社答记者问

有记者问：据悉，数名日本内阁大臣今天参拜了靖国神社，中方对此有何评论？

孔泉说，日本军国主义发动的那场侵略战争，给中国和其他亚洲国家造成空前深重的灾难，日本人民也深受其害。正确认识和对待那段历史，以史为鉴，面向未来，有利于中日睦邻友好关系的健康稳定发展，有利于日本与邻国和睦相处，最终也符合日本自身的利益。

《众志绘宏图——李鹏三峡日记》出版

本书由中国三峡出版社于近日出版，收录了李鹏同志自1981年至2003年6月的三峡日记，并附有相关资料和150幅照片，是一部全面反映三峡工程建设的最具权威性的作品和一部极具历史价值的文献。

电视专题片《台湾往事》在北京首映

全国政协副主席、中国和平统一促进会会长、台盟中央主席张克辉为该片题写了片名，并出席了首映式。

该片由中华文化发展促进会所属中国华艺音像实

业有限公司和中华全国台湾同胞联谊会、台湾夏潮基金会合作拍摄完成。影片以1895年"甲午战争"到1945年台湾光复的历史为背景,用丰富翔实的史实讲述了日本帝国主义强占台湾期间的种种暴行和具有光荣爱国主义传统的台湾同胞抵抗殖民统治的不屈斗争,片中有翔实的史料和许多珍贵的实地采访镜头。该片的摄制,得到了台湾大学、台北大学以及许多台湾同胞的大力支持。

纪念中国抗日战争暨世界反法西斯战争胜利58周年活动在北京卢沟桥畔举行

中国人民抗日战争纪念馆举行以"忆抗战史、勿忘国耻、振兴中华"为主题的纪念活动,纪念中国人民抗日战争暨世界反法西斯战争胜利58周年。上午9时,在庄严的国歌声中,参加纪念活动的代表向在抗日战争中牺牲的先烈及死难的同胞敬献了花篮。枣庄铁道游击队展览馆馆长潘福安向中国人民抗日战争纪念馆捐赠了中国军队在台儿庄大捷中抗敌使用的大刀、铜盔和铁道游击队队员当年使用的武器、木船等文物和一组珍贵史料。曾是铁道游击队队员的刘宗仁回忆了当年活跃在鲁南的铁道游击队抗击日本侵略者的英雄历史。

来自全国各地的各界各族群众冒着大雨,自发来到卢沟桥和抗战纪念馆参观,缅怀为国捐躯的先烈。

"关爱女孩行动"西部行出发仪式在人民大会堂东门外广场举行

全国人大常委会副委员长蒋正华为即将奔赴西部的行动组发出出发令。

为期3年的"关爱女孩行动"是中宣部等国家十部委联合开展"婚育新风进万家"活动的深入和发展。西部行由国家人口计生委组织,中国计划生育宣教中心与河北、内蒙古、宁夏、甘肃、青海五省区计划生育委员会联合举办,将先后在五省区的6个贫困县举办大型宣传活动,主要内容包括:群众性文艺演出;生殖健康知识展览;医学专家现场医疗咨询;计划生育流动服务车为当地群众开展检查身体等医疗服务;捐赠宣传文化器材;转交北京市中小学生捐赠的文化用品;现场发放有关宣传品和用品;为每个活动点的50余户计划生育困难家庭女孩捐助500元学习费用等。

辽宁省高级人民法院终审判决刘涌死缓

辽宁省高级人民法院以组织领导黑社会性质组织罪、故意伤害罪、故意毁坏财物罪、非法经营罪、行贿罪、非法持有枪支罪、妨害公务罪等多项罪名,终审判决刘涌死刑,缓期两年执行。

辽宁省高级人民法院核准宋健飞死刑;核准吴静明、董铁岩、李志国、张新民、马新阳死刑,缓期两年执行;鉴于孟祥龙所犯行贿罪有自首情节,对其数罪并罚改判为有期徒刑9年;对部分附带民事诉讼做了改判并驳回了上诉人的其他上诉请求。当地百余群众旁听了公开宣判。宣判后,铁岭市中级人民法院对故意伤害犯宋健飞押赴刑场执行了死刑。

2000年7月,沈阳警方经过周密侦查,采取突然行动,将长期横行当地、残害百姓的刘涌黑社会团伙一举摧毁,抓捕涉案成员50多人。

当时身为沈阳市人大代表、沈阳市嘉阳集团董事长的刘涌被捕后,还供出了向原沈阳市常务副市长马向东、原沈阳市中级人民法院院长刘实等人行贿等犯罪活动,使得这一犯罪集团案件受到各方关注。

8月16日

解放军选手在克罗地亚进行的第十五届国际军体跆拳道锦标赛上夺得4枚金牌并连续4年蝉联女子团体冠军

卫生部新闻办公室通报我国内地已无"非典"患者

内蒙古发生5.9级地震3人死亡

据我国地震台网测定,8月16日18时58分(北京时间),在内蒙古巴林左旗和阿鲁科尔沁旗之间(北纬43.9度,东经119.7度)发生5.9级地震。震中位于赤峰市北190公里,距通辽市西200公里。地震造成3人死亡,54人重伤,震区房屋倒塌严重,部分公共和基础设施也遭到严重破坏。据初步测算,地震造成的直接经济损失达13.8亿元。

8月17日

《人民日报》发表社论《关系国家长治久安的重大政治任务》

党中央、国务院召开的全国再就业工作座谈会,是在我国取得抗击"非典"阶段性重大胜利后召开的一次十分重要的会议。会议分析了就业和再就业形势,对做好再就业工作进行了部署,提出了明确的要求。这充分体现了以胡锦涛同志为总书记的党中央对再就业工作的高度重视。我们要认真学习领会会议精神,认真贯彻落实会议的各项要求。

就业是民生之本,是人民群众改善生活的基本前提和基本途径。就业和再就业工作,关系着亿万人民群众的切身利益，关系着改革发展稳定的大局，关系着实现全面建设小康社会的宏伟目标。我们学习贯彻"三个代表"重要思想，必须围绕人民群众最现实、最关心、最直接的利益来落实。

积极促进再就业，是坚持立党为公、执政为民，实现国家长治久安的重大政治任务。只有广大劳动者安居乐业，党和政府才能赢得最广大人民群众的支持和拥护，实现国家长治久安。

积极促进再就业，是深化国有企业改革、提高企业竞争力的前提条件。深化国有企业改革，调整经济结构，必然伴随劳动力结构的调整，部分职工下岗失业难以避免。只有实现再就业，才能使这部分职工各得其所，才能化解国有企业富余人员这一历史难题，促进国有企业改革和经济结构调整。

积极促进再就业，既是解决当前困难群众生活问题的重要措施，也是全面建设小康社会的必然要求。对因下岗失业出现生活困难的群众，帮助他们获得一份有收入的工作，才能使他们保障生计，并逐步提高生活水平。

群众利益无小事。就业和再就业对群众来说是天大的事。重视不重视这项工作，就是讲不讲政治的问题，就是对人民群众有没有感情的问题，就是干不干实事的问题。我们党以全心全意为人民服务为宗旨，千方百计促进就业和再就业，是党和政府的重要职责。

我国有 12 亿多人口，就业问题比任何一个国家都繁重，都复杂，都紧迫。改革开放以来，党和政府采取了一系列行之有效的政策措施，推动就业和再就业工作取得了显著成绩。特别是去年全国再就业工作会议以来，各地认真贯彻执行中央的方针政策和工作部署，这项工作取得积极进展。我国经济持续快速健康发展也为解决就业问题提供了有利条件。同时我们也要看到，当前和今后一个较长的时期内，我国就业形势仍十分严峻。不仅是劳动力总量矛盾和就业结构性矛盾交织在一起，还有下岗失业人员再就业、部分高校毕业生就业以及农村富余劳动力转移等问题相互交织的复杂情况。特别是受"非典"疫情影响，就业压力增大，矛盾更加突出。扩大就业、促进再就业，任务十分紧迫，工作相当艰巨，需要我们统一思想，提高认识，下更大的决心，用更大的精力，全力以赴，集中力量打好攻坚战。

积极促进再就业，各级党委、政府的一把手要高度重视，亲自抓，负总责，做到领导到位、责任到位、政策到位、措施到位。党政各级领导要多深入基层，特别是到下岗失业人员中去，倾听群众呼声，了解百姓疾苦，把这项关系人民群众切身利益的工作真正挂在心上，实实在在地加以解决，让群众切实感受到党和政府的温暖。

积极促进再就业，关键是抓落实。各地要以增加就业岗位为目标，以落实再就业扶持政策为主线，以强化再就业服务为手段，以加大资金投入为保障，以帮助困难群体就业为重点，全面落实中央确定的各项再就业政策，让每一位符合条件的下岗失业人员都能享受到国家的好政策。各级政府、各有关部门要服从大局，以人民利益为重，带着对下岗失业人员深厚的感情去落实有关政策措施，决不能推卸责任，更不能只顾地方、部门的利益，对政策打折扣。全社会要多关心下岗失业人员的生活，多为他们献爱心、送温暖。

积极促进再就业，各地区各部门要着眼长远，统筹兼顾，全面部署，积极探索符合我国国情的就业发展道路，打好持久战。在坚持发展是第一要务的同时，把就业和再就业工作放在更加突出的位置上。在保持和提高国民经济竞争力的同时，更多地发展就业容量大的产业和企业。在发展和完善市场就业机制的同时，逐步建立以就业困难人员为对象的常规性就业援助制度。在做好城镇就业工作的同时，注意引导好农村富余劳动力的转移。在扩大就业规模的同时，积极开展人力资源能力建设。

今后一个时期再就业工作的目标任务已经明确，中央一整套积极政策已经制定出台，各级党委和政府要把做好再就业工作作为实践"三个代表"重要思想的具体行动，作为为民办实事的重要任务，坚持不懈地抓紧抓好，开创新局面，取得新成效。

第 16 期《求是》杂志发表署名为秋石的文章《反腐倡廉论》

民进中央十一届中常会三次会议在扬州举行

全国政协秘书长郑万通向澳门地区不再连任的全国政协委员颁发纪念牌和荣誉证书

受全国政协主席贾庆林的委托，全国政协秘书长郑万通向澳门地区不再连任的九届全国政协委员颁发纪念牌和荣誉证书。

郑万通代表全国政协高度评价和衷心感谢澳门地区全国政协委员作出的重要贡献。他说，澳门地区的全国政协委员一向关心澳门的繁荣稳定，关心内地的经济建设和祖国统一事业，关心全国政协的工作，在各个方面都发挥了重要作用。

三峡电力正式售电

中国长江电力股份有限公司受中国长江三峡工程开发总公司委托，作为三峡工程电力销售代理方，在北京与输电方（国家电网公司、国电华东公司、国电华中公司）和购电方（上海、江苏、浙江、河南、湖北、湖南、重庆等五省二市电力公司）签订了《2003 年度三峡水电站购售电及输电合同》。此举标志着三峡工程首批机组所生产的强大电能，将按照 2003 年三峡电能分配消纳方案和上网电价开始售电。

8 月 18 日

国家主席胡锦涛 全国人大常委会委员长吴邦国在人民大会堂分别会见澳大利亚总理霍华德

中央军委主席江泽民在中南海会见澳大利亚总理霍华德

国务院总理温家宝在人民大会堂与澳大利亚总理霍华德举行会谈

温家宝积极评价中澳关系的发展。他说，中方赞赏澳方以“相互尊重，坦率承认分歧、坚定推动共同利益”的原则发展对华关系。

温家宝说，中国重视中澳关系，确立了与澳发展全面合作关系的政策，澳大利亚把建立同中国的强有力伙伴关系和战略性经济关系作为澳对外政策的重要目标之一，中澳上述政策具有远见卓识，符合两国人民的利益。中方愿与澳方一道努力，在相互尊重、平等互利的基础上推动两国全面合作关系继续向前发展。

霍华德说，澳大利亚政府高度重视对华关系，对中国的发展前景充满信心。澳将继续坚持一个中国的政策，并采取措施，深化与中国的建设性关系。

国务院总理温家宝在人民大会堂会见第五十八届联合国大会当选主席圣卢西亚外交、国际贸易和民航部长朱利安·罗伯特·亨特

国务院副总理黄菊在北京出席国务院深化农村信用社改革试点工作座谈会并讲话

黄菊强调，深化农村信用社改革意义重大，这是实践“三个代表”重要思想，切实保障农民利益，增加农民收入，发展农业经济，促进广大农村全面建设小康社会的一件大事。我们要加强领导，精心组织，抓住重点，扎实有效地做好农村信用社改革试点工作，更好地增强服务“三农”功能，促进城乡经济协调发展。

黄菊强调，按照“明晰产权关系，强化约束机制，增强服务功能，国家适当扶持，地方政府负责”的改革总体要求，试点工作必须牢牢抓住产权制度和管理体制改革两个重点，坚持为“三农”服务的宗旨，实行因地制宜、分类指导，牢牢把握市场取向的改革方向，把责权利紧密结合起来，充分发挥各方面积极性。

黄菊指出，农村信用社产权改革要按照股权结构多样化、投资主体多元化的原则，根据不同地区情况，分别进行不同产权形式的试点。管理体制改革的主要内容，是将农村信用社的管理责任交由省级政府负责，同时由国家监管机构实施监管，农村信用社自我约束、自担风险。省级政府对农村信用社要坚持依法管理，并要按照政企分开的原则，实施宏观的、间接的管理。国家监管机构要加强对农村信用社机构、高级管理人员、业务经营的监督检查和管理，依法查处各类违法违规行为。

深化农村信用社改革试点工作涉及面广，政策性强，情况复杂。黄菊要求各试点省（市）和有关部门要切实加强领导，精心组织，各负其责，紧密配合。

参加试点的 8 个省（市）人民政府分管省（市）长以及有关部门负责同志参加了座谈会。

中组部部长贺国强在河南调研

8 月 18 日至 20 日，贺国强在河南进行调研。他强调，在全国组织系统开展的以“公道正派”为主要内容的“树组工干部形象”集中学习教育活动，是在组织系统兴起学习贯彻“三个代表”重要思想新高潮的重要载体，是把组织部门建设成为实践“三个代表”重要思想表率部门的有力举措，也是继承和弘扬组织部门优良传统作风的有效形式。各级党委及其组织部门一定要精心组织，加强指导，强化措施，把这项活动抓紧抓好，抓出成效。

在郑州，贺国强与河南、山西、安徽、山东、湖北、陕西等七省党委组织部长进行了座谈，并到河南省委组织部进行了现场考察。

今年上半年，中组部部机关在全国率先开展了这项活动。7 月初，这项活动在全国组织系统全面推开。贺国强指出，开展集中学习教育活动，关键是要通过学习教育，加深对公道正派时代内涵的理解，真正做到“对己清正，对人公正，对内严格，对外平等”。

贺国强还到漯河市就保持共产党员先进性教育活动试点工作进行了调研。

国办转发财政部《关于全面推进政府采购制度改革的意见》的通知

各省、自治区、直辖市人民政府，国务院各部委、各直属机构：

财政部《关于全面推进政府采购制度改革的意见》已经国务院同意，现转发给你们，请认真贯彻执行。

国务院办公厅

2003 年 8 月 18 日

关于全面推进政府采购制度改革的意见

《中华人民共和国政府采购法》(以下简称《政府采购法》)已于2003年1月1日起施行。为确保《政府采购法》顺利实施,促进各地区、各部门进一步深化政府采购制度改革,规范政府采购行为,现提出以下意见:

一、进一步提高认识,稳步推进政府采购制度改革

政府采购制度改革是财政支出管理改革的重要内容,对提高财政资金使用效益,支持国内企业发展,从源头上防止和治理腐败,具有十分重要的意义。近年来,政府采购制度改革工作取得了较大进展,但也存在一些问题,主要是一些地区和部门对政府采购制度改革还存在观望态度,干预具体采购活动的现象时有发生,采购行为不够规范透明,采购程序不够科学严密,管理体制尚不健全,采购管理人员和执行人员素质有待进一步提高等。

政府采购制度改革工作涉及面广,政策性强,各地区、各部门要高度重视,加强组织领导,切实负起责任,狠抓落实。要进一步统一思想,树立依法采购观念,发挥政府采购制度作用。政府采购制度改革是一项复杂的系统工程,涉及制度创新和观念转变,与管理规范化紧密相关,必须结合实际,研究制定相关管理办法和工作程序,做到既规范采购,又体现效率,确保《政府采购法》的顺利实施。

二、积极采取措施,突出重点,逐步扩大政府采购规模

要结合本地区实际情况,科学合理地制定政府集中采购目录和政府采购限额标准,逐步扩大政府采购实施范围,保证政府采购规模逐年增长。要全面编制政府采购预算,通过细化财政资金采购项目和编制年度政府集中采购计划,加强政府采购的计划性。已经实行部门预算改革的,要将政府采购预算纳入部门预算统一编制;没有实行部门预算改革的,要单独编制政府采购预算。

要积极推行政府采购资金财政直接支付办法,扩大直接支付规模。对单位分散采购活动,也要加强管理和监督。当前,应当通过政府采购,重点支持我国办公软件、计算机和汽车行业的发展,增强国内企业竞争实力和发展后劲。

三、做好管理与执行机构分设工作,加快政府采购管理体制的建设

政府采购管理职能与执行职能分离,机构分别设置,是建立政府采购制度的客观要求。要科学界定监督管理职能和执行职能。政府采购监督管理部门要切实做好政府采购的政策制定、预算编制、资金支付、信息管理、聘用专家管理、供应商投诉处理、集中采购机构业绩考核和政府采购管理人员培训等监督管理工作。集中采购机构要接受委托,认真组织实施政府集中采购目录中的项目采购,制定集中采购操作规程,负责集中采购业务人员的培训。要建立管理机构与集中采购机构相互协调的工作机制。管理机构不得进入采购市场参与商业交易活动;集中采购机构作为执行机构,要严格执行有关政策,确保政府采购活动公开、公平、公正、高效。

要重点抓好集中采购机构的设置,充分发挥集中采购机构在全面推进政府采购制度改革中的重要作用。要按照法律规定和工作需要,独立设置与行政部门没有隶属关系和利益关系的集中采购机构。对已经设立的集中采购机构,要通过加强制度建设和完善监管机制,进一步规范管理。对不设置集中采购机构的,要因地制宜,积极探索提高政府采购资金效益的有效途径和办法。目前隶属于行政部门的集中采购机构,应于2003年年底以前与所属部门分离。

四、继续抓好制度建设,推进政府采购工作规范化管理

各地区、各部门要把加强制度建设摆在更加突出的位置。在国务院公布政府采购法实施细则前,各地区、各部门可以在法律规定的权限内,根据工作需要,制订配套的规章制度或过渡性办法,以指导和规范政府采购活动。现行规章制度中与《政府采购法》原则不相符的,要予以废止或修订。财政部要会同有关部门,按照法律要求,组织力量尽快研究起草政府采购法实施条例报国务院,并相应制定政府采购合同规范文本及有关货物和服务招投标、政府采购信息管理、政府采购专家管理、供应商投诉和集中采购机构考核等方面的管理办法。

要加大政府采购规范化管理力度。政府采购要坚持公开透明、公平竞争和公正原则,将公开招标作为主要的采购方式;进一步改进和完善采购程序,做到规范采购与简便高效相结合;建立科学、规范的政府采购聘用专家管理办法,做到管理与使用适度分离;认真处理供应商投诉,促进供应商投诉处理工作制度化和规范化。要重视调查研究,解决政府采购改革中存在的突出问题。

五、开展监督检查,进一步完善政府采购监督体系

要建立以财政部门为主,监察、审计及其他有关部门共同配合的有效监督机制,充分发挥监察、审计等部门的监督职能,强化对政府采购行为的约束,确保各项政策的落实,防止和消除政府采购中的腐败现象及各种逃避政府集中采购的行为,坚决克服本位主义和地方保护主义。要重点抓好采购范围、采购方式、采购程序和集中采购目录执行情况的监督管理,切实做到严

格执法。要协调好财政部门与其他政府部门之间的工作关系，形成综合管理与行业专业监督相结合的协作机制。要强化政府采购透明度建设，开辟社会监督渠道，发挥新闻媒介和社会公众的监督作用。

六、加强采购队伍建设，切实提高管理水平

政府采购是一项政策性和专业性较强的工作，建立一支高素质的专业化管理队伍是提高政府采购工作管理水平的重要保证。地方各级政府和财政部门要制定政府采购执行人员业务考核制度，提高政策水平、法律水平和专业水平，使政府采购管理人员和执行人员全面、准确掌握政府采购制度的各项规定，增强依法行政观念，从而建立一支德才兼备的政府采购管理队伍。

三峡工程3号机组投产发电

8月18日10时许，三峡工程3号发电机组正式移交三峡电厂投产发电，比原计划提前近一个月。这是三峡左岸电站14台机组中，今年开始投产的第三台。此前，三峡2号、5号机组已于今年7月先后并网发电，有效缓解了华中、华东地区夏季缺电的形势。

第九次中国—东盟高官磋商在福建武夷山举行

中国外交部副部长王毅和东盟10国外交部高官参加了本次磋商，东盟秘书长王景荣也出席磋商。与会高官将就加强中国与东盟关系，开辟双方合作的新领域，加快中国—东盟自由贸易区建设进程等问题交换意见。

中国—东盟高官磋商是中国与东盟合作的重要工作机制之一，主要就中国与东盟关系进行政治协调。

外交部副部长周文重在奥克兰与第三十四届太平洋岛国论坛代表举行会后对话会

这是中国与太平洋岛国论坛举行的第十五次对话会。参加与中国对话的论坛代表有：新西兰外交、贸易和司法部部长戈夫，巴布亚新几内亚外交部长纳马柳，纽埃农业部长摩图富乌和太平洋岛国论坛秘书长诺埃尔·莱维。

周文重首先对本届论坛首脑会议获得成功表示祝贺。他说，自1988年中国与太平洋岛国论坛建立对话伙伴关系以来，双方关系总体发展顺利。特别是随着中国—论坛合作基金的启动，中国与论坛及其成员国的友好合作走上了全面发展的轨道。双方高层往来不断，经贸关系持续发展。中国还在力所能及的范围内继续向与我建交的论坛成员国和部分地区组织提供了援助。中国政府决定加入南太旅游组织、举办南太岛国外交官短训班、资助论坛石油问题咨询服务项目等，欢迎南太岛国继续派团参加今年9月在厦门举行的"中国投资贸易洽谈会"和11月在昆明举行的"中国国际旅游交易会"。中方愿与论坛方共同努力，在"相互尊重、平等互利、彼此开放、共同繁荣、协商一致"原则的基础上推动双方友好合作关系再上新台阶。

论坛方代表热烈欢迎中国政府代表团出席对话会。论坛方表示，中国政府多年来向论坛及其成员国提供的援助，为各国经济和社会发展、人民生活水平提高发挥了积极作用。本届对话会上，中国政府又提出多项合作项目。这充分体现了中国政府发展与论坛关系的诚意。论坛方对此表示感谢，并愿与中方加强沟通与合作，进一步密切与中国的友好合作关系。

周文重重申了中国政府在台湾问题上的原则立场。论坛方表示将继续按照一个中国原则处理好涉台问题。

第三次国家卫生服务调查启动

此次调查是继1993年和1998年后的第三次全国性的卫生服务调查。卫生部将围绕当前卫生改革与发展目标，通过住户居民健康询问调查和小规模定性调查，对全国城乡居民的健康水平，卫生服务需要和需求量，医疗保险制度改革，医疗保健费用，居民对卫生服务的反应性以及城乡不同阶层居民对我国城镇和农村卫生改革的认识和想法等内容进行深入了解和分析，探讨在当前形势下卫生服务供需特点，预测供需变化趋势，为推进卫生改革提供信息服务。

卫生部副部长王陇德表示，此次调查与前两次相比在内容上有较大修改：一是针对"非典"疫情暴露的公共卫生方面存在的缺陷，增加了反映公共卫生需求和服务方面的指标；二是增加了居民对卫生系统反应性的指标，了解老百姓对我国卫生服务的意见和要求，三是考虑到国际惯例，增加了联合国千年发展目标中健康评价方面的指标；四是把重点放在入户内容上。

8月19日

国务院总理温家宝在北京主持新一届国务院第一次学习讲座并发表讲话

在此次学习讲座上，中国工程院院士钱正英以《西北地区水资源配置和可持续发展》为题，分析了西北地区的自然环境、水量平衡、生态环境的主要危机和生态演变的历史背景，提出了西北地区生态建设、水资源合理配置和高效利用的战略思想和战略对策。

温家宝在主持学习讲座时指出，国务院通过定期举办讲座等方式，组织学习政治、经济、科技、文化、法律和现代管理等知识，是一项重要制度，要长期坚持下去。他对搞好国务院学习活动提出了明确要求：紧紧围绕经济社会发展重大战略问题安排学习；坚持理论联系实际；领导干部要带头学习。

国务院总理温家宝在中南海会见参加东海油气联合开发项目的中外方代表

温家宝听取了中外四方代表对该项目开发情况的汇报。他说，参加合作开发的中方两家公司是中国有实力的油气公司，外方两家公司是世界著名的大企业。东海油气资源丰富，临近中国最具经济活力、能源需求最旺盛的长江三角洲地区，开发前景广阔。

东海油气开发是国内外瞩目的重大勘探开发项目，经谈判由中国海洋石油总公司、中国石化集团公司、壳牌集团、优尼科公司合作进行开发。

国家发展和改革委员会主任马凯、美国驻华大使雷德、中外四家公司的负责人等参加了会见。

国务院副总理曾培炎在昆明出席东盟—湄公河流域开发合作第五次部长级会议

曾培炎在会议开幕式上说，中国是东盟—湄公河流域开发合作的积极参与者和推动者，只要各国遵循“平等协商，互利互惠，共同发展”的原则，不断开拓合作领域，就能开创本地区和平、稳定、繁荣的新局面。

曾培炎指出，中国全面建设小康社会，保持国民经济持续快速健康发展，可以为东盟—湄公河流域各国加强经济合作创造更多的机会和条件。中国政府将一如既往地与各国携手，共同推进流域开发合作的重点项目。云南省作为中国实施西部大开发战略的省份，在东盟—湄公河流域开发合作中将发挥日益重要的作用。

老挝政府代表团团长、老挝商务部长苏利冯·达拉翁代表东盟在开幕式上表示，东盟各国将以更积极的姿态参与东盟—湄公河流域开发合作，对合作的前景充满信心。

在会议上，各国代表听取了泛亚铁路特别工作组报告，并确定老挝为下一次工作会议的主席国。

会前，曾培炎会见了东盟各国代表团团长和东盟秘书处副秘书长陈德明。

东盟—湄公河流域开发合作部长级会议于1996年在马来西亚首次召开，现已发展成为湄公河流域一个重要的经济合作机制，其成员国包括东盟10国和中国。

中共中央决定赵乐际任青海省委书记

农村信用社管理改革试点工作在浙江等8省市开始

全国3万多家农村信用社将逐步由国家银行监管机构交由省级人民政府管理。这项工作率先在浙江、山东、江西、贵州、吉林、重庆、陕西、江苏8省(市)进行试点。

农村信用社管理权限下放后，省级人民政府将依法按照“政企分开”原则对农村信用社实施间接的宏观管理，不直接干预农村信用社的经营活动；省级人民政府不得把对农村信用社的管理权下放给地(市)和县、乡政府。

建设部在北京召开全国城市节约用水保证供水安全电视电话会议

建设部部长汪光焘在会上对今后城市节水工作提出了具体要求：城市所有新建、改建、扩建房屋，必须采用节水型生活用水器具，各单位现有房屋中安装的不符合节水标准的用水器具，要在2005年以前全部更新；要在2005年年底以前完成对严重老化和漏损管网的改造任务，北方缺水城市则要力争提前到2004年年底完成；各级建设行政主管部门要严格限制城市自来水可供范围内的各种自备水源，加强对自备水源供水的管理和督察，严禁自备水源擅自向社会转供卖水，凡不符合标准的自备水源坚决关闭；在城市建设当中，要统筹考虑城市水资源开发利用的措施和工程布局方案，协调好城市供水、节水与污水再生利用工程设施建设；政府要制定好重点保证城市居民生活用水的应急预案，进行必要的物质和资源储备；城市供水价格改革的力度要加大，建立激励节约用水、促进污水处理单位改革的水价机制。

国务院副总理黄菊在人民大会堂会见日本伊藤忠商事株式会社总裁丹羽宇一郎

全国地震台站工作会议在北京召开

会议披露，目前我国地震台网已实现了从单台观测到台网观测、从模拟观测到数字观测的重要转变，形成了多学科、多测项的具有国际先进水平的现代化观测网络。

中影集团联合影视公司在北京挂牌成立

这家由中影集团控股引入非国有资本的有限责任公司的诞生，标志着作为文化体制改革试点单位的中影集团的改制工作迈出了重要的一步。

中影集团联合影视有限公司的前身为中影集团下属的中国电影公司影视制片分公司。该公司曾先后与海内外一些影视机构合作或独立拍摄过《新龙门客栈》《生活秀》《高原如梦》《平原枪声》《西施眼》等50余部电影故事片、30多部数百集电视连续剧。中影集团联合影视有限公司负责人表示，为落实党的十六大提出的发展文化产业战略部署，应对加入WTO后的新挑战而成立的这家公司，将根据中央及广电总局关于文化体制改革的指示精神，整合三方股东的资源优势，联合海内外具有实力的影视与传媒机构，以影视片的制作发行业务为主，面向市场，多出“贴近实际、贴近生活、贴近群众”与具有国际市场竞争力的优秀影视作品，并不断拓展影视业的发展空间。

山西左权发生特大瓦斯爆炸事故27人死亡

8月18日11时30分，左权县辽阳镇河南村煤矿发生一起特大瓦斯爆炸事故，死亡27人，受伤1人，直接经济损失318.78万元。

8月20日

国家主席胡锦涛在人民大会堂与罗马尼亚总统伊利埃斯库举行会谈

双方在亲切友好的气氛中就双边关系和共同关心的国际和地区问题深入交换了意见。

会谈结束后，胡锦涛主席和伊利埃斯库总统共同签署了《中华人民共和国和罗马尼亚联合声明》，并出席了两国间合作文件的签字仪式。

国家主席胡锦涛就联合国驻伊拉克办事处遭袭击事件发表谈话

胡锦涛说：联合国驻伊拉克办事处昨天遭到汽车炸弹袭击，造成大量人员伤亡。我对此深感震惊。我们强烈谴责这一恐怖暴力事件，并对伤亡人员表示慰问和哀悼。

胡锦涛指出，此次事件再次说明伊拉克重建工作的艰巨性和复杂性。伊拉克走向独立自主、稳定发展的进程不会因此而停止。联合国肩负的使命也不会因此而中断。

胡锦涛强调，中国愿与国际社会一道，继续支持联合国在伊拉克问题上发挥重要作用，帮助伊拉克人民尽快恢复稳定与秩序。

国务院总理温家宝在北京主持召开国务院常务会议

会议审议并原则通过《中华人民共和国认证认可条例(草案)》。

国务院副总理回良玉在北京出席新一届国家农业综合开发联席会议第一次会议并讲话

中共中央政治局委员、国务院副总理回良玉强调，做好新阶段农业综合开发工作，要以“三个代表”重要思想和党的十六大精神为指导，紧紧围绕全面建设小康社会的目标，着力加强农业基础设施和生态建设，提高农业综合生产能力；着力推进农业和农村经济结构的战略性调整，提高农业综合效益，增加农民收入。

回良玉指出，农业综合开发是党中央、国务院加强农业的一项重大决策，是国家支持和保护农业的重要举措，是进一步发展农村生产力、提高农业综合生产能力的有效途径。“改善条件、综合发展、民办公助、合力开发、规范管理”，是今后应该遵循的基本准则。

回良玉强调，在当前和今后一个时期的农业综合开发工作中，应着重抓好以下六项工作：一要继续增加投入。二要突出开发重点。三要完善投资政策。四要强化项目管理。五要探索运行机制。六要加强队伍建设。各有关部门要密切配合，不断增强开发的合力。

中组部印发《关于深入学习贯彻“三个代表”重要思想，做好大规模培训干部工作的意见》

意见指出，这次大规模培训干部工作要以邓小平理论和“三个代表”重要思想为指导，紧紧围绕党和国家工作的大局，以学习贯彻“三个代表”重要思想为首要任务，以加强党的执政能力建设为重点，以大幅度提高干部队伍素质为目标，放开视野看教育，集中力量抓培训，努力形成全党动手，多层次、多渠道、大规模的干部教育培训工作格局，为全面建设小康社会，开创中国特色社会主义事业新局面，提供坚强的组织保证和智力支持。

意见提出，从2003年起，利用5年时间，将全国县(处)以上党政领导干部普遍培训一遍。每年有组织、有计划地培训省(部)级干部500人左右、地(厅)级干部8800人左右、县(处)级干部10万人左右。培训的重点是各级党委、人大、政府、政协换届后新进领导班子成员和中青年后备干部。县(处)级以上党政领导干部必须参加5年内累计3个月以上的脱产培训。对企业经营管理者、专业技术人员等其他各类干部也要进行相应的培训。

农业部在北京召开动员会部署对农村土地承包政策法律贯彻执行情况进行检查

农业部决定派出6个检查组，分赴全国12个省、市、区，重点检查12类严重侵害农民土地承包经营权益的行为。

农业部副部长刘坚在动员会上说，这次检查，一是要检查各地二轮承包扫尾工作进展情况，主要是检查土地承包经营权证书能不能全部落实到户、土地承包合同是否全部签订到户，农户承包土地的地块、面积是否真正落实到户。二是要检查农民承包地流转情况。一些地方的乡镇领导、村委会和村支部负责人动农民的承包地根本不同农民商量,不听农民的意见。要通过检查,宣传中央农村土地政策和法律,教育广大干部依法行政、依法办事,增强执行政策和法律的自觉性;要加大查处力度,通过查处违法违纪案件,教育广大干部改进工作作风,真正做到执政为民。三是要检查《农村土地承包法》的学习宣传情况。四是要关注农用地的利用问题。要通过检查,力争做到有所收获、有所触动、有所推进。

第一次生物物种资源保护部际联席会议在北京举行

会议由国家环保总局牵头、16个部门参加。部际联席会议原则上每半年召开一次,其日常工作由国家环保总局履行《生物多样性公约》办公室负责。在这次联席会上,17个成员单位的代表就加强生物物种资源的保护和管理进行了讨论。

国家副主席曾庆红在人民大会堂会见吉布提外交和国际合作兼与议会联络部部长阿里·阿卜迪·法拉赫

同日,中吉两国就法拉赫外长访华发表了中吉联合新闻公报。

外交部部长李肇星就联合国驻伊拉克办事处遭袭击事件向联合国秘书长安南致慰问电

国务院新闻办主任赵启正在圣彼得堡发表演讲呼吁中俄两国加强文化交流

赵启正在题为《以文化为纽带开创中俄友好的新世纪》的文化主题演讲中说,在中俄友好合作关系顺利发展的背景下,中俄文化交流日趋活跃,但与此同时两国间的文化交流还存在着不平衡的状况。他说,从1999年到2002年,俄罗斯有285个文艺团体到中国演出,而让人有些遗憾的是,同期中国到俄罗斯演出的文艺团体只有30个。

赵启正表示,中国政府将进一步鼓励中国文艺团体访问俄罗斯,也希望俄罗斯政府和文化界给予支持。他还希望中俄双方加强包括作家、艺术家、音乐家和记者在内的文化界人士的交流和互访。

由中国国务院新闻办公室和俄罗斯圣彼得堡市政府联合举办的"中国周"于8月20日下午正式开幕。

"中国的世界遗产"大型图片展在圣彼得堡开幕

这一活动正式拉开了以文化交流为主要目的的圣彼得堡"中国周"活动的帷幕。

中国国务院新闻办公室主任赵启正和俄罗斯圣彼得堡市代市长别格洛夫在开幕式上分别宣读了中国国家主席胡锦涛和俄罗斯总统普京给"中国周"发来的贺信。

中国选派了300余名文化界人士组成代表团参加这次"中国周"活动。活动内容除了"中国的世界遗产"图片展之外,还有中央民族乐团的中国民族音乐会、广东杂技团的杂技表演以及中国历代民族服装服饰表演等。

圣彼得堡"中国周"是由中国国务院新闻办公室和圣彼得堡市政府联合举办的,这是中国近年来在圣彼得堡举行的规模最大的一次文化交流活动。

《人民日报》发表新华社记者的文章《人民军队建设和发展的科学指南——沿着江泽民国防和军队建设思想指引的道路阔步前进》

对于走过76年风雨征程的人民军队来说,党的十三届四中全会以来的14年,是在继承和发展我军光荣历史的基础上一段辉煌而激动人心的历史。

在这期间,党领导人民军队开拓创新,积极进取,全面推进革命化现代化正规化建设,大力提高我军高技术条件下防卫作战能力,不断巩固和加强我国国防。创新性的军事实践,产生了与时俱进的科学军事理论体系——江泽民国防和军队建设思想。

江泽民国防和军队建设思想,是毛泽东军事思想、邓小平新时期军队建设思想的继承和发展,是"三个代表"重要思想在军事领域的生动体现,是"三个代表"重要思想科学体系的重要组成部分,是新形势下国防和军队建设的科学指南。

"八一"前夕,经中央军委批准,由总政治部组织编写的《江泽民国防和军队建设思想学习纲要》印发全军。中央军委发出通知,要求全军在学习贯彻"三个代表"重要思想新高潮中,深入学习贯彻江泽民国防和军队建设思想,积极推进中国特色军事变革,努力开创我军革命化现代化正规化建设的新局面,为实现我国全面建设小康社会的宏伟目标作出更大贡献。

一

江泽民同志担任中央军委主席以来,我国国防和军队建设所面临的历史条件发生了深刻变化。和平与发展仍是时代的主题,国际战略格局出现重大变化,世界多极化、经济全球化成为重要发展趋势,世界新军事变革蓬勃兴起,高技术局部战争登上历史舞台,争夺高技术质量优势成为国际军事竞争的焦点;我国改革开放和社会主义现代化建设不断推进,社会主义市场经济迅速发展,社会经济成分、组织形式、就业方式和分配方式日益多样化,各种思想文化相互激荡。

在新的时代背景下，我国国防和军队建设既面临着难得的机遇，也面临着严峻的挑战。

对于新时期的军队建设，江泽民同志最关注的是两个历史性课题：一个是能否跟上世界军事发展的趋势，打赢未来可能发生的高技术局部战争；一个是能否保持人民军队的性质、本色和作风，始终成为党绝对领导下的革命军队。江泽民国防和军队建设思想的全部内容，都是围绕着解决打得赢、不变质这两个历史性课题而展开的。

1990年12月，江泽民同志提出全面加强军队建设的“五句话”总要求，强调全军部队必须做到“政治合格、军事过硬、作风优良、纪律严明、保障有力”。这为我军履行打得赢、不变质的历史使命指明了方向。

打得赢，是人民军队的根本职能和神圣使命。江泽民同志深刻洞察当今世界发展的大趋势，始终从国际战略全局和国家发展大局的高度谋划国防和军队建设，以宽广前瞻的世界眼光，精心构建面向未来的强军方略——

海湾战争初露高技术战争端倪，战争形态、战场环境、作战方法、指挥手段等与以往战争大不相同。江泽民同志主持制定新时期积极防御的军事战略方针，对我军战略指导实行重大调整，把军事斗争准备的基点，从应付一般条件下的局部战争转到打赢现代技术特别是高技术条件下的局部战争上来。

随着高技术战争的出现和发展，追求军事质量优势，已成为大国军事角逐的潮流。江泽民同志提出把科技强军、加强质量建设作为我军发展大计，要求军队建设实现由数量规模型向质量效能型、由人力密集型向科技密集型的转变。

当今，信息化成为世界军事变革的基本特征。江泽民同志强调，要实现我军现代化建设的跨越式发展，努力完成机械化和信息化建设的双重历史任务，坚持信息化为主导，机械化为基础，以信息化带动机械化，以机械化促进信息化，推进机械化和信息化的复合式发展。

加强国防和军队现代化建设必须具有前瞻性思想。1997年，在江泽民同志主持下，中央军委提出国防和军队现代化建设跨世纪发展“三步走”的战略构想，确定争取到21世纪中叶，基本实现国防和军队现代化。2003年，又进一步明确，实现国防和军队现代化的基本标志是信息化。

不变质，是对人民军队本质的要求，也是打得赢的根本保证。我军之所以能够从胜利走向胜利，最根本的原因就是始终不渝地凝聚在党的旗帜下。党对军队的绝对领导，是我们党和军队的优良传统和特有的政治优势。面对国际风云变幻和国内改革开放的新形势，面对我军历史任务和人员构成的新变化，江泽民同志把党对军队绝对领导作为军队建设和发展的首要问题，始终予以高度关注。

江泽民同志指出：“一个军队要有军魂。我看，我们军队的军魂就是党的绝对领导。”他反复强调，“党对军队的绝对领导是我军永远不变的军魂”。他把党对军队绝对领导提到“军魂”的高度，深刻揭示了我军作为党的军队、人民的军队、社会主义国家军队的本质所在。

坚持党对军队的绝对领导，必须依靠强有力的思想政治建设作保证。江泽民同志要求军队各级党委和领导必须高度重视思想政治建设，把它摆在各项建设的首位，贯穿于一切工作之中，落实到军事训练、后勤保障、装备建设等各个方面，为打得赢提供强大的精神动力，为不变质提供可靠的政治保障。

他反复强调思想政治工作要围绕军队中心任务切实发挥服务保证作用，着眼于加强思想政治建设这个总要求，充分发挥“生命线”的作用。

思想政治建设的根本，是用党的科学理论教育和武装全军。学习掌握马克思列宁主义、毛泽东思想、邓小平理论和“三个代表”重要思想，是新形势下军队思想政治建设的首要任务。注重思想理论建设，这是江泽民同志关于加强军队思想政治建设一个十分重要的思想。

坚持党对军队的绝对领导，必须保证枪杆子永远掌握在忠于党的可靠的人手里。江泽民同志反复强调，要把培养选拔优秀年轻干部作为重大而紧迫的战略任务切实抓紧抓好。鉴于高中级干部是建军治军的骨干，江泽民同志特别强调必须突出抓好高中级干部的教育管理。

江泽民国防和军队建设思想，是新的历史条件下的强军治军之道，新的战争形态下的克敌制胜之策。它处处体现着与时俱进、开拓创新的精神，标志着我们党对国防和军队建设规律的认识达到了一个新的高度。

二

如果说打得赢、不变质是贯穿于江泽民国防和军队建设思想的历史性课题的话，那么，坚定不移地走中国特色的精兵之路，积极推进中国特色军事变革，则是贯穿于江泽民国防和军队建设思想的根本性指针和主导性思想。

随着高新技术和武器装备的发展，世界主要军事大国都在不断压缩军队规模，注重提高军队建设的质量。我军虽然经过80年代的较大幅度的精简整编，但由于历史的原因，规模大、人数多的问题仍然比较突出，制约着军队现代化建设的发展。

江泽民同志洞察世界主要国家军队体制编制的发展趋势，得出一个结论：兵贵精不贵多，必须继续调整体制编制，进一步压缩规模，坚定不移地走中国特色的精兵之路。

军队体制编制是人与武器装备相结合的组织形式，是战斗力构成的重要因素。压缩军队规模，不单纯是减少数量，还要优化结构，提高质量。对此，江泽民同志指出，军队体制编制调整改革必须贯彻精兵、合成、高效的原则，立足于我军的根本职能，深入研究高技术战争对军队体制编制的影响，着重解决领导指挥和管理体制以及部队编成中存在的矛盾和问题，建立具有我军特色的组织编制体制和领导指挥体制。

14年来，在走精兵之路思想的指引下，我军体制编制进行了一系列重大调整改革——

1992年4月，江泽民同志和中央军委作出“八五”期间军队体制编制调整改革的决定，通过继续压缩军队规模，精简机构，为80年代百万大裁军画上了一个圆满的句号。

1997年9月，江泽民同志在党的第十五次全国代表大会上庄严宣布，我军在80年代裁军百万的基础上，今后3年将再裁减员额50万。

1998年4月，中央军委制订了“九五”期间军队体制编制调整改革方案，决定对我军领导指挥体制、保障体制、部队编成、院校体制进行重大调整改革。这一年，在江泽民同志的提议下，正式成立了总装备部，实现了我军武器装备建设的集中统一领导。

以质量建设为目标的多次体制编制调整改革，使我军不断朝着规模适度、结构合理、机构精干、指挥灵便、战斗力强的方向迈进，为加速我军现代化建设创造了条件。

以海湾战争为转折点，世界新军事变革进入一个新的质变阶段。信息化是世界新军事变革的核心，人类社会的战争形态正由机械化战争转变为信息化战争，工业化时代的机械化军队正在转变为信息化军队。面对这样的发展趋势，江泽民同志见事很早并一直关注。他及时跟踪研究近期每一场局部战争，深刻分析世界新军事变革的本质、特点、发展趋势及对我军建设的影响，号召全军以改革创新精神迎接世界新军事变革的严峻挑战，积极推进中国特色军事变革。

江泽民同志指出：“发达国家与发展中国家的军事技术形态出现又一轮‘时代差’。历史上西方列强以洋枪洋炮对亚非拉国家的大刀长矛的军事技术优势，正在转变为发达国家以信息化军事对发展中国家的机械化半机械化军事的新的军事技术优势。”他还尖锐地指出，世界新军事变革既给我们带来了严峻挑战，同时也给我们提供了历史机遇。要求全军增强紧迫感，牢牢抓住难得的战略机遇期，通过深化改革，实现军队建设的整体转型，建设一支能够打赢未来信息化战争的强大的现代化正规化革命军队。

14年来，面对科学技术和世界新军事变革的滚滚潮流，江泽民同志始终坚持以开放的世界意识和超前的战略眼光，紧紧抓住推进中国特色军事变革这个主导性思想，认真思考和筹划我军现代化建设——

武器装备是军队现代化的重要标志。坚持自力更生方针和突出重点、有所为有所不为的原则，增强自主创新能力，狠抓关键技术攻关，武器装备建设长足发展。陆军基本形成立体机动作战的装备体系和配套的支援保障体系，海军基本形成海上机动作战、基地防御作战和海基自卫核反击作战的装备体系，空军基本形成歼击机、攻击机、运输机和多种支援保障飞机相结合的装备体系，第二炮兵基本形成近中远程齐全、核常兼备的武器系列。

人才是强军、治军之本。坚持把院校教育摆在优先发展的战略位置，初步形成具有我军特色的院校教育体系，走开依托国民教育培养军队干部的路子，一大批新型军事人才走上各级领导岗位。全军已有博士、硕士2.6万多名，作战部队军、师、团领导班子中，具有大专以上文化程度的比例分别为88%、90%、75%。

先进的军事理论是战争制胜的重要因素。坚持开拓进取，勇于创新，积极探讨新形势下军队建设的特点和规律，深入研究战胜敌人的战法，有力地促进了军队现代化建设的发展和军事斗争准备的落实。

正规化是革命化、现代化建设的重要保障。坚持依法治军、从严治军方针，逐步建立和完善军事法规体系。国家和军队先后制定了10多部军事法律、100多件军事法规、2000多件军事规章，国防和军队建设走上了法制化轨道。

14年励精图治，呕心沥血。14年改革创新，雄风飞扬。这是新中国国防和军队建设史上崭新的14年，是值得人民军队引以为骄傲和自豪的14年。

正当我们深入地解读这14年辉煌历史的时候，江泽民同志又把加速推进中国特色军事变革作为党领导新世纪军事工作的总纲，郑重地写在了国防和军队现代化建设的日程上。

推进中国特色军事变革任重道远。人们不会忘记，近代中国，由于政治统治腐败而丧失了军事变革的机遇，最终陷入了任人宰割的境地。历史的教训决不能重演。我们一定要增强忧患意识，以时不我待的精神，把中国特色军事变革不断推向前进。

三

伟大的实践产生伟大的理论。与马克思主义中国化的历史相联系，中国共产党人在军事领域先后形成了三大理论成果：毛泽东军事思想、邓小平新时期军队建设思想、江泽民国防和军队建设思想。

江泽民国防和军队建设思想与毛泽东军事思想、邓小平新时期军队建设思想，是一脉相承而又与时俱进的军事科学体系，统一于我们党领导国防和军队建设事业的伟大实践中。

作为不同历史条件下诞生的三大军事理论成果，毛泽东军事思想主要回答了在中国处于半殖民地半封建社会的历史条件下，如何建设一支新型人民军队和夺取武装斗争胜利，以及在取得政权后如何建立现代国防的问题；邓小平新时期军队建设思想，主要回答了在和平与发展成为时代主题，国家实行改革开放的历史条件下，如何开创中国特色的精兵之路，建设一支强大的现代化正规化革命军队的问题；江泽民国防和军队建设思想，主要回答了在世界多极化曲折发展，世界新军事变革不断深入，国内推进改革开放和发展社会主义市场经济的历史条件下，如何积极推进中国特色军事变革，解决好人民军队打得赢、不变质两个历史性课题，为建设中国特色社会主义提供安全保障的问题。

江泽民国防和军队建设思想内容丰富、博大精深。从国防和军队建设的地位作用到目标任务，从指导方针到总体思路，从根本途径到战略步骤，从发展动力到政治保证，构成了完整系统科学的军事理论体系。它要求我们从国际战略全局和国家发展大局来谋划国防和军队建设，妥善处理国防建设和经济建设的关系，解决好新时期军队建设打得赢、不变质两个历史性课题，始终坚持党对军队的绝对领导，用新时期军事战略方针统揽军队建设全局，积极推进中国特色军事变革，按照“五句话”总要求全面加强军队建设，把思想政治建设摆在各项建设的首位，实施科技强军战略，培养和造就大批高素质新型军事人才，把发展武器装备摆在提高军事实力的突出位置，把改革作为军队现代化建设的根本动力，坚持依法治军、从严治军，依靠人民建设国防、建设军队，创新发展中国特色的军事理论等。

如同毛泽东军事思想、邓小平新时期军队建设思想一样，江泽民国防和军队建设思想创立和形成的过程，也是一个不断推进实践创新和理论创新的发展过程。作为中国共产党人领导国防和军队建设所形成的最新理论成果，江泽民国防和军队建设思想所贯穿的根本性指针，就是坚定不移地走中国特色的精兵之路；所贯穿的历史性课题，就是打得赢、不变质；所贯穿的主导性思想，就是积极推进中国特色军事变革。这一思想的形成，开辟了马克思主义军事理论的新境界。我们必须坚定不移地坚持江泽民国防和军队建设思想的指导地位。

我们已经踏上了21世纪的征程。新的世纪，新的阶段，我们党确定全面建设小康社会，在中国特色社会主义道路上实现中华民族伟大复兴。国防和军队建设，要为全面建设小康社会、维护国家安全和统一提供坚强保障。

新征程、新目标、新使命，对国防和军队建设提出了新的更高的要求，我们能不能解决好打得赢、不变质这两大历史性课题，能不能完成建设强大的信息化军队的历史性任务，事关全面建设小康社会奋斗目标的实现，事关中国特色社会主义事业的全局，事关国家的安危和中华民族的生存和发展。

历史警示我们：顺势而动，才能引领时代大潮；停滞保守，必将被历史抛弃。在新世纪的航程上，国防和军队建设要实现既定的战略目标，必须坚定不移地高举邓小平理论伟大旗帜，全面贯彻“三个代表”重要思想，始终不渝地沿着江泽民国防和军队建设思想指引的道路阔步前进。

这是时代的选择、历史的必然！这是全军官兵不可动摇的信念！

8月21日

国家主席胡锦涛应约与韩国总统卢武铉通电话

卢武铉首先感谢中国政府和人民在他前不久访华时所给予的热情款待。他说，访华期间，双方就两国关系达成重要共识，韩方对韩中关系的进展感到满意。胡锦涛说，不久前总统先生访华时，我们一致同意建立中韩全面合作伙伴关系。双方达成的各项共识正在得到落实，我对此感到高兴。

双方重点就朝鲜半岛核问题特别是六方会谈交换了看法。

全国人大常委会委员长吴邦国 国务院总理温家宝在北京分别会见罗马尼亚总统伊利埃斯库

全国人大常委会委员长吴邦国 国务院总理温家宝在北京分别会见菲律宾外长奥普莱

全国政协主席贾庆林在人民大会堂会见以余国春为团长的香港广东社团总会访京团

贾庆林对香港广东社团总会在实现香港回归祖国，维护香港的繁荣、稳定与发展，促进香港与祖国内地的经济文化交流等方面作出的贡献，给予了充分肯定。他强调，维护和促进香港的繁荣、稳定和发展，离不开包括粤籍乡亲在内的广大香港同胞的共同努力。

全国政协副主席、中共中央统战部部长刘延东，中共中央统战部副部长梁金泉，国务院港澳办副主任陈佐洱等参加了会见。

全国政协副主席、中共中央统战部部长刘延东在北京也会见了以余国春为团长的香港广东社团总会访京团一行。

全国纪检监察信访举报工作会议在重庆召开

会议为期3天。中央书记处书记、中央纪委副书记何勇出席会议并讲话。中央纪委副书记张惠新在会上作了工作报告。

中央纪委书记吴官正给会议发了贺信。他指出，纪检监察信访举报工作是纪检监察机关联系群众的桥梁和纽带，是纪检监察的基础性工作，是获取案件线索的主渠道。做好信访举报工作，是一项非常重要的政治任务。

吴官正指出，要认真学习贯彻"三个代表"重要思想，以对党和人民高度负责的态度，满腔热情地做好信访举报工作，推动党风廉政建设和反腐败工作的深入开展，不辜负以胡锦涛同志为总书记的党中央对我们的厚望。

何勇在会上作了讲话，他要求各级纪检监察信访举报部门解放思想，实事求是，与时俱进，进一步拓宽和畅通信访举报渠道，提供案件线索和重要情况，维护党员和人民群众的合法权益；妥善化解矛盾，维护社会稳定，坚持信访举报工作的法制化方向，紧紧依靠人民群众，充分发挥职能作用，努力开创信访举报工作的新局面。

全国非公有制企业党建工作经验交流会在北京召开

中央组织部负责同志到会作了重要讲话。会议系统总结了改革开放以来非公有制企业党建工作的新进展新经验，对当前和今后一个时期进一步加强和改进非公有制企业党建工作作出了安排和部署。

会议指出，当前，必须着力抓好以下几项工作：一是要进一步壮大非公有制企业党的力量，扩大党组织的覆盖面，尽快改变党的力量薄弱的状况。二是要加大力度，采取新的措施，指导、帮助企业党组织充分发挥作用。三是要通过选派党建工作指导员、联络员等途径，建立一支高素质的非公有制企业党的工作者队伍。四是要通过依托工会、共青团组织开展扎实有效的群众工作，增强党对非公有制企业的影响力。五是要抓好对党员业主和规模较大、影响较大的企业业主的教育培训。

《人民日报》发表署名为任仲平的文章《发展是贯穿"三个代表"重要思想的主题》

（一）中国需要发展，中国正在发展，中国努力实现协调、全面和可持续发展。

发展，在百姓眼里是红红火火的生活，是"天天都是好日子"，"一年更比一年强"。

"不敢想"，"想不到"，"梦都梦不到"——我们的人民这样诉说着身边的变化；

"不得了"，"了不得"，"东方新神话"——国外的朋友这样评价着我们的发展。

（二）改革开放以来，特别是党的十三届四中全会以来，中国的发展一路高歌。在一块块富有生机的热土上，创造着发展的奇迹；在一片片充满希望的田野上，收获着发展的硕果；在一个个重点建设的工地上，书写着发展的辉煌。三峡大坝岿然屹立，青藏铁路蛟龙腾跃，西气东输千里逶迤，南水北调气势磅礴。今天的中国，国内生产总值突破10万亿元，人均国内生产总值接近1000美元，人民生活总体上达到小康水平，科教文化、民主法制、精神文明建设等各项社会事业蓬勃发展。这是中华民族发展史上一个新的里程碑。

（三）发展是历史的必然。马克思主义认为，人类社会的历史就是生产力不断发展的历史。"劳动手段不仅是人类劳动力发展的分度尺，而且也是劳动所在的社会关系的指示器。"钻木取火照亮从猿到人的历程，铁犁向前开启农耕文明的道路，蒸汽机呼啸奏响大工业时代的号角，计算机键盘敲出信息时代的强音。生产力的发展最终决定着社会面貌的变化，社会结构的更新，社会文明的进步。

（四）发展是时代的主题。当今世界，发展是全局性、战略性的问题，尽管局部战争硝烟时起，但和平与发展仍是时代的主旋律。维护和平，促进发展，追求进步，是世界人民的共同愿望。在现代化进程中，一些国家走在前面，一些国家落在后头，这是发展过程中的客观现象；而落后的国家奋起直追，加快发展，则有可能实现跨越，后来居上。世界潮流，浩浩荡荡。面对世界多极化和经济全球化的趋势，不加快发展，就会加剧落后；不加快发展，就有可能被淘汰出局。

（五）发展是人民的意志。历史的每一步发展，都靠人民力量来推动；人民的富裕、文明和福祉，最终靠社会发展来实现。任何倒退或停滞不前，给人民造成的只能是痛苦和不幸。人民用是否能推动历史进步、社会发展来衡量各个集团、政党的先进与落后，检验各种理论路线方针政策的正确与错误。代表最广大人民的根本利益，归根到底靠发展来体现。

（六）发展是社会主义的根基。科学社会主义不是个别人物内心激动的结果，也不是工人阶级政党主观意志的产物，它是生产力发展的必然。贫穷不是社会主义，发展慢了也不是社会主义，社会主义现代化必须建立在发达生产力的基础上。社会主义不论其理论还是实践，都因为生产力的发展而产生，因为生产力的发展而丰富，因为生产力的发展而过渡到更高阶段。

我国正处于并将长期处于社会主义初级阶段，人民日益增长的物质文化需要同落后的社会生产之间的矛盾是社会的主要矛盾。发展是解开这个矛盾的总钥匙。坚持以经济建设为中心，用发展的办法解决前进中的问题，是改革开放以来的一条基本经验。无论国际国内形势如何变化，无论遇到什么样的困难，只要正确坚持和贯彻发展的思想，我们就能从容应对挑战，克服困难，不断前进。大发展，小困难；小发展，大困难；不发展，最困难。这道理那道理，发展才是硬道理；这变化那变化，发展才能有变化。

（七）总结历史的发展经验，推动了如今发展的历史；顺应时代的发展要求，催生了今日发展的时代。在改革开放和现代化建设的伟大进程中，实践的发展拓展着发展的实践，理论的发展系统为发展的理论。

发展是贯穿“三个代表”重要思想的主题。“三个代表”重要思想是有机的统一，统一的基础在发展。代表中国先进生产力的发展要求，是个发展问题；代表中国先进文化的前进方向，是个发展问题；代表中国最广大人民的根本利益，更是个发展问题。“三个代表”重要思想系统总结我国社会主义现代化建设、特别是改革开放以来的实践经验，深刻揭示发展的本质，科学预测发展的趋势，正确指引发展的方向。在“三个代表”重要思想的指导下，当代中国共产党人进一步开创了适合中国国情和时代特点的发展道路，形成了新的发展观。

第一，发展的地位更加突出。发展是党执政兴国的第一要务。执政的目的着眼于发展，执政的任务致力于发展，执政的措施围绕着发展，执政的成效用发展检验。发展与民族的前途命运息息相关，与人民的根本利益紧紧相连。能不能解决好发展问题，关系人心向背、事业兴衰、党的存亡。

第二，发展的中心更加明确。发展的任务千头万绪，但经济的发展是第一位的发展。经济发展了，人民富裕了，科技教育文化等事业才有发展的前提和基础，人民才有更加紧密的团结。综合国力的竞争是以经济实力为基础的竞争，是经济发展速度的竞争。

第三，发展的内容更加丰富。全面建设小康社会的奋斗目标，赋予发展更加充实的内容——经济更加发展、民主更加健全、科教更加进步、文化更加繁荣、社会更加和谐、人民生活更加殷实。发展不只是经济增长，而是坚持以经济建设为中心，在经济发展的基础上实现社会全面发展。

第四，发展的主体更加壮大。人民群众是发展的主力军。包括知识分子在内的工人阶级、广大农民是推动我国先进生产力发展和社会全面进步的根本力量，在社会变革中出现的民营科技企业的创业人员和技术人员、受聘于外资企业的管理技术人员、个体户、私营企业主、中介组织的从业人员、自由职业人员等社会阶层，都是中国特色社会主义事业的建设者。动员千千万万的民众，组织浩浩荡荡的大军，形成全体人民各尽其能、各得其所而又和谐相处的局面，积聚起来的发展力量空前雄壮。

第五，发展的动力更加强劲。改革就是解放和发展生产力。把市场经济写在社会主义的旗帜上，是中国共产党人的伟大创造。我们初步建立起的社会主义市场经济体制，是一个处于初创阶段的体制，是一个需要继续探索、不断完善的体制。必须进一步解放思想，注重制度建设和体制创新，以改革的新突破，为发展注入新动力。

第六，发展的战略更加具体。实现我国现代化建设的第三步战略目标有了一张更加完整而清晰的“进度表”，形成了一个新的“三步走”战略：第一步到2010年，全面完成“十五”计划和2010年奋斗目标；第二步到2020年，建党100周年时，实现全面建设小康社会的奋斗目标；第三步到本世纪中叶，建国100周年时，基本实现现代化，在中国特色社会主义道路上实现中华民族的伟大复兴。

第七，发展的道路更加宽广。坚持走生产发展、生活富裕、生态良好的文明发展之路，促进人与自然和谐的可持续发展。在经济发展上，坚持速度和结构、质量、效益相统一。既保持较快的速度，又不再走单纯扩展规模、盲目增加产量、忽视增长质量和结构平衡、片面追求速度的老路。竭林而耕、竭泽而渔、竭草而牧不再继续。既要金山银山，又要绿水青山，成为全国人民的意志和实际行动。第八，发展的条件更加稳固。始终不渝地坚持“一个中心、两个基本点”的基本路线不动摇，正确处理改革、发展、稳定关系。发展是目的，改革是动力，稳定是基础。没有稳定的环境，发展无从谈起；没有改革的深化，发展难以持续；没有发展的支撑，改革和稳定也无法实现。改革、发展、稳定，好比是我国现代化建设棋盘上的三着紧密关联的战略性棋子，每一着棋都下好了，相互促进，就会全局皆活；如果有一着下不好，其他两着也会陷入困境，就可能全局受挫。

第九，发展的目的更加自觉。人民群众既是先进生产力和先进文化的创造者，又是其成果的享有者。发展，既要着眼于满足人民现实的物质文化生活需要，又要为每个人发挥自身的聪明才智、实现自由而全面的发展开拓日益广阔的空间，不断促进人民素质的提高，也就是促进人的全面发展。

(八)站在“三个代表”重要思想的高度，站在新的历史起点，回首历史，环顾世界，我们对发展的认识更加深刻，对发展的信心更加坚定，也更加感受到加快发展的艰巨和紧迫。

我们已经实现的小康，是一个低水平、不全面、发展很不平衡的小康：生产力和科技、教育还比较落后，实现工业化和现代化还有很长的路要走；城乡二元经济结构还没有改变，地区差距扩大的趋势尚未扭转，贫困人口还为数不少；人口总量继续增加，老龄人口比重上升，就业和社会保障压力增大；生态环境、自然资源和经济社会发展的矛盾日益突出；我们仍然面临发达国家在经济科技等方面占优势的压力；经济体制和其他方面的管理体制还不完善；民主法制建设和思想道德建设等方面还存在一些不容忽视的问题。巩固和提高目前达到的小康水平，还需要进行长时期的艰苦奋斗。

(九)全面建设小康社会的宏伟目标，是一个鼓舞人心、催人奋进的目标，是一个深刻体现我们党立党为公、执政为民的性质、宗旨和执政规律的目标。这个目标吹响了现代化建设新的进军号角。自觉而坚定地为全面建设小康社会而奋斗，就是以实际行动为实践“三个代表”而奋斗，就是为开创中国特色社会主义新局面而奋斗。

奔向全面小康的20年，是实现第三步目标必经的承上启下的20年，是关系中国现代化建设前途和命运的20年，是我们必须紧紧抓住并且可以大有作为的重要战略机遇期。历史上我们有过丧失机遇延误发展的沉痛教训，也有过抓住机遇加快发展的宝贵经验。在新的战略机遇期面前，责任重如泰山，道路艰难曲折，前景无限美好。

(十)抓住机遇，加快发展，全面建设小康社会，最重要的就是高举“三个代表”重要思想的旗帜。“三个代表”重要思想反映了我国最广大人民的共同意愿，体现了当今世界和中国发展的时代精神，是全党全国人民在新世纪、新阶段继续团结奋斗的共同思想基础。在继续推进社会主义现代化建设的伟大进程中，我们要以“三个代表”重要思想为根本指针，以“三个代表”重要思想来统领我们的发展，更新发展观念，打开发展思路，破解发展难题，指导发展实践。

(十一)从一定意义上说，发展的本质就在于创新，发展的过程就是创新的过程，发展的速度取决于创新的力度。加快发展，就要解放思想、实事求是，与时俱进、开拓创新。

创新，包括理论创新、制度创新、科技创新、文化创新以及其他各方面的创新。

以理论创新指明发展的方向。实践基础上的理论创新是社会发展和变革的先导，要以理论创新的成果指导发展的实践，以理论创新推动各方面的创新。要不断更新发展观念。发展不仅要关注经济指标，而且要关注人文指标、资源指标和环境指标；不仅要增加促进经济增长的投入，而且要增加促进社会发展的投入，增加保护资源和环境的投入。发展决不能“一条腿长，一条腿短”，决不能“满了口袋，空了脑袋”，决不能“吃祖宗饭，断子孙路”。

以制度创新清除发展的障碍。拿出一往无前的勇气，拿出坚韧不拔的毅力，从根本上消除束缚经济社会发展的体制性障碍，解决体制转变中的深层次矛盾和问题。

以科技创新加速发展的进程。科学技术是第一生产力。要大力发展高新技术产业，不断用先进科技来改造和提升传统产业，实现生产力的跨越式发展。

以文化创新积聚发展的后劲。文化的力量，已深深熔铸在民族的生命力、创造力和凝聚力之中。要以文化创新特别是教育创新来造就数以亿计的高素质劳动者、数以千万计的专门人才和一大批拔尖创新人才，呈现出“鹰隼试翼、乳虎啸谷”的良好局面，使我们的发展有更深厚的文化底蕴，有更雄厚的人才根基。

创新就要敢想敢干，但决不是胡想蛮干。在全面建设小康社会的发展道路上，要特别注意防止“速成论”、“攀比风”的不良倾向，不能急于求成，提出一些不切实际的发展目标；不能盲目发展，搞低水平重复建设；不能寅吃卯粮，大手大脚，铺张浪费。“一代人的政绩，几代人的包袱”的现象再也不能重演了。

(十二)改革是发展的强大动力。深化改革，创造良好的体制环境，是加快发展的紧迫课题。

发展是硬道理，也是硬杠杠。一切妨碍发展的思想观念都要坚决冲破，一切束缚发展的做法和规定都要坚决改变，一切影响发展的体制弊端都要坚决革除。这就决定了今天的改革是一场攻坚的改革，是一场全面的改革，既包括经济基础又包括上层建筑，既包括经济体制又包括政治、文化等方面的体制，既包括体制层面又包括思想观念层面。

在经济体制改革方面，要按照完善社会主义市场经济体制的要求，坚持和完善基本经济制度，进一步探索公有制特别是国有制的多种有效实现形式；健全统一、开放、竞争、有序的现代市场体系；加强和完善宏观调控，完善政府的经济调节、市场监管、社会管理和公共服务的职能；深化分配制度改革，建立、健全同经济发展水平相适应的社会保障体系。

(十三)我们正面对着世界经济和科技前所未有的

大发展,也面对着全球范围内前所未有的大竞争。要以更加积极的开放姿态走向世界,以更高水平的对外开放促进发展。

如果说我们以前的对外开放是在国际市场的"浅水区"游泳,那么今天的对外开放则到了"深水区"。在经济全球化进程加快和加入世贸组织的新形势下,我们在更大范围、更广领域和更高层次上参与国际经济技术合作和竞争,要奋力去游,力争上游,不断提高搏风击浪的本领。"弄潮儿向涛头立,手把红旗旗不湿",我们就是要有这样的自信和气度。

要增强世界意识、世界眼光,提高在对外开放条件下做好工作的能力。在观察形势时善于通盘把握国内形势和国际形势,在进行重大决策时善于综合考虑国内因素和国际因素,在开展工作时善于充分利用国内有利条件和国际有利条件,在处理问题特别是突发事件时善于综合考虑国内影响和国际影响,努力为我们的发展争取更多更有利的国际环境。

(十四)充分发挥全体人民的积极性创造性,最广泛最充分地调动一切积极因素,对于加快发展至关紧要。

人民,是创造历史的动力;人民,是推动发展的主力。最大多数人的利益和全社会全民族的积极性创造性,对党和国家事业的发展始终是最具有决定性的因素。

要坚定地相信群众,紧紧地依靠群众,在各项工作中充分发挥人民群众的历史主动精神。把尊重劳动、尊重知识、尊重人才、尊重创造作为党和国家的一项重大方针在全社会认真贯彻。营造尊重、鼓励创业的社会环境,形成人才脱颖而出、人尽其才的良好机制,开创人才辈出并能充分发挥各种人才积极性和创造性的新局面。放手让一切劳动、知识、技术、管理和资本的活力竞相迸发,让一切创造社会财富的源泉充分涌流。

(十五)发展是机遇,是挑战,是考验。加快发展,我们就要提高学习能力、应对能力、竞争能力、决策能力、创新能力,加强建设者的建设,促进发展者的发展。

小康大业,关键在人。全党同志特别是领导干部要切实提高科学判断形势、驾驭市场经济、应对复杂局面、依法执政和总揽全局的能力。全体人民要不断提高自己的思想道德素质和科学文化素质,不断提高自己的劳动技能和创造才能。当今时代,新知识层出不穷,知识更新周期不断缩短,要增强学习的紧迫感,坚持学习、加强学习、改善学习,学以致用、用以促学、学用相长,努力形成学习型社会,使21世纪的中国处处成为人人皆学之邦。

(十六)1840年鸦片战争以来,中国人民的根本利益就是强国富民,中华民族的历史要求就是实现伟大复兴。中国共产党自诞生之日起,就肩负着强国富民、复兴中华民族的庄严使命。

"落后就要挨打"——毛泽东同志强调发展的紧迫,语重心长;"发展是硬道理"——邓小平同志道出发展的重要,掷地有声;"必须紧紧抓住发展这个执政兴国的第一要务"——江泽民同志阐述发展的意义,透彻精辟。

一代又一代的中国共产党人,团结和带领中国人民谱写了革命、建设、改革的恢弘史诗,为中国的发展开启了崭新的纪元,开拓了宽广的道路,奠定了坚实的基础,展现了壮丽的前景。

今天,以胡锦涛同志为总书记的党中央顺应民心,凝聚党心,领导全党同志和全国人民,继往开来,与时俱进,向着中华民族伟大复兴的宏伟目标奋勇前进。

发展的中国,创造着人民的幸福;中国的发展,孕育着更加美好的未来。中国人民的幸福生活和美好未来,必将在"聚精会神搞建设,一心一意谋发展"的奋斗中成为灿烂现实。

商务部在北京召开实施食品放心工程电视电话会议

商务部副部长张志刚在会上要求,各地流通主管部门要按照食品放心工程的职责分工,积极开展争创绿色市场活动,整顿和规范食品流通秩序,建立、健全食品安全检测体系,扎扎实实推进食品放心工程。

全面实施食品市场准入管理,把好市场准入关,是实施食品放心工程的关键。为使市场准入有章可循,有标可依,商务部组织起草的《农副产品绿色批发市场标准》和《农副产品绿色零售市场标准》已由国家标准委审定发布。另外,为加强食品流通管理工作,商务部将于年内制定《牛羊屠宰管理办法》、《肉品流通管理办法》等规章,同时还在加紧制、修订一批肉类、蔬菜的加工、包装、储藏、运输、销售过程中的标准。建立、健全食品安全检测体系,是实施食品放心工程的重要技术保障。肉类屠宰企业和食品市场,特别是大型农产品批发市场必须配置检验检测设备,进行食品质量安全例行检验。

中联部部长王家瑞在钓鱼台国宾馆先后会见罗马尼亚外交部长社会民主党副主席米尔恰·杰瓦纳和菲律宾外交部长布拉斯·奥普莱

外交部部长李肇星就联合国伊拉克问题特别代表德梅洛(巴西籍)在巴格达爆炸事件中遇难一事向巴西外长阿莫里姆致唁电

中国妇女九大在北京举行预备会和主席团第一次会议

预备会首先通过了大会议程。根据议程，中国妇女九大将审议通过《中华全国妇女联合会章程(修正案)》，并选举中华全国妇女联合会第九届执行委员会。本次大会还将审议通过中华全国妇女联合会第八届执行委员会报告。

预备会还通过了中国妇女九大代表资格审查委员会名单、大会主席团和秘书长名单。预备会由全国妇联主席彭珮云主持。

预备会后，中国妇女九大主席团举行第一次会议。会议推选陈慕华、彭珮云、顾秀莲、黄晴宜、巴桑、沈淑济、孔令仁、谢丽娟、钱易、韦钰、彭钢、刘雅芝、华福周、陈秀榕、莫文秀、李秋芳、赵少华为大会主席团常务主席。

主席团会议通过了代表资格审查报告。代表资格审查委员会认为，全国38个单位推选的1260名代表，符合全国妇联对九大代表选举的规定，代表资格全部有效。

会议还通过了大会日程、大会副秘书长名单，审议了《中国妇女第九次全国代表大会选举办法(草案)》。

全国妇联副主席顾秀莲和解放军总政领导会见军队出席中国妇女的九大代表

顾秀莲高度赞扬军队妇女在保卫祖国、建设祖国中所发挥的特殊作用和作出的重要贡献，勉励军队妇女与全国广大妇女一道，在全面建设小康社会中不断取得新的成绩。她希望军队妇女认真学习、全面贯彻“三个代表”重要思想和党的十六大精神，与时俱进，开拓创新，在各自的岗位上刻苦学习，勤奋工作，在军队现代化建设中当标兵，在推进全国妇女事业的发展中做模范。

总政治部副主任唐天标一同参加了会见。

8月22日

国家主席胡锦涛在人民大会堂会见缅甸联邦国家和平与发展委员会副主席貌埃

党和国家领导人胡锦涛 温家宝 曾庆红 罗干等到中国国家博物馆参观全国“严打”整治斗争成果展

胡锦涛表示，这个展览办得很好。他指出，2001年4月，党中央决定在全国范围内开展“严打”整治斗争。两年多来，各级党委、政府和政法部门坚决贯彻中央的部署，高度重视，精心组织，结合实际，狠抓落实；广大政法干警不怕牺牲，顽强作战，甘于奉献，依法严厉打击各种严重刑事犯罪，坚决打击犯罪分子的嚣张气焰；各有关部门和广大人民群众积极参与，群防群治，综合治理，取得了明显成效。胡锦涛代表党中央、国务院，向在“严打”整治斗争中作出贡献的广大政法干警及其亲属表示崇高的敬意和亲切的慰问。

胡锦涛强调，新形势新任务对做好社会治安工作提出了更高的要求，广大人民群众对政法部门寄予殷切期望。他要求政法战线坚持以“三个代表”重要思想和党的十六大精神为指导，牢固树立执法为民的思想，继续贯彻“打防结合、预防为主”方针，建立、健全社会治安防控体系，认真落实社会治安综合治理的各项措施，为改革发展稳定创造更加良好的社会环境，为实现国家长治久安和保证人民群众安居乐业，作出新的更大的贡献。

温家宝仔细观看展览，不时了解有关情况。当了解到经过“严打”整治斗争，刑事案件得到有效遏制时，温家宝十分高兴。他强调，各级党委、政府和政法部门要坚持严厉打击、重点整治、加强防范、综合治理的方针，保持对刑事犯罪的高压态势；要加强预防违法犯罪工作，保持良好社会治安秩序；要加强政法队伍建设，提高政法队伍素质和政法工作水平，为保护人民安全，推进经济社会发展，全面建设小康社会创造良好的社会环境。

曾庆红边看展览，边同政法部门有关负责同志交谈。他表示，“严打”整治斗争取得的成果充分说明，中央作出在全国范围内开展“严打”整治斗争的决策是完全正确的。政法战线落实“三个代表”重要思想，首先要让人民群众有安全感。对危害社会治安、危害人民群众生命财产安全的各种违法犯罪活动，一定要依法严厉打击。要总结经验，巩固成果，进一步加强社会治安综合治理工作，全力维护社会稳定。

在“严打”整治斗争中，广大政法干警冲锋在前，不怕牺牲，一些干警英勇献身，展览大厅内的英烈碑镌刻着他们的名字。在英烈碑前，胡锦涛、温家宝、曾庆红、罗干等领导同志久久伫立并深深鞠躬，向英烈们表示崇高的敬意。

王兆国、贺国强、王刚、李铁映、傅铁山、华建敏、刘延东、罗豪才等也参观了展览。

由中央政法委、中央综治委举办的全国“严打”整治斗争成果展共分6个部分，包括正确决策、全民支持，重拳出击、惩治犯罪，齐抓共管、重点整治，英雄辈出、浩气长存，加强防范、重在治本，励精图治、长治久安等内容。

十届全国人大常委会第四次会议在北京举行

全国人大常委会委员长吴邦国主持会议。会议首先通过了本次常委会会议议程。根据议程,全国人大法律委员会副主任委员乔晓阳报告了行政许可法草案的审议结果。乔晓阳说,出台这部法律的条件和时机已经基本成熟,草案经过常委会3次审议、修改,针对性、操作性比较强,基本可行。

受国务院委托,中国银行业监督管理委员会主席刘明康就银行业监督管理法草案作了说明。他说,根据十届全国人大一次会议通过的关于国务院机构改革方案的决定,国务院决定设立银监会,统一监管银行、金融资产管理公司、信托投资公司等银行业金融机构。因此,有必要制定银行业监督管理法,赋予银监会对银行业金融机构的监管职责。

国务院分别向全国人大常委会提交议案,提请审议中国人民银行法修正案草案和商业银行法修正案草案。受国务院委托,中国人民银行行长周小川在就中国人民银行法修正案草案作说明时说,国务院设立银监会,人民银行不再履行监管银行、金融资产管理公司、信托投资公司等银行业金融机构的职责,其职能主要是制定和执行货币政策,不断完善有关金融机构的运行规则,更好地发挥作为中央银行在宏观调控和防范与化解金融风险中的作用。因此,需要对中国人民银行法进行修改。

受国务院委托,银监会主席刘明康就商业银行法修正案草案作说明。他说,此次修改,主要是为了适应金融监管体制改革的需要,明确规定了由银监会履行对商业银行的监管职责,并保留了人民银行的部分监管职责。同时,为适应当前商业银行改革与发展的实际需要,还作了其他修改。

会议还审议了国务院关于提请审议批准中国和南非关于刑事司法协助的条约的议案,中国和吉尔吉斯关于打击恐怖主义、分裂主义和极端主义的合作协定的议案,联合国打击跨国有组织犯罪公约的议案。受国务院委托,外交部副部长张业遂分别就这3个议案作了说明。

会议还审议了各项任免案。

全国人大常委会副委员长王兆国、李铁映、司马义·艾买提、何鲁丽、丁石孙、成思危、许嘉璐、蒋正华、顾秀莲、热地、盛华仁、路甬祥、乌云其木格、韩启德、傅铁山出席会议。最高人民法院院长肖扬、最高人民检察院副检察长赵登举列席会议。

中共中央政治局常委李长春在陕西考察

8月22日至26日,李长春先后到延安、西安、杨凌农业高新技术产业示范区等地考察,参观了企业、科研院所、高新技术产业开发区、新闻媒体、文化等单位,主持召开了学习贯彻"三个代表"重要思想的座谈会,听取了陕西省委、省政府的工作汇报,对陕西省工作给予了充分肯定,对下一步工作提出了要求。

李长春分别就深入学习贯彻"三个代表"重要思想、积极推进文化体制改革、治理党政部门报刊、发行以及大力弘扬延安精神作了指示。

国务委员陈至立在上海 江苏考察

8月22日至26日,陈至立深入学校、科研院所、高新科技企业、高新技术产业开发区和文化单位考察和座谈。她充分肯定了上海、江苏在科技教育文化等社会事业发展和改革中取得的显著成绩,强调上海、江苏等东部沿海地区要继续大力实施科教兴国战略和人才战略,加强文化建设,进一步发挥科技教育文化资源集中、人才荟萃的优势,为率先基本实现现代化作出更大的贡献。

陈至立强调,中心城市要进一步统筹整合科技教育资源,加大改革的力度,创新体制、机制和模式,增强可持续发展的动力和活力,走内涵发展的路子。教育的发展要深入贯彻"巩固、深化、提高、发展"的方针,进一步办好高质量的各级各类教育,培养高质量的各级各类人才;要紧紧贴近社会需求,调整结构和教学内容及方法,增强教育的活力;要多出高水平的科研成果,大力推进科研成果实现产业化;要创造更加宽松的环境,积极吸引海外人才回国建功立业。在上海期间,陈至立还看望了巴金同志。

国务院副总理曾培炎在云南考察西电东送输变电工程

曾培炎强调,要认真贯彻"三个代表"重要思想和党的十六大精神,深化电力体制改革,加强电力建设和管理,确保电力供应安全,为满足经济社会发展需要、保证人民生活正常秩序作出更大贡献。

中宣部部长刘云山在沈阳出席省区市宣传部长座谈会并讲话

这次座谈会的任务是,学习贯彻中央关于宣传思想工作的重要指示精神,总结前一阶段工作,分析当前思想理论领域的形势,研究部署下一步工作。会议指出,当前的宣传思想工作,要以学习宣传贯彻十六大精神、学习宣传贯彻"三个代表"重要思想为主线,兴起学习贯彻"三个代表"重要思想的新高潮,兴起全面建设小康社会、加快推进社会主义现代化建设的宣传热潮。

刘云山在讲话中指出,宣传思想战线要认真学习胡锦涛同志"七一"重要讲话精神,要牢牢把握正确舆论导向,大力宣传中央的重大决策部署,大力弘扬和培育民族精神，大力发展文化事业和文化产业。

各省区市党委宣传部长出席会议。

中国妇女第九次全国代表大会在人民大会堂开幕

大会主席团常务主席彭珮云宣布大会开幕。胡锦涛、吴邦国、温家宝、贾庆林、曾庆红、黄菊、吴官正、李长春、罗干等党和国家领导人到会祝贺。

中共中央政治局常委李长春代表党中央发表了题为《在全面建设小康社会的进程中充分发挥我国妇女的伟大历史作用》的祝词。

共青团中央书记处第一书记周强代表中华全国总工会、中国共产主义青年团中央委员会、中国文学艺术界联合会、中国作家协会、中国科学技术协会、中华全国归国华侨联合会、中华全国台湾同胞联谊会、中国残疾人联合会，向大会致贺词。贺词说，妇女是推动人类社会进步的伟大力量。勤劳、智慧、勇敢、善良的中国妇女一定能够为全面建设小康社会、实现中华民族的伟大复兴，谱写出更加辉煌的时代新篇章。

大会主席团常务主席顾秀莲代表中华全国妇女联合会第八届执行委员会向大会作了题为《以“三个代表”重要思想为指导，团结动员全国各族各界妇女为全面建设小康社会而奋斗》的工作报告。

到会祝贺的领导同志还有：王兆国、回良玉、刘淇、吴仪、贺国强、曹刚川、王刚、何勇、李铁映、何鲁丽、华建敏、陈至立、肖扬、王忠禹、刘延东和陈慕华、钱正英等。

出席开幕式的还有：中央和国家机关各部委、各人民团体、解放军和武警部队、北京市的负责同志，知名老大姐，在京的部级女领导干部和历届全国妇联领导同志。首都各界妇女代表共1600多人参加了开幕式。

开幕式前，胡锦涛、吴邦国、温家宝、贾庆林、曾庆红、黄菊、吴官正、李长春、罗干等党和国家领导人在人民大会堂二楼宴会厅会见了出席中国妇女第九次全国代表大会的全体代表。

中共中央政治局常委李长春在中国妇女第九次全国代表大会上的祝词《在全面建设小康社会的进程中充分发挥我国妇女的伟大历史作用》

同志们：

中国妇女第九次全国代表大会今天隆重开幕了。全国各族妇女代表在这里欢聚一堂，共商新世纪、新阶段中国妇女事业发展大计。这对于推动全国亿万妇女深入学习贯彻“三个代表”重要思想和党的十六大精神，满怀豪情地为全面建设小康社会、开创中国特色社会主义事业新局面而奋斗，具有十分重要的意义。

我受党中央委托，向中国妇女第九次全国代表大会的胜利召开表示热烈的祝贺！向全国各族妇女和广大妇女工作者致以亲切的问候！向香港特别行政区女同胞、澳门特别行政区女同胞和台湾女同胞、海外女侨胞致以良好的祝愿！

中国妇女第八次全国代表大会以来，在党的领导下，我国广大妇女认真学习实践邓小平理论和“三个代表”重要思想，以高昂的劳动热情和奋发的进取精神，积极投身建设中国特色社会主义事业的伟大实践，在各条战线上充分发挥自己的聪明才智，为推动经济发展和社会全面进步作出了重大贡献。在前一时期抗击非典型肺炎的艰苦斗争中，广大妇女发挥了重要作用，尤其是战斗在防治工作第一线的广大女医务工作者，恪尽职守，奋不顾身，同病魔展开殊死搏斗，用心血、汗水甚至生命谱写了可歌可泣的壮丽诗篇，向世界展示了当代中国妇女英姿飒爽的崭新风貌！实践再次证明，把我国亿万妇女这支伟大力量充分动员起来，我们的事业就能获得不断发展的强大力量，我们的国家和民族就能坚定地屹立于世界民族之林！

党的十六大提出，要在本世纪头20年，集中力量全面建设惠及十几亿人口的更高水平的小康社会，使经济更加发展、民主更加健全、科教更加进步、文化更加繁荣、社会更加和谐、人民生活更加殷实。这个目标，是全国各族人民在新世纪、新阶段的奋斗目标，也是当代中国妇女事业发展的鲜明主题。江泽民同志曾经指出：“实现现代化，把我国建成富强民主文明的社会主义国家，需要全国各族人民包括各族妇女的共同奋斗。没有广大妇女的积极参与，我们的一切事业都不可能取得胜利。”要实现全面建设小康社会的宏伟目标，必须紧紧依靠我国广大妇女。广大妇女要不断实现自身进步，我国妇女事业要不断发展，也必须同全面建设小康社会的伟大实践相结合。广大妇女一定要认清我国发展的历史趋势和自己肩负的神圣使命，在“三个代表”重要思想和党的十六大精神的指引下，坚定地跟着中国共产党走中国特色社会主义道路，为实现全面建设小康社会的宏伟目标贡献全部智慧和力量。

第一，希望广大妇女在全面建设小康社会的伟大进程中创造新业绩。发展是硬道理。推动我国经济社会协调发展，是全面建设小康社会的根本要求，也是包括广大妇女在内的全国人民的根本利益所在。广大妇女要自觉地把个人的命运同国家、民族的命运紧紧联系在一起，进一步提高促进发展的自觉性，增强加快发展的紧迫感，为解放和发展生产力、推动社会全面进步发挥更大的作用。要坚持个人理想同民族振兴相结合、个人追求同社会需要相结合，把每一个工作岗位都当成奋斗的舞台，把每一项本职工作都作为奉献的途径，有一分热，发一分光，努力在平凡的岗位上作出不平凡的成绩。要牢固树立艰苦奋斗的思想，自强不息，不甘人后，敢于面对各种压力和挑战，勇于战胜各种困难和挫折，用出色的工作和优异的成绩展现自身的价值，赢得社会的尊重。要大力发扬与时俱进、开拓创新的精神，善于结合本职工作，研究新问题，探索新办法，实现新突破，为促进理论创新、体制创新、科技创新、文化创新和其他方面的创新发挥应有的作用。

第二，希望广大妇女在全面建设小康社会的伟大进程中树立新风尚。全面建设小康社会的目标，是中国特色社会主义经济、政治、文化全面发展的目标。我们在大力推进社会主义物质文明建设和政治文明建设的同时，要大力推进社会主义精神文明建设，不断提高全民族的思想道德素质和科学文化素质。形成与时代发展和社会进步相适应的社会风尚，是社会主义精神文明建设的重要内容。广大妇女对形成和发扬良好的社会风尚具有举足轻重的作用，要充分发挥自身优势，积极参与各种精神文明创建活动，做良好社会风尚的倡导者、实践者和推动者。要顾全大局，放眼长远，为国家分忧，为社会尽责，推动全社会共同理想和共同利益的实现。要大力弘扬社会公德、职业道德和家庭美德，倡导团结互助精神，理解和尊重他人，关心和帮助他人，善于与人和睦相处，善于与人合作共事，为在全社会加强道德建设和形成新型人际关系发挥积极作用。要注重弘扬科学精神，不断提高分辨科学和迷信、文明和愚昧、进步和落后的能力，破除陈规陋习，反对封建迷信，自觉抵制“黄赌毒”等社会丑恶现象，推动全社会建立文明健康的生活方式。要切实增强民主法制观念，自觉遵纪守法，善于运用法律武器保护自己，坚决同各种违法犯罪行为作斗争，为保持长期和谐稳定的社会环境作出努力。

第三，希望广大妇女在全面建设小康社会的伟大进程中争做时代新女性。不断提高自身素质，是广大妇女更好地为全面建设小康社会作贡献的重要前提，也是广大妇女不断实现自身全面发展的必然要求。广大妇女一定要充分认识提高自身素质的重要性和紧迫性，努力学习马克思列宁主义、毛泽东思想、邓小平理论和“三个代表”重要思想，坚定理想信念，不断提高运用科学理论改造客观世界和主观世界的能力。要适应全民学习、终身学习的学习型社会的要求，努力学习科学文化知识和业务技能，增强创业本领，不断提高适应能力、自立能力和竞争能力，在改革开放和发展社会主义市场经济的新形势下更好地建功立业。要妥善处理学习和工作、家庭的关系，抓紧时间学习，挤出时间学习，保持持久的学习热情，不断用新知识、新技能充实自己、提高自己、完善自己。要通过学习不断提高自己各方面的素质，努力成为合格的社会主义现代化事业建设者，成为有理想、有道德、有文化、有纪律，具有自尊、自信、自立、自强精神的时代新女性。

妇联是党领导下的妇女群众组织。长期以来，各级妇联组织团结带领各族妇女，为实现党和国家在各个时期的历史任务、促进妇女进步作出了重要贡献。在全面建设小康社会的进程中，妇联组织肩负着团结带领广大妇女为党和人民的事业共同奋斗的庄严使命。为了更好地担负起自己的使命，妇联组织要坚持以邓小平理论和“三个代表”重要思想为指导，自觉接受党的领导，紧紧围绕党和国家工作大局，充分发挥自身优势，全面履行各项职能，与时俱进，扎实工作，不断开创妇联工作的新局面；要坚持把服务大局和服务妇女群众结合起来，真正把党的路线方针政策贯彻到妇联各项工作中去，把服务妇女群众作为工作的出发点和落脚点，体察她们的疾苦，倾听她们的呼声，反映她们的愿望，真心实意地帮助她们解决实际困难，切实维护妇女群众的合法权益；要坚持把继承优良传统和积极开拓创新结合起来，既要善于运用长期实践中积累的成功经验，又要适应时代发展和社会生活的变化，不断实现工作思路、工作方式和自身建设的创新，不断增强妇联组织的吸引力和凝聚力；要坚持把发挥自身作用和动员社会力量结合起来，充分挖掘妇联工作潜力，主动加强同社会各界的联系，广泛利用各种社会资源，共同促进妇女事业的发展。妇联组织要加强同香港特别行政区女同胞、澳门特别行政区女同胞和台湾女同胞、海外女侨胞的联系，为促进香港、澳门的繁荣稳定、实现祖国完全统一贡献力量。要加强同世界上爱好和平的妇女和妇女组织的交往和合作，维护世界和平，促进共同发展。

胡锦涛同志曾经指出：“占我国人口半数的妇女群众是推动社会历史发展的一支伟大力量。”各级党委和政府要进一步认识妇女在推动党和国家事业发展和社会进步中的伟大作用，牢固树立马克思主义妇女观，保护好、调动好、发挥好广大妇女的积极性和创造性。要通过经济、法律、行政、宣传等手段，认真贯彻男女平等的基本国策，维护妇女的合法权益，确保广大妇女在国家政治、经济和社会生活中的平等地位，旗帜鲜明地反对歧视妇女的各种陈旧观念和落后行为，坚决扫除损害妇女儿童身心健康的社会丑恶现象，严厉打击侵害妇女儿童权益的严重犯罪行为。各级党委要加强对妇联工作的领导，认真研究解决妇联在实际工作中遇到的困难和问题，支持妇联组织依照法律和章程创造性地开展工作。要继续加大培养和使用妇女干部的力度，促进更多的优秀妇女人才脱颖而出，发挥才干。要大力提倡尊重妇女、关心妇女、保护妇女的社会风尚，为我国妇女事业的发展创造更加良好的社会环境。

全国广大妇女同胞们！伟大祖国的发展蓝图已经绘就，中华民族的灿烂未来正在向我们召唤。让我们紧密团结在以胡锦涛同志为总书记的党中央周围，高举邓小平理论伟大旗帜，全面贯彻“三个代表”重要思想，在党的十六大精神指引下，团结一致，奋发图强，为全面建设小康社会、开创中国特色社会主义事业新局面，为实现中华民族的伟大复兴而不懈奋斗！

中国妇女九大主席团常务主席顾秀莲代表全国妇联第八届执行委员会向大会作工作报告《以“三个代表”重要思想为指导，团结动员全国各族各界妇女为全面建设小康社会而奋斗》

顾秀莲强调，“三个代表”重要思想是指导中国妇女运动沿着正确方向前进的强大理论武器。必须把“三个代表”重要思想学习好、贯彻好、落实好，切实把“三个代表”重要思想贯穿到妇女运动的各个方面，体现在妇联工作的全过程。

顾秀莲说，“三个代表”重要思想是中国妇女运动健康发展的指导思想。以“三个代表”重要思想为指导，就必须团结动员广大妇女，积极投身全面建设小康社会的伟大实践；必须大力开发妇女人力资源，使更多的妇女成为先进生产力的创造者；必须使广大妇女成为先进文化的建设者，促进社会的文明与进步；必须在维护全国人民总体利益的同时，维护妇女的具体利益；必须坚持与时俱进、开拓创新，充分发挥妇联组织的桥梁和纽带作用。

顾秀莲说，本世纪头20年中国妇女事业发展的总目标是：妇女儿童发展环境得到全面优化；妇女在经济、政治、文化、社会和家庭生活等领域的平等权利得到切实尊重和保障，性别平等意识在全社会日益深入人心；妇女的综合素质明显提高，参与可持续发展的能力显著增强；男女平等基本国策和儿童优先原则得到进一步贯彻落实。她要求全国各族各界妇女积极参与国家经济建设，积极参与管理国家和社会事务，积极参与先进文化建设，积极参与可持续发展战略的实施，努力提高自身素质，塑造“四有”、“四自”女性新形象。

顾秀莲说，过去5年，是我国妇女运动发展的最好时期之一。5年来的实践证明，中国妇女不愧是改革开放和现代化建设的半边天，不愧是推动社会主义物质文明、精神文明和民主法制建设的重要力量。

顾秀莲说，5年来，广大妇女主动适应经济结构调整，不断激发创新热情和创造活力，在促进国家经济建设和社会发展中发挥了重要作用。广大妇女以国家主人翁的姿态参与社会主义民主政治建设，参政议政的意识和能力明显增强。广大妇女积极参与社会公德、职业道德和家庭美德建设，社会责任感明显增强。广大妇女抓紧学习，积极实践，自主意识和竞争意识进一步增强，生活质量得到明显改善。

顾秀莲说，5年来，各级妇联组织坚持以经济建设为中心，发挥优势，履行职能，动员妇女参与经济发展实现了新跨越，组织妇女参与精神文明建设取得了新成绩，维护妇女儿童权益工作有了新突破，妇联自身建设迈出了新步伐，与国内外妇女的交流合作取得了新进展。

顾秀莲概括了中国妇女运动的六条基本经验：第一，坚持以邓小平理论和“三个代表”重要思想为指导，不断推进妇女理论的创新。第二，坚持党的领导，确保我国妇女运动沿着正确的方向前进。第三，坚持以经济建设为中心，充分发挥妇女在改革开放和现代化建设中的作用。第四，坚持把竭诚为妇女儿童服务作为工作的出发点和落脚点，切实维护妇女儿童合法权益。第五，坚持把提高妇女素质作为长期战略任务，增强妇女发展的自主意识和能力。第六，坚持以改革的精神加强和改进妇联自身建设，完善社会化、开放式的妇女工作格局。

顾秀莲表示，今后5年，我国妇女事业发展要着重在六个方面取得成效。

这六个方面包括：妇女就业机会和就业岗位不断增加，就业层次不断提高，就业结构更加合理；引导和扶持农村妇女富余劳动力向非农产业和城镇转移，使她们有更多的就业和发展机会；城乡贫困妇女数量大幅度减少。

各级人大女代表、政协女委员比例有较大提高；各级领导班子中女性数量逐步增加；基层妇女群众参与民主选举、民主决策、民主管理、民主监督的意识和能力明显增强。

青壮年女性文盲大幅度减少；基本杜绝小学适龄女童失学、辍学；妇女平均受教育年限达到发展中国家的先进水平；高新技术和管理领域的女性专业人才比例逐年增加。

妇女儿童特别是农村和西部地区妇女儿童享有基本的卫生保健服务；妇女生殖健康水平稳步提高；妇女儿童的健康环境不断改善。

促进男女平等和儿童健康成长的法律政策体系更加健全；侵害妇女儿童权益的违法犯罪行为和社会丑恶现象受到更加严厉的打击；妇女儿童依法维护自身权利的能力明显增强。

妇女儿童享有的社会保障、社会福利和社会服务水平明显提高；男女平等的教育逐步纳入国民教育内容；在国家统计中增加分性别指标。

顾秀莲说，实现这些目标，需要在全面建设小康社会的进程中奠定强大的物质基础，创造良好的社会环境，也需要全国各族各界妇女认清使命，勇于实践，大胆创造，积极贡献，努力推动经济和社会的全面发展。

《人民日报》发表社论《为全面建设小康社会再立新功——祝贺中国妇女第九次全国代表大会开幕》

中国妇女第九次全国代表大会今天在北京隆重开幕。这是我国妇女政治生活中的一件大事，我们对大会的召开表示热烈祝贺！

这次代表大会是在全国人民学习贯彻党的十六大精神，全面建设小康社会，加快推进社会主义现代化的重要时刻召开的。这次大会对于进一步团结动员全国各族各界妇女，承前启后，继往开来，与时俱进，积极投身改革开放和现代化建设，努力实现妇女进步与发展，具有十分重要的意义。

中国妇女第八次全国代表大会以来的5年，是我国改革开放和现代化建设取得巨大成就的5年，同时也是广大妇女奋发进取，建功立业，不断作出新贡献、取得新业绩的5年。在各条战线、各个领域，亿万妇女为我国社会主义物质文明、政治文明、精神文明建设，洒下辛勤的汗水，奉献智慧和力量。党和人民高度评价广大妇女为国家的发展和民族的振兴作出的突出贡献。5年来，各级妇联组织坚持不懈地用马克思列宁主义、毛泽东思想、邓小平理论和“三个代表”重要思想武装妇女，紧紧围绕党和国家工作大局，充分发挥妇女特点和优势，一手抓发展、一手抓维权，不断深化“双学双比”、“巾帼建功”、“五好文明家庭创建”三大主体活动，实施科技致富、社区服务、家庭文明和女性素质四项工程，开展了卓有成效的工作，有力地促进了我国妇女的进步与发展。在今年抗击“非典”的斗争中，广大妇女尤其是女医护工作者，冲锋在前，舍己救人，展现了当代中国妇女顾全大局、忘我献身的精神和“自尊、自信、自立、自强”的时代风貌，谱写了一曲曲可歌可泣的英雄赞歌。实践证明，当代中国妇女不愧是改革开放和现代化建设的“半边天”，不愧是推动经济发展和社会进步的伟大力量。

本世纪头20年，对我国来说，是一个必须紧紧抓住并且可以大有作为的重要战略机遇期。集中力量，全面建设惠及十几亿人口的更高水平的小康社会，是全党全国人民新世纪、新阶段的奋斗目标。实现这个宏伟目标，既需要包括广大妇女在内的全体人民的共同努力，又必将造福于广大妇女；既反映了包括广大妇女在内的全体人民的共同心愿和根本利益，也为广大妇女更好地发挥作用提供了前所未有的机遇和更加宽阔的舞台。社会主义现代化需要妇女去建设，中华民族伟大复兴需要妇女去奋斗。全国各族各界妇女要勇敢地肩负起时代赋予的光荣使命，把个人的前途同国家的富强紧密联系起来，使自身的奋斗同民族的复兴结合在一起，大力发扬创新、创业、创造的精神，在全面建设小康社会的伟大实践中，不断作出新的贡献。

中国妇女在全面建设小康社会的历史进程中再立新功，最重要的就是要用“三个代表”重要思想指导妇女运动。“三个代表”重要思想是新世纪、新阶段全党全国人民继往开来、与时俱进，实现全面建设小康社会宏伟目标的根本指针。中国妇女运动必须以“三个代表”重要思想为统领，切实把“三个代表”重要思想贯穿到妇女运动的各个方面，体现在妇联工作的全过程，真正把广大妇女和妇联干部的思想和行动统一到“三个代表”重要思想上来，把智慧和力量凝聚到实现十六大确定的各项任务上来，不断开创中国妇女运动的新局面。

妇女事业是人类的一项崇高事业，妇女工作是党的群众工作的重要组成部分，妇联组织是党联系妇女群众的桥梁和纽带。各级党委要认真研究新的历史条件下妇女工作的特点和规律，切实加强对妇女工作的领导，支持妇联组织依照法律和章程，围绕党的中心任务，独立自主、创造性地开展工作。要把妇女工作纳入党委和政府的重要议事日程，支持妇联组织做好维护妇女儿童合法权益的工作。要重视培养选拔女干部、培养使用妇女人才的工作，加大妇联干部的培训和交流力度，为优秀妇女人才脱颖而出创造条件。

全面建设小康社会，加快推进社会主义现代化，使社会主义中国发展和富强起来，为人类进步事业作出更大贡献，这是时代赋予我们的光荣使命。我们坚信，在以胡锦涛同志为总书记的党中央领导下，勤劳勇敢、甘于奉献的中国妇女一定能够不辱使命，充分展现当代妇女的巾帼风姿，在全面建设小康社会的伟大实践中再立新功，再创辉煌，共同创造我们的幸福生活和美好未来。

香港特别行政区政府和福建省政府在福州举行“福建·香港周”活动

首场活动“闽港工贸交流暨项目推介会”吸引了众多两地政界和工商界人士。香港特别行政区工商及科技局局长曾俊华和福建省副省长叶双瑜出席了推介会。

8月22日至27日的“福建·香港周”，是CEPA（《内地与香港关于建立更紧密经贸关系的安排》）签署后香港在内地的首个大型经贸活动，将包括香港展览会、香港投资环境介绍会、福建省情介绍会、闽港工贸交流暨项目推介会、物流业交流活动、旅游业交流活动、闽港法律界交流活动、闽港基建房地产交流座谈会、金融及企业上市融资研讨会等多项活动，其规模、活动内容都超过以往香港在内地举办的"香港周"。

榆靖高速公路在陕西建成通车

这是我国在沙漠地区修建的第一条高速公路。它东起榆林市榆阳区孙家湾，西至靖边县石家湾，主线全长 116 公里，工程总投资 18.17 亿元。

外交部部长李肇星在北京分别与朝俄美就六方会谈交换意见

外交部部长李肇星在外交部会见朝鲜驻华大使崔镇洙，当晚和 8 月 22 日晚，李肇星外长又分别与俄罗斯外长伊万诺夫、美国国务卿鲍威尔通了电话，就即将在北京举行的六方会谈交换了意见。

外交部副部长王毅紧急约见日本驻华大使阿南惟茂就日本遗弃毒剂致中国公民死亡事件再次向日方提出严正交涉

8 月 4 日发生的齐齐哈尔日本遗弃毒剂伤人事件中的受害者李贵珍因重度芥子气中毒，于 21 日晚抢救无效死亡。

王毅表示，李贵珍因伤势过重，不治身亡，使事态发展到令人极为痛心的地步。日本政府对这一严重后果负有不可推卸的责任。

王毅指出，日本遗弃在华的化学武器曾残害过许多中国人的宝贵生命。在日本军国主义发动侵华战争已经过去 58 年的今天，这一毒瘤依然时刻威胁着许多中国人的生命安全。这不能不引起中国人民的义愤。

王毅强调，中国人民的感情和生命的尊严应该而且必须得到维护。中方强烈要求日本政府切实履行《禁止化武公约》的规定和双方达成的有关协议，以负责任的态度，早日铲除这一毒瘤。针对受害者以及当地所受的损失，中方强烈要求日方尽快以实际行动切实承担应负的责任，向受害者及中国人民作出必要的交代。

外交部副部长周文重在堪培拉与澳大利亚外交贸易部秘书长阿什顿·卡尔弗特共同主持中澳第十六次外交部官员年度政治磋商

双方在磋商中一致认为，近年来中澳关系发展势头很好，高层互访频繁，在经贸、文化、教育、科技、旅游等广泛领域的交流与合作取得积极成果。双方对两国在国际和地区问题上良好的沟通与合作表示满意。

周文重于 8 月 21 日还拜会了澳大利亚参议长保罗·卡尔弗特、外长唐纳，并会见了澳议会澳中友好小组主席莫伊伦。

中美海上军事安全磋商机制"海空军事安全工作小组"第三次会议在美国夏威夷结束

为期 3 天的会议期间，双方继续就中美海上军事安全相关问题进行了坦诚的、建设性的磋商。中方工作小组还拜会了美军太平洋总部战略政策与计划局参谋长尼利准将，参观了美海军"伊利湖"号宙斯盾巡洋舰。

中国选手张亮亮在韩国大邱举行的世界大学生运动会上夺得男子花剑金牌

8 月 23 日

全国人大常委会组成人员分组审议行政许可法草案和银行业监督管理法草案

最高人民检察院检察长贾春旺在长春出席检察长座谈会并讲话

出席座谈会的有东北地区、华北地区和山东、军事检察院等 10 个省级检察长。贾春旺在座谈会上说，下半年各级检察机关要进一步加大查办职务犯罪工作力度，坚持集中力量查办大案要案，力争在年内立案、起诉一批有影响、有震动的大案要案。

贾春旺指出，下半年检察机关还将做好两项重点工作：一是切实履行批捕、起诉职责，依法严厉打击各种严重刑事犯罪，加大惩治走私等破坏社会主义市场经济犯罪的力度，维护社会稳定和安宁。二是加强诉讼监督，维护司法公正，集中抓好经济犯罪立案监督专项行动，超期羁押专项清理工作，服刑人员申诉专项清理工作，减刑、假释、暂予监外执行监督专项活动等专项监督活动，加强对严重违反程序法、在诉讼活动中侵犯人权问题的监督和民事审判及行政诉讼活动的监督。

中国妇女第九次全国代表大会主席团举行第二次会议

会议听取了中华全国妇女联合会章程修正案的说明和中华全国妇女联合会第九届执行委员会组成情况的说明，审议了中华全国妇女联合会章程修正案，通过了中华全国妇女联合会第九届执行委员会委员候选人建议名单和中国妇女第九次全国代表大会选举办法。

主席团会议同意将以上文件提交中国妇女第九次全国代表大会全体代表讨论。

会议由全国妇联主席彭珮云主持。

2003 中国企业 500 强名单在北京发布

中国石油天然气集团、中国石油化工集团、中国移动通信集团位居前三位。与去年相比,今年500强企业的入围门槛和整体实力均比去年有大幅提高。

中国企业联合会、中国企业家协会按照国际惯例,以2002年企业营业收入为标准,根据第三方评审,排出2003中国企业500强,前十名分别为:中石油、中石化、中国移动、中国工商银行、中国化工进出口总公司、中国电信、中国第一汽车集团、中国人寿保险公司、中国银行、中国建设银行。

中国企业联合会副会长胡新欣在发布会上说,与去年中国企业500强相比,今年中国企业500强的显著特点是:有112家新面孔荣登500强排行榜;500强企业的营业收入、利润、资产和职工人数比上年500强企业都有所增长,反映出中国经济和企业的迅速成长和变化。

据统计,2003中国企业500强营业收入总额达6.9万亿元,占当年国内生产总值的68%,表明我国实施的大企业策略已经见到明显成效。

国务委员唐家璇在人民大会堂会见出席中日友好交流会议的中日双方与会代表

唐家璇强调,民间友好是中日关系的优良传统和宝贵财富,中国政府将继续高度重视和大力支持中日民间友好,希望民间友好在新形势下发挥更大作用。

中日友好交流会议以"发展新世纪的中日友好"为题,于8月22日和23日在北京举行。中日两国友好人士和活动家100多人出席会议。中日友协会长宋健、对外友协会长陈昊苏、日本代表团团长贯洞哲夫以及日本驻华大使阿南惟茂等出席会议并讲话。

泰国副总理泰爱泰党副主席颂吉在曼谷会见中联部部长王家瑞率领的中共代表团

颂吉说,泰中两国经济合作近年来发展迅速,特别是两国在推动双边自由贸易方面取得重要进展,希望双方进一步加强经贸合作,扩大双向投资,推动两国全方位友好合作。

当天,泰国外长、泰爱泰党副主席素拉革在外交部会见了王家瑞一行。素拉革说,泰国政府重视对华关系,坚持对华友好,坚定奉行一个中国的政策,支持中国在"法轮功"问题上的立场,决不允许"法轮功"组织在泰国进行反对中国政府的活动。

王家瑞在与泰国两位领导人会见时表示,中国共产党和中国政府感谢泰国政府在台湾问题和"法轮功"问题上对中国的支持,希望通过中国共产党和泰爱泰党的友好合作,推动两国关系的发展。

第二届全国残疾人职业技能竞赛在北京揭晓

竞赛由中国残疾人联合会、劳动和社会保障部等共同举办。来自上海的陈志强等23位"能工巧匠"在竞赛中脱颖而出,分别夺得各竞赛项目全国决赛冠军,并被授予"全国技术能手"称号。

中共中央政治局委员、国务院副总理、国务院残疾人工作协调委员会主任回良玉,全国政协副主席郝建秀等出席竞赛闭幕式并会见了北京赛区全体参赛选手。

为表彰在竞赛中获得优异成绩的选手,劳动和社会保障部决定,对获得全国决赛各项目第一名的选手,授予"全国技术能手"荣誉称号,对取得规定名次的选手在原有技术等级基础上晋升一级,并颁发相应等级的职业资格证书。有关部门还将组织本次竞赛的优秀选手,参加国际奥林匹克残疾人技能大赛。

经国务院批准,今后我国将每4年举办一届全国残疾人职业技能竞赛,并逐步与国际赛制接轨,形成制度化、规范化的残疾人赛事。

8月24日

全国人大常委会委员分组审议银行法和商业银行法修正案草案

国务院在昆明召开西南六省(区、市)西部大开发座谈会

座谈会为期两天。中共中央政治局委员、国务院副总理曾培炎在会上强调,要认真贯彻"三个代表"重要思想和党的十六大精神,把加快发展作为西部大开发的中心任务。继续加强基础设施和生态环境建设,发展特色经济和优势产业,努力提高西部地区自我发展能力,在改革开放中走出一条加快发展的新路子。曾培炎还结合西南的实际情况,对进一步做好退耕还林工作提出了要求。

曾培炎希望大家进一步总结经验,针对西南、西北的不同特点,从实际出发,加强重大问题的研究。

座谈会上,云南、贵州、四川、西藏、重庆、广西六省、区、市负责人介绍了西部大开发取得的成绩,并对下一步工作提出了意见和建议。国务院有关部门负责人也发了言。

在云南期间,曾培炎深入退耕林区和农民家庭,详细了解退耕农民的生产、生活和收入,以及国家退耕还林政策的落实情况。曾培炎说,退耕还林是西部大开发的一项重要战略任务,要认真总结,搞好规划,加强协调,突出重点,完善政策。

中国妇女九大主席团举行第三次全体会议

会议由主席团常务主席彭珮云主持,华福周作了关于全国妇联第八届执行委员会报告修改意见的说明，沈淑济作了关于《中华全国妇女联合会章程(修正案)》修改意见的说明。

会议通过了监票人建议名单，指定了总监票人，通过了全国妇联第九届执行委员会委员候选人名单(草案)。

最高人民法院院长肖扬在北京出席全国高级法院院长座谈会并讲话

肖扬说，“三个代表”重要思想的本质特征是“立党为公，执政为民”，贯彻于人民法院的工作实际，就要牢固确立司法为民的思想。这是人民司法指导思想与时俱进的新内容。要针对“公正与效率”司法大检查中发现的问题，做好11个方面工作：

1. 在为“第一要务”服务方面下功夫，促进经济发展和社会全面进步。

2. 在维护社会稳定方面下功夫，确保人民群众生命财产安全和安居乐业。

3. 在依法保障深化改革扩大开放方面下功夫，促进社会主义市场经济健康发展。

4. 在平等保护各类当事人合法权益方面下功夫，确保法律面前人人平等。

5. 在进一步方便人民群众诉讼方面下功夫，切实保障人民的诉讼权利。

6. 在提高司法效率方面下功夫，使当事人尽快获得公平裁判的结果。

7. 在切实解决执行难方面下功夫，及时维护案件胜诉方的权益。

8. 在加强人民法院基层基础建设方面下功夫，使人民司法工作更加贴近人民群众维护合法权益的实际需要。

9. 在坚持群众路线方面下功夫，自觉接受人民群众的监督。

10. 在确保司法公正方面下功夫，切实解决群众反映强烈的司法不公问题。

11. 在提高法官队伍整体素质方面下功夫，推进法官职业化建设。

肖扬要求各级人民法院全面清理超审限案件，11月底前把近3年来的超审限案件清理完毕。严格杜绝新的超审限案件发生。

中国体操选手在美国阿纳海姆举行的第三十七届世界体操锦标赛上获得5枚金牌

中国选手以5金2银1铜的成绩实现在体操世锦赛上历史性的突破，并以多一枚铜牌的优势力压东道主美国队，占据奖牌榜首位。在最后5个单项的比赛中，中国选手李小鹏独揽跳马、双杠两枚金牌，成为本届体操世锦赛唯一夺得3枚金牌的选手。范晔夺得平衡木比赛的冠军。8月20日，中国男队夺得团体冠军。

8月25日

国家主席胡锦涛在人民大会堂会见伊朗伊斯兰共和国外长卡迈勒·哈拉齐

全国人大常委会委员长吴邦国在人民大会堂会见毛里求斯国民议会议长普·拉姆纳

国务院总理温家宝就印度孟买发生爆炸事件向印度总理瓦杰帕伊致慰问电

国务院总理温家宝在中南海紫光阁会见荷兰外交大臣夏侯雅伯

十届全国人大常委会第四次会议在人民大会堂举行全体会议

会议听取国务院关于今年以来国民经济和社会发展计划执行情况的报告、关于当前重大传染性疾病防治工作情况的报告等。吴邦国委员长出席会议，会议由副委员长李铁映主持。

高强首先报告了重大传染性疾病防治工作面临的形势：防止“非典”疫情反复的任务仍很艰巨；鼠疫、霍乱两种甲类传染病流行趋势不容忽视；艾滋病、性病、结核病、病毒性肝炎等部分乙类传染病防治形势严峻；血吸虫病等地方病防治面临新的挑战；一些新发传染病的威胁日益增加；食物中毒等突发事件频频发生。高强提出，加强重大传染性疾病防治工作，当务之急是切实加强公共卫生体系建设。

受国务院委托，国家发展和改革委员会主任马凯向全国人大常委会报告了今年以来国民经济和社会发展计划执行情况。

马凯特别指出，在当前的好形势下，更要保持清醒头脑，看到经济社会发展中存在的矛盾和困难。一是“非典”疫情对当前经济发展的一些影响还没有完全消除。二是就业形势更加严峻。三是农民增收面临新的困难。四是某些行业结构不合理的矛盾没有缓解。五是信贷投放偏快。六是防汛抗旱形势比较严峻。这些问题都要引起高度重视，采取措施认真加以解决。

根据全国人大常委会执法检查计划，全国人大常委会执法检查组7月对未成年人保护法和预防未成年人犯罪法的实施情况进行了检查。会上，副委员长顾秀莲报告了这次执法检查情况。

全国人大法律委员会主任委员杨景宇报告了行政许可法草案的修改意见。他说，草案经过4次审议，已经比较成熟，建议本次常委会会议通过。

会议还审议了全国人大代表团访问波兰、立陶宛两国情况的书面报告。

全国人大常委会副委员长王兆国、司马义·艾买提、何鲁丽、丁石孙、成思危、许嘉璐、蒋正华、盛华仁、路甬祥、乌云其木格、韩启德、傅铁山出席会议。国务院副总理回良玉、最高人民法院院长肖扬、最高人民检察院检察长贾春旺列席会议。

中国妇女第九次全国代表大会举行第二次全体会议

会议选举产生全国妇联新一届执行委员会。执行委员会下午举行第一次会议，推举陈慕华、彭珮云为全国妇联名誉主席，选举顾秀莲为全国妇联主席。

上午举行的中国妇女九大第二次全体会议，以无记名投票方式差额选举产生全国妇联第九届执行委员会。新一届全国妇联执委会由245名委员组成。

下午举行的全国妇联第九届执委会第一次会议，推举陈慕华、彭珮云为全国妇联名誉主席。会议以无记名投票方式选举顾秀莲为全国妇联主席，黄晴宜、巴桑、沈淑济、谢丽娟、刘雅芝、汪纪戎、张梅颖、陈秀榕、黄彦蓉、吴启迪、莫文秀、赵少华、刘晓连为副主席。

会议还选举产生了31名全国妇联常务委员，推选黄晴宜为书记处第一书记，沈淑济、陈秀榕、莫文秀、赵少华、洪天慧、甄砚、张世平为书记处书记。

中华全国妇女联合会第九届常务委员名单

（按姓氏笔画为序）

马　駇　马延军(回族)　王乃坤　王之球　朱易安
杨湘岚　佘　靖　张　静　张世平　张晓兰　陈希明
林明月　金　蔚　孟燕堃　赵　实　赵玉兰　赵秀英
荣　华　胡克惠　钮小明　姜　力　洪天慧
热孜万·艾拜(维吾尔族)　徐　颖　高　鹏(满族)
黄丹华　崔　郁　蒋培兰　程东红　甄　砚　翟美卿

银监会在上海召开在华外资银行负责人会议

银监会主席刘明康在会上提出，银监会将从四个方面入手提升外资银行监管水平：一是借鉴国际先进监管经验和巴塞尔银行监管委员会《新资本协议》的原则，跟上国际金融业务和监管技术的发展；二是通过建立科学的评级体系和实施综合并表监管，提高以风险为本的持续性审慎监管能力；三是规范监管工作，提高监管工作透明度和监管效率；四是建立国际监管组织的合作协议与机制，在信息共享和交流的基础上更好地实施监管。

刘明康还表示，外资银行监管要强化以风险监管为核心，实现五个方面的转变，即：合规监管向风险监管转变、“头尾分割”式监管向法人整体风险监管转变、“一次性”监管向持续性监管转变、业务监管向法人治理结构和内控有效性监管转变、定性监管为主向定性监管与定量监管相结合转变。

刘明康指出，银监会仍将继续坚持稳步推进对外开放的政策，按照加入世界贸易组织的承诺，逐步开放各项人民币业务，取消客户对象限制和扩大开放地域；加快统一中、外资银行业务审批标准和方式，体现国民待遇原则；公开外资银行准入和监管的法律、法规和程序，提高监管透明度；鼓励外资银行通过参股中资银行等方式更广泛地参与我国银行业的改革开放。据悉，截至2003年7月末，外资银行在华营业性机构已达184家。

国家主席胡锦涛根据全国人大常委会的决定任免驻外大使

一、免去刘正修的中华人民共和国驻老挝人民民主共和国特命全权大使职务；

任命刘永兴为中华人民共和国驻老挝人民民主共和国特命全权大使。

二、免去杨桂荣的中华人民共和国驻马耳他共和国特命全权大使职务；

任命刘正修为中华人民共和国驻马耳他共和国特命全权大使。

三、免去姚匡乙的中华人民共和国驻土耳其共和国特命全权大使职务；

任命宋爱国为中华人民共和国驻土耳其共和国特命全权大使。

四、免去陈占福的中华人民共和国驻厄立特里亚国特命全权大使职务；

任命黄永安为中华人民共和国驻厄立特里亚国特命全权大使。

五、免去张宪一的中华人民共和国驻莱索托王国特命全权大使职务；

任命仇伯华为中华人民共和国驻莱索托王国特命全权大使。

六、免去侯清儒的中华人民共和国驻津巴布韦共和国特命全权大使职务；

任命张宪一为中华人民共和国驻津巴布韦共和国特命全权大使。

七、免去王开文的中华人民共和国驻拉脱维亚共和国特命全权大使职务；

任命季雁池为中华人民共和国驻拉脱维亚共和国

特命全权大使。

八、免去周晓沛的中华人民共和国驻波兰共和国特命全权大使职务；

任命苑桂森为中华人民共和国驻波兰共和国特命全权大使。

九、免去朱祖寿的中华人民共和国驻荷兰王国特命全权大使职务；

任命薛捍勤(女)为中华人民共和国驻荷兰王国特命全权大使。

十、免去赵希迪的中华人民共和国驻匈牙利共和国特命全权大使职务；

任命朱祖寿为中华人民共和国驻匈牙利共和国特命全权大使。

十一、免去吴长胜的中华人民共和国驻巴哈马国特命全权大使职务；

任命焦东村为中华人民共和国驻巴哈马国特命全权大使。

十二、免去王英凡的中华人民共和国常驻联合国代表、特命全权大使职务；

任命王光亚为中华人民共和国常驻联合国代表、特命全权大使。

国家副主席曾庆红在人民大会堂会见日本自民党前干事长野中广务

中共中央政治局常委吴官正在人民大会堂会见厄瓜多尔“1·21”爱国社团党代主席比利亚

外交部发言人孔泉就日本右翼团体成员登上钓鱼岛发表评论

孔泉说,这是严重侵犯中国领土主权的行径。中国外交部以及中国驻日本使馆已分别奉命向日方进行了严正交涉,提出了强烈抗议。

孔泉说,钓鱼岛及其附属岛屿自古以来就是中国的固有领土,中方对此拥有无可辩驳的历史和法律依据。日方对钓鱼岛采取的任何单方面行动都是非法和无效的,丝毫不能改变钓鱼岛是中国固有领土这一基本事实。

孔泉说,我们郑重要求日方立即采取有效措施,消除影响,杜绝今后再次发生类似事件。

据报道,日本右翼团体“日本青年社”成员于25日上午登上钓鱼岛。

农业部部长杜青林在华盛顿与美国农业部部长维妮曼女士举行会谈

会谈结束后,双方签署了中美农业及相关领域合作谅解备忘录。

双方同意成立部长级农业合作委员会,加强对中美生物技术工作组及中美农业科技联合工作组等双方现有涉农工作组工作的指导和协调。双方一致赞同进一步发展中美两国农业领域的长期合作,在平等互利的基础上建立21世纪新的农业合作伙伴关系,推进双方在农业科研、生产、加工、营销与贸易、农业资源保护等领域的合作。双方初步确定在生物技术、农产品质量与安全、人畜共患疫病等方面开展具体合作研究。

全军军以上干部学习贯彻“三个代表”重要思想理论轮训班在国防大学开学

来自全军部队的45名军以上领导干部将参加本期轮训。举办这期轮训班,是中央军委、总政治部按照党中央关于兴起学习贯彻“三个代表”重要思想新高潮的部署和要求而组织的,旨在为全军部队培养理论骨干,探索理论学习新路。

8月26日

国家主席胡锦涛在人民大会堂与厄瓜多尔总统卢西奥·古铁雷斯·博武阿举行会谈

会谈中,双方介绍了各自国内的情况。胡锦涛感谢厄在国际事务中给予中国的宝贵支持。积极评价古铁雷斯总统执政以来,为维护厄政治稳定、促进经济发展和社会公正所作出的努力。中国愿与拉美国家加强对话与交流,广泛开展友好合作,也愿在国际事务中加强相互协调与支持,共同维护发展中国家的利益,为建立新世纪中拉长期稳定、平等互利的全面合作关系继续努力。

古铁雷斯说,厄瓜多尔政府愿不断加强厄中关系,特别是在能源、农业、矿业、高新技术、通信、旅游等领域扩大互利合作。

会谈结束后,胡锦涛主席和古铁雷斯总统共同出席了两国间关于经济技术合作、植物检疫、在石油领域开展合作和文化交流执行计划等6个合作文件的签字仪式。

中共中央在中南海召开党外人士座谈会

座谈会8月26日和28日召开。会议听取各民主党派中央、全国工商联的领导人和无党派人士对《中共中央关于完善社会主义市场经济体制若干问题的决定(征求意见稿)》(以下简称《决定(征求意见稿)》)和《中共中央关于修改宪法部分内容的建议(征求意见稿)》(以下简称《建议(征求意见稿)》)的意见和建议。中共中央总书记胡锦涛主持座谈会并发表重要讲话。

中共中央政治局常委吴邦国、温家宝、贾庆林、曾庆红等分别出席座谈会。

座谈会上，胡锦涛首先介绍了《决定(征求意见稿)》和《建议(征求意见稿)》的形成过程，他希望各民主党派中央、全国工商联的领导人和无党派人士对这两个文件提出意见和建议。

参加座谈会的何鲁丽、丁石孙、成思危、许嘉璐、蒋正华、罗豪才、韩启德、张克辉、黄孟复、陈章良、叶朗等分别发言。大家赞同文件稿的基本框架和主要内容，他们还就推动经济社会协调发展、建立突发灾害应急管理机制、增加农民收入、做好就业再就业工作、加强财产保护、巩固爱国统一战线等提出了意见和建议。

在听取了他们的发言后，胡锦涛说，大家提出了很好的意见和建议，对完善文件稿很有帮助。

胡锦涛指出，完善社会主义市场经济体制是我们在新世纪、新阶段必须完成的任务，也是各民主党派共同努力的目标。希望各民主党派、工商联和无党派人士充分发挥人才荟萃、联系广泛、自我教育的优势，开展形式多样、富有成效的调查研究，积极参政议政、建言献策。王兆国、曾培炎、王刚、盛华仁、华建敏、刘延东和中央有关部门负责人分别出席座谈会。出席座谈会的党外人士还有阿沛·阿旺晋美、周铁农、王选、张怀西、李蒙和张梅颖、张榕明、杜宜瑾、陈抗甫、林文漪、冯之浚等。

全国人大常委会委员长吴邦国在人民大会堂香港厅会见全国人大常委会香港特别行政区基本法委员会全体成员

吴邦国在讲话中充分肯定了第一任香港基本法委员会在过去五年所做的卓有成效的工作，并对新一任香港基本法委员会的工作提出了希望。

中共中央政治局委员、全国人大常委会副委员长王兆国，全国人大常委会副委员长兼秘书长盛华仁会见时在座。

吴邦国说，全国人大常委会负有监督香港基本法的实施和解释香港基本法的重要职责。香港基本法委员会作为全国人大常委会的专门工作机构，对贯彻香港基本法担负着重要任务，希望第二任香港基本法委员会的工作，在新的形势下更加积极有效。

据悉，自1997年香港回归，全国人大常委会设立香港基本法委员会以来，这是第二任香港基本法委员会。第二任香港基本法委员会由内地和香港各6名委员组成。

国务院总理温家宝到中央电视台考察

温家宝先后来到中央电视台播控中心播控区、新闻中心演播区，观看了部分播控设施、演播室和《健康之路》直播现场、大型晚会演播厅，还观看了中央电视台新台址模型。随后，会见了中央电视台部分工作人员，并与部分干部、记者、播音员、主持人座谈。

温家宝充分肯定了中央电视台的工作。他说，各级政府要支持电视媒体发挥舆论宣传和舆论监督作用。电视工作要以"三个代表"重要思想为指导，深入宣传贯彻党的十六大精神，不断增强新闻报道的针对性和实效性，更好地为人民服务、为社会主义服务、为党和政府的工作大局服务。要教育、鼓舞和引导广大群众为实现全面建设小康社会目标同心同德、奋发向上、团结进取。同时，要加强舆论监督，揭露各种不良现象，对政府工作提出批评建议，促使各级政府改进工作。

温家宝强调，电视宣传要坚持贴近实际、贴近群众、贴近生活的原则。一切从群众利益出发，一切为群众着想，倾听群众呼声，体现群众利益。

温家宝希望，电视工作者要树立高度的政治责任感和社会责任感。要发扬优良作风，勤勉敬业，甘于奉献，恪守职业道德。要加强学习，掌握方针政策，熟悉各方面知识和业务。要深入调查研究，全面、准确地反映情况。

中共中央政治局委员、书记处书记、中宣部部长刘云山，国务委员兼国务院秘书长华建敏一同参加了考察。

十届全国人大常委会组成人员分组审议当前重大传染病防治工作情况的报告

十届全国人大常委会组成人员于25日下午和26日分别审议了今年以来国民经济和社会发展计划执行情况的报告、重大传染病防治工作情况的报告和未成年人保护法实施情况的报告。

中国妇女第九次全国代表大会在人民大会堂闭幕

会议通过了关于中华全国妇女联合会第八届执行委员会报告的决议。大会认为，新世纪、新阶段我国妇女运动的发展，必须以"三个代表"重要思想为指导，团结动员广大妇女积极投身全面建设小康社会的伟大实践，使妇女成为先进生产力的创造者和先进文化的建设者，在维护全国人民总体利益的同时，努力维护妇女的具体利益，与时俱进、开拓创新，充分发挥妇联组织的桥梁纽带作用，切实把"三个代表"重要思想贯穿到妇女运动的全过程，体现在妇联工作的各方面，不断推动妇女运动的新发展。

大会还通过了关于《中华全国妇女联合会章程(修正案)》的决议，决定这一修正案自通过之日起生效。

中共中央政治局委员、国务院副总理、国务院妇女儿童工作委员会主任吴仪代表国务院和国务院妇女儿童工作委员会对大会圆满成功表示祝贺。

全国妇联名誉主席彭珮云在讲话时指出,要在全面建设小康社会的伟大实践中争取妇女的进一步解放与发展。

新当选的全国妇联主席顾秀莲在闭幕词中说,这次大会必将鼓舞全国亿万妇女以更加奋发有为的精神状态投身全面建设小康社会的伟大实践,为实现党的十六大提出的各项战略任务顽强拼搏、努力奋斗,创造出新的业绩。大会预示着中国妇女运动在中国共产党的领导下,将又一次实现历史性的跨越和突破式的发展。

顾秀莲强调,广大妇女要把参与“创造新岗位、创造新业绩、创造新生活”作为自己的奋斗目标和努力方向,各级妇联组织要把引导妇女参与“三创”实践、促进妇女发展和维护妇女权益作为重要的工作任务。

乌云其木格、郝建秀和陈慕华等出席了闭幕式。闭幕式由全国妇联副主席、书记处第一书记黄晴宜主持。

公安部发布《公安机关办理行政案件程序规定》

《公安机关办理行政案件程序规定》(以下简称《程序规定》)对公安机关办理行政案件的程序进行了统一规范,是公安执法程序规范化建设的重大举措,对于规范公安行政执法行为,保护公民、法人和其他组织的合法权益等都具有十分重要和深远的意义。

该《程序规定》共十五章二百零五条,主要包括制定《程序规定》的目的、依据,公安机关办理行政案件必须遵循的基本原则,管辖,回避,证据,期间和送达,简易程序,调查,听证程序,行政处罚的适用和决定等等内容,基本涵盖了公安机关办理行政案件的各个环节,适用于公安机关各个行政执法部门,与现有的《公安机关办理刑事案件程序规定》《公安机关办理复议案件程序规定》一起构成了完整的公安机关执法办案程序体系。

国务院总理温家宝对加强税务系统基层建设工作作出重要批示

批示指出:加强税务系统基层建设,是做好税收工作的基础。税务部门要认真学习和贯彻“三个代表”重要思想,切实加强基层领导班子建设、组织体系建设、干部队伍建设、管理基础建设、党风廉政建设,使基层税务部门真正成为政治过硬、业务熟练、作风优良、执法公正、服务规范的坚强集体,为增加国家税收,支持经济和社会发展作出积极贡献。

8月26日,国家税务总局召开全国税务系统基层建设工作会议。会议以“三个代表”重要思想为指导,认真传达贯彻温家宝总理重要批示精神,深入研究、全面部署税务系统基层建设工作,努力为全面建设小康社会作出新的更大贡献。

全国税务系统基层建设工作会议在北京召开

国家税务总局局长谢旭人在会上要求,加大查办涉税违法违纪案件力度,严惩腐败分子。重点查处税务人员贪赃枉法、以税谋私、严重损害纳税人利益的案件,特别是内外勾结、通谋参与虚开增值税专用发票、骗取出口退税以及失职渎职,给国家造成重大损失的案件,发现一件查处一件,决不姑息。坚决纠正在执纪过程中“失之于宽,失之于软”的现象。

全国城市商业银行工作会议暨全国城市商业银行发展论坛第四次会议在南京召开

银监会主席刘明康在会上强调,城市商业银行必须扎扎实实围绕公司治理和风险控制这“两个中心”,实现向规范性发展的转变。

刘明康还表示,银监会将支持城市商业银行“立足地方经济、立足中小企业、立足城市居民”的市场定位;支持城市商业银行之间开展联合与合作,实现资源共享,增强抗风险能力;支持城市商业银行通过吸引国内外高素质的战略投资人和上市等多种方式,引进先进的经营管理经验,同时不断完善资本金补充机制,提高资本充足率,全面提升竞争力;继续推进城市信用社的改革和整顿。

中华人民共和国与罗马尼亚发表联合声明

全文如下:

一、应中华人民共和国主席胡锦涛的邀请,罗马尼亚总统扬·伊利埃斯库于2003年8月19日至26日对中华人民共和国进行国事访问。两国元首就加强双边关系和共同关心的国际问题进行了富有成果的会谈,达成了广泛共识。双方宣布两国将发展全面友好合作关系。

二、双方一致认为,中罗传统友好关系是两国人民的宝贵财富,也是进一步深化双边关系的基础。中罗友好既符合两国和两国人民的共同愿望和根本利益,也有利于促进地区与世界的和平与发展。双方愿在相互尊重、平等互利、互不干涉内政原则基础上,并在全面合作伙伴关系的框架内充分利用现有资源和条件,进一步扩大两国在政治、经贸、文教、科技、旅游等领域的交流与合作,将中罗关系提高到新的水平。

三、中方高度评价罗马尼亚在经济和社会发展中所取得的显著成就,对罗融入欧洲一体化进程的努力表示支持,尊重罗与欧洲——大西洋一体化的选择,赞赏罗在维护地区及世界和平与稳定方面所发挥的积极作用。

四、罗方重申,世界上只有一个中国,中华人民共和国政府是代表全中国的唯一合法政府,台湾是中国领土不可分割的一部分。罗方将继续坚持一个中国的原则立场,不与台湾建立任何形式的官方关系和进行任何具有官方性质的往来,不支持台湾加入只有主权国家才能加入的国际组织。

五、为促进双边合作,定期通报两国各自情况,并就共同感兴趣的国际问题及时交换意见,双方愿加强两国元首、政府及立法机构领导人之间的政治接触。双方鼓励地方和民间机构开展直接合作,促进双边关系的全面发展。

六、双方强调,经贸合作是两国总体关系的重要组成部分。在新形势下充分挖掘中罗经贸合作潜力,有利于加深两国合作,建立长期稳定的经贸合作伙伴关系。双方对近年来两国经贸关系发展的积极势头表示满意,愿共同努力,积极为两国企业和公司间的互利合作创造有利条件,并鼓励各自企业家在对方国家开展贸易、投资等多种形式的合作。为此,双方有关部门将采取相应措施,推动企业在市场经济条件下本着平等互利原则加强经贸往来,促进相互投资并积极探讨在金融、旅游等其他共同感兴趣的领域扩大合作的可能性。

七、双方支持中罗公民扩大交往,以加深相互了解,巩固中罗友好关系。双方强调,依法尊重并保障在各自境内逗留的对方公民的一切合法权益。双方有关部门应为两国公民正常往来进行建设性合作。

八、双方就共同关心的当前重大地区、国际问题交换了看法。双方表示,联合国是由主权国家组成的世界上具有广泛代表性和权威性的政府间国际组织,支持联合国在维护国际和平与安全、促进各国共同发展、和平解决国际争端、解决人类所共同面临的问题方面发挥重要作用,主张加强联合国安理会权威。

九、双方认为,国际政治经济新秩序应该体现时代变化、发展和进步的要求。《联合国宪章》的所有原则、和平共处五项原则及其他公认的国际关系准则应成为建立新秩序的基础。

十、双方认为,谋求和平与发展是当今世界人民的共同愿望,但恐怖主义和极端主义越来越对主权国家的安全以及世界的和平与稳定构成严重威胁。双方坚决谴责和反对任何形式的恐怖主义,主张各国应履行根据国际法承担的义务,加强国际合作,有效打击恐怖主义活动。双方愿在国际舞台上就打击恐怖主义、有组织犯罪、非法贩卖毒品和武器加强磋商与合作。双方重申,中华人民共和国和罗马尼亚决定继续加强在国际领域的合作,为促进国际和平与稳定作出努力与贡献。

十一、罗马尼亚总统伊利埃斯库邀请中华人民共和国主席胡锦涛对罗马尼亚进行国事访问,胡锦涛主席感谢邀请,并表示将在双方方便的时候访问罗马尼亚。

中华人民共和国主席 罗马尼亚总统
胡锦涛 扬·伊利埃斯库
2003年8月20日于北京

国务委员唐家璇在北京出席第三届中韩知名人士论坛开幕式并致辞

论坛由中国人民外交学会和韩国21世纪韩中交流协会共同举办。中国人民外交学会会长卢秋田、韩国前总理李寿成以及21世纪韩中交流协会会长金汉圭等中韩政治、经济、文化、教育、企业界人士40余人出席会议,就中韩双边关系和东北亚地区形势等共同关心的问题进行了深入讨论。

双方代表高度评价中韩建交11年来两国关系的发展,一致认为双边关系的发展不仅有利于两国人民的根本利益,而且有利于维护地区的和平与稳定。双方积极探讨了进一步深化两国关系的途径和办法。会议还重点交换了对地区局势的看法,主张以和平取代对抗,通过对话解决问题,期待定于8月27日举行的六方会谈能取得积极成果。

外交部副部长王毅分别与俄美朝韩日代表团团长举行会前磋商

北京六方会谈前夕,中国代表团团长、外交部副部长王毅于8月25日和26日分别会晤了前来参加六方会谈的俄罗斯代表团团长洛修科夫、美国代表团团长凯利、朝鲜代表团团长金永日、韩国代表团团长李秀赫和日本代表团团长薮中三十二,与他们进行了会前磋商。

全国纳米科技工作会议在北京召开

国家纳米科技指导协调委员会首席科学家白春礼介绍,我国在纳米科技领域除纳米电子学、纳米器件和纳米生物医学研究等方面与发达国家有明显差距外,在纳米材料及其应用、隧道显微镜分析和单原子操纵等方面和国际水平相接近,在某些领域达到了世界先进水平。我国纳米材料的基础研究论文数量也位于世界前列。

科技部部长徐冠华在会议上说,尽管取得了一定的成绩，但我国纳米科技整体水平和西方发达国家相比差距仍很大，而且这种差距有拉大的危险。为此，必须加快实现由以往跟踪为主向自主创新为主的战略转变，把人才队伍建设放在突出位置，重视纳米科技基地建设，减少低水平重复，构筑高水准的公共研发平台。

“星光奖”“飞天奖”颁奖典礼在北京展览馆剧场举行

由国家广电总局主办、中国电视艺术委员会承办的2001年度、2002年度第十六、十七届全国电视文艺“星光奖”和第二十二、二十三届全国电视剧“飞天奖”颁奖典礼隆重举行。

长篇电视剧《长征》《激情燃烧的岁月》《誓言无声》《省委书记》荣获一等奖。《云淡天高》《刘老根》等12部作品荣获长篇电视剧二等奖。《生死之恋》《远山远水》等作品荣获中篇电视剧一等奖。《军中最后一个马帮》荣获短篇电视剧一等奖。《乘着歌声的翅膀》《五彩戏娃》《轻松一点》获少儿电视剧一等奖。《契丹英后》《大年三十》《小白玉霜》《潘张玉良》获戏曲电视剧一等奖。《长征》中饰毛泽东的唐国强、《激情燃烧的岁月》中饰石光荣的孙海英、《希望的田野》中饰徐大地的程煜、《神医喜来乐》中饰喜来乐的李保田荣获优秀男演员奖。《空镜子》中饰孙燕的陶虹、《永不放弃》中饰杜小青的江珊、《青衣》中饰筱燕秋的徐帆、《誓言无声》中饰蓝美琴的王海燕荣获优秀女演员奖。《2002年春节联欢晚会》《2003年春节联欢晚会》《“心连心”艺术团慰问演出》获“星光奖”综艺节目特别奖；《红旗颂》《高歌奋进向未来》荣获“星光奖”综艺节目一等奖；《苏州水》《大地飞歌》《盛世中华》《2002年新年京剧晚会》等节目分获专题、音乐、歌舞、戏曲类节目一等奖。

8月27日

中共中央总书记胡锦涛在中南海怀仁堂同全国妇联新一届领导班子成员和中国妇女九大部分代表座谈

中共中央政治局常委曾庆红、李长春出席了座谈会。

胡锦涛在讲话中向全国广大妇女提出三点希望。一是要大力发扬自强不息精神。二是要大力发扬艰苦奋斗精神。三是要大力发扬开拓创新精神。

胡锦涛强调，各级妇联一定要坚持用邓小平理论和“三个代表”重要思想统揽各项工作，认真贯彻落实党的十六大精神，自觉接受党的领导，始终坚持服从服务于全党全国工作的大局，始终坚持面向广大妇女群众，始终坚持立足基层开展工作，努力把妇联工作提高到一个新水平。各级妇联干部特别是领导干部要不负重托、不辱使命，加强学习、勤勉工作，努力成为“三个代表”重要思想的忠实实践者，成为党的路线方针政策的坚定贯彻者，成为广大妇女群众的真正贴心人。

胡锦涛指出，各级党委和政府一定要充分认识妇女的重要作用和妇女工作的重大意义，牢固树立马克思主义妇女观，坚决贯彻男女平等的基本国策，通过扎实有力的工作促进妇女事业的发展。

中共中央政治局委员王兆国主持了座谈会。中共中央政治局委员刘云山、吴仪、贺国强，中共中央政治局候补委员王刚，中央书记处书记徐才厚、何勇，全国妇联名誉主席陈慕华、彭珮云，全国妇联主席顾秀莲出席了座谈会。

座谈会上，新当选的全国妇联副主席、书记处第一书记黄晴宜介绍了中国妇女九大的情况，6位出席中国妇女九大的代表发了言。

座谈会前，胡锦涛、曾庆红、李长春等中央领导同志亲切会见了中国妇女九大部分代表。

全国人大常委会委员长吴邦国 国务院总理温家宝在北京分别会见了厄瓜多尔总统卢西奥·古铁雷斯·博武阿

全国人大常委会委员长吴邦国在人民大会堂向全国人大常委会香港特别行政区基本法委员会12名组成人员颁发任命书

香港特别行政区基本法委员会是全国人大常委会下设的工作委员会，组成人员共12人，由内地人士和香港人士各6人组成，任期5年。第一任香港基本法委员会已经结束任期。今年3月19日，第十届全国人大常委会第一次会议任命了第二任香港基本法委员会组成人员。

全国人大常委会副委员长李铁映主持了颁发任命书仪式。

接受任命书的有：全国人大常委会香港特别行政区基本法委员会主任乔晓阳，副主任黄保欣和委员王光亚、邬维庸、刘镇、李飞、吴康民、陈佐洱、陈弘毅、夏勇、梁定邦、谭惠珠。

国务院总理温家宝主持召开国务院常务会议

会议研究了加强煤矿安全生产工作有关问题。国家安全生产监督管理局汇报了全国煤炭行业安全生产形势、近期重特大事故多发的原因及拟采取的措施。山西省省长刘振华汇报了最近该省连续发生3起煤矿特大瓦斯爆炸事故的情况，并代表省政府作了严肃认真的检查；同时汇报了省政府采取严厉措施，对煤矿进行全面整顿的进展情况。会议要求山西省政府在查清事故责任的基础上,对责任人作出严肃的处理,同时认真吸取教训,加强煤矿安全生产管理。会议指出,安全生产事关广大人民群众的生命财产安全,必须采取坚决措施促进煤矿安全生产形势的根本好转。一要加大煤矿安全生产工作力度,各级政府、有关部门和企业负责同志都要深入一线,下大力气,落实安全生产的各项措施。二要加快安全生产技术改造进度,认真做好以瓦斯治理为重点的煤矿安全生产技术改造,国家在2002年、2003年投入40亿元国债资金的基础上,明年再安排22亿元资金用于煤矿安全生产,同时要建立确保煤矿安全生产投入的机制。三要加大安全生产工作专项检查和整治强度,切实消除事故隐患,遏制重特大事故发生。四要强化各级政府部门安全生产的监督管理职责和责任制度,督促各企业切实做到安全生产。

为加强对安全生产工作的领导,会议决定成立国务院安全生产委员会。

会议讨论并原则同意国家发展改革委对2008年奥运会体育基础设施有关项目的审核意见。会议提出,奥运会体育基础设施项目建设任务十分紧迫,必须加快前期准备工作。要坚决贯彻勤俭办奥运的精神,有关项目的确定和建设,要充分利用现有资源,不搞重复建设,综合考虑经济效益、社会效益和环境效益;要力戒奢华浪费,厉行勤俭节约,保证项目的经济、实用和质量;既要满足奥运会需要,又要兼顾赛后利用,统筹考虑项目建设、管理和后续运营;严格控制投资规模,防止建设中超概算;依法加强对资金使用和工程建设的监管,确保所有项目保质保量地按期完成。

十届全国人大常委会第四次会议在人民大会堂闭幕

全国人大常委会委员长吴邦国主持会议并发表讲话。

会议表决通过了行政许可法。国家主席胡锦涛签署第7号主席令,公布这部法律。该法于2004年7月1日起实施。

会议表决通过了全国人大常委会关于批准中国和南非关于刑事司法协助的条约的决定,关于批准中国和吉尔吉斯关于打击恐怖主义、分裂主义和极端主义的合作协定的决定,关于批准联合国打击跨国有组织犯罪公约的决定。

会议经过表决,通过了全国人大常委会关于接受华福周辞去全国人大常委会委员、全国人大农业与农村委员会委员职务的请求的决定。会议表决通过,任命宋照肃为十届全国人大环境与资源保护委员会副主任委员;任命曹卫洲、王庆喜为全国人大常委会副秘书长;任命安建为全国人大常委会法制工作委员会副主任。

在李铁映副委员长的主持下,吴邦国委员长向第二任全国人大常委会香港特别行政区基本法委员会组成人员颁发了任命书。

圆满完成各项议程后,吴邦国发表讲话。他指出,立法工作要紧紧围绕党和国家的中心工作,把党中央的决策及时转变为国家意志,保障、促进改革开放和现代化建设事业的顺利进行。

吴邦国强调,行政许可法是一部非常重要的法律,要做好行政许可法实施的准备工作。

根据党的十六大关于优化人大常委会组成人员的结构的精神,本届全国人大常委会增加了一批比较年轻的委员。会上,吴邦国通报了全国人大常委会部分年轻委员的工作安排。

副委员长王兆国、司马义·艾买提、何鲁丽、丁石孙、成思危、许嘉璐、蒋正华、顾秀莲、热地、盛华仁、路甬祥、乌云其木格、韩启德、傅铁山出席会议。国务委员陈至立、最高人民法院院长肖扬、最高人民检察院检察长贾春旺列席会议。

国家主席胡锦涛签署第7号令公布《中华人民共和国行政许可法》

《中华人民共和国行政许可法》已由中华人民共和国第十届全国人民代表大会常务委员会第四次会议于2003年8月27日通过,现予公布,自2004年7月1日起施行。

中华人民共和国主席　胡锦涛

2003年8月27日

中华人民共和国行政许可法

第一章　总　则

第一条　为了规范行政许可的设定和实施,保护公民、法人和其他组织的合法权益,维护公共利益和社会秩序,保障和监督行政机关有效实施行政管理,根据宪法,制定本法。

第二条　本法所称行政许可,是指行政机关根据公民、法人或者其他组织的申请,经依法审查,准予其从事特定活动的行为。

第三条　行政许可的设定和实施,适用本法。

有关行政机关对其他机关或者对其直接管理的事业单位的人事、财务、外事等事项的审批,不适用本法。

第四条　设定和实施行政许可,应当依照法定的权限、范围、条件和程序。

第五条　设定和实施行政许可,应当遵循公开、公平、公正的原则。

有关行政许可的规定应当公布;未经公布的,不得作为实施行政许可的依据。行政许可的实施和结果，除涉及国家秘密、商业秘密或者个人隐私的外，应当公开。

符合法定条件、标准的，申请人有依法取得行政许可的平等权利，行政机关不得歧视。

第六条　实施行政许可，应当遵循便民的原则，提高办事效率，提供优质服务。

第七条　公民、法人或者其他组织对行政机关实施行政许可，享有陈述权、申辩权；有权依法申请行政复议或者提起行政诉讼；其合法权益因行政机关违法实施行政许可受到损害的，有权依法要求赔偿。

第八条　公民、法人或者其他组织依法取得的行政许可受法律保护，行政机关不得擅自改变已经生效的行政许可。

行政许可所依据的法律、法规、规章修改或者废止，或者准予行政许可所依据的客观情况发生重大变化的，为了公共利益的需要，行政机关可以依法变更或者撤回已经生效的行政许可。由此给公民、法人或者其他组织造成财产损失的，行政机关应当依法给予补偿。

第九条　依法取得的行政许可，除法律、法规规定依照法定条件和程序可以转让的外，不得转让。

第十条　县级以上人民政府应当建立、健全对行政机关实施行政许可的监督制度，加强对行政机关实施行政许可的监督检查。

行政机关应当对公民、法人或者其他组织从事行政许可事项的活动实施有效监督。

第二章　行政许可的设定

第十一条　设定行政许可，应当遵循经济和社会发展规律，有利于发挥公民、法人或者其他组织的积极性、主动性，维护公共利益和社会秩序，促进经济、社会和生态环境协调发展。

第十二条　下列事项可以设定行政许可：

(一)直接涉及国家安全、公共安全、经济宏观调控、生态环境保护以及直接关系人身健康、生命财产安全等特定活动，需要按照法定条件予以批准的事项；

(二)有限自然资源开发利用、公共资源配置以及直接关系公共利益的特定行业的市场准入等，需要赋予特定权利的事项；

(三)提供公众服务并且直接关系公共利益的职业、行业，需要确定具备特殊信誉、特殊条件或者特殊技能等资格、资质的事项；

(四)直接关系公共安全、人身健康、生命财产安全的重要设备、设施、产品、物品，需要按照技术标准、技术规范，通过检验、检测、检疫等方式进行审定的事项；

(五)企业或者其他组织的设立等，需要确定主体资格的事项；

(六)法律、行政法规规定可以设定行政许可的其他事项。

第十三条　本法第十二条所列事项，通过下列方式能够予以规范的，可以不设行政许可：

(一)公民、法人或者其他组织能够自主决定的；

(二)市场竞争机制能够有效调节的；

(三)行业组织或者中介机构能够自律管理的；

(四)行政机关采用事后监督等其他行政管理方式能够解决的。

第十四条　本法第十二条所列事项，法律可以设定行政许可。尚未制定法律的，行政法规可以设定行政许可。

必要时，国务院可以采用发布决定的方式设定行政许可。实施后，除临时性行政许可事项外，国务院应当及时提请全国人民代表大会及其常务委员会制定法律，或者自行制定行政法规。

第十五条　本法第十二条所列事项，尚未制定法律、行政法规的，地方性法规可以设定行政许可；尚未制定法律、行政法规和地方性法规的，因行政管理的需要，确需立即实施行政许可的，省、自治区、直辖市人民政府规章可以设定临时性的行政许可。临时性的行政许可实施满一年需要继续实施的，应当提请本级人民代表大会及其常务委员会制定地方性法规。

地方性法规和省、自治区、直辖市人民政府规章，不得设定应当由国家统一确定的公民、法人或者其他组织的资格、资质的行政许可；不得设定企业或者其他组织的设立登记及其前置性行政许可。其设定的行政许可，不得限制其他地区的个人或者企业到本地区从事生产经营和提供服务，不得限制其他地区的商品进入本地区市场。

第十六条　行政法规可以在法律设定的行政许可事项范围内，对实施该行政许可作出具体规定。

地方性法规可以在法律、行政法规设定的行政许可事项范围内，对实施该行政许可作出具体规定。

规章可以在上位法设定的行政许可事项范围内，对实施该行政许可作出具体规定。

法规、规章对实施上位法设定的行政许可作出的具体规定，不得增设行政许可；对行政许可条件作出的具体规定，不得增设违反上位法的其他条件。

第十七条　除本法第十四条、第十五条规定的外，其他规范性文件一律不得设定行政许可。

第十八条　设定行政许可，应当规定行政许可的实施机关、条件、程序、期限。

第十九条　起草法律草案、法规草案和省、自治区、直辖市人民政府规章草案，拟设定行政许可的，起草单位应当采取听证会、论证会等形式听取意见,并向制定机关说明设定该行政许可的必要性、对经济和社会可能产生的影响以及听取和采纳意见的情况。

第二十条 行政许可的设定机关应当定期对其设定的行政许可进行评价;对已设定的行政许可,认为通过本法第十三条所列方式能够解决的,应当对设定该行政许可的规定及时予以修改或者废止。

行政许可的实施机关可以对已设定的行政许可的实施情况及存在的必要性适时进行评价,并将意见报告该行政许可的设定机关。

公民、法人或者其他组织可以向行政许可的设定机关和实施机关就行政许可的设定和实施提出意见和建议。

第二十一条 省、自治区、直辖市人民政府对行政法规设定的有关经济事务的行政许可,根据本行政区域经济和社会发展情况,认为通过本法第十三条所列方式能够解决的,报国务院批准后,可以在本行政区域内停止实施该行政许可。

第三章 行政许可的实施机关

第二十二条 行政许可由具有行政许可权的行政机关在其法定职权范围内实施。

第二十三条 法律、法规授权的具有管理公共事务职能的组织,在法定授权范围内,以自己的名义实施行政许可。被授权的组织适用本法有关行政机关的规定。

第二十四条 行政机关在其法定职权范围内,依照法律、法规、规章的规定,可以委托其他行政机关实施行政许可。委托机关应当将受委托行政机关和受委托实施行政许可的内容予以公告。

委托行政机关对受委托行政机关实施行政许可的行为应当负责监督,并对该行为的后果承担法律责任。

受委托行政机关在委托范围内,以委托行政机关名义实施行政许可;不得再委托其他组织或者个人实施行政许可。

第二十五条 经国务院批准,省、自治区、直辖市人民政府根据精简、统一、效能的原则,可以决定一个行政机关行使有关行政机关的行政许可权。

第二十六条 行政许可需要行政机关内设的多个机构办理的,该行政机关应当确定一个机构统一受理行政许可申请,统一送达行政许可决定。

行政许可依法由地方人民政府两个以上部门分别实施的,本级人民政府可以确定一个部门受理行政许可申请并转告有关部门分别提出意见后统一办理,或者组织有关部门联合办理、集中办理。

第二十七条 行政机关实施行政许可,不得向申请人提出购买指定商品、接受有偿服务等不正当要求。

行政机关工作人员办理行政许可,不得索取或者收受申请人的财物,不得谋取其他利益。

第二十八条 对直接关系公共安全、人身健康、生命财产安全的设备、设施、产品、物品的检验、检测、检疫,除法律、行政法规规定由行政机关实施的外,应当逐步由符合法定条件的专业技术组织实施。专业技术组织及其有关人员对所实施的检验、检测、检疫结论承担法律责任。

第四章 行政许可的实施程序

第一节 申请与受理

第二十九条 公民、法人或者其他组织从事特定活动,依法需要取得行政许可的,应当向行政机关提出申请。申请书需要采用格式文本的,行政机关应当向申请人提供行政许可申请书格式文本。申请书格式文本中不得包含与申请行政许可事项没有直接关系的内容。

申请人可以委托代理人提出行政许可申请。但是,依法应当由申请人到行政机关办公场所提出行政许可申请的除外。

行政许可申请可以通过信函、电报、电传、传真、电子数据交换和电子邮件等方式提出。

第三十条 行政机关应当将法律、法规、规章规定的有关行政许可的事项、依据、条件、数量、程序、期限以及需要提交的全部材料的目录和申请书示范文本等在办公场所公示。

申请人要求行政机关对公示内容予以说明、解释的,行政机关应当说明、解释,提供准确、可靠的信息。

第三十一条 申请人申请行政许可,应当如实向行政机关提交有关材料和反映真实情况,并对其申请材料实质内容的真实性负责。行政机关不得要求申请人提交与其申请的行政许可事项无关的技术资料和其他材料。

第三十二条 行政机关对申请人提出的行政许可申请,应当根据下列情况分别作出处理:

(一)申请事项依法不需要取得行政许可的,应当即时告知申请人不受理;

(二)申请事项依法不属于本行政机关职权范围的,应当即时作出不予受理的决定,并告知申请人向有关行政机关申请;

(三)申请材料存在可以当场更正的错误的,应当允许申请人当场更正;

(四)申请材料不齐全或者不符合法定形式的,应当当场或者在五日内一次告知申请人需要补正的全部内容,逾期不告知的,自收到申请材料之日起即为受理;

(五)申请事项属于本行政机关职权范围,申请材料齐全、符合法定形式，或者申请人按照本行政机关的要求提交全部补正申请材料的，应当受理行政许可申请。

行政机关受理或者不予受理行政许可申请，应当出具加盖本行政机关专用印章和注明日期的书面凭证。

第三十三条　行政机关应当建立和完善有关制度，推行电子政务，在行政机关的网站上公布行政许可事项，方便申请人采取数据电文等方式提出行政许可申请；应当与其他行政机关共享有关行政许可信息，提高办事效率。

第二节　审查与决定

第三十四条　行政机关应当对申请人提交的申请材料进行审查。

申请人提交的申请材料齐全、符合法定形式，行政机关能够当场作出决定的，应当当场作出书面的行政许可决定。

根据法定条件和程序，需要对申请材料的实质内容进行核实的，行政机关应当指派两名以上工作人员进行核查。

第三十五条　依法应当先经下级行政机关审查后报上级行政机关决定的行政许可，下级行政机关应当在法定期限内将初步审查意见和全部申请材料直接报送上级行政机关。上级行政机关不得要求申请人重复提供申请材料。

第三十六条　行政机关对行政许可申请进行审查时，发现行政许可事项直接关系他人重大利益的，应当告知该利害关系人。申请人、利害关系人有权进行陈述和申辩。行政机关应当听取申请人、利害关系人的意见。

第三十七条　行政机关对行政许可申请进行审查后，除当场作出行政许可决定的外，应当在法定期限内按照规定程序作出行政许可决定。

第三十八条　申请人的申请符合法定条件、标准的，行政机关应当依法作出准予行政许可的书面决定。

行政机关依法作出不予行政许可的书面决定的，应当说明理由，并告知申请人享有依法申请行政复议或者提起行政诉讼的权利。

第三十九条　行政机关作出准予行政许可的决定，需要颁发行政许可证件的，应当向申请人颁发加盖本行政机关印章的下列行政许可证件：

（一）许可证、执照或者其他许可证书；

（二）资格证、资质证或者其他合格证书；

（三）行政机关的批准文件或者证明文件；

（四）法律、法规规定的其他行政许可证件。

行政机关实施检验、检测、检疫的，可以在检验、检测、检疫合格的设备、设施、产品、物品上加贴标签或者加盖检验、检测、检疫印章。

第四十条　行政机关作出的准予行政许可决定，应当予以公开，公众有权查阅。

第四十一条　法律、行政法规设定的行政许可，其适用范围没有地域限制的，申请人取得的行政许可在全国范围内有效。

第三节　期　限

第四十二条　除可以当场作出行政许可决定的外，行政机关应当自受理行政许可申请之日起二十日内作出行政许可决定。二十日内不能作出决定的，经本行政机关负责人批准，可以延长十日，并应当将延长期限的理由告知申请人。但是，法律、法规另有规定的，依照其规定。

依照本法第二十六条的规定，行政许可采取统一办理或者联合办理、集中办理的，办理的时间不得超过四十五日；四十五日内不能办结的，经本级人民政府负责人批准，可以延长十五日，并应当将延长期限的理由告知申请人。

第四十三条　依法应当先经下级行政机关审查后报上级行政机关决定的行政许可，下级行政机关应当自其受理行政许可申请之日起二十日内审查完毕。但是，法律、法规另有规定的，依照其规定。

第四十四条　行政机关作出准予行政许可的决定，应当自作出决定之日起十日内向申请人颁发、送达行政许可证件，或者加贴标签、加盖检验、检测、检疫印章。

第四十五条　行政机关作出行政许可决定，依法需要听证、招标、拍卖、检验、检测、检疫、鉴定和专家评审的，所需时间不计算在本节规定的期限内。行政机关应当将所需时间书面告知申请人。

第四节　听　证

第四十六条　法律、法规、规章规定实施行政许可应当听证的事项，或者行政机关认为需要听证的其他涉及公共利益的重大行政许可事项，行政机关应当向社会公告，并举行听证。

第四十七条　行政许可直接涉及申请人与他人之间重大利益关系的，行政机关在作出行政许可决定前，应当告知申请人、利害关系人享有要求听证的权利；申请人、利害关系人在被告知听证权利之日起五日内提出听证申请的，行政机关应当在二十日内组织听证。

申请人、利害关系人不承担行政机关组织听证的费用。

第四十八条　听证按照下列程序进行：

（一）行政机关应当于举行听证的七日前将举行听证的时间、地点通知申请人、利害关系人，必要时予以公告；

（二）听证应当公开举行；

(三)行政机关应当指定审查该行政许可申请的工作人员以外的人员为听证主持人,申请人、利害关系人认为主持人与该行政许可事项有直接利害关系的,有权申请回避;

(四)举行听证时,审查该行政许可申请的工作人员应当提供审查意见的证据、理由,申请人、利害关系人可以提出证据,并进行申辩和质证;

(五)听证应当制作听证笔录,听证笔录应当交听证参加人确认无误后签字或者盖章。

行政机关应当根据听证笔录,作出行政许可决定。

第五节 变更与延续

第四十九条 被许可人要求变更行政许可事项的,应当向作出行政许可决定的行政机关提出申请;符合法定条件、标准的,行政机关应当依法办理变更手续。

第五十条 被许可人需要延续依法取得的行政许可的有效期的,应当在该行政许可有效期届满三十日前向作出行政许可决定的行政机关提出申请。但是,法律、法规、规章另有规定的,依照其规定。

行政机关应当根据被许可人的申请,在该行政许可有效期届满前作出是否准予延续的决定;逾期未作决定的,视为准予延续。

第六节 特别规定

第五十一条 实施行政许可的程序,本节有规定的,适用本节规定;本节没有规定的,适用本章其他有关规定。

第五十二条 国务院实施行政许可的程序,适用有关法律、行政法规的规定。

第五十三条 实施本法第十二条第(二)项所列事项的行政许可的,行政机关应当通过招标、拍卖等公平竞争的方式作出决定。但是,法律、行政法规另有规定的,依照其规定。

行政机关通过招标、拍卖等方式作出行政许可决定的具体程序,依照有关法律、行政法规的规定。

行政机关按照招标、拍卖程序确定中标人、买受人后,应当作出准予行政许可的决定,并依法向中标人、买受人颁发行政许可证件。

行政机关违反本条规定,不采用招标、拍卖方式,或者违反招标、拍卖程序,损害申请人合法权益的,申请人可以依法申请行政复议或者提起行政诉讼。

第五十四条 实施本法第十二条第(三)项所列事项的行政许可,赋予公民特定资格,依法应当举行国家考试的,行政机关根据考试成绩和其他法定条件作出行政许可决定;赋予法人或者其他组织特定的资格、资质的,行政机关根据申请人的专业人员构成、技术条件、经营业绩和管理水平等的考核结果作出行政许可决定。但是,法律、行政法规另有规定的,依照其规定。

公民特定资格的考试依法由行政机关或者行业组织实施,公开举行。行政机关或者行业组织应当事先公布资格考试的报名条件、报考办法、考试科目以及考试大纲。但是,不得组织强制性的资格考试的考前培训,不得指定教材或者其他助考材料。

第五十五条 实施本法第十二条第(四)项所列事项的行政许可的,应当按照技术标准、技术规范依法进行检验、检测、检疫,行政机关根据检验、检测、检疫的结果作出行政许可决定。

行政机关实施检验、检测、检疫,应当自受理申请之日起五日内指派两名以上工作人员按照技术标准、技术规范进行检验、检测、检疫。不需要对检验、检测、检疫结果作进一步技术分析即可认定设备、设施、产品、物品是否符合技术标准、技术规范的,行政机关应当当场作出行政许可决定。

行政机关根据检验、检测、检疫结果,作出不予行政许可决定的,应当书面说明不予行政许可所依据的技术标准、技术规范。

第五十六条 实施本法第十二条第(五)项所列事项的行政许可,申请人提交的申请材料齐全、符合法定形式的,行政机关应当当场予以登记。需要对申请材料的实质内容进行核实的,行政机关依照本法第三十四条第三款的规定办理。

第五十七条 有数量限制的行政许可,两个或者两个以上申请人的申请均符合法定条件、标准的,行政机关应当根据受理行政许可申请的先后顺序作出准予行政许可的决定。但是,法律、行政法规另有规定的,依照其规定。

第五章 行政许可的费用

第五十八条 行政机关实施行政许可和对行政许可事项进行监督检查,不得收取任何费用。但是,法律、行政法规另有规定的,依照其规定。

行政机关提供行政许可申请书格式文本,不得收费。

行政机关实施行政许可所需经费应当列入本行政机关的预算,由本级财政予以保障,按照批准的预算予以核拨。

第五十九条 行政机关实施行政许可,依照法律、行政法规收取费用的,应当按照公布的法定项目和标准收费;所收取的费用必须全部上缴国库,任何机关或者个人不得以任何形式截留、挪用、私分或者变相私分。财政部门不得以任何形式向行政机关返还或者变相返还实施行政许可所收取的费用。

第六章 监督检查

第六十条 上级行政机关应当加强对下级行政机

关实施行政许可的监督检查,及时纠正行政许可实施中的违法行为。

第六十一条　行政机关应当建立、健全监督制度,通过核查反映被许可人从事行政许可事项活动情况的有关材料,履行监督责任。

行政机关依法对被许可人从事行政许可事项的活动进行监督检查时,应当将监督检查的情况和处理结果予以记录,由监督检查人员签字后归档。公众有权查阅行政机关监督检查记录。

行政机关应当创造条件,实现与被许可人、其他有关行政机关的计算机档案系统互联,核查被许可人从事行政许可事项活动情况。

第六十二条　行政机关可以对被许可人生产经营的产品依法进行抽样检查、检验、检测,对其生产经营场所依法进行实地检查。检查时,行政机关可以依法查阅或者要求被许可人报送有关材料;被许可人应当如实提供有关情况和材料。

行政机关根据法律、行政法规的规定,对直接关系公共安全、人身健康、生命财产安全的重要设备、设施进行定期检验。对检验合格的,行政机关应当发给相应的证明文件。

第六十三条　行政机关实施监督检查,不得妨碍被许可人正常的生产经营活动,不得索取或者收受被许可人的财物,不得谋取其他利益。

第六十四条　被许可人在作出行政许可决定的行政机关管辖区域外违法从事行政许可事项活动的,违法行为发生地的行政机关应当依法将被许可人的违法事实、处理结果抄告作出行政许可决定的行政机关。

第六十五条　个人和组织发现违法从事行政许可事项的活动,有权向行政机关举报,行政机关应当及时核实、处理。

第六十六条　被许可人未依法履行开发利用自然资源义务或者未依法履行利用公共资源义务的,行政机关应当责令限期改正;被许可人在规定期限内不改正的,行政机关应当依照有关法律、行政法规的规定予以处理。

第六十七条　取得直接关系公共利益的特定行业的市场准入行政许可的被许可人,应当按照国家规定的服务标准、资费标准和行政机关依法规定的条件,向用户提供安全、方便、稳定和价格合理的服务,并履行普遍服务的义务;未经作出行政许可决定的行政机关批准,不得擅自停业、歇业。

被许可人不履行前款规定的义务的,行政机关应当责令限期改正,或者依法采取有效措施督促其履行义务。

第六十八条　对直接关系公共安全、人身健康、生命财产安全的重要设备、设施,行政机关应当督促设计、建造、安装和使用单位建立相应的自检制度。

行政机关在监督检查时,发现直接关系公共安全、人身健康、生命财产安全的重要设备、设施存在安全隐患的,应当责令停止建造、安装和使用,并责令设计、建造、安装和使用单位立即改正。

第六十九条　有下列情形之一的,作出行政许可决定的行政机关或者其上级行政机关,根据利害关系人的请求或者依据职权,可以撤销行政许可:

(一)行政机关工作人员滥用职权、玩忽职守作出准予行政许可决定的;

(二)超越法定职权作出准予行政许可决定的;

(三)违反法定程序作出准予行政许可决定的;

(四)对不具备申请资格或者不符合法定条件的申请人准予行政许可的;

(五)依法可以撤销行政许可的其他情形。

被许可人以欺骗、贿赂等不正当手段取得行政许可的,应当予以撤销。

依照前两款的规定撤销行政许可,可能对公共利益造成重大损害的,不予撤销。

依照本条第(一)项的规定撤销行政许可,被许可人的合法权益受到损害的,行政机关应当依法给予赔偿。依照本条第(二)项的规定撤销行政许可的,被许可人基于行政许可取得的利益不受保护。

第七十条　有下列情形之一的,行政机关应当依法办理有关行政许可的注销手续:

(一)行政许可有效期届满未延续的;

(二)赋予公民特定资格的行政许可,该公民死亡或者丧失行为能力的;

(三)法人或者其他组织依法终止的;

(四)行政许可依法被撤销、撤回,或者行政许可证件依法被吊销的;

(五)因不可抗力导致行政许可事项无法实施的;

(六)法律、法规规定的应当注销行政许可的其他情形。

第七章　法律责任

第七十一条　违反本法第十七条规定设定的行政许可,有关机关应当责令设定该行政许可的机关改正,或者依法予以撤销。

第七十二条　行政机关及其工作人员违反本法的规定,有下列情形之一的,由其上级行政机关或者监察机关责令改正;情节严重的,对直接负责的主管人员和其他直接责任人员依法给予行政处分:

(一)对符合法定条件的行政许可申请不予受理的;

(二)不在办公场所公示依法应当公示的材料的;

（三）在受理、审查、决定行政许可过程中，未向申请人、利害关系人履行法定告知义务的；

（四）申请人提交的申请材料不齐全、不符合法定形式，不一次告知申请人必须补正的全部内容的；

（五）未依法说明不受理行政许可申请或者不予行政许可的理由的；

（六）依法应当举行听证而不举行听证的。

第七十三条　行政机关工作人员办理行政许可、实施监督检查，索取或者收受他人财物或者谋取其他利益，构成犯罪的，依法追究刑事责任；尚不构成犯罪的，依法给予行政处分。

第七十四条　行政机关实施行政许可，有下列情形之一的，由其上级行政机关或者监察机关责令改正，对直接负责的主管人员和其他直接责任人员依法给予行政处分；构成犯罪的，依法追究刑事责任：

（一）对不符合法定条件的申请人准予行政许可或者超越法定职权作出准予行政许可决定的；

（二）对符合法定条件的申请人不予行政许可或者不在法定期限内作出准予行政许可决定的；

（三）依法应当根据招标、拍卖结果或者考试成绩择优作出准予行政许可决定，未经招标、拍卖或者考试，或者不根据招标、拍卖结果或者考试成绩择优作出准予行政许可决定的。

第七十五条　行政机关实施行政许可，擅自收费或者不按照法定项目和标准收费的，由其上级行政机关或者监察机关责令退还非法收取的费用；对直接负责的主管人员和其他直接责任人员依法给予行政处分。

截留、挪用、私分或者变相私分实施行政许可依法收取的费用的，予以追缴；对直接负责的主管人员和其他直接责任人员依法给予行政处分；构成犯罪的，依法追究刑事责任。

第七十六条　行政机关违法实施行政许可，给当事人的合法权益造成损害的，应当依照国家赔偿法的规定给予赔偿。

第七十七条　行政机关不依法履行监督职责或者监督不力，造成严重后果的，由其上级行政机关或者监察机关责令改正，对直接负责的主管人员和其他直接责任人员依法给予行政处分；构成犯罪的，依法追究刑事责任。

第七十八条　行政许可申请人隐瞒有关情况或者提供虚假材料申请行政许可的，行政机关不予受理或者不予行政许可，并给予警告；行政许可申请属于直接关系公共安全、人身健康、生命财产安全事项的，申请人在一年内不得再次申请该行政许可。

第七十九条　被许可人以欺骗、贿赂等不正当手段取得行政许可的，行政机关应当依法给予行政处罚；取得的行政许可属于直接关系公共安全、人身健康、生命财产安全事项的，申请人在三年内不得再次申请该行政许可；构成犯罪的，依法追究刑事责任。

第八十条　被许可人有下列行为之一的，行政机关应当依法给予行政处罚；构成犯罪的，依法追究刑事责任：

（一）涂改、倒卖、出租、出借行政许可证件，或者以其他形式非法转让行政许可的；

（二）超越行政许可范围进行活动的；

（三）向负责监督检查的行政机关隐瞒有关情况、提供虚假材料或者拒绝提供反映其活动情况的真实材料的；

（四）法律、法规、规章规定的其他违法行为。

第八十一条　公民、法人或者其他组织未经行政许可，擅自从事依法应当取得行政许可的活动的，行政机关应当依法采取措施予以制止，并依法给予行政处罚；构成犯罪的，依法追究刑事责任。

第八章　附　则

第八十二条　本法规定的行政机关实施行政许可的期限以工作日计算，不含法定节假日。

第八十三条　本法自2004年7月1日起施行。

本法施行前有关行政许可的规定，制定机关应当依照本法规定予以清理；不符合本法规定的，自本法施行之日起停止执行。

全国人大常委会关于接受华福周辞去全国人大常委会委员 全国人大农业与农村委员会委员职务的请求的决定

（2003年8月27日第十届全国人民代表大会常务委员会第四次会议通过）

根据《中华人民共和国全国人民代表大会组织法》第二十三条第三款"常务委员会的组成人员不得担任国家行政机关、审判机关和检察机关的职务；如果担任上述职务，必须向常务委员会辞去常务委员会的职务"的规定，第十届全国人民代表大会常务委员会第四次会议决定：接受华福周（女）辞去第十届全国人民代表大会常务委员会委员、全国人民代表大会农业与农村委员会委员职务的请求，报请第十届全国人民代表大会第二次会议确认。

全国人民代表大会常务委员会任免名单

（2003年8月27日第十届全国人民代表大会常务委员会第四次会议通过）

一、任命张仲芳、杨振江、张建南、王鸿翼、姚世根、敬大力为最高人民检察院检察委员会委员。

二、免去孙佩生、王哲昌的最高人民检察院检察员职务。

全国人民代表大会常务委员会任命名单

(2003年8月27日第十届全国人民代表大会常务委员会第四次会议通过)

一、任命曹卫洲、王庆喜为全国人民代表大会常务委员会副秘书长。

二、任命安建为全国人民代表大会常务委员会法制工作委员会副主任。

全国人民代表大会常务委员会任命名单

(2003年8月27日第十届全国人民代表大会常务委员会第四次会议通过)

任命宋照肃为第十届全国人民代表大会环境与资源保护委员会副主任委员。

全国人民代表大会常务委员会关于批准《联合国打击跨国有组织犯罪公约》的决定

(2003年8月27日通过)

第十届全国人民代表大会常务委员会第四次会议决定:批准2000年11月15日第五十五届联合国大会通过、同年12月12日中国政府签署的《联合国打击跨国有组织犯罪公约》;同时声明:

一、中华人民共和国对本公约第三十五条第二款予以保留,不受该款约束。

二、在中华人民共和国政府另行通知前,本公约暂不适用于中华人民共和国香港特别行政区。

全国人民代表大会常务委员会关于批准《中华人民共和国和吉尔吉斯共和国关于打击恐怖主义、分裂主义和极端主义的合作协定》的决定

(2003年8月27日通过)

第十届全国人民代表大会常务委员会第四次会议决定:批准外交部部长唐家璇代表中华人民共和国于2002年12月11日在北京签署的《中华人民共和国和吉尔吉斯共和国关于打击恐怖主义、分裂主义和极端主义的合作协定》。

全国人民代表大会常务委员会关于批准《中华人民共和国和南非共和国关于刑事司法协助的条约》的决定

(2003年8月27日通过)

第十届全国人民代表大会常务委员会第四次会议决定:批准外交部副部长王毅代表中华人民共和国于2003年1月20日在比勒陀利亚签署的《中华人民共和国和南非共和国关于刑事司法协助的条约》。

十届全国人大常委会在人民大会堂举行第三次法制讲座

此次法制讲座,由国务院法制办公室主任曹康泰讲授《我国的卫生法律制度》。曹康泰从我国卫生法律制度建设的基本情况、卫生法律制度建设的特点、对进一步加强卫生法律制度建设的一些思考和建议三个方面对我国的卫生法律制度进行了详细介绍。

全国人大常委会委员长吴邦国主持讲座。他说,本届全国人大常委会法制讲座已经举办了两次,介绍了人大立法、监督和程序制度方面的基本知识。从第三次讲座开始将主要围绕全国人大常委会的立法和监督工作,选择关系改革发展稳定大局、与广大人民群众密切相关的法制问题进行安排,以利于更好地开展工作。

吴邦国指出,通过这次抗击“非典”斗争,我们也清楚地看到,当前我们的卫生法律制度还不够完善,加强卫生法制建设还有大量的工作要做。我们要从实践“三个代表”重要思想、全面建设小康社会的高度,充分认识搞好卫生法制建设的重大意义,进一步加强卫生法制建设,为卫生事业的发展,为广大人民群众的生命健康提供良好的法制保障。

全国人大常委会副委员长李铁映、司马义·艾买提、何鲁丽、丁石孙、成思危、许嘉璐、蒋正华、盛华仁、路甬祥、乌云其木格、韩启德、傅铁山听取了讲座。

全国妇联在北京召开全国省区市妇联主席工作会议

会议就学习贯彻胡锦涛总书记的重要讲话精神,认真做好明年的妇联工作进行了部署。

全国纪检监察案件审理工作会议在青岛召开

会议为期3天。中央书记处书记、中央纪委副书记何勇在讲话中强调,要以“三个代表”重要思想统领党风廉政建设和反腐败工作,指导反腐倡廉工作新的实践,努力做好新形势下的案件审理工作,促进党风廉政建设和反腐败斗争的深入开展。

会上,中央纪委副书记刘峰岩作了工作报告。

中宣部等五部委在北京举办国际形势报告会

中央宣传部、中直机关工委、中央国家机关工委、解放军总政治部、中共北京市委在京联合举办国际形势报告会。外交部部长李肇星介绍了当前国际形势和我国外交政策。

李肇星结合学习贯彻“三个代表”重要思想和落

实党的十六大精神，分析了国际形势的发展变化和我国面临的战略机遇与挑战，强调发展是硬道理，首先要把自己的事情办好，外交工作要实实在在地为实现全面建设小康社会目标服务，坚持独立自主的和平外交政策，解放思想，实事求是，与时俱进，开拓创新，进一步开创外交工作新局面。

报告会由中直机关工委常务副书记伍绍祖主持。在京党政军机关司局级以上干部1400多人参加了报告会。

国务院副总理黄菊在人民大会堂分别会见刚果共和国总统府负责国防的部长级代表雅克·伊冯·恩多卢和英特尔公司首席执行官巴雷特

北京六方会谈在钓鱼台国宾馆开幕

中国外交部副部长王毅、朝鲜外务省副相金永日、美国助理国务卿凯利、俄罗斯副外长洛修科夫、韩国外交通商部次官补李秀赫和日本外务省亚大局局长薮中三十二分别率团出席了会谈。各方认真、全面地阐述了各自对解决朝鲜半岛核问题的原则立场和方案设想。

本次会谈东道主中国代表团团长王毅在开幕词中对各方代表团的到来表示欢迎。他说，北京六方会谈既是中朝美三方会谈的延续和扩大，更是一个新的开端。目标是通过对话和平解决核问题。他说，作为东道方，中方将为会议的顺利进行竭尽全力。

朝、美、韩、俄、日再次感谢中方促成六方会谈，并为会谈提供良好设施和条件。各方都期待通过对话，减少疑虑，建立信任，以和平解决朝鲜半岛核问题，认为六方会谈为东北亚和平提供了难得机会。各方表示将为会谈的推进作出自己的贡献。

外交部部长李肇星在钓鱼台国宾馆会见出席北京六方会谈的各方代表团团长

国务委员兼国防部部长曹刚川在北京分别会见莫桑比克武装部队总参谋长利迪莫和秘鲁联合指挥部司令布斯塔曼特

中国选手齐海峰在巴黎举行的世界田径锦标赛上以8126分的成绩打破男子十项全能全国纪录

8月28日

中共中央总书记胡锦涛在江西考察

8月28日至9月1日，胡锦涛和随行的中共中央政治局候补委员、书记处书记、中央办公厅主任王刚，在江西省省委书记孟建柱、省长黄智权等陪同下，先后到赣州、南昌等地，就加快经济社会发展、关心群众生产生活和加强干部作风建设进行调查研究。在田间地头、企业车间，在乡村农户、职工家庭，在城市社区、职业介绍服务中心，胡锦涛和干部群众亲切交谈，详细询问经济社会发展和群众生产生活情况，共商加快发展大计。

胡锦涛特地前往瑞金、兴国、于都等革命老区，瞻仰了毛泽东同志旧居、红军烈士纪念塔、中华苏维埃共和国临时中央政府等革命旧址，还看望了老红军、老干部和老党员代表并同他们亲切交谈。

胡锦涛指出，全面建设小康社会，依然要大力发扬密切联系群众的革命传统，深深扎根于人民之中，诚心诚意为人民谋利益。坚持立党为公、执政为民，既要体现在制定和贯彻符合人民群众利益的路线方针政策上，也要体现在帮助人民群众解决生产生活中的实际问题上。

考察期间，胡锦涛听取了江西省委、省政府的工作汇报，并作了重要讲话。

胡锦涛指出，各级领导干部一定要深刻认识发展是党执政兴国的第一要务这个重大命题，要牢固树立协调发展、全面发展、可持续发展的科学发展观。

胡锦涛强调，伟大的井冈山精神集中反映了我们党的优良传统和作风。我们要结合时代的发展，让井冈山精神大力发扬起来，使之在新的时代条件下放射出新的光芒。

国家主席胡锦涛在人民大会堂会见匈牙利总理迈杰希·彼得

国务院总理温家宝在人民大会堂与匈牙利总理迈杰希举行会谈

会谈中，两国领导人就继续深化双方在各领域的合作交换了意见。温家宝表示，中方希望通过双方的扎实工作与密切配合，使中匈关系成为带动中国同中东欧地区关系发展的动力；中方鼓励中资企业去匈投资，也欢迎匈企业界来华开拓市场，参与中国西部大开发及重大项目的建设；中国将继续扩大自匈进口，积极促进贸易平衡；中匈应加强在文化和教育领域的交流，增加留学人员数量，早日落实布达佩斯中匈双语小学的设想；两国民航部门需要加紧工作，尽快恢复北京—布达佩斯直航；欢迎匈在上海设立总领馆。

迈杰希表示完全赞同中方对两国关系的积极评价和对进一步发展双边合作的设想。匈牙利政府期待着与中国建立长期友好全面的合作关系，进一步扩大两国在政治、经贸、旅游等方面的合作,并开拓金融、教育等新的合作领域,在新世纪开创匈中两国关系的新局面。

会谈后两国总理签署了《中华人民共和国政府和匈牙利共和国政府联合声明》,并出席了两国关于加强打击犯罪,扩大教育、旅游和体育交往等6个合作文件的签字仪式。

国务院总理温家宝在人民大会堂会见美国共和党联邦众议员 众议院国际关系委员会东亚和太平洋事务小组委员会主席詹姆斯·利奇

国务院副总理黄菊在辽宁考察

8月28日至9月1日,黄菊在辽宁省有关领导的陪同下,先后来到阜新、锦州、沈阳、辽阳、鞍山和大连市的企业、社区、劳动力市场,重点考察了社会保障体系建设、下岗失业人员再就业和国有企业改革发展工作。考察期间,黄菊还听取了辽宁省委、省政府的工作汇报。

8月28日,黄菊一下飞机就来到阜新市太平煤海采煤沉陷搬迁改造新区。看到新区环境整洁,配套设施齐全,住房宽敞明亮,他十分满意。他走进搬迁户魏世功老人家中,看望了他们一家人,详细询问了他们搬迁后的生活状况和养老金发放、看病就医等社会保障情况。他叮嘱随行的各级领导干部,群众利益无小事,一定要认真细致地做好采煤沉陷区居民的搬迁工作,加强社区服务,为群众实实在在地排忧解难。

辽宁是我国完善社会保障体系的试点省份。黄菊在深入考察了试点工作后指出,辽宁试点工作是成功的,经验是宝贵的,要继续把完善社会保障体系试点工作切实做好。一是再接再厉,善始善终,确保年内完成试点工作任务。二是进一步总结试点工作的经验,为扩大试点提供更完善的方案。三是继续做好并轨人员的社会保障和再就业工作。四是加强养老保险个人账户资金的管理和保值增值。

黄菊十分关心辽宁的就业再就业工作。他先后到锦州市劳动保障服务中心、沈阳皇姑区职业技术培训学校、鞍山市再创业服务中心和大连戚秀玉职业介绍所,与工作人员和前来求职的下岗失业人员亲切交谈,倾听他们的意见,了解当地的再就业工作情况。黄菊要求,各级党委和政府要把刚刚结束的全国再就业工作座谈会精神和中央的各项政策措施宣传好、贯彻好、落实好。一要抓住有利时机,加紧工作,落实责任,强化督察。二要从实际出发,创造性地开展工作。三要在落实政策过程中不断完善政策,使政策效应得到充分发挥。四要搞好就业培训和服务,提高针对性和有效性,帮助更多的下岗失业人员走上新的岗位。

考察期间,黄菊来到鞍山钢铁集团公司、中国石油天然气总公司锦州石化分公司、沈阳远大集团、华晨金杯汽车公司、辽宁忠旺集团、大连造船重工公司、大连西太平洋石化公司、实德工业园区等16家企业,与企业负责人共商企业发展和加快振兴老工业基地大计。黄菊指出,支持东北地区等老工业基地加快调整和改造,是党中央从全面建设小康社会着眼作出的又一重大战略决策,具有重要的政治意义和经济意义。实现东北地区等老工业基地振兴,一要贯彻落实中央的决策和部署,充分发挥中央、地方和各个方面的积极性,用改革的办法,开放的思路,创新的精神,做好规划,突出重点,分步实施,扎实推进。二要继续深化国有企业改革,加快国有经济结构和布局调整。三要集中力量对重点行业、重点骨干企业、重点产品加快技术改造,提高老工业基地的竞争力。四要在老工业基地调整改造过程中,做好完善社会保障体系和就业再就业工作,确保社会稳定。

黄菊强调,我们要在以胡锦涛同志为总书记的党中央领导下,认真贯彻"三个代表"重要思想和十六大精神,深化改革,扩大开放,开拓创新,艰苦奋斗,做好完善社会保障体系和就业再就业工作,走出一条加快老工业基地振兴的新路子,夺取现代化建设的更大胜利。

中央纪委书记吴官正在教育部就治理教育乱收费问题调研

吴官正强调,治理教育乱收费,要标本兼治,综合治理。要突出工作重点,认真抓好国家扶贫重点县农村义务教育阶段收费"一费制"和公办高中招收择校生"限分数、限人数、限钱数"政策的落实。要加强制度建设,积极推行教育收费听证、收费公示、收费巡查督导、收费审计和校务公开、责任追究等制度,落实"收支两条线"规定,规范收费管理,加强监督检查,做到防范在前。对仍然我行我素,违反规定乱收费的要严肃查处。广大教育工作者要增强职业荣誉感和社会责任感,提高职业道德水平,全力办好让人民群众满意的教育事业。

中央书记处书记、中央纪委副书记何勇,中央纪委副书记、监察部部长李至伦等参加调研。

国务院副总理曾培炎在深圳出席深港西部通道工程开工奠基典礼

该工程是内地与香港大型基础设施协作中开工的第一个重大项目,也是第一条通过跨海工程连接内地与香港的陆路通道。

工程开工奠基典礼在深圳南山区东角头隆重举行。曾培炎宣布开工,并同香港特别行政区行政长官董建华等挥锹奠基。随后,曾培炎在国务院有关部门、广东省和深圳市负责人陪同下视察了工程填海区,并听取了项目情况汇报。

奠基典礼前,曾培炎会见了香港特别行政区行政长官董建华。

中华人民共和国政府和匈牙利共和国政府联合声明

国务院总理温家宝与匈牙利总理麦杰希·彼得于28日在北京签署《中华人民共和国政府和匈牙利共和国政府联合声明》。声明全文如下:

中华人民共和国政府和匈牙利共和国政府联合声明

应中华人民共和国国务院总理温家宝的邀请,匈牙利共和国总理麦杰希·彼得于2003年8月27日至8月30日对中国进行正式访问。双方就进一步发展中匈关系和共同关心的地区及国际问题广泛深入地交换了意见。

为深化双边合作,推动中匈友好关系在21世纪的发展,两国总理代表各自政府发表以下联合声明:

一、双方回顾和总结了近年来两国友好合作关系的发展,对两国各领域富有成效的合作表示满意。双方一致认为,两国间不存在根本的利害冲突。保持和发展各领域的互利合作是两国人民的共同愿望,符合两国的根本利益,有利于地区与世界的和平与稳定。双方愿在相互尊重、平等互利和互不干涉内政等原则基础上,并在建设性伙伴关系框架内,将两国友好合作关系提升到新的更高水平。

二、双方表示尊重对方根据本国国情选择的发展道路,尊重对方的主权、领土完整、内外政策。双方注意到两国在经济、社会、政治情况和价值观念等方面的差异以及在人权问题上的不同观点,愿就此进行建设性对话与交流,但认为这不应影响双边关系的发展。

三、双方主张尊重《联合国宪章》的宗旨和原则以及公认的国际法准则,重申联合国是由主权国家组成的世界上最具广泛代表性和权威性的政府间国际组织。双方在联合国和其他国际组织中将继续加强合作,愿在国际反恐斗争、防止大规模杀伤性武器扩散、环境保护、可持续发展等重大全球性问题上加强磋商与合作。

四、中方愿看到匈牙利作为中欧地区的重要国家,继续在本地区和欧洲发挥建设性作用,注意到匈牙利就承担结盟义务所做的自主决定,并对匈牙利即将加入欧盟表示祝贺。

五、匈牙利共和国政府重申:世界上只有一个中国,中华人民共和国政府是代表全中国的唯一合法政府,台湾是中国领土不可分割的一部分;匈方将继续坚持一个中国原则,不与台湾建立官方关系和进行任何官方接触,只与台湾在非官方、非政府的范围内进行私人性质的经济、文化交流。

六、双方认为,两国国家、政府、议会领导人和议员之间以及有关部委、其他国家机构和军队之间进行经常交往、扩大合作有助于增进相互了解,并将进一步巩固两国人民的传统友谊。

七、双方认为,中国加入世界贸易组织和匈牙利即将加入欧盟为加深两国经贸关系开辟了广阔前景。双方重视全面开展经济合作:努力扩大和提高双边贸易的规模和水平,改善贸易不平衡;继续鼓励和支持本国公司和企业根据市场经济规律和世贸组织制定的规则开展互利合作;增加相互投资、建立合资企业并进行其他形式的合作,包括在第三国市场的合作;加强在工业、农业、交通、金融、信息、旅游及其他领域的合作。

八、双方支持两国司法、公安、内务、海关、金融监督以及其他相关部门之间的合作,在打击跨国有组织犯罪、武器走私、制毒贩毒、非法移民、人口走私以及经济犯罪的全球斗争中积极配合。

九、双方鼓励两国公民加强往来。双方认为,两国公民间的直接接触以及在对方国家从事各种合法活动有助于两国关系的发展。双方依照各自的国际义务、现行双边协议的规定以及相关国内法处理两国关系中公民往来方面出现的问题。双方敦促各自公民在对方境内逗留期间遵守所在国法律规定,与当地人民友好相处。双方不歧视在各自境内逗留的对方公民并保障他们的所有合法权益。双方有关部门为解决公民往来问题进行建设性的合作。

十、双方将继续发展两国科技、文化、教育、卫生、体育、新闻以及人文关系等领域的合作,鼓励两国地方和民间机构开展直接合作。相信这些交流与合作将促进两国关系的全面发展,并将有助于增进两国人民的相互了解。

中华人民共和国国务院总理　匈牙利共和国总理

温家宝　麦杰希·彼得

2003年8月28日于北京

中共中央政治局常委李长春在人民大会堂会见古巴广播电视委员会主席埃内斯托·洛佩斯·多明哥斯

洛佩斯一行是应中国国家广播电影电视总局邀请,来华参加首届中国广播影视博览会和中央电视台45周年台庆活动的。中宣部副部长兼国家广电总局局长徐光春、中联部副部长张志军等会见时在座。

老挝国会主席沙曼在万象会见由中联部部长王家瑞率领的中共代表团

8月29日

全国人大常委会委员长吴邦国 国家副主席曾庆红在人民大会堂分别会见匈牙利总理迈杰希

国务院总理温家宝在上海考察

8月29日至31日，温家宝在上海市有关领导陪同下，考察了松江新城区、浦东新区和上海城市建设，以及上海通用汽车有限公司、华虹NEC电子有限公司、宝钢集团公司等一些企业，参观了中国共产党第一次全国代表大会会址纪念馆。考察期间，他与工人、高校学生和市民亲切交谈。

8月29日晚，温家宝主持召开浦东开发开放座谈会，与上海市负责人及部分企业负责人共商进一步推进浦东开发开放大计。30日晚，他听取了上海市委、市政府的工作汇报，并作重要讲话。

温家宝强调，以胡锦涛同志为总书记的新一届中央领导集体，将坚定不移地推进改革开放，继续实行办好经济特区和支持上海浦东新区开发开放的方针。

温家宝说，上海在东部地区和全国经济发展中有着重要的战略地位。上海要紧紧抓住新世纪头20年的重要战略机遇期，充分发挥优势，加快发展。在新的形势下，上海要着力抓好以下几个方面的工作。第一，着眼于提高国际竞争力，加快产业结构优化升级。第二，着眼于发挥中心城市的辐射带动作用，进一步完善综合服务功能。第三，着眼于发展外向型经济，进一步扩大对外开放。要抓住有利时机，积极合理地利用外资。第四，着眼于促进经济社会协调发展，加快城市建设和管理创新。第五，着眼于增强持续创新能力，大力实施科教兴国战略和人才战略。

全国人大常委会办公厅在北京就行政许可法举行记者招待会

全国人大常委会法工委副主任李飞和国务院法制办副主任汪永清回答了记者的提问。

行政许可立法十分必要

记者：据了解，行政许可法是世界上第一部专门的行政许可法，我国为什么要制定这样一部专门的行政许可法？

李飞：行政许可就是我们通常所说的行政审批，既涉及行政机关对社会与经济事务的事先的行政管理，也涉及公民、法人和其他组织的切身利益。所以，制定行政许可法对规范行政许可行为是十分必要的。一是总结和肯定了几年来行政审批制度改革的经验和成果，按照合法与合理、效能与便民、监督与责任的原则，对行政许可的设定和实施都作出了规范，有利于行政审批制度改革的进一步深化，使政府的行政审批和行政管理工作纳入法制化、规范化的轨道，也将有力地推进和保证行政机关的依法行政和依法管理。二是将有力地推进政府职能的转变。因为这部法律严格控制行政许可设定权，而且明确规定了行政许可事项的范围。这样可以减少和限制不必要的行政审批和依法无据的事项，使行政机关抛弃传统管理模式，也就是过多地直接干预社会生活和经济生活，转向宏观调控和社会服务方向。同时，这个转变也有利于发挥社会中介机构和行业组织的作用，更好地发挥市场调节机制，将促进社会主义市场经济的完善。三是有利于进一步扩大对外开放和与国外规则接轨，更好地维护我们国家的经济利益和安全。四是方便当事人，方便群众，保证公民、法人和其他组织的合法权益。这是行政许可法的立法宗旨之一。该法对简化行政审批程序、提高办事效率和提供优质服务作出了明确规定，可以更好地发挥公民、法人和其他组织的主动性、积极性和创造性，体现了立法机关和行政机关对广大人民群众利益的高度重视。五是有利于从根源上和制度上杜绝“暗箱操作”和钱权交易，清除在行政审批中存在的腐败现象。

推进行政管理体制改革

记者：行政许可法对于推进行政管理体制改革，促进政府职能转变，具有特殊重要的意义。行政许可法从哪些方面体现出来？

汪永清：主要体现在七个方面：一是行政许可法通过建立规范的行政许可制度，妥善处理政府与市场、政府与社会、公权力与私权利的关系。明确规定了什么事项可以设定行政许可，什么事项不需要设定行政许可。根据许可法的规定，凡是公民、法人和其他组织可以自主解决的问题就不要通过行政许可法来解决。这样就从制度上防止了公权力对公民个人生活的干预，减少了行政许可在整个社会生活中的分量。二是行政许可法通过对行政许可权的明确规定，相对集中了行政许可的设定权。根据这部法律的规定，除全国人大及其常委会、国务院以及省一级人民政府在特定条件下可以设定行政许可外，其他国家机关包括国务院各个部门一律不能设定行政许可。这一规定对经济发展具有至关重要的作用。三是通过规定相对集中行政许可的实施权，规定了实施行政许可要一个窗口对外，一站式办理，或者联合办理、集中办理。省级人民政府经国务院批准可以决定一个机关行使其他机关的行政许可权，把权力相对集中，对推进行政机构改革，减少行政机构的设置，合理配置行政权力都起到了非常重要的积极作用。四是通过把对行政许可的监督检查作为行政许可权的自然延伸,专门规定了需要通过行政的活动进行检查,从而把事前审批与事后监督统一起来。行政审批是一种事前的监督方式,行政许可法通过设专章把有关行政许可的事前和事后两者监督方式合并起来,有利于改进行政机关和行政管理的方式。五是确定了行政许可法的效能原则,规定了一系列便民措施,有利于使行政人员牢固树立服务意识,提高工作效率。六是规定了对违法实施行政许可的行为应当承担的法律责任,行政许可原则上不收费等。这样一些规定确保了行政权力与责任的统一,行政权力与利益的脱钩。七是行政许可法绝大多数条款都是规范政府行为。总之,行政许可法的颁布将是我们进一步深化行政管理体制改革的一个重要契机。

从根本上防治审批腐败

记者:行政审批中标准不明确、程序不公开等问题,容易产生腐败问题。那么新出台的行政许可法将在这方面发挥什么作用?

汪永清:应该说,如何防止和治理行政许可过程当中的腐败问题,是制定行政许可法的一个基本出发点。规范行政许可的设定和实施,以达到从根本上、制度上来防止和治理腐败。比如,规定能一个部门办理的就不要跑好几个部门,这样可以降低老百姓的办事成本,降低行政机关滥用权力通过行政审批"寻租"的可能;不允许地方政府规章以外的其他规范性文件设定行政审批,这就从源头上防止了行政机关自设权力;对那些确实需要若干个部门办理的行政许可,规定一定要统一办理。又比如,无论是地方法规也好,行政法规也好,在设定行政许可的时候都必须明确设定行政许可的必要性和对社会的影响,同时也要求必须明确规定实施行政许可的期限、条件、程序。许可法还规定,允许申请人不到现场去提交申请书,可以通过信函等其他间接的方式,减少见面的机会就减少了权钱交易、以权谋私的可能。再比如,许可法规定,所有的实施行政许可的工作人员不得向被许可人也就是申请人提出任何意义上的不合理要求,也不可以谋取其他的利益。另外,还规定了严格的法律责任。"法律责任"一章共10条,其中有6条是对行政机关和行政机关工作人员的规定。

依法清理地方土政策

记者:行政许可法出台后,是否会对各地的法规、规章中带有地方保护主义色彩的土政策进行清理?

汪永清:这一直是行政审批中的一个问题,也是行政许可法立法的一个着眼点。行政审批改革大的着眼点是我们加入了WTO。WTO非常重要的原则,一是法律、法规要统一实施;二是实行非歧视性原则。我国的实际情况是,全国的统一大市场有制度但很难深入下去。目前,市场分割、地方保护、行业垄断的现象不同程度地存在。我认为,所有的地方保护、行业垄断、市场分割行为都与行政审批、行政许可有关,或者说都是通过审批来实现的。在市场分割问题上,一是地方保护;一是行业漏洞。许可法明确规定,地方性法规也好,地方政府规章也好,不得设定自治许可,不得设定地方性规定的许可,设定的所有许可都不得限制其他地区的组织和个人到本地区从事生产经营活动或者提供服务,也不得限制其他地区的产品进入本地区的市场。因此,根据这一规定,凡是带有这样一些保护色彩的都在清理行列当中,如果不清理的话,任何一个老百姓都可以进行诉讼,从而达到建立统一大市场的目的。

全国人大常委会副委员长李铁映率全国人大常委会建筑法执法检查组在河南进行执法检查

在听取了河南省政府及有关部门的汇报后,李铁映强调,当前贯彻执行建筑法要突出五个重点,依法治业,以解决建筑业快速发展中的紧迫问题。

第一,政府及有关部门要依法行政,严格执法。近一段时间,政府及有关部门拖欠工程款的问题引起广泛关注。各地政府一定要带头予以纠正,并全面进行一次清理。

第二,要进一步落实工程监理制度,加大对建筑质量的监理力度。目前监理队伍素质较低,水平较差,职能较弱。建筑质量存在的问题与监理制度执行不到位、不完善有很大关系。

第三,要严格执法,保障建筑工程质量。

第四,要切实解决拖欠建筑工人工资的问题。

第五,将招投标真正落到实处。许多地方都号称招投标率达到了"百分之百",但事实上,虚假招标等现象大量存在。各地必须对此加以重视,着力解决。

国务院任免国家工作人员

任命华福周(女)为劳动和社会保障部副部长,鄂竟平为水利部副部长,雷元亮为国家广播电影电视总局副局长。免去张基尧的水利部副部长职务。

海协会就大陆私渡人员被推落下海事件复函台湾海基会

8月26日,台湾苗栗外海发生大陆私渡人员被推落下海事件。针对此次涉及两岸同胞生命财产安全的重大事件,作为个案,海协8月29日下午复函台湾海基会。

函中表示:"贵会8月26日、27日两函均悉。8

月26日晨，台湾苗栗外海发生26名受拐骗的大陆女子被台湾不法分子推落下海致6人溺水身亡、2人受伤的恶性事件，大陆有关方面表示严重关切，并要求台湾有关方面妥善安置、救治获救人员，迅速查处犯罪分子，严惩凶手，严厉打击台湾蛇头犯罪活动，保障两岸人民的权益。请贵会速协调台湾有关方面告知6名死者名单及资料，以便尽早通知家属处理善后。另请尽快提供有关侦讯资料和破案线索，如有大陆人员介入犯罪，有关方面将尽速缉拿归案，严惩不贷。”

事件发生后，海协即通过渠道与台湾保持密切联系，随时沟通情况，并请其转告台湾有关方面尽快提供6名死者名单，并提供“蛇头”拐骗女子的情况及线索，以便尽早通知死者家属。同时协调有关方面做好准备，一旦台湾方面提供6名死者资料，立即想方设法查找家属。海协已将获救的20名人员名单电传至福建、广东、广西、贵州、浙江、四川、吉林、江苏、湖北、重庆等省市台办通知其家属。中国红十字会等部门也与台湾红十字组织联系安排20名获救人员遣返事宜，使她们早日返回。

台湾“蛇头”集团大肆拐骗大陆女子赴台从事非法活动，是近年来私渡活动猖獗、此类事件屡屡发生的主要根源。大陆有关方面要求台湾有关方面严厉打击台湾“蛇头”犯罪活动。

证监会颁布《证券公司债券管理暂行办法》

《证券公司债券管理暂行办法》规定证券公司经批准可向社会公开发行或向合格机构投资者定向发行债券，这一办法将于2003年10月8日起施行。

证监会有关部门负责人表示，允许证券公司发债为证券公司开辟了一条新的中长期融资渠道，有助于证券公司改善融资结构，提高综合竞争力和抗风险能力。

国家副主席曾庆红在人民大会堂会见巴哈马外交和公共服务部部长弗雷德·米切尔

北京六方会谈在钓鱼台国宾馆闭幕

各方代表团团长及成员出席了闭幕式。中方团长、中国外交部副部长王毅主持了闭幕式。

王毅总结了会谈期间各方的共同点和会谈取得的进展。他表示，六方带着诚意而来，抱着希望而来，为了和平而来。会谈有进展，也有分歧，但各方都认为会谈是有益的。尽管未来的和谈道路不会一帆风顺，但只要各方共同努力，我们就能够找到和平解决朝鲜半岛核问题的途径，进而开启半岛永久和平的大门。

各方感谢中方作为东道主为会谈顺利进行所做的重要努力和周到安排。各方表示，本次六方会谈为解决朝鲜半岛核问题提供了重要机遇，为会谈的继续打下了基础。各方承诺将对会谈中提出的主张和方案进行认真研究，并保持磋商，以扩大共同点。

国务委员唐家璇在钓鱼台国宾馆会见出席北京六方会谈各方代表团

外交部副部长王毅出席北京六方会谈新闻发布会并答记者问

在新闻发布会上，王毅首先发表讲话。他说，北京六方会谈是和平解决朝鲜半岛核问题的历史性机会。会谈得到了各国领导人的直接关心和指导，引起了国际社会的广泛关注。六方代表团带着诚意而来，抱着希望而来，为了和平而来。

王毅说，在会谈中，各方以坦诚和负责任的态度，围绕核问题全面阐述了各自的原则立场和方案设想，就彼此的关切进行了严肃认真的讨论。各方之间还以多种形式进行了直接接触。

他说，各方的基本姿态都是积极的，美朝双方表达了不少建设性的信息，如美国强调和平解决核问题是应该也是可能的，美国无意威胁朝鲜，无意入侵和攻击朝鲜，无意更迭朝鲜政权，希望通过谈判解决双方关心的问题，逐步走向美朝建交等；朝鲜方面表示渴望和平，愿与所有国家建立友谊，无核化是朝鲜总的目标，拥核不是目的。只要美改变对朝的政策，不再对朝鲜进行威胁，朝鲜可以放弃核计划，朝鲜愿与美和平共存。

他说，会谈中也出现了不少分歧，有的还相当尖锐。但总体上各方还是能够冷静对待。俄罗斯、韩国和日本在阐述自己立场的同时，也分别做了大量劝和工作。

他说，六方这次坐到一起，不是为了扩大和渲染分歧，而是在承认分歧的基础上，寻找解决问题的途径，开辟解决问题的前景。

王毅说，这次会谈的重要收获是各方存在一些重要的共同点：

——各方都愿致力于通过对话以和平方式解决朝鲜半岛核问题，维护半岛的和平与稳定，开创半岛的持久和平；

——各方都主张半岛应无核化，同时也都认识到需要考虑和解决朝鲜在安全等方面提出的关切；

——各方原则上赞同按照分阶段、同步或并行实施的方式，探讨并确定公正合理的总体解决方案；

——各方同意在和谈进程中不采取可能使局势升级或激化的言行；

——各方都主张保持对话、建立信任、减少分歧、扩大共识；

——各方同意继续六方会谈的进程，并尽快通过外交渠道确定下一轮会谈的时间和地点。

王毅说，作为东道主，中方对上述共同点感到欣慰，这是六方共同努力的结果，体现了谅解与合作的精神。应该说通过这次会谈，半岛无核化的目标已经确立，和平解决的进程已经开始，并行同步的方针已获广泛认同，这些都为会谈继续下去奠定了必要的基础。中方认为，这次会谈是有益的，向和平解决核问题又迈出了重要一步。

王毅讲话后，回答了记者提问。

有记者问：从这次会谈情况看，朝美之间还存在哪些分歧，解决朝核问题还需要多少时间？

王毅说，朝美间的分歧是全面的，涉及很多领域。比如，朝鲜方面明确地、多次地表示美对朝构成严重威胁，美国在此问题上有自己的说法。分歧的存在是客观事实，重要的是采取什么样的态度和途径解决。

他说，中方一贯主张通过对话以和平手段解决分歧。核问题有着十分复杂的历史背景和现实原因，这一问题的解决需要一个过程，而且很可能是一个曲折的过程。但只要各方都有解决问题的政治意愿和诚意，问题的解决是完全可以实现的。当前重要的是保持得来不易的对话势头，要使会谈的进程继续下去。

记者问：美国要求以全面的、可核查的、不可逆转的方式消除朝鲜的核武器计划，同时朝鲜也要求确保某方面的安全。你能否介绍一下各方如何提出并行同步的解决方案？

王毅说，美国和朝鲜都提出了自己的要求。各方对实现这些要求的方式也发表了意见，并逐渐形成共识：这就是应同时地、并行地、有顺序地解决彼此的关切。尤其在朝美双方存在严重不信任情况下，双方应一起往前走。我认为这是现实可行的途径和方法。

记者问：六方会谈期间，朝鲜与美国代表团是否进行了直接接触？当时的气氛和内容怎样？各方都进行了劝和和促谈工作，中方做了哪些努力？

王毅说，美国和朝鲜以双方都能接受的方式进行了直接接触，至于什么样的内容，恐怕需要询问朝美双方。但是可以确认的是，这一直接接触增进了朝美彼此间的了解。

他说，中方的作用主要就是劝和促谈，为此我们作出了一系列努力。但是我想强调的是，没有有关各方的支持，中方的努力也很难达到应有的效果。4月，北京三方会谈得到了朝美的支持，北京六方会谈是在朝鲜提出建议、各方支持下进行的。无论是三方会谈还是六方会谈，都是各方共同努力的结果。

外交部部长李肇星应约与美国国务卿鲍威尔通电话就北京六方会谈交换意见

中国常驻联合国副代表张义山在安理会发言阐述了中方主张

张义山是在一个专门会议上，就如何加强联合国维和行动阐述了中方的主张。他指出，联合国应进一步加强自身的维和能力，应致力于推动冲突各方寻求政治解决危机并帮助非洲有关组织增强维和能力。

越共中央总书记农德孟在河内会见由中联部部长王家瑞率领的中共代表团

中共代表团是应越共中央的邀请，于8月28日抵达河内开始对越南进行为期3天的工作访问的。

《人民日报》刊发中央军委主席江泽民为国防科大题写的校训

国防科学技术大学建校50周年前夕，中央军委主席江泽民为学校题写校训："厚德博学强军兴国。"国防科学技术大学的前身为1953年9月创建于哈尔滨的军事工程学院。

中共中央政治局常委李长春来到中国人民革命军事博物馆参观中央电视台建台45周年发展成就展

李长春说，这个展览展示了中央电视台光辉的历史、辉煌的业绩、灿烂的未来。希望广大电视工作者深刻认识自己肩负的责任，不断增强政治意识、大局意识、责任意识，增强光荣感和使命感，努力做好工作，更好地为人民服务，为社会主义服务，为全党全国工作大局服务。

"中央电视台建台45周年发展成就展"包括"走近央视"、"如沐春风"、"岁月如歌"、"累累硕果"、"互动平台"、"经典荟萃"、"共同走过"、"走向世界"、"数字浪潮"、"未来时空"10部分内容。

中共中央政治局委员、中央书记处书记、中宣部部长刘云山，国务委员陈至立参观了展览。

中国足球协会在香河召开会员代表大会进行换届改选

中国足协名誉主席荣毅仁、名誉顾问李铁映、主席袁伟民、副主席王钧、阎世铎、王俊生、薛立、南勇、张吉龙、杨一民、崔大林、肖爱山、金国祥、黄东生、肖阳宗和容志行继续担任原职。

新当选的副主席有杨贵仁、吴明山、孙康林、于学田、杨廼军、辛德智、刘江南、段杰和李明华。阎世铎兼任秘书长，南勇兼任司库。

会议原则通过了《中国足球事业2003—2012年发展规划》和修改后的《中国足球协会章程》,会后将逐步健全各专项委员会机构。

8月30日

全国人大常委会委员长吴邦国在马尼拉会见菲律宾总统阿罗约

吴邦国积极评价中菲关系取得的进展,他指出,两国在经贸领域的合作保持良好势头,进一步合作的潜力很大,应进一步拓展合作领域;农业方面的合作成效显著,基础设施和资源开发领域的合作也有了良好开端,金融合作取得了新的进展。上述成果为两国关系的发展奠定了重要的物质基础,注入了新的活力。

阿罗约总统高度赞赏吴邦国委员长对双边经贸合作前景的展望,认为双方除了高层接触外,还应加强民间往来。

会见后,吴邦国和阿罗约出席了中菲双边货币互换协议的换文仪式、中国向菲律宾提供优惠出口买方信贷谅解备忘录的签字仪式。晚上,阿罗约总统为吴邦国委员长和夫人访菲举行国宴。菲律宾参、众两院议长和数位内阁成员出席作陪。

吴邦国委员长一行是抵达马尼拉后,参观了王城和华人博物馆。

吴邦国是应菲律宾众议院议长德贝内西亚和参议院议长德里隆的邀请来访的。这是吴邦国担任全国人大常委会委员长后首次出访。

全国政协副主席罗豪才在钓鱼台国宾馆会见以第一副主席马马杜·亚亚·贾洛为团长的几内亚比绍社会革新党代表团

电影华表奖 夏衍奖 童牛奖在北京颁奖

第九届中国电影华表奖、第六届夏衍电影文学奖、第十一届中国电影童牛奖同台颁奖。电影工作者、港澳台电影艺术家代表和国家广电总局、文化部、教育部、团中央、全国妇联等部门的同志近2500人参加颁奖典礼。

本届童牛奖是在2500名少年儿童观影投票的热情参与下评出的。《花儿怒放》《我和乔丹的日子》《少年英雄》等3部优秀影片及3位创作人员获奖;本届夏衍电影文学奖有10部优秀剧本获奖,其中柳建伟编剧的《惊涛骇浪》获一等奖。

华表奖故事片有10部影片获奖,一等奖被《惊涛骇浪》摘取,《邓小平》《美丽的大脚》《首席执行官》3部影片并列二等奖;执导《惊涛骇浪》的翟俊杰和执导《美丽的大脚》的杨亚洲获得优秀导演奖;在影片《邓小平》中饰演主角的卢奇、在影片《和你在一起》中饰演主角的刘佩琦、在影片《世界上最疼我的那个人去了》中饰演主角的黄素影、在影片《美丽的大脚》中饰演主角的倪萍分获优秀男女演员奖。

为推动我国电影产业化发展,这次电影华表奖,特设对产业化发展作出贡献的影片授予"特殊贡献奖"。这一富有创意的奖项,由张艺谋导演的影片《英雄》荣获,《英雄》创造了国内票房2.5亿元的佳绩。

此外,包括戏曲片、纪录片、科教片、合拍片、译制片、电影技术、电影歌曲以及电视电影等其他奖项也各有得主。

陕西渭河沿岸军民奋力抗洪

持续数天的暴雨导致陕西多条河流涨水,黄河支流渭河河水持续暴涨。来自陕西省防汛办的消息说,8月29日形成的渭河2号洪峰正在自西向东演进,成为1981年以来渭河中游最大洪峰。

8月30日,渭河宝鸡卧龙寺段、渭河支流黑河周至县富兴村段河堤先后出现塌方险情,武警官兵和当地群众奋力抢险,排除了险情。

防汛部门下发紧急通知,要求沿河各地按预案启动抗洪抢险措施,迅速组织力量巡查险情,确保堤防安全。

8月31日

全国人大常委会委员长吴邦国在马尼拉与菲律宾众议院议长德贝内西亚举行会谈

吴邦国积极评价中国全国人大与菲律宾议会的关系。双方有责任使两国立法机构的关系不断加以深化。为此,应继续重视发挥专门委员会和工作机构的作用。

德贝内西亚表示赞同吴邦国对两国关系的评价。他说,菲方非常感谢中方在诸多领域对菲律宾的支持和帮助,不少经贸项目关系菲律宾国计民生,将给菲律宾人民带来长久的实际利益。菲方认为,这些支持和帮助是菲中友谊不断加深的象征。

德贝内西亚强调,菲律宾议会同菲律宾政府一样,坚持一个中国原则,始终认为台湾是中国不可分割的一部分。关于南海问题,德贝内西亚表示,菲方恪守《南海各方行为宣言》,愿就南海共同开发进行合作。他还就健全和发展亚洲议会合作机制、亚洲不同文化在相互尊重基础上友好相处、东盟与上海合作组织在反对恐怖主义等领域加强合作等问题提出建议。

吴邦国就台湾、南海、反恐等问题阐述了中方立场和看法。他表示赞同德贝内西亚关于就加强亚洲各国议会合作等建议进行探讨。

会谈后，德贝内西亚众议长和夫人吉尔吉娜·德贝内西亚为吴邦国委员长和夫人章瑞珍访菲举行欢迎宴会。宴会结束前，菲律宾国会授予吴邦国委员长“国会成就勋章”。

全国人大常委会委员长吴邦国主持在马尼拉举行的AAPP执行理事会会议

吴邦国作为亚洲议会和平协会(AAPP)现任主席，首先通报了今年1月在北京举行的AAPP执行理事会会议情况。菲律宾众议院议长德贝内西亚介绍了将于9月1日开幕的AAPP第四届年会议程和日程。吴邦国建议选举德贝内西亚为协会下届主席，建议选举与会各国议长为第四届年会副主席。与会代表还就会议有关工作小组的主持人和报告人进行了讨论，并做了初步推荐。

本届年会的主题是“亚洲百年和平”，与会代表将分为4个小组开展工作，分别就政治、经济、和平与安全、妇女与青年等问题进行讨论。会议结束时将通过《马尼拉宣言》，集中反映会议的共识和成果。

AAPP目前是亚洲最大的地区性议会组织，1999年9月在孟加拉国达卡成立。AAPP章程规定，AAPP的目标是尊重和支持《联合国宪章》的宗旨和原则，致力于发展亚洲主权国家之间和各主权国家议会之间的友好合作关系，促进亚洲与世界的和平与稳定。

AAPP第三届年会于2002年4月在中国北京和重庆举行，通过了《重庆宣言》，使和平与发展两大主题得到进一步弘扬，也为第四届年会的召开奠定了基础。

中国全国人大和菲律宾众议院在马尼拉就吴邦国委员长对菲律宾进行正式友好访问发表《联合新闻公报》

公报全文如下：

(2003年8月31日，大马尼拉市)

一、应菲律宾共和国众议院议长小何塞·德贝内西亚阁下和参议院议长富兰克林·德里隆阁下邀请，中华人民共和国全国人民代表大会常务委员会委员长吴邦国阁下于2003年8月30日至9月2日对菲律宾共和国进行正式友好访问并出席亚洲议会和平协会(AAPP)第四届年会。

二、访问期间，吴邦国委员长会见了总统格洛丽亚·马卡帕加尔·阿罗约，并在总统府出席阿罗约总统举行的欢迎宴会。吴邦国委员长与众议院议长德贝内西亚举行了会谈，并会见参议院议长德里隆。两国领导人就双边关系、中国全国人大与菲律宾议会的合作方式及共同关心的国际和地区问题深入交换意见并取得广泛共识。

吴邦国委员长与阿罗约总统出席了《中国人民银行与菲律宾中央银行货币互换协议》的换文仪式及《中国进出口银行与菲律宾财政部关于中华人民共和国政府向菲律宾共和国政府提供4亿美元优惠出口买方信贷的谅解备忘录》的签字仪式。

三、两国领导人对中华人民共和国与菲律宾共和国关系的健康顺利发展表示满意。他们一致认为，两国加强传统友谊，发展稳定持久的睦邻互信与友好合作，不仅符合两国的根本利益，而且有助于地区的和平、稳定与发展。

双方表示将积极落实去年签署的《中华人民共和国全国人民代表大会常务委员会与菲律宾共和国众议院合作谅解备忘录》，加强包括中国全国人大与菲律宾议会专门委员会、友好小组及办公厅在内的双方议会交流与合作。菲律宾众议院授予吴邦国委员长“国会成就勋章”。

四、吴邦国委员长对菲律宾在格洛丽亚·马卡帕加尔·阿罗约总统领导下，在维护政治稳定与促进经济增长方面所取得的成就表示赞赏。他表示相信，菲律宾在各界人民的共同努力下，将在国家建设方面取得更大进展。阿罗约总统对中国改革开放和经济建设取得的成就表示祝贺。

五、两国领导人积极评价中菲经贸关系的良好发展。吴邦国委员长表示中国政府将促进两国间旅游业增长和其他人员交流。菲方感谢中国政府持续关心在香港特别行政区和澳门特别行政区工作的25万菲律宾劳工的福利问题。

菲律宾领导人感谢中国政府为卡洛奥坎到马洛洛斯的国家铁路现代化计划提供4亿美元优惠信贷。

双方高兴地注意到，中国的优良水稻品种正在菲律宾广泛播种，而且在中国政府帮助下建设的中菲农业技术中心已经完工。双方对中国政府向菲提供的1亿美元农业信贷项目取得的进展表示满意。双方还同意加强双向投资。

此外，双方同意加强在打击毒品走私和贩毒团伙等领域的合作。

六、菲律宾领导人强调，一个稳定与繁荣的中国有利于地区乃至世界的和平与发展。菲方重申将继续坚持一个中国的政策，世界上只有一个中国，台湾是中国不可分割的一部分。

七、吴邦国委员长和德贝内西亚议长一致认为，中菲两国通过在南海问题上保持良好的沟通与协调，对维护地区稳定作出了贡献。他们欢迎中国、菲律宾和其他东盟国家签署《南海各方行为宣言》，并将努力推动《南海各方行为宣言》后续行动不断取得进展。

八、菲律宾领导人赞赏中国政府为和平解决朝鲜半岛核问题所做的不懈努力,特别是促成了中、朝、美、韩、俄、日六方会谈的举行。吴委员长阐述了中方坚持通过对话和平解决问题的一贯立场。

九、两国领导人承诺两国将继续支持国际反恐。菲律宾众议院倡议并促成菲律宾、印度尼西亚和马来西亚三国达成反恐协议,现柬埔寨和泰国也已加入该协议。中国是上海合作组织的首要推动者之一。双方表示愿意积极探讨东盟与上海合作组织之间进行反恐合作的途径。

十、菲律宾领导人高度赞赏中国积极推动与东盟建立自由贸易区,从而为促进地区经济一体化进程所做的努力。双方认为,建立中国—东盟自由贸易区,体现了中国与东盟领导人致力于加强双方睦邻互信和友好合作的强烈意愿,必将对本地区的和平与发展产生积极的影响。

双方一致认为,中国加入世贸组织,不但有利于中国的经济发展和现代化建设,而且有利于世贸组织成员,同时对于亚太地区的繁荣与发展也有着重要意义。本地区各国都会从中国不断的开放和发展中受益。

十一、吴邦国委员长和德贝内西亚议长一致同意在AAPP和各国议会联盟的框架内加强中国全国人大常委会和菲律宾众议院之间的友好关系,愿共同努力,使AAPP成为维护亚洲和平、稳定与发展的力量。德贝内西亚议长对2002年4月在北京和重庆召开的AAPP第三届年会所取得的成就表示赞赏,认为《重庆宣言》是指导AAPP未来发展的里程碑式文件。

十二、吴邦国委员长赞赏菲律宾为筹备AAPP第四届年会所做的卓有成效的工作,欢迎菲律宾提议将“亚洲百年和平”远景目标作为大会主题。双方表示将与各国议会一道,努力推动AAPP为增进各国人民之间的相互了解、交流、信任及合作发挥积极作用,进而为维护亚洲和平、促进亚洲发展作出新的贡献。

十三、德贝内西亚议长向吴邦国委员长介绍了菲律宾众议院向东盟议会组织(AIPO)递交建立地区立法机构的可行性报告,从而为启动建设东盟议会的进程作出努力的情况。吴邦国委员长表示中方支持东盟一体化进程,愿意看到东盟各国为加强自身团结及地区和平、发展所做的各种努力。

十四、双方一致认为吴邦国委员长此次访菲取得了圆满成功。吴邦国委员长对菲律宾众议院、参议院、政府和人民给予的热情周到接待表示感谢。

国务院总理温家宝在上海看望全国政协副主席中国作协主席 著名无党派人士巴金先生

北京奥组委与国际奥委会合作组建北京奥林匹克转播有限公司签字仪式在北京举行

国际奥委会主席雅克·罗格,中共中央政治局委员、北京市市委书记、北京奥组委主席刘淇,国家体育总局局长、中国奥委会主席、北京奥组委执行主席袁伟民,北京市代市长、北京奥组委执行主席王岐山出席了签字仪式。第二十九届奥运会协调委员会主席、奥林匹克广播服务公司董事长海因·维尔布鲁根与北京市副市长、北京奥组委常务副主席刘敬民,分别代表奥林匹克广播服务公司和北京奥组委,签署了关于设立北京奥林匹克转播有限公司的框架协议。

这一协议的签订,标志着未来将承担北京2008年奥运会电视和广播转播任务的北京奥林匹克转播有限公司正式开始了筹备立项程序。

奥运会是当今世界拥有最广泛电视收视率的高水平体育赛事,实现奥运会广播电视的成功转播是确保举办一届最出色的奥运会的前提和基础。为保证转播质量,合理降低运营成本,为中国广播电视业留下技术与人才资源,经国际奥委会建议,北京奥组委同意与奥林匹克广播服务公司合作成立北京奥林匹克转播有限公司,具体行使北京奥运会的广播电视转播职能。

中国代表团在韩国大邱举行的第二十二届世界大学生运动会上蝉联金牌数第一

中国体育代表团以41金27银13铜的战绩又一次排名首位,达到了运动成绩与精神文明双丰收的目标。

《环境影响评价法》座谈会在北京召开

全国人大环境与资源保护委员会主任委员毛如柏在座谈会上指出,我国环境影响评价由此实现了从对建设项目到对政府规划、从微观到宏观、从局部到区域、从单项建设到整体产业以及从当前到长远的五个深化。

2002年10月28日由全国人大常委会审议通过的《环境影响评价法》规定,政府及其有关部门组织编制的规划必须进行环境影响评价。其中,土地利用、区域、流域、海域的建设等指导性规划,应当在规划的编制过程中进行环境影响评价;工业、农业、能源、水利、交通、城市建设、旅游等专项规划,应在上报审批前进行环境影响评价,并向审批机关提出环境影响报告书。

从1993年到2002年10年间,我国制定、修改的环境与资源方面的法律有22部,但基本上着眼于污染管理与控制。从决策源头防止环境污染和生态破坏,《环境影响评价法》标志着我国这方面保护立法发展方向的重大转变。国家环保总局负责人在座谈会上说，历史上的教训说明，同建设项目相比，政府的政策和规划对环境的影响范围更广、时间更久、不良后果也更加严重。20世纪50年代我国大面积围湖造田，后来又在东北的三江平原上大规模开发农业，都造成了生态失衡、环境恶化的后果。80年代，在政府支持下，小造纸、小电镀、小皮革、小印染等行业快速发展，污染严重。从1996年国务院作出决定至今，已关闭此类企业共15万家，国家、地方和个人投资者都承受了重大损失。

这项法律规定，除国家规定需要保密的，专项规划的编制机关对可能造成不良环境影响并直接涉及公众环境权益的规划，应当在报送审批前举行论证会、听证会，或者采取其他形式，征求有关单位、专家和公众对环境影响报告书草案的意见。并在报送审查的环境影响报告书中附其对意见采纳或者不采纳的说明。让公众的意见成为环境影响报告书不可缺少的组成部分，这是以往的环保法律中所没有的。

国务院法制办、国家环保总局、国家发展和改革委员会、国土资源部、水利部、建设部等有关单位的负责人，在座谈会上谈了在具体工作中实施《环境影响评价法》的打算。

9月1日

中央军委主席江泽民在长沙出席国防科学技术大学成立50周年庆典活动并发表重要讲话

中央军委主席江泽民、副主席胡锦涛对校庆表示热烈祝贺。江泽民出席庆祝大会并发表重要讲话。

国防科学技术大学的前身为1953年诞生于哈尔滨的军事工程学院，1970年学院主体南迁长沙，1978年改建为国防科学技术大学。

此前，江泽民亲切接见了国防科学技术大学校领导和教职员工、离退休老干部、学员代表以及驻长沙部队师以上领导并与他们合影，还参观了国防科学技术大学校史馆，听取了国防科学技术大学计算机学院、电子科学与工程学院、机电工程与自动化学院、理学院、航天与材料工程学院领导的汇报，观看了具有浓厚校园生活气息的文艺节目，检阅了国防科学技术大学受阅方队。

中央军委主席江泽民在国防科技大学成立50周年庆祝大会上的讲话

今天，国防科技大学在这里隆重集会，热烈庆祝建校50周年。我很高兴出席今天的庆祝大会。借此机会，我向国防科技大学全体师生员工，表示热烈的祝贺！向为学校创办和建设作出重要贡献的老同志，表示崇高的敬意！向辛勤耕耘在全军军事和科技教育战线上的广大教职员工，致以诚挚的问候！

国防科技大学的前身是著名的“哈军工”。“哈军工”是新中国成立后组建的第一所高等军事工程学院。50年来，学校走过了极不平凡的历程。经过一代又一代人的不懈努力，学校逐步建立起具有特色和优势的学科体系，培养出了以28位院士为代表的一大批优秀科技人才，取得了以银河系列巨型计算机为代表的一大批对国家和国防科技发展有重大影响的科研成果，为国家和军队现代化建设作出了重大贡献。

进入21世纪，世界科技进步正在酝酿着新的重大突破，科学技术作为第一生产力的作用日益显现出来。随着现代科技特别是信息技术的发展，战争形态正在由机械化战争向信息化战争转变，世界新军事变革在更大范围和更深层次上加速发展，国际军事领域的竞争更加激烈。面对新形势，为了积极推进中国特色军事变革，党中央、中央军委决定，在“九五”期间裁减军队员额50万名的基础上，2005年前再裁减军队员额20万名。这个重大决定，对坚持走中国特色的精兵之路，加速推进我军现代化建设、促进国家经济发展，对促进人类和平与发展的崇高事业，具有十分重大的意义。

在推进中国特色军事变革的历史进程中，军队院校肩负着神圣的使命。我们必须坚持以邓小平理论和“三个代表”重要思想为指导，全面贯彻党的十六大精神，把军队院校教育摆在优先发展的战略位置，不断为推进中国特色军事变革提供强有力的人才和智力支持。

加强国防和军队现代化建设，关键是要培养造就一大批高素质新型军事人才，大力提高科技创新能力。我们要把这两个方面作为军队院校的主要任务，正确把握现代科技的发展趋势和军事教育的发展规律，努力把军队院校办成培养高素质新型军事人才的摇篮，创新高新技术和军事理论的基地。

要按照建设信息化军队、打赢信息化战争的要求确定人才培养的目标，积极探索新形势下军队院校建设的特点和规律，深化军队院校教育改革，大力推进教育创新，建立和完善具有我军特色的新型院校体系。

要切实抓好师资力量建设这个院校建设的根本大计，瞄准世界先进水平，努力建设一支以知名专家教授为中坚、中青年学科带头人为骨干的政治素质好、业务水平高、创新能力强的师资队伍。

要大力加强思想政治建设，加强马克思主义理论教育，帮助广大学员坚定理想信念，加强道德修养，培养高尚情操，树立正确的世界观、人生观和价值观，真正成为思想政治过硬、掌握现代科学文化知识和现代军事技能的高素质新型军事人才。

最后，希望大家解放思想、实事求是、与时俱进，齐心协力，开拓创新，为把国防科技大学建设成为具有我军特色的世界一流大学而努力奋斗。

全国人大常委会委员长吴邦国在马尼拉出席亚洲议会和平协会第四届年会开幕式并发表主旨讲话

来自协会26个成员国的议会代表团出席了开幕式。德贝内西亚首先致欢迎词。随后吴邦国发表了题为《缔造亚洲百年和平 共创亚洲持续发展》的主旨讲话。

开幕式后，举行第一次全会。吴邦国委员长主持第一阶段议程，与会代表听取了中国全国人大常委会副委员长顾秀莲所作的亚洲议会和平协会2002—2003年度工作报告，并选举亚洲议会和平协会第四届年会主席。德贝内西亚议长当选亚洲议会和平协会新主席。

协会新任主席德贝内西亚致感谢词后，主持全会第二阶段议程。他首先任命菲律宾众议院秘书长纳萨雷诺为亚洲议会和平协会秘书长。中国全国人大常委会副秘书长王云龙代表中方向菲方移交了亚洲议会和平协会印章。继而,大会通过了本届年会议程和日程,并选举与会各国议长为第四届年会副主席。全会还通过了各工作小组会议主席和报告人,以及《马尼拉宣言》起草委员会组成人员。

亚洲议会和平协会目前是亚洲最大的地区性议会组织,1999年9月在孟加拉国达卡成立,现有37个成员国。亚洲议会和平协会第三届年会于2002年4月在中国北京和重庆举行,通过了《重庆宣言》。

全国人大常委会委员长吴邦国在亚洲议会和平协会第四届年会上的主旨讲话《缔造亚洲百年和平 共创亚洲持续发展》

尊敬的德贝内西亚议长阁下,各位议长、副议长,女士们、先生们、朋友们:

首先,我谨代表中国全国人大常委会,并以我个人的名义,对亚洲议会和平协会第四届年会的隆重召开表示热烈祝贺,对德贝内西亚议长及东道国菲律宾的各位朋友为此所做的努力表示衷心感谢。

这次会议的主题是"亚洲百年和平"。在当前国际和地区形势发生深刻变化的背景下,亚洲各国议会的领导人和代表会聚一堂,探讨如何实现亚洲的持久和平与发展,具有十分重要的现实意义和深远的历史意义。

亚洲各国在追求和平与发展的道路上历尽艰辛、饱经沧桑,最懂得和平的珍贵和发展的重要。经过几代人的不懈努力,亚洲绝大多数国家赢得了和平与安宁,不少国家实现了经济的跨越式发展。

当前,维护和平是亚洲形势的主流。我们绝大多数国家都把恢复和发展经济作为首要任务。和平是人心所向,稳定是众望所归。我们积极致力于各种形式的安全对话和区域合作,了解、信任与交融不断加深。

但是,亚洲的和平仍面临着不少挑战。传统与非传统的安全问题相互交织,安全形势错综复杂。我们都关注朝核问题的和平解决。我们都感受到恐怖主义、分裂主义、极端主义的威胁。传染病、跨国犯罪、生态灾难等是我们面临的共同问题。

女士们、先生们、朋友们:缔造亚洲普遍、持久的和平,谋求共同发展,是亚洲各国议会和政府肩负的历史使命。我们应牢牢把握机遇,积极应对挑战,努力塑造美好的未来,造福我们的子孙后代。我们认为:

——确保和平,需要推动建立公正、合理的国际政治经济新秩序。国际形势的变化和人类文明的进步,呼唤一个能反映大多数国家和人民共同利益的国际秩序。我们应逐步调整和改革现有秩序中的不合理、不公正之处,推动实现国际关系民主化。我们追求的新秩序,应是各国在政治上相互尊重,共同协商;经济上相互促进,共同发展;安全上相互信任,共享和平;文化上相互借鉴,共同繁荣。亚洲国家可以率先在这方面进行尝试,开展合作。

——确保和平,需要谋求各国的共同发展与繁荣。事实证明,贫困经常成为动荡的诱因,贫富分化往往激化社会矛盾。我们应不断推动地区和全球经济体系在平等互利基础上健康发展,努力形成优势互补、携手并进的发展格局。我们应进一步促进南南合作,加强南北合作,发达国家应更多地关心和帮助发展中国家,使各国能共享全球化带来的好处。

——确保和平,需要树立以互信、互利、平等、协作为核心的新安全观。当今世界,国与国相互依存日益加深,我们的安全应是共同的安全。武力不能带来真正的和平。各国应超越意识形态、社会制度和宗教信仰的差异,相互尊重,平等相待,以对话合作增进了解与信任,以和平谈判解决分歧与争端,防止战争与冲突。亚洲区域合作虽起步较晚,但发展很快,已成为巩固和加强本地区国家关系的主要纽带。我们应倍加珍惜这一来之不易的局面,积极推动亚洲区域合作机制向新的广度和深度发展,进一步促进各国政治上互信、经济上交融、安全上共赢。我们始终认为,世界是丰富多彩的。"君子和而不同",应承认并尊重亚洲和世界的多样性,通过对话与合作和平解决分歧。亚洲各国和平共处,相互尊重彼此的历史文化、社会制度和发展模式,相互学习和借鉴有益的经验,有利于亚洲乃至世界的和平与发展。

——确保和平,需要不断维护和加强联合国的重要作用。联合国的诞生与发展,代表了人类社会的进步。在新的形势下,《联合国宪章》的宗旨和原则仍是维护世界和平的重要法律基础。我们应悉心维护联合国的权威,提高联合国的效率,使之在国际事务中发挥更大的作用。

女士们、先生们、朋友们:

亚洲议会和平协会的成立,是亚洲各国为加强本地区主权国家议会之间的合作与交流,促进本地区的和平与发展而作出的重要贡献。协会成立4年来,协会的宗旨和主张不断深入人心,凝聚力不断加强,成员不断扩大,使其较快地发展为亚洲最大的区域性议会组织。

如何使这一组织更为有效地运作,不断充满活力,真正成为联系本地区各国议会和人民的纽带,是我们共同关心的问题。我认为,只要我们大力弘扬协会历次会议确定的原则,紧密围绕和平与发展两大主题,开展各种形式的友好合作,加强在国际和地区问题上的对话与磋商,鼓励和推动协会成员国在民主法制建设方面进行交流、相互借鉴,我们就一定能够塑造亚洲和平、稳定与繁荣的美好未来。

女士们、先生们、朋友们：

中国是亚洲大家庭中的一员，深知自己对维护亚洲和平的重要责任。新中国成立50多年来，我们始终坚持独立自主的和平外交政策，恪守不称霸、不参加军事集团、不谋求势力范围的庄严承诺，为推动和促进亚洲和平与发展作出应有的贡献。中国参与倡导的和平共处五项原则，已成为处理国际关系的基本准则。

独立自主的和平外交政策，是中国政府从全中国人民和世界各国人民的根本利益出发，制定的一项长远战略，也源于中华民族的传统文化和价值理念。千百年来，我们深信“天下以和为善，人类以和为贵”。今后，不论国际形势发生什么变化，中国经济发展到什么阶段，我们都将毫不动摇地坚持维护世界和平、促进共同发展的外交政策。

今年3月召开的第十届全国人大第一次会议，中国确定了全面建设小康社会的奋斗目标。举国上下都在聚精会神搞建设，一心一意谋发展，力争到2020年国内生产总值比2000年翻两番，使经济更加发展、民主更加健全、科教更加进步、文化更加繁荣、社会更加和谐、人民生活更加殷实。不久前，我们取得了抗击“非典”的阶段性重大胜利。上半年，中国经济取得8.2%的增长。这再次表明我们有能力、有决心克服前进道路上的种种困难，保持良好的发展局面。

中国的发展离不开亚洲的和平与稳定。我们将继续加强睦邻友好，坚持“与邻为善、以邻为伴”的周边外交方针，加强区域合作，把同周边国家的交流与合作推向新水平，与各国一道，携手营造和平、合作、和谐的地区环境。

女士们、先生们、朋友们：

和平这个神圣而崇高的目标，代表着亚洲人民的根本利益。我们倡导的亚洲百年和平，反映出亚洲36亿人民的共同愿望。中国全国人大将与亚洲议会和平协会各成员国议会一道，为增进各国人民之间的理解、友谊、信任与合作发挥积极作用，为维护亚洲的持久和平，促进亚洲的共同发展作出新的贡献。

谢谢大家。

全国人大常委会委员长吴邦国在马尼拉会见泰越蒙马议会领导人和韩国前议长

参加会见的有泰国国会主席、下议院议长乌泰，越南国会副主席阮福清，蒙古国家大呼拉尔主席图木尔奥其尔，韩国前议长李万燮和马来西亚上议院议长哈米德。

国务院总理温家宝在中南海分别会见国际货币基金组织总裁克勒和泰国副总理差瓦立·永猜裕

全国房地产工作会议在北京召开

中共中央政治局委员、国务院副总理曾培炎出席会议并讲话。曾培炎强调，各级政府要统一思想，加强领导，认真贯彻《国务院关于促进房地产市场持续健康发展的通知》精神，为保持当前经济发展的好势头作出贡献。

曾培炎说，1998年以来，我国城镇住房制度改革取得重要进展，在全国范围内，实现了住房福利制向住房商品化的历史性转变。适应社会主义市场经济体制要求的房地产市场初步建立，房地产开发投资快速增长，居民住房消费持续扩大。在城镇住宅建设总量增加的同时，房地产开发结构逐步改善，商品房供求同步增长；住宅质量不断提高，配套设施日趋完善，居住环境逐步改善；房地产中介服务、物业管理、住房金融等迅速发展。

曾培炎指出，在房地产业快速发展过程中也出现了一些值得关注的问题，部分地区房地产结构性矛盾突出，一些地方房地产投资出现“过热”苗头，住房制度改革亟待深化，房地产市场运行、监管和调控体系还不够完善。

曾培炎说，房地产业关联度高，对经济增长影响力大。促进房地产市场持续健康发展，对于扩大内需，保持国民经济发展的良好势头，推动经济结构调整，提高居民消费水平和质量，扩大就业，促进科技进步和可持续发展都有着重要意义。

曾培炎强调，要贯彻“三个代表”重要思想和党的十六大精神，按照完善社会主义市场经济体制、全面建设小康社会的要求，完善房地产市场体系，进一步实现住房市场化新的重大转变。要坚持以需求为导向，调整房地产供给结构。重点发展经济适用住房和中低价位普通商品住房。对高档、大户型商品房以及高档写字楼、商业性用房积压较多的地区，要控制此类项目的建设用地供应量，或暂停审批此类项目。要坚持深化住房改革，加快建立和完善适合我国国情的住房保障制度。继续清除阻碍市场发展和居民消费的体制性、政策性障碍。要坚持以企业为主体，推进住宅产业现代化。打破行政保护和地区封锁，创造各类房地产企业平等竞争的市场环境。加强房地产开发、中介、物业管理企业的资质管理和从业人员的职业资格管理。鼓励和支持新材料、新技术、新设备、新工艺在住宅建设中的应用。要坚持加强宏观调控，改善政府对房地产市场的监督管理，建立和完善房地产市场信息系统和预警预报体系。

针对近期一些地方在拆迁中违规征地，拆迁补偿、安置不到位等群众反映强烈的问题，曾培炎特别强调，各级政府要把维护最广大人民群众的利益作为房地产工作的根本出发点，拆迁工作要严格依法办事，坚持量力而行，切实保护被拆迁人的合法权益，维护好社会稳定。

国家工程建设质量奖审定委员会在南昌颁布2002年度国家优质工程奖

新疆牙哈凝析气田产能建设工程获2002年度国家优质工程奖金奖。江西丰城发电厂4台30万千瓦机组新建工程等53项国家重点工程被评为2002年度国家优质工程奖银奖。

万吨货物重载列车在大秦铁路试运行成功

试运行的重载列车牵引货车120辆，比普通货车多编组70辆，总长超过1.4公里，牵引总重量达1万吨。列车每天在山西的安太堡站和新高山站发车，终到站为毗邻秦皇岛港的柳村南站，试运行期间每天开行5对。万吨重载列车的开行将有效缓解大秦铁路运能和运量的矛盾，预计今年大秦铁路货运量可比去年提高20%。

外交部部长助理沈国放率中国代表团在曼谷出席亚太经社会第五十九届年会部长级会议

本届年会的主题是“应对本区域需要，解决经济社会关切问题，尤其是艾滋病问题”。

沈国放在大会发言中，围绕本届年会主题提出三点主张：要树立全面的发展观，努力促进地区内经济与社会的协调发展，城市与农村的协调发展，人与自然的协调发展；亚太各国应继续深化合作，加强公共卫生体系建设，控制艾滋病等传染疾病的蔓延；加强国际合作，努力推动现有各种经济、社会发展合作机制的协调与配合，整合资源，推进整体合作。

沈国放说，中国重视与亚太经社会的合作，积极参与各项活动，并将于2004年在上海主办亚太经社会第六十届年会。

中国政府向本届年会提交的《加强亚太地区社会保障工作》决议获大会一致通过。

会议期间，沈国放会见了亚太经社会执行秘书金学洙及泰国、马来西亚代表团团长，就中国与亚太经社会的合作、双边关系及国际和地区热点问题深入交换了意见。

亚太经社会执行秘书金学洙主持大会开幕式，泰国副总理空·达巴兰西出席开幕式并致辞，联合国秘书长安南向会议发来贺信。亚太经社会61个成员的代表团出席了本届为期4天的年会。

2008年北京奥运会市场开发计划在北京正式启动

国际奥委会主席罗格、北京奥组委主席刘淇出席启动仪式。刘淇在致辞时说，奥运会带来的发展环境和巨大商机已经吸引国内外企业的目光。到目前为止，已有包括可口可乐、通用电气、恒康人寿、柯达、松下、三星、斯伦贝谢、斯沃琪、维萨9家世界著名企业与国际奥委会签署了2005年至2008年的奥运会赞助协议。我国一批著名企业正在制订参与计划，积极参与市场开发工作。

罗格高度赞扬了北京奥组委的工作。

国家体育总局局长、中国奥委会主席、北京奥组委执行主席袁伟民表示，中国奥委会将积极配合北京奥组委，共同做好北京2008年奥运会的市场开发工作。

北京市代市长、北京奥组委执行主席王岐山主持启动仪式。

国务院副总理回良玉在中南海紫光阁会见国际奥委会主席罗格

回良玉在会见中说，主席先生亲自参加北京2008年奥运会市场开发计划启动仪式，充分体现了国际奥委会对北京奥运筹办工作的高度重视和大力支持。主席先生在担任国际奥委会主席之后，十分重视奥运会对主办国家和城市发展的促进作用，提出要为主办国和城市留下积极遗产。对此，我们表示赞赏。

回良玉说，现在北京的筹办工作正在全面推进，国务院各部委办将进一步加强与北京奥组委和北京市政府的联系，为筹办工作提供各个方面的支持。相信在大家的共同努力下，北京奥运会一定能够办成一届最出色的奥运会。

罗格说，国际奥委会对北京举办一届出色的奥运会充满信心。

国务委员陈至立向参加第二十二届世界大学生运动会的中国大学生体育代表团致贺电

陈至立在贺电中说，“欣闻你们在刚刚结束的第二十二届世界大学生运动会上，团结协作、不畏强手、顽强拼搏，取得了41枚金牌、27枚银牌、13枚铜牌的好成绩，位居金牌榜第一，为祖国和人民赢得了荣誉，我谨向你们表示热烈的祝贺和诚挚的慰问”。

9月2日

国家主席胡锦涛在人民大会堂会见泰国副总理差瓦立·永猜裕

胡锦涛高度评价中泰关系。他表示，中国支持泰国倡导成立亚洲合作对话机制，赞赏泰国为促进中国与东盟友好关系、推动区域合作发挥的积极作用，中方愿与泰方共同努力，将中泰睦邻互信的全面合作关系推向更高的水平。

差瓦立是泰国主管安全等事务的第一副总理，曾担任泰国国防部部长等军政要职。他说，希望通过此次访问，增加泰中两国两军领导人的接触，继续加强两军友好合作关系。他表示，泰方十分重视发展同中国军队的友好合作关系，愿意同中方一道，为维护地区和平、促进共同发展作出不懈努力。

全国人大常委会委员长吴邦国在汉城与韩国国会议长朴宽用举行会谈

吴邦国对首次访韩表示非常高兴。他说，今年7月卢武铉总统访华时，与胡锦涛主席共同宣布建立中韩全面合作伙伴关系，这一定位符合两国关系的现实，也为今后的发展指明了方向；我这次来访，就是同韩方一道，进一步落实两国元首确定的一系列合作领域。

朴宽用表示完全同意吴邦国关于中韩关系的评价。他说，目前，韩中关系已涵盖政府、议会和政党等各方面，真正体现了全面合作伙伴关系的特征。韩国国会与中国全国人大的友好合作在韩中关系中占有重要位置，希望进一步加强两国的全面合作。

吴邦国是应韩国国会议长朴宽用邀请，当天上午抵达汉城，开始对韩国进行正式友好访问的。

全国人大常委会委员长吴邦国在汉城会见韩国大国家党党首崔秉烈

吴邦国首先对崔秉烈当选大国家党党首表示祝贺，对大国家党和他本人多年来致力于中韩友好事业表示赞赏。吴邦国说：党际关系是国家关系的重要组成部分，中韩两国外交关系是在大国家党执政时期建立的，大国家党又是韩国首先与中国共产党建立友好关系的政党，希望大国家党为发展中韩全面合作伙伴关系继续发挥积极作用。

吴邦国介绍了中国共产党十六大以及中国当前国内经济建设和社会发展的情况。

崔秉烈对中国改革开放以来在中国共产党领导下所取得的成就给予高度评价，对中国共产党新一届领导集体成立以来所表现的智慧与勇气表示钦佩。他说，韩国大国家党将一如既往为发展韩中关系作出不懈努力。

双方还就朝鲜半岛形势交换了意见。

国务院总理温家宝主持召开国务院常务会议

会议讨论通过了《国务院关于进一步加强农村教育工作的决定》。会议分析了当前我国农村教育面临的形势，强调指出必须充分认识农村教育在全面建设小康社会中的基础性、先导性、全局性的作用，将其作为教育工作的重中之重，一手抓发展，一手抓改革，促进农村各级各类教育协调发展。要认真落实“在国务院领导下，由地方政府负责、分级管理、以县为主”的农村义务教育管理体制，完善经费保障机制；坚持为“三农”服务的方向，大力发展职业教育和成人教育，推进“三教统筹”和“农科教”结合；建立资助贫困学生就学制度，保障农村家庭经济困难学生接受义务教育的权利；要深化农村教育教学改革，增强办学的针对性和实用性，为在全国全面普及九年义务教育和全面提高义务教育质量而不懈努力。

会议决定，要用5年时间，即到2007年，西部地区“普九”人口覆盖率达到85%以上，青壮年文盲率降到5%以下。

会议审议并原则通过了《突发公共卫生事件医疗救治体系建设规划(草案)》(以下简称《规划(草案)》)。《规划(草案)》提出：用3年左右的时间，基本建成一个适合国情、覆盖城乡、功能齐全、反应灵敏、运转协调、持续发展的医疗救治体系。会议提出了今明两年关于分级建设紧急救援中心、传染病医院(病区)或后备医院、医疗救治信息网络的原则和目标。会议强调，要坚持从国情出发、充分利用现有资源、合理布局的原则，坚持以加快提高医疗救治机构能力为目标，坚持基础设施建设与完善运行机制相结合，通过中央和地方政府的共同努力，有计划、有重点、分步骤地实现建设任务。

会议听取了公安部关于进一步加强道路交通安全的情况汇报。会议指出，当前我国道路交通安全形势严峻，事故持续上升，给人民群众生命财产造成了严重损失，必须引起各级政府高度重视，采取有力措施坚决遏制重特大交通事故多发的势头。会议决定，针对道路交通安全工作存在的突出问题，当前要重点抓好以下工作：一是切实加强组织领导，建立道路交通安全工作部际联席会议制度，形成各司其职、齐抓共管、综合治理、标本兼治的工作格局；二是在全国范围内组织开展道路交通安全专项整治，重点整治交通秩序混乱、严重超载、驾驶员违章，以及事故多发路段和安全隐患路段；三是加快交通安全法律、法规建设，加强交通安全宣传工作；四是加大投入，改善危险路段的安全状况。

会议还审议并原则通过了《民用运力国防动员条例(草案)》，由国务院公布施行。

国务院副总理黄菊在人民大会堂会见出席全国“金盾工程”工作会议代表

黄菊勉励大家精心规划，精心组织，精心实施，确保“金盾工程”建设顺利推进，为加快国家信息化进程作出贡献。

全国公安信息化工程——“金盾工程”是我国电子政务建设的12个重要业务系统建设项目之一。党中央、国务院对公安信息化高度重视，把“金盾工程”作为国家信息化重点建设项目进行安排，并批准了“金盾工程”的立项。

“金盾工程”于9月2日正式全面启动，计划到2007年基本实现公安工作信息化。

国家行政学院院长华建敏在北京出席国家行政学院秋季开学典礼并讲话

华建敏在国家行政学院秋季开学典礼和省部级领导干部“政府管理创新与电子政务”专题研究班开班仪式上指出，深化行政管理体制和机构改革，是实践“三个代表”重要思想的本质要求，是全面建设小康社会的必然选择，是建立和完善社会主义市场经济体制的迫切需要。华建敏说，深化行政管理体制和机构改革，要围绕全面建设小康社会的目标，牢固树立正确的发展观，坚持统筹兼顾、协调发展，坚持以经济建设为中心，促进经济社会协调发展、城乡协调发展、地区协调发展和人与自然协调发展，实现人与自然的和谐相处，为经济建设和社会全面进步提供强有力的组织保障。

华建敏强调，要推进决策科学化、民主化，严格依法行政，完善行政监督。要继续深化行政审批制度改革，大力推进电子政务，提高行政效率。要加强政风建设，加强公务员队伍建设，提高行政水平。

中央社会主义学院2003年秋季开学典礼在北京举行

第十二期民主党派干部进修班、民主党派干部培训班、非中共领导干部专题研究班，以及第一、二期民建市级组织主委学习“三个代表”重要思想培训班入学开班。

全国人大常委会副委员长、民革中央主席、中央社会主义学院院长何鲁丽，全国政协副主席、中央统战部部长刘延东出席典礼并讲话。

何鲁丽指出，民主党派要以“三个代表”重要思想为指导，努力提高政治素质，始终保持政治上的清醒和坚定，建设一支能够适应新世纪要求的高素质的参政党队伍。要发挥民主党派的人才和智力优势，围绕与国家经济和社会发展相关的重大问题，加强调查研究，为经济发展建言献策，做到参政兴国、参政为民。

国务院副总理吴仪在中南海会见以黎定基主席为团长的香港总商会代表团

吴仪对香港总商会致力于促进香港贸易和工业的发展，积极推动两地经贸交流与合作表示赞赏。她说，中央政府将坚定不移地贯彻落实“一国两制”方针，全力支持以董建华先生为首的特区政府依法施政。当前香港最需要的是保持稳定。稳定是发展的前提，维护香港优良的营商环境很重要，否则什么事都做不成。

国务院副总理回良玉在北京出席全国村务公开工作电视电话会议并讲话

回良玉在会议上强调，各地区、各有关部门要深入学习贯彻胡锦涛总书记“七一”重要讲话精神，以“三个代表”重要思想统领新时期的村务公开、民主管理工作。

中共中央书记处书记、中央纪委副书记何勇主持了会议，并对贯彻落实会议精神提出了要求。民政部部长、全国村务公开协调小组组长李学举做了工作部署。

国务院副总理回良玉在全国村务公开工作电视电话会议上发表题为《贯彻落实“三个代表”重要思想进一步做好村务公开民主管理工作》的讲话

今天，全国村务公开协调小组在这里召开全国村务公开工作电视电话会议，主要任务是，认真贯彻落实“三个代表”重要思想和党的十六大精神，回顾总结近年来村务公开、民主管理工作的成绩和经验，分析研究村务公开、民主管理工作面临的新形势和新任务，安排部署当前和今后一个时期的工作。刚才，学举同志代表全国村务公开协调小组作了工作报告，我完全同意。中组部、农业部的负责同志也作了很好的发言。下面，我讲几点意见。

一、充分认识进一步做好村务公开、民主管理工作的重要性和紧迫性

村务公开、民主管理是村民自治的一个重要环节，是农村基层民主政治建设的基础。做好村务公开、民主管理工作，事关广大农民群众根本利益，事关农村物质文明、政治文明和精神文明建设，对推进农村全面建设小康社会进程具有十分重要的意义。

第一，进一步做好村务公开、民主管理工作，是实践“三个代表”重要思想，维护农民群众根本利益的具体体现。胡锦涛总书记在“七一”讲话中明确要求：坚持立党为公、执政为民，必须落实到党和国家制定和实施方针政策的工作中去，落实到各级领导干部的思想和行动中去，落实到关心群众生产生活的工作中去。实践证明，做好村务公开、民主管理工作，有利于充分调动农民群众建设社会主义新农村的积极性、主动性，促进农村经济发展；有利于增强农村干部群众的民主法制观念和实践能力，促进农村先进文化的发展；有利

于坚持党的全心全意为人民服务的宗旨，密切党同人民群众的血肉联系，巩固党在农村的群众基础。我们要以"三个代表"重要思想为根本指针，牢牢把握立党为公、执政为民的本质，进一步做好村务公开、民主管理工作，实现好、维护好、发展好广大农民群众的利益。

第二，进一步做好村务公开、民主管理工作，是全面推进村民自治，发展社会主义民主的重要内容。发展社会主义民主政治，是我们党始终不渝的奋斗目标。扩大基层民主，保证人民群众直接行使民主权利，依法实行民主管理，是社会主义民主最广泛的实践，也是健全社会主义民主制度的重要内容。党的十六大明确指出：要"健全基层自治组织和民主管理制度，完善公开办事制度，保证人民群众依法直接行使民主权利，管理基层公共事务和公益事业，对干部实行民主监督"。村务公开、民主管理是发展社会主义民主的基础性工作，是保证人民群众在党的领导下行使村民民主权利，参与管理国家和社会事务的重要途径。1998年，《中华人民共和国村民委员会组织法》正式实施和《中共中央办公厅、国务院办公厅关于在农村普遍实行村务公开和民主管理制度的通知》(中办发〔1998〕9号)下发以后，全国各地农村普遍推行了村务公开、民主管理这项制度并取得了阶段性成果，对于促进农村经济社会全面发展、发展社会主义民主产生了十分重要的影响。但我们必须清醒地看到，村务公开、民主管理要成为广大干部群众的自觉行动，还要做大量艰苦细致的工作，实践中还有许多问题需要研究解决。比如，有的地方村务公开很不规范，内容缺乏针对性，更新也不及时，随意性大；有的地方在村级重大事务的决策管理上，议事不民主，决策无程序，理事无规章；有些地方的领导干部对村务公开、民主管理有松劲情绪，工作时紧时松，不能持之以恒。这些问题如不认真解决，势必对推进村民自治、发展社会主义民主产生不利影响。

第三，进一步做好村务公开、民主管理工作，是顺利推进农村改革和发展，加快农村小康建设的必然要求。当前，我国农业、农村经济正处在新的发展阶段。为解决好农业、农村和农民问题，党的十六大提出了统筹城乡经济社会发展的战略新思路，对建设现代农业、发展农村经济和增加农民收入等方面作出重大部署，各地、各部门正在抓紧贯彻落实。从当前的实际情况看，村务公开、民主管理工作做得好不好，直接影响这些工作能否顺利进行并取得实效。无论是稳定和完善土地承包关系，还是土地征用与补偿；无论是农村税费改革，还是农业结构调整；无论是退耕还林还草，还是对农业和农民进行直接补贴，都直接关系农村经济发展和农民群众的切身利益。这些工作如果"暗箱"操作，有关政策规定、实施程序、办理结果都不公开，农民群众没有了解和参与的机会，其积极性、主动性和创造性必然受到严重挫伤，即便勉强推动，也不可能达到预期效果。当前，农村土地征用与补偿之所以成为农民群众反映强烈的焦点问题，原因很多，但与此有很大关系。因此，只有进一步加大村务公开、民主管理的力度，落实农民群众对村级重大事务的知情权、参与权，才能使农民群众以高度的热情积极投身于农村的改革与发展，繁荣农村经济，推进农村小康建设。

第四，进一步做好村务公开、民主管理工作，是促进农村党风廉政建设，密切党群干群关系，实现农村长治久安的重要保证。农村稳定是全国稳定的重要基础。近年来，农村一些地方干群关系紧张，群体上访事件增多，固然有多种原因，但村务不公开、管理不民主是重要原因之一。由于村务公开、民主管理不落实，有些村长期处于管理混乱状态，一盘散沙，无法集中力量脱贫致富；有些村虽然比较富裕，但村民的知情权、决策权、监督权等得不到落实，干群关系却很紧张；有些原本富裕的村，因为少数干部独断专行，挥霍侵占集体资产，以权谋私，导致由富返贫、负债累累。这些情况，都严重损害了党群干群关系，群众意见很大。实践充分证明，不受监督制约的权力必然导致腐败。只有实行村务公开、民主管理，才能建立起民主化、规范化、程序化的管理制度，培养一支政治强、作风好、善于为农民群众服务的基层干部队伍，形成干群同心、和谐安定、健康向上的良好局面，农村社会稳定才能有坚实的基础，农村的长治久安才能有可靠的保障。

总之，我们必须从践行"三个代表"重要思想、巩固党在农村的执政基础，从推进农村小康建设、维护农村社会稳定，从加强农村基层组织建设、党风廉政建设和基层民主政治建设、切实保障农民利益的高度，充分认识进一步做好村务公开、民主管理工作的重要性和紧迫性，在已有的较好工作的基础上，与时俱进，开拓创新，推动村务公开、民主管理工作上一个新台阶。

二、做好村务公开、民主管理工作需要把握好的几个问题

实行村务公开、民主管理，是以邓小平理论、"三个代表"重要思想和党的十六大精神为指导，认真落实党在农村的各项方针政策以及《村民委员会组织法》和中办发〔1998〕9号文件的有关规定，以推行村务公开为基础，坚持实行民主选举、民主决策、民主管理和民主监督，推进农村的民主法制建设，促进农村的改革发展稳定，推动农村全面建设小康社会。刚才，学举同志已就村务公开、民主管理工作作了全面部署。这里我着重强调四点：

(一)进一步健全、规范村务公开制度，不断提高村务公开的质量和水平。健全、规范村务公开制度，要以

保障和落实农村群众的民主权利为出发点和落脚点，同时根据新的情况，及时完善公开的内容、程序、方式。一是要及时调整和拓展公开内容。推行村务公开要紧紧抓住农民群众最关心的问题来开展，做到凡涉及农民群众切身利益的大事都要公开。当前，特别要把农村税费改革、减轻农民负担的重要政策及时公开，保证广大农民的知情权。财务公开是村务公开的重点和核心。要根据农村税费改革后出现的新情况，抓紧修订完善现行村集体经济组织财务管理制度，提高财务公开的质量。二是要规范公开程序。对村务公开的各个环节都要有明确、具体要求，具有可操作性，确保公开的真实性。三是要创新公开方式。公开的方式可以多种多样，关键是要求真务实，群众认可，不搞花架子。特别要提倡村干部和农民群众直接沟通，把疑虑消除在对话中，把矛盾化解在萌芽状态。四是要培养一支高素质的农村财会人员队伍。这是搞好财务公开的关键。我们要争取用三年到五年的时间，对农村财会人员和民主理财小组人员进行一次轮训，以全面提高农村财务公开工作的水平。

总之，健全、规范村务公开制度，要在落实上下功夫。要严格按村务公开制度办事，不得随意更改。对群众提出的疑问，要及时作出解释；对大多数群众不赞成的事情，要坚决予以纠正。要真正让村民参与公共事务和管理，实行有效的民主监督，切实用制度保障广大农民群众的切身利益。

(二)进一步完善配套制度，强化村务公开的保障机制。村务公开不是一项简单的村级事务工作，开展村务公开必须同其他工作紧密结合，整体推进。一是要健全村党组织领导的充满活力的村民自治机制。这是做好村务公开工作的重要保障。要继续全面推进村级民主选举、民主决策、民主管理、民主监督，保证村民群众各项民主权利的落实。要强化对村干部的监督与制约，提高管理的规范性、决策的民主化、操作的透明度，进一步增强村务公开、民主管理的有效性和持久性。二是要建立村务公开、民主管理奖惩和责任追究制度。对推行村务公开、民主管理好的单位和个人，有关部门要给予奖励。对在推行村务公开工作中不认真、不得力的干部，要批评教育。要探索建立村务工作过失责任追究制度，对拒不推行村务公开、民主管理或在推行村务公开、民主管理中有弄虚作假、侵犯农民民主权利等行为的干部，村民会议或村民代表会议有权追究责任，视情况提出处理意见，直至依法罢免其职务。是党政干部的，有关部门要追究其党纪政纪责任。三是要抓好县乡政务公开。把涉及农民利益的法规政策、办事程序、涉农收费事项与价格、项目资金和物资等及时公开，既方便群众办事又可以检验村务公开的真实性。通过二者的有效衔接，形成村务公开与县乡政务公开联动发展、互相促进的新局面。

(三)充分发挥农村基层党组织的领导核心作用，推进村务公开、民主管理工作深入开展。农村基层党组织是农村各种组织和各项工作的领导核心，是党在农村全部工作和战斗力的基础。加强农村基层党组织建设，将其建设成为贯彻“三个代表”重要思想的组织者、推动者和实践者，是搞好村务公开、民主管理的重要保证。村党组织要依照国家的法律和政策，着眼于强化对权力的制约和监督，支持村委会依法开展村务公开、民主管理工作，保障农民群众依法行使民主权利。要带领党员和群众监督村委会、村集体经济组织落实村务公开、民主管理制度的情况，及时倾听农民群众的意见，不断改进工作，完善制度，共产党员要充分发挥先锋模范作用，带头贯彻村务公开、民主管理制度，为广大农民群众作出表率。总之，要在村党组织的带领下，把村委会、村集体经济组织、专业合作经济组织和农村的其他组织及广大农民团结起来，拧成一股绳，同心协力做好村务公开、民主管理工作，促进农村各项事业的全面进步。

(四)广泛动员群众参与，充分发挥村民群众的主体作用。广大村民群众是村务公开、民主管理工作的主体，村民群众的关心、支持和参与，是决定村务公开、民主管理能否取得成效的根本因素。衡量一个地方村务公开、民主管理工作是否扎实、是否深入，关键要看村民群众参与的广度和深度。如果没有群众的积极参与和支持，村务公开、民主管理就会失去活力，失去持续发展的动力。因此，各地要把最广泛地动员村民群众参与，作为推动这项工作深入进行的重要原则。要加强民主法制建设，向广大村民群众宣传实行村务公开、民主管理的重大意义，引导村民群众依法行使自己的民主权利，关注、参与村务公开、民主管理工作，加强对村务公开、民主管理的监督，确保这项工作深入持久地开展下去。各级村务公开协调机构要制订具体的宣传工作方案，采取群众喜闻乐见的方式，使有关村务公开、民主管理的方针政策法律、法规深入人心，家喻户晓。要指导村民依法建立、健全村民会议、村民代表会议、村务公开小组、民主理财小组等监督评议组织，帮助建章立制，赋予他们一定的监督权和评议权，使他们充分发挥作用。要积极帮助解决实际问题，维护群众利益，使农民切实从村务公开、民主管理中受益。

三、加强领导，扎实工作，努力把村务公开、民主管理提高到一个新水平

村务公开、民主管理是一项系统工程，政策性强、涉及面广、难度大、要求高。各地要切实加强对村务公开、民主管理工作的领导，各有关方面要密切合作，合

力推进村务公开、民主管理工作。

第一，地方各级党委和政府要把村务公开、民主管理放在重要位置。要从农村改革发展稳定大局出发，把实行村务公开、民主管理作为农村工作的一项重要任务，作为农村基层组织建设的一项重要内容，摆上重要议事日程。特别是县乡两级党委和政府要切实负起责任，抓好落实。县乡两级领导干部要转变思维方式、领导方式和工作方法，深入基层，加强指导。要重视引导、支持、帮助村民群众参与村务公开、民主管理，行使民主权利，不能干预依法属于村民自治范围内的事项，更不能越俎代庖。要帮助和指导村党组织、村委会建立、健全村务公开、民主管理的规章制度。每年要拿出一定时间，对村干部进行集中培训，以增强党的观念、群众观念和法制观念，提高农村干部政策水平和依法办事能力。要继续将村务公开、民主管理纳入乡村干部岗位目标责任制，作为考核乡村干部政绩的重要内容。要积极通过国家和地方立法，把村务公开、民主管理的程序、办法，用法规或行政规章形式固定下来，纳入法制轨道。

第二，要建立协调工作机制，加强各有关部门的协调和配合。村务公开、民主管理工作，涉及党政多个部门和机构，各有关方面要密切合作。当前首要的是要建立协调工作机制，齐心协力地推动工作。目前，全国村务公开协调小组已经成立并开展工作。各地要尽快建立党政领导挂帅、有关部门共同参与的协调工作机构，形成上下协调、左右联动、共同参与的工作运行机制。协调机构的名称和组织形式不必强求一律，关键是要保证这项工作有人抓，有人管，能够落到实处。各级协调机构的任务多，担子重，既要责任明确，各司其职；又要密切配合，形成合力，做好政策协调工作，防止政出多门、互相矛盾；还要针对群众反映的难点、焦点问题，深入进行调研，探索解决办法。

第三，要切实改进工作作风和工作方法，确保村务公开、民主管理落到实处。各地各有关部门要不断增强执政为民意识，全心全意为人民群众服务，时刻心系农村地区，时刻关心农民群众的生活，努力维护他们的根本利益。要深入基层，深入群众，了解群众的要求，倾听群众的呼声，把群众拥护不拥护、赞成不赞成、满意不满意作为衡量村务公开、民主管理工作的标准。广大农村基层干部要自觉摆正同群众的关系，带着感情做好村务公开、民主管理工作。全国村务公开协调小组成员单位要组织专门力量加大监督检查的力度，确保村务公开、民主管理的各项要求落到实处。要通过我们扎实的工作，把广大农民群众紧密团结在党和政府周围，为农村的改革发展稳定作出贡献。

做好村务公开、民主管理工作，惠及亿万农民，关系到农村的改革发展稳定。让我们在胡锦涛同志为总书记的党中央领导下，认真贯彻落实“三个代表”重要思想，团结带领广大农村干部群众，开拓创新，扎实工作，把村务公开、民主管理工作不断推向前进，为全面建设小康社会作出新的贡献！

国务院副总理曾培炎在北京考察房地产市场

曾培炎分别考察了丰台区建欣园小区经济适用住房、广渠门北里廉租房、新世界家园和鸦儿胡同危旧房改造项目。在居民家中，曾培炎详细询问了他们的居住和生活情况。

曾培炎说，保持北京房地产市场健康发展，关系到首都经济发展和社会稳定，对改善城市面貌，成功举办2008年奥运会有着重要意义。他要求，北京市要认真贯彻温家宝总理考察首都城市建设工作时作的重要指示，全面落实国务院关于促进房地产市场持续健康发展的各项政策措施。

曾培炎特别指出，在城区改造建设中，要注意保护好古都风貌。房屋拆迁工作事关群众切身利益，一定要依法办事，保护被拆迁人的合法权益，维护好社会稳定。

国务院总理温家宝签署第389号令公布《中华人民共和国海关对出口加工区监管的暂行办法》

现公布《国务院关于修改〈中华人民共和国海关对出口加工区监管的暂行办法〉的决定》，自2003年11月1日起施行。

总　理　温家宝

2003年9月2日

中华人民共和国海关对出口加工区监管的暂行办法(略)

国务院南水北调工程建设委员会办公室主任张基尧在《人民日报》发表文章《以“三个代表”重要思想统领南水北调工程建设》

全国农村信用社监管工作会议在北京召开

会议学习传达了国务院深化农村信用社改革试点工作座谈会精神，提出了进一步加强农村信用社监管工作的思路和措施，全面部署了农村信用社监督管理和服务工作。中国银监会主席刘明康，党委书记阎海旺，副主席李伟、史纪良出席了会议。

会议确定了今后一个时期农村信用社监管工作的总体指导思想：以风险监管为核心，以督促法人机构完善法人治理和内部控制制度为重点，以及时高效的现场检查和科学合理的非现场监测为手段，以提高监管人员素质为保障，努力提升监管质量和水平，促进农村信用社稳定健康发展。通过3—5年的努力，使农村信用社内控制度和法人治理得到明显改善，基本形成自主经营、自我发展、自我约束、自担风险的机制。

国务院副总理黄菊在中南海紫光阁会见美国财政部部长约翰·斯诺

斯诺是应中国财政部的邀请于9月2日到中国进行工作访问的。斯诺还分别拜会了财政部部长金人庆和中国人民银行行长周小川。

塔吉克斯坦总统拉赫莫诺夫 总理阿基洛夫在杜尚别分别会见外交部部长李肇星

当天，李肇星还与塔外长纳扎罗夫举行正式会谈。两国外长共同签署了互换《中国和塔吉克斯坦关于中塔国界补充协定》批准书证书、《中国和塔吉克斯坦关于打击恐怖主义、分裂主义和极端主义的合作协定》和《中国和塔吉克斯坦政府关于中塔边境口岸及其管理制度的协定》。

中国与塔吉克斯坦发表联合新闻公报

应塔吉克斯坦外交部部长纳扎罗夫邀请，中国外交部部长李肇星9月1日至2日对塔吉克斯坦进行了正式访问。访问结束时，中塔双方就此次访问发表了联合新闻公报。

公报说，访问期间，李肇星外长会见了塔吉克斯坦总统拉赫莫诺夫、总理阿基洛夫，并与塔外交部部长纳扎罗夫举行了会谈。双方在友好、相互理解和建设性气氛中，就中塔睦邻友好关系现状和发展前景以及共同感兴趣的地区和国际问题深入交换了意见。

公报指出，双方对中塔关系发展现状表示满意，坚信进一步巩固和扩大中塔睦邻友好关系符合两国利益，有利于维护地区和平与稳定。

塔吉克斯坦共和国重申，世界上只有一个中国，中华人民共和国政府是代表全中国的唯一合法政府，台湾是中国领土不可分割的一部分。塔方反对任何制造“两个中国”或“一中一台”的企图，反对“台湾独立”，反对台湾加入任何必须由主权国家参加的国际和地区组织。塔方重申不同台湾建立任何形式的官方关系和进行任何官方往来。

中华人民共和国重申，将一如既往地支持塔吉克斯坦共和国为进一步巩固民族独立、国家主权、发展民族经济、解决社会问题和社会生活民主化所作的努力，并将为此提供力所能及的帮助。

公报说，双方认为，开展平等互利的经贸合作是两国关系的重要组成部分。双方重申，将利用两国政府间经贸合作委员会机制，发挥各自优势，充分挖掘潜力，积极探索贸易、投资、交通、通信、能源、科技等部门合作的新领域和新办法。

双方指出，恐怖主义、分裂主义、极端主义仍是本地区安全与稳定的主要威胁。双方认为，有必要建立双边和多边机制，以应对上述恶势力的威胁和挑战。双方决心在双边和上海合作组织框架内继续采取有效措施，共同打击包括“东突”恐怖势力在内的一切形式的恐怖主义。双方认为，打击“东突”恐怖势力是国际反恐斗争的重要组成部分。

公报指出，双方对种植、加工及非法贩运毒品给本地区带来的严重危害感到忧虑。中方重申，支持塔吉克斯坦共和国关于在上海合作组织框架内开展打击非法贩运毒品多边合作的倡议。

公报说，李肇星外长和纳扎罗夫外长签署了两国政府关于中塔边境口岸及其管理制度的协定和关于打击恐怖主义、分裂主义和极端主义的合作协定，并互换了关于中塔国界补充协定批准书。

新型歼击机枭龙在成都首飞成功

首飞仪式取得圆满成功。

枭龙／FC—1型飞机是一种先进的多用途轻型战斗机，具有较大的航程、留空时间、作战半径以及优良的短距起降特性和较强的武器装载能力。作为一个崭新的机型，从签订研制合同到实现首飞，仅用4年的时间，从冻结技术状态到首飞成功，只有23个月，枭龙的研制过程创造了我国航空发展史上的新纪录。

成都飞机工业(集团)有限责任公司直属中国航空工业第一集团公司，枭龙／FC—1型飞机由成飞制造。

辽宁选手李卓在秦皇岛举行的2003年全国举重冠军赛上超女子48公斤级挺举和总成绩两项世界纪录

李卓的挺举成绩为120公斤，总成绩为212.5公斤。原纪录是由李卓本人在2003年世界大学生举重锦标赛上创造的。

国务院关于同意建立新型农村合作医疗部际联席会议制度的批复

卫生部：

你部《关于建立国务院新型农村合作医疗部际联席会议制度的请示》(卫报基妇发〔2003〕139号)收悉。现批复如下：

同意建立国务院新型农村合作医疗部际联席会议制度。联席会议不刻制印章，也不正式行文，日常工作由卫生部负责。请你部按照有关文件精神认真组织开展工作。

附件：国务院新型农村合作医疗部际联席会议制度

国务院

2003年9月3日

国务院新型农村合作医疗部际联席会议制度

建立和完善新型农村合作医疗制度是新形势下党中央、国务院为解决农民因病致贫、因病返贫，保护农民身体健康，促进农村经济社会发展的重大举措。国务院决定在各省、自治区、直辖市试点的基础上，重点抓好浙江、湖北、云南和吉林四省的试点工作，积累经验，完善政策，以点带面，逐步推广，争取到2010年使新型农村合作医疗制度基本覆盖农村居民。为建立有效的新型农村合作医疗制度试点工作机制，加强各有关部门的协调配合，及时研究制定新型农村合作医疗制度的相关政策，推进新型农村合作医疗制度的建立和完善，建立国务院新型农村合作医疗部际联席会议制度。

一、联席会议职能

负责建立完善新型农村合作医疗制度工作的组织协调和宏观指导；研究制定相关政策；督促检查资金筹措等政策的落实。

重大问题向国务院请示、报告。

二、联席会议成员单位

卫生部、财政部、农业部、民政部、发展改革委、教育部、人事部、人口计生委、食品药品监管局、中医药局、扶贫办共11个部门。

国务院负责卫生方面工作的领导同志任联席会议组长。卫生部为联席会议牵头单位，卫生部有关负责同志任联席会议常务副组长。财政部、农业部、民政部有关负责同志任联席会议副组长。其他部门有关负责同志任联席会议成员。

联席会议在卫生部设立办公室，负责日常工作。

三、工作规则和工作要求

(一)联席会议原则上每半年召开一次例会。根据需要或按照领导同志指示，可以临时召集会议。

联席会议的议题主要包括：传达、贯彻党中央、国务院领导同志关于新型农村合作医疗制度的指示精神；根据新型农村合作医疗制度试点及推广工作中出现的新情况、新问题，协调有关部门及时研究制定有关政策；督促、检查、指导并通报各地区新型农村合作医疗制度建立完善工作的进展情况；就有关重大问题进行协调并提出解决办法。

(二)联席会议例会的主要内容要形成纪要，经与会单位同意后印发联席会议各成员单位贯彻落实。会议决定的事项，按照部门职能，分工负责，具体落实。

(三)各成员单位要积极参加联席会议，相互配合，相互支持，形成合力，充分发挥联席会议的作用。

四、联席会议成员单位职责

卫生部为新型农村合作医疗的主管部门，负责新型农村合作医疗试点工作方案的制订，对试点及推广工作进行宏观指导和协调，负责联席会议制度的日常工作。

财政部负责安排中央财政对中西部地区参加新型农村合作医疗农民的补助资金。研究制定相关政策，加强资金管理和监督。

农业部负责配合做好新型农村合作医疗的宣传推广工作，反映情况，协助对筹资的管理，监督资金的使用。

民政部负责农村医疗救助制度有关工作，支持新型农村合作医疗制度的建立和完善。

发展改革委负责新型农村合作医疗纳入国民经济和社会发展规划有关工作，促进新型农村合作医疗与经济社会的协调发展。推动加强农村卫生基础设施建设，完善农村医药价格监管政策。

教育部负责农村卫生机构的人才培养与相应改革有关工作。

人事部负责农村卫生人才情况调研及农村卫生人才政策的制定，推进农村卫生机构人事制度改革有关工作。

人口计生委负责配合做好新型农村合作医疗的宣传动员工作。

食品药品监管局负责新型农村合作医疗药品的流通供应，加强农村药品监管。

中医药局负责在新型农村合作医疗中发挥中医药的特色与优势，培养农村卫生机构的中医药技术人员。

扶贫办负责扶贫开发与新型农村合作医疗的协调，支持贫困地区农民积极参加新型农村合作医疗。

国务院新型农村合作医疗部际联席会议成员名单

组　长：吴　仪(国务院副总理)

常务副组长：朱庆生(卫生部副部长)

副组长：肖　捷(财政部副部长)

刘　坚(农业部副部长)

杨衍银(民政部副部长)

成　员：(略)

全国总工会主席王兆国在北京出席全总十三届六次执委会并讲话

为期两天的会议认真传达学习了中央书记处关于中国工会十四大筹备工作的重要指示精神。

王兆国在讲话中要求各级工会要在党中央领导下，齐心协力地做好各项筹备工作，以优异的成绩迎接工会十四大的胜利召开。

会议听取了中华全国总工会副主席、书记处第一书记张俊九代表全总十三届主席团作的工作报告，并审议通过了《关于中国工会十四大报告的决议》《关于中国工会章程修正案的决议》《关于中华全国总工会第十三届执行委员会财务工作报告的决议》《关于中华全国总工会第十三届经费审查委员会工作报告的决议》和《关于中国工会十四大代表资格审查委员会名单的决议》。会议决定于9月下旬在北京召开中国工会第十四次代表大会。

9月3日

国家主席胡锦涛和中央军委主席江泽民就金正日被推举为朝鲜国防委员会委员长致电祝贺

国家主席胡锦涛在人民大会堂会见斐济总统约瑟法·伊洛伊洛·乌鲁伊温达

在谈到中国同南太平洋地区国家关系时，胡锦涛表示，加强与南太国家的友好合作关系是中国对外政策的重要组成部分。中国支持南太国家联合自强、发展经济以及为维护自身正当权益所作出的努力，愿意进一步加强与南太国家的交往与合作，共同推动经济全球化朝着有利于促进可持续发展和各国共同发展繁荣的方向前进。

伊洛伊洛表示斐济政府坚定奉行一个中国政策，这一方针不会改变。感谢中国政府和人民对斐济的真诚无私的援助；愿与中方共同努力，落实双方的合作项目，造福于斐济人民。

会见结束后，胡锦涛主席与伊洛伊洛总统共同出席了两国经济技术合作协定的签字仪式。

全国人大常委会委员长吴邦国在汉城会见韩国总统卢武铉

卢武铉说，十年的事实表明，韩中建交并发展关系符合双方的根本利益。中国奉行睦邻友好和大小国家一律平等的政策，赢得了周边国家的信任和友谊。韩国人民从韩中互利互惠的合作中更加认识到，中国的发展和繁荣对韩国来说是难得的机遇。如果没有快速发展的中国经济为韩国提供广阔的市场，韩国的外贸也不会取得这样快速的发展。韩中经济优势互补，取长补短，互利合作潜力巨大。卢武铉强调，在发展对华友好方面，韩国朝野各党是一致的，民间也是支持的。韩方对两国关系的前景充满信心。

吴邦国表示，加强同周边国家的睦邻友好关系是中国外交政策的一个重要内容。中国致力于维护世界和平与共同发展，决不谋求霸权。中国的发展不会对任何国家构成威胁，现在不会，将来也不会。在经济全球化不断发展的情况下，中国主张加强国家间平等互利的经贸合作。公平竞争不是坏事。竞争有利于促进科技创新，有利于加速产业调整，有利于增强市场活力，有利于共同发展。中韩企业相互合作，已积累了许多好的经验。我们相信，在双方共同努力下，中韩经贸合作一定会迈上新的台阶。

双方还就半岛形势与核问题交换了意见。

全国人大常委会委员长吴邦国在汉城出席中国驻韩国大使举行的招待会并发表重要讲话

韩国国会议长朴宽用、政府副总理尹德弘以及韩国政治、经济、舆论、学术等各界人士200多人出席招待会。吴邦国委员长的夫人章瑞珍、全国人大常委会副委员长顾秀莲以及吴邦国委员长的其他陪同人员出席招待会。

吴邦国委员长在招待会发表重要讲话。他说，今年是中韩关系又一个10年的开始。在过去的10年中，两国关系在政治、经济、文化等各个领域都取得了迅速发展。两国间的相互理解与政治信任不断加深。双方在国际、多边事务中也保持着良好的合作。中韩友好日益深入人心。

他说，中韩地理相近、文化相通、经济互补，具备进一步加强合作的有利条件。进一步发展中韩全面合作伙伴关系，符合两国人民的根本利益，也有利于本地区的和平、稳定与繁荣。

吴邦国扼要介绍了中国的情况。他指出，中国是个发展中大国，办好自己的事情，保持稳定和发展，这本身就是中国对整个地区和世界和平与发展的一大贡献。今年，中国继续保持良好的发展势头。虽然"非典"疫情给中国经济发展造成一些影响，但这是暂时的、局部的。中国经济发展的总体格局和基本面没有改变。

在谈到中国进一步扩大对外开放时，吴邦国强调，中国将全面提高对外开放水平，进一步发展与包括韩国在内的世界各国、各地区的经济合作，积极吸引外商投资。中国将继续完善外商投资的法律、法规；不断创新引进外资的形式，拓宽利用外资的领域；进一步推进政府行政管理体制改革；建立全国外商投资企业投诉机构，完善外商投诉协调机制。

他指出，中国经济迅速发展和改革开放不断深化，为包括韩国在内的各国、各地区的企业提供了更大的市场和更多的机遇。中韩深化合作潜力巨大，前景广阔。中国愿与韩国政府、企业和社会各界一道，不断丰富中韩合作内涵。

吴邦国在谈到朝鲜半岛问题时说，中国处理半岛问题一贯的原则立场是,凡是有利于维护半岛和平稳定的,中国就支持。中国主张维护半岛的和平稳定,实现半岛无核化,通过对话和平解决问题,朝鲜的合理关切应得到解决,并为此一直在做劝和促谈工作。他重申,中国一贯认为朝鲜半岛南北双方是半岛事务的主要当事者,半岛问题的最终解决要靠南北双方。中国政府和人民将一如既往,继续支持南北双方通过对话改善关系,建立信任,最终实现自主和平统一。

朴宽用议长在致辞中再次对吴邦国委员长访韩表示热烈欢迎。他表示希望通过这次访问,韩国国会和中国全国人大进一步加强交流与合作,为开辟两国关系的新阶段作出更大贡献。

国务院总理温家宝在中南海紫光阁会见美国财政部部长斯诺

温家宝应询向客人介绍了中国政府对人民币汇率的政策。他说,中国实行的是以市场供求为基础的、单一的、有管理的浮动汇率制度,这既考虑中国实际情况,又体现了对国际社会的高度负责。中国将根据经济发展水平、经济运行状况和国际收支状况,在深化金融改革中进一步探索和完善人民币汇率形成机制。保持人民币汇率在合理均衡水平上的基本稳定,符合中美两国的共同利益。

斯诺感谢温家宝对美中关系的积极评价,认为温家宝对美方关心的一些问题的充分解释进一步增进了彼此了解和信任。他说,他此访正值美中关系处于最佳时期。美国高度评价中国经济的快速发展,赞赏中国改革开放所取得的成就,希望美中经贸关系继续得到拓展。

全国政协主席贾庆林在人民大会堂会见赞比亚前总统卡翁达

省部级主要领导干部学习贯彻"三个代表"重要思想专题研讨班开班式在中央党校举行

中共中央总书记胡锦涛发表重要讲话强调,全面建设小康社会,是学习贯彻"三个代表"重要思想的最好实践,也是对学习贯彻"三个代表"重要思想成效的最好检验。要紧密结合全面建设小康社会的实践,学习好、领会好、贯彻好"三个代表"重要思想,把学习贯彻"三个代表"重要思想新高潮不断引向深入,努力在武装头脑、指导实践、推动工作上取得新进展。

中共中央政治局常委温家宝、贾庆林、黄菊、吴官正、李长春、罗干出席开班式。中共中央政治局常委、中央党校校长曾庆红主持开班式。

胡锦涛强调,我们要从马克思主义基本原理同中国具体实际相结合的历史发展中,深刻认识学习贯彻"三个代表"重要思想的重大意义。我们党在坚持把马克思主义基本原理同中国具体实际相结合的不懈努力中,形成了毛泽东思想、邓小平理论和"三个代表"重要思想这三大理论成果。回顾我们党在新民主主义革命时期、社会主义革命和建设时期以及改革开放以来进行理论创新并指导实践的历史过程,我们可以得到两点重要的启示。第一,科学的理论必须深深地植根于人民群众创造历史的伟大实践。人民群众推动社会变革的实践,如果没有科学理论的指导,就不能成功。马克思主义这一科学理论被运用于中国并发挥出巨大的作用,是因为中国的社会条件有了这样的需要,是因为这一科学理论同中国人民争取自身解放和发展的实践发生了联系,同中国社会进步的客观要求紧密地结合在了一起。第二,科学理论必须在实践中不断丰富和发展才能发挥出巨大的指导作用。社会实践是不断发展的,人们对客观规律的认识不可能一次完成,马克思主义基本原理同中国具体实际相结合也不能一劳永逸。时代条件发生了变化,客观实际发生了变化,我们的思想认识就必须不断前进,不断根据新的实践进行新的理论探索和概括,党的基本理论也必须在继承的基础上不断吸取新的实践经验、新的思想而向前发展,以为新的实践提供有力的理论指导。坚持实事求是,科学分析和全面把握时代特征和我国国情,体现中国社会进步的要求和中国人民实践的需要,是我们党所以能在理论创新上不断取得新成就的一条根本经验。

胡锦涛强调,"三个代表"重要思想是新世纪、新阶段党和国家各项工作的根本指针。我们要把学习贯彻"三个代表"重要思想新高潮不断引向深入,就要大力增强学习贯彻"三个代表"重要思想的自觉性和坚定性,全面把握"三个代表"重要思想的科学体系,坚持用"三个代表"重要思想来指导实践,切实加强主观世界改造。胡锦涛指出,能不能落实立党为公、执政为民这个本质,是衡量有没有真正学懂、是不是真心实践"三个代表"重要思想最重要的标志。各级党委和政府都要坚持把广大群众是否赞成、是否受益作为决策和工作的重要依据,紧紧抓住人民群众最现实、最关心、最直接的问题,使我们的各项决策和工作真正体现群众的愿望、符合群众的利益,不断使群众从经济社会发展中得到更多的实惠。各级领导干部要切实关心群众的生产生活,为群众诚心诚意办实事,尽心竭力解难事,坚持不懈做好事,特别是要多到困难大、群众意见多、工作基础差的地方去,团结那里的群众一起克服困难,创造美好生活。

胡锦涛指出,兴起新高潮,领导是关键。各级领导干部特别是高级干部努力做持久学、深入学的表率，成为学以致用、用有所成的模范。他要求参加研讨班的同志结合实际、认真学习，发扬民主、深入研讨，集中精力、潜心钻研，真正做到学有所成、研有所得。

曾庆红在主持开班式时指出，胡锦涛总书记的讲话十分重要。讲话站在历史和全局的高度，回顾了马克思主义基本原理同中国具体实际相结合、党的思想理论不断丰富发展的历史进程，科学分析了“三个代表”重要思想产生的时代背景，深刻阐述了“三个代表”重要思想在马克思主义理论发展史上的重要地位和学习贯彻“三个代表”重要思想的重大意义，对深入学习贯彻“三个代表”重要思想提出了明确要求。讲话高屋建瓴，全面系统，思想深刻，理论性、实践性、针对性都很强，是继7月1日在“三个代表”重要思想理论研讨会上的讲话之后又一篇深刻阐述“三个代表”重要思想的理论文献。讲话不仅对办好这次专题研讨班具有十分重要的指导作用，而且对深入学习贯彻“三个代表”重要思想具有十分重要的指导意义。全党同志要认真学习、深刻领会讲话精神，全面贯彻到各项工作中去。

王乐泉、刘淇、刘云山、张立昌、张德江、陈良宇、周永康、俞正声、贺国强、王刚、徐才厚、何勇、华建敏以及有关方面负责同志出席了开班式。

这次研讨班的参加人员包括各省、自治区、直辖市主要负责同志，中央和国家机关各部委、军队各大单位主要负责同志。

国务院副总理回良玉在宁夏考察

9月3日至6日，回良玉到宁夏西海固地区考察扶贫开发工作。他深入贫困乡村了解扶贫措施落实情况，到贫困农户家庭详细询问他们的生产生活和子女就学情况，看望少数民族群众。他还实地考察了荒山综合治理、退耕还林、水源涵养林保护等。他对西海固地区扶贫开发取得的成绩给予了充分肯定。

回良玉要求，一要继续坚持开发式扶贫，发挥区域优势，把资源优势转变为产业优势，发展特色经济，建设好基本农田，加强基础设施和生态环境建设，扩大劳务输出。二要坚持扶贫到村到户，把各项扶贫措施落到实处，真正使贫困户受益。三要坚持科教扶贫，大力发展农村基础教育和职业教育，提高农民的科技文化水平，为脱贫致富奔小康提供坚实的智力支撑。四要坚持社会帮扶，继续加大定点扶贫工作和东西扶贫协作工作力度。五要坚持充分发挥以党支部为核心的农村基层组织的作用。

回良玉强调，民族问题事关国家的长治久安，事关现代化建设的胜利进程，事关中华民族的伟大复兴。要牢牢把握“共同团结奋斗，共同繁荣发展”这一新世纪、新阶段民族工作的主题，加快民族地区经济发展，坚持和完善民族区域自治制度，加大对民族地区、贫困地区的扶持力度，维护民族团结和社会稳定。

全国15个副省级城市政协工作研讨会在武汉召开

受中共中央政治局常委、全国政协主席贾庆林委托，全国政协副主席王忠禹出席并讲话，他强调，人民政协参政议政工作要议国事、议大事，要做到人无我有、人有我新，人新我深、积极探索，努力创新，不断推进人民政协工作在新世纪的新发展。

在谈到下半年工作时，王忠禹强调，要全面贯彻“三个代表”重要思想和十六大精神，围绕党和国家的总体部署，把履行职能的各项工作落到实处。认真抓好“三个代表”重要思想的学习，组织好视察调研、建言献策，加强政协履行职能的制度建设，以修改政协章程为重点，把履行职能的各项工作进一步深化、细化。

国务院总理温家宝签署第390号令公布《中华人民共和国认证认可条例》

《中华人民共和国认证认可条例》已经于2003年8月20日国务院第18次常务会议通过，现予公布，自2003年11月1日起施行。

总　理　温家宝

2003年9月3日

中华人民共和国认证认可条例

第一章　总　则

第一条　为了规范认证认可活动，提高产品、服务的质量和管理水平，促进经济和社会的发展，制定本条例。

第二条　本条例所称认证，是指由认证机构证明产品、服务、管理体系符合相关技术规范、相关技术规范的强制性要求或者标准的合格评定活动。

本条例所称认可，是指由认可机构对认证机构、检查机构、实验室以及从事评审、审核等认证活动人员的能力和执业资格，予以承认的合格评定活动。

第三条　在中华人民共和国境内从事认证认可活动，应当遵守本条例。

第四条　国家实行统一的认证认可监督管理制度。

国家对认证认可工作实行在国务院认证认可监督管理部门统一管理、监督和综合协调下，各有关方面共同实施的工作机制。

第五条　国务院认证认可监督管理部门应当依法对认证培训机构、认证咨询机构的活动加强监督管理。

第六条　认证认可活动应当遵循客观独立、公开公正、诚实信用的原则。

第七条　国家鼓励平等互利地开展认证认可国际互认活动。认证认可国际互认活动不得损害国家安全和社会公共利益。

第八条　从事认证认可活动的机构及其人员，对其所知悉的国家秘密和商业秘密负有保密义务。

第二章　认证机构

第九条　设立认证机构，应当经国务院认证认可监督管理部门批准，并依法取得法人资格后，方可从事批准范围内的认证活动。

未经批准，任何单位和个人不得从事认证活动。

第十条　设立认证机构，应当符合下列条件：

(一)有固定的场所和必要的设施；

(二)有符合认证认可要求的管理制度；

(三)注册资本不得少于人民币300万元；

(四)有10名以上相应领域的专职认证人员。

从事产品认证活动的认证机构，还应当具备与从事相关产品认证活动相适应的检测、检查等技术能力。

第十一条　设立外商投资的认证机构除应当符合本条例第十条规定的条件外，还应当符合下列条件：

(一)外方投资者取得其所在国家或者地区认可机构的认可；

(二)外方投资者具有3年以上从事认证活动的业务经历。

设立外商投资认证机构的申请、批准和登记，按照有关外商投资法律、行政法规和国家有关规定办理。

第十二条　设立认证机构的申请和批准程序：

(一)设立认证机构的申请人，应当向国务院认证认可监督管理部门提出书面申请，并提交符合本条例第十条规定条件的证明文件；

(二)国务院认证认可监督管理部门自受理认证机构设立申请之日起90日内，应当作出是否批准的决定。涉及国务院有关部门职责的，应当征求国务院有关部门的意见。决定批准的，向申请人出具批准文件，决定不予批准的，应当书面通知申请人，并说明理由；

(三)申请人凭国务院认证认可监督管理部门出具的批准文件，依法办理登记手续。

国务院认证认可监督管理部门应当公布依法设立的认证机构名录。

第十三条　境外认证机构在中华人民共和国境内设立代表机构，须经批准，并向工商行政管理部门依法办理登记手续后，方可从事与所从属机构的业务范围相关的推广活动，但不得从事认证活动。

境外认证机构在中华人民共和国境内设立代表机构的申请、批准和登记，按照有关外商投资法律、行政法规和国家有关规定办理。

第十四条　认证机构不得与行政机关存在利益关系。

认证机构不得接受任何可能对认证活动的客观公正产生影响的资助；不得从事任何可能对认证活动的客观公正产生影响的产品开发、营销等活动。

认证机构不得与认证委托人存在资产、管理方面的利益关系。

第十五条　认证人员从事认证活动，应当在一个认证机构执业，不得同时在两个以上认证机构执业。

第十六条　向社会出具具有证明作用的数据和结果的检查机构、实验室，应当具备有关法律、行政法规规定的基本条件和能力，并依法经认定后，方可从事相应活动，认定结果由国务院认证认可监督管理部门公布。

第三章　认　证

第十七条　国家根据经济和社会发展的需要，推行产品、服务、管理体系认证。

第十八条　认证机构应当按照认证基本规范、认证规则从事认证活动。认证基本规范、认证规则由国务院认证认可监督管理部门制定；涉及国务院有关部门职责的，国务院认证认可监督管理部门应当会同国务院有关部门制定。

属于认证新领域，前款规定的部门尚未制定认证规则的，认证机构可以自行制定认证规则，并报国务院认证认可监督管理部门备案。

第十九条　任何法人、组织和个人可以自愿委托依法设立的认证机构进行产品、服务、管理体系认证。

第二十条　认证机构不得以委托人未参加认证咨询或者认证培训等为理由，拒绝提供本认证机构业务范围内的认证服务，也不得向委托人提出与认证活动无关的要求或者限制条件。

第二十一条　认证机构应当公开认证基本规范、认证规则、收费标准等信息。

第二十二条　认证机构以及与认证有关的检查机构、实验室从事认证以及与认证有关的检查、检测活动，应当完成认证基本规范、认证规则规定的程序，确保认证、检查、检测的完整、客观、真实，不得增加、减少、遗漏程序。

认证机构以及与认证有关的检查机构、实验室应当对认证、检查、检测过程作出完整记录，归档留存。

第二十三条　认证机构及其认证人员应当及时作出认证结论，并保证认证结论的客观、真实。认证结论经认证人员签字后，由认证机构负责人签署。

认证机构及其认证人员对认证结果负责。

第二十四条　认证结论为产品、服务、管理体系符合认证要求的，认证机构应当及时向委托人出具认证证书。

第二十五条　获得认证证书的，应当在认证范围内使用认证证书和认证标志，不得利用产品、服务认证证书、认证标志和相关文字、符号，误导公众认为其管理体系已通过认证，也不得利用管理体系认证证书、认证标志和相关文字、符号，误导公众认为其产品、服务已通过认证。

第二十六条　认证机构可以自行制定认证标志，并报国务院认证认可监督管理部门备案。

认证机构自行制定的认证标志的式样、文字和名称，不得违反法律、行政法规的规定，不得与国家推行的认证标志相同或者近似，不得妨碍社会管理，不得有损社会道德风尚。

第二十七条　认证机构应当对其认证的产品、服务、管理体系实施有效的跟踪调查，认证的产品、服务、管理体系不能持续符合认证要求的，认证机构应当暂停其使用直至撤销认证证书，并予公布。

第二十八条　为了保护国家安全、防止欺诈行为、保护人体健康或者安全、保护动植物生命或者健康、保护环境，国家规定相关产品必须经过认证的，应当经过认证并标注认证标志后，方可出厂、销售、进口或者在其他经营活动中使用。

第二十九条　国家对必须经过认证的产品，统一产品目录，统一技术规范的强制性要求、标准和合格评定程序，统一标志，统一收费标准。

统一的产品目录(以下简称目录)由国务院认证认可监督管理部门会同国务院有关部门制定、调整，由国务院认证认可监督管理部门发布，并会同有关方面共同实施。

第三十条　列入目录的产品，必须经国务院认证认可监督管理部门指定的认证机构进行认证。

列入目录产品的认证标志，由国务院认证认可监督管理部门统一规定。

第三十一条　列入目录的产品，涉及进出口商品检验目录的，应当在进出口商品检验时简化检验手续。

第三十二条　国务院认证认可监督管理部门指定的从事列入目录产品认证活动的认证机构以及与认证有关的检查机构、实验室(以下简称指定的认证机构、检查机构、实验室)，应当是长期从事相关业务、无不良记录，且已经依照本条例的规定取得认可、具备从事相关认证活动能力的机构。国务院认证认可监督管理部门指定从事列入目录产品认证活动的认证机构，应当确保在每一列入目录产品领域至少指定两家符合本条例规定条件的机构。

国务院认证认可监督管理部门指定前款规定的认证机构、检查机构、实验室，应当事先公布有关信息，并组织在相关领域公认的专家组成专家评审委员会，对符合前款规定要求的认证机构、检查机构、实验室进行评审；经评审并征求国务院有关部门意见后，按照资源合理利用、公平竞争和便利、有效的原则，在公布的时间内作出决定。

第三十三条　国务院认证认可监督管理部门应当公布指定的认证机构、检查机构、实验室名录及指定的业务范围。

未经指定，任何机构不得从事列入目录产品的认证以及与认证有关的检查、检测活动。

第三十四条　列入目录产品的生产者或者销售者、进口商，均可自行委托指定的认证机构进行认证。

第三十五条　指定的认证机构、检查机构、实验室应当在指定业务范围内，为委托人提供方便、及时的认证、检查、检测服务，不得拖延，不得歧视、刁难委托人，不得牟取不当利益。

指定的认证机构不得向其他机构转让指定的认证业务。

第三十六条　指定的认证机构、检查机构、实验室开展国际互认活动，应当在国务院认证认可监督管理部门或者经授权的国务院有关部门对外签署的国际互认协议框架内进行。

第四章　认　可

第三十七条　国务院认证认可监督管理部门确定的认可机构(以下简称认可机构)，独立开展认可活动。

除国务院认证认可监督管理部门确定的认可机构外，其他任何单位不得直接或者变相从事认可活动。其他单位直接或者变相从事认可活动的，其认可结果无效。

第三十八条　认证机构、检查机构、实验室可以通过认可机构的认可，以保证其认证、检查、检测能力持续、稳定地符合认可条件。

第三十九条　从事评审、审核等认证活动的人员，应当经认可机构注册后，方可从事相应的认证活动。

第四十条　认可机构应当具有与其认可范围相适应的质量体系，并建立内部审核制度，保证质量体系的有效实施。

第四十一条　认可机构根据认可的需要，可以选聘从事认可评审活动的人员。从事认可评审活动的人员应当是相关领域公认的专家，熟悉有关法律、行政法规以及认可规则和程序，具有评审所需要的良好品德、专业知识和业务能力。

第四十二条　认可机构委托他人完成与认可有关的具体评审业务的，由认可机构对评审结论负责。

第四十三条　认可机构应当公开认可条件、认可程序、收费标准等信息。

认可机构受理认可申请，不得向申请人提出与认可活动无关的要求或者限制条件。

第四十四条 认可机构应当在公布的时间内，按照国家标准和国务院认证认可监督管理部门的规定，完成对认证机构、检查机构、实验室的评审，作出是否给予认可的决定，并对认可过程作出完整记录，归档留存。认可机构应当确保认可的客观公正和完整有效，并对认可结论负责。

认可机构应当向取得认可的认证机构、检查机构、实验室颁发认可证书，并公布取得认可的认证机构、检查机构、实验室名录。

第四十五条 认可机构应当按照国家标准和国务院认证认可监督管理部门的规定，对从事评审、审核等认证活动的人员进行考核，考核合格的，予以注册。

第四十六条 认可证书应当包括认可范围、认可标准、认可领域和有效期限。

认可证书的格式和认可标志的式样须经国务院认证认可监督管理部门批准。

第四十七条 取得认可的机构应当在取得认可的范围内使用认可证书和认可标志。取得认可的机构不当使用认可证书和认可标志的，认可机构应当暂停其使用直至撤销认可证书，并予公布。

第四十八条 认可机构应当对取得认可的机构和人员实施有效的跟踪监督，定期对取得认可的机构进行复评审，以验证其是否持续符合认可条件。取得认可的机构和人员不再符合认可条件的，认可机构应当撤销认可证书，并予公布。

取得认可的机构的从业人员和主要负责人、设施、自行制定的认证规则等与认可条件相关的情况发生变化的，应当及时告知认可机构。

第四十九条 认可机构不得接受任何可能对认可活动的客观公正产生影响的资助。

第五十条 境内的认证机构、检查机构、实验室取得境外认可机构认可的，应当向国务院认证认可监督管理部门备案。

第五章 监督管理

第五十一条 国务院认证认可监督管理部门可以采取组织同行评议，向被认证企业征求意见，对认证活动和认证结果进行抽查，要求认证机构以及与认证有关的检查机构、实验室报告业务活动情况的方式，对其遵守本条例的情况进行监督。发现有违反本条例行为的，应当及时查处，涉及国务院有关部门职责的，应当及时通报有关部门。

第五十二条 国务院认证认可监督管理部门应当重点对指定的认证机构、检查机构、实验室进行监督，对其认证、检查、检测活动进行定期或者不定期的检查。指定的认证机构、检查机构、实验室，应当定期向国务院认证认可监督管理部门提交报告，并对报告的真实性负责；报告应当对从事列入目录产品认证、检查、检测活动的情况作出说明。

第五十三条 认可机构应当定期向国务院认证认可监督管理部门提交报告，并对报告的真实性负责；报告应当对认可机构执行认可制度的情况、从事认可活动的情况、从业人员的工作情况作出说明。

国务院认证认可监督管理部门应当对认可机构的报告作出评价，并采取查阅认可活动档案资料、向有关人员了解情况等方式，对认可机构实施监督。

第五十四条 国务院认证认可监督管理部门可以根据认证认可监督管理的需要，就有关事项询问认可机构、认证机构、检查机构、实验室的主要负责人，调查了解情况，给予告诫，有关人员应当积极配合。

第五十五条 省、自治区、直辖市人民政府质量技术监督部门和国务院质量监督检验检疫部门设在地方的出入境检验检疫机构，在国务院认证认可监督管理部门的授权范围内，依照本条例的规定对认证活动实施监督管理。

国务院认证认可监督管理部门授权的省、自治区、直辖市人民政府质量技术监督部门和国务院质量监督检验检疫部门设在地方的出入境检验检疫机构，统称地方认证监督管理部门。

第五十六条 任何单位和个人对认证认可违法行为，有权向国务院认证认可监督管理部门和地方认证监督管理部门举报。国务院认证认可监督管理部门和地方认证监督管理部门应当及时调查处理，并为举报人保密。

第六章 法律责任

第五十七条 未经批准擅自从事认证活动的，予以取缔，处10万元以上50万元以下的罚款，有违法所得的，没收违法所得。

第五十八条 境外认证机构未经批准在中华人民共和国境内设立代表机构的，予以取缔，处5万元以上20万元以下的罚款。

经批准设立的境外认证机构代表机构在中华人民共和国境内从事认证活动的，责令改正，处10万元以上50万元以下的罚款，有违法所得的，没收违法所得；情节严重的，撤销批准文件，并予公布。

第五十九条 认证机构接受可能对认证活动的客观公正产生影响的资助，或者从事可能对认证活动的客观公正产生影响的产品开发、营销等活动，或者与认证委托人存在资产、管理方面的利益关系的，责令停业整顿；情节严重的，撤销批准文件，并予公布；有违法所得的，没收违法所得；构成犯罪的，依法追究刑事责任。

第六十条 认证机构有下列情形之一的，责令改正，处5万元以上20万元以下的罚款，有违法所得的，没收违法所得；情节严重的，责令停业整顿，直至撤销批准文件，并予公布：

（一）超出批准范围从事认证活动的；

（二）增加、减少、遗漏认证基本规范、认证规则规定的程序的；

（三）未对其认证的产品、服务、管理体系实施有效的跟踪调查，或者发现其认证的产品、服务、管理体系不能持续符合认证要求，不及时暂停其使用或者撤销认证证书并予公布的；

（四）聘用未经认可机构注册的人员从事认证活动的。

与认证有关的检查机构、实验室增加、减少、遗漏认证基本规范、认证规则规定的程序的，依照前款规定处罚。

第六十一条 认证机构有下列情形之一的，责令限期改正；逾期未改正的，处2万元以上10万元以下的罚款：

（一）以委托人未参加认证咨询或者认证培训等为理由，拒绝提供本认证机构业务范围内的认证服务，或者向委托人提出与认证活动无关的要求或者限制条件的；

（二）自行制定的认证标志的式样、文字和名称，与国家推行的认证标志相同或者近似，或者妨碍社会管理，或者有损社会道德风尚的；

（三）未公开认证基本规范、认证规则、收费标准等信息的；

（四）未对认证过程作出完整记录，归档留存的；

（五）未及时向其认证的委托人出具认证证书的。

与认证有关的检查机构、实验室未对与认证有关的检查、检测过程作出完整记录，归档留存的，依照前款规定处罚。

第六十二条 认证机构出具虚假的认证结论，或者出具的认证结论严重失实的，撤销批准文件，并予公布；对直接负责的主管人员和负有直接责任的认证人员，撤销其执业资格；构成犯罪的，依法追究刑事责任；造成损害的，认证机构应当承担相应的赔偿责任。

指定的认证机构有前款规定的违法行为的，同时撤销指定。

第六十三条 认证人员从事认证活动，不在认证机构执业或者同时在两个以上认证机构执业的，责令改正，给予停止执业6个月以上2年以下的处罚，仍不改正的，撤销其执业资格。

第六十四条 认证机构以及与认证有关的检查机构、实验室未经指定擅自从事列入目录产品的认证以及与认证有关的检查、检测活动的，责令改正，处10万元以上50万元以下的罚款，有违法所得的，没收违法所得。

认证机构未经指定擅自从事列入目录产品的认证活动的，撤销批准文件，并予公布。

第六十五条 指定的认证机构、检查机构、实验室超出指定的业务范围从事列入目录产品的认证以及与认证有关的检查、检测活动的，责令改正，处10万元以上50万元以下的罚款，有违法所得的，没收违法所得；情节严重的，撤销指定直至撤销批准文件，并予公布。

指定的认证机构转让指定的认证业务的，依照前款规定处罚。

第六十六条 认证机构、检查机构、实验室取得境外认可机构认可，未向国务院认证认可监督管理部门备案的，给予警告，并予公布。

第六十七条 列入目录的产品未经认证，擅自出厂、销售、进口或者在其他经营活动中使用的，责令改正，处5万元以上20万元以下的罚款，有违法所得的，没收违法所得。

第六十八条 认可机构有下列情形之一的，责令改正；情节严重的，对主要负责人和负有责任的人员撤职或者解聘：

（一）对不符合认可条件的机构和人员予以认可的；

（二）发现取得认可的机构和人员不符合认可条件，不及时撤销认可证书，并予公布的；

（三）接受可能对认可活动的客观公正产生影响的资助的。

被撤职或者解聘的认可机构主要负责人和负有责任的人员，自被撤职或者解聘之日起5年内不得从事认可活动。

第六十九条 认可机构有下列情形之一的，责令改正；对主要负责人和负有责任的人员给予警告：

（一）受理认可申请，向申请人提出与认可活动无关的要求或者限制条件的；

（二）未在公布的时间内完成认可活动，或者未公开认可条件、认可程序、收费标准等信息的；

（三）发现取得认可的机构不当使用认可证书和认可标志，不及时暂停其使用或者撤销认可证书并予公布的；

（四）未对认可过程作出完整记录，归档留存的。

第七十条 国务院认证认可监督管理部门和地方认证监督管理部门及其工作人员，滥用职权、徇私舞弊、玩忽职守,有下列行为之一的,对直接负责的主管人员和其他直接责任人员,依法给予降级或者撤职的行政处分;构成犯罪的,依法追究刑事责任:

(一)不按照本条例规定的条件和程序,实施批准和指定的;

(二)发现认证机构不再符合本条例规定的批准或者指定条件,不撤销批准文件或者指定的;

(三)发现指定的检查机构、实验室不再符合本条例规定的指定条件,不撤销指定的;

(四)发现认证机构以及与认证有关的检查机构、实验室出具虚假的认证以及与认证有关的检查、检测结论或者出具的认证以及与认证有关的检查、检测结论严重失实,不予查处的;

(五)发现本条例规定的其他认证认可违法行为,不予查处的。

第七十一条　伪造、冒用、买卖认证标志或者认证证书的,依照《中华人民共和国产品质量法》等法律的规定查处。

第七十二条　本条例规定的行政处罚,由国务院认证认可监督管理部门或者其授权的地方认证监督管理部门按照各自职责实施。法律、其他行政法规另有规定的,依照法律、其他行政法规的规定执行。

第七十三条　认证人员自被撤销执业资格之日起5年内,认可机构不再受理其注册申请。

第七十四条　认证机构未对其认证的产品实施有效的跟踪调查,或者发现其认证的产品不能持续符合认证要求,不及时暂停或者撤销认证证书和要求其停止使用认证标志给消费者造成损失的,与生产者、销售者承担连带责任。

第七章　附　则

第七十五条　药品生产、经营企业质量管理规范认证,实验动物质量合格认证,军工产品的认证,以及从事军工产品校准、检测的实验室及其人员的认可,不适用本条例。

依照本条例经批准的认证机构从事矿山、危险化学品、烟花爆竹生产经营单位管理体系认证,由国务院安全生产监督管理部门结合安全生产的特殊要求组织;从事矿山、危险化学品、烟花爆竹生产经营单位安全生产综合评价的认证机构,经国务院安全生产监督管理部门推荐,方可取得认可机构的认可。

第七十六条　认证认可收费,应当符合国家有关价格法律、行政法规的规定。

第七十七条　认证培训机构、认证咨询机构的管理办法由国务院认证认可监督管理部门制定。

第七十八条　本条例自2003年11月1日起施行。1991年5月7日国务院发布的《中华人民共和国产品质量认证管理条例》同时废止。

2003年中国国际专利技术与产品交易会在大连举行

由国家知识产权局、辽宁省人民政府和中国国际贸易促进委员会主办、大连市人民政府等承办的2003年中国国际专利技术与产品交易会,在大连星海国际会展中心举行。本届交易会进一步提高了参展项目层次,在展示现场设立贷款担保、风险投资、银行支持、知识产权保护、资产评估、专利代理等展位,为参展供需双方提供服务。

国家副主席曾庆红在人民大会堂会见乌干达国防部部长姆巴巴齐

国务院副总理兼卫生部部长吴仪在中南海会见美国艾伦·戴蒙德艾滋病研究中心主任何大一博士

吴仪说,中国政府高度重视艾滋病的预防与控制工作,将其作为关系到民族兴衰、社会稳定、经济发展和国家安全的战略问题,纳入到政府工作的重要议事日程。从2002年开始,卫生部已在重点地区开展包括健康教育、行为干预、医疗护理、咨询关怀等内容的艾滋病综合防治示范区工作。

中宣部部长刘云山在人民大会堂会见由副总编辑严日规率领的朝鲜《劳动新闻》代表团

刘云山向朝鲜客人介绍了党的十六大以来在经济建设、党的建设、抗击“非典”等各项工作中取得的进展和成就,介绍了当前全党兴起学习贯彻“三个代表”重要思想新高潮的情况。他希望今后中朝媒体在推动两党、两国友好关系发展方面发挥更大作用。

《劳动新闻》代表团是应人民日报社邀请来华访问的。人民日报社社长王晨、朝鲜驻华大使崔镇洙参加了会见。

全国政协副主席罗豪才在布达佩斯会见匈牙利中国和平统一促进会和旅匈华侨华人代表

罗豪才说,台湾当局分裂祖国的罪恶行径,激起了包括海外华侨华人在内的全体中国人民的强烈愤慨。他呼吁海峡两岸同胞和海外侨胞团结起来,反对任何形式的“台独”分裂图谋,为推动两岸关系发展和中国和平统一大业继续奋斗。

罗豪才在座谈中还勉励旅匈华侨华人紧跟国内大好形势,加强团结,为促进中匈两国人民的友好关系和推动祖国的和平统一大业作出贡献。

中国驻匈牙利大使朱祖寿参加了当天的座谈会。

由罗豪才率领的中国和平统一促进会代表团是应匈牙利中国和平统一促进会的邀请于9月2日抵达这里访问的。

商务部部长吕福源在金边与东盟10国经济部长举行中国—东盟经济部长第二次磋商会议

会后发表的联合声明认为，中国和东盟的经济关系取得了重大发展。

声明认为，中国—东盟经济关系自2002年9月在文莱举行首次经济部长磋商会议以来已取得重大发展，包括双方签署了《中国与东盟全面经济合作框架协议》以及启动了中国—东盟自由贸易区的谈判。

声明说，部长们相信，尽管受到"非典"疫情的冲击，中国经济仍将保持快速增长，这将有力地推动和促进东盟和中国贸易与投资关系的健康发展。统计显示，东盟已成为中国第四大进口来源地。2003年全年双边贸易额预计将超过700亿美元。

声明指出，东盟和中国即将完成"早期收获"计划的准备工作，并将于2004年1月开始实施该计划。有关建立中国—东盟自由贸易区的谈判也进展顺利，尤其是在货物与服务贸易以及投资的形式等方面。在中国与东盟贸易谈判委员会的努力下，有关谈判将如期完成。

部长们对双方在其他经济领域的合作也表示满意，特别是在"早期收获"计划和《中国与东盟全面经济合作框架协议》中确定的领域，如农业、信息通信技术、人力资源开发、投资和湄公河流域开发等。

国务委员兼国防部部长曹刚川在北京与日本防卫厅长官石破茂举行会谈

曹刚川说，目前中日关系主流是好的，中方愿与日方共同开创两国友好合作的新局面。

他说，历史问题是两国关系中一个无法回避的问题。侵华日军遗弃的化学武器至今仍严重威胁着中国人民的生命安全和生活环境，日方应高度重视，采取切实措施，尽快妥善解决。

石破茂说，日本政府已对过去殖民统治及侵略战争期间给别国造成的伤害表示反省和道歉。对于遗弃化武事件，日方希望与中方保持密切联系，以诚相待，妥善解决。日方愿本着"以史为鉴、面向未来"的精神加强与中方的交流合作。

国际奥委会第二十九届奥运会协调委员会第二次全会在北京举行

第二十九届奥运会组委会常务副主席刘敬民在会议上表示，到2004年年底前，北京奥组委将进一步完善内部组织结构，推进相关场馆和市政建设，同时加快市场开发和文化宣传活动的开展。

刘敬民表示，今年北京奥运会的筹备工作取得了长足的进步，重要场馆的建设扎实推进，市场开发计划已经正式启动，同时北京奥运会会徽已经正式发布，会歌的征集活动也在进行当中。

刘敬民介绍下一阶段，北京奥组委将组建安全保卫、医疗卫生和文化活动三个部，将目前的15个工作部门增加到18个。

刘敬民说，明年雅典奥运会将拉开帷幕，北京奥组委将制订详细的计划，进行在京迎送雅典奥运会火炬和赴雅典迎接奥运会会旗的活动。同时从今年起至2008年，每年都将举行奥林匹克文化节，开展多种文化活动。2004年下半年，北京奥运会吉祥物国际设计比赛也将正式启动。

此外，《奥运会赛前训练指南》和《奥运村初步战略计划》也都在编制和完善中。市场开发以及奥林匹克知识产权保护等工作也将按照时间表一一进行。

协调委员会第二次全会由第二十九届奥运会协调委员会主席维尔布鲁根主持，他对北京奥组委的工作表示满意。

倪征㬛逝世

当代著名法学家、外交部原法律顾问、中国首任驻联合国国际法院法官倪征㬛同志(副部长级医疗待遇)，因病医治无效，于9月3日在北京逝世，享年97岁。

倪征㬛是江苏吴江人，1982年加入中国共产党。1928年毕业于上海东吴大学法学院，1929年获美国斯坦福大学法学博士学位，后任美国约翰霍普金斯大学法学研究所荣誉研究员，1947年至1948年作为东京远东国际军事法庭国际检察组成员、中国检察组首席顾问，参加对日本甲级战犯的审判工作。新中国成立后，历任上海东吴大学法学院教授、法律系主任、教务长，1956年至1981年先后任外交部条约委员会专门委员和条约法律司法律顾问，1982年起任外交部法律顾问。1981年在联合国第三十六届大会上当选联合国国际法委员会委员。1984年在联合国第三十九届大会及安理会上当选联合国国际法院法官，任期9年。1987年当选为国际法研究院联系院士，1991年转为正式院士。1994年退休。

倪征㬛长期在外交部任职，参与处理了新中国对外关系中一系列重大涉外法律案件，为国家争得了荣誉。他是第三、四、五、六届全国政协委员，中国国际法学会、中国海洋法学会会长，名誉会长，中国国际贸易促进委员会海事仲裁委员会仲裁员，对外经济贸易仲裁委员会仲裁员、顾问。

9月4日

全国人大常委会委员长吴邦国在东京出席日本参众两院欢迎招待会

欢迎招待会由日本参议院议长仓田宽之和众议院议长绵贯民辅联合举行。

仓田宽之代表参众两院致欢迎词。

吴邦国在致辞中说，今年是《中日和平友好条约》缔结25周年，中日友好关系迎来了新的发展时期。在这样一个有意义的时刻，我应邀访问贵国，目的就是为了进一步推动两国睦邻友好关系，加强中国全国人大同日本参众两院的交流与合作，增进两国人民之间的了解、信任和友谊。

全国人大常委会委员长吴邦国当日下午抵达东京，开始对日本进行为期一周的正式友好访问。

全国政协主席贾庆林在新疆调研

9月4日至10日，贾庆林在中共中央政治局委员、新疆维吾尔自治区党委书记王乐泉的陪同下，先后来到喀什、阿勒泰、吐鲁番、昌吉、石河子、乌鲁木齐等地，就深入学习贯彻十六大精神和"三个代表"重要思想，做好新世纪、新阶段的统一战线和民族、宗教工作，积极推进西部大开发，加快全面建设小康社会步伐，进行调查研究。贾庆林深入到农村牧场、企业车间和农牧民家庭，同各族干部群众亲切交谈，并召开了民族、宗教界代表人士座谈会，详细询问新疆经济社会发展和各族各界群众生产生活情况，共同探讨改革发展大计。

贾庆林指出，维护新疆社会政治稳定，事关全局、影响重大，关键是全面贯彻落实党的民族、宗教政策，巩固和发展党的爱国统一战线，维护我国民族团结、宗教和谐、社会稳定的良好局面。贾庆林希望广大中青年爱国宗教界人士，要坚持走爱国爱教的道路不动摇，坚持反对民族分裂不含糊，坚持加强自身修养不放松，真正成为让老一辈爱国宗教人士放心、广大信教群众放心、党和政府放心的合格宗教教职人士。

考察期间，贾庆林还听取了自治区党委、政府的工作汇报。

全国政协副主席、中央统战部部长刘延东等参加了调研。

中央精神文明建设指导委员会发出《关于深入贯彻党的十六大精神，进一步加强公民道德建设的意见》

《关于深入贯彻党的十六大精神，进一步加强公民道德建设的意见》(以下简称《意见》)指出，党中央印发《公民道德建设实施纲要》以来，各地各部门认真贯彻中央《通知》精神，大力宣传"爱国守法、明礼诚信、团结友善、勤俭自强、敬业奉献"20字基本道德规范，广泛开展形式多样的群众性道德建设实践活动，激发了人民群众关心道德建设、支持道德建设、参与道德建设的巨大热情，有力地推动了新形势下的公民道德建设。经过抗击"非典"斗争的严峻考验，广大人民群众对精神文明建设重要意义的认识更加深刻，对追求文明健康科学生活方式的愿望更加强烈，对革除各种社会陋习的要求更加迫切，公民道德建设面临十分有利的机遇。当前，公民道德建设要抓住机遇，乘势而上，坚持以"三个代表"重要思想为指导，深入贯彻党的十六大精神，紧紧围绕全面建设小康社会的奋斗目标，遵循《公民道德建设实施纲要》的基本要求，抓住知行统一这个关键环节，贴近实际、贴近生活、贴近群众，不断增强工作的针对性和实效性。

《意见》强调，要大力弘扬和培育民族精神，积极推动公民道德建设。以爱国主义为核心的团结统一、爱好和平、勤劳勇敢、自强不息的伟大民族精神，是中华民族赖以生存和发展的强大精神支撑，也是中华民族赖以振兴和腾飞的强大精神动力。在举世瞩目的抗击"非典"斗争中，全国各族人民大力发扬万众一心、众志成城、团结互助、和衷共济、迎难而上、敢于胜利的精神，谱写了中国人民不畏艰险、敢于胜利的壮丽诗篇，奏响了弘扬伟大民族精神的嘹亮凯歌，使伟大民族精神在新形势下得到锤炼和升华。弘扬和培育民族精神，是社会主义思想道德建设的一项极为重要的任务。各地各部门要认真总结抗击"非典"斗争的经验，采取具体措施把弘扬和培育民族精神纳入国民教育和精神文明建设全过程，广泛开展"弘扬和培育民族精神，全面建设小康社会"主题教育活动，广泛开展向抗击"非典"斗争英雄模范学习活动，在全社会大力倡导解放思想、实事求是，与时俱进、开拓创新的精神，大力倡导顾全大局、团结协作，一方有难、八方支援的精神，大力倡导艰苦奋斗、自强不息、爱岗敬业、无私奉献的精神，大力倡导扶危济困、见义勇为、尊老爱幼、邻里互助的精神，把伟大的民族精神转化为激励广大干部群众再接再厉、奋发进取、扎实工作，夺取改革开放和现代化建设新胜利的强大精神力量。

《意见》提出，要从社会关注的问题入手，广泛开展道德实践活动。各地各部门要紧紧围绕巩固抗击"非典"斗争成果，广泛开展讲文明讲卫生讲科学树新风活动，对广大公民特别是青少年进行环境、健康和可持续发展的教育，通过治理城乡环境，革除社会陋习，搞好卫生防疫，弘扬科学精神，普及科学知识，构筑群防群治的坚强防线，使环境更加整洁优美、生活更加健康文明。紧紧围绕整顿和规范市场经济秩序,广泛开展"共铸诚信"活动,加强诚信教育,强化信用意识,下决心遏制工程建设、商贸餐饮、医药卫生、电信通信、旅游服务、环境保护等方面存在的突出问题,坚决打击制假售假、欺诈经营、虚假广告、偷税漏税等违法行为,引导人们坚持诚信为本、操守为重,推进社会信用体系建设,保证社会主义市场经济健康发展。紧紧围绕关心和帮助困难群众,广泛开展扶贫济困活动,千方百计帮助特困家庭、下岗职工、孤寡老人、残疾人、失学儿童等解决生产生活中的实际问题,让他们真切感受到党和政府的关心,社会主义大家庭的温暖。紧紧围绕提高社会文明程度和公民道德素质,在全国城乡深入开展文明城市、文明村镇、文明行业、文明单位、文明家庭、百城万店无假货和做人民满意公务员等各类创建活动,从具体事情抓起,从一言一行做起,从一点一滴改起,不断增强道德建设的感召力和影响力,引导人们在社会做个好公民、在单位做个好建设者、在家庭做个好成员。

《意见》提出,要运用各种方式和途径,使道德宣传教育经常化、大众化。一切宣传思想文化阵地,一切精神文化产品,都要坚持正确导向,宣传科学理论、传播先进文化、塑造美好心灵、倡导科学精神、弘扬社会正气。要把道德建设贯穿到从幼儿园、小学、中学到大学整个国民教育体系,渗透到课堂教学、学校管理、课外活动等各个环节,科学规划道德教育的具体内容,引导学生养成良好行为习惯。报刊、广播、电视和互联网等大众传媒,要把道德宣传教育作为重要任务,开设专题、专栏,通过新闻报道、言论评论、专家点评、群众讨论和公益广告等多种形式,营造道德建设的浓厚舆论氛围。中央主要新闻单位应当在这方面起到示范带头作用。人民网、新华网、光明网、央视国际网等网站,要在今年年底前建立道德网页,开设网上道德论坛,形成网上宣传教育平台。广大文艺工作者要以讴歌人民群众积极向上、追求和创造美好生活的崇高思想品德为己任,努力创作反映中华民族传统美德、革命传统道德和新时期良好道德风貌的文艺作品,给人以鼓舞和启迪。文化、广电部门要做好优秀文艺作品的展映、展演、展播、展示工作。爱国主义教育基地,文化馆、博物馆、图书馆、科技馆、体育场所等基层文化阵地,要发挥各自特点和优势,利用重要节日、纪念日、重大事件,通过组织专题讲座、知识竞赛、演讲比赛、图片展览、文体表演以及健康民俗活动,进行生动活泼的道德和法制宣传教育。城市街道社区、乡村集市、火车站、长途汽车站、客运码头、机场等公共场所,要在显著位置设立宣传基本道德规范的公益广告,让人们耳濡目染、受到熏陶。从今年开始,将党中央印发《公民道德建设实施纲要》(以下简称《纲要》)的9月20日定为"公民道德宣传日",以更广泛地动员社会各界关心、参与道德建设。

《意见》要求,要完善各行各业的职业行为准则,使道德建设融入人们的日常工作、学习和生活。各地各部门要按照《纲要》提出的方针原则、目标任务和主要内容,从实际出发,对各类群众性精神文明创建工作的标准和已有的市民公约、社区公约、乡规民约,干部、职工、学生守则等具体行为准则进行必要的修订完善。各行各业都要加强职业道德建设,弘扬职业精神,规范行业行为,把抗击"非典"斗争中加强道德建设的好经验、好做法充实到具体行为准则之中。要重视修订完善各种新经济组织、社会中介机构和娱乐服务场所的行为准则。完善具体行为准则,既要突出贯彻《纲要》的共性,又要体现本地区、本部门、本单位特点;既要体现道德建设的要求,又要同有关法律、法规相统一。要充分发扬民主,广泛征求群众意见,使各项行为准则易记、易懂、易行,易于监督。

《意见》要求,要建立和完善激励监督机制,引导人们养成良好行为习惯。加强道德建设必须把自律与他律有机结合起来。要形成激励机制,鼓励人们积极向上,追求真善美。各地各部门要大张旗鼓地宣传和表彰具有鲜明时代特点、广泛群众基础的公民道德建设先进典型,为人们树立学习的榜样。文明城市、文明村镇、文明单位等各类创建活动,都要把公民道德建设作为重要内容和评选标准;新闻、出版、文艺、体育、教育、科技等各类评奖,都要把是否合乎社会主义道德作为重要标准。要形成监督机制,帮助人们辨别是非,抵制假恶丑。报刊、广播、电视和互联网等大众传媒要加强舆论监督,揭露、批评有悖社会主义道德的言行和丑恶现象。中央电视台和地方电视台都要在黄金时段开设道德栏目,对道德热点问题进行评议。社区、农村、企事业等基层单位要依靠群众,开展多种形式的道德评议活动。公安、卫生、税务、工商、质检、城管、环保等行政部门要严格执法、公正执法、文明执法,依法对各种不良行为给予批评教育和相应处罚。

《意见》强调,要加强对公民道德建设的领导,确保各项工作落到实处。各地各部门要充分认识新世纪、新阶段加强公民道德建设的重要性,把这项工作与正在全党全国蓬勃兴起的学习贯彻"三个代表"重要思想新高潮结合起来,与广大城乡正在深入开展的各种群众性精神文明创建活动结合起来,与全国各地正在深入进行的整顿和规范市场经济秩序结合起来,与各行各业的业务工作结合起来,列入党委和政府工作的重要日程,纳入经济社会发展规划,建立、健全领导责任制。要增加必要的投入,为道德建设提供物质保障。

各级党政机关工作人员，解放军、武警官兵和公安干警，社会公众人物特别是各级领导干部要切实加强自身的道德修养，为广大群众作出表率。要积极探索公民道德建设的特点和规律，不断改进工作的方式方法，使道德建设与形势发展相适应，与社会实践相协调，与全面建设小康社会相同步，既继承优良传统又坚持与时俱进，始终保持强大的生机和活力。要坚持党的群众路线，广泛听取基层群众的意见，广泛听取民主党派、工商联和无党派人士的意见，把群众拥护不拥护、赞成不赞成、高兴不高兴、答应不答应作为进行道德教育、组织道德实践活动的重要依据，充分调动、尊重和保护人民群众参与道德建设的积极性、创造性。各级文明委和党委宣传部要认真做好指导、协调和组织工作，及时总结推广群众创造的新鲜经验。工会、共青团、妇联等人民团体以及社会各界，要在党委的统一领导下，各尽其责、相互配合，形成公民道德建设的合力。

全国人大常委会副委员长李铁映在太原和山西省人大常委会部分组成人员座谈

李铁映在座谈时强调，人大作为国家权力机关，要积极进行监督，依法治业，依法兴业，保证建筑工程质量和安全，促进建筑业健康发展。

李铁映说，实施建筑法要从多个角度考虑社会的重大影响和利益。因为它不仅规范秩序，防止质量方面的问题，保证建筑业健康发展，而且还是建筑行业多个主体利益的保障。一切违法的建筑行业既侵害这些利益，还埋下了定时炸弹，必然造成建筑物质量方面的问题。

9月4日上午，李铁映还亲切看望了全国“五一”劳动奖章获得者李双良、全国人大常委会委员郭凤莲、山西省文联副主席张平、国家一级演员谢涛等人。

全国人大常委会副委员长许嘉璐 全国政协副主席张怀西在甘肃考察

全国人大常委会副委员长、民进中央主席许嘉璐，全国政协副主席、民进中央常务副主席张怀西于9月4日至17日在甘肃考察了“生态家园富民计划”实施情况。

在甘肃期间，许嘉璐、张怀西先后到兰州、武威、金昌、张掖、酒泉、嘉峪关、敦煌、定西和天水等地进行考察，对上述地区农村“生态家园富民计划”的实施情况进行了调研。每到一处，许嘉璐、张怀西都深入农户，了解“生态家园富民计划”对当地农村经济和生态保护的作用，询问农民得到了哪些实惠，以及在实际操作中的困难，并对计划的进一步实施提出了建议。

许嘉璐在考察中说，切实、认真地实施“生态家园富民计划”是实践“三个代表”重要思想的具体体现，是改善生态环境与农民增收一个极佳的结合点，也是一项实现我国农村可持续发展的德政工程，是使我国农民的生产生活逐步走向现代文明的重要一步。许嘉璐赞扬了甘肃发展经济的热情，肯定了甘肃“生态家园富民计划”取得的成绩。许嘉璐鼓励甘肃发挥后发优势，取得经济和社会的更大发展。

国务院长江三峡二期工程验收委员会在北京举行全体会议

中共中央政治局委员、国务院副总理、国务院长江三峡二期工程验收委员会主任委员曾培炎出席会议。枢纽工程验收组和输变电工程验收组分别汇报了验收结果，三峡总公司报告了左岸电站首批机组运行情况。验收委员会经过认真讨论，一致同意关于三峡电站首批机组按期并网发电的建议和验收组的验收意见。这一结论已提请国务院三峡工程建设委员会审议并获得通过。

国际水泥大会在北京召开

本次大会的主题是“水泥工业与经济社会可持续发展”。中共中央政治局委员、国务院副总理曾培炎出席开幕式。

曾培炎说，受经济快速增长的拉动，中国已成为世界水泥生产和销售的第一大国，水泥生产技术水平迅速提高，大型水泥装备的研发制造接近或达到世界先进水平。

曾培炎指出，中国坚持实施可持续发展战略，在加快水泥工业发展的同时，高度重视环境保护，积极推广先进的水泥生产工艺，关闭严重污染环境的水泥企业，降低资源消耗，减少温室气体的排放。今后一个时期，中国水泥工业将继续加快结构调整，提高产品质量。我们愿与世界水泥同行加强经济技术合作与交流，按照走新型工业化道路的要求，全面提升中国水泥工业现代化水平。

本次国际水泥大会由中国非金属矿工业（集团）总公司与国际水泥会议组织共同举办。全国人大常委会副委员长傅铁山出席了开幕式。

民航机场开始实行属地化管理

根据国务院批复的《省（区、市）民航机场管理体制和行政管理体制改革实施方案》，现有的23个民航省（区、市）局将被撤销，93个机场将由民航总局移交地方政府管理。

全部移交地方政府管理的机场包括现政企合一的机场，现由民航总局或民航地区管理局管理的机场，以及已与民航省局分离的机场。机场移交后，原则上以省(区、市)为单位组建机场管理公司，实行企业化经营，统一管理省(区、市)内机场。

中共中央政治局常委李长春在人民大会堂会见以下萨克森州社会民主党议会党团主席西格马尔·加布里尔为团长的德国社民党青年政治家代表团

李长春积极评价中国共产党与德国社民党之间的良好党际关系，希望继续加强两党之间的友好交往，尤其是加强两国青年政治家之间的交流，为推动中德两党、两国关系的发展作出新的贡献。

加布里尔感谢李长春的会见。他说，中国的发展举世瞩目。德国赞叹中国经济发展所取得的巨大成就。虽然德中两国国情不同，但两国关系发展顺利，而且发展前景良好。加强两国青年政治家之间的交流有利于两国关系持久稳定地向前发展。

全国人大常委会副委员长乌云其木格在北京出席朝鲜建国55周年招待会

乌兹别克斯坦总统卡里莫夫和总理苏丹诺夫在塔什干分别会见外交部部长李肇星

李肇星说，中乌双方签署的《中乌关于打击恐怖主义、分裂主义和极端主义的合作协定》为两国打击包括“东突”在内的“三股势力”提供了重要法律依据。双方应在双边和上海合作组织框架内，继续真诚、务实、有效地合作，共同打击“三股势力”，为维护两国和本地区的安全与稳定作出贡献。

乌方感谢中国政府对乌的支持和援助，期待两国加强在投资、资源开发、交通运输等方面的合作。乌方重申，乌将一如既往地坚持一个中国的政策，这一立场任何时候都不会动摇。乌方表示不允许任何损害中国利益的势力在乌存在，乌重视并愿意与中国加强合作，共同打击“三股势力”。

李肇星当日还同乌外长萨法耶夫举行了会谈，就双边关系和国际问题交换了意见，并签署了《中乌关于打击恐怖主义、分裂主义和极端主义的合作协定》。

日本首相小泉纯一郎在东京首相官邸会见中日友协会长宋健

宋健首先向在中国发生“非典”疫情期间日本政府及民间各界给予的支持和援助表示感谢。宋健说，今年是《中日和平友好条约》缔结25周年，发展中日友好符合两国人民根本利益。两国政治家应以长远眼光看待中日关系。小泉表示，希望日中两国的合作关系进一步扩大。中国的发展对日本不是威胁，而是互惠的。两国之间加强人员往来意义重大。前不久的“非典”疫情阻碍了双方的交流，日本政府愿与中国就防治诸如“非典”一类的疾病加强合作。

小泉还高度评价了中国政府在最近举行的北京六方会谈中所做的努力，希望中方继续发挥作用，加强合作，为最终解决朝核问题共同努力。

上海合作组织成员国外交部长非例行会议在塔什干举行

中国外交部部长李肇星、哈萨克斯坦共和国外交部部长托卡耶夫、吉尔吉斯共和国外交部部长艾特玛托夫、俄罗斯外交部部长伊万诺夫、塔吉克斯坦共和国外交部部长纳扎罗夫和乌兹别克斯坦共和国外交部部长萨法耶夫参加了为期两天的会议。

六国外长在友好和建设性的气氛中，讨论了如何落实成员国元首2003年5月29日莫斯科峰会达成的有关协议，着重讨论了拟于今年9月下旬在北京举行的上海合作组织总理会晤的准备工作。

中国外交部部长李肇星出席会议并发表讲话。李肇星指出：“今年5月举行的上海合作组织莫斯科峰会是一次承前启后的会议，标志着上海合作组织开始转入一个以务实合作为中心的全面发展时期。我们要努力完成6国元首确定的各项任务。关键是要做实事、求实效，在维护地区安全稳定、促进各国共同发展方面发挥作用。”

他说，目前应首先抓紧常设机构的筹建，确保组织的有效运转。峰会决定不晚于明年1月1日启动秘书处和地区反恐机构。现在两常设机构的筹建已进入实质性阶段。作为秘书处东道国，中方已经并将继续为秘书处的筹建和运转提供最大限度的支持，同时希望其他几方也能积极配合。

李肇星指出：“最近国际恐怖主义活动正呈愈演愈烈之势。本地区近期的几起恐怖事件表明，6国面临的安全形势仍十分复杂，上海合作组织以打击‘三股势力’为中心的安全合作需进一步加强。贩毒是恐怖势力的重要资金来源，打击贩毒可以对恐怖活动起到釜底抽薪的作用。莫斯科峰会决定今年年底前签署多边反毒合作协定，我们应及早着手工作，争取如期完成任务。”

李肇星说，随着上海合作组织进入新时期，经济合作的重要性和迫切性进一步上升。将于9月下旬在北京举行的上海合作组织第二次总理会议肩负着重要使命。会议将通过长期多边经贸合作纲要，确定经济合作的长远目标、优先领域和具体措施。为此，中方从本地区实际出发并借鉴世界其他区域组织的经验，提出了一些推动经济合作的建议和设想，涉及领域包括能源、交通、电信网、实施贸易和投资便利化等。中方愿就此与各方讨论,共同规划合作蓝图。上海合作组织大踏步走上国际和地区舞台的条件正日趋成熟。在莫斯科峰会上,各方都表示了扩大上海合作组织对外交往与合作的愿望。这需要有法可依。哈萨克斯坦方面建议尽快着手制定规范组织对外交往,包括向其他国家和国际组织提供观察员或对话伙伴国地位的法律文件。中方表示赞同。

中俄两国外长于5日上午还举行了双边会晤。双方就两国关系、伊拉克问题和朝鲜半岛核问题等交换了意见。

第二届海峡两岸各民族中秋联欢晚会在北京举行

由中华民族团结进步协会主办的"中华各民族一家亲——第二届海峡两岸各民族中秋联欢晚会"在北京民族文化宫大剧院举行。全国人大常委会副委员长何鲁丽及有关方面负责人参加联欢观看了演出。

国务委员陈至立在中南海会见国际奥委会第二十九届奥运会协调委员会主席维尔布鲁根及协调委员会成员

国际奥委会第二十九届奥运会协调委员会第二次全会在北京结束

为期3天的会议圆满结束。协调委员会对北京奥运会筹备工作给予了高度评价。

协调委员会主席海因·维尔布鲁根表示,北京奥组委已经完成了2003年的三项主要任务,一是在今年年底开始进行场馆建设;二是签署了建立北京奥林匹克转播有限公司的有关协议;三是推出了奥运会会徽和市场开发计划。他说:"我们的中国朋友所做的工作的确非常出色。目前,所有的筹备工作都按照预期计划完成,一些项目的进展甚至走在计划之前。"

北京奥组委常务副主席刘敬民代表北京奥组委向协调委员会全体成员表示衷心感谢。刘敬民指出,从今年下半年开始,北京奥组委的工作将进入全面建设阶段,从现在起到2006年年底,北京奥组委将按照《总体工作计划》的安排逐项展开各方面的工作。

全国总工会主席王兆国在北京会见国家重点工程建设先进事迹报告团成员

王兆国说,三峡工程、青藏铁路建设工程和西气东输工程都是功在当代、惠及千秋的建设项目,在我国国民经济发展的全局中具有十分重要的战略地位和举足轻重的作用。这些国家重点工程从开始动议、论证到计划、实施,无不体现着党和政府的正确领导和英明决策,无不凝结着广大工程建设者的聪明才智和辛勤劳动。

王兆国指出,全国总工会组织这次宣讲活动,就是要大力宣传国家重点工程建设取得的辉煌成就和广大工程建设者的高尚品德和模范事迹。他希望报告团的同志们以认真负责的精神搞好这次活动,让全社会进一步了解工人阶级在改革开放和社会主义现代化建设事业中取得的伟大成就,让国家重点工程建设者们的崇高思想和模范事迹在全社会进一步发扬光大,以此激励各行各业的广大职工在以胡锦涛同志为总书记的党中央领导下,全面贯彻"三个代表"重要思想,立足本职,学赶先进,为实现十六大提出的全面建设小康社会的目标而努力奋斗!

全国总工会组织的三峡工程、青藏铁路和西气东输等国家重点工程建设先进事迹报告团,将于近日分赴清华大学、北方交通大学、北京理工大学、中共中央直属机关、中央国家机关和东方炼油厂等单位作报告。

国务院新闻办就我国上半年地震灾害和防震减灾等工作举行记者招待会

中国地震局新闻发言人李强华应邀介绍了有关情况。

李强华说,今年以来,全球地震比较活跃,引起公众的普遍关注。年初以来,我国共发生5级以上地震27次,除4次发生在台湾地区及附近海域、1次发生在南海海域外,其余22次均发生在大陆地区,约有174万人受灾,直接经济损失超过30亿元人民币。

李强华说,我国政府一直高度重视防震减灾工作,新中国成立以来,特别是近十几年来,我国防震减灾工作取得了长足进展,在促进社会进步,保障经济发展方面发挥了重要作用。

一是地震监测预报水平不断提高。目前我国已建成国家和省级专业地震台站400多个、区域遥测台网30个,建有地方台、企业台1400多个,以及群测点8000多个。全国的地震台网已实现了由单台观测到台网观测、模拟观测到数字观测的转变,形成了多学科、多测项的地震观测台网。全国4级以上地震均可有效监测,东部重要省会城市及其附近的监测能力达到1.5到2.0级,首都圈地区的监测能力达到1.0到1.5级。

二是地震灾害防御能力得到增强。地震科技人员编制了地震烈度和地震动参数区划图,为一般民用建筑提供了科学合理的抗震设防标准,对建设工程抗震设防的监管力度逐步加大,如对三峡工程、大亚湾核电站、西气东输、青藏铁路等一系列重大工程开展了地震安全性评价工作,对地震重点监视防御区的一些建筑物进行加固,加强对农民建房和村镇公共设施抗震设防的指导等。这些措施大大提高了我国的地震灾害防御能力。

三是地震救援工作迈出可喜的步伐。2001年,我国组建了第一支地震灾害紧急救援队,先后参加了新疆巴楚—伽师和阿尔及利亚地震现场的救援,为灾后的救助工作作出了贡献。

四是防震减灾法制建设取得重要进展。《防震减灾法》于1998年3月实施,《地震预报管理条例》《地震安全性评价管理条例》等配套法规陆续出台,防震减灾工作的管理步入法制化轨道。

五是公众防震减灾意识进一步增强。通过持续不断地科普宣传,公众参与防震减灾的意识有所增强,人们鉴别地震谣言的能力和防震避险、自救互救的知识与技能不断提高。

李强华强调,在看到成绩的同时,我们也要清醒地看到,我国防震减灾工作还存在不少困难,例如地震监测预报能力和水平与社会需求之间尚有较大差距等。

据透露,"十五"期间,我国将投资27亿元人民币,建设"中国数字地震观测网络"工程,计划于2007年全面完成。通过这项工程的实施,将全面提高我国地震监测预报、震灾预防和紧急救援的能力。

9月5日

中共中央总书记胡锦涛在人民大会堂会见以总书记布拉德·恩齐曼德为团长的南非共产党代表团

全国人大常委会委员长吴邦国在东京会见日本首相小泉纯一郎

在谈到深化和扩大两国关系时,吴邦国着重强调了三点:一是要保持高层对话。信息技术再发达,也取代不了领导人之间的直接接触。面对面交换意见,可以更好地加深了解、建立信任。二是加强经贸合作和人员往来。中日经济互补性很强,开展合作既有利于中国,也有利于日本,有利于双方的产业结构调整和升级。我们高度赞赏小泉首相关于中国的发展对日本不是威胁而是机遇的重要论断,希望双方本着互利双赢的精神,大力推动两国的经贸合作。三是慎重处理对方关切的问题。妥善处理历史问题,是中日关系的重要基础,希望两国政治家从大局和长远的战略高度,本着"以史为鉴、面向未来"的精神妥善处理好存在的问题。历史问题既是过去也是现实的问题。我们希望小泉首相重视8月4日发生在齐齐哈尔的日本遗弃化学毒剂伤人事件,使其尽快得到妥善解决,并采取有效措施避免此类悲剧再次发生。

小泉表示,他对日本遗弃化学毒剂造成伤人事件深表遗憾,对死难者表示哀悼。日方将通过外交途径真诚地处理此事。

小泉说,他鼓励和支持发展日中贸易,一向认为中国的发展对日本不是威胁而是机遇,日中之间是相互依存、互惠互补、共同发展的关系。现在越来越多的日本国民认识到,日本的经济停滞不是中国的发展造成的,恰恰相反,中国的发展有助于日本摆脱经济上遇到的困难。近期日本经济有所复苏的事实也证实了这一点。小泉强调,日中关系是日本最重要的双边关系之一。双方合作的领域广阔,前景美好。他表示深信,以《日中和平友好条约》缔结25周年和吴邦国委员长的访问为契机,在日中双方的共同努力下,日中关系将得到进一步加强和发展。

吴邦国说,中国全国人大重视同日本国会保持友好交往。中方欢迎更多的日本议员、特别是年轻议员访问中国,我们也鼓励更多的中国青年访问日本。年青一代的交流对中日世代友好具有重要战略意义。

全国人大常委会委员长吴邦国在东京分别与日本众议院议长绵贯民辅和参议院议长仓田宽之举行会谈

全国人大常委会委员长吴邦国和夫人章瑞珍在东京出席纪念《中日和平友好条约》缔结25周年招待会并发表重要讲话

招待会在东京赤坂王子饭店举行。出席招待会的有日本首相小泉纯一郎、众议院议长绵贯民辅、参议院议长仓田宽之、内阁官房长官福田康夫、前首相村山富市和桥本龙太郎以及日本政治、经济、文化等各界知名人士。中国全国人大常委会副委员长顾秀莲、中日友协会长宋健等出席了招待会。

吴邦国发表了题为《发展中日友好造福两国人民》的重要讲话。

这次招待会由日中友好协会、日本国际贸易促进协会、日中文化交流协会、日中友好议员联盟、日中经济协会、日中协会和日中友好会馆,日本外务省以及中国驻日本大使馆联合举办。

全国人大常委会委员长吴邦国在《中日和平友好条约》缔结25周年纪念招待会上的讲话《发展中日友好　造福两国人民》

尊敬的小泉纯一郎首相,绵贯民辅众议长,仓田宽之参议长,各位来宾、朋友们:

正当我对日本进行正式友好访问的时候,有机会与各位新老朋友欢聚一堂,共同纪念《中日和平友好条约》缔结25周年,感到非常高兴。

25年前,中日两国老一辈领导人从长远战略出发,克服重重困难,缔结了《中日和平友好条约》(以下简称《条约》),以法律的形式确认了《中日联合声明》的各项原则,为中日两国和平共处、世代友好奠定了法律基础,为两国政府和人民的交流与合作构筑了稳固桥梁,也体现了中日两国人民世世代代友好下去的共同愿望,具有划时代的伟大意义。

《条约》的缔结,不仅凝聚了两国老一代政治家的胆识和智慧,也凝聚了两国友好团体和两国人民的长期不懈的努力,是他们留给后人的宝贵财富。在隆重纪念《条约》缔结25周年的今天,我们深切地缅怀两国老一代政治家,并向为缔结《条约》和促进中日友好事业发展作出贡献的两国各界人士,致以崇高的敬意。

中日两国毗邻而居,一衣带水,源远流长的文化交流很早就把两国人民连接在一起。中日实现邦交正常化,特别是缔结和平友好条约以来,在两国政府和各界人士的共同努力下,中日友好合作得到了全面发展,达到中日交流史上任何时期都无法比拟的广度和深度。去年双边贸易额突破1000亿美元,人员往来达到368万人次,友好城市已达220对,就充分说明了这一点。中日友好关系的发展,不仅为两国人民带来了实实在在的利益,也有利于本地区及世界的和平与发展。

实践证明,任何时候只要我们遵循中日双边关系三个重要文件的原则和精神,中日关系就顺利发展,如果背离这些原则和精神,中日关系就出现波折。回顾中日关系发展历史和经验教训,我们更加珍惜来之不易的中日友好成果,更加深刻地认识到继续推进中日关系发展的历史责任和崇高使命。

中国新一届领导集体将一如既往地致力于发展中日友好,我们赞赏并希望日本坚持和平宪法、走和平发展道路。中日双方应从长远和战略高度对待和运筹两国关系。让我们以纪念《中日和平友好条约》缔结25周年为新的起点,在《中日联合声明》《中日和平友好条约》和《中日联合宣言》三个政治文件的指导下,本着"以史为鉴、面向未来"的精神,妥善处理好存在的问题,进一步扩大共识、增进互信,紧紧围绕和平与发展、友好与合作的主题,致力于和平与稳定的友好合作,以更好地造福两国人民,为亚洲与世界和平与发展作出新的更大的贡献。

最后,让我引用已故邓小平先生的一句话来结束我的讲话:"把中日关系放在长远的角度来考虑、来发展。第一步放在21世纪,还要发展到22世纪、23世纪,要永远友好下去,这件事超过了我们之间一切问题的重要性。"

谢谢各位。

全国人大常委会委员长吴邦国在东京出席日本经济团体举行的欢迎午餐会并发表讲话

吴邦国在午餐会上发表了题为《加强中日经济合作发展中日睦邻友好》的讲话。

关于中日关系,吴邦国说,对日关系历来是中国最重要的对外关系之一,加强中日睦邻友好,也是中国外交政策的重要组成部分。中国愿意看到一个繁荣和发展的日本,希望日本在国际和地区事务中发挥更积极的作用。同时,中国的繁荣和发展也将惠及日本,有利于本地区各国利益。

关于中日经济关系,吴邦国指出,中国是世界上最大的发展中国家,日本是世界上第二大经济大国。双边贸易合作总体上呈互动双赢格局。日本资金、技术实力,将继续对中国现代化建设发挥重要促进作用。中国优秀丰富的劳动力、潜力巨大的市场和不断改善的投资环境,也可使日本充分受益。

吴邦国还介绍了中国经济继续保持较快增长的良好势头。他指出,中国全年经济增长7%的目标是完全可以实现的。在经济发展的同时,对外开放不断扩大。这说明,中国虽然受"非典"疫情的影响,但仍然是世界上最具活力的外商投资地区。

他表示,中国将全面提高对外开放水平,进一步发展与包括日本在内的世界各国、各地区的经济合作,积极吸引外商投资。他指出,开展合作,需要增进相互了解,彼此信任。中日双方应当以双赢的思想开展中日合作。所谓"中国威胁论"、"输出通缩"等说法是缺乏根据的。中国并不具备影响世界市场价格和供求关系的能力。中国的出口相当部分源自外资企业,它们在中国的企业已经成为经济全球化供应链不可缺少的一部分。中国与发达国家贸易和经济技术合作互补性很强。中国提供的低价高质的商品,最大受益者是发达国家广大的消费者。这种贸易完全是互利的,就整体贸易而言,构不成冲击和竞争关系。

他表示,随着中国经济的发展,人民生活水平的提高,投资环境的改善,中国的巨大市场潜力,中国与各国和地区间的经济合作领域将更加广阔,外国企业在华发展的空间更广、商机更多。

日本经济同友会代表干事北城恪太郎在致欢迎词时说,今年适逢《日中和平友好条约》缔结25周年,吴邦国委员长又来日本访问,日中交流年年兴旺。中国新一届领导集体成立后,确定了政治、经济、外交领域的发展方向。随着中国的发展,日中关系也将进一步取得发展。

他说,中国的经济发展不仅对日本,对亚洲和世界的经济都是重要的,有利于日本经济复苏和增长。日中经济关系日益密切,今后发展经济的关键是最大限度地发挥彼此的长处。两国作为东亚合作以及亚太经合组织的成员,为亚洲地区的稳定与发展作出了贡献。日中两国应该为加强东亚经济关系发挥更积极的作用。

午餐会由日本经济同友会、日本经济团体联合会、日本商工会议所、日本贸易会和日中经济协会联合举行。日本经济界著名人士200多人出席午餐会。

国务院三峡工程建设委员会第十三次全体会议在北京召开

国务院总理、国务院三峡工程建设委员会主任温家宝主持会议并作重要讲话。他指出,三峡二期工程建设任务已顺利完成,三期工程建设全面展开。我们面临的任务仍很艰巨,责任重大。一定要再接再厉、尽职尽责,确保如期完成三峡工程建设的各项任务,向国家和人民交出一份完满的答卷。

中共中央政治局委员、国务院副总理、国务院三峡工程建设委员会副主任曾培炎,国务委员兼国务院秘书长华建敏出席会议。

会议总结了十年来三峡工程建设工作,审议批准了国务院长江三峡二期工程验收委员会关于首批机组启动和二期输变电工程的验收报告,部署了三峡三期工程建设任务和重点工作。

国务院在北京召开进一步加强道路交通安全工作电视电话会议

会议强调,要从贯彻落实十六大精神和实践"三个代表"重要思想的高度全面加强道路交通安全工作,以人为本,关爱生命,标本兼治,立足长远,坚决遏制交通事故上升的势头,促进人、车、路协调发展,努力为人民群众生产、生活和经济社会发展创造良好的交通环境。

会议强调,针对当前道路交通安全的严峻形势,要进一步抓好《2003年预防道路交通事故工作方案》的落实,立即组织开展专项整治活动,重点抓好严格驾驶员管理、整治道路交通秩序和机动车严重超载、加强公路客运安全管理、改善道路安全状况、广泛开展宣传教育等工作。

会议要求,要借鉴一些国家成功的经验和做法,促进我国道路交通安全工作的科学化、现代化。

公安部、交通部、国家安监局有关负责同志就贯彻国务院统一部署,深入开展道路交通安全专项整治作了会议发言。

香港特别行政区政府决定撤回《国家安全(立法条文)条例草案》

香港特别行政区行政长官董建华宣布,特区政府决定撤回《国家安全(立法条文)条例草案》,重新检讨有关立法工作,向社会各界作充分咨询。

董建华在召开特别行政会议后向记者表示,《基本法》第二十三条规定香港特别行政区应自行立法,禁止危害国家安全的行为,体现了中央政府对香港市民的信任。立法落实《基本法》第二十三条是香港必须履行的宪制责任,也是市民必须履行的公民义务。从前一阶段咨询的情况看,香港社会对此是有原则性共识的。

董建华说,鉴于香港社会对该项立法的具体条文仍存在一些疑虑,为了使社会大众有足够时间了解和思考有关立法问题,特区政府决定撤回《国家安全(立法条文)条例草案》,并在保安局内成立专责小组,重新检讨有关立法工作。他表示相信,经过向社会各界作充分咨询,该项立法一定能够取得广大市民的理解和支持,并最终顺利完成。

董建华强调,香港正经历着经济转型的痛苦过程,特别是经历"非典"事件打击后,更加需要社会、政府、各阶层市民和工商界把精力集中在发展经济、增加就业等问题上。近期,中央政府为帮助香港经济复苏,大力度地推出一系列政策措施,香港经济开始出现新的景象。香港应该抓住这个难得的机会,充分发挥自身的优势,把经济转型工作向前推进。

上海合作组织成员国外交部长非例行会议在塔什干发表联合公报

公报主要内容如下:

外长们审议并通过了国家协调员理事会关于各成员国在上海合作组织秘书处的配额岗位分配及地区反恐怖机构执委会机构设置和人员编制的建议方案,感谢中方和乌方为分别在北京和塔什干设立上海合作组织常设机构提供必要场所。外长们责成国家协调员们加紧工作,确保尽早启动上海合作组织常设机构。

外长们责成国家协调员们准备于2003年11月1日启动北京秘书处和塔什干反恐怖机构执委会所必需的建议。

外长们签署了关于因地区反恐怖机构所在地由比什凯克迁至塔什干而修改已通过的《上海合作组织宪章》以及《打击恐怖主义、分裂主义和极端主义上海公约》及《上海合作组织地区反恐怖机构协定》的议定书。外长们认为,成员国元首们关于反恐怖机构执委会由比什凯克迁至塔什干的决定,将优化中亚反恐力量的配置和协作,有利于更有效地打击恐怖主义、分裂主义和极端主义。

外长们重申了按莫斯科峰会精神于今年年底前制定关于打击毒品、麻醉品和易制毒化学品走私的多边合作协定的迫切性。

外长们指出，将于2003年9月下旬在北京举行的政府首脑会议对落实莫斯科峰会精神、深化6国区域经济合作、推动组织建设与发展具有重要意义。

外长们强调，全球化时代面临跨国性的挑战和威胁，要求通过多边对话和共同行动不断加强国际社会的团结。其中，联合国作为一个在维护世界和平方面有着独一无二经验的大型国际组织，应发挥协调作用。外长们确信，尽快建立以联合国为主要框架、应对新挑战和威胁的全球体系，包括综合政治、经济、社会举措的多边协作机制具有重要意义。上海合作组织能够成为这一体系不可分割的组成部分。

外长们认为，加强反恐的国际法律基础，包括尽快通过《关于国际恐怖主义的全面公约》和《制止核恐怖主义行为的国际公约》，是国际社会的迫切任务。

外长们重申，将致力于进一步加强上海合作组织框架内在中亚及其周边地区打击恐怖主义、极端主义、分裂主义和贩毒的相互协作。外长们赞同上海合作组织与有关国际组织建立联系，参与联合国协调下的国际行动。

外长们重申，上海合作组织成员国支持国际社会为阿富汗战后重建所做的努力，并赞成对阿富汗国家和经济重建实施多边援助。

外长们强调，维护伊拉克领土完整、保障伊拉克人民选举国际承认的合法政府的权力具有现实意义。外长们指出，必须进一步提升联合国在政治解决伊拉克问题方面的作用。

外长们欢迎开始旨在和平解决朝核问题的六方会谈进程。

外长们重申，上海合作组织愿为制定具体有效措施以保障本地区乃至更大范围内的稳定与安全作出自己的贡献，并将在这方面与有关国家和国际组织开展合作。

为逐步发展上海合作组织与其他国家和国际组织的相互关系，外长们责成国家协调员理事会根据《上海合作组织宪章》着手制定相关文件，以建立上海合作组织观察员国和对话伙伴国制度，规范上海合作组织与其他国际组织和国家相互协作的方式。

中华人民共和国外交部部长李肇星、哈萨克斯坦共和国外交部部长托卡耶夫、吉尔吉斯共和国外交部部长艾特马托夫、俄罗斯联邦外交部部长伊万诺夫、塔吉克斯坦共和国外交部部长纳扎罗夫和乌兹别克斯坦共和国外交部部长萨法耶夫与会，会议由乌方主持。

外交部部长李肇星在塔什干应约与美国国务卿鲍威尔通电话就伊拉克问题和朝鲜核问题交换意见

辽宁选手尚世春在秦皇岛举行的全国举重冠军赛女子75公斤级比赛中超过抓举和总成绩世界纪录

尚世春以抓举122.5公斤、挺举150公斤、总成绩272.5公斤的优异成绩获得了该项目3枚金牌，并超过抓举、总成绩两项世界纪录。

9月6日

全国人大常委会委员长吴邦国在东京会见日本五政党领导人

吴邦国于9月5日到6日在东京先后会见了日本社民党党首土井多贺子、公明党代表神崎武法、日共中央委员会主席不破哲三、民主党代表菅直人、保守新党代表熊谷弘。

在会见日本五政党领导人时，吴邦国说，中国新一届领导集体对发展中日友好关系，推动两国各个领域的交流与合作是十分重视的。中日两国在世界上是有重要影响的国家，因此两国的政治家都应当从战略的高度，用长远的眼光，从亚洲和世界形势的大局来看待中日关系。同时，双方应该慎重、妥善处理对方所关切的问题。只有这样，才能有效地推动两国关系健康稳定的发展。

吴邦国说，日本各政党情况各异，但有一个共同点，这就是都重视并致力于中日两国友好事业。《中日和平友好条约》的缔结，与各政党的努力是分不开的。中方对此表示赞赏和感谢，希望日本各政党的朋友为推动中日关系的发展、进一步加强党际关系，继续发挥积极作用。

吴邦国说，中国全国人大与日本国会的关系是中日两国关系的重要组成部分。中方愿与日本国会中各政党的议员加强联系与合作。近几年来，日本各政党年轻政治家访华的人数不断增加，希望保持这一良好势头。

吴邦国还就齐齐哈尔市日本遗留化学毒剂伤人事件表明了中方的立场，希望日本各政党为尽快妥善解决这一问题多做推动工作。

土井多贺子说，过去20多年中，随着日中关系的发展，社民党与中国共产党的交流也在不断深化。日中友好对亚洲和世界极为重要。她说，我们都应铭记已故周总理的话，“前事不忘，后事之师”。

神崎武法说，公明党处于新老交替时期，涌现了不少年轻的政治家，他们已成为推动日中友好事业的重要力量。

不破哲三表示，日共和中共党际关系正常化以来，双方交往发展很快，在形式上和交流的实质内容上都有新的进展。不破表示，日共坚持一个中国政策并认为应当对过去的侵略历史加以反省，坚持正确历史观。

菅直人说，民主党将把日中关系视作最重要的对外关系之一来加以推动。他对在齐齐哈尔日本遗弃化学武器伤人事件中的受害者表示慰问和道歉，认为过去那段不幸历史遗留的危害仍在威胁中国人民的生命安全，表示日方应以负责任的态度妥善解决这一问题。

熊谷弘说，日本保守新党虽然是一个成立不久的小党，但保守新党的成员都热心于发展日中友好关系，同时愿加强与中国共产党的党际关系。

全国人大常委会委员长吴邦国在东京会见日本前首相亚太议会论坛主席中曾根康弘

吴邦国说，中曾根先生几十年来致力于发展对华友好关系，对此我们表示赞赏和感谢。他说，亚太议会论坛是一个有影响的地区性议会组织，在中曾根先生主持下，做了大量有意义的工作。中国全国人大对有机会担任论坛第十二届年会东道主感到高兴。会议筹备工作已经启动，进展顺利。我们期待着各成员国代表围绕国际政治、安全、经济和地区合作等议题广泛交换意见，增进了解，扩大共识。我们愿与中曾根先生密切配合，把会议开好。

吴邦国还接见了中国驻日使馆工作人员、中资机构、华侨华人和留学生代表，并即席发表了热情洋溢的讲话。

全国人大常委会委员长吴邦国在东京出席以日本前首相桥本龙太郎为会长的“发展日中关系议员之会”举行的早餐会

吴邦国对时隔一个月再次与桥本会见并结识野中广务、古贺诚、二阶俊博、中川秀直等日本朋友感到十分高兴。吴邦国积极评价“发展日中关系议员之会”为推动中日关系所做的贡献。他说，我们高兴地看到，日本朝野各党在发展对华关系方面有广泛共识，中国全国人大愿与“发展日中关系议员之会”的朋友加强联系，发展友谊。

桥本说，吴邦国委员长访日非常成功，给日本政界、经济界和广大国民留下深刻印象。在今后的岁月里，“发展日中关系议员之会”愿与中国全国人大建立经常性的联系，为进一步加强日中全面合作继续作出努力。

国家副主席曾庆红在人民大会堂会见香港“民建联”访京团

曾庆红说，“民建联”始终高举爱国爱港的旗帜，坚持“一国两制”方针和基本法，致力维护香港社会的整体利益和广大市民的合法权益，为香港的顺利回归和繁荣稳定，为促进香港与内地的交流与合作，作出了重要贡献。

曾庆红指出，香港回归祖国6年多来，“一国两制”方针成功地付诸实践，并日益深入人心。中央政府将继续毫不动摇地贯彻执行“一国两制”、“港人治港”、高度自治的方针和基本法，始终相信和依靠广大爱国爱港的香港同胞，坚定地支持以董建华先生为首的香港特别行政区政府依法施政，并充分发挥社会主义祖国作为香港坚强后盾的作用。无论是当前还是今后，中央政府都会全力支持和帮助香港恢复和发展经济。

会见中，“民建联”向曾庆红反映了香港经济和民生方面的一些问题，并表示，已向行政长官董建华建议，希望特区政府在加强粤港合作的同时，进一步加强沪港经贸合作，董建华对此十分赞同。曾庆红对这一建设性意见给予充分肯定，表示将责成有关部门和上海市政府认真研究这一建议，并作出积极回应。他希望“民建联”继续高举爱国爱港旗帜，进一步加强自身团结，同时最广泛、最充分地团结一切可以团结的力量，为香港民众多办一些实事、好事。

全国发达县域经济发展研讨会在杭州举行

来自全国经济发达的百强县(市、区)的代表、国内知名学者专家和有关党政部门负责人9月6日至7日聚会杭州市萧山区，探讨县域经济在全面建设小康社会中的作用，共商发展壮大县域经济的途径。

全国人大常委会副委员长蒋正华在会上讲话，阐述“推进城市化与县域经济发展的对策”。中央财经领导小组办公室、国家统计局有关领导分别围绕“壮大县域经济，全面建设小康社会”作了主题发言。顺德、江阴、萧山、绍兴等8位“全国市县区十强”负责人在大会上交流了发展县域经济的经验。

与会代表经过热烈的讨论和实地参观考察形成共识：统筹城乡经济社会发展和发展壮大县域经济，是十六大提出的农业农村工作中的重要任务。县域经济发展在全面建设小康社会进程中具有重要作用；注重培育产业支柱、重视发展民营经济、要素市场高度开放、城乡发展比较协调，是全国百强县(市、区)发展的4条共性经验。

本次研讨会由国家统计局农村社会经济调查总队、国务院发展研究中心农村部主办，杭州市萧山区委、区政府承办。

国务院三峡办在《人民日报》发表文章《三峡工程十年建设的实践》

上海合作组织成员国经贸部长第二次会晤在乔尔蓬阿塔结束

会议通过《上海合作组织成员国经贸部长第二次

会晤决议》后结束,各成员国一致表示将努力消除贸易壁垒,深化经济合作,谋求共同发展。

来自中国、俄罗斯、哈萨克斯坦、吉尔吉斯斯坦、乌兹别克斯坦和塔吉克斯坦6国的经贸部长或副部长出席了此次为期两天的会议。吉尔吉斯斯坦副总理曼别托夫在开幕式上指出,上海合作组织各成员国所处的欧亚大陆是全球经济发展最强劲的地区,各成员国都具有极大的发展潜力。他希望各国进一步改善投资环境,完善相关法规,发展以交通、能源和加工业为重点的区域经济合作。

中国商务部副部长张志刚在会议上表示,上海合作组织经过两年多的发展,已经进入全面务实合作的阶段,中吉两国已经是世贸组织成员,其他4国也在积极加入世贸,建立自由贸易区是深化本区域经济合作、适应世界区域经济发展的必然选择。他说,目前各成员国在海关程序、商务流动等方面存在的壁垒阻碍了成员国间贸易规模的扩大。中方建议,优先启动能源、交通以及与人民生活密切相关并能创造就业机会的经济项目;在能源领域充分开发区域内的消费市场,规划设计对各成员国有利的能源运输线路,合作开发油气资源。

会晤期间,俄、哈、吉、塔、乌5国对中国提出的上海合作组织全方位经贸合作纲领草案表示赞同,决定采取措施,改善投资环境,推动各成员国间的贸易往来。各方还就提高政策和法律透明度、简化海关手续等具体问题达成了广泛共识。

上海合作组织成员国经贸部长会晤每年举行一次,首次会晤于2002年5月在上海举行。

吉尔吉斯斯坦领导人在比什凯克会见外交部部长李肇星

吉尔吉斯斯坦总理塔纳耶夫、议会立法会议主席艾尔克巴耶夫和人民代表会议主席博鲁巴耶夫会见了正在访吉的中国外交部部长李肇星。

当天,李肇星还和吉外长埃特玛托夫举行了会谈。双方就深化和扩大两国政治、经贸、文化、司法、领事等领域的合作进行了探讨并达成共识。

巴基斯坦总统兼陆军参谋长穆沙拉夫在拉瓦尔品第会见中国人民解放军总参谋长梁光烈上将

梁光烈一行是应巴基斯坦武装部队参谋长联合委员会主席阿齐兹·汗上将的邀请,于9月4日抵达巴商业和金融中心卡拉奇,开始对巴进行为期4天的访问。

国产汽车智能导航系统在深圳问世

我国在汽车智能导航方面的研发取得重大突破,拥有我国全自主知识产权和地图独家使用权的汽车智能导航系统——麦士威汽车智能导航系统在深圳首次公开亮相。该系统集GPS定位、电子地图语音导航、车载电脑等于一体,可适用于各种主流车型。

第七届全国少数民族传统体育运动会在银川开幕

参加运动会的有来自全国各省、自治区、直辖市55个少数民族的运动员和包括汉族在内的教练员、裁判员、工作人员、观摩人员,少数民族体育先进地区、单位的代表近万人,参加人数为历届少数民族运动会之最。

20时整,第七届全国民运会开幕式正式开始。中共中央政治局委员、国务院副总理、第七届民族运动会组委会名誉主席回良玉宣布运动会开幕。

回良玉在开幕式之前会见了参加盛会的各族运动员代表。他希望广大运动员赛出风格,赛出水平,充分展示各民族的文化和风采。他祝愿运动会圆满成功,并以此为契机,推动体育事业发展和民族团结进步。

出席开幕式的还有全国政协副主席白立忱、阿不来提·阿不都热西提,国务院有关部委、宁夏回族自治区和其他省、自治区、直辖市负责人。第七届民族运动会组委会副主席、宁夏回族自治区副主席刘仲主持了开幕式。

中国选手徐囡囡在澳大利亚布勒山进行的世界杯自由式滑雪空中技巧系列赛首站比赛中夺得冠军

中国残联第三届主席团第三次全体会议在北京举行

来自全国各地的229名主席团委员出席了大会。

会议听取了关于第四次全国代表大会筹备工作的汇报,审议了第三届主席团准备向代表大会提交的报告、《中国残疾人联合会章程(修正案)》,通过了有关事项。

会议认为,经过充分准备,召开第四次全国代表大会的条件已经成熟。会议决定:2003年9月8日至10日在北京召开中国残疾人联合会第四次全国代表大会,提请代表大会审议主席团报告和《中国残疾人联合会章程(修正案)》;提请代表大会预备会议审议通过中国残联第四次全国代表大会执行委员会建议名单、代表资格审查小组建议名单。

会议由第三届主席团主席邓朴方同志主持。有关同志列席了会议。

9月7日

中共中央政治局常委罗干启程赴欧亚四国进行友好访问

罗干是应冰岛政府、芬兰政府、亚美尼亚总理兼亚美尼亚共和党主席马尔加良、摩尔多瓦共和国总统兼摩尔多瓦共产党人党主席沃罗宁的邀请，前往上述四国进行友好访问的。

吉尔吉斯斯坦总统阿卡耶夫在比什凯克会见外交部部长李肇星

吉尔吉斯共和国外交部部长艾特马托夫和中国外交部部长李肇星在比什凯克签署联合新闻公报

公报主要内容如下：

应吉尔吉斯共和国外交部部长艾特马托夫的邀请，中华人民共和国外交部部长李肇星于2003年9月6日至7日对吉尔吉斯共和国进行了正式访问。双方发表了联合新闻公报。

双方重申，《中华人民共和国和吉尔吉斯共和国睦邻友好合作条约》对巩固两国人民世代友好、促进两国关系长期稳定发展具有重要意义。双方决心认真落实条约内容，并讨论了制定和通过长期合作纲要的可能性。

双方满意地指出，中吉边界问题的彻底解决对两国关系发展意义重大。双方将采取切实措施，确保按时完成两国边界勘界工作，使边界成为永久和平与友好的纽带。

双方一致认为，加强经贸合作有利于推动双边关系全面发展。双方将巩固两国经贸合作的积极势头，为促进双边贸易稳步增长、扩大相互投资、加强在能源、交通、科技、信息等领域的合作创造必要条件。

吉方重申，世界上只有一个中国，中华人民共和国政府是代表全中国的唯一合法政府，台湾是中国领土不可分割的一部分。

双方一致认为，扩大人员往来、不断深化两国各领域合作是双方的共同愿望，符合两国人民的根本利益。双方强调，为两国人员往来和经贸合作创造良好条件和安全环境是双方的共同职责和义务。为此，双方将采取有效措施，切实保障两国公民在对方国家的人身和财产安全。

双方指出，恐怖主义、分裂主义、极端主义仍是本地区安全与稳定的主要威胁。中吉将根据《打击恐怖主义、分裂主义、极端主义上海公约》和《中华人民共和国和吉尔吉斯共和国关于打击恐怖主义、分裂主义、极端主义的合作协定》的规定，加强两国有关部门的协调与合作，并在上海合作组织框架内继续采取有力措施，共同打击包括“东突”恐怖势力在内的一切形式的恐怖主义，以维护两国及本地区的和平与安宁。双方认为，打击“东突”恐怖势力是国际反恐斗争的重要组成部分。

国台办新闻发言人就“台独”势力举行所谓“台湾正名”游行发表谈话

发言人说：9月6日，在台湾当局支持下，“台独”分裂势力策划在台北举行了所谓“台湾正名”游行。这是近年来“台独”分裂势力进行“渐进式台独”活动的步骤之一。李登辉等“台独”分子提出的所谓“台湾正名”，旨在图谋把台湾从中国分割出去，违反求和平、求安定、求发展的台湾主流民意，严重破坏两岸关系，违背台湾人民的根本利益。分裂不得人心，“台独”没有出路。我们相信，广大台湾同胞会明辨是非，反对一切形式的“台独”分裂活动。中国最终走向完全统一的历史步伐，是任何力量也阻挡不了的。

中央军委颁发《实施军队人才战略工程规划》

《实施军队人才战略工程规划》(以下简称《规划》)在客观分析我军建设面临的形势和任务的基础上，强调军队人才建设要以邓小平理论和“三个代表”重要思想为指导，着眼履行打得赢、不变质的历史使命和完成机械化、信息化建设的双重历史任务，为军队现代化建设和军事斗争准备提供强大的人才和智力支持。

《规划》着眼建设信息化军队，打赢信息化战争的需要，对我军未来一二十年人才建设应达到的数量规模、知识结构、复合素质等提出了相应的目标要求，并紧紧围绕建设高素质的指挥军官队伍、参谋队伍、科学家队伍、技术专家队伍和士官队伍，突出培养人才、提高素质这个核心，按照各支队伍的特点进行了分类设计，并提出了具体的对策和措施。为确保各项目标落到实处，《规划》提出实施人才战略工程分两步走：第一步，2010年前主要是打好基础、理顺关系，力争使人才队伍状况明显改观；第二步，2020年前主要是加快发展、整体推进，实现人才建设大的进步。《规划》还对实施人才战略工程的组织领导提出了要求。

该《规划》是中央军委根据世界军事变革发展趋势作出的科学决策，是我军的第一个人才建设宏观发展规划。

全国民族体育先进集体和个人表彰大会在银川召开

第七届全国少数民族传统体育运动会各代表团的

代表和全国民族体育先进集体、先进个人出席大会。北京市宣武区民族宗教办公室等49个单位被授予全国民族体育先进集体称号，内蒙古自治区兴安盟科尔沁右翼中旗文化体育广播电视局副局长于庆和(蒙古族)等35人被授予"全国民族体育先进个人"称号。

这次受表彰的先进集体和个人是各省、市、自治区、新疆生产建设兵团、解放军等有关单位评选出来的。

国务院残疾人工作协调委员会关于表彰全国自强模范暨扶残助残先进集体和个人的决定

1997年第二次全国自强与助残表彰大会以来，在党中央、国务院亲切关怀和各级党委、政府及社会各界的大力支持下，自强与助残活动在全国更加广泛、深入地开展，各行各业涌现出一大批残疾人自强模范和扶残助残先进集体、个人。这些自强模范热爱祖国、珍爱人生，自强不息、顽强拼搏，克服常人难以想象的困难，创造了可歌可泣的业绩；扶残助残先进集体和个人以高尚的道德情操，发扬团结友爱、助人为乐、扶弱济困的中华民族传统美德，为残疾人排忧解难，为我国残疾人事业的发展和精神文明建设作出了突出的贡献。

为贯彻党的十六大精神，大力表彰和宣传全国自强模范和扶残助残先进典型，激励残疾人自尊、自信、自强、自立，弘扬人道主义和爱国主义精神，倡导扶残助残的良好社会风尚，鼓励残疾人工作者敬业、奉献，推动社会主义精神文明建设和残疾人事业健康持续发展，国务院残疾人工作协调委员会决定：对王树明等123名"全国自强模范"、东北师范大学红烛志愿者协会等80个"全国扶残助残先进集体"、王书臣等78名"全国扶残助残先进个人"、北京市海淀区海淀街道友谊社区残疾人协会等79个"残疾人之家"、魏克俊等45名"全国残联系统先进工作者"予以表彰。根据国家有关规定，人事部、中国残疾人联合会将另行作出决定，授予123名"全国自强模范"和45名"全国残联系统先进工作者"荣誉称号。

希望受到表彰的自强模范、扶残助残先进集体和先进个人，谦虚谨慎，再接再厉，创造新的更大的成绩。国务院残疾人工作协调委员会号召，全国广大残疾人、残疾人工作者和社会各界，以受表彰的先进集体和先进人物为榜样，弘扬自强不息的民族精神，发扬平等友爱、关心他人、团结互助的优良传统，紧密地团结在以胡锦涛同志为总书记的党中央周围，高举邓小平理论伟大旗帜，认真实践"三个代表"重要思想，为实现党的十六大提出的宏伟目标，与全国人民一道共奔小康而努力奋斗。

第三次全国自强模范暨扶残助残先进集体和个人表彰大会在北京举行

大会由国务院残疾人工作协调委员会、中宣部、人事部、解放军总政治部和中国残联共同召开。中共中央政治局委员、国务院副总理、国务院残疾人工作协调委员会主任回良玉出席会议并讲话。国务院残疾人工作协调委员会副主任、中国残联主席邓朴方宣布表彰大会开幕。

会上首先宣读了中共中央总书记、国家主席胡锦涛为反映这次表彰的自强模范和助残先进事迹的《自强之歌》(2003年卷)所作的题为《发展残疾人事业共同创造幸福生活》的序言。胡锦涛在序言中深刻阐述了新时期残疾人事业的重要性，高度评价了自强模范和助残先进的优秀品质和模范行动，对发展残疾人事业提出殷切希望。

会上，有关部门介绍了全国开展"自强与助残"活动的情况。国务院残疾人工作协调委员会、人事部等有关部门负责人宣布了表彰决定。授予王树明等123名残疾人"全国自强模范"称号，表彰东北师范大学红烛志愿者协会等80个"全国扶残助残先进集体"、王书臣等78名"全国扶残助残先进个人"、北京市海淀区海淀街道友谊社区残疾人协会等79个"残疾人之家"和魏克俊等45名"全国残联系统先进工作者"。大会还向受表彰的自强模范和助残先进的代表颁发了奖牌、证书。

表彰大会上，"全国自强模范"代表王树明、郃丽华、李端先后发言，介绍了他们顽强拼搏，热爱祖国，为社会作出突出贡献的感人事迹；助残先进个人代表刘丹青讲述了她关心他人，为残疾人送上温暖的动人故事。

参加大会的还有中央和国家机关有关部门，各民主党派，各人民团体，各省、自治区、直辖市人民政府负责人以及自强模范和助残先进、中国残联四代会代表共1300多人。

9月8日

胡锦涛 江泽民 吴邦国 温家宝联名致电热烈祝贺朝鲜民主主义人民共和国国庆55周年

国家主席胡锦涛在人民大会堂会见美国前总统吉米·卡特和夫人

胡锦涛对卡特长期以来为中美关系的建立和发展，为增进中美两国人民的相互了解和友谊所作出的贡献表示赞赏。

胡锦涛重申了中国在台湾问题上的原则立场。希望美方信守承诺,恪守中美三个联合公报,妥善处理台湾问题,不向“台独”势力发出错误的信号,为中国的和平统一发挥建设性作用。

卡特表示,很高兴有机会再次访华并同胡锦涛主席结识。他一直努力推动美中两国关系的发展,当选总统后作出了实现两国关系正常化的决定,这是他任职期间最感欣慰的决定。

卡特回顾了1979年他同邓小平历史性的会晤,以及后来观摩中国村民委员会成功进行选举的经历。他还介绍了卡特中心在许多国家开展的工作。

全国人大常委会委员长吴邦国在名古屋出席由日本中日新闻社等机构举办的演讲会

吴邦国在会上发表了题为《中国的发展与中日关系》的演讲。演讲受到与会者热烈欢迎和高度评价。

日本中部地区政治、经济、金融、文化等各界人士500多人出席演讲会。演讲结束后,吴邦国回答了与会者的提问。中日新闻社是日本最具影响力的新闻机构之一,曾多次主办演讲会,邀请世界各国领导人以及经济、文化等各界知名人士发表演讲。

当日下午,吴邦国还参观了丰田汽车公司。

全国人大常委会委员长吴邦国访日期间在名古屋发表题为《中国的发展与中日关系》的演讲

各位来宾、朋友们:

应贵国国会参众两院议长的邀请,我对日本进行正式友好访问。今天有机会同中部地区各界知名人士见面,我感到十分高兴。我要特别感谢中日新闻社等机构为此作出的安排。

今年是《中日和平友好条约》缔结25周年,是一个继往开来的重要年头。通过与贵国国会、政府和主要政党领导人以及其他各界人士广泛接触,深入交谈,我切身感受到日本朝野发展对华关系的热情,中日双方都对中日关系的前景充满信心。

朋友们:

中国的发展日益受到世界各国的关注,因为这不仅关系到中国人民自身的根本利益,而且对世界的和平与发展事业具有重要影响。

中国改革开放20多年来,在以邓小平为核心的第二代中央领导集体和以江泽民为核心的第三代中央领导集体的坚强领导下,取得了世人瞩目的建设成就,综合国力显著增强,人民生活总体达到小康水平,实现了发展的历史性跨越。

去年11月召开的中国共产党第十六次全国代表大会组成了以胡锦涛为总书记的新一届中央领导集体,确立了全面建设小康社会的奋斗目标,力争到2020年实现国内生产总值比2000年翻两番,按现在人民币对美元的汇率估算,将达到4万多亿美元。到那时,中国经济更加发展、民主更加健全、科教更加进步、文化更加繁荣、社会更加和谐、人民生活更加殷实。为此,中国人民将在中国共产党的领导下,坚持以邓小平理论和“三个代表”重要思想为指导,聚精会神搞建设,一心一意谋发展,努力促进物质文明、政治文明和精神文明的协调发展。

当然,我们也清醒地认识到,中国仍然是一个发展中国家,人口多、底子薄,发展很不平衡,人民生活远不富裕,在前进的道路上还会遇到许多困难和风险,但中国人民对建设中国特色社会主义始终充满信心,相信通过长期的艰苦奋斗,一定能够创造更加幸福的生活和更加美好的未来。

朋友们:

中国的发展需要和平的国际和周边环境。没有和平,就不可能有发展,更不可能有繁荣,甚至连起码的生存都无从谈起。这是中国人民从长期的苦难经历和迄今的发展中获得的深刻启示。我们谋求和平,主张建立公正、合理的国际政治经济新秩序。中国将始终不渝地奉行独立自主的和平外交政策,在和平共处五项原则的基础上同世界各国发展友好合作。我们多次向全世界人民承诺,中国现在不会去威胁别人,即使将来发展起来,也永远不称霸,永远不扩张,永远做维护地区与世界和平的坚定力量。

中国的发展是中国人民之福,也是世界和亚洲人民之福。中国众多高素质的劳动力资源和潜力巨大的市场,为世界各国企业投资创业提供了理想的场所。中国加入世贸组织和推进西部大开发战略,为世界经济发展和全球经济调整提供了重要机遇。中国市场容量的持续扩大,也将大量吸纳来自世界各国的商品。

我们赞赏小泉首相对发展中的中国的看法。他强调中国的发展对日本不是威胁,而是机遇,应以双赢的思想开展日中合作。我们高兴地看到,小泉首相的这一看法已经成为日本朝野各界的共识。

日本作为中国的近邻和最大经贸合作伙伴,在开展对华合作方面具有得天独厚的优越条件,也积累了丰富的经验。我们热忱欢迎日本以更加积极的态度参与中国的发展,推动中日合作不断向更高层次、更广领域迈进。

朋友们:

中日两国人民都是勤劳智慧的人民,在绵延两千多年的交往中相互学习,相互促进,共同进步,建立了深厚的传统友谊。尽管两国间曾有过一段不幸的历史,但两国人民的友好交往从未间断。

1972年,经过双方共同努力,发表了《中日联合声明》,在和平共处五项原则基础上,实现了邦交正常化,开创了两国关系发展的新时代。1978年,我们两国又缔结了《中日和平友好条约》,进一步从法律上巩固了两国关系的政治基础。1998年,双方发表了《中日联合宣言》,提出建立两国致力于和平与发展的友好合作伙伴关系,为新世纪两国关系发展明确了方向。30多年来,我们两国在三个政治文件指引下,顺应两国人民的共同愿望和时代发展潮流,推动两国友好合作关系取得了前所未有的巨大发展。

——两国政治交往和政府间交流与合作日趋密切,相互理解和信任逐步加深。

——经济合作不断扩大,双边贸易额去年已经突破1000亿美元,日对华投资实际到位资金累计达391亿美元,相互依存进一步加深。

——民间交流空前活跃,去年人员往来高达368万人次,友好城市达220对。

——两国在国际和地区事务中的协调与合作进一步加强。

中日关系能有今天这样的局面,凝聚着两国新老几代领导人和两国各界有识之士的艰辛努力,成果来之不易,需要倍加珍惜,使之发扬光大。

朋友们:

中日两国是相邻之邦。紧密的地缘联系,悠久的历史渊源,牵动着我们的思想感情;日新月异的现代科技,缩短着我们的时空距离;日趋密切的互利合作,巩固着我们的利益纽带。

中日关系正在迎来新的发展时期。我们两国作为亚洲和世界上具有重要影响的国家,在维护和平、促进发展方面肩负着更加重要的责任,相互需要日益上升,共同利益不断增多,合作领域明显扩大。

中国人民愿与日本人民一道,共同秉承传统友好,在两国关系现有发展成果的基础上,更加积极地推进两国各领域友好交流与合作,使我们两国永远做好邻居、好伙伴,携手共创两国关系更加美好的未来,为亚洲和世界的和平与发展作出应有的贡献。

为实现这一目标,我认为,双方需要重点做好以下三方面的工作:

一是保持高层对话,增进政治互信。两国政治家应站在全局和战略的高度,将两国关系放在地区和全球的大框架内来审视和把握,弘扬传统友好,推动各层次的交往,增进了解和信任,拓展和深化双边合作,加强在国际和地区事务中的协调与配合,共同为亚洲和世界的和平与发展做贡献。

二是积极推进经贸合作和人员交往。中日经贸合作虽已达相当规模,合作的领域也在不断扩大,但中日经贸合作的潜力巨大。中日两国经济有很强的互补性。日本雄厚的资本、技术实力,无疑将继续对中国现代化建设发挥积极的促进作用。中国优秀丰富的劳动力、日益扩大的市场和不断改善的投资环境,也可使日本充分受益。中日经贸合作将进一步促进两国的经济结构调整和产业升级。两国经贸关系将长期呈现合作大于竞争的总体态势,合作前景广阔。

三是慎重处理对方关切的问题。恪守《中日联合声明》《中日和平友好条约》和《中日联合宣言》三个政治文件的原则,坚持以史为鉴、面向未来,妥善处理历史和台湾等各种问题,排除干扰,维护大局。这样,我们两国关系就能始终沿着和平、友好、合作的正确方向前进。

中部地区是日本最重要的工业基地之一,也是中国人民熟悉的地方。这里聚集着众多国际知名的大企业,有许许多多热心中日友好的著名人士。长期以来,中部地区各界关心中国和中国的发展,积极致力于中日友好交流与互利合作,为推动两国关系的发展作出了不懈努力和宝贵贡献,我谨向你们表示衷心的感谢。让我们携起手来共同推动中日友好关系的发展,共同谱写中日关系美好的新篇章。

谢谢各位。

国务院总理温家宝在人民大会堂与乌干达总理恩西班比举行会谈

会谈中,双方重点就两国经贸关系和即将召开的中非合作论坛会议交换了意见。

恩西班比还简要介绍了乌国内情况,他说,多年来,乌政府在改善和提高乌人民生活水平的过程中得到了中国的慷慨帮助。乌希望进一步加强乌中经贸关系,特别是在农业、卫生、能源、贸易和投资等领域开展更为密切的合作。恩西班比还表示高度重视中非论坛,乌政府将积极参与在埃塞俄比亚举行的第二届部长级会议。

会谈结束后,中乌总理共同出席了两国政府经济技术合作协定的签字仪式。

中国残联第四次全国代表大会在人民大会堂开幕

胡锦涛、温家宝、曾庆红、黄菊、吴官正、李长春等党和国家领导人到会祝贺。

中国残联主席邓朴方宣布大会开幕。

在热烈的掌声中,中共中央政治局常委、国务院副总理黄菊代表党中央、国务院发表了题为《积极投身全面建设小康社会的伟大实践 努力创造幸福生活和美好未来》的祝词。

共青团中央书记处第一书记周强代表中华全国总工会、中国共产主义青年团、中华全国妇女联合会、中国文学艺术界联合会、中国科学技术协会、中华全国归国华侨联合会、中华全国台湾同胞联谊会、中华全国工商业联合会、中国红十字会,向大会致贺词。

大会还宣读了联合国秘书长安南和残疾人国际组织等致大会的贺信。

中国残联主席邓朴方代表第三届主席团向大会作了题为《努力实践“三个代表”重要思想 团结动员广大残疾人为全面建设小康社会而奋斗》的工作报告。

到会祝贺的领导同志还有:回良玉、刘淇、贺国强、王刚、何勇、盛华仁、华建敏、王忠禹、陈奎元等。

出席开幕式的有:中央和国家机关各部委、各人民团体、解放军和武警部队的负责同志,各民主党派、全国工商联负责人,各省、自治区、直辖市人民政府的负责同志,香港特别行政区和澳门特别行政区特邀嘉宾,以及联合国驻华机构、联合国亚太经社会、残疾人国际组织的代表等。

中共中央政治局常委黄菊在中国残联第四次全国代表大会上发表题为《积极投身全面建设小康社会的伟大实践 努力创造幸福生活和美好未来》的祝词

同志们:

中国残疾人联合会第四次全国代表大会今天隆重开幕了。这次大会是在全党全国人民按照胡锦涛同志“七一”重要讲话的要求,广泛兴起学习贯彻“三个代表”重要思想新高潮,全面落实党的十六大提出的各项任务的新形势下召开的。开好这次大会,对于进一步团结动员广大残疾人满怀信心地投身全面建设小康社会的伟大实践,自强不息,奋发进取,努力创造幸福生活和美好未来,具有十分重要的意义。

我受党中央、国务院委托,向中国残联第四次全国代表大会的胜利召开,表示热烈的祝贺!向全国广大残疾人及其亲属和残疾人工作者,致以诚挚的问候!

中国残疾人联合会第三次全国代表大会以来,伴随着我国改革开放和社会主义现代化建设的前进步伐,我国残疾人事业取得了新的显著成就。党和政府高度重视和关心残疾人,把发展残疾人事业作为中国特色社会主义事业的重要组成部分,不断完善有关政策法规,切实维护残疾人的合法权益,在全社会大力倡导扶残助残的良好风尚,充分发挥广大残疾人的积极性、主动性和创造性。全国各级残疾人组织和广大残疾人工作者积极发挥桥梁纽带和协调组织作用,满腔热情地为残疾人排忧解难,为推动残疾人事业的发展做了大量卓有成效的工作。广大残疾人身残志坚、迎难而上,大力发扬自尊、自信、自强、自立精神,在改革开放和现代化建设的火热实践中辛勤劳动、顽强拼搏,不仅为经济社会发展作出了积极贡献,而且实现了自己壮丽的人生理想和人生价值。我国广大残疾人所表现出来的顽强精神和美好情操,是我们伟大民族精神的真实写照。在党和政府的全面关怀和全社会的热情帮助下,我国广大残疾人的生活质量不断提高,参与社会生活的环境和条件不断改善。我国残疾人事业发展取得的成就,充分体现了我国社会主义制度的巨大优越性和对残疾人工作各项方针政策的正确性,生动反映了党和政府对社会发展和人权保障的高度重视。党的十六大提出,要在本世纪头20年全面建设惠及十几亿人口的更高水平的小康社会。实现这一奋斗目标,就是要使经济更加发展、民主更加健全、科教更加进步、文化更加繁荣、社会更加和谐、人民生活更加殷实,就是要在经济发展的基础上,促进社会主义物质文明、政治文明和精神文明协调发展,不断实现社会全面进步和人的全面发展。江泽民同志指出:“残疾人这个社会最困难群体的解放,是人类文明发展和社会进步的一个重要标志。”残疾人事业是全面建设小康社会伟大事业的一个重要方面。全面建设小康社会,必将为我国残疾人事业的发展打开更加广阔的天地,创造更加有利的条件。在新世纪、新阶段,我们一定要坚持以邓小平理论和“三个代表”重要思想为指导,认真贯彻党的十六大精神,充分调动广大残疾人和社会各方面的积极性,在推动经济社会协调发展的过程中,进一步开创我国社会主义残疾人事业的新局面。

我国广大残疾人是建设中国特色社会主义事业的一支重要力量。广大残疾人有为祖国、为民族、为人民建功立业的崇高理想,有实现自己人生价值的强烈愿望,有参与社会生活的迫切要求,也有为社会创造物质和精神财富的智慧和能力。希望我国广大残疾人,大力发扬勤劳勇敢、自强不息的精神,热爱祖国、热爱生活,不为困难所吓倒,不为挫折所屈服,敢于在逆境中奋起,勇于在奋斗中成长,努力开拓人生的新境界;大力发扬勤奋学习、不断进取的精神,刻苦学习马克思列宁主义、毛泽东思想、邓小平理论和“三个代表”重要思想,不断培育爱国主义、集体主义、社会主义的思想,刻苦学习科学文化知识和劳动技能,全面提高自身素质,不断增强创造新生活的本领;大力发扬主动参与、积极奉献的精神,充分挖掘自身的潜能,主动发挥自身的特长,积极参与全面建设小康社会的伟大实践,努力为社会贡献力量,为人生增添光彩。

残疾人组织是党和政府联系残疾人的重要桥梁和纽带,担负着光荣而神圣的任务。各级残疾人组织都要紧紧围绕全党全国工作的大局,围绕实现全面建设小康社会的宏伟目标,团结带领广大残疾人积极投身改革开放和现代化建设的伟大实践;要把全心全意为残疾人服务作为一切工作的出发点和落脚点,扎扎实实地为残疾人谋利益、办好事,依法维护残疾人的权益,真正成为"残疾人之家";要进一步加强和改进自身建设,继续发扬优良传统,始终坚持与时俱进,创造性地开展工作,切实增强吸引力和凝聚力。广大残疾人工作者要进一步增强使命感和责任感,发扬人道主义精神,不断改进工作作风,兢兢业业做好各项工作,全心全意为残疾人服务,努力成为党的理论路线和方针政策的坚定贯彻者,成为广大残疾人的真正贴心人。

胡锦涛同志指出:"残疾人事业是崇高的事业,是中国特色社会主义事业的重要组成部分。"发展残疾人事业,是我们党和政府义不容辞的职责。各级党委和政府一定要从坚持立党为公、执政为民的高度,从维护改革发展稳定大局的高度,充分认识发展残疾人事业的重大意义,进一步加强对残疾人工作的领导,倾听残疾人的心声,反映残疾人的愿望,认真研究和解决残疾人工作中的重大问题。残疾人是一个特殊困难的社会群体,也是一个最需要关心和帮助的社会群体。要针对残疾人的特殊需要,制定特殊的扶助政策,切实帮助解决残疾人在康复、就学、就业、社会保障等方面遇到的困难和问题,让广大残疾人不断享受到改革开放和现代化建设的成果。要严格执行有关法律、法规,依法打击侵犯残疾人权益的各种违法犯罪行为,切实尊重残疾人的公民权利和人格尊严,坚定不移地维护残疾人的合法权益。要在全社会大力弘扬中华民族扶残助残、团结友爱的美好品德,进一步形成平等友爱的人际关系和团结互助的社会环境,广泛动员社会各方面力量支持残疾人事业发展,努力在全社会形成关心、爱护和帮助残疾人的良好风尚,使广大残疾人切实感受到社会主义社会的温暖。

同志们,全面建设小康社会的伟大进程,开辟了我们伟大祖国发展进步无比美好的前景,也必将为我国广大残疾人带来更加美好的未来。让我们紧密团结在以胡锦涛同志为总书记的党中央周围,高举邓小平理论伟大旗帜,全面贯彻"三个代表"重要思想和党的十六大精神,团结一心,开拓进取,为全面建设小康社会、开创中国特色社会主义事业新局面而不懈奋斗!

中国残联主席邓朴方代表中国残联第三届主席团向中国残联第四次全国代表大会作报告

报告分为四个部分:五年工作的回顾;本世纪头20年残疾人事业的奋斗目标;抓住机遇,加快发展,开创残疾人事业新局面;加强和改进自身建设,肩负起历史使命。

邓朴方在报告时中说,我国残疾人生活质量进一步提高,残疾人参与社会生活的环境大为改善,残疾人自身素质明显提高,在国际残疾人事务中的影响日益扩大。过去的五年,我国残疾人事业取得举世瞩目的成绩。

邓朴方说,白内障复明、精神病防治和听力助残、普及型假肢等康复工作效果尤为显著。盲、聋、智残儿童少年义务教育入学率大幅度提高,职业教育进一步发展,从学前教育到高等教育的特殊教育链初步形成。残疾人就业渠道不断拓宽,就业服务日趋完善。普遍进行的扶贫开发和残疾人专项扶贫,扶持近千万贫困残疾人解决了温饱。通过实施最低生活保障,采取救济、补助、供养等措施,499万名特困残疾人解决了基本生活问题。

社会对残疾人的认识发生深刻变化,现代文明社会的残疾人观日益深入人心。教育、卫生、民政、劳动保障、司法、文化、体育等社会管理部门和公共服务机构更加重视残疾人的需求,为残疾人创造平等、参与、共享的条件。社会各界广泛开展形式多样的助残活动,为残疾人生活、医疗、就学、就业解决了许多实际困难。城市道路、建筑物和信息无障碍建设发展迅速,为残疾人走出家门、参与社会生活、享受公共服务提供了便利,拓展了空间。公共媒体积极宣传残疾人事业,营造文明进步的舆论环境。全社会依法维护残疾人权益的观念不断增强,发展残疾人事业的法制环境进一步完善。

广大残疾人热爱祖国,乐观进取,自强不息,顽强拼搏,不断提高思想道德和科学文化素质,参与社会的能力不断增强,为改革开放和社会主义现代化建设作出了应有的贡献。越来越多的残疾人自食其力,其中一部分人勤劳致富。各行各业的英模群体中都有残疾人的杰出代表。一些优秀残疾人进入各级人大、政协,参政议政,建言献策。展示残疾人意志与才华的特殊艺术享誉海内外。残疾人运动员在重大国际赛事中为祖国赢得荣誉。更多的残疾人走上各级残联领导岗位,专门协会工作更加活跃,残疾人在残疾人组织中的主人翁地位和主体作用得到加强。

我国政府和残疾人组织积极参与、推进国际残疾人事务。残疾人事业取得的成就受到国际社会的广泛赞誉,为树立我国重视社会发展和人权保障的良好形象作出了贡献。

邓朴方认为,中国残联成立15年来,不断加深对残疾人事业的认识,积极探索中国特色残疾人事业发展道路,积累了十分宝贵的经验。15年来,我国的残疾人事业由小到大,从单一的收养救济型发展为以"平等·参与·共享"为目标的综合性社会事业,残疾人由受助者成为参与者,生活状况发生深刻变化。

邓朴方说，这些经验概括起来主要有：大力弘扬人道主义思想，树立现代文明社会残疾人观，尊重残疾人的尊严和权利，倡导和谐友爱、团结互助的人际关系；建立、健全残疾人事业法律、法规体系，依法发展残疾人事业，依法保障残疾人权益；残疾人事业纳入国民经济和社会发展大局，形成以政府为主导、各部门密切配合、全社会广泛参与的社会化工作机制；从我国社会主义初级阶段的基本国情出发，打好基础，讲求实效，重点保障残疾人基本生活、加强基层残疾人工作，努力拓宽为残疾人服务的业务领域；因地制宜，分类指导，尊重并吸取地方和基层的创新精神、实践经验；充分发挥残疾人组织沟通政府、社会和残疾人的桥梁、纽带作用，扎扎实实为残疾人做实事；发挥残疾人的主观能动性，激励奋斗精神，实现人生价值。

邓朴方指出，这些成绩和经验，是党和政府关怀、社会各界支持的结果，是残疾人自身努力和残疾人工作者艰苦奋斗的结果。

邓朴方表示，今后五年，我国残疾人事业各项业务要有新拓展，发展要有新思路，工作要有新举措。今后五年是残疾人事业加快发展的重要时期。这个时期的工作指导方针是：解放思想、更新观念，顺应大局、乘势而上，理顺关系、整合资源，突出重点、攻克难点，全面推进、加快发展。

邓朴方指出，康复工作要在继续抓好重点康复工程的基础上，普及康复服务，推进“人人享有康复服务”目标的实现。教育要与救助相结合，大力普及残疾儿童少年义务教育，推进高级中等以上特殊教育，拓宽残疾人受教育途径。参与制定实施《残疾人就业保障条例》，加强职业培训和再就业培训，依法推进按比例就业。在确保符合条件的残疾人纳入社会保障的基础上，扩大保障覆盖面，增加残疾人专项保障内容，提高保障水平。解决贫困无业残疾人的基本医疗和养老保险，兴办重度残疾人寄养机构，启动农村贫困残疾人危房改造工程。加大扶贫工作力度，增加资金投入。健全法律、法规体系，加强残疾人维权工作。加强农村乡镇和城市社区残疾人工作，增强基层为残疾人服务的能力。

就抓好关系残疾人事业长远发展的几件大事时，邓朴方说，人道主义是残疾人事业的一面旗帜。在这面旗帜下，能够最大化地凝聚各界爱心人士，优化扶残助残的社会环境。第一次全国残疾人抽样调查以来的十多年，残疾人状况发生了很大变化。有必要进行新一轮的残疾人基本状况抽样调查，摸清底数。办好2008年残疾人奥运会，组建中国残疾人奥林匹克运动管理机构和国家残疾人运动队，建设综合训练基地，培养队伍，提高水平，力争优异成绩。

国家副主席曾庆红在人民大会堂会见香港协进联盟访京团

曾庆红充分肯定了“港进联”在香港经济和社会政治生活中所发挥的积极作用。他联系当前香港实际，对“一国两制”、“港人治港”、高度自治等对港工作的四条重要方针作了全面阐发。在谈到保持香港繁荣稳定的重要性时，曾庆红说，维护香港的繁荣稳定事关香港人民的福祉。繁荣是目的，稳定是前提。

会见中，曾庆红认真听取了“港进联”关于繁荣稳定香港、引领香港经济尽快走出困境和扩大与内地经济合作等方面的意见和建议，勉励“港进联”要继续以爱国爱港为己任，进一步团结广大香港工商和专业界人士，支持董建华先生为首的特区政府依照香港基本法施政，建设香港更加美好的明天。

中共中央政治局常委李长春在北京观看中国残疾人艺术团举行的大型音乐舞蹈“我的梦”专场汇报演出

中共中央政治局委员、国务院副总理回良玉，国务委员陈至立也观看了演出。

中国残疾人艺术团由盲、聋、肢残和弱智人演员组成，成立16年来，足迹遍及祖国山山水水，出访40多个国家和地区，是中国唯一登上世界两大顶级艺术殿堂的文艺团体，被誉为“美与友谊的使者”。此次演出的节目是为庆祝中国残联四大的召开，由艺术家对其进行了再创作，节目内容和表现形式更新，艺术质量更精。

国务院副总理吴仪在厦门出席第七届中国投资贸易洽谈会并发表演讲

出席开馆式的还有全国政协副主席、民盟中央主席张克辉，香港特别行政区行政长官董建华，澳门特别行政区行政长官何厚铧。

吴仪在投洽会《国际投资论坛》发表午餐演讲。她说，中国将继续坚持“引进来”和“走出去”相结合的方针，不断提高对外开放水平，实现中国与世界的共同发展。中国将保持宏观经济政策的连续性和稳定性，保持人民币汇率基本稳定，进一步完善社会主义市场经济体制，大力整顿和规范市场经济秩序，加强知识产权保护，努力营造一个统一开放、公平竞争、诚信有序的市场环境；继续按照国际惯例和中国加入世界贸易组织的承诺，进一步完善吸收外商投资的法律、法规，扩大对外资开放的领域，为外商来华投资提供稳定透明的政策环境和规范高效的行政环境，更多、更好地吸收外商投资。

吴仪希望海外工商界坚定信心，进一步扩大在华投资规模；重视引进国际领先技术，提高研发本地化水平；顺应国际产业结构调整的潮流，积极在华开展服务外包业务，并为推动中国对外投资的发展作出更大的努力。

国务院副总理吴仪在厦门主持召开外商投资企业座谈会

吴仪强调指出，中国政府高度重视规范市场秩序和保护知识产权，努力营造一个统一开放、公平竞争、诚信有序的市场环境，为在中国的外商投资企业提供良好的投资环境。

中国外商投资企业协会优质品牌保护委员会的70多家会员企业代表参加了座谈。强生、柯达、联合利华等16家知名品牌企业的代表在发言中高度评价中国政府在打击假冒伪劣商品、保护知识产权方面作出的努力，同时也提出一些意见和建议。

高法、高检、公安部、商务部、工商总局、质检总局、食品药品监管局、知识产权局的负责人也出席了座谈会。

国家版权局向全国版权行政管理部门发出通知要求开展集中打击盗版软件专项治理行动

此次专项治理的行动目标是，通过开展专项治理行动，坚决打击非法制作、销售盗版软件和通过互联网进行的非法传播软件行为，严厉整治非法进行软件预装的硬件生产、销售和提供系统集成服务的企业，深入查堵盗版软件的流通渠道；同时要对专项治理行动进行连续和追踪报道，加大对典型案件的曝光力度，增强版权执法的威慑，有效遏制软件侵权盗版猖獗的势头，规范软件制作、销售、预装市场秩序，形成一个良好的软件版权保护社会环境。

各地版权部门要对本辖区内各类软件市场进行全面清理整顿，切实加强对软件市场的管理和检查，要依据著作权法的规定，对非法销售盗版软件的单位和个人进行严肃查处，各类软件销售市场是此次专项治理的重点；各地版权部门要全面清理整顿硬件制造、销售和系统集成服务市场，严肃查处未经授权擅自预装软件的单位和有关责任人，各类进行软件预装的硬件生产、销售和提供系统集成服务企业也是此次专项治理的重点。

第二次中日韩信息通信部长会议在韩国济州岛举行

会上签署了三国《信息通信领域合作安排》。中国信息产业部部长王旭东、日本总务大臣片山虎之助和韩国情报通信部长官陈大济分别代表各自政府在《信息通信领域合作安排》(以下简称《安排》)文件上签字。

根据这项《安排》，三国将在下一代互联网、数字电视与广播、第三代(3G)及下一代移动通信、网络与信息安全、开放源代码软件、电信服务政策及2008年北京奥运会七个领域加强交流与合作。为更好实现《安排》中所确定的目标，三方决定采用联合工作小组或论坛等方式加以推进。

中共中央政治局常委罗干在雷克雅未克分别会见冰岛代议长奥德尼·斯特凡松和冰岛最高法院院长古德伦·埃伦兹多蒂尔

全国人大常委会副委员长乌云其木格在北京出席朝鲜驻华使馆举办的晚宴庆祝朝鲜民主主义人民共和国成立55周年

全国征兵工作电视电话会议在北京召开

会议安排部署了2003年全国冬季征兵工作，要求各地和各级军事机关要以党的十六大精神和“三个代表”重要思想为指导，圆满完成国务院、中央军委赋予的征兵任务。

副总参谋长钱树根、国务院副秘书长陈进玉在会上讲话。解放军四总部和中央国家机关有关部门领导参加了主会场会议。各省、直辖市、自治区人民政府主管征兵工作的领导和军队军级以上单位主要领导参加了分会场会议。

解放军总参谋部 总政治部发出通报表彰参加抗洪救灾的部队

通报说，今年入汛以来，我国淮河流域出现自1954年以来最大的洪水，江西、湖南、广西、四川、重庆、陕西、湖北、甘肃等地也相继发生不同程度的洪涝灾害。驻灾区解放军、武警部队官兵和广大民兵预备役人员，坚决贯彻执行党中央、国务院、中央军委的决策部署，全力投入抢险救灾，累计出动官兵4.8万多人，民兵预备役人员41万多人，机械车辆3300多台，冲锋舟351艘，解救转移群众120多万人，排除险情1400多处，加固堤坝2800多公里，抢运物资45多万吨，为保卫国家财产和人民群众生命安全作出了重要贡献。7月初，淮河流域全线告急，南京军区和武警部队等迅速调集3.5万多名官兵，组织民兵预备役人员33.29万人，在阜阳、淮南、蚌埠等5个方向展开了抗洪抢险行动。济南军区某部和河南省军区组织部队、民兵1.9万多人，于淮河上游迎战洪峰。同时，江西、湖南、广西、四川、重庆等省军区(警备区)，积极协调驻军和组织民兵预备役人员，参加了当地的抢险救灾。8月底至9月初，渭河流域洪水泛滥，驻军1万多名官兵和3万多名民兵预备役人员，迅速在宝鸡、渭南、临潼等地投入抗洪抢险。

通报说，各部队大力弘扬’98抗洪精神，把参加抗洪救灾作为维护人民群众根本利益的具体行动，不畏艰险，顽强拼搏，与洪水展开殊死搏斗。各级领导身先士卒，靠前指挥，有50多名将军亲临一线，指挥部队行洪爆破、围堰堵涌，开展水上救援，抢修险工险段；1400多名师团干部率领部队运土石，打木桩，堵管涌，筑堤护坝，日夜奋战在抗洪现场。广大基层官兵和民兵预备役人员冒着高温酷暑连续奋战，表现出大无畏的英雄气概和高度奉献精神。

通报说，参加抗洪救灾的部队积极帮助灾区恢复生产、重建家园，先后抢修道路1700多公里，修复水渠900多公里，修整校舍78所，搭建临时帐篷3600个，维修民房5100余间，整治农田6300余亩，架设电线35万余米，使灾区迅速恢复正常生产生活秩序。广大官兵还纷纷捐款捐物，以解灾区人民燃眉之急。南京军区捐款414万元，并筹集了价值200余万元的救灾物资送到受灾最重的江苏、安徽两省灾区。各部队共派出80多支医疗队深入灾区为群众送医送药，防病治病，防止了疫情发生。

通报指出，当前汛情尚未结束，部分地区防汛形势还十分严峻。希望参加抗洪救灾部队发扬成绩，再接再厉，为夺取抗洪救灾的最后胜利作出新的贡献。全军和武警部队要以抗洪部队为榜样，学习他们崇高的思想境界、顽强的战斗精神和扎实的工作作风，按照“三个代表”重要思想的要求，认真履行我军宗旨和职能，加强部队全面建设，随时准备完成党和人民赋予的任务。

教育部在北京启动全国教师教育网络联盟

联盟是新的教育振兴行动计划的内容之一。全国教师教育网络联盟整合教师教育系统、卫星电视网与计算机互联网资源，对中小学教师进行职前和职后培训、学历教育和非学历教育。与联盟启动相配合，全国教师教育优秀课程教材资源展览同时在京举行。

教育部部长周济在联盟启动仪式上说，加强教师队伍建设要从两方面入手，一是人事改革、机制创新，通过资格准入、全员聘任、竞争上岗，形成激励和约束机制；二是教师继续教育，通过教师全员培训和终身学习，不断提高教师尤其是农村教师队伍的整体素质。

9月9日

国家主席胡锦涛在人民大会堂会见乌干达总理阿波罗·罗宾·恩西班比

全国人大常委会委员长吴邦国在日本大阪参观访问

下午，吴邦国考察了松下电器公司。松下电器公司会长森下洋一、社长中村邦夫向吴邦国介绍了松下的产业发展和与中国合作的情况。松下电器公司是最早进入中国市场的日本公司之一，在中国开办了53家从事生产、研发或销售的独资或合资企业，直接投资达70亿元。中国已经成为松下海外事业发展的重要支柱。

吴邦国表示，中国和日本现在又面临着双边关系发展的新机遇，希望有远见的日本公司能充分分享中国高速增长的市场，一起来创造更美好的明天。

傍晚，吴邦国会晤了大阪府知事太田房江、大阪市市长矶村隆文和日本关西经济界人士。

国务院总理温家宝在人民大会堂会见全国农村中小学优秀教师代表和第一届高等学校教学名师奖获得者

会见时，温家宝即席发表了热情洋溢的讲话。他说，明天是第十九个教师节，我想用四句话来概括今年教师节的主题，也作为献给全国广大教师的节日礼物。

第一，让孩子们都能上学。国务院最近作出一个重要决定，再用5年时间，到2007年使西部地区的九年义务教育普及率达到85%，实现在全国基本普及九年义务教育的目标。这是一项重大而艰巨的任务，我们要为实现这一目标不懈努力。

第二，让全社会形成尊师重教的风尚。百年大计，教育为本。教育大计，教师为本。“国将兴，必贵师而重傅。”尊师重教是一个国家兴旺发达的标志。要提高教师在社会上的地位，改善教师的工作和生活条件。

第三，让为人师表成为每个教师的行为准则。“师者，所以传道、授业、解惑也。”今天，我们的老师传道，就是要传爱国主义、集体主义、社会主义之道；授业，就是要教授学生建设祖国的知识和技能；解惑，就是要引导学生去思考、创新，培养孩子们的创造性思维。教师的职业光荣而神圣，希望老师们不仅成为孩子们学习的榜样，而且成为全社会的表率。

第四，让教育成为政府一项最重要的工作。各级政府要下决心把教育摆在经济社会发展的突出位置，千方百计增加教育投入，为教育事业发展创造有利的条件。国务院每年都将定期研究教育工作。只有重视和发展教育，才能使我们国家的富强建立在坚实的基础之上。

国务院总理温家宝在北京看望教师

上午9时，温家宝和国务委员陈至立，在中共中央政治局委员、北京市市委书记刘淇，北京市代市长王岐山陪同下，来到位于石景山区的玉泉路小学。这所学校主要接收外地来京务工农民子弟就读，学生分别来自20多个省区市。温家宝走进二年级二班的教室，拉着孩子们的小手，一一询问他们来自什么地方，父母做什么工作，学校收多少学费。孩子们纷纷表示喜欢这里的学习生活。温家宝对学校的老师们说，感谢大家的辛勤工作，一定要让进城务工农民的孩子有书读、有学上。我们的老师要给他们更多的关爱，带着感情教育他们。他拿起粉笔，在黑板上写下了"同在蓝天下，共同成长进步"几个大字。

9时45分，温家宝来到解放军三〇一医院，看望正在这里住院治疗的北京大学教授、93岁的季羡林先生。温馨明亮的病房里摆放着鲜花和贺诗。温家宝和季老亲切攀谈，关切地询问他的病情和治疗情况，祝愿他健康长寿。

随后，温家宝还视察了丰台第二幼儿园、北京第十二中学、北京第二实验小学。

中共中央政治局常委李长春在北京出席省部级主要领导干部学习贯彻"三个代表"重要思想专题研讨班结业式并讲话

李长春在结业式上发表讲话强调，要认真学习贯彻胡锦涛同志的重要讲话，充分认识兴起学习贯彻"三个代表"重要思想新高潮，是坚持马克思主义在意识形态领域指导地位，巩固全党全国人民团结奋斗共同思想基础的需要；是全面建设小康社会，开创中国特色社会主义事业新局面，实现中华民族伟大复兴的需要；是坚持立党为公、执政为民，始终保持党的先进性，不断巩固党的执政地位的需要。要以高度的政治责任感，把学习贯彻"三个代表"重要思想新高潮不断引向深入。

中共中央政治局委员、书记处书记贺国强主持结业式。中共中央政治局委员张立昌、张德江、俞正声，中共中央政治局候补委员、书记处书记王刚，中央书记处书记何勇，国务委员华建敏，以及有关方面负责同志出席了结业式。

这期专题研讨班于9月3日在中央党校开班，参加人员包括各省、自治区、直辖市主要负责同志，中央和国家机关各部委、军队各大单位主要负责同志。

国务院任免国家工作人员

任命黄卫为建设部副部长，张基尧为国务院南水北调工程建设委员会办公室主任，李铁军、宁远为国务院南水北调工程建设委员会办公室副主任，薛捍勤（女）为常驻禁止化学武器组织代表。

免去郑一军的建设部副部长职务，朱祖寿的常驻禁止化学武器组织代表职务。

最高人民法院在北京召开全国高级人民法院执行局（庭）长座谈会

座谈会上宣布，将从12个方面加强执行工作制度建设。这12个方面包括：1.建立执行风险提示制度，及时向当事人提示逾期申请执行、拒不执行等行为可能面临的各种法律风险，减少群众不必要的损失；2.建立执行指导制度，及时告知当事人在执行程序中的权利和义务，对当事人及其他利害关系人在执行过程中可能实施的行为进行必要的指导；3.建立执行案件的查询和说明制度，对于每一宗执行案件的进展情况，人民法院应当建立方便的查询制度，以便于当事人查询和法院的管理；4.改革和规范执行收费制度，形成既符合执行工作自身特点，又能最大限度地保护债权人利益的执行收费制度；5.建立和规范以审限为重点的案件流程管理制度，确保及时立案、及时执行、尽快结案；6.建立和规范包括催办和定期通报制度在内的各项内部管理制度，明确执行人员在执行程序各个阶段和环节应当履行的义务和职责；7.规范执行权运行机制，建立执行实施权和裁判权既相互制约又相互协调的新型分权运行机制；8.建立和规范财产的申报、审计等调查制度，确保能够迅速、及时地查明被执行人的财产状况；9.规范查封、扣押、冻结的方法和程序，确保执行标的物能得到及时、有效的控制，避免执行机构和当事人之间出现不必要的争议和分歧；10.要规范评估、拍卖、变卖制度，确保执行标的物能以价值最大化的方式迅速变现，公平保护当事人各方的合法利益，减少和杜绝中间环节可能出现的腐败问题；11.规范执行救济制度，为执行当事人和案外人提供充分的救济权利和途径等；12.规范执行信访、申诉和立案制度，确保做到民有所呼，必有所应，要建立来信来访摘报制度，关注并及时解决群众来信来访中的焦点、热点问题。

国家副主席曾庆红在人民大会堂会见肯尼亚外交部部长斯蒂芬·卡隆佐·穆西约卡

中共中央政治局常委吴官正在人民大会堂会见越南共产党中央书记处书记 中央民运部部长丛氏放

中共中央政治局常委罗干在雷克雅未克会见冰岛总理奥德松

同日，罗干还会见了冰岛司法部部长比约恩·比亚纳松，就两国司法建设等共同关心的问题进行了深入交流。

中联部部长王家瑞、中央政法委秘书长王胜俊、中联部副部长蔡武、公安部副部长白景富、司法部副部长胡泽君等参加了上述会见。

罗干是应冰岛政府的邀请于7日下午抵达冰岛首都雷克雅未克进行友好访问的。

澳大利亚总理霍华德在堪培拉会见中共中央书记处书记刘云山

刘云山是应澳大利亚政府的邀请于8日抵达堪培拉开始对澳进行正式友好访问的。访问期间,刘云山还分别会见了澳大利亚外长唐纳,通信、信息技术和艺术部部长奥尔斯顿以及澳执政党自由党主席斯通和反对党工党领袖克林。陪同刘云山访问的中联部副部长张志军、中宣部副部长高俊良和中国驻澳大利亚大使武韬参加了上述会见。

最高人民法院院长肖扬在新加坡会见新加坡内阁资政李光耀

肖扬是应新加坡最高法院大法官杨邦孝的邀请于6日晚抵达这里访问的。访问期间,他还应邀在新加坡法律协会第十届年度讲演会上作了题为《中国的经济发展与法制变革》的演讲,受到了400多名听众的欢迎。

《人民日报》发表社论《踏上新征程 开创新局面——热烈祝贺中国残疾人联合会第四次全国代表大会召开》

中国残疾人联合会第四次全国代表大会是中国残联在新世纪召开的第一次全国代表大会,是全国残疾人政治生活中的一件大事。这次大会对于进一步团结带领广大残疾人,承前启后,继往开来,积极投身改革开放和现代化建设,与全国人民一道全面建设小康社会,具有十分重要的意义。我们对大会的召开表示热烈祝贺,向全国残疾人及其亲属和广大残疾人工作者致以亲切问候。

中国残联第三次全国代表大会以来的五年,是不平凡的五年,是广大残疾人在改革开放和现代化建设的伟大实践中顽强拼搏、团结奋进、建功奉献的五年;是残联不断适应新形势、取得新发展的五年,是残疾人事业迈出新步伐、蓬勃前进的五年。五年来,党和国家为改善残疾人的生存状况,采取了一系列重大举措:党中央明确要求“发展残疾人事业”;国务院颁发了发展残疾人事业的“十五”计划纲要;全国人大和政协多次组织残疾人保障法执法检查;地方各级党委、政府将残疾人工作纳入经济社会发展总体规划,切实关心残疾人,为残疾人办实事。五年来,残疾人事业取得了举世瞩目的成就:残疾人生活质量进一步提高,残疾人参与社会生活的环境大为改善,残疾人自身素质明显提高,我国残疾人组织在国际残疾人事务中的影响日益扩大,残疾人事业取得的成就已成为我国重视社会发展和人权保障的重要标志。

我国残疾人事业取得的成就,是在改革开放、特别是中国残联成立十五年以来的实践基础上取得的。十五年来,我国残疾人事业坚持大力弘扬人道主义,倡导和谐友爱、团结互助的人际关系;坚持依法发展,保障残疾人权益;坚持纳入国民经济和社会发展大局,形成政府主导、社会广泛参与的工作机制;坚持从国情出发,打好基础,讲求实效的工作方针,由小到大,从单一的收养救济型发展为以“平等·参与·共享”为目的的社会事业,逐步走上了一条适应国情、富有特色的发展道路。

党的十六大提出,用二十年左右的时间全面建设惠及十几亿人口的更高水平的小康社会,使经济更加发展、民主更加健全、科教更加进步、文化更加繁荣、社会更加和谐、人民生活更加殷实。本世纪头20年,是我国必须紧紧抓住并且可以大有所为的战略机遇期,也是我国残疾人事业发展的关键时期。在我国残疾人事业取得巨大成就的同时,我们必须清醒地看到,在我国人民生活总体上达到小康水平的情况下,残疾人作为一个最困难的群体,生活状况仍低于社会平均水平,而且这种差距还有继续拉大的趋势。我国有6000万残疾人、2亿多残疾人亲属,全面建设小康社会,不能忽视这两个数字。带领广大残疾人与全国人民一道共同进入全面小康社会,是各级党和政府义不容辞的责任。满腔热情地关心残疾人,切实尊重残疾人的公民权利和人格尊严,给他们以平等的地位和均等的机会,让他们共享社会物质文化发展成果,是我国社会主义制度的本质要求。各级党委和政府要从贯彻落实“三个代表”重要思想的高度,重视和支持残疾人事业的发展,把残疾人事业纳入实施全面建设小康社会的规划,根据残疾人的特殊需求,制定扶助政策,采取扶助措施。各级残联组织要努力工作,切实履行职责,团结广大残疾人一起开拓残疾人事业的新局面。社会各界要进一步发扬理解、尊重、关心、帮助残疾人的良好风尚,大力弘扬人道主义思想,努力为残疾人办好事、办实事。广大残疾人要继续发扬自尊、自信、自强、自立精神,热爱祖国,热爱生活,积极投身全面建设小康社会的伟大实践,同全国人民一起创造幸福生活和美好未来。

我们坚信,在以胡锦涛同志为总书记的党中央领导下,自强自立的广大残疾人和甘于奉献的残疾人工作者一定会在全面建设小康社会的伟大实践中再立新功,开创残疾人事业更加美好的明天。

预祝中国残疾人联合会第四次全国代表大会圆满成功。

全国农村中小学优秀教师代表座谈会在北京举行

全国政协副主席王选、教育部部长周济等领导与10位长期在农村教育第一线辛勤耕耘并作出突出贡献的优秀教师代表参加座谈会。

参加座谈会的10位教师中，有7年来每天往返跋涉山路，风雨无阻从未耽搁过一节课，把全部爱心献给山村孩子的吉林省珲春市果树村教学点教师马宪华；有扎根山区27年，爱生如子，先后为400名学生垫交学费的贵州省沿河土家族自治县后坪乡茨坝小学校长刘恩和；有身残志坚，30年如一日拄着双拐往来于学校和家庭，因材施教的"教坛保尔"、甘肃省镇原县李园子小学教师张学成等。

座谈会上，湖北省阳新县王英村希望小学教师王月娥，北京市延庆县第一中学教师许铁成，云南省华坪县民族中学教师张桂梅，青海省玉树藏族自治州民族综合学校校长吉格勒等分别发言，介绍了他们在艰苦清贫的条件下，恪尽职守，辛勤耕耘，为祖国的教育事业无私奉献的先进事迹。

在听取了教师们的发言后，周济指出，我们要大力宣传农村优秀教师的先进模范事迹，弘扬人民教师无私奉献教育事业的光荣传统，在全社会进一步营造尊师重教的良好风尚。要千方百计地筹措教育经费，保障教育供给，关心农村教师的生活和疾苦，使教师职业成为让人们羡慕的职业。

《2003—2010年全国农民工培训规划》出台

为贯彻落实党的十六大精神和"三个代表"重要思想，提高农民工素质和就业能力，进一步促进农村劳动力向非农产业和城镇转移，按照党中央、国务院有关会议和文件要求，制定本培训规划。

一、规划制定背景

农村劳动力向非农产业和城镇转移，是建设现代农业、解决"三农"问题的重要途径，是经济和社会发展的必然要求，是我国社会进步的重要标志。改革开放以来，我国通过发展乡镇企业和促进劳动力跨区域流动就业，加快了农村城镇化进程，促进了城市发展。农村劳动力转移已成为推动城乡经济协调发展的重要途径。

我国是人口大国，农村富余劳动力转移就业的任务非常艰巨。目前，我国农村有1.5亿富余劳动力，每年还要新增600万农村劳动力。农村劳动力素质不高，缺乏劳动技能，影响向非农产业和城镇的转移，难以在城镇实现稳定就业。在9000多万跨地区进城务工的农民中，有相当数量的人员没有稳定的职业和居所。在农村劳动力中，受过专业技能培训的仅占9.1%。在2001年新转移的农村劳动力中，受过专业技能培训的只占18.6%。随着经济发展水平的提高和新兴产业的兴起，缺乏转岗就业技能的农村富余劳动力的就业难度越来越大。农民工素质亟待提高。

党的十六大提出了全面建设小康社会的奋斗目标，这对加快农村富余劳动力向非农产业和城镇转移提出了新的更高的要求。加快农村富余劳动力转移就业的关键在于加强农民工培训。多年来，各级各类教育培训机构和用工单位开展了形式多样的农民工培训，取得了明显成效。但是应当看到，当前的农民工培训工作还存在认识不到位、激励政策不足以及培训资金缺乏、培训手段亟待加强和培训资源缺乏整合等问题。各地区、各有关部门要充分认识开展农民工培训的重要意义，从贯彻落实"三个代表"重要思想和全面建设小康社会的高度，从国民经济协调发展和社会稳定的大局出发，统筹规划，分工协作，切实做好这项工作。

二、指导思想和基本原则

(一)指导思想

以党的十六大精神和"三个代表"重要思想为指导，围绕全面建设小康社会的目标任务，坚持公平对待、合理引导、完善管理、搞好服务的原则，坚持多予、少取、放活的方针，坚持面向工业化、面向现代化、面向城镇化的方向，以转移就业前的引导性培训和职业技能培训为重点，综合运用财政扶持政策和竞争、激励手段，进一步调动农民工个人、用人单位、教育培训机构、行业的积极性，多渠道、多层次、多形式地开展农民工培训工作，逐步形成政府统筹、行业组织、重点依托各类教育培训机构和用人单位开展培训的工作格局。

(二)基本原则

1.政府扶持，齐抓共管。各级政府要积极引导和扶持农民工培训事业，加强管理，加大投入。各有关部门协调合作，立足自身职责，发挥各自优势，共同做好政策指导、督促检查以及各项服务工作。

2.统筹规划，分步实施。农民工培训工作要统筹计划，突出重点，分步开展。把农民工培训作为就业准入制度的重要内容，深入调查研究，认真组织实施。摸清农村富余劳动力和已转移就业农民工的基本情况，制订具体的有针对性的培训计划。要突出重点，逐步对农民工进行培训，当前主要是支持农村富余劳动力较多的地区和贫困地区开展培训，重点支持农民工输出地区开展转移就业前培训。

3.整合资源，创新机制。以现有教育培训机构为主渠道，发挥多种教育培训资源的作用。充分调动行业和用人单位的积极性，多渠道、多层次、多形式地开展农民工培训。要加强政府引导，制定和完善政策措施，优化配置培训资源，建立新的培训机制。

4. 按需施教，注重实效。要研究农村劳动力资源现状，做好劳动力市场需求预测，按照不同区域、不同行业要求，区分不同培训对象，采取不同的培训内容和形式。以市场需求为导向，以提高就业能力和就业率为目标，坚持短期培训与学历教育相结合，培训与技能鉴定相结合，培训与就业相结合，增强培训的针对性和实效性。

三、培训的目标和任务

(一)培训目标

1. 逐步扩大培训规模。2003—2005 年，对拟向非农产业和城镇转移的1000万农村劳动力开展转移就业前的引导性培训，对其中的500万人开展职业技能培训；对已进入非农产业就业的5000万农民工进行岗位培训。2006—2010 年，对拟向非农产业和城镇转移的5000万农村劳动力开展引导性培训，并对其中的3000万人开展职业技能培训。同时，对已进入非农产业就业的2亿多农民工开展岗位培训。

2. 营造良好的社会氛围和政策环境。加大宣传和引导力度，营造重视农民工培训的良好社会环境。制定有效的农民工培训激励政策，鼓励农民工主动参加培训，鼓励用人单位主动组织农民工参加培训，鼓励各级各类教育机构开展农民工培训。加大培训投入，逐步形成政府引导、多元投资的投入机制。完善就业准入制度，加强监督检查力度，逐步形成“先培训后就业”的农村劳动力转移就业制度。

3. 提高培训质量。完善教育培训条件，提高培训资源利用效率。创新培训机制，以劳动力市场需求为导向，以项目运作的方式开展培训，努力提高培训质量和培训后的就业率。

(二)培训任务

1. 开展引导性培训。引导性培训主要是开展基本权益保护、法律知识、城市生活常识、寻找就业岗位等方面知识的培训，目的在于提高农民工遵守法律、法规和依法维护自身权益的意识，树立新的就业观念。引导性培训主要由各级政府，尤其是劳动力输出地政府统筹组织各类教育培训资源和社会力量来开展。引导性培训要通过集中办班、咨询服务、印发资料以及利用广播、电视、互联网等手段多形式、多途径灵活开展。

2. 开展职业技能培训。职业技能培训是提高农民工岗位工作能力的重要途径，是增强农民工就业竞争力的重要手段。根据国家职业标准和不同行业、不同工种、不同岗位对从业人员基本技能和技术操作规程的要求，安排培训内容，设置培训课程。职业技能培训以定点和定向培训为主，当前的培训重点是家政服务、餐饮、酒店、保健、建筑、制造等行业的职业技能。职业技能培训主要是在各级政府的引导和支持下，由各类教育培训机构、行业和用人单位开展。鼓励和支持社会力量尤其是一些具有特色的民办培训机构开展职业技能培训。对具备相应条件并有创业意向的农民工开展创业培训，提供创业指导。

四、推进农民工培训的政策措施

(一)加强组织领导

建立农民工培训工作部际联席会议制度，研究解决农民工培训工作中的重大问题，编制培训计划，落实扶持政策，统筹规划、综合协调农民工培训工作。各级政府要将农民工培训列入年度工作考核内容，实行目标管理。要结合本地实际制订实施计划，确定各阶段的目标、任务和工作进度，明确各有关部门的工作职责，细化政策措施。要建立统筹协调的领导体制和分工负责、相互协作的工作推进机制，通过制定政策和制度创新，充分调动一切可以利用的资源，广泛开展农民工培训工作。农业、劳动保障、教育、科技、建设、财政等相关部门在职责范围内，切实做好农民工培训工作。

(二)加大农民工培训的资金投入

农民工培训经费实行政府、用人单位和农民工个人共同分担的投入机制。中央和地方各级财政在财政支出中安排专项经费扶持农民工培训工作。用于补贴农民工培训的经费要专款专用，提高使用效益。

(三)制定农民工培训激励政策

用人单位负有培训本单位所用农民工的责任。用人单位开展农民工培训所需经费从职工培训经费中列支，职工培训经费按职工工资总额 1.5%比例提取，计入成本在税前列支。

符合条件的教育培训机构，均可申请使用农民工培训扶持资金。获准使用农民工培训扶持资金的各类学校和培训机构，须相应降低农民工学员的培训收费标准。财政部会同农业部、教育部研究提出农民工培训扶持资金审批管理办法，报国务院批准后实施。

对参加培训的农民工实行补贴或奖励。农民工自愿参加职业技能鉴定，鉴定合格者颁发国家统一的职业资格证书。任何单位不得强制农民工参加收费鉴定，鉴定机构要视情况适当降低鉴定收费标准。

(四)推行劳动预备制度，实行就业准入制度

组织农村未能继续升学并准备进入非农产业就业或进城务工的初高中毕业生参加必要的转移就业培训，使其掌握一定的职业技能并取得相应的培训证书或职业资格证书。

用人单位招收农民工，属于国家规定实行就业准入控制的职业(工种)，应从取得相应职业资格证书的人员中录用。对用人单位因特殊需要招用技术性较强，但尚未参加培训的特殊职业(工种)的人员，可在报经劳动保障部门批准之后，先招收后培训，取得相应职业

资格后再上岗。

(五)整合教育培训资源,提高培训效率

在充分发挥现有教育培训资源作用的基础上,改造和完善一批教育培训机构,加强基地建设,完善教学培训条件,建设一批能起示范和带动作用的农村劳动力转移培训基地。引导和鼓励各类教育培训机构在自愿的基础上进行联合,增加培训项目,扩大培训规模,提高培训的质量和效益。

引导和鼓励教育培训机构与劳务输出(派遣)机构在自愿的基础上建立合作伙伴关系,通过签订培训订单或输出协议,约定双方责任和权益,实现培训与输出(派遣)的良性互动。对培训机构与输出(派遣)机构的合作,地方政府和有关职能部门要制定鼓励措施,加强业务指导。

发展和改革农村教育,使农村职业学校、成人学校成为农村劳动力转移培训的重要阵地。充实农村普通中学职业培训和就业训练的课程安排。具备条件的农村初高中,要结合当地实际情况,将新增劳动力培训作为学校的重要工作内容。各类职业学校要扩大面向农村的招生和培训规模,积极开展农民工的职业技能培训。加强农村成人学校建设,充分利用农村成人学校开展农民工培训。城市职业学校和成人学校要结合市场需求,及时调整专业结构,积极开展进城农民工的教育培训工作。

(六)加强农民工培训服务工作

加强农民工培训师资队伍建设。农民工培训师资可以由教育培训机构通过开展继续教育来解决,也可从职业学校和成人学校、科研单位、企业、技术推广部门聘请。要定期组织开展师资培训,不断提高教师业务水平。

加强农民工培训的教材开发。教材的编写和选用坚持统一规范、实际适用和先进创新的原则。引导性培训教材,技术要求规范、统一的专业教材,全国统一编写;其他教材由各地根据实际需要编写或选用。

做好农民工培训的信息服务工作。定期调查并公布劳动力市场供求状况,定期对不同职业(工种)、不同等级的农民工职业供求和工资价位进行调查,调查分析结果及时向社会公布。

建立农民工培训效果评价制度。以实现高质量就业目标为导向,制定评价标准,定期对开展农民工培训的各类教育培训机构的专业设置、培训内容、课程安排、收费标准、招生情况、学员结业率、结业学员鉴定通过率、就业率、工资水平等状况进行调查统计,并及时向社会公布。

做好跟踪服务和就业指导工作。各类教育培训机构和中介组织要主动参与农村劳动力就业市场体系建设并发挥积极作用,为学员就业创造条件并提供信息服务。建立农民工培训人才资源库,为农村劳动力就业市场体系建设奠定基础。

做好农民工培训工作的督促检查。各级政府和有关部门要督促检查农民工培训计划的落实,保证培训经费的及时到位,加强对政府扶持项目的评估。对各类教育培训机构和用工单位要加强监督和规范,防止借培训之名,对农民工乱收费,损害农民工的合法权益。具体监督检查办法由农业部会同教育部、财政部、劳动保障部、科技部、建设部制定。

9月10日

国家主席胡锦涛向在北京召开的中俄友好 和平与发展委员会第五次全体会议致贺词

全文如下:

中俄友好、和平与发展委员会双方主席和全体委员:

值此中俄友好、和平与发展委员会第五次全体会议在北京顺利召开、象征团圆和吉祥的中秋佳节即将到来之际,谨向你们致以热烈的祝贺和美好的祝愿!

中俄互为友好邻邦和重要战略伙伴,保持和发展长期稳定的睦邻友好与互利合作关系,符合两国人民的根本利益,也有利于世界和平、稳定与发展。世纪之初,中俄领导人达成重要共识,要承前启后,继往开来,努力开创中俄关系的新局面,确保两国“世代友好、永不为敌”。为实现这一崇高目标,不断加深两国人民之间的相互理解、信任和友谊至关重要。

中俄友好、和平与发展委员会成立6年来,在双方主席和各位委员的共同努力下,为增进中俄两国人民之间的相互理解和传统友谊做了大量工作,取得显著成效,已成为推动两国民间友好交流的主渠道、宣传和落实《中俄睦邻友好合作条约》的生力军。中俄关系的持续深入发展,要求双方不断巩固和扩大两国关系的社会基础,这是一项具有战略意义的系统工程,需要两国社会各界、各部门、各地区长期不懈的广泛参与和积极推动。委员会在这方面大有可为,各位委员肩负着光荣的使命。

本次全会以“改进和完善委员会工作”为主题,显示出新一届委员会与时俱进、锐意进取、增强活力的决心。相信各位委员将不负两国人民重托,以更积极的姿态增进友好、以更高的责任感促进和平、以更大的热情推动发展,为新时期中俄友好事业作出更大贡献。

我将与普京总统一起,一如既往地全力支持委员会开展工作。

祝会议圆满成功,祝中俄友好之树长青!

中华人民共和国主席　胡锦涛

2003年9月10日于北京

全国人大常委会委员长吴邦国在大阪接受日本广播协会(NHK)的专访

在谈到中日关系时,吴邦国说,中日关系的现状总体上是好的。两国交往呈现全面发展的态势。日本朝野各界对发展同中国的关系抱有热情。中日双方都对两国关系的前景充满信心。他说,今年是《中日和平友好条约》缔结25周年,中日关系迎来继往开来的新的发展时期。双方应保持高层对话,增进政治互信,加强各个领域的互利合作和人员往来,我们尤其欢迎日本的年青一代访问中国,增进对中国的了解。双方要慎重处理对方关切的问题,特别是涉及中国人民民族感情的历史问题和涉及中国统一的台湾问题。

吴邦国说:此次访问我们传达了一个明确的信息,即中国新一届中央领导集体将一如既往奉行对日友好政策;胡锦涛主席与小泉首相在圣彼得堡的会晤和我这次访问日本,充分说明中国重视发展同日本的关系,愿在遵循《中日联合声明》《中日和平友好条约》和《中日联合宣言》三个政治文件基础上,本着"以史为鉴、面向未来"的精神,推动两国关系全面、健康发展,为两国和两国人民带来更大的好处,为亚洲和世界和平与稳定作出更大贡献。

在谈到他对菲律宾、韩国、日本三国的访问和参加AAPP第四届年会总的成果时,吴邦国说,他与三国朝野各界进行了广泛接触,会见了老朋友,结交了新朋友。访问表明,同周边国家发展持久、稳定的睦邻友好合作关系,是中国外交政策的重要内容。中国的睦邻友好政策不是权宜之计,而是长远方针。我们将本着"与邻为善、以邻为伴"的方针,同三国加强互利合作,谋求共同发展。

他说,访问促进了中国与三国关系的发展。中菲双方表示愿加强和发展长期稳定的睦邻互信合作关系。中韩双方强调要按照两国元首达成的重要共识,进一步推进全面合作伙伴关系。中日双方一致同意本着"以史为鉴、面向未来"的精神,推动中日关系取得新的更大发展。

吴邦国表示,访问加强了中国全国人大与三国议会的友好关系,这对增进人民之间的相互了解和友谊,促进双边关系全面发展具有重要意义。各方一致认为,应从长远和战略高度,重视议会关系,加强议会特别是年轻议员之间的往来,增进相互理解和信任。

他说,在出席AAPP第四届年会期间,他和各国议会领导人及与会代表,围绕"亚洲百年和平"这一主题进行了有益的探讨,一致认为,在当前形势下,亚洲各国议会应紧密围绕和平与发展两大主题,加强在国际和地区重大问题上的对话与磋商,为亚洲的和平、稳定和繁荣作出新的贡献。

吴邦国还就中国的政治体制改革、区域经济合作、朝鲜半岛核问题、京沪高速铁路的建设、人民币汇率等问题回答了两家新闻机构的提问。

国务院总理温家宝在北京主持召开国务院常务会议

会议指出,支持东北地区等老工业基地加快调整改造,是党的十六大提出的一项重大战略决策。目前,实施这项战略条件具备、时机成熟。要抓住机遇,积极推进东北地区等老工业基地的振兴,努力将东北地区等老工业基地调整、改造、发展成为结构合理、功能完善、特色明显、竞争力强的新型产业基地,逐步成为国民经济新的重要增长区域。

会议指出,振兴老工业基地,要以"三个代表"重要思想为指导,解放思想,转变观念,重点把握和坚持以下几项原则:一是坚持深化改革、扩大开放,以改革开放促调整改造;二是坚持主要依靠市场机制,正确发挥政府作用;三是坚持走新型工业化道路,促进产业结构优化升级;四是坚持统筹兼顾,注重协调发展;五是坚持自力更生为主,国家给予必要扶持;六是坚持从实际出发,讲求实效。会议还研究了振兴老工业基地的任务、政策和措施。

会议指出,振兴老工业基地是一项长期的战略任务。国务院有关部门和地方政府要高度重视,精心安排,加强协调,从思想上、组织上和工作部署上确保振兴战略的顺利实施。

会议强调,要全面贯彻统筹区域经济社会协调发展的战略布局,坚定不移地实施西部大开发战略,振兴东北地区等老工业基地,继续鼓励东部地区加快发展、有条件的地方率先实现现代化,实行东西互动,带动中部,促进区域经济协调发展。

国务院总理温家宝到国务院参事室和中央文史研究馆看望参事和馆员

下午3时,温家宝来到位于前门东大街的国务院参事室和中央文史研究馆。他首先来到陈列室,观看参事、馆员的作品展。这里既有已故参事、馆员章士钊、齐白石、沈尹默等名家的作品,也有现任参事、馆员的新作。温家宝观看时对随行的有关方面负责同志说,参事、馆员德高望重,学识渊博,是国家的宝贵财富,要发挥好他们的作用,为国家建设多做贡献。

在热烈的掌声中,温家宝为新聘任的张鹤镛等6位国务院参事和欧阳中石等3位中央文史研究馆馆员颁发聘书,随后与50多位参事、馆员进行了座谈。他首先表示,希望大家讲真话,坦诚建言。参事和馆员们虽然大多年迈,但争先恐后,纷纷踊跃发言,直抒胸臆。

两个多小时的座谈中，蒋明麟、郁风、吕德润、张厚粲等十多位参事、馆员就农村医疗和教育、生态环境保护、经济社会发展等问题提出了建议。温家宝认真听取他们的意见，诚恳地回答了他们提出的问题。

率先发言的生物工程专家任玉岭参事对农村义务教育提出了建议。温家宝认真听取，不时做笔记。任玉岭话音刚落，温家宝回答说，国务院刚刚作出决定，再用5年的时间，使西部地区基本普及九年义务教育。这是一项非常艰巨的任务，我们要认真做好规划，采取有力措施，努力实现这个目标。

新聘任为国务院参事的张鹤镛在发言中提出要改革农村医疗卫生体制，温家宝表示赞同。他面色凝重地说，我们要把医疗工作的重点放在农村。从今年起，每年新增卫生经费的大部分用在农村，同时推进农村合作医疗改革试点，这样坚持个十年八年，争取早日改变农村医疗卫生落后的状况，让农民看得起病。

林业、生态专家盛炜彤关心退耕还林问题，他建议完善退耕还林补助的政策。温家宝说，要解决好这个问题，一是要落实补助政策；二是解决好农民的生计问题；三是因地制宜。只有这样，才能做到"退得下，稳得住，能致富"。

91岁的启功先生代表文史馆对党和政府重视文史馆的工作表示感谢。温家宝说，党中央、国务院历来重视参事工作和文史馆工作，把它作为党的统一战线工作和政府工作的重要组成部分。50多年的实践证明，我们广大的参事和馆员为国家的建设，为人民的利益做了大量的工作，功不可没。在新的历史时期，参事室和文史馆要继续发挥统战联谊和参政咨询的重要作用。大家要加强调查研究，反映社情民意，提供咨询建议，对政府工作提出批评。他诚恳地说，只有接受人民的批评，政府才不敢懈怠；只有加强民主监督，才不会人亡政息。他希望广大参事、馆员要利用自己的社会影响，广交朋友，发挥桥梁纽带作用，团结更多的海内外同胞为国家现代化建设、为促进祖国统一作出新贡献。国务委员兼国务院秘书长华建敏一同参加了座谈。

中国残联第四次全国代表大会在北京闭幕

中国残疾人联合会第四次全国代表大会在完成了各项议程后闭幕。大会号召广大残疾人和各级残联组织紧密团结在以胡锦涛同志为总书记的党中央周围，高举邓小平理论伟大旗帜，全面贯彻"三个代表"重要思想，为全面建设小康社会，加快推进社会主义现代化而努力奋斗。

会议通过了中国残联第三届主席团报告的决议。决议认为，今后5年是残疾人事业发展的重要时期，要解放思想、更新观念，顺应大局、乘势而上，理顺关系、整合资源，突出重点、攻克难点，全面推进、加快发展，开创残疾人事业的新局面。

会议还通过了关于《中国残疾人联合会章程(修正案)》的决议。

邓朴方再次当选为中国残联主席。李瑞环继续担任中国残联名誉主席。

会议同时选举李明豫、甘柏林、丁佑、张海迪、王铁成、张明园、王新宪、汤小泉为中国残联副主席，推举汤小泉为中国残联执行理事会理事长。会议还通过了中国残联执行理事会、各专门协会组成人员名单。

中共中央政治局委员、国务院副总理、国务院残疾人工作协调委员会主任回良玉代表国务院和国务院残疾人工作协调委员会对大会圆满成功表示祝贺。

邓朴方代表新一届中国残联领导班子表示，一定不辱使命，努力工作，为残疾人事业尽心竭力，创造新的业绩。

中国残疾人联合会执行理事会理事长、副理事长、理事名单

执行理事会理事长：

汤小泉

执行理事会副理事长：

吕世明　孙先德　程　凯　申知非

执行理事会理事：

贾　勇　李伟洪　杨　洋　张宝林

全国劳模陈德华先进事迹报告会在人民大会堂举行

报告会由中宣部、交通部、全国总工会和四川省委联合举行。四川省交通厅和甘孜州邮运分局的负责人及陈德华的同事、妻子等，从不同的角度讲述了"雪山高原铺路石"——陈德华的动人故事。

陈德华(藏族名字叫扎西降措)于1983年继承父业到川藏公路上海拔最高、近5000米的雀儿山五道班当养路工。1988年，他成为道班第一任藏族班长。整整20年，他带领工人们在极其恶劣的生存环境和异常艰苦的工作条件下，出色地完成了10公里公路的养护任务和山两头16公里排坍方、除冰雪的任务；积极组织职工对危险路段进行改造，救助抛锚车辆，保证车辆安全过山。陈德华同志把满腔热情奉献给过往驾驶员和旅客，为保障川藏公路北线的畅通作出了重要贡献，被当地汉藏人民誉为"铺路石"和"保护神"。

陈德华同志的先进事迹得到了党和人民的充分肯定，先后荣获"全国劳动模范"、"全国优秀共产党员"、"全国交通系统十佳养路工"、"全国五一劳动奖章"等荣誉称号。中共中央政治局常委李长春对陈德

华的先进事迹给予了充分肯定。

9月4日，中共中央政治局委员、全国人大常委会副委员长、中华全国总工会主席王兆国在北京亲切会见了全国劳模陈德华，并与陈德华先进事迹报告团进行了座谈。

国家发改委在北京召开全国电价工作会议

会议提出，为了贯彻落实国务院今年颁发的《电价改革方案》，要加快制定与电价改革方案配套的管理办法，先试点、后推行，积极稳妥地实施电价改革方案；各地要按照改革的总体部署和原则，根据本地区具体情况，因地制宜研究提出电价改革具体实施办法，做好电价改革的准备工作。

这次实行的电价改革，将涉及厂网价格分离、上网电价、输配电价、销售电价等方面。其中，厂网价格分离工作正在进行；上网电价将根据各地电力供求情况逐步引入竞争机制；输配电价由政府管理，将逐步建立科学、规范的定价机制；销售电价将逐渐改为按用电特性分类，并全面推行峰谷电价、丰枯电价等科学的电价制度。

中俄友好 和平与发展委员会第五次全体会议在钓鱼台国宾馆召开

国家主席胡锦涛和俄罗斯联邦总统弗·普京分别向会议发来贺词。

国家副主席曾庆红会见了委员会中俄双方领导及与会俄方委员，祝贺会议圆满成功，希望委员会充分发挥中俄民间友好交流主渠道的作用。

委员会中方主席、全国政协副主席李贵鲜和俄方主席、俄总统驻西伯利亚联邦区全权代表德拉切夫斯基在全会上作了主旨发言。双方就落实两国元首开创中俄关系发展新局面的重要共识、全面推进委员会的各项工作提出具体规划。外交部副部长刘古昌、委员会中方副主席邓榕、副主席兼秘书长李辉，俄方名誉主席普里马科夫、俄驻华大使罗高寿等也在会上发言。

与会委员围绕“如何进一步完善和改进委员会工作”的议题展开热烈讨论，一致认为，要充分认识到委员会肩负的重要使命，不断开拓创新，全面推动两国各领域的民间友好交流与合作。

全会对上一届委员会双方主席和全体委员的工作给予高度评价，对他们为两国民间友好事业付出的辛勤劳动表示敬意。

会议通过了委员会2003年至2004年工作计划。双方主席签署了修订后的《中俄友好、和平与发展委员会活动指导原则的协议》。

中俄友好、和平与发展委员会根据中俄两国元首倡议于1997年成立，其宗旨是加深中俄人民之间的相互理解和传统友谊，促进睦邻友好合作，巩固和扩大中俄战略协作伙伴关系的社会基础。第五次全会前，委员会双方进行了换届改选。

中共中央政治局常委罗干在赫尔辛基会见芬兰总理芬兰中间党副主席马蒂·万哈宁

罗干首先对万哈宁总理和芬兰政府的热情接待表示感谢。他说，中国新一届领导集体将一如既往地重视发展中芬关系，愿与芬方一道，以更加积极务实的态度推动双边友好合作关系深入发展。

罗干积极评价中国共产党同芬兰中间党之间的友好关系。他表示，中国共产党重视发展与芬兰各政党在各领域的友好交流与合作，希望进一步交流治国理政经验和党的建设经验，在相互尊重、平等互利基础上把党际关系提高到一个新水平，为促进中芬国家关系的发展作出新的贡献。

万哈宁说，芬兰十分重视发展同中国的关系。目前我们两国的关系是十分深入的，经贸往来、技术交流和旅游合作都在迅速发展。芬兰经济十分依赖于国际贸易，因此对中国经济迅猛发展、在世界经济中的作用日益增强感到高兴。芬中关系的第二个层面是在欧盟框架内的合作。芬兰作为欧盟国家，愿在中欧合作中发挥积极作用。谈到党际关系时，万哈宁表示，他作为中间党副主席，对中间党与中国共产党的友好关系感到满意，希望这种关系不断向前发展。

当日，罗干还分别会见了芬兰司法部部长科斯基宁及内政部部长拉亚迈基，双方就共同关心的问题进行了深入交流。

中共中央政治局常委罗干在赫尔辛基会见芬兰议长 芬兰社会民主党主席利波宁

10日下午，罗干还会见了芬兰外长图奥米奥亚，双方就共同关心的国际和地区问题深入交换了意见。

全球华侨华人推动中国和平统一大会在莫斯科开幕

为期两天的大会在莫斯科国际贸易中心隆重开幕。来自世界近60个国家和地区的600余名华侨华人代表相聚莫斯科，以“团结、亲情、统一”为主题，共商祖国和平统一大业。

全国政协副主席、中国和平统一促进会会长、本次大会荣誉主席罗豪才发表讲话说，解决台湾问题，实现国家统一，是所有中华儿女庄严而神圣的使命，我们必须坚持“和平统一、一国两制”的基本方针，一贯主张在一个中国的基础上恢复两岸对话和谈判。罗豪才说，中国政府反对台湾当局进行分裂活动，坚决反对任何“台独”分裂图谋；完成祖国统一大业，是人心所向，大势所趋，是任何人任何势力也阻挡不了的历史潮流，中国政府和人民有信心、有能力维护中国的主权和领土完整，以最大的诚意、尽最大的努力争取和平统一的前景。

台湾海峡两岸和平统一促进会会长、大会荣誉主席梁肃戎和香港特别行政区政府律政司司长梁爱诗在会上发了言。

外交部发言人孔泉就美方领导人会见达赖一事答记者问

有记者问：据报道，目前达赖喇嘛正在美国访问，近日会见了美国务卿鲍威尔，据说布什总统也将会见他。请问中方对此有何评论？

孔泉说，我们坚决反对美方允许达赖访美并安排美领导人会见，已就此向美方提出了严正交涉。

孔泉说，达赖不是单纯的宗教人士，而是长期从事分裂中国、破坏民族团结活动的政治流亡者。我们敦促美方恪守承认西藏是中国一部分、反对“西藏独立”的承诺，停止利用西藏问题干涉中国内政，以免损害中美关系。

全军第二期军以上领导干部学习贯彻“三个代表”重要思想轮训班在国防大学开学

经中央军委批准，由总政治部委托国防大学举办全军军职以上领导干部学习贯彻“三个代表”重要思想第二期轮训，来自全军和武警部队的49名军以上领导干部开始进行为期10天的学习。

第二期轮训班将以胡锦涛同志“七一”重要讲话为指导，以《“三个代表”重要思想学习纲要》和《江泽民国防和军队建设思想学习纲要》为基本线索，原原本本地钻研江泽民同志的重要著作和党的十六大报告，把学习“三个代表”重要思想与学习江泽民国防和军队建设思想有机地结合起来，从总体上领会掌握“三个代表”重要思想的基本内容和基本精神，把江泽民国防和军队建设思想学深学透。

庆祝教师节暨纪念《教师法》颁布十周年座谈会在北京举行

座谈会由全国人大教科文卫委员会、教育部、国务院法制办联合举办。中共中央政治局委员、全国人大常委会副委员长王兆国，全国人大常委会副委员长路甬祥，国务委员陈至立，全国政协副主席徐匡迪出席会议。

路甬祥指出，全面建设小康社会，需要强有力的人力资源支撑。全民族的科学文化素质和人民受教育水平的提高，是全面建设小康社会的重要目标，也是全面建设小康社会的重要基础和必然要求。在这方面，教师肩负重要职责，负有特殊使命。我们要按照党的十六大提出的小康社会的教育目标，继续认真贯彻《教师法》，采取切实有效的措施，使我国教师队伍建设能适应新时代的要求。

陈至立说，当前，全党和全国各族人民正在认真学习贯彻“三个代表”重要思想和党的十六大精神，我们要按照十六大要求，大力“加强教师队伍建设，提高教师的师德和业务水平”。一是继续认真实施教育法、教师法等教育法律、法规，依法维护教师权益，保障和提高教师的社会地位和待遇。二是依法全面实施教师资格制度，吸引更多的优秀人才加入到教师队伍中来。三是适应建设全民终身学习的学习型社会的要求，全面推进教师教育创新，率先建立起教师终身学习体系。四是继续加强师德教育和法制教育，进一步增强教师的社会责任感和法律意识。五是千方百计加大对教育的经费投入，首先是要进一步巩固农村中小学教师工资按时足额发放的机制。各级政府要一如既往地重视教育工作，切实落实教育优先发展的战略地位，努力营造全社会进一步尊师重教、关心和支持教育改革与发展的良好氛围。

北方交通大学经教育部批准更名为北京交通大学

北京交通大学的前身是1909年清政府邮传部创办的北京铁路管理传习所及北京邮电学校。这是中国近代历史上为了维护中国铁路路权而创办的第一所专门培养管理型人才的高等学府。1921年与上海、唐山两所工业专门学校合并，定名交通大学，下设京、沪、唐三校，北京交通大学当时称交通大学北京学校。1923年更名为北京交通大学。新中国成立后，经政务院定名为北方交通大学，著名桥梁专家茅以升教授任校长。

学校更名后仍直属教育部管理，并将以此为契机，大力加强科学研究、教学工作和研究生等高层次人才的培养。

《黄华画册》出版发行

反映我国当代著名外交家黄华致力革命和建设、参与外交和国务活动的大型出版物《黄华画册》在北京举行首发式，宋平、黄华、吴阶平、胡启立等出席。

黄华是上个世纪中美关系解冻后第一位出使北美洲国家的大使，也是我国首任常驻联合国和安理会代表。画册共收入了黄华在各个时期的照片320张。

《黄华画册》由中国和平出版社出版，首发式由宋庆龄基金会、中国国际友好联络会和中国国际友人研究会等单位联合举办。

9月11日

国家主席胡锦涛在人民大会堂与德国总统约翰内斯·劳举行会谈

胡锦涛就发展中德关系提出四点建议：保持两国高层互访的势头，加强双方政治磋商与合作；推动双边经贸关系深入发展，加强包括中小企业在内的经济技术合作；扩大双方在其他各领域的交流与合作，加强两国民间友好交往；着眼大局，求同存异，妥善处理对方关切，确保双边关系健康稳定发展。

约翰内斯·劳完全赞同胡锦涛对发展中德关系的建议。他还强调，两国政府除应继续鼓励双方的大型企业加强合作外，还应帮助双方的中小企业建立联系。德国中小企业充满活力，对发展与中国企业的互利合作有着浓厚兴趣，相信它们会对两国经贸关系作出重要贡献。

在谈到国际形势和问题时，胡锦涛说，从长远看，世界走向多极化的趋势不会改变。无论是维护世界和平与稳定，还是促进全球经济增长与发展，都需要各国在相互尊重、平等互利的基础上加强对话、协商与合作，都需要进一步发挥联合国的作用。中国主张国际关系民主化，推动建立公正合理的国际政治经济新秩序。胡锦涛重申了中国在反恐问题上的一贯立场，强调中国坚决反对一切形式的恐怖主义。

国务院在天津召开汽车产业发展政策和消费政策座谈会

座谈会上，国内主要汽车生产企业负责人、中介组织代表、消费者代表、专家学者，以及国务院和地方政府有关部门代表，各抒己见，畅所欲言，对促进汽车产业发展、扩大汽车消费提出了意见和建议。

曾培炎指出，汽车工业已成为推动国民经济发展的支柱产业。我国汽车产业正处于重要的发展机遇期，但也要清醒地认识到，我国汽车市场体系还有待健全，一些地方出现了盲目投资、办新厂、铺摊子的现象，企业结构必须进一步调整，自主开发能力亟待提高，消费和服务环境需要进一步改善。

曾培炎强调，当前，要注意把握好以下几个问题：一是把发挥市场配置资源的作用与国家宏观调控结合起来，进一步扩大现有汽车生产企业自主决策权，同时充分发挥产业政策对企业行为的引导作用。二是把对外开放和自主发展结合起来，广泛开展国际经济技术合作，努力开发具有自主知识产权的产品，鼓励汽车优势产品和零部件参与国际竞争。三是以结构调整为主线，鼓励大型汽车企业集团通过兼并联合，加快做大做强的步伐，反对低水平重复建设。四是充分利用我国汽车工业生产成本低，劳动力素质好，配套条件具备等比较优势，努力把我国建成世界汽车生产的重要基地。五是消除对汽车消费的不合理限制，加强汽车使用的配套设施建设，搞好汽车服务市场管理。六是坚持走可持续发展道路，鼓励生产和使用节能环保型汽车。

座谈会前，曾培炎考察了天津一汽丰田股份公司、天津一汽夏利股份公司和中国汽车技术研究中心。

全国总工会第十三届六次执行委员会全体会议在北京举行

会议决定，根据《中国工会章程》的规定，中国工会第十四次全国代表大会将于9月22日至26日在北京召开。目前，大会各项筹备工作正在如期顺利进行。

这次大会的主要任务是：高举邓小平理论伟大旗帜，全面贯彻“三个代表”重要思想，深入学习贯彻党的十六大精神，总结工会十三大以来的主要成绩和基本经验，确定今后5年工会工作的目标和任务，选举产生中华全国总工会新的领导机构。

大会的主要议程是：听取和审议中华全国总工会第十三届执行委员会的报告；审议通过《中华全国总工会第十三届执行委员会财务工作报告》《中华全国总工会第十三届经费审查委员会工作报告》；选举产生中华全国总工会第十四届执行委员会和经费审查委员会。

目前，中国工会十四大的代表选举已经完成。大会正式代表1698名，特邀代表253名，列席人员23名。31个省、自治区、直辖市总工会和全国铁路、民航、金融以及中直机关、中央国家机关工会联合会组成36个代表团参加大会。

经中央同意中央精神文明建设指导委员会决定9月20日定为“公民道德宣传日”

海关总署在北京召开先进集体和先进工作者表彰大会

来自全国海关的50个先进集体和25位先进工作者受到了人事部、海关总署的联合表彰。他们中有不畏艰险、敢于斗争的缉私勇士；有锐意进取、勇于开拓的改革尖兵；有爱岗敬业、又红又专的业务能手；有默默无闻、甘于奉献的工作骨干，是近年来在全国海关践行“三个代表”重要思想活动中涌现出来的杰出代表。海关总署署长牟新生表示，全国海关将以“三个代表”重要思想为指导，牢固树立执法为民观念，开展以“执法为民、整肃纪律、树立良好形象”为主题的教育整顿活动,把海关队伍建设提高到新水平。

国家税务总局发出《关于进一步做好税收政策落实工作的通知》

通知要求各级税务机关要全面准确地落实再就业税收政策、西部大开发税收政策、减轻农民负担的税收政策、支持高新技术产业发展的税收政策等各项税收政策,正确处理组织收入与落实税收政策的辩证关系,进一步做好各项税收政策落实工作。一方面,要坚持"依法治税、应收尽收、坚决不收过头税"的基本原则,另一方面,要全面、依法贯彻落实国家税收政策,不落实国家税收政策也是收"过头税"。

国家副主席曾庆红在人民大会堂会见加拿大国防部部长麦卡勒姆

国务院总理温家宝 中央军委主席江泽民签署第391号令公布《民用运力国防动员条例》

现公布《民用运力国防动员条例》,自2004年1月1日起施行。

国务院总理　温家宝

中央军委主席　江泽民

2003年9月11日

民用运力国防动员条例

第一章　总　则

第一条　为了维护国家主权、统一、领土完整和安全,保证有效地组织和实施民用运力国防动员,根据《中华人民共和国国防法》和其他有关法律,制定本条例。

第二条　民用运力国防动员,包括动员准备和动员实施。

在战时及平时特殊情况下,根据国防动员需要,国家有权依法对机关、社会团体、企业、事业单位和公民个人(以下简称单位和个人)所拥有或者管理的民用运载工具及相关设备、设施、人员,进行统一组织和调用。

国家在和平时期进行民用运力国防动员准备,增强动员潜力,保障战时及平时特殊情况下实施民用运力国防动员的需要。

第三条　一切拥有或者管理民用运力的单位和个人都应当依法履行民用运力国防动员义务。

因履行民用运力国防动员义务而遭受直接财产损失、人员伤亡的,依法享有获得补偿、抚恤的权利。

第四条　国家国防动员机构在国务院和中央军事委员会领导下,负责组织领导全国的民用运力国防动员工作。

军区国防动员机构负责组织领导本区域的民用运力国防动员工作。

县级以上地方各级国防动员机构负责组织领导本行政区域的民用运力国防动员工作。

第五条　国家国防交通主管机构负责具体实施全国的民用运力国防动员工作。

军区国防交通主管机构负责具体实施本区域的有关民用运力国防动员工作。

县级以上地方各级人民政府国防交通主管机构负责具体实施本行政区域的民用运力国防动员工作。

第六条　各级国民经济动员机构、人民武装动员机构和县级以上人民政府交通运输管理部门以及其他有关部门在各自的职责范围内,负责有关的民用运力国防动员工作。

第七条　县级以上各级人民政府应当采取有效措施,加强民用运力国防动员准备工作,将民用运力国防动员准备工作纳入国民经济和社会发展计划,增强动员潜力,支持和督促其有关部门依法履行职责,落实民用运力国防动员的各项工作。

第八条　国家支持、鼓励单位和个人建造、购买、经营平战结合的民用运载工具及相关设备,按照有关规定给予扶持。

第九条　单位和个人在民用运力国防动员工作中作出突出贡献,有下列情形之一的,依照国家和地方有关规定给予表彰、奖励:

(一)提供重要或者急需的民用运力,在保障军事行动中作用明显的;

(二)组织和开展民用运力国防动员活动,取得突出成绩的;

(三)坚决执行民用运力国防动员命令,克服困难,出色完成任务的;

(四)勇于同干扰和破坏民用运力国防动员的行为作斗争,避免重大损失的;

(五)在民用运载工具及相关设备贯彻国防要求或者加装改造方面,有重大发明创造,军事或者经济效益显著的。

第二章　民用运力国防动员的准备

第十条　国家国防交通主管机构应当会同国家国民经济动员机构、国务院交通运输管理部门和其他有关部门、军队有关部门,根据民用运载工具及相关设备的设计、建造情况,按照突出重点、注重实效的原则,拟订新建民用运载工具及相关设备贯彻国防要求的总体规划,报国家国防动员机构批准。

国家国民经济动员机构应当根据批准的总体规划,拟订新建民用运载工具及相关设备贯彻国防要求的具体实施计划并组织实施。

第十一条　国务院交通运输管理部门和其他有关

部门，省、自治区、直辖市人民政府，应当加强对本行业、本行政区域内设计、建造民用运载工具及相关设备贯彻国防要求工作的管理和指导，为承担设计、建造任务的单位和个人提供政策和技术支持，保障有关国防要求的落实。

第十二条 设计、建造列入贯彻国防要求具体实施计划的民用运载工具及相关设备的单位和个人，必须严格按照贯彻国防要求的设计标准和技术规范进行设计、建造。

出资建造民用运载工具及相关设备的单位和个人，不得阻碍设计、建造单位和个人为贯彻国防要求所进行的设计、建造活动。

设计、建造民用运载工具及相关设备，因贯彻国防要求所发生的费用，由中央财政和县级以上地方各级财政给予适当补助。具体办法由国家国防交通主管机构会同国务院财政部门制定。

第十三条 贯彻国防要求的民用运载工具及相关设备竣工验收时，下达任务的机构和有关国防交通主管机构应当参加验收并签署意见，验收合格并经所在地国防交通主管机构登记后，方可交付使用。

第十四条 县级以上人民政府交通运输管理部门、公安交通管理部门和其他有关部门，应当结合本部门年度的交通工具统计、登记和审验(核)工作，按照民用运力国防动员准备登记的要求，于每年1月31日前，向同级国防交通主管机构报送上一年度民用运力登记的有关资料和情况。

报送的民用运力资料和情况不符合规定要求的，国防交通主管机构可以要求前款所列有关部门按照规定要求重新提供，有关部门不得拒绝。

第十五条 各级国防交通主管机构应当对民用运力资料和情况分类整理，登记造册，妥善保管，及时更新。下级国防交通主管机构应当按照民用运力国防动员的要求将本级民用运力情况报送上一级国防交通主管机构；同时根据需要，及时向军队有关单位通报本地区的民用运力情况。

国防交通主管机构以及获得情况通报的军队有关单位对民用运力资料和情况负有保密义务。

第十六条 军队、人民武装警察部队、民兵组织，应当根据所担负的任务，评估和测算民用运力国防动员需求，并按照规定的程序将所需民用运载工具及相关设备的类型、数量及其技术要求等情况报送有关国防交通主管机构。

第十七条 国防交通主管机构应当根据民用运力情况和使用单位提出的需求，组织拟订民用运力国防动员预案。

全国民用运力国防动员预案，由国家国防交通主管机构会同国务院有关部门和军队有关部门拟订，报国家国防动员机构批准。

军区民用运力国防动员预案，由军区国防交通主管机构根据全国民用运力国防动员预案，会同军区有关部门和区域内的省、自治区、直辖市人民政府有关部门拟订，报军区国防动员机构批准，并报国家国防交通主管机构备案。

省、自治区、直辖市民用运力国防动员预案，由省、自治区、直辖市人民政府国防交通主管机构根据军区民用运力国防动员预案，会同本级人民政府有关部门和同级军事机关拟订，报本级国防动员机构批准，并报军区国防交通主管机构备案。

第十八条 海军、空军、第二炮兵(以下简称军兵种)根据所担负的特殊任务，需要单独制定民用运力国防动员预案的，经国家国防交通主管机构同意后，由军兵种主管国防交通工作的机构会同有关军区和省、自治区、直辖市人民政府的国防交通主管机构以及其他有关部门拟订；经所属的军兵种审核同意后，报国家国防动员机构批准。

第十九条 民用运力国防动员预案应当明确动员的任务、程序、要求和保障措施，便于操作执行，能够满足军事行动的需要。

第二十条 民用运力国防动员预案的调整，按照原拟订程序和批准权限办理。

第二十一条 国防交通主管机构应当会同人民武装动员机构，根据民用运力国防动员预案，组织和指导有关部门确定预征民用运力，并将预征民用运载工具及相关设备的类型、数量、技术标准和对操作、保障人员的要求通知有关单位和个人。

接到通知的单位和个人，应当按照要求做好预征民用运力的组织、技术保障等准备工作。

第二十二条 预征民用运载工具及相关设备，需要进行加装改造论证和试验的，由国防交通主管机构会同同级国民经济动员机构，根据民用运力国防动员预案制订实施方案，并组织实施。其中重大论证课题和试验项目的实施方案应当报国家国防动员机构批准；涉及加装武器装备的，按照武器装备加装改造的有关规定办理。

第二十三条 承担民用运载工具及相关设备加装改造论证课题和试验项目的单位，应当按照规定的时间与要求完成论证和试验任务，并将论证结论和试验结果的资料报送国防交通主管机构和国民经济动员机构。

拥有或者管理需要加装改造的预征民用运载工具及相关设备的单位和个人，应当向承担加装改造论证课题和试验项目的单位提供民用运载工具及相关设备的原始资料和情况，为加装改造论证课题和试验项目的顺利实施提供方便。

第二十四条 国民经济动员机构和国防交通主管机构，应当根据加装改造任务的要求，指导、帮助有关单位建立和完善加装改造的技术、材料及相关设备的储备制度。

第二十五条 人民武装动员机构应当会同国防交通主管机构和军队负责军事交通运输工作的部门，根据民用运力国防动员准备要求，结合预征民用运力担负的运输生产任务，组织预征民用运力进行必要的军事训练和专业技术训练。

参加预征民用运力训练的人员，训练期间的误工补贴或者在原单位的工资、奖金、福利待遇以及伙食补助、往返差旅费等，训练人员纳入民兵组织的，依照国家有关民兵参加军事训练的规定执行；训练人员未纳入民兵组织的，参照国家有关民兵参加军事训练的规定执行。

第二十六条 国防交通主管机构应当会同同级人民政府交通运输管理部门和其他有关部门，加强对预征民用运力的动态管理，建立相应的管理制度，采用先进的科技手段收集和掌握预征民用运力的动态信息。

拥有或者管理预征民用运力的单位和个人，应当按照规定及时向国防交通主管机构报送预征民用运力的变动情况。

第二十七条 军区级以上单位批准的军事训练、演习，可以征用民用运力。

军事训练、演习需要征用民用运力的，按照中央军事委员会规定的程序报军区级以上单位批准后，由国防交通主管机构根据民用运力国防动员预案组织实施。

军事训练、演习征用民用运力的补偿费用，按照租用方式计价结算。具体办法由国务院财政部门会同国务院有关部门和军队有关部门制定。

第三章 民用运力国防动员的实施

第二十八条 战时的民用运力国防动员，依据国家主席发布的动员令实施。

平时特殊情况下的民用运力国防动员，依据国务院、中央军事委员会发布的民用运力国防动员决定实施。

第二十九条 国防交通主管机构应当根据上级下达的民用运力国防动员任务和使用单位提出的申请，按照快速动员的要求，迅速启动、实施民用运力国防动员预案。

在实施民用运力国防动员预案的过程中，需要对预案进行调整的，按照规定程序、权限办理。

第三十条 国防交通主管机构应当会同人民武装动员机构，按照上级下达的民用运力国防动员要求，通知被征民用运力的单位和个人，明确其被征民用运载工具及相关设备的类型、数量和操作、保障人员，以及民用运力集结的时间、地点和方式。

被征民用运力的单位和个人必须按照通知要求，组织被征民用运力在规定时限内到达集结地点，并保证被征民用运载工具及相关设备的技术状态和操作、保障人员的技能符合军事行动的要求。

第三十一条 被征民用运力集结地的人民武装动员机构应当会同国防交通主管机构及有关部门组成精干的指挥机构，对集结后的民用运力进行登记编组，查验整备情况，组织必要的应急训练，保证按时交付使用单位；被征民用运力来不及集结的，人民武装动员机构可以与使用单位商定报到时间和地点，并立即通知被征民用运力的单位和个人。被征民用运力交付使用单位时，应当办理交接手续。

被征民用运力交接后，有关民用运载工具及相关设备的安全防护、后勤保障和装备维修等，由使用单位负责，其执行任务所在地的人民政府予以协助。

第三十二条 被征民用运载工具及相关设备需要加装改造的，由国民经济动员机构会同国防交通主管机构和使用单位，按照民用运力国防动员预案确定的加装改造方案组织实施。

承担民用运载工具及相关设备加装改造任务的单位和个人，应当严格按照国家安全技术标准和国防要求进行加装改造，保证按期交付使用。

第三十三条 民用运力国防动员实施过程中，因情况紧急来不及报告的，使用单位可以按照民用运力国防动员预案直接在当地征用所需的民用运力，但必须同时按照规定的程序补报。

第三十四条 民用运力国防动员实施过程中，需要使用港口、码头、机场、车站和其他设施的，由国防交通主管机构事先向有关部门或者单位提出使用要求，有关部门和单位应当予以配合、支持。

第三十五条 使用民用运力的单位应当尽最大可能保证人员安全，并尽量避免民用运载工具及相关设备、设施受到损毁。

第三十六条 国务院、中央军事委员会根据民用运力国防动员的紧急需要，决定对某一行业或者地区的民用运力实施管制时，被实施民用运力管制的单位和个人，必须服从管制指挥机构的统一指挥，保证其拥有或者管理的民用运载工具及相关设备、设施和保障系统处于良好状态。

第四章 补偿与抚恤

第三十七条 民用运力国防动员任务完成后，使用民用运力的单位应当收拢民用运力，清查动员民用运力数量，统计民用运载工具及相关设备、设施的损失、损坏情况以及操作、保障人员的伤亡情况，按照有关规定办理移交手续，并出具民用运力使用、损毁情况证明。

第三十八条　加装改造的民用运载工具及相关设备需要并能够恢复原有功能的，国民经济动员机构应当在移交前会同国防交通主管机构和使用单位组织实施恢复工作。恢复工作完成并通过相应的检验后，应当及时移交。

加装改造的民用运载工具及相关设备不影响原使用功能的，可以不实施恢复工作。国防交通主管机构应当登记造册，列为民用运力国防动员储备。

第三十九条　拥有或者管理民用运力的单位和个人，因履行民用运力国防动员义务造成的下列直接财产损失，由中央财政和县级以上地方各级财政给予适当补偿：

（一）民用运载工具及相关设备和港口、码头、机场、车站等设施的灭失、损坏、折旧；

（二）民用运载工具及相关设备和港口、码头、机场、车站等设施的操作、保障人员的工资或者津贴；

（三）应当给予合理补偿的其他直接财产损失。补偿的具体办法，由国务院财政部门会同有关部门制定。

第四十条　拥有或者管理民用运力的单位和个人，凭使用单位出具的使用、损毁证明，向当地的国防交通主管机构申报，经国防交通主管机构审核情况属实，并报有关人民政府批准后，由当地的国防交通主管机构负责在规定的期限内实施补偿。

第四十一条　拥有或者管理民用运力的单位和个人，因履行民用运力国防动员义务遭受人员伤亡的，其抚恤优待的办法和标准，由县级以上地方人民政府民政部门依照《军人抚恤优待条例》的规定执行。

第五章　经费保障

第四十二条　民用运力国防动员所需费用，由中央财政和县级以上地方各级财政共同负担。

中央财政负担的费用，列入中央预算；县级以上地方各级财政负担的费用，列入本级政府预算。

第四十三条　民用运力国防动员准备所需费用，由国家和县级以上地方各级人民政府国防交通主管机构，根据本年度民用运力国防动员工作任务编制预算，报本级人民政府批准。

第四十四条　民用运力国防动员实施所需费用，按照国家在战时及平时特殊情况下有关国防动员经费保障办法执行。

第四十五条　民用运力国防动员经费应当专款专用，并接受财政、审计部门的监督。

第六章　法律责任

第四十六条　违反本条例的规定，预征民用运力的单位或者个人逃避或者拒不履行民用运力国防动员义务的，由设区的市级人民政府国防交通主管机构责令改正；拒不改正的，强制其履行义务，可以对单位处2万元以上10万元以下的罚款，对个人处2000元以上1万元以下的罚款；构成犯罪的，依法追究刑事责任。

第四十七条　违反本条例的规定，被征民用运力的单位或者个人未按照规定的时间、地点和要求集结应征民用运力，由设区的市级人民政府国防交通主管机构责令改正；构成犯罪的，依法追究刑事责任。

第四十八条　违反本条例的规定，承担设计、建造或者加装改造任务的单位、个人，未按照国防要求对民用运载工具及相关设备进行设计、建造、加装改造，或者出资建造民用运载工具及相关设备的单位、个人阻碍有关设计、建造或者加装改造的，由设区的市级人民政府国防交通主管机构责令改正；拒不改正的，强制其履行义务，可以对单位处5万元以上20万元以下的罚款，对个人处5000元以上5万元以下的罚款；构成犯罪的，依法追究刑事责任。

第四十九条　破坏预征民用运载工具及相关设备或者以其他方式阻碍、干扰民用运力国防动员活动，造成损失或者不良影响的，由公安机关依照《中华人民共和国治安管理处罚条例》给予处罚；构成犯罪的，依法追究刑事责任。

第五十条　违反本条例的规定，县级以上人民政府交通运输管理部门、公安交通管理部门和其他有关部门拒绝向国防交通主管机构报送或者迟延报送上一年度民用运力登记的有关资料和情况的，由本级人民政府责令限期报送；逾期未报送的，对负有直接责任的主管人员和其他直接责任人员，由有关主管机关依法给予记过、记大过、降级的行政处分。

第五十一条　违反本条例的规定，国防交通主管机构、国民经济动员机构、人民武装动员机构、民用运力使用单位有下列情形之一的，由有关主管机关对负有直接责任的主管人员和其他直接责任人员依法给予记大过、降级、撤职的行政处分或者依照《中国人民解放军纪律条令》的有关规定给予纪律处分；构成犯罪的，依法追究刑事责任：

（一）泄露所收集、掌握的民用运力资料和情况的；

（二）超越权限，擅自动员民用运力的；

（三）对被征用民用运力管理不善，造成严重损失的；

（四）不出具民用运力使用、损毁证明，经有关主管机关指出拒不改正的；

（五）违反专款专用的规定，擅自使用民用运力国防动员经费的。

第七章 附 则

第五十二条 平时特殊情况，是指发生危及国家主权、统一、领土完整和安全的武装冲突以及其他突发性事件。

第五十三条 本条例自2004年1月1日起施行。

冯雪峰百年诞辰纪念大会在北京举行

首都文艺界专家学者和冯雪峰同志的亲属及生前好友聚集在中国现代文学馆，隆重纪念和深切缅怀这位中国共产党的优秀党员，著名的文艺理论家、作家和诗人光辉战斗的一生。

大家认为，冯雪峰同志不愧为一位经过长期革命斗争锻炼和考验的老党员、老干部，在生命的最后20年中，雪峰同志长期身处逆境，精神与肉体受到严重摧残，但直到生命的最后一刻，他仍然以坚定的信念，表现出对党忠贞不贰的崇高品格。

全国政协副主席、中共中央统战部部长刘延东出席了纪念大会。

中国选手孙福明在日本大阪举行的2003年世界柔道锦标赛女子78公斤以上级比赛中获得冠军

北京市正式出台《北京防治传染性非典型肺炎应急预案》

《北京防治传染性非典型肺炎应急预案》共包括总则、组织管理、工作措施、应急响应、保障措施和附则6个部分。《北京防治传染性非典型肺炎应急预案》中，北京将疫情划分为3个预警等级。

全国非煤矿山安全生产专项整治现场会在招远召开

我国非煤矿山事故频发，今年1—7月，共发生伤亡事故1179起，死亡1326人，同比分别增加256起，多死亡136人，分别上升27%和11%。现场会期间即传来广西南丹再次发生重大事故且隐瞒不报的消息。

我国非煤矿山99%以上为中小型企业，生产规模小，无正规设计，无安全生产配套设备，无严格的防范措施。非煤矿山事故每年得死亡2000人，约占全部矿山事故的1/4。2001年，广西南丹和山西繁峙相继发生两起特大非煤矿山事故，使国家安监局下决心整治非煤矿山的安全。两年来，开展了安全专项整治，加强了安全监管机构的建设。关闭取缔了3.8万处非法和不具备基本安全生产条件的矿山；一些长期乱采滥挖严重的地方，矿业秩序得到明显改善；消除和整治了一大批事故隐患，重、特大事故大大减少。今年前7月，一次死亡3—9人的事故和死亡人数同比均下降三成以上，一次死亡10人以上事故只发生了一起。

到6月底，全国非煤矿山有11.32万个，远远高于小煤矿2.5万处的数量。其中4.26万处已通过验收，还有7万余处正在整治。

9月12日

中共中央总书记胡锦涛在人民大会堂会见首批海关高级关衔人员及海关系统先进集体和先进工作者代表

国务院总理温家宝，国家副主席曾庆红参加了会见。胡锦涛即席发表了讲话。他指出，我国已进入全面建设小康社会、加快推进社会主义现代化的新的发展阶段，新形势、新任务对海关工作提出了新的更高的要求。他希望海关战线切实加强自身队伍建设，全面贯彻“依法行政，为国把关，服务经济，促进发展”的工作方针，继续强化依法征管、科学征管，努力实现全年税收目标，为增强国家财力多做贡献。

国务院授予海关关衔仪式在人民大会堂举行

授衔仪式由国务委员兼国务院秘书长华建敏主持，国务院副总理吴仪宣读《国务院关于授予牟新生等277名同志海关关衔的命令》。国务院总理温家宝为海关总监、副总监和一级关务监督代表颁发授衔命令证书。

首批277人被授予海关总监、副总监、一级关务监督、二级关务监督的高级关衔。这是中华人民共和国成立以来首次授予海关关衔。继人民解放军实行军衔制、人民警察实行警衔制之后，海关成为又一支实行衔级制度的队伍。

全国人大常委会委员长吴邦国 国务院总理温家宝在北京分别会见德国总统约翰内斯·劳

中央纪委书记吴官正在青海考察

9月12日至16日，吴官正在青海省考察党的作风建设，特别是基层党的作风建设情况。他强调，要坚持以“三个代表”重要思想为指导，切实抓好基层干部队伍的作风建设，实现好、维护好、发展好最广大人民的根本利益。

在考察中，吴官正深入农村、企业、医院、学校，了解村务公开和农民负担，企业领导人员廉洁经营和厂务公开，医院医德医风以及学校收费和困难学生上学等情况；到派出所、工商所等基层站所，了解公平、公正为民办事情况。与农民、牧民和基层干部交谈，看望纪检监察干部，认真听取他们的意见。他对青海省改革开放、经济社会发展以及党风廉政建设取得的成绩，给予充分肯定。

吴官正指出，广大基层干部处在改革开放和经济建设的第一线，吃苦耐劳，扎实工作，为推进改革、促进发展和维护社会稳定作出了重要贡献。但也要看到，有的基层干部办事不公，执法不严，吃拿卡要，刁难群众，以权谋私，侵害了群众利益，必须按照中央的要求认真加以解决。

吴官正强调，要按照“八个坚持、八个反对”和“两个务必”的要求，加强基层党的作风建设。各级纪委要协助党委抓好党的作风建设，定期分析本地区本部门党风建设情况，健全和完善组织协调机制，坚持廉政、勤政一起抓。既要严肃查处违纪违法的腐败分子，又要切实纠正侵害群众切身利益的不正之风，以优良的党风维护改革发展稳定的大局。

青海省省委书记、省长赵乐际陪同考察。

国务院在北京召开农村税费改革试点工作座谈会

会议传达学习中共中央政治局常委、国务院总理温家宝关于扎实做好农村税费改革试点工作的重要批示，安排部署进一步加强农村税费改革试点工作。中共中央政治局委员、国务院副总理回良玉出席会议并讲话。

回良玉指出，今年11个新增全面试点省份的各级党委和政府普遍加强了对改革试点工作的领导，认真制订改革方案和配套文件，开展多种形式的宣传培训，积极进行取消农业特产税试点。但受“非典”疫情的影响，加上一些地方认识不到位、措施不得力，改革试点工作普遍延迟进行，出现了一些不容忽视的问题。他强调，对改革试点工作中存在的问题绝不能忽视，对解决问题的难度绝不能低估，对做好试点工作的要求绝不能降低。

回良玉指出，各地区、各部门要严格按中央要求，高标准、高质量做好农村税费改革试点工作。

湖北、甘肃省负责同志在会上介绍了工作经验，财政部部长金人庆就做好农村税费改革新增全面试点省份试点工作进行了具体部署。

国务院副总理回良玉在山东考察黄河防汛和引黄济津应急调水工作

9月12日至13日，回良玉在山东沿黄河大堤考察了黄河防汛、引黄济津工程，实地察看了南水北调东线穿黄隧洞试验工程，并听取了黄河水利委员会关于黄河治理工作的汇报。

回良玉指出，今年黄河上中游部分地区发生了较大洪水，沿黄各地按照党中央、国务院的要求，奋起抗洪救灾，取得了阶段性胜利。但是，当前黄河仍处在汛期，仍然有发生较大洪水的可能。因此，要充分认识当前黄河防汛抗洪形势，保持高度警惕，丝毫不能麻痹和松懈，努力做好防汛抗洪救灾工作，夺取今年防汛抗洪救灾工作的全面胜利。

9月12日，回良玉按下电钮启动了黄河位山闸，引黄济津应急调水正式实施。他要求引黄济津沿线各省市要团结协作，齐心协力，按时、保质、保量完成任务。

国办发出《关于调整全国企业兼并破产和职工再就业工作领导小组组成人员的通知》

国资委：

你委《关于调整全国企业兼并破产和职工再就业工作领导小组组成人员的请示》(国资改组〔2003〕49号)收悉。经国务院领导同志同意，现将调整后的全国企业兼并破产和职工再就业工作领导小组(以下简称领导小组)成员单位及组成人员名单通知如下：

组　长：李荣融(国资委主任)

副组长：邵　宁(国资委副主任)

朱志刚(财政部副部长)

唐双宁(银监会副主席)

成　员：(略)

领导小组办公室设在国资委。

国务院办公厅

2003年9月12日

中央团校建校55周年纪念座谈会在北京举行

共青团中央第一书记、中央团校校长周强出席座谈会并讲话，团中央书记处常务书记赵勇出席座谈会。

中央团校1948年9月成立于河北平山县，为新中国培养了急需的青年工作干部。1985年，中国青年政治学院在中央团校的基础上成立，学校步入团干部培训与高等教育并举发展的新阶段。建校55年来，中央团校继承和发扬在西柏坡形成的优良传统和作风，逐步发展成为承担多种教育职能的共青团最高学府，培养了6万余名德才兼备的青年人才。

新华发行集团总公司在北京挂牌成立

新华发行集团总公司由中国出版集团所属的新华书店总店、中国出版对外贸易总公司、中国图书进出口(集团)总公司与国家邮政局所属的中邮物流有限责任公司、中邮邮购有限责任公司组建，中国出版集团和国家邮政局为出资人。

新华发行集团总公司的成立是为了在出版发行领域实行集约化、集团化经营，实现统一品牌、集中配送、连锁经营和信息管理，以利于提高民族出版发行业的市场竞争力和国际竞争力。

国家副主席曾庆红在人民大会堂会见新西兰外交贸易部部长菲利普·戈夫

中国与蒙古经贸联委会第八次会议在乌兰巴托结束

为期4天的会议结束后，经贸联委会中方主席、中国商务部副部长安民同蒙方主席、蒙古基础设施部部长吉格吉德共同签署了《会议纪要》。会议期间，双方对上次会议以来中蒙两国经贸关系的发展和经贸合作的进展情况，以及联委会的工作等进行了认真的总结，并对两国经贸合作取得的成绩给予了积极评价。

两国如何在蒙古资源开发和基础设施建设方面开展富有成效的合作是本次会议的重要议题。双方表示将加强两国政府主管部门间的信息交流，支持两国有实力的企业在大型项目上开展合作。同时，双方在相互信任、友好的气氛中就推动两国经贸合作关系在平等互利基础上进一步发展进行了广泛和深入的探讨，就一些目前需要协调的问题坦诚交换了意见，并取得了共识。

安民在蒙古期间还分别同蒙古总理恩赫巴亚尔、财政和经济部部长乌兰等官员进行了会谈，并考察了部分中资企业和中国援蒙工程项目。

国务院副总理黄菊在人民大会堂会见参加第六届中国北京国际科技产业博览会活动的境外贵宾

黄菊代表中国政府对来宾们表示欢迎。他说，中国政府十分重视科技进步，积极实施科教兴国战略，并明确提出了走新型工业化道路的目标，对新形势下推进科技进步和发展高新技术产业作出了具体部署，科技在中国经济社会发展中的作用持续增强。

黄菊说，北京作为中国的政治、文化和对外交往中心，是中国最大的科研基地和世界重要的科学技术信息集散地。中国加入世贸组织和北京申奥成功，为北京的发展带来了新的契机。这次举办科博会活动，将进一步推动北京的经济社会发展和科技进步。

1999年诺贝尔经济学奖获得者罗伯特·芒德尔、法国电力公司董事长兼首席执行官弗朗索瓦·鲁斯利等参加了会见。

中方参加会见的有：中共中央政治局委员、中共北京市市委书记刘淇，教育部部长周济，信息产业部部长王旭东，北京市代市长王岐山，科技部副部长邓楠，商务部副部长魏建国，中国贸促会会长万季飞，国家知识产权局局长王景川，北京市副市长张茅、陆昊。

第六届中国北京国际科技产业博览会在人民大会堂开幕

中共中央政治局委员、北京市市委书记刘淇出席。国务委员陈至立在开幕式上作了题为《大力发展高新科技，走新型工业化道路》的主题报告。

陈至立说，我国国民经济发展对高新技术产业的新要求是，坚持以信息化带动工业化，走出一条科技含量高、经济效益好、资源消耗低、环境污染少、人力资源优势得到充分发挥的新型工业化路子。要通过优先发展信息产业，加快政府行政管理、社会公共服务、企业生产经营的数字化、网络化、信息化步伐。要重视提高第三产业的科技含量，真正形成以高新技术产业为先导、基础产业和制造业为支撑、服务业全面发展的产业格局，实现生产力的跨越式发展。

陈至立说，国家将加大对重大科技专项的支持力度，推动关键技术创新和系统集成，带动相关高科技产业的兴起和发展，增强科技创新力和竞争力，满足我国经济社会中长期发展的战略需要。要更加注重经济与社会、城市与乡村、中西部与东部、人与自然的协调发展，坚决走可持续发展的道路。今后，要多举办北京科博会这样高水平的科技交流活动，与国际科技界、产业界建立全方位、各层次、多形式的交流与合作。

参加本届科博会展览和各项科技经贸活动的有来自27个国家和地区的外国政府和专业组织、世界500强企业、世界著名金融投资机构和工商界人士。其中，国际组织、外国政府和企业经贸代表团85个，为历届最多。

以中国国际展览中心为主展场的展览会，有2000多家中外高新技术企业和机构参展。22个论坛及专项交流活动中，有400余位国内外知名专家、学者、政府权威人士就世界经济和中国经济走势、未来20年企业战略等新课题进行交流。6场科技经贸项目洽谈将汇集奥运经济、城市建设与社会发展、投资贸易等项目万余个。

科博会由科技部、商务部、教育部、信息产业部、中国贸促会、国家知识产权局和北京市政府联合主办。

陕西选手顾原在上海进行的全国田径锦标赛上打破女子链球亚洲纪录

顾原以72米03的成绩摘取冠军，并打破由她本人保持的71米10的亚洲纪录。

中国选手刘霞 刘春红 李卓 吴美锦 张国政在秦皇岛举行的亚洲举重锦标赛上连创世界纪录

女子63公斤级选手刘霞以挺举137.5公斤的成绩创造了新的世界纪录，并以247.5公斤的总成绩打破242.5公斤的世界纪录。

女子69公斤级选手刘春红以抓举117.5公斤、挺举148.5和总成绩265公斤刷新了该级别世界纪录。

女子48公斤选手李卓以抓举93.5公斤、挺举116.5公斤的成绩打破世界纪录，并以207.5公斤的总成绩平世界纪录。

男子56公斤级选手吴美锦以130.5公斤的抓举成绩打破原130公斤的亚洲纪录。

男子69公斤级选手张国政以197.5公斤的成绩打破该级别的挺举世界纪录。

9月13日

全国政协主席贾庆林在人民大会堂会见英国前副首相 英中中心名誉主席杰弗里·豪勋爵

全国政协主席贾庆林到中国国际展览中心参观第六届中国北京国际科技产业博览会

本届“科博会”在“科技创新、奥运经济、社会发展”的主题下，突出展示了以电子信息为龙头的高新技术对未来经济和社会生活的影响。

在展览大厅里，贾庆林在中共中央政治局委员、北京市市委书记刘淇，北京市代市长王岐山陪同下，饶有兴致地观看了以电子通信和网络技术为基础的数字奥运、生物医药、环境保护、现代制造等专业展区，全国部分省、自治区、直辖市展区，技术成果交易展区。

贾庆林强调，21世纪是一个知识经济占主导地位的时代，科技创新能力的高低将成为决定一个国家在国际竞争和世界总格局中地位的重要因素。我们要坚定不移地实施科教兴国战略，走可持续发展道路，发挥科学技术作为第一生产力的重要作用，进一步增强科技创新力和竞争力，推进国家创新体系建设，促进经济社会的全面发展。

全国人大常委会副委员长蒋正华，全国人大常委会副委员长、全国妇联主席顾秀莲，国务委员兼国务院秘书长华建敏，全国政协副主席、中央统战部部长刘延东，以及有关部委负责同志参观了展览。

中共中央政治局常委曾庆红在广东考察

曾庆红和随行的全国政协副主席、国务院港澳办主任廖晖于9月13日至17日在中共中央政治局委员、广东省省委书记张德江，省长黄华华等陪同下，先后到珠海、东莞、深圳、广州等地，就党的建设、经济社会发展、进一步推进粤港澳合作等问题进行调研。曾庆红强调，广东要在加快发展、率先发展、协调发展的同时，充分发挥毗邻港澳的区位优势和腹地优势，带头落实《内地与香港关于建立更紧密经贸关系的安排》（CEPA），大力推进粤港澳合作，实现互利双赢，共同发展。

在同广东省党政领导干部座谈时，曾庆红充分肯定了广东近年来的工作特别是今年在抗击“非典”和促进经济社会发展方面所取得的成绩。他说，“三个代表”重要思想是江泽民同志2000年在广东考察工作时首先提出来的。三年多来，广东始终走在全国学习贯彻“三个代表”重要思想的前列。他强调，“三个代表”重要思想是以发展为主题的科学理论。各级党组织和领导干部要自觉地把学习贯彻“三个代表”重要思想的着力点，放在提高发展的能力、优化发展的环境和促进发展的成效上，使之成为落实第一要务的强大精神动力。

曾庆红十分重视党的建设。他考察了广东各级党组织正在普遍实施的“固本强基”工程。他还深入东莞市开展保持共产党员先进性教育活动试点工作的非公有制企业和深圳市开展在新的社会阶层发展党员试点工作的民营企业，同企业的业主和党组织负责人亲切交谈。他指出，各级党组织要继续坚持围绕发展推进党的建设，通过党的建设促进发展，并且用发展的成效来检验党的建设。要以提高党组织的创造力、凝聚力和战斗力为目标，研究新情况，解决新问题，探索新途径，积累新经验，不断加强和改进党的基层组织建设，为促进发展提供坚实的组织保证。他强调，加强和改进党的建设，重点要加强党的执政能力建设。特别是要不断提高科学决策和组织协调能力、公共管理和公共服务能力、应对突发事件和复杂局面能力、处理各种利益关系和社会矛盾能力、促进经济社会协调发展和统筹城乡经济社会发展能力，真正建设起一支不断掌握新知识、积累新经验、增长新本领的高素质领导干部队伍。

贯彻“一国两制”方针，大力推进粤港澳合作，是曾庆红此次广东调研的重点。他冒雨考察了东江—深圳供水改造工程、深港西部通道工程，拱北和罗湖口岸以及广东省信访局办信处港澳组。曾庆红对广东在推进粤港澳合作方面所做的工作和取得的成效给予高度评价。他要求广东省委、省政府把落实CEPA作为粤港澳合作的新起点和新机遇，再接再厉，乘势而上，开创粤港澳合作的新局面。

在珠海和深圳考察期间，曾庆红还先后会见了澳门特别行政区行政长官何厚铧、香港特别行政区行政长官董建华，就实施CEPA，进一步推动粤澳、粤港合作等问题听取了意见，交换了看法。在广州考察期间，曾庆红还专程到广州医学院第一附属医院和广州呼吸病研究所，看望了广大医务工作者。

全国人大常委会副委员长乌云其木格在上海出席西部地区人大干部培训班开班仪式并讲话

乌云其木格指出，西部地区人大干部的理论素质和业务水平，直接关系到西部地区人大工作的开展和西部大开发战略的实施。加强西部地区人大干部培训工作，具有十分重要的意义。

来自西部地区12个省、自治区和直辖市地方人大的100余名负责同志参加培训。在为期10天的时间里，有关方面的专家学者将为学员们举办学习“三个代表”重要思想专题讲座，讲授人民代表大会制度、选举法、地方组织法、中国特色社会主义法律体系等。

外交部部长李肇星在日内瓦参加联合国安理会五个常任理事国外长特别会议并阐述中国对伊拉克问题的立场

联合国安理会五个常任理事国外长与安南秘书长在日内瓦就伊拉克问题举行专门会晤，各方就伊拉克当前局势交换了看法。李肇星在会上阐述了中国政府对伊拉克问题的看法和主张。

李肇星说，在目前形势下，安理会有必要通过一项伊拉克问题新决议，帮助早日恢复伊拉克的稳定、安全与主权，推动联合国发挥更大作用，为国际社会广泛支持和参与伊重建创造条件。他说，上述努力有助于让饱受多年战乱之苦的伊拉克人民早日过上和平安宁的生活，集中力量发展经济，同时有利于整个中东和海湾地区的和平与发展。

李肇星说，安理会五个常任理事国对国际和平与安全负有重要责任。中国希望，为了不辜负全世界人民的期望，五个常任理事国应保持团结与合作，采取向前看的态度，本着务实和负责任的精神处理当前问题。

会议期间，李肇星会见了伊拉克临时管理委员会负责人帕沙希。李肇星向帕沙希表示，中国人民同情伊拉克人民的处境，支持伊拉克人民实现“伊人治伊”，还政于民的正当要求。

李肇星在会谈结束后表示，这次会谈增加了各方的相互了解，中国希望看到伊拉克的和平与安全能够早日得到恢复。他说，伊拉克问题只有在联合国框架内才能得到比较妥善的解决。

中国科协2003年学术年会在沈阳开幕

本次年会的主题是“全面建设小康社会：中国科技工作者的历史责任”。在为期4天的会议中，包括100多位中国科学院、中国工程院院士在内的4000多名代表将围绕这一主题集思广益、献计献策。全国人大常委会副委员长路甬祥、韩启德出席开幕式，国务委员陈至立代表国务院到会祝贺并讲话。

陈至立对科技界提出3点希望：要树立崇高的历史使命感，自觉肩负起推进民族伟大复兴的责任；要树立坚定的民族自信心，大力增强科技创新意识和能力；要树立高尚的科学精神，积极营造鼓励创新的良好学术氛围。

中国科协主席周光召致开幕词。他说，党中央作出了振兴东北老工业基地的战略决策，希望与会的专家学者从东北老工业基地的战略地位出发，积极为老工业基地调整、改造和振兴出谋划策。

在开幕式上，颁发了中国科协“求是杰出青年奖”和香港求是科技基金会“杰出科技成就集体奖”。开幕式结束后，路甬祥作了题为《科技创新与小康社会》的大会主题报告。

国务委员陈至立在沈阳考察

陈至立在参加中国科协2003年学术年会开幕式后，考察了中科院金属研究所和自动化研究所、沈阳建工学院，听取了辽宁省人民政府关于科技、教育工作的汇报，与部分高校负责同志进行了座谈。陈至立指出，辽宁科技教育一直居于全国前列，为国家经济建设、社会发展作出了突出的贡献。要发挥工业基础较好、科技教育资源丰富、城市化程度高等的优势，转变思想观念，改革管理体制，研究制定政策，加大投入力度，实施科教兴国战略和人才战略，振兴东北老工业基地。

陈至立强调，各级政府、有关部门以及高等学校要高度重视高校毕业生就业工作，总结经验，早做准备。要加强思想政治工作和德育教育，维护高校持续发展和稳定的好局面。

第七届全国少数民族传统体育运动会在银川闭幕

在经过8天的赛事后，本届民运会在宁夏体育馆落下帷幕。广州市赢得第八届民运会的承办权。第七届民运会组委会副主席郝文明从宁夏回族自治区政府副主席刘仲手中接过民运会会旗，郑重地交到了广州市市长张广宁的手中。国家体育总局党组书记李志坚致闭幕词，宣布第七届民运会胜利闭幕。

中国选手魏宁和金艳在尼科西亚举行的2003年飞碟射击世界锦标赛上分获女子双向和青少年组女子双向个人项目的冠军

梅益逝世

中国社会科学院原党组第一书记梅益同志，因病于9月13日在北京逝世，享年90岁。

梅益原名陈少卿，1914年1月9日出生于广东潮安。1929年，考入上海中国公学，在校期间，受到革命思想的影响。1935年在北平参加了中国左翼作家联盟。同年年底,他受党组织委派转往上海“左联”和文化界救国会工作。1937年8月加入中国共产党。上海沦陷后,他在上海从事党的地下工作。1942年,梅益调中共华东局宣传部工作。1945年,奉中央指示返回上海,负责筹办《新华日报》。1946年年初,到南京梅园新村工作,担任中共驻南京代表团新闻处处长、新华社南京分社社长。1947年3月,他随代表团撤回延安,担任新华通讯社总社编委、副总编辑。

新中国成立后,梅益先后担任广播事业局副局长、局长、党组书记,为普及发展我国的广播事业做了大量工作。1957年当选为中国新闻工作者协会副主席。“文革”期间,梅益受到不公正对待。1977年5月,梅益调中国社科院工作,历任副秘书长、党组副书记、秘书长、副院长,党组第一书记、秘书长等职。1986年年初,任中国大百科全书出版社总编辑,1995年离任。

梅益是中共十二大代表,第一、二、三、六届全国人大代表,第六届全国人大常委会委员,全国政协第一、五届委员。

9月14日

中组部在上海召开省区市领导班子思想政治建设座谈会

从前年下半年开始,省级党委、人大、政府、政协领导班子相继换届,目前集中的干部调整工作已基本结束。中组部决定,当前和今后一个时期要把省区市领导班子建设的重点转到思想政治建设上来。

中共中央政治局委员、中央书记处书记、中央组织部部长贺国强在会上指出,新形势下加强领导班子思想政治建设,首要的任务就是要用“三个代表”重要思想武装头脑,指导实践。省级领导干部要按照马克思主义政治家的要求,进一步增强政治意识、大局意识和忧患意识。

贺国强指出,要坚持解放思想、实事求是、与时俱进,大力破除不合时宜的陈规陋习,进一步强化与社会主义市场经济相适应的新观念,树立新的发展观。

贺国强指出,省区市领导班子和领导干部要按照十六大提出的加强党的执政能力建设的总要求,着力提高驾驭社会主义市场经济的领导水平,提高统揽本地区经济和社会发展全局的领导水平,提高驾驭复杂局面、应对突发事件的领导水平。要坚持贯彻民主集中制,切实增强领导班子的团结,提高解决自身问题的能力。党委要坚持正确的用人导向,改进领导方法,切实发挥总览全局、协调各方的作用。

贺国强强调,省区市领导班子要牢记“两个务必”,坚持立党为公、执政为民,切实改进作风。要保持谦虚谨慎,力戒浮躁之气。要保持艰苦奋斗,力戒奢侈浪费。要了解群众,代表群众,服务群众,切实把关心群众的工作做好。省级领导干部要牢固树立正确的世界观、人生观、价值观和权力观、地位观、利益观,保持清正廉洁。

贺国强最后强调,加强领导班子思想政治建设,“一把手”是关键。“一把手”要抓班子、带队伍,履行好党和人民赋予的领导责任,在各方面起好表率带头作用。

各省区市党委分管组织工作的副书记、组织部部长和部分老组织部部长,以及中央机关有关方面的负责同志参加了会议。上海、内蒙古、河南、江西、四川、吉林、广东、陕西8个省区市的代表在会上作了发言。

中组部部长贺国强在上海考察街道社区党建工作

贺国强在考察时强调,要以“三个代表”重要思想为指导,以服务群众为重点,探索社区党建新的组织形式和工作机制,努力扩大党的工作在城市社区的覆盖面,不断提高社区党组织的创造力、凝聚力和战斗力。

贺国强对静安寺街道党工委在中企大厦设立党员服务点、建立党支部,把“支部建在楼上”,加强对新经济组织、社会组织党的建设工作的经验给予了充分肯定。

在考察华阳街道开展“凝聚力工程”建设情况时,贺国强说,街道社区党建工作只有把服务群众作为根本出发点和落脚点,使居民群众不断获得切实的经济、政治、文化利益,才能充满生机和活力。在康健街道,贺国强详细询问了在职党员在社区建设中发挥作用的情况。他指出,街道社区党组织要根据社区内不同类型党员的实际情况和特点,适时、适宜、适度地组织在职党员参加社区建设,发挥先锋模范作用,把群众紧紧团结凝聚在党组织的周围。他强调,考核党员先进性作用的发挥,要从八小时内延伸到八小时外,要从单位内延伸到社区。

中国特色城镇化论坛在北京举行

论坛由国务院发展研究中心、经济日报社主办,国家发改委宏观经济研究院协办。全国人大常委会副委员长蒋正华、全国政协副主席郝建秀出席论坛并讲话,中央有关部委领导和专家参加了论坛。不失时机地推进城镇化,成为与会者共识。

与会领导和专家提出,提高我国的现代化水平,解决农村富余劳动力的出路和农民增收问题,必须走工业化、城镇化的路子。要按照中央最近关于统筹城乡发展、提高城镇化水平的新要求,扎扎实实推进城镇化,实现城乡经济社会一体化发展。应鼓励多渠道、多形式投资兴办小城镇基础设施和公用事业,完善小城镇的功能。

与会领导和专家还认真总结了北京、浙江等地发展小城镇的经验,特别是充分肯定了浙江广厦集团开发建设小城镇,以及为失地农民提供“创业钱、保险带、就业路、安居房”的做法。

解放军四总部颁发《关于进一步做好干部交流工作的意见》

《关于进一步做好干部交流工作的意见》围绕全面落实现行干部交流政策制度,对《现役军官法》和《现役军官职务任免条例》规定的定期交流、岗位轮换、作战部队接近或达到平时任职最高年龄的干部交流、改善领导班子结构的交流、驻边远艰苦地区部队干部内调交流、任职回避交流6种基本交流形式,逐一进行明确和规范,针对工作不够落实的问题,提出了相应的要求和措施。

《关于进一步做好干部交流工作的意见》还就加强干部培养性交流工作提出了一些新的措施,进一步明确了交流的对象、范围、数量以及组织实施等方面的要求。

第六届全国推广普通话宣传周在兰州开幕

全国人大常委会副委员长许嘉璐出席开幕式并宣布“推普周”开幕。

本届“推普周”由教育部、中宣部、人事部、文化部、国家广电总局、解放军总政治部、国家语委、共青团中央联合主办,以兰州市、南宁市、武汉市、汕头市为重点活动城市。从9月14日至20日,全国各地将围绕“大力推广普通话,齐心协力奔小康”这一主题,开展座谈会、学术讨论会、文艺会演、万人签名、普通话大赛、普通话测试、街头咨询等形式多样、内容丰富的宣传活动。

教育部副部长兼国家语委主任袁贵仁在开幕式上讲话。全国政协、民进中央、教育部、中宣部、人事部、国家语委、解放军总政治部以及甘肃省、兰州市的有关负责人出席了开幕式。

中国选手佟文在大阪举行的世界柔道锦标赛女子无差别级比赛中获得冠军

中国选手唐功红在秦皇岛举行的亚洲举重锦标赛上打破女子75公斤以上级挺举世界纪录

2003年亚洲举重锦标赛在秦皇岛结束。女子75公斤以上级选手唐功红在挺举比赛中举起168公斤,打破了由她自己保持的167.5公斤的世界纪录。

在2003年亚洲举重锦标赛15个级别的比赛中,中国举重队获得11个级别的总成绩冠军,并打破9项世界纪录(女子8项、男子1项)。

9月15日

全国人大常委会委员长吴邦国在人民大会堂会见立陶宛议长保劳斯卡斯

国务院总理温家宝就韩国南部地区遭受强台风袭击向韩国总理高建致慰问电

国务院总理温家宝在中南海紫光阁分别会见马来西亚 土耳其和俄罗斯三国副总理

在与马来西亚副总理巴达维会见时,温家宝指出,目前,中马经贸合作发展势头强劲,争取用两年的时间使双边贸易额突破200亿美元是完全有可能的。他希望中马双方积极推动双向投资与合作,重点放在农业、高科技、基础设施建设、资源开发和旅游五个领域。

巴达维表示,马来西亚政府愿进一步深化和扩大马中互利合作,愿与中方一道为尽早实现200亿美元的双边贸易额而努力。巴达维还强调,中国的发展是东盟的机遇,对东盟有利。

在会见土耳其副总理沙欣时,温家宝希望双方通过人才资源的开发和利用,增进相互之间的了解与信任,带动双边整体关系的发展。

沙欣表示,土耳其政府重视发展对华关系,两国在行政管理和人力资源开发方面有许多共同点,合作顺利。土耳其还希望扩大与中方在经贸、文化、体育等领域的互利合作和人员交流,使土中关系提高到一个新的水平。

温家宝欢迎俄罗斯副总理卡列洛娃来华出席中俄教文卫体合作委员会第四次会议。

卡列洛娃表示,近年来俄中两国在人文领域的合作得到了积极发展,取得了明显的成果。俄罗斯政府重视这项工作,认为人文领域的合作不仅促进了人民间的友好,更是对两国战略协作伙伴关系的充实和完善。

国务院总理温家宝在北京出席国家行政学院省部级干部“政府管理创新与电子政务”专题研究班并讲话

温家宝强调,加快推进政府管理创新,关键是进一步转变政府职能。要着力抓好四个环节:一是坚决实行政企分开;二是加快推进行政审批制度改革;三是全面履行政府职能;四是树立以人为本的政府管理思想,坚持全面、协调和可持续的发展观。

温家宝指出，推进政府管理创新，还要实现政府运行机制创新和管理方式创新。要完善科学民主决策机制，健全重大问题集体决策制度和专家咨询制度，实行社会公示和社会听证制度；大力推进依法行政，严格按照法律规定的权限和程序行使权力、履行职责；加强对行政权力的制约和监督，充分发挥行政系统内部监督、新闻舆论监督和人民群众监督的作用。要按照统筹规划、资源共享、面向公众、保障安全的要求，加强电子政务建设。

温家宝最后说，适应政府管理创新要求，必须大力建设高素质的公务员队伍。广大公务员特别是各级领导干部要加强学习，掌握广博知识；要解放思想，勇于改革创新；要勤政廉洁，树立良好政风。特别要深入实际，深入群众，倾听群众呼声，关心群众疾苦，为群众办实事，努力使各级政府成为人民群众满意的政府。国务委员兼国务院秘书长、国家行政学院院长华建敏主持会议。

海关总署机关首次授予海关关衔仪式在北京举行

海关总署署长牟新生等为总署机关327名干部颁发授衔命令证书。据了解，继国务院举行授予海关关衔仪式后，总署机关及各地海关将陆续举行授予海关关衔仪式。首次海关关衔的授予将在这个月内完成，10月1日全国海关关员将统一佩戴关衔上岗。

国家广播电影电视总局颁发《广播电视广告播放管理暂行办法》

这是广电总局第一次以总局令的形式对广播电视广告的内容、播放总量、广告插播、播放监管等进行全面的规范。

《广播电视广告播放管理暂行办法》规定，各广播电视播出机构不得播放内容低俗、误导消费等存在导向问题的各类广告；各播出机构的每套节目中，每天播放广告的总量不得超过节目播出总量的20%；在19点至21点的黄金时间，电视广告总量不得超过15%，在这一时间内所播放的电视剧中间不得插播广告；在其他时间播放电视剧时，每集中间允许插播一次广告，插播时间不得超过2分30秒。为尊重群众的生活习惯，《广播电视广告播放管理暂行办法》规定在用餐时间，各广播电视播出机构不得播放治疗脚气、痔疮等类药品和妇女卫生用品等类广告。《广播电视广告播放管理暂行办法》还同时规定，各转播、传输机构，不得以任何形式插播自行组织的广告。对违反规定的将依据有关法律、法规给予当事单位通报批评、责令停止播放广告、暂停某一频道播放节目直至撤销广播电视播出机构许可证等处分。

《广播电视广告播放管理暂行办法》将于2004年1月1日起正式实行。

中国民航协会有关负责人就台湾当局公布“两岸间接货运包机”方案一事发表谈话

中国民用航空协会常务理事浦照洲针对方案发表如下谈话：

我们一贯主张两岸直航是两岸间的经济事务，不应受到政治因素的干扰。无论是定期航班还是不定期包机运输，均应本着一个国家内部事务、直接双向、互惠互利的原则处理相关事务。民航总局早已制订两岸空中直航的方案，祖国大陆的航空公司也已做好相应准备。中国民用航空协会随时欢迎台湾的民间航空组织前来，就两岸空中通航问题进行协商，我们将作出积极安排，促进两岸空中通航尽早实现，以满足两岸民众特别是工商业者的需求。

对务实解决在大陆台商货物运输的困难，我们的态度一直是很积极的。但令人遗憾的是，台湾当局领导人一边在两岸直航上设置政治前提，一边又表示要推动两岸货运便捷化，并不经双方业界协商，单方面宣布只允许台湾的飞机经停港澳往来两岸，这不是真心实意解决广大台商困难应有的做法。

今年春节台商包机期间，祖国大陆的航空业者表示了参与运送台商返乡过年的强烈愿望。在受到台湾当局阻挠的情况下，他们展现出极大的诚意和善意，同意台湾的航空业者先行一步飞过来。对于参与两岸货运包机运输，祖国大陆的航空业者一直有着强烈的要求。我们认为，这一要求是合情合理的，符合航空惯例和一般商业的公平原则。两岸通航应由两岸的航空业者共同、公平地参与经营，这样才能使两岸直航健康持续发展，两岸民众和工商业者才能在两岸直航中得到实惠。

祖国大陆的有关主管部门已批准大陆的航空公司直航台湾，如果台湾方面允许，这些航空公司随时可向台湾有关方面提出申请，实现两岸双向直航，为货物运输提供更快捷、更方便的服务。我们同时认为，两岸货运包机经停第三地是舍近求远，应该直航，以利于节省时间和经费。

银监会统计工作会议在北京召开

会议提出，要加快推进银监会统计信息系统建设，为加强银行业监管工作创造良好基础。据悉，银监会统计工作的目标任务是：抓紧建立与国际接轨、符合我国实际的监管统计指标和报表体系，全面反映银行业金融机构境内外、表内外、本外币静态和动态情况；设计和建设先进的数据处理系统；满足对各类银行业金融机构现场检查和非现场监管的信息需要，满足对银行业金融机构风险评价和预警提示需要，满足社会公众的查询需要等。

产业政策部长论坛暨第六届中国北京国际科技产业博览会闭幕式在北京举行

中共中央政治局委员、国务院副总理吴仪，中共中央政治局委员、“科博会”名誉主席、北京市市委书记刘淇等中央和北京市领导出席了本届“科博会”最后一场活动——“产业政策部长论坛暨闭幕式”。组委会主席、北京市代市长王岐山主持了论坛暨闭幕式。

科技部部长徐冠华、信息产业部部长王旭东、教育部副部长章新胜、商务部副部长于广洲分别作了题为《面向21世纪的中国科技发展战略》《加快发展信息产业，为全面建设小康社会服务》《以更加开放的政策，促进中国教育加快发展》和《深化科技产业合作，推进科技兴贸战略》的专题演讲，向与会中外嘉宾介绍了中国新一届政府在高新技术各相关产业的发展规划和总趋势。

科博会期间，共签订以高新技术为主的合资合作项目、技术交易项目224个，协议总金额46.82亿美元，其中北京市签约项目74个，协议总金额23亿美元，占49.1%；外省市签约项目150个，协议总金额23.82亿美元，占50.9%。

国务院副总理黄菊在人民大会堂与马来西亚副总理巴达维举行会谈

黄菊说，中马经济合作前景广阔。希望双方进一步加强在农业、高科技、资源开发、基础设施建设、旅游等重点领域的合作；继续鼓励双方企业开展相互投资，联手开发国际市场；为双方人员往来提供便利，促进旅游市场健康发展。同时，不断深化教育、文化、卫生等领域的合作，全面推进两国关系。

巴达维说，我此次率领各位内阁部长和数百名企业家访华，目的就是进一步促进两国友好合作的更大发展。我完全赞同黄菊副总理关于扩大中马合作的各项建议和设想，马方愿在所有领域与中国进行互利合作。

会谈后，中马副总理共同出席了两国关于农业、航天、旅游、劳务和遥感5个合作文件的签字仪式。

中共中央政治局常委罗干在埃里温分别会见亚美尼亚总理、亚共和党主席马尔加良和亚美尼亚议长、亚法律国家党主席巴格达萨良

罗干积极评价中国共产党与亚美尼亚各政党之间的良好党际关系，表示愿继续深化党际交流，增进友谊，扩大合作，以促进中亚两国国家关系的发展。

马尔加良说，亚方重视与中国的友好关系，对中国政府和人民给予亚美尼亚的宝贵支持表示感谢。亚美尼亚共和党愿与中国共产党共同努力，继续推进双方的党际交流，使两党关系成为两国国家关系的重要组成部分。

会见结束后，罗干和马尔加良出席了中国向亚美尼亚提供500万元人民币无偿援助文件的签字仪式。

在会见巴格达萨良议长时，罗干说，近年来，两国议会交往不断增加，交往层次不断提高，内容不断深化，为增进两国人民的友谊、推动国家关系发挥了不可替代的作用。中方愿与亚方一道努力，推动两国在各方面、各领域、各层次的友好交往不断深入发展。

巴格达萨良说，亚议会愿与中国全国人大一道继续努力，亚议会各党、包括他担任主席的亚法律国家党愿同中国共产党一起，共同探讨深化双边合作的新形式，以推动两国在各个层面、各个领域的友好交往进一步发展，不断增进两国议会、政党和两国人民之间的相互了解和互惠合作。

当天上午，罗干还会见了亚美尼亚外长奥斯卡尼扬，双方就进一步发展两国关系及其他共同关心的国际和地区问题交换了意见。

亚美尼亚总统科恰良在埃里温会见中共中央政治局常委罗干

中科院与上海市共建国家大科学工程签字仪式在上海举行

中科院与上海市政府签署了合作共建大科学工程《会谈纪要》。全国人大常委会副委员长、中科院院长路甬祥和上海市市长韩正出席签字仪式。

双方共建的重大科研工程包括“上海光源”大科学工程装置、上海微小卫星工程中心以及强磁场国家实验室建设、中科院参与上海“一网两库”(大型科学仪器和重要科研设施共享协作服务网、科技数据库、技术标准数据库)建设、中科院与上海市教育系统合作培养人才等。

首都教育界在人民大会堂举行邓小平“三个面向”题词发表20周年纪念会

中共中央政治局委员、北京市市委书记刘淇，国务委员陈至立等向纪念大会发来贺信。孙孚凌出席纪念大会，雷洁琼、邓小平夫人卓琳也发来了贺信表示祝贺。

1983年国庆前夕，邓小平同志为北京景山学校题词：“教育要面向现代化，面向世界，面向未来。”

中国教育学会会长顾明远在会上说，20年前，正当中国教育改革和发展面临何去何从的时刻,邓小平同志发表了“三个面向”的题词,这个方针为中国教育事业的发展指明了方向,对中国教育改革与发展产生了重大的影响,特别是对解放思想,更新教育观念,深化教育改革,促进素质教育、发展教育理论等方面,都起到了历史性和战略性的指导作用。

在纪念邓小平“三个面向”题词发表20周年前夕,北京景山学校召开了国际教育论坛会,200多位中外知名教育专家学者专程来到景山学校,进行学术交流,从理论和实践的结合上,从中西方教育的对比上,探讨新世纪中国基础教育改革与发展的新理念、新思路和新举措。

中国计划生育协会会长姜春云在保定出席全国省级计划生育协会会长座谈会并讲话

座谈会为期3天。姜春云到会并讲话。

中国计生协是计划生育系统的非政府组织,其网络遍布城乡各地,目前会员人数已经达到8300多万,成为党和政府密切联系广大育龄群众的桥梁和纽带,是促进我国人口与经济、社会、资源、环境协调、可持续发展的一支重要力量。

座谈会围绕实现全面建设小康社会的奋斗目标,认真分析了人口与计划生育工作面临的新形势、新任务,总结交流了各地区经验,对如何转变思想观念、创新工作思路和工作方法,解决新的矛盾和问题进行了深入的探讨。

姜春云在讲话中指出,新的发展时期,中国计划生育协会面临着新的人口形势、新的群众需求、新的工作对象以及新的管理体制。计生协应该实现思想观念、组织建设、职能作用、活动制度、工作方法以及知识结构的创新,更好地为广大群众提供优质服务。

国家人口计生委主任张维庆到会祝贺并讲话,各省、自治区、直辖市和全军武警计生协会会长出席了会议。

国务院副总理回良玉在北京出席全国优秀社区工作者表彰会议并讲话

会议由中组部、民政部联合召开,授予孙全敏等500名同志“全国优秀社区工作者”荣誉称号。会议号召全国社区工作者学习先进,争当先进,在社区建设实践中建功立业。中共中央政治局委员、国务院副总理回良玉出席会议并讲话。

回良玉强调,社区建设是一项系统工程,各地要切实加强领导,有关部门要切实履行职责、密切协作,民政部门要充分发挥综合协调和监督检查的职能。要把工作落实到社区,把服务延伸到社区,动员社会力量,整合各方资源,努力开创社区建设新局面。

9月16日

国家主席胡锦涛和全国人大常委会委员长吴邦国在人民大会堂分别会见马来西亚副总理巴达维

国务院任免国家工作人员

任命袁曙宏为国家行政学院副院长。

免去孙希岳的国有重点金融机构监事会主席职务。

国务院副总理曾培炎在上海出席2003年福布斯全球行政总裁会议并致辞

曾培炎说,中国制定了在本世纪头20年全面建设小康社会的目标,为了实现这一惠及十几亿人口的宏伟蓝图,中国将继续实施西部大开发战略,振兴东北老工业基地,促进东部地区加快发展,并努力使有条件的地方率先基本实现现代化。中国将以更加积极的姿态,全面提高对外开放水平。我们将保持吸引外商投资政策的连续性和稳定性,完善有关法律、法规,不断改善投资环境,鼓励外资投向农业、高技术产业、基础产业和基础设施等领域。曾培炎欢迎世界各地企业家到中国来,共同把握机遇,谋求更大发展。会议为期3天。会议期间,曾培炎会见了福布斯高层人员和与会部分代表。

在上海期间,曾培炎还考察了张江高科技园区和房地产市场。

中央纪委副书记何勇在北京出席公用事业单位办事公开工作座谈会并讲话

座谈会由中央纪委、监察部召开。何勇在会上强调,要以“三个代表”重要思想为指导,贯彻落实党的十六大和中央纪委第二次全会精神,努力推动公用事业单位的办事公开工作深入开展。

何勇指出,近年来,全国公用事业单位办事公开工作进展顺利,涌现出了一批好典型,探索和积累了一些好的做法和经验,取得了良好效果。截至目前,全国有近半数的大中小学校不同程度地实行了校务公开制度。很多地区的医院已经逐步推行院务公开。一些与人民群众关系密切的部门和行业,纷纷推行了办事公开制度,制定了本行业办事公开的有关规定,引入了诸如公开招标、公开竞争、公开招考、公开分配、公开配额、公开办事制度与结果等制度。今后,各部门各行业要以人民群众密切关注的问题为重点,以公正便民、廉洁高效为基本要求,加强领导,健全制度,强化监督检查，狠抓队伍建设，确保公用事业单位办事公开工作取得新的成效。

中国行政管理学会第四次会员代表大会在北京召开

国务委员兼国务院秘书长华建敏出席会议并讲话。他指出，当前和今后一个时期，行政管理体制改革的任务十分繁重，广大行政管理研究工作者一定要从贯彻“三个代表”重要思想的高度，充分认识行政管理研究的重要意义，进一步树立责任感和使命感。要紧紧围绕政府的中心工作，密切关注和研究行政管理体制改革中的重大问题。要深入研究社会主义市场经济条件下的政府职能，不断促进政府职能转变；要按照建立“行为规范、运转协调、公正透明、廉洁高效”政府的目标，深入研究行政运行机制的突出问题；要根据新形势、新情况，及时研究行政管理实践中的现实问题。

来自中央国家机关和地方有关方面的50多名代表参加了会议。会议选举产生了中国行政管理学会新一届学会领导机构。

巴布亚新几内亚总理 国民联盟党领袖索马雷在莫尔斯比港会见中宣部部长刘云山及其率领的中共代表团

刘云山率领的中国共产党代表团是应巴新执政党国民联盟党的邀请于9月16日开始对巴新进行正式友好访问的。

匈牙利国会第一副主席曼杜尔·拉斯洛在布达佩斯国会大厦会见由全国政协副主席王忠禹率领的中国政协代表团

中国全国政协代表团应匈牙利国会的邀请，于9月14日抵达布达佩斯进行为期3天的友好访问。访问期间，王忠禹还分别与匈牙利国会匈中友好小组主席加尔·佐尔坦和匈牙利国会欧洲一体化事务委员会主席圣·伊瓦尼举行了会谈和会见。

外交部部长李肇星在外交部会见波兰总统府国家安全局局长西维茨

李肇星表示中方愿进一步加强与波方在国际安全和军控领域的交流与合作。

西维茨说，中国在国际事务中的地位和作用至关重要，双方就全球安全与军控问题深入交换意见，加深了波方对中方立场的了解，加强了合作基础。

同日，外交部副部长张业遂与西维茨举行了国际安全与军控磋商。双方就全球安全与军控形势、防扩散、中东问题、伊拉克局势、朝鲜半岛核问题等深入地交换了意见。双方认为，磋商有助于增进相互了解，加强彼此信任。

国务委员陈至立和俄罗斯副总理卡列洛娃在北京出席中俄教文卫体合作委员会第四次会议

陈至立作为委员会中方主席与俄方主席卡列洛娃共同主持了会议。

会议批准了中俄媒体合作工作小组和中俄电影合作工作小组的工作条例，提议将中俄旅游合作分委会的工作条例提请中俄总理第八次定期会晤批准。

陈至立和卡列洛娃对委员会第三次会议以来的工作进展情况进行了全面总结，对批准成立中俄档案合作工作小组，并将其纳入委员会的工作机制表示祝贺。

会议结束后，中俄双方签署了《中俄教文卫体合作委员会第四次会议纪要》，以及有关教育、卫生、旅游等领域的3个合作文件。

第二十一届电视金鹰奖在北京揭晓

《希望的田野》获长篇电视剧最佳作品奖，《省委书记》等9部长篇电视剧获优秀作品奖。中篇电视剧最佳作品奖空缺。《恽代英》获中篇电视剧优秀作品奖第一名。《军中最后一个马帮》获短篇电视剧最佳作品奖。综合电视文艺节目最佳作品奖空缺，《2003年中央台春节联欢晚会》等10部综合电视文艺节目获综合文艺节目优秀作品奖。朱军获电视节目最佳主持人奖。最佳编剧奖由长篇电视剧《张学良》的编剧王朝柱摘取。最受关注的电视剧演员的得票情况将于9月下旬在湖南长沙举行的金鹰奖颁奖晚会上公布。

第六届全国残疾人运动会在南京五台山体育馆开幕

中国残疾人联合会名誉主席、第六届全国残运会组委会名誉主席李瑞环宣布运动会开幕。国务委员唐家璇等出席开幕式。

中国残联主席、本届残运会组委会顾问邓朴方致开幕词。

国际残奥会主席菲利普·克莱文给运动会发来了贺信。

本届残运会于9月16日至24日在江苏举行。

中国选手戴琦文在尼科西亚举行的2003年飞碟射击世界锦标赛青少年组女子双多向比赛中夺得金牌

首届“保护臭氧层贡献奖”颁奖大会在人民大会堂举行

国家环保总局局长解振华、联合国环境规划署保护臭氧秘书处多边基金等国家组织代表，向获奖者颁发了奖牌和证书。当天是第九个“国际保护臭氧层日”。

获得首届“保护臭氧层贡献奖——特别金奖”的是我国臭氧层保护工作的主要领导人之一、原国家环保总局副局长王扬祖。获得金奖的有：在国际上首创运用多边基金进行产业重组改造的“泡沫重组项目”；在保护臭氧层方面成绩卓著的中国家用电器协会；我国最早从事环境保护科学研究的科学家、北京大学教授唐孝炎；主持制订我国第一个臭氧层保护行业计划的原公安部消防局局长孙伦；在冰箱、冰柜两个项目上实施 ODS 替代工作，并取得良好成绩的青岛澳柯玛股份有限公司。在企业绿色战略和环保行动上走在前列的开利公司获得“首倡奖”。

联合国秘书处代表宣读了秘书长安南为“9·16 国际保护臭氧层日”发表的讲话。

由开利中国公司协办、中国环境文化促进会承办的“保护臭氧层贡献奖”自今年起每年举行一次。

9月17日

国务院总理温家宝在人民大会堂与东帝汶总理阿尔卡蒂里举行会谈

温家宝对进一步发展中国与东帝汶关系提出三点建议：一、加强两国高层交往，进一步增进政治互信；二、拓展互利合作，加强双边经贸合作的制度建设，逐项落实双方在重点领域的合作项目；三、加强在地区和国际事务中的合作，相互支持、相互配合。

阿尔卡蒂里说，一年多前东帝汶独立时，中国率先承认并第一个向我们派驻大使，充分体现了中国人民对东帝汶人民的友谊和支持。作为新生国家，东帝汶希望学习借鉴中国的发展经验。我们愿意加强与中国在政治、经贸、油气勘探和卫生等领域的合作，积极欢迎中国企业到东帝汶农业、渔业和旅游等行业投资，推动两国关系在各个领域不断得到更大发展。

会谈后，两国总理出席了《中华人民共和国和东帝汶民主共和国贸易协定》等 6 个合作文件的签字仪式。

国务院总理温家宝在北京主持召开国务院常务会议

会议听取了国家旅游局关于当年“十一”黄金周旅游工作准备情况的汇报。会议指出，办好“十一”旅游黄金周，保证“健康、安全、秩序、质量”，是实践“三个代表”重要思想的具体体现。要重点抓好以下工作：一是切实把旅游安全放在突出位置。各地区各有关部门要强化安全责任，对容易发生安全事故的旅游交通工具、旅游项目设施、大众娱乐场所和餐馆摊点，要进行一次安全检查，排除各种安全隐患，确保游客安全。二是做好健康卫生保障工作。加强对重点旅游城市和旅游景区传染病情的监测、防治，做好食品卫生监督管理和检疫工作。三是加强旅游工作的组织协调和管理。及时发布旅游信息，搞好运力调配，建立、健全紧急救援网络，增强涉及旅游安全重大突发事件应急处理能力，全面提高管理和服务水平。四是统筹安排好值班工作。黄金周期间，各级假日办要坚持 24 小时值班，保持通信联络畅通，确保旅游中出现的各种问题能够及时有效地得到解决。会议强调，各地区、各有关部门务必高度重视，精心组织，周密安排，落实责任，加强检查，以优质服务和良好市场秩序组织好“十一”旅游黄金周。

会议还研究了其他事项。

中共中央政治局常委李长春在人民大会堂会见以澳门日报社社长李成俊为团长的澳门中文传媒高层人士访问团

李成俊在会见中说，澳门的发展离不开内地的发展，希望内地的现代化建设取得更大成就。他表示，澳门传媒界将继续支持特区政府依法施政，为澳门的繁荣稳定尽到媒体应尽的社会责任。

国务院新闻办公室主任赵启正、副主任李冰，中央政府驻澳门特别行政区联络办副主任王今翔等参加了会见。据悉，该团还将赴上海参观访问。

中国国际航空公司发言人就两岸直航问题接受新华社记者采访

发言人表示，应遵守“直接双向、互惠互利”的原则，不能只考虑一方的利益。

2003 年 9 月 10 日，台湾“陆委会”单方面宣布，允许台湾空运企业“有限度地”、“单向”开通两岸间接货运包机，航线以台湾桃园、高雄机场—上海为主，且中途需经停香港或澳门。“陆委会”声称，推动两岸“间接货运包机”的目的主要是针对台商的迫切要求。国航发言人说，台湾方面在作出上述决定时，仅仅单方面考虑了台湾空运企业的利益，却不考虑在海峡两岸直航问题上双方都应遵守的“直接双向”和“互惠互利”的基本原则。

这位发言人说，今年春节期间，经两岸航空业者协商，台湾空运企业已经进行了包机曲航的尝试。在此基础上，双方理应加速探讨并尽快落实双向直航的安排。然而，此次台湾方面却宣布台湾空运企业单方面经营间接货运包机，使我们看到台湾方面在两岸通航的问题上还是在老调重弹，原地踏步，不免令人遗憾。

发言人指出，作为两岸直航的一部分，开通货运直航航班是符合两岸人民利益的，飞机经停第三地，仍会给厂商造成不必要的经济损失，而且开航不应该是单向的，而应是双向直航。为此，国航作为大陆知名空运企业，在积极支持两岸货运包机双向直航的同时，强烈要求直接参与到其中，我们期待着国航的飞机在不久的将来亦能降落到台湾，从真正意义上实现两岸双向直航。

国航发言人敦促台湾方面本着双向直航、互惠互利原则，通过双方业者协商，尽早实现两岸客、货直接运输，切实满足两岸人员、商贸往来的迫切需求。

第十届北京航展在中国国际展览中心开幕

来自22个国家及地区的160多家企业云集于此，展出了他们最新的产品和最先进的技术，并对中国的民航市场表示了极大的信心。空中客车公司展出了世界上最大客机A380模型，这架可载客555人的双层舱飞机模型分外引人注目。

波音公司发表了针对中国市场的2003年度《当前市场展望》，预测中国将是世界民航业增长最快的市场，波音将大力拓展中国市场。

国务院副总理黄菊在人民大会堂分别会见来华参加中国电力监管国际研讨会的英国第一任电力监管主席利特切尔德等外宾和来访的欧盟委员会主管信息社会和企业的委员利卡宁

中共中央 政治局常委罗干在基希讷乌分别会见摩尔多瓦总理塔尔列夫和议长奥斯塔普丘克

罗干说，中国愿与摩方一道，认真落实两国元首达成的重要共识，不断深化两国经贸合作，进一步巩固和发展中摩关系。罗干还向塔尔列夫介绍了当前中国国内形势。

塔尔列夫对中国人民给予摩尔多瓦的宝贵支援表示感谢。他说，摩尔多瓦有句老话说的是“患难见真交”。近年来，摩中关系的全面发展一再表明，中国是摩尔多瓦真正的朋友。

会见结束后，罗干和塔尔列夫共同出席了中国向摩尔多瓦提供500万元人民币无偿援助文件的签字仪式。

在会见奥斯塔普丘克时，双方就推动两国议会间的交往与合作进行了交流。

当天，罗干还与摩尔多瓦共产党人党议员团主席、摩尔多瓦共产党人党中央执行书记斯泰帕纽克举行了会谈，就两党两国关系以及共同关心的其他问题深入交换了意见。

罗干是应摩尔多瓦总统、摩尔多瓦共产党人党主席沃罗宁邀请于9月16日晚上抵达基希讷乌，开始对摩尔多瓦进行友好访问的。

中共中央政治局常委罗干在基希讷乌会见摩尔多瓦共和国总统 摩尔多瓦共产党人党主席沃罗宁

双方就加强两国之间以及中国共产党和摩尔多瓦共产党人党的友好关系深入交换了意见。

会见结束后，沃罗宁总统陪同罗干观看了摩尔多瓦艺术家的精彩演出。

中宣部部长刘云山在莫尔斯比港总督府会见巴布亚新几内亚总督阿托帕尔

9月18日，刘云山还会见了巴新执政联盟各政党领导人及主要反对党人民民主运动党领袖、前总理莫劳塔。巴新各政党领导人均表示将继续坚持一个中国的政策，并希望进一步加强同中国共产党的友好交往。

芬兰议会议长利波宁在赫尔辛基芬兰议会大厦会见由全国政协副主席王忠禹率领的中国政协代表团

利波宁强调，芬兰非常重视两国在林业、电信以及环保等领域的合作。林业是两国重要的合作领域，双方可继续在育林等方面开展合作。

王忠禹说，中国重视发展两国的双边关系。中芬两国之间的合作具有广泛前景，双方可进一步加强在环保和林业等方面的合作。

中国全国政协代表团是应芬兰议会的邀请，于9月17日抵达赫尔辛基对芬兰进行为期4天的友好访问的。

中国常驻联合国代表王光亚在联大总务委员会全体会议上发言

新当选的本届联大主席、圣卢西亚外长朱利安·亨特在当天举行的总务委员会全体会议上宣布，拒绝将冈比亚等极少数国家提出的所谓“台湾在联合国代表权问题”提案列入本届联大议程。这是台湾当局不顾国际社会的普遍反对，一意孤行搞“两个中国”、“一中一台”的图谋连续第十一次遭到惨败。

王光亚在发言中指出，极少数国家今年再次提出所谓“台湾在联合国代表权问题”，其目的就是要在联合国内制造“两个中国”或“一中一台”。这完全违背了《联合国宪章》的宗旨和原则，中国政府强烈谴责这一粗暴干涉中国内政的行径。王光亚说，总务委员会的决定再次维护了《联合国宪章》的原则和第2758号决议，也代表了广大联合国成员国的共同意愿，同时再次表明，坚持一个中国的原则是国际社会的共识，极少数“台独”分子妄想分裂祖国，在国际上制造“两个中国”或“一中一台”的企图是不得人心的，也是注定要失败的。

在当天举行的会议上，80多个国家的代表发言反对将该提案列入本届联大议程。此间专家注意到，"台湾在联合国代表权问题"提案国数目在逐年减少，而支持中国正义立场的国家呼声日高。许多国家代表对极少数国家年年提出这一提案并浪费时间讨论表示不满，还有些国家代表建议，当一个提案连续3年得不到通过时，以后就不能再提了。

国务院印发《关于进一步加强农村教育工作的决定》

各省、自治区、直辖市人民政府，国务院各部委、各直属机构：

为认真贯彻落实党的十六大精神，加快农村教育发展，深化农村教育改革，促进农村经济社会和城乡协调发展，现就进一步加强农村教育工作特作如下决定。

一、明确农村教育在全面建设小康社会中的重要地位，把农村教育作为教育工作的重中之重

1. 农村教育在全面建设小康社会中具有基础性、先导性、全局性的重要作用。发展农村教育，办好农村学校，是直接关系8亿多农民切身利益，满足广大农村人口学习需求的一件大事；是提高劳动者素质，促进传统农业向现代农业转变，从根本上解决农业、农村和农民问题的关键所在；是转移农村富余劳动力，推进工业化和城镇化，将人口压力转化为人力资源优势的重要途径；是加强农村精神文明建设，提高农民思想道德水平，促进农村经济社会协调发展的重大举措。必须从实践"三个代表"重要思想和全面建设小康社会的战略高度，优先发展农村教育。

2. 农村教育在构建具有中国特色的现代国民教育体系和建设学习型社会中具有十分重要的地位。农村教育面广量大，教育水平的高低关系到各级各类人才的培养和整个教育事业的发展，关系到全民族素质的提高。农村学校作为遍布乡村的基层公共服务机构，在培养学生的同时，还承担着面向广大农民传播先进文化和科学技术，提高农民劳动技能和创业能力的重要任务。发展农村教育，使广大农民群众及其子女享有接受良好教育的机会，是实现教育公平和体现社会公正的一个重要方面，是社会主义教育的本质要求。

3. 我国在人口众多、生产力发展水平不高的条件下，实现了基本普及九年义务教育和基本扫除青壮年文盲（以下简称"两基"）的历史性任务，农村义务教育管理体制改革取得了突破性进展，农村职业教育和成人教育得到了很大发展，为国家经济社会发展提供了大量较高素质的劳动者和丰富的人才资源。但是，我国农村教育整体薄弱的状况还没有得到根本扭转，城乡教育差距还有扩大的趋势，教育为农村经济社会发展服务的能力亟待加强。在新的形势下，要增强责任感和紧迫感，将农村教育作为教育工作的重中之重，一手抓发展，一手抓改革，促进农村各级各类教育协调发展，更好地适应全面建设小康社会的需要。

二、加快推进"两基"攻坚，巩固提高普及义务教育的成果和质量

4. 力争用五年时间完成西部地区"两基"攻坚任务。目前，西部地区仍有372个县没有实现"两基"目标。这些县主要分布在"老、少、边、穷"地区，"两基"攻坚任务十分艰巨。到2007年，西部地区普及九年义务教育（以下简称"普九"）人口覆盖率要达到85%以上，青壮年文盲率降到5%以下。完成这项任务，对于推进扶贫开发、促进民族团结、维护边疆稳定和实现国家长治久安，具有极其重要的意义。要将"两基"攻坚作为西部大开发的一项重要任务，摆在与基础设施建设和生态环境建设同等重要的位置。国务院有关部门和西部各省（自治区、直辖市）人民政府要制定工作规划，设立专项经费，精心组织实施，并每年督促检查一次，确保目标实现。要以加强中小学校舍和初中寄宿制学校建设、扩大初中学校招生规模、提高教师队伍素质、推进现代远程教育、扶助家庭经济困难学生为重点，周密部署，狠抓落实。中央继续安排专项经费实施贫困地区义务教育工程，安排中央资金对"两基"攻坚进行重点支持。中央和地方新增扶贫资金要支持贫困乡村发展教育事业。中部地区没有实现"两基"目标的县也要集中力量打好攻坚战。大力提高女童和残疾少年儿童的义务教育普及水平。

5. 已经实现"两基"目标的地区特别是中部和西部地区，要巩固成果、提高质量。各级政府要切实做好"两基"巩固提高的规划和部署。继续推进中小学布局结构调整，努力改善办学条件，重点加强农村初中和边远山区、少数民族地区寄宿制学校建设，改善学校卫生设施和学生食宿条件，提高实验仪器设备和图书的装备水平。深化教育教学改革，根据农村实际加快课程改革步伐。提高教师和校长队伍素质，全面提高学校管理水平。努力降低农村初中辍学率，提高办学水平和教育质量，形成农村义务教育持续、健康发展的机制。经济发达的农村地区要实现高水平、高质量"普九"目标。经过不懈努力，力争2010年在全国实现全面普及九年义务教育和全面提高义务教育质量的目标。

6. 发展农村高中阶段教育和幼儿教育。今后五年，经济发达地区的农村要努力普及高中阶段教育，其他地区的农村要加快发展高中阶段教育。要积极开展各种形式的初中后教育。国家继续安排资金，重点支

持中西部地区一批基础较好的普通高中和职业学校改善办学条件，提高教育质量，扩大优质教育资源。地方各级政府要重视并扶持农村幼儿教育的发展，充分利用农村中小学布局调整后富余的教育资源发展幼儿教育。鼓励发展民办高中阶段教育和幼儿教育。

7. 建立和完善教育对口支援制度。继续实施“东部地区学校对口支援西部贫困地区学校工程”和“大中城市学校对口支援本省（自治区、直辖市）贫困地区学校工程”，建立东部地区经济比较发达的县（市、区）对口支援西部地区贫困县、大中城市对口支援本省（自治区、直辖市）贫困县的制度。进一步加大中央对民族自治地区农村教育的扶持力度，继续办好内地西藏中学（班）和新疆班。

三、坚持为“三农”服务的方向，大力发展职业教育和成人教育，深化农村教育改革

8. 农村教育教学改革的指导思想是：必须全面贯彻党的教育方针，坚持为“三农”服务的方向，增强办学的针对性和实用性，满足农民群众多样化的学习需求；必须全面推进素质教育，紧密联系农村实际，注重受教育者思想品德、实践能力和就业能力的培养；必须实行基础教育、职业教育和成人教育的“三教统筹”，有效整合教育资源，充分发挥农村学校的综合功能，提高办学效益。

9. 积极推进农村中小学课程和教学改革。农村中小学教育内容的选择、教科书的编写和教学活动的开展，在实现国家规定基础教育基本要求时，要紧密联系农村实际，突出农村特色。在农村初、高中适当增加职业教育的内容，继续开展“绿色证书”教育，并积极创造条件或利用职业学校的资源，开设以实用技术为主的课程，鼓励学生在获得毕业证书的同时获得职业资格证书。

10. 以就业为导向，大力发展农村职业教育。要实行多样、灵活、开放的办学模式，把教育教学与生产实践、社会服务、技术推广结合起来，加强实践教学和就业能力的培养。在开展学历教育的同时，大力开展多种形式的职业培训，适应农村产业结构调整，推动农村劳动力向第二、三产业转移。实行灵活的教学和学籍管理制度，方便学生工学交替、半工半读、城乡分段和职前职后分段完成学业。在整合现有资源的基础上，重点建设好地（市）、县级骨干示范职业学校和培训机构。要积极鼓励社会力量和吸引外资举办职业教育，促进职业教育办学主体和投资多元化。

11. 以农民培训为重点开展农村成人教育，促进农业增效、农民增收。普遍开展农村实用技术培训，每年培训农民超过1亿人次。积极实施农村劳动力转移培训，每年培训2000万人次以上，使他们初步掌握在城镇和非农产业就业必需的技能，并获得相应的职业资格或培训证书。要坚持培训与市场挂钩，鼓励和支持“订单”培养，先培训后输出。逐步形成政府扶持、用人单位出资、培训机构减免经费、农民适当分担的投入机制。继续发挥乡镇成人文化技术学校、农业广播电视学校和各种农业技术推广、培训机构的重要作用。农村中小学可一校挂两牌，日校办夜校，积极开展农民文化技术教育和培训，成为乡村基层开展文化、科技和教育活动的重要基地。

12. 加强农村学校劳动实践场所建设。农村学校劳动实践场所是贯彻教育与生产劳动相结合，实行“农科教结合”和“三教统筹”的有效载体。地方政府要根据农村学校课程改革的需要，充分利用现有农业示范场所、科技推广基地等多种资源，鼓励有丰富实践经验的专业技术人员担任专兼职指导教师，指导和支持农村学校积极开展各种劳动实践和勤工俭学活动。政府有关部门和乡、村要根据实际情况和有关规定，提供少量土地作为学校劳动实践和勤工俭学场所，具体实施办法由教育部会同农业部、国土资源部等部门制定。

13. 高等学校、科研机构要充分发挥在推进“农科教结合”中的重要作用。通过建立定点联系县、参与组建科研生产联合体和农业产业化龙头企业、转让技术成果等方式，积极开发和推广农业实用技术和科研成果；支持乡镇企业的技术改造和产品更新换代；帮助农村职业学校和中小学培养师资。

14. 加大城市对农村教育的支持和服务，促进城市和农村教育协调发展。城市各级政府要坚持以流入地政府管理为主、以公办中小学为主，保障进城务工就业农民子女接受义务教育。城市职业学校要扩大面向农村的招生规模，到2007年争取年招生规模达到350万人。城市各类职业学校和培训机构要积极开展进城务工就业农民的职业技能培训。要积极推进城市与农村、东部与西部职业学校多种形式的合作办学，不断扩大对口招生规模。城市和东部地区要对农村家庭经济困难的学生适当减免学费并为学生就业提供帮助，促进农村新增劳动力转移。各大中城市要充分发挥教育资源的优势，加大对农村教育的帮助和服务。

四、落实农村义务教育“以县为主”管理体制的要求，加大投入，完善经费保障机制

15. 明确各级政府保障农村义务教育投入的责任。农村税费改革以后，中央加大转移支付力度，有力保障了农村义务教育管理体制的调整。当前，关键是各级政府要进一步加大投入，共同保障农村义务教育的基本需求。落实“在国务院领导下，由地方政府负责、分级管理、以县为主”（简称“以县为主”）的农村义务教

育管理体制,县级政府要切实担负起对本地教育发展规划、经费安排使用、校长和教师人事等方面进行统筹管理的责任。中央、省和地(市)级政府要通过增加转移支付,增强财政困难县义务教育经费的保障能力。特别是省级政府要切实均衡本行政区域内各县财力,逐县核定并加大对财政困难县的转移支付力度;县级政府要增加对义务教育的投入,将农村义务教育经费全额纳入预算,依法向同级人民代表大会或其常委会专题报告,并接受其监督和检查。乡镇政府要积极筹措资金,改善农村中小学办学条件。

各级政府要认真落实中央关于新增教育经费主要用于农村的要求。在税费改革中,确保改革后农村义务教育的投入不低于改革前的水平并力争有所提高。在确保农村义务教育投入的同时,也要增加对职业教育、农民培训和扫盲教育的经费投入。

16. 建立和完善农村中小学教职工工资保障机制。根据农村中小学教职工编制和国家有关工资标准的规定,省级人民政府要统筹安排,确保农村中小学教职工工资按时足额发放,进一步落实省长(主席、市长)负责制。安排使用中央下达的工资性转移支付资金,省、地(市)不得留用,全部补助到县,主要补助经过努力仍有困难的县用于工资发放,在年初将资金指标下达到县。各地要抓紧清理补发历年拖欠的农村中小学教职工工资。本《决定》发布后,国务院办公厅将对发生新欠农村中小学教职工工资的情况按省(自治区、直辖市)予以通报。

17. 建立、健全农村中小学校舍维护、改造和建设保障机制。要认真组织实施农村中小学危房改造工程,消除现存危房。建立完善校舍定期勘察、鉴定工作制度。地方政府要将维护、改造和建设农村中小学校舍纳入社会事业发展和基础设施建设规划,把所需经费纳入政府预算。要认真落实《国务院关于全面推进农村税费改革试点工作的意见》(国发〔2003〕12 号)中关于"省级财政应根据本地实际情况,从农村税费改革专项转移支付资金中,每年安排一定资金用于学校危房改造,确保师生安全"的规定。中央继续对中西部困难地区中小学校舍改造给予支持。农村"普九"欠债问题,要在化解乡村债务时,通盘考虑解决。债权单位和个人不得因追索债务影响学校正常教学秩序。

18. 确保农村中小学校公用经费。省级政府要本着实事求是的原则,根据本地区经济社会发展水平和维持学校正常运转的基本支出需要,年内完成农村中小学生均公用经费基本标准、杂费标准以及预算内生均公用经费拨款标准的制定和修订工作,并报财政部和教育部备案。杂费收入要全部用于学校公用经费开支。县级政府要按照省级政府制定的标准拨付公用经费,对实行"一费制"的国家扶贫开发工作重点县和财力确有困难的县,省、地(市)政府对其公用经费缺口要予以补足。公用经费基本标准要根据农村义务教育发展的需要和财政能力逐步提高。同时,要加大治理教育乱收费力度,对违反规定乱收费和挪用挤占中小学经费的行为要严肃查处。

五、建立、健全资助家庭经济困难学生就学制度,保障农村适龄少年儿童接受义务教育的权利

19. 目前,我国农村家庭经济困难的适龄少年儿童接受义务教育迫切需要得到关心和资助。要在已有助学办法的基础上,建立和健全扶持农村家庭经济困难学生接受义务教育的助学制度。到 2007 年,争取全国农村义务教育阶段家庭经济困难学生都能享受到"两免一补"(免杂费、免书本费、补助寄宿生生活费),努力做到不让学生因家庭经济困难而失学。

20. 中央财政继续设立中小学助学金,重点扶持中西部农村地区家庭经济困难学生就学,逐步扩大免费发放教科书的范围。各级政府设立专项资金,逐步帮助学校免除家庭经济困难学生杂费,对家庭经济困难的寄宿学生提供必要的生活补助。

21. 要广泛动员和鼓励机关、团体、企事业单位和公民捐资助学。进一步落实对捐资助学单位和个人的税收优惠政策,对纳税人通过非营利的社会团体和国家机关向农村义务教育的捐赠,在应纳税所得额中全额扣除。充分发挥社会团体在捐资助学中的作用。鼓励"希望工程"、"春蕾计划"等继续做好资助家庭经济困难学生就学工作。中央和地方各级人民政府对捐资助学贡献突出的单位和个人,给予表彰和奖励。

六、加快推进农村中小学人事制度改革,大力提高教师队伍素质

22. 加强农村中小学编制管理。要严格执行国家颁布的中小学教职工编制标准,抓紧落实编制核定工作。在核定编制时,应充分考虑农村中小学区域广、生源分散、教学点较多等特点,保证这些地区教学编制的基本需求。所有地区都必须坚决清理并归还被占用的教职工编制,对各类在编不在岗的人员要限期与学校脱离关系。建立年度编制报告制度和定期调整制度。有关部门要抓紧制定和实施职业学校和成人学校的教职工编制标准。

23. 依法执行教师资格制度,全面推行教师聘任制。严格掌握教师资格认定条件,严禁聘用不具备教师资格的人员担任教师。拓宽教师来源渠道,逐步提高新聘教师的学历层次。教师聘任实行按需设岗、公开招聘、平等竞争、择优聘任、科学考核、合同管理。各省(自治区、直辖市)要制定切实可行的实施办法,指导做好农村中小学教职工定岗、定员和分流工作。积极

探索建立教师资格定期考核考试制度。要将师德修养和教育教学工作实绩作为选聘教师和确定教师专业技术职务的主要依据。坚持依法从严治教,加强教师队伍管理,对严重违反教师职业道德、严重失职的人员,坚决清除出教师队伍。

24. 严格掌握校长任职条件,积极推行校长聘任制。农村中小学校长必须具备良好的思想政治道德素质、较强的组织管理能力和较高的业务水平。校长应具有中级以上教师职务,一般有5年以上教育教学工作经历。坚持把公开选拔、平等竞争、择优聘任作为选拔任用校长的主要方式。切实扩大民主,保障教职工对校长选拔任用工作的参与和监督,并努力提高社区和学生家长的参与程度。校长实行任期制,对考核不合格或严重失职、渎职者,应及时予以解聘或撤职。

25. 积极引导鼓励教师和其他具备教师资格的人员到乡村中小学任教。各地要落实国家规定的对农村地区、边远地区、贫困地区中小学教师津贴、补贴。建立城镇中小学教师到乡村任教服务期制度。城镇中小学教师晋升高级教师职务,应有在乡村中小学任教一年以上的经历。适当提高乡村中小学中、高级教师职务岗位比例。地(市)、县教育行政部门要建立区域内城乡"校对校"教师定期交流制度。增加选派东部地区教师到西部地区任教、西部地区教师到东部地区接受培训的数量。国家继续组织实施大学毕业生支援农村教育志愿者计划。

26. 加强农村教师和校长的教育培训工作。构建农村教师终身教育体系,实施"农村教师素质提高工程",开展以新课程、新知识、新技术、新方法为重点的新一轮教师全员培训和继续教育。坚持农村中小学校长任职资格培训和定期提高培训制度。切实保障教师和校长培训经费投入。

七、实施农村中小学现代远程教育工程,促进城乡优质教育资源共享,提高农村教育质量和效益

27. 实施农村中小学现代远程教育工程要按照"总体规划、先行试点、重点突破、分步实施"的原则推进。在2003年继续试点工作的基础上,争取用5年左右时间,使农村初中基本具备计算机教室,农村小学基本具备卫星教学收视点,农村小学教学点具备教学光盘播放设备和成套教学光盘。工程投入要以地方为主,多渠道筹集经费,中央对中西部地区给予适当扶持。

28. 实施农村中小学现代远程教育工程,要着力于教育质量和效益的提高。要与农村各类教育发展规划和中小学布局调整相结合;与课程改革、加强学校管理、教师继续教育相结合;与"农科教结合"、"三教统筹"、农村党员干部教育相结合。

29. 加快开发农村现代远程教育资源。制定农村教育教学资源建设规划,加快开发和制作符合课程改革精神,适应不同地区、不同要求的农村教育教学资源和课程资源。国家重点支持开发制作针对中西部农村地区需要的同步课堂、教学资源光盘和卫星数据广播资源。建立农村现代远程教育资源征集、遴选、认证制度。

八、切实加强领导,动员全社会力量关心和支持农村教育事业

30. 地方各级人民政府要建立、健全农村教育工作领导责任制,把农村教育的发展和改革列入重要议事日程抓紧抓好。要在深入调查研究的基础上,制定本地农村教育发展和改革的规划,精心组织实施;加强统筹协调,及时研究解决突出问题,尤其要保障农村教育经费的投入;倾听广大教师和农民群众的呼声,主动为农村教育办实事;坚持依法行政,认真执行教育法律、法规,维护师生的合法权益,狠抓农村教育各项政策的落实。

31. 推进农村教育改革试验,努力探索农村教育改革新路子。各地要在总结改革经验的基础上,进一步解放思想、实事求是、与时俱进,大胆破除束缚农村教育发展的思想观念和体制障碍,在农村办学体制、运行机制、教育结构和教学内容与方法等方面进行改革探索。各省(自治区、直辖市)人民政府都要选择若干个县作为改革试验区;各地(市)、县都要选择1—2个乡镇和若干所学校作为改革试验点。要通过改革试验,推出一批有效服务"三农"的办学新典型;创造同社会主义市场经济体制相适应、符合教育规律、具有农村特色的教育新经验。

32. 农业、科技、教育等部门要充分发挥各自优势,密切配合,共同推进"农科教结合"。为形成政府统筹、分工协作、齐抓共管的有效工作机制,各地可根据实际需要,建立"农科教结合"工作联席会议制度。

33. 加强对农村教育的督察工作。要重点督察"以县为主"的农村义务教育管理体制和"保工资、保安全、保运转"目标的落实情况,以及"两基"攻坚和巩固提高工作的进展情况。建立对县级人民政府教育工作的督导评估机制,并将督导评估的结果作为考核领导干部政绩的重要内容和进行表彰奖励或责任追究的重要依据。

34. 广泛动员国家机关、部队、企事业单位、社会团体和人民群众通过各种方式支持农村教育的发展。发挥新闻媒体的舆论导向作用,大力宣传农村优秀教师的先进模范事迹。数百万农村教师辛勤耕耘在农村教育工作第一线,为我国教育事业发展和农村现代化建设作出了卓越贡献。特别是长期工作在"老、少、边、穷"地区的乡村教师,克服困难,爱岗敬业,艰苦奋斗,

无私奉献，应该得到全社会的尊重。中央和地方各级人民政府要定期对作出突出贡献的优秀农村教师和教育工作者予以表彰奖励，在全社会形成尊师重教、关心支持农村教育的良好氛围。

国办转发教育部等部门《关于开展经常性助学活动的意见》

经国务院同意，国务院办公厅近日转发教育部、中宣部、中央文明办、中直机关工委、中央国家机关工委、国资委、银监会、财政部、铁道部、国务院扶贫办、总政治部、全国总工会、共青团中央、全国妇联、中国残联《关于开展经常性助学活动的意见》，并要求各省、自治区、直辖市人民政府，国务院各部委、各直属机构认真贯彻执行。

全文如下：

党中央、国务院高度重视家庭经济困难学生的就学问题。"十五"期间，国家加大投入，采取设立"国家义务教育助学金"、试行在国家扶贫开发工作重点县免费为学生提供教科书等措施帮助他们完成学业。各地区、各有关部门采取了多种措施，社会各界也积极开展各种类型的助学活动，都取得了一定成效。但是由于部分地区经济发展滞后，适龄少年儿童不能入学或难以完成学业的情况还时有发生。为实现并巩固普及九年义务教育工作成果，支持家庭经济困难的学生完成学业，现就开展经常性助学活动提出如下意见：

一、开展经常性助学活动，支持家庭经济困难学生完成学业，是实践"三个代表"重要思想，实施科教兴国战略，深入贯彻《公民道德建设实施纲要》的具体措施。全面开展经常性助学活动，有利于加强党和政府与人民群众的血肉联系，增强民族凝聚力，体现社会主义制度优越性，对于推动社会主义精神文明建设，落实"以德治国"方略，培养学生热爱中国共产党、热爱祖国、热爱人民、热爱社会主义的思想感情具有重要意义。

二、各级人民政府负有帮助家庭经济困难学生完成学业特别是接受义务教育的责任。要充分认识开展经常性助学活动的重要意义，以"让孩子们都上学"为目标，切实加强组织领导，制定具体可行的政策，确保这项活动的正常开展。地方各级政府要抓紧安排助学专项资金，用好中央财政设立的中小学助学金。各级政府要为党政机关、社会团体、企事业单位和个人捐资助学或设立助学项目提供便利条件，欢迎境外热心公益事业的组织和个人捐资助学。对纳税人通过非营利的社会团体和国家机关向农村义务教育的捐赠(资金)，可在应纳税所得额中全额扣除。对捐资助学贡献较大的个人或单位予以表彰。

三、经常性助学活动主要资助农村义务教育阶段家庭经济困难的学生，优先资助农村家庭经济困难学生和残疾学生，适当兼顾其他困难学生。

四、经常性助学活动捐助资金，主要用于补助受援学生的书本费、杂费和寄宿学生的住宿费、伙食费以及非义务教育阶段家庭经济特别困难学生的学费等开支。各省、自治区、直辖市人民政府可根据实际情况确定本地区的资助标准并向社会公布。

五、动员全社会开展多种形式的经常性助学活动。充分发挥各类基金会、"希望工程"、"春蕾计划"、"安康计划"、"山区女童助学计划"、"城乡少年手拉手助学活动"、"西部开发助学工程"、"扶残助学活动"等社会公益项目在经常性助学活动中的作用。要将实施"东部地区学校对口支援西部贫困地区学校工程"和"大中城市学校对口支援本省(区、市)贫困地区学校工程"与经常性助学活动紧密结合起来。在全社会动员开展多种多样的"一对一"助学活动，鼓励学校、企业、社会为家庭经济困难的高校学生提供勤工助学岗位。

六、建立经常性助学活动联席会议制度，负责统筹协调各种形式的助学活动项目，研究提出推进措施。经常性助学活动联席会议的日常工作由教育行政部门承办。

七、切实加强经常性助学活动宣传工作。充分利用报刊、广播电台、电视台及网络等新闻媒体宣传经常性助学活动，积极鼓励新闻媒体免费播(刊)出有关经常性助学活动的公益广告。

国办转发教育部等六部门《关于进一步做好进城务工就业农民子女义务教育工作的意见》

经国务院同意，国务院办公厅近日转发教育部、中央编办、公安部、发展改革委、财政部、劳动保障部《关于进一步做好进城务工就业农民子女义务教育工作的意见》，并要求各省、自治区、直辖市人民政府，国务院各部委、各直属机构认真贯彻执行。

全文如下：

随着我国城市化进程不断加快，进城务工就业农民子女义务教育问题日益突出。为贯彻落实《国务院关于进一步加强农村教育工作的决定》(国发〔2003〕19号)精神，现就进一步做好进城务工就业农民子女义务教育工作有关问题提出如下意见：

一、做好进城务工就业农民子女义务教育工作，是实践"三个代表"重要思想的具体体现，是贯彻落实《中华人民共和国义务教育法》、推动城市建设和发展、推进农村富余劳动力转移以及维护社会稳定的需要，是各级政府的共同责任。各级政府要以强烈的政治责任感，认真扎实地做好这项工作。

二、进城务工就业农民流入地政府(以下简称流入地政府)负责进城务工就业农民子女接受义务教育工作,以全日制公办中小学为主。地方各级政府特别是教育行政部门和全日制公办中小学要建立完善保障进城务工就业农民子女接受义务教育的工作制度和机制,使进城务工就业农民子女受教育环境得到明显改善,九年义务教育普及程度达到当地水平。

三、流入地政府要制定有关行政规章,协调有关方面,切实做好进城务工就业农民子女接受义务教育工作。教育行政部门要将进城务工就业农民子女义务教育工作纳入当地普及九年义务教育工作范畴和重要工作内容,指导和督促中小学认真做好接收就学和教育教学工作。公安部门要及时向教育行政部门提供进城务工就业农民适龄子女的有关情况。发展改革部门要将进城务工就业农民子女义务教育纳入城市社会事业发展计划,将进城务工就业农民子女就学学校建设列入城市基础设施建设规划。财政部门要安排必要的保障经费。机构编制部门要根据接收进城务工就业农民子女的数量,合理核定接收学校的教职工编制。劳动保障部门要加大对《禁止使用童工规定》(国令第 364 号)贯彻落实情况的监督检查力度,依法查处使用童工行为。价格主管部门要与教育行政部门等制定有关收费标准并检查学校收费情况。城市人民政府的社区派出机构负责动员、组织、督促本社区进城务工就业农民依法送子女接受义务教育,对未按规定送子女接受义务教育的父母或监护人进行批评教育,并责令其尽快送子女入学。

四、充分发挥全日制公办中小学的接收主渠道作用。全日制公办中小学要充分挖掘潜力,尽可能多地接收进城务工就业农民子女就学。要针对这部分学生的实际,完善教学管理办法,做好教育教学工作。在评优奖励、入队入团、课外活动等方面,学校要做到进城务工就业农民子女与城市学生一视同仁。学校要加强与进城务工就业农民子女学生家庭联系,及时了解学生思想、学习、生活等情况,帮助他们克服心理障碍,尽快适应新的学习环境。

五、建立进城务工就业农民子女接受义务教育的经费筹措保障机制。流入地政府财政部门要对接收进城务工就业农民子女较多的学校给予补助。城市教育费附加中要安排一部分经费,用于进城务工就业农民子女义务教育工作。积极鼓励机关团体、企事业单位和公民个人捐款、捐物,资助家庭困难的进城务工就业农民子女就学。

六、采取措施,切实减轻进城务工就业农民子女教育费用负担。流入地政府要制定进城务工就业农民子女接受义务教育的收费标准,减免有关费用,做到收费与当地学生一视同仁。要根据学生家长务工就业不稳定、住所不固定的特点,制定分期收取费用的办法。通过设立助学金、减免费用、免费提供教科书等方式,帮助家庭经济困难的进城务工就业农民子女就学。对违规收费的学校,教育行政部门等要及时予以查处。

七、进城务工就业农民流出地政府(以下简称流出地政府)要积极配合流入地政府做好外出务工就业农民子女义务教育工作。流出地政府要建立、健全有关制度,做好各项服务工作,禁止在办理转学手续时向学生收取费用。建立并妥善管理好外出学生的学籍档案。在进城务工就业农民比较集中的地区,流出地政府要派出有关人员了解情况,配合流入地加强管理。外出务工就业农民子女返回原籍就学,当地教育行政部门要指导并督促学校及时办理入学等有关手续,禁止收取任何费用。

八、加强对以接收进城务工就业农民子女为主的社会力量所办学校的扶持和管理。各地要将这类学校纳入民办教育管理范畴,尽快制定审批办法和设置标准,设立条件可酌情放宽,但师资、安全、卫生等方面的要求不得降低。要对这类学校进行清理登记,符合标准的要及时予以审批;达不到标准和要求的要限期整改,到期仍达不到标准和要求的要予以取消,并妥善安排好在校学生的就学。要加强对这类学校的督导工作,规范其办学行为,促进其办学水平和教育质量的提高。地方各级政府特别是教育行政部门要对这类学校给予关心和帮助,在办学场地、办学经费、师资培训、教育教学等方面予以支持和指导。对办学成绩显著的要予以表彰。

九、加强宣传引导,营造全社会关心和支持进城务工就业农民子女义务教育工作的良好氛围。地方各级政府要及时总结工作经验,改进工作方法,广泛动员全社会关心支持进城务工就业农民子女义务教育工作。要将保障进城务工就业农民子女义务教育工作作为城市精神文明建设的一项重要内容,充分发挥各种宣传媒体的作用,宣传各级政府及有关部门制定的方针政策、工作规划、办法措施和在实际工作中取得的成绩和经验。

9 月 18 日

国家主席胡锦涛和全国人大常委会委员长吴邦国在人民大会堂分别会见东帝汶总理阿尔卡蒂里

中央精神文明建设指导委员会发布《关于深入贯彻党的十六大精神进一步加强公民道德建设的意见》

党中央印发《公民道德建设实施纲要》以来,各地各部门认真贯彻中央《通知》精神，大力宣传“爱国守法、明礼诚信、团结友善、勤俭自强、敬业奉献”20字基本道德规范，广泛开展形式多样的群众性道德建设实践活动，激发了人民群众关心道德建设、支持道德建设、参与道德建设的巨大热情，有力地推动了新形势下的公民道德建设。特别是面对非典型肺炎这场突如其来的严重疫情，在以胡锦涛同志为总书记的党中央坚强领导下，全国人民团结一致、齐心协力，一方有难、八方支援，形成了共克时艰的强大合力，展现了良好的思想道德风貌。同时必须看到，公民道德建设方面仍然存在不少问题。一些地方放松道德建设，是非、善恶、美丑界限混淆，封建迷信活动、黄赌毒等丑恶现象沉渣泛起；一些领域道德失范，诚信缺失，见利忘义、损公肥私、欺骗欺诈等现象屡禁不止；一部分人爱国主义、集体主义、社会主义观念淡薄，有损国格人格的现象时有发生；少数党员干部理想信念动摇、贪污受贿、违法乱纪，严重损害党的形象。这种状况与迅速发展的经济社会形势，与我国日益提高的国际地位，与全面建设小康社会的客观要求不相适应，必须采取有力措施认真加以解决。

党的十六大对新世纪、新阶段思想道德建设提出了明确要求，为加强公民道德建设指明了方向。经过抗击“非典”斗争的严峻考验，广大人民群众对精神文明建设重要意义的认识更加深刻，对追求文明健康科学生活方式的愿望更加强烈，对革除各种社会陋习的要求更加迫切，公民道德建设面临十分有利的机遇。当前，公民道德建设要抓住机遇，乘势而上，坚持以“三个代表”重要思想为指导，深入贯彻党的十六大精神，紧紧围绕全面建设小康社会的奋斗目标，遵循《公民道德建设实施纲要》的基本要求，抓住知行统一这个关键环节，贴近实际、贴近生活、贴近群众，不断增强工作的针对性和实效性。

一、大力弘扬和培育民族精神，积极推动公民道德建设。以爱国主义为核心的团结统一、爱好和平、勤劳勇敢、自强不息的伟大民族精神，是中华民族赖以生存和发展的强大精神支撑，也是中华民族赖以振兴和腾飞的强大精神动力。在举世瞩目的抗击“非典”斗争中，全国各族人民大力发扬万众一心、众志成城，团结互助、和衷共济，迎难而上、敢于胜利的精神，谱写了中国人民不畏艰险、敢于胜利的壮丽诗篇，奏响了弘扬伟大民族精神的嘹亮凯歌，使伟大民族精神在新形势下得到锤炼和升华。弘扬和培育民族精神，是社会主义思想道德建设的一项极为重要的任务。各地各部门要认总结抗击“非典”斗争的经验，采取具体措施把弘扬和培育民族精神纳入国民教育和精神文明建设全过程，广泛开展“弘扬和培育民族精神，全面建设小康社会”主题教育活动，广泛开展向抗击“非典”斗争英雄模范学习活动，在全社会大力倡导解放思想、实事求是，与时俱进、开拓创新的精神，大力倡导顾全大局、团结协作，一方有难、八方支援的精神，大力倡导艰苦奋斗、自强不息，爱岗敬业、无私奉献的精神，大力倡导扶危济困、见义勇为，尊老爱幼、邻里互助的精神，把伟大的民族精神转化为激励广大干部群众再接再厉、奋发进取、扎实工作，夺取改革开放和现代化建设新胜利的强大精神力量。

二、从社会关注的问题入手，广泛开展道德实践活动。针对群众反映强烈的问题开展道德实践活动，是引导人们参与道德建设、身体力行社会主义道德的成功经验。各地各部门要紧紧围绕巩固抗击“非典”斗争成果，广泛开展讲文明讲卫生讲科学树新风活动，对广大公民特别是青少年进行环境、健康和可持续发展的教育，通过治理城乡环境，革除社会陋习，搞好卫生防疫，弘扬科学精神，普及科学知识，构筑群防群治的坚强防线，使环境更加整洁优美、生活更加健康文明。紧紧围绕整顿和规范市场经济秩序，广泛开展“共铸诚信”活动，加强诚信教育，强化信用意识，下决心遏制工程建设、商贸餐饮、医药卫生、电信通信、旅游服务、环境保护等方面存在的突出问题，坚决打击制假售假、欺诈经营、虚假广告、偷税漏税等违法行为，引导人们坚持诚信为本、操守为重，推进社会信用体系建设，保证社会主义市场经济健康发展。紧紧围绕关心和帮助困难群众，广泛开展扶贫济困活动，千方百计帮助特困家庭、下岗职工、孤寡老人、残疾人、失学儿童等解决生产生活中的实际问题，让他们深切感受到党和政府的关心，社会主义大家庭的温暖。紧紧围绕提高社会文明程度和公民道德素质，在全国城乡深入开展文明城市、文明村镇、文明行业、文明单位、文明家庭、百城万店无假货和做人民满意公务员等各类创建活动，从具体事情抓起，从一言一行做起，从一点一滴改起，不断增强道德建设的感召力和影响力，引导人们在社会做个好公民、在单位做个好建设者、在家庭做个好成员。

三、运用各种方式和途径，使道德宣传教育经常化、大众化。广泛传播道德知识、普及基本道德规范，是加强公民道德建设的基础性工作。一切宣传思想文化阵地，一切精神文化产品，都要坚持正确导向，宣传科学理论、传播先进文化、塑造美好心灵、倡导科学精神、弘扬社会正气。要把道德建设贯穿到从幼儿园、小学、中学到大学整个国民教育体系，渗透到课堂教学、学校管理、课外活动等各个环节，科学规划道德教育的具体内容，引导学生养成良好行为习惯。报刊、广播、电视和互联网等大众传媒，要把道德宣传教育作为重要任务，开设专题、专栏，通过新闻报道、言论评论、专家点评、群众讨论和公益广告等多种形式，营造道德建设的浓厚舆论氛围。中央主要新闻单位应当在这方面起到示范带头作用。人民网、新华网、光明网、央视国际网等网站，要在今年年底前建立道德网页，开设网上道德论坛，形成网上宣传教育平台。广大文艺工作者要以讴歌人民群众积极向上、追求和创造美好生活的崇高思想品德为己任，努力创作反映中华民族传统美德、革命传统道德和新时期良好道德风貌的文艺作品，给人以鼓舞和启迪。文化、广电部门要做好优秀文艺作品的展映、展演、展播、展示工作。爱国主义教育基地，文化馆、博物馆、图书馆、科技馆、体育场所等基层文化阵地，要发挥各自特点和优势，利用重要节日、纪念日、重大事件，通过组织专题讲座、知识竞赛、演讲比赛、图片展览、文体表演以及健康民俗活动，进行生动活泼的道德和法制宣传教育。城市街道社区、乡村集市、火车站、长途汽车站、客运码头、机场等公共场所，要在显著位置设立宣传基本道德规范的公益广告，让人们耳濡目染、受到熏陶。从今年开始，将党中央印发《公民道德建设实施纲要》(以下简称《纲要》)的9月20日定为"公民道德宣传日"，以更广泛地动员社会各界关心、参与道德建设。道德宣传教育，既要全面系统、又要突出重点，既要保持声势、又要力求实效，既要注重集中宣传、又要加强日常工作，把家庭教育、学校教育、单位教育、社会教育有机结合起来，做到常抓不懈、持之以恒。要多用群众的新鲜语言，多用群众身边的事例，多用群众喜闻乐见的方式，使道德宣传教育通俗易懂、深入人心。

四、完善各行各业的职业行为准则，使道德建设融入人们的日常工作、学习和生活。制定切实可行的具体行为准则，是把基本道德规范转化为人们自觉行动的有效途径。各地各部门要按照《纲要》提出的方针原则、目标任务和主要内容，从实际出发，对各类群众性精神文明创建工作的标准和已有的市民公约、社区公约、乡规民约，干部、职工、学生守则等具体行为准则进行必要的修订完善。各行各业都要加强职业道德建设，弘扬职业精神，规范行业行为，把抗击"非典"斗争中加强道德建设的好经验、好做法充实到具体行为准则之中。要重视修订完善各种新经济组织、社会中介机构和娱乐服务场所的行为准则。完善具体行为准则，既要突出贯彻《纲要》的共性，又要体现本地区、本部门、本单位特点；既要体现道德建设的要求，又要同有关法律、法规相统一。要充分发扬民主，广泛征求群众意见，使各项行为准则易记、易懂、易行，易于监督。要把修订完善行为准则的过程，作为道德宣传教育的过程，作为干部群众参与道德建设的过程。各类创建工作先进单位和示范单位，都要带头做好具体行为准则的修订和完善工作，并引导干部群众尤其是青少年自觉遵守，努力践行。

五、建立和完善激励监督机制，引导人们养成良好行为习惯。加强道德建设必须把自律与他律有机结合起来。要形成激励机制，鼓励人们积极向上，追求真善美。各地各部门要大张旗鼓地宣传和表彰具有鲜明时代特点、广泛群众基础的公民道德建设先进典型，为人们树立学习的榜样。文明城市、文明村镇、文明单位等各类创建活动，都要把公民道德建设作为重要内容和评选标准；新闻、出版、文艺、体育、教育、科技等各类评奖，都要把是否合乎社会主义道德作为重要标准。要形成监督机制，帮助人们辨别是非，抵制假恶丑。报刊、广播、电视和互联网等大众传媒要加强舆论监督，揭露、批评有悖于社会主义道德的言行和丑恶现象。中央电视台和地方电视台都要在黄金时段开设道德栏目，对道德热点问题进行评议。社区、农村、企事业等基层单位要依靠群众，开展多种形式的道德评议活动。公安、卫生、税务、工商、质检、城管、环保等行政部门要严格执法、公正执法、文明执法，依法对各种不良行为给予批评教育和相应处罚。通过发挥激励和监督机制的作用，在全社会形成扶正祛邪、扬善惩恶，讲道德光荣、不讲道德耻辱，讲道德受人尊敬、不讲道德受到批评的良好社会风气。

六、加强对公民道德建设的领导，确保各项工作落到实处。各地各部门要充分认识新世纪、新阶段加强公民道德建设的重要性，把这项工作与正在全党全国蓬勃兴起的学习贯彻"三个代表"重要思想新高潮结合起来，与广大城乡正在深入开展的各种群众性精神文明创建活动结合起来，与全国各地正在深入进行的整顿和规范市场经济秩序结合起来，与各行各业的业务工作结合起来，列入党委和政府工作的重要日程，纳入经济社会发展规划，建立、健全领导责任制。要增加必要的投入，为道德建设提供物质保障。各级党政机关工作人员，解放军、武警官兵和公安干警，社会公众人物特别是各级领导干部要切实加强自身的道德修养，为广大群众作出表率。要组织理论工作者紧密联系实际，特别是抗击"非典"斗争的生动实践，加强道德理论研究，积极探索公民道德建设的特点和规律，不断改进工作的方式方法，使道德建设与形势发展相适应，与社会实践相协调，与全面建设小康社会相同步，既继承优良传统又坚持与时俱进，始终保持强大的生机和活力。要坚持党的群众路线，广泛听取基层群众的意见，广泛听取民主党派、工商联和无党派人士的意见，把群众拥护不拥护、赞成不赞成、高兴不高兴、答应不答应作为进行道德教育、组织道德实践活动的重要依据，充分调动、尊重和保护人民群众参与道德建设的积极性、创造性。各级文明委和党委宣传部要认做好指导、协调和组织工作，及时总结推广群众创造的新鲜经验。工会、共青团、妇联等人民团体以及社会各界，要在党委的统一领导下，各尽其责、相互配合，形成公民道德建设的合力。

各地各部门要根据上述意见，抓紧制定进一步加强公民道德建设的具体措施。中央文明委和中央宣传部将在今年9月《纲要》印发两周年之际，对各地各部门贯彻《纲要》的情况进行一次督察。

国家发改委主任马凯在北京出席全国“十一五”规划编制准备工作电视电话会议并讲话

马凯提出，树立新的发展观，做好“十一五”规划编制准备工作。要以人为本，坚持全面、协调和可持续的发展观。要注重统筹兼顾，促进经济与社会、城市与农村、东部地区与中西部地区、人与自然的协调发展，全面提高人民的物质文化生活水平和健康水平。

马凯提出，继续深化规划体制改革，是“十一五”规划编制工作的一项重要任务。在规划理念上，要以人为本，促进全面、协调、可持续发展；在规划体系上，要把编制和实施区域规划放到突出重要的位置；在编制程序上，要建立规范化的民主制度、衔接制度、论证制度、公布制度以及备案和评估制度。要花大力气做好规划编制的基础调查、信息搜集、课题研究、项目论证等前期工作，不要把精力都放在找响亮口号、提过高目标上，坚决纠正规划工作中做表面文章、搞形式主义的错误做法。

国民经济和社会发展总体规划将突出战略性、宏观性和政策性，改变无所不包、涉及领域过宽的状况，强化空间指导与约束功能，增加制度创新的内容。编制特定领域的专项规划，将严格界定领域，增强针对性和操作性，合理确定规划期。编制区域规划是“十一五”规划工作的一个新任务，要放在突出重要的位置。市县规划要成为有约束力、可操作、为人民群众办实事的规划。

三家金融监管机构在北京召开联席会议

为适应我国金融改革发展的需要，加强三家金融监管机构协调配合，提高监管效率，实现对金融机构及其从事的金融业务持续有效的监管，保证金融业安全高效稳健运行，中国银行业监督管理委员会、中国证券监督管理委员会、中国保险监督管理委员会于2003年6月初成立了专门工作小组，起草了《中国银行业监督管理委员会、中国证券监督管理委员会、中国保险监督管理委员会在金融监管方面分工合作的备忘录》，并于本日召开了第一次监管联席会议，讨论通过了该备忘录。

建设部副部长刘志峰出席国务院新闻办举行的记者招待会

刘志峰回答了中外记者提出的当前房地产领域的热点问题。对于房屋空置率问题，他表示，我国尚未建立房屋空置率指标，目前关于中国房屋空置率达到20%甚至30%的说法是不科学不可信的。建设部正在与有关部门共同研究改进房屋空置统计方法，建立与国际接轨的房屋空置率指标，尽快建立和完善房地产预警体系。

对于当前城市拆迁所带来的问题，刘志峰认为其原因是多方面的：有的城市政府不顾实力搞拆迁建设，造成了拆迁补偿标准降低，补偿资金不落实；有的部门不依法行政，工作简单粗暴；有的开发企业随便降低补偿标准；还有极少数拆迁户漫天要价。这些问题已经引起中央的高度重视，各地要充分认识其重要性，从落实“三个代表”重要思想出发做好拆迁工作。要量力而行，坚决反对为了搞形象工程而损害拆迁群众的利益。要严格按照国务院有关文件的规定，拆迁补偿不到位、拆迁方案不落实的不能拆迁。

国家副主席曾庆红在人民大会堂会见越共中央政治局委员 越南公安部部长黎鸿英

曾庆红表示，中越两国公安部门的友好合作关系是两国关系的重要组成部分，随着两国关系的发展，中越两国公安部门的交流与合作日益加强。双方通过情报交流、协查办案和相互递解犯罪嫌疑人等合作方式，有效地打击了涉及两国的犯罪活动。此次，两国公安部部长进行了很好的会谈，签署的合作文件将有力推动两国公安部门的合作。

黎鸿英说，越南党和政府十分重视与中国的友好合作关系，愿意进一步加强两国在公安领域的交流与合作。

国务院副总理黄菊在人民大会堂会见法国阿尔卡特公司董事长兼首席执行官瞿瑞克

中共中央政治局常委李长春在人民大会堂会见古巴共产党中央政治局委员国际关系部部长巴拉格尔

保加利亚总统珀尔瓦诺夫在索非亚会见最高人民检察院检察长贾春旺

珀尔瓦诺夫在会见时充分肯定两国检察机关合作的重要意义，并说这种合作关系是两国友好关系的重要组成部分。他希望两国检察机关在经济全球化的形势下加强交流，相互借鉴，为打击有组织跨国犯罪发挥应有的作用。

贾春旺向珀尔瓦诺夫介绍了中国经济建设和民主法制建设的主要成就及中国检察机关在依法治国、建设社会主义法治国家中的地位与作用。

贾春旺是应保加利亚总检察长菲尔切夫的邀请，于9月16日率中国检察代表团抵达这里访问的。

外交部部长李肇星在西班牙港分别会见特立尼达和多巴哥代总统 参议院议长巴布拉尔和总理曼宁

李肇星对近年来两国贸易的快速增长表示高兴。他说，中国已成为进口特多天然沥青最多的国家，特多沥青深受中国用户的欢迎。中国和特多经贸合作还有很大潜力，中方将鼓励有实力的企业到特多投资，也欢迎特多企业家去中国参加各类商业活动，寻找新的商机。

特多领导人积极评价两国的友好关系，重申特多将继续坚定奉行一个中国的政策。他们赞扬中国在当今国际事务中发挥的建设性作用，并希望进一步密切与中国在各方面特别是经贸领域的合作。

同日，李肇星还与特多外长吉夫特举行了会谈。会谈后，双方签署了中国和特多《避免双重征税协定》和《两国外交部合作换文》。

南京举办"侵华日军化学毒气战罪行图片展"

"历史遗留的罪孽——侵华日军化学毒气战罪行图片展"在侵华日军南京大屠杀遇难同胞纪念馆与公众见面。展览共分6个部分："齐齐哈尔中毒事件"、"日本毒气武器的研制与毒气战训练"、"侵华日军在华实施毒气战"、"侵华日军遗弃毒气武器残害无辜"、"国际社会禁止化学武器公约"、"为消除毒气武器的遗害而努力"，展出各类照片、历史图表及资料198张。

国家安监局(煤监局)在北京召开全国煤矿安全生产电话会议

会议要求各地强化煤矿安全生产责任制，认真排查隐患，采取过硬措施，狠抓落实，坚决防范煤矿重特大事故。

国家安监局副局长赵铁锤说，煤矿重特大事故依然没有得到有效控制。今年以来，截至9月17日，全国煤矿共发生一次死亡30人以上的特别重大事故6起，死亡309人，同比分别上升50%和25%；国有大矿事故有所上升。一些基础条件较好、甚至长期居于安全生产先进行列的个别国有重点煤矿，如阳泉、淮北等，也相继发生了特大、特别重大事故。

赵铁锤认为，近期部分地区煤矿重、特大事故多发的主要原因是：第一，贯彻执行国办58号、60号文件精神不力。对非法和不具备安全生产基本条件的煤矿，该整顿的没有认真整顿，该关闭的没有彻底关闭。第二，今年煤炭市场产销两旺、价格上扬，部分煤炭企业急功近利，不顾安全生产条件，盲目突击生产和超通风能力生产。第三，一些国有煤矿安全管理工作存在较大差距。第四，部分地方国有煤矿在改制过程中，放松了安全管理。

9月19日

中共中央总书记胡锦涛在人民大会堂会见古巴共产党中央政治局委员 国际关系部部长巴拉格尔

全国人大常委会委员长吴邦国在北京出席农村土地承包法执法检查组全体会议并发表重要讲话

吴邦国强调，要从认真贯彻"三个代表"重要思想的政治高度，从全面建设小康社会的战略高度，从维护社会稳定的全局高度，贯彻落实好农村土地承包法，依法维护农民的土地承包经营权，切实保护农民的合法权益。

吴邦国强调，农村土地承包法关系到农民的命根子，关系到党的农村政策的基石，关系到改革发展稳定的大局。稳定农村政策，最重要的是要稳定农村土地承包关系。制定农村土地承包法，把党的这一农村政策以法律形式固定下来，得到了农民的一致拥护。我们务必高度重视贯彻实施农村土地承包法，更多地支持农业，更多地关注农村，更多地关心农民。

在谈到执法检查工作时，吴邦国着重强调了三点：一是把执法检查工作深入持久地开展下去。通过执法检查，进一步推动法律的正确实施，促进依法行政和公正司法，把执法检查的过程作为宣传普及法律的过程，不断提高立法质量。二是注重实效。要有针对性选择检查的法律项目，执法检查要围绕关系改革发展稳定的重大问题和与群众切身利益密切相关的热点难点问题展开。要转变作风，深入实际，深入基层，注意发现典型案例和共性问题，提出有针对性的意见和建议。三是执法检查要依法进行。

吴邦国要求，本次执法检查工作要抓住核心内容和突出问题，同时对涉及相关法律的问题一并进行检查，要力戒形式主义，不能增加基层尤其是农民的负担，更不要扰民。

全国人大常委会副委员长兼秘书长盛华仁出席了会议，全国人大常委会副委员长乌云其木格主持会议并讲了话。国务院有关部门和最高人民法院负责同志分别作了汇报。

根据全国人大常委会执法检查方案，农村土地承包法执法检查组近期将分赴河北、吉林、江苏、福建、湖南、四川、陕西等地，对农村土地承包法的贯彻落实情况进行检查，同时委托山西、广西等11个省、自治区人大常委会分别对本省(区)贯彻实施该法情况进行检查。这次执法检查的重点是：家庭土地承包经营权的落实情况；征用、占用承包地的情况；土地承包经营权流转情况。

国务院总理温家宝在北京出席全国农村教育工作会议并发表讲话

中共中央政治局委员、国务院副总理回良玉主持了会议，国务委员陈至立作了工作报告。

温家宝、回良玉、陈至立等还参观了农村中小学现代远程教育工程展示。

各省、自治区、直辖市人民政府，国务院有关部门负责人出席了会议。

国务院总理温家宝在全国农村教育工作会议上的讲话

最近，国务院认真分析了当前农村教育形势，就进一步加强农村教育工作作出了决定。今天，召开全国农村教育工作会议进行部署。这次会议的主要任务是，以“三个代表”重要思想和党的十六大精神为指导，加快农村教育发展，深化农村教育改革，推进农村小康建设和城乡协调发展。至立同志将代表国务院作工作报告。下面，我先讲几点意见。

一、充分认识农村教育在全面建设小康社会中的战略地位

教育是现代文明的基石。提高国民素质，增强综合国力，必须大力发展教育事业。农村教育影响广泛，关系农村经济和社会发展的全局。改革开放以来，我国城乡面貌发生了巨大而深刻的变化，这同教育特别是农村教育的发展密不可分。农村实行家庭联产承包责任制，极大解放了生产力。农业先进实用技术之所以能得到大面积推广，乡镇企业之所以能异军突起，农村富余劳动力之所以能大量向沿海地区和城镇转移，其中一个根本原因，就是有数以亿计受过义务教育的农村劳动力作为基础和支撑，农村普及义务教育有很大成绩，功不可没。当前，我国农业和农村经济正处在关键的发展阶段，优质、高效、生态、安全农业的发展，农业产业化经营的扩大，农村富余劳动力的转移等，都迫切需要全面提高农村劳动力素质。世界新科技革命的兴起和全面建设小康社会的推进，对广大农村人口科学文化素质和思想道德素质提出更高的要求。没有农村全面“普九”，没有农民素质的全面提高，就很难实现全面小康。我们必须充分认识农村教育在全面建设小康社会中的基础性、先导性、全局性作用。

农村义务教育在整个国民教育体系中占有举足轻重的地位。我国是一个发展中的人口大国，兴办着世界上规模最大的教育。农村教育面广量大，中小学在校生多达1.6亿人。从小学到初中，正是他们身体发育和智力启蒙的阶段，小时候养成的品德、性格、习惯往往影响一生，学校和老师的影响有时超过家庭和父母。因此，农村中小学教育质量的高低，不仅直接关系到农村青少年的德智体美全面发展，而且关系到国家各级各类人才的培养和全民族素质的提高。新中国成立以来，一大批来自农村的高级专门人才活跃在社会主义现代化建设各条战线上，一些人成为著名的科学家、工程师、医生、教授和文学艺术家，他们的成才同青少年时代在农村接受的良好基础教育是分不开的。今天，我们要完成党的十六大提出的造就数以亿计的高素质劳动者、数以千万计的专门人才和一大批拔尖创新人才的宏大任务，把沉重的人口负担转化为巨大的人力资源，离开农村教育的发展，根本无从谈起。

普及农村义务教育，有利于缩小社会差距和实现社会公平。没有教育机会的均等，就谈不上社会公平。谁能享受良好的义务教育，谁就能获得更多的发展机会，否则就难以融入现代社会。特别是在欠发达的中西部地区，摆脱经济贫困首先必须改变教育落后。“今天的辍学生，就是明天的贫困户”，这是农民群众从现实生活中得出的结论。目前我国城乡之间、地区之间经济社会发展水平存在明显差距，一个重要原因就是农村和欠发达地区广大群众受教育水平和接受教育机会明显落后于城市和发达地区。我们要缩小教育差距，促进城乡之间、地区之间的协调发展，就必须大力发展农村和欠发达地区的教育。

发展农村教育，有助于积累国民经济增长的后劲。纵观世界各国现代化进程，发达国家都是在经济欠发达时期就开始普及义务教育，而且对农村教育给予特别关注，正是由于这样做，才有而后的经济腾飞。我国要实现全面建设小康社会和现代化的宏伟目标，必须从现在做起，进一步动员全党全社会的力量，把农村教育扎扎实实搞上去。否则，就有可能丧失机遇，甚至会贻误现代化建设大业。今天，我们比以往任何时候都更加深切地感受到加快发展农村教育的历史责任感和紧迫性，务必牢牢抓住机遇，全力以赴，发展农村教育。

二、大力推进农村教育的发展和改革

到20世纪末，我国完成了基本普及九年义务教育和基本扫除青壮年文盲的历史性任务，人均受教育年限达到8年，超过了世界平均水平，取得了举世瞩目的

伟大成就。但是,农村教育整体薄弱的状况还没有得到根本改变。全国还有431个县没有"普九",已经"普九"的部分地区水平很低、基础不稳,不少地方存在学生因贫辍学、拖欠教师工资、学校危房年久失修、公用经费短缺等突出问题,引起全社会的广泛关注。同时,农村教育办学体制、运行机制以及教学内容与方法等,也存在与农村经济和社会发展不相适应的状况。解决这些问题,办好农村教育,必须一手抓发展,一手抓改革。

今后一个时期,我国农村教育发展的总体目标是:在巩固"两基"成果的基础上,努力实现全面普及九年义务教育,全面提高义务教育质量,同时大力发展职业教育和成人教育,促进农村各类教育协调发展。普及义务教育,仍然是当前农村教育工作的重点。要坚持积极进取、实事求是、分区规划、分类指导的原则,西部地区集中力量打好"两基"攻坚战;中部地区切实抓好"两基"的巩固和提高;东部地区实现高质量高水平"普九"。这里,我要着重谈谈西部"两基"攻坚问题。

国务院决定:到2007年,力争使西部地区九年义务教育普及率达到85%以上,青壮年文盲率降到5%以下。承担西部"两基"攻坚任务的372个县,国土面积达345万平方公里,覆盖人口8300多万,主要分布在"老少边穷"地区。在这些地区完成"两基"攻坚任务,有利于在全国范围内实现全面普及九年义务教育的目标,并将对推进西部扶贫开发、促进民族团结、维护边疆稳定起到非常重要的作用。同时,要清醒地看到完成这一任务的复杂性和艰巨性。这些地区经济落后,县乡财政困难,教育基础薄弱;地广人稀,生源分散,办学成本高;条件艰苦,人才出去多、回来少,合格教师短缺;少数群众观念落后,偏重眼前利益,"重男轻女";适应少数民族地区特殊需要的教材教具和双语师资力量缺乏等,使得提高入学率、控制辍学率面临着比别的地区更多的困难。中央已经作出郑重承诺并且下定决心办好这件大事,各地必须高度重视,精心部署,狠抓落实,讲求实效,来不得半点形式主义和浮夸虚报。一是国务院有关部门和西部各省区市要在充分调查研究的基础上,制定工作规划,设立专项经费,认真组织实施,每年督促检查一次。二是县级政府要负起主要责任,发扬扶贫攻坚那种"领导苦抓、部门苦帮、群众苦干"的精神,真抓实干,锲而不舍,注重实效,财政再紧张也要确保教育投入。乡(镇)政府和村民自治组织要大力宣传《义务教育法》,动员和帮助贫困家庭农民子女入学。三是广大教师要怀着对"老少边穷"地区群众的深厚感情,提高教学质量,帮助困难学生完成学业。四是采取有力措施解决特殊问题,如兴办寄宿制学校,资助家庭经济困难学生,做好少数民族地区教师培养、教材编写和教学资源开发工作。总之,要坚定信心,克服困难,千方百计,如期完成西部地区"两基"攻坚任务。

已经实现"两基"的中部地区,农村人口众多,经济和教育基础薄弱,不少是粮食主产区和农业人口大县,财政比较困难,巩固提高"两基"的任务相当繁重。各地要保持和发扬当年实现"两基"迎难而上的进取精神,采取得力措施解决前进中的困难和问题,中央将给予必要的支持。

深化农村教育改革,是推动农村教育发展的强大动力。农村教育改革必须全面贯彻党的教育方针,更新教育思想,坚持为"三农"服务的方向,拓宽教育服务领域,增强教学的针对性和实效性,从而满足农村人口多样化的学习需求。当前,深化农村教育改革要重点抓好以下工作:一要推进教学改革。农村中小学在实现国家规定的基础教育基本要求时,要紧密联系农村实际,突出农村特色。职业教育以就业为导向,成人教育以农民技能培训为重点,两者都要实行多样、灵活、开放的办学模式和培训方式,切实培养能真正服务于农村的各类人才,促进农业增效、农民增收,推动农村富余劳动力向第二、三产业转移。要充分利用现代远程教育手段,促进城乡优质教育资源共享。二要推进办学体制改革。在我国广大农村,教育资源不足同农民群众教育需求日益增长的矛盾越来越突出,并将长期存在。各级政府要加大投入,积极发展公办教育,同时要鼓励和吸引社会力量参与农村办学。办好农村义务教育,是各级政府义不容辞的责任;农村高中阶段教育和幼儿教育,以政府投入为主、多渠道筹措资金,努力形成公办学校和民办学校共同发展的多元办学格局。三是推进农村中小学人事制度改革。办好农村学校,关键是要有好校长、好教师。中小学人事制度改革的出发点和落脚点,是提高农村师资队伍的质量,提高有限教育资源的利用效率。当前迫切需要建立、健全同社会主义市场经济体制相适应、能进能出、富有活力的教师管理制度。要采取有效政策措施,吸引优秀人才到西部任教,鼓励城镇教师到乡村任教,通过定向招生等方式培养乡村教师,切实解决"老少边穷"地区乡村学校缺少合格教师和骨干教师不稳定的问题。四是推进"农科教结合"和"三教统筹"的综合改革。要进一步建立和完善农业、科技、教育等部门的合作机制,有效统筹基础教育、职业教育和成人教育的资源,构建相互沟通、协调发展的农村教育培训网络和科技推广网络。要彻底转变鄙薄职业教育的传统观念,使农村职业教育在今后几年有一个较大发展。这里,我要强调城市教育资源为农村服务的问题。城市和农村是有机统一的整体,应该相互促进、共同发展。地方各级政府要充分发挥城市教育资源的优势，更积极、更有效地为农村和农民提供服务，特别是为西部地区培养输送合格教师。要扩大城市各类职业学校面向农村的招生，开展进城务工农民的职业技能培训。一定要让进城务工农民的子女有书读、有学上，和城里孩子同在蓝天下共同成长进步。发达地区城市应进一步做好对贫困地区教育的对口支援工作。

农村教育新情况、新事物层出不穷。各地要在总结改革经验的基础上，进一步解放思想、实事求是，与时俱进、大胆改革，推出一批有效服务“三农”的办学新典型，创造同社会主义市场经济相适应、符合教育规律、具有农村特色的教育新经验。

三、切实加强对农村教育工作的领导

办好农村教育，是各级政府一项最重要的职责，也是各级党委加强对农村工作领导的一个十分重要方面。发展农村教育，有经费问题，有体制问题，有师资问题，核心是加强领导问题。这个问题解决了，其他问题就好解决。只要各级党政领导真正重视，有决心、办实事、求实效，农村教育的形势就一定会越来越好。

地方各级政府和国务院各有关部门都要从实践“三个代表”重要思想和执政为民的高度，把加强农村教育工作摆上重要议事日程，并且结合本地区、本部门实际，制定规划，组织实施，督促检查，狠抓落实。邓小平同志早在1985年就指出：“忽视教育的领导者，是缺乏远见的、不成熟的领导者，就领导不了现代化建设。各级领导要像抓好经济工作那样抓好教育工作。”近年来，许多地方领导同志重视农村教育工作，特别是一些地方在财力并不宽裕的情况下，舍得增加农村教育投入。“再穷不能穷教育，再苦不能苦孩子。”由于领导者真抓实干，当地教育落后的状况得到迅速改变。对这些有远见的领导者，党和人民应当给予充分肯定和鼓励。今后衡量一个领导干部任期内的政绩大小，不是光看经济增长指标，还要看辖区内特别是农村地区的教育发展状况。组织部门考察县乡干部，要了解当地学校和教育发展的状况，因为教育是一个地区经济社会发展的综合反映。各级政府主要负责同志应经常深入农村学校，了解实际情况，倾听群众呼声，及时解决农村教育发展和改革中遇到的实际困难和问题。

要认真落实“以县为主”的农村教育管理体制。实行“在国务院领导下，由地方政府负责、分级管理、以县为主”的农村义务教育管理体制，把农村义务教育切实纳入公共财政体系予以保障，减轻农民负担，这是牵动农村经济和社会发展全局的一项重大改革。农村税费改革之后，中央加大转移支付力度，有力保障了农村义务教育管理体制的调整。目前，一些地方反映农村义务教育“保工资、保安全、保运转”所需经费存在缺口。解决好这个问题，关键是各级政府要调整财政支出结构，努力增加教育投入，确保农村义务教育的基本需求。认真落实好中央提出的新增教育经费主要用于农村的要求。中央要进一步增加对困难地区农村教育的转移支付。省、地(市)级政府特别是省级政府，更要切实负起领导责任：一是要通过增加转移支付，提高财政困难县义务教育经费的保障能力。二是安排使用中央下达的工资性转移支付资金，要全部补助到县。三是安排农村税费改革专项转移支付资金，要弥补农村教育费附加和农民集资取消后学校危房改造和运转的经费缺口，确保农村义务教育经费不低于税费改革前的水平并力争有所提高。要将维护、改造和建设农村中小学校舍所需经费纳入政府经常性预算。考虑到各地的实际困难，最近中央又安排了一笔专项资金用于补助困难地区中小学危房改造，各地一定要把这笔钱用好。

要特别关注和解决好农村家庭困难学生的就学问题。我们是社会主义国家，根据目前国力，应该也完全有能力为全体适龄儿童少年接受义务教育提供帮助。从全国看，辍学率哪怕有1个百分点，在农村就会影响上百万孩子的一生和前途，将给国家和社会带来难以弥补的损失。我们一定要抓紧建立、健全资助家庭经济困难学生就学制度，切实保障他们接受义务教育的权利。

要大力弘扬中华民族尊师重教的优良传统。古代大思想家荀子说过：“国将兴，必贵师而重傅，贵师重傅则法度存。”他把尊师重教同国家治理和兴衰联系起来，发人深省。我国有数百万农村教师，他们默默无闻，年复一年，辛勤耕耘在农村教学第一线，为教育事业发展和农村现代化建设作出了巨大贡献。特别是长期工作在“老少边穷”地区的乡村教师，艰苦奋斗，无私奉献，他们的崇高品德和业绩应该得到全社会的尊重。我们要像宣传劳动模范、宣传科学家那样，大力宣传教育家、宣传优秀教师，进一步在全社会形成尊师重教和支持农村教育的良好风尚。

“百年大计，教育为本。”一个国家，一个民族，教育上去了，就大有希望。我们相信，有以胡锦涛同志为总书记的党中央的正确领导，有广大教育工作者的辛勤耕耘，有全党全社会的共同奋斗，我国农村教育工作必将开创崭新的局面！

《人民日报》发表中共中央政治局常委吴官正2003年9月在青海考察时的讲话摘要《加强基层党的作风建设 维护好人民群众的切身利益》

当前，全党全国正在兴起学习贯彻“三个代表”重要思想的新高潮。学习贯彻“三个代表”重要思想，必须坚持立党为公、执政为民这个本质要求，认真抓好党的作风建设，维护好人民群众的切身利益，密切党同人民群众的血肉联系。

一、党的作风关系党的生死存亡

我们党是全心全意为人民服务的好党。党的先进性既体现在正确的路线方针政策上，又体现在党组织和党员干部的优良作风上。当年延安整风，就是整顿学风、文风和党风。毛泽东同志说，“学风和文风也都是党的作风，都是党风”。党的七大确立了理论联系实际、密切联系群众和批评与自我批评三大作风。1978年年底，党的十一届三中全会恢复建立了中央纪律检查委员会。在纪委究竟抓什么的问题上，邓小平同志明确指出：“主要任务就是协助中央和各地党委搞好党风。”后来，他又强调“我赞成陈云同志讲的，执政党的党风问题是有关党的生死存亡的问题”。党的十四大以来，江泽民同志多次阐述党风建设问题，强调“党的作风状况，关系党的生死存亡，关系国家的前途命运”，并对党风建设的指导方针、根本任务、途径方法作了全面论述。优良的党风，是我们党区别于其他政党的显著标志，是党不断从胜利走向胜利的力量所在。

党风建设的核心是密切党同人民群众的血肉联系。党的十六大报告指出：“我们党的最大政治优势是密切联系群众，党执政后的最大危险是脱离群众。”这是我们党对执政规律的深刻认识。早在新中国成立前夕，毛泽东同志就提出进城后我们是做官当老爷、还是继续做人民公仆的问题。他告诫全党要牢记“两个务必”，始终坚持全心全意为人民服务的宗旨。邓小平同志指出，要把人民拥护不拥护，赞成不赞成，高兴不高兴，答应不答应，作为指导党的一切工作的标准。江泽民同志集中全党智慧提出的“三个代表”重要思想，其本质就是立党为公、执政为民。胡锦涛同志在“七一”讲话中，强调各级领导干部要把立党为公、执政为民的要求落实到思想和行动中，做到“权为民所用、情为民所系、利为民所谋”。各级党组织要坚持不懈地加强党的作风建设，使党的作风有新的明显进步，使党群关系和干群关系有新的明显改善。这是开创社会主义现代化建设新局面的必然要求，是我们党永远立于不败之地的重要保证。

二、要高度重视基层干部队伍的作风建设

党的基层干部处在改革开放和经济建设的第一线，天天接触群众。他们的作风如何，直接关系党的路线方针政策的落实，直接影响党在人民群众中的形象。长期以来，广大基层干部吃苦耐劳，扎实工作，为推进改革、促进发展和维护稳定作出了重要贡献。比如，近年来，为了保护人民群众的生命财产安全，全国有数万名民警因公负伤，数千名民警光荣牺牲。在今年抗击“非典”斗争中，广大基层干部和医务工作者表现出了高尚的道德情操，为取得抗击“非典”的阶段性重大胜利作出了突出贡献。基层干部队伍的主流是好的，对他们必须给予充分肯定。

但我们也要看到，一些基层干部还存在这样那样的问题。有的大吃大喝，铺张浪费；有的工作简单粗暴，强迫命令；有的搞形式主义，虚报浮夸；有的执法不严，办事不公，吃拿卡要，甚至刁难群众，以权谋私。近两年，有关部门受理的检举控告中，绝大多数反映的是基层党员干部的问题。一些地方，集体上访、越级上访增加，也与一些基层干部作风不扎实、工作不到位有关。

基层干部作风的好坏，关系基层政权的稳固。“基础不牢，地动山摇。”各级党委、纪委要高度重视加强党的基层作风建设，切实纠正侵害群众利益的不正之风，密切党群干群关系，巩固党的执政基础。

三、要实现好、维护好、发展好人民群众的根本利益

加强基层党的作风建设，要以“三个代表”重要思想为指导，按照“八个坚持、八个反对”和“两个务必”的要求，着力解决基层党员干部作风方面存在的突出问题，牢固树立群众观点，使干部经常受教育，使群众长期得实惠。

要对群众有深厚的感情，做到爱民、为民、富民、安民。这是党员干部应有的政治立场，也是应有的道德品质。在我国历史上，凡是为老百姓做过一些好事的官吏，都为人们所称颂。比如李冰父子治水，修建都江堰工程；西门豹治邺，为民除害；包拯秉公执法，惩恶扬善。这些脍炙人口的故事，为老百姓代代相传。郑板桥的诗句“衙斋卧听萧萧竹，疑是民间疾苦声”，范仲淹的“居庙堂之高，则忧其民；处江湖之远，则忧其君”，都体现出他们体察百姓疾苦、忧国忧民的情怀。我们共产党人与封建士大夫有着本质的不同，理应比他们做得更好。焦裕禄、孔繁森、郑培民等一大批党的好干部，之所以得到人民群众的爱戴，就在于他们对党无限忠诚，对人民无限深情。广大基层干部一定要加强学习，加强道德修养，提高精神境界，增强同人民群众的感情，自觉做到爱民、为民、富民、安民，做到为民尽责、为国竭力、为党分忧。

要关心群众疾苦，切实解决群众生产生活中的实际困难。坚持立党为公、执政为民，必须重视解决人民群众最现实、最关心的实际困难。现在，全国农村贫困人口主要集中在中、西部地区；需要再就业的人员，西部地区也占有较大比例。这些人家庭负担重，生活困难。广大基层干部要深入到困难大、生活苦、基础差的地方去，关心群众疾苦，倾听群众呼声，切实把中央关于脱贫解困的政策措施落到实处，诚心诚意为群众办

实事、解难事、做好事。凡是涉及群众切身利益的事情,都要充分听取群众意见,不准搞强迫命令。要量入为出,勤俭节约,坚决反对搞华而不实的“形象工程”、“政绩工程”,坚决刹住弄虚作假、欺上瞒下、追名逐利的歪风,使群众不断从经济社会发展中得到更多的实惠。

要妥善处理新形势下的利益关系和矛盾纠纷,认真做好群众来信来访工作。随着改革开放的深入和社会主义市场经济的发展,我国社会经济成分、组织形式、就业方式、利益关系和分配方式日益多样化。做好新形势下的群众工作,妥善处理各种利益关系和矛盾纠纷,是基层干部越来越重要的职责。近年来,中央纪委信访室受理的群众信访举报中,直接涉及群众利益、要求有关部门裁决的比较多,其中多数是反映司法、行政执法以及城市房屋拆迁、农村征地、劳动纠纷等方面的问题。群众利益无小事。各级组织和党员干部要加强思想政治工作,正确运用经济、行政和法律等手段,认真负责地处理好人民群众反映的问题,做到件件办理有着落,事事落实有回音。对一些确实难以解决甚至不合理的要求,也要努力做好思想工作,稳定群众情绪,认真把矛盾化解在基层。

要加强基层站所的党风廉政建设。派出所、工商所、税务所、电管所等,是直接为群众服务的窗口,与群众的利益息息相关。在一些基层站所,存在着吃拿卡要、乱收费乱罚款以及越权失职、行政不当等问题。因此,必须进一步加强基层站所的党风廉政建设。一要严格自律,廉洁奉公,绝不能与民争利,侵占群众利益;二要勤政为民,排忧解难,绝不能推诿拖拉,敷衍塞责;三要公正司法,严格执法,绝不能徇私舞弊,滥用职权。要进一步推广和完善集中办公、一站式服务等做法,更好地为群众办事。

要扩大基层民主,发挥群众监督作用。要加强基层民主政治建设,健全基层自治组织和民主管理制度,保证群众依法行使民主权利,实行民主监督。要进一步完善乡(镇)和县级政务公开。坚持和完善乡村集体企业厂务公开。医院、学校和其他与群众利益密切相关的公用事业单位也要实行办事公开制度。要进一步推行村务公开、民主管理,凡是涉及农民切身利益的问题,如土地征用与补偿、农村税费改革、退耕还林还草、对农业和农民的直接补贴和村级财务等,一定要坚持公开,让村民知情。对于那些搞不公开、假公开以及继续“暗箱操作”的,要严肃处理。要进一步开展村民或村民代表评议党员、干部制度,民主评议行风制度等,发挥群众监督和舆论监督的作用。

好的作风是抓出来的,更是带出来的。各级领导机关、领导班子、领导干部在党的作风建设中,一定要发挥表率作用,牢固树立公仆意识、服务意识、群众意识,以优良的作风为基层和群众服务,为下级机关和基层干部作出榜样。

十六大党章规定,各级纪委“协助党的委员会加强党风建设和组织协调反腐败工作”。各级纪委要在党委的领导下,定期分析本地区本部门党风建设的情况,出主意、提建议,当好党委的参谋助手。针对基层干部作风建设中存在的突出问题,制定明确的道德规范,严肃查处侵害群众切身利益的违纪违法案件。既要认真抓好廉政建设,也要大力加强勤政建设。

我们要坚持以“三个代表”重要思想为指导,紧密团结在以胡锦涛同志为总书记的党中央周围,进一步加强和改进党的作风建设,在全党全社会树立健康向上的良好风气,切实维护好人民群众的根本利益。

中组部部长贺国强在北京出席中直和中央国家机关领导班子思想政治建设座谈会并讲话

贺国强在会上指出,鉴于换届和集中的干部调整工作基本结束,当前要把领导班子建设的重点放到思想政治建设上来。要切实发挥“一把手”在加强领导班子思想政治建设中的表率作用。

贺国强指出,部委领导班子和领导干部要始终保持与时俱进、奋发有为的精神状态,要带头转变作风。要大兴深入调研之风,越是领导职务高的同志,越要下功夫对重大问题进行调查研究。部委领导干部要以对党无限忠诚、对人民高度负责的精神,坚持真理,愿听真话,敢讲真话,用自己的实际行动带动整个机关形成道实情、办实事、求实效的氛围。要主动服务、简政放权,多办实事。要坚持艰苦奋斗、勤俭朴素,坚决反对铺张浪费、挥霍奢侈。

贺国强还强调,要建立、健全制度,加大对领导干部的监督力度。

全国政协副主席、中央统战部部长刘延东出席了会议。中央和国家机关各部委、各人民团体主要负责同志和干部人事部门主要负责同志参加了会议。国家广电总局、教育部、农业部、审计署、质检总局、外交部、中央统战部、国家发改委8个部委的负责同志在会上作了发言。

国务委员兼国务院秘书长华建敏在威海出席全国深入贯彻“三为主”工作方针座谈会并讲话

华建敏在座谈会上强调,人口和计生工作要坚持以“三个代表”重要思想为指导,巩固成绩,开拓创新,为全面建设小康社会创造良好的人口环境。

华建敏说,20年前,我国提出并推广实施了计划生育工作以宣传教育为主、避孕为主、经常性工作为主的“三为主”工作方针，有效控制了人口过快增长，为社会主义现代化建设作出了重要贡献。

华建敏说，要始终把维护人民群众的根本利益、促进经济社会协调发展，作为人口和计划生育工作的出发点和落脚点。要进一步完善“依法管理、村(居)民自治、优质服务、政策推动、综合治理”的人口和计划生育工作新机制。要倡导科学文明的婚育观念和生育文化，使计划生育成为群众的自觉行为。力争到2020年，全国总人口控制在15亿以内，努力实现人口与经济、社会、资源、环境的协调发展。

华建敏强调，要加强领导，形成齐抓共管、综合治理人口问题的工作格局。一要继续坚持主要领导亲自抓、负总责，克服麻痹松懈情绪；二要依法管理，严格执行《人口与计划生育法》及有关政策法规，切实加强流动人口的计划生育管理；三要将人口和计生事业投入纳入公共财政；四要抓好队伍建设；五要加快建立完善人口和计生工作的新机制，为稳定低生育水平创造良好条件。

中央精神文明建设指导委员会办公室负责同志就设立“公民道德宣传日”答记者问

中央精神文明建设指导委员会最近决定，将中央印发《公民道德建设实施纲要》(以下简称《纲要》)的9月20日定为“公民道德宣传日”。《人民日报》、新华社记者为此采访了中央精神文明建设指导委员会办公室负责同志。

问：请您谈谈为什么要设立“公民道德宣传日”。

答：这是中央文明委为进一步动员社会各方面的力量，切实加大思想道德建设力度，为全面建设小康社会，加快推进社会主义现代化提供坚实的思想道德基础，而采取的一项重要举措。

党的十六大明确提出，要进一步加强公民道德建设，为全面建设小康社会提供精神动力、智力支持和思想保证。以胡锦涛同志为总书记的新一届中央领导集体，在全面推进中国特色社会主义事业新的进程中，高度重视思想道德建设，就加强这方面的工作作出一系列重要指示。新一届中央文明委认真贯彻中央的指示精神，今年以来两次召开全委会研究部署这方面的工作。最近，中央文明委《关于深入贯彻党的十六大精神，进一步加强公民道德建设的意见》(以下简称《意见》)，就是在中央领导同志的高度重视和亲自指导下起草、修改和印发的。文件决定，从今年开始，将党中央印发《纲要》的9月20日定为“公民道德宣传日”。这是宣传思想工作和精神文明建设的一件大事，是宣传思想战线贯彻落实“三个代表”重要思想和党的十六大精神的一个重要举措。设立“公民道德宣传日”，就是要为进一步加强公民道德建设提供一个有力的抓手，并以此为契机开展形式多样的道德教育和实践活动，在全社会营造加强道德建设的浓厚氛围；就是要促使各地各部门高度重视公民道德建设，采取有效措施，加大工作力度；就是要广泛动员社会各界和广大群众积极关心、自觉参与道德建设，为全面建设小康社会奠定良好的思想道德基础。

问：请您介绍一下，《纲要》印发两年来公民道德建设取得了哪些成效？

答：2001年9月，党中央印发了《纲要》。这是在新世纪、新阶段加强公民道德建设的一个纲领性文件。两年来，各地各部门按照中央要求，认真贯彻《纲要》，大力倡导“爱国守法、明礼诚信、团结友善、勤俭自强、敬业奉献”20字基本道德规范，广泛开展形式多样的道德实践活动，着力解决群众反映强烈的突出问题，修订完善各行各业的行为规范，大张旗鼓宣传先进典型，做了大量富有成效的工作，公民道德建设迈出了新步伐，取得了新进展。爱国主义、集体主义、社会主义思想日益深入人心，崇尚先进、学习先进的风尚正在形成，追求科学健康文明生活方式逐渐成为人们的自觉行动，社会文明程度和公民道德素质不断得到提高，公民道德建设呈现出良好的发展态势。特别是在抗击“非典”的斗争中，全国人民紧密团结在以胡锦涛同志为总书记的党中央周围，形成了共克时艰的强大合力，展示了中国人民良好的思想道德风貌。这些充分说明，党中央加强道德建设的决策符合民意、深得民心，充分说明，人民群众中蕴藏着关心道德建设、支持道德建设、参与道德建设的强烈愿望和巨大热情。

问：请您谈谈进一步加强公民道德建设的重要意义。

答：道德素质是民族精神的重要内容，道德水平是社会文明程度的重要标志，高尚道德是凝聚和激励全国各族人民团结奋斗的重要力量。振奋民族精神、增强综合国力，离不开道德建设；发展市场经济、参与国际竞争，离不开道德建设；促进改革发展、维护社会稳定，离不开道德建设。应当清醒地看到，随着社会主义市场经济的深入发展和对外开放的日益扩大，社会主义道德建设正面临着许多严峻考验。目前我国思想道德领域中仍然存在许多亟待解决的问题。一些地方放松道德建设，是非、善恶、美丑界限混淆，封建迷信活动、黄赌毒等丑恶现象沉渣泛起；一些领域道德失范，诚信缺失，见利忘义、损公肥私、欺骗欺诈等现象屡禁不止；一部分人爱国主义、集体主义、社会主义观念淡薄，有损国格人格的现象时有发生；少数党员干部理想信念动摇、贪污受贿、违法乱纪，严重损害党的形象。这种状况与迅速发展的经济社会形势不相适应，与我国日益提高的国际地位不相适应，与全面建设小康社会的客观要求不相适应。进一步加强公民道德建设，解决我国思想道德领域存在的突出问题，事关人民群众的根本利益，事关改革开放和现代化建设全局，事关全面建设小康社会奋斗目标的实现。我们必须从全局和战略的高度，充分认识进一步加强公民道德建设的重要性和紧迫性，把贯彻落实《纲要》、加强公民道德建设作为发展先进文化的重要内容和中心环节，作为提高全民族思想道德素质和社会文明程度的基础性工作，切实抓紧抓好。

问：进一步加强公民道德建设应当抓住哪些重点？

答：全面建设小康社会的目标，是中国特色社会主义经济、政治、文化全面发展的目标。当前和今后一个时期，公民道德建设要以"三个代表"和十六大精神为指导，紧紧围绕全面建设小康社会的奋斗目标，遵循《纲要》的基本要求和中央文明委的《意见》，以群众反映强烈的问题为重点，在不断增强工作的针对性和实效性上下功夫。

一是大力弘扬和培育民族精神，突出公民道德建设的中心环节。民族精神是一个民族的灵魂，是一个民族赖以生存和发展的强大精神支撑，也是公民道德建设的中心环节。民族精神的大发扬，必然带来全民族思想道德素质的大提高。抗击"非典"斗争中，伟大的民族精神得到锤炼和升华，丰富了新时期思想道德建设的内涵，为加强思想道德建设注入了新的活力。民族精神不仅体现在国家安危、民族存亡的紧要关头，能够挺身而出、舍生忘死、前赴后继；也体现在社会转型、改革发展的重要时期，能够顾全大局、艰苦奋斗、开拓创新；还更多地体现在日常的工作和生活中，能够爱岗敬业、扶危济困、奉献社会。要抓住有利契机，把弘扬和培育民族精神作为一项极为重要的任务，贯穿于公民道德建设的全过程，通过广泛开展"弘扬和培育民族精神，全面建设小康社会"等主题教育活动，使民族精神牢牢扎根于人民群众的心灵中，成为推动中国特色社会主义事业不断发展的强大精神力量。要采取有效措施，把民族精神转化为具体的道德规范和道德要求，体现在各行各业的基本道德规范中，变成广大人民群众的自觉行动，落实到改革开放和现代化建设的全部实践中。

二是深入开展"三讲一树"活动，引导人们养成科学健康文明的生活方式。讲文明讲卫生讲科学树新风是社会文明程度的重要标志，也是最基本的道德要求。经过抗击"非典"斗争，人们更加深刻地认识到遵守基本道德规范的重要意义，强烈呼唤革除社会陋习，树立文明新风。加强公民道德建设，必须从群众的需要出发，从基本的行为习惯抓起。要在全国城乡继续深入开展"三讲一树"活动，动员群众、发动群众、依靠群众，引导他们从自己做起，从现在做起，从一点一滴的具体事情做起，搞好卫生防疫，改变随地吐痰、乱扔垃圾、不讲卫生等陈规陋习，养成良好生活和行为习惯，形成科学健康文明的生活方式。

三是切实加强诚信教育，促进社会信用体系建设。诚实守信既是公民道德建设的基本规范，又是建立和规范社会主义市场经济秩序的重要保证。当前，诚信缺失已经成为影响经济发展的一个突出问题，成为社会各界广泛关注的一个热点问题。加强公民道德建设，必须加强诚信教育，强化信用意识，建立诚信规范，在全社会倡导和弘扬诚实守信的良好风尚。要认真贯彻中央文明委的部署，围绕整顿和规范市场经济秩序，大力开展"共铸诚信"活动，引导人们坚持诚信为本、操守为重，遏制行业不正之风，打击各种违法行为，推动社会信用体系建设，保证社会主义市场经济健康发展。

四是积极倡导扶危济困，关心和帮助困难群众。在办实事中贯穿思想道德教育，在解决实际问题中解决思想问题，在服务群众中引导群众，这是思想道德建设的一条重要原则。要按照"三个代表"重要思想的本质要求，为群众诚心诚意办实事，尽心竭力解难事，坚持不懈做好事，要倾听群众呼声，了解群众情绪，关心群众疾苦，千方百计帮助那些特困家庭、下岗职工、孤寡老人、残疾人、失学儿童等解决好生产生活中的困难。今年以来，我国遭受了非典型肺炎这个突如其来的灾害，一些地方还不同程度地发生了旱灾、水灾等自然灾害，要配合党和政府的救灾工作，在全社会大力倡导中华民族扶贫济困的传统美德，帮助受灾群众切实解决实际困难，使他们真切感受到党和政府的关心，感受到社会主义制度的优越性，感受到中华民族大家庭的温暖。

五是深入进行科普宣传，提高人们的科学素质。弘扬科学精神，普及科学知识，宣传科学思想，传播科学方法，是加强道德建设的重要内容。要运用大众传媒，发挥名牌栏目的作用，广泛进行科普宣传；组织科普机构和科普工作者队伍，深入基层、深入群众，开展科普展览、讲座、咨询、培训、竞赛和送科技下乡等活动，大力普及与人们生产、生活密切相关的科学常识、实用技术和健康常识。要加强马克思主义唯物论、无神论宣传教育，帮助广大人民群众划清科学与迷信、文明与愚昧的界限，自觉抵制"法轮功"等歪理邪说，移风易俗，除旧布新，形成崇尚科学文明、反对封建迷信和歪理邪说的良好社会风气。

问：如何形成公民道德建设的浓厚氛围？

答：要按照贴近实际、贴近生活、贴近群众的要求，充分运用各种渠道、手段和途径，努力改进工作方式和方法。

一是充分利用大众传媒，加大道德建设宣传力度。报刊、广播、电视和互联网等大众传媒，要通过开设专题、专栏、专版，运用新闻报道、言论评论、专家点评、群众评议和公益广告等多种形式，宣传道德知识、普及道德规范，倡导文明新风、弘扬社会正气，针砭社会时弊、抨击不良言行，营造道德建设的浓厚舆论氛围。中央主要新闻单位要按照中央文明委的要求，积极发挥示范带动作用，加大道德宣传教育的力度。中央电视台以及各地电视台都要尽快设立道德栏目，并在黄金时段播出。人民网、新华网、光明网、央视国际网等重点网站，要在今年年底前建立道德网页，开设网上道德论坛，形成网上宣传教育平台。要讲究宣传艺术，改进宣传方式，多用群众的新鲜语言，多用群众身边的事例，多用群众喜闻乐见的方式，使道德宣传教育通俗易懂、入脑入心，易于接受，收到好的效果。

二是深入开展创建活动，使群众在参与中受到教育。文明城市、文明村镇、文明行业、文明单位、文化科技卫生“三下乡”、百城万店无假货、做人民满意公务员、青年志愿者等各类创建活动，都要以提高全民族文明水平和道德素质为根本出发点，坚持以人为本，尊重人、理解人、关心人，促进人们思想道德素质的提高、促进良好人际关系的形成、促进人的全面发展。要坚持每年办几件作用大、影响大的实事，推动道德领域突出问题的解决，密切党同人民群众的关系。要不断总结群众在实践中创造的新经验、好做法，创新活动方式，使群众乐于参与、便于参与，在参与中陶冶思想感情，丰富精神生活，提升道德境界。

三是发挥文化的社会教育功能，增强道德建设的渗透力、感染力。一切宣传思想文化阵地，一切精神文明创建活动，一切精神文化产品，都要坚持正确导向，宣传科学理论、传播先进文化、塑造美好心灵、倡导科学精神、弘扬社会正气。广大文艺工作者要以讴歌人民群众积极向上、追求和创造美好生活的崇高思想品德为己任，努力创作反映中华民族传统美德、革命传统道德和新时期良好道德风貌的文艺精品。要做好优秀文艺作品的展映、展演、展播和展示工作。要充分发挥爱国主义教育基地，文化馆、博物馆、图书馆、科技馆、体育场所等基层文化阵地的作用，利用重要节日、纪念日、重大事件，组织各种文化活动和健康民俗活动，进行生动活泼的道德宣传教育。要把企业文化、社区文化、村镇文化、校园文化、军营文化等作为加强公民道德建设的有效途径，加强引导，丰富内涵，发挥其应有的作用。

四是注重运用先进典型，影响和带动群众。要大力宣传先进典型的感人事迹，用他们身上凝聚的崇高道德力量感染和教育群众。要注重典型的多样性，发现和总结各方面、各层次的先进典型，使各行各业学有榜样，赶有目标，在全社会形成崇尚先进、学习先进、争当先进的良好风气。要把宣传“精英”典型和宣传“平民”典型结合起来，把宣传崇高思想境界与宣传良好道德情操结合起来，使群众既能从杰出人物的高尚品格中感受到强烈的精神震撼，又能从身边的凡人小事上体会到不平凡的精神内涵。

问：怎样加强对公民道德建设的领导？

答：公民道德建设是全党的工作、全社会的事情，需要社会各界的共同努力。各地各部门要充分认识新世纪、新阶段加强公民道德建设的重要性，把这项工作作为精神文明建设的一件大事来抓。要按照《纲要》的总体要求和《意见》的具体部署，迅速行动起来，抓好工作落实。要区分层次，循序渐进，把先进性要求与广泛性要求结合起来，对共产党员、先进分子特别是领导干部要强调先进性和高标准，要求他们必须以身作则，作出表率；对广大群众要注意广泛性和可行性，引导他们遵守最基本的道德规范，追求更高的道德目标。要深入实际，调查研究，认真总结道德建设的好经验、好做法，积极探索在偏远地区农民、社区流动人口以及各种新经济组织从业人员中进行道德宣传教育的有效途径，进一步增强工作的针对性、实效性。要坚持党的群众路线，广泛听取基层群众的意见，广泛听取民主党派、工商联和无党派人士的意见，广泛听取专家学者的意见，充分调动和保护各方面参与道德建设的积极性、创造性。各级党委宣传部和文明办要认真做好公民道德建设的指导、协调和组织工作。工会、共青团、妇联等人民团体以及社会各界，要在党委的统一领导下，分工负责、齐抓共管，互相配合、互相促进，形成公民道德建设的合力。

国务院任免香港特别行政区政府主要官员

依照《中华人民共和国香港特别行政区基本法》的有关规定，根据香港特别行政区行政长官董建华的提名和建议，国务院2003年9月18日决定：任命汤显明为海关关长；免去陈彦达的审计署署长职务。

国务委员唐家璇在大理出席大湄公河次区域(GMS)经济合作第十二届部长级会议开幕式并讲话

中国财政部部长金人庆、泰国副总理空·达巴兰西，以及有关国家的主管部长分别率各国代表团出席了会议。

唐家璇在讲话中指出，自1992年启动以来，大湄公河次区域经济合作在基础设施建设、跨境贸易与投资和环境保护等重点领域均取得了实质性成果，很好地体现了“共同规划、繁荣和公平发展”的宗旨，为本地区经济和社会的发展注入了新的活力。唐家璇强调，“与邻为善，以邻为伴”，是中国政府外交方针的重要组成部分。我们只会做“安邻”、“富邻”的事，绝不会做“欺邻”、“扰邻”的事。湄公河沿岸国家是中国的重要邻国，也是合作的重要伙伴，中国将继续致力于巩固与沿岸各国的友好合作关系，共同将合作引向更加深入、更具实效的发展阶段。

牙买加总督库克和总理帕特森在金斯敦分别会见外交部部长李肇星

牙买加领导人感谢中国多年来对牙经济建设的帮助和支持。他们表示，中国是牙买加可信赖的朋友。牙买加政府将一如既往地坚定支持一个中国政策，愿扩大和深化业已存在的良好关系并加强在国际问题上的磋商与合作。

同日，李肇星还与牙买加外长奈特举行会谈。会谈后，两国外长共同签署了《中牙外交部合作换文》并会见了记者。

国务委员兼国防部部长曹刚川在北京先后会见东帝汶国防国务秘书罗克·罗德里格斯和意大利国防部副部长奇库·萨尔瓦托雷

科技部在北京举行全国高新技术产业化工作会议暨火炬计划15周年总结表彰大会

科技部表彰了一批为发展高新技术产业作出突出贡献的先进集体和个人。全国人大常委会副委员长乌云其木格、国务委员陈至立、全国政协副主席王选等出席大会并为获奖者颁奖。

陈至立在讲话中强调，要加强对高新技术产业开发区的管理，重视发现和培养高技能人才特别是企业家和青年领军人才，建立科研人员和经营管理人员密切配合的良性互动机制，培养和造就一大批高新技术产业化人才。坚持与市场结合，与经济和社会发展结合，与国家中长期科学和技术发展规划结合，努力开创高新技术产业化工作的新局面。

北京市科委等117家“火炬计划先进管理单位”，移动式大型集装箱检测系统等446个“优秀火炬计划项目”，联想控股有限公司等225个“火炬计划优秀高新技术企业”等以及马林等461名火炬计划先进个人受表彰。

中国与欧盟就中国参加伽利略计划在北京举行第二轮正式谈判

科技部秘书长石定环和欧盟能源交通总司司长拉莫赫草签了合作协议；中欧卫星导航技术培训合作中心（简称中欧导航中心）在京正式挂牌成立。

中欧伽利略计划合作将是中欧之间最大的科技合作项目。协议同意中欧双方在伽利略计划实施过程中，在伽利略系统卫星导航定位和授时服务等方面展开广泛合作。中欧导航中心由欧盟委员会、欧洲空间局和中国科技部共同支持成立，将是中欧在全球卫星导航定位领域，尤其是伽利略计划方面进行合作、交流以及人员培训的窗口和纽带。

欧盟于去年3月正式启动伽利略计划，这是一个民用全球卫星导航定位系统，该计划决定到2008年发射30颗卫星，确定地面目标位置的误差仅1米。

9月20日

《人民日报》发表社论《把公民道德建设提高到新水平》

在《公民道德建设实施纲要》（以下简称《纲要》）颁布两周年之际，经党中央同意，中央精神文明建设指导委员会提出了关于深入贯彻党的十六大精神，进一步加强公民道德建设的意见，决定从今年开始将《纲要》印发的9月20日定为“公民道德宣传日”。这是学习贯彻“三个代表”重要思想和党的十六大精神，切实加强公民思想道德建设的一个重要举措，对于逐步建立与社会主义市场经济相适应、与社会主义法律规范相协调、与中华民族传统美德相连接的社会主义思想道德体系，不断提高整个民族的文明素质，形成扶正祛邪、扬善惩恶的良好社会风气，推进全面建设小康社会，加快社会主义现代化建设，具有十分重要的意义。

两年来，各地各部门认真贯彻《纲要》，大力宣传“爱国守法、明礼诚信、团结友善、勤俭自强、敬业奉献”20字基本道德规范，广泛开展形式多样的群众性道德建设实践活动，激发了人民群众关心道德建设、支持道德建设、参与道德建设的巨大热情，有力地推动了新形势下的公民道德建设。特别是面对非典型肺炎这场突如其来的严重疫情，在以胡锦涛同志为总书记的党中央坚强领导下，全国人民团结一致、齐心协力，一方有难、八方支援，形成了共克时艰的强大合力，展现了良好的思想道德风貌。经过抗击“非典”斗争的严峻考验，广大人民群众对追求文明健康科学生活方式的愿望更加强烈，对革除各种社会陋习的要求更加迫切，对精神文明建设重要意义的认识更加深刻，公民道德建设面临十分有利的机遇。

我国公民道德建设总的形势是好的，但也必须清醒地看到，公民道德建设方面仍然存在不少问题。一些地方放松道德建设，是非、善恶、美丑界限混淆，封建迷信活动、黄赌毒等丑恶现象沉渣泛起；一些领域道德失范，诚信缺失，见利忘义、损公肥私、欺骗欺诈等现象屡禁不止；一部分人爱国主义、集体主义、社会主义观念淡薄，有损国格人格的现象时有发生；少数党员干部理想信念动摇、贪污受贿、违法乱纪，严重损害党的形象。这种状况与迅速发展的经济社会形势，与我国日益提高的国际地位，与全面建设小康社会的客观要求不相适应，必须采取有力措施认真加以解决。

加强公民道德建设是一项长期而又紧迫的任务。我们一定要以“三个代表”重要思想为指导，深入学习贯彻十六大精神，紧紧围绕全面建设小康社会的奋斗目标，遵循公民道德建设的基本要求，抓住知行统一这个关键环节，贴近实际、贴近生活、贴近群众，不断增强工作的针对性和实效性，把公民道德建设提高到一个新水平。

把公民道德建设提高到新的水平，必须积极探索新形势下公民道德建设的特点和规律，不断改进工作方式和方法。要大力弘扬和培育民族精神，积极推动公民道德建设。从社会关注的问题入手，广泛开展道德实践活动。运用各种方式和途径，使道德宣传教育经常化、大众化。完善各行各业的职业行为准则，把道德建设融入人们的日常工作、学习和生活。建立和完善激励监督机制，引导人们养成良好行为习惯。加强对公民道德建设的领导，确保各项工作落到实处。

把公民道德建设提高到新的水平，必须紧密结合本地区本部门实际，创造性地开展工作。各地各部门要充分认识新世纪、新阶段加强公民道德建设的重要性，抓紧制定进一步加强公民道德建设的具体措施。切实把这项工作与本地区本部门正在兴起的学习贯彻“三个代表”重要思想新高潮结合起来，与正在深入开展的各种群众性精神文明创建活动结合起来，与正在深入进行的整顿和规范市场经济秩序结合起来，与各自不同的业务工作结合起来，列入党委和政府工作的重要日程，纳入经济社会发展规划，建立、健全领导责任制。要增加必要的投入，为道德建设提供物质保证。充分调动、尊重和保护人民群众参与道德建设的积极性、创造性，使人民群众在主动参与中思想感情得到熏陶，精神生活得到充实，道德境界得到升华。

党的十六大对新世纪、新阶段思想道德建设提出了明确要求，为加强公民道德建设指明了方向。加强社会主义思想道德建设，是发展先进文化的重要内容和中心环节。公民道德建设是提高全民族素质的一项基础性工程，也是一个复杂的社会系统工程。这个基础和系统工程需要每个公民付出努力，也能够让每个公民得到实惠。让我们共同投身公民道德建设的实践，从具体事情做起，从一言一行做起，从一点一滴做起，努力把我国公民道德建设提到新水平，取得新成果。

中宣部 中央文明办在北京举行纪念《公民道德实施纲要》印发两周年暨“公民道德宣传日”座谈会

座谈会总结交流两年来各地、各部门贯彻落实《公民道德实施纲要》的好经验、好做法，研究部署进一步推动公民道德建设向纵深发展的新思路、新举措。会议提出，要抓住当前公民道德建设面临的大好时机，乘势而上，不断开拓公民道德建设的新局面。

会议提出，当前和今后一个时期，公民道德建设要以“三个代表”和十六大精神为指导，紧紧围绕全面建设小康社会的奋斗目标，突出重点，加大力度，在不断增强工作的针对性和实效性上下功夫。特别要大力弘扬和培育民族精神，把民族精神转化为具体的道德规范和道德要求，变成广大群众的自觉行动；要广泛开展“三讲一树”活动，引导人们养成科学健康文明的生活方式；要切实加强诚信教育，积极倡导扶危济困的传统美德，深入进行科普宣传，在全社会形成良好社会风气。

会议强调，在公民道德建设过程中，要充分利用大众传媒，加大道德建设的宣传力度，深入开展创建活动，使群众在参与中受教育，还要发挥文化的社会教育功能，增强道德建设的渗透力和感染力，同时，要注重运用先进典型，影响和带动群众，特别要切实加强领导，齐抓共管，相互促进，形成公民道德建设的合力。

全国人大常委会副委员长、民革中央主席何鲁丽出席座谈会并讲话。文化部部长孙家正、教育部副部长王湛、广电总局副局长胡占凡、全国总工会副主席李奇生和北京市委副书记龙新民、河南省委副书记王全书、上海市卢湾区委副书记苏秉公、河北省衡水市委书记李俊渠、中国人民大学教授罗国杰等在座谈会上发言。有关部门和首都各界人士代表参加座谈会。中央宣传部副部长、中央文明办主任胡振民就认真贯彻中央文明委第二次会议精神，进一步加强公民道德建设作了讲话。中央文明办专职副主任翟卫华主持座谈会。

我国批准第六个生态省建设试点

继海南、吉林、黑龙江、福建、浙江之后，山东省近日成为我国第六个生态省建设试点。在9月20日于北京举行的山东生态省建设总体规划纲要论证会上，国家环境保护总局局长解振华强调，生态省建设的根本之策在于发展循环经济。

解振华在论证会上指出，近年来，各地都在积极探索适合本地区经济、社会和环境协调发展的道路和模式。建设生态省，就是要摒弃以牺牲环境为代价的不可持续的发展模式，改变先污染后治理、先破坏后恢复的被动局面，主动探索适合我国国情、适合经济社会与环境协调发展的道路。

解振华表示，建设生态省使环境保护从被动治理变为主动预防，是一项开创性的工作。生态省建设要以最有效利用资源、循环利用废物、污染物最小排放、对人和环境最低危害为前提，大力发展生态工业、生态农业和现代服务业。要在生产过程、企业之间、园区之中、区域之内，通过产业链、物流网，形成共生互动的生态产业，推动循环经济的发展。

国务委员陈至立在北京参观2003中国高等教育软件展

展会以"推进高等教育信息化，构筑学习型社会平台"为主题，重点展示、宣传和推广"新世纪网络课程建设工程"成果、网络教育学习环境、高校网络教育资源及应用模式、优秀教学资源、学习型社会学习模式、网络教育支撑平台、相关硬件设备及教学辅助产品等。同时展出的还有数字图书馆、数字博物馆、高等教育文献保障系统、网上招生系统、行政管理系统、网络教育质量监管系统等。展会期间还举办了"2003年中国高等教育信息化论坛"，来自国内外的近600位专家学者、高校师生及企业代表，分别就教育信息化、现代远程教育的实践与教学模式的创新等专题进行了探讨与交流。

全国青少年敬老爱老助老主题教育活动启动仪式暨《中国敬老故事精华》首发式在北京举行

全国老龄委办公室、中宣部、教育部、共青团中央、全国妇联联合发起的全国青少年敬老爱老助老主题教育活动在人民大会堂启动。由李岚清同志作序的《中国敬老故事精华》一书同时推出。中共中央政治局委员、国务院副总理、全国老龄工作委员会主任回良玉出席会议并讲话。

回良玉强调，在全国青少年中广泛开展敬老爱老助老主题教育活动，是贯彻落实"三个代表"重要思想和党的十六大精神，加强社会主义精神文明建设的重要举措。要以此为契机，增强全民的敬老意识，加强老年维权工作，大力发展老龄事业。

东北大学庆祝建校80周年

全国政协副主席李贵鲜，教育部、辽宁省领导同志出席了庆典大会。东北大学成立于1923年4月，是当时东北的最高学府。1928年8月至1937年1月，著名爱国将领张学良兼任校长。目前，东北大学已发展成为以工为主，理、工、文、法、教育等结合的多学科的全国重点大学。

北京开展系列活动纪念建都850周年

为纪念北京建都850周年，中国北京国际美术双年展在中华世纪坛隆重开幕。中共中央政治局委员、北京市市委书记刘淇，全国人大常委会副委员长傅铁山，国务委员陈至立和数百名中外美术家出席开幕式并观看了展览。此前，刘淇还出席了在宣武区滨河公园举行的北京建都纪念暨揭幕仪式。

双年展期间还将在中国美术馆、北京炎黄艺术馆等地同时举办"齐白石特展"、"日本高山辰雄特展"、"韩国美术特展"、"法国秋季沙龙百年庆典特展"。

北京是世界历史文化名城。公元1153年，当时的金王朝迁都燕京，并将其改称中都，由此拉开了北京作为都城的历史大幕，距今已整整850年。

中华中医药学会第四次全国会员代表大会在北京举行

中共中央政治局委员、国务院副总理兼卫生部部长吴仪致信大会，强调推动中医药理论创新和技术创新。同时，吴仪对大会的召开表示祝贺。全国人大常委会副委员长蒋正华、全国人大常委会原副委员长吴阶平等出席了大会。

会议讨论修改并通过了新的学会章程，选举产生了新一届理事会并讨论通过了新的五年工作规划。由中华中医药学会主办的中国国际中医药博览会也于当日开幕。

9月21日

中国工会第十四次全国代表大会预备会议在人民大会堂举行

会议由中华全国总工会主席王兆国主持。在会议开始时，他宣布：会议应到代表1698名，实到1669名，符合法定人数。

预备会议以举手表决的形式通过了大会主席团名单、大会秘书长名单、大会代表资格审查委员会名单和大会议程。

预备会议还通过了关于确认全总第十三届执委会增补委员的决议、关于确认全总第十三届执委会免去委员职务的决议、关于确认全总第十三届执委会撤销委员职务的决议、关于确认全总第十三届执委会增补经费审查委员会委员的决议。

预备会议通过的中国工会十四大议程包括：审议并通过中华全国总工会第十三届执行委员会报告、审议并通过中国工会章程(修正案)、审议并通过中华全国总工会第十三届执行委员会财务工作报告、审议并通过中华全国总工会第十三届经费审查委员会工作报告、选举中华全国总工会第十四届执行委员会和经费审查委员会等。

中国工会第十四次全国代表大会主席团第一次会议在人民大会堂召开

会议由中华全国总工会主席王兆国主持。

会议推选了大会主席团常务主席，通过了大会各次全体会议执行主席、主持人和大会副秘书长名单。会议通过了大会代表资格审查报告和大会日程。

中国工会第十四次全国代表大会主席团名单

(2003年9月21日中国工会第十四次全国代表大会预备会议通过)

(共161名，按姓氏笔画为序)

丁大建(女) 丁向阳(回族) 于振文
马福海(回族) 王 萍(女) 王玉峰 王东进
王四连(女) 王必恒 王亚伟 王兆国
王秀芳(女) 王春晖 王晓龙 王悦华
王银香(女) 王瑞祥 韦永坤(仫佬族)
扎西罗布(藏族) 尤 仁(蒙古族) 牛新安 方嘉德
古建桥(藏族) 龙文举 龙超云(女，侗族) 卢建新
田秀英(女) 央 金(女，藏族) 白录堂
包秦(蒙古族) 包月坤 冯占祥 邢厚仁 吕亿环
朱华萍(女) 朱思泽 华福周(女) 刘 文
刘 珩 刘玉明 刘廷俊 刘炳昭 刘继臣
刘淑兰(女) 刘景一 刘德姜 江巴吉才(藏族)
汤维英 许文斌 孙 骞 孙宝树 阳安江
买买提江·艾买提(维吾尔族) 纪明波 苏立清
杜昌寿(女) 李 飞 李 斌 李万荣
李小亭(女) 李文强 李世明 李永安 李永海
李志斌 李克峰 李克章 李奇生 李根刚(朝鲜族)
李铁桥 李滨生 杨 丽(女，白族) 杨 晶 杨灿龙
杨衍银(女) 邴先福 肖盛峰 吴子恒 何士坤
何界生(女) 谷常生 汪忠汉 汪荡平 宋大涵
张 艳(女) 张小素(女) 张云霞(女)
张立军 张成富 张宏遵 张君海 张岱梨(女)
张宝琴(女) 张春生 张俊九 张俊卿 张海如
张蔚文 陆敏之(女) 陈 豪 陈四明 陈永良
陈伟光 陈延河 陈希明(女) 陈荣书 苗宗魁
范凯声 范继英(女) 林芳明 金大年 周玉清
庞义华 郑树勋 赵永金 赵宝生 赵铁锤 胡支祥
闻宝满 洪天炳 姚新章 袁初明 晋珊元
栗培青(女) 贾艳敏(女) 夏晓梅(女)
顾志中 倪豪梅(女) 徐文彦 徐政辉 徐锡澄
徐德明(满族) 高 亮 高宏峰(达斡尔族)
郭 显(满族) 郭永平 郭国顺 郭稳才
陶萍(女，达斡尔族) 黄 一 黄四川 黄远志
黄彦蓉(女) 黄笑影(女) 黄瑞霖 黄燕明
常毅民 崔国旗 阎启俊 尉健行 彭旭光 散襄军
董 力 韩玉琴(女) 喻红秋(女)
傅玉芳(女) 楚白兰(女) 樊政炜 颜 辉
潘兰英(女) 潘家君

中国工会第十四次全国代表大会秘书长名单

(2003年9月21日中国工会第十四次全国代表大会预备会议通过)

张俊九

全国总工会主席王兆国在北京会见应邀参加中国工会十四大的香港 澳门工会来宾团

《人民日报》发表社论《发展农村教育的重大举措》

全国农村教育工作会议昨日闭幕。由国务院召开会议专门研究部署农村教育工作，这是新中国成立以来的第一次。本报今日全文发表《国务院关于进一步加强农村教育工作的决定》(以下简称《决定》)。学习宣传好《决定》，认真贯彻落实会议精神，对促进我国农村教育发展和"三农"问题解决，具有十分重要的意义。

"百年大计，教育为本。"农业、农村和农民问题是关系我国改革开放和现代化建设全局的重大问题。发展农村教育，办好农村学校，是从根本上解决"三农"问题的关键所在，是直接满足8亿多农村人口多样化学习需求的一件大事，是转移农村富余劳动力、推进工业化和城镇化、将人口压力转化为人力资源优势的重要途径，也是加强农村精神文明建设，促进农村经济社会协调发展的重大举措。农村教育在构建具有中国特色的现代化国民教育体系和建设学习型社会中具有十分重要的地位。农村学校是我国遍布乡村的基层公共服务机构。发展农村教育，不仅能使广大农民群众及其子女享有接受良好教育的机会，有利于实现教育公平和体现社会公正，而且有助于积累国民经济增长的后劲。因此，我们必须充分认识农村教育在全面建设小康社会中的基础性、先导性和全局性的重要作用，必须从现在做起，抓住机遇，全力以赴，把农村教育扎扎实实搞上去。

国务院《决定》提出：到2007年，西部地区普及九年义务教育人口覆盖率要达到85%以上，青壮年文盲率降到5%以下。完成这项任务，对于推进扶贫开发，促进民族团结、维护边疆稳定和实现国家长治久安具有极其重要的意义。消息传来，全国人民特别是西

部地区广大干部群众热烈拥护。当然,我们要清醒地看到完成这一任务的复杂性和艰巨性。要将“两基”攻坚作为西部大开发的一项重要任务,摆在与基础设施建设和生态环境同等重要的位置,坚定信心,克服困难,千方百计,如期完成。已经实现“两基”的中西部地区,要巩固成果、提高质量,东部地区要努力实现高质量、高水平“普九”。

加强农村教育工作,必须积极推进农村教育的改革。改革农村教育是加强农村教育工作的一项重要任务,也是推动农村教育发展的强大动力。深化农村教育改革,必须更新教育思想,全面贯彻党的教育方针,坚持为“三农”服务方向,拓宽教育服务领域,增强教学的针对性和实效性,满足农村人口多样化的学习需求。当前,要大力推进农村学校的教育教学改革、办学体制改革、中小学人事制度改革、“农科教结合”和“三教统筹”的综合改革。随着社会主义市场经济体制的完善和城乡一体化步伐的加快,还要统筹城市优质教育资源支援农村,促进城乡协调均衡发展。各地在总结改革经验的基础上,要进一步解放思想、实事求是、与时俱进,大胆推进农村教育改革试验,创造出同社会主义市场经济体制相适应、符合教育规律、具有农村特色的办学新典型、新经验。

贯彻落实国务院《决定》和全国农村教育工作会议精神,关键在加强领导。各级领导干部必须从实践“三个代表”重要思想和全面建设小康社会的战略高度,增强责任感和紧迫感,将农村教育作为教育工作的重中之重。要把农村教育工作摆上重要议事日程,制定规划,组织实施,督促检查,狠抓落实。各级政府要千方百计增加教育投入。当前,要特别关注农村家庭经济困难学生的就学问题,抓紧建立、健全资助贫困学生就学制度,不让学生因家庭贫困失学。同时,还要广泛动员党政机关、部队、企事业单位、社会团体和人民群众通过各种方式支持农村教育,为农村教育的发展和改革创造良好的社会环境。

“求木之长,必固其根;欲流之远,必浚其泉。”实现全面建设小康社会的宏伟目标,实现中华民族的伟大复兴,必须大力发展农村教育。我们坚信,在以胡锦涛同志为总书记的党中央的坚强领导下,有全党全社会的共同奋斗,我国农村教育工作必将开创一个崭新的局面。

全国政府系统政务信息化工作会议在贵阳召开

会议披露,目前,据初步统计,我国97%以上的地区和部门已建成机关内部办公业务网;全国75%的地区建立了连接所辖各厅、局和各地(市)、县的计算机网络系统,43%的国务院部门建成了覆盖本系统的业务网络;85%以上的地区和部门建设了外网网站;应用系统建设不断深化拓展,一批信息资源库初步形成,国家电子政务重点工程建设任务进展顺利。

本次会议由国务院办公厅秘书局组织召开,来自全国47家副省级以上政府办公厅以及国务院各部委、各直属机构办公厅(室)的160多名代表出席了会议。

中央纪委副书记何勇在钓鱼台国宾馆会见由署长希特莱尔·艾哈迈德·坦塔维率领的埃及行政监察署代表团

国务委员唐家璇在长沙会见出席“第二届世界华文传媒论坛”的代表

唐家璇希望通过与会代表的共同努力,加强华文媒体之间以及与祖(籍)国媒体之间的交流与合作,使海外华文媒体越办越好,为当地的社会发展与文化繁荣作出更大的贡献。“第二届世界华文传媒论坛”以“沟通、合作、发展”为主题,来自世界五大洲30多个国家及中国港澳台地区约145家华文媒体的170位主事人和近40家中国内地主要新闻媒体的代表将出席论坛活动。

“北京人”头盖骨化石首次在周口店北京人遗址博物馆公展

这一头盖骨是1966年在我国著名古人类学家裴文中先生主持下在周口店北京人遗址发掘出土的,具有无可替代的学术价值和重要影响,此前仅有为数不多的业内专家亲眼目睹。展出期间,保安措施十分严密。

“北京2008”首届奥林匹克文化节在中华世纪坛开幕

文化节以“魅力北京、文化奥运”为主题。中共中央政治局委员、北京市市委书记、北京奥组委主席刘淇,国家体育总局局长、中国奥委会主席、北京奥组委执行主席袁伟民,北京市代市长、北京奥组委执行主席王岐山,文化部副部长赵维绥,国家广电总局副局长胡占凡出席开幕仪式并为“北京2008”首届奥林匹克文化节剪彩。

在未来的10天里,此次文化节将推出北京奥运会会徽设计展和历届奥运会会徽展,邀请国内外知名学者和专家就奥运会徽、奥林匹克火炬传递模式、中国玉文化与奥林匹克精神、奥林匹克教育及数码影视与奥运等专题进行精彩演讲,发动广大群众参与、观看太极拳表演、秋日文化广场活动和中学生英语演讲比赛等丰富多彩的文化体育活动,并将在北京大学百年讲堂举行精彩的闭幕式。

经国务院批准,文化部、国家广电总局、国家体育总局、北京市政府和北京奥组委在2003年至2008年期间,每年都将举办"北京2008"奥林匹克文化节。

青岛在五四广场举办"北京2008"首届奥林匹克文化节(青岛)

青岛举办此次文化节,旨在积极配合2008年奥运主办城市北京,更好地向世界展示中华地域人文风貌,以期进一步扩大奥帆赛举办城市青岛的对外影响力,同时借以培育和激发青岛人民投身奥运人文建设的城市氛围。文化节到29日结束。

9月22日

国家主席胡锦涛在人民大会堂与喀麦隆总统保罗·比亚举行会谈

胡锦涛表示,为进一步推动新世纪中喀关系的发展,中方建议:加强两国高层互访和各层次的友好交往,增进了解,深化友谊;扩大两国在经贸等领域的合作,积极探讨拓展合作的新途径、新方式;加强两国在国际事务中的磋商与合作,共同维护发展中国家的权益。

比亚说:我们完全赞同中方对进一步发展两国友好合作的建议,愿同中方一道,开创两国关系的新局面。

会谈后,两国元首共同出席了《中华人民共和国政府和喀麦隆共和国政府经济技术合作协定》等3个合作文件的签字仪式。

全国人大常委会委员长吴邦国在北京分别会见由议长乔纳森·亨特率领的新西兰议会代表团和以委员长牛尾治朗 日本财团理事长笹川阳平为团长的日本笹川日中友好基金访华团

全国政协主席贾庆林在人民大会堂会见泰国枢密院大臣他宁·盖威迁

中国工会第十四次全国代表大会在北京开幕

胡锦涛、吴邦国、温家宝、贾庆林、曾庆红、黄菊、吴官正、李长春、罗干等党和国家领导人到会祝贺。

大会主席团常务主席王兆国宣布大会开幕。

中共中央政治局常委、国家副主席曾庆红代表党中央发表了题为《我国工人阶级要在全面建设小康社会的伟大事业中发挥主力军作用》的祝词。

全国妇联副主席、书记处第一书记黄晴宜和解放军总政治部副主任唐天标,分别代表各人民团体和解放军、武警部队向大会致贺词。

王兆国代表中华全国总工会第十三届执行委员会向大会作了题为《以"三个代表"重要思想为指导,团结动员广大职工在全面建设小康社会中充分发挥工人阶级主力军作用》的报告。

大会还以书面报告的形式向代表们提交了《中国工会章程(修正案)》《中华全国总工会第十三届执行委员会财务工作报告》《中华全国总工会第十三届经费审查委员会工作报告》,请代表们审议。

到会祝贺的领导同志还有:回良玉、刘淇、刘云山、吴仪、贺国强、曹刚川、曾培炎、王刚、尉健行、何勇、李铁映、何鲁丽、成思危、蒋正华、华建敏、陈至立、肖扬、贾春旺、刘延东、罗豪才、郝建秀、徐匡迪和倪志福等。

出席开幕式的还有:中央和国家机关各部委、各人民团体、解放军和武警部队、北京市的负责同志和在京的中华全国总工会历届领导同志,特邀代表,列席人员,香港特别行政区、澳门特别行政区工会界的来宾。首都各界职工和群众代表共3300多人参加了开幕式。

国家副主席曾庆红在中国工会第十四次全国代表大会上的祝词《我国工人阶级要在全面建设小康社会的伟大事业中发挥主力军作用》

各位代表、同志们:

中国工会第十四次全国代表大会今天隆重开幕了。这是全国广大职工群众政治生活中的一件大事。开好这次大会,对于团结动员全国亿万职工深入学习贯彻"三个代表"重要思想和党的十六大精神,在全面建设小康社会、加快推进社会主义现代化的历史进程中,充分发挥工人阶级主力军作用,具有十分重要的意义。

我受党中央委托,向大会表示热烈的祝贺!向全国广大职工群众和工会干部致以诚挚的问候和崇高的敬意!

上世纪初叶,我国工人阶级就作为独立的政治力量登上了历史舞台,为中国共产党的创立准备了重要条件。80多年来,在中国共产党的领导下,我国工人阶级在革命、建设和改革的各个历史时期,自觉站在时代前列,充分发挥了先进阶级的伟大历史作用。特别是改革开放以来,伴随着中国特色社会主义事业的蓬勃发展,我国工人阶级队伍不断壮大,素质日益提高,先进性不断增强,已经成为一个包括广大知识分子在内的,由各种所有制企业、各种机关事业单位的全体体力劳动者和脑力劳动者构成的统一整体。广大职工群众以坚定的政治立场、奋进的精神状态、博大的全局胸怀和高度负责的主人翁精神,积极投身改革开放和社会主义现代化建设的伟大实践,为深化改革、扩大开放、加快发展、保持稳定作出了巨大贡献。前不久,在抗击“非典”的斗争中,广大职工群众恪尽职守、勇挑重担,谱写了新的时代篇章。中国工会紧紧围绕党和国家工作全局,自觉与国家发展同步伐,坚持同职工群众心连心,把服务大局和服务职工有机结合起来,创造性地开展工作,取得了显著成绩。实践表明,我国工人阶级不愧为我国的领导阶级和民族振兴的开路先锋,不愧为推动经济发展和社会进步的中坚力量。实践同样表明,中国工会是党联系职工群众的桥梁和纽带,是国家政权的重要社会支柱。

我们党作为中国工人阶级的先锋队,同时作为中国人民和中华民族的先锋队,历来坚定不移地全心全意依靠工人阶级,坚定不移地全力支持作为工人阶级群众组织的中国工会的工作。长期以来,我们党提出了一系列关于工人阶级和工会工作的重大理论观点和方针政策,概括起来主要是:第一,中国工人阶级始终是推动中国先进生产力发展的基本力量,是我们党最坚实、最可靠的阶级基础,是我们国家当之无愧的领导阶级。在新的历史条件下,工人阶级的历史地位和作用没有变、也不能变。第二,全心全意依靠工人阶级始终是我们党不可动摇的方针,是我们从胜利走向胜利的重要保证。必须充分发挥工人阶级在改革开放和社会主义现代化建设中的主力军作用,必须切实维护职工群众的经济、政治和文化权益。第三,必须在实践中不断发展工人阶级的先进性,提高广大职工的整体素质,把他们锻炼成一支真正具有先进阶级理想、社会主义道德、现代科学文化知识和严格组织纪律的强大阶级队伍。第四,中国工会是中国共产党领导的职工自愿结合的工人阶级群众组织,贯彻全心全意依靠工人阶级的方针就必须充分发挥工会组织的作用。第五,中国工会必须围绕大局,发挥优势,全面履行各项社会职能,动员和组织广大职工群众为实现党的中心任务贡献力量。第六,中国工会必须把竭诚为职工群众服务作为一切工作的出发点和落脚点,在维护全国人民总体利益的同时,更好地表达和维护职工群众的具体利益。第七,工会工作是党的群众工作的重要组成部分,党要切实加强和改善对工会工作的领导,支持工会依照法律和自己的章程创造性地开展工作,等等。这些重大理论观点和方针政策作为毛泽东思想、邓小平理论和“三个代表”重要思想的有机组成部分,为新世纪、新阶段我国工人运动的发展指明了方向。我们必须毫不动摇,一以贯之地全面落实。

江泽民同志在党的十六大报告中提出,要在本世纪头20年,集中力量,全面建设惠及十几亿人口的更高水平的小康社会,使经济更加发展、民主更加健全、科教更加进步、文化更加繁荣、社会更加和谐、人民生活更加殷实。全面建设小康社会,是实现中华民族伟大复兴的一个必经的承上启下的发展阶段。经过这个阶段的建设,再继续奋斗几十年,到本世纪中叶,我国将成为富强民主文明的社会主义现代化国家,中华民族将实现伟大的复兴。宏伟的目标鼓舞人心,催人奋进。当代中国工人阶级一定要坚持以邓小平理论和“三个代表”重要思想为指导,在全面建设小康社会的历史进程中充分发挥主力军作用,再创历史新辉煌,再建历史新功勋。

工人阶级要在全面建设小康社会中充分发挥主力军作用,就必须进一步增强主动性。全面建设小康社会,是造福于工人阶级和广大人民群众的伟大事业,因而也是工人阶级和广大人民群众自己的事业。在全面建设小康社会的历史进程中,工人阶级既是建设者,又是受益者。工人阶级应当自觉认识到:全面建设小康社会的美景需要我们用智慧来描绘,全面建设小康社会的大厦需要我们用双手来建造,全面建设小康社会的果实需要我们用心血和汗水来浇灌。我国工人阶级要大力发扬历史主动精神,积极站在全面建设小康社会的最前列,充分展现先进阶级的时代风采。

工人阶级要在全面建设小康社会中充分发挥主力军作用,就必须进一步发挥创造性。全面建设小康社会是伟大的开创性事业。开创性的事业呼唤着创造性的劳动。我国工人阶级要坚持与时俱进,勇于开拓创新,为推动社会主义物质文明、政治文明和精神文明建设不断创造新的业绩。要紧紧围绕经济建设这个中心,立足本职,爱岗敬业,为促进经济发展和社会进步贡献智慧和力量;要始终站在改革的前列,坚决支持改革,积极投身改革,为完善社会主义市场经济体制献计献策。要正确行使当家做主的民主权利,依法参与管理国家和社会事务,依法参与本单位的民主决策、民主管理和民主监督;要正确对待改革过程中的利益关系调整,珍惜安定团结的政治局面,坚决做维护社会稳定的中流砥柱。要积极推动文明行业、文明单位、文明班组等群众性精神文明创建活动,大力弘扬劳动模范的优秀品质和崇高精神,用工人阶级的先进思想和模范行为影响和带动全社会。

工人阶级要在全面建设小康社会中充分发挥主力军作用,就必须进一步发展先进性。工人阶级的先进性,是同工人阶级推动历史进步的伟大作用相辅相成的,也是同工人阶级自身的全面发展紧密联系的。只有不断提高包括政治觉悟、文化水平和业务能力在内的整体素质,工人阶级才能进一步保持和发展自己的先进性。广大职工要适应实施科教兴国战略、人才强国战略的要求,适应建设全民学习、终身学习的学习型社会的要求,勤于学习,善于学习,争当知识型职工,不断提高学习能力；要树立强烈的开拓意识和敢为人先的首创精神，积极进行理论创新、体制创新、科技创新、文化创新和其他方面的创新，不断提高创新能力；要强化竞争意识、市场意识和风险意识，进一步更新观念，积极进取，努力增强自身优势，不断提高竞争能力；要发扬艰苦奋斗、自强不息的精神，扎实工作，勇于实践，掌握新技能，增强新本领，不断提高创业能力。完全可以相信，在全面建设小康社会的伟大实践中，我国工人阶级的力量将会更加强大，地位将会更加巩固，先进性将会进一步增强。

在新世纪、新阶段，工会组织要准确把握自己的定位，做到围绕中心、服务大局，全面履行各项社会职能，突出维护职工合法权益的职能。这是工会组织实践“三个代表”重要思想的具体体现，也是适应现阶段我国劳动关系变化的迫切需要。各级工会组织要围绕全面建设小康社会的各项任务，进一步开展各种群众性建功立业活动，把广大职工群众的积极性、主动性和创造性充分调动起来，以做好本职工作的实际行动推动经济发展和社会进步。要把提高职工整体素质作为长期的战略任务，大力开展思想政治教育和职业培训工作，帮助职工群众不断提高政治觉悟、道德素养和劳动本领，真正成为适应改革开放和社会主义现代化建设要求的合格劳动者。实现好、维护好、发展好职工群众的根本利益，对动员和组织职工群众为全面建设小康社会团结奋斗具有十分重大的意义。工会组织要按照中央的要求和国家有关法律的规定，切实履行好表达和维护职工群众合法权益的基本职责，敢于维权，善于维权，当前要重点维护职工群众在收入分配、社会保障和劳动安全卫生等方面的权益，重点推动就业和再就业工作、为困难职工和劳动模范排忧解难工作。工会组织履行维权职能的工作力度要更大一些，措施要更得力一些，主动配合党委和政府，更好地维护广大职工群众的合法权益。

工会组织必须适应时代发展和社会生活的变化，以改革的精神不断加强自身建设，进一步开创工作新局面。要推动工会工作的群众化，坚持重心下移，切实转变作风，贴近职工群众，积极为职工群众说话办事，使工会组织真正成为“职工之家”。要推动工会工作的民主化，坚持民主集中制，建立、健全各项民主制度，坚持依靠职工群众，在各项工作中充分体现广大工会会员的意愿。要推动工会工作的法制化，根据依法治国的要求，积极参与涉及职工和工会权益的立法和政策制定，坚持依法维权、依法治会，进一步把各项工作纳入法制化轨道。要扩大工会工作的覆盖面，最大限度地把职工群众组织到工会中来，最大限度地把工会工作做到职工群众中去。广大工会干部要增强使命感和责任感，加强学习，勤勉工作，始终同职工群众打成一片，切实当好党的路线方针政策的忠实执行者，当好职工群众合法权益的积极维护者。

实现祖国完全统一，是包括广大职工群众在内的全体中华儿女的共同心愿。中华全国总工会要继续加强同香港特别行政区、澳门特别行政区工会和劳动界的交流与合作，为保持香港、澳门的繁荣稳定做贡献；要继续扩大同台湾地区工会和劳动界的往来，积极促进两岸关系发展，坚决反对“台独”分裂活动，为完成祖国统一大业不懈奋斗；要大力开展国际交流与合作，积极参加国际劳工组织等多边活动，努力增进同各国人民的了解和友谊，不断扩大中国工会的国际影响，同各国工人阶级一道推进世界和平与发展的崇高事业。

胡锦涛同志曾经指出，只有充分相信和紧紧依靠工人阶级，加强同广大人民群众的联系，把各方面的积极性充分调动起来，中国特色社会主义事业才有最可靠的基础和保证。各级党委和政府要坚定不移地贯彻全心全意依靠工人阶级的方针，切实保证职工群众的主人翁地位，保证他们享受到改革发展的成果。要从全局和战略的高度，进一步加强和改善党对工会的领导，始终把工会工作摆在重要位置来抓。研究决定涉及职工群众切身利益的重大事项，要认真听取工会的意见。积极支持和帮助工会解决工作中的实际困难，为工会履行职责创造良好条件。

各位代表、同志们，在全面建设小康社会的伟大征程上，我国工人阶级责任重大，使命光荣。希望全国广大职工群众紧密团结在以胡锦涛同志为总书记的党中央周围，高举邓小平理论伟大旗帜，全面贯彻“三个代表”重要思想和十六大精神，同心同德，奋发图强，为全面建设小康社会、开创中国特色社会主义事业新局面，为实现中华民族的伟大复兴，作出新的更大的贡献！

最后，预祝中国工会第十四次全国代表大会取得圆满成功！

王兆国在中国工会第十四次全国代表大会上代表中华全国总工会第十三届执行委员会向大会作报告

报告分为三个部分：中国工会的历史回顾、五年成绩及基本经验；以“三个代表”重要思想统领工会工作全局；努力开创新世纪、新阶段工会工作新局面。

王兆国说，中国工会十三大以来的五年，是工会组织顺应时代发展要求，围绕中心、服务大局，全面履行各项社会职能，突出维护职能，各项工作全面发展，从理论到实践都取得突破性进展的五年，是中国工会工作发展的最好时期之一。

王兆国说，这五年，党中央高度重视工会工作，作出了一系列重要指示，为做好工会工作指明了方向；各级党委和政府重视支持工会工作，及时帮助解决各种问题，为开展工会工作创造了良好条件。面对各项改革力度加大、再就业和社会保障任务艰巨、非公有制企业大量增加、经济关系和劳动关系更加复杂多样的新形势，工会提出重点工作“五突破”和加强自身建设的要求，明确“三个最大限度”的目标，强调维权工作要一手抓协调劳动关系机制建设、一手抓为职工群众办实事，切实履行代表和维护职工合法权益的基本职责，在党和国家工作大局中发挥了重要作用。

他说，这五年来，广大职工立足本职，广泛开展经济技术活动；职工队伍思想道德、技术业务和科学文化素质进一步提高。

各级工会建立、健全源头参与的工作机制，与政府及有关部门召开联席(联系)会议制度、劳动关系三方协调机制基本建立，积极向党委、政府反映职工群众的意见和要求；依法建会、依法维权的法律保障体系初步形成，从而推动了许多涉及职工利益问题的解决。

职工代表大会制度、厂务公开制度、职工董事职工监事制度等多种形式的民主管理制度不断发展；平等协商和集体合同制度、劳动合同制度、劳动争议处理制度、工会劳动法律监督制度进一步健全，促进了劳动关系的和谐稳定。

各级工会协助党委、政府做好下岗职工基本生活保障和再就业工作，推动和监督“两个确保”、“三条保障线”特别是“低保”政策的落实，以养老、医疗、失业、工伤、生育保险为主要内容的社会保障体系逐步健全；督促企业解决拖欠职工工资问题，落实职工参与工资分配权利；实施工会劳动保护监督检查制度，群众性劳动安全卫生监督检查工作得到加强。

王兆国强调，工会工作要适应新的时代发展和新的实践要求，开创新的局面，就必须坚持以“三个代表”重要思想统领工会工作全局，把“三个代表”重要思想贯穿到工会各项工作之中。在武装思想和指导实践两方面都取得新的成效，切实做到对新世纪、新阶段工人阶级和工会组织的地位作用有新认识，团结动员职工为全面建设小康社会做贡献有新作为，维护职工合法权益有新举措，最大限度地把广大职工组织起来有新进展，工会理论、体制和工作创新有新思路。

王兆国说，工会工作要充分认识新世纪、新阶段工人阶级和工会组织的重要地位与作用，进一步增强做好工会工作的使命感和责任感。工会工作要紧紧围绕发展这个党执政兴国的第一要务，团结动员广大职工积极投身改革开放和现代化建设。

他说，在我国社会深刻变革、党和国家事业快速发展的进程中，妥善处理各方面的利益关系，形成全体人民各尽其能、各得其所而又和谐相处的局面，一个很重要的方面就是要建立稳定协调的劳动关系。在建立和完善社会主义市场经济体制过程中，在公有制为主体、多种所有制经济共同发展条件下，只有建立起稳定协调的劳动关系，职工群众和有关各方的切身利益才能得到实现和维护，才能共谋经济发展、共享改革成果、共创美好生活。建立和完善稳定协调的劳动关系是一个长期的重要任务，各级工会要从实践“三个代表”重要思想、保持党和国家长治久安的高度出发，认真协助党和政府不断解决建立稳定协调劳动关系中遇到的新情况、新问题，及时准确反映职工群众的愿望与呼声，维护职工合法权益，妥善处理职工群体性事件，化解矛盾，理顺情绪，切实把问题解决在基层、解决在萌芽状态。

王兆国说，随着我国社会生活和社会结构的深刻变化，特别是所有制结构和产业结构的调整，新的社会阶层出现，作为党的阶级基础的工人阶级队伍本身也发生了巨大的变化。知识分子作为工人阶级的一部分作用更加突出，非公有制企业职工、乡镇企业职工和社会中介组织从业人员大量增加，一大批进城务工人员成为工人阶级的新成员；许多人员的职业身份经常变动，就业方式灵活多样，在不同所有制、不同行业、不同地域之间流动频繁。适应我国社会的多样性发展，增强党的阶级基础，扩大党的群众基础，迫切要求我们最大限度地把他们组织到工会中来，维护工人阶级队伍的团结统一，进一步密切党和职工群众的血肉联系。同时，工会工作要坚持解放思想、实事求是、与时俱进，积极推进中国工会的理论创新、体制创新和工作创新。

王兆国表示，中国工会要主动承担起历史赋予的光荣任务，立足全局，围绕目标，锐意进取，真抓实干，努力开创新世纪、新阶段工会工作新局面，在全面建设小康社会的历史征程中，充分展示中国工人阶级的时代风采。

王兆国指出，根据新形势的发展要求，今后五年工会工作的目标任务是：努力提高职工队伍整体素质，团结动员广大职工投身社会主义现代化建设的作用更加突出；切实为职工说话办事，维护职工合法权益的效果更加显著；积极参与协调劳动关系和社会利益关系，机制建设更加完善；加快工会组建步伐，基层工会工作更加活跃；推进自身改革和建设，工会组织吸引力、凝聚力更加增强；广泛开展对外交流与合作，中国工会国际影响更加扩大。

他说，中国工会要努力提高职工队伍素质，团结动员广大职工为全面建设小康社会建功立业；切实履行基本职责，在改革、发展、参与、帮扶的过程中维护好职工合法权益；大力弘扬劳模精神；加快工会组建步伐，充分发挥基层工会组织的作用；以改革精神加强工会自身建设，进一步提高整体工作水平。

中央统战部部长刘延东在北京会见来京参加中国工会第十四次全国代表大会的港澳代表团全体成员

《人民日报》发表社论《为全面建设小康社会充分发挥工人阶级主力军作用——祝贺中国工会第十四次全国代表大会开幕》

中国工会第十四次全国代表大会今天在北京隆重开幕。这是中国工人阶级政治生活中的一件大事，我们对大会的召开表示热烈祝贺！

中国工会十四大，是在全党兴起学习贯彻“三个代表”重要思想新高潮、全国人民在党的十六大精神指引下全面建设小康社会的重要时刻召开的一次会议。开好这次大会，对于团结动员广大职工，充分发挥工人阶级主力军作用，为全面建设小康社会，加快社会主义现代化而努力奋斗，具有十分重要的意义。

中国工会十三大以来的5年，是我国改革开放和现代化建设取得巨大成就的5年，也是中国工人阶级紧跟党的步伐，站在时代前列，取得辉煌成就的5年。在社会主义现代化建设的各条战线，中国工人阶级播洒辛勤汗水，锐意改革创新，奉献智慧力量。党和人民高度评价工人阶级为国家的发展和民族的振兴作出的突出贡献。5年来，各级工会组织坚持用马克思列宁主义、毛泽东思想、邓小平理论和“三个代表”重要思想为指导，围绕中心，服务大局，团结动员广大职工为实现党的十五大、十六大确定的宏伟目标建功立业，积极维护职工合法权益，努力保持与职工群众的密切联系，做了大量卓有成效的工作。在今年防治“非典”的斗争中，广大职工大力弘扬伟大民族精神，立足岗位，扎实工作，克服困难，无私奉献，展示了中国工人阶级的优良品质和时代风采。实践证明，当代中国工人阶级不愧为我们党的阶级基础和国家的领导阶级，不愧为我国先进生产力的代表，不愧为我国社会主义物质文明、政治文明和精神文明建设的主力军。

本世纪头20年，对我国来说，是一个必须紧紧抓住并且可以大有作为的重要战略机遇期。集中力量，全面建设惠及十几亿人口的更高水平的小康社会，是全党全国人民新世纪、新阶段的奋斗目标。实现这个宏伟目标，符合工人阶级和最广大人民群众的共同心愿和根本利益，同时也为工人阶级更好地发挥主力军作用提供了广阔的舞台。工人阶级是全面建设小康社会的实践主体。自觉投身全面建设小康社会的伟大实践，是时代赋予当代工人阶级的光荣使命。工人阶级要发扬传统，胸怀大局，提高素质，埋头苦干，坚定地站在全面建设小康社会的最前列，在共同创造幸福生活和美好未来的新征程中，展现新风采，再创新业绩。

在全面建设小康社会中勇挑重担多做贡献，最重要的就是要用“三个代表”重要思想武装头脑，统领工作。“三个代表”重要思想是新世纪、新阶段全党全国人民继往开来、与时俱进，实现全面建设小康社会宏伟目标的根本指针。中国工人运动始终和党的事业、党的命运紧密联系在一起。中国工人运动和工会工作要适应新的时代发展和新的实践要求，就必须坚持以“三个代表”重要思想为指导，把“三个代表”重要思想贯穿到工人运动各个方面，体现在工会工作的全过程，把广大职工的思想和行动统一到“三个代表”重要思想上来，把智慧和力量凝聚到实现十六大确定的各项任务上来，不断开创中国工人运动和工会工作的新局面。

全心全意依靠工人阶级是我们党一贯坚持的根本指导方针，是我们党和国家的政治优势。各级党委要充分认识新形势下群众工作和工会工作的极端重要性，把群众工作、工会工作摆在更加突出的位置。要切实加强和改进党的群众工作，密切党与职工群众的血肉联系，不断增强党的阶级基础，扩大党的群众基础，巩固党的执政地位。要加强和改善党对工会工作的领导，进一步提高党的群众工作水平。工会组织是党联系职工群众的桥梁和纽带。工会组织要做职工的贴心人，履行好基本职责，把维护职工合法权益贯穿到工会工作各个方面、各个领域，为党和政府分忧，为职工群众解难，使广大职工群众切实感受到党的关怀与温暖，不断增强工会组织的吸引力和凝聚力。

中国工人阶级在革命、建设和改革的各个历史时期，从来都具有走在前列、勇挑重担的光荣传统。中国工人运动，从来都同党的中心任务紧密地联系在一起。在中国特色社会主义道路上实现中华民族的伟大复兴，使社会主义中国更加繁荣和富强，是我们党的庄严使命，是当代工人阶级自己的事业。让我们紧密地团结在以胡锦涛同志为总书记的党中央周围，齐心协力，励精图治，奋发图强，为全面建设小康社会，加快推进社会主义现代化，创造新的辉煌，建立新的功勋。

国务院在北京召开维护边境地区稳定暨反偷渡工作会议

会议提出，必须从贯彻落实“三个代表”重要思想的高度，强化国家主权意识和依法管边治边观念，严厉打击偷渡活动，切实维护边境地区稳定。

会议要求各有关地区和部门认真落实各项工作措施，坚持打、防、控并举，开展专项打击行动，切实提高边防管控能力，强化出入境管理，加强国际合作，坚决遏制非法越境、跨境犯罪和偷渡活动高发势头。

会议强调,要积极探索新形势下维护边境地区稳定和反偷渡工作的新机制。一要加强组织领导;二要充分发挥各职能部门的作用;三要打牢军警民联防、群防群治的坚实基础;四要有针对性地制定和落实各项工作预案。同时,中央和地方各级财政要加大对边境地区的投入,帮助边境地区发展经济,兴边富民,安居乐业,长治久安。各有关地区和中央有关部门负责同志参加了会议。

国务院任免国家工作人员。

任命周明甫为国家民族事务委员会副主任,李勇为财政部副部长,赵白鸽(女)为国家人口和计划生育委员会副主任。免去金立群的财政部副部长职务。

全国人大常委会副委员长乌云其木格到福建进行农村土地承包法执法检查

乌云其木格在听取福建省农村土地承包法执行情况汇报后指出,根据全国人大常委会执法检查工作的部署和安排,今年9月、10月对农村土地承包法进行执法检查,这是今年常委会监督工作的重要组成部分,是稳定和完善农村土地承包关系,维护农民土地承包经营权的一项重要举措。检查的目的是督促法律实施主管机关改进和加强执法工作,提高执法水平,切实维护农民的土地承包经营权,促进农业、农村经济发展和农村社会稳定。

乌云其木格表示,执法检查组到地方,主要是从下面了解农村土地承包法的执行情况,并对其作出全面评价。我们这次到福建不仅要了解贯彻实施农村土地承包法的情况,也要学习、研究、总结福建在发展农业和农村经济方面好的经验和做法。

检查组一行采取实地考察、听取汇报、走访农户、随机抽查等方式,先后对福州、南平、厦门、漳州等地贯彻实施农村土地承包法的情况进行了有针对性的检查。

全国人大常委会委员、全国人大农业与农村委员会主任委员刘明祖等参加了这次执法检查。

博鳌亚洲论坛国际会议中心在海南博鳌正式启用

江泽民同志为国际会议中心题名。

中心位于博鳌东屿岛,共有大小16个设施先进的多功能会议厅,主会场可容纳2000人。博鳌亚洲论坛2003年年会将于11月2日至3日在这里举行。

中共中央政治局常委吴官正在人民大会堂会见由菲利韦托·恩图图穆·恩圭马总书记率领的赤道几内亚民主党代表团

中俄总理定期会晤委员会第七次会议在北京举行

会议为9月24日将举行的中俄总理第八次定期会晤做了充分准备。

国务院副总理、中俄总理定期会晤委员会中方主席吴仪和来访的俄罗斯副总理、中俄总理定期会晤委员会俄方主席赫里斯坚科共同主持了会议。

美国总统布什在华盛顿会见外交部部长李肇星

布什表示,目前美中关系充满活力,这对双方都很重要。美方愿与中方一道推动两国关系继续发展。布什高度评价中国在朝核、伊拉克等重大国际问题上发挥的建设性作用。布什重申了美国坚持一个中国政策、遵守美中三个联合公报和反对"台独"的立场。布什表示,他期待着10月份在泰国出席亚太经济合作组织会议期间再次与胡锦涛主席会晤,并期待着温家宝总理早日访美。

李肇星表示,近来,中美在各个领域的交流与合作都有新的发展。两国领导人即将举行的会晤对推动中美关系进一步发展具有重大意义。

李肇星说,中美经贸合作发展迅速,这种互利合作促进了两国繁荣。我们愿与美方在经贸、金融领域加强对话与合作,继续推动两国和世界经济的稳定与增长。中美在经贸和反恐等国际问题上的合作再次说明,两国拥有广泛而重要的共同利益,可以为世界和地区的和平、稳定与繁荣作出贡献。

李肇星强调,台湾问题始终是中美关系中最重要、最敏感的问题,希望美方予以严肃对待,以实际行动恪守一个中国政策,遵守中美三个联合公报。

李肇星表示,中国新一届领导集体高度重视中美关系,愿与美方共同努力,推动两国建设性合作关系稳定、健康地向前发展。

当天,李肇星还会见了美国副总统切尼和总统国家安全事务助理赖斯,并与国务卿鲍威尔举行了会谈。

卫生部常务副部长高强在联合国出席第五十八届联合国大会艾滋病问题高级别会议并发言

高强表示,中国政府高度重视艾滋病防治工作。中国愿与国际社会合作,积极参与全球抗击艾滋病的斗争。他宣布,中国向全球艾滋病、结核、疟疾基金捐献1000万美元,支持发展中国家的艾滋病防治工作。

高强还介绍了中国政府目前为防治艾滋病所采取的五项措施:增强政府的责任;对经济困难的艾滋病患者免费提供治疗药物;完善法律、法规,加强对危险行为的干预措施;保护艾滋病患者的合法权益,反对社会歧视;积极开展国际合作。

哈萨克斯坦总统纳扎尔巴耶夫在阿斯塔纳会见前来参加哈首届世界宗教大会的中国宗教代表团

纳扎尔巴耶夫感谢中国方面派出如此高级别的代表团与会。他说，世界上各种宗教都宣扬和平、友善和友谊，哈是第一次举办这么大规模的世界宗教大会，目的就是要通过世界各国不同宗教文化之间的对话，维护地区和世界的稳定，反对国际恐怖主义和宗教极端主义。

中国宗教代表团团长、中国佛教协会副会长嘉木样·洛桑久美·图丹却吉尼玛活佛说，由哈总统和政府倡议举办的世界宗教大会有利于世界各国宗教界加强互信与合作，相信大会必将取得圆满成功。他指出，中国的宗教政策同哈有许多共同点，双方都支持信仰自由和各宗教团体和睦相处，都坚决反对外来势力借宗教问题干涉别国内政的做法。

2002年度中华人民共和国国际科学技术合作奖颁奖仪式在钓鱼台国宾馆举行

科技部副部长程津培院士代表中国政府向获奖的德国专家诺贝特·昂格特、美国专家约瑟夫·汉密尔顿和曹韵贞、日本专家平野敏右颁发了获奖证书。另一位获奖者法国专家罗伯特·迪盖特因年事已高而没能前来领奖。

中央综治委预防青少年违法犯罪工作领导小组在北京召开全体会议

全国人大常委会副委员长、中央综治委副主任、中央综治委预防青少年违法犯罪工作领导小组组长顾秀莲出席会议并讲话。

会议要求，今后一个时期，要以“青少年违法犯罪社区预防计划”为重点，立足社区，狠抓落实。要通过推进“社区青少年法律学校”建设，组织发挥法制副校长和青年志愿者作用，开展“青少年法制教育影视宣传月”活动，不断深化法制教育效果；要坚持整治与建设并举的原则，针对淫秽卡通画册、不健康“口袋本”以及违规“网吧”等问题，在积极开展专项治理行动的同时，依托中小学网络教室和城市社区青少年网络教育，逐步建设一批未成年人互联网上网服务场所——“阳光网吧”。

《两岸现代汉语常用词典》出版

第一部由两岸学者共同编写的中型语文工具书《两岸现代汉语常用词典》近日由北京语言大学出版社出版。该词典是北京语言大学和台北中华语文研习所的专家学者联袂历时四年多编成的，收录汉字近8千个、词近4万5千条，全书约260万字，还收录两岸各自通行的词语。

9月23日

国家主席胡锦涛在人民大会堂会见上海合作组织成员国哈吉俄塔乌五国总理

来京出席上海合作组织总理会晤的哈萨克斯坦总理艾哈迈托夫、吉尔吉斯斯坦总理塔纳耶夫、俄罗斯总理卡西亚诺夫、塔吉克斯坦总理阿基洛夫和乌兹别克斯坦总理苏丹诺夫参加了会见。

胡锦涛首先对上海合作组织总理会晤的成功举行并取得重要成果表示祝贺。胡锦涛说，这次会晤签署及批准的《上海合作组织成员国多边经贸合作纲要》等文件，为六国经济合作奠定了重要法律基础，必将进一步推动区域经济合作，并为组织的两个常设机构如期启动创造有利条件。希望各方继续做好相关工作，使会晤提出的各项任务尽快得以实施。

胡锦涛说，上海合作组织成立两年多来，各方面建设不断取得积极进展。上海合作组织正发展成为密切相互之间睦邻互信与友好合作关系的一条重要纽带，成为促进地区安全与稳定的一种有效机制，成为推动世界和平与发展的一支积极力量。

胡锦涛指出，在新的形势下，上海合作组织成员国应进一步携起手来，以更加积极的姿态参与国际合作，为推动建立公正合理的国际政治经济新秩序作出努力和贡献。中国重视并积极参与上海合作组织的合作，愿与其他成员国一道，共同推动上海合作组织的进一步发展。

各国总理对本次总理会晤感到满意，并表示，各国总理在建设性气氛中，就进一步发展上海合作组织框架内多层次、多领域的合作，特别是经贸合作进行了深入探讨，签署了一系列重要文件，确定了经贸合作的优先领域。这为上海合作组织更为积极的合作奠定了坚实基础，指明了发展方向。大家对上海合作组织发展前景充满信心，并表示将继续落实各国元首所达成的共识，使上海合作组织继续为本地区的稳定和繁荣发挥重要作用。

各国总理还高度评价了与中国的睦邻友好合作关系，愿与中国在能源、交通运输等领域加强合作。

全国人大常委会委员长吴邦国 国务院总理温家宝在北京分别会见喀麦隆总统比亚

全国人大常委会委员长吴邦国 全国政协主席贾庆林 国家副主席曾庆红在人民大会堂分别会见波兰参议长帕斯图夏克

国务院总理温家宝在北京饭店主持上海合作组织成员国六国总理会晤

中国国务院总理温家宝、哈萨克斯坦总理艾哈迈托夫、吉尔吉斯斯坦总理塔纳耶夫、俄罗斯总理卡西亚诺夫、塔吉克斯坦总理阿基洛夫和乌兹别克斯坦总理苏丹诺夫在北京举行上海合作组织成员国总理会晤。六国总理着重讨论了上海合作组织经贸合作问题，还就该组织内部建设等问题交换了意见。他们对会晤所取得的成果感到满意。

温家宝主持了会议，并代表中国政府在会上作了发言。他说，这次总理会晤的主要目的，是研究如何有效落实莫斯科峰会精神，推动上海合作组织在各领域的合作。

温家宝指出，经济合作是上海合作组织合作的重点领域，六国已相继建立了经贸部长和交通部长会议机制，启动了贸易和投资便利化进程，开始探讨在经贸领域开展实际合作的途径，从而为开展区域经济合作打下了基础。此次会晤即将批准的《上海合作组织成员国多边经贸合作纲要》对今后六国开展区域经济合作具有重要指导意义。

温家宝对上海合作组织的区域经济合作提出三点倡议：一、推进贸易和投资便利化，为实现在上海合作组织框架内的货畅其流，减少直至消除通关口岸、检验检疫、统一标准、交通运输等环节的非关税壁垒。二、确定若干大的经济技术合作项目，把交通、能源、电信、农业以及家电、轻工、纺织等领域作为优先方向。三、确立长远的区域经济合作目标，逐步建立上海合作组织自由贸易区。

温家宝强调，上海合作组织要建立务实高效的合作机制，确保各项决定的落实；充分发挥企业作为经济活动主体的作用，让企业在区域经济合作中唱主角；实行开放政策，积极开展与世界各国和国际组织的经济合作，广泛利用区域外资源。

温家宝最后表示，上海合作组织及其区域经济合作正面临着良好的发展机遇。相信只要六国齐心协力，扎实工作，就可以通过加强区域经济合作，开辟出一条六国走向共同发展与繁荣的现代“丝绸之路”。

会晤结束时，各国总理签署决议，批准了《上海合作组织成员国多边经贸合作纲要》《上海合作组织2004年度预算》《上海合作组织常设机构编内工作人员工资、保障和补贴条例》和《上海合作组织地区反恐机构设置和人员编制》等文件，并签署了《关于技术性启动上海合作组织常设机构的备忘录》和《上海合作组织成员国总理会晤联合公报》。六国总理还一同会见了记者。

上海合作组织成员国总理会晤发表联合公报

上海合作组织成员国总理会晤于2003年9月23日在北京举行。哈萨克斯坦共和国总理艾哈迈托夫、中华人民共和国国务院总理温家宝、吉尔吉斯共和国总理塔纳耶夫、俄罗斯联邦总理卡西亚诺夫、塔吉克斯坦共和国总理阿基洛夫和乌兹别克斯坦共和国总理苏丹诺夫出席。

六国总理在友好、相互理解和建设性的气氛中讨论了加强上海合作组织机制建设和深化经贸等各领域合作问题，达成广泛共识。

一、六国总理满意地指出，上海合作组织成立以来，机制化建设日益完善，各领域合作不断扩大和深化。上海合作组织已逐步发展成为维护中亚地区安全与稳定、促进成员国共同发展的重要合作机制，受到国际社会越来越多的关注。

今年5月29日上海合作组织莫斯科峰会的成功举行对于组织的发展具有重要意义。莫斯科峰会达成的各项共识和决议，标志着该组织进入了全面发展的时期，是上海合作组织下一步工作的重要指导。

上海合作组织框架内已建立起多层次、多领域的会晤机制，并奠定了相应法律基础。根据莫斯科峰会决定，不晚于2004年1月1日全面启动本组织北京秘书处和塔什干地区反恐怖机构这两个常设机构，对本组织发展意义重大。

二、为在互惠和平等基础上深化上海合作组织成员国之间的经贸合作，改善投资环境，六国总理批准了《上海合作组织成员国多边经贸合作纲要》。

六国总理商定，各成员国于2004年1月1日前准备并向俄方提交对纲要的实施措施草案的建议。

二、六国总理通过了关于《上海合作组织2004年度预算》及《上海合作组织常设机构编内工作人员工资、保障和补贴条例》的决议。

四、六国总理根据2002年6月7日签署的《上海合作组织成员国关于地区反恐怖机构的协定》，批准了地区反恐怖机构执行委员会的机构设置和人员编制方案。

五、六国总理指出，2001年9月六国总理首次会晤以来，各方有关部门按照《上海合作组织成员国政府间关于区域经济合作的基本目标和方向及启动贸易和投资便利化进程的备忘录》及六国总理达成的其他共识，为启动上海合作组织框架内的经济合作开展了必要的工作。六国总理坚信，在经济全球化和区域经济一体化背景下，深化上海合作组织成员国多边经济合作，有利于各国经济的发展和增强组织的凝聚力。

六国总理指出，进一步加强贸易投资便利化是现阶段上海合作组织区域经济合作的主要任务,上海合作组织成员国将根据宪章的原则,在能源、信息、电信、环保和合理利用自然资源等领域采取措施促进多边合作,其中包括制定并实施在上述领域共同感兴趣的项目。与此同时,上海合作组织成员国将遵循多边经贸合作纲要中确定的区域经济合作的长期目标。

六国总理表示,支持不久前在比什凯克举行的上海合作组织成员国外经贸部长第二次会议上达成的各项协议。

六、六国总理主张,上海合作组织成员国进一步加强在交通运输领域的合作,完善交通运输基础设施,协调过境运输政策,建立国际运输通道,并制定相关多边文件。六国总理强调,不久前在圣彼得堡举行的六国交通部长第二次会议对此具有积极意义。

七、六国总理认为,深化在灾害救助和预防领域的合作,包括促进救灾信息沟通与技术交流,以及有关人员培训,具有重要意义。为此,各方将签署必要的多边文件。

八、六国总理指出,上海合作组织成员国扩大在文化领域的合作对促进各国人民之间的友好关系意义重大。六国总理表示支持哈萨克斯坦共和国关于今年年底在哈萨克斯坦共和国举行六国文化部长第二次会议及准备首届六国文化艺术节的倡议。

九、六国总理强调,在恐怖主义、分裂主义和极端主义仍对本地区安全构成严峻威胁的形势下,上海合作组织成员国将积极致力于落实2001年6月15日签署的《打击恐怖主义、分裂主义和极端主义上海公约》,完成上海合作组织反毒合作文件的制定工作。

十、六国总理重申,上海合作组织奉行对外开放原则,愿根据宪章规定与世界其他国家和国际组织在经济领域开展各种形式的对话与合作。

六国总理商定,上海合作组织成员国总理下次例行会晤将于2004年在吉尔吉斯斯坦首都比什凯克举行。

哈萨克斯坦共和国总理 艾哈迈托夫
中华人民共和国国务院总理 温家宝
吉尔吉斯共和国总理 塔纳耶夫
俄罗斯联邦总理 卡西亚诺夫
塔吉克斯坦共和国总理 阿基洛夫
乌兹别克斯坦共和国总理 苏丹诺夫
2003年9月23日于北京

国务院总理温家宝在北京分别会见哈吉塔乌四国总理

在北京出席上海合作组织总理会晤的哈萨克斯坦总理艾哈迈托夫、吉尔吉斯斯坦总理塔纳耶夫、塔吉克斯坦总理阿基洛夫和乌兹别克斯坦总理苏丹诺夫参加了会见。

温家宝说,中国与四国地理上是近邻,政治上是朋友,经济上是伙伴。建交以来,中国与四国友好合作关系发展迅速。在彼此关切的重大问题上相互支持,在经贸等领域的合作上成果显著,在打击“三股势力”、维护地区安全方面进行了有效合作。特别是今年上半年,胡锦涛主席分别与四国总统举行了会晤,有力地推动了新时期中国与四国关系的发展。中方赞赏四国在台湾、西藏、打击“东突”恐怖势力等问题上支持中方立场,并希望继续得到四国的支持。中国将一如既往地支持四国为维护国家主权和领土完整、发展本国经济、维护地区安全所作的努力。

温家宝还就中国与四国经贸合作分别与四国总理深入交换了意见。他表示,中国重视与四国在经贸特别是能源方面的合作,愿与四国共同努力,不断拓展合作领域,探索发展双边经贸关系的新途径,促进中国与四国的友好合作关系的发展。

四国总理高度评价本次总理会晤的成果,表示将为落实会晤签署的《上海合作组织成员国多边经贸合作纲要》作出积极努力,并不断扩大和深化与中方的经贸合作。

艾哈迈托夫表示,哈中开展石油和天然气领域的能源合作具有战略意义,希望双方将此领域的合作作为哈中经贸合作的重点。

塔纳耶夫提出希望与中方签署吉中长期全面合作纲要,并希望两国开展在铁路、公路建设、电力和货流等方面的合作。

阿基洛夫说,塔吉克斯坦将与中国开展互利合作作为对外经贸关系的优先方向,希望与中方在口岸基础设施和水利工程建设、矿藏开发等方面开展合作。

苏丹诺夫表示,乌中经贸关系已从简单商品交易发展为经济技术和投资合作。乌方希望加强与中方在交通运输、能源和科技等领域的合作。

全国政协主席贾庆林在人民大会堂会见克罗地亚副总理兼国防部部长热莉卡·安图诺维奇

贾庆林指出,两军关系是两国关系的重要组成部分,发展中克两军友好关系符合两国人民的根本利益,有利于两国关系的全面发展,也有利于地区乃至世界的和平与稳定。会见中,贾庆林还向客人介绍了中国国内经济发展情况。

安图诺维奇说,克中建交以来双边关系有着很好的发展势头。在此基础上,双方应进一步加深了解。克罗地亚珍视中方在克方危急时给予的帮助。她希望两国、两军关系在未来会有更好的发展。

中国工会第十四次全国代表大会主席团举行第二次会议

会议讨论提出了中华全国总工会第十四届执行委员会委员、经费审查委员会委员候选人建议名单,大会选举办法(草案),大会选举监票人名单(草案)。

会议由中共中央政治局委员、中华全国总工会主席王兆国主持。

根据会议讨论的结果,中华全国总工会第十四届执行委员会组成人员为267人,按委员实行差额选举的办法,提名281人,差额比例为5%,差额人数为14人;中华全国总工会第十四届经费审查委员会组成人员为40人,按委员实行等额选举的办法,提名40人;大会选举办法将由中国工会十四大全体会议通过后生效;大会选举设监票人36名。

会上,中组部领导同志就全总换届人事安排作了说明,中华全国总工会副主席、书记处书记孙宝树就中国工会十四大三项人事工作作了说明。

中国工会第十四次全国代表大会主席团举行第三次会议

会议表决通过了中华全国总工会第十四届执行委员会委员和经费审查委员会委员候选人名单、大会选举办法(草案)、大会选举监票人名单(草案)。

会议由中共中央政治局委员、中华全国总工会主席王兆国主持。

会议以举手表决的方式,通过了全总十四届执委会委员和经审委员会委员候选人名单,通过了大会选举办法(草案),通过大会选举监票人名单(草案)。

根据大会选举办法(草案),中华全国总工会第十四届执行委员会组成人员为267人,按委员实行差额选举的办法,提名281人,差额比例为5%,差额人数为14人;中华全国总工会第十四届经费审查委员会组成人员为40人,按委员实行等额选举的办法,提名40人。

此前,大会主席团常务主席会议听取了各代表团关于人事问题讨论情况的汇报。

中共中央政治局常委李长春在北京同中央党校新闻媒体总编辑台长培训班学员座谈并发表讲话

中共中央政治局委员、书记处书记、中宣部部长刘云山主持座谈会。

李长春在讲话中指出,用"三个代表"重要思想统领新闻宣传工作,坚持正确舆论导向,切实贯彻贴近实际、贴近生活、贴近群众原则。要进一步加强和改进互联网新闻宣传,努力办成思想政治工作的新阵地,办成对外宣传的新渠道。

李长春强调,要毫不放松地加强和改善党对新闻工作的领导,确保各级新闻机构的领导权掌握在忠于党、忠于人民的人手里。建设一支政治强、业务精、纪律严、作风正的高素质新闻队伍。

这次培训由中组部、中宣部、中央党校共同举办,将在中央党校和省(区、市)委党校分层次对新闻战线各级领导干部进行培训。中央主要新闻单位负责人和各省(区、市)党委机关报负责人共70人参加了中央党校第一期培训班。中央宣传文化部门主要负责同志参加了座谈会。

全国假日旅游部际协调会议新增四成员

国家旅游局新闻发言人张坚钟透露,为了进一步完善假日旅游的组织协调工作,保证黄金周"健康、安全、秩序、质量",经国务院批准,全国假日旅游部际协调会议的成员日前增至18个部门,新增的4部门为国家食品药品监督管理局、国家安全生产监督管理局、国家质量监督检验检疫总局和中国气象局。

据了解,新增加的4个部门将按照各自职能,对黄金周期间全国重点旅游城市和旅游景区(点)的食品卫生、安全生产、旅游服务质量、旅游设备与设施等方面的工作进行监管,提供旅游气象方面的服务,从而为广大游客建立起更加完善的服务保障。

全国假日旅游部际协调会议原有的14个部门包括国家旅游局、国家发改委、公安部、建设部、铁道部、交通部、民航总局、商务部、卫生部、工商总局、广电总局、统计局、宗教局、文物局。

中央民族干部学院在北京成立

中共中央政治局常委李长春在人民大会堂会见由议长乔纳森·亨特率领的新西兰议会代表团

外交部部长李肇星在五角大楼会见美国国防部部长拉姆斯菲尔德

拉姆斯菲尔德表示,他正期待着中国国防部部长曹刚川下个月对美国的访问。美国防部愿作出努力,推动美中关系稳定、健康发展。

同日,李肇星在国会山会见了美国参议院临时议长史蒂文斯、多数党领袖弗里斯特、外交关系委员会主席卢格、众议院国际关系委员会主席海德等重要国会议员,就中美经贸关系、朝核问题等交换了意见。

李肇星当天还出席了美中贸易全国委员会举行的午餐会,并就中美关系发表演讲。

中国常驻联合国代表王光亚在联合国总部向联合国秘书长安南递交中国加入《联合国打击跨国有组织犯罪公约》的批准书

该公约是联合国近年来在刑事司法领域制定的重要国际法律文书。它确立了通过促进国际合作，更加有效地预防和打击跨国有组织犯罪的宗旨；规定缔约国应当采取必要的立法和其他措施，将参加有组织犯罪集团、洗钱、腐败和妨碍司法等行为确定为刑事犯罪，并对其进行相应的刑事法律制裁。

该公约为各国开展打击跨国有组织犯罪的合作提供了法律基础。我国批准该公约将有利于通过公约加强与有关国家在打击跨国犯罪方面的合作，也有利于我国进一步完善国内打击犯罪的相关措施。

制定《联合国打击跨国有组织犯罪公约》的谈判工作开始于1999年。2000年11月15日第五十五届联合国大会通过该公约，同年12月12日中国政府签署。2003年8月27日，中国全国人大常委会批准了该公约。

外交部发言人孔泉就美方制裁北方工业公司等问题答记者问

有记者问：近日，美国政府公布了制裁北方工业公司及中国有关行业的决定，中方对此有何反应？

孔泉回答说，中方对美国援引其国内法对其他国家实施制裁的做法表示强烈不满和坚决反对。

孔泉说，中国政府一贯反对扩散大规模杀伤性武器及其运载工具。近年来，中国政府颁布实施了一系列出口管制法规，进一步加大了出口管制力度，并与包括美国在内的有关国家进行了卓有成效的合作。中方愿在相互尊重和信任的基础上继续保持这种合作。

他说，美方在不提供任何证据或说明的情况下再次对中国实施制裁，而且制裁对象不仅针对公司，还包括中国政府涉及发展和生产导弹、航空、航天、电子及军用飞机的所有行为。这使中方不得不怀疑美方对中美防扩散合作的诚意，以及美方制裁的实意图，到底是为了防扩散，还是其他目的。中方要求美方改变错误做法，取消有关制裁。

有记者问：联合国人权委员会教育权报告员托马舍夫斯基日前批评中国教育政策，你对此有何评论？

孔泉说，改革开放20多年来，中国为实现教育权作出了不懈的努力。特别是近年来，中国政府确立了“科教兴国”的战略，进一步加大对教育的投入，取得了显著成绩。但中国作为一个发展中国家，在实现教育权方面还需要继续作出努力，并愿意借鉴国际社会的有益经验。对于报告员提出的意见和建议，中方将认真予以研究。

孔泉说，在与报告员的座谈中，中国教育部高层官员和有关专家曾多次向报告员详细介绍了中国教育经费情况，包括教育经费占GDP的比例已达到了3.41%，但她在向媒体公布材料时，没有采用中方提供的正确数据，却使用了许多与事实不符的数据，宣称“中国财政性教育经费仅占GDP的2%”。我们希望报告员采用正确的数据，以客观公正的态度如实介绍我国教育改革与发展的情况。

财政部部长金人庆在迪拜出席2003年世界银行和国际货币基金组织年会并发言

金人庆在发言时说，尽管遇到了不利的外部环境以及突然暴发的“非典”疫情，今年中国经济增长7%的预期目标完全可以实现。

谈到世界银行和国际货币基金组织在推动发展、维护全球经济金融稳定的作用时，金人庆说，世界银行的作用仍是帮助发展中国家实现经济发展，通过促进资源的转移帮助发展中国家消除贫困，纠正全球发展不平衡。在此宗旨下，世界银行应坚持以贷款业务为主，并加强对基础设施建设的支持力度。国际货币基金组织在促进成员国加强货币合作、维护全球金融稳定中继续发挥着不可替代的作用。中国政府赞赏基金组织在危机防范和解决方面作出的有意义的探索和努力，鼓励基金组织继续帮助低收入国家减债和恢复经济增长。

金人庆还呼吁发达国家切实增加对发展中国家的发展资金援助。他说，官方发展援助不足是阻碍实现联合国提出的千年发展目标的根本制约因素之一。发达国家应将发展援助提高到联合国提出的占国民生产总值0.7%的水平。与此同时，发达国家应重视开放贸易，减少贸易壁垒，特别是对农产品的补贴。他说，中国希望各方能够共同努力，以实际行动推动多哈发展议程。发达国家尤其应该承担责任，为发展中国家经济发展创造良好的外部环境。

9月24日

国家主席胡锦涛 全国人大常委会委员长吴邦国 国家副主席曾庆红在人民大会堂分别会见俄罗斯总理卡西亚诺夫

全国人大常委会委员长吴邦国在人民大会堂会见韩国国会议长朴宽用

吴邦国强调，胡锦涛主席和卢武铉总统将中韩关系提升为全面合作伙伴关系，不断丰富这一关系的实质内涵，符合双方的共同利益。中方将按照“与邻为善、以邻为伴”的方针,为不断发展两国睦邻友好关系作出努力。

吴邦国表示相信,通过朴宽用此次访华和他不久前访韩,中国全国人大和韩国国会的友好关系将提高到一个新的水平。

朴宽用高度评价吴邦国对韩国的成功访问,认为访问加深了双方的友谊和信任。他强调,韩国将为加强与中国的全面合作继续作出努力。

双方还就当前的朝鲜半岛局势交换了意见,一致认为半岛核问题应该继续通过对话获得和平解决。

国务院总理温家宝在人民大会堂与俄罗斯联邦总理卡西亚诺夫举行会谈

温家宝就加强中俄经贸合作提出了三点建议:一、扩大双边投资合作,推动能源、机电等产业的合作。二、改善贸易结构,实现贸易合作的多样化。三、加强中方与俄远东和西伯利亚地区经贸合作,促进两国毗邻地区经济的发展和繁荣。

温家宝对上海合作组织成员国总理会晤的成功举行给予了高度评价。他说,此次会晤完成了两大任务,一是加强了组织机制化建设;二是签署了多边经贸合作纲要,这将对深化上海合作组织在经济等领域的务实合作产生深远影响。希望中俄两国在上海合作组织的建设和发展方面继续加强协调与配合,使该组织成为中俄战略协作的重要内容。

卡西亚诺夫赞同温家宝对两国关系的评价。他说,为扩大双边经贸合作,俄罗斯希望双方对贸易结构进行调整,使其多元化,同时改善贸易方式,扩大相互投资。俄罗斯愿意在石油天然气以及电力、航天及民用航空等领域加强与中方的合作。俄罗斯将尽力满足中方对石油天然气的需要,对铺设至中国的原油管道项目,俄罗斯政府将履行协议,信守承诺。

卡西亚诺夫还高度评价双方在人文领域的交往,希望加强双方在教育、旅游等领域的合作。他表示,俄罗斯也将在上海合作组织和国际事务中保持和加强与中方的磋商与合作。

会谈结束后,两国总理签署了《中俄总理第八次定期会晤联合公报》,出席了其他5个文件的签字仪式。随后,他们共同简短会见了记者,并会见了两国企业家。

国务院总理温家宝与俄罗斯总理卡西亚诺夫在北京签署《中俄总理第八次定期会晤联合公报》

公报摘要如下:

中华人民共和国国务院总理温家宝与俄罗斯联邦政府总理卡西亚诺夫高度评价中华人民共和国主席胡锦涛2003年5月26日至28日对俄罗斯的首次国事访问,认为两国元首会晤成果对促进中俄关系持续稳定发展具有重要意义。两国政府将共同努力,积极落实元首会晤达成的共识和协议,推动双方各领域合作不断取得新的成果。

双方满意地指出,中俄总理第七次定期会晤(2002年8月22日在上海举行)以来,两国在经贸和人文领域的合作取得了进展。

双边贸易继续保持快速增长的态势,2002年贸易额再创历史纪录,2003年可望取得新的突破。

双方在扩大人文领域合作方面取得了实质性进展,这进一步巩固了中俄战略协作伙伴关系的社会和精神基础。

双方积极评价中俄总理定期会晤委员会和中俄教文卫体合作委员会及其下属各分委会自中俄总理第七次定期会晤以来所做的工作。

双方一致认为,中华人民共和国主席胡锦涛和俄罗斯联邦总统普京确定的“使整个双边经贸关系的发展取得突破并使经贸额大幅增长”的目标应成为主要工作方向。为此,两国总理认为,应集中力量共同开展以下合作:

(一)挖掘潜力,通过扩大机械、设备及其他高附加值产品比重改善双边贸易商品结构。

(二)为中俄贸易的主要商品创造稳定和可预见的贸易条件,有效利用双边贸易敏感商品预警和磋商机制,减少贸易争端。

(三)消除现有分歧,尽快结束有关俄罗斯加入世界贸易组织的双边谈判,以实现中国成为第一批与俄方签署相关文件的国家之一的目标。

(四)规范非正规贸易,尽快启动中俄规范贸易秩序联合工作组。

(五)进一步发展中俄在机械、轻纺、电子、通信等高新技术产业,以及资源开发、森工和在俄境内木材加工方面的投资合作,建立合资企业等,选定并启动和支持大型示范性项目。

俄方欢迎中方参与俄西伯利亚和远东地区开发,愿共同确定互利合作领域和落实已商定项目。

中方欢迎俄方参与中国西部大开发战略的实施,愿共同研究合作的主要方向和可能的合作项目。

(六)根据两国元首2003年5月27日签署的《中华人民共和国与俄罗斯联邦联合声明》的原则,继续落实能源领域合作项目。促进中俄公司在铺设原油管道、油田开发和扩大通过铁路向中国出口原油方面的合作,鼓励中俄公司在天然气领域继续开展合作。

双方继续对两国参与中国西气东输项目的公司给予支持。

继续在核能、科技、航天、航空技术、通信与信息技术领域的合作。

双方一致认为，开展人文领域的合作将扩大中俄伙伴关系的社会基础，加深两国人民之间的相互理解，加强两个伟大民族文明成果的交流。双方将积极推动教育、文化、卫生、体育、旅游、媒体领域的接触和双边活动，包括相互开设国家文化中心。

双方高度评价两国总理定期会晤前夕召开的中俄友好、和平与发展委员会第五次全会的成果。1997年，根据中俄两国元首的倡议，为加深两国人民之间的相互理解和传统友谊，促进双方睦邻友好合作，巩固和扩大两国战略协作伙伴关系的社会基础，中俄成立了该委员会。两国总理表示相信，委员会换届后将在巩固和扩大中俄关系社会基础方面继续开展系统性工作。这一工作具有战略意义，需要两国社会各界、各部门和各地区长期不懈的广泛参与和积极推动。

双方表示，将继续相互坚定支持对方维护国家统一、主权和领土完整。俄方重申在台湾和西藏问题上的原则立场。

两国总理满意地指出，上海合作组织经过两年的初创阶段，正逐步发展为一个重要的国际组织，在维护本地区的安全、促进互利合作方面发挥着日益突出的作用。

中俄重视上海合作组织各成员国之间和双方在组织内的相互协作，愿以“互信、互利、平等、协作、尊重多样文明、谋求共同发展”的“上海精神”为指导，与其他成员国一道继续共同努力，推动组织不断向前发展，为地区及世界的和平与发展事业作出更大贡献。

双方重申，愿共同致力于进一步加强在国际事务中的伙伴协作，以建立公正民主、严格遵守国际法准则和《联合国宪章》宗旨与原则、共同安全、主权平等和相互尊重为基础的国际秩序。中俄将继续积极推动开展各领域的国际合作，包括提高现有多边合作机构和机制的效率。

双方表示，将在确保世界和平与安全、防止与和平解决国际冲突方面加强合作。双方强调，必须通过政治外交途径解决争议问题和危机。为此，两国总理支持强化联合国及其安理会的权威。

两国总理重申，双方将在打击恐怖主义、极端主义和分裂主义、大规模杀伤性武器扩散、跨国犯罪、非法贩运毒品和武器、防止生态灾难、防治传染性疾病以及应对其他迫切的时代挑战方面大力开展合作。双方强调，要在联合国及其安理会的领导与协调下，遵循国际法和《联合国宪章》的原则，在平等的基础上加强多边反恐合作。不应搞双重标准，也不能将恐怖主义和极端主义与任何民族或宗教相提并论。

双方赞成加强安理会反恐委员会的工作，包括开展该机构与上海合作组织等地区和次地区组织的协作。

双方认为，“东突”和车臣恐怖势力都是国际恐怖势力的组成部分，中俄将加强在打击这些恐怖势力方面的协调、相互支持与合作。

中俄两国总理主张维护朝鲜半岛的和平与稳定，必须通过对话和平解决半岛核问题，2003年4月北京三方会谈和8月北京六方会谈开始的对话进程应该继续下去，各方应多做有利于会谈的事。

双方一致认为，应尽快恢复伊拉克的稳定和国家主权，实现伊拉克人民自主决定本国未来和支配其自然资源的权利。双方确信，为尽快实现伊拉克局势的正常化，国际社会必须广泛参与伊拉克战后重建，特别是联合国应在解决伊拉克问题的进程中进一步发挥作用。

双方表示，将继续致力于推动中东和平进程，呼吁国际社会共同努力，尽快恢复这一地区的和平、安全与稳定。

全国政协主席贾庆林在人民大会堂会见由奥马尔总书记率领的苏丹全国大会党代表团

中国工会第十四次全国代表大会第二次全体会议在人民大会堂举行

中共中央政治局委员、中华全国总工会主席王兆国出席了会议。会议以无记名投票方式选举产生了中华全国总工会第十四届执行委员会和经费审查委员会。

会议首先以举手表决的方式通过了《中国工会第十四次全国代表大会选举办法》及大会选举监票人名单。大会应到代表1698名，实到代表1677名，符合法定人数。

新一届中华全国总工会执行委员会由267名委员组成，从281名候选人中产生，差额比例为5%；经费审查委员会由40名委员组成，实行等额选举产生。

选举结束后，中国工会十四大主席团举行了第四次会议。

会议由中共中央政治局委员、中华全国总工会主席王兆国主持。

会议听取了各代表团讨论审议全总第十三届执委会报告、中国工会章程(修正案)、财务工作报告、经审工作报告情况的汇报；通过了关于全总第十三届执委会报告的决议(草案)；通过了关于中国工会章程(修正案)的决议(草案)；通过了关于全总第十三届执委会财务工作报告的决议(草案)；通过了关于全总第十三届经审会工作报告的决议(草案)。

中华全国总工会第十四届经费审查委员会委员名单(40人,按姓氏笔画排序)

王凤芝(女) 王玉玲(女) 王永领 王进平
王秀英(女) 王振北 戈雪芬(女) 卢其松
孙忠玲(女) 杜仁伟 李宝堂 李树发 杨 峰
杨瑞林 肖祖礼 汪忠汉 张 锐 张永福 张海流
陈 群 陈文杰 陈欣生 陈新华(女) 林国汉
周建平(女) 宗菊根 赵 骞 耿保康 郭东海
黄志军(女) 黄晓云(女) 揭晓强 董 力
董春德 韩朝阁 程建国 鲁国会 蔡江平 谭星禄
潘力捷(女)

中华全国总工会第十四届执行委员会委员名单(267人,按姓氏笔画排序)

丁大建(女) 丁向阳(回族) 丁保南 于宝国
马小玲(女,彝族) 马兰翠(女) 马贵川 马振东
马福海(回族) 王 玲(女) 王 萍(女)
王开珍(女) 王水官 王玉峰 王东进
王四连(女) 王必恒 王亚伟 王兆国 王志学
王秀芳(女) 王秀峰 王春晖 王相民 王信冲
王剑明 王晓龙 王悦华 王敬东 王瑞江 王瑞祥
扎西罗布(藏族) 尤 仁(蒙古族) 车德云 卞恩君
文之周 邓启群(壮族) 石光明 龙小玲(女,苗族)
龙文举 龙超云(女,侗族) 叶国良 叶惠成
田成江(回族) 央 金(女,藏族) 白录堂
包 秦(蒙古族) 冯占祥 冯作良 母松华
邢合荣(女) 邢厚仁 吉永华 成丽娴(女)
吕亿环 吕明辰 朱华萍(女) 朱建方 朱思泽
朱祚荣 伏秀霞(女) 任大康 华白强
多拉(藏族) 刘 文 刘长胜 刘玉明 刘廷俊
刘宝玲(女) 刘思林 刘振亚 刘继臣 刘新会
齐景峰 江巴吉才(藏族) 汤维英 安金林 许文斌
许瑞表 孙 骞 孙兆媛(女) 孙宝树 阳安江
阴凤丽(女) 买买提江·艾买提(维吾尔族)
苏 波 苏立清 杜昌寿(女) 李 飞 李 扬
李 军 李万荣 李文强 李玉卿 李世明
李全家(女,侗族) 李守镇 李志敏(女) 李志斌
李克章 李若谷 李怡霞(女) 李晓布 李铁桥
李滨生 杨丽(女,白族) 杨广宏(回族)
杨丽霞(女) 杨衍银(女) 杨胜战 肖建葵
肖盛峰 时 静(女) 时玉宝 吴子恒 何 可
何士坤 何玉琼(女,土家族) 何永章
何界生(女) 余幼明(女) 谷常生 邹瑞平
冷相明 汪兰洁(女) 汪成德 汪忠汉
沙启军(回族) 宋大涵 张 红(女)
张 艳(女) 张健 张小素(女) 张子鹏
张凤英(女) 张玉娥(女) 张立军 张在权
张成富 张延卿 张芬芳(女) 张宏遵 张君海
张鸣起 张岱梨(女) 张宝琴(女) 张春生
张秋俭(女) 张俊九 张炳素(女) 张海如
张清华 张蔚文 张榕明(女) 陈 茜(女)
陈 跃 陈 豪 陈 毅 陈四明 陈永良 陈伟光
陈延河 陈秀榕(女) 陈希明(女) 陈荣书
陈培福 陈维奇 陈德诚 邵敬春(女) 苗宗魁
范凯声 范继英(女) 林芳明 罗 明 罗宝军
和国刚(纳西族) 金大年 金贞海(女,朝鲜族)
周久才 周玉清 周新民 庞义华 郑鑫 赵为民
赵永金 赵宝生 赵铁军 赵铁锤 胡 坚(女)
胡云芳(女) 胡支祥 胡书捷 胡先春
柳 琴(女) 段青根 闻宝满 姜贵平(女)
祝晏君 姚桂清 姚新章 秦建新 秦素琴(女)
晋珊元 栗培青(女) 贾艳敏(女)
夏晓梅(女) 顾秀秀(女) 倪学玲(女)
徐天仁 徐文彦 徐改清(女) 徐国忠 徐政辉
徐祖发 徐振寰 徐崇先 徐德明(满族) 高 军
高 亮 高宏峰(达斡尔族) 郭 宁 郭永平 郭国顺
郭稳才 唐川平 唐方信 唐晓菊(女)
唐淑琴(女) 桑金科 黄 一 黄 权 黄四川
黄远志 黄国庆 黄彦蓉(女) 黄笑影(女)
黄瑞霖 黄燕明 曹殿富 盛汇萍(女) 常毅民
崔国旗 阎启俊 梁欣 续伯聪 散襄军 蒉鸿强
董 力 董延龄 韩玉琴(女) 喻红秋(女)
傅玉芳(女) 傅福荣 曾乃航 曾江青 蒙安荣
楚白兰(女) 赖社光 虞列贵 蔡裕如 蔺彦虎
裴 绪 樊政炜 黎柳莲(女) 潘同宇 潘家君
糜青于

中国佛教协会成立50周年纪念大会在人民大会堂举行

中共中央政治局常委、全国政协主席贾庆林出席大会并会见全体代表,向大会表示热烈祝贺,向各位代表和全国佛教界的朋友们表示问候。

中共中央政治局委员、国务院副总理回良玉代表党中央、国务院在大会上讲话。回良玉说,过去的50年,是中国佛教界爱国爱教、团结进步的50年,是自觉适应社会主义社会发展要求的50年。50年来,中国佛教协会始终与党和政府同心同德,风雨同舟,积极协助党和政府贯彻执行党的宗教政策,维护佛教界合法权益,继承和弘扬中国传统文化,本着"服务社会、造福人群"的原则,大力兴办社会慈善福利事业,捐款赈

灾，扶危济困，团结全国信仰佛教的群众参加社会主义现代化建设，促进祖国统一和世界和平，为国家和社会作出了积极的贡献。

回良玉指出，坚持以"三个代表"重要思想来统领宗教工作，是做好宗教工作的重要保证，也是符合广大信教群众根本利益的。中国佛教协会作为代表广大信仰佛教群众根本利益的爱国宗教团体，作为党和政府联系广大信教群众的桥梁、纽带，要认真贯彻"三个代表"重要思想，以党的宗教工作方针为指导，积极协助党和政府，全面贯彻党的宗教政策。要尽佛教之力凝聚力量，扬佛教之长凝聚人心，把广大佛教群众的意志和力量，引导到抓住机遇、加快发展上来，凝聚到全面建设小康社会的伟大实践中来。

回良玉指出，只有国家繁荣昌盛，佛教才能兴旺发达。希望佛教界继续高举爱国主义的旗帜，把佛教事业融入社会主义现代化建设的伟大事业之中，做到佛教利益与国家和人民的利益相统一，始终与国家和人民同甘苦、共命运。要旗帜鲜明地反对一切利用宗教进行的分裂祖国的活动。要坚决反对各种邪教，除恶反邪，以正制邪，坚持正见，倡导正行。要继续在平等友好的基础上积极开展对外交往，维护世界的和平与安宁。

回良玉希望佛教界进一步弘扬优秀传统文化，以与时俱进的精神，不断促进佛教更好地服务社会，造福人群，更好地与社会主义社会相适应。

纪念大会由中国佛教协会会长一诚主持，中国佛教协会副会长圣辉向大会作了题为《中国佛教50年》的工作报告。

全国人大常委会副委员长、中国天主教爱国会主席傅铁山，全国政协副主席、中共中央统战部部长刘延东，中国道教协会、中国伊斯兰教协会、中国天主教爱国会、中国天主教主教团、中国基督教三自爱国运动委员会、中国基督教协会的代表，以及有关方面负责人出席了纪念大会。

中国侨联和全国政协港澳台侨委员会在北京举办纪念庄希泉座谈会

中共中央政治局常委、全国政协主席贾庆林出席会议。

庄希泉于1888年9月9日出生在一个华侨富商家庭，早年投身孙中山先生领导的辛亥革命。他积极探索"实业救国"和"教育救国"之路，并在香港、澳门等地从事大量革命活动，积极协助中国共产党在海外建立革命的统一战线。1949年新中国成立以后，庄希泉曾担任第五届、第六届全国政协副主席，中国侨联主席等重要职务，是新中国侨务工作的主要领导人之一。他在年届95岁高龄时加入中国共产党，从一个爱国的民主主义者成为一位忠诚的共产主义战士。

座谈会上，全国政协港澳台侨委员会主任郭东坡、中共中央统战部副部长梁金泉及庄希泉生前亲友代表发了言。大家表示要深入贯彻"三个代表"重要思想，进一步做好侨务工作，促进祖国的和平统一大业的早日完成。

座谈会由全国政协副主席、中国致公党中央主席罗豪才主持。全国政协副主席、中共中央统战部部长刘延东，全国政协秘书长郑万通以及有关方面负责人和庄希泉生前友好及亲属等出席。

中共中央政治局常委李长春在人民大会堂会见以香港报业公会主席李祖泽为团长的香港传媒界高层人士访问团

中共中央政治局常委罗干在南昌出席全国社会治安综合治理工作会议并讲话

会议以"三个代表"重要思想和十六大精神为指导，深入贯彻《中共中央、国务院关于进一步加强社会治安综合治理的意见》，总结交流治安防范工作经验，部署推进社会治安防控体系建设，全面落实社会治安综合治理各项措施。

罗干强调，要以高度的政治责任感，扎扎实实地做好国庆节前后的安全保卫工作，全面落实各项治安防范措施。严格实行责任制，层层抓落实，务必消除各种治安隐患，维护社会稳定。

中共中央政治局委员、国务委员、中央综治委副主任周永康，中央综治委副主任、最高人民法院院长肖扬，中央综治委副主任、最高人民检察院检察长贾春旺，部分综治委委员、中央有关部门的负责同志；各省、自治区、直辖市及新疆生产建设兵团党委主管社会治安综合治理工作的负责同志、政法委书记、综治办主任，公安厅(局)长；各省会城市(自治区首府)、计划单列市党委主管社会治安综合治理工作的负责同志出席了会议。

国务院65个部门行政审批制度改革工作领导小组办公室主任会议在北京召开

监察部副部长、国务院行政审批制度改革工作领导小组办公室主任李玉赋在会上透露，自2001年10月国务院全面部署行政审批制度改革工作以来，这项工作稳步推进，在全面清理国务院各部门和单位行政审批项目的基础上，已取消和调整了1300项审批项目。今年这一工作要继续推进，年内要着重抓好五项工作：

一是继续做好国务院部门行政审批项目的审核处理。要下力气再削减和调整一批审批项目。国务院各部门要结合机构改革和“三定”方案的调整，对本部门审批项目逐项进行分析排查，积极配合国务院领导小组办公室做好拟第三批取消和调整审批项目的审核和处理工作，应该取消的审批项目要坚决予以取消，可以改变管理方式的审批项目要坚决交出去。

二是进一步推进省级政府行政审批制度改革。各省、自治区、直辖市都要对推行行政审批制度改革以来的工作开展一次“回头看”。要对照国务院部门对审批项目的处理，结合当地实际，研究制定衔接配套的措施和办法，对有关审批项目作出相应的处理，切实搞好改革的上下衔接和协调。

三是加强和搞好已调整行政审批项目的后续监管工作。对取消审批后还需继续监管和改变管理方式的事项，要防止出现管理上的脱节。机构改革中管理职能作了调整或重新划分的，要按照“三定”方案的规定，该由哪个部门负责的事项，这个部门就应承担有关审批项目的后续工作。要建立、健全监督制约机制，对保留或改变管理方式的审批项目逐项进行研究，制定加强监督制约的措施和办法。

四是以政府机构改革为契机推动和深化行政审批制度改革。根据十届全国人大一次会议通过的《国务院机构改革方案》，有审批职能划出的部门，要对划出事项的相关审批项目进行研究，提出处理意见；有审批职能划入或职能转变的部门，要结合新的“三定”方案，明确职能调整所涉及的审批项目的认定，搞好已取消和调整审批项目的相关后续工作。

五是立足于转变政府职能，加大制度创新的力度。推进行政审批制度改革要与国有资产管理体制改革、金融管理体制改革，实现“收支两条线”管理，推行财政管理制度改革相结合，要与加强对社会中介机构和行业组织的管理监督以及实行政务公开和发展政府系统电子政务相结合，从整体上把握和推进行政审批制度改革。

国台办在北京举行新闻发布会

国台办新闻发言人李维一在回答记者提问时指出，台湾当局拟修改高中历史课程，将中国近代史并入世界史，这是台湾当局在教育领域推行“渐进式台独”的又一个步骤。

李维一说，台湾舆论界对此的评价中，给人印象很深的有四个字：“荒谬绝伦！”历史是不可能由“台独”分子任意篡改的，台湾一小撮政治人物为达到个人的政治目的而作出这种为中华民族子孙万代所唾弃的卑劣行径，理所当然地受到广大台湾学术界和教育界人士的反对，也必将遭到包括广大台湾同胞在内的全体中国人民的强烈谴责和坚决反对。

有记者问：对陈水扁的“两岸直航三阶段论”和台湾“行政院”公布的《两岸直航之影响评估》有何评论？李唯一说，为方便两岸同胞间交流交往，促进两岸经济共同发展，对促进两岸直航早日实现，我们的态度一直是积极的诚恳的，并为之进行了不懈努力。但迄今为止，两岸直航未能实现，其障碍所在也是众所周知的。台湾当局一边表示要推动直航，一边又继续设置障碍，这不是真心实意推动直航的做法。我们主张，按照一个国家内部事务、直接双向、互惠互利的原则处理两岸直航相关事宜，这样才能维护两岸的共同利益。任何人企图把两岸直航说成是“国与国”之间的通航，或在技术层面将两岸航线变相“国际化”，都是我们坚决反对的。

中国民用航空协会常务理事浦照洲和海峡两岸航运交流协会理事长胡汉湘也出席了新闻发布会。有记者问，台湾“陆委会”宣布“两岸货运便捷化”，自9月25日起允许台湾航空公司的货运飞机经停港、澳往来两岸，对此有何评论，祖国大陆方面能否配合？浦照洲说，我们一贯主张两岸尽早实现直航，以利于两岸同胞的往来和经贸交流。两岸通航应本着一个国家内部事务、直接双向、互惠互利的原则处理相关事宜。在此基础上大陆方面随时欢迎台湾的民间行业组织前来，就两岸空中通航问题进行协商，使之尽快通起来。

浦照洲明确表示，我们认为，两岸货运包机经停第三地是舍近求远，应该直航，以利于节省时间和经费。两岸通航应由两岸的航空业者共同、公平地参与经营，这样才能使两岸直航健康持续发展，两岸民众和工商业者才能在两岸直航中得到实惠。同时我们认为，不经任何民间协商，单方面宣布所谓的两岸货运便捷化时限，这种极不正常的做法，是极为不妥的，也是我们不能接受的。

国务院副总理黄菊在人民大会堂会见坦桑尼亚国防部部长菲利蒙·萨伦吉

外交部部长李肇星在第五十八届联大发表讲话

李肇星说，和平与发展仍然是时代的主题，但国际形势中也有许多方面值得忧虑。局部战争和冲突仍时有爆发，非传统安全问题日益突出，人类面临的安全形势更加复杂。此外，人类发展仍然面临严峻挑战。南北差距持续扩大，贫富分化加剧，已经成为诱发冲突与战争、影响地区稳定的重要因素。

他说，中国认为，加强国际合作，走多边主义道路，促进世界多极化，是未来人类的福祉所系。为此，他提出5点建议。这些建议包括推动国际关系民主化，建立一种新型的国际关系；树立互信、互利、平等、协作的新安全观，以合作维护安全，通过对话和平解决争端；支持发展模式的多样性；致力于广大发展中国家的崛起；加强多边合作。

李肇星说："在多极化的世界里，各国政治上相互尊重，共同协商；经济上相互促进，共同发展；文化上相互借鉴，共同繁荣；安全上相互信任，共同维护，一起致力于实现人类的和平与繁荣。"

李肇星说，联合国是世界上最具普遍性、代表性和权威性的国际组织，这是历史对它的肯定，也是现实赋予它的使命。

他说，中国认为，在当前形势下，应该继续坚持和切实遵守《联合国宪章》的宗旨和原则，各成员国都有义务维护联合国及其安理会的主导地位和权威性。中国支持联合国在伊拉克战后安排及重建中发挥重要作用，支持伊拉克人民早日行使主权。

他说，中国支持联合国进行必要改革，加强作用，提高效率。一个强有力的联合国是世界希望之所在。为了建立人类美好的未来，首先应该把这里变成一个相互合作的舞台，让和谐、理解与宽容，成为这个大厅里永恒的主旋律。

李肇星说，中国主张加强国际合作，实现共同发展。当前迫切需要改变南北差距继续拉大、部分南方国家日益贫困的现状，改变现状的关键是要适应经济全球化发展要求，建立公正合理的国际经济新秩序。

李肇星呼吁建立、健全开放、公平的多边贸易体制，本着互谅互让的原则，推动多边贸易谈判取得应有的进展；高度重视改革和完善国际金融体制，加强对危机预防和应对的能力；同时加强南南合作和南北交流。

他敦促发达国家承担起应有的义务和责任，在市场、资金、技术、减免债务、贸易条件等方面给予发展中国家更多支持。他说，人类发展是一个有机整体，在南北差距的巨大鸿沟上，无法建立起未来繁荣的大厦。他认为，解决发展问题，还应促进经济和社会协调发展。

李肇星说，中国政府支持世界卫生组织和一些国家在第五十六届世界卫生大会上提出的建立"全球抗击'非典'基金"的倡议，并愿意为此作出积极贡献。

李肇星说，中国的发展需要一个和平的国际与周边环境，中国将继续奉行独立自主的和平外交政策，在国际和地区事务中发挥建设性作用。

他说："我们呼唤和平、稳定、发展，我们追求平等、互利、共赢。中国顺应历史潮流，选择了一条和平发展道路，把自己的发展与地区振兴结合在一起，与大多数国家的利益结合在一起，与人类的和平与发展事业结合在一起，愿为世界的繁荣与进步作出更大贡献。"

外交部部长李肇星在联合国安理会外长会议上发言

李肇星指出，尊重法制，坚持公理，对有关国家和地区在冲突后实现长治久安具有重要意义。中国支持联合国在帮助冲突后地区或国家确立司法公正与法治方面发挥积极作用。

李肇星说，同维护和平一样，冲突后建设和平对有关国家和地区长治久安具有重要意义。尽快确立司法公正与法治，是冲突后地区或国家实现稳定与发展的必要条件。在联合国维和行动和战后重建中，协助当事方建立和维护司法公正与法治的工作应得到高度重视。中方支持联合国根据当事国的需要和实际情况发挥积极作用。

李肇星说，实现冲突后国家的和平与稳定是一项系统工程，涉及许多方面。除司法公正和法治外，应尽快建立具有广泛代表性的政府，促进民族和解，实现民族和谐共处；尽快创造良好的治安环境，让重建工作安全有序地进行。

他说，冲突的结束并不意味着和平的降临。导致冲突的原因不尽相同，但大多与贫困、落后密切相关。没有发展，公正与法治只能是空中楼阁。中方强烈呼吁国际社会将发展摆在重建和平的关键位置。

李肇星同时强调，安邦定国需要法治，处理国际关系同样需要法治。坚持公理，维护正义，履行国际义务，是联合国对世界人民的庄严承诺，是《联合国宪章》的核心内容；而缔造一个和平与稳定、公正与法治的世界，只能靠加强国际合作、倡导多边主义、实现国际关系民主化和法治化。

他指出，《联合国宪章》及其他国际关系准则必须得到切实尊重和维护。各国都要成为国际大家庭中负责任的一员，在国际机制和国际法框架内应对各种挑战。

这次安理会外长会议是安理会本月主席国英国组织的，其议题是讨论联合国在司法公正与法治方面的作用。联合国秘书长安南也与会并发言。

外交部部长李肇星在联合国参加阿富汗问题高级别特别会议并发言

李肇星就阿富汗的和平与重建工作提出了五点建议。他说，阿富汗和平与重建进程正处在关键时刻。我们决不能半途而废，更不应忘记对2500万阿富汗人民作出的庄严承诺。当前要做好以下五方面的工作：第一，稳定阿富汗安全形势，加快实行解除武装、复员和重返社会计划，重建阿富汗军队与警察，并协助各级政府和司法机构正常运转，恢复法律与秩序。第二，支持阿富汗过渡政府，尊重阿富汗的主权、独立、领土完整和国家统一，特别是不干涉阿富汗内政，维护阿中央政府的权威。第三，各方认真兑现援助承诺，帮助阿富汗实施毒品控制战略，大力发展替代经济。第四，帮助阿富汗顺利完成制定宪法和举行大选，努力争取波恩和平协议时间表得到遵守，并确保选举自由、公正，建立具有全面代表性的政府。第五，支持联合国在阿重建中发挥主导作用，国际社会应进一步支持援助阿富汗的工作，并提供必要的人力、物力和财力保障。

李肇星表示，中国一直支持并积极参与阿富汗和平与重建进程，中方愿与国际社会一道，帮助阿富汗人民过上稳定、繁荣、有尊严的生活。

外交部部长李肇星在联合国总部会见部分国家出席联大代表

正在纽约出席第五十八届联合国大会的中国外交部部长李肇星在联合国总部分别会见了阿塞拜疆总理阿利耶夫、以色列副总理兼外长沙洛姆以及墨西哥、阿富汗、俄罗斯、利比亚、巴西、英国和丹麦外交部部长。李肇星还与日本外相川口顺子共进早餐，并出席了中、俄、印三国外长工作午餐。

李肇星还就当前国际形势、联合国作用、伊拉克、朝鲜、中东等问题与上述国家代表团团长广泛交换了意见。

匈牙利内务部部长 匈牙利社会党主席团成员兰佩特和匈牙利社会民主党主席考波伊在布达佩斯分别会见以中联部部长王家瑞为团长的中共代表团

兰佩特和考波伊对王家瑞一行的到访表示热烈欢迎，强调匈牙利重视发展同中国的友好合作关系。匈牙利社会党和社民党愿进一步加强与中国共产党的交往与合作，相互学习，相互促进，共同发展。王家瑞表示，中国共产党愿本着“独立自主、完全平等、互相尊重、互不干涉内部事务”的原则，超越意识形态、社会制度和价值观的差异，与匈朝野各政党开展交往与合作，以促进两国关系的发展。访问期间，中共代表团还会晤了匈牙利自由民主者联盟、匈牙利民主论坛和匈牙利工人党领导人。

王家瑞一行应匈牙利社会党和社民党的邀请，于9月23日抵达布达佩斯对匈牙利进行正式友好访问。

中国—南共市第四次对话在蒙得维的亚举行

外交部副部长周文重率领的中国代表团同南方共同市场(南共市)轮值主席国乌拉圭代外长巴列斯率领的南共市代表团，回顾了上次对话以来中国与南共市关系的进展情况，认为双方之间经贸合作潜力巨大，前景广阔，表示要加强双方经贸机构和企业界的联系，深化在农牧业和卫生领域的合作，大力开展人力资源开发合作，扩大人员和学术交流，进一步深化双方关系。

对话期间，中国企业家代表团同南共市成员国企业界人士举行了贸易洽谈会。

六部门共同下发《关于开展社会诚信宣传教育的工作意见》

全国整顿和规范市场经济秩序领导小组办公室、中共中央宣传部、中央精神文明建设指导委员会办公室、司法部、教育部、中华全国总工会六部门共同下发了《关于开展社会诚信宣传教育的工作意见》。

根据这一工作意见，国家将重点在经济生活领域开展社会诚信宣传教育，到2008年实现以下目标：诚信意识和遵纪守法观念在公民中深入人心，社会公德和职业道德的自律机制明显发挥作用，诚信为荣、失信为耻的观念在社会生活和经济交往中为绝大多数公民恪守；各级领导干部、公务员带头严格遵诺守信，廉洁公正和依法行政的意识明显增强，政府机关的公信力显著提高；大多数企业和交易中的法人、自然人在市场行为中自觉地践行社会主义道德的诚信原则、公正原则，真正做到诚实守信、货真价实、公平买卖、童叟无欺，用优质的商品和服务满足社会需要，把经济效益和社会效益有机地统一起来；消费者的自我保护意识普遍增强，依法维护自身权益的能力提高，维权的社会环境明显改善。

为此，国家将在政府公务员中通过培训、讲座等形式增强其法制观念，在行业协会中通过制定行规行约提高其自律水平，在中介机构中通过制定诚信标准规范其行为，在生产经营性企业中加强商德、商誉宣传和职业道德的宣传教育，在学生中加强诚信教育，同时广泛开展社会教育工作。

第六届全国残运会在南京圆满闭幕

闭幕式在南京玄武湖公园举行。

本届残运会作为新世纪首次残疾人综合性体育盛会，充分体现了“平等、参与、共享”的主题，来自全国35个代表团的2000多名残疾人体育健儿，发扬顽强拼搏、勇创佳绩的精神，创造了一大批优异的运动成绩。在全部14个大项的比赛中，共有78人超95项次世界纪录，3人平3项次世界纪录，269人破447项次全国纪录。江苏一团运动成绩取得了历史性突破，团体以1654.5的总分和85枚金牌数，位居榜首，有10人次赶超世界纪录。

大会宣布，第七届全国残疾人运动会在云南昆明举行。

9月25日

国家主席胡锦涛在人民大会堂会见韩国国会议长朴宽用

国务院总理温家宝在人民大会堂为中国工会十四大作经济形势报告

温家宝全面阐述了我国的经济形势。他指出，今年以来，全国上下认真贯彻“三个代表”重要思想和党的十六大精神，在国际形势复杂多变、国内遭遇“非典”疫情和严重洪涝灾害的情况下，国民经济保持较快增长，呈现出速度与质量、效益相统一的良好势头。同时，各项改革积极有序推进，对外开放进一步扩大。全年各项预期目标一定能够实现。实践证明，党中央、国务院的一系列决策是完全正确的。温家宝着重阐述了加快国有企业改革和发展，扩大就业和再就业，加强社会保障体系建设，统筹兼顾、实现全面协调和可持续发展等问题。

温家宝强调，各级党委和政府要切实关心广大职工的生活，切实维护广大职工的合法权益，切实帮助困难职工解决实际问题，切实加强安全生产工作。

温家宝说，新中国的每一步跨越，都凝结着广大职工的心血和汗水。各行各业的职工群众为国家的建设和发展作出了巨大贡献。在实现全面建设小康社会和现代化宏伟目标的进程中，必须始终全心全意依靠工人阶级，充分调动广大职工的积极性和创造性。他希望各级工会组织继续努力，充分发挥党和政府密切联系职工群众的桥梁纽带作用，团结广大职工，为实现我国现代化的宏伟目标和中华民族的伟大复兴共同奋斗。

中共中央政治局委员、中华全国总工会主席王兆国主持了报告会。倪志福同志参加了报告会。

中共中央政治局常委吴官正在北京出席全国政务公开工作电视电话会议并讲话

吴官正强调，抓好政务公开，要进一步加强领导，落实责任，扎实工作。要在巩固已有成果的基础上，进一步加大工作力度。乡(镇)政务公开要作为一项基本工作制度全面落实，县级政务公开要在进一步规范和提高上下功夫，市(地)级行政机关要全面推行政务公开，公用事业单位要全面实行办事公开。要加强调查研究，制定完善政策法规；力戒形式主义，防止做表面文章；加强监督检查，促进工作落实。

中央书记处书记、中央纪委副书记何勇主持会议，并对贯彻落实会议精神提出了要求。国务委员兼国务院秘书长华建敏回顾总结了近年来政务公开工作的开展情况，对当前及今后一个时期的政务公开工作作了部署。

吉林省、江苏省苏州市、湖北省黄石市、福建省安溪县、四川省彭山县分别在会上介绍了各自开展政务公开工作的经验。

中华全国总工会第十四届执行委员会召开第一次全体会议

会议选举全总第十四届执委会主席、副主席和主席团委员。王兆国当选为中华全国总工会主席。

会议由工会十四大主席团常务主席王兆国主持。在选举开始前，到会的257位新一届执委以举手表决的形式一致通过了第十四届执委会选举办法，通过了监票人、总监票人名单。

在民主协商的基础上，中华全国总工会第十四届执行委员会全体委员对主席、副主席和主席团委员候选人建议名单进行了酝酿讨论，最后以无记名投票方式选出中华全国总工会主席、副主席和主席团委员，王兆国当选为中华全国总工会主席。

根据《中国工会章程》规定，中华全国总工会主席团由主席、副主席和主席团委员组成。根据选举结果，张俊九、孙宝树、周玉清、王东进、苏立清、张榕明、王瑞祥、徐振寰、陈秀榕、徐德明、黄彦蓉11位同志当选新一届中华全国总工会副主席；王玉峰、尤仁、白录堂、刘文、刘玉明、汤维英、阳安江、买买提江·艾买提、杨衍银、宋大涵、张立军、张宏遵、张鸣起、张春生、张秋俭、陈豪、陈希明、陈荣书、赵永金、祝晏君、贾艳敏、郭永平、黄四川、黄燕明、阎启俊、散襄军、董力27位同志当选执委会主席团委员。

全总第十四届执委会主席团成员平均年龄为54.3岁，其中女性7人，占17.9%；具有大专以上学历的37人。

主席团成员产生后，接着举行的主席团第一次会议推选了书记处书记：第一书记张俊九；书记处书记孙宝树、周玉清、苏立清、徐振寰、徐德明、黄彦蓉、张鸣起、张秋俭、陈荣书。

中华全国总工会第十四届经费审查委员会召开第一次全体会议

会议选举全总第十四届经审会主任、常务委员。董力当选新一届经审会主任。

在选举开始前，到会的40位新一届经审会委员以举手表决的形式一致通过了第十四届经审会选举办法，通过了监票人、总监票人名单。

选举前，中华全国总工会第十四届经审会全体委员对经审会主任、常务委员候选人建议名单进行了酝酿讨论，最后以无记名投票的方式选举董力为全总第十四届经审会主任。选举王凤芝、王玉玲、孙忠玲、杜仁伟、李树发、汪忠汉、张锐、周建平、郭东海9位同志为常务委员。

全国社会治安综合治理工作会议在南昌召开

会上，公安部、司法部、民政部、教育部、铁道部、共青团中央就本部门、本系统开展、参与社会治安防范工作作出了部署。会议期间，与会代表还实地考察了南昌市开展治安防范工作的情况。

中联部副部长蔡武出席国务院新闻办举行的新闻发布会

蔡武说，改革开放以来，中国共产党积极持续稳妥地与世界各国各类新老政党广泛交往，其对外交往呈现出蓬勃发展的大好势头。目前，中国共产党已同世界上140多个国家和地区的400多个政党和组织建立并保持着不同形式的联系、交往与合作。

据蔡武介绍，1978年中国共产党十一届三中全会后，随着全党工作重心的转移，以邓小平为核心的党的第二代中央领导集体在总结历史经验教训的基础上，确立了“独立自主、完全平等、互相尊重、互不干涉内部事务”党际交往四项原则。从20世纪70年代末起，我们党与世界各国共产党、工人党先后恢复了正常的党际关系；同广大发展中国家的民族民主政党陆续建立了党际关系；本着“超越意识形态的差异，谋求相互了解与合作”的精神，与世界各国、特别是发达国家的社会党、自由党、基民党、保守党等各类政党及政党国际组织建立了多种形式的接触、交流与合作关系。20世纪90年代末以来，国际形势和政党格局发生了许多深刻的变化，在以江泽民为核心的我党第三代中央领导集体领导下，我们党始终坚持促进和平与发展的宗旨，在党际交往四项原则基础上，积极持续稳妥地开展了对世界各国各类新老政党的交往工作，党的对外交往呈现出蓬勃发展的大好势头。

据统计，改革开放20多年来，中联部邀请并接待外国政党代表团、组4500多批，2.6万人次；组派出访团组1500多批，近万人次。近年来，中联部每年接待约200批来访的代表团组，派出约100批左右，平均每个工作日有一批外宾“请进来”或一个出访代表团“走出去”。

蔡武说，在这些交往中，我们实事求是地、坦诚地向国际社会介绍和解释党的路线、方针和内外政策，展示了中国共产党致力于和平、发展、进步的新形象。

外交部部长李肇星在77国集团第二十七届外长会议上发表讲话

李肇星说，以联合国为代表的多边组织体现了人类社会的共同利益，也寄托了发展中国家维护国家主权、缩小发展差距的希望。它们同时也是77国集团发展壮大和发挥作用的舞台。广大成员国应维护多边主义，促进国际关系的法制化和民主化，支持联合国在维护和平与促进发展方面发挥领导作用。

在谈到发展中国家之间的合作时，李肇星指出，南南合作是发展中国家提高整体实力、加强国际地位的重要途径。发展中国家的自然资源、经济结构、发展水平不同，这种多样化为它们相互借鉴、取长补短提供了广阔前景。他说：“我们要努力开拓新的合作途径和方式，充实合作内容，发挥各自优势，深挖潜力，相互促进。”

李肇星说，中国是发展中国家的一员。中国政府高度重视77国集团的作用。多年来双方合作良好，在联合国等国际组织中以“77国集团加中国”的形式相互支持和配合，有效地维护了发展中国家的共同利益。

外交部部长李肇星在联合国总部会见联合国秘书长安南

李肇星向安南转交了中国国家主席胡锦涛致安南的一封信。

胡锦涛在信中强调，当今世界需要一个强有力的联合国。作为安理会常任理事国，中国将一如既往地支持联合国在国际事务中发挥重要作用，支持安理会的权威。

胡锦涛还表示，在新形势下，联合国应积极探索解决和平与发展问题的新思路、新举措，使21世纪成为“人人享有发展的世纪”。他说，唯有加强国际合作，走多边主义道路，才能有效应对日益增多的全球性挑战。

会见中，安南感谢中国多年来对联合国的有力支持，高度评价中国在解决全球性问题，特别是在实现联合国千年发展目标方面发挥的建设性作用。他还对中国成功控制“非典”表示祝贺，并赞扬中国为全球防治艾滋病作出了贡献。

外交部部长李肇星在纽约出席联大活动

李肇星当天与中非总统博齐泽举行了会晤，并与莫桑比克、尼日利亚、南非、科摩罗、突尼斯、纳米比亚、加纳、刚果民主共和国等国外长举行了早餐会。

在与博齐泽的会晤中以及与非洲国家外长的早餐会上，李肇星介绍了将于12月中旬在埃塞俄比亚举行的中非合作论坛第二届部长会议的筹备情况，以及中国落实论坛后续行动方面的努力。他说,尽管世界形势发生了很大变化,但中国与非洲几十年形成的“风雨同舟、休戚与共”的伙伴关系不会变。发展中非关系符合双方的共同利益。中国感谢非洲国家多年来对中国的支持,愿进一步加强与非洲国家在双边和在联合国内的协调与合作。

博齐泽和各位外长表示,中国始终是非洲的好朋友、好伙伴,非洲愿意在中非论坛框架内,在实现公正、经济发展和社会进步的过程中,加强与中国的相互支持与合作。

在会见非洲联盟委员会主席科纳雷时,李肇星说,非盟正式运作一年来,在地区和国际问题上发挥了积极作用。中国重视非盟的影响和作用。长期以来,中国与非统组织保持了良好的关系,多次向非统和一些次区域组织提供力所能及的援助。随着非盟的诞生,中国同非洲地区组织的合作进入了一个新阶段。

李肇星在与海湾合作委员会(海合会)六国外长会晤时说,近年来,中国与海合会成员国在各领域的合作富有成效,在国际和地区事务中相互支持。中国与海合会在许多重大问题上看法相近,有着进一步发展友好合作关系的坚定基础和共同需要。中方重视与海合会和各成员国的关系,愿加强与该组织的磋商机制,不断探索新思路和新途径。

卡塔尔等海合会成员国的外长表示,海合会成员国都把发展与中国的关系放在其对外关系的重要位置,努力扩大与中国在政治、经济等领域的互利合作。

李肇星与阿拉伯国家联盟秘书长穆萨就巴以冲突、伊拉克、反恐等问题交换了看法,双方同意加强在国际问题上的磋商,进一步充实中国与阿拉伯国家合作的内容。

此外,李肇星还会见了德国外长菲舍尔、土耳其外长居尔、孟加拉国外长穆尔希德汗,并出席了联合国秘书长安南为安理会5个常任理事国外长举行的午餐会。

国务委员兼国防部部长曹刚川在北京会见全军研究生教育改革工作会议代表

曹刚川说,加强国防和军队现代化建设,关键是要培养造就一大批高素质新型军事人才,大力提高科技创新能力和驾驭高技术战争能力。1992年以来,全军先后培养博士研究生4100多名、硕士研究生22500多名,研究生教育学科布局更加合理,学科建设水平不断提高,导师队伍得到优化,探索了具有我军特色的研究生教育发展路子。

曹刚川指出,院校是人才培养的主渠道,在落实人才战略工程规划中地位重要、责任重大。全军院校要始终不渝地把“三个代表”重要思想作为治校办学的根本指针,使“三个代表”重要思想进入课堂、进入工作,落实到人才培养的全过程。要依据我军现代化建设的战略构想,适应我军机械化、信息化建设的需要,进一步优化教育结构,突出军事特色,逐步建立和完善我军研究生教育新体系,力争在高层次人才培养上取得新突破。

江泽民国防和军队建设思想理论研讨会在国防大学召开

来自军委、总部机关和全军各单位的领导,优秀论文作者以及专家学者和学员代表参加了会议。

近年来,全军部队广泛深入地开展对江泽民国防和军队建设思想的学习研究,取得了一大批注重理论联系实际的研究成果。经总参谋部批准召开的这次会议,旨在总结和交流这方面的研究成果,进一步提高对江泽民国防和军队建设思想时代背景、科学内涵、精神实质和重大意义的认识,从而把江泽民国防和军队建设思想的学习研究和贯彻落实引向深入。研讨会共收到近百篇论文,经专家评审,从中遴选出44篇优秀论文。这些论文展示了全军学习研究江泽民国防和军队建设思想的最新成果。

通过研讨,与会人员加深了对江泽民国防和军队建设思想的认识,增强了贯彻的自觉性;探索了加快我军跨越式发展的对策和措施,明确了思路;学习了江泽民的军事辩证法思想,进一步掌握了推进中国特色军事变革的科学方法论。大家表示,一定要坚持用江泽民国防和军队建设思想武装头脑,凝聚军心,把学习研究江泽民国防和军队建设思想的成果转化为推进中国特色军事变革的强大动力。

总参谋部和国防大学的领导参加研讨会并讲话。

国家反劫机综合处置演练在北京首都国际机场举行

9时30分,演练开始,假想方案设定我民航一架执行航班任务的波音747飞机在空中遭到武装歹徒劫持,情况十分紧急。民航系统按应急处置程序,立即向国家处置劫机事件领导小组报告,随即启动《国家处置劫机事件总体预案》。民航、公安、武装警察、消防、卫生等单位迅速组织力量集结,按照规定要求赶到指定地点,在被劫飞机降落后,形成合围之势。

经过专门训练的特种武装警察和公安民警首先利用高科技装备设施对被劫飞机及机舱内情况进行侦察控制,以有效保护人质和航空器的安全。上午10时许,总指挥下达武装攻击行动命令,成功解救了人质和航空器。

整个演练紧张有序,在1小时内,演练了快速集结、现场封控、情况侦察、武力攻击、组织撤离、消防救援、伤员救治等科目,包括局部惊险场面,具有很强的实战效果。

大型传记性画册《毛泽东画传》出版

该画册由中共中央文献研究室毛泽东研究组编撰,中央文献出版社出版,并在全国发行。《毛泽东画传》以时间为线索,精选了1800多幅与毛泽东有关的珍贵图片,配以精当的文字说明,集权威性、资料性和艺术性于一体,是进行革命历史教育和爱国主义教育的重要文献。

世界中医药学会联合会成立大会在北京举行

中共中央政治局委员、国务院副总理兼卫生部部长吴仪致信大会,强调促进中医药在国际上的发展,使中医药学为人类健康作出更大的贡献。同时,吴仪对世界中医药学会联合会的成立和大会的召开表示祝贺。全国人大常委会副委员长蒋正华、全国政协副主席罗豪才等出席了大会。

世界中医药学会联合会是由世界各国中医药学术专业团体自愿结成的国际性学术组织,总部设在北京,中方中国中华中医药学会、中国中西医结合学会和中国针灸学会都以团体会员身份入会。其宗旨主要是增进世界各个国家和地区中医药学术团体之间了解、合作和学术交流,提高中医药业务水平,促进中医药进入各国的卫生保健体系,制定、发布和推行中医药行业国际标准将是其主要任务之一。在为期两天的会上,成立大会讨论并通过了《世界中医药学会联合会章程》等重要文件,选举产生理事会、监事会等机构及成员。

9月26日

中共中央总书记胡锦涛在北京观看代号“长城2003”反恐怖综合演习并发表重要讲话

中共中央政治局常委、国务院总理温家宝,中共中央政治局常委、国家副主席曾庆红,中共中央政治局常委罗干等也观看了演习。

演习结束后,胡锦涛发表了重要讲话,他强调,当前,恐怖主义危害上升,给世界和平与发展带来不利影响。国际上重大恐怖事件不断发生,我国也面临着恐怖活动的现实威胁。中国政府一贯反对任何形式的恐怖主义,主张加强国际合作,实行标本兼治,防范和打击恐怖活动,努力消除产生恐怖主义的根源。这次演习再次表明了中国政府反对恐怖主义、维护世界和平的坚定立场和决心。

胡锦涛指出,当前,全党全国人民正在“三个代表”重要思想和十六大精神指引下,意气风发地为实现全面建设小康社会的宏伟目标而奋斗。各级党委和政府以及有关部门要进一步提高对做好反恐怖工作重要性和紧迫性的认识,居安思危,未雨绸缪,真正把反恐怖工作放在重要位置抓紧抓实。要进一步健全反恐怖应急指挥机制和工作预案,不断提高队伍和装备建设的水平,全面落实各项防范措施。要坚持立足预防、严密防范,主动出击、高效处置,严厉打击恐怖犯罪活动。

这次演习科目是根据近年来国际上频繁发生、危害严重和各国高度警惕的恐怖活动情况设计的,目的在于检验反恐怖指挥机制、预案以及反恐怖力量和装备的准备情况,进一步推动反恐怖工作。演习从难从严,贴近实战,具有较高的技术含量,充分展示了处置恐怖袭击事件的能力和水平。此前,有关方面还举行了以演练指挥系统应急反应、高效组合、调动反恐怖力量为主要内容的有关科目演习。

刘淇、曹刚川、王刚、李铁映、唐家璇、华建敏、肖扬、贾春旺、徐匡迪等,中央军委委员梁光烈以及中央有关部门负责人也观看了演习。

国务院总理温家宝在北京主持召开国务院常务会议

会议研究了关于贯彻实施《中华人民共和国行政许可法》的有关问题。会议认为,行政许可法的公布施行,是我国社会主义民主与法制建设的一件大事。它对于保护公民、法人和其他组织的合法权益,深化行政审批制度改革,进一步推进行政管理体制改革,从源头上预防和治理腐败,保障和监督行政机关有效实施行政管理,都具有重要意义。会议要求,各地区、各部门要从贯彻“三个代表”重要思想、全面推进依法行政的高度,认真学习、严格执行行政许可法,促进各级政府及部门严格依法行政。要抓紧清理现行有关行政许可的规定和行政许可的实施机关,并向社会公布,保证行政许可法按期全面正确实施。

会议听取了民政部关于《城市生活无着流浪乞讨人员救助管理办法》实施情况的汇报。会议认为,救助管理办法公布施行后,在各地党委、政府直接领导和各有关部门的密切配合下,救助机构基本到位,管理制度初步建立,运转机制正在形成,工作起步较为顺利,但也遇到了一些新的情况和问题。会议指出,把强制性的收容遣送改为救助管理,建立新型的社会救助制度,是我国社会救助制度的重大改革。实施这项改革,对受助人员、救助管理机构及有关单位,都有一个逐步适应的过程。各地区、各有关部门要认真研究、妥善解决出现的新问题,不断总结经验,逐步完善有关法规政策和配套措施，切实把城市生活无着的流浪乞讨人员救助管理工作做好。

会议听取了财政部关于继续给予民航、旅游企业相关扶持政策的汇报。鉴于民航、旅游企业受“非典”影响较大，生产经营还面临许多困难，会议决定，将现行对民航、旅游企业实施的扶持政策延长到年底，以利于民航、旅游企业生产经营的全面恢复和发展。

全国政协主席贾庆林在人民大会堂分别会见由曼南·布伊扬总书记和塔里克·拉赫曼第一副书记共同率领的孟加拉国民族主义党高级代表团和以主席谢赫·巴哈杜尔·德乌帕为团长的尼泊尔大会党(民主主义)代表团

全国政协第十届全国委员会第七次主席会议在北京举行

中共中央政治局常委、全国政协主席贾庆林主持会议。会议决定于10月中旬在北京召开政协第十届全国委员会常务委员会第三次会议。

主席会议审议通过了政协十届常委会第三次会议议程草案和日程等事项，决定将有关草案提请政协十届常委会第三次会议审议。全国政协秘书长郑万通、副秘书长李昌鉴、傅志煌分别就有关议题作了说明。

全国政协副主席王忠禹、廖晖、刘延东、阿沛·阿旺晋美、张思卿、白立忱、罗豪才、周铁农、郝建秀、陈奎元、阿不来提·阿不都热西提、李兆焯、黄孟复、王选、张怀西、李蒙出席会议。

中国工会第十四次全国代表大会在人民大会堂闭幕

大会闭幕式由中国工会十四大主席团常务主席张俊九主持。

大会首先宣布了新当选的中华全国总工会第十四届执行委员会主席、副主席、主席团委员、主席团书记处组成人员名单和经费审查委员会主任、常务委员名单；大会还以举手表决的方式通过了关于中华全国总工会第十三届执行委员会报告的决议、关于《中国工会章程(修正案)》的决议、关于中华全国总工会第十三届执行委员会财务工作报告的决议和关于中华全国总工会第十三届经费审查委员会工作报告的决议。

中共中央政治局委员、中华全国总工会主席王兆国致闭幕词。他说，全总新一届领导集体深感任务艰巨，责任重大，使命崇高。中华全国总工会第十四届执委会即将任期的五年，正处于全面建设小康社会的重要战略机遇期，也是工会工作可以大有可为的重要时期。

王兆国说，各级工会干部一定要勤奋学习、提高认识。认真学习贯彻邓小平理论、“三个代表”重要思想和党的十六大精神，与党中央保持高度一致，始终以“三个代表”重要思想统领工会工作全局，从工会的性质特点出发，全面履行工会各项社会职能，突出维护职能，把广大职工的合法权益实现好维护好发展好，把广大职工的积极性保护好调动好发挥好，团结动员广大职工在全面建设小康社会中充分发挥工人阶级主力军作用。

王兆国强调，各级工会干部一定要转变作风、服务职工。牢牢把握立党为公、执政为民“三个代表”重要思想的本质，牢固树立群众利益无小事的思想，继承和发扬工会组织的优良传统，密切与职工群众的联系，切实关心职工群众的疾苦，认真倾听职工群众的呼声，及时反映职工群众的要求，满腔热情地为职工群众办好事、办实事，大力维护职工群众的长远利益和具体利益。

王兆国说，各级工会干部一定要振奋精神、开拓进取。增强做好新形势下工会工作的光荣感、责任感和使命感，以昂扬向上的工作热情、与时俱进的精神状态，以拼搏的干劲、务实的作风，深入研究工会工作的重大理论和现实问题，抓住机遇、迎接挑战，脚踏实地、真抓实干，努力推进工会的理论创新、体制创新和工作创新，不断开创新世纪、新阶段工会工作蓬勃发展的新局面。

在大会闭幕式上，中华全国总工会还授予首钢总公司工会委员会等800个单位“全国模范职工之家”称号；授予首钢新钢有限责任公司第三炼钢厂动力车间高压变电丙班工会小组等999个单位“全国模范职工小家”称号；授予北京市总工会副主席续伯聪等748名同志“全国优秀工会工作者”称号；授予北京建工集团设备安装工程公司司机齐凤臣等588名同志“全国优秀工会积极分子”称号；授予中共北京市委副书记强卫等198名同志“全国优秀荣誉工会积极分子”称号。

中共中央政治局常委曾庆红到国家博物馆参观“中国劳模——时代领跑者”摄影展

曾庆红仔细参观了摄影展的每个展区。他说，这个展览办得好。我国各个时期涌现出来的劳动模范和先进人物，是中国工人阶级和广大劳动群众的杰出代表，是当之无愧的时代领跑者。我国工人阶级要肩负起新的历史使命，就必须站在全面建设小康社会的最前列，大力弘扬劳模精神，使之成为鼓舞广大劳动群众奋发向上、建功立业的强大精神动力。要坚持与时俱进，勇于开拓创新，充分展现先进阶级的时代风采，为推动社会主义物质文明、政治文明和精神文明建设不断创造新的业绩。

曾庆红在参观结束时指出，这个展览形象地展示了劳模们的时代风采，看后令人振奋。伟大的事业需要伟大的精神。我们要在全社会进一步营造学习劳模、尊重劳模、关爱劳模、崇尚劳模、争当劳模的社会氛围，弘扬劳动和创造光荣的时代新风，使尊重劳动、尊重知识、尊重人才、尊重创造真正成为全社会的共识和人们的自觉行动。

中央试点工作领导小组在长春召开保持共产党员先进性教育活动试点工作汇报座谈会

历时半年多的保持共产党员先进性教育活动试点工作基本结束。中共中央政治局委员、书记处书记、中组部部长、中央试点工作领导小组组长贺国强在座谈会上指出，在全党开展保持共产党员先进性教育活动，是党的十六大作出的一项重大决策。中央决定先行试点，目的是为搞好全党的先进性教育活动积累经验，进行必要的准备。试点工作从今年2月下旬开始正式启动，半年多来，试点单位坚持"对下解决问题，对上回答问题"，勇于实践，积极探索，务求实效；试点工作基本达到了"提高党员素质、服务人民群众、促进各项工作"的目的，受到了广大群众的好评。通过试点，广大党员普遍受到了一次"三个代表"重要思想教育，学习实践"三个代表"重要思想的自觉性和坚定性进一步增强；党员队伍中存在的一些突出问题得到解决，广大党员的先锋模范作用进一步发挥；一大批事关人民群众切身利益的突出问题得到有效解决，立党为公、执政为民的要求进一步落实；一些影响改革发展稳定的突出问题得到解决，进一步促进了各项工作；基层党建工作力度加大，基层党组织的凝聚力和战斗力进一步增强；中央提出的六个方面问题的研究取得成果，创造了许多新鲜经验，对在全党开展先进性教育活动的认识进一步深化。

贺国强指出，经过试点工作的实践，各试点单位积累了宝贵的经验，主要是：必须以"三个代表"重要思想为指导，把学习和实践统一起来，在始终坚持"三个代表"上下功夫；必须紧紧围绕全面建设小康社会的奋斗目标，牢牢抓住立党为公、执政为民的本质要求，在解决问题、推动工作、促进发展上求实效；必须以正面教育、自我教育为主，注重激发党员的内动力，同时又要"开门搞教育"；必须从实际出发，实行分类指导；必须做到与时俱进，大胆创新；必须切实有效地加强领导和指导。这些经验对于在全党开展先进性教育活动有重要借鉴意义。

贺国强强调，当前要深入学习贯彻胡锦涛同志"七一"重要讲话和9月3日在中央党校省部级主要领导干部学习贯彻"三个代表"重要思想专题研讨班上的重要讲话精神，深入开展调查研究，认真搞好试点工作总结，实事求是地估价成绩、总结经验，注意把握和研究需要进一步回答的问题，探索规律，为在全党开展先进性教育活动提供经验。

中央试点工作领导小组负责同志及办公室的同志，承担试点工作的省市和部门党委（工委、党组）试点工作领导小组办公室负责同志，试点单位试点工作领导小组负责人，吉林省委负责同志参加了会议。会上，各试点单位的负责同志汇报了试点工作取得的成效，交流了各自的体会和经验，提出了在全党开展先进性教育活动的建议。受中央试点工作领导小组委派到一些试点单位调研的部分老同志也参加了会议，并介绍了调研情况。

国家广电总局负责人就加强对广播电视广告的播放管理答记者问

国家广播电影电视总局颁发了《广播电视广告播放管理暂行办法》（以下简称《办法》），并召开专门会议要求各级广播电视行政部门和播出机构要从认真学习和努力实践"三个代表"重要思想的高度出发，为此，广电总局负责同志回答了记者关心的问题。

问：在当前各类媒体竞争日益激烈的情况下，广电总局为什么要颁布有关加强广播电视广告播出管理的总局令？

答：国家广电总局一直高度重视对广播电视媒体播放广告的管理，曾先后出台了一些文件，对广播电视广告的播放提出过明确要求。但是，目前广播电视广告播放中仍然存在着一些突出问题，如一些电台、电视台广告播放时间长、影视剧中插播广告多等。广电总局在充分调研论证的基础上，以总局令的形式制定发布了《广播电视广告播放管理暂行办法》。该《办法》是迄今为止关于广播电视播放广告的效力最高、规定最完整的专门的管理办法。

问：目前广播电视广告播放中有哪些已经成为社会关注、并制约广播电视广告健康持续发展的主要问题？

答：改革开放以来，我国的广播电视广告有了长足的发展，去年全国广播电视广告的营业总额达到了252.93亿元，占全国广告营业总额的28%。但在发展过程中，广播电视广告在播放管理方面也出现了一些不容忽视的问题，如：在播放电视剧的中间无限制插播广告；在就餐时间播放治疗痔疮、脚气等容易引起群众反感的广告；在转播中央电视台等其他电视台的节目时大量插播自己的广告等。还有一些广告内容低俗，格调不高。

问:《办法》对广播电视广告在内容方面提出了哪些要求?

答:主要包括几个方面:一是规定广告应当真实合法,不得含有虚假内容。二是规定广告应当遵守社会公德和职业道德,符合社会主义精神文明建设的要求;维护国家尊严,尊重祖国传统文化;维护民族团结,遵守国家民族、宗教政策;维护社会公共秩序,保护环境;健康文明,尊重科学等。三是规定广告应当有利于青少年儿童的身心健康,尊重妇女、残疾人等困难群体。四是规定不得以新闻报道形式播放或变相播放广告,时政新闻节目及时政新闻类栏目不得以企业或产品名称冠名。五是要求广播电台、电视台必须播放一定的公益广告。

问:针对目前老百姓反映的广播电视广告播放中的突出问题,《办法》作出了哪些具体规定?

答:目前群众反映的突出问题主要是广告播放时间长、影视剧中插播广告多、在就餐时间播放令人反感的广告等。广电总局对这些问题作了认真调查研究,并适当吸收借鉴了国外的立法经验,对广播电视广告播放时间比例、影视剧中插播广告等要求作了适当调整,使其更加科学、合理和规范。一是严格限制广播电视广告播出总量。《办法》规定广播电台在11:00至13:00之间、电视台在19:00至21:00之间,每套节目中每小时的广告播出总量不得超过节目播出总量的15%,即9分钟。二是严格限制在影视剧中插播广告,禁止在黄金时间播放的影视剧中插播广告。三是禁止在就餐时间播放“倒胃口”的广告。

问:《办法》对广播电视广告播放总量、电视剧中间插播广告等问题都作了明确的规定和限制,这是否会对广播电视行业的收入造成影响?

答:《办法》的颁布及实施,有利于指导和帮助各级广播电视播出机构进一步提升自己的品牌和形象,进一步赢得群众的欢迎,进一步赢得广告主的欢迎,也会进一步提高广播电视广告的含金量。

问:广电行政部门将会采取哪些措施,确保《办法》的有效实施?

答:广电总局要求各级广电行政部门和广播电视播出机构要建立对广告播放的日常监管、信息反馈、投诉处理和责任追究等制度,要求各级广电管理部门和各播出机构都应向社会公布投诉电话,自觉接受社会监督。广电总局的投诉电话为010-86091111,电子信箱是 ggjd@chinasarft.gov.cn。

阿坝藏族羌族自治州庆祝建州50周年

国家副主席曾庆红在人民大会堂会见澳大利亚国防部部长希尔

国务院副总理黄菊在人民大会堂分别会见参加亚太农协第十四届大会的亚太农协主席特维斯等外宾和日本汽车工业协会访华团

亚太农村及农业信贷协会第十四届大会在北京举行

中国农业发展银行行长、上届亚太农协副主席何林祥在大会上当选为亚太农协主席。

亚太农协是在联合国粮农组织的大力支持下,于1977年在印度新德里宣布成立的一个地区性的国际组织。其总部设在泰国曼谷,现有来自23个国家的54家会员。协会成立的目的,是加强亚太地区各国农业信贷金融机构之间的合作,推动本地区农村金融事业的发展。

外交部部长李肇星在联大参加双边及多边活动

正在纽约出席第五十八届联大的中国外交部部长李肇星在联合国总部会见了本届联大主席亨特,布隆迪总统恩达伊泽耶,欧盟“三驾马车”、里约集团、安第斯共同体成员国外长,法国外长德维尔潘,波黑外长伊万尼奇和美国良知基金会主席施奈尔,并出席了基辛格博士的家宴。

李肇星向联大主席、圣卢西亚外长亨特表示,当前,多边主义已成为国际社会的普遍诉求。作为一个拥有191个成员国的政府间组织,联合国应成为各国参与全球化管理,推动国际关系民主化和法制化,维护共同利益的舞台。中国将一如既往地支持联合国在国际事务中发挥核心作用。

在与欧盟“三驾马车”外长对话时,李肇星归纳了双方对当前国际形势的看法。他说,我们都主张推动国际关系民主化,各国应相互平等,彼此尊重,以对话解决争端,以合作共迎挑战;我们都主张促进国际关系法制化,各国遵守公认法理,承担国际义务;我们都主张维护世界文明的多样性,各种文明都是人类智慧的结晶,借鉴和交流应是不同文明间关系的主流;我们都主张加强联合国作用,维护安理会权威,这是实践多边主义的关键。他说,上述共识为中欧在国际和地区事务中全面、深入合作奠定了坚实基础。这种合作有利于世界的和平与发展。

李肇星说,当前,中欧关系的发展面临前所未有的机遇。双方应抓住时机,推动中欧全面合作伙伴关系健康稳定向前发展,扩大和深化各领域,包括在联合国事务中的协调与合作。中方正认真准备将于10月在北京举行的第六次中欧领导人会晤。

欧盟现任主席国意大利外长弗拉蒂尼等表示，欧盟对欧中关系发展感到满意，对发展与中国的全面合作伙伴关系持积极态度。欧盟即将出台新的对华政策文件，同时也欢迎中方发表第一份对欧政策文件。欧盟期待着下月的欧中领导人会晤取得成功。

双方还就人权、不扩散、朝核、伊拉克等问题坦率地交换了看法。

在与里约集团和安第斯共同体外长进行政治对话时，李肇星说，中方高度重视和发展中国家的团结与合作，愿与拉美国家进一步增进理解，平等对待，相互支持，共同发展，建立新世纪中拉全面合作关系。中方愿不断加强与拉美国家的政治磋商和多边合作。

秘鲁外长瓦格纳等表示，近年来拉美国家与中国的关系有了明显进展。在新的形势下，拉美国家希望加强与中国的全面合作。

9月27日

国家主席胡锦涛在人民大会堂会见以霍英东为团长的香港工商界知名人士访京团

胡锦涛赞扬香港工商界长期以来为香港经济的繁荣发展，为“一国两制”在香港的成功实践，为祖国内地的改革开放和现代化建设作出了重要贡献。他强调，解决香港目前存在的问题，实现香港经济复苏，需要稳定；维护香港良好的营商环境，增强对外资的吸引力，巩固和加强香港国际金融、贸易、航运中心的地位，需要稳定；推动香港各项事业全面进步，改善香港市民生活，需要稳定。稳定是发展的前提，是繁荣的保障，没有稳定，什么也谈不上。

胡锦涛指出，要保持香港的繁荣稳定，第一，必须维护基本法的权威。基本法是特区政府依法治港的基本依据，特区的一切行政、立法、司法活动都必须遵守基本法。将来香港的“政制检讨”也必须符合基本法的规定。第二，必须全力支持董建华先生和他领导的特区政府依法施政。董先生就任以来，恪尽职守，兢兢业业，为“一国两制”的成功实践，为保持香港的繁荣稳定，做了大量工作。中央对他的工作是充分肯定的，是完全信任的，相信他一定能把工作做得更好。第三，特区政府和香港各界人士都应把主要精力集中到实现经济振兴、改善民生上来。近期香港经济已出现一些复苏迹象，势头比较好。但香港经济存在的一些深层次问题还难以很快得到解决。实现香港经济振兴，仍需香港社会各界和衷共济，齐心协力，长期奋斗，共谋发展。

胡锦涛说，香港工商界人士具有爱国爱港的光荣传统。希望香港工商界更好地支持特区行政长官和政府的工作；加强与中产阶级及社会其他各界的团结；在香港经济调整中发挥群体优势，为香港经济的发展与振兴作出新贡献；进一步加强与内地的经济合作，实现互利双赢。

霍英东、李嘉诚、李兆基、郑裕彤、曾宪梓、何鸿燊、黄克立、查济民、唐翔千、吴光正、郑家纯等香港工商界知名人士和香港总商会主席黎定基会见时发了言。

国务院在北京召开全国林业工作会议

会议为期两天。中共中央政治局常委、国务院总理温家宝在会上指出，加强生态建设，实现经济社会可持续发展，是关系中华民族生存与发展的根本大计。要开拓创新，扎实工作，加快推进我国林业发展的历史性转变，为再造秀美山川而努力奋斗。

会议对20多年来的全国林业工作进行了全面总结。会议指出，我国林业建设取得了令人瞩目的辉煌成就，为国家经济建设和生态状况改善作出了重要贡献，对促进农村经济发展和增加农民收入发挥着越来越重要的作用。会议认为，林业建设积累的基本经验，是做好今后林业工作的宝贵财富，要认真总结，继续坚持，不断提高林业工作整体水平。

会议强调，要按照全面建设小康社会的要求，努力推进林业发展的历史性转变。就是要推进由以采伐天然林为主向以采伐人工林为主转变，由毁林开荒向局部地区退耕还林转变，由无偿使用森林生态效益向有偿使用森林生态效益转变，由部门办林业向全社会办林业转变。

会议对当前和今后一个时期的林业工作进行了部署。一是深化林业改革，加快形成适应市场经济要求和林业自身特点的管理体制与运行机制。二是抓好六大林业重点工程，带动林业快速发展。三是调整林业产业结构，增强林业综合生产能力。四是完善政策，为林业发展创造良好环境和条件。五是加强林业基础性工作，保证林业建设质量。六是强化林业法制建设，走依法治林道路。

中共中央政治局委员、国务院副总理回良玉在会上作了《加强林业建设，再造秀美山川，实现林业的跨越式发展》的报告，国务委员兼国务院秘书长华建敏出席了会议。

全国政协主席贾庆林在人民大会堂会见出席中华海外联谊会二届一次理事会的全体理事

贾庆林希望中华海外联谊会坚持高举爱国主义旗帜，促进海内外中华儿女的大团结；坚持为经济建设服务，积极为祖国内地的建设引进资金、技术和人才；

支持“一国两制”、“港人治港”、“澳人治澳”、高度自治的方针，促进香港、澳门的稳定、繁荣和发展；坚持一个中国原则，最大限度地团结一切爱国力量，努力形成全体中华儿女共同致力于实现祖国完全统一的政治局面。

何鲁丽、成思危、韩启德、刘延东、阿沛·阿旺晋美、罗豪才、周铁农、黄孟复、张怀西、李蒙和王光英等参加了会见。

国务院国资委在人民大会堂举行青藏铁路建设先进事迹报告会

报告会前，中共中央政治局常委、国务院副总理黄菊亲切会见了报告团成员并讲话。他说，青藏铁路建设者是当代中国工人阶级的优秀代表，在建设青藏铁路的伟大实践中又创造了具有时代特征的青藏铁路建设精神。要学习宣传青藏铁路建设者的先进事迹，大力弘扬青藏铁路建设精神。

在报告会上，中国铁道建筑总公司二十局集团青藏铁路指挥部指挥长况成明、十七局集团青藏铁路唐古拉山工地副总工程师邵尧霞、十四局集团三公司青藏铁路青年突击队队员刘燕、中国铁路工程总公司中铁五局集团三公司青藏项目部工人张鹏、中铁四局集团青藏铁路工地医院护士长丁太环、中铁四局集团青藏铁路工程指挥部党工委书记于耀辉分别作了事迹报告。

国资委主任李荣融，党委书记、副主任李毅中等有关方面负责人，在京中央企业、国有重点大型企业监事会主席共3000余人出席了报告会。

中央纪委书记吴官正在北京出席《江泽民论党风廉政建设和反腐败斗争》出版座谈会并讲话

吴官正在会上强调，此书的出版是我们党的建设特别是反腐倡廉工作的一件大事，对于指导新世纪、新阶段党风廉政建设和反腐败斗争深入开展，具有十分重要的意义。

座谈会由中央书记处书记、中央纪委副书记何勇主持。中央纪委副书记刘峰岩在会上介绍了《江泽民论党风廉政建设和反腐败斗争》一书的编辑出版情况。中宣部、中央文献研究室、中央党校、新闻出版总署、北京大学、河北省纪委等单位的负责同志在会上作了发言。

国务院任免国家工作人员

任命李刚、郭莉(女)、周俊明为中央人民政府驻香港特别行政区联络办公室副主任。

免去刘山在、陈凤英(女)的中央人民政府驻香港特别行政区联络办公室副主任职务。

中华海外联谊会二届一次理事会在人民大会堂举行

全国政协副主席、中共中央统战部部长刘延东在会上作了工作报告。

大会由中共中央统战部副部长梁金泉主持。中共中央统战部副部长黄跃金、楼志豪先后就海联会新一届领导机构及《章程》修改作了说明。成思危、韩启德、周铁农等有关方面负责人出席了开幕大会。

9月28日，会议审议通过了海联会一届理事会工作报告以及海联会章程修改草案，推举产生了新一届海联会领导机构。全国政协副主席、中共中央统战部部长刘延东当选为海联会会长；周铁农、李德洙、梁金泉、胡德平、郭东坡、朱维群、黄跃金、楼志豪、陈喜庆、杜宜瑾、林文漪、王以铭、刘炳森、庄世平、李东海、霍震寰、廖泽云当选副会长；秘书长殷晓静。大会还推举出61位常务理事。

全国人大常委会副委员长顾秀莲在北京出席青海宁夏部分全国人大代表座谈会

来自青海、宁夏的部分全国人大代表，9月中旬起到东部的上海、江苏、山东、北京考察学习，9月27日在京座谈总结考察学习的收获和体会。顾秀莲在座谈会上强调，全国人大代表要全面了解情况，密切联系群众，注意加强学习，不断提高执行代表职务的能力和水平，更好地发挥代表作用。

据了解，除首批来自青海、宁夏外，全国人大常委会还将陆续组织内蒙古、广西、西藏、新疆以及贵州等西部、边疆少数民族地区的部分全国人大代表，到东部地区考察学习，以进一步开阔代表的视野，并推动西部大开发战略的实施，进一步促进东西部共同发展。

公安部在北京召开大会表彰“十大边防卫士”

当选为“十大边防卫士”的是：福建公安边防总队司令部副参谋长王冰；西藏公安边防总队亚东边防大队大队长兼帕里边防派出所所长索朗；云南公安边防总队司令部处长刘晓晴；内蒙古公安边防总队司令部处长达力白音；广东公安边防总队深圳边防支队西乡边防工作站副班长章飞云；云南公安边防总队德宏边防支队副政治委员张跃斌；海南公安边防总队新埠边防派出所干事韦一新；黑龙江公安边防总队绥芬河边检站监护中队中队长任杰；四川公安边防总队边检处处长张斗；新疆公安边防总队南疆指挥部机动中队副班长潘圣德。

最高人民检察院检察长贾春旺在北京会见以廉政专员黄鸿超为团长的香港特别行政区廉政公署代表团

国办下发《关于加强城市快速轨道交通建设管理的通知》

各省、自治区、直辖市人民政府,国务院各部委、各直属机构:

近年来,城市快速轨道交通(以下简称城轨交通)在我国得到较快发展,部分特大城市相继建成了一批项目,使城市交通状况有了明显改善,对充分发挥城市功能,改善环境,促进经济和社会发展起到了重要作用。

与此同时,一些地方也出现了不顾自身财力,盲目要求建设城轨交通项目的现象。有的未经国家审批,擅自新上城轨交通项目;有的盲目攀比,建设标准偏高,造成投资浪费;有的项目资本金不足,债务负担沉重,运营后亏损严重。为了加强城轨交通的建设管理,促进其健康发展,经国务院同意,现就有关问题通知如下:

一、坚持量力而行、有序发展的方针,确保城轨交通建设与城市经济发展水平相适应

城轨交通项目具有一次性投资大,运行费用高,社会效益好而自身经济效益差的特点。因此,发展城轨交通应当坚持量力而行、规范管理、稳步发展的方针,合理控制建设规模和发展速度,确保与城市经济发展水平相适应,防止盲目发展或过分超前。现阶段,申报发展地铁的城市应达到下述基本条件:地方财政一般预算收入在100亿元以上,国内生产总值达到1000亿元以上,城区人口在300万人以上,规划线路的客流规模达到单向高峰小时3万人以上;申报建设轻轨的城市应达到下述基本条件:地方财政一般预算收入在60亿元以上,国内生产总值达到600亿元以上,城区人口在150万人以上,规划线路客流规模达到单向高峰小时1万人以上。对经济条件较好,交通拥堵问题比较严重的特大城市,其城轨交通项目予以优先支持。

二、加强城轨交通建设规划的编制、审批工作,严格项目审批程序

城轨交通发展直接影响到城市的布局结构和发展方向,应统筹规划、分步实施。所有拟建设城轨交通项目的城市(以下简称拟建城市),应在编制城市总体规划及城市交通发展规划的基础上,根据城市发展要求和财力情况,组织制定城轨交通建设规划,明确远期目标和近期建设任务,以及相应的资金筹措方案。规划由发展改革委会同建设部组织审核后报国务院审批。

拟建城市必须重视和改进规划的编制和管理工作。要建立科学民主的决策机制,按照实事求是、量力而行的原则,提高规划编制水平,真正发挥规划对城轨交通项目建设和城市建设的指导作用。对规划建设城轨交通项目的线路,要搞好沿线土地规划控制,编制专项土地控制规划,防止新建建筑物对线路的侵占。

城轨交通项目的审批,要依据国务院批准的建设规划进行。拟建城市要根据国务院批准的城轨交通建设规划开展项目前期工作。项目按现行基建程序审批。原则上,城轨交通项目的资本金须达到总投资的40%以上。对社会保障资金有较大缺口、欠发教师及公务员工资、政府投资项目在建规模过大,与其筹资能力明显不适应的城市,其城轨交通项目不予批准。

三、严格控制建设标准,进一步降低工程造价

建设标准和工程造价高,是当前影响城轨交通发展的一个重要问题。城轨交通建设必须坚持经济、实用、安全的原则,严格控制工程建设标准。车站等设施装修要严格控制使用高档豪华材料。要通过提高规划、设计和施工水平,合理选择线路敷设方式、车站形式和换乘方式,采用科学的运营组织模式等措施,降低工程造价和运行费用。

四、切实加强城轨交通的安全管理,提高灾害防御和应急救助能力

要高度重视城轨交通建设、运营的安全问题,牢固树立"安全第一,预防为主"的思想,把确保城轨交通建设和运营安全作为头等大事切实抓好。在城轨交通项目的规划、设计、施工环节上,必须严格执行国家颁布的强制性标准,确保安全设施同步规划、设计和建设。在项目的立项、可行性研究阶段要认真进行安全、地质环境和地质灾害的评估,防止地质灾害等事故的发生。拟建城市要保证安全资金的投入,建立处理突发事件的应急机制,提高城轨交通灾害防御和应急救助能力。

五、改革建设经营管理体制,提高投资效益

城轨交通资金需求量大,仅靠政府单一投资渠道建设,难以满足城市建设发展的要求。要进一步开放城轨交通市场,实行投资渠道和投资主体多元化,鼓励社会资本和境外资本以合资、合作或委托经营等方式参与城轨交通投资、建设和经营,并采取招标的方式公开、公正地选择投资者。在融资渠道上,鼓励和支持企业采取盘活现有资产、发行长期建设债券和股票上市等方式筹集资金。城轨交通沿线土地增值的政府收益,应主要用于城轨交通项目的建设。

要改革现有国有城轨交通企业的经营体制,引入竞争机制,增强企业活力,提高管理水平和效益。要通过加强管理,理顺价格,开拓经营范围,提高企业自我积累、自我发展的能力,减轻城市财政压力,逐步实行自负盈亏。

六、坚持装备国产化政策,促进设备制造业发展

拟建城市要认真贯彻设备国产化的有关政策,积

极采用国产设备,促进国内设备制造业发展。要不断提高城轨交通项目设备的国产化比例,对国产化率达不到70%的项目不予审批。进口的整车设备要照章纳税。原则上不使用限定必须购买外国设备的境外资金。必须进口的设备,要实行招标采购,所需外汇尽量使用国内银行外汇贷款。要通过规范城轨交通建设标准,完善技术政策和技术体系,规范和统一设备制式,为国内设备制造企业生产和研发创造条件。国内城轨交通设备生产企业,要加快人才培养和技术更新,通过技术引进和自主开发,提高设备制造能力和市场竞争力,确保为城轨交通项目及时提供所需设备。

国务院办公厅

2003年9月27日

外交部部长李肇星在联合国出席亚洲合作对话外长茶话会

外长们重点就全亚洲范围的金融、农业、能源、环境等领域的合作交换了意见。

当天,李肇星还会见了瓦努阿图副总理兼外长沃霍尔、巴基斯坦外长卡苏里、古巴外长佩雷斯、保加利亚外长帕西、伊拉克临时管理委员会轮值主席沙拉比和外长兹巴里,同他们就双边关系、当前国际形势和联合国改革等议题交换了看法。李肇星还接受了美国《侨报》的采访,就第五十八届联大、伊拉克问题、朝核问题、中美关系等回答了提问。

北京国际戏剧演出季开幕

大型景观歌剧《阿依达》拉开了北京国际戏剧演出季的序幕。由文化部、中国文联、北京市委、北京市政府主办的首届北京国际戏剧演出季于9月27日至10月14日在北京举行。国际性和多样性是本届戏剧演出季的特色。在为期18天的时间里,首都观众将领略到交相辉映的艺术门类、异彩纷呈的舞台演技。来自海内外的艺术家将一展各路戏剧艺术的风采,献上20余台、50余场演出,这些戏剧不仅包括话剧、歌剧、舞剧、音乐剧、木偶剧,还包括京剧、昆曲、越剧、黄梅戏等中国传统戏曲。

张庚逝世

中国艺术研究院原副院长,我国当代著名的戏剧理论家、戏剧教育家、戏剧史家张庚同志,因病于9月27日在北京逝世,享年93岁。

张庚是湖南长沙人,1932年参加中国左翼戏剧家联盟工作,1934年加入中国共产党。1936年出版第一本戏剧理论著作《戏剧概论》。抗日战争爆发后,1938年到达延安,任鲁迅艺术学院戏剧系主任。1942年延安文艺座谈会后,参与组织《白毛女》等新歌剧的创作,并出版《戏剧艺术引论》。解放战争期间,任东北鲁艺副院长兼鲁艺文工四团团长。

新中国成立后,历任中央戏剧学院副院长,中国戏曲研究院副院长,中国戏曲学院院长,中国艺术研究院副院长,中国戏剧家协会副主席、名誉主席,中国戏曲学会会长,并先后任《戏剧报》《文艺研究》等刊物主编。从20世纪50年代起,他深入调查研究,发表许多有重大学术价值的文章和著作,撰写《中国话剧运动史》及《中国话剧运动大事编年》,主持《中国大百科全书》戏曲卷的编纂,与他人共同主编《中国戏曲通史》《中国戏曲通论》,主编《当代中国戏曲》《中国戏曲志》,培养了一代又一代的戏剧人才,在戏曲、话剧、歌剧等各个领域,在戏剧史和戏剧理论研究、戏剧批评等方面,作出了重要贡献。他是第六届、第七届全国政协委员,国务院第一届学位委员会学科评议组(艺术)成员。

9月28日

中共中央总书记胡锦涛在中南海怀仁堂同全国总工会新一届领导班子成员和中国工会十四大部分代表座谈

中共中央政治局常委曾庆红、罗干出席了座谈会。

胡锦涛在讲话中首先对中国工会十四大的成功举行,向全国总工会新一届领导班子成员表示祝贺。他在高度评价了我国工人阶级在党的领导下为革命、建设和改革事业作出的重大贡献后指出,我国工人阶级之所以是先进阶级,是因为它始终站在时代前列,引领着先进生产力和生产关系的发展,善于顺应社会前进的潮流不断发展自身的先进性。随着改革开放和社会主义现代化建设的不断推进,我国工人阶级的先进性必将得到进一步发展,国家领导阶级的地位必将得到进一步巩固,推动经济发展和社会全面进步的重要作用必将得到进一步发挥。

胡锦涛指出,包括知识分子在内的我国工人阶级,始终是推动我国先进生产力发展和社会全面进步的根本力量,是不断发展人民群众根本利益的坚定力量,是维护社会安定团结的中坚力量。我们要实现全面建设小康社会的宏伟目标,不断开创中国特色社会主义事业新局面,就必须坚持全心全意依靠工人阶级的方针,充分发挥广大职工群众的积极性、主动性和创造性。胡锦涛希望全国广大职工群众进一步认清光荣使命,增强责任意识,充分展现主人翁风采,积极发挥主力军作用,努力成为艰苦创业的模范、勤奋学习的模范、增进团结的模范,在本职岗位上脚踏实地、埋头苦干,积极探索、锐意创新,通过辛勤的劳动创造更多的社会财富和更加突出的奋斗业绩。工人阶级要大力发扬识大体、顾大局的优良传统,正确认识和对待改革发展过程中利益关系和利益格局的调整,坚定不移地拥护党和政府推进改革发展的各项方针政策,自觉维护安定团结的政治局面。

胡锦涛在谈到做好工会工作时说,面对新形势新任务,各级工会一定要坚持以邓小平理论和“三个代表”重要思想为指导,认真贯彻落实十六大精神,全心全意地为职工群众服务,切实把表达和维护广大职工群众的利益作为工会一切工作的出发点和落脚点,依法维护职工群众权益,满腔热忱地为职工群众做好事、办实事、解难事,特别是要为困难职工排忧解难。要积极探索新形势下做好工会工作的新途径新办法,最广泛地把职工群众组织到工会中来,最充分地把工会组织的活力激发出来。要加大非公有制经济单位工会组建工作的力度。切实维护好进城务工人员的合法权益。各级工会干部要加强学习,转变作风,密切联系职工群众,不辜负广大职工群众的期望。

胡锦涛指出,各级党委要进一步加强和改进对工会工作的领导,认真研究工会工作的重大问题,支持工会依照法律和自己的章程创造性地开展工作,更好地发挥工会在做好党的群众工作中的重要作用。胡锦涛着重指出,我国是人民当家做主的社会主义国家,绝不允许损害职工合法权益的现象存在,对那些无故克扣职工工资、随意延长劳动时间、漠视安全生产和劳动保护、侵犯职工人身权利等突出问题必须坚决予以纠正,造成严重后果的必须依法严惩。

中共中央政治局委员、全国总工会主席王兆国主持了座谈会。他说,胡锦涛总书记的重要讲话深刻阐述了工人阶级在全面建设小康社会进程中肩负的历史使命,明确指出了新世纪、新阶段工会工作的努力方向。我们一定要认真学习领会,坚决贯彻落实,不断作出新的成绩,不辜负党中央的厚望。

座谈会上,新当选的全国总工会副主席、书记处第一书记张俊九介绍了中国工会十四大的情况,6位出席中国工会十四大的代表发了言。

座谈会前,胡锦涛、曾庆红、罗干等中央领导同志亲切会见了中国工会十四大部分代表。

国家主席胡锦涛在人民大会堂接受4国新任驻华大使国书

这4位大使分别是:8月23日抵京的印度驻华大使苏理宁、8月28日抵京的奥地利驻华大使史伟、9月8日抵京的玻利维亚驻华大使阿格达斯和9月15日抵京的挪威驻华大使赫图安。

全国政协办公厅 中共中央统战部在人民大会堂举行国庆招待会

中共中央政治局常委、全国政协主席贾庆林与来自香港和澳门特别行政区、台湾以及海外的新老朋友,首都各族各界的代表1800多人欢聚一堂,热烈庆祝中华人民共和国成立54周年。

招待会由全国政协副主席、中央统战部部长刘延东主持。全国政协常务副主席王忠禹致辞。何鲁丽、成思危、蒋正华、韩启德、傅铁山、唐家璇、张思卿、白立忱、罗豪才、周铁农、郝建秀、陈奎元、阿不来提·阿不都热西提、李兆焯、王选、张怀西、李蒙,以及中央和国家机关有关部门、有关社会团体的负责人出席。

全国政协主席贾庆林在人民大会堂会见全国政协2003年国庆观光团和美国费城侨领、商务国庆观光团全体成员

中央纪委书记吴官正到卫生部调研

吴官正在听取了卫生部高强汇报的关于加强医德医风建设、纠正医药购销中不正之风的情况,以及国家发展和改革委员会、国家工商总局和国家食品药品监督管理局有关负责人汇报的关于纠正医药购销中不正之风的情况后,对广大医疗卫生工作者在公共卫生事业中作出的贡献和在防治“非典”工作中建立的不可磨灭的功绩给予了充分肯定。吴官正强调,要建立教育、制度、监督并重的长效机制,加强医德医风建设。要认真开展思想政治工作,要重视制度建设,要强化监督管理。

吴官正指出,人民群众对极少数医务人员收受“红包”的行为十分不满。他强调,对那些不听劝告、依然我行我素的,务必依纪严肃处理。要坚持标本兼治、综合治理,从根本上纠正医药购销中的不正之风。各部门要通过扎实有效的工作,保证人民群众的用药安全和减轻患者不合理的医药费用负担,让老百姓实实在在地感受到纠正医药购销中不正之风工作的成果。

中央纪委副书记、监察部部长李至伦,中央纪委常委、秘书长干以胜参加了调研。

国务院发出关于贯彻实施《中华人民共和国行政许可法》的通知

各省、自治区、直辖市人民政府,国务院各部委、各直属机构:

《中华人民共和国行政许可法》(以下简称行政许可法)已于2003年8月27日经十届全国人大常委会第四次会议通过,将于2004年7月1日起施行。这是我国社会主义民主与法制建设的一件大事。行政许可法的公布施行，对于保护公民、法人和其他组织的合法权益，深化行政审批制度改革，推进行政管理体制改革，从源头上预防和治理腐败，保障和监督行政机关有效实施行政管理，都有重要意义。保证行政许可法全面、正确地实施，并以此促进各级人民政府和政府各部门严格依法行政，是各级行政机关的一项重要职责。地方各级人民政府、国务院各部门对行政许可法的实施要高度重视，切实做好相关工作。为此，特通知如下：

一、从实践"三个代表"重要思想、全面推进依法行政的高度充分认识行政许可法的重要意义，认真学习、准确理解、严格执行行政许可法。行政许可法是继国家赔偿法、行政处罚法、行政复议法之后又一部规范政府共同行为的重要法律。其所确立的行政许可设定制度、相对集中行政许可权制度、行政许可的统一办理制度、行政许可实施程序制度、行政机关对被许可人的监督检查制度、实施行政许可的责任制度等等，都是对现行行政许可制度的规范和重大改革，对进一步转变政府职能、改革行政管理方式和推进依法行政，都将产生深远影响。各级行政机关工作人员特别是领导干部，要从实践"三个代表"重要思想的高度，认真学习贯彻这部法律。地方各级人民政府和政府各部门都要对学习、宣传、贯彻行政许可法作出具体部署，狠抓落实。要广泛利用各种舆论宣传工具宣传这部法律，让人民群众了解这部法律。要按照学用结合的原则，进一步加强对实施行政许可人员的培训，使其准确理解和熟练掌握行政许可法的规定。县级以上各级人民政府和政府各部门的法制工作机构要在本级政府或者本部门的统一领导下，具体组织好本地区、本部门的学习、宣传、培训工作。

二、抓紧做好有关行政许可规定的清理工作。根据行政许可法的规定，现行不少有关行政许可的规定都要依照行政许可法予以修改或者废止。各地区、各部门要抓紧清理现行有关行政许可的规定，对与行政许可法规定不一致的，要及时予以修改或者废止；对确需制定法律、法规的，要抓紧依法上升为法律、法规；国务院各部门对因行政管理需要必须实施行政许可又一时不能制定行政法规的，应当报国务院发布决定；省、自治区、直辖市人民政府根据本行政区域经济和社会发展情况，需要在本行政区域内停止实施行政法规设定的有关经济事务的行政许可的，应当及时提出意见，报国务院批准。各地区、各部门法制工作机构负责行政许可规定的清理工作，清理工作要在2004年7月1日前全部完成，并向社会公布清理结果。凡与行政许可法不一致的有关行政许可的规定，自行政许可法施行之日起一律停止执行。

三、依法清理行政许可的实施机关，加强队伍建设。根据行政许可法的规定，行政许可原则上只能由行政机关实施，非行政机关的组织未经法律、法规授权，不得行使行政许可权；没有法律、法规或者规章的明确规定，行政机关不得委托其他行政机关实施行政许可；行政机关实施行政许可，应当确定一个机构统一受理行政许可申请、统一送达行政许可决定。各地区、各部门要严格依照行政许可法的规定，抓紧清理现行各类实施行政许可的机构，凡是行政机关内设机构以自己名义实施行政许可的，或者法律、法规以外的其他规范性文件授权组织实施行政许可的，或者没有法律、法规、规章依据行政机关自行委托实施行政许可的，都要予以纠正。对清理后确定保留的行政许可实施机关或者组织的名单，应当向社会公布。各地区、各部门要以贯彻实施行政许可法为契机，把建设高效、廉洁的行政执法队伍作为提高依法行政水平的重要工作来抓，切实抓出成效。要通过采取加强法制教育、职业教育，规范工作程序，完善责任制度等各种有效措施，提高实施行政许可人员的素质，不断增强其工作责任心和依法办事的自觉性。

四、改革实施行政许可的体制和机制。行政许可法规定的实施行政许可的主体制度和程序制度，其中许多是对现行行政许可制度的重大改革和创新。各级人民政府和政府各部门都要严格执行这些制度，并结合实际，建立、健全有关制度，改革行政管理方式，提高办事效率。各省、自治区、直辖市人民政府可以结合本地区实际提出相对集中行政许可权的意见，报国务院批准后施行。对由地方人民政府两个以上部门依法分别实施行政许可的，本级人民政府应当结合实际、积极探索，尽量实行统一办理、联合办理、集中办理。国务院有关部门要积极支持地方人民政府相对集中行政许可权，支持统一办理、联合办理、集中办理行政许可。要认真执行听证制度，依法确定听证的具体范围，明确主持听证的人员，制定听证规则；要完善有关听取利害关系人意见的程序制度，便于申请人、利害关系人陈述和申辩。各地区、各部门要认真执行有关通过招标、拍卖等公平竞争方式作出行政许可决定的规定，能够招标、拍卖的，都要进行招标、拍卖。

五、加强对行政许可的监督工作。行政许可法强化了对行政机关实施行政许可的监督制度，并对行政机关及其工作人员实施行政许可、监督检查及其责任作了明确规定。各地区、各部门要采取有效措施，将这些规定落到实处。要建立、健全有关行政许可的规范性文件、重大行政许可决定的备案制度以及公民、法人和其他组织对违法和不当的行政许可决定的申诉、检举制度和行政许可统计制度等，及时发现、纠正违法实施行政许可的行为。

县级以上地方人民政府要切实加强对实施行政许可的监督检查。要把是否依法设定行政许可、是否依法受理行政许可申请、是否依法审查并作出行政许可决定、是否依法收取费用、是否依法履行监督职责等情况作为重点内容进行检查,发现违法实施行政许可的,要坚决予以纠正;应当追究法律责任的,要依法追究有关责任人员的法律责任。县级以上地方人民政府及其部门要确定机构,具体组织、承担对行政机关实施行政许可的监督检查工作。

六、为实施行政许可的正常工作提供必要的保障。根据行政许可法的规定,行政机关实施行政许可所需经费应当列入本行政机关的预算。本级财政部门要给予经费保障,防止将行政机关的预算经费与实施行政许可收取费用挂钩。要坚决杜绝出现行政机关通过实施行政许可违法收取费用以解决办公经费、人员福利等问题。行政机关实施行政许可违法收取费用,或者不执行"收支两条线"规定,截留、挪用、私分或者变相私分实施行政许可收取的费用的,要依法严肃处理,首先要追究直接责任人和负责人的责任。

七、以贯彻实施行政许可法为契机,加强政府法制建设,全面推进依法行政。党的十六大提出,"加强对执法活动的监督,推进依法行政",这对政府法制工作提出了新的更高要求。各级政府和政府各部门都要充分认识做好新时期政府法制工作的重要性,把加强政府法制建设、全面推进依法行政摆到政府工作的重要位置,列入重要议程。当前,要通过实施行政许可法,进一步加强政府立法工作、执法工作和执法监督工作,切实提高行政机关依法行政的能力和水平。

贯彻实施行政许可法,需要清理完善行政许可有关制度,规范行政机关行政许可行为,强化对实施行政许可的监督。这些工作的法律性、专业性很强,需要有一个熟悉法律和行政管理又相对比较超脱的机构具体办理。政府和政府部门的法制工作机构在这方面负有重要责任。县级以上地方人民政府和政府各部门都要适应全面推进依法行政的要求,采取切实有效的措施,进一步解决法制工作机构在机构、人员、经费方面的困难,充分发挥其协助本级政府或者本部门领导办理法制事项的参谋、助手作用。法制工作机构也要加强自身的组织建设和业务建设,提高自身的素质,积极履行好政府和部门领导在依法行政方面的法律顾问的职责。

各地区、各部门接到本通知后,要结合本地区、本部门的实际情况,认真研究、落实。对行政许可法实施中的有关重要情况和问题,请及时报告国务院。

中华人民共和国国务院

2003年9月28日

国土资源部等五部门向国务院汇报治理整顿土地市场秩序进展情况

今年8月以来,为贯彻国务院治理整顿土地市场秩序的部署,国土资源部会同发展改革委、监察部、建设部、审计署组成10个督查组,由部委领导带队,分三批对全国31个省(区、市)进行了督查。督查中了解到,国务院召开电视电话会后,土地市场秩序的治理整顿力度明显加大,一些地方撤销了一批违规设立的开发区,制止和纠正了一些错误做法,为下一步整改工作打下了基础。但督查中也发现,一些地方对整顿土地市场秩序工作重视不够,措施不力,力度不大。有些地方甚至边整边犯、顶风违法。

曾培炎在听取汇报后指出,党中央、国务院三令五申,要实行最严格的土地管理制度。当前一些地方土地市场秩序存在的问题,损害了群众利益和国家利益,影响到国民经济的健康运行和社会稳定。各级政府和有关部门,要从贯彻"三个代表"重要思想,立党为公、执政为民的高度,统一思想,加强领导,善始善终,确保治理整顿不走过场。

曾培炎强调,当前工作的重点,一是要依法严肃查处土地违法行为。对治理整顿中发现的各种违反规定的做法,要坚决予以纠正;对违反党纪政纪、触犯刑律的,要移送纪检监察、司法机关追究责任。重大违法问题要公开曝光。

二是要坚决落实国务院清理整顿开发区的规定。对有禁不止、突击审批和设立开发区,以各种借口拒不纠正违规设立开发区的行为,要追究有关领导和当事人的责任。对已清理出的开发区,该撤销的要坚决撤销,该核减面积的要坚决核减。

三是要高度重视解决农民失地失业问题。征用农村土地要严格按照法定程序,并给予农民合理补偿和妥善安置,严禁拖欠、截留和挪用被征地农民的补偿费用。对于已拖欠的征地补偿费,必须限期补偿到位,凡截留、挪用的,必须追究当事人的责任。严格土地利用规划管理和城市规划管理。切实保障农民的合法权益,维护社会稳定。

四是要抓紧完善土地管理各项制度。加强土地法制建设,深化征地制度改革,制定更严格的基本农田保护制度。改革干部政绩考核制度,建立土地利用效益考核指标,从体制和机制上研究解决土地管理中存在的问题。

水利部在重庆召开全国农田水利基本建设工作会议

这次会议的主要任务是研究新形势下农田水利基本建设的新思路、新机制和新举措。会议明确今冬明春各地农田水利基本建设要重点做好7个方面的工作:加强抗旱水源工程建设;抓紧修复水毁工程;大力推进节水灌溉;加大农村饮水解困工作力度,抓好病险水库除险加固和中小河流治理,整治农村水环境;抓好排涝体系建设;抓紧实施牧区水利、小水电代燃料和黄土高原淤地坝建设这三大“亮点工程”,促进农民增收和生态环境建设。

中国侨联在北京举办国庆招待会

中共中央政治局委员、全国人大常委会副委员长王兆国在招待会上指出,广大归侨侨眷和海外侨胞是中国现代化建设的一支重要力量。各级侨联要充分调动广大归侨侨眷的积极性、主动性和创造性,发扬海外侨胞爱国爱乡的热情,依法维护归侨侨眷和海外侨胞的合法权益,加强自身建设,提高为侨服务水平,与时俱进,开拓创新,为继续推进现代化建设、完成祖国统一,维护世界和平与促进共同发展作出新的贡献。

招待会由中国侨联主席林兆枢主持。来自海内外侨界的400人出席了招待会。

湖南省人大常委会决定罢免陈满生第十届全国人大代表职务

经查证,湖南省计生委原党组书记、主任陈满生在湖南省十届人大一次会议期间,违反规定,利用职务上的便利,通过请客、送礼,组织和动员本机关及市计生部门的干部,为自己当选全国人大代表拉选票,造成了很坏的政治影响。湖南省人大常委会主任会议研究决定,根据《中华人民共和国全国人民代表大会和地方各级人民代表大会选举法》的有关规定,提请湖南省人大常委会罢免其第十届全国人民代表大会代表职务。

国家主席胡锦涛根据全国人大常委会的决定任免驻外大使

一、免去吴从勇的中华人民共和国驻尼泊尔王国特命全权大使职务;

任命孙和平为中华人民共和国驻尼泊尔王国特命全权大使。

二、免去刘晓明的中华人民共和国驻阿拉伯埃及共和国特命全权大使职务;

任命吴思科为中华人民共和国驻阿拉伯埃及共和国特命全权大使。

三、免去罗兴武的中华人民共和国驻大阿拉伯利比亚人民社会主义民众国特命全权大使职务;

任命黄杰民为中华人民共和国驻大阿拉伯利比亚人民社会主义民众国特命全权大使。

四、免去朱邦造的中华人民共和国驻突尼斯共和国特命全权大使兼驻巴勒斯坦国特命全权大使职务;

任命刘玉和为中华人民共和国驻突尼斯共和国特命全权大使兼驻巴勒斯坦国特命全权大使。

五、免去许昌财的中华人民共和国驻赤道几内亚共和国特命全权大使职务;

任命汪晓源为中华人民共和国驻赤道几内亚共和国特命全权大使。

六、免去袁国厚的中华人民共和国驻刚果共和国特命全权大使职务;

任命沃瑞棣为中华人民共和国驻刚果共和国特命全权大使。

七、免去吕永寿的中华人民共和国驻加纳共和国特命全权大使职务;

任命张克远为中华人民共和国驻加纳共和国特命全权大使。

八、免去宏九印的中华人民共和国驻吉尔吉斯共和国特命全权大使职务;

任命张延年为中华人民共和国驻吉尔吉斯共和国特命全权大使。

九、免去丛军(女)的中华人民共和国驻爱沙尼亚共和国特命全权大使职务;任命宏九印为中华人民共和国驻爱沙尼亚共和国特命全权大使。

十、免去姚培生的中华人民共和国驻哈萨克斯坦共和国特命全权大使职务;

任命周晓沛为中华人民共和国驻哈萨克斯坦共和国特命全权大使。

十一、免去高玉生的中华人民共和国驻土库曼斯坦特命全权大使职务;

任命鲁桂成为中华人民共和国驻土库曼斯坦特命全权大使。

十二、免去苑桂森的中华人民共和国驻斯洛伐克共和国特命全权大使职务;

任命黄忠坡为中华人民共和国驻斯洛伐克共和国特命全权大使。

十三、免去任景玉的中华人民共和国驻智利共和国特命全权大使职务;

任命李长华为中华人民共和国驻智利共和国特命全权大使。

十四、免去李金章的中华人民共和国驻墨西哥合众国特命全权大使职务;

任命任景玉为中华人民共和国驻墨西哥合众国特命全权大使。

纪念刘志丹诞辰100周年座谈会在人民大会堂举行

座谈会由解放军总政治部、中央党史研究室举办。中共中央政治局委员、中央军委副主席、国务委员兼国防部部长曹刚川出席座谈会,并发表讲话。

曹刚川高度评价了刘志丹光辉战斗的一生。他说,刘志丹同志从青少年时代起就立志追求真理、救国救民。大革命失败后,他从血的教训中认识到中国共产党独立掌握军队和领导武装斗争的极端重要性,为创建党领导的人民武装进行了艰难曲折的探索与实践,创造性地采取多种形式创建革命军队。他领导创建的陕甘边根据地与谢子长等同志创建的陕北根据地连成一片,使西北革命根据地成为党中央及各路红军结束长征的立足点和党中央领导中国革命的大本营,在新民主主义革命中具有特殊贡献和重要地位。

曹刚川说,刘志丹是在残酷的武装斗争中锤炼出来的红军高级指挥员和杰出军事家。他对党的事业无比忠诚,实实在在为人民群众谋利益,受到广大人民群众的真心拥戴。他胸怀坦荡、光明磊落,平易近人、作风民主,艰苦朴素、廉洁奉公,成为共产党人的楷模。1936年4月,担任红28军军长的刘志丹,在东征战役中亲临一线指挥,不幸壮烈牺牲,年仅33岁。毛泽东高度评价他是“群众领袖,民族英雄”。

曹刚川指出,刘志丹同志短暂而光辉的一生,为我们留下了极其宝贵的精神财富。今天,我们纪念刘志丹同志,就要继承和弘扬老一辈无产阶级革命家的崇高思想品德,学习他忠于党、忠于人民、忠于祖国,对共产主义理想矢志不渝的坚定信念,坚信党的领导,始终与党中央在思想上政治上保持高度一致;学习他坚忍不拔、英勇顽强、艰苦奋斗的革命精神,树立正确世界观、人生观、价值观,保持共产党人的蓬勃朝气、昂扬锐气和浩然正气;学习他以团结为重、以大局为重、以事业为重的高尚品德,视党和人民的利益如生命,积极为改革、发展、稳定做贡献;学习他亲民、爱民、为民的优良作风,始终与人民群众同甘苦、心连心,把立党为公、执政为民真正落实到我们的思想上和行动中。

解放军四总部、驻京各大单位、武警部队和军委办公厅领导,中央国家机关有关部门的领导,曾经与刘志丹一起战斗过的老同志,刘志丹的亲属、家乡代表和生前好友等参加了座谈会。

国务委员兼国防部部长曹刚川在北京出席全国少年军校检阅式

共青团中央、解放军总政治部、全国少工委28日举行第四届全国少年军校检阅式。中共中央政治局委员、中央军委副主席、曹刚川出席检阅式时说,我们要认真贯彻党的十六大和《国防教育法》关于加强国防教育的要求,把少年军校活动广泛深入持久地开展下去。军地有关部门和单位要密切合作,齐抓共管。他希望少年军校的小朋友们从小树立远大的理想,增强爱国意识和国防观念,立志振兴中华,报效祖国。

《“三个代表”重要思想研究丛书》出版

由全军邓小平理论研究中心和解放军出版社组织军队百名理论专家学者、历时两年编写的《“三个代表”重要思想研究丛书》日前出版。

这套丛书体现了“三个代表”重要思想研究的最新成果,全书共200多万字,分《“三个代表”重要思想概论》《“三个代表”重要思想的哲学基础》《新时期党的建设的伟大纲领》《建设中国特色社会主义政治》《建设中国特色社会主义经济》《建设中国特色社会主义文化》《实现和维护中国最广大人民的根本利益》《中国共产党八十年奋斗的结论》《中国特色社会主义国防和军队建设》《与时俱进的国际战略思想》等10册。

《诺贝尔奖讲演全集》出版

350多名专家学者历时10年编译的巨著《诺贝尔奖讲演全集》近日由福建人民出版社推出,书中收集了从1901年诺贝尔奖开始颁发时起到2000年前后100年间诺贝尔奖颁奖词、获奖者的讲演词以及获奖者的生平、获奖原因等。全国人大常委会副委员长许嘉璐出席了日前在北京师范大学举行的该书出版座谈会。

经过诺贝尔基金会版权授权的《诺贝尔奖讲演全集》分物理学、化学、生理学和医学、文学、和平、经济学六大分卷,共19册。

中国羽毛球队在丹麦羽毛球公开赛上夺得三项冠军

林丹获男子单打冠军,龚睿娜获女子单打冠军,杨维/张洁雯获女子双打冠军。

9月29日

国家主席胡锦涛应约与法国总统希拉克通电话就伊拉克局势和双边关系交换意见

中共中央总书记胡锦涛在北京主持召开中共中央政治局会议

会议讨论十六届一中全会以来中央政治局的工作,研究完善社会主义市场经济体制、修改宪法部分内容的建议和实施东北地区等老工业基地振兴战略等问题。

会议决定中国共产党第十六届中央委员会第三次全体会议于10月11日至14日在北京召开。

会议讨论了在广泛征求意见基础上进一步修改的

《中共中央关于完善社会主义市场经济体制若干问题的决定》稿和《中共中央关于修改宪法部分内容的建议》稿，决定根据会议讨论的意见进行修改后将这两份文件提请十六届三中全会审议。

会议指出，支持东北地区等老工业基地振兴，是十六大从全面建设小康社会全局着眼提出的一项重大战略任务。各地区、各部门都要从新世纪、新阶段我国改革开放和社会主义现代化事业长远发展的高度，深刻认识实施东北地区等老工业基地振兴战略的重大意义。要坚持以邓小平理论和"三个代表"重要思想为指导，全面贯彻十六大精神，进一步解放思想、深化改革、扩大开放，着力推进体制创新和机制创新，促进经济结构战略性调整，加快企业技术改造，走出一条老工业基地调整改造和振兴的新路子。要充分认识振兴东北地区等老工业基地的长期性和艰巨性，大力发扬艰苦奋斗精神，统筹规划，从长计议，量力而行，分步实施，确保这一振兴战略的顺利实施。

会议强调，要继续坚定不移地实施西部大开发战略，支持中部地区发挥自身优势更好地发展，支持东部沿海地区加快发展并鼓励有条件的地方率先基本实现现代化，实行东中西互动，促进区域经济社会协调发展。

会议要求，各有关地区和部门要统一思想，加强领导，精心组织，始终把实现好、维护好、发展好最广大人民的根本利益放在突出位置，正确处理改革发展稳定的关系，切实把各项工作落到实处。会议还研究了其他事项。

中共中央总书记胡锦涛在北京主持中共中央政治局第八次集体学习

这次集体学习安排的内容是坚持依法治国、建设社会主义政治文明。复旦大学国际关系与公共事务学院林尚立教授、中国社会科学院法学研究所李林研究员就这个题目进行了讲解，谈了他们对这个问题的一些思考。

中央政治局各位同志认真听取了他们的讲解，并就有关问题进行了讨论。

胡锦涛在主持学习时发表了讲话。他指出，高度重视并不断推进社会主义政治文明，是我们党领导人民坚持和发展人民民主长期实践的必然结论，是全面建设小康社会的重要目标，是保持经济社会持续发展和国家长治久安的重要保证。社会主义社会应是物质文明、政治文明和精神文明全面、协调发展的社会。物质文明是社会发展的物质基础和决定力量，精神文明是社会发展的精神动力和智力支持，政治文明是社会发展的制度保障和重要条件。实现全面建设小康社会的宏伟目标，要求我们坚定不移地发展社会主义市场经济、社会主义民主政治和社会主义先进文化，不断促进社会主义物质文明、政治文明和精神文明的协调发展。

胡锦涛强调，坚持政治文明建设的正确方向，最根本的是要坚持党的领导、人民当家做主和依法治国的有机统一。这是我们推进社会主义政治文明建设必须遵循的基本方针，也是我国社会主义政治文明区别于资本主义政治文明的本质特征。我们要紧密联系全面建设小康社会的实践，紧密联系社会主义民主法制建设的实践，不断研究新情况、解决新问题、积累新经验，努力探索和发展实现这种有机统一的新形式新机制新途径。

胡锦涛指出，推进社会主义政治文明建设，是一个内容广泛的系统工程，需要我们进行长期努力。按照十六大提出的要求，要坚持和完善社会主义民主制度，丰富民主形式，健全民主程序，扩大公民有序的政治参与，保证人民群众依法进行民主选举、民主决策、民主管理和民主监督。要推进决策科学化民主化，保证党和政府的各项决策符合人民利益，适应经济社会发展的实际。要根据改革开放和发展社会主义市场经济的需要，加快立法步伐，提高立法质量，坚持依法行政、公正司法，促进依法治国方略的落实，为全面建设小康社会提供有力的法律保障。要按照公正司法和严格执法的要求，积极稳妥地推进司法体制改革，保障在全社会实现公平和正义。要进一步转变政府职能，减少行政审批，改进管理方式，提高行政效率，努力形成运转协调、廉洁高效的行政管理体制。要以领导干部特别是主要领导干部为重点，以人财物的管理和使用为重点，以关键岗位和薄弱环节为重点，改革和完善监督机制，切实做到用制度管权、用制度管事、用制度管人，保证把人民赋予的权力切实用来为人民谋利益。

海外侨胞 港澳台同胞和外籍华人国庆招待会在人民大会堂举行

招待会由国务院侨务办公室、港澳事务办公室、台湾事务办公室联合举办。逾1600位来京参加新中国成立54周年庆祝活动的海外侨胞、港澳同胞、台湾同胞和华人朋友出席了招待会。

吴邦国、贾庆林、曾庆红、黄菊、王兆国、回良玉、刘淇、刘云山、周永康、贺国强、曹刚川、曾培炎、王刚、何鲁丽、盛华仁、唐家璇、华建敏、陈至立、王忠禹、廖晖、刘延东、罗豪才等出席了招待会。

招待会由国务院侨办主任陈玉杰主持。国务委员唐家璇在招待会上致祝酒词。刘华秋、陈云林、陈光毅、郭东坡、林兆枢、陈佐洱、王晨、袁伟民等出席了招待会。

全国政协主席贾庆林在北京出席全国工商联成立50周年纪念大会并讲话

贾庆林代表中共中央、国务院向全国工商联表示衷心的祝贺,向工商联164万会员致以亲切的问候。他说,全国工商联是在中国共产党的领导下,伴随着中国革命、建设和改革事业前进的步伐而创建和发展起来的。在邓小平理论和“三个代表”重要思想的指引下,各级工商联团结和引导广大会员,坚持以经济建设为中心,积极投身改革开放和现代化建设,促进了社会主义市场经济体制的建立和完善;认真履行参政议政、民主监督等职能,为改革发展稳定建言献策;积极开展爱国、敬业、诚信、守法和“致富思源、富而思进”教育,促进非公有制经济健康发展和非公有制经济人士健康成长;充分发挥人民团体和民间商会的职能,代表和维护会员的合法权益,热心为会员服务;密切同港澳台和海外工商社团及工商经济界人士的交流与合作,协助党和政府引进资金、技术和人才。实践证明,工商联不愧为党和政府联系非公有制经济人士的桥梁和纽带,不愧为政府管理非公有制经济的助手;广大非公有制经济人士不愧为中国特色社会主义事业的建设者,不愧为我国经济发展和社会进步的重要力量。

贾庆林强调,工商联要弘扬优良传统,始终坚持正确的政治方向;坚持围绕中心、服务大局,更好地为社会主义现代化建设服务;贯彻“团结、帮助、引导、教育”的方针,促进非公有制经济健康发展和非公有制经济人士健康成长;加强自身建设,努力提高工作水平。

贾庆林指出,工商联是我国社会主义现代化建设的一支重要力量。各级党委和政府要高度重视工商联工作,切实加强对工商联的领导,理顺工商联与政府有关部门的关系,建立畅通的联系渠道,进一步发挥工商联作为政府管理非公有制经济助手的优势和作用,为工商联履行职能、开展工作创造必要的条件。

全国政协副主席、全国工商联主席黄孟复在会上回顾了工商联走过的50年历程。全国人大常委会副委员长、民建中央主席成思危代表各民主党派中央,共青团中央书记处第一书记周强代表人民团体,香港中华总商会会长曾宪梓代表海外工商界,分别向大会致辞。非公有制经济人士代表在会上作了发言。

何鲁丽、陈至立、王忠禹、刘延东和王光英、孙孚凌、经叔平出席会议。

会议由全国工商联第一副主席胡德平主持,出席会议的还有全国工商联和有关方面负责人等。

国办 中央军委办公厅发出《关于调整全国拥军优属拥政爱民工作领导小组组成人员的通知》

各省、自治区、直辖市人民政府,国务院各部委、各直属机构,各军区、省军区、各军,各军兵种、各总部、军事科学院、国防大学、国防科学技术大学,武警部队(军级以上单位):

为适应新形势下开展双拥工作的需要,国务院、中央军委决定,增加中组部、科技部、国防科工委、司法部、商务部、文化部、国资委、全国工商联为全国拥军优属拥政爱民工作领导小组成员单位,并根据人员变动情况和工作需要,对领导小组的组成人员进行相应调整。现将调整后的名单通知如下:

组　长:回良玉(国务院副总理)

副组长:李学举(民政部部长)

唐天标(总政治部副主任)

樊士晋(中央办公厅副主任)

汪　洋(国务院副秘书长)

沈跃跃(中组部副部长)

胡振民(中宣部副部长)

罗平飞(民政部副部长)

成　员:(略)

办公室主任:罗平飞(兼)

办公室副主任:(略)

今后,领导小组成员因工作变动需要调整的,由所在单位提出意见,经领导小组办公室审核后,报领导小组组长批准。

国务院办公厅

中央军委办公厅

2003年9月29日

国办转发国务院行政审批制度改革工作领导小组办公室《关于进一步推进省级政府行政审批制度改革意见的通知》

各省、自治区、直辖市人民政府,国务院各部委、各直属机构:

国务院行政审批制度改革工作领导小组办公室《关于进一步推进省级政府行政审批制度改革的意见》已经国务院同意,现转发给你们,请认真贯彻执行。

国务院办公厅

2003年9月29日

关于进一步推进省级政府行政审批制度改革的意见

近年来,各地区、各部门按照国务院的部署,相继开展了行政审批制度改革,取得了明显成效。省级政府是实施行政审批的重要机关,搞好省级政府行政审批制度改革,有利于国务院部门的改革与地方的改革相衔接，巩固和深化改革成果，增强改革的整体效应，促进政府职能转变，推动形成行为规范、运转协调、公正透明、廉洁高效的行政管理体制。为推动行政审批制度改革不断取得新的成效，现就进一步推进省级政府行政审批制度改革提出以下意见：

一、正确把握有关政策和要求，进一步对现行行政审批项目作出处理

为推动行政审批制度改革，国务院和国务院行政审批制度改革工作领导小组近年来制定了一系列政策，提出了明确的要求，这些政策和要求是指导改革的基本依据。各地要对照有关规定和要求，对前一阶段改革工作进行认真总结，查找并解决存在的问题，进一步对行政审批项目作出处理。要把握行政审批行为的本质特征，准确界定行政审批项目，合理划分行政审批的类和项。

（一）既要考虑审批项目的现行设定依据，又要把握社会主义市场经济对行政管理改革的新要求，处理好行政审批制度改革的合法原则与合理原则的关系。当审批项目符合合法原则而不符合合理原则时，也要相应作出处理。

（二）既要着眼长远发展需要，又要立足当前现实情况。对应当取消也能够取消的审批项目，要坚决取消；对应当取消但一时条件不具备的审批项目，要依照《中华人民共和国行政许可法》的规定处理。

（三）既要加快改革进度，又要确保工作质量。要严格按照初核、协商、论证、审定等步骤，规范审批项目审核和处理工作程序。要集中多方面的智慧和力量，对审批项目进行充分的研究论证，确保审批项目处理工作的质量。

二、搞好工作衔接，确保国务院取消和调整行政审批项目决定的落实

国务院部门要对本部门每一项取消和调整的审批项目提出明确具体的上下衔接意见。各省、自治区、直辖市要根据不同情况对有关审批项目作出相应处理。要从审批部门、审批对象、审批依据、审批内容等方面，全面对照核对。审批项目名称与国务院决定取消和调整的项目不完全一致，但审批内容相同或相近的，要作出相应处理；将多项审批合并为一项的，要对照国务院决定取消和调整的审批项目目录，分解为具体事项，分别作出处理。

（一）国务院决定取消的审批项目，国务院部门和地方各级人民政府都不得再行审批，国务院各部门不得要求地方人民政府及其部门继续审批或变相审批。如果省级人民政府及其部门也设定有相应审批项目，原则上要取消，个别因情况特殊确需保留的，要根据《中华人民共和国行政许可法》的有关规定，通过制定地方性法规或地方人民政府规章予以设定，但地方性法规和地方人民政府规章不得设定应当由国家统一确定的公民、法人或者其他组织的资格、资质的行政许可；不得设定企业或者其他组织的设立登记及其前置性行政许可。其设定的行政许可，不得限制其他地区的个人或者企业到本地区从事生产经营和提供服务，不得限制其他地区的商品进入本地区市场。对银行业、证券业、保险业中实行垂直管理的事项，地方性法规、地方人民政府规章都不得设定行政审批，已经设定的，要依法取消。

（二）根据《中华人民共和国行政许可法》的有关规定，并考虑现实情况，对现由国务院部门及其内设机构设定、由地方人民政府实施的行政审批，各地要作如下处理：由国务院部门内设机构文件设定的行政审批，一律取消；由部门行政规章和部门文件设定的行政审批，在与国务院部门协商一致后作出处理，并由省、自治区、直辖市行政审批制度改革工作领导小组将结果统一报国务院行政审批制度改革工作领导小组办公室。

（三）国务院决定改变管理方式的审批项目，各地要参照国务院部门的处理办法，移交给相应的行业组织或社会中介机构。暂不具备移交条件的，可设定过渡期，过渡期内继续按原办法审批，过渡期结束即进行移交。国务院部门下放的审批项目，省级人民政府及其部门要做好接收工作。

三、加强已取消和改变管理方式的行政审批事项的后续监管

对取消后还需通过其他方式监管的审批事项，要制定并落实后续监管的措施和办法，防止管理脱节；对改变管理方式的审批事项，要做好向行业组织或社会中介机构的移交工作。要进一步培育行业组织和社会中介机构，指导并规范其行为，加强管理和监督。对有额度和指标限制或公共资源配置、有限自然资源的开发利用等事项，要充分发挥市场机制的作用，通过招标、拍卖等方式运作，努力营造公开、公平、公正的市场竞争环境。招标代理等市场中介机构，要做到与政府主管部门机构分立、职能分离、人员分开、财务分账。认真落实经营性土地使用权招标拍卖挂牌出让制度，规范和限制协议出让行为；加快产权交易市场建设，全面实行产权交易进入市场制度；认真执行《中华人民共和国招标投标法》《中华人民共和国政府采购法》，严格规范政府采购行为。

四、认真清理并依法妥善处理拟取消和改变管理方式的行政审批项目的设定依据

要根据法律、法规和政府规章是否有直接、具体和明确的条款或表述，确定行政审批项目设定的依据。

法律、法规和政府规章对某一事项只作了原则的管理规定,但没有明示进行行政审批的,不得作为设定依据。要根据设定依据的效力等级等情况分别对拟取消和改变管理方式的审批项目作出处理。

(一)以地方性法规为设定依据的,由省、自治区、直辖市行政审批制度改革工作领导小组提出处理建议,按法定程序由省级人大及其常委会修改有关地方性法规。

(二)以省、自治区、直辖市党委文件为设定依据的,省、自治区、直辖市行政审批制度改革工作领导小组提出处理建议,按程序报省、自治区、直辖市党委决定。

(三)以政府规章为设定依据的,省、自治区、直辖市人民政府要及时调整、修订有关规章。

(四)对没有合法依据但符合合理原则,确需保留的行政审批项目,由省、自治区、直辖市人民政府组织有关部门,起草有关地方性法规或政府规章,按法定程序报省级人大及其常委会或政府决定。

五、严格规范行政审批行为,促进依法行政

要按照建立结构合理、配置科学、程序严密、制约有效的权力运行机制的要求,严格规范审批行为。要结合政务公开工作,健全审批公示制度,提高审批的公开性和透明度。除涉及党和国家秘密、商业秘密或者个人隐私的外,审批项目的名称、依据、申请条件、审批程序、审批期限、收费标准、审批结果等都要向社会公开。对关系国计民生和社会公众利益等重大审批事项,要积极推行社会听证制度;对专业性和技术性较强的审批事项,要进行咨询论证。要按照便民、及时、高效的原则,根据审批事项的性质、特点和内容,建立部门和部门内设机构之间的协调机制,制定相应的审批操作规程,减少审批环节,简化审批手续,改进审批方式,提高审批效率。对拟保留的审批项目要逐项进行研究,查找容易产生问题的部位和环节,通过实行审批机关层级监督及部门内外分权等制度,最大限度地减少审批人的自由裁量权和审批随意性。要按照责权统一原则,建立和完善行政审批责任追究制度和信息反馈机制,主动接受人大、政协、司法机关以及舆论和人民群众的监督。

六、深入推动行政审批制度创新

要加强行政审批制度改革理论研究,深入探索行政审批制度改革的特点和规律,通过理论创新推动制度创新。要研究政府履行行政审批职能的方法和手段,积极运用信息、网络等技术手段,发展电子政务,推行网上审批、窗口式办文。按照精简、统一、效能的原则和决策、执行、监督相协调的要求,将政策制定、审查审批与监督检查、实施处罚等相对分开,不断完善政府的经济调节、市场监管、社会管理和公共服务职能。

行政审批制度改革与经济管理体制、社会管理体制以及其他方面的改革密切相关,要注意将相关改革紧密结合、整体推进。要结合机构改革,通过部门职能的调整和重新定位,理顺部门之间的审批职能;要与财政管理制度改革、实行"收支两条线"管理相结合,规范行政事业性收费行为;要与国有资产管理体制改革相结合,推动政府的社会管理和公共服务职能与国有资产出资人职能分开,探索国有资产管理的有效模式和途径;要与投融资体制改革相结合,明确政府和其他市场主体在投融资领域的责权利关系;要从行政管理体制创新和政府职能转变入手,把相对集中行政处罚权、综合行政执法同行政审批制度改革结合起来,积极探索适应新形势需要的综合执法体制和运行机制。

七、加强组织领导和督促检查

各地区、各部门要进一步增强政治责任感,树立大局观念,加强领导,积极主动地做好工作。要充实和加强行政审批制度改革领导机构和工作机构,搞好组织协调,充分调动各方面积极性,形成整体合力。要加强督促检查。国务院行政审批制度改革工作领导小组拟于2003年第四季度对省级人民政府行政审批制度改革工作情况进行检查。各地也要认真组织一次"回头看",重点检查所属各部门行政审批项目的清理是否彻底、审批项目的审核和处理是否科学合理、已调整审批项目的后续工作是否到位、执行审批项目处理的决定是否严格规范等。要严明纪律。对有令不行、有禁不止,变相审批、违规审批的,以及借故推卸责任、影响审批项目处理决定落实的,要坚决纠正并严肃追究有关人员的责任。

罗马尼亚总统伊利埃斯库在布加勒斯特会见以中联部部长王家瑞为团长的中共代表团

10米三相交流高温超导电缆在中科院电工所研制成功

此次10米电缆系统的研制成功,为进一步研制实用型高温超导电缆打下了可靠的技术基础。北京大学理学部主任甘子钊院士评价,这一完全自主研究开发的成果使我国跻身于高温超导电缆研究开发的国际先进行列。

大型汉语工具书《故训汇纂》出版

继《辞源》《辞海》《汉语大字典》《汉语大词典》之后,近日,商务印书馆又推出一部大型汉语工具书——《故训汇纂》。

《故训汇纂》是教育部全国高等院校古籍整理研

究工作委员会重点项目。据专家介绍,从学术渊源上讲,《故训汇纂》是对200年前清代著名辞书《经籍籑诂》的继承和拓展。《故训汇纂》既体现了中国传统小学(文字训诂)的优良传统,又是在现代语言文字和辞书编纂理论指导下的结果。它囊括了《经籍籑诂》的全部内容,并予以认真校订,在此基础上又进行了大幅度的补充。在时间的跨度上,由前者的从先秦至唐代扩展到晚清;在征引的注释资料上,由前者的80多种扩展到250多种;在篇幅上,由前者的300多万字扩展到1300多万字;在编排检索上为使用者提供了多种途径,更方便于今人检索。

国办关于转发发展改革委 卫生部《突发公共卫生事件医疗救治体系建设规划》的通知

各省、自治区、直辖市人民政府,国务院各部委、各直属机构:

发展改革委、卫生部编制的《突发公共卫生事件医疗救治体系建设规划》已经国务院同意,现转发给你们,请抓紧组织实施。

各地要高度重视突发公共卫生事件医疗救治体系建设。要按照"中央指导、地方负责、因地制宜、分步实施"的原则,从实际出发,落实项目和资金,严格坚持建设标准和规范,切实抓好规划的实施工作。要充分利用现有卫生资源,并充分发挥"非典"时期已建成设施的作用,避免重复建设。要认真总结突发公共卫生事件医疗救治工作经验,建立和完善医疗救治体系运行机制,完善管理和运营措施,做到统筹兼顾,"平战结合",保证正常运营。力争用三年左右的时间,经过中央和地方的共同努力,提高医疗救治机构应对突发疫情的能力,建成有效应对突发公共卫生事件的医疗救治体系。

国务院办公厅

2003年9月29日

突发公共卫生事件医疗救治体系建设规划(略)

西安咸阳机场高速公路通车

被誉为"陕西省门第一路"西安咸阳国际机场高速公路是国家"十五"重点工程,它的建成通车,将使西安市中心到机场的距离由原来的40公里缩短到27公里。

朱家溍逝世

故宫博物院研究员、国家文物局文物鉴定委员会委员、中央文史馆馆员朱家溍先生,因病医治无效,于29日在北京逝世,享年90岁。

朱家溍是我国著名的老一辈文物专家和清史专家。抗日战争胜利后朱家溍先生到故宫博物院从事鉴定研究和陈列展览工作,担任过故宫博物院书画鉴定委员会委员、文物征集委员会委员、学术委员会委员,为故宫文物的整理、征集、研究和鉴定划级付出了辛勤劳动。他编著出版的《两朝御览图书》《明清帝后宝玺》《历代著录法书目》和《故宫藏珍本丛刊》等,在社会上和学术界获得好评。他主编的《国宝》一书,荣获法兰克福国际书展一流图书奖。他的文集《故宫退食录》,被评为1999年十大畅销书之一。他还主编了《中国美术全集》中的《竹木牙角器》和《漆器》以及《中国美术分类全集》中的《明清漆器》,为学界看重、读者珍爱。

9月30日

国务院在人民大会堂举行国庆招待会

胡锦涛、吴邦国、温家宝、贾庆林、曾庆红、黄菊、吴官正、李长春、罗干等党和国家领导人同1000余名各界人士和来自海外的宾客欢聚一堂,共庆佳节。

招待会由国务委员兼国务院秘书长华建敏主持。国务院总理温家宝发表了热情洋溢的讲话。

王兆国、回良玉、刘淇、刘云山、吴仪、贺国强、曹刚川、曾培炎、王刚、何勇、李铁映、何鲁丽、成思危、顾秀莲、热地、盛华仁、路甬祥、乌云其木格、韩启德、傅铁山、唐家璇、陈至立、肖扬、贾春旺、王忠禹、廖晖、刘延东、阿沛·阿旺晋美、张思卿、白立忱、罗豪才、周铁农、郝建秀、陈奎元、阿不来提·阿不都热西提、李兆焯、黄孟复、王选、张怀西、李蒙和张劲夫、黄华、彭冲、谷牧、郑天翔、杨白冰、迟浩田、张万年、姜春云、王汉斌、张震、倪志福、陈慕华、李锡铭、邹家华、王光英、布赫、吴阶平、彭珮云、周光召、曹志、韩杼滨、杨汝岱、任建新、宋健、钱正英、孙孚凌、万国权、胡启立、陈锦华、经叔平、王文元、邓力群、张廷发、韩光,中央军委委员梁光烈、廖锡龙、李继耐,以及傅全有、王克出席了招待会。

中央和国家机关有关部门负责人,解放军和武警部队负责人,各民主党派、全国工商联主要负责人和无党派人士,各人民团体主要负责人,北京市负责人,香港特别行政区和澳门特别行政区的一些人士,台湾同胞、华侨和华人代表,在京的重要外宾、国际知名人士和夫人,各国驻华使节、各国际组织驻华代表和夫人,以及部分外国专家和夫人,也出席了招待会。

国务院总理温家宝在庆祝中华人民共和国成立54周年招待会上的讲话

各位来宾、各位朋友、各位同志:

54年前,中华人民共和国宣告成立,开启了中国历史的新纪元。新中国成立以后特别是改革开放以来，我们国家发生了翻天覆地的变化。当今之中国，到处充满勃勃生机，各项事业蒸蒸日上，中国特色社会主义事业显示出强大的生命力。

今天，我们在这里欢聚一堂，隆重庆祝中华人民共和国成立54周年。我代表党中央、国务院，向全国各族人民致以节日的祝贺！向香港特别行政区和澳门特别行政区同胞、台湾同胞以及海外侨胞，致以亲切的问候！向出席招待会的各国朋友，表示热烈的欢迎！向所有关心和支持我国现代化建设事业的国际友人，表示衷心的感谢！

今年是我国人民在党的十六大精神指引下阔步前进的一年，是经受严峻考验并取得重大胜利的一年。

我国遭遇了一场突如其来的非典型肺炎疫情灾害。党中央、国务院采取一系列果断措施，动员和组织全国人民进行艰苦卓绝的斗争，赢得了抗击"非典"的阶段性重大胜利。面对许多新的困难和挑战，我们坚持抗击"非典"和经济建设两手抓，国民经济仍然保持较快增长的良好势头。各项改革积极有序推进，对外开放进一步扩大。社会事业全面发展，社会主义精神文明和民主法制建设得到加强。今年改革和发展的各项目标完全能够实现。

这段不平凡的经历，我们付出了代价，也学到了比平时多得多的东西。抗击"非典"斗争给我们最重要的启示，就是在全面建设小康社会和整个现代化进程中，必须坚持统筹兼顾，保持经济社会协调发展，城乡协调发展，区域协调发展；必须坚持以人为本，提高人民物质文化生活水平和健康水平；必须坚持人与自然和谐相处，实现可持续发展；必须坚持改革创新，推动社会主义物质文明、政治文明和精神文明共同进步。全面、协调、可持续发展应该成为我们长期坚持的重大指导方针。

我们取得的一切胜利，都是在中国共产党领导下，全国各族人民团结奋斗的结果。真正成为国家主人的中国人民，具有无穷无尽的智慧和力量，可以创造任何人间奇迹！只要我们始终代表人民群众的利益，依靠人民群众的力量，尊重人民群众的首创精神，全心全意为人民服务，我们的事业就一定会无往而不胜！

我们的成就是极其伟大的，但是前进道路上还面临不少困难和问题。我们有信心、有能力战胜各种困难，用扎扎实实的工作，一个一个地解决问题，一步一个脚印地前进。

全面建设小康社会，是惠及十几亿中国人民的宏伟事业。我们必须紧紧抓住并充分利用可以大有作为的重要战略机遇期，始终坚持以经济建设为中心，坚定不移地推进改革开放，保持国民经济持续快速健康发展，实现经济社会发展的新跨越。

来宾们、朋友们、同志们！我们将一如既往地贯彻"一国两制"、"港人治港"、"澳人治澳"、高度自治的方针，严格按照香港基本法和澳门基本法办事，维护和促进香港、澳门的稳定与繁荣。我们对香港、澳门的前途充满信心。

我们将继续贯彻"和平统一、一国两制"的基本方针和现阶段发展两岸关系、促进祖国和平统一的八项主张。始终坚持一个中国原则，坚决反对"台独"等分裂势力的任何分裂活动。祖国和平统一大业一定会实现。

我们将始终不渝地奉行独立自主的和平外交政策。在和平共处五项原则的基础上，继续发展同世界各国的友好交往和互利合作关系。中国永远是维护地区与世界和平的坚定力量。一个繁荣强盛的中国，只会造福于世界，而决不会对任何人构成威胁。中国永远不称霸。

我们国家走过了辉煌的历程，正站在新的历史起点。我们坚信，在以胡锦涛同志为总书记的党中央领导下，坚持以邓小平理论和"三个代表"重要思想为指导，中国人民一定能够战胜前进道路上的任何艰难险阻，实现国家的现代化和中华民族的伟大复兴！

现在，我提议：

为祖国的繁荣富强和全国各族人民的幸福安康，

为中国人民与世界各国人民的友谊与合作，

为在座的来宾们、朋友们和同志们的健康，

干杯！

中共中央总书记胡锦涛在人民大会堂会见出席全国留学回国人员先进个人和先进工作单位表彰大会的代表

这次表彰大会是经党中央、国务院批准，由中央组织部、中央宣传部、中央统战部、人事部、教育部、科技部共同举办的。中共中央政治局常委温家宝、贾庆林、曾庆红、李长春出席了会见。

胡锦涛在讲话中指出，广大留学人员是国家的宝贵财富。改革开放以来，我国的留学工作呈现出蓬勃发展的良好局面，20多年间，我国先后有58万人出国留学，学成回国人员有近16万人。广大留学回国人员胸怀报国之志，发扬拼搏精神，施展聪明才智，为改革开放和社会主义现代化建设、为祖国的繁荣和发展作出了突出贡献。

胡锦涛强调，党中央历来高度重视留学工作。他希望正在海外求学的留学人员发奋学习、立志成才；学成回国的留学人员扎实工作、艰苦创业；生活和工作在海外的留学人员心系祖国，通过多种方式为祖国的繁荣富强贡献力量。

胡锦涛强调，各级党委和政府要把吸引和用好留学人员作为实施人才战略的一项重要任务抓紧抓好。要适应新形势，研究新情况，解决新问题，不断完善政策措施，不断提高服务水平，积极营造留学人员回国工作、创业、发展的良好环境，形成鼓励干事业、支持干成事业的社会氛围，充分发挥广大留学人员的积极性和创造性。

中共中央政治局委员贺国强主持了会见。参加会见的还有刘云山、王刚、华建敏、陈至立、刘延东，以及有关部门的负责同志。

在中共中央总书记、国家主席胡锦涛会见与会者并发表重要讲话后，中共中央政治局常委、国家副主席曾庆红同党和国家其他领导同志为受表彰的311名先进个人和22个先进工作单位代表颁奖。曾庆红在会上发表了题为《充分发挥广大留学人才在全面建设小康社会中的独特历史作用》的重要讲话。

曾庆红指出，今年是邓小平同志关于扩大派遣出国留学人员的重要讲话发表25周年。目前，我国留学人员总数已达58万人，遍布世界100多个国家和地区，回国工作的留学人员已近16万人。他们同国内培养的人才一道，作为我国十分重要的战略资源之一，在社会主义现代化建设中发挥了不可替代的重要作用，作出了不可磨灭的历史贡献。

曾庆红强调指出，广大进步、优秀的留学人员在我国人民全面建设小康社会、加快推进社会主义现代化的此时此刻，回国工作或以各种方式为国服务，一定可以大有作为。他热情地勉励广大留学回国人员要以优秀的前辈留学回国人员为楷模，以实现祖国现代化和中华民族伟大复兴为己任，继承优良传统，做甘于奉献的爱国者；正确认识国情，做艰苦奋斗的创业者；勇于开拓创新，做科学高峰的攀登者；加强国际交流，做人类文明成果的传播者。

曾庆红强调，新时期规模宏大、影响深远的出国留学和留学回国工作实践使我们积累了做好这项工作的宝贵经验。这就是，必须自觉地把出国留学和留学回国工作摆在党和国家工作的重要战略地位；必须使出国留学和留学回国工作服从服务于经济建设这个中心；必须最大限度地发挥出国留学和留学回国人员的积极性、主动性和创造性；必须不断创新出国留学和留学回国工作的机制；必须努力营造既有利于出国留学又有利于留学回国的良好环境；必须对有无留学经历的人才一视同仁、实行公平竞争。事实证明，事业就是感召力，环境就是凝聚力，服务就是吸引力。各级党委、政府和留学人员工作单位，一定要站在实践“三个代表”重要思想的高度，坚决贯彻十六大提出的“尊重劳动、尊重知识、尊重人才、尊重创造”的重大方针，自觉地把吸引优秀人才回国创业放在同引进外资、引进先进技术、引进现代化管理同等重要甚至更为重要的位置来考虑，统筹国内培养的人才与留学回国人才的作用。要按照拓宽留学渠道，吸引人才回国，支持创新创业，鼓励为国服务的要求，从各方面做好工作，努力开创新世纪、新阶段我国出国留学和留学回国工作新局面。

表彰大会上，清华大学教授、生物芯片北京国家工程研究中心主任程京，上海申通集团有限公司总工程师刘武君，西安高新技术开发区管委会主任、西安留学人员创业园建设领导小组组长景俊海，分别代表留学回国人员先进个人和先进工作单位作了发言。

这次表彰大会是由中组部、中宣部、统战部、人事部、教育部、科技部联合召开的。中共中央政治局委员、中组部部长贺国强主持了表彰大会。刘云山、王刚、华建敏、陈至立、刘延东，以及有关部门负责同志出席了表彰大会。

吴邦国 曾庆红 李长春等党和国家领导人在人民大会堂出席庆祝中华人民共和国成立54周年音乐会

国务院总理温家宝在人民大会堂接见荣获2003年中国政府“友谊奖”的50名外国专家及其眷属

50名在华外国专家在人民大会堂获颁2003年度中国政府“友谊奖”

中共中央政治局委员、国务院副总理吴仪在颁奖仪式上说，“友谊奖”是中国政府授予在华外国专家的最高荣誉奖项。获奖专家不仅是中国建设的有功之臣，也是各国人民的友好使者。现在每年有24万名外国专家来华工作。他们不远万里来到中国，为中国经济建设和社会发展付出了辛勤劳动，作出了积极贡献。

吴仪指出，我们将进一步扩大对外开放，积极引进国外智力，努力吸收和借鉴人类社会创造的一切文明成果。在引进资金和技术的同时，积极引进国外人才，并制定和完善有关法律和法规，保护专家的知识产权，创造良好的生活和工作环境，充分发挥外国专家的作用。欢迎更多的外国朋友到中国来参与中国的现代化建设。

吴仪、宋平、华建敏向获奖的外国专家颁奖。今年获奖的外国专家分别来自日本、美国、德国、加拿大、英国、俄罗斯、乌克兰、韩国、孟加拉国、古巴、马来西亚、荷兰、新西兰、菲律宾、新加坡、西班牙、瑞士、乌兹别克斯坦、斯洛文尼亚19个国家。他们是由我国农业、能源、机械、电子、石油化工、教育、卫生、金融、旅游、新闻出版等行业聘请来华的。

中国长江三峡工程开发总公司聘请的瑞士专家郭力盟和上海西门子移动通信有限公司的德国专家彼得·博格代表获奖的外国专家表示,要继续为增进与中国人民的友谊而努力。

国务院副总理吴仪在人民大会堂会见当选“2000—2002年度全国百家明星侨资企业”负责人

吴仪对他们给予中国经济建设的关心、支持和参与表示感谢。她指出,侨资企业作为我国国民经济的重要组成部分,在不同程度上推动了各地的经济发展,同时以先导和示范作用,带动了更多的外商来华投资发展,在加快我国现代化建设进程中发挥了积极作用。她表示,中国政府热诚欢迎海外华商以各种方式继续踊跃参与中国的建设事业,在促进驻在国与中国的经贸合作中发挥更大的作用。

百家明星侨资企业的代表在会见中发了言。

国办下发《关于进一步加强农村税费改革试点工作的通知》

各省、自治区、直辖市人民政府,国务院各部委、各直属机构:

按照国务院统一部署,今年新增全面推进农村税费改革试点的省(自治区、直辖市)做了大量工作,试点工作陆续展开,总体进展较为顺利,并取得了阶段性成效。但是,目前各地区农村税费改革进程还不平衡,存在一些亟待解决的问题,主要是:部分省份试点工作进展缓慢,基础工作还不够扎实细致;执行政策不到位,顶风违纪收费现象时有发生;基层领导力量薄弱,工作机构不健全;宣传工作不深入,基层干部和群众对改革政策缺乏必要的了解。上述问题,如果不及时解决,就会妨碍改革政策的落实,影响改革的预期效果,甚至可能造成农民负担反弹,损害农民切身利益,引发农村矛盾,影响农村社会稳定。各地区、各部门要认真贯彻《国务院关于全面推进农村税费改革试点工作的意见》(国发〔2003〕12号)等文件精神,切实采取有效措施,妥善处理各种矛盾,高质量、高标准地推进改革试点工作,确保试点工作健康有序进行。经国务院同意,现将有关问题通知如下:

一、坚持条件,实事求是,积极稳妥地全面推进农村税费改革试点工作

为了确保改革的顺利推进,现在重申并强调,对目前基础工作还不够扎实,全面试点的条件还不成熟,完成今年改革各项任务确有难度的省份,不强求一律在年内全面推进,可以继续进行局部试点,绝不能不顾条件仓促地全面实施。开展全面试点的省份,必须充分考虑以下几个条件:一是计税数据测算、试点方案制订、改革政策宣传、各级干部培训、配套改革文件制定等基础工作扎实;二是经过局部地区试点,已经取得一定经验;三是对改革过程中可能出现的一些难点和重点问题,有行之有效的对策措施和解决办法;四是有支持改革试点的必要财力;五是领导得力,部门分工明确,有专门的工作机构,能够做到“三个确保”。

具备以上试点条件,并已经决定全面推开的省份,要适当加快工作进度,突出抓紧做好以下工作:一是扎实做好各项基础工作,据实核定农业税计税土地面积和常年产量等计税要素。切实履行充分征求农民意见、农民签字认可、张榜公布的程序。不准虚增计税土地面积和常年产量,严禁“暗箱操作”,防止搞“一刀切”。二是抓紧审批省级以下试点方案,及时指导县(市)制订和完善试点方案,尽快将改革后的农业税核定到村、落实到户。不得在改革政策落实到户之前向农民收取屠宰税、村提留和乡统筹费等税费;已预收的地方,要无条件地如数退还给农民。三是进一步加大宣传培训力度,真正把改革政策交给基层干部和农民。要采取多种形式,抓紧培训各级干部,特别是让基层干部全面了解情况,注意工作方法,改进工作作风,严格执行改革政策。应采取群众喜闻乐见的各种形式,广泛、深入地宣传改革政策,重点加强“进村到户”的政策宣传工作,使每个农户有政策“明白人”、有负担“监督卡”、有税费“明白账”,让广大干部和群众正确理解改革,真心拥护改革,积极参与改革。

二、对照检查,纠正偏差,不折不扣地把中央政策落到实处

先行全面试点的地区,要对照中央有关政策加强对基层改革试点工作的监督检查。坚决落实“三个不准”,即农业税及其附加不准超过国家规定的税率上限,不准超范围、超标准进行“一事一议”筹资筹劳,不准在农业税及其附加和“一事一议”之外进行任何形式的摊派和收费。要重点督促村内“一事一议”筹资筹劳严格按规定程序和要求进行,不准将村内“一事一议”筹资筹劳变成农民的固定负担项目,不准强行以资代劳。

各地区要坚决落实减轻农民负担的“四项制度”,即涉农税收价格收费“公示制”、贫困地区农村义务教育收费“一费制”、农村订阅报刊费用“限额制”、违反减轻农民负担政策“责任追究制”。突出加强农村税费改革后经营服务性收费的监督管理。农村灌溉用水、用电收费,应充分考虑当地农业生产实际情况和农民承受能力,严格按照自愿和受益原则,合理定价,据实计量收费,不准按田亩或人口摊派,不准与农业税等税费混收。

各地区应在不增加农民负担的前提下开展乡村道

路、农田水利等农村基础设施和农村社会事业建设。要按照量力而行的原则，将有关投资项目列入各级人民政府年度投资计划；在安排资金时打足预算，不留缺口，不得另搞配套要求农民出资投劳。要坚决制止不顾实际盲目上项目、铺摊子的错误做法，严防形成新的不良乡村债务。

三、加大力度，整体推进，积极搞好各项配套改革

要大力推进乡镇机构改革，保证乡村组织的正常运转。继续转变基层政府职能，按要求精简乡镇机构，采取有效措施压缩财政供养人员、清退各类临时人员。要继续调整和完善县、乡财政体制，在合理划分事权的基础上，按照“财力下移、缺口上移”的要求，加大对基层改革转移支付力度，建立、健全乡镇机构和村级组织正常运转经费的保障机制。

加快推进农村义务教育体制改革，保证农村义务教育经费的正常需要。要认真实行“在国务院领导下，由地方政府负责、分级管理、以县为主”的农村义务教育管理体制，贯彻落实《国务院关于进一步加强农村教育工作的决定》（国发〔2003〕19号），明确各级人民政府保障农村义务教育投入的责任。建立和完善农村中小学教职工工资保障机制，保证农村中小学校公用经费。

要规范农村税费改革后的农业税征收管理。认真落实农业税征收机关征税、协税员协税的农业税征收管理制度，推行以定时、定点征收为主的农业税征管方式。规范完税凭证的使用管理，做到一户一票，不准“打白条”或使用其他非法票据。不准非专职征收人员直接收取农业税税款，严禁动用警力或组织“小分队”强制收取农业税费。

四、规范分配，严格监督，确保农村税费改革专项转移支付资金专款专用

中央财政对地方农村税费改革专项转移支付资金已下达到各省（自治区、直辖市），省级财政和有条件的市、县都要安排一定资金支持改革试点。今年如不具备条件、没有进行全面试点的地区，按规定不能享受上级转移支付资金补助；已下拨补助的，上级财政在年终结算时要相应扣回。地方各级人民政府要制定农村税费改革转移支付资金使用管理办法，规范分配，严格监督，专项使用，严禁截留挪用。财政、审计部门要安排专门力量对中央财政转移支付资金使用情况进行专项检查。

五、加强领导，严明纪律，确保改革试点工作顺利推进

全面推进农村税费改革是当前和今后一个时期农村工作的一项重要任务。地方各级主要领导要亲自抓、负总责，切实做到靠前指挥，加强领导和协调。要坚持一级抓一级，一级对一级负责。省、市两级要重点做好改革方案的完善，解决本地区试点中带有根本性、全局性的重大问题。县、乡两级要切实做好改革的具体组织和执行工作，保证改革政策的落实。

建立、健全农村税费改革信访制度，向社会公开政策咨询和举报电话，保证信访渠道畅通。对群众反映的问题，符合政策并具备条件的，要及时解决；一时解决不了的，要诚恳客观地向农民作出解释，做到事事有着落、件件有回音。对上级批转的信访案（事）件，要认真查处并按期反馈结果，不得敷衍搪塞。

在明确责任和部门分工的前提下，要完善工作机制，充分发挥农村税费改革办事机构的指导和督促作用。国务院农村税费改革工作小组要加强对全国试点工作的指导和检查。对群众信访比较集中、反映问题比较突出的地方，要随时派出工作组进行抽查；对违反改革政策的典型案件，要进行通报。地方各级农村税费改革办事机构要落实工作责任，密切跟踪改革动态；加强对基层落实改革政策的明察暗访，及时查错纠偏。

在全面推进农村税费改革试点过程中，对歪曲中央改革政策，加重农民负担的，有关部门和地方要对相关责任人进行严肃处理。对违反改革政策，领导和协调不力，造成严重后果的案（事）件，不但要追究县、乡主要领导的责任，还要视情追究上一级政府主要领导的责任。对情节严重、影响恶劣的案（事）件，要公开曝光；触犯法律的，要依法追究相关责任人员的法律责任。

国务院办公厅

2003年9月30日

中国和平统一促进会在北京举行“2003年国庆招待会”

应邀来京参加国庆活动的来自世界五大洲40个国家和地区的中国和平统一促进会会长和台港澳朋友出席招待会。

全国政协副主席、中国统促会会长罗豪才、周铁农，中国统促会会长万国权、吴国祯，顾问孙孚凌，以及有关方面负责人及中国统促会在京部分理事出席了招待会。

招待会由中国统促会秘书长王克斌主持。中国统促会会长周铁农致辞。

水利部发布《2002年中国水资源公报》

国务院副总理曾培炎在中南海分别会见日本电气公司社长金杉明信和美国联邦快递公司高级执行副总裁迈克尔·达科

外交部发言人孔泉就日本东京地方法院对日本遗弃在华化学武器受害者诉讼案作出中国受害者胜诉的判决发表评论

孔泉说,我们注意到日本东京地方法院就日本遗弃在华化学武器受害者诉讼案作出的判决。

他说,侵华日军在第二次世界大战期间,多次在中国使用生化武器,对中国人民犯下了惨无人道的罪行。战败前夕,侵华日军又将大量化学武器遗弃在中国境内,使中国人民在和平时期遭受新的伤害。日本政府对解决这一战争遗留问题负有不可推卸的责任。

教育部部长周济在巴黎与法国国民教育部部长吕克·费里共同签署了中法高等教育学位和文凭互认行政协议

这是继德国和英国之后,中国与欧洲国家签署的第三个互认学位和文凭的协议。

据周济介绍,与前两份协议比,中法协议所涉及的内容更为全面详尽,互认的水平更高,法国方面所给予的条件也是完全平等的。他认为,该协议的签订表明了,经过20多年的改革开放和经济发展之后,我国的高等教育质量是好的,能够得到西方发达国家的承认,这是对中国教育事业取得的伟大成就的承认,也标志着中国国际地位的提高。周济还表示,该协议的签订,有利于将来中国与世界先进发达国家之间高等教育的平等合作,为下一阶段中国的改革开放和教育更好地为经济建设服务奠定了良好的基础。

据悉,中法还将在各自首都互办教育展,今年11月,将有70多所中国高等院校赴巴黎参展,明秋则在北京举办同等水平的法国教育展。

中国光彩事业促进会二届三次理事会在北京选举全国政协副主席 中央统战部部长刘延东为中国光彩事业促进会会长

新疆“百年地火”彻底扑灭

乌鲁木齐市的三大污染源之一——肆虐了100多年的硫磺沟“地火”宣告彻底扑灭。

为扑灭“百年地火”,国家先后投资9872万元。灭火工作于2000年年初开始,原定今年7月底前全部扑灭,但6月以来,新疆阴雨连绵,大雨、冰雹使灭火工作无法顺利展开,故延迟至今。

10月1日

《人民日报》发表社论《满怀信心全面建设小康社会——庆祝中华人民共和国成立54周年》

金秋十月，硕果累累。在全党兴起学习贯彻“三个代表”重要思想新高潮，亿万人民满怀信心全面建设小康社会、加快推进社会主义现代化的历史进程中，我们迎来了中华人民共和国成立54周年的光辉节日。我们向全国各族人民致以节日的祝贺！

今年是全面贯彻落实十六大提出的各项任务的第一年，是全面建设小康社会的开局之年，同时也是我们战胜困难和挑战，夺取改革开放和现代化建设新胜利的一年。面对复杂的国际形势，面对“非典”疫情、旱涝灾害等，全国人民在以胡锦涛同志为总书记的党中央坚强领导下，齐心协力，正确应对，夺取了防治“非典”工作的阶段性重大胜利，保持了经济较快增长的良好势头，保证了改革开放和现代化建设顺利进行。胜利来之不易，经验尤为珍贵。奋斗和胜利，进一步显示了我国社会主义制度的巨大优越性，更加坚定了全国各族人民走中国特色社会主义道路的信心；极大地提高了我国人民战胜困难的勇气和能力，增强了中华民族的凝聚力；极大地增强了世界各国对中国发展前景的信心，扩大了我国在国际上的影响。

抓住机遇，加快发展，集中力量全面建设小康社会，是我们在新世纪、新阶段的奋斗目标。这个宏伟目标，反映了全党和全国各族人民的共同意志，体现了全国最广大人民的根本利益。实现这个目标，将是中华民族伟大复兴史上的又一个重要里程碑，将使中国特色社会主义事业迈上一个大台阶。这个宏伟目标令人振奋又十分艰巨，需要全党和全国人民为之长期艰苦奋斗。

我们要紧密结合全面建设小康社会的实践，不断把学习贯彻“三个代表”重要思想新高潮引向深入。“三个代表”重要思想是实现全面建设小康社会的根本指针。全面建设小康社会，是学习贯彻“三个代表”重要思想的最好实践，也是对学习贯彻“三个代表”重要思想成效的最好检验。一定要不断增强学习贯彻“三个代表”重要思想的自觉性和坚定性，牢固树立“三个代表”重要思想在全党一切工作的指导地位，自觉用“三个代表”重要思想指导自己的思想和行动，在建设中国特色社会主义的伟大事业中继续创造新的辉煌。

我们要紧密结合全面建设小康社会的实践，始终把发展作为党执政兴国的第一要务。发展是硬道理。无论在什么情况下，我们都要集中精力，心无旁骛，扭住经济建设这个中心不动摇，聚精会神搞建设，一心一意谋发展。要坚持扩大内需的方针，实施积极的财政政策和稳健的货币政策，保持政策的连续性和稳定性，努力实现今年的国民经济和社会发展目标。要更好地坚持协调发展、全面发展、可持续发展的发展观，更加自觉地坚持推动社会主义物质文明、政治文明和精神文明协调发展，坚持在经济社会发展的基础上促进人的全面发展，坚持促进人与自然的和谐。

我们要紧密结合全面建设小康社会的实践，切实把立党为公、执政为民的本质要求贯彻好。立党为公、执政为民，是“三个代表”重要思想的本质。只有一心为公，立党才能立得稳；只有一心为民，执政才能执得好。要坚持权为民所用，情为民所系，利为民所谋，千方百计扩大再就业，千方百计增加农民收入，切实关心群众的生产生活，深刻理解群众利益无小事的道理，为群众诚心诚意办实事，尽心竭力解难事，坚持不懈做好事。各级领导干部要多到困难大、群众意见多、工作基础差的地方去，团结那里的群众一起克服困难，开创新的局面。

我们要紧密结合全面建设小康社会的实践，大力发扬艰苦奋斗、勤俭建国的优良传统和作风。越是在形势好的情况下，越要居安思危，头脑清醒，科学判断和全面把握我国仍处在并将长期处在社会主义初级阶段的基本国情。要牢记“两个务必”，坚持勤俭建国，勤俭办一切事业，反对形式主义、官僚主义、弄虚作假和铺张浪费行为。

在新的伟大征程中，全面建设小康社会的宏伟目标鼓舞着我们，实现中华民族伟大复兴的共同理想激励着我们。我们坚信，有以胡锦涛同志为总书记的党中央坚强领导，有邓小平理论和“三个代表”重要思想指引方向，有中华儿女同心同德，艰苦奋斗，我们的祖国前程似锦，风光无限。让我们与时俱进，开拓创新，满怀信心地共同创造幸福生活和美好未来。

中共中央总书记胡锦涛在湖南考察

10月1日至4日，胡锦涛在湖南省省委书记杨正午、代省长周伯华等陪同下，专程瞻仰了毛泽东、刘少奇等老一辈革命家的故居，先后到湘潭、岳阳、长沙等地，深入田间地头、企业车间、科研院所、社区商场，就加快经济社会发展、关心群众生产生活、加强干部作风建设等进行调研。每到一处，他都同干部群众亲切交谈，向大家表示节日的问候。

胡锦涛十分关心中部地区的经济社会发展。他考察了洞庭湖防洪大堤、汨罗市大荆镇桂花村蔬菜大棚基地、湖南华天光电惯导技术有限公司等。胡锦涛指出，中部地区广大干部群众要切实增强加快发展的责任感和紧迫感,牢固树立和坚决落实科学发展观,积极探索符合实际的发展思路,通过改革不断为发展注入新的动力,努力推动经济社会更快更好地发展。胡锦涛十分关心农业、农村和农民工作。他强调,要大力推进农业和农村经济结构的战略性调整,继续深化农村各项改革,加大对农村基础设施建设的投入,拓宽农村富余劳动力转移的渠道,坚持不懈地抓好农村扶贫开发工作,加快农村各项社会事业发展,不断推动增加农民收入目标的实现。

胡锦涛还专程来到袁隆平院士主持的国家杂交水稻工程技术研究中心,详细察看了超级杂交稻选育项目的进展情况,充分肯定了他们作出的重大贡献。

做好关心群众生产生活工作是胡锦涛这次考察的一个重点。在长沙市职业介绍服务中心,他同正在求职的下岗职工亲切交谈,关切地询问再就业情况。在新一佳超市、咸嘉新村社区和开福区四方坪派出所,胡锦涛详细了解群众的生活状况和便民措施的落实情况。

考察结束时,胡锦涛听取了湖南省委、省政府的工作汇报,并发表重要讲话。他充分肯定了近年来湖南改革和发展的成就,要求广大干部群众开拓创新,扎实工作,努力开拓工作新局面,创造发展新业绩。

胡锦涛强调,党的作风建设关乎党的事业全局。各级领导干部要始终坚持党的根本宗旨,始终牢记“两个务必”,始终实践“三个代表”,真正做到权为民所用、情为民所系、利为民所谋。

考察期间,胡锦涛还来到新时期领导干部的优秀代表郑培民家中看望,对郑培民的模范事迹和高尚品德给予高度评价,希望各级领导干部学习郑培民一心为民、鞠躬尽瘁,求真务实、清正廉洁的崇高精神和优良作风,团结带领广大群众共同奋斗,不断把党和人民的事业推向前进。

国务院总理温家宝就德国《经济周刊》出版“中国特刊”题写贺词

温家宝总理在贺词中说,德国《经济周刊》在中华人民共和国成立54周年之际出版“中国特刊”,向德国人民全面客观地介绍中国,展示中德两国间的友谊,是一件非常有意义的事情。

温家宝在贺词中简要回顾了中德两国经贸合作迅速发展的状况。他说,自1972年中德建交以来,两国关系全面迅速发展,特别是经贸合作进一步得到加强和扩大。现在,中德贸易额比建交时的2.74亿美元增长了100倍。德国从1975年开始连续近30年成为中国在欧洲最大的贸易伙伴,中国也于去年跃升为德国在亚洲最大的贸易伙伴。随着中国加入世贸组织,中德经贸合作又进入一个新的发展阶段。去年双边贸易额达278亿美元,创历史新高。目前,两国的经济合作已遍及各个领域,希望这种合作的内容更加充实和丰富,合作的领域更加拓展。

德国《经济周刊》是德国和欧洲地区比较有影响的经济类杂志,每周发行量20万册。此次推出的“中国特刊”用中德文两种文字分别向欧洲及中国读者介绍两国经济领域的基本状况、有关政策以及投资环境等情况。该刊在编者按中强调,《经济周刊》一向特别关注中国所取得的巨大进步,不认为中国的崛起是一种威胁。

该刊总编史蒂凡·巴龙先生表示,《经济周刊》今后将与中国《经济日报》合作,每年轮流在德国和中国共同举办大型经济论坛会,探讨德中经济领域共同感兴趣的话题。第一届论坛将于10月22日至24日在柏林举行,主题为“中国——新的机会”。

国务院总理温家宝到陕西和安徽洪涝灾区慰问群众检查工作

10月1日至2日,温家宝和中共中央政治局委员、国务院副总理回良玉等先后来到今年洪涝灾害最重的陕西省渭河沿岸地区和安徽省沿淮地区,深入到乡村、学校、受灾群众安置点和水毁工程修复工地,实地察看了解受灾群众的生产生活情况。

10月1日,温家宝一行乘飞机直奔渭南灾区。在华县渭河大堤,温家宝冒雨来到石堤河决口复堵堤段,向,工作人员仔细询问排涝的情况。他对在场的干部说:“要抓紧时间排水,早一天把积水排完,就能早一天抢种庄稼,明年群众生活就有保证。”

临近渭河大堤的华县下庙镇康甘村,全部耕地被淹,秋粮绝收,大部分房屋倒塌。温家宝边走边察看房屋受损的情况。在村民康天恩家临时搭建的帐篷内,温家宝仔细询问村里受灾情况,鼓励他们克服困难生产自救。他还与正在巡查的卫生防疫部门工作人员交谈,了解群众饮水消毒和疾病预防情况。温家宝说,天气转凉,要防止灾区群众发生呼吸道传染病。

康甘村小学校舍全部倒塌,已成废墟。温家宝心情沉重地说,要抓紧抢修校舍,使学校尽快复课。当听说全校学生已被安置到其他学校上课时,他说,要千方百计保证孩子们不中断学习。1日下午,温家宝又冒雨来到设在县城贸易广场的受灾群众集中安置点。附近灾区几所小学的200多名学生正在这里临时搭建的帐篷里补课。温家宝详细了解了学生们上学的情况,并向老师们表示感谢。他走进三年级上课的帐篷,亲切叮嘱孩子们好好学习。

今年夏天,淮河发生了特大洪涝灾害。7月中旬,温家宝曾亲赴沿淮地区指导防汛抗洪。时隔80天，他再次来到灾情严重的阜阳地区。10月2日一早，温家宝一行冒雨来到阜南县王家坝镇，实地察看王家坝闸除险加固工程。他要求一定要精心施工，保证质量，力争明年汛期发挥作用。随后，温家宝又来到蒙洼蓄洪区的金黄村。淮河分蓄洪后，这个村的秋季作物全部淹没。温家宝与闻讯而来的村民们亲切交谈，问寒问暖，了解他们的生产打算。听到村民们抢种了400亩蔬菜而且长势良好，温家宝十分称赞，并希望大家抢时补种，多收一点，把损失减小到最低程度。在蓄洪区，他还察看了新建村正在重建的学校工地。

10月1日下午和晚上，温家宝分别在陕西省华县和安徽省阜南县听取两省救灾工作汇报。他要求灾区生产自救重点抓好五项工作：第一，当前最紧迫的是加快抽排农田积水，抢夺农时，搞好秋冬种。第二，切实解决受灾群众口粮、饮用水、御寒问题，做好防疫工作。第三，统一规划，分步实施，帮助群众修建水毁房屋。在冬季到来前，尽最大努力使每户有一处避寒的房间。第四，把学校重建放在救灾工作的重要位置。第五，尽快恢复水毁的基础设施，保证路、电畅通。他还要求，加快治淮重点工程的进度和渭河流域综合治理的步伐，提高防洪能力。温家宝强调，关中平原和沿淮地区是粮食主产区，要始终重视粮食生产，加强农田基础设施建设，严格保护耕地，稳定粮食播种面积。

中共中央政治局常委曾庆红在北京看望老科学家钱学森 金怡濂 屈冬玉

曾庆红分别看望了著名科学家钱学森、中国工程院院士金怡濂和中国农科院副院长屈冬玉，向这几位不同时期留学回国的优秀知识分子表示节日的祝贺和亲切的慰问，并认真听取了他们对科教兴国和人才强国的意见和建议。

刘云山、贺国强、陈至立、刘延东等领导同志以及中组部、教育部、科技部、人事部负责同志参加了看望活动。

国务院副总理黄菊在山东考察

10月1日至5日，黄菊在山东省省委书记张高丽、省长韩寓群陪同下，先后来到济南二机床集团有限公司、中国重汽济南卡车有限公司、济南铸造锻压机械研究所、寿光蔬菜高科技示范园、青岛经济技术开发区前湾港、海尔工业园，亲切慰问节日期间坚守工作岗位的职工，考察企业改革和生产经营情况。考察期间，黄菊听取了山东省委、省政府的工作汇报和山东省、烟台市农村信用社改革情况汇报，对山东省认真贯彻中央的工作部署，在深化改革、扩大开放、加快发展、维护稳定等方面取得的成绩给予充分肯定。

黄菊指出，东部地区要按照中央的部署，继续发挥优势加快发展，有条件的地方要率先基本实现现代化。要以改革开放促发展，适应新形势、站在新起点、实现新跨越、再攀新高峰，走出一条速度和结构、效益相统一，城乡协调发展、区域协调发展、经济社会协调发展、人与自然协调发展的新路子。

黄菊还就进一步深化国有企业改革、做好就业再就业和社会保障工作作了指示。他强调，具有重要历史意义的党的十六届三中全会就要召开了。我们要在以胡锦涛同志为总书记的党中央领导下，加快推进改革发展，做好维护社会稳定工作，以新的优异成绩迎接这次会议的召开。

西气东输管道开始将陕北天然气输往上海

我国跨世纪的宏伟工程和西部大开发的标志性工程——西气东输工程取得重大成果，陕北靖边天然气开始输往上海等长江三角洲广大地区。

西气东输工程东段从陕北靖边至上海白鹤镇，全长1485公里，途经陕西、山西、河南、安徽、江苏、浙江、上海等省市。按计划，靖边—上海段将于2003年年底建成投产，先期利用鄂尔多斯长庆气田天然气向上海供气。

中国与联合国教科文组织在巴黎签署教育合作备忘录

正在巴黎出席联合国教科文组织第三十二届大会的中国教育部部长周济同教科文组织总干事松浦晃一郎举行了正式会谈。双方对中国与教科文组织目前的合作一致表示满意，并希望进一步推动这种伙伴关系的深入发展。会谈后，周济与松浦晃一郎共同签署了双方教育合作备忘录。

中方在备忘录中表示，中国愿意在众多领域对世界教育的发展，特别是发展中国家教育的发展作出贡献。譬如，增加中国—教科文组织“长城奖学金”的数量，其中2—3个一年期奖学金将用于农村教育的学习；通过国际农村教育研究与培训中心，接待和安排国际特别是发展中国家的农村教育专家和访问学者，到中国短期学习研究，负担他们在中国的费用。

教科文组织则在备忘录中承诺，支持和帮助中国在教育方面所开展的努力。促进中国的农村教育，支持以素质教育为重点的边远地区和少数民族地区的全民教育；扩大高等教育合作，促进重点大学和重点学科建设以及中国的“旗舰”项目——环境、人口与可持续发展教育，对以就业为导向的职业和技术教育提供专家和技术支持。

北京现代队在沈阳夺得2003年度足协杯冠军

10月2日

中共中央政治局常委李长春在黑龙江考察

10月2日至8日，李长春先后到牡丹江市、齐齐哈尔市、大庆市和哈尔滨市，考察了中国第一重型机械集团、哈尔滨电站设备集团、哈飞集团、东安集团、九三油脂公司等国有大型企业；视察了西新工程及哈尔滨工业大学，深入社区到困难职工家庭慰问；听取了黑龙江省委、省政府的汇报，充分肯定了黑龙江省改革开放和社会主义现代化建设取得的成就，对进一步把学习贯彻"三个代表"重要思想新高潮引向深入，贯彻实施振兴东北老工业基地重大战略决策，促进黑龙江及东北地区经济社会全面发展提出了要求。

李长春还要求高度重视国有企业下岗职工问题，为解决好他们的实际困难，做好再就业工作。

今年是铁人王进喜诞辰80周年。受胡锦涛总书记的委托，李长春同志专程到王进喜曾经工作过的大庆1205钻井队，代表党中央、国务院亲切慰问国庆期间奋战在采油一线的石油工人，鼓励他们继续发扬"铁人精神"。

考察期间，李长春还就进一步建设和完善西新工程，治理好党政部门报刊散滥和利用职权发行问题提出了具体要求。

农业部发出紧急通知部署秋冬种工作

通知要求各地各级农业部门加强对秋冬种工作的组织领导，及时引导主产区农民多种冬小麦等粮食作物，确保粮食特别是小麦面积基本稳定，不能在简单调减粮食面积上做文章。

通知指出，各地一定要把结构调整的重点放在优化品种、品质结构上，稳粮扩油，稳定冬小麦等粮食面积，积极发展特色杂粮杂豆，适度扩大油菜面积。

通知要求，各地要促进农产品加工转化，实现加工转化增值，加强社会化服务，大力发展农民专业合作经济组织，有效沟通市场与生产的联系。

通知强调，各级农业部门要组织农技人员深入生产一线，加强技术指导，搞好技术服务；积极与农村信用社沟通，帮助受灾较重的农民，通过小额信贷解决秋冬种所需资金；与工商、质检等有关部门密切配合，集中开展种子、化肥、农药等农资市场专项整治活动，保证农业生产安全，维护农民利益，确保明年夏季粮油丰产丰收。

中国和俄罗斯两国军队总参谋部第七轮战略磋商在莫斯科结束

这次战略磋商是9月30日开始举行的。中国人民解放军副总参谋长熊光楷上将与俄罗斯武装力量第一副总参谋长巴卢耶夫斯基上将共同主持了此次磋商，并就共同关心的国际战略形势和地区安全问题坦诚、友好地交换了看法。双方对磋商成果表示满意，并表示将共同努力，推动和发展两国军队的互利合作关系。

磋商期间，俄罗斯武装力量总参谋长克瓦什宁大将等俄军事领导人会见了熊光楷。他说，作为战略协作伙伴关系重要内容的两军总参谋部的直接对话和战略磋商对于增进俄中两军间的相互了解、扩大共识、促进合作非常重要。他希望双方共同努力，把两国在军事领域的合作不断推向新的高度。

熊光楷说，通过此次磋商，双方在许多国际和地区问题上达成了共识。中方愿与俄方同行一道，不断开拓两军合作的新领域，为两军友好互利合作关系增添新的内容。

10月3日

外交部部长李肇星在北京就齐齐哈尔日本遗弃毒剂伤人事件召见日本驻华大使阿南惟茂

李肇星表示，日方在此次事件的善后处理问题上动作迟缓，与日本政府领导人的公开表态很不相符，引起中国公众和受害者的强烈不满。解决善后问题，提供人道慰问是一个十分紧迫的问题。我们郑重要求日方认真对待，尽快加以解决。

李肇星强调，中国政府把维护人民群众的根本利益放在首位，这一立场是坚定的。希望日本政府从国际法理的基本原则出发，按照两国政府达成的协议，承担销毁所有遗弃在华化武的责任。

10月4日

外交部副部长王毅在巴厘岛答记者问

王毅在参加东盟与中国的高官会议之后回答记者提问时说，这次温家宝总理出席中国与东盟首脑会议是一次承前启后、继往开来的外交活动。温总理将在会上提出包括贸易、公共卫生、教育、文化、青年以及政治安全对话等方面的一系列建议，这些建议将全面加强中国与东盟之间在各领域内的合作。

他说，中国这次将正式加入《东南亚友好合作条约》,这将进一步巩固中国与东盟关系正式化的基础。他还说,中国同东盟确定了五个重要的合作领域,并已经签署了农业合作谅解备忘录,这次还将签署信息通信方面的合作协议。

王毅说,中国支持东盟发表第二个《巴厘宣言》以确定东盟今后的发展方向。中国还将继续对湄公河流域的发展进行投入。

关于中国和东盟在防治"非典"方面的合作情况,王毅说,中国希望与东盟交流有关"非典"方面的信息,建立区域防治疾病网络,共同防治"非典"和其他新疾病的出现。

为期两天的东南亚国家联盟(东盟)10个成员国高官会议及东盟和中国、日本、韩国、印度4国高官会议于10月4日下午在印度尼西亚巴厘岛闭幕。会议就将提交于7日至8日举行的东盟首脑会议和东盟与上述4国领导人会议的全部文件达成一致。

外交部发言人孔泉就美有关机构发布无端攻击中国言论答记者问

有记者问:近日,美国"国会——行政部门中国委员会"发表2003年度报告,该报告承认中国在法制改革等领域正取得一些进展,但在人权、宗教和新闻自由等问题上继续批评中国。请问你对此有何评论?

孔泉说:美国所谓"国会——行政部门中国委员会"发表的报告无视中国在人权和法制建设等领域的巨大成就,歪曲事实,继续利用人权、宗教、"法轮功"等问题无端攻击中国,这只能说明报告起草者的傲慢与偏见。我们对此表示强烈不满和坚决反对。

他说,中国人民刚刚欢庆新中国成立54周年。54年来特别是改革开放以来,中国社会发生了翻天覆地的变化。今年以来,中国人民成功抗击"非典",保持了经济持续快速健康发展,继续稳步推进民主法制建设。当今之中国,到处充满勃勃生机,各项事业蒸蒸日上。中国的人权状况和法制建设正处于不断改善的最好时期。这是有目共睹的基本事实。

孔泉说,必须指出,中国政府一向致力于促进和保护全国各族人民的人权和基本自由。中国法律保护公民宗教信仰自由,同时禁止任何组织和个人以宗教名义从事违法犯罪活动。中国政府依法取缔"法轮功"邪教组织,正是为了保护公民的基本人权,得到广大人民群众的欢迎和拥护。

孔泉说:我们奉劝美国会和有关机构多管管自己国家的事,多做有利于促进中美两国相互了解和合作的事,停止干涉中国内政。美国行政当局应认真对待中方的严正立场,不采纳该报告提出的所谓建议,并采取切实措施消除上述报告的消极影响。

教育部部长周济在巴黎出席第三十二届联合国教科文组织大会举行的教育部长圆桌会议并就教育质量问题阐述中国政府的立场和看法

周济指出,质量是教育的生命线。在教育规模快速扩展的形势下,中国注意教育质量问题,强调要把握发展的节奏,努力实现教育的质量、规模、结构和效益相互协调。他说,中国理解的质量概念,是与学习者的综合素质相关的质量。所谓综合素质包括思想道德素质、人文素质、科技素质和身体心理素质。中国正在实施素质教育,促进学生综合素质的全面发展。在提高教师素质、加强教育信息化、改进质量评价等方面,中国也作出了不懈的努力。

来自70多个国家的教育部长参加了会议。

北京体育奥运行动规划展在中国国际展览中心开展

此次展览由北京市体育局主办,全方位地展示未来5年内北京体育的发展前景,勾勒出了北京国际化体育中心城市全貌。

10月5日

国务院总理温家宝在海南看望海南省劳动模范并听取省委 省政府的工作汇报

北京体育大学召开建校50周年庆祝大会

庆祝大会上,国务院副秘书长陈进玉宣读了国务委员陈至立的贺信。全国政协副主席王选、国家体育总局局长袁伟民、教育部副部长赵沁平、北京市委副书记龙新民等发表了热情洋溢的讲话。

校庆期间,学校还将举办奥林匹克与北京奥运国际论坛、中外体育院校校长论坛等研讨活动。

10月6日

国家主席胡锦涛就中国文化年活动在巴黎开幕致信祝贺

胡锦涛主席在贺信中说:"在漫长的历史岁月中,中国人民和法国人民分别创造了璀璨的中华文化和法兰西文化,为人类文明进步作出了重大贡献。"

胡锦涛说:"不同民族文化的相互交流和借鉴,是增强文化创造力的重要途径。中国文化年活动,既展示古老中国文化的恒久魅力,又反映当代中国文化的创造活力,这必将有利于增进中国人民和法国人民之间的友谊和了解,推动中法全面伙伴关系不断向前发展。"

国务院总理温家宝在巴厘岛会见印度尼西亚总统梅加瓦蒂

温家宝一行是应印度尼西亚总统梅加瓦蒂的邀请，前来印度尼西亚巴厘岛出席第七次东盟与中日韩(10 + 3)领导人会议、东盟与中国(10 + 1)领导人会议及第五次中日韩领导人会晤。

温家宝说，目前中印尼双边关系处于历史上最好时期，两国应大力拓展经贸合作，积极落实双方商定的有关能源、交通等基础设施建设项目，加强农业、渔业合作。两国还要共同推进区域合作，为促进本地区的和平与繁荣作出新的贡献。温家宝还对印尼政府坚持一个中国的政策表示赞赏。

梅加瓦蒂赞同温家宝对两国关系的积极评价。她希望在此进程中深化与中国的全面合作关系。

会见结束后，温家宝总理和梅加瓦蒂总统出席了两国政府关于经济技术合作等3项协议的签字仪式。

国务院总理温家宝在巴厘岛分别会见文莱 越南缅甸领导人

温家宝分别会见了文莱苏丹博尔基亚、越南总理潘文凯、缅甸总理钦纽，阐述了中国政府重视发展与周边国家关系的政策和主张。

在会见博尔基亚时，温家宝充分肯定中国与文莱睦邻友好合作关系的发展，表示中国愿从文莱进口更多石油，参与文莱油气开发、港口和电信等基础设施建设，并愿积极推进两国教育、文化等领域的合作。

博尔基亚表示，文中关系发展顺利，高层往来频繁，经贸合作势头强劲。文莱愿意进一步扩大双边贸易，并加强两国企业和人民之间的友好交往。

在会见潘文凯时，温家宝表示，目前中越关系发展良好，中国党和政府重视发展对越关系。双方应继续贯彻和落实两国领导人的共识，进一步深化各领域全面合作。同时也要更加重视和妥善处理好两国关系中存在的问题，早日完成北部湾渔业合作协定后续谈判，共同维护北部湾渔业生产秩序，防止伤害渔民利益的事件发生。

潘文凯表示，越南十分重视发展与中国在各方面的友好合作关系，愿永远做中国的好邻居、好伙伴、好朋友、好同志。越政府完全同意中方的意见，愿采取具体措施妥善解决目前存在的问题。

在会见钦纽时，温家宝表示，我们希望缅甸保持稳定，经济得到发展，促进民族和解进程。中国愿加强与缅甸的互利合作，加强在农业、资源开发、基础设施建设以及边境管理和禁毒方面的合作，共同打击跨境犯罪，维护边境地区稳定。

钦纽表示，缅中关系近年来得到较快发展，为两国人民带来了实实在在的好处。缅甸感谢中方对缅甸的帮助和支持，缅将保持稳定，走向民主。

中国文化年在巴黎金门宫博物馆开幕

国务委员陈至立、文化部部长暨中法文化年组委会中方主席孙家正、教育部部长周济和法国外交部部长德维尔潘、法国文化部部长阿亚贡等中法两国政府领导人出席了开幕仪式。

中法两国领导人于1999年和2000年共同商议并决定互办文化年，2001年4月，两国政府签署了互办文化中心和文化年协定，决定从2003年至2005年先后在法国举办中国文化年和在中国举办法国文化年。2003年6月中法文化年组委会成立，双方经过密切合作，中国文化年顺利在巴黎举办。在“古老的中国、多彩的中国、现代的中国”三大主题的统领下，在大文化的概念下，中国文化年将在法国举办300多项立意新、质量高的文化、教育、科技、广播电视、体育、民族、宗教、建筑等展示活动。

上午10时30分，中法文化年组委会法方主席昂格鲁米宣布中国文化年开幕式新闻发布会开始。国务委员陈至立致辞，她说，中国文化年在法国举办，其意义不仅是中法关系史上的一个里程碑，而且是一次超越国界、跨越大洲、规模空前的文化盛事。她表示相信，中法互办文化年将有利于两国人民的相互了解，有利于东西方文化的相互学习、相互借鉴，有利于维护世界文化的多样性，成为密切中法两国全面伙伴关系的纽带，为中法两国在政治、经济、文化各个领域的交流与合作，开辟更加广阔而美好的前景。

法国外长德维尔潘也发表了热情洋溢的致辞。他说，法国深感荣幸的是，中国首次在国外举办文化年活动就选择了法国。法国准备通过互办文化年来展示文化多样性的价值和要求。他说，中法两国的愿望是一致的，即捍卫一个接受差异、将另类文化视为机遇而非威胁的世界，多样性必须以尊重他国的传统为前提，通过对话相互充实，增加人民之间联系的各种桥梁。

新闻发布会后，两国政府领导人为同时在金门宫揭幕的两个大型展览《走近中国——中国当代生活艺术展》《东方既白——20世纪中国绘画展》剪彩。下午，在巴黎市政厅举办的“三星堆文物展”也拉开了帷幕。晚上，中央民族乐团在此间举行了专场音乐会。

法国各界上千人参加了开幕仪式。

中国与东南亚国家联盟在印尼巴厘岛签署关于信息通信技术合作的谅解备忘录

信息产业部部长王旭东和东盟秘书长王景荣在备忘录上签字，东盟10个成员国的经济部长出席了签字仪式。

备忘录涵盖人力资源发展、技术开发、信息通信技术应用的开发、电子东盟项目的实施、有关信息通信技术的信息交流、兼容性以及每年一度的中国—东盟信息通信技术研讨会等方面。

比利时参议院议长德戴克尔在布鲁塞尔会见由全国人大常委会副委员长许嘉璐率领的全国人大代表团

威海市在世界人居日庆典暨联合国人居奖颁发仪式上获得2003年度“联合国人居奖”

10月7日

国务院总理温家宝出席在印度尼西亚巴厘岛举行的第七次东盟与中日韩(10+3)领导人会议

印度尼西亚总统梅加瓦蒂等东盟10国领导人、日本首相小泉纯一郎和韩国总统卢武铉也出席了会议。会议由东道主印尼总统梅加瓦蒂主持。与会领导人在友好、坦诚的气氛中讨论了“10+3”的发展方向及扩大各领域合作等问题。

在会上,温家宝总理发表了以《共同谱写东亚合作新篇章》为主题的讲话。他说,“10+3”的建立与发展,是东亚国家顺应经济全球化发展潮流、寻求共同发展的重要创举。6年来,“10+3”从无到有、从虚到实,由东亚国家间的对话会议成长为内容丰富的合作体系,建立起了较为完善的运作机制,合作内容从金融、经贸向政治、社会和安全领域不断扩展。

温家宝指出,深化“10+3”合作,需要遵循平等协商、互利共赢、循序渐进、开放包容四项原则。

为完善充实“10+3”合作,推动东亚合作迈向更高水平,温家宝提出四项建议:一、研究建立东亚自由贸易区的可行性。二、推进东亚财政、金融合作,在“清迈倡议”的基础上,逐步实现双边货币互换网络多边化,逐步落实“10+3”各方就建立亚洲债券市场达成的初步共识,探讨设立区域投资合作实体。三、加强政治和安全对话,开展非传统安全合作,共同维护来之不易的和平发展环境。四、拓展社会特别是文化、科技合作,建立“10+3”公共卫生、青年交流、文教和高科技等新的合作机制。

国务院总理温家宝在印度尼西亚巴厘岛出席中日韩领导人第五次会晤并签署《中日韩推进三方合作联合宣言》

会晤由卢武铉主持。三国领导人就中日韩三国合作、三国与东盟合作以及其他共同关心的问题进行了讨论。

温家宝就今后的三国合作提出以下建议:一、尽早成立“三方委员会”,根据《联合宣言》对三国合作进行协调和规划。二、继续深入研究建立中日韩自由贸易区问题。中方支持三国研究机构下一步着手研究三国自由贸易区可能产生的产业影响。三、深化三国部门间的合作。中方希望尽快建立流通特别是物流合作机制,继续探讨建立质量监督检验检疫合作机制,逐步扩大促进三国贸易便利化的措施,支持三国媒体加强合作。四、明年在中国举办一次中国“振兴东北”与东北亚合作研讨会。中国开始实施的“振兴东北”战略将为三国合作提供新的机遇。欢迎日韩两国政府部门和地方省市各界人士积极参与。

会晤后,三国领导人签署了《中日韩推进三方合作联合宣言》。宣言全文如下:

2003年10月7日,我们,中华人民共和国、日本国和大韩民国的政府首脑和国家元首在印度尼西亚巴厘岛出席东盟与中日韩(10 + 3)领导人会议期间举行了会晤。我们回顾和肯定了中日韩双边关系与三边合作所取得的积极进展。为在新世纪进一步促进和加强三方合作,我们发表联合宣言如下:

一

三国地理相邻,经济互补性强,经济合作不断加强,人员往来日益频繁,已经成为重要的经贸伙伴,在地区和国际事务上的协调与合作不断加强。

中日韩合作呈现出良好的发展势头。自1999年起,三国领导人实现了定期非正式会晤。三国在诸多领域建立了部长级、高官级和工作层会晤机制,并以经贸、信息、环保、人力资源开发和文化为重点领域开展了富有成效的合作。

三国积极支持和参加亚太经合组织、亚欧会议等各种形式的区域合作。作为“10+3”合作的重要推动力量,三国积极参加和实施东亚研究小组(EASG)最终报告所提项目,推动大湄公河次区域合作,为东盟一体化倡议作出了积极贡献。

我们三国领导人一致认识到,中日韩推进三方合作已经具备了坚实的基础,确信拓展和深化三方合作不仅有利于进一步推动三国间双边关系的稳定发展,而且有利于实现整个东亚的和平、稳定和繁荣。

二

全球化和信息时代的到来,为世界各国提供了巨大的发展机遇,同时也带来各种新的挑战。中日韩三国作为亚洲和世界上的重要国家,在维护地区和平与稳定、促进各国共同发展方面肩负共同的责任。三方合作旨在促进发展,加强东亚合作,维护地区及世界的和平与繁荣。

我们三国领导人一致同意：

（一）三方合作将遵循《联合国宪章》的宗旨和原则以及其他公认的国际关系准则。

（二）三国将在相互信任、相互尊重、平等互利、谋求共赢的基础上，在诸多领域加强广泛的、面向未来的合作，包括在经贸、投资、财金、交通、旅游、政治、安全、文化、信息通信技术、科技、环保等领域的合作。

（三）三国政府是三方合作的主要力量，同时鼓励工商界、学术界和各种民间团体共同参与。

（四）三方合作是东亚合作的重要组成部分。三国将通过“10+3”等多种区域合作形式，继续加强协调并支持东盟一体化进程。三国将推进东北亚经济合作与和平对话，促进该地区稳定和繁荣。

（五）三方合作将是透明、开放、非排他性和非歧视性的。三国将保持各自与其他国家的合作机制，以相互吸取经验，促进共同发展。

三

为切实推进实质性合作，我们三国领导人强调，三国有必要本着循序渐进、先易后难，不断拓展、日益深化的方式，在以下领域拓展并深化三方合作。

（一）贸易与投资合作。三国将开展互信、互补的经贸合作，实现域内国家增长潜力的最大化并最终实现共同繁荣。同时，三国将努力加强协调，营造具有吸引力的投资和贸易环境，并与世贸组织有关条款相一致。

三国将共同努力，推动世贸组织多哈谈判，以提高市场准入并平衡加强有关规则，如加强反倾销规则。三国也将努力防止滥用世贸组织规则。

三国将加强其海关和运输管理部门在贸易便利化上的对话和合作，并将继续通过现有渠道开展质量监督、检验检疫部门间的交流和合作。它们也强调在贸易中食品安全和动植物卫生的重要性，并与世贸组织有关协定保持一致。

三国将就保护知识产权加强合作，包括公众意识、人员交流、分享经验和加强执法等。

三国研究机构关于“三国自由贸易安排的经济影响”的联合研究已取得较大进展，在此基础上，三国将适时以建立未来更紧密经济伙伴关系为方向进行研究。

为促进贸易投资便利化并加强东北亚人员交流，三国航空机构间将推动现有的对话和合作，以发展三国国际民用航空运输。

三国认识到吸收外国直接投资对发展各国国内经济的重要性，欢迎为吸收外国直接投资所做的努力。三国确认，将为促进吸收外国直接投资采取进一步行动，包括通过公平透明的方式解决各国投资者提出的具体问题。三国将据此就三方投资安排的可能模式进行非正式联合研究。

三国将充分利用现有双边和三边磋商，加强信息交流及事先协商，最大限度地降低发生贸易纠纷的可能性。

（二）信息通信产业合作。三国将重点加强在宽带信息通信网、移动通信、电子商务等领域的交流与合作，继续推动新一代通信网络、第三代移动通信等高新通信技术研发与交流，促进信息通信技术在社会各个领域的广泛应用并确保信息通信安全。同时，三国将寻求在建立亚洲地区宽带网络的过程中发挥积极作用，加快互联网产业发展，促进亚洲地区信息流通。

（三）环境保护合作。三国将在三国环境部长会议等各种框架下，就沙尘暴监测和预警、酸沉降监测、大气、水、海洋污染和气候变化等共同关心的环境问题加强合作；扩大三国在环保产业和技术的交流与合作，推动三国在水资源管理、森林保护、森林再造和生物多样性保护等方面的对话与合作；加强对全球和区域性重大环境问题的磋商与合作，以推动可持续发展。

（四）防灾治灾合作。三国将加强这一领域的合作与对话，以防止风暴、台风、水灾和地震等灾害，或减轻灾害造成的损害。

（五）能源合作。三国将扩大能源领域的互利合作，并共同致力于加强地区和世界的能源安全。

（六）金融领域合作。为促进地区金融稳定，三国将继续加强三国经济政策对话，推动“清迈倡议”的落实，深化未来地区金融合作，包括探讨建立区域融资与稳定机制、发展区域债券市场的可能性。三国将在国际金融组织中加强合作与协调，以实现亚洲经济的平衡稳定发展和“千年发展目标”。

（七）科技合作。三国将促进各个层次的科技交流与合作，例如国际热核聚变试验反应堆（ITER）计划，以解决共同关心的问题，并开发新技术，开拓新产业。

（八）旅游合作。三国将采取适当措施，进一步促进旅游业发展，鼓励扩展三国旅游业，加强三国旅游机构和旅游产业间的交流与合作，如发展旅游基础设施，吸收三国以外的、例如欧美国家的居民进行三国一揽子旅游等。

（九）渔业资源保护。三国将通过有效的渔业管理，进行双边或三边合作，促进渔业资源的可持续利用和养护。

四

（十）为增进相互理解和信任，拓宽交流渠道，促进未来三边合作，三国将加强人员交流、文化、教育、人力资源开发、新闻媒体、公共卫生、体育等诸多领域的合作。

三国将继续鼓励和促进人员交流，以增加青年和青年领导人之间的交往。三国还将积极开展文化交流与合作，在保护和发展文化遗产、维护文化多样性、开展文明对话等方面加强合作。

三国将继续支持教育领域的合作，扩大高校间学生交流，推动互认学历、学位、学分等，鼓励语言教学和文化交流。

三国将通过媒体研讨会等各种形式，鼓励媒体间开展交流与合作，并与政府保持密切沟通。

三国将通过友好城市等方式扩大地方政府间的交流与合作。

为增进三国人民的相互理解和友谊，三国将鼓励体育界进行多种形式的交流与合作，如组织足球、乒乓球赛事等。

五

（十一）三国将在国际事务中加强合作，继续支持联合国在维护国际和平与安全中的核心作用，推动关于联合国事务的对话和磋商，包括加强联合国作用及联合国改革等。

（十二）三国将共同推动亚洲各种形式的区域合作。三国将抓紧落实《东亚研究小组最终报告》提出的各项措施，推动“10+3”合作向东亚合作方向发展，支持东盟在这一过程中发挥重要作用，并在东盟地区论坛、亚太经合组织、亚欧会议等机制中加强合作。

（十三）三国将加强安全对话，促进三国国防或军事人员之间的交流与合作。

三国将根据国际机制，通过政治、外交和行政手段，包括有效的出口控制，加强在裁军、防止和控制大规模杀伤性武器及其运载工具扩散等方面的交流与合作，同时认同遵守有关国际规则的重要意义。

三国同意坚持通过对话和平解决朝鲜半岛面临的核问题，支持朝鲜半岛无核化，同时解决有关方面的各种关切，共同致力于维护半岛的和平与稳定。

（十四）三国有关部门将通过有效合作，加强在预防“严重急性呼吸道综合征”（SARS）等传染病方面的合作，并在打击犯罪、恐怖主义、海盗、贩卖人口、毒品犯罪、洗钱、国际经济犯罪和网络犯罪等跨国犯罪领域加强合作。

六

我们三国领导人一致认为，为保证有效地开展三方合作，必须开拓广泛的合作渠道。为此，我们决定继续举行三方领导人会晤，支持外交、经贸、财政、环保、信息通信、专利等现有部长级会议的有效运作，并努力将此类会议扩展到其他领域。我们还决定，成立一个三方委员会，研究、规划、协调和监督现有的和本宣言提出的合作，并向年度领导人会晤提交进展情况报告。

中华人民共和国国务院总理 温家宝

日本国首相 小泉纯一郎

大韩民国总统 卢武铉

2003年10月7日签署于印度尼西亚巴厘岛

国务院总理温家宝在印度尼西亚巴厘岛会见韩菲日马泰五国领导人

温家宝分别会见了韩国总统卢武铉、菲律宾总统阿罗约、日本首相小泉纯一郎、马来西亚总理马哈蒂尔和泰国总理他信。

国务院总理温家宝在印度尼西亚巴厘岛出席首届东盟商业与投资峰会并发表演讲

温家宝发表了题为《中国的发展和亚洲的振兴》的演讲。近300位来自东盟国家和世界其他地区的企业家们聆听了温总理的演讲。

温家宝指出，发展是实现亚洲振兴的必由之路。亚洲作为一个迅速崛起的大陆，越来越受到全球的关注。科技进步突飞猛进和经济全球化趋势深入发展，为亚洲国家实现跨越式发展带来了历史性机遇。但亚洲的振兴之路并不一帆风顺。亚洲国家需要加强团结与合作，努力创造一个整体发展的良好格局。东亚“10+3”领导人会议，就是这个进程的重要组成部分。“10+3”创立以来，在促进亚洲合作的道路上迈出了坚实步伐，“10+3”合作的探索和实践，对亚洲的振兴具有重要意义。我们应在此基础上，不断充实合作项目，扩大合作领域，完善合作机制，为最终实现东亚乃至亚洲经济一体化奠定基础。

温家宝在介绍了中国国内情况后指出，中国的发展强大将给亚洲各国带来发展机遇和实际利益，将为亚洲的和平与发展作出更大的贡献。他强调，积极促进亚洲的发展振兴与和平稳定，是中国的既定方针。“睦邻”、“安邻”和“富邻”是中国实现自身发展战略的重要组成部分。

——“睦邻”，就是继承和发扬中华民族亲仁善邻、以和为贵的哲学思想，在与周边国家和睦相处的原则下，共筑本地区稳定、和谐的国家关系结构。

——“安邻”，就是积极维护本地区的和平与稳定，坚持通过对话合作增进互信，通过和平谈判解决分歧，为亚洲的发展营造和平安定的地区环境。

——“富邻”，就是加强与邻国的互利合作，深化区域和次区域合作，积极推进地区经济一体化，与亚洲各国实现共同发展。

温家宝说，中国的发展将给亚洲各国提供更广的市场和更多的商机。中国政府将鼓励中国企业到亚洲各国投资兴业。中国的发展有利于地区的金融稳定。保持人民币汇率在合理、均衡水平上的基本稳定，既有利于中国经济的稳定与发展，也有利于地区和世界经济的稳定与发展。中国的发展是和平力量的增长，将为地区稳定作出更大贡献。中国致力于推动国际关系民主化和发展模式多样化，致力于促进建立公正合理的国际政治经济新秩序。

温家宝说，中国与东盟的互信合作正快速向前发展。中国将加入《东南亚友好合作条约》，并与东盟签署《面向和平与繁荣的战略伙伴关系联合宣言》，这些都标志着双方关系迈上了新的台阶。中国和东盟年贸易总额在2005年时可望突破1000亿美元。中国与东盟自由贸易区的谈判取得了积极进展，从明年1月1日起，自由贸易区框架下的"早期收获"计划将付诸实施。我们对如期完成自由贸易区建设充满信心。

温家宝最后说，和平、安全、合作、繁荣，是中国亚洲政策的目标。中国与东盟的经贸合作潜力巨大、前景广阔。希望各国朋友充分把握当前的有利条件，积极参与中国—东盟经贸合作，共同创造亚洲繁荣与发展的美好明天。

国务院总理温家宝就中科两国友好关系发展致函科威特首相萨巴赫

中国驻科威特大使吴久洪于10月7日向科威特首相萨巴赫转交了中国国务院总理温家宝致萨巴赫的信函。温家宝在信函中称赞科威特致力于发展同中国友好关系。

温家宝在信函中阐述了中国政府对重大国际和地区性问题的立场，赞赏萨巴赫首相及其政府坚持不懈地致力于发展同中国的友好关系，重申中国政府将一如既往地支持科威特为捍卫国家独立、主权与领土完整所进行的正义事业。温家宝邀请萨巴赫在方便的时候访问中国。

法国总统希拉克在巴黎总统府会见国务委员陈至立

希拉克说，中国文化年活动得到了中国政府和领导人的热情支持，法方对此深受感动。这一活动已在法国公众中引起极大兴趣和热烈反响，他对此感到非常高兴并表示热烈祝贺，相信中国文化年活动一定会取得巨大成功，并对两国关系产生积极影响。

陈至立向希拉克转达了中国国家主席胡锦涛和中央军委主席江泽民的亲切问候和良好祝愿。她说，中法互办文化年是两国领导人共同作出的重要决定，是两国文化交流史上的盛事，具有重大和深远的意义。她表示，中方将与法方共同努力，把中法文化交流与合作推向新的发展水平。

中国人民争取和平与裁军协会会长何鲁丽在钓鱼台国宾馆会见以武庭炬主席为团长的越南和平委员会代表团

中联部部长王家瑞在北京会见越共中央政治局委员中央理论委员会主席阮富仲

10月8日

中共中央总书记胡锦涛在北京出席欧美同学会成立90周年庆祝大会并发表重要讲话

中共中央政治局常委贾庆林、曾庆红、黄菊等到会祝贺。

胡锦涛在大会上发表了重要讲话。

庆祝大会由全国人大常委会副委员长、欧美同学会会长丁石孙主持。3000多名会员出席了大会。全国人大常委会副委员长、欧美同学会副会长韩启德作了工作报告。他说，在新世纪、新阶段，欧美同学会一定要高举邓小平理论伟大旗帜，认真学习贯彻"三个代表"重要思想和党的十六大精神，更加广泛地团结和组织广大留学人员，引导他们归国创业或以多种形式为国服务，为全面建设小康社会作出新的贡献。

中国科协书记处第一书记张玉台代表各人民团体致贺词，中国农业大学校长陈章良代表留学人员发言。

到会祝贺的领导同志还有贺国强、王刚、成思危、路甬祥、刘延东和张劲夫、吴阶平、宋健、经叔平等。

中共中央总书记胡锦涛在欧美同学会成立90周年庆祝大会上的讲话

同志们，朋友们：

今天，我们大家欢聚一堂，庆祝欧美同学会成立90周年。首先，我代表党中央、国务院，向大会的召开表示热烈的祝贺！向辛勤工作在祖国各条战线上的归国留学人员，致以诚挚的问候！向远在国外学习和工作的留学人员及其家属，表示良好的祝愿！

我国留学生到国外学习已有130多年的历史。在这段漫长的岁月中，一代又一代留学人员，满怀报国热情和求知欲望，远涉重洋，刻苦学习，并以各种方式热忱为国服务，为实现祖国繁荣富强的伟大事业作出了卓越贡献。特别是进入20世纪以后，一批杰出的留学人员痛感旧中国的腐朽落后，在勤奋学习科学文化知识的同时，积极探索抵御外侮、救国救亡的道路，接受了马克思列宁主义的先进理论。他们回国后坚持把马克思主义基本原理同中国具体实际相结合，积极投身党领导的人民革命的澎湃洪流，在火热的斗争中成长为坚定的马克思主义者，为我国革命的胜利建立了不朽的历史功勋，周恩来、刘少奇、朱德、邓小平同志等就是他们中的杰出代表。还有许多怀有报国之志的留学人员，学成回国后艰苦创业、默默耕耘，成为我国近代民族经济、科技、教育、文化、卫生等事业的开拓者，为国家发展和民族进步奉献了智慧和力量。新中国成立后，大批在海外的留学人员听从党和祖国的召唤，冲破重重阻挠回到祖国，意气风发地参加社会主义建设，呕心沥血，顽强拼搏，为新中国的科技、教育、国防等事业的发展建立了举世瞩目的历史功勋。李四光、严济慈、华罗庚、周培源、钱三强、钱学森等就是他们中的优秀代表。新中国派出了大量留学人员，他们学成回国后奋斗在祖国建设的各条战线上，成为社会主义建设的重要骨干力量。改革开放以来，党和国家实行“支持留学，鼓励回国，来去自由”的方针，出国留学人员成倍增加，他们在海外孜孜不倦地钻研现代科技文化知识，学成后通过多种形式积极为祖国现代化建设服务。他们不仅取得了一批接近和达到国际先进水平的科研成果，而且在促进改革开放和社会主义现代化建设，扩大我国同其他国家在科技、教育、文化、经贸等领域的交流和合作，增进我国人民同各国人民的了解和友谊等方面，都发挥了不可替代的重要作用。实践证明，我国广大留学人员具有为祖国、为人民、为民族建功立业的崇高志向，是国家的宝贵财富，是我国人才资源的重要组成部分，是推动我国社会发展进步和实现中华民族伟大复兴的一支重要力量。

鼓励出国留学，学习国外先进的科技文化知识，是国家培养人才的重要途径。党中央历来高度重视留学人员工作。毛泽东同志、邓小平同志、江泽民同志都曾对我国留学工作和广大留学人员提出了明确要求和深情嘱托。上世纪 70 年代末，邓小平同志高瞻远瞩地预见到，改革开放和现代化建设必然需要一大批掌握现代科技知识的人才，提出了增加向国外派遣留学生的战略举措。1979 年，第一批留学生启程前，邓小平同志就在这里——人民大会堂为即将负笈远行的学子送行，谆谆勉励他们努力学习、报效祖国。江泽民同志多次指出，留学人员要不断掌握新知识、新技术，时刻关心祖国的改革和建设事业，成为跨世纪的有用人才，为祖国的发展繁荣多做贡献。现在，我国进入了全面建设小康社会、加快推进社会主义现代化的新的发展阶段。我国的发展正处在一个关键时期，中华民族的发展正处在一个关键时期。我们要紧紧抓住和充分利用本世纪头 20 年的重要战略机遇期，解放思想、实事求是，与时俱进、开拓创新，埋头苦干、乘势而上，坚定不移地朝着全面建设小康社会的宏伟目标前进。

党的十六大明确提出，为了实现全面建设小康社会的宏伟目标，我们必须坚持把发展作为党执政兴国的第一要务，必须坚持实施科教兴国战略，必须坚持人才资源是第一资源的思想，必须坚持把尊重劳动、尊重知识、尊重人才、尊重创造作为党和国家的一项重大方针，必须营造鼓励人们干事业、支持人们干成事业的社会氛围。为了更好地给全面建设小康社会提供人才保证，中央决定进一步实施人才强国战略。这一切，为广大留学人员实现理想、施展才华，创造了新的机遇，开辟了更加广阔的天地。广大留学人员的前途命运是同党和国家的前途命运紧紧联系在一起的，广大留学人员的地位和作用也是同党和国家事业的发展紧紧联系在一起的。积极为全面建设小康社会贡献智慧和力量，是时代对广大留学人员发出的庄严召唤，也是党和人民对广大留学人员的殷切期望。

这里，我想向广大留学人员提出三点希望。

第一，希望大家与时俱进、发愤学习。留学人员要实现自己的人生理想和报国志向，首先必须勤奋学习、立志成才。只有具备真才实学，才能成就一番事业。要珍惜出国留学的机会，充分利用国外的有利条件，站在当今科技进步的前沿，努力掌握报效祖国、服务人民的本领，使自己成为对祖国、对人民的有用之才。发展没有止境，知识也没有穷尽。在当今世界科技进步日新月异、知识更新不断加快的条件下，我们要跟上科技进步和时代前进的步伐，必须坚持学习、不懈学习、终身学习。已经完成学业的留学人员，要继续在工作实践中加强学习，不断用先进的科技文化知识充实和丰富自己，不断提高自己的知识水平和创新能力。

第二，希望大家为国服务、建功立业。祖国是广大留学人员施展才华的广阔舞台。历史和现实都证明，只有把个人的抱负和祖国的建设紧密结合起来，把个人的追求和人民创造历史的活动紧密结合起来，才能大有作为。广大留学人员应思国家之需、展所学之才，努力在回国创业、为国服务中开创新事业。回国创业是我国留学人员的光荣传统，也是报效祖国的主要方式。亲身参与我国人民创造幸福生活、实现民族振兴的伟大实践，在祖国这块热土上为人民贡献聪明才智，不仅能创造无愧于时代的业绩，也能得到事业成功的最大快乐。一些留学人员选择在国外居住和工作，党和政府尊重和理解他们的选择。中华儿女无论走到哪里，血浓于水的民族感情都不会被隔断。祖国人民始终关注着你们，祖国始终是你们温暖的家。在海外居住和工作的留学人员要心系民族振兴，关注祖国建设，通过多种形式为祖国发展服务。一切为我国社会主义现代化建设作出贡献的留学人员，党和国家都给予充分的尊重、鼓励和支持。

第三，希望大家心系祖国、热爱祖国。爱国主义精神，是激励中华民族自强不息、顽强奋斗的强大精神力量，也是中华民族未来发展必须继续紧紧依靠的强大精神力量。坚持和发扬爱国主义精神，是我国留学人员的光荣传统。广大留学人员要继承和发扬爱国奉献、拼搏进取的优良传统，大力发扬以爱国主义为核心的团结统一、爱好和平、勤劳勇敢、自强不息的伟大民族精神，无论是身在异国他乡，还是回国奉献，都要始终把祖国放在心中最崇高的位置，始终对祖国怀有最深厚的感情，不断谱写热爱祖国、报效祖国的新篇章。

欧美同学会是具有光荣传统的我国留学人员团体。成立90年来，欧美同学会高举留学报国的爱国主义旗帜，坚持"修学、游艺、敦谊、励行"的办会宗旨，团结和凝聚了一代又一代留学人员，为国家和人民做了大量有意义的工作。今后，欧美同学会要继续坚持以邓小平理论和"三个代表"重要思想为指导，全面贯彻十六大精神，继承和弘扬光荣传统，进一步做好广大留学人员的工作，努力成为党联系广大留学人员的桥梁和纽带，成为党和政府做好留学人员工作的助手。要围绕中心、服务大局，充分发挥自身的特点和优势，更加广泛地团结海内外留学人员，组织和引导他们为社会主义物质文明、政治文明和精神文明建设建功立业。要立足国内、放眼海外，进一步加强同留学人员的联系，在促进留学人员回国创业和为国服务方面充分发挥作用。要转变作风、搞好服务，按照党领导的人民团体的要求，切实加强和改进自身建设，热情关心留学人员的工作、学习和生活，反映他们的愿望和要求，维护他们的合法权益，努力成为留学人员之家。

留学人员工作是党和国家的一项重要工作。各级党委和政府要充分认识做好新形势下留学人员工作的重大意义，认真贯彻党和国家关于留学人员工作的方针政策，把吸引留学人员回国参加建设和以多种形式为国服务作为实施人才强国战略的一项重要任务抓紧抓好。要适应新形势新任务的要求，不断完善政策措施，探索建立新的工作机制，积极营造留学人员回国工作、创业、发展的良好环境，鼓励和支持广大留学人员施展才华、大显身手。要支持欧美同学会的工作，积极为他们开展工作创造条件。

同志们、朋友们！

"长风破浪会有时，直挂云帆济沧海。"在亿万人民为全面建设小康社会而奋斗的伟大进程中，广大留学人员完全可以大有作为，也一定会大有作为。希望大家坚持以邓小平理论和"三个代表"重要思想为指导，认真学习贯彻十六大精神，与时俱进，开拓进取，为祖国和人民不断作出新的更大的贡献。

国务院总理温家宝在巴厘岛出席第七次中国与东盟(10+1)领导人会议

温家宝在会上发表了以"全面深入合作、促进和平繁荣"为主题的讲话。他说，过去6年间，中国和东盟形成了政治上相互尊重、经济上相互促进、安全上相互信任的良好态势。中国加入《东南亚友好合作条约》，表明双方政治互信加深，合作水平进一步提高。中国与东盟宣布建立面向和平与繁荣的战略伙伴关系是对双方关系成果的总结，将为中国与东盟关系未来发展提供重要指导，也标志着中国与东盟关系进入了一个新的阶段，是双方关系史上的重要里程碑。

温家宝表示，在新形势下，中国与东盟的合作应更加全面、深入和务实，为人民带来更多的实惠；应更加注意开阔地区和全球视野，带动亚洲更好地应对新的挑战。中国政府将从以下几方面入手，加强和深化与东盟的互利合作：

一、加强政治对话，增进相互信任。双方应进一步加强高层往来，发挥各层次对话与磋商机制的作用，以中国加入《东南亚友好合作条约》为新起点，进一步巩固双方关系的政治和法律基础。

二、深化经贸关系，促进共同发展。进一步提高双方贸易水平，努力在2005年以前实现年贸易额突破1000亿美元的目标。中方愿与东盟加快谈判，如期建成中国—东盟自由贸易区，并进一步深化金融、服务、投资、农业、信息产业等领域的合作。为促进双方商界合作，中方建议从2004年起每年在广西南宁举办中国—东盟博览会。

三、巩固安全合作，维护地区稳定。中方愿意与东盟一道，积极落实《非传统安全领域合作联合宣言》，落实《南海各方行为宣言》提出的各项措施。

四、开展科技交流，实现优势互补。积极开展电子信息、生物技术、遥感技术运用、地震学、海洋科学和热带生物资源研究等领域的合作。

五、拓展全面合作，造福双方人民。中方支持"东盟一体化倡议"，将加大对湄公河流域开发的投人，于明年初正式开工承建昆明—曼谷公路的老挝路段，并将出资帮助柬埔寨对其境内泛亚铁路缺失路段进行可行性研究。中方重视参与东盟东部增长区的开发合作，并将继续扩大与东盟的人力资源开发合作。双方需要不断开拓合作新领域，开展公共卫生领域合作，加强文教领域的合作。中国将成立中国—东盟协会，倡议建立中国与东盟青年部长会议机制，支持双方商会开展各项活动，积极研究召开中国与东盟商业和投资峰会。

六、加强协调配合，创造稳定环境。中方将以"10+3"为主渠道，与东盟携手推进东亚合作和区域经济一体化。

会议结束后，温家宝总理与东盟各国领导人共同签署了“面向和平与繁荣的战略伙伴关系”联合宣言。

《中华人民共和国与东盟国家领导人联合宣言——面向和平与繁荣的战略伙伴关系》

一、我们，中华人民共和国与东盟成员国的国家元首/政府首脑回顾了近年来双方关系的发展历程，一致认为，自1997年《中华人民共和国与东盟国家领导人会议联合声明》发表以来，中国与东盟关系取得了迅速、全面、深入的发展，双方已成为重要合作伙伴。

(一)政治上，双方相互尊重领土主权完整和各自选择的发展道路。在1997年《中华人民共和国与东盟国家首脑会晤联合声明》精神指导下，中国已与东盟10国分别签署着眼于双方21世纪关系发展的政治文件。2003年10月，中国加入《东南亚友好合作条约》，说明双方政治互信进一步增强。

(二)经济上，双方取长补短、互利合作，相互联系与交往不断深化。以农业、信息通信、人力资源开发、相互投资与湄公河流域开发为重点，双方各领域合作稳步推进。2002年，双方签署《全面经济合作框架协议》，启动了中国与东盟自由贸易区建设进程，推动双方经济合作向新的广度和深度扩展。

(三)安全上，中国与东盟积极实践通过对话增进互信，通过谈判和平解决争议，通过合作实现地区安全的理念。为确保南海地区的和平与稳定，双方签署了《南海各方行为宣言》，并同意为最终实现上述目标而努力。双方发表《非传统安全领域合作联合宣言》，在跨国问题上积极开展合作，开辟了安全合作的新领域。

(四)在国际和地区事务上，中国与东盟开展了富有成效的合作。双方共同推进东盟与中日韩(10 + 3)合作、东盟地区论坛、亚洲合作对话、亚太经济合作组织、亚欧会议、东亚—拉美合作论坛等区域和跨区域合作机制的健康发展。双方在共同关心和关切的问题上进行了良好的沟通与协作，在联合国、世界贸易组织等国际组织中相互理解、支持与配合。

二、我们对双方互利合作的深度和广度深感欣慰，一致认为，中国与东盟关系发生了重要、积极的变化。双方在共同关心的各个领域进行了广泛、实质性的合作。双方强调，中国与东盟关系的发展对本地区的和平、发展与合作具有重要的战略意义，为世界的和平与发展也作出了积极贡献。

三、当今，世界正发生复杂而深刻的变化。中国与东盟这两个亚太地区的重要伙伴加强合作，符合双方当前和长远利益，对本地区的和平与繁荣也是有益的。为此，我们一致同意，中国与东盟建立“面向和平与繁荣的战略伙伴关系”。

四、我们宣布，“面向和平与繁荣的战略伙伴关系”的目的是，通过在21世纪全面深化和拓展中国与东盟的合作关系，培育睦邻友好，加强互利合作，为本地区的长期和平、发展与合作作出更大贡献。它是非结盟性、非军事性和非排他性的，不影响各自全方位地发展对外友好合作。

五、我们重申，中国与东盟合作将继续以《联合国宪章》《东南亚友好合作条约》、和平共处五项原则以及其他公认的国际关系准则为指导，以1997年《中华人民共和国与东盟国家首脑会晤联合声明》及双方已签署的各领域合作文件为基础。

六、我们同意，中国与东盟“面向和平与繁荣的战略伙伴关系”，是全面和面向未来的关系，重点是加强在政治、经济、社会、安全以及国际和地区方面的合作。为此，我们决定：

(一)政治合作

1. 加强高层往来与接触，巩固和深化双方人民之间的相互了解与友谊，更加有效、充分地发挥各层次对话与磋商机制的作用。

2. 以中国加入《东南亚友好合作条约》为新起点，进一步加强互信，为双方关系奠定坚实的基础。

3. 就中国加入《东南亚无核区条约》议定书保持磋商。

(二)经济合作

1. 充分发挥市场互补性，保持双方经贸关系快速发展的势头，以实现在2005年双方年贸易额达到1000亿美元的目标。

2. 加快推进中国与东盟自由贸易区谈判。中国与东盟自由贸易区是双方经贸合作的重要支柱，应确保在2010年前顺利建成，并帮助东盟新成员国(越南、老挝、缅甸、柬埔寨)有效参与中国与东盟自由贸易区并从中获益。

3. 进一步深化农业、信息通信、人力资源开发、相互投资、湄公河流域开发等重点领域合作，积极制定并落实有关中长期合作规划。

4. 支持各自促进增长与发展的努力。中方承诺坚决支持东盟缩小发展差距的努力，并愿帮助东盟新成员国缩小发展差距。为此，中方将加大对“东盟一体化倡议”的投入，支持各项次区域合作，包括文莱、印尼、马来西亚、菲律宾的东盟东部增长区、东西走廊计划和柬埔寨、老挝、越南三国的“增长三角”在内的次区域合作。东盟也准备参与中国的西部大开发。

(三)社会合作

1. 落实2003年4月中国与东盟领导人关于非典型肺炎问题特别会议精神，加强公共卫生合作，将建立“10+1”公共卫生合作基金，启动“10+1”卫生部长会议机制。

2. 进一步活跃科学、环境、教育、文化、人员等方面的交流，增进双方在这些领域的合作机制。大力加强旅游合作，深化人民之间的了解与友谊。

3. 重视并加强青年交流与合作，建立"10+1"青年部长会议机制，扩大双方世代友好的基础。

（四）安全合作

1. 加快落实《非传统安全领域合作联合宣言》，积极拓展和深化相关合作。

2. 适时举行中国与东盟有关安全的对话，以增进相互了解，促进本地区的和平与安全。

3. 落实《南海各方行为宣言》，讨论并规划后续行动的具体方式、领域和项目。

（五）国际和地区事务合作

1. 就重大地区和国际问题进行合作，以维护地区的和平与稳定，并维护联合国的权威与中心作用。

2. 在东盟地区论坛框架内保持紧密的协调与合作，促进论坛健康发展。中国支持东盟在东盟地区论坛中发挥主要推动作用，支持东盟根据各方舒适程度，循序渐进地推动东盟地区论坛重叠阶段向前发展。

3. 以东盟与中日韩（10+3）为主渠道，推进东亚、亚洲合作和区域经济合作，促进可持续发展和共同繁荣。

4. 进一步推进亚洲合作对话、亚太经济合作组织、亚欧会议、东亚一拉美合作论坛，及其他区域、跨区域合作规划。

5. 促进自由、公正的全球贸易和经济全球化中的均衡发展。中国坚定地支持老挝、越南尽早成为世界贸易组织成员。

6. 尊重亚太地区的多样性，特别是各国发展道路、安全关切、价值观和文化传统的差异，共筑包容、开放的地区合作与发展环境。

7. 根据本地区乃至全世界的迅速发展，在必要时对本宣言进行阶段性审议。

鉴此，我们签署《中华人民共和国与东盟国家领导人联合宣言》。

2003 年 10 月 8 日签署于印度尼西亚巴厘岛。

中华人民共和国国务院总理　温家宝
文莱达鲁萨兰国苏丹　哈吉·哈桑纳尔·博尔基亚
柬埔寨王国首相　云升
印度尼西亚共和国总统　梅加瓦蒂·苏加诺
老挝人民民主共和国总理　本南·沃拉芝
马来西亚总理　马哈蒂尔·宾·穆罕默德
缅甸联邦总理　钦纽
菲律宾共和国总统　格洛丽亚·马卡帕加尔·阿罗约
新加坡共和国总理　吴作栋
泰王国总理　他信·西那瓦
越南社会主义共和国总理　潘文凯

国务院总理温家宝在巴厘岛出席中国加入《东南亚友好合作条约》签字仪式

近年来，东盟多次提出希望中国作为第一个非东南亚大国加入该条约。2003 年 6 月，中国全国人大常委会正式决定中国加入这个条约。

该条约的宗旨和原则符合《联合国宪章》，与中国倡导的和平共处五项原则一致。加入该条约有利于中国与东盟关系长期稳定发展，有利于巩固中国良好的周边环境，有利于共同维护本地区的和平与稳定。

国务院总理温家宝在巴厘岛会见印度总理瓦杰帕伊

大庆隆重纪念王进喜诞辰 80 周年

王进喜同志 1950 年年初在玉门油田当钻工，1960 年，他率创全国月进尺最高纪录的 1205 钻井队参加大庆石油会战，以"宁肯少活二十年，拼命也要拿下大油田"、"早日把中国石油落后的帽子甩到太平洋里去"的英雄气概，引领和鼓舞广大会战职工奋勇拿下了大油田，去世时年仅 47 岁。王进喜同志光辉的一生，给我们留下了"铁人精神"这一宝贵的精神财富：那种"为国分忧、为民族争气"的爱国主义精神；那种"有条件要上，没有条件创造条件也要上"的艰苦创业精神；那种"干工作要经得起子孙万代检查"的科学求实精神；那种"甘愿为党和人民当一辈子老黄牛"的无私奉献精神。

中华全国总工会、国务院国资委、黑龙江省委和中国石油天然气集团公司的负责同志，大庆石油石化企业和社会各界近 3000 人参加了大会。

国台办发言人发表谈话抨击陈水扁"台独"言论

发言人应记者提问发表谈话，抨击陈水扁近日多次发表否定一个中国原则和"九二共识"、鼓吹"一边一国"、"催生新的宪法"等"台独"言论。

发言人说，陈水扁出于选举的需要，为其一党和一人之私，不惜拿广大台湾同胞的根本利益作赌注，不断散布"台独"分裂言论，人为地制造两岸关系紧张，这是极不道德的，也是十分危险的。"台独"分裂活动已成为当前影响台湾社会安定和经济发展的最大祸害，也是影响两岸关系稳定发展的毒瘤。

我们尊重台湾同胞当家做主的愿望，但坚决反对台湾当局蓄意挑战一个中国原则、分裂国家的言行。维护祖国的统一，关系到海峡两岸同胞的根本利益，符合广大炎黄子孙的共同心愿。任何人要搞"台独"，都是不能得逞的。

国务委员唐家璇在北京出席2003年世界华侨华人社团联谊大会并讲话

大会由国务院侨务办公室和中国海外交流协会共同举办，来自近百个国家和地区的270多位华侨华人社团负责人及国内涉侨部门代表100多人与会。

唐家璇到会并发表讲话。他说，海外侨胞为中国的统一大业作出了不懈努力。中国新一届政府将一如既往地秉承“为侨服务”的宗旨，关心海外华侨、华人的生存发展，维护华侨、华人的正当权益，支持海外侨胞传承和弘扬中华文化，为华侨、华人开展与中国在经济、文化、科技等领域的交流合作提供更大的便利，并鼓励华侨、华人为促进中国与住在国发展多领域的合作交流发挥桥梁作用。

国务院侨务办公室主任陈玉杰作了题为《增进友谊、加强团结、促进发展》的主题报告。

全国人大华侨委员会主任委员陈光毅、全国政协港澳台侨委员会主任郭东坡出席大会开幕式。

为期3天的2003年世界华侨华人社团联谊大会以“增进联谊、加强团结、促进合作、共谋发展”为宗旨，将为与会代表提供深入交流的机会，增进彼此友谊与团结，从而进一步提升华侨华人社团的功能，促进住在国与中国在各领域的合作与交流，并借此听取对侨务工作的意见，推动中国侨务事业的创新与发展。

全国政协副主席徐匡迪在人民大会堂会见以中央会长梁胜在为团长的韩国青年会议所代表团

中宣部部长刘云山在人民大会堂出席中越两党“社会主义与市场经济”理论研讨会开幕式并作主题报告

在开幕式上，刘云山和越共中央政治局委员、中央理论委员会主席阮富仲分别作了《解放思想实事求是与时俱进在探索中建立和完善社会主义市场经济体制》和《越南社会主义定向市场经济的理论与举措》的主题报告。

中联部部长王家瑞、越共中央理论委员会常务副主席黎友义分别致了开幕词。中央党校常务副校长虞云耀等出席了开幕式。

开幕式前，刘云山会见了阮富仲一行，双方就两党思想理论工作情况交换了意见。

对外友协和马其顿共和国驻华大使馆在北京举行庆祝两国建交10周年招待会

对外友协会长陈昊苏与会并致辞。外交部副部长刘古昌向马其顿驻华大使盖奥尔吉·埃夫雷莫夫赠送了中马建交10周年纪念封。

全国人大常委会副委员长蒋正华，外交部、中联部等部门负责人以及一些国家驻华使节出席了招待会。

世界首例冷冻克隆牛胚胎移植牛犊在莱阳农学院诞生

这是我国体细胞克隆技术取得的又一突破性进展。这头名为“蓓蓓”的雌性牛犊，经莱阳农学院动物胚胎工程中心试验场工作人员检测，各项生理指标正常。

2001年11月，中国首例和第二例细胞克隆牛“康康”、“双双”在莱阳农学院诞生之后，莱阳农学院动物胚胎工程中心科研人员对它们的多项生理指标进行了系统的跟踪检测。在检测结果正常的情况下，科研人员经对“康康”和“双双”进行超数排卵处理后，于今年1月2日采集到13枚符合国际胚胎移植标准的可用胚胎，并进行玻璃化超快速冷冻处理后，移植到黑白花奶牛的子宫内，获得妊娠。这是国际上首次对体细胞克隆牛进行超数排卵处理试验并获得可用胚胎。

西北工业大学庆祝建校65周年

国务院副总理吴仪、国务委员陈至立为西北工业大学建校65周年发来贺信，勉励全校师生扎根西部，献身国防，为把西北工业大学早日建成国内一流、国际知名的高水平研究型大学而努力奋斗。

西北工业大学是我国唯一一所以航空、航天、航海工程教育和科学研究为特色，以工理为主，工、理、管、文、经、法协调发展的多科型和开放型的大学。其前身是1938年成立的西北工学院和1952年成立的华东航空学院。1957年，两院合并为西北工业大学。1970年哈尔滨工程学院航空工程系整体迁并入校。1960年被国务院确定为全国重点大学。如今已成为国家实施科技创新和教育创新的重要基地，成为闻名遐迩的高等学府。

10月9日

国家主席胡锦涛在人民大会堂会见美国前总统乔治·布什

国家主席胡锦涛在人民大会堂与爱尔兰总统玛丽·麦卡利斯举行会谈

胡锦涛就进一步发展中爱关系提出四点建议：一是加强和发展双边政治关系。保持两国高层交往的势头，扩大两国政府、议会间的交流，积极开展不同层次的政治对话与磋商。二是扩大和深化两国经贸合作。中方欢迎有更多的爱尔兰企业家来华投资办厂，同时鼓励中国有实力的企业“走出去”,参与爱尔兰基础设施建设。三是搞好和加强两国科技、文化和教育交流,确保两国科技合作基金的成功运作,努力办好明年在对方国家举办的文化节,促进两国教育交流与合作健康有序发展。四是妥善处理相互间的差异和分歧,着眼大局,扩大共识,缩小分歧,求同存异,努力使中爱关系成为世界上不同社会制度国家友好相处与合作的典范。

麦卡利斯说,爱尔兰与中国的交往与合作近年取得迅速进展,我们对此深感自豪。我们完全赞同中方提出的进一步发展双边关系的四点建议,愿与中方携手努力,切实推动两国在政治、经贸、教育、科技、文化等方面的合作在相互促进中不断发展。

麦卡利斯说,爱尔兰明年将出任欧盟主席国,愿为推动欧中关系的全面发展、加强双方在国际事务中的协调合作作出自己的努力。

中央军委主席江泽民 国务院总理温家宝在中南海分别会见美国前总统乔治·布什

全国政协主席贾庆林在人民大会堂会见越南共产党中央政治局委员 中央理论委员会主席阮富仲

贾庆林首先对中越两党“社会主义与市场经济”理论研讨会圆满成功表示祝贺。他说,近年来,中越双方保持着密切的高层接触与往来,两党两国间各种形式的交流与合作不断向广度和深度拓展,双边关系在各个领域都得到顺利发展。两党今后继续加强治党理政的经验交流,相互学习和借鉴,必将为巩固和发展长期稳定、面向未来的中越睦邻友好与全面合作关系作出重要贡献。

阮富仲高度评价中方为两党理论研讨会成功举办所做的大量工作。他说,“社会主义与市场经济”不仅是我们两党共同关心的问题,在国际上也引起了广泛关注。越中双方共同总结和深入探讨这一重大理论问题,相互交流和借鉴对方的宝贵经验,对两国不断推进社会主义建设事业具有十分深远的意义。

中央纪委书记吴官正在北京出席全国新任纪检监察领导干部专题研究班开班式并讲话

研究班由中央纪委、中组部、中央党校联合举办。吴官正在开班式上强调,要认真学习贯彻“三个代表”重要思想,深入开展党风廉政建设和反腐败工作。

吴官正要求,各级纪检监察机关要继续深入开展用“三个代表”重要思想指导纪检监察工作新的实践理论研讨活动,抓紧工作,狠抓落实,加强队伍建设,确保今年党风廉政建设和反腐败各项任务圆满完成。

中共中央政治局委员、书记处书记、中组部部长贺国强出席了开班式。

开班式由中央书记处书记、中央纪委副书记何勇主持。中央党校副校长王伟光在开班式上致辞。

中共中央政治局常委李长春在人民大会堂会见新闻集团董事长兼首席执行官鲁珀特·默多克

李长春对新闻集团积极开展与中国新闻媒体的合作表示赞赏。他说,默多克先生领导的新闻集团已被广大中国民众所熟知,希望新闻集团在促进“让世界了解中国和让中国了解世界”方面作出更大的努力。

默多克表示,新闻集团今后将进一步加强与中国新闻媒体的合作关系,更为积极地探讨与中国的有关部门的合作方法和途径。

默多克一行是应国务院新闻办公室的邀请,于10月7日至11日访问中国的。

国务院副总理吴仪在人民大会堂与俄罗斯总统驻远东联邦区全权代表普利科夫斯基举行会谈

吴仪说,经过10年的发展,中俄边境地方经贸合作已逐步从单一的日用消费品和原材料的易货贸易,扩大到森林资源开发和木材加工、加工装配、农业种植和农产品加工、工程承包等多种形式的经济技术合作。进一步加强中国与俄远东和西伯利亚地区的经贸合作,是今后一段时期两国经贸关系发展的重点。双方商定将在以下方面加强合作:优先推动经济技术和投资合作,特别是共同开发森林和矿产资源,并扩大深加工项目合作;改善投资环境,创造良好经营条件;提高边贸水平,并将其与经济技术合作相结合;完善两国边贸的支付结算关系;加快改善两国边境口岸的基础设施等。

双方还就一些具体合作项目交换了意见。

外交部发言人章启月就钓鱼岛问题答记者问

章启月在回答记者有关“保钓”行动提问时表示,中方愿重申,钓鱼岛及其附属岛屿是中国的固有领土,中国政府和人民维护国家领土主权的决心是不可动摇的。

据悉,近日一些来自中国大陆、香港和台湾的人士发起“保钓”行动,并前往钓鱼岛宣示主权。

章启月说,中方一向主张,中日双方通过协商解决彼此在钓鱼岛问题上的争议,这一立场没有变化。

外交部部长助理吕国增在北京应约会见部分阿拉伯国家驻华使节

吕国增在会见时表示,中国政府密切关注中东局势的发展变化,强烈谴责以色列违反国际法准则,军事打击叙利亚境内目标的行为。

阿拉伯使节通报了以色列空袭叙利亚以来中东形势的最新发展，表示阿拉伯国家仍将致力于在联合国框架内通过谈判解决中东问题。

吕国增说，中方明确反对任何可能加剧中东紧张局势的做法，主张中东问题应在联合国有关决议和“土地换和平”原则基础上，通过和平谈判加以解决。

卢森堡首相容克和议长施波兹在卢森堡分别会见由全国人大常委会副委员长许嘉璐率领的中国全国人大代表团

许嘉璐称赞容克为推动中卢两国在各个领域的合作作出的贡献。他说，在容克首相的推动下，中欧在各个领域包括在人权问题上的对话取得了积极成果。卢森堡近年来向中国西部地区提供无偿援助，大大改善了有关地区的卫生条件。中国重视与卢森堡的友好关系。

容克说，近年来，两国领导人互访频繁，经贸合作迅速发展，卢森堡已成为欧盟国家中第三大对华直接投资国，两国的文化交流日益增加。卢政府将继续推动两国关系不断发展。

当天，卢森堡议长施波兹也会见了许嘉璐一行。

《人民日报》发表文章《一代儒将功勋卓著 神剑将军风范长存——深切缅怀张爱萍同志》

超级杂交稻研究在湘潭通过农业部专家组验收

10月9日，在湖南湘潭县泉塘子乡的超级杂交稻研究示范基地，验收测产显示，102亩示范田平均亩产达到807.46公斤，顺利通过农业部组织的专家组验收。袁隆平院士在验收现场表示，我国超级杂交稻研究已取得突破，为大面积种植奠定了坚实基础。

教育部颁布《中小学环境教育实施指南》

由近百名来自教育教研部门、大中小学校和环保部门以及有关世界自然基金会等国际组织的专家、教师历时4年，七易其稿编制完成的《中小学环境教育实施指南》，从情感、态度与价值观，过程与方法以及知识三个方面，按照1—6年级、7—9年级、10—12年级三个学段，螺旋上升式地构建了一体化的环境教育课程。

《中小学环境教育实施指南》标志着教育部、世界自然基金会共同发起并实施的为期7年的“中国中小学绿色教育活动”项目取得了重大阶段性成果。该指南不仅要求中小学生加强自然生态知识的学习，更重要的是培养学生有利于可持续发展的技能和价值观，以及为保护环境而采取行动的积极性与主动性。《中小学环境教育实施指南》打破传统的学科界限，把学校课程学习同实地环境考察联系起来，还详细提出了不同年龄的活动建议，鼓励跨学科教学和探讨式学习。

教育部为此荣获世界自然基金会颁发的“献给地球的礼物”奖。“献给地球的礼物”奖是世界自然基金会在世界范围内颁发给政府部门的最高奖项。世界自然基金会总干事克劳德·马丁博士日前专程来京向教育部颁发了证书。

国务院副总理吴仪在全国预防“非典”工作电视电话会议上的讲话

按照党中央、国务院的部署，全国防治“非典”指挥部召开这次全国预防“非典”工作电视电话会议，回顾7月28日全国防治“非典”工作会议以来的工作，交流经验，分析面临的形势，部署近期预防“非典”工作。刚才，北京市、广东省作了很好的发言，值得大家学习和借鉴。下面，我讲两个问题。

一、巩固防治成果，坚持做好预防“非典”工作

7月17日，全国防治“非典”指挥部召开阶段性总结大会提出，防治工作由应急转入常态，由指挥部各组成部门按照统一部署和要求，落实经常性防治措施。7月28日，党中央、国务院召开全国防治“非典”工作会议，卫生部同时召开全国卫生工作会议，总结防治“非典”的经验教训，对做好今后的防治工作和加强公共卫生建设作出了部署和安排。各地区、各部门认真学习贯彻胡锦涛总书记、温家宝总理重要讲话和会议的精神，把思想统一到中央的决策和部署上来，按照依法、科学、规范、有序的要求，认真总结经验教训，落实好经常性防治措施，巩固防治成果，防止疫情反复。虽然这段时间我们没有以指挥部名义集中开展工作，但是各地区、各部门都自觉履行职责，各项工作都抓出了成效，主要表现在以下七个方面：

一是思想不麻痹，领导不削弱，工作不松懈，加强疫情信息网络建设，落实检验检疫措施，坚持疫情零报告制度，做好重点部位和环节的防控工作，高度警惕“非典”疫情的反复。据质检总局统计，6月下旬至9月中旬，质检系统对4552万出入境人员进行了健康申报和体温检测，发现发热症状者6900多人，并将其中290多人送往医院作进一步检查。二是认真研究制定防治“非典”工作预案。卫生部对各地区制定预案的情况进行了检查，并组织开展了培训和交流，全国218个市(地)组织开展了预案模拟演练。三是加强公共卫生事件应急机制建设。全国已初步形成从医疗机构到疾病预防控制机构的“非典”疫情报告系统，并逐步向城市社区和农村乡村延伸。各地区正在按照国家制定

的建设规划，加紧疾病预防控制体系和医疗救治体系建设。四是组建突发公共卫生事件应急处理的机动队伍。各地区认真挑选从事疾病预防控制和医疗工作并具有实际经验和良好业务素质的专业人员，组建省、市(地)级专业队伍，卫生部和地方卫生部门组织了业务培训。据不完全统计，从7月份以来，全国共举办培训班一万多期(次)，培训98.7万人。五是加强对科技攻关工作的组织、协调和督导，加大对诊断试剂、疫苗等重点项目的支持力度。目前，已研制成功用于早期诊断的PCR诊断试剂；筛选出8种有效治疗中成药；已研制成功防护效果良好的生物防护产品和系列检测设备；灭活疫苗临床前研究进展顺利。六是大力表彰和宣传在抗击“非典”斗争中涌现出的先进集体和模范个人，弘扬伟大民族精神和社会正气。抗击“非典”斗争英雄模范事迹报告团到13个省区市作了26场报告，在广大群众中引起强烈反响。同时，广泛开展讲文明、讲卫生、讲科学、树新风的活动，宣传卫生科普知识，倡导健康文明生活方式。七是进一步推动公共卫生国际交流与合作，学习和借鉴国际社会的有益经验和做法，积极争取国际社会的理解和支持，扩大我国际影响，树立我坦诚、务实和负责任的国家形象。

但是，防治工作中也还存在一些问题。一是有的地方对预防“非典”反复存在麻痹思想、松懈情绪和侥幸心理。二是预案分级标准不统一，不同地区的预案对同样疫情的反应程度不同；有的预案缺乏操作性；有的预案责任不明确；个别地方预案不符合卫生部统一要求，没有采用统一的疫情报告软件，没有执行疫情直报的规定，对捕捉、贩运、屠宰和烹饪野生动物等有关人员的预防监测措施不落实。三是有的医疗机构发热门诊设置不落实，管理不规范，人员拥挤，通风不好，隔离不严，一旦发生疫情，很可能就是传染源，必须切实加以规范。四是有的地方大吃大喝、滥吃滥喝的毛病又有所抬头，野生动物照吃不误，红白喜事大摆排场，这些陈规陋习、不文明的生活方式，是预防“非典”的极大隐患，要认真治理。此外，有的地方的救治经费尚未兑现，影响了医疗机构的工作；我们对“非典”诊断和治疗的经验还需要进一步总结提高，对疫情监测、报告、通报、发布工作还需要进一步完善。

上半年发生的“非典”疫情，给人民群众身体健康和生命安全带来了严重危害，也给国民经济和社会发展造成了很大的损失。血的教训告诫我们，在预防“非典”工作上，不容有丝毫的麻痹，必须认真对待和解决当前工作中存在的问题，绝不能因为我们工作不力，导致疫情再次发生，甚至大范围扩散，使广大人民群众身体健康和生命安全，以及社会经济发展蒙受更大的损失。

二、落实预防措施，严密防范“非典”疫情复发

党中央、国务院一直高度重视防治“非典”工作。胡锦涛总书记在全国防治“非典”工作会议上指出，人类传染病史告诉我们，任何重大的传染病，都不会在一次发作后就销声匿迹，如果不加强防范，必然会再次发生，甚至反复发生。要求我们必须以对人民高度负责的精神，毫不松懈地抓好疫情防控工作，坚决防范疫情再次发生。温家宝总理也强调，防治工作不能放松，要严防“非典”反复，特别要做好今冬明春的预防工作。最近，锦涛、家宝同志又多次强调，要认真制定和落实预防措施，坚决防止“非典”反复。根据他们的指示，全国防治“非典”指挥部9月26日召开会议，对当前的预防工作进行了专门研究，决定召开这次全国预防“非典”工作电视电话会议。选择这个时机召开这次会议，不是因为已经出现了“非典”，而是基于以下三方面的考虑：一是秋冬季节来临，进入了呼吸道疾病的高发期，“非典”疫情出现反复的可能性是存在的。我们要立足于把工作做在前面，早抓才主动，等到有了疫情再部署就晚了。二是世界卫生组织已多次提醒有关国家尽早采取措施防止“非典”反复，特别是有的国家最近又出现一例“非典”病例，给我们敲响了警钟，不能不引起我们的高度重视，我们需要尽快启动预防工作。三是当前有一些谣传，个别媒体炒作。9月初，一些地方谣传广东发现“非典”患者，经调查证明没有此事。这提醒我们要及时向群众通报情况，将我们要采取的措施告诉群众，让群众尽早吃上“定心丸”，避免引起不必要的恐慌。这次会议后，各地区、各部门要注意处理好以下几个问题，切实做好以下几项工作：

(一)正确认识和把握当前的预防“非典”工作。我们召开这次会议进行部署，并不是说现在已经有了“非典”，也不是说“非典”马上就要来了，目的是要及早防范。所以，启动预防工作，要掌握好分寸，把握好尺度。一方面，我们至今还没有完全掌握“非典”的病原病因和传播流行规律，仍缺乏准确的诊断方法、有效的治疗药物和可靠的预防疫苗，如果有任何麻痹松懈，就可能导致“非典”反复。因此，必须扎扎实实做好预防工作，严防“非典”疫情发生。另一方面，“非典”过后，人们的心理比较脆弱，有些人“谈非色变”。前段时间，国内个别地方出现“非典”传言，加之有的媒体炒作，就引起了广大群众的极大关注。当前又到了呼吸道疾病的高发季节，很容易让人误以为是“非典”。如果我们处理不当，反应过度，很可能会使群众误认为已经发生了“非典”，或者感到“非典”就要来了，搞得人心惶惶。所以，我们要在思想上立足预防，工作上防止反复，方式方法上积极稳妥，宣传舆论上不能炒作。我们坚信，有上半年抗击“非典”斗争积累的有效防治

经验，只要时刻保持警惕，坚持不懈、全力以赴地做好预防工作，我们就完全可能防止“非典”反复。

（二）积极稳妥地启动防治“非典”指挥协调机构的工作。全国防治“非典”工作取得阶段性重大胜利后，按照中央的部署和要求，各级指挥协调机构的工作都由应急转入常态。从今天开始，各地都要重新启动指挥协调机构的工作。不要求所有工作都恢复到7月份以前的状态，但重要部位、重要环节的工作必须恢复到7月份以前的状态。

第一，要恢复值班联络制度，保持通信联络畅通，保证工作部署和重大情况能够上传下达，一旦出现疫情，可以在第一时间紧急调度处置。及时发现第一例病例很重要，不但防治组要第一时间介入，而且科技攻关组也要在第一时间介入，协调一致，迅速有效地加以控制。

第二，要落实预案，严格执行预警制度。要对防治预案进行一次认真分析，组织适当规模的模拟演练，查找问题和不足，及时加以调整和完善。要紧紧围绕预防工作的需要，落实好各项措施，包括人员、物资、设备设施和管理等方面的措施。要做好医护人员的组织动员、业务培训和自我防护措施的落实工作，特别要使基层医护人员掌握必要的“非典”防治知识、诊断和治疗技能，形成有效的防治力量。要按照卫生部的统一规定和要求，设置预警级别，确定预警标准，明确预警程序，落实预警措施，保证能够及时启动预警机制。

第三，做好后勤准备，确保预防工作需要和市场稳定。要切实做好药品、器械、防护和消毒用品以及其他预防、救治所需物资的储备工作，做好生活必需品供应工作，及早部署生产、运输和余缺调剂等方面的应急准备工作。要认真落实防“非典”财政补助政策，拖欠医疗机构补助经费的地方，要尽快按有关规定补上，对今后防治经费补助问题，也要认真研究，尽快明确。要继续加强对市场的监测和预警，完善应急工作预案；继续深入开展联合执法，严厉打击制售假冒伪劣以及各种扰乱市场秩序的行为，加强质量和价格监督，确保物资供应和市场稳定。各地区、各部门要认真贯彻执行发改委下发的《非常时期价格干预和紧急措施的办法》和商务部下发的《突发事件生活必需品应急管理暂行条例》。

第四，密切关注社会动态，维护社会稳定。公安机关要及时掌握与“非典”有关的信息和影响社会稳定的信息；严密关注机场、火车站、长途汽车站、码头及其他人员密集和流动性大的公共场所人员流动情况，加强对社会面的控制。一旦发现“非典”疫情，要积极协助卫生、质检等部门做好有关工作，严厉打击有关违法犯罪活动。

全国防治“非典”指挥部近期要派督察组到各地进行检查，一是看防治工作落实得好不好；二是看预防准备工作做得怎么样；三是看预案落实不落实。请各地密切配合。

（三）严格实行疫情日报告和零报告及统一发布制度。各地区、各部门要认真学习传染病防治法和《突发公共卫生事件应急条例》，按照卫生部发布的《传染性非典型肺炎疫情监测报告实施方案》的要求，加强疾病预防控制机构和医疗机构的协作，提高“非典”疫情的监测能力，做到“早发现、早报告、早隔离、早治疗”。这是经验的总结、也是最有效的措施。要健全和完善疫情报告网络，所有医疗机构、社区和乡村都要明确专人负责“非典”疫情搜集报告工作，做好疫情的日报告和零报告制度。疫情报告依法采取逐级报告与直接报告相结合的办法。一方面，得到疫情信息的卫生行政部门和疾病预防控制机构要及时向本级人民政府和上级卫生行政部门报告疫情；另一方面，乡（镇）卫生院和县及县以上各级医疗机构要直接通过互联网进入“国家传染性非典型肺炎疫情专报系统”报告疫情，确保县及县以上各级疾病预防控制机构及时掌握疫情信息，同时，鼓励群众向各级卫生行政部门和疾病预防控制机构报告疫情。省级卫生行政部门接到本辖区首例“非典”疑似病例报告，应立即派省级专家组进行诊断；卫生部接到各地区首例“非典”疑似病人报告后，应尽快派国家级专家组进行诊断鉴定。对于迟报、瞒报和漏报者，要严肃追究有关负责人和责任人的责任。要加强群众监督。一旦发现有瞒报疫情的，可向卫生主管部门举报，卫生部门要及时向指挥部报告。疫情和相关信息由卫生部统一组织对社会发布。全国首例“非典”疑似病例和临床诊断病例，由卫生部组织专家组确认后，及时向社会公布，并向世界卫生组织等方面通报。各地区、各部门要严格按照有关法律、法规和卫生部的有关规定，及时、如实地向社会公布和向有关方面通报疫情。新闻媒体要严格按照卫生部门的通报报道疫情，不得编发未经核实的信息，任何单位和个人都不得发表未经卫生主管部门确认的、或推测的、甚至虚假的消息、言论。各地区、各有关部门都要严肃疫情发布纪律，严格疫情发布程序，加强对媒体的管理，严禁传播谣言等有害信息，及时澄清谣言，消除疑虑，避免误解和恐慌。

（四）继续加强科技攻关工作和与国际及地区间的交流与合作。要深入研究总结“非典”诊断和治疗经验，改进诊断和治疗方法，提高有效性，降低副作用。要完善中西医结合治疗技术，充分发挥中医药的作用。要强化对早期诊断试剂、疫苗、有效治疗药物以及流行病学等重点研究项目的管理和督导，力争PCR等早期诊断试剂尽快批量投入临床应用。要加快研究制定防止“非典”复发的科技应对预案，集中力量，加强协作，建设“非典”研究与开发平台和网络，增强防治“非典”科技应急处理能力和科技支撑能力。要继续加强与各国，特别是东盟国家，以及世界卫生组织的信息交流与合作，及时掌握国际上防治“非典”的动态，学习和掌握先进的防治方法。要积极做好我境外公民、港澳台同胞以及在华外籍人士预防指导和服务工作。及时主动与香港、澳门和台湾地区交换有关“非典”防治信息，加强工作配合和协作。有关地区和外交、卫生等有关部门要继续保持与各国驻华使领馆、世界卫生组织等国际组织驻华机构的联系，特别要加强同世界卫生组织的密切联系，卫生部要与世界卫生组织驻北京办事处保持联系，及时互通信息，争取他们的支持、帮助和指导。

(五)做好重点部位和重点环节的防控工作。各直辖市、省会城市和一些重点城市，要落实“非典”定点医院和后备医院，规范发热门诊。医院门(急)诊要做好预检工作，初诊为呼吸系统疾病的发热病人要转至隔离的发热门诊处理；要建立和完善规章制度、工作流程，采取严格隔离传染源、病区消毒、医护人员防护等综合性措施，严防院内发生交叉感染。对密切接触野生动物的有关人员采取重点监测和预防措施。要加强“非典”标本管理，对各地保存的“非典”科研标本病毒毒株要登记造册，集中存入毒株库和标本库，严防扩散。县级卫生部门和疾病预防控制机构要加强对基层乡(镇)卫生院和村卫生室预防工作的业务指导。学校、托幼机构等单位要加强学生卫生防病知识教育，开展因病缺勤率、缺课率等指标监测，如本地出现疫情，要及时实行晨检制度，控制本单位人员流动。农民工集中的场所、建筑工地等单位要加强对呼吸道发热病人的监测，注意改善集体住所通风条件。机场、火车站、长途车站、码头等人口密集、流动性大的公共场所，要加强跟踪检疫工作，防止“非典”通过流动人口传播。口岸要切实加强出入境人员填写健康申报卡和进行体温检测的措施，加强出入境人员和交通工具的检疫工作，及时发现和控制疫情。

各地区、各部门要认真做好流感预防控制工作，做好免疫接种和诊断治疗工作，减少流感病例，尽可能降低其对“非典”诊断的影响。

此外，要将广交会期间预防“非典”及其他传染病的工作作为一项重要工作来抓。第九十四届广交会即将召开，卫生部、商务部、质检总局和广东省、广州市政府要共同研究采取行之有效的措施，扎实做好出入境检疫和疾病预防工作，严防疫情的输出和输入。对我国目前还没有发现的一些新传染病，如西尼罗热、猴痘、埃博拉等，也要防止输入我国。各地区组团参加广交会也要切实做好预防工作。

(六)做好宣传教育工作，树立健康意识，倡导文明生活方式。要普及预防秋冬季常见病、多发病的常识，增进群众的卫生健康意识和自我防范知识，使广大人民群众能够正确地认识“非典”，科学地预防“非典”，既要防止麻痹大意，又要防止引起社会恐慌。要把宣传传染病防治法和《突发公共卫生事件应急条例》纳入全民普法范围，增强公民的法治意识和社会公德，坚持依法防治“非典”。继续广泛开展讲文明、讲卫生、讲科学、树新风的活动和群众性爱国卫生运动，大力推进创建卫生文明城市、文明社区、文明村镇活动，教育和培养群众养成爱清洁、讲文明的生活习惯和保护环境卫生的良好行为。新闻媒体要适度报道各地区、各部门防止疫情反复采取的各项预防措施，正确引导社会舆论，增强广大干部群众预防控制“非典”的信心。

坚持党和政府的统一领导，是上半年防治“非典”取得阶段性重大胜利的一条基本经验。加强党和政府对预防“非典”工作的领导，也是做好预防“非典”工作，防止“非典”反复的关键。各级党委和政府要统一思想，提高认识，统一指挥，统筹安排各项工作，继续坚持一手抓预防“非典”工作不放松，一手抓经济建设不动摇。各单位要全面落实责任制，扎扎实实地落实预防措施。一旦发生“非典”疫情，必须坚决按照属地管理原则，由疫情发生地党委、政府对防治工作实施集中统一领导。各部门要按照应急预案规定的职责，各司其职，各负其责，发扬在前一阶段防治工作中形成的团结协作的精神，密切配合，相互支持，共同做好“非典”预防控制工作。有关单位和人员要积极配合卫生专业人员进行现场调查处理、采样、技术分析、检验检疫和应急处理技术指导等工作，不得以任何理由拒绝或妨碍“非典”防治工作的开展。

同志们，加强预防“非典”工作，防止疫情反复，是一件关系人民群众切身利益和社会经济发展的大事，是对我们学习贯彻“三个代表”重要思想的一次实际检验，是对我们大局意识、全局观念、工作责任心和应对复杂局面能力的一次考验。我们一定要全面做好预防控制工作，坚决防止“非典”疫情反复。

10月10日

全国人大常委会委员长吴邦国和国务院总理温家宝在北京分别会见爱尔兰总统麦卡利斯

吴邦国说，中国全国人大愿加强与爱尔兰立法机构的合作，双方不仅可在立法和依法治国方面交流经验、相互借鉴，也可通过这些交往推动两国地区间交流，增进人民间的了解。

温家宝对爱尔兰政府提出的"亚洲战略"和将中国作为与亚洲合作的重点的政策表示赞赏，认为爱方把握住了亚洲地区经济蓬勃发展所带来的机遇。他说，中国正在走工业化与信息化相结合的新型发展道路，爱尔兰在软件等高科技领域具有较强优势，双方可以就此加强合作。

麦卡利斯表示访问中不仅看到中国取得的巨大成就，也更坚定了进一步发展爱中关系的信念。她说，此次随访的有高级别政治代表团，企业家和表演团，充分表明爱尔兰希望全面推动两国在政治、经贸、文化、科技和教育等各个领域的交流与合作，使两国友好伙伴关系不断充实、巩固和发展。

全国政协主席贾庆林在人民大会堂接见出席"2003年世界华侨华人社团联谊大会"的代表并讲话

贾庆林通过与会的华侨华人社团负责人向广大华侨华人提出三点希望：一是希望广大华侨华人充分发挥优势，积极为祖国建设引进资金、技术和人才牵线搭桥，为开拓世界市场出谋划策，努力成为祖国现代化建设的重要促进力量；二是希望他们一如既往地关心和支持中国的统一大业，推动两岸人员往来和经济文化等领域的交流，积极参与华侨华人反"独"促统活动，努力成为实现祖国完全统一的重要促进力量；三是希望广大华侨华人遵守住在国的法律，与当地人民友好相处，促进住在国的社会经济发展和中国与住在国的交流与合作，增进中国人民同世界各国人民之间的了解和友谊，努力成为发展国际民间友好事业的重要促进力量。

国务院在北京召开出口退税机制改革工作座谈会

中共中央政治局常委、国务院总理温家宝在讲话中指出，改革出口退税机制，是党中央、国务院作出的重要决策。各地区、各部门要从战略和全局的高度充分认识这项改革的重要意义，正确处理局部利益与全局利益、当前利益与长远利益的关系，确保改革平稳顺利实施。

温家宝说，改革现行出口退税机制，同时深化财政和外贸体制改革，对于增强企业出口竞争力，调整出口贸易结构、提高出口效益，缓解国家财政的压力，调动中央和地方发展出口贸易、加强退税管理的积极性，具有多方面的重要意义。目前，我国经济快速增长，外贸出口形势良好，国家外汇储备充足，推进出口退税机制改革的条件已经具备，我们要不失时机地推进这项改革。

温家宝指出，改革的基本原则是："新账不欠，老账要还；完善机制，共同负担；推动改革，促进发展。"改革措施主要包括五个方面：一是对出口退税率进行结构性调整；二是建立中央财政和地方财政共同负担出口退税增量的新机制；三是新增加的进口环节增值税和消费税收入，首先用于出口退税；四是调整出口产品结构，推进外贸体制改革；五是累计欠企业的退税款由中央财政解决。

中共中央政治局常委、国务院副总理黄菊，中共中央政治局委员、国务院副总理吴仪、曾培炎、回良玉，国务委员兼国务院秘书长华建敏出席了会议。

各省、自治区、直辖市和计划单列市、新疆生产建设兵团负责人，国务院有关部门负责人参加了会议。党中央、全国人大、全国政协有关部门负责人应邀参加了会议。

最高人民法院在北京召开全国法院清理超审限刑事案件电视电话会议

最高人民法院院长肖扬在会议上强调，全国法院既要积极清理旧存的超审限刑事案件，更要防止出现新的超审限刑事案件，要采取切实有效的措施确保在今年11月前全面完成清理超审限刑事案件的任务。

据了解，全国各高级法院从9月1日起，把清理超审限刑事案件的情况每周书面报告最高人民法院。最高人民法院加强监督，及时向全国法院通报超审限刑事案件清理情况。经过各级法院的努力，全国法院清理超审限刑事案件已经取得了重大进展。

全国人大常委会副委员长顾秀莲在武汉出席全国副省级城市人大常委会主任联席会议第十九次会议并讲话

顾秀莲强调，要自觉地以"三个代表"重要思想统领人大的各项工作，不断开创人大工作的新局面。一是坚持实事求是，与时俱进，开拓创新。二是坚持紧扣发展主题，保障和促进改革开放和现代化建设的顺利进行。加强立法工作，把规范经济发展和社会全面进步的立法项目摆在首位，提高立法质量，为经济发展和社会全面进步提供良好的法制环境；加强和改进监督工作，抓住改革发展稳定中的重大问题和人民群众普遍关心的热点难点问题进行监督，保障和促进经济建设和社会全面进步各项方针政策的实施。三是坚持以民为本，全心全意为人民服务。人大立法、监督等工作都要坚持走群众路线，了解民情，反映民意，集中民智，自觉接受人民群众的监督。

中国电影节在伦敦开幕

这次电影节是在中国驻英国大使馆、中国广播电影电视总局、英国文化委员会、英国电影理事会等中英十几家单位两年多努力下举办的，是英国历史上规模最大的中国电影节。电影节将从10月10日至24日先后在伦敦、吉尔福特和利物浦三个城市举行，共放映《一声叹息》《寻枪》《生活秀》等7部故事片和纪录片《钢琴梦》、动画片《宝莲灯》等

第二届中华环境奖颁奖典礼在北京举行

全国人大常委会副委员长蒋正华、全国政协副主席张思卿到会，并为获奖者颁奖。

中华环境奖由中华环境保护基金会设立，是我国环境保护领域荣誉最高的社会性奖项，每两年评选一次，旨在表彰和奖励为中国环境保护事业作出重大贡献和取得优异成绩的个人或集体。

荣获第二届中华环境奖的个人是湖北省鄂州市市委书记马荣华、安徽省人大常委会副主任季昆森，获奖集体是社会团体香港绿色力量。此外，中国工程院院士钱易等8位个人、江苏省环境保护厅等两个集体获得本届中华环境奖提名奖。

国家环境保护总局局长解振华、中华环境保护基金会理事长曲格平等有关方面负责人出席了颁奖仪式。

绿色扶贫工程在北京启动

此活动由中国地区开发促进会绿色扶贫工程委员会发起，天演速生杨成为此项工程重点推广的速生植物。

10月11日

中国和利比里亚恢复大使级外交关系

中华人民共和国驻塞拉利昂大使樊桂金与利比里亚共和国政府代外长坦巴凯·詹加巴分别代表各自政府，11日在利比里亚首都蒙罗维亚签署《中华人民共和国和利比里亚共和国关于恢复外交关系的联合公报》，内容如下：

根据两国人民的利益和愿望，中华人民共和国和利比里亚共和国自2003年10月11日起恢复大使级外交关系。

中华人民共和国和利比里亚共和国同意互派大使，并在对等的基础上为对方大使馆的工作提供方便。

中华人民共和国政府支持利比里亚共和国为维护国家主权和发展经济所作的努力。利比里亚共和国政府承认中华人民共和国政府是代表全中国的唯一合法政府，台湾是中国不可分割的一部分。中华人民共和国政府对利比里亚共和国政府的这一立场表示赞赏。

外交部部长李肇星应约与俄罗斯外长伊万诺夫通电话

李肇星和伊万诺夫表示，双方将共同努力，认真准备，确保胡锦涛主席和普京总统即将在亚太经济合作组织(APEC)领导人非正式会议期间的会晤取得积极成果。

李肇星说，关于朝核问题的北京六方会谈是有益的，是向对话和平解决方向迈出的重要一步。中方将派王毅副外长于12日赴俄，就此与俄方交换意见。伊万诺夫高度评价北京六方会谈，表示支持这一对话进程继续下去。

关于伊拉克问题，伊万诺夫强调，联合国应在伊问题上发挥核心作用，尽早恢复伊拉克的主权。李肇星表示，中方愿与俄方保持接触和协调，推动安理会就伊问题达成共识，维护安理会的权威。李肇星说，中方将派外交部部长助理沈国放出席在马德里举行的伊拉克重建问题国际会议。

国家体育总局颁布《国民体质测定标准》

国家体育总局副局长张发强指出，《国民体质测定标准》与《普通人群体育锻炼标准》相辅相成，前者是用来评价一个人的体质状况，而后者为群众提供了锻炼的手段和努力方向。

《国民体质测定标准》的适应对象年龄为3—69岁，根据不同年龄人群在体质方面的特征，分为幼儿、青少年儿童、成年和老年四个部分。《国民体质测定标准》对人的体质的评定分为单项指标评分和综合评定两方面，均采用百分位数法制定，综合评定采用各单项指标得分按等权相加的方式制定。

穆青逝世

中国共产党优秀党员、新闻宣传战线优秀的领导干部、原中顾委委员、中华全国新闻工作者协会名誉主席、新华通讯社原社长、当代著名新闻记者穆青同志，因病医治无效，于10月11日在北京逝世。享年82岁。

在60多年的新闻生涯中，穆青以充满激情的笔触，生动展现了一位位共产党人的高尚品格和精神风貌。他坚持“贴近实际、贴近生活、贴近群众”，与许多普通群众结下深厚情谊。他的作品《雁翎队》《县委书记的榜样——焦裕禄》《为了周总理的嘱托》《历史的审判》等，显示出作者敏锐的时代眼光和强烈的社会责任感，是当代中国新闻史上的名篇。在新闻理论方面，他不断探索，锐意创新，《新闻散论》一书成为新闻工作者的重要参考著作。他先后发表并辑集出版的《彩色的世界》等一批散文、摄影作品，具有很高的思想内涵和艺术价值。他担任社长10年间，是

新华社向世界性通讯社目标突飞猛进的10年，各项工作开创出崭新局面，为新华社向更高水平发展奠定了坚实基础。

穆青生于1921年，河南省杞县人，回族。历任新华社副社长兼总编辑室总编辑，社长、党组书记，是中共第十二届中央委员会委员，中共十一、十二、十三、十四大代表，第五届全国人大代表。

10月12日

国家主席胡锦涛和马其顿总统特拉伊科夫斯基就两国建交10周年互致贺函

第19期《求是》杂志发表文章《始终站在最广大人民的立场上——庆祝中华人民共和国成立54周年》

广东纪念司徒美堂诞辰135周年

中国致公党中央、广东省政协、江门市政府、开平市政府于10月11日至12日在司徒美堂的故乡广东省开平市举行了司徒美堂诞辰135周年纪念活动。

辛亥革命老人司徒美堂是与陈嘉庚齐名的著名爱国侨领、中国致公党的创始人之一。全国政协副主席、致公党中央主席罗豪才在纪念大会上讲话。开幕式上还举行了《司徒美堂文集》(再版)、《司徒美堂纪念画册》及司徒美堂诞辰纪念封的发行仪式。来自15个国家的60多个海外侨团负责人出席纪念大会。

第五届中国国际高交会在深圳开幕

中共中央政治局委员、国务院副总理吴仪在开幕式上指出，要将高交会进一步办出水平，使其成为展示我国高新技术领域最高发展水平、最新发展成就的窗口和科技成果产业化、商品化的重要平台。

开幕式后，吴仪与高交会国内代表团团长和秘书长座谈时指出，高交会要抓住重点，在利用高新技术改造老企业，推动国内产业结构调整、产品优化升级方面发挥作用。要把提高高新技术产品和农产品出口竞争力作为高交会的重点，特别是要提高高新技术产品在出口中的比重，推动科技兴贸战略的深入实施，加快形成高新技术产品出口拉动机电产品出口增长的新局面。吴仪要求，高交会在管理模式、组织运作方式、办展内容和水平方面要进一步改进和提高，重点是抓好成交项目的落实工作。

本届高交会盛况空前，除全国各省(区、市)、有关部委、27所著名高校以及港、澳、台组团参展外，还有美国、加拿大、俄罗斯、澳大利亚、韩国、欧盟等18个外国政府(机构)组团参展。高交会由商务部、科学技术部、信息产业部、国家发展和改革委员会、教育部、中国科学院和深圳市人民政府共同主办，农业部、中国工程院协办。

国务院副总理吴仪在深圳会见出席高交会的部分外宾和港台嘉宾

英国科技大臣索恩斯伯里，俄罗斯联邦工业科技部副部长安德鲁·克拉琴，1999年诺贝尔奖得主、欧元之父罗伯特·蒙代尔等来自英国、俄罗斯、埃及、美国、澳大利亚、日本、法国等国前来参加本届高交会的外宾及中国香港和台湾地区的嘉宾参加了会见。

中国—葡语国家经贸合作论坛在澳门特别行政区举行

此次论坛由中国商务部发起并主办，澳门特别行政区政府承办，主题为“互利合作共同发展”。来自中国、安哥拉、巴西、佛得角、几内亚比绍、莫桑比克、葡萄牙和东帝汶8个国家的部长级经贸官员与会。在为期3天的会议期间，中国和葡语国家的经贸官员将就如何加强政府间人力资源合作、自然资源开发与合作、经济技术合作、签署投资保护协定的可能性等议题展开讨论。论坛还邀请了相关国际组织、各国商会组织及企业家代表团出席。

论坛将举办部长级会议、经济合作论坛、贸易投资论坛和中国与葡语国家投资贸易洽谈会等，广泛探讨各种形式的经济合作，并将通过“中国—葡语国家经济合作与发展论坛”经贸合作框架性文件，为与会国家间的经济合作确定方向。

国务院副总理吴仪于10月12日下午在澳门会见了7个葡语国家的部长级官员，随后她出席了论坛的晚宴并致辞。吴仪说，葡语系国家历来是中国十分重视的合作伙伴，希望通过这次论坛，建立一种合作机制，不仅成为中国和葡语国家参与经济全球化的重要工作平台，而且成为推动中国和葡语国家全面合作的“推进器”。

国家林业局在蓬莱召开全国森林资源林政管理工作会议

会议提出，新时期的森林资源经营管理工作要牢牢把握加快建设和培育稳定的森林生态系统、实现森林资源可持续经营这一方向，突出抓好天然林和重点生态公益林保护两个重点，着力加强林地林权保护管理、森林资源消长与生态状况综合监测、森林资源利用管理三项工作，全力推进森林资源管理体制、林业产权制度、森林资源使用权流转和采伐限额分类管理的四项改革。

外交部部长李肇星应约与美国国务卿鲍威尔通电话

李肇星说，再过几天，胡锦涛主席和布什总统将在曼谷会晤，这是两国关系中的一件大事。双方应做好各方面的准备，确保会晤取得成果。鲍威尔对此表示赞同并说，美中关系的发展势头令人满意。布什总统致力于改善和发展与中国的关系，美方坚持一个中国政策和三个联合公报的原则，反对“台独”。

双方还就朝鲜核问题、伊拉克问题交换了意见。

外交部发言人章启月就中日关系问题答记者问

有记者问，日本首相小泉纯一郎日前在出席印度尼西亚巴厘岛“10＋3”领导人会议期间再次表示将继续参拜靖国神社，并声称这已得到中方的理解，不会阻碍中日友好。请问你对此有何评论？

章启月说，中日关系正处在重要的发展时期，我们对日本领导人此时发表这样的言论感到费解。

她表示希望日方切实认清靖国神社问题的高度敏感性，恪守《中日联合声明》等三个政治文件的原则，坚持“以史为鉴、面向未来”，不要再做伤害中国人民感情的事，推动两国关系健康稳定发展。

中国选手马琳在江阴举行的第二十四届男子世界杯乒乓球赛决赛中获得男单冠军

团中央等部门在人民大会堂联合召开全国十佳少先队员 少先队辅导员和志愿辅导员表彰大会

全国人大常委会副委员长顾秀莲在颁奖仪式上讲话，并为获奖者颁发了奖章和荣誉证书。

被评为第八届“全国十佳少先队员”的是：重庆市人民小学王文斌、新疆维吾尔自治区博乐市第一小学古孜努尔、内蒙古自治区呼和浩特市铁路第一小学乐雅芳、河北省石家庄市桥西区东里小学刘晓梦、上海市民办交大飞达中学刘凌英枝、山东省济南市燕山学校李小楠、广东省深圳市罗湖小学杨绿野、青海省西宁市南山路小学张哲、辽宁省沈阳市铁西区勋望小学黄涛、四川省邛崃市冉义镇火星小学喻焰。

被评为第四届“全国十佳少先队辅导员”的是：北京市东城区少先队总辅导员张路惠、江苏省江都市实验小学少先队总辅导员吴立宏、浙江省仙居县少先队总辅导员杨丽娟、山东省招远市张星镇少先队总辅导员郝经春、河南省潢川县师范附属小学少先队大队辅导员杨建安、湖南省慈利县苗市镇中心完全小学少先队大队辅导员高兴红、广西壮族自治区梧州市中山小学少先队大队辅导员潘玉棠、贵州省独山县狮山希望小学少先队大队辅导员莫先燕、陕西省西安市黄河小学少先队大队辅导员王丽秋、甘肃省崇信县锦屏小学少先队大队辅导员李旭东。

被评为第三届“全国十佳少先队志愿辅导员”的是：北京军区空军气象中心计量修理室副主任耿全会、天津市河东区军队退休干部周公望、山西省大同市型煤厂厂长王富斗、吉林省中国第一汽车集团医疗体育协会秘书长高健民、安徽省六安市新星工贸有限公司总经理齐习兵、福建省厦门市何厝小学退休教师何佳汝、江西省上饶市信州区国税局管理二股股长詹朝晖、武警湖北省黄冈支队政治处主任段永恒、云南省昆明市公安局盘龙分局巡警大队巡长冯罡、西藏自治区林芝地区公安消防支队防火监督处助理工程师闫涛。

上海市红领巾理事会名誉主席、原市人大常委会主任陈铁迪等85人，被共青团中央、全国少工委授予“星星火炬奖章”。

我国第一条快速客运专线铁路秦沈客运专线正式开通运营

10月12日凌晨1时，长春开往北京的T60次列车由沈阳北站开出，驶进“秦沈客运专线”。

专线从河北省秦皇岛市至辽宁省沈阳市，全长404.64公里，总投资157亿元。铁路于1999年8月开工建设，今年6月修建完成，是一条以客运为主的双线电气化铁路。

10月13日

国务院发出《关于改革现行出口退税机制的决定》

各省、自治区、直辖市人民政府，国务院各部委、各直属机构：

为认真贯彻党的十六大精神，促进外贸体制改革，保持外贸和经济持续健康发展，国务院决定，对现行出口退税机制进行改革。

一、改革现行出口退税机制的必要性和紧迫性

对出口产品实行退税是国际通行做法，符合世贸组织规则。我国从1985年开始实行出口退税政策，1994年财税体制改革以后继续对出口产品实行退税。出口退税政策的实施，对增强我国出口产品的国际竞争力，扩大出口，增加就业，保证国际收支平衡，增加国家外汇储备，促进国民经济持续快速健康发展发挥了重要作用。

我国现行的出口退税机制存在一些亟待解决的矛盾和问题，主要是出口退税机制不利于深化外贸体制改革，出口退税结构不能适应优化产业结构的要求，出口退税的负担机制不尽合理，出口退税缺乏稳定的资金来源等。这些问题的存在使出口退税资金无法及时

得到保证，导致欠退税问题十分严重，而且呈现逐年增长的势头，如不及时采取有效措施予以解决，势必影响企业正常经营和外贸发展，给财政金融运行带来隐患，损害政府的形象和信誉。从改革机制入手抓紧解决出口欠退税问题已迫在眉睫。

二、改革出口退税机制的指导思想和具体内容

(一)改革的指导思想。

按照“新账不欠，老账要还，完善机制，共同负担，推动改革，促进发展”的原则，对历史上欠退税款由中央财政负责偿还，确保改革后不再发生新欠，同时建立中央、地方共同负担的出口退税新机制，推动外贸体制深化改革，优化出口产品结构，提高出口效益，促进外贸和经济持续健康发展。

(二)改革的具体内容。

1. 适当降低出口退税率。本着“适度、稳妥、可行”的原则，区别不同产品调整退税率：对国家鼓励出口产品不降或少降，对一般性出口产品适当降低，对国家限制出口产品和一些资源性产品多降或取消退税。调整退税率的详细产品目录，由财政部会同发展改革委、商务部、税务总局制定，报国务院审批后发布。

2. 加大中央财政对出口退税的支持力度。从2003年起，中央进口环节增值税、消费税收入增量首先用于出口退税。

3. 建立中央和地方共同负担出口退税的新机制。从2004年起，以2003年出口退税实退指标为基数，对超基数部分的应退税额，由中央和地方按75∶25的比例共同负担。

4. 推进外贸体制改革，调整出口产品结构。通过完善法律保障机制等，加快推进生产企业自营出口，积极引导外贸出口代理制发展，降低出口成本，进一步提升我国商品的国际竞争力。同时，结合调整出口退税率，促进出口产品结构优化，提高出口整体效益。

5. 累计欠退税由中央财政负担。对截至2003年年底累计欠企业的出口退税款和按增值税分享体制影响地方的财政收入，全部由中央财政负担。其中，对欠企业的出口退税款，中央财政从2004年起采取全额贴息等办法予以解决。

三、做好出口退税机制改革各项工作

出口退税机制改革是一项重大的体制改革和管理制度创新，关系外贸和国民经济发展全局，各地区、各部门要统一思想，提高认识。财政、商务(外经贸)、税务、海关、外汇等部门要从大局出发，认真履行职责，严格按职能分工，密切配合，共同做好出口退税机制改革各项工作。改革方案出台后，各地区、各部门要切实抓好贯彻落实，加强对改革工作的监督检查和业务指导，密切跟踪改革方案的实施情况，加强调查研究，根据出现的新情况、新问题，及时研究解决办法，确保改革的顺利进行。对违反出口退税机制改革统一规定的行为，要追究相关地区和部门的责任。

国务院

2003年10月13日

财政部 国家税务总局发出通知调整出口货物退税率

财政部 商务部 国家税务总局有关负责人就出口退税机制改革答记者问

记者：这次改革的主要内容是什么？

答：按照党中央、国务院的部署，这次出口退税机制改革的基本原则是：“新账不欠，老账要还，完善机制，共同负担，推动改革，促进发展。”

改革的主要内容是：

(一)对出口退税率进行结构性调整，适当降低出口退税率。本着“适度、稳妥、可行”的原则，区别不同产品调整退税率：对国家鼓励出口的产品退税率不降或少降，对一般性出口产品退税率适当降低，对国家限制出口的产品和一些资源性产品多降或取消退税。调整后的出口退税率为17%、13%、11%、8%、5%五档，自2004年1月1日起实行。按现行出口结构，出口退税率的平均水平将降低3个百分点左右。

(二)加大中央财政对出口退税的支持力度。从2003年起，中央进口环节增值税和消费税收入增量首先用于出口退税。

(三)建立中央和地方财政共同负担出口退税的新机制。具体办法是：从2004年起，以2003年出口退税实退指标为基数，对超基数部分的应退税额，由中央与地方按75∶25的比例分别负担。

(四)结合出口退税机制改革推进外贸体制改革。主要是通过完善法律保障机制等，加快推进生产企业自营出口和外贸出口代理制，降低出口成本，进一步提升我国商品的国际竞争力。同时，结合出口退税率的调整，进一步优化出口产品结构，提高出口整体效益。

(五)累计欠退税由中央财政负担。对截至2003年年底累计欠企业的出口退税款和按增值税分享体制影响地方的财政收入，全部由中央财政负担。其中，对欠企业的出口退税款，中央财政从2004年起开始采取全额贴息等办法予以解决。

记者：可否详细介绍一下退税率结构调整情况？

答：可以。

(一)现行适用5%和13%退税率的农产品，仍保持现行退税率不变；

(二)现行适用17%退税率的产品，除船舶、汽车及

其关键件零部件、数控机床、加工中心、组合机床、起重及工程用机械、机械提升用装备、建筑采矿用机械、程控电话、电报交换机、光通信设备、医疗仪器及器械、铁道机车、便携数字式自动数据处理机、金属冶炼设备、航空航天器、印刷电路等产品仍保持17%的退税率不变以外，其他产品的退税率降为13%，主要包括部分机电产品、服装和棉纺织品等；

(三)现行适用15%退税率的产品，退税率降为13%，主要包括钢材及其制品、小五金、有机和无机化工原料、塑料制品、玩具、鞋、钟表、陶瓷、化纤、橡胶制品、运动用品、皮革制品、旅行用品及箱包等；

(四)现行适用13%退税率的产品，除了以农产品为原料的加工品，以及按照现行政策征税税率为17%的产品仍维持现行13%的退税率不变外(个别产品除外)，其他产品的退税率降为11%，主要包括煤炭、化肥等；

(五)取消部分资源性产品的出口退税政策，主要包括各种矿产品的精矿、原油、原木、针叶木板材、木制一次性筷子、软木及软木制品、木浆、纸板、纸浆、山羊绒、鳗鱼苗等。对上述产品中征收消费税的产品，同时取消其消费税的出口退(免)税；

(六)将部分资源性产品的出口退税率降为8%和5%，降为8%的产品主要包括铝、磷、钼、镍和铁合金等；降为5%的产品主要包括铜、炼焦煤、焦炭等。

记者：请问将通过哪些措施解决原有的出口退税拖欠，并保证不再发生新欠？

答："新账不欠，老账要还"是此次改革的一条重要原则，改革前经审核确定的累计欠退税将全部由中央财政负担，对截至2003年年底累计欠企业的出口退税款，从2004年起，中央财政开始贴息。为确保及时足额退税，不发生拖欠，中央和地方财政要足额安排2004年及以后年度出口退税所需资金。中央财政进口环节增值税和消费税的增量将首先用于出口退税。地方财政也要在预算中足额安排需承担的出口退税增量资金，并确保到位。为此，各级财税部门要狠抓增收节支工作，严格依法征税，严厉打击偷、逃、骗、抗税行为，努力做到应收尽收；要按照公共财政要求，大力调整支出结构，切实保障重点支出，严格控制和压缩一般性开支；要积极推进财政管理制度改革，努力提高财政资金的安全性、规范性和有效性，不断增强财政保障能力。

记者：结合这次改革，如何进一步深化外贸体制改革？

答：外贸体制改革始终是外经贸工作的重要任务。20世纪90年代以来，按照"以改革促开放促发展"的指导思想，进一步加快了外贸体制改革的步伐，初步建立了适应国民经济发展和对外开放要求的外贸体制。商务部组建后，按照十六大提出全面建设小康社会的要求，正继续积极推动外贸体制改革。这次出口退税机制的改革，为深化外贸体制改革创造了条件。历史欠退税问题的解决，有助于缓解企业资金紧张的矛盾，为企业加快发展创造条件；新的退税机制保证"新账不欠"，将提高生产企业通过代理制扩大出口的积极性，有助于推动我国外贸代理制的发展。下一步，将从五个方面深化外贸体制改革。

(一)建立便利、公平的外贸运行机制。进一步形成便利、公平的运行环境，降低市场主体的各种交易成本和制度成本，充分调动各类企业走向国际市场的积极性。

(二)建立积极、稳定的外贸促进机制。逐步建立起以政府为主导，以财政资金为保障，以市场化运作为基础、体现稳定性和公共性的新型外贸促进机制。

(三)建立快速、高效的外贸监控和反应机制。积极做好加入WTO后的应对工作，建立和完善快速、有效的监控和保护机制，切实维护国家利益和经济安全。

(四)建立规范、透明的外贸管理机制。加强外贸管理立法工作，改善管理办法，简化行政审批，进一步增强管理的透明度，提高外贸管理的市场化程度。

(五)建立机制完善、协调有效的外贸中介服务体系。进一步改革进出口商会制度，鼓励发展各类外贸咨询和法律服务机构，真正发挥中介组织在外贸发展中的协调促进作用。

记者：在打击出口骗退税方面，税务等有关部门将采取哪些措施？

答：出口退税机制改革后，出口退税工作面临新的形势。各级税务部门在出口管理工作中将牢固树立既对国家负责，又对企业负责的观念，一方面防范和打击骗取出口退税，一方面落实好给企业的出口退税政策。具体讲：

(一)提高思想认识，增强防范和打击骗税的意识。各级税务部门将保持高度的警惕性，密切注意出口退税机制改革后出现的新问题，做到早发现，早解决，防止不法分子和企业借改革之机进行骗税活动。为此，税务部门将进一步完善执法体系，贯彻依法治税思想，强化岗位责任体系，加强出口退税执法监督，建立执法过错追究制度。

(二)加强部门配合，合力打击骗税行为。出口退税是一项系统工程，不仅涉及税务和财政部门，还涉及商务、海关、外汇管理等多个部门和千家万户出口企业，只有各个部门各司其职，各负其责，齐抓共管，才能从源头上堵截骗税问题的发生。税务部门要坚持依法治税，从严治队，规范管理，严格审核，加大防范和打击的力度，不给犯罪分子可乘之机；财政部门要根据新形势、新情况，积极主动会同税务等部门探索共同加强出口退税监管的新形式和新办法；外经贸主管部门要加强对出口企业的管理，教育和引导出口企业端正经营思想，进一步规范进出口经营秩序；出口企业要加强财务管理，诚信经营，依法纳税，依法退税。另外，要积极推进口岸电子执法系统的建设，以充分发挥海关、税务、外管等部门电子口岸数据的互联优势，以进一步提高出口退税电子化管理水平，进一步提高执法的准确性。

(三)推进使用增值税专用发票电子信息审核出口退税工作。日前，国家税务总局下发了《国家税务总局关于使用增值税专用发票电子信息审核出口退税有关事项的通知》，决定自2003年8月1日起，出口企业取得的用于办理出口退税的增值税防伪税控系统开具的增值税专用发票，必须自该专用发票开具之日起90日内到主管其征税机关认证，未经过认证或认证未通过的一律不予办理退税；同时规定，自2003年9月1日起，退税机关在审核出口企业提供的上述专用发票时，必须与专用发票电子信息进行比对，比对无误的方可按现行规定办理退税。目前，税务部门将根据出口退税机制改革的需要，加大使用增值税专用发票电子信息审核出口退税工作，加强增值税专用发票的开票、认证、信息比对工作，充分发挥金税工程对打击骗税的作用，提高出口退税的效率与准确性。

中国—葡语国家经贸合作论坛在澳门特别行政区举行部长级会议

中国和与会的7个葡语国家部长级官员代表各自政府签署了经贸合作行动纲领。

中国商务部副部长安民在签署仪式前介绍，《中国—葡语国家经贸合作论坛(澳门)2003年部长级会议经贸合作行动纲领》主要内容包括：论坛与会各国政府间的合作，贸易、投资与企业间的合作，农业与渔业领域的合作，工程与基础设施建设领域的合作，自然资源开发与利用领域的合作，人力资源开发与合作领域的合作及论坛后续机制。纲领积极评价澳门作为联系中国与葡语国家平台的作用。

签署行动纲领的7个葡语国家分别是安哥拉、巴西、佛得角、几内亚比绍、莫桑比克、葡萄牙、东帝汶。据介绍，纲领草案形成前，中国商务部就此充分征求了参与国家的意见。

外交部有关负责人就中国发表对欧盟政策文件答记者问

外交部西欧司负责人在记者吹风会上表示，希望通过首份中国对欧盟政策文件，加强中国同欧盟的全面合作，推动中欧关系长期稳定发展。

中国政府于10月13日发表《中国对欧盟政策文件》，阐述了中国对欧盟的政策目标和今后5年的合作措施。

在回答记者提问时，这位负责人说，中国与欧盟建交近30年来，双边关系总体发展良好，已步入全面健康发展的轨道。中欧高层互访频繁，对话机制日益完善，各领域合作良好。中国政府希望通过制定对欧盟政策文件，昭示中国对欧盟的政策目标和今后5年的合作措施，以推动中欧关系长期稳定发展。同时，这份文件也是中方对近8年来欧盟发表5份对华政策文件的回应。

这位负责人表示，中方支持欧盟一体化进程，欢迎欧盟在欧洲和国际事务中发挥更加积极的作用。中方将深化同欧盟各成员国，包括新成员国的关系，维护中欧关系的稳定性和连续性。

这位负责人表示，中方认为欧盟对华军售禁令是"冷战"的产物，与当前良好的中欧关系极不相称，希望欧方早日予以解除。关于欧盟尽早给予中国"完全市场经济地位"问题，这位负责人回答说，中方已在不同场合多次向欧方表明中方的有关立场，并于今年5月正式向欧盟提出申请。希望欧盟本着公正和非歧视的原则，正视中国的市场经济现实，客观对待中国已取得的成就，并从发展双边经贸合作的大局出发，尽快给予中国"完全市场经济地位"。

在反恐问题上，这位负责人指出，中欧都是恐怖主义的受害者，都反对一切形式的恐怖主义，主张国际社会应加强合作。中方愿与欧盟在反恐方面保持接触与磋商。

中国对欧盟政策文件

前言

世纪之初，国际形势发生深刻变化。世界多极化和经济全球化趋势继续曲折发展，和平与发展仍是时代主题。世界还很不安宁，人类仍面临诸多严峻挑战，但维护世界和平，促进发展，加强合作，事关各国人民的福祉，是各国人民的共同愿望和追求，是不可阻挡的历史潮流。

中国致力于全面建设小康社会，希望营造良好的国际环境。中国将一如既往奉行独立自主的和平外交政策，同世界各国一道，在和平共处五项原则基础上，推动建立公正合理的国际政治经济新秩序，尊重世界的多样性，促进国际关系民主化，维护世界和平，谋求共同发展。

欧盟是世界上一支重要力量。中国政府赞赏欧盟及其成员国重视发展对华关系。中国政府首次制定对欧盟政策文件，旨在昭示中国对欧盟的政策目标，规划今后5年的合作领域和相关措施，加强同欧盟的全面合作，推动中欧关系长期稳定发展。

第一部分：欧盟的地位与作用

欧盟的诞生和发展是战后具有深远影响的事件。自1952年欧洲煤钢共同体建立以来，欧盟历经关税同盟、统一大市场、经货联盟等发展阶段，其外交、防务及社会各领域的联合均取得进展，欧元成功流通，统一司法区正在形成。欧盟已成为当今世界一体化程度最高、综合实力雄厚的国家联合体，经济总量和贸易总额分别占全球25%和35%，人均收入和对外投资居世界前列。

2004年，欧盟将扩至25国。一个囊括东西欧、面积400万平方公里、人口4.5亿、国内生产总值逾10万亿美元的新欧盟行将出现。

欧盟的发展尽管仍面临诸多困难和挑战，但其一体化进程已不可逆转，未来欧盟将在地区和国际事务中发挥越来越重要作用。

第二部分：中国对欧盟政策

中国重视欧盟在地区和国际事务中的作用和影响。历史证明，1975年中国与欧洲经济共同体建立外交关系符合双方的利益。中欧关系有过波折，但总体发展良好并日趋成熟，已步入全面健康发展的轨道。1998年，中欧领导人年度会晤机制起步。2001年，中欧建立全面伙伴关系。双方在政治、经贸、科技、文教等领域的磋商日益密切，合作成果显著。中欧关系处于历史最好时期。

中欧之间不存在根本利害冲突，互不构成威胁。由于历史文化传统、政治制度和经济发展阶段的差异，中欧在某些问题上存在不同看法和分歧是正常的。只要本着平等和相互尊重的精神妥善处理，分歧不会成为中欧发展互信互利关系的障碍。

中欧之间的共同点远远超过分歧。中欧都主张国际关系民主化，主张加强联合国作用，反对国际恐怖主义，主张消除贫困，保护环境，实现可持续发展；中欧各具经济优势，互补性强。欧盟经济发达，技术先进，资金雄厚。中国经济持续增长，市场广大，劳动力资源丰富。双方经贸和技术合作前景广阔；中欧各国有悠久历史和灿烂文明，都主张加强文化交流，相互借鉴。中欧在政治经济文化方面的共识与互动构成中欧关系不断发展的坚实基础。

加强与不断发展中欧关系是中国外交政策的重要组成部分。中国致力于构筑中欧长期稳定的全面伙伴关系。中国对欧盟的政策目标是：

——互尊互信，求同存异，促进政治关系健康稳定发展，共同维护世界和平与稳定。

——互利互惠，平等协商，深化经贸合作，推动共同发展。

——互鉴互荣，取长补短，扩大人文交流，促进东西方文化的和谐与进步。

第三部分：加强中欧各领域合作

一、政治方面

(一)加强高层交往与政治对话

——以多种方式保持双方高层的密切接触与及时沟通。

——发挥中欧领导人年度会晤功能，充实内涵，注重实效，加强协调。

——认真执行中欧政治对话协议，不断完善和加强各级别的定期和不定期磋商机制。

——深化同欧盟各成员国，包括新成员国的关系，维护中欧总体关系的稳定性和连续性。

(二)恪守一个中国原则

一个中国原则是中欧关系政治基础的重要组成部分。妥善处理台湾问题关系到中欧关系的稳定发展。中方赞赏欧盟及其成员国恪守一个中国的原则，希望欧方始终尊重中方在台湾问题上的重大关切，警惕台湾当局制造“两个中国”、“一中一台”的图谋，慎重处理涉台问题：

——不允许台政要以任何借口赴欧盟及成员国活动，不与台当局进行任何具有官方性质的接触与往来。

——不支持台加入只有主权国家参加的国际组织。台以“台湾、澎湖、金门、马祖单独关税区”(简称“中国台北”)名义加入世界贸易组织不意味台湾作为中国一部分的地位有任何改变，与台交往应严格限制在非官方和民间范畴。

——不售台武器和可用于军事目的的设备、物资及技术。

(三)鼓励港、澳与欧盟合作

中国中央政府支持和鼓励香港特别行政区和澳门特别行政区按照“一国两制”方针和基本法的规定在平等互利基础上发展与欧盟的友好合作关系。

(四)推动欧盟了解西藏

中国鼓励欧方各界人士到西藏访问；欢迎欧盟及其成员国在尊重中国法律、法规的前提下为西藏经济、文教和社会发展提供支持，开展合作；要求欧方不与所谓“西藏流亡政府”接触，不为达赖集团的分裂活动提供便利。

(五)继续开展人权对话

中欧在人权问题上有共识，但也存在分歧。中方赞赏欧盟坚持对话、不搞对抗的立场，愿在平等和相互尊重基础上同欧盟继续开展人权对话、交流与合作，互通信息，增进了解，深化包括经社文权利、困难群体权利保障在内的合作。

(六)加强国际合作

——就重大国际和地区热点问题加强磋商与协调。

——加强中欧在联合国合作,共同维护联合国权威;推动联合国在保障世界和平,促进经济与社会发展,特别是在帮助发展中国家消除贫困、改善全球环境、禁毒等领域发挥主导作用,并支持联合国改革。

——推动亚欧合作进程。中欧共同努力,使亚欧会议成为洲际平等合作的典范、东西方文明交流的渠道和建立国际政治经济新秩序的推动力量。

——共同打击恐怖主义。中欧都是恐怖主义的受害者,都反对一切形式的恐怖主义,也反对将恐怖主义与特定国家、民族或宗教挂钩,中欧应在反恐方面保持密切接触与合作。

——共同维护国际军控、裁军与防扩散体系,在相互尊重的基础上加强磋商与协调;在防扩散出口控制领域和防止外空武器化及外空军备竞赛等方面加强交流与合作;共同为解决杀伤人员地雷、战争遗留爆炸物等问题作出贡献;加强在履行国际军控条约方面的合作。

(七)增进中欧立法机构间的相互了解

中国全国人民代表大会与欧盟成员国议会及欧洲议会的关系是中欧关系的重要组成部分。中国政府欢迎并支持双方立法机构在相互尊重、加深了解、求同存异、发展合作的基础上加强交流与对话。

(八)增加中欧政党往来

中国政府愿意看到欧盟各主要政党、议会党团及区域性政党组织在独立自主、完全平等、互相尊重、互不干涉内部事务的原则基础上同中国共产党增加交往与合作。

二、经济方面

(一)经贸合作

中国致力于发展中欧富有活力和长期稳定的经贸合作关系,并期待欧盟成为中国最大贸易与投资伙伴:

——发挥经贸混委会机制作用,加强经贸监管政策对话;适时考虑更新《中欧贸易与经济合作协定》;运用WTO规则,妥善解决不合理限制及技术性壁垒,放宽高技术出口限制,发挥技贸合作的巨大潜力;尽早给予中国"完全市场经济地位",减少并消除对华反倾销及有关歧视性政策和做法,慎用"特保措施";合理补偿因欧盟扩大对中方经贸利益的减损。

——加强中欧在世界贸易组织新一轮谈判中的协调与合作,共同推动谈判获得成功。

——加强投资对话,推动建立双边投资促进机构,积极引导双方企业相互投资,扩大中小企业合作;开展加工贸易、承包工程和各种劳务合作,鼓励跨国经营和国际化生产。

——欢迎欧盟增加对华发展援助,特别是在环保、扶贫、卫生保健、教育等领域的援助。同时也欢迎在加强人力资源培训、尤其是对中国中西部的人员培训、中国参与多边贸易体制的能力建设等方面发挥作用。

——加强在质量监督检验检疫领域的合作,建立磋商机制,在维护安全、卫生、健康、环保的原则下,及时解决影响双方产品市场准入的问题。

——加强海关合作,适时签署中欧海关协定。

(二)金融合作

建立、健全中欧金融高层对话机制,扩大中欧央行间的政策交流,深化在防范金融危机、反恐融资和反洗钱方面的合作。中方欢迎欧盟成员国银行拓展对华业务,希望妥善解决中国金融机构在欧盟的市场准入问题。

中方将依照保险法规及"入世"承诺,积极审核欧盟成员国保险机构来华营业申请,完善监管法规体系。

加强证券立法、市场监管、投资运作合作,鼓励更多的欧盟成员国证券经营机构、基金管理机构以及其他机构投资者进入中国市场,也鼓励中国证券经营机构在条件成熟时进入欧盟证券市场,同时积极支持中国企业进入欧盟证券市场融资。

(三)农业合作

加强中欧在农业生产、农产品加工技术、可持续发展等方面的交流,发挥农业工作组会议机制的作用,推动双方农业科研机构、院校和企业间的合作。鼓励欧盟企业积极参与中国中西部农业开发,向农业高新技术、农产品深加工、农业基础设施建设等领域投资。

(四)环保合作

加强中欧在环保领域的沟通与合作,启动中欧环境部长对话机制,制定环境保护合作框架文件,探讨建立环境合作信息网络,加强双方在环境立法与管理、气候变化、生物多样性保护、生物安全管理以及贸易与环境等问题上的合作,并共同推动落实约翰内斯堡可持续发展世界首脑会议后续行动。鼓励民间环保组织的交流;鼓励欧方企业通过平等竞争更多进入中国环保市场。

(五)信息技术合作

欢迎欧盟参与中国信息化建设。加强中欧信息社会对话工作组机制,开展信息社会战略、政策法规的交流与对话,积极促进信息产品贸易和产业技术合作,鼓励扩大知识产权、技术标准的交流,促进在"数字奥运"领域的合作。

(六)能源合作

扩大中欧在能源结构、清洁能源、可再生能源、提高能效和节能等领域的合作,促进能源发展政策交流,办好中欧能源合作大会,加强能源工作组机制,推动能源技术培训和示范项目合作,促进技术的推广和转移。

(七)交通合作

在《中欧海运协定》框架下建立中欧定期会晤机制,开展在海运及海事领域的合作,加强在国际海事组织(IMO)等国际组织中的协调配合;深化和扩大双方在内河航运政策、航运安全和船舶标准化等方面的交流,继续拓展在公路领域的技术、管理合作与交流,加强公路运输立法的对话与交流。

深化中欧在民用航空领域的交流,加强企业间生产、技术、管理和培训合作。

三、教、科、文、卫等方面

(一)科技合作

在互利互惠、成果共享、保护知识产权的原则基础上,推动中欧科技合作:加强双方共性技术和重大技术装备的联合开发与合作,鼓励中国机构参加欧盟科技框架计划;在平等互利和权利与义务平衡的前提下参加“伽利略”计划,加强在国际大科学领域的合作;充分发挥中欧科技合作指导委员会的作用,办好中欧科技与创新政策论坛;鼓励双方科技中介机构的合作和科技人力资源的流动和培训,支持中欧企业参与科技合作。

(二)文化交流

中国将以更加开放的姿态,巩固和深化与欧盟成员国在文化领域的交流与合作,逐步形成中国与欧盟、欧盟成员国及其地方政府,以及民间、商业等多层次、全方位的文化交流框架,为中欧人民相互了解对方优秀文化提供便利。

中国将逐步在欧盟成员国首都及欧盟总部布鲁塞尔建立中国文化中心,也欢迎欧方根据对等、互利原则,在北京设文化中心;鼓励中欧共同举办高水平的文化交流活动,开拓文化产业合作的新模式;探讨建立中欧文化合作磋商机制和共同举办“中欧文化论坛”。

(三)教育合作

加强和扩大各层次的交流,适时建立中欧教育合作磋商机制,强化在学历学位互认、留学生交流、语言教学、互换奖学金生、教师培训等方面的合作,办好中欧国际工商管理学院,培养更多高层次人才。相互鼓励和支持语言教学。

(四)卫生医疗合作

加强在卫生领域的合作,特别是就非典型肺炎(SARS)、艾滋病等重大疾病相互借鉴预防与控制经验;积极开展临床诊断和治疗、流行病调查、分析和监测、实验室检测、医药和疫苗科研开发,以及卫生人员培训等方面的交流;探索建立发生突发性公共卫生应急事件相互通报信息、提供技术支持的机制。

(五)新闻交流

促进中欧新闻界的交流与合作,鼓励双方传媒加强相互了解,全面、客观报道对方情况。加强中欧间政府相关部门的联系和沟通,交流政府新闻发布工作及处理好政府同传媒关系的做法和经验。

(六)人员往来

鼓励中欧人员往来和民间团体交往,愿本着平等和互惠互利的原则,就开放欧盟国家为中国公民出境旅游目的地国事宜尽早达成协议。

加强和扩大中欧领事合作,通过协商尽早解决中国公民赴欧申请入境签证难及入境受阻等问题,维护公民合法权益,保障中欧人员的正常往来。

反对非法移民和偷渡活动,严格执法,打击违法犯罪。中欧双方应加强协商与配合,妥善处理由此引发的遣返等问题。

四、社会、司法、行政方面

(一)劳动和社会保障合作

加强中欧在移民就业与移民工人劳动权益领域的合作,扩大在国际劳工事务中的协调。商签中欧双边社会保险协定,落实中欧社会保障合作项目,扩大在各类社会保险方面的交流。

(二)司法交流

在平等和相互尊重的基础上,继续进行中欧法律与司法合作项目并拓宽相关合作领域,扩大在司法改革等重点领域的交流,探讨在打击跨国犯罪等方面的司法合作。加强中欧法律监督领域的经验交流,研究建立中欧高级司法官员年度会议制度。

(三)警务合作建立并加强与欧盟机构、欧洲警察组织(EUROPOL)的交流,拓展与欧盟成员国执法部门的实质性合作,在双方法律框架下加强协查办案和情报交流。共同支持并积极参与联合国维和等行动。

(四)行政合作

在转变政府职能、深化人事制度改革方面交流经验,探讨建立中欧人事行政合作机制,就公务员制度建设和人才资源开发开展交流。

五、军事方面

保持中欧高层军事交往,逐步完善和发展战略安全磋商机制,扩大军队专业团组交流,增加军官培训和防务研讨交流。

欧盟应早日解除对华军售禁令,为拓宽中欧军工军技合作扫清障碍。

国务委员兼国防部部长曹刚川在北京先后会见德国军队总监察长沃尔夫冈·施耐德汗和希腊国防总参谋长乔治·安托纳科普洛斯

国家发改委等七部门联合督查部分地方治理教育乱收费工作

为加大全国治理教育乱收费专项检查工作力度，国家发展改革委、教育部、国务院纠风办、监察部、财政部、审计署、新闻出版总署等七部门近日联合组织督查组，对部分省、区、市开展治理教育乱收费专项检查工作进行督查。

此次督查的主要任务是，督促检查各地开展治理教育乱收费专项检查工作情况，协助地方对教育乱收费违法案件依法进行查处；检查国家扶贫开发工作重点县的农村小学和初中实行“一费制”、城市公办高中择校生“三限”政策落实情况；检查各级各类学校实行教育收费公示制度情况，对地方政府及有关部门“搭车”收费和各种形式摊派、乱集资、乱收费的查处情况，以及重大违规收费案件有关领导和直接责任人行政责任追究情况等。各督查组将采取明察暗访，随机抽查，召开学生、家长座谈会等形式，以及通过实地检查学校财务账目，深入实际，开展调查研究，倾听学生和家长的意见反映，发现问题，明确教育收费检查政策，直接掌握学校执行教育收费政策及经费收支情况。

“民族精神代代传”活动在北京启动

此活动由中宣部、中央文明办、团中央、教育部、全国少工委联合举办，以弘扬和培育“以爱国主义为核心的团结统一、爱好和平、勤劳勇敢、自强不息的伟大民族精神”为主题，活动目的是让少年儿童了解民族精神的丰富内容，感受民族精神的伟大力量，体验民族精神的时代内涵，逐步树立民族自尊心和自豪感，从小立志为实现中华民族的伟大复兴做好全面准备。

活动引导儿童少年以少先队中队、小队的组织形式开展以“中国了不起、中国人了不起、做个了不起的中国人”为主要内容的“三个了不起”系列活动，并在此基础上组织少年儿童以创作歌词(曲)等形式，展示他们的收获。

今天是少先队建队54周年纪念日，在北京中华世纪坛举行的“民族精神代代传”活动启动仪式上，少先队员演唱了《一分钱》《我们要做雷锋式的好少年》《七子之歌》《种太阳》《每当我们走过老师窗前》《让我们荡起双桨》等少儿歌曲。启动仪式后，音乐工作者、教育工作者和少先队员代表就“民族精神代代传”活动进行了座谈。

10月14日

中共十六届三中全会在北京闭幕

中国共产党第十六届中央委员会第三次全体会议公报

(2003年10月14日中国共产党第十六届中央委员会第三次全体会议通过)

中国共产党第十六届中央委员会第三次全体会议，于2003年10月11日至14日在北京举行。

出席这次全会的有，中央委员188人，候补中央委员154人。中央纪律检查委员会常务委员会委员和有关方面的负责同志列席了会议。

全会由中央政治局主持。中央委员会总书记胡锦涛作了重要讲话。

全会听取和讨论了胡锦涛受中央政治局委托作的工作报告，审议通过了《中共中央关于完善社会主义市场经济体制若干问题的决定》，审议通过了《中共中央关于修改宪法部分内容的建议》并决定提交第十届全国人民代表大会常务委员会审议。吴邦国、温家宝分别就《建议(讨论稿)》和《决定(讨论稿)》向全会作了说明。

全会充分肯定十六届一中全会以来中央政治局的工作。一致认为，中央政治局坚持以邓小平理论和“三个代表”重要思想为指导，全面贯彻十六大精神，既保持了党的路线方针政策的连续性和稳定性，又从实际出发研究新情况、解决新问题，积极开创改革开放和社会主义现代化建设的新局面，团结带领全党全国人民战胜前进道路上的各种困难和风险，夺取了防治“非典”工作的阶段性重大胜利，保持了经济较快增长和各项事业全面发展的良好势头，巩固了奋发向上、安定团结的政治局面。

全会高度评价十一届三中全会特别是十四大确定社会主义市场经济体制改革目标以来我国经济体制改革在理论和实践上取得的重大进展。强调为适应经济全球化和科技进步加快的国际环境，适应全面建设小康社会的新形势，必须按照十六大提出的建成完善的社会主义市场经济体制和更具活力、更加开放的经济体系的战略部署，加快推进改革，进一步解放和发展生产力，为经济发展和社会全面进步注入强大动力。要按照统筹城乡发展、统筹区域发展、统筹经济社会发展、统筹人与自然和谐发展、统筹国内发展和对外开放的要求，更大程度地发挥市场在资源配置中的基础性作用，为全面建设小康社会提供强有力的体制保障。

全会强调，完善社会主义市场经济体制的主要任务是：完善公有制为主体、多种所有制经济共同发展的基本经济制度，建立有利于逐步改变城乡二元经济结构的体制，形成促进区域经济协调发展的机制，建设统一开放竞争有序的现代市场体系，完善宏观调控体系、行政管理体制和经济法律制度，健全就业、收入分配和社会保障制度，建立促进经济社会可持续发展的机制。深化经济体制改革，必须以邓小平理论和“三个代表”重要思想为指导，全面落实十六大精神，解放思想、实事求是、与时俱进，坚持社会主义市场经济的改革方向，坚持尊重群众的首创精神，坚持正确处理改革发展稳定的关系，坚持统筹兼顾，坚持以人为本，树立全面、协调、可持续的发展观，促进经济社会和人的全面发展。

全会认为，要坚持公有制的主体地位，发挥国有经济的主导作用，积极推行公有制的多种有效实现形式，加快调整国有经济布局和结构。要适应经济市场化不断发展的趋势，进一步增强公有制经济的活力，大力发展国有资本、集体资本和非公有资本等参股的混合所有制经济，实现投资主体多元化，使股份制成为公有制的主要实现形式。需要由国有资本控股的企业，应区别不同情况实行绝对控股或相对控股。要建立、健全国有资产管理和监督体制，深化国有企业改革，完善公司法人治理结构，加快推进和完善垄断行业改革。要大力发展和积极引导非公有制经济，允许非公有资本进入法律、法规未禁入的基础设施、公用事业及其他行业和领域。非公有制企业在投融资、税收、土地使用和对外贸易等方面，与其他企业享受同等待遇。要改进对非公有制企业的服务和监管。

全会认为，产权是所有制的核心和主要内容。建立归属清晰、权责明确、保护严格、流转顺畅的现代产权制度，有利于维护公有财产权，巩固公有制经济的主体地位；有利于保护私有财产权，促进非公有制经济发展；有利于各类资本的流动和重组，推动混合所有制经济发展；有利于增强企业和公众创业创新的动力，形成良好的信用基础和市场秩序。这是完善基本经济制度的内在要求，是构建现代企业制度的重要基础。要依法保护各类产权，健全产权交易规则和监管制度，推动产权有序流转。

全会认为，土地家庭承包经营是农村基本经营制度的核心，要长期稳定并不断完善以家庭承包经营为基础、统分结合的双层经营体制，依法保障农民对土地承包经营的各项权利。农户在承包期内可依法、自愿、有偿流转土地承包经营权，完善流转办法，逐步发展适度规模经营。要实行最严格的耕地保护制度，保证国家粮食安全。按照保障农民权益、控制征地规模的原则，改革征地制度，完善征地程序。要完善农产品市场体系，把通过流通环节的间接补贴改为对农民的直接补贴，切实保护种粮农民的利益。要加大国家对农业的支持保护，深化农村税费改革，切实减轻农民负担。要大力发展县域经济，加快城镇化进程，逐步统一城乡劳动力市场，形成城乡劳动者平等就业的制度，为农民创造更多就业机会。

全会认为，要加快建设全国统一市场，大力推进市场对内对外开放，大力发展资本和其他要素市场，促进商品和各种要素在全国范围自由流动和充分竞争。要增强全社会的信用意识，形成以道德为支撑、产权为基础、法律为保障的社会信用制度。要继续完善国家宏观调控体系，加快转变政府职能，深化行政审批制度改革，切实把政府经济管理职能转到主要为市场主体服务和创造良好发展环境上来。要加强对区域发展的协调和指导，积极推进西部大开发，有效发挥中部地区综合优势，支持中西部地区加快改革发展，振兴东北地区等老工业基地，鼓励东部有条件地区率先基本实现现代化。要深化投资体制改革，分步实施税收制度改革，推进财政管理体制改革，深化金融企业改革，健全金融调控机制，完善金融监管体制。要深化涉外经济体制改革，完善对外开放的制度保障，更好地发挥外资的作用，增强参与国际合作和竞争的能力。

全会认为，要把扩大就业放在经济社会发展更加突出的位置，坚持劳动者自主择业、市场调节就业和政府促进就业的方针，实施积极的就业政策，努力改善创业和就业环境，鼓励企业创造更多的就业岗位。要完善按劳分配为主体、多种分配方式并存的分配制度，加大收入分配调节力度，重视解决部分社会成员收入差距过分扩大问题。要加快建设与经济发展水平相适应的社会保障体系，完善企业职工基本养老保险制度，健全失业保险制度，继续改革城镇职工基本医疗保险制度，完善城市居民最低生活保障制度。

全会认为，要深化科技教育文化卫生体制改革，创新工作机制，营造实施人才强国战略的体制环境，加快国家创新体系建设，构建现代国民教育体系和终身教育体系，促进文化事业和文化产业协调发展，提高公共卫生服务水平和突发性公共卫生事件应急能力。要深化行政管理体制改革，合理划分中央和地方经济社会事务的管理责权，加快形成行为规范、运转协调、公正透明、廉洁高效的行政管理体制。全面推进经济法制建设，加强执法和监督，确保法律、法规的有效实施。

全会认为，建成完善的社会主义市场经济体制，是我们党在新世纪、新阶段作出的具有重大现实意义和深远历史意义的决策，是对全党新的重大考验。全党要充分认识肩负的历史责任，自觉适应社会主义市场经济发展的新形势，改革和完善领导方式和执政方式，不断学习新知识、研究新情况、解决新问题，继续探索社会主义制度和市场经济有机结合的途径和方式。要切实加强和改进党风廉政建设，坚持立党为公、执政为民，保持艰苦奋斗的作风，坚决抵制各种不良风气的侵蚀，建立、健全与社会主义市场经济体制相适应的教育、制度、监督并重的惩治和预防腐败体系，为完善社会主义市场经济体制营造良好的社会氛围。要着眼于我国基本国情,坚持一切从实际出发,因地制宜,把改革的力度、发展的速度和社会可承受的程度统一起来,确保社会稳定和工作有序进行。要积极稳妥地推进政治体制改革,扩大社会主义民主,健全社会主义法制,巩固和壮大爱国统一战线,加强思想政治工作,为发展社会主义市场经济提供强有力的政治保证。

全会强调,中华人民共和国宪法是国家的根本法,是治国安邦的总章程,是保持国家统一、民族团结、经济发展、社会进步和长治久安的法制基础。实践证明,现行宪法是一部符合我国国情的好宪法,在国家经济、政治、文化和社会生活中发挥了极其重要的作用,保障了我国改革开放和社会主义现代化建设的顺利进行,应该保持稳定。同时,根据经济社会发展的客观要求,依照法定程序,把十六大确定的重大理论观点和重大方针政策写入宪法,有利于宪法更好地发挥国家根本法的作用。

全会指出,修改宪法必须坚持四项基本原则,立足我国国情,充分发扬民主,广泛听取各方面的意见,严格依法办事,做到有利于加强和改善党的领导,有利于发挥社会主义制度的优越性,有利于调动广大人民群众的积极性,有利于维护国家统一、民族团结和社会稳定,有利于促进经济发展和社会全面进步。

全会强调,当前,我国的发展正处在一个关键时期,全党同志特别是各级领导干部要按照中央的要求和部署,切实抓好发展这个党执政兴国的第一要务,切实做好关心群众生产生活的工作,切实维护社会安定团结,切实加强和改进党的建设,尤其要加强作风建设,做到为民、务实、清廉,团结带领广大人民群众扎扎实实地做好改革发展稳定的各项工作。

全会号召,全党同志和全国各族人民,在马克思列宁主义、毛泽东思想、邓小平理论和"三个代表"重要思想指引下,全面贯彻十六大精神,紧密团结在以胡锦涛同志为总书记的党中央周围,开拓进取,扎实工作,不断促进社会主义物质文明、政治文明和精神文明协调发展,为建成完善的社会主义市场经济体制、实现全面建设小康社会的宏伟目标而努力奋斗。

中共中央关于完善社会主义市场经济体制若干问题的决定

(2003年10月14日中国共产党第十六届中央委员会第三次全体会议通过)

为贯彻落实党的十六大提出的建成完善的社会主义市场经济体制和更具活力、更加开放的经济体系的战略部署,深化经济体制改革,促进经济社会全面发展,十六届中央委员会第三次全体会议讨论了关于完善社会主义市场经济体制的若干重大问题,并作出如下决定。

一、我国经济体制改革面临的形势和任务

(1)深化经济体制改革的重要性和紧迫性。十一届三中全会开始改革开放、十四大确定社会主义市场经济体制改革目标以及十四届三中全会作出相关决定以来,我国经济体制改革在理论和实践上取得重大进展。社会主义市场经济体制初步建立,公有制为主体、多种所有制经济共同发展的基本经济制度已经确立,全方位、宽领域、多层次的对外开放格局基本形成。改革的不断深化,极大地促进了社会生产力、综合国力和人民生活水平的提高,使我国经受住了国际经济金融动荡和国内严重自然灾害、重大疫情等严峻考验。同时也存在经济结构不合理、分配关系尚未理顺、农民收入增长缓慢、就业矛盾突出、资源环境压力加大、经济整体竞争力不强等问题,其重要原因是我国处于社会主义初级阶段,经济体制还不完善,生产力发展仍面临诸多体制性障碍。为适应经济全球化和科技进步加快的国际环境,适应全面建设小康社会的新形势,必须加快推进改革,进一步解放和发展生产力,为经济发展和社会全面进步注入强大动力。

(2)完善社会主义市场经济体制的目标和任务。按照统筹城乡发展、统筹区域发展、统筹经济社会发展、统筹人与自然和谐发展、统筹国内发展和对外开放的要求,更大程度地发挥市场在资源配置中的基础性作用,增强企业活力和竞争力,健全国家宏观调控,完善政府社会管理和公共服务职能,为全面建设小康社会提供强有力的体制保障。主要任务是:完善公有制为主体、多种所有制经济共同发展的基本经济制度;建立有利于逐步改变城乡二元经济结构的体制;形成促进区域经济协调发展的机制;建设统一开放竞争有序的现代市场体系;完善宏观调控体系、行政管理体制和经济法律制度;健全就业、收入分配和社会保障制度;建立促进经济社会可持续发展的机制。

(3)深化经济体制改革的指导思想和原则。以邓小平理论和"三个代表"重要思想为指导,贯彻党的基本路线、基本纲领、基本经验,全面落实十六大精神,解放思想、实事求是、与时俱进。坚持社会主义市场经济的改革方向,注重制度建设和体制创新。坚持尊重群众的首创精神,充分发挥中央和地方两个积极性。坚持正确处理改革发展稳定的关系,有重点、有步骤地推进改革。坚持统筹兼顾,协调好改革进程中的各种利益关系。坚持以人为本,树立全面、协调、可持续的发展观,促进经济社会和人的全面发展。

二、进一步巩固和发展公有制经济,鼓励、支持和引导非公有制经济发展

(4)推行公有制的多种有效实现形式。坚持公有

制的主体地位，发挥国有经济的主导作用。积极推行公有制的多种有效实现形式，加快调整国有经济布局和结构。要适应经济市场化不断发展的趋势，进一步增强公有制经济的活力，大力发展国有资本、集体资本和非公有资本等参股的混合所有制经济，实现投资主体多元化，使股份制成为公有制的主要实现形式。需要由国有资本控股的企业，应区别不同情况实行绝对控股或相对控股。完善国有资本有进有退、合理流动的机制，进一步推动国有资本更多地投向关系国家安全和国民经济命脉的重要行业和关键领域，增强国有经济的控制力。其他行业和领域的国有企业，通过资产重组和结构调整，在市场公平竞争中优胜劣汰。发展具有国际竞争力的大公司大企业集团。继续放开搞活国有中小企业。以明晰产权为重点深化集体企业改革，发展多种形式的集体经济。

(5)大力发展和积极引导非公有制经济。个体、私营等非公有制经济是促进我国社会生产力发展的重要力量。清理和修订限制非公有制经济发展的法律、法规和政策，消除体制性障碍。放宽市场准入，允许非公有资本进入法律、法规未禁入的基础设施、公用事业及其他行业和领域。非公有制企业在投融资、税收、土地使用和对外贸易等方面，与其他企业享受同等待遇。支持非公有制中小企业的发展，鼓励有条件的企业做强做大。非公有制企业要依法经营，照章纳税，保障职工合法权益。改进对非公有制企业的服务和监管。

(6)建立、健全现代产权制度。产权是所有制的核心和主要内容，包括物权、债权、股权和知识产权等各类财产权。建立归属清晰、权责明确、保护严格、流转顺畅的现代产权制度，有利于维护公有财产权，巩固公有制经济的主体地位；有利于保护私有财产权，促进非公有制经济发展；有利于各类资本的流动和重组，推动混合所有制经济发展；有利于增强企业和公众创业创新的动力，形成良好的信用基础和市场秩序。这是完善基本经济制度的内在要求，是构建现代企业制度的重要基础。要依法保护各类产权，健全产权交易规则和监管制度，推动产权有序流转，保障所有市场主体的平等法律地位和发展权利。

三、完善国有资产管理体制，深化国有企业改革

(7)建立、健全国有资产管理和监督体制。坚持政府公共管理职能和国有资产出资人职能分开。国有资产管理机构对授权监管的国有资本依法履行出资人职责，维护所有者权益，维护企业作为市场主体依法享有的各项权利，督促企业实现国有资本保值增值，防止国有资产流失。建立国有资本经营预算制度和企业经营业绩考核体系。积极探索国有资产监管和经营的有效形式，完善授权经营制度。建立、健全国有金融资产、非经营性资产和自然资源资产等的监管制度。

(8)完善公司法人治理结构。按照现代企业制度要求，规范公司股东会、董事会、监事会和经营管理者的权责，完善企业领导人员的聘任制度。股东会决定董事会和监事会成员，董事会选择经营管理者，经营管理者行使用人权，并形成权力机构、决策机构、监督机构和经营管理者之间的制衡机制。企业党组织要发挥政治核心作用，并适应公司法人治理结构的要求，改进发挥作用的方式，支持股东会、董事会、监事会和经营管理者依法行使职权，参与企业重大问题的决策。要坚持党管干部原则，并同市场化选聘企业经营管理者的机制相结合。中央和地方党委要加强和改进对国有重要骨干企业领导班子的管理。要全心全意依靠职工群众，探索现代企业制度下职工民主管理的有效途径，维护职工合法权益。继续推进企业转换经营机制，深化劳动用工、人事和收入分配制度改革，分流安置富余人员，分离企业办社会职能，创造企业改革发展的良好环境。

(9)加快推进和完善垄断行业改革。对垄断行业要放宽市场准入，引入竞争机制。有条件的企业要积极推行投资主体多元化。继续推进和完善电信、电力、民航等行业的改革重组。加快推进铁道、邮政和城市公用事业等改革，实行政企分开、政资分开、政事分开。对自然垄断业务要进行有效监管。

四、深化农村改革，完善农村经济体制

(10)完善农村土地制度。土地家庭承包经营是农村基本经营制度的核心，要长期稳定并不断完善以家庭承包经营为基础、统分结合的双层经营体制，依法保障农民对土地承包经营的各项权利。农户在承包期内可依法、自愿、有偿流转土地承包经营权，完善流转办法，逐步发展适度规模经营。实行最严格的耕地保护制度，保证国家粮食安全。按照保障农民权益、控制征地规模的原则，改革征地制度，完善征地程序。严格界定公益性和经营性建设用地，征地时必须符合土地利用总体规划和用途管制，及时给予农民合理补偿。

(11)健全农业社会化服务、农产品市场和对农业的支持保护体系。农村集体经济组织要推进制度创新，增强服务功能。支持农民按照自愿、民主的原则，发展多种形式的农村专业合作组织。鼓励工商企业投资发展农产品加工和营销，积极推进农业产业化经营，形成科研、生产、加工、销售一体化的产业链。深化农业科技推广体制和供销社改革，形成社会力量广泛参与的农业社会化服务体系。完善农产品市场体系，放开粮食收购市场，把通过流通环节的间接补贴改为对农民的直接补贴，切实保护种粮农民的利益。加大国家对

农业的支持保护，增加各级财政对农业和农村的投入。加强粮食综合生产能力建设。完善扶贫开发机制。国家新增教育、卫生、文化等公共事业支出主要用于农村。探索建立政策性农业保险制度。

(12)深化农村税费改革。农村税费改革是减轻农民负担和深化农村改革的重大举措。完善农村税费改革试点的各项政策，取消农业特产税，加快推进县乡机构和农村义务教育体制等综合配套改革。在完成试点工作的基础上，逐步降低农业税率，切实减轻农民负担。

(13)改善农村富余劳动力转移就业的环境。农村富余劳动力在城乡之间双向流动就业，是增加农民收入和推进城镇化的重要途径。建立、健全农村劳动力的培训机制，推进乡镇企业改革和调整，大力发展县域经济，积极拓展农村就业空间，取消对农民进城就业的限制性规定，为农民创造更多就业机会。逐步统一城乡劳动力市场，加强引导和管理，形成城乡劳动者平等就业的制度。深化户籍制度改革，完善流动人口管理，引导农村富余劳动力平稳有序转移。加快城镇化进程，在城市有稳定职业和住所的农业人口，可按当地规定在就业地或居住地登记户籍，并依法享有当地居民应有的权利，承担应尽的义务。

五、完善市场体系，规范市场秩序

(14)加快建设全国统一市场。强化市场的统一性，是建设现代市场体系的重要任务。大力推进市场对内对外开放，加快要素价格市场化，发展电子商务、连锁经营、物流配送等现代流通方式，促进商品和各种要素在全国范围自由流动和充分竞争。废止妨碍公平竞争、设置行政壁垒、排斥外地产品和服务的各种分割市场的规定，打破行业垄断和地区封锁。积极发展独立公正、规范运作的专业化市场中介服务机构，按市场化原则规范和发展各类行业协会、商会等自律性组织。完善行政执法、行业自律、舆论监督、群众参与相结合的市场监管体系，健全产品质量监管机制，严厉打击制假售假、商业欺诈等违法行为，维护和健全市场秩序。

(15)大力发展资本和其他要素市场。积极推进资本市场的改革开放和稳定发展，扩大直接融资。建立多层次资本市场体系，完善资本市场结构，丰富资本市场产品。规范和发展主板市场，推进风险投资和创业板市场建设。积极拓展债券市场，完善和规范发行程序，扩大公司债券发行规模。大力发展机构投资者，拓宽合规资金入市渠道。建立统一互联的证券市场，完善交易、登记和结算体系。加快发展土地、技术、劳动力等要素市场。规范发展产权交易。积极发展财产、人身保险和再保险市场。稳步发展期货市场。

(16)建立、健全社会信用体系。形成以道德为支撑、产权为基础、法律为保障的社会信用制度，是建设现代市场体系的必要条件，也是规范市场经济秩序的治本之策。增强全社会的信用意识，政府、企事业单位和个人都要把诚实守信作为基本行为准则。按照完善法规、特许经营、商业运作、专业服务的方向，加快建设企业和个人信用服务体系。建立信用监督和失信惩戒制度。逐步开放信用服务市场。

六、继续改善宏观调控，加快转变政府职能

(17)完善国家宏观调控体系。进一步健全国家计划和财政政策、货币政策等相互配合的宏观调控体系。国家计划明确的宏观调控目标和总体要求，是制定财政政策和货币政策的主要依据。财政政策要在促进经济增长、优化结构和调节收入方面发挥重要功能，完善财政政策的有效实施方式。货币政策要在保持币值稳定和总量平衡方面发挥重要作用，健全货币政策的传导机制。重视人口老龄化趋势等因素对社会供求的影响。完善统计体制，健全经济运行监测体系，加强各宏观经济调控部门的功能互补和信息共享，提高宏观调控水平。

(18)转变政府经济管理职能。深化行政审批制度改革，切实把政府经济管理职能转到主要为市场主体服务和创造良好发展环境上来。加强国民经济和社会发展中长期规划的研究和制定，提出发展的重大战略、基本任务和产业政策，促进国民经济和社会全面发展，实现经济增长与人口资源环境相协调。加强对区域发展的协调和指导，积极推进西部大开发，有效发挥中部地区综合优势，支持中西部地区加快改革发展，振兴东北地区等老工业基地，鼓励东部有条件地区率先基本实现现代化。完善政府重大经济社会问题的科学化、民主化、规范化决策程序，充分利用社会智力资源和现代信息技术，增强透明度和公众参与度。

(19)深化投资体制改革。进一步确立企业的投资主体地位，实行谁投资、谁决策、谁收益、谁承担风险。国家只审批关系经济安全、影响环境资源、涉及整体布局的重大项目和政府投资项目及限制类项目，其他项目由审批制改为备案制，由投资主体自行决策，依法办理用地、资源、环保、安全等许可手续。对必须审批的项目，要合理划分中央和地方权限，扩大大型企业集团投资决策权，完善咨询论证制度，减少环节，提高效率。健全政府投资决策和项目法人约束机制。国家主要通过规划和政策指导、信息发布以及规范市场准入，引导社会投资方向，抑制无序竞争和盲目重复建设。

七、完善财税体制，深化金融改革

(20)分步实施税收制度改革。按照简税制、宽税基、低税率、严征管的原则，稳步推进税收改革。改革出口退税制度。统一各类企业税收制度。增值税由生产型改为消费型，将设备投资纳入增值税抵扣范围。完善消费税，适当扩大税基。改进个人所得税，实行综合和分类相结合的个人所得税制。实施城镇建设税费改革，条件具备时对不动产开征统一规范的物业税，相应取消有关收费。在统一税政前提下，赋予地方适当的税政管理权。创造条件逐步实现城乡税制统一。

(21)推进财政管理体制改革。健全公共财政体制，明确各级政府的财政支出责任。进一步完善转移支付制度，加大对中西部地区和民族地区的财政支持。深化部门预算、国库集中收付、政府采购和收支两条线管理改革。清理和规范行政事业性收费，凡能纳入预算的都要纳入预算管理。改革预算编制制度，完善预算编制、执行的制衡机制，加强审计监督。建立预算绩效评价体系。实行全口径预算管理和对或有负债的有效监控。加强各级人民代表大会对本级政府预算的审查和监督。

(22)深化金融企业改革。商业银行和证券公司、保险公司、信托投资公司等要成为资本充足、内控严密、运营安全、服务和效益良好的现代金融企业。选择有条件的国有商业银行实行股份制改造，加快处置不良资产，充实资本金，创造条件上市。深化政策性银行改革。完善金融资产管理公司运行机制。鼓励社会资金参与中小金融机构的重组改造。在加强监管和保持资本金充足的前提下，稳步发展各种所有制金融企业。完善农村金融服务体系，国家给予适当政策支持。通过试点取得经验，逐步把农村信用社改造成为农村社区服务的地方性金融企业。

(23)健全金融调控机制。稳步推进利率市场化，建立、健全由市场供求决定的利率形成机制，中央银行通过运用货币政策工具引导市场利率。完善人民币汇率形成机制，保持人民币汇率在合理、均衡水平上的基本稳定。在有效防范风险前提下，有选择、分步骤放宽对跨境资本交易活动的限制，逐步实现资本项目可兑换。建立和完善统一、高效、安全的支付清算系统。改进中央银行的金融调控，建立、健全货币市场、资本市场、保险市场有机结合、协调发展的机制，维护金融运行和金融市场的整体稳定，防范系统性风险。

(24)完善金融监管体制。依法维护金融市场公开、公平、有序竞争，有效防范和化解金融风险，保护存款人、投资者和被保险人的合法权益。健全金融风险监控、预警和处置机制，依法严格实行市场退出制度。强化金融监管手段，防范和打击金融犯罪。增强监管信息透明度并接受社会监督。处理好监管和支持金融创新的关系，鼓励金融企业探索金融经营的有效方式。建立、健全银行、证券、保险监管机构之间以及同中央银行、财政部门的协调机制，提高金融监管水平。

八、深化涉外经济体制改革，全面提高对外开放水平

(25)完善对外开放的制度保障。按照市场经济和世贸组织规则的要求，加快内外贸一体化进程。形成稳定、透明的涉外经济管理体制，创造公平和可预见的法制环境，确保各类企业在对外经济贸易活动中的自主权和平等地位。依法管理涉外经济活动，强化服务和监管职能，进一步提高贸易和投资的自由、便利程度。建立、健全外贸运行监控体系和国际收支预警机制，维护国家经济安全。

(26)更好地发挥外资的作用。抓住新一轮全球生产要素优化重组和产业转移的重大机遇，扩大利用外资规模，提高利用外资水平。结合国内产业结构调整升级，更多地引进先进技术、管理经验和高素质人才，注重引进技术的消化吸收和创新提高。继续发展加工贸易，着力吸引跨国公司把更高技术水平、更大增值含量的加工制造环节和研发机构转移到我国，引导加工贸易转型升级。进一步改善投资环境，拓宽投资领域，吸引外资加快向有条件的地区和符合国家产业政策的领域扩展，力争再形成若干外资密集、内外结合、带动力强的经济增长带。

(27)增强参与国际合作和竞争的能力。鼓励国内企业充分利用扩大开放的有利时机，增强开拓市场、技术创新和培育自主品牌的能力。提高出口商品质量、档次和附加值，扩大高新技术产品出口，发展服务贸易，全面提高出口竞争力。继续实施“走出去”战略，完善对外投资服务体系，赋予企业更大的境外经营管理自主权，健全对境外投资企业的监管机制，促进我国跨国公司的发展。积极参与和推动区域经济合作。

九、推进就业和分配体制改革，完善社会保障体系

(28)深化劳动就业体制改革。把扩大就业放在经济社会发展更加突出的位置，实施积极的就业政策，努力改善创业和就业环境。坚持劳动者自主择业、市场调节就业和政府促进就业的方针。鼓励企业创造更多的就业岗位。改革发展和结构调整都要与扩大就业紧密结合。从扩大就业再就业的要求出发，在产业类型上，注重发展劳动密集型产业；在企业规模上，注重扶持中小企业；在经济类型上，注重发展非公有制经济；在就业方式上，注重采用灵活多样的形式。完善就业服务体系，加强职业教育和技能培训，帮助特殊困难群体就业。规范企业用工行为，保障劳动者合法权益。

(29)推进收入分配制度改革。完善按劳分配为主体、多种分配方式并存的分配制度，坚持效率优先、兼顾公平，各种生产要素按贡献参与分配。整顿和规范分配秩序，加大收入分配调节力度，重视解决部分社会成员收入差距过分扩大问题。以共同富裕为目标，扩

大中等收入者比重，提高低收入者收入水平，调节过高收入，取缔非法收入。加强对垄断行业收入分配的监管。健全个人收入监测办法，强化个人所得税征管。完善和规范国家公务员工资制度，推进事业单位分配制度改革。规范职务消费，加快福利待遇货币化。

(30)加快建设与经济发展水平相适应的社会保障体系。完善企业职工基本养老保险制度，坚持社会统筹与个人账户相结合，逐步做实个人账户。将城镇从业人员纳入基本养老保险。建立、健全省级养老保险调剂基金，在完善市级统筹基础上，逐步实行省级统筹，条件具备时实行基本养老金的基础部分全国统筹。健全失业保险制度，实现国有企业下岗职工基本生活保障向失业保险并轨。继续完善城镇职工基本医疗保险制度、医疗卫生和药品生产流通体制的同步改革，扩大基本医疗保险覆盖面，健全社会医疗救助和多层次的医疗保障体系。继续推行职工工伤和生育保险。积极探索机关和事业单位社会保障制度改革。完善城市居民最低生活保障制度，合理确定保障标准和方式。采取多种方式包括依法划转部分国有资产充实社会保障基金。强化社会保险基金征缴，扩大征缴覆盖面，规范基金监管，确保基金安全。鼓励有条件的企业建立补充保险，积极发展商业养老、医疗保险。农村养老保障以家庭为主，同社区保障、国家救济相结合。有条件的地方探索建立农村最低生活保障制度。

十、深化科技教育文化卫生体制改革，提高国家创新能力和国民整体素质

(31)营造实施人才强国战略的体制环境。创新人才工作机制，培养、吸引和用好各类人才。以党政人才、企业经营管理人才和专业技术人才为主体，建设规模宏大、结构合理、素质较高的人才队伍。多层次、多渠道、大规模地开展人才培训，重点培养一批高层次和高技能人才。加强西部和民族地区人才开发，建立促进优秀人才到西部、基层和艰苦地方工作的机制。尊重知识，鼓励创新，实行公平竞争，完善激励制度，形成优秀人才脱颖而出和人尽其才的良好环境。建立和完善人才市场体系，进一步促进人才流动。积极引进现代化建设急需的各类人才。

(32)深化科技体制改革。改革科技管理体制，加快国家创新体系建设，促进全社会科技资源高效配置和综合集成，提高科技创新能力，实现科技和经济社会发展紧密结合。确立企业技术创新和科技投入的主体地位，为各类企业创新活动提供平等竞争条件。必须由国家支持的从事基础研究、战略高技术、重要公益研究领域创新活动的研究机构，要按照职责明确、评价科学、开放有序、管理规范的原则建立现代科研院所制度。面向市场的应用技术研究开发机构，要坚持向企业化转制，加快建立现代企业制度。积极推动高等教育和科技创新紧密结合。建立军民结合、寓军于民的创新机制，实现国防科技和民用科技相互促进和协调发展。建设哲学社会科学理论创新体系，促进社会科学和自然科学协调发展。

(33)深化教育体制改革。构建现代国民教育体系和终身教育体系，建设学习型社会，全面推进素质教育，增强国民的就业能力、创新能力、创业能力，努力把人口压力转变为人力资源优势。推进教育创新，优化教育结构，改革培养模式，提高教育质量，形成同经济社会发展要求相适应的教育体制。巩固和完善以县级政府管理为主的农村义务教育管理体制。实施全员聘用和教师资格准入制度。完善和规范以政府投入为主、多渠道筹措经费的教育投入体制，形成公办学校和民办学校共同发展的格局。完善国家和社会资助家庭经济困难学生的制度。

(34)深化文化体制改革。按照社会主义精神文明建设的特点和规律，适应社会主义市场经济发展的要求，逐步建立党委领导、政府管理、行业自律、企事业单位依法运营的文化管理体制。转变文化行政管理部门的职能，促进文化事业和文化产业协调发展。坚持把社会效益放在首位，努力实现社会效益和经济效益的统一。公益性文化事业单位要深化劳动人事、收入分配和社会保障制度改革，加大国家投入，增强活力，改善服务。经营性文化产业单位要创新体制，转换机制，面向市场，壮大实力。健全文化市场体系，建立富有活力的文化产品生产经营体制。完善文化产业政策，鼓励多渠道资金投入，促进各类文化产业共同发展，形成一批大型文化企业集团，增强文化产业的整体实力和国际竞争力。依法规范文化市场秩序。深化体育改革，构建群众体育服务体系，健全竞技体育体制，促进体育产业健康发展，增强全民体质。

(35)深化公共卫生体制改革。强化政府公共卫生管理职能，建立与社会主义市场经济体制相适应的卫生医疗体系。加强公共卫生设施建设，充分利用、整合现有资源，建立、健全疾病信息网络体系、疾病预防控制体系和医疗救治体系，提高公共卫生服务水平和突发性公共卫生事件应急能力。加快城镇医疗卫生体制改革。改善乡村卫生医疗条件，积极建立新型农村合作医疗制度，实行对贫困农民的医疗救助。发挥中西医结合的优势。搞好环境卫生建设，树立全民卫生意识。健全卫生监管体系，保证群众的食品、药品和医疗安全。

十一、深化行政管理体制改革，完善经济法律制度

(36)继续改革行政管理体制。加快形成行为规范、

运转协调、公正透明、廉洁高效的行政管理体制。进一步调整各级政府机构设置,理顺职能分工,实现政府职责、机构和编制的法定化。完善国家公务员制度。推进依法行政,严格按照法定权限和程序行使权力、履行职责。发展电子政务,提高服务和管理水平。建立、健全各种预警和应急机制,提高政府应对突发事件和风险的能力。完善安全生产监管体系。深化地方行政管理体制改革,大力精简机构和人员。继续推进事业单位改革。完善基层群众性自治组织,发挥城乡社区自我管理、自我服务的功能。

(37)合理划分中央和地方经济社会事务的管理责权。按照中央统一领导、充分发挥地方主动性积极性的原则,明确中央和地方对经济调节、市场监管、社会管理、公共服务方面的管理责权。属于全国性和跨省(自治区、直辖市)的事务,由中央管理,以保证国家法制统一、政令统一和市场统一。属于面向本行政区域的地方性事务,由地方管理,以提高工作效率、降低管理成本、增强行政活力。属于中央和地方共同管理的事务,要区别不同情况,明确各自的管理范围,分清主次责任。根据经济社会事务管理责权的划分,逐步理顺中央和地方在财税、金融、投资和社会保障等领域的分工和职责。

(38)全面推进经济法制建设。按照依法治国的基本方略,着眼于确立制度、规范权责、保障权益,加强经济立法。完善市场主体和中介组织法律制度,使各类市场主体真正具有完全的行为能力和责任能力。完善产权法律制度,规范和理顺产权关系,保护各类产权权益。完善市场交易法律制度,保障合同自由和交易安全,维护公平竞争。完善预算、税收、金融和投资等法律、法规,规范经济调节和市场监管。完善劳动、就业和社会保障等方面的法律、法规,切实保护劳动者和公民的合法权益。完善社会领域和可持续发展等方面的法律、法规,促进经济发展和社会全面进步。

(39)加强执法和监督。加强对法律、法规的解释工作,加大执法力度,提高行政执法、司法审判和检察的能力和水平,确保法律、法规的有效实施,维护法制的统一和尊严。按照权力与责任挂钩、权力与利益脱钩的要求,建立权责明确、行为规范、监督有效、保障有力的执法体制,防止和纠正地方保护主义和部门本位主义。改革行政执法体制,相对集中行政处罚权,推进综合执法试点。推进司法体制改革,维护司法公正。实行执法责任制和执法过错追究制,做到严格执法、公正执法、文明执法。

十二、加强和改善党的领导,为完善社会主义市场经济体制而奋斗

(40)党的领导是顺利推进改革的根本保证。建成完善的社会主义市场经济体制,是我们党在新世纪、新阶段作出的具有重大现实意义和深远历史意义的决策,是对全党新的重大考验。全党同志要充分认识肩负的历史责任,不断学习新知识、研究新情况、解决新问题,继续探索社会主义制度和市场经济有机结合的途径和方式。要自觉适应社会主义市场经济发展的新形势,改革和完善党的领导方式和执政方式,坚持谋全局、把方向、管大事,进一步提高科学判断形势的能力、驾驭市场经济的能力、应对复杂局面的能力、依法执政的能力和总览全局的能力。要坚持党管人才原则,培养和造就大批适应现代化建设需要的各类人才,加强各级领导班子和基层党组织建设,为改革和发展提供强有力的组织保证。要着眼于我国基本国情,坚持一切从实际出发,因地制宜,把改革的力度、发展的速度和社会可承受的程度统一起来,及时化解各种矛盾,确保社会稳定和工作有序进行。要统筹推进各项改革,努力实现宏观经济改革和微观经济改革相协调,经济领域改革和社会领域改革相协调,城市改革和农村改革相协调,经济体制改革和政治体制改革相协调。

(41)加强和改进党风廉政建设。加强党风廉政建设、反对和防止腐败,是建立和完善社会主义市场经济体制的重要保证,必须贯穿于改革开放和现代化建设的全过程。要进一步抓好党和国家机关工作人员特别是领导干部的廉洁自律,坚决查处各种违纪违法案件,切实纠正损害群众利益的不正之风。要坚持标本兼治、综合治理,注重思想道德教育,加强廉政法制建设,完善监督制约机制,建立、健全与社会主义市场经济体制相适应的教育、制度、监督并重的惩治和预防腐败体系。坚持立党为公、执政为民,务必继续保持谦虚谨慎、不骄不躁的作风,务必继续保持艰苦奋斗的作风,坚决抵制各种不良风气的侵蚀,为完善社会主义市场经济体制营造良好的社会氛围。

(42)坚持社会主义物质文明、政治文明和精神文明协调发展。中国特色社会主义是社会主义市场经济、社会主义民主政治和社会主义先进文化协调发展的伟大事业。要积极稳妥地推进政治体制改革,扩大社会主义民主,健全社会主义法制,巩固和壮大爱国统一战线,加强思想政治工作,为发展社会主义市场经济提供强有力的政治保证。要大力加强社会主义文化建设,着力建立与社会主义市场经济相适应、与社会主义法律规范相协调、与中华民族传统美德相承接的社会主义思想道德体系,弘扬和培育民族精神,不断提高全民族的思想道德素质和科学文化素质,为改革和发展提供强大的精神动力和智力支持。

全党同志和全国各族人民,在马克思列宁主义、毛

泽东思想、邓小平理论和"三个代表"重要思想指引下，全面贯彻十六大精神，紧密团结在以胡锦涛同志为总书记的党中央周围，开拓进取，扎实工作，为建成完善的社会主义市场经济体制、实现全面建设小康社会的宏伟目标而努力奋斗！

国务院总理温家宝主持召开国务院常务会议

会议研究了关于抓紧淮河流域灾后重建和加快治淮工程建设有关问题。会议指出，今年夏季淮河流域遭受了历史上罕见的特大洪涝灾害，沿淮地区的一些城市和广大农村损失较为严重。会议强调，要把治理淮河作为水利建设的重点，按照全面规划、统筹兼顾、标本兼治、综合治理、先急后缓、远近结合的原则，合理安排各项建设任务。当前要抓紧做好以下工作：一是抓紧做好行蓄洪区灾民迁建工作。要统筹考虑群众安全、经济发展和流域防洪问题，认真做好规划，真正让群众安居乐业。二是搞好灾后重建工程建设。要在2004年汛前完成今年启用行洪区的堵口复堤，对出现险情的重要堤防、病险水库和涵闸要抓紧进行除险加固。三是做好行蓄洪区运用补偿工作，补偿资金争取在年底前发放到受灾群众手中。四是加快治淮工程建设进度，力争在2007年前基本完成原定2010年前完成的加固干支流堤防、扩大和整治泄洪通道、行蓄洪区安全建设、兴建防洪排涝设施和防汛指挥系统等19项治淮骨干工程项目。五是加强对治淮工程的稽查、审计和质量监督，管好用好治淮资金，确保工程质量。会议要求，各有关地区和部门要以对人民高度负责的态度，切实加强领导，周密部署，科学规划，精心组织，密切协作，确保各项建设的顺利实施。

会议还研究了其他事项。

《人民日报》发表马文瑞 张邦英的文章《深切怀念习仲勋同志》

国务院副总理吴仪在北京出席庆祝中美商务理事会成立晚宴

中美商务理事会由中国国际贸易促进委员会与美国商会共同组建，旨在促进两国工商界的交流与合作。中美商务理事会将轮流在中美两国举行年度会议。首届理事会大会于10月14日在北京举行。

吴仪在成立晚宴上说，理事会的成立，为两国工商界搭建了一个机制性合作平台，相信双方将在这一机制下深入探讨双边贸易与投资问题，研究现行政策对双边经贸关系的影响，并就存在的问题为双方政府提出良好建议。

中国贸促会会长万季飞和美国商会会长多诺霍分别也在晚宴上致辞。

中国和乌克兰政府间经贸合作委员会第八次会议在北京举行

双方官员表示，中乌双方要进一步加强合作，共同促进中乌双边贸易和经济合作深入发展。

会议结束后，双方签署了《中国和乌克兰政府间经贸合作委员会第八次会议备忘录》《中国商务部和乌克兰国家出口监管局关于出口管制合作的谅解备忘录》等4个合作文件。

中国常驻联合国代表王光亚在联大就安理会改革问题发表讲话

王光亚说，中国支持安理会进行改革，以增强其应对新挑战和新威胁的能力。他强调说，安理会改革应从纠正安理会组成不平衡入手，同时改进安理会工作方法，提高工作效率。

王光亚表示，目前，发展中国家在安理会代表性不足，因此应根据公平地域分配原则，优先增加发展中国家的代表性。在当前形势下，我们既要有进行广泛深入讨论的耐心，也要有加快推动改革进程的紧迫感和善于妥协的智慧。中国愿本着建设性态度，继续积极参与安理会改革工作组的工作，愿同安理会其他成员国一道继续在此方面作出努力。

王光亚还说，中方欢迎联合国秘书长安南提出建立高级别名人小组，相信这个小组的组成将体现地域平衡。"我们期待名人小组提出积极的、能反映绝大多数国家共识的建议，供广大会员国讨论和作出决定。"

内昆铁路在贵阳由国家验收委员会验收通过正式交付使用

内昆铁路是国家"九五"重点建设项目，总投资129.2亿元，北起四川内江，南至云南昆明，80%的线路行进在乌蒙的崇山峻岭中。工程于1998年全线开工，2002年建成投产开始临管营运。

10月15日

《人民日报》发表社论《全面建设小康社会的体制保证》

中国共产党第十六届中央委员会第三次全体会议圆满完成各项任务，胜利闭幕了。

这次全会，是在全党兴起学习贯彻"三个代表"重要思想新高潮，全国各族人民沿着党的十六大指引的方向满怀信心全面建设小康社会的历史进程中召开的重要会议。全会听取了胡锦涛同志受中央政治局委托作的工作报告，审议通过了《中共中央关于完善社会主义市场经济体制若干问题的决定》(以下简称《决定》)，审议通过了《中共中央关于修改宪法部分内容的建议》。党的十六届三中全会，对于全面推进我国改革开放和社会主义现代化建设，把中国特色社会主义伟大事业继续推向前进，具有重大的现实意义和深远的历史意义。

全会高度评价党的十六届一中全会以来以胡锦涛同志为总书记的新一届中央领导集体团结带领全党全国各族人民在改革开放和现代化建设中所取得的新的重大成就。面对突如其来的“非典”疫情和重大自然灾害，面对复杂的国际形势和繁重的改革发展稳定任务，党中央坚持以邓小平理论和“三个代表”重要思想为指导，全面贯彻十六大精神，紧紧依靠全党和全国人民，继续推进改革开放和现代化建设，继续推进党的建设新的伟大工程，取得了防治“非典”工作的阶段性重大胜利，保持了经济较快增长和各项事业全面发展的良好势头，巩固了奋发向上、安定团结的政治局面。这一切向世人宣示，新一届中央领导集体将始终不渝地坚持党的十一届三中全会以来的路线方针政策，将始终不渝地高举马克思列宁主义、毛泽东思想和邓小平理论的伟大旗帜，高举“三个代表”重要思想的伟大旗帜，将始终不渝地走邓小平同志开辟的、以江泽民同志为核心的第三代中央领导集体坚持并发展了的中国特色社会主义道路。以胡锦涛同志为总书记的党中央深受全党和全国人民拥护和信赖。

全会通过的《决定》是进一步深化经济体制改革，促进经济和社会全面发展的纲领性文件。今年是全面建设小康社会的第一年，明确提出完善社会主义市场经济体制的目标、任务、指导思想和原则具有十分重大的意义。党的十四大明确提出了建立社会主义市场经济体制的改革目标，党的十四届三中全会作出了《关于建立社会主义市场经济体制若干问题的决定》。10年来，我国经济体制改革取得了重大进展。社会主义市场经济体制初步建立，公有制为主体、多种所有制经济共同发展的基本经济制度已经确立，全方位、宽领域、多层次的对外开放格局基本形成。改革的不断深化，极大地促进了社会生产力、综合国力和人民生活水平的提高，使我国经受住了国际经济金融动荡和国内严重自然灾害、重大疫情等严峻考验。同时也应看到，我国还存在经济结构不合理、分配关系尚未理顺、农民收入增长缓慢、就业矛盾突出、资源环境压力加大、经济整体竞争力不强等问题，其重要原因是我国处于社会主义初级阶段，经济体制还不完善，生产力发展仍面临诸多体制性障碍。为适应经济全球化和科技进步加快的国际环境，适应全面建设小康社会的新形势，必须加快推进改革，进一步解放和发展生产力，为经济发展和社会全面进步注入强大动力。

党的十六大提出的全面建设小康社会的奋斗目标和建成完善的社会主义市场经济体制的战略部署，是深化改革的总方向和依据。从初步建立社会主义市场经济体制到完善社会主义市场经济体制，这是一个新的历史跨越、新的伟大实践，也是一项更加艰巨、更加宏伟的系统工程。《决定》提出，完善社会主义市场经济体制要贯彻“五个统筹”、做到“五个坚持”，即要按照统筹城乡发展、统筹区域发展、统筹经济社会发展、统筹人与自然和谐发展、统筹国内发展和对外开放的要求，更大程度地发挥市场在资源配置中的基础性作用；要坚持社会主义市场经济的改革方向，坚持尊重群众的首创精神，坚持正确处理改革发展稳定的关系，坚持统筹兼顾，坚持以人为本。按照“五个统筹”的要求提出改革目标，体现了经济、社会和人的全面发展，体现了改革发展稳定三者的紧密结合、相互统一的战略思想，反映了我们党对社会主义市场经济规律的认识不断深化。“五个坚持”体现了“三个代表”重要思想的要求，体现了以往改革的成功经验，对确保改革顺利进行，具有重大意义。遵循这些基本要求和原则，《决定》对完善社会主义市场经济体制的各个方面作出了全面规划和工作部署，必将为全面建设小康社会提供体制保证。

当前，摆在各级党组织和广大党员面前的一项重要任务，就是学习好贯彻好落实好党的十六届三中全会精神。各级党委特别是各级领导干部一定要认真学习，紧密结合本地区本部门本单位的实际，扎实工作，狠抓落实，努力开创各项工作的新局面。

改革开放潮流滚滚向前，全面建设小康社会鼓舞人心。历史机遇是一副光荣的重担，严峻挑战是一种强大的动力。建成完善的社会主义市场经济体制，是我们党在新世纪、新阶段作出的重大历史性决策，也是对全党新的重大历史性考验。全党同志一定要充分认识自己的历史责任，自觉肩负起自己的崇高使命。让我们紧密团结在以胡锦涛同志为总书记的党中央周围，高举邓小平理论和“三个代表”重要思想伟大旗帜，励精图治，奋发进取，夺取改革开放和社会主义现代化建设的新胜利。

我国首次载人航天飞行“神舟”五号飞船发射成功

10月14日下午，党的十六届三中全会刚闭幕，胡锦涛就和黄菊、吴官正、曹刚川、王刚等一同赶赴酒泉卫星发射中心，并连夜听取了关于飞船发射准备工作情况的汇报。

10月15日凌晨5时20分，航天员出征仪式在航天员公寓问天阁举行。胡锦涛等中央领导同志来到这里，亲切会见首飞梯队3名航天员。胡锦涛说，“神舟”五号马上就要发射了，这是你们盼望已久的庄严时刻，也是全国各族人民盼望已久的庄严时刻。一会儿，杨利伟同志就要作为我国第一个探索太空的勇士出征，就要肩负着祖国和人民的重托去实现中华民族的千年梦想。相信你一定会沉着冷静，坚毅果敢，圆满完成这一光荣而神圣的使命。我们等待着你胜利归来。执行首飞任务的航天员杨利伟激动地表示，要聚精会神地做好每一个动作，决不辜负祖国和人民的期望。

8时50分，胡锦涛等领导同志来到试验指挥楼平台，现场观看飞船发射。与此同时，吴邦国、温家宝、贾庆林、曾庆红、李长春、罗干等中央领导同志在北京航天指挥控制中心观看飞船发射实况。

上午9时整，火箭起飞。9时42分，载人航天工程总指挥李继耐宣布：“飞船已进入预定轨道，发射取得成功。”

在热烈的掌声中，胡锦涛发表了重要讲话。他指出，实施载人航天工程，是以江泽民同志为核心的党的第三代中央领导集体作出的重大战略决策。他希望航天战线的全体同志，认真学习贯彻“三个代表”重要思想和十六大精神，进一步增强使命感和责任感，大力弘扬“两弹一星”精神和载人航天精神，科学求实、开拓创新，团结协作、不懈进取，不断夺取我国航天事业和国防科技发展的新胜利，为全面建设小康社会、实现中华民族的伟大复兴再立新功。

在酒泉卫星发射中心，胡锦涛等中央领导同志亲切会见了各参试单位的代表，还视察了载人飞船发射场、测发指挥楼、垂直总装测试厂房，参观了发射基地历史展览，并向聂荣臻元帅纪念碑敬献了花篮。

在北京航天指挥控制中心同时观看飞船发射实况的还有王兆国、回良玉、刘淇、刘云山、吴仪、贺国强、曾培炎、何勇、唐家璇、华建敏、陈至立，中央军委委员梁光烈、廖锡龙等。

这次发射的“神舟”五号载人飞船，包括推进舱、返回舱、轨道舱和附加段四个部分，由中国航天科技集团公司所属的中国空间技术研究院和上海航天技术研究院为主研制。发射飞船的“长征二号F”型运载火箭，由中国航天科技集团公司所属的中国运载火箭技术研究院为主研制。飞船上进行空间科学和技术试验的载人航天应用系统由中国科学院、信息产业部等部门的有关单位研制。此次发射是“长征”系列运载火箭第七十一次飞行，也是继1996年10月以来，我国航天发射连续第二十九次获得成功。飞船在轨运行期间，在北京航天指挥控制中心的统一调度和指挥下，中国西安卫星测控中心国内外有关测控站和“远望”号远洋航天测量船队，将对飞船进行持续跟踪、测量与控制，通过航天员生理遥测参数和回传图像及话音通信，了解航天员的身体、生活和工作状态。载人航天应用系统将在飞船上进行空间科学和技术试验。

按预定计划，“神舟”五号载人飞船将绕地球飞行14圈。

十届全国人大常委会第八次委员长会议在人民大会堂举行

中共中央政治局常委、全国人大常委会委员长吴邦国主持会议并发表重要讲话。他强调，各级人大及其常委会要认真学习贯彻党的十六届三中全会精神，坚持以邓小平理论和“三个代表”重要思想为指导，紧紧围绕全面建设小康社会的奋斗目标，保障经济体制改革顺利进行、促进经济发展和社会全面进步，发展社会主义民主、健全社会主义法制，认真履行宪法和法律赋予的职责，充分发挥国家权力机关的作用，为完成党的十六大和十六届三中全会确定的各项任务而不懈努力。

吴邦国指出，要根据《中共中央关于修改宪法部分内容的建议》，依照法定程序，认真做好修改宪法工作。要坚持以经济立法为重点，加强立法工作，提高立法质量，为完善社会主义市场经济体制提供法律保障。

会议听取了副委员长兼秘书长盛华仁关于十届全国人大常委会第五次会议议程和日程安排意见的汇报。会议决定，十届全国人大常委会第五次会议于10月23日至28日在北京举行。会议建议第五次会议的主要议程是：审议道路交通安全法草案，证券投资基金法草案，银行业监督管理法草案，中国人民银行法修正案草案，商业银行法修正案草案；审议国务院关于规范处理1995年以前中央财政向人民银行借款问题的报告；审议国务院关于老年人权益保障、小城镇建设和农村富余劳动力转移、就业和再就业工作情况的报告；审议全国人大常委会执法检查组关于检查建筑法实施情况的报告；审议全国人大有关专门委员会关于十届全国人大一次会议主席团交付审议的代表提出的议案审议结果的报告等。

副委员长王兆国、李铁映、司马义·艾买提、何鲁丽、丁石孙、成思危、许嘉璐、顾秀莲、热地、路甬祥、乌云其木格、韩启德、傅铁山出席会议。

国务院总理温家宝在中南海会见中美商务理事会会议全体成员

中组部 人事部发出通知要求各级党政机关进一步加强和完善考试录用工作

国务委员兼国防部部长曹刚川在北京航天指控中心与正在太空飞行的航天员杨利伟进行实时通话

北京时间17时26分通话开始。从飞船上传回的航天员杨利伟在舱内的电视图像清晰地显示在大屏幕上。

曹刚川说："你辛苦了！你现在感觉怎么样？"

杨利伟回答："感觉良好，谢谢首长关心。"

曹刚川说："现在，我在北京航天指挥控制中心与你通话。目前各系统工作正常，着陆场准备工作已经就绪，飞船将按计划实施返回。在此，我代表党中央、国务院和中央军委，代表江主席，向你表示诚挚的问候！对你为我国航天事业作出的巨大贡献，表示衷心的感谢！希望你再接再厉，精心操作，把预定的各项工作完成好，祖国和人民期待着你凯旋。"

杨利伟说："感谢首长对我的关心和鼓励。请首长放心，我一定努力工作，把后续工作完成好，向祖国和人民交一份满意的答卷。"

中央军委委员、总装备部部长、中国载人航天工程总指挥李继耐也在现场参加了实时通话。

中国伊斯兰教协会成立50周年庆祝大会在北京举行

中共中央政治局常委、全国政协主席贾庆林出席大会并会见与会全体代表。

庆祝大会前，贾庆林会见了中国伊斯兰教协会领导班子成员。

中共中央政治局委员、国务院副总理回良玉代表党中央、国务院在大会上讲话。他说，中国伊协走过的50年，是高举爱国主义旗帜，团结广大穆斯林群众，与全国各族人民风雨同舟、共同奋斗的50年，是积极探索伊斯兰教与社会主义社会相适应并取得成绩的50年。

回良玉指出，积极引导伊斯兰教与社会主义社会相适应，既是社会主义社会对我国伊斯兰教的客观要求，也是我国伊斯兰教自身存在的客观需要。他希望中国伊协进一步阐释伊斯兰教和伊斯兰文化中的积极因素，挖掘其中有利于社会发展、时代进步和健康文明的内容，在促进伊斯兰教与社会主义社会相适应上取得新的成绩；发挥好桥梁和纽带作用，加强对穆斯林群众的教育引导，真正做到倍加顾全大局、倍加珍惜团结、倍加维护稳定；全面加强自身建设，在组织建设和人才培养上迈出新的步伐，使中国伊协成为有积极影响的爱国宗教团体。

中国伊斯兰教协会会长希拉伦丁·陈广元大阿訇作了题为《走向进步与发展的中国伊斯兰教》的纪念讲话。

全国人大常委会副委员长、中国天主教爱国会主席傅铁山，全国政协副主席、中共中央统战部部长刘延东，全国政协副主席白立忱、阿不来提·阿不都热西提，中国佛教协会、中国道教协会、中国天主教爱国会、中国天主教主教团、中国基督教三自爱国运动委员会、中国基督教协会的代表，以及有关方面的负责人出席庆祝大会。

中宣部部长刘云山在北京出席第二期新闻媒体总编辑台长培训班开班式并讲话

刘云山在开班式上强调，在新闻界开展"三个代表"重要思想、马克思主义新闻观、职业精神职业道德学习教育活动，是贯彻落实"三个代表"重要思想的重要举措，是加强新闻队伍建设的基础工程。要通过学习教育活动，使广大新闻工作者在学习贯彻"三个代表"重要思想的自觉性、坚定性上取得新的提高，在树立马克思主义新闻观、牢牢把握正确导向上取得新的进展，在落实"三贴近"原则、提高舆论引导水平上取得新的成效。

中央和各省、自治区、直辖市新闻媒体总编辑、台长90人参加第二期培训班。

中央统战部部长刘延东受中共中央委托向党外人士通报中共十六届三中全会精神

刘延东说，中国共产党十六届三中全会是在我国改革开放和现代化建设关键时期召开的一次重要会议。胡锦涛同志的重要讲话，是学习贯彻十六大精神和"三个代表"重要思想的新探索、新实践和新总结，对于进一步动员全党全国人民和统一战线广大成员为全面建设小康社会、开创中国特色社会主义新局面而团结奋斗，具有重大意义。会议审议通过的《中共中央关于完善社会主义市场经济体制若干问题的决定》体现了我们党对社会主义市场经济认识的最新成果，是马克思主义经济理论的重大发展，是指导我国新世纪、新阶段深化经济体制改革、促进经济社会全面发展的纲领性文件。《中共中央关于修改宪法部分内容的建议》提出根据我国经济社会发展要求，依照法定程序，把十六大确定的重大理论观点和重大方针政策写入宪法，有利于宪法更好地发挥国家根本大法的作用。希望各民主党派、工商联、无党派人士等广大统一战线成员深刻领会、统一思想，充分认识中共十六届三中全会的重大意义。

何鲁丽、丁石孙、成思危、韩启德、傅铁山、阿沛·阿旺晋美、罗豪才、黄孟复、张怀西、李蒙等出席了通报会。各民主党派中央、全国工商联负责人,无党派人士、民族宗教界人士参加了会议。

第九十四届中国出口商品交易会(广交会)在广州开幕

本届广交会共有48个交易团、10195家企业、12万种商品参展,总展览面积达36万平方米,到会的采购商估计将达到8万人至10万人,规模为历届之最。

本届广交会首期为10月15日至20日,第二期为10月25日至30日。从本届广交会起,"采购商"的称谓替代了以往受邀参加的"外宾"、"外商"和"买家"等,申请与会的新采购商近5000名。

本届广交会参展企业的结构多元化,其中民营企业和外资企业增加最多,民营企业1850家,比上届增长了51.52%;外资企业1398家,比上届增长了28%。本届广交会还专门设立跨国采购区,提高跨国采购商的采购效率,为中国参展商提供更多商机。

本届广交会的卫生保障工作备受重视,展馆入口处安装了红外线体温测量仪,所有展馆和接待宾馆都按照《卫生工作指引》执行严密的保障措施。同时,由国家卫生部、商务部、广东省等各有关方面组成的卫生保障工作领导小组,制定了《"非典"应急预案》,以确保广交会顺利进行。

中共中央政治局常委李长春在北京天桥剧场会见日本演艺界人士

参加会见的有日本松山芭蕾舞团名誉团长清水正夫、剧团总代表清水哲太郎、团长森下洋子等,宾主进行了友好的谈话。

会见后,李长春观看了由清水哲太郎改编、森下洋子领衔主演的新编芭蕾舞剧《天鹅湖》。

国务委员唐家璇、陈至立以及有关部门负责人和日本驻华大使阿南惟茂等参加会见并观看了演出。

松山芭蕾舞团是应对外友协邀请来华访问演出的,这次是该团第十二次来华友好访问演出。

外交部部长李肇星应约先后与英国外交大臣斯特劳和美国国务卿鲍威尔通电话

通话中,斯特劳和鲍威尔均首先对"神舟"五号载人飞船的成功发射,向中国人民表示热烈祝贺。此后交换了关于伊拉克问题、朝鲜核问题的意见。

中国和澳大利亚两国第七次防务战略磋商在北京举行

解放军副总参谋长熊光楷与到访的澳大利亚国防军副司令沙尔德斯共同主持了磋商。

中国幼儿教育百年纪念大会在北京举行

全国人大常委会副委员长、民进中央主席许嘉璐在大会发言中向为幼教事业默默耕耘、无私奉献的全国幼儿教育工作者表示敬意和感谢。他希望,广大幼教工作者埋头苦干,群策群力,深入研究中国儿童的特殊性、中国学前教育的民族性;全社会高度重视儿童社会化和品质成长最关键的奠基期,把幼儿教育提高到新的水平。

国务委员陈至立在书面讲话中指出,发展幼儿教育对于提高国民素质,促进经济和社会持续、健康发展具有重要意义。地方各级政府和各有关部门要完善管理体制和机制,加强管理,全面实施素质教育,加强师资队伍建设,扶持农村幼儿教育的发展,鼓励发展民办幼儿教育,努力办成能满足广大人民需要的中国幼儿教育。

纪念大会由民进中央、团中央、全国妇联和全国少年儿童工作委员会联合主办,世界学前教育组织主席西蒙斯坦女士与来自全国31个省、市、自治区以及香港、澳门特别行政区和台湾地区的有关代表800多人参加了大会。

国务院副总理兼卫生部部长吴仪在北京出席持续消除碘缺乏病国际会议并致辞

会议由持续消除碘缺乏病全球联盟和我国卫生部联合主办。吴仪在致辞时说,碘缺乏病是人类共同的敌人,我国已于2000年基本实现了消除碘缺乏病的目标;今后将在进一步提高碘盐覆盖率的同时,逐步探索并建立适合中国特点的可持续发展的碘缺乏病防治工作机制,持续控制并最终消灭碘缺乏病。

持续消除碘缺乏病国际会议将于10月17日闭幕。本次会议旨在宣传中国碘缺乏病防治工作的经验,促进各国实现2005年普及碘盐,进而消除碘缺乏病的目标。来自25个国家和地区的代表将集中研讨全球碘缺乏病防治工作形势、工作进展、经验和教训,并学习借鉴我国已经取得的成功经验。

卫生部发布《医疗卫生机构医疗废物管理办法》

10月16日

我国首次载人航天飞行圆满成功航天员杨利伟安全着陆

5时30分,中共中央政治局常委、国务院总理温家宝,中共中央政治局常委、国家副主席曾庆红等领导同志来到北京航天指挥控制中心第一指挥厅。

6时23分，飞船返回舱在东经111度29分、北纬42度06分的飞船着陆场安全着陆，距理论着陆点仅4.8公里。返回过程非常顺利，返回舱完好无损。担负飞船回收任务的西安卫星测控中心所属着陆场回收站及时发现目标，在陆军航空兵部队配合下，迅速赶往着陆地点，协助航天员安全出舱。

6时31分，温家宝与航天员杨利伟通了话，对他胜利返航表示祝贺。

6时54分，载人航天工程总指挥李继耐宣布："神舟"五号载人飞船返回舱成功着陆，航天英雄杨利伟自主出舱，我国首次载人航天飞行获得圆满成功。

在热烈的掌声中，温家宝宣读了中共中央、国务院、中央军委的贺电。

随后，温家宝、曾庆红等会见了在指挥厅紧张工作的载人航天工程指挥和技术人员，并和大家一一握手。

刘淇、刘云山、郭伯雄、曹刚川、曾培炎、徐才厚、李铁映、华建敏、陈至立、王忠禹，中央军委委员梁光烈、廖锡龙等，也在北京航天指挥控制中心观看了回收实况。

中共中央 国务院 中央军委对我国首次载人航天飞行成功的贺电

总装备部、国防科工委、中国科学院、中国航天科技集团公司并参加载人航天工程研制、建设和试验的全体同志：

我国首次载人航天飞行今天获得圆满成功。这是中华民族在攀登世界科技高峰征程上完成的一个伟大壮举。全世界为之瞩目，全国各族人民为之自豪。在这个群情振奋的时刻，党中央、国务院、中央军委特向参加这次载人航天工程研制、建设和试验的全体科技工作者、干部职工和解放军指战员，表示热烈的祝贺和亲切的慰问！

首次载人航天飞行的圆满成功，是我国航天发展史上一座新的里程碑，标志着我国已经成为世界上独立自主地完整掌握载人航天技术的国家之一。这对于推动我国高科技事业的发展，增强我国的经济实力、科技实力、国防实力和民族凝聚力，激励全党、全军、全国各族人民为全面建设小康社会而团结奋斗，都具有重大的现实意义和深远的历史意义。这一伟大成就将庄严地载入中华人民共和国的光辉史册。你们建立的这一历史功勋，党和人民永远不会忘记。

希望你们在以胡锦涛同志为总书记的党中央的坚强领导下，坚持以邓小平理论和"三个代表"重要思想为指导，大力弘扬特别能吃苦、特别能战斗、特别能攻关、特别能奉献的载人航天精神，自强不息，艰苦奋斗，团结协作，开拓创新，紧紧瞄准人类探索宇宙活动的前沿，不断开创我国航天事业的新境界，为全面建设小康社会、实现中华民族的伟大复兴，作出新的更大贡献。

中共中央

国务院

中央军委

2003年10月16日

国家主席胡锦涛在人民大会堂出席第三世界科学院第十四届院士大会开幕式并致辞

第三世界科学院第十四届院士大会、第九次学术会议暨建院20周年纪念大会，以及第三世界科学院科学组织网络第八届大会下午在人民大会堂隆重召开。

胡锦涛在致辞时指出，长期以来，广大发展中国家艰苦努力、不断进取，在科技事业上已经取得了显著成就，但由于历史等方面的原因，发展中国家的经济文化发展水平同发达国家相比还有较大差距，科技发展水平差距更大。发展中国家应奋起直追，学习先进，全力以赴地加快科技事业的发展。发展中国家应采取适合本国国情的科技发展战略，发挥拥有大批科技人才潜力、市场对科技的巨大需求和丰富多样的资源等有利条件，借鉴发达国家科技发展的成功经验，学习、引进、消化和吸收先进的科技知识，从较高的起点开始，不懈努力，后来居上，争取实现跨越式发展。

胡锦涛表示，中国首次载人航天飞行取得了圆满成功。这是中国人民为世界航天事业作出的重大贡献。我们将继续努力，同国际社会一道，共同推动人类探索太空的事业不断向前发展。中国已确定了未来20年的发展目标，这就是全面建设惠及十几亿人口的更高水平的小康社会。为实现这一目标，我们将继续大力实施科教兴国战略和可持续发展战略。中国高度重视同其他国家和地区开展科技交流和合作，并同广大发展中国家在科技领域开展了形式多样、富有成效的交流和合作。我们将继续通过官民并举、技贸结合等方式，多形式、多层次、多渠道地开展国际科技交流和合作。

在大会开幕式上，胡锦涛接受了第三世界科学院颁发的主席奖章，并向第三世界科学院基础科学奖等奖项的获奖者颁奖。

大会开始前，胡锦涛亲切会见了前来参加会议的各国来宾。路甬祥、陈至立、徐匡迪、王选和吴阶平、周光召等出席了大会。

中央和国家机关有关部门负责人，北京市负责人及首都科技界代表3000余人参加了大会。

全国政协主席贾庆林在人民大会堂会见越南政府副总理阮晋勇

贾庆林说，中国全国政协与越南祖国阵线自1993年建立联系以来，双方来往密切，交流活跃，为推动中越关系发展发挥了积极作用。希望进一步扩大中国全国政协和越南祖国阵线中央和地方组织之间的交往。

阮晋勇感谢贾庆林会见，并代表越南党、政府和人民热烈祝贺中国载人飞船发射和返回成功。阮晋勇说，越南党和政府高度重视对华关系，愿与中方一道，按照两国领导人确定的方针，巩固传统友谊，深化互利合作，把两国关系不断推向前进。

国务院新闻办举行记者招待会介绍我国首次载人航天飞行情况

中国载人航天工程办公室主任谢名苞和中国航天科技集团载人航天工程办公室主任周晓飞向中外记者介绍了我国首次载人航天飞行的有关情况。

谢名苞介绍说，"2003年10月16日是中国人永远值得纪念和骄傲的日子，这一天我们靠自己的力量完成了首次载人航天飞行。中国成为世界上继俄罗斯和美国之后第三个有能力将航天员送上太空的国家。"

全国约110个研究院所、3000多个协作配套单位的数以万计的人员承担研制建设任务

谢名苞说，我国载人航天工程于1992年正式立项，包括航天员、飞船应用、载人飞船、运载火箭、航天发射场、航天测控通信和着陆场七大系统。中国载人航天工程办公室负责整个工程的统一组织和协调。这项工程是迄今为止我国航天史上规模最大、系统最复杂、技术难度最高的国家重点工程。全国约110个研究院所以及3000多个协作配套单位的数以万计的人员承担了研制建设任务。航天科技集团公司负责载人飞船和运载火箭系统的研制；中国科学院负责飞船应用系统的研制；测控通信设备以信息产业部为主负责研制；有关单位负责航天员、发射场、测控通信、着陆场系统的研制建设。

谢名苞说，我国首次载人航天飞行成功，是党中央、国务院英明决策和正确领导的结果；是参加载人航天工程研制、建设、试验的全体人员在全国人民的支持和关注下，努力奋斗的结果；是全国上下一盘棋和社会主义大协作的结晶；也是改革开放20多年来中国综合国力不断增强、科学技术水平不断提高的体现。首次载人航天飞行成功，充分表明我国完全有能力独立自主地攻克尖端技术，在世界高科技领域占有一席之地，也显示了全国各族人民把中国特色社会主义事业不断推向前进的坚强决心。

谢名苞认为，发展载人航天技术对提高我国综合国力及国际影响力，增强民族自豪感和凝聚力，促进国民经济和高新技术及相关产业发展，加强高科技人才队伍建设，具有十分重要的意义。

谢名苞表示，我国在探索、开发和平利用外空方面作出的巨大努力，与作为发展中国家并不是一对矛盾。任何一个发展中国家都要努力发展本国的科学技术。加强我国在外空技术方面的能力，不仅仅对中国有利，对世界和全人类和平利用外空也非常重要，我们愿意与世界各国在和平利用外空方面开展各种有效的合作。

周晓飞在回答记者提问时表示，"神舟"飞船是我国独立设计和研制的具有完全知识产权的产品。

我国航天将继续实现三大目标

谢名苞介绍说，首次送人登上太空，是我国载人航天计划的第一步，按照我国政府批准的发展规划，载人航天工程分三步实施。第一步，发射无人和载人飞船，将航天员安全地送入近地轨道，进行适量的对地观测和科学实验，并使航天员安全返回地面，建成初步配套的载人航天工程体系。第二步，实现航天员出舱活动以及完成空间飞行器的交会对接，研制、发射空间实验室，解决有一定规模的短期有人照料的空间应用问题。第三步，根据需要，建造空间站，解决较大规模的、长期有人照料的应用问题。

我国在一两年内发射"神舟"六号

谢名苞说，按照过去发射"神舟"一号到"神舟"五号的时间点上来看，基本上是一年一次。"神舟"五号发射成功后我们将好好地总结经验，争取在一年到两年之内能发射"神舟"六号。

我载人飞船有自己的特点

谢名苞表示，与40年前原苏联和美国的航天技术相比，我国此次的载人飞行有自己的特点。他介绍说，首先，40年前，美、苏的飞行试验是分步展开的，而现在我们得以在他们的经验之上开展试验，因此我国的载人飞船各方面的功能实现了一步到位。另外，"神舟"五号的直径达到了2.25米，舱内空间比以往大，这为航天员的工作、生活以及科学试验留出了更大的余地。第三，在设计思想上，我国的载人飞船将不仅仅是天地往返工具，同时也要成为空间科学实验室，这正是"神舟"留有留轨舱继续在太空实验的原因。第四，中国的载人飞船在近几年的发展充分利用了电子技术等众多的新技术手段。

我国没有建造航天飞机的计划

谢名苞在回答记者提问时表示，我国没有建造航天飞机的计划。

“神舟”五号载人航天花费不到10亿元人民币

谢名苞介绍说，载人航天飞行计划的预算是经过国家批准的。载人航天工程到现在为止已经11年了，使用资金总计180亿元人民币左右。这180亿元的使用分两方面：一方面是形成产品，就是飞船、火箭、电子设备、应用设备等，这些大部分在每次飞行实验后都消耗掉了。另外一部分是形成了研制载人航天器各种技术的基础设施，比如建成了航天城、载人航天发射场以及加工设备、测试设备等固定的资产，这些技术基础价值大约80多个亿。谢名苞介绍，“神舟”系列飞船到现在为止一共组织了5次发射，前4次花费大约在1亿美元左右，因为是载人飞行实验，第五次飞行实验花费多一点，但不到10亿元人民币。

“神舟”五号载有台湾的农业种子

谢名苞说，这次在“神舟”五号上搭载有从台湾地区来的农业种子。他表示，在载人飞船技术方面或者是联合计划方面，大陆和台湾暂时还没有合作的计划。但是对于一切有利于台湾同胞的事情我们都愿意积极去推进。

西气东输东段正式建成投产

西气东输管道全长约4000公里，工程分为东段和西段。西段为轮南至靖边，全长2500公里；东段为靖边至上海，全长1485公里，靖边已于10月1日进气，2日气头抵达郑州，7日到达上海，实现一次投产成功，具备了向下游用户供气的先决条件。10月15日下午，中国石油西气东输管道公司与郑州燃气公司签下首份“照付不议”合同。

国务院副总理黄菊在人民大会堂与越南副总理阮晋勇举行会谈

黄菊说，双方也应本着“登高望远”的精神，从维护两国关系大局出发，妥善处理好两国关系中存在的问题，按照两国领导人共识和双方业已签署的有关协定，加快北部湾渔业合作协定后续谈判，同时维护北部湾正常渔业生产秩序，切实防止侵害渔民利益的事件发生。在陆地边界勘界方面，双方应本着实事求是、互信互谅、真诚合作的精神，加紧工作，如期完成，把两国边界建成一条和平友好的边界。

阮晋勇首先对中国成功进行载人航天飞行表示热烈祝贺。他表示，越南党和政府重视通过友好协商，妥善解决两国之间存在的问题，将加快边界问题谈判，使两国边界成为和平稳定的边界。

会谈后，黄菊和阮晋勇共同出席了两国关于经济、金融、领事等4个合作文件的签字仪式。阮晋勇是应黄菊邀请，于10月10日开始对华访问的。

中共中央政治局常委李长春在人民大会堂会见美国国际数据集团董事长麦戈文

国务委员唐家璇在北京出席中非经济改革与发展战略高级研讨会并致辞

唐家璇强调，中国作为发展中国家，将一如既往地支持非洲的发展和进步，愿意继续与非洲国家加强各个领域的交流与合作，希望借这次研讨会召开的机会，与非洲朋友就改革和发展问题相互交流经验，共同探讨适合本国的发展自强之路。

非洲开发银行行长卡巴杰在开幕式上也发了言。此次研讨会由中国人民银行和非洲开发银行联合举办，约20个非洲国家的高级官员及有关非洲国家驻华使节参加会议。与会人员还将赴西安和上海实地考察中国农业发展、扶贫及中小企业发展情况。

外交部部长李肇星先后与俄罗斯外交部长伊万诺夫和法国外交部长德维尔潘通电话

伊万诺夫和德维尔潘均首先热烈祝贺中国实现首次载人航天飞行，随后就伊拉克问题交换了意见。

国务委员陈至立在湖南考察

陈至立16日至19日在湖南考察工作时，深入湘西土家族苗族自治州等民族地区，考察了吉首大学和中小学校，与师生亲切交谈，了解贫困地区和民族地区教育的情况。陈至立充分肯定了湖南省教育事业取得的成绩，强调要按照“三个代表”重要思想的要求，进一步加快教育事业的改革与发展，促进经济与社会、城市与农村协调发展。

陈至立指出，国务院召开的全国农村教育工作会议，要求把农村教育作为教育工作的“重中之重”抓紧抓好。要认真落实全国农村教育工作会议精神，加强对贫困地区和民族地区教育的扶持力度。陈至立强调，实施农村中小学现代远程教育工程是适应全面建设小康社会，加快农村贫困地区和民族地区教育实现跨越式发展的重要举措。要建立和健全农村家庭经济困难学生接受义务教育的助学制度。

陈至立在与部分高校的党委书记和校长座谈时强调，高等学校要适应经济社会发展的需要，深化教学改革，改进教学方法，及时更新教学内容，改进教材，提高教学质量。要做好深入细致的思想工作，积极解决家庭经济困难学生的实际困难。积极推动国家助学贷款的落实工作，努力做到不让学生因家庭经济困难而失学。要保证高等学校持续稳定健康发展。

在湖南期间，陈至立还出席了第五届城市运动会的开幕式，考察了运动会比赛场地等。

《毛泽东 邓小平 江泽民论弘扬和培育民族精神》出版发行

该书中共中央宣传部组织编辑，由学习出版社出版，自即日起在全国各地陆续发行。

这本书收录了毛泽东、邓小平、江泽民关于弘扬和培育民族精神的重要论述文稿106篇。其中，毛泽东文稿35篇，邓小平文稿32篇，江泽民文稿39篇。

中国选手李清念和陈芳在罗马举行的2003年国际射击联合会世界杯总决赛上包揽女子飞碟双多向冠亚军

云南省大姚县发生6.1级地震3人死亡

据中国地震台网测定，地震发生在20时28分，震中在六苴镇，震源深度5公里，直线距离距县城21公里。地震造成3人死亡。这次地震是大姚县今年第二次发生6级以上地震。

10月17日

《人民日报》发表社论《伟大祖国的荣耀——祝贺我国首次载人航天飞行圆满成功》

我国进行首次载人航天飞行取得圆满成功。中华民族探索太空的千年梦想实现了。喜讯传来，举国欢腾，举世瞩目。"神舟"五号成功发射和安全着陆，标志着中国人民在攀登世界科技高峰的征程上又迈出具有重大历史意义的一步，是我国改革开放和社会主义现代化建设的又一伟大成就，是我国高技术发展的又一里程碑，是中国人民自强不息的又一非凡壮举，是我们伟大祖国的荣耀。在这一激动人心的历史时刻，中华儿女感到无比骄傲和自豪。我们向为我国航天事业作出突出贡献的广大科技工作者，向所有参加航天工程研制、建设和试验的同志们表示热烈的祝贺，向遨游太空的我国航天员表示诚挚的慰问，向几十年来为我国航天事业拼搏的所有科技人员和干部职工表示崇高的敬意。

千年梦圆今朝，一箭飞冲九霄。实施载人航天工程，是以江泽民同志为核心的党的第三代中央领导集体作出的重大战略决策。十多年来，在党中央、中央军委的领导下，经过广大科技人员和解放军指战员的不懈奋斗，我国载人航天事业取得了举世瞩目的成就。广大科技工作者以及参与这项事业的干部职工，励精图治，奋发进取，仅用11年时间就突破了载人航天技术，这是了不起的成就。实践证明，党中央关于实施载人航天工程的重大决策是完全正确的，社会主义制度具有集中力量办大事的巨大优越性，改革开放和现代化建设为航天事业和其他科技事业发展提供了雄厚的物质基础，中国人民勤劳智慧，具有自主创新和自力更生的卓越能力。

发展航天事业，推动科技进步，对于加快我国改革开放和现代化建设具有重要意义。发展载人航天技术，不仅是民族智慧、经济实力、综合国力的重要体现，也有利于促进我国生产力的发展，提高我国的国际威望。发展的优势蕴藏于知识和科技之中，谁在知识和科技创新上占有优势，谁就能在发展上占有主导地位。科学技术是第一生产力。我们要大力实施科教兴国战略，把科技教育摆在优先发展的战略地位。大力发展我国科学技术，努力接近和赶上世界先进水平，为我国改革开放和社会主义现代化建设事业注入强大的动力。无垠的太空是人类永恒的财富。发展载人航天技术，是人类开发利用太空资源的有益探索。中国应该也能够为促进人类科技进步，推动和平发展作出应有的贡献。

在党的十六届三中全会胜利闭幕之际，传来我国首次载人航天飞行圆满成功的喜讯，极大地鼓舞着全国各族人民全面建设小康社会的壮志豪情，极大地激励着航天战线的干部职工继续攀登的奋斗精神。胡锦涛同志在酒泉卫星发射中心发表的重要讲话中指出，要认真学习贯彻"三个代表"重要思想和十六大精神，进一步增强使命感和责任感，大力弘扬"两弹一星"精神和载人航天精神，科学求实、开拓创新，团结协作、不懈进取，不断夺取我国航天事业和国防科技发展的新胜利，为全面建设小康社会、实现中华民族的伟大复兴再立新功。这是热切勉励，是殷切希望。全党全国各族人民紧密团结在以胡锦涛同志为总书记的党中央周围，把首次载人航天飞行的巨大成功转化为推动改革开放和现代化建设的强大动力，认真学习和全面贯彻党的十六届三中全会精神，推进经济体制改革，加快经济社会发展，树雄心，立壮志，再接再厉，勇攀高峰，就一定能够谱写我国航天事业及整个科技事业的新篇章，谱写全面建设小康社会和中华民族伟大复兴的新篇章。

国家主席胡锦涛和夫人刘永清在曼谷大王宫会见泰王国国王普密蓬·阿杜德和王后诗丽吉

胡锦涛高度评价普密蓬国王和王室成员长期热忱关心和大力推动中泰友好关系，以及为增进两国人民相互了解、深化友谊作出的重要贡献。他表示，发展中泰友好合作不仅是我们两国政府的既定政策，也是我们两国人民的共同心愿。中国新一届中央领导集体将遵循与邻为善、以邻为伴的方针，同泰方一道，推动中泰睦邻互信的全方位合作关系不断迈上新的台阶。

普密蓬国王说，泰国和中国有源于古代的悠久关系。令人尤感欣慰的是，我们两国和两国人民在各领域、各层面的关系比以往任何时候都亲切、紧密和顺畅。深信胡锦涛主席的此次国事访问，将进一步推动泰中友好关系和合作更加巩固和蓬勃发展。

当日下午，胡锦涛主席还在下榻的饭店会见了泰国国会主席乌泰·屏猜春。

胡锦涛是应泰王国国王普密蓬·阿杜德的邀请前来对泰国进行国事访问的。

国务院总理温家宝在北京会见越南副总理阮晋勇

温家宝强调，中国共产党和中国政府高度重视中越两党和两国关系的发展，认为加强中越友好合作符合两国和两国人民的利益，有利于维护地区的稳定与发展。他建议双方下一步重点做好两方面工作：一是进一步加深政治互信，加快北部湾渔业合作协定后续谈判和陆地边界勘界进程，推动中越关系继续健康稳定地向前发展。二是积极务实地拓展互利合作，抓紧落实已商定的项目，相互扩大市场开放和双向投资，开创经济合作的新局面。

阮晋勇说，越南重视与中国的团结友好和合作关系，并愿按两国领导人确定的方针推动两国关系发展。他表示，此访已取得了积极成果，双方在政治和经贸领域达成的共识将会把两国关系推向更高水平。

政协十届常委会第三次会议在北京开幕

这次会议的主要议题是学习和贯彻中共十六届三中全会精神，讨论完善社会主义市场经济体制问题。中共中央政治局常委、国务院总理温家宝应邀到会作学习党的十六届三中全会《关于完善社会主义市场经济体制若干问题的决定》的报告。中共中央政治局常委、全国政协主席贾庆林主持会议。

温家宝指出，党的十六届三中全会通过的《中共中央关于完善社会主义市场经济体制若干问题的决定》，贯彻“三个代表”重要思想和十六大精神，总结了20多年来改革开放的经验，在理论和实践的结合上有重大突破和创新，是指导我国经济体制改革的纲领性文件，对推进改革开放和现代化建设具有重大而深远的意义。

温家宝指出，建立完善的社会主义市场经济制度，必须明确深化改革的任务，主要是：完善公有制为主体、多种所有制经济共同发展的基本经济制度；建立有利于逐步改变城乡二元经济结构的体制；形成促进区域经济协调发展的机制；建设统一开放竞争有序的现代市场体系；完善宏观调控体系、行政管理体制和经济法律制度；健全就业、收入分配和社会保障制度；建立促进经济社会可持续发展的机制；推进社会主义物质文明、政治文明和精神文明的协调发展。

贾庆林在开幕会上代表全国政协对我国首次载人航天飞行圆满成功表示热烈的祝贺。他说，温家宝总理出席本次会议体现了党中央、国务院对新一届政协的关心，体现了家宝同志对人民政协的重视。

贾庆林指出，刚刚闭幕的中共十六届三中全会是一次十分重要的会议。全会通过的《中共中央关于完善社会主义市场经济体制若干问题的决定》，是进一步深化经济体制改革，促进经济和社会全面发展的纲领性文件。他希望常委会组成人员认真学习领会，围绕本次常委会议的主题积极建言献策。

全国政协副主席王忠禹、刘延东、阿沛·阿旺晋美、帕巴拉·格列朗杰、李贵鲜、张思卿、丁光训、霍英东、白立忱、罗豪才、张克辉、周铁农、郝建秀、陈奎元、阿不来提·阿不都热西提、徐匡迪、李兆焯、黄孟复、王选、张怀西、李蒙，秘书长郑万通出席会议。

国家副主席曾庆红在澳门出席《内地与澳门关于建立更紧密经贸关系的安排》签署仪式

下午3时，曾庆红在澳门特别行政区行政长官何厚铧的陪同下，在澳门特别行政区政府总部出席《内地与澳门关于建立更紧密经贸关系的安排》签署仪式。商务部副部长安民与澳门特别行政区经济财政司司长谭伯源分别代表中央政府和澳门特别行政区政府在协议文本上签字。

《内地与澳门关于建立更紧密经贸关系的安排》的磋商于2003年6月20日在北京启动。在4个月的时间里，中央政府和澳门特别行政区政府进行了紧张高效的工作，先后进行了两次高层磋商和5次高官级磋商，双方就《内地与澳门关于建立更紧密经贸关系的安排》的全部内容达成了一致。这一安排体现了中央政府坚定不移地贯彻“一国两制”方针、促进澳门特别行政区繁荣稳定和发展的决心，反映了内地与澳门日益紧密经贸合作的需要，预示着内地与澳门合作发展、互利双赢的光明前景。

曾庆红是10月17日中午乘专机抵达澳门的。国务委员唐家璇，全国政协副主席、国务院港澳事务办公室主任廖晖、国务院副秘书长徐绍史、国家发展和改革委员会副主任张国宝等陪同人员同机抵达。

国家副主席曾庆红在澳门会见澳门特别行政区行政长官何厚铧

曾庆红充分肯定了澳门特别行政区政府的工作。他希望澳门特别行政区政府不断总结施政经验，把各方面的工作做得更好。他对何厚铧关于进一步调整产业结构的设想表示赞赏,并就如何充分用好澳门与内地更紧密经贸关系安排带来的有利条件,进一步加强澳门与内地尤其是与广东省的经济合作等问题,深入交换了意见。

国家副主席曾庆红在澳门特别行政区行政长官何厚铧举行的欢迎宴会上发表讲话

同胞们、朋友们:

今晚高朋满座,胜友如云。在我国首次载人航天飞行获得圆满成功、我们中华民族圆了航天梦的喜悦之中,我们一行来到澳门。首先,我代表胡锦涛主席和中央政府,向全体澳门同胞致以亲切的问候和良好的祝愿!我受胡锦涛主席的委托来到澳门,一是出席《内地与澳门关于建立更紧密经贸关系的安排》签署仪式;二是借此机会来看望澳门同胞,看看回归后的澳门新貌。在这里,我要衷心感谢澳门特别行政区各界人士对我们的盛情欢迎,衷心感谢何厚铧先生和特区政府的热情款待!

今天下午,《内地与澳门关于建立更紧密经贸关系的安排》已正式签署。这是在"一国两制"原则下和WTO框架内作出的特殊安排。这一安排必将给澳门经济的进一步发展提供有力的支持,必将为澳门同胞带来更多的发展机遇和更大的发展空间。同时也必将为内地与澳门共同发展创造良好条件。这个安排又一次表明,中央政府对于香港和澳门两个特别行政区,从来是一视同仁、一样关心和一样重视的。中央政府在香港所采取的各种支持政策和措施,凡是澳门认为有需要的,原则上也都同样适用于澳门。中央政府殷切地期望回归后的澳门和香港,在稳定繁荣中开创新纪元,明天更美好。今后,只要是符合"一国两制"原则和互利双赢方针的事情,中央政府都将继续予以全力支持。

澳门回归祖国已近四年了。我是第一次踏上这块美丽的国土,第一次亲眼目睹实行"一国两制"、"澳人治澳"、高度自治的澳门特别行政区一派繁荣稳定的景象,感到由衷的喜悦。

我们高兴地看到,结束了400多年殖民统治的澳门,人民欢欣鼓舞,精神昂扬奋发,在行政长官何厚铧先生和特别行政区政府的领导下,充分行使当家做主的民主权利,积极投身特区的各项事业,整个社会呈现出一派安定和谐、蓬勃向上的气氛。

我们高兴地看到,回到了祖国怀抱的澳门,经济蒸蒸日上,成功地扭转了回归前连续几年的负增长,实现了经济较快的持续增长。今日之澳门,正在朝着一个以博彩旅游业为龙头、以服务业为主体、其他各业协调发展的现代化都市的方向稳步迈进。

我们高兴地看到,实现了"澳人治澳"的澳门,迅速改变了回归前一度出现的治安不靖、黑恶势力活动猖獗的混乱局面,社会保持稳定,人民安居乐业。社会各阶层、各界别、各族群,和衷共济,团结兴澳,形成了强大的社会凝聚力。

上述这一切充分表明,"一国两制"方针是具有强大生命力的,是完全符合澳门实际的,是能够给澳门同胞切切实实带来实惠和福祉的。我愿借此机会重申,新一届中央领导集体将继续坚定不移地贯彻"一国两制"、"澳人治澳"、高度自治的基本方针,严格按照《澳门特别行政区基本法》办事,全力支持行政长官何厚铧先生领导的特区政府依法施政,与澳门各界人士一道,共同促进澳门的长期稳定、繁荣和发展。

澳门回归近四年来取得的成绩和积累的经验,为我们进一步搞好"一国两制"、"澳人治澳"、高度自治的伟大事业提供了多方面的有益启示,这就是:

第一,稳定才能发展,发展才能繁荣。澳门特别行政区政府要继续十分审慎地处理好改革、发展与稳定的关系,在施政过程中既要积极进取,又要力求稳健。澳门社会各界人士都应当识大体、顾大局,积极支持行政长官和特区政府依法施政,共同珍惜和维护社会稳定,继续为吸引外来投资和创业提供良好的环境,促进经济的持续发展和社会的繁荣进步。

第二,团结就是力量,团结才能兴旺。澳门特别行政区政府要继续加强以行政长官为核心的施政团队的坚强团结,继续维护《澳门特别行政区基本法》所确立的行政主导原则,继续保持行政、立法、司法机关既相互监督又相互配合的良好关系。要继续保持特区政府和社会各界的融洽关系,上下一心、团结一致,共同营造有利于澳门进一步繁荣发展、兴旺发达的和谐氛围。

第三,自信才能自强,自强才能富强。澳门同胞要进一步增强自信心,充分认识和发掘澳门所独具的优势和潜力,继续弘扬积极进取、拼搏自强的优良品质,以祖国内地为强大后盾,以刚刚签署的"安排"为发展契机,进一步加强澳门和内地的经济交流与合作,促进经济共同发展和繁荣富强,努力开创澳门经济发展的新局面。

同胞们、朋友们!

我们对中国特色社会主义伟大事业充满信心。我们对"一国两制"、"港人治港"、"澳人治澳"、高度自治的正确方针充满信心。中央政府坚信,素有爱国爱澳光荣传统的广大澳门同胞,在以何厚铧先生为首的特区政府的正确引领下,继续全面贯彻落实《澳门特别行政区基本法》的各项规定,不断开拓新的发展空间,澳门的各项事业就一定会发展得更快、更好,澳门就一定能够为“一国两制”的成功实践不断作出新的、更大的贡献。

最后，我提议：

为开创澳门新纪元、迎接澳门更加美好的未来，

为澳门同胞的健康和福祉，

为在座的各位来宾和朋友们的健康，

为我们伟大祖国的更加繁荣昌盛，

干杯！

国家副主席曾庆红在澳门看望澳门大学和濠江中学师生

商务部副部长安民在澳门出席新闻发布会

安民在新闻发布会上表示，《内地与澳门关于建立更紧密经贸关系的安排》(以下简称《安排》)是内地与港澳经济生活中的大事，目的在于消除经贸交流中制度性的障碍，是内地与港澳经贸发展新的起点和里程碑。

安民介绍了《安排》产生的过程以及对澳门未来经济发展的影响。安民说，澳门特别行政区政府制定通过了发挥区域贸易投资平台和中介作用，进一步促进区域融合，推动产业适度多元化发展的策略。2001年11月，何厚铧提出澳门与内地建立更紧密经贸关系的安排的建议，国务院对此非常重视，今年6月20日在北京启动《安排》磋商。经过4个月、2次高层会议和5次高官会议，终于完成《安排》的全部磋商工作。

他说，内地与澳门的《安排》同内地与香港的《安排》，在原则上是一样的。澳门和香港都是中国的特别行政区，在经济制度和模式上都是高度开放的自由经济体，两者有许多的共同性，因此香港和澳门的《安排》在原则和内容上基本一致。同时，有关部门也考虑到澳门的实际情况，《安排》中体现了澳门的特点。

安民表示，中央政府和澳门特别行政区政府将尽快落实《安排》中的具体承诺，修改相关的法律、法规，并制定具体的实施办法。双方决定成立联合指导委员会，负责《安排》执行的各项工作，保证《安排》按期实施。

澳门特别行政区政府经济财政司司长谭伯源在新闻发布会上说，绝大部分澳门企业都熟悉内地的法律。将来的联合指导委员会也会为澳门企业进入内地提供帮助。《安排》实施后，每年可为澳门增加1000万澳门元收入。更重要的是，《安排》将为澳门进一步打开拥有13亿人口的内地大市场。因此，《安排》对澳门的经济发展具有重要意义。

十届全国人大财政经济委员会在北京举行全体会议

会议听取国家发展和改革委员会、财政部、劳动和社会保障部、商务部、中国人民银行、国家税务总局和国家统计局关于今年第三季度经济形势的汇报。会议建议，要加强和改善宏观调控，在进行总量适度调控的同时，切实把着力点放到调整和优化经济结构上来。对经济生活中出现的突出矛盾和问题，要区别情况，不搞“一刀切”和“急刹车”，采取有针对性的措施加以解决，提高经济增长的质量。

委员们认为，要坚持扩大内需的方针，继续实施积极的财政政策和稳健的货币政策。根据经济发展的实际需要和国家的债务承受能力，确定建设国债规模，同时调整国债投资的力度和方向，加大对农村基础设施、教育文化事业、生态建设的投入力度，增加对公共卫生基础设施的投入，继续支持西部大开发，推进东北等老工业基地的调整改造。要抓紧出台实施投资体制改革方案。

委员们还建议，要强化对土地特别是耕地的保护，坚决制止乱占土地、违法拆迁、侵犯群众合法权益的行为，解决好失地农民的安置问题。深化税费改革，减轻农民负担，简化手续，降低收费，取消对农民进城务工的不合理限制和歧视性做法，千方百计增加农民收入。城市建设要与当地的经济实力和发展水平相适应，坚决反对“形象工程”和“政绩工程”。要坚决遏制盲目重复建设，充分发挥消费对经济增长的促进作用，进一步改善消费环境，扩大居民消费。在严格控制货币信贷总量过快增长的同时，继续消除体制和机制上的障碍，大力调整贷款结构，加大对“三农”的支持力度，解决中小企业和县域经济融资困难问题。大力发展资本市场，努力改善直接融资环境，扩大直接融资。要继续把就业和再就业工作放在更加突出的位置，完善和落实促进再就业的各项政策。

委员们强调，出口退税机制的改革，有利于解决一些突出的矛盾和问题，促进外贸健康发展，应抓好具体实施工作。

全国人大常委会副委员长乌云其木格出席会议。全国人大财经委员会主任委员傅志寰主持会议。

第五届高交会在深圳闭幕

高交会组委会在深圳五洲宾馆隆重举行第五届高交会闭幕式，并为本届高交会的优秀成交奖和优秀布展奖颁奖。

本届高交会组织签约仪式62场，签订合同协议1392项，成交总额达128.38亿美元，比上届高交会增长5.57%，其中高新技术项目成交1282项，成交金额112.05亿美元，占成交总额的87.28%。在成交总额中，进出口额18.67亿美元，其中出口16.56亿美元。近300名留学生带着357个项目参展，成交项目和金额

分别达90项、21.96亿元人民币。

本届高新技术论坛吸引了包括3国科技部长、2位诺贝尔奖获得者在内的44位国际知名专家、学者及政界要员，进行了10场主题演讲，充分展示了世界科技的前沿动态和全球最新科技思潮。特别是"多国科技部长论坛"的首次成功举办，为进一步扩大政府间的国际科技合作与交流开辟了新的渠道。

外交部部长李肇星和商务部副部长于广洲在曼谷出席亚太经合组织(APEC)第十五届部长级会议非正式会议

各成员部长就执行《上海共识》、世界贸易组织新一轮谈判等问题充分交换了意见，并达成许多重要共识。李肇星外长和于广洲副部长分别就执行《上海共识》及世界贸易组织新一轮谈判作了发言。

关于执行《上海共识》问题，李肇星强调指出，《上海共识》是亚太经合组织在新世纪、新经济背景下确定的合作规划，是为实现茂物目标采取的具体步骤，各成员应齐心协力，将《上海共识》落到实处。

关于世界贸易组织新一轮谈判，于广洲说，推动世界贸易组织多哈回合谈判是本次亚太经合组织会议的一项重要议题。坎昆会议虽然受挫，但多哈发展议程仍将继续。亚太经合组织应发出积极、明确的政治信号，继续支持多边贸易体制，使多哈发展回合最终取得各方利益平衡的积极结果，发达成员要充分照顾和切实解决发展中成员优先关注的问题，使多哈发展议程的谈判真正成为发展的回合。中国始终积极支持并全面参与多哈发展议程的谈判进程，并愿与其他世界贸易组织成员一道，为多哈发展议程取得积极成果作出努力。

各成员部长认为，2001年达成的《上海共识》是今后亚太经合组织合作的重要内容，一致同意在亚太经合组织框架内继续相互开放市场，在贸易便利化方面进一步采取措施减少贸易成本，提高经贸领域内法律、法规的透明度，共同反对经贸领域内的腐败行为。各成员同意尽快恢复多哈回合谈判，支持多边贸易体制，平衡反映各方利益，在农业等问题上充分照顾发展中成员的关切，使之真正成为发展的回合。

各成员部长还纷纷对中国"神舟"五号载人航天飞船的成功发射和返回表示热烈祝贺。

外交部部长李肇星在曼谷会见新西兰外长戈夫

李肇星对新西兰为胡锦涛主席前去访问所做的准备工作表示赞赏。他说，胡锦涛访新对推进中新关系意义重大，相信在双方的共同努力下，访问一定会取得积极成果。

戈夫说，胡锦涛主席即将对新西兰进行的访问非常重要。新西兰政府和人民正热切期待着胡主席的到访。新西兰将继续努力做好各项准备，使访问取得成功。戈夫表示，新中两国在政治、文化和教育领域进行了密切合作，双边经贸关系发展很快，中国已成为新西兰第四大贸易伙伴。两国经济互补性强，经贸合作潜力很大，希望双方共同探讨新的合作领域，加强和密切两国合作与交流。戈夫最后祝贺中国载人航天飞行取得成功。

中国乌克兰外交部在北京举行磋商

应中国外交部邀请，乌克兰第一副外长叶利琴科于10月15日至17日访华，与中国外交部部长助理李辉举行两国外交部磋商。国务委员唐家璇、中联部部长王家瑞分别会见了叶利琴科一行。双方就两国关系和共同关心的国际问题交换了意见。

解放军四总部在北京联合召开电视电话会议部署2003年士兵退役工作

今年的士兵退役工作是在军队实施编制体制调整改革的形势下进行的。根据军队体制编制调整改革的需要，中央军委、解放军四总部对今年士兵退役的有关政策规定作了进一步调整，要把今年的士兵退役工作与军队调整精简、落实新的编制、优化士兵队伍结构结合起来，确保士兵队伍按编配备、结构合理。

会议透露，退役士兵将在12月底离队完毕。精简整编部队退役士兵提前至11月中旬离队，其中驻高寒地区的部队可提前至11月上旬。

会议强调，全军各部队要以"三个代表"重要思想为指导，高标准、高质量地完成今年士兵退役工作。各级领导和机关要牢固树立为兵服务的思想，关心体贴退役老兵，真心实意帮他们排忧解难。要把落实士兵待遇作为做好退役工作的重要环节来抓，对该发放的经费和物资，要及时足额地发放到退役士兵手中。要加强思想教育，特别要做好服役期未满提前退出现役士兵的思想工作。

解放军四总部领导出席会议并讲话。国家机关有关部门、驻京部队、军队各大单位和武警部队的有关领导也出席了会议。

中科院国家天文台命名国际永久编号为25240的小行星为"钱三强星"

为纪念钱三强先生诞辰90周年，经国际天文学联合会小天体提名委员会批准，中国科学院国家天文台将其发现的这颗小行星正式以钱三强命名。

"钱三强星"是国家天文台施密特CCD小行星项

目组 1998 年 10 月 16 日发现的。

当代中国科技展在法国巴黎开幕

作为中国文化年的一个重要组成部分，当代中国科技展于在巴黎维莱特科学城正式与法国公众见面。

展览由中国科技部主办。展览采用图文声像结合，通过实物操作、模型演示、多媒体技术等各种形式，形象、全面地展示了中国当前的科研发展水平与技术生产能力，以及科学进步给中国人民生活带来的巨大影响。为期 10 天的展览共分 4 个部分，分别介绍了中国高新技术的开发和应用、基础研究及科学工程技术领域的成果、中国科技发展对农业产生的重大作用、中国实施可持续发展战略的具体措施，以及包括中法联合实验室在内的中法科研合作项目。

10 月 18 日

国家主席胡锦涛在曼谷与泰国总理他信举行会谈

双方就进一步发展双边关系和即将召开的亚太经合组织领导人非正式会议等议题深入交换了意见，并达成广泛共识。

胡锦涛说，泰国是我就任国家主席后访问的第一个东盟国家。这次我来泰国访问的一个重要目的，就是向泰国政府和人民表明，中国新一届中央领导集体十分重视发展同泰国的关系，愿同泰方一道，把中泰关系不断提高到新的水平。为此，我们提出五点建议：第一要继续保持高层交往，两国领导人可以经常互访，也可以充分利用多边场合，就重大问题保持密切磋商，进一步巩固两国关系的政治基础；第二要扩大经贸合作，充分利用刚刚建立的副总理级经贸合作机制，从宏观上更好地规划发展两国经贸合作，继续推动中国—东盟自由贸易区建设进程，不断充实两国关系的物质基础；第三要积极推进文化、教育、安全等领域的合作，推动中泰关系全面发展；第四要推动多种形式的民间交流，扩大两国议会、政党和民间交流，进一步加强人员往来，特别是要大力加强两国青年之间的交往，积极发扬“中泰一家亲”的传统，不断增强两国友好的社会基础；第五要加强在国际和地区事务中的合作。中方支持泰国倡导建立的“亚洲合作对话”以及中国、泰国、老挝、缅甸和印度五国禁毒合作机制。两国还应加强在亚太经合组织等多边合作机制中的良好协作。

他信代表泰国政府和人民对胡锦涛的来访表示最热烈的欢迎。他还对中国实现首次载人航天飞行表示热烈祝贺，认为全体亚洲人民都为此深感骄傲和自豪。他信说，我赞同胡锦涛提出的五点建议，这些建议既体现了泰中两国全方位友好关系的水平，也将开拓双方新的合作领域。

在谈到即将举行的亚太经合组织领导人非正式会议时，胡锦涛表示，亚太经合组织成立十多年来，在贸易投资自由化和经济技术合作两个方面都取得了重要成果，对加强区域经济合作、促进亚太和世界经济发展作出了贡献。中方高度评价泰国为筹备本次会议所做的富有成效的工作。

他信表示，泰国作为东道主，愿同中方及其他成员一道努力，使本次会议取得积极成果，促进亚太区域合作。

会谈后两国领导人出席了《中华人民共和国政府和泰王国政府关于成立贸易、投资和经济合作联合委员会的协定》等 5 个双边合作文件的签字仪式。

王刚等中方陪同人员和泰国政府副总理颂吉等参加了会见和签字仪式。

国家主席胡锦涛在曼谷出席泰国华侨华人各界在中华总商会举行的欢迎午宴并发表讲话

胡锦涛在讲话中首先向全体泰国华侨华人致以诚挚的问候和良好的祝愿。他介绍了此次访泰的情况以及中国的发展，强调指出，加强同东盟国家长期稳定的睦邻友好合作关系是中国政府的既定政策。

泰国中华总商会主席郑明如致欢迎词。来自泰国华侨华人各界代表 1000 多人出席了欢迎宴会。

国家主席胡锦涛在曼谷会见智利总统里卡多·拉戈斯·埃斯科瓦尔

胡锦涛对拉戈斯说，智利明年将主办亚太经合组织领导人非正式会议，中方将支持智方办好下一次会议。

国家副主席曾庆红在澳门会见澳门各界知名人士和中央政府驻澳机构及中资企业负责人

曾庆红还专门到家中看望了全国政协副主席马万祺、原新华社澳门分社顾问柯正平和濠江中学前校长杜岚。

亚太经合组织第十五届部长级会议发表联合声明

为期两天的部长级会议在当天闭幕后发表联合声明说，世贸组织多哈发展议程谈判取得圆满成果是巩固全球贸易体制、促进全球经济发展和实现茂物目标的基本保证。声明强调，要采取有效措施应对跨国恐怖主义对地区安全和繁荣带来的挑战，同时应努力减少反恐举措给贸易安全和地区发展带来的负面影响。

中国外交部长李肇星和商务部副部长于广洲在会上就反恐、经济技术合作和亚太经合组织改革等问题发言,阐述了中国的原则立场。

会议期间,李肇星还分别与俄罗斯外长伊万诺夫、美国国务卿鲍威尔、墨西哥外长德韦斯、新加坡外长贾古玛、日本外相川口顺子、新西兰外长戈夫、加拿大外长格雷厄姆、越南外长阮颐年等进行了简短的工作会晤,就伊拉克问题和朝鲜核问题,以及加强在亚太经合组织和联合国框架内的合作等共同关心的问题交换了意见。

外交部部长李肇星在曼谷出席亚太经合组织第十五届部长级会议后接受记者采访

李肇星说,亚太经合组织第十一次领导人非正式会议将于10月20日至21日举行。中国国家主席胡锦涛将首次与会,并将在领导人会议上就亚太经合组织合作发表重要讲话,提出具体合作倡议。此外,胡主席还将在工商领导人峰会上发表演讲,介绍中国的经济发展和有关政策。会议期间,胡主席还将会见其他成员的领导人,就双边关系、亚太经合组织合作和共同关心的国际和地区问题交换意见。

李肇星还说,这次会议的主题是"在充满多样性的世界,为未来建立伙伴关系"。他表示相信,在各方的共同努力下,此次会议一定能在加强全球和区域合作、促进亚太各成员的经济发展方面起到积极作用,推动亚太经合组织合作沿着正确方向健康发展。这也是中方参加这次会议要达到的目标。

外交部部长李肇星在曼谷分别会见韩国 印度尼西亚 巴布亚新几内亚三国外长

李肇星分别会见了韩国外交通商部长官尹永宽、印度尼西亚外交部部长哈桑·维拉尤达和巴布亚新几内亚外交部部长拉比·纳马柳。

文化部部长孙家正在奥帕蒂亚出席国际文化政策论坛第六届部长级年会

年会16日至18日举行。来自中国、法国、加拿大和东道国克罗地亚等16个国家的负责文化事务的部长以及联合国教科文组织、欧洲理事会和法语国家组织的代表出席了会议。本届年会以"文化财政支持模式"为第一主题,就各国在文化领域的资金投入方式进行了探讨。此外,与会者还对《文化多样性国际公约》草案以及与文化政策相关的问题进行了讨论。

孙家正在会上就上述议题阐述了中国政府的主张,并强调中国政府支持文化多样性以及制定《文化多样性国际公约》的立场。他还对明年将由中国承办的国际文化政策论坛第七届部长级会议的主题——"传统文化与现代化"进行了论述。

国际文化政策论坛现有59个成员国,每年举行一次部长级会议。第七届年会将于明年在中国举行,会议将对现代化进程中传统文化的抢救与保护、继承与创新以及在全球化背景下的文化交流与合作等问题展开讨论。

国务院新闻办在美举办《历史的记忆》大型展览

展览在美国俄亥俄州代顿的美国空军博物馆开幕,展览内容分为3个主题,分别介绍的是击落日军飞机2000多架的美国空军陈纳德"飞虎队";跨越世界屋脊向中国运送抗战物资、被称为"死亡航线"的"驼峰空运";中国人民冒死营救迫降美军飞行员的"营救杜利特尔轰炸机队"。

国务院新闻办主任赵启正出席开幕仪式。他说,在历史上,中美两国人民曾并肩作战。今天,中美两个伟大的民族一定会携手合作,共创和平、稳定、繁荣的21世纪。

第五届全国城市运动会在长沙开幕

全国人大常委会副委员长李铁映出席开幕式,国务委员陈至立宣布城运会开幕。

参加这次城运会的有全国78个城市的代表团。本次城运会的比赛项目设立25个大项、289个项目,共320块金牌。

中国选手高娥在罗马举行的2003年国际射联世界杯总决赛上夺得女子飞碟多向冠军

10月19日

国家主席胡锦涛在曼谷举行的2003年亚太经合组织工商领导人峰会上发表重要演讲

演讲会场设在湄南河畔的香格里拉饭店,上千名亚太经合组织成员的代表和工商界人士在现场聆听了胡锦涛主席的演讲。

胡锦涛演讲的题目为《携手努力,促进亚太经济持续增长》。

演讲后,胡锦涛还就可持续发展和中国的对外开放等问题回答了听众的提问。他说,中国对外开放不仅为中国赢得了发展空间,也向世界提供了13亿人口的巨大市场,同时为世界知名企业特别是跨国公司提供了许多商机。中国的改革开放和经济发展,对于世界来说是互利双赢的。今后中国仍将加强全球与区域经济合作,认真遵守世界贸易组织规则和履行入世承诺。中国的改革开放和经济发展将成为推动亚太地区和全球经济发展的积极力量。

演讲开始前，泰国总理他信致辞。他说，亚太经合组织21个成员的国内生产总值达到18万亿美元，占世界经济总量的60%和贸易总额的一半左右，成员间的合作对本地区经济发展和人民生活水平的提高发挥了积极作用。2003年亚太经合组织领导人非正式会议的主题是"在多样性的世界为未来建立伙伴关系"。这次会议将证明，亚太经合组织将成为促进地区经济发展和提高人民生活水平的一支重要力量。

美国花旗集团执行总裁、工商领导人峰会执行委员会主席罗伯特·鲁宾在致辞时表示，中国已成为世界贸易市场的一支重要力量，中国开放贸易和投资领域，推进市场化进程，使得经济快速发展，大量人口摆脱贫困。中国领导人在处理许多复杂挑战方面，显示出高超的技巧和效率。这一点不但对中国，而且对亚太地区和整个世界都是极为重要的。

为期3天的工商领导人峰会的主题是：目标、进步、繁荣，加强亚太经合组织的合作，促进可持续发展。

国家主席胡锦涛在亚太经合组织工商领导人峰会上发表题为《携手努力，促进亚太经济持续增长》的演讲

女士们，先生们：

今天，有机会来到被称为"天使之城"的曼谷，参加亚太经合组织工商领导人峰会，我感到十分高兴。我愿借此机会，向各位朋友表示诚挚的问候，并谈谈对中国经济和亚太地区经济发展的看法。

过去的一年，全球经济走势出现了一些可喜迹象。根据世界主要经济组织的统计，2002年全球经济增长3%左右，好于2001年。据预测，今年全球经济增长会比去年略有提高，显示出复苏的态势。这虽令人欣慰，但也必须看到，全球经济仍然处于调整阶段，回升态势缓慢，要实现稳步发展还面临许多不确定因素。在这一背景下，如何采取有效的政策措施，改善经济发展环境，推动经济持续增长，是摆在各国政府和工商界领导人面前的一个重要课题。

大家都关心中国经济的发展情况和未来趋势。这里，我愿意向各位作一个扼要的介绍。从1978年到2002年，中国国内生产总值年均增长9.4%。2002年，在世界经济增长缓慢的情况下，中国国内生产总值增长8%。今年上半年，尽管受到"非典"疫情的不利影响，中国国内生产总值仍增长8.2%。目前，中国经济运行良好，发展势头强劲，预计可以实现全年增长的预期目标。

近年来，为应对国内外经济环境的新变化，我们采取了一系列政策措施，增强经济活力，推动经济社会持续发展。一是坚定不移地推进市场取向的改革，进一步使市场在资源配置中起基础性作用，坚持和完善公有制为主体、多种所有制经济共同发展的基本经济制度，推动经济体制改革、政治体制改革、文化体制改革和社会领域改革相互配合，不断为经济社会发展提供强大动力。二是坚持扩大内需的方针，实施积极的财政政策和稳健的货币政策，既积极扩大投资需求，又积极扩大消费需求，拉动经济社会发展。三是大力实施科教兴国战略、可持续发展战略和西部大开发战略，最近又提出实施东北地区等老工业基地振兴战略，引导产业结构优化升级，推动区域协调发展，培育新的经济增长点，努力提高经济增长的质量和效益。四是加强公共卫生、教育和文化建设，加强社会保障体系建设，加强生态建设和环境保护，促进社会公平和进步，努力实现经济社会协调和可持续发展。五是全方位扩大对外开放，全面参与经济全球化进程和区域经济一体化进程，促进国内经济结构调整，促进中国企业学习国外先进管理经验、熟悉国际经济规则和惯例，提高参与国际经济技术合作和竞争的能力。

我们已经确定了本世纪头20年的奋斗目标，这就是集中力量建设一个惠及十几亿人口的更高水平的小康社会。实现了这个目标，中国将基本实现工业化，建立完善的社会主义市场经济体制，国内生产总值将比2000年翻两番，按现行汇率折算，将达到4万多亿美元，人均国内生产总值将超过3000美元。我们清醒地认识到，中国是世界上最大的发展中国家，有近13亿人口，经济文化还不发达，将长期处在社会主义初级阶段，要实现现代化，需要进行长期的艰苦努力。当前，中国经济也存在一些亟待解决的突出问题，如经济体制和产业结构还不完善，就业和社会保障压力加大，生态环境保护需要进一步加强，等等。对这些问题，我们正采取一系列措施加以解决。最近，我们就完善社会主义市场经济体制和建立更具活力、更加开放的经济体系提出了总体方案。我相信，只要坚持正确的发展战略，统筹城乡发展、统筹区域发展、统筹经济社会发展、统筹人与自然和谐发展、统筹国内发展和对外开放，我们就一定能逐步实现中国现代化建设的各项目标，为地区和全球经济发展作出更大的贡献。

近来，国际社会关注人民币汇率问题。这里，我想谈谈我的观点。中国实行以市场供求为基础的、单一的、有管理的浮动汇率制度，这是同当前中国的经济发展阶段、金融监管水平和企业承受能力相适应的。在这一制度基础上，保持人民币汇率基本稳定，有利于中国经济的正常运行，也符合亚太地区和全球经济的发展要求。1997年亚洲金融危机爆发时，在周边许多国家货币大幅贬值的情况下，中国本着负责任的态度，坚持人民币不贬值，保持汇率稳定，为维护亚洲乃至全球金融和经济稳定作出了贡献。我们将继续本着这种负责任的态度来处理人民币汇率问题。我们将保持人民币汇率在合理、均衡水平上的基本稳定,同时在深化金融改革中进一步探索和完善人民币汇率形成机制。

实现经济发展,提高生活水平,是各国人民共同追求的目标。在当前全球经济增长缓慢的情况下,我们应充分发挥亚太经合组织的作用,促进各成员实现经济持续发展。

尽管亚太经合组织各成员经济发展面临的情况不同,但进行经济结构调整是我们面临的共同任务。在当前地区和全球经济形势下,这项任务显得尤为迫切和重要。这些年来,包括中国在内的一些成员积极调整经济结构,开发自身市场,改革金融体制,改善企业经营和管理体制,取得了显著成效。这些措施,增强了有关成员经济增长的自主性,巩固了地区经济复苏的基础。亚太经合组织各成员应加强这方面的交流和沟通,以达到取长补短的目的。

为了促进各成员的经济发展,亚太各国、各地区要继续推进贸易和投资自由化,消除各种贸易壁垒,创造公平合理的竞争环境。我要特别强调的是,建设开放的以规则为基础的多边贸易体制,符合各成员的共同利益。尽管目前多哈回合谈判遇到一些挫折,但只要有关各方平等协商、求同存异,谈判就能取得成功。亚太经合组织应为此发挥积极作用,继续实现茂物目标,在进行双边和区域自由贸易安排时,应同世贸组织规则和亚太经合组织原则协调一致,积极促进本地区的贸易和投资,加快本地区经济发展,增强共同抵御经济风险的能力。

亚太经合组织各成员发展水平差别很大,促进发展中成员的发展应成为亚太经合组织的一项重要任务。我们要大力加强成员间的经济技术合作,加快发展中成员的经济发展,帮助他们把潜在市场转化为现实市场,这也有利于发达成员寻找到更广阔的市场空间,最终实现各成员的共同发展繁荣。

实现经济持续增长是一项系统工程,不仅需要我们制定和实施促进经济发展的政策措施,而且需要我们相应地推进社会全面发展。我们应大力发展科技教育文化卫生等事业,大力加强生态保护和环境建设,合理开发利用资源,努力实现经济社会协调发展和人与自然和谐发展。

女士们、先生们!

实现经济持续增长,需要工商界领导人的胆识和远见。我们应充分运用亚太经合组织这一机制,顺应经济全球化和区域经济一体化的发展,增加互信,密切合作,努力建立全方位的合作关系,为实现亚太地区的共同发展繁荣而不懈努力。

谢谢各位。

国家主席胡锦涛在曼谷分别会见美国总统布什 俄罗斯总统普京 韩国总统卢武铉

国家主席胡锦涛在曼谷分别会见巴布亚新几内亚 加拿大和越南三国总理

国务院总理温家宝在人民大会堂出席世界旅游组织第十五届全体大会开幕式并致辞

国务院总理温家宝出席会议,并代表中国政府向来自世界100多个国家的旅游部长和近千名代表表示诚挚的欢迎,向大会表示热烈的祝贺。

温家宝在致辞中指出,中国政府高度重视旅游工作,旅游业持续快速发展,中国已经成为旅游大国。受到“非典”疫情冲击之后,旅游业已经迅速恢复。中国政府欢迎各国朋友到中国旅游观光,愿同各国广泛开展合作,推动世界旅游业的发展。

温家宝还对世界旅游组织多年来为促进全球旅游业的繁荣与发展,作出的积极而富有成效的努力表示赞赏,对世界旅游组织最近成为联合国的专门机构表示祝贺。

国务院副总理吴仪出席开幕式。

此前,温家宝会见了世界旅游组织秘书长弗兰贾利和联合国常务副秘书长弗雷谢特。

在开幕式上,弗兰贾利和弗雷谢特也分别致辞。之后,中国国家旅游局在人民大会堂举行了盛大的欢迎晚宴。

世界旅游组织是全球唯一的政府间国际旅游组织,现有正式成员141个,联系成员7个,附属成员321个。本届世界旅游组织全体大会呈现出规格高、规模大、影响面广等显著特点,近千名各国代表将共商全球旅游业发展大计。这也是继东盟与中国、日本、韩国旅游部长特别会议在京举行之后,恢复与振兴中国旅游业的又一重大举措,标志着中国健康安全的国际形象得到了世界各国的认同。

政协十届常委会第三次会议举行全体大会

中共中央政治局常委、全国政协主席贾庆林出席会议。

14位常委和委员分别代表八个民主党派中央、全国工商联、全国政协部分专门委员会等,围绕完善社会主义市场经济体制问题作了大会发言。他们在发言中认为,中共十六届三中全会通过的关于完善社会主义市场经济体制若干问题的决定,是进一步深化经济体制改革,促进经济和社会全面发展的纲领性文件,是实现全面建设小康社会奋斗目标强有力的体制保证。参加人民政协的各党派、各团体和广大政协委员要认真学习、深入领会,充分发挥自身优势,为完善社会主义市场经济体制积极建言献策。

朱培康常委代表民革中央作了《贯彻落实中共十六届三中全会精神，振兴我国重大装备制造业》的发言；梁荣欣常委代表民盟中央作了《关于改造和振兴东北老工业基地的建议》的发言；陈昌智常委代表民建中央作了《深化经济体制改革，切实转变政府职能》的发言；潘贵玉常委代表民进中央作了《贯彻中共十六届三中全会精神，树立新的发展观》的发言；张大宁常委代表农工民主党中央作了《完善社会主义市场经济体制必须坚持全面、协调、可持续发展的重大指导方针》的发言；许克敏常委代表致公党中央作了《致力为公，参政兴国，为完善社会主义市场经济体制献智出力》的发言；洪绂曾常委代表九三学社中央作了《认真贯彻落实中共十六届三中全会精神，进一步深化农村土地制度改革》的发言；李敏宽常委代表台盟中央作了《保护好国土资源刻不容缓》的发言；张宏伟常委代表全国工商联作了《完善社会主义市场经济体制，全面促进非公有制经济发展》的发言；刘仲藜常委代表全国政协经济委员会作了《强化市场导向，突出企业主体——关于深化投融资体制改革的若干建议》的发言；朱治宏委员代表全国政协社会和法制委员会作了《灵活就业形式和灵活就业人员的社会保障问题必须引起关注》的发言；桂世镛常委和张卓元委员联合作了《我国市场取向改革的实践与理论创新》的发言；肖万钧委员作了《完善农村市场经济，促进农业的新发展》的发言；林毅夫委员作了《推动社会信用体系建设，完善社会主义市场经济体制》的发言。

全国政协副主席周铁农主持会议。

全国政协副主席王忠禹、刘延东、帕巴拉·格列朗杰、李贵鲜、张思卿、丁光训、白立忱、罗豪才、张克辉、郝建秀、陈奎元、阿不来提·阿不都热西提、李兆焯、黄孟复、王选、李蒙，秘书长郑万通出席会议。

中共中央和国务院有关部门负责人应邀列席会议。

全国总工会主席王兆国在吉林考察工会工作

10月19日到20日，王兆国深入长春市困难职工帮扶中心及一汽集团公司等企业视察，听取了吉林省总工会的工作汇报，走访和慰问了部分全国劳动模范、困难企业职工家庭。王兆国说，吉林省各级工会在省委、省政府领导下，在维护职工合法权益，维护社会稳定方面发挥了重要的作用。

第20期《求是》杂志发表署名秋石的文章《前无古人的伟大创举——社会主义市场经济理论的形成和发展》

中国中东问题特使王世杰在大马士革会晤叙利亚总理阿塔里

王世杰首先转达了温家宝总理对阿塔里当选叙新一届总理的祝贺。他说，中国政府谴责以色列不久前打击对叙利亚境内目标的行径，同时赞赏叙政府采取克制态度，努力通过外交途径解决争端，避免地区局势的紧张和升级的立场。叙利亚是中东和平进程中主要当事国之一，为巴勒斯坦的解放事业作出了重大牺牲，任何中东问题的解决不能没有叙利亚的参加，没有叙的参加就不可能实现全面、持久的和平。

王世杰重申，中国政府主张以联合国有关决议和马德里和会确定的以土地换和平的原则和阿以双方已经达成的有关协议为基础，尽快恢复叙以、黎以的谈判，以达成各方都能接受的最终解决方案，实现中东地区全面持久的和平。

当天，王世杰还同叙利亚副外长伊萨·达尔维什进行会谈。他说，叙欢迎和赞赏中国提出的有关解决中东问题的5点主张，希望中国今后为实现中东和平发挥更重要的作用。

王世杰20日下午也在这里会晤了叙利亚副总理兼外长沙雷。

第三世界科学院院士大会在北京闭幕

闭幕式上，大会一致通过了旨在推进全球科研进步、公开与合作的《北京宣言》。

《北京宣言》首先对中国依靠自身力量成功研制和发射"神舟"五号载人飞船表示祝贺，认为它是中国过去10年中科学技术巨大进步的象征。

宣言说，建设科技能力将对以下三方面进展起关键作用：一、减少贫困人口，增加人们获得医疗的机会，从而促进社会公正并提高全人类的生活水平；二、保护生态系统带给人类的益处，包括清洁的空气、土壤、水以及所有地球上的自然资源；三、促进人类社会的可持续发展以及公平分享人类的科技成果。

宣言同时指出，科学界加强同社会各界的合作并提出可持续发展的目标，缩小发展中国家同发达国家在科技能力方面的差距，这一点至关重要；各国都应重视发展科技和教育，这是达到繁荣富强的必由之路；各国有必要促进国际科技交流与合作，帮助发展中国家解决他们面临的共同问题，探索促进共同发展的道路。宣言倡导第三世界科学院致力于扩大南南合作、南北合作，推动科学界与政府部门的沟通，推动自然科学与社会科学的结合，提高发展中国家科学院和其他科学团体的科研和组织能力，使其成为效率更高的社会力量。

大会召开期间，中国科学院院长路甬祥代表中国科学界对第三世界科学院的发展提出了六点建议：积极参与科技全球化规则的制定，使发展中国家能以更合理的方式获取最新的科技知识；组织建立发展中国家和地区间有效的科技交流、合作与发展；研讨并着力应对新科技革命给发展中国家和地区带来的机遇与挑战；大力传播与倡导科学文化发展多样性的理念，为科技发展创造更好的文化氛围；组织研究发展中国家科技知识贫困的原因，向知识贫困宣战；共同规划新世纪里发展中国家和地区的科技合作与交流。

沈阳选手高伟在长沙举行的城运会打破女子举重48公斤级挺举世界纪录

高伟举起了117.5公斤的重量，打破了116.5公斤的世界纪录。

10月20日

国家主席胡锦涛在曼谷出席亚太经合组织第十一次领导人非正式会议并发表讲话

会议东道主泰国总理他信主持会议。胡锦涛在会上发表重要讲话。讲话受到与会各成员领导人的高度重视、认同和积极评价。

会上，其他成员领导人也发表了讲话。

第一部分会议结束后，各成员的领导人同亚太经合组织工商咨询理事会代表举行对话会。他信致辞，欢迎各成员领导人和工商咨询理事会代表出席对话会。各成员领导人与工商咨询理事会代表在会场进行自由交谈，气氛十分融洽。

国家主席胡锦涛在亚太经合组织第十一次领导人非正式会议上的讲话

很高兴来到曼谷出席本次会议。我对他信总理和泰国政府为本次会议作出的周到安排表示衷心的感谢。

当前，国际形势继续发生着深刻的变化。和平与发展仍是当今时代的主题，是各国人民的共同期盼。但我们生活的世界还不安宁，影响和平与发展的不确定因素依然存在，局部冲突威胁着全球和地区的安全稳定，恐怖主义、跨国犯罪等非传统安全问题相当突出。一年来，世界经济虽然有所复苏，但受周期性和结构性问题的影响，复苏步伐比较缓慢。值得欣慰的是，我们所在的亚太地区经济发展保持了良好势头，前景看好。

我们在回顾过去的同时，更应展望未来，共同为促进亚太地区和全球经济的发展，为加强成员间的合作提出新思路，探索新途径。我愿就此提出以下三点主张。

第一，要加强相互信任，保持亚太地区稳定。稳定是发展的前提。几十年来亚太地区之所以能保持快速发展的势头，就是因为本地区基本保持了和平稳定的环境。我们要特别珍惜亚太地区来之不易的和平稳定局面。亚太地区拥有丰富的多样性，各国有着不同的发展历史、文化传统、政治制度和经济模式。这是亚太地区富有发展活力的重要原因。我们要坚持相互尊重、增加互信、求同存异，以对话和协商的方式解决存在的问题，共同维护地区的和平稳定。一段时间以来，亚太地区恐怖活动时有发生，给一些国家的经济社会发展带来不利影响。我们应加强合作、标本兼治，坚决反对恐怖主义，为共同发展繁荣创造更有利的环境。

第二，要采取有效措施，促进经济社会协调发展。只有重视协调发展，才能保持发展的持久性。亚太地区各国应结合自身特点，采取适当的宏观政策措施，促进本地区的经济发展，促进全球经济的复苏。推动科技进步和创新对实现经济的持续发展至关重要。为推动各成员在这一领域开展合作，中国提出科技创新倡议，希望就促进亚太地区科技创新制定指导原则。作为启动项目，我们将于明年2月在北京举办有关科技中介机构发展问题的高级研讨会，欢迎各成员届时派代表参加。在推动经济发展的同时，我们应积极推动经济社会协调发展、城乡协调发展、人与自然和谐发展，使发展具有更加坚实的基础。我们建议亚太经合组织加强在社会发展领域的工作，特别是要在发展公共卫生、促进就业和加强社会保障等方面开展交流。为推动这方面的合作，中国将于明年主办有关劳动和社会保障方面的活动。

第三，要推动相互开放市场，健全多边贸易体制。目前，全球多边贸易体制的发展面临新的挑战，主要是贸易保护主义有所抬头，新的贸易壁垒不断出现，贸易摩擦时有发生。这给各国特别是发展中国家的发展带来新的困难，也不利于全球经济的复苏和增长。针对这一情况，亚太经合组织各成员在加紧推进茂物目标的同时，应共同反对贸易保护主义，消除贸易壁垒，推动通过对话和协商解决彼此在贸易上的分歧。公平、开放的多边贸易体制有利于促进地区和全球贸易的稳定增长，有利于促进全球经济的健康发展，符合各方利益。上个月举行的世贸组织第五届部长级会议未取得预期的进展，主要原因是谈判没有平衡反映各方利益，特别是发展中国家的关切。希望各方能拿出政治意愿，采取灵活务实的态度，推动新一轮谈判早日完成。这符合大家的共同利益。

亚太经合组织作为本地区重要的经济合作论坛，在促进共同发展方面开展了大量工作，取得了重要成绩。一年一度的领导人非正式会议，为各成员领导人举行定期会晤，就影响地区及全球发展的重大问题进行深入讨论，提供了重要场所。中国一直致力于推动亚太经济合作，积极参与亚太经合组织的活动。新一届中国政府将一如既往地支持和推动亚太经合组织进程，并愿进一步深化同其他成员的互利合作。

随着地区和世界形势的变化，人们越来越多地关注亚太经合组织的未来。关于这个问题，我认为要从以下几个方面加以把握。

——应坚持以尊重差异、平等互利、自主自愿和协商一致为主要特点的合作方式。实践证明，这种方式符合本地区多样性的特点，照顾了各成员的不同需求，有利于各成员寻求利益平衡，是开展亚太地区合作的有效途径和正确选择。

——应主动适应形势变化不断改革创新。一个组织只有坚持与时俱进、不断创新，才能保持活力，不断发展壮大。亚太经合组织要主动适应新情况、迎接新挑战，对自身进行必要的调整和改革，努力提高活动的实效性。

——应进一步面向工商界、面向公众开展多方面的合作。工商界是经济发展的主力军。我们要更多地了解他们的愿望，倾听他们的呼声，为他们提供便利。商务旅行卡计划是亚太经合组织为工商界办实事的一个重要体现，受到工商界的普遍欢迎。中国政府将于今年11月正式开始实施这一计划。我们还在通关、检验检疫等方面采取了一系列贸易便利措施，为企业节省成本创造条件。亚太经合组织还应更多地接近本地区民众，多开展一些能让他们从中普遍获益的活动。

今年以来，尽管突如其来的“非典”疫情给中国经济发展带来了不利影响，但我们通过艰苦努力，迅速控制了疫情，保持了经济较快增长的良好势头。综合分析，今年中国经济社会发展的预期目标是有把握实现的。中国的发展将为亚太地区以及全球经济的发展带来新的机遇，也将为各国提供更加广阔的市场空间。我们将继续加强同各国的友好合作，致力于亚太地区和世界的和平与发展。中国永远是维护世界和平、促进共同发展的积极力量。

亚太经合组织是联系太平洋两岸的重要纽带，为各成员开展合作提供了重要舞台。让我们继续发扬亚太经合组织所倡导的大家庭精神，加强面向未来的互利合作，共同为推动亚太经济增长、实现各成员共同发展繁荣作出努力。

谢谢。

国家主席胡锦涛在曼谷分别会见墨西哥总统福克斯 秘鲁总统托莱多和日本首相小泉纯一郎

国家主席胡锦涛在曼谷会见香港特别行政区行政长官董建华

胡锦涛对香港经济复苏、民生改善表示高兴。他说，相信在以董建华先生为首的特别行政区政府的领导下，香港同胞团结一致，一定能克服暂时困难，在经济社会发展等方面取得更大成绩，中央政府将继续予以坚定支持。

董建华感谢中央政府和内地对香港发展的关心和帮助，表示特区政府和香港同胞有决心、有信心把香港建设得更加美好。

国务院在中南海召开经济形势座谈会

座谈会就今年以来的经济形势以及第四季度和明年的经济工作听取经济界部分专家学者的意见和建议。中共中央政治局常委、国务院总理温家宝主持座谈会。

在为时一天的座谈会上，周正庆、吴敬琏、余永定、吕政、贺铿、韩俊、刘世锦、陈东琪、高培勇、谢平、张燕生等就今年以来经济运行情况、取得的成绩、存在的问题，以及加强农业、扩大就业，搞好宏观调控，转变政府职能，进一步做好金融、财税工作，制止低水平重复建设、深化经济体制改革和扩大开放等问题发表了意见，并对做好今年第四季度和明年经济工作提出了建议。

国务院副总理黄菊、吴仪、曾培炎、回良玉，国务委员兼国务院秘书长华建敏及国务院有关部门负责人参加了座谈会。

政协十届常委会第三次会议在北京闭幕

中共中央政治局常委、全国政协主席贾庆林出席会议并作重要讲话。

贾庆林说，这次常委会议是在全党全国人民深入学习贯彻中共十六大和十六届三中全会精神，加快推进改革，完善社会主义市场经济体制，促进经济发展和社会全面进步的新形势下召开的。常委们认真学习了中共十六届三中全会的文件，听取了中共中央政治局常委、国务院总理温家宝就十六届三中全会的情况和会议精神所作的报告，并进行了热烈讨论。常委会议完全赞同和拥护胡锦涛同志受中央政治局委托作的工作报告和重要讲话，完全赞同和拥护《中共中央关于完善社会主义市场经济体制若干问题的决定》《中共中央关于修改宪法部分内容的建议》。这次常委会议开得很成功，达到了预期目的。

闭幕会由全国政协常务副主席王忠禹主持。

会议听取了各小组学习和讨论《中共中央关于完善社会主义市场经济体制若干问题的决定》情况的汇报，通过了政协十届常委会第三次会议《关于学习贯彻〈中共中央关于完善社会主义市场经济体制若干问题的决定〉的意见》。

全国政协副主席廖晖、刘延东、阿沛·阿旺晋美、帕巴拉·格列朗杰、李贵鲜、张思卿、丁光训、马万祺、白立忱、罗豪才、张克辉、周铁农、郝建秀、陈奎元、阿不来提·阿不都热西提、李兆焯、黄孟复、王选、李蒙,秘书长郑万通出席会议。

中共中央和国务院有关部门负责人应邀列席会议。

全国政协主席贾庆林主持政协十届常委会首次学习讲座

国务委员唐家璇应邀作了题为《当前国际形势和我国外交工作》的报告。唐家璇就当前国际形势和我国外交工作作了深入阐述,指出:和平与发展仍是当今时代主题。总体上看,国际环境对我们有利。在党中央新一届领导集体的领导和直接参与下,我国外交工作着眼于把握和用好重要战略机遇期,大力推进对大国、周边和发展中国家的工作,妥善应对国际热点问题,积极开展多边对话与合作,努力在纷繁复杂的国际形势中掌握主动权,为国内改革开放和现代化建设营造了良好的外部环境。

报告结束后,贾庆林强调,学习活动要作为一项制度长期坚持下去。

全国政协副主席王忠禹、刘延东、帕巴拉·格列朗杰、李贵鲜、张思卿、丁光训、马万祺、白立忱、罗豪才、周铁农、郝建秀、陈奎元、阿不来提·阿不都热西提、李兆焯、黄孟复、李蒙,秘书长郑万通,以及参加政协十届三次常委会议的常委共300多人参加了学习讲座。

国务院副总理黄菊在中南海紫光阁会见香港船东协会主席顾国华先生

黄菊对香港船东协会代表团到内地访问并加强与内地的合作与交流表示欢迎。

顾国华表示,代表团此行还将就造船融资、航运、香港与珠江三角洲港口和物流业的共同发展、船员培训等问题与相关部委交换意见。

中共中央政治局常委李长春在河南考察

10月20日至23日,李长春先后到洛阳、安阳、焦作和郑州等地,了解小浪底水利枢纽、西气东输郑州分输站等重点工程建设情况,深入教育文化单位和社区群众文化站调查研究,到贫困山区农户慰问困难群众,考察扶贫开发工作,听取省委省政府的汇报。他充分肯定河南省改革开放和现代化建设取得的成就,对进一步贯彻"三个代表"重要思想,落实党的十六届三中全会精神提出了要求。

李长春还强调了治理党政部门报刊散滥和利用职权发行问题。

全国总工会主席王兆国在长春出席全国职工职业技能大赛决赛启动仪式并讲话

由中华全国总工会、国家发展和改革委员会、科学技术部、劳动和社会保障部联合举办的全国职工职业技能大赛决赛在长春中国第一汽车集团公司启动。王兆国在讲话中指出,要保持和发展中国工人阶级的先进性,培养和造就数以亿计的高素质劳动者、数以千万计的专门人才和一大批拔尖创新人才,就必须采取切实有力的措施,积极引导和帮助广大职工掌握现代科学技术,不断提高职工队伍的劳动技能和整体素质。举办全国职工职业技能大赛,既是职工技能水平的一次展示,也是对职工技能水平的一次检验。

随后,王兆国宣布全国职工职业技能大赛决赛开始。

这次全国职工职业技能大赛自4月开始,设车、钳、铣、焊4个工种,分为初赛和决赛两个阶段。从本日起,由初赛选拔出的来自全国30个省(自治区、直辖市)的460名职工技术尖子,将在3个赛场参加4个工种的技能决赛角逐。

青海省第十届人民代表大会常委会第六次会议决定杨传堂任青海省副省长代省长

中国人民银行分支行行长座谈会在北京召开

党委书记、行长周小川全面分析了当前我国的经济金融形势,指出当前和今后一个时期,要继续执行稳健的货币政策,研究综合运用多种货币政策工具,调控货币信贷增长,引导投资需求,同时要加大结构性调整的力度,研究进一步扩大消费需求的政策措施。

周小川要求抓紧做好人民银行"三定"工作。他说,调整后的"三定"方案进一步强化了人民银行在实施金融宏观调控、保持币值稳定、促进经济可持续增长和防范化解系统性金融风险中的重要作用。中央银行在履行新的职责过程中,要大力强化与制定和执行货币政策有关的职能,不仅要加强对货币市场、外汇市场、黄金市场等金融市场的规范、监督与监测,还要从金融市场体系有机关联的角度,密切关注其他各类金融市场的运行情况和风险状况,综合、灵活运用利率、汇率等各种货币政策工具实施金融宏观调控。

全国土地开发整理工作会议在漳州召开

会议披露,从1998年至今,我国在经济迅猛发展的同时，为保护粮食综合生产能力，在各地广泛掀起了以补充耕地面积、提高耕地质量为主的农用地开发整理的高潮。5年来我国已累计补充耕地2889万亩，全国基本农田面积保持在16亿亩以上，我国粮食的综合生产能力得到了有效保护。

国土资源部副部长孙文盛介绍，5年来，全国31个省(市、区)逐步做到了当年耕地占补平衡，全国同期补充耕地面积大于建设占用与灾害损毁的耕地面积。通过推进土地开发整理、建设了一批适应现代化农业发展要求的高标准、成规模的基本农田。按照生态环境保护和建设的总体要求，不仅毁林开荒、乱垦草场和围湖造田等现象得到遏制，而且随着开发整理项目建设标准的提高，生态环境保护也得到了强化。据对国家土地开发整理示范区的调查，土地开发整理后植被覆盖率增加了2.4个百分点。另外，几年来，各地还创造性地探索出一条依靠土地开发整理、提高土地利用效益的新路子。其中有22个省建立了耕地保护目标责任制，14个省的政府与国土资源部门双向逐级签订了责任书，确保了一抓到底。与此同时，5年来，通过依法收缴新增建设用地土地有偿使用费、耕地开垦费和土地复垦费，为土地开发整理提供了稳定的投入主渠道。

国务院副总理黄菊在中南海紫光阁会见世界银行常务副行长国际金融公司执行副总裁彼得·沃伊克

外交部部长李肇星在曼谷会见美国国务卿鲍威尔

中英两国在北京举行战略安全对话

外交部副部长戴秉国在外交部会见来华参加首轮中英战略安全对话的英国外交部副次官欧威廉。戴秉国指出，中英关系近年来发展顺利，两国建立战略安全对话机制，有利于深化双方在安全与军控领域的交流与合作，进一步推动双边关系的发展。

同日，外交部副部长张业遂与欧威廉举行战略安全对话，双方就伊拉克局势、朝鲜核问题、伊朗核问题、防扩散和导弹防御等问题深入交换了意见。

《2002年全国科技经费投入统计公报》显示2002年全国R&D总支出达到历史最高水平

国家统计局、科学技术部和财政部发布了《2002年全国科技经费投入统计公报》。公报显示，2002年我国科技经费投入继续快速增长。国家财政科技拨款稳定增加，企业科技经费投入保持较快增长，科学研究与试验发展(R&D)经费总支出为1287.6亿元，比上年增加245.2亿元，增长23.5%，与当年国内生产总值(GDP)的比例达到1.23%，达到新的历史最高水平。

郭丹在长沙举行第五届全国城运会上打破女子射箭个人赛全国纪录

郭丹获得该项目的冠军，并以667环的总成绩打破662环的全国纪录。

10月21日

国家主席胡锦涛在曼谷出席亚太经合组织第十一次领导人非正式会议第二部分会议并作专题发言

会议在位于曼谷市中心的阿南达·萨玛孔王殿(老国会大厦)举行。泰国总理他信主持了会议。

胡锦涛在会上发表讲话。关于信息通信技术问题，他说，信息通信技术改变了传统的生产方式和商业模式，为亚太地区带来了新的经济增长机遇。为把握住这一机遇，我们应抓住加强信息基础设施建设和人力资源开发这两个关键环节。2000年和2001年，我们就亚太经合组织在相关领域的合作作出了全面规划，关键是要将这些规划落到实处。

他说，2001年，中国提出了亚太经合组织人力资源能力建设促进项目，旨在为亚太经合组织各成员特别是发展中成员培训信息技术高级人才，并开展技术交流和合作。两年来，在各成员的积极参与下，该项目取得了重要进展。实践证明，政府、企业和学术界三方合作模式具有很强的生命力。我认为，这一领域的合作应继续进行下去。

胡锦涛还阐述了中国在反恐问题上的原则立场。他说，“9·11”事件后，国际社会加强合作，在全球范围开展了反恐斗争，取得了重大进展。我们必须看到，恐怖主义的威胁并未消除，国际反恐形势依然严峻，国际社会应进一步加强反恐合作，坚决同各种恐怖主义活动进行斗争。

胡锦涛指出，要赢得反恐斗争的最终胜利，必须标本兼治。冲突和动荡是恐怖主义滋生的温床，贫穷和落后是恐怖主义产生的土壤。我们应在缓和地区及国际紧张局势、消除贫困和加强反恐合作三方面同时开展工作，从政治、经济、文化和社会等多方面采取措施，以彻底铲除恐怖主义。

胡锦涛说：我高兴地看到，此次会上各成员就如何继续在反恐等领域发挥作用达成了重要共识。今后，亚太经合组织应结合本地区特点，根据本地区的实际需要，发挥自身优势，落实各项共识，加强各成员能力建设，进一步深化反恐合作。

胡锦涛强调，中国也是恐怖主义的受害者。我们坚决反对一切形式的恐怖主义，认真遵守国际反恐公约，严格执行联合国安理会有关决议，积极参与国际社会反恐正义行动。中国的反恐努力是国际反恐斗争的重要组成部分。

胡锦涛说,打击恐怖主义,保护民众的生命财产安全,是我们必须承担的重大责任。各成员应团结一致、密切合作,共同维护亚太地区的和平稳定,努力促进亚太地区的发展繁荣。

胡锦涛在会议上的讲话引起与会领导人的重视和认同。

会议结束后发表了亚太经合组织第十一次领导人非正式会议的《领导人宣言》。

亚太经合组织第十一次领导人非正式会议在曼谷发表《领导人宣言》

宣言从促进贸易投资、加强安全以及帮助民众和社会从经济全球化中受益三个方面阐述了亚太经合组织21个成员在本次领导人非正式会议上达成的共识。

关于促进贸易投资,与会领导人表示,坚定支持在坎昆会议的有益工作基础上继续推进多哈发展议程,同时认为地区和双边贸易安排须与世贸组织原则一致,推进世贸组织的目标,并为茂物目标做贡献。

宣言呼吁各方显示灵活性和政治意愿,推动多哈发展议程取得丰硕和平衡成果,保障发展中成员利益,同时为取消所有形式的农业出口补贴、不合理的出口禁令和限制而努力。

宣言说,亚太经合组织成员将与亚太经合组织工商咨询理事会及工商界一道实施《上海共识》和洛斯卡沃斯会议有关成果,包括在2006年前将交易成本削减5%。

关于加强安全问题,宣言指出,跨国恐怖主义和大规模杀伤性武器扩散对亚太经合组织成员实现自由贸易和经济繁荣带来了直接和深远的挑战。因此,亚太经合组织将不仅致力于推动各成员经济繁荣,也致力于确保人民安全。

与会领导人表示,各成员将采取措施,根据国际法,完全、迅速解散那些威胁亚太经合组织成员的跨国恐怖组织,并通过加强国际不扩散体系,采取并执行有效的出口限制及其他合法并适当的措施,消除大规模杀伤性武器及其运载工具扩散所带来的严重威胁。

宣言表示,各成员将通过技术合作和能力建设,加强反恐合作的协调,同时支持亚太经合组织反恐工作小组加强与八国集团反恐行动小组和联合国安理会反恐委员会等国际机构开展合作。

在帮助民众和社会从经济全球化中受益方面,宣言强调,要提高民众和社会融入全球经济的能力。重视发展中小企业和微型企业,完善社会保障体系,以促进经济可持续均衡发展。

宣言最后呼吁加快发展知识经济,实施数字亚太经合组织战略,并支持开展科技创新合作。

会后,亚太经合组织领导人还发表了《领导人关于健康安全的声明》,表示将采取有效措施,保障公共健康,同时加强政府与非政府机构的合作以及相关的国际合作。这些行动包括:集中精力监视疾病、控制疾病的暴发、协调应对措施,加强对危险生物病原体的管理,建立和推行生物科学家的职业道德和行动准则,强化法律、法规和执法机制建设,严格对双重用途的生物物资和设备的进出口管理等。

国家主席胡锦涛在曼谷举行记者招待会

胡锦涛首先说:很高兴同大家见面。这是我第一次参加亚太经合组织领导人非正式会议。在他信总理的主持下,这次会议取得了成功。泰国作为主办方,为会议做了精心准备和周到安排,我对此表示衷心的感谢。

在这次会议上,各成员领导人围绕国际和地区形势,就地区发展和稳定的一些重大问题交换了意见,达成了重要共识。第一,在世贸组织新一轮谈判遇到困难的时候,我们共同表明了支持多边贸易体制、推动多哈回合谈判如期完成的决心。第二,认为应采取切实有效的措施,推动亚太经济增长,并注重促进本地区经济社会协调发展。第三,同意进一步深化亚太经合组织的反恐合作,加强各成员在这方面的能力建设。第四,认为应在充分协商的基础上对亚太经合组织进行必要的改革,以更好地为各成员的公众服务。

我在会上阐述了中方对形势的看法,提出要采取切实措施,推动相互开放市场,健全多边贸易体制,促进经济社会协调发展,保持地区稳定。中国还就科技创新、劳动和社会保障等问题提出了倡议。会议期间,我同一些成员的领导人就双边关系和共同关心的问题交换了意见。会前,我对泰国进行了国事访问。访问期间,我会见老朋友,结识新朋友,加深彼此了解,深化双方互利合作,进一步巩固了中泰睦邻友好关系。访问是富有成果的。

下面,我愿意回答各位记者提出的问题。

泰国记者:中国和泰国已经签署了促进贸易、投资和经济合作的谅解备忘录,同时关于蔬菜和水果的贸易问题也有了一个"早期收获"的安排。我请教您的问题就是,有没有任何计划要把关于蔬菜和水果的"早期收获"安排扩展到其他产品方面,同时有没有计划同其他东盟国家签署自由贸易区的安排,使中国同东盟各国都有密切的经贸关系?

胡锦涛:我从17日到18日对泰国进行国事访问,我同泰国领导人就发展中泰关系深入交换了意见,达成了许多共识。双方重申,将继续致力于深化中泰战略性合作，共同推动中泰关系再上一个新台阶。有关部门还签署了多个合作协议。可以说，这次访问取得了圆满成功。

中泰签署的蔬菜、水果的零关税协议，是中国—东盟自由贸易区“早期收获”框架中的一项重要成果。这有利于促进中泰两国贸易的发展，也有利于推动中国—东盟自由贸易区的建设进程。我们将以此为契机，继续按照中国与东盟国家达成的共识，推动中国—东盟自由贸易区建设取得进展。

法新社记者：现在中国面临的一个问题就是贫富差距拉大。您觉得这个事情应怎样处理？在政治领域里应有改革吗？您担任中国国家主席7个月了，您面临的最困难的问题是什么？

胡锦涛：改革开放以来，中国的经济有了迅速发展，城乡面貌有了明显变化，人民生活也有了很大改善。我这里只想举一个数据来加以说明。20多年前，也就是中国改革开放前，中国农村贫困人口有2.5亿，而到去年年底中国农村贫困人口只有3000万人左右了。应该说，这是一个了不起的成就。在改革开放的过程中，不可能每一项改革开放措施让13亿中国人都同时受益，可能一部分群众受益多一些，一部分群众受益少一些。但从总体上讲，多年来中国人民的生活是不断改善的。中国政府在实现现代化的进程中，始终把逐步实现共同富裕确立为奋斗目标。我们在鼓励一部分地区、一部分人先富起来的同时，还要下更大的决心、采取更有力的措施来帮助困难群众，使他们的生活进一步得到改善。为此，我们在农村加大了扶贫开发的力度，增加了国家财政对农村基础设施建设的投入，改善贫困地区农民的生产生活条件。我们在城镇建立了全面的最低生活保障制度，2000多万人纳入到保障的范围。我们还加大了就业再就业工作的力度，使下岗失业人员能尽快找到岗位。总之，我们将把解决困难群众的生产生活问题作为一项重要任务来落实。

至于问我担任国家主席以后感到最伤脑筋的事情是什么，我可以坦率地告诉你，那就是防治“非典”。当几千名同胞遭受“非典”威胁的时候，当上百名同胞死于这个疫病的时候，作为一名国家领导人，我心急如焚。如果不能有效遏制疫情，让其泛滥开来，甚至扩散到国际社会，那么我们作为中国的领导人，就对不起13亿中国人民，也对不起各国人民。我们新一届中央领导集体团结一致，把人民群众的身体健康和生命安全放在第一位，采取坚决果断的措施，组织动员全国人民万众一心、众志成城，依靠科学、抗击“非典”，终于有效遏制了疫情。我们取得了防治“非典”工作的阶段性重大胜利，我感到非常高兴。我们总结经验教训，强调要做到经济社会协调发展，特别是要加强公共卫生建设，还要完善一些应急机制。吃一堑、长一智，我们希望从这个事情中能变得更聪明一些，能学到更多的东西。

至于说政治体制改革，我们在十六大报告中已经讲得很清楚了。建设中国特色社会主义，要求社会主义物质文明、政治文明和精神文明协调发展。我们将毫不动摇地、积极稳妥地继续推进政治体制改革。

中国中央电视台记者：在坎昆会议上，世贸组织新一轮谈判受到挫折。您认为这次亚太经合组织领导人非正式会议的举行，在哪些方面会对世贸组织新一轮谈判作出贡献？

胡锦涛：这是国际社会对这次亚太经合组织会议最关注的问题。与会的领导人都重申支持多边贸易体制的发展，并承诺要采取切实措施，推动多哈回合谈判取得进展。在多哈回合谈判遭到挫折的时候，亚太经合组织的各成员共同发出这样一个强有力的政治信号，有助于多哈回合谈判的进程，也有助于推动谈判早日取得成功。坎昆会议之所以没有取得预期的进展，主要原因是谈判没有平衡地反映各方的利益，特别是反映发展中国家的关切。我们相信，只要各方都拿出政治意愿，并采取灵活务实的态度，新一轮谈判就一定能取得实质性进展。

日本《朝日新闻》记者：我想问三个问题。第一，布什总统表示美国愿意给朝鲜安全保证，形式可能是一份签署的书面宣言。您是不是也认为这个方法能解决朝鲜的安全关切？第二，现在中日关系总体上很好，但这两年多来两国最高领导人互相往来还没有实现，您认为日本做些什么才能满足中方提出来的给中日领导人互访创造良好气氛这样一个要求？第三，我听说今天中午您和李远哲先生有交谈，请问一下交谈的内容。

胡锦涛：我先回答第一个问题。国际社会认为北京六方会谈为和平解决朝鲜半岛核问题迈出了重要一步。把北京会谈进程继续下去，符合各方的利益，同时也是国际社会的普遍愿望。我们希望有关各方都能本着相互尊重、平等协商的原则，为举行第二轮会谈创造条件。我们也愿意通过外交渠道同各方保持沟通，推动北京会谈进程继续进行下去。至于解决朝方合理安全关切的方式和途径，我想应由包括朝美在内的有关各方在会谈进程中进行探讨，达成各方特别是主要当事方都可以接受的方案。

至于说中日关系，总的看在继续向前发展。中日两国领导人保持着交往和接触。我本人今年就和小泉首相举行过两次会晤，前不久中国全国人大常委会委员长吴邦国也访问了日本。两国领导人经常接触有助于加深了解，增进信任。希望双方本着以史为鉴、面向未来的精神,共同为两国关系的进一步发展作出积极努力。

李远哲先生出席了亚太经合组织领导人非正式会议。在会议休息寒暄时,他向我表示了对"神舟"五号载人飞船成功发射的祝贺,我表示这是包括台湾同胞在内的全中国人民的荣耀。我还向他重申了两岸应在一个中国原则基础上进行对话的一贯主张。

香港无线电视台记者:我想问两个问题。第一,"神舟"五号升空对中国人来讲都是很兴奋、很骄傲的事情。您觉得这次升空在军事上有什么意义?很多香港人也希望看杨利伟先生的风采,可以让他来香港访问吗?第二,有人说可不可以在香港建立一个人民币的离岸中心,您觉得这个建议怎么样?

胡锦涛:"神舟"五号载人飞船发射成功后,全中国人民、全体中华儿女、亚洲各国人民、全世界一些友好国家的人民,都感到非常高兴,向我们表示祝贺。香港同胞在这个过程中表现出来的爱国热情使我深为感动。根据香港同胞的意愿,香港特别行政区行政长官董建华先生昨天在同我见面时向我提出,希望中央政府安排中国第一位航天员杨利伟到香港访问。我明确向董先生表示,中央政府一定会积极予以考虑。我们进行载人航天飞行的目的是开发和和平利用太空,造福人民。通过这次载人飞行,我们不仅要掌握载人航天的一些基本技术,还安排了空间生命、空间材料、空间环境、空间遥感技术等科学实验。我们已经取得了很多重要成果,今后还将继续开展这方面的科学实验。

现在,人民币已经实现了经常项目可兑换,我们正在研究如何在有效防范风险的前提下逐步实现资本项目可兑换。中国共产党十六届三中全会作出的关于完善社会主义市场经济体制若干问题的决定,已就这方面的问题提出了要求。香港作为金融中心,以往在促进中国经济和金融发展中发挥了积极作用,今后还会继续发挥这个作用。

感谢各位。

国务院总理温家宝在北京主持召开国务院常务会议

会议根据三中全会决定的精神,认真分析了当前农民收入和粮食生产的形势,研究了关于增加农民收入、保护和提高粮食生产能力的有关问题,确定明年将采取更直接、更有力、更明确的综合性政策措施:

一是实行最严格的耕地保护制度,切实加强对土地开发利用的管理。按照保护农民权益、控制征地规模的原则,改革征地制度,完善征地程序。加强对基本农田的保护和建设,在基本农田里不准挖鱼塘、种树。绝不允许乱占滥用耕地,对违反规定的要严肃处理。

二是加强对粮食主产区和种粮农民的扶持,调动发展粮食生产的积极性。要敞开收购农民余粮并适当提高保护价,同时,要进一步深化粮食流通体制改革,把通过流通环节的间接补贴改为对农民的直接补贴,切实保护种粮农民的利益。要在巩固农村税费改革成果的基础上,从明年开始降低农业税税率。要取消农业特产税,进一步减轻农民负担。

三是全面正确贯彻农业结构调整方针,不能把农业结构调整简单化为压缩粮食种植面积。粮食主产区要加强粮食生产能力建设,主销区也要保护基本农田和一定的粮食生产能力。

四是加强农业科研和技术推广,进一步发挥科技进步在粮食生产中的作用,努力提高单产和质量。要集中人力、物力、财力,抓紧进行农业重大科研项目的攻关,增强农业科技储备能力。加强农业科技推广体系建设,已有成果要抓紧进行中试和大面积示范推广。

五是增加各级财政对农业和农村的投入,进一步加强农业基础设施建设。继续加强农村"六小工程"建设,不断改善农业生产条件和农民生活条件。同时要增加投入,切实加强粮食综合生产能力建设,尤其要保护和提高主产区的粮食生产能力,确保国家粮食安全。

全国政协主席贾庆林在人民大会堂会见台湾经贸界人士

台湾工商建研会、女企业家协会、农渔业协会大陆经贸考察团参加会见。贾庆林对台湾企业家长期以来致力于推动两岸经济关系发展和两岸实现直接"三通"表示赞赏。

国务院台湾事务办公室主任陈云林参加了会见。

全国政协主席贾庆林在贵州调研

10月21日至27日,贾庆林在贵州省委书记钱运录、省长石秀诗等的陪同下,先后到遵义市、安顺市、黔东南苗族侗族自治州、毕节地区、贵阳市等地,就深入学习贯彻十六届三中全会精神,做好新世纪、新阶段的民族、宗教工作,积极推进西部大开发,全面建设小康社会,进行调查研究。连日来,他瞻仰了遵义会议会址,考察了一些工业企业和交通、电力等基础设施建设项目。在绵绵秋雨中,贾庆林走进少数民族村寨,与各族群众亲切交谈,共商改革发展大计。

贾庆林指出,各级党委和政府一定要动员和带领广大干部群众,大力弘扬长征精神,牢牢抓住发展这个党执政兴国的第一要务,努力完成十六大和十六届三中全会确定的各项任务。

贾庆林还就推进扶贫开发和民族、宗教工作作了指示。

考察期间,贾庆林还听取了贵州省委、省政府的工作汇报,并与贵州省各民主党派、工商联和统战、政协部门的负责同志座谈。

中共中央政治局常委曾庆红在辽宁考察

10月21日至24日,曾庆红在辽宁省有关领导的陪同下,先后到鞍山、辽阳、抚顺、沈阳等地调查研究。连日来,他深入国有、军工、民营和文化企业,实地考察老工业基地振兴改造的现状,并同辽宁省党政负责干部和劳动模范进行座谈,共商辽宁振兴发展大计。他还深入资源枯竭城市的塌陷区和工会、社区建立的困难职工救助中心,了解困难群众的生产和生活情况。

曾庆红指出,要充分发挥工人阶级在振兴东北老工业基地中的主力军作用,要高度重视、充分发挥思想政治工作的重要作用。他指出,振兴东北老工业基地,关键在党,关键在人。要以改革的精神研究解决在振兴老工业基地中党的建设面临的新情况、新问题,切实把党的建设的各项工作落实到振兴辽宁老工业基地的伟大实践中去,体现到推进老工业基地振兴的实际效果上来,不断提高党建工作的水平。

在辽宁期间,曾庆红还专程参观了抚顺雷锋纪念馆,并向雷锋墓敬献了花篮。

全国农村优秀人才表彰大会在北京召开

中宣部、人事部、农业部召开表彰大会,授予张玉玺等50人"全国农村优秀人才"荣誉称号。中共中央政治局委员、国务院副总理回良玉在表彰大会前与部分代表进行座谈,国务委员兼国务院秘书长华建敏出席表彰大会并讲话。

高才、朱丽旗、廷·巴特尔三位同志在表彰大会上作了事迹报告。

中央纪委副书记何勇在北京出席全国新任纪检监察领导干部专题研究班结业式并讲话

何勇强调,要大力加强党风政风建设,着力解决好人民群众关心的突出问题。纪检监察机关要继续纠正损害群众利益的不正之风,在继续抓好减轻农民负担、解决教育乱收费、纠正医药购销和医疗服务中不正之风的同时,要积极配合有关部门认真解决当前损害群众利益的几个突出问题:一要认真解决有些地方农村税费改革中继续乱收费的问题;二要认真解决一些地方征用土地中的"伤农"问题;三要认真解决一些城镇拆迁工作中损害群众利益的问题。要切实关心人民群众的生产和生活问题,协助有关部门及时化解各种矛盾。

最高人民检察院在厦门召开全国检察机关查办职务犯罪案件工作会议

会议决定在全国10个省、自治区、直辖市检察机关,对检察院直接受理的侦查案件实行人民监督员制度试点工作。试点工作分别在福建、四川、黑龙江、辽宁、天津、内蒙古、河北、山东、浙江、湖北10个省、自治区、直辖市部分检察机关进行。

最高人民检察院有关负责人表示,按照法律规定,贪污、贿赂犯罪,国家工作人员的渎职犯罪,国家机关工作人员利用职权实施的非法拘禁、刑讯逼供、报复陷害、非法搜查等侵犯公民人身权利的犯罪以及侵犯公民民主权利的犯罪,由人民检察院直接受理立案侦查、提起公诉。检察机关试行人民监督员制度就是为了保证这项权力的正确行使。

人民监督员可以对检察机关直接受理侦查案件被逮捕的犯罪嫌疑人不服逮捕决定的,拟撤销案件的,拟不起诉的案件办理工作进行独立评议,实行监督,也可对检察机关直接受理侦查案件应当立案不立案的,超期羁押的,违法搜查、扣押、冻结等问题,提出纠正意见。

最高人民检察院检察长贾春旺出席会议并讲话。贾春旺要求,当前和今后一个时期查办职务犯罪案件,特别要"突出四项重点":县处级以上领导干部职务犯罪案件;国家工作人员充当黑恶势力后台和"保护伞"的犯罪案件;国有企业工作人员贪污、挪用、私分国有资产的犯罪案件;国家机关工作人员玩忽职守、滥用职权,造成重大安全事故的犯罪案件,以及其他人民群众反映强烈的犯罪案件。同时,"加大两个力度":一是要加大查办司法人员、行政执法人员职务犯罪的力度;二是要重视和加大查办国家机关工作人员利用职权实施的"侵权"犯罪的力度。

国办发出通知公布国务院国有资产监督管理委员会履行出资人职责企业名单

国务院办公厅在关于公布国务院国有资产监督管理委员会履行出资人职责企业名单的通知中说,国务院授权国务院国有资产监督管理委员会履行出资人职责的企业名单已经国务院同意,现予公布。今后,国资委履行出资人职责的企业增加或减少及企业名称变更,国务院授权国资委随时予以公布。

这次公布的国资委履行出资人职责的企业共有189家:(略)

外交部部长李肇星在曼谷会见泰国外长素拉杰

李肇星称赞泰国作为东道主为亚太经合组织领导人非正式会议成功举行所作的大量卓有成效的工作,

表示中国全力支持泰方的工作，并愿与泰方加强在亚太经合组织框架内的合作，共同推动亚太经合组织健康发展。

素拉杰说，泰中两国领导人共同倡议建立的泰中战略合作伙伴关系发展顺利，双方互信不断加深，经贸合作日益深化，使两国和两国人民受益，也有力地推动了东盟与中国关系的发展，特别是泰中果蔬零关税协议10月1日生效，加快了东盟与中国建立自由贸易区的进程。泰方愿与中方共同努力，以两国领导人关于发展双边关系的五项原则为指导，深化双边合作，加深两国在东盟及亚太经合组织等地区和国际组织内的合作，维护地区稳定和发展。

中巴第二颗“资源一号”卫星发射成功

北京时间11时16分，太原卫星发射中心用“长征四号乙”运载火箭成功地将中国与巴西联合研制的第二颗“资源一号”卫星和中国科学院研制的“创新一号”小卫星送入太空。火箭发射13分钟后，“资源一号”小卫星进入太阳同步轨道。火箭继续飞行约40秒后，“创新一号”小卫星与火箭分离，进入预定轨道。

中巴两国元首对发射成功表示祝贺。

纪念陈嘉庚创办集美学校90周年大会在厦门举行

福建省厦门市在集美福南堂隆重集会，纪念陈嘉庚先生创办集美学校90周年。中共中央政治局常委、全国政协主席贾庆林，中共中央政治局委员、全国人大常委会副委员长王兆国，全国政协副主席罗豪才分别发来贺信；国务委员陈至立出席大会并讲话。

陈嘉庚先生之子陈元济先生等海外嘉宾上百人，福建、厦门各界人士及集美学校的师生代表共1000多人出席了纪念大会。

1913年，陈嘉庚先生在家乡福建厦门集美开办教育，先后创办各种实业学校，使集美成为名副其实的“学校村”。90年来，集美学校先后培养了大批优秀人才，校友遍及世界各地。

陈嘉庚纪念馆奠基仪式当天上午也在厦门集美举行。陈至立出席并为纪念馆培土奠基。陈嘉庚纪念馆占地3000平方米，建筑面积6000—7000平方米。

中央文明办等联合发出通知在全国联合开展“共铸诚信”活动

中央文明办、全国整顿和规范市场经济秩序领导小组办公室、国家税务总局、国家工商总局、国家质检总局日前联合发出关于联合开展“共铸诚信”活动的通知，决定从今年起在全国联合开展“共铸诚信”活动。

通知指出，开展“共铸诚信”活动的指导思想是以党的十六大精神和“三个代表”重要思想为指导，认真贯彻《公民道德建设实施纲要》，坚持依法治国和以德治国相结合的方针，加强诚信教育，完善诚信机制，解决突出问题，推广先进经验，使人民群众切实感受到全社会加强诚信建设的新进展，在全社会倡导和弘扬诚实守信的良好风尚，促进社会主义市场经济健康发展。总体要求是：抓教育，树立诚信意识；立规范，建立诚信机制；攻重点，整治突出问题；推典型，营造诚信氛围。

通知要求，开展“共铸诚信”活动，要把加强诚信意识教育贯穿活动始终。要着力建立、健全诚信建设的制度规范，保证诚信建设的规范化、制度化、经常化。

通知还要求，“共铸诚信”活动今年内要建立三项诚信建设的机制。税务部门建立完善纳税信誉等级评定制度，建立诚信纳税的激励机制。工商部门制定关于对企业实行信用分类监管的意见，根据企业在市场准入、经营行为和市场退出等方面的信用状况，分为不同信用类企业，实施不同的监管措施，建立相应的管理机制。质检部门充分运用质量监督、检验、检疫、认证等各项行政监管和执法手段，建立完善企业质量信用档案，研究实施企业质量信誉等级评价制度，按照企业信誉等级实施分类管理。

中央文明办等在北京召开“共铸诚信”活动全国电视电话会议

10月22日

国家主席胡锦涛在悉尼会见澳大利亚总督杰弗里

双方就中澳关系和亚太经合组织的发展等共同关心的问题交换了意见。

胡锦涛是应澳大利亚总督杰弗里的邀请前来对澳大利亚进行国事访问的。

全国人大常委会委员长吴邦国在人民大会堂分别会见加拿大总理克雷蒂安和泰国正大集团董事长谢国民

国务院总理温家宝在人民大会堂与加拿大总理克雷蒂安举行会谈

温家宝表示，中加达成的建立全面合作伙伴关系的共识，为新世纪中加关系的持续发展奠定了基础。中方将遵循上述共识的原则，与加方共同努力，推动两国友好合作的全面发展。为此，温家宝建议：一、保持两国高层交往势头,加强两国现有的政治和经贸等领域的磋商和对话机制,增进相互了解和政治互信;二、在搞好现有合作项目的基础上,进一步挖掘潜力,加强在能源、环保、电信、保险、农业等领域的合作;三、加强在国际和地区组织中的磋商与配合,维护世界和平,促进共同发展。

克雷蒂安赞同温家宝对两国关系的评价和提出的建议,他说,加方希望双边贸易在今后7年内再翻一番,期待与中方加强在能源、保险、环保、农业等领域的合作,也欢迎更多中国人到加拿大旅游、留学。

会谈中双方还就国际和地区问题交换了意见。

会谈后中加两国政府共同签署了《中国政府与加拿大政府关于加强气候变化对话与合作的联合声明》、《中加学者交换项目谅解备忘录》和《中国政府和加拿大政府关于在妇幼保健、立法合作、可持续农业发展以及恢复生态系统领域的发展合作项目意向书》,两国总理出席了签字仪式。

同日,温家宝总理还会见了加中贸易理事会全体成员。克雷蒂安总理也发表了讲话。

全国人大常委会副委员长王兆国在北京出席地方人大立法干部研讨班并讲话

王兆国指出,全国人大和地方人大都面临着艰巨而繁重的立法任务。要出色地完成这些任务,就要求我们在立法工作中,必须始终坚持做到以下几点:一、立法工作必须坚持党的领导。二、立法工作必须全面贯彻"三个代表"重要思想。在研究、起草、修改法律草案的工作中,始终要考虑我们制定的法律、法规是不是符合先进生产力的发展要求,是不是符合先进文化的前进方向,是不是符合最广大人民的根本利益。三、立法工作必须从我国的国情和改革开放的实际出发。四、立法工作必须为经济律设这个中心任务服务。五、地方立法必须保证我国社会主义法制的统一。

王兆国指出,为在立法工作中全面贯彻"三个代表"重要思想,出色地完成立法任务,必须要有一支过硬的立法干部队伍。

全国人大常委会副委员长兼秘书长盛华仁参加了研讨班的活动。研讨班由全国人大常委会法制工作委员会举办,来自全国30个省、自治区、直辖市的100多位地方人大干部围绕地方立法工作展开学习和讨论。

中央有关部门组成联合督查组赴各地对报刊治理工作进行督查

由中央报刊治理工作协调领导小组派出的督查组,从10月22日起赴河南、湖北、辽宁等20个省(区、市)开展督查工作。督查组由中纪委、中宣部、中编办、国务院纠风办、财政部、农业部、新闻出版总署、审计署、国家税务总局、国家工商行政管理总局等部门联合组成。联合督查组的主要任务是,督促检查各地报刊调整方案和制止报刊摊派的措施是否得到落实。对顶风违纪、继续摊派发行弄虚作假的报刊和单位,严肃处理,追究责任;对任务不落实、工作不到位的地方,限期整改。

全国煤矿安全质量标准化现场会在七台河结束

为期3天的会议提出,以安全质量标准化促进我国煤矿安全生产和煤炭工业总体面貌有一个根本性变化。

国家安全生产监督管理局(国家煤矿安全监察局)局长王显政在会上提出,煤矿安全质量标准化建设,不仅国有煤矿要搞,所有保留下来的合法小煤矿都要搞。经过三五年努力,争取90%大中型矿井和60%以上的小煤矿达到规定的安全质量标准;全国煤矿百万吨死亡率从目前的4降到3以下,事故死亡人数从7000人减至5000人以内。

国家安监局(煤监局)副局长赵铁锤会议开幕时作了报告。报告中对"煤矿安全质量标准化"解释说:矿井的采煤、掘进、机电、运输、通风、防治水等生产环节和相关岗位的安全质量工作,必须符合法律、法规、规章、规程等规定,达到和保持一定的标准,使煤矿始终处于安全生产的良好状态,以适应保障职工生命安全和煤炭工业现代化建设的需要。

海南省第三届人大常委会第五次会议决定卫留成为海南省副省长代理省长

中共中央政治局常委吴官正在马斯喀特巴尔卡宫会见阿曼苏丹卡布斯

国务院副总理吴仪在中南海会见美国贸易代表罗伯特·佐利克

中巴海军在东海海域举行海上联合搜救演习

中国海军军舰与来访的巴基斯坦海军军舰在上海附近的东海海域举行了代号为"海豚0310"的联合搜救演习。这是中国海军首次与外国海军进行非传统安全领域的联合演习。

联合搜救演习分两个阶段进行。第一阶段为通信操演和编队海上运动,内容包括灯光、旗语信号发送,无线高频通信,编队队形变换等;第二阶段为海上搜救演习,两国参演军舰同时从空中、海上立体搜救遇险船只,舰载直升机快速转运伤员,军舰协助消防灭火等。

10月23日

国家主席胡锦涛在悉尼先后会见澳大利亚工商界人士及澳大利亚新南威尔士州州督玛丽·巴希尔和州总理罗伯特·卡尔

在会见澳大利亚工商界人士时,胡锦涛首先听取了有关公司负责人对与中国合作情况的介绍,他充分肯定了中澳经贸合作近年取得的可喜进展。

胡锦涛说,中澳两国经济互补性强。随着中国经济快速发展,中国对能源和资源的需求量将持续增长。澳大利亚能源和资源条件得天独厚,双方可通过贸易、投资等多种形式,在互利互惠的基础上建立长期稳定的合作。

他说:中国的消费水平和经济结构正在发生变化,通信、旅游、教育、文化等服务性消费需求旺盛,双方可加强在上述领域的合作,也欢迎澳工商界更积极地参与中国市场的竞争。中国实施西部大开发战略和振兴东北地区等老工业基地的战略将带来更多商机,欢迎更多的澳工商界朋友到中国中西部和东北地区投资发展。

澳中工商理事会全国主席史密斯说,中国的发展前景令人鼓舞,澳中加强互利合作的潜力令人兴奋。澳工商界将充满信心地迎接挑战,构筑两国全方位的经贸合作关系。

胡锦涛对新南威尔士州州督巴希尔和州总理卡尔说,中国政府积极支持中国地方省市同新南威尔士州和悉尼扩大交流与合作。

巴希尔说:近年我多次访华,我十分钦佩中国的飞速发展及各方面取得的巨大成就,对中国怀有深厚的感情。愿积极推动新南威尔士州各界不断扩大与中国的交往与合作。

卡尔说:中国是新南威尔士州的第三大贸易伙伴,中文已成为我们这里的第二大语言。在全球面临贫困、不平等、恐怖主义等严峻问题时,中国迅速发展显示的生机和活力令人钦佩。新南威尔士州愿与中方共同努力,进一步开拓双方在经贸、文化、教育和科技等领域的合作。

中央军委主席江泽民在杭州会见加拿大总理约瑟夫·让·克雷蒂安

江泽民说,我们要以战略眼光审视和处理中加关系,从两国和两国人民的根本利益出发,为两国全面合作伙伴关系增添新的活力,使之成为不同历史文化背景、社会制度和经济发展水平国家之间友好合作、共同发展的典范。

克雷蒂安感谢江泽民为加中关系发展所作出的重大贡献,并表示加方非常高兴地看到中国新一届领导人也高度重视加中关系。加方视中国为重要合作伙伴,将为两国关系发展不断作出努力。

十届全国人大常委会第五次会议在人民大会堂举行

中共中央政治局常委、全国人大常委会委员长吴邦国主持会议。

道路交通安全法草案已经全国人大常委会会议三次审议,全国人大法律委员会副主任委员胡光宝在会议上报告了这部法律草案的审议结果,提请会议审议。

会议还听取了法律委副主任委员王以铭关于证券投资基金法草案审议结果的报告,副主任委员蒋黔贵、周坤仁关于银行业监督管理法草案、中国人民银行法修正案草案、商业银行法修正案草案修改情况的汇报,并进行了审议。

会议审议了国务院关于规范处理1995年以前中央财政向人民银行借款问题的报告。听取了全国人大财政经济委员会关于国务院关于规范处理1995年以前中央财政向人民银行借款问题的报告的审查意见,财经委副主任委员刘积斌就这一审查意见作了汇报。

会议还审议了有关任免案。

全国人大常委会副委员长王兆国、李铁映、司马义·艾买提、何鲁丽、成思危、许嘉璐、蒋正华、顾秀莲、热地、盛华仁、路甬祥、韩启德、傅铁山出席会议。最高人民法院院长肖扬、最高人民检察院检察长贾春旺等列席会议。

国务院总理温家宝和日本首相小泉纯一郎就《中日和平友好条约》缔结25周年互致贺电

国务院在中南海召开座谈会听取党外人士对经济社会发展工作的意见和建议

中共中央政治局常委、国务院总理温家宝主持座谈会。

温家宝在座谈会开始时讲话指出,新一届政府成立后,就决定要定期向各民主党派、全国工商联和无党派人士通报经济和社会发展情况、直接听取大家意见和建议。这次座谈会是第三次。这是国务院建立科学民主决策机制的重要方面,是提高政府行政水平、做好政府工作的重要保证,这一制度要长期坚持下去。各级政府都要经常听取各方面意见,集中各方面的智慧,不断加强和改进工作。

温家宝向与会人士简要通报了今年前三个季度经济社会发展形势、存在问题和今后工作打算。随后，全国政协副主席、民革中央常务副主席周铁农，民盟中央常务副主席张梅颖，民建中央常务副主席张榕明，民进中央副主席潘贵玉，全国政协副主席、农工党中央常务副主席李蒙，致公党中央常务副主席杜宜瑾，全国政协副主席、九三学社中央副主席王选，台盟中央副主席李敏宽，全国政协副主席、全国工商联主席黄孟复，无党派人士、全国人大代表、中科院研究员惠永正等先后发言。他们在发言中对今年经济社会发展工作给予高度评价，同时就做好“三农”工作、扩大就业、发展第三产业、加强基层财政工作、发展资本市场、完善社会保障体系、加强土地管理、转变政府职能等提出了意见和建议。

座谈会结束时，温家宝说，大家对做好今后的经济和社会发展工作提出了很多好的建议和意见。国务院将认真研究汲取。他还要求与会的国务院有关部门对大家提出的意见和建议，要件件有落实，有答复，这种作法也要形成制度。

国务院副总理黄菊、吴仪、回良玉，国务委员唐家璇、华建敏、陈至立和全国政协副主席、中央统战部部长刘延东出席了座谈会。

应邀出席座谈会的各民主党派中央、全国工商联负责人和无党派人士还有：罗豪才、朱培康、俞泽猷、陈明德、张大宁、陈抗甫、刘亦铭、孙晓华、林毅夫。国务院有关部门负责人参加了座谈会。

国务院副总理黄菊在黑龙江 吉林考察

10月23日至27日，黄菊在黑龙江省委书记宋法棠、省长张左已和吉林省委书记王云坤、省长洪虎陪同下，先后来到大庆石油管理局1205钻井队、大庆石化公司、哈轴集团、哈尔滨电站设备集团、哈飞集团、东安发动机公司，吉林化纤集团、吉林石化、中国一汽集团、长春客车厂等企业，深入考察企业改革和生产经营情况。他走访了哈尔滨、长春市的职业介绍服务中心，看望了下岗职工家庭，了解当地再就业和社会保障情况。考察期间，黄菊还分别听取了黑龙江省委、省政府，吉林省委、省政府的工作汇报，对黑龙江、吉林省认真贯彻中央的工作部署，在发展经济、国企改革、再就业和社会保障体系建设等方面取得的成绩予以充分肯定。

黄菊指出，要把全面贯彻落实三中全会精神和东北老工业基地调整改造振兴结合起来，加快经济体制改革和其他各项改革的步伐，完善社会主义市场经济体制，推进东北地区全面建设小康社会进程。

黄菊强调，在振兴老工业基地中，做好就业再就业和社会保障工作，保持社会稳定至关重要。要继续做好“两个确保”和城市“低保”工作，搞好“三条保障线”的衔接，抓紧制订完善社会保障体系试点方案，为明年在吉林、黑龙江推行试点做好准备工作。

国务院副总理曾培炎与加拿大总理约瑟夫·让·克雷蒂安出席秦山三期核电站工程全面建成庆祝大会

庆祝会前，曾培炎会见了克雷蒂安，就双边投资与经贸合作交换了意见。会见后，两位领导人为秦山三期重水堆核电站工程全面建成纪念碑揭幕。

曾培炎说，秦山三期核电站是迄今为止中加两国间最大的合作项目，它的建成是两国经贸合作史上的重要里程碑。

秦山三期核电站由两座70万千瓦级坎杜重水堆组成。1号机组于2002年12月31日投入商业运行。2号机组于2003年7月24日投入商业运行，比中加主合同规定的进度提前了112天，创造了同类核电站建设周期最短的世界纪录，多项施工指标创国际坎杜重水堆核电站建设的最高水平。

国务院副总理回良玉在山东 河南考察

10月23日至27日，回良玉在山东、河南考察抗洪救灾和秋冬农业生产。他强调，要认真学习和贯彻落实党的十六届三中全会精神，统筹城乡发展，加强农业基础地位，保护和提高粮食综合生产能力，增加农民收入。

回良玉指出，今年黄河防汛工作取得了阶段性胜利，但由于下游水位依然较高，黄河汛情还没有结束。要进一步加大工作力度，确保人民生命安全，确保黄河大堤安全。要妥善安置受灾群众的生产和生活，积极组织灾后重建，抓紧水毁工程修复，加快黄河滩区综合治理。

回良玉强调，地方各级党委和政府要采取更直接、更有力、更明确的综合性政策措施，增加农民收入，保护和提高粮食生产能力。

中共中央政治局常委吴官正在马斯喀特会见阿曼内阁事务副首相法赫德

吴官正说，近年来，双方互利合作进入了新的发展阶段。两国在石油领域的合作迅速扩大，中国公司成功参与阿曼多个基础建设项目。

吴官正表示，中国新一届领导集体愿进一步发展同海湾合作委员会及其成员国的关系。

法赫德说，阿中两国同属发展中国家，面临许多共同的问题和挑战，两国关系的基础十分坚实。

同日上午，吴官正还分别会见了阿曼外交国务大臣阿拉维和工商大臣马克布勒，就进一步加强中阿在政治和国际事务方面的协调与配合，拓展双方在经济、贸易、投资等领域的互利合作交换了意见，并达成了广泛共识。

《中国知识资源总库》电子出版工程在人民大会堂正式启动

工程计划在3年内完成200万本中文图书和200万本国内馆藏外文图书的建库、互联网资源整合、网络数据库的合作链接工作，从而使我国知识资源总量的80%通过互联网实现社会共享，并将其中80%的知识元素挖掘提炼成知识元数据库。

杨振宁、周光召应邀出任《中国知识资源总库》顾问委员会名誉主任和主任，周光召、王大中院士担任编辑委员会名誉主任和主任，吴阶平、朱光亚、王选、王大珩、吴文俊、袁隆平、杨乐、金怡廉、王越、杨芙清、任继愈、王淀佐、巴德年、刘德培、钟南山、厉以宁等200多位学界知名人士组成的强大阵容为工程的权威性奠定了基础。

10月24日

国家主席胡锦涛在堪培拉与澳大利亚政府总理霍华德举行会谈

胡锦涛说，近年来，中澳全面合作关系不断发展，成果显著。我们赞赏澳大利亚政府把同中国建立强有力的伙伴关系作为对外政策的重要目标之一。中国新一届中央领导集体高度重视中澳关系。我们主张以战略眼光看待和发展两国关系。

胡锦涛就此提出4点建议：第一，加强互信，扩大共同利益。双方应继续保持两国高层交往的势头，充分发挥两国现有磋商和对话机制的作用，加强沟通，增进理解，不断巩固两国关系的政治基础。第二，发挥各自优势，开拓经贸合作新领域。中澳已互为重要的贸易投资伙伴，双方在科技、卫生、环保、检验检疫等领域开展了良好的合作。澳方在许多领域拥有先进的技术和管理经验，中国有丰富的人力资源和广阔的市场，双方加强互利合作有利于各自国家的繁荣和发展。中方愿同澳方实现优势互补，建立两国长期稳定的能源和资源合作伙伴关系。第三，坚持从两国关系的大局出发，相互尊重、求同存异，考虑和照顾对方的利益和关切，妥善解决彼此的分歧和差异，确保两国关系健康稳定发展。第四，加强在国际事务中的磋商和协调。中方愿同澳方就重大国际和地区问题及时交换意见，加强在联合国、亚太经合组织、东盟地区论坛等国际和地区组织内的沟通和协调，为促进地区及世界的稳定和发展发挥积极作用。

霍华德表示，澳中在相互尊重的基础上建立了富有活力的合作关系。澳大利亚政府坚定奉行一个中国政策。我们完全赞同胡锦涛主席对进一步发展双边关系的4点建议。坚信澳中全面合作关系在双方的共同推动下，将在政治、经贸、能源、教育、旅游等领域获得新的成果。

会见后，两国领导人出席了《中国澳大利亚贸易与经济框架》等4个双边合作文件的签字仪式。

胡锦涛和霍华德还共同会见了记者并回答了他们的提问。胡锦涛强调了加强中澳经贸合作对两国关系发展的重要性，并重申了中国政府在台湾问题上的原则立场。

国家主席胡锦涛在澳大利亚联邦议会发表重要演讲

胡锦涛受到众议院议长尼尔·安德鲁、参议院议长保罗·亨利·卡尔弗特和澳大利亚总理约翰·温斯顿·霍华德等的欢迎。

在题为《携手共创中澳全面合作关系的美好未来》的演讲中，胡锦涛说，中国和澳大利亚虽分处南北半球、远隔重洋，但两国人民的友好交往源远流长。中国人民始终对澳大利亚人民怀有友好感情。中澳建交30多年来，两国关系经历了时间和国际风云变幻的考验，不断向前发展。胡锦涛说：巩固和发展同澳大利亚的全面合作关系是中国对外关系的重要组成部分。我们历来从战略高度和长远眼光看待和发展同澳大利亚的友好关系。深化中澳全面合作是两国政府和人民的共同愿望。中澳各领域的合作正在深化和扩大。

胡锦涛说：在这个纷繁复杂的世界上，各国应如何相处是大家都十分关心的问题。我们认为，要保持国家关系的顺利发展，实现持久和平与共同繁荣，各国应遵循以下原则：

第一，政治上相互尊重、求同存异、扩大共识。世界是丰富多彩的。世界上各种文明、不同社会制度和发展模式应彼此尊重，在竞争比较中取长补短，在求同存异中共同发展。民主是全人类共同的追求，各国都应切实保障人民的民主权利。改革开放20多年来，中国坚定不移地推进政治体制改革，大力促进社会主义民主政治建设。我们坚持和完善人民代表大会制度、共产党领导的多党合作和政治协商制度以及民族区域自治制度，推进决策的科学化、民主化，推进基层民主建设，保障公民的自由和权利，保证人民在国家政治、经济、文化和社会生活中依法实行民主选举、民主决策、民主管理和民主监督，加强法制建设，坚持有法可依、有法必依、执法必严、违法必究。我们将继续根据中国的国情积极稳妥地推进政治体制改革，完善民主制度，加强法制建设，建设社会主义政治文明。

中澳两国社会制度不同，这是两国人民根据各自国家的具体条件作出的选择，也是两国不同历史发展进程的结果。中澳关系的发展证明，只要坚持平等相待、相互理解，尊重对方的国情和实际，不同社会制度的国家之间完全可以开展友好合作，不断扩大共同利益。

第二，经济上互利互补、深化合作、共同发展。在经济全球化趋势深入发展的今天，任何国家要实现经济发展的目标，都要采取有效措施开展国际经济技术交流和合作，积极参与国际分工，既为本国发展引入资金、知识、技术和管理经验，又为其他国家的发展提供具有比较优势的产品和技术，实现互利互补、共同发展。中国已进入全面建设小康社会、加快推进社会主义现代化的新的发展阶段。我们正在大力发展社会主义市场经济，在更大范围、更广领域和更高层次上实行对外开放，加快经济结构的战略性调整，大力实施科教兴国战略、可持续发展战略、西部大开发战略和东北地区等老工业基地振兴战略。中国市场广阔，劳动力资源丰富，社会政治稳定，发展势头强劲。中国的发展将给各国带来发展机遇和实际利益。

中澳经济有很强的互补性。澳大利亚国土广袤，资源丰富，经济繁荣，科技发达，中澳经贸合作的前景十分广阔。近年来，中澳贸易增长迅速，已由建交初期的8700万美元上升至2002年的104亿美元。双方即将签署的《中澳贸易与经济框架》标志着中澳经贸合作将进入一个崭新的阶段。两国在科技、农牧业等领域的交流和合作也在不断扩大。中澳完全可以成为长期稳定的合作伙伴。

第三，文化上加强交流、增进了解、相互借鉴。世界的多样性是人类文明的基本特征，也是当今世界充满生机和活力的重要条件。各国独具特色的历史文化和优秀传统都是人类文明的组成部分。每个民族、每种文化都有自己的长处和优势，应相互尊重，取长补短，共同进步。在改革开放和现代化建设的进程中，中国更加重视借鉴人类文明的有益成果，愿同各国人民加强文化交流，共同促进人类文化的发展繁荣。

近年来，中澳民间交往迅速扩大，人员往来每年达十几万人。我们应继续扩大两国的文化交流，发挥文化在增进两国和两国人民友好中的桥梁和纽带作用。

第四，安全上加深互信、增强合作、维护和平。和平与发展仍是当今时代的主题，但影响世界和平与发展的不确定因素在增加，传统和非传统安全威胁相互交织，一些地区动荡不安，恐怖活动时有发生，跨国犯罪日趋突出。如何应对这些挑战，切实维护世界和平，促进共同发展，为各国人民营造一个稳定和谐的家园，是我们必须认真思考和切实解决的重大课题。中国主张树立互信、互利、平等和协作的新安全观，努力通过对话和合作和平解决争端。我们主张国际关系民主化，世界上的事情应由各国平等协商。各国应坚持走多边主义道路，发挥联合国及其安理会在维护国际和平和安全方面的重要作用。

中澳相互尊重主权和领土完整，互不干涉内政，双方在安全领域的互信不断加强，在维护南太和亚太地区稳定、缓和紧张局势、推动热点问题和平解决方面具有共同利益，都反对恐怖主义，希望加强在反恐领域的合作。中国欢迎并支持澳大利亚在地区和国际事务中发挥建设性作用。我们将继续奉行独立自主的和平外交政策，永远做维护世界和平、促进共同发展的坚定力量，并愿意同包括澳大利亚在内的各国一起努力，共同营造一个长期稳定、安全可靠的国际环境。

胡锦涛说：台湾是中国领土不可分割的一部分。早日实现中国的完全统一是全体中国人民的共同心愿和坚定意志。和平解决台湾问题符合包括台湾同胞在内的全体中国人民的根本利益，也符合包括澳大利亚在内的本地区各国的共同利益。“台独”分裂活动是台海地区和平的最大威胁。我们坚决反对“台独”。中国政府和人民希望澳大利亚为中国完成和平统一大业发挥建设性作用。

胡锦涛最后说：回顾过去，我们对中澳关系取得的丰硕成果感到满意；展望未来，我们对两国关系的前景充满信心。让我们携起手来，共同谱写中澳全面合作关系发展的新篇章。

演讲结束后，在场的700多位众、参议员和澳各界人士报以长时间的热烈掌声，充分体现了他们对胡锦涛关于携手共创中澳全面合作关系主张的赞赏和认同。

在胡锦涛演讲前，霍华德总理和反对党领袖西蒙·克林分别致辞。霍华德说，胡锦涛主席在澳大利亚联邦议会发表演讲具有重要历史意义。这是澳中关系发展日趋成熟和进入实质性阶段的体现。反对党领袖克林说，经过澳中双方30多年的共同努力，两国关系发展很快，在各个领域的合作越来越密切。胡锦涛主席对澳大利亚联邦议会发表演讲是历史性的，表明了澳中关系的重要。他还热烈祝贺中国最近载人航天飞行取得成功，并称这是中国对世界科学技术发展作出的贡献。

国家主席胡锦涛在澳大利亚议会大厦会见澳大利亚工党领袖克林

国务院总理温家宝在三峡库区考察

10月24日至26日,温家宝先后来到三峡库区的万州、云阳、奉节、秭归等地,考察了移民新区、对口支援企业、迁建学校、乡村农舍。每到一处,他都同库区移民群众亲切交谈,详细询问他们的生活和生产情况。温家宝十分关注三峡库区生态环境保护和地质灾害防治工作,在考察中,他实地察看了一些地方的库底清理现场、滑坡治理现场和污水处理厂等。26日上午,温家宝来到三峡大坝工地,考察了双线五级船闸集中控制室、左岸电站厂房、右岸三期施工现场以及坝前蓄水和泄洪情况。他与三峡工程建设者亲切见面,勉励他们艰苦奋斗,连续作战,顽强拼搏,为三峡工程建设作出新的贡献。

考察期间,温家宝先后听取重庆市、湖北省和国务院三峡工程建设委员会办公室、中国长江三峡工程开发总公司的工作汇报。他在讲话中充分肯定了十年多来三峡工程建设各项工作取得的显著成绩,高度赞扬三峡地区各级党委、政府和广大人民群众以及全体建设者为三峡工程建设作出的重大贡献。温家宝说,三峡工程建设的任务仍然相当繁重和艰巨,我们要以对国家、对人民、对历史高度负责的精神,再接再厉,尽心尽责,团结协作,确保如期实现三峡工程建设目标。

温家宝就库区移民工作、地质灾害防治和生态环境保护工作提出要求,并强调要始终把质量放在三峡工程建设首位。

中共中央政治局委员、湖北省委书记俞正声,省长罗清泉和重庆市委书记黄镇东等分别陪同了考察。

十届全国人大常委会第五次会议分组审议证券投资基金法草案

常委会组成人员在审议时指出,草案三审稿吸收了不少常委会组成人员的意见,经过多方面征求意见,反复论证,反复修改,同时考虑到国际上对金融机构审慎经营的原则,并坚持了从中国的现实情况出发的原则,已基本成熟,建议提请表决通过。

中共中央政治局常委、全国人大常委会委员长吴邦国参加了分组审议。

国务院任免国家工作人员

任命吕新华为外交部副部长,杜鹃(女)为国家保密局局长。

免去李刚的国务院新闻办公室副主任职务,毛林坤兼任的国家保密局局长职务。

“百县千乡宣传文化工程”工作座谈会在石家庄召开

座谈会为期3天,由中宣部、中央文明办、文化部联合召开。会议以邓小平理论和“三个代表”重要思想为指导,学习贯彻党的十六大和十六届三中全会精神,按照“贴近实际、贴近生活、贴近群众”的要求,总结“百县千乡宣传文化工程”第一期实施5年来的工作情况,交流经验,研究问题,部署第二期五年计划,推动工程进一步发展,促进农村精神文明建设。

会议强调,实施“百县千乡宣传文化工程”,要与学习贯彻十六大和十六届三中全会精神结合起来,足于解决群众生产生活中的实际困难。要坚持统筹兼顾,把“百县千乡宣传文化工程”与全国文化信息资源共享工程、边疆文化长廊建设工程、“农村党员干部现代远程教育”工程结合起来,避免重复建设,发挥综合效益。

中宣部副部长、中央文明办主任胡振民,中央文明办专职副主任翟卫华,文化部副部长周和平出席会议并讲话。中西部地区省(市、区)党委宣传部、文明办、文化厅(局)的有关负责同志参加了会议。会议期间,代表们实地考察了河北省平山县西柏坡镇等地宣传文化站的建设、管理与使用情况。

国家税务总局在北京召开电视电话会议

会议要求全国国税局、地税局密切合作,大力整顿和规范货物运输业税收秩序。

为了深入贯彻落实国务院关于整顿和规范市场经济秩序的决定精神,国家税务总局近日制定印发了《货物运输业营业税征收管理试行办法》《运输发票增值税抵扣管理试行办法》《货物运输业营业税纳税人认定和年审试行办法》和《货物运输业发票管理流程实施方案》,并印发了对纳税人的公告。

会上,国家税务总局副局长钱冠林就加强货物运输业税收管理工作做了动员和部署。国家税务总局副局长许善达介绍了总局关于加强货物运输业税收管理的基本思路。

中宣部部长刘云山在人民大会堂会见美国迪斯尼公司总裁兼首席运营官罗伯特·艾格

中印边界问题中方特别代表戴秉国和印方特别代表布拉杰什·米什拉在新德里举行首次会晤

为期两天的会晤是在友好、合作和具有建设性的气氛中进行的。两国特别代表同意在双方方便的时候在北京再次会晤。

中国工程院院长徐匡迪获瑞典皇家工程院外籍院士称号

瑞典国王卡尔十六世·古斯塔在斯德哥尔摩市政

厅向中国全国政协副主席、中国工程院院长徐匡迪颁发了瑞典皇家工程院外籍院士证书。当天，共有10名外国人获瑞典皇家工程院外籍院士称号。徐匡迪是今年5月20日当选为瑞典皇家工程院外籍院士的。

徐匡迪于10月22日抵达瑞典进行访问。访瑞期间，他分别与瑞典议会副议长佩尔·韦斯特贝里、教育大臣托马斯·厄斯特罗斯等进行了会谈。双方就两国可再生能源等工程科技领域的合作达成了一致意见。

中国首次载人航天飞行展在北京举行

青岛选手窦兆波在长沙举行的第五届城运会上打破男子1500米全国纪录

窦兆波在决赛中首个冲过终点，并以3分36秒49的成绩改写了3分36秒54的全国纪录。南京选手宋红娟获女子20公里竞走冠军，共用时1小时29分32秒，超过了1小时37分19秒的亚洲最好成绩。

国家环保总局局长解振华在长春出席全国自然生态保护会议并讲话

解振华指出，当前我国生态环境形势依然相当严峻，生态恶化的趋势还没有扭转。

解振华说，做好生态环境保护工作，要坚持四个基本原则：一是“预防为主，保护优先”。二是生态保护与生态建设并举。三是谁开发谁保护，谁破坏谁恢复，谁使用谁付费，谁受益谁补偿。四是既要尊重经济规律，又要尊重自然客观规律。

黄埔军校同学会三届一次理事会选举李运昌为会长

黄埔军校同学会第三次会员代表会议于10月21日至24日在北京举行。全国政协副主席、中央统战部部长刘延东代表中共中央政治局常委、全国政协主席贾庆林对会议的召开表示祝贺。

在开幕式上，刘延东以及全国政协副主席周铁农会见了与会代表。黄埔军校同学会会长李运昌作了工作报告。会议选举产生了黄埔军校同学会第三届理事会。在随后召开的三届一次理事会上，选举李运昌为会长，聘请胡立教为顾问，选举程元、杨荫东、林上元、沈策、黎原为副会长。

宋美龄去世

宋美龄女士于当地时间23日23时17分(北京时间24日11时17分)在美国纽约曼哈顿家中去世，享年106岁。

宋美龄，海南文昌人，1897年3月生于上海。幼时赴美国接受教育，在美获得文学学士学位，1917年返回上海。1927年年底与蒋介石结婚。1975年蒋介石去世后，宋美龄离台赴美，长期居住在纽约。

宋美龄生前曾任国民党第六届中央执行委员、中央评议委员、中央评议委员会主席团主席。

全国政协主席贾庆林给宋美龄亲属发唁电并发表谈话

贾庆林发表谈话说，宋美龄女士是中国近现代史上有影响的知名人士，她曾致力于中国人民抗日战争，反对国家分裂，期盼海峡两岸和平统一、中华民族兴盛。

10月25日

国家主席胡锦涛在惠灵顿会见新西兰总督西尔维亚·卡特赖特

胡锦涛在会见中表示，近年来中新关系取得了可喜进展，两国领导人交往密切，双方在经贸、教育、旅游和科技等领域的交流和合作不断扩大，成果喜人。相信通过这次访问，我们双方可进一步增进了解，扩大共识，使中新友好互利合作关系迈上新台阶。

西尔维亚·卡特赖特表示，新方愿同中方一道努力，不断加强两国人民的友谊，不断扩大双方的友好合作。

胡锦涛是应新西兰总督西尔维亚·卡特赖特的邀请对新西兰进行国事访问的。

全国人大常委会委员长吴邦国在人民大会堂会见日本众议院前议长棉贯民辅

吴邦国对一个月前访日期间棉贯民辅给予的热情接待表示感谢。他表示，希望中国全国人大和日本国会之间继续保持良好交往势头，两国立法机构进一步加强合作，为推动两国关系的全面发展作出新贡献。

棉贯民辅说，日本国会与中国全国人大的友好交往是日中关系的重要组成部分。我虽然不再担任众议长之职，但仍愿为推进两国友好关系的发展继续作出努力。

十届全国人大常委会第五次会议在人民大会堂举行全体会议

全国人大常委会委员长吴邦国出席会议。在司马义·艾买提副委员长的主持下，会议听取国务院关于老年人权益保障工作情况的报告、关于小城镇发展和农村富余劳动力转移情况的报告、关于就业和再就业工作情况的报告等。

李学举首先介绍了我国人口老龄化和老年群体的

基本情况、我国在保障老年人权益方面所做的主要工作和存在问题。对于今后一个时期保障老年人权益的工作思路和安排,李学举说,要集中精力,重点做好以下工作:第一,坚持党政主导、社会参与、全民关怀的老龄工作方针,做好老年人权益保障工作;第二,建立、健全老年维权工作体系,推动形成综合治理、齐抓共管的社会化大维权格局;第三,采取措施,扎实工作,确保老年人权益落到实处;第四,以基层为重点加强老年人的司法保护和法律服务、法律援助工作;第五,深化宣传教育工作,大力营造维护老年人权益的良好社会环境。

受国务院委托,国家发展和改革委员会副主任王春正作关于小城镇发展和农村富余劳动力转移情况的报告。王春正说,总的看来,小城镇发展和农村富余劳动力转移取得了新的进展,但也存在一些必须引起重视的问题,主要是小城镇的规划还不够完善,需要进一步改进、充实;一些小城镇在建设中不顾客观条件和承受能力,贪大求洋,互相攀比现象严重;小城镇基础设施建设资金没有稳定的来源;农民进城务工经商的合法权益尚未得到有效保障;农民工就业服务体系不健全等。

王春正指出,要解决这些问题,今后要加强规划指导,抓紧对规划落实的监督;要加大改革创新力度,加强综合协调管理;要多方筹集资金,加快小城镇基础设施建设;要发展小城镇经济,促进农民向非农产业转移;要妥善解决小城镇发展用地问题;要加大就业培训和信息服务,积极支持农村劳动力转移;要落实好各项具体措施,切实维护农民工的合法权益。

受国务院委托,劳动和社会保障部部长郑斯林作关于就业和再就业工作情况的报告。郑斯林说,今年1—9月,全国累计实现新增就业岗位650万个,达到全年目标任务的81%。在领取《再就业优惠证》的下岗失业人员中,共有350万人实现了再就业,达到全年目标任务的87%。郑斯林还就去年全国再就业工作会议以来就业再就业工作进展情况和面临的主要问题以及进一步做好就业和再就业工作的安排意见等问题作了说明。

全国人大常委会副委员长王兆国、李铁映、何鲁丽、丁石孙、成思危、许嘉璐、蒋正华、顾秀莲、热地、盛华仁、路甬祥、乌云其木格、韩启德、傅铁山出席会议。国务委员唐家璇、最高人民法院院长肖扬、最高人民检察院检察长贾春旺列席会议。

国家副主席曾庆红在钓鱼台国宾馆会见香港影视演艺界访京团

海协会会长汪道涵给宋美龄亲属致唁电表示哀悼

汪道涵的唁电全文如下:

纽约宋美龄女士亲属:

惊闻宋美龄女士仙逝,深表哀悼!

宋女士一生历经世事沧桑。半个多世纪前,民族危亡存续之时,投身全民抗战。晚年萦怀两岸关系,期望国家统一、民族昌盛。鹤驾已西,鸾音不再,令人憾惋。

谨向亲属表达诚挚慰问!

汪道涵

2003年10月25日

民革中央等电唁宋美龄逝世

宋美龄女士逝世后,中国国民党革命委员会中央委员会主席何鲁丽、黄埔军校同学会、宋庆龄基金会、上海市政协、海南省政协、文昌市政协等发出唁电,对宋美龄女士的逝世表示哀悼。

《中华人民共和国日史》50卷出版座谈会在人民大会堂举行

会议由国家文物局、求是杂志社等6家单位联合举办,全国人大常委会副委员长许嘉璐出席。

《中华人民共和国日史》50卷由许嘉璐、路甬祥、任继愈、戴逸、袁贵仁等任主编,由国家文物局、中国抗日战争史学会、中华人民共和国日史编辑委员会、四川人民出版社组织150多位专家学者,历经3年多的编撰,并报中共中央党史研究室、国家新闻出版总署三次审改而成,由四川人民出版社出版。该书起始于1949年10月1日,暂迄于1999年12月。全书按日记事,以中共中央《关于建国以来党的若干历史问题的决议》为纲要,以《人民日报》等发表的信息为主线,参照准确的文献、资料和图片,把国家政治、经济、军事、外交、文化、教育、体育、科技及社会生活等方面当日发生的重大事件予以真实记录。每天一页,每年一卷,50年共50卷,实事求是、科学准确地书写了共和国50年的历史。

全国文物安全保卫工作会议在西安举行

会议披露:近3年来,在文物部门和广大人民群众配合下,各地公安部门共破获文物案件3189起,严厉打击了犯罪分子的嚣张气焰。

各地公安机关强化侦查破案,严厉打击走私、盗窃、损毁文物的违法犯罪活动。据不完全统计,2000年以来,全国公安机关共抓获犯罪嫌疑人3780人,收缴各类文物4707件。山西、重庆、西藏、陕西、青海等地公安机关根据本地实际,先后组织开展了区域性的专项斗争,打掉了一批犯罪团伙,遏制了文物犯罪上升的势头。

国家环保总局在长春召开全国自然生态保护工作会议

国家环保总局副局长祝光耀在会议上提出，未来几年，要以全面贯彻《全国生态环境保护纲要》为主线，大力实施“三区”战略，即对重要生态功能区实施抢救性保护，对重点资源开发区实施强制性保护，对生态环境良好区实施主动性保护。

甘肃民乐山丹之间发生6.1级和5.8级地震

地震造成伤亡人数52人，其中地震造成直接死亡7人，间接死亡2人；重伤6人，轻伤37人。民乐、山丹、肃南3县、22乡镇、4.59万户、13.7万人受灾；1万多户居民住房倒塌，大量房屋受损，灾区交通、通信、水利和电力等基础设施损毁严重。

10月26日

国家主席胡锦涛在奥克兰同新西兰总理海伦·伊丽莎白·克拉克举行会谈

胡锦涛说，中国政府重视发展同新西兰的关系，愿本着相互尊重、平等互利、求同存异、共同发展的原则不断丰富双方合作的内涵，继续推动两国全面合作关系深入发展。为此，中方建议：第一，继续保持高层交往势头。充分发挥现有磋商和对话机制的作用，增进相互信任、扩大共同利益。第二，进一步深化经贸合作。中新经济互补性强，新西兰以贸易立国，中国的改革和发展，为中新加强经贸合作提供了有利条件，希望新西兰企业抓住机遇，参与中国市场竞争。我们对与新西兰商签经济合作协定持积极态度。第三，不断开拓互利合作新领域。中新在诸多领域的合作已有良好的基础，进一步扩大双方的合作有着广阔的前景。新西兰在环保、农牧业方面很有特色。双方可优势互补，不断探索和创造新的合作机会，造福两国人民。第四，加强在地区和国际问题上的磋商与协调，共同促进亚太地区和世界的和平与发展。

海伦·伊丽莎白·克拉克表示赞成胡锦涛主席的建议，并高度评价了新中关系的强劲发展势头及取得的丰硕成果。

会谈后，两国领导人出席了《中华人民共和国和新西兰领事协定》《中华人民共和国政府与新西兰政府科学技术合作协定》等3个合作文件的签字仪式，并共同会见了记者，回答了有关两国经贸合作、中国南太政策等问题的提问。

当日上午，胡锦涛在海伦·伊丽莎白·克拉克的陪同下参观了位于哈密尔顿的现代化奶牛场和农业研究中心，共同出席了两国有关进口农产品质量监督检验检疫方面的合作文件的签字仪式。

国务院副总理曾培炎在浙江 湖南调研

在考察中，曾培炎充分肯定了浙江、湖南在经济发展中取得的成绩。他指出，当前东部、中部地区经济发展势头都很好，要按照三中全会决定的要求，充分发挥东部地区和中部地区各自的优势，深化改革，扩大开放，努力保持经济长期稳定发展。

曾培炎说，近一时期，全国土地市场治理整顿和城市建设取得很大进展，但仍存在一些不容忽视的问题。有的地方浪费土地资源、乱占滥用耕地现象屡禁不止，农民失地失业、城镇拆迁纠纷时有发生，影响了经济健康发展和社会稳定。

曾培炎强调，各地要继续加强土地市场治理整顿力度，切实做到严格审批，严肃执法，严密监督。要实行最严格的耕地保护制度，控制征地规模，努力提高土地利用率，严格界定公益性和经营性建设用地，加强土地规划和用途管制，对失地农民补偿不到位的要及时纠正。要抓紧清理整顿开发区，该清退的要立即清退，该复耕的要迅速复耕。

曾培炎说，各地要认真贯彻国务院关于做好城镇房屋拆迁工作，维护社会稳定的通知精神。端正城市建设指导思想，统筹兼顾，量力而行。要把维护拆迁群众的利益作为立党为公、执政为民的大事来抓。规范拆迁主体行为，坚决杜绝各种野蛮拆迁。改善住房供应，妥善安置拆迁居民。进一步研究完善房屋拆迁有关政策和法律、法规，提高城市规划和管理水平。

中央统战部部长刘延东在河南考察

刘延东在与河南省各民主党派、工商联负责人、无党派人士和宗教界人士座谈时，她强调，统一战线要为完善社会主义市场经济体制、实现全面建设小康社会目标建功立业。

刘延东指出，统一战线各界人士要充分认识中共十六届三中全会的重大意义，把思想和认识统一到中共十六届三中全会精神上来，把智慧和力量凝聚到实现中央的决策和部署上来。希望各民主党派、工商联、无党派人士和宗教界人士等广大统一战线成员，围绕完善社会主义市场经济体制以及党和政府关注、人民群众关心的重大问题，深入开展形式多样、行之有效的考察调研活动，积极参政议政、建言献策，为党和政府科学决策提供参考，不断探索为经济建设服务的新思路、新途径、新方法。

国台办新闻发言人就民进党和一些“台独”组织举行“公投制宪”游行一事发表谈话

谈话全文如下：

民进党和一些“台独”组织举行“公投制宪”游行

活动,陈水扁鼓吹分裂主张,力图利用公投进行分裂活动。吕秀莲大肆煽动通过公投进行所谓“制宪”,实现“台独”目标。这充分证明台湾当局领导人近来多次声称“四不一没有”的承诺不变完全是欺人之谈。海峡两岸同属一个国家。中国的主权和领土不容分割,是“台独”分裂势力分割不了的。“台独”分裂活动直接危害台湾同胞的根本利益,是台湾的灾难。任何形式的“台独”分裂活动都是全体中华儿女不能容忍的,必将遭到彻底失败。

财政部部长金人庆和中国人民银行行长周小川在莫雷利亚出席二十国集团财政部长和央行行长会议

本次会议是在世界经济发展面临诸多挑战、国际经济体系面临重大改革之际举行的,因此具有重要意义,引起了各方的广泛关注。会议议题包括发展筹资、经济全球化与世界经济展望、经济全球化与金融部门机构建设、防止滥用国际金融体系、金融危机的防范与应对、打击恐怖融资和反洗钱等。

财政部部长金人庆在莫雷利亚接受中国记者联合采访

金人庆介绍了中国目前的财政经济形势。他说,尽管上半年受到了“非典”的影响,但总体来说,中国财政经济形势良好,GDP增长一至三季度仍保持在8.5%,比去年同期增长0.6个百分点;一至三季度财政收入增长22.5%,比去年同期增长2900多亿元;固定资产投资增长和进出口贸易增长都超过30%以上,经济效益明显改善。

在回答中国对全球经济发展不平衡有何看法的问题时,金人庆说,现在全球经济发展不平衡的问题越来越突出,南北矛盾、贫富差距成为世界经济继续前进的一个重大挑战。全球经济发展不平衡原因很多,很重要的一个因素是当前世界经济秩序的不合理。发达国家应当承担起解决这个问题的责任,进一步扩大本国的内需,调整本国的经济结构,同时承担起发达国家对于发展中国家的责任,尽可能向发展中国家开放更多的市场,赋予发展中国家更多的发展机会;与此同时,发展中国家也应该致力于本国社会经济的稳定,进一步推进本国的改革,促进自身发展,通过双方面的努力来消除世界经济发展的不平衡问题,建立起更加公正、合理的经济秩序。

谈及二十国集团机制的未来走向时,金人庆说,论坛的良好发展有助于沟通南北对话,消除南北矛盾,商讨南北经济共同面临的重大经济问题。金人庆说,他在与法国财政部长交流时提出,为了使二十国集团论坛机制更好地发挥作用,一方面要对南北经济的协调发展取得更多的共识;另一方面可选择一些南北经济发展中双方都关心的重大经济问题,采取更加务实的态度来找到一些解决的对策,这样对南北经济和世界经济的发展都能起到更加实质性的作用。

亚欧年轻议员会议第五届年会在桂林闭幕

年会为期4天,来自近20个亚欧国家的议会和欧洲议会近百名代表出席会议。全国人大常委会委员长吴邦国致信对大会表示祝贺。全国人大常委会副委员长乌云其木格出席年会的开幕式并主持了全国人大常委会举行的欢迎招待会。

会议期间,来自近20个亚欧会议成员国议会和欧洲议会的近百名代表围绕“加强亚欧各国议会间对话,促进亚欧各国的共同发展”的主题,就当前国际形势和新安全观,经济全球化与发展中国家,不同文化和文明间的对话等议题深入交换了意见,达成了广泛共识。

与会的年轻议员们通过了反映会议共识的《漓江宣言》。宣言主张国际关系民主化,呼吁进一步加强不同文化和文明间的交流,同时维护世界的多样性,尊重各国人民自主选择发展道路的权利;主张以和平方式解决国际争端,维护地区稳定和世界和平,反对一切形式的恐怖主义;赞成通过互利合作和加大对发展中国家的支持,实现共同发展。

10月27日

国家主席胡锦涛在奥克兰会见新西兰工商界人士和新西兰国家党领袖

在会见新西兰工商界人士时,胡锦涛向他们介绍了当前中国改革开放的形势和任务,并指出:中国将不断提高对外开放水平,为外商来华投资创造更好的条件。

在谈及进一步加强中新经济技术合作时,胡锦涛提出了四点建议:第一,扩大两国在机电、羊毛、纸浆、原木、乳制品等传统贸易领域的合作;第二,进一步开拓双方在科技、教育、旅游及其他服务业领域的合作;第三,不断促进相互投资;第四,中国正在实施西部大开发战略和振兴东北地区等老工业基地的战略,新西兰企业界可到中国中西部地区、东北地区投资办厂,拓展事业。

新西兰亚洲基金会董事长斯普林、卡达维公司首席执行官斯普林福特和方特拉公司首席执行官费里尔等先后向胡锦涛介绍了与中国的合作情况并一致表示,胡主席的介绍为中新经贸合作描绘了令人振奋的前景。在座的企业家都深信,中国的持续发展必将为自身事业的成功和中新企业界深化合作带来巨大机遇。

在同新西兰国家党领袖英格利希的会见中,胡锦涛表示,在中新关系的发展进程中,国家党坚持对华友好政策,作出了积极贡献,我们对此表示赞赏。中国共产党愿进一步加强同新西兰国家党的友好交往,共同努力发展友谊,深化合作。

英格利希表示,国家党支持新西兰政府奉行的加强对华关系的政策,愿不断努力发展两党交流并为推动两国全面合作作出贡献。

当日上午,胡锦涛在新西兰总理克拉克的陪同下先后参观了奥克兰历史博物馆和新生物药品研发公司。

全国人大常委会委员长吴邦国在人民大会堂会见美国联邦众议员

参加会见的有应对外友协邀请访华的詹姆斯·克莱伯恩等四位美国国会众议员和美国联合包裹服务公司董事长迈克·埃斯丘一行。

吴邦国欢迎美国客人访华,对他们前往河北省西柏坡希望小学捐赠并组装电脑实验室表示赞赏,称这种支持中国贫困地区教育事业发展的善举将进一步增进两国人民的友谊。他欢迎更多的美国议员来中国看看,了解中国老百姓的工作、生活情况。

美国议员很高兴能有机会访华并拜会吴邦国委员长,表示此次访华使他们亲眼看到了中国经济建设和社会发展的巨大成就,加深了对中国国情的了解。他们支持美国政府重视美中关系,奉行一个中国政策,愿为促进美中两国关系的稳定发展作出积极努力。

十届全国人大常委会第五次会议举行全体会议

会议听取和审议全国人大常委会执法检查组关于检查建筑法实施情况等报告。中共中央政治局常委、全国人大常委会委员长吴邦国出席会议。会议由全国人大常委会副委员长何鲁丽主持。

根据全国人大常委会执法检查计划,今年7月至9月中旬,全国人大常委会组成执法检查组,对建筑法的实施情况进行了检查。全国人大常委会副委员长李铁映在会议上报告了建筑法执法检查的情况。报告分三个部分:成效、问题、建议。报告在肯定成绩、指出问题的同时,提出建议:进一步提高对贯彻实施建筑法重要性的认识;从保护人民群众利益的高度抓好工程质量和安全;从查处“黑白合同”入手规范和监督建设单位行为;认真解决拖欠工程款和农民工工资问题;将建筑法修订列入十届全国人大常委会立法规划。

会议分别听取了全国人大内务司法委员会主任委员何椿霖、财政经济委员会主任委员傅志寰、教育科学文化卫生委员会主任委员朱丽兰、农业与农村委员会主任委员刘明祖代表本委员会所作的关于十届全国人大一次会议主席团交付审议的代表提出的议案审议结果的报告。

会议还审议了吴邦国委员长访问菲律宾、韩国、日本及出席亚洲议会和平协会第四届年会情况的书面报告。

会议听取了法律委员会主任委员杨景宇所作的关于道路交通安全法草案、证券投资基金法草案修改意见的报告。

全国人大常委会副委员长王兆国、司马义·艾买提、丁石孙、成思危、许嘉璐、蒋正华、顾秀莲、热地、盛华仁、路甬祥、乌云其木格、韩启德出席会议。国务院副总理吴仪、最高人民法院院长肖扬、最高人民检察院检察长贾春旺列席会议。

全国人大常委会委员长吴邦国在人民大会堂会见香港立法会独立议员北京访问团

吴邦国指出,香港特别行政区基本法是全国人大根据宪法制定的一部全国性法律,对香港是一部宪制性法律,香港实行的一切制度、政策和法律,都要以基本法为依据,香港的一切行政、立法、司法活动,包括政制检讨等都要严格遵守基本法。保持香港的稳定,促进香港的繁荣与发展,必须维护香港基本法的权威,严格执行基本法,实行依法治港。依法治港是依法治国的组成部分。吴邦国说,希望你们继续坚持维护“一国两制”和基本法的立场,始终坚持爱国爱港立场,支持行政长官董建华先生和他所领导的特区政府依法施政,更好地发挥你们在立法会内独特而积极的作用,加强与内地的沟通与交流,运用你们的智慧和力量,为保持香港的繁荣稳定作出更大的贡献。

国务委员唐家璇在钓鱼台国宾馆会见以主席艾尔敦为首的香港 上海汇丰银行董事会成员

中国人民银行发布《中国货币政策执行报告》

《中国货币政策执行报告》(以下简称《报告》)中提出,下一阶段,人民银行要继续维护经济金融发展的良好势头,继续执行稳健的货币政策,灵活运用多种货币政策工具,保持前一阶段货币政策的调控力度,引导货币信贷总量稳定增长。

《报告》认为,根据当前国内外经济形势,应继续保持人民币存贷款基准利率水平基本稳定。要保持人民币汇率在合理、均衡水平上的基本稳定,同时在深化金融改革中进一步探索和完善人民币汇率形成机制,促进国际收支平衡。

《报告》还对经济金融形势作了预测,认为2003年我国全年经济增长将高于2002年,预计GDP增长8.5%左右,居民消费价格上涨1%左右,广义货币M2增长20%左右,全部金融机构贷款增加3万亿元左右。2004年国内经济将基本保持2003年的发展态势,初步预测,2004年GDP增长7%以上;居民消费价格上涨1%左右。

《报告》在谈及房地产信贷业务时认为,国务院18号文件和人民银行121号文件的目的都是促进房地产市场长期健康发展,防范房地产信贷风险,切实维护金融稳定的局面。今后,人民银行将继续按照国务院部署,密切关注房地产等资产价格的变动,及时防止房地产领域增加不良贷款、产生新的金融风险和对实体经济造成损害。在规范房地产信贷的同时,人民银行将配合有关部门为开发商开辟多种融资方式,特别是通过股权融资、项目融资等方式,支持房地产市场健康发展。

中共中央政治局常委吴官正在尼科西亚会见塞浦路斯总统帕帕佐普洛斯

吴官正在会见时说:中国新一届领导集体高度重视发展中塞关系,愿在和平共处五项原则基础上与塞方共同努力,推动中塞友好合作关系在新世纪取得更大发展。

谈到中塞党际关系时,吴官正表示,中国共产党愿与帕帕佐普洛斯总统领导的民主党开展党际交流与合作,共同推动中塞两国关系的全面发展。

帕帕佐普洛斯说,塞方期望并相信两国在各个领域的友好合作还会取得更加积极的成果。

吴官正是10月25日下午抵达塞浦路斯进行正式友好访问的。

中共中央政治局常委吴官正在尼科西亚会见塞浦路斯议长赫里斯托菲亚斯

吴官正就两国关系、两国议会的友好交往以及中塞党际关系给予积极评价。他说,赫里斯托菲亚斯议长领导的劳动人民进步党在塞浦路斯政治舞台上发挥着重要作用。中国共产党愿与劳动人民进步党进一步加强交流与合作,为中塞国家关系全面发展作出新的贡献。

当天,吴官正还会见了塞浦路斯民主大会党主席阿纳斯塔西亚泽斯,对民主大会党和阿纳斯塔西亚泽斯主席为发展中塞关系所做的积极努力表示感谢。双方一致表示将继续发展党际友好交流与往来,共同促进两国关系不断发展。

第五十八届联合国大会通过中国提出的关于加强全球公共卫生能力建设决议案

这项决议案呼吁,各国和国际社会采取措施,加强全球公共卫生能力建设,完善全球卫生应急体系。

中国常驻联合国代表王光亚在决议通过后对记者说,中国提出上述决议的主要原因有三点:一、制止艾滋病、疟疾等重大传染病的蔓延,是联合国千年首脑会议确定的发展目标之一。要实现这一目标,联合国有必要采取积极行动;二、今年上半年在一些国家和地区暴发的"非典"疫情表明,建立公共卫生应急机制,完善疾病预防和控制体系,对保障人民的健康生活,促进经济发展具有十分重要的意义;三、广大发展中国家由于经济力量薄弱,基础设施差,医疗卫生水平低,存在较为严重的公共卫生安全隐患。国际社会应采取有效措施,帮助发展中国家提高医疗水平,减少疾病暴发的几率。

中国民族民间文化保护工程试点工作会议在贵阳召开

文化部在会议上公布了中国民族民间文化保护工程的第一批10个试点,其中综合性试点3个:云南省、浙江省、湖北省宜昌市;专业性试点7个:河北省武强年画、广西壮族自治区红水河流域铜鼓艺术、海南省黎族传统棉纺织工艺、贵州省黎平县肇兴侗族民族民间文化保护区、西藏自治区日喀则地区昂仁县迥巴藏戏、甘肃省庆阳市环县道情皮影、新疆维吾尔自治区维吾尔木卡姆。这些试点集中反映了当地原生态的民族民间文化特色,具有重大的历史、文化和科学价值;有具体的民族民间文化保护措施,并取得一定成效;文化保护工作具有相当的专业条件和群众基础。

全国第五届城市运动会在长沙闭幕

第五届城运会经过10天比赛,62个城市获得了奖牌,占参赛单位的80%;49个城市获得了金牌,占参赛单位的60%多。本届城运会共有4人8次超5项世界纪录,6人8次平6项世界纪录;8人12次超6项亚洲纪录。在不少项目上涌现出了一批有发展前途的新秀。

国家体育总局授予在五城会上超世界纪录的沈阳市女子举重运动员高伟、大连市的欧阳晓芳体育运动一级奖章;授予石家庄市等72个城市代表团"体育道德风尚奖",同时宣布两个城市因违反比赛规程被取消评选资格;授予香港特别行政区代表团、澳门特别行政区代表团,台北代表队、台南代表队"参赛纪念奖”。

闭幕会上，湖南省副省长甘霖和长沙市市长谭仲池将城运会的会旗交给袁伟民，袁伟民将会旗交给第六届城运会承办单位湖北省副省长蒋超良和武汉市副市长刘顺妮。

国家环保总局局长解振华获笹川环境奖

总部设在肯尼亚首都内罗毕的联合国环境规划署发表公报宣布，中国国家环保总局局长解振华与巴西一环保组织负责人乔瓦尼尼共同获得当年的联合国环境署笹川环境奖。

环境署执行主任特普费尔说，上述两人分别在政府和基层组织从事环保工作。在动员和鼓励更多人投入到实现可持续发展的目标方面，两人都作出了不懈地努力。他强调，中国在环境保护领域所取得的成就表明，认为中国经济发展给地区和世界的环境带来一定威胁的说法没有根据。

笹川环境奖是联合国在环境领域的最高奖项之一，1984年由日本基金会捐资设立，以当时的基金会主席笹川良一的名字命名，每年对世界上在环保领域作出杰出贡献的个人和机构给予奖励。

10月28日

十届全国人大常委会第五次会议闭幕

备受社会各界和广大人民群众关注的道路交通安全法、证券投资基金法在会议上获得通过。国家主席胡锦涛分别签署第8、9号主席令，予以公布。这两部法律分别自2004年5月1日、6月1日起施行。

国家主席胡锦涛还签署第10号主席令，根据十届全国人大常委会第五次会议的决定，免去田凤山的国土资源部部长职务，任命孙文盛为国土资源部部长。

全国人大常委会委员长吴邦国主持会议并发表讲话。

会议经过表决，通过了全国人大常委会关于批准《国务院关于规范处理1995年以前中央财政向人民银行借款问题的报告》的决议。

会议分别表决通过了全国人大内务司法委员会、财经委员会、教科文卫委员会、农业与农村委员会关于十届全国人大一次会议主席团交付审议的代表提出的议案审议结果的报告。

会议表决通过了关于接受张耕辞去全国人大常委会委员、全国人大内务司法委员会委员职务的请求的决定，接受张耕的请求，报请十届全国人大二次会议确认。会议还表决通过任免名单，免去梁国庆的最高人民检察院副检察长、检察委员会委员职务，任命张耕为最高人民检察院副检察长、检察委员会委员。

会议还表决通过了其他任免名单。

全国人大常委会副委员长王兆国、李铁映、司马义·艾买提、何鲁丽、丁石孙、成思危、许嘉璐、蒋正华、顾秀莲、热地、盛华仁、路甬祥、乌云其木格、韩启德、傅铁山出席会议。国务委员华建敏、最高人民法院院长肖扬、最高人民检察院检察长贾春旺列席会议。

全国人大常委会委员长吴邦国在十届全国人大常委会第五次会议闭幕会发表讲话

吴邦国强调，贯彻落实好党的十六届三中全会精神，是各级人大及其常委会当前和今后一个时期的一项重要政治任务，必须切实抓紧抓好，真正把思想和行动统一到全会精神上来，不断总结经验，提高立法和监督水平，努力做好人大的各项工作。

吴邦国说，建成完善的社会主义市场经济体制，是我们党作出的重大历史性决策。他指出，从一定意义上说，市场经济就是法治经济，建设完善的社会主义市场经济体制，法治是保障。要形成中国特色社会主义法律体系，并使法律得到有效实施，做到有法可依、有法必依、执法必严、违法必究。

在谈到加强和改进立法工作，努力提高立法质量时，吴邦国指出，一要坚持以“三个代表”重要思想为指导，坚持党的领导，自觉地使党的主张通过法定程序，成为国家意志，从制度和法律上保证党的路线方针政策的贯彻实施。二要充分发扬民主，严格依法办事，广泛听取各方面意见，切实做到集思广益。三要处理好数量与质量、权力与权利、法律的稳定性与现实生活的变动性的关系。吴邦国强调，立法的目的在于实施。当前法律实施中存在的问题已经成为依法治国中的突出问题，这个问题不解决，不仅影响法律的效力和权威，而且将影响社会主义市场经济体制的完善。因此，在加强立法工作的同时，必须大力推进法律的有效实施。

国家主席胡锦涛签署第7号主席令

根据中华人民共和国第十届全国人民代表大会常务委员会第五次会议于2003年10月28日的决定：

免去田凤山的国土资源部部长职务；任命孙文盛为国土资源部部长。

中华人民共和国主席　胡锦涛

2003年10月28日

国家主席胡锦涛签署第8号主席令公布《中华人民共和国道路交通安全法》

《中华人民共和国道路交通安全法》已由中华人

民共和国第十届全国人民代表大会常务委员会第五次会议于2003年10月28日通过,现予公布,自2004年5月1日起施行。

中华人民共和国主席 胡锦涛

2003年10月28日

中华人民共和国道路交通安全法

第一章 总 则

第一条 为了维护道路交通秩序,预防和减少交通事故,保护人身安全,保护公民、法人和其他组织的财产安全及其他合法权益,提高通行效率,制定本法。

第二条 中华人民共和国境内的车辆驾驶人、行人、乘车人以及与道路交通活动有关的单位和个人,都应当遵守本法。

第三条 道路交通安全工作,应当遵循依法管理、方便群众的原则,保障道路交通有序、安全、畅通。

第四条 各级人民政府应当保障道路交通安全管理工作与经济建设和社会发展相适应。

县级以上地方各级人民政府应当适应道路交通发展的需要,依据道路交通安全法律、法规和国家有关政策,制定道路交通安全管理规划,并组织实施。

第五条 国务院公安部门负责全国道路交通安全管理工作。县级以上地方各级人民政府公安机关交通管理部门负责本行政区域内的道路交通安全管理工作。

县级以上各级人民政府交通、建设管理部门依据各自职责,负责有关的道路交通工作。

第六条 各级人民政府应当经常进行道路交通安全教育,提高公民的道路交通安全意识。

公安机关交通管理部门及其交通警察执行职务时,应当加强道路交通安全法律、法规的宣传,并模范遵守道路交通安全法律、法规。

机关、部队、企业事业单位、社会团体以及其他组织,应当对本单位的人员进行道路交通安全教育。

教育行政部门、学校应当将道路交通安全教育纳入法制教育的内容。

新闻、出版、广播、电视等有关单位,有进行道路交通安全教育的义务。

第七条 对道路交通安全管理工作,应当加强科学研究,推广、使用先进的管理方法、技术、设备。

第二章 车辆和驾驶人

第一节 机动车、非机动车

第八条 国家对机动车实行登记制度。机动车经公安机关交通管理部门登记后,方可上道路行驶。尚未登记的机动车,需要临时上道路行驶的,应当取得临时通行牌证。

第九条 申请机动车登记,应当提交以下证明、凭证:

(一)机动车所有人的身份证明;

(二)机动车来历证明;

(三)机动车整车出厂合格证明或者进口机动车进口凭证;

(四)车辆购置税的完税证明或者免税凭证;

(五)法律、行政法规规定应当在机动车登记时提交的其他证明、凭证。

公安机关交通管理部门应当自受理申请之日起五个工作日内完成机动车登记审查工作,对符合前款规定条件的,应当发放机动车登记证书、号牌和行驶证;对不符合前款规定条件的,应当向申请人说明不予登记的理由。

公安机关交通管理部门以外的任何单位或者个人不得发放机动车号牌或者要求机动车悬挂其他号牌,本法另有规定的除外。

机动车登记证书、号牌、行驶证的式样由国务院公安部门规定并监制。

第十条 准予登记的机动车应当符合机动车国家安全技术标准。申请机动车登记时,应当接受对该机动车的安全技术检验。但是,经国家机动车产品主管部门依据机动车国家安全技术标准认定的企业生产的机动车型,该车型的新车在出厂时经检验符合机动车国家安全技术标准,获得检验合格证的,免予安全技术检验。

第十一条 驾驶机动车上道路行驶,应当悬挂机动车号牌,放置检验合格标志、保险标志,并随车携带机动车行驶证。

机动车号牌应当按照规定悬挂并保持清晰、完整,不得故意遮挡、污损。

任何单位和个人不得收缴、扣留机动车号牌。

第十二条 有下列情形之一的,应当办理相应的登记:

(一)机动车所有权发生转移的;

(二)机动车登记内容变更的;

(三)机动车用作抵押的;

(四)机动车报废的。

第十三条 对登记后上道路行驶的机动车,应当依照法律、行政法规的规定,根据车辆用途、载客载货数量、使用年限等不同情况,定期进行安全技术检验。对提供机动车行驶证和机动车第三者责任强制保险单的,机动车安全技术检验机构应当予以检验,任何单位不得附加其他条件。对符合机动车国家安全技术标准的,公安机关交通管理部门应当发给检验合格标志。

对机动车的安全技术检验实行社会化。具体办法由国务院规定。

机动车安全技术检验实行社会化的地方，任何单位不得要求机动车到指定的场所进行检验。

公安机关交通管理部门、机动车安全技术检验机构不得要求机动车到指定的场所进行维修、保养。

机动车安全技术检验机构对机动车检验收取费用，应当严格执行国务院价格主管部门核定的收费标准。

第十四条 国家实行机动车强制报废制度，根据机动车的安全技术状况和不同用途，规定不同的报废标准。

应当报废的机动车必须及时办理注销登记。

达到报废标准的机动车不得上道路行驶。报废的大型客、货车及其他营运车辆应当在公安机关交通管理部门的监督下解体。

第十五条 警车、消防车、救护车、工程救险车应当按照规定喷涂标志图案，安装警报器、标志灯具。其他机动车不得喷涂、安装、使用上述车辆专用的或者与其相类似的标志图案、警报器或者标志灯具。

警车、消防车、救护车、工程救险车应当严格按照规定的用途和条件使用。

公路监督检查的专用车辆，应当依照公路法的规定，设置统一的标志和示警灯。

第十六条 任何单位或者个人不得有下列行为：

（一）拼装机动车或者擅自改变机动车已登记的结构、构造或者特征；

（二）改变机动车型号、发动机号、车架号或者车辆识别代号；

（三）伪造、变造或者使用伪造、变造的机动车登记证书、号牌、行驶证、检验合格标志、保险标志；

（四）使用其他机动车的登记证书、号牌、行驶证、检验合格标志、保险标志。

第十七条 国家实行机动车第三者责任强制保险制度，设立道路交通事故社会救助基金。具体办法由国务院规定。

第十八条 依法应当登记的非机动车，经公安机关交通管理部门登记后，方可上道路行驶。

依法应当登记的非机动车的种类，由省、自治区、直辖市人民政府根据当地实际情况规定。

非机动车的外形尺寸、质量、制动器、车铃和夜间反光装置，应当符合非机动车安全技术标准。

第二节 机动车驾驶人

第十九条 驾驶机动车，应当依法取得机动车驾驶证。

申请机动车驾驶证，应当符合国务院公安部门规定的驾驶许可条件；经考试合格后，由公安机关交通管理部门发给相应类别的机动车驾驶证。

持有境外机动车驾驶证的人，符合国务院公安部门规定的驾驶许可条件，经公安机关交通管理部门考核合格的，可以发给中国的机动车驾驶证。

驾驶人应当按照驾驶证载明的准驾车型驾驶机动车；驾驶机动车时，应当随身携带机动车驾驶证。

公安机关交通管理部门以外的任何单位或者个人，不得收缴、扣留机动车驾驶证。

第二十条 机动车的驾驶培训实行社会化，由交通主管部门对驾驶培训学校、驾驶培训班实行资格管理，其中专门的拖拉机驾驶培训学校、驾驶培训班由农业（农业机械）主管部门实行资格管理。

驾驶培训学校、驾驶培训班应当严格按照国家有关规定，对学员进行道路交通安全法律、法规、驾驶技能的培训，确保培训质量。

任何国家机关以及驾驶培训和考试主管部门不得举办或者参与举办驾驶培训学校、驾驶培训班。

第二十一条 驾驶人驾驶机动车上道路行驶前，应当对机动车的安全技术性能进行认真检查；不得驾驶安全设施不全或者机件不符合技术标准等具有安全隐患的机动车。

第二十二条 机动车驾驶人应当遵守道路交通安全法律、法规的规定，按照操作规范安全驾驶、文明驾驶。

饮酒、服用国家管制的精神药品或者麻醉药品，或者患有妨碍安全驾驶机动车的疾病，或者过度疲劳影响安全驾驶的，不得驾驶机动车。

任何人不得强迫、指使、纵容驾驶人违反道路交通安全法律、法规和机动车安全驾驶要求驾驶机动车。

第二十三条 公安机关交通管理部门依照法律、行政法规的规定，定期对机动车驾驶证实施审验。

第二十四条 公安机关交通管理部门对机动车驾驶人违反道路交通安全法律、法规的行为，除依法给予行政处罚外，实行累积记分制度。公安机关交通管理部门对累积记分达到规定分值的机动车驾驶人，扣留机动车驾驶证，对其进行道路交通安全法律、法规教育，重新考试；考试合格的，发还其机动车驾驶证。

对遵守道路交通安全法律、法规，在一年内无累积记分的机动车驾驶人，可以延长机动车驾驶证的审验期。具体办法由国务院公安部门规定。

第三章 道路通行条件

第二十五条 全国实行统一的道路交通信号。

交通信号包括交通信号灯、交通标志、交通标线和交通警察的指挥。

交通信号灯、交通标志、交通标线的设置应当符合道路交通安全、畅通的要求和国家标准，并保持清晰、醒目、准确、完好。

根据通行需要，应当及时增设、调换、更新道路交通信号。增设、调换、更新限制性的道路交通信号，应当提前向社会公告，广泛进行宣传。

第二十六条 交通信号灯由红灯、绿灯、黄灯组成。红灯表示禁止通行，绿灯表示准许通行，黄灯表示警示。

第二十七条 铁路与道路平面交叉的道口，应当设置警示灯、警示标志或者安全防护设施。无人看守的铁路道口，应当在距道口一定距离处设置警示标志。

第二十八条 任何单位和个人不得擅自设置、移动、占用、损毁交通信号灯、交通标志、交通标线。

道路两侧及隔离带上种植的树木或者其他植物，设置的广告牌、管线等，应当与交通设施保持必要的距离，不得遮挡路灯、交通信号灯、交通标志，不得妨碍安全视距，不得影响通行。

第二十九条 道路、停车场和道路配套设施的规划、设计、建设，应当符合道路交通安全、畅通的要求，并根据交通需求及时调整。

公安机关交通管理部门发现已经投入使用的道路存在交通事故频发路段，或者停车场、道路配套设施存在交通安全严重隐患的，应当及时向当地人民政府报告，并提出防范交通事故、消除隐患的建议，当地人民政府应当及时作出处理决定。

第三十条 道路出现坍塌、坑漕、水毁、隆起等损毁或者交通信号灯、交通标志、交通标线等交通设施损毁、灭失的，道路、交通设施的养护部门或者管理部门应当设置警示标志并及时修复。

公安机关交通管理部门发现前款情形，危及交通安全，尚未设置警示标志的，应当及时采取安全措施，疏导交通，并通知道路、交通设施的养护部门或者管理部门。

第三十一条 未经许可，任何单位和个人不得占用道路从事非交通活动。

第三十二条 因工程建设需要占用、挖掘道路，或者跨越、穿越道路架设、增设管线设施，应当事先征得道路主管部门的同意；影响交通安全的，还应当征得公安机关交通管理部门的同意。

施工作业单位应当在经批准的路段和时间内施工作业，并在距离施工作业地点来车方向安全距离处设置明显的安全警示标志，采取防护措施；施工作业完毕，应当迅速清除道路上的障碍物，消除安全隐患，经道路主管部门和公安机关交通管理部门验收合格，符合通行要求后，方可恢复通行。

对未中断交通的施工作业道路，公安机关交通管理部门应当加强交通安全监督检查，维护道路交通秩序。

第三十三条 新建、改建、扩建的公共建筑、商业街区、居住区、大(中)型建筑等，应当配建、增建停车场；停车泊位不足的，应当及时改建或者扩建；投入使用的停车场不得擅自停止使用或者改作他用。

在城市道路范围内，在不影响行人、车辆通行的情况下，政府有关部门可以施划停车泊位。

第三十四条 学校、幼儿园、医院、养老院门前的道路没有行人过街设施的，应当施划人行横道线，设置提示标志。

城市主要道路的人行道，应当按照规划设置盲道。盲道的设置应当符合国家标准。

第四章 道路通行规定

第一节 一般规定

第三十五条 机动车、非机动车实行右侧通行。

第三十六条 根据道路条件和通行需要，道路划分为机动车道、非机动车道和人行道的，机动车、非机动车、行人实行分道通行。没有划分机动车道、非机动车道和人行道的，机动车在道路中间通行，非机动车和行人在道路两侧通行。

第三十七条 道路划设专用车道的，在专用车道内，只准许规定的车辆通行，其他车辆不得进入专用车道内行驶。

第三十八条 车辆、行人应当按照交通信号通行；遇有交通警察现场指挥时，应当按照交通警察的指挥通行；在没有交通信号的道路上，应当在确保安全、畅通的原则下通行。

第三十九条 公安机关交通管理部门根据道路和交通流量的具体情况，可以对机动车、非机动车、行人采取疏导、限制通行、禁止通行等措施。遇有大型群众性活动、大范围施工等情况，需要采取限制交通的措施，或者作出与公众的道路交通活动直接有关的决定，应当提前向社会公告。

第四十条 遇有自然灾害、恶劣气象条件或者重大交通事故等严重影响交通安全的情形，采取其他措施难以保证交通安全时，公安机关交通管理部门可以实行交通管制。

第四十一条 有关道路通行的其他具体规定，由国务院规定。

第二节 机动车通行规定

第四十二条 机动车上道路行驶，不得超过限速标志标明的最高时速。在没有限速标志的路段，应当保持安全车速。

夜间行驶或者在容易发生危险的路段行驶，以及遇有沙尘、冰雹、雨、雪、雾、结冰等气象条件时，应当降低行驶速度。

第四十三条　同车道行驶的机动车，后车应当与前车保持足以采取紧急制动措施的安全距离。有下列情形之一的，不得超车：

（一）前车正在左转弯、掉头、超车的；

（二）与对面来车有会车可能的；

（三）前车为执行紧急任务的警车、消防车、救护车、工程救险车的；

（四）行经铁路道口、交叉路口、窄桥、弯道、陡坡、隧道、人行横道、市区交通流量大的路段等没有超车条件的。

第四十四条　机动车通过交叉路口，应当按照交通信号灯、交通标志、交通标线或者交通警察的指挥通过；通过没有交通信号灯、交通标志、交通标线或者交通警察指挥的交叉路口时，应当减速慢行，并让行人和优先通行的车辆先行。

第四十五条　机动车遇有前方车辆停车排队等候或者缓慢行驶时，不得借道超车或者占用对面车道，不得穿插等候的车辆。

在车道减少的路段、路口，或者在没有交通信号灯、交通标志、交通标线或者交通警察指挥的交叉路口遇到停车排队等候或者缓慢行驶时，机动车应当依次交替通行。

第四十六条　机动车通过铁路道口时，应当按照交通信号或者管理人员的指挥通行；没有交通信号或者管理人员的，应当减速或者停车，在确认安全后通过。

第四十七条　机动车行经人行横道时，应当减速行驶；遇行人正在通过人行横道，应当停车让行。

机动车行经没有交通信号的道路时，遇行人横过道路，应当避让。

第四十八条　机动车载物应当符合核定的载质量，严禁超载；载物的长、宽、高不得违反装载要求，不得遗洒、飘散载运物。

机动车运载超限的不可解体的物品，影响交通安全的，应当按照公安机关交通管理部门指定的时间、路线、速度行驶，悬挂明显标志。在公路上运载超限的不可解体的物品，并应当依照公路法的规定执行。

机动车载运爆炸物品、易燃易爆化学物品以及剧毒、放射性等危险物品，应当经公安机关批准后，按指定的时间、路线、速度行驶，悬挂警示标志并采取必要的安全措施。

第四十九条　机动车载人不得超过核定的人数，客运机动车不得违反规定载货。

第五十条　禁止货运机动车载客。

货运机动车需要附载作业人员的，应当设置保护作业人员的安全措施。

第五十一条　机动车行驶时，驾驶人、乘坐人员应当按规定使用安全带，摩托车驾驶人及乘坐人员应当按规定戴安全头盔。

第五十二条　机动车在道路上发生故障，需要停车排除故障时，驾驶人应当立即开启危险报警闪光灯，将机动车移至不妨碍交通的地方停放；难以移动的，应当持续开启危险报警闪光灯，并在来车方向设置警告标志等措施扩大示警距离，必要时迅速报警。

第五十三条　警车、消防车、救护车、工程救险车执行紧急任务时，可以使用警报器、标志灯具；在确保安全的前提下，不受行驶路线、行驶方向、行驶速度和信号灯的限制，其他车辆和行人应当让行。

警车、消防车、救护车、工程救险车非执行紧急任务时，不得使用警报器、标志灯具，不享有前款规定的道路优先通行权。

第五十四条　道路养护车辆、工程作业车进行作业时，在不影响过往车辆通行的前提下，其行驶路线和方向不受交通标志、标线限制，过往车辆和人员应当注意避让。

洒水车、清扫车等机动车应当按照安全作业标准作业；在不影响其他车辆通行的情况下，可以不受车辆分道行驶的限制，但是不得逆向行驶。

第五十五条　高速公路、大中城市中心城区内的道路，禁止拖拉机通行。其他禁止拖拉机通行的道路，由省、自治区、直辖市人民政府根据当地实际情况规定。

在允许拖拉机通行的道路上，拖拉机可以从事货运，但是不得用于载人。

第五十六条　机动车应当在规定地点停放。禁止在人行道上停放机动车；但是，依照本法第三十三条规定施划的停车泊位除外。

在道路上临时停车的，不得妨碍其他车辆和行人通行。

第三节　非机动车通行规定

第五十七条　驾驶非机动车在道路上行驶应当遵守有关交通安全的规定。非机动车应当在非机动车道内行驶；在没有非机动车道的道路上，应当靠车行道的右侧行驶。

第五十八条　残疾人机动轮椅车、电动自行车在非机动车道内行驶时，最高时速不得超过十五公里。

第五十九条　非机动车应当在规定地点停放。未设停放地点的，非机动车停放不得妨碍其他车辆和行人通行。

第六十条　驾驭畜力车，应当使用驯服的牲畜；驾驭畜力车横过道路时，驾驭人应当下车牵引牲畜；驾驭人离开车辆时，应当拴系牲畜。

第四节 行人和乘车人通行规定

第六十一条 行人应当在人行道内行走,没有人行道的靠路边行走。

第六十二条 行人通过路口或者横过道路,应当走人行横道或者过街设施;通过有交通信号灯的人行横道,应当按照交通信号灯指示通行;通过没有交通信号灯、人行横道的路口,或者在没有过街设施的路段横过道路,应当在确认安全后通过。

第六十三条 行人不得跨越、倚坐道路隔离设施,不得扒车、强行拦车或者实施妨碍道路交通安全的其他行为。

第六十四条 学龄前儿童以及不能辨认或者不能控制自己行为的精神疾病患者、智力障碍者在道路上通行,应当由其监护人、监护人委托的人或者对其负有管理、保护职责的人带领。

盲人在道路上通行,应当使用盲杖或者采取其他导盲手段,车辆应当避让盲人。

第六十五条 行人通过铁路道口时,应当按照交通信号或者管理人员的指挥通行;没有交通信号和管理人员的,应当在确认无火车驶临后,迅速通过。

第六十六条 乘车人不得携带易燃易爆等危险物品,不得向车外抛洒物品,不得有影响驾驶人安全驾驶的行为。

第五节 高速公路的特别规定

第六十七条 行人、非机动车、拖拉机、轮式专用机械车、铰接式客车、全挂拖斗车以及其他设计最高时速低于七十公里的机动车,不得进入高速公路。高速公路限速标志标明的最高时速不得超过一百二十公里。

第六十八条 机动车在高速公路上发生故障时,应当依照本法第五十二条的有关规定办理;但是,警告标志应当设置在故障车来车方向一百五十米以外,车上人员应当迅速转移到右侧路肩上或者应急车道内,并且迅速报警。

机动车在高速公路上发生故障或者交通事故,无法正常行驶的,应当由救援车、清障车拖曳、牵引。

第六十九条 任何单位、个人不得在高速公路上拦截检查行驶的车辆,公安机关的人民警察依法执行紧急公务除外。

第五章 交通事故处理

第七十条 在道路上发生交通事故,车辆驾驶人应当立即停车,保护现场;造成人身伤亡的,车辆驾驶人应当立即抢救受伤人员,并迅速报告执勤的交通警察或者公安机关交通管理部门。因抢救受伤人员变动现场的,应当标明位置。乘车人、过往车辆驾驶人、过往行人应当予以协助。

在道路上发生交通事故,未造成人身伤亡,当事人对事实及成因无争议的,可以即行撤离现场,恢复交通,自行协商处理损害赔偿事宜;不即行撤离现场的,应当迅速报告执勤的交通警察或者公安机关交通管理部门。

在道路上发生交通事故,仅造成轻微财产损失,并且基本事实清楚的,当事人应当先撤离现场再进行协商处理。

第七十一条 车辆发生交通事故后逃逸的,事故现场目击人员和其他知情人员应当向公安机关交通管理部门或者交通警察举报。举报属实的,公安机关交通管理部门应当给予奖励。

第七十二条 公安机关交通管理部门接到交通事故报警后,应当立即派交通警察赶赴现场,先组织抢救受伤人员,并采取措施,尽快恢复交通。

交通警察应当对交通事故现场进行勘验、检查,收集证据;因收集证据的需要,可以扣留事故车辆,但是应当妥善保管,以备核查。

对当事人的生理、精神状况等专业性较强的检验,公安机关交通管理部门应当委托专门机构进行鉴定。鉴定结论应当由鉴定人签名。

第七十三条 公安机关交通管理部门应当根据交通事故现场勘验、检查、调查情况和有关的检验、鉴定结论,及时制作交通事故认定书,作为处理交通事故的证据。交通事故认定书应当载明交通事故的基本事实、成因和当事人的责任,并送达当事人。

第七十四条 对交通事故损害赔偿的争议,当事人可以请求公安机关交通管理部门调解,也可以直接向人民法院提起民事诉讼。

经公安机关交通管理部门调解,当事人未达成协议或者调解书生效后不履行的,当事人可以向人民法院提起民事诉讼。

第七十五条 医疗机构对交通事故中的受伤人员应当及时抢救,不得因抢救费用未及时支付而拖延救治。肇事车辆参加机动车第三者责任强制保险的,由保险公司在责任限额范围内支付抢救费用;抢救费用超过责任限额的,未参加机动车第三者责任强制保险或者肇事后逃逸的,由道路交通事故社会救助基金先行垫付部分或者全部抢救费用,道路交通事故社会救助基金管理机构有权向交通事故责任人追偿。

第七十六条 机动车发生交通事故造成人身伤亡、财产损失的,由保险公司在机动车第三者责任强制保险责任限额范围内予以赔偿。超过责任限额的部分,按照下列方式承担赔偿责任:

(一)机动车之间发生交通事故的,由有过错的一方承担责任;双方都有过错的,按照各自过错的比例分担责任。

（二）机动车与非机动车驾驶人、行人之间发生交通事故的，由机动车一方承担责任；但是，有证据证明非机动车驾驶人、行人违反道路交通安全法律、法规，机动车驾驶人已经采取必要处置措施的，减轻机动车一方的责任。

交通事故的损失是由非机动车驾驶人、行人故意造成的，机动车一方不承担责任。

第七十七条　车辆在道路以外通行时发生的事故，公安机关交通管理部门接到报案的，参照本法有关规定办理。

第六章　执法监督

第七十八条　公安机关交通管理部门应当加强对交通警察的管理，提高交通警察的素质和管理道路交通的水平。

公安机关交通管理部门应当对交通警察进行法制和交通安全管理业务培训、考核。交通警察经考核不合格的，不得上岗执行职务。

第七十九条　公安机关交通管理部门及其交通警察实施道路交通安全管理，应当依据法定的职权和程序，简化办事手续，做到公正、严格、文明、高效。

第八十条　交通警察执行职务时，应当按照规定着装，佩戴人民警察标志，持有人民警察证件，保持警容严整，举止端庄，指挥规范。

第八十一条　依照本法发放牌证等收取工本费，应当严格执行国务院价格主管部门核定的收费标准，并全部上缴国库。

第八十二条　公安机关交通管理部门依法实施罚款的行政处罚，应当依照有关法律、行政法规的规定，实施罚款决定与罚款收缴分离；收缴的罚款以及依法没收的违法所得，应当全部上缴国库。

第八十三条　交通警察调查处理道路交通安全违法行为和交通事故，有下列情形之一的，应当回避：

（一）是本案的当事人或者当事人的近亲属；

（二）本人或者其近亲属与本案有利害关系；

（三）与本案当事人有其他关系，可能影响案件的公正处理。

第八十四条　公安机关交通管理部门及其交通警察的行政执法活动，应当接受行政监察机关依法实施的监督。

公安机关督察部门应当对公安机关交通管理部门及其交通警察执行法律、法规和遵守纪律的情况依法进行监督。

上级公安机关交通管理部门应当对下级公安机关交通管理部门的执法活动进行监督。

第八十五条　公安机关交通管理部门及其交通警察执行职务，应当自觉接受社会和公民的监督。

任何单位和个人都有权对公安机关交通管理部门及其交通警察不严格执法以及违法违纪行为进行检举、控告。收到检举、控告的机关，应当依据职责及时查处。

第八十六条　任何单位不得给公安机关交通管理部门下达或者变相下达罚款指标；公安机关交通管理部门不得以罚款数额作为考核交通警察的标准。

公安机关交通管理部门及其交通警察对超越法律、法规规定的指令，有权拒绝执行，并同时向上级机关报告。

第七章　法律责任

第八十七条　公安机关交通管理部门及其交通警察对道路交通安全违法行为，应当及时纠正。

公安机关交通管理部门及其交通警察应当依据事实和本法的有关规定对道路交通安全违法行为予以处罚。对于情节轻微，未影响道路通行的，指出违法行为，给予口头警告后放行。

第八十八条　对道路交通安全违法行为的处罚种类包括：警告、罚款、暂扣或者吊销机动车驾驶证、拘留。

第八十九条　行人、乘车人、非机动车驾驶人违反道路交通安全法律、法规关于道路通行规定的，处警告或者五元以上五十元以下罚款；非机动车驾驶人拒绝接受罚款处罚的，可以扣留其非机动车。

第九十条　机动车驾驶人违反道路交通安全法律、法规关于道路通行规定的，处警告或者二十元以上二百元以下罚款。本法另有规定的，依照规定处罚。

第九十一条　饮酒后驾驶机动车的，处暂扣一个月以上三个月以下机动车驾驶证，并处二百元以上五百元以下罚款；醉酒后驾驶机动车的，由公安机关交通管理部门约束至酒醒，处十五日以下拘留和暂扣三个月以上六个月以下机动车驾驶证，并处五百元以上二千元以下罚款。

饮酒后驾驶营运机动车的，处暂扣三个月机动车驾驶证，并处五百元罚款；醉酒后驾驶营运机动车的，由公安机关交通管理部门约束至酒醒，处十五日以下拘留和暂扣六个月机动车驾驶证，并处二千元罚款。

一年内有前两款规定醉酒后驾驶机动车的行为，被处罚两次以上的，吊销机动车驾驶证，五年内不得驾驶营运机动车。

第九十二条　公路客运车辆载客超过额定乘员的，处二百元以上五百元以下罚款；超过额定乘员百分之二十或者违反规定载货的，处五百元以上二千元以下罚款。

货运机动车超过核定载质量的，处二百元以上五百元以下罚款；超过核定载质量百分之三十或者违反规定载客的，处五百元以上二千元以下罚款。

有前两款行为的，由公安机关交通管理部门扣留机动车至违法状态消除。

运输单位的车辆有本条第一款、第二款规定的情形，经处罚不改的，对直接负责的主管人员处二千元以上五千元以下罚款。

第九十三条　对违反道路交通安全法律、法规关于机动车停放、临时停车规定的，可以指出违法行为，并予以口头警告，令其立即驶离。

机动车驾驶人不在现场或者虽在现场但拒绝立即驶离，妨碍其他车辆、行人通行的，处二十元以上二百元以下罚款，并可以将该机动车拖移至不妨碍交通的地点或者公安机关交通管理部门指定的地点停放。公安机关交通管理部门拖车不得向当事人收取费用，并应当及时告知当事人停放地点。

因采取不正确的方法拖车造成机动车损坏的，应当依法承担补偿责任。

第九十四条　机动车安全技术检验机构实施机动车安全技术检验超过国务院价格主管部门核定的收费标准收取费用的，退还多收取的费用，并由价格主管部门依照《中华人民共和国价格法》的有关规定给予处罚。

机动车安全技术检验机构不按照机动车国家安全技术标准进行检验，出具虚假检验结果的，由公安机关交通管理部门处所收检验费用五倍以上十倍以下罚款，并依法撤销其检验资格；构成犯罪的，依法追究刑事责任。

第九十五条　上道路行驶的机动车未悬挂机动车号牌，未放置检验合格标志、保险标志，或者未随车携带行驶证、驾驶证的，公安机关交通管理部门应当扣留机动车，通知当事人提供相应的牌证、标志或者补办相应手续，并可以依照本法第九十条的规定予以处罚。当事人提供相应的牌证、标志或者补办相应手续的，应当及时退还机动车。

故意遮挡、污损或者不按规定安装机动车号牌的，依照本法第九十条的规定予以处罚。

第九十六条　伪造、变造或者使用伪造、变造的机动车登记证书、号牌、行驶证、检验合格标志、保险标志、驾驶证或者使用其他车辆的机动车登记证书、号牌、行驶证、检验合格标志、保险标志的，由公安机关交通管理部门予以收缴，扣留该机动车，并处二百元以上二千元以下罚款；构成犯罪的，依法追究刑事责任。

当事人提供相应的合法证明或者补办相应手续的，应当及时退还机动车。

第九十七条　非法安装警报器、标志灯具的，由公安机关交通管理部门强制拆除，予以收缴，并处二百元以上二千元以下罚款。

第九十八条　机动车所有人、管理人未按照国家规定投保机动车第三者责任强制保险的，由公安机关交通管理部门扣留车辆至依照规定投保后，并处依照规定投保最低责任限额应缴纳的保险费的两倍罚款。

依照前款缴纳的罚款全部纳入道路交通事故社会救助基金。具体办法由国务院规定。

第九十九条　有下列行为之一的，由公安机关交通管理部门处二百元以上二千元以下罚款：

(一)未取得机动车驾驶证、机动车驾驶证被吊销或者机动车驾驶证被暂扣期间驾驶机动车的；

(二)将机动车交由未取得机动车驾驶证或者机动车驾驶证被吊销、暂扣的人驾驶的；

(三)造成交通事故后逃逸，尚不构成犯罪的；

(四)机动车行驶超过规定时速百分之五十的；

(五)强迫机动车驾驶人违反道路交通安全法律、法规和机动车安全驾驶要求驾驶机动车，造成交通事故，尚不构成犯罪的；

(六)违反交通管制的规定强行通行，不听劝阻的；

(七)故意损毁、移动、涂改交通设施，造成危害后果，尚不构成犯罪的；

(八)非法拦截、扣留机动车辆，不听劝阻，造成交通严重阻塞或者较大财产损失的。

行为人有前款第二项、第四项情形之一的，可以并处吊销机动车驾驶证；有第一项、第三项、第五项至第八项情形之一的，可以并处十五日以下拘留。

第一百条　驾驶拼装的机动车或者已达到报废标准的机动车上道路行驶的，公安机关交通管理部门应当予以收缴，强制报废。

对驾驶前款所列机动车上道路行驶的驾驶人，处二百元以上二千元以下罚款，并吊销机动车驾驶证。

出售已达到报废标准的机动车的，没收违法所得，处销售金额等额的罚款，对该机动车依照本条第一款的规定处理。

第一百零一条　违反道路交通安全法律、法规的规定，发生重大交通事故，构成犯罪的，依法追究刑事责任，并由公安机关交通管理部门吊销机动车驾驶证。

造成交通事故后逃逸的，由公安机关交通管理部门吊销机动车驾驶证，且终生不得重新取得机动车驾驶证。

第一百零二条　对六个月内发生二次以上特大交通事故负有主要责任或者全部责任的专业运输单位，由公安机关交通管理部门责令消除安全隐患，未消除安全隐患的机动车，禁止上道路行驶。

第一百零三条　国家机动车产品主管部门未按照

机动车国家安全技术标准严格审查，许可不合格机动车型投入生产的，对负有责任的主管人员和其他直接责任人员给予降级或者撤职的行政处分。

机动车生产企业经国家机动车产品主管部门许可生产的机动车型，不执行机动车国家安全技术标准或者不严格进行机动车成品质量检验，致使质量不合格的机动车出厂销售的，由质量技术监督部门依照《中华人民共和国产品质量法》的有关规定给予处罚。

擅自生产、销售未经国家机动车产品主管部门许可生产的机动车型的，没收非法生产、销售的机动车成品及配件，可以并处非法产品价值三倍以上五倍以下罚款；有营业执照的，由工商行政管理部门吊销营业执照，没有营业执照的，予以查封。

生产、销售拼装的机动车或者生产、销售擅自改装的机动车的，依照本条第三款的规定处罚。

有本条第二款、第三款、第四款所列违法行为，生产或者销售不符合机动车国家安全技术标准的机动车，构成犯罪的，依法追究刑事责任。

第一百零四条　未经批准，擅自挖掘道路、占用道路施工或者从事其他影响道路交通安全活动的，由道路主管部门责令停止违法行为，并恢复原状，可以依法给予罚款；致使通行的人员、车辆及其他财产遭受损失的，依法承担赔偿责任。

有前款行为，影响道路交通安全活动的，公安机关交通管理部门可以责令停止违法行为，迅速恢复交通。

第一百零五条　道路施工作业或者道路出现损毁，未及时设置警示标志、未采取防护措施，或者应当设置交通信号灯、交通标志、交通标线而没有设置或者应当及时变更交通信号灯、交通标志、交通标线而没有及时变更，致使通行的人员、车辆及其他财产遭受损失的，负有相关职责的单位应当依法承担赔偿责任。

第一百零六条　在道路两侧及隔离带上种植树木、其他植物或者设置广告牌、管线等，遮挡路灯、交通信号灯、交通标志，妨碍安全视距的，由公安机关交通管理部门责令行为人排除妨碍；拒不执行的，处二百元以上二千元以下罚款，并强制排除妨碍，所需费用由行为人负担。

第一百零七条　对道路交通违法行为人予以警告、二百元以下罚款，交通警察可以当场作出行政处罚决定，并出具行政处罚决定书。

行政处罚决定书应当载明当事人的违法事实、行政处罚的依据、处罚内容、时间、地点以及处罚机关名称，并由执法人员签名或者盖章。

第一百零八条　当事人应当自收到罚款的行政处罚决定书之日起十五日内，到指定的银行缴纳罚款。

对行人、乘车人和非机动车驾驶人的罚款，当事人无异议的，可以当场予以收缴罚款。

罚款应当开具省、自治区、直辖市财政部门统一制发的罚款收据；不出具财政部门统一制发的罚款收据的，当事人有权拒绝缴纳罚款。

第一百零九条　当事人逾期不履行行政处罚决定的，作出行政处罚决定的行政机关可以采取下列措施：

(一)到期不缴纳罚款的，每日按罚款数额的百分之三加处罚款；

(二)申请人民法院强制执行。

第一百一十条　执行职务的交通警察认为应当对道路交通违法行为人给予暂扣或者吊销机动车驾驶证处罚的，可以先予扣留机动车驾驶证，并在二十四小时内将案件移交公安机关交通管理部门处理。

道路交通违法行为人应当在十五日内到公安机关交通管理部门接受处理。无正当理由逾期未接受处理的，吊销机动车驾驶证。

公安机关交通管理部门暂扣或者吊销机动车驾驶证的，应当出具行政处罚决定书。

第一百一十一条　对违反本法规定予以拘留的行政处罚，由县、市公安局、公安分局或者相当于县一级的公安机关裁决。

第一百一十二条　公安机关交通管理部门扣留机动车、非机动车，应当当场出具凭证，并告知当事人在规定期限内到公安机关交通管理部门接受处理。公安机关交通管理部门对被扣留的车辆应当妥善保管，不得使用。

逾期不来接受处理，并且经公告三个月仍不来接受处理的，对扣留的车辆依法处理。

第一百一十三条　暂扣机动车驾驶证的期限从处罚决定生效之日起计算；处罚决定生效前先予扣留机动车驾驶证的，扣留一日折抵暂扣期限一日。

吊销机动车驾驶证后重新申请领取机动车驾驶证的期限，按照机动车驾驶证管理规定办理。

第一百一十四条　公安机关交通管理部门根据交通技术监控记录资料，可以对违法的机动车所有人或者管理人依法予以处罚。对能够确定驾驶人的，可以依照本法的规定依法予以处罚。

第一百一十五条　交通警察有下列行为之一的，依法给予行政处分：

(一)为不符合法定条件的机动车发放机动车登记证书、号牌、行驶证、检验合格标志的；

(二)批准不符合法定条件的机动车安装、使用警车、消防车、救护车、工程救险车的警报器、标志灯具，喷涂标志图案的；

(三)为不符合驾驶许可条件、未经考试或者考试不合格人员发放机动车驾驶证的；

(四)不执行罚款决定与罚款收缴分离制度或者不按规定将依法收取的费用、收缴的罚款及没收的违法所得全部上缴国库的;

(五)举办或者参与举办驾驶学校或者驾驶培训班、机动车修理厂或者收费停车场等经营活动的;

(六)利用职务上的便利收受他人财物或者谋取其他利益的;

(七)违法扣留车辆、机动车行驶证、驾驶证、车辆号牌的;

(八)使用依法扣留的车辆的;

(九)当场收取罚款不开具罚款收据或者不如实填写罚款额的;

(十)徇私舞弊,不公正处理交通事故的;

(十一)故意刁难,拖延办理机动车牌证的;

(十二)非执行紧急任务时使用警报器、标志灯具的;

(十三)违反规定拦截、检查正常行驶的车辆的;

(十四)非执行紧急公务时拦截搭乘机动车的;

(十五)不履行法定职责的。

公安机关交通管理部门有前款所列行为之一的,对直接负责的主管人员和其他直接责任人员给予相应的行政处分。

第一百一十六条 依照本法第一百一十五条的规定,给予交通警察行政处分的,在作出行政处分决定前,可以停止其执行职务;必要时,可以予以禁闭。

依照本法第一百一十五条的规定,交通警察受到降级或者撤职行政处分的,可以予以辞退。

交通警察受到开除处分或者被辞退的,应当取消警衔;受到撤职以下行政处分的交通警察,应当降低警衔。

第一百一十七条 交通警察利用职权非法占有公共财物,索取、收受贿赂,或者滥用职权、玩忽职守,构成犯罪的,依法追究刑事责任。

第一百一十八条 公安机关交通管理部门及其交通警察有本法第一百一十五条所列行为之一,给当事人造成损失的,应当依法承担赔偿责任。

第八章 附 则

第一百一十九条 本法中下列用语的含义:

(一)"道路",是指公路、城市道路和虽在单位管辖范围但允许社会机动车通行的地方,包括广场、公共停车场等用于公众通行的场所。

(二)"车辆",是指机动车和非机动车。

(三)"机动车",是指以动力装置驱动或者牵引,上道路行驶的供人员乘用或者用于运送物品以及进行工程专项作业的轮式车辆。

(四)"非机动车",是指以人力或者畜力驱动,上道路行驶的交通工具,以及虽有动力装置驱动但设计最高时速、空车质量、外形尺寸符合有关国家标准的残疾人机动轮椅车、电动自行车等交通工具。

(五)"交通事故",是指车辆在道路上因过错或者意外造成的人身伤亡或者财产损失的事件。

第一百二十条 中国人民解放军和中国人民武装警察部队在编机动车牌证、在编机动车检验以及机动车驾驶人考核工作,由中国人民解放军、中国人民武装警察部队有关部门负责。

第一百二十一条 对上道路行驶的拖拉机,由农业(农业机械)主管部门行使本法第八条、第九条、第十三条、第十九条、第二十三条规定的公安机关交通管理部门的管理职权。

农业(农业机械)主管部门依照前款规定行使职权,应当遵守本法有关规定,并接受公安机关交通管理部门的监督;对违反规定的,依照本法有关规定追究法律责任。

本法施行前由农业(农业机械)主管部门发放的机动车牌证,在本法施行后继续有效。

第一百二十二条 国家对入境的境外机动车的道路交通安全实施统一管理。

第一百二十三条 省、自治区、直辖市人民代表大会常务委员会可以根据本地区的实际情况,在本法规定的罚款幅度内,规定具体的执行标准。

第一百二十四条 本法自2004年5月1日起施行。

国家主席胡锦涛签署第9号令公布《中华人民共和国证券投资基金法》

《中华人民共和国证券投资基金法》已由中华人民共和国第十届全国人民代表大会常务委员会第五次会议于2003年10月28日通过,现予公布,自2004年6月1日起施行。

中华人民共和国主席 胡锦涛

2003年10月28日

中华人民共和国证券投资基金法(略)

全国人民代表大会常务委员会关于批准《国务院关于规范处理1995年以前中央财政向人民银行借款问题的报告》的决议

(2003年10月28日第十届全国人民代表大会常务委员会第五次会议通过)

第十届全国人民代表大会常务委员会第五次会议审议了《国务院关于规范处理1995年以前中央财政向人民银行借款问题的报告》,会议同意全国人大财政经济委员会在审查意见中提出的建议,批准国务院关于规范处理1995年以前中央财政向人民银行借款问题的报告。

全国人民代表大会常务委员会关于接受张耕辞去全国人大常委会委员、全国人大内务司法委员会委员职务的请求的决定

(2003年10月28日第十届全国人民代表大会常务委员会第五次会议通过)

根据《中华人民共和国宪法》第六十五条和《中华人民共和国全国人民代表大会组织法》第二十三条的规定,第十届全国人民代表大会常务委员会第五次会议决定:接受张耕辞去第十届全国人民代表大会常务委员会委员、全国人民代表大会内务司法委员会委员职务的请求,报请第十届全国人民代表大会第二次会议确认。

全国人民代表大会常务委员会任免名单

(2003年10月28日第十届全国人民代表大会常务委员会第五次会议通过)

免去梁国庆的最高人民检察院副检察长、检察委员会委员职务。

任命张耕为最高人民检察院副检察长、检察委员会委员。

全国人大常委会委员长吴邦国在人民大会堂主持全国人大常委会法制讲座

吴邦国指出,十届全国人大常委会将讨论党的十六届三中全会通过的《中共中央关于修改宪法部分内容的建议》,并依照法定的程序,根据中共中央的建议,形成宪法修正案草案,提请明年的十届全国人大二次会议审议。

全国人大法律委员会主任委员杨景宇以《宪法和宪法的修改》为题,讲了四方面内容:宪法的稳定和与时俱进在社会实践中的统一;现行宪法作为新的历史时期治国安邦的总章程,全面体现了党的基本路线和方针政策;现行宪法始终贯穿一切权力属于人民的根本准则,以维护最广大人民的根本利益为出发点和落脚点;以宪法为根本的活动准则,切实推进依法治国、建设社会主义法治国家进程。

全国人大常委会副委员长王兆国、李铁映、司马义·艾买提、何鲁丽、丁石孙、成思危、许嘉璐、蒋正华、顾秀莲、热地、盛华仁、路甬祥、乌云其木格、韩启德、傅铁山听取了法制讲座。

全国人大常委会委员长吴邦国在人民大会堂会见美国伊士曼柯达公司董事长兼首席执行官邓凯达

国务院总理温家宝在中南海紫光阁会见美国商务部部长埃文斯

温家宝强调,中方主张在发展中实现中美贸易的基本平衡,并将采取措施进一步扩大从美方的进口,同时也希望美方给予中国市场经济地位,放宽对华出口限制。对于中美经贸关系中出现的问题,双方应以平等协商的方式加以解决,以利于两国经贸关系健康、平稳地发展,最终实现经贸合作的共赢局面。

国务院在北京召开农业和粮食工作会议

中共中央政治局常委、国务院总理温家宝发表重要讲话。他强调,要认真贯彻落实党的十六届三中全会精神,继续推进农业和农村经济结构的战略性调整,深化粮食流通体制改革,加强对粮食主产区和种粮农民的支持,切实保护耕地,加大投入力度,加强粮食综合生产能力建设,千方百计增加农民收入,确保国家粮食安全。

国务院副总理黄菊、吴仪、曾培炎,国务委员兼国务院秘书长华建敏出席会议。国务院副总理回良玉主持会议。

温家宝要求,各地要高度重视和切实抓好明年的粮食生产,进一步采取有效措施,鼓励和引导农民扩大粮食种植面积,增加生产投入,加强田间管理,努力争取明年有更好的收成,为促进国民经济持续稳定发展打下坚实基础。

各省、自治区、直辖市政府和国务院有关部门的主要负责同志参加了会议。

国务院在北京召开治淮工作会议

为期两天的会议强调,要以"三个代表"重要思想为指导,认真贯彻党的十六届三中全会精神和国务院常务会议的要求,把加快淮河治理作为当前和今后一个时期全国水利建设的重点任务,抓紧灾后重建工作,加快治淮工程建设,争取在2007年基本实现"一定要把淮河修好"的宏伟目标,并早日实现淮河长治久安。中共中央政治局委员、国务院副总理曾培炎、回良玉,分别在会上作了重要讲话。

会议指出,经过50多年特别是1991年以来的治理,淮河流域初步建成了防洪除涝减灾体系,扭转了生态环境不断恶化的趋势。面对今年淮河流域发生的特大洪水,党中央、国务院及时部署,各级党委、政府全力组织,广大军民奋力拼搏,科学有效地开展防汛抗洪,确保了群众生命安全,确保了淮河干堤安全,确保了城市和交通干线安全。在今年洪水量级大于1991年的情况下,直接经济损失明显小于1991年,取得了抗洪斗争的全面胜利。

会议强调，要全面贯彻党中央、国务院关于加快淮河治理的总体部署，继续坚持“蓄泄兼筹”的方针，以人为本，统筹兼顾，科学规划，洪涝兼治，突出重点，分步实施。要在2007年年底之前，基本完成原定2010年完成的治淮19项骨干工程；因地制宜，科学规划，合理安排行蓄洪区调整，扩大淮河下游泄洪能力及重点平原洼地排涝工程建设。

会议指出，灾后重建是当前十分紧迫的重要任务。要抓紧做好行蓄洪区灾民迁建工作，加快水毁应急工程建设，做好蓄滞洪区运用补偿工作，加紧蓄滞洪区及低洼地区排水，尽快恢复生产，做好灾后救济和疫病防治工作。千方百计减少灾害损失，千方百计确保灾区群众基本生活，千方百计争取受灾群众入冬前住进新房。

淮河流域各省政府和中央、国务院有关部门的负责人参加了会议。

中央纪委副书记何勇在人民日报社调研

何勇在人民日报社社长王晨、总编辑张研农的陪同下，分别考察了人民网、《人民日报》国内政治部、总编室夜班平台等部门，并看望了中纪委驻人民日报社纪检组的同志，听取了有关工作汇报。

在与人民日报社同志座谈时，何勇指出，新闻媒体的正面宣传报道具有很强的引导作用，反面典型剖析具有很强的警示作用。在新闻舆论监督中，党报的批评揭露性报道非常有力。希望《人民日报》和其他新闻媒体在中央的领导下，坚持正确的舆论导向，在反腐倡廉工作中发挥更加积极的作用。

何勇强调，各级纪检监察机关要主动加强与新闻单位的联系和合作，及时向新闻单位通报党风廉政建设和反腐败工作的有关情况。纪检监察机关要做新闻舆论单位的坚强后盾，支持和保护新闻媒体积极开展舆论监督。对那些不接受舆论监督的，要进行教育和批评。对那些干扰和破坏舆论监督、造成严重后果的，要依纪依法严肃查处。

中央纪委副书记刘峰岩，中央纪委常委、秘书长干以胜等参加了调研。

第十二次全国高校党建工作会议在北京举行

会议由中组部、中宣部、中共教育部党组联合召开。会议深入学习贯彻党的十六大和十六届三中全会精神，认真研究高校党建工作面临的新形势新任务，提出切实加强和改进高校党建工作，促进高等教育改革发展的新思路、新措施，为完善社会主义市场经济体制，实施科教兴国战略，实施全面建设小康社会的宏伟目标提供智力支持和人才保证。

中共中央政治局委员、书记处书记、中宣部部长刘云山主持会议，中共中央政治局委员、书记处书记、中组部部长贺国强出席会议并讲话，国务委员陈至立出席会议。

贺国强在讲话中指出，面对高校党建工作的新形势，要进一步加强做好高校党建工作的责任感和紧迫感，以思想政治建设为重点，把高校领导班子建设成为坚持贯彻“三个代表”重要思想的坚强领导集体。要抓基层、打基础，进一步加强院（系）党委、总支和学生、教职工党支部建设，不断完善党的基层组织设置。

他说，进一步做好发展党员工作，是高校党员队伍建设的重要内容。高校党委要科学制定、认真实施发展党员工作的中长期规划和年度规划，努力做到大学生班级“一年级有党员，二年级有党小组，三年级有党支部”。同时，吸收符合党员条件的青年教师尤其是学科带头人和学术骨干及时入党。要坚持标准，严格程序，确保发展党员质量。

刘云山在主持会议时指出，这次会议对新形势下加强高校领导班子建设和学校基层组织建设，加强党务干部队伍和党员队伍建设提出了明确要求，各地党委、教育工作部门和高校党委要认真贯彻会议精神，切实加强和改进对高校党建工作的领导，确保各项工作任务落到实处。

中宣部 广电总局 新闻出版总署 全国新闻工作者协会联合发出《关于在新闻战线深入开展“三个代表”重要思想、马克思主义新闻观、职业精神职业道德学习教育活动的通知》

全国人大常委会副委员长王兆国在北京出席全国质量管理小组活动座谈会并讲话

王兆国在座谈会上强调，要从全面贯彻落实“三个代表”重要思想和党的十六大、十六届三中全会精神的高度，充分认识质量管理小组活动及其他各种职工经济技术活动的重要性和必要性，把这项活动扎扎实实地推向前进。

王兆国说，深入开展质量管理小组活动，是实现全面建设小康社会的迫切需要，也是充分发挥工人阶级主力军作用的重要途径。要采取切实措施，不断把质量管理小组活动引向深入，引导和帮助广大职工掌握、运用先进科学技术，大力推动科技进步和创新，努力培养一支知识型的职工队伍。

中国贸促会与美中贸易全国委员会共同在北京举办中美商务研讨会

会议就中美经贸关系历史、现状、发展前景及中美经贸发展中的人民币汇率、贸易逆差等热点问题进行探讨,并举办大型晚宴庆祝美中贸委会成立30周年。

国家发展和改革委员会主任马凯出席研讨会并发表演讲。他指出,美国是中国第一大外资来源国,截至9月底美国在华投资项目约4万个,实际投资金额约430亿美元,主要是高技术企业及产品。同时,中国在美共设立756家企业,累计投资金额约12亿美元,中国出口的主要是劳动密集型产品。因此双方经济具有很强的互补性和互惠互利性,具有巨大的发展潜力,需要两国政府经济管理部门加强在包括发展战略、法制建设、财政与货币政策、贸易政策等多领域的多方式合作和对话。

中国贸促会会长万季飞、美中贸委会主席高尔文、会长柯白及数十位中美企业界人士参加了研讨。

国家副主席曾庆红在人民大会堂会见越南人民军总参谋长冯光青

中共中央政治局常委吴官正在大马士革与叙利亚阿拉伯复兴社会党民族领导机构副总书记艾哈迈尔举行会谈

双方在会谈中就中叙两国关系、党际关系以及国际形势交换了意见。

当天,吴官正还在阿拉伯复兴社会党地区领导机构总部会见了副书记卡达赫。

吴官正是10月27日晚抵达大马士革开始对叙利亚进行正式友好访问的。

商务部副部长于广洲在北京与美国商务部部长埃文斯举行会谈

于广洲表示,美国从中国的进口仅占美国GDP的1%,这么小的比重不足以对美国的就业形势产生震动。中美贸易逆差确实存在,中国希望保持进出口基本平衡,并为此作出了积极努力。中国鼓励企业到美国采购商品,希望扩大从美国进口,也希望美方扩大对中国出口商品的范围。中方愿与美方共同努力,缩小贸易逆差。

埃文斯认为,中方提出的建议很好,双方官员应进行具体讨论。他表示,虽然双方在经贸领域存在一些分歧,但他对解决这些问题的前景表示乐观,相信两国的经贸关系将会不断发展。

会谈中,于广洲和埃文斯还就知识产权保护、标准问题、中国履行加入WTO承诺、金融服务等诸多议题交换了意见。

中国常驻联合国代表王光亚在第五十八届联大就联合国改革问题作专题发言

王光亚说,当前,联合国在各领域均面临着前所未有的挑战。恐怖主义威胁有增无减,地区冲突此起彼伏,发展问题依然严峻,环境保护悬而未决。此外,大规模杀伤性武器扩散、传染性疾病等问题也有待妥善解决。国际社会迫切希望加强联合国的作用,使其成为协调各国努力、应对新威胁和新挑战的有效机制。

王光亚说,通过改革振兴联大将有利于推动会员国更加坚定地走多边主义道路,对重树联合国的权威和信誉具有重要而深远的影响。他指出,联大与安理会等机构之间的关系不是竞争与对立,而是互补与合作。中国赞成加强联大与安理会、经社理事会等联合国其他主要机构之间的互动,将改革的重点集中在加强联大权威和作用、改进工作方法两个方面。

国务委员兼国防部部长曹刚川和美国国防部部长拉姆斯菲尔德在五角大楼举行会谈

双方就中美两国、两军关系问题,国际与地区安全问题以及其他共同关心的问题深入交换了意见。双方一致认为,会谈是积极的、建设性的和富有成效的。

会谈时,中国驻美国大使杨洁篪、中国人民解放军副总参谋长熊光楷、兰州军区司令员李乾元、总后勤部副部长温光春、总装备部副部长李安东和美参联会主席迈尔斯上将等在座。

此前,曹刚川一行前往阿灵顿国家公墓,向"9·11"遇难者纪念碑敬献了花圈。下午,曹刚川还会见了参谋长联席会议主席迈尔斯,前往美国国防大学参观,并发表了题为《中国的国防政策》的演讲。

华北部分担任军队第一书记的地方领导在北京参加军事集训

这是我军首次组织担任军队第一书记的地方领导进行集训。参训的50余名地委书记、市委书记来自北京、天津、山西、河北和内蒙古,分别担任所在地区军分区、人武部的第一书记。

这次集训是按照总部颁发的《预备役训练大纲》,由北京军区组织实施的。

据总参谋部有关部门介绍,全国其他地区也将对担任军队第一书记职务的地方领导进行军事集训。

首届"全国十大社会公益之星"评选在北京揭晓

荣膺首届"全国十大社会公益之星"光荣称号的10位同志是:濮存昕、朱再保、孙茂芳、姜丽娟、司堃范、那媛、阿不都肉苏里·尼扎木、唐铮、侯希贵、楼忠福。

首届"全国十大社会公益之星"评选表彰活动是经民政部批准,中央文明办支持,由中国社会工作协会、中国红十字会总会、中华慈善总会、中国老龄协会、中国残疾人福利基金会、中华环境保护协会和《人民日报》国内政治部联合举办的。全国人大常委会副委员长司马义·艾买提出席会议并讲话。

10月29日

全国人大常委会委员长吴邦国在平壤与朝鲜最高人民会议常任委员会委员长金永南举行会谈

双方高度评价了中朝关系。吴邦国说,中国新一届中央领导集体将继承中朝友好传统,继续奉行对朝友好政策。我们愿与朝鲜党和政府一道,本着继承传统、面向未来、睦邻友好、加强合作的精神,把中朝关系提高到一个新的水平。

吴邦国提出,中朝两国要保持高层交往,相互通报国内重要情况,进一步发展两国的经贸互利合作。中方将继续向朝鲜提供力所能及的援助,也积极鼓励中国企业与朝方开展各种形式的互利合作,进一步加强在国际和地区重大问题上的沟通与合作,为两国自身发展,为维护本地区和世界的和平与稳定发挥积极作用。

金永南表示,在当今国际形势下,朝中友好合作关系的发展不仅符合两国人民的根本利益,也有利于亚洲和世界的和平与安全。继续发展朝中友谊是朝鲜党和政府的一贯立场,朝方将与中国同志共同努力,不断加强、扩大和深化两国各领域的合作。

双方就朝鲜半岛核问题深入交换了意见。

中共中央政治局委员、国务院副总理曾培炎,全国人大常委会副委员长、全国人大常委会秘书长盛华仁等代表团成员参加了会谈。

吴邦国此次是应朝鲜最高人民会议常任委员会和朝鲜内阁的邀请来访的。

国务院总理温家宝在北京主持召开国务院常务会议

会议讨论并原则通过《全国危险废物和医疗废物处置设施建设规划》和《中华人民共和国进出口关税条例(修订草案)》。

会议认为,为防止疾病传播、保障人民健康和环境安全,杜绝危险废物、医疗废物和放射性废物违法排放,实现危险废物和医疗废物的安全处置是十分必要的。会议原则通过了《全国危险废物和医疗废物处置设施建设规划》。会议强调,各地区和有关部门要以对人民高度负责的精神,按照规划确定的建设原则和技术要求,根据各地实际情况,有重点、有步骤地组织实施。处置设施建设项目要严格执行基本建设审批程序,加强工程监理,确保建设质量,为人民健康和环境安全提供保障。

会议认为,为了适应加入世界贸易组织的需要,保障修订后的《中华人民共和国海关法》的贯彻实施,有必要对1985年3月国务院发布、1987年和1992年国务院两次修订的进出口关税条例作进一步修改和完善。会议决定,《中华人民共和国进出口关税条例(修订草案)》经进一步修改后,由国务院公布施行。

全国政协主席贾庆林在人民大会堂会见台湾联合报系访问团

贾庆林对台湾联合报系访问团的来访表示欢迎,并对联合报系长期以来致力于推动两岸关系发展和两岸新闻交流表示赞赏。

台湾联合报系访问团是应人民日报社的邀请来北京、上海访问的。国务院台湾事务办公室主任陈云林、人民日报社社长王晨参加了会见。

全国人大内司委在北京听取国家禁毒委员会工作汇报

全国人大常委会副委员长顾秀莲听取汇报并讲话。她指出,要高度重视禁毒工作中面临的形势和问题。

公安部副部长、国家禁毒委员会副主任罗锋代表禁毒委员会汇报了几年来我国的禁毒工作。国家禁毒委一些成员单位也作了汇报。

全国人大常委会科学技术进步法执法检查组在人民大会堂召开第一次全体会议

会议就这次执法检查作出安排:10月至12月,5个执法检查小组将分赴北京、辽宁、浙江、广东、陕西检查这部法律的实施情况,同时委托上海、江苏、山东、湖北、重庆、四川6省市进行检查。执法检查组在会议上听取了科技部等5个部门关于贯彻实施科学技术进步法情况的汇报。

全国人大常委会副委员长路甬祥在会上讲了话。他说,我们要通过这次执法检查,督促法律实施主管机关进一步加强执法工作,促进科教兴国战略的实施和经济增长方式的转变,推动科技工作为我国社会主义现代化建设作出更大贡献。

全国人大常委会副委员长王兆国、许嘉璐、蒋正华、韩启德出席会议。

国台办发言人张铭清在例行记者会上发表谈话

张铭清在例行记者会上表示,我们尊重台湾同胞要求当家做主的愿望,但是我们坚决反对台湾当局打着民意的旗号，蓄意利用“公投”进行挑战一个中国原则、分裂国家的活动。

有记者问：台湾当局明确表示将于明年“大选”期间就加入世界卫生组织、“国会改革”和“核四”问题进行“公投”，对此大陆方面将作何反应？如果台湾当局在明年“大选”前就“统独”或“修宪议题”进行“公投”，大陆方面会有何具体反应？张铭清在答问中作上述表示。

他说，10月25日民进党和一些“台独”组织举行“公投制宪”游行活动，陈水扁鼓吹分裂主张，力图利用“公投”进行分裂活动。吕秀莲大肆煽动通过“公投”进行所谓“制宪”，实现“台独”目标。这充分证明，台湾当局领导人近来多次声称“四不一没有”的承诺不变完全是欺人之谈。

张铭清指出，海峡两岸同属一个国家。中国的主权和领土不容分割，是“台独”分裂势力分割不了的。“台独”分裂行动直接危害台湾同胞的根本利益，是台湾的灾难。任何形式的“台独”分裂活动都是全体中华儿女不能容忍的，必将遭到彻底失败。维护中国的主权和领土完整不被分割，事关中华民族的根本利益，在这个重大原则问题上，我们决不会有任何动摇。

在就近期陈水扁将过境美国发表评论时，张铭清说，陈水扁过境美国，其实质是在国际上从事制造“一中一台”和“两个中国”的分裂活动，干扰破坏中美关系大局，对此我们坚决反对。

在就台湾方面通过“两岸人民关系条例修正案”发表评论时，张铭清表示，凡是对两岸同胞特别是对台湾同胞有利的事，凡是对台湾经济发展有利、对两岸关系发展有利的事，我们都是赞成、支持的。在广大台湾同胞强烈要求发展两岸关系的推动下，台湾有关方面部分地、有限度地放宽了一些对两岸人员往来、贸易、投资方面的限制，较之以往有一些方面的进步，但是还很不够，与两岸同胞的要求还有很大差距，不利于台湾经济的发展。比如仍然附加了一些条件，尤其是仍将两岸通航人为地拖延下去。

张铭清表示，我们希望台湾当局顺应两岸关系发展和民意的潮流，真正为台湾民众的切身利益着想，放弃“台独”分裂立场和阻碍两岸关系发展的政策，及早解除对两岸关系发展的不合理限制。希望台湾方面拿出诚意真正推动发展两岸关系，而不是只做姿态或是出于政治等其他方面的考虑。

中国农业科学院空间技术育种中心副研究员赵林姝应邀在记者会上，介绍了“神舟”五号飞船上搭载台湾农作物种子的有关情况。她说，祖国大陆农业科研单位已经从飞船上接收了这批搭载的种子，并将与台湾同行共同开展后续科学研究。

国务院副总理黄菊在中南海紫光阁会见摩根士丹利董事长兼首席执行官裴熙亮

中共中央政治局常委吴官正在大马士革会见叙利亚总统巴沙尔·阿萨德

双方就发展两国友好合作关系和当前国际形势交换了意见。

当天，吴官正还会见了叙利亚总理穆罕默德·纳吉·奥特里，对中叙在经济、贸易、投资等领域富有成效的合作给予充分肯定，并与奥特里就进一步深化两国互利合作交换了意见。

当日下午，吴官正赴戈兰高地参观，在那里种植了象征和平与友谊的橄榄树。

国务委员唐家璇在中南海会见联合国副秘书长联合国环境规划署执行主任特普费尔博士

特普费尔是作为外方委员来京参加第三届中国环境与发展国际合作委员会第二次会议的。他应邀在会上作了特别发言。

“中英论坛”第四次会议在北京举行

为期3天的会议的主题是“应对变革、规划未来”。来自中英两国商界、金融界和学术界约80名代表参加本次论坛会议。代表们将就工业和金融两个议题进行分组研讨。

论坛中方主席宋健和英方主席赫塞尔廷分别在开幕式上致辞。

美国总统布什在白宫会见国务委员兼国防部部长曹刚川上将

布什对这次曹刚川访美成果表示高兴，并表示他将继续积极关心和支持美中两军关系的发展。

中国驻美国大使杨洁篪、中国人民解放军副总参谋长熊光楷、美国总统国家安全事务助理赖斯等会见时在座。当天，曹刚川还会见了美国国务卿鲍威尔和美国总统国家安全事务助理赖斯。

全国国防科技工业民品工作会议在重庆召开

国防科工委党组书记、主任张云川说，国防科技工业要努力实现四个转变：一是由利用军工富余能力和人员发展一般民品，转变为发挥军工比较优势，发展高技术、高附加值产品；二是由军工传统的管理体制和运行机制，转变为适应民品市场竞争需要的新体制、新机制，切实增强企业活力；三是由传统的粗放式发展模式，转变为集约式发展模式，走新型工业化道路，全面提高军工民品综合素质和竞争力；四是由主要依靠企业自身积累,滚动发展,转变为积极整合社会资源,加速发展。

我国体细胞克隆牛首例自繁后代在莱阳农学院出生

我国体细胞克隆牛“双双”的自繁后代——雌性幼牛“健健”于10月29日20时26分在山东省莱阳农学院诞生。这是我国克隆牛技术研究的又一新突破。

中国环境保护国际合作奖在北京颁奖

积极为中国环境与发展献计献策的中国环境与发展国际合作委员会外方委员克里斯宾·梯克尔爵士成为中国自今年设立这一奖项以来的首批获奖者之一。

国家环保总局局长解振华向梯克尔爵士颁发了荣誉证书。梯克尔爵士是英国肯特州坎特伯雷大学校长、国际科学委员会环境咨询委员会主席。自1992年起,他连续三届担任中国环境与发展国际合作委员会外方委员,积极介绍可持续发展领域的国际进展和相关经验,对推动中国的可持续发展起到了积极的作用。

首批获此奖项的还有意大利环境与国土部部长科拉多克里尼、联合国环境规划署助理执行主任杰奎琳拉德瑞尔和世界银行臭氧层中国工作组组长陈庆年。今后,中国环境保护国际合作奖将每两年评选一次。

全国家庭寄养工作研讨会在北京召开

民政部副部长李宝库在研讨会上强调,要抓住《家庭寄养管理暂行办法》出台的有利时机,大力推动家庭寄养工作的开展,加强对孤残儿童多种养育模式特别是家庭寄养模式的研究和指导,积极探索具有中国特色的以家庭养育为主要形式、政府承担为后盾、专业化管理为基础、社区支持为依托、社会监督为制约手段的儿童福利事业发展新路子。

此次研讨会是由民政部主办,英国救助儿童会中国项目、联合国儿童基金会驻华代表处协办的。

10月30日

国家主席胡锦涛在人民大会堂会见欧盟领导人

国务院总理温家宝在人民大会堂参加第六次中欧领导人会晤

会晤结束后,温家宝总理与欧盟领导人共同出席了《中欧伽利略计划合作协议》《中欧关于成立工业政策对话机制框架协议》和《中欧旅游目的地国地位谅解备忘录》3个文件的签字仪式。

双方还共同会见了记者并回答了他们的提问。

第六次中欧领导人会晤联合新闻公报

第六次中国—欧盟领导人会晤30日在北京举行,会后发表了《第六次中欧领导人会晤联合新闻公报》,全文如下:

1.第六次中国—欧盟领导人会晤于2003年10月30日在北京举行。中华人民共和国国务院总理温家宝主持了会晤,欧洲理事会主席意大利总理西尔维奥·贝卢斯科尼、欧盟委员会主席罗马诺·普罗迪、欧盟共同外交与安全政策高级代表哈维尔·索拉纳代表欧盟出席了会晤。中华人民共和国主席胡锦涛会见了来访的欧方领导人。

2.中国外交部长李肇星、国家发展和改革委员会主任马凯、科学技术部部长徐冠华、商务部副部长魏建国、意大利外交部长佛朗哥·弗拉蒂尼、欧盟委员会贸易委员帕斯卡尔·拉米参加了会晤。

3.双方领导人相互通报了各自发展情况,就中欧关系及共同关心的国际和地区问题深入交换了意见,并达成了广泛共识。

4.双方领导人回顾了中欧关系发展,对2002年9月哥本哈根第五次领导人会晤以来所取得的进展表示欢迎。双方认为中欧高层政治对话富有成果,各个层面的对话与磋商强度增加,领域进一步拓宽。这种多层次架构的形成,表明中欧伙伴关系日臻成熟,战略性更加突出。

5.双方领导人对双方签署《伽利略卫星导航合作协定》和草签《旅游目的地国地位谅解备忘录》表示欢迎。双方领导人认为两文件是发展双边关系过程中的重要里程碑,并期待着文件能早日实施。关于伽利略计划的协定开辟了中国参与这一战略计划的道路,《旅游目的地国地位谅解备忘录》包括与丹麦、英国和爱尔兰达成的联合声明,开辟了促进中国旅游团组赴欧盟国家旅游的道路。

6.领导人强调双方现有的关于工业产品规则的对话取得成功,并欢迎最近双方建立的工业政策对话机制,该机制旨在保证工业经营者拥有友好经商、公平竞争的环境,以及促进中欧贸易顺利、可持续发展。该机制鼓励双方企业为此作出贡献。

7.双方领导人对双方最近各自就中欧关系发表政策文件表示欢迎。这两份政策文件对中欧关系所取得的巨大进展表示满意,明确了中欧关系政策目标,在众多领域提出新的建议。双方领导人相信,两份政策文件规划了中欧关系的发展方向,将为中欧关系注入新活力。双方领导人确定了一系列共同工作重点,包括进一步加强高层互访和政治对话,在经贸和重大国际、地区问题上加强合作以及增加在多边领域的合作等。双方还注意到欧洲安全战略文件草案,该文件草案将中国确立为欧盟安全战略关系中的重要伙伴之一。

8. 双方领导人重申,中国和欧盟将致力于促进世界和平、安全和可持续发展,主张加强联合国在这方面的作用。

双方领导人对由地区冲突带来的不稳定表示关注。双方领导人重申将积极支持中东和平进程并强调伊拉克尽早恢复主权和重建的必要性。双方领导人就缅甸政治局势交换了意见。

9. 中国与欧盟高度重视多边防扩散、军控和裁军。双方领导人强调有必要就上述问题进行双边对话。双方特别表示支持为防止大规模杀伤性武器在朝鲜半岛扩散所做的努力。在这方面,欧方对中国在2003年8月举行的朝鲜核问题北京六方会谈中所起的重要作用表示欢迎,并全力支持中国及所有有关各方为推动此问题和平解决所做的努力。欧盟强调愿为此进程作出贡献。双方也强调其对国际原子能机构保障监督的支持。

10. 欧方重申继续奉行一个中国的政策并希望通过建设性对话和平解决台湾问题。中方赞赏欧盟坚持一个中国的政策并重申依照"和平统一、一国两制"基本方针解决台湾问题的原则立场。

11. 双方对人权对话取得的成果表示欢迎,同意在平等和相互尊重的基础上继续开展人权对话并表示将致力于使对话取得更多有意义而又积极的实际成果。此外,双方重申将尊重相关国际人权文书规定的国际人权标准并与联合国人权机制合作。双方还注意到国际刑事法院在全球反对种族屠杀、战争罪和反人类罪中的重要性。此外,双方领导人重申加强人权领域合作的愿望。

12. 双方重申将致力于打击一切形式的恐怖主义。双方认为,恐怖主义是双方共同关切的问题,需在双边和多边领域协调与合作,强调应遵守国际关系和人权保护的基本原则。双方还谈及最近于2003年9月22日至23日在北京成功举行的亚欧会议反恐研讨会。双方领导人强调联合国在反恐领域所发挥的关键作用和全面执行国际反恐公约以及联合国安理会有关决议的重要性。

13. 双方2002年9月在哥本哈根亚欧首脑会议上就亚欧"文化与文明对话"进行了讨论,双方领导人对中国2003年12月以此为主题主办亚欧会议部长级会议表示欢迎。

14. 双方领导人重申对环境保护的承诺并致力于扩大该领域的对话。双方对上次领导人会晤以来所取得的进展表示肯定,并强调要进一步落实可持续发展世界首脑会议后续行动和加强在《联合国气候变化框架公约》及《京都议定书》领域内合作的重要性。双方希望加强在中国西部地区开发中的生态环境保护方面的合作,重申支持中国—欧盟环境部长对话机制。

15. 双方领导人强调需要加强合作应对司法与内政领域的跨国挑战。认为中欧采取行动合作打击非法移民和人口贩卖具有重要意义。双方领导人注意到在这一领域取得的进展,特别是2003年10月28日在北京举行的中欧合作打击非法移民和贩卖人口活动第四轮高级别磋商取得的积极成果。双方重申将致力于深化这一合作并取得更多实效。欧方强调,双方有必要尽快对未来签署中欧遣返协议进行探讨。

16. 双方对中欧合作项目,特别是涉及中国改革进程等领域的项目所取得的进展表示欢迎。欧方希望看到其他领域,特别是涉及合作打击非法移民和支持非政府组织发展的项目能取得更迅速的进展。中方鼓励欧方在及时沟通的情况下与中国相关部门进行更密切的合作,以提高效率。

17. 双方领导人对中欧贸易持续增长表示欢迎,一致认为其进一步增长应建立在平衡、互利的基础上。双方重申愿加强交流和磋商,以积极态度解决双边贸易问题,鉴此对双方加强行业对话所发挥的作用表示欢迎。

18. 双方强调吸引外国直接投资的重要性及进一步增加双向投资的必要性。

19. 双方领导人对坎昆世贸组织部长级会议未取得成功感到遗憾。双方重申将致力于建立以规则为基础的强有力的、公平的多边贸易体系,推动多哈多边贸易谈判取得成功。双方同意就世贸组织有关问题加强双边对话。

20. 双方强调全面、及时履行世贸组织义务的重要性,这符合中国、欧盟及其所有世贸组织伙伴的共同利益。为此,欧方重申愿意通过实施合作项目和在重要领域开展对话等方式继续和加大对中国的支持。

21. 双方领导人注意到需要促进更好地调整全球贸易失衡和资本流动。

22. 双方领导人对中欧最近在数项行业协定上所取得的进展表示欢迎。2002年12月,双方签订《中欧海运协定》,该协定业经中方批准和欧洲议会同意。双方领导人对此尤感满意。

23. 中欧科技合作取得进展并在《欧盟研究及技术开发第六个框架计划(2002—2006)》下得到进一步扩大,双方对此表示满意,并特别欢迎为防治"非典"和其他传染性疾病所采取的新举措。

24. 双方希望有关《中欧政府间和平利用核能协定》的谈判启动工作将尽快取得进展。

目前,中国、欧盟和其他国际伙伴正在进行有关建立国际聚变能组织的谈判，双方领导人对此表示欢迎。

25. 双方均表示希望能尽快签订海关合作协定，并期待尽早启动谈判，力争在2004年上半年签署协定。双方同意该协定将涵盖海关事务的行政互助，特别是双方均特别关注的打击商业瞒骗行为的内容。

26. 欧方强调需要发展新的中欧民用航空关系框架以适应最新法律进展。双方都期待着拓宽和深化双边关系和合作。

27. 双方领导人强调加强和扩大在广泛领域内进行行业对话的重要性。业已存在的行业对话涵盖能源、环境、监管和产业政策、社会信息和"数字奥运"交流等重要领域。此类合作日益引起各方的广泛兴趣，有关方面已制订计划，拟就竞争、知识产权、宏观经济、卫生、就业和教育问题等进行新的对话。双方强调中欧专家开展此类交流符合双方利益。

28. 双方领导人对第六次中欧领导人会晤所取得的积极成果表示满意。他们强调，中欧两个政策文件旨在推动中欧全面战略伙伴关系的发展，双方将在文件精神的指引下，进一步坚定地拓展和深化中欧关系。

全国人大常委会委员长吴邦国在平壤会见朝鲜劳动党总书记金正日

吴邦国指出，我这次访朝，一是对朝鲜国家代表团访华的回访，二是为了表明中国新一届中央领导集体致力于中朝友好的意志。我们相信，通过双方的共同努力，中朝传统友谊一定能在新形势下取得新的发展。

金正日说，在当前国际和地区形势十分复杂的情况下，进一步加强朝中传统友谊，并使之在新的形势下继续发扬光大，世代相传，是我们肩负的重要责任。不论发生什么样的变化，朝鲜党和政府都将继续坚定不移地致力于巩固和发展朝中友好合作。

双方还讨论了朝鲜半岛核问题。

全国人大常委会委员长吴邦国在平壤会见朝鲜内阁总理朴凤柱

吴邦国指出，中国愿与朝方进一步探讨加强中朝经贸合作的途径。

朴凤柱表示，在两国良好的政治关系基础上，积极发展朝中经济关系十分重要。朝方愿与中方一道为积极发展两国经贸合作不断努力。

当天上午，吴邦国前往锦绣山纪念宫，在朝鲜最高人民会议常任委员会委员长金永南陪同下瞻仰了金日成主席的遗容。随后，吴邦国一行前往朝鲜人民为颂扬中国人民志愿军烈士丰功伟绩而建立的友谊塔并敬献了花圈。

吴邦国一行还参观了大安重型机械联合企业。

国务院总理温家宝在中南海主持会议听取中国工程院课题研究组关于中国可持续发展油气资源战略研究阶段性报告的汇报

国务院副总理黄菊、吴仪，国务委员兼国务院秘书长华建敏、国务委员陈至立出席会议。

在汇报会上，全国政协副主席、中国工程院院长徐匡迪和侯祥麟、邱中建、胡见义院士先后就课题研究的进展情况、已取得的阶段性成果及课题组下一步的打算作了发言。王淀佐、杜祥琬、翟光明、袁晴棠、汪燮卿、徐承恩、李京文院士出席汇报会。国务院有关部门负责人和我国主要石油化工企业负责人充分肯定了课题组所取得的阶段性研究成果，对课题组下一步的研究提出了意见和建议。

在听取了课题组的汇报和与会人士的发言后，温家宝作了讲话。温家宝指出，《中国可持续发展油气资源战略》阶段报告（纲要）科学地分析了我国和世界油气资源的现状及供需发展趋势，提出了我国油气资源可持续发展的总体战略和指导原则、措施和政策建议。这次研究集中和反映了科学家、政府部门和企业的意见。这种集成研究方式是一个创举，是科学民主决策方法的一种新的尝试，也是我国科研体制改革的一次重要的实践。

温家宝要求，中国工程院课题组要认真研究部门和企业提出的意见和建议，并在阶段性报告的基础上，开始进行总体报告的研究和撰写，按计划如期完成课题研究。

温家宝说，对涉及经济社会发展全局的重大问题，要组织跨学科、跨部门、跨行业的专家论证，这是本届政府成立时确定的一项制度。研究的目的是为了应用。政府制定规划和政策要认真吸收研究的成果，使规划和政策更加科学、更加符合实际。

中央保持共产党员先进性教育活动试点工作领导小组第五次会议在北京召开

党的十六大作出在全党开展先进性教育活动的决策后，为了使先进性教育活动积极稳妥开展，取得实效，中央决定先行试点。这次试点工作自今年2月下旬开始，到9月基本结束，在19个单位进行，涉及12个省市、7个中央和国家机关部门。

中共中央政治局委员、中央书记处书记、中央组织部部长、中央保持共产党员先进性教育活动试点工作领导小组组长贺国强在会议上指出，预定的试点工作任务取得了明显成效。在试点实践中，各试点单位积累了许多有益的经验。在全党开展先进性教育活动前，省区市、部门党委(工委、党组)要认真做好准备工作,为这项工作的全面铺开奠定坚实的思想和组织基础,营造良好的舆论氛围。

会上,中央试点工作领导小组成员讨论研究了先进性教育活动试点工作总结和在全党开展先进性教育活动的工作建议,对先进性教育活动试点工作取得的主要成效和基本经验给予了充分肯定,并对在全党开展先进性教育活动提出了意见和建议。

中宣部部长刘云山在北京出席中央主要新闻单位负责同志座谈会并讲话

会议提出,中央新闻单位要把“三项学习教育”活动当作一件大事,摆上重要日程,以自己的实际行动为全国新闻界作出表率。凡是要求新闻界做到的,中央新闻单位要首先做到;凡是要求新闻界不做的,中央新闻单位要坚决不做。

刘云山出席会议并讲话。

广电总局、新闻出版总署、《人民日报》、新华社、《求是》杂志、《光明日报》、《经济日报》、中央电台、中央电视台等有关部门和单位的主要负责同志参加座谈并发言。

学习贯彻“三个代表”重要思想与统一战线专题研究班在北京开学

研究班由中央组织部、中央统战部、中央党校举办。全国政协副主席、中央统战部部长刘延东在开学典礼上致辞并作《“三个代表”与统一战线》首场报告,何鲁丽、丁石孙、成思危、许嘉璐、蒋正华、韩启德、罗豪才、张克辉、周铁农、黄孟复、李蒙出席了开学典礼。中央党校副校长孙庆聚主持开学典礼。

研究班将邀请中央宣传部、中央统战部、中央党校、中央文献研究室、外交部、港澳办、台办、国务院研究室、中国工程院等部门的领导以及高校的学者讲授涉及“三个代表”重要思想、政治、经济、外交、科技、法律以及统一战线基本理论、多党合作、民族、宗教、港澳台海外统战工作、非公有制经济人士和其他社会阶层人士工作等13个专题讲座。各民主党派中央主席、副主席,全国工商联主席、副主席,在政府和司法机关担任省部级领导职务的非中共干部,无党派代表人士,以及部分省区市分管统战工作的副书记、政协主席、副主席、统战部长等140多名学员参加研究班的学习。

国家质检总局在北京召开全国质检系统法制工作会议

国家质检总局日前确认,本部门原有的128个行政审批项目,已分两批公布取消了62项,改变管理方式2项,调整后行政审批项目减少到64项,减幅达50%。

国家质检总局副局长蒲长城在会议上说,当前要继续按照“立、改、废”相结合的原则,做好质检行政审批项目的清理工作,必须于明年7月1日《行政许可法》施行之日前全部完成。

第三届中国环境与发展国际合作委员会第二次会议在北京举行

第三届中国环境与发展国际合作委员会主席为中国国务院副总理曾培炎,加拿大国际发展署署长保罗·蒂鲍尔特、中国国家环境保护总局局长解振华为执行副主席。联合国副秘书长、环境署执行主任特普费尔,联合国可持续发展委员会主任布兰德等国际组织的负责人参加了开幕式并讲话。99位中外专家及有关部门负责人出席。

解振华在会议开幕式上介绍了中国经济发展与环境保护领域取得的成就和本次会议的主要议题。

解振华指出,这次会议将全面建设小康社会和新型工业化作为讨论主题,非常有意义。全面建设小康社会包括了经济、政治、社会、环境的全面进步,是一个全面、协调和可持续的发展目标,必须从根本上转变发展方式,走科技含量高、经济效益好、资源消耗低、环境污染少、人力资源优势得到充分发挥的新型工业化道路。

联合国环境署执行主任特普费尔在讲话中充分肯定了中国政府关于走可持续发展道路的思路。

在为期3天的会议中,与会委员和代表就企业发展与环境、能源战略与技术、环保产业发展、循环经济和清洁生产战略与机制、环境保护投融资机制等方面的问题进行了深入交流。

第九十四届中国出口商品交易会(广交会)在广州闭幕

本届广交会与会采购商达15万多人,出口成交额达到204.9亿美元,均创历史新高。

中共中央政治局常委吴官正前往阿勒颇访问

当日,吴官正分别会见了阿拉伯复兴社会党阿勒颇省委书记萨布尼和省长乌萨马,详细了解了当地政治经济文化发展情况,并就进一步深化中叙在各个地区和领域的友好关系,不断探索互利合作的新领域和新途径发表了看法。

外交部部长李肇星就美国加利福尼亚州南部地区发生严重火灾向美国国务卿鲍威尔致慰问电

第十九届中欧经贸混委会在北京举行

会议由商务部副部长魏建国与来访的欧盟委员会贸易委员拉米共同主持。这是商务部组建以来召开的第一次中欧经贸混委会。

混委会上,双方一致同意建立中欧贸易政策对话机制,保持经常性的高层对话与磋商。混委会后,魏建国与拉米还共同签署了启动中欧知识产权对话机制的文本。

中国与欧盟在人民大会堂草签中欧旅游目的地国地位谅解备忘录

此次涵盖的12个国家是德国、法国、西班牙、葡萄牙、奥地利、荷兰、比利时、卢森堡、希腊、意大利、瑞典和芬兰。

中国国家旅游局有关人士指出,这份谅解备忘录将有助于开辟中国旅游团组赴欧旅游的道路。

截至目前,27个国家已与中国正式签署了自费组团旅游协议,包括新加坡、马来西亚、泰国、菲律宾、澳大利亚、新西兰、韩国、日本、越南、柬埔寨、缅甸、尼泊尔、印度尼西亚、文莱、埃及、土耳其、马耳他、德国、斯里兰卡、马尔代夫、印度、南非、克罗地亚、匈牙利、巴基斯坦、古巴和约旦。

外交部发言人章启月发表谈话介绍中国中东问题特使出访情况

章启月说,10月19日至29日,中国中东问题特使王世杰先后访问了叙利亚、埃及、黎巴嫩、沙特、巴勒斯坦和以色列。这是王特使第三次中东之行,也是中方为推动中东和平进程而采取的一次外交行动。

她介绍,访问期间,王特使分别会见了上述六国政要及联合国秘书长驻南黎巴嫩特别代表,与他们就中东问题深入交换了看法。王特使对当前中东紧张局势表示关注,特别就制止暴力冲突、尽快恢复和谈做有关各方工作。王特使强调"以暴易暴"对阿以双方有百害而无一利,呼吁阿以有关各方保持克制,停止冤冤相报,配合国际社会的促和努力,尽快恢复各线谈判,并执行"路线图"计划。

章启月说,上述立场及中方促和努力受到赞赏与好评。

全国人大常委会副委员长李铁映率全国人大代表团启程赴毛里求斯 喀麦隆 利比亚和突尼斯四国进行正式友好访问

国务院副总理吴仪在北京会见美国沃尔玛百货有限公司总裁兼首席执行官李·斯科特

《十五大以来重要文献选编》下册出版发行

中共中央文献研究室编辑的《十五大以来重要文献选编》下册,已由人民出版社出版,即日起在全国各地发行。

该书收入从2001年3月九届全国人大四次会议后,至2002年11月中共十五届七中全会这段时间的重要文献,共70篇,约53万字。其中,中共中央、全国人大、国务院发出的文件以及制定的纲要、规划、法律和条例等32篇;中央领导同志的报告、讲话和文章等38篇。有16篇重要文献是第一次公开发表。

《中国妇女运动百年大事记》出版

这部大型工具书为编年体形式,共80万字、135幅珍贵历史照片,以翔实的史料为依据,以党对妇女运动的领导为主线,以广大妇女为主体,完整而真实地记录了从1901年到2000年,中国妇女运动的发生、发展和探索前进的历史进程。

10月31日

国务院总理温家宝在人民大会堂与意大利总理贝卢斯科尼举行会谈

为推动中意友好互利合作不断扩大和深化,温家宝提出了以下建议:一、继续保持双方高层互访势头,加强各层次的对话和磋商以及在联合国等多边框架内的相互配合;二、进一步挖掘潜力,扩大和深化互利经贸合作,促进中小企业合作,努力开辟新的合作领域;三、加强两国在司法、文化、教育、科技、环保、旅游等领域的交流与合作。

贝卢斯科尼表示完全赞同中方对两国关系的积极评价和进一步加强双边互利合作的所有建议。

会谈后两国总理出席了《中华人民共和国政府和意大利共和国政府关于互设文化中心备忘录》的签署仪式。

国务院总理温家宝在人民大会堂会见第三届中国环境与发展国际合作委员会第二次会议代表

温家宝表示,中国环境与发展国际合作委员会汇集了国际环境与发展领域的知名专家、学者,多年来积极参与中国的环保工作,为中国的可持续发展提出了许多有益的建议。温家宝希望他们为中国的经济和社会发展作出新的贡献。

国家环保总局局长解振华等陪同会见。

国务院副总理回良玉在中央民族干部学院会见全国少数民族参观团

回良玉说,组织少数民族参观团到内地和沿海参观，是党和国家在民族工作上的一个好传统、好做法，有利于扩大民族交往、增进民族团结，有利于加强边疆与内地的联系、促进区域协调发展，有利于激发各民族的爱国热情、增强中华民族的凝聚力和向心力。

国务院副总理黄菊在人民大会堂分别会见参加《中英论坛》第四次会议的外方代表和参加清华大学经济管理学院顾问委员会第四次会议的外国企业家

国务院副总理吴仪在中南海会见英国沃达丰集团公司首席执行官阿伦·萨林一行

上海合作组织地区反恐机构理事会第一次会议在塔什干举行

公安部副部长杨焕宁率团参加了会议。会议由乌兹别克斯坦国家安全局局长伊诺亚托夫主持。与会的6个成员国代表在建设性的气氛中，就落实2003年5月29日上海合作组织元首莫斯科峰会关于启动常设机构的决定进行了讨论，并就在地区反恐机构框架内加强各成员国在安全领域的合作深入交换了意见。

会议通过了关于推荐维·吉·卡西莫夫(乌兹别克斯坦)于2004年至2006年期间担任上海合作组织地区反恐机构执委会主任的决议、关于地区反恐机构执委会配额岗位分配方案以及地区反恐机构理事会程序规则等文件。

建立上海合作组织地区反恐机构是6个成员国元首在2000年杜尚别峰会上达成共识的。6国专家经过多轮谈判，解决了包括制定法律文件、机制建设、业务建设、人员配备等诸多问题，为在2004年1月1日前在塔什干顺利启动地区反恐机构铺平了道路。

国务院中央军委发布2003年冬季征兵命令

根据命令，全国的征兵工作从11月1日起全面展开。

国家中长期科学和技术发展规划战略研究交流会议在北京召开

会议为期两天。国务委员、规划领导小组副组长陈至立出席会议并讲话。陈至立肯定了战略研究进展总体顺利，工作有成效。

陈至立强调，战略研究是规划工作的核心和基础，事关规划工作的全局。战略研究要以新的发展观为指导，着眼于战略性、全局性、长远性和前瞻性，要具有全球意识和国际视野，处理好战略研究与凝练项目之间的关系。

规划战略研究人员，各部门、各地方代表共800多人参加了会议。各专题组汇报工作的进展情况，交流经验，分析存在的问题，进一步理清工作思路。

规划领导小组成员路甬祥、徐匡迪、徐冠华等，规划战略顾问组成员周光召、宋健、韩启德、王选等参加了会议。

中国首次载人航天飞行代表团访问香港

代表团成员、中国首飞航天员杨利伟将他在太空拍摄的一盒录像带交到香港特别行政区行政长官董建华手中，作为礼物赠送给680万香港人民。这盒名为《航天员杨利伟在太空拍摄的录像片段》的录像带此前从未公开播放过。

中国选手孙丹在印度海得拉巴举行的首届亚非运动会上打破女子举重75公斤以上级挺举世界纪录

孙丹创造的新纪录为168.5公斤。

中国红十字会总会等五部门联合召开电视电话会议纪念《红十字会法》颁布10周年

会议由中国红十字会总会、全国人大教科文卫委员会、全国政协社会和法制委员会、司法部、国务院法制办联合召开。中国红十字会会长彭珮云就《红十字会法》颁布10周年发表讲话。她说，《红十字会法》的颁布施行，为中国红十字事业的健康发展提供了重要的法律保障。目前，全国已有23个省、自治区、直辖市和两个副省级城市的人大常委会陆续制定了实施《红十字会法》的办法或条例。

全国人大常委会副委员长顾秀莲及有关部门的领导出席了会议。

11月1日

国务院总理温家宝在博鳌先后会见博鳌亚洲论坛年会与会政要和部分代表

参加会见的有塔吉克斯坦总统拉赫莫诺夫、新加坡总理吴作栋、土库曼斯坦副总理古尔班穆拉多夫、越南副总理武宽、老挝副总理通伦、韩国副总理金振杓。温家宝还分别会见了博鳌亚洲论坛理事会成员和咨询委员会委员、著名企业家代表、论坛年会主要演讲嘉宾等。

同日,温家宝还分别会见了香港特别行政区行政长官董建华、澳门特别行政区行政长官何厚铧。

国务院副总理曾培炎在北京出席第三届中国环境与发展国际合作委员会第二次会议闭幕式并讲话

担任本届委员会主席的曾培炎在讲话时指出,中国将不断加强同世界各国的环境交流与合作,坚持走新型工业化道路,努力实现人与自然的和谐发展。

关于加强国际环境合作,曾培炎提出四点主张:

第一,尊重各国根据本国国情和自身发展状况所选择的可持续发展模式,在此基础上,鼓励有关国家和地区采取协调一致行动,解决全球和地区性环境问题。

第二,发达国家应更多地承担全球环境保护责任,发展中国家要不断提高经济增长质量,使环境保护与经济发展相互协调、相互促进。

第三,加强环境技术的国际传播与合作,在保护知识产权的同时,消除交流障碍,建立合理的转让机制。

第四,发达国家应进一步消除过高的环境标准形成的贸易壁垒,促进环境保护与国际贸易同步发展。

曾培炎说,中国环境与发展国际合作委员会作为中国政府的政策咨询机构,会聚了一批国内外高层次、高水平的专家,在过去10年中进行了卓有成效的工作。他希望委员们继续开拓工作领域,加强交流,集思广益,为中国可持续发展事业献计献策。

中国首次载人航天飞行展在香港科学馆开幕

第十二届中国金鸡百花电影节在嘉兴举行

本届电影节由中国文联、中国影协、嘉兴市政府联合举办,围绕“关注电影、相聚嘉兴、感受江南”这一主题,同期举办“中国嘉兴江南文化节”。

本届中国金鸡百花电影节增加了颁发由观众投票产生的“百花奖”的内容。有关第二十六届大众电影百花奖的评选结果已于10月9日一并与第二十三届中国电影金鸡奖获提名名单正式公布。

国家“十五”重点出版项目《列国志》开始出版

由中国社会科学院主持编著的大型志书《列国志》首批图书于10月下旬开始由社会科学文献出版社出版。

《列国志》是国家“十五”重点出版项目、中国社会科学院重大课题。全书共180卷,从2003年开始,计划5年内出齐,每一卷均全面介绍对象国的地理环境、历史、政治、经济、军事、文化教育、社会生活、外交等方面的基本情况。

卫生部常务副部长高强在北京出席媒体见面会

高强在会上宣布,目前中国没有“非典”疫情。他表示,虽然无法保证“非典”不会卷土重来,但是中国政府、卫生部门已经采取了严密的措施,即使会有“非典”疫情,也绝对不会出现上半年那样大范围流行的局面。

高强强调,目前的准备工作主要体现在五个方面:第一,各级政府已经制定预案;第二,完善“非典”疫情信息监测监控系统;第三,广泛培训医务人员,提高医务人员鉴别、诊断、预防传播的能力;第四,完善预防、治疗、消毒的一系列方案;第五,针对“非典”的快速诊断研究已经取得明显进展。

北京五环路全线通车

这是北京第一条环城高速公路,也是2008年奥运会工程中第一个建成的大型基础设施项目。

11月2日

国务院总理温家宝和汤加首相兼外交与国防大臣乌卢卡拉拉·拉瓦卡·阿塔王子就两国建交5周年互致贺电

博鳌亚洲论坛2003年年会在博鳌开幕

国务院总理温家宝出席年会并发表题为《把握机遇 迎接挑战 实现共赢》的演讲。

来自30多个国家和地区的政界、学界、商界人士等1200多人参加了年会。年会的主题是“亚洲寻求共赢:合作促进发展”。 塔吉克斯坦总统拉赫莫诺夫、巴基斯坦总统穆沙拉夫、新加坡总理吴作栋等先后在会上致辞或发表演讲。

出席年会的还有老挝、越南、韩国、土库曼斯坦等国的副总理,世界银行、亚洲开发银行等国际组织的高官,中国香港特别行政区和澳门特别行政区行政长官等。中国有关方面负责人也参加了年会。

国务院总理温家宝在博鳌亚洲论坛2003年年会上发表演讲《把握机遇 迎接挑战 实现共赢》(摘要)

温家宝表示,加强合作,促进发展,实现共赢,是亚洲崛起和振兴的必由之路,也是亚洲人民的根本利益所在。在新世纪、新形势下,亚洲的发展面临着新的机遇。总体和平的国际环境,为亚洲发展提供了有利的外部条件。经济全球化深入发展,科技革命突飞猛进,国际间生产要素优化重组和产业转移加快进行,有利于亚洲国家利用国际资本,引进先进技术,开拓国际市场。

他同时表示,亚洲的发展也面临着新的挑战。影响和平与发展的因素依然存在。国际间经济、科技竞争更加激烈。世界经济缓慢复苏,仍有不少风险。亚洲国家在经济结构、金融体系、生态环境、国际竞争力等方面,也存在亟待加以解决的问题。

温家宝说,面对新的机遇和挑战,要实现亚洲各国的发展和共赢,我们应当作出符合亚洲实际和时代潮流的战略抉择。

他指出,维护和平与稳定是实现亚洲共赢的根本前提。没有和平环境,没有稳定的社会局面,就谈不上发展,也就会丧失机遇。我们应从亚洲发展大局出发,做到相互尊重、求同存异、和睦相处。

他说,促进发展与繁荣是实现亚洲共赢的重要基础。亚洲各国应发挥各自优势,相互开放市场,在竞争中取长补短,在合作中共同发展。

他说,加强区域合作与交流是实现亚洲共赢的有效途径。我们应按照形式多样、互惠互利、循序渐进的原则,深化区域和次区域合作。近些年,在亚洲国家共同努力下,多种形式的合作日益加强。一个互利、健康、开放的合作局面正在形成。我们要立足现有合作机制,探索新的合作方式,扩大合作领域,不断提高合作水平。

他说,坚持面向世界开放与合作是实现亚洲共赢的必然要求。亚洲的振兴和发展离不开世界,世界的发展和进步也离不开亚洲。亚洲的发展应兼容并蓄,海纳百川,积极吸收人类一切优秀的文明成果,借鉴先进的发展经验。

温家宝说,中国经济已成为亚洲乃至世界经济中的重要组成部分,中国进出口贸易有很大一部分是与亚洲国家和地区进行的,对亚洲经济发展发挥着越来越大的作用。中国经济持续快速健康发展,不仅给中国人民带来福祉,也使亚洲和世界各国人民从中受益。

温家宝表示,本世纪头20年,是中国全面建设小康社会的发展阶段。我们将坚定不移地以经济建设为中心,推动国民经济以更大规模向更高水平迈进,统筹兼顾,促进经济社会全面、协调、可持续发展。我们将坚定不移地全面推进改革,完善社会主义市场经济体制,不断为经济社会发展注入新的活力。我们将坚定不移地扩大对外开放,信守加入世贸组织承诺,进一步开放市场,继续改善投资环境,为亚洲和世界各国的企业家来华投资兴业创造良好条件,同时大力实施“走出去”战略,鼓励中国企业到境外投资。

温家宝强调指出,积极促进亚洲的发展振兴与和平稳定,是中国政府一贯奉行的方针;和平、安全、合作、繁荣,是中国的亚洲政策目标。为促进合作发展,实现亚洲共赢,中国将与各国相互尊重,平等相待,努力营造和平共处的地区政治环境;与各国深化合作,共同发展,努力营造亚洲国家普遍繁荣的地区发展环境;与各国增进互信,密切配合,努力营造持久稳定的地区安全环境;将与各国相互学习,加强交流,努力营造更加多姿多彩的地区人文环境。

温家宝最后说,一个充满活力、繁荣富强,致力于世界和平与发展、永不称霸的中国,将为亚洲的崛起和振兴作出新的贡献。让我们携起手来,共同建设一个持久和平、普遍繁荣的新亚洲!

全国人大常委会副委员长李铁映率全国人大代表团对毛里求斯进行正式友好访问

访问期间,李铁映分别了会见了毛里求斯总统阿内罗德·贾格纳特、国民议会议长拉姆纳、总理贝朗热、副总理兼财政部长和农业部长普拉温·贾格纳特。

李铁映在会见中说,中国新一届领导集体将继续坚持江泽民主席1996年提出的“真诚友好、平等相待、团结合作、共同发展、面向未来”的对非洲方针,中国将进一步加强与非洲国家的关系。毛里求斯领导人高度评价了中国改革开放所取得的伟大成就。

中国选手在香港羽毛球公开赛上夺得男单 女单和女双三项冠军

林丹获得男子单打冠军,张宁获得女子单打冠军,高崚/黄穗获得女子双打冠军。

11月3日

国家主席胡锦涛在人民大会堂与巴基斯坦总统穆沙拉夫举行会谈

胡锦涛就进一步发展中巴关系提出4点建议:一是继续保持两国高层经常交往,促进两国政府各部门、社会各界,尤其是青少年之间的友好交流;二是加强两国经贸科技领域的互利合作,落实优惠贸易安排。鼓励和支持两国有实力的企业扩大合作；三是深化两国在非传统安全领域的合作。共同打击毒品走私、跨国犯罪和威胁地区和平安宁的“三股势力”；四是保持两国在国际及地区事务中的沟通与协调。

穆沙拉夫说，胡锦涛主席提出的建议对加强巴中合作具有重大意义。巴方完全赞同。我们坚决反对恐怖主义，决不允许包括“东突”恐怖主义势力在内的任何人利用巴领土从事任何反对中国的活动。

胡锦涛对穆沙拉夫提出的“温和文明论”表示赞赏，并指出，文明的多样性是人类社会的基本特征，也是人类进步的动力。各个民族、各种文明应该和谐共处，相互学习，相互借鉴，开展平等的对话和交流。

会谈后，两国元首签署了《中华人民共和国和巴基斯坦伊斯兰共和国关于双边合作发展方向的联合宣言》，并出席了《中华人民共和国和巴基斯坦伊斯兰共和国引渡条约》等双边合作文件的签字仪式。

中华人民共和国和巴基斯坦伊斯兰共和国关于双边合作发展方向的联合宣言

中华人民共和国和巴基斯坦伊斯兰共和国(以下简称双方)有着相似的历史遭遇，都渴望地区和世界的和平与进步，建立在和平共处五项原则基础上的中巴关系堪称国与国关系的典范。自1951年5月21日建立外交关系以来，在两国历代领导人的共同培育下，中巴睦邻友好关系不断加强，双边合作富有成果，已经建立起面向未来的全面合作伙伴关系。

双方的睦邻友好关系是维护亚洲和平与稳定不可或缺的重要因素，有助于增进世界各国的理解与和睦。两国开展的广泛互利合作促进了社会经济发展，为两国人民开辟了更加美好的未来。

双方强调，中巴关系是建立在相互尊重主权、独立、文化和传统以及相互信赖和相互支持基础之上的，有着深厚的民众基础、强大的生命力和广阔的发展前景，应该不断发扬光大，世代传承下去。进一步巩固和加强两国间业已存在的睦邻友好关系不仅符合两国和两国人民的根本利益，也有利于本地区的和平、稳定与繁荣。

双方坚信联合国在促进世界和平与发展方面的中心作用，将继续就此开展合作。两国在国际交往实践中拥有共同的原则，支持和平解决国际争端，维护《联合国宪章》的宗旨和原则。

双方在多边领域保持了密切合作，在国际场合为实现和平发展的共同目标而相互支持。两国也一直支持亚洲地区的和平倡议，支持发展和加强有利于亚洲人民的多种经济交往。

巴基斯坦支持博鳌亚洲论坛，赞赏其为促进和加强经济交往、推动亚洲及其与其他国家的区域经济合作所做的努力。

在新世纪开端，双方承诺将进一步密切双边关系，深化和拓展两国全天候友谊和全面合作伙伴关系。在此基础上，双方特声明如下：

一、双方同意继续保持两国高层领导人的经常性接触和交往，加强政府各部门、议会、政党、军队、民间团体和地方组织的互访和交流，深化了解和友谊，促进双边关系全面、稳定、深入发展。

二、双方肯定两国年度外交磋商机制对增进双方政治合作的重要作用，同意加强两国外交部之间多层次、多领域的磋商和交流，及时就双边关系和共同关心的地区和国际问题交换意见，利用各种场合保持经常性沟通和协调。

三、双方认为，应在现有良好合作的基础上，本着平等互利、注重实效、优势互补、形式多样、共同发展的原则，充分发挥两国政治和地缘优势，推进双方在经济、贸易、投资、农业、科技、旅游等领域的合作。为此：

(一)继续加强对经贸合作的指导与协调。发挥两国经贸科技联合委员会的作用，积极探讨发展两国互利经贸合作的新思路和新途径。为进一步挖掘双边经济合作的潜力，双方同意加强中巴企业家理事会的作用。双方将不断完善有关法规，规范企业行为，为双方公司、企业和机构的经贸投资活动创造有利条件和提供必要的便利。

(二)积极扩大双边贸易，并委托经贸联委会为此采取适当步骤。双方同意根据两国政府促进和保护投资的协定以及本国法律和各自国际义务，鼓励和支持双方企业进行双向投资。双方同意根据新签署的优惠贸易安排扩大双边贸易，并将以建立自由贸易安排作为最终目标而努力。双方同意加强在劳务工程承包领域的合作，并采取必要措施进一步促进双边贸易的发展。

(三)促进和规范边境贸易。双方将采取步骤促进边贸发展，并为此缔结新的边贸协定，促进两国，特别是边境地区的经济发展和社会稳定。

(四)引导和鼓励两国有关政府部门、科研院所、大学和科技型企业在通信、水利、电力、航空航天技术、计算机、自动化、有色冶金、信息技术、医药卫生、石化、生物技术、和平利用核能等双方共同感兴趣的领域开展广泛的技术合作。双方将努力促进技术转让和信息交流，充分发挥两国政府间科技合作联委会的指导和协调作用。

加强在防扩散和出口管制方面的合作，适时考虑商签有关相互出具最终用户和最终用途证明的双边协议。

(五)积极推动两国农、林、渔业的互利合作,充分利用两国自然资源丰富、互补性强的优势,鼓励和支持两国有关企业和部门在农业技术、农林产品加工、农业机械制造、海洋捕捞、水产养殖等方面加强交流和合作。

(六)在工业领域,双方将促进在专业技术知识、利用双方原材料和技术进行共同生产、工业区开发、工业港口、出口免税区和人力资源开发等方面的密切合作,发挥大公司的主渠道作用,加强中小型企业合作。双方将鼓励两国私有部门间的合作并为其提供便利,推动各领域合资企业的建立,尤其是在纺织品制造领域。

(七)加强双方在财政和金融领域以及宏观经济调控方面的交流与合作。

(八)加强交通运输领域的合作,利用中巴喀喇昆仑公路促进人员和商品交流。

(九)为增进两国企业界的相互了解,双方同意增加在对方主要商业城市举办投资贸易洽谈会或商品展览会,两国有影响的商会(中方贸促会和巴方全巴工商联)建立定期交流机制。

(十)扩大旅游合作。巴基斯坦已经成为中国公民自费出国旅游目的地国,双方将尽快落实有关具体实施办法,增加游客人数,拓展旅游市场,加强旅游促销。

四、双方重视中巴防务与安全磋商机制对促进两国军事交流与合作的重要作用。为发展两国防务合作关系,应继续在平等互利的基础上积极开展包括团组互访、人员培训、部队训练、文化和体育等多层次、多领域的交流与合作。双方应支持中巴防务技术和工业联委会的工作,加强两国国防工业的合作。

五、双方同意加强两国在文化、教育、卫生、体育、媒体、宗教等领域的交流与合作。通过交换留学生、教师、互派代表团和艺术团、专家互访、互办展览等活动,增进两国人民的相互了解和友谊。特别是开展青少年友好交流与往来、对两国青年一代进行友好传统的宣传教育,使两国人民的友谊、互信和合作后继有人。

双方注意到世界环境所面临的严重威胁,同意在环境领域开展合作,努力控制水质和空气污染、水土流失和不可持续性森林砍伐,同意在能源有效与经济利用方面进行合作,并在自然资源可持续管理和改善环境方面开展研究与开发合作。

六、双方认为,分裂主义、极端主义和恐怖主义对地区安全与稳定造成严重威胁。双方决定在双边和多边框架内加强协作,积极支持推动双方有关部门在这一领域进行的实质性合作,以共同打击"三股势力",维护地区和平与稳定。

七、促进双方主管机关在刑事司法协助和执法领域的合作,在移交逃犯、调查取证和交换刑事信息和预防、打击跨国有组织犯罪、经济犯罪、走私毒品、走私武器和弹药、贩卖人口以及其他犯罪活动方面建立更密切的联系。

八、中方重申尊重巴基斯坦的独立、主权和领土完整,赞赏并支持巴基斯坦与邻国和平解决所有问题,以及为捍卫国家主权和独立所做的努力。巴方重申一贯奉行一个中国的政策,承认中华人民共和国政府是代表全中国的唯一合法政府,台湾是中国领土不可分割的一部分,完全支持中国的和平统一大业。

九、双方对长期以来在国际和地区事务上进行的密切、有效合作表示满意,一致认为,《联合国宪章》的宗旨和原则、和平共处五项原则等公认的国际关系基本准则必须得到所有国家的尊重。各国应切实执行安理会决议,维护和加强联合国在国际事务中的中心作用。双方同意将继续加强在国际和地区问题上的沟通与协作,共同致力于加强广大发展中国家的团结与合作,在全球化进程中维护自身的合法权益,促进地区和世界的和平与安全,建立公正合理的国际政治经济新秩序。

双方认为穆沙拉夫总统此次访华取得了圆满成功,访问是加强两国相互理解、信任和深化传统友好合作的新里程碑。

穆沙拉夫总统代表巴基斯坦政府和人民诚挚地邀请胡锦涛主席和温家宝总理在方便的时候访问巴基斯坦。中方愉快地接受了邀请。

穆沙拉夫总统感谢中华人民共和国政府和人民给予他和巴基斯坦代表团的热情友好款待。

本宣言2003年11月3日在北京签订,一式两份,每份均用中文和英文写成,两种文本同等作准。

中华人民共和国 巴基斯坦伊斯兰共和国
主席 总统
胡锦涛 佩尔韦兹·穆沙拉夫

世界中文报业协会第三十六届年会在人民大会堂开幕

中共中央政治局常委李长春,中共中央政治局委员、书记处书记、中宣部部长刘云山在年会开幕前会见了全体与会代表。

李长春在会见中说,希望世界中文报业能够在祖国人民和海外华侨华人之间、在中国人民和世界各国人民之间架起了解、友谊、合作之桥。

刘云山出席开幕式并致辞。他说,中国大陆报业愿意借鉴和吸收海外中文报业的有益经验,加强与海外中文报业的交流与合作,共同推进中文报业的发展,在世界传媒格局中发挥中文报业更大的影响力。

世界中文报业协会于1968年在香港成立,以联系全球中文报业从业人员、维护和促进中文报业发展为宗旨，迄今已有会员90余家。本届年会的主题是“世界经济一体化与中文报业的发展”，来自香港特别行政区、台湾地区和马来西亚、新加坡、日本、美国、加拿大、匈牙利的120多位报业高层人士将共同探讨新世纪中文报业面临的机遇与挑战。

世界中文报业协会执委会主席李祖泽主持开幕式，世界中文报业协会会长张晓卿致开幕词。国务院新闻办公室主任赵启正、中华全国新闻工作者协会主席邵华泽、北京市委副书记龙新民等出席了开幕式，此次年会由中华全国新闻工作者协会协办。

全国人大环境与资源保护工作座谈会在上海召开

座谈会为期3天。全国人大常委会副委员长盛华仁在座谈会上说，要按照科学发展观的要求，搞好环境与资源保护规划，加强立法和监督工作。盛华仁说，监督工作要坚持四个原则：一是坚持党的领导的原则；二是坚持依法办事的原则；三是坚持集体行使职权的原则；四是坚持不包办代替的原则。

全国人大环境与资源保护委员会主任委员毛如柏也在会上发了言。来自全国各省、自治区、直辖市人大的有关负责人共200多人出席会议。

博鳌亚洲论坛年会在博鳌闭幕

与会代表围绕亚洲经济的发展前景、亚洲区域经济和贸易合作回顾与展望、亚洲区内的金融安全与金融合作、经济发展和社会发展的平衡等议题进行了全面讨论和交流。重视解决当前现实问题，努力加强区域合作，加快亚洲前进步伐，造福亚洲人民，成为此间与会人士的共识。

在博鳌亚洲论坛主会场，来自中国、土库曼斯坦、越南、日本、澳大利亚等国的嘉宾，就亚洲区域合作进展、目标及挑战，中国的和平崛起与亚洲的未来，加强相互信赖与尊重等问题，发表了精彩的演讲。嘉宾们提出，亚洲经济在世界经济中占有重要地位，亚洲国家要自信，要加强贸易、金融、投资方面的创新与合作，同时要注意规避风险，建立有效的风险预警和化解机制，要在区域自由贸易安排和WTO准则间找到平衡点，实现亚洲繁荣，并为世界经济繁荣作出贡献。来自各国的嘉宾高度评价中国经济的发展，对中国保持人民币汇率稳定表示赞赏。

会议中心还举行了4场分议题研讨会。在“能源、环境与可持续发展”研讨会上，来自日本、中国、菲律宾、英国、伊朗等国家和地区的政要、学者与专家就能源多样化、能源储备、发展清洁能源等问题进行了探讨；在“亚洲制造业双赢模式”研讨会上，来自中国一汽大众、康佳集团、三九药业的几位中国企业家就如何提高亚洲制造业水平和竞争力等问题发表了意见；在“国际金融形势和国家货币政策”议题中，诺贝尔奖获得者、美国哥伦比亚大学教授蒙代尔与高盛(亚洲)有限责任公司董事总经理胡祖六就人民币汇率问题发表了看法；在“亚洲旅游合作”议题中，新西兰前总理希普利及中、日、韩三国旅游管理部门的官员，就推动亚洲旅游业合作、推动旅游产品创新等问题发表演讲。

午间，针对当前中美贸易方面的一些热点问题，前美国贸易代表巴尔舍夫斯基作了“中美贸易关系：挑战与合作”的主题演讲。傍晚，博鳌亚洲论坛理事会举行新闻发布会，论坛理事长拉莫斯评价说，本届年会取得了三个重要成果：通过了论坛成立以来第一个正式章程；大会有了新会址，并荣幸地邀请到多个国家的政要和前政要；参会嘉宾具有广泛性，亚洲论坛已经成为全世界讨论亚洲的论坛。

海关总署机关统一佩戴关衔

海关总署举行升国旗仪式。海关总署署长牟新生宣布，从即日起总署机关全体公务员将按照《中华人民共和国海关关衔条例》和《海关内务管理规范》，统一穿着制服、佩戴关衔标志。这是海关总署党组从严治关、从严治署，建立海关准军事化纪律部队的一项重要举措。

商务部公布《突发事件生活必需品应急管理暂行办法》

《突发事件生活必需品应急管理暂行办法》(以下简称《办法》)自公布之日起施行。

《办法》规定的市场异常波动的应急处理措施主要有：一是通过及时向社会发布市场供求信息引导消费；二是通过大型流通企业已建立起来的供应链、连锁网络组织应急商品投放市场；三是区域之间进行应急商品余缺调剂；四是动用国家和地方应急商品储备；五是在国内资源不足时迅速组织进口等。

《办法》规定市场异常波动分为两级，一级是指全国或跨省、自治区、直辖市的市场异常波动；二级是指发生在一个省、自治区、直辖市较大范围或一个计划单列市、省会城市的市场异常波动。《办法》要求各地制定市场异常波动应急预案，建立和完善必要的物资储备和投放网络，建立生活必需品市场异常波动监测预警系统，及时、全面、准确地报告和发布市场异常波动信息。《办法》的公布，有利于有效监测、及时控制和消除生活必需品市场异常波动，满足居民日常基本生活需要，维护正常的社会秩序。

中共中央政治局常委罗干等在北京观看空军纪念人类航空百年表演

进行飞行和跳伞表演的分别是空军“八一”飞行表演队和空军跳伞运动大队。

据了解，为纪念100年前莱特兄弟驾驶人类第一架动力飞机飞向蓝天的壮举，全世界20多个国家和地区将举办各类纪念活动。中国空军除了在全国4个城市分别组织飞行、跳伞表演外，还将举行一系列活动，集中展示人民空军从无到有、从小到大、从弱到强的发展历程，以及在推进中国特色军事变革和推进空军现代化建设跨越式发展中所取得的辉煌成就。

全国科技法制与知识产权工作会议在北京开幕

科技部副部长李学勇在会议上强调，要进一步研究新时期科技法制建设以及在科技发展中实施专利战略、加强知识产权工作的思路和措施，依靠法律手段推动新时期科技发展和全社会科技进步。

《人民日报》发表国务委员陈至立的文章《加快发展 深化改革 开创农村教育工作新局面》

国务院最近作出的《关于进一步加强农村教育工作的决定》，是指导我国农村教育工作的纲领性文件。9月19日至20日，国务院召开了全国农村教育工作会议进行部署，温家宝总理作了重要讲话。我们要以“三个代表”重要思想和党的十六大精神为指导，进一步动员和组织各方面力量，贯彻落实好《决定》和会议精神，切实加强农村教育工作。

一、认清形势，统一思想，增强做好农村教育工作的责任感和紧迫感

1. 农村教育工作成绩显著。我们党和国家一直十分重视发展农村教育事业。新中国成立特别是改革开放以来，我国农村教育取得了巨大成就。20世纪末，我国在人均国内生产总值不足1000美元的条件下实现了基本普及九年义务教育和基本扫除青壮年文盲的奋斗目标。

在推进教育发展和改革实践中，我们积累了宝贵的经验。主要是：坚持教育优先发展，实施“科教兴国”战略；坚持把实现“两基”作为教育工作的重中之重，促进各级各类教育协调发展；坚持以改革促发展，不断推进体制创新，全面推进素质教育，促进教育同经济社会发展紧密结合；坚持依靠广大教育工作者和亿万人民群众，尊重他们的创新精神；坚持积极进取、实事求是、分区规划、分类指导的工作方针；坚持以政府投入为主、多渠道筹措教育经费；坚持依法治教，建立、健全教育法律、法规体系，加强教育督导工作。

2. 农村教育整体上仍然薄弱。主要表现在：农村教育发展相对滞后，城乡之间还存在较大差距。农村劳动力平均受教育年限与城市相比相差三年。许多农村中小学办学条件亟待改善，教师队伍素质有待提高。经费投入不足仍然是影响农村教育发展的突出问题。“以县为主”管理体制有待巩固和完善，一些地方“保工资、保安全、保运行”存在困难，家庭经济困难学生接受义务教育急需扶持，中小学辍学率有上升趋势，普九“欠债”问题严重。农村教育同农村经济社会发展结合不够紧密，为“三农”服务的能力亟待加强。一些地方和学校办学模式和教育结构比较单一，不同程度地存在着脱离农村实际的现象。各类教育资源整合不够，效益不高。

3. 要把农村教育作为教育工作的重中之重。全面建设小康社会最繁重、最艰巨的任务在农村，教育发展和改革的主要差距也在农村。加快农村教育的发展和改革，是摆在各级政府面前的一项重大而紧迫的任务，是实现教育公平和体现社会公正的一个重要方面，是社会主义教育的本质要求。我们必须认清形势，提高认识，把思想统一到中央决策上来，以更大的决心和更有力的措施，促进农村教育上新的台阶。

二、加快农村教育发展，提高农村人口素质，满足经济社会发展要求

当前，加快我国农村教育的发展，必须突出重点，服务“三农”，城乡统筹，勇于创新。

1. 集中力量打好西部“两基”攻坚战。目前，我国还没有实现“两基”的地区，涉及360万平方公里和1.1亿人口，主要集中在西部地区。党中央、国务院时刻牵挂着西部广大学龄儿童的就学问题，强调要下定决心，采取重大举措，像当年抓好“八七”扶贫计划一样实施国家西部“两基”攻坚计划，到2007年保质保量地完成这项任务。要抓紧做好六项工作。一是在充分调查研究的基础上制定切实可行的规划，要具体落实到县。二是加强寄宿制学校主要是寄宿制初中建设。三是切实帮扶贫困家庭学生就学，减免杂费、课本费，并提供必要的寄宿生活补助。四是认真做好少数民族地区教师培养、教材编写和教学资源开发工作。五是充分利用现代远程教育手段，提高教学质量和办学效益。六是加大《义务教育法》的宣传，帮助农民群众履行送子女就学的义务。同时，中部地区没有“普九”的县也要集中力量打好攻坚战，尽快实现“两基”目标，这也是国家“两基”攻坚计划的重要组成部分。

2. 切实做好已经实现“两基”地区的巩固提高工作。中西部的大部分县虽已实现了“两基”，但基础薄弱，水平较低，问题较多。做好广大农村的“两基”巩固提高工作，需要进行多方面的努力。一是领导要高度重视，克服松懈、厌战和畏难情绪，像当年实现“两

基”一样抓好巩固提高工作。二是要加大投入,改善办学条件,保证义务教育的基本需求。中央和省市对已经实现“两基”地区的巩固提高工作要给予重视和支持。在安排用于农村教育的专项经费时,要向这些地区适当倾斜并给予必要的奖励。三是要切实抓好农村初中控辍工作,促使农村初中辍学率明显下降,把控辍率作为考核教育工作的一项重要指标。

广大东部农村地区要高水平、高质量地普及九年义务教育,使本地区适龄儿童少年都能按时入学并合格毕业,薄弱学校全面消除,区域内学校的教育质量、办学条件、师资队伍、学校管理和教育信息化都能达到较高水平并均衡发展,高中阶段教育和学前三年教育基本普及,率先向基本实现教育现代化的目标迈进。

3. 大力发展灵活多样、实用高效的农村职业教育和成人教育。各地要大力发展农村职业教育,坚持以就业为导向,大力提倡“订单”培训,努力做到教学与岗位之间“零距离”,二者既要“对口”还要“接口”。实行多样、灵活、开放的办学模式,方便学生工学交替、半工半读、城乡分段和职前职后分段完成学业。调整专业设置,满足社会多层次、多规格、多形式的需要。各级政府要统筹现有教育资源,重点建设好一批骨干示范职业学校和培训机构,还可采用连锁办学模式带动县级职教中心提高水平、走向市场。要针对国际劳务市场的需要开展培训,加大劳务输出。

要普遍开展农村实用技术培训和农村劳动力转移培训。今后5年,每年培训农民超过1亿人次,使农村劳动力普遍掌握1—2项实用生产技术。每年实施农村劳动力转移培训2000万人次,使新增农村转移劳动力基本掌握一项在城镇创业、就业的技能,并获得相应的职业资格或培训证书。与此同时,积极开展农村基层管理人员培训,提升农村基层管理人员的素质和管理能力。

要积极创新培训机制和投入机制,坚持培训与市场和社会需求挂钩,鼓励和支持定单培养,先培训后输出。各级政府在安排使用农村科技开发经费、技术推广经费和扶贫资金时,要安排一部分农村劳动力培训经费。通过多渠道筹集资金,逐步形成政府扶持、培训机构减免经费、农民适当分担的投入机制。

4. 大力实施农村现代远程教育工程。国务院决定在我国农村实施中小学现代远程教育工程,这是一项带有战略性意义的重要举措。我们要用五年左右的时间,使我国农村初中基本具备计算机教室,小学基本具备卫星教学收视设备和教学光盘播放设备及成套教学光盘,小学教学点具备教学光盘播放设备和成套教学光盘,以信息化带动农村教育的发展。

各地要根据国家的整体规划和统一部署,多渠道筹措配套资金,将实施农村现代远程教育作为一件大事来抓。教育部门要认真抓好试点,不断总结经验。国务院有关部门要加强指导,积极配合,创造必要的条件。要注重发挥农村学校现代远程教育设施的综合效益,推动教学改革,还要为农业科技推广和开展农村党员干部教育服务。

5. 建立、健全资助家庭经济困难学生就学的制度。保障农村家庭经济困难学生接受义务教育,是各级政府义不容辞的责任。中央财政将继续加大对农村贫困学生助学的力度,重点扶持中西部农村贫困学生就学。除继续安排助学金以外,还将逐步扩大免费教科书发放范围。地方各级政府也要加大投入,设立专项资金,对家庭经济困难学生实行免费教育,并提供必要的寄宿生活补助。

各级政府要广泛动员和鼓励机关、团体、企事业单位和公民捐资助学。要进一步落实对捐资助学单位和个人的税收优惠政策,在全社会倡导助学为荣的良好风尚。

三、深化农村教育改革,建立和完善适应农村经济社会发展的新机制

1. 巩固和完善“以县为主”的农村义务教育管理体制。发展农村教育,关键是要巩固完善“以县为主”的农村义务教育管理体制。目前,全国绝大多数县、市、区已将中小学教职工工资管理和人事管理上收到县,实现了农村义务教育管理由以乡镇为主向以县为主、经费投入由农民为主承担向以政府为主承担的根本性转变。

但是,各地的工作还不平衡,一些地方“保工资、保安全、保运行”所需经费仍然存在缺口,当前需要重点抓好以下工作:

一是要进一步落实各级政府对农村义务教育投入的共同责任。“以县为主”讲的是管理体制,县级政府要切实担负起对本地教育统筹管理的责任,千方百计尽到应尽的责任。但对一些财政困难县则要明确各级政府的转移支付责任,要认真落实中央提出的今后新增教育经费主要用于农村的措施,将农村义务教育纳入公共财政体系并予以保障。

近年来,中央财政大幅度增加了对农村义务教育的投入,有力地保障了农村教育管理体制的改革。地方财政也加大了对农村义务教育的投入,基本保证了农村义务教育的正常运转。当前应当特别强调的是,省级政府还要进一步积极调整本地区财政支出结构,逐县核定财力,建立规范化的转移支付制度,加大对财政困难县的转移支付力度,保障县级财政具有对农村教育的基本支付能力。同时,还必须发挥乡镇政府和村级组织的作用。

二是要进一步规范农村中小学“保工资、保安全、保运转”制度。要进一步明确“三保”的资金来源。省级财政要增加对财政困难县的转移支付，落实农村中小学教师工资发放省长(市长)负责制。要确保中央下达的工资性转移支付资金，全部补助到县，主要补助经过努力仍有困难的县用于工资发放。要确保税费改革专项转移支付资金主要用于农村义务教育，弥补农村教育费附加和农民集资取消后所形成的中小学危房改造和学校运转的经费缺口，确保农村义务教育经费不低于税费改革前的水平并力争有所提高。县级政府要将县域内农村中小学教师的工资、公用经费和经常性危房改造的支出，全额列入县级政府的预算。

三是要高度重视和认真解决当前一些突出问题。省、市两级政府要设立专项经费，补足实行“一费制”地区中小学公用经费缺口，坚决制止乱收费。抓紧清理补发历年拖欠的农村中小学教职工工资。地方政府要在清理核实的基础上，逐步将农村中小学“普九”债务转移到县、乡政府，在化解农村债务时通盘考虑解决，严禁因追索债务影响学校正常教学秩序。

2. 积极推进农村学校教学改革。农村教育教学改革，必须全面贯彻党的教育方针，坚持为“三农”服务的方向，增强办学的针对性和实用性，满足农民多样化的学习需求；必须全面推进素质教育，紧密联系农村实际，注重受教育者思想品德、实践能力和就业能力的培养；必须实行基础教育、职业教育、成人教育“三教统筹”，有效整合教育资源，充分发挥农村学校的综合功能，提高办学效益。

要积极推进农村中小学课程和教学改革。农村中小学在达到国家规定的基础教育的基本要求时，要紧密地结合农村实际，突出农村特色，充分利用地方课程、校本课程和普通高中的技术课程，继续开展“绿色证书”教育，增加职业教育方面的内容。

各地要整合资源，为农村中小学提供必要的土地作为开展劳动实践和勤工俭学的场所，切实把这项工作纳入农村中小学教育教学活动之中。

3. 加强“农科教结合”和“三教统筹”。县级职业学校要实行职前培养和职后培训并重，努力办成多功能的职业教育与成人教育中心。成人文化技术学校、农业广播电视学校、农业技术推广和培训机构要继续发挥农民培训和科技推广的重要作用，并为普通中小学开设劳动技术课和综合实践活动课提供师资和实习场所。农村中小学在培养学生的同时，要积极承担农民培训和扫盲任务，并将其纳入学校的工作职责，安排必要的人员和经费，实行一校挂两牌。要努力发挥农村各类学校和推广、培训机构的综合作用，形成县、乡、村三级实用型、开放型农民文化科技教育培训体系，积极探索终身教育体系。

当前推进“农科教结合”，农业、科技、教育等部门要共同确定项目，统筹使用经费，联合培训人员。加强沟通协调，普遍建立农科教结合工作的联席会议制度。注意运用市场机制推进农科教结合，鼓励农业产业化龙头企业、各种中介组织和农民经纪人广泛参与农业实用技术推广和农民培训等活动。

4. 加强城市对农村教育的服务和支持。要高度重视和认真解决进城务工就业农民子女的就学问题。温家宝总理视察北京市务工子弟学校时，在黑板上写下“同在蓝天下，共同成长进步”几个大字，情深意长。我们要带着这样的感情抓好这项工作。城市各级政府要坚持以流入地政府管理为主、以公办中小学为主，保障进城务工就业农民子女接受义务教育。城市各类职业学校要扩大面向农村的招生规模，积极开展进城务工就业农民的职业技能培训，提高他们在城市生活和就业的能力。继续扩大东部与西部职业学校的对口招生规模，要对家庭经济困难的学生减免学费，并为学生就业提供帮助，促进农村劳动力转移。中心城市都要做好本区域内城乡教育统筹工作，开展城乡之间的教育帮扶工作，努力缩小区域内教育差距。继续实施教育对口支援的“两个工程”。把对口支援工作拓展到县对县，力争做到每一个贫困县都有一个对口支援的单位。

5. 推进农村中小学人事制度改革。当前，各地一要抓紧落实编制核定工作。二要紧紧抓住资格准入、竞争上岗、全员聘任三个关键环节，全面实施教师聘任制，并逐步清退不合格教师。三要严格掌握农村中小学校长任职条件，积极推行校长任期制。四要制定优惠政策，采取有效措施，鼓励和吸引具有教师资格的人员到农村特别是边远贫困地区任教。五要深化教师教育改革。六要坚持从严治教，加强师德建设，加强教师队伍管理。

四、切实加强领导，努力开创农村教育工作新局面

1. 建立、健全农村教育工作的领导责任制。地方各级政府一把手要对本地区农村教育发展和改革任务负总责。要制定本地区农村教育发展和改革规划，认真组织实施；加强统筹协调，切实保障农村教育经费投入；认真执行教育法律、法规，坚决维护师生合法权益。建立和完善对县级人民政府教育工作的督导评估机制，并将督导评估的结果作为考核领导干部政绩的重要依据。

2. 形成政府有关部门各负其责、齐抓共管的工作机制。教育部门要切实把农村教育摆在教育工作重中之重的地位，积极推动农村学校的教育教学改革，加强教师队伍建设，努力提高教育质量和办学效益。发展

改革部门要切实把农村教育发展纳入经济社会发展的总体规划，并把农村学校建设作为基本建设的优先发展领域给予重点支持。财政部门要充分发挥公共财政的保障职能，按照教育法律和国家有关规定，为农村教育发展与改革提供必要的资金支持。农业、科技、劳动、人事等部门要结合本部门的实际继续大力支持农村教育工作。

3. 提倡好的领导作风和工作方法。我们要坚持解放思想、锐意进取，反对因循守旧、故步自封；坚持实事求是、真抓实干，反对形式主义、虚张浮夸；坚持执政为民、关心群众，反对官僚主义、麻木不仁；坚持顾全大局、团结协作，反对各自为政、扯皮推诿。

4. 充分发挥广大农民群众和教育工作者的积极性和创造性。要进一步动员国家机关、部队、企事业单位、社会团体和人民群众通过各种形式支持农村教育的发展。要充分尊重基层农民群众和农村中小学教育工作者的创新精神，鼓励他们与时俱进、大胆实验。

5. 进一步营造发展农村教育的良好社会氛围。要大力宣传抓农村教育促经济社会发展的先进地区的好经验，关心农民疾苦、为农村教育办实事的领导干部和捐资助学、支持农村教育的单位、个人，进一步形成良好舆论导向。要大力宣传农村优秀教师的先进模范事迹，中央和地方政府要定期对作出突出贡献的优秀农村教师和教育工作者予以表彰奖励。

今后5年是我国经济和社会发展的关键时期，也是农村教育发展和改革的重要机遇期。让我们紧密团结在以胡锦涛同志为总书记的党中央周围，深入贯彻"三个代表"重要思想和党的十六大精神，解放思想，实事求是，开拓进取，与时俱进，为开创我国农村教育的新局面而努力奋斗！

全国防治"非典"指挥部会议在北京召开

中共中央政治局委员、国务院副总理、全国防治"非典"指挥部总指挥吴仪主持会议，听取指挥部督查组对各省、自治区、直辖市预防"非典"工作督查情况汇报，研究部署预防工作。吴仪指出，督查表明，至今没有发现"非典"病例；各地积极有序地开展预防工作，完全能够有效预防和控制"非典"疫情的反复；下一步还要扎实工作，严密监测，沉着应对，加强科技攻关，完善应急机制，严防"非典"反复。

国务委员兼国务院秘书长、全国防治"非典"指挥部副总指挥华建敏出席会议。指挥部各工作组、办公室负责人及督查组组长出席会议并作了汇报。

湖南衡阳发生特大火灾 20名消防官兵因公殉职

11月3日5时43分，衡阳市市一栋8层商住楼发生火灾，该市公安消防支队接警后，立即组织部队赶到火场。官兵们全力疏散和解救被困群众，将大楼内及周边楼房的群众全部疏散撤离火场，居民群众无一伤亡。消防官兵正在推进扑灭余火时，大楼突然倒塌，将部分正在进行灭火战斗的消防官兵埋在废墟下，张晓成等20名同志光荣牺牲。

公安部根据张晓成等20名同志的牺牲情节和平时表现，特批准衡阳市消防支队政治委员张晓成、办公室副主任戴和熙，雁峰中队干部赵康林、聂学敏和士兵方卫平、彭国辉，石鼓中队干部钟林林、陈桂华和士兵刘昌瑶、薛相林、李代伟、周忠君，珠晖中队干部张尚和士兵郭兵华、贺华东、谌献波、刘庆东、张虎，特勤中队士兵曾辉、郭铁牛等20名同志为革命烈士。

11月4日

全国人大常委会委员长吴邦国 全国政协主席贾庆林在人民大会堂分别会见巴基斯坦总统穆沙拉夫

国务院总理温家宝在中南海分别会见巴基斯坦总统穆沙拉夫和奥地利外长贝妮塔·费雷罗—瓦尔德纳

温家宝在会见穆沙拉夫时说，当前，双方要重点做好以下几方面工作：一是根据新签署的优惠贸易安排，提高双边贸易量；二是落实好在建和在谈项目，使这些项目尽早获得经济和社会效益；三是加紧商定利用中方提供的优惠信贷所支持的项目。

穆沙拉夫表示，巴方完全赞同温家宝总理的建议，有重点地积极拓展两国的经贸合作，欢迎更多的中国企业到巴投资办厂。

双方还就地区形势等问题深入交换了意见。

在温家宝与奥地利外长贝妮塔·费雷罗—瓦尔德纳的会见中，双方积极评价了当前的中奥关系，并就共同关心的问题交换了看法。

国务院副总理曾培炎应邀到香港考察

曾培炎是应香港特别行政区行政长官董建华的邀请，11月4日至6日访问香港，参加《商业周刊》第七届行政执行官年会，考察香港工业企业、基础设施建设项目，并会见了香港特别行政区行政长官特设国际顾问委员会委员、接见了中央驻港机构和中资企业负责人。

曾培炎围绕香港经济发展和两地经济合作问题进行参观考察，走访了香港联业制衣公司、大埔工业村和美亚铝业厂、正在建设的香港迪斯尼乐园工地、深港西部通道香港接驳点工地、香港交易所。他指出，将于明年1月1日实施的《内地与香港关于建立更紧密经贸关系的安排》,是促进香港经济发展的一个重要举措。加强两地大型基本建设项目协作,特别是加快跨界大型基础设施建设,对于香港和内地经济共同发展十分重要,已经取得了积极的成果。我们相信,有董建华先生领导的特区政府和全体香港同胞的共同努力,有中央政府的大力支持,香港一定能实现持续的稳定繁荣。

在会见行政长官特设国际顾问委员会委员时,曾培炎说,各位顾问都是世界知名的跨国企业领袖和管理专家,具有广阔的国际视野和成功的经商经验。香港特别行政区成立以来,克服了亚洲金融危机、外部经济环境变化和“非典”疫情等种种不利因素影响,保持了经济自由开放,在吸引国际资本和扩展国际交往方面取得了新的进展,目前香港经济开始出现复苏势头。希望顾问委员会为振兴香港经济继续建言献策,并发展各位委员在香港的事业。

在接见中央驻港机构和部分中资企业负责人时,曾培炎说,长期以来,中央驻港机构和中资企业为香港顺利回归和繁荣稳定,为国家改革开放和经济建设做了大量工作。要继续贯彻“一国两制”、“港人治港”、高度自治的方针,严格按照香港基本法办事,支持香港特别行政区行政长官和政府依法施政,在落实《内地与香港关于建立更紧密经贸关系的安排》措施、推进两地经济合作中更好地发挥纽带作用,为维护稳定、振兴香港经济继续作出努力。

全国人大常委会副委员长乌云其木格在北京出席农村土地承包法执法检查组二次全会

全国人大常委会执法检查组在执法检查中发现,当前一些省还有5%左右的农户没有签订土地承包合同、没有领到承包经营权证书;一些地方征占用农村集体土地中存在补偿标准低、失地农民安置不落实,个别地方甚至克扣、挪用补偿费;还有一些地方农村土地承包经营权流转不规范,个别地方不顾群众意愿,采用行政手段流转农村土地承包经营权。

根据全国人大常委会执法检查工作的安排,农村土地承包法执法检查组9月、10月赴福建、陕西、四川、河北、江苏、吉林、湖南等地进行了执法检查。执法检查组11月4日举行第二次全体会议,听取各小组检查情况的报告。

从检查的情况看,各地在农村土地二轮承包过程中,坚持承包期延长30年和大稳定、小调整的原则,较好地落实了农村土地承包政策。农村土地承包法颁布后,各地农村基层干部增强了依法行政的观念,广大农民提高了依法保护自己土地权益的意识。从总体上看,大部分省95%以上的农民和耕地面积落实了二轮土地承包,农民的土地承包经营权得到有效保护。

全国人大常委会副委员长乌云其木格出席会议并表示,要继续深入学习、宣传农村土地承包法,健全规范相关法律、法规,提高法律的可操作性。要继续做好二轮土地承包的收尾工作,依法解决二轮土地承包的遗留问题。高度重视失地农民的补偿安置工作,慎重解决好征地中失地农民的补偿和安置就业,妥善处理土地征用中出现的矛盾。进一步规范土地承包经营权的流转,按照“依法、自愿、有偿”的原则,保障承包人流转土地承包经营权的收益。

全国人大常委会副委员长顾秀莲在北京出席纪念村委会组织法颁布实施5周年座谈会并讲话

会议决定,由民政部授予北京市昌平区等225个县(市、区、旗)为全国村民自治模范县(市、区、旗)。

全国人大常委会副委员长顾秀莲出席会议并讲话。她说,5年来的实践证明,村委会组织法是一部有利于加强和改善党对农村工作的领导,巩固农村基层基础工作,促进农村先进生产力和先进文化发展的法律;是一部有利于落实依法治国基本方略,扩大基层民主,保障农民当家做主,促进农村社会主义民主政治建设的法律;是一部深受亿万农民群众拥护,代表、维护和发展农民群众根本利益的法律。

顾秀莲强调,要以“三个代表”重要思想为指导,进一步掀起学习、贯彻、实施村委会组织法的热潮。当前和今后一个时期,应当重点做好几项工作:继续做好宣传教育工作;进一步健全配套的政策法规体系;建立、健全村委会组织法实施的监督保障机制,加大执法监督力度。

国务院副总理黄菊在中南海会见美国美林集团董事长斯坦利·奥尼尔

中共中央政治局常委罗干在人民大会堂会见葡语国家和地区司法界客人

参加会见的有在澳门参加“葡萄牙语国家和地区最高法院院长会议”后来访的各国和地区最高法院院长和大法官罗干向客人简要介绍了中国政治经济和民主法制建设情况。他表示,中方愿意学习和借鉴各国在司法领域的有益经验,推进依法治国进程。

外交部部长李肇星在北京与美国国务卿鲍威尔通电话

双方表示将积极落实胡锦涛主席和布什总统在曼谷会晤达成的重要共识,发展和加强中美建设性合作关系。双方表示愿意努力推动和平解决核问题的北京六方会谈进程。鲍威尔重申美国政府坚持奉行一个中国政策。他还表示欢迎中国外交部副部长王毅近期访美。

监察部部长李至伦在墨西哥城出席第五届“政府改革”全球论坛会议并发言

李至伦在发言中介绍了中国在建立廉洁高效政府、推进制度改革与创新的认识和做法。他介绍了中国政府从两个方面推进制度改革创新的做法。一是大力推进政府运行模式和施政方式的创新，建设行为规范、运转协调、公正透明、廉政高效的政府；二是建立制约有效的权力运行机制。

第五届“政府改革”全球论坛会议11月3日至7日在墨西哥城举行。来自世界100多个国家的官员和国际组织的代表出席了这届全球论坛会议。全球论坛的宗旨是就建设廉洁高效透明的政府、提高政府的执政水平等问题交流经验。

江泽民 胡锦涛等在北京会见第十五次全军院校会议代表

江泽民指出，去年，我们针对世界新军事变革加速发展的趋势，提出了积极推进中国特色军事变革的战略任务，确定对军队体制编制作进一步的调整改革。院校体制编制调整改革是全军体制编制调整改革的重要组成部分。全军院校要坚决贯彻军委的决策部署，不折不扣地完成调整改革任务。

江泽民强调，推进中国特色军事变革，建立信息化军队，打赢信息化战争，关键在科技和人才。军队院校是培养高素质新型军事人才、创新军事理论和高新技术的重要基地，在推进中国特色军事变革中肩负着重要使命。要朝着规模化、集约化办学的方向不断前进，拓宽依托国家高等教育培养军事人才的路子，使军队院校教育由以学历教育为主转变为以继续教育为主，军队院校生长干部的学历教育基本实现大学本科化。要大力推进教育创新，优化教育结构，完善管理机制，加强校风和学风建设，提倡科学求实精神，在培养军事人才的知识基础和创新能力、提高综合素质上下功夫。

经中央军委批准，第十五次全军院校会议11月1日在京召开。会议的主要任务是，以“三个代表”重要思想为指导，深入学习江泽民主席关于院校建设和人才培养的一系列重要指示，研究部署全军院校和训练机构体制编制调整改革任务，全面推进军队院校在新世纪、新阶段的创新发展。会议期间，徐才厚、梁光烈、廖锡龙、李继耐就军队院校调整改革和创新发展的有关工作作了讲话。

全国职工职业技能大赛在洛阳揭晓

大赛由中华全国总工会、国家发展和改革委员会、科学技术部、劳动和社会保障部联合举办。中国一汽集团轿车股份有限公司职工马元国、山西省永济电机厂职工张峰杰、辽宁金杯汽车股份有限公司职工崔立刚、甘肃兰州西固热电有限责任公司职工马晓东和山东省电力建设第二工程公司职工刘盘国分别获得车工、钳工、铣工和焊工4个工种5个单项的决赛冠军。湖北省代表队获得团体总分第一名。

这次全国职工职业技能大赛是近年来规模最大的全国性职工技能比赛。大赛设车、钳、铣、焊4个工种。由全国30个省(自治区、直辖市)初赛选拔出的460名选手参加了决赛角逐。

中华全国总工会副主席、书记处第一书记张俊九出席了全国职工职业技能大赛闭幕式并讲话。

11月5日

中央军委主席江泽民在中南海会见巴基斯坦总统穆沙拉夫

中国法学会第五次全国会员代表大会在人民大会堂举行

中共中央总书记、国家主席胡锦涛，中共中央政治局常委、国家副主席曾庆红到会祝贺。会上，中共中央政治局常委、中央政法委书记罗干代表党中央发表了题为《繁荣法学研究，推进依法治国，为全面建设小康社会贡献智慧和力量》的祝词。

出席大会的领导同志还有：王刚、司马义·艾买提、肖扬、贾春旺、罗豪才和韩杼滨等。

第四届中国法学会会长任建新主持会议并讲话。大会还听取了中国法学会第四届理事会工作报告和《中国法学会章程(修改草案)》的说明。

这次会议旨在总结自1997年以来中国法学会的工作，明确今后5年中国法学界、法律界的主要任务和工作目标，选举产生新一届中国法学会的领导集体。中央和国家机关有关部门负责人以及来自全国各地法学界、法律界的代表400多人参加了大会。

中央政法委书记罗干在中国法学会第五次全国会员代表大会上的祝词《繁荣法学研究，推进依法治国，为全面建设小康社会贡献智慧和力量》

各位代表，同志们：

中国法学会第五次全国会员代表大会今天隆重开幕了。这是全国法学界和法律界的一件大事。开好这次会议，对于进一步动员全国广大法学工作者和法律工作者,深入学习贯彻“三个代表”重要思想和党的十六大精神,大力促进依法治国基本方略的实施,为全面建设小康社会、开创中国特色社会主义事业新局面而团结奋斗,具有十分重要的意义。

我受党中央委托,向大会的召开表示热烈的祝贺!向全国广大法学工作者和法律工作者致以亲切的问候!

中国法学会第四次全国会员代表大会以来,伴随着改革开放和现代化建设前进的步伐,我国社会主义民主法制建设取得了重大进展。全党全社会的法律意识和法制观念日益增强,立法、司法、执法和普法工作不断推进,以宪法为核心的中国特色社会主义法律体系初步形成,依法治国的基本方略得到进一步落实。在这一进程中,全国广大法学工作者和法律工作者,在党的领导下,认真学习贯彻邓小平理论和“三个代表”重要思想,以饱满的政治热情、强烈的责任意识和良好的工作作风,积极参与社会主义民主法制建设,为促进依法治国、建设社会主义法治国家作出了重要贡献。中国法学会紧紧围绕全党全国工作大局,积极组织广大法学工作者和法律工作者开展形式多样的活动,在繁荣法学研究、推进法律实践、加强法制宣传、培养法律人才、开展对外交流等方面发挥了积极作用,成为社会主义民主法制建设中的一支重要力量。

党的十六大提出,要在本世纪头20年,集中力量全面建设惠及十几亿人口的更高水平的小康社会,使经济更加发展、民主更加健全、科教更加进步、文化更加繁荣、社会更加和谐、人民生活更加殷实。全面落实依法治国的基本方略,是全面建设小康社会的重要内容,也是实现这一宏伟目标的有力保障。江泽民同志曾经指出:“实行和坚持依法治国,对于推动经济持续快速健康发展和社会全面进步,保障国家的长治久安,具有十分重要的意义。”全面建设小康社会的过程,必然是推进依法治国、建设社会主义法治国家的过程。在这一伟大实践中,广大法学工作者和法律工作者责任重大、使命光荣。希望大家自觉肩负起时代赋予的神圣职责,进一步增强历史责任感和工作紧迫感,坚持以邓小平理论和“三个代表”重要思想为指导,认真贯彻党的十六大精神,努力奋斗,锐意进取,为繁荣法学研究,促进依法治国基本方略的落实,实现全面建设小康社会的宏伟目标贡献自己的智慧和力量。

第一,希望广大法学工作者和法律工作者始终坚持正确的政治方向。讲法治与讲政治是统一的。法学研究和法律实践坚持什么样的政治方向,直接关系到民主法制建设的性质和前途,关系到改革发展稳定的大局。广大法学工作者和法律工作者一定要充分认识坚持正确政治方向的极端重要性,在大是大非问题上始终保持清醒头脑,站稳政治立场。要切实加强政治理论学习,努力用马克思列宁主义、毛泽东思想、邓小平理论和“三个代表”重要思想武装头脑,不断提高运用马克思主义的立场、观点和方法分析、解决问题的能力和水平。要坚决贯彻党的路线方针政策,始终把坚持党的领导、人民当家做主和依法治国有机统一起来,自觉抵制各种错误和有害思潮。要进一步增强政治意识、大局意识、责任意识,使法学研究和法律工作真正有利于加强和改善党的领导,有利于发挥社会主义制度的优越性,有利于调动广大人民群众的积极性,有利于维护国家统一、民族团结和社会稳定,有利于促进经济发展和社会全面进步,保证我国法学研究和法律工作始终沿着正确的方向前进。

第二,希望广大法学工作者和法律工作者切实增强创新意识。创新是国家和民族兴旺发达的不竭源泉,也是法学理论和法律实践不断发展的强大动力。广大法学工作者和法律工作者一定要坚持解放思想、实事求是、与时俱进,把握时代脉搏,立足理论前沿,着眼新的实践,不断推动社会主义法律理论创新、法律制度创新和法律文化创新。要认真总结党领导人民依法治理国家的经验,善于从人民群众的伟大实践中汲取丰富营养,及时作出新的理论概括,不断深化对依法治国规律的认识。要以全面建设小康社会的重大现实问题为主攻方向,按照完善社会主义市场经济体制和实现全面、协调、可持续发展的要求,注重研究法学领域和法律实践中带有全局性、前瞻性、战略性的重大课题,同时坚持把继承发扬民族优秀文化和吸收借鉴国外优秀文化结合起来,注意把研究国内法律问题和研究国际法律问题结合起来,努力形成具有中国特色的法学理论体系,促进中国特色社会主义法律体系的形成,不断推进依法治国,不断推进社会主义政治文明建设。

第三,希望广大法学工作者和法律工作者牢固树立良好的职业风范。法学是正义之学,法学工作者和法律工作者应成为社会公平正义的维护者。进一步发挥法学和法律的作用,强化社会主义法制的尊严和权威,对于维护改革发展稳定的大局,保障在全社会实现公平和正义,具有十分重要的意义。广大法学工作者和法律工作者要珍视自己从事的崇高职业,在弘扬良好社会风尚方面发挥模范带头作用。要刻苦学习、更新知识,努力跟上时代前进的步伐,适应党和人民事业发展的要求,不断提高工作能力和工作水平。要脚踏实地、深入实践,大力发扬理论联系实际的马克思主义学风,树立严谨的治学态度,坚持从实际出发思考和研究问题,反对照搬照抄,老老实实做人,踏踏实实做学问,多提出治国安邦的真知灼见,多创造社会需要的学术精品。要恪尽职守、服务人民,增强公仆意识和群众观念,坚持依法行政、公正司法,坚决抵制各种不正之风,在本职岗位上创造优异成绩,以良好的职业风范赢得人民群众的信任。

中国法学会是党领导的人民团体,是我国法学工作者和法律工作者的全国性群众团体和学术团体,是党和政府联系法学界、法律界的桥梁和纽带。要自觉接受党的领导,主动适应新的形势和任务的要求,进一步加强自身建设,不断增强自身活力和凝聚力,充分发挥自身优势,当好推进依法治国的智囊参谋,在建设社会主义法治国家的进程中更好地发挥作用。要围绕党和政府的中心工作,组织法学研究攻关和法律工作实践,推出高水平的学术成果,促进法律实践的完善,更好地为党和政府决策服务,为社会主义物质文明、政治文明和精神文明建设服务。要加强同法学工作者和法律工作者的联系,尽心竭力地为他们办实事、办好事,真正成为法学工作者和法律工作者之家。

胡锦涛同志指出:"在整个改革开放和社会主义现代化的进程中,我们都必须坚持依法治国的基本方略。"各级党委和政府要从全面落实依法治国的基本方略、推进建设社会主义法治国家的进程的高度,切实加强对法学会工作的领导,指导法学界、法律界更好地开展工作,始终坚持正确的政治方向。要坚持"双百"方针,尊重劳动、尊重知识、尊重人才、尊重创造,营造民主平等、和谐开放、生动活泼的环境,充分调动法学工作者和法律工作者的积极性和创造性。要大力加强队伍建设,形成使优秀人才脱颖而出、人尽其才的良好机制,造就一支党和人民满意的高素质的法学人才、法律人才大军。要满腔热情地关心法学工作者和法律工作者的发展进步,千方百计地帮助他们解决实际困难,为他们创造更好的学习、工作和生活条件。

同志们,新的时代在激励着我们,新的任务在召唤着我们。让我们紧密团结在以胡锦涛同志为总书记的党中央周围,高举邓小平理论和"三个代表"重要思想的伟大旗帜,全面贯彻党的十六大精神和十六届三中全会精神,开拓进取,扎实工作,为继续推进依法治国基本方略的实施,为全面建设小康社会、实现中华民族伟大复兴而努力奋斗!

祝中国法学会第五次全国会员代表大会圆满成功!

国务院总理温家宝在北京主持召开国务院常务会议

会议听取国家发展改革委"关于2004年经济工作基本思路的汇报",分析今年经济形势,研究明年经济工作。

会议强调,各地区、各部门要认真贯彻党的十六大和十六届三中全会精神,以"三个代表"重要思想为指导,统一认识,加强领导,再接再厉,抓好落实,全面完成今年经济工作任务,筹划好明年经济工作。会议对做好今年后两个月的经济工作提出10项要求。(一)努力完成今年既定的各项任务,特别要加强薄弱环节,注意解决经济运行中的突出矛盾和问题,继续做好促进农民增收和就业再就业工作。(二)按照十六届三中全会《决定》的要求,继续推进各项改革,特别要加快政府职能转变。(三)认真落实国务院农业和粮食工作会议精神,抓紧搞好冬季农业生产。(四)整顿市场经济秩序,重点打击制售假冒伪劣产品、偷逃骗税和走私违法犯罪活动。(五)大力增收节支,继续加强税收征管,严格控制一般性支出,防止年终突击花钱。(六)加强信贷管理,优化贷款结构,提高资金使用效益。(七)高度重视解决困难群众生活问题。认真落实灾区恢复生产、住房重建、农业税减免等工作。切实做好城市低保和社会救济工作,帮助特殊困难群众解决冬季取暖、看病就医等问题。(八)积极有序地开展"非典"预防工作,同时加快公共卫生基础设施建设。(九)进一步加强安全生产监督管理,坚决遏制重大事故发生。加强社会治安综合治理,严厉打击各种刑事犯罪活动。同时认真解决群众反映强烈的问题,及时化解矛盾,维护社会稳定。(十)认真总结今年经济工作,全面分析形势,研究和部署明年经济工作,并提早做好准备。

国务院副总理曾培炎在香港出席《商业周刊》第七届CEO年会开幕式并致辞

本次年会以"超越极限,CEO在企业管理中的创新和灵感"为主题,结合亚洲实际,探讨企业管理的新趋势和发展策略。

国务院副总理曾培炎在致辞时强调,我们要完善社会主义市场经济体制,抓住世界经济恢复和亚洲经济发展新的机遇,充分发挥企业家的领导才能,促进企业不断创新发展。

关于区域合作,曾培炎表示,中国将以更加积极的姿态,参与并推动亚太经合组织、上海合作组织和其他各种形式的多边、双边合作,发展与东盟的战略合作伙伴关系,推进中国—东盟自由贸易区的建立以及泛亚铁路建设等合作项目,努力为亚洲各国共同发展作出自己应有的贡献。

在谈到香港的形势时,曾培炎指出,近几个月来,香港经济出现了恢复性增长的势头,人们的信心不断增强。内地和香港将加强协作,抓紧落实《内地与香港关于建立更紧密经贸关系的安排》各项措施,合作建设大型基础设施,促进香港经济结构调整,实现两地经济共同发展。

开幕式前,曾培炎会见了本届年会执行主席和副主席。香港特别行政区行政长官董建华出席开幕式并陪同参加了会见。

《南水北调工程项目法人组建方案》获国务院南水北调工程建设委员会批准

根据方案,南水北调主体工程建设阶段将组建四大项目法人。国务院南水北调工程建设委员会办公室主任张基尧说,南水北调主体工程建设阶段将分别组建南水北调东线江苏有限责任公司、南水北调东线干线有限责任公司、南水北调中线水源有限责任公司和南水北调中线干线有限责任公司(南水北调中线干线工程建设管理局)。在工程进入运营阶段,将组建南水北调东线工程有限责任公司和南水北调中线工程有限责任公司,由作为中央出资人代表的国有资产管理机构监管。汉江中下游治理工程由湖北省组建项目法人,负责相应工程建设和运行管理。各地方配套工程由地方组建项目法人,负责相应配套工程的建设和运行管理。

第十届杨凌农业高新科技成果博览会在陕西杨凌开幕

全国人大常委会副委员长乌云其木格出席并宣布博览会开幕。

本届农高会坚持改革创新,努力提高办会的品位和层次,使为农服务的方式更加灵活新颖,充分发挥行业协会的作用,新增了3家协会为协办单位。

中国首次载人航天飞行展在澳门开幕

高校毕业生到西部基层工作座谈会在北京召开

座谈会由中组部、人事部、团中央、中编办、教育部、财政部联合召开。中共中央政治局委员、中央书记处书记、中组部部长贺国强强调,高校毕业生是党和国家宝贵的人才资源。鼓励和引导高校毕业生到西部基层工作是实施人才强国和西部大开发战略、促进人才合理流动、培养青年人才、拓宽就业渠道的重要举措。要保护好、发挥好大学生的积极性和创造性,努力做到尊重人才、爱护人才,推动大批优秀人才脱颖而出。要搞好服务,满腔热情地帮助高校毕业生解决工作、生活、学习中遇到的各种困难和问题,积极为他们排忧解难。

人事部部长张柏林、团中央书记处第一书记周强、教育部副部长袁贵仁出席会议并讲话。座谈会由团中央书记处常务书记赵勇主持。

选拔高校毕业生到西部基层工作,到目前为止共有6475名符合条件的大学生报名,招考工作现已基本结束,重庆、陕西等地的200多名大学生已奔赴服务岗位,其他入选的大学生也将在培训结束后陆续上岗;“大学生志愿服务西部计划”的报名人数达到43763名,参加该计划全国项目和地方项目的9475名大学生志愿者已抵达269个服务县开展服务2个多月。

第二十三届中国电影金鸡奖在浙江嘉兴揭晓

北京金海方舟文化发展有限公司的《暖》和八一电影制片厂的《惊涛骇浪》同获最佳故事片奖。张艺谋凭借《英雄》捧走最佳导演奖。最佳男女主角奖分别被在《警察有约》中饰演赵六安的夏雨和在《惊蛰》中饰演关二妹的余男获得。其他18个奖项也各归其主。

此外,还颁发了最佳编剧奖、最佳摄影奖、最佳录音奖、最佳美术奖、最佳音乐奖等。另外,本届金鸡奖将评委会特别奖授予了在《家有轿车》中饰演老李的李丁;影片《邓小平》获得故事片特别奖。

卫生部发布新修订的《医院预防与控制传染性非典型肺炎(SARS)医院感染的技术指南》

11月6日

国家主席胡锦涛在人民大会堂与赞比亚总统姆瓦纳瓦萨举行会谈

胡锦涛表示,在新的历史条件下,中方愿同赞方继续保持两国高层交往势头,积极拓展和深化两国在经贸等领域的合作,加强两国在国际事务中的沟通与协调。

姆瓦纳瓦萨表示,完全赞同胡锦涛关于进一步加强双边关系和互利合作的建议,并表示,在旅游、制造业、农业、资源开发领域,中国企业拥有适合于赞比亚的技术和经验,双方可探讨多种合作形式,进一步拓展合作领域。

双方还就中非关系和加强两国在国际事务中的合作交换了意见。会谈后,两国元首出席了《中华人民共和国和赞比亚共和国政府经济技术合作协定》的签字仪式。

国务院总理温家宝在北京主持国务院第二次学习讲座并发表讲话

此次讲座学习《中华人民共和国行政许可法》。国务院法制办公室主任曹康泰介绍了行政许可法的起草过程、立法宗旨和主要内容,并就贯彻实施这部法律的有关问题提出了建议。

温家宝在主持学习讲座时指出,行政许可法所确立的基本原则和一系列制度、措施,不仅是对行政许可本身的规范和重大改革,也是对整个政府工作的进一步规范,将对全国行政系统产生重大而深远的影响。贯彻实施行政许可法,不单纯是一部法律的执行问题,而是涉及保护公民、法人和其他组织的合法权益,改革行政管理体制,转变政府职能的大问题。保证行政许可法全面、正确地实施,是各级政府和政府各部门的一项重要职责,也是政府法制建设的一项重要任务。国务院各部门和地方各级政府的管理理念、管理职能、管理体制、管理机制、管理方式和政府工作人员的行为,必须有一个大的转变。

温家宝最后说,现在距行政许可法实施只剩几个月的时间,需要做大量的准备工作。一要抓好学习培训。二要抓好有关行政许可规定的清理。三要抓好与行政许可法配套的制度建设。

全国政协主席贾庆林在人民大会堂分别会见塞尔维亚和黑山的塞尔维亚共和国总理日夫科维奇和由谢赫·哈西娜主席率领的孟加拉国人民联盟代表团

中央纪委书记吴官正在北京出席全国纪检监察法规工作会议并讲话

吴官正在会议上作了重要讲话。

中共中央政治局委员、北京市市委书记刘淇,中共中央书记处书记、中央纪委副书记何勇出席了会议。会议由中央纪委副书记夏赞忠主持。

中央纪委书记吴官正在全国纪检监察法规工作会议上发表题为《不断推进党风廉政建设和反腐败工作法制化》的讲话

当前,全党兴起的学习贯彻"三个代表"重要思想新高潮正在深入开展,前不久召开的党的十六届三中全会对进一步完善社会主义市场经济体制作了部署,对党风廉政建设和反腐败工作提出了新的要求。作为反腐倡廉基础性工作的法规制度建设,要以"三个代表"重要思想为指导,适应改革开放和发展社会主义市场经济的需要,与时俱进,开拓创新,为深入推进反腐倡廉工作提供保障。

一、深刻认识加强法规制度建设的重大意义

制度问题带有根本性、全局性、稳定性和长期性。毛泽东同志早就提出,在党内要实行民主集中制的制度。邓小平同志在总结历史经验时曾指出:"我们过去发生的各种错误,固然与某些领导人的思想、作风有关,但是组织制度、工作制度方面的问题更重要。"江泽民同志多次深刻阐述制度建设的重大意义,强调要与时俱进,不断推进党和国家各项工作的制度化、法制化。党风廉政和反腐败法规制度是党和国家法规制度建设的有机组成部分,我们要充分认识抓好这项工作的重要意义。

抓好党风廉政和反腐败法规制度建设是社会主义政治文明建设的重要内容。党的十六大提出,发展社会主义民主政治,建设社会主义政治文明,是全面建设小康社会的重要目标。要坚持党的领导、人民当家做主和依法治国的有机统一,实现社会主义民主政治的制度化、规范化和程序化。适应推进社会主义政治文明建设的需要,我们要把反腐倡廉工作中一些成熟的经验不断上升为法规制度,有的还要通过一定的程序制定为国家法律,把法规制度建设贯穿于反腐倡廉工作的各个环节。切实抓好党风廉政和反腐败法规制度建设,显得尤为重要而紧迫。

抓好党风廉政和反腐败法规制度建设是发展社会主义市场经济的客观需要。党的十六届三中全会强调,加强党风廉政建设、反对和防止腐败,是建立和完善社会主义市场经济的重要保证。市场经济是法制经济。随着我国社会主义市场经济的发展,上层建筑领域的各项工作都面临着与经济基础相适应的问题,党风廉政和反腐败法规制度建设也不例外。建立社会主义市场经济体制要经历一个新旧体制转换过程,在这个过程中,由于制度和机制存在一些漏洞和薄弱环节,给腐败现象滋生以可乘之机。我们要通过不断建立、健全法规制度,努力治理和防范各种腐败现象。总之,越是发展社会主义市场经济,越要加强党风廉政和反腐败法规制度建设。

抓好党风廉政和反腐败法规制度建设是反腐倡廉工作深入开展的内在要求。党的十六大对反腐倡廉工作提出了更高的要求,党章赋予了各级纪委协助党委组织协调反腐败工作等新的任务。胡锦涛同志强调,要努力形成行为规范、运转协调、公正透明、廉洁高效的行政管理体制,改革和完善监督机制,切实做到用制度管权、用制度管事、用制度管人,保证把人民赋予的权力切实用来为人民服务。我们必须把党中央关于党风廉政建设和反腐败工作的方针政策、领导体制、工作格局、成功经验等用法规制度的形式确定下来,用党的纪律和国家强制力保证其得到贯彻落实。使之不因领导人的改变而改变,不因领导人看法和注意力的改变而改变。

二、加强法规制度建设需要注意的几个问题

党的十三届四中全会以来,我们在党风廉政和反腐败法规制度建设方面取得重要进展,相继颁布了一批重要的党内法规和国家法律、法规,为反腐败工作提供了法制保障。但是,党风廉政和反腐败法规制度建设的进程,与新的工作要求还有一定差距。各级党委、纪委要在全面贯彻"三个代表"重要思想和党的十六大精神基础上,对党风廉政和反腐败法规制度建设进行总体规划,对各项工作进行全面部署。要抓住当前有利时机,乘势而上、有所作为。

在推进党风廉政建设和反腐败工作法制化进程中,要注意把握以下方面:

必须坚持以"三个代表"重要思想为指导。"三个代表"重要思想是党和国家各项工作的根本指针,是党风廉政和反腐败法规制度必须坚持的指导思想。要紧紧抓住"立党为公、执政为民"这一"三个代表"重要思想的本质要求,把发展先进生产力和先进文化,实现好、维护好、发展好人民群众根本利益作为法规制度建设的根本出发点和落脚点,不断促进社会主义物质文明、政治文明和精神文明的协调发展。要通过法规制度建设,把党要管党、从严治党的方针和立党为公、执政为民的本质要求转化为具体规定,将原则性的要求转化为具有约束力和强制力的法规制度。

必须遵循党的建设的总体部署。党的十六大提出了新世纪、新阶段加强和改进党的建设的总体部署。要把法规制度建设置于加强和改进党的建设新的伟大工程之中,遵循和落实党的十六大提出的党的建设的总体部署。要坚持党要管党、从严治党的方针,围绕提高党的领导水平和执政水平、提高拒腐防变和抵御风险能力这两大历史性课题,创造性地建立、健全各项法规制度。要从改革和完善党的领导方式和执政方式、领导体制和工作制度出发,进一步完善党风廉政建设和反腐败工作的领导方式、领导体制和工作制度,将中央确定的反腐败工作方针、领导体制、工作格局以及政策措施法定化、程序化。要进一步完善党和国家工作人员特别是各级领导干部的行为规范,以及违反这些规范的党纪政纪责任和处理政策。要通过健全法规制度,将反腐败工作的各项部署、各项要求与重大改革措施、重要制度设计等相互融合、相互协调。要明确界定纪检监察机关与有关机关的职能分工,明确规定党和国家机关在党风廉政建设和反腐败工作方面的责任,逐步法定化。

必须与国家的法制建设相协调。党风廉政和反腐败法规制度建设是依法治国的重要组成部分,既要在立法项目的规划上与国家法制建设的总体目标和具体安排相配套,又要在内容上与国家的相关法律规范相协调。要处理好党内法规制度建设与国家立法的关系。党中央和地方党委提出的反腐败措施必然要涉及国家的法制建设,需要国家机关和国家公务员遵照执行的廉政制度若不能提高到法律的高度,其权威性就要被大大降低,从而使执行遇到困难。各级党委、纪委要认真分析党风廉政建设和反腐败工作的政策和措施,研究哪些可以继续由党内法规和制度来规定,哪些可以转化为国家法律、法规,并适时地将那些经过实践检验的、比较成熟的、可以转化为国家法律、法规的制度,通过法定程序向人大或政府提出立法建议。要明确党的政策和党内法规与国家法律的关系,使两者在各自不同领域发挥作用。加强反腐败工作的国家立法,使党在反腐败工作中的主张成为国家意志,用国家强制力保证反腐败工作持续、深入、健康发展,是今后必须解决好的问题。

必须与经济和社会发展进程相适应,不断更新工作观念。随着经济和社会的发展,新情况、新问题不断出现,对法规制度建设提出了新的要求。我们要坚持解放思想、实事求是、与时俱进的思想路线,把握规律,适应实践的需要,不断更新工作观念,及时依据变化了的客观情况提出解决问题的新办法。法规制度建设的成效,必须以最终能否有效解决实际问题为根本标准。例如,近些年新兴领域腐败案件比较多,与这方面制度建设较薄弱有关;目前,随着政府职能的转变,公共管理职能开始向多种主体扩散,法律、法规授权一些社会中介机构、社团组织在法定授权范围内行使管理公共事务职能,这些领域违纪违法的案件呈上升势头;在市场经济条件下腐败分子主要以攫取经济利益为目的,如果不加大对其非法利益的剥夺及处罚,现有惩戒手段的效果就不理想,等等。这些问题都需要我们研究新的对策,尽快研究制定有针对性的法规制度。

目前,全国人大常委会已经批准了《联合国打击跨国有组织犯罪公约》,包括我国在内的102个国家的代表已完成《联合国反腐败公约》的谈判工作,准备在今年12月正式签署。加入这些公约和协定也将对我国反腐败法规制度产生很大影响,这需要我们认真研究,未雨绸缪,及时提出应对预案和措施。

三、切实加强对法规制度建设工作的领导

要高度重视,加强领导。坚持党对反腐败工作的领导,关键是党要在反腐败重大政策和法律、法规的提出和制定方面发挥主导作用,在处理重大问题方面发挥协调作用。因此,各级党委、政府和纪检监察机关要把法规制度建设列入重要议事日程,纳入党风廉政建设和反腐败工作的总体部署中认真研究。要善于提出重大政策措施,善于通过法治来惩治和预防腐败。

法规制度建设是一项系统和复杂的工程,牵涉到方方面面,各级党委要总览全局、协调各方。要支持人大和政府制定廉政法律、法规;要调动党政各部门和各行业的积极性,在各自的职责范围内将反腐败的要求融合到相应的工作制度之中;要充分发挥行业协会、社团、社区等群众自律组织在各自领域的作用,在全社会倡导廉洁之风、文明之风。各级党委、政府和纪检监察机关要根据本地区本部门的实际情况,对反腐败法规制度建设进行总体规划;各级纪委要深入实际,调查研究,出主意、提建议、定规划、拿方案,协助党委做好法规制度建设的具体组织协调工作。

要明确分工,各负其责。中央纪委、监察部主要抓基础性、全局性的法规制度的起草制定。目前,要重点起草制定如何将党和国家机关的党风廉政建设职责和反腐败各项工作法定化、程序化的法规制度。各地区、各部门的主要职责,一是要围绕中央制定的方针政策和法规制度,制定如何贯彻落实的具体办法,中央一时来不及起草制定的法规制度,地方也可以根据中央的政策精神先行制定;二是要根据本地区、本部门党风廉政建设和反腐败工作的实际情况,确定各自法规制度建设的重点。省及省以下,尤其要关注与人民群众生产生活密切相关的基层组织的党风廉政制度建设问题。地方党委、政府和纪检监察机关要从解决发生在人民群众身边的腐败问题入手,做好反腐败的制度建设。我们调查惩处了一个腐败分子,是一个成绩,如果我们通过办案发现制度上的漏洞,制定或者健全了一项法规制度,就会防止出现一批腐败分子,这是更大的成绩。纪检监察干部特别是领导干部,一定要有这种意识。

要加强督查,狠抓落实。党风廉政建设和反腐败工作法制化不仅包括起草制定法规制度,还包括法规制度教育、遵纪守法、执纪执法以及法规制度执行情况的监督检查等重要环节。各级党委、政府和纪检监察机关要切实加强法规制度的学习和宣传教育,加强对法规制度执行情况的监督检查,加强对违反法规制度行为的调查处理工作,促进各项法规制度真正贯彻落实。各级纪检监察机关都要按照规定加强法制工作机构和干部队伍建设。

我们要以"三个代表"重要思想为指导,紧密团结在以胡锦涛同志为总书记的党中央周围,抓住机遇,扎实工作,为党风廉政建设和反腐败工作作出新的更大贡献!

国务院副总理吴仪在珠海出席世界经济发展宣言大会并作主旨演讲

以"平等、诚信、合作、发展"为主题的世界经济发展宣言大会暨中国企业高峰会在珠海隆重开幕。中共中央政治局委员、国务院副总理吴仪作了题为《互利合作加快发展共创辉煌》的主旨演讲。中共中央政治局委员、广东省委书记张德江,全国人大常委会副委员长成思危,全国政协副主席徐匡迪,澳门特别行政区行政长官何厚铧等出席了开幕式。

吴仪在讲话中指出,经济发展是推动人类社会进步的物质基础,互利合作是经济全球化时代的重要特征,要实现经济持续、均衡、稳定增长,就必须不断缩小发达国家与发展中国家间的差距,促进共同繁荣。

吴仪说,经过20多年来的改革开放,中国经济发展取得了令世界瞩目的成就。据世界银行的统计,中国国内生产总值已位居世界第六位。中国在过去20年完成了现代化建设的前两步发展目标,正在开始实现第三步发展目标。这一目标的实现,不仅将惠及十几亿中国人民,而且将带动周边国家的经济增长,也必将为世界经济的发展作出积极的贡献。中国政府将继续实施积极的财政政策和稳健的货币政策,扩大内需,促进消费,确保中国经济持续快速健康发展;中国政府将继续按照世界贸易组织规则要求进一步完善外商投资的法律体系,简化外商投资审批程序,加强对知识产权的保护,为投资者创造一个公开、公平、透明的经营环境;中国政府将继续实施西部大开发战略,加大基础设施建设的投入,加快东北地区等老工业基地的振兴和发展;中国政府将积极引导外商投资企业参与中国区域经济协调发展,大力吸引国际资本、技术和人才。中国欢迎世界各国的跨国公司来华投资。

大会期间还将举行"世界工商领袖论坛"、"世界经济发展与企业信用论坛"、"世界经济发展与中国论坛"、"粤港澳投资环境推介会暨经贸洽谈会"等活动。

国务院副总理回良玉在北京出席"国际竹藤组织在中国和世界的发展"国际会议并作重要讲话

回良玉说,由中国政府和加拿大政府共同发起成立的国际竹藤组织,是第一个总部设在中国的、独立的、非营利的政府间国际组织,也是世界上唯一专门从事竹和藤这两种重要的非木材资源研究开发的国际组织。自1997年北京宣言以来,在各成员国政府和国际资助机构的共同努力下,国际竹藤组织不断发展壮大,在全球积极开展竹藤资源调查、生物与遗传多样性研究和种质资源交流、竹藤产品开发利用、网络发展及信息传播等工作,形成了一个覆盖全球的服务网络,受到国际社会的广泛关注和一致好评。

回良玉表示,中国政府将一如既往地支持国际竹藤组织的发展,并欢迎有更多的国家加入国际竹藤组织,有更多的国际机构、国际组织关注和支持国际竹藤组织的发展。

国际竹藤组织总干事伊恩·亨特对中国政府为国际竹藤组织的筹建、发展壮大以及顺利开展各项工作所作出的突出贡献表示感谢。他表示,国际竹藤组织将致力于竹藤资源可持续开发、扶贫开发、生态保护以及促进相关研究开发的国际合作。国际竹藤组织理事会主席、国家林业局局长周生贤代表东道国政府，向伊恩·亨特递交了刚刚落成的总部大楼钥匙。国际竹藤组织董事会联合主席、中方协调领导小组组长、中国林科院院长江泽慧作了题为《国际竹藤在中国和世界的发展前景无限广阔》的演讲。

龙滩水电站工程胜利实现大江截流

该工程是仅次于长江三峡水电工程的我国又一特大型水电站，位于红水河上游的广西天峨县境内，规划总装机容量630万千瓦。

截流成功后，工程将进入大坝施工和厂房建设的关键阶段。工程建设工期为9年，计划2007年第一台机组投产发电。

国务委员唐家璇在北京与塞尔维亚和黑山的塞尔维亚共和国总理日夫科维奇举行会谈

中宣部部长刘云山在钓鱼台国宾馆会见厄立特里亚人民民主与正义阵线总书记阿拉明·穆罕默德·赛义德率领的代表团

全国人大常委会副委员长王兆国在马德里分别会见西班牙参议长卢卡斯西班牙第二副首相阿雷纳斯和众议院第一副议长德甘特

外交部部长李肇星在外交部与莱索托外交大臣莫拉比·采科阿举行会谈

两国外长同日签署《中华人民共和国和莱索托王国引渡条约》。

外交部发言人章启月就钱其琛将参加联合国改革问题高级别名人小组工作等问题答记者问

有记者问：你对国务院前副总理钱其琛应邀参加联合国改革问题高级别名人小组工作有何评论？

章启月说，联合国秘书长安南近日宣布成立联合国改革问题高级别名人小组。小组由16名成员组成，将从宏观和战略高度分析当前国际和平与安全面临的主要挑战，并就联合国改革和加强联合国作用等问题提出建议。

她说，中国一贯支持联合国与时俱进，通过改革加强自身作用和权威。我们欢迎小组的成立，赞赏安南秘书长为此所做的努力。

有记者问：近日，陈水扁在赴巴拿马访问途中“过境”美国纽约，返台途中“过境”美国阿拉斯加州。你对此有何评论？

章启月说，陈水扁“过境”美国的真实目的是在国际上进行分裂中国的活动，破坏中美关系的改善与发展。

她说，中方就陈水扁“过境”美国多次向美方提出严正交涉，对美方允许陈水扁“过境”美国，并在美散布分裂中国的言论表示了强烈不满。我们一再敦促美方以实际行动履行承诺，坚持一个中国政策，遵守中美三个联合公报，反对“台独”。

全国政协副主席刘延东在北京出席全国宗教界青年代表人士座谈会并讲话

由共青团中央、全国青联举办的2003年宗教界青年代表人士考察学习团结束了为期一周的考察学习活动，在北京举行总结座谈会。全国政协副主席、中共中央统战部部长刘延东出席会议并讲话。

刘延东希望宗教界青年代表人士要深入学习“三个代表”重要思想，充分认识社会主义制度的优越性和中国共产党的先进性，增强接受中国共产党领导的自觉性；继承老一代爱国宗教界人士爱国主义的优良传统，推动宗教活动服从和服务于国家的最高利益和民族整体利益，把爱国和爱教紧密结合起来；自觉坚持独立自主自办的原则不动摇，自觉抵御境外利用宗教进行的各种渗透活动；主动适应时代和社会发展的需要，加强学习，提高宗教学识和道德修养，接好老一代宗教界人士的班，为推动宗教与社会主义社会相适应，促进民族团结、社会稳定和祖国统一发挥骨干作用。

座谈会上，宗教界青年代表交流了考察学习的感受和体会，表示要团结带领广大信教青年，为维护社会稳定、民族团结和祖国统一作出应有的贡献。

团中央书记处第一书记周强主持会议。

11月7日

中共中央 国务院 中央军委关于授予杨利伟同志“航天英雄”荣誉称号并颁发“航天功勋奖章”的决定

2003年10月15日，我国自行研制的“神舟”五号载人飞船成功发射，将我国航天员杨利伟同志送入太空，并于16日安全返回地面。我国首次载人航天飞行获得了圆满成功，实现了中华民族的飞天梦想。这是中国人民在攀登世界科技高峰征程上完成的又一个伟大壮举，是我国航天发展史上耸立的又一座里程碑。这一令世界瞩目的辉煌成就，充分显示了中华民族的非凡智慧和伟大创造力，对于推动我国科学技术事业的发展，增强我国的经济实力、科技实力、国防实力和民族凝聚力，激励全党、全军和全国人民为全面建设小康社会而团结奋斗，都具有重大的现实意义和深远的历史意义。

首次载人航天飞行的圆满成功，凝结着所有参加工程研制、建设和试验的科学家、工程技术人员和航天员的心血和汗水。杨利伟同志作为执行我国首次载人航天飞行任务的航天员，不畏艰险，敢为人先，创造了彪炳史册的功绩，为祖国、为人民、为民族赢得了巨大荣誉。为表彰杨利伟同志为我国航天事业作出的突出贡献，中共中央、国务院、中央军委决定，授予杨利伟同志“航天英雄”荣誉称号，并颁发“航天功勋奖章”。

杨利伟同志是航天科技战线的杰出代表，是自觉实践“三个代表”重要思想的模范。全党、全军和全国人民都要学习他忠于党、忠于祖国、忠于人民的高尚品德，学习他勇于面对挑战、敢于夺取胜利的革命斗志，学习他英勇无畏、坚毅果敢的进取精神。让我们在以胡锦涛同志为总书记的党中央领导下，高举邓小平理论伟大旗帜，全面贯彻“三个代表”重要思想，大力弘扬“两弹一星”精神和载人航天精神，自强不息，团结协作，开拓创新，不懈进取，为全面建设小康社会、实现中华民族伟大复兴作出新的更大的贡献！

中共中央 国务院 中央军委在人民大会堂举行庆祝我国首次载人航天飞行圆满成功大会

大会由中共中央政治局常委、全国人大常委会委员长吴邦国主持。中共中央政治局常委、国务院总理温家宝宣读了《中共中央、国务院、中央军委关于授予杨利伟同志“航天英雄”荣誉称号并颁发“航天功勋奖章”的决定》。江泽民主席为杨利伟颁发了“航天功勋奖章”、“航天英雄”荣誉称号和“航天功勋奖章”证书。

中共中央政治局常委贾庆林、曾庆红、黄菊、吴官正、李长春、罗干出席。

胡锦涛在大会上发表了重要讲话。

大会上，载人航天工程总指挥李继耐介绍了我国载人航天工程的有关情况，载人航天工程科技人员代表、中国航天科技集团公司五院院长袁家军和航天员杨利伟也发了言。

中共中央总书记胡锦涛在庆祝我国首次载人航天飞行圆满成功大会上的讲话

同志们：

今天，我们在这里隆重集会，庆祝我国首次载人航天飞行取得圆满成功，号召全党全国人民学习和发扬我国航天工作者为祖国和人民发愤图强、拼搏奉献的崇高精神，与时俱进，开拓进取，万众一心地把中国特色社会主义伟大事业推向前进。

首先，我代表党中央、国务院、中央军委，向为载人航天事业作出突出贡献的全体科技工作者、航天员、广大干部职工和解放军指战员，向所有为我国空间事业作出贡献的同志们，表示诚挚的问候！向荣获“航天英雄”荣誉称号和“航天功勋奖章”的杨利伟同志，表示热烈的祝贺！向全力支持和热情关心我国航天事业发展的全国各族人民，包括香港特别行政区同胞、澳门特别行政区同胞、台湾同胞以及海外侨胞，表示崇高的敬意！向关心我国航天事业发展的国际友人，表示真诚的谢意！

“神舟”五号载人飞船把我国首位航天员成功送入浩瀚的太空并安全返回，这一举世瞩目的重大科技活动向世界庄严宣告，中国已成为世界上第三个独立掌握载人航天技术的国家。这是中国人民在攀登世界科技高峰的征程上完成的又一个伟大壮举，是我国航天发展史上耸立的又一座里程碑，是我们在推进中国特色社会主义事业的进程中取得的又一个辉煌成就，也是中国人民为世界航天事业作出的又一个重要贡献。这一伟大胜利，进一步提高了我国的综合国力和国际竞争力，极大地增强了全党全国人民全面建设小康社会、实现中华民族伟大复兴的自信心。全体中华儿女都为我们伟大祖国取得的这一辉煌成就感到荣耀和自豪。

我国首次载人航天飞行的圆满成功充分表明，中华民族是具有非凡智慧和伟大创造力的民族，是勤劳勇敢、自强不息的民族。我们有志气、有信心、有能力屹立于世界民族之林，为人类和平与发展的崇高事业作出自己的贡献。实现飞天梦想，是中华民族几千年来的美好夙愿。自古以来，嫦娥奔月、敦煌飞天等许多动人的传说就在我国人民中间广为流传。今天，在中国共产党的领导下，经过几代人的不懈努力，我们依靠自己的智慧和力量，把自主研制的载人飞船和自己培养的航天员送上了太空，中华民族的飞天梦想终于变成了现实。

发展航天事业，是党和国家为推动我国科技事业发展，增强我国经济实力、科技实力、国防实力和民族凝聚力而作出的一项强国兴邦的战略决策。40多年前，以毛泽东同志为核心的第一代中央领导集体从国内外大局的战略高度出发，以长远的眼光和非凡的胆略，毅然决定研制“两弹一星”。十一届三中全会后，以邓小平同志为核心的第二代中央领导集体明确把发展载人航天事业纳入发展高技术的“863”计划。上个世纪90年代初，面对世界科技进步突飞猛进、综合国力竞争日趋激烈的新形势，以江泽民同志为核心的第三代中央领导集体高瞻远瞩、审时度势，对我国尖端科技事业的发展进行了全面部署，作出了实施载人航天工程的重大战略决策，并对工程建设倾注了大量心血。11年的实践证明，这一重大战略决策是完全正确的。

载人航天工程是当今世界高新技术发展水平的集中展示，是衡量一个国家综合国力的重要标志。我国载人航天工程取得的成就，是改革开放20多年来我国综合国力不断增强、科技水平不断提高的重要体现。这再一次说明，只要我们坚定不移地坚持党的基本理论、基本路线、基本纲领和基本经验，坚定不移地坚持以经济建设为中心，坚定不移地走改革开放的强国之路，坚定不移地推进经济社会协调发展，我们就能不断夺取社会主义现代化建设的更大胜利。

载人航天工程实施11年来，参加工程研制、建设和试验的同志们始终忠于祖国、忠于人民，牢记重托、不辱使命，以国家需要为最高需要，以人民利益为最高利益，视祖国的航天事业为生命，以崇高的追求和执着的信念，顽强奋战在载人航天工程的第一线；始终自力更生、艰苦奋斗，呕心沥血、无私奉献，大力发扬"两弹一星"精神，以惊人的毅力和勇气战胜了各种难以想象的困难，用满腔热血谱写了共和国载人航天事业的壮丽史诗；始终勤于探索、善于借鉴，勇于创造、敢于超越，瞄准当今世界航天科技发展的最前沿，攻克了一个又一个国际宇航界公认的尖端课题，掌握了一项又一项具有自主知识产权的核心技术，展示了新时期航天工作者的创新能力和时代风采；始终依靠科学、加强管理，严慎细实、一丝不苟，坚持把质量建设作为生命工程，把确保成功作为最高原则，以现代科学管理谋求最大效益，初步走出了一条高起点、高质量、高效益、低成本的航天发展道路。我国第一代航天员队伍是一个英雄群体，他们英勇无畏地选择了航天飞行这一极具挑战性的工作，为我国航天事业的发展作出了重要贡献。总之，广大航天工作者是祖国和人民的功臣，他们为祖国、为人民、为民族创造的非凡业绩将彪炳史册。

伟大的事业孕育伟大的精神。在长期的奋斗中，我国航天工作者不仅创造了非凡的业绩，而且铸就了特别能吃苦、特别能战斗、特别能攻关、特别能奉献的载人航天精神。载人航天精神，是"两弹一星"精神在新时期的发扬光大，是我们伟大民族精神的生动体现，永远值得全党、全军和全国人民学习。

实施载人航天工程，不仅创造了举世瞩目的伟大成就，而且为我们更好地实施科教兴国战略和人才强国战略、加快推进经济社会发展积累了重要经验，提供了十分重要的启示。

第一，必须坚持以科技进步和创新为先导，努力实现技术发展的跨越。载人航天是当今世界高新科技中最具挑战性的领域之一，是难度高、规模大、系统复杂、可靠性和安全性要求极强的工程。实施载人航天工程，同当年搞"两弹一星"并取得成功一样，有力地推动了我国科技的跨越式发展，带动了相关学科技术的整体跃升，形成了一批新兴产业，对促进我国经济社会发展具有十分重大的意义。实践告诉我们，高度重视和充分发挥科学技术的重要作用，努力以科技发展的局部跃升带动经济社会发展，是加快发展的一个重要途径。当今时代，人类正在经历一场全球性的科技革命，知识创新迅速发展，科技进步日新月异，科学技术越来越成为综合国力竞争的核心，我们比以往任何时候都更需要加快科技进步和创新的步伐。我国是一个发展中国家，在经济社会发展的诸多方面特别是科技发展方面同发达国家还有较大差距。我们要赶超世界先进水平，就必须坚定不移地实施科教兴国战略和人才强国战略，抓住机遇，用好机遇，集聚尖端人才，发挥后发优势，选准一些对推动经济社会发展、维护国家安全具有重大带动作用的领域重点攻关，加速推进全社会的科技进步，实现技术发展的跨越，带动我国综合国力的全面提升。

第二，必须坚持发挥社会主义制度的政治优势，形成万众一心共创伟业的生动局面。载人航天是规模宏大、高度集成的系统工程，全国110多个研究院所、3000多个协作配套单位和几十万工作人员承担了研制建设任务。这项空前复杂的工程之所以能在比较短的时间里取得历史性突破，靠的是党的集中统一领导，靠的是社会主义大协作，靠的是发挥社会主义制度集中力量办大事的政治优势。在实施载人航天工程的进程中，我们积极探索发展社会主义市场经济条件下集中力量办大事的有效途径，建立和完善竞争、评价、监督、激励机制，最大限度地调动方方面面的积极性和创造性。参加工程研制建设的各地区、各方面、各部门、各单位同心同德、群策群力，大力协同、密切配合，保证了载人航天工程的高效运行。实践告诉我们，在发展社会主义市场经济的条件下，我们仍然要坚持发挥社会主义制度的政治优势，同时要善于把社会主义制度的优势和市场经济体制的优势有机结合起来，努力实现人力、物力、财力的最佳组合，形成巨大的合力，推动国家重大经济、科技等建设项目更快更好地实施和完成。

第三，必须坚持自主创新的方针，牢牢掌握尖端技术发展的主动权。同"两弹一星"的研制一样，载人航天工程也是靠自力更生起步、并在自主创新中发展的。广大科技工作者在继承现有成熟技术的基础上，既积极学习、消化和吸收国外先进技术，又大胆探索和创新，攻克了一项又一项系统级关键技术难题，突破了一大批具有自主知识产权的核心技术和生产性关键技术，不仅使我国在一些重要技术领域达到了世界先进水平，还锻炼和培养出了一大批能够站在世界科技前沿、勇于创新的高素质人才，为我国航天事业实现新的突破积蓄了强大的发展后劲。实践告诉我们，对影响国家发展和安全战略全局的尖端科技，必须主要依靠自己的努力来取得突破，这样才能牢牢掌握推动经济社会发展和科技发展的战略主动。我们一定要勇于站在世界科技发展的最前列，独立自主而又积极扩大对外开放，自力更生而又广泛借鉴国外先进技术，在一些重要领域和科技前沿拥有自主创新能力和自主知识产权，大力提高核心竞争力，努力在世界高新技术领域占有一席之地。自主创新的关键在人才。要在全社会进一步树立尊重劳动、尊重知识、尊重人才、尊重创造的良好风尚，努力建设一支宏大的富有创新能力的高素质人才队伍，充分发挥他们的作用，为全面建设小康社会提供强大的人才支撑。

第四，必须坚持发扬艰苦奋斗的优良作风，以与时俱进的精神不懈登攀。在实施载人航天工程的历程中，广大航天工作者发扬艰苦奋斗的优良作风，知难而进，顽强拼搏，在重重困难面前百折不挠，在种种难关面前敢于胜利，奋力攀登载人航天的科学高峰。实践告诉我们，无论过去、现在还是将来，艰苦奋斗永远是我们战胜一切困难、夺取事业胜利的重要法宝。只有以艰苦奋斗精神作支撑，我们的民族才能自立自强，我们的国家才能发展进步，我们的党才能永葆生机。全党同志都要清醒地认识到肩负的艰巨任务，都要充分估计到前进道路上将会遇到的各种困难和挑战，牢固树立长期艰苦奋斗的思想，为党和人民的事业不懈拼搏、勇往直前。

以上这些重要经验和启示，不仅对我国科技事业的发展具有十分重要的意义，而且对全面建设小康社会、加快推进社会主义现代化也具有十分重要的意义。在推进党和国家事业发展的过程中，我们要坚持这些重要经验，发扬载人航天精神，不断推动社会主义物质文明、政治文明和精神文明协调发展，不断开创中国特色社会主义事业的新局面。

首次载人航天飞行的圆满成功，标志着我国载人航天事业开启了新的征程。航天战线的全体同志要继续团结奋斗，努力在人类探索外层空间的伟大事业中有所创造、有所作为。我们将同国际社会一道，坚持和平开发利用外层空间的方向，不断推进人类和平与发展的崇高事业。

同志们！

全面建设小康社会，是我们在新世纪、新阶段要奋力实现的目标。实现了这个目标，我们的国家将更加繁荣富强，人民的生活将更加幸福安康，中华民族将为人类作出更大贡献。全党全国人民要紧密团结在党中央周围，高举邓小平理论和“三个代表”重要思想的伟大旗帜，抓住机遇、加快发展，团结一心、埋头苦干，为实现全面建设小康社会的宏伟目标，为实现中华民族的伟大复兴而不懈奋斗！

载人航天工程先进事迹报告会在人民大会堂举行

报告会由中宣部、中直机关工委、中央国家机关工委、解放军总政治部、总装备部、国防科工委、中国科学院、中国航天科技集团公司、北京市委联合举办。报告团成员是来自载人航天工程战线的 8 位航天功臣，他们是：中国载人航天工程总设计师、中国工程院院士王永志，航天英雄杨利伟，航天科技集团公司中国运载火箭技术研究院研究员、“长征二号 F”运载火箭副总设计师荆木春，航天科技集团公司中国空间技术研究院研究员、飞船系统副总设计师杨宏，酒泉卫星发射中心发射测试站站长、零号指挥员郭保新，北京航天指挥控制中心主任、研究员席政，中国科学院空间科学技术应用研究中心研究员、飞船应用系统副总指挥高铭，西安卫星测控中心着陆场站站长、高级工程师姚峰。

这是载人航天工程先进事迹报告团举行的第一场报告会。之后，报告团还将分赴天津、上海、重庆等地作巡回报告。中宣部副部长高俊良主持了今天的报告会。

全国人大常委会委员长吴邦国在人民大会堂分别会见赞比亚总统姆瓦纳瓦萨和孟加拉国人民联盟主席哈西娜

全国政协主席贾庆林在北京出席学习贯彻“三个代表”重要思想与统一战线专题研究班座谈会并讲话

座谈会由中央组织部、中央统战部、中央党校联合举办。贾庆林在座谈会上强调，要用“三个代表”重要思想统领统战工作全局，进一步把各民主党派、工商联、无党派人士和各族各界群众的智慧和力量凝聚起来，自觉维护改革发展稳定大局，共同致力于全面建设小康社会的伟大实践。

贾庆林指出，历史经验证明，只有正确坚持和贯彻党的指导思想，统一战线才能不断巩固、发展和壮大，才能完成好争取人心、凝聚力量的根本任务，推动党和人民的事业不断胜利前进。“三个代表”重要思想是新世纪、新阶段党和国家各项工作的根本指针。统一战线必须自觉以“三个代表”重要思想统领统战工作全局，切实把“三个代表”重要思想贯彻到统一战线的各个领域和各个方面，使统一战线事业始终沿着正确方向健康发展。

贾庆林强调，统一战线广大成员要把学习贯彻“三个代表”重要思想同学习贯彻十六大和十六届三中全会的精神紧密结合起来,同全面建设小康社会的实践紧密结合起来,同统战工作的实际紧密结合起来,在武装思想、指导实践、推动工作上取得新的成效,为全面建设小康社会贡献力量。

贾庆林指出,共产党领导的多党合作和政治协商制度是我国的一项基本政治制度。坚持和完善这一制度,是发展社会主义民主政治、建设社会主义政治文明的一项重要任务。要自觉维护共产党的领导地位和执政地位,充分发挥民主党派的参政党作用,不断推进多党合作的制度化、规范化和程序化,促进社会主义物质文明、政治文明和精神文明的协调发展。

全国政协副主席、中央统战部部长刘延东主持座谈会并介绍了研究班学习情况。全国人大常委会副委员长、民进中央主席许嘉璐,全国政协副主席、农工党中央常务副主席李蒙,全国政协副主席、全国工商联主席黄孟复,黑龙江省委副书记、省政协主席韩桂芝,吉林省副省长、民盟吉林省主委陈晓光,全国政协常委、北京大学哲学系教授叶朗等畅谈了学习体会。

参加座谈会的还有何鲁丽、丁石孙、蒋正华、韩启德、罗豪才、张克辉、周铁农、张怀西等。

国务院副总理黄菊在北京出席世界经济发展宣言大会暨中国企业高峰会并发表演讲

黄菊就中外企业在新形势下更好地履行使命,谋求更大发展,提出四点看法:一是企业应超越单纯的经济活动,担负更为广泛的社会责任,积极回报社会。二是要勇于变革,打破常规,不断进行制度创新、技术创新和管理创新,扩大和充分发挥比较优势,增强核心竞争力。三是严格恪守诚信原则,视信用为生命,牢固树立诚实守信观念,依靠诚信赢得客户和社会信任,赢得市场和企业发展。四是在竞争中广泛开展企业合作,取长补短,互利互惠,实现共赢。

黄菊还介绍了中国的经济情况。

全国纪检监察法规工作会议在北京闭幕

中央纪委副书记夏赞忠在会议上指出,围绕建立党的纪检和行政监察两个法规体系,党的十五大以来,针对党员领导干部廉洁自律、查办案件、纠正部门和行业不正之风以及反腐败治本抓源头工作中出现的新情况、新问题,有关部门出台了一批反腐倡廉实践急需的法规和规范性文件,党风廉政建设和反腐败工作初步实现了“有法可依”。

夏赞忠说,据统计,党的十五大以来,全国省(部)级以上机关共制定党风廉政方面的法律、法规及其他规范性文件2000余项,其中中央纪委、监察部制定的有120余项。特别是党的十五大以来,纪检监察机关制定和修订了几个重要的基础性法规。1998年由中央纪委、监察部起草,党中央、国务院发布的《关于实行党风廉政建设责任制的规定》,是一项具有全局性的党内法规。

此外,纪检监察机关还制定了一批维护党的政治纪律的惩戒性法规和规范性文件;制定了一批关于领导干部廉洁自律的规定,进一步完善了领导干部廉洁从政行为规范;制定了一批规范纪检监察机关工作程序的规定,并加强了法规修订、清理、解释、答复工作。

夏赞忠透露,我国将在2010年前建立起中国特色党风廉政和反腐败法规制度体系。这个体系可以简述为:以宪法和党章为依据,由党中央、全国人大、国务院和中央纪委、监察部制定或认可,包括其他有党内法规制定权或国家立法权的党组织、地方人大、行政机关制定或认可的,有若干党风廉政和反腐败法规门类及其所包括的不同法规、规范所组成的相互联系的统一整体。

中央纪委有关负责人透露,《中国共产党党内监督条例(试行)》的起草工作进展顺利。在广泛征求意见的基础上,起草班子已对条例数易其稿,并报送中央审议。《中国共产党纪律处分条例(试行)》正在抓紧修订。《国家公务员行政处分暂行条例(草案)》经过3年的努力,现已被列入国务院2003年必须出台的一类法规项目。将与这个暂行条例一同出台的《行政监察法实施条例(草案)》,已报国务院审议。此外,《国家廉政法》的调研、论证工作正在积极开展。

中国法学会第五次全国会员代表大会在北京闭幕

会议通过了《关于中国法学会第四届理事会工作报告的决议》和《关于中国法学会章程(修正案)的决议》,选举韩杼滨为第五届中国法学会会长,刘飏等20人为副会长,聘请王家福等19人为中国法学会学术委员会委员。

国务院副总理黄菊在人民大会堂会见前来参加国家开发银行国际顾问委员会第五次会议的外宾

中国驻基里巴斯大使马书学在塔拉瓦就基宣布与台湾当局“建交”向基方提出严正交涉和强烈抗议

外交部发言人章启月就基里巴斯与台湾当局“建交”发表谈话

谈话全文如下:

11月7日下午,基里巴斯宣布与台湾当局建立所谓“外交关系”。基政府置中基两国长期友好合作关系于不顾，与台湾当局签署所谓“建交”文件，这是对中基建交公报原则的公然违背，对中国内政的粗暴干涉，我们对此表示极大愤慨和坚决反对。中国驻基大使已奉命向基政府提出了严正交涉和强烈抗议，要求基政府遵守1980年中基建交公报及其谅解备忘录所确立的原则，以及基历届政府奉行的一个中国政策，立即纠正与台“建交”的错误决定。否则，基政府必须对由此所产生的一切严重后果承担全部责任。

台湾当局在国际上不择手段地推行“金钱外交”，企图制造“两个中国”、“一中一台”，达到实现“台独”的政治目的，这种分裂祖国的行为损害了包括台湾同胞在内的全体中国人民的根本利益，是徒劳和不得人心的。

全国人大常委会副委员长王兆国在马德里会见西班牙众议长鲁迪女士

全国人大常委会副委员长李铁映在雅温得议会大厦与喀麦隆国民议会议长卡瓦耶·耶格·贾布里勒举行会谈

随后，李铁映与喀国民议会副议长保罗举行了会谈。会谈后，卡瓦耶和李铁映出席了关于中国全国人大向喀麦隆国民议会赠送一批办公用品的换文签字仪式。

李铁映是11月6日晚抵达雅温得，开始对喀麦隆进行为期4天正式友好访问的。

外交部副部长王毅在华盛顿与美方就准备第二轮北京六方会谈举行磋商

解放军总政治部发出通知要求全军和武警部队认真学习胡锦涛总书记在庆祝我国首次载人航天飞行圆满成功大会上的重要讲话

邓小平同志领导百色 龙州起义纪念碑揭幕仪式在南宁举行

红七军、红八军老战士代表、驻桂空军、武警部队、学校师生代表等共1000多人参加了揭幕仪式。

1929年12月11日，广西群众在邓小平同志的领导下发动了百色起义，次年2月1日发动了龙州起义，创建了中国工农红军第七、第八军和左右江革命根据地，在红土地上竖起了一面武装斗争的旗帜，为中国人民的解放事业立下了丰功伟绩。

纪念碑于2002年1月开工，2003年8月1日落成，纪念碑主雕高12.9米，群雕高9.8米，正面宽39.8米，整体采用灰白色花岗岩人工雕刻，形体轮廓与花草树木、蓝天白云相映，气势磅礴，寓意深刻。

教育部在北京召开2004年全国普通高校毕业生就业工作会议

教育部党组书记、部长周济出席会议。他要求各地各高校重点做好八个方面工作：一是明确任务目标，落实领导责任，继续实施“一把手工程”，切实落实目标责任制，加强统筹和协调力度，真正把毕业生就业工作纳入突出重要的议事日程。二是要继续完善政策框架，不断改进毕业生就业工作体制、机制、模式、方法和手段，建立起与市场机制、与高等教育大众化相适应的就业工作机制和制度。三是要切实落实已经出台的关于毕业生就业工作的各项政策措施。四是要进一步加强毕业生就业服务体系建设，努力构建一个更加完善的、符合“全程化、全员化、专业化、信息化”四化标准的毕业生就业服务体系。五是要加强毕业就业服务体系信息化建设。六是要继续加强毕业生的思想教育。七是要加快教育教学改革步伐。八是进一步加大毕业生就业工作的宣传工作力度，进一步形成有利于做好2004年毕业生就业工作的正确舆论导向和良好的社会氛围。

首届“姚雪垠长篇历史小说奖”在北京颁发

已故著名作家姚雪垠先生的亲属根据其生前夙愿，为鼓励和推动长篇历史小说创作的繁荣和发展，特捐赠姚雪垠先生的著作稿酬50万元人民币作为姚雪垠长篇历史小说奖励基金，中国作家协会中华文学基金会主办的“姚雪垠长篇历史小说奖”由此设立。

首届“姚雪垠长篇历史小说奖”共有5部作品获奖，分别是：《曾国藩：血祭·野焚·黑雨》（唐浩明著，湖南文艺出版社出版）、《梦断关河》（凌力著，北京十月文艺出版社出版）、《张居正》（熊召政著，长江文艺出版社出版）、《汴京风骚：晨钟卷·午朝卷·暮鼓卷》（颜廷瑞著，解放军文艺出版社出版）、《乾隆皇帝（六卷本）》（二月河著，河南文艺出版社出版）。中国青年出版社与中华文学基金会共同主办了首届的评奖与颁奖。

中国选手申雪/赵宏博在北京举行的2003年中国杯世界花样滑冰大奖赛上获得双人滑冠军

卫生部公布《突发公共卫生事件与传染病疫情监测信息报告管理办法》

办法指出，任何单位和个人必须按照规定及时如实报告突发公共卫生事件与传染病疫情信息，不得瞒报、缓报、谎报或者授意他人瞒报、缓报、谎报。

11月8日

《人民日报》发表评论员文章《大力弘扬载人航天精神》

庆祝我国首次载人航天飞行圆满成功大会在北京隆重举行。在这个盛会上，中共中央、国务院、中央军委授予杨利伟同志"航天英雄"荣誉称号，并颁发"航天功勋奖章"。胡锦涛同志发表的重要讲话，高度评价我国几代航天人为实现飞天梦想作出的巨大贡献，全面总结我国航天事业发展取得的重要经验，深刻阐述加快我国科技发展对于推进社会主义现代化建设的重大意义。在这欢庆伟大胜利的时刻，全党全国人民充满自豪和喜悦，决心大力弘扬载人航天精神，乘航天成功的东风，鼓建设发展的干劲，为全面建设小康社会、创造幸福生活和美好未来而奋斗。

十年磨一剑，奋斗铸辉煌。我们不会忘记，新中国成立以来，在党的三代中央领导集体正确决策和指挥下，广大航天工作者艰苦创业，不懈奋斗，为发展我国航天事业建立的丰功伟绩。我们不会忘记，我国载人航天工程实施11年来，参加工程研制、建设和试验的新一代航天人，牢记党和人民的重托，勇敢地肩负起攀登航天科技高峰的神圣使命，以惊人的毅力和勇气，战胜各种难以想象的困难，创造了非凡的人间奇迹。我国载人航天的辉煌业绩，必将载入中华民族的光辉史册。

伟大的事业孕育伟大的精神。新一代航天人在攀登科技高峰的伟大征程中，以特有的崇高境界、顽强意志和杰出智慧，铸就了载人航天精神，这就是特别能吃苦、特别能战斗、特别能攻关、特别能奉献的精神。载人航天精神，是"两弹一星"精神在新时期的发扬光大，是我们伟大民族精神的生动体现，永远值得全党、全军和全国人民学习。

艰苦条件锤炼了中国航天人特别能吃苦的精神。中国航天事业是在极其艰苦和困难的条件下起步的。茫茫戈壁、浩瀚海洋，洒下几代航天工作者辛勤的汗水，留下几代航天工作者奋斗的足迹。广大航天工作者为了早日实现飞天梦想，栉风沐雨，不辞辛劳，克服了无数困难，付出了巨大牺牲。大力弘扬载人航天精神，就是要像他们那样，为了祖国和人民的事业，以苦为荣，以苦为乐，埋头苦干，艰苦创业。

严酷挑战铸造了中国航天人特别能战斗的精神。载人航天是当今世界高新科技最具挑战性的领域之一。科研人员一次次向艰难险阻发起进攻，航天员一次次向生理和心理极限发起冲击，表现了钢铁般的意志和坚韧不拔的毅力。中国航天人正是这样一支能打硬仗的战斗集体。大力弘扬载人航天精神，就是要像他们那样，面对困难和挑战，不畏艰险，知难而进，一往无前，敢于胜利。

崇高使命焕发了中国航天人特别能攻关的精神。载人航天是当今世界高新技术发展水平的集中展示，是衡量一个国家综合国力的重要标志。努力在世界高新技术领域占有一席之地，自立于世界民族之林，这是几代航天人的雄心壮志。我国载人航天工程在一代又一代航天人艰苦创业、奋力攻关的基础上，始终坚持高起点发展，瞄准当今航天科技发展前沿，进行大量卓有成效的自主创新，突破和掌握了一批核心技术，取得了一次又一次重大进展。大力弘扬载人航天精神，就是要像他们那样，在攀登科学高峰的征途上，刻苦钻研，严细慎实，不懈探索，勇于创新。

团结奋斗培育了中国航天人特别能奉献的精神。我国载人航天工程是中国航天史上规模宏大的系统工程。工程涉及众多高新技术领域，汇聚全国数千个单位、几十万科技大军，形成了空前的社会大协作体系。广大航天工作者不论前方后方，不计名利得失，履行职责，坚守岗位，形成了强大合力。大力弘扬载人航天精神，就是要像他们那样，为了一个共同目标，淡泊名利，甘于奉献，团结一心，共创伟业。

在我国革命、建设和改革的壮丽进程中，我们党和人民创造了伟大的井冈山精神、长征精神、延安精神、"两弹一星"精神、九八抗洪精神、抗击"非典"精神等。今天，载人航天精神又为我们伟大的民族精神增添了一笔新的宝贵财富。这笔精神财富荣耀神州，弥足珍贵，是激励中国人民奋发进取的强大精神力量。

探索广袤无垠的太空是航天人永无止境的事业。我国首次载人航天飞行的圆满成功，只是这一旷世伟业的第一步。展望未来，任重道远。让我们紧密地团结在以胡锦涛同志为总书记的党中央周围，高举邓小平理论和"三个代表"重要思想的伟大旗帜，在党的十六大精神指引下，大力弘扬载人航天精神，抓住机遇，加快发展，与时俱进，开拓进取，谱写中国科技事业发展的新篇章，谱写改革开放和社会主义现代化建设的新篇章。

国务院副总理回良玉在北京出席全国农业标准化工作会议并讲话

回良玉指出，与时俱进地做好农业标准化工作，要重点抓好以下四点：一是围绕建立、健全统一、权威的农业标准体系，加快标准制定进度，加大标准清理力度，抓紧与国际标准接轨。要根据《全国农业标准2003—2005年发展计划》，努力使农业各个领域、各个环节和各类产品都有标准可依，力争到2005年年底初步建立起一套科学的、统一权威的农业标准化体系。二是围绕农业结构调整，加大农业标准的实施力度。要加强农业标准化示范区建设，以县为主大力推广农业标准化技术。充分发挥龙头企业在推进农业标准化进程中的龙头带动作用。三是围绕农产品质量安全，继续实施“无公害食品行动计划”、“三绿工程”和“食品药品放心工程”，把好农业投入品管理、生产加工销售全过程质量控制和市场准入三个关口，确保农产品质量安全。四是围绕防止外来有害生物的入侵，加强动植物检疫和有害生物防治工作。加大执法力度，提高检疫水平，严把入境关口，最大限度减少外来有害生物的入侵。

会议对近年来全国农业标准化工作进行了总结，对当前和今后一个时期的标准化工作做了部署。这次会议是由国家质检总局、农业部和国家标准委联合召开的，国务院有关部门负责同志出席了会议。

民进第二次代表大会在北京召开

为期两天的会议原则通过《中华民族文化促进会五年发展纲要》，选举产生了第二届理事会，由高占祥担任中华民族文化促进会主席。

五大区域电网公司重组全部完成

继东北、华东、华中、西北电网有限公司先后挂牌成立后，华北电网有限公司也在北京挂牌，至此，国家电网公司所属的五家区域电网公司重组改制的第一步工作全部完成，这标志着按照电力体制改革的总体目标，国家电网公司深化改革工作又向前迈出了坚实的一步。

区域电网有限公司的成立，是我国电力工业发展史上的一件大事，也是我国电力事业继往开来新的里程碑。作为目前5家区域电网有限公司的出资人，国家电网公司表示，将依法行使出资人的权利，科学合理地界定管理界面，真正做到不缺位、不失位、不越位、不错位。使区域电网有限公司责、权、利相统一，切实维护其法人实体地位，保障其按照新体制高效运转。

华北电网有限公司注册资本(金)为人民币600亿元。它的组建对进一步健全和完善华北电力企业的现代企业制度，推进华北电力市场的建设，实现更大范围的电力资源优化配置都具有重要意义。特别是这次山东电网纳入华北电网，将大大提高华北电网的发供电能力，对保证华北、尤其是首都电网的安全稳定供电奠定了更加可靠的基础。

黄土高原淤地坝工程全面启动

水利部透露：规划总投入达830.6亿元的黄土高原淤地坝工程正式启动。为减少黄河上中游水土流失，从今年起到2020年，黄土高原的千千万万条沟道中将新修16万座淤地坝。

乌江构皮滩水电站正式开工

构皮滩水电站是乌江干流水电梯级开发规划中最大的水电站，是“西电东送”电源点中承东启西、承南启北的骨干电源支撑点，与东部电力市场具有良好的互补性。电站装机容量300万千瓦，总投资138.42亿元，计划明年实现大江截流，2009年首台机组发电。

中共中央政治局委员张德江率中共代表团启程赴于智利 阿根廷 巴西三国进行访问

中央军委主席江泽民签署命令授予总装备部航天员大队“英雄航天员大队”荣誉称号

由中央军委主席江泽民签署的命令说，总装备部航天医学工程研究所航天员大队，1998年1月组建。5年来，全体航天员以发展我国航天事业为己任，不畏艰险，顽强拼搏，出色完成了首次载人航天飞行任务。他们刻苦训练，努力攻关，先后完成了30多门课程和8大类58个课目的学习训练；勇于挑战极限，敢于超越自我，坚持超重耐力和低压缺氧训练，在常人难以忍受的环境中练生存、强素质，航天员的综合素质全部达到执行载人航天飞行任务的要求；坚持科学施训，创新训练方法，在大强度、超极限的情况下，保证了航天训练的安全顺利。这个大队连续4年被评为基层建设先进单位和行政管理先进单位。2003年10月15日，这个大队航天员杨利伟乘坐“神舟”五号载人飞船成功进入太空，圆满完成了我国首次载人航天飞行任务，创造了我国航天史上的英雄壮举，实现了中华民族千年的飞天梦想。

命令指出，航天员大队模范实践“三个代表”重要思想，大力弘扬爱国主义精神，勇攀科技高峰，是一个英雄的集体。全军和武警部队都要向航天员大队学习。学习他们视祖国和人民利益高于一切，为航天事业甘愿牺牲奉献的崇高思想；学习他们不怕艰难困苦，勇于超越自我的战斗意志；学习他们敢为人先，争做航天飞行开拓者的进取精神。广大官兵要以他们为榜样，在党中央、中央军委领导下，坚持以邓小平理论和“三个代表”重要思想为指导，大力弘扬“两弹一星”精神和载人航天精神，高标准落实“五句话”总要求，为推进中国特色军事变革，实现我军现代化的跨越式发展而努力奋斗！

首届可持续发展教育国际论坛在北京开幕

论坛以“教育与可持续发展”为主题。来自15个国际组织和30多个国家的代表参加论坛。全国人大常委会副委员长许嘉璐出席开幕式并讲话。

论坛将展示交流中国“联合国教科文组织环境人口与可持续发展”教育项目取得的成果,并将发布《可持续发展教育行动建议》。

全球最大中文数字图书馆开馆

全球最大的中文数字图书馆——中国知识基础设施工程(CNKI)数字图书馆开始正式接待读者。该图书馆囊括了20个大型数据库,目前拥有1200多万篇文献资料和多媒体资源。CNKI数字图书馆开馆之际,《中国优秀博硕士学位论文全文数据库》《中国重要会议论文全文数据库》等9种新创刊的国家级电子期刊正式入馆,成为国内首批获得主管部门批准的网络期刊,通过互联网络正式出版发行。

北京奥运会国家体育馆及奥运村会议中心法人招标签约仪式在北京举行

北京市政府副秘书长阎仲秋在签字仪式上宣布,国家体育馆及奥运村项目法人招标的中标人是以北京城建投资发展股份有限公司为代表的联合体,成员包括北京城建投资发展股份有限公司、北京城建集团有限责任公司、北京天鸿集团公司、北京天鸿宝业房地产股份有限公司、中信国安集团公司、北京控股有限公司、北京城市开发集团有限责任公司、北京城市开发股份有限公司、慕尼黑集团(北京2008)(德国)、PTW设计联合体(澳大利亚)和丹下设计联合体(日本)。会议中心项目法人招标的中标人是以北京北辰实业股份有限公司为代表的联合体,成员包括北京北辰实业股份有限公司和北京住总集团有限责任公司。

在签约仪式上,北京城建投资发展股份有限公司联合体和北京北辰实业股份有限公司联合体分别与北京市人民政府、北京奥组委签署了《国家体育馆特许权协议》《国家体育馆协议》《奥运村开发协议》《奥运村协议》和《会议中心开发协议》《会议中心协议》等合同协议。

北京市副市长、北京奥组委常务副主席刘敬民在签约仪式上说,北京奥运会国家体育馆及奥运村、会议中心正式确定项目法人招标的中标人,标志着北京2008年奥运会主要场馆及相关设施项目法人招标工作圆满结束。他介绍说,北京奥运场馆及相关设施项目法人招标工作是从2002年10月开始的,历时一年时间,现已完成国家体育场、国家体育馆、奥运村、会议中心、五棵松文化体育中心、奥林匹克水上公园6个项目的项目法人招标工作。这几个项目的总投资约205亿元,其中85%即174亿元的资金通过项目法人招标,运用市场机制融资完成。

11月9日

国家主席胡锦涛就沙特首都利雅得发生恐怖爆炸事件向沙特国王法赫德致慰问电

中组部部长贺国强在贵州考察

11月9日至12日,中共中央政治局委员、书记处书记、中组部部长、全国农村党员干部现代远程教育试点工作领导协调小组组长贺国强在贵州考察时强调,认真贯彻“三个代表”重要思想和党的十六届三中全会精神,扎扎实实地抓好农村党员干部现代远程教育试点这项加强农村基层党的建设、促进农村经济社会发展、惠及广大农民群众的创新工程、民心工程。

考察期间,贺国强先后到凯里市和雷山县、贵阳市白云区,深入苗家村寨、学校课堂、村镇站点,调研远程教育试点的建设情况;召开座谈会,认真听取试点单位干部群众和有关方面的意见和建议;看望慰问了部分生活困难的党员和群众。

国务委员陈至立在河北考察

11月9日至10日,陈至立在河北省考察了河北省远程教育中心和新乐市邯邰中学、大流中学、渔砥小学和何家庄村幼儿园等。陈至立赞扬了河北省在推进教育信息化建设方面取得的成绩,希望扩大覆盖面,促进资源共享,为农村教育跨越式发展作出贡献。陈至立强调,提高农村教育工作水平是全面建设小康社会的需要,要把农村教育当作教育工作的重中之重抓紧抓好。当前,要做好普及九年义务教育的巩固和提高工作。

陈至立还考察了河北省文化信息资源共享工程、西柏坡镇宣传文化中心、何家庄村文化宣传科技活动中心,观看了基层群众文化活动。陈至立强调,要加强领导,密切配合,搭建科技文化公共平台,促进农村科技文化资源共享。

衡阳“11·3”灭火抢险牺牲公安消防官兵追悼会在衡阳举行

跨国公司与公益事业高级论坛在北京开幕

民政部部长李学举在开幕式上说,中国公益事业正面临新的发展机遇。中国将大力培育发展民间组织,为国内外企业进入中国公益事业给予政策上的支持和鼓励,学习借鉴国际上的经验,拓展中国的公益事业。

全国人大常委会副委员长傅铁山、全国政协副主席阿不来提·阿不都热西提出席了开幕式。为期3天的论坛由中华慈善总会、国际联合劝募协会、美中贸易全国委员会等16家公益机构联合举办,主题是“走进公益,服务社会”。

中国影片《暖》获得第十六届东京国际电影节最佳影片奖

中国选手李婷/孙甜甜在2003年泰国女子网球公开赛上夺得女子双打冠军

首届中国循环经济发展论坛在上海大学举行

论坛由全国人大环资委、国家环保总局主办,来自政府部门、产业界、学术界的150余位有关专家和部门负责人围绕循环经济进行了深入探讨。

中国工程院院士钱易、金涌等专家指出,循环经济是近些年国际上提出的新经济理念,它改变了传统经济以“资源—产品—废物”为特征的发展模式,以“资源—产品—再生资源”循环的特征,达到低消耗、低污染、高利用,以最小的资源和环境成本,取得最大的经济社会效益。

国家环保总局副局长王玉庆在发言中提到,循环经济和生态工业的理念已经得到党中央、国务院领导同志的高度重视,并逐步为各级领导干部接受,形成了循环经济推广的社会基础。他建议,中国应借鉴日本、德国等国经验,尽快着手制定绿色消费、资源循环利用,以及家电、建筑材料、包装物品等回收利用方面的法律、法规体系。

全国人大环资委主任委员毛如柏指出,在目前情况下,应继续扩大循环经济的试点和生态工业园区的建设,制定有利于循环经济发展的经济政策措施,加大科技投入,开展有关循环经济关键技术的科技攻关。

据介绍,目前我国已在20多个省市的20多个行业进行了循环经济和清洁生产的实践,并建立了8个国家生态工业示范园区试点。

论坛举办期间,上海循环经济研究院宣告正式成立。钱伟长教授任名誉院长,全国人大环资委副主任委员冯之浚教授任院长。

11月10日

国家主席胡锦涛在人民大会堂会见美国前总统克林顿

克林顿表示,他坚定地支持美中建立长期伙伴关系,坚定地支持一个中国的政策。中国加入世界贸易组织将使两国人民受益。克林顿高度赞赏中国在和平解决国际和地区问题方面所做的积极努力。

双方还就中美共同关心的经贸问题交换了看法。

克林顿是应中国人民外交学会邀请访华的。

中央军委主席江泽民在中南海分别会见美国前总统克林顿和美国前国务卿基辛格博士

全国人大常委会委员长吴邦国在人民大会堂与西班牙众议院议长鲁迪举行会谈

吴邦国积极评价中西两国建交30年来双边关系取得的发展。他说,目前双方正在积极筹备年内召开“中西论坛”第一次会议,预祝论坛取得成功,希望通过双方共同努力,使其成为促进中西交流与合作新的重要渠道。

吴邦国说,尽管中国与西班牙政治制度不同,但中国全国人大与西班牙议会的职能有相似之处,双方可以加强交流,相互借鉴。中国全国人大愿进一步与西班牙众议院开展多层次、多渠道的交往,共同为促进双边关系发展作出贡献。

鲁迪说,作为欧盟主要成员国,西班牙非常重视发展同中国的关系,对华友好是西班牙亚太外交的重中之重。这次来访的代表团成员包括来自各党的资深议员,充分表明西班牙议会对发展同中国全国人大的友好关系有着强烈的愿望。

全国政协主席贾庆林在河北调研

11月10日,贾庆林在河北省省委书记白克明等的陪同下,在河北省保定市就新形势下如何进一步加强宗教工作,开展调查研究。调研期间,贾庆林听取了河北省宗教工作情况汇报,对河北省在宗教工作方面取得的成绩给予充分肯定。他还参观了宗教活动场所,与河北省宗教界人士进行了座谈,听取了大家的意见和建议。

贾庆林指出,我们党历来高度重视宗教工作。以江泽民同志为核心的第三代中央领导集体,对党的宗教工作理论和政策进行了许多新的概括和阐述,进一步明确了我们党在新世纪、新阶段宗教工作的基本方针,作出了一系列重大决策和部署,正确处理了新时期宗教方面的复杂问题。以胡锦涛同志为总书记的新一届中央领导集体,继承和发扬我们党的优良传统,高度重视宗教工作,多次就宗教工作作出重要指示。当前,我们党同宗教界的爱国统一战线更加巩固,我们国家经济发展,社会稳定,民族团结,宗教和谐。这样好的形势来之不易,我们应该倍加珍惜。

贾庆林强调,“三个代表”重要思想是新世纪、新阶段党和国家各项工作的根本指针,也是党的宗教工作的根本指针。只有坚定不移地用“三个代表”重要思想统领宗教工作，才能动员和引导爱国宗教界人士和广大信教群众积极参加改革开放和社会主义现代化建设，才能进一步加强广大信教群众和不信教群众的团结，把他们的智慧和力量凝聚起来，为全面建设小康社会、实现中华民族伟大复兴的宏伟事业而共同奋斗。

贾庆林指出，全面贯彻宗教信仰自由政策，依法管理宗教事务，坚持独立自主自办原则，积极引导宗教与社会主义社会相适应，是新世纪、新阶段党的宗教工作基本方针。我们一定要正确理解，认真全面地贯彻落实。要从党和国家事业发展的全局和战略高度，正确分析和判断形势，深刻认识做好新形势下宗教工作的重要性，增强责任感和使命感，把我们党关于宗教工作的各项方针政策落到实处。在党委和政府的领导下，各有关部门要各负其责，加强协作，积极配合，共同做好宗教工作。要在扩大对外开放、增加友好交往的同时，警惕和抵御境外敌对势力利用宗教进行渗透。

贾庆林指出，信教群众是建设中国特色社会主义的积极力量，爱国宗教界人士是团结信教群众、维护社会稳定的重要力量。他希望宗教界人士带领广大信教群众，坚持走爱国爱教道路，坚持独立自主自办原则，为促进经济发展和社会进步继续作出积极的贡献。

全国政协副主席、中央统战部部长刘延东等陪同调研。

国务院副总理吴仪在北京出席“WTO与中国：北京国际论坛”开幕式并致辞

论坛由商务部和北京市人民政府主办，这是中国加入世贸组织两年来由我国政府首次举办有关WTO的高规格国际研讨会。

全国人大常委会副委员长成思危、世贸组织总干事素帕猜、北京市代市长王岐山、商务部副部长于广洲等以及来自世贸组织、联合国贸发会议、世界银行等国际组织的官员和代表、国内外著名学者和企业家出席了会议。

吴仪在致辞中说，中国政府已经确立了全面建设小康社会的目标，明确了未来中国经济和社会发展的总体方向。为了实现这一目标，适应经济全球化和加入WTO的新形势，中国正在更大范围、更广领域和更高层次上参与国际经济技术合作和竞争，充分利用国际和国内两个市场，优化资源的配置，拓展发展的空间，以开放促改革、促发展。加入WTO以来，中国政府认真履行了承诺，不断完善与贸易有关的法律体制，广泛开展了对政府官员、对企业和社会公众的WTO知识培训和普及，积极推进行政管理体制的改革，进一步扩大了开放。

吴仪指出，多哈发展议程的谈判，如果能够真正地实现发展这个主题，平衡地体现发达成员和发展中成员的利益，那么将进一步推动多边贸易体制，朝着公正、公平、合理的方向发展，也将为中国全面建设小康社会创造良好的国际环境。而中国在全面建设小康社会的进程中，也必将为全球经济的发展带来新的机遇，为各国各地区提供更加广阔的市场空间。

据悉，本次会议由4个主题论坛组成，分别为“WTO发展回合和中国的小康之路”、“新一轮谈判和跨国公司在华战略”、“铸造中国服务业的国际竞争力”、“WTO后过渡期的市场冲击和企业对策”。

全国农田水利基本建设工作会议在成都举行

中共中央政治局常委、国务院总理温家宝对会议作出重要批示。他指出，搞好今冬明春农田水利基本建设，对于巩固农业基础地位，提高农业特别是粮食综合生产能力，增加农民收入，具有特别重要意义。各级党委、政府要高度重视，加强领导，加大投入，狠抓落实。要把中央关于扶持粮食主产区和种粮农民的政策原原本本告诉广大农民和农村基层干部，保护、调动和发挥他们的积极性。

中共中央政治局委员、国务院副总理回良玉出席会议。他指出，近年来我国农田水利基本建设取得显著成效，为农业和农村发展提供了有力的支持。但也必须清醒地看到，目前农田水利基本建设还存在不少薄弱环节，与农业和农村经济发展新形势不相适应。我国农业和农村经济处于新的发展阶段，提高粮食生产能力，促进农业结构调整，增强农产品竞争力，改善农业生态环境，加快农村全面小康建设步伐，都对农田水利基本建设提出了新的要求。各地各有关部门必须积极适应新的形势和任务，认真贯彻落实党的十六大和十六届三中全会精神，以“三个代表”重要思想为指导，统筹城乡经济社会发展，统筹人与自然和谐发展，以提高水土资源利用效率和效益为核心，以提高农业综合生产能力、促进农业结构调整、改善农村生产生活条件、实现农村可持续发展为目标，加强农田水利基本建设，为农业增产、农民增收和农村发展奠定坚实的基础。

回良玉强调，农田水利基本建设，要以基本农田的水利建设为重点，健全和完善农田排灌系统，加大中低产田改造力度，建设高产稳产的基本农田。要务必采取有效措施，严格保护好基本农田，不得随意改变耕地用途，不得破坏土壤耕作层，不得破坏水利基础设施，不得在基本农田挖鱼塘、栽种树木。要特别重视粮食主产区的农田水利基本建设，把发展粮食生产的各项措施落到实处。要加强节水灌溉设施建设，继续加大病险水库除险加固和中小河流治理力度，加强老化灌溉设施维修改造，增强抗旱能力。注意解决好农村饮水问题。抓好水土流失防治体系以及林业和草原生态体系建设。当前，要抓紧修复水毁工程和灾区应急排涝。

回良玉要求，各地要认真贯彻国务院农业和粮食工作会议精神，切实加强领导，明确责任，加大农田水利基本建设工作力度。充分调动农民及社会各方面积极性，多渠道增加农田水利基本建设投入，努力形成政府增加投入、农民群众广泛参与、社会各界大力支持共兴农田水利的良好局面。

会议为期两天。会议代表考察了四川省农田水利基本建设现场。各省、自治区、直辖市政府和中央、国务院有关部门负责人参加了会议。

中组部发出学习贯彻《党政领导干部选拔任用工作条例》检查情况通报

为了推动《党政领导干部选拔任用工作条例》(以下简称《条例》)的贯彻落实，切实加强对干部选拔任用工作的监督，前不久，中央组织部派出5个检查组，对河北、山西、黑龙江、辽宁、山东、河南、云南、广西、陕西、宁夏等10省区和科技部、建设部、水利部、劳动和社会保障部、商务部等5部党委(党组)及其组织人事部门学习宣传和贯彻执行《条例》的情况进行了全面检查。近日，中央组织部在检查情况通报中，肯定了各地各部门学习贯彻《条例》取得的成效，指出了存在的主要问题，强调要继续抓好《条例》的学习、宣传和贯彻，把《条例》的各项要求不折不扣地落到实处。

通报指出，《条例》颁布以来，10省区和5部党委(党组)及其组织人事部门按照中央的要求和部署，以“三个代表”重要思想为指导，以建立、健全科学的干部选拔任用机制和管理监督机制为重点，在深入学习宣传、坚持用人标准、严格执行程序、完善选任制度、坚持监督检查等方面下了很大功夫，进一步提高了干部选拔任用工作水平，得到干部群众的肯定。一些省区针对有的地方在用人上曾经出现的问题，强调要大力提拔重用政治可靠、埋头实干、政绩突出、群众公认的优秀干部，并以人大、政府、政协换届为契机，严格按照规定的标准和程序选人用人，保证了换届选举工作的顺利进行，为贯彻落实《条例》创造了良好的社会氛围；各地各部门对照《条例》的规定和要求，在对已有制度进行修订和完善的同时，扩大了公开选拔领导干部和机关干部竞争上岗的范围，普遍实行了干部考察预告制和任前公示制，加大了干部交流的力度。积极探索建立干部能上能下机制，在解决干部“能下”问题上取得了一定突破；各地按照全国组织工作会议的要求，认真开展《条例》学习贯彻情况的监督检查工作，对检查中发现和群众举报的一些违反《条例》的行为，进行了认真纠正和严肃查处；各级组织人事部门在开展以公道正派为主要内容的“树组工干部形象”集中学习教育活动中，把深入学习和贯彻执行《条例》作为核心内容，组织专题学习讨论，进行对照检查，制定整改措施，努力把公道正派的要求落到实处。

通报同时指出，各地各部门在学习贯彻《条例》方面虽然取得了明显成效，但仍然存在一些不容忽视的问题。主要是，有些领导干部还不熟悉《条例》；有些单位执行《条例》不够严格；有的地方和部门仍然程度不同地存在着用人上的不正之风。

通报要求，各地各部门特别是各级领导干部，要从贯彻“三个代表”重要思想的高度，充分认识《条例》的重要性，不断增强学习贯彻《条例》的自觉性，把《条例》的各项要求不折不扣地落到实处。要进一步加大《条例》的宣传力度，真正把党的干部政策交给群众，真正落实好群众对干部选拔任用的知情权、参与权、选择权和监督权。要做好与《条例》相关的配套制度建设工作，同时注意维护《条例》的严肃性和统一性，把重点放在抓好《条例》的贯彻执行上；要狠抓落实，切实解决检查工作中发现的突出问题。对这次检查中发现的问题，各地各部门要进行认真分析，找准问题发生的根源，有针对性地制定和落实整改措施。要严明纪律，切实加大查处力度，对违反《条例》规定的行为，不论涉及谁，都要一查到底，严肃处理，决不姑息。明年，中央组织部还将组织检查组，对部分省区市、中央和国家机关部委贯彻执行《条例》情况进行集中检查，同时，对一些地方和部门进行抽查。各地各部门每年要对贯彻执行《条例》的情况进行自查，并将情况报告上一级党委。领导班子民主生活会要把贯彻执行《条例》情况作为一项重要内容，进行认真的对照检查。要进一步加强和改进举报受理工作，对群众反映和举报的问题，必须严肃对待，认真调查处理。要重点加强对“一把手”用人上的监督检查，尤其要重视对县(市)委特别是县(市)委书记在选人用人方面的监督检查。要通过进一步加强对《条例》贯彻执行情况的监督检查，努力做好干部选拔任用工作，为全面建设小康社会提供坚强有力的组织保证。

全国总工会在北京举行庆祝我国首次载人航天飞行成功表彰大会

大会表彰了在我国首次载人航天飞行试验中作出突出贡献的9个先进集体和9名先进个人，授予他们全国“五一”劳动奖状和全国“五一”劳动奖章。

在表彰会上，中国航天科技集团公司四川航天工业总公司692厂、中国航天科技集团公司上海航天技术研究院800所103车间唐建平班组、中国航天科工集团公司061基地、中国航天科工集团公司204研究所、中国电子科技集团公司第十五研究所、中国电子科技集团公司第二十二研究所、哈尔滨晶体管厂、中国科学院空间科学与应用总体部、长春光机与物理研究所等9个单位获得全国五一劳动奖状；中国科学院上海生命科学院植物生理生态研究所主任设计师刘承宪，中国运载火箭技术研究院院长兼党委副书记吴燕生，中国空间技术研究院总体设计部副部长、飞船副总设计师张柏楠，中国航天推进技术研究院副院长、载人航天工程运载火箭研制副总指挥肖厚德，中国航天时代电子公司771所飞船箭载计算机主任设计师于伦正，中国航天科技集团公司山西长治清华机械厂厂长、“神舟”号活动发射平台总工程师崔延林，中国航天科工集团公司二院23所测量雷达总设计师史仁杰，中国航天科工集团公司111厂军品事业部设计室主任曾宪琪，中国电子科技集团公司第五十四研究所遥控遥测专业部副主任陈建民等9位同志获得全国“五一”劳动奖章。

据悉，自1999年我国“神舟”一号飞船飞行试验取得圆满成功以来，全国总工会已表彰在“神舟”号飞船飞行试验中作出突出贡献的先进集体21个、先进个人25人，并分别授予全国“五一”劳动奖状和全国“五一”劳动奖章。

国务院副总理黄菊在中南海紫光阁会见伊朗道路和运输部部长艾哈迈德·霍拉姆

国务院副总理吴仪在北京会见世界贸易组织总干事素帕猜

外交部副部长戴秉国在汉城分别与韩国政府官员举行会谈

韩国国务总理高建、外交通商部长官尹永宽、总统安全助理罗钟一、统一部长官丁世铉、外交通商部次官金在燮参加了会见或会谈。

双方一致同意积极落实今年以来两国元首就进一步发展双边关系达成的一系列重要共识，努力推动中韩全面合作伙伴关系在各个领域不断取得新的成果。

在会见与会谈中，双方还认真深入地讨论了筹备第二轮六方会谈的有关问题，一致认为，朝核问题必须通过对话和平解决。双方表示，将加强合作，并同有关各方一起努力，推动和平解决的进程向前发展。

全国人大常委会副委员长李铁映在雅温得总理府会见喀麦隆总理穆松格

李铁映是11月6日晚抵达这里开始对喀麦隆进行为期4天正式友好访问的。

智利参议长萨尔迪瓦和众议长阿连德在圣地亚哥分别会见中共中央政治局委员张德江

中国常驻联合国代表王光亚在纽约联合国总部代表中国政府签署《烟草控制框架公约》

王光亚在签署该公约后向记者表示，该公约是世界卫生组织主持制定的第一部公约，在人类公共卫生史上具有里程碑意义。中国是全球最大的烟草生产和消费国。中国政府十分重视控烟工作，采取了多种控烟措施。中国在公约谈判中发挥了建设性作用。签署该公约，再次向世界表明中国对世界卫生组织工作的支持和中国政府对控烟工作的重视。

亚太空间合作组织章程起草组第二次会议在北京举行

来自15个国家和联合国有关机构的代表今天在北京共同商讨建立亚太空间合作组织，开展以和平利用宇宙空间为目的的空间技术和应用合作，推动亚太地区的社会和经济的可持续发展。这次亚太空间合作组织章程起草组第二次会议，将结束组织章程的讨论，在获得有关国家政府批准后，亚太空间合作组织可望于明年成立。

孟加拉国、巴西、中国、韩国、伊朗、马来西亚、蒙古、秘鲁、菲律宾、俄罗斯、泰国、巴基斯坦、乌克兰、智利、联合国亚太经济和社会理事会等15个国家和组织的代表或观察员出席了亚太空间合作组织章程起草组第二次会议。不久前，这些国家的代表同意将这个拟建组织的总部设在北京。

清华大学AIDS与SARS国际研讨会在清华举行

来自世界各地致力于防治艾滋病和SARS的政府组织、非政府组织和个人代表齐聚清华园，共同研讨对抗艾滋病和今年春夏袭击全球的SARS疫情。尤其是对于目前全球最为严重的流行病之一——艾滋病，与会者表达了他们深沉的忧患和沉重的使命感。

清华大学校长顾秉林、教育部副部长章新胜、卫生部副部长黄洁夫、国家人口和计划生育委员会副主任赵白鸽先后在会上发表致辞，阐明艾滋病对社会的严重危害，分别介绍了我国政府各部门在防治艾滋病方面所做的努力，并提出了防治艾滋病等流行病的建议。他们都表示，艾滋病的防治已是我国当前的重要任务之一。

艾滋病的鸡尾酒疗法发明人、美国戴蒙艾滋病研究中心主任何大一在发言中透露,戴蒙艾滋病研究中心正在研发一些疫苗,已经在动物身上做了测试,还得到了美国食品药品监管局的批准,可以进行临床测试,不久将在中国南部进行疫苗的测试。

美国前总统克林顿以国际防治艾滋病基金会共同主席的身份进行了演讲。他说,此次研讨会是一个标志,它标志中国正在把抗击艾滋病作为一项非常重要的事情。他向全世界呼吁:政府、学术界和公众要携起手来,互相依赖,共同抗击艾滋病。

克林顿认为,艾滋病发展的速度要比SARS快得多,需要赶快采取行动。他在讲演的最后说:"我希望我能对中国提供一些帮助,我希望把便宜的药品带到中国和整个亚洲,我会尽全力来推动这方面的工作。"

克林顿还接受了现场提问。

在克林顿演讲之前,顾秉林、黄洁夫、章新胜、赵白鸽与其进行了简短会晤。

下午,在研讨会的5个分会场中,专家、学者分别就艾滋病等流行病的预防、关爱、治疗的推广、政策法规、新闻媒体5个议题进行研讨。

此次研讨会由清华大学、戴蒙艾滋病研究中心、中国医学科学院、中国协和医科大学联合主办。

我国第一部大型金融法律汇编《中国金融法律(活页版)》正式出版发行

该书由人民银行、证监会、保监会、外汇局4家单位共同编辑。分为银行卷、证券卷、保险卷、外汇卷和综合卷共五卷八册。内容包括金融类的法律、行政法规、司法解释和人民银行、证监会、保监会、外汇局发布的部门规章,是我国目前最大规模、最具权威性的金融类法规汇编全书。

国家环保总局 中环联合认证中心向河北省廊坊市政府颁发ISO 14001环境管理体系认证牌证

认证范围为该市6429平方公里的全部行政辖区。廊坊因此成为我国第一个通过ISO 14001环境管理体系认证城市。

ISO 14000是国际标准化组织(ISO)制定的有关环境管理的系列标准,由ISO 14001至ISO 14100等100个分项组成,被认为是生态环保方面世界最先进的管理模式。其中,ISO 14001是其他后续标准的基础,也是唯一可供认证的标准。

自1996年引入这一体系至今,我国已有4000多家企业、十几个开发区和风景名胜区通过ISO 14001认证,但在一个城市所有辖区内通过这一认证,国内目前仅廊坊一家。

11月11日

国家主席胡锦涛在人民大会堂会见美国前国务卿基辛格

胡锦涛对基辛格长期致力于中美友好,为中美关系正常化作出的历史性贡献表示赞赏。他指出,历史和现实都证明,发展健康稳定的中美关系符合两国人民的根本利益,有利于地区和世界的和平、稳定与发展。当前重要的是要落实两国领导人达成的共识,重视并妥善处理彼此的关切,维护并推动中美建设性合作关系不断向前发展。

基辛格表示,当前美中关系处于30年来最具建设性的时期,前景广阔,重要性增加。美国政府坚定地奉行一个中国政策。发展日益密切的美中合作关系对两国人民都有利。

双方还就共同关心的国际和地区问题交换了看法。

全国政协主席贾庆林在人民大会堂会见奥地利联邦议会议长阿格尔

追授陈革同志"模范检察官"荣誉称号暨命名表彰大会在广西南宁召开

大会由最高人民检察院、共青团中央、广西壮族自治区党委联合召开。会上,最高人民检察院党组成员、政治部主任张常韧宣读了最高人民检察院追授陈革全国"模范检察官"称号的决定,共青团中央书记处书记杨岳宣读了共青团中央、最高人民检察院联合追授陈革"中国杰出青年卫士"的决定,广西壮族自治区党委常委、组织部长陈际瓦宣读了自治区党委追授陈革"优秀共产党员"称号的决定。最高人民检察院检察长贾春旺、共青团中央书记处第一书记周强、广西壮族自治区党委书记曹伯纯等出席表彰大会,并发表了讲话。

以"做人要坚强,办案要办铁案"为不变信念的陈革原是广西北流市检察院检察委员会委员、技术科科长。1990年大学毕业后,陈革没有选择就业大城市,也没有去经济发达地区,毅然决定回到家乡、回到条件艰苦的地区工作,到广西北流市检察院做一名普通的书记员。13年来,他先后审理起诉和出庭公诉各类刑事案件200多起,办理职务犯罪案件10余件,准确率达100%,先后12次获得"先进工作者"、"优秀共产党员"、"优秀公诉人"等荣誉称号。

贾春旺在讲话中要求全国各级检察机关把开展向陈革同志学习的活动,作为加强和改进检察机关思想政治建设和队伍建设的重要内容,要通过深入学习陈革同志的先进事迹，进一步发扬实事求是、求真务实的作风，紧紧围绕履行法律监督职能，进一步加大工作力度，提高执法水平和办案质量，努力为发展这个党执政兴国的第一要务服务，为完善社会主义市场经济体制和全面建设小康社会作出新的更大的贡献。

民主党派工商联省级领导学习“三个代表”重要思想研讨班在北京开班

由中央统战部举办的第一期民主党派省级组织主委、省级工商联会长“三个代表”重要思想学习研讨班在北京开班。全国人大常委会副委员长、民革中央主席、中央社会主义学院院长何鲁丽，全国政协副主席、中央统战部部长刘延东出席开学典礼并讲话。

中央统战部副部长、中央社会主义学院党组书记楼志豪主持开学典礼。致公党中央副主席王宋大代表各民主党派中央致辞。各民主党派中央、全国工商联和中央统战部、中央社会主义学院有关负责人出席开学典礼。来自全国19个省区市的各民主党派、工商联省级主委、会长共79名学员参加本期研讨班的学习。

国家副主席曾庆红在人民大会堂会见西班牙众议长路易莎·费尔南达·鲁迪

国务院副总理黄菊在人民大会堂与英国副首相兼内阁首席大臣约翰·普雷斯科特举行会谈

国务委员唐家璇在北京出席中国联合国协会第三届理事会第二次会议并发表讲话

唐家璇说，中国应当重视非政府组织在国际事务中的作用，因势利导，在非政府组织领域增强中国的声音。

唐家璇说，随着经济全球化的发展和非传统安全问题的突出，非政府组织日益广泛、深入地参与国际事务。其活动范围涉及方方面面，在许多领域，特别是环保、贸易、军控等方面的作用不容忽视。

唐家璇说，中国共产党的十六大报告中已明确提出要广泛开展民间外交。中国改革开放的不断深入和外交工作的蓬勃发展，为中国非政府组织参与国际事务开创了广阔天地。希望包括中国联合国协会在内的非政府组织抓住机遇，发挥中外交流与合作的桥梁作用，探索有中国特色的民间外交道路。

中国联合国协会成立于1985年，由热心联合国事业的中国公众、各界知名人士和社会团体组成。

智利总统拉戈斯在圣地亚哥会见中共中央政治局委员张德江

英国首相布莱尔在唐宁街首相府会见香港特别行政区行政长官董建华

董建华介绍了自布莱尔今年7月访问香港后香港的经济发展情况。指出目前香港经济稳步发展，贸易增长，楼市稳定，各方面数据均显示香港经济转型在经历一个痛苦的过程后，“现在已经看到曙光”。布莱尔表示，他非常关注香港的情况，很高兴看到香港经济的好转。

布莱尔在会谈中还赞扬了香港应对非典型肺炎所做的工作。

董建华还说，预计今年香港经济增长率可达3%，而根据汇丰银行向他提供的预测数字，香港今年经济增长率可能将超过4%。他访问期间会见的英国政界和商界人士也纷纷表示对香港前途很有信心，把香港视为外资进入中国内地“最好的跳板”。

西部电影集团在西安成立

国家四大电影集团之一、以西安电影制片厂为核心组建的跨地区、跨行业、跨所有制的西部第一影视航母——西部电影集团正式成立。

已有45年历史的西安电影制片厂在20世纪80年代，曾以一系列中国“西部片”蜚声海内外；90年代，西影厂在内外环境发生深刻变化的情况下，另辟蹊径，引入股份制的现代经营理念，吸引社会资金共同发起成立了中国电影界第一家股份制公司——西影股份有限公司。

在西影股份有限公司的基础上成立的西部电影集团，将以市场为先导，以“新西部电影”为大旗，在建立现代企业制度和产业结构、产权结构优化配置的基础上，实现制片、发行、放映一条龙，影、视、录、盘一体化的主业生产格局。

11月12日

国家主席胡锦涛在人民大会堂会见澳大利亚议会澳中友好小组主席朱迪·莫伊伦

国务院总理温家宝在中南海紫光阁会见英国副首相普雷斯科特

温家宝对中英关系给予了积极评价，对英成立对华关系小组，研究进一步提升两国关系的新举措表示赞赏。温家宝表示中方愿与英方一道努力，推动中英关系取得更大发展。

普雷斯科特对中国经济发展取得的巨大成就表示赞赏，并表示，英方高度重视发展对华关系，希望进一步加强两国在各领域的交流与合作，将英中全面伙伴关系提高到更高的水平。

全国政协主席贾庆林在人民大会堂会见马其顿前总统基罗·格利戈罗夫

贾庆林说，中马关系实现正常化以来，两国在政治、经济、文化等领域的合作与交往逐步恢复并不断发展，取得了令人满意的成果。在两国关系出现曲折时，阁下同破坏中马关系的势力进行了坚决斗争，为两国关系的发展作出了杰出贡献，对此我们深表敬意。中方愿继续本着互相尊重主权和领土完整、互不侵犯、互不干涉内政、平等互利、和平共处的原则，促进同马其顿在各领域的友好合作关系。

格利戈罗夫表示，愿为推动马中关系健康发展继续贡献力量。他说，进一步发展双边互利友好关系将会造福两国人民。

格利戈罗夫是应中国人民外交学会邀请来华访问的。

国务院总理温家宝在北京主持召开国务院常务会议

会议听取了国家统计局关于开展第一次全国经济普查和改进我国GDP核算与数据发布制度意见的汇报。会议认为，开展经济普查，对于研究制定国民经济和社会发展规划，优化经济结构，改进宏观调控，完善国民经济核算制度，是十分必要的。会议决定，在2004年开展第一次全国经济普查。会议要求，各地区、各部门要按照"全国统一领导、部门分工协作、地方分级负责、各方共同参与"的原则，认真做好宣传动员和组织实施工作，保证普查数据的真实性。会议原则同意进一步改进我国GDP核算和数据发布制度，并授权国家统计局具体组织实施。会议强调，GDP核算和数据要提高透明度和可信度，并逐步采用国际通用办法，确保数据的权威性。

会议研究了关于进一步加强海洋管理工作的有关问题。会议强调，为保障海洋资源与环境的可持续利用，促进海洋经济健康发展，逐步实现海洋管理工作统一、有序、有力的目标，当前要重点做好以下工作：一要严格规范海洋开发利用秩序，从严控制围填海和海砂开采，加强近海捕捞和海水养殖管理；二要切实保护海洋环境，严格控制陆源污染物排海，加大渔业、港口海域环境污染监督和海洋环境监测力度；三要强化海上执法管理工作，努力提高执法水平；四要进一步强化部门责任，形成各司其职、密切配合、共同推动海洋事业发展的局面。

会议认为，为了加强建设工程安全生产监督管理，保障人民群众生命和财产安全，根据《中华人民共和国建筑法》和《中华人民共和国安全生产法》，制定《建设工程安全生产管理条例》是十分必要的。会议决定，《建设工程安全生产管理条例(草案)》经进一步修改后，由国务院公布施行。

国办转发商务部等部门《关于进一步实施科技兴贸战略若干意见》的通知

各省、自治区、直辖市人民政府，国务院各部委、各直属机构：

商务部、发展改革委、科技部、财政部、信息产业部、海关总署、税务总局、质检总局《关于进一步实施科技兴贸战略的若干意见》已经国务院同意，现转发给你们，请认真贯彻执行。

国务院办公厅

2003年11月12日

关于进一步实施科技兴贸战略的若干意见(略)

中央社会治安综治委在北京召开第三次全体会议

中共中央政治局常委、中央综治委主任罗干在会上强调，要以"三个代表"重要思想和十六大精神为指导，认真学习贯彻十六届三中全会精神，主动适应新形势、新任务的要求，坚持"严打"方针，加强治安管理，全力维护安定团结的政治局面，深入推进社会治安综合治理，为完善社会主义市场经济体制，促进改革开放和社会主义现代化建设事业的顺利进行，创造更加和谐稳定的社会环境。

罗干还就强调刑释解教人员安置就业和社会保障工作和取消收容遣送措施对社会治安带来的新问题提出了要求。罗干说，近来一些地方刑事发案增多，抢劫、抢夺、盗窃案件上升幅度较大，影响群众的安全感。各地各部门要继续认真排查治安混乱地区和突出治安问题，毫不动摇地坚持"严打"方针，集中力量开展专项整治行动，什么犯罪严重，就依法严厉打击什么犯罪；哪里治安问题突出，就重点整治哪里，坚决遏制刑事案件上升的势头，限期改变治安面貌。

罗干要求，各地、各部门要从贯彻落实"三个代表"重要思想的高度，从党和国家工作的大局、维护和实现广大人民群众的根本利益出发，扎扎实实地做好矛盾纠纷排查调处工作。针对影响社会稳定的主要问题，突出重点，积极探索从源头上解决问题，把解决涉及群众切身利益的实际问题作为排查调处矛盾纠纷的关键。

全国人大常委会副委员长、中央综治委副主任顾秀莲，中央综治委副主任、最高人民法院院长肖扬，中央综治委副主任、最高人民检察院检察长贾春旺等出席会议。

国务院副总理回良玉在北京出席亚欧会议农业合作高级别会议开幕式并致辞

回良玉代表中国政府就加强亚欧农业合作提出了三点建议：一是建立亚欧农业合作伙伴关系，积极探索加强亚欧农业合作的成功方式；二是亚欧农业合作要充分考虑各成员经济发展不平衡的历史和现实，承认差异、求同存异，扩大交流、相互学习，相互尊重、平等互利；三是兼顾各国的现实利益和世界的长远利益，确定优先领域和重要环节，开展农业技术、标准、管理和产业等方面的实质性合作，提高亚欧农业合作的水平。

回良玉指出，中国政府历来十分重视农业，高度关注农业的稳定增长和农村经济社会的协调发展。经过50多年的艰难探索和20多年的改革开放，中国实现了主要农产品由长期短缺到供求总量大体平衡、丰年有余的历史性转变；农村贫困人口大幅度减少，农民生活水平显著提高，实现了整体从温饱向小康的跨越；农业经济运行体制由计划经济向市场经济转变，农业的市场化程度逐步提高；中国农业与世界农业的交流与合作日益扩大。中国正致力于全面建设小康社会，继续推行改革开放的政策，统筹城乡经济社会发展，建设现代农业，增加农民收入，发展农村经济，促进可持续发展，全面提高农业对外开放水平，认真履行加入世界贸易组织的承诺，积极推进与世界各国全方位、多领域、深层次的合作。中国珍视与周边国家及欧盟的关系，衷心希望与亚欧各成员进一步加强农业合作。

此次会议是亚欧首脑会议创办以来，各成员在农业领域举办的第一次高级别会议。会议就农业政策、贸易和投资，农业可持续发展与有机农业，农产品质量安全管理，农业生物技术等问题进行广泛而深入的讨论。

国台办新闻发言人李维一在新闻发布会上答记者问

李维一在回答中外记者的提问时指出，陈水扁完全置广大台湾同胞求和平、求安定、求发展的共同心愿于不顾，一步步走向“台独”分裂的危险边缘，这最终会给台湾同胞带来深重的灾难。

有记者问：对陈水扁本次“过境”美国总体评论如何？有舆论认为此乃台湾当局“大选”前在海外进行的拉抬选情的造势活动，大陆方面对此有何看法？对此，李维一指出，陈水扁想方设法“过境”美国，其目的是在国际上进行分裂中国的活动，破坏中美关系的改善与发展，图谋个人连任和民进党继续执政。其所作所为理所当然地遭到中国人民和海外华侨华人的反对。陈水扁在美国发表分裂中国的言论，却说“催生新宪法”和“公投的实施”并不涉及他的“四不一没有”承诺，也“不应该窄化成政治性的统独争辩”。事实是，陈水扁作出的“四不一没有”承诺中就包括“不搞统独公投”、“不将两国论入宪”等内容。但他在2002年8月却抛出海峡两岸是“一边一国”的主张。在陈水扁主导下由民进党提出的“公投法草案”中已明列“公投”的适用事项包括所有领域。陈水扁还声称明年的“大选”是“一边一国”对“一个中国”。这再一次揭穿了他所谓遵守“四不一没有”的承诺完全是欺人之谈，是弥天大谎。李维一强调，两岸最终是统一还是分裂，事关中国主权和领土完整，事关包括广大台湾同胞在内的全中国人民的根本利益。“台独”不得人心，分裂没有出路，全体中国人民是决不容许分裂国家的图谋得逞的。

在回答有关台商春节包机的相关问题时，李维一说，春节期间阖家团圆共享天伦之乐，是中华儿女数千年来的习俗。对于在大陆台商返台过年或他们在台亲属来大陆团圆的要求，我们非常理解并愿意积极考虑满足他们能更便利往返的强烈愿望。我们一贯主张两岸尽早实现直接通航，只要是对两岸直接通航，对两岸民众以及台商有利的事情，我们都会积极推动。两岸直航是经济问题，我们坚决反对把两岸通航作为“国与国”之间通航，坚决反对在“一边一国”的框架下谈通航，坚决反对在技术上把两岸航线国际化。我们主张两岸空中通航应由两岸航空业者使用各自拥有的飞机共同、公平地参与经营，且不经停第三地、直航两岸，以利于节省时间和经费，使两岸空中直航健康持续发展。

有记者问到两岸金融合作和金融监管的协商问题，李维一回答说，两岸“三通”、经济交流与合作，包括金融合作的问题，原本可通过已建立的两会协商机制进行商谈，但由于台湾当局领导人否认“九二共识”，破坏了两会商谈的基础，致使两会对话、商谈迄今无法恢复。在这种情况下，我们主张由两岸民间行业组织本着“一个国家内部事务、直接双向、互惠互利”的原则，就两岸金融监管问题进行协商，达成的“共识”、“备忘录”经由两岸有关方面各自确认后，即可组织实施。这种解决办法切实可行。

在回答记者提出的关于岛内人士呼吁进行两岸气象资料交换的问题时，李维一表示，两岸民间气象组织已就气象信息沟通的技术性问题进行了多次商讨，我们希望两岸民间气象组织加强合作，以施惠于两岸人民。

全国政协在北京中山公园中山堂举行仪式纪念孙中山诞辰137周年

载人航天工程先进事迹报告会在上海举行

国家副主席曾庆红在人民大会堂会见加蓬国务部长兼外交、合作和法语国家事务部长让·平

德国总统约翰内斯·劳和联邦议院议长蒂尔泽在柏林分别会见全国人大常委会副委员长王兆国

中国全国人大代表团是应德国联邦议院的邀请于11月9日晚抵达慕尼黑,开始对德国进行正式友好访问的。

美国总统布什在白宫会见国务院前副总理钱其琛

中美两国在华盛顿签署多项采购合同

中国航空合作代表团在华盛顿与美国波音公司、通用电气公司签署了两项采购合同。合同签字仪式在美国商务部举行。双方签署的第一项协议是确认中国航空器材进出口总公司向波音公司购买30架新一代波音737飞机,总价值约17亿美元。另一项合同为确认中国第一航空工业集团公司确定选用美国通用电气公司生产的发动机,用于中国研制的ARJ21型飞机,这一长期供货合同总价值达30亿美元。美国商务部部长埃文斯和中方代表团团长、国家发展和改革委员会副主任张国宝出席了签字仪式并发表讲话。埃文斯表示,美国正致力于巩固和扩大与中国的商贸关系。

正在美国著名汽车城底特律访问的中国汽车产业合作企业家代表团当天与通用汽车公司签订了总额约为14亿美元的进口协议,其中包括价值约2亿美元的卡迪拉克三种车型的整车、4亿多美元的卡迪拉克汽车零部件和7亿多美元的别克汽车零部件。当天,中国汽车产业合作企业家代表团还分别同福特汽车公司和戴姆勒—克莱斯勒公司签订了进口协议和意向书。

厄瓜多尔总统卢西奥·古铁雷斯在基多会见全国人大常委会副委员长中国拉丁美洲友好协会会长成思危

当天,厄瓜多尔国民议会议长吉列尔莫·兰达苏也在他的办公室会见了成思危及其率领的中拉友好协会代表团全体成员。会见结束后,成思危应邀在厄议会全会上作了题为"改革开放促进中国经济发展"的演讲。

北京奥组委举行新闻发布会介绍北京奥运市场开发进展情况

北京奥组委市场开发部负责人在新闻发布会上介绍说,作为北京奥组委最高级别赞助商的"北京2008年奥运会合作伙伴"征集工作,从市场开发计划今年9月1日正式启动后已经开始,首批合作伙伴已锁定汽车、银行、固定通信服务和移动通信服务4个行业。目前征集准备工作已经基本就绪,计划在11月正式开始4个行业的征集工作。

据介绍,按照组委会的市场开发计划,将在今年年底开始特许经营商和零售商的征集工作。不久,组委会将出台北京2008年奥运会会徽使用规定和商业使用指南。根据这些规定,开始受理潜在特许企业的授权申请。

11月13日

国务院总理温家宝在人民大会堂会见参加"走向2020年的中国科技—国家中长期科学和技术发展规划国际论坛"的部分外国专家

温家宝说,改革开放以来,中国经济社会发展取得了巨大成就,这些成绩的取得都离不开科技进步的支撑,科技进步已成为中国经济和社会发展的强大动力。进入新世纪,我们确定了到2020年全面建设小康社会的宏伟目标。要实现这一目标,必须依靠科学技术进步,走新型工业化道路。为此,我们正着手制定国家中长期科技发展规划,以进一步推进科技进步,增强中国的科技创新能力,应对更加激烈的国际竞争,为全面实现小康社会的目标提供强有力的支持。

温家宝指出,在世界科技发展日新月异的新形势下,制定科技发展规划要重视战略研究,要突出全局性、战略性和前瞻性,要面向世界、面向未来,开放式搞规划。举办这次科技规划国际论坛,就是要听取海内外各方专家的意见和建议。温家宝最后希望与会专家继续为中国未来的科技发展出谋献策。

国务院安全生产委员会第一次全会在北京召开

中共中央政治局常委、国务院副总理、国务院安全生产委员会主任黄菊在会议上强调,要认真学习贯彻党的十六大和十六届三中全会精神,从实践"三个代表"重要思想,维护改革发展稳定大局的高度,牢固树立安全生产"责任重于泰山"的观念,扎扎实实做好安全生产工作。

国务委员兼国务院秘书长、国务院安全生产委员会副主任华建敏主持了会议。

黄菊强调,当前全国安全生产要重点抓好四个方面的工作。

一是全面贯彻落实《安全生产法》,强化监督执法。要加快安全生产法配套法规规章的起草制定,依法建立和完善各级安全生产责任制,建立重大危险源监控制度和重大隐患整改制度。依法加强安全生产的执法工作,落实安全责任追究制度。通过多种形式提高全民安全生产法律意识。

二是深化专项整治,着力解决事故多发领域的问题。继续以煤矿和非煤矿山、道路和水上交通运输、危险化学品、民用爆破器材和烟花爆竹、人员密集场所消防安全等为重点,深化专项整治。要把专项整治与落实生产经营单位安全保障制度以及日常监督管理结合起来,确保整治工作取得实效。

三是适应形势发展变化要求,全面推进安全生产工作创新。要推动安全生产理论创新、监管体制和机制创新,构建"政府统一领导、部门依法监管、企业全面负责、群众监督参与、社会广泛支持"的安全生产工作格局;推动安全监管方式、安全科技、安全文化创新,营造全社会"关爱生命、关注安全"的舆论氛围。

四是完善安全生产监管体系,切实加强安全生产监督管理工作。各地区要加强安全生产监管队伍建设,努力形成统一高效、运转协调、行为规范的安全生产监管体系。研究建立全国生产安全应急救援体系,提高应对特别重大事故的能力。强化社会监督和群众监督,鼓励新闻媒体监督。国务院安全生产委员会全体成员出席了会议。

国务院下发《关于明确中央与地方所得税收入分享比例的通知》

各省、自治区、直辖市人民政府,国务院各部委、各直属机构:

所得税收入分享改革实施以来,中央与地方政府之间的分配关系得到了进一步规范,中央增加了对地方的一般性转移支付,地区间财力差距扩大的趋势有所减缓,改革初步达到了预期目标。为促进区域经济协调发展和深化改革,国务院决定,从2004年起,中央与地方所得税收入分享比例继续按中央分享60%,地方分享40%执行。

各地区、各部门要进一步完善财政分配体制,为促进经济社会全面、协调和可持续发展创造良好的环境。

国务院

2003年11月13日

国家发改委和建设部联合下发《物业服务收费管理办法》

《物业服务收费管理办法》(以下简称《办法》)自2004年1月1日起实施。这对于解决当前物业管理服务不规范、收费与服务不相符,物业服务费用构成不尽合理的问题,减少业主与物业管理企业在服务收费方面的纠纷,规范物业服务市场秩序,推进物业管理市场化进程将发挥积极作用。

《办法》规定,物业服务收费区分不同物业的性质和特点分别实行政府指导价和市场调节价。物业服务收费实行政府指导价的,收费标准由业主与物业管理企业根据政府规定的基准价和浮动幅度在物业服务合同中约定。实行市场调节价的物业服务收费,由业主与物业管理企业在物业服务合同中约定。物业管理企业根据业主的委托提供物业服务合同约定以外的服务,服务收费由双方约定。业主与物业管理企业可以采取包干制或者酬金制等形式约定物业服务费用。

《办法》明确,物业服务成本或者服务支出一般包括以下9个部分:(1)管理服务人员的工资、社会保险和按规定提取的福利费等;(2)物业共用部位、共用设施设备的日常运行、维护费用;(3)物业管理区域清洁卫生费用;(4)物业管理区域绿化养护费用;(5)物业管理区域秩序维护费用;(6)办公费用;(7)物业管理企业固定资产折旧;(8)物业共用部位、共用设施设备及公众责任保险费用;(9)经业主同意的其他费用。《办法》同时规定,物业共用部位、共用设施设备的大修、中修和更新、改造费用,应当通过专项维修资金予以列支,不得计入物业服务支出或者物业服务成本。物业管理企业接受委托代收供水、供电、供气、供热、通信、有线电视等有关费用的,不得向业主收取手续费等额外费用。

中共中央政治局常委吴官正在人民大会堂会见蒙古民主党主席恩赫赛汗

国务委员陈至立最高人民法院院长肖扬在北京分别会见美国耶鲁大学校长理查德·莱文

外交部部长李肇星在北京与伊朗外长卡迈勒·哈拉齐就伊朗执行国际原子能机构保障监督协定问题举行会谈

阿根廷副总统兼参议长肖利在布宜诺斯艾利斯会见中共中央政治局委员张德江及其率领的中共代表团

张德江随后还会见了阿根廷政府总理费尔南德斯和正义党全国政治行动委员会主席费内尔。

张德江率领的中共代表团是应阿根廷政府的邀请于11月12日下午抵达阿根廷开始友好访问的。

美国副总统切尼在白宫会见国务院前副总理钱其琛

在华盛顿期间,钱其琛还分别会见了美国国务卿鲍威尔和总统国家安全事务助理赖斯。

走向2020年的中国科技——国家中长期科学和技术发展规划国际论坛在北京召开

国务委员、国家中长期科学和技术发展规划领导小组副组长陈至立出席开幕式。

陈至立强调，制定国家中长期科学和技术发展规划必须准确把握世界科学技术发展的趋势，调动各方面的积极性，充分发挥海外专家学者的作用。

陈至立指出，中国政府高度重视科技的发展，把科教兴国战略摆在突出的位置，作出制定国家中长期科学和技术发展规划的重大决策，对中国未来 10 至 20 年科技发展进行战略部署。

陈至立还主持召开了部分参加论坛的海外华人学者的座谈会，听取对制定规划的建议。

意大利新技术能源环境委员会主席、诺贝尔奖获得者卡洛·鲁比亚，美国著名物理学家、诺贝尔奖获得者杨振宁，韩国科技部副部长权五甲等出席大会并发言。

规划领导小组成员徐匡迪、陈进玉、徐冠华、邓楠等出席了开幕式。

甘肃岷县临潭卓尼间发生 5.2 级地震

据我国地震台网测定，10 时 35 分(北京时间)，在甘肃省岷县、临潭县和卓尼县的藏巴哇乡之间发生 5.2 级地震，震中位于北纬 34.7 度、东经 103.9 度，距岷县县城约 30 公里，距兰州市约 150 公里。地震造成 1 人死亡，127 人受伤。

重大受贿贪污犯李真被执行死刑

河北省唐山市人民法院根据最高人民法院对原河北省国税局局长李真受贿、贪污一案作出的死刑复核裁定和执行死刑命令，11 月 13 日上午对李真执行死刑。

最高人民法院复核后查明：李真在担任河北省政府办公厅秘书、河北省委办公厅秘书和副主任、河北省国税局副局长和局长期间，利用职务便利为他人谋取利益，非法索取、收受他人人民币 676.6584 万元、美元 16.57 万元，共计折合人民币 814.8164 万元；伙同他人，侵吞中国东方租赁公司河北办事处办公款、中兴电子公司和尼瓦利斯有限公司股份，共计折合人民币 2967.432785 万元，李真从中分得美元 25 万元、人民币 10 万元和价值人民币 51.671 万元的住房 1 套，共计折合人民币 270.9874 万元。案发后，从李真处追缴赃款美元 41.609307 万元。

11 月 14 日

全国人大常委会委员长吴邦国在安徽考察

11 月 14 日至 19 日，吴邦国在安徽省省委书记王太华、省长王金山等陪同下，先后到合肥、蚌埠、淮南、阜阳等地，深入厂矿企业、科研院所、大专院校和村庄农户，考察了生物制药、信息通信、汽车制造、煤矿采掘、农产品加工、农业科技推广以及安全生产和灾后重建情况。考察期间，吴邦国对安徽省认真贯彻落实党的十六大精神，努力克服“非典”疫情和洪涝灾害的不利影响，在经济社会发展、企业农村改革、民主法制建设等方面取得的成绩给予了充分肯定。吴邦国强调，发展是我们党执政兴国的第一要务，任何时候都要毫不动摇地抓发展，毫不动摇地坚持以经济建设为中心，这是解决前进中各种矛盾和问题的根本途径。他指出，面对新形势、新任务，要坚持全面、协调、可持续的科学发展观，坚持结构调整，重视经济增长的质量和效益，尊重人民群众的首创精神，促进经济发展和社会全面进步。

安全生产和煤矿职工生产生活是吴邦国一直牵挂的问题。他专程来到淮南矿业集团张集煤矿 630 米深的矿井，看望慰问一线采煤矿工，了解井下作业状况，详细了解安全规程。他反复叮嘱矿工们一定要严格按操作和安全规程规范生产，确保自身和他人的安全。他强调，安全生产设施必须与主体工程同时建设，已有的设施要及时改造，建设和改造要坚持高标准，这个钱一定要花，一定要舍得花。

今年入汛以来，淮河流域再次遭受了特大洪涝灾害。吴邦国前往灾情严重的阜南县赵郢村、郎湾村，了解村民生活和生产自救情况；登上王家坝保庄圩，察看移民建房工程进展；来到正在重建的王家坝闸工程工地，听取治淮工作汇报。

考察期间，吴邦国主持召开座谈会，听取安徽省和部分市县人大常委会负责同志对人大工作的意见和建议。

全国政协主席贾庆林在人民大会堂会见以林玉燕女士为团长的菲律宾菲华各界联合会访华团

菲华各界联合会成立于 1977 年，以联合菲律宾华社友好团体，促进中菲友谊为宗旨。成立至今 20 多年来，该会在促进中菲友好、支持当地华文教育、推动中国和平统一等方面做了大量的工作。

菲华各界联合会访华团此次是应国务院侨办的邀请来访的。

国务院副总理黄菊在北京参观 2003 年中国国际通信设备技术展览会

黄菊先后参观了中国电信、中国移动、中国联通、中国网通等企业的展台。他充分肯定了近年来我国信息通信业发展所取得的巨大成就，强调要抓住当前我国信息通信业面临的重要战略机遇期，全面贯彻落实党的十六大和十六届三中全会精神，大力推进信息化发展战略，为全面建设小康社会作出更大贡献。

来自21个国家和地区的400多家单位参加了由信息产业部和中国国际贸易促进委员会主办的此次展会。展览会展出面积4.5万平方米，是今年亚洲信息通信业界规模最大的一次展览会。

全国双拥工作领导小组全体会议在北京召开

中共中央政治局委员、国务院副总理、全国双拥工作领导小组组长回良玉主持会议并讲话。他强调，要以“三个代表”重要思想和党的十六大精神为指导，开拓进取，扎实工作，努力开创双拥工作的新局面。

回良玉指出，拥军优属、拥政爱民是我党我军我国人民的优良传统和特有的政治优势。当前和今后一个时期的双拥工作，要紧紧围绕全面建设小康社会，以增强经济实力、国防实力和民族凝聚力为目标，以维护社会稳定、促进经济发展、推进军队建设为重点，完善政策法规体系，解决热点难点问题，创新群众性活动方式，建立协调顺畅的运行机制，与时俱进抓好各项任务的落实，巩固和发展军政军民团结，为国家改革发展稳定和军队现代化建设提供可靠有力的保障。全国双拥工作领导小组各成员单位要以对国家和军队建设高度负责的精神，认真履行职责，确保工作落实。

国务委员陈至立在重庆考察

11月14日至16日，陈至立在中共重庆市委书记黄镇东和市长王鸿举的陪同下，考察了西南农业大学、西南师范大学和中国电子科技集团的研究所，出席了中国首次载人航天飞行展(重庆)、第五届中国重庆高新技术成果交易会暨第八届投资贸易洽谈会、首届中国国际军转民技术博览会。

陈至立对西南农业大学和中国科学院北京基因组研究所日前联合完成世界第一张中国家蚕基因组“框架图”表示热烈祝贺，指出这是我国科学家取得的里程碑式的科学成就，具有重要的科学意义和现实意义，希望继续攻关，扩大成果，为我国科学事业和蚕丝产业、医药工业、农业病虫害的防治产业的发展作出更大的贡献。

陈至立还考察了江北区的中小学校，要求把农村教育作为教育工作的重中之重抓紧抓好，确保2007年实现全国西部地区普及九年义务教育的目标。要大力发展现代远程教育，实现优质教育资源共享，提高教育质量。

陈至立还瞻仰了重庆歌乐山烈士陵园，强调要充分发挥爱国主义教育基地的作用，加强对青少年的爱国主义和革命传统教育。

学习陈革先进事迹座谈会在人民大会堂召开

座谈会由最高人民检察院、共青团中央、广西壮族自治区党委召开。最高人民检察院检察长贾春旺在会上提出，要把学习陈革的活动与学习实践“三个代表”重要思想，与“公正执法树形象”和“强化法律监督，维护公平正义”教育活动，与搞好各项检察工作有机结合起来，立足本职学陈革，扎扎实实作贡献，把检察事业不断推向前进。

在座谈会上，陈革同志生前的同事、领导、陈革同志的妻子、采访陈革的记者介绍了陈革生前感人事迹，畅谈了学习陈革同志先进事迹的感想和体会。中央政法委员会秘书长王胜俊、最高人民检察院副检察长张耕、最高人民检察院政治部主任张常韧、共青团中央书记处书记杨岳、中宣部副秘书长邬书林、广西壮族自治区检察院检察长郭永运在座谈会上发了言。

中央统战部在北京召开部分非公有制经济代表人士深入贯彻十六届三中全会精神座谈会

全国政协副主席、中央统战部部长刘延东出席并讲话。刘延东说，贯彻落实好十六届三中全会精神，是当前全党和全国人民的一项重要任务，也是包括非公有制经济人士在内的广大统一战线成员的一项重要任务。本世纪头20年，是必须紧紧抓住并且可以大有作为的重要战略机遇期，对非公有制经济人士来说，也是一个可以大显身手、大展宏图的重要机遇期。广大非公有制经济人士要紧紧抓住十六大和十六届三中全会创造的新条件、新环境、新机遇，振奋精神，发挥聪明才智，诚实守信，不断壮大自己的事业，把促进社会主义市场经济的发展作为自觉行为。统一战线的各级组织、各级领导要认真研究新情况、解决新问题，自觉转变观念，努力营造适合非公有制经济人士健康成长的良好环境。

与会的非公有制经济代表人士表示，十六届三中全会为民营企业带来一次千载难逢的历史机遇，一定要珍惜时机，进一步解放思想，加快发展，把民营经济做强做大，努力为全面建设小康社会作出贡献。

民航总局台港澳办公室主任浦照洲就两岸春节直航包机问题发表谈话

浦照洲说，2003年春节期间，台湾有关人士提出开办春节直航包机业务，我们认为，为满足广大台商返乡过年，与家人团聚的愿望，在两岸尚未实现全面通航的情况下，采取直航包机的方式，是合情合理的要求。我们表示，无论是定期航班还是不定期包机运输，均应本着“直接双向、互惠互利”的原则，由两岸的航空公司共同承运，祖国大陆的航空公司也表示了积极参与运输和愿意为广大台商提供良好服务的强烈愿望。遗憾的是,大陆航空公司的愿望未能如愿。即便如此,基于两岸同胞手足之情,他们仍然表现出极大的诚意和善意,同意台湾航空公司先行一步飞过来,下次再共同承担包机运输,并尽最大的努力,为包机的顺利实施提供全面的保障和周到的服务。

他说,需要指出的是,因为台湾有关方面不合理的限制,2003年春节包机并不是直航包机,而只是"单向"、"间接"的包机方式,并没有满足广大台商的真正愿望,没有为台商返乡提供真正的方便。这种舍近求远的方式增加了航空公司和乘客的负担,增加了成本,浪费了时间,有违台商提出直航包机的初衷。广大台商十分不满,纷纷要求两岸直飞,不要中间经停。两岸的航空公司更期望下一次能够公平地共同参与包机运输。

浦照洲说,2004年春节就要来临了,最近,台湾一些主管部门提出可以考虑"双向直航",但深究其内容,仍然是"单向、经停"方案。只允许大陆的航空公司湿租台湾的飞机或是只能互租舱位,继续阻挠大陆的航空公司参与直航包机的运输,而且必须经停第三地。我们希望台湾方面能真正为两岸同胞的福祉考虑,真正从广大台商的实际需要出发,切实满足广大台商要求返乡团聚或接家眷来大陆团圆的要求,不要再人为地设置障碍,提出一些不切实际、又欠公平的限制。

国务院副总理黄菊在中南海会见美国莱曼兄弟公司董事长富尔德

国务院副总理吴仪在中南海会见泰国卫生部部长素达拉

全国人大常委会副委员长何鲁丽在人民大会堂会见以副议长中山秀雄为团长的日本东京都议会友好代表团

中日首次大规模封存销毁侵华日军遗留化学武器

沈阳军区负责日本遗弃化学武器的专家马印德说,目前,中日双方正在齐齐哈尔富拉尔基区托管库作业,此次封存销毁侵华日军遗留化学武器行动,得到两国政府高度重视,无论是参加作业人数,还是处理化学武器数量和品种,都是规模最大的一次。

这次行动共需处理当地托管库内的724颗化学炮弹,其来源分别为:齐齐哈尔市143颗,大庆市24颗,黑河市217颗,北安市340颗,另外还有在"8·4"事件中发现的毒剂桶。在现场内,除日方专家还对45颗化学炮弹是否为侵华日军所遗弃存有异议外,其他工作均有条不紊地进行。目前,前期作业进展顺利,作业人员克服了低温寒冷的困难,加强了作业人员安全保护和周边环境保护。

中国选手吴美锦在温哥华举行的2003年世界举重锦标赛上夺得男子56公斤级抓举挺举和总成绩3枚金牌

全国乡镇企业职业病危害专项整治电视电话会议在北京召开

会议指出,要坚决有力地整治职业病危害严重的违法企业,谁造成职业危害,谁负责治理和赔偿,决不允许以牺牲健康为代价片面追求经济增长。

卫生部副部长马晓伟说,今年8月,卫生部等9部门发出《关于开展乡镇企业、农村个体工商户职业病危害专项整治工作的通知》。专项整治分两个阶段,第一阶段为自查自纠,第二阶段为集中整治。国家环保总局副局长潘岳说,要认真研究解决环境问题的根本措施和办法,避免因环境污染引发职业病。

劳动和社会保障部、农业部、国家工商总局、国家税务总局、国家安全生产监督管理局、全国总工会等部门负责人出席会议并讲话。

江西一煤矿发生特大瓦斯爆炸事故49人死亡

11时45分,江西省丰城矿务局建新煤矿发生一起特大瓦斯爆炸事故,造成49人死亡、2人重伤、5人轻伤。

11月15日

全国政协主席贾庆林在北京出席巴金百岁喜庆艺术大展开幕式

首都文学艺术界在中国现代文学馆以举办《巴金百岁喜庆艺术大展》,庆贺我国文坛巨匠,现为全国政协副主席、中国作家协会主席的巴金百岁华诞。中共中央政治局常委、全国政协主席贾庆林出席了开幕式并对展览的举办表示祝贺。

百岁巴金和他的众多作品深受广大读者喜爱。同时,他深切同情人民苦难的善良心性,和把心交给读者的坦诚胸怀以及提倡讲真话的正直与勇气,也深深影响着几代艺术家。参加此次文学美术专题联袂展览的50位作者中,既有黄苗子、丁聪、郁风、刘迅、方成等艺坛名宿,也有靳尚谊、詹建俊、袁运甫、侯一民、钱绍武等书画大家,还有众多艺术新锐。

中共中央政治局委员、书记处书记、中宣部部长刘云山,全国人大常委会副委员长乌云其木格,全国政协副主席罗豪才等出席了艺术大展开幕式。

国务院任命香港特别行政区主要官员

依照香港特别行政区基本法的有关规定,根据香港特别行政区行政长官董建华的提名和建议,国务院2003年11月15日决定,任命邓国斌为审计署署长。

第二届拉美和加勒比地区对华友好组织大会在波哥大开幕

为期两天的会议主题是继续推动和扩大中国同拉美国家友好与合作关系。

正在此间访问的中国全国人大常委会副委员长、中国拉丁美洲友好协会会长成思危在会议上介绍了中国改革开放的巨大成就。他指出,中国一贯重视同拉美国家发展友好关系,重视与拉美地区在各个领域的合作。

哥伦比亚代外长希龙在大会开幕式上致辞表示,哥伦比亚和拉美其他国家重视与中国的关系。近年来,中国对世界经济的影响不断增加,拉美国家愿同中方共同努力,加强双方在经贸领域的友好合作。

中国人民对外友好协会副会长李小林、中国驻哥大使吴长胜、哥伦比亚前总统贝坦库尔和桑佩尔,以及随同到访的中国企业家代表团和来自15个拉美和加勒比国家的对华友好组织代表共200余人出席大会。

"中星"20号通信卫星在西昌发射成功

零时01分,我国自行研制的"中星"20号通信卫星在西昌卫星发射中心由"长征三号甲"运载火箭发射升空,卫星准确进入预定轨道。这是继首次载人航天飞行取得成功后,中国航天发射迎来的第四次胜利。"中星"20号是实用型地球同步通信卫星,卫星质量为2.3吨,可以实现不同频段、不同区域之间的互联互通,为用户提供多种通信服务。这颗卫星由中国空间技术研究院研制,中国卫星通信集团所属的中国通信广播卫星公司负责经营。

井冈山精神大型展览在中国国家博物馆开幕

全国人大常委会副委员长热地、全国政协副主席李贵鲜出席了开幕式并参观了展览。

80余件历史文物和200多幅珍贵图片,真实再现了老一辈无产阶级革命家的风采,集中展示了"坚定信念、艰苦奋斗,实事求是、敢闯新路,依靠群众、勇于胜利"的井冈山精神培育、诞生、形成、发展的过程。

据介绍,展览期间还将举行井冈山精神报告会、红军后代座谈会、井冈山斗争史知识有奖问答、井冈山美术作品展等系列活动。

中国女排在大阪举行的第九届世界杯比赛中11战全胜获得冠军

这是中国女排于1986年获得第十届世锦赛冠军、成就五连冠辉煌后,时隔17年再一次站在世界最高领奖台。

中国选手王明娟在温哥华举行的2003年世界举重锦标赛上夺得女子48公斤级挺举抓举总成绩3枚金牌

云南鲁甸发生5.1级地震

据我国地震台网测定,2时49分(北京时间),在云南省昭通市鲁甸县发生5.1级地震,震中位于北纬27.2度、东经103.6度,距昭通市约21公里,距昆明市约255公里。地震造成5人死亡,29人受伤。

11月16日

国务院总理温家宝就土耳其发生爆炸事件向土耳其总理埃尔多安致慰问电

中共中央政治局常委吴官正到中国国家博物馆参观井冈山精神大型展览

吴官正说,看了这个展览,很受教育。在长期革命斗争中,毛泽东、朱德等老一辈无产阶级革命家和无数革命先烈,用鲜血和生命锻造和培育了伟大的井冈山精神。正如江泽民同志深刻指出的,井冈山精神最重要的方面就是坚定信念、艰苦奋斗,实事求是、敢闯新路,依靠群众、勇于胜利。这是我们党带领人民夺取革命胜利的思想武器,也是我们在新世纪、新阶段全面建设小康社会、开创中国特色社会主义事业新局面的强大精神动力。

吴官正强调,伟大的井冈山精神集中反映了我们党的优良传统和作风,是我们宝贵的精神财富。在新的历史条件下弘扬井冈山精神,就是要深入学习、忠实实践"三个代表"重要思想,牢牢把握这一重要思想的本质,真正做到立党为公、执政为民。当年,我们党带领人民群众闹革命,建立红色政权,就是为了最广大人民的根本利益。今天,我们带领全国人民全面建设小康社会,归根到底也是为了实现好、维护好、发展好最广大人民的根本利益。

吴官正指出,艰苦奋斗,是井冈山精神的重要内容。必须坚持从严治党的方针,全面推进党的建设新的伟大工程,始终保持党的先进性和纯洁性,以党风廉政建设和反腐败斗争的实际成果取信于民。

外交部发言人刘建超就所谓"美国在台协会"负责人涉台言论答记者问

有记者问，近日，所谓的"美国在台协会"主席夏馨声称，美方未向中方说过"反对台湾独立"，说的是"不支持台独"，"不支持台独"并不等同于"反对台独"。请问中方对此有何评论？

刘建超说，事实是，美国领导人多次向中国领导人重申，美国坚持一个中国政策，遵守中美三个联合公报，反对"台独"。中美领导人会谈时根本不在场的夏馨有什么资格装腔作势，公然否认美国领导人说过"反对台湾独立"？！当前"台独"势力的玩火不断升级，夏馨散布上述言论是何居心？

刘建超说，夏馨这样折腾未免太可笑。夏馨等人最好还是认清台湾问题的敏感性和"台独"分子的危险性，谨慎一些，不要被"台独"分子完全拉下水去。

联想集团为中科院制造的超级计算机"深腾6800"运算速度位居全球第14位

美国能源部劳伦斯·伯克利国家实验室11月16日公布了最新的全球超级计算机500强，"深腾6800"，以每秒4.183万亿次的运算速度位居全球第14位。这是迄今中国超级计算机在这一排名中取得的最好名次。全球超级计算机500强评比每年举行两次，自1993年起至今已经举行了22届。

中国选手张国政在温哥华举行的2003年世界举重锦标赛上夺得男子69公斤级抓举和总成绩两枚金牌

中国选手在昆明举行的亚洲短道速滑锦标赛上夺得3枚金牌

由郭伟、崔亮、隋宝库和胡泽组成的中国队夺得男子5000米接力金牌。陈湃和王伟11月15日分别在男女500米比赛中夺得冠军。

昆明至石林高速公路通车

昆石高速公路全长78.07公里，总投资38.06亿元。

11月17日

中共中央政治局常委李长春等领导同志到中国国家博物馆参观井冈山精神大型展览

李长春和中共中央政治局委员、书记处书记、中宣部部长刘云山一同参观展览。李长春说，井冈山精神是民族精神在革命斗争岁月的锤炼和升华，它和长征精神、延安精神等一道，是我们党优良传统的集中体现，是宝贵的精神财富。在新世纪、新阶段，我们要结合党的历史任务的变化，结合改革开放和发展社会主义市场经济的实践，不断赋予井冈山精神以新的内涵，为建设中国特色社会主义事业提供强大的精神动力。

李长春指出，弘扬井冈山精神，宣传思想战线负有重要责任。要通过各种形式宣传、弘扬井冈山精神。

中共中央政治局委员、书记处书记、中组部部长贺国强11月17日下午也参观了展览。

国务院副总理曾培炎在北京会见参加中国发展高层论坛能源战略和改革国际研讨会的中外代表

最高人民法院院长肖扬在天津检查法院工作

11月17日至18日，肖扬在天津检查全市法院开展"公正与效率"司法大检查和落实司法为民举措的情况。部分在津全国人大代表听取了法院工作汇报。

在听取全国人大代表对法院工作的意见和建议后，肖扬说，人民法院自觉接受同级人民代表大会及其常委会的依法监督，一个重要方面，就是不断加强和改进与人大代表的联系与沟通。希望各级法院今后要长期坚持下去，不断总结经验，完善制度。

肖扬说，今年全国法院通过开展教育活动和司法大检查，正在发生一些新的变化。司法指导思想进一步明确，这就是坚持用"三个代表"重要思想统领法院各项工作，牢固树立为党和国家大局服务的观念和司法为民的思想，把十六届三中全会提出的"为民、务实、清廉"的要求确立为人民法院队伍建设的目标。司法作风改进显著，有效治理了违反司法纪律的现象，下大力气纠正了司法作风拖拉的现象，明显遏制了枉法裁判等败坏法院社会公信力的现象。司法管理趋于完善，规范了审判工作运行机制，进一步形成了包括法官"不愿为"的自律机制、"不敢为"的惩戒机制和"不能为"的防范机制和法院队伍廉政建设制度体系。司法质量与效率明显提高，审判的社会效果和法律效果趋于统一。

肖扬要求各级法院在教育活动和司法大检查工作取得成果的基础上，发扬成绩，继续努力。

国务院任免国家工作人员

任命张晓强为国家发展和改革委员会副主任，孙松璞为海关总署副署长，陈大卫、杨学山为国务院信息化工作办公室副主任，蒲海清为国务院三峡工程建设委员会办公室（国务院三峡工程建设委员会三峡工程稽察办公室）主任。

免去郭树言的国务院三峡工程建设委员会办公室(国务院三峡工程建设委员会三峡工程稽察办公室)主任职务,何文彬的国务院三峡工程建设委员会办公室(国务院三峡工程建设委员会三峡工程稽察办公室)副主任职务。

国台办负责人就陈水扁当局通过"公投立法"进行"台独"分裂活动发表谈话

谈话全文如下:

最近一个时期,陈水扁当局假借民意,纠合各种"台独"分裂势力,大肆进行"台独"分裂活动。他们在"公投立法"过程中,企图塞进有利于进行"台独"分裂活动的条文,为其今后实施"台独公投"制造"法律依据",图谋通过公投、"制宪"并建立所谓"台湾国",实现其"台独"主张。这是一个非常危险的分裂行径,是对一个中国原则的公然挑衅,是对两岸关系的破坏,是对台海局势和亚太地区和平稳定的威胁,也是对包括台湾同胞在内的13亿中国人民的严重挑衅。陈水扁的所作所为,早已一而再、再而三地背弃了他曾经作出的"四不一没有"承诺,彻底暴露了其分裂国家的真面目。如今,他还在诡辩其分裂活动不涉及"四不一没有"承诺,这完全是欺骗台湾同胞、欺骗国际舆论。但谎言终究掩盖不了事实,纸是包不住火的。陈水扁瞒天过海的图谋,是决不可能得逞的。

台湾同胞是我们的骨肉兄弟,我们尊重台湾同胞当家做主的愿望。同时,我们坚决反对陈水扁当局通过"公投立法"和"台独公投"进行分裂活动。陈水扁当局的冒险行径,完全违背了台湾同胞的根本利益,正在一步步地把台湾同胞拖向危险的深渊。我们正告陈水扁当局,不要再欺骗、愚弄台湾民众,必须悬崖勒马,立即停止利用"公投立法"进行分裂国家的罪恶活动。

世界上只有一个中国,台湾是中国神圣领土不可分割的一部分,中国的主权和领土完整不容分割。台湾是两岸同胞的台湾,是13亿中国人的台湾,不容"台独"分裂势力宰割。中国人民和政府在维护国家主权和领土完整这一关系民族根本利益的重大原则问题上,态度从来是明确的、坚定的,绝对不会动摇的。任何人试图把台湾从中国分割出去,必将遭到包括台湾同胞在内的13亿中国人民的迎头痛击。

国务委员唐家璇在北京出席香港交易所北京代表处揭牌仪式

香港交易所是由香港联合交易所、香港期货交易所及香港中央结算所于2000年合组而成,为在香港上市企业提供广泛的服务,并在确保香港股票市场公平有序运作、审慎管理风险方面扮演重要角色。北京代表处是该所在内地设立的首家代表机构,将为密切香港股市与内地监管部门的联系、便利内地拟在港上市企业与香港交易所之间的沟通发挥积极作用。

国土资源部发出《关于进一步采取措施落实严格保护耕地制度的通知》

通知要求,加大治理整顿力度,坚决刹住乱占滥用耕地的歪风。从严从快查处土地违法案件,坚决制止盲目圈占土地特别是圈占破坏优质良田的行为。进一步落实执法监察责任制度,明确各级国土资源部门行政主要领导是执法监察第一责任人。抓紧清理各类开发区的违规用地。对开发区(园区)违反土地利用总体规划圈占、圈而未用的土地,要限期复耕或者恢复原用途;对已经开发建设而不能复耕或恢复原用途的,从所在区域土地利用总体规划剩余建设用地指标中,核减违反土地利用总体规划占用的建设用地指标。从严搞好治理整顿的验收检查。对不能完成治理整顿任务的要限期整改。整改期间,暂停受理当地建设用地报批,暂停下达建设用地指标。

通知强调,切实加强耕地保护,坚决守住基本农田这条红线。做到"五不准",即不准除法律规定的国家重点建设项目之外的非农建设占用基本农田;不准以退耕还林为名,将平原(平坝)地区耕作条件良好的基本农田纳入退耕范围,违反土地利用总体规划随意减少基本农田面积;不准占用基本农田进行植树造林、发展林果业;不准以农业结构调整为名,在基本农田内挖塘养鱼和进行畜禽养殖,以及其他严重破坏耕作层的生产经营活动;不准占用基本农田进行绿色通道和绿化隔离带建设。

通知指出,要严把用地审批关,加强批后实施监管。对治理整顿工作验收不合格的,未按规定执行建设用地备案制度的,一律停止建设用地审批。对城市规模已经达到或突破土地利用总体规划确定的建设用地规模的,年度计划指标已用完的,未依法及时缴纳新增建设用地有偿使用费的,已批准的城市建设用地仍有闲置的,一律不受理新增建设用地申请。对未按国家有关规定进行建设用地预审的,未按预审要求完善相关内容的建设项目,一律不受理建设用地申请。对不符合国家产业政策的项目、不切实际的"形象工程"、"政绩工程"项目、别墅项目、高尔夫项目,一律不得报批用地。

国务院副总理黄菊在中南海会见英国英杰华保险集团总裁 英国保险欧洲委员会主席理查德·哈维

全国政协副主席李贵鲜人民大会堂会见由德国联邦议院议员 议院外委会委员 基督教民主联盟前总书记波伦茨率领的德国基民盟政治家代表团

全国人大常委会副委员长王兆国在伦敦会见英国议会下院议长马丁

王兆国一行是应英国议会下院邀请,于11月14日晚抵达苏格兰首府爱丁堡,开始对英国进行正式友好访问的。

利比亚领导人卡扎菲在的黎波里会见全国人大常委会副委员长李铁映及其率领的全国人大代表团

李铁映率领中国全国人大代表团于11月13日抵达利比亚开始正式友好访问。访问期间,李铁映还会见了利比亚总理加尼姆、代议长易卜拉欣,并同利议会外委会主席沙胡米举行了会谈。

中国常驻联合国代表王光亚在安理会关于艾滋病问题公开通报会上发表讲话

王光亚呼吁进一步加强艾滋病防治国际合作,认为安理会也可以在促进解决艾滋病问题上发挥应有的作用。

王光亚说,中国欢迎联合国维和部根据安理会有关决议,在提高维和人员艾滋病预防意识,设立艾滋病特别顾问,修订维和人员行为守则等方面采取的一系列积极措施。这些措施无疑有助于保护维和人员的安全,顺利完成安理会授权。他表示,希望安理会继续加强与其他国际机构的协调和配合,发挥各自优势,各司其职,推动如期实现在艾滋病防治领域的千年目标。2000年举行的千年首脑会议确定,国际社会应在2015年前扭转艾滋病蔓延的趋势。

王光亚说,中国政府一直积极参与艾滋病防治领域的国际合作,中国已向"全球防治艾滋病、结核和疟疾基金"承诺捐款1000万美元,与有关国家开展了合作项目,并正在积极探讨与非洲国家在这一领域的合作。中国愿继续与国际社会一道,为减缓艾滋病危害,促进共同发展作出不懈的努力。

《现代汉语规范词典》编竣

由百位专家历时11年编纂的《现代汉语规范词典》是国家语委"八五"规划重点项目、国家"八五"规划重点图书,也是社科基金资助项目。《现代汉语规范词典》对类似的常用词语的含义作出了较为明确的规范。

第六届亚冬会组委会在长春成立

组委会执行副主席、长春市副市长安莉表示,筹备工作将加大环境保护与管理的力度,为比赛创造优美的城市环境,实现"生态亚冬会"的目标。

国家体育总局局长、中国奥委会主席袁伟民任第六届亚冬会组委会主席,吉林省省长洪虎任执行主席。

第六届亚冬会将于2007年1月28日至2月4日在长春市举行。

中国选手孙彩艳在温哥华举行的世界举重锦标赛上夺得女子58公斤级抓举挺举总成绩3枚金牌

11月18日

中共中央在中南海召开党外人士座谈会

座谈会上,中共中央征求了各民主党派中央、全国工商联的领导人和无党派人士对贯彻中共十六大和中共十六届三中全会精神,做好当前我国经济社会发展工作的意见和建议。中共中央总书记胡锦涛主持座谈会并发表重要讲话。中共中央政治局常委温家宝、贾庆林、曾庆红、黄菊出席座谈会。

今年以来,各民主党派中央、全国工商联、无党派人士围绕贯彻中共十六大精神开展了考察调研。座谈会上,中共中央统战部部长刘延东首先介绍了这次考察调研的总体情况。随后,参加座谈会的何鲁丽、丁石孙、张榕明、许嘉璐、蒋正华、罗豪才、韩启德、林文漪、黄孟复、林毅夫先后发言。他们表示,中共十六届三中全会以邓小平理论和"三个代表"重要思想为指导,根据十六大提出的建成完善的社会主义市场经济体制和更具活力、更加开放的经济体系的战略部署,作出了关于完善社会主义市场经济体制若干问题的决定。我们要抓住机遇,锐意进取,不失时机地推进经济体制改革和其他方面的改革。大家结合考察调研情况,就发展农村卫生和教育事业、加强科技发展规划、老工业基地调整改造、扩大国内市场、推动农村富余劳动力转移、促进非公有制经济发展、完善现代国民教育体系、完善社会保障体系等提出了意见和建议。

在认真听取大家的发言后,胡锦涛指出,大家就做好当前我国经济社会发展工作提出了许多很好的意见和建议。我们将认真研究,积极采纳,切实把中共十六大和中共十六届三中全会精神落实好,切实把明年的经济工作安排好,切实把改革发展稳定的各项工作做好。

胡锦涛指出,围绕国家经济社会发展的重大问题开展考察调研活动,提出做好工作的意见和建议,是坚持和完善中国共产党领导的多党合作和政治协商制度的重要内容,是实现决策科学化民主化的重要途径,是各民主党派、工商联和无党派人士发挥参政议政作用的重要形式,也是各民主党派同中国共产党团结合作、共同致力于中国特色社会主义事业的具体体现。我们要坚持这种好传统、好做法,同心同德,群策群力,共同把我们国家的事情办好。

胡锦涛强调,把经济建设搞上去,实现全面、协调、可持续发展,是全面建设小康社会的必然要求,是解决中国一切问题的基础,也是当代中国最大的政治。中国共产党要承担起推动中国社会进步、实现中华民族伟大复兴的历史使命,必须始终紧紧抓好发展这个执政兴国的第一要务,把坚持党的先进性和发挥社会主义制度的优越性,落实到发展先进生产力、发展先进文化、实现最广大人民的根本利益上来。各民主党派要担负起时代赋予的光荣任务,也必须紧紧围绕发展这个第一要务,把发挥参政党的职能和作用落实到推动经济发展和社会全面进步上来。他希望党外人士结合完善社会主义市场经济体制和其他各方面的体制积极调查研究、建言献策;发挥人才荟萃的优势,积极推动科技进步和创新;多做了解民情、反映民意、集中民智的工作,为巩固和发展民主团结、安定和谐、生动活泼的政治局面作出贡献。

回良玉、吴仪、曾培炎、王刚、华建敏、陈至立和有关部门负责人出席座谈会。

出席座谈会的党外人士还有周铁农、王选、张怀西、李蒙和张梅颖、陈昌智、杜宜瑾、陈抗甫、刘亦铭、谢伯阳等。

国务院总理温家宝在人民大会堂与新加坡总理吴作栋举行会谈

温家宝指出,中新关系基础很好,合作前景广阔。政治上,中新应继续保持高层交往势头,这对进一步增进互信、巩固双边关系有着不可或缺的作用。经济上,双方应进一步拓展合作领域。中新在高科技领域的合作已见成效,10月底在新挂牌的中国高技术创业中心,标志中新科技合作正进入一个新的发展阶段。此次总理先生前往中国云南考察,这将对引导新工商界更加积极地参与中国西部开发起到重要的促进作用,希望新方加大对西部地区的投资,加强与中方在科技、环保、基础设施等方面的合作。新加坡作为本地区的重要贸易和金融中心,是中国企业"走出去"的一个重要方向。双方在这个领域的合作已有良好开局,希望新加坡在中国企业走向国际市场方面继续发挥桥梁与纽带作用。温家宝还感谢新方多年来在人力资源开发方面向中方提供的帮助和支持,欢迎更多的新方专家来华考察和进行培训。

温家宝最后说,即将成立的"中新双边合作联委会"是总理先生此访的重要成果之一。这一机制的主要任务是推进两国在经贸和科技等领域的合作,并根据新形势对双方合作的方向和内容进行宏观规划。相信"联委会"的成立一定会进一步加强两国经济关系的发展。

会谈中,两国领导人还就新方参与中国振兴东北战略、加强区域合作以及共同关心的国际问题等交换了意见。

吴作栋赞同温家宝对双边关系的评价,并高度赞扬中国在亚洲和国际事务中发挥的积极作用。他说,中国新一届领导人本着与邻为善的精神,以积极的姿态与所有邻国发展了友好合作,中国愿与东盟建立自由贸易区是一个重要和积极的战略决断,既显示了中国对东盟的友好与信任,也证明中国的发展对东盟是机遇而不是威胁,同时带动了其他国家加强与东盟的合作。中国取得的业绩表明,中国可以为亚洲的振兴与未来发挥重要的作用。新加坡愿进一步拓宽合作的领域,与中国建立全面经济伙伴关系。

会谈结束后,温家宝与吴作栋共同出席了《中华人民共和国政府与新加坡共和国政府关于成立双边合作联合委员会的谅解备忘录》等4个文本的签字仪式。

国务院副总理黄菊在北京主持会议听取再就业工作督查情况汇报

根据全国再就业工作座谈会精神,10月中下旬,中央派出13个督查组对全国25个省、自治区、直辖市和新疆生产建设兵团的就业再就业工作进行了全面督查。从督查情况看,今年虽然遭受到"非典"疫情的严重影响,但各地区、各有关部门认真贯彻落实全国再就业工作座谈会精神,普遍加大了工作力度,结合实际,抓紧落实和完善促进就业再就业的各项政策措施,就业再就业工作取得较大进展。各地在就业再就业的实践中积累了很多经验,探索了一些行之有效的做法,为完成今年就业再就业工作打下了基础,也为明年及今后做好这项工作创造了条件。在督查中也发现,目前政策实施中还存在一些具体问题,需要进一步解决和完善。

黄菊要求,有关部门对督查中发现的问题,要提出切实可行的解决办法,突破政策执行中的难点;对督查组提出的整改建议,要继续跟踪检查、督促落实;对各地创造的好的经验和做法,要认真总结,广泛宣传,积极推广。各地区、各部门要再接再厉,扎实工作,确保完成年初确定的目标。

黄菊指出,要及早谋划明年的工作,抓早抓实。明年要以增加就业岗位为目标,将就业再就业工作与经济社会发展政策更紧密衔接;以落实再就业政策为主线,集中力量解决政策实施操作难点;以强化再就业服务为手段，把职业培训摆在更加重要的位置；以加大资金投入为保障，切实提高资金使用效益；以帮助困难人员再就业为重点，推动再就业援助制度化。

黄菊还要求结合扶贫帮困送温暖和社会稳定工作，指导各地开展送岗位、送技能的再就业援助活动。

国务院再就业工作部际联席会议各成员单位的负责同志，中央、国务院有关部门的负责同志出席了会议。

海协会会长汪道涵就台湾当局利用"公投立法"推动"台独"活动发表谈话

汪道涵表示，近来台湾岛内发生的一系列事情，严重冲击着两岸关系的和平与稳定，关心台海局势的海内外人士对此深感忧虑，我也高度关注着事态的发展。

20多年来，尽管两岸关系历经曲折，我们在以和平的方式解决分歧的宗旨下，始终抱持着改善与发展两岸关系的良好意愿，为两岸民间交往的发展和双方政治关系的改善付出艰辛的努力，以满足两岸同胞的要求与期待。即使在2000年台湾政局发生重大变化的情况下，我们依然敞开大门，期盼双方能够在既有基础上重开对话与谈判。但是，从去年以来，台湾当局领导人伙同各种"台独"势力不断抛出"一边一国"、"公民投票"、"台湾正名"、"催生新宪"等"台独"分裂主张，肆意破坏两岸关系。最近，又在策动"公投立法"的过程中，使用各种手段，企图为主张和实施"台独公投"制造所谓法律依据。这种行为是对中华民族根本利益的严重挑衅，把两岸关系和台海局势推向危险的边缘。

汪道涵指出，我们充分理解并尊重台湾同胞要求当家做主、追求民主的权利，因为台湾同胞发展民主政治的愿望与中华民族的整体利益是不矛盾的。但是，借民主的名义、利用公投的形式达到"台独"的目的，实际上是要把台湾从中国永远分割出去，根本不是什么民主不民主的问题。打着民主的幌子进行"台独"活动，是台湾分裂势力欺骗台湾民众的惯用伎俩。他们置台湾同胞经济振兴、政治清明、社会和谐、维护两岸关系和平与稳定的要求于不顾，无视台湾人民的主流民意，把少数人的"台独"诉求强加给广大台湾同胞。其结果只会使台湾社会更加动荡，族群更加对立，人心更加混乱，人民无法安居乐业，只会进一步破坏台湾社会安定与经济发展的环境，最终伤害的是台湾同胞的利益。这种对台湾民众极端不负责任的做法，最终会被台湾同胞所唾弃。

汪道涵表示，21世纪是海峡两岸中国人充满希望的世纪，台湾是中国神圣领土的一部分，海内外中华儿女决不允许任何人以任何方式把台湾从中国分裂出去。两岸同胞对中华民族的前途负有共同的责任，只有维护一个和平稳定的两岸关系，双方才能共同发展、共同繁荣。我们相信，广大台湾同胞能够明辨是非，识破陈水扁当局的分裂图谋，维护自己的切身利益和民族的根本利益。两岸同胞最终能够抚平历史的伤痕，共同创造国家统一、民族复兴的美好未来。

国台办副主任王在希在北京出席两岸关系座谈会

国务院台办副主任、海研中心顾问王在希指出："'公投制宪'是一项极其危险的举动。陈水扁为了谋求自己连任，不惜将台湾的利益作为竞选工具，把广大台湾人民作为赌注，把台湾同胞推到与祖国大陆冲突的边缘，这是极不道德的，是在破坏台海和平。其所作所为，是要把台湾同胞多年来的艰辛成果毁于一旦。"

王在希说，"台独"是一条底线。我们一再表示，我们希望和平解决台湾问题，因为台湾同胞是我们的骨肉兄弟，我们不愿看到兵戎相见。但最终能否实现和平统一的目标，并不是完全取决于祖国大陆方面。如果台湾的当权者，与社会上"台独"分裂势力相互勾结一起公开搞"台独"，公然向祖国大陆挑衅，那武力恐怕就难以避免。"台独"就是战争，也就是这个道理。他指出，李登辉为了给"台独"分裂势力壮胆，为了消除中间选民对他们搞"台独"的忧虑，一再误导舆论，甚至说什么"中共是纸老虎"，宣传什么如果大陆对台动武，美国会保护台湾。这是很危险的，是极不负责任的说法。

王在希指出，不管是从历史上还是法理上看，台湾都是中国神圣领土不可分割的一部分。海峡两岸同属一个中国，这是两岸过去一直的共识。任何人企图用公投的方式，达成"台独"分裂的目的，都是不能容忍的，也是非法的。打着民主的旗号搞"台独"，利用民意搞分裂，这是陈水扁的一大特色。陈水扁当局推动"公投立法"，就是试图为其今后搞"台独公投"提供法律依据，图谋通过公投来实现"台独"主张。

王在希说，利用"公投"搞"台独"，是民进党、也是"台独"分子长期以来的一贯主张。陈水扁上台时，为稳住阵脚，曾作出"四不一没有"承诺，其中就有"不搞统独公投"这一条。但任期未满，他就大张旗鼓地推动公投，这完全暴露了陈水扁的"台独"分裂本质。陈水扁一边鼓吹"公投制宪"，以稳固基本教义派选票，一边又说他"四不一没有"的立场没有变，企图欺骗、愚弄广大善良的台湾民众，其用心昭然若揭。

王在希指出，我们尊重并理解台湾同胞要求当家做主的愿望，但坚决反对有些人利用公投搞"台独"分裂。要求民主和搞"台独"分裂是两码事。要求民主是台湾人民的基本权利。现在的问题是，陈水扁打着民主的旗帜推动“公投”,以“公投”形式搞“台独”,同时还给反对“台独”公投的人扣上“反民主”的帽子。值得注意的是,在台湾有些原来一直坚持反对“公投立法”的代表人物,不能坚持把公投“台独”的危害,光明正大地告诉台湾人民,反而随波逐流,助长陈水扁当局在“台独”的道路上铤而走险。这种只顾眼前利益,不负责任、不顾道义的做法,是极其不可取的。

王在希最后表示,对台湾地区领导人的选举,我们一直认为是台湾内部的事情,我们不会介入。但对利用选举大搞“台独”分裂活动,我们将旗帜鲜明地坚决予以反对,这是我们的一贯立场。

在京的多位祖国大陆对台专家学者参加了由海峡两岸关系研究中心举行的这场座谈会,并在会上纷纷发言,揭穿陈水扁、民进党当局利用“公投制宪”推动“台独”分裂的罪恶阴谋。

国家主席胡锦涛根据全国人大常委会的决定任免驻外大使

一、免去黄家骙的中华人民共和国驻蒙古国特命全权大使职务;

任命高树茂为中华人民共和国驻蒙古国特命全权大使。

二、免去胡乾文的中华人民共和国驻孟加拉人民共和国特命全权大使职务;

任命柴玺为中华人民共和国驻孟加拉人民共和国特命全权大使。

三、免去吴思科的中华人民共和国驻沙特阿拉伯王国特命全权大使职务;

任命武春华为中华人民共和国驻沙特阿拉伯王国特命全权大使。

四、免去沈江宽的中华人民共和国驻卢旺达共和国特命全权大使职务;

任命戚德恩为中华人民共和国驻卢旺达共和国特命全权大使。

五、免去马志学的中华人民共和国驻马里共和国特命全权大使职务;

任命魏文华为中华人民共和国驻马里共和国特命全权大使。

六、免去赵宝珍(女)的中华人民共和国驻科特迪瓦共和国特命全权大使职务;

任命马志学为中华人民共和国驻科特迪瓦共和国特命全权大使。

七、免去张德广的中华人民共和国驻俄罗斯联邦特命全权大使职务;

任命刘古昌为中华人民共和国驻俄罗斯联邦特命全权大使。

八、免去李国邦的中华人民共和国驻乌克兰特命全权大使职务;

任命姚培生为中华人民共和国驻乌克兰特命全权大使。

九、免去张志明的中华人民共和国驻乌兹别克斯坦共和国特命全权大使职务;

任命高玉生为中华人民共和国驻乌兹别克斯坦共和国特命全权大使。

十、免去胡守勤的中华人民共和国驻苏里南共和国特命全权大使职务;

任命陈京华为中华人民共和国驻苏里南共和国特命全权大使。

国务院副总理吴仪在北京出席美国驻华使馆主办的知识产权圆桌会议午餐会并发表讲话

吴仪说,中国政府高度重视知识产权保护,近年来不断加大了对知识产权的保护力度,中国不但重视对国外知识产权的保护,同样重视对自己知识产权的保护。这不仅是为了履行中国加入 WTO 时的承诺,更重要的是为了扩大对外开放,引进国外投资和先进技术,为了加快中国的经济和社会发展。

吴仪说,经过 20 年的努力,中国已经建立了一个比较完善的知识产权法律保护体系,中国的知识产权立法在世界上得到了普遍的肯定。作为世界知识产权组织成员,中国先后加入了《保护工业产权巴黎公约》《商标国际注册马德里协定》等主要的知识产权国际条约和公约,这表明中国的知识产权保护范围和保护水平已逐步与国际接轨。中国坚持标本兼治、着力治本的方针,在全社会广泛开展知识产权保护工作。中国政府加大了执法力度,严厉打击各种假冒伪劣、侵权盗版等行为,取得了明显的进展和成绩。她指出,目前在知识产权保护方面还存在的一些问题正受到重视并不断得到解决。中国政府对知识产权保护的决心和态度是一贯的。

在谈到中美经贸关系时,吴仪说,中国和美国是当今世界最大的发展中国家和最大的发达国家,在经济发展中具有很强的互补性。发展中美经贸关系对两国都是互利、双赢的。希望中美双方从两国利益的大局出发,妥善处理两国贸易纠纷,争取两国经贸关系持续稳定地发展。

应邀出席知识产权圆桌会议的还有中国知识产权政府主管部门和相关职能机构的官员。中方有关部门官员在会上介绍了中国知识产权立法和执法情况。来自中美的部分协会和企业代表参加了会议。

第二届中日韩商务论坛在北京举行

为期一天的第二届中日韩商务论坛在北京饭店举

行。会议由中国国际贸易促进委员会、日本经济团体联合会、韩国全国经济人联合会共同举办，来自三国的400名企业界人士和专家学者出席论坛。论坛讨论的议题包括加强三国经贸全面合作以及在纺织、服装、机械、钢铁、电子、城市燃气、物流运输、汽车等行业的合作。

国务院副总理吴仪给论坛发了贺词。

最高人民法院院长肖扬在北京会见赞比亚最高法院首席大法官欧内斯特·萨卡拉

外交部部长李肇星在外交部会见美国前国务卿黑格

黑格表示，陈水扁目前的所作所为是十分危险的，不仅会损害台海地区的和平稳定，也不利于美中关系。

黑格说，我本人见证了美中关系30多年的发展历史。我坚定地认为美国应继续奉行一个中国政策，任何人都不应以任何形式向“台独”势力发出错误信号。

黑格此次是应中国国际战略学会邀请，来华出席在京举行的“新世纪的中美欧关系：机遇与挑战”国际学术研讨会的。

全国人大常委会副委员长王兆国在伦敦会见英国副首相普雷斯科特

王兆国说，近年来，中英关系发展良好，并面临着新的发展机遇。两国领导人从战略高度重视双边关系，希望进一步提升中英全面伙伴关系。他说，中方对英国政府成立旨在加强双边关系的对华工作小组的新举措表示赞赏，并愿与英方共同努力进一步加强两国在各个领域的互利合作。

普雷斯科特对英中关系的发展给予了积极评价。他表示，英国政府非常重视发展对华关系，希望与中方保持高层互访势头，加强两国业已建立的良好合作关系以及双方在国际事务中的磋商。普雷斯科特说，受首相布莱尔委托，他将领导政府对华工作小组，从战略高度就加强英中在政治、经济、文教、科技和旅游等领域的交流与合作提出具体建议。

全国人大常委会副委员长 中国拉丁美洲友好协会会长成思危在卡塔赫纳会见哥伦比亚参议长巴尔加斯

以成思危为团长的中拉友好协会代表团是在结束对厄瓜多尔的访问后于11月14日开始对哥伦比亚进行为期5天访问的。访问期间，代表团还参加了第二届拉美和加勒比地区对华友好组织大会。

国务院作出关于授予巴金“人民作家”荣誉称号的决定

巴金是我国著名作家，是我国进步文化的先驱之一。他在近一个世纪的文学生涯中，始终坚持现实主义的创作道路，在对理想的憧憬和追求中，信念坚定，热爱祖国、热爱中国共产党、热爱人民大众。他的作品结构严谨，语言简洁，抒情优美，塑造了许多性格独特而丰满的典型人物。长篇小说《灭亡》，“激流三部曲”《家》《春》《秋》，爱情三部曲《雾》《雨》《电》，《寒夜》《火》《憩园》《第四病室》，短篇小说集《英雄的故事》《明珠和玉姬》《李大海》，中篇小说《春天里的秋天》，译著长篇小说《父与子》《处女地》以及散文集和回忆录等都为广大人民群众所深深喜爱。

巴金是人民的作家，为我国文学事业的发展作出了杰出贡献。为贯彻落实发展先进文化的时代要求，弘扬巴金的崇高精神，国务院决定授予巴金“人民作家”荣誉称号。

国务院号召全国广大文学工作者以巴金为楷模，深入学习贯彻“三个代表”重要思想，热爱祖国，热爱中国共产党，热爱人民，深入生活，把文学创作与社会责任感统一起来，努力创作更多的思想性、艺术性相统一的优秀作品，为繁荣发展我国文学事业作出更大的贡献。

国务院

2003年11月18日

国务委员陈至立在上海看望巴金先生

为庆祝巴金先生百岁寿辰，第五届中国上海国际艺术节举行的闭幕系列演出中，安排了专场演出话剧《家》，陈至立观看了演出，并对演出成功表示祝贺。

在上海期间，陈至立还出席了第五届中国上海国际艺术节闭幕式。

文艺界在人民大会堂举办纪念贺绿汀诞辰100周年座谈会

座谈会由中国文联、文化部、上海市委宣传部、湖南省委宣传部主办，中国音乐家协会、中央音乐学院、上海市文联、上海音乐学院、湖南省文联协办。

北京2008年奥运会赞助计划开始实施

北京奥组委公布了《北京2008年奥运会汽车行业合作伙伴征集公告》，合作伙伴是北京2008年奥运会赞助计划的最高级别。汽车行业是北京奥组委首批征集的合作伙伴行业之一。同期启动的其他行业还有固定通信运营、移动通信运营、银行等行业。

中国数字体育互动平台启动仪式在人民大会堂举行

国务委员陈至立致信启动仪式，勉励信息技术在体育领域全面应用，预祝中国数字体育互动平台取得成就。

中华全国体育总会副主席、中国奥委会副主席、国家体育总局新闻发言人何慧娴在启动仪式上介绍了相关情况,她说:中国数字体育互动平台是一个宽带互动的综合性体育服务大平台,它以信息技术为纽带,集成相关系统、应用、资源等要素,承载众多应用系统,包括体育网站、体育竞赛管理、电子竞技、网上赛事视频转播,以及进行运动协会网上会员个性化服务等。

何慧娴透露,国家体育总局已正式批准电子竞技为在中国开展的第九十九个体育竞赛项目。第一届中国电子竞技运动会将于2004年第一季度揭幕。该赛事由中华全国体育总会主办、华奥星空科技发展有限公司和华奥星空信息技术有限公司联合承办。

北京奥林匹克森林公园及中心区景观评出优秀设计方案

由13名国内外著名规划师、风景园林师、建筑师、环保专家、北京市政府代表、北京奥组委代表、业主代表等组成的评审委员会,对北京奥林匹克公园森林公园及中心区景观规划应征设计方案进行了独立的评判和表决,评选出3个优秀设计方案。

奥林匹克森林公园及中心区是北京奥林匹克公园的重要组成部分,位于北京城市中轴线的北端。根据景观规划设计方案征集的要求,森林公园将规划建设为一个绿色生态地带。

参加应征的所有方案于11月19日至21日在北京国际会议中心对公众展示,市民可以投票评议。

11月19日

国家主席胡锦涛 全国人大常委会委员长吴邦国 国家副主席曾庆红在人民大会堂分别会见新加坡总理吴作栋

全国人大常委会委员长吴邦国电贺河野洋平当选日本众议院议长

国务院总理温家宝在北京主持召开国务院常务会议

会议审议并原则通过《地质灾害防治条例(草案)》。

会议认为,为了防治地质灾害,避免和减轻地质灾害造成的损失,维护人民生命和财产安全,促进经济和社会的可持续发展,制定《地质灾害防治条例》是十分必要的。会议决定,《地质灾害防治条例(草案)》经进一步修改后,由国务院公布施行。

会议还研究了其他事项。

全国政协主席贾庆林在人民大会堂分别会见斐济参议长万加瓦卡通加和出席"新世纪的中美欧关系:机遇与挑战"国际学术研讨会的外方代表美国前国务卿黑格等

国务院副总理黄菊在人民大会堂会见香港财政司司长唐英年和香港银行公会代表团

黄菊在会见时指出,香港回归6年多来,我们坚定不移地贯彻"一国两制"、"港人治港"、高度自治的方针,全力支持以董建华先生为行政长官的香港特别行政区政府依法施政,保持香港的繁荣稳定。黄菊说,协议签订后,香港银行将在港办理个人有关人民币业务,这是内地与香港金融合作中的一件大事,希望内地与香港金融管理部门密切合作,保证这项业务如期顺利进行。

会见后举行了中国人民银行与香港金融管理局合作备忘录签字仪式。中国人民银行行长周小川和香港金融管理局总裁任志刚分别代表人民银行和香港金管局在合作备忘录上签字并参加会见。

经国务院批准,香港银行将在港办理人民币存款、兑换、银行卡和汇款四项个人人民币业务。为此,中国人民银行发布了《公告》,宣布为香港银行在港办理个人人民币业务提供清算渠道和回流机制,以便利内地与香港特别行政区之间的经贸和人员往来,引导在香港的人民币有序回流。中国人民银行将商香港金融管理局选择一家符合一定条件的香港持牌银行并授权其作为香港银行个人人民币业务清算行,在人民银行开立清算账户,集中办理香港人民币头寸的存取、人民币现钞运送,为与其签订人民币清算协议的其他香港持牌银行提供人民币存款的转存、兑换和平盘、人民币银行卡的清算和人民币汇款的转汇服务。中国人民银行提供的此项清算安排,目前仅限于满足内地与香港居民个人往来和小额旅游消费的需求,不涉及大额经常项下的交易和人民币的贷款、投融资等资本项目交易。该清算安排将支持香港银行在港办理人民币业务,增加业务品种,改善金融服务。

中国人民银行新闻发言人就为香港银行办理个人人民币业务提供清算安排答记者问

发言人认为,经国务院批准,人民银行将为香港银行办理个人人民币业务提供清算安排。此举无论从当前还是长远看,对于密切两地经贸关系,便利两地居民互访和旅游消费都有明显的好处,发展方向也符合内地经济金融稳步走向开放的要求。

发言人指出，在香港开办个人人民币业务与在香港开设人民币离岸金融中心不是一回事。目前由内地提供清算安排的香港银行对客户的人民币业务主要是办理限于满足个人旅游消费需求，不涉及人民币的贷款和投融资业务，两地间汇入或汇出人民币有严格界定。因此，主要的离岸金融业务并没有开展，更谈不上人民币离岸业务中心。

发言人指出，香港银行办理人民币存款业务不会影响内地的人民币利率水平。现在内地广义货币供应量(M2)高达20多万亿元人民币。与此相比，香港市场人民币流通的规模很小，对内地人民币市场的影响有限。而且，暂不允许香港银行利用人民币存款作贷款和同业拆借，由人民银行深圳市中心支行按规定支付利息，这将有助于两地人民币利率水平趋于一致。

发言人说，现在内地通过提供兑换平盘机制，支持香港银行办理兑换业务，主要是满足个人旅游消费需求。目前，暂不支持香港银行办理大额经常项下的交易，也不涉及资本项目交易。允许香港银行的人民币兑换业务通过清算行向内地平盘，有利于引导香港与内地的人民币汇率水平趋于一致。由于对清算行接受参加行的人民币兑换平盘需求有一定条件约束，将防止投机炒作行为。而且，香港人民币业务的范围有限，规模有限，其对内地人民币汇率政策的影响也将十分有限。实际上，现在香港市场已有人民币的兑换业务，但香港市场自行形成的人民币汇率对内地并无实质性影响。

这位发言人介绍说，在为香港银行办理个人人民币业务提供清算安排中，内地银行涉及的相关人民币业务主要有三项：一项是内地银行发行的个人人民币银行卡可在香港用于消费支付或少量提现；另一项是香港发行的人民币银行卡在内地使用时，内地银行可以作为香港人民币卡的收单行；再一项是可以接受香港居民个人一定数额的人民币汇款。

发言人还介绍说，香港银行办理的个人人民币业务，与内地居民个人有一定关系的业务主要有两项：一项是内地居民个人可以持内地银行发行的人民币卡，赴港消费支付或在香港自动取款机上提取少量港币现金；另一项是内地居民个人携带人民币现钞赴港后，可按现钞兑换的限额清算条件，每人每次在银行柜台兑换等值6000元人民币的港币或人民币，用于满足在港消费支付的需求。上述安排将便利内地居民个人在港消费支付。

发言人最后说，为香港银行办理个人人民币业务提供清算安排，不会影响内地防止非法资本转移和反洗钱工作。将香港市场现有个人人民币业务纳入银行体系，有利于从源头上减少地下钱庄的交易需求，便于监管部门集中力量打击地下非法交易。而且，通过追踪银行的交易记录，可以追查可能混入的非法交易。另外，香港银行在办理人民币业务时，必须按照香港金管局关于反洗钱的指引，对与人民币业务有关的可疑交易及时向有关部门报告。

中央纪委 监察部在北京召开用“三个代表”重要思想指导纪检监察工作新的实践理论研讨会

通过深入研讨，与会同志一致认为，江泽民同志反腐倡廉思想是“三个代表”重要思想的有机组成部分，丰富和发展了党的反腐倡廉理论，为深入开展党风廉政建设和反腐败斗争提供了强大理论武器。

中共中央政治局常委、中央纪委书记吴官正在听取了国资委、中央党校和黑龙江省、河北省、天津市纪委等单位的发言后，发表了讲话。他强调指出，我们既要坚决惩治腐败，又要有效预防腐败。反腐败对大多数党员干部来说，主要是立足于教育，特别要教育领导干部严格遵守党的纪律，增强纪律观念和廉洁从政意识。要通过建立、健全各项制度，形成用制度规范从政行为，按制度办事、靠制度管人的机制。加强监督、制约权力是防治腐败的关键。要完善制约监督机制，防止权力失控、决策失误和行为失范。要把教育、制度、监督统一于党风廉政建设和反腐败工作的全过程，发挥综合治理、惩防结合的整体效能。

会议由中央书记处书记、中央纪委副书记何勇主持，中央纪委副书记夏赞忠、李至伦、刘峰岩出席。

《人民日报》发表中央纪委副书记何勇的文章《以与时俱进的精神做好纪检监察工作》

在党的十六届三中全会上，胡锦涛同志强调，各级党委都要紧密结合全面建设小康社会的实践，紧密结合推进改革发展稳定的实践，紧密结合加强和改进党的建设的实践，切实抓好学习贯彻“三个代表”重要思想的各项工作。“三个代表”重要思想是我们党必须长期坚持的指导思想，也是党风廉政建设和反腐败工作的强大思想武器。改革开放以来的实践充分证明，纪检监察工作只有适应时代的发展要求开拓创新，才能不断取得新的成效。当前，各级纪检监察机关用“三个代表”重要思想武装头脑、指导实践、推动工作，同样要坚持与时俱进的精神，使纪检监察工作跟上时代发展的步伐，更好地为党和国家的大局服务。改革开放以来党风廉政建设和反腐败斗争的历程，以顺应时代发展、勇于探索创新为特征，其本身就是与时俱进的体现。

与时俱进，就是党的全部理论和工作要体现时代性，把握规律性，富于创造性。改革开放以来特别是党的十四大以来,我们党领导的党风廉政建设和反腐败斗争,之所以能够不断取得新的明显成效,一个根本原因,就是坚持了解放思想、实事求是、与时俱进。

党的十一届三中全会之后,恢复重建的中央纪委,首先抓的就是拨乱反正,平反冤假错案。随着党和国家工作重心的转移,中央和地方各级纪委坚决查处反对和抵制十一届三中全会路线的案件。随着党的对外开放和对内搞活经济政策的实施,各级纪委在党中央的领导下,坚决纠正经济领域中的不正之风,打击严重经济犯罪活动。这些工作,都是对原来以阶级斗争为纲的政治路线的否定,符合当时历史条件下党和人民的意愿。党的十二大以后,各级纪委围绕党的政治路线,在纠正党内不正之风、深入开展党性党风党纪教育、检查党的方针政策的执行情况、保证和促进经济体制改革等方面,做了大量工作,积累了十分有益的经验。党的十三大以后,各级纪委坚持从严治党的方针,按照"在党的建设上走出一条不搞政治运动,而靠改革和制度建设的新路子"的要求,在支持保护改革开放、为经济建设服务的同时,把改革创新精神与纪律观念统一起来,正确处理党风建设和廉政建设、思想教育和制度建设、党的纪律检查与行政监察的关系,全面履行各项职能,在以改革的精神加强党风党纪建设方面进行了有益的探索,适应了发展社会主义商品经济条件下党的建设的新要求。

1992年10月,党的十四大提出建立社会主义市场经济体制的目标,我国的改革和建设进入一个新的发展阶段。1993年1月,党的纪律检查机关和政府行政监察机关合署办公。这是党政监督体制的重大改革,是党中央为适应形势的发展变化而作出的重大决策。1993年8月,党中央作出关于开展反腐败斗争的决定,中央纪委召开第二次全会,按照领导干部廉洁自律、查办违纪违法案件、纠正部门和行业不正之风的三项工作格局来全面部署反腐败工作,党风廉政建设和反腐败斗争进入一个新的阶段。此后每年的反腐败工作,都由党中央和国务院分别召开专门会议进行部署。

1997年9月,党的十五大进一步明确提出,反对腐败,要坚持标本兼治,教育是基础,法制是保证,监督是关键。通过深化改革,不断铲除腐败现象滋生蔓延的土壤。把反腐败斗争同纯洁党的组织结合起来,在党内决不允许腐败分子有藏身之地。明确要求反腐败既要从严治标,把腐败现象发展蔓延的势头遏制住,又要加大治本的力度,从源头上预防和治理腐败。在党中央、国务院的领导下,我们坚持党风廉政建设和反腐败斗争的指导思想、基本原则、领导体制和工作格局,在抓好反腐败三项工作的同时,深入开展了军队、武警部队和政法机关不再从事经商活动,行政性收费和罚没收入实行"收支两条线"管理,建立有形建筑市场等一系列从源头上预防和治理腐败的工作,收到了良好的效果。

2000年7月,江泽民同志在几位老同志关于反腐败的信上作了重要批示,要求中央纪委和中央组织部等认真研究在反腐败斗争力度不断加大的情况下腐败现象依然屡禁不止的原因,以及进行治理的思路和对策。按照江泽民同志的批示精神,中央纪委和有关部门专门组织力量进行了深入的调查研究,最后由中央纪委向党中央提交了调研报告。调研报告明确提出:我国现阶段正处于经济体制转换、经济快速增长的特定历史阶段,腐败现象出现了易发多发的态势。并且提出了改革行政审批制度、财政制度、干部制度等17条从源头上防治腐败的措施。这些建议后来都体现在党中央反腐败工作的部署之中。经过全党和全社会的共同努力,党风廉政建设和反腐败斗争不断取得新的明显成效,党政机关和干部队伍中腐败现象蔓延的势头程度不同地得到遏制,我们党初步探索出了一条在发展社会主义市场经济条件下,围绕经济建设这个中心,把反腐败同改革发展稳定有机结合起来,依靠党的自身力量和人民群众的参与,有效开展反腐败斗争的路子。

党的十六大确立了"三个代表"重要思想在全党的指导地位,明确提出了全面建设小康社会,开创中国特色社会主义事业新局面的宏伟目标。在党风廉政建设和反腐败问题上,十六大报告强调指出:坚决反对和防止腐败,是全党一项重大的政治任务。不坚决惩治腐败,党同人民群众的血肉联系就会受到严重损害,党的执政地位就有丧失的危险,党就有可能走向自我毁灭。坚持标本兼治、综合治理,逐步加大治本的力度。加强教育,发展民主,健全法制,强化监督,创新体制,把反腐败寓于各项重要政策措施之中,从源头上预防和解决腐败问题。这些重要论断和基本思路,是党风廉政建设和反腐败工作实践经验的总结,是我们党集体智慧的结晶,为当前和今后一个时期的党风廉政建设和反腐败斗争进一步指明了方向。

丰富的实践充分证明,二十多年来党风廉政建设和反腐败斗争的进程,是在党中央的坚强领导下,用发展着的马克思主义指导党风廉政建设和反腐败工作不断取得新成效的过程,是纪检监察理论和实践不断发展和创新的过程,也是纪检监察工作始终与时俱进的过程。现在,我们学习贯彻"三个代表"重要思想,就要继续坚持与时俱进的精神,坚持二十多年来党风廉政建设和反腐败工作的基本经验,同时在这个基础上不断充实、丰富和发展,使我们的思想不断深化,使我们的工作不断前进。正确分析新世纪、新阶段党所面临的新情况、新问题,以与时俱进的精神推动党风廉政建设和反腐败斗争深入开展。

在新世纪、新阶段,我们党和国家面临着许多新情况新问题,这必然会对党的建设和党风廉政建设产生重大的影响。纪检监察工作要坚持与时俱进的精神,就要深入研究和了解这些新情况、新问题,全面把握不断发展变化着的世情、国情和党情,既要掌握“时”的特征,又要认清“进”的方向。

当前我们党和国家主要面临这样三个方面的重大变化。第一,国际形势正在发生重大变化。世界多极化和经济全球化的趋势继续在曲折中发展,科技进步日新月异,综合国力的竞争日趋激烈。和平和发展依然是当今时代的主题。但现在世界各种力量组合和矛盾错综复杂,各种冲突和较量有时还十分尖锐。我们依然面对西方发达国家经济科技占优势的压力,西方敌对势力对我实施“西化”、“分化”的战略图谋从来没有停止过,渗透和反渗透的斗争将是长期的。第二,我们党所处的地位和环境已经发生了重大变化。具体地说,就是我们党历经革命、建设和改革,已经从领导人民为夺取全国政权而奋斗的党,成为领导人民掌握全国政权并长期执政的党;已经从受到外部封锁和实行计划经济条件下领导国家建设的党,成为对外开放和发展社会主义市场经济条件下领导国家建设的党。这两大变化集中反映了我们党80多年历史发展所取得的胜利、成就和进步,同时也反映了我们党今天所面临的挑战和考验,特别是执政、改革开放和发展社会主义市场经济的考验。第三,我国的经济基础正在发生重大变化。随着我国从计划经济向社会主义市场经济的转变,随着对外开放的日益扩大,我国的经济成分、组织形式、就业方式、利益关系和分配方式日益多样化,投资主体和利益主体更加多元化。这带来两个方面的重大影响。一方面,人们的思想观念、价值取向出现多样化的趋势,这在总体上发生积极变化的同时,也不可避免地会在社会上产生一些消极甚至错误的思想观念,出现世界观、人生观、价值观的扭曲和道德失范、诚信缺失的现象,各种非马克思主义的思想意识也会滋长。另一方面,与社会主义市场经济体制相适应的政治体制正在改革和完善过程中,社会主义民主法制的健全和完善也有一个过程,在体制机制制度和管理上还存在不少漏洞,特别是适应市场经济发展要求的行政管理体制、对权力的制约和监督机制还不健全,行政行为、企业行为和市场行为需要进一步严密规范,这就给消极腐败现象的滋生和蔓延留下了活动空间。因此,当前我国还存在诱发和产生腐败的土壤和条件,今后一个时期腐败现象仍有易发多发的可能。

在这样的新形势下,纪检监察工作要坚持与时俱进的精神,就必须坚持以邓小平理论和“三个代表”重要思想为指导,继承和发扬党风廉政建设的好传统、好作风,推动纪检监察工作在解决提高党的领导水平和执政能力、增强拒腐防变和抵御风险能力这两大历史性课题中发挥更加积极的作用。

纪检监察工作的思想观念和思想方法要与时俱进。要围绕全面建设小康社会这一宏伟目标来开展党风廉政建设和反腐败斗争。要适应完善社会主义市场经济体制实践的发展,以实践来检验一切,自觉地把思想认识从那些不合时宜的观念、做法和体制的束缚中解放出来,从对马克思主义的错误的和教条式的理解中解放出来,从主观主义和形而上学的桎梏中解放出来。要适应深化经济体制改革和完善社会主义市场经济体制的需要,牢固树立全局观念,认真研究党和国家有关改革开放、发展经济的方针政策和基本情况,及时了解和正确把握当前经济发展的总体形势和我国经济体制改革的新思路,更好地从党和国家全局的高度认识问题和处理问题,防止和克服就事论事的思想方法。

纪检监察工作的工作思路和工作方法要与时俱进。要在坚持和发扬纪检监察工作的优良传统和成功经验的基础上,结合新的实际,积极探索新的思路和方法。要紧紧围绕发展这个党执政兴国的第一要务开展工作,使党风廉政建设和反腐败斗争更好地适应完善社会主义市场经济体制和扩大对外开放的需要,为推动经济社会和人的全面发展提供政治保证;要坚持从严治党的方针,更好地适应全面推进党的建设新的伟大工程的需要,始终保持党的先进性和纯洁性;要坚持立党为公、执政为民,切实纠正损害群众利益的不正之风,着力解决好人民群众关心的突出问题,使党群关系和干群关系有新的明显改善;要坚持标本兼治、综合治理,惩防并举、注重预防,建立、健全与社会主义市场经济体制相适应的教育、制度、监督并重的惩治和预防腐败体系,努力从源头上预防和解决腐败问题;要坚持解放思想、实事求是、与时俱进,进一步探索新形势下反腐倡廉的特点和规律,努力实现党风廉政建设和反腐败的理论创新和实践创新。

纪检监察的领导体制和工作机制要与时俱进。要适应党风廉政建设和反腐败工作不断深入的需要,改革和完善党的纪律检查体制。要加大巡视工作的力度,切实加强对党政领导班子及其成员贯彻党的路线方针政策、执行民主集中制、选拔任用干部、落实党风廉政建设责任制和廉政勤政等情况的监督。要改革和创新派驻机构的领导体制和工作机制,加快对纪检监察派出机构实行统一管理的步伐,充分发挥派出机构的职能作用。要按照十六大党章的规定,进一步发挥纪委协助党委加强党风建设和组织协调反腐败工作的作用,不仅要积极与司法、审计等机关搞好分工协作,在查办重大案件中发挥组织协调作用,而且还要在领导干部廉洁自律、纠正各种不正之风方面,在反腐败治本抓源头的工作方面,积极协助党委做好组织协调的工作。

纪检监察工作的人员素质和工作作风要与时俱进。要按照建设一支政治坚强、公正清廉、纪律严明、业务精通、作风优良的高素质队伍的要求,认真学习党的基本理论、基本路线、基本纲领和基本经验。要加强纪检监察业务知识及相关的法律、法规知识的学习教育,切实增强纪检监察干部的法制观念,提高依法执政、依法行政、依法监督、依法办事的能力和水平。要加强社会主义市场经济知识和现代科技知识的学习教育,提高适应新情况、解决新问题的能力。要加强党性修养和职业道德教育,发扬良好的工作作风,忠实地履行职责,不断增强遵章守纪的自觉性。要以思想政治建设、能力建设和作风建设为重点,加强各级纪检监察机关领导班子建设。积极稳妥地推进干部人事制度改革,进一步提高纪检监察干部的整体素质。要保持优良的品质和作风,坚持原则、敢于碰硬、秉公执纪,保持奋发有为、积极向上的精神状态,树立纪检监察干部"可亲、可信、可敬"的形象。

国务院副总理黄菊在人民大会堂会见出席"并购重组国际高峰论坛"的部分外方代表

黄菊说,中共十六届三中全会作出了关于完善社会主义市场经济体制若干问题的决定,对进一步巩固和发展公有制经济,积极推行公有制的多种有效实现形式,加快调整国有经济布局和结构,提出了明确的要求。我们要借鉴国际上成功的经验,根据我国实际情况,完善国有资本在流动中保值增值的机制,建立、健全国有资产管理和监督体制,以更有效地发展公有制经济,更有效地管理国有资产,为国民经济发展注入新的动力。

11月19日开幕的"并购重组国际高峰论坛"由国务院国有资产监督管理委员会与联合国工业发展组织联合举办,这也是国资委成立以来举办的第一次大型国际性会议。国资委主任李荣融参加会议并作主旨发言。

外交部副部长周文重紧急约见美国驻华大使雷德

周文重说,11月17日,美国纺织品协议执行委员会(CITA)对从中国进口的针织布、胸衣和袍服三种纺织品提出磋商请求的决定,中国政府对美方不顾中方坚决反对作出此决定感到震惊并表示不满。

周文重指出,中国政府和业界曾多次向美方指出,美业界对于三种产品的申请不符合美纺织品协议执行委员会公布的《关于针对从中国进口纺织品和服装采取保障措施的程序》,更不符合中国加入世贸组织报告书的有关承诺。美国政府不顾中方的强烈反对,在缺乏事实和法律根据的情况下,曲解和滥用对华纺织品限制措施,作出设限决定,不仅违反了中国加入世贸有关法律文件,违背了世贸组织自由贸易、透明度和非歧视原则,而且向美业界和其他世贸成员发出了错误信号。

周文重强调,中美经贸关系发展到今天,是两国政府和人民共同努力的结果。中方一贯主张双方在平等和双向的基础上积极发展中美经贸合作关系。希望美国政府能从中美关系大局出发,改变错误决定,回到通过对话与合作消除分歧的道路上来。中国政府保留进一步采取措施的权利。

雷德表示,将把中方的上述立场报告美国政府。美方赞赏中方对发展中美经贸关系所采取的积极态度,愿与中方共同努力妥善解决两国经贸关系中出现的问题。

国家舞台艺术精品工程2002—2003年度精品剧目在北京揭晓

北京京剧院的京剧《宰相刘罗锅》、重庆市川剧院的川剧《金子》等10台剧目榜上有名。

其他精品剧目为上海京剧院的京剧《贞观盛事》,天津京剧院的京剧《华子良》,福建实验剧院的闽剧《贬官记》,浙江小百花越剧团的越剧《陆游与唐琬》,上海话剧艺术中心的话剧《商鞅》,辽宁歌剧院的歌剧《苍原》,空军政治部歌舞团的舞剧《红梅赞》,遵义市杂技团、贵州省歌舞团的杂技《依依山水情》。

中国女排表彰会在北京举行

中国女排在第九届世界杯上取得11连胜,时隔17年重夺世界冠军。为表彰中国女排勇攀高峰、为国争光的拼搏精神,国家体育总局、全国总工会、全国妇联和共青团中央联合举行表彰会,分别对中国女排授予荣誉称号。全国人大常委会副委员长顾秀莲、国家体育总局局长袁伟民、党组书记李志坚以及全国总工会、全国妇联和共青团中央等部门的有关领导出席了表彰会。

会上,国家体育总局党组书记李志坚宣读了国家体育总局授予中国女排全体运动员、教练员"体育运动荣誉奖章"的决定;全国总工会书记处书记徐德明宣读了全国总工会授予中国女排"全国'五一'劳动奖状"的决定;全国妇联书记处书记甄砚宣读了全国妇联授予中国女排"全国三八红旗集体"荣誉称号的决定;共青团中央书记处书记胡伟宣读了共青团中央授予中国女排"中国青年五四红旗集体"称号的决定。

中国选手刘春红在温哥华举行的世界举重锦标赛上夺得女子69公斤级抓举挺举和总成绩3枚金牌

比赛中刘春红5次打破世界纪录。她最终创造的新的世界纪录为抓举120公斤,挺举150公斤,总成绩270公斤。

中国获本年度联合国环境规划署国家保护臭氧层机构杰出贡献奖

在肯尼亚首都内罗毕召开的关于消耗臭氧层物质的《蒙特利尔议定书》第十五次缔约方大会宣布了这一消息。

中国作为全球消耗臭氧层物质最大的生产国和消费国,在承诺《保护臭氧层维也纳公约》和经修正的《关于消耗臭氧层物质的蒙特利尔议定书》的有关责任与义务、认真履行公约有关规定方面作出了巨大努力,取得了良好进展。

李九龙逝世

成都军区原司令员李九龙同志,因病于11月19日在北京逝世,享年75岁。

李九龙是河北省丰润县(今唐山市丰南区)人。他1943年走上革命道路,参加了地下党组织领导的农民协会,担任地下交通员,1945年参加八路军,同年加入中国共产党。解放战争时期,他历任战士、班长、排长、副连长、连长等职,先后参加了四平战役、辽沈战役、平津战役和衡宝战役,多次荣立大功,为解放战争的胜利立下了功勋。新中国成立后,他历任副营长、营长、副团长、科长、团长、副师长、师长、副军长、军长、济南军区司令员、成都军区司令员等职。

李九龙是中国共产党第十二届、十三届、十四届中央委员。1988年被授予中将军衔,1994年6月晋升为上将军衔。2003年7月被授予中国人民解放军独立功勋荣誉章。他是第九届全国人民代表大会代表、全国人大内务司法委员会副主任委员。

施蛰存逝世

著名文学家、翻译家、教育家、华东师范大学中文系教授施蛰存11月19日上午在上海逝世,享年99岁。

施蛰存生于杭州,20世纪30年代在上海文坛崭露头角。抗战爆发后,他曾先后执教于云南大学、厦门大学、暨南大学和光华大学。1952年以来,他长期在华东师范大学中文系执教。

施蛰存在20世纪30年代就创作了小说《上元灯》《将军的头》《梅雨之夕》《小珍集》等作品。他主编的杂志《现代》在当时影响广泛,鲁迅《为了忘却的记念》一文就是在《现代》上发表的。

在长达80多年的学术生涯中,施蛰存致力于中国现代文学史和学术史,学贯中西,博古通今。他的《唐诗百话》《词学论稿》《宋元词话》《历代词籍序跋萃编》《北山集古录》和《水经注碑录》等著作,在学术界享有盛誉。他创办并长期担任主编的《词学》也是海内外学术界公认的权威性学术专刊。

鉴于施蛰存先生在文学创作和学术研究上的重大贡献,他曾被授予"上海市文学艺术杰出贡献奖"和"亚洲华文作家文艺基金会敬慰奖"。

11月20日

国家主席胡锦涛在人民大会堂与瑞士联邦主席帕斯卡尔·库什潘举行会谈

胡锦涛表示,为了使新世纪的中瑞关系更好地向前发展,中方建议:一、进一步加强两国政治关系。保持两国高层往来,积极开展不同层次和领域的对话,增进相互了解和信任。加强双方在重大国际问题上和在联合国及其他国际组织中的磋商与合作。二、继续推进两国经贸合作。中瑞两国经济互补性较强,合作潜力很大。瑞士在金融、保险、环保等领域有明显优势,中方愿加强与瑞方在这些领域的合作。两国政府应继续为两国企业界扩大合作创造条件。三、深化两国在文教、科技、人员培训等领域的交流与合作,共同推动合作取得新的进展。四、增进了解,扩大共识,加深友谊,共同维护两国关系发展的大局。我们相信,在双方的共同努力下,中瑞关系一定会取得更加丰硕的成果,造福两国人民。

库什潘表示赞同并重视胡锦涛的建议。他说,瑞士希望同中国加强在联合国和世贸组织等国际组织中的对话。瑞方重视两国经贸合作,中国严格遵守世贸组织的原则,令人赞赏,这将增强企业家在中国投资的信心。瑞方对两国将签署瑞中科研合作谅解备忘录等协议感到高兴,希望加强与中方在科技、旅游等领域的交流。瑞方愿在相互尊重的基础上加强两国人民之间的往来,以增进相互了解。

国务委员唐家璇、中国驻瑞士大使吴传福等参加了会谈。

全国政协主席贾庆林在人民大会堂会见印度尼西亚前总统瓦希德

中央纪委 监察部与中央电视台在北京联合举办《正气满乾坤》反腐倡廉文艺晚会

中共中央政治局常委、中央纪委书记吴官正,中央书记处书记、中央纪委副书记何勇等出席了晚会。

晚会由《清风颂》《利剑颂》《光明颂》三个篇章构成,以反腐倡廉为主题,弘扬正气,鞭挞腐恶,充分展现了党风廉政建设和反腐败斗争取得的成果,歌颂了勤政廉政的先进典型,塑造了战斗在党风廉政建设和反腐败斗争第一线的广大纪检监察干部的群体形象,教育广大党员干部更加自觉地实践"三个代表"重要思想,立党为公、执政为民,增强"两个务必"意识,增强人民群众反对腐败的信心和决心。

全国政协信访工作座谈会在北京召开

会议研究探讨了如何在新形势下深入贯彻"三个代表"重要思想,进一步做好人民政协信访工作。这是人民政协专题研究信访工作的第一次会议。全国政协副主席王忠禹出席会议并讲话。

王忠禹指出,人民政协的信访工作是政协组织和政协机关为委员和统战人士服务的重要方式,是了解和反映社情民意的重要渠道。他要求各级政协要高度重视信访工作,加强对信访工作的领导;结合政协特点开展信访工作,增强工作的针对性和有效性;进一步提高信访工作队伍素质,不断提高信访工作水平。

全国政协秘书长郑万通在讲话中希望各级政协组织进一步提高做好政协信访工作的自觉性和主动性;紧紧把握住政协信访工作的重点,认真处理好委员、统战人士的来信来访,处理好人民群众来信来访中与政协工作和政协委员职责相关的部分。

国家信访局局长周占顺在会上作了《以十六大精神和"三个代表"重要思想为指导,进一步做好新形势下信访工作》的报告,介绍了当前信访工作面临的形势,提出要积极推进信访工作的改革、创新与发展。

国务院副总理吴仪在云南考察

在云南期间,吴仪听取了云南省旅游、外经贸、边贸情况汇报并到安宁市就新型农村合作医疗试点工作进行专题考察。11月20日下午,吴仪来到安宁市草铺镇草铺村,先后看望了三家农户、村卫生所、镇卫生院和镇新型农村合作医疗管理办公室,与农民、医护人员和基层干部倾心交谈,详细了解了农民的生产、生活、医疗情况和基层医疗机构的设施、能力、服务等方面的情况,重点询问了农民对新型农村合作医疗的反映、参加情况和基层政府、医疗机构在开展新型农村合作医疗试点时的组织管理情况。吴仪充分肯定了云南省新型农村合作医疗试点工作取得的成绩,并对进一步抓好试点工作提出要求。

吴仪强调,建立新型农村合作医疗制度,是一项十分复杂、艰巨的工作。一定要坚持农民自愿参加的原则,筹好、用好、管好资金,切实搞好医疗服务。吴仪要求,各地区、各有关部门要高度重视,满腔热情,积极稳妥,扎扎实实开展试点工作,使广大农民真正得到实惠,为全面建立新型农村合作医疗制度奠定良好基础。

第二十次全国公安会议在北京召开

会议强调,要以"三个代表"重要思想统领公安工作,深入贯彻落实党的十六大、十六届三中全会精神和中共中央近日作出的关于进一步加强和改进公安工作的决定,紧紧围绕全面建设小康社会的总目标,牢牢把握维护好重要战略机遇期社会稳定的总要求,不断增强大局意识、政治意识、忧患意识、群众意识和法治意识,坚持与时俱进,坚持执法为民,大力推进公安队伍正规化建设,全面提升公安工作的水平和公安队伍的战斗力,切实担负起巩固共产党执政地位、维护国家长治久安、保障人民安居乐业的重大政治和社会责任。

会议明确了今后五年公安工作的主要奋斗目标:社会稳定的局面更加巩固,人民群众安全感明显增强,社会治安防控体系更加完善,预防和打击犯罪的水平显著提高;适应社会主义市场经济的工作机制基本建立,发现、控制、处置能力显著增强,形成统一指挥、反应灵敏、协调有序、运转高效的应急反应机制;执法为民思想牢固树立,执法工作更加规范,执法质量显著提高,公安法规体系基本完善,执法监督机制健全有效,切实做到严格、公正、文明执法;警务保障机制基本建立,公安工作科技含量明显提高,信息化、现代化水平实现新的跨越;队伍正规化建设取得全面进步,公安管理体制进一步完善,纪律作风明显改进,警民关系更加密切,队伍整体素质和战斗力显著增强。周永康还就发挥职能作用、全力维护稳定,端正执法思想、坚持执法为民,坚持依法从严治警、推进队伍正规化建设,加强组织领导、提供有力保障等方面提出了要求。

最高人民法院院长肖扬、最高人民检察院检察长贾春旺等出席会议。

互联互通技术标准工作组在北京成立

为适应我国电信业多运营公司市场有序竞争的需要,保证不同运营公司网络之间互联互通,11月20日,网络互联互通技术标准工作组在京成立。首批成员单位有:信息产业部电信研究院、中国电信集团公司、中国网络通信集团公司、中国移动通信集团公司、中国联合通信有限公司、中国卫星通信集团公司、铁道通信信息有限责任公司。

国务院副总理吴仪在昆明出席2003中国国际旅游交易会开幕式并致辞

由国家旅游局、云南省人民政府、民航总局联合主办的2003中国国际旅游交易会在云南昆明隆重开幕。

吴仪在致辞中说，当今世界，旅游业作为富有蓬勃活力和巨大潜力的朝阳产业，已成为各国高度重视和普遍关注的行业，它对促进经济增长与社会繁荣、维护世界和平与发展、推动各国人民之间的相互了解与友谊，具有积极而重要的作用。

吴仪说，中国已经成为旅游大国。旅游业已成为中国第三产业中极具活力与潜力的新兴产业和国民经济新的增长点，在很多地方还成为当地经济发展的支柱产业。旅游业在拉动内需、增加创汇、调整产业结构、扶贫救困等方面发挥着越来越显著的作用，有力地促进了中国的经济繁荣与社会发展，增进了中国与世界的友好交流。

吴仪表示，在充满希望的21世纪，中国将以更加开放的姿态走向世界，世界也必将以更加期待的眼光关注中国。本届中国国际旅游交易会，正是展示和宣传中国旅游业崭新面貌的一个重要窗口，同时也是世界各国宣传和推介本国旅游产品的一个极好机会，对促进中国旅游业与海内外同行的交流与合作，繁荣国际旅游市场，具有十分重要的意义。

为期4天的2003中国国际旅游交易会，共设展台1454个，展出面积达3万平方米，49个国家和地区近万名业界人士和参展商参展，1200名海外贵宾和买家与会。

出席开幕式的还有国家旅游局局长何光暐、云南省省长徐荣凯、民航总局副局长李军等组委会主要领导。

信息产业部和国务院信息化办公室在沈阳联合召开全国信息技术应用工作会

信息产业部副部长苟仲文介绍，目前电力、石油、冶金、机械、采矿、建材等行业信息技术应用进展迅速，工艺技术和装备水平明显提高，信息技术在改造传统产业中效益非常显著。机床行业在数控化方面取得重大突破，国产数控机床的技术水平不断提高；电力行业基本普及了电网调度自动化，正在推广管理信息系统；冶金行业中大型企业普遍采用了较为完善的自动化控制系统，不少企业正在实施ERP系统。比如，哈尔滨电机厂通过信息技术应用，产品设计能力达到国际先进水平，设备利用率提高10%，制造周期缩短1—2个月。斯达公司通过信息技术应用，产量提高55%，成本降低27%，利润提高55%。长春客车厂在实施CAD网络化后，设计效率和手工相比提高了7倍，年直接效益在2000万元以上。

商务部副部长马秀红紧急约见美国驻华大使雷德

马秀红就美国政府11月17日决定对我针织布、袍服和胸衣三种纺织品提出磋商请求一事进行交涉。

中国纺织工业协会发表严正声明反对美国对中国纺织品实施限制措施

针对美国纺织品协议执行委员会决定对中国出口美国的针织布、袍服及胸罩实施限制措施的决定，中国纺织工业协会11月18日发表严正声明，表示强烈不满并坚决反对。

声明指出，中国对美国纺织品出口增加，是美国等纺织品设限国取消纺织品配额后的正常表现，是美国纺织产业自身调整的结果。美方对于中国纺织品实施限制措施，完全是一种贸易保护主义行为，对中国纺织业界是不公平的。美方对中国纺织品实施限制措施，违反了世界贸易组织的宗旨及基本原则。中国纺织业界强烈反对美方滥用中国加入世界贸易组织工作组报告的有关规定，对美国纺织产业实行贸易保护。美方对中国纺织品实施限制措施将严重影响中、美两国在纺织产业的合作，并将严重损害中国相关企业，以及美国进口商、零售商及消费者的利益。

国务院副总理黄菊在中南海分别会见多哥国防部部长阿萨尼·蒂贾尼和吉尔吉斯斯坦国防部部长叶先·托波耶夫

商务部和文化部在北京共同主办中朝经济及文化合作协定签署50周年纪念活动

全国人大常委会副委员长顾秀莲和80余名相关人员出席了本次活动。商务部副部长安民和朝鲜驻华大使崔镇洙分别代表两国政府致辞。

《习仲勋革命生涯》出版座谈会在北京举行

中共中央政治局委员、全国人大常委会副委员长王兆国，全国人大常委会副委员长司马义·艾买提、热地，全国政协副主席、中央统战部部长刘延东等出席座谈会。

《习仲勋革命生涯》一书是经中共中央办公厅批准出版的，反映习仲勋革命活动的丛书之一，收录了回忆习仲勋同志革命活动的文章67篇，图片43帧，总计46万字，从不同角度回忆和记叙了习仲勋同志战斗、工作和生活的往事。习仲勋同志当年的老战友、老同事、老部下、老朋友和亲属子女，习仲勋同志生前革命和生活过的地方负责同志，以及中共党史出版社、中国文史出版社等单位负责人共200多人与会。

《中国京剧音像集萃》新闻发布会在全国政协礼堂举行

《中国京剧音像集萃》是继天津青年京剧团百日集训、《中国京剧音配像精粹》之后,李瑞环同志创意策划并组织实施的又一重要振兴京剧工程。《中国京剧音像集萃》遵循京剧艺术规律,选择当代优秀中青年演员的代表剧目,首先进行剧本修改,聘请老艺术家精心指导排练,使之成为精品。在此基础上,采用现代科技手段,先在舞台取像,再在录音室录音,然后自己给自己音配像,最后复制合成。这项工程是1998年开始实施的,经过5年不懈努力,至今已完成天津市青年京剧团主要演员首批代表剧目共34部戏的录制任务,并全部以DVD形式出版。新闻发布会由全国政协副主席王选主持。李瑞环、蒋正华、王忠禹、万国权等出席新闻发布会。

中国选手尚世春在温哥华举行的世界举重锦标赛上打破女子75公斤级抓举挺举和总成绩3项世界纪录

尚世春在抓举和挺举的最后一次试举中打破世界纪录,其破纪录的抓举成绩为120公斤、挺举成绩为153公斤,最终尚世春以272.5公斤打破女子75公斤级总成绩世界纪录。

中国女性创业论坛在北京举行

全国人大常委会副委员长、全国妇联主席顾秀莲在论坛上表示,当前和今后一个较长时期内,我国就业形势仍十分严峻,这对妇女创业、就业的综合素质及能力提出了更高的要求。各有关部门要大力开展创业技能培训,广泛宣传自主创业精神,积极开发劳动就业岗位,鼓励妇女自主择业、寻岗创业。

劳动和社会保障部副部长王东进介绍说,党和政府历来高度重视女性就业,将进一步采取措施推动女性创业和就业。这些措施包括,通过法律的、行政的、舆论等多种手段,消除对女性创业就业的性别歧视;完善劳动力市场政策和劳动力市场机制,确保男女平等的劳动权;不断扩大各项社会保险制度的覆盖范围,促进劳动力合理流动,化解创业和就业的风险;大力发展教育和职业技能培训事业,增强女性的就业能力和适应职业变化的能力。

11月21日

国家主席胡锦涛就土耳其伊斯坦布尔市再次发生爆炸事件向土耳其总统塞泽尔致慰问电

国务院总理温家宝在中南海紫光阁会见瑞士联邦主席帕斯卡尔·库什潘

温家宝指出,中瑞经贸合作势头良好,今年1至9月,双边贸易额同比增长34%,全年贸易额将大大超过去年。瑞士经济发达,技术先进,资金雄厚,在金融保险、社会保障、环保等领域具有优势。中国市场广阔,劳动力资源丰富。随着中国对外开放的不断扩大和中国实施西部大开发及振兴东北等老工业基地战略,中瑞经贸合作一定会有更大的发展。中方欢迎瑞士企业积极参与中国的经济建设。

库什潘说,瑞士是中国的老朋友,我们钦佩中国政府和人民为建设国家所取得的成就。中国的对外开放很好地促进了世界的和平与稳定。他说,瑞中合作成果显著,潜力很大。中国严格遵守世贸组织规则,履行承诺,为保护知识产权、降低关税作出了巨大努力,这为两国经贸合作提供了重要条件。瑞方将为两国在政治、经贸、科技等各领域合作关系进一步发展作出积极努力。

国务院总理温家宝在中南海紫光阁接受美国《华盛顿邮报》总编唐尼采访

采访问答全文如下:

温家宝总理(以下简称温):听说你是第一次到中国来,我对你和你的同事们表示热烈欢迎。中国有一句古诗:"结交一言重,相期千里至。"再过十几天,我就要访问你们伟大的国家。在这里,我首先通过贵报,对伟大的美国人民表示亲切的问候和良好的祝愿。记得在"9·11"事件发生后的几天,我会见到中国出席国际金融会议的外国代表,其中有一个美国的女专家,我看到她的神情表现出哀伤孤寂,我向她伸出手,表示慰问,同时也请她转达对美国人民的问候。我们两个伟大的国家,交往的历史已经有200年了,跨越了3个世纪。两国人民友谊和合作的动人事迹还历历在目。19世纪60年代,中国数以万计的华工参加了美国横贯东西部大铁路的修建工作。他们不顾严寒、饥饿和待遇菲薄的恶劣条件,当别的建筑队伍都撤下来的时候,只有中国这支队伍坚持到底。最后一根枕木是由4位华工铺上的。无数人为这个工程献出了生命。1991年伊利诺伊州曾经专门派人到上海用3000个道钉做了个纪念碑。他们说,中国筑路工人的最大贡献就是沟通了美国东西部的大通道,并由此推动了美国的统一,这是一个重要的因素。上个世纪,1942年5月到1945年的9月,美国派了年轻的飞行员组成"飞虎队",飞越著名的"驼峰"航线,支持中国的反法西斯战争。那是世界上著名的艰难航线,美国几年间大约损失了500多架飞机,美中两国飞行员牺牲了1500多人。因为山谷里的飞机碎片在阳光下闪闪发光，人们称之为“铝谷”。它记载了中美合作的历史。我讲这段历史，就是希望我们之间这次采访活动从互相尊重、友好的气氛中开始。你可以问你事先提出的问题，也可以提你希望了解的其他问题。

唐尼总编(以下简称唐)：目前需要中美合作处理的一个问题就是台湾问题，中方需要美方做什么？

温：台湾当局领导人最近的一系列言行，特别是“公投”和“制宪”的行径，充分暴露了他们顽固坚持分裂国家的立场，而且变本加厉地进行“台独”的活动。你问我这个问题，我也在问，台湾当局意欲何为？他们究竟想把台湾引向何处？他们还尊重不尊重台湾人民要和平、要稳定、要发展的意愿？他们是真的希望还是要蓄意破坏台海局势的和平与稳定？这个问题，大陆同胞关心，台湾同胞关心，美国和国际社会也关心。我们对台湾的政策是明确的，这就是“和平统一、一国两制”。我们不放弃和平解决台湾问题的努力，因为这符合包括台湾同胞在内的全中国人民的根本利益，但是对任何分裂祖国的挑衅行动，我们不会坐视不管。

中国的主权和领土完整是不可分割的。中国政府坚持一个中国的立场是坚定不移的，是不容挑战的。我希望美国政府能够注意到台湾当局领导人破坏国家统一的严重性和危险性，不要向他们发出错误信号，应该采取有助于台海局势和平与稳定的实际行动。

唐：你说希望美国采取实际行动，具体是指哪方面行动？

温：中美关系中的重要问题是台湾问题。在台湾问题上，美国应该明确坚持中美三个联合公报，反对“台独”，明确反对台湾当局领导人以“公投”、“制宪”等手段推行台湾“独立”的分裂活动，并遵守“八一七”公报的原则，停止售台武器。这样做，从根本上有利于台海局势的和平与稳定，也有利于我们和平统一祖国的进程，从根本上有利于世界的和平与稳定。

唐：如果台湾当局不顾中美所表达的反对意见，一意孤行，在目前的道路上继续往下走，中国会采取什么行动？

温：这是最关键的问题。台湾是中国神圣的领土，是中国不可分割的一部分。中国任何一届政府都不会放弃和平统一祖国的立场。我们完全理解台湾人民的民主诉求，也完全理解台湾人民希望有一个和平的环境。但是当台湾当局的领导人试图要把祖国的领土分裂出去的时候，任何一个中国人都不会答应。中国人民会不惜一切代价，维护祖国的统一。我想你大概熟悉林肯总统的一句话，他在演说中曾经说过，一个“自相分裂的家庭是站立不住的”。他还说过，美国由各州组成的“联邦乃是永久性的”。我们不希望事态发展到这一步，因此我们不放弃和平的努力。

唐：中国是美国重要的贸易伙伴，然而美国政府最近宣布，要对中国某些纺织品的出口设限。你认为中国有必要采取报复措施吗？

温：中美经贸关系中产生的问题应该得到妥善的处理，因为发展中美经贸关系，符合两国人民的根本利益。在1972年，就是30年前，中美贸易几乎没有统计数字。基辛格访问中国的时候，只允许美国人带100美元到中国来买东西。中美贸易有确切统计数字始于1979年，不到25亿美元。经过25年，中美贸易额达到了1000亿美元，增长了40倍。应该说，这对于两国人民都是有利的。我知道，美方关心美中贸易逆差问题。我想说明几句，第一，美中贸易逆差是结构性和转移性的。当美中贸易逆差扩大的时候，中国对亚洲许多国家的逆差也在扩大。中国今年1—10月出口增长32%，但进口增长40%。第二，中国出口的产品，65%是中外合资或者是外国独资企业生产的。一半以上是来料加工。出口产品中的许多丰厚利润，都被外商拿走了。这里就包含了美国设在中国的企业，比如像摩托罗拉、沃尔玛。第三，中国出口到美国的商品是美国民众需要的，而且物美价廉，这些商品出口到美国有利于稳定美国的物价，也有利于满足美国人民生活的日常需要。第四，中国不追求长期过大的贸易顺差，我们贸易政策的基本原则是进出基本平衡。我们愿意开放市场，从美国以及其他国家多进口产品，特别是高科技产品。前不久，中国有几个采购团到美国，签订了几十亿美元的合同，表明了中国的诚意。但是我们也希望，美国也应该给予中国市场经济国家的地位，对中国不要加以限制，也应该开放市场。有一个例子大概你知道，几年前中国向劳拉卫星公司定购一颗卫星，并支付了1.3亿美元定金。但是美国有关方面不同意，因此这个合同至今没有兑现，1.3亿美元也没有退还。实际上，这种限制完全影响不了中国的发展和进步。正是在这几年，中国不断发射卫星，甚至把飞船送上了天。一些数控机床、计算机，中国自己都能够研制，而且某些方面并不落后，但是美国方面还把它们列入限制对华出口产品。

唐：还是关于纺织品问题。尽管中国做了许多，但美国还是采取了这样的行动，这是否使你感到意外，中国还会采取什么样的措施？

温：不仅使我感到意外，也使我感到震惊，使中国人民感到意外和震惊。为了价值仅4亿—5亿美元的纺织品，在未同中国事先商谈的情况下，单方面公布这样的限制措施，应该说十分伤害中国人民的感情。不知道你是不是注意到了国际的反应和专家的反应，这种决策甚至影响到美国的市场。我又要用中国的一句话，“不畏浮云遮望眼，只缘身在最高层。”我们应该用登泰山一览众山小的战略眼光来看待我们的经贸合作和其他方面的合作关系。我们之间应该建立经常性的协调和合作机制，解决经贸关系中出现的问题。这是我这次访美要提的建议。这种机制能够保证我们通过平等协商来处理两国的争端，而不要动辄制裁和限制。那样不仅于事无补，而且会损害两国的利益。我希望纺织品问题能够通过双方协商妥善加以解决。

唐：有人说，调整中国人民币的汇率政策有助于改进中美贸易状况，你同意这种观点吗？

温：人民币汇率改革始于1994年。我们当时确定的机制是以市场供求为基础，单一的、有管理的浮动汇率。有人说，人民币汇率固定不变，这不是事实。浮动的幅度小，这是事实。1994年到现在，人民币实际对美元升值了18.5%，对欧元升值39.4%。1997年亚洲发生金融风暴后，我们顶住了要求人民币贬值的压力。从那个时候起，人民币浮动幅度小了。我认为一个国家汇率制度应该从这个国家的国情出发，依据它的经济和金融发展状况来决定。毋庸讳言，我们金融改革的任务还十分艰巨，我们在1996年才实行经常项目下的人民币可兑换，但是实行资本项目下的人民币完全可兑换，还需要长时间的艰苦努力。我可以明确向你表示，我们一定要加快金融改革，而且在加快金融改革的进程中探索人民币面向市场浮动的合理的汇率形成机制。我不认为人民币汇率是影响中美贸易不平衡的重要因素，中国产品出口增加，最重要的是中国拥有丰富而又有竞争力的劳动力。

唐：在朝核问题上，中美之间正在密切合作，确保朝鲜半岛无核化。你认为朝鲜目前有没有核武器？

温：我确实回答不了你的问题，我真的不知道。但是我可以明确告诉你我们的态度，我们希望朝鲜半岛没有核武器，而且希望朝鲜半岛和平与稳定。

唐：布什总统已经表明美国无意进攻朝鲜，为使美朝达成协议，美国方面还需要采取哪些具体步骤？

温：目前朝鲜半岛和谈进程有所进展。朝方表示，拥核不是目的，而无核是最终目标。最近朝方又提出，在他们的安全关切得到保证，也就是说，在美国消除对朝鲜敌视政策的前提下，他们可以放弃核武器发展计划。布什政府也反复强调无意侵犯朝鲜，无意改变朝鲜现行制度，希望通过和平谈判解决朝鲜半岛核问题。应该说，双方的立场比过去更加接近了。我希望最好还是继续北京六方会谈，各方通过相互尊重、平等互信、互相磋商，找到一个为各方所接受的和平解决朝鲜核问题的方案。

唐：达赖喇嘛表示无意寻求“西藏独立”，中国政府代表是否会与达赖及其代表见面谈判？

温：遗憾的是，达赖喇嘛并没有真正放弃“藏独”立场，没有停止分裂祖国的活动，也没有承认台湾是中国领土不可分割的一部分。我们注意到他近期的一些言论，但还要听其言，观其行。只要达赖喇嘛真正放弃“藏独”的主张，承认西藏是中国领土不可分割的一部分，台湾是中国领土不可分割的一部分，我们就可以恢复同他的接触和商谈。中央政府同达赖喇嘛接触的大门是敞开的。

唐：中国的经济改革发展迅速，使得中国在短期内取得高速增长。中国的政治改革是否需要跟上经济改革的步伐？

温：从1978年开始的中国改革是全面的改革，不仅包括经济体制改革，而且包括政治体制改革。正如邓小平先生所说，没有政治体制改革作保证，经济体制改革不可能成功。我们进行的政治体制改革，从本质上说，是要把加强党的领导、依法治国和人民当家做主统一起来。当前最重要的是做好这样几件事：第一，发展民主，保障人民的民主权利和人权。第二，完善法制，加强立法，依法行政，推进司法改革。第三，依法治国，使我们的社会主义民主政治法制化、规范化和程序化。使这种制度不因领导人的改变而改变，不因领导人的看法、注意力的改变而改变。第四，加强监督，特别是人民对政府的监督。只有发扬民主，加强监督，政府才不敢懈怠，才不会人亡政息。我们是有13亿人的大国，推进政治体制改革必须有领导、有步骤地进行。现在有许多误解，比如宗教信仰问题。中国的宪法明确规定公民有宗教信仰自由，现在中国信教人数超过1亿人，宗教活动场所有10万多个。改革开放以来，大约每3天就新建或重建一处宗教活动场所。在中南海不远的地方，就有宗教活动场所，东有王府井的天主教堂，南有牛街的伊斯兰清真寺，北有佛教的雍和宫，西有道教的白云观。在中南海最近的地方，有历史较长的西什库教堂。你可以到这些地方看看，有很多宗教信徒在那里从事宗教活动。中国五千年的历史在宗教发展方面有很大的包容性。中国5大宗教中只有道教是本土产生的，其他4种宗教都是外面传来的，佛教是从印度传来的，基督教和天主教是从西方传来的，伊斯兰教是从中东、西亚传来的。

唐：今后中国在政治改革方面还会有什么步骤？比如说现在的直接选举，是否会从基层推进到乡镇？

温：目前，我们在68万个村一级实行村民自治和直接选举。这是一个很大的创举，也是对农民的很大锻炼。我们在县、乡和不设区的市实行的是普选人民代表。在省和设区的市以至中央，实行间接选举。为什么这样做？因为中国很大，人口很多，经济不发达，发展又不平衡，在现阶段不可能在高层开展直接选举，条件还不成熟，首先文化素质就不够。

唐：中国现在经济增长势头很猛，比较富裕的地区和比较贫困的地区的差距会不会进一步扩大？

温：我有这样的担心。前不久，美国商务部长埃文斯访华，先去了中国的西北。他给我带来了两张中国西部农村的照片。他了解到，中国的西北农村还很落后。我对他讲，你知道这一点，今天我们谈论的问题都可以解决了。我本人到过全国1800多个县，可以说中国最穷困的地方我都到过。我深知中国的发展是不平衡的。你可以看到，东部地区、一些大城市，有很多高楼大厦。而在一些农村，农民还住在茅草房里，还在用牛耕种。中国还有3000万人没有解决温饱问题。我们新一届领导通过抗击非典型肺炎这场疾病，得到一个重要的启示，就是要注意协调发展。城乡发展不平衡，经济和社会发展不平衡，就如同一个人一条腿长一条腿短一样，一定会跌跤的。一个国家一条腿长一条腿短，也会跌跤的。但是我们必须在发展中解决这些问题，这就是说东部地区继续加快发展，有条件的地方率先基本实现现代化，可以提供更多的财力来支援中部和西部地区。与此同时，我们实施西部大开发战略。最近，我们又提出振兴东北等老工业基地战略。这样实行东西互动，带动中部，使中国能够逐步走向协调发展。但是，请记住，这是一个很长的过程。

唐：是不是出于同样考虑，你们决定修改宪法，保护私有财产，而且允许农民转让土地使用权？

温：我们确定了一条重要方针，就是坚持以公有制为主体、多种所有制经济共同发展。我们把它概括为两个毫不动摇，就是毫不动摇地发展公有制经济，毫不动摇地发展个体私营等非公有制经济，并将此作为基本经济制度载入了宪法。最近中国共产党十六届三中全会提出了产权制度的概念，明确要求要制定保护私有财产的法律、法规。这样做完全是从中国实际出发，是实事求是的，有利于中国经济的发展，也有利于缓解就业的压力，有利于增强社会公众的创业和创新动力，有利于共同富裕。中国目前个体私营经济的从业人员达到8000万。个体私营经济在国民生产总值中的比重已达到23%。在农村我们实行的是家庭承包经营制度，允许农民经营的土地依法有偿转让，这是早已规定了的。

唐：金融体制方面是否需要作出调整，以使私营企业得到更多的资金支持？如何解决大银行的不良贷款？

温：金融体制改革是我们经济体制改革的重头戏。中国金融体系存在许多问题，最主要的就是银行不良贷款比例较高，存在着很大的金融隐患。主要原因在于体制，必须加快对银行体制的改革。我们的目标是建立现代银行制度，使银行能够成为自主经营、自负盈亏、真正的商业银行。要实行银行公司治理结构的改造，实行股份制，具备条件的，允许上市。你提到一个很重要的问题，就是要加强金融机构对中小企业、特别是民营企业的支持。应该说，在这方面做的是不够的。中小企业特别是民营企业对于吸纳劳动力、解决就业问题可以发挥重要作用。我们要在加强监管、防范风险的同时加大银行对他们的扶持力度。

唐：1989年的时候你去了天安门广场，见到了学生们，他们是反革命分子，还是爱国者？

温：上个世纪80年代末90年代初，苏联、东欧发生剧变，在中国也发生了一场政治风波。当时，中国党和政府及时果断地采取措施，维护了社会的稳定，并且下定决心继续推进改革开放。10多年来，中国发展的历史证明，稳定在中国是至关重要的。作为中国的总理，我最关心的是中国的稳定与发展问题，因为中国有13亿人口。

唐：你刚才讲到稳定对中国是至关重要的。而布什总统在他最近两次重要演讲中，都谈到自由的重要性，认为自由是美国的核心价值观。你认为美中两国的价值观是不同，还是相似？对于未来中美关系的发展有什么影响？

温：我想反问一句，在中国改革开放25年、经济发生巨大变化的同时，难道你们没有看到中国人民民主和自由发生的变化？比如择业自由，获取信息的自由，旅游的自由。25年以前，中国人到外国去，包括到我们自己的香港去，都是不可能的。现在每年有上千万人次到世界各地去。还有我刚才讲的宗教信仰自由问题。我想对先生讲一句我的感受，作为中国的总理，我感觉担子很重，工作难度很大，工作也做不完。13亿，是一个很大的数字，如果你用乘法来算，一个很小的问题，乘以13亿，都会变成一个大问题。如果你用除法的话，一个很大的总量，除以13亿，都会变成一个小的数目。这是许多外国人不容易理解的。

我记得杰斐逊起草的《独立宣言》有这样一段话：人生而平等。由于人生而平等，他们都享有固有的不可剥夺的权利，其中有维护生命和自由的权利以及追求幸福的权利。我刚才讲到，在中国，讲人权首先是生存权和发展权。有些西方朋友感到不可理解。其实，读读杰斐逊1776年起草的《独立宣言》，他也是把生存权摆在了第一位。难道从18世纪的《独立宣言》，到19世纪的南北战争，到20世纪的马丁·路德·金事件，不也反映了美国民主和自由发展的过程吗？恕我直言，美国有一些人对中国的了解不如我们对美国了解得多。

唐：从你的谈话中，可以看出你对美国非常了解，你访问过美国吗？

温：应该说我去过美国，但我没有访问过。我是访问南美的时候，路经美国，在纽约、洛杉矶都住过几天。

唐：你一定读了很多有关美国的书籍，给你留下深刻印象的是什么？

温：我最大的爱好就是读书。读书伴随着我的整个生活。谈到读美国的书，我可以跟你讲一个故事，就是我见韩国总统卢武铉时，他说他的就职演说引用了林肯1861年的一段演说。我回去翻我书架上有关林肯的书，发现在同样的一段话下，我用铅笔画满了红线。林肯说，记忆的神秘琴弦，从每一个战场和每一个爱国者的坟墓，延伸到这些广阔国土上的每一颗跳动着的心和每一个家庭，它一定会被触动，它一旦被我们天性中善良的性灵所触动，必将奏出联邦的大合唱。我想林肯处理南北战争的态度影响了卢武铉，他希望朝鲜半岛南北和解。

唐：非常感谢你抽出这么多的时间接受我们的采访，非常感谢！

温：最后我还想说几句话。去年江泽民主席访问贵国，今年胡锦涛主席两次会晤布什总统，都明确表达了中方的态度，这就是继续改善和发展同美国的关系。美国是世界上最发达的国家。中国是世界上人口最多的发展中国家。发展中美两国的友好合作，不仅会造福两国人民，而且有利于亚洲和世界的和平与稳定。1972年，两国有远见的领导人打开了中美关系的大门，结束了我们23年的相互隔阂和不交往的历史，开始了两国和平相处的历史。尽管风风雨雨，跌宕起伏，但是两国关系还是前进的。那么这50多年的历史告诉我们什么？起码告诉我们三点，第一，和则两利，斗则俱伤。第二，中美两国有着合作的基础和共同的利益。第三，中美友好合作不仅有利于亚太地区，而且有利于世界的和平与稳定。

国务院安全生产委员会办公室正式挂牌成立

国家安监局是其日常办事机构。根据第十届全国人民代表大会第一次会议批准的国务院机构改革方案和《国务院关于机构设置的通知》，经研究并报中央编委领导同志批准，国家安全生产监督管理局（国家煤矿安全监察局）主要职责有所变化，在原有职责基础上，增加如下职责：

一、承担国务院安全生产委员会办公室的工作；二、原国家经贸委承担的协调安全生产专项整治、危险化学品安全生产监督管理、组织协调特别重大事故调查处理、组织全国安全生产督促检查、中国海洋（包括海域）石油作业安全生产监督管理职责（必要时有关职责以国务院安全生产委员会办公室名义履行）；三、原由卫生部承担的作业场所职业卫生监督检查职责；四、烟花爆竹生产经营单位的安全生产监督管理职责；五、组织实施注册安全工程师执业资格制度，监督指导注册安全工程师执业资格考试和注册工作的职责。

国办下发《关于调整全国推动中小企业发展工作领导小组组成人员的通知》

发展改革委：

你委《关于调整全国推动中小企业发展工作领导小组及办公室成员的请示》（发改企业〔2003〕1625号）收悉。经国务院领导同志同意，现将调整后的全国推动中小企业发展工作领导小组（以下简称领导小组）主要职责及组成人员名单通知如下：

一、领导小组主要职责

1. 负责全国中小企业和非国有经济工作的统筹规划、组织领导和政策协调，组织实施《中华人民共和国中小企业促进法》，并监督检查实施情况；

2. 研究中小企业总体发展战略；

3. 讨论决定中小企业和非国有经济重要工作部署；

4. 就中小企业和非国有经济面临的倾向性和方向性问题，向党中央、国务院提出意见和建议。

二、领导小组组成

组　长：马　凯（发展改革委主任）

副组长：欧新黔（发展改革委副主任）

成　员：（略）

领导小组办公室设在发展改革委。今后，领导小组成员因工作变动需要调整的，由所在单位提出意见，经领导小组办公室审核后，报领导小组组长批准。

国务院办公厅

2003年11月21日

我国手机用户首次超过固定电话用户

据信息产业部统计数字显示，截至10月底，我国的手机用户已达到2.56938亿户，较上年年底新增5093.3万户；固定电话用户达到2.55139亿户，较上年年底新增40911.7万户；我国已成为世界上移动电话用户超过固定电话用户的国家之一。

国务院副总理曾培炎出席由朝鲜驻华大使崔镇洙举行的中朝经济及文化合作协定签署50周年纪念晚宴

突尼斯总理穆罕默德·加努希在突尼斯会见全国人大常委会副委员长李铁映及其率领的全国人大代表团

李铁映率领的中国全国人大代表团17日开始

对突尼斯进行正式友好访问。访问期间，李铁映还分别会见了突尼斯议会议长迈巴扎和外长本·叶海亚。

外交部部长李肇星就英国外交人员在伊斯坦布尔恐怖爆炸事件中伤亡向英外交大臣斯特劳致慰问电

外交部发言人刘建超就美国国务院官员涉台言论答记者问

有记者问：美国一位助理国务卿帮办刚刚就台湾问题发表了讲话，您对此有何评论？

刘建超回答：中国政府坚持“和平统一、一国两制”的基本方针。中国人民比世界上任何人都更希望用和平的方式解决台湾问题，我们不会放弃和平的努力，但我们绝不会容忍“台独”，绝不允许任何人以任何方式把台湾从中国分裂出去。中国政府和人民维护国家主权和领土完整的决心是坚定不移的。我们注意到美方官员的有关讲话，其中表示美不支持台湾任何涉及改变其地位或导致走向“独立”的努力。

他说，美国政府在台湾问题上对中国政府有明确承诺。美方在中美三个联合公报中郑重表示，它无意侵犯中国的主权和领土完整，无意干涉中国的内政，也无意执行“两个中国”或“一中一台”的政策。美方领导人并多次表示反对“台独”。美方理应言而有信，停止售台先进武器装备，明确反对台“公投”、“制宪”等挑衅行为，不要再向“台独”势力发出错误信号。这才符合中美两国利益，有利于维护台海地区的和平与稳定。

我国第十八颗返回式卫星在四川回收成功

我国于11月3日发射的一颗科学与技术试验卫星在太空运行18天，圆满完成各项预定试验任务，于11月21日10时04分在四川中部地区成功回收。

据有关专家介绍，20多年来我国共发射此类卫星18颗，成功回收17颗，回收成功率居世界前列。这次卫星的回收成功，表明我国在卫星的姿态控制和轨道控制技术、卫星再入防热技术、卫星跟踪定位和回收技术方面进一步走向成熟。

中国选手丁美媛在温哥华举行的世界举重锦标赛上夺得女子75公斤以上级抓举挺举和总成绩3枚金牌

丁美媛以抓举成绩137.5公斤，挺举成绩162.5公斤和总成绩300公斤夺得了该级别的3枚金牌，并打破了抓举的世界纪录。

11月22日

中共中央总书记胡锦涛在中南海怀仁堂同第20次全国公安会议部分代表座谈并发表重要讲话

中共中央政治局常委、国务院总理温家宝，中共中央政治局常委、国家副主席曾庆红，中共中央政治局常委、中央政法委书记罗干出席座谈会。

座谈会上，公安部、江西省委、新疆维吾尔自治区党委、广东省公安厅、北京市公安局以及来自公安工作一线的同志，就加强和改进公安工作、更好地维护社会稳定作了发言。

在认真听取大家的发言后，胡锦涛发表了重要讲话。他首先充分肯定了党的十六大以来全国公安工作取得的新进步和各级公安机关为维护稳定作出的重要贡献，并代表党中央、国务院，向全国公安民警、武警官兵、治安积极分子及其家属表示崇高的敬意和诚挚的问候。

胡锦涛指出，正确处理改革发展稳定的关系，在社会稳定中推进改革发展，通过改革发展促进社会稳定，是我们党领导人民在建设中国特色社会主义长期实践中形成的基本经验，也是我们必须长期坚持的基本方针。各级党委和政府都要从改革发展稳定的全局和政权建设的高度出发，充分认识维护社会稳定的极端重要性，扎扎实实地做好维护稳定的各项工作，真正担负起确保一方平安的政治责任。要高度重视公安工作和公安队伍建设，切实加强对公安工作的政治和组织领导，充分发挥公安机关在维护社会稳定中的职能作用，努力解决影响公安工作的实际问题，支持公安机关严格按照法定权限和程序行使权力和履行职责，创造性地开展工作。

在谈到加强和改进公安工作时，胡锦涛说，要用“三个代表”重要思想统领公安工作和公安队伍建设，贯彻立党为公、执政为民的本质要求，使公安工作的每一个方面、每一个环节都真正体现人民的愿望、满足人民的需要、维护人民的利益，真正做到执法为民。要进一步端正公安工作的执法思想，坚持对法律负责和对党负责、对人民负责的一致性，坚持专政职能和管理职能、服务职能的统一性，始终把维护和实现最广大人民的根本利益作为公安工作的根本出发点和落脚点。坚持人民公安为人民，必须时刻把人民群众的安危冷暖放在心上，从人民群众最希望公安机关做的事情做起，从人民群众对公安工作最不满意的事情改起。凡是得民心、顺民意的事情，都要竭尽全力去做；凡是失民心、背民意的问题，都要雷厉风行去改。要认真落实中央关于维护稳定的各项工作部署和要求，紧紧依靠广大人民群众，全力维护社会稳定和治安稳定。要毫不动摇地贯彻从严治警的方针，大力加强公安队伍建设，坚持把政治建警放在公安队伍建设的首位，努力建设一支政治坚定、业务精通、作风优良、执法公正的队伍。

胡锦涛指出，各级党委和政府都要按照中央的要求，扎扎实实地做好正确处理人民内部矛盾的工作。在深化改革中，要坚持维护人民群众长远利益和实现人民群众现实利益的统一，坚持解决影响经济发展的体制机制障碍和解决经济社会生活中的突出矛盾的统一，坚持改革的总体谋划、统一部署和分步实施、有序推进的统一。要坚持依法办事，坚持按政策办事，坚决维护群众的合法权益，坚决维护社会稳定，把解决群众切身利益的工作纳入制度化法制化的轨道。

中共中央政治局委员、中央书记处书记、公安部部长周永康主持了座谈会。中共中央政治局候补委员、中央书记处书记、中央办公厅主任王刚出席了座谈会。

中央政法委书记罗干在北京出席第20次全国公安会议并讲话

罗干在会议上强调，各级公安机关一定要高举邓小平理论伟大旗帜，认真贯彻党的十六大和十六届三中全会精神，牢固确立"三个代表"重要思想在公安工作中的指导地位，坚持用"三个代表"重要思想统领公安工作，指导队伍建设。

罗干指出，当前，要继续保持对严重暴力犯罪、有组织犯罪、毒品犯罪、严重经济犯罪以及多发性侵财类犯罪的高压态势，加大对突出治安问题和治安乱点的整治力度，遏制住刑事犯罪的高发势头，切实改变一些地方治安出现反弹的状况。要坚持"打防结合，预防为主"，认真落实社会治安综合治理的各项措施，积极探索在社会主义市场经济条件下预防和减少犯罪的有效方法。要积极预防和化解矛盾纠纷，妥善处置由人民内部矛盾引发的群体性事件，为全面建设小康社会创造长期和谐稳定的社会环境。

罗干在讲话中充分肯定了公安工作和公安队伍，他强调，各级党委、政府特别是公安机关既要充分认识加强公安队伍建设的重要性、紧迫性，又要清醒地看到加强公安队伍建设的艰巨性、长期性，切实把公安队伍建设摆在突出位置，努力建设一支政治坚定、业务精通、作风优良、执法公正的公安队伍。

罗干要求，要建立、健全党委、政府统一领导协调，各部门各负其责、齐抓共管的维护稳定工作责任制和工作机制，动员和组织各方面共同维护社会稳定。

国务院发出通知要求加大工作力度进一步治理整顿土地市场秩序

国务院日前发出通知，要求地方各级人民政府、国务院各部门根据党的十六届三中全会要求和国务院农业和粮食工作会议精神，进一步加大治理整顿土地市场秩序的力度，采取有效措施，善始善终地完成治理整顿的各项任务。

通知指出，目前土地市场秩序治理整顿工作取得了一定成效，但还存在一些突出问题，主要是：一些地方主要领导对治理整顿工作重视不够，处于等待和观望状态；开发区清理整顿还停留在摸清底数和查找问题阶段，处理工作尚未全面开展；征地补偿不落实，农民失地失业的问题还没有解决；有些地方清理整顿措施不落实，顶风违法行为仍有发生。这些问题如果不能及时解决，会对经济发展和社会稳定带来不利影响。

通知指出，土地是民生之本。"十分珍惜、合理利用土地和切实保护耕地"是我国的基本国策。必须坚持实行最严格的耕地保护制度，切实加强对土地开发利用的管理。各地区、各部门主要领导干部一定要按照"三个代表"重要思想的要求，从真正保护最广大人民群众根本利益出发，牢固树立全面发展、协调发展、可持续发展的科学发展观，进一步端正发展经济的指导思想，提高对土地管理特别是耕地保护的认识，把治理整顿土地市场秩序作为当前的一项重要任务来抓。并切实加强领导，狠抓落实工作，力求从根本上解决问题。要通过治理整顿，使违规设立的各类开发区得到清理和规范，乱占滥用耕地和非法转让土地的行为得到依法查处，经营性用地招标拍卖挂牌出让制度得到全面推行和落实，土地市场秩序和土地执法环境得到明显改善。

通知要求，各地要坚决落实清理整顿开发区的规定，加快对各类开发区的清理进度。坚决纠正违规擅自设立开发区、盲目扩大开发区规模的现象。对违规下放的土地管理权、规划管理权，要坚决收回。对开发区占而不用的耕地，要限期恢复农业用途。对突击审批和突击设立的开发区，以及违规设立又不纠正的，要追究有关领导和责任人的责任。

通知强调，要切实解决农民失地失业问题。当前，要严格按照法定程序征用农村集体土地，并按照法定标准给予农民合理补偿和妥善安置，严禁拖欠、截留和挪用征地补偿费用。同时，要改革征地制度，完善征地程序。所有建设用地要严格限制在规划用地的范围之内，不得随意突破，不得随意修改和调整规划。征地规模必须与农民向二、三产业实际转移相适应，与土地开发实际规模相适应。要制定合理的征地补偿标准，建立征地价格听证制度，及时落实安置政策措施。各地要对拖欠、截留和挪用征地补偿费情况进行全面清理，凡是截留、挪用征地补偿费的，必须限期纠正；凡是拖欠或少付的征地补偿费，必须限期补偿到位。国务院有关部门要加大对各地执行征地政策的监督检查和执法力度。

通知指出，要严肃查处土地违法行为。要切实加强基本农田保护，严格征用基本农田的审批制度，不得随意调整基本农田，不得在基本农田挖塘养鱼、种树造林。各地对违反规定乱批、乱占、滥用耕地的，要坚决严肃处理，决不姑息。对治理整顿土地市场秩序中发现的重大土地违法违纪案件要从严从快查处，公开曝光，坚决刹住乱占滥用耕地的歪风。

通知强调，要认真搞好治理整顿的检查验收，严格检查验收标准。各省、自治区、直辖市人民政府要加大对市(地)、县(市)人民政府的督查力度，于今年年底前向国务院报告治理整顿情况。验收不达标的地方要限期整改，在整改期间，暂停受理当地建设用地报件、暂停下达建设用地指标。过期仍不达标的，要予以通报，并追究有关责任人的责任。

通知要求，要在巩固治理整顿成果基础上，进一步完善土地管理各项制度，着重从体制、机制和法制上解决问题。要深化征地制度改革，健全完善土地有偿使用制度和土地产权制度。各金融机构要制定管理制度，严格控制用地项目贷款，对未按法定程序审批、违规乱占滥用耕地的建设项目，银行不得贷款。要建立基本农田保护和土地利用效益考核指标，建立定期报告制度，并作为对各地区政府工作考核的重要内容。

国办下发《关于切实解决建设领域拖欠工程款问题的通知》

各省、自治区、直辖市人民政府，国务院各部委、各直属机构：

随着我国经济和社会的全面发展，各地工程建设规模不断扩大，对推动国民经济增长和提高人民生活水平发挥了重要作用。但由于建设领域信用体系不健全，法制不完备和执法不严，建筑市场供求失衡，市场主体行为不规范，以及部分地区不切实际搞“形象工程”和“政绩工程”等，造成在建筑规模不断扩大的同时存在大量拖欠工程款问题。为切实解决这一问题，经国务院同意，现将有关事项通知如下：

一、提高认识，明确工作重点和目标

建设领域拖欠工程款现象不仅破坏了正常的经济秩序，严重影响了建筑市场的健康发展，而且进一步加剧了拖欠农民工工资问题，影响了社会稳定。各地区、各部门要从社会稳定的大局出发，充分认识解决建设领域拖欠工程款问题的必要性和紧迫性，将解决建设领域工程款拖欠作为整顿和规范市场经济秩序，保障建筑业企业和职工合法权益，促进建筑市场健康发展的一项重要工作，切实抓紧抓好。

各地政府要对当地建设领域拖欠工程款进行一次全面清理，采取有效措施，标本兼治，综合治理，重点解决房地产开发项目和政府投资工程项目拖欠的工程款。要做到清理与防范并重，在清理已有拖欠的同时，严格项目审批和市场监管，进一步规范建筑市场秩序，培育信用体系，健全法规制度，规范市场主体行为，从源头上防止发生新的拖欠。自2004年起，用3年时间基本解决建设领域拖欠工程款以及拖欠农民工工资问题。

二、加大工作力度，解决拖欠的工程款和农民工工资

(一)解决房地产开发项目拖欠的工程款。各地政府要对本地区房地产开发项目拖欠工程款情况进行检查和清理。对有拖欠工程款问题的房地产开发企业(包括其投资设立的项目开发公司)，由房地产管理部门记入企业信用档案，通过媒体向社会公布，督促其尽快还款。对拒不改正的房地产开发企业，房地产管理部门要加大处罚力度，不批准其投资设立新的项目开发公司；计划、国土行政主管部门不批准其新开发建设项目、不为其办理用地手续；规划、建设行政主管部门要按照有关规定，在审批规划等方面采取措施，督促房地产开发企业尽快解决拖欠的工程款。房地产行政主管部门要将企业拖欠工程款情况告知该企业的贷款银行，由贷款银行将其列为信用不良单位，依法减少授信额度或者不提供授信。

(二)解决地方政府投资工程项目拖欠的工程款。各地要对政府及有关部门投资的工程项目情况进行一次检查，彻底清理发生拖欠工程款的项目。对于政府投资工程项目已拖欠的工程款，各地要结合自身财力情况，制订切实可行的还款计划，从本级财政每年安排用于城市建设的资金(包括土地出让收入、城市基础设施配套费、各种政策性收费等)中，划出一定的比例专项用于清偿拖欠工程款。对使用中央预算内投资(包括国债投资)的项目，地方政府已经承诺的配套资金必须尽快落实。凡逾期未能基本解决政府投资工程项目拖欠工程款问题的，除极特殊的项目外，一律不再批准其新建政府投资工程项目。

(三)解决其他项目拖欠的工程款。对除上述项目以外的其他项目拖欠工程款问题，各地要明确负责检查和清理的部门，根据工程项目和工程款拖欠的具体情况，参照解决房地产开发项目和政府投资工程项目拖欠工程款的措施办理。

(四)运用法律手段解决拖欠的工程款。鼓励建筑

业企业主动运用法律手段解决拖欠工程款问题。政府有关部门要及时准确地向人民法院提供业主拖欠工程款的信息，帮助建筑业企业通过法律途径解决拖欠工程款问题。有关部门和负有协助执行义务的单位要积极采取措施，协助人民法院解决拖欠工程款案件诉讼时间和判决后执行等方面的问题。

（五）解决拖欠农民工工资。各地要认真贯彻执行《国务院办公厅关于做好农民进城务工就业管理和服务工作的通知》（国办发〔2003〕1号），加强监察执法，严厉打击以各种名目拖欠、克扣农民工工资的违法违规行为，帮助农民工追讨工资。要对农民工集中的建筑业企业、在建工地进行逐一排查，检查用人单位支付农民工工资情况和与农民工签订劳动合同情况。对有拖欠和克扣行为的企业，责令其立即补发；不能立即补发的，要制订清欠计划，限期补发。凡因工程项目业主拖欠建筑业企业工程款，致使建筑业企业不能按时发放农民工和工人工资的，要严肃追究业主的责任，责令其限期付清工程款，并向社会公布。已获得工程款的建筑业企业，要优先偿付拖欠农民工和工人工资。对恶意拖欠、克扣农民工和工人工资的建筑业企业，要严格按照国家有关规定进行处罚，通过媒体予以曝光，并追究有关责任人的责任；涉嫌犯罪的，移交司法机关依法处理。

三、综合治理，从源头上防止拖欠工程款的发生

（一）严格审批管理，加强市场监督。政府有关行政主管部门要严格依法行政，提高执法水平，把好各项审批关口，加强市场监督。建设行政主管部门要严格执行建筑业企业市场准入和清出制度，继续完善企业资质管理办法，有效控制建筑业企业数量和从业人员总量，遏制建筑市场的恶性竞争；房地产行政主管部门要严格审批房地产开发企业，加强资质管理，避免自有资金不足的房地产企业进入市场，造成拖欠工程款的隐患。计划、建设行政主管部门要严格项目审批管理，对于房地产开发建设项目和政府投资的经营性工程项目，要严格执行项目资本金制度，项目资本金不得低于国家规定的比例，且后续资金来源应有保障。项目资本金不足的，不批准其立项，不颁发施工许可证。要防止一些地方利用拖欠工程款掩盖建设资金不足的矛盾，搞"形象工程"和"政绩工程"。工商、房地产行政主管部门要依法查处抽逃项目资本金的行为。

（二）规范建筑市场秩序，加强信用体系建设。各地要继续按照《国务院办公厅关于进一步整顿和规范建筑市场秩序的通知》（国办发〔2001〕81号）要求，建立和完善监督机制，加强执法队伍建设，切实加大建筑市场监管力度。要严肃查处规避招标和假招投标，综合整治转包和违法分包等行为，大力发展劳务分包企业，防止非法用工行为导致拖欠工资问题。总承包企业分包工程必须使用有资质的专业承包企业和劳务企业。

各地要充分发挥政府的引导和调控作用，引入市场化运作方式，运用信息网络技术和社会各方面的监督力量，共同推进建设领域信用体系建设。要研究制定建筑市场各方主体行为信用标准，把按规定兑现工程款和工资作为重要的信用要求，科学评价企业和从业人员信用状况，完善业主、建筑业企业和从业人员信用档案。要将企业和个人的信用信息和市场监管制度结合起来，建立失信惩戒机制，约束建筑市场各方主体行为。

（三）完善各项法规制度，严格合同管理。要进一步建立、健全建设领域法律、法规体系，尽快制定和完善与《中华人民共和国建筑法》《中华人民共和国合同法》等相配套的有关法规、制度，规范业主和建筑业企业行为，保护建设工程项目双方合法权益。要进一步加大普法力度，深入开展有关法律、法规的宣传教育活动。改革工程项目管理制度，对房地产开发项目积极推行业主工程款支付担保等风险管理方式。政府投资工程可结合投资体制的改革逐步推行项目代建制，也可由财政部门按照政府投资计划，直接向中标的建筑业企业拨付工程款。

建设工程项目当事人应当严格依照法律、法规订立合同。建设方必须按照法律、法规和合同约定及时足额支付工程进度款，进行工程竣工验收、结算和支付工程款。建筑业企业承揽工程前要进行充分的工程项目风险评估，增强合同意识和合同管理能力，维护自身合法权益。要严格按照合同加强工程质量、工期等管理，防止因工程质量、工期问题造成拖欠工程款纠纷。建筑业企业要依法与农民工和工人签订劳动合同，明确劳动报酬等内容，并严格履行。劳动保障和建设行政主管部门要建立、健全拖欠工资举报制度和解决拖欠工资的工作机制，加强劳动监察、劳动争议仲裁，切实做到专人负责、申诉有门、处理及时、客观公正，认真负责地对侵犯农民工和工人权益的违法行为进行处理。

（四）发挥行业自律作用，规范中介机构行为。建筑业行业协会要充分发挥行业自律作用，引导建筑业企业自觉抵制业主的不合理要求，防止不正当竞争，帮助和组织企业清偿债权债务。对于严重或恶意拖欠工程款的业主以及搞不正当竞争、签订"阴阳合同"的建筑业企业，要记入档案，定期向政府行政主管部门通报，并向社会曝光其不良行为。

会计师事务所等中介机构要依法据实为建筑业企业出具有关房地产企业的资信证明，并承担相应的法

律责任。工程监理单位要依法对工程质量、工期、资金使用等实施监督，依据监理情况作出公正评判。造价咨询机构要为工程项目双方提供公平合理的造价咨询服务。有关仲裁机构要重视发挥质量监督、工程监理、造价咨询等机构在仲裁过程中的作用，对拖欠工程款和工资等纠纷依法裁决。

四、明确责任分工，加强组织领导

（一）明确分工，各负其责。有关部门要按照现行职责分工，各负其责，密切配合。地方各级人民政府要切实负起责任，层层落实责任制。要按照整顿和规范市场经济秩序的统一要求，实行责任追究制度。对在监管中不依法行政、不严格执法的政府行政主管部门和个人，要严肃追究其行政责任。

（二）加强领导，认真组织。为推动建设领域拖欠工程款问题的有效解决，由建设部牵头，会同发展改革委、财政部、劳动保障部、人民银行、银监会等有关部门建立工作协商制度，指导各地开展工作，及时研究解决工作中遇到的重大问题。各地可根据工作需要成立相应的协调机构，负责组织指导本地区开展建设领域清理和整治拖欠工程款工作。各省、自治区、直辖市人民政府要在2004年6月底前将落实本通知情况报国务院办公厅并抄送建设部。

国务院办公厅

2003年11月22日

中央报刊治理工作协调领导小组会议在北京召开

中共中央政治局委员、书记处书记、中宣部部长刘云山，中央书记处书记、中央纪委副书记何勇，出席会议并讲话。刘云山强调，当前报刊专项治理进入关键阶段，要进一步统一认识，从实践“三个代表”重要思想和讲政治、讲大局、讲党性的高度，不折不扣落实各项治理措施，切实减轻基层和农民负担，把这件关系人民群众切身利益的大事一抓到底，抓出实效。

治理党政部门报刊散滥和利用职权发行工作开展4个多月来，各地各部门按照中央要求，迅速行动，周密部署，落实报刊调整方案，纠正各种摊派和变相摊派行为，治理工作取得阶段性成果。全国纳入本次治理的党政部门报刊共有1452种，其中停办673种，划转302种，实行管办分离289种，改为免费赠阅的87种。减轻基层和农民订阅报刊负担初见成效，受到广大干部群众衷心拥护。

刘云山强调，任何报刊都不得向基层和农民搞摊派。要加大督察力度，采取有力措施，坚决查处各种摊派和变相摊派行为。各地各部门要加强日常管理，建立长效监督机制，巩固专项治理工作成果。

中央报刊治理工作协调领导小组成员及有关部门负责同志出席会议。

全国人大常委会副委员长司马义·艾买提在北京出席制定民族区域自治法配套法规工作座谈会并讲话

司马义·艾买提说，搞好配套法规建设要把握好几个原则：要坚持正确的政治方向。制定配套法规要有利于促进民族地区经济社会全面发展，有利于全面建设小康社会目标的实现，有利于调动各族群众的积极性，充分体现社会主义制度的优越性、党和国家对民族地区加大扶持、促进发展的精神。制定配套法规要充分吸收民族区域自治法颁布实施近20年来的实践成果，同时适应新形势、新任务的要求。

据了解，自1984年民族区域自治法颁布实施以来，全国155个民族自治地方制定了133个自治条例、336个单行条例和67个变通补充规定；15个辖有民族自治地方的省、市中有12个制定了实施自治法的地方性法规和规章。为适应新形势的要求，2001年全国人大常委会对民族区域自治法作了修改。目前已完成修改后报全国人大常委会备案的自治条例和单行条例有51个。

全国人大民族委员会主任委员多吉才让主持座谈会。

中国工业经济联合会第四次全国会员代表大会在北京召开

全国政协副主席、中国工程院院长徐匡迪在大会上说，我国工业发展面临的三大机遇是：经济全球化与世界制造业向中国转移；国有大型工业企业改革深化和多种所有制工业共同发展；城市化进程不断加快，农村剩余劳动力向非农产业转移。

徐匡迪指出，改革开放以来，通过市场化改革和重点推进农村工业化以及对城市国有经济进行战略性改组，我国逐步形成了多种所有制的工业化推进体制。我国初级产品和一般工业制成品产量居世界前列，制造业总量居世界第四位。我们正在探索通过走一条新型工业化道路，将我国的工业化推向高级阶段，从工业大国走向工业强国。

大会选举徐匡迪为新一届中国工业经济联合会会长。

三峡工程首批发电机组全部投产

上午9时，长江三峡工程第1号机组正式并网发电并投入商业运行。至此，三峡工程首批发电的6台机组全部投产。三峡工程已经创造出一年内装机420万千瓦、连续投产6台70万千瓦的水电安装和投产世界纪录。

已经全部投产的三峡6台水轮发电机组每小时可生产352万千瓦时电力。在机组投产的第一年，三峡首批机组的实际发电能力已经超过了二滩电站和葛洲坝电站，成为国内装机容量最大、发电能力最强的电站。

中国拉丁美洲友好协会会长成思危在里约热内卢授予巴西友人桑托斯中拉友谊奖章

正在里约热内卢访问的中国全国人大常委会副委员长、中国拉丁美洲友好协会会长成思危22日授予巴西友人达尼洛·桑托斯中拉友谊奖章，以表彰他为增进中巴人民友谊所作的贡献。

中拉友协秘书长王宏强在授奖仪式上说，桑托斯先生是巴西知名律师，是中国人民的老朋友。自1963年被聘为中国代表团的第一位律师起，他担任过许多中国企业和个人的律师，参与接待过许多中国代表团，并促成巴西许多重要代表团访问中国。他积极促成了北京与里约热内卢、天津市与里约热内卢州结成友好关系，还与他人合作在中国建立了第一家拉美私人企业。桑托斯多年来致力于中巴友好事业，荣获中拉友谊奖章当之无愧。

桑托斯在接受奖章后表示，近年来，巴中关系快速发展，双方合作的潜力巨大，他将继续为两国关系的发展而努力。

国务委员兼国防部部长曹刚川在北京与多哥国防和老战士部长阿萨尼·蒂贾尼举行会谈

林月琴逝世

解放军总政治部干部部原顾问(副兵团职待遇)、罗荣桓元帅的夫人林月琴同志，因病于11月22日在北京逝世，享年90岁。

林月琴是安徽金寨人，1929年加入中国共产主义青年团，1930年参加中国工农红军，1936年转为中国共产党党员。她历任红四方面军政治部宣传员、后勤供给部妇女工厂厂长、妇女工兵营营长、妇女运输连连长、中央卫生所班长，八路军驻西安办事处秘书，师政治部干事、副科长，山东军区司令部机要科政治协理员，东北野战军政治部组织部副部长、干部子弟学校校长，北京十一小学校长，总政治部主任办公室副主任等职。她曾参加了红军二万五千里长征。

林月琴是第三、第四届全国人大代表，第六届全国人大常务委员会委员，第七届全国人大内务司法委员会委员，第五届全国政协委员，第二、第四届全国妇联执行委员，中国残疾人福利基金会理事。她热心社会公益事业，积极参加全国中小学教师奖励基金会、中国儿童和少年基金会的工作，筹集资金，捐款捐物，为我国的教育事业和社会公益事业作出了重要贡献。

她曾被授予二级八一勋章、二级独立自由勋章、二级解放勋章、中国人民解放军二级红星功勋荣誉章。

11月23日

全国政协主席贾庆林在印度议会大厦会见印度人民院议长马诺哈尔·乔希

贾庆林表示，中印两国发展友好合作关系符合两国人民的根本利益。相互了解是建立信任的基础，也是开展合作的前提。我们要拓展中印之间各领域的合作与沟通，增加两国人民在各方面的交往，使友好与信任的基础更加牢固。今后，除了保持政府层面的磋商和互访以外，两国的政党、青年、民间团体及地方政府间也可加强交流，充分调动社会各界人士发展中印友好合作的积极性。

乔希说，印度和中国都是伟大的文明古国。我们都是发展中国家，有许多共同点，并且都在致力于大力发展本国的经济。当前印中关系发展十分顺利，两国政府都在为推动印中各个领域的合作而努力。

贾庆林是于当天下午乘专机抵达印度首都新德里的。

第八次“全国见义勇为先进分子”揭晓颁奖仪式在北京举行

此次评选由中宣部、中央综治委、公安部、中华见义勇为基金会开展。北京臧广义等12人被授予“全国见义勇为先进分子”称号。

香港特别行政区第二届区议会举行选举

11月23日是香港特别行政区第二届区议会选举投票日。从上午7时30分到晚上10时30分，香港共开放423个投票站给约240万登记选民投票。

香港特别行政区第二届区议会有议员529名，其中400名民选议员、27名当然议员、102名委任议员。区议会选举划分为400个选区，每个选区选出1名议员，每个选区的人口约为1.7万人。

国务院副总理回良玉为淮河截流作批示

回良玉的批示指出，临淮岗工程是治理淮河的关键性骨干工程，对于确保淮北大堤、沿淮重要工矿城市和人民生命安全，具有极其重要的意义。他希望建设者们艰苦奋斗，精心施工，保证质量，确保临淮岗工程在2005年建成提前发挥效益，为“一定要把淮河修好”作出更大贡献。

11月23日上午10时30分，水利部淮河水利委员会在工程现场举行了隆重的淮河截流仪式。水利部淮河水利委员会副主任汪安南宣读了回良玉副总理的批示,水利部副部长陈雷下达截流合龙令。11时20分,淮河防总总指挥、安徽省省长王金山宣布,临淮岗洪水控制工程淮河截流圆满成功。水利部淮河水利委员会主任钱敏表示,淮河截流成功,标志着临淮岗洪水控制工程建设从此进入一个新阶段。

临淮岗洪水控制工程是迄今淮河上最大的水利枢纽工程,对淮河来说,其作用相当于黄河的小浪底工程和长江的三峡工程,是国务院规划的治淮十九项重点骨干工程之一,是整个淮河防洪体系的重要组成部分,使淮河中游防洪标准从50年一遇提高到100年一遇。

国务院总理温家宝签署第392号令公布《中华人民共和国进出口关税条例》

《中华人民共和国进出口关税条例》已经2003年10月29日国务院第26次常务会议通过,现予公布,自2004年1月1日起施行。

总　理　温家宝

2003年11月23日

中华人民共和国进出口关税条例

第一章　总　则

第一条　为了贯彻对外开放政策,促进对外经济贸易和国民经济的发展,根据《中华人民共和国海关法》(以下简称《海关法》)的有关规定,制定本条例。

第二条　中华人民共和国准许进出口的货物、进境物品,除法律、行政法规另有规定外,海关依照本条例规定征收进出口关税。

第三条　国务院制定《中华人民共和国进出口税则》(以下简称《税则》)、《中华人民共和国进境物品进口税税率表》(以下简称《进境物品进口税税率表》),规定关税的税目、税则号列和税率,作为本条例的组成部分。

第四条　国务院设立关税税则委员会,负责《税则》和《进境物品进口税税率表》的税目、税则号列和税率的调整和解释,报国务院批准后执行;决定实行暂定税率的货物、税率和期限;决定关税配额税率;决定征收反倾销税、反补贴税、保障措施关税、报复性关税以及决定实施其他关税措施;决定特殊情况下税率的适用,以及履行国务院规定的其他职责。

第五条　进口货物的收货人、出口货物的发货人、进境物品的所有人,是关税的纳税义务人。

第六条　海关及其工作人员应当依照法定职权和法定程序履行关税征管职责,维护国家利益,保护纳税人合法权益,依法接受监督。

第七条　纳税义务人有权要求海关对其商业秘密予以保密,海关应当依法为纳税义务人保密。

第八条　海关对检举或者协助查获违反本条例行为的单位和个人,应当按照规定给予奖励,并负责保密。

第二章　进出口货物关税税率的设置和适用

第九条　进口关税设置最惠国税率、协定税率、特惠税率、普通税率、关税配额税率等税率。对进口货物在一定期限内可以实行暂定税率。

出口关税设置出口税率。对出口货物在一定期限内可以实行暂定税率。

第十条　原产于共同适用最惠国待遇条款的世界贸易组织成员的进口货物,原产于与中华人民共和国签订含有相互给予最惠国待遇条款的双边贸易协定的国家或者地区的进口货物,以及原产于中华人民共和国境内的进口货物,适用最惠国税率。

原产于与中华人民共和国签订含有关税优惠条款的区域性贸易协定的国家或者地区的进口货物,适用协定税率。

原产于与中华人民共和国签订含有特殊关税优惠条款的贸易协定的国家或者地区的进口货物,适用特惠税率。

原产于本条第一款、第二款和第三款所列以外国家或者地区的进口货物,以及原产地不明的进口货物,适用普通税率。

第十一条　适用最惠国税率的进口货物有暂定税率的,应当适用暂定税率;适用协定税率、特惠税率的进口货物有暂定税率的,应当从低适用税率;适用普通税率的进口货物,不适用暂定税率。

适用出口税率的出口货物有暂定税率的,应当适用暂定税率。

第十二条　按照国家规定实行关税配额管理的进口货物,关税配额内的,适用关税配额税率;关税配额外的,其税率的适用按照本条例第十条、第十一条的规定执行。

第十三条　按照有关法律、行政法规的规定对进口货物采取反倾销、反补贴、保障措施的,其税率的适用按照《中华人民共和国反倾销条例》《中华人民共和国反补贴条例》和《中华人民共和国保障措施条例》的有关规定执行。

第十四条　任何国家或者地区违反与中华人民共和国签订或者共同参加的贸易协定及相关协定,对中华人民共和国在贸易方面采取禁止、限制、加征关税或者其他影响正常贸易的措施的,对原产于该国家或者地区的进口货物可以征收报复性关税,适用报复性关税税率。

征收报复性关税的货物、适用国别、税率、期限和征收办法,由国务院关税税则委员会决定并公布。

第十五条　进出口货物,应当适用海关接受该货物申报进口或者出口之日实施的税率。

进口货物到达前,经海关核准先行申报的,应当适用装载该货物的运输工具申报进境之日实施的税率。

转关运输货物税率的适用日期,由海关总署另行规定。

第十六条　有下列情形之一,需缴纳税款的,应当适用海关接受申报办理纳税手续之日实施的税率:

(一)保税货物经批准不复运出境的;

(二)减免税货物经批准转让或者移作他用的;

(三)暂准进境货物经批准不复运出境,以及暂准出境货物经批准不复运进境的;

(四)租赁进口货物,分期缴纳税款的。

第十七条　补征和退还进出口货物关税,应当按照本条例第十五条或者第十六条的规定确定适用的税率。

因纳税义务人违反规定需要追征税款的,应当适用该行为发生之日实施的税率;行为发生之日不能确定的,适用海关发现该行为之日实施的税率。

第三章　进出口货物完税价格的确定

第十八条　进口货物的完税价格由海关以符合本条第三款所列条件的成交价格以及该货物运抵中华人民共和国境内输入地点起卸前的运输及其相关费用、保险费为基础审查确定。

进口货物的成交价格,是指卖方向中华人民共和国境内销售该货物时买方为进口该货物向卖方实付、应付的,并按照本条例第十九条、第二十条规定调整后的价款总额,包括直接支付的价款和间接支付的价款。

进口货物的成交价格应当符合下列条件:

(一)对买方处置或者使用该货物不予限制,但法律、行政法规规定实施的限制、对货物转售地域的限制和对货物价格无实质性影响的限制除外;

(二)该货物的成交价格没有因搭售或者其他因素的影响而无法确定;

(三)卖方不得从买方直接或者间接获得因该货物进口后转售、处置或者使用而产生的任何收益,或者虽有收益但能够按照本条例第十九条、第二十条的规定进行调整;

(四)买卖双方没有特殊关系,或者虽有特殊关系但未对成交价格产生影响。

第十九条　进口货物的下列费用应当计入完税价格:

(一)由买方负担的购货佣金以外的佣金和经纪费;

(二)由买方负担的在审查确定完税价格时与该货物视为一体的容器的费用;

(三)由买方负担的包装材料费用和包装劳务费用;

(四)与该货物的生产和向中华人民共和国境内销售有关的,由买方以免费或者以低于成本的方式提供并可以按适当比例分摊的料件、工具、模具、消耗材料及类似货物的价款,以及在境外开发、设计等相关服务的费用;

(五)作为该货物向中华人民共和国境内销售的条件,买方必须支付的、与该货物有关的特许权使用费;

(六)卖方直接或者间接从买方获得的该货物进口后转售、处置或者使用的收益。

第二十条　进口时在货物的价款中列明的下列税收、费用,不计入该货物的完税价格:

(一)厂房、机械、设备等货物进口后进行建设、安装、装配、维修和技术服务的费用;

(二)进口货物运抵境内输入地点起卸后的运输及其相关费用、保险费;

(三)进口关税及国内税收。

第二十一条　进口货物的成交价格不符合本条例第十八条第三款规定条件的,或者成交价格不能确定的,海关经了解有关情况,并与纳税义务人进行价格磋商后,依次以下列价格估定该货物的完税价格:

(一)与该货物同时或者大约同时向中华人民共和国境内销售的相同货物的成交价格;

(二)与该货物同时或者大约同时向中华人民共和国境内销售的类似货物的成交价格;

(三)与该货物进口的同时或者大约同时,将该进口货物、相同或者类似进口货物在第一级销售环节销售给无特殊关系买方最大销售总量的单位价格,但应当扣除本条例第二十二条规定的项目;

(四)按照下列各项总和计算的价格:生产该货物所使用的料件成本和加工费用,向中华人民共和国境内销售同等级或者同种类货物通常的利润和一般费用,该货物运抵境内输入地点起卸前的运输及其相关费用、保险费;

(五)以合理方法估定的价格。

纳税义务人向海关提供有关资料后,可以提出申请,颠倒前款第(三)项和第(四)项的适用次序。

第二十二条　按照本条例第二十一条第一款第(三)项规定估定完税价格,应当扣除的项目是指:

(一)同等级或者同种类货物在中华人民共和国境内第一级销售环节销售时通常的利润和一般费用以及通常支付的佣金;

(二)进口货物运抵境内输入地点起卸后的运输及其相关费用、保险费;

(三)进口关税及国内税收。

第二十三条　以租赁方式进口的货物,以海关审查确定的该货物的租金作为完税价格。

纳税义务人要求一次性缴纳税款的,纳税义务人可以选择按照本条例第二十一条的规定估定完税价格,或者按照海关审查确定的租金总额作为完税价格。

第二十四条　运往境外加工的货物,出境时已向海关报明并在海关规定的期限内复运进境的,应当以境外加工费和料件费以及复运进境的运输及其相关费用和保险费审查确定完税价格。

第二十五条　运往境外修理的机械器具、运输工具或者其他货物,出境时已向海关报明并在海关规定的期限内复运进境的,应当以境外修理费和料件费审查确定完税价格。

第二十六条　出口货物的完税价格由海关以该货物的成交价格以及该货物运至中华人民共和国境内输出地点装载前的运输及其相关费用、保险费为基础审查确定。

出口货物的成交价格,是指该货物出口时卖方为出口该货物应当向买方直接收取和间接收取的价款总额。

出口关税不计入完税价格。

第二十七条　出口货物的成交价格不能确定的,海关经了解有关情况,并与纳税义务人进行价格磋商后,依次以下列价格估定该货物的完税价格:

(一)与该货物同时或者大约同时向同一国家或者地区出口的相同货物的成交价格;

(二)与该货物同时或者大约同时向同一国家或者地区出口的类似货物的成交价格;

(三)按照下列各项总和计算的价格:境内生产相同或者类似货物的料件成本、加工费用,通常的利润和一般费用,境内发生的运输及其相关费用、保险费;

(四)以合理方法估定的价格。

第二十八条　按照本条例规定计入或者不计入完税价格的成本、费用、税收,应当以客观、可量化的数据为依据。

第四章　进出口货物关税的征收

第二十九条　进口货物的纳税义务人应当自运输工具申报进境之日起14日内,出口货物的纳税义务人除海关特准的外,应当在货物运抵海关监管区后、装货的24小时以前,向货物的进出境地海关申报。进出口货物转关运输的,按照海关总署的规定执行。

进口货物到达前,纳税义务人经海关核准可以先行申报。具体办法由海关总署另行规定。

第三十条　纳税义务人应当依法如实向海关申报,并按照海关的规定提供有关确定完税价格、进行商品归类、确定原产地以及采取反倾销、反补贴或者保障措施等所需的资料;必要时,海关可以要求纳税义务人补充申报。

第三十一条　纳税义务人应当按照《税则》规定的目录条文和归类总规则、类注、章注、子目注释以及其他归类注释,对其申报的进出口货物进行商品归类,并归入相应的税则号列;海关应当依法审核确定该货物的商品归类。

第三十二条　海关可以要求纳税义务人提供确定商品归类所需的有关资料;必要时,海关可以组织化验、检验,并将海关认定的化验、检验结果作为商品归类的依据。

第三十三条　海关为审查申报价格的真实性和准确性,可以查阅、复制与进出口货物有关的合同、发票、账册、结付汇凭证、单据、业务函电、录音录像制品和其他反映买卖双方关系及交易活动的资料。

海关对纳税义务人申报的价格有怀疑并且所涉关税数额较大的,经直属海关关长或者其授权的隶属海关关长批准,凭海关总署统一格式的协助查询账户通知书及有关工作人员的工作证件,可以查询纳税义务人在银行或者其他金融机构开立的单位账户的资金往来情况,并向银行业监督管理机构通报有关情况。

第三十四条　海关对纳税义务人申报的价格有怀疑的,应当将怀疑的理由书面告知纳税义务人,要求其在规定的期限内书面作出说明、提供有关资料。

纳税义务人在规定的期限内未作说明、未提供有关资料的,或者海关仍有理由怀疑申报价格的真实性和准确性的,海关可以不接受纳税义务人申报的价格,并按照本条例第三章的规定估定完税价格。

第三十五条　海关审查确定进出口货物的完税价格后,纳税义务人可以以书面形式要求海关就如何确定其进出口货物的完税价格作出书面说明,海关应当向纳税义务人作出书面说明。

第三十六条　进出口货物关税,以从价计征、从量计征或者国家规定的其他方式征收。

从价计征的计算公式为:应纳税额 = 完税价格 × 关税税率

从量计征的计算公式为:应纳税额 = 货物数量 × 单位税额

第三十七条　纳税义务人应当自海关填发税款缴款书之日起15日内向指定银行缴纳税款。纳税义务人未按期缴纳税款的,从滞纳税款之日起,按日加收滞纳税款万分之五的滞纳金。

海关可以对纳税义务人欠缴税款的情况予以公告。

海关征收关税、滞纳金等,应当制发缴款凭证,缴款凭证格式由海关总署规定。

第三十八条　海关征收关税、滞纳金等,应当按人民币计征。

进出口货物的成交价格以及有关费用以外币计价的,以中国人民银行公布的基准汇率折合为人民币计算完税价格;以基准汇率币种以外的外币计价的,按照国家有关规定套算为人民币计算完税价格。适用汇率的日期由海关总署规定。

第三十九条　纳税义务人因不可抗力或者在国家税收政策调整的情形下,不能按期缴纳税款的,经海关总署批准,可以延期缴纳税款,但是最长不得超过6个月。

第四十条　进出口货物的纳税义务人在规定的纳税期限内有明显的转移、藏匿其应税货物以及其他财产迹象的,海关可以责令纳税义务人提供担保;纳税义务人不能提供担保的,海关可以按照《海关法》第六十一条的规定采取税收保全措施。

纳税义务人、担保人自缴纳税款期限届满之日起超过3个月仍未缴纳税款的,海关可以按照《海关法》第六十条的规定采取强制措施。

第四十一条　加工贸易的进口料件按照国家规定保税进口的,其制成品或者进口料件未在规定的期限内出口的,海关按照规定征收进口关税。

加工贸易的进口料件进境时按照国家规定征收进口关税的,其制成品或者进口料件在规定的期限内出口的,海关按照有关规定退还进境时已征收的关税税款。

第四十二条　经海关批准暂时进境或者暂时出境的下列货物,在进境或者出境时纳税义务人向海关缴纳相当于应纳税款的保证金或者提供其他担保的,可以暂不缴纳关税,并应当自进境或者出境之日起6个月内复运出境或者复运进境;经纳税义务人申请,海关可以根据海关总署的规定延长复运出境或者复运进境的期限:

(一)在展览会、交易会、会议及类似活动中展示或者使用的货物;

(二)文化、体育交流活动中使用的表演、比赛用品;

(三)进行新闻报道或者摄制电影、电视节目使用的仪器、设备及用品;

(四)开展科研、教学、医疗活动使用的仪器、设备及用品;

(五)在本款第(一)项至第(四)项所列活动中使用的交通工具及特种车辆;

(六)货样;

(七)供安装、调试、检测设备时使用的仪器、工具;

(八)盛装货物的容器;

(九)其他用于非商业目的的货物。

第一款所列暂准进境货物在规定的期限内未复运出境的,或者暂准出境货物在规定的期限内未复运进境的,海关应当依法征收关税。

第一款所列可以暂时免征关税范围以外的其他暂准进境货物,应当按照该货物的完税价格和其在境内滞留时间与折旧时间的比例计算征收进口关税。具体办法由海关总署规定。

第四十三条　因品质或者规格原因,出口货物自出口之日起1年内原状复运进境的,不征收进口关税。

因品质或者规格原因,进口货物自进口之日起1年内原状复运出境的,不征收出口关税。

第四十四条　因残损、短少、品质不良或者规格不符原因,由进出口货物的发货人、承运人或者保险公司免费补偿或者更换的相同货物,进出口时不征收关税。被免费更换的原进口货物不退运出境或者原出口货物不退运进境的,海关应当对原进出口货物重新按照规定征收关税。

第四十五条　下列进出口货物,免征关税:

(一)关税税额在人民币50元以下的一票货物;

(二)无商业价值的广告品和货样;

(三)外国政府、国际组织无偿赠送的物资;

(四)在海关放行前损失的货物;

(五)进出境运输工具装载的途中必需的燃料、物料和饮食用品。

在海关放行前遭受损坏的货物,可以根据海关认定的受损程度减征关税。

法律规定的其他免征或者减征关税的货物,海关根据规定予以免征或者减征。

第四十六条　特定地区、特定企业或者有特定用途的进出口货物减征或者免征关税,以及临时减征或者免征关税,按照国务院的有关规定执行。

第四十七条　进口货物减征或者免征进口环节海关代征税,按照有关法律、行政法规的规定执行。

第四十八条　纳税义务人进出口减免税货物的,除另有规定外,应当在进出口该货物之前,按照规定持有关文件向海关办理减免税审批手续。经海关审查符合规定的,予以减征或者免征关税。

第四十九条　需由海关监管使用的减免税进口货物,在监管年限内转让或者移作他用需要补税的,海关应当根据该货物进口时间折旧估价,补征进口关税。

特定减免税进口货物的监管年限由海关总署规定。

第五十条　有下列情形之一的,纳税义务人自缴纳税款之日起1年内,可以申请退还关税,并应当以书面形式向海关说明理由，提供原缴款凭证及相关资料：

(一)已征进口关税的货物，因品质或者规格原因，原状退货复运出境的；

(二)已征出口关税的货物，因品质或者规划原因，原状退货复运进境，并已重新缴纳因出口而退还的国内环节有关税收的；

(三)已征出口关税的货物，因故未装运出口，申报退关的。

海关应当自受理退税申请之日起30日内查实并通知纳税义务人办理退还手续。纳税义务人应当自收到通知之日起3个月内办理有关退税手续。

按照其他有关法律、行政法规规定应当退还关税的，海关应当按照有关法律、行政法规的规定退税。

第五十一条　进出口货物放行后，海关发现少征或者漏征税款的，应当自缴纳税款或者货物放行之日起1年内，向纳税义务人补征税款。但因纳税义务人违反规定造成少征或者漏征税款的，海关可以自缴纳税款或者货物放行之日起3年内追征税款，并从缴纳税款或者货物放行之日起按日加收少征或者漏征税款万分之五的滞纳金。

海关发现海关监管货物因纳税义务人违反规定造成少征或者漏征税款的，应当自纳税义务人应缴纳税款之日起3年内追征税款，并从应缴纳税款之日起按日加收少征或者漏征税款万分之五的滞纳金。

第五十二条　海关发现多征税款的，应当立即通知纳税义务人办理退还手续。

纳税义务人发现多缴税款的，自缴纳税款之日起1年内，可以以书面形式要求海关退还多缴的税款并加算银行同期活期存款利息；海关应当自受理退税申请之日起30日内查实并通知纳税义务人办理退还手续。

纳税义务人应当自收到通知之日起3个月内办理有关退税手续。

第五十三条　按照本条例第五十条、第五十二条的规定退还税款、利息涉及从国库中退库的，按照法律、行政法规有关国库管理的规定执行。

第五十四条　报关企业接受纳税义务人的委托，以纳税义务人的名义办理报关纳税手续，因报关企业违反规定而造成海关少征、漏征税款的，报关企业对少征或者漏征的税款、滞纳金与纳税义务人承担纳税的连带责任。

报关企业接受纳税义务人的委托，以报关企业的名义办理报关纳税手续的，报关企业与纳税义务人承担纳税的连带责任。

除不可抗力外，在保管海关监管货物期间，海关监管货物损毁或者灭失的，对海关监管货物负有保管义务的人应当承担相应的纳税责任。

第五十五条　欠税的纳税义务人，有合并、分立情形的，在合并、分立前，应当向海关报告，依法缴清税款。纳税义务人合并时未缴清税款的，由合并后的法人或者其他组织继续履行未履行的纳税义务；纳税义务人分立时未缴清税款的，分立后的法人或者其他组织对未履行的纳税义务承担连带责任。

纳税义务人在减免税货物、保税货物监管期间，有合并、分立或者其他资产重组情形的，应当向海关报告。按照规定需要缴税的，应当依法缴清税款；按照规定可以继续享受减免税、保税待遇的，应当到海关办理变更纳税义务人的手续。

纳税义务人欠税或者在减免税货物、保税货物监管期间，有撤销、解散、破产或者其他依法终止经营情形的，应当在清算前向海关报告。海关应当依法对纳税义务人的应缴税款予以清缴。

第五章　进境物品进口税的征收

第五十六条　进境物品的关税以及进口环节海关代征税合并为进口税，由海关依法征收。

第五十七条　海关总署规定数额以内的个人自用进境物品，免征进口税。

超过海关总署规定数额但仍在合理数量以内的个人自用进境物品，由进境物品的纳税义务人在进境物品放行前按照规定缴纳进口税。

超过合理、自用数量的进境物品应当按照进口货物依法办理相关手续。

国务院关税税则委员会规定按货物征税的进境物品，按照本条例第二章至第四章的规定征收关税。

第五十八条　进境物品的纳税义务人是指，携带物品进境的入境人员、进境邮递物品的收件人以及以其他方式进口物品的收件人。

第五十九条　进境物品的纳税义务人可以自行办理纳税手续，也可以委托他人办理纳税手续。接受委托的人应当遵守本章对纳税义务人的各项规定。

第六十条　进口税从价计征。

进口税的计算公式为：进口税税额＝完税价格×进口税税率

第六十一条　海关应当按照《进境物品进口税税率表》及海关总署制定的《中华人民共和国进境物品归类表》《中华人民共和国进境物品完税价格表》对进境物品进行归类、确定完税价格和确定适用税率。

第六十二条　进境物品，适用海关填发税款缴款书之日实施的税率和完税价格。

第六十三条　进口税的减征、免征、补征、追征、退还以及对暂准进境物品征收进口税参照本条例对货物征收进口关税的有关规定执行。

第六章 附 则

第六十四条 纳税义务人、担保人对海关确定纳税义务人、确定完税价格、商品归类、确定原产地、适用税率或者汇率、减征或者免征税款、补税、退税、征收滞纳金、确定计征方式以及确定纳税地点有异议的，应当缴纳税款，并可以依法向上一级海关申请复议。对复议决定不服的，可以依法向人民法院提起诉讼。

第六十五条 进口环节海关代征税的征收管理，适用关税征收管理的规定。

第六十六条 有违反本条例规定行为的，按照《海关法》《中华人民共和国海关法行政处罚实施条例》和其他有关法律、行政法规的规定处罚。

第六十七条 本条例自2004年1月1日起施行。1992年3月18日国务院修订发布的《中华人民共和国进出口关税条例》同时废止。

国务委员兼国防部部长曹刚川在八一大楼会见巴西国防部部长若泽·小维埃加斯

11月24日

中共中央总书记胡锦涛在北京主持召开中共中央政治局会议

会议指出，今年以来，面对复杂多变的国际形势，面对突如其来的“非典”疫情，面对频繁发生的多种自然灾害，全党全国各族人民在“三个代表”重要思想和十六大精神指引下，坚决贯彻中央的方针政策和各项工作部署，万众一心，团结奋斗，紧紧抓住发展这个第一要务，全力推进改革开放和社会主义现代化建设，克服重重困难，取得了抗击“非典”斗争的阶段性重大胜利，保持了经济较快增长和社会事业全面发展的良好势头。成绩来之不易，为明年我国经济社会发展奠定了良好基础。会议要求各地区各部门继续统一思想，团结奋进，扎实工作，确保完成今年经济社会发展的各项任务。

会议强调，谋划好明年我国经济社会发展，对于保持国民经济持续快速协调健康发展，保证“十五”计划全面实现，具有十分重要的意义。明年我国仍然具备较快发展的良好条件。要坚持以邓小平理论和“三个代表”重要思想为指导，全面贯彻十六大和十六届三中全会精神，树立和落实全面、协调、可持续的科学发展观，按照稳定政策、适度调整，深化改革、扩大开放，把握全局、解决矛盾，统筹兼顾、协调发展的思路安排好明年经济工作。要继续坚持扩大内需的方针，实施积极的财政政策和稳健的货币政策，适时适度调整政策的力度和重点，保持经济平稳增长。要努力增加农民收入，稳定和提高粮食综合生产能力；深化各项改革，整顿市场秩序，提高对外开放水平；推进产业结构调整，促进区域经济协调发展，加快发展科教文卫事业；实施积极的就业政策，进一步扩大居民消费，不断改善群众生活，切实维护社会稳定。

会议指出，形势越好，越要保持清醒头脑。我国经济发展中还存在农业基础薄弱，农民收入增长缓慢，就业压力加大，部分行业盲目投资、低水平重复建设比较明显，信贷投放偏快，经济社会发展不够协调等困难和问题。对此要高度重视，加强引导，积极调控，抓紧解决。

会议指出，新世纪、新阶段人才工作的根本任务是以邓小平理论和“三个代表”重要思想为指导，大力实施人才强国战略。在建设中国特色社会主义的伟大事业中，要把做好人才工作作为推进事业发展的一项重大任务，努力造就数以亿计的高素质劳动者、数以千万计的专门人才和一大批拔尖创新人才，建设规模宏大、结构合理、素质较高的人才队伍，开创人才辈出、人尽其才的新局面。

会议强调，实施人才强国战略，要坚持党管人才原则，把促进经济社会发展作为人才工作的根本出发点，树立科学的人才观，加强人才资源能力建设，推进人才结构调整，创新人才工作机制，优化人才成长环境，为全面建设小康社会提供坚强的人才保证。

会议决定近期召开中央经济工作会议和全国人才工作会议，就相关工作进行研究部署。

会议还研究了其他事项。

中共中央总书记胡锦涛在北京主持中共中央政治局第九次集体学习

这次集体学习安排的内容是15世纪以来世界主要国家发展历史考察。首都师范大学齐世荣教授、南京大学钱乘旦教授就这个题目进行了讲解，谈了他们对这个问题的体会。

中央政治局各位同志认真听取了他们的讲解，并就有关问题进行了讨论。

胡锦涛在主持学习时发表了讲话。他指出，在新形势下，我们要更加重视学习历史知识，更加注重用中国历史特别是中国革命史来教育党员干部和人民。不仅要学习中国历史、还要学习世界历史，不仅要有深远的历史眼光、而且要有宽广的世界眼光。

胡锦涛强调，领导干部在着力加强马克思主义理论学习、研究现实问题的同时，加强对历史知识的学习，既是提高领导水平和领导能力的现实要求，也是培养科学文化素质和综合能力的重要途径。领导干部学习历史知识，必须把深入理解国情、切实解决中国的问题作为立足点。要坚持以辩证唯物主义和历史唯物主义为指导,认真学习我们党的历史、中国历史、世界历史,深入思考,科学分析,不断提高对共产党执政规律、社会主义建设规律和人类社会发展规律的认识水平,不断提高自觉运用这三个规律的能力,更好地促进社会主义物质文明、政治文明和精神文明的协调发展。要通过学习历史知识,深入了解党的基本理论、基本路线、基本纲领和基本经验产生的历史背景和实践基础,进一步增强贯彻党和国家大政方针的主动性和自觉性,更加积极主动地在实践中把它们坚持好、贯彻好、运用好。

胡锦涛指出,历史一再表明,机遇极为宝贵,稍纵即逝。本世纪头20年,对我国来说,是一个必须紧紧抓住并且可以大有作为的重要战略机遇期。我们一定要坚持以邓小平理论和"三个代表"重要思想为指导,牢固树立全面、协调、可持续的发展观,贯彻统筹城乡发展、统筹区域发展、统筹经济社会发展、统筹人与自然和谐发展、统筹国内发展和对外开放的要求,坚定不移地抓好发展这个党执政兴国的第一要务,进一步做好改革发展稳定的各项工作,不断开创党和国家事业发展的新局面。

国务院总理温家宝在人民大会堂会见日本经济界人士

日方参加会见的是以日本经济团体联合会奥田硕会长为最高顾问、日中经济协会渡里杉一郎会长为团长的日中经济协会、日本经济团体联合会代表团一行。

代表团是应中国国际贸易促进委员会邀请来华访问的。中国贸促会会长万季飞会见时在座。

全国政协主席贾庆林在新德里会见印度总理瓦杰帕伊

贾庆林积极评价中印关系取得的进展。他说:我们双方要遵循《中印关系原则和全面合作宣言》规定的各项原则,落实双方达成的各项共识,把良好的势头保持和发展下去,开辟中印关系的美好未来。

贾庆林说,中方对印方在西藏问题上所持立场表示重视和赞赏,相信印方将恪守在西藏问题上所做的政治承诺。

贾庆林说,明年是中印双方倡导的和平共处五项原则确立50周年。进一步弘扬和平共处五项原则的精神有着十分重要的现实意义。中国愿与印度一道为此举办纪念活动。

瓦杰帕伊表示,中国是一个伟大的国家,印度十分重视与中国的关系,致力于同中国发展更为紧密和互利的合作。目前,这一合作正在得到全面加强,有着巨大的潜力。瓦杰帕伊说,当前,印中关系已进入了一个成熟阶段,双方可以坦诚地讨论问题,而这种讨论不会影响两国在各个领域开展的合作。他期待两国继续保持高层接触,不断拓展经贸关系,全面深化互利合作。瓦杰帕伊表示,印度也准备举行一系列活动,以纪念和平共处五项原则确立50周年。

全国政协主席贾庆林在新德里会见印度外交部部长辛哈

贾庆林赞赏辛哈日前就中印关系发表的重要演讲,认为这体现了印方对待中印关系的正确态度和长远眼光。

辛哈表示,印中关系已经进入十分成熟的阶段。印方不仅从地区,而且从全局和世界的角度审视和发展两国关系。印中经贸关系发展也十分迅速,但仍具有很大发展潜力,双方应该积极采取措施,力争在经贸、教育、文化、卫生等各个领域的合作取得更大发展。

双方还就印巴关系交换了意见。

全国政协主席贾庆林在新德里同印度副总统兼联邦院议长谢卡瓦特举行会谈

《人民日报》发表署名为仲祖文的文章《力戒浮躁之气》

一个时期以来,各地各部门都在贯彻落实十六大提出的各项任务,抢抓机遇,加快发展,这是可喜的。但在一些领导班子和领导干部中,也不同程度地出现了浮躁情绪。有的提一些不切实际的目标和口号,铺摊子、上项目;有的对事关当地长远发展和人民群众切身利益的工作不感兴趣,而是热衷于搞"形象工程"、"政绩工程";有的新提拔起来的领导干部,不是把精力用在工作上,而是精心营造"安乐窝"、拉各方面"关系",等等。这种浮躁之气,败坏党风政风,对党的事业危害极大,也影响了干部的健康成长,必须下决心加以解决。

浮躁之气,反映了一些干部思想作风上好大喜功、急于求成。应当看到,实现党的十六大提出的全面建设小康社会的宏伟目标,是一项十分复杂而艰巨的任务,既需要我们解放思想,与时俱进,开拓创新,又需要我们实事求是,埋头苦干,扎扎实实地推进各项工作。条件好的地方要看到差距和不足,不盲目自满,不头脑发热,努力争创新优势、更上一层楼;条件比较差的地方要坚持从实际出发,量力而行,不能提一些不切实际的口号,干一些做不到的事情,把群众的"胃口"吊得太高。这些年来,我国改革开放和现代化建设取得了举世瞩目的成就,各地各部门的工作取得了很大成绩,但形势越好,成绩越大,喝彩声越多,我们越要保持清醒的头脑。要把谦虚谨慎、戒骄戒躁作为一种高尚的人格修养自觉追求,作为一种优良的领导作风自觉发扬。对各地各部门新一届领导班子来说,探索加快发展的新思路、新举措是重要的,但想问题、作决策要充分调研,尊重民意,决不能想当然干事情。要特别注意保持政策的稳定性和工作的连续性,防止换一届领导班子就换一个思路的做法,拿出“咬定青山不放松”的劲头,一届接着一届干,每届都有新贡献。

浮躁之气,是思想不正、党性不纯的表现。有的人一门心思想当官、当更大的官。在这种思想驱动下,干工作不是从党和人民的利益出发,而是考虑增加自己的声望、影响,贪图更快地出政绩。因此,干工作患得患失,热衷搞哗众取宠、沽名钓誉的形式主义的东西,甚至投机钻营,跑官要官。克服浮躁现象,最重要的是树立正确的世界观、人生观、价值观,着力解决好权力观、地位观、利益观的问题。“三个代表”重要思想的本质是立党为公、执政为民。领导干部是党的事业的骨干,是人民的公仆,首先要想的是如何为党和人民多做工作,多做贡献,决不能陷入计较个人名利、地位、利益的泥沼之中。要身体力行“三个代表”重要思想,立志做大事,不要立志做大官,做到权为民所用、情为民所系、利为民所谋,为民、务实、清廉。领导干部应该经常想一想,过去参加革命是为什么？现在当干部应该做什么？将来身后留什么？把这些问题想清楚了,想正确了,境界提高了,心态平和了,就能自觉把党和人民的利益放在第一位,多一些求实精神,少一些浮躁之气,更好地担负起党和人民赋予的历史重任。

力戒浮躁之气,党组织负有重要责任。对领导干部特别是年轻领导干部,一定要严格要求、严格管理、严格监督。对工作中出现缺点和不足要及时进行批评教育,决不能捧着、哄着、顺着。越是有培养前途的干部,越要放到艰苦环境中去,越要到重大斗争的第一线去,越要赋予艰巨的任务。要在改革和建设的实践中识别和考察干部,不能只凭听一、两次汇报就判定一个干部的好坏,只看一、两个工程就评定干部政绩的大小。要把树立正确的政绩观引入到干部工作中来,进一步改进干部的考核标准和方法。要特别防止和克服那种数字出“官”和“官”出数字的现象,鼓励和引导各级领导干部练“内功”、干实事。要推进干部人事制度的改革,在职级、待遇等方面制定有关政策,鼓励市县主要领导干部安心岗位工作。要坚持正确的用人导向,注意发现和任用那些埋头苦干、任劳任怨、政绩突出而不事张扬的人,善于识别那些投机取巧、沽名钓誉、弄虚作假的人,切不可被“作秀”和表面现象所迷惑。在我们党内,决不能让投机取巧、夸夸其谈的人如愿以偿,也决不能让勤勤恳恳、踏实工作的干部吃亏。

当前,我国的改革发展稳定的任务很重,人民群众对各级领导干部工作的期望很高。形势和任务要求我们必须以对党和人民的事业高度负责的精神,夙兴夜寐,努力工作,我们一定要实践“三个代表”,牢记“两个务必”,力戒浮躁之气,大兴务实之风,聚精会神搞建设,一心一意谋发展,为实现全面建设小康社会的宏伟目标而不懈奋斗。

国务院总理温家宝签署第393号令公布《建设工程安全生产管理条例》

《建设工程安全生产管理条例》已经2003年11月12日国务院第28次常务会议通过,现予公布,自2004年2月1日起施行。

总　理　温家宝

2003年11月24日

建设工程安全生产管理条例(略)

国务院总理温家宝签署第394号令公布《地质灾害防治条例》

《地质灾害防治条例》已经2003年11月19日国务院第29次常务会议通过,现予公布,自2004年3月1日起施行。

总　理　温家宝

2003年11月24日

地质灾害防治条例(略)

全国人大常委会副委员长蒋正华在陕西就《科学技术进步法》进行执法检查

11月24日至28日,由蒋正华率领的全国人大常委会执法检查组,采取听汇报、召开座谈会、深入科研院所、大中型企业和高校实地考察等形式,对陕西实施科学技术进步法的有关情况进行了检查。检查组认为,陕西在推进科技体制改革、发展民营科技、落实科技成果奖励、保护自主知识产权方面取得了许多成功经验,保证了科技进步法的有效实施。

全国妇联主席顾秀莲在天津考察

11月24日至25日,顾秀莲在天津考察妇女工作,并听取了天津市人大常委会的工作汇报。顾秀莲说,当前,全国各地妇联组织正在结合实际,贯彻落实党的十六大和十六届三中全会的精神,掀起学习贯彻“三个代表”重要思想的新高潮,关键是要把握住精神实质,要紧密结合党和国家工作的大局,紧密结合中国妇女九大和全国妇联的总体部署,结合妇女发展的迫切需要和当地妇女的实际,充分发挥好党联系群众的桥梁纽带作用,贯彻好党的群众路线,做到凝聚人心、凝聚智慧、凝聚力量。

顾秀莲强调，各地妇联组织要勇于创新，找出一条与经济社会发展和妇女日益增长的需求相适应的妇女工作的新路子，这是新时期妇联工作的任务。要切实贯彻“男女平等”的基本国策，带领广大妇女创造新岗位、创造新业绩、创造新生活。

香港特别行政区第二届区议会选举完成

香港特别行政区第二届区议会选举11月23日晚10时30分投票结束后，经过6个多小时计票，于24日凌晨完成。选举事务处随后公布了区议会400名当选区议员名单。

本届区议会整体投票率达44.06%，比上一届区议会选举35.8%的投票率高约8个百分点；投票人数为106.5万多人，比上一届区议会选举多24.9万多人。

冰岛总统奥拉维尔·格里姆松在雷克雅未克会见以陈昊苏会长为团长的中国人民对外友好协会代表团

陈昊苏一行是应冰岛—中国文化协会邀请前来参加该协会成立50周年庆祝活动的。

中国科学院在北京召开新闻发布会宣布58名科技工作者被增选为中科院院士

2003年中国科学院院士增选工作日前结束。全国人大常委会副委员长、中国科学院院长、中国科学院学部主席团执行主席路甬祥院士介绍，根据《中国科学院院士章程》的规定，中国科学院院士增选每两年进行一次，2003年增选名额为60名。经国务院有关部委、直属机构，中国人民解放军四总部，各省、自治区、直辖市和中国科协等归口部门的推荐和院士推荐，共产生有效候选人309名。院士们经过充分讨论、全面评审，最终选举产生了58名新院士。

经过此次增选，中国科学院院士现有人数达到688人，平均年龄72.1岁，其中60岁以下68人，占9.9%。

2003年中科院增选院士名单如下(58人，分学部，按姓氏笔画为序)：

数学物理学部(10人)

邝宇平　朱邦芬　张　杰　李家春　陆　埮　陈木法
洪家兴　陶瑞宝　葛墨林　解思深

化学部(10人)

计亮年　吴　奇　吴养洁　张玉奎　李　灿　杨玉良
侯建国　洪茂椿　费维扬　黄　宪

生物学部(11人)

方荣祥　刘允怡　孙汉董　张亚平　沈　岩　陈　霖
林其谁　郑光美　饶子和　郭爱克　魏于全

地学部(10人)

邓起东　叶嘉安　刘嘉麒　朱日祥　李曙光　陆大道
陈　旭　秦大河　贾承造　符淙斌

技术科学部(17人)

卢　柯　叶培建　朱位秋　邢球痕　吴宏鑫　杨　卫
陈创天　陈国良　周　远　林尊琪　范守善
郑有炓　金展鹏　郭光灿　章梓雄　黄　琳　彭堃墀

气候变化与生态环境研讨会在北京举行

此次为期两天的研讨会，由全国政协人口资源环境委员会和中国气象局共同主办。中共中央政治局常委、全国政协主席贾庆林向会议致信祝贺。

这次会议围绕全面建设小康社会的气候条件预测和生态环境安全领域宏观的、综合的战略性课题进行了研讨，就气候变化对我国生态环境建设、农业、水资源、能源、人民健康的影响，以及有效控制温室气体排放、履行《联合国气候变化框架公约》等问题提出了一些有价值的意见和建议。

全国政协副主席徐匡迪出席会议并讲话。

国家环保总局在北京召开全国环保系统行风建设工作会议

会上颁布了“六项禁令”，要求各级环保部门进一步规范环保部门的执法行为，依法行政，严格履行职责。这六项禁令包括：严禁违法、违规、违纪审批项目；严禁包庇、纵容、袒护环境违法行为；严禁违规乱收费、乱罚款；严禁监测、统计、验收等工作弄虚作假，伪造数据；严禁干预、插手环保工程项目招投标、指定施工队伍和环保产品、设备等；严禁利用职权收受下属单位或业务联系单位的礼金，或报销应由个人支付的费用，侵占公共财物。

国家环保总局局长解振华指出，环保系统当前在行风建设方面还存在几个主要问题：一是对行风建设不够重视，重业务、轻行风和队伍建设的倾向不同程度地存在；二是违法违纪行为时有发生，有的部门和地区还比较严重；三是作风不正、工作不实，有的“业绩”存在虚假水分；在环境咨询与服务等方面也存在一些严重不正之风。他强调，要用发展的眼光，调动全系统干部职工的积极性、主动性和创造性，进一步完善行风建设工作机制，研究新思路、新方法、新策略，按照“三个代表”的要求，开创行风建设新局面，培养和造就一支为民、务实、清廉、文明的环保队伍。

赛福鼎·艾则孜逝世

中国共产党的优秀党员，忠诚的共产主义战士，党和国家民族工作的卓越领导人，杰出的社会政治活动家，维吾尔族人民的优秀儿子，中国共产党第十、十一届中央政治局候补委员，第一、二、三、四、五、六、七届全国人民代表大会常务委员会副委员长，中国人民政治协商会议第八届全国委员会副主席赛福鼎·艾则孜同志，因病医治无效，于2003年11月24日6时05分在北京逝世，享年88岁。

赛福鼎同志是中共第八届中央候补委员，第九、十、十一、十二、十三届中央委员，第十、十一届中央政治局候补委员；第一、二、三、四、五、六、七届全国人大常委会副委员长；第一届全国政协委员，第八届全国政协副主席；第一、二、三届国防委员会委员。1955年，他被授予中将军衔。荣获一级解放勋章。1994年8月，被授予中国人民解放军独立功勋荣誉章。

11月25日

国家主席胡锦涛在人民大会堂接受5国新任驻华大使递交的国书

这5位大使分别是：9月25日抵京的斯里兰卡大使罗德里格、9月26日抵京的西班牙大使艾力赛、10月11日抵京的黎巴嫩大使拉斯、10月17日抵京的赞比亚大使萨维耶和10月18日抵京的保加利亚大使奥尔贝措夫。

中共中央政治局常委李长春到上海看望中国作协主席巴金先生

李长春还出席了国务院授予巴金先生“人民作家”荣誉称号的颁证仪式，并颁发了荣誉证书。

上海市市委书记陪同前往看望，并出席颁证仪式。中央有关部门和上海市负责人张柏林、孙家正、金炳华、韩正等陪同看望和出席颁证仪式。张瑞芳、袁雪芬、孙道临、秦怡、王安忆等著名艺术家和作家，也出席了颁证仪式。

国务院副总理曾培炎在人民大会堂出席“中国科学家人文论坛”报告会并作专题报告

由中国科学院研究生院主办的“中国科学家人文论坛”第二单元主题报告会下午在人民大会堂开幕。中共中央政治局委员、曾培炎就“树立科学的发展观，促进经济、社会和人的全面发展”作了首场报告。

曾培炎说，不久前闭幕的十六届三中全会，以邓小平理论和“三个代表”重要思想为指导，提出了“五个统筹”的要求和“五个坚持”的原则，明确了要坚持以人为本，树立全面、协调、可持续的科学发展观。这一重要论断完全符合“三个代表”重要思想的要求，是我们党现代化建设指导思想的新发展，对于我们充分利用难得的重要战略机遇期，实现全面建设小康社会宏伟目标，对于巩固今年以来经济社会发展的好形势，解决前进中存在的问题具有十分重要的意义。

曾培炎指出，科学发展观的核心内容是以人为本，就是要把满足人的全面需求和促进人的全面发展，作为经济社会发展的根本目的；围绕人们生存、享受和发展的需要，提供充足的物质文化产品和服务；围绕人的全面发展，推动经济和社会全面发展。树立以人为本的发展观，说明我们对人类社会发展规律有了更加深刻的认识。

曾培炎说，树立科学的发展观，就是要促进经济和社会协调发展，推动社会主义物质文明、政治文明和精神文明全面进步，实现可持续发展，推进城乡协调发展、地区协调发展，保持人与自然的和谐发展。

在谈到如何贯彻落实科学的发展观时，曾培炎强调，一是各级政府要加快转变职能，做好经济调节、市场监管、社会管理和公共服务，不断提高统筹兼顾和协调发展的能力，进一步加强社会发展工作。二是要加快推进各项改革，包括财税制度、社会保障制度、教育、卫生等管理体制改革，建立、健全民主科学决策制度和科学合理的政绩考核机制。三是要将财力、物力等社会资源更多地向农村倾斜，向中西部地区倾斜，向社会事业和生态环境倾斜。四是扩大对外开放，用好国内外两个市场、两种资源，为发展创造新的条件和环境。五是加强领导干部国情、国策、国法教育。着力解决好当前扩大劳动就业、增加居民收入以及城乡建设等方面存在的突出问题，把权为民所用、情为民所系、利为民所谋的原则，落实到经济社会发展和城乡建设的各项任务中去。

全国人大常委会副委员长、中国科学院院长路甬祥就“科技创新与全面建设小康社会”作第二场专题演讲。

来自科研院所、国家机关、首都高校的科研工作者、党政干部、师生代表等参加开幕式并听取了报告。据悉，这次论坛共有8场报告会，每日两场，至11月28日结束。李肇星、巴德年、栾恩杰、牛文元、吴文俊、王大珩还将就外交对策、可持续发展、公共卫生管理、航天战略、科技与人文等重大问题发表讲演。

中央综治委和浙江省委在诸暨联合召开纪念毛泽东同志批示“枫桥经验”40周年暨创新“枫桥经验”大会

中共中央政治局常委、中央综治委主任罗干出席会议并讲话。他指出，各级党委、政府要从实践“三个代表”重要思想的高度，认真学习、创新“枫桥经验”，正确处理新时期人民内部矛盾，将矛盾化解在基层，为全面建设小康社会创造良好的社会治安环境。

1963年，毛泽东同志在浙江枫桥创造的“发动和依靠群众,坚持矛盾不上交,就地解决”的经验材料上批示:“要各地仿效,经过试点,推广去做”。从此,“枫桥经验”成为全国政法战线的一面旗帜。

罗干在讲话中说,“枫桥经验”充分发挥党的政治优势,根据不同时期的社会特点,就地解决社会矛盾,最大限度地把问题解决在基层,解决在当地,解决在萌芽状态,维护了社会治安和社会稳定。

罗干要求各级党委、政府认真学习“枫桥经验”,健全矛盾纠纷排查调处工作机制,结合本地实际,求实创新,最大限度地调动一切积极因素,积极探索社会主义市场经济条件下群防群治的组织形式、管理体制和保障方法,将各项工作落实到基层,维护良好的社会治安秩序。

会前,罗干走访了枫桥派出所、枫桥镇综治办和司法所,与那里的工作人员交谈并仔细询问他们的工作情况。他说,经济发展了、富裕了会减少矛盾,但相关工作如果跟不上去,也会带来新的矛盾。他高度评价枫桥“组织建设走在工作前,预测工作走在预防前,预防工作走在调解前,调解工作走在激化前”的做法,对新时期“枫桥经验”给予了充分肯定。

最高人民法院院长肖扬出席会议。

国家副主席曾庆红在人民大会堂会见巴西国防部部长维埃加斯

曾庆红积极评价了中巴两国在航天领域的合作,指出双方在这一领域的合作是双方在各领域合作的一个重要方面。他表示相信,有既往的成功合作基础,双方在高科技、航天等领域的合作一定还有更大的空间。

国务院副总理黄菊在中南海会见荷兰飞利浦公司董事长总裁兼首席执行官柯慈雷

外交部发言人刘建超就印度外长关于中印关系的演讲答记者问

有记者问:11月22日,辛哈就中印关系发表重要演讲,全面阐述印度对华政策。中方对此有何评论?

刘建超说,中方重视印度外长辛哈最近就印度对华政策发表的基调积极的演讲。中方对此表示欢迎和赞赏。

他说,印度是中国的重要邻国,发展同印度的友好关系是中国周边外交的重要组成部分。中国愿在和平共处五项原则基础上进一步发展与印度的长期建设性合作伙伴关系,这符合两国及两国人民的利益,也有利于地区的和平与稳定。

刘建超说,瓦杰帕伊总理今年6月成功访华标志着中印关系进入了一个新阶段。中方对中印关系的良好发展势头感到满意,愿意拓展与印度在各个领域的合作关系。目前,全国政协主席贾庆林正在访印,相信此访将进一步加深两国和两国人民之间的了解和友谊,促进两国关系的发展。

解放军驻港部队建制分队轮换完成

根据《中华人民共和国香港特别行政区驻军法》关于香港驻军实行人员轮换制度的规定和中央军委的命令,香港驻军陆、海、空三军部分建制单位、装备于11月25日凌晨开始实施轮换。这是香港驻军进驻香港以来进行的第六次轮换。轮换单位包括部分陆军分队、海军舰艇和空军直升机大队。部队轮换后,香港驻军在香港特别行政区的部队员额和装备数量与轮换前没有变化。

中宣部部长刘云山在北京出席全国大学生学习贯彻“三个代表”重要思想经验交流会并讲话

此次会议由中宣部、教育部、团中央、解放军总政治部联合召开。刘云山出席会议并讲话。他强调,要紧紧围绕培育有理想、有道德、有文化、有纪律一代新人这个根本目标,紧密结合当代青年的特点,扎实做好高校学生理论武装工作,让“三个代表”重要思想进教材、进课堂、进学生头脑,成为青年学生健康成长的行动指南,成为青年学生积极进取、奋发有为的精神动力。

七位会议代表和共青团中央第一书记周强、教育部部长周济、解放军总政治部副主任袁守芳在会上发言。中宣部常务副部长吉炳轩主持会议。

中国国家体操队在广州举行的第二届亚洲体操锦标赛上获得26枚金牌(含2枚并列)

中国选手梁富亮和张楠分别被评为本届亚锦赛的“体操王子”和“体操皇后”。

全球越柬老华侨华人恳亲大会在广州召开

来自20多个国家和地区的近千名华侨华人和国内越柬老归侨侨眷参加了恳亲大会。

大会以“友谊、团结、合作、发展”为主题,旨在弘扬中华民族文化,加强全球越柬老华侨华人的联系和友谊,促进交流与合作。

中共中央政治局委员、全国人大常委会副委员长王兆国,国务委员唐家璇,全国政协副主席罗豪才以及全国人大华侨委员会主任委员陈光毅、国务院侨办主任陈玉杰、中国侨联主席林兆枢、广东省省长黄华华等出席了恳亲大会。

恳亲会上,来自美国的余建强、李少光、余绍汉,法国的黄松、郑辉,加拿大的陈福,澳大利亚的洪少平等海外华侨华人代表以及中国越柬老归侨代表分别发言,表达了浓浓的乡情、亲情、友情和对故土的眷恋,展现了世界各地越柬老华侨华人艰苦奋斗、团结互助的精神面貌,表达了世界各地越柬老华侨华人坚持一个中国、反对台湾独立、和平统一祖国的强烈愿望。

11月26日

胡锦涛 曾庆红等领导同志到八宝山革命公墓向赛福鼎·艾则孜同志遗体送别

国务院总理温家宝在北京主持召开国务院常务会议

会议审议并原则通过《中华人民共和国对外贸易法(修订草案)》《中华人民共和国知识产权海关保护条例(修订草案)》,讨论《收费公路管理条例(草案)》。

会议认为,为适应我国加入世贸组织的形势和需要,履行我国加入世贸组织的有关承诺,发展对外贸易,维护对外贸易秩序,促进社会主义市场经济发展,对1994年公布施行的《中华人民共和国对外贸易法》进行修改是十分必要的。会议决定,《中华人民共和国对外贸易法(修订草案)》经进一步修改后,由国务院提请全国人大常委会审议。

会议认为,1995年国务院发布施行的《中华人民共和国知识产权海关保护条例》,对于在进出口环节保护知识产权发挥了积极的作用,但也存在一些问题。为此,有必要根据世贸知识产权协定和海关法对现行规定进行修改和完善,使该条例与世贸知识产权协定相一致,进一步提高知识产权保护总体水平。会议决定,《中华人民共和国知识产权海关保护条例(修订草案)》经进一步修改后,由国务院公布施行。

会议认为,为了加强对收费公路的管理,规范公路收费行为,维护收费公路经营管理者和使用者的合法权益,促进公路事业的发展,根据《中华人民共和国公路法》,制定《收费公路管理条例》是十分必要的。会议决定,将《收费公路管理条例(草案)》在报纸和网站公布,广泛征求意见,经国务院审议后公布施行。

全国政协主席贾庆林在印度参观海德拉巴高科技园

贾庆林在印度安得拉邦内政部长高德的陪同下,参观了以信息产业闻名的安得拉邦首府海德拉巴市信息技术高科技园区。参观过程中,贾庆林听取了园区负责人库马尔关于安得拉邦政府的信息产业政策、发展战略等方面的情况介绍并饶有兴致地观看了幻灯演示及相关电视片。

当天下午,贾庆林会见了安得拉邦首席部长奈杜。双方进行了友好的交谈。

全国农村党员干部现代远程教育试点工作领导协调小组第二次会议在北京召开

中共中央政治局委员、书记处书记、中央组织部部长、全国农村党员干部现代远程教育试点工作领导协调小组组长贺国强主持会议并讲话。

贺国强说,自中央正式批准开展农村党员干部现代远程教育试点工作和领导协调小组第一次会议以来,整个试点工作进展顺利,取得了初步成效。当前和今后一个时期,农村党员干部现代远程教育试点工作要坚持以"三个代表"重要思想为指导,认真贯彻落实党的十六届三中全会精神和中央领导同志的重要批示精神,加强总体设计和规划协调,扎实工作,开拓创新,确保完成《农村党员干部现代远程教育试点工作方案》提出的各项任务。

贺国强强调,明年是搞好试点工作关键的一年,工作任务很重,头绪很多。要切实把开展农村党员干部现代远程教育试点工作作为为"三农"服务、推进农村党的建设的一件大事来抓,确保完成试点任务;要坚持实事求是,量力而行,加强领导,坚持与时俱进,开拓创新,认真研究解决试点工作中的新情况、新问题,不搞一哄而起,探索一条符合实际的开展农村党员干部现代远程教育的有效途径。

会议审议并原则通过了试点工作的总体技术方案和教学大纲,研究部署了下一步试点工作的主要任务。全国农村党员干部现代远程教育试点工作领导协调小组成员出席了会议。

《崇尚科学关爱生命 维护人权反对邪教》在北京中国科学技术馆开幕

展览由中国关爱协会和中国反邪教协会主办。中共中央政治局委员、书记处书记、中宣部部长刘云山,中共中央政治局委员、书记处书记、国务委员、公安部部长周永康观看了展览。中央、国家机关有关部门和北京市的领导同志,科技界、教育界、宗教界等社会各界和首都群众近千人出席了开幕式。

展览由关爱生命、维护健康、把握自己的命运、维护公共利益、让关爱洒满人间等6部分组成。整个展览用生动的事实、形象的画面、朴实的语言,展示了我国城乡居民崇尚科学和文明、抵制迷信和邪教、共同维护社会安定和人权、全面建设小康社会的精神面貌。展览突出了维护人权、反对邪教的主题,并用大量事实告诉人们,邪教散布歪理邪说、组织非法活动、扰乱社会秩序，是社会肌体上的毒瘤。邪教践踏人权、摧残生命，是安宁生活的敌人。在生活方式、思维方式日益多样化的信息时代，邪教对社会和人权的侵害一刻没有停止，而且更隐蔽、危害更大。因此，防范邪教、维护人权就更迫切、更有必要。

国台办发言人张铭清在新闻发布会上答记者问

国台办发言人张铭清在回答记者有关如何理解“台独就是战争”的问题时指出，如果陈水扁执迷不悟，一意孤行，在“台独”道路上继续走下去，制造“台独”事变，必将损害台湾民众的根本利益，给台湾人民带来灾难，对此我们决不会坐视不管。

张铭清说，国务院台办负责人11月17日谈话已全面表达了我们对陈水扁当局企图利用“公投”分裂国家的立场。台湾同胞是我们的骨肉兄弟，世界上没有任何人比我们更希望通过和平的方式解决台湾问题，实现国家的统一。我们将继续坚持“和平统一、一国两制”的基本方针，全面贯彻江泽民同志的八项主张，以最大的诚意，尽最大的努力争取和平统一的前景。现在的问题是，陈水扁提出“公投”、“制宪”、“建立‘台湾国’”，打着推进民主化的旗号，企图借此实现其“台独”主张。这是对一个中国原则的严重挑衅，对两岸关系的严重破坏，是全中国人民所决不能容忍的。

外交部部长李肇星在北京会见印度新任驻华大使苏理宁

外交部部长李肇星在北京接受德国《明镜》周刊主编奥斯特采访

世界越棉寮华人团体联合会第十一届会员代表大会在广州举行

此次会议由广东省越柬老归侨联谊会承办，会期两天。来自美国、加拿大、法国、澳大利亚等20多个国家和地区的代表、特邀嘉宾近千人，国内越柬老归侨侨眷2000多人参加了本次大会。

世界越棉寮华人团体联合会秘书长李少光介绍说，越棉寮分别代表越南、柬埔寨和老挝。上世纪七八十年代，由于动荡不安的政治局势和当地连绵不断的战火，定居在这些国家的近200万华侨华人被迫离开了原侨居国，徙居世界各地。在极其艰苦的条件下，他们以中华民族固有的坚忍不拔的精神，努力拼搏，一步一步走出困境。

李少光说，本次代表大会是联合会1983年于台北成立后首次在祖国大陆召开，是联合会成立20年来的一次重大突破。他说，现在世界上有越棉寮侨胞200多万人，分布在世界40多个国家和地区。我们大家有一个共识，就是坚持“一个中国，反独促统”的立场。我们将朝着友谊、团结、合作、发展的共同目标继续努力。

11月27日

中共中央 国务院在北京召开中央经济工作会议

会议11月27日至29日在北京举行。胡锦涛、吴邦国、温家宝、曾庆红、黄菊、吴官正、李长春、罗干出席会议。

中共中央总书记、国家主席胡锦涛在会上发表了重要讲话，从全局和战略的高度，全面分析了当前国际国内形势，明确提出了明年经济工作的总体要求，着重强调了做好明年经济工作需要把握的重要原则和重大问题，并对加强和改善党对经济工作的领导提出了明确要求。中共中央政治局常委、国务院总理温家宝在讲话中系统总结了今年的经济工作，并就做好明年经济工作做了具体部署。

会议认为，世界多极化、经济全球化仍是当今国际格局演变的两个主要趋势。国际形势的基本态势仍是总体和平、缓和、稳定，但局部战乱、紧张、动荡，在维护世界和平、促进共同发展方面，世界各国正面临着新的挑战。世界经济逐步回升和结构调整加快，对我国经济发展在总体上是有利的。同时国际环境的变化也使我国面临一些新的挑战。在世界经济结构的深刻调整中，各国综合国力和竞争力也将出现此消彼长的变化。大调整既是大挑战，也蕴藏着大机遇。抓住了机遇，就能赢得历史性发展。我们必须深刻理解十六大关于本世纪头20年是我国发展的重要战略机遇期的科学判断，切实增强紧迫感，牢牢抓住机遇期，趋利避害，发挥优势，努力加快自身的发展。

会议指出，今年以来，国际形势复杂多变，国内遭遇突如其来的“非典”疫情和地震、洪涝、干旱等多种自然灾害。在严峻挑战和困难面前，全党全国各族人民在邓小平理论和“三个代表”重要思想指引下，认真贯彻十六大精神，万众一心，奋力拼搏，改革开放和现代化建设取得新成就。全党兴起了学习贯彻“三个代表”重要思想的新高潮。国民经济持续较快发展。社会主义政治文明和精神文明建设取得新进展。党的建设新的伟大工程全面推进。十六届三中全会胜利召开，对深化改革、完善社会主义市场经济体制作出全面部署。首次载人航天飞行圆满成功，标志着我国的综合国力和科技实力进一步增强。我国经济发展、民族团结、社会稳定，全面建设小康社会开局良好。

会议指出，愈是形势好，我们愈要清醒看到经济社会发展存在的矛盾和问题。对存在的问题,我们要立足长远,着眼当前,坚持用改革和发展的办法认真加以解决。特别是对新出现的苗头性和局部性问题,要见微知著,防患于未然,采取果断措施,努力加以解决。

会议指出,明年是实现"十五"计划的关键一年,也是全面落实十六大和十六届三中全会精神,深化改革、扩大开放、促进发展的重要一年。明年经济工作的总体要求是:以邓小平理论和"三个代表"重要思想为指导,全面贯彻十六大和十六届三中全会精神,坚持以人为本,树立全面、协调、可持续的发展观,按照稳定政策、适度调整,深化改革、扩大开放,把握全局、解决矛盾,统筹兼顾、协调发展的思路,做好各项工作。坚持扩大内需的方针,继续实施积极的财政政策和稳健的货币政策,保护好、引导好、发挥好各方面加快发展的积极性,切实把工作重点转到调整经济结构、转变增长方式、提高增长质量和效益上来,实现国民经济持续快速协调健康发展和社会全面进步。

会议强调,贯彻这个总体要求,重要的是牢固确立和认真落实全面、协调、可持续的发展观。这既是经济工作必须长期坚持的重要指导思想,也是解决当前经济社会发展中诸多矛盾必须遵循的基本原则。做好明年的经济工作,要进一步统一认识,保持宏观经济的稳健运行,切实转变经济增长方式,促进城乡、区域、经济社会的协调发展,坚持经济发展和资源环境相协调,大力实施科教兴国和人才强国战略,维护最广大人民的根本利益。明年的经济工作,要从发展全局的高度,着重把握好以下几点:

一、保持宏观经济政策的连续性和稳定性。当前,我国经济发展正处于经济周期的上升阶段,我们一定要保持宏观经济政策的连续性和稳定性,增强信心,稳定大局;一定要更加重视总量调控和结构优化,正确把握调控的时机和力度,引导经济平稳运行。要倍加珍惜当前经济发展的好势头,巩固和发展这个好势头。要继续坚持扩大内需的方针,实施积极的财政政策和稳健的货币政策,同时要密切关注宏观经济形势的变化,针对苗头性问题,适时适度地进行调控,增强调控的科学性、预见性和有效性。实施积极财政政策,要在强化税收征管、增加收入的同时,按照建立公共财政的要求,加大调整财政支出结构的力度,保证各项重点支出。国债和新增财政资金的使用,要重点向"三农"倾斜,向社会发展倾斜,向西部大开发和东北地区等老工业基地倾斜,向生态建设和环境保护倾斜,向扩大就业、完善社会保障体系和改善困难群众生活倾斜,同时还要保证国家重点建设项目的资金需要,支持重大改革举措的出台。实施稳健的货币政策,必须把握好货币供应量的调节力度,综合运用各种货币政策工具,发挥货币政策和财政政策、产业政策协调配合的综合效应,适当控制货币信贷的投放,调整货币信贷结构,保持货币供应量的适度增长。

二、把解决好"三农"问题作为全党工作的重中之重。加强农业基础地位,高度重视并认真解决农业、农村和农民问题,是我们党三代中央领导集体一以贯之的战略思想,我们必须毫不动摇地坚持下去。我们必须始终重视农业的基础地位,始终重视严格保护耕地和保护、提高粮食综合生产能力,始终重视维护粮食主产区和种粮农民的利益,始终重视增加农民特别是种粮农民的收入。要坚决遏制乱占耕地的现象,继续调整农业结构,巩固退耕还林成果,推进优势农产品合理布局。要加大政府投入,加强农村基础设施建设,特别是加大对粮食主产区的扶持力度,改善农民的生产生活条件。要加强农业科技储备和技术推广,提高农产品的产量和质量,增强市场竞争力。要深化粮食流通体制改革和农村税费改革,切实减轻农民负担。要完善扶贫开发机制,做好农村扶贫工作。

三、紧紧抓住结构调整这条主线。我国经济发展正处于一个关键时期,抓紧推进结构调整,事关经济社会发展的全局。要提升制造业水平,加快发展以信息技术为主要代表的高新技术产业,运用先进适用技术改造传统产业,全面提高制造业的竞争力。要努力缓解经济发展中的瓶颈制约。进一步安排好电源和电网建设,加强大型煤炭基地的建设,加快重要交通干线和枢纽的建设。突出抓好节约能源、节约原材料和节约用水工作,搞好重要资源的综合利用。要加快发展第三产业。把加快发展服务业作为扩大就业、优化产业结构、提高国民经济整体效益和促进经济社会协调发展的重大举措,积极创造有利于服务业加快发展的政策和体制环境,使服务业的比重不断上升,服务质量明显改善。要促进区域经济协调发展。要积极推进西部大开发,有效发挥中部地区的综合优势,支持中西部地区加快改革发展,振兴东北地区等老工业基地,鼓励有条件的东部地区率先基本实现现代化,逐步形成东、中、西部经济互联互动、优势互补、协调发展的新格局。要逐步理顺分配关系,扩大居民消费能力。在结构调整中,一定要认真解决和切实防止盲目重复建设,要综合运用各种手段,对盲目扩大投资低水平重复建设倾向严重的行业,加强引导和调控,促进其健康发展。

四、不失时机地深化经济体制改革。要按照十六届三中全会通过的《中共中央关于完善社会主义市场经济体制若干问题的决定》的要求,有重点、有步骤地深化改革。加快国有经济布局的战略性调整,加强国有资产的监督管理,巩固壮大公有制经济。大力发展和积极引导非公有制经济,放宽市场准入,加强服务和监管，充分发挥个体私营等非公有制经济在发展经济、繁荣市场、扩大就业、增加税收等方面的重要作用。进一步转变政府职能，加快投资体制改革，深化金融体制改革，稳步推进财税和价格改革。维护和健全市场秩序，严厉打击各种经济犯罪活动。要妥善处理改革发展稳定的关系，把改革的力度、发展的速度和社会可承受的程度有机结合起来，把实现好、维护好、发展好人民群众的根本利益，作为处理改革发展稳定关系的结合点。

五、充分利用国际国内两个市场、两种资源。在国际生产要素重组和产业转移加快的新形势下，我们必须善于用全球战略眼光，从更大范围和更宽视野想问题、办事情，提高应变能力，增强风险意识，统筹国内发展和对外开放。要进一步扩大开放，坚持利用国际有利条件和充分发挥我国优势相结合，坚持扩大引进技术和全面增强自主创新能力相结合，坚持利用外资和大力促进国内产业结构优化升级相结合，增强我国经济的整体竞争力，开创对外开放的新局面。坚持以质取胜和市场多元化战略，提高出口商品的技术含量，优化进口商品结构，积极参与区域经济合作。要提高利用外资的质量和水平，既要进一步改善投资的硬环境，更要重视加强软环境建设，提高服务水平，完善相关法律、法规，合理引导外资投向。继续实施"走出去"战略。

六、认真解决好关系人民群众切身利益的问题。坚持以人为本，把人民利益放在首位，是实践"三个代表"重要思想，做到立党为公、执政为民的根本要求。重视和关心群众利益，对于巩固党的执政地位、维护社会稳定、全面建设小康社会至关重要。就业是民生之本，也是安国之策。各级党委和政府要把促进就业放在突出位置，实施积极的就业政策，把深化改革、促进发展、调整结构和扩大就业有机结合起来。要坚持劳动者自主择业、市场调节就业和政府促进就业的方针，努力改善创业和就业环境，认真落实中央确定的促进就业再就业的各项政策措施。建立、健全与我国经济发展水平相适应的社会保障体系，要抓紧健全各项社会保障制度，继续做好"两个确保"工作，抓好失业保险和城市居民最低生活保障制度的落实，搞好"三条保障线"的衔接。务必把灾区的救助和恢复重建工作作为一件大事抓紧抓好。切实把有关安全生产的各项工作落到实处。

会议还从八个方面具体部署了明年的经济工作：一、巩固和加强农业基础地位，千方百计增加农民收入；二、调整和优化产业结构，促进区域经济协调发展；三、大力促进就业和再就业，完善社会保障体系；四、努力扩大消费需求，提高城乡居民生活水平；五、继续实施积极的财政政策和稳健的货币政策，做好财政金融工作；六、加快推进经济体制改革，继续整顿和规范市场秩序；七、进一步扩大对外开放，努力做好外贸外资工作；八、统筹兼顾，加快推进社会事业发展。

会议指出，明年各方面工作任务很重，各级党委和政府要按照为民、务实、清廉的要求，加强和改善对经济工作的领导，不断提高驾驭市场经济和应对复杂局面的能力，切实做好改革发展稳定的各项工作。要把学习贯彻"三个代表"重要思想新高潮不断引向深入，继续在武装头脑、指导实践、推动工作上狠下功夫。要坚持全局观念，紧紧围绕全面建设小康社会的宏伟目标，正确认识形势，把思想和行动统一到中央对明年经济工作的总体要求和部署上来。要坚持立党为公、执政为民，树立正确的政绩观，忠实实践党的宗旨，真正做到权为民所用、情为民所系、利为民所谋，坚持讲真话、办实事、求实效。一切工作都要经得起实践、群众和历史的检验。要把树立正确的政绩观作为新时期党的建设新的伟大工程的重要内容，通过制度保证，使勤政为民、求真务实的干部得到褒奖，使好大喜功、弄虚作假的干部受到惩戒，在全党特别是领导干部中形成勤政为民、踏实苦干的浓厚风气。各级领导干部要严格遵守宪法和法律，严格依法行政，牢固树立科学决策意识，充分发扬民主、集思广益，建立、健全科学决策机制。要坚持正确处理人民内部矛盾，切实维护社会稳定。要坚持依法办事、按政策办事，努力维护群众的合法权益，把解决群众切身利益的工作纳入规范化、制度化、法制化的轨道。

会议强调指出，全党同志都要居安思危，增强忧患意识，增强历史使命感和责任感，继续保持谦虚谨慎、不骄不躁的作风，继续保持艰苦奋斗的作风。在新的一年里，我们要坚持以邓小平理论和"三个代表"重要思想为指导，全面贯彻落实十六大和十六届三中全会精神，与时俱进，开拓进取，励精图治，团结奋斗，继续夺取改革开放和社会主义现代化建设的新胜利。

出席这次会议的中央领导同志还有：王乐泉、王兆国、回良玉、刘淇、刘云山、吴仪、张立昌、张德江、俞正声、贺国强、曹刚川、曾培炎、王刚、何勇、顾秀莲、盛华仁、路甬祥、唐家璇、华建敏、陈至立、肖扬、贾春旺、王忠禹、刘延东、白立忱、陈奎元、徐匡迪和中央军委委员梁光烈、廖锡龙、李继耐等。

广东、陕西、辽宁和湖北省的负责人在大会上发了言。

各省、自治区、直辖市和计划单列市、新疆生产建设兵团的党政主要负责人，党中央有关部门、国务院各部委和有关单位的主要负责人，解放军各总部和武警部队负责人出席了会议。

国务院国资委出台《中央企业负责人经营业绩考核暂行办法》

根据《中央企业负责人经营业绩考核暂行办法》(以下简称《办法》),国资委将对中央企业的董事长、副董事长、董事、总经理、副总经理和总会计师进行年度经营业绩考核和任期经营业绩考核。考核基本指标包括年度利润总额和净资产收益率,任期考核基本指标包括国有资产保值增值率和三年主营业务收入平均增长率。《办法》规定,考核和奖惩紧密挂钩。企业负责人的年薪分为基薪和绩效年薪,绩效年薪根据年度考核结果在零和基薪的3倍之间变动,其中60%在年度考核结束后当期兑现,40%延期到任期结束兑现。

这一《办法》将于明年1月1日起在189户中央企业全面实施。

中国金融学会和俄罗斯银行协会在北京联合召开中俄金融合作论坛第二次会议

全国政协副主席,中俄友好、和平与发展委员会中方主席,中国金融学会名誉会长李贵鲜出席开幕式并致辞,俄罗斯联邦政府副总理赫里斯坚科发来贺信。

李贵鲜在致辞中表示,中俄两国关系的顺利发展,为双方在金融领域的合作创造了良好条件,开辟了广阔前景。两国央行签署的《关于边境地区贸易的银行结算协定》等政策措施的出台与完善,有利于为中俄经贸合作提供更加完善的金融服务,并促进了中俄两国金融全面合作关系的发展。

全国政协副主席周铁农在北京与朝鲜祖国统一民主主义战线中央委员会书记局局长曹奎一举行会谈

中国与欧盟在北京举行第十六次人权对话

中国代表团由外交部、全国人大法工委、最高人民法院、中央统战部、司法部、公安部、国家民委和卫生部组成。欧盟代表团由欧盟“三驾马车”意大利、爱尔兰和欧盟委员会组成。为期两天的对话中,双方介绍了各自在人权领域的新进展,围绕与联合国人权机制的合作及双方共同关心的人权问题展开深入讨论。针对欧盟提出的问题,中方作了详细的介绍和澄清。

第十四届“中国十大杰出青年”评选在北京揭晓

荣获本届“中国十大杰出青年”称号的是:驾驶“神舟”五号飞船、出色完成我国首次载人航天飞行任务的解放军某部航天员大队航天员杨利伟;驰骋世界篮坛的上海体育运动技术学院运动员姚明;多次参与国内外重大事件报道的中央电视台新闻中心记者水均益;刻苦攻关、率先推出防治“非典”新药的军事医学科学院微生物流行病研究所研究员陈薇(女);在临时病区带领一班人筑起阻击“非典”坚固防线的广州市第一人民医院联合病区护士长张积慧(女);致富不忘回报社会的北京双全天地科技发展有限公司董事长王伟斌;带领全乡各族群众抗震救灾、重建家园的新疆维吾尔自治区巴楚县琼库尔恰克乡党委书记朱准平;失去双臂、顽强拼搏的云南省丽江市古城区残联肢残协会主席和志刚(纳西族);带领全院在国家高新工程武器研制中作出重要贡献的中国空空导弹研究院院长荣毅超;致力于打造现代大型制药企业的哈尔滨圣泰制药有限公司董事长高翔。

11月28日

全国人大常委会委员长吴邦国在人民大会堂会见德国拜耳集团董事长温宁

吴邦国对日前拜耳漕泾聚合物一体化建设工程正式开工表示祝贺。他说,这是一个技术和资金密集的大项目,符合中国产业结构调整的方向。中国经济保持良好的发展势头,中国政府高度重视知识产权保护,不断改善投资环境,为包括拜耳集团在内的跨国公司在华开展合作提供了有利条件。希望拜耳在华项目取得更大成果,为中德关系发展注入新的活力。

温宁高度评价吴邦国2001年对德国的成功访问。他说,拜耳集团在华业务不断扩大,这得益于中国政府和企业界的大力支持和合作。漕泾化学工业区的项目是拜耳在海外规模最大、技术最先进的合作项目,德方有信心把这一项目搞好,造福德中双方。

全国政协主席贾庆林在科伦坡会见斯里兰卡总理维克勒马辛哈并与斯里兰卡议长佩雷拉举行会谈

全国政协主席贾庆林在科伦坡参观中斯合作项目

贾庆林在斯里兰卡动力和能源部长贾亚苏里亚陪同下,为科伦坡北部油罐区机械竣工剪彩。该项目由陆上油品储存设施和海上卸油装置组成,由中国寰球工程公司承建,建成后将是斯里兰卡最大的成品油储罐区。

离开油罐区后,贾庆林一行前往纪念班达拉奈克国际会议大厦。大厦是为纪念斯里兰卡已故总理所罗门·班达拉奈克修建的,由中国政府无偿援助、设计和施工,1973年竣工,被视为中斯友谊的象征。在大厦前厅,贾庆林向班达拉奈克塑像献花。他在留言簿上写道:“诚信之交、友谊之厦”。

国台办发言人就台湾地区立法机构通过所谓“公民投票法”答记者问

国台办发言人在回答记者有关询问时表示，我们严重关切台湾地区“公投立法”的有关情况，正在密切关注这一事态的发展。我们对这个问题的态度是十分明确的。世界上只有一个中国，台湾是中国神圣领土不可分割的一部分，中国的主权和领土完整不容分割。我们坚决反对任何人借“公投立法”进行“台独”分裂活动。任何人试图把台湾从中国分割出去，是我们绝对不能容忍的。

国务院副总理黄菊在人民大会堂会见前来参加中俄金融合作论坛第二次会议的俄罗斯银行协会代表团主要成员

中共中央政治局常委李长春在人民大会堂会见泰国前副总理泰中友好协会会长功·达巴兰西

国务院副总理吴仪在中南海会见安哥拉总统特使财政部长若泽·德莫赖斯

德莫赖斯感谢中国政府和人民多年来向安哥拉提供的真诚无私的援助，表达了安哥拉政府希望与中国进一步加强互利友好合作关系的愿望，并转交了安哥拉总统多斯桑托斯就此致中国国家主席胡锦涛的亲笔函。

中宣部部长刘云山在人民大会堂会见泰国泰华报人公益基金会主席陈郑伊梨女士

中央军委领导同志在北京会见全军基层文化建设会议代表

中央军委委员、总后勤部部长廖锡龙等会见了出席全军基层文化建设会议的代表。

廖锡龙在讲话时指出，全军各级后勤部门要把基层文化建设工作纳入各级机关的议事日程，常抓不懈。要与时俱进，有计划、有步骤地抓好基层文化工作各项设施设备建设，努力与国家经济社会文化的发展保持一致。

中央报刊治理工作协调领导小组办公室向社会公布677种报刊停办

《人民日报》、《光明日报》刊登了677种停办报刊的名单。

据中央报刊治理工作协调领导小组办公室负责人介绍，纳入本次治理范围的1452种党政部门报刊中，被停办的有677种，占47%。这些报刊，最迟出版到今年年底，从明年1月1日起将全部停止出版发行。与此同时，为进一步加大治理力度，还将陆续开展督察工作，以及整顿规范记者站、调整和完善有关管理规定等，坚决防止出现反弹，把这件关系人民群众切身利益的大事一抓到底，落到实处。

纪念《汉语拼音方案》颁布45周年座谈会在北京召开

座谈会由全国人大教科文卫委员会、教育部、国家语言文字工作委员会联合召开。全国人大常委会副委员长许嘉璐、国务委员陈至立、全国政协副主席王选出席会议。中央、国家机关和人民团体负责同志及各界代表100多人参加会议。会议由全国人大教科文卫委员会副主任委员邢世忠主持。

许嘉璐在讲话中对《汉语拼音方案》的历史地位和作用给予高度评价。

陈至立指出，汉语拼音是我国语言文字史上的重要创新，对学习、普及汉语起了历史性的作用。在信息社会中，汉语拼音更有着不可估量的应用前景。目前，汉语拼音已广为人民群众掌握、运用，在国际上也产生了很大影响。实践证明，汉语拼音是我国先进文化的重要组成部分。她对今后做好汉语拼音推行工作提出希望：一、国务院各部门、各级政府部门要重视并加强这项工作，负起相关责任，做好各自领域的推行工作。二、要重视汉语拼音教学和研究的基础作用。教育部门、科研部门要增强责任感，加大人力、物力的投入，提高教学和科研能力，为社会提供积极、有效的服务。三、要扩大汉语拼音的应用范围并提高应用的规范化水平。纠正应用中的混乱现象，使汉语拼音的社会应用面貌在本世纪初得到较大改观。

教育部副部长、国家语委主任袁贵仁作了题为《大力推行汉语拼音，服务国家现代化建设》的讲话。

《汉语拼音方案》是1958年在第一届全国人民代表大会第五次会议上通过的，并被列入我国小学语文教材，目前我国已有数亿人掌握了汉语拼音。汉语拼音为汉字和普通话提供了科学、准确的记音和学习工具，在识字、阅读、写作、学习普通话方面发挥了重要作用。它是我国电脑和移动电话用户采用的最主要的中文输入方式，并用于编制索引、工农业产品的型号和一些事物的代码，设计手旗灯光讯号，制定聋哑人汉语手指字母，拼写中国人名、地名和专门词语。它还为帮助少数民族创制、改革19种文字，帮助外国人学习汉语发挥了重要作用。

桂世镛逝世

中国共产党的优秀党员、忠诚的共产主义战士、经济战线和政策研究领域的优秀领导干部，著名经济学家，第十届全国政协常委、文史资料委员会主任桂世镛同志，11月28日在北京病逝，享年68岁。

桂世镛1935年2月生于杭州，1956年7月加入中国共产党。大学毕业后，先后到中科院经济研究所和国家计委工作。1987年3月任人民日报社副总编辑。1988年3月起，先后任国家计委委员兼秘书长、经济研究中心主任、国家计委副主任、党组成员，其间兼任国务院研究室副主任、党组成员。1994年7月任国家行政学院党委书记、常务副院长。1998年3月至2001年2月任国务院研究室主任、党组书记。2001年3月被增补为第九届全国政协常委，同年9月任全国政协经济委员会副主任。他是中共第十四、十五次全国代表大会代表，第十三、十四届中央候补委员，第十五届中央委员。

11月29日

全国政协主席贾庆林在科伦坡会见斯里兰卡总统库马拉通加夫人

贾庆林说，中国新一届中央领导集体奉行“与邻为善、以邻为伴”的周边外交方针，重视发展同斯里兰卡的睦邻友好关系。我们希望中斯友好事业代代相传，不断焕发出新的生机与活力。

库马拉通加夫人对当前的斯中关系感到十分满意，并认为两国关系仍有很大发展潜力，希望双方在现有基础上不断加深友谊，进一步扩大合作领域，把两国间的友好合作提高到一个新水平。

全国政协副主席马万祺在澳门接受记者专访

马万祺指出，“台独”势力分裂中国的图谋终究要失败，广大台湾同胞不会赞成国家分裂。

他说，台湾历来是中国领土。实行直接“三通”，实现祖国统一，是海峡两岸人民共同的愿望。马万祺指出：“水有源头人有根。炎黄子孙不能忘了祖宗，不能叛国，不能分裂国家。我相信，广大台湾同胞不会同意‘台独’。我看，台湾分裂势力的‘台独’阴谋注定要失败。”马老引用河南洛阳白马寺的一副对联说：天雨虽宽，不润无根之草；佛门广大，难渡不善之人。

他说，祖国大陆改革开放20多年来，两岸经贸关系和文化交流有了很大发展。越来越多的台湾同胞到大陆投资，对两岸的经济发展都是有好处的。祖国大陆的经济发展很快，与台湾的经贸往来日渐增加，对恢复和发展台湾经济发挥了重要作用。

在谈到台湾地区立法机构举行的所谓“公投立法”表决一事时，马万祺指出，虽然陈水扁等人费尽了心机，但“台独”不得人心。

他说，江泽民1995年1月30日提出的解决台湾问题的八点主张，其核心思想就是坚持一个中国原则，坚决反对分裂中国主权和领土的完整，反对“台湾独立”，反对“两个中国”、“一中一台”，大力发展两岸关系，推动国家和平统一进程。

全国工商联九届二次执委会在郑州举行

全国政协副主席、全国工商联主席黄孟复强调，2004年，工商联工作的指导思想和总体要求是：贯穿一条主线，突出两个重点。贯穿一条主线就是要以“三个代表”重要思想为指导，全面贯彻中共十六届三中全会精神，紧紧围绕十六大提出的全面建设小康社会的目标，开创工商联工作新局面。两个重点一是发挥作用，二是加强自身建设。

全国工商联副主席张龙之、王以铭分别主持了这次会议的开幕式和闭幕式。全国工商联副主席孙晓华、程路、刘鹤章、张宏伟、孙安民、任文燕、辜胜阻、段永基、施子清、唐万里、王玉锁、金会庆、郑跃文等出席了会议。

中国政府决定中止同基里巴斯的外交关系

中国驻基里巴斯大使马书学11月29日在塔拉瓦就基里巴斯同台湾当局的所谓“建交”再次向基方提出严正交涉。他指出，基政府置中基友好合作关系不顾，无视基国内各方的反对，一意孤行，制造“两个中国”，这是对中基建交公报原则和联合国宪章精神的公然违背、对中国内政的粗暴干涉，严重损害了中基关系和两国人民的友谊。中国政府向基政府提出强烈抗议，并决定自即日起中止中国同基的外交关系，两国政府间的一切协议也随即停止执行。

民进中央在北京组织召开高等教育体制改革研讨会

来自北京大学、清华大学、北京师范大学等高校和研究机构的30多位负责人、专家学者结合办学实践和研究成果进行研讨和交流。全国人大常委会副委员长、民进中央主席许嘉璐，全国政协副主席、民进中央常务副主席张怀西出席研讨会。

许嘉璐在讲话中就目前我国经济社会发展与高等教育的关系、高教本身的一些问题进行了阐述。他说，目前我国高等教育诸多问题中最核心的是体制问题，已经在相当大程度上制约和束缚着经济建设和社会发展。民进作为以教育文化出版为主要界别的参政党，要把高等教育体制改革作为参政议政的重点。

在调查研究、建言献策中做到理论与实践相结合、高校与社会相结合、政府与高校相结合；加大宣传与舆论工作，引起社会广泛关注和讨论；要结识、团结更多的会外专家和民进之友，扩大视野、集中智慧，为党和政府的科学决策提供参考，积极推动我国高等教育的改革和发展。

张怀西说，研讨会是民进中央学习、贯彻中共十六届三中全会《决定》，特别是关于深化教育体制改革一系列方针的具体行动。

11月30日

《人民日报》发表社论《促进国民经济持续快速协调健康发展》

今年的中央经济工作会议，以邓小平理论和“三个代表”重要思想为指导，贯彻党的十六大和十六届三中全会精神，深刻分析了当前的国际国内形势，实事求是地总结了今年的经济工作，提出了明年经济工作的总体要求和主要任务，明确了基本原则和工作重点。这对于统一全党的认识，动员全国人民做好明年的经济工作，进一步推动改革开放和社会主义现代化建设具有非常重要的意义。

今年是全面建设小康社会的第一年，也是全党全国人民经受严峻考验、战胜各种困难、取得显著成绩的一年。国际形势复杂多变，世界经济复苏缓慢，国内“非典”疫情来势凶猛，多种自然灾害频繁发生。虽然困难比预想的大，可是我们取得的成绩却比预想的好。国民经济实现了较快增长，经济运行的速度和结构、效益、质量比较协调，国家财政收入显著增加，城乡居民收入继续提高，结构调整取得积极进展，投资和出口增长强劲，国内需求明显回升，经济体制改革稳步推进。特别是首次载人航天飞行获得圆满成功，标志着我国的综合国力和科技实力进一步增强。这是新一届中央领导集体总揽全局，按照“三个代表”重要思想和十六大精神的要求，紧紧抓住发展这个党执政兴国的第一要务，团结带领全党全国人民聚精会神搞建设、一心一意谋发展的结果；是多年来坚持扩大内需方针，实施积极财政政策和稳健货币政策累积效应的结果；是坚持防治“非典”和经济建设“两手抓”的结果；是不断深化改革、扩大开放，更大程度地发挥市场机制作用，针对经济运行中出现的新情况和苗头性问题，加强引导的结果；是更加主动地推进经济社会发展的结果。

今年我国经济社会发展能取得这样的好成绩，确实殊为不易。但也必须同时看到，当前经济社会发展过程中还存在一些突出的矛盾和问题。农民增收困难，就业压力较大，部分行业和地区盲目投资、低水平重复建设的倾向有所加剧，货币信贷增长偏快，资源对经济增长的制约作用日益明显。虽然这些问题目前还是局部性的、苗头性的，但决不可掉以轻心。我们一定要有清醒的认识，要有迎接新挑战的思想准备和应付各种复杂局面的周全对策。

2004年是实现“十五”计划的关键一年，也是深化改革、扩大开放、促进发展的重要一年。做好明年的经济工作，对于保持“十五”开局以来经济和社会发展的好势头，继续推进全面建设小康社会的伟大事业，意义十分重大。这次会议明确了明年经济工作的总体要求：以邓小平理论和“三个代表”重要思想为指导，全面贯彻十六大和十六届三中全会精神，坚持以人为本，树立全面、协调、可持续的发展观，按照稳定政策、适度调整，深化改革、扩大开放，把握全局、解决矛盾，统筹兼顾、协调发展的思路，做好各项工作。坚持扩大内需的方针，继续实施积极的财政政策和稳健的货币政策，保护好、引导好、发挥好各方面加快发展的积极性，切实把工作重点转到调整经济结构、转变增长方式、提高增长质量和效益上来，实现国民经济持续快速协调健康发展和社会全面进步。对这个总体要求，我们一定要深刻领会，认真贯彻到各项经济工作中去。

做好明年经济工作，任务繁重而艰巨，既要看到我们面临的挑战和困难，更要看到我们的优势和发展的有利条件，把思想和行动统一到中央的决策和部署上来，树立必胜的信心，巩固和发展经济健康向上的好势头。

要巩固和发展当前经济发展的好势头，就必须牢固确立和认真落实全面、协调、可持续的发展观，统筹城乡发展，统筹区域发展，统筹经济社会发展，统筹人与自然和谐发展，统筹国内发展和对外开放，这既是经济工作必须长期坚持的重要指导思想，也是解决当前经济社会发展中诸多矛盾必须遵循的基本原则。

要巩固和发展当前经济发展的好势头，就必须保持宏观经济政策的连续性和稳定性。明年要继续坚持扩大内需的方针，实施积极的财政政策和稳健的货币政策。同时要密切关注宏观经济形势，针对发展过程中出现的矛盾和问题，适时适度地进行调控，并主要运用经济手段和法律手段，区别不同情况，不搞“一刀切”，搞好各项政策措施的相互配合和协调。

要巩固和发展当前经济发展的好势头，就必须紧紧抓住结构调整这条主线。要巩固和加强农业基础地位，把解决好“三农”问题作为全党工作的重中之重。积极发展高新技术产业，加快改造传统产业，全面提高制造业的竞争力。要采取综合措施，坚决遏制部分行业存在的盲目投资、低水平重复建设的倾向，促进产业结构优化升级。加强能源、交通运输建设,抓好重要资源的节约和有效利用,积极发展循环经济,缓解经济发展中的瓶颈制约。大力发展第三产业。继续推进西部大开发,振兴东北地区等老工业基地,促进区域协调发展。

要巩固和发展当前经济发展的好势头,就必须有重点、有步骤地推进经济体制改革,进一步消除束缚生产力发展的体制性障碍。要精心设计、稳步实施各项改革方案,把改革的力度、发展的速度和社会可承受的程度有机结合起来,把实现好、维护好、发展好人民群众的根本利益,作为处理改革发展稳定关系的结合点,为经济发展和社会的全面进步提供强大的动力。

现在,摆在各级党委和政府面前的一项重要任务,就是要认真贯彻落实这次会议的精神。各级干部要着眼全国大局,把中央的各项部署,与本地的实际相结合,以强烈的责任感和使命感,坚决落实中央的部署和要求,创造性地开展工作,以奋发有为的精神状态,开创改革发展的新局面。要切实转变工作作风,按照为民、务实、清廉的要求,树立正确的政绩观,真正做到权为民所用、情为民所系、利为民所谋。要深入基层,深入群众,讲实话,察实情,办实事,求实效。多为群众雪中送炭,解决他们生产生活中遇到的困难和问题。各级政府要进一步转变职能,改进调节和监管方式,真正把政府经济管理职能转移到为市场主体服务和创造良好发展环境上来,切实提高依法行政水平。

我国的经济发展正处在一个关键时期。明年的经济工作目标任务已经明确,让我们紧密团结在以胡锦涛同志为总书记的党中央周围,在邓小平理论和“三个代表”重要思想指引下,继续保持谦虚谨慎、不骄不躁的作风,继续保持艰苦奋斗的作风,与时俱进,开拓进取,励精图治,扎实工作,团结奋斗,努力完成明年经济社会发展的各项任务,确保中国经济这艘巨轮继续平稳快速地破浪前行。

国务院总理温家宝对做好蓄滞洪区运用补偿工作作出重要批示

温家宝指出,补偿要落实,各级分配方案要公开,补偿资金要真正发到受灾群众手里,并接受群众和社会监督。

按照《蓄滞洪区运用补偿暂行办法》和《国家蓄滞洪区运用财政补偿资金管理规定》的要求,财政部会同水利部对安徽、湖南两省蓄滞洪区的运用补偿情况进行了深入细致的核查工作。报经国务院批准,决定对安徽、湖南两省运用的国家蓄滞洪区内农作物、专业养殖、经济林、农业机械、役畜、家庭耐用消费品、影响明年夏季收成等损失以及已下达转移命令而未行洪的行蓄洪区损失,按规定给予补偿,中央财政按70%的比例共负担补偿资金43041万元,其中补助安徽省41012万元、湖南省2029万元。另外,国家还对安徽行蓄洪区内的居民实施移民迁建住房予以补助。这充分体现了党中央、国务院对受灾群众的亲切关怀。

今年汛期,淮河流域发生自1954年以来最大洪水,长江支流澧水发生特大洪水,为减轻淮河、长江干流防洪压力,保障广大人民群众生命财产安全,根据国家防汛抗旱总指挥部命令,安徽省及时启用蒙洼等9个国家蓄滞洪区,湖南省启用了澧南垸蓄洪区。蓄滞洪区的启用,有效降低了干流洪峰水位,减轻了堤防防守压力,减少了抗洪抢险投入,确保了沿岸人民群众生命财产和重要城镇、工矿企业、铁路交通的安全,防洪效益显著,在今年的抗洪抢险中发挥了巨大作用。

全国政协主席贾庆林在达卡会见孟加拉国总理卡莉达·齐亚

贾庆林表示,中孟经贸关系具有良好的基础和巨大的潜力。两国经济的不断发展,将为深化中孟经贸合作带来更多的机会。双方企业应加强交流,扩大合作领域。贾庆林还介绍了中国社会及经济发展情况。

卡莉达·齐亚说,孟加拉国十分重视同中国的关系,希望两国保持高层领导人的互访势头,不断促进两国关系的全面发展。同时,孟方也希望孟中各界增进交流与合作,欢迎更多的中国企业来孟加拉国投资,开展互利合作。

中组部部长贺国强在北京与大城市市长城市规划专题研究班学员座谈

贺国强对市长培训工作给予了充分肯定。他指出,市长培训是全国干部培训工作的重要组成部分。市长研究班创办20年来,办出了特色,取得了很大的成绩。要认真总结20年来市长培训工作的成功经验,坚持与时俱进、开拓创新,切实把这项工作做得更好、更有成效。

贺国强指出,为人民谋利益,为人民创政绩,应该是每个人民公仆的终身追求。为人民创政绩,才能得到人民拥护;为人民创政绩,党的事业才能得到发展。牢固树立正确的政绩观,当好人民的公仆,一是要坚持把工作的出发点放在为人民群众办实事、谋实利上。二是要发扬脚踏实地、埋头苦干的工作作风。三是要坚持实事求是,按照客观规律办事。四是要顾全大局、统筹兼顾,立足当前,着眼长远。

贺国强还强调了组织部门要树立正确的政绩观。

参加这期专题研究班的学员,都是城区人口在50万人以上的大城市的市长、副市长。中央组织部、建设部、中国科协的负责同志参加了会议。座谈会上,建设部介绍了20年来市长培训工作的情况,两位学员代表谈了学习的收获和体会。

民革十届二中全会在北京举行

国办转发国务院国资委《关于规范国有企业改制工作的意见》

各省、自治区、直辖市人民政府,国务院各部委、各直属机构:

国务院国有资产监督管理委员会《关于规范国有企业改制工作的意见》已经国务院同意,现转发给你们,请认真贯彻执行。

国务院办公厅

2003年11月30日

关于规范国有企业改制工作的意见

党的十五大以来,各地认真贯彻国有经济有进有退、有所为有所不为的方针,积极推进国有经济布局和结构调整,探索公有制的多种有效实现形式和国有企业改制的多种途径,取得了显著成效,积累了宝贵经验。但前一阶段国有企业改制工作中出现了一些不够规范的现象,造成国有资产的流失。国有企业改制是一项政策性很强的工作,涉及出资人、债权人、企业和职工等多方面的利益,既要积极探索,又要规范有序。为全面贯彻落实党中央关于国有经济布局结构调整和国有企业改革的精神,保证国有企业改制工作健康、有序、规范地进行,现提出以下意见:

一、健全制度,规范运作

(一)批准制度。国有企业改制应采取重组、联合、兼并、租赁、承包经营、合资、转让国有产权和股份制、股份合作制等多种形式进行。国有企业改制,包括转让国有控股、参股企业国有股权或者通过增资扩股来提高非国有股的比例等,必须制订改制方案。方案可由改制企业国有产权持有单位制订,也可由其委托中介机构或者改制企业(向本企业经营管理者转让国有产权的企业和国有参股企业除外)制订。国有企业改制方案需按照《企业国有资产监督管理暂行条例》(国务院令第378号,以下简称《条例》)和国务院国有资产监督管理委员会(以下简称国资委)的有关规定履行决定或批准程序,未经决定或批准不得实施。国有企业改制涉及财政、劳动保障等事项的,需预先报经同级人民政府有关部门审核,批准后报国有资产监督管理机构协调审批;涉及政府社会公共管理审批事项的,依照国家有关法律、法规,报经政府有关部门审批;国有资产监督管理机构所出资企业改制为国有股不控股或不参股的企业(以下简称非国有的企业),改制方案需报同级人民政府批准;转让上市公司国有股权审批暂按现行规定办理,并由国资委会同证监会抓紧研究提出完善意见。

(二)清产核资。国有企业改制,必须对企业各类资产、负债进行全面认真的清查,做到账、卡、物、现金等齐全、准确、一致。要按照"谁投资、谁所有、谁受益"的原则,核实和界定国有资本金及其权益,其中国有企业借贷资金形成的净资产必须界定为国有产权。企业改制中涉及资产损失认定与处理的,必须按有关规定履行批准程序。改制企业法定代表人和财务负责人对清产核资结果的真实性、准确性负责。

(三)财务审计。国有企业改制,必须由直接持有该国有产权的单位决定聘请具备资格的会计师事务所进行财务审计。凡改制为非国有的企业,必须按照国家有关规定对企业法定代表人进行离任审计。改制企业必须按照有关规定向会计师事务所或政府审计部门提供有关财务会计资料和文件,不得妨碍其办理业务。任何人不得授意、指使、强令改制企业会计机构、会计人员提供虚假资料文件或违法办理会计事项。

(四)资产评估。国有企业改制,必须依照《国有资产评估管理办法》(国务院令第91号)聘请具备资格的资产评估事务所进行资产和土地使用权评估。国有控股企业进行资产评估,要严格履行有关法律、法规规定的程序。向非国有投资者转让国有产权的,由直接持有该国有产权的单位决定聘请资产评估事务所。企业的专利权、非专利技术、商标权、商誉等无形资产必须纳入评估范围。评估结果由依照有关规定批准国有企业改制和转让国有产权的单位核准。

(五)交易管理。非上市企业国有产权转让要进入产权交易市场,不受地区、行业、出资和隶属关系的限制,并按照《企业国有产权转让管理暂行办法》的规定,公开信息,竞价转让。具体转让方式可以采取拍卖、招投标、协议转让以及国家法律、法规规定的其他方式。

(六)定价管理。向非国有投资者转让国有产权的底价,或者以存量国有资产吸收非国有投资者投资时国有产权的折股价格,由依照有关规定批准国有企业改制和转让国有产权的单位决定。底价的确定主要依据资产评估的结果,同时要考虑产权交易市场的供求状况、同类资产的市场价格、职工安置、引进先进技术等因素。上市公司国有股转让价格在不低于每股净资产的基础上,参考上市公司盈利能力和市场表现合理定价。

(七)转让价款管理。转让国有产权的价款原则上应当一次结清。一次结清确有困难的,经转让和受让双方协商,并经依照有关规定批准国有企业改制和转让国有产权的单位批准，可采取分期付款的方式。分期付款时，首期付款不得低于总价款的30%，其余价款应当由受让方提供合法担保，并在首期付款之日起一年内支付完毕。转让国有产权的价款优先用于支付解除劳动合同职工的经济补偿金和移交社会保障机构管理职工的社会保险费，以及偿还拖欠职工的债务和企业欠缴的社会保险费，剩余价款按照有关规定处理。

(八)依法保护债权人利益。国有企业改制要征得债权金融机构同意，保全金融债权，依法落实金融债务，维护其他债权人的利益。要严格防止利用改制逃废金融债务，金融债务未落实的企业不得进行改制。

(九)维护职工合法权益。国有企业改制方案和国有控股企业改制为非国有的企业的方案，必须提交企业职工代表大会或职工大会审议，充分听取职工意见。其中，职工安置方案需经企业职工代表大会或职工大会审议通过后方可实施改制。改制为非国有的企业，要按照有关政策处理好改制企业与职工的劳动关系。改制企业拖欠职工的工资、医疗费和挪用的职工住房公积金以及企业欠缴的社会保险费等要按有关规定予以解决。改制后的企业要按照有关规定按时足额交纳社会保险费，及时为职工接续养老、失业、医疗、工伤、生育等各项社会保险关系。

(十)管理层收购。向本企业经营管理者转让国有产权必须严格执行国家的有关规定，以及本指导意见的各项要求，并需按照有关规定履行审批程序。向本企业经营管理者转让国有产权方案的制订，由直接持有该企业国有产权的单位负责或其委托中介机构进行，经营管理者不得参与转让国有产权的决策、财务审计、离任审计、清产核资、资产评估、底价确定等重大事项，严禁自卖自买国有产权。经营管理者筹集收购国有产权的资金，要执行《贷款通则》的有关规定，不得向包括本企业在内的国有及国有控股企业借款，不得以这些企业的国有产权或实物资产作标的物为融资提供保证、抵押、质押、贴现等。经营管理者对企业经营业绩下降负有责任的，不得参与收购本企业国有产权。

二、严格监督，追究责任

各级监察机关、国有资产监督管理机构和其他有关部门，要加强联系、密切配合，加大对国有企业改制工作的监督检查力度。通过建立重要事项通报制度和重大案件报告制度，以及设立并公布举报电话和信箱等办法，及时发现和严肃查处国有企业改制中的违纪违法案件。对国有资产监督管理机构工作人员、企业领导人员利用改制之机转移、侵占、侵吞国有资产的，隐匿资产、提供虚假会计资料造成国有资产流失的，营私舞弊、与买方串通低价转让国有产权的，严重失职、违规操作、损害国家和群众利益的，要进行认真调查处理。其中涉嫌犯罪的，依法移交司法机关处理；造成国有资产损失的，按照《条例》的规定，追究有关责任人的赔偿责任。对中介机构弄虚作假、提供虚假审计报告、故意压低评估价格等违规违法行为，要加大惩处力度；国有资产监督管理机构和国有及国有控股企业不得再聘请该中介机构及其责任人从事涉及国有及国有控股企业的中介活动。

为加快建设和完善产权交易市场体系，确保产权交易公开、公平、公正，由法制办会同国资委、财政部等有关部门研究有关产权交易市场的法规和监管制度，各地依照法律、法规及有关规定，根据实际情况制定具体实施细则。

三、精心组织，加强领导

(一)全面准确理解国有经济布局和结构调整战略方针，坚持党的十六大提出的必须毫不动摇地巩固和发展公有制经济，必须毫不动摇地鼓励、支持和引导非公有制经济发展的方针。国有企业改制要坚持国有经济控制重要行业和关键领域，提高国有经济的控制力、影响力和带动力。在其他行业和领域，国有企业通过重组改制、结构调整、深化改革、转换机制，在市场竞争中实现优胜劣汰。

(二)在国有企业改制工作中，各地区要防止和纠正不顾产权市场供求状况及其对价格形成的影响作用、不计转让价格和收益，下指标、限时间、赶进度，集中成批向非国有投资者转让国有产权的做法。防止和避免人为造成买方市场、低价处置和贱卖国有资产的现象。

(三)国有企业改制要从企业实际出发，着眼于企业的发展。要建立竞争机制，充分考虑投资者搞好企业的能力，选择合格的投资者参与国有企业改制，引入资金、技术、管理、市场、人才等资源增量，推动企业制度创新、机制转换、盘活资产、扭亏脱困和增加就业，促进企业加快发展。

(四)地方各级人民政府及其国有资产监督管理机构、国有及国有控股企业，要高度重视国有企业改制工作，全面理解和正确贯彻党中央、国务院有关精神，切实负起责任，加强组织领导。要从实际出发，把握好改制工作的力度和节奏。在国有企业改制的每一个环节都要做到依法运作，规范透明，落实责任。上级国有资产监督管理机构要加强对下级国有资产监督管理机构的指导和监督，及时总结经验，发现和纠正国有企业改制工作中存在的问题，促进国有资产合理流动和重组，实现国有资产保值增值，更好地发挥国有经济的主导作用。

全国人大常委会副委员长韩启德率全国人大代表团启程赴伊朗 肯尼亚 尼日利亚三国进行友好访问

建设部和国家文物局联合审定首批历史文化名镇(村)

首批历史文化名镇(村)是:山西省灵石县静升镇、江苏省苏州市周庄镇、江苏省苏州市同里镇、江苏省吴县市角直镇、浙江省嘉善县西塘镇、浙江省桐乡市乌镇、福建省上杭县古田镇、重庆市合川市涞滩镇、重庆市石柱土家族自治县西沱镇、重庆市潼南县双江镇;北京市门头沟区斋堂镇川底下村、山西省临县碛口镇西湾村、浙江省武义县俞源乡俞源村、浙江省武义县郭洞村、安徽省黄山市黟县西递村、安徽省黄山市黟县宏村、江西省乐安县牛田镇流坑村、福建省南靖县书洋镇田螺坑村、湖南省岳阳县张谷英镇张谷英村、广东省三水市乐平镇大旗头村、广东省深圳市大鹏镇鹏城村、陕西省韩城市西庄镇党家村。

国家矿山医疗救护中心在北京煤炭总医院正式成立

首批矿山医疗救护技术专家组同时组建。

国家矿山医疗救护中心是我国矿山应急救援体系的重要组成部分。它的组建将有利于整合矿山医疗救护资源,提高矿山事故伤员急救水平,降低死亡率,从而为矿山安全生产提供有力保障。矿山医疗救护队伍分三级,即国家级医疗救护中心、省级医疗救护中心和企业矿山医疗救护站。国家安全生产监督管理局聘任的首批矿山医疗救护技术专家组成员有36人,一批全国创伤研究领域著名的专家担任顾问。专家组成员的主要职责是:对矿山医疗救护法规的制定提出建议;为矿山事故危重伤员的急救和医疗提供专家支持;负责矿山高级医疗救护技术人员的培训等。国家矿山安全救护中心主任、北京煤炭总医院院长王明晓指出,我国有望在3—5年内初步建立起国家矿山医疗救护网络。

12月1日

国家主席胡锦涛在人民大会堂会见德国总理施罗德

国务院总理温家宝在人民大会堂与德国总理施罗德举行会谈

施罗德说，德中经贸合作取得的累累硕果是10年前所无法想象的。面对中国完善市场经济体制带来的巨大机遇，德国政府会更加积极鼓励支持更多的德国企业参与中国的经济建设。

施罗德还表示将采取切实措施，进一步促进德中在文化、科技、教育、环保等领域的交流与合作。

会谈后，两国总理出席了《中华人民共和国和德意志联邦共和国关于相互增设总领事馆协议》等11个双边合作文件的签字仪式并共同会见了记者和两国企业家代表。

国务院总理温家宝在人民大会堂分别会见科威特副首相兼国防大臣贾比尔·穆巴拉克和阿根廷外交部长拉斐尔·别尔萨

国务院总理温家宝在北京市考察艾滋病防治工作

12月1日是“世界艾滋病日”。温家宝上午来到北京市地坛医院，看望正在这里住院治疗的艾滋病患者，代表党中央、国务院向辛勤工作的医护人员，向所有为艾滋病防治工作作出贡献的卫生工作者和社会各界人士表示衷心的感谢，向全国的艾滋病病毒感染者和患者表示亲切的慰问。

中共中央政治局委员、国务院副总理吴仪，中共中央政治局委员、北京市市委书记刘淇，北京市代市长王岐山陪同考察。

温家宝说，艾滋病的流行对人类生存和发展构成严峻挑战，防治艾滋病已成为全球性的公共卫生问题。近年来，艾滋病在我国的流行也呈现上升趋势。卫生部与联合国有关机构将联合发布《中国艾滋病联合评估报告》。党中央、国务院高度重视艾滋病防治工作，把艾滋病防治纳入政府工作的重要日程。1998年以来，国务院先后发布了《中国预防与控制艾滋病中长期规划》和《中国遏制与防治艾滋病行动计划》。按照预防为主，防治结合，综合治理的方针，我们采取了一系列积极有效的防治措施。不断加大投入，加强疾病预防控制机构和血站建设。加强对艾滋病病人的救治和救助，为重点地区的艾滋病患者免费提供抗病毒药物。在全国建立了艾滋病综合防治示范区，采取抗病毒治疗、人文关怀、生活救助等综合防治措施。保护艾滋病病毒感染者和患者的合法权益，反对社会歧视。

温家宝强调，各级政府要以对人民高度负责的精神，进一步做好艾滋病防治工作：第一，广泛开展宣传教育，使全社会广大群众正确对待艾滋病，重视防治工作。第二，依法加强监督管理，及时准确报告疫情，加强疫情监测监控。第三，继续加大投入，实行免费抗艾滋病病毒治疗，免费匿名检测，免费实施母婴阻断，对艾滋病患者的孤儿实行免费上学。第四，加强国际合作，以负责任和更加开放的态度，与国际社会一道共同探讨预防与控制艾滋病的对策。

全国政协主席贾庆林在达卡会见孟加拉国总统艾哈迈德并与孟加拉国议长西卡尔举行会谈

贾庆林在会见艾哈迈德时说，中孟是亲密友好的近邻，相互尊重、相互理解、相互支持、密切配合是两国关系的显著特点。我们愿在现有基础上继续扩大与孟方在各个领域的合作与交流。

艾哈迈德希望两国高层互访的势头保持下去。他说，孟中在国际事务中密切合作与协调，双方对许多重大国际问题看法是一致的，维护世界和平与稳定是孟中两国的共同目标。

在与西卡尔会谈结束后，贾庆林和西卡尔出席了《中孟经济技术合作协定》和《中孟文化合作协定2004年至2006年执行计划》签字仪式。

全国发展和改革工作会议在北京召开

国家发改委主任马凯在《同心协力，锐意改革，努力实现全面协调可持续发展》的报告中说，今年以来，我国经济社会发展的总体形势是好的，出现了多年期盼的良好局面，预计全年国内生产总值增长8.5%。

马凯强调，做好明年发展和改革工作，必须切实把思想统一到中央的决策和部署上来。要着重从四个方面统一思想认识：一要统一对经济形势的认识，尤其要居安思危，增强忧患意识。二要统一对宏观调控政策的认识，一方面要保持政策的连续性和稳定性，坚持扩大内需的方针，继续实施积极的财政政策和稳健的货币政策；另一方面要根据形势的发展变化，对宏观经济政策的力度和重点进行适度调整，做到力度适当，手段适当，对象适当，时机适当。三要统一对经济工作重点的认识，切实把工作重点转到调整结构、转变增长方式、提高增长质量和效益上来。四要统一对树立科学发展观重要性的认识，实现全面、协调、可持续的发展。

马凯提出明年促进经济持续快速协调健康发展和社会全面进步的十项主要任务：加强和改善宏观调控，充分发挥国债资金促进结构调整、协调发展的作用；千方百计增加农民收入,保护和提高粮食综合生产能力;加快产业结构优化升级,提高国际竞争力;有效遏制盲目投资和低水平扩张,保持经济平稳运行;加强监测预警,缓解经济发展中的瓶颈制约;实行积极的就业政策,把经济发展与扩大就业紧密结合起来;进一步增加居民收入,增强消费需求对经济增长的拉动作用;推进西部大开发和东北地区等老工业基地调整改造,促进区域经济协调发展;做好外贸外资工作,更好地利用两个市场、两种资源;坚持实施科教兴国和可持续发展战略,全面发展科技、教育、文化、广播影视、卫生、体育等社会事业。

马凯强调,要认真贯彻落实党的十六届三中全会精神,抓住当前经济增长较快、财政状况较好、环境比较宽松的有利时机,抓紧研究解决深层次的体制和机制问题,有重点、有步骤地推进投资、粮棉流通、垄断行业和价格等方面的改革。

中央统战部部长刘延东受中共中央委托在北京向党外人士通报中央经济工作会议精神

刘延东说,中央经济工作会议从全局和战略的高度,全面分析了国际国内形势,实事求是地总结了今年的经济工作,明确提出了明年经济工作的总体要求,着重强调了做好明年经济工作需要把握的重要原则和重大问题,并对加强和改善党对经济工作的领导提出了明确的要求。希望各民主党派中央、全国工商联、无党派人士和统一战线各界人士认真学习领会会议精神,把思想统一到中共中央的精神和决策上来,把意志和力量凝聚到实现全面建设小康社会的宏伟目标上来。要充分发挥统一战线优势,围绕改革开放、经济建设和社会发展的大局,充分发挥参政议政、民主监督作用,深入实际调查研究,提建议、献良策、做贡献。要积极鼓励、支持和引导非公有制人士爱国、敬业、诚信、守法,推动非公有制经济健康发展,进一步推进光彩事业,加大扶贫开发力度,协助党和政府帮助贫困地区群众脱贫致富。要推进民族团结进步,引导宗教与社会主义社会相适应,协助党和政府做好协调关系、化解矛盾的工作,维护安定团结的政治局面。

何鲁丽、丁石孙、成思危、蒋正华、罗豪才、周铁农、黄孟复、王选、张怀西、李蒙、王光英、孙孚凌、万国权、经叔平等出席了通报会。各民主党派中央、全国工商联负责人,无党派人士、民族宗教界人士参加了会议。

银监会主席刘明康出席国务院新闻办举行的记者招待会

刘明康在记者招待会上宣布,银监会将根据我国加入世界贸易组织的承诺,从即日起,正式实施两项进一步开放银行业的措施。

这两项措施包括:其一,允许外资银行将经营人民币业务的地域扩大到济南、福州、成都、重庆,使开放人民币业务的城市增加到13个(此前已开放上海、深圳、天津、大连、广州、珠海、青岛、南京、武汉9个城市);其二,允许符合法定条件的外资银行在上述已开放人民币业务的地域向中国企业提供人民币服务(在这之前,外资银行只能在开放人民币业务的地域向外资企业、外国人和港澳台同胞提供人民币服务)。这是我国银行业对外开放迈出的历史性一步,为外资银行全面开拓本币业务提供了全新的和巨大的发展空间。

刘明康表示,银监会欢迎合格的境外战略投资者按照自愿和商业原则,参与我国银行业金融机构的重组与改造。经国务院同意,银监会决定将单个外资机构入股的比例由原来规定的15%提高到20%;合计外资投资所占比例如低于25%,被入股机构的性质和业务范围不发生改变。

刘明康还表示,银监会将修订《中华人民共和国外资金融机构管理条例实施细则》,对包括外资银行营运资金在内的相关规定进行完善。他透露,目前汽车金融公司的设立已进入实际操作阶段,银监会已收到并正式受理上汽通用汽车金融有限责任公司、丰田汽车金融(中国)有限公司、大众汽车金融(中国)有限公司三家公司提出的申请。此外,银监会将根据中央政府与香港特别行政区签署的关于建立更紧密经贸关系的安排,对香港银行进入内地市场实施进一步的开放措施。银监会已收到3家香港银行在CEPA项下提出的设立分行申请,正在根据有关规定进行审查,明年1月1日即可进行审批。

据了解,截至2003年10月末,共有19个国家和地区的62家外资银行在华设立了191家营业性机构,其中84家已获准经营人民币业务。此外,外资银行类机构在我国还设立了211家代表处。在华外资银行的资产总额已达到466亿美元,占我国银行业金融机构资产总额的1.4%。外资银行的贷款余额为217亿美元,其中外汇贷款余额164亿美元,占银行业金融机构外汇贷款余额的13%。

湖北恩施土家族苗族自治州庆祝自治州成立20周年

纪念《开罗宣言》发表60周年座谈会在北京举行

60年前,当世界反法西斯战争进入决战阶段的关键时刻,中、美、英三国首脑于1943年12月1日,在开罗发表了著名的《开罗宣言》。这是第一份确认台湾是中国领土的国际法文件,它从法律上明确了日本侵占台湾的非法性,强调了战后日本必须将台湾归还中国,为战后中国处理台湾问题提供了国际法依据。

国务院台湾事务办公室副主任、海峡两岸关系研究中心顾问王在希发表了讲话。他说,60年来,《开罗宣言》的法律性质与效力为世界各国包括主要西方国家所确认。1945年7月26日,中美英三国首脑发表的《波茨坦公告》第八节规定,"开罗宣言之条件必将实施"。同年9月2日,《日本无条件投降书》则昭告世界,"承担忠诚履行波茨坦公告各项规定之义务"。1945年10月25日,当时的中国政府正式收复台湾、澎湖列岛,恢复对台湾行使主权。此后,台湾作为中国领土不可分割的一部分的法律地位,已经完全确立。

王在希说,长期以来,"台独"势力把《开罗宣言》视为他们分裂祖国、策动台湾独立的最大国际法障碍,总是想方设法否定其法律地位和效力。他们置基本事实和国际法于不顾,鼓吹什么"一边一国"、"台湾地位未定论"等歪理。殊不知,被国际社会普遍接受的一项历史性法律文件,决不会因为某些攻击而受到贬损。《开罗宣言》的法律地位历久弥坚,永垂史册。

他强调,中国政府在发展两岸关系、推进和平统一的进程中,始终维护台湾同胞的利益。我们尊重台湾同胞要求当家做主、发展民主的愿望,但中国的主权和领土完整不容分割,中国政府决不容许某些人以任何方式把台湾分割出去。

座谈会由海峡两岸关系研究中心、中国社会科学院世界历史所、中国社科院台湾研究所共同主办。全国政协常委、海研中心顾问郑必坚以及来自海研中心、中国社科院和首都部分高校的专家、学者共20多人参加了座谈。

国家副主席曾庆红在人民大会堂会见斯洛文尼亚前总统米兰·库昌

国务院副总理黄菊在人民大会堂会见法国经济、财政和工业部长弗朗西斯·梅尔

外交部部长李肇星在钓鱼台国宾馆同阿根廷外交部长拉斐尔·别尔萨举行会谈

国务委员兼国防部部长曹刚川在北京与科威特副首相兼国防大臣谢赫贾比尔·穆巴拉克·哈马德·萨巴赫举行会谈

卫生部和联合国艾滋病中国专题组公布《中国艾滋病防治联合评估报告》

《中国艾滋病防治联合评估报告》(以下简称《报告》)指出,艾滋病在中国的流行经历了传入期、播散期和增长期三个阶段。近年来,艾滋病流行形势日益严峻。目前,中国现有艾滋病病毒感染者约84万,艾滋病病人约8万例。到2002年年底,我国大陆31个省、自治区、直辖市均报告了吸毒人群中艾滋病病毒感染病例。

卫生部副部长马晓伟指出,自1997年卫生部与联合国艾滋病专题组合作发表了中国艾滋病防治联合评估报告——《中国迎战艾滋病》以来,中国的艾滋病流行形势发生了很大变化,防治工作取得了显著的进展。今天再次公布《报告》,目的是让社会更多地了解中国艾滋病流行形势,动员社会各界支持中国的艾滋病防治工作。

新疆昭苏发生6.1级地震10人死亡

9时38分,新疆维吾尔自治区和哈萨克斯坦边境地区发生6.1级地震,震中位于北纬43.1度、东经80.1度。地震中心距我国新疆伊犁哈萨克自治州昭苏县城约80公里,昭苏县及周边地区震感强烈,部分房屋倒塌或出现较大裂缝。地震造成10人死亡,40余人受伤。

12月2日

全国人大常委会委员长吴邦国在人民大会堂会见德国总理施罗德

吴邦国对两国在经济上的互利合作表示满意。他说,德国拥有先进的技术和成熟的管理经验。中国经济持续快速增长,特别是实施西部大开发战略和振兴东北老工业基地战略之后,为中德双方合作开拓了新的空间和领域。

施罗德表示,德中合作在各个领域都取得了可喜成果,德国政府愿与中方共同努力,不断深化和扩大两国友好关系。他说,中国政府通过实施西部大开发和振兴东北老工业基地等战略推动地区平衡发展是有远见的,德国愿积极全面参与中国的经济发展进程。

国务院总理温家宝签署第395号令公布《中华人民共和国知识产权海关保护条例》

《中华人民共和国知识产权海关保护条例》已经2003年11月26日国务院第30次常务会议通过,现予公布,自2004年3月1日起施行。

总 理 温家宝

2003年12月2日

中华人民共和国知识产权海关保护条例(略)

全国政协主席贾庆林在加德满都分别会见尼泊尔国务委员会主席乔杜里和下院议长拉纳巴特

贾庆林说，中尼两国人民在长期的交往中结下了深厚的情谊。中尼关系以完全平等、真诚相待、相互支持、世代友好为突出特征，堪称大小国家友好相处的典范。

贾庆林说，尼泊尔是中国在南亚地区开放的第一个旅游目的地国，神秘的雪域高山吸引着越来越多的中国游客。通过旅游合作等形式加强民间交往，中尼两国人民的友谊不断发扬光大，世代相传。

乔杜里表示，尼中交往历史悠久，关系真诚、友好。两国领导人非常重视双边关系的发展，频繁的高层互访增进了互信，促进了合作。尼泊尔感谢中国长期以来为尼泊尔经济建设提供的宝贵援助和支持。

拉纳巴特表示，希望两国不断加强民间交往，扩大合作领域。尼泊尔将坚定不移地奉行一个中国政策，在台湾、西藏和人权等问题上支持中国的立场，决不允许有人利用尼泊尔领土从事反华活动。

国务院副总理曾培炎在北京出席全国发展和改革工作会议并讲话

曾培炎说，刚刚闭幕的中央经济工作会议，深刻分析了国内外形势，对明年的经济工作提出了总体要求和具体部署。我们要认真学习领会，深入贯彻落实胡锦涛总书记、温家宝总理在会上作的重要讲话，以及家宝同志对发展改革工作会议作的重要批示精神，牢牢把握新世纪的重要战略机遇期，把各方面加快发展的积极性保护好、引导好、发挥好。

曾培炎指出，保持当前经济发展的良好势头，必须在充分发挥市场机制作用的基础上，加强和改善宏观调控。要保持经济政策的连续性和稳定性，正确把握宏观调控的力度、重点和方向。第一，加大结构调整力度。要综合运用经济、法律等多种手段进行调控，认真解决和防止一些行业盲目投资、低水平扩张问题。要发挥行业规划和产业政策的导向作用，健全市场信息发布制度，规范行业准入、信贷、土地、环保等管理。健全国家计划和财政政策、货币政策等相互配合的宏观调控体系，努力形成调控的合力。第二，努力缓解经济发展中的“瓶颈制约”。要综合采取投资、价格、改革等政策措施，促进能源、水资源有效利用，增加电力、煤炭、运输等有效供给。切实加强农业，保护和提高粮食综合生产能力。第三，进一步加强对社会投资的引导。要继续发挥国债投资的带动作用，引导社会资金投向有利于产业结构优化升级的领域，大力发展支农产业、高新技术产业、装备制造业、第三产业。加强城乡基础设施建设，不断改善消费条件和环境。第四，抓好节地、节能、节水、节材和提高投资效益的工作。要切实转变增长方式，降低经济增长的成本和代价。要落实最严格的耕地保护制度，提高城镇现有土地的利用效率。

曾培炎强调，要按照三中全会《决定》的要求和中央的统一部署，积极有序地推进各项改革。发展改革部门要加强对改革工作的总体指导和综合协调，适时推进和完善投资体制改革、粮食流通体制改革和垄断行业改革。处理好改革、发展和稳定的关系，保障各项改革顺利进行。

曾培炎指出，坚持以人为本，树立全面、协调、可持续的科学发展观，是我们党现代化建设指导思想的新发展。在发展改革工作中，要牢固树立和认真落实科学的发展观，切实做到“五个统筹”。要统筹城乡发展，逐步改变城乡二元经济结构；统筹区域发展，促进东中西部地区良性互动；统筹经济社会发展，促进社会进步和人的全面发展；统筹人与自然和谐发展，促进经济社会与资源环境相互协调；统筹国内发展和对外开放，更好地利用国内外两个市场、两种资源。要按照科学发展观与“五个统筹”的要求，做好“十一五”规划的编制工作，实现国民经济持续快速协调健康发展和社会全面进步。

国务院发出《关于成立国务院振兴东北地区等老工业基地领导小组的决定》

各省、自治区、直辖市人民政府，国务院各部委、各直属机构：

为实施东北地区等老工业基地振兴战略，加快东北地区等老工业基地发展，决定成立国务院振兴东北地区等老工业基地领导小组。

国务院振兴东北地区等老工业基地领导小组的主要任务是：组织贯彻落实中共中央、国务院关于振兴东北地区等老工业基地的方针、政策和指示；审议东北地区等老工业基地振兴战略、专项规划、重大问题和有关法规；研究审议振兴东北地区等老工业基地的重大政策建议，协调东北地区等老工业基地经济社会全面发展。

国务院振兴东北地区等老工业基地领导小组组成人员如下：

组　长：温家宝（国务院总理）

副组长：黄　菊（国务院副总理）

曾培炎（国务院副总理）

成　员：（略）

国务院振兴东北地区等老工业基地领导小组下设办公室，在国家发展和改革委员会单设机构，具体承担领导小组的日常工作。办公室主任由张国宝兼任。

国务院振兴东北地区等老工业基地领导小组办公

室主要职责是：研究提出东北地区等老工业基地振兴战略、专项规划、重大问题和有关政策、法规的建议；对东北地区等老工业基地振兴规划进行指导、论证、综合平衡和衔接；研究提出东北地区等老工业基地优势产业发展、资源枯竭城市转型以及重大项目布局的建议并协调实施；研究提出东北地区等老工业基地深化改革、扩大开放和引进国内外资金、技术、人才的政策建议，协调重点基础设施建设、生态环境保护和建设、工业与其他相关产业的协调发展；承办领导小组交办的其他事项。

国务院

2003 年 12 月 2 日

国务院下发《关于开展第一次全国经济普查的通知》

各省、自治区、直辖市人民政府，国务院各部委、各直属机构：

为适应经济和社会发展需要，并与国家编制五年计划更好衔接，推进国民经济核算与统计调查体系的综合配套改革，国务院决定，将原定于 2003 年进行的第二次全国第三产业普查推迟，与计划在 2005 年开展的第四次全国工业普查和 2006 年开展的第三次全国基本单位普查合并，同时将建筑业纳入普查范围，在 2004 年开展第一次全国经济普查。今后全国经济普查每 10 年进行两次，分别在逢 3、逢 8 的年份实施。因农业普查周期较长（仍按每 10 年进行一次），且又非常重要，继续单独进行。现将开展第一次全国经济普查的有关事项通知如下：

一、普查的目的和意义

此次经济普查，主要是为了全面掌握我国第二产业和第三产业的发展规模、结构和效益等信息，建立、健全覆盖国民经济各个行业的基本单位名录库（含编码）及其数据库系统。认真搞好经济普查，对研究制定国民经济和社会发展规划，优化经济结构，改进宏观调控，开拓新的就业渠道，提高人民生活水平，全面建设小康社会，具有重要意义；对改革统计调查体系，完善国民经济核算制度，健全统计监测和预警、预报系统，将发挥重要作用。

二、普查的对象和范围

此次经济普查的对象，是在我国境内从事第二产业和第三产业的全部法人单位、产业活动单位和个体工商户。具体范围包括：采矿业，制造业，电力、燃气及水的生产和供应业，建筑业，交通运输、仓储和邮政业，信息传输、计算机服务和软件业，批发和零售业，住宿和餐饮业，金融业，房地产业，租赁和商务服务业，科学研究、技术服务和地质勘查业，水利、环境和公共设施管理业，居民服务和其他服务业，教育，卫生、社会保障和社会福利业，文化、体育和娱乐业，以及公共管理和社会组织等。

三、普查的内容和时间

普查的主要内容包括单位标志、从业人员、财务收支、资产状况，以及企业的主要生产经营活动和生产能力，主要原材料和能源消耗及科技开发的投入状况等。

普查的标准时点是 2004 年 12 月 31 日，时期资料为 2004 年度。

四、普查的组织和实施

经济普查涉及范围广、参与部门多、技术要求高、工作难度大。各地区、各部门要按照“全国统一领导、部门分工协作、地方分级负责、各方共同参与”的原则，认真做好此项重大国情国力普查的宣传动员和组织实施工作。

为了加强对此项工作的组织和领导，国务院决定成立第一次全国经济普查领导小组，负责普查的组织和实施。普查领导小组办公室设在国家统计局，具体负责普查的日常组织和协调。

其中，涉及普查宣传动员方面的事项，请中央宣传部负责协调；涉及普查经费和物资保障方面的事项，由财政部和发改委负责协调；涉及企业和个体工商户名录方面的事项，由工商总局和税务总局负责协调；涉及机关和事业单位名录方面的事项，由中央编办负责协调；涉及社团和民办非企业单位名录方面的事项，由民政部负责协调；涉及组织机构代码方面的事项，由质检总局负责协调。中央和国务院其他各有关部门，也要按照全国的统一部署，各司其职、各负其责、通力协作、密切配合。

地方各级人民政府要设立相应的普查领导小组及其办公室，认真做好本地区普查工作的组织和实施。对于普查工作中遇到的各种困难和问题，要及时采取措施，切实予以解决。要充分发挥街道办事处和居民委员会、乡镇政府和村民委员会的作用，广泛动员和组织社会力量积极参与并认真配合做好普查工作。

五、普查的经费

普查所需经费，由中央和地方各级人民政府共同负担，并列入相应年度的财政预算，按时拨付、确保到位。

凡在我国境内从事第二产业、第三产业的所有法人单位、产业活动单位和个体工商户，都必须严格按照《中华人民共和国统计法》的有关规定和此次普查的具体要求，按时、如实地填报普查表，确保基础数据的真实可靠。任何地方、部门、单位和个人，都不得虚报、瞒报、拒报、迟报，不得伪造、篡改普查资料。各级普查机构和宣传部门、新闻单位，要充分利用广播、电视和报刊等多种形式，广泛深入地宣传经济普查的有关要求及重要意义，为普查工作的顺利实施创造良好的社会环境。

附件：国务院第一次全国经济普查领导小组组成人员名单

国务院

2003 年 12 月 2 日

附件：国务院第一次全国经济普查领导小组组成人员名单

组　长：曾培炎（国务院副总理）

副组长：汪　洋（国务院副秘书长）

李德水（统计局局长）

朱之鑫（发展改革委副主任）

成　员：（略）

全国援外医疗队派遣 40 周年纪念暨表彰大会在钓鱼台国宾馆举行

纪念大会上，卫生部、外交部、商务部联合表彰了近 5 年援外医疗工作中涌现出的第十九期援阿尔及利亚医疗队塞伊达组、第十九期援桑给巴尔医疗队桑岛组等 30 个先进集体，以及陈升恒、徐长珍、肖汉生等 100 名先进个人。吴仪向获得表彰的先进集体和个人表示热烈祝贺，并向参加援外医疗工作的全体工作人员致以崇高的敬意。

全国政协副主席罗豪才在昆明出席东亚城市市长论坛开幕式

本次论坛的主题是："东亚城市——合作与发展"。来自东亚国家的 35 个城市、2 个国际组织和中国香港、澳门特别行政区的代表出席论坛。论坛将进行 4 次大会讨论，并举办"东亚城市精品展"。

本次论坛由外交部、对外友协和云南省人民政府主办，昆明市人民政府承办，旨在推进东亚国家地方政府交流合作。论坛原定于 2003 年 5 月举行，后因"非典"疫情推迟。昆明、北京、上海作为中方城市代表参加论坛。重庆、贵阳、南宁等西部城市作为特邀代表也出席论坛。

12 月 3 日

国家主席胡锦涛在北京分别会见来京述职的香港特别行政区行政长官董建华和澳门特别行政区行政长官何厚铧

胡锦涛对董建华和何厚铧以及两个特别行政区政府的工作给予充分肯定。胡锦涛表示，中央政府将继续坚定不移地贯彻"一国两制"、"港人治港"、"澳人治澳"、高度自治的基本方针，全力支持两个特别行政区政府依法施政，保持香港、澳门的长期繁荣稳定。

胡锦涛说，今年 7 月董建华来京述职以来，以董建华先生为首的香港特别行政区政府改进施政，关注民生，为维护社会稳定、促进经济发展做了许多工作。在中央政府的大力支持下，香港特别行政区政府与内地有关方面密切配合，加紧落实《内地与香港关于建立更紧密经贸关系的安排》，积极推动粤港、沪港合作，香港经济呈现出复苏的势头，市民的信心有所增强。胡锦涛希望香港特别行政区政府继续加强与社会各界的沟通，贴近民众，体察民情，集思广益，不断提高为市民服务的水平。胡锦涛强调，实现香港经济的振兴和发展归根结底要靠香港同胞自己的努力。他希望香港社会各界珍惜当前的有利局面，抓住机遇，集中精力，万众一心，克服困难，不断增强香港经济的活力，不断提高香港的国际竞争力，争取早日实现香港经济振兴和稳定发展。

在听取董建华关于香港社会近期对"政制检讨"问题的意见后，胡锦涛表示，中央对香港政治体制的发展高度关注，原则立场也是明确的，香港特别行政区的政治体制必须按照香港基本法的规定，从香港的实际情况出发，循序渐进地发展，相信香港社会对此是能够形成广泛共识的。

胡锦涛说，澳门回归祖国以来，以何厚铧先生为首的澳门特别行政区政府积极进取，务实有为，改善社会治安状况，推进政府行政改革，确定符合澳门实际的经济发展方向和政策措施，深化同祖国内地的经济合作，扩大国际交流，使澳门呈现出社会稳定、市民安居乐业、经济持续增长的良好局面。他希望澳门特别行政区政府和社会各界人士再接再厉，着眼长远，推动澳门各项事业的发展和进步，为"一国两制"在澳门的成功实践作出新的贡献。

国务院总理温家宝在北京分别会见来京述职的香港特别行政区行政长官董建华和澳门特别行政区行政长官何厚铧

温家宝重申中央政府将坚定不移地实行"一国两制"的方针，严格按香港基本法和澳门基本法办事，全力支持两个特别行政区政府依法施政。

温家宝在会见董建华时表示，今年以来，在中央政府的大力支持下，香港特别行政区政府和社会各界人士共同努力，克服了"非典"疫情等带来的不利影响，香港经济出现复苏势头。目前，《内地与香港关于建立更紧密经贸关系的安排》正在加紧落实，粤港、沪港合作进一步加强，香港市场趋于活跃，投资者信心增强。他希望香港特别行政区政府和各界人士抓住机遇，团结拼搏，继续发挥优势，着力调整结构，加快香港经济的发展。

在会见何厚铧时，温家宝对澳门继续保持经济的快速增长表示高兴。他说，事实证明，澳门特别行政区政府确定的经济发展思路和政策措施是正确的，只要按照这个思路继续抓好落实，并着力解决制约澳门持续发展的深层次问题，澳门的未来就大有希望。

国务院总理温家宝在人民大会堂与斯洛文尼亚总理罗普举行会谈

国务院总理温家宝在北京主持召开国务院常务会议

会议认真分析了农村形势，认为当前农村经济中的突出问题仍然是农民增收困难，特别是种粮农民收入增长缓慢。会议强调，各地区、各部门要认真贯彻十六届三中全会和中央经济工作会议精神，从维护广大农民群众根本利益、实践“三个代表”重要思想的高度，进一步增强做好农民增收工作的紧迫感和主动性，按照统筹城乡经济社会发展的要求，坚持“多予、少取、放活”的方针，加大对农业的支持保护力度，力争实现农民收入较快增长。重点要抓好以下工作：一是加强主产区粮食生产能力建设，支持主产区发展粮食转化和加工，增加对粮食主产区的投入，促进种粮农民增加收入。二是继续推进农业结构调整，搞好优势农产品产业带建设，加快发展农业产业化经营，加强农业科研和技术推广，挖掘农业内部增收潜力。三是大力发展农村二、三产业，推进乡镇企业改革和调整，繁荣小城镇经济，拓宽农民增收渠道。四是改善农民进城就业环境，保障进城就业农民的合法权益，增加农民外出务工收入。五是发挥市场机制作用，积极开拓农产品市场，培养农产品营销主体，搞活农产品流通，扩大优势农产品出口。六是加大对农业和农村的投入力度，加强农村中小型基础设施建设，加快改善农民的生产生活条件。七是加快土地征用制度改革，深化粮食流通体制改革，继续推进农村税费改革和农村金融体制改革，为农民增收减负提供体制保障。八是继续做好扶贫开发工作，切实解决好农村贫困人口和受灾群众的生产生活困难。会议还研究了其他事项。

全国政协主席贾庆林在加德满都分别会见尼泊尔国王贾南德拉和首相塔帕

在会见贾南德拉国王时，贾庆林说：尼泊尔历代国王和王室一贯致力于中尼友好事业，发挥了不可替代的作用。我们对此深表钦佩和赞赏。他说：中国是尼泊尔可以信赖的朋友。我们支持国王陛下和尼泊尔政府为维护国家统一、保持社会稳定、加快经济发展、保障人民生活所作的努力。

贾南德拉表示，完全支持尼泊尔国务委员会和中国全国政协开展交流与合作，为推动两国关系的全面发展作出贡献。

贾庆林在会见塔帕首相时说：中尼建交以来，两国高层往来频繁，各个领域的合作进展顺利，两国关系中不存在任何悬而未决的问题，中尼友谊日益深入人心。尼泊尔历届政府在台湾、西藏和人权等涉及中国主权利益的重大问题上给予了宝贵支持，我们对此表示赞赏和感谢。

塔帕表示，尼中友谊历史悠久，两国间不存在任何问题。两国领导人互访频繁，为推动两国关系的不断改善，增进两国人民之间的友谊作出了重大贡献。多年来，中国为尼泊尔经济发展提供了大量的援助，尼方表示感谢。塔帕重申，尼泊尔政府坚定不移地奉行一个中国政策，决不允许任何势力利用尼泊尔领土从事反华活动。双方还就双边经贸、反恐等问题交换了看法。

会见结束后，贾庆林和塔帕出席了中尼两国政府经济技术合作协定、关于在中尼边境增开两个贸易点的换文签字仪式。

全国政协主席贾庆林在伊斯兰堡与巴基斯坦参议院主席苏姆罗举行会谈

双方在亲切友好的气氛中就两国关系及共同关心的问题深入交换了看法。

贾庆林一行是于当天下午结束对尼泊尔访问后乘专机抵达伊斯兰堡，开始对巴基斯坦进行正式友好访问的。

国务院副总理曾培炎就全国新一轮油气资源评价工作作出批示

我国新一轮油气资源评价工作日前启动，旨在掌握油气资源基本底数，预测前景，保障国民经济快速发展对油气资源的需要。中共中央政治局委员、国务院副总理曾培炎作出批示。

曾培炎指出，石油天然气是重要的能源矿产和战略性资源，关系国家经济和社会发展，关系国家安全。组织开展新一轮全国油气资源评价工作很及时，也很重要。要本着科学负责的态度，认真做好这次评价工作，摸清我国油气资源的“家底”，为国家制定能源中长期发展规划和“十一五”规划提供坚实基础。

这是新中国成立以来首次由政府组织开展的油气资源评价工作。上世纪80年代第一次油气资源评价由石油行业内部开展，90年代初第二次油气资源评价是在体制变化情况下，在陆上和海上分别进行。前两次油气资源评价计算的是资源总量，包括历史累计采出量、探明剩余储量和尚未发现的潜在资源量，未计算可采资源量，难以进行国际对比。目前使用的数据缺乏科学依据和严格的标准，不能直接客观地反映我国油气资源潜力。

国土资源部部长孙文盛说，由国土资源部、国家发展和改革委员会共同担负的此次评价工作，目标是建立国家油气资源评价体系，掌握油气资源状况，获得各级资源量数据，预测油气资源发现趋势，建立国家油气资源管理数据库和评价系统，为国家制定重大战略和经济发展规划提供科学依据，指导油气资源勘探开发。这次评价将全面包括各类油气资源，既评价地质资源量，又评价可采资源量，并注意与国际评价标准相接轨。

国务院副总理黄菊在中南海会见欧洲货币机构投资公司董事长方亦伦和汇丰银行董事长埃尔登

中共中央政治局常委吴官正在人民大会堂会见以书记长曹奎一为团长的朝鲜祖国统一民主主义战线中央委员会代表团

中共中央政治局常委李长春在人民大会堂会见前来参加“亚欧会议文化与文明会议”的部分外方代表

李长春就加强文化交流与合作，捍卫人类文化与文明的多样性，促进亚欧各国共同发展问题与他们亲切交谈。

李长春说，这次亚欧会议26个成员的代表聚会北京，以世界文化和文明的多样性与统一性为主题，共商亚欧文化与文明交流大计，意义十分重大。他强调，人类文化与文明的多样性是世界丰富多彩的亮丽风景线，捍卫人类文化与文明的多样性就是捍卫全人类共同创造的文明成果。亚欧国家在文化多样性中加强对话和交流，寻求共同繁荣和进步，符合亚欧会议的宗旨和原则，有利于世界和平与发展。

参加会见的外方代表高度评价中国在文化建设及维护世界文化多样性方面所作出的积极努力，充分肯定了“亚欧会议文化与文明会议”的举办。

文化部部长孙家正等参加了会见。

国务委员陈至立在北京出席亚欧会议文化与文明会议开幕式并作主旨发言

陈至立指出，要拓宽亚欧文化及文明交流，推动共同繁荣进步。第一，充分尊重亚欧各国不同文化及文明的多样性与差异性。提倡亚欧文明共处、对话、交流、兼容，各国携手合作，共同发展。第二，在平等互利的基础上，深入开展亚欧之间文化及文明的对话。第三，亚欧各国应进一步加强官方文化交流，鼓励和支持文化管理人员和艺术专业人员的交流切磋，促进文化产业和民间文化方面的交流与合作。

开幕式由文化部部长孙家正主持。来自亚欧会议26个成员的文化部部长或相关部长、亚欧基金会总干事及国内外专家学者近200人参加了会议。

土耳其总统塞泽尔在安卡拉会见全国人大常委会副委员长司马义·艾买提

司马义·艾买提高度评价了中土建交30多年来两国关系的良好发展，希望两国友谊在新世纪不断发展，造福于两国人民。

他强调指出，中国支持土耳其打击恐怖主义的努力，愿意同包括土耳其在内的国际社会合作，维护世界的和平与稳定。

同日，司马义·艾买提还会见了土耳其大国民议会议长阿林奇。

外交部副部长张业遂在钓鱼台国宾馆为《中国的防扩散政策和措施》白皮书的发表举行酒会

中国人民解放军副总参谋长熊光楷上将和国务院新闻办公室、国家发展和改革委员会、国防科学技术工业委员会、商务部等有关单位负责人，各国驻华使节、武官，国内外主要媒体代表，中国军控与裁军协会等国内研究机构代表等共300余人应邀出席。

张业遂在致辞中表示，中国一贯高度重视防扩散问题，坚决反对大规模杀伤性武器及其运载工具的扩散。多年来，中国政府在国内防扩散出口控制制度建设、国际防扩散合作等领域作出了不懈努力。中国政府将与国际社会一道，继续为推进国际防扩散机制的发展和完善作出积极贡献。

外交部发言人刘建超就国务院新闻办发表《中国的防扩散政策和措施》白皮书发表谈话

国防科工委与国家发改委在北京联合召开三线建设调整改造20周年纪念座谈会

会议披露，201个三线建设调整改造项目中的190个预计年底可基本完成，累计完成总投资206亿元。剩余的11个项目可望明后两年内全部完成。

据介绍，从1964年至1980年，国家在中西部13个省、自治区的三线建设累计投资2052亿元，先后安排了1100多个大中型建设项目，三线建设项目促进了中西部地区经济发展和社会进步。但由于受当时指导思想的影响，加上建设时间紧、任务重，许多工厂“先天不足”。进入20世纪80年代，党中央、国务院作出对三线建设进行调整改造的重大决策,“七五”至“九五”期间,共规划安排调整改造项目274个,后经合并、改制、重组等调整为201个。目前,该项工作已进入最后收尾阶段。

许嘉璐 丁肇中等获香港浸会大学荣誉博士学位

著名语言学家许嘉璐教授、诺贝尔物理学奖得主丁肇中教授、曾获诺贝尔奖提名的生物物理化学家陈长谦教授和香港财经界知名人士张建东,12月3日获得香港浸会大学颁授的荣誉博士学位。

12月4日

国家主席胡锦涛在人民大会堂会见斯洛文尼亚总理安东·罗普

全国人大常委会委员长吴邦国在人民大会堂分别会见斯洛文尼亚总理罗普和新一届中日友好21世纪委员会双方委员

国务院总理温家宝致信祝贺西藏文化周在泰国举办

此次文化周恰逢泰国国王76岁生日,并被泰方列入庆祝五世国王朱拉隆功诞辰150周年活动的一部分。温家宝在贺信中首先代表中国政府和人民向泰国国王致以最诚挚的祝愿,并向泰国人民表示衷心的问候。

贺信说:西藏文化是中华民族优秀文化的重要组成部分,也是世界文化中一份独具特色的瑰宝。此次"中国西藏文化周"活动将向泰国人民展示充满魅力和不断发展的中国西藏和西藏文化,这是两国文化交流的一件盛事,对于进一步增进中泰两国人民之间的友谊,发展两国业已存在的友好关系,将发挥重要的作用。

“2003·中国西藏文化周”定于12月4日至18日在泰国曼谷、清迈、廊开和洛坤府举行。这是我国首次在东南亚地区举办以西藏为主题的大型综合性宣传活动。

全国政协主席贾庆林在伊斯兰堡与巴基斯坦总统穆沙拉夫举行会谈

贾庆林表示,保持和发展中巴全面合作伙伴关系是中国的既定国策。

在介绍中国的周边外交政策后,贾庆林说:求和平、促发展是本地区广大人民的普遍愿望。南亚是中国周边的一个重要地区。我们将一如既往地为推动南亚地区的和平、安全、稳定与发展发挥建设性作用。

穆沙拉夫说,巴中关系是战略性的,不会因为国际形势变化和领导人更迭而发生变化。巴基斯坦永远站在中国一边。巴方希望两国在国际和地区问题上进一步加强沟通、磋商与合作。

全国政协主席贾庆林在伊斯兰堡分别会见巴基斯坦总理贾迈利和国民议会议长侯赛因

中宣部 中央文明办等14部委联合发出通知要求深入开展文化科技卫生“三下乡”活动

中宣部、中央文明办、教育部、科技部、司法部、农业部、文化部、卫生部、人口计生委、广电总局、新闻出版总署、共青团中央、全国妇联、中国科协14部委日前联合发出通知,对2004年继续深入开展文化、科技、卫生“三下乡”活动作出部署。

通知指出,当前我国农村形势总体上是好的,同时在经济和社会发展中也面临不少突出矛盾和问题。解决好农业、农村和农民问题,仍然是党和国家工作的重中之重。各地各部门要从党和国家工作全局的高度,充分认识深入开展文化科技卫生“三下乡”活动的重要意义,切实把“三下乡”工作摆上重要日程。要坚持以“三个代表”重要思想为指导,深入贯彻党的十六大和十六届三中全会精神,紧紧围绕全面建设小康社会的奋斗目标,服务改革发展稳定大局,统筹城乡经济社会发展,着力解决农村突出问题,把提高农民素质、满足农民需求和促进农村发展结合起来,贴近实际、贴近生活、贴近群众,进一步加大工作力度,力争在推动农村经济发展、增加农民收入上,在丰富农民群众精神文化生活上,在引导农民群众养成科学文明健康生活方式上,取得新的进展。

通知强调,要精心安排2004年文化、科技、卫生“三下乡”重点工作,把抓好带动作用强、深受群众欢迎的名牌项目,抓好社会影响大、客观效果好的集中活动,与抓好面上工作和经常性工作紧密结合起来,巩固成果、丰富内容,创新形式、提高水平。认真组织送戏、送书、送电影下乡活动,丰富农民精神文化生活。积极开展送法下乡和对西部农村的支教活动,帮助农民群众提高综合素质。通过举办“科技大集”和组织科技人员进村入户,把科学知识和实用技术送到农村,送给农民,引导农民学科学、用科学,依靠科技致富。广泛开展各种形式的送医、送药、送知识下乡活动,宣传防病治病和养成健康生活方式的卫生知识,帮助贫困地区加强卫生基础设施建设,加强农村传染病、地方病和寄生虫病防治工作,落实农村防控“非典”的各项措施,严防“非典”死灰复燃。

通知要求，各地各部门要以对党的事业和群众利益高度负责的态度，加强对“三下乡”活动的组织领导。要结合实际制订“三下乡”的工作计划，精心组织，周密安排，加大投入，确保各项工作落到实处。要突出重点，讲求实效。把“三下乡”活动与西部大开发和扶贫开发结合起来，加大为西部地区、贫困地区、革命老区和少数民族地区服务的力度，人员多往那里去，钱物多往那里送，项目多往那里建，帮助那里农民尽快脱贫致富、奔小康。要组织文艺、卫生和科技工作者深入受灾地区，结合防病减灾、恢复生产、重建家园，开展送医送药、捐款捐物、扶困助残、慰问演出等活动，把党和政府的温暖送到群众心坎上。要切实改进工作作风，深入基层、深入群众，尤其要到困难多、工作基础差、群众意见多的地方去，为群众办实事、解难题。坚决反对形式主义、官僚主义。要大力宣传各地各部门坚持“三下乡”、常下乡的新经验、好做法，大力宣传和表彰在“三下乡”工作中作出突出贡献的先进集体和先进个人，努力在全社会形成良好的氛围，带动更多的人参与“三下乡”，更好地为农民群众服务。

泰国副总理威沙努在曼谷会见由国务院新闻办公室副主任李冰和西藏自治区人民政府副主席白玛赤林率领的“2003·中国西藏文化周”代表团

代表团还拜会了泰国僧王，出席了僧王主持的泰国僧侣庆祝国王生日弘法大会，并参加了泰国国家佛教委员会举办的全泰寺庙植树活动。此前，代表团拜会了泰国华僧大尊长仁得上师。

法国执政党人民运动联盟副总书记国民议会法中友好小组主席居伊·德吕在巴黎会见中共中央书记处书记何勇

同日，法国人民运动联盟政治家、国民议会法中友好小组副主席博布代表该党主席朱佩宴请何勇。

国务委员唐家璇在北京会见出席新一届中日友好21世纪委员会首次会议的双方委员

唐家璇说，委员会汇集了两国各界知名人士，希望双方委员集思广益，深入讨论，就如何妥善处理中日间存在的问题，积极推进新世纪中日睦邻友好关系，提出有益的建议。

新一届中日友好21世纪委员会于今年7月成立，中方首席委员为原中央党校常务副校长郑必坚，日方首席委员为日本经济同友会总干事小林阳太郎。

外交部部长李肇星在钓鱼台国宾馆与阿曼外交主管大臣优素福·本·阿拉维举行会谈

纪念郑和下西洋600周年系列活动拉开序幕

由交通部、国家海洋局、教育部、团中央共同主办的纪念郑和下西洋600周年专题报告会，4日在大连举行。我国政府主办的纪念郑和下西洋600周年系列活动由此拉开序幕。

郑和是世界公认的伟大航海家，他从公元1405年到1433年的28年间，率领庞大船队，先后七次远渡重洋，经东南亚、印度洋，到达红海和非洲，遍访亚非30多个国家和地区。其航行规模之大，航海技术之先进，难度之大，组织之严密，都是同时代其他远航活动所无法比拟的。

2005年是郑和下西洋600周年。中央高度重视，决定从2003年到2005年，在全国开展以“热爱祖国、睦邻友好、科学航海”为主题的6项重要纪念活动：一、2005年7月，在北京举办郑和下西洋600周年纪念大会；二、2005年7月，在北京举办纪念展览；三、由中央电视台拍摄一部介绍郑和下西洋的电视片，于2005年播放；四、2005年6月或7月，在上海举办“郑和航海暨国际海洋博览会”；五、2003年至2005年，每年举办不同主题的航海暨海洋知识竞赛、讲座、夏令营等活动；六、2003年至2005年，分别在上海市、福建省、江苏省举办纪念郑和下西洋600周年学术交流等活动。这次专题报告会以“郑和与航海”为主题，是系列纪念活动之一。

中国美术家协会第六次全国代表大会在北京召开

来自全国31个省、自治区、直辖市和解放军、中直机关等单位的美术工作者代表，参加了为期两天的会议。中共中央政治局委员、书记处书记、中宣部部长刘云山出席开幕式并讲话。

刘云山在讲话中指出，我国美术工作者是繁荣社会主义文艺，建设先进文化的重要力量。望广大美术工作者不辜负党和人民的重托，牢记崇高的历史使命，珍视大好局面，珍惜发展机遇，坚持“二为”方向，贯彻“双百”方针，弘扬主旋律，提倡多样化，坚持“三贴近”，积极投身时代的洪流，扎根民族文化的沃土，吸收世界文明的精华，创作出更多为群众喜闻乐见的艺术精品，为建设民族的科学的大众的社会主义文化，为发展中国风格、中国气派，面向未来、面向世界的中国美术事业而努力奋斗。

中国美术家协会第五届常务副主席刘大为代表第五届理事会作了题为《沿着先进文化的前进方向开创中国特色社会主义美术事业新局面》的工作报告。大会期间，代表们审议了工作报告，提出了今后5年的工作建议，修改了《中国美术家协会章程》，选举产生了新一届理事会和以靳尚谊为主席的主席团等领导机构。中国文联主席周巍峙,中国文联党组书记、常务副主席李树文出席大会。

路甬祥等获颁香港中文大学荣誉博士学位

香港中文大学举行第六十届颁授学位典礼。路甬祥、梁定邦、余光中、饶宗颐等杰出人士获颁荣誉博士学位。全国人大常委会副委员长、中国科学院院长路甬祥教授获颁理学博士学位。路甬祥从1997年起出任中国科学院院长,多年来致力推动国家科学研究和教育发展。路甬祥曾任香港特别行政区大学教育资助委员会委员,并从1999年起出任香港创新科技委员会特别顾问。

全国新型农村合作医疗试点工作会议在湖北宜昌召开

国务院副总理吴仪在会上指出,建立新型农村合作医疗制度,是党中央、国务院在新形势下加强农村卫生建设的重大举措,是统筹城乡发展和统筹经济社会发展、建设小康社会的必然要求。各级地方政府和广大农民群众都要充分认识这项制度的重大意义和新的特点,切实加大政府财力支持,突出以大病统筹为主,以县级为统筹单位,坚持农民自愿参加原则,保护农民知情、监管等权益,政府要建立组织协调、经办和监管机构,建立医疗救助制度,通过民政和扶贫部门资助贫困农民参加新型农村合作医疗。

会议期间,吴仪走访了农户、考察了乡(镇)卫生院、村卫生室和新型农村合作医疗经办机构;还主持召开了13个省、自治区、直辖市有关负责同志参加的血吸虫病防治工作座谈会,并听取了湖北省艾滋病防治工作情况汇报。

各省、自治区、直辖市和中央有关部门负责人,各地民政、财政、农业、卫生、药品监管厅局负责人等出席了会议。

12月5日

中共中央在北京召开全国宣传思想工作会议

会议于12月5日至7日召开。中共中央总书记胡锦涛在会议上发表重要讲话。

中共中央政治局常委温家宝、曾庆红、吴官正、李长春出席会议。李长春在会议上作报告。刘云山在会议上讲话。

胡锦涛的讲话分为三个部分:一、从党和国家事业发展的战略高度,进一步认识做好宣传思想工作的极端重要性;二、坚持用"三个代表"重要思想统领宣传思想工作,引导和激励全党全国人民为实现全面建设小康社会的宏伟目标而团结奋斗;三、切实加强和改善党对宣传思想工作的领导,不断开创宣传思想工作的新局面。

胡锦涛指出,切实做好新形势下的宣传思想工作,是坚持和巩固马克思主义在意识形态领域指导地位的需要,是全面建设小康社会,促进社会主义物质文明、政治文明和精神文明协调发展的需要,是加强党的执政能力建设、提高党的领导水平和执政水平的需要。在全面建设小康社会的伟大进程中,宣传思想工作任务很重。要用时代的要求来审视宣传思想工作,用发展的眼光来研究宣传思想工作,以改革的精神来推动宣传思想工作,努力使宣传思想工作更好地体现时代性、把握规律性、富于创造性。胡锦涛充分肯定了十三届四中全会以来宣传思想工作取得的成绩和积累的经验,强调这些重要经验对我们做好今后的宣传思想工作具有长远的指导意义,必须始终不渝地坚持,并在实践中不断丰富和发展。要坚持以马克思列宁主义、毛泽东思想、邓小平理论和"三个代表"重要思想为指导,大力推进理论创新;坚持宣传思想工作为人民服务、为社会主义服务、为全党全国工作大局服务;坚持唱响主旋律、打好主动仗,弘扬民族精神,弘扬科学精神,弘扬社会正气;坚持贴近群众、联系实际、深入生活,增强宣传思想工作的时代感,加强针对性、实效性、主动性;坚持把社会效益放在首位,认真严肃地考虑精神文化产品的社会效果,在这一前提下努力实现社会效益和经济效益的统一;坚持一手抓繁荣、一手抓管理,坚持"二为"方向和"双百"方针的有机统一、弘扬主旋律和提倡多样化的有机统一,大力发展先进文化,支持健康有益文化,努力改造落后文化,坚决抵制腐朽文化。

胡锦涛指出,当前和今后一个时期,宣传思想工作要重点抓好以下几个方面的工作:第一,坚持把用"三个代表"重要思想武装全党、教育人民作为宣传思想工作的首要任务。要继续按照武装头脑、指导实践、推动工作的要求,把学习贯彻"三个代表"重要思想的新高潮不断引向深入。坚持以改革发展稳定中的实际问题、以我们正在做的事情为中心,着眼于马克思主义理论的运用,着眼于对实际问题的理论思考,着眼于新的实践和新的发展,加强和改进理论研究。紧密结合干部群众的思想实际和生产生活实际,善于用事实说话、用典型说话、用群众熟悉的语言和群众喜闻乐见的方式搞好宣传教育,使"三个代表"重要思想不断转化为广大干部群众全面建设小康社会、创造幸福生活和美好未来的巨大力量。

第二,坚持把为改革发展稳定的大局服务作为宣传思想战线的中心工作。要广泛深入地宣传全面建设小康社会的奋斗目标，全面准确地宣传中央的重大决策部署和各项方针政策，及时充分地反映各行各业和各条战线发展的新思路、改革的新突破、开放的新局面、工作的新举措，着力营造聚精会神搞建设、一心一意谋发展的良好氛围，促进全社会牢固树立和真正落实全面、协调、可持续的发展观，引导干部群众增强抓住机遇加快发展的紧迫感、责任感和使命感，增强投身全面建设小康社会的积极性、主动性和创造性。要高度重视和精心组织推进改革过程中的宣传舆论工作，着力营造解放思想、实事求是、与时俱进的良好氛围，营造倍加顾全大局、倍加珍视团结、倍加维护稳定的良好氛围。

第三，坚持把弘扬和培育民族精神作为宣传思想战线极为重要的任务。要在爱国主义、社会主义旗帜下，倡导一切有利于民族团结、祖国统一、人心凝聚的思想和精神，倡导一切有利于国家富强、社会进步、人民幸福的思想和精神，倡导一切用诚实劳动创造美好生活的思想和精神，不断增强中华民族的凝聚力。深入持久地宣传和贯彻尊重劳动、尊重知识、尊重人才、尊重创造的方针，宣传和弘扬解放思想、锐意改革、艰苦创业、开拓创新的精神，不断增强中华民族的创造力。既要继承优良传统，又要体现时代进步的要求，不断丰富和发展民族精神的内涵。

第四，坚持把做好思想政治工作作为宣传思想战线的基本职责。要深入开展党的基本理论、基本路线、基本纲领和基本经验教育，深入开展中国革命、建设和改革的历史教育和国情教育，引导广大干部群众正确认识社会发展规律，正确认识国家的前途和命运，树立正确的世界观、人生观和价值观，不断坚定建设中国特色社会主义的理想信念。思想政治工作说到底是做人的工作，必须坚持以人为本。既要坚持教育人、引导人、鼓舞人、鞭策人，又要做到尊重人、理解人、关心人、帮助人。思想政治工作必须结合经济工作和其他实际工作一道去做，把解决思想问题同解决实际问题紧密结合起来。要大力宣传立党为公、执政为民的要求，着力营造权为民所用、情为民所系、利为民所谋的良好氛围，深刻阐述群众利益无小事的道理，多办得人心、暖人心、稳人心的好事实事，把党和政府的温暖送到群众心坎上。

第五，坚持把积极发展文化事业和文化产业作为宣传文化部门的重要任务。文艺出版工作要反映生活、服务群众，创作生产出更多积极健康、人民群众喜闻乐见的精神文化产品，丰富群众的文化生活、提高群众的精神境界。新闻工作要牢牢把握正确的舆论导向，坚持团结稳定鼓劲、正面宣传为主的方针，唱响时代主旋律，在全社会形成和发展积极健康的主流舆论。哲学社会科学研究要立足国情，立足当代，以深入研究重大现实问题为主攻方向，加强马克思主义理论研究和建设，努力担负起认识世界、传承文明、创新理论、咨政育人、服务社会的职责。

第六，坚持把加强和改进对外宣传作为宣传思想战线的一项战略性任务。要紧紧围绕党和国家的工作大局，认真贯彻中央的对外工作方针，全面客观地向世界介绍我国社会主义物质文明、政治文明和精神文明不断发展的情况，及时准确地宣传我国对国际事务的主张，着力维护国家利益和形象，不断增进我国人民同各国人民的相互了解和友谊，逐步形成同我国国际地位相适应的对外宣传舆论力量，为全面建设小康社会营造良好的国际舆论环境。

胡锦涛强调指出，做好新形势下的宣传思想工作，必须在继承和发扬成功经验和优良传统的基础上，大力推进宣传思想工作的创新。不继承就没有前进的基础，不创新就没有发展的动力。要坚持解放思想、实事求是、与时俱进，科学地认识和把握新形势下宣传思想工作的特点和规律，形成新思路，探索新办法，开辟新途径，取得新成效。要坚持贴近实际、贴近生活、贴近群众，把宣传思想工作做实做深做活，更好地宣传动员群众、引导教育群众、帮助服务群众。

在谈到加强和改善党对宣传思想工作的领导时，胡锦涛指出，党管宣传、党管意识形态，是我们党在长期实践中形成的重要原则和制度，是坚持党的领导的一个重要方面，必须始终牢牢坚持，任何时候都不能动摇。各级党委要始终高度重视宣传思想工作，坚持“两手抓、两手都要硬”的方针，切实加强和改善领导。要形成党委统一领导、党政各部门和各人民团体齐抓共管、各负其责的工作体制。要高度重视和切实加强宣传思想工作队伍建设，为做好工作提供坚强的组织保证。要高度重视文化体制改革工作，根据社会主义精神文明建设的特点和规律，适应社会主义市场经济发展的要求，积极稳妥地推进。要适应发展社会主义市场经济、深化文化体制改革和我国加入世贸组织的新形势，立足我国国情，借鉴各国经验，加强宣传文化领域的法制建设，为宣传文化事业的健康发展创造良好的法制环境。

李长春在报告中指出，胡锦涛总书记的重要讲话站在历史和全局的高度，深刻分析了当前的国际国内形势，精辟阐述了做好新形势下宣传思想工作的极端重要性，充分肯定了十三届四中全会以来宣传思想工作的成绩和经验，明确提出了新世纪、新阶段宣传思想工作的总体要求、方针原则和主要任务。讲话高屋建瓴，总览全局，思想深刻，内容丰富，政治性、理论性、针对性都很强，是指导宣传思想工作的一篇纲领性文献，是开创新世纪、新阶段宣传思想工作新局面的有力动员。我们一定要认真学习，深刻领会，切实贯彻。

李长春在报告中认真总结了十三届四中全会以来宣传思想工作的成功经验，深入分析了新世纪、新阶段宣传思想工作面临的新形势、新任务，全面部署了当前和今后一个时期的宣传思想工作。

刘云山在讲话中，对贯彻落实全国宣传思想工作会议精神提出了要求，对今年的宣传思想工作进行了总结，对2004年宣传思想工作进行了部署。

出席这次会议的中央领导同志还有贺国强、王刚、陈至立、陈奎元等。

北京、上海、广东、陕西等地有关负责同志在会上发了言。

全国各省、自治区、直辖市党委负责同志和宣传部长，中央和国家机关有关部委的负责同志，中央宣传文化系统各部门各单位的负责同志出席了会议。出席全国外宣办主任会议和全国文明办主任会议的代表列席了会议。

国务院任命国家工作人员

任命李立国为民政部副部长，吴爱英(女)为司法部副部长，高虎城为商务部副部长，王钧为国家体育总局副局长。

国务院任免香港特别行政区政府主要官员

依照《中华人民共和国香港特别行政区基本法》的有关规定，根据香港特别行政区行政长官董建华的提名和建议，国务院2003年12月3日决定，任命李明逵为香港特别行政区政府警务处处长，免去曾荫培的警务处处长职务。

国办下发《关于加强电力安全工作的通知》

各省、自治区、直辖市人民政府，国务院各部委、各直属机构：

电力工业是关系国计民生的重要基础产业和公用事业，电力安全事关经济发展和社会稳定，与人民群众的生产生活密切相关。长期以来，我国电力建设和运行坚持"统一规划、统一调度"的原则，电源电网布局基本合理，电网结构清晰，电压等级简明，二次系统同步，基本建立了保障电力安全的法律、法规、技术标准和管理体系，保证了电力系统安全，对保障我国国民经济持续快速健康发展发挥了重要作用。但是，我国电力工业正处在发展阶段，电力需求增长很快，电力供需矛盾突出，部分地区发电和输变电备用容量不足，电网网架结构薄弱，安全运行存在隐患；电力生产运行中违反调度规则和指令的情况时有发生，各地违章施工、偷盗电力设施等严重危害电力安全的情况屡禁不止；现行电力安全法律、法规有的不适应当前形势或新的体制，需要进一步修改和完善。为加强电力安全工作，经国务院同意，现将有关事项通知如下：

一、加强法规建设，切实落实电力安全生产责任制

电力系统安全和应急处置事关国家安全和社会稳定大局，各地区、各部门要高度重视电力安全工作，强化电力安全生产责任，严格安全生产监督检查。为了加强电力安全监管工作，国务院授权电监会具体负责电力安全监督管理，安全监管局负责综合管理。有关部门要根据电力体制改革的新形势和电力安全工作的新要求，抓紧研究提出修订电力安全生产方面行政法规的意见，完善电力安全法律保障体系。

地方各级人民政府要加强电力设施保护方面法律、法规的宣传教育工作，增强全社会维护电力设施安全的守法意识。同时，各地公安等有关部门要加大执法力度，严厉打击各类破坏电力设施的违法犯罪行为，为电力系统的安全稳定运行创造良好的社会环境。

电力企业要始终坚持"安全第一、预防为主"的方针，切实落实企业内部安全生产责任制，严明组织纪律，加强安全技术培训，提高电力系统运行可靠性和电力企业安全管理水平，确保电力安全生产和供应。国家电网公司和中国南方电网有限责任公司分别负责所辖范围内的电网安全，南方电网与其他区域电网联网线路的安全责任由国家电网公司承担。

二、完善调度协调体系，建立有效的电力安全应急机制

电力系统运行要坚持统一调度、分级管理、分区分层运行的原则，进一步完善统一的调度协调体系。在电网运行方式、备用容量安排、设备检修计划、紧急事故处理以及事故发生后恢复等方面做到统筹安排。电力企业要顾全大局，服从统一调度，严格按照调度指令安排运行方式，做到令行禁止。

地方各级人民政府要借鉴国内外处理公共突发事件的经验，抓紧建立适合本地区实际情况的电力安全应急处理机制，制定周密、完备的应急预案，并向社会广泛宣传和定期组织演习。

党政机关、金融机构、通信企业、广播电台、电视台、医院和机场等重要单位要安装备用电源。对建设备用电源确有困难的单位，要给予必要的支持。

电力企业要建立有效的电力系统突发事件应急机制，针对电力生产运行中的薄弱环节，定期进行反事故演习，提高处理事故的能力。特别是电网企业要制定完备的"黑启动"预案，并定期组织演练。

三、抓紧制定电力发展规划，统筹安排电源和电网建设

电力发展要坚持统一规划的原则，抓紧制定电力发展中长期规划，以科学的规划指导电力建设，保证供需平衡，满足国民经济发展和人民生活的需要。电力发展规划要充分论证，统筹兼顾，适当超前，使电力工业稳步有序发展，避免大起大落。要统筹安排电源和电网建设，优化电源布局和电网结构，保持电源与电网稳步协调发展，促进水电、煤电、核电和蓄能电站等电源合理互补。加快"西电东送"项目建设，实现更大范围内的电力资源优化配置。有关部门要抓紧协调落实资金渠道，加快电网建设。

要依靠科学技术，坚持全国统一的电力技术标准、技术规范和电网安全技术手段，加强电力系统安全运行的基础，提高电力系统抗风险能力。区域电网要因地因网制宜，重视网架结构和布局的科学合理性，建设坚强、清晰、合理、可靠的骨干网架。重视电网二次系统的同步配套建设，加强电网安全的监控和保护。继续改造城市电网，解决城市电网薄弱、配电容量不足问题，提高城市电力供应的可靠性，减少安全隐患。电网公司可拥有必要的调峰调频及事故备用发电容量，提高系统安全性。

新建电力项目必须服从国家的统一规划，严格执行国家规定的审批程序。对违规建设的电力项目要依法处理。要适当简化规划内电力建设项目审批程序，加快建设步伐，增加电力供应。

四、加强用电侧管理，科学引导电力消费

加强用电侧管理既是当前做好电力供应工作的一个重要内容，又是电力工业节约能源，实现可持续发展的有效途径。在缺电时错峰用电，在紧急情况下按预案有序切断负荷，是保证电网安全的必要手段。要充分运用价格杠杆等经济手段，加快实行发电和用电的峰谷电价，科学引导电力消费，缓解电网峰谷差矛盾，提高电网运行的可靠性。

五、积极稳妥地推进电力体制改革

电力体制改革是适应社会主义市场经济需要、优化电力资源配置、促进电力工业发展的重要举措。各有关部门和地区要继续按照电力体制改革方案，积极、稳妥、分步推进各项改革措施。要正确处理改革和电力安全生产的关系，在保证电力安全生产和电力系统稳定运行的前提下不断把改革推向深入。

电力体制改革工作小组要加强对电力体制改革工作的领导，各成员单位要按照统一部署和工作分工，密切配合，各司其职，认真完成改革方案确定的各项任务。

国务院办公厅

2003年12月5日

经国务院批准证监会发布《中国证券监督管理委员会股票发行审核委员会暂行办法》

《中国证券监督管理委员会股票发行审核委员会暂行办法》对发审委制度做了较大改革。1999年8月发布的《中国证券监督管理委员会股票发行审核委员会条例》同时废止。

《中国证券监督管理委员会股票发行审核委员会暂行办法》主要在以下几个方面进行了改革：一是取消了原来的发审委委员身份必须保密的规定，并明确规定，向社会公布发审委会议时间、参会委员名单、审核企业名单及发审委会议审核结果，全面提高发审委工作的透明度。二是将发审委投票表决方式由无记名投票改为记名投票，强化委员的审核责任。三是将委员人数由80人减至25人，并设部分专职委员，提高审核工作质量和效率。四是将原来的二审制改为一审制，发审委对企业的发行申请只进行一次审核，减少原有二审制情况下由于两组委员审核标准掌握不一致而造成审核结果出现重大差异的情况。五是对委员参加发审委会议提出了具体要求。如要求委员必须对证监会职能部门出具的初审报告和发行人的申请文件进行全面审核等。六是将原来的9名委员开会、6票赞成为通过，改为7名委员开会、5票赞成为通过。七是设专章对发审委工作的监督作出了规定，建立了发审委委员的问责机制和监督机制。

证监会有关负责人表示，对发审委制度进行改革，强化对发审委工作的社会监督，实行保荐制度，强化市场主体的责任，是进一步落实核准制下市场各方参与者各负其责、各担风险的原则，逐步强化市场主体约束机制的重要举措，将对提高上市公司质量产生积极影响。目前证监会已经开始着手组建新一届发审委。新一届发审委共设25名委员，其中证监会会内委员5名，会外委员20名。

全国政协副主席罗豪才在北京会见以黄守正为团长的香港岛各界联合会访京团

中国民营经济发展论坛在武汉举行

"2003中国民营经济发展论坛暨项目展示洽谈会"在武汉开幕。来自海内外的400余名经济学家、民营企业家及商界代表出席了大会。全国人大常委会副委员长、民建中央主席成思危在大会上作主题报告。

国家副主席曾庆红在人民大会堂会见阿曼外交主管大臣优素福·本·阿拉维

国务委员陈至立在钓鱼台国宾馆会见前来参加亚洲教育北京论坛发起者会议的外方代表

参加会见的外宾包括菲律宾前总统拉莫斯、新西兰前总理希普利等。

亚洲教育北京论坛发起者会议由博鳌亚洲论坛、联合国教科文组织和中国国家留学基金管理委员会联合主办，北京市人民政府承办。

外交部部长李肇星就俄罗斯南部恐怖爆炸事件向俄罗斯外长伊万诺夫致慰问电

国务委员兼国防部部长曹刚川在北京与苏丹国防部部长巴克里·哈桑·萨利赫举行会谈

新一届中日友好21世纪委员会首次会议在大连举行

双方委员在为期两天的会议上畅所欲言，就如何发展新世纪中日关系坦诚交换了意见，取得不少共识。

双方一致认为，发展新世纪的中日友好合作意义重大，符合两国和两国人民的根本利益，有利于亚洲和世界的和平与发展。中日关系正处在重要时期，面临难得的发展机遇。只要双方充分认识到对和平与发展的责任，把握好两国关系发展的大方向，就可成为相互信任、互利双赢的伙伴。

双方强调，应以长远和战略眼光看待两国关系，克服两国关系发展中的各种障碍，特别是妥善处理好历史问题和台湾问题。双方表示，新一届委员会肩负着重要历史使命，应不辜负两国政府和人民的期待，身体力行，积极为推动两国关系健康稳定发展建言献策，作出应有贡献。

双方商定新一届中日友好21世纪委员会第二次会议2004年在日本举行。

党中央中央军委批准颁布修订后的《中国人民解放军政治工作条例》

新修订的《中国人民解放军政治工作条例》，保持了原条例的框架结构，继承了我党我军的优良传统和作风，保留了必须长期坚持的规定、制度和要求。同时本着实事求是的原则，对一些内容基本相同的规定和要求进行集中表述，对铺垫性、叙述性、议论性文字做了适当删节，比原条例减少5节、18条、8400多字，结构更严谨、条理更清晰、文字更凝练。

建设中关村科技园区领导小组第七次会议在北京召开

会议宣布调整建设中关村科技园区领导小组，北京市代市长王岐山、科技部部长徐冠华、教育部部长周济共同担任领导小组组长，并首次吸纳两位园区内的企业家代表参与决策。

国家发改委、财政部、建设部、商务部、国家知识产权局、国家版权局、中国证监会、中国工程院8个部门新增为领导小组成员，将为中关村的发展提供更大支持。为充分发挥高科技企业在中关村科技园区的作用，使其能直接参与园区的决策与管理，作为新成立的中关村科技园区企业家咨询委员会的负责人，柳传志、邓中翰两位企业家首次进入领导小组。

此外，由32位著名企业家组成的企业家咨询委员会日前在中关村科技园区正式成立。按照有关工作规则，企业家咨询委员会将参与中关村科技园区规划、建设、改革和发展等重大事项的决策研究，有关园区建设的重大问题在决策前、决策中和决策后应当分别听取咨询委员会的意见。

何梁何利基金在北京举行2003年度颁奖大会

大会宣布，授予长期致力于科学技术事业、对我国科技进步贡献卓著的植物学家吴征镒、生物化学家邹承鲁何梁何利基金“科学与技术成就奖”，授予在自然科学领域取得重大科技成果的42位科技工作者何梁何利基金“科学与技术进步奖”。国务委员陈至立出席颁奖典礼，代表国务院向获奖科学家表示祝贺并发表讲话。全国政协副主席王选出席颁奖典礼。

中国西藏文化周在曼谷国家体育馆开幕

在开幕式上，西藏文化周代表团团长、国务院新闻办公室副主任李冰宣读了温家宝总理的贺信。

中国西藏的艺术家们演出和展示了丰富多彩的藏族歌舞、戏剧、器乐和服饰，反映了西藏经济、文化、宗教和社会生活在祖国大家庭中全面发展的喜人风貌。能容纳近5000名观众的体育馆座无虚席。

全国人大常委会副委员长王兆国在北京与出席中国科协“海外智力为国服务研讨会”的海外科技人员代表座谈

王兆国强调，党和国家将一如既往地欢迎海外科技人员回国创业，也鼓励大家通过多种方式为国服务。中国科协要本着平等、互利、开放、务实的原则，通过开展“海外智力为国服务行动计划”等活动，与海外华人科技团体加强沟通与联系，为旅居海外的科技人员回国创业、报效祖国搭建更大的平台，团结和动员旅居海外的科技人员为实现中华民族的伟大复兴作出更大贡献。

全国人大常委会副委员长王兆国在北京出席中国青年志愿者行动实施10周年座谈会并讲话

王兆国指出，青年志愿者行动是当代中国一项高尚的事业，是动员和带领广大青年投身三个文明建设的可贵尝试和新的创造，对促进青年健康成长具有积极的推动作用。

共青团中央书记处第一书记周强在会上介绍了中国青年志愿者行动10年来的实施情况，7位青年志愿者代表作了发言。民政部、人事部、财政部、国务院西部办等有关部委的负责同志出席了座谈会。

12月6日

全国政协主席贾庆林在巴基斯坦旁遮普省参观访问

贾庆林12月5日和6日分别参观了由中国援建的旁遮普省塔克西拉重型机械厂、中国公司参与承包的巴罗塔水电工程项目以及在拉合尔市的海尔合资公司。

访问期间，贾庆林还分别会见了旁遮普省首席部长伊拉希、省长马克布勒和省议会议长沙希。

伊拉希等旁遮普省领导人表示，中国不仅是巴基斯坦的友好邻邦，而且是巴基斯坦可以信赖的朋友，两国在各个领域进行着密切合作。巴基斯坦人民衷心感激中国在巴基斯坦最困难的时候提供的帮助和支持。旁遮普省和拉合尔市分别与江苏省和西安市建立友好关系后，双方一直保持着良好的交流与合作。目前，拉合尔市正在进行城市现代化建设，欢迎中国企业来这里投资，巴方愿与中方企业结成合作伙伴。

全国人大常委会副委员长韩启德在德黑兰议会大厦会见伊朗议会议长卡鲁比

全国大学生志愿服务西部计划工作会议在成都召开

西部计划自6月初由团中央、教育部共同启动以来，参加全国项目的6000名志愿者已在西部191个县开展服务3个月，参加贵州、宁夏、甘肃、重庆、北京、辽宁、河北、山东、广东等省区市地方项目的4090名志愿者也相继抵达168个贫困县工作。通过一段时间的志愿服务，有的大学生志愿者已承诺扎根西部，有的主动提出把1年服务期改为2年，一些志愿者已作出突出成绩，受到当地党政领导的充分肯定和人民群众的热烈欢迎。

团中央书记处常务书记、全国大学生志愿服务西部计划领导小组副组长、全国项目办主任赵勇，四川省委副书记刘鹏出席会议并讲话。

程砚秋诞辰100周年纪念演出在北京长安大戏院开幕

来自中国京剧院、北京京剧院、天津京剧院、沈阳京剧院、大连京剧院、天津青年京剧团、上海戏剧学院等艺术院团的百余名老中青京剧表演艺术家和演员参加了纪念演出，展示了程派艺术后继有人、继往开来的喜人景象。

程砚秋先生是中国京剧艺术发展史上具有重要影响的艺术大师。在近半个世纪的艺术生涯中，他塑造了一系列生动传神的艺术形象，他所创造的幽咽委婉的“程派”唱腔，具有独特的艺术风格，深受广大观众的喜爱。程砚秋先生性格刚正，其民族气节和爱国精神为人景仰。他一生致力于京剧理论研究和表演艺术的创新与发展，为传承中华文化，振兴京剧作出了突出贡献。

程砚秋先生诞辰100周年纪念演出12月6日至20日在北京、天津、上海等地举行。李世济、李维康、于魁智、孟广禄等京剧表演艺术家和程派演员将同台献艺，演出程派经典名剧《锁麟囊》《春闺梦》《荒山泪》《红鬃烈马》等。

中国选手王濛在短道速滑世界杯北京站比赛中夺得女子500米金牌

12月7日

国务院总理温家宝在纽约联合国总部会见联合国秘书长安南

温家宝表示，当前国际形势正发生深刻变化，传统与非传统安全问题相互交织，恐怖主义、艾滋病、毒品及跨国犯罪等问题层出不穷，全球贫富差距继续扩大。在此形势下，各国需要携手合作，共同应对人类所面临的严峻挑战。

在谈到联合国作用和改革时，温家宝说，联合国最具代表性和权威性，《联合国宪章》的宗旨和原则仍是国际关系的基石，它的作用必须得到发挥。“世易时移，变法宜矣”。面临新形势、新任务和新挑战，联合国需要进行合理和必要的改革。中国支持联合国为进行改革而成立的高级别名人小组，并愿继续加强与联合国的合作。

安南表示，在顺应时代要求方面，联合国面临巨大的挑战，感谢包括中国在内的许多国家支持新近成立的名人小组就联合国改革思路提出建议。安南高度赞赏中国积极支持非洲经济发展、参与联合国在非洲大陆的维和行动,积极评价了中国政府在防治艾滋病方面所做的巨大努力。

安南向温家宝重申,联合国坚定奉行一个中国政策。

双方还就当前重大国际问题交换了意见。

会见后,双方共同会见了记者并回答了他们的提问。

国务院总理温家宝在纽约会见美国著名专家学者

美国国际经济研究所所长伯格斯滕、美国外交关系委员会主席哈斯、约翰·霍普金斯大学国际关系高级研究学院中国研究部主任兰普顿、摩根斯坦利公司执行主席罗奇和史汀生中心中国项目部主任龙伯格参加了会见并先后发言。他们认为,美中关系经过30年的风风雨雨,取得很大进展,双方的分歧在缩小,合作前景广阔;两国经贸关系不断扩大,对双边贸易出现的问题,应共同努力,妥善加以解决。几位专家对中国目前人民币汇率政策表示理解,并对进一步完善人民币汇率机制提出各自的建议。有的专家在谈到台湾问题时说,美国政府应该进一步表明反对"台独"的立场。中美还应加强沟通,携手维护亚太地区的稳定。

温家宝阐明了中国政府对发展中美建设性合作关系的积极态度。他介绍了当前台湾海峡两岸关系情况,并重申中国政府将继续坚持"和平统一、一国两制"的基本方针,但决不会容忍任何人图谋把台湾从祖国分裂出去。温家宝还表示,中国将在推进金融体制改革进程中,进一步完善人民币汇率形成机制。

最高人民检察院检察长贾春旺在四川调研

12月7日至10日,贾春旺深入四川成都、德阳等地调研检察工作。贾春旺指出,党的十六大、十六届三中全会和最近召开的中央经济工作会议,对检察机关的工作提出了更高的要求。各级检察机关要进一步强化法律监督职能,通过履行批捕、起诉的职能,通过参与诉讼活动,通过查办职务犯罪,通过强化对刑罚执行等诉讼活动的法律监督,更加充分地发挥检察机关法律监督在社会主义法制建设中的作用,促进在全社会实现公平和正义。

贾春旺强调,加强对自身的监督,是今后检察机关要长期重视和解决的问题。在接受外部监督方面,各级检察机关不仅要自觉、诚心、长期坚持,而且要采取具体措施,使外部监督落到实处、确实有效。通过自我加压,把预防职务犯罪、加强廉政建设这件大事搞得更好。

中共中央直属机关工作委员会常务副书记伍绍祖作为中共代表出席安哥拉人民解放运动第五次全国代表大会

伍绍祖在安人运五大会议上宣读了中共中央致安人运五大的贺词,代表中国共产党和中国人民向安人运和安哥拉人民祝贺代表大会的召开。

当天,安人运主席、安哥拉总统多斯桑托斯会见了伍绍祖。

国务院总理温家宝 中央军委主席江泽民签署命令授予西藏自治区公安边防总队日喀则支队帕里边防派出所"模范边防派出所"荣誉称号

国务院总理温家宝 中央军委主席江泽民签署命令授予江西省公安消防总队吉安市支队井冈山大队"井冈山模范消防大队"荣誉称号

中国工程院院士王振义获美国血液病学会大奖

美国血液病学会日前将本年度的哈姆·沃瑟曼大奖授予中国工程院院士王振义,表彰他在临床医学中使癌细胞"改邪归正"来治疗白血病所取得的成就。这是亚洲科学家首次荣膺这一大奖。圣迭戈伯恩汉姆生物技术研究所的华裔科学家冯根生评价说,王振义的研究成果不只是停留在实验室阶段,而是在临床应用中产生了根本性的治疗效果,这也是美国血液病学会将本年度唯一一项大奖授予他的主要原因。王振义于1992年被法国科学院授予外籍院士称号,同时还是美国哥伦比亚大学荣誉博士。

我国研制成功高温超导变压器

我国自主研制成功的第一台高温超导变压器样机近日顺利通过了各项试验检测。这是继美国、瑞士、德国、日本等少数几个国家之后,我国研究成功的首台三相高温超导变压器样机,其二次侧输出电流是目前世界上最大的,这为下一步研制实用型高温超导变压器打下了可靠的技术基础。

中国科学院电工研究所副所长肖立业研究员介绍,在国家"863"重大项目和新疆特变电工股份有限公司的支持下,该所从2002年起开展三相630kVA/10.5kV高温超导变压器的研究与开发,在短短的一年时间内,取得了一系列具有自主知识产权的高新技术成果。

中国男队在短道速滑世界杯北京站比赛中夺得男子5000米接力金牌

中国选手王曼丽在意大利阿尔贝塔举行的世界杯速滑赛分站赛上夺得女子500米冠军

中国选手在南非德班举行的世界杯短池游泳赛中夺得两枚金牌

来自上海的徐妍玮在女子200米蝶泳比赛中以2分7秒79的成绩夺冠。张添翼也在女子200米混合泳比赛中以2分12秒03的成绩名列第一。

12月8日

全国人大常委会委员长吴邦国在人民大会堂会见以日本参议员林芳正为团长的日本青年代表团

吴邦国说,日本百名青年访问中国,是根据江泽民主席1998年访日期间中日两国政府签署的《关于进一步发展青少年交流的框架合作计划》而确定的中日青年跨世纪交流项目,实施5年来取得了可喜成就,促进了中日两国青年之间的了解,加深了两国人民之间的友谊,为两国睦邻友好合作关系的发展注入了新的活力。

他强调,中日友好归根结底是两国人民和青年之间的友好。中国政府高度重视和支持中日两国青年交流,鼓励两国年轻政治家的交往。他希望两国青年以史为鉴、面向未来,为推动两国关系的全面发展作出新贡献。

林芳正说,青年交流是日中关系的重要组成部分,我们愿继承老一辈日中友好人士的事业,为推进两国友好关系的发展继续作出不懈努力。

国务院总理温家宝在出席纽约美国银行家协会举行的午餐会上发表演讲

银行家协会会长奥格尔维等陪同出席。美国前国务卿基辛格向与会者介绍了温家宝总理,并表示相信通过温总理的访问,中美两国经贸关系将进一步加强。

温家宝随后发表了题为《共同开创中美经贸合作的新局面》的演讲。他说:近一段时间,中美贸易方面有些分歧和摩擦。各方面对我此次美国之行颇为关注。我首先要告诉诸位,我这次是为寻求友谊与合作而来,不是来打"贸易战"的。

他说:有些分歧问题的产生,实际上是相互不了解。我深信,中美双方通过对话与磋商,可以缩小我们之间的分歧,扩大我们之间的合作。

温家宝说:中美贸易额从1979年的不足25亿美元,发展到今天的1000多亿美元,增长了几十倍。两国都从迅速发展的中美贸易中获得了巨大的利益。

温家宝说:经贸关系是两国关系的经济基础。互利共赢的中美经贸关系,不仅给两国人民带来了实实在在的经济利益,而且成为中美关系发展的重要基础和强大动力。至于中美经贸合作的迅速发展,对于周边地区经济繁荣乃至世界经济增长所起的促进作用,更是有目共睹。他说,中美贸易之所以能迅速发展,根本原因在于两国经济具有极大的互补性。这种互补性,很大程度上来自两国经济资源条件、经济结构以及消费水平存在着很大的差异。这就是中美贸易能够持续快速发展的客观基础。

温家宝说:中国有一句描写登泰山感受的古诗:"会当凌绝顶,一览众山小"。我们对待中美贸易问题,要有这种高瞻远瞩的战略眼光。诸如美中贸易逆差问题,人民币汇率问题,知识产权保护问题,贵国社会各界甚为关注。所有这些问题,是在中美贸易发展中出现的问题,是可以取得共识,也是可以逐步得到解决的,不应该也不可能影响中美经贸发展大局。只要双方有诚意,这类问题完全可以通过平等协商和扩大合作来加以妥善解决。

温家宝说:回顾中美经贸关系发展25年的历史,我们应当从中汲取一些重要的经验和教训。我愿意就发展中美公平贸易和经济合作提出五条原则。这五条原则是:

第一,互利共赢。从大处着眼,既要考虑自己利益,又要考虑对方利益。

第二,把发展放在首位。通过扩大经贸合作来化解分歧。

第三,发挥双边经贸协调机制作用。及时沟通和磋商,避免矛盾激化。

第四,平等协商。求大同存小异,不动辄设限和制裁。

第五,不把经贸问题政治化。

温家宝说:这五条原则,是建立在世贸组织框架和国际贸易基本准则基础上的,也是正确认识和妥善处理今后一个时期中美贸易可能出现的分歧和摩擦所需要的。这五条原则的核心和精髓是六个字:发展,平等,互利。发展是动力,平等是前提,互利是目的。我想,这完全符合我们两国之间发展建设性合作关系的要求。

他说:以解决两国贸易不平衡为例。所谓把发展放在首位,就是强调向前看,通过进一步扩大两国贸易来缩小不平衡。大家知道,美中贸易逆差扩大,这不是我们所追求的。但是,靠减少中国对美国的出口,这不是一个好办法。因为这样做,既不利于中国,也无助于解决美国内失业问题,反而会严重损害美国广大消费者和美国在华企业的利益。比较现实的办法是,美国进一步扩大对中国的出口。为此,我们已经以最大的诚意和最大的努力，大幅度增加了对美国农产品和机电产品的进口，并将进一步扩大我所需商品的采购。同时，我们也希望美国承认中国市场经济国家地位，解除对中国高新技术出口的限制。在这方面，我真诚地希望，美国有关方面把那些陈旧观念和不合时宜的做法抛到太平洋去，来一个大胆的与时俱进。

温家宝说：我对中美经贸合作的前景充满信心。也许道路是不平坦的，但前途一定是光明的。纵观国际形势，中美两国经贸合作正面临一个难得的重要战略机遇期。中美在经贸领域相互依存、互利共赢、你中有我、我中有你的格局已经初步形成。我注意到，美国的经济已开始复苏。同时，我还要负责任地告诉诸位，中国的经济将在今后相当长一个时期内保持良好的发展势头。

温家宝说：我可以高兴地告诉诸位，我准备向布什总统提议：提高中美商贸联委会的级别，更好地为拓展两国经贸合作服务。我相信布什总统会同意我这个建议。

他说：中国的发展主要依靠内需，不追求长期、过大的贸易顺差，致力实现进出口的基本平衡。我们希望，双方都以中美关系大局为重，把握先机，增信释疑，积极进取，把中美经贸合作推上新水平！

温家宝结束演讲后回答了与会者提出的有关中美经贸关系方面的问题。

国务院总理温家宝在纽约先后会见美国前国务卿基辛格 新泽西州州长麦克格里维和纽约市市长布隆伯格

国务院总理温家宝在华盛顿会见美国国务卿鲍威尔

温家宝指出，中美关系发展历程表明，两国有着广泛的共同利益和坚实的合作基础，两国关系稳定发展不仅有利于中美两国人民，也有利于世界的和平与稳定。中方愿与美方共同努力，推动两国建设性合作关系不断向前发展。

温家宝重申了中国政府在台湾问题上的原则立场，强调“和平统一、一国两制”是中国政府的基本方针。他说：我们将以最大的诚意、尽最大的努力，用和平方式实现国家的最终统一。同时我们决不会容忍台湾当局假借民主，搞所谓“公投”，企图把台湾从中国分割出去。我们要求美国政府恪守承诺，奉行一个中国政策，遵守中美三个联合公报，反对“台独”。

鲍威尔高度评价美中关系近年来的快速发展，认为温总理此次访美意义重大，将对未来的美中关系产生重要的积极影响。鲍威尔说，美国政府认识到台湾问题对中国的重要性，对最近台湾方面传出的某些信息表示关注。他重申美国政府奉行一个中国政策，遵守美中三个联合公报，从根本上不支持“台独”。

双方还就朝核问题交换了看法。

国家发改委主任马凯 商务部副部长马秀红在纽约华尔道夫饭店举行新闻发布会

马凯在回答有关人民币汇率的提问时说，中国从1994年开始实行以市场供求为基础的、单一的、有管理的浮动汇率制度。中美贸易不平衡主要是结构性、转移性、互补性的。汇率并不是中美贸易不平衡的主要原因。

他说，从国际收支看，据中方统计，去年中美贸易顺差为421亿美元，但同期中国对日本、韩国、中国台湾地区、东盟国家的贸易逆差为573亿美元，远远超过对美顺差。因此，如果根据国际收支状况看人民币是否应升值或贬值的话，也不能只看双边贸易关系，而要看多边贸易关系。

他强调说，中国将从多方面创造条件，推进金融改革，进一步探索和完善人民币汇率形成机制。

马秀红在回答有关美中贸易逆差的问题时说，美中贸易逆差不是引起美国失业的原因，对美国产业也并不构成威胁。

马秀红说，在美国的10大出口市场中，美对华出口连续3年增长，增长幅度位居首位。美国2002年出口整体下降4.9%，但对华出口增长15%；在今年的头9个月中，美国出口整体上升2%，对华出口则上升18.5%。中国在2003年很可能成为美国的第五大出口市场。这一系列事实说明，中美贸易关系的良性发展不但不是造成美失业问题的原因，相反，还为美国增加就业机会创造了很大空间。

马秀红说，中美两国的商务部已就减少美中贸易逆差举行过相关会议。中方提出了促进中美双边贸易、扩大美对华出口的4点建议。中国希望美国增加对华机电产品尤其是高科技产品的出口。

中国银监会主席刘明康与美国货币监理署署长霍克在华盛顿签署《监管信息交换协议》

协议就两机构间监管信息交换达成一致意见。此举对于中美银行监管当局之间加强合作、共同防范银行业风险、提高跨境银行业监管的有效性、推进互设银行机构的合法合规经营、促进银行业稳健发展具有重大意义。《监管信息交换协议》是中国银监会与美国货币监理署之间关于中美之间银行监管信息交流以及对双方所提供的监管信息保密的书面约定，包括就双方监管机构相互提供信息以及向第三方提供监管信息等方面内容共同达成的谅解。

国务委员陈至立在中南海会见香港职业训练局代表团

陈至立在会见时指出,香港职业训练局到内地访问,加强了与内地在职业教育方面的交流与合作。香港一些好的经验和做法值得内地学习和借鉴,香港与内地交流与合作的空间非常广阔。

国办下发《关于进一步做好农业标准化工作的通知》

各省、自治区、直辖市人民政府,国务院各部委、各直属机构:

农业标准化是促进农业结构调整和产业化发展的重要技术基础,是规范农业生产、保障消费安全、促进农业经济发展的有效措施,是现代化农业的重要标志。长期以来,我国农业标准化工作比较薄弱,缺乏统一的标准体系和建设规划,标准水平低,与国际标准存在较大差距。为了进一步做好农业标准化工作,适应我国农业和农村经济面临的新形势,促进实现农业现代化,不断增加农民收入,经国务院批准,现就有关问题通知如下:

一、农业标准化工作的指导思想、工作方针和主要目标

农业标准化工作的指导思想是:以邓小平理论和“三个代表”重要思想为指导,深入贯彻党的十六大精神,以市场为导向,围绕农业结构战略性调整和产业化发展,以提高我国农产品质量和市场竞争力为重点,建立、健全统一权威的农业标准体系,加强农业标准化工作,促进农业增效、农民增收和农村经济全面发展。

农业标准化的工作方针是:政府大力推动、市场正确引导、龙头企业带动、农民积极实施。

近三年内农业标准化工作的主要目标是:

(一)建立结构合理的农业标准体系。制(修)订农业标准10000项,其中国家标准、行业标准2880项,采标率(采用国际标准和国外先进标准的比例)达到50%。

(二)加强农业标准化示范区建设。农业标准化示范区累计达到6000个,其中国家级示范区累计达到2000个。

(三)强化流通领域标准化管理。培育2000个实行标准化、规范化管理的农产品批发市场,销售的农产品的质量安全达标率达到95%以上。

(四)推进优势农产品区域化种植(养殖)的标准化生产。优势农产品标准化生产覆盖率达到80%。

(五)培养一支具备专业技术和标准化知识的农业标准推广队伍(80000人),建立农业标准化信息服务体系。

二、农业标准化工作的主要任务

(一)加快制定和清理农业标准。要按照党中央、国务院关于建立、健全统一权威的农业标准体系的要求,根据《全国农业标准2003—2005年发展计划》,加快农业标准制定进度,加大农业标准清理力度,抓紧与国际标准接轨,尽快解决农业标准水平低、标龄过长,国家标准、行业标准重复交叉,以及农产品质量安全标准与国际标准差距大等突出问题。要创新农业标准制(修)订工作机制,建立国家标准、行业标准、地方标准从立项、起草、审查、批准到发布都公开透明的管理模式。

(二)强化重点领域标准的实施与监督。围绕治理农产品污染,确保消费者健康和安全,建立产地农产品质量监测体系,抓好产地环境质量标准、生产操作规范的实施;强化对农药、兽药残留限量等农产品质量安全标准的实施;严格按标准对农业投入品和农产品进行检验;严格加工全过程质量安全标准与实施监控;健全农产品质量安全例行监测制度,切实加强农产品市场准入标准的实施。加大优势农产品、优质专用农产品等相关标准的实施,抓好与退耕还林还草、改善生态环境、水利设施建设等措施配套标准的实施,促进农业优质高效和可持续发展。

(三)全面推行标准化管理。各地在农业产业化发展规划中要明确提出农业标准化工作的要求,充分发挥多元化、多层次组织的作用,积极探索标准化为农业产业化生产、经营服务的途径,把农业生产的全过程纳入标准化管理的轨道,以标准化促进产业化,推动农产品生产上规模、质量上档次、管理上水平,带动区域经济的发展。

(四)积极采用国际标准和国外先进标准。要结合我国实际,按照“借鉴、结合、创新、发展”的原则,运用风险评估理论,加快农产品安全卫生限量指标、检验方法及动植物防疫措施等标准的采标。同时,要建立并完善疫病疫情和农产品、食品安全预警通报机制,对进出口农产品实施严格检验检疫。农产品出口基地(企业)要率先采用国际标准和国外先进标准,实行全过程标准化管理,满足产品出口要求。

(五)加强农产品流通领域的标准化工作。要进一步完善农产品流通领域的标准体系和监测体系,实行收购、储存、加工、运输、销售等全过程质量安全控制,大力推进农产品质量安全、质量等级、计量、包装标识等标准的实施,满足新形势下农产品流通领域的需要。要积极探索开展农产品批发市场的标准化工作,用标准化规范农产品批发市场、培育和发展农产品零售

市场。

(六)有效防范外来有害生物入侵。各级质检、农业、林业和环保等部门要进一步研究如何通过制(修)定相关标准和技术规程提高检验检疫水平,严把入境关口,加强对我国境内有害生物的检疫、监测、防治和封控工作,最大程度地减少外来有害生物入侵,有效控制有害生物的扩散蔓延,保障我国农业生产和生态安全。

三、采取有效措施,全面推进农业标准化工作

(一)加强对农业标准化工作的领导。地方各级人民政府和有关部门要把农业标准化工作摆到重要议事日程,进一步统一思想,做到认识到位、领导到位、经费到位、措施到位、制定规划,组织实施,督促检查,狠抓落实。要建立有效的激励机制,对在开展农业标准化工作中取得显著成绩的单位和个人给予表彰奖励,引导企业和农民自觉应用农业标准。

(二)加强统一管理和综合协调工作。推进农业标准化是一项系统工程,要建立国家标准委统一管理、部门分工负责的工作机制。国家标准委要按照国家标准"统一计划、统一审查、统一编号、统一批准和发布"的要求,加强对农业标准化工作的统一协调管理;农业部要发挥农业标准化工作的主力军作用,加大工作力度;各有关部门要按照国家有关法律、法规规定,认真履行职责,通力协作,各司其职,共同推进农业标准化。各地要依据国家标准、行业标准的发展计划,制定本地区农业标准化的发展规划;但在严格标准要求的同时,要防止借机搞农产品地方保护,阻碍农产品的自由流动和充分竞争。

(三)增加农业标准化经费投入。各地和有关部门要大力支持农业标准化工作,切实解决农业标准化工作经费不足的问题。坚持政府推动与市场运作相结合,逐步建立政府投入为导向、企业投入为主体、社会投入为补充的多元化投入机制和多渠道投资的格局。

(四)加强农业标准化技术推广队伍建设。采取集中与分散相结合的方法,分层次对基层技术推广人员、标准化技术和管理人员开展标准化教育培训。提高技术推广人员的工作水平,尽快培养一批既有标准化知识,又懂专业技术的推广队伍。特别要从农民中培养农业标准化工作的积极分子和带头人,普及标准化知识,以适应农业发展的需求。

(五)夯实农业标准化工作的基础。要重视农业标准信息资源的收集、整理、加工和整合,建立统一权威的农业标准数据库,增强信息的准确性和时效性,构建及时、准确、高效、权威、便捷的农业标准化信息平台。要加快国家农业技术标准体系研究和农业标准发展战略研究,尽快提出我国农业标准体系如何符合国际通行做法,如何应对国外技术性贸易壁垒的措施。要加大农业标准的前期研究,尤其是组织开展对农业标准化示范理论和技术途径的研究,不断提高农业标准化工作水平。

(六)广泛开展农业标准化宣传与培训。要充分利用各种新闻媒介,大力宣传农业标准化工作的重要意义,普及标准化知识,增强生产者、经营者、管理者和消费者的标准化意识。利用质量技术监督、农业等科研院所的技术力量组织标准化培训,开展重要标准的宣传贯彻,提高企业、农户的标准化水平。培育和发展农业标准化中介服务机构,引导各级各类标准化组织积极开展农业标准化咨询服务,扩大服务咨询覆盖面。

(七)加强农业标准化示范工作。广泛开展农业标准化示范区建设,积极推广"选好一个项目,建立一个体系(标准体系),形成一个龙头,创立一个品牌,带动一个产业,致富一方百姓"的做法和经验。各地要在做好示范区验收工作的基础上,逐步开展农业标准化示范区项目评价,提高名牌意识,探索培育"标准化农产品"品牌的途径。要推广以标准规范的"公司+农户+基地"等生产经营模式,充分发挥龙头企业在农业标准化工作中的带头作用和辐射效应。农业技术推广部门要把实施标准化列入技术推广工作计划,发动基层技术人员积极参与标准化推广实施工作,拓宽示范领域,建立形式多样、富有实效的农业标准化示范推广体系。

国务院办公厅

2003年12月8日

全国妇联主席顾秀莲在阿布扎比会见阿拉伯联合酋长国总统夫人妇联主席法蒂玛

访问期间,顾秀莲拜会了阿联酋联邦国民议会议长肯迪,希望进一步发展中国全国人大与阿联邦国民议会之间的友好合作关系。肯迪表示赞同,希望阿中经济、贸易、技术等领域的合作不断向前发展。

此外,顾秀莲还与阿妇联主任努尔举行了工作会谈,着重就中阿两国妇联组织之间开展实质性合作的方法和途径等进行了探讨。顾秀莲是应阿联酋妇联邀请率中国妇女代表团于12月5日至9日对阿联酋进行友好访问的。

我国自主研制的CPU芯片成功实现批量生产

科技部宣布:国家"863"计划超大规模集成电路设计专项重点支持的"北大众志—863CPU系统芯片"成功批量生产,已进入市场推广阶段。

北大众志—863系列CPU是我国第一种支持16位/32位两套指令系统的微处理器,芯片规模达800万晶体管。

中国互联网协会互联网新闻信息服务工作委员会在北京成立

来自人民网、新华网、中国网、新浪网、搜狐网等30多家互联网新闻信息服务单位在成立大会上共同签署了《互联网新闻信息服务自律公约》，承诺自觉接受政府管理和公众监督，坚决抵制淫秽、色情、迷信等有害信息的网上传播，严格遵守有关法律、法规和社会主义道德规范，加强自律，营造健康向上的网络环境。

国家重点文化项目"送书下乡工程"在西柏坡正式启动

首批带有送书下乡工程专用标志的1500多册图书"落户"西柏坡镇图书馆。启动仪式宣告历时三年的"送书下乡工程"正式开始实施。

"送书下乡工程"由文化部、财政部共同实施，国家图书馆具体承办。目标是从2003年到2005年，文化部、财政部向300个国家级扶贫开发工作重点县图书馆和3000个乡镇图书馆(室)，赠送农村适用图书500万册。财政部为"送书下乡工程"安排专项经费6000万元。

"送书下乡工程"直接面对老少边穷和中西部地区，重点解决贫困地区县图书馆、乡镇图书馆(室)藏书贫乏、购书经费短缺的问题，努力满足人民群众对知识、信息的需求。

这一工程采取专家选书、集中采购、统一装帧、直接配送的实施办法。配送图书使用统一设计的封面，印有"文化部、财政部送书下乡工程"字样及专有标识。选择图书的原则为内容健康，实用性、可读性强，适合农村读者需要。

《毛泽东传(1949—1976)》和《毛泽东著作专题摘编》等图书出版发行

《毛泽东传(1949—1976)》由中共中央文献研究室编著，逄先知、金冲及主编，共43章、130万字。它以《中共中央关于建国以来党的若干历史问题的决议》为指针，根据可靠的第一手资料，力求向广大读者提供一部翔实的信史。

《毛泽东著作专题摘编》由中共中央文献研究室编辑，杨胜群、汪裕尧主编，是一部系统地反映毛泽东思想科学体系及其丰富内涵的大型理论工具书。

电影《毛泽东去安源》在北京首映

为纪念毛泽东同志诞辰110周年而拍摄的电影《毛泽东去安源》，由潇湘电影集团摄制完成，讲述了80多年前的南方红土地上，年轻的毛泽东、刘少奇、李立三凭着他们的信念、理想和特有的青春激情，成功发动、领导安源路矿工人大罢工的故事。首映之后将在全国上映。

《开国领袖毛泽东》专题邮票珍藏册向全国发行

该邮票册是为纪念毛泽东同志诞辰110周年，经有关部门批准，由中国邮票博物馆设计制作的。邮票册以新中国邮政和中国人民革命战争时期各解放区发行的毛泽东像珍贵邮票为主，配以毛泽东同志各个时期珍贵的历史照片及详细的文字说明，展现了伟人毛泽东的光辉一生。邮票册内含新中国毛泽东像邮票64枚，解放区毛泽东像邮票74枚，邮票小型张1枚，全册邮票均为四方连。

中宣部部长刘云山在人民大会堂出席纪念程砚秋诞辰100周年座谈会并发表讲话

刘云山指出，我们今天纪念程砚秋先生，就是要以他为楷模，像他那样紧跟时代步伐，热爱祖国、热爱人民，把个人的艺术追求，同民族独立、国家富强、人民幸福的伟大事业有机结合起来。始终注重人格修养，将艺德与戏德的统一作为毕生追求的崇高目标。牢固树立正确的世界观、人生观、价值观，淡泊名利，敬业奉献，努力担负起德艺双馨、继往开来的神圣使命。就是要像他那样，勤奋耕耘，不断开拓，勇于创新，创作更多具有中国特色、中国风格、中国气派的传世之作。就是要像他那样，把培养人才作为振兴民族艺术的百年大计，尊重文艺规律，尊重文艺家的创造性劳动，调动各方面积极因素，为文艺家成长排忧解难，努力建设一支德艺双馨的宏大文艺队伍，确保社会主义文艺事业兴旺发达、后继有人。

座谈会由文化部部长孙家正主持，中国文联主席周巍峙，程砚秋先生家属、亲朋好友、弟子传人，文艺界的专家学者，以及海外嘉宾参加了会议。

中美两国卫生部门在华盛顿签署两个医疗卫生合作文件

两国卫生部门在续签的《医学及公共卫生科学技术领域合作议定书》中提出，双方应促进在疾病控制和预防、公共卫生保护、生物医学研究、卫生服务和卫生政策研究、卫生行政管理和财务方面的合作。另外，两国当天还签署了有关明年春季在北京举办中美卫生保健论坛的联合声明，论坛将讨论中国和美国卫生保健体系面临的一些重要问题。美国卫生与公众服务部部长汤米·汤普森表示，新签署的两个文件将会巩固两国业已形成的卫生合作伙伴关系。

12月9日

国务院总理温家宝在白宫与美国总统布什举行会谈

在检阅了仪仗队后，两国领导人先后致辞。布什说，中国是伟大的文明，伟大的国家，伟大的民族。美国期待着与中国进一步合作，应对时代的挑战。他表示相信，温总理对美国的访问将推动两国关系的发展。温家宝在致辞中指出，中美关系正处在承前启后的重要时刻，面临新的机遇和挑战。形势的变化不断赋予中美关系新的内涵。两国人民和世界人民的根本利益要求中美加强合作，增进互信，推动两国建设性合作关系进一步向前发展。温家宝说：我们要站在历史的高度，拿出战略的眼光和战略的勇气，审视和处理两国关系。中美双方的三个联合公报为妥善处理两国分歧、不断扩大交流与合作确定了指导原则。只要坚持恪守这些原则，加强合作，中美关系就会继续稳定地向前发展。

在两国领导人随后举行的会谈中，温家宝表示：2001年10月江泽民主席和布什总统在上海确定了中美发展建设性合作关系的目标。我这次访美就是本着坦诚、合作和建设性的态度，期望与美方共同推进中美关系健康稳定向前发展。布什说，美中加强合作极为重要，希望两国建设性合作关系不断发展。

关于台湾问题，温家宝指出：我们解决台湾问题的基本方针是"和平统一、一国两制"。我们以最大诚意、尽最大努力实现祖国的和平统一。我们尊重台湾人民的民主诉求，但台湾当局假借民主，搞所谓"防卫性公投"，企图把台湾从中国分割出去，对这种分裂活动，我们决不能容忍。维护台海地区和平与稳定，有利于两岸人民的利益。只有坚定不移地反对"台独"，才能维护台海地区的和平与稳定。只要有一线希望，我们就不会放弃和平的努力。布什表示：美国方面理解中方的关切。美国政府坚持一个中国政策，恪守美中三个联合公报，反对台湾"独立"，这一政策不会改变。最近从台湾传出一些试图改变现状的信息，令人不安，美方不赞成，我们反对单方面试图改变台湾现状的做法。

关于朝鲜半岛核问题，布什对中国努力促成北京六方会谈表示感谢，并说美国愿继续与各方合作，寻求和平解决。温家宝表示：中国主张半岛无核化，以外交手段和平解决朝核问题，维护半岛的和平与稳定；同时，朝鲜的合理安全关切也应得到解决。我们将继续与各方加强协调合作，推进北京六方会谈进程。

两国领导人一致认为，中美经贸合作为两国人民带来巨大利益，出现一些问题是正常的，应该妥善处理。温家宝表示，为确保中美经贸关系持续健康发展，以下五条原则是重要的：一、加强合作，互利共赢；二、把发展放在首位，通过不断发展经贸合作解决贸易逆差问题，希望美方取消对华出口限制；三、建立和健全经贸协调机制；四、通过平等协商解决问题，不要动辄设限和制裁；五、不把经贸问题政治化。布什对此表示赞同。他说，中国经济的快速发展令世人瞩目，美中发展强有力的经贸关系符合双方的利益。两国领导人商定，提高中美商贸联委会的级别，由吴仪副总理担任中方主席，埃文斯商务部长和佐立克贸易代表担任美方共同主席。联委会将于2004年春季举行会议。

温家宝还应询向布什介绍了中国人民币汇率机制及保护知识产权方面的情况。

温家宝和布什在会谈结束时共同会见了记者。他们积极评价中美关系取得的进展，充分肯定会谈富有成果，表示双方在广泛领域有着共同利益，将进一步加强两国互利合作。他们还回答了记者的提问。当被问及美方是否认为台湾应取消计划于明年3月举行的"防卫性公投"时，布什表示，台湾领导人的言行表明，他们可能要单方面作出改变现状的决定，美国对此表示反对。

国务院总理温家宝在华盛顿会见美国国会众议院议长哈斯特尔特

国务院总理温家宝在华盛顿出席美国九团体联合举行的欢迎晚宴并发表演讲

欢迎宴会由美中关系全国委员会主席希尔斯主持，来自美国九个友好团体和社会各界的600多人出席。希尔斯致欢迎词后，美国农业部长维尼曼发表讲话，祝温总理访美成功。

温家宝随后发表了题为《共同谱写中美关系新篇章》的演讲。他说：近百年来，中美关系跌宕起伏，曾共同抗击法西斯，也曾有过严重对立。1972年，中美两国领导人以其远见卓识和非凡魄力，开启了长期封闭的中美关系大门。纵观新中国成立半个多世纪来中美关系的历史，我们可以得出三个重要结论。

第一个结论：中美两国和则两利，斗则俱伤。从1949年到1971年，中美敌对23年，双方都付出了沉重代价。从1972年到现在，中美交往32年，尽管有曲折，但双方都从合作中获得了巨大好处。1972年发表上海公报时，两国贸易几乎为零，现在，两国贸易额已超过1000亿美元。

第二个结论：中美两国有合作的基础和共同的利益。这首先表现在中美经贸合作的互利和双赢上。美国企业给中国带来了资金、先进技术和管理经验。而中国丰富的人力资源和广阔的市场，给美国企业带来巨大的商机。中国企业还给美国消费者提供了大量价廉物美的消费品。今天，美国已成为中国第二大贸易伙伴和最大投资国，中国是美国的第三大贸易伙伴和增长最快的出口市场。所以会发生如此巨大的变化，很大程度上得益于中国的改革开放。中国加快发展，将给中美关系发展提供新的机遇和动力。我相信，中国完全有可能在未来20年乃至更长时间里，继续保持稳定快速的经济增长，到2020年国内生产总值翻两番，达到4万亿美元以上。这将给美国资本和企业提供多么广阔的舞台和成长的空间。当然，开放是相互的，中国将继续扩大对美国的开放，同时也希望美国进一步扩大对中国的开放，包括高科技领域。

第三个结论：中美合作有利于亚太地区的稳定，也有利于世界的和平与发展。中美合作，已经并将继续对亚太地区和国际局势的稳定发挥不可替代的积极作用。

恐怖主义是人类的公敌。根据"平等合作、双向互利"的原则，中美建立了中长期反恐交流与合作机制。近来中美和有关各方共同努力，在和平解决朝核问题上进行了富有成效的合作。

温家宝指出：综观世界近代史，大国之间合作的深厚基础在经济，在国家利益，而并非意识形态。中美两个大国的合作表明：不同社会制度和文化传统的国家，只要以各国人民的根本利益为重，彼此尊重，相互包容，就完全能够和平共处、共同发展。这是人类超越意识形态差别、在和平共处五项原则基础上发展大国合作的一个富有世界意义的创造。

他说，时代潮流和国际局势发生了重大而深刻的变化。其一，世界新科技革命和经济全球化的发展，各国经济的相互交流、相互依存日益加深，互补性和互利性增强。

其二，随着各国工业化和城市化的加速，环境污染、资源短缺、贫富悬殊、疾病传播、毒品泛滥等问题越来越突出，构成对人类生存和可持续发展的严峻威胁。

其三，世纪之交，国际政治局势发生了"冷战"以后最为深刻的变化。由民族、宗教、领土、资源引发的争端和地区冲突此起彼伏，恐怖主义等非传统安全问题更加突出。

其四，跨国经济和信息技术的迅猛发展，对世界文化的发展产生重大而深刻的影响。

他认为：国际经济政治文化领域的这些重大变化，势必导致国与国之间特别是大国之间关系的调整。中美两国，一个是世界上最大的发展中国家，一个是最大的发达国家。中美两国加强合作，不仅双方互有需要，而且是维护世界和平与发展应共同肩负的责任。我们应当站在这样全局的高度，拿出战略勇气，不断推进中美合作关系的发展。

温家宝说：由于种种原因，中美双方还存在这样那样的隔阂、误解乃至摩擦。遇到分歧和矛盾，我们双方应保持冷静和理智，加强沟通、减少猜疑，求同存异、妥善处理，一时解决不了的，可以从长计议，一定不要使中美友好合作的纽带撕裂。我们是朋友，不是对手。

他为发展中美两国建设性的合作关系提出以下建议：一要继续加强两国高层往来和战略对话。二要推进两国经贸互利合作，并建立良好的解决双边问题的机制。三要加强在重大国际和地区问题上的协调。四要积极拓展两国民间交流。

他表示：中华民族历来珍惜和平，崇尚和睦。中国的崛起，是和平的崛起，是依靠自己的力量来发展自己。在对外关系中，我们一贯主张以邻为伴、与人为善，同各国发展友好合作关系。

中国现在是、今后相当长时间内仍将是一个发展中国家。中国要赶上发达国家，还需要几代人、十几代人的艰辛努力。中国就是发展了、强大了，也永远不称霸，永远不扩张！

他强调，为了使中美关系健康顺利发展，还必须处理好两国关系中核心和敏感的台湾问题。

温家宝指出：对于任何一个国家来说，维护国家的主权和领土完整都是最高国家利益和不可动摇的原则。我们解决台湾问题的基本政策，就是"和平统一、一国两制"。我们一直在尽最大的努力和平实现国家的最终统一。

他表示：我们真心诚意地希望和平解决台湾问题。只要有一丝希望，我们就不会放弃和平的努力。但是，我们的和平努力，一再受到"台独"分裂势力的挑战。他们打着"民主"和"人权"的旗号搞旨在"台独"的公投，使分裂活动更具欺骗性和危险性。对他们的"台独"行为，我们决不会容忍。

他说：众所周知，三个联合公报是中美关系的基础，核心是一个中国的原则。台湾当局搞"台独"、闹分裂，严重损害中美合作的政治基础和共同利益，威胁亚太地区的和平与稳定。我们希望，美国政府妥善处理台湾问题，支持中国实现和平统一。

温家宝总理呼吁中美两国和两国人民更加紧密地携起手来，共同创造中美关系更加美好的未来。

演讲后，温家宝还回答了与会者的提问。

国务院总理温家宝在华盛顿先后会见美国多位政界人士

参加会见的美国政界人士有副总统切尼、临时参议长史蒂文斯、美国联邦储备委员会主席格林斯潘和前总统国家安全事务助理斯考克罗夫特。

中国监察学会第三次会员代表大会在北京召开

中共中央政治局常委、中央纪委书记吴官正专程到会看望了会议代表。

为期两天的会议总结了第二次会员代表大会召开后5年来学会的工作情况，充分肯定了中国监察学会作为群众性学术团体，在反腐倡廉和纪检监察理论和政策研究中的重要作用；号召各级学会组织及广大会员，以“三个代表”重要思想为指导，以强烈的政治责任心和使命感进一步做好学会工作，深入研究反腐倡廉的实际问题，为继续深入推进党风廉政建设和反腐败斗争作出新的贡献。会议提出了今后做好学会工作的原则意见，修改了学会章程，选举产生了第三届理事会领导机构。

中央纪委副书记、监察部部长李至伦出席会议并讲话。中央纪委、监察部的其他有关领导同志出席了会议。

建设部等六部门在北京联合召开电视电话会议

为解决建设领域拖欠工程款以及拖欠农民工工资的问题，国务院办公厅11月22日印发了《关于切实解决建设领域拖欠工程款问题的通知》(以下简称《通知》)。中共中央政治局委员、国务院副总理曾培炎近日也作出批示。

为贯彻落实国务院领导指示和国办通知精神，建设部、国家发改委、财政部、劳动和社会保障部、中国人民银行、中国银行业监督管理委员会等六部门联合召开电视电话会议。会议要求，各地和各有关部门要按照《通知》精神，加强领导，密切配合，综合治理，标本兼治，切实把解决建设领域拖欠工程款问题，作为实践“三个代表”重要思想，维护人民群众根本利益的一件大事，抓紧抓好，抓出成效。

全国人大常委会副委员长成思危在青岛出席“中国保税区管理与发展”研讨会并作主题演讲

研讨会上，专家、学者回顾了中国保税区10多年的发展历史，并就中国保税区探索向自由贸易区模式转型及保税区与港口一体化建设问题进行了深入交流与探讨。与会者认为，目前推进我国保税区向自由贸易区转型的改革试点时机已经成熟。此次会议由中国海关学会、海关总署加工贸易及保税监管司、国家自然科学基金委员会管理科学部主办，青岛保税区承办。

全国政协副主席罗豪才在北京会见以李东海为名誉顾问张华峰为团长的香港证券界访京团

中组部中宣部在郑州举行谷文昌先进事迹报告会

埃及人民议会议长苏鲁尔和政府总理奥贝德在开罗分别会见由全国人大常委会副委员长司马义·艾买提率领的代表团

司马义·艾买提一行是应埃及副总理兼农业和土地开发部长、埃中友协会长瓦利的邀请，12月5日抵达开罗，开始对埃及进行为期5天的友好访问。

第五届中国—加拿大—挪威人权研讨会在云南丽江举行

外交部部长助理沈国放在研讨会上说，中方一贯主张就人权问题开展对话与交流，以增进了解，减少分歧，相互借鉴，共同进步。

研讨会为期两天，由中国政府主办，加拿大和挪威政府协办。除中国、加拿大和挪威三国外，越南、泰国、巴基斯坦、澳大利亚、新西兰等15个国家也派代表与会。与会代表就公司社会责任、妇女权利、司法援助以及囚犯人权保护4项议题交换了意见，增进了相互了解，达成了一系列共识。

国务院副总理黄菊在北京会见国防科技工业系统获奖先进代表

黄菊代表党中央、国务院，向为我国国防科技工业作出突出贡献的广大科技工作者、干部和职工表示慰问，对荣获“国防科学技术奖”的科技工作者和荣获“国防科技工业技术能手”称号的工人同志表示热烈的祝贺。

国防科学技术奖是经国务院批准，由国防科工委1999年设立的面向全国的科学技术奖项，每年评选一次。秦山600兆瓦核电站的设计和建造、“海洋一号”卫星以及部分武器装备项目等693个科技项目分获一、二、三等奖。这些项目基本涵盖我国核、航天、航空、船舶、兵器以及电子等行业，技术含量高、难度大、社会效益和经济效益显著，代表了我国国防科学技术发展的最新成就和国防科研的最高水平。同时，国防科工委、劳动和社会保障部联合评选授予孙汉兴等100名同志首批“国防科技工业技术能手”称号，该奖项旨在表彰那些在国防科技工业战线上为推进企业信息化、工艺现代化，增强军工制造业能力和水平，确保武器装备研制生产任务作出突出贡献的技术能手。

国防科技工业科学技术大会在北京召开

会议决定，当前和今后一段时期，国防科技工业科技工作将实施“强化基础、提高能力、军民结合、跨越发展”的发展战略，从加强科技基础入手，提高科技创新能力，大力推进科技体制改革，抓好人才队伍建设，全面提高国防科技工业整体素质，增强核心竞争力和持续健康发展能力。

为大力推进科技发展和产业技术进步，在确保完成高新技术武器装备研制生产任务的同时，国防科技工业将着力抓好五个方面工作：

一是组织实施若干重大科技工程，带动军工产业科技进步。抓好“绕月工程”组织实施，具体组织好大运载火箭、卫星公用平台、大型运输类飞机、百万千瓦级压水堆和船舶科技推进工程等重大科技专项研究论证工作，争取尽快启动。

二是瞄准制约产业发展的关键技术问题，组织科研攻关，争取尽快取得突破。

三是大力推进高新技术产业化，发展高新技术产业。

四是大力加强企业技术改造，推进产业技术进步。

五是加强国际合作与交流，着力提高军工产业自主开发能力。

来自各省、自治区、直辖市国防科工委(办)，各军工集团公司及其所属重点企事业单位以及国防科工委委管单位共380余人参加了会议。

中美政府文化协定2004年至2006年交流执行计划在华盛顿签署

中国驻美国大使杨洁篪和美国国务院负责教育和文化事务的助理国务卿哈里森分别代表两国政府在执行计划上签字。这项计划根据1979年1月31日签订的《中美政府文化协定》，就2004年至2006年间如何鼓励和促进两国在文化艺术、影视、文学、知识产权、教育和文化资产保护等方面的交流与合作达成了一系列协议。

《诗人毛泽东》首映座谈会在人民大会堂举行

在纪念毛泽东同志诞辰110周年之际，中共中央文献研究室、中共江苏省委、中央电视台举行了20集电视文献专题片《独领风骚——诗人毛泽东》首映座谈会。

由上述三单位联合拍摄、镇江市广电总台承拍的这部电视片，以毛泽东同志的诗词创作为线索，形象地反映了毛泽东的生平业绩，生动地刻画了毛泽东作为政治家、军事家、思想家，又是伟大诗人的形象。其间既展示了毛泽东“指点江山”的青春抱负，也记录了他作为“马背诗人”的丰姿和“数风流人物，还看今朝”的革命英雄主义气概。

江南六古镇获得2003年亚太地区文化遗产保护杰出成就奖

联合国教科文组织亚太地区官员在上海向江南水乡6个古镇(江苏省昆山周庄、吴江同里、吴中甪直，浙江省湖州南浔、桐乡乌镇和嘉善西塘)，以及同济大学建筑学城市规划学院教授、国家历史文化名城保护研究中心主任阮仪三，颁发2003年亚太地区文化遗产保护杰出成就奖。

《李岚清教育访谈录》出版

该书由人民教育出版社出版。全书共30多万字，除教育访谈内容外，“访谈散记”部分生动地记录了李岚清的人生经历、兴趣爱好和业余生活等。“十年教育大事记”则记载了过去10年间中国教育改革和发展进程中所发生的重要事件。访谈的形式、口语化的风格，使这部访谈录别具特色。

教育部12月9日在人民大会堂举行《李岚清教育访谈录》出版座谈会。许嘉璐、陈至立、罗豪才和有关部门负责人及教育界人士出席座谈会。

教育部部长周济、新闻出版总署署长石宗源和与会的地方主管教育工作的负责同志、高等院校和中学的代表也在座谈会上发言。

12月10日

胡锦涛 江泽民等党和国家领导人分别在各自选区参加区县人大代表换届选举投票或委托他人投票

上午9时许，中共中央总书记、国家主席胡锦涛来到怀仁堂投票站。在投票后，胡锦涛接受了记者的采访。他说，今天我很高兴作为北京市西城区的一名选民，前来参加区人大代表的选举。刚才，我郑重地投下了自己的一票，履行了宪法赋予的民主权利。实行人民代表大会制度，人民通过选举产生自己的代表组成各级人民代表大会，行使当家做主的权利，这符合我国国情，符合中国最广大人民的根本利益。我们要坚持和完善这一根本制度，按照把坚持党的领导、人民当家做主和依法治国有机统一起来的要求，进一步发展社会主义民主政治，建设社会主义政治文明，为全面建设小康社会提供坚强的政治保证。胡锦涛希望当选的人大代表不辜负广大选民的期望和重托，密切联系广大群众，及时反映群众呼声，依法履行代表职责，为维护和实现人民群众的利益、为坚持和完善人民代表大会制度作出自己的贡献。

中央军委主席江泽民也在怀仁堂投票站投票。江泽民在投票后接受了记者的采访。他说，我作为北京市西城区的一名选民，投下了庄严的一票，行使了自己的民主权利，感到非常高兴。人民代表大会制度是我国的根本政治制度。各级人民代表大会是我国人民行使国家权力的机关。坚持和完善人民代表大会制度，是我们大家的职责。进一步加强人民代表大会的民主建设，对于发展我国社会主义民主政治，建设社会主义政治文明，具有十分重要的意义。

中共中央政治局常委、全国人大常委会委员长吴邦国来到西城区中南海选区人民大会堂投票站投票。

中共中央政治局常委、国务院总理温家宝出国访问，委托工作人员在西城区文津街选区紫光阁投票站投了票。

中共中央政治局常委、全国政协主席贾庆林在西城区全国政协选区全国政协礼堂投票站投了票。

中共中央政治局常委、国家副主席曾庆红在中南海选区怀仁堂投票站投了票。中共中央政治局常委、国务院副总理黄菊在文津街选区紫光阁投票站投了票。

中共中央政治局常委、中央纪委书记吴官正在西城区大觉选区中纪委投票站投了票。

中共中央政治局常委李长春在中南海选区怀仁堂投票站投了票。

中共中央政治局常委、中央政法委书记罗干在中南海选区怀仁堂投票站投了票。

12月10日，在各自选区投票或委托他人投票的领导同志还有，王兆国、回良玉、刘淇、刘云山、吴仪、贺国强、曹刚川、曾培炎、王刚、李鹏、万里、乔石、朱镕基、李瑞环、宋平、刘华清、尉健行、李岚清、荣毅仁、薄一波、宋任穷、何勇、李铁映、司马义·艾买提、何鲁丽、丁石孙、成思危、许嘉璐、蒋正华、顾秀莲、热地、盛华仁、路甬祥、乌云其木格、韩启德、傅铁山、唐家璇、华建敏、陈至立、肖扬、贾春旺、王忠禹、廖晖、刘延东、阿沛·阿旺晋美、李贵鲜、张思卿、白立忱、罗豪才、张克辉、周铁农、郝建秀、陈奎元、阿不来提·阿不都热西提、徐匡迪、黄孟复、王选、张怀西、李蒙等。

据了解，北京市区县人大代表换届选举工作从2003年9月开始，至2003年12月完成，通过差额选举，将选出区县人大代表4403名。12月10日，北京15个区县约有710万选民在9127个投票站参加投票选举。全市选民投票活动将于12月中旬结束。

国务院总理温家宝在波士顿会见马萨诸塞州州长罗姆尼和波士顿市市长梅尼诺

温家宝向他们表示，马萨诸塞州与中国友好交往的历史源远流长，是美国最早开展对华贸易的地区之一，也是目前中国在美国留学生比较集中的地区。在中美建设性合作关系不断发展的今天，希望马萨诸塞州和波士顿市为增进中美两国人民的交往、友谊和合作发挥更加重要的桥梁作用。

罗姆尼州长和梅尼诺市长表示：马萨诸塞州和波士顿市与中国发展经贸关系为我们带来了许多实际利益。中国远洋运输(集团)总公司的美中海运航线为波士顿的康利码头提供了众多就业机会。他们希望双方的合作领域不断扩大。

当天下午，温家宝先后参观了波士顿的康利码头和专门生产经营奶制品的理查森家庭农场。

傍晚，温家宝结束对美国的访问，离开波士顿前往加拿大。

国务院总理温家宝在波士顿接受美国有线电视新闻网(CNN)主持人多布斯采访

多布斯：你即将结束对美国旋风似的访问，这是你就任总理以来首次对其他国家进行正式访问。请谈谈你对这次访问的感受。

温家宝：这次访问不仅是重要的，也是成功的。再过几小时，我将离开美国。我想借此机会感谢布什总统、美国政府和美国人民对我的热情款待。这不仅是对我个人的，也是对13亿中国人民的热情款待。在访问过程中，我与布什总统和其他美国领导人在友好、坦诚、合作和富有建设性的气氛中进行了会晤，就中美关系及重大国际和地区问题深入地交换了意见，达成了广泛共识。我们一致认为，进一步改善和加强中美关系将造福于两国人民，有利于世界和平与稳定。中美两国之间存在差异，并不是在所有的问题上都看法一致，但我们会努力来缩小我们两国之间的分歧，使中美建设性合作关系得以进一步发展。在3天的短暂访问中，我出席了近30场活动，接触了各界人士。我带来了中国人民对美国人民的良好祝愿，将带回美国人民期望发展中美关系的积极信息。

多布斯：布什总统刚上台时称中国是美国的战略性竞争对手。随着你对美国进行成功访问，他又改称中国是美国在国际事务中的伙伴。请问你与布什总统达成了哪些谅解与共识？

温家宝：我们都认为中美关系是最重要的关系。发展中美关系不仅有利于亚太地区的和平与稳定，也有利于全世界的和平与繁荣。我们都认为，成熟的中美关系应由双方来共同维护，而不应遇到一点问题就撕裂两国关系的纽带。这就需要我们以战略的眼光、拿出战略家的勇气来审视与处理两国关系。

多布斯：朝核问题是中美两国共同努力寻求解决的问题。由中方主持的朝核问题六方会谈是通往半岛和平的重要一步。布什总统表示朝鲜不应拥有核武器。中美两国在朝核问题上是否看法一致？中方是否将继

续在解决此问题方面发挥主导作用?

温家宝:我们不赞成朝鲜半岛出现核武器。我们主张通过外交手段和平解决朝核问题,以维护半岛的和平与稳定。我们认为应积极推动六方会谈,这是和平解决朝核问题的最好办法。中国政府正积极努力,为促进新一轮六方会谈的举行进行协调与斡旋工作。

多布斯:台湾问题是一个敏感而又日益突显的问题。中国政府明确反对台湾举行“公投”。布什总统要求台湾不要进行“公投”,但陈水扁则表示要继续推进“公投”。请问你对今后台海局势发展有何看法?

温家宝:中国政府在台湾问题上的立场是一贯的,即坚持“和平统一、一国两制”的基本方针。为此,我们尽了一切努力,显示了最大的诚意,做了许多工作。但是,我们的努力受到了来自台湾当局和“台独”势力的挑衅。我们尊重台湾人民的民主要求,但我们反对台湾当局和“台独”势力假借民主之名搞“台独”活动,把台湾从祖国分割出去。我们之所以清楚地表明我们维护祖国统一的决心与意志,就是要维护台海地区的和平与稳定。我们已表示,只要有一线希望,就会尽最大努力以和平方式实现祖国的统一。我们赞赏布什总统再次重申坚持一个中国的立场,向“台独”势力发出了明确的信号。

多布斯:布什总统称美国的政策是维护台湾的现状。台湾搞“公投”是否会影响台湾现状?

温家宝:陈水扁搞所谓的“防卫性公投”,其目的就是要破坏台湾的现状,把台湾从祖国神圣领土中分裂出去。大家都应看清其本质!他是假借民主之名,搞“台独”活动,所以更具欺骗性。

多布斯:中国于2000年发表了台湾问题白皮书,提出了对台动武的条件,其中一条就是如果台湾无限期拖延两岸统一谈判,就要对台动武。请问你对两岸进行统一谈判即建设性对话的前景是否乐观?

温家宝:你所提到的对台动武并非是针对台湾人民,而是针对“台独”势力。台湾人民是我们的骨肉兄弟。只要有一线希望,我们就将尽最大的努力争取和平统一。从江泽民主席提出解决台湾问题的八项主张到我们最近提出的一系列措施,都反复重申,只要坚持一个中国的原则,两岸就可以坐下来谈,而且什么问题都可以谈。现在拒绝谈判的是陈水扁当局。

多布斯:你就任总理以来最重要的会谈就是与布什总统就贸易问题而进行的会谈。你作为中国的总理,负责全国的经济,而美中贸易不平衡问题无疑是其中最困难的问题。今年美中贸易逆差可能会突破1300亿美元。你是否与布什总统就美中贸易不平衡问题达成了共识?

温家宝:中美经贸关系的迅速发展有利于中美两国。25年前,中美贸易额仅为25亿美元,而今年两国贸易额已经突破1000亿美元。中美经贸关系的发展难道是只对一国有利而对另一国不利吗?当然不是。中美经贸关系的发展对两国和两国人民都有利。关于中美贸易中美方逆差问题,双方的统计数字是不一样的,但美方确存在较大逆差。我在与布什总统会谈时以建设性的态度提出了发展中美经贸关系的五条建议:一、加强合作,互利共赢。一切从大处着眼,既要考虑自己利益,又要考虑对方利益。二、把发展放在首位,以发展的眼光解决中美经贸关系中出现的问题。要解决美中贸易逆差,靠减少中国对美出口不是办法,而应扩大美国对中国的出口,也就是说美方要放开对中国的出口限制。三、建立和健全中美解决贸易不平衡问题的协调机制。我向布什总统建议提高两国政府商贸联委会的级别,中方主席由吴仪副总理担任,美方由商务部长埃文斯和贸易代表佐利克共同担任。四、平等协商,不动辄设限和制裁。五、不把经贸问题政治化。布什总统表示完全同意我的五条建议。据我所知,中美双方正在进行积极准备,明年春天就将召开中美商贸联委会的第一次高级别会议。

多布斯:根据你所提出的建议,需要多少时间实现中美贸易的实质性平衡?

温家宝:这需要一段时间,需要双方的共同努力。但中国政府显示出了最大的诚意,愿意作出最大的努力。同时,我们希望美方也能开放对华出口,包括高科技对华出口。对解决中美贸易问题,我是乐观的!

多布斯:乐观应是对商界最好的态度。近年来,中美经贸关系取得了长足发展,但也对美商界和美政治领导人提出了新的问题,因为经贸问题和政治问题经常是混在一起的。现在布什总统面临来自国会的压力,要求他用政治办法尽快解决中美贸易不平衡。你认为美中贸易逆差多久才能降下来以缓解布什总统所面临的政治压力?

温家宝:我们已经采取了积极措施,还将进一步采取措施。我刚才所提出的五项建议代表了中美两国领导人是站在高处,从战略的角度看待问题的。我想指出,去年美国对华出口增长了15%,今年1—10月份增长了25%,而美国同期对其他国家的贸易只增长了2%—3%。应该看到,美国对华出口是有很大增长的。

其次,今年中国的进出口大约是8000亿美元,其中进口增长了40%,而出口仅增长了32%。我们应当看到这样一个现实,那就是当美国对华贸易逆差扩大的同时,中国同亚洲其他国家的贸易逆差也在扩大。所以,美中贸易逆差还有结构性和转移性的问题。尽管如此,我们还将采取积极措施来促进中美贸易的平衡。不管是在美国政治敏感时期,还是从长远角度来说，我们都会这么做。

多布斯：你的表态令人鼓舞。希望双方相互了解不断加深，共同努力，实现贸易平衡。再次感谢你接受我们的采访。

中宣部 中央文明办等14部委在北京召开文化科技卫生“三下乡”电视电话会议

会议对近年来“三下乡”活动涌现出来的先进集体和个人进行表彰，总结交流去冬今春以来的情况和经验，安排部署工作，推动文化科技卫生“三下乡”活动深入开展。

文化科技卫生“三下乡”已经成为精神文明建设的一个名牌项目，去冬今春以来，“三下乡”活动又取得新的进展。据26省区市不完全统计，共送图书下乡4460万册，送戏下乡38万多场，电影下乡118万多场；下去科技人员200多万人次，举办科技培训班45万场次，近7460万农民参加了培训；下去医疗队3.7万多支，给2200多万农民看了病。

会议强调，要加大工作力度，深入、扎实、持久地开展“三下乡”活动。各地各部门要加强领导，改进作风，扎实工作，使“三下乡”在原有基础上，有一个更大的发展，提高到一个新的水平。

广电总局副局长胡占凡在会上宣读了14部委《关于表彰全国文化科技卫生“三下乡”先进集体和先进个人的决定》，科技部副部长李学勇，农业部党组成员、办公厅主任于永维，文化部副部长陈晓光，卫生部副部长朱庆生分别讲了话。中宣部副部长、中央文明办主任胡振民作总结讲话。会议由新闻出版总署副署长柳斌杰主持。

国务院副总理黄菊在人民大会堂会见吉尔吉斯斯坦第一副总理兼司法部部长奥斯莫诺夫

国务院副总理回良玉在中南海会见由蒙古财政和经济部部长楚勒特木·乌兰率领的代表团

外交部副部长张业遂在墨西哥梅里达举行的联合国高级别政治会议上代表中国政府签署《联合国反腐败公约》

张业遂在发言中说，中国政府反腐败的决心是坚定的，加强反腐败国际合作的立场是明确的，中国愿与国际社会共同努力，为促进中国和世界各国的经济社会发展创造良好的环境，为促进人类文明的进步做贡献。张业遂就如何推动公约各项规定的切实执行提出了中国政府的四条建议：缔约国应在相互尊重主权和平等互利的基础上显示真诚合作的政治意愿；缔约国应在司法协助、引渡、追回与返还腐败资产等方面开展有效的国际合作；缔约国应在预防腐败犯罪、追查和发现腐败资产转移方面积极交流与分享经验、信息和资料；加强发展中国家在预防和打击腐败方面的能力建设并特别注重向发展中国家和经济转型国家提供技术和财政援助。

《联合国反腐败公约》是第五十八届联合国大会在10月31日通过的。中国政府参与了谈判的全过程，并为公约的制定提出了很多积极的建议。该公约是联合国历史上通过的第一项用于指导国际反腐败斗争的法律文件，对各国加强国内的反腐败行动、提高反腐败成效、促进国际反腐败合作具有重要意义。

国务院副总理曾培炎在北京出席第八次李四光地质科学奖颁奖大会并讲话

曾培炎首先代表国务院、代表温家宝总理向获奖的17位优秀地质工作者表示热烈的祝贺，向地质战线的全体同志致以崇高的敬意和亲切的问候。

曾培炎强调，发展地质事业要努力实现“四个转变”，一是从适应传统体制向适应社会主义市场经济体制转变；二是从单一研究地质问题向综合研究地球系统科学转变；三是从主要提供资源保障向资源保障和环境保障并重转变；四是从主要依靠国内资源、国内市场向充分利用国内国外“两种资源、两个市场”转变。

出席大会的有全国政协副主席徐匡迪、原副主席朱光亚等。国土资源部部长孙文盛主持了颁奖仪式。

“三北”防护林建设工程创吉尼斯世界纪录

在北京中华世纪坛举行的吉尼斯世界纪录颁证典礼上，吉尼斯世界纪录英国总部总裁理查兹为“三北”防护林建设工程颁发了纪录证书，“三北”防护林建设工程成为世界“最大的植树造林工程”纪录创造者。

“三北”防护林工程始于1978年11月25日，工程建设期限73年，规划造林5.34亿亩，三北地区的森林覆盖率将由5.05%提高到14.95%，沙漠化土地得到有效治理，水土流失得到基本控制。

“三北”防护林建设工程横跨我国东北、华北、西北13个省(自治区、直辖市)的551个县(旗、市、区)，占国土面积的42.4%。这一工程是我国林业发展史上的一大壮举，开创了我国林业生态工程建设的先河。其建设规模之大、速度之快、效益之高均超过美国的“罗斯福大草原林业工程”、苏联的“斯大林改善大自然计划”和北非五国的“绿色坝工程”，在国际上被誉为“中国的绿色长城”、“世界生态工程之最”。

中国残联主席邓朴方在纽约联合国总部参加"联合国人权奖"颁奖仪式

第五十八届联合国大会主席亨特在纽约联合国总部宣布了2003年被授予"联合国人权奖"的组织和个人名单，并向获奖组织和个人颁发了奖牌和证书，中国残疾人联合会主席邓朴方获此殊荣。

亨特在发言中高度赞扬了邓朴方多年来在促进中国残疾人权益保障方面作出的不懈努力。他说，由于邓朴方的提议和倡导，中国残疾人的生活水平和地位有了极大的改善和提高。

"联合国人权奖"是根据1966年12月19日联大通过的第2217号决议设立的，1968年首次颁发，每5年颁发一次，今年是第七次。与邓朴方同时获奖的还有其他5个组织和个人。

12月11日

国务院总理温家宝在渥太华与加拿大政府总理克雷蒂安举行会谈

温家宝表示，为了进一步推动中加关系的发展，我们建议，一、继续加强两国高层及各个级别的交往，建立就两国政治经济关系等战略问题进行磋商的部级协调机制。二、加强双方在能源、环保、电信和金融等领域的合作，以资源换市场、以技术促投资，建立长期稳定、互利互惠的经济合作模式。我们希望加方早日承认中国市场经济地位。三、大力促进两国科技、教育、人才和文化等方面的交流。四、加强两国在维和、安理会改革等重大国际与地区问题上的沟通与协调，在联合国、亚太经合组织、东盟地区论坛等国际和地区组织中保持密切磋商与合作，共同致力于世界的和平与稳定。

克雷蒂安表示，尽管他本人将于近日退休不再担任公职，但加拿大政府完全赞同温总理就加强加中关系提出的积极建议，愿与中方共同努力，不断推进加中全面合作伙伴关系。

会谈后两国总理出席了《中华人民共和国交通部与加拿大运输部公路、水路交通技术合作谅解备忘录》等7个双边合作文件的签字仪式并共同会见了记者。

国务院总理温家宝在渥太华会见加拿大总督自由党领袖和参众两院议长

国务院总理温家宝在渥太华出席加中贸易理事会举行的午宴并发表演讲

温家宝在题为《共同谱写中加经贸合作关系新篇章》的讲演中说，两国人民的友好交往源远流长。特别是在建交以来的33年中，中加友好合作不断发展。两国在政治上相互尊重、求同存异，在经济上优势互补、互惠互利，在文化上彼此借鉴、相互促进，在国际事务中相互配合、平等协作。两国人民来往密切，友谊不断增进。中加关系成为不同社会制度、文化传统和经济发展水平的国家和平共处、友好合作的一个榜样。

温家宝指出，日益深化的经贸合作，是中加关系的重要组成部分和推动力量。建交初期，两国贸易额只有1.5亿美元，2002年达到近80亿美元，增长了50多倍。中国已成为加拿大第三大贸易伙伴，加拿大是中国第十大贸易伙伴。越来越多的加拿大公司在中国安家落户。目前，加拿大在华投资项目达6740个，实际投资38亿美元。加拿大的良好投资环境也吸引着中国企业到加拿大投资兴业。事实充分证明，中加经贸合作给两国人民带来了实实在在的利益。

他认为，中加经贸合作具有坚实的基础和广阔的前景。中国是最大的发展中国家，劳动力资源丰富，市场潜力巨大，发展势头强劲。加拿大是一个发达国家，自然资源丰富，科技发达，管理水平高。两国经济互补性很强，经贸合作可以互利共赢。更重要的是，中加政治关系良好，两国政府和人民都有加强经贸合作的强烈愿望和热情。

温家宝向与会者扼要介绍了当前中国的经济形势和发展趋势。他表示完全相信，中国改革开放的不断推进和经济的更大发展，不仅会为13亿中国人民带来巨大福祉，而且将有利于包括加拿大在内的世界各国的发展，也会给各国企业家带来无限的市场商机。

温家宝说，他与克雷蒂安总理举行了富有成果的会谈，就双边关系和共同关心的国际和地区问题深入交换了意见，并取得了广泛共识。双方还签署了在交通运输、动植物检验检疫等领域进一步开展合作的多项文件。这些都表明，两国经贸合作正在继续向前发展。

他强调：进一步发展中加经贸关系，不仅符合两国的根本利益，而且有利于亚太地区和世界的和平与发展。在新的形势下，为把两国经贸合作提高到一个新水平，双方应在以下方面共同努力：

第一，积极扩大双边贸易。预计今后三年，中国货物进口总额将超过1万亿美元。中国愿意从加拿大扩大进口，包括继续进口钾肥、纸和纸浆、机电等传统产品，同时还将积极进口通信设备和高新技术产品等。我们也希望加方在继续进口中国轻纺产品的同时，扩大机械、家电等产品的进口。通过双方的努力，实现两国贸易额到2010年比现在增加1倍的目标。

第二，拓展投资领域合作。在搞好现有合作的基础上，进一步加强双方在能源、交通、电信、环保、农业、生物、原材料、金融、保险等领域的合作。同时,积极拓宽合作方式,双方的投资合作既可以在两国分别进行,也可以更多地在第三国进行。

第三,加强企业界交往。中国政府欢迎加拿大企业家参与中国西部大开发和东北地区等老工业基地调整改造,参与国有企业改造改组,同时也鼓励中国企业家到加拿大投资发展。要更好地发挥行业商会、协会的纽带和桥梁作用,为两国企业间的联系和业务往来牵线搭桥。

第四,促进科技、教育、人才、文化交流。加拿大是最早接受中国留学生的国家之一,目前在加拿大的中国留学生累计达4万多人,加拿大有900多名留学生在中国学习。加拿大在科技、教育、人才培训方面有优势,我们愿与加方进一步加强这些方面的交流与合作,开展多层次、多渠道的文化交流。

温家宝说,1997年,两国领导人达成了建立中加面向21世纪全面合作伙伴关系的共识,为双边关系的长远发展确立了框架。近几年来,两国领导人为此进行了不懈努力。中国新一届中央领导集体高度重视中加关系,期待着与以马丁先生为总理的加拿大新一届政府一道,进一步充实和深化中加全面合作伙伴关系。中国有句古语:“行合趋同,千里相从”。只要双方目标一致,即使相距遥远,也能密切合作。

中共中央政治局常委曾庆红在四川考察调研

12月11日至16日,曾庆红在四川省省委书记张学忠、省长张中伟等的陪同下,围绕在进一步加快发展中加强党的建设问题,先后到成都、南充、广安和乐山等地进行调查研究。他深入到省委党校、农村、企业、农民小区和农民专业协会,同干部群众深入交谈。

四川省广安市是邓小平同志的故乡,明年是邓小平同志100周年诞辰。曾庆红专程来到广安,瞻仰了邓小平同志故居,了解了广安这几年从农村到城市发生的重大变化,并在广安区协兴镇牌坊新村召开了基层党建座谈会。

曾庆红十分关心农村基层党的建设。在调研中,他深入了解了四川省在农村“三个代表”重要思想“学教”活动结束后,探索建立“让干部经常受教育、使农民长期得实惠”长效机制的情况。他充分肯定南充市开展的“争当人民满意乡村干部”活动、广安市为民办实事制度化经常化的做法,以及峨眉山市“支部加协会,农民得实惠”的帮民致富新路子。曾庆红指出,这些创新的探索,找到了基层党建与经济工作的结合点,找到了干部经常受教育、农民长期得实惠的连接点。

在调研期间,曾庆红还看望了困难群众和部分老同志。

国务院副总理黄菊在天津考察

12月11日至13日,黄菊在中共中央政治局委员、天津市市委书记张立昌和天津市市长戴相龙的陪同下,先后来到天津经济技术开发区、保税区和天津汽车工业公司、天津港务局、天津钢管公司、摩托罗拉公司等企业,考察企业改革和生产经营情况。他走访了天津市创业培训中心,了解当地再就业和社会保障情况。察看了海河工程建设情况。考察期间,黄菊还听取了天津市委、市政府的工作汇报,对天津市各方面取得的成绩予以充分肯定。

黄菊指出,要继续把推进国有企业改革作为中心环节。一是加快建立省、市两级国有资产监督管理机构,进一步加强国有资产监督管理。二是大力推进国有经济布局和结构的战略性调整,完善国有资本流动机制,努力培育和发展具有国际竞争力的大企业。三是大力发展混合所有制经济,实现投资主体多元化,使股份制成为公有制的主要实现形式。四是按照建立现代企业制度的方向,对国有大中型企业实行规范的股份制改造,完善法人治理结构。同时,继续采取多种形式,放开搞活国有中小企业。

中共中央政治局常委李长春在湖南 江西考察

12月11日至17日,李长春先后到湖南和江西调查研究,瞻仰了毛泽东同志故居、刘少奇同志故居以及瑞金、井冈山革命纪念地,看望老红军和苏区老干部代表,并深入湖南和江西两省部分宣传文化单位及社区,与基层干部群众交换做好新时期宣传思想工作的意见。

李长春说,要把爱国主义教育基地建设好、管理好、利用好。要把学习贯彻胡锦涛总书记的重要讲话纳入各级党委的重要议事日程,落实用“三个代表”重要思想统领宣传思想工作的新措施新任务。

“立党为公、执政为民”先进事迹报告团在人民大会堂举行首场报告会

中共中央政治局委员、书记处书记、中宣部部长刘云山,中共中央政治局委员、书记处书记、中组部部长贺国强在报告会前亲切会见报告团全体同志,对报告团宣讲的6位党员干部实践“三个代表”重要思想,坚持立党为公、执政为民的先进事迹给予高度评价。

报告会上,吉林省人大常委会副主任汪洋湖、吉林省长春军分区原副司令员李守发、北京市人民检察院第一分院检察长方工、浙江省宁波市对口扶贫办主任张祖安,分别作了题为《忠实践行党的宗旨,做一名执政为民的合格领导干部》《牢记党的宗旨，终身为人民服务》《秉公执法为人民，方正清廉走人生》《为了让千家万户得益、让千家万户致富》的报告，讲述了他们在各自岗位上全心全意为人民服务的先进事迹。江苏省南京市宣传系统干部李冰作了题为《农民信得过的好支书》的报告，讲述了南京市郊区大泉村原党支部书记李元龙的先进事迹；河南省新乡县刘庄村村委会副主任刘俊荣作了题为《实践“三个代表”重要思想，毕生为民造福》的报告，讲述了刘庄村原党委书记史来贺的先进事迹。

中宣部副部长、中央文明办主任胡振民主持报告会。中纪委、中组部等有关部门负责人出席报告会。首场报告会后，报告团将赴南京、南昌、广州、贵阳和西安进行巡回报告。

国务委员陈至立在四川考察

12月11日至13日，陈至立先后到成都、绵阳等地考察了中国工程物理研究院、西南科技大学、长虹集团、四川大学等单位。

陈至立出席了绵阳科技城建设部际协调小组第五次会议。她充分肯定了绵阳科技城经过3年建设取得的显著成绩，强调要按照十六大和十六届三中全会的精神，完善社会主义市场经济体制，解放思想，改革创新，坚定不移地推进绵阳科技城的建设。陈至立指出，要把发现、培养和吸引人才作为一项重要工作，进一步创造有利于各种优秀人才充分施展才华的环境。

陈至立在成都市召开了部分高等学校负责同志座谈会，强调教育系统要树立全面、协调、可持续发展观，各类高校要提高质量，办出特色，维护稳定，持续发展，为经济社会发展培养各类适用人才。要大力发展职业教育。要通过多种方式帮助贫困学生就学。在四川期间，她还考察了都江堰水利工程、农村中小学教育，慰问了生活困难群众。

全国模范法官李增亮表彰大会在西安举行

最高人民法院、陕西省委联合召开大会，隆重表彰“全国模范法官”李增亮。最高人民法院院长肖扬，陕西省委书记李建国出席会议。

肖扬指出，李增亮是新时期人民法官的优秀代表，是人民法院学习贯彻“三个代表”重要思想的先进典型，是司法为民的标兵。他的先进事迹，感人肺腑，催人奋进，充分展示了人民法官忠诚事业，无私奉献，热情服务，公正司法的高风亮节，无愧于“全国模范法官”的光荣称号。李增亮是全国法院的光荣和骄傲，是全国法官学习的楷模。

肖扬向李增亮颁发了“全国模范法官”荣誉证书和奖章。表彰大会由陕西省委副书记、省长贾治邦主持。

全国律师队伍党建工作座谈会在北京举行

会议提出，凡有3名以上正式党员的律师事务所，都要单独建立党支部；党员人数不够，不具备单独建立党支部条件的，按照属地管理和就近就便的原则，可成立联合党支部；对于分布散、规模小、仅有个别党员的新所，可以把党员的组织关系挂靠在主管机关党支部，保证每一名党员都能过上正常的组织生活，使每一名党员都置于党组织的管理监督之下，努力做到律师事务所建到哪里，党组织和党的活动就延伸到哪里，党组织和党员的作用就发挥到哪里。要抓紧建立、健全各级律师协会党组织，没有建立的要尽快抓紧建立；已经建立的，要抓紧做好完善工作，尽快形成比较完善的省(区、市)律师协会党委(党组)、市(地)律师协会党委或党总支、律师事务所党支部体系。

司法部部长张福森在会上指出，当前和今后一个时期，各级司法行政机关和律协要大力加强律师队伍党组织特别是基层党组织建设，进一步强化党的思想政治建设，要建立、健全规章制度，推动党建工作经常化、规范化，大力宣传和表彰先进，总结经验，推广典型，不断调动广大律师的积极性，要进一步加强和改进党对律师工作的领导，把律师党建工作不断推向前进，为进一步壮大律师队伍、促进律师事业的改革与发展提供有力的政治保证。

民盟九届二中全会在北京举行

全会于12月11日至14日举行。全国人大常委会副委员长、民盟中央主席丁石孙强调，学习实践“三个代表”重要思想，全面推进民盟的参政议政和自身建设工作。民盟中央常务副主席张梅颖作了《锐意进取、扎实工作、为全面建设小康社会贡献力量》的工作报告。会议选举南京大学校长蒋树声为民盟中央副主席。

国务院副总理曾培炎在北京出席中国美国商会举行的岁末答谢晚宴并讲话

曾培炎说，中美建交25年来，两国贸易额从1978年的20多亿美元扩大到今年的1000多亿美元。数以万计的美国企业来华投资，累计投资额已达430亿美元。这是两国政府、企业和人民共同努力的结果，也与中国美国商会的积极参与密不可分。

曾培炎说，中国将扩大分销、零售、物流、电信、银行、证券、保险、旅游等服务业的对外开放，继续积极推进西部大开发，振兴改造东北地区等老工业基地，促进能源开发、重化工业、装备制造、信息技术、农业和环保产业等的发展，鼓励美国公司更多地在中国设立高新技术企业，建立研发中心，扩大与中国企业的技术合作。

曾培炎指出，温家宝总理最近访美时，提出了确保中美经贸关系持续健康发展的五条原则。我们要以此为共识，加强沟通，坦诚相见，扩大共识，互惠互利，推动中美两国经贸合作向纵深发展。

中国美国商会是一家促进中美两国间贸易与投资发展的民间机构，成立于1920年，现有会员1500多人，分别来自700多家会员公司。

国务院副总理曾培炎在中南海分别会见法国法马通公司董事长旺桑·莫雷尔和德国巴斯夫公司董事长贺斌杰

约旦国王阿卜杜拉二世在安曼会见全国人大常委会副委员长顾秀莲

全国第二次高等职业教育产学结合经验交流会在武汉召开

教育部部长周济在交流会上透露，教育部将启动国家紧缺人才培养工程，以就业为导向，以培养技术应用型人才为目标，加强教学建设和教学改革，推动高等职业教育持续健康发展。

周济强调，教育部将实施“试办示范性软件职业技术学院”项目和“制造业高等职业人才培养工程”，计划在全国遴选建设35所示范性软件职业技术学院，建设40个左右高水平区域共享的高等职业教育制造业人才培养实训中心，力争在5年内，为国家培养30万制造业高等职业技术人才和20万软件蓝领人才。

大型文献纪录片《走近毛泽东》在北京大学举行首映式

首映式由北京大学和国家广播电影电视总局主办，毛泽东的女儿李敏以及毛泽东身边的摄影师也参加了首映式并与观众一起观看了影片。

《朱德诗词集》出版座谈会在人民大会堂举行

为纪念朱德同志诞辰117周年，由中共中央文献研究室编辑的《朱德诗词集》近日由中央文献出版社出版。宋平、黄华等老同志，原在朱德同志身边的工作人员和朱德同志的亲属，以及从事毛泽东和朱德诗词研究的专家学者等参加了座谈会。

《朱德诗词集》收入朱德同志各个时期所写诗词159首。

12月12日

中共中央总书记胡锦涛在山东 河南考察

12月12日至17日，胡锦涛和随行的中共中央政治局候补委员、中央书记处书记、中央办公厅主任王刚，分别在山东省委书记张高丽、省长韩寓群和河南省委书记李克强、省长李成玉等陪同下，先后到山东聊城、菏泽和河南商丘、开封等地，深入乡村农户、田间地头、农产品加工企业，就进一步解决好“三农”问题进行调研。

今年以来，山东东明、河南兰考等地因黄河漫滩造成严重洪涝灾害。胡锦涛十分惦记灾区的群众。考察期间，他专程来到灾区察看救灾情况。胡锦涛要求当地党委和政府切实做好救灾工作，确保受灾群众有足够的口粮、有御寒的衣被、有过冬的住处，基本生活有着落，使他们能高高兴兴过新年、过春节。同时，要早作准备，及时安排好开春的生产。

胡锦涛十分关心农民增收问题。他每到一地，都同当地干部群众一起探讨如何促进农民收入较快增加。他要求各级党委和政府切实把增加农民收入作为农业和农村工作的中心任务，坚持多予、少取、放活的方针，采取综合措施，加大工作力度，有针对性地解决农民增收面临的突出问题。要大力推进农业和农村经济结构战略性调整，积极推进农业产业化经营，增加对农业和农村发展的投入，继续推进农村税费改革，促进农民收入尤其是种粮农民收入有较快增长。要积极引导农村富余劳动力外出务工就业，进一步清理和取消针对农民进城务工就业的各种歧视性规定和不合理收费。他强调，岁末将至，农民工辛辛苦苦工作了一年，一定要保证他们拿到应得的报酬。

山东、河南是粮食主产区。胡锦涛非常关心这里的粮食生产情况。当他了解到一些地方在农业结构调整中保持了粮食生产的稳定时，非常高兴。他说，新阶段农业发展面临的环境和条件发生了很大变化，抓粮食生产必须适应新形势新情况，积极探索新思路新办法。要实行最严格的耕地保护制度，坚决遏制乱占耕地的现象；加大政府投入，加强对粮食主产区的扶持力度；加强农业科技储备和技术推广，促进农业降低成本、提高效益；深化粮食流通体制改革，保护种粮农民的积极性。

考察期间，胡锦涛分别听取了山东、河南省委、省政府的工作汇报和有关市县乡的情况介绍。他充分肯定了两省各项工作取得的新成绩，希望两省各级党委和政府认真贯彻中央的部署，紧紧结合本地的实际，创造性地开展工作，把改革开放和现代化建设进一步推向前进。

胡锦涛强调，全面建设小康社会，建设中国特色社会主义新农村，关键是要把农村基层党组织建设成为贯彻“三个代表”重要思想的组织者、推动者和实践者。各级党委要按照中央的要求，把兴起学习贯彻“三个代表”重要思想新高潮的活动不断引向深入，探索和落实让干部经常受教育、使农民长期得实惠的有效方法。各级党委要切实帮助广大农村基层干部进一步改进作风，提高运用示范引导和提供服务等方法带领群众发展经济的本领，提高运用说服教育、民主协商的方式做好新形势下群众工作的能力。

江泽民 胡锦涛等军委领导在北京会见全军党的建设座谈会代表

此次座谈会的主题是：坚持以“三个代表”重要思想和十六大精神为指导，立足推进中国特色军事变革，大力加强和改进军队党的建设。在为期3天的会议期间，总结交流了军队党的建设的经验，集中研究了按照“三个代表”重要思想和十六大精神加强和改进军队党的建设的问题。

全国人大常委会委员长吴邦国 全国政协主席贾庆林在北京分别会见泰国上议院议长玛暖吉·鲁卡宗

国务院总理温家宝在墨西哥城国民宫与墨西哥总统福克斯举行会谈

在会谈中，福克斯高度评价墨中双边关系的顺利发展并强调指出，墨政府坚持奉行一个中国政策，视中国为友好可靠的合作伙伴，期待着与中方共同努力，推动墨中关系全面发展。参加会谈的墨政府旅游部长、经济部长、财政部长和外交部长等先后介绍了在旅游、贸易、能源、金融、航空和反恐斗争等领域双边合作情况及今后的设想。

温家宝说，我完全赞同阁下关于“墨中是合作伙伴，不是竞争对手”、“两国关系面临独特、战略性的良好机遇”的判断。经过双方磋商，我们今天正式宣布建立中墨战略伙伴关系。现我就如何充实这一战略伙伴关系提出以下建议：第一，成立中墨政府间常设委员会，负责指导和协调双方在各个领域的合作。第二，继续扩大政府、议会、政党、民间团体的交流，充分发挥两国现有外交磋商、经贸、文教和科技混委会四大机制的作用。第三，推动两国经贸多元化发展。中国政府鼓励有实力、信誉好的企业到墨西哥投资办厂，也欢迎墨西哥的企业来中国投资。通过企业联合，实现优势互补，共同开拓国际市场；中方愿扩大从墨的进口，同时双方也应尽早签署投资保护、避免双重征税等协定。第四，深化文教、科技领域的交流。中方正在积极考虑将墨西哥列为中国公民旅游目的地国，并建议双方积极考虑在对方设立文化中心。我们支持明年下半年在中国召开第五次政府间科技合作混委会并商签新的科技合作计划。第五，继续加强在多边事务中的磋商与协调，共同维护发展中国家权益，为世界的和平与发展事业作出贡献。

会谈后，温家宝和福克斯出席了《中华人民共和国卫生部和墨西哥合众国卫生部卫生合作协议》和《中国国家知识产权局和墨西哥工业产权局合作协议》等4个双边合作文件的签字仪式。随后，两国领导人共同会见了记者并回答了他们的提问。

温家宝是在结束对加拿大的正式访问后，经过5个多小时的飞行抵达墨西哥城的。

国务院总理温家宝在墨西哥参议院会见墨西哥参议院议长杰克逊和众议院第一副议长阿罗约

中央纪委书记吴官正与清华大学廉政研究室专家学者进行座谈

座谈听取了加强党风廉政建设和反腐败工作的意见和建议，对清华大学在廉政理论研究方面取得的成绩给予了充分肯定。吴官正强调，要坚持以“三个代表”重要思想为指导，不断研究新情况，总结新经验，扩展新视野，进一步提高反腐倡廉理论研究水平。

全国政法工作会议在北京召开

中共中央政治局常委、中央政法委员会书记罗干出席会议并讲话。他强调，明年和今后一个时期的政法工作要以邓小平理论和“三个代表”重要思想为指导，认真贯彻党的十六大、十六届三中全会和中央经济工作会议精神，紧紧围绕完善社会主义市场经济体制、全面建设小康社会的要求，全力维护社会稳定，推进司法体制改革和政法队伍建设，为改革发展创造长期和谐稳定的社会环境和公正高效的法治环境。

罗干在讲话中充分肯定了今年政法工作取得的成绩。在分析了当前政法工作面临的形势和任务后，罗干强调，要大力加强新形势下的对敌斗争，坚持“严打”方针不动摇，重点打击爆炸、杀人、绑架等严重暴力犯罪，黑恶势力犯罪，盗窃、抢夺、抢劫等侵财性犯罪和毒品犯罪，切实保持对刑事犯罪的高压态势。坚持“打防结合，预防为主”的方针，加强社会治安综合治理，推进社会治安防控体系建设。

中共中央政治局委员、书记处书记、中央政法委副书记周永康在讲话中就落实全国政法工作会议部署的各项任务提出了要求。

中央政法委员会委员肖扬、贾春旺、许永跃、张树田、王胜俊、张福森，以及各省、自治区、直辖市及新疆生产建设兵团主管政法工作的负责人、政法委书记、综治办主任，中央和国家机关有关部门负责人出席了为期两天的会议。

全国建设系统宣传贯彻《建设工程安全生产管理条例》电视电话会议在北京召开

建设部部长汪光焘传达了中共中央政治局委员、国务院副总理曾培炎的批示。

汪光焘通报了今年发生在浙江省、黑龙江省、福建省和广东省的4起典型事故时指出，目前，我国建筑业安全事故起数和死亡人数在各行业中位居第三，仅次于交通、矿山，成为人民群众关注的热点问题之一。今年1—10月建筑施工发生安全事故1001起，死亡1174人，每百亿元产值死亡率为6.42。与往年相比，虽然每百亿元产值死亡率略有下降，但事故的起数和死亡人数呈上升趋势，部分地区建筑安全生产形势十分严峻。

汪光焘认为，建设工程安全生产管理中存在这样一些问题：一是建设各方主体的安全责任不够明确；二是建设工程安全生产的投入不足，不能保证正常安全生产措施的需要；三是建设工程安全生产监督管理制度不健全，多限于突击性的安全生产大检查，缺少日常的具体监督管理制度和措施；四是生产安全事故的应急救援制度不健全。《建设工程安全生产管理条例》的颁布实施，标志着我国建设工程安全监管进入了法制化的新阶段，将从源头上遏制建筑施工重特大安全事故发生。

吴建民当选国际展览局主席

国际展览局在巴黎举行了第134次全体代表大会，选举和确定了新一任主席和4个专业委员会成员。由中国推荐的候选人吴建民顺利当选国展局新一任主席。

这是国展局有史以来首次选举出一位来自发展中国家的主席，也是中国人第一次在国际常设机构中出任主席一职。按照规定，国展局主席的职务任期两年，只可连任一届。吴建民现年64岁，现任中国全国政协外事委员会副主任和外交学院院长。

解放军总政治部发出通知要求全军和武警部队开展向“航天英雄”杨利伟和“英雄航天员大队”学习活动

中科院院长路甬祥在北京接受蒙古科学院外籍院士证书

路甬祥表示，中国和蒙古科学家在科学实践中各有优势和特色，两国科学院将在未来几年逐步开展一些实质性合作。他说，中科院地质和地球物理所、植物所、大气物理所、新疆生态与地理所将与蒙古科学院有关研究机构在草原管理与生态恢复、北方造山带和沙尘暴防治等领域进行合作研究。

全国群众体育工作会议在西安举行

国家体育总局确定，2004年全国群众体育工作的重点在农村，主题是“农村体育年”，口号是“新体育，新农村，新生活”。

国家体育总局将会同农业部和中国农民体协启动并在全国开展以兴建场地设施、指导体育健身和普及体育科学知识为内容的体育三下乡活动。国家体育总局实施第八批全民健身路径工程的体育彩票公益金将全部用于农村。京津沪等城市化程度较高的市用于农村体育场地建设的资金比例应不少于总量的60%，其他省(区、市)应不少于90%，建设一批农民身边的简便、经济、适用的体育场地，使全民健身路径工程普及到县。建立农村体育指导员骨干队伍，发掘、保护、整理、推广适合农村实际又为农民喜爱的体育项目，提高锻炼的科学水平。国家体育总局还将会同文化部研究将基层文化活动中心和文化活动站转为文体活动中心和文体活动站，增设体育工作职能。利用体育彩票公益金购买和编写、印发浅显易懂并适合农民健身的指导手册，深入农村推广《国民体质测定标准》和《普通人群体育锻炼标准》，有条件的地方为农民做体质测定服务。

赵宝桐逝世

中国人民志愿军一级战斗英雄、北京军区空军原副参谋长赵宝桐因病于12月12日在北京逝世，享年75岁。

赵宝桐是新中国第一批飞行员。在抗美援朝战争中，他担任飞行中队长、大队长、团长等职。在空战中，他英勇作战，创下个人击落击伤敌机9架、所率中队击落击伤敌机17架、所率大队击落击伤敌机30架的光辉战绩，荣立特等功两次，并荣获“一级战斗英雄”称号。社会主义建设时期，赵宝桐历任空军第六航空学校训练团团长、第六航空学校司令部副参谋长、第三航校副校长、北京军区空军副参谋长等职。1988年荣获中国人民解放军独立功勋荣誉章。

12月13日

国务院总理温家宝在墨西哥城出席墨西哥企业家早餐会并发表演讲

墨西哥经济部长卡纳莱斯以及外贸委员会主席罗哈斯、墨中企业家委员会主席阿维德罗普等60来名各行会负责人出席了早餐会。温家宝发表了题为《加强经贸合作实现互利双赢》的演讲。

温家宝说，中国和墨西哥都是文明古国，为人类发展作出过杰出贡献。中墨虽然相距遥远，但两国人民的友谊源远流长。早在400多年前，两国就开始贸易往来。著名的“中国之船”满载瓷器和丝绸，破万里波涛，经马尼拉抵达墨西哥的阿卡普尔科港，开辟了“海上丝绸之路”。150多年前，墨西哥货币“鹰洋”开始进入中国，流通时间长达50余年。这些都是两国友好交往的生动见证。

他说，1972年2月中墨建交以来，两国关系全面发展，各个领域的合作富有成果。双方经贸合作不断扩大。按中方统计，两国贸易额由建交当年的1299万美元，增加到2002年的39.8亿美元。两国在投资领域的合作从无到有，逐步发展。目前中国在墨投资企业达46家，中国在海外投资的最大纺织项目两年前已在墨西哥索诺拉州建成投产。墨西哥在中国投资项目也达53个。墨西哥是中国在拉美的第二大贸易伙伴和主要投资对象国之一，中国也是墨西哥在亚洲的主要贸易伙伴。中墨经贸合作给两国人民带来了实实在在的利益，已成为双边关系发展的重要基础和动力。

温家宝说：两国经贸关系发展中也出现了一些摩擦，但我非常赞同福克斯总统两年前访华时所说的，“墨中是合作伙伴，不是竞争对手”。墨外贸委员会主席罗哈斯先生最近也说，“中国经济对墨西哥不是威胁”，中国是墨西哥“很好的合作伙伴”。这种观点是符合实际的，也是我们的共识。

温家宝认为，第一，两国经贸合作有着共同基础。中墨都是发展中大国，都需要加快发展经济，提高人民生活水平。扩大经贸合作，会促进双方经济更好发展。

第二，两国经济可以优势互补。双方在市场、资源、技术和管理经验等方面各有优势，完全可以开展多领域的合作，实现互利双赢。通过经贸合作，还可以提高双方在国际市场的竞争力。中国加入世贸组织后，双边贸易往来渠道更加畅通，增加了新的合作途径和机会。

第三，两国贸易发展的主流是好的。墨中贸易逆差是事实，但这个问题可以通过发展来解决。中国对外贸易目标是进出口基本平衡。我们愿与墨西哥政府加强合作，积极寻求缩小墨中贸易逆差，并共同打击走私违法犯罪活动。

第四，两国在投资领域也是合作伙伴。中墨经济发展都处在产业结构调整升级阶段，都需要引进国外资金和技术。在经济全球化日益发展的情况下，国际资本寻求投资机会更加活跃。这几年，外商来华投资增多，主要是由于中国改革开放不断推进，经济发展势头强劲，投资环境日臻完善，实行公平、公正竞争，投资机会增加。墨西哥同样在吸引外资方面也取得很大成绩，积累了不少经验。双方在这方面可以取长补短。

温家宝还介绍了中国当前经济形势和发展趋势。他说，中国已确定了新世纪头20年全面建设小康社会的宏伟目标。到2020年，中国的国内生产总值将比2000年翻两番，按现行汇率计算，达到4万亿美元。中国将坚定不移地推进改革开放，坚持实施全面、协调、可持续发展战略。中国改革开放不断推进和经济的更大发展，不仅有利于明显提高13亿中国人民生活水平，也会给包括墨西哥在内的世界各国发展带来新的机遇。

他强调，中国和墨西哥地处两大洲，地理位置优越，可以成为对方进入亚洲或美洲市场的桥梁和门户。中墨之间有很大的合作空间。中国政府高度重视同墨西哥发展友好合作。这不仅符合两国人民的共同利益，而且对推动亚洲和拉美地区发展乃至世界和平与发展都有重要意义。

为把两国经贸合作提高到一个新水平，温家宝建议双方在以下方面作出共同努力：

一、扩大贸易规模，改善贸易结构。中方愿增加从墨方进口，也希望墨方为中国产品，特别是机电和高新技术产品进入墨西哥市场提供便利。

二、增加相互投资，拓宽合作领域。中方愿推动两国签署《投资保护协定》和《避免双重征税协定》，加强双方在农业、渔业、矿业、石油化工、家电、轻工产品加工组装和科技等领域的投资合作，双方还要拓宽投资合作方式。

三、加强企业交往，增进相互了解。中国商务部已邀请墨西哥经济部长于明年9月率墨西哥企业家代表团参加在厦门举行的中国投资贸易洽谈会，举办“墨西哥馆日”，介绍墨投资环境和项目。中国商务部和中国贸促会也将于明年分别组织中国企业家代表团来墨考察，寻找合作机会。加强两国金融机构的合作，帮助双方中小企业扩大出口和对外投资。更好地发挥两国商会的纽带作用，为两国企业间的合作牵线搭桥。

四、明年3月，将在北京召开中墨经贸混委会第十一次会议，双方应将探讨重点放在开展互利合作的新途径和新方式上。

温家宝演讲后，回答了在座企业家提出的问题。

早餐会后，温家宝还参观了墨西哥石油公司总部。

国务委员陈至立在广西考察

12月13日至15日，陈至立在广西考察，她深入革命老区，先后考察了百色市祈福高中、田阳县五村乡百亩小学、靖西县新圩初中和龙邦实验学校，了解边远山区农村教育情况，慰问生活困难的乡村教师；考察了广西民族学院和南宁高新技术产业开发区。

陈至立充分肯定了广西经济社会发展取得的可喜成绩。她强调，要把农村教育作为教育工作的重中之重抓紧抓好。各级人民政府要共同努力，调整财政支出结构，加大对教育的投入，实施西部地区“两基”攻坚计划，确保到2007年实现基本普及九年义务教育的战略目标。陈至立强调要大力发展职业教育，根据市场需求，加大职业教育和培训力度，提高农村劳动者素质，为贫困地区脱贫创造基本条件。要大力发展现代远程教育，提高教育质量和效益，充分利用远程教育平台，使之成为农村进行党员教育、推广农业技术、获取市场信息、传播先进文化和加强精神文明建设的平台。

在广西百色考察期间，陈至立瞻仰了百色起义纪念碑。

全国人大常委会副委员长何鲁丽在深圳出席全国人大代表培训班开班式上并讲话

由全国人大常委会办公厅举办的内蒙古、广西、贵州、云南部分十届全国人大代表培训班在深圳举行。何鲁丽在出席开班式时指出，搞好人大代表和人大干部的培训，是切实加强人大常委会自身建设的一项重要工作。要把党的十六大、十六届三中全会精神贯彻到人大培训工作中，要坚持理论联系实际，为人大代表全面了解情况创造条件。人大代表要密切联系群众，履行好代表职责。

新一届全国人大常委会十分重视人大代表，特别是西部地区和民族地区人大代表的培训工作。这次培训的主要目的就是让新当选的人大代表通过学习，尽快了解和把握人大的性质、地位和任务，熟悉、掌握人大工作的各项程序和工作制度，适应人大的工作方法。把培训班安排在深圳举办，有利于西部地区、民族地区的全国人大代表亲身感受改革开放的“窗口”深圳的发展变化。

第八届中国杰出青年农民表彰仪式在北京人民大会堂举行

全国人大常委会副委员长乌云其木格为获奖的杰出青年农民颁奖。

10位杰出青年农民是：从事沙地生态经济开发的内蒙古自治区通辽市白音他拉镇青年农民席宝力皋；从事园林绿化产业，带动一方经济发展的四川省广安市协兴镇青年农民唐燕子；从事葡萄种植和销售，创建新型都市型农业基地的北京市顺义区大孙各庄镇青年农民董成祥；勇于探索渔业产业化发展新路的辽宁省沈阳市新城子区青年农民吴琼；从事蔬菜种植、销售，引发蔬菜产业“白色革命”的山东省寿光市孙家集镇青年农民徐国华；从事综合开发，带领农民群众建设社会主义新农村的广东省深圳市布吉镇青年农民张育彪；从事农副产品加工业，兴村富民的河北省隆尧县莲子镇青年农民王中旺；建设产供销一条龙养殖基地，带动群众脱贫致富的湖北省荆州市纪南镇青年农民胡华锋；从事粮油饲料加工业，推进农业产业化发展的福建省莆田市新度镇青年农民彭炳华；从事绿色食品开发，大力发展农业标准化生产的上海市闵行区浦江镇青年农民夏国海。

团中央书记处第一书记周强在表彰仪式上指出，发展农村经济，推进农村小康建设，最根本的就是要培养高素质的农村青年人才大军。他希望广大农村青年以杰出青年农民为榜样，发愤学习，艰苦创业，勇于创新，自觉奉献，在全面建设小康社会的伟大实践中发挥聪明才智，实现人生理想。

“中国杰出青年农民”评选表彰活动由共青团中央、水利部、农业部、财政部、国家林业局和全国青联共同组织开展。

南京举行国际和平日集会悼念南京大屠杀30万同胞遇难66周年

江苏省暨南京市各界人士、港台同胞以及部分国外友好团体的代表、友好人士共3000余人参加了悼念和集会。

当天，南京市鼓楼区、下关区、玄武区、雨花台区和栖霞区等5个区，还分别在各自所在地的南京大屠杀遇难同胞纪念碑前开展了一系列悼念活动。

农工党十三届二中全会在北京举行

第五次中日韩三国环境部长会议在北京举行

中国国家环保总局局长解振华、日本环境大臣小池百合子、韩国环境部部长韩明淑分别代表中日韩三国环境部门出席了为期两天的会议。

中共中央政治局委员、国务院副总理曾培炎在会见出席会议的日本环境大臣小池百合子、韩国环境部长官韩明淑时强调，中日韩三国加强环境领域交流，扩大合作领域，有助于改善区域生态环境状况，实现人与自然的和谐发展。

曾培炎说，中国政府高度重视生态建设和环境保护工作，特别是近几年来，在保持经济较快增长的同时，全国环境污染加剧的趋势基本得到控制。在全面建设小康社会的道路上，中国将树立和落实科学的发展观，摒弃以大量消耗资源、牺牲环境为代价的发展模式，努力走出一条科技含量高、经济效益好、资源消耗低、环境污染少、人力资源得到充分发挥的新型工业化路子，推动整个社会迈上生产发展、生活富裕、生态良好的文明发展道路。

曾培炎说，今年10月，中日韩三国领导人在印度尼西亚巴厘岛举行了第五次会晤，在共同发表的联合宣言中，就加强环境保护合作达成了广泛共识。中国政府愿意本着相互尊重、加强沟通、有所侧重、互利共赢的态度，积极参与国际环境合作。目前中日韩在沙尘暴研究、酸雨监测、环境教育、人力资源开发等方面的合作取得了积极成效。他希望三国环保部门进一步采取积极行动，不断拓宽合作领域，加强重大问题的磋商、交流和对话，不断改善本地区生态环境状况，为人类可持续发展事业作出更大贡献。

中国国家环保总局局长解振华参加了会见。

我国自主研制开发的新一代高级教练机“山鹰”号高教机在云贵高原首飞成功

“山鹰”号高教机采用了先进的综合航电系统，以综合显示控制系统为核心，综合了大气数据计算机、脉冲多普勒雷达等先进设备，具有较高的可靠性、通用性和较长的使用寿命。该机能满足第三代战斗机对飞行员所提出的训练需求，可承担歼7、歼8等国产战斗机的改型改装训练和战术训练要求，兼有一定的作战能力，具备改装为侦察机、电子干扰机、轻型攻击机等军用飞机的发展潜力。

中国选手申雪／赵宏博在华盛顿举行的花样滑冰大奖赛总决赛双人滑比赛夺得金牌

谢添逝世

著名表演、导演艺术家，原北京电影制片厂导演谢添同志，因心脏衰竭12月13日凌晨在北京逝世。

谢添1914年出生于天津。20世纪40年代被誉为影剧界“四大名丑”之一。新中国成立后，他进入北京电影制片厂工作，先后编剧执导电影《水上春秋》、《甜蜜的事业》、《七品芝麻官》、《茶馆》等，演出电影《洪湖赤卫队》、《花儿朵朵》、《锦上添花》、《小铃铛》、《丹心谱》等，并多次获得各种奖项。2001年，中国电影表演艺术学会授予他电影表演终身成就奖。

谢添于1979年65岁时加入中国共产党，是第六、七届全国政协委员。

12月14日

国家主席胡锦涛与肯尼亚共和国总统姆瓦伊·齐贝吉就两国建交40周年互致贺电

全国人大常委会副委员长王兆国在北京出席中国侨联第六届六次全委会议并讲话

此次会议为期3天，主要任务是为2004年举行的第七次全国归侨侨眷代表大会做准备。

王兆国指出，实现全面建设小康社会的宏伟目标，为侨联事业的发展提供了难得的历史机遇，同时也赋予了各级侨联最广泛地调动包括广大侨胞在内的一切积极因素的历史使命。

王兆国强调，21世纪的头20年是中国经济和社会发展的重要战略机遇期，希望各级侨联组织和广大侨联干部认清形势、抓住机遇，与时俱进、开拓创新，坚持以“三个代表”重要思想统领侨联工作，充分履行各项职能，大力推进理论创新、机制创新和工作创新，努力造就一支高素质的侨联干部队伍，不断开创侨联工作的新局面，为全面建设小康社会、实现祖国完全统一作出更大的贡献。

《人民日报》发表记者对外交部部长李肇星的年终专访

记者：李部长，请谈谈今年国际形势有哪些特点？

李肇星：纵观全年国际形势，依然是总体缓和，局部动荡，存在我们应该抓住的机遇，也存在我们必须应对的挑战。

第一，围绕未来国际秩序和反恐斗争方向的矛盾加剧。伊拉克战争的发动及其后续复杂局面发人深省，教训深刻。多数国家主张加强多边合作，维护联合国作用，和平解决问题。事实证明，单边主义和黩武政策只会引发更多的问题。

第二，国际安全形势更加错综纷繁。中东和平进程几经波折，全球恐怖主义活动猖獗，非传统安全的挑战日趋严峻。

第三，区域一体化进程加快，欧盟一体化建设和东亚合作又有进展。世界经济开始复苏，但一些发达国家的贸易保护主义有所抬头，南北差距继续拉大，发展中国家的稳定和发展面临更大挑战。

记者：如何评价今年我国的外交工作？

李肇星：我国外交工作认真贯彻“三个代表”重要思想和十六大精神，坚定执行独立自主的和平外交政策，保持了对外工作的连续性和稳定性，同时努力把握机遇，与时俱进，开创工作的新局面。

一年来，我们稳定和发展同大国的关系，推进周边外交，加强与发展中国家的团结合作，参与多边外交，为国内改革开放和现代化建设营造了较有利的国际环境和周边环境。对外工作也注重贯彻“执政为民”的精神，如在处理齐齐哈尔日军遗弃化武泄漏事件和俄罗斯人民友谊大学火灾事件时，都尽力实实在在地维护我国公民的合法权益。

记者：温家宝总理刚刚结束对美国的访问。如何评价当前的中美关系？

李肇星：中美关系总体上是好的。两国领导人加强了交往和对话。胡锦涛主席与布什总统两次会晤以及温家宝总理对美国的正式访问取得了重要成果，就充实和拓展中美建设性合作关系达成许多重要共识。

两国领导人一致认为，应继续加强中美建设性合作关系，双方将采取措施改善和扩大经贸和其他领域的合作。在台湾问题上，美领导人重申坚持一个中国政策，遵守中美三个联合公报，反对“台独”，公开表示反对台湾当局旨在单方面改变台湾地位的言行。

明年1月，我们将迎来中美建交25周年。25年来，尽管有风风雨雨，中美关系总的是不断向前发展的。一个朴素而重要的事实是，中美关系的健康稳定符合双方利益，也有利于地区和世界的和平与发展。

记者：今年中国的周边外交有声有色，请谈谈这方面的情况。

李肇星：我们贯彻“与邻为善、以邻为伴”的方针，以“睦邻、安邻、富邻”作为周边外交思路，以“和平、安全、合作、繁荣”作为亚洲政策目标，积极推动睦邻友好和区域合作。

中印关系进入全面发展的新阶段，双方发表了《中印关系原则和全面合作宣言》。在对日关系上，我们坚持以史为鉴、面向未来的方针，推动中日多领域合作稳步发展。中朝传统友谊进一步巩固；中韩建立全面合作伙伴关系。我国与巴基斯坦等南亚国家的传统友谊不断深化。

中国与东盟国家的政治互信和经贸合作得到加强。我国正式加入《东南亚友好合作条约》，并与东盟宣布建立“面向和平与繁荣的战略伙伴关系”。

上海合作组织的组织机构不断完善。《莫斯科宣言》和《上海合作组织成员国多边经贸合作纲要》等重要文件的签署，标志着该组织已进入以务实合作为中心的新时期。

记者：国际社会普遍认为，中国今年在朝核问题上发挥了重要的建设性作用。请问，第二次六方会谈能否在年内举行？

李肇星：实现朝鲜半岛的无核化、维护半岛的和平与稳定是我们处理这一问题的根本出发点。我们积极斡旋劝和，先后促成北京三方会谈和六方会谈，启动了通过对话和平解决朝核问题的进程，缓和了紧张局势。

目前有关各方正在为早日启动第二轮六方会谈进行着耐心磋商。普遍的共识是，只有通过不懈的对话与会谈，才能找到符合各方利益、为各方接受的解决方案，最终实现问题的和平解决。

记者：今年是您担任外长的第一年，能否谈谈今年工作中印象最深的一项工作？

李肇星：陪同胡锦涛主席出访俄罗斯、哈萨克斯坦、蒙古国，并出席上海合作组织第三次峰会、圣彼得堡建市300周年庆典和南北领导人非正式对话会议，给我留下深刻印象。

这是胡锦涛同志担任国家主席后的首次重大外事活动。当时，外界对我国能否战胜“非典”疫情还存在疑虑。这次出访有双边会晤，也有多边活动；打交道的对象有重要邻国，也有各具代表性的发达国家和发展中国家；讨论议题涉及政治，也涉及经济、文化，访问形式多样、内容丰富、成果实在，赢得了国际社会对我建设事业和抗击“非典”斗争的理解和支持，树立了中国新一代领导人开放、务实、亲民的形象。

记者：您能否展望一下明年的外交工作？

李肇星：如果说，今年的外交工作为国内经济社会发展提供了较好的服务；我相信，在“三个代表”重要思想指引下，有中央的领导和全国各族人民的支持，明年这方面的服务工作当会更好，给广大群众带来更多的实际利益。

国务委员唐家璇在钓鱼台国宾馆会见荷兰全球人寿保险集团董事会主席兼首席执行官唐仕德

外交部部长李肇星在亚的斯亚贝巴应约与美国国务卿鲍威尔通电话就两国关系和朝核问题等交换意见

外交部部长李肇星致电菲律宾代外长富兰克林·艾布达林对菲律宾外长奥普莱的逝世表示沉痛哀悼

解放军总政治部召开全军学习贯彻《政工条例》电视电话会议

中国棋手卜祥志获得巴塞罗那国际象棋快棋公开赛冠军

这是我国棋手首次在大型国际象棋快棋赛上获胜。

赵雪获得本次比赛最佳女棋手奖。

12月15日

国务院总理温家宝在亚的斯亚贝巴国家宫与埃塞俄比亚总统吉尔马举行会谈

温家宝积极评价中埃建交33年来两国关系的快速发展,感谢埃塞俄比亚政府长期坚定奉行一个中国政策,以及在人权等问题上给予中国的支持。温家宝说,中国政府高度重视发展中埃关系,为进一步推进两国全面合作伙伴关系,我们建议:一、保持高层交往,增进互信,共同推动两国在各领域的合作。二、拓宽合作领域,提高合作效益,重点加强在农业、人力资源开发、基础设施建设和旅游等领域的互利合作。三、加强磋商与合作,共同维护发展中国家权益,积极推动建立公正合理的国际政治经济新秩序。

梅莱斯说,中方对进一步发展两国友好合作关系的3点建议,充分体现了中方对埃中关系的重视,我们完全赞同。所提及的农业、人力资源开发、基础设施等领域都是埃当前经济发展的重点,欢迎更多的中国企业参与。

会谈后,两国总理出席了《中华人民共和国政府和埃塞俄比亚联邦民主共和国政府经济技术合作协定》等3个双边合作文件的签字仪式。

国务院总理温家宝在亚的斯亚贝巴出席中非合作论坛第二届部长级会议开幕式

中国国务院总理温家宝、十余位非洲国家领导人、中国和非洲国家主管外交和国际贸易的部长以及部分国际和地区组织的负责人出席了开幕式。这是中非合作论坛首次在非洲举行会议,是中国今年对非外交中又一重大活动,体现了中国政府对中非关系的一贯重视,受到非洲国家的普遍关注。44个非洲国家的政府代表团出席了会议。

埃塞俄比亚总理梅莱斯在开幕式上致辞说,温家宝总理出席此次会议,充分表明了中国对中非友谊的坚定承诺。他说,中国人民一直是非洲人民的可靠朋友,中国的对非政策始终建立在相互尊重、相互平等的基础之上。中国对非洲的贡献不仅仅局限于非洲的解放,而且体现在推动非洲大陆的经济发展之中。他同时表示,非洲永远是中国和中国人民的可靠朋友,非洲人民将继续站在中国人民一边。他感谢中国对非洲可持续发展所给予的强有力和一贯支持。他说,中国遵守了减免31个非洲国家债务的承诺,赢得了非洲国家的广泛赞扬,这充分表明中国在帮助非洲发展时是言而有信的。

温家宝在开幕式上发表了题为《继往开来,全面推进中非友好合作》的重要讲话。

与会的其他非洲国家领导人相继发表了讲话。

本届为期两天的部长级会议将充分体现“务实合作、面向行动”的特点,认真回顾上届论坛会议通过的《北京宣言》和《中非经济和社会发展合作纲领》的执行情况,讨论并通过《中非合作论坛—亚的斯亚贝巴行动计划(2004—2006年)》,确定中国和非洲今后3年内相关合作的具体方案。开幕式结束后,温家宝参观了中非友好合作成果展。

国务院总理温家宝在中非合作论坛第二届部长级会议开幕式上发表重要讲话《继往开来,全面推进中非友好合作》

尊敬的梅莱斯·泽纳维总理阁下,尊敬的各位国家元首和政府首脑阁下,尊敬的非洲联盟委员会主席阿尔法·奥马尔·科纳雷阁下,各位代表团团长、部长和大使阁下,女士们,先生们:

我很高兴来到亚的斯亚贝巴,与出席中非合作论坛第二届部长级会议的各位朋友共商中非合作大计。作为本次会议共同主席国的总理,我谨代表中国政府,热烈欢迎各位与会代表,衷心感谢埃塞俄比亚政府为本届会议所做的大量工作和周到安排。

三年前,中国和非洲国家的部长们聚首北京,共同创立了中非合作论坛,开启了中非合作新纪元。三年来,中非在各领域的合作不断加强,成果显著。双方之间的友谊和信任进一步加深,在国际事务中的合作卓有成效;双方经贸合作势头良好,中方采取积极措施,增加进口非洲商品,中非贸易以超过20%的速度增长;中国在非洲新设投资企业117家,双方在能源开发、高新技术等方面的合作开始起步;中非人力资源开发合作方兴未艾,中方通过各种形式,为非洲国家培养、培训近7000名各类人才;中国政府提前兑现承诺,减免了31个非洲国家105亿元人民币的债务。三年来,中非合作论坛后续行动不仅有力地支持了兄弟的非洲国家和人民克服困难、实现振兴和发展,而且进一步证明,在新的历史条件下,中非友好合作有着广阔的前景和强大的生命力。

当今世界正在经历着复杂而深刻的变化。和平与发展仍是时代的主题。求和平、要稳定、谋发展是世界各国人民的共同心愿。但是,霸权主义有所发展,局部冲突仍在继续,恐怖主义、疾病传播、环境恶化、贫困加剧等非传统安全问题日益突出。经济全球化在给各国发展带来机遇的同时,也使发展中国家面临空前严峻的挑战。南北差距持续拉大,贫富分化加剧,发展中国家、特别是广大非洲国家维护经济安全、实现可持续发展的任务更加艰巨。

科学技术快速进步和经济全球化的深入发展,使世界各国越来越紧密地联系在一起。通过对话与合作,建立一个互利、共赢的世界,是摆在我们面前现实而又紧迫的重大课题。世界的持久和平与发展,不可能建立在南北鸿沟拉大、大批发展中国家更加贫困化基础之上。国际社会应当对广大非洲国家在全球化进程中所面临的特殊挑战给予更多的理解和关心。非洲各国政府和人民实现自主发展的努力应该得到更多的、实实在在的支持和帮助。

女士们,先生们,朋友们,

中国是世界上最大的发展中国家。非洲是发展中国家最集中的大陆。中非合作是南南合作的重要组成部分。进一步加强同包括非洲在内的广大发展中国家的团结与合作,是中国新一届政府坚定不移的方针。我们愿同非洲各国一道,进一步发展和加强中非长期稳定、平等互利、全面合作的新型伙伴关系,使之成为南南合作的典范。我们主张,中非合作重在行动,应以有利于非洲国家实现经济社会发展、改善人民生活为出发点和落脚点。本着这样的精神,我愿对中非关系的发展提出以下建议:

一、相互支持,推动传统友好关系继续发展。中国政府愿进一步扩大中非高层交往,通过中非领导人经常性的会晤和对话,为中非友好关系和中非合作论坛机制注入新的活力。中国支持非洲国家成立非洲联盟,实施"非洲发展新伙伴计划"。推动各种区域、次区域一体化合作的进程。中国政府将继续敦促国际社会尤其是联合国采取一切必要措施,支持非洲国家和地区组织解决冲突的努力。中方将继续参与联合国在非洲的维和行动,向非洲地区组织维和行动提供支持。

二、加强磋商,促进国际关系民主化。中非在促进国际关系民主化方面有着共同目标和共同利益。我们支持非洲提倡多边主义的主张。国际社会应加强磋商,努力维护世界的多样性,促进世界不同文明和不同发展模式的相互交流和借鉴。我们赞成维护《联合国宪章》的宗旨和原则,维护联合国的权威和处理重大国际问题的主导地位。作为联合国安理会常任理事国,中国将始终站在非洲等发展中国家一边,支持发展中国家的正当要求和合理主张。

三、协调立场,共同应对全球化挑战。我们认为,应努力使发展中国家在全球化进程中获益,而不应坐视其孤立无援,处于被边缘化的地位。国际社会应采取行动,帮助发展中国家解决困难,提高发展中国家自主发展、保护生态环境、实现可持续发展的能力。发达国家有义务、有责任进一步开放市场,取消贸易壁垒和农产品补贴,切实履行对发展中国家增加援助和减免债务的承诺。中国政府支持并将积极参与南北对话。中国愿与非洲国家在参与国际经济规则的制定和多边贸易谈判中协调立场,维护发展中国家应有的权益。

四、深化合作,开创中非友好关系新局面。为促进中非务实合作,中国政府将在中非合作论坛框架内逐步增加对非援助;进一步开放市场,对非洲最不发达国家部分商品进入中国市场给予免关税待遇;对"非洲人力资源开发基金"增加33%的资金投入,今后三年为非洲培养、培训1万名各类人才;鼓励和推动中非企业间开展互利合作,支持中国企业赴非投资;加强对非旅游合作,新增加8个非洲国家为"中国公民自费出国旅游目的地"国家;倡议明年在中国举办"中非青年联欢节"和以非洲为主题的大型文化交流活动;积极开展与非洲国家在艾滋病、疟疾、肺结核等传染病防治和预防自然灾害、环境保护等领域的合作。

女士们,先生们,朋友们,

经过20多年的改革开放,中国在经济发展和综合国力方面实现了历史性的跨越,人民生活总体上达到了小康水平。中国有13亿人口,尽管经济总量已进入世界前列,但人均水平仍很低。我们国家大,发展不平衡,生产力发展水平总体上还比较落后,实现现代化的目标还有很长的路要走。在此情况下,中国向非洲国家提供援助的数量是有限的。但中国对非援助是真诚的,不附加任何政治条件。我们始终认为国与国之间的支持与帮助是相互的。我们永远不会忘记长期以来广大非洲国家对中国维护国家主权、领土完整等问题给予的宝贵支持。我们愿一如既往地开展真心诚意的合作。

女士们,先生们,朋友们,

中国和非洲的人口占世界人口总数的1/3以上。中非友好合作,促进各国的发展与振兴。这本身就是对世界和平与发展事业的重要贡献。让我们在新的形势下,继往开来,携手前进,不断将中非友好合作提高到新的水平。

预祝本届部长级会议取得成功!

谢谢大家。

中央企业负责人工作会议在北京召开

黄菊对此次会议作出批示,要求加快推进国有资产管理体制改革,落实国有资产经营责任;深化国有企业改革,加快推进中央企业的改革和发展。

这次会议是由国务院国有资产监督管理委员会召开的。中国兵器工业集团公司、国家电网公司等首批20家企业主要负责人在会上与国资委主任李荣融签订了《中央企业负责人经营业绩责任书》。

国资委主任李荣融、党委书记李毅中在会上作了讲话,总结回顾了国资委成立以来的主要工作和中央企业改革发展取得的成效,对明年进一步深化国有资产管理体制改革、加快推进中央企业改革和发展做了具体部署。

中国石油天然气集团公司、国家电网公司、神华集团有限责任公司和中国远洋运输(集团)总公司4家中央企业介绍了2004年的工作思路。中央和国家机关有关部门负责人、国有重点大型企业监事会主席、中央企业负责人共400余人参加了会议。

最高人民法院院长肖扬在北京出席全国高级法院院长会议并讲话

肖扬说,要重视"三农"问题,加强对农民合法权益的保护。人民法院要依法严厉打击破坏农用设备和农业基础设施的犯罪活动,及时审理生产销售假冒伪劣种子、化肥、农药等坑农害农案件,打击和制裁坑农、害农行为,维护农民合法权益,依法促进农业和农村经济的发展。加强对农村土地承包合同纠纷和土地承包经营权流转合同纠纷案件的审理,依法纠正和制裁随意提高土地承包费、撕毁合同、一地多包、收回土地高价发包、缩短承包期等侵害农民土地承包权的违法行为。

就加强对城市职工、进城务工人员、妇女、儿童、老年人以及未成年人权益的保护,肖扬说,要及时审理因用人单位拖欠城市工人、进城务工人员工资而引发的纠纷案件,符合受理条件的,要快立案、快审判、快执行,切实保障他们的合法权益。依法审理违反安全生产规定,造成劳动者人身伤害的民事赔偿案件,对于需要支付医疗费的,可以先予执行。及时受理因家庭暴力引发的婚姻、家庭案件,加强对妇女、儿童、老年人等人身权益的保护。加强对未成年人合法权益的保护,对不构成犯罪的未成年人应当宣告无罪并当庭释放;对构成犯罪的未成年人应当依法从轻、减轻或免除处罚。

公安部举行新闻发布会公布首批认定"东突"恐怖组织和恐怖分子名单

为了加强国际反恐合作,更加有效地开展打击"东突"恐怖势力,根据联合国有关反恐怖决议,并依照中华人民共和国刑法、国家安全法等有关法律、法规,经过严密审慎的认定、甄别和审核,公安部决定正式认定"东突厥斯坦伊斯兰运动"等4个组织为恐怖组织,艾山·买合苏木等11人为恐怖分子。

这4个恐怖组织是:

东突厥斯坦伊斯兰运动、东突厥斯坦解放组织、世界维吾尔青年代表大会、东突厥斯坦新闻信息中心。

11名恐怖分子是:

艾山·买合苏木、买买提明·艾孜来提、多里坤·艾沙、阿不都吉力力·卡拉卡西、阿不都卡德尔·亚甫泉、阿不都米吉提·买买提克里木、阿不都拉·卡日阿吉、阿不力米提·吐尔逊、胡达拜尔地·阿西尔白克、亚生·买买提、阿塔汗·阿不都艾尼。

全国安全生产电视电话会议在北京举行

国务院安全生产委员会副主任王显政在会议上说,元旦、春节期间,一向是交通运输、烟花爆竹、燃气管道、锅炉、设备冻裂等事故的高发期,也是煤矿"一通三防"、烟花爆竹和民用爆破器材、消防安全等工作的关键时期。要采取有力措施,坚决遏制年底和元旦、春节期间重特大事故的发生,确保全国安全生产形势的稳定。

外交部副部长王毅在北京出席东亚安全合作研讨会

外交部副部长王毅在研讨会上表示,中国政府提出了以互信、互利、平等、协作为核心的新安全观,其宗旨是超越差异和分歧,通过对话增进互信,通过谈判解决争端,通过合作促进安全。

他说,中国在本地区的安全目标是,维护国家主权和领土完整,维护地区和平与稳定,推动地区安全对话与合作。目前中国对地区安全问题的认识在不断深化,中国的安全观念更加开放,安全政策更加透明,参与的安全合作更加广泛。

他说,中国认为,综合安全是当前安全问题的基本特征。合作安全是维护国际安全的有效途径。共同安全是维护东亚安全的最终目标。

来自美国、日本、韩国、俄罗斯、澳大利亚等20多个国家的学者参加了此次研讨会。

对外友协和中非友协在北京举行庆祝中国与肯尼亚建交40周年招待会

尼日利亚总统奥巴桑乔在阿布贾会见全国人大常委会副委员长韩启德

韩启德率领的中国全国人大代表团是12月13日抵达尼日利亚进行友好访问的。访问期间,韩启德还会见了尼日利亚参议长,并出席了中国全国人大向尼捐赠办公用品换文仪式。

《人民日报》发表记者对中联部部长王家瑞的专访

记者:王部长,您能否结合当今国际形势,对党的对外工作作一总体评价?

王家瑞：党的对外工作历来是我们党的事业的重要组成部分，是我国总体外交的一条重要战线。党的十六大科学地分析了当今国际形势和我们的对外工作目标，明确提出，“我们将继续坚持独立自主、完全平等、互相尊重、互不干涉内部事务的原则，同各国各地区政党和政治组织发展交流与合作”。一年来，在十六大精神和“三个代表”重要思想指引下，党的对外工作为全面建设小康社会的需要服务，为加强党的执政能力建设服务，为国家外交总体布局服务，积极探索，开局良好。我们党与各国各类政党的交流与合作进一步深化，对外交往的领域和渠道进一步拓宽，形式和手段不断创新。可以说，党的对外工作为配合国内工作的大局，争取良好的国际环境和周边环境，维护有利于中华民族全面复兴的战略机遇期，作出了新的努力。

记者：在上半年发生“非典”疫情的特殊情况下，党的对外工作是如何开展的？

王家瑞：那段时期我们推迟了一些来访及出访活动，但党的对外工作，特别是党的领导人的高层交往并没有因此而受到影响。今年4月，我新一届国家领导人当选后不久，越共中央总书记农德孟来华访问，中越领导人就两党两国关系及共同关心的国际和地区问题交换看法，进一步增进了双方的互信和友谊。6月，老挝人民革命党中央主席、国家主席坎代对我国进行了国事访问，与我党和国家领导人就双边关系中的一系列重大问题达成了广泛共识，为中老关系注入了新的活力。4、5月间，为纪念《中日和平友好条约》缔结25周年，日本两大在野党民主党、社民党党首和执政三党干事长相继率团访华。胡锦涛总书记会见了他们，并就发展中日睦邻友好合作关系发表看法，重申了“以史为鉴、面向未来”的一贯方针，充分显示了中国新一届领导集体致力于中日友好、推动两国关系健康稳定发展的真诚愿望和决心。另外，韩国新千年民主党党首、印度共产党(马)领导人等也是在这一时期访华的。这些党际高层交往不仅巩固和发展了我国与周边国家的睦邻互信和友好关系，同时也强有力地支持了我国人民抗击“非典”的斗争，对消除国际社会尤其是周边国家对我国“非典”疫情的恐慌情绪，发挥了非常重要的作用。

记者：国际社会高度关注我党新一届领导人的出访，今年中联部承担了多次中央领导的出访工作。请您谈谈访问成果和感受。

王家瑞：我党新一届中央领导集体十分重视党的对外工作。今年7月，“非典”疫情过后不久，中共中央政治局常委李长春即率团访问了古巴、阿根廷和新西兰。9月，中共中央政治局常委罗干率团访问了冰岛、芬兰、亚美尼亚、摩尔多瓦等欧亚四国。10月，中共中央政治局常委吴官正率团访问了阿曼、叙利亚、塞浦路斯等中东三国。刘淇、刘云山、张德江、俞正声、贺国强、何勇等同志也相继通过党的渠道出访。访问期间，他们不但与往访国领导人举行会谈会见，就国家关系、党际关系及共同关心的国际、地区问题深入交换意见，主动宣传我党内外政策和对重大国际问题的原则立场，同时还从国内工作需要，首先是加强党的自身建设和全面建设小康社会的需要出发，详细考察各国建设和发展情况，一方面与各国政治家深入交流治党治国经验；另一方面积极探讨互利合作的各种机遇，直接推动双方在经贸、科技、文化、司法等领域开展交流与合作，具体商谈了一些项目。这些扎实有效的工作极大地充实了党际关系的内涵，更对我们的工作提出了更高要求。

记者：请您谈谈党的对外工作在为加强党的执政能力建设服务方面采取了哪些措施？

王家瑞：今年，胡锦涛同志多次就党建问题发表讲话，明确提出要以加强党的执政能力建设为重点，全面推进党的建设的伟大工程。党的对外工作要为党的事业服好务，必须紧紧贴近中央需要，贴近全党工作大局。基于这一认识，今年我们组织力量，深入研究了外国一些执政党加强执政能力建设的经验教训，并在组织各级领导干部和各方面专家出国访问、考察的过程中，详细了解外国执政党改进领导体制和工作机制、完善领导方式和执政方式、协调党群关系和党政关系、扩大社会基础与阶级基础等各方面的具体情况。此外，我们还根据全面建设小康社会的需要，组织力量集中研究世界上一些国家的发展战略和体制转型问题，形成了一批很有参阅价值的研究成果。

记者：近年来，世界政党政治特别活跃，政党之间的多边交往日益积极。请问您对此有何看法，我们党的代表参加了哪些政党多边交往活动？

王家瑞：新世纪以来，政党间多边交往的确相当活跃，形式和内容也变得越来越丰富。我党比较重视并有选择地参与了一些多边政党交往，与社会党国际等重要政党国际和地区组织建立了联系。今年，我们接待了社会党国际名誉主席访华，派代表出席了社会党国际二十二大，在多边场合与各国政党进行了广泛接触。我们与基民党国际、拉美基民组织、欧洲议会党团等政党国际和地区组织保持着联系，与亚洲政党国际会议也有密切往来。此外，我们还派人参加了一些外国政党组织的研讨会，参加了一些友好政党的党代会和党报节。这些多边活动对提升我党的国际地位，扩大我国对重大国际事务的参与度发挥了积极影响。

记者：政党交往是一个双向互动的过程，您能否简要介绍一下外国政党代表团来华访问的情况。

王家瑞：受“非典”疫情影响，今年上半年通过党际关系来访的外国代表团数量少于往年同期。但下半年来访出现高潮，交往质量也明显提高。客人们不仅与我们就共同关心的问题进行深入对话，到我国城乡各地参观访问，直接了解我国改革开放、建设中国特色社会主义、实践“三个代表”的具体情况，有的还与我们共同举办较高层次的研讨会，譬如，中越两党举办了“社会主义与市场经济”理论研讨会，国外一些政党的理论家和专家学者与我方就政党现代化、当今世界秩序等问题进行了多种形式的深入研讨。

总之，回首2003年，在党中央的正确领导和各兄弟部门的大力支持下，党的对外工作开拓创新，积累了新的经验。展望2004年，我们对党的对外工作取得更大成就充满信心。

国务委员兼国防部部长曹刚川启程赴俄罗斯进行正式友好访问

第四届中国软科学研究会学术年会在北京召开

全国人大常委会副委员长、中国软科学研究会理事长成思危等有关领导出席年会并致辞。本次年会的主题是“我国科技发展长远战略与构想”，专家们将围绕当前正在开展的国家中长期科技发展规划，分别就世界科技发展总体趋势、新时期我国经济建设和社会发展暨国防安全的科技需求、我国科技发展长远规划与管理决策模式、软科学研究的理论与方法等四方面展开广泛的交流和研讨，为国家中长期科技发展规划以及未来科技发展提供有力的决策支撑。

我国首次领导的大型国际科研合作项目“人类肝脏蛋白质计划”启动

由军事医学科学院和江中集团发起组建的北京蛋白质组研究中心在北京宣告成立，“人类肝脏蛋白质计划”随之正式启动，这是我国领导的第一个大型国际科研合作计划。

今年4月，历时13年的“人类基因组计划”正式完成。然而，仅仅测绘出基因组序列，并非这一计划的最终目的，必须对其编码产物——蛋白质组进行系统深入的研究，才能真正实现基因诊断和基因治疗。人类蛋白质组研究成为继人类基因组计划之后生物科技发展的重要课题。

由青年科学家贺福初院士牵头的“人类肝脏蛋白质计划”是国际人类蛋白质组组织目前启动的两项重大国际合作行动之一，目前已有16个国家和地区的80余个实验室报名参加。

《毛泽东 邓小平 江泽民论人才》出版发行

该书由中共中央组织部和人事部共同编辑，近日由党建读物出版社出版发行。

这本书分为人才的作用及其重要性、人民群众中蕴藏着大量的人才、重视人才的培养、重视人才的吸引、重视人才的使用、大胆使用青年人才、创造人才脱颖而出的环境、党必须重视和做好人才工作8个专题，比较全面、准确地体现了党中央三代领导核心关于人才的重要思想。

纪念五世格达活佛诞辰100周年座谈会在成都举行

全国社会捐助表彰大会在北京举行

民政部授予了全国130个先进集体和78名先进个人“爱心捐助奖”，国务院副总理回良玉出席会议并为获奖者颁发奖牌和证书。

近几年来，民政部每年两次组织开展全国范围的以“扶贫济困送温暖”为主题的“捐助月”和“宣传周”活动，动员社会各界为困难群众捐款捐物，并组织沿海发达地区跨省对口支援灾区和西部欠发达地区。目前全国已建立社会捐助工作站点2万多个。

据统计，1996年至2002年，全国各级民政部门累计接收社会捐助近200亿元(其中捐款95亿元、物资折款105亿元)，捐助衣被近10亿件，使3.5亿(人次)困难群众受益。2003年我国部分地区发生传染性非典型肺炎疫情后，社会各界捐助的款物达到40多亿元，为防治“非典”取得阶段性胜利提供了有力支持。

12月16日

十届全国人大常委会第十次委员长会议在北京举行

会议建议，十届全国人大常委会第六次会议将讨论中共中央关于修改宪法部分内容的建议，审议宪法修正案草案。这表明，宪法修改工作将进入法定程序。

中共中央政治局常委、全国人大常委会委员长吴邦国主持了今天的会议。

会议决定，十届全国人大常委会第六次会议于12月22日至27日在北京举行。

会议听取了全国人大常委会副委员长兼秘书长盛华仁关于十届全国人大常委会第六次会议议程和日程安排意见的汇报和关于召开十届全国人大二次会议的决定草案的汇报。

根据委员长会议建议，银行业监督管理法草案、中国人民银行法修正案草案、商业银行法修正案草案将在第六次常委会会议上进入三审。

外贸法实施已近10年,我国对外贸易形势发生了很大变化,特别是2001年11月我国加入世贸组织后,外贸法的部分内容已不适应当前对外贸易发展的实际情况,需要进行修改。为此,委员长会议建议,将国务院提请审议的外贸法修订草案列为本次常委会会议议程。在今天的委员长会议上,全国人大财经委员会副主任委员石广生就这一法律草案提请常委会审议作了报告。

第六次常委会会议还将审议委员长会议关于提请审议全国人大常委会关于召开十届全国人大二次会议的决定草案的议案;审议国务院关于南水北调工程建设情况及下一步安排的报告,关于我国加入世贸组织以来有关情况的报告;审议全国人大常委会执法检查组关于检查农村土地承包法实施情况的报告;审议十届全国人大常委会代表资格审查委员会关于补选代表的代表资格的审查报告;审议全国人大有关专门委员会关于十届全国人大一次会议主席团交付审议的代表提出的议案审议结果的报告等。

全国人大常委会副委员长王兆国、李铁映、司马义·艾买提、何鲁丽、丁石孙、成思危、许嘉璐、蒋正华、乌云其木格、傅铁山出席会议。

国务院总理温家宝在亚的斯亚贝巴会见参加中非合作论坛第二届部长级会议的非洲国家领导人

国务院总理温家宝12月15日和16日先后会见了13位与会的非洲国家和地区组织领导人,同他们进行了亲切友好的交谈。

温家宝首先感谢他们前来参加中非合作论坛本届部长级会议,指出这既表明非洲朋友重视这一集体对话合作机制,也体现了中非传统友好关系。温家宝说,中非友谊经历了时间的考验,中方向非洲国家提供了力所能及的帮助,同时非洲国家在台湾、人权等问题上一直给予中国宝贵支持。我们有着相同的历史遭遇,彼此尊重、相互信任、平等相待,这是中非发展关系的坚实基础。中国政府重视发展与非洲国家的友好合作关系,认为非洲大陆是一支不可忽视的力量。中方愿与非洲国家一道,致力于加强南南合作,推动双边关系不断向前发展。中非在国际事务中有着良好的合作,对许多重大国际问题有着相同的看法,双方应进一步加强磋商与协调,为世界的和平与发展作出贡献。针对台湾当局利用所谓"公投"加紧分裂活动,温家宝介绍了中国政府的有关立场。温家宝还同他们就双边经贸合作的具体项目以及共同关心的问题交换了看法。

刚果(布)总统萨苏—恩格索说:刚中建交近40年,无论国际国内形势如何变化,两国关系一直顺利发展,各方面的合作不断扩大。在国际事务中,我们观点和立场相同,合作富有成效。40年的成功合作,为今后刚中不断加强友谊、扩大合作奠定了良好的基础。

莫桑比克总统希萨诺表示支持中国的统一大业。他说,中国企业已参与了莫桑比克的铁路、医院、住宅等建设项目,工程质量很好,欢迎更多的中国企业来莫桑比克,开拓包括农业在内的更广泛的投资领域。

南非副总统祖马说,中非合作论坛是南南合作的重要体现,不仅造福于中非人民,而且有利于发展中国家在国际事务中更好地维护自身权益。应继续加强这一机制在推动中非经济合作方面的沟通和协调作用。祖马表示,南非与中国建交后,坚定奉行一个中国政策。南非反对单边主义,重视中国在国际事务中的影响和作用,希望双方加强合作,协调立场,更好地体现发展中国家对重大问题的主张。

苏丹总统巴希尔对苏中合作的发展表示满意,指出今年中国已成为苏丹的最大贸易伙伴。巴希尔说,苏丹已实现民族和解,经济建设有了保障,欢迎更多的中国企业来苏丹投资兴业。

乌干达总统穆塞韦尼高度评价乌中经济合作取得的进展,感谢中国帮助乌干达发展加工业,欢迎更多中国企业到乌干达发展事业。他还表示希望在经济全球化的形势下,非洲和中国不断加强在世贸组织内的协调合作。

津巴布韦总统穆加贝说:津巴布韦人民永远不会忘记中国多年来的支持和帮助,中国在津巴布韦建造的医院、体育馆和道路等项目是两国友谊的体现。患难见真情,津巴布韦和中国永远是朋友。我们完全支持中国政府在台湾问题上的立场。

阿尔及利亚民族院议长本·萨拉赫表示,本届中非合作论坛会议十分成功,必将为中非合作注入新的活力。本·萨拉赫说:10天后我们将庆祝阿中建交45周年,这将使两国关系进入全新的发展阶段。我们对阿中友好合作的前景充满信心。阿尔及利亚一贯支持中国捍卫领土完整的正义事业。

科摩罗总统阿扎利祝贺本届中非合作论坛会议取得圆满成功,并表示希望非中共同努力,落实温家宝总理提出的加强合作的各项建议,造福于非中人民。阿扎利说,中国人民在维护本国主权和领土完整的事业中永远会得到科摩罗人民的坚定支持。科政府将为参与科经济建设的中国企业提供最优惠的条件。

坦桑尼亚总理苏马耶说,中非合作论坛体现了中方的真诚愿望,也是促进中非合作的积极步骤和有效机制,有利于非洲的经济发展,最终会带来共赢的结果。苏马耶说:坦中之间有着兄弟般的友谊,双方合作已从铁路、农业等扩大到其他许多领域。我们热情欢迎更多的中国投资者来坦桑尼亚创业。

塞拉利昂副总统贝雷瓦说：我们极为珍视长期以来与中国的友谊与合作。塞拉利昂结束了内战，经济建设百废俱兴，在城市和基础设施建设方面有着急迫需求，也有大量的肥沃土地待开发。我们信任中国朋友的真诚，欢迎中国企业家积极参与我们的经济建设。

几内亚比绍总理萨尼亚认为中非合作论坛机制有助于中非建立更为稳定的合作关系。他说，几内亚比绍的民族解放事业一直得到中国的支持。几内亚比绍获得独立后，中国给予了大量无私的帮助，中国援建的医院、住宅和落实的农业项目家喻户晓。他祝几中关系不断发展。

布隆迪副总统卡德盖感谢中国长期以来对布隆迪的支持和帮助。布隆迪政府重申继续坚持一个中国的政策，决心保持和发展与中国的友好合作关系。

非洲联盟委员会主席科纳雷祝贺温家宝总理首次非洲大陆之行和中非合作论坛会议取得圆满成功。科纳雷说：我们都是中国的朋友，非盟委员会坚定奉行一个中国政策，深信不断加强非中友好合作符合非洲和中国人民的根本利益。科纳雷介绍了非洲大陆地区组织的发展情况，认为随着非洲一体化的发展，非中合作的领域将会不断扩大。

温家宝12月16日下午结束了对埃塞俄比亚的正式访问，乘专机回国。

中组部部长贺国强在北京出席第十期省部级领导干部学习贯彻“三个代表”重要思想研讨班总结交流会并讲话

贺国强在总结交流会上指出，各级领导干部要把学习贯彻“三个代表”重要思想作为一种神圣职责，一种精神境界，一种终身追求，努力做到学有所思、研有所得、用有所成，真正在武装思想、指导自我修养和推动工作、指导社会实践方面取得新的成效，在学习贯彻“三个代表”重要思想新高潮的深入开展中发挥表率作用。

贺国强指出，举办省部级领导干部学习贯彻“三个代表”重要思想专题研讨班，这是中央为推动全党兴起学习贯彻“三个代表”重要思想新高潮采取的重要举措，充分体现了以胡锦涛同志为总书记的党中央用“三个代表”重要思想武装全党、教育干部的坚强决心，充分体现了我们党建设学习型政党、学习型政府进而推动建设学习型社会的坚强决心，充分体现了我们党引导广大领导干部在改造客观世界的同时认真改造主观世界的坚强决心。研讨班的成功举办，是新世纪、新阶段加强党的思想理论建设和执政能力建设的一件大事，对在全党兴起学习贯彻“三个代表”重要思想新高潮起到了重要的示范和推动作用。贺国强强调，“三个代表”重要思想是一个博大精深的科学体系，要完整准确地掌握它，运用它，用它武装头脑，不仅需要我们从理论的形成与发展上去把握，深刻认识“三个代表”重要思想是同马列主义、毛泽东思想、邓小平理论一脉相承而又与时俱进的科学体系，深刻领会“三个代表”重要思想所继承和体现的马克思主义的立场、观点和方法，而且要紧密结合实践，深刻领会“三个代表”重要思想在建设中国特色社会主义的重大问题上，提出的一系列新思想、新观点、新论断。学习贯彻“三个代表”重要思想，关键是要同改造主观世界结合起来。要通过学习，使领导干部树立起正确的世界观、人生观、价值观和权力观、地位观、利益观，坚定共产党人的信念，提高思想道德水平，坚持立党为公、执政为民，密切党同人民群众的血肉联系。贺国强强调，“三个代表”重要思想是最富于实践品格的理论。领导干部要把学习“三个代表”重要思想的成果运用到改革开放和现代化建设的各个方面，体现在我们的思想和行动中。要善于用“三个代表”重要思想来客观分析不断变化的形势，深入观察纷繁变幻的现象，准确把握错综复杂的矛盾和问题，特别是要抓紧研究解决本地区本部门改革发展稳定中的重大问题、群众生产生活中的紧迫问题、党的建设中存在的突出问题。学习贯彻“三个代表”重要思想，必须把发展作为党执政兴国的第一要务。领导干部要按照科学发展观要求，进一步转变发展观念，理清发展思路，制定发展措施，增强发展后劲。省部级领导干部学习贯彻“三个代表”重要思想专题研讨班领导小组的负责同志出席了会议。总结交流会由中央党校副校长王伟光主持。据悉，今年9月至12月，中央在中央党校和国家行政学院连续举办10期省部级领导干部学习贯彻“三个代表”重要思想专题研讨班和纪检监察工作等4期专题研究班，近2000名省部级领导同志参加了集中培训。

全国部分地区城市建设和土地管理工作座谈会在西安召开

会议听取了对《国务院关于加强城市建设促进城市健康发展的决定(讨论稿)》的意见。中共中央政治局委员、国务院副总理曾培炎出席并讲话。

曾培炎说，改革开放以来，我国城镇化水平从1978年的17.9%提高到2002年的39.1%。城市的快速发展，有力带动了农村和区域经济增长，对国民经济的贡献日益增强。他强调，在全面建设小康社会的历史进程中，一定要用科学的发展观指导城市建设和土地管理。要坚持以人为本，统筹兼顾，促进城市全面、协调、可持续发展。要走中国特色的城镇化道路,加强城乡规划,提高城市经济社会管理水平。搞好城乡土地管理,实行最严格的耕地保护制度,努力提高土地利用率。

第24期《求是》杂志发表署名为秋石的文章《马克思主义民族理论在中国的新发展》

民进十一届二中全会在北京召开

致公党十二届二中全会在北京召开

中非合作论坛第二届部长级会议在亚的斯亚贝巴闭幕

为期两天的中非合作论坛第二届部长级会议在通过了《中非合作论坛——亚的斯亚贝巴行动计划(2004—2006年)》后,16日落下帷幕。

中国政府在行动计划中将采取以下几项举措:

一、将给予非洲最不发达国家进入中国市场的部分商品免关税待遇,从明年开始与有关国家就免关税商品清单及原产地规则进行谈判;

二、将进一步鼓励和支持有实力的中国企业到非洲投资,双方同意采取促进投资的措施,简化对到非洲投资的中国公司的审批程序,鼓励非洲各国同中方签署双边投资保护协定和避免双重征税协定;

三、在今后3年增加对"非洲人力资源开发基金"的资金投入,为1万名非洲各类人员提供培训机会;

四、为加强中非在旅游业的合作,中国政府决定给予毛里求斯、津巴布韦、坦桑尼亚、肯尼亚、埃塞俄比亚、塞舌尔、突尼斯、赞比亚8国"中国公民自费出国旅游目的地"地位;

五、中国政府决定于明年举办"中非青年联欢节",以非洲为"主宾洲"的"相约北京"国际艺术节和"中华文化非洲行"活动,以增进中非人民,特别是年轻一代的相互了解。

在行动计划中,中非双方同意根据《中非合作论坛后续机制程序》的规定,3年后在中国召开论坛第三届部长级会议,两年后召开高官会议。

中非企业家大会在亚的斯亚贝巴落幕

会议期间,中非企业签署了总额近7亿美元的合作项目,创下近年来中非经贸合作的最高纪录。

外交部部长助理沈国放在马拉喀什出席南南合作高级别会议并在大会一般性辩论中发言

沈国放呼吁广大发展中国家从战略上重视南南合作,共同应对经济全球化和国家发展的挑战。

沈国放说,发展中国家应在加强协商的基础上,充分参与国际经济决策,维护发展中国家的共同利益,为自身创造更多的市场机会和发展空间。他指出,作为发展中国家的一员,中国始终把加强同发展中国家的友好合作作为其外交政策的基石,并本着"平等互利、注重实效、长期合作、共同发展"的原则,积极支持和参与南南合作。

12月6日开幕的南南合作高级别会议是由"77国集团+中国"倡议召开的,来自世界120多个国家的政府高级官员和联合国有关机构的代表出席了会议。

国务委员兼国防部部长曹刚川上将在莫斯科与俄罗斯国防部部长谢尔盖·伊万诺夫举行会谈

曹刚川说,中国新一届中央领导集体对发展中俄关系非常重视,深化中俄睦邻友好、互利合作和战略协作伙伴关系,是两国外交政策的优先方向。他说,继续保持和不断加强两国在军事领域的友好合作,对深化和丰富两国关系具有重要作用。他表示,希望双方进一步加强在上海合作组织框架内的合作,坚决打击"三股势力",维护地区安全与稳定。

国务委员陈至立在北京出席教育部 香港李嘉诚基金会西部中小学现代远程教育项目建成暨农村远程教育研讨会并讲话

陈至立指出,教育部、香港李嘉诚基金会和西部地区各级政府通力合作,在西部12个省区市及3个少数民族自治州建成了1万所中小学教学示范点,为推进我国农村中小学现代远程教育进行了有益探索,积累了宝贵经验。她指出,今年9月,国务院召开全国农村教育工作会议,提出采取教学光盘播放点、卫星教学收视点和计算机教室3种模式,实施农村中小学现代远程教育工程。近日,国务院又批准了《农村中小学现代远程教育工程试点工作方案》,即将在中西部19个省区市开展试点工作。实施农村中小学现代远程教育工程将有力推进中西部地区"两基"攻坚和巩固提高工作,对促进优质教育资源共享、缩小城乡教育差别有着十分重要的意义。利用远程教育平台可以进行农村党员教育、推广农业技术、获取市场信息、传播先进文化和加强精神文明建设。她希望承担试点工作的省区市高度重视这项工作,认真总结,精心操作,为推动农村教育信息化,促进中西部地区农村教育的跨越式发展作出应有的贡献。

教育部部长周济主持会议,香港知名实业家李嘉诚先生出席会议并讲话。周济和李嘉诚共同开通了"教育部和李嘉诚基金会西部教育、医疗计划"网站。

12月17日

《人民日报》发表全国人大法律委员会主任委员杨景宇的文章《宪法的稳定和与时俱进》

党的十六届三中全会通过了《中共中央关于修改宪法部分内容的建议》。修改宪法部分内容即将进入法定程序。这是国家政治生活中的一件大事，举世瞩目。妥善处理宪法的稳定和与时俱进的关系，是修改宪法部分内容必须准确把握的一个问题。

(一)维护宪法的稳定，是由宪法的性质、地位和作用决定的。

1954年6月14日毛泽东同志在中央人民政府委员会第三十次会议上所作的《关于中华人民共和国宪法草案》的讲话中指出："一个团体要有一个章程，一个国家也要有一个章程，宪法就是一个总章程，是根本大法。用宪法这样一个根本大法的形式，把人民民主和社会主义原则固定下来，使全国人民有一条清楚的轨道，使全国人民感到有一条清楚的明确的和正确的道路可走，就可以提高全国人民的积极性。"这段话深入浅出地把宪法的性质、地位和作用讲得清清楚楚。

宪法作为国家的根本法，同一般法律相比，有以下三个特点：

第一，从地位看，宪法是中国特色社会主义法律体系的核心和基础。宪法规定："国家维护社会主义法制的统一和尊严。"统一到哪里？统一到宪法。就法律与社会实际的关系来说，社会实际是母亲，法律是子女。从法律体系内部来说，宪法是母亲，一般法律是子女，正如人们通常说的，宪法是"母法"，一般法律是"子法"，一切法律、法规都不得同宪法相抵触。

第二，从内容看，宪法规定的是国家的根本制度和根本任务、公民的基本权利和义务。也就是说，宪法解决的是国家政治、经济和社会生活中带全局性、长期性、根本性的问题。一般法律只是解决国家政治和社会生活中某一方面、某一领域的问题。

第三，从法律效力看，宪法具有最高的法律效力。宪法规定："全国各族人民、一切国家机关和武装力量、各政党和各社会团体、各企业事业组织，都必须以宪法为根本的活动准则，并且负有维护宪法尊严、保证宪法实施的职责。"这里，"各政党"当然包括作为执政党的中国共产党。宪法上述规定同《中国共产党章程》关于"党必须在宪法和法律的范围内活动"的规定是一致的。

正因为宪法是国家的根本法，维护宪法的稳定，就是维护国家根本制度的稳定，维护国家的长治久安。宪法的稳定是国家稳定的基础。因此，对宪法的修改也就需要格外严肃、慎重，按照不同于其他法律的特别程序来进行。宪法规定："宪法的修改，由全国人民代表大会常务委员会或五分之一以上的全国人民代表大会代表提议，并由全国人民代表大会以全体代表的三分之二以上的多数通过。"

(二)宪法的稳定，关键在于它的科学性、正确性，得到最广大人民的拥护。

中华人民共和国成立54年来，除建国前夕全国政协一届一次会议制定的共同纲领(有人称为"约法"，实际上是临时性的宪法)外，先后有四部宪法，即1954年宪法、1975年宪法、1978年宪法、1982年宪法。

现行宪法是1982年12月4日由五届全国人大五次会议通过的。形式上看，这部宪法是对1978年宪法的修改；实际上则不然，它不是以1978年宪法为基础的，而是以1954年宪法为基础，在党中央的领导下，经过全民讨论，把党的主张和人民的意见结合起来、统一起来，重新制定的新宪法，说它是对1978年宪法的全面修改也可以。这是因为，1954年宪法科学地总结了历史经验，特别是新中国成立以后五年社会改革、经济建设、文化建设和政府工作的经验，全面地、准确地体现了人民民主和社会主义原则，是一部好宪法；1975年宪法是在"文化大革命"中制定的，反映了那个阶段"左"的错误，存在着严重问题；1978年宪法是在我们党和国家还没有来得及对"文化大革命"的错误进行清理的历史条件下制定的，存在着严重缺陷。1978年12月党的十一届三中全会以后，党和国家领导全国人民全面清理"文化大革命"的错误，深入总结建国以来的历史经验，恢复并根据新情况制定了一系列正确的方针政策，使国家政治和社会生活的各方面发生了巨大的、深刻的变化。1981年6月党的十一届六中全会通过的《关于建国以来党的若干历史问题的决议》和1982年9月党的十二大精神，得到全国人民的拥护，为全面修改1978年宪法提供了重要的依据。

为了使新宪法真正能够成为新的历史时期治国安邦的总章程，首要的问题是必须把握正确的政治方向。邓小平同志从宪法修改工作一开始就明确提出，必须把四项基本原则写进宪法。主持宪法修改工作的彭真同志根据邓小平同志的指示精神，在1981年10月3日宪法修改委员会秘书处会议上，专门就如何做好宪法修改工作讲了四条意见，可以说是指导原则：

第一，必须坚持四项基本原则。四项基本原则好像盖房子的四根柱子，没有柱子，房子就盖不起来。

第二，一定要从中国的实际出发。中国的实际是修改宪法的根据，它包括两个方面，一是现实的实际，二是历史的实际。现实的实际是根本的，历史的实际主要是经验教训。研究、借鉴外国的经验，要“洋为中用”，取其精华，去其糟粕，吸收符合我国实际情况、适合我国实际需要的有用、有益的东西。

第三，只规定现在能够定下来的、最根本的、最需要的东西。要尽可能地把全国各方面的意见集中起来，使新宪法能够起到统一全国人民的思想、进一步巩固和发展安定团结的政治局面、保证社会主义四化建设健康顺利进行的作用。

第四，以1954年宪法为基础。长时期的实践证明，1954年宪法是一部很好的宪法。当然，1954年宪法颁布实施以来，情况已经发生了很大的变化。这就要求我们在1954年宪法的基础上总结我国社会主义发展的丰富经验，继承和发展1954年宪法的基本原则，既考虑当前的现实，又考虑发展的前景，以适应新的历史时期社会主义现代化建设的需要。

这四条指导原则，可以说是全面修改1978年宪法的“纲”。牢牢把握住这个“纲”，正确处理修改宪法过程中涉及的政治、经济、文化、社会等各方面错综复杂的关系，对国家的根本制度和根本任务作出科学的、明确的规定，解决我们国家带全局性、长期性、根本性的问题，这样容易得到绝大多数人的同意，不致引起不必要的争论；也有利于保持宪法稳定，以后可以对宪法个别条款作修改，不再从头到尾重写、全改。当时，我们已经有共同纲领实施以来30多年的实践经验，有1954年宪法实施以来20多年的实践经验，有《关于建国以来党的若干历史问题的决议》作为全党全国人民取得的共识，制定一部稳定的新宪法是完全可能的。

现行宪法从启动到出台，历时两年三个月，在此期间宪法草案由全国人大常委会交付全民讨论四个月，讨论规模之大、参加人数之多、范围之广、影响之大，在我国社会主义法制建设的历史上是空前的；1982年12月4日，几经修改的宪法修改草案提请五届全国人大五次会议全体会议采取无记名方式表决，参加投票的代表3040人，投票结果，赞成的3037票，弃权的3票，弃权票不到千分之一；在整个过程中，中央政治局和书记处先后专门讨论过八次，宪法修改草案每一稿都是经党中央原则同意的，每一稿又都经过充分发扬民主，把党的主张和人民的意见结合起来，使宪法修改草案一稿比一稿更完善。由此可以看出新宪法的确是高度民主基础上高度集中的产物，又是坚持党的领导、充分发扬民主和严格依法办事有机统一的体现。这样制定出来的新宪法，理所当然地受到了国内外的高度评价。全国人民普遍反映，它科学地总结了我国社会主义发展的历史经验，反映了全国人民的共同意志和根本利益，合乎国情，是一部有中国特色的、适应新的历史时期社会主义现代化建设需要的、能够长期稳定的宪法。

（三）宪法的稳定和与时俱进是在社会实践中统一起来的，在保持稳定中与时俱进，在与时俱进中保持稳定。

毛泽东同志说过：两重性，任何事物都有，而且永远有，当然总是以不同的具体的形式表现出来，性质也各不相同。他还举例说，稳定和变革就是对立的统一，这也是两重性。稻种改良，新种比旧种好，这是进步，是变革。人生儿子，儿子比父母更聪明粗壮，这也是进步，是变革。但是，如果只有进步的一面，只有变革的一面，那就没有一定相对稳定形态的具体的动物和植物，下一代就和上一代完全不同，稻子就不成其为稻子，人就不成其为人了。

宪法也是一样，具有稳定与变革的两重性，这种两重性是在社会实践中统一起来的。所谓稳定，就是宪法在我们国家举什么旗、走什么路这个根本问题上所确定的基本内容是不能改变的，比如：四项基本原则不能改变，国体、政体不能改变，基本经济制度不能改变，国有经济的主导地位不能改变，等等。如果改变这些东西，否定它，取消它，国家就要变质，人民就要遭殃。同时，实践没有止境，改革开放和社会主义现代化建设不断发展，宪法也要随着社会实践的发展而不断完善、与时俱进。二十一年来，根据经济社会发展的客观要求，1988年4月七届全国人大一次会议、1993年3月八届全国人大一次会议、1999年3月九届全国人大二次会议先后三次对宪法部分内容做了修改。

修改宪法，遵循什么原则，采取什么方式？1987年党的十三大以后，党中央领导同志和全国人大常委会领导同志研究对现行宪法作第一次修改时，就确定了两条原则：一是，改革要遵守法律，法律要为改革服务；二是，修改宪法，只限于不修改就会妨碍改革的条款，可改可不改的不改，有些问题采取宪法解释的办法去解决。这样做，有利于宪法的稳定，有利于国家的稳定。至于修改宪法的方式，经过慎重研究，确定采取修正案的方式，这是借鉴美国修改宪法的方式（美国宪法制定于1787年，216年来宪法原文一直未动，采取修正案的方式修改18次，共27条），它比法国、苏联和我国过去采取的修改宪法办法（过一定时期，对宪法作全面修改，实际上是重新制定）要好。以后修改宪法部分内容，都是遵循了同样的原则，采用的都是修正案的方式。三个宪法修正案，共17条，其中15条集中在宪法序言和总纲，主要内容：一是确立了邓小平理论在国家政治和社会生活中的指导地位；二是明确了我国将长期处于社会主义初级阶段；三是肯定了改革开放的基本方针，从而使党在社会主义初级阶段的基本路线在宪法中的表述更加完整；四是完善了我国社会主义初级阶段的基本经济制度(公有制为主体、多种所有制经济共同发展)和分配制度(按劳分配为主体、多种分配方式并存)；五是确定了农村经济组织实行家庭承包经营为基础、统分结合的双层经营体制；六是确定了非公有制经济法律地位；七是确定了国家实行社会主义市场经济；八是确定了依法治国、建设社会主义法治国家的基本方略；九是确定了中国共产党领导的多党合作和政治协商制度将长期存在和发展。对宪法所做的这些重要修改，都是关系国家发展和长治久安的重大问题，既反映了我国社会主义政治制度和社会主义经济制度的自我完善和发展，又反映了全党全国人民对什么是社会主义、怎样建设社会主义这个根本问题认识的深化，从而使宪法更加完善，更加适应改革开放和社会主义现代化建设的发展要求，成为体现时代特征、符合国情、与时俱进的宪法，并没有因此而影响宪法的稳定，也没有因此而损害宪法的权威和尊严。

党的十五大以来，经过全党全国人民团结奋斗，我国改革开放和社会主义现代化建设取得历史性进展，积累了十分宝贵的经验。从本世纪开始，我国进入全面建设小康社会、加快推进社会主义现代化的新的发展阶段。去年召开的党的十六大，全面分析了新世纪、新阶段我们党和国家面临的新形势新任务，科学总结了改革开放以来特别是党的十三届四中全会以来党带领全国人民建设中国特色社会主义的基本经验，把“三个代表”重要思想同马克思列宁主义、毛泽东思想、邓小平理论一道确立为党必须长期坚持的指导思想，明确提出了本世纪头二十年的奋斗目标和重大方针政策。党的十六届三中全会以马克思列宁主义、毛泽东思想、邓小平理论和“三个代表”重要思想为指导，贯彻党的十六大精神，体现党的十三届四中全会以来的基本经验，再次提出修改宪法部分内容的建议，是非常及时、十分必要的，反映了全党全国人民的共同意愿，具有重大的、深远的意义。

全国人大常委会委员长吴邦国出席全国人大常委会立法工作会议并讲话

吴邦国在会议上强调，要以“三个代表”重要思想为指导，贯彻党的十六大和十六届三中全会精神，进一步加强立法工作，提高立法质量，努力形成中国特色社会主义法律体系，为依法治国、建设社会主义法治国家，为从法律上、制度上保证社会主义物质文明、政治文明和精神文明的协调发展和全面建设小康社会作出贡献。

在谈到做好新时期立法工作时，吴邦国强调要做到“六坚持”：一要坚持党的领导，服从并服务于党和国家工作的大局，自觉地使党的主张通过法定程序成为国家意志，成为全社会一体遵循的行为规范和准则，从制度上和法律上保证党的路线方针政策的贯彻实施，保证改革开放和现代化建设的顺利进行。人大及其常委会在立法工作中必须树立党的观念、政治观念、大局观念和群众观念，一切法律、法规都要有利于加强和改善党的领导，有利于巩固和完善党的执政地位，有利于社会主义优越性的发挥。二要坚持以“三个代表”重要思想为指导，保证立法的正确的政治方向，使制定的法律符合先进生产力的发展要求，符合先进文化的前进方向，符合最广大人民的根本利益。三要坚持从我国社会主义初级阶段的国情出发，始终把我国改革开放和社会主义现代化建设的伟大实践，作为我们立法的基础。四要坚持法制的统一，在全国统一法律体系框架内加强立法工作。五要坚持充分发扬民主，严格依法立法，时间要服从质量，要采取多种形式倾听基层群众的意见，对于事关人民群众切身利益的重要法律草案，要向全社会公布，切实做到集思广益，使制定的法律充分体现人民群众的共同意愿，增强法律贯彻实施的群众基础。六要坚持正确处理好数量与质量的关系、权力与权利的关系、法律的稳定性与改革过程中变动性的关系。

中共中央政治局委员、全国人大常委会副委员长王兆国主持了会议。全国人大常委会副委员长兼秘书长盛华仁在听了与会人员的讨论和交流后，对会议作了总结讲话，并就如何贯彻落实立法规划，提高立法质量和效率，提出了具体意见和要求。全国人大常委会副委员长李铁映、司马义·艾买提、何鲁丽、丁石孙、许嘉璐、蒋正华、顾秀莲、乌云其木格等出席了会议。

“21 世纪论坛”2003 年会议在北京开幕

会议开幕前，贾庆林会见了出席本次论坛会议的中外贵宾。

全国政协副主席王忠禹主持开幕式。他说，“21 世纪论坛”是全国政协在 1996 年创办的大型国际论际，论坛的宗旨是“围绕世界发展的大趋势和全人类共同关心的重要问题，邀请中外知名人士和专家学者开展研讨，以增进了解，加深友谊，促进合作”。

这次“论坛”会议的主题是“投资中国——世界的选择和中国的政策”，会议下设四个专题，分别是：“投资中国：现状与趋势”、“中国吸收外资法律政策”、“内地与香港经济的深度融合”以及“跨国公司：与中国经济一同成长”。

本次会议由全国政协外事委员会、经济委员会、中国世贸组织研究会和中国经济社会研究会共同主办。

来自世界10多个国家的使节、国际组织代表以及中国的专家学者和政府官员、企业家共400多人出席了开幕式。

全国高级法院院长会议暨全国模范法院全国模范法官表彰大会在北京举行

中共中央政治局常委、中央政法委书记罗干在大会上强调,要以邓小平理论和"三个代表"重要思想为指导,紧紧围绕全党全国工作大局,充分发挥人民法院的职能作用,全面落实好司法为民的要求,依法维护好、实现好、发展好人民群众的合法权益和根本利益。

最高人民法院院长肖扬在主持会议时说,人民法院要坚决贯彻落实中央领导同志的重要讲话精神,以先进典型为榜样,争做学习和实践"三个代表"重要思想的模范,争做司法为民的模范,争做维护司法公正的模范,争做廉洁自律的模范,扎实工作,开拓创新,锐意进取,努力开创人民法院工作新局面,为全面建设小康社会,加快社会主义现代化作出新贡献。

会上,罗干、肖扬、贾春旺等为全国模范法院、全国模范法官代表颁奖。会前,他们还亲切会见了获奖代表和参加全国高级法院院长会议的代表并合影留念。

国办转发发展改革委等部门《关于加快推行清洁生产的意见》并发出通知

各省、自治区、直辖市人民政府,国务院各部委、各直属机构:

发展改革委、教育部、科技部、财政部、国土资源部、建设部、水利部、农业部、税务总局、质检总局、环保总局等部门《关于加快推行清洁生产的意见》已经国务院同意,现转发给你们,请认真贯彻执行。

国务院办公厅

2003年12月17日

关于加快推行清洁生产的意见(略)

国台办发表《以民为本 为民谋利 积极务实推进两岸"三通"》白皮书

前言

1949年以后的30多年间,由于台湾海峡两岸处于军事对峙状态,两岸人员往来和通邮、通航、通商全部中断,两岸同胞处于隔绝状态。1979年元旦,全国人大常委会发表《告台湾同胞书》,为有利于两岸同胞互通讯息,探亲访友,旅游参观,发展经济、文化等各方面的关系,首倡两岸"双方尽快实现通邮,通航","发展贸易,互通有无,进行经济交流"。从此,祖国大陆方面为实现两岸通邮、通航、通商("三通")进行了不懈努力。1987年11月,台湾当局决定开放台湾同胞赴大陆探亲,受到大陆方面的欢迎,长达38年之久的两岸同胞隔绝状态终于被打破。此后,两岸人员往来和经济、文化等领域交流的开展,推动了"三通"进程。十几年来,两岸同胞往来与交流已经大大发展了。但令人遗憾的是,由于台湾当局的限制和阻挠,两岸"三通"仍然处于间接、单向、局部的状态。早日实现直接、双向、全面"三通",符合两岸同胞的切身利益和根本利益。我们希望两岸同胞共同努力,积极务实推动两岸"三通",造福子孙。

一、两岸"三通"现状及面临的问题

(一)两岸"三通"进展情况

在两岸同胞的强烈要求及两岸业者的协商努力下,20多年来,两岸"三通"从无到有,取得不同程度的进展。

1. 两岸通邮进展情况

在邮政业务方面。1979年,大陆方面正式开办对台平信和挂号信函业务。1989年,两岸邮件总包互相直封并经香港转运。1993年4月,海峡两岸关系协会与台湾海峡交流基金会签署《两岸挂号函件查询、补偿事宜协议》,两岸邮政部门正式互办挂号函件业务。

在电信业务方面。1979年,大陆方面开办对台电报、电话业务。1989年,台湾方面通过第三地开通对大陆电报和电话业务。1996年,中国电信与台湾中华电信建立两岸直接电信业务关系。通过1999年、2000年先后建成的中美、亚欧、亚太海底光缆,建立了两岸直达通信路由。两岸电信部门已开办电话、数据通信、移动电话漫游、电视电话等业务。两岸电信业务量迅速增加,分别占大陆、台湾境外业务量的第二位、第一位。

2. 两岸通航进展情况

在海上通航方面。1979年8月,大陆方面倡议就两岸海上运输问题同台湾航运界进行协商,并宣布各对外开放港口均可对台湾船舶开放。为保障两岸航行安全,大陆一侧的灯桩解除了对台方的遮蔽;海岸电台对台湾船舶全面开放,为台湾船舶提供通信导航服务;两岸救助部门建立搜救热线。1996年8月颁布的《台湾海峡两岸间航运管理办法》等法规,规范了两岸海上直航的基本事项。迄今,大陆方面共批准台湾航运公司在大陆沿海主要港口设立7家营业性机构和37家航运代表处。

1997年4月,福州、厦门和高雄间的海上试点直航开始运行,两岸资本的船公司使用方便旗船(或称权宜轮)经高雄港转运两岸外贸中转货物。1998年3月,两岸定期集装箱班轮航线开通,运输两岸货物的船舶经第三地换单不换船航行两岸港口。

2001年年初,考虑到金门、马祖民众的需求,大陆方面为金、马与福建沿海地区的海上通航尽力提供协助。双方使用两岸资本并在两岸注册的船舶，采用只挂公司旗的方式，开通了两地海上客运、货运航线。

在空中通航方面。1981年10月，大陆民航主管部门表示随时准备与台湾有关方面进行两岸空中通航的谈判。1990年3月，颁布《中国大陆与台湾间民用航空运输不定期飞行的申请和批准程序的暂行规定》。1989年至1996年，两岸民航业界互为客货销售代理和开办“一票到底”、“行李直挂”等业务，签署了多项协议，开展了涉及票务、商务、机务、航务、服务等方面的合作。1995年12月、1996年8月，澳门航空、港龙航空分别开辟了澳台、港台航线，实现了大陆经澳门、香港至台湾“一机到底”的间接通航。1997年迄今，大陆有关方面批准4家台湾航空公司在北京设立代表处。

2003年春节期间，为便利台商返乡过年，大陆方面采取灵活务实的办法，特事特办，批准台湾6家航空公司共16架次包机，从台北、高雄经停港澳至上海往返接送台商。这是50多年来台湾航空公司的飞机首次循正常途径停降大陆机场。

3. 两岸通商(贸易、投资、金融)进展情况

在两岸贸易方面。从1979年开始，大陆方面即对台湾产品开放市场，并给予免税、减税等优惠待遇。2000年12月，外经贸部颁布了《对台湾地区贸易管理办法》。两岸贸易金额1978年为0.46亿美元，2002年增至446.6亿美元，增长了近970倍。截至2003年9月底，两岸贸易总额累计3091.8亿美元，其中大陆对台出口488.9亿美元，自台进口2602.9亿美元，累计逆差达2114亿美元。自1991年始，大陆已成为台湾最大的顺差来源。根据2002年统计，大陆已成为台湾第一大出口市场，台湾是大陆第二大进口市场。

在投资方面。1988年7月，国务院颁布了《关于鼓励台湾同胞投资的规定》。1992年，台湾当局允许台湾同胞经第三地对大陆间接投资和进行技术合作。1994年3月，全国人大常委会通过了《台湾同胞投资保护法》，1999年12月，国务院制定了《台湾同胞投资保护法实施细则》，各地方人大和政府也结合本地实际，制定了相应的地方性法规和行政规章，形成和完善了保护台胞合法权益的法律、法规体系。大陆各有关部门和各地方不断改善投资环境，努力为台胞提供优质服务，促进了台胞投资。截至2003年9月底，大陆方面累计批准台资项目59458个，合同台资679.8亿美元，实际使用台资357.1亿美元。根据台湾有关方面统计，自1993年始，大陆成为台商对外投资的首选地区。

在两岸金融交流与合作方面。2002年，大陆的商业银行与台湾地区银行的海外业务分行(OBU)正式开办通汇及信用证相关业务；2003年，大陆的商业银行与台湾地区的外汇指定银行(DBU)也开通了通汇及信用证相关业务。截至2003年10月，大陆方面已批准设立2家台资银行、7家台湾地区银行的代表处、9家台湾地区保险公司和1家台湾地区保险经纪人公司的12个代表处、12家台湾地区证券公司的17个代表处。

在推进两岸“三通”的进程中，两岸民间行业组织不断就“三通”的技术性、业务性问题进行深入探讨，达成诸多共识。两岸通信业务商谈的成功实践，两岸海上试点直航的顺利运营，福建沿海与金门、马祖海上双向直航中的一些敏感问题的妥善解决，2003年春节台商包机的实施，说明两岸业者完全可以找到双方接受的办法。事实上，两岸直接“三通”的技术性、业务性问题均已解决。

(二)两岸“三通”仍处于间接、单向、局部的状态，限制了两岸同胞的交流交往和两岸经贸合作的发展。

在通邮方面。两岸邮件总包仍需经香港、澳门转运，而且业务种类少，邮政包裹、小包、汇兑、速递等项业务均不能开办。

在通航方面。两岸船舶、飞机不能直接往来；两岸人员旅行仍需经香港、澳门等地中转；试点直航不能运输两岸贸易货物，两岸贸易货物仍需经日本、中国香港等第三地中转，造成了“船通货不通，货通船不通”的怪象。

在通商方面。大陆市场向台湾企业和商品全面开放，而大陆产品输台受到诸多歧视性的限制，许多大陆较具优势及台湾同胞迫切需要的商品不能进入台湾；大陆的企业不能向台湾投资，必要的商务机构也不能在台设立；大陆企业难以在台湾举办或参加经贸展览会、洽谈会；大陆经贸人士赴台考察、访问也受到诸多限制。

(三)两岸直接、双向、全面“三通”未能实现的主要障碍在于台湾当局的阻挠。

长期以来，台湾当局无视两岸同胞的迫切愿望，也不顾台湾经济发展的需要，给两岸“三通”设置了重重障碍。从李登辉到台湾当局现任领导人，都一直以所谓“对等、安全、尊严”为借口，拖延和阻止“三通”。台湾当局在相关规定中，刻意对“三通”设置严格的限制条款，附加了种种政治条件，极力阻挠两岸“三通”谈判。台湾当局现任领导人一方面拒不接受一个中国原则，不承认“九二共识”，致使两岸对话与谈判无法恢复；另一方面又不接受简便易行的民间行业组织协商“三通”问题的办法，致使“三通”商谈迟迟不能启动。事实充分表明，台湾当局现任领导人虽然表示过“三通”不应成为一个问题，“是必走的路”，但是实质上毫无诚意，根本不愿意两岸交流和两岸关系得到

正常发展。他不但自食其言、出尔反尔,百般拖延开放“三通”,而且极力使“三通”问题政治化、复杂化,甚至将两岸“三通”纳入其“一边一国”分裂主张的框架中去。台湾当局现任领导人破坏两岸关系发展、蓄意分裂祖国的立场和政策,是两岸直接、双向、全面“三通”迄今无法实现的根本原因。

二、实现“三通”符合两岸同胞切身利益,是两岸实现互利双赢的根本途径

(一)直接、双向、全面“三通”是两岸人员往来和经贸交流的客观需要。

1988年至2002年,共有超过2700多万人次的台湾同胞来大陆探亲访友、旅游考察、投资经营和从事两岸交流活动,大陆人员往来台湾也有70多万人次。2002年,两岸之间的客运量已近400万人次,贸易额超过400亿美元,货运量达数千万吨。不能直接、双向、全面“三通”,不仅给两岸同胞尤其是台湾同胞增加了经济负担,更耗费了大量时间和精力。

在客运方面。以乘飞机从台北途经香港到上海为例,台港往返机票每人次的费用为380美元,以2700万人次计,仅此一项,台湾同胞已损失约100多亿元美元;台北直飞上海仅需约1小时15分钟,中转香港后延长为约4小时,加上候机,时间浪费更甚。

在货运方面。以从上海港到高雄港海上货运为例,两地直线距离600海里,绕经日本石垣岛则增加232海里航程,既增加了运输成本,也延长了运输时间。空运直航后,不仅大量节省运输成本及时间,而且因物流配送效率的提升,将促进两岸贸易增长。

(二)直接、双向、全面“三通”有利于两岸经济共同发展。两岸经济处于不同的发展阶段,经济合作存在着充分的互补条件和巨大的发展空间。十几年来两岸经济交往的历史,是两岸经济发展双赢的历史。

两岸经济交流与合作对台湾经济增长的贡献显而易见。台湾中华经济研究院研究显示,台湾对大陆的出口额每增加1美元,可直接、间接诱发台湾相关产业增加产值2美元。台湾从两岸贸易中获得的高额顺差,对保持台湾外汇储备增长贡献巨大。两岸贸易不断发展,成为支撑台湾经济成长的重要支柱。

直接、双向、全面“三通”的实现有利于台湾经济的持续发展。1988年以来,台湾劳动力密集型产业向大陆的转移,使其重获生机。近年台湾经济低迷、产业结构提升停滞、投资消费不振、失业率和民众痛苦指数上升,“三通”不通是重要因素之一。台湾工商界普遍认为,“三通”一旦实现,台湾的区位优势可以得到充分发挥,投资环境将得到显著改善;台湾企业还可以更充分地利用大陆的资源和市场发展壮大,使台湾经济得到更大的发展;大陆企业也可以向台湾投资,必将为台湾经济注入新的活力,创造新的商机。

两岸经济交流与合作也为大陆经济发展作出了重要贡献。台商投资为大陆带来了资金、技术、企业管理及营销经验,扩大了对外贸易,提供了税收。在大陆实现全面建设小康社会宏伟目标的进程中,台湾同胞将有更多的参与机会,在促进大陆经济发展的同时,自身也将获得更大的发展。

(三)直接、双向、全面“三通”有利于两岸同胞共同因应世界经济全球化和区域化发展的趋势,加强合作,抓住机遇,应对挑战。

当今世界,科技进步迅猛发展,经济全球化和区域化势头强劲,综合实力竞争日趋激烈。两岸同胞既面临机遇,也面临挑战。早日实现直接、双向、全面“三通”,将使两岸获得更充分的信息、更便捷的运输、更畅通的资金流动和更有效率的资源配置,各得其所,发挥潜能,大大提高两岸经济的竞争力,加快共同发展,促进中华民族经济的全面振兴。

十几年来,两岸关系历经坎坷、曲折,但是,人员往来和经济、文化等领域的交流始终保持发展的势头,推动两岸“三通”进程展现新的前景。这充分说明:两岸同胞同宗同文,有着不能割舍的民族感情,有着愈益深厚的共同利益。两岸“三通”,有利于两岸经济共同繁荣,符合两岸同胞的根本利益和切身利益。两岸人员往来和经济、文化等领域的交流创造的丰硕成果,使得实现直接、双向、全面“三通”具有厚实的基础和内在的动力。台湾各界要求尽快实现“三通”的呼声持续高涨。两岸同胞在推动“三通”中,有过多次成功的实践,积累了丰富的经验。大陆方面已经为“三通”做好了各方面的准备。总之,“三通”已是大势所趋,人心所向。

三、大陆方面关于两岸“三通”的基本立场和政策主张

大陆和台湾同属一个中国。中国是两岸同胞的中国,是两岸同胞的共同家园。任何制造所谓“台湾独立”、“两个中国”、“一中一台”的分裂图谋和行为,均为两岸同胞所反对。两岸“三通”,是两岸同胞共同利益之所在,也是两岸交往不断扩大的必然要求,不应受到任何人为因素和政治因素的阻碍。我们希望尽快实现两岸全面“三通”,以开创两岸经济合作新局面,造福于两岸同胞。基于上述基本立场,我们重申关于两岸“三通”的政策与主张。

(一)以民为本、为民谋利,是解决“三通”问题的立足点和出发点。

在推进“三通”的过程中,只要真正对两岸同胞有利、对两岸人员往来有利、对两岸经贸关系发展有利,尤其对台湾同胞有利、对台湾工商界有利、对台湾经济

发展有利的举措,我们都愿意务实推动,积极促成。

(二)“三通”是两岸间的事,是两岸中国人内部的事务。

两岸“三通”,已表明了它的性质和定位。两岸空中、海上通航,即是两岸航线。任何人企图把两岸“三通”说成或作为“国与国”的或“准国际”的“三通”,或将其变相“国际化”,都是我们坚决反对的。

(三)搁置政治争议,不因政治分歧影响和干扰两岸“三通”。

两岸“三通”属于经济问题。两岸之间的政治分歧不应成为阻挠“三通”的借口和障碍。“三通”商谈不是政治谈判,在这种商谈中可以不涉及一个中国的政治含义,寻求务实地解决“三通”中的各种具体问题,推动“三通”进程。

(四)直接双向、互惠互利、平等协商。

按此精神推动实现的“三通”,才是真正的“三通”,才能扩大两岸经济交流与合作领域,使之持久、健康发展,达到维护和发展两岸同胞共同利益的目的。

(五)由两岸民间行业组织协商“三通”问题。

为早日实现“三通”,协商方式可以尽量灵活,解决办法应当简单易行,力求使技术问题单纯化、解决方式便捷化。在台湾当局造成海协与海基会对话、商谈无法恢复的形势下,可采取由两岸民间行业组织协商“三通”的办法。这一协商方式的步骤是:(1)民间协商。两岸民间行业组织就“三通”问题进行协商,双方有关业务主管部门人员可以民间名义参与商谈。(2)达成共识。长期以来,两岸民间行业组织已就如何解决“三通”的技术性、业务性问题累积了大量经验。在此基础上,经两岸民间行业组织正式协商,即可达成共识。(3)各自确认。经商谈达成的“共识”、“协议”、“纪要”、“备忘录”或“商务安排”,经由两岸有关方面各自确认后,即可组织实施。这种解决办法无损于双方的权利。

(六)台湾当局应当尽早取消针对大陆的各种歧视性限制和不合理障碍。

台湾当局对“三通”采取的间接、单向、局部等限制性政策,破坏了两岸正常的贸易和投资秩序,损害了公平竞争的市场环境,侵害了大陆和台湾相关企业的合法权益。2003年9月,台湾当局单方面宣布“两岸航空货运便捷化”措施,提出台湾航空公司的货运飞机可经停港澳往来两岸。对此,大陆民航主管部门认为,两岸货运包机经停第三地是舍近求远,两岸通航应由两岸航空业者公平地参与经营,这样才能健康持续发展,两岸同胞和工商业者才能得到实惠。不经双方民间航运业者协商,单方面宣布两岸货运便捷化时限,是不妥当的,也是大陆方面不能接受的。10月,在广大台湾同胞和工商界进一步要求开放两岸直接“三通”下,台湾当局有关方面部分放宽了一些限制两岸人员往来、贸易、投资的规定,但同时又附加了一些新的限制条件,继续拖延开放两岸直航。我们希望台湾当局从两岸同胞的共同利益出发,在实现两岸直接、双向通航方面,切实采取有效措施,做些实事,尽快取消对大陆的各种歧视性限制和不公平待遇。

四、两岸“三通”中若干问题的说明

(一)关于两岸民间行业组织协商“三通”问题。

“三通”问题,原本可以通过已经建立的两岸协商机制进行商谈,即由海协与海基会商谈。两会于1992年达成各自以口头方式表述“海峡两岸均坚持一个中国原则”的共识,建构了两会商谈的政治基础。台湾当局现任领导人上台后,矢口否认“九二共识”,破坏了两会商谈的基础,致使两会对话、商谈迄今无法恢复。在这种情况下,并考虑到两岸民间行业组织多年来建立了顺畅的沟通渠道,就“三通”技术性、业务性问题进行过深入探讨并达成了许多共识,因此我们主张,由两岸民间行业组织就“三通”问题进行协商。这是现阶段最为务实可行的协商方式。

(二)关于两岸直航中飞机、船舶的旗、证问题。

两岸空运、海运业界在多年的交流中已就两岸空中、海上直航中飞机、船舶的旗、证等问题,取得相当的共识,两岸空运、海运也有成功的实践,为解决这些问题提供了可供遵循的依据。在空中通航方面。根据国际民用航空公约及附件的有关规定,航空器必须有国籍或地区籍标志和登记标志,该标志须从国际电信联盟分配给登记国或地区的无线临时呼叫信号中的国籍或地区籍代号系列中选择。目前,大陆和台湾的航空器标志均为英文字母“B”。因此,两岸直航的航空器已不存在标志问题。关于直航中涉及的主要证照的查验问题,可由负责运营的台湾地区航空公司向大陆民航主管部门出具所需证照的合格证明,经认可后,该航空公司即可提出申请。这一简单易行、务实灵活的做法,已在2003年春节台商包机业务实施过程得到运用和验证,为解决今后两岸双向直航中的相关问题提供了有益的经验。

在海上通航方面。两岸直航船舶的挂旗、验证问题,可以参照“九七”后港台航线和福建沿海地区与金门、马祖通航的相关办法解决,即:直航两岸的船舶,只挂公司旗或双方商定的标志旗,进港时不挂对方旗;双方须查验的有关证书,必要时可另纸签注。

(三)关于外国公司参与两岸航运的问题。

两岸通航不是“国与国之间的通航”,两岸航线不是国际航线,应由两岸的空运、海运公司或两岸合资的航运公司经营。在两岸注册的中外合资的空运、海运公司可以参与经营，但外资方面不得控股。我们的上述主张，既有利于确保中国航运主权不受侵犯的原则，又有利于维护两岸中国人的正当权益。

（四）关于实现“三通”与所谓“台湾安全”的问题。

台湾当局以两岸实现“三通”尤其是直接、双向通航将严重危及台湾的安全，作为阻挠两岸直接、双向、全面“三通”的最主要理由。最近台湾有关方面将安全问题分列为军事安全、政治安全（主要是台湾在政治上被矮化）、经济安全（主要是台湾经济对大陆市场依赖度大幅提升、产业空洞化、失业率上升）、社会安全（主要是治安、疫病防治、社会福利与教育负担等）。除了社会安全所针对的可能性问题，可以在“三通”问题协商中加以讨论、预作安排外，其余看法均缺乏事实依据，而是台湾当局顽固坚持敌对意识的产物，目的在于影响台湾同胞对“三通”的态度，继续拖延、阻挠“三通”。因此，有必要予以指正。

关于“直航将严重威胁台湾军事安全”。首先，就大陆对台政策而言，两岸同胞情同手足，血浓于水，没有人比我们更希望通过和平方式解决台湾问题。大陆方面以最大的诚意、尽最大努力争取和平统一的前景。我们不承诺放弃使用武力，针对的是外国势力干涉中国统一和台湾分裂势力的“台独”图谋，决不是针对台湾民众。其次，有关两岸海上和空中直航的技术性、业务性安排等问题，须经双方平等协商并取得一致意见后方能实施。台湾方面对自身安全的关切届时能得到妥善解决。再次，两岸试点直航已开通6年，福建沿海与金门、马祖海上直航也已开通两年多，从未出现过任何影响台湾“军事安全”的问题，也没有给台湾带来任何所谓的“威胁”。相反，这种直接往来有利于营造台海地区和谐安定的气氛。最后，实现和维护台湾海峡地区和平与稳定的根本途径在于，台湾当局必须彻底放弃“台独”分裂主张，停止一切“台独”分裂活动，并且就“在一个中国原则下，正式结束两岸敌对状态”进行谈判，达成协议，共同维护国家主权和领土完整，并对今后两岸关系发展进行规划。两岸敌对状态越降低，台海地区越祥和，两岸关系越发展，两岸同胞的安全越有保障。

关于在两岸“三通”协商过程中“台湾在政治上被矮化”。我们一贯主张，两岸之间应当本着相互尊重、平等协商的精神，以务实的态度解决双方的分歧和各种问题，任何一方都不将自己的意愿强加给另一方。以往海协与海基会的历次商谈，以及两岸民间行业组织之间的各种交流和磋商，双方都是平等的，不存在谁“矮化”谁的问题。在两岸试点直航及福建沿海与金门、马祖的海上通航中，双方间运力安排及技术问题的处理，均充分体现了平等互惠的原则，实现了互利双赢。今后协商“三通”问题，包括解决市场开放、相关管理、经营权益安排等，依然是遵循相互尊重、平等协商、公平合理、互惠互利的原则精神。根本不存在所谓台湾在“三通”过程中可能被“矮化”的问题。

关于“‘三通’将冲击台湾经济安全”。其一，关于“三通”使台湾经济对大陆市场依赖度上升而产生安全问题。两岸经济各具优势，互补性强。在两岸经济交流与合作中，台湾经济从大陆经济迅速发展中获得了增长的动力，产业结构调整获得了有利条件，企业获得新的发展空间，促进了台湾经济的发展，近20年来的事实已经充分证明了这一点。在经济全球化和区域经济合作的大潮中，如果实现“三通”，两岸经济各展所长，密切合作，将更有利于两岸防范经济金融风险，实现共同繁荣。只要站在台湾同胞利益和经济发展需要的立场上来看问题，就会得出这种结论。

其二，关于“三通”加速台湾产业移往大陆、导致台湾产业“空洞化”问题。产业“空洞化”一般是指制造业在总体经济中的比重下降，以及制造业生产力及国际竞争力降低。台湾有关部门的研究表明，1990年至2001年间是台湾企业投资大陆增长较快的时期。在此期间，台湾产品在全球市场的出口占有率并未下降，反而由1.96%升至2.0%，并没有造成台湾制造业的总体生产力和竞争力的衰退，导致出现所谓产业“空洞化”现象。相反，两岸“三通”有利于台湾企业合理调配和使用生产要素及资源。通过分工合作，可以发挥台湾经济的优势，增强发展潜力和提高竞争力，有效避免产业“空洞化”。

其三，关于台湾企业对大陆投资导致岛内失业率上升问题。近几年台湾失业率上升主要是企业投资意愿下降所致。台湾当局现任领导人坚持“台独”分裂立场，破坏两岸关系，阻挠两岸“三通”，打击了台湾民间及海外投资者的信心，是其中的一个重要原因。同时，台湾失业率上升也有结构性失业的原因。随着台湾投资和生产成本的上升，台湾劳动密集型产业进一步失去竞争优势，不得不寻找低成本的地区继续发展。这类企业在大陆投资经营，不仅使其自身重获竞争力，而且能够利用在大陆投资的收益增强在台湾的投资能力，支持台湾新兴产业的持续成长，大幅带动了对大陆的出口。这些都对扩大台湾就业、产业升级和经济稳定发挥了重要作用。

结束语

我们对实现两岸直接、双向、全面“三通”的前景充满信心。合则两利，通则双赢，早通比晚通好。我们呼吁台湾当局尽快采取实际措施，消除阻挠实现两岸直接、双向、全面“三通”的障碍。我们真诚地希望，广大台湾同胞与我们一道共同努力，争取尽早实现两岸直接、双向、全面“三通”，开创两岸关系的新局面。

国台办发言人李维一在例行记者会上就两岸关系中的一些问题发表谈话

李维一说，近期，陈水扁当局执意举办直接针对祖国大陆的所谓“防卫性公投”。这是对一个中国原则、两岸关系稳定发展、台海局势和平的严重挑衅。陈水扁为谋求竞选连任的一己之私，不惜拿台湾同胞的切身利益作赌注，是很不道德的。这激起了包括台湾同胞在内的13亿中国人民的强烈义愤和共同谴责。

他说，有关台湾的全部事实和法律、历史和现实，都证明台湾是中国领土不可分割的一部分，并且为国际社会所公认。虽然海峡两岸尚未统一，但是这种不正常的状态并没有改变台湾是中国一部分的法律地位。众所周知，由于中国内战的原因，1949年以来两岸实行不同的社会制度。正是为了尊重历史、尊重现实，我们主张通过“一国两制”的方式实现两岸和平统一。两岸社会制度不同，不能构成分裂国家领土的借口。以社会制度的不同，鼓吹两岸“一边一国”，是“台独”分裂主张和行径的新包装。陈水扁及各种分裂势力企图把台湾从中国分割出去，是绝对不能得逞的。

他指出，中国政府一直坚持“和平统一、一国两制”的基本方针。海峡两岸同胞是骨肉兄弟，世界上没有人比我们更希望通过和平的方式实现两岸统一。我们一直以最大的诚意、尽最大的努力，争取和平统一的前景。只要还有一线希望，我们就不会放弃和平统一的努力。现在的问题是，陈水扁当局纠合各种“台独”分裂势力，大肆进行“台独”分裂活动，企图把台湾从中国分割出去。面对猖狂的“台独”分裂活动，我们必须做好坚决粉碎“台独”分裂图谋的必要准备。我们已一再声明，我们不承诺放弃使用武力，决不是针对台湾同胞的，而是针对外国势力干涉中国统一和台湾分裂势力搞“台独”图谋的。

关于明年春节台商包机，李维一说，我们已多次表明了态度。我们认为应当本着“直接双向、互惠互利”的原则处理明年春节包机相关事宜。直飞，既快捷，又安全，更经济，这样能够真正满足台商的需要。而两岸航空公司共同参与春节包机业务，才能照顾到双方业者的利益，体现商业公平。至于包机航点，除上海之外，为满足台商的需求，还可以增加北京、广州、厦门航点。我们希望按照今年处理春节台商包机的做法，由两岸航空公司就明年春节包机的技术、业务性问题沟通后达成共识，我们也欢迎台湾的行业公会或航空运输协会等民间行业组织尽快与中国民航协会就相关事宜沟通。希望台湾当局真正从广大台商和航空业者的实际需要出发，取消不合理、不公平的限制，以利明年春节台商包机的顺利实施。

民建八届二中全会在北京召开

全国人大常委会副委员长、民建中央主席成思危强调，民建要认真学习和贯彻中共十六大、中共十六届三中全会和中央经济工作会议精神，发挥参政议政、民主监督职能；落实非公有制经济代表人士工作会议精神；加强基层组织建设，不断提高全会的组织程度和凝聚力。

民建中央常务副主席张榕明主持了会议。民建中央副主席路明、刘珩、黄关从、朱相远、陈昌智、程贻举、王少阶、马培华、陈明德及万国权等出席了会议。

全国少工委四届五次全委会在北京举行

会议选举团中央书记处常务书记赵勇为全国少工委主任。会议就2004年各级少先队的工作重点进行了部署。由中宣部、中央文明办、团中央、教育部、全国少工委联合主办的“民族精神代代传活动”是2004年的重点活动之一。

12月18日

国家主席胡锦涛在人民大会堂与以色列总统摩西·卡察夫举行会谈

胡锦涛指出，中以友好和互利合作是两国人民的共同愿望，符合两国人民的根本利益，也有利于地区和世界的和平、稳定与发展。他建议：(一)继续保持两国高层接触与沟通，开展不同层次的政治对话与磋商；(二)本着互利互惠、共同发展的原则，加强双边经贸合作；(三)进一步深化双方在科技、文化、教育等领域的交流与合作，鼓励和促进民间友好交往；(四)着眼长远，扩大共识，共同推动两国关系长期健康稳定地发展。

卡察夫赞同胡锦涛发展两国关系的建议。他认为，胡主席提出的4点建议将成为指导两国关系发展的重要原则。他表示以中经济合作非常重要。以方愿同中方继续在农业、科技等领域的合作，希望双方成立政府间委员会，以落实两国各领域的具体合作。

双方还就中东和平进程问题交换了意见。

国务院副总理吴仪到河南考察艾滋病防治工作

12月18日至20日，国务院副总理吴仪在河南省省委书记李克强、省长李成玉陪同下，来到驻马店市上蔡县深入调查，研究艾滋病防治工作的政策和措施。吴仪走进上蔡县文楼村卫生所，察看了对艾滋病患者的检验工作，看望了医护人员和就诊的艾滋病病毒感染者及患者，详细询问防治工作情况。随后，她走访了两户艾滋病患者家庭，在上蔡县召开了艾滋病患者座谈会。吴仪同患者亲切握手，促膝攀谈，了解感染发病过程、对治疗药物反应等，鼓励他们相信政府，树立信心，配合治疗，早日康复。吴仪还考察了省人民医院、郑州市疾控中心和金水区富田丽景社区公共卫生服务站，分别召开了防治专家和省、市、县、乡、村医务人员座谈会，听取了省委、省政府艾滋病防治工作情况汇报。

河南省部分地区由于1995年前的采供血问题，导致艾滋病传播。近年来，河南省高度重视，严厉打击有关犯罪活动，不断加大防治工作力度，取得了明显成效。

公安部在北京召开中国公安民警英烈基金会成立大会

大会要求各级公安机关和中国公安民警英烈基金会大力宣传公安英烈的英雄事迹，切实关怀公安英烈家属，不断推动公安优抚工作的发展，激励广大公安民警全身心地投入到维护国家安全和社会稳定的工作中。

据不完全统计，仅1981年以来，全国公安机关就有7000多名民警因公牺牲，近13万名民警因公负伤。中国公安民警英烈基金会及其前身全国公安民警英烈抚恤补助基金自1997年以来，已向4000多个公安英烈家庭发放抚恤补助金、助学金、慰问金1500多万元，并开展了形式多样的优抚活动。

全国人大常委会副委员长蒋正华在山西考察

《人民日报》发表中央政策研究室副主任方立的文章《宪法修改必须坚持正确的政治方向》

上海组建联合产权交易所

上海在建立多层次资本市场体系方面又迈上一个新的台阶。由上海产权交易所和上海技术产权交易所整合而成的上海联合产权交易所今天正式成立，它将为各类资本进入和退出市场，特别是国有资本的有序流动提供一个重要的平台。

这一交易所已确定的服务有：各类所有制企业产权、股权交易；知识产权和科技成果(项目)的转让交易；国有资产进入和退出等战略性调整；企业重组并购服务和外资并购交易；企业改制、上市的配套服务；项目融资；风险创业投资的进入和退出；非上市股份有限公司的股权托管等。

中国和西班牙论坛第一次会议在北京举行

开幕式上，论坛中方主席胡启立和论坛西方主席萨马兰奇分别致辞。

此次会议的主题是“中西建交30周年，从不了解到为了共同的未来而协作——21世纪的中西友好和合作”。来自中西两国政府机构、非政府组织、社会团体和各界重要代表分为政治、经济、文化、体育四个委员会，分别就“当前国际形势和中西对外政策”、“中国加入世贸的巨大影响：推动双边贸易和投资的机遇及挑战”、“中西文化的相互交流：共同感兴趣的领域和对社会的参与”以及“1992年巴塞罗那奥运会：西班牙的经验对2008年北京奥运会的借鉴”等议题进行讨论。此外，中西双方还将签署一系列合作协议。

俄罗斯总统普京 总理卡西亚诺夫在莫斯科分别会见国务委员兼国防部部长曹刚川

纪念毛泽东诞辰110周年军事思想学术研讨会在北京召开

中宣部精神文明建设“五个一工程”第九届表彰会议在北京召开

中共中央政治局委员、书记处书记、中宣部部长刘云山在会上强调，广大理论出版文艺工作者要深入学习“三个代表”重要思想，坚持为人民服务、为社会主义服务的方向和百花齐放、百家争鸣的方针，用优秀的精神文化产品占领思想文化阵地，为全面建设小康社会营造积极健康向上的文化环境。

刘云山指出，广大理论出版文艺工作者一定要把弘扬和培育民族精神作为极为重要的任务，坚持不懈地反映社会生活的主流和时代前进的要求，充分展示人民创造历史的奋发精神，唱响时代主旋律，使我们的精神文化产品真正成为人民奋进的号角，成为民族精神的火炬。要倡导一切有利于民族团结、祖国统一、人心凝聚的思想和精神，倡导一切有利于国家富强、社会进步、人民幸福的思想和精神，倡导一切用诚实劳动创造美好生活的思想和精神。要通过对现代化实践的理论概括，对社会历史进程的艺术再现，对亿万群众中涌现出的先进人物的典型塑造，帮助广大干部群众特别是广大青少年，充分认识我们民族的历史和传统，深入了解我们党领导人民进行的英勇斗争，深刻理解社会主义中国的历史性进步和光明前途，不断丰富精神世界，增强精神力量，使全体人民始终保持昂扬向上的精神状态。

刘云山说，社会生活是精神产品创作的唯一源泉，人民群众是社会生活和社会实践的主体。党的十六大确定了全面建设小康社会的奋斗目标，勾画了中华民族伟大复兴的壮美画卷，必将极大地推动我国社会主义文化的发展和繁荣，也为广大理论出版文艺工作者施展才华提供了广阔的舞台。广大理论出版文艺工作者要坚持深入群众、深入生活，从火热的现实生活中、从人民群众的真实感受中，汲取题材和主题，热情讴歌英雄的时代，深刻反映火热的现实，生动表现人民群众改造自然、改造社会的伟大实践。要坚持面向基层、服务群众，多出版群众买得起、看得懂、用得上的图书，多创作群众欢迎的戏剧、电影和广播电视节目，满足人民群众多层次、多方面、多样性的精神文化需求。

刘云山强调，刚刚闭幕的全国宣传思想工作会议进一步明确了新世纪、新阶段宣传思想工作的指导思想、方针原则和历史任务，对文化事业发展和精神文化产品的创作生产提出新的更高要求。广大理论出版文艺工作者要高举邓小平理论和“三个代表”重要思想伟大旗帜，紧密团结在以胡锦涛同志为总书记的党中央周围，全面贯彻党的十六大和十六届三中全会精神，解放思想、实事求是、与时俱进、贴近实际、贴近生活、贴近群众，坚持社会效益为最高准则，充分发挥市场机制的作用，取得社会效益和经济效益的双丰收。要立足于改革开放和现代化建设的实践，充分利用现代传播技术，在观念、内容、方法、体制等方面大胆创新，不断拓展题材领域，不断丰富表现形式，不断增强精神文化产品的影响力和感染力，努力奉献更多的优秀精神文化产品，为繁荣发展中国特色社会主义文化作出新的贡献。

精神文明建设“五个一工程”第九届“组织工作奖”及优秀作品名单

中共中央宣传部决定，授予北京等23个省(区、市)党委宣传部和解放军总政治部、广电总局精神文明建设“五个一工程”第九届“组织工作奖”；授予电影《惊涛骇浪》等58项作品精神文明建设“五个一工程”第九届“优秀作品奖”；此外，授予电影、电视剧(片)、戏剧、歌曲、广播剧、图书、理论文献电视片、理论文章115项作品精神文明建设“五个一工程”第九届“入选作品奖”。

精神文明建设“五个一工程”第九届“组织工作奖”获奖单位名单：北京市委宣传部、广东省委宣传部、解放军总政治部、辽宁省委宣传部、河北省委宣传部、山东省委宣传部、河南省委宣传部、国家广电总局、湖南省委宣传部、江苏省委宣传部、福建省委宣传部、江西省委宣传部、吉林省委宣传部、陕西省委宣传部、山西省委宣传部、上海市委宣传部、湖北省委宣传部、黑龙江省委宣传部、四川省委宣传部、浙江省委宣传部、天津市委宣传部、海南省委宣传部、安徽省委宣传部、内蒙古自治区党委宣传部、广西壮族自治区党委宣传部。

精神文明建设“五个一工程”第九届优秀作品名单：电影(5部)：《惊涛骇浪》(总政)、《邓小平》(广东)、《美丽的大脚》(陕西)、《首席执行官》(山东、广电总局)、《暖春》(山西)。

电视剧(片)(11部)：《激情燃烧的岁月》(22集)(陕西、总政)、《希望的田野》(23集)(吉林)、《誓言无声》(20集)(四川)、《云淡天高》(19集)(广东)、《至高利益》(20集)(浙江)、《DA师》(22集)(总政)、《省委书记》(18集)(广电总局)、《新四军》(26集)(安徽)、《世纪之约》(19集)(辽宁)、《彭真》(20集)(北京)、《刘老根》(40集)(吉林、广电总局)。

戏剧(10部)：《任弼时——开国大典随想曲》(话剧)(辽宁)、《铡刀下的红梅》(豫剧)(河南)、《万家灯火》(话剧)(北京)、《红梅赞》(舞剧)(总政、中国文联)、《驼哥的旗》(粤剧)(广东)、《我在天堂等你》(话剧)(总政)、《寻找爸爸毛泽东》(儿童话剧)(山东)、《干将与莫邪》(舞剧)(江苏)、《为你喝彩》(话剧)(天津)、《北斗星》(京剧儿童剧)(中国文联、山东)。

歌曲(6首)：《晒盐的汉子》(河北)、《世纪春雨》(北京)、《爱唱乌钦的阿爸》(黑龙江)、《好人龙清秀》(湖南)、《情系人民》(广东)、《姐妹弟兄》(团中央)。

广播剧(5部)：《永久的思念》(福建)、《希望的田野》(河南)、《寻找》(吉林)、《西沙女兵》(海南)、《马克思的一天》(江西)。

图书(11本)：《“三基本”教材》(中央党校)、《“三个代表”重要思想通俗读本》(中组部)、《社会主义义利观：面向21世纪的价值选择》(河南)、《五星红旗》(河北)、《省委书记》(辽宁)、《中国历代小品画》(山东)、《国家行动：三峡大移民》(江西)、《远去的驿站》(湖北)、《中国共产党历史图志》(上海)、《解读生命丛书》(北京)、《健康忠告》(广东)。

理论文献片(5部)：《走进新时代》(中央党史研究室)、《孙中山》(广电总局)、《开端》(河北)、《血脉》(江苏)、《世纪宣言——从〈共产党宣言〉到“三个代表”》(湖南)。

理论文章(5篇)：《“三个代表”：全党全国人民团结奋斗的共同思想基础》(中国社会科学院)、《论马克思与马克思主义》(北京)、《筑起我们新的长城——论抗击“非典”的伟大精神》(《人民日报》)、《关乎国运惠及子孙的安民兴业工程——按照“三个代表”要求完善城镇社会保障体系》(辽宁)、《厚植民生之本——按照“三个代表”要求实施“春风行动”就业战略》(福建)。

《领袖家风》大型专题展在北京中国人民革命军事博物馆开幕

展览由中国延安精神研究会、中央文献研究室、北京市委宣传部、韶山毛泽东纪念馆共同举办，分为“生我者父母，教我者党”、“为有牺牲多壮志”、“算人间知己吾与汝”、“不要掌声，不搞特殊”、“艰苦朴素、言传身教”、“我十分眷念我的亲友”、“故土萦怀，乡情依依”、“思念无尽，风范长存”8个部分。展览共展出历史图片240多幅、文物60多件。其中不少人物照片和书信诗词手迹是第一次公开披露，不少文物是鲜为人知的。该展览主要从毛泽东同志与子女、亲友，与故乡、故旧的关系这一侧面，展示他作为人民领袖以天下为己任，与人民同命运、共呼吸，立党为公、执政为民，全心全意为人民服务和艰苦朴素、廉洁奉公的崇高精神风范；同时反映他敬重父母师长、挚爱亲友、怀念故土，同普通人一样的美好情感。

12月19日

国家主席胡锦涛在人民大会堂会见出席“中西论坛”第一次会议的西班牙外宾

参加会见的西班牙外宾有西班牙外交大臣帕拉西奥、“中西论坛”西方主席、前国际奥委会主席萨马兰奇以及西方代表团其他主要成员。

胡锦涛对“中西论坛”第一次会议的成功召开表示祝贺。他说，“中西论坛”的成立为两国人民的友好交流架起了新的桥梁，对增进相互了解和友谊，促进双方各领域交流和合作具有重要意义。希望双方共同落实论坛第一次会议取得的成果，进一步扩大和深化中西友好合作。

胡锦涛表示，西班牙是欧盟重要国家，在欧洲和国际事务中发挥着越来越重要的作用。多年来，西班牙重视发展中西关系，努力推动中欧关系的发展。我们对此表示赞赏。中国愿与西班牙一道，把新世纪的中西关系提高到新的水平。

帕拉西奥感谢胡锦涛会见，并转达了卡洛斯一世国王和阿斯纳尔首相对胡锦涛的亲切问候和良好祝愿。她完全赞同胡锦涛对双边关系的评价，认为“中西论坛”会议的成功举行进一步缩小了两国人民之间的距离。现在越来越多的西班牙人开始关注和了解中国。她重申西班牙政府将坚持一个中国的政策，台湾当局应改正利用“公投立法”谋求“台独”的错误做法。她表示，西方愿在欧盟内推动欧中关系继续向前发展，也愿为中国发展同拉美国家的关系提供有益的帮助。她最后表示，西班牙政府高度重视西中之间业已存在的良好关系，并愿同中方一道为进一步加强和深化西中两国友好互利合作不断作出新的努力。

萨马兰奇说，我很高兴出任“中西论坛”西方主席，继续为西中友好而工作。他祝愿北京2008年奥运会取得巨大成功，为国际奥林匹克运动作出新的贡献。

“中西论坛”中方主席胡启立，论坛中方执行主席、中国人民对外友好协会会长陈昊苏，外交部副部长张业遂，以及西班牙外交国务秘书希尔—卡萨雷斯、商贸国务秘书莫拉、文化国务秘书普拉多、体育国务秘书安古洛、西班牙驻华大使艾力赛等会见时在座。

全国人大常委会委员长吴邦国 国务院总理温家宝在人民大会堂分别会见以色列总统卡察夫

吴邦国说，中国全国人大与以色列议会多年来保持着密切的交流与合作。我们愿与以议会共同努力促进两国关系发展。

温家宝在会见卡察夫时说，中以建交时间虽不长，但两国已建立起政治上互相尊重、经济上互惠互利的友好合作关系。目前，中以双边贸易额已是建交时的近30倍，签署了贸易、投资保护、科技合作等协定。中以在水资源、生物医学和纳米材料方面的合作研究以及中以示范农场4个农业和畜牧业合作项目，已成为双方互利合作的典范。中以经贸合作有较强的互补性，蕴含巨大的发展潜力。中以经贸合作就一定能够达到更高的水平。

卡察夫表示，以方对两国友好合作关系的迅速发展感到高兴。以中两国在各个领域都有很大合作潜力，以方将尽全力发展与中方的合作，特别是在经贸和研发领域的合作。

中共中央 国务院在北京召开全国人才工作会议

中共中央总书记、国家主席胡锦涛在会上发表重要讲话。他强调指出，人才问题是关系党和国家事业发展的关键问题。全党同志必须从全局和战略的高度，以高度的政治责任感和历史使命感，把实施人才强国战略作为党和国家一项重大而紧迫的任务抓紧抓好，努力造就数以亿计的高素质劳动者、数以千万计的专门人才和一大批拔尖创新人才，建设规模宏大、结构合理、素质较高的人才队伍，充分发挥各类人才的积极性、主动性和创造性，开创人才辈出、人尽其才的新局面，大力提升国家核心竞争力和综合国力，为全面建设小康社会和实现中华民族的伟大复兴提供重要保证。

中共中央政治局常委吴邦国、温家宝、贾庆林、曾庆红、黄菊、吴官正、李长春、罗干出席会议。

温家宝在会议上讲话。曾庆红在会议结束时作总结讲话。

胡锦涛在讲话中指出，实施人才强国战略，是抓住和用好重要战略机遇期、应对日益激烈的国际竞争的必然要求，是全面建设小康社会、开创中国特色社会主义事业新局面的必然要求，是增强党的执政能力、巩固党的执政地位的必然要求。胡锦涛全面总结了我们党人才工作的实践和理论，强调要认真学习党的三代领导核心关于人才工作的一系列重要论述，并结合新的实际不断丰富和发展。要坚持以邓小平理论和“三个代表”重要思想为指导，贯彻落实十六大和十六届三中全会精神，坚持党管人才原则，坚持以人为本，坚持尊重劳动、尊重知识、尊重人才、尊重创造的方针，把促进发展作为人才工作的根本出发点，紧紧抓住培养、吸引、用好人才三个环节，加强人才资源能力建设，深化人才工作体制改革，大力培养各类人才，加快人才结构调整，优化人才资源配置，促进人才合理分布，充分开发国内国际两种人才资源，努力把各类优秀人才集聚到党和国家的各项事业中来，使我国由人口大国转化为人才资源强国，为全面建设小康社会提供坚强的人才保证和智力支持。

胡锦涛强调，做好人才工作，落实好人才强国战略，必须以马克思主义为指导，从当代世界和中国深刻变化着的实际出发，根据党和国家事业发展的迫切需要，解放思想、实事求是、与时俱进，树立适应新形势、新任务要求的科学人才观。要牢固树立人才资源是第一资源的观念，充分发挥人才资源开发在经济社会发展中的基础性、战略性、决定性作用。要牢固树立人人都可以成才的观念，坚持德才兼备原则，把品德、知识、能力和业绩作为衡量人才的主要标准，不唯学历，不唯职称，不唯资历，不唯身份，努力形成谁勤于学习、勇于投身时代创业的伟大实践，谁就能获得发挥聪明才智的机遇，就能成为对国家、对人民、对民族有用之才的社会氛围，创造人才辈出的生动局面。要牢固树立以人为本的观念，把促进人才健康成长和充分发挥人才作用放在首要位置，努力营造鼓励人才干事业、支持人才干成事业、帮助人才干好事业的社会环境，放手让一切劳动、知识、技术、管理和资本的活力竞相迸发，让一切创造社会财富的源泉充分涌流，以造福于人民。

胡锦涛指出，当前和今后一个时期，加强和改进人才工作重点要抓好四个方面：第一，着眼于人才总量的增长和人才素质的提高，大力加强人才资源能力建设。要树立大教育、大培训观念，在提高全体人民的思想道德素质、科学文化素质和健康素质的基础上，重点培养人的学习能力、实践能力，着力提高人的创新能力，加大对人才资源能力建设的投入，优先发展科学教育事业，加大教育培训力度，促进人才总量同国家发展的目标相适应，人才结构同各项事业全面发展的需求相适应，人才培养机制同各类人才成长的特点相适应，人才素质同经济社会协调发展相适应。要注重加强思想政治教育，促进各类人才树立正确的世界观、人生观、价值观，不断在实践中完善自己、在竞争中提高自己、在奋斗中充实自己。

第二，坚持改革创新，完善人才工作的体制和机制。人才工作的活力取决于体制和机制。完善人才工作的体制和机制，对实施人才强国战略更带有根本性、全局性、稳定性和长期性。深化人才工作的体制改革，必须遵循人才资源开发规律，坚持市场配置人才资源的改革取向，加强和改善宏观调控，建立充满生机和活力的人才工作体制和机制。要坚持把是否有利于促进人才的成长，是否有利于促进人才的创新活动，是否有利于促进人才工作同经济社会发展相协调，作为深化人才工作改革的出发点和落脚点。坚决破除那些不合时宜、束缚人才成长和发挥作用的观念、做法和体制，推动人才工作体制和机制的全面创新。要进一步完善普通教育、职业教育、成人教育和高等教育相衔接的教育体系，完善继续教育和培养制度，建立、健全人才培养机制。要建立以业绩为重点，由品德、知识、能力等要素构成的各类人才评价指标体系，建立、健全科学的社会化的人才评价机制。要建立以公开、竞争、择优为导向，有利于优秀人才脱颖而出、充分施展才能的选拔任用机制。要进一步发挥市场在人才资源配置中的基础性作用，建立完善人才市场服务体系，形成促进人才合理流动的机制。要建立、健全与社会主义市场经济体制相适应、与工作业绩紧密联系、鼓励人才创新创造的分配制度和激励机制。要改革和完善人才保险制度和福利制度，建立、健全人才保障机制。

第三，以培养造就高层次人才带动整个人才队伍建设，促进各级各类人才协调发展。党政人才、企业经营管理人才、专业技术人才是我国人才队伍的主体。要坚持三支队伍一起抓，着重培养造就大批适应改革开放和社会主义现代化建设的高层次人才，带动整个人才队伍建设，尽快形成一支门类齐全、梯次合理、素质优良、新老衔接、充分满足经济社会发展需要的宏大人才队伍。要站在战略的高度，制定符合我国国情的高层次人才培养规划，形成各类高层次人才脱颖而出、健康成长、发挥才干的良好机制和环境。要善于利用国际国内两种人才资源，做到自主培养开发人才和引进海外人才并重，重点吸引高层次人才和紧缺人才。各级各类高技能人才和农村实用人才、青年人才、妇女人才和少数民族人才等，在党和国家事业中有着不可替代的重要作用，必须纳入总体规划，认真抓好队伍建设。胡锦涛特别强调，青年是祖国的未来、事业的希望。广大青年应增强使命感和责任心，自觉地把实现个人价值的努力同实现现代化建设宏伟目标的奋斗紧密结合起来，肩负起历史和时代赋予的重任,成为真正的有用之才。

第四,紧密配合国家重大发展战略的实施开发和配置人才资源,促进人才资源和经济社会发展相协调。人才支撑发展,发展孕育人才。要紧紧围绕十六大和十六届三中全会提出的改革、发展的战略目标和部署,制订相应的人才资源规划,优化人才资源配置。要在发挥市场配置人才资源基础性作用的同时,充分发挥社会主义制度能够集中力量办大事的优势,有效整合人才资源,集中力量攻克和解决经济社会发展中的关键性课题。要紧紧围绕科教兴国、可持续发展、西部大开发、振兴东北地区等老工业基地等战略的实施,有针对性地吸引、调配和补充紧缺人才和重点人才。要进一步完善有关政策和法律、法规,加强宏观调控,最大限度地发挥现有人才资源的潜能。要鼓励各类人才尤其是青年人才胸怀大志、不畏艰险,在艰苦环境中磨炼自己,在社会实践中成长为各项事业的骨干。

在谈到进一步加强和改进党对人才工作的领导时,胡锦涛指出,必须坚持党管人才原则,切实加强实施人才强国战略的组织领导。坚持党管人才原则,就是要充分发挥我们党的领导核心作用,充分发挥党的思想政治优势、组织优势和密切联系群众的优势,为做好人才工作提供坚强的政治保证,更好地统筹人才工作,更好地组织起全面建设小康社会的浩浩荡荡的人才大军。党管人才,主要是管宏观、管政策、管协调、管服务,重点做好制定政策、整合力量、营造环境的工作,努力做到用事业造就人才、用环境凝聚人才、用机制激励人才、用法制保障人才。贯彻党管人才原则,要注意处理好党管人才和尊重人才成长规律的关系、党管人才和市场配置人才资源的关系、党管人才和依法管理人才的关系,不断促进人才工作的制度化、规范化、程序化。要统筹兼顾地抓好国有企事业单位和各种非公有制经济组织、社会组织的人才使用工作,在党和政府的人才工作中,对各类人才都要一视同仁地提供服务;在政府的奖励、职称评定中,对各类人才都要统一安排;在面向社会的资助、基金、培训项目、人才信息库等公共资源的运用上,对各类人才都要平等开放;在立法和执法中,对各类人才的合法权益都要同等保护;在舆论宣传方面,对各类人才的创业活动都要给予充分肯定和鼓励。要切实做好识人用人的工作,把实践作为衡量人才的根本标准,作为发现和识别人才的根本途径,按照各类人才成长规律和不同特点去识别和使用人才,坚持任人唯贤、唯才是举,使各类人才创业有机会、干事有舞台、发展有空间。要建立统分结合、协调高效的工作机制,形成党委统一领导,组织部门牵头抓总,有关部门各司其职、密切配合,社会力量广泛参与的人才工作格局。要加强宣传思想工作,进一步树立尊重劳动、尊重知识、尊重人才、尊重创造的良好风尚,努力营造有利于各类优秀人才脱颖而出的社会环境。

温家宝在讲话中指出,机遇难得,人才难得。要抓住本世纪头20年的重要战略机遇期,加快发展自己,关键在于培养和使用好人才。我国现代化建设需要大批善于治党治国治军的领导人才,需要大批高水平的专业人才,需要大批熟悉国际国内市场、具有现代管理知识和能力的企业家,需要大批能够熟练掌握先进技术、工艺和技能的高技能人才。加强公务员队伍建设是实施人才强国战略的重要任务。要努力建设一支政治坚定、业务精湛、作风过硬的公务员队伍。这支队伍必须做到:一要牢固树立执政为民的思想观念;二要知法守法,依法行政;三要忠于职守,勤奋工作;四要清正廉洁,公道正派,全心全意为人民服务。

温家宝指出,国家兴盛,人才为本;人才培养,教育为本。开发人才资源必须优先发展教育。要通过发展各级各类教育,把巨大的人口压力转化为丰富的人力资源,努力构建人人享有学习和成才机会的学习型社会。坚持培养和引进并举,加大引进海外智力和人才的工作力度,吸引海外留学人员回国创业和为国服务。要改革人才工作体制,创新人才工作机制。不论资排辈,不任人唯亲,坚持公开、平等、竞争、择优的原则,不拘一格选拔和任用人才。他说,"国家大事,唯赏与罚。赏当其劳,无功者自退;罚当其罪,为恶者咸惧"。要建立赏罚分明的机制,从根本上形成良好的风气。要关心人才,爱护人才,支持人才干事业。对待人才,要指导他们,使他们敢于创造性地开展工作;要提高他们,使他们通过学习不断提高水平;要正确对待他们,鼓励人才出成就,也允许人才犯错误,并帮助他们改正;要严格要求他们,加强自律;要照顾他们的生活。

曾庆红在总结讲话中指出,党中央、国务院召开的全国人才工作会议,是一次具有全局指导意义的重要会议。胡锦涛总书记和温家宝总理的重要讲话,对于提高认识、统一思想、明确任务、推动工作,进一步实施人才强国战略,进一步贯彻党管人才原则,进一步营造尊重劳动、尊重知识、尊重人才、尊重创造的环境,进一步把我们党建设成为优秀人才高度密集的执政党,把我们国家建设成为人才资源强国,推进全面建设小康社会的历史进程,必将产生重要的深远的指导作用。

曾庆红强调,各级党委和政府要认真贯彻这次会议精神,把人才工作摆到战略位置、提上重要议程、作为大事来抓。要从实际出发,积极制定人才工作规划和措施,千方百计做好发现、培养、凝聚人才的工作。要加快人才工作改革创新的力度,努力开创人才活力竞相迸发、聪明才智充分涌流的新局面,为全面建设小康社会提供坚强的人才保证和智力支持。曾庆红在讲话中还就明年党建工作和组织工作发表了重要意见。

出席这次会议的中央领导同志还有王兆国、回良玉、刘云山、贺国强、曾培炎、王刚、何勇、路甬祥、唐家璇、华建敏、陈至立、肖扬、贾春旺、王忠禹、刘延东、陈奎元、徐匡迪等。

中国科学院、江苏省、四川省、北京大学、中国航天科技集团公司5个单位在会上发言。

各省、自治区、直辖市党委和政府、副省级城市和新疆生产建设兵团党委负责同志以及组织、人事、劳动保障部门负责同志，中央和国家机关、军队驻京各大单位负责同志，中央管理的部分国有重要骨干企业和21所高校负责同志出席了为期两天的会议。

中共中央政治局常委曾庆红到中国人民革命军事博物馆观看《领袖家风》展览

曾庆红高度评价这个展览生动形象、感人至深，从一个独特的视角集中展示了毛泽东同志的光辉形象、伟大人格和崇高精神风范，很有教育意义，是纪念毛泽东学习毛泽东的珍贵历史教材，建议有更多的党员干部和广大群众来观看这个展览，接受我们党的革命传统教育。

国务院任命屈万祥为监察部副部长

国办下发《关于调整国家核事故应急协调委员会组成单位及其成员的通知》

各省、自治区、直辖市人民政府，国务院各部委、各直属机构：

根据机构和人员调整情况，国务院同意对国家核事故应急协调委员会的组成单位及其成员进行相应调整。调整后的国家核事故应急协调委员会由国防科工委牵头，外交部、发展改革委、公安部、民政部、财政部、交通部、信息产业部、卫生部、环保总局、安全监管局、港澳办、新闻办、气象局、海洋局和总参谋部、总后勤部等部门参加。现将国家核事故应急协调委员会的组成人员名单通知如下：

主任委员：张华祝（国防科工委副主任兼国家原子能机构主任）

副主任委员：白景富（公安部副部长）

杨衍银（民政部副部长）

王玉庆（环保总局副局长）

章沁生（总参谋部作战部部长）

委　员：（略）

国家核事故应急协调委员会的日常工作由国防科工委国家核事故应急办公室承担。

国务院办公厅

2003年12月19日

国办转发财政部《关于加强和规范评估行业管理的意见》并发出通知

各省、自治区、直辖市人民政府，国务院各部委、各直属机构：

财政部《关于加强和规范评估行业管理的意见》已经国务院同意，现转发给你们，请认真贯彻执行。

国务院办公厅

2003年12月19日

关于加强和规范评估行业管理的意见

根据《国务院办公厅关于清理整顿经济鉴证类社会中介机构的通知》（国办发〔1999〕92号）精神，经深入调查研究和广泛征求意见，现就加强和规范评估行业管理问题，提出如下意见。

一、评估行业的发展情况及存在的主要问题

随着社会主义市场经济的发展，近年来我国评估行业得到了快速发展。执业队伍不断扩大，各类评估执业准则和管理制度不断完善，服务领域和对象不断拓宽，国际间评估业务的交流与合作进一步加强。截至2002年年底，全国共拥有具备各类评估执业资格的人员近8万人。

评估中介服务已成为企业改制、资产重组、中外合资与合作、产权交易，以及出租、抵押、保险等重大经济活动的基础，为促进社会主义市场经济的发展，发挥了积极作用。

由于社会主义市场经济尚处于不断发育和完善的过程，评估中介服务作为特殊的新兴服务行业，目前还存在许多问题。

一是相关法律、法规不健全，对各类专业评估管理缺乏统一的法律基础。由于我国目前尚未制定出有关评估行业管理的法律、法规，对各类专业评估进行规范管理无法可依，对相关政府部门、评估行业协会、评估中介机构以及评估师的职责，缺乏必要和统一的法律约束。实际工作中，有关主管部门只能通过制定一般规范性文件，对各自归口管理的专业评估事务进行管理。

二是政府行政性管理和行业自律性管理不到位。有的部门没有认真履行行政管理的职责，有的评估专业尚未建立行业自律性组织。对评估机构及执业人员的执业资质、执业行为和执业质量，缺乏有效的监管。

三是执业技术规范和职业道德标准建设滞后。目前我国评估专业的执业技术标准和职业道德规范建设严重滞后，不能满足评估业务发展的客观需要，一定程度上影响了评估行业的健康发展。

四是不同评估专业之间缺乏沟通、协调与合作。各类评估专业之间有着密切的业务联系，需要相互沟通、协调与合作。但在实际工作中，各评估专业之间缺乏必要联系,影响各类评估专业执业资质、执业资格和执业技术规范等制度建设的协调发展。

二、规范评估行业管理的基本原则

根据党的十六届三中全会提出的积极发展独立公正、规范运作的专业化市场中介服务机构,按市场化原则规范和发展各类行业协会等自律性组织的要求,以及深化行政审批制度改革的有关精神,规范评估行业管理应当坚持以下原则:

(一)科学设置评估专业资格种类,以适应不同评估业务特点和执业资质的要求,满足市场的客观需求。

(二)明确政府职能部门和行业协会的职责,建立规范的评估行业管理机制,强化评估行业行政管理和行业自律管理。

(三)建立不同评估专业协会之间沟通、协调与合作机制,推动整个评估行业的健康、协调发展。

三、加强和规范评估行业管理的具体措施

(一)严格评估专业资格设置管理。

根据目前我国社会主义市场经济发展的客观需要,设置注册资产评估师、注册房地产估价师、土地估价师、矿业权评估师、保险公估从业人员和旧机动车鉴定估价师等六类资产评估专业资格。

(二)切实改进和加强评估行业行政和自律性管理。

评估行业行政主管部门,要依据国务院批准的"三定"规定规定的职能,以及国家有关加强评估中介服务管理的要求,认真履行职责,切实改进和加强评估中介服务的行政管理。认真做好制定评估行业管理的规章制度,监督评估机构和从业人员的执业情况,指导和监督评估行业协会等工作。

评估行业协会要切实改进对评估机构及执业人员自律性管理,拟定并组织实施评估执业准则和职业道德准则,加强各项自律性管理制度的建设,组织开展对评估机构和执业人员执业质量的监督检查,大力推动评估行业诚信建设,建立完善有效的行业自律性管理约束机制,对违反评估执业准则和职业道德准则的机构和人员进行处罚。尚未成立评估师协会的评估专业,有关主管部门要依据有关程序抓紧组建。

各类评估机构及评估执业人员,要认真执行国家有关法律、法规和各项规章制度,依法从事评估业务。严格遵守评估执业准则和各项行业自律性管理制度,诚信执业,客观、公正地提供评估中介服务。

(三)建立评估行业协会联席会议制度,改进和加强各评估协会之间的沟通、协调与合作。

为了有利于各评估专业的沟通、协调与合作,促进我国评估行业的协调发展,本着自愿的原则,由行业协会自主协商,建立评估行业协会联席会议制度。联席会议主要负责研究提出我国评估行业改革和发展的意见和建议,研究提出规范评估执业人员执业行为的道德准则,协调各专业的评估执业准则和执业规则,研究提出加强评估行业自律性管理的意见和建议,参与评估行业法律、法规的研究草拟工作等。

(四)抓紧研究制定《评估行业管理条例》。

为依法规范评估行业的管理,促进我国评估行业的健康发展,要在总结国内外评估行业发展经验的基础上,抓紧研究制定《评估行业管理条例》。《评估行业管理条例》应明确评估师的权利、义务和承担的法律责任,明确评估中介机构的资质要求和管理方式,明确行政主管部门对评估行业的管理职责,以及评估行业协会的行业自律管理要求。

(五)组织开展一次评估中介机构及相关执业人员执业质量的全面检查。

2004年6月底以前,各有关主管部门要会同相关评估行业协会,对评估行业开展一次全面检查。检查的重点是评估机构及评估执业人员的执业资质和执业质量,评估机构是否彻底脱钩改制。对不具备执业资质条件,或有严重违反有关执业准则和职业道德规范行为的,要依法取消其执业资格。

四、组织实施

各有关主管部门要根据党的十六届三中全会精神,按照上述意见要求,认真组织做好相关工作。2004年8月底之前,财政部要将有关整顿、规范和检查情况汇总后报国务院。

民航总局台港澳办负责人就两岸空中直航问题发表谈话

民航总局台港澳办公室负责人表示,早日实现空中直航,不仅是两岸同胞共同利益之所在,也是两岸航空业者谋求发展之机遇。只有实现双向、直接通航,两岸才能互惠双赢。

这位负责人说,早在1981年,民航总局就作出三项决定,多次表示大陆民航已准备好随时可以飞往台湾;台湾民航飞机在飞行中遇有紧急情况可到大陆各民航机场起降和随时准备与台湾有关方面进行通航商谈之外,还在政策法规、机场设施、措施办法、技术业务等各个方面不断完善,为早日实现空中通航奠定了坚实的基础。

从1993年至2000年,两岸民航业者在涉及民航票务、商务、航务、机务、服务等各个领域进行了卓有成效的广泛交流与合作,建立了密切的关系。近几年又在空管协调、机务维修、学术交流和航空产品的开发应用以及合资合作等方面有了新的突破,并逐步向多层次、宽领域、全方位、高质量发展。

这位负责人说，在涉及较为敏感的空中交通管制方面，继2001年11月海南三亚飞行责任区改由祖国大陆民航空管部门实施管制后，大陆民航主管部门为飞行东南亚航班的台湾5家航空公司使用该航路提供了安全、优质、高效的空中交通服务。2003年3月，在美国发动对伊拉克的军事行动期间，为确保台湾民航飞机安全，大陆航管部门又主动为台湾航空公司飞至中亚、欧洲的航班提供了应急开放航路。

今年春节期间，为满足广大台商返乡过年的需要，尽管台湾方面不同意大陆航空公司飞台，祖国大陆民航方面仍体恤台湾同胞的实际困难，采取灵活务实，"特案处理"的办法，批准台湾6家航空公司以"单向"、"间接"方式先行一步飞过来。这位负责人说，所有这些，都以无可辩驳的事实，充分展现了大陆真心实意推动空中通航的诚意和善意，也说明两岸完全有能力、有智慧解决直航的相关问题。

这位负责人指出，台湾当局公布的《两岸直航影响之评估报告》《海峡两岸航空货运便捷化措施之政策说明》等等一系列"报告"、"说明"，不仅设置了政治屏障，还设置了技术障碍。"航空货运便捷化措施"名曰"便捷"，实则舍近求远，极不方便。相关政策和作业程序仍规定由台湾航空公司"单向"、"间接"（必须经停港澳）和"有限度"（定时、定点、定航空公司）飞行。两地人员、货物无法直接运输，不仅延误了运输时间，增加了交易成本，造成了巨大的经济浪费，而且这种人为设障更阻碍了两岸人员交往和经济发展的正常形态，使两岸在产业分工上的互补优势难以充分显现。所谓"单向"、"间接"，既不符合两岸工商业界对空中直航的真正需求，也离真正的方便、快捷相距甚远。

这位负责人说，海峡两岸的航空业者通过多年的接触和了解，普遍认为，两岸的机场设施、技术条件、业务能力和各项服务保证措施等，已经具备了直航的条件。每年300多万人次和数千万吨货物的航空客货市场需求，也早已为两岸直航创造了无限商机。随着岛内民航业的不断萎缩和高速铁路的陆续建成，广大台商和台湾的航空业者，从自身发展需求和国际航空运输市场的激烈竞争和经济全球化趋势上考虑，也迫切需要及早实现直航。

这位负责人表示，大陆民航方面一贯主张，空中通航，无论是定期航班还是不定期包机运输，无论是客运还是货运，海峡两岸的航线均应本着一个国家内部事务，直接双向、互惠互利的原则，依循公平公正、合情合理的做法，让两岸的航空业者共同参与，为两岸人民谋利。大陆方面一直采取积极主动的姿态，既坚持原则，又照顾到台湾可以接受的程度，在航线定位上，大陆主张为"两岸航线"；商谈方式，大陆提出"三对方针"（民间对民间、行业对行业、公司对公司）；商谈内容，大陆表明可以不涉及一个中国的政治内涵，主要是研究怎么通；商谈步骤，大陆建议先由业界人士就技术、业务问题达成协议，经双方确认后实施。

这位负责人强调，这样做的目的，完全照顾到了海峡两岸人民的实际利益，使"三通"业务只让两岸业者和资本参与，让两岸共享资源、共同获益。而且只有这样，才更易操作，更便于达成共识，才能真正推动"三通"进程，迎来中华民航事业的腾飞。

国务院副总理回良玉在北京会见联合国世界粮食计划署执行干事莫里斯

回良玉高度评价计划署的工作，对计划署援华粮食援助项目在中国扶贫和农业基础建设中发挥的重要作用给予充分肯定。

外交部部长李肇星与阿尔及利亚外交国务部长阿卜杜勒—阿齐兹·贝勒哈代姆就两国建交45周年互致贺电

"大洋一号"科学考察船圆满完成远洋考察胜利返航青岛

"大洋一号"自2003年4月10日起航执行任务，历经254个昼夜，行程39349海里，创造了大洋调查的多项考察新纪录，是我国大洋考察史上历时最长、涉及学科最多、使用手段最先进、完成工作量最大、样品数据采集最多的航次。

这次考察中，在太平洋上我国圈定的多金属结核勘探合同区，我国科学家主持开展了NAVABA项目研究（环境基线自然变化），初步建立了合同区的环境基线和环境影响参照区。另外，在东太平洋海隆热液活动区，我国科学家首次自主开展了深海硫化物资源调查，获得了宝贵的海底热液硫化物样品。

在执行本次任务之前，"大洋一号"去年进行了6个方面大规模增装和改装。我国自行研制的"电视抓斗"、"海底摄像系统"、"保真取样器"和"岩心浅钻"等新增加的高新技术调查设备，极大地提高了"大洋一号"的作业能力和作业精度。目前"大洋一号"已成为世界上最先进的综合性远洋科学考察船之一。

《毛泽东档案展》在国家博物馆开展

毛泽东同志在其一生中，留下了大量的照片、文字、录音等档案，仅手稿就有2万多件。这些档案大部分保存在中央档案馆。这次展出的就是从中精选而成的，包括不同时期的毛泽东手迹、照片等档案300余件。

中国选手在香港举行的女子乒乓球世界杯比赛中包揽前三名

王楠、牛剑锋、张怡宁分获前三名。

自1996年女子乒乓球世界杯首次举办以来(1999年因故没有举办),中国选手获得了所有7届比赛的冠军。其中王楠夺得三次冠军、两次亚军,是世界杯夺冠次数最多的选手。

12月20日

国家主席胡锦涛应约同美国总统布什通电话就进一步发展中美关系以及伊拉克局势和朝核问题交换意见

国务院总理温家宝签署第396号令公布《国务院关于修改〈国家科学技术奖励条例〉的决定》

现公布《国务院关于修改〈国家科学技术奖励条例〉的决定》,自公布之日起施行。

总　理　温家宝

2003年12月20日

国务院关于修改《国家科学技术奖励条例》的决定

国务院决定将《国家科学技术奖励条例》第十三条第二款修改为:"国家自然科学奖、国家技术发明奖、国家科学技术进步奖分为一等奖、二等奖2个等级;对作出特别重大科学发现或者技术发明的公民,对完成具有特别重大意义的科学技术工程、计划、项目等作出突出贡献的公民、组织,可以授予特等奖。"

本决定自公布之日起施行。

《国家科学技术奖励条例》根据本决定做相应的修改,重新公布。

中组部部长贺国强到中国人民革命军事博物馆观看《领袖家风》展览

全国档案工作暨表彰先进会议在北京举行

中共中央政治局候补委员、书记处书记、中央办公厅主任王刚出席会议并讲话。他强调,各级档案部门要坚持以"三个代表"重要思想为指导,认真贯彻十六大和十六届三中全会精神,紧紧围绕全党全国工作的大局,进一步完善档案工作管理体制和服务机制,加强国家档案资源建设,提高档案科技水平和法制化、规范化程度,努力把档案工作提高到一个新水平。

会上还表彰了全国档案系统先进集体和先进工作者、全国档案工作优秀集体和优秀档案工作者。人事部、国家档案局授予北京市朝阳区档案局(馆)等60个单位"全国档案系统先进集体"荣誉称号、杨兴民等40名同志"全国档案系统先进工作者"荣誉称号。国家档案局中央档案馆授予北京市工商行政管理局档案管理中心等218个单位"全国档案工作优秀集体"荣誉称号、郭春丽等134名同志"全国优秀档案工作者"荣誉称号。

国务委员唐家璇在贵州考察

唐家璇12月20日至22日在贵州考察工作时强调,地方外事工作要自觉服从和服务于全面建设小康社会的奋斗目标,不断强化为国家总体外交服务、为地方经济社会发展服务的意识。

唐家璇指出,地方外事工作是国家总体外交的重要组成部分,也是地方对外开放的重要组成部分。地方外事工作要从国际和国内两个大局着眼,认真贯彻落实中央制定的外交方针政策,积极配合国家外交全局;要充分发挥深入民间、覆盖面广、手段灵活等优势,为发展本地区对外经贸合作建言献策、牵线搭桥,为促进西部大开发、振兴东北地区等老工业基地多办实事;要进一步重视社会发展领域的对外交流与合作,促进本地区的可持续发展;要提高应对处理涉外突发事件的能力,维护改革发展稳定的大局。

考察期间,唐家璇听取了贵州省外事工作汇报,为贵州省有关部门及部分中央在黔单位负责同志作了国际形势报告,并看望了省外办、台办和侨联的工作人员。

澳门特别行政区举行庆祝回归四周年活动

上午8时整,特区政府在市中心的金莲花广场举行升国旗仪式。

下午4时,特区政府举行盛大庆祝酒会,马万祺、白志健、万永祥、刘联华以及澳门立法会主席曹其真、澳门终审法院院长岑浩辉和各界人士数百人出席了酒会。

特区行政长官何厚铧在酒会上致辞说,澳门特别行政区成立4年以来,不期而至的挑战和令人鼓舞的发展交替出现,社会在挑战中不断成长,在成长中面对挑战,保持了应有的稳定,也显示出必需的活力。他指出,正是"一国两制",确保澳门4年来的稳定前进和立于不败之地。

何厚铧说,4年来,中央政府和祖国人民对特区的发展关怀备至,全力支持,不但使澳门获得及时的帮助,更使澳门的长远发展,获得天时、地利和人和的配合。祖国的关怀,激励澳门人不断自我奋发,同时提升了对祖国的认知和情感,使澳门人对国家民族的归属观念,对"一国两制"的优越价值,都有了更加深刻的确认。

晚上8时,澳门文化局在文化中心剧场举行《庆祝澳门回归祖国四周年音乐会》。音乐会结束后,澳门旅游局于晚上10时在文化中心对开海面举行烟花表演,庆祝澳门回归4周年。众多民间社团在各社区、街头举办了各种绚丽多彩的文体活动。

解放军总政治部下发通知要求全军和武警部队认真学习贯彻全国人才工作会议精神

通知指出,各大单位党委常委要安排专门时间,认真学习胡锦涛、温家宝和曾庆红同志的重要讲话和党中央、国务院关于进一步加强人才工作的决策指示。各单位要结合年终总结和新年度工作部署,指导和抓好团级以上党委、机关的学习,并把会议主要精神传达到基层。要把传达学习这次会议精神与深入学习江泽民主席人才战略思想结合起来,与深入学习贯彻全军实施人才战略工程、加速人才培养座谈会精神结合起来,把思想进一步统一到党中央、中央军委和江泽民主席的战略决策上来,切实增强抓好人才建设的责任感和紧迫感。

通知要求,各部队要依据会议精神,进一步筹划好人才建设,调整、充实和完善相关措施。特别是要适应加紧做好军事斗争准备的需要,按照实施军队人才战略工程目标要求,着力研究解决人才建设方面的突出矛盾和问题。

12月21日

全国政协主席贾庆林在人民大会堂会见出席欧美同学会第五届理事会第一次会议全体理事

贾庆林希望欧美同学会认真学习贯彻胡锦涛总书记的讲话精神,以邓小平理论和“三个代表”重要思想为指导,围绕中心、服务大局,立足国内、放眼海外,转变作风、搞好服务,努力成为党联系广大留学人员的桥梁,成为党和政府做好留学人员工作的助手,成为广大留学人员之家。

全国人大常委会副委员长丁石孙、韩启德,全国政协副主席、中央统战部部长刘延东参加了会见。

欧美同学会第五届理事会第一次会议于12月20日至21日在北京举行。

全国组织部长会议在北京召开

会议的主要任务是,贯彻中央的一系列重大部署,回顾总结今年的组织工作,研究安排明年的工作,进一步统一思想,振奋精神,不断开创组织工作新局面。

这次会议之前,与会代表出席了全国人才工作会议,聆听了胡锦涛、温家宝、曾庆红等中央领导的重要讲话,进行了认真的学习讨论。会议认为,中央领导的重要讲话,为做好新世纪、新阶段的人才工作,大力实施人才强国战略指明了方向,对于认清形势、把握大局、做好当前和今后一个时期的组织工作具有十分重要的指导意义。

中共中央政治局常委、国家副主席曾庆红在部署明年党建工作时强调,要坚持以邓小平理论和“三个代表”重要思想为指导,深入贯彻十六大和十六届三中全会精神,紧紧围绕坚持党的基本理论、基本路线、基本纲领、基本经验的实践,为胜利完成全年经济社会发展各项任务服务,为实现全面建设小康社会提供坚强保证。要突出提高党的执政能力这个重点,坚持党要管党、从严治党,着眼于解决提高党的领导水平和执政水平、增强拒腐防变和抵御风险能力两大历史性课题,以改革的精神研究新情况、解决新问题,全面推进党的思想建设、组织建设、作风建设、制度建设,不断增强党的阶级基础和扩大党的群众基础,不断提高党的创造力、凝聚力和战斗力。

曾庆红指出,明年党建工作的主要任务是,紧密结合建设中国特色社会主义的伟大实践推进党的建设新的伟大工程,形成伟大事业和伟大工程相互促进、共同发展的良好局面;以党的执政能力建设为重点,从思想上、组织上、作风上和制度上全面推进党的建设;以制度创新为动力,推进党内民主制度建设和干部人事制度改革;以开展保持共产党员先进性教育活动为抓手,努力提高基层党建工作的整体水平;按照“为民、务实、清廉”的要求,进一步加强党的作风建设。他还强调,各级党委要一如既往地重视组织部门的自身建设,努力建设一支政治坚定、作风过硬、业务精湛、工作出色的高素质组工干部队伍。

中共中央政治局委员、中央书记处书记、中央组织部部长贺国强在报告中,总结了2003年组织工作取得的八方面成效,概括了六条工作体会,重点对做好明年的组织工作作出部署。他强调,明年的组织工作要紧紧围绕加强党的执政能力建设这条主线,做好六项重点工作。一是把兴起学习贯彻“三个代表”重要思想新高潮的活动不断引向深入,努力在武装头脑、指导实践、推动工作上取得新进展,继续落实好大规模培训干部的任务。二是认真贯彻十六届三中全会精神,适应完善社会主义市场经济体制的要求,加快干部人事制度改革步伐。继续抓好《深化干部人事制度改革纲要》和《党政领导干部选拔任用工作条例》的贯彻落实,出台新的改革措施,力争在一些难点问题上取得突破性进展。三是认真贯彻落实全国人才工作会议精神,切实履行牵头抓总的职能,抓紧落实好全国人才工作会议提出的各项任务。四是以思想政治建设为重点,教育和引导各级领导干部树立正确的政绩观,进一步加强领导班子和干部队伍建设。五是以农村、企业和社区为重点，做好开展保持共产党员先进性教育活动的准备工作，扎实推进基层党建工作创新。六是认真贯彻中央领导的重要指示精神，深化和拓展以公道正派为主要内容的“树组工干部形象”集中学习教育活动。

湖北、重庆、中宣部、国防科工委、上海宝钢集团、清华大学6个单位作了大会发言。中央组织部常务副部长赵洪祝作了会议总结。

各省、自治区、直辖市和副省级城市党委组织部以及新疆生产建设兵团党委组织部部长；中央和国家机关各部委、各人民团体干部(人事)司(局)长；军委总政治部干部部、组织部和武警总部政治部的负责同志；中央管理的部分国有重要骨干企业和21所高校的负责同志出席了为期两天的会议。各省、自治区、直辖市党委分管副书记出席了21日上午的大会。

国务院副总理黄菊在北京与出席全国劳动和社会保障工作会议的代表座谈

黄菊在讲话中对今年劳动保障工作取得的成绩予以充分肯定。他指出，做好明年劳动保障工作，对贯彻落实十六大、十六届三中全会和中央经济工作会议、全国人才工作会议精神，实现国民经济持续快速协调健康发展和社会全面进步十分重要。

黄菊要求，要着力抓好就业再就业工作，努力完成中央经济工作会议确定的明年就业再就业的工作目标。与此同时，要统筹做好大学毕业生和进城务工农民的就业工作。要深化改革，建立、健全与我国经济发展水平相适应的社会保障体系。

黄菊指出，就业再就业、劳动关系、收入分配和社会保障是一个有机整体，要统筹兼顾，继续加大这些方面的工作力度。

新年春节将到，黄菊要求劳动保障部门开展对困难群体的就业援助活动，开展对下岗失业人员和困难职工的送温暖慰问活动，引导民工有序流动，维护社会安定，使群众在安居乐业的气氛中过一个祥和的节日。

国务院副总理曾培炎在北京主持召开确保电力供应工作会议

会议指出，面对电力供应出现的瓶颈制约，各电力企业和有关部门、地方政府做了大量工作。国家发展改革委等部门积极贯彻国务院关于保证电力供应的部署，采取了一系列政策措施。同时，有关部门和地方政府，加强用电侧管理，合理引导电力消费，缓解了电网峰谷差矛盾。

会议要求，为确保电力供应，当前各有关方面要着力做好以下几项工作：搞好电力生产调度；加强电源电网建设；理顺电力价格机制；搞好煤、电、运衔接；加强用电侧管理；确保电网的安全稳定运行。

全国人事厅局长会议在北京召开

国务委员兼国务院秘书长华建敏出席会议并讲话。他要求各级政府认真学习、深入贯彻全国人才工作会议精神，充分认识加强人才工作的重要性和紧迫性，增强责任感和使命感，努力做好政府人事工作，更好地适应完善社会主义市场经济体制和实施人才强国战略的要求。

各省、自治区、直辖市政府分管人事工作的负责同志出席了会议。

中央报刊治理协调领导小组办公室就有关问题答记者问

问：这次停办了多少县(市、区)报，被停办的县(市、区)报是否可改以其他形式出版，少数被保留的县(市、区)报实行什么政策？

答：这次全国共停办了677家报刊，其中有262家县(市、旗)和城市区的报纸。目前各地党委、政府正在抓紧做好停办后的资产处置、人员安置等工作。今后不再批办县(市、旗)和城市区报刊。已经被停办的县(市、旗)和城市区报纸不允许以内部资料或省、地(市)党报地方版、新闻版等各种形式出版发行。

根据中央文件精神，在这次报刊治理中，对个别影响大、有一定规模的县(市、旗)报，可由省、地(市)党报或报业集团实行有偿兼并。经过严格审核和评估论证，全国有35家县(市)报纸批准实行有偿兼并，对这些兼并报纸的主要政策是：

(1)被兼并后的县(市)报，不再作为当地党委的机关报，由省、地(市)党报或报业集团主管，被兼并的县(市)报主办；并改办为主要在本区域发行，面向市场、贴近实际、贴近生活、贴近群众，读者自费订阅的报纸。不得以任何形式进行摊派。

(2)保留的县(市)报由原主管主办部门与接收的报业集团或省、地(市)级党报签订有偿兼并协议，并报新闻出版总署批准。

(3)兼并后的报纸仍可使用原报名和国内统一刊号，报社保留事业法人资格，但要按有关规定重新进行注册登记。

问：有一批报刊实行管办分离，什么是“管办分离”，实行管办分离后主管单位的职责有何变化？

答：实行“管办分离”是在坚持《出版管理条例》确定的主管主办制度的前提下，对报刊管理方式作出的一种调整。主管主办制度是我国新闻出版管理的一项重要制度。实施管办分离是让党政部门退出报刊经营活动，解决利用职权摊派发行的重要举措。

实行管办分离就是：

(1)人员分离。报刊社的工作人员不再与党政部门公务员混岗。党政部门现职领导干部不再兼任报刊社社长、总(主)编职务。已在报刊社工作或兼职的党政部门公务员，要在2003年12月31日前辞去公务员或辞去报刊社的工作和兼职。

(2)财务分离。报刊社实行自主经营、独立核算。党政部门不以任何名目向报刊社收取管理费、发行费和其他费用，也不以任何名目、非市场方式将部门资金转入报刊社。

(3)发行分离。党政部门及其工作人员不允许为报刊发行和承揽广告业务提供各种便利，不参与报刊的经营活动。报刊社也不能利用党政部门的职权摊派或变相摊派发行报刊。

实行管办分离后，主管单位的主要职责是：加强对报刊社舆论导向、出版质量监管；监督国有资产的保值增值，防止国有资产流失；加强报刊社领导班子建设和管理。

问：什么是报刊"划转"？

答："划转"就是将党政部门主管主办的报刊划转到报业集团、广电集团、出版集团等新闻出版单位主管主办，报刊社的编制、人员、资产等也相应划转。已被划转的报刊，要与原主管单位彻底脱钩，不得再通过原主管单位系统进行征订发行或广告经营等活动。在报刊治理工作中已确定划转的报刊，接收单位和原主管部门要在2003年12月31日前办理完编制、人员、资产等相应手续。

问：报刊的停办、管办分离、划转、免费赠送，从何时开始？

答：这次报刊治理涉及的停办、管办分离、划转、免费赠送报刊的出版、发行和广告合同等业务，延续到2003年12月底终止。停办的报刊，已收的2004年征订费应全部退还订户，欢迎广大群众监督。

问：为什么要将政府部门办的公报、政报、文告实行"免费赠阅"？

答：公报、政报、文告一类刊物属政府出版物，主要向社会公布政策、法规等。中央"两办"有关文件和实施细则规定，政府部门所办的公报、政报、文告实行免费赠送，即不再收费征订发行。免费赠送的范围、赠送形式由所办部门确定。

问：在这次报刊治理过程中停办了一批报刊，人们担心这些停办的报刊继续出版发行怎么办？

答：为此我们采取了一系列措施，主要是：

(1)通过《人民日报》、《光明日报》等有关媒体向社会公布停办报刊名单和举报电话，接受社会监督。

(2)要求2003年12月31日前，停办报刊必须停止一切出版活动以及其他相关的经营活动。

(3)主管部门要按照中央"两办"有关文件精神和《中央编办关于治理报刊散滥工作中机构编制调整问题的通知》(中编办发〔2003〕11号)精神，注销停办报刊编制和机构。

(4)要求所有报刊出版单位，不得利用已停办报刊的资源出版地方新闻版或专版等。停办的县(市)报不得改办为内部资料继续出版发行。

信息产业部台港澳办负责人就推进两岸通邮通电接受记者采访

这位负责人说，为了沟通海峡两岸的通信联络，促进建立直接"通邮通电"关系，祖国大陆于1979年2月率先开放了对台湾的电报业务，3月开放了对台湾的长途电话业务，5月全面受理寄往台湾的平常函件业务，6月开始收寄寄往台湾的挂号函件，使海峡两岸通邮通电工作有了一定的突破和进展。

尤其是1995年1月江泽民发表"关于现阶段发展两岸关系，推进祖国和平统一进程"八项主张以来，原邮电部本着"一个中国、直接双向、互惠互利"的原则，积极务实推动两岸的直接通邮通电，提出了开通两岸直达邮路等五项政策主张。

负责人说，在我们的积极促进下，在双方邮电部门的共同努力下，目前两岸通信业务部门之间已实现了双向互通部分邮电业务。通邮方面，两岸互寄信函去年已上升到983万吨，比1989年增长约3.2倍。两岸间还实现了函件总包的交换，以及公开、双向互办平常函件和挂号函件业务。

通电方面，自1989年两岸互办电信业务以来，每年对台电话业务量都以10%以上的速度增长，去年已达3.4亿分钟，占大陆发往海外业务量的第二位。台湾对大陆的电话业务量也已占台湾至岛外业务量的30%左右，居第一位。今年1月，两岸电信公司之间又开通了海峡两岸会议电视业务"新视通"。

这位负责人说，目前两岸通邮通电存在的主要问题在通邮，由于两岸之间没有直航，邮政函件总包仍需经过香港或澳门转运。邮件运输成本增加，邮件传输速度慢，开办的业务种类少，不能满足两岸民众的要求。

负责人指出，两岸实现直接互通在业务上、技术上已经没有任何困难，关键是台湾当局把"三通"作为一张牌，把业务问题政治化。我们希望两岸邮政电信界进一步紧密合作，以民为本、为民谋利，积极务实推进两岸"三通"工作。在通邮方面，我们希望与台湾同行以适当方式，就具体通邮事务进行直接的交流与商谈，共同探讨互办邮政包裹、邮政汇兑、邮政速递业务的问题;在通电方面,希望两岸电信公司之间的良好业务合作继续发展和扩大。

外交部发言人刘建超就美方发表"2003年度国际宗教自由报告"涉华部分答记者问

有记者问,近日,美国国务院发表了"2003年度国际宗教自由报告",其涉华部分继续指责中国的宗教政策和宗教自由状况。中方对此有何评论?

刘建超说,美方上述报告对中国宗教政策和宗教自由状况的指责违背事实,是极不公平和毫无道理的。中方对此表示强烈不满和坚决反对。

他说,中国政府依法保护公民的宗教信仰自由。中国各民族、各地区人民依法享有宗教信仰自由。同时,中国政府依法禁止"法轮功"邪教这样的非法组织或个人以宗教为幌子从事违法犯罪活动,正是为了维护和保障公民的宗教信仰自由,受到广大人民群众的拥护。

刘建超表示,中方奉劝美方多关心自己国内的宗教自由问题,不要老指责别人,停止利用宗教问题干涉中国内政,多做有利于两国相互了解和合作的事。

国务院 中央军委发出通知部署今冬退出现役士兵安置工作

通知强调,要加大对城镇退役士兵安排工作的力度。要继续深化安置改革,积极推进城镇退役士兵自谋职业工作。要加大对城镇退役士兵的培训工作力度,努力提高城镇退役士兵的科学文化和职业技能素质。中央财政继续对安置任务重和经济欠发达地区的城镇退役士兵职业技能培训经费给予补助。

通知要求,地方各级人民政府对提前退役士兵的安置,要与服役期满的退役士兵同等对待,按时接收,纳入2004年安置计划。对返回农村的退役士兵,地方各级人民政府及其有关部门要结合当地实际,采取有效措施,在生产服务、技术指导、教育培训、农用物资供应、农副产品收购等方面给予支持。

通知最后强调,地方各级人民政府要着眼于国防和军队建设的大局,切实加强对安置工作的组织领导。

全国总工会十四届三次主席团(扩大)会议在北京召开

中共中央政治局委员、全国人大常委会副委员长、中华全国总工会主席王兆国主持会议并讲话。他指出,2004年工会工作的重点是:加强工会基层建设,发挥基层工会作用;关心职工生产生活,维护职工切身利益。概括起来,就是组织起来、切实维权。

中华全国总工会副主席、书记处第一书记张俊九在会上作了工作报告。

12月22日

国家主席胡锦涛就菲律宾发生严重洪涝灾害和山体滑坡向菲律宾总统阿罗约致慰问电

十届全国人大常委会第六次会议人民大会堂举行

全国人大常委会委员长吴邦国主持会议。会议听取了关于中共中央关于修改宪法部分内容的建议的说明。中共中央的建议将在本次会议讨论后,由全国人大常委会依照法定程序提出宪法修正案议案,提请十届全国人大二次会议审议。

受中共中央委托,中共中央政治局委员王兆国就建议作了说明。

银行业监督管理法草案、中国人民银行法修正案草案、商业银行法修正案草案已经十届全国人大常委会第四次会议、第五次会议审议,全国人大法律委员会副主任委员蒋黔贵在会上报告了这3部法律草案的审议结果。

国务院向全国人大常委会提交议案,提请审议对外贸易法修订草案。受国务院委托,商务部副部长于广洲就这部草案作了说明。

会议审议了委员长会议关于提请审议全国人大常委会关于召开十届全国人大二次会议的决定草案的议案。

会议还审议了《国务院关于提请审议批准中国和俄罗斯关于移管被判刑人的条约的议案》和《中国和泰国关于刑事司法协助的条约的议案》。受国务院委托,外交部副部长张业遂分别就这两个议案作了说明。

副委员长王兆国、李铁映、司马义·艾买提、何鲁丽、丁石孙、成思危、许嘉璐、蒋正华、顾秀莲、盛华仁、路甬祥、乌云其木格、韩启德、傅铁山出席会议。国务委员华建敏、最高人民法院院长肖扬、最高人民检察院检察长贾春旺列席会议。

中共中央关于修改宪法部分内容的建议

全国人民代表大会常务委员会:

根据我国改革开放和社会主义现代化建设事业发展的实践,中国共产党中央委员会提出关于修改《中华人民共和国宪法》部分内容的建议如下:

一、宪法序言第七自然段中"在马克思列宁主义、毛泽东思想、邓小平理论指引下"修改为"在马克思列宁主义、毛泽东思想、邓小平理论和'三个代表'重要思想指引下","沿着建设有中国特色社会主义的道路”修改为“沿着建设中国特色社会主义道路”,“逐步实现工业、农业、国防和科学技术的现代化”之后增加“推动物质文明、政治文明和精神文明协调发展”。这一自然段相应地修改为:“中国新民主主义革命的胜利和社会主义事业的成就,是中国共产党领导中国各族人民,在马克思列宁主义、毛泽东思想的指引下,坚持真理,修正错误,战胜许多艰难险阻而取得的。我国将长期处于社会主义初级阶段。国家的根本任务是,沿着建设中国特色社会主义道路,集中力量进行社会主义现代化建设。中国各族人民将继续在中国共产党领导下,在马克思列宁主义、毛泽东思想、邓小平理论和‘三个代表’重要思想指引下,坚持人民民主专政,坚持社会主义道路,坚持改革开放,不断完善社会主义的各项制度,发展社会主义市场经济,发展社会主义民主,健全社会主义法制,自力更生,艰苦奋斗,逐步实现工业、农业、国防和科学技术的现代化,推动物质文明、政治文明和精神文明协调发展,把我国建设成为富强、民主、文明的社会主义国家。”

二、宪法序言第十自然段第二句“在长期的革命和建设过程中,已经结成由中国共产党领导的,有各民主党派和各人民团体参加的,包括全体社会主义劳动者、拥护社会主义的爱国者和拥护祖国统一的爱国者的广泛的爱国统一战线,这个统一战线将继续巩固和发展。”修改为:“在长期的革命和建设过程中,已经结成由中国共产党领导的,有各民主党派和各人民团体参加的,包括全体社会主义劳动者、社会主义事业的建设者、拥护社会主义的爱国者和拥护祖国统一的爱国者的广泛的爱国统一战线,这个统一战线将继续巩固和发展。”

三、宪法第十条第三款“国家为了公共利益的需要,可以依照法律规定对土地实行征用。”修改为:“国家为了公共利益的需要,可以依照法律规定对土地实行征收或者征用,并给予补偿。”

四、宪法第十一条第二款“国家保护个体经济、私营经济的合法的权利和利益。国家对个体经济、私营经济实行引导、监督和管理。”修改为:“国家保护个体经济、私营经济等非公有制经济的合法的权利和利益。国家鼓励、支持和引导非公有制经济的发展,并对非公有制经济依法实行监督和管理。”

五、宪法第十三条“国家保护公民的合法的收入、储蓄、房屋和其他合法财产的所有权。”“国家依照法律规定保护公民的私有财产的继承权。”修改为:“公民的合法的私有财产不受侵犯。”“国家依照法律规定保护公民的私有财产权和继承权。”“国家为了公共利益的需要,可以依照法律规定对公民的私有财产实行征收或者征用,并给予补偿。”

六、宪法第十四条增加一款,作为第四款:“国家建立、健全同经济发展水平相适应的社会保障制度。”

七、宪法第三十三条增加一款,作为第三款:“国家尊重和保障人权。”第三款相应地改为第四款。

八、宪法第五十九条第一款“全国人民代表大会由省、自治区、直辖市和军队选出的代表组成。各少数民族都应当有适当名额的代表。”修改为:“全国人民代表大会由省、自治区、直辖市、特别行政区和军队选出的代表组成。各少数民族都应当有适当名额的代表。”

九、宪法第六十七条全国人民代表大会常务委员会职权第二十项“(二十)决定全国或者个别省、自治区、直辖市的戒严”修改为“(二十)决定全国或者个别省、自治区、直辖市进入紧急状态”。

十、宪法第八十条“中华人民共和国主席根据全国人民代表大会的决定和全国人民代表大会常务委员会的决定,公布法律,任免国务院总理、副总理、国务委员、各部部长、各委员会主任、审计长、秘书长,授予国家的勋章和荣誉称号,发布特赦令,发布戒严令,宣布战争状态,发布动员令。”修改为:“中华人民共和国主席根据全国人民代表大会的决定和全国人民代表大会常务委员会的决定,公布法律,任免国务院总理、副总理、国务委员、各部部长、各委员会主任、审计长、秘书长,授予国家的勋章和荣誉称号,发布特赦令,宣布进入紧急状态,宣布战争状态,发布动员令。”

十一、宪法第八十一条“中华人民共和国主席代表中华人民共和国,接受外国使节;根据全国人民代表大会常务委员会的决定,派遣和召回驻外全权代表,批准和废除同外国缔结的条约和重要协定。”修改为:“中华人民共和国主席代表中华人民共和国,进行国事活动,接受外国使节;根据全国人民代表大会常务委员会的决定,派遣和召回驻外全权代表,批准和废除同外国缔结的条约和重要协定。”

十二、宪法第八十九条国务院职权第十六项“(十六)决定省、自治区、直辖市的范围内部分地区的戒严”修改为“(十六)依照法律规定决定省、自治区、直辖市的范围内部分地区进入紧急状态”。

十三、宪法第九十八条“省、直辖市、县、市、市辖区的人民代表大会每届任期五年。乡、民族乡、镇的人民代表大会每届任期三年。”修改为:“地方各级人民代表大会每届任期五年。”

十四、宪法第四章章名“国旗、国徽、首都”修改为“国旗、国歌、国徽、首都”。第一百三十六条增加一款,作为第二款:“中华人民共和国国歌是《义勇军进行曲》。”

以上建议,请全国人民代表大会常务委员会依照法定程序提出宪法修正案议案，提请第十届全国人民代表大会第二次会议审议。

中国共产党中央委员会
2003年12月12日

国务院副总理黄菊在北京与出席全国民航工作会议的部分代表座谈

黄菊肯定了民航工作取得的成绩。他指出，做好明年的工作，一要把保障安全作为民航工作的重中之重。二要加快民航发展的步伐，不断适应经济建设和人民群众生活水平提高的需要，努力实现经济效益与航空运输发展的同步增长。三要进一步深化民航管理体制改革，促进民航事业的不断发展。

全国检察长会议在北京举行

中共中央政治局常委、中央政法委员会书记罗干出席并讲话。他强调，检察机关要在以胡锦涛同志为总书记的党中央领导下，高举邓小平理论伟大旗帜，全面贯彻“三个代表”重要思想，加强法律监督，维护公平正义，努力为全面建设小康社会创造和谐稳定的社会环境和公正高效的法治环境。

罗干要求检察机关要继续重点打击严重危害社会治安和人民群众安全的犯罪，依法严惩经济犯罪，不断完善贯彻“严打”方针的经常性工作机制，促进社会治安进一步好转。要坚决依法查办和积极预防职务犯罪，推进反腐败斗争的深入进行。要切实强化诉讼监督，全面加强侦查监督、审判监督和刑罚执行监督，坚决惩治司法领域的腐败。

最高人民检察院检察长贾春旺在主持会议时，要求全国检察机关在新的一年进一步推进检察改革：推进人民监督员制度试点工作；健全防止和纠正超期羁押的长效机制；完善法律监督程序，探索建立权责明确、程序完善、监督有效的法律监督工作机制。

全国行政学院院长会议在北京召开

国务院三峡工程建设工作会议在北京召开

为期两天的会议上，代表们认真学习了国务院总理温家宝在考察三峡库区时的讲话。会议表彰了三峡工程建设先进集体、先进个人，总结了一、二期工程经验，对三期工程的建设任务进行了全面部署。中共中央政治局委员、国务院副总理曾培炎出席会议并讲话。

会议宣布，国务院三峡工程建设委员会决定，授予湖北省移民局等65个单位“三峡工程建设先进集体”荣誉称号，授予刘福银等54名同志“三峡工程建设先进工作者”荣誉称号；人事部、国务院三峡工程建设委员会办公室决定，授予王爱祖等10名同志“三峡工程建设先进工作者(劳动模范)”荣誉称号；中华全国总工会决定，授予中国长江三峡工程总公司工程建设部等6个先进集体“全国‘五一’劳动奖状”，刑德勇等14名先进个人“全国‘五一’劳动奖章”。

会议根据温家宝总理在三峡库区考察时的要求，强调三期工程建设中，要始终高度重视移民工作和库区经济发展，把移民工作的重点从“搬得出”逐步放在“稳得住”、“能致富”上，放在解决移民长远生计问题上。要始终高度重视库区的生态环境保护和地质灾害防治，始终高度重视工程建设质量，全面做好三峡建设各项工作。会议要求，搞好三峡三期工程要一手抓建设，一手抓运行，重点做好四个方面的工作：第一，全面提高工程建设质量、安全保障和运行管理水平；第二，继续做好移民安置和库区经济发展工作；第三，进一步加强库区地质灾害防治、生态环境保护建设和水库管理工作；第四，加强领导，团结协作，强化监督，狠抓落实，确保全面、按期、顺利地完成各项建设任务。

全国劳动和社会保障工作会议在北京召开

会议披露，今年是把就业再就业纳入国民经济和社会发展宏观调控目标的第一年。虽然“非典”对就业形势造成较大冲击，但各地迎难而上，扎实工作，保持了就业形势的稳定。初步统计，年初中央确定的新增就业人员800万人、下岗失业人员再就业400万人，其中“4050”人员再就业100万人的目标已全部实现。预计年末全国城镇登记失业率为4.3%左右，低于4.5%的计划控制目标。

九三学社十一届二中全会在北京举行

会议选举贺铿为九三学社中央副主席。

中共中央政治局常委吴官正在人民大会堂会见由干事长冈田克也率领的日本民主党代表团

外交部部长李肇星在北京出席庆祝中国和阿拉伯国家联盟建立关系10周年招待会

外交部副部长王毅与日本外务审议官田中均在北京举行中日外交当局定期磋商

王毅强调，中日两国应努力寻求和扩大双方在新世纪的新的共同利益，同时本着“以史为鉴，面向未来”的精神，妥善处理历史问题。王毅还要求日方加快处理日本遗弃在华化学武器。

关于台湾问题，王毅希望日方坚持一个中国政策，切实遵守迄今作出的政治承诺。

田中表示，日本不参与制造“两个中国”或“一中一台”，不支持“台湾独立”。

解放军总政治部机关和直属单位在北京举行杨利伟和航天员大队先进事迹报告会

“航天英雄”杨利伟、“英雄航天员大队”大队长申行运、中国载人航天工程总工程师王永志先后作了报告，讲述自己的亲身经历，介绍航天员大队的先进事迹和世界航天技术发展趋势以及我国载人航天远景目标。

会上宣读了总政治部党委关于深入开展向“航天英雄”杨利伟和“英雄航天员大队”学习活动的决定。

中国作家出版集团在北京挂牌成立

新成立的集团由中国作家协会所属作家出版社、《文艺报》《人民文学》《诗刊》《民族文学》《中国作家》《小说选刊》《作家文摘报》《中国校园文学》《环球企业家》和中国作家网等11家单位组成。这是迄今为止国内获准成立的首家大型专业性文学出版集团。

《古史考》九卷出版

该书是一套全面反映新中国成立以来中国古典学研究进展的集大成之作，由海南出版社出版，湖北民族学院教授彭振坤主编，汇编了关于古典学的400余篇论文，合计600多万字，比顾颉刚先生20世纪20年代陆续出版的七册《古史辨》还多出300万字。

北京奥运会首批推荐歌曲正式公布

这7首歌曲分别是：杨长明和李黎作词、陈大明作曲的《让梦都甜蜜》，文海云作词、作曲的《为和平相聚》，何岩作词、作曲的《心灵的约会》，丛欣竹和杨涌作词、丛欣竹作曲的《人类竞赛》，陈道斌作词、栾凯作曲的《走进东方的梦》，何岩作词、作曲的《传递》，天明作词、郝维亚作曲的《相聚北京》。

12月23日

中共中央总书记胡锦涛在北京主持召开中共中央政治局会议

会议听取中央纪律检查委员会关于十六大以来反腐倡廉工作的汇报，分析党风廉政建设和反腐败工作面临的形势，研究部署2004年的党风廉政建设和反腐败工作，讨论《中国共产党党内监督条例(试行)》稿和《中国共产党纪律处分条例》修订稿。中共中央总书记胡锦涛主持会议。

会议认为，十六大以来，全党认真贯彻“三个代表”重要思想和十六大精神，在全面建设小康社会的伟大进程中深入推进党风廉政建设和反腐败工作，取得了新的明显成效。但也要看到，消极腐败现象及其产生的土壤和条件在一些领域依然存在，反腐倡廉的任务还十分繁重。全党务必保持清醒头脑，坚定不移地把反腐倡廉这项重大政治任务抓紧抓好。

会议强调，明年是深化改革、扩大开放、促进发展的重要一年，也是实现“十五”计划的关键一年。切实做好反腐倡廉工作，对保证党和国家各项任务的顺利完成十分重要。要坚持以邓小平理论和“三个代表”重要思想为指导，全面落实十六大和十六届三中全会精神，认真贯彻为民、务实、清廉的要求，把解决群众反映的突出问题作为反腐倡廉工作的重点，既要从严治标、惩治腐败，又要着力治本、预防腐败；既要坚决查办违纪违法案件，又要认真纠正损害群众利益的不正之风，继续保持党风廉政建设和反腐败工作的良好发展势头。要坚持与时俱进、开拓创新，建立、健全与社会主义市场经济体制相适应的教育、制度、监督并重的惩治和预防腐败体系，进一步从源头上防治腐败，为促进改革发展稳定提供重要保证。

会议指出，《中国共产党党内监督条例(试行)》和《中国共产党纪律处分条例》是十分重要的党内法规，要求各级党组织和广大党员干部认真贯彻执行，进一步发扬党内民主，加强党内监督，严守党的纪律，维护党的团结和统一，不断增强党的创造力、凝聚力和战斗力。

会议同意2004年1月召开中央纪律检查委员会第三次全体会议。

会议还研究了其他事项。

十届全国人大常委会第六次会议在人民大会堂举行分组会议

会议讨论中共中央关于修改宪法部分内容的建议。委员们表示完全赞同建议的内容，并建议经本次常委会讨论后，依照法定程序提出宪法修正案议案，提请十届全国人大二次会议审议。

全国人大常委会组成人员还就银行业监督管理法草案、中国人民银行法修正案草案、商业银行法修正案草案等法律草案进行了审议。委员们表示，这3部法律草案经多次审议、修改，已基本可行，建议本次常委会审议通过。

中央统战部部长刘延东受中共中央委托向党外人士通报全国人才工作会议精神

刘延东说，中共中央、国务院召开的全国人才工作会议，在中国共产党和新中国的历史上是第一次。会议全面总结我国人才工作的成绩和经验，明确提出我国人才工作的根本任务、指导方针和总体要求，标志着我国的人才工作进入了一个新阶段。对于我国实施人才强国战略，坚定不移地走人才强国之路，努力开创人才工作新局面，对于实现全面建设小康社会战略目标，具有重大的现实意义和深远的历史意义。

刘延东指出，统一战线具有人才荟萃、智力密集的优势。党外人才是党的人才队伍的重要组成部分。统一战线广大成员要认真学习领会全国人才工作会议精神，加深对人才强国战略的认识，积极建言献策。

罗豪才、黄孟复、张怀西、经叔平等出席了通报会。各民主党派中央、全国工商联负责人，无党派人士、民族宗教界人士参加了会议。

统一战线各界人士在北京举行学习毛泽东统战思想暨纪念毛泽东诞辰110周年座谈会

全国政协副主席、中央统战部部长刘延东出席并讲话。

刘延东说，毛泽东同志是中国统一战线的创立者和卓越领导者。在他领导中国革命和建设事业的半个多世纪艰苦卓绝的奋斗历程中，把马克思主义统一战线基本原理与中国实际相结合，从战略的高度阐述了统一战线对于中国革命和建设事业的极端重要性，创造性地解决了中国无产阶级的同盟军问题，确立了必须坚持中国共产党对统一战线的领导权的根本原则，奠定了中国共产党领导的多党合作和政治协商制度的政治格局。

刘延东指出，我们学习毛泽东统一战线思想，总结党的统一战线的历史经验，就是要继承和发扬党的统一战线优良传统，全面贯彻“三个代表”重要思想，不断丰富和发展毛泽东统一战线思想，最广泛最充分地调动一切积极因素，团结一切可以团结的力量，巩固和壮大爱国统一战线，为加快社会主义现代化建设，实现祖国完全统一和中华民族的伟大复兴，作出新的更大的贡献。

罗豪才、黄孟复、霍达、夏家骏、杨国庆、章百家分别代表民主党派、工商联、无党派人士、民族宗教界、港澳台侨界和专家学者在会上发言。

全国政协副主席周铁农、张怀西出席了座谈会。

国务院新闻办发布《中国的矿产资源政策》白皮书

前言

矿产资源是自然资源的重要组成部分，是人类社会发展的重要物质基础。新中国成立五十多年来，矿产资源勘查开发取得巨大成就，探明一大批矿产资源，建成比较完善的矿产品供应体系，为中国经济的持续快速协调健康发展提供了重要保障。目前，中国92%以上的一次能源、80%的工业原材料、70%以上的农业生产资料来自于矿产资源。

中国高度重视可持续发展和矿产资源的合理利用，把可持续发展确定为国家战略，把保护资源作为可持续发展战略重要内容。1992年联合国环境与发展大会后，中国政府率先制定了《中国二十一世纪议程——中国二十一世纪人口、环境与发展白皮书》，2001年4月批准实施了《全国矿产资源规划》，2003年1月开始实施《中国二十一世纪初可持续发展行动纲要》。

全面建设小康社会是中国在新世纪头二十年的奋斗目标。中国主要依靠开发本国的矿产资源来保障现代化建设的需要。中国政府鼓励勘查开发有市场需求的矿产资源，特别是西部地区的优势矿产资源，以提高国内矿产品的供应能力。同时，引进国外资本和技术开发中国矿产资源，利用国外市场与国外矿产资源，推动中国矿山企业和矿产品进入国际市场，是中国的一项重要政策。中国政府认为，国外矿业公司进入中国，中国矿山企业走向世界，实现各国资源互补，对推进世界矿产资源勘查开发的共同繁荣和健康发展具有重要意义。

一、矿产资源及其勘查开发现状

中国现已发现171种矿产资源，查明资源储量的有158种，其中石油、天然气、煤、铀、地热等能源矿产10种，铁、锰、铜、铝、铅、锌等金属矿产54种，石墨、磷、硫、钾盐等非金属矿产91种，地下水、矿泉水等水气矿产3种。矿产地近18000处，其中大中型矿产地7000余处。

中国矿产资源的基本特点是：

——资源总量较大，矿种比较齐全。中国已探明的矿产资源种类比较齐全，资源总量比较丰富。煤、铁、铜、铝、铅、锌等支柱性矿产都有较多的查明资源储量。煤、稀土、钨、锡、钼、锑、钛、石膏、膨润土、芒硝、菱镁矿、重晶石、萤石、滑石和石墨等矿产资源在世界上具有明显优势。地热、矿泉水资源丰富，地下水质量总体较好。

——人均资源量少，部分资源供需失衡。人口多、矿产资源人均量低是中国的基本国情。中国人均矿产资源拥有量在世界上处于较低水平。金刚石、铂、铬铁矿、钾盐等矿产资源供需缺口较大。

——优劣矿并存。既有品质优良的矿石，又有低品位、组分复杂的矿石。钨、锡、稀土、钼、锑、滑石、菱镁矿、石墨等矿产资源品质较高，而铁、锰、铝、铜、磷等矿产资源贫矿多、共生与伴生矿多、难选冶矿多。

——查明资源储量中地质控制程度较低的部分所占的比重较大。查明资源储量结构中,资源量多,储量、基础储量少;经济可利用性差或经济意义未确定的资源储量多,经济可利用的资源储量少;控制和推断的资源储量多,探明的资源储量少。

——成矿条件较好,通过勘查工作找到更多矿产资源的前景较好。石油、天然气、金、铜等矿产资源的找矿潜力很大。老矿山深部、外围和西部地区是重要的矿产资源接替区。

中国是世界上最早开发利用矿产资源的国家之一。新中国成立以后,中国政府大力加强地质工作,明确要求地质工作要走在国民经济建设的前面。提出了“开发矿业”的战略方针,并在每个五年计划期间,都对矿产资源勘查开发作出了部署。矿产资源勘查开发得到了极大的发展,使中国逐步成为世界矿产资源大国和矿业大国。矿产资源勘查开发为经济建设提供了大量的能源和原材料,提供了重要的财政收入来源,推动了区域经济特别是少数民族地区、边远地区经济的发展,促进了以矿产资源开发为支柱产业的矿业城市(镇)的兴起与发展,解决了大量社会劳动力就业,为国民经济和社会发展作出了重要贡献。

——相继发现和探明了一大批矿产资源。以大庆油田为代表的一大批油气田,使中国由一个贫油国转变为世界上主要产油国之一。发现和扩大了白云鄂博稀土金属矿、德兴铜矿、金川镍矿、柿竹园钨矿、栾川钼矿、阿什勒铜矿、焦家金矿、玉龙铜矿、大厂锡矿、厂坝和兰坪铅锌矿、东胜—神木煤田、紫金山铜金矿、羊八井地热田等一批重要矿床。发现和探明了一批重要地下水供水水源地。西部地区矿产资源集中区逐渐显示出良好的找矿前景。在一批老矿山外围或深部找到了新的资源。新一轮国土资源大调查陆续取得一批成果。五十多年的矿产资源勘查工作,使中国从矿产资源家底不清到成为世界矿产资源大国;从已知地下水源地稀少到地下水在全国供水中起举足轻重的作用。与此同时,形成了一支具有优良传统和作风、技术力量雄厚的地质勘查队伍,为中国经济建设作出了重要贡献。

——矿产资源开发规模迅速扩大。1949年,中国保留比较完整的矿山仅300多座,年产原油12万吨,煤0.32亿吨,钢16万吨,有色金属1.30万吨,硫铁矿1万吨,磷不足10万吨。经过五十多年的努力,中国先后建立了大庆、胜利、辽河等大型石油基地,大同、兖州、平顶山、“两淮”、准格尔等煤炭基地,上海、鞍山、武汉、攀枝花等大型钢铁基地,白银、金川、铜陵、德兴、个旧等大型有色金属基地,开阳、昆阳、云浮等大型化工矿山基地,形成了能源与原材料矿产品的强大供应系统。一大批矿业城市拔地而起,促进了中国的城市化建设。目前,中国的矿产品产量、消费量居世界前列。2002年,中国共有大型矿山489座,中型矿山1025座,小型矿山和砂石黏土采场14万多处,从业人员907万人。矿业产值4542亿元。生产原油1.67亿吨,天然气327亿立方米。矿石和砂石黏土采掘量48.49亿吨,其中:原煤13.80亿吨,铁矿石2.31亿吨,磷矿石2301万吨。十种有色金属产量1012万吨。目前,中国原煤、钢、十种有色金属和水泥产量居世界第一位,磷矿石和硫铁矿产量分别居世界第二位和第三位,原油产量居世界第五位。国有矿山企业是中国矿产资源开发的支柱,也是能源、原材料工业的稳定供应基地。原油、天然气和36%的其他矿石产量都来自7679个国有矿山企业。国有矿山企业不仅为工农业发展奠定了基础,而且为提高人民生活水平和综合国力作出了重要贡献。20世纪80年代中期以来,多种经济成分的矿山企业也得到迅速发展。目前,非国有矿山企业达到14万个,其中港澳台商投资矿山企业132个,外商投资矿山企业160个。

——矿产资源保护和合理利用水平逐步提高。五十多年来,中国物探、化探、遥感、钻探、坑探等矿产资源勘探技术和实验测试、计算技术取得了很大进展,提高了矿产资源勘查的科学技术水平。矿产资源综合利用和回收利用成效明显,资源利用率逐步提高。目前,中国废钢的回收率为40%,废旧有色金属的综合回收率为27.70%;铂族和稀散元素几乎全部来源于综合利用;近三分之一的硫酸原料也是由有色金属生产过程中综合回收。一些矿山企业对与煤伴生的瓦斯、油页岩、高岭土、高铝黏土进行综合开发,对煤矸石、粉煤灰进行加工利用,产生了较好的经济效益和环境效益。

——矿产品对外经济贸易快速发展。2002年中国矿产品及相关能源与原材料进出口贸易总额为1111亿美元,占全国进出口贸易总额的18%。原油、铁矿石(砂)、锰矿石(砂)、铜精矿、钾肥进口量较大。铅、锌、钨、锡、锑、稀土、菱镁矿、萤石、重晶石、滑石、石墨等优势矿产品的出口量较大。中国矿产资源领域的对外合作不断扩大。通过海洋油气资源对外合作勘查,陆续发现了一批新的油气田,海洋油气产量逐年增加。到国外勘查开发油气资源已具一定规模,到国外勘查开发固体矿产资源也已开始。在煤层气领域与一些国家建立了长期的研究开发合作关系。

在矿产资源勘查开发方面中国仍面临一些矛盾和问题,主要有:

——经济快速增长与部分矿产资源大量消耗之间存在矛盾。石油、(富)铁、(富)铜、优质铝土矿、铬铁矿、钾盐等矿产资源供需缺口较大。东部地区地质找矿难度增大,探明储量增幅减缓。部分矿山开采进入中晚期,储量和产量逐年降低。

——矿产资源开发利用中的浪费现象和环境污染仍较突出。开采矿山布局不够合理,探采技术落后,资源消耗、浪费较大,矿山环境保护需进一步加强。

——区域之间矿产资源勘查开发不平衡。西部地区和中部边远地区资源丰富,但自然条件差,生态环境脆弱,地质调查评价工作程度低,制约了资源开发。

——矿产资源勘查、开发的市场化程度不高。探矿权采矿权市场体系有待进一步健全。矿产资源管理秩序需要继续整顿和规范。矿产资源领域的国际交流与合作需要拓宽。

二、矿产资源保护与合理利用的目标与原则

21世纪头20年,中国将全面建设小康社会,对矿产资源的需求总量将持续扩大。中国将加强矿产资源的调查、勘查、开发、规划、管理、保护与合理利用,实施可持续发展战略,走新型工业化道路,努力提高矿产资源对经济社会发展的保障能力。中国将继续按照有序有偿、供需平衡、结构优化、集约高效的要求,通过实施有效的矿产资源政策,最大限度地发挥矿产资源的经济效益、社会效益和环境效益。

中国21世纪初矿产资源保护与合理利用的总体目标是:

——提高矿产资源对全面建设小康社会的保障能力。加大矿产资源勘查开发的有效投入,扩大勘查开发的领域和深度,强化对矿产资源的保护,增加矿产资源的供应。扩大对外开放,积极参与国际合作。建立战略资源储备制度,对关系国计民生的战略矿产资源进行必要的储备,确保国家经济安全和矿产品持续安全供应。

——促进矿山生态环境的改善。减少和控制矿产资源采选冶等生产环节对资源环境造成的破坏和污染,实现矿产资源开发与生态环境保护的良性循环。健全矿山环境保护的法律、法规,加强对矿山生态环境防治的执法检查和监督。加强宣传教育,提高矿山企业和全社会的资源环境保护意识。

——创造公平竞争的发展环境。按照建立和完善社会主义市场经济体制的要求和矿产资源勘查开发运行规律,进一步完善矿产资源管理的法律、法规,调整和完善矿产资源政策,改善投资环境,提供良好的信息服务,创造市场主体平等竞争和公开、有序、健全统一的市场环境。

实现以上目标,中国将继续坚持以下原则:

——坚持实施可持续发展战略。落实保护资源措施,正确处理经济发展与资源保护的关系。在保护中开发,在开发中保护。加强矿产资源勘查,合理开发和节约使用资源,努力提高资源利用效率,走出一条科技含量高、经济效益好、资源消耗低、环境污染少、人力资源优势得到充分发挥的新型工业化道路。

——坚持市场经济体制改革方向。在国家产业政策与规划的引导下,充分发挥市场在矿产资源配置中的基础性作用,建立政府宏观调控与市场运作相结合的资源优化配置机制。加强对矿产资源开发总量的调控,培育和规范探矿权采矿权市场,促进矿产资源勘查开发投资多元化和经营规范化,切实维护国家所有者和探矿权采矿权人的合法权益。

——坚持区域矿产资源勘查、开发与环境保护协调发展。统筹规划,正确处理东部地区与西部地区、发达地区与欠发达地区,矿产资源勘查与开发,国有矿山企业与非国有矿山企业,以及规模开发与小矿开采之间的关系。推进西部大开发战略,加快西部地区矿产资源特别是优势矿产和国内紧缺矿产的勘查开发,支持矿业城市、老矿山寻找接替资源,促进区域经济协调发展和矿产资源勘查开发的健康发展。坚持矿产资源开发与照顾民族地区利益相结合。按照预防为主、防治结合的方针,加强对矿山环境的保护和恢复治理。

——坚持扩大对外开放与合作。改善投资环境,鼓励和吸引国外投资者勘查开发中国矿产资源。按照世界贸易组织规则和国际通行做法,开展矿产资源的国际合作,实现资源互补互利。

——坚持科技进步与创新。实施科技兴国战略,加强矿产资源调查评价、勘查开发及综合利用、矿山环境污染防治等关键技术和成果的攻关和推广应用,加强新能源、新材料技术和海洋矿产资源开发等高新技术的研究与开发,加强新理论、新方法、新技术等基础研究。提高劳动者素质,培养一批掌握先进科学理论、有创新能力的矿产资源勘查开发科技队伍和人才,促进矿产资源勘查与开发由传统产业向现代产业、由劳动密集型向技术密集型、由粗放经营向集约经营的转变。

——坚持依法严格管理矿产资源。健全法制,大力推进依法行政,加强对矿产资源勘查开发的监督管理。整顿和规范矿产资源管理秩序,促进矿产资源保护与合理利用的法制化、规范化和科学化。

三、提高国内矿产资源的供应能力

中国主要依靠开发本国的矿产资源和其他自然资源来发展经济。在全面建设小康社会的过程中,将首先立足于提高国内矿产资源的供应能力。中国矿产资源勘查开发的潜力还相当大。在全国已发现的20多万处矿点、矿化点中,目前仅对2万多处作了勘查评价。20世纪80年代以来,发现矿化异常7.20万处,检查异常2.50万处,发现矿床217个。其余未检查异常有着良好的找矿前景。西部广大地区、东部地区深部地带和管辖海域的地质工作程度不高，还存在大量的空白区。这些都是今后中国国内矿产资源勘查开发的方向。

中国政府按照建立和完善社会主义市场经济体制的要求，深化矿产资源勘查体制改革，实行公益性、基础性地质调查评价和战略性矿产资源勘查同商业性矿产资源勘查分开运行。1999年组建了中国地质调查局，组织开展新一轮国土资源大调查，实施基础调查计划、矿产资源调查评价工程、资源调查与利用技术发展工程，重点开展地质工作程度较低地区的基础地质调查和矿产资源远景评价，特别是西部地区矿产资源潜力调查评价和短缺矿产资源的调查评价，为矿产资源规划和政府管理决策提供科学依据，为商业性矿产资源勘查提供地质矿产基础信息。国家出资的战略性矿产资源勘查工作拉动了商业性矿产资源勘查投资，一批成矿远景区成为商业性矿产资源勘查投资关注的热点。

中国政府鼓励并积极引导符合规划要求，以市场需求为导向，以经济效益为中心的商业性矿产资源勘查活动。鼓励在中西部地区、边远及少数民族地区等经济欠发达且具资源潜力的地区开展商业性矿产资源勘查。鼓励矿山企业在有市场需求和资源潜力的老矿山外围或深部开展商业性地质勘查工作，探寻新的接替资源。对以往由国家出资勘查形成的矿产地，鼓励投资者通过公平竞争获取探矿权采矿权。鼓励开展石油、天然气、煤层气、低灰低硫煤、优质锰、铬、铜、铝、金、银、镍、钴、铂族金属、钾盐等矿产资源的商业性勘查。科学、合理开发地热、矿泉水和地下水资源，厉行节约，优水优用，防治污染。

中国将采取以下措施提高国内矿产资源的供应能力：

——加大能源矿产资源的勘查开发力度。中国煤炭资源丰富且居能源主体地位，但煤炭对大气环境污染严重，能源结构需进行某些调整。中国将充分利用煤炭资源和水能资源，发展以煤炭洗选加工、液化、气化等为主要内容的煤的洁净技术。煤炭开发在稳定东部地区生产规模的同时，将重点开发山西、陕西、内蒙古，合理开发西南地区，适当开发新疆、甘肃、宁夏、青海的煤炭资源。加大煤层气开发力度。中国石油资源比较丰富，但和需求相比相对不足。解决油气供应不足的问题，将首先立足于开发利用国内的油气资源。西部地区已经发现丰富的油气资源，新疆塔里木、准噶尔，陕西、甘肃、宁夏、内蒙古、山西的鄂尔多斯和青海柴达木等盆地都有良好的开发前景。渤海海域也有重大发现。石油资源勘查开发，在深化东部、发展西部、加快海上的基础上，重点加强老油区的勘查工作，力争在新层系和地区取得新的发现，增加石油探明储量，保持合理的石油自给率。天然气勘探开发，以西气东输沿线的塔里木、鄂尔多斯、柴达木盆地和四川、重庆地区以及海上的东海盆地为重点，增加储量，提高产量，逐步改善中国能源结构。

——促进区域地质矿产勘查开发的合理布局。中国西部地区矿产资源比较优势突出，分布集中，具备形成优势支柱产业的资源基础。全国已查明资源储量的158种矿产中，西部地区拥有138种。西部地区的煤炭、油气、钾盐、铬铁矿、稀土、磷、镍、钒、锰、铜、铝、锌等30余种矿产资源在全国具有比较优势。随着西部大开发战略的实施，基础设施建设和生态建设力度加大，有助于把西部地区的资源及资源性产品迅速地和国内外市场连接起来，从而极大地改善矿产资源开发和矿产品入市的条件。中国政府鼓励以西部地区矿产资源集中区为重点，开展石油、天然气、煤层气、优质煤、铜、金、优质锰、钾盐、地下水等矿产资源的商业性勘查，推动西部地区石油天然气、有色金属、钾盐、磷等矿产资源的合理开发和深度加工，加快资源优势向经济优势的转化。在中东部地区，重点挖掘矿产资源潜力，强化综合利用，拓展矿产资源加工产业链。根据国家产业结构调整目标，开展钨、锡、锑、铅、锌、稀土等矿产资源的勘查。充分发挥中东部地区非金属矿产开发的区位、技术优势，提高非金属矿产的深加工水平和集约化利用程度，开拓新的应用领域，增强市场竞争力。同时，开展中东部地区老矿山接替资源的找矿工作。中国管辖海域蕴藏着丰富的矿产资源。中国政府将继续加强海域油气资源的勘探开发和其他矿产资源的研究，积极参与国际海底矿产资源的研究和勘查开发活动。

——加快矿产资源开发利用结构调整。中国矿产资源开采集约化、现代化程度偏低，需要优化结构、创新技术和加强管理。中国将加快矿产资源开发利用结构的调整步伐，增加产能，提高效益。通过矿山企业技术改造和机制转换，鼓励在矿产资源勘查开发中积极推行清洁生产，应用成熟技术和高新技术，提高矿产资源勘查开发水平。实行规模开发，提高集约化水平，淘汰落后、分散的采矿能力。依法清理关闭无证开采、污染环境、浪费资源、不具备安全办矿条件的矿山企业。通过市场和政策引导，发展具有国际竞争力的矿山企业集团。继续支持和帮助非国有矿山企业的发展。

——提高矿产资源综合利用水平。中国已探明的矿产资源中有相当数量为品质较低、目前技术经济条件下尚难利用的资源，对这些资源的开发利用是解决中国矿产资源供应问题的一条重要途径。中国政府鼓励通过加强矿产资源集中区的基础设施建设，改善矿山建设外部条件,利用高新技术,降低开发成本等措施,使经济可利用性差的资源加快转化为经济可利用的资源。开展资源综合利用是中国矿产资源勘查、开发的一项重大技术经济政策。中国对矿产资源实行综合勘查、综合评价、综合开发、综合利用。鼓励和支持矿山企业开发利用低品位难选冶资源、替代资源和二次资源,扩大资源供应来源,降低生产成本;鼓励矿山企业开展"三废"(废渣、废气、废液)综合利用的科技攻关和技术改造;鼓励对废旧金属及二次资源的回收利用。积极开发非传统矿产资源。中国在1985年颁布实施《关于开展资源综合利用若干问题的暂行规定》,1996年颁布实施《关于进一步开展资源综合利用的意见》,并发布《资源综合利用目录》,从企业所得税、增值税等方面对矿产资源综合利用实行优惠政策,鼓励矿山企业依靠科技进步和创新,提高资源综合利用水平。

——开展节能降耗。中国鼓励发展矿产品深加工技术,新能源、新材料技术,节能、节材、节水、降耗技术和工艺,提高资源利用效率。发展可再生能源和核电,扩大利用洁净煤和煤层气,减少直接燃煤比重。发展新型金属、新型非金属及常规矿物原料的替代品,降低经济社会对常规矿物原料的依赖程度。

——建立战略矿产资源储备制度。国家根据矿产资源供需现状及现有国力,对重要战略资源分期分批纳入储备序列。

——逐步解决老矿山的资源接替问题。中国部分国有大中型矿山开采进入中晚期,接替资源不足。一些老矿山企业因资源枯竭而难以为继。中国政府从政策上加大扶持力度,针对矿产资源勘查开发的特点,制定合理的财政、税收政策,为其生存和发展创造良好的外部条件。开展大型老矿山接替资源找矿工作,使部分老矿山摆脱资源枯竭的困境,延长其服务年限。

四、扩大矿产资源勘查开发的对外开放与合作

中国坚定不移地实行对外开放政策。在互惠互利的基础上,积极参与矿产资源领域的国际合作,推进国内外资源、资本、信息、技术与市场的交流。

中国实行鼓励外商来华投资矿产资源勘查开发的政策。中国鼓励国内矿山企业与国际矿业公司合作,借鉴国际先进经验,引进先进技术,按照国际惯例经营运作。中国石油工业自1982年开始对外开放,利用国外资金和技术,合作勘探开发油气资源,近年来开发范围逐步扩大,原油产量大幅度提高。目前,中国已参与境外油气资源开发。中国政府在进一步改善外商投资环境,扩大对外开放和加强国际合作方面,已经或将采取一系列措施。

——进一步鼓励外商来华投资。中国于1999年8月发布《关于当前进一步鼓励外商投资的意见》,2000年6月发布《中西部地区外商投资优势产业目录》,2002年3月发布修改后的《外商投资产业指导目录》,明确加大对外商投资企业的金融支持力度;鼓励外商投资企业技术创新,扩大国内采购;鼓励外商向中西部地区投资;进一步完善对外商投资企业的管理和服务。

——进一步完善油气资源勘查开发的对外合作。在油气矿产资源领域,中国政府一直实行一个"窗口"对外和以产品分成合同为基础的石油对外合作模式,已广为国外石油公司所接受。2001年9月,中国发布了修改后的《对外合作开采海洋石油资源条例》和《对外合作开采陆上石油资源条例》。

——鼓励外商投资勘查开发其他矿产资源。2000年10月,中国发布了《关于进一步鼓励外商投资勘查开采非油气矿产资源的若干意见》,进一步开放探矿权采矿权市场,允许外商在中国境内以独资或者与中方合作的方式进行风险勘探;对勘查作业区内发现的具有可采经济价值的矿产资源,保障其享有法定的优先采矿权;外商投资取得的探矿权、采矿权可以依法转让;外商投资开采回收共(伴)生矿、利用尾矿、提高综合利用率、到西部地区勘查开采矿产资源的,可以享受相应的减免矿产资源补偿费优惠政策;外商独资或者与中方合资、合作开采《外商投资产业指导目录》中鼓励类矿产资源的,免缴矿产资源补偿费五年;规定各级政府部门不得参与合资、合作办矿,不得对外商提出不合理的经济要求,不得乱检查、乱摊派,不得在法律、法规规定之外增加收费项目。

——进一步改善国内矿产资源勘查开发投资环境。中国政府信守加入世界贸易组织的议定书和有关承诺,在矿产资源管理领域,已经清理了与世界贸易组织规则不一致的行政法规和部门规章,对外商勘查开发矿产资源实行国民待遇。中央政府确保国家有关矿产资源勘查开发的政策和法律、法规在各地的统一实施,规范各级政府对外商投资办矿的管理行为。按照世界贸易组织的透明度原则,修改了地质资料管理办法,放宽了公益性地质资料的范围,建立了公开的矿产资源信息服务系统,确保外商使用公益性地质资料。明晰、简化、规范了外商投资勘查开发矿产资源的审批程序。

——转变引进机制和经营方式。在中国走新型工业化道路的过程中,吸引外商勘查开发矿产资源,将从单纯强调吸引资金向引进资金、技术、现代化管理和优秀人才并重的方向转变,从单纯注重在矿产资源勘查开发领域吸引外资向更多地发展矿业服务贸易领域的合资合作转变,从主要依靠对外借贷和

外国直接投资向直接利用国际矿业资本市场的方式转变。

中国将继续本着互惠互利的原则，通过扩大矿产品国际贸易，实现矿产资源产品的余缺互补，促进矿产品对外贸易的发展。中国政府将按照世界贸易组织规则和加入世界贸易组织的承诺，制定统一的矿产品进出口政策，统一协调优势矿产品的出口和短缺矿产品的进口，调整矿产品进出口结构，提高经济效益，鼓励深加工高附加值矿产品的出口和初级矿产品的进口。直接进口矿产品仍将是今后相当长一段时间内中国利用国外矿产资源的主要方式。中国政府将逐步改变目前包括原油在内的矿产品现货贸易比重过大的状况，鼓励与国外公司签订长期供货合同，实施多元化、全方位的进口。对于钨、锡、锑、稀土、萤石、重晶石等中国传统优势矿产资源，将改善出口结构，提高出口产品附加值，规范出口经营秩序，积极推进行业中介组织开展行业协调和自律，促进国内外矿产品贸易的健康发展。

中国政府鼓励国内企业参与矿产资源领域的国际合作，勘查、开发和利用国外矿产资源。按照国际惯例促进和保护境外矿产资源勘查开发投资，规范投资和经营行为。积极开展地质调查、矿产资源勘查和开发领域的对外合作，扩大双边和多边科技交流与合作。

五、实现矿产资源开发与环境保护的协调发展

勘查开发矿产资源会改变和影响矿区周围的生态环境。中国政府高度重视在开发利用矿产资源过程中的环境保护和污染防治，实行矿产资源开发与环境保护治理同步发展。中国已公布实施的法律、法规，对矿山环境保护、污染防治、土地复垦作出了明确规定。中国政府将继续加强矿山环境保护，并在以下几个方面加强工作：

——继续坚持矿产资源开发利用与生态环境保护并重、预防为主、防治结合的方针。严格执行矿山环境影响评价报告书制度、土地复垦制度和排污收费制度。严格执行矿山建设与矿山环境保护设施的设计、施工与投产使用的“三同时”制度。积极引导企业在矿产资源勘查、开采过程中实施清洁、安全生产。

——限制对生态环境有较大影响的矿产资源开发。在自然保护区和其他生态脆弱的地区，严格控制矿产资源勘查开发活动。禁止在自然保护区、重要风景区和重要地质遗迹保护区内开采矿产资源；严格控制在生态功能保护区内开采矿产资源。严格禁止土法炼焦、金属冶炼、炼硫、炼矾等；限制新建、改建含硫量大于1.50%的煤矿，禁止新建含硫量大于3%的煤矿。限制在地质灾害易发区开采矿产资源，禁止在地质灾害危险区开采矿产资源。未经批准，不得在铁路、重要公路两侧一定距离以内开采矿产资源。

——新建矿产资源开发项目应当论证其对生态环境的影响，采取生态环境保护措施，避免或减少对大气、水、耕地、草原、森林、海洋等的不利影响和破坏。矿产资源开发利用方案中应当包括水土保护方案、土地复垦实施方案、矿山地质灾害防治方案和地质环境影响评估报告，并按照规定报批。加强对矿山“三废”治理的监督管理，严格按国家规定标准控制废气排放，加大对矿山有毒有害废水污染物的监督治理和查处力度。

——加强矿山环境调查、监测和灾害防治。国家组织开展全国矿山生态环境调查评价。矿山企业加强在矿山开发过程中可能诱发灾害的调查、监测及预报预警，及时采取有效防治措施，并向当地政府主管部门提交监测报告。建立信息网络，做好防灾减灾预案，最大限度地避免突发性灾害发生。

——建立多元化的矿山环境保护投资机制。建立矿山环境保护和土地复垦履约保证金制度，实行政府引导、市场运作，确保矿山环境能够得到有效恢复和治理。对废弃矿山和老矿山，国家将在示范项目的基础上，加大生态环境恢复治理的力度，并鼓励社会资金投入。对生产矿山，建立以矿山企业为主的环境治理投资机制。对新建矿山，由企业负担治理资金。

六、加强矿产资源管理

新中国成立五十多年来，中国矿产资源管理逐步得到加强，并走上法制化、规范化和科学化轨道。

——制定并逐步完善矿产资源管理的法律、法规。中国现已建立了以宪法为基础，由矿产资源法和相关法律、法规构成的矿产资源法律体系。1982年以来，中国立法机关陆续颁布实施了矿产资源法、土地管理法、煤炭法、矿山安全法、环境保护法、海洋环境保护法、海域使用管理法等法律，中国政府发布实施了《矿产资源法实施细则》《对外合作开采海洋石油资源条例》《对外合作开采陆上石油资源条例》《矿产资源勘查区块登记管理办法》《矿产资源开采登记管理办法》《探矿权采矿权转让管理办法》《矿产资源补偿费征收管理规定》《矿产资源监督管理暂行办法》《地质资料管理条例》等20多项配套法规和规章，各省、自治区、直辖市也制定了相关的地方性法规。这些法律、法规确立了中国矿产资源管理的基本法律制度，为实行依法行政、依法管矿、依法办矿提供了法律保障。

——深化矿产资源管理体制改革。为不断适应经济体制改革的要求，中国对矿产资源管理体制进行了改革，转变并加强政府职能，实行政企分开、政事分开。1950—1981年，矿产资源的管理职能由原地质部和有

关工业管理部门分别承担，地质部门主要承担组织开展全国地质勘查、矿产资源储量管理和地质资料汇交管理的职能，有关工业管理部门负责管理矿产资源的开采活动。1982年地质部更名为地质矿产部，负责矿产资源开发监督管理和地质勘查行业管理。1988年和1993年政府机构改革时，进一步明确地质矿产部对地质矿产资源进行综合管理，对地质勘查工作进行行业管理，对地质矿产资源的合理开发利用和保护进行监督管理，以及对地质环境进行监测、评价和监督管理四项基本职能。1996年1月成立全国矿产资源委员会，以加强中央政府对矿产资源的统一管理，维护矿产资源国家所有权益。1998年政府机构改革，将原国家计委和煤炭、冶金等有关工业部门的矿产资源管理职能转移到国土资源部，实现了全国矿产资源的统一管理。目前，全国90%以上的地(市)和80%以上的县建立了地矿行政管理机构。

——加强矿产资源规划管理。矿产资源规划是矿产资源勘查开发利用的指导性文件，是实施宏观调控的依据。中国政府正进一步加强矿产资源规划管理，完善规划体系，严格规划责任、规划审查、规划公告、规划修编、规划监督等制度，加强规划宣传，建立规划实施保障和信息反馈体系，确保规划目标的实现。

——改革探矿权采矿权管理制度。中国宪法规定矿产资源属于国家所有，同时矿产资源法又明确规定“由国务院行使国家对矿产资源的所有权”。近年来，中国改革了探矿权采矿权管理制度，明确了探矿权、采矿权的财产权属性，确立了探矿权、采矿权的有偿取得和依法转让制度。确立了探矿权人优先取得勘查区内采矿权的法律制度，强化了探矿权、采矿权的排他性。改革了勘查、开采矿产资源审批和颁发勘查许可证、采矿许可证的权限。探矿权采矿权可以通过招标、拍卖、挂牌等竞争的方式有偿取得。转让探矿权采矿权，应当遵循市场规则并得到政府部门的许可，依法办理转让手续。中国政府将继续按照产权明晰、规则完善、调控有力、运行规范的要求，培育和规范探矿权采矿权市场，加强对市场运行的监管。

——健全矿产资源有偿使用制度。中国的矿产资源法明确规定对矿产资源实行有偿使用制度。中国政府自1994年起对采矿权人征收矿产资源补偿费，从而结束了无偿开采矿产资源的历史。征收矿产资源补偿费(海上和陆上合作开采油气资源缴纳矿区使用费)，体现了国家作为矿产资源所有者的权益，建立了促进矿产资源保护和合理利用的经济激励机制。中国政府收取的矿产资源补偿费纳入国家预算，实行专项管理，主要用于矿产资源勘查。符合法律、法规规定的采矿权人可以免缴或减缴矿产资源补偿费。中国政府规定从1998年起对探矿权人、采矿权人收取探矿权使用费、采矿权使用费和国家出资勘查形成的探矿权价款、采矿权价款。对在西部地区、少数民族地区、政府确定的边远贫困地区和海域从事符合条件的矿产资源勘查开采活动，可以免缴或减缴探矿权采矿权使用费与价款。

——整顿和规范矿产资源管理秩序。良好的矿产资源管理秩序是矿产资源保护与合理利用的前提。1986年矿产资源法公布实施后，中国立法机关多次组织执法检查。1995年以来，中国政府在全国范围内开展了大规模的治理整顿，取得了阶段性成果，矿产资源管理秩序趋于好转。今后，中国政府将继续加大执法监察力度，整顿和规范矿产资源管理秩序，加强安全生产监督，依法维护矿产资源的国家所有权益和探矿权人、采矿权人的合法权益。

——提高政府部门的服务水平。改善服务方式，按照公开、透明、规范、高效的要求，实行政务公开。各级矿产资源管理部门的办事制度、审批事项、要件、标准和时限等，要向社会公告，接受社会监督。建立、健全内部会审、窗口办文、行政责任追究等制度。建立公报制度，发布矿产资源储量、勘查开发情况，逐步向全社会公开地质资料信息。建立信息查询制度，使全社会都能够及时、方便、快捷地查询国家矿产资源规划、政策、法律、法规、资源储量分类标准，查询勘查区块登记信息、采矿登记信息、矿产资源补偿费征收费率及缴纳方法等方面的信息。同时，大力应用信息技术，提高工作效率和服务水平。

中国是一个人口众多、资源相对不足的发展中国家。中国将继续深化改革，扩大开放，坚定不移地发展社会主义市场经济，走可持续发展道路，合理利用和保护资源。中国愿一如既往地积极参与国际资源环境合作，与世界各国一道，为实现人类社会可持续发展而携手奋进。

国务委员唐家璇在中南海会见日本民主党副代表众议员横路孝弘

外交部部长李肇星在北京会见日本外务审议官田中均

李肇星重申了我在台湾问题上的原则立场，希望日方慎重行事，不要做干涉中国内政、伤害中国人民感情的事。

田中均表示，日本坚持一个中国的立场，反对制造“两个中国”或“一中一台”，反对“台湾独立”。

双方还就通过对话和平解决朝鲜半岛核问题交换了看法。

对外友协在北京举行宴会庆祝中国和阿尔及利亚建交45周年

对外友协会长陈昊苏、外交部领导成员乔宗淮、阿尔及利亚驻华大使马吉德·盖拉及使馆全体外交官等出席。陈昊苏会长和盖拉大使分别致辞，共祝中阿两国的传统友谊和合作关系不断发展。

中央军委给郁建兴同志追记一等功大会在北京举行

中央军委委员、总参谋长梁光烈在会上宣读了中央军委主席江泽民签署的通令并讲话。

通令说，解放军总参谋部防化指挥工程学院三系主任、教授郁建兴，男，江苏省靖江市人，1964年9月出生，1980年9月入伍，中共党员，理学博士，上校军衔，我国防化领域出色的青年专家和学科带头人。2003年3月13日，他在出国执行任务中不幸遇难，年仅38岁。郁建兴先后两次代表中国政府出国执行任务。特别是在今年执行任务中，他冒着生命危险，行程5万多公里，撰写了60余份近30万字的工作报告，为世界和平事业作出了积极贡献。

大会给郁建兴烈士的妻子徐新艺颁发了郁建兴烈士一等功奖章、证书和优抚金。

全国城镇妇女“巾帼建功”活动领导小组会议在北京举行

全国人大常委会副委员长、全国妇联主席顾秀莲在会议上充分肯定了“巾帼建功”活动13年来所取得的成绩和贡献，她要求在深入开展“巾帼建功”活动的实践中，要配合党和政府的再就业工作，进一步深化“巾帼社区服务工程”，更好地发挥“巾帼文明示范岗”的带动作用，鼓励更多的创业女性在全面建设小康社会的进程中大胆开拓。

重庆开县发生严重天然气井喷事故233人遇难

22时15分，西南油气田分公司川东北气矿罗家16H井(重庆市开县高桥镇境内)发生天然气“井喷”事故。这口井的天然气硫化氢含量极高、剧毒，喷高30米左右。22时50分井口失控。事故导致严重的人员伤亡，经确认的遇难者总数为233名。事故灾害波及开县境内的高桥镇、麻柳乡、正坝镇、天和乡4个乡镇28个村，4.1万余名受灾群众转移。

经各方努力，该矿井天然气“井喷”已于24日15时得到初步控制。24日17时30分，抢险指挥部和钻井抢险队已将主管道封堵住。同时，对防喷管线实施了点火，硫化氢气体已经不再扩散。27日上午11时，川东北气矿16H井喷已成功压井封堵。

12月24日

十届全国人大常委会第六次会议进行分组审议

常委会组成人员在审议对外贸易法修订草案时指出，修订对外贸易法势在必行。这是履行我国加入世贸组织的承诺，将这些承诺和世贸组织规则规定的我国作为成员国应当享受的权利、承担的义务转化为国内法的需要，是我国作为世贸组织成员更充分地享受世贸组织成员权利的需要，也是适应我国对外贸易发展的新情况、新要求的需要。

常委会组成人员在分组审议银行业监督管理法草案、中国人民银行法修正案草案、商业银行法修正案草案时认为，这三部法律草案已基本成熟，同意修改后提请常委会全体会议表决。

会议还审议了关于召开十届全国人大二次会议的决定草案、国际条约及任免案。

吴邦国委员长参加了上午的分组审议。

国务院总理温家宝在北京主持召开国务院常务会议

会议认为，当前经济形势总体上是好的。经济较快增长，效益继续提高，改革开放有序推进，就业和社会保障工作得到加强，人民生活不断改善，社会保持稳定，年初确定的经济和社会发展预期目标可以实现。同时，经济运行中存在一些突出矛盾和问题，主要是投资规模偏大，部分行业盲目扩张、低水平重复建设未得到有效遏制，一些地区煤电油运供求矛盾突出等。对这些问题必须高度重视，并采取切实措施加以解决。

会议指出，为了保持经济发展的良好势头，当前必须抓好以下几项工作：(一)控制固定资产投资规模，加大对某些盲目投资、低水平扩张行业的调控力度。采取经济、法律手段为主的综合措施，严格市场准入、严格控制用地、严格项目审贷。(二)加强经济运行调节，努力缓解煤电油运的瓶颈制约。在保证安全生产前提下，增加煤炭、电力供应，加强科学调度，切实保证居民生活和重点行业、重点企业的需要。石油企业要合理安排生产。交通部门要搞好粮食和煤炭、化肥、成品油等重要物资运输。要建立、健全煤电油运和大宗农产品监测预警和协调机制，并根据市场供求变化适时进行调控。保障供给，保持物价的合理水平。(三)加强农业特别是搞好粮食生产和流通。努力增加粮食播种面积，扩大良种补贴范围和规模，实施降低农业税率并向粮食主产区倾斜的政策，调动农民种粮积极性。加强越冬作物田间管理，搞好春季备耕生产，组织好农业生产资料供应并控制价格上涨。完善粮食市场调控机制。(四)确保元旦、春节期间市场供应。积极组织商品货源,开通蔬菜等鲜活农产品“绿色通道”,丰富城乡市场。加强市场价格监管,近期各地一律不得提高政府定价的公用事业、公益服务等价格。(五)安排好困难群众生活。切实做好对城市困难群众、农村五保户和受灾群众的救济救灾工作,组织开展送温暖活动。继续抓好安全生产,防止重大事故发生。

会议要求,各地区、各部门要从经济社会发展的全局出发,认真履行职责,加强协调配合,抓好各项政策措施的贯彻落实。要组织力量,深入实际,了解真实情况,及时发现和解决问题。

全国政协主席贾庆林在北京出席国家体育场开工奠基仪式

将作为2008年北京奥运会主会场的国家体育场,以及主要由港澳同胞、台湾同胞和华侨华人朋友捐资为主建设的国家游泳中心在北京破土动工。

开工仪式由北京市代市长王岐山主持,中共中央政治局委员、北京市市委书记、北京奥组委主席刘淇在开工仪式上致辞。中央、国家机关有关负责人,北京市和北京奥组委有关负责人,港澳同胞、台湾同胞、海外华侨华人捐资代表以及数百位建设者参加了仪式。

中共中央政治局常委李长春到中国人民革命军事博物馆观看《领袖家风》展览

中共中央政治局委员、书记处书记、中宣部部长刘云山一起观看了展览。

李长春说,毛泽东不但创建了新中国,也培育了一个具有优良传统作风的马克思主义政党。毛泽东同志离开我们已经27年了,但他的丰功伟绩一直铭记在全党全国各族人民心中。我们一定要认真学习和大力发扬毛泽东同志等老一辈革命家的优良传统和作风,坚持高举邓小平理论和“三个代表”重要思想伟大旗帜,紧密团结在以胡锦涛同志为总书记的党中央周围,始终保持谦虚谨慎,戒骄戒躁的作风,始终保持艰苦奋斗、清正廉洁的作风,团结和带领全国各族人民为全面建设小康社会的宏伟目标而奋斗。

中宣部 文化部在北京召开全国服务农民服务基层文化工作先进集体表彰会

来自全国31个省、自治区、直辖市的65个基层文化工作集体受到表彰。

中共中央政治局委员、书记处书记、中宣部部长刘云山在会上强调,贯彻中央精神解决农业、农村和农民问题,不仅要高度重视并切实抓好农村经济建设,满足农民群众日益增长的物质生活需求,也要高度重视并切实抓好农村文化建设,满足农民群众日益增长的精神文化需求,努力实现农村物质文明、政治文明和精神文明的协调发展。

共青团十五届二中全会在北京举行

中共中央政治局委员王兆国在出席会议时指出,共青团组织要始终站在确保党的事业后继有人的战略高度,坚持以“三个代表”重要思想教育青年,最大限度地把广大青年的智慧和力量引导到推动经济社会发展上来。

共青团十五届二中全会传达学习了曾庆红等中共中央书记处领导同志在听取团中央书记处工作汇报后的指示精神。

团中央书记处第一书记周强在会上作了题为《以“三个代表”重要思想为统领,认真贯彻党的十六届三中全会精神,进一步加强共青团机制建设》的报告。

会前,王兆国会见了卸任的团中央委员、第八届中国十大杰出青年农民、参加2003海外学人回国创业周活动的部分海外学人代表。据悉,全会期间,还将审议通过《全面建设小康社会进程中共青团工作战略发展规划》。

中国检察官协会第三届会员代表大会在北京举行

大会选举产生了新一届中国检察官协会的领导机构。最高人民检察院检察长贾春旺当选为中国检察官协会会长。刘复之、张思卿、韩杼滨出任中国检察官协会名誉会长。

全国税务工作会议在北京召开

财政部部长金人庆在会议上透露,尽管遭遇“非典”疫情以及旱、涝、地震等自然灾害的冲击和影响,今年以来我国财政收入依然保持了较快增长。截至12月上旬,全国财政收入已经突破2万亿元。

会议提出,明年税收工作的基本目标是:大力组织税收收入,确保税收收入稳定增长;不断完善税收制度、征管体制和内部管理机制;进一步提高税收管理水平和干部队伍素质。

证监会第六届发审委在北京成立

本届发审委是发审委制度作出重大改革后的第一届,由25名委员组成。

据悉,在这届发审委中,证监会会内委员5名,首席律师、首席会计师为兼职委员,3名专业人员为专职委员。会外兼职委员10名,其中国家发改委1名,国务院国资委1名,北京大学1名,上海证券交易所和深圳证券交易所各1名,证券公司1名,基金公司2名,合格的境外机构投资者1名和香港专家1名。专职委员10名，全部为会计师事务所、资产评估机构和律师事务所的资深合伙人，其中注册会计师5名、注册资产评估师1名和律师4名。

外交部发言人刘建超就“东伊运”恐怖组织头目被击毙一事答记者问

刘建超证实，恐怖组织“东突厥斯坦伊斯兰运动”的头目艾山·买合苏木已于10月2日在巴基斯坦、阿富汗边境的一次反恐怖联合行动中被巴基斯坦军队击毙。

艾山·买合苏木，又名艾山·苏木提、阿不都·穆罕默德，在境外称哈桑·宗杜罗赫，男，维吾尔族，1964年出生，中国新疆喀什地区疏勒县人。艾山·买合苏木1993年10月因从事暴力恐怖活动被中国警方抓获，被决定劳动教养3年，1997年逃往境外。自1997年以来，艾山·买合苏木在阿富汗的恐怖组织训练营地训练恐怖分子，并策划制造了1999年“2·4”乌鲁木齐抢劫杀人案和“12·14”和田地区墨玉县暴力恐怖杀人案等一系列暴力恐怖案件，造成了人民群众生命财产重大损失。

刘建超表示，“东伊运”恐怖组织头目艾山·买合苏木被击毙是国际反恐合作的成果。中国政府将继续与国际社会一道，共同打击恐怖主义活动。

首台中国冷原子喷泉钟在北京中国计量科学研究院诞生

这项获得重大突破的科研成果不仅使我国在该领域进入国际先进水平的行列，同时也标志着我国有了最新一代时间频率基准。激光冷却铯原子喷泉钟时间频率基准准确度达到了8.5×10^{-15}，相当于350万年不差一秒。

国务委员兼国务院秘书长华建敏在北京出席省部级干部人口和计划生育专题研究班结业式并讲话

华建敏在结业式上强调，要坚持以人为本的科学发展观，把人口和计划生育工作摆上更加重要、更加突出的位置，加强人口发展战略研究和基层基础工作，创新人口和计划生育工作的思路和机制，稳定低生育水平，努力开创人口和计划生育工作新局面。

华建敏充分肯定了人口和计划生育工作取得的成绩，同时强调，当前和今后一个时期，一要加强基层基础工作；二要建立对农村部分计划生育家庭奖励扶助制度，探索建立计划生育利益导向机制；三要加强人口发展战略研究，制定国家人口中长期发展规划。

华建敏强调，新时期人口和计划生育工作面临难得的发展机遇，要继续坚持党政主要领导亲自抓、总负责，树立正确的政绩观，加强学习和调研，加强督促和检查，建立高素质的人口计生队伍，深化改革，锐意进取，扎实工作，不断把人口和计划生育事业推向前进。

国家人口计生委在北京举行全国计划生育优质服务先进县(市、区)表彰会

山东省即墨市、北京市东城区等99个县(市、区)获得此项荣誉称号。

我国的计划生育优质服务工作从1995年开始在6个县进行试点，到目前已迅速发展成为一种遍及全国的群众性活动，受到了广大育龄群众的欢迎。据介绍，在这次涌现的第一批全国优质服务先进县(市、区)中，干部群众的观念发生了深刻变化。以人为本，尽最大努力满足人民群众日益增长的计划生育/生殖健康需求，已成为计划生育干部的行动准则；以往强迫命令和简单粗暴的工作方式被体贴周到、细致入微的服务所取代，计划生育技术服务质量不断提高。

国家环保总局副局长潘岳带领环境执法人员对晋陕蒙交界地区进行突击查处

12月24日至26日，国家环保总局环境执法人员赴山西、陕西、内蒙古自治区交界处的保德县、府谷县和准格尔旗进行明察暗访，先后查看了陕西府谷、山西保德等地的焦化厂、电石厂、炼铁厂、水泥厂等，发现这些企业有的采用国家明令淘汰的落后生产工艺非法生产；有的违反“三同时”规定，没有安装任何污染治理设施就擅自生产；有的把治污设施当作摆设，长期闲置不用。督察人员在现场看到，大多数企业的生产设备都十分简陋，厂区里乌烟瘴气，异味刺鼻，有的企业把没有经过处理的废水、废渣直接排入黄河。

针对这些屡禁不止的污染企业，潘岳提出必须把环保责任制落到实处，打一场围剿污染企业的攻坚战。

山西、陕西、内蒙古自治区交界处的保德县、河曲县、府谷县和准格尔旗所在区域被当地人形象地称为污染“黑三角”地带，分布着大量规模偏小、生产方式落后、环境污染严重的企业，区域大气和水环境污染十分严重。11月15日，在国家环保总局主持下，山西、内蒙古、陕西三省(自治区)环保局，保德县、河曲县、准格尔旗、府谷县政府达成了《关于解决山西、内蒙古、陕西交界区域环境污染问题的协调意见》，承诺于11月30日前依法取缔或关停该区域内现有的国家明文规定必须取缔、淘汰的落后生产能力、工艺和“十五小”、“新五小”污染企业。但时至今日不法排污企业绝大多数仍在继续生产。

12月25日

国家主席胡锦涛在人民大会堂会见来京参加座谈会的台湾同胞投资企业协会会长并发表讲话

胡锦涛充分肯定了各地台资企业协会多年来为推动两岸经济交流和合作、沟通台资企业和当地政府之间的联系、服务台商做的大量工作和积极贡献。

胡锦涛指出,当今世界,经济全球化趋势加快发展,区域经济合作日趋活跃,市场竞争更加激烈。两岸同胞本是一家人,面对新的发展机遇和挑战,理应密切往来、加强交流、扩大合作、共同发展。我们坚持不以政治分歧影响两岸经济合作的主张,欢迎台湾同胞来祖国大陆投资创业。只要是对台湾同胞来大陆投资经商、兴办实业有利的事情,只要是对两岸经济、科技和文化等领域的交流和合作有利的事情,只要是对两岸关系发展和祖国统一有利的事情,我们都会尽最大努力加以推动。我们将继续为两岸同胞之间的交往提供方便,努力帮助台湾同胞解决在祖国大陆投资经商、就业就学、工作生活中遇到的困难和问题,依法保护台湾同胞的一切正当权益。我们愿意就加强两岸经济合作问题,听取台湾工商界人士的意见和建议。

中共中央政治局常委、全国政协主席贾庆林,国务委员唐家璇等参加了会见。参加座谈会的各地台资企业协会的90多位会长参加了会见。

十届全国人大常委会第六次会议在北京举行全体会议

全国人大常委会委员长吴邦国出席会议。

受国务院委托,国务院南水北调办公室主任张基尧向会议报告了关于南水北调工程建设情况及下一步安排。

受国务院委托,商务部副部长于广洲向会议报告了关于我国加入世贸组织以来的有关情况。

全国人大常委会副委员长丁石孙主持会议,全国人大常委会副委员长王兆国、李铁映、司马义·艾买提、何鲁丽、成思危、许嘉璐、蒋正华、顾秀莲、盛华仁、路甬祥、乌云其木格、韩启德、傅铁山出席会议。国务院副总理曾培炎、最高人民法院院长肖扬、最高人民检察院检察长贾春旺等列席会议。

全国纪念毛泽东同志诞辰110周年学术研讨会在北京京西宾馆开幕

研讨会由中共中央政治局委员、书记处书记、宣传部部长刘云山主持。全国政协副主席、中国社会科学院院长陈奎元出席。

中共中央政治局常委李长春研讨会上发表讲话。

这次研讨会是由中央宣传部、中央党校、中央文献研究室、中央党史研究室、教育部、中国社会科学院、解放军总政治部举行的。会议收到学术论文110多篇,对毛泽东生平和思想进行了广泛的研究和探讨,集中反映了近些年来毛泽东生平和思想研究的成果。来自全国各地的130多位专家、学者将在会上进行学术交流。

中共中央政治局常委李长春在全国纪念毛泽东同志诞辰110周年学术研讨会开幕式上的讲话

在全党深入贯彻落实十六大精神,兴起学习贯彻“三个代表”重要思想新高潮的时候,迎来了毛泽东同志诞辰110周年。中央有关部门联合召开全国纪念毛泽东同志诞辰110周年学术研讨会,这对于缅怀毛泽东同志的丰功伟绩,弘扬党的优良传统和作风,继往开来、与时俱进,推动马克思列宁主义、毛泽东思想、邓小平理论和“三个代表”重要思想的学习、宣传和研究,具有十分重要的意义。我代表党中央,向在座的各位专家、学者表示诚挚的问候!并通过你们向广大理论宣传工作者和哲学社会科学工作者致以崇高的敬意!

毛泽东同志是伟大的马克思主义者,无产阶级革命家、战略家、理论家,中国共产党、中华人民共和国、中国人民解放军的主要缔造者和领导人,是中国近代以来伟大的爱国者和民族英雄,是领导中国人民彻底改变自己命运和国家面貌的一代伟人。他为中华民族的独立、中国人民的解放和中国社会主义事业的建立与发展,奋斗了一生。他领导我们党和人民,找到一条中国革命的正确道路,结束了中国半殖民地半封建社会的悲惨历史,建立起新中国,确立了社会主义制度,并为探索一条适合我国国情的社会主义建设道路作出了艰辛的努力。他的名字,永远同中华民族走向伟大复兴的辉煌历史紧紧联系在一起。

以毛泽东同志为主要代表的中国共产党人,把马克思列宁主义的基本原理同中国革命和建设的具体实际相结合,不断探索,提出一系列独创性的理论,丰富和发展了马克思列宁主义,形成了马克思主义中国化的第一个重要理论成果——毛泽东思想。毛泽东思想是被实践证明了的科学理论,是我们党必须长期坚持的指导思想,是我们中华民族和中国人民团结奋斗、自强不息的强大精神支柱。

对毛泽东思想的学习、宣传和研究,一直是我们党的理论战线的一项重要工作,是广大理论工作者的一项重要任务。1981年,邓小平同志主持制定并在党的十一届六中全会通过的《关于建国以来党的若干历史问题的决议》,科学地评价了毛泽东同志的历史功绩,系统地阐述了毛泽东思想的科学体系，继续坚持毛泽东思想在全党的指导地位。《决议》的精神为深入开展毛泽东同志生平业绩和毛泽东思想研究，提供了科学的指导。

随着社会主义改革开放和现代化建设的理论与实践的不断发展，广大理论工作者对毛泽东同志生平业绩和毛泽东思想的研究，也在不断深入。1993年在毛泽东同志诞辰100周年的时候，中共中央召开纪念大会，江泽民同志发表了重要讲话，高度评价毛泽东同志的历史功绩和毛泽东思想的科学价值，深刻阐述在新的历史条件下坚持和发展毛泽东思想的重要意义。这篇讲话，对进一步推动毛泽东同志生平业绩和毛泽东思想研究，产生了深远的影响。最近，胡锦涛同志指出，我们要教育全党全国人民学习和发扬毛泽东同志等老一辈革命家为祖国、为民族、为人民矢志奋斗的崇高精神和高尚品德，坚定不移地把他们开创的、几代共产党人为之持续奋斗的事业推向前进。明天，胡锦涛同志还将在纪念毛泽东同志诞辰110周年座谈会上发表重要讲话，对学习研究毛泽东同志生平业绩和毛泽东思想将提出新的要求。

这些年来，由于全党特别是思想理论界同志们的共同努力，对毛泽东同志生平业绩和毛泽东思想的研究出现了令人可喜的新局面。一是许多研究工作者坚持把毛泽东同志生平业绩的研究同20世纪中国社会的历史变迁、同中华民族伟大复兴的历史进程联系起来，拓宽了研究领域，开阔了研究视野；二是许多研究工作者坚持把毛泽东思想的研究同邓小平理论、“三个代表”重要思想的研究结合起来，进一步揭示马克思主义中国化的基本规律，深化了研究的主题，增强了研究的深度；三是许多研究工作者注意从理论、逻辑、历史等不同角度研究毛泽东思想，丰富了研究的内容和方法；四是培养和形成了一支老中青相结合的高水平的研究队伍，推进了毛泽东思想研究的学科建设。一些老专家、老学者把毛泽东同志生平业绩和毛泽东思想研究作为毕生的事业，孜孜以求，笔耕不辍；一些中青年学者已成为这支队伍的骨干；一批年轻学者正在脱颖而出。大家坚持研究毛泽东，学习毛泽东，乐于奉献，勤奋好学，表现出较高的思想素质和业务素质。

由于广大理论工作者的辛勤工作，毛泽东同志生平业绩和毛泽东思想研究已经取得一批又一批优秀成果。相继编辑出版了《毛泽东选集》第二版、《毛泽东文集》《毛泽东军事文集》《建国以来毛泽东文稿》等著作，出版发表了一大批研究毛泽东同志生平和毛泽东思想的专著、文章，推出了一批反映毛泽东同志生平业绩和毛泽东思想风范的音像、影视及其他文艺作品。这些成果，对于建设中国特色社会主义先进文化，对于以科学的理论武装人、以正确的舆论引导人、以高尚的精神塑造人、以优秀的作品鼓舞人，发挥了积极的作用。

十六大提出了全面建设小康社会、加快推进社会主义现代化、开创中国特色社会主义事业新局面的伟大历史任务。当前，进一步加强毛泽东同志生平业绩和毛泽东思想研究，对于继续推进解放思想、实事求是、与时俱进，坚持和巩固马克思主义在意识形态领域的指导地位；对于推动学习贯彻“三个代表”重要思想新高潮的深入发展，促进全党理论、政治水平的提高，不断加强党的执政能力建设；对于发扬党的优良传统和作风，始终做到立党为公、执政为民；对于推进改革开放和现代化建设事业的发展，为全面建设小康社会、实现中华民族的伟大复兴提供强大的精神动力，不断开创中国特色社会主义事业新局面，都具有十分重要的意义。我们要把这项工作作为繁荣哲学社会科学的一项十分重要的任务，努力付诸实践。要在已经取得的成绩基础上，继续对毛泽东同志生平业绩和毛泽东思想的各个方面、各个组成部分进行深入研究。同时，要适应形势发展的需要，加强对一些重要领域和一些重大问题的研究。为把这项工作做得更好，我谈几点意见。

第一，要通过对毛泽东同志生平业绩和毛泽东思想的研究，加强对党的历史经验的总结。从建党以来，我们党历经革命、建设和改革，已经有了80多年的奋斗历史。在长期的实践中，积累了丰富的经验。这些经验是我们党的宝贵财富，是我们党不断进行理论创新和实践创新的重要基础。其中许多根本性的经验，对我们党和国家事业的发展具有长期的指导和借鉴意义。最近，胡锦涛同志在中央政治局第九次集体学习时指出：“我们党在领导革命、建设和改革的过程中，一贯重视对历史经验的借鉴和运用。在新形势下，我们要更加重视学习历史知识，更加注重用中国历史特别是中国革命史来教育党员干部和人民。”毛泽东同志的革命活动体现着党的几十年历史，他的生平业绩里凝聚着丰富的革命实践和宝贵的历史经验。他在领导中国革命和建设的过程中，处理过许许多多重大事件，驾驭过许许多多复杂局面，尤其是在一些重大的历史转折关头，他审时度势，富有远见，准确判断，果断决策，善于在极端困难的条件下抓住机遇，大胆地开创出新局面。大家不是常常讲“实践是检验真理的唯一标准”吗？今天，我们研究毛泽东同志生平业绩，就要紧密联系我们正在进行的改革开放和现代化建设实际，深入研究他丰富的实践经历、超凡的革命胆识和实事求是的理论勇气；深入研究他高瞻远瞩的政治远见、得心应手的斗争艺术和驾驭全局的领导本领；深入研究他勇于迎接挑战、敢于斗争、敢于胜利的气魄和把握机遇、开创未来的卓越才能。我们一定要始终珍惜毛泽东同志给我们留下的宝贵思想财富，不断从中汲取智慧和力量。

第二，要加强对毛泽东思想形成和发展历史的研究，努力揭示马克思主义中国化的基本规律。毛泽东思想是以毛泽东同志为代表的中国共产党人在运用马克思列宁主义基本原理指导中国革命、建设的实践中逐步形成和发展起来的，是在同教条主义等各种错误倾向的斗争中逐步形成和发展起来的。可以说，一部毛泽东思想发展史，就是一部中国共产党人不断进行理论创新、不断在斗争中开创新局面的历史。毛泽东同志作为毛泽东思想的主要创立者，他具有高超的政治智慧和运用马克思主义的立场、观点、方法研究和解决实际问题的非凡能力，他始终站在历史和时代的最前列，坚持与时俱进，不断进行理论创新。毛泽东同志在井冈山斗争和创建中央苏区的艰难岁月中，就发表了《反对本本主义》一文，这是他把马克思列宁主义基本原理同中国实际相结合的重要著作；在1938年党的六届六中全会上，毛泽东同志又向全党同志提出了把马克思主义中国化的历史任务。他对马克思列宁主义从不照抄照搬，而是紧密联系中国的实际，运用马克思列宁主义的基本原理去分析和研究遇到的各种重大问题，并提出正确的解决原则和政策；同时十分注意总结中国革命和建设的实践经验，进行新的理论概括，创造出中国化的马克思主义。他始终注重对中国社会实际进行调查和研究，并善于概括和吸收他人意见，善于集中全党智慧，以不断丰富和发展党的理论。我们在研究毛泽东思想形成和发展的历史时，要注意充分研究并揭示马克思主义中国化的基本规律和基本经验，为我们今大的理论创新提供借鉴和指导。

第三，要加强对毛泽东同志倡导的中国共产党的优良传统和作风的研究。在毛泽东同志的领导下，我们党形成了具有独特风格的优良传统和作风，这是十分宝贵的思想政治财富和治党治国治军的重要法宝。毛泽东同志领导我们党、军队和人民培育的井冈山精神、长征精神、延安精神，多年形成的理论联系实际、密切联系群众、批评与自我批评的作风等等，都是党的优良传统和作风重要和生动的历史体现，也是我们中华民族优秀民族精神在革命斗争中的锤炼与升华。它们的形成和发展是我们党的骄傲，也是中华民族的骄傲。今天，我们面临新的历史条件和历史任务，对党的思想作风建设提出了新的要求，但党的优良传统和作风决不能丢，而且要不断发扬光大。2002年12月初，胡锦涛同志率领新当选的中央书记处的同志们到西柏坡，重温毛泽东同志在党的七届二中全会上的重要讲话，强调要继续发扬党的优良传统和作风，特别要坚持毛泽东同志在讲话中提出的“两个务必”的思想。我们在研究毛泽东同志生平业绩和毛泽东思想时，要注意充分发掘和研究我们党的优良传统和作风，结合今天的实际，赋予它们新的内涵。

第四，加强对毛泽东思想、邓小平理论和“三个代表”重要思想相互关系的研究。我们要用发展的眼光来看待毛泽东思想，要用发展的眼光来研究毛泽东思想。马克思、恩格斯、列宁从来不把他们的理论看作是真理的终结，毛泽东同志也从来没有把自己的理论看作是真理的终结。1959年，毛泽东同志在读《苏联政治经济学教科书》时曾经指出，任何国家的共产党人，任何国家的无产阶级思想家，都要根据新的需要，创造新的理论，写出新的著作。以邓小平同志为核心的党的第二代中央领导集体在新的历史条件下，领导全党和全国人民开辟建设中国特色社会主义的新道路，继承和发展毛泽东思想，创立了邓小平理论。党的十三届四中全会以来，以江泽民同志为核心的党的第三代中央领导集体，坚持与时俱进、开拓创新，领导全党和全国人民继续把建设中国特色社会主义伟大事业推向前进，继承和发展毛泽东思想、邓小平理论，创立了“三个代表”重要思想。毛泽东思想、邓小平理论和“三个代表”重要思想，都贯穿着辩证唯物主义和历史唯物主义的世界观，贯穿着中国共产党人的基本立场、观点和方法，贯穿着马克思主义中国化的活的灵魂的三个基本方面，即实事求是、群众路线、独立自主的思想和精神，代表着中国最广大人民的根本利益。它们作为马克思主义中国化历史进程的重要里程碑和理论成果，是一脉相承而又与时俱进的科学思想体系。在当前，我们要特别注意通过加强对我们党的这三大重要理论成果及其相互关系的研究，帮助广大党员干部和人民群众更好地理解中国化的马克思主义产生的历史必然性及其发展的历史过程，把握好它们的相互关系、时代背景、实践基础、科学内涵、精神实质和历史地位，全面、充分地发挥它们对党和国家的各项工作、各项事业的指导作用，使它们更好地成为全党同志和全国各族人民团结奋斗、振兴中华、建设社会主义中国美好未来的坚不可摧的共同思想基础。

我还要特别强调，在研究工作中，要认真学习贯彻胡锦涛同志的“七一”讲话、在省部级主要领导干部专题研讨班上的讲话和在全国宣传思想工作会议上的讲话，自觉运用“三个代表”重要思想来统领党的理论研究和思想宣传工作。要坚持运用马克思主义的唯物史观来开展研究工作。要着眼于新的实践和新的发展，进一步拓宽研究领域，开阔研究视野，丰富研究方法。要深入到毛泽东同志革命活动的历史旧址，广泛地进行社会调查，把党的文献研究和革命实践考察结合起来，使我们的研究更加贴近实际、贴近生活、贴近群众。要加强对这项工作的领导，把它纳入哲学社会科学规划，组织力量，付诸实施。

同志们，在新世纪、新阶段，我们广大理论工作者对毛泽东思想、邓小平理论和“三个代表”重要思想的学习、宣传和研究肩负着重要的责任。让我们紧密团结在以胡锦涛同志为总书记的党中央周围，高举邓小平理论和“三个代表”重要思想伟大旗帜，全面贯彻十六大和十六届三中全会精神，振奋精神，潜心钻研，提高水平，多出成果，为全面建设小康社会、开创中国特色社会主义事业新局面，作出新的更大的贡献。

中央农村工作会议在北京闭幕

会议以邓小平理论和“三个代表”重要思想为指导，认真学习了胡锦涛同志关于解决好“三农”问题的重要指示精神，系统总结了2003年农业和农村工作，正确分析了当前形势，全面部署了2004年农业和农村工作，着重研究了促进农民增收、提高粮食综合生产能力、深化农村改革等问题。

党中央、国务院高度重视这次会议，对开好这次会议提出了明确要求。

会议讨论了《中共中央、国务院关于促进农民增加收入若干政策的意见(讨论稿)》。会上，中共中央政治局委员、国务院副总理回良玉就当前和今后一个时期的农业和农村工作，特别是促进农民增收工作作了部署。

会议指出，当前，我国农业和农村经济正处在新的发展阶段。党中央、国务院作出了推进农业和农村经济结构战略性调整的重大决策，提出了要把增加农民收入作为中心任务和基本目标，制定了“多予、少取、放活”的方针，采取了一系列政策措施，农业和农村经济发展取得了巨大成就。

会议强调，农业和农村经济发展进入新阶段，农产品供求关系、农村劳动力就业格局和转移动因、农民增收的主要来源、农村发展对城镇和国民经济的依赖程度、中国农业与世界农业的关联程度、农业和农村发展的内涵都发生了重大的变化。这既为农村经济社会发展带来了许多新气象和新机遇，也带来了不少新课题和新挑战，对农村经济增长方式、运行机制和管理体制的转变提出了新要求和新任务。

会议认为，今年以来，各地区、各部门按照中央的要求，加大解决“三农”问题的力度，克服了“非典”疫情和多种自然灾害的严重影响，赢得了农业和农村经济继续平稳发展、农民收入继续恢复性增长、农村社会继续保持稳定的良好局面。但是，也要清醒地看到，农业和农村经济发展过程中还面临着许多矛盾和困难，当前主要表现为农民收入增长缓慢的问题。

会议强调，明年农业和农村工作的总体要求是：认真贯彻党的十六大、十六届三中全会和中央经济工作会议精神，牢固树立和认真落实科学发展观，按照统筹城乡经济社会发展的要求，坚持“多予、少取、放活”的方针，坚持党的农村基本政策，调整农业和农村经济结构，扩大农民就业，加快科技进步，深化农村改革，强化对农业的支持保护，提高粮食生产能力，力争实现农民收入较快增长，实现农村经济社会全面发展。

会议指出，解决农民增收问题，既是当前紧迫而繁重的任务，也是今后长期而艰巨的任务；既是农村工作的基本目标，也是整个经济工作的重大课题。随着新阶段农业和农村经济发展的环境、条件和任务的变化，促进农民增收的思路和方式也要及时作出相应的调整。增加农民收入，必须采取更加直接、更加明确、更加有力的措施。既要把农业和农村内部的文章做足，又要继续推进农村劳动力外出就业；既要全方位开辟农民就业和增收的渠道，又要重点抓好粮食主产区、纯农户和低收入农户的增收；既要充分调动农民自主创业增收的积极性，又要加大国家对农业的支持保护力度；既要立足当前采取见效快的具体措施，又要努力建立促进农民收入持续增长的长效机制。会议对促进农民增收提出四项要求：一是推进结构调整，壮大县域经济，充分挖掘内部增收潜力。二是加强技能培训，改善就业环境，努力拓展外部增收空间。三是加大扶持力度，调整投入结构，积极发挥国家政策对农民增收的导向和带动作用。四是认真落实政策，放活农村经济，充分调动农民自主创业和增收的积极性。

会议指出，要保护和提高粮食生产能力，确保国家粮食安全。在市场经济条件下，必须用新的思路、新的办法研究和解决新阶段的粮食问题。要始终坚持调整农业结构不动摇，始终坚持增加农民收入不动摇，始终坚持立足国内解决粮食供给不动摇，始终坚持实行粮食省长负责制不动摇。要兼顾保障粮食供给和增加农民收入两个目标，把发展粮食生产与增加农民收入结合起来。要充分发挥市场机制的作用，综合运用各种经济手段，保护和调动农民的种粮积极性。

会议指出，要加大农村改革力度，进一步解放和发展农村生产力。深化农村改革，必须坚持把是否有利于解放和发展农村生产力，是否有利于增加农民收入，是否有利于改变农村面貌和保持农村稳定，作为出发点和落脚点。新阶段农村改革的方向是，建立以家庭承包经营为基础，以农业社会化服务体系、农产品市场体系和政府对农业的支持保护体系为支撑，适应发展社会主义市场经济要求的农村经济体制和运行机制。

当前要重点做好以下几个方面的工作：完善农村土地制度，加快土地征用制度改革；深化农村税费改革，继续减轻农民负担；推进市场取向的粮食流通体制改革，建立对农民的直接补贴制度；改革和创新农村金融体制，加强对农户和农村中小企业的金融支持。

会议指出，要加强和完善党对农村工作的领导，切实把解决好"三农"问题作为全党工作的重中之重，切实改进政府对农村的社会管理和公共服务，切实加强农村基层组织建设、精神文明建设和民主法制建设，切实转变干部工作作风。

会议强调，做好明年的农业和农村工作，意义十分重大，任务十分艰巨。我们要紧密团结在以胡锦涛同志为总书记的党中央周围，高举邓小平理论和"三个代表"重要思想伟大旗帜，解放思想，振奋精神，开拓进取，扎实工作，为全面完成农业和农村工作各项任务而努力奋斗。

国务委员兼国务院秘书长华建敏主持了第一次全体会议。吉林、浙江、安徽、河南、四川、云南等省的有关负责人在大会上发了言。

出席会议的有，各省、自治区、直辖市党委、政府及计划单列市分管农业和农村工作的负责人，新疆生产建设兵团负责人，中央和国家机关有关部门的负责人等。

国务院副总理吴仪在北京出席出口信用保险与外经贸协作会议并讲话

吴仪充分肯定了中国出口信用保险公司成立以来所取得的成绩。她强调，要加强部门间的协调和配合，采取切实有效的措施，完善出口信用保险部际协商机制，提高部门间的工作效率；要深入研究、制定并不断完善出口信用保险政策措施，加快推进出口信用保险立法工作，支持出口信用保险的进一步发展，充分发挥出口信用保险对外经贸发展的促进作用；要积极借鉴国际成功经验，健全风险管理机制，提高风险管理水平，切实保障出口信用保险的平稳运行，确保国家经济安全；为更好适应对外经济贸易发展的需要，要转变观念，增强服务意识，在产品创新和功能延伸上下功夫，在服务的深度和广度上下功夫，进一步提高出口信用保险的服务质量；要利用各种机会，多形式、多渠道宣传出口信用保险政策和业务，让更多企业树立风险意识，重视出口信用保险工作，使出口信用保险真正成为企业参与国际竞争，实现自我发展的"避风港"。

第一次全国经济普查工作座谈会暨普查领导小组全体会议在北京召开

国务院副总理、全国经济普查领导小组组长曾培炎出席会议并讲话。曾培炎强调，这次普查涉及范围广、参与部门多、技术要求高、工作难度大，是以往历次普查所没有的。要按照全国统一领导、部门分工协作、地方分级负责、各方共同参与的原则，加强组织协调，广泛宣传动员，科学设计方案，统筹安排工作，保障投入，确保普查的质量和时效。

曾培炎要求，要进一步加强和改进统计工作，不断提高统计数据的准确性、及时性、科学性、权威性。一是进一步提高统计数据的质量。统计部门要以对党、对国家、对人民负责的精神，以一丝不苟的态度和严谨规范的工作，确保统计数据真实可信。各级领导干部要树立和落实科学的发展观、正确的政绩观，客观地、正确地对待统计数据。二是继续搞好统计服务。各级统计部门要加强对当前经济形势的分析监测，为党中央、国务院科学决策，为社会各方面及时掌握经济社会发展情况服好务。三是大力推进统计改革。尽快建立一套适合我国国情并符合国际一般规则的统计体制、统计制度和方法体系。四是加强统计执法检查力度。坚决查处在统计上弄虚作假、篡改编造等违法行为。五是加强统计信息化和人才队伍建设，为提高统计工作水平提供有力的保障。

最高人民检察院检察长贾春旺在人民大会堂出席大型系列丛书《中国反贪调查》首发式并讲话

《中国反贪调查》是最高人民检察院组织编撰的，全书共250万字，分为决策与改革、惩治与预防、警示与警言、风采与风范四卷。

贾春旺指出，当前腐败现象易发多发的土壤和条件依然存在，职务犯罪仍然呈现高发态势，大案要案时有发生。在相当长的一个时期内，检察机关查办职务犯罪工作的任务仍然非常繁重和艰巨。

贾春旺列举了6种当前需要重点打击的职务犯罪：领导干部犯罪大案要案；贪赃枉法、徇私舞弊、滥用职权的犯罪案件；失职渎职给国家和人民造成重大损失的犯罪案件；经济热点部位的职务犯罪；危害改革措施实施的犯罪；发生在基层、群众身边，严重损害人民群众切身利益，群众反映强烈、影响恶劣的犯罪案件。

2003年西部地区和其他少数民族地区挂职锻炼干部培训会议在北京举行

会议由中央组织部、中央统战部和国家民委联合召开。会议介绍，参加2003年挂职锻炼的干部共有454人，其中安排在中央、国家机关67个单位挂职的有155人，安排到经济相对发达地区挂职锻炼的有299人。

全国工商行政管理工作会在广州召开

国家工商总局明年的工作重点确定为：大力推进企业诚信建设，建立、健全社会信用体系；努力建设信用工商，增强工商执法的统一性、权威性和有效性，更好地为经济建设服务，促进改革发展。

国务委员唐家璇在中南海会见摩洛哥穆罕默德六世国王特使 摩洛哥外交与合作部大臣级代表塔伊布·法西·费赫里

外交部副部长王毅访问朝鲜

王毅在平壤与朝鲜外务省副相金桂冠举行会谈，并会见了外务省第一副相姜锡柱、副相金永日，就筹备第二轮六方会谈等问题深入交换了意见。

中方重视朝鲜坚持以弃核为目标的立场，认为在此进程中应同时解决朝方的合理关切，主张本着相互尊重、平等协商的精神，以协调一致的步骤实现核问题的和平解决。

外交部发言人刘建超就日本前首相森喜朗不顾中方反对访问台湾等问题答记者问

有记者问，日本前首相森喜朗已于今天前往台湾访问，这是继福田赳夫之后日本前首相再次访台。中方对此有何评论？刘建超说，我们对日本前首相森喜朗不顾中方多次严正交涉和坚决反对执意访台，深表遗憾和强烈不满。刘建超说，台湾问题是涉及中国主权和领土完整的重大原则问题。我们坚决反对日本与台湾之间发生任何形式的官方或带有政治色彩的关系，郑重要求日方言行一致，恪守《中日联合声明》等三个政治文件的原则和迄今在台湾问题上作出的承诺，立即采取有效措施，消除恶劣的政治影响，维护中日关系大局。

刘建超说，日本政府为处理齐齐哈尔侵华日军遗弃毒剂伤人事件的善后而支付的3亿日元将于近日发放给受害者。刘建超说，中国政府将继续敦促日本政府按照两国政府达成的有关协议及有关国际公约的规定，加快销毁侵华日军遗弃在中国的化学武器，早日铲除这一威胁中国人民生命安全和生态环境的毒瘤。

中方在中日海洋法磋商中重申钓鱼岛问题原则立场

以外交部条约法律司司长刘振民为团长的中方代表团和以外务省亚洲大洋洲局参事官西宫伸一为团长的日方代表团在日本东京举行了中日第十四次海洋法磋商。双方主要就东海专属经济区和大陆架划界问题及其他共同关心的海洋法问题交换了意见。中方在磋商中重申了钓鱼岛及其附属岛屿自古以来就是中国固有领土的原则立场。

国办 中央军委办关于印发《中国人民解放军军人配偶随军未就业期间社会保险暂行办法》的通知

各省、自治区、直辖市人民政府，国务院各部委、各直属机构，各军区、省军区、各军，各军兵种、各总部、军事科学院、国防大学、国防科学技术大学，武警部队：

经国务院、中央军委批准，现将《中国人民解放军军人配偶随军未就业期间社会保险暂行办法》印发给你们，请认真贯彻执行。

国务院办公厅

中央军委办公厅

2003年12月25日

中国人民解放军军人配偶随军未就业期间社会保险暂行办法(略)

教育部在北京召开年度工作会议

会议决定，明年，教育工作将坚持“有所为有所不为”的原则，突出两大战略重点——农村教育和高水平大学建设，并以此为核心带动教育全局。

第六届国家图书奖在北京颁奖

获“国家图书奖荣誉奖”的12种图书是：《郭沫若全集·考古编》《吕叔湘全集》《梁思成全集》《贾祖璋全集》《波斯经典文库》《茅盾全集》《中国文物定级图典》《中国少数民族古籍集成》《续修四库全书》《日本宫内厅书陵部藏宋元版汉籍影印丛书》《中国美术分类全集·中国绘画全集》和《中国美术分类全集·中国民间美术全集》。获“国家图书奖”的图书有30种，其中有《中国佛教哲学要义》等社科类7种、《中国鲁迅学通史》等文学类3种、《永远的三峡》等艺术类3种、《中国物理学史大系》等科技类7种、《教育科学分支学科丛书》等教育类2种、《现代汉语方言大词典》等辞书类2种、《全清词·顺康卷》等古籍类2种、《德格印经院藏传木刻版画集》等民族类2种、《无人区科学探险系列》等少儿类2种。《熊十力全集》等100种图书获“国家图书奖提名奖”。

特别值得一提的是，作为第六届国家图书奖特别奖，50种年内出版的记述抗击“非典”图书受到表彰。

全国31个文物工作先进县受表彰

文化部和国家文物局在京授予北京市昌平区、天津市蓟县等31个县(市、区)为“全国文物工作先进县”称号。

文化部部长孙家正出席了表彰会并向获奖单位颁

发了奖牌。他在讲话中指出,全国文物工作先进县评选工作是第一次由文化部和国家文物局联合进行的,意义特别重大,今后将定期开展此项活动。

在京参加全国文物局长会议的各省、自治区、直辖市文化部门的主要负责人以及中央各有关单位的负责同志参加了会议。国家文物局局长单霁翔作了题为《做好新时期文物工作,关键是狠抓落实》的工作报告。

中国电影家协会在北京召开第七次全国代表大会

来自全国31个省、自治区、直辖市和解放军、中直机关等单位的电影工作者代表参加了为期3天的会议。中共中央政治局委员、书记处书记、中宣部部长刘云山给大会发了贺信。

中国电影家协会第六届常务副主席李国民代表第六届理事会作了题为《坚持先进文化的前进方向为促进中国电影新的繁荣而奋斗》的工作报告。大会期间,代表们审议了工作报告,提出了今后五年的工作建议,修改了《中国电影家协会章程》,选举产生了新一届理事会和以吴贻弓为主席的主席团等领导机构。中国文联主席周巍峙出席大会。

全国人口和计划生育工作会议在北京举行

会议披露,2003年度我国的人口计划已经圆满完成,低生育水平继续保持平稳态势。根据国家人口和计生委的测算,2003年全国人口出生率在13.37‰,人口自然增长率在7.25‰以内,全年净增人口不超过1000万,全国妇女总和生育率保持在1.8左右,年末总人口可控制在12.94亿以内。

12月26日

中共中央在人民大会堂举行纪念毛泽东同志诞辰110周年座谈会

中共中央政治局常委吴邦国、温家宝、贾庆林、黄菊、吴官正、李长春、罗干出席座谈会,座谈会由中共中央政治局常委、国家副主席曾庆红主持。

中共中央总书记、国家主席胡锦涛发表了重要讲话。

曾庆红在主持会议时说,胡锦涛总书记的讲话全面科学地评价了毛泽东同志和毛泽东思想的历史功绩和历史地位,高度概括了我们党理论创新的历史进程,深刻揭示了毛泽东思想、邓小平理论和"三个代表"重要思想的内在联系,强调必须始终坚持毛泽东思想、邓小平理论和"三个代表"重要思想,坚持马克思主义的立场、观点和方法,进一步阐明了今后一个时期党和国家的方针政策和主要任务。讲话对指导我们党把毛泽东同志等老一辈革命家所开创的事业继续推向前进,具有重大的意义。各地区各部门都要紧密结合改革开放和现代化建设的实际,认真学习领会,切实贯彻落实。

座谈会上,中央文献研究室主任滕文生,中央党史研究室主任孙英,全国政协副主席、中央统战部部长刘延东,外交部部长李肇星,解放军总政治部副主任袁守芳,湖南省省委书记杨正午先后发了言。

出席座谈会的领导同志还有王兆国、回良玉、刘淇、刘云山、吴仪、贺国强、曹刚川、曾培炎、王刚、何勇、李铁映、何鲁丽、成思危、许嘉璐、路甬祥、王忠禹、罗豪才、陈奎元、黄孟复、李蒙等,以及中央军委委员梁光烈、廖锡龙、李继耐。

中央和国家机关有关部委、人民团体、解放军和武警部队、北京市、湖南省的负责同志,各民主党派、全国工商联主要负责人和无党派人士,部分老同志,毛泽东同志原身边工作人员、亲属子女和家乡代表,以及参加全国纪念毛泽东同志诞辰110周年学术研讨会的代表出席了会议。

座谈会前,胡锦涛、吴邦国、温家宝、贾庆林、曾庆红、黄菊、吴官正、李长春、罗干等来到毛主席纪念堂北大厅,向毛泽东同志坐像三鞠躬。胡锦涛等随后来到瞻仰厅,瞻仰了毛泽东同志的遗容。

中共中央总书记胡锦涛在纪念毛泽东同志诞辰110周年座谈会上的讲话

同志们,朋友们:

今天,我们在这里隆重集会,纪念中国共产党、中国人民解放军、中华人民共和国的主要缔造者,中国各族人民的伟大领袖毛泽东同志诞辰110周年。

毛泽东同志是伟大的马克思主义者,伟大的无产阶级革命家、战略家和理论家,是近代以来中国伟大的爱国者和民族英雄,是领导中国人民彻底改变自己命运和国家面貌的一代伟人。他早年投身革命,在长期艰苦的革命斗争中成长为党的第一代中央领导集体的核心。他为中国新民主主义革命的胜利、社会主义革命的成功和社会主义建设的进行,为实现中华民族的独立和振兴、中国人民的解放和幸福,作出了彪炳史册的贡献。毛泽东同志毕生最突出最伟大的贡献,就是领导我们党和人民找到了新民主主义革命的正确道路,完成了反帝反封建的任务,建立了中华人民共和国,确立了社会主义基本制度,并从中国实际出发探索社会主义建设的道路,为古老的中国赶上时代发展潮流、阔步走向繁荣昌盛创造了根本前提,奠定了坚实的理论和实践基础。

在旧中国这样的半殖民地半封建的东方大国,毛泽东同志等中国共产党的缔造者面对着农民占人口的绝大多数,分散的小农经济、小生产广泛存在,又遭受着西方列强侵略和压迫的特殊国情,中国革命的条件与马克思、恩格斯、列宁所分析的西方资本主义国家进行无产阶级革命的条件极为不同,要真正运用马克思列宁主义来指导中国革命,必须紧密结合当时的中国国情和时代条件,寻找适合中国实际的革命道路和革命方略,并作出科学的理论概括。这是关系中国革命能否取得成功的极为关键的问题,也是无产阶级革命史上极其复杂的新课题。毛泽东同志创造性地运用马克思列宁主义基本原理,深刻分析中国社会形态和阶级状况,经过艰苦的实践和探索,明确了中国革命的性质、对象、任务和动力,提出通过新民主主义革命走向社会主义的两步走的战略,制定了新民主主义革命的总路线,开辟了以农村包围城市、最后夺取全国胜利的革命道路。在长期的革命斗争中,毛泽东同志和他的战友们缔造了一个用马克思列宁主义革命理论和革命风格武装起来的无产阶级政党、一个在党的绝对领导下为人民的解放事业英勇奋战的人民军队、一个团结全民族绝大多数人共同奋斗的统一战线。我们党依靠这三大法宝,团结带领人民浴血奋战、顽强奋斗,终于夺取了新民主主义革命的胜利,实现了近代以来几代中国人梦寐以求的民族独立和人民解放。中华人民共和国的建立,彻底结束了100多年来中国人民受压迫、受奴役、受侵略的黑暗历史,彻底结束了旧中国四分五裂、民不聊生的黑暗历史,彻底结束了在中国绵延几千年的封建专制统治的黑暗历史。中国人民从此站立起来了,中华民族的发展开启了新的纪元。

新中国成立以后,以毛泽东同志为核心的党中央带领全国人民,在迅速医治战争创伤、恢复国民经济的基础上,不失时机地提出了过渡时期总路线,创造性地完成了由新民主主义革命向社会主义革命的转变,使中国这个占世界人口四分之一的东方大国进入了社会主义社会,实现了中国历史上最深刻、最伟大的社会变革。社会主义改造基本完成以后,我们党带领人民转入全面的大规模的社会主义建设。毛泽东同志和党中央带领全党全国人民对适合中国国情的社会主义道路进行了艰苦探索,并取得了重要的理论成果。我们不仅建立起独立的比较完整的工业体系和国民经济体系,为社会主义现代化建设奠定了重要的物质技术基础,而且积累了在中国这样的社会生产力水平十分落后的东方大国进行社会主义建设的重要经验。由于在中国建设社会主义是一项崭新的实践,人们对如何走出适合中国国情的社会主义道路还缺少规律性认识,加上当时严峻复杂的国际环境的影响,我们党在社会主义建设道路的探索中发生过曲折,毛泽东同志晚年特别是在“文化大革命”中犯了严重错误。但正如邓小平同志所指出的,毛泽东同志晚年的错误是第二位的,是一个伟大的革命家、一个伟大的马克思主义者所犯的错误,他的历史功绩永远是第一位的。

在革命和建设的长期实践中,以毛泽东同志为主要代表的中国共产党人,努力推进马克思主义的中国化,形成了具有鲜明中国特点的科学指导思想,这就是毛泽东思想。毛泽东思想在新民主主义革命、社会主义革命和建设,革命军队建设、军事战略和国防建设,政策和策略,思想政治工作和文化工作,外交工作和党的建设等方面,以独创性的理论丰富和发展了马克思列宁主义。时代的条件、人民的实践孕育了毛泽东思想,毛泽东思想指引和推动了中国社会的前进。毛泽东思想是马克思列宁主义在中国的创造性运用和发展,是被实践证明了的关于中国革命和建设的正确的理论原则和经验总结,是中国共产党集体智慧的结晶。在任何时候任何情况下,我们都要始终高举毛泽东思想的伟大旗帜。

中国出了个毛泽东,这是中国共产党的骄傲,是中国人民的骄傲,是中华民族的骄傲。在为中国人民不懈奋斗的光辉一生中,毛泽东同志表现出了一个伟大革命领袖高瞻远瞩的政治远见、坚定不移的革命信念、炉火纯青的斗争艺术和杰出高超的领导才能。在中国革命和建设的壮丽历史画卷中,在祖国九百六十万平方公里的锦绣大地上,都留下了他作为一代伟人的风采。他不仅赢得了全党和全国各族人民的爱戴和敬仰,而且也赢得了世界上一切向往进步的人们的敬佩。毛泽东同志作为一个伟大的历史人物,属于中国,也属于世界。邓小平同志曾深情地说道:“如果没有毛泽东同志的卓越领导,中国革命有极大的可能到现在还没有胜利,那样,中国各族人民就还处在帝国主义、封建主义、官僚资本主义的反动统治之下,我们党就还在黑暗中苦斗。”江泽民同志也深刻地指出:毛泽东同志“是从人民群众中成长起来的伟大领袖,永远属于人民。毛泽东同志的革命精神具有强大的凝聚力,他的伟大品格具有动人的感染力,他的科学思想具有非凡的号召力”。毛泽东同志的革命实践和光辉业绩已经载入中华民族的史册。他的名字、他的思想、他的精神,将永远鼓舞着我们继续推动中国社会向前发展。

中国共产党和中国各族人民永远敬仰和怀念毛泽东同志!毛泽东同志永远活在我们心中!

同志们,朋友们!

我们党在80多年的奋斗历程中积累的一条根本经验,就是要不断根据发展变化着的实际情况和时代条件,坚持马克思主义基本原理同中国具体实际相结合，不断开拓党和人民事业前进的道路。毛泽东同志逝世后，我们党坚持这条根本经验，继续推进马克思主义在中国的发展，继续团结带领全国人民把毛泽东同志等老一辈革命家开创的伟大事业推向前进。

1978年12月，在邓小平同志的领导下，我们党胜利召开十一届三中全会。这次全会确定了解放思想、开动脑筋、实事求是、团结一致向前看的指导方针，决定把党和国家的工作重点转移到社会主义现代化建设上来，作出实行改革开放的战略决策。这次全会，实现了党的历史上具有深远意义的伟大转折，解决了正确评价毛泽东同志和毛泽东思想的历史地位、根据新的实际和历史经验确立中国实现社会主义现代化的正确道路这两个相互联系的重大历史课题。邓小平同志强调，坚持和发展毛泽东思想，这是最核心的一条，不仅今天，而且今后，我们都要高举毛泽东思想的旗帜；同时强调，毛泽东思想是一个科学体系，必须完整地准确地理解和运用毛泽东思想，把社会主义事业继续推向前进。在以邓小平同志为核心的党的第二代中央领导集体的领导下，我们党在改革开放和社会主义现代化建设的伟大实践中形成了以经济建设为中心、坚持四项基本原则、坚持改革开放的基本路线，开辟了建设中国特色社会主义的新道路，赋予中国社会主义和民族复兴的伟大事业新的强大生机。在新的历史时期，以邓小平同志为主要代表的中国共产党人，把马克思主义基本原理同新的实际和时代特征结合起来，继承和发展毛泽东思想，集中全党全国人民的智慧，创立了邓小平理论。邓小平理论抓住什么是社会主义、怎样建设社会主义这个根本问题，深刻揭示社会主义的本质，系统回答了中国社会主义建设的一系列基本问题，把对社会主义的认识提高到新的水平。邓小平理论是马克思主义在中国发展的新阶段，是开创和引领中国特色社会主义事业不断前进的旗帜。

20世纪80年代末90年代初，国际国内发生严重政治风波，世界社会主义出现严重曲折，我国社会主义事业的发展面临新的巨大困难和压力，我们党面临着又一个重大历史关头。以江泽民同志为核心的党的第三代中央领导集体紧紧依靠全党全国人民，坚持十一届三中全会以来的路线方针政策，团结带领全党全国人民捍卫和发展了中国特色社会主义伟大事业。从十三届四中全会到十六大的13年，我们从容应对一系列关系我国主权和安全的国际突发事件，战胜在政治、经济领域和自然界出现的困难和风险，经受住一次又一次考验，排除各种干扰，保证了改革开放和现代化建设的航船始终沿着正确的方向破浪前进，中国特色社会主义事业呈现出更加蓬勃的生机和活力。以江泽民同志为主要代表的中国共产党人，高举邓小平理论伟大旗帜，以马克思主义的巨大政治勇气和理论勇气推进理论创新，集中全党全国人民的智慧，用一系列紧密联系、相互贯通的新思想、新观点、新论断，进一步回答了什么是社会主义、怎样建设社会主义的问题，创造性地回答了在新的历史条件下建设什么样的党、怎样建设党的问题，创立了“三个代表”重要思想。“三个代表”重要思想反映了当代世界和中国的发展变化对党和国家工作的新要求，是加强和改进党的建设、推进我国社会主义自我完善和发展的强大思想理论武器，是实现全面建设小康社会宏伟目标的根本指针。

马克思列宁主义、毛泽东思想、邓小平理论和“三个代表”重要思想，是我们党必须长期坚持的指导思想。毛泽东思想、邓小平理论和“三个代表”重要思想虽然形成于我国革命、建设和改革的不同历史时期，面对着不同的历史任务，但都贯穿了辩证唯物主义和历史唯物主义的世界观和方法论，都代表着最广大人民的根本利益，是我们党在长期实践中形成的一脉相承而又与时俱进的科学思想体系，是我们要始终珍惜的最可宝贵的精神财富。高举毛泽东思想、邓小平理论、“三个代表”重要思想的旗帜，不断开创中国特色社会主义事业新局面，不断开创马克思主义在中国发展的新境界，最重要的是始终坚持贯穿这个科学思想体系的活的灵魂，始终坚持马克思主义的立场、观点和方法，其基本方面就是坚持解放思想、实事求是、与时俱进，坚持党的群众路线，坚持独立自主地走自己的路。

我们必须始终坚持解放思想、实事求是、与时俱进，继续在新的时代条件下把马克思主义基本原理同中国具体实际相结合，不断推进马克思主义的中国化。毛泽东思想、邓小平理论和“三个代表”重要思想都是解放思想、实事求是、与时俱进的科学理论，也都是我们党坚持解放思想、实事求是、与时俱进所取得的重大成果。坚持一切从实际出发，理论联系实际，不断探索适合中国国情的发展道路，确定党带领人民推进事业发展的正确的路线方针和战略策略，为党和人民事业的发展提供科学指导，是我们党坚持先进性和增强创造力的决定性因素。我们要继续坚持以马克思主义基本原理为指导，不断研究新情况、解决新问题，不断在新的实践基础上推进理论创新，使党的全部理论和工作体现时代性、把握规律性、富于创造性。要坚持理论和实践的统一、学习和运用的统一、继承和发展的统一，把马克思主义的学习和研究同解决我国改革开放和现代化建设的实际问题紧密结合起来，同实现全面建设小康社会的宏伟目标紧密结合起来，同推进党的建设新的伟大工程紧密结合起来，同改造客观世界和主观世界的实际行动紧密结合起来。要坚持以广大人民群众建设中国特色社会主义的生动实践为理论创新的源泉,以实现和发展最广大人民的根本利益为理论创新的目的,以顺应时代潮流不断与时俱进的创造精神为理论创新的动力,以研究和解决我们在前进中面临的突出问题为理论创新的着力点,不断打开理论创新的新视野,不断取得马克思主义基本原理同中国具体实际相结合的新进展,不断丰富和发展马克思主义。

我们必须始终坚持一切为了群众、一切依靠群众,坚持立党为公、执政为民,不断实现好、维护好、发展好最广大人民的根本利益。一切为了群众,一切依靠群众,立党为公、执政为民,把党的正确主张变为群众的自觉行动,最广泛地动员广大人民群众为实现自己的利益和美好生活而团结奋斗,这些要求高度概括地回答了中国共产党人依靠谁、为了谁这个根本问题。实现好、维护好、发展好最广大人民的根本利益,始终是我们党全部奋斗的最高目的,始终是我们党观察和处理问题的根本原则。充分相信群众,紧紧依靠群众,保持同人民群众的血肉联系,始终是我们党立于不败之地的力量源泉,始终是我们党和国家事业发展最具有决定性的因素。人民是创造历史的根本动力。中国最广大人民群众是建设中国特色社会主义事业的主体,是先进生产力和先进文化的创造者,是社会主义物质文明、政治文明和精神文明协调发展的推动者。我们必须最充分地调动人民群众的积极性、主动性和创造性,最大限度地集中全社会全民族的智慧和力量,最广泛地动员和组织亿万群众投身中国特色社会主义伟大事业。我们必须坚持从群众中来、到群众中去,深入了解民情,充分反映民意,广泛集中民智,切实珍惜民力,不断实现民利,保证我们党的路线方针政策和全部工作更好地体现人民群众的利益,让人民群众享受到改革发展的成果,不断维护和发展人民群众的经济、政治、文化权益。要牢记群众利益无小事的道理,把实现人民群众的根本利益落实到改革发展稳定的各项工作中去,特别要落实到关心群众生产生活的工作中去。各级领导干部都要牢固树立全心全意为人民服务、真心真意对人民负责的精神,坚持权为民所用、情为民所系、利为民所谋,从群众最现实、最关心、最直接的利益入手,为群众诚心诚意办实事、尽心竭力解难事、坚持不懈做好事。

我们必须始终坚持独立自主地探索中国社会主义建设的道路,善于根据国情进行自主创新、又积极借鉴国外有益经验,不断开拓和发展中国特色社会主义道路。中国革命、建设和改革的长期实践充分证明,独立自主,自力更生,坚定不移地走适合中国国情的发展道路,无论过去、现在和将来,都是我们的根本立足点。各国的国情不同,实现发展的道路也必然不同,不可能有一个适用于一切国家、一切时代的固定不变的模式。在我们这样的有十几亿人口的发展中的社会主义东方大国,要实现全面建设小康社会的宏伟目标,进而实现社会主义现代化,必须走适合国情的发展道路,主要依靠自己的力量进行建设。我们要坚持的道路,就是邓小平同志开辟的、以江泽民同志为核心的党的第三代中央领导集体坚持并发展了的中国特色社会主义道路。坚持这条道路,就要坚持中国共产党的领导和社会主义制度,坚持并在实践中不断完善有利于推动中国特色社会主义事业蓬勃发展的各方面的体制制度和方针政策,更好地实现社会主义现代化和中华民族的伟大复兴。坚持这条道路,就要坚持走和平崛起的发展道路,坚持在和平共处五项原则的基础上同各国友好相处,在平等互利的基础上积极开展同各国的交流和合作,为人类和平与发展的崇高事业作出贡献。当今世界是开放的世界,中国的发展离不开世界。我们要树立宽广的世界眼光,全面观察世界经济、政治、文化、科技、军事等发展的大势,始终坚持对外开放,积极借鉴各国人民在实现经济发展和社会进步中创造的有益成果和经验,决不能闭关自守、夜郎自大。我们充分尊重其他国家选择的发展道路,决不会把自己的意志强加于人,也决不允许任何人把他们的意志强加于中国人民。越是对外开放,越是国际竞争激烈,越是要坚持独立自主、自力更生,越是要把推进事业发展的基点放在依靠自己的力量上,坚持不懈地艰苦奋斗、艰苦创业。在今后的前进道路上,无论国际风云如何变幻,无论遇到什么困难和风险,我们都要坚定不移地走中国特色社会主义道路,坚定不移地维护国家的主权和安全。

纵观中国革命、建设和改革波澜壮阔的历史进程,我们党领导的伟大事业的不断发展,同我们党自身不断走向成熟,是紧密联系的。我们党要不断推动社会的发展进步,不断团结带领广大人民群众创造更加美好的生活,就必须始终代表中国先进生产力的发展要求,代表中国先进文化的前进方向,代表中国最广大人民的根本利益,使我们党在世界形势深刻变化的历史进程中始终走在时代前列,在应对国内外各种风险考验的历史进程中始终成为全国人民的主心骨,在建设中国特色社会主义的历史进程中始终成为坚强的领导核心,团结带领全国各族人民沿着毛泽东思想、邓小平理论和“三个代表”重要思想指引的方向不断开拓前进。

同志们,朋友们!

当前,我国进入了全面建设小康社会、加快推进社会主义现代化的新的发展阶段。党和人民在新世纪、新阶段的任务,就是紧紧抓住并充分运用本世纪头20年的重要战略机遇期,集中力量全面建设惠及十几亿人口的更高水平的小康社会。为了实现这一宏伟目标，我们要始终坚持党的基本理论、基本路线、基本纲领和基本经验，全面贯彻十六大精神，促进社会主义物质文明、政治文明和精神文明的协调发展，切实做好改革发展稳定的各项工作。

要继续抓好发展这个党执政兴国的第一要务，推动国民经济持续快速协调健康发展。实现全面建设小康社会的奋斗目标，不断开创中国特色社会主义事业新局面，关键是要抓好发展这个党执政兴国的第一要务，聚精会神搞建设，一心一意谋发展，不断发展社会生产力和增强综合国力。我们要坚持以经济建设为中心，坚持以人为本，树立全面、协调、可持续的发展观，统筹城乡发展、统筹区域发展、统筹经济社会发展、统筹人与自然和谐发展、统筹国内发展和对外开放，坚持走新型工业化道路，大力实施科教兴国战略、可持续发展战略和人才强国战略，推进经济结构的战略性调整，加强农业的基础地位，积极推进西部大开发，有效发挥中部地区综合优势，振兴东北地区等老工业基地，鼓励东部有条件地区率先基本实现现代化。努力在经济社会协调发展的基础上促进人的全面发展，在开发利用自然中实现人与自然的和谐相处。

要继续推进改革开放，完善社会主义市场经济体制。促进发展必须深化改革、扩大开放，不断为发展提供强大动力。要紧密结合全面建设小康社会的实践，坚持社会主义市场经济体制的改革方向，按照十六届三中全会提出的建设完善的社会主义市场经济体制和更具活力、更加开放的经济体系的要求，充分尊重群众的首创精神，继续推进社会主义市场经济体制和其他方面体制的改革，积极探索我国社会主义基本制度和市场经济体制有机结合的新途径新方式，不断推进制度建设和创新，进一步克服阻碍社会生产力发展的体制性障碍，为全面建设小康社会提供良好的体制保证。要坚持把维护和发展人民群众的根本利益作为一切改革的出发点和落脚点，坚持把不断改善人民生活作为处理改革发展稳定关系的重要结合点，坚持把改革的力度、发展的速度和社会可承受的程度统一起来，真正实现在社会稳定中推进改革发展、通过改革发展促进社会稳定。要坚持对外开放的基本国策，坚持“引进来”和“走出去”相结合，在更大范围、更广领域和更高层次上参与国际经济技术合作和竞争，充分利用国际国内两个市场、两种资源，进一步发展开放型经济，不断提高对外开放的水平。

要继续积极稳妥地推进政治体制改革，大力建设社会主义政治文明。全面建设小康社会，开创中国特色社会主义事业新局面，必须发展社会主义民主政治，充分调动广大人民群众的积极性、主动性和创造性，增强党和国家的活力，巩固和发展民主团结、生动活泼、安定和谐的政治局面。要把坚持党的领导、人民当家做主和依法治国统一于政治体制改革和社会主义民主政治建设的实践，统一于社会主义现代化建设的实践，以发展党内民主带动人民民主的发展，实现社会主义民主政治的制度化、规范化和程序化。要从中国国情出发，进一步完善民主制度，重点完善人民代表大会制度、中国共产党领导的多党合作和政治协商制度、民族区域自治制度以及基层民主制度，扩大公民有序的政治参与，推进决策的科学化民主化，保证人民依法实行民主选举、民主决策、民主管理和民主监督。要发挥我国社会主义政党制度的特点和优势，加强同民主党派的合作共事。要全面贯彻党的宗教信仰自由政策，依法管理宗教事务，坚持独立自主自办的原则，积极引导宗教与社会主义社会相适应。要进一步加强社会主义法制建设，加强和改进立法工作，加强执法监督，更好地贯彻依法治国方略、建设社会主义法治国家。要进一步改革和完善党的领导方式和执政方式，坚持党总揽全局、协调各方的原则，实行依法执政，更好地实施党对国家和社会的领导。要进一步深化行政管理体制改革和司法体制改革，提高行政效率，促进公平和正义在全社会的实现，更好地为人民服务。

要继续牢牢把握先进文化的前进方向，大力推进社会主义精神文明建设。实现全面建设小康社会的各项目标，推动经济社会协调发展，必须坚持以科学的理论武装人、以正确的舆论引导人、以高尚的精神塑造人、以优秀的作品鼓舞人，大力发展社会主义文化，为改革开放和社会主义现代化建设提供坚强的思想保证和智力支持。要坚持用“三个代表”重要思想武装全党、教育人民，深入进行党的基本理论、基本路线、基本纲领和基本经验的教育，坚持马克思主义在意识形态领域的指导地位，不断巩固党和人民团结奋斗的共同思想基础。要坚持弘扬和培育以爱国主义为核心的伟大民族精神，大力发扬创新精神，使全体人民始终保持昂扬向上的精神状态。要坚持依法治国和以德治国相结合，大力开展理想信念教育，切实加强思想道德建设，加强和改进新形势下的思想政治工作，广泛开展群众性的精神文明创建活动，努力建立与社会主义市场经济相适应、与社会主义法律规范相协调、与中华民族传统美德相承接的社会主义思想道德体系。要深化科技教育体制改革，推动科技教育创新，大力发展科学教育事业，更好地培养德智体美全面发展的社会主义建设者和接班人，更好地发挥科学技术在促进经济社会发展中的重大作用。要深化文化体制改革，积极推进各类文化事业和文化产业的发展，为人民群众提供更多更好的文化产品和文化服务，满足人民群众日益增长的精神文化需求。

要继续坚持“和平统一、一国两制”的方针，推进祖国和平统一大业。我们要坚持贯彻“一国两制”、“港人治港”、“澳人治澳”、高度自治的方针，严格按照香港特别行政区基本法和澳门特别行政区基本法办事，支持香港、澳门特别行政区的行政长官和政府依法施政，广泛团结港澳同胞和各界人士，进一步密切内地同香港、澳门的经贸关系，促进香港和澳门的繁荣稳定。实现祖国的完全统一，是海内外中华儿女的共同心愿，是中国政府和人民不可动摇的意志和决心，符合包括2300万台湾同胞在内的全中国人民的共同利益。我们将继续坚持“和平统一、一国两制”的基本方针，贯彻现阶段发展两岸关系、推进祖国和平统一进程的八项主张，团结广大台湾同胞，加强两岸人员往来和经济文化等领域的交流，维护台海和平，造福两岸人民。我们充分理解和尊重台湾同胞求和平、求安定、求发展的意愿和对民主的诉求。我们将以最大的诚意、尽最大的努力争取和平统一的前景。但对任何旨在制造“台湾独立”、“两个中国”、“一中一台”的言行，13亿中国人民都坚决反对。我们决不允许任何人以任何方式把台湾从中国分割出去。

要继续奉行独立自主的和平外交政策，努力争取较长时期的良好国际环境和周边环境。面对世界多极化和经济全球化趋势的不断发展和复杂多变的国际形势，我们将始终坚持维护世界和平、促进共同发展这一我国外交政策的宗旨，坚持冷静观察、沉着应对的方针和相互尊重、求同存异的精神，同世界各国人民一道，倡导国际关系民主化和发展模式多样化，反对各种形式的霸权主义和强权政治，反对一切形式的恐怖主义，推动建立公正合理的国际政治经济新秩序，共同推进人类和平与发展的崇高事业。我们将继续改善和发展同发达国家的关系，在和平共处五项原则的基础上，妥善解决分歧，扩大共同利益的汇合点。我们将继续坚持与邻为善、以邻为伴的方针，大力推进睦邻友好，加强区域合作。我们将继续加强同发展中国家的团结和合作，支持发展中国家维护自身的正当权益，增进相互理解和信任，加强相互帮助和支持。我们将继续积极参与多边外交活动，在联合国和其他国际及区域性组织中发挥建设性作用。中国的发展有利于亚洲和世界的和平与发展，中国永远是维护世界和平、促进共同发展的坚定力量。

要继续以加强党的执政能力建设为重点，全面推进党的建设新的伟大工程。中国共产党是中国特色社会主义事业的领导核心。实现全面建设小康社会的宏伟目标，不断开创中国特色社会主义事业新局面，关键在于加强和改进党的建设。要坚持以党的执政能力建设为重点，着眼于解决提高党的领导水平和执政水平、增强拒腐防变和抵御风险能力这两大历史性课题，坚持党要管党、从严治党，全面推进党的建设新的伟大工程。要把学习贯彻“三个代表”重要思想新高潮的活动引向深入，不断在武装头脑、指导实践、推动工作上取得新成效。要以提高素质为重点，加强党政领导班子、干部队伍和人才队伍的建设，形成一支能够担当重任、经得起风浪考验的高素质领导干部队伍和能够适应现代化建设需要的高素质人才队伍。始终保持同人民群众的血肉联系，是我们党的生命源泉，是我们党永远立于不败之地的根本保证。各级干部特别是领导干部都要自觉坚持和实践全心全意为人民服务的宗旨，按照立党为公、执政为民的本质要求，牢记“两个务必”，树立正确的政绩观，认真解决党风方面人民群众反映突出的问题，坚决克服和纠正形式主义、官僚主义，切实做到为民、务实、清廉。要进一步加大反腐倡廉的工作力度，坚持标本兼治、综合治理，建立、健全与社会主义市场经济体制相适应的教育、制度、监督并重的惩治和预防腐败体系，旗帜鲜明、毫不动摇地把反腐败斗争深入进行下去。

同志们，朋友们！

中国是有着几千年悠久文明历史的伟大国家，中国人民是创造了灿烂文化的伟大人民，中华民族是有着自强不息精神的伟大民族。在长期的历史进程中，中国人民辛勤劳动、艰苦创业，克服了无数的艰难险阻，创造了一个又一个人间奇迹。我们在建设社会主义伟大事业中取得的一切成就，都要归功于全国各族人民的团结奋斗，归功于我国社会主义制度的建立和发展。历史昭示我们，只有中国共产党才能领导中国人民建立社会主义制度，只有社会主义才能救中国、发展中国，只有坚持走中国特色社会主义道路才能实现中华民族的伟大复兴。这是中国近代以来特别是我们党领导人民奋斗的历史反复证明了的真理。这个真理，深刻地体现在毛泽东思想之中、体现在邓小平理论之中、体现在“三个代表”重要思想之中。只要我们沿着马克思主义真理开辟的广阔道路不断前进，任何困难都可以克服，任何风险和挑战都可以战胜，我们一定能胜利地到达社会主义现代化的光辉彼岸。

历史是一条奔流不息的长河。今天由昨天发展而来，明天是今天的延续。实现国家的现代化，实现祖国的完全统一，实现中华民族的伟大复兴，是毛泽东同志、邓小平同志和他们的战友们以及千百万革命先烈的伟大理想。他们为实现这一伟大理想殚精竭虑、前赴后继，谱写了中华民族历史上动人心魄、感人肺腑的壮丽诗篇。今天，历史的接力棒已经传到我们的手中。我们对毛泽东同志的最好纪念，就是把老一辈革命家历经千辛万苦开创的伟大事业继续推向前进，把实现中华民族伟大复兴的史诗继续谱写下去。这是历史赋予我们的神圣使命。我们的事业伟大而艰巨，我们的前程光明而美好。全体共产党员，全体共青团员，全体社会主义劳动者和中国特色社会主义事业建设者，一切热爱祖国的人们，都要更加紧密地团结起来，万众一心、发愤图强，艰苦奋斗、开拓创新，沿着中国特色社会主义道路，向着全面建设小康社会的宏伟目标、向着中华民族伟大复兴的光辉前景奋勇前进！

国家主席胡锦涛就伊朗发生强烈地震造成重大人员伤亡和财产损失向伊朗总统哈塔米致慰问电

党和国家领导人江泽民 温家宝 曾庆红 吴官正 李长春在北京出席纪念毛泽东同志诞辰110周年大型音乐会

十届全国人大常委会第六次会议举行全体会议

全国人大常委会委员长吴邦国出席会议。

本次常委会第一次全体会议，听取了中共中央政治局委员王兆国关于《中国共产党中央委员会关于修改宪法部分内容的建议》(以下简称《建议》)的说明，随后，常委会分组讨论了《建议》。常委会组成人员对《建议》一致给予了高度评价。委员长会议根据大家的共同意见，以《建议》为基础，拟定了《全国人民代表大会常务委员会关于提请审议〈中华人民共和国宪法修正案(草案)〉的议案(代拟稿)和宪法修正案(草案代拟稿)》，提请常委会审议。

今年9月至10月，全国人大常委会执法检查组对农村土地承包法的实施情况进行了检查，全国人大常委会副委员长乌云其木格在会议上报告了这次执法检查的情况。她说，从总体上看，全国农村土地承包关系稳定，农民土地承包经营权得到了有效保护，促进了农业和农村经济发展，维护了农村社会稳定。针对农村土地承包法实施中存在的违法批地用地、乱占滥用耕地等一些不容忽视的问题，检查组提出了进一步贯彻落实农村土地承包法的建议，并建议要尽快修改土地管理法。

会议还审议了十届全国人大常委会代表资格审查委员会关于补选代表的代表资格的审查报告，全国人大民族委员会、法律委员会、外事委员会、华侨委员会、环境与资源保护委员会关于十届全国人大一次会议主席团交付审议的代表提出的议案审议结果的报告。审议了全国人大代表团访问西班牙、德国、英国三国情况的书面报告，全国人大代表团访问毛里求斯、喀麦隆、利比亚、突尼斯四国情况的书面报告，全国人大代表团出席各国议会联盟第一百零九届大会和访问比利时、卢森堡两国情况的书面报告，全国人大代表团访问伊朗、肯尼亚、尼日利亚三国情况的书面报告，关于我国承办亚欧年轻议员会议第五届年会情况的书面报告，关于银行业监督管理法等三个法律草案修改意见的报告。

全国人大常委会副委员长成思危主持会议，全国人大常委会副委员长王兆国、李铁映、司马义·艾买提、何鲁丽、丁石孙、许嘉璐、蒋正华、顾秀莲、盛华仁、路甬祥、韩启德、傅铁山出席会议。国务委员陈至立、最高人民法院院长肖扬、最高人民检察院检察长贾春旺等列席会议。

全国政协主席贾庆林在内蒙古调研

12月26日至31日，贾庆林在内蒙古自治区党委书记储波、政府代主席杨晶等陪同下，先后到赤峰、包头、呼和浩特等地，深入乡村农户、企业车间和大学校园，就学习贯彻十六届三中全会和中央经济工作会议精神、加快经济社会发展、关心群众生产生活等问题，进行调查研究。

贾庆林首先赴赤峰市北部地震灾区，了解抗震救灾、恢复生产、重建家园的进展情况。贾庆林转达了胡锦涛总书记和党中央、国务院对受灾群众的关心与问候，鼓励他们要在当地党委政府的领导下，克服困难，尽快恢复生产，通过勤劳致富，过上幸福生活。他要求，各级党委和政府要进一步做好救灾工作，确保受灾群众在元旦、春节期间有足够的口粮、有御寒衣被、有过冬住处，使他们过一个欢乐、祥和、安定的节日。要早做准备，及时安排好开春的生产。要从长计议，扎实有效地做好各项基础性工作，增强抵御各种自然灾害的能力。

调研期间，贾庆林听取了内蒙古自治区党委、政府的工作汇报。他指出，一定要把解决好“三农”问题作为全党工作的重中之重，把增加农牧民收入作为农业和农村工作的中心任务，把维护粮食安全与增加农民收入有机结合起来、统一起来。一定要进一步深化经济体制改革，努力提高对内对外开放水平。一定要加强生态环境保护和建设，努力实现经济社会的可持续发展。

中共中央 国务院作出《关于进一步加强人才工作的决定》

为实现党的十六大提出的全面建设小康社会宏伟目标，大力实施人才强国战略，建设宏大的高素质人才队伍，现就进一步加强人才工作作出如下决定。

一、实施人才强国战略是党和国家一项重大而紧迫的任务

1. 人才问题是关系党和国家事业发展的关键问题。当今世界，多极化趋势曲折发展，经济全球化不断深入，科技进步日新月异，人才资源已成为最重要的战略资源，人才在综合国力竞争中越来越具有决定性意义。本世纪头20年是我国全面建设小康社会、开创中国特色社会主义事业新局面的重要战略机遇期。小康大业，人才为本。适应国内外形势的发展变化，完善社会主义市场经济体制，提高党的领导水平和执政水平，牢牢掌握加快发展的主动权，关键在人才。必须把人才工作纳入国家经济和社会发展的总体规划，大力开发人才资源，走人才强国之路。

党和国家历来十分重视人才工作，特别是改革开放以来，培养造就了各个领域的大批优秀人才，为推动社会主义现代化建设事业发挥了重要作用。进入新世纪、新阶段，党中央、国务院认真分析国际国内形势，全面贯彻"三个代表"重要思想，提出了人才强国战略，确立了新的历史条件下人才工作的基本思路和宏观布局，人才工作取得了显著成绩。但是，人才的总量、结构和素质还不能适应经济社会发展的需要，特别是现代化建设急需的高层次、高技能和复合型人才短缺；市场配置人才资源的基础性作用发挥不够，人才流动的体制性障碍尚未消除，人尽其才的用人机制有待完善。我国人才工作正处于需要进一步整合力量、全面推进的重要阶段。必须深刻认识人才工作的极端重要性和紧迫性，切实加强和改进党对人才工作的领导，紧紧抓住机遇，积极应对挑战，努力使人才工作迈上新的台阶。

2. 新世纪、新阶段人才工作的根本任务是实施人才强国战略。在建设中国特色社会主义伟大事业中，要把人才作为推进事业发展的关键因素，努力造就数以亿计的高素质劳动者、数以千万计的专门人才和一大批拔尖创新人才，建设规模宏大、结构合理、素质较高的人才队伍，开创人才辈出、人尽其才的新局面，把我国由人口大国转化为人才资源强国，大力提升国家核心竞争力和综合国力，完成全面建设小康社会的历史任务，实现中华民族的伟大复兴。

实施人才强国战略，必须以邓小平理论和"三个代表"重要思想为指导，贯彻落实十六大精神，根据人才资源是第一资源的科学判断，坚持党管人才原则，坚持以人为本，充分开发国内国际两种人才资源，紧紧抓住培养、吸引、用好人才三个环节，大力加强以党政人才、企业经营管理人才和专业技术人才为主体的人才队伍建设，努力把各类优秀人才集聚到党和国家各项事业中来，为全面建设小康社会提供坚强的人才保证和广泛的智力支持。实施人才强国战略的基本要求是：

——用"三个代表"重要思想统领人才工作。"三个代表"重要思想是推进新世纪、新阶段人才工作的根本指针。按照发展先进生产力、先进文化和实现最广大人民群众根本利益的要求，坚决贯彻尊重劳动、尊重知识、尊重人才、尊重创造的方针，把"三个代表"重要思想贯穿于人才工作的全过程，努力开创人才工作新局面。

——把促进发展作为人才工作的根本出发点。发展是我们党执政兴国的第一要务。树立全面、协调、可持续的发展观，促进经济社会和人的全面发展。人才工作的目标任务要围绕发展来确立，人才工作的政策措施要根据发展来制定，人才工作的成效要用发展来检验。

——树立科学的人才观。人才存在于人民群众之中。只要具有一定的知识或技能，能够进行创造性劳动，为推进社会主义物质文明、政治文明、精神文明建设，在建设中国特色社会主义伟大事业中作出积极贡献，都是党和国家需要的人才。要坚持德才兼备原则，把品德、知识、能力和业绩作为衡量人才的主要标准，不唯学历、不唯职称、不唯资历、不唯身份，不拘一格选人才。鼓励人人都做贡献，人人都能成才。

——加强人才资源能力建设。坚持把能力建设作为人才资源开发的主题。加大对人才工作的投入，优先发展科学教育事业，努力把人口压力转变为人力资源优势，为各类人才不断涌现和充分发挥作用奠定坚实基础。

——坚持三支人才队伍建设一起抓。党政人才、企业经营管理人才和专业技术人才是我国人才队伍的主体，必须坚持分类指导，整体推进。着重培养造就大批适应改革开放和社会主义现代化建设的高层次和高技能人才，带动整个人才队伍建设。

——推进人才结构调整。按照统筹城乡发展、统筹区域发展、统筹经济社会发展、统筹人与自然和谐发展、统筹国内发展和对外开放的要求，加快人才结构调整，优化人才资源配置，促进人才合理分布，发挥人才队伍的整体功能。

——创新人才工作机制和优化环境。人才的活力取决于机制和环境。遵循人才资源开发规律，坚持市场配置人才资源的改革取向，加强和改善宏观调控，建立充满生机与活力的人才工作机制。着力营造有利于优秀人才大量涌现、健康成长的良好氛围，形成鼓励人才干事业、支持人才干成事业、帮助人才干好事业的社会环境。

二、以能力建设为核心,大力加强人才培养工作

3. 人才资源能力建设是人才培养的核心。树立大教育、大培训观念,在提高全民思想道德素质、科学文化素质和健康素质的基础上,重点培养人的学习能力、实践能力,着力提高人的创新能力。围绕创新能力建设,根据各类人才的特点,研究制定人才资源能力建设标准。改革教育培训的机制、内容和方法,加大教育培训力度。坚持学习与实践相结合、培养与使用相结合,促进人才在实践中不断增长知识,提升能力。加强爱国主义、集体主义、社会主义教育,树立正确的世界观、人生观、价值观,发扬拼搏奉献精神、艰苦创业精神、团结协作精神和诚实守信精神,促进各类人才的全面发展。

4. 加快构建现代国民教育体系,更好地为经济社会全面发展培养人才。教育是培养人才的基础。按照面向现代化、面向世界、面向未来的要求,坚持教育为社会主义现代化建设服务,为人民服务,以社会需求为导向,大力推进教育创新,提高教育质量和管理水平。统筹城乡教育,进一步加强农村教育。全面普及九年义务教育,积极发展高中阶段教育,全面推进素质教育。着眼国家发展和战略需要,深化高等教育体制改革,加强高等教育与经济社会的紧密结合,调整学科和专业结构,创新人才培养模式,建立教育培养与人才需求结构相适应的有效机制。加快建设若干所世界一流大学、一批高水平大学与重点学科。加强高校领导班子和师资队伍建设,充分发挥高校的人才培养重要基地作用。适应走新型工业化道路和优化产业结构的要求,大力推进职业教育的改革和发展。

5. 加快构建终身教育体系,促进学习型社会的形成。在全社会进一步树立全民学习、终身学习理念,鼓励人们通过多种形式和渠道参与终身学习,积极推动学习型组织和学习型社区建设。加强终身教育的规划和协调,优化整合各种教育培训资源,综合运用社会的学习资源、文化资源和教育资源,完善广覆盖、多层次的教育培训网络,构建中国特色的终身教育体系。进一步改革和发展成人教育。加强各类人才的培训和继续教育工作。继续做好选派各类人才出国(境)培训工作。强化用人单位在人才培训中的主体地位,鼓励在职自学,完善带薪学习制度。制定科学规范的质量评估和监督办法,提高教育培训成效。

三、坚持改革创新,努力形成科学的人才评价和使用机制

6. 建立以能力和业绩为导向、科学的社会化的人才评价机制。坚持走群众路线,注重通过实践检验人才。完善人才评价标准,克服人才评价中重学历、资历,轻能力、业绩的倾向。根据德才兼备的要求,从规范职位分类与职业标准入手,建立以业绩为依据,由品德、知识、能力等要素构成的各类人才评价指标体系。改革各类人才评价方式,积极探索主体明确、各具特色的评价方法。完善人才评价手段,大力开发应用现代人才测评技术,努力提高人才评价的科学水平。

党政人才的评价重在群众认可。树立科学的发展观和正确的政绩观,坚持群众公认、注重实绩的原则。进一步完善民主推荐、民主测评、民主评议制度,把群众的意见作为考核评价党政人才的重要尺度。制定不同层次、不同类型党政人才的岗位职责规范,建立符合科学发展观要求的干部政绩考核体系和考核评价标准。完善定期考核和日常考核制度,改进考核方法。建立、健全考核工作责任制。

企业经营管理人才的评价重在市场和出资人认可。发展企业经营管理人才评价机构,探索社会化的职业经理人资质评价制度。完善反映经营业绩的财务指标和反映综合管理能力等非财务指标相结合的企业经营管理人才评价体系,积极开发适应不同类型企业经营管理人才的考核测评技术。改进国有资产出资人对国有企业经营管理者考核评价工作,围绕任期制和任期目标责任制,突出对经营业绩和综合素质的考核。

专业技术人才的评价重在社会和业内认可。以打破专业技术职务终身制为重点,研究制定深化职称制度改革的指导意见。全面推行专业技术职业资格制度,加快执业资格制度建设。积极探索资格考试、考核和同行评议相结合的专业技术人才评价方法。发展和规范人才评价中介组织,在政府宏观指导下,开展以岗位要求为基础、社会化的专业技术人才评价工作。积极推进专业技术人才执业资格国际互认。

7. 建立以公开、平等、竞争、择优为导向,有利于优秀人才脱颖而出、充分施展才能的选人用人机制。

以扩大民主、加强监督为重点,进一步深化党政干部选拔任用制度改革,不断提高科学化、民主化、制度化水平。完善选任制,改进委任制,规范考任制,推行聘任制。改进公开选拔、竞争上岗的办法。加大选拔任用优秀年轻干部的力度,为他们的成长提供"快车道"。逐步推行党政领导干部职务任期制,建立和完善干部正常退出机制,实行优胜劣汰,增强干部队伍活力。

以推进企业经营管理者市场化、职业化为重点,坚持市场配置、组织选拔和依法管理相结合,改革和完善国有企业经营管理人才选拔任用方式。对国有资产出资人代表依法实行派出制或选举制。对经理人推行聘任制,实行契约化管理。按照企业发展战略和市场取向,拓宽选人视野,吸引国际国内一流人才到企业任职。大力扶持能够整合生产要素、利用社会资源和聚

集各类人才积极创业的经营管理人才。

以推行聘用制和岗位管理制度为重点，深化事业单位人事制度改革。按照政事职责分开、单位自主用人、个人自主择业、政府依法监管的要求，建立符合各类事业单位特点的用人制度。推行聘用制和岗位管理制度，促进由固定用人向合同用人、由身份管理向岗位管理的转变。研究制定事业单位人事管理条例，规范按需设岗、竞聘上岗、以岗定酬、合同管理等管理环节，逐步做到人员能进能出，职务能上能下，待遇能高能低。

四、建立和完善人才市场体系，促进人才合理流动

8. 建立和完善人才市场体系。根据完善社会主义市场经济体制的要求，全面推进机制健全、运行规范、服务周到、指导监督有力的人才市场体系建设，进一步发挥市场在人才资源配置中的基础性作用。建立和完善人才市场机制。遵循市场规律，进一步发挥用人单位和人才的市场主体作用，促进企事业单位通过市场自主择人和人才进入市场自主择业。针对人才资源的特殊性，按照人才的市场供求关系，通过实现人才自身价值与满足社会需求相结合，有效解决人才供求矛盾。推进政府部门所属人才服务机构的体制改革，实现管办分离、政事分开。引导国有企事业单位转换用人机制，积极参与市场竞争。努力形成政府部门宏观调控、市场主体公平竞争、行业协会严格自律、中介组织提供服务的运行格局。消除人才市场发展的体制性障碍，使现有各类人才和劳动力市场实现联网贯通，加快建设统一的人才市场。健全专业化、信息化、产业化、国际化的人才市场服务体系。

9. 促进人才合理流动。进一步消除人才流动中的城乡、区域、部门、行业、身份、所有制等限制，疏通三支队伍之间、公有制与非公有制组织之间、不同地区之间的人才流动渠道。发展人事代理业务，改革户籍、人事档案管理制度，放宽户籍准入政策，推广以引进人才为主导的工作居住证制度，探索建立社会化的人才档案公共管理服务系统。鼓励专业技术人才通过兼职、定期服务、技术开发、项目引进、科技咨询等方式进行流动。加强对人才流动的宏观调控，采取有效措施，引导人才向西部地区、基层和艰苦地区等社会最需要的地方流动，鼓励人才安心基层工作。制定人才流动和人才市场管理的法律、法规，完善人事争议仲裁制度。加强人才流动中国家秘密和商业秘密的保护，依法维护用人单位和各类人才的合法权益，保证人才流动的开放性和有序性。

五、以鼓励劳动和创造为根本目的，加大对人才的有效激励和保障

10. 完善分配激励机制。完善按劳分配为主体、多种分配方式并存的分配制度，坚持效率优先、兼顾公平，各种生产要素按贡献参与分配。针对各类人才的特点，建立、健全与社会主义市场经济体制相适应、与工作业绩紧密联系、鼓励人才创新创造的分配制度和激励机制。加强对收入分配的宏观管理，整顿和规范分配秩序。

结合完善国家公务员制度，逐步建立综合体现工作职责、能力、业绩、年功等因素，职务与职级相结合的公务员工资制度。适当拉开不同职务和职级之间的收入差距，增强职级的激励功能。建立公务员工资与国民经济发展相协调、与社会进步相适应、与企业相当人员平均工资大体持平的工资水平决定机制。完善艰苦边远地区津贴制度，实施中央政府统一调控下分级管理的地区附加津贴制度。对国家机关特殊专门人才，实行特殊的工资、津贴政策。

结合事业单位体制改革和人事制度改革，逐步建立符合各种类型事业单位特点、体现岗位绩效和分级分类管理的事业单位薪酬制度。收入分配政策向关键岗位和优秀人才倾斜。指导事业单位积极探索生产要素按贡献参与分配的实现形式和办法。加大对基础教育、基础研究、战略高技术研究、重要公益研究等事业单位的分配政策扶持力度。制定完善专业技术人员兼职兼薪的管理办法。

结合深化国有资产管理体制改革和建立现代企业制度，逐步建立市场机制调节、企业自主分配、职工民主参与、政府监控指导的企业薪酬制度。坚持按劳分配与按生产要素分配相结合、短期激励与中长期激励相结合、激励和约束相结合的原则，将经营者薪酬与其责任、风险和经营业绩直接挂钩。不断改善收入结构，逐步建立与市场价格接轨、合理有效的激励机制。在分类指导、分步实施的基础上，进一步完善国有企业经营者年薪制。

建立、健全现代产权制度，探索产权激励机制。鼓励有条件的企业对作出突出贡献的经营管理人才、专业技术人才实行期权、股权激励。依法保护知识产权。探索建立人才资本及科研成果有偿转移制度。

11. 建立规范有效的人才奖励制度。坚持精神奖励和物质奖励相结合的原则，建立以政府奖励为导向、用人单位和社会力量奖励为主体的人才奖励体系，充分发挥经济利益和社会荣誉双重激励作用。建立国家功勋奖励制度，对为国家和社会发展作出杰出贡献的各类人才给予崇高荣誉并实行重奖。进一步规范各类人才奖项。坚持奖励与惩戒相结合，做到奖惩分明，实现有效激励。

12. 建立、健全人才保障制度。积极探索机关和事业单位社会保障制度改革，进一步完善企业社会保障

制度,为推进人才工作深入发展提供保障。根据各类人才的特点和需要,采用多种形式,逐步建立重要人才国家投保制度。完善机关、企业、事业单位人才流动中的社会保险衔接办法。加快福利制度改革,逐步实现福利货币化,不断改善各类人才的生活待遇。

六、突出重点,切实加强高层次人才队伍建设

13. 把高层次人才队伍建设摆上重要位置。中高级领导干部、优秀企业家和各领域高级专家等高层次人才,是人才队伍建设的重点。实施国家高层次人才培养工程,制定符合我国国情和国际化要求的培养规划,针对不同特点,实行分类培养。不断推进制度创新,形成有利于高层次人才成长的机制和环境。

以加强思想政治建设和执政能力建设为核心,培养造就一批忠诚实践"三个代表"重要思想、善于治党治国治军的政治家。强化理论武装和实践锻炼,坚持立党为公、执政为民,着力解决领导干部理想信念、政治方向、政治纪律、宗旨观念等根本问题。大力提高中高级领导干部科学判断形势的能力、驾驭市场经济的能力、应对复杂局面的能力、依法执政的能力和总览全局的能力。

以提高战略开拓能力和现代化经营管理水平为核心,加快培养造就一批熟悉国际国内市场、具有国际先进水平的优秀企业家。遵循企业家成长规律,培养企业家职业精神,提高企业家职业化水平。建立完善企业家激励约束机制,调动和保护企业家勇于竞争和持续创业的热情。实施"走出去"战略,发展具有国际竞争力的大公司、大企业集团,鼓励企业家在更大范围、更广领域和更高层次上参与国际经济技术合作和竞争。加快建立、健全现代企业制度,完善公司法人治理结构,为企业家的成长和创业提供广阔的空间和舞台。

以提高创新能力和弘扬科学精神为核心,加快培养造就一批具有世界前沿水平的高级专家。坚持自然科学和社会科学并重,基础研究与应用研究并重,依托新世纪百千万人才工程等国家重大人才培养计划、重大科研和建设项目、重点学科和科研基地以及国际学术交流与合作项目,积极推进创新团队建设,加大学科带头人的培养力度。建立开放、流动、竞争、协作的科学研究机制,进一步破除科学研究中的论资排辈和急功近利现象,抓紧培养造就一批中青年高级专家。坚持"双百"方针,形成鼓励创新、鼓励探索的良好氛围。努力改善工作条件,大力营造激发创新活力的工作环境。弘扬爱国主义精神,提高科学道德水平,激励各领域专家奋力攻关,勇攀事业高峰。重视加强国防科技高层次人才队伍建设。注意发挥老专家、老教授的作用。改进和完善院士制度、政府特殊津贴制度、博士后制度以及其他高层次人才培养制度,进一步形成培养选拔高级专家的制度体系。

中央和省部两级要着眼于党和国家各项事业长远发展的需要,建设一支数量充足、素质优良、门类齐全、结构合理的省部级和地厅级后备干部队伍。同时,建立高层次人才库,直接联系一批优秀企业家和各类高级专家。设立和调整高层次人才专项资金,鼓励用人单位和社会各界在工作上、生活上为高层次人才提供保障,激发他们的贡献热情和创造潜能,充分发挥他们在人才队伍建设中的示范带动作用。

14. 加大吸引留学和海外高层次人才工作力度。继续贯彻支持留学、鼓励回国、来去自由的方针,鼓励留学人员以不同方式为祖国服务。按照拓宽留学渠道、吸引人才回国、支持创新创业、鼓励为国服务的要求,制定和实施留学人才回归计划,重点吸引高层次人才和紧缺人才。采取团队引进、核心人才带动引进、高新技术项目开发引进等方式,建立符合留学人员特点的引才机制。建立全国统一的留学人才信息系统和留学人才库,完善留学人才的评价认定制度,提高吸引高层次留学人才工作的针对性和实效性。加大对高层次留学人才的回国资助力度,切实解决留学回国人员的实际困难和问题。制定鼓励和支持留学人员回国创业政策,大力加强留学人员创业基地建设。健全留学人才为国服务的政策措施,鼓励他们以多种形式为国家建设作贡献。

坚持以我为主、按需引进、突出重点、讲求实效的方针,积极引进海外人才和智力。制定和实施国家引进海外人才规划,建立海外人才评价和准入制度。重点引进高新技术、金融、法律、贸易、管理等方面的高级人才以及基础研究方面的紧缺人才。按照国际惯例和市场规则,抓紧制定投资移民法、技术移民法和海外高级人才聘用管理办法。研究制定聘用海外高级人才从事公务工作的办法。对引进的海外高级人才实行在华长期居留或永久居留制度。鼓励和吸引海外华人华侨专家为我国现代化建设服务。建立和完善国际人才市场,发展和规范引进海外人才中介组织,保护应聘海外人才和聘用单位的合法权益。

15. 加强和改进国家重要人才安全工作。高度重视和充分信任国家重要人才。通过立法维护国家重要人才安全,有效防止重要人才流失。制定政策法规,提高重要人才待遇,保障重要人才权益,规范重要人才流动。建立国家重要人才的信息档案,实施动态管理。

七、推进人才资源整体开发,实现人才工作协调发展

16. 坚持人才资源开发与经济社会发展相协调。把人才工作作为制定国民经济和社会发展规划的重要内容,建立、健全人才资源开发宏观调控体系。适应经济社会发展对人才总量、结构和素质的需求,有效盘活

人才存量，大幅度提高人才增量，不断提升人才素质，调整和优化人才结构。紧密配合国家重大发展战略的实施，开发和配置人才资源。采取有力措施，促进人才在城乡、区域、产业、行业和不同所有制之间的合理分布。推进人才资源整体开发，抓紧培养各类紧缺人才。重视培养妇女人才、少数民族人才和党外人才。注意发挥离退休人才的作用。积极做好在振兴东北地区等老工业基地中的人才工作。不断扩大人才工作覆盖面，实现各类人才队伍建设的协调发展。

17. 进一步做好西部和民族地区人才工作。西部大开发和民族地区建设，人才是关键。要树立正确的用人观念，制定灵活的用人政策，创造良好的用人机制和环境，稳定和用好现有人才，重视开发少数民族人才，积极引进急需人才。大力发展西部教育事业，强化职业教育，加大培养和培训工作力度，壮大人才队伍。逐步提高西部地区各类人才的收入水平，制定鼓励人才到西部地区工作特别是长期工作的优惠政策。坚持产业聚才，项目引才，积极构建吸引各类人才到西部建功立业的事业平台。采取灵活多样的人才柔性流动政策，支持大中城市专业技术人员到西部地区基层提供服务，把引进人才与引进智力结合起来。进一步加强对西部和民族地区人才工作的支持，完善中央国家机关、东中部地区与西部和民族地区干部交流机制，加大县处级以上党政主要领导干部的交流力度。继续做好对口支援西藏、新疆以及其他地区的工作。加强贫困地区人才队伍建设。

18. 重视非公有制经济组织和社会组织人才工作。非公有制经济组织和社会组织中汇集着越来越多的人才，是我国人才队伍的重要组成部分。要把新的社会阶层中的各类人才纳入党和政府的工作范围，努力形成与社会主义初级阶段基本经济制度相适应的人才思想观念和人才创业机制。要消除体制和政策障碍，在政治上对非公有制经济组织和社会组织人才一视同仁，在政府奖励、职称评定等人才政策上统一安排，在面向社会的资助、基金、培训项目、人才信息库等公共资源运用上平等开放，在改善创业环境和工作生活条件上积极提供服务。

19. 加强高技能人才和农村实用人才队伍建设。工人队伍中的高技能人才，是推动技术创新和实现科技成果转化不可缺少的重要力量。实施国家高技能人才培训工程和技能振兴行动，通过学校教育培养、企业岗位培训、个人自学提高等方式，加快高技能人才的培养。充分发挥高等职业院校和高级技工学校、技师学院的培训基地作用，扩大培训规模，提高培训质量。充分发挥企业的主体作用，强化岗位培训，组织技术革新和攻关，改进技能传授方式，促进岗位成才。完善技能人才的职业资格证书制度，推进技师考评制度改革，实行培训、考核、使用和待遇相结合，逐步建立统一标准、自主申报、社会考核、企业聘用的高技能人才成长机制。进一步提高高技能人才的社会地位，优化高技能人才成长的社会环境。

根据推动农村经济社会发展和城乡协调发展的需要，大力加强农村科技、教育、文化、卫生和经营管理等实用人才队伍建设。继续实施县乡村实用人才工程和农民教育培训工程。充分发挥农村职业学校、成人文化技术学校、农村现代远程教育网络和各种农业技术推广培训机构的作用，加快农业科技示范园区和先进适用技术推广相关基础设施建设，实行农科教相结合，努力提高广大农村劳动者的素质，激励农村实用人才快速成长。高度重视农村富余劳动力资源的开发，加强农村劳动力转移就业培训工作。加强人才和智力扶贫。建立、健全农村人才服务体系。

20. 大力抓好青年人才队伍建设。培养造就一大批素质优良、勇于创新的青年人才，是实现人才工作可持续发展的迫切需要。建立和完善各类青年人才工作制度，支持优秀青年人才脱颖而出。加强以爱国主义为核心的民族精神教育，引导青年人才把个人成长与全面建设小康社会的伟大事业紧密结合起来，鼓励他们在艰苦复杂的环境和丰富的社会实践中锻炼成长。在重大科研和工程项目实施中要把培养青年人才作为一项重要任务。高校毕业生是国家十分宝贵的人才资源，是青年人才的重要来源。各级党委和政府要高度重视，坚持以社会需求为导向，建立和完善高校毕业生就业工作机制，切实使用好这一宝贵资源。

八、坚持党管人才原则，努力开创人才工作新局面

21. 大力实施人才强国战略，必须坚持党管人才原则。坚持党管人才原则，是我们党适应全面建设小康社会的新任务，按照完善社会主义市场经济体制的新要求，根据党所处历史方位的新变化，着眼于改革和完善党的领导方式和执政方式、提高党的执政能力作出的重大决策，是人才工作沿着正确方向前进的根本保证。各级党委和政府要把人才工作作为一项重大而紧迫的战略任务，切实抓紧抓好。坚持党总揽全局、协调各方的原则，充分发挥党的思想政治优势、组织优势和密切联系群众的优势，发挥党委领导核心作用，形成党委统一领导，组织部门牵头抓总，有关部门各司其职、密切配合，社会力量广泛参与的人才工作新格局。要把人才工作纳入各级党政领导班子工作目标责任制，定期进行考核。各级党政主要负责同志对于做好人才工作负有重要责任，要树立强烈的人才意识，善于发现人才、培养人才、集聚人才、服务人才，做到知人善任、唯才是举、广纳群贤。

做好人才工作是加强和改进党的建设的重要内容。各级党组织要加强对党员的教育培养，努力使广大党员成为学习的模范、劳动的模范、创新的模范、贡献的模范，在成才的道路上发挥带头作用。要注重从各类优秀人才中发展党员和培养党的各级干部，把更多的优秀人才集聚到党的各级组织中来。

22. 党管人才主要是管宏观，管政策，管协调，管服务。各级党委要按照管好用活的要求，搞好统筹规划，制定人才工作重大方针政策，明确发展目标，推进各类人才队伍建设协调发展；坚持分类指导，针对各类人才的不同特点和成长规律，创新人才工作理论、体制和方法，使人才各得其所、各尽其能；注重整合力量，建立统分结合、协调高效的工作机制，充分调动一切积极因素，形成人才工作合力；积极提供服务，通过政策支持、精神激励和环境保障，不断改善各类人才的工作与生活条件，以感情和人格的力量，提高对人才的吸引力和感召力；实行依法管理，加快推进人才工作法制化建设，增强工作的规范性和有效性。要用事业造就人才，用环境凝聚人才，用机制激励人才，用法制保障人才，把全社会人才的积极性和创造性引导好、保护好、发挥好。努力把人才优势转化为知识优势、科技优势和产业优势，使一切劳动、知识、技术、管理和资本的活力竞相迸发，一切创造社会财富的源泉充分涌流。

23. 全面贯彻党管人才原则，必须动员和组织全社会力量，加大投入，完善法制，优化环境。牢固树立人才投入是效益最大的投入的观念，不断加大对人才工作的投入力度。健全政府、社会、用人单位和个人多元人才投入机制。中央及地方各级政府要根据人才工作实际需要，在财政预算中安排必要的资金，用于高层次人才培养、紧缺人才引进、西部人才开发、公派留学生等工作。在重大建设和科研项目经费中，要划出一定份额用于人才开发。加强对人才投入资金使用的监督管理，切实提高人才投入效益。加大人才工作立法力度，围绕人才培养、吸引、使用等基本环节，建立、健全中国特色人才工作法律、法规体系。积极运用现代科技手段，加强人才信息网络建设。充分发挥工会、共青团、妇联等人民团体在人才工作中的重要作用。大力加强舆论宣传，为人人竞相成才和充分施展才能创造良好的社会环境。

时代呼唤人才，人才推进事业。全党和全国各族人民紧密团结在以胡锦涛同志为总书记的党中央周围，在马克思列宁主义、毛泽东思想、邓小平理论和“三个代表”重要思想指引下，全面贯彻十六大精神，大力实施人才强国战略，关心人才工作，研究人才工作，宣传人才工作，做好人才工作，为全面建设小康社会、实现中华民族的伟大复兴而努力奋斗！

中央纪委 监察部发出通知要求元旦春节期间严格遵守廉洁自律规定反对铺张浪费

《人民日报》发表社论《千方百计促进农民增收》

不平凡的2003年即将过去。辞旧迎新之际，党中央、国务院召开中央农村工作会议，研究和部署明年的农业和农村工作，充分体现了党中央在新形势下把解决“三农”问题作为全党工作重中之重的战略意图。这次会议按照党的十六大、十六届三中全会和中央经济工作会议的部署，对促进农民增收、保障粮食供给和深化农村改革等提出了一系列更加有力的政策措施，必将对今后一个时期的农业和农村工作产生深远的影响。

今年我国农业和农村经济经受了严峻的考验，在战胜了“非典”疫情的严重冲击和多种自然灾害的严重影响之后，仍然取得了稳步发展的好成绩，为保持我国改革、发展、稳定的大好局面提供了重要支撑。但是农村发展中还存在诸多深层次的矛盾和问题，农业仍然是经济发展全局中最为薄弱的环节，农民增收困难又是当前“三农”问题最集中的体现。全国农民人均纯收入增长缓慢，城乡居民的收入差距扩大，已成为影响国民经济持续快速协调健康发展的重要制约因素。

农民增收难，主要难在粮食主产区，主产区农民的收入增长幅度已连续几年低于全国平均水平，一些纯农户的收入持续徘徊甚至下降，不仅影响种粮农民生活水平的提高，而且严重挫伤他们的生产积极性，影响粮食和农产品的供给。这次会议研究制定的政策措施，一个重要的着力点就是要调动粮食主产区和种粮农民的积极性，把保障粮食供给和增加农民收入结合起来。抓住了种粮农民的增收问题，就抓住了农民增收的重点；保持和提高主产区的粮食生产能力，就稳住了全国粮食的大局。

我国是一个农业大国，农民占全国人口的绝大多数。千方百计促进农民增收，事关全局，意义重大，既是当前的紧迫任务，又是今后的长远目标；既是重大的经济问题，也是重大的政治问题。农民的钱袋鼓不起来，必然会缩减消费支出，造成农村市场的萎缩，影响国内需求的扩大和就业岗位的增加，使国民经济失去持续快速发展的动力，进而影响经济社会发展的全局。从一定意义上说，把农民收入搞上去，就能进一步走活经济社会发展的整盘棋。

新阶段的农业和农村发展，面临着资源和市场的双重约束、发展经济与保护环境的双重压力、国内市场与国际市场的双重挑战和经济结构与就业结构的双重调整，在这样的背景下促进农民增收，无疑是一项艰巨而繁重的任务。要破解这道难题，必须准确把握新阶段的规律,按照统筹城乡经济社会发展的要求,采取更有针对性的措施,既要把农业和农村内部增收的文章做足做好,又要继续推进农村劳动力转移就业,努力在农业和农村外部寻求增收途径;既要全方位拓展农民就业和增收的空间,又要分类指导、突出重点,把国家有关扶持政策向种粮农民、贫困人口和受灾群众倾斜;既要充分发挥市场机制的作用,调动农民自主创业增收的积极性,又要加强政府对农业的支持保护,调整国民收入分配结构,发挥国家政策对农民增收的导向和带动作用。

千方百计促进农民增收,是全党全社会的共同责任,要进一步把认识统一到中央的部署上来,把目标统一到增收的任务上来,把行动统一到支农的要求上来。各行各业都要真情关爱农民,真心帮助农民,真诚对待农民,多给农业一些支持,多给农村一些倾斜,多给农民一些实惠。

千方百计促进农民增收,必须真抓实干,狠抓落实。中央关于促进农民增收的各项政策措施已经明确,关键在于各地各部门要把中央的政策不折不扣地落实到位,不走样、不截留,该给的给足,该减的减够,该放的放开。各级干部要切实转变作风,深入基层,深入农村,为农民增收出主意,想办法,办实事,多服务。

全面建设小康社会,重点在农村,难点在农民增收。各级党委、政府必须认真贯彻"三个代表"重要思想,从实现好、维护好、发展好广大农民群众根本利益的高度,增强促进农民增收的紧迫感和自觉性,振奋精神,扎实工作,尽快实现农民收入的较快增长,努力开拓农业和农村工作的新局面。

国务院任命陈宜瑜为第五届国家自然科学基金委员会主任

国务院副总理吴仪在中南海会见沙特基础工业公司副董事长兼总裁穆罕默德·阿·马迪

12月27日

十届全国人大常委会第六次会议闭幕

全国人大常委会委员长吴邦国主持会议并发表讲话。

会议经过表决,以全票通过,将全国人大常委会关于提请审议宪法修正案草案的议案提请十届全国人大二次会议审议。

会议表决通过了银行业监督管理法,全国人大常委会关于修改中国人民银行法的决定、关于修改商业银行法的决定。国家主席胡锦涛分别签署第11、12、13号主席令,予以公布。这3部法律和决定自2004年2月1日起施行。

会议经过表决,通过了全国人大常委会关于召开十届全国人大二次会议的决定,决定十届全国人大二次会议于2004年3月5日在北京召开。

会议还表决通过了全国人大常委会关于批准中国和俄罗斯关于移管被判刑人的条约的决定、关于批准中国和泰国关于刑事司法协助的条约的决定。

会议表决通过了全国人大常委会代表资格审查委员会关于补选代表的代表资格的审查报告。全国人大常委会发布公告,确认何锦龙、刘和平的代表资格有效。根据代表法的有关规定,陈满生、鄢良钟的代表资格终止。现在十届全国人大实有代表2977人。

会议通过了全国人大民族委员会、法律委员会、外事委员会、华侨委员会、环境与资源保护委员会关于十届全国人大一次会议主席团交付审议的代表提出的议案审议结果的报告。

鉴于苏宁同志已另有任用,会议表决通过,免去苏宁的全国人大常委会预算工作委员会副主任职务。会议还通过了其他任免名单。

全国人大常委会副委员长王兆国、李铁映、司马义·艾买提、何鲁丽、丁石孙、成思危、许嘉璐、蒋正华、顾秀莲、盛华仁、路甬祥、乌云其木格、韩启德、傅铁山出席会议。国务院副总理曾培炎、最高人民法院院长肖扬、最高人民检察院检察长贾春旺列席会议。

全国人大常委会委员长吴邦国在十届全国人大常委会第六次会议上发表重要讲话

吴邦国强调,修改宪法是国家政治生活中的一件大事。做好修改宪法部分内容的工作,是当前全国人大及其常委会的一项重要任务。我们一定要认真学习领会中央关于这次修宪工作的精神,集中集体智慧,把党的主张和人民的意志有机统一起来,把宪法修改好、完善好。

吴邦国强调,宪法是国家的根本大法,是治国安邦的总章程。宪法作为保持国家统一、民族团结、经济发展、社会进步和长治久安的法律基础,是中国共产党带领全国各族人民建设中国特色社会主义的法制保证。宪法确认了我国各族人民长期奋斗的成果,规定了国家的根本制度和根本任务、公民的基本权利和义务,以及国家生活中最重要的原则,具有最大的权威和最高的法律效力,在中国特色社会主义法律体系中居核心地位、起统帅作用。他说,实践充分证明,我国现行宪法是一部好宪法,在国家政治、经济、文化和社会生活中发挥着极其重要的作用,总体上是适应改革开放和社会主义现代化建设需要的,应当保持稳定。宪法稳定是国家稳定的基础。同时,宪法也有一个与时俱进的问题。根据党的十六大精神,在宪法中确立"三个代表"重要思想在国家政治和社会生活中的指导地位,把实践中取得的、并被实践证明是成熟的重大认识和重要经验写入宪法,反映了全党全国人民的共同愿望,将使宪法更加完善,更加适应全面建设小康社会、开创中国特色社会主义事业新局面的要求,有利于更好地发挥宪法作为国家根本法的作用,也使宪法更加符合我国的国情,更好地体现时代精神。

吴邦国指出,从本次会议开始,修宪工作已进入全国人大及其常委会的法定程序。做好修改宪法部分内容的工作,是当前全国人大及其常委会的一项极其重要的任务。宪法赋予全国人大修改宪法的崇高使命,我们要不辱使命,确保圆满完成这次修宪任务。对此,吴邦国提出三点要求:一是切实加强党的领导,充分发扬民主,广泛听取各方面意见,严格依法办事。要认真学习领会中央关于这次修宪工作的精神,集中集体智慧,把党的主张和人民的意志有机统一起来,把宪法修改好、完善好。二是修改宪法必须坚持正确的政治方向,坚持四项基本原则,立足我国国情,立足我国改革开放和现代化建设的实际,做到有利于加强和改善党的领导,有利于发挥社会主义制度的优越性,有利于调动广大人民群众的积极性,有利于维护国家统一、民族团结和社会稳定,有利于促进经济发展和社会全面进步。三是组织好对宪法和中央修宪建议及宪法修正案草案的学习,为十届全国人大二次会议审议宪法修正案草案做好充分准备,并通过修改宪法工作,进一步普及宪法知识,提高对宪法在国家生活中的重要地位和作用的认识,增强宪法意识和法制观念,更好地维护宪法的尊严,保证宪法的实施。

吴邦国在讲话中还简要回顾了2003年全国人大及其常委会的工作,并对做好2004年的工作提出了原则要求。他强调,我们要团结在以胡锦涛同志为总书记的党中央周围,坚持以邓小平理论和"三个代表"重要思想为指导,牢固树立党的观念、政治观念、大局观念和群众观念,紧紧围绕党和国家的中心任务,紧紧围绕关系改革发展稳定的重大问题,紧紧围绕维护广大人民群众切身利益的要求,切实履行宪法和法律赋予的职责,继往开来,奋发进取,扎扎实实地把人大各项工作提高到一个新的水平。

国家主席胡锦涛签署第11号令公布《中华人民共和国银行业监督管理法》

《中华人民共和国银行业监督管理法》已由中华人民共和国第十届全国人民代表大会常务委员会第六次会议于2003年12月27日通过,现予公布,自2004年2月1日起施行。

中华人民共和国主席 胡锦涛

2003年12月27日

中华人民共和国银行业监督管理法(略)

国家主席胡锦涛签署第12号令公布《全国人民代表大会常务委员会关于修改〈中华人民共和国中国人民银行法〉的决定》

《全国人民代表大会常务委员会关于修改〈中华人民共和国中国人民银行法〉的决定》已由中华人民共和国第十届全国人民代表大会常务委员会第六次会议于2003年12月27日通过,现予公布,自2004年2月1日起施行。

中华人民共和国主席 胡锦涛

2003年12月27日

全国人民代表大会常务委员会关于修改《中华人民共和国中国人民银行法》的决定

(2003年12月27日第十届全国人民代表大会常务委员会第六次会议通过)

第十届全国人民代表大会常务委员会第六次会议决定对《中华人民共和国中国人民银行法》做如下修改:

一、第一条修改为:"为了确立中国人民银行的地位,明确其职责,保证国家货币政策的正确制定和执行,建立和完善中央银行宏观调控体系,维护金融稳定,制定本法。"

二、第二条第二款修改为:"中国人民银行在国务院领导下,制定和执行货币政策,防范和化解金融风险,维护金融稳定。"

三、第四条第一款修改为:"中国人民银行履行下列职责:

"(一)发布与履行其职责有关的命令和规章;

"(二)依法制定和执行货币政策;

"(三)发行人民币,管理人民币流通;

"(四)监督管理银行间同业拆借市场和银行间债券市场;

"(五)实施外汇管理,监督管理银行间外汇市场;

"(六)监督管理黄金市场;

"(七)持有、管理、经营国家外汇储备、黄金储备;

"(八)经理国库;

"(九)维护支付、清算系统的正常运行;

"(十)指导、部署金融业反洗钱工作,负责反洗钱的资金监测;

"(十一)负责金融业的统计、调查、分析和预测;

"(十二)作为国家的中央银行,从事有关的国际金融活动；

“（十三）国务院规定的其他职责。”

四、第六条修改为：“中国人民银行应当向全国人民代表大会常务委员会提出有关货币政策情况和金融业运行情况的工作报告。”

五、增加一条，作为第九条：“国务院建立金融监督管理协调机制，具体办法由国务院规定。”

六、第十一条改为第十二条，并增加一款，作为第二款：“中国人民银行货币政策委员会应当在国家宏观调控、货币政策制定和调整中，发挥重要作用。”

七、第十二条改为第十三条，修改为：“中国人民银行根据履行职责的需要设立分支机构，作为中国人民银行的派出机构。中国人民银行对分支机构实行统一领导和管理。

“中国人民银行的分支机构根据中国人民银行的授权，维护本辖区的金融稳定，承办有关业务。”

八、第十四条改为第十五条，修改为：“中国人民银行的行长、副行长及其他工作人员，应当依法保守国家秘密，并有责任为与履行其职责有关的金融机构及当事人保守秘密。”

九、第二十二条改为第二十三条，第一款第一项修改为：“要求银行业金融机构按照规定的比例交存存款准备金”；第三项修改为：“为在中国人民银行开立账户的银行业金融机构办理再贴现”；第五项修改为：“在公开市场上买卖国债、其他政府债券和金融债券及外汇”。

十、第二十五条改为第二十六条，修改为：“中国人民银行可以根据需要，为银行业金融机构开立账户，但不得对银行业金融机构的账户透支。”

十一、第二十六条改为第二十七条，修改为：“中国人民银行应当组织或者协助组织银行业金融机构相互之间的清算系统，协调银行业金融机构相互之间的清算事项，提供清算服务。具体办法由中国人民银行制定。

“中国人民银行会同国务院银行业监督管理机构制定支付结算规则。”

十二、第三十条改为第三十一条，修改为：“中国人民银行依法监测金融市场的运行情况，对金融市场实施宏观调控，促进其协调发展。”

十三、删去第三十一条。

十四、第三十二条修改为：“中国人民银行有权对金融机构以及其他单位和个人的下列行为进行检查监督：

“（一）执行有关存款准备金管理规定的行为；

“（二）与中国人民银行特种贷款有关的行为；

“（三）执行有关人民币管理规定的行为；

“（四）执行有关银行间同业拆借市场、银行间债券市场管理规定的行为；

“（五）执行有关外汇管理规定的行为；

“（六）执行有关黄金管理规定的行为；

“（七）代理中国人民银行经理国库的行为；

“（八）执行有关清算管理规定的行为；

“（九）执行有关反洗钱规定的行为。

“前款所称中国人民银行特种贷款，是指国务院决定的由中国人民银行向金融机构发放的用于特定目的的贷款。”

十五、增加一条，作为第三十三条：“中国人民银行根据执行货币政策和维护金融稳定的需要，可以建议国务院银行业监督管理机构对银行业金融机构进行检查监督。国务院银行业监督管理机构应当自收到建议之日起三十日内予以回复。”

十六、增加一条，作为第三十四条：“当银行业金融机构出现支付困难，可能引发金融风险时，为了维护金融稳定，中国人民银行经国务院批准，有权对银行业金融机构进行检查监督。”

十七、第三十三条改为第三十五条，修改为：“中国人民银行根据履行职责的需要，有权要求银行业金融机构报送必要的资产负债表、利润表以及其他财务会计、统计报表和资料。

“中国人民银行应当和国务院银行业监督管理机构、国务院其他金融监督管理机构建立监督管理信息共享机制。”

十八、删去第三十五条。

十九、第三十九条改为第四十条，修改为：“中国人民银行的财务收支和会计事务，应当执行法律、行政法规和国家统一的财务、会计制度，接受国务院审计机关和财政部门依法分别进行的审计和监督。”

二十、第四十一条改为第四十二条，修改为：“伪造、变造人民币，出售伪造、变造的人民币，或者明知是伪造、变造的人民币而运输，构成犯罪的，依法追究刑事责任；尚不构成犯罪的，由公安机关处十五日以下拘留、一万元以下罚款。”

二十一、第四十二条改为第四十三条，修改为：“购买伪造、变造的人民币或者明知是伪造、变造的人民币而持有、使用，构成犯罪的，依法追究刑事责任；尚不构成犯罪的，由公安机关处十五日以下拘留、一万元以下罚款。”

二十二、第四十五条改为第四十六条，修改为：“本法第三十二条所列行为违反有关规定，有关法律、行政法规有处罚规定的，依照其规定给予处罚；有关法律、行政法规未做处罚规定的，由中国人民银行区别不同情形给予警告，没收违法所得，违法所得五十万元以上的，并处违法所得一倍以上五倍以下罚款；没有违法所得或者违法所得不足五十万元的，处五十万元以上二百万元以下罚款；对负有直接责任的董事、高级管理人员和其他直接责任人员给予警告，处五万元以上五十万元以下罚款；构成犯罪的，依法追究刑事责任。”

二十三、第四十九条改为第五十条，修改为：“中国人民银行的工作人员泄露国家秘密或者所知悉的商业秘密，构成犯罪的，依法追究刑事责任；尚不构成犯罪的，依法给予行政处分。”

二十四、第五十条改为第五十一条，修改为：“中国人民银行的工作人员贪污受贿、徇私舞弊、滥用职权、玩忽职守，构成犯罪的，依法追究刑事责任；尚不构成犯罪的，依法给予行政处分。”

二十五、增加一条，作为第五十二条：“本法所称银行业金融机构，是指在中华人民共和国境内设立的商业银行、城市信用合作社、农村信用合作社等吸收公众存款的金融机构以及政策性银行。

“在中华人民共和国境内设立的金融资产管理公司、信托投资公司、财务公司、金融租赁公司以及经国务院银行业监督管理机构批准设立的其他金融机构，适用本法对银行业金融机构的规定。”

本决定自2004年2月1日起施行。

《中华人民共和国中国人民银行法》根据本决定作相应修改并对条款顺序做相应调整，重新公布。

中华人民共和国中国人民银行法

（1995年3月18日第八届全国人民代表大会第三次会议通过根据2003年12月27日第十届全国人民代表大会常务委员会第六次会议《关于修改〈中华人民共和国中国人民银行法〉的决定》修正）

第一章 总 则

第一条 为了确立中国人民银行的地位，明确其职责，保证国家货币政策的正确制定和执行，建立和完善中央银行宏观调控体系，维护金融稳定，制定本法。

第二条 中国人民银行是中华人民共和国的中央银行。

中国人民银行在国务院领导下，制定和执行货币政策，防范和化解金融风险，维护金融稳定。

第三条 货币政策目标是保持货币币值的稳定，并以此促进经济增长。

第四条 中国人民银行履行下列职责：

（一）发布与履行其职责有关的命令和规章；

（二）依法制定和执行货币政策；

（三）发行人民币，管理人民币流通；

（四）监督管理银行间同业拆借市场和银行间债券市场；

（五）实施外汇管理，监督管理银行间外汇市场；

（六）监督管理黄金市场；

（七）持有、管理、经营国家外汇储备、黄金储备；

（八）经理国库；

（九）维护支付、清算系统的正常运行；

（十）指导、部署金融业反洗钱工作，负责反洗钱的资金监测；

（十一）负责金融业的统计、调查、分析和预测；

（十二）作为国家的中央银行，从事有关的国际金融活动；

（十三）国务院规定的其他职责。

中国人民银行为执行货币政策，可以依照本法第四章的有关规定从事金融业务活动。

第五条 中国人民银行就年度货币供应量、利率、汇率和国务院规定的其他重要事项作出的决定，报国务院批准后执行。

中国人民银行就前款规定以外的其他有关货币政策事项作出决定后，即予执行，并报国务院备案。

第六条 中国人民银行应当向全国人民代表大会常务委员会提出有关货币政策情况和金融业运行情况的工作报告。

第七条 中国人民银行在国务院领导下依法独立执行货币政策，履行职责，开展业务，不受地方政府、各级政府部门、社会团体和个人的干涉。

第八条 中国人民银行的全部资本由国家出资，属于国家所有。

第九条 国务院建立金融监督管理协调机制，具体办法由国务院规定。

第二章 组织机构

第十条 中国人民银行设行长一人，副行长若干人。

中国人民银行行长的人选，根据国务院总理的提名，由全国人民代表大会决定；全国人民代表大会闭会期间，由全国人民代表大会常务委员会决定，由中华人民共和国主席任免。中国人民银行副行长由国务院总理任免。

第十一条 中国人民银行实行行长负责制。行长领导中国人民银行的工作，副行长协助行长工作。

第十二条 中国人民银行设立货币政策委员会。货币政策委员会的职责、组成和工作程序，由国务院规定，报全国人民代表大会常务委员会备案。

中国人民银行货币政策委员会应当在国家宏观调控、货币政策制定和调整中，发挥重要作用。

第十三条 中国人民银行根据履行职责的需要设立分支机构，作为中国人民银行的派出机构。中国人民银行对分支机构实行统一领导和管理。

中国人民银行的分支机构根据中国人民银行的授权，维护本辖区的金融稳定，承办有关业务。

第十四条　中国人民银行的行长、副行长及其他工作人员应当恪尽职守，不得滥用职权、徇私舞弊，不得在任何金融机构、企业、基金会兼职。

第十五条　中国人民银行的行长、副行长及其他工作人员，应当依法保守国家秘密，并有责任为与履行其职责有关的金融机构及当事人保守秘密。

第三章　人民币

第十六条　中华人民共和国的法定货币是人民币。以人民币支付中华人民共和国境内的一切公共的和私人的债务，任何单位和个人不得拒收。

第十七条　人民币的单位为元，人民币辅币单位为角、分。

第十八条　人民币由中国人民银行统一印制、发行。

中国人民银行发行新版人民币，应当将发行时间、面额、图案、式样、规格予以公告。

第十九条　禁止伪造、变造人民币。禁止出售、购买伪造、变造的人民币。禁止运输、持有、使用伪造、变造的人民币。禁止故意毁损人民币。禁止在宣传品、出版物或者其他商品上非法使用人民币图样。

第二十条　任何单位和个人不得印制、发售代币票券，以代替人民币在市场上流通。

第二十一条　残缺、污损的人民币，按照中国人民银行的规定兑换，并由中国人民银行负责收回、销毁。

第二十二条　中国人民银行设立人民币发行库，在其分支机构设立分支库。分支库调拨人民币发行基金，应当按照上级库的调拨命令办理。任何单位和个人不得违反规定，动用发行基金。

第四章　业　务

第二十三条　中国人民银行为执行货币政策，可以运用下列货币政策工具：

（一）要求银行业金融机构按照规定的比例交存存款准备金；

（二）确定中央银行基准利率；

（三）为在中国人民银行开立账户的银行业金融机构办理再贴现；

（四）向商业银行提供贷款；

（五）在公开市场上买卖国债、其他政府债券和金融债券及外汇；

（六）国务院确定的其他货币政策工具。

中国人民银行为执行货币政策，运用前款所列货币政策工具时，可以规定具体的条件和程序。

第二十四条　中国人民银行依照法律、行政法规的规定经理国库。

第二十五条　中国人民银行可以代理国务院财政部门向各金融机构组织发行、兑付国债和其他政府债券。

第二十六条　中国人民银行可以根据需要，为银行业金融机构开立账户，但不得对银行业金融机构的账户透支。

第二十七条　中国人民银行应当组织或者协助组织银行业金融机构相互之间的清算系统，协调银行业金融机构相互之间的清算事项，提供清算服务。具体办法由中国人民银行制定。

中国人民银行会同国务院银行业监督管理机构制定支付结算规则。

第二十八条　中国人民银行根据执行货币政策的需要，可以决定对商业银行贷款的数额、期限、利率和方式，但贷款的期限不得超过一年。

第二十九条　中国人民银行不得对政府财政透支，不得直接认购、包销国债和其他政府债券。

第三十条　中国人民银行不得向地方政府、各级政府部门提供贷款，不得向非银行金融机构以及其他单位和个人提供贷款，但国务院决定中国人民银行可以向特定的非银行金融机构提供贷款的除外。

中国人民银行不得向任何单位和个人提供担保。

第五章　金融监督管理

第三十一条　中国人民银行依法监测金融市场的运行情况，对金融市场实施宏观调控，促进其协调发展。

第三十二条　中国人民银行有权对金融机构以及其他单位和个人的下列行为进行检查监督：

（一）执行有关存款准备金管理规定的行为；

（二）与中国人民银行特种贷款有关的行为；

（三）执行有关人民币管理规定的行为；

（四）执行有关银行间同业拆借市场、银行间债券市场管理规定的行为；

（五）执行有关外汇管理规定的行为；

（六）执行有关黄金管理规定的行为；

（七）代理中国人民银行经理国库的行为；

（八）执行有关清算管理规定的行为；

（九）执行有关反洗钱规定的行为。

前款所称中国人民银行特种贷款，是指国务院决定的由中国人民银行向金融机构发放的用于特定目的的贷款。

第三十三条　中国人民银行根据执行货币政策和维护金融稳定的需要，可以建议国务院银行业监督管理机构对银行业金融机构进行检查监督。国务院银行业监督管理机构应当自收到建议之日起三十日内予以回复。

第三十四条　当银行业金融机构出现支付困难，可能引发金融风险时，为了维护金融稳定，中国人民银行经国务院批准，有权对银行业金融机构进行检查监督。

第三十五条　中国人民银行根据履行职责的需要，有权要求银行业金融机构报送必要的资产负债表、利润表以及其他财务会计、统计报表和资料。

中国人民银行应当和国务院银行业监督管理机构、国务院其他金融监督管理机构建立监督管理信息共享机制。

第三十六条　中国人民银行负责统一编制全国金融统计数据、报表，并按照国家有关规定予以公布。

第三十七条　中国人民银行应当建立、健全本系统的稽核、检查制度，加强内部的监督管理。

第六章　财务会计

第三十八条　中国人民银行实行独立的财务预算管理制度。

中国人民银行的预算经国务院财政部门审核后，纳入中央预算，接受国务院财政部门的预算执行监督。

第三十九条　中国人民银行每一会计年度的收入减除该年度支出，并按照国务院财政部门核定的比例提取总准备金后的净利润，全部上缴中央财政。

中国人民银行的亏损由中央财政拨款弥补。

第四十条　中国人民银行的财务收支和会计事务，应当执行法律、行政法规和国家统一的财务、会计制度，接受国务院审计机关和财政部门依法分别进行的审计和监督。

第四十一条　中国人民银行应当于每一会计年度结束后的三个月内，编制资产负债表、损益表和相关的财务会计报表，并编制年度报告，按照国家有关规定予以公布。

中国人民银行的会计年度自公历1月1日起至12月31日止。

第七章　法律责任

第四十二条　伪造、变造人民币，出售伪造、变造的人民币，或者明知是伪造、变造的人民币而运输，构成犯罪的，依法追究刑事责任；尚不构成犯罪的，由公安机关处十五日以下拘留、一万元以下罚款。

第四十三条　购买伪造、变造的人民币或者明知是伪造、变造的人民币而持有、使用，构成犯罪的，依法追究刑事责任；尚不构成犯罪的，由公安机关处十五日以下拘留、一万元以下罚款。

第四十四条　在宣传品、出版物或者其他商品上非法使用人民币图样的，中国人民银行应当责令改正，并销毁非法使用的人民币图样，没收违法所得，并处五万元以下罚款。

第四十五条　印制、发售代币票券，以代替人民币在市场上流通的，中国人民银行应当责令停止违法行为，并处二十万元以下罚款。

第四十六条　本法第三十二条所列行为违反有关规定，有关法律、行政法规有处罚规定的，依照其规定给予处罚；有关法律、行政法规未作处罚规定的，由中国人民银行区别不同情形给予警告，没收违法所得，违法所得五十万元以上的，并处违法所得一倍以上五倍以下罚款；没有违法所得或者违法所得不足五十万元的，处五十万元以上二百万元以下罚款；对负有直接责任的董事、高级管理人员和其他直接责任人员给予警告，处五万元以上五十万元以下罚款；构成犯罪的，依法追究刑事责任。

第四十七条　当事人对行政处罚不服的，可以依照《中华人民共和国行政诉讼法》的规定提起行政诉讼。

第四十八条　中国人民银行有下列行为之一的，对负有直接责任的主管人员和其他直接责任人员，依法给予行政处分；构成犯罪的，依法追究刑事责任：

（一）违反本法第三十条第一款的规定提供贷款的；

（二）对单位和个人提供担保的；

（三）擅自动用发行基金的。

有前款所列行为之一，造成损失的，负有直接责任的主管人员和其他直接责任人员应当承担部分或者全部赔偿责任。

第四十九条　地方政府、各级政府部门、社会团体和个人强令中国人民银行及其工作人员违反本法第三十条的规定提供贷款或者担保的，对负有直接责任的主管人员和其他直接责任人员，依法给予行政处分；构成犯罪的，依法追究刑事责任；造成损失的，应当承担部分或者全部赔偿责任。

第五十条　中国人民银行的工作人员泄露国家秘密或者所知悉的商业秘密，构成犯罪的，依法追究刑事责任；尚不构成犯罪的，依法给予行政处分。

第五十一条　中国人民银行的工作人员贪污受贿、徇私舞弊、滥用职权、玩忽职守，构成犯罪的，依法追究刑事责任；尚不构成犯罪的，依法给予行政处分。

第八章　附　则

第五十二条　本法所称银行业金融机构，是指在中华人民共和国境内设立的商业银行、城市信用合作社、农村信用合作社等吸收公众存款的金融机构以及政策性银行。

在中华人民共和国境内设立的金融资产管理公

司、信托投资公司、财务公司、金融租赁公司以及经国务院银行业监督管理机构批准设立的其他金融机构，适用本法对银行业金融机构的规定。

第五十三条 本法自公布之日起施行。

国家主席胡锦涛签署第13号令公布《全国人民代表大会常务委员会关于修改〈中华人民共和国商业银行法〉的决定》

《全国人民代表大会常务委员会关于修改〈中华人民共和国商业银行法〉的决定》已由中华人民共和国第十届全国人民代表大会常务委员会第六次会议于2003年12月27日通过，现予公布，自2004年2月1日起施行。

中华人民共和国主席 胡锦涛

2003年12月27日

全国人民代表大会常务委员会关于修改《中华人民共和国商业银行法》的决定(略)

全国人民代表大会常务委员会关于召开第十届全国人民代表大会第二次会议的决定

(2003年12月27日通过)

第十届全国人民代表大会常务委员会第六次会议决定：中华人民共和国第十届全国人民代表大会第二次会议于2004年3月5日在北京召开。建议会议的主要议程是：听取和审议政府工作报告；审查和批准2003年国民经济和社会发展计划执行情况的报告及2004年国民经济和社会发展计划；审查2003年中央和地方预算执行情况的报告及2004年中央和地方预算草案，批准2003年中央预算执行情况的报告及2004年中央预算；审议《全国人民代表大会常务委员会关于提请审议〈中华人民共和国宪法修正案(草案)〉的议案》；听取和审议全国人民代表大会常务委员会工作报告、最高人民法院工作报告、最高人民检察院工作报告。

全国人民代表大会常务委员会关于批准《中华人民共和国和俄罗斯联邦关于移管被判刑人的条约》的决定

(2003年12月27日通过)

第十届全国人民代表大会常务委员会第六次会议决定：批准外交部部长唐家璇代表中华人民共和国于2002年12月2日在北京签署的《中华人民共和国和俄罗斯联邦关于移管被判刑人的条约》。

全国人民代表大会常务委员会关于批准《中华人民共和国和泰王国关于刑事司法协助的条约》的决定

(2003年12月27日通过)

第十届全国人民代表大会常务委员会第六次会议决定：批准外交部部长李肇星代表中华人民共和国于2003年6月21日在清迈签署的《中华人民共和国和泰王国关于刑事司法协助的条约》。

全国人民代表大会常务委员会公告

最近，福建省人大常委会、江西省人大常委会依法分别补选了何锦龙(福建)、刘和平(江西)为第十届全国人民代表大会代表。全国人民代表大会常务委员会同意代表资格审查委员会的审查报告，确认何锦龙、刘和平的代表资格有效。

湖南省人大常委会、四川省人大常委会依法分别罢免了陈满生(湖南)、鄢良钟(四川)的全国人民代表大会代表职务。根据代表法的有关规定，陈满生、鄢良钟的代表资格终止。

自十届全国人民代表大会第一次会议以来，全国人大代表去世7名：余小平(江西)、史来贺(河南)、乔金岭(河南)、滕召义(湖南，苗族)、黄联明(广东)、陈吉元(重庆)、王东江(贵州)。现在，第十届全国人民代表大会实有代表2977人。

特此公告。

全国人民代表大会常务委员会

2003年12月27日

十届全国人大常委会在人民大会堂举行《对外贸易法律制度若干问题》法制讲座

这次法制讲座的主讲人是对外经济贸易大学教授、博士生导师沈四宝。他讲了四方面的内容：对外贸易法律制度的概念、国际贸易的基本规则、我国现行对外贸易法律制度、关于修改我国现行对外贸易法的几点建议。

全国人大常委会委员长吴邦国主持讲座并讲话。他说，对外贸易法修订草案已经进入常委会的审议程序，这部法律草案改动的幅度大，修改的内容多，涉及面广，专业性强。通过这次讲座，有助于大家进一步了解国际贸易规则和我国对外贸易法律制度，加深对外贸工作的认识，也有利于我们审议好这部法律草案。

全国人大常委会副委员长王兆国、李铁映、司马义·艾买提、何鲁丽、丁石孙、成思危、许嘉璐、蒋正华、顾秀莲、盛华仁、路甬祥、乌云其木格、韩启德、傅铁山听取了讲座。

国务院副总理回良玉在山西考察

12月27日至30日，回良玉深入吕梁山区，来到乡村和农户，了解农民收入和生产生活情况，查看人畜饮水解困工程。

在吕梁山区贫困乡村，回良玉看望了特困农户、五保户和农村老党员、老军属。他指出，吕梁人民为中国革命和建设作出了巨大贡献，但由于历史和自然等原因，部分群众还没有摆脱贫困。我们要从践行“三个代表”重要思想的高度，扎实做好扶贫工作，尽快帮助他们解决温饱并逐步富裕起来。要加大投入，依靠科技，发展特色产品和产业，加强对农民的技能培训，拓展农民增收的外部空间，加快贫困地区脱贫致富步伐。各级农村干部要深入基层，特别是深入贫困地区、灾区、老区，了解群众疾苦，切实解决实际问题，安排好困难群众的生产生活。

回良玉强调，各级政府和有关部门当前要认真抓好越冬作物田间管理，及早安排明年春耕生产，加强今冬明春农田水利基本建设和植树造林，为做好明年农业农村工作打下坚实基础。

香港特别行政区行政长官董建华根据《区议会条例》委任102位人士为香港特别行政区第二届区议会议员

《区议会条例》规定，香港特别行政区区议会由三部分组成，分别为民选议员、当然议员和委任议员。行政长官依法作出委任，符合区议会组成的精神。

香港特别行政区第二届区议会议员任期4年，从2004年1月1日开始。获委任人士名单将待有关委任程序完成后，在2004年1月在宪报刊登。

根据香港基本法及有关法律和规定，香港特别行政区共设18个区议会，第二届区议会有529名议员，其中民选议员400名、当然议员27名、委任议员102名。

国家税务总局和澳门特别行政区政府在澳门签署《澳门和内地关于对所得避免双重征税和防止偷漏税的安排》

澳门企业界人士纷纷发表谈话，认为此项“安排”有利于澳门企业在内地的经营和发展。

据了解，“安排”阐明了经营两地跨境业务的企业应负的税务责任，如对母公司设在澳门、子公司设在内地的企业来说，在子公司获利并向内地交纳所得税后，其纯利则归入在澳门的母公司。当母公司向内地股东派发股息时，股东则无须向内地税务部门再交纳所得税。

国务院副总理吴仪在北京出席全国商务工作会议并讲话

吴仪在会议上指出，做好明年的商务工作，对于保持国民经济发展良好势头意义十分重大。明年的商务工作要确保社会消费品零售额较快增长，市场运行更加健康有序，对外贸易适度增长，吸收外资规模进一步扩大、水平进一步提高，实施“走出去”战略有新的进展。

吴仪说，对于当前我国面临的国外贸易壁垒和贸易摩擦，既要充分重视，积极应对，又要有平常心。要认真抓紧抓好贸易摩擦应对工作，主动适应新的变化，善于化解不利因素，更好地维护国家利益。

吴仪还强调要继续做好加入世贸组织后的各项应对工作，在进一步扩大开放中趋利避害，要积极参与和推动区域经济合作，大力发展双边经贸关系，切实做好实施内地与香港、澳门更紧密经贸关系安排的各项工作。

国务委员陈至立在北京与出席全国文化厅局长会议和全国文物局长会议的代表座谈

在听取有关地方文化文物工作情况汇报后，陈至立强调，广大文化文物工作者在新时期要增强光荣感、责任感和使命感，增强信心，积极进取，努力开创新时期文化文物工作新局面。

陈至立要求，文化文物工作要以“三个代表”重要思想和党的十六大精神为指导，认真贯彻全国宣传思想工作会议精神，明确任务，突出重点，狠抓落实。要牢牢把握我国先进文化的前进方向，努力繁荣文化事业，加强基础性工作，深化改革，鼓励创新，加强市场管理，促进文化事业和文化产业的繁荣发展。各级政府要从贯彻全面、协调、可持续发展观的战略高度，加强文化文物工作，加大对文化文物工作的投入。文化文物工作者要增强光荣感、责任感和使命感，认清形势，增强信心，抓住机遇，以积极进取的精神状态，开创文化文物工作新局面，为社会主义精神文明建设作出新贡献。

英若诚逝世

著名话剧表演艺术家、翻译家英若诚同志12月27日凌晨在北京病逝。

英若诚同志出生于1929年，1950年考入北京人民艺术剧院当演员，他演出的话剧代表剧目有《雷雨》《骆驼祥子》《茶馆》《推销员之死》《明朗的天》《耶戈尔布里乔夫和其他的人们》等。

英若诚20世纪50年代曾翻译出版了斯坦尼斯拉夫斯基的《奥赛罗导演计划》。后又翻译了剧本《咖啡店的政客》《甘蔗田》《报纸主笔》《有这以回事》《星星变红了》以及莎士比亚的名著《请君入瓮》、A. 米勒的剧作《推销员之死》。他还将中国优秀剧作《茶馆》《王昭君》《家》等译成英文。

12月28日

国务院总理温家宝对全国税务工作会议作出批示

温家宝在批示中指出，今年全国税收收入实现历史性突破，成绩显著。在新的一年里，各级税务部门要坚持依法治税，加强税收立法，规范税收执法；有计划分步骤地稳步推进中央确定的各项税制改革，完善税收征管制度；切实加强队伍建设，从严管理，提高队伍素质。要继续努力，扎实工作，确保税收收入稳定增长，为支持经济发展和社会进步作出新贡献。

刚刚结束的全国税务工作会议确定了明年税收工作的总体要求，即以邓小平理论和“三个代表”重要思想为指导，认真贯彻党的十六大、十六届三中全会和中央经济工作会议精神，坚持聚财为国、执法为民，大力推进依法治税，稳步实施税收改革，全面强化税收管理，切实加强队伍建设，确保税收收入稳定增长，充分发挥税收调节经济和调节分配的作用，圆满完成各项税收工作任务，为支持经济社会协调发展、全面建设小康社会作出积极贡献。会议还提出了明年税收工作的三大基本目标和需要着重抓好的六项工作任务。

中办 国办就做好2004年元旦春节期间的有关工作发出通知

通知强调，各级党委和政府要认真贯彻十六大和十六届三中全会精神，按照“三个代表”重要思想的要求，坚持权为民所用、情为民所系、利为民所谋，切实做好关心群众生产生活的各项工作，确保全国各族人民过一个欢乐、祥和、安定的节日。

通知要求，各级党政机关和领导干部要进一步转变作风，精简会议活动，带着深厚感情深入基层、深入群众，切实帮助群众解决生产生活中的突出问题，想方设法为群众解决燃眉之急。要着力帮助老红军、老复员军人、伤残军人、烈属等重点优抚对象和劳动模范、先进工作者以及农村“五保户”解决实际困难，认真落实对义务兵家属的优待政策，进一步做好转业复员退伍军人的安置工作。要广泛开展再就业援助活动，继续抓好“两个确保”和城市“低保”工作。要千方百计安排好农村贫困地区和灾区群众的生产生活，中央安排的救济救灾资金必须在春节前足额发放到困难群众手中。要切实保障农民工的合法权益，严厉查处拖欠、克扣农民工工资等违法行为。

通知要求，要认真安排好节日期间人民群众的物质文化生活，保证市场供应，满足群众的多方面需要。要切实加强市场监管，重点加大食品卫生安全管理和执法监督的工作力度，依法严厉打击哄抬物价、欺行霸市、制售假冒伪劣商品等行为。要开展形式多样、健康向上的群众性文化娱乐活动，推出群众喜闻乐见的文化精品。要制止腐朽文化的传播，禁止各种封建迷信活动，打击黄赌毒等社会丑恶现象。

通知要求，各级党委和政府要发扬艰苦奋斗、勤俭节约的优良传统和作风，严格禁止各种奢侈浪费行为。节日期间，党政机关一律不得搞相互走访等拜年活动，严禁以各种名义用公款大吃大喝、互相宴请，不准用公款安排私人旅游和高消费娱乐活动，不准收受与行使职权有关系的单位和个人的礼品、礼金、有价证券和支付凭证。要坚决制止岁末年初突击花钱和乱发钱物。对违反规定的，要严肃处理。

通知强调，各级党委、政府和有关部门要坚决落实维护社会稳定工作责任制，确保节日期间的社会稳定。要妥善处理人民内部矛盾，认真解决群众反映强烈的热点、难点问题。要进一步落实社会治安综合治理的各项措施，依法严厉打击严重刑事犯罪活动。要搞好煤矿、化工、供电、供水等行业的安全生产监督检查，消除各种事故隐患。要精心组织“春运”工作，确保公路、铁路、水路、航空运输的安全畅通。要加强节日值班工作，严格岗位责任制。

中央报刊治理工作协调领导小组在北京召开全体会议

中共中央政治局委员、书记处书记、中宣部部长刘云山，中央书记处书记、中央纪委副书记何勇出席并讲话。刘云山强调，治理党政部门报刊散滥，减轻基层和农民负担，得到了广大人民群众的衷心拥护和支持。各地各部门要从实践“三个代表”重要思想、维护人民群众根本利益的高度，进一步统一思想，高标准、严要求，不松劲、不打折扣，确保各项治理措施真正落到实处。

何勇在讲话中指出，加强监督是保证报刊治理措施贯彻落实的关键，各级纪检监察部门要围绕治理工作重点开展督察，对顶风违纪的案件，发现一起，查处一起。要完善规章制度，建立长效监督机制，巩固报刊治理工作的成果，切实加强党风廉政建设。

云南德宏傣族景颇族自治州庆祝建州50周年

纪念梁希诞辰120周年座谈会在北京举行

梁希先生是我国杰出的林学家、教育家、社会活动家，是九三学社德高望重的领导人之一。全国人大常委会副委员长、九三学社中央主席韩启德，全国政协副主席、中央统战部部长刘延东在会上讲了话。周光召、江泽慧、周生贤、韩德乾及唐根耀在会上也先后发言。

会上，以梁希先生名字命名的“梁希科技教育基金”宣告成立,并举行了捐赠仪式。该活动是由中国科学技术协会、国家林业局和九三学社中央共同举办的。

全国国土资源厅局长会议在北京闭幕

会议对2003年的国土资源工作进行了回顾总结,对明年和今后四年的工作作出全面部署。会议提出,国土资源工作要认真贯彻党的十六大和十六届三中全会精神,明确严格保护资源、促进持续发展、维护资源权益、调控资源供应、有效服务社会的工作思路,加强国土资源调查评价、规划、管理、保护与合理利用。落实实施最严格的耕地保护制度。继续推进治理整顿和市场建设。统筹西部大开发和振兴东北老工业基地等重大战略行为,加强我国国土资源评价。全面推进依法行政,加大执法力度。

国土资源部部长孙文盛在会议上透露,2003年,全国共清理出各类开发区(园区)6015个,规划面积3.54万平方公里,现已撤销2426个、整合294个。各地停止了新设开发区和扩大规模的审批,基本刹住了乱设开发区“圈地”之风。

三个铁路专业运输公司成立

中铁集装箱运输有限责任公司、中铁特货运输有限公司、中铁行包快递有限责任公司揭牌,标志着铁路专业运输管理体制改革取得突破性进展。

中日韩同意成立三方委员会

中国、日本、韩国三国司局级磋商在汉城举行。三方一致同意,成立由三国外交部长牵头的中日韩三方委员会。

成立中日韩三方委员会是根据中国国务院总理温家宝与日韩领导人今年10月在印尼巴厘岛签署并发表的《中日韩推进三方合作联合宣言》作出的安排,其目的是研究、规划和监督三方在各个领域的合作,并落实该宣言提出的合作内容。

中央军委主席江泽民签署命令授予空军某团飞行二大队荣誉称号

命令说,空军航空兵某团飞行二大队是一个具有光荣历史的英雄集体,在抗美援朝、华东防空作战中,屡建战功。特别是1996年装备新型战机以来,他们认真落实“科技强军”的战略思想,扎实开展科技练兵,战斗力建设水平明显提高,出色完成了30多项重大任务。他们坚持从实战出发组织训练,率先完成新型战机新大纲试训任务,为航空兵成建制形成战斗力探索了新路;充分挖掘新机作战潜能,先后攻克了20多个训练难题,总结完善了8套新战法;自觉加大训练难度和强度,有效提高了攻防作战能力;坚持科学施训,严格按章办事,全面加强基层建设,保持了连续52年飞行安全无事故。近几年来,先后被四总部表彰为“基层建设先进单位”,被空军评为“科技练兵先进单位”、“基层建设标兵单位”,3次荣立二等功。

命令说,飞行二大队是一个认真贯彻科技强军战略思想,高标准做好军事斗争准备的先进典型。全军和武警部队都要学习他们牢记我军根本职能,从难从严抓战斗力建设的崇高使命感;学习他们积极投身科技练兵,争做驾驭新型战机开拓者的进取精神;学习他们扎扎实实打基础,全面建设过硬部队的求实作风。命令号召广大官兵以他们为榜样,在党中央、中央军委领导下,高举邓小平理论伟大旗帜,全面贯彻“三个代表”重要思想,高标准落实“五句话”总要求,为推进中国特色军事变革,实现我军现代化跨越式发展而努力奋斗!

中宣部中央文明办教育部在北京联合召开“西部开发助学工程”座谈会

会议认真回顾总结“西部开发助学工程”实施4年来的经验,研究部署下一步工作,推动“西部开发助学工程”深入开展。

“西部开发助学工程”,是中央精神文明建设指导委员会为贯彻落实中央西部大开发战略决策,帮助西部地区培养人才,由中央领导同志亲自倡导并经中央批准,决定由中宣部、中央文明办、教育部联合组织实施的。2000年至今共有6460名品学兼优、家庭贫困的大学本科生受到资助,在中西部20个省区市和新疆生产建设兵团开办了87个高中“宏志班”,4350名高中生受到资助。每个大学生资助金额2万元,每个高中生资助金额6000元,受助学生学费由学校全免。

中宣部副部长、中央文明办主任胡振民,中央文明办专职副主任翟卫华,教育部副部长吴启迪,北京市委副书记龙新民出席会议并讲话。

中央电视台少儿频道今日开播

早晨6时,我国第一个面向全国18岁以下观众的专门频道在中央电视台正式开播,每天播出18小时30分的节目,开设22个栏目。

中国国际广播电台38种外语全面上网

该台38种外语在其互联网站“国际在线”(Chinabroadcast.cn)全面上网。“国际在线”成为世界上文种最多、音频语种第二的国际互联网站。

北京奥运会自行车馆和射击馆奠基典礼相继在北京举行

12月29日

国家主席胡锦涛在人民大会堂会见美国总统特使贝克

胡锦涛说，中美两国作为世界上有重要影响的大国，经常就双边关系、重大国际和地区问题交换意见，保持密切沟通与磋商，有利于中美建设性合作关系的发展及世界的和平与稳定。

胡锦涛表示，尽快恢复伊拉克的和平与安宁，实现伊拉克重建，符合包括伊拉克在内的地区各国的共同利益，也是国际社会的普遍期盼。中方愿与国际社会一道，继续为此作出积极努力。

贝克向胡锦涛主席介绍了美方在伊拉克重建问题上的立场。贝克说，近年来，美中关系取得了重大进展，两国在伊拉克、朝核等问题上的合作良好。伊拉克重建将使伊拉克人民受益，有利于该地区的和平与稳定，也符合美中两国的共同利益。希望美中一起为解决伊拉克债务问题作出努力。

在谈到台湾问题时，胡锦涛重申了中国政府在台湾问题上的原则立场。

全国人大常委会委员长吴邦国在北京会见比利时参议长德戴克尔

国务院总理温家宝在中南海会见美国总统特使贝克

温家宝说，当前，中美关系保持着良好的发展势头。中方愿与美方一道，不断加强在广泛领域的协调与合作，妥善处理彼此关切，推动两国建设性合作关系取得新的进展。贝克对中美在众多领域的合作表示满意。

国务院在北京召开西部地区开发领导小组第二次会议

国务院总理、国务院西部地区开发领导小组组长温家宝主持会议。会议强调，西部大开发是新世纪、新阶段我国区域发展战略布局的重要组成部分，在我国现代化建设的战略全局中占有重要地位。要坚定不移地贯彻落实党中央、国务院关于实施西部大开发的战略部署、方针政策和重点任务，坚持不懈地把西部大开发扎实推向前进。

会议认为，西部大开发战略实施四年来，各地区、各部门特别是西部地区广大干部群众认真贯彻中央的部署，奋发努力，锐意进取，西部地区经济社会发展呈现出加快发展的好势头。特别是今年，克服了各种复杂因素的影响，西部大开发稳步推进，西部地区经济发展达到历史最好水平。实践证明，党中央、国务院关于实施西部大开发的战略决策是完全正确的，关于西部大开发的方针政策和重点任务是符合实际的。同时应当看到，实施西部大开发是一项长期艰巨的历史任务，在发展中还存在不少困难和问题，要进一步加强领导，认真总结经验，完善政策，扎实有效地做好各项工作。

会议指出，在新的历史条件下，实施西部大开发要以邓小平理论和“三个代表”重要思想为指导，坚持解放思想，实事求是，与时俱进，努力在改革开放中走出一条加快西部地区发展的新路子；坚持以人为本，一切从最广大人民的根本利益出发，不断满足西部地区人民群众日益增长的物质文化需要；坚持全面、协调、可持续发展观，促进西部地区经济和社会全面发展、城市和农村协调发展、人与自然和谐发展；坚持积极进取，量力而行，突出重点，分步实施，集中力量解决关系西部地区发展全局的重大问题；坚持自力更生、艰苦奋斗，加快培育西部地区自我发展能力。

会议要求，当前，要进一步贯彻落实西部大开发的各项政策措施，并在实践中加以完善，保持政策的连续性和稳定性。2004年要重点抓好以下几项工作：第一，积极有序地推进退耕还林、退牧还草、天然林保护、风沙源治理等重点生态工程，把加强生态环境保护建设与农民增收、农业增产和农村发展结合起来，全面发展农村经济。第二，继续加强基础设施建设。一手抓关系全局的重大项目建设，一手抓改善农民生产生活条件。继续集中力量建设好重大项目，适时新开工重点工程，切实搞好农村“六小”工程建设。第三，推进社会全面发展。重点抓好教育的“两基”攻坚，确保五年内基本实现西部地区普及九年义务教育。切实加强公共卫生、基层文化等社会事业建设。第四，积极发展特色优势产业。推进产业结构调整，依托重点区域，发挥比较优势，加快把资源优势转化为经济优势。同时，防止盲目投资和低水平重复建设。第五，加快改革开放步伐。积极推行公有制的多种有效实现形式，加快调整国有经济布局和结构，积极鼓励、支持和引导个体、私营等非公有制经济发展。着力改善投资环境，加强法制建设，吸引更多的国内外人才、技术和资金投入西部开发。

中共中央政治局委员、国务院副总理、国务院西部地区开发领导小组副组长曾培炎出席了会议。会议讨论了《关于进一步推进西部大开发的若干意见》和2004年西部开发的主要工作。国务院西部地区开发领导小组成员以及党中央、国务院有关部门负责人参加了会议。

国办下发《关于整顿统一着装的通知》

各省、自治区、直辖市人民政府,国务院各部委、各直属机构:

近年来,一些地区、部门和单位违反《国务院办公厅关于整顿统一着装的通知》(国办发〔1986〕29号)的规定,擅自批准着装,既影响了统一着装的严肃性,又导致财政开支越来越大。对此,人民群众意见很大,强烈要求予以纠正。为维护统一着装的严肃性,制止擅自着装行为,经国务院同意,现就有关问题通知如下:

一、国家机关工作人员因行政执法需要,要求统一穿着制式服装的,其批准权限在国务院,地方各级人民政府和国务院各部门均无权批准。各地区、各部门要严格执行国务院关于统一着装的有关规定,严禁擅自批准统一着装,并不得以任何形式指使或暗示下属单位统一着装。

二、各省、自治区、直辖市人民政府和国务院有关部门对本地区和本部门统一着装问题要认真进行清理整顿。对未经国务院批准擅自着装的,要收回已经发放的制式服装及其标志并予以销毁。要坚决制止着装混乱和穿着仿制"99"式警服现象。凡不纠正的,一经发现要严肃处理,并追究批准机关领导人的责任。各地区、各部门自本通知下发后半年内,将整顿结果报财政部,由财政部汇总报国务院。财政、监察部门要严肃查处擅自着装问题,新闻、宣传部门要加强舆论监督。

三、经国务院批准统一着装的单位要严格按照国家有关规定执行,不得擅自改变着装范围、着装标准和自费比例。

四、整顿统一着装,对于纠正不正之风,规范执法,树立行政执法部门的良好形象,减轻财政负担,具有重要的意义。各地区、各部门要充分认识这项工作的重要性,切实做好整顿统一着装工作。整顿统一着装,涉及部分干部职工的切身利益,各地区、各部门要切实做好干部职工的思想政治工作,确保此次清理整顿工作如期完成。

国务院办公厅

2003年12月29日

最高人民法院发布《关于审理人身损害赔偿案件适用法律若干问题的解释》

该司法解释将于2004年5月1日起施行。《关于审理人身损害赔偿案件适用法律若干问题的解释》(以下简称《解释》)对酒店等经营场所发生的人身侵权、雇员与履行职务有关的侵权、校园伤害事故等11种具体侵权类型的法律适用问题进行了规定,并对人身伤害赔偿范围和标准予以规范。

关于经营者的安全保障义务一直是社会关注的焦点。《解释》对此作了明确规定:"经营者未尽安全保障义务应承担补充赔偿责任。"按照司法解释的规定,从事经营活动或者其他社会活动的人,负有对相关公众在合理限度范围内的安全保障义务。未尽安全保障义务造成人身损害的,就应当承担相应的赔偿责任;因第三人侵权造成人身损害的,安全保障义务人有过错的,应当在其能够防止和制止损害的范围内承担补充赔偿责任。《解释》还规定"雇主应对雇员与履行职务有关的侵权行为承担责任"。同时规定,雇员因故意或者重大过失致人损害的,也要为自己的侵权行为负责,与雇主共同对受害人承担连带赔偿责任,这有利于对受害人给予及时和充分的救济。

《内地与澳门关于建立更紧密经贸关系的安排》联合指导委员会在北京举行第一次会议

会议先分成货物贸易、服务贸易和贸易投资便利化三个专题小组展开讨论和磋商,下午举行了全体会议。会议对"安排"实施的各项准备工作进行了检查,研究了"安排"执行过程中可能遇到的问题,并确立了明年联合指导委员会的工作计划。

商务部副部长安民和澳门特别行政区政府经济财政司司长谭伯源共同主持了下午的全体会议,并在会后联合举行了新闻发布会。安民表示,联合指导委员会第一次会议达成了相当的共识,一致认为双方落实"安排"的各项准备工作已基本就绪,"安排"将如期于2004年1月1日开始实施。

谭伯源在回答记者提问时表示,"安排"对推动澳门产业形态的多元化和产业结构的优化,对澳门实现经济可持续发展,将起到积极的作用。

全国民航工作会议在北京召开

会议披露:民航改革稳步推进。预计到今年年底,将完成《民航体制改革方案》规定的绝大部分改革任务,初步建立起与社会主义市场经济相适应的政企分开的行业管理体制。

民航总局局长杨元元介绍说,今年民航各项改革进展迅速。民航机场属地化改革已全面展开,目前除完成湖南、青海、山东三省机场改革试点外,江西、安徽、江苏、重庆、吉林、内蒙古、山西、黑龙江、陕西已完成机场移交地方的工作。空中警察队伍组建顺利,已从现有安全员中录用1200名空中警察,还将从公安机关中选调800人。民航国内航空运价改革方案听证会方案也已上报国务院待批。新的行业管理体制建立后,民航总局将进一步转变政府职能,其主要任务将集中在促进民用航空在多领域的广泛发展,确保在较宽松的经济审批、较严格的安全审定、竞争充分有效的市场环境下行业的整体利益,保障广大旅客、货主等消费者和人民群众的合法利益,不断满足他们对民用航空日益增长的需求。

中小企业促进法施行一周年座谈会在北京举行

国家发改委主任马凯座谈会上说,中小企业发展的政策环境在三个方面有所改善,一是资金支持力度加大;二是信用担保体系逐步完善;三是服务体系建设取得成效。全国人大常委会副委员长成思危、全国政协副主席黄孟复出席了今天的座谈会并发表讲话。

今年中央财政安排了中小企业资金,重点对各地区2.2万个小企业经营者进行了工商管理基础知识等方面的培训;对北京等5个城市的4000多户小企业开展了信用等级评价、信用信息征集等工作;对上海、重庆等6个城市新创办的近万户小企业提供了创业代理服务。

全国商务工作会议在北京举行

会议披露:2004年,我国将大力推进内外贸一体化,统筹国内发展和对外开放,力争实现各项商务事业速度、质量、效益的统一。

据商务部副部长于广洲介绍,明年我国商务工作将着力抓好九大重点:一是加强市场运行调控,保障市场供给和稳定,积极促进社会和居民消费,培育发展新的消费增长点;二是优化进出口结构,保持外贸的稳定协调发展,形成以高新技术产品出口拉动机电产品出口增长、以机电产品出口拉动整体出口增长的新格局,促进加工贸易转型升级,适当增加进口;三是进一步改善投资软环境,努力保持吸收外资的较大规模,大力提高利用外资质量和水平;四是有效利用开发区的现有资源,培育国家级经济技术开发区的新优势,充分发挥其在对外开放中的龙头和示范作用,同时规范开发区管理,坚决制止违背国家统一政策的行为;五是加快实施"走出去"战略,下放对外投资审批权限,完善对外投资服务体系,创造有利于企业"走出去"的体制和政策环境,大力推动境外资源开发、对外承包工程和境外加工装配;六是加快建设统一开放竞争有序的现代市场体系,包括大力推广连锁经营、特许经营、物流配送、电子商务等新型流通方式和组织形式等;七是努力深化多、双边和区域经济合作,加强和维护同主要经贸伙伴的经贸关系,积极深化同周边国家和发展中国家的经贸合作,为我国经济发展营造更好的外部环境;八是继续做好加入WTO的应对工作,既要认真履行承诺,又要努力提高国内产业竞争力,完善检测预警机制,坚决维护国家利益和经济安全,充分利用多边规则和WTO争端解决机制,全方位、多层面地积极应对和化解贸易摩擦;九是进一步整顿和规范市场秩序,加快推动社会信用体系建设。

国务院副总理吴仪在中南海会见吉尔吉斯斯坦副总理库巴尼奇别克·茹马利耶夫

外交部部长李肇星在钓鱼台国宾馆举行外交部2004年新年招待会暨文艺晚会

我国行政区划沿革地图集出版

《中华人民共和国行政区划沿革地图集》日前由中国地图出版社编制出版。它首次将我国50年来的行政区划变动情况通过地图的形式记录下来,填补了此类专题地图的空白。

图集由序图组、总图组(含旧省区图)、省图组、统计表格组、地名索引组5部分组成,共有地图219幅。序图组介绍了新中国行政区划的历史背景,包括1949年中华人民共和国行政区划和解放区的状况。

全国总工会在北京宣布2004年元旦春节送温暖活动启动

全总将加大资金支持力度,计划投入3000万元资金用于各地"两节"送温暖,比去年增长了20%,创历史之最。全总强调,送温暖资金要真正发放到生活确实有困难的职工手中。

春节前夕,全总领导将带队组成15个慰问检查团赴各地开展送温暖活动,重点对特困职工、劳动模范、下岗失业人员和离退休人员进行走访慰问,了解困难职工帮扶中心的建立、完善情况以及各项帮扶工作的开展情况。

12月30日

党和国家领导人胡锦涛 吴邦国 温家宝 曾庆红 李长春等与首都群众一起在中南海怀仁堂观看新年京剧晚会

国家科技教育领导小组在北京召开第二次全体会议

国务院总理、国家科技教育领导小组组长温家宝主持会议。会议听取了教育部关于制订《2003—2007年教育振兴行动计划》和《国家西部地区"两基"攻坚计划》的汇报,听取了科技部关于12个重大科技专项组织实施进展情况的汇报。

会议认为,《2003—2007年教育振兴行动计划》明确了近5年我国教育工作的方向、任务和目标,对教育改革和发展提出了具体要求。《国家西部地区"两基"

攻坚计划》,对实现西部地区基本普及九年义务教育、基本扫除青壮年文盲作出了具体部署。实施这两个计划,对于提高全民族的素质,对于经济和社会的全面、协调和可持续发展,具有重大意义。会议要求,各地区、各部门要从“科教兴国”、“人才强国”和推进西部大开发的战略高度,认真实施这两个计划。

会议认为,科技部自2001年12月组织实施的“超大规模集成电路和软件”等12项重大科技专项工程取得了一批重要的科技成果。会议要求科技部要在中期评估的基础上,认真总结经验,坚持面向市场,面向国民经济和社会发展的需求,进一步完善方案,确保实现预定的攻关任务。

国务委员、国务院秘书长华建敏,国务委员、国家科技教育领导小组副组长陈至立出席了会议。

国务院副总理黄菊在北京与国有保险公司股份制改革座谈会的代表座谈

黄菊要求保险业以“三个代表”重要思想为指导,深入贯彻十六大和十六届三中全会精神,抓住难得历史机遇,在改革开放中发展壮大我国保险事业,提高国有保险企业整体实力和国际竞争力,努力开创保险工作新局面。

黄菊说,国有保险公司改制后,要按照建立现代企业制度的要求,建立、健全公司治理结构,进一步加强经营管理,完善内部机制,大力推进业务创新,提高服务水平,降低成本,提高效益,增强国际竞争力。

黄菊指出,一定要紧紧抓住保险业发展极为难得的历史机遇,加快保险业发展,加强风险防范,做大做强我国保险业,为全面建设小康社会作出新贡献。

黄菊强调,保险监管部门要依法履行监管职责,严格监管制度,改进监管方式,强化监管手段,学习借鉴国际保险监管的先进经验,努力维护保险市场公开、公平、有序竞争,有效防范和化解风险,保持金融稳定,切实保护被保险人的合法权益。

南水北调中线工程正式启动

南水北调中线京石段应急供水工程北京永定河倒虹吸工程开始动工,这标志着南水北调中线工程正式启动,南水北调工程东、中线从此进入同步建设阶段。

南水北调中线工程从湖北省的丹江口水库引水,重点解决北京、天津、石家庄、郑州等沿线大中城市的缺水问题,兼顾供水区生态环境和农业用水。根据规划,2008年可调黄河之水到京,2010年,中线工程全线通水,可引长江之水到京。南水北调到京后,直接供水范围3247平方公里。

京石段应急供水工程北京段起点在房山拒马河,经房山区,穿永定河,过丰台,沿西四环路北上,至颐和园团城湖终点。

外交部部长李肇星在北京会见伊朗驻华大使韦尔迪内贾德

李肇星说,胡锦涛主席、吴邦国委员长、温家宝总理等中国领导人和中国政府十分关注伊朗的地震灾情。获悉地震后当天,胡锦涛主席向哈塔米总统发去了慰问电,中国政府立即决定向伊朗提供500万元人民币的紧急救援物资,并于震后的第二天派出了由43人组成的国际救援队奔赴灾区,参与救援工作。中国红十字会总会也向伊朗红新月会提供了紧急救灾款10万美元。

李肇星表示,伊朗地震灾情牵动着中国人民的心。很多中国企业和个人都自愿捐款捐物支援伊朗人民抗震救灾。目前,地震所造成的生命和财产损失进一步扩大,中国政府决定再向伊朗提供1000万元人民币的救援物资。中国愿为伊朗震后救灾和重建工作作出贡献。

韦尔迪内贾德说,中国是最早向伊朗提供援助的国家之一,充分体现了中国人民对伊朗人民的真挚情谊。他代表伊朗政府和人民对中国政府和人民的同情和慷慨援助深表感谢。

外交部发言人刘建超就日本政府关于台湾问题的表态等问题答记者问

有记者问:日本政府公开表态希望陈水扁遵守“四不一没有”,在“公投”和“制宪”问题上慎重行事,请问中方对此有何评论?

刘建超说,日本政府就台湾问题作出的表态是积极的,中方对日方的这一立场表示赞赏。

他说,希望日方慎重处理涉台问题,多做有利于中国统一和中日关系稳定发展的事。

有记者问:有报道称,美国国际宗教自由委员会将于近日派人访问香港。请问中方对此有何评论?

刘建超回答说:我们注意到了有关报道,并对此表示关切。

他说,在中国国家宗教事务局正在与美国国际宗教自由委员会协商其访华日程的时候,该委员会就单方面决定访问中国香港,这种做法很不妥当。我们希望这个委员会不要做任何有损香港稳定繁荣的事。

国务院 中央军委发布《关于给武警水电三峡工程指挥部记二等功的命令》

公安部、中国人民武装警察部队:

武警水电三峡工程指挥部承担着三峡工程永久船

闸建设和坝区警卫消防任务。自1993年10月组建以来,该部全体官兵尊重科学,不畏艰险,顽强拼搏,迎难而上,坚持高标准、严要求,出色地完成了永久船闸建设、二期上游围堰拆除、三期导流明渠下游围堰施工等重大任务;开辟了世界上规模最大、水头最高,全长6442米的人工航道,开挖土石4200多万立方米;成功解决了10多项世界级水利工程技术难题,取得了多项科研成果,获得中国工程爆破协会科技进步一等奖1项、中国电力科学技术二等奖1项、国家实用新型专利3项;承担的开挖、锚固和混凝土浇筑等工程,质量合格率达100%,优良率达80%以上,为三峡工程建设作出了突出贡献。

为表彰先进,国务院、中央军委决定,给武警水电三峡工程指挥部记二等功。

国务院总理 温家宝

中央军委主席 江泽民

2003年12月30日

国务委员兼国防部部长曹刚川在北京会见比利时参议院议长阿尔芒·德戴克尔

"探测一号"卫星在西昌发射升空

凌晨3时6分18秒,西昌卫星发射中心用"长征"二号丙/SM型运载火箭,成功地将计划中的第一颗卫星——"探测一号"赤道星送上了太空。这是我国与欧洲空间局的合作项目——"地球空间双星探测计划"的开始。

"探测一号"卫星由中国航天科技集团公司所属的中国空间技术研究院负责平台研制及卫星总成,星上有效载荷数据的采集、管理与传输以及部分探测仪器由中国科学院空间科学与应用研究中心研制,其他的探测仪器由欧空局协调8家欧洲科研机构负责研制。

"地球空间双星探测计划"由两颗以大椭圆轨道绕地球运行的小卫星组成,其中"探测一号"是赤道星,将于2004年发射的"探测二号"是极轨星。

教育部公布34所列入创建世界一流大学和高水平大学名单

1998年5月4日,江泽民同志在庆祝北大建校100周年大会上向全社会宣告:"为了实现现代化,我国要有若干所具有世界先进水平的一流大学。"此后,教育部决定在实施"面向21世纪教育振兴行动计划"中,重点支持部分高校创建世界一流大学和高水平大学,简称"985"工程。

"985"工程重点建设的34所高校是:清华大学、北京大学、中国科技大学、南京大学、复旦大学、上海交通大学、西安交通大学、浙江大学、哈尔滨工业大学、南开大学、天津大学、东南大学、华中科技大学、武汉大学、厦门大学、山东大学、湖南大学、中国海洋大学、中南大学、吉林大学、北京理工大学、大连理工大学、北京航空航天大学、重庆大学、电子科技大学、四川大学、华南理工大学、中山大学、兰州大学、东北大学、西北工业大学、同济大学、北京师范大学、中国人民大学。

全国文化厅局长会议在北京召开

文化部部长孙家正指出,近几年由于中央及各级政府加大了对文化事业发展的投入力度,全国文化事业经费明显增加。1998—2002年,全国文化事业费总和达到324.2亿元,是"八五"时期的2.7倍。2003年中央本级文化事业费5.37亿元,达到历史上的最高点。

孙家正说,近几年全国文化基础设施建设有了突破性进展。2002年,全国文化系统固定资产投资项目总数达到972个,共完成投资30.9亿元,全国投资在5000万元以上的在建项目36个。2003年,各地又有一批大型文化基础设施项目上马。同时,中央和省级财政通过设立专项扶持资金,加大对基层公共文化建设的扶持力度,国家发改委从2002年到2005年计划总投资4.8亿元,用于重点扶持中西部地区县级文化馆、图书馆设施建设,以实现县县有图书馆、文化馆的目标。孙家正强调,随着我国国力的不断增强,全国文化基础设施会逐步完善起来,最终构建成一个覆盖全国城乡的文化基础设施网络。

辽宁铁岭发生爆炸致38人死亡

12月30日9时50分左右,辽宁省铁岭市昌图县双庙子镇昌图安全环保彩光声响有限责任公司发生爆炸。事故造成38人死亡,44人受伤。

12月31日

国家主席胡锦涛发表2004年新年贺词

新年前夕,国家主席胡锦涛通过中国国际广播电台、中央人民广播电台和中央电视台,发表了题为《创造世界和平繁荣的美好明天》的新年贺词。贺词全文如下:

女士们,先生们,同志们,朋友们:

2004年的新年钟声即将敲响。在这辞旧迎新的美好时刻,我很高兴通过中国国际广播电台、中央人民广播电台和中央电视台,向全国各族人民,向香港特别行政区同胞和澳门特别行政区同胞,向台湾同胞和海外侨胞,向世界各国的朋友们,致以新年的祝贺!

2003年,对中国人民来说是很不寻常的一年。这一年，中国各族人民在邓小平理论和“三个代表”重要思想的指引下，万众一心、团结奋斗，战胜突如其来的“非典”疫情和地震、洪涝、干旱等多种自然灾害带来的困难和挑战，继续推进改革开放，促进社会主义物质文明、政治文明和精神文明协调发展，保持了国民经济较快增长和各项社会事业全面发展的良好势头。中国首次载人航天飞行取得圆满成功。中国共产党十六届三中全会，对完善社会主义市场经济体制作出了全面部署。放眼今日之中国，九州大地涌动着改革和建设的澎湃热潮，各族人民焕发出创造美好未来的壮志豪情。

在过去的一年里，中国坚持奉行独立自主的和平外交政策，高举和平、发展、合作的旗帜，坚持与邻为善、以邻为伴的方针，开展全方位的外交，进一步发展了同各国特别是周边国家及广大发展中国家的友好关系，积极参与全球和区域合作，在一系列重大国际问题及地区安全和发展问题上发挥了建设性作用，为维护世界和平促进共同发展作出了贡献。

女士们，先生们，同志们，朋友们：

2004年是中国人民继续贯彻中共十六大精神、实现第十个五年计划的关键一年。我们将坚持以经济建设为中心，坚持全面、协调、可持续的发展观，深化改革、扩大开放，保持国民经济持续快速协调健康发展，全面推进各项社会事业，继续推进全面建设小康社会的进程，努力开创中国特色社会主义事业新局面。

我们将继续坚定不移地贯彻“一国两制”、“港人治港”、“澳人治澳”、高度自治的方针，严格按照香港特别行政区基本法和澳门特别行政区基本法办事，支持香港、澳门特别行政区政府依法施政，加强内地同香港和澳门的经济贸易关系，保持香港和澳门的长期繁荣稳定。

2300万台湾同胞是我们的骨肉兄弟，我们十分关心他们的利益和福祉。我们将继续坚持“和平统一、一国两制”的基本方针和现阶段发展两岸关系、推进祖国和平统一进程的八项主张，加强两岸人员往来和经济文化等领域的交流，以最大的诚意、尽最大的努力实现祖国和平统一。我们坚决反对任何形式的“台独”分裂活动，决不允许任何人以任何方式把台湾从中国分割出去。我们坚信，只要包括台湾同胞在内的全体中华儿女共同努力，祖国的完全统一就一定能够早日实现。

当今世界，政治多极化和经济全球化趋势深入发展，科技进步日新月异，给各国人民带来了新的发展机遇。但是，单边主义倾向抬头，地区冲突此起彼伏，恐怖主义危害上升，世界经济增长缓慢，南北发展差距进一步拉大，也给各国人民提出了严峻挑战。中国人民始终关心和同情世界上一切仍在忍受战火、饥饿、贫困煎熬的人民，衷心希望他们能够早日过上幸福安宁的生活，并愿为他们提供力所能及的帮助。

世界要和平，人民要合作，国家要发展，社会要进步，这是不可阻挡的时代潮流。我们坚信，人类发展的前景是光明的。不管国际风云如何变幻，中国将始终站在人类正义事业一边，同各国人民一道，共同推进人类和平与发展的崇高事业，创造世界和平繁荣的美好明天。

最后，我祝大家新年快乐、阖家幸福！

国务院总理温家宝在北京主持召开国务院常务会议

会议部署安全检查工作，讨论并原则通过投资体制改革方案，审议通过《反兴奋剂条例(草案)》。

会议指出，当前生产安全及交通安全形势依然严峻，特别重大事故连续发生，给人民群众生命财产造成重大损失，必须引起各级政府高度重视。对重庆开县川东北气矿“12·23”特大井喷事故要抓紧调查，追究责任，严肃处理，认真吸取教训。会议决定，为坚决遏制重特大事故多发的势头，国务院立即组织安全督查组，由有关部门负责同志带队，到各地对安全生产责任制和安全措施的落实情况进行督促检查。各地区和各部门也要组织督查组，对本地区、本系统的安全工作认真进行检查，层层抓好落实。要切实加强煤炭、化工、烟花爆竹等生产企业，供电、供水和公路、铁路、水路、航空运输等行业，以及旅游地、公共场所的安全防范工作，建立生产和公共管理领域应对突发事件的预案，严防重特大安全事故的发生，确保人民群众生命安全。

会议审议并原则通过了《投资体制改革方案》。会议认为，投资体制改革是贯彻党的十六大和十六届三中全会精神，完善社会主义市场经济体制的重要举措，对在国家宏观调控下充分发挥市场配置资源的基础性作用，确立企业在投资活动中的主体地位，营造有利于各类投资主体公平、有序竞争的市场环境，促进生产要素的合理流动和有效配置，推动经济协调发展和社会全面进步，具有重要意义。会议要求，在组织实施中，一要进一步明确政府、企业和金融机构的责任，落实企业的投资自主权；二要培育有信用的中介机构，建立、健全有关法规，促进公平竞争；三要加强和改进宏观调控，综合运用经济的、法律的和必要的行政手段进行有效调控，防止某些行业投资的盲目扩张和低水平重复建设；四要加强和改进投资的监督管理，维护投资和建设的市场秩序，为经济和社会的全面、协调、持续发展创造良好的体制环境。

会议认为，为了防止在体育运动中使用兴奋剂，保护体育运动参加者的身心健康，维护体育竞赛公平竞争，根据《中华人民共和国体育法》和其他有关法律，制定《反兴奋剂条例》是十分必要的。会议决定，《反兴奋剂条例(草案)》经进一步修改后由国务院公布施行。

国台办在北京召开例行新闻发布会

国台办发言人张铭清说,陈水扁当局坚持以“一边一国”处理“三通”问题,这是实现两岸“三通”的最大障碍。

本月28日,有台湾媒体报道了所谓中央书记处召开对台工作“内部会议”的消息,次日,陈水扁提出所谓“和中共进行圣战”。针对此事,张铭清评论说,这是陈水扁出于选举的需要,以为有机可乘,便迫不及待地借题发挥,对大陆进行无中生有的攻击,挑动台湾同胞仇视大陆的情绪,企图从中捞取选票。陈水扁对一些信息完全采取实用主义的做法。只要他认为于选情有利的,不管是真是假都大肆渲染。他这种为一己之私,为选举需要不择手段地煽动台湾同胞对大陆的敌对情绪,是罔顾台湾同胞求和平、求稳定、求发展的主流民意和切身利益,这是极不道德的。

张铭清说,陈水扁上台后,不断挑衅一个中国原则,大肆进行各种“台独”分裂活动,破坏台海和平。他近日竟然声称“四不一没有”其实一直不存在。他又一次自食其言、出尔反尔,愈发暴露了他漠视台湾民众权益,企图分裂国家的本质,同时也证明他上台时所做的承诺完全是为了欺骗岛内民众,欺骗国际社会。

张铭清介绍,12月17日,国台办发表《以民为本为民谋利积极务实推进两岸“三通”》政策说明书。台湾各界大多持正面肯定态度,普遍认为这份政策说明书公正、务实。“三通”问题原本可以通过已经建立的两岸协商的方式进行商谈,即由海协与台湾海基会商谈。但台湾当局领导人否认“九二共识”,破坏了两会商谈基础,致使两会对话商谈至今无法恢复。在这种情况下,我们主张由两岸民间行业组织就“三通”问题进行协商。台湾航运业者和工商界认为,目前这是务实可行的做法。陈水扁当局坚持以“一边一国”处理“三通”问题,这是实现两岸“三通”的最大障碍。

张铭清说,12月25日,中共中央总书记、国家主席胡锦涛亲切会见了来京参加座谈会的台湾同胞投资企业协会会长并发表了重要讲话。胡锦涛主席在讲话中肯定了台资企业协会多年来为服务台商、促进两岸经济交流与合作所做的有益工作和贡献,阐述了祖国大陆反对“台独”和分裂,促进两岸关系发展与和平统一的有关方针政策,并借新年到来之际,向在祖国大陆投资经商、就业就学和居住生活的台湾同胞表示亲切的问候,向广大的台湾同胞致以良好的祝愿。

张铭清引述胡锦涛的话说:大陆和台湾同属一个中国,中国是我们的共同家园。两岸同胞应共同把我们的家园维护好、建设好、发展好。只要是对台湾同胞来大陆投资经商、举办实业有利的事情,只要是对两岸经济、科技和文化等领域的交流和合作有利的事情,只要是对两岸关系发展和祖国统一有利的事情,我们都会尽最大努力加以推动。

解放军四总部在北京召开大会表彰参加第三届世界军人运动会的我军体育健儿

中共中央政治局委员、中央军委副主席、国务委员兼国防部部长曹刚川在会前会见了运动员代表,勉励他们为振兴我国军事体育事业作出新的贡献。

曹刚川代表军委主席江泽民、军委副主席胡锦涛和其他军委领导,向载誉归来的运动员表示热烈祝贺。他说,你们以优异的成绩、严明的作风纪律和良好的体育道德风尚,展示了我军体育健儿过硬的军事体育素质和技能,展示了我军威武之师、文明之师、胜利之师的形象,为祖国和人民赢得了荣誉,为军队争了光。

曹刚川指出,我军体育代表团在世界军人运动会上的出色表现,极大地鼓舞了全军官兵的士气,对于进一步加强我军体育队伍建设,推动部队军事体育训练和群众性体育活动的开展,促进部队战斗力的提高,将起到积极的作用。当前,在积极推进中国特色军事变革的形势下,大力发展军事体育运动,增强官兵体质,培养过硬作风,具有重要的意义。

2003年12月上旬在意大利卡塔尼亚举行的第三届世界军人运动会,有83个国家派代表团参加。我军体育代表团在10个项目的比赛中夺得31枚金牌,打破2项世界纪录、3项国际军体纪录,取得了本届运动会金牌总数第二的好成绩。

梁光烈在大会上讲了话。会上宣读了四总部表彰通报,为立功人员颁发了奖章。

2004年北京新年音乐会在人民大会堂举行

中共中央政治局常委李长春等领导同志与首都数百名全国劳动模范,北京市劳动模范、先进工作者,全国三八红旗手,北京市三八红旗奖章获得者,北京市“五四”奖章获得者代表及数千名观众一同欣赏了音乐会。

刘淇、刘云山、曾培炎、何鲁丽、傅铁山、陈至立、刘延东、徐匡迪等一同观看演出。

音乐会由文化部、北京市委、北京市人民政府主办。